DICTIONNAIRE
DE
JURISPRUDENCE
ET DES ARRÊTS.

DICTIONNAIRE
DE
JURISPRUDENCE
ET DES ARRÊTS,

Ou Nouvelle Édition du Dictionnaire de Brillon, connu sous le titre de *Dictionnaire des Arrêts & Jurisprudence universelle des Parlemens de France & autres Tribunaux*; augmentée des matieres de Police, d'Agriculture, de Commerce, de Manufactures, de Finance, de Marine & de Guerre, dans le rapport qu'elles ont avec l'administration de la Justice.

Par M. PROST DE ROYER, ancien Lieutenant-Général de Police de Lyon.

Nobis ita complectenda in hac disputatione tota causa est universi Juris ac Legum, ut hoc, civile quod dicimus, in parvum quemdam & angustum locum concludatur.
Cicer. de Leg. lib. 1, cap. 17.

TOME SECOND.

A LYON,

De l'Imprimerie d'Aimé de la Roche, Imprimeur du Gouvernement & de la Ville.

Il se trouve chez les principaux Libraires.

M. DCC. LXXXII.

AVEC APPROBATION ET PRIVILEGE DU ROI.

OBSERVATIONS PRÉLIMINAIRES.

« JE crus tout ſavoir, diſoit Dumoulin, (*a*) quand j'étudiai » le droit, & je ſentis bientôt que j'avois tout à apprendre. » Je cherchai la vérité dans les commentaires des docteurs, » & elle fuyoit à travers les diſputes, les ſophiſmes & les » doutes, accablée par l'art perfide d'entaſſer difficultés ſur » difficultés. Vaſte labyrinthe, où j'errai long-temps ſur les » décombres & les ruines, fouillant & recouvrant ſans ceſſe ! » Enfin, ſoutenu par l'étude, marchant toujours entre la théorie » & la pratique, grace au ciel, j'ai vaincu les obſtacles. Mais » quel travail ! Il n'y a que les hommes inſtruits qui puiſſent » l'appercevoir, & l'hiſtoire dit de quelle ingratitude j'ai été » payé. »

En ſuivant notre pénible carriere, M. RIOLZ *mon ſeul collegue*, & moi, nous avons devant les yeux cette grande leçon, & elle n'abat point notre courage. Je dis, M. RIOLZ *mon ſeul collegue*, parce qu'en effet, juſqu'à préſent, tout eſt l'ouvrage de mon ſavant coopérateur ou le mien, plus ſouvent celui de tous deux à la fois. Et quelque grande que ſoit l'entrepriſe, cependant nous eſpérons qu'on ne nous accuſera ni de plagiat, ni d'éluder les grandes queſtions de droit, ou de ne les énoncer

(*a*) *Candidatus olim juris putabam hæc intelligere. Provectus, ſenſi nihil ſcire, & per doctorum commentaria fugientem veritatem aſſiduè ſequens, nihil niſi alias ſuper alias intricationes inveni; donec poſt longam rerum experientiam, theoriæ & praxis exercitationem, ſenſim hos labyrinthos partim perfodere & retegere cœpi : & tandem aſſiduè obluctatus (Deo dante), ſuperavi. Sciunt experti quantis & quàm longis laboribus id mihi conſtiterit; hiſtoria docet quantâ ingratitudine.* (Molinæus, *in fine tractatûs de dividuis & individuis, n°. 687, pag. 285, tom. 3, operum edit. Pinſſonii, 1681.*)

que pour épaissir les ténebres, ni de redouter les écueils contre lesquels frappe l'exposition complette de la jurisprudence. Si quelque chose peut intéresser à nos efforts, & nous élever quelquefois à la hauteur de notre sujet, c'est notre fermeté, notre constance, & la pureté de nos vues.

L'impatience flatteuse, qu'on a bien voulu témoigner, n'attend pas le vain développement des obstacles qu'il a fallu vaincre (*b*); & il vaut mieux, par l'étendue de ce volume, (*c*) offrir un dédommagement, si l'impatience peut en admettre.

Il vaut mieux annoncer l'assurance que nous avons d'être aidés de toutes parts. L'ouvrage étoit nécessaire. On a vu les fondemens, & l'on a eu la bonté de nous encourager. On a fait plus: on nous a offert d'excellens matériaux, avec lesquels ce vaste édifice sera plutôt achevé. Le nom de nos bienfaiteurs sera placé à la fin de leurs articles, & leur nombre augmentant chaque jour, cette réunion donnera quelque droit à la confiance générale.

Nous demandons les mêmes secours aux jurisconsultes étrangers. Dans les grandes parties de la jurisprudence, un dictionnaire, s'il est bien fait, doit être celui de tout le monde. Nous avons d'ailleurs quelques droits à l'intérêt général, puisque les premiers nous allons quelquefois chez nos voisins, voir s'ils font mieux ou plus mal que nous. Ce volume contient plusieurs articles de jurisprudence étrangere, entr'autres sous les mots *Accommodement*, pag. 21; *Accroissement*, pag. 186; *Acte*, pag. 662; *Action*, pag. 693; & *Accusation*, pag. 385.

(*b*) Outre les entraves ordinaires des grands ouvrages, que n'avons-nous pas essuyé! 1°. La longue maladie & la mort de la personne chargée de la partie typographique, & de la correspondance; après quoi des difficultés & des sacrifices. 2°. Maladies personnelles, & changement de domiciles. 3°. Point de correcteur qui sache les langues, en sorte qu'il faut suppléer; opération accablante & toujours mal-faite par l'auteur, &c. &c.

(*c*) L'étendue de ce volume équivaut à celle de la plupart des *in-fol.*, & à celle de huit *in-4°.*, tel qu'Aguier. C'est donc un ouvrage, quand on ne veut pas être un indécent compilateur, quand on marche avec son siecle. La tâche est difficile quand on examine la fermentation des esprits, le contraste des opinions, & les grandes révolutions, telles que celle que vient de faire l'empereur sur la peine de mort. (Voyez la fin de ce volume.)

La derniere de ces citations offre un apperçu de l'inſtruction criminelle de toute l'Europe, même de l'Amérique-unie. Or, ſi dans le même pays, ſous un ſeul maître, & avec la même loi on doute, on diſpute, on s'égare, il eſt très-poſſible que nous errions. Nous ne répondrons que de ce que nous avons vu ou lu, de l'impreſſion que nous avons reſſentie, du détachement abſolu des préjugés nationaux, & de la pureté de l'intention. Que ſi nous avions pu être trompés ſur des faits capitaux, ou, ſi nous avons erré dans les conſéquences, je ſupplie qu'on daigne m'éclairer. Je recevrai les avis, les critiques même avec reconnoiſſance. La vérité eſt la ſeule propriété inconteſtable, la plus chere ſans doute; celui qui aide à la recouvrer, fait acte de bienfaiſance & de juſtice.

Plus on avance, plus on voit que la juſtice eſt le ſeul lien qui puiſſe conſtamment unir les hommes, &, s'il eſt poſſible, en faire un peuple de freres. Que ſes prêtres (*d*) s'occupent donc de ſon culte, ſans s'inquiéter des guerres civiles ou religieuſes qui ravagent le globe; & qu'ils s'uniſſent tous pour étendre ſes découvertes. Elle a auſſi les ſiennes; eh! elles méritent bien autant la protection des rois que les voyages des Banck, des Solander & des Cooke.

Je ſupplie encore : que l'on ne perde jamais de vue le caractere diſtinctif de ce dictionnaire, que j'ai tâché de bien prononcer dans la préface.

Il ne s'agit pas d'employer l'ordre alphabétique, ſi commode pour la pareſſe, & ſi dangereux pour la ſcience, à entaſſer confuſément ce qu'on appelle *droit poſitif;* choſe ſi rare, ſi ſouvent contredite par le ſavoir, défigurée par la chicane, & dénaturée par la loi, ou modifiée par la juriſdiction.

Il s'agit : 1°. de rendre l'étude du droit plus facile, plus commode, plus sûre : 2°. de reſtituer à la juriſprudence ſon caractere primitif : 3°. de mener de front *ce qui eſt*, avec *ce qui* paroît *pouvoir ou devoir être.*

(*d*) *Cujus juris meritò quis nos* SACERDOTES *appellet; juſtitiam namque colimus.* L. 1, § 1, D. de juſtitiâ & jure.

Ier. OBJET. *Sur le premier de ces objets*, le plan que j'ai tracé dans la préface exige encore quelques détails.

1°. On paroît avoir goûté la méthode, les renvois, l'ensemble, & ils resteront jusqu'à ce qu'on indique mieux.

2°. Pour remplir le vœu de l'exactitude si précieux pour les hommes occupés & vrais, nous citons les sources, les éditions, les pages, sans nous fier aux indications rencontrées, trop souvent fausses. Nous vérifions & corrigeons tout; ce qui est d'un mortel ennui. Nul ouvrage de jurisprudence n'est aussi exact: or l'on sait quelle influence de fausses citations ont eue sur les opinions & les arrêts mêmes.

3°. La lecture de la table présente d'un coup-d'œil tous les articles de ce volume, avec leurs nombreuses soudivisions. Ainsi, *Accommodement* a vingt-quatre chapitres; *Accroissement* quarante-quatre; *Accusation* cent huit; *Acquêt* cinquante-six; *Acte* trente; *Adjudication* cinquante-quatre; *Administration* trente-huit.

4°. Ce n'est donc pas une compilation brute & aveugle, semblable aux lambeaux découverts après la mort d'un auteur, & rassemblés pour faire des volumes. Ce sont des traités aussi complets que le permettent la nature de l'ouvrage, & l'état de la jurisprudence. On trouve la définition, les différens droits, la jurisprudence, les questions principales, les rapports & les renvois, par le secours desquels, parcourant plusieurs articles analogues, on suit le labyrinthe. Ce n'est pas tout. Mais qui peut & ose tout dire?

5°. Il y a dans l'arbre de la jurisprudence de grands articles. Ce sont les troncs d'où sortent une infinité de branches, de rameaux & de feuilles. C'est sous ces mots qu'il m'a paru commode, intéressant, nécessaire de rassembler les grands principes, seve nourriciere des branches. Ainsi, sous le mot *Administration*, disparu de nos livres pendant deux siecles, se trouvent les loix & les vues générales de toutes les administrations secondaires, connues sous tant de noms divers. Ainsi, en suivant l'*Accusation*, l'*Accusateur* & l'*Accusé* dans leur marche, nous encadrons *les plus grandes questions* du droit criminel, avec sa procédure. Excepté les mots *Délit* ou *Crime*, *Peine* ou *Supplice*, qui offrent tant à dire dans la spéculation, il reste peu en jurisprudence. Par-là, notre marche qui semble tardive à l'aspect de l'alphabet, est plus avancée qu'on ne pense.

6°. Nous venons de parler de *grandes questions* : or nous traitons avec étendue & courage celles qui nous paroissent mériter ce titre, non par leur difficulté, mais par leur importance réelle, par l'influence qu'elles ont sur la législation, l'ordre & la justice. De ce nombre sont la plupart de celles du droit naturel, du droit des gens, du droit de la guerre, du droit criminel & du droit public. L'état ou nous trouvons ce droit public ne nous effraie point : nous le cultivons pour lui & pour le droit privé lui-même : car le droit privé se cache sous la protection du droit public, & n'existeroit pas sans lui, comme dit le chancelier Bacon. (*e*)

Sur le second objet, qui est de rendre à la jurisprudence son caractere primitif, il suffit de lire sa définition : *La jurisprudence est la science des choses divines & humaines, la connoissance du juste & de l'injuste.* (*f*) II. OBJET.

Le législateur romain disoit : « Les jurisconsultes sont les » prêtres de la justice ; ils l'aiment, la suivent, l'adorent & » la font aimer par-tout ; séparant sans cesse le juste de » l'injuste, desirant de rendre les hommes heureux & bons » par la crainte & par les récompenses, & enseignant ainsi » la vrai philosophie. » (*g*)

Il disoit encore : « Puisque les loix statuent sur la fortune, » l'honneur & la vie de tous, elles doivent donc être entendues

---

(*e*) JUS PRIVATUM SUB TUTELA JURIS PUBLICI LATET : *lex enim cavet civibus, magistratus legibus, magistratuum autem auctoritas pendet ex majestate imperii & fabricâ politiæ, & legibus fundamentalibus. Quare si ex illâ parte sanitas fuerit & recta constitutio, leges erunt in bono usu ; sin minus, parum in his præsidii erit.* (Baconi serm. fid. LXI. aph. 3.) Grande vérité que nous semblions avoir oubliée.

(*f*) *Jurisprudentia est divinarum, atque humanarum rerum notitia, justi atque injusti scientia.* L. 10, § 2, D. de just. & jure.

(*g*) *Cujus meritò quis nos* SACERDOTES *appellet ; justitiam namque colimus, & boni & æqui notitiam profitemur ; æquum ab iniquo separantes ; licitum ab illicito discernentes, bonos non solùm metu pœnarum, verùm etiam præmiorum quoque exhortatione efficere cupientes ; veram (ni fallor) philosophiam non simulatam affectantes.* L. 1, § 1, de just. & jure.

» par tous; afin que tous puissent éviter ce qu'elles défendent, » suivre ce qu'elles permettent, & en faire la regle de leur » conduite. (*h*)

A-t-on rempli ces préceptes, gravés d'ailleurs par la raison dans tous les cœurs; si la jurisprudence est telle que la peignoit Dumoulin, telle que la vit Muratori, quand il en abandonna l'étude, comparant le jurisconsulte au malheureux qui tourne & retourne sans cesse autour du poteau, instrument de son supplice?

Peut-on faire aimer & respecter la justice, tant que, seulement entendus par ses ministres, ses oracles & ses loix seront écrits dans une langue inintelligible; tant que l'innocence pourra être impunément égorgée; tant que l'on verra les femmes enfermées & jugées sans être défendues; (*i*) tant que l'on refusera aux accusés ce conseil, que le président de Lamoignon réclamoit *en vertu de cette loi naturelle qui est au dessus de toutes les loix humaines?* (*k*)

L'affreuse lumiere que répandent ces tristes vérités a frappé tous les yeux. On a rougi, & de toutes parts, l'on essaie de rendre à la justice son caractere primitif, sa simplicité, son éclat & sa bienfaisance. Dans ce concours universel, malgré sa foiblesse, tâcher aussi de fournir sa mise, seroit-ce donc un crime?

III. OBJET. *Le troisieme objet*, consiste, à ajouter à *ce qui est*, quelquefois encore *ce qui paroît pouvoir ou devoir être.* L'accueil fait au premier volume, autoriseroit à négliger l'opinion particuliere. Nous supplions encore de considérer qu'après les ravages de la féodalité, de la barbarie & de l'ignorance, si les écrivains n'avoient pas eu le courage d'affronter la critique, & de franchir le cercle étroit où ils étoient renfermés, nous

---

(*h*) *Leges sacratissimæ quæ constringunt hominum vitas, intelligi ab omnibus debent; ut universi prescripto earum manifestiùs cognito, vel inhibita declinent, vel permissa sectentur.* L. 9, C. de legibus.

(*i*) Voyez au mot *Accusation*, le n°. 71; *Femme accusée*, pag. 375; & au mot *Administration*, le n°. 24 de l'administration des femmes.

(*k*) Voyez ce que dit ce grand magistrat lors de la rédaction de l'ordonnance de 1670, au mot *Accusation*, n°. 101, pag. 435, colon. 1.

ſerions plus barbares que nos peres. Nous conjurons de ſentir que dans les jours heureux où nous avons le bonheur d'écrire, après tout ce qui a paru, ſi nous oſions réſiſter à l'impulſion univerſelle, toute la grace que nous mériterions, ſeroit de n'être pas lûs.

Si ces réflexions ne ſuffiſent pas, nous ajouterons l'opinion des plus grands magiſtrats, le vœu des tribunaux, & la loi même.

1°. Préambule de l'ordonnance des donations de 1731 : « La juſtice devroit être auſſi UNIFORME dans ſes jugemens, » que la loi eſt une dans ſes diſpoſitions ; & *ne pas dépendre* » *de la différence des temps & des lieux*, comme elle fait gloire » d'ignorer celle des perſonnes. Tel eſt l'eſprit de tous les » légiſlateurs, & il n'eſt *point de loi qui ne renferme le vœu* » *de la perpétuité & de l'uniformité.... Notre amour pour la* » *juſtice*, dont nous regardons l'adminiſtration comme le pre- » mier devoir de la royauté, ne nous permet point de tolérer » plus long-temps une *diverſité de juriſprudence qui produit de* » *ſi grands inconvéniens.* »

2°. Ne peut-on pas dire de la *juſtice* & de la *juriſprudence* ce que le parlement de Dijon diſoit de l'adminiſtration, dans ſes belles remontrances, au ſujet de la déclaration du 28 mars 1764 ? .... « *C'eſt un terme ſi vague, ſi générique.....* » *LA VÉRITÉ, l'unique objet de la recherche de tout eſprit* » *raiſonnable, ne parvient à l'évidence qu'après avoir ſubi l'épreuve* » *de la contradiction.... Ce n'eſt qu'en examinant* LE BIEN » ET LE MIEUX, *qu'on peut arriver au réſultat le plus utile....* » *D'ailleurs, l'*INSTRUCTION PUBLIQUE EST-ELLE A NÉ- » GLIGER (*l*)*? Le plus ſûr garant de la parfaite exécution des* » *loix, eſt l'intime conviction de la part des peuples qu'elles leur* » *ſont favorables....* DE QUELQUE PART *que viennent les* » *vues utiles à la patrie, le parlement n'aura pas moins de* » *ſatisfaction à les adopter, qu'il en auroit ſenti à les préſenter* » *comme ſiennes.* »

(*l*) Ce n'eſt pas un doute dans les capitulaires, c'eſt une loi fondamentale. *DOCENDUS EST POPULUS, NON SEQUENDUS.* (*Lib. 7, cap. 50, tom. 1, pag. 1038, edit. Baluzii.*)

3°. Après le rétablissement de la justice, le 12 novembre 1774, M. de Lamoignon de Malesherbes, dans sa harangue à la cour des aides, dit entr'autres :

« Une vertu qui est la base de toutes les autres, & qui » dans ce moment doit être l'*UNIQUE MOBILE de toutes les* » *actions* des magistrats, je dirai plus, de celle DE TOUS LES » FRANÇOIS, c'est l'AMOUR DU BIEN PUBLIC. »

« Ne perdons point un *moment précieux*, qui doit devenir » l'époque la plus heureuse de cette monarchie. *Un jeune roi* » est monté sur le trône avec *un ardent amour pour la vérité,* » *& le courage nécessaire pour l'entendre*. Ayons celui de la lui » faire parvenir. »

« NE REGARDONS AUCUN OBSTACLE COMME INSURMONTABLE : » croyons au contraire, que celui qui vient de rendre au » peuple ses juges légitimes, ne voudra point mettre d'entraves » à leur zele. LA JUSTICE EST DANS LE CŒUR DU ROI, LA » NATION A TOUT A ESPÉRER. . . . »

« Pourrions-nous voir avec indifférence, pourrions-nous » regarder comme étrangers pour nous aucuns des abus sous » lesquels gémit notre patrie? . . . . Un roi qui cherche la » lumiere, seroit-il condamné à marcher dans les ténebres, » au milieu d'une nation éclairée & réduite au silence? . . . . »

« Dans d'*autres temps*, notre unique emploi étoit l'exécution » littérale des *loix positives*; & cette *observation stricte des loix* » est encore notre *seul devoir en qualité de juges*. . . . Mais » aujourd'hui, quand nous plaiderons en présence du roi lé- » gislateur la cause de la nation, *porterons-nous le respect pour* » *les loix actuellement existantes*, jusqu'à n'oser faire connoître » ce qu'elles peuvent contenir d'ABUSIF, de DUR, ou même » d'INJUSTE? . . . . »

« La réformation générale des abus exige, sans doute, & du » temps & de grands travaux. Attendons-la sans murmurer : » *Le cœur du roi nous en est garant.* »

DICTIONNAIRE *DE JURISPRUDENCE* ET DES ARRÊTS.

ACCOMMODEMENT, ACCORD.

(Droit divin, Droit eccléſiaſt. Droit publ. Dr. crim. Dr. fiſc. Dr. priv.)

1. J'AIME à commencer par ces mots un volume de juriſprudence. C'eſt le pilote qui ſauve des écueils & conduit au port. Diſons d'autant plus que ceux qui nous ont précédés, n'ont rien dit, ou ont été très-laconiques. *Accommodation* ſe trouve dans nos vieux auteurs pour *accommodement*, & n'eſt plus d'uſage. *Arrangement* eſt encore ſynonyme d'*accommodement*, mais il ſignifie plutôt, qu'on ne s'étoit pas entendu, ou l'ordre que l'on a mis.

Accord peut être pris en deux ſens. Il ſignifie conſentement, union d'eſprit, conformité de volonté. Il ſignifie encore l'action par laquelle on termine un différent, & alors il eſt ſynonyme d'*accommodement*, & vous trouvez plutôt ce mot, *accord*, dans nos ordonnances, nos arrêts & nos auteurs.

En juriſprudence, *accommodement* & *accord* ne ſont pas exactement ſynonymes avec tranſaction, quoiqu'ils aient beaucoup de rapports. L'*accommodement*, l'*accord*, ſont la penſée, la volonté, l'action. La *tranſaction* eſt l'acte, le ſigne, la preuve écrite. Voyez *Tranſaction*.

MAUVAIS ACCOMMODEMENT VAUT MIEUX QUE BON PROCÈS. Maynard, *tom. 1, liv. 5, chap. 63, pag. 779.*

Cet adage ancien eſt gravé par l'expérience dans la tête de tous les gens d'affaires, & par le ſentiment dans le cœur de tous les gens de bien. Le jurisconsulte sage & honnête le répete sans cesse. Le magistrat le prononce en vain : c'est un précepte de la religion chrétienne, & ses ministres ne sauroient assez le développer.

Droit divin.

2. C'est dans le sermon sur la Montagne, que JESUS enseignant aux peuples sa morale sublime, s'exprimoit ainsi : . . . « Si quelqu'un veut plaider avec vous pour avoir votre habit, cédez-le, & joignez-y plutôt votre manteau. . . . . Pendant que votre adversaire vous conduit au tribunal, hâtez-vous de vous accommoder avec lui, afin qu'il ne vous défere pas au juge, que celui-ci ne vous livre pas à son officier, & ne vous envoie pas en prison. Je vous le dis, en vérité, vous n'en sortirez pas sans être ruiné. » *Esto consentiens adversario tuo citò, dum es in viâ cum eo, ne fortè tradat te adversarius judici, & judex tradat te ministro, & in carcerem mittaris. . . . Amen dico tibi ; non exies inde, donec reddas novissimum quadrantem. . . . Et qui vult tecum judicio contendere, & tunicam tuam tollere, dimitte ei & pallium.* Matth. *cap. 5, v. 25, 26, v. 40.*

Il n'y a rien d'aussi fort dans toutes les loix humaines, comme si leurs rédacteurs avoient craint de diminuer leurs fonctions.

Confucius avoit dit : « je puis tout comme un autre, saisir & juger les affaires ; mais ce qui seroit NÉCESSAIRE, ce seroit de faire que le peuple & tous les individus s'honorassent & s'aimassent assez pour n'avoir jamais de procès : grande & sublime vue de tout législateur ! » . . . . *Confucius dicebat : audire & decidere lites ego possum, perinde ac alius quilibet homo ; verùm quod foret* NECESSARIUM, *esset efficere ut populus cæterique homines mutuo sese honore & amore prosequentes, abstinerent à litibus, quod utique majoris faciendum ! . . . .* Confucius Sinarum philosophus, sive scientia sinensis, &c. Paris, Horthemels, 1687, *in-fol. lib. 1, pag. 12.*

Le code des Gentoux, page 14, dit seulement : le *magistrat* ; (le souverain) *tentera d'abord avec l'ennemi un accommodement de paix :* c'est le conseil de la foiblesse indienne ; mais il n'y a pas un seul mot sur l'*accommodement* des procès, qui rendent au magistrat des amendes, au juge des épices, au procureur (*Wakeel*) des frais.

La loi d'Athenes louée sans cesse par Démosthene, & que Samuel Petit place au liv. 4, tit. 4, *de Judiciis*, impose seulement au juge l'obligation de ratifier l'*accommodement* fait entre les parties. *Quæcumque alter cum altero, volens cum volente, coram testibus, pactus fuerit, rata sunto.*

La septieme loi des douze Tables prescrivoit aussi aux magistrats de Rome la seule obligation de ratifier l'accord que les plaideurs auroient fait en chemin. *ENDO VIA. REM. UTI. PAÏCUNT. ORATO.* Et nous qui nous sommes tant civilisés, qui avons acquis tant de lumieres, qui avons entassé tant de loix, nous chrétiens, qu'avons-nous statué pour déterminer, faciliter & assurer les *accommodemens?*

Droit ecclésiastique.

3. Le savant Antoine Augustin, dans son épitome, *lib. 29, tit. 3, 4 & 5*, a recueilli tous les canons qui ordonnent aux ecclésiastiques de vivre dans la paix, d'éviter les querelles & les procès.

Les décrétales des papes mirent à ces *accommodemens* quelques exceptions conformes au droit romain. *Ex parte tuâ* POTERIS *etiam ad* COMPONENDUM *interponere partes tuas, & interdum aliquid severitati detrahere, prout (statu imperii & excedentium multitudine providâ deliberatione pensatis) videris expedire,* EXCEPTIS *nimirùm casibus qui* COMPOSITIONIS *sive dispensationis remedium non admittunt ; ut pote conjugii ſacramentum*. Decret. Greg. IX, lib. 1; tit. 36, de tranſactionibus, cap. 11.

Le chapitre 7 du même titre ne permet pas de tranſiger ſur le poſſeſſoire d'un bénéfice, parce qu'on ne peut traiter d'une choſe ſacrée & ſpirituelle; mais il autoriſe un *accommodement* gratuit. *Super eo quod quæſiviſti utrùm de eccleſiaſtico beneficio in litigium deducto poſſit fieri* TRANSACTIO, *tale damus reſponſum, quod* TRANSIGI *ſuper re ſacrâ & litigioſâ non poteſt : etenim res ſacræ ut poſſideantur aliquo dato vel retento ſive promiſſo, ſpeciem credimus habere ſimoniæ. Aliàs ſi gratis & amicabiliter inter ſe litigantes* COMPONANT, *ſacris canonibus nequaquàm dicimus obviare.*

Les canons & le précepte de l'évangile furent quelque temps obſervés. Les eccléſiaſtiques ne ſe bornoient pas à *s'accommoder* entr'eux; ils étoient les médiateurs des querelles & des procès de tout le monde. Si l'on ſuit avec attention la marche de la légiſlation & de la juriſprudence, ſur-tout les capitulaires; on reconnoît que ces conciliations légales ont été la ſource de la juriſdiction eccléſiaſtique, du crédit, de la conſidération, & de cette fortune du clergé, qui faiſoit déja dire à Chilperic: « notre fiſc eſt appauvri; nos richeſſes ont paſſé au clergé, les évêques regnent ſeuls, & nous n'avons plus d'autorité : » *ecce pauper remanſit fiſcus noſter; ecce divitiæ noſtræ ad eccleſias ſunt tranſlatæ, nulli penitùs, niſi ſoli epiſcopi regnant: periit honor noſter & tranſlatus eſt ad epiſcopos civitatum.* Greg. Tur. lib. 6, cap. 46, pag. 324, *édit. Ruinart.*

L'abbé Fleury dans ſes inſtitutions au droit eccléſiaſtique, *tom. 2, chap. 2, pag. 17 & 18*, eſſaie de peindre cette juriſdiction amiable. « Les jugemens eccléſiaſtiques, dit-il, s'exerçoient ainſi. L'évêque étoit aſſis au milieu des prêtres, comme un magiſtrat aſſiſté de ſes conſeillers. Les diacres étoient debout comme des appariteurs ou miniſtres de juſtice. Les parties qui avoient quelque différent ou qui étoient accuſées de quelque crime, ſe préſentoient ou s'expliquoient elles-mêmes. L'affaire étoit terminée ſommairement & ſans formalité judiciaire. Le juge s'appliquoit ſeulement au fond, non ſeulement à décider ce qui étoit juſte, mais à en perſuader les parties, & leur ôter toute aigreur, toute animoſité; à les guérir de l'avarice & de l'attachement aux biens temporels. Ainſi en uſoit St. Auguſtin dans les arbitrages. » . . . Ce qui doit, (ajoute Fleury, *chap. 5, page 52*), « conſoler les évêques de voir leur juriſdiction réduite à des bornes ſi étroites, eſt que, dans ſon origine, & ſuivant l'eſprit de l'égliſe, elle ne conſiſtoit pas à faire plaider devant eux, mais A EMPÊCHER DE PLAIDER. »

Cet *eſprit de l'égliſe* étoit ſans doute inconnu, lorſque Louis XI, diſant à Miles d'Iſler, évêque de Chartres: *je veux accommoder tous vos procès;* ce prélat oſa répondre: Sire, je ſupplie votre majeſté de m'en laiſſer du moins vingt ou trente pour mes menus plaiſirs. Montagne étoit bien un autre homme, quand il ſe félicitoit d'avoir été *vierge de procès, rare grace du ciel*, liv. 3.

Ce goût détermina la France à demander dans l'un des articles de réformation envoyés au concile de Trente, que les procès eccléſiaſtiques fuſſent terminés, ſous différentes peines, par ACCORD, & par des médiateurs ou arbitres choiſis par eux ou par l'évêque. Il faut voir dans la 19 ſeſſion de ce concile, (14 mai 1562), le fameux diſcours de Pibrac, préſident au parlement de Toulouſe, l'un de nos ambaſſadeurs. « Ce diſcours, dit *Frapaolo*, autant que l'on peut en juger par les apparences, ne plut pas à quelques-uns des légats, ni à pluſieurs d'entre les peres, parce que Pibrac avoit paſſé les bornes du *compliment* : de ſorte que le promoteur ne ſachant que dire, les peres, contre la coutume, ſe leverent, ſans y faire aucune réponſe. » *Hiſt. du conc. de Trente, p. 489.*

Cette tentative du gouvernement paroît avoir été la derniere, & n'a trouvé aucune place dans l'édit de 1695, concernant la jurisdiction ecclésiastique : Louis XIV ne s'occupa que des accommodemens entre les gentilshommes.

Nous n'en avons pas moins vu des évêques, des curés, des ecclésiastiques de tous les ordres, garder le précepte de l'évangile ; aller plus loin, rapprocher les parens, appaiser les dissentions, couvrir du voile de la charité & de la religion les désordres & les excès, dont l'éclat scandaleux infecte trop souvent le temple de la justice. Avec de tels pasteurs, les campagnes oublient jusqu'au nom de procès, & les villes fuient cette affreuse discorde qui est le tombeau de tout bien public. Eh ! à qui ces fonctions sublimes & charitables conviennent-elles mieux qu'aux ministres de cette religion qui, la premiere, a ordonné le pardon des offenses ; aux disciples de celui qui a dit, que ceux qui procurent la paix, sont les enfans de Dieu ? La multitude oiseuse rit des querelles. Nos familles ne sont plus organisées. Les compagnies n'ont trop souvent que l'esprit de corps. L'amitié est personnelle. L'autorité a ses bornes. Le magistrat juge. Le jurisconsulte discute. L'homme d'affaires vit des affaires. C'est au pasteur à se montrer comme l'ange de paix : il ne sera jamais repoussé, & cette occupation extérieure sera la plus douce, comme la plus utile des obligations que l'évangile lui impose.

DROIT ROMAIN.

4. Les mots *accommodement*, *accord*, répondent à ce que les Romains entendoient par *compositio*, *pactum*, qu'ils faisoient venir de *pace*, & qu'ils prenoient ainsi dans un autre sens que *conventio*.

Le premier de nos arrêtistes, *Jean le Coq*, semble avoir ignoré la valeur de ces mots dans son jargon. *Pars non potest venire contra* ACCORDUM *factum sub conditione, si placeat curiæ, ante curiæ placentiam.* QUÆST. 210. *Quando accordum non est passandum. Quando accordum sit passandum. Quæst.* 248 & 385.

Les titres *de pactis D.* 2, 14, *C.* 2, 3, *C. th.* 2, 9, sont remplis de décisions relatives aux accommodemens.

La racine de toutes ces loix est celle des douze tables que nous avons citée. Carondas la place la huitieme. J. Godefroy dans sa belle édition de Leyde, de 1733 *in-folio*, la divise en trois parties. M. Terrasson, dans son histoire de la jurisprudence romaine, pages 99 & 100, s'écarte encore de Godefroy. Nul ne présente mieux cette loi fameuse que le célebre Noodt, dans son traité *de pactis & transactionibus*, cap. 1, tom. 1, pag. 399 & 400, édit. Th. Haack, 1767, fol. « Avant, dit-il, de s'appeller en justice, on tentoit presque toujours les voies de l'accommodement, & l'on assembloit de part & d'autre quelques amis qui tâchoient de terminer le différent à l'amiable ; si l'on n'avoit pu réussir à accorder les parties, l'affaire se portoit devant le juge. » Il prouve par les jurisconsultes contemporains & sur-tout par Cicéron, qu'il y avoit deux manieres d'obtenir ce qu'on avoit droit de demander. *Duæ experiundi viæ, una summi juris, altera intra parietes.* Si l'on prenoit la premiere, on pouvoit sans action préliminaire, conduire sa partie adverse devant le juge, à moins qu'elle ne donnât caution. Quand on prenoit la seconde, on faisoit des propositions d'arrangement, & souvent on laissoit le temps de les examiner. *Posteriore solebat actor reo actionem edere ant: in jus vocationem, sæpe etiam pactionum conditiones offerre, aliquando de eis deliberandi facultatem & tempus permittere.* NOODT ajoute que ceux qui prenoient le premier parti, usoient de la rigueur du privilege que leur accordoit la loi ; mais que ceux qui prenoient le second, agissoient avec plus d'humanité : *ita potuit actor dare humanitati, nec minùs licuit ei aliter agere summo jure.* Les derniers ne compromettoient point leurs droits par les offres d'accommodement, parce que si la médiation étoit vaine, il restoit toujours le droit de recourir au magistrat : *humanior igitur erat posterior agendi via, eo quod hanc ingressus, reum non statim in jus vocabat, sed ei priùs edebat actionem : etiam sæpè ei denunciabat diem ac locum quo per utriusque amicos de transactione & pactione tractaretur ; ac si frustrà tentata videretur, tum demum quod necesse erat ad vadationem vel in jus vocationem veniebat.*

Au reste, les loix romaines & leurs commentateurs laissent pour constantes quatre vérités. 1°. Que l'on pouvoit s'accommoder même en allant au tribunal ENDO VIA. 2°. Que quand l'accord étoit avoué ou fait devant témoins, le juge étoit obligé de lui donner la sanction. 3°. Qu'il falloit dans ceux qui s'accommodoient la même capacité que pour toutes les conventions en général. 4°. Que l'on pouvoit se concilier dans toutes les affaires du droit privé ; que celles du droit public étoient seules exceptées, & ne pouvoient se terminer qu'en jugement. *Jus publicum privatorum pactis mutari non potest.* Leg. 38. D. de pactis.

Ainsi, dans le droit criminel qui fait une partie si essentielle du droit public, les parties pouvoient d'autant moins s'accommoder, qu'il n'y avoit point de ministere public chargé de poursuivre les délits ; alors on déclaroit l'accusateur calomniateur & l'accusé convaincu. La loi 17, § 1, D. *de pactis*, forme une exception : *Quædam actiones per pactum ipso jure tolluntur : ut injuriarum item furti.* Sans doute parce que les romains rangeoient l'injure personnelle & le vol particulier dans le droit privé : & avoient-ils tort ?

La politique & l'intrigue républicaines inspiroient & soutenoient les grandes accusations, qui avoient pour but d'éloigner un candidat ; de déconcerter une faction ; de faire briller l'avocat soit en accusant soit en défendant ; & dans les plaidoyers de Ciceron parvenus jusqu'à nous, vous n'en trouvez que deux sur les matieres de droit privé ; celui pour *Publius Quintius*, où Ciceron soutenoit que *Nævius* avoit été irréguliérement envoyé par le prêteur en possession des biens de *Quintius*, & celui pour *Aulus Cæcina*, pour un droit de succession qui dépendoit d'un point fort subtil de la loi.

Mais la constitution politique de Rome tendoit merveilleusement à prévenir le plus grand nombre des procès. Dès les commencemens de la république, les Patriciens s'étoient emparés de la jurisprudence, qu'ils avoient chargée de formules & de subtilités, afin d'en éloigner les Plébéiens ignorans & occupés. Les *patrons*, obligés d'être gratuitement les *avocats* de leurs cliens & de leurs amis, devoient le plus souvent préférer de les accommoder. Chacun vouloit être jurisconsulte, chacun érigeoit dans sa maison un tribunal volontaire qui augmentoit le crédit & la confiance. Il faut voir dans Ciceron & dans Horace, comment on se faisoit gloire de passer même une partie de la nuit à concilier des différens & à accommoder des procès.

Romæ diù dulce fuit, & solemne reclusâ
Manè domo vigilare, clienti promere jura.
Horat. *lib.* 2, *epist.* 1, *vers.* 103.

C'est de là que sont sorties ces réponses des plus habiles jurisconsultes, recueillies dans le digeste, & qui contiennent les meilleures loix romaines.

La religion ajoutoit à ces institutions politiques. La concorde avoit un temple, & le plus beau monument élevé à César, fut cette colonne où le peuple alloit le pleurer, offrir des vœux & terminer ses différens, en jurant par César *pere de la patrie.* C'étoient les beaux jours de Rome ; mais tout fut perdu, quand un empereur eut calculé ce qu'il gagnoit en jugeant des procès. Tout fut perdu, quand on exigea des plaideurs, le quarantieme de la somme en litige, & quand CE FUT UN CRIME DE S'ACCOMMODER. *Pro litibus atque judiciis ubicùmque conceptis, quadragesima summæ de quâ litigaretur : nec sine pœna, si quis* COMPOSUISSE, *vel donasse negotium convinceretur.* Suet. in Caligulâ 40.

DROIT FRANÇOIS.

5. Le mot de *COMPOSITION* (de *componere*) passa des loix romaines dans nos loix saliques & ripuaires, qui tarifsoient l'honneur & la vie. Ces loix bizarres, la jurisdiction ecclésiastique, l'administration de la justice établie par les capitulaires, la treve de Dieu; tous ces foibles ressorts d'un gouvernement ignorant & barbare, ne valoient pas des mœurs douces & une bonne législation. On recommandoit en vain aux intendans d'accommoder les procès dans les campagnes, afin de ne point dérober à la culture le temps que le sujet du fisc eut employé à suivre son procès devant le plaid. *Ipsi servo nostro pro hâc fatigare non permittat. Chart. de villis, art. 29.*

Charlemagne dans ses capitulaires de 819, art. 22, disoit « si quelqu'un ne veut pas recevoir pour la composition du crime le prix fixé par les loix, qu'on nous le fasse amener, & nous l'enverrons en lieu où il ne pourra faire du mal à personne; pareillement si quelqu'un ne veut pas payer cette composition pour racheter la haine qu'on lui a jurée, nous l'enverrons en lieu où il ne pourra être l'occasion de nouveaux dommages. » Mais aux plaids d'Attigny & de Francfort, sous Charles-le-Chauve, les grands disoient: nous nous accorderons ou nous nous battrons. La législation étoit insuffisante, l'autorité étoit nulle.

Le gouvernement féodal qui suivit, amena le désordre, & opposa aux accommodemens les plus grands obstacles, par l'usurpation de la justice que s'attribuerent les seigneurs, & par l'établissement du *Fredum*, d'où nous avons tiré le mot *frais*. A l'exemple des romains corrompus, le fisc de chaque seigneur-juge voulut avoir sa portion de la somme en litige, & souvent encore ce fut un crime de s'accommoder. Passons ces fiecles de barbarie & de ténebres., & cherchons les loix modernes.

Ordonnances & réglemens.

ORDONNANCE de décembre 1363, art. 4. *Si quis à dicto seu pronuntiatione arbitrorum ARBITRATORUM amicabilium compositorum ad arbitrium boni viri duxerit appellandum, non licet appellanti præfatam nostram curiam pro viro bono eligere, nisi partes aut ipsarum altera de jure suo debeat inibi litigare; quod si per importunitatem aut aliàs subreptitiè adjornamentum obtinent, sive sit in causâ appellationis sive reclamationis ad curiam nostram, & omisso medio interjectæ, sive aliâ causâ quæ jure suo ad curiam nostram non debet ventilari, cognito de subreptione, aut impetrantis importunitate summariè & de plano partem audiendo, quamlibet semel, vel bis, si hoc curiæ videatur per curiam nostram, ipsæ partes ad ordinarium vel omissum judicem, coram eo, sicut rationis est processuræ remittantur, & pars impetrans in expensas adversarii condemnetur ni curia ipsa viderit ipsam ab expensis ex causâ justâ relevandam.*

ORDONNANCE de Charles VII, de 1453, art. 121. « Voulons & ordonnons, que nos avocats & procureurs voient & visitent les *accords* qui seront apportés pour passer en nos cours; tant en notre cour de parlement, que de nos baillis, sénéchaux & autres, & les passent & consentent franchement ou les débattent, s'ils voient que faire se doive, sans aucune chose en prendre des parties ne d'aucune d'icelles. »

ORDONNANCE de Charles VIII, de juillet 1493, art. 85. « Commandons à nosdits avocats & procureurs que de tous les prisonniers soit fait registre ès greffes, chacun à son égard, & aussi qu'ils fassent appeller au jour dudit élargissement toutes les deux parties, si metier est, afin de savoir & connoître que lesdites parties auront fait, & si elles ont appointé ensemble, de voir *L'ACCORD*, pour y garder notre droit & celui de justice. »

ORDONNANCE de François I, de 1535, ch. 2, art. 12. « Semblablement s'il advient que des procès étant en notredite cour ou autres, les parties soient d'ACCORD, & qu'ils demandent lesdits *accords* être autorisés par notredite cour, nous ordonnons qu'ils soient communiqués à notredit avocat & procureur, pour les voir & être par eux consentis *franchement* ou débattus, s'ils voient que faire se doive, sans en prendre aucune chose des parties ne d'aucune d'icelles. »

ORDONNANCE de 1535, ch. 12, art. 30. « Toutes parties qui compromettront en *arbitres ARBITRATEURS* & *AMIABLES COMPOSITEURS*; & chacun d'eux avec adjection de peines, après que sentence sera donnée par lesdits *arbitres ARBITRATEURS*, ou *AMIABLES COMPOSITEURS*, la partie prétendant être grevée pourra recourir ou appeller au juge ordinaire; & si par le juge ordinaire desdits arbitres arbitrateurs ou amiables compositeurs, ladite sentence est confirmée; en ce cas ne sera reçue la partie à appeller de ladite sentence, sinon en payant préalablement la peine apposée en l'arbitrage, sauf toutefois à icelle recouvrer, s'il est dit en fin de cause. »

ORDONNANCE de Henri III, de mai 1579, art. 284. « Enjoignons à nosdits procureurs faire informer diligemment & secrettement contre les seigneurs gentilshommes, qui de leur propre autorité ont ôté & soustrait les lettres, titres, & autres enseignemens de leurs sujets, pour s'accommoder des communes dont ils jouissoient auparavant, ou *sous prétexte d'ACCORD, les ont FORCÉS de se soumettre à l'avis de telles personnes que bon leur a semblé*, & en faire poursuite diligente; déclarant dès-à-présent telles soumissions, compromis, transactions ou sentences arbitrales *ainsi faites*, de nul effet. »

ÉDIT d'août 1660. François, &c. *Le desir que nous avons de faire vivre en paix & repos nos sujets, nous fait penser tous les jours nouveaux moyens, comme nous puissions EMPÊCHER LA NAISSANCE DES PROCÈS, ET AUSSI-TOT QU'ILS SONT MUS, LES ÉTEINDRE.* Et d'autant qu'il n'y a rien qui plus enrichisse les villes, pays & royaumes que le trafic de marchandises, lequel est appuyé & reposé entiérement sur la foi des marchands, qui le plus souvent besognent de bonne foi entr'eux, sans témoins & notaires, sans garder & observer les SUBTILITÉS DES LOIX; dont s'ensuit qu'*aucuns cauteleux & malicieux, au lieu de payer ou faire ce qu'ils ont promis, travaillent par procès* ceux avec lesquels ils ont négocié, & les distrayent de leurs marchandises; tellement que l'assurance & confiance des uns aux autres est par ce moyen tollue, & le train de marchandises diminué & anéanti. Pour à quoi obvier & remédier . . . . . ordonnons QUE dorénavant *nuls marchands ne pourront tirer par procès les uns les autres*, pour fait de marchandises pardevant nos juges ou autres, ains seront *contraints d'élire & S'ACCORDER* de trois personnes, ou plus grand nombre, en nombre impair, si le cas le requert, marchands ou d'autre qualité, & se rapporter à eux de leurs différends, & *ce qui sera par eux jugé & arbitré tiendra comme TRANSACTION OU JUGEMENT SOUVERAIN*, sans qu'il soit loisible de contrevenir à icelui par opposition ou appel ou autrement. Et seront tenus les juges, à la requête des parties, mettre ou faire mettre à exécution tels jugemens sommairement & de plein, & *sans figure de procès*, comme s'ils étoient donnés par eux. Et où lesdites parties ne voudroient ou pourroient convenir desdits personnages, en ce cas le juge ordinaire des lieux *les y contraindra*, & au refus ou délai de les nommer, les choisira & nommera, sans que les parties soient reçues à appeller de ladite nomination. Et parce qu'en matiere de *partages & divisions*, *il est besoin* de prendre arbitres pour diviser & partir commodément lesdits héritages & bailler soutes & récompenses, qui est *chose plus de fait que de droit*, & aussi *pour entretenir amitié & paix entre proches parens*, nous ordonnons par ces présentes qu'ès divisions & partages de successions & biens communs de pere & mere, aïeuls & aïeules, enfans & enfans des enfans, freres, sœurs, oncles & enfans des freres & sœurs, & aussi pour compte de tutelle & AUTRES ADMINISTRATIONS, restitution de dot & douaire d'entre lesdites personnes, seront les parties majeurs d'ans tenus élire & nommer de bons & notables personnages jusqu'à trois, leurs parens, amis ou voisins; par l'avis desquels sera procédé auxdits partages & divisions, reddition desdits comptes & restitution de dot ou délivrance de douaire; & ce qui sera fait par eux aura *force de chose jugée* & mis à exécution par les juges des lieux, nonobstant opposition ou appellation quelconque, & sans préjudice d'icelles. Mais ne sera reçu l'appel que préalablement lesdits partages ne soient entiérement exécutés, lequel ressortira à droit & immédiatement en la cour de parlement où les parties sont demeurantes; & où l'une des parties sera dilayante ou refusante de *s'accorder* d'arbitres ou d'*arbitrateurs*, en ce cas y sera *contrainte* par lesdits juges, ainsi que dessus. »

J'ai transcrit en entier cette loi, qui se rapporte aussi aux mots *arbitre* & *arbitrateur*, parce que le législateur s'y croit pour le bien public autorisé à *contraindre* les parties de *s'accorder* sur le choix même des *arbitrateurs*, qui ne sont que d'amiables *compositeurs*, parce qu'elle est l'ouvrage de ce L'hôpital que le président Henault appelle avec raison un *grand magistrat & un de nos plus grands jurisconsultes*. Quel a été le sort de cette ordonnance? Celui de tant de bonnes loix. La disposition relative au commerce, a été modifiée par l'article 9 du tit. 4 de l'ordonnance de 1673, qui restreint aux associés la nécessité de stipuler l'obligation de s'en rapporter à des arbitres, n'assujettit les juges à en nommer que sur la requisition de l'une des parties & le refus de l'autre, & ne parle plus d'*arbitrateurs*. A l'égard de la disposition qui regarde les familles, toute intéressante qu'elle est, & quoiqu'elle n'ait pas été abrogée par une loi postérieure, ne peut-on pas dire qu'elle est tombée en désuétude?

ARRÊT du parlement de Toulouse du 12 mai 1628, qui décharge les habitans d'Avensac de payer au seigneur; savoir, quatre deniers pour chaque introduction d'instance, & deux sols pour livre des condamnations. La cour, dit le magistrat arrêtiste, regarda la coutume d'Avensac, qui obligeoit les habitans à payer à leur seigneur une somme de deniers pour être reçus à plaider, « comme un établissement injuste, insolite, contraire à la liberté. Car les *actions* ayant été *introduites pour le bien commun des citoyens*, & l'*action* n'étant autre chose qu'*une faculté de poursuivre en jugement* ce qui nous appartient ou nous est dû; il n'est pas juste qu'on nous impose quelque subside pour pouvoir user de notre droit. LES ROIS DOIVENT LA JUSTICE A LEURS SUJETS. Les seigneurs qui tiennent leur jurisdiction de la grace du prince, sont dans la même obligation; & LA LIBERTÉ D'AGIR ET DE RECOURIR AU JUGE, EST UNE LIBERTÉ LÉGITIME, *qui entretient le commerce &* maintient la société civile. » Dolive, *liv. 2, chap. 1.*

ORDONNANCE civile de 1667, tit. 6, art. 4. « Les appellations de déni de renvoi & d'incompétence, seront incessamment VUIDÉES *par l'avis de nos avocats & procureurs généraux*; & les folles intimations & désertions d'appel, par l'avis d'un ancien avocat.

ORDONNANCE criminelle de 1670, tit. 25, art. 19. « Enjoignons à nos procureurs & à ceux des seigneurs, de poursuivre incessamment ceux qui seront prévenus de *crimes capitaux*, ou auxquels il échéera *peine afflictive*, nonobstant toutes TRANSACTIONS & cessions de droits faites par les parties; & à l'égard de tous les

les autres, les *transactions* seront exécutées sans que nos procureurs ou ceux des seigneurs, puissent en faire aucune poursuite.»

RÉGLEMENT des maréchaux de France, du 22 Août 1653, fait par ordre du roi, *pour être suivi & observé par tous ceux qui seront employés aux* ACCOMMODEMENS des différens qui toucheront *le point d'honneur & la réputation des gentilshommes*. Les dix premiers articles ont pour objet les satisfactions & les peines. Art. 11. « Lorsque les ACCOMMODEMENS se feront en tous les cas susdits, les juges du point d'honneur pourront ordonner tel nombre d'amis de l'offensé qu'il leur plaira, pour voir faire les satisfactions qui seront ordonnées, & les rendre plus notoires. » Art. 12.... « Lorsqu'il sera constant qu'un gentilhomme se soit mis en possession de quelque chose par les voies de fait ou par surprise, *on ne pourra faire aucun accommodement, même touchant le point d'honneur*, que la chose contestée n'ait été préalablement mise dans l'état où elle étoit devant la violence ou la surprise. » Art. 18. « Si ceux à qui nous & les autres juges du point d'honneur auront donné des gardes, s'en sont dégagés, l'*accommodement* n'en sera point fait qu'ils n'aient tenu prison durant le temps qui sera ordonné. »

Avant ce réglement, quelques écrivains avoient publié leurs idées sur les moyens d'accorder les gentilshommes. J'ai sous les yeux le *combat de seul à seul en champ clos, par Messire Marc de la Beraudiere, chevalier de l'ordre du roi, capitaine de cent hommes d'armes, avec plusieurs questions propres au sujet; ensemble le moyen au gentilhomme d'éviter les querelles & d'en sortir avec son honneur*. Paris, l'Angelier, 1608. « Il y a, dit-il, des gentilshommes de si honnête condition, que quand ils connoîtront une querelle entre leurs parens & voisins, ils se présentent à prendre la parole des deux querelleurs, & les prient, après avoir eu leur parole, de ne se rechercher point jusqu'à ce qu'ils aient pris jour d'*arbitrer* par l'avis de leurs amis. Cette *procédure* est fort louable & digne d'un gentilhomme d'honneur. Je desirerois que cette honnête façon de faire fut continuée. » Part. 3, chap. 3, pag. 134.

ÉDIT d'août 1679, registré au parlement le premier septembre.... Art. 1. *Nous exhortons* TOUS NOS SUJETS, *& leur enjoignons de vivre à l'avenir ensemble dans* LA PAIX, L'UNION & la CONCORDE *nécessaires pour leur conservation, celle de leur famille & celle de l'état;* à peine d'*encourir* NOTRE INDIGNATION, & de CHATIMENT EXEMPLAIRE. . . . Art. 2. *D'autant qu'il n'y a rien de si honnête, ni qui gagne davantage les affections du public & des particuliers, que d'arrêter le cours* des querelles en leur source, nous ordonnons à nos cousins les maréchaux de France, &, en leur absence, à nos lieutenans généraux, de *s'employer* EUX-MÊMES *très-soigneusement & incessamment à terminer* TOUS LES DIFFÉRENDS *qui pourront arriver entre* NOS SUJETS, par les voies & ainsi qu'il leur en est donné pouvoir par les édits & ordonnances. . . . Art. 7. Comme il arrive beaucoup de différends entre gentilshommes, à cause des chasses, des droits honorifiques des églises & autres prééminences de fiefs & seigneuries, pour être fort mêlées avec le point d'honneur; nous voulons que nos cousins les maréchaux de France, les gouverneurs de nos provinces, & nos lieutenans en icelles & les gentilshommes commis dans les bailliages & sénéchaussées, apporteront tout ce qui dépendra d'eux pour obliger les *parties de convenir d'arbitres qui jugent sommairement entr'eux*, sans aucune consignation d'épices, le fond de semblables différends, à la charge de l'appel en nos cours de parlement, lorsqu'une partie se trouvera lésée par la sentence arbitrale. »

ORDONNANCE sur le faux, de juillet 1737, tit. 2, art. 52. « Aucunes TRANSACTIONS soit sur l'accusation du faux principal, ou sur les poursuites du faux incident, ne pourront être exécutées, si elles n'ont été homologuées en justice après avoir été communiquées à nos procureurs ou à ceux des hauts justiciers, lesquels pourront faire à ce sujet telles requisitions qu'ils jugeront à propos. » Voyez *Faux*.

Après toutes ces loix, quelle est notre jurisprudence actuelle? Tâchons de l'extraire de la comparaison de ces ordonnances avec le droit romain & le droit naturel, de la conciliation de nos préjugés, de nos mœurs & de l'opinion publique avec les loix & les jugemens.

Liberté de l'accommodement.

7. L'*accommodement* est un acte volontaire, auquel en général, la loi & l'autorité ne peuvent pas contraindre. *La liberté d'agir & de recourir aux juges est*, comme le dit Dolive, *une liberté légitime*.

Le réglement des maréchaux de France, & l'édit de 1679, renferment différentes combinaisons pour forcer à terminer par *accommodement*. C'est un moyen extrême sur lequel l'expérience a éclairé. Voyez *Duel*, *Injure*, *Offense*, *Point-d'honneur*. Et lorsqu'il s'agit des différens d'intérêt, pour chasse, droits honorifiques, fiefs & seigneuries, remarquez que l'art. 7 de l'édit de 1679, emploie seulement ces expressions: *voulons qu'ils* APPORTENT TOUT CE QUI DÉPENDRA D'EUX, *pour obliger les parties de convenir d'arbitres*.

D'autres ordonnances renvoient pardevant arbitres les différens entre parens & associés, & c'est un moyen terme entre l'accommodement & le procès. Mais il ne faut pas confondre l'accommodement avec l'arbitrage. Dans l'arbitrage ce sont des juges extraordinaires, *convenus* ou *nommés d'office*. En motivant leurs jugemens, ils peuvent suppléer aux formes, tempérer la rigueur des loix, &, comme le disoient les romains, juger *arbitrio boni viri*. Mais leur sentence n'est point un accord, puisqu'elle n'est pas le résultat de la volonté des parties, puisqu'elle doit être homologuée, puisqu'on peut en interjeter appel. Voyez *Arbitre*.

C'est ce principe de liberté qui a dicté l'art. 284 de l'ordonnance de 1579, ci-dessus citée; c'est lui qui a fait tomber en désuétude un article des anciens statuts de Provence de 1491, rapporté dans les commentaires de M. Jullien, tom. 1, page 352. La demande des états étoit: *pour plus grand bien universel du pays, & restreindre la désordonnée habitude de plaiderie*, de FORCER les communautés, nobles & autres, à compromettre & *terminer par amiable connoissance*. La réponse avoit été: « nonobstant que cet article soit répugnant à la disposition du droit, toutefois, *parce que la requête procede de bien & équité*, *& pour le bien & utilité du pays*, en ensuivant le statut, soit mandé à tous les officiers de le garder & observer. » . . . *Ces deux statuts*, dit M. Jullien, *pour le* COMPROMIS FORCÉ, *ont été sans vigueur & sans exécution.* Depuis on a cherché à les faire revivre; & il est surprenant que M. Jullien ne rende pas compte des écrits qui ont été publiés en 1759, 1771 & 1776, & des cahiers des états de ces années. Les gens d'affaires ont pu empêcher une délibération; mais le vœu de la province perce. Et qui fait si ce qui a été demandé tant de fois restera toujours sans effet?

C'est dans ce sens qu'il faut entendre l'ARRÊT de réglement du conseil provincial d'Alsace, du 24 novembre 1679, qui fait *défenses à tous juges de prononcer, en ordonnant que les parties* S'ACCORDERONT, *ains de les juger sur les contestations ainsi qu'il appartiendra pour raison, à peine de tous dépens, dommages & intérêts en leur nom, & d'interdiction de leurs charges.* Le motif de cet arrêt est dans le requisitoire du procureur du roi. « Que dans la plupart des jurisdictions, les juges, au lieu de juger les parties, après les avoir ouies dans leurs contestations, se contenteroient de dire, qu'*elles* S'ACCORDERONT; ce qui seroit un bon moyen, *si la passion qui possede ordinairement les plaideurs, n'étoit plus forte dans leurs esprits que ces sortes d'exhortations de paix de la part des juges*. L'expérience fait voir que cette maniere de prononcer ne tire pas les parties d'affaire, ains au contraire, les engage en nouveaux frais, pour faire décider leurs différens. » . . . Recueil des édits, déclarations & arrêts concernant l'Alsace, avec des observations de M. de Boug, premier président du conseil souverain. *A Colmar, chez Decker, 1775, tome 1, page 74.*

Validité de l'accommodement.

8. L'accord entre les parties a autant d'autorité que la chose jugée. *Non minorem auctoritatem transactionum quàm rerum judicatarum esse rectâ ratione placuit.* Leg. 20, C. *de transact.* Il en a plus. Car le jugement ordinaire est sujet à l'appel : le jugement souverain peut être cassé. La jurisdiction n'est établie pour juger que quand les parties ne sont pas d'accord. Elle ne fait que ce que les parties auroient pu ou dû faire d'elles-mêmes, par la conciliation, la médiation, l'arbitrage.

Mais l'*accommodement* est sujet à toutes les conditions nécessaires à la validité des conventions ordinaires, relativement à la *capacité* de ceux qui traitent, & aux objets sur lesquels on traite.

Capacité pour s'accorder.

9. Le mineur, l'insensé, le furieux, le fils de famille, la femme en puissance de mari, le citoyen emprisonné, peuvent faire un *accommodement*; mais ils peuvent aussi se rétracter ; & il n'est maintenu qu'autant qu'il est conforme à la raison & à la justice, qu'autant qu'ils ont traité, comme l'auroit fait le pere de famille sage & libre.

Parcourez les arrêts, ils vous paroîtront quelquefois contradictoires. Examinez les circonstances, pénétrez les motifs, vous serez convaincu qu'ils ont pour base ce principe incontestable, qui peut aussi détruire l'accord fait par le tuteur.

Arrêt du parlement de Paris, du 18 décembre 1648, qui adjugea de nouveaux intérêts au mineur devenu majeur, malgré l'*accommodement* fait avec sa mere tutrice. Soeve, *tome 1, chap. 6, cent. 4.* On jugea dans le droit que l'accord fait avec le tuteur, n'empêche pas le mineur devenu majeur de réclamer, quand l'accord est injuste. On jugea dans le fait, que la mere avoit cédé à la pitié, à la complaisance, à tout autre motif : avec cela, il est bien difficile de citer cet arrêt. La présomption de la nature & de la loi est pour la tendresse maternelle, & sans doute, ce sont les circonstances que l'on a jugées.

Droit public.

10. Toute affaire qui intéresse la souveraineté, l'état, les provinces, les villes, les corps, & l'état des personnes dans les rapports avec la société générale, est susceptible d'accommodement. Mais il faut que la souveraineté soit éclairée, & qu'elle donne la sanction à l'accord. Le public est vis-à-vis de ceux qui traitent, comme un tiers absent, auquel l'accord ne peut pas nuire. Il faut encore remplir des formes, qui varient suivant le lieu, l'objet & l'usage.

En général il faut 1°. que l'intérêt du public paroisse éclairci, constaté, maintenu par les pieces produites, & par des informations préalables ; 2° que le traité soit vu, approuvé, signé par le ministere public, cette magistrature inconnue aux romains, dont la premiere & la plus noble fonction est de veiller à tout ce qui intéresse la souveraineté, l'ordre & le bien public ; 3°. que le traité soit homologué dans la cour qui auroit jugé souverainement le procès, & même en certains cas revêtu de lettres-patentes enrégistrées.

Ces formalités prescrites implicitement

par les ordonnances, le sont clairement par la tradition. Les corps & communautés y sont assujettis, parce qu'ils ne sont qu'administrateurs de la chose publique. A l'égard des bénéficiers & des officiers, on peut bien traiter de l'usufruit; mais il faut que l'accord ne nuise pas à l'intérêt public, & si l'on veut que ce soit une loi pour les successeurs, il faut le faire homologuer.

La modicité de l'objet dispense souvent de ces formalités coûteuses; mais il est imprudent de les éluder, s'il est tant soit peu considérable, & si l'on peut craindre une réclamation par un motif quelconque. Et quand on les a remplies, si l'on découvre ensuite que le public souffre de cet accord, si le ministere public forme ou admet une tierce opposition; on ne manque pas de l'entendre & de renverser l'édifice: c'est le caractere essentiel du droit public, de détruire tôt ou tard tout ce qui attaque l'intérêt public, & de se jouer des conventions particulieres, quelque forme qu'on leur ait donnée.

Dans le XVI siecle, l'histoire est remplie d'*accommodemens* faits entre nos souverains & leurs sujets, & la plupart n'eurent aucune de ces formes. C'est que, dans ces temps de trouble, notre droit public étoit méconnu. On remarque ceux que Henri IV fut obligé de faire en 1589, avec la plupart des grands de son royaume, & qui sont la tige de tant de grandes fortunes. La nécessité du moment les prescrivit, Henri se fit une conscience de les tenir, & les loix se turent.

Administration.

11. Les corps, comparés à beaucoup d'égards aux mineurs, sont plus embarrassés que les particuliers, lorsqu'il s'agit de terminer à l'amiable une affaire dont les suites & le résultat absorbent & ruinent l'administration. Des vues paternelles ont déterminé le souverain à chercher un moyen terme. L'espece est remarquable.

Les habitans de la paroisse de Sémur au Maine, se réunirent en 1776, pour établir la taille proportionnelle; mais ils se diviserent sur la maniere d'y parvenir. Cette division forma des partis. L'un vouloit proscrire la taille personnelle, pour réduire l'imposition à la taille d'exploitation; & l'autre vouloit que l'imposition continuât d'être mélangée de la taille personnelle & de celle d'exploitation. Il y eut diverses opérations pour parvenir à des estimations & des récensemens, & diverses procédures, tant à l'élection de Château-du-Loir, qu'en la cour des aides, suivies de sentences & d'arrêts: l'affaire parut moins éclaircie que dans le principe; en conséquence

ARRÊT du conseil, du 7 mai 1778: « Le roi, sans s'arrêter à ces sentences & arrêts, qui seront regardés les uns & les autres, *comme non-avenus*, ainsi que les récensemens & toutes les procédures auxquelles ils ont donné lieu, *ordonne* que les habitans seront tenus de se retirer incessamment pardevers l'intendant de Tours, *pour aviser aux moyens d'établir l'UNION ET LA PAIX dans leur paroisse*, & de prescrire les mesures convenables pour faire régner la justice & l'équité dans la répartition de leurs impositions. »

Il y a donc des affaires qu'il faut accommoder, & sur lesquelles la justice distributive est impuissante. Le roi le reconnoît, & sa bonté paternelle y pourvoit selon sa sagesse. Il est donc légal de forcer à s'accommoder, ou du moins à essayer de ramener à l'amiable; car cela est impossible, quand on ne veut pas s'entendre.

Au surplus, cet arrêt est conforme à la charte de Villis, art. 29, qui recommande aux intendans d'empêcher les procès dans les corps, les communautés & campagnes.

Droit fiscal.

12. D'après les principes exposés, il semble qu'il est impossible de faire un *accommodement* solide avec le fisc. Ce-

pendant, ouvrez les ordonnances, vous trouverez ce mot à chaque pas. Consultez l'usage, vous en verrez sans cesse; & peut-être dans cette matiere sont-ils plus fréquens que dans toutes les autres. Peut-être aussi sont-ils plus nécessaires à cause de l'obscurité qui couvre les circonstances, & quelquefois la loi même.

Cette jurisprudence a pour base une distinction très-juste.

Dans les affaires qui intéressent la propriété de l'état, les droits essentiels de la souveraineté, les administrateurs ne peuvent pas aliéner, sacrifier la chose publique; le souverain lui-même ne le peut que pendant sa vie, &, comme il peut être trompé, si on le reconnoît ensuite, les procureurs généraux ne manquent pas de réclamer, & les tribunaux prononcent.

Mais il est une infinité d'autres affaires, qui tiennent à l'usufruit, au moment, à la perception du revenu, à la contravention du contribuable : or la prudence & la bonté conseillent la douceur & la conciliation. Une jurisprudence constante autorise ces accommodemens, pourvu qu'ils soient constatés & faits par les employés supérieurs.

ARRÊT du conseil d'état, du 6 décembre 1687, qui « *défend aux commis de faire* AUCUNS ACCOMMODEMENS *que par l'avis des directeurs ou commis aux recettes, & sur les procès-verbaux des fraudes, qui seront préalablement enrégistrés sommairement par lesdits directeurs & commis aux recettes, dans un registre qu'ils tiendront à cet effet, coté & paraphé par les juges des fermes, dans lequel ils enrégistreront aussi les* ACCOMMODEMENS *faits sur lesdits procès-verbaux, les sommes provenantes des condamnations prononcées, ou* ACCOMMODEMENS *faits, dont ils feront recette dans leurs comptes, au profit du fermier, à peine, &c.* Recueil des Ordonnances sur les aides.

Ces dispositions sont rappellées dans les arrêts du conseil, portant adjudication des fermes du roi. Voyez entr'autres le bail de Carlier, art. 223; & le bail de Forceville, art. 221.

ARRÊTS du conseil, du 6 décembre 1807; du 19 janvier 1694, du 27 octobre 1708; du 2 juin 1712; du 8 novembre 1723; du 8 février 1737; du 7 juin 1740; du 27 juin 1741; du 4 février 1744; du 3 juillet 1757. Deux sur-tout sont remarquables. Le premier, du 19 janvier 1694, rendu entre l'adjudicataire des fermes & le juge des traites de Grenoble, qui prétendoit que le fermier n'avoit pas pu transiger sans l'attache de la jurisdiction, décide que *le fermier est en droit de faire tels accommodemens que bon lui semblera, & de transiger dans les cas où il n'échet pas peine afflictive.* Le second, du 7 juin 1740, est contre les officiers de l'élection de Belley, qui avoient rendu une ordonnance sur le requisitoire du procureur du roi, portant défenses de mettre en liberté aucuns prisonniers arrêtés avec du tabac sans une ordonnance du bureau, & au greffier de se dessaisir d'aucun procès-verbal & autres procédures. Le conseil casse cette ordonnance; prononce l'exécution de l'arrêt du 19 janvier 1694, autorise le fermier à transiger sur les saisies, confiscations & amendes concernant la ferme du tabac; défend aux juges de l'élection de Belley, & à tous autres d'inquiéter le fermier, ses commis & préposés, pour raison desdits *accommodemens*, à peine de tous dépens, dommages & intérêts.

C'est l'ignorance des grands principes qui égaroit ces juges des fermes. Ils imaginoient d'un côté qu'y ayant une fois contraventions, procès, il étoit impossible de sortir de cet abyme, autrement que par un jugement; que s'agissant *des droits du roi*, le fermier & ses préposés ne pouvoient jamais s'accommoder. Ils ne voyoient que leur jurisdiction. Ils ne distinguoient pas.

Dans les saisies & captures faites sur des faux-sauniers & contrebandiers, accompagnées de délit, comme attroupement, port d'armes, violence, vol, assassinat ; le fermier peut bien faire grace de l'amende, parce qu'elle lui appartient, de la confiscation même des marchandises saisies, parce qu'elles lui appartiennent encore. Mais il ne peut ni reprendre la procédure & le corps du délit, ni faire élargir les prisonniers, ni empêcher qu'ils soient poursuivis par le ministere public, & jugés selon les loix du royaume.

Dans les saisies où il échet simplement amende & confiscation, le fermier à qui le roi a cédé ses droits avec la faculté de faire des accommodemens sur les contraventions, peut s'accommoder, & cet accord rentre dans le droit commun. Cette faculté est d'ailleurs très-avantageuse au commerce, en ce qu'elle empêche d'arrêter ses opérations. Un voiturier pour frauder les droits, un marchand par ignorance, peuvent être en contravention. Il est doux & utile de s'accommoder sur-le-champ. Et grace au bon esprit du siecle qui a pénétré dans la régie des droits du roi, il faut avouer que ces accommodemens sont faciles.

Cependant, s'il arrivoit que la saisie fût injuste, que la contravention n'existât pas, & que par ignorance, imbécillité, frayeur, ou autre motif semblable, on se fût accommodé, il seroit possible de faire annuller le traité, en prenant des lettres de rescision, & en constatant les faits. On le pourroit encore, si le fermier avoit plus reçu que la valeur de l'amende & de la confiscation. Mais ces cas ne sont pas présumables.

ARRÊT de la cour des aides de Paris, du 18 juin 1740, qui infirme une sentence de l'élection de Compiegne, par laquelle il étoit fait défenses aux commis des aides, de faire aucuns *accommodemens* avec des particuliers trouvés en contravention ; en conséquence valide un *accommodement* que les élus avoient annullé, sous prétexte que les accommodemens ne pouvoient être faits que par les directeurs & par actes doubles. *Dictionnaire des Domaines, tom. 1, pag. 129.*

Ainsi les cours maintiennent les accommodemens de ce genre, à moins qu'ils ne soient évidemment frauduleux. Et en général, il faut convenir qu'ils sont plus communs, plus faciles dans les affaires de finance que dans toutes les autres. C'est une justice que l'on rend avec plaisir. Je dirai encore avec l'expérience, que la sagesse conseille toujours ces accommodemens. Souvent après avoir obtenu un arrêt contre le fermier, si l'on compte les dépens, les faux-frais, le temps perdu & les inquiétudes, on voit qu'on auroit gagné à s'accorder. Mais il n'est pas juste de céder, lorsque l'accord tire à conséquence pour tout le pays, & il est mal honnête de s'accommoder en passant un arrêt que l'on tourne à son gré, & qui pourra être cité ensuite comme contradictoire, comme ayant jugé *in terminis* un point de jurisprudence douteux. Voyez *Arrêt passé.*

ARRÊT du conseil, du 17 octobre 1779, qui « condamne par corps Robustel, fermier du péage de Moret, à rendre à Garel, domestique du sieur de Marsangy, 49 liv. par lui reçues par *accommodement ;* fait défenses tant à Robustel qu'au fermier de Ponthiery, de suivre les voituriers ou rien exiger d'eux par *accommodement*, sans avoir fait constater par des procès-verbaux du refus des voituriers de payer les droits dus. » Je place ici cet arrêt, qui pourroit l'être au mot *Péage ;* 1°. parce que les péages sont une émanation du fisc royal, 2°. parce qu'ils sont soumis aux mêmes loix, à la même police, 3°. parce que l'arrêt prouve qu'avant de pouvoir *s'accommoder*, il faut constater la contravention par un procès-verbal.

L'auteur du Dictionnaire de législation, de jurisprudence & de finances sur toutes les fermes unies, imprimé à Avignon, chez Chambeaux, 1763, p. 90, dit : « il faut observer que ces articles ne regardent que des saisies domiciliaires; de sorte que c'est une question de savoir si l'adjudicataire pourroit faire de pareils ACCOMMODEMENS, à l'égard des *saisies qui tombent en CONVERSION DE PEINE, par le défaut de paiement des amendes*, & celles qui sont poursuivies au criminel. Cela demande encore une distinction. *Il est en droit ainsi qu'il se pratique tous les jours d'accommoder les premieres par la regle générale*, qu'il peut transiger sans attendre les jugemens, & que *LA COMMUATION DES AMENDES EN PEINE, n'est regardée que comme CORRECTIVE.* A l'égard des secondes, étant infligées pour des crimes qui intéressent l'ordre & la police d'état, il ne le peut, & Mrs. les procureurs généraux seroient fondés à poursuivre, nonobstant tous les accommodemens qu'il auroit faits. »

J'examinerai ce que c'est que cette *commuation des amendes en peine*, & ce que c'est que *cette peine qui n'est regardée que comme corrective*. Voyez *Amende, Aides, Commis, Contravention, Contrebande, Faux-saunage, Peine, Tabac, Traites, &c.*

Matieres criminelles.

13. J'entends par *matieres criminelles*, tout ce qui est porté dans la jurisdiction criminelle, *& souvent si mal-à-propos*, quoi qu'en disent Serpillon & quelques autres criminalistes. Que *la passion* des plaideurs, l'ignorance des conseils, le zele excessif des gens d'affaires, & la routine du palais, introduisent dans la jurisdiction criminelle des affaires que l'on appelle de petit criminel, ou que l'on civilise ensuite; cet abus ne doit pas empêcher les accommodemens des parties. Il faut distinguer les actions graves qui compromettent la chose publique, d'avec les causes légeres qui lui sont indifférentes; ce qui tient véritablement au droit public, d'avec ce qui tient au droit privé.

L'art. 19 du titre 25 de l'ordonnance de 1670, que j'ai cité n°. 6, admet les accommodemens, & ne prescrit au ministere public de poursuivre que ceux qui seront prévenus de *crimes capitaux*, ou auxquels il écherra *peine afflictive*, nonobstant toutes transactions & cessions de droit faites par les parties.

Le procès-verbal de cette ordonnance, page 253, contient un détail remarquable. . . . « M. le premier président dit: que les parties ignoreront toujours, ou feront semblant d'ignorer que le crime aille à peine afflictive. . . . . M. Pussort a dit: qu'*il seroit à souhaiter, que les parties civiles ANIMASSENT toujours les procès criminels*, parce que ce sont les véritables offensés: *elles y apportent plus de* CHALEUR, & SOUTIENNENT davantage la preuve: mais que comme assez souvent la longueur des procès, les frais excessifs, & les fatigues les consument, il ne seroit pas juste, après un épuisement entier de leurs biens, de leur retrancher la liberté de s'ACCOMMODER. Qu'ainsi le premier article pourroit être réformé en ces termes: *enjoignons à nos procureurs & à ceux des seigneurs de poursuivre les crimes capitaux, nonobstant les transactions qui seront faites par les parties*; & en cas que l'on juge que ces termes de crimes *capitaux* n'expliquent pas suffisamment, l'on pourroit mettre *grands crimes*. Et quant à l'article 21, il ne regarde que les procureurs des moindres sieges, qui, *pour leur intérêt particulier, peuvent fomenter les procès & faire plaider les parties dans les affaires légeres, nonobstant les ACCOMMODEMENS* qu'ils font entr'eux. . . . M. le chancelier a dit qu'il falloit laisser la liberté aux procureurs généraux & à leurs substituts, d'entreprendre ou d'abandonner la poursuite des procès criminels, & qu'ils sont obligés de faire leur devoir. . . . M. Talon avoit dit: qu'il est vrai qu'à Rome il étoit défendu aux parties de transiger, à peine contre l'accusateur d'être déclaré calomniateur, & de conviction contre l'accusé. Il en est autrement parmi nous, où la partie civile n'ayant droit de poursuivre que des condamnations d'intérêts civils, il est le maître de traiter de ses droits, en tout état de cause, parce que l'intérêt public subsiste toujours en la personne de la justice publique. Cependant par un droit nouveau, on veut faire différence des crimes, & *distinguer les grandes accusations d'avec les* affaires légeres. *Il faudra en venir à un* DÉTAIL, *qu'il n'est pas facile de mettre dans une ordonnance.* »

La lecture de l'article de l'ordonnance & des observations des rédacteurs, dit assez combien il est obscur & insuffisant: la jurisprudence acheve de le prouver.

ARRÊT du parlement de Paris, du 18 janvier 1631. *Journal des audiences, tom. 1, liv. 2, chap. 88, pag. 120.* Un charpentier avoit blessé à coups de regle un compagnon, décédé le quarante-cinquieme jour. Il prouvoit s'être accommodé avec lui, moyennant les médicamens & vingt-deux sous par jour, jusqu'à ce qu'il fût guéri, & il ne manquoit pas de se prévaloir de ce que le blessé n'étoit mort que le quarante-cinquieme jour. L'arrêt le condamna en 800 liv. envers la veuve, chargée de deux enfans, qui avoit pris des lettres de rescision, & à aumôner 100 liv. au pain des prisonniers. On peut présumer qu'il eût été condamné à une peine plus forte sans l'accommodement.

ARRÊT du parlement de Paris, du 20 décembre 1652, qui juge qu'un blessé étant mort dans les quarante jours, après avoir paru-guéri, on pouvoit poursuivre l'accusé, malgré la transaction faite avec le défunt qui s'étoit désisté de la procédure. *Journal des aud. tom. 7, au supplément.* Cet arrêt juge que la famille à qui le meurtre enlevoit son chef, avoit droit de réclamer, malgré un accommodement, qui n'avoit été fait que sur la supposition d'une blessure & non de la mort, & que le blessé n'auroit pas transigé s'il avoit cru mourir.

ARRÊT du parlement de Toulouse, du 9 juillet 1743, qui permet la prise à partie du procureur jurisdictionnel de Barbazan, qui avoit poursuivi sur le vol d'une poule dans une voliere à onze heures du soir, après le désistement de la partie qui avoit transigé sur la plainte. Le parlement décida que le cas avoit été susceptible d'*accommodement*, & que le procureur jurisdictionnel étoit contrevenu à l'ordonnance, qui permet de transiger sur les crimes qui ne méritent pas peine afflictive. *Journal du parlement de Toulouse, tom. 6, au supplément, pag. 22.*

Notre législation & notre jurisprudence ne décident donc pas clairement & précisément, quels sont les délits sur lesquels on peut s'accommoder. Cette expression vague de *peine afflictive* jointe à celle de crimes capitaux, dont on sentoit l'insuffisance, puisque Pussort lui-même vouloit y ajouter celle de *grands crimes*, tous ces mots rentrent dans l'arbitraire, parce qu'il n'y a aucune loi qui qualifie & dénombre *les peines afflictives, les crimes capitaux, les grands crimes.*

L'article 13 du tit. 25 de l'ordonnance de 1670, essaie de donner une idée graduelle des peines : *après la peine de mort naturelle, la plus rigoureuse est celle de la question, à la réserve des preuves en leur entier, &c.*

Quoique le vice de cette loi soit reconnu en ce que la question préparatoire est heureusement abrogée par la déclaration du 24 août 1780, en ce que cet article ne renferme pas toutes les peines : cela prouve au moins qu'il est possible d'énumérer comme de graduer, & que ce développement n'est point au dessous de la majesté des loix. Comment donc M. Talon a-t-il pû dire, *qu'il n'est pas facile de mettre ce détail dans une ordonnance ?*

On pensera sans doute, qu'il est possible de déclarer toutes les especes de délits sur lesquels il seroit permis de s'accommoder; que si notre législation fiscale renferme des détails sans nombre, ils sont aussi faciles & plus importans dans cette législation

législation qui statue sur l'honneur & la vie.

Il y a de grands crimes qu'il faut punir sans miséricorde ; il y a des délits que l'on peut plutôt regarder comme tenant au droit privé, comme le pensoient les Romains, ou qui n'acquierent de l'importance que par l'éclat. Il en est d'autres enfin sur lesquels non-seulement il faut pouvoir s'accommoder, mais qu'il faut ÉTOUFFER. Cette expression est légale, nous la lisons dans la 221 lettre du chancelier d'Aguesseau, *tom. 9, pag. 287*; il écrivoit le 17 septembre 1746 : « *Ce que l'on pourroit faire de mieux, seroit* D'ÉTOUFFER *une pareille affaire*, en obligeant néanmoins ceux qui ont fait une espece d'insulte au maître d'école, à lui donner quelque chose pour réparer leur faute, & à remettre aussi, entre les mains du curé, une somme médiocre par forme d'aumône, pour être distribuée aux pauvres. Il y a lieu de croire *que la crainte d'essuyer un procès criminel*, sera suffisante pour les engager à terminer ainsi une pareille affaire. »

Ainsi le chef de la justice, distinguant parfaitement la nature des délits, prescrivoit au ministere public D'ÉTOUFFER une affaire en L'ACCOMMODANT, & sans doute ce bon esprit est celui de tous les tribunaux bien composés; mais comme le disoit Pussort lui-même dans le procès verbal de l'ordonnance, n'y a-t-il pas de *moindres sieges, où pour leur intérêt, des procureurs peuvent fomenter les procès, & faire plaider les parties dans les affaires légeres, nonobstant les accommodemens?* Seroit-il donc indifférent de distinguer les délits, les peines, de fixer précisément les cas où l'accusateur & l'accusé peuvent s'accommoder, même sans le consentement du ministere public ?

Accord avec les créanciers.

14. Cette confusion d'idées & de principes dans notre droit criminel, dégrade la jurisprudence sur les faillites, altere l'esprit du commerce & corrompt tout. Henri IV avoit en 1606, rendu un ÉDIT qui défend aux créanciers de faire *aucuns accords, contrats d'attermoiement avec les* BANQUEROUTIERS *& leurs* ENTREMETTEURS, *à peine d'être déchus de leurs droits & actions.* Cette loi mal entendue a dicté plusieurs jugemens injustes ou ruineux.

ARRÊT du parlement de Bretagne de juillet 1662, recueilli par Sauvageau, *ch. 93, pag. 62*, qui juge que la pluralité des créanciers n'avoit pu faire *composition* à un débiteur, qui avoit perdu son bien dans un incendie arrivé à St. Malo, & ordonne, avant faire droit, que tous les créanciers seront convoqués. . . . Certes, jamais faillite ne fut plus touchante & moins suspecte, à moins qu'on ne supposât que le failli avoit lui-même mis le feu à sa maison, après avoir détourné des effets ; & si tous les créanciers avoient voulu poursuivre l'infortuné, c'étoit à la justice à le sauver. Mais les juges prirent l'ordonnance à la lettre, & confondirent la faillite avec la banqueroute. On le fait encore tous les jours, & cependant il est si juste de les distinguer.

La faillite est l'impossibilité de payer occasionée par des malheurs, des pertes, des retards, une mauvaise administration, la guerre, les saisons, de fausses spéculations & les révolutions publiques.

La banqueroute est l'action par laquelle un débiteur détourne ses effets, cache ou falsifie ses livres, suppose des créanciers ou déclare plus qu'il ne leur est dû.

La banqueroute est un vol punissable ; la faillite est un malheur.

L'ordonnance de 1673, pouvoit tracer une ligne de démarcation entre la faillite & la banqueroute, & vous espérez la trouver quand vous ouvrez le titre XI *des faillites & banqueroutes*; mais les premiers mots du premier article semblent présenter comme synonymes *la faillite* OU *banqueroute*. Et cette confusion est confirmée ensuite par la qualification de *frauduleuse*, donnée à la banqueroute qui doit être punie.

L'article X déclare *banqueroutiers frauduleux, ceux qui auront diverti leurs effets, supposé des créanciers, ou déclaré plus qu'il n'étoit dû aux véritables créanciers.*

L'article XI permet de réputer banqueroutiers frauduleux, ceux qui ne représenteront pas leurs registres. L'article XII tombé en désuétude pour la peine, ordonne qu'ils seront poursuivis extraordinairement & *punis de mort*. Voilà pour le crime. A l'égard du malheur, l'article XII admet ceux qui auront fait faillite, à faire cession de biens, & à Lyon elle n'est pas reçue. Quant aux mesures à prendre pour assurer l'accord si nécessaire avec les créanciers & entr'eux, l'article V détermine vaguement que *les résolutions prises dans l'assemblée des créanciers à la pluralité des voix, pour le recouvrement des effets ou l'acquit des dettes, seront exécutées par provision, & nonobstant toutes oppositions ou appellations.*

Enfin cet article, évidemment insuffisant, est éludé par les déclarations des 17 juin 1716, & 13 septembre 1739, qui décident que *malgré les contrats* D'ACCORD *ou d'atermoiement, les débiteurs pourront être poursuivis extraordinairement par les procureurs généraux & leurs substituts ou par* UN SEUL CRÉANCIER, *sans le consentement des autres; quand même il auroit signé lesdits contrats.*

De cet état de notre législation & de la confusion de nos idées, il résulte de grands maux.

D'abord l'accord entre le failli & ses créanciers, devient compliqué, difficile, souvent impossible, parce qu'on ne connoît pas bien la route qu'on doit suivre, parce qu'elle peut être obstruée par les formes, les longueurs, & la justice elle-même. De-là cet usage de quelques négocians de passer sur-le-champ *à profits & pertes* ce qui leur est dû par le failli, & cette opinion assez générale qu'une faillite n'est pas mauvaise, quand on ne perd que 50 pour 100.

C'est bien pis, lorsque d'après les déclarations de 1716 & 1739, *un seul créancier* refuse de signer le contrat d'*accord*, ou même, après l'avoir signé, menace de donner plainte ou la donne en effet. Le failli malheureux, les créanciers réunis, la justice elle-même, sont à la merci de cet homme sans pudeur. Quelque justes & raisonnables que soient les dispositions du contrat d'accord, si l'on veut arrêter ce réfractaire forcené, qui marche la loi à la main, il faut le payer ou s'exposer à une involution de procédures, qui par les longueurs, les incidens & les faux frais, découragent le failli, les syndics, & absorbent tout. Tel est l'empire des préjugés & des loix réunis, que tandis que l'on répugne à se déclarer accusateur d'un vol important & manifeste, d'un crime plus grand encore, & qu'on se détermine avec peine à le dénoncer secrettement au ministere public, en déclarant dans les vingt-quatre heures que l'on n'entend pas faire partie, on ose accuser publiquement de banqueroute frauduleuse un failli malheureux; on ose demander contre lui l'exécution des loix qui condamnent au pilori & aux galeres, le tout parce qu'il n'a pas de quoi payer, & l'on y est admis! L'accommodement entre les créanciers & le failli, cet accord si précieux pour la conservation des familles & du commerce, n'est plus qu'une chimere dont se jouent insolemment l'humeur, l'opiniâtreté, l'avidité, la mauvaise foi & le crime: car celui qui se prévaut ainsi de la loi pour détruire l'accord légitime dicté par la justice, la pitié, & l'intérêt même des créanciers, est cent fois plus coupable que le malheureux failli.

Cette confusion d'idées & de principes, amene nécessairement un inconvénient plus redoutable encore. On ne distingue plus la banqueroute d'avec la faillite, & tandis que le failli malheureux est compromis, le banqueroutier frauduleux se rit de ses créanciers, s'il fait fuir, les menacer, leur en imposer, & sur-tout s'accorder avec quelques-uns qu'il paie en entier. De-là les plaintes en banqueroute frauduleuse dirigées par l'accord des créanciers sont très-rares, & les jugemens de condamnation le sont davantage. Depuis 20 ans, il n'y a pas eu dans tout le royaume, vingt arrêts de condamnation, & il est impossible de compter tous les procès faits par des créanciers avides, en se soustrayant à l'*accord*.

Enfin, un plus grand mal encore, c'est qu'au sein de ce désordre & de ces ténebres, les notions exactes de la vraie probité s'effacent & disparoissent; & ce résultat est inévitable toutes les fois que la loi confond le malheur avec le crime.

La jurisprudence des tribunaux inférieurs & des cours, tempere quelquefois cette rigueur ; mais elle n'est pas assez puissante contre la loi qui embarrasse, & c'est cette loi même qu'il semble nécessaire de corriger ou d'interpréter. Ces objets intéressans paroissent dignes de l'attention des magistrats, chargés de la refonte de l'ordonnance du commerce. Ils établiront une distinction claire & précise entre le failli & le banqueroutier. Tandis que la loi sans miséricorde sévira contre celui-ci, elle mettra l'autre sous sa protection. Elle facilitera les accommodemens nécessaires, elle assurera les accords équitables. Elle fera un grand bien au commerce, aux familles & à l'état.

Contrôle.

15. ARRÊT du conseil du 6 mai 1747, rendu en faveur du sieur Bourée, qui juge, 1°. « Que le droit de contrôle du traité *d'accord* entre un débiteur & ses créanciers, doit se percevoir sur le pied fixé par l'article XII du tarif de 1722 ; & que lorsque ce traité renferme remise ou terme, le droit est restreint à ce qui restera dû après la remise. 2°. Que dans le cas où ce traité n'a pour objet que la renonciation des créanciers à toute contrainte personnelle, le contrôle ne se perçoit que sur le pied d'un acte simple, sauf à percevoir dans la suite le droit sur le nouveau contrat qui pourra avoir lieu entre le débiteur & ses créanciers. »

Voyez *Abandonnement*, *Attermoiement*, *Banqueroute*, *Cession de biens*, *Créancier*, *Faillite*.

Accommodement de famille.

16. C'est ainsi qu'on appelle les différens arrangemens qui se font dans une famille pour le maintien de l'union, & c'est là sans doute que les loix doivent tout imaginer pour qu'il n'y ait point de procès.

Cette espece d'accommodement est toujours respectée dans les tribunaux, à moins qu'elle ne renferme une lésion forte & une injustice évidente. C'est dans ce sens que Cochin consulté par une fille, disoit : « Il n'y auroit ici que la qualité des parties qui pourroit faire de la peine. 1°. C'est entreprendre un procès contre sa mere. 2°. L'entreprendre pour un objet assez médiocre. 3°. Critiquer des actes que l'on peut regarder comme des *accommodemens de famille entre la mere & l'enfant, qui ne demandent pas d'aussi grandes précautions & autant de solemnités que si l'on traitoit avec un étranger.* Tout ce que l'on peut dire, c'est que la rigueur du droit est en faveur de la mineure ; mais qu'elle peut être bien balancée par la qualité des parties. » *Œuvres de Cochin, tom. 2, consult. 33, pag. 666.*

« Les partages se font par *accommodement* de l'une avec l'autre des parties ; savoir, que quand les héritages ne se peuvent commodément partager, héritage pour héritage, celle qui en a le moins doit prendre récompense en deniers : *compensatione pretii invicem factâ, vice permutati dominii*; & par ainsi S'ACCOMMODER l'une avec l'autre, afin de ne pas déchirer les pieces d'héritage. *Juxta leg. ad officium D. communi dividundo, leg. 1. Cod. communia, utr. judicii leg. cùm pater, § hæreditatem, D. de legat. 2, & leg. meminimus, D. quibus & quandò quarta pars.* » (Buridan, sur l'art. 320, de la cout. de Rheims, pag. 481, au tom. 2 du recueil des commentateurs des coutumes de Vermandois.)

Un grand principe dans cette matiere, est que tous les actes passés à titre d'accord & d'arrangemens de famille, ne doivent jamais être réputés ventes ; & en conséquence ne donnent point ouverture aux droits seigneuriaux. Par exemple, l'acte par lequel le mari ou ses héritiers cedent un conquêt pour le payer à la femme qui renonce à la communauté ou à ses héritiers, ne passe point pour un don en paiement, *datio in solutum*. C'est moins une acquisition de la part de la femme, qu'un droit habituel dans les biens de la communauté, qui se réalise & se détermine à ce conquêt.

De même si un pere ou une mere qui par contrat de mariage ont promis à leur fils ou à leur fille une certaine somme, lui donnoient en paiement un héritage, ou si le fils rendant à ses parens l'héritage qu'il a reçu en dot, recevoit à la place une somme en argent ; il a été jugé, dit M. Pothier dans son commentaire sur la coutume d'Orléans *pag. 3*, que ces actes n'étoient point équipollens à des ventes, mais *de vrais accommodemens de famille*, qui ne donnoient ouverture à aucun profit. On peut dire qu'au premier cas la donation de la somme promise n'ayant point été exécutée, les parties ont pu s'en désister, & sont censées s'en être désistées pour faire place à la donation d'héritage ; on peut dire sur le second cas, que la donation d'un héritage étant censée faite en avancement de succession & à la charge du rapport, la rétrocession est une anticipation de ce rapport.

Henrys, tom. 1, pag. 764, de l'édition de 1738, rapporte un arrêt du 12 mai 1631, qui jugea qu'il n'étoit point dû *de lods ni quints* pour la donation faite par une mere à une de ses filles, en avancement de droits successifs, d'une terre seigneuriale ; à la charge de payer 9000 liv. spécialement hypothéquées sur cette terre. La cour en infirmant la sentence du bailli de Château-Thiery se fonda, dit Henrys, sur ce que les charges & conditions de payer quelques dettes sont des *accommodations dans les familles*, qui ne peuvent être réputées ventes, non plus que quand des héritiers paient à leurs cohéritiers quelques sommes pour *soute de partage*.

De même lorsqu'un pere, tuteur de son fils, lui cede, pour le reliquat de son compte, quelqu'un de ses héritages ; cette cession est considérée comme un *accommodement de famille*, & non comme une vente ; parce que le fils auroit pu obtenir cet héritage, à la mort de son pere, par voie de succession, & qu'étant héritier de son débiteur, il y auroit eu une confusion qui éteint la dette & ne donne lieu à aucuns droits.

Arrêt du parlement de Paris, du 11 juin 1720, qui confirme une aliénation de biens de mineurs, faite par avis de parens & sur estimation, pour *accommodement de famille* en faveur de leur aïeule, qui fit depuis un testament avantageux en faveur de ces mineurs. Ces arrangemens sont si favorables qu'on permet même d'y négliger des formalités d'ailleurs prescrites. Dans l'espece, on n'eut aucun égard à l'omission des publications ordonnées par l'arrêt de réglement du 9 avril 1720. *Journal des aud. tom. 3, liv. 3, chap. 23, pag. 396.* Voyez *Mineur*.

Disons-le enfin, & disons-le avec la jurisprudence. La faveur des *accommodemens* de famille n'a presque point de bornes, en voici un exemple remarquable.

Sentence des requêtes du palais au mois d'avril 1704. . . . . . *Espece*. Le sieur Jouvancy médecin, créancier du sieur de Thermes, fait saisir, à son préjudice, entre les mains du marquis de Montespan, contre qui le sieur de Thermes avoit des droits de légitime à prétendre. Les sieurs de Thermes & de Montespan transigent pour la somme de 250000 liv. ; la transaction est homologuée par arrêt, & la somme est consignée. Il s'agissoit de savoir de quelle maniere se distribueroient ces deniers consignés ; ou par ordre d'hypotheque, ou par la voie de la contribution au sol la livre ; & les juges ont décidé qu'ils devoient être regardés comme un effet mobiliaire & distribués à tous les créanciers, soit hypothécaires, soit chirographaires. La saisie du créancier valoit bien sur les héritages, s'il n'y avoit pas eu d'*accommodement*; mais quoique la légitime puisse être demandée en corps héréditaires, l'héritier ne perd pas la faculté de s'*accommoder*, & son créancier n'est pas admis à faire regarder cet accommodement comme frauduleux & collusoire. La saisie dépend d'une condition, & le créancier n'a qu'une espérance incertaine sur les biens à partager. Si les biens sont délivrés en corps, son action est utile; mais si le créancier & le débiteur traitent pour une somme convenue, il ne peut exercer ses prétentions que sur cette somme. En général: un débiteur procede à un partage avec ses cohéritiers, & il ne tombe dans son lot que des effets mobiliaires, c'est un malheur pour le créancier; mais il n'a aucun droit d'attaquer le partage, parce que ces sortes d'actes sont des arrangemens de convenance, des *accommodemens de famille* auxquels il n'a point le droit de concourir, & où l'on n'est point obligé de l'appeller. Un créancier, en un mot, n'a des droits sur une totalité ou une partie quelconque d'immeubles indivis, qu'autant que la totalité ou la partie en est assurée à son débiteur.

Après cette pénible compilation du droit positif, me saura-t-on mauvais gré de parcourir rapidement la jurisprudence étrangere?

Droit étranger.

17. En général, on est plus guerrier dans le nord, & plus processif dans le midi. Seroit-ce encore le climat? N'est-ce pas plus la différence des législations? Tandis qu'en France il n'y a pas six petits bourgs où vous ne comptiez deux notaires, adossés à une jurisdiction ruineuse, *il n'y a qu'un seul notaire dans la ville de Copenhague; ce qui prouve également la facilité de se conformer aux loix & la connoissance qu'en a le commun des citoyens.* Lettres sur le Dannemark à Geneve, chez Philibert 1758, *pag. 83.*

En général, les législations républicaines paroissent s'être plus occupées des moyens de prévenir les procès, parce que c'est déja trop des dissentions politiques, parce que l'esprit démocratique doit desirer fortement le bonheur des individus. Dans l'aristocratie, quand la législation est muette, l'honneur & l'intérêt des patriciens doivent y suppléer, & vous les voyez imiter ceux de Rome. A Venise *les nobles ont ou prennent l'autorité d'appaiser les parties dans leurs maisons & sans formalités de procès.* Nouvelle relation de Venise à Utrecht chez Van Poolzum, *pag. 390.*

Quand les monarchies se sont éclairées sur leurs véritables intérêts, elles se sont occupées de leur législation, des moyens de maintenir la paix intérieure, de diminuer les procès, & de préparer les accommodemens.

Geneve.

18. ÉDIT du 5 octobre 1713, tit. 1, art. 10. . . . « *Les juges*, la premiere journée du procès, *exhorteront les parties de finir leurs différens, par moyens amiables & intervention de parens plutôt que d'entrer en procès.* Ils prendront soin d'expédier & juger les causes le plus sommairement, en moins de délais, & à moins de frais qu'il sera possible; & s'ils peuvent connoître la vérité des faits par des interrogats qu'ils feront d'office pour éviter des preuves & procédures superflues, ils pourront faire comparoître les parties, les avertir de ne point déguiser la vérité & leur demander les éclaircissemens nécessaires. »

Par quelle fatalité cet esprit dans les affaires du droit privé, semble-t-il étouffé dans les affaires du droit public? Cet état est si bien situé, si heureux & si riche que vingt-deux mille habitans jouissent de onze millions de rentes viageres sur l'étranger, sans compter la valeur du territoire, du mobilier, de l'industrie. Cette fortune, dont l'histoire n'offre point d'exemple, eſt encore plus extraordinaire dans un moment où les plus grands états ſont accablés d'impôts & de dettes. Et dans ce moment même, je vois la république ſe diviſer en repréſentans, en négatifs & en conſtitutionnaires. On a pris les armes & le ſang a coulé. Qu'eſt-ce que cette affreuſe diſcuſſion, ou plutôt quelles en ſont les véritables cauſes? Eſt-ce le réſultat infaillible dans toutes les républiques, de l'inſtruction, de l'ambition & des richeſſes? Eſt-ce l'oligarchie? Peuple heureux, ne s'élevera-t-il perſonne dont la voix douce & perſuaſive concilie tous les intérêts, appaiſe les eſprits, ramene les cœurs, dicte un *accord* juſte & ſolide, & te faſſe jouir du ſeul bien qui te manque, l'union & la paix?

Suiſſe.

19. LOIX ET STATUTS du pays de Vaud, par J. F. Boyve, Neufchatel 1756, part. 3, tit. 1, *de l'ordre que l'on doit tenir aux procès judiciaux*, pag. 314.

LA VIII LOI, fol. 367. « *Que les parties doivent être* SOMMÉES *de terminer leurs difficultés par voie amiable.* »

« *Toutes nos juſtices* inférieures DEVRONT SOMMER & exhorter les parties de permettre terminer leurs difficultés par voie amiable; & ce avant leur permettre d'intenter procès, & *tâcher de les accorder* tant que faire ſe pourra. »

Remarques. « Il convient de faire ces ſommations avec beaucoup de diſcrétion & de prudence, ſuivant la nature des difficultés & la connoiſſance ou l'ignorance des parties. Voyez l'article I du grand mandat imprimé l'an 1711, *qui ordonne à tous les baillis & chefs de juſtice d'eſſayer* L'AIMABLE, *avant que de ſuivre à la rigueur du droit.* »

L'inobſervation de ces loix ſalutaires porteroit tôt ou tard à l'ariſtocratie Bernoiſe un coup irréparable. La capitale où l'on juge en dernier reſſort, s'enrichit par le concours des plaideurs; mais c'eſt le ſang qui reflue au cœur. C'eſt encore une ſéduction de la ſouveraineté, qui par la juriſdiction croit enchaîner les ſujets. Quand les peuples ſe ſont accoutumés à chicaner ſur le droit privé, ils arrivent bientôt au droit public, & interrogeant les loix de la nature, ſentant la force réelle qui réſulte du grand nombre, ils examinent comment il peut ſe faire qu'un grand pays ſoit dominé par les bourgeois quelconques d'une petite ville, & alors tout eſt perdu: voyez *Frib.* . . . . .

Ces états ne peuvent ſe ſoutenir que par la juſtice, la modération, la bienfaiſance & la paix.

Piémont, Savoie & Sardaigne.

20. CODE VICTORIN. Tom. 1, liv. 2, tit. 1, art. 13. *Les magiſtrats, les juges-mages, ou les juges ne pourront faire aucune ordonnance, ni décret qui oblige les parties plaidantes à accommoder leurs procès; & ſi elles veulent tranſiger, elles ne pourront choiſir, pour arbitres ou médiateurs, aucun de ceux au tribunal deſquels le procès eſt pendant & où il pourroit être intenté.* . . . . .

« Non potrà da qualumque magiſtrato, prefetto, ô giudice farſi ordinanza, ô decreto, che obblighi le parti litiganti al concordio della cauſa; e ſe elleno déſideranno tranſigere, non potranno eleggere per arbitro, arbitratore, ô mediatore, alcuno di quelli, nel tribunale dé quali ſi trovaſſè pendente, ô poteſſè ella introdurſi. »

L'eſprit de la premiere partie de cette loi, eſt celui qui a dicté l'arrêt de réglement du conſeil ſouverain d'Alſace, du 24 novembre 1679, cité ci deſſus, n°. 9. Le ſouverain n'a vu que l'obligation de faire rendre à ſes ſujets bonne & brieve juſtice, *pronta è retta giuſtizia:* il a ajouté liv. 2, tit. 3, ch. 17 & 18, une procédure en faveur des avocats, des procureurs, des pauvres; & c'eſt une heureuſe modification.

La IIe. partie de cette loi ne ſe trouve ni dans le droit romain, ni dans notre juriſprudence. N'eſt-ce pas ôter aux peuples une grande reſſource, & aux magiſtrats quelconques une belle & douce fonction ? Le chancelier d'Agueſſeau écrivoit ſi ſouvent de concilier, d'*étouffer* les affaires. Plus d'une fois les magiſtrats du conſeil ont été médiateurs. Et à l'égard des parlemens on a vu cette année 1781, celui de Provence arbitrer trois cents affaires.

Angleterre.

21. La juriſprudence Angloiſe admet les *accords* que Blackſtone, liv. 3, définit *une ſatisfaction dont conviennent l'offenſeur & l'offenſé, & qui termine tous procès.* La légiſlation ne renferme aucun texte ſemblable à ceux de Geneve & de la Suiſſe. Cependant M. Groſley, dans ſon *Londres*, tom. 3, pag. 356, dit : *les procès ſont toujours là, comme ailleurs, & très-longs & ruineux pour toutes les parties. Les Anglois ne paroiſſent point deſirer la forme ſommaire & expéditive, établie dans tous les états deſpotiques : ils regardent la leur comme une des charges du bénéfice de la liberté.*

Mais l'Angleterre a ſes jurés & ſes arbitres, & elle a conſervé l'*arbitrateur*, que nous n'avons plus en France. Là comme ailleurs, l'*arbitre* doit procéder & juger ſuivant les formes & la loi ; au contraire, l'on s'en remet totalement à la propre diſcrétion de L'ARBITRATEUR, qui n'eſt obligé à aucune procédure ſolemnelle, ni à ſuivre le cours des jugemens ordinaires, qui peut ACCOMMODER à ſon gré l'affaire qui a été remiſe à ſon jugement, pourvu que ce ſoit *JUXTA ARBITRIUM BONI VIRI.*

Pruſſe.

22. Dans l'expoſition abrégée du plan du code Fréderic, le rédacteur a dit, n°. 4, que toutes ſortes de procès peuvent être terminés *par l'accommodement volontaire.*

RESCRIT du 28 décembre 1779, art. IV. Attendu que Sa Majeſté eſt intimement perſuadée que la plupart des procès les plus épineux & les plus dangereux dans leurs ſuites pourroient être facilement évités, *ſi à la premiere apparence de difficultés* qui les occaſionent, *& avant que les eſprits n'achevent de s'aigrir*, ſoit par les pernicieuſes inſtigations des avocats, ſoit par les tournures ſpécieuſes qu'ils donnent aux cauſes dont ils ſont chargés, on examinoit l'affaire avec la plus ſcrupuleuſe impartialité, en employant tous les moyens propres à l'arranger à l'amiable, à cette fin & *pour parvenir à un but ſi deſirable.* » . . .

« 1°. Lorſqu'une accuſation ſera formée & le temps de l'audition fixé, on ordonnera aux deux parties de comparoître perſonnellement, en leur indiquant en même-temps le jour où elles devront ſe trouver *préalablement* chez les préſidens. »

« 2°. Qui que ce ſoit ne pourra être exempté de cette comparution, excepté ceux qui ſe trouveront malades, trop éloignés par leur demeure, avancés en âge, ou retenus par l'exercice indiſpenſable de leurs emplois, ou enfin par quelqu'autre empêchement bien conſtaté & *inévitable.* »

« 3°. Celui qui, arrêté par les obſtacles ſuſdits, ne pourra comparoître lui-même, ſera tenu de choiſir un avocat, ou telle autre perſonne réſidante dans le lieu où ſe trouvera le tribunal, lequel il munira d'un plein pouvoir à l'amiable, *en donnant en même-temps avis au tribunal de l'arrangement de la conteſtation en cas qu'il ait lieu.* » (Ceci ſemble obſcur.)

« 4°. La partie, qui au terme fixé ne ſe préſentera pas en perſonne, ou qui n'enverra pas à ſa place quelqu'un chargé de ſa procuration, pour pouvoir traiter à l'amiable, ſera conſidérée comme ayant refuſé de ſe prêter à un arrangement. En conſéquence de quoi, lorſque le jugement de l'affaire en litige ſe prononcera, on ne manquera pas d'avoir égard à cette circonſtance, lorſqu'il ſera queſtion de régler les dommages & intérêts, frais & amendes réglées par les loix, dans le cas du procès intenté mal-à-propos & ſans fondement. »

« 5°. Dès que les parties, conformément à ce qui vient d'être prescrit, se seront adressées au président, il députera un conseiller ou même deux, suivant l'exigence du cas, qui interrogeront séparément les parties, sans aucune intervention d'avocat, & feront leur possible pour les concilier ensemble. »

« 6°. Le devoir de ces conseillers sera d'écouter tranquillement les parties dans le détail qu'elles leur feront de leurs griefs, en commençant par examiner le demandeur sur le véritable sujet de sa plainte, & le rapport que se trouveront avoir entr'elles les circonstances sur lesquelles est fondée sa prétention; ensuite ils interrogeront de la même maniere & article par article, le défendeur, afin d'entendre de lui-même, ce dont il disconviendra ou qu'il avouera des allégations avancées contre lui par le demandeur; en requérant de ce premier de déclarer ce qu'il peut avoir à repliquer contre la prétention de celui-ci. Après quoi lesdits conseillers entendront une seconde fois le demandeur sur les points fondamentaux (*res facti*), établis par les repliques du défendeur, & de cette maniere ils pourront parvenir à développer directement en quoi s'accordent ou different les deux parties qu'ils auront successivement entendues. »

« 7°. Les choses ainsi arrangées, il faudra que les conseillers députés exigent des parties, qu'elles produisent les documens, lettres, & autres preuves littérales qui peuvent servir à l'éclaircissement & à la confirmation des incidens contradictoires. »

« 8°. Dès que par cette voie les conseillers députés se seront formé une juste idée du véritable état de la cause, & que le vrai point de la contestation, dont dépendra principalement le jugement, aura été clairement établi, *alors ils feront des propositions d'*ACCOMMODEMENT *raisonnables aux parties assistées de leurs avocats*, en tâchant de les concilier par l'exposition des moyens respectifs que l'une & l'autre pourroient employer, & en leur représentant en même-temps quelle pourroit être l'issue apparente du procès. »

« 9°. Quoique l'*accord* ait lieu ou non, il faudra néanmoins que le conseiller député, dresse un protocole circonstancié de l'affaire, de la comparution, des propositions d'accommodement par lui faites, des déclarations données en conséquence par les parties, & qu'il fasse ensuite signer par les intéressés & leurs avocats, cette piece essentielle qui sera faite aux autres relatives à l'affaire. »

« 10°. Il sera usé de même quand une cause en seconde instance, sera rapportée d'un tribunal inférieur au college de justice supérieur, & qu'il apparoîtra par l'examen des pieces, que le juge en premiere instance aura entiérement ou en partie, négligé d'employer ses soins pour une réconciliation amiable. Or, dans ces cas le college supérieur sera tenu d'ordonner sur le champ ce qui est nécessaire, pour mettre l'appellant en état de poursuivre son procès, en fixant en même-temps un terme de réconciliation, pendant lequel on emploiera toutes les voies possibles, pour *accommoder à l'amiable* les parties contentieuses. »

« 11°. Dans le cas où l'objet de la contestation seroit de peu de conséquence, ou que le domicile des deux parties se trouveroit trop éloigné du lieu où est établi le siege de la justice, ou enfin que des obstacles légitimes s'opposeroient à ce qu'elles comparussent en personne, les justices *pourront* autoriser un de leurs substituts demeurant sur le lieu ou dans le voisinage *à tenter un accommodement*, sous condition toutefois d'observer tout ce qui est prescrit plus haut à ce sujet. »

« 12°. Et comme il est sous entendu, que, si l'*accommodement ne peut pas avoir lieu, le procès doit être poursuivi* sous la forme prescrite; de même *le cours ordinaire de ce dernier, ne pourra* JAMAIS être interrompu par les *tentatives, pour parvenir*

parvenir à un arrangement; & les termes fixés par les loix pour cet objet, seront strictement observés dans toute leur étendue. »

« 13°. Comme il a été aussi antérieurement ordonné que, sur-tout au commencement d'un procès, il soit accordé à la partie citée le temps nécessaire pour rassembler ses preuves & ses moyens de défense; le premier terme doit être aussi fixé, de maniere que les parties se trouvent aussi en état, suivant le présent réglement, soit de pouvoir comparoître personnellement, soit de donner connoissance, dans le temps prescrit, des raisons qui auront pu les empêcher, afin d'éviter par ce moyen les voyages aussi inutiles que dispendieux, qu'ont coutume d'occasioner les poursuites ordinaires des procès. »

« 14°. Mais ce à quoi l'on devra particuliérement faire attention, sera que les premieres citations qui devront être faites, soient à l'avenir assez intelligibles, pour que les parties puissent aisément les comprendre, & qu'en même temps elles puissent s'y instruire de tout ce qui aura été tenté pour opérer un *accommodement.* »

« 15°. Quant aux *punitions des parties* qui, sans raisons, *se refuseront à un arrangement amiable*, ainsi qu'à celle des avocats fauteurs de ces empêchemens, de même qu'aux frais & salaire, tout demeurera sur le même pied indiqué & prescrit par le *code, part. 4, tit. 7, art. 5.* »

Confucius fit des vœux; FRÉDERIC les a remplis. Eh! sans doute dans l'histoire de l'esprit humain, ce sera un beau spectacle que celui d'un roi qui, après avoir changé la tactique & le système politique de l'Europe, cultivé, chéri, protégé les lettres & les arts, reprend sous œuvre les loix de son pays, pénetre l'ordre judiciaire, ne voit que l'humanité, la raison, la justice, le bien public; ose tout ce qui peut maintenir la paix & l'union, bases éternelles du bonheur des hommes! Le conquérant crée la matiere de son empire: mais l'administrateur donne le mouvement & la vie.

Réflexions.

23. Dans l'exposition abrégée qui précede le code Fréderic, M. Formey dit: « *Toutes sortes de procès entre toutes sortes de personnes*, peuvent être terminés par trois voies principales; l'ACCOMMODEMENT *volontaire* entre les parties intéressées, l'ARBITRAGE, & la PROCÉDURE judiciaire., n°. 5. Les deux premieres voies étant rarement suffisantes & les procès étant plutôt assoupis quelque temps que décidés par leur moyen, il faut qu'il y ait dans tout état bien réglé, des tribunaux & un ordre judiciaire. ».... M. d'Angeul disoit encore: *Les loix & l'exercice de la justice, sont plutôt le remede d'un mal qu'un bien positif dans l'état.* (Avantages & désavantages de la France & de l'Angleterre, pag. 39.)

Ces idées simples présentent un tableau fidele du rang que l'*accommodement*, l'*arbitrage* & le *procès* ont dans l'ordre naturel, & de celui qu'ils devroient avoir dans l'ordre social. Accommodez-vous, & vous ferez bien. Si vous manquez de caractere ou de lumiere, prenez des arbitres: & enfin ne plaidez que si vous ne pouvez faire mieux. Tel a été dans tous les temps le langage de la raison, & il faut le consigner ici, parce que c'est la vérité; tel est tous les jours le conseil donné par la saine partie des procureurs, des avocats, des juges. J'étois présent, lorsque deux jésuites venant dans le procès contre les Lyoncy solliciter l'abbé Terray; ce magistrat répondit à trois reprises différentes: *mes peres, n'y auroit-il pas moyen d'*ACCOMMODER *cette affaire? On fait toujours bien de s'accommoder.* Rien de plus, & ils n'entendoient pas. C'étoit encore un mot de grand sens, quand on l'approfondit, que celui de ce magistrat qui, consulté par un ami sur deux procès à la fois, répondit: *accommodez le bon & soutenez le mauvais.* Pourquoi donc les voies de l'accommodement &

de l'arbitrage, sont-elles rares & insuffisantes ?

L'homme n'est par sa nature enclin ni à la guerre, qui est le procès entre les souverains, ni aux procès qui sont la guerre privée entre les sujets. Ces deux maux ont des combinaisons au dessus de son ignorance, des résultats au dessus de sa foiblesse, des dangers qu'atteste une éternelle expérience. Seroit-il donc vrai, comme l'ont dit Hobbes & Montesquieu, que la guerre fût née avec les sociétés ?

Comment l'esprit humain a-t-il été dégradé à un tel point, que le procès paroît être l'ordre naturel des choses, que l'accommodement & l'arbitrage semblent une voie extraordinaire ? Comment un prêtre osa-t-il prier son roi de lui laisser trente procès *pour ses menus plaisirs ?* Comment ce goût bizarre a-t-il pu devenir une passion ? Comment y a-t-il des lieux où l'on ignore tout, hors l'art de plaider, & où, dit-on, les enfans apprennent à lire dans l'ordonnance ? Comment voit-on des familles, des villes, des provinces, se faire une habitude, & un jeu cruel de ce qui compromet la paix, l'union & la fortune publique ? Comment par l'obscurité de la législation, par les formes, par les frais, ce mal augmente-t-il ? Seroit-il incurable ?

Les souverains, les législateurs, les philosophes, les jurisconsultes ont vu ce mal politique, & l'on a fait quelques efforts. Geneve & Berne se sont arrêtés à une exhortation tardive, néanmoins précieuse dans les affaires de famille & les causes criminelles. Charlemagne ne s'est occupé que des guerres privées & d'empêcher que le procès n'enlevât des bras à l'agriculture. Le chancelier l'Hôpital vit l'activité du commerce, la paix des familles, & cet *arbitrateur* que nous n'avons plus. L'administration de 1562 ne parla au concile de Trente que des procès entre ecclésiastiques. Louis XIV *exhorta TOUS SES SUJETS à vivre dans la paix, l'union & la concorde, si nécessaires pour la conservation de leur famille & de l'ÉTAT* ; mais il n'imagina des moyens de conciliation, que pour la noblesse & le point d'honneur ; comme si *tous ses sujets* n'étoient pas également ses enfans, comme s'il n'étoit pas plus aisé de s'accorder sur l'intérêt que sur cet *honneur* bizarre & despote, qui, comme le dit Montesquieu, *a ses regles suprêmes.* Fréderic seul a vu l'ensemble, & a donné une loi qui renferme *tous procès entre toutes personnes.*

Le ridicule jeté sur les gens d'affaires de toutes les classes, les a chargés des fautes de la législation. On a été jusqu'à supposer, dans leur esprit, leur conduite & leurs écrits, un plan formé & un desir intéressé d'embrouiller, de prolonger, de créer, de multiplier les procès, & d'empêcher les accommodemens. Ce reproche est injuste.

Ouvrez les jurisconsultes du seizieme siecle ; & voyez comme Godefroy, Cujas, Dumoulin, ont écrit sur les procès, les compositions, les accommodemens, les transactions. Loyseau ne fit-il pas un traité sur l'abus des justices de village ? Ayraut, sur la procédure criminelle ? Il n'y a pas jusqu'au sommaire des loix par Berland procureur, imprimé à Paris chez l'Angelier 1548, qui ne commence par ces mots : *Abréviation de procès est un des plus grands biens & soulagemens que le prince puisse faire à son peuple.*

Les auteurs du XVII & du XVIII siecle, ont cherché à éclaircir les ordonnances nouvelles par des commentaires, à fixer la jurisprudence par le recueil & le développement des arrêts, & ce sont ces efforts qui ont paru augmenter les ténebres. Ce n'étoit plus le droit naturel & le droit romain, c'étoient des ordonnances modernes & des arrêts récens qu'il falloit respecter ; ils n'ont pu avoir ni l'énergie, ni le savoir de leurs prédécesseurs, & ils n'avoient plus la même liberté. Bretonnier seul, chéri & consulté par le chancelier d'Aguesseau, a conservé cette franchise antique & cette fermeté respectable sans laquelle le jurisconsulte n'est plus le miniſtre de la juſtice & de la vérité, mais un eſclave qui ſe traînant aveuglément ſur les décrets de l'erreur, les conſacre par ſes adulations.

Un nouveau jour a lui ; à la ſainte liberté, au ſavoir & à l'énergie des anciens, les modernes ajoutent la clarté, le ſtyle & la méthode. C'eſt à eux d'examiner quels obſtacles mettent aux accommodemens l'abandon des premieres ordonnances, l'incertitude de la juriſprudence, l'embarras de traiter avec les mineurs & les communautés. C'eſt à eux ſur-tout à chercher ſi nos loix, en certains cas, *contraignant* à ſe concilier, & en d'autres à prendre des arbitres, la liberté naturelle & civile permet, pour le plus grand bien, d'employer dans tous les cas la même voie.

Par-tout les mauvaiſes loix & les formes ruineuſes tiennent à l'habitude, au préjugé, à l'ignorance, à la crainte d'être plus mal, à tant & de ſi grands intérêts, qu'il eſt difficile, à l'autorité même, de couper l'arbre par le pied, & que les racines repouſſent ſans ceſſe. C'eſt à l'eſprit national à préparer les grands changemens de la légiſlation, & il ſe développe de différentes manieres.

Établiſſemens utiles.

24. Tous les hommes n'aiment pas à plaider, & il ſe fait beaucoup d'accommodemens volontaires. M. Mars, avocat, en a recueilli un ſingulier entre des payſans, dans un pays où l'on ſait plaider. « Deux payſans des environs de Grenoble, plaidoient l'un contre l'autre, pour un très-petit objet. La cauſe venoit d'être jugée dans un ſiege inférieur, & il y avoit appel au parlement. Ils ſe rencontrerent tous deux, & après quelques explications, ils convinrent de décider eux-mêmes le procès par une partie de boules. Ils jouent, & le perdant va tout de ſuite payer les frais. Ils vont de-là chez un notaire, ſignent leur *accommodement*, dinent enſemble & ſe quittent bons amis. Gens du monde, hommes avantageux, qui vous croyez recommandables par mille qualités que vous tenez, dites-vous, de l'éducation & de l'expérience, voici encore un exemple que vous ne ſuivrez pas ! » Gazette des tribunaux, *tom. 2, pag. 144.*

Il y a beaucoup de procès qui ne valent pas un coup de boule, beaucoup que l'on pourroit arranger ainſi, & qui ſouvent, ſans qu'on s'y attende, finiſſent par ruiner les plaideurs. Ceux-ci ne ſe rencontrent pas toujours ou ne ſont pas diſpoſés à traiter, ou enfin manquent de médiateurs qui les concilient.

C'eſt donc un établiſſement vraiment patriotique, que celui qui a pour objet les accommodemens.

Conseil charitable de Lyon, formé en 1731, par M. de Rochebonne archevêque.

« Ce bureau regle à l'*amiable* toutes les conteſtations ſur leſquelles les parties veulent bien s'en rapporter à ſa déciſion. Il ſe charge en ſon nom des procès bien fondés de ceux que l'indigence met hors d'état de réclamer leurs droits, ou il leur fournit des ſecours pour les réclamer eux-mêmes. Il aſſoupit d'autres affaires, en éclairciſſant les droits de ceux qui le conſultent. » (*Almanach de Lyon.*) Le marquis Felino miniſtre de Parme, paſſant à Lyon, ne fut frappé que de cet établiſſement, & dit qu'il le porteroit à ſon prince comme un préſent, s'il y étoit rappellé. Ç'à été quelque temps le ſeul connu en Europe, & pluſieurs juriſconſultes l'ont cité.

Ce bureau eſt actuellement compoſé de l'archevêque, de l'évêque ſuffragant, trois comtes de Lyon, cinq magiſtrats, onze avocats, dix procureurs, un notaire & deux négocians. Avec le zele, le travail, & les lumieres gratuitement réunies, on pourſuit quelques affaires juſtes, on en *accommode* un bien plus grand nombre, & l'on épargne au pauvre peuple plus de cent mille écus de frais. On feroit davantage ſi les tranſactions reçues gratuitement par le notaire, étoient ſujettes à moins de droits.

Il n'y a d'autres fonds que 1200 liv.

données par l'archevêque, & 1000 liv. par la municipalité ; il faut ajouter le travail gratuit, le zele, & la générosité des coopérateurs qu'il faut souvent retenir, lorsque touchés du spectacle du malheur & de la misere, ils voudroient payer pour finir plutôt. Hier 27 novembre 1781, M. de Montazet archevêque, envoya encore 1200 liv. au trésorier, en lui faisant dire qu'il peut être tranquille, & qu'il ne laissera jamais manquer de fonds un établissement si utile. Eh ! s'il est vrai que la publication des actes de bienfaisance encourage à les imiter, que ne puis-je dire tout ce que j'ai vu de la part de ce prélat, moins illustre encore par sa doctrine, ses jugemens & ses écrits, que par l'instruction qu'il répand & le bien qu'il fait.

Le conseil charitable n'a aucunes lettres-patentes, parce que tout y est volontaire. Le chancelier d'Aguesseau lui adressa en 1747, une lettre flatteuse & encourageante, oubliée dans ses œuvres & que j'ai vue dans le temps. Sans doute s'il eût vécu, il eût terminé glorieusement sa carriere, en multipliant légalement les établissemens de ce genre.

Ce que l'autorité n'a pas fait, le zele de quelques hommes chers à la nation & à l'humanité l'a pu sans obstacle, & il faut les nommer. En 1774, M. de Cicé, archevêque de Bordeaux, a formé à Rodez, dont il étoit évêque, un établissement pareil, composé d'ecclésiastiques, de gentilshommes & d'avocats. Le bien que ce prélat a fait à Rodez, dit assez celui qu'il fera à Bordeaux.

ÉDIT du roi de Pologne Stanislas, duc de Lorraine, du 20 juillet 1751, portant établissement d'une chambre de consultations composée de cinq avocats, à qui doivent s'adresser tous ceux qui auront des procès à intenter ou à soutenir.... « L'intention de Sa Majesté est, 1°. d'éviter à tous ses sujets les dépenses où les procès entraînent, qui souvent, & trop souvent, causent la ruine des plus riches maisons; 2°. d'obvier à la longueur des procès. . . . Ces avocats feront sentir aux parties prêtes à plaider, ce qu'elles ont à craindre ou à espérer, & n'oublieront rien pour les *accommoder.* » Mercure de France, de novembre 1750, pag. 34.

BUREAUX DE CONCILIATION établis en 1780, par plusieurs seigneurs dans leurs terres. N'oublions jamais que l'exemple a été donné par M. le duc & Mme. la duchesse de ROHAN-CHABOT, dans une terre près de Nantes. « On court de toutes parts à ce tribunal de paix : il est composé de gentilshommes, de curés, de praticiens, ces derniers étant nécessaires pour le rapport des affaires, où les parties sont présentes, sans ministere de procureurs: lorsque l'on a jugé, si les parties ne veulent pas réclamer, un notaire dresse la transaction, & on la signe sans déplacer : il n'en coûte aux parties que le papier timbré. » *(Gazette des tribunaux.)*

Comment, au grand exemple qu'il a donné à Ferney, de secourir les pauvres par un travail facile, Voltaire n'a-t-il pas ajouté cet établissement, lui qui soutint les Calas, les Sirven & tant d'autres victimes de la justice humaine, lui qui, quelque temps rapproché de FRÉDERIC par les talens, la gloire & ce génie qui rapproche tout, avoit dû prendre l'empreinte & connoître les vues de ce grand roi ?

Et comment dans une nation douce & éclairée, l'idée de ces établissemens simples & salutaires, a-t-elle été si tardive ? Qu'étoit-ce donc que cette noblesse brillante & privilégiée, dont l'existence s'éleve & s'étend chaque jour? Dans l'origine c'étoient les compagnons du prince ou des conquérans avides & impitoyables. Ce fut bien pis lorsque la féodalité fit de chaque seigneur un petit tyran bien ignorant, bien orgueilleux, bien cruel, qui d'une main ébranloit le trône, de l'autre écrasoit ses vassaux par des loix absurdes, par des droits atroces & impudens, ou ridicules sur le commerce, les mariages & les procès. Ce fut bien pis encore, lorsque le siecle d'ignorance anéantit les loix, les jurisdictions, les titres, l'état civil, toutes les connoissances qui constituent l'ordre public, & font le bonheur de la société. Après ces ténebres vous voyez les croisades, la chevalerie, des guerres civiles, & une ignorance presque générale, au milieu de laquelle au XIV siecle, le parlement devient sédentaire, par la séparation des barons qui ne savoient que combattre, & des clercs qui savoient au moins lire & signer. La France respire quelque temps sous Henri IV, qui vécut trop peu. Richelieu écrasa tous ces tyrans, en les enchaînant au trône par la terreur & les graces. Louis XIV fit la guerre, & un code auquel d'Aguesseau ajouta quelques ordonnances. Les écrits du comte de la Beraudiere & de quelques autres, avoient préparé le réglement de 1653, & l'édit de 1679. Les écrits des jurisconsultes & les établissemens que je viens de citer, préparent une législation plus parfaite. Le XVII siecle fut celui de la grandeur & des conquêtes. Le XVIII, qui a commencé sous Louis XV, par être celui de la philosophie & des sciences, est, sous Louis XVI, le siecle de la bienfaisance, & finira par être celui de la justice & de la paix.

ACCOMPAGNEMENT.

(Droit public. Droit ecclésiastique.)

1. L'accompagnement est l'action d'accompagner en certaines cérémonies. *On porta ce souverain au tombeau de ses ancêtres, & plusieurs princes furent destinés pour l'accompagnement du corps : le maréchal de France qui étoit nommé pour l'accompagnement de l'ambassadeur....* Dict. de l'académie.

DROIT ROMAIN.

2. Les Romains se faisoient *accompagner* par leurs amis, leurs cliens & leurs affranchis dans les occasions importantes.

Les candidats, c'est-à-dire, ceux qui demandoient des dignités & des charges, choisissoient, parmi leurs amis, ceux qui étoient les plus agréables aux différens ordres de citoyens, & se rendoient avec eux le jour des comices sur un monticule appellé *collis hortorum*, vis-à-vis le champ de Mars, afin de pouvoir être vus du peuple assemblé & même de le haranguer. Dans le nombre, étoient ceux qu'on appelloit *nomenclatores*, & ceux qu'on désignoit sous le nom de *divisores*.

Les premiers dont parlent Ciceron, (*pro Muræná, cap. 36,*) & Séneque (*de benefic. lib. 1, cap. 3,*) étoient ceux qui *accompagnoient* les gens qui briguoient les magistratures, & qui leur suggéroient les noms de tous les citoyens qu'ils rencontroient, afin de les saluer en les appellant par leur nom, ce qui étoit la maniere la plus civile & la plus en usage à Rome. Danet, *Dict. antiq. rom. pag. 603.*

Les seconds, *divisores*, étoient ceux qui distribuoient de l'argent au peuple pour en obtenir les suffrages : Ciceron en parle dans la 5e. verrine (*n°. 137.*) Ces entremetteurs de largesses secrettes, étoient sévérement punis lorsqu'ils étoient découverts. Nous parlerons, sous les mots *Ambition*, *Brigue*, des loix *petilia*, *calpurnia*, *tullia*, *pompeia*, *julia*, *&c.* faites pour réprimer les abus qui s'étoient introduits dans la postulation des charges & des dignités.

Les accusés se présentoient au jour fixé par le prêteur, & se faisoient aussi *accompagner* par leurs amis & leurs proches, qui prenoient, ainsi qu'eux, un habit de deuil. Cet accompagnement présenta des inconvéniens : en effet, les accusés affectoient de se faire assister de ceux qui avoient été témoins des délits qu'on leur imputoit, & éludoient par-là l'effet des dépositions. On détermina qu'il n'y auroit que les parens les plus proches, c'est-à-dire, ceux dont le témoignage ne pourroit être réguliérement exigé, qui conduiroient les accusés chez le prêteur, & qui prendroient comme eux des vêtemens de deuil, & les autres marques extérieures de tristesse.

Vestem sordidam rei nomine in publico habere, capillum-ve summittere nulli licet, nisi ita conjunctus est adfinitate, ut invitus in reum testimonium dicere cogi posset. leg. 39. D. *de injuriis.*

Droit ecclésiastique.

3. On peut distinguer trois objets principaux, où *l'accompagnement* est un devoir. L'accompagnement des archevêques & évêques, lorsqu'ils officient ou marchent en cérémonie, l'assistance de certains corps aux processions, l'accompagnement aux sépultures. Ces deux derniers articles seront traités plus convenablement aux mots *Processions*, *Sépultures*.

C'est une regle prescrite par le cérémonial romain, que les doyens, dignités, chanoines & prébendés des églises métropoles & cathédrales sont tenus, *non ex urbanitate tantùm, sed ex debito*, d'accompagner les archevêques & évêques, quand ils viennent à l'église pour y célébrer pontificalement, ou pour quelques autres objets du culte divin, & quand ils se retirent. *Cùm episcopus, rei divinæ peragendæ causâ ad ecclesiam venturus erit, sive ipse celebraturus sit, sive alter; debent canonici omnes in eorum ecclesiastico & canoniali habitu, appropinquante horâ, ad illum accedere, eumque cappâ indutum ex eâ aulâ sive camerâ quam ad hoc destinaverit, ad ecclesiam prægredientem* COMITARI *& deducere.*

Les conciles de l'église gallicane ont adopté ces dispositions du cérémonial romain, & entr'autres celui de Rheims tenu en 1583. *Cùm episcopus rem divinam faciet solemniter, qui dignitates obtinent & antiquiores atque capaciores ex canonicis ei inserviant, debitamque præstent reverentiam.* Bochelli decreta ecclesiæ gallicanæ, *cap. 33, pag. 924.*

Presque tous les statuts des églises cathédrales, déterminent à cet égard les obligations des dignités & chanoines, & toutes les fois qu'il s'est élevé des contestations entre les évêques & leurs chapitres, les cours souveraines ont prescrit à ceux-ci de se conformer au cérémonial romain, & à l'usage général des églises de France.

Mais si les dignités & chanoines des cathédrales, sont obligés d'aller prendre l'évêque en habits de chœur, quand il va à l'église pour célébrer pontificalement; celui-ci est obligé de les recevoir avec distinction dans son palais: il y doit faire disposer des sieges où ils puissent s'asseoir en l'attendant; ils doivent être introduits dans la piece la plus distinguée, & monter par l'escalier principal; & si l'évêque prévient les députés de son chapitre, en allant seul à l'église, *l'accompagnement* n'aura pas lieu. C'est la décision de la congrégation des rits.

ARRÊT du parlement d'Aix, du 19 janvier 1608, entre l'évêque & le chapitre de Castres: il porte « que le chapitre est tenu d'aller chercher à sa maison, & conduire l'évêque à sa cathédrale les jours de fêtes solemnelles, en nombre convenable; les chanoines étant revêtus de leurs habits, chappes & surplis; & les autres jours, qu'ils seront avertis qu'il voudra venir, en robes accoutumées. » *Mémoires du clergé, édit. de 1716, tom. 6, pag. 255.*

ARRÊT du parlement d'Aix, du 15 mai 1619, portant réglement *provisionnel* entre l'évêque & le prévôt de Fréjus. Il ordonne que « lorsque l'évêque voudra aller célébrer le service divin, ou y assister, aux jours de fêtes solemnelles, le prévôt sera tenu d'aller le prendre dans la *basse-cour* de sa maison épiscopale & l'*accompagner* en l'église, & au retour d'icelle, jusques dans ladite basse-cour: sera néanmoins admonesté ledit évêque de le recevoir & traiter gracieusement, comme prévôt de son église, & enjoint au prévôt de porter l'honneur, respect & révérence dûs audit évêque comme à son prélat, le tout sans préjudice du droit des parties, & attribution d'aucun nouveau droit. »

ARRÊT du parlement de Paris, du 26 janvier 1644, en faveur de l'évêque d'Amiens, contre les doyen, chanoines

& chapitre de son église cathédrale, *exempt par bulle de sa jurisdiction*, qui juge entr'autres, que l'évêque en son habit pontifical, sera conduit par ses bedeaux & appariteurs, avec leurs masses & verges dans son trône épiscopal, & qu'ils y demeureront jusqu'à ce qu'il sorte pour l'*accompagner*. Les auteurs de la bibliotheque canonique où on trouve ce préjugé, *tom. 1, pag. 620*, remarquent que les chanoines bien qu'*exempts de la jurisdiction de l'évêque*, ne sont pas exempts *à jure reverentiali, putà ire obviàm episcopo processionaliter in felici ejus ingressu*, parce que l'exemption ne porte pas sur ce qui est du respect & de la révérence. Ils citent deux arrêts conformes à ce principe, l'un du 5 août 1538, rendu au profit de l'évêque d'Angers, & l'autre du 19 mars 1616. Que le chapitre soit exempt ou non; l'accompagnement ne doit pas moins avoir lieu. Van-Espen, *part. 1, tit. 8, cap. 2, n°. 9, tom. 1, édit. 1777, pag. 56*, dit : *cùm episcopus, non obstante qualicumque exceptione remaneat caput & prælatus totius sui cleri & capituli, & eo titulo debeatur ill. debita reverentia, & honor externus sit ipsi exhibendus*. Ce savant canoniste cite l'ancien arrêt rapporté par Jean le Coq, qui débouta les chanoines du Mans, de la possession prétendue de ne pas *accompagner* leur évêque processionnellement : *dictum fuit per arrestum quòd canonici du* MANS *non erant recipiendi ad possessionem per eos allegatam quòd cum episcopo du* MANS *diœcesano non tenebantur ire ad processionem, &c. Quæst. 326, J. Galli in styl. parlam. pag. 338*. Voyez *Exemption*.

ARRÊT du parlement de Paris, du 11 décembre 1663, qui ordonne entr'autres choses par provision, que les deux chanoines nommés par le chapitre de Noyon, pour *accompagner* & assister l'évêque, lorsqu'il officie pontificalement, sont obligés de porter les deux bords de son pluvial. Soefve, *tom. 2, pag. 182*.

Les statuts de quelques églises ne s'expliquant, sur le devoir de l'*accompagnement*, que relativement aux jours de fêtes solemnelles qui s'y trouvent désignés, il s'est présenté une question assez intéressante. Il s'agissoit de savoir si l'évêque de Die ayant déclaré qu'il vouloit officier au service funebre de la reine, son chapitre étoit tenu d'accompagner ce prélat, comme aux jours de solemnités ordinaires. La difficulté élevée fut décidée par une lettre de M. le duc de Choiseul, ministre & secretaire d'état, à Mrs. les agens généraux du clergé de France, du 20 décembre 1768. . . . « Messieurs, les affaires d'entre M. l'évêque de Die & le chapitre de sa cathédrale, sur un point de cérémonial, exigeoient d'être éclaircies par des mémoires respectifs. Ils m'ont été remis, & Sa Majesté à qui j'en ai rendu compte, a décidé que dans tous les services solemnels qui se célebrent par son ordre, & auxquels M. l'évêque juge à propos d'officier pontificalement; le chapitre doit lui rendre les mêmes honneurs qu'aux principales solemnités de l'année où le prélat officie, quel que soit le jour fixé pour la célébration des services extraordinaires dont il s'agit, &c. »

Cette lettre ne parlant que des *services solemnels qui se célebrent par l'ordre même du roi*; il paroît qu'il faudroit s'en tenir aux statuts particuliers des églises, pour tous les autres cas, & qu'un évêque auroit tort d'exiger l'*accompagnement* dans les occasions où il voudroit indiquer des services particuliers & contre l'usage ordinaire.

L'*accompagnement* des évêques dans les différentes cérémonies de l'église, a donné lieu à un autre genre de contestations. Il s'en est élevé entre les évêques & différens corps, sur le nombre des ecclésiastiques, officiers & domestiques qui pouvoient les *accompagner*, & sur le rang qu'ils devoient avoir auprès d'eux. Aux derniers états généraux, tenus en France en 1614 & 1615, l'évêque de Paris devant officier à la procession des états, les chanoines de son église prétendirent qu'ils ne pouvoient se séparer de leur chef, &

les députés eccléſiaſtiques ſoutinrent au contraire que les chanoines ne pouvoient prendre rang entr'eux & l'évêque officiant. Après plusieurs expédiens propoſés, « l'aſſemblée, délibération priſe par gouvernemens, arrêta que les trois ordres ſe rangeroient l'un après l'autre, ſans qu'autre que celui qui fera l'office, & *ſes aſſiſtans comme ſervans & miniſtres*, puiſſe ſe mettre entre le roi & leſdits ordres. » *Cérémonial françois, tom. 2, pag. 347.*

En 1629, procès conſidérable entre M. de Montchal, archevêque de Toulouſe, & le parlement de cette ville. Il s'agiſſoit entr'autres points d'une délibération de cette cour, qui portoit que l'archevêque ne pourroit avoir à la proceſſion de la Fête-Dieu, *que deux eccléſiaſtiques en ſurplis près de ſa perſonne devant la cour, & ſans aucun de ſes ſerviteurs domeſtiques.* L'arrêt du conſeil du 4 janvier 1629, ordonne que l'*archevêque aux proceſſions ſuivant le poële, auroit près de ſoi deux de ſes domeſtiques, pour porter ce qui ſeroit néceſſaire à ſon ſervice, outre les eccléſiaſtiques qui l'aſſiſteroient.* Nous avons ſous les yeux le mémoire de M. de Montchal, & l'arrêt imprimé dans le temps.

ARRÊT du conſeil du 30 juin 1645, rendu en faveur de l'évêque de Caſtres. Il juge ainſi qu'en 1629, qu'un évêque peut aller après le poële aux proceſſions, & avoir auprès de ſa perſonne, outre les eccléſiaſtiques qui l'aſſiſteront, deux de ſes domeſtiques pour porter les choſes néceſſaires à ſon ſervice. *Mémoires du clergé, premiere édit. tom. 2, part. 1, chap. 8, art. 13.*

En 1757, dans une proceſſion du St. Sacrement à Perpignan, le préſident du conſeil ſouverain de Rouſſillon donna ordre à des archers de faire retirer les domeſtiques qui *accompagnoient* l'évêque. Celui-ci s'en plaignit d'abord au roi; mais l'affaire ſe termina par la médiation de M. de Mailly, commandant de la province. Il fut convenu « que l'évêque auroit dans cette proceſſion, comme en d'autres cérémonies ſemblables, où aſſiſteroit le conſeil ſouverain, un valet de chambre de *ſuite*, pour lui porter la robe, *accompagné* de quatre eccléſiaſtiques en ſurplis; les autres domeſtiques devant ſe tenir ſur les ailes de la proceſſion. » Voyez *Cérémonies, Entrées, Évêques, &c.* Nous renvoyons au mot *Commenſaux*, ce qui regarde ces eccléſiaſtiques que les évêques ont droit d'avoir à leur ſuite, pour les aider à remplir les fonctions de leur miniſtere, & qui ſont qualifiés *in comitatu.*

Après avoir traité les points relatifs à la décence des cérémonies, à la dignité des rangs, & quelquefois à la vanité des hommes, n'oublions pas le devoir d'*accompagner* le St. Sacrement porté en viatique, ou dans les proceſſions ſolemnelles.

Le concile de Toulouſe de l'année 1590, ordonne aux fideles d'accompagner avec affluence le ſacré corps de Jeſus-Chriſt qu'on va adminiſtrer à des malades, & preſcrit l'établiſſement d'une confrairie dans chaque paroiſſe, afin que ce devoir ſoit rempli avec plus d'appareil. *Si ad ægros deferenda eſt, quantâ fieri poterit veneratione, & ſi ita facultas ferat cum umbella, frequenti* CONCOMITANTE *& ob id ſæpiùs monendo populo deferatur, quod honorificentius fiet, ſi quòd jubemus, in ſingulis parochiis, Chriſti corporis ſodalitium ſeu confraternitas inſtituatur.* Bochellus, *pag. 1357.*

Dans les villes où il y a garniſon, on détache quelques ſoldats des différens poſtes, afin d'accompagner le viatique chez les malades, & de-là à l'égliſe. « Les compagnies prendront les armes & monteront à cheval pour ſe trouver en bataille ſur le paſſage des proceſſions du St. Sacrement, dans les lieux qui ſeront jugés les plus commodes: ſi cependant le clergé deſiroit que le St. Sacrement fût *accompagné* par un détachement à pied, le commandant du quartier commandera en ce cas vingt gardes avec un brigadier & un ſous-brigadier qui marcheront ſur deux files des deux côtés du dais. » *Ordonnance concernant les gardes du corps, du 28 décembre 1758, art. 75.*

DROIT

DROIT FRANÇOIS.

4. Le sentiment prolonge le plaisir, en accompagnant ce qu'on aime. C'est encore une bienséance ou une fausseté de la politesse. Le respect & l'usage en font un devoir envers les supérieurs. L'usage regle les distances. L'oubli ou le refus d'accompagner plus ou moins loin, ont excité plus d'une querelle, ont brouillé plusieurs corps. Ce procédé, où la raison & le cœur ne sont pour rien, a été quelquefois le germe secret des dissentions & de tous les maux qui les suivent.

Quoique le droit d'accompagner le monarque, ait été le premier caractere de la noblesse, & que ses compagnons, *comites*, aient été constamment les premiers nobles; heureusement nos chartes & nos capitulaires ne contiennent aucun réglement, & nous n'avons pas, comme en Chine, un tribunal des *rites*. Tout est bienséance, exemple, égard, usage, possession; & cette jurisprudence, qui tient au droit public, n'est ni la plus claire ni la plus utile.

Ambassadeurs.

5. Les cérémonies de la réception des ambassadeurs, dépendent de différens usages. En France, l'*accompagnement* est fait ou par un prince ou par un maréchal de France, ou par un autre seigneur moins distingué; & tout est déterminé suivant le caractere des ambassadeurs qui sont ou ordinaires ou extraordinaires, qui viennent de la part d'un souverain plus ou moins puissant, & qui ont à traiter des affaires plus ou moins essentielles. Par exemple, « les ambassadeurs que tous les cantons Suisses envoient en France, à l'occasion du renouvellement de leur alliance, sont reçus à l'entrée du royaume: on leur fait des honneurs & des civilités dans toutes les villes de leur passage: & lorsqu'ils arrivent à Paris, on leur en fait plus qu'aux ambassadeurs des têtes couronnées. Mais lorsque quelques cantons particuliers y en envoient; on ne leur fait pas plus d'honneur que l'on en fait aux ministres du second ordre. On ne leur fait point de réception du tout, & il n'y a que l'introducteur avec *M. de Villequier* qui les accompagnent à l'audience. Au mois de mars 1634, *Reding* & *Zurlauben*, ambassadeurs des cantons Suisses catholiques, arriverent en France; mais on ne leur fit point d'autre honneur, sinon qu'on leur envoya les carrosses du roi pour les conduire à l'audience. Au mois de décembre de la même année, les ambassadeurs des trois cantons protestans Zurich, Berne, Schaffouse, furent traités de la même façon. » Traité de l'ambassadeur & de ses fonctions, par M. de Wicqfort *1715, in-4°. liv. 1, sect. 18, pag. 246.* Cet auteur approfondit la matiere des réceptions & des *accompagnemens* des ambassadeurs: il faut voir encore la description des entrées des légats, des papes & des autres ambassadeurs, *au 2 vol. du cérémonial de France, pag. 817 & suiv.* Voyez *Ambassadeur*, *Légat*, *&c.*

Cours souveraines.

6. Duluc, l'un de nos plus anciens arrêtistes, donne l'ordre de la marche du parlement de Paris, à l'entrée de Charles VIII dans cette ville, tel qu'il fut déterminé par un arrêt de cette cour, du 4 juillet 1485, rendu pour servir de regle en pareilles circonstances. On y voit que les avocats accompagnoient le parlement à la suite des gens du roi. *Causidici ac cognitores, suo etiam quisque ordine numeroque curiam* COMITANTOR. Cet ancien usage ne subsiste plus, & l'ordre des avocats est dispensé d'assister aux cérémonies publiques. Voyez *Avocats*.

« Il est du devoir des huissiers de se trouver aux entrées & issues du palais des présidens, & les *accompagner*, en sortant du palais, jusques hors d'icelui, en leur faisant faire place au peuple. » Laroche-Flavin, en son traité des parlemens de France, *liv. 2, chap. 16, n°. 17, pag. 156.*

L'avocat général d'une cour souveraine,

ayant prétendu avoir le droit de se faire précéder au palais & *accompagner* par un huissier, s'adressa à M. le chancelier d'Aguesseau, qui lui répondit le 19 janvier 1729, *tom. 10, pag. 29, de ses œuvres :* « Toutes les raisons que vous m'avez expliquées en différens temps, sur la prétention que vous avez de vous faire précéder dans le palais par un huissier, ne m'ont pas convaincu que la regle & le droit fussent de votre côté. Il ma paru au contraire, que bien loin d'être en état de vous appuyer au moins sur la possession, vous ne pouviez pas même en avoir aucune, puisqu'il n'y a que quatre ans que vous avez un huissier attaché au service du parquet. Ainsi, voyant que vous étiez réduit à des raisons de *bienséance*, & à l'*exemple* de ce qui se pratique dans d'autres parlemens, par une honnêteté purement volontaire qu'on y a eue pour les gens du roi ; j'ai cru ne devoir employer pour vous, en cette occasion, que des voies de persuasion & d'insinuation, auprès de votre compagnie ; mais quoique j'aie bien voulu faire diverses tentatives en votre faveur à ce sujet, j'y ai toujours trouvé, & j'y trouve encore une si grande répugnance à vous laisser jouir de l'*honneur* dont il s'agit, que je n'ai pas jugé à propos d'y insister plus fortement ; & le meilleur conseil que je puisse vous donner, est de garder le silence quelque temps à cet égard, & de tâcher de mériter, par la distinction avec laquelle vous remplirez vos fonctions, & par les marques que vous donnerez au parlement du zele dont vous êtes rempli pour le service de cette compagnie, que les esprits se trouvent insensiblement plus disposés à vous accorder la satisfaction que vous desirez, & qu'il est bien difficile de vous procurer, tant que cela ne se fera pas du consentement des principaux membres du parlement. »

La jurisprudence de quelques parlemens a fait un devoir des égards des villes pour les magistrats des cours souveraines ; les officiers municipaux sont obligés de visiter les magistrats des parlemens, non seulement quand ils y sont en commission, mais encore lorsqu'ils s'y rendent pour leurs affaires particulieres ; & l'on trouve plusieurs arrêts du parlement de Provence dans le recueil de M. de Bezieux, *liv. 1, tit. 4, chap. 2, § 8.*

ARRÊT du parlement de Toulouse, du 30 avril 1740, qui étend les obligations des officiers municipaux, vis-à-vis des membres de cette cour. Il enjoint *tant aux consuls de Rieumes qu'à tous les autres de son ressort, de rendre visite aux commissaires qui seront par elle députés*, *DE LES ACCOMPAGNER au lieu où la commission doit être exécutée, de les reconduire chez eux, & de leur donner la premiere place à leur banc dans l'église, si lesdits commissaires veulent la prendre.* Recueil judiciaire du parlement de Toulouse, *tom. 1, pag. 501.*

Municipalité.

7. En Provence, les consuls des communautés situées dans l'étendue des hautes justices des seigneurs particuliers, sont tenus, le jour où l'on doit procéder à l'élection des nouveaux officiers municipaux, d'aller chez le juge, ou, en son absence, chez le lieutenant du juge, pour le conduire & l'*accompagner* à l'hôtel-de-ville, & de-là le reconduire chez lui.

ARRÊT du parlement d'Aix, du 28 novembre 1678, qui juge « que les consuls de la ville de Castellane étant en possession & coutume d'aller prendre le lieutenant, le jour de la création du nouvel état, & de l'*accompagner* en la maison de ville sans *chaperons* pour y procéder, & après le conduire aussi, ils ne devoient pas être tenus d'y aller en chaperons. » Boniface, *tom. 4, liv. 10, tit. 2, chap. 8.*

A St. Remi, petite ville dont le prince de Monaco a la justice, mais dans des termes qui semblent la tirer de la classe des justices ordinaires, (puisque les officiers qui l'exercent, sont pourvus tout à la fois & par le seigneur & par le roi;)

le juge prétendit aux droits honorifiques dus aux juges des seigneurs vraiment hauts justiciers, & ils lui furent accordés par le parlement d'Aix sur la requête qu'il lui présenta. Les habitans qui n'avoient jamais été assujettis à cet *accompagnement*, se pourvurent en révocation du décret de parlement, & se fonderent, 1°. sur ce que leur ville n'étoit point absolument seigneuriale; 2°. sur une transaction particuliere passée depuis la concession de la justice au prince de Monaco, par laquelle les consuls n'étoient obligés qu'à faire avertir le juge du jour de l'élection des officiers municipaux. Premier ARRÊT du 3 décembre 1763, qui décharge par provision la communauté de St. Remi de l'*accompagnement* prétendu. Second ARRÊT du 10 mai 1766, qui ordonne définitivement la même chose.

ARRÊT du parlement de Grenoble, du 3 juillet 1769, par lequel la cour, *de l'avis des chambres*, ordonne que les lieutenans généraux ou premiers officiers des sieges de la province, ensemble les substituts du procureur général du roi, seront invités, la veille des assemblées municipales, par le greffier de l'hôtel-de-ville en personne, & qu'au cas que ledit greffier ne les trouve pas chez eux, il laissera un billet d'invitation, portant qu'il a passé chez eux pour les inviter, de la part des officiers municipaux, à l'assemblée qui devra se tenir le lendemain: ordonne en outre qu'un valet de ville en manteau ira chercher ledit lieutenant général ou premier officier du siege, à l'instant que l'on sera prêt à tenir l'assemblée, le conduire ainsi & de suite à l'hôtel-de-ville, & le *conduire* chez lui après l'assemblée finie, &c. Voyez *Municipalité*.

ARRÊT du parlement d'Aix, du 16 juillet 1776, qui permet au juge de Tarascon de se rendre au lieu convenu pour les cérémonies publiques & communes, avec les officiers municipaux, *accompagné* & précédé d'un huissier, lorsqu'il y va en robe; lequel il sera tenu de renvoyer à mesure qu'il sera arrivé à l'hôtel-de-ville ou autre lieu convenu: Enjoint aux officiers municipaux de se trouver auxdites cérémonies, de faire rendre audit juge par le valet de ville, suivant leur offre, tout le service d'*apparat* de sa place.

ARRÊT du conseil d'état du 25 septembre 1643. « Le roi en son conseil maintient & garde les demandeurs, (les doyen, chanoines & chapitre de l'église comtes de Lyon,) en la préséance en toutes assemblées publiques & particulieres, avant les défendeurs, (le présidial & les prévôt des marchands & échevins) de corps à corps, députés à députés, & de particulier à particulier; comme aussi les défendeurs étant en corps précéderont les députés ou particuliers, *& pour ce qui concerne* LA CONDUITE DE L'ORATEUR, *ordonne que les demandeurs, comme corps ecclésiastique, précéderont les défendeurs, sinon en cas d'absence des gouverneurs, lieutenant de roi, & intendant de justice, auquel cas sera ledit orateur* CONDUIT *par les prévôt des marchands & échevins seuls, sans que les demandeurs & les officiers de la sénéchaussée & siege présidial soient en cérémonie de ladite conduite, ains se trouveront seuls en ladite église en leurs places ordinaires.* Et sur la requête du 3 Août, à fin de la radiation de la qualité de *comte*, a mis & met les parties hors de cour & de procès; & en ce qui concerne l'intervention, ordonne que les trésoriers de France se pourvoiront ainsi qu'ils aviseront bon être. » (Recueil des privileges, autorités, pouvoirs, franchises, & exemptions des prévôt des marchands, échevins & habitans de Lyon. Barbier 1649, in-4°., pag. 346. *Arrêt pour la conduite de l'orateur le jour de la St Thomas.*)

C'étoit un bel hommage rendu à l'éloquence que cette rivalité entre les principaux corps de Lyon pour *accompagner* l'orateur, qui n'avoit besoin de personne pour se conduire. Ce jour de St. Thomas, tous les ordres de la ville & le peuple s'assembloient pour l'élection de leurs officiers municipaux à l'église, & ensuite dans la grande salle de l'hôtel-de-ville, où un dais surmontoit les portraits du roi, de la reine, & de la famille royale, sous les auspices de qui & comme en leur présence, devoit se tenir cette assemblée générale. C'étoit une grande & belle action que de parler ainsi à une grande ville sur son bonheur & sur ses loix, & nulle autre n'a cette institution salutaire. L'orateur, en instruisant la patrie, en étoit l'homme; & tous se disputoient l'honneur d'aller le prendre dans ses humbles foyers, & de l'*accompagner;* il étoit le premier en instruisant, il étoit encore à table & au spectacle, où le gouverneur, le maréchal de Villeroy lui-même, aimant cette ville & ses usages comme tous les Villeroys, affectoient de lui céder la premiere place. C'étoit l'esprit de cette fameuse cérémonie, où Lyon appellant dans son athenée tous les savans du monde, couronnoit l'orateur qui avoit le mieux parlé de la vertu & de la justice.

Aujourd'hui les prévôt des marchands & échevins envoient chercher l'orateur, par le procureur syndic, le secretaire, ou par l'un d'eux. Ce discours est lu & circonscrit à volonté par le procureur syndic. Cet *accompagnement* n'excite plus de rivalités : elles ont d'autres objets.

ORDONNANCE du Roi, du 26 septembre 1781. « Sa Majesté s'étant fait rendre compte de la difficulté élevée sur l'entrée des officiers de la milice bourgeoise de Lyon, dans le chœur de l'église primatiale de cette ville, lors du dernier *Te Deum*, a ordonné & ordonne provisoirement qu'au prochain *Te Deum* qui sera chanté dans ladite église, *le capitaine colonel du quartier de la place confort, & les commissaires de la milice bourgeoise seulement, entreront dans le chœur, & y seront placés* A LA SUITE *du consulat & des ex-consuls*. Ordonne pareillement que si le chapitre demande une garde pour l'entrée du chœur; elle sera prise dans la milice bourgeoise, comme devant toujours occuper la porte d'honneur, & que l'officier qui commandera cette garde entrera aussi dans le chœur & s'y placera aussi avec elle. Mande & enjoint Sa Majesté aux prévôt des marchands, commandant & échevins de Lyon, de tenir la main à l'exécution de la présente ordonnance, nonobstant tous empêchemens quelconques. Fait à Versailles, le 26 septembre 1781. Signé Louis, & plus bas, Gravier de Vergennes. »

Rois, reines.

8. Au sacre de nos rois, les pairs de France, successeurs des premiers comtes, *comites*, sont de tous ceux qui les *accompagnent* à cette auguste cérémonie, ceux qui y ont *la principale séance*. Ils y *représentent les états de cette monarchie, au nom desquels ils acceptent & reçoivent celui que le ciel a choisi pour régner sur les François*. Marlot, théatre d'honneur & de magnificence du sacre des rois de France, *liv.* 4, *chap.* 10, *pag.* 670.

Quand le roi doit rendre le pain bénit à quelque paroisse ou confrairie, le maître-d'hôtel qui est de jour, tenant son bâton en main, doit *accompagner* à l'église les pains bénits, (que le roi fait ordinairement faire au nombre de six.) L'aumônier qui va les présenter, de la part de Sa Majesté, marche entre le maître-d'hôtel & le contrôleur d'office, le trésorier des offrandes se mettant encore à la gauche du contrôleur.

Comme les grands chambellans ont l'honneur d'approcher de plus près la personne sacrée de nos rois durant leur vie, aussi quand la nature a exigé d'eux son dernier tribut, ils ensevelissent le corps, *accompagnés* des premiers gentilshommes de la chambre.

L'*accompagnement* de la reine d'Espagne donna lieu en 1679, à une contestation entre les prévôt des marchands & échevins de Paris, & les gardes-du-corps servant près sa personne; ce différent fut terminé par un réglement du 25 septembre de cette année. Le roi y déclare que s'étant fait représenter les procès-verbaux de l'ordre observé, lors du départ des reines d'Espagne & d'Angleterre en 1615 & 1625, & le réglement fait en 1645, lors du départ de la reine de Pologne; il veut & entend que ce réglement soit exécuté; en conséquence, que les gouverneur, prévôt des marchands & échevins, procureur de Sa Majesté, greffier & receveur de la ville de Paris, *marchent & tiennent rang en la maniere accoutumée, à la suite des reines, princes & princesses qu'ils auront ordre d'*ACCOMPAGNER, *depuis les roues de devant des deux côtés du carrosse en allant vers les chevaux, & les officiers de ses gardes-du-corps depuis les roues de derriere du carrosse en arriere; ensorte que les portieres demeurent libres, pour donner moyen au peuple de voir les reines ou princesses qui seront dans le carrosse.*

Ce réglement a servi de base pour la décision d'une difficulté élevée durant la minorité de Louis XV, à l'occasion de l'*accompagnement* des troupes de sa maison à la solemnité de son sacre. Les gardes du corps d'une part, & les gens d'armes & chevau-légers de l'autre, prétendoient à l'envi au droit exclusif d'environner les deux portieres du carrosse du roi, & il ne fut pas possible de les mettre d'accord par la voie de la médiation.

Les gendarmes & chevau-légers, pour soutenir leurs prétentions, avançoient qu'ils étoient la garde à cheval de nos rois, qu'eux seuls les *accompagnoient* dans les voyages & à l'armée, & que les gardes-du-corps n'avoient de service qu'à pied, & n'alloient point autrefois à la guerre. Ceux-ci disoient que nos rois n'auroient donc eu jamais de gardes à cheval avant le regne de Louis XIII, puisque les gendarmes & chevau-légers ne sauroient fixer eux-mêmes qu'à ce temps l'époque de leur création. Ils citoient l'ordonnance de Henri IV de 1598, qui déterminoit si bien que l'établissement des gardes étoit dès-lors fort ancien, que ce prince commence par y rappeller *les ordonnances déja faites par ses prédécesseurs, pour le fait & établissement desdits gardes*; & qu'il y explique que *leur devoir est de l'*ACCOMPAGNER *avec hallebardes ayant houppes au bout de la couleur du roi, & le suivre partout tous en troupe derriere & non à la file, le plus près de sa personne que faire se pourra, comme ils avoient accoutumé de faire du temps des feux rois François I & Henri II*; ajoutant qu'*ils seront pourvus & montés sur bons & forts chevaux, & qu'ils seront toujours, tant à pied qu'à cheval, pour le moins vingt-quatre ensemble auprès de Sa Majesté*. . . .

Cette affaire, dans laquelle les gardes-du-corps produisirent un mémoire imprimé *de 16 pages*, avec une replique *de 25 pages in-fol.*, & les chevau-légers un mémoire *de 22 pages aussi in-fol.*, fut terminée par ordonnance du 11 novembre 1724, dans laquelle le roi décide, par l'article I, que les officiers des gardes-du-corps *marcheront à droite & à gauche de son carrosse à la hauteur des roues de derriere, de maniere que la portiere demeure libre, afin de laisser au peuple la satisfaction de voir Sa Majesté*; & par l'article III, que les officiers des gendarmes & chevau-légers *marcheront à droite & à gauche du carrosse, à la hauteur des roues de devant, de maniere que la croupe de leurs chevaux laisse également la portiere libre.* Code militaire, *tom. 4, pag. 134 & suiv.* Voyez *Chevau-légers, Gardes-du-Corps, Gendarmes, &c.*

Par une des dispositions de l'édit du mois de janvier 1779, Sa Majesté ordonne aux grand-croix & commandeurs de l'ordre de St. Louis, *qui se trouveront au jour & fête de St. Louis, auprès de sa personne, de* L'ACCOMPAGNER *à la messe avec l'habit d'uniforme de leur grade, sur lequel ils porteront le ruban large de leur dignité.* Voyez *Ordres (du roi).*

ACCOMPLISSEMENT.

(Dr. publ. Dr. eccl. Dr. pr. Dr. crim.)

1. C'est l'exécution entiere d'une action, d'un acte, d'une promesse, d'une

peine, en ſorte qu'il ne reſte plus rien à y ajouter.

Adimplere contractum, pr. I. de empt. & vendit. *creditores*, *& libertates*. L. ult. § 3, C. de teſtam. manum. *Suum curatorem*. L. 43, § un. D. de admin. & peric. tut. *Fidem*, § ult. I. de fideic. her. *impletâ conditione*. Leg. Labeo 50, D. de contr. empt. *venditionem adimplere*. L. 57, D. *ibid.*

Ce mot a une infinité d'acceptions dans le droit. On *accomplit* un VŒU. Il faut *accomplir* les CONDITIONS d'une DONATION, d'un TESTAMENT, pour avoir droit aux libéralités qu'ils renferment. Après avoir fait une promeſſe, un contrat de MARIAGE, on peut en refuſer l'*accompliſſement*. L'âge preſcrit pour poſſéder des bénéfices, des charges, des degrés, pour avoir droit à des privileges, des exemptions, des immunités, doit-il être *accompli* juſqu'au dernier moment, ou ſuffit-il que l'année ſoit commencée? Les loix déterminent, ſi, afin d'*accomplir* le temps néceſſaire aux différentes PRESCRIPTIONS, il faut avoir poſſédé juſqu'au dernier inſtant du dernier jour. *L. 6, D. de uſucap.* ou s'il ſuffit d'avoir atteint ce dernier jour. *Minimo momento noviſſimi diei*. Leg. 15, D. *de diverſ. temp. præſcript.* La vente s'*accomplit* par le ſeul conſentement, quoique la choſe ne ſoit pas délivrée, ni le prix payé, pourvu néanmoins que la choſe ſoit certaine, & le prix convenu. Enfin, les CONTRATS ne ſont *accomplis* & parfaits, que lorſque tout eſt écrit & ſigné des parties, & de l'officier public qui les reçoit. *CONTRACTUS QUOS in inſtrumento recipi convenit, non aliter vires habere ſancimus niſi inſtrumenta in mundum recepta, ſubſcriptionibuſque partium confirmata, & ſi per tabellionem conſcribantur, etiam ab ipſo COMPLETA*. Leg. 17, Cod. de fide inſtrum. . . . Art. 84 & 165 de l'ordonnance d'Orléans.

Toutes les loix ne ſont pas auſſi claires que celle-ci. L'*accompliſſement* d'une infinité d'actions ou de conventions tient ou paroît tenir à des interprétations, des obſtacles, des circonſtances, qui trop ſouvent font retomber dans l'arbitraire. Voyez *Age*, *Condition*, *Dommages & Intérêts*, *Privilege*, *Preſcription*, *Vente*, *Vœux*.

On jugera beaucoup mieux comment les actions ou les conventions doivent être *accomplies*, après avoir vu leur nature & leurs principes. Mais deux points ſur leſquels on ne ſauroit trop tôt diſcuter la queſtion de l'*accompliſſement*, c'eſt l'âge, ce ſont les peines.

Age.

2. Quand la loi n'eſt pas claire, les juriſconſultes diſtinguent trois circonſtances. La premiere eſt celle dans laquelle la faveur de la choſe ou de la perſonne demande que l'année commencée ſoit regardée comme achevée, d'après la maxime vulgaire, *in favorabilibus, annus incæptus pro completo habetur*; & c'eſt d'après cette maxime que l'on s'eſt décidé ſur la majorité de nos rois. La ſeconde circonſtance, eſt celle dans laquelle le déſavantage de la perſonne ou de la choſe, ou bien l'intérêt public exigent que l'année ſoit parfaitement *accomplie*; & c'eſt pourquoi, lorſqu'un homme dans ſa vingt-cinquieme année a fait une convention ruineuſe, on la déclare nulle, par défaut de majorité.

La troiſieme circonſtance enfin, eſt celle où l'on trouve dans la même choſe, ou dans la même perſonne tout à la fois, de la faveur & du déſavantage. On penſe alors que le temps doit être accompli *de momento ad momentum*. C'eſt la déciſion de la gloſe *in cap. cum in cunctis in* verbo *exegerit*, de la gloſe in lege 3, D., de Fagnan cap. *ad noſtram* de regul. n°. 31, de Sfortias Oddo, *de reſt. in integr. part. 1, quæſt.* 2.

Ces principes généraux répandus dans les loix & les auteurs, ſont abſtraits & ne diſſipent pas les ténebres. Il ſembleroit qu'on n'a pas aſſez vu que la vie n'eſt qu'une balance perpétuelle de biens & de maux, où ceux-ci l'emportent toujours, & que ce qui fait le désavantage de l'un fait toujours l'avantage d'un autre.

Ne seroit-il donc pas infiniment utile que les loix qui déterminent l'âge nécessaire pour les bénéfices, dignités, charges, privileges, exemptions, fussent claires, précises, & ne laissassent lieu à aucune interprétation?

Cette idée ne nous appartient pas. Le roi de Prusse, dans son code, *part.* 2, *liv.* 7, *tit.* 2, § 7, *page* 421, après avoir prononcé que les garçons âgés de seize ans, & les filles âgées de quatorze, pourront tester, ajoute; *au reste, afin que les mineurs puissent tester, il faut que les garçons aient ACCOMPLI JUSQU'AU DERNIER JOUR de leur seizieme année, & les filles de leur quatorzieme.*

On ne s'est pas donné la peine dans plusieurs de nos loix d'expliquer ainsi les mots principaux, comme l'a fait le roi de Prusse, comme le faisoient les romains.

L'art. 9 du tit. 34 de l'ordonnance de 1667, porte: *les SEPTUAGENAIRES ne pourront être emprisonnés pour dettes purement civiles, si ce n'est pour stellionat, récelé & dépens en matieres criminelles, & que les condamnations soient par corps.*

Mais qu'entend-on par SEPTUAGÉNAIRES? Faut-il avoir 70 ans commencés, avancés ou *accomplis*? La jurisprudence est arbitraire.

On a jugé, le 24 juillet 1700, conformément aux conclusions de M. l'avocat-général Portail, que celui qui avoit atteint sa soixante & dixieme année étoit réputé septuagénaire, & doit être déchargé de la contrainte par corps, d'après le principe *in favorabilibus annus incœptus pro completo habetur.* On a jugé depuis d'une maniere contraire.

ARRÊTS rassemblés par Rousseau de Lacombe, en son recueil d'arrêts, ch. 12, page 3. Le PREMIER rapporté originairement par *Augeard*, débouta un prisonnier pour dette civile, âgé de *soixante-neuf ans, neuf mois*, de sa demande en liberté, quoique M. Joly de Fleury, avocat général, dit: que le terme de *trois mois seulement* qui lui manquoit pour avoir ses soixante & dix ans *accomplis*, pouvoit porter les juges à se relâcher de la *rigueur de la loi.* Le SECOND est du 24 juillet 1737; enfin le troisieme est du 4 septembre 1742. Ces trois préjugés conformes, font dire à l'arrêtiste, que *c'est à présent une jurisprudence constante qu'il faut avoir soixante & dix ans ACCOMPLIS*, pour pouvoir profiter du bénéfice de la loi, favorable aux septuagénaires.

ARRÊT du parlement de Toulouse, du 20 juin 1747, rendu *en forme de réglement, qui a jugé qu'il suffisoit d'avoir commencé la soixante & dixieme année pour être exempt de la contrainte par corps.* Recueil judiciaire, *tom.* 1, *p.* 557.

La loi auroit prévenu ce contraste affligeant dans le même royaume, si elle avoit été conçue dans les termes où elle avoit été projetée. Le procès-verbal de cette ordonnance, porte qu'il avoit été d'abord rédigé ainsi: *toutes personnes qui seront ENTRÉES en la soixante & dixieme année de leur âge, ne pourront être emprisonnées pour dettes purement civiles.* Ce texte étoit plus clair & sans doute plus humain. Voyez *Contrainte par corps.*

Une loi pour tout le royaume, sur l'*accomplissement* de l'âge, quelle qu'elle fût, empêcheroit des procès, la contradiction entre les arrêts, & l'incertitude affreuse qui en résulte.

Peines, supplices.

3. Boniface en son recueil d'arrêts, *tom.* 2, *liv.* 1, *tit.* 2, *ch.* 38, *p.* 306, rappelle le jugement de Pison rapporté par Ciceron. « Un soldat ayant été condamné à mort pour avoir tué son compagnon, le meurtrier se présenta au moment où le bourreau vouloit faire l'exécution, laquelle ayant différé pour en avertir Pison, afin qu'il prescrivit

l'ordre qu'il devoit tenir en cette rencontre, Pison donna jugement que la condamnation déja ordonnée seroit exécutée pour l'autorité de la chose jugée, & condamna à mort le compagnon qui étoit le véritable meurtrier, & l'exécuteur pour avoir arrêté son exécution, & par ce retardement, avoir donné sujet & à la plainte & au jugement. »

La magistrature romaine n'eut pas deux monstres comme Pison; car nous ne lui comparons pas Appius Clodius, aveuglé par une passion brutale, ni même Néron, qui n'étoit qu'un lâche & puissant assassin. Au milieu des flots qui si souvent inondoient Rome, elle avoit des loix & quelquefois des mœurs. Elle faisoit grace au criminel que l'on conduisoit au supplice, lorsqu'il étoit rencontré dans sa marche par une vestale, pourvu que celle-ci jurât que cette rencontre avoit été vraiment casuelle. Rome moderne a fait grace pendant quelque temps aux condamnés qui se trouvoient sur les pas des cardinaux. Des clercs & des moines avoient eu antérieurement la prétention d'empêcher l'effet des jugemens, & il fallut une loi pour la réprimer. *Leg. 7, cod. de episcopali aud.*

Cet exemple a fait agiter en France la question de savoir, si la rencontre des reines ne devoit pas être utile à ceux dont on alloit exécuter le jugement de mort, & s'ils ne devoient pas aussi profiter de l'heureuse circonstance de l'entrée des princes. Mais, puisque c'est au nom du roi que la justice est rendue, l'entrée de ses proches ne peut pas légalement arrêter l'*accomplissement* de la peine prononcée, & nous ne connoissons à cet égard aucune loi dans le droit romain, ni dans notre droit françois, à dater de la loi salique. Mais, parce que souvent le desir de faire sa cour ou de sauver un malheureux ont déterminé à suspendre, on a pris ces égards pour un devoir. Et c'est ainsi trop souvent que les préjugés s'établissent.

Anciennement encore, les filles étoient admises à réclamer pour époux ceux qui étoient prêts à subir la peine de leurs crimes, & cet usage ressemble à celui des sauvages de l'Amérique. Un prisonnier condamné au feu, est délivré si une fille ou une veuve le demande pour époux. Les vainqueurs prêts à le dévorer, le délient, l'embrassent & le traitent en *frere :* tant la nature est puissante! Elle désarme la barbarie; elle adoucit la férocité. Mais a-t-elle le même empire sur la justice? Lorsque celle-ci a condamné à mort, faut-il toujours que le jugement s'*accomplisse* ?

On ne s'attend pas à trouver ici les recherches de huit jurisconsultes ultramontains & d'un françois, sur la question de savoir, si un condamné, ÉCHAPPÉ de l'*enfer* & ressuscité, peut être puni de nouveau. *Condemnatus ad mortem, si ab inferis resurgat, non punitur.* (Sebastianus medicis in tract. mors omnia solvit, part. 1, n°. 147, pag. 52.) Le jurisconsulte françois, est celui dont Bretonnier, sur Henrys, tom. 3, pag. 60, dit : qu'*on ne peut reprocher à* TIRAQUEAU *qu'un excès d'érudition, dont on a eu soin de se corriger au palais.*

Nous réduisons nos recherches à deux cas : celui où le supplice n'a pas pu s'*accomplir* par dol, par accident ou par force; celui où le supplice paroissant *accompli*, le condamné a été rendu à la vie par la nature ou la médecine. Ces deux questions curieuses qui ont embarrassé tant de fois, reviennent tous les jours.

Un exemple d'accident est celui rapporté par Paradin, dans son histoire de Lyon, *liv. 3, chap. 23, pag. 312.* Un condamné étoit arrivé à la potence : l'échelle se trouvant trop courte, & le bourreau étant allé en chercher une, le peuple s'émut; un ami du malheureux coupe ses cordes, le couvre d'un manteau, ouvre la foule, le fait fuir, & donne le change aux archers, leur persuadant qu'il avoit traversé le Rhône. L'arrêt resta ainsi sans exécution. Paradin fait cette réflexion.

Sagement

Sagement a été dit par les jurisconsultes, que la faveur naturelle incline toujours à la part des affligés. Paradin ne connoissoit pas tous les jurisconsultes.

Un exemple de dol bien connu à Lyon, c'est celui d'un assassin condamné par arrêt du parlement de Paris, il y a cinquante ans. Il avoit sans doute payé le bourreau qui feignit de le rompre, & ne l'attacha pas sur la roue. Le condamné s'évada avant la pointe du jour, se sauvoit nu, effraya des gens qui alloient à la premiere messe, fut repris & exécuté réellement.

ARRÊT du parlement de Bordeaux, du 24 avril 1534, qui prononça qu'un incendiaire, qui s'étoit échappé du bûcher enflammé préparé pour son supplice, & avoit été conduit à l'église des carmes, devoit être livré de nouveau aux flammes. Cet arrêt ne passa que contre l'avis de trois magistrats, *tribus ex dominis exceptis;* son motif paroît avoir été la conviction que l'évasion du coupable brûlé dans plusieurs parties de son corps, *ne tenoit en rien du miracle*, mais devoit être uniquement imputée à la négligence du bourreau, qui ne s'étoit pas fait aider par un nombre suffisant de valets. *Boerii décis. 217, n°. 19.* Il semble que l'auteur étoit un des juges dont l'avis prévalut; il n'auroit pas été aussi sévere, s'il avoit trouvé le fait de l'évasion *un peu miraculeux :* il raconte, d'après les légendaires, divers exemples de délivrances ou absolutions fondées sur des circonstances qui laissoient soupçonner le prodige. Il cite entr'autres l'auteur des sermons connus sous le nom de *Sermones discipuli*, qui atteste qu'un juge ne voulut pas faire attacher de nouveau un criminel dont la corde s'étoit rompue par l'intercession de sainte Elisabeth : *narrat suspensum, fune fracto meritis beatæ Elisabeth liberatum, judicem iterùm suspendi facere noluisse, dicendo, quem Deus liberavit, denuò non suspendi permittam.* Il cite encore saint Jérôme, qui atteste qu'une femme de Verceil, accusée d'adultere, (& dont le prétendu complice avoit confessé le crime *dans les tourmens de la question*) résista à sept coups que lui porta le bourreau, & obtint sa grace : *capite vix septimo ictu truncato, divinitùs vitæ reddita, & imperiali tandem rescripto restituta est libertati.*

ARRÊT du parlement de Dijon, du... mai 1625.... *Espece singuliere.* Hélene Gillet, jeune *demoiselle*, fille du châtelain de Bourg-en-Bresse, âgée de vingt-deux ans, avoit paru enceinte & excité des soupçons qui donnerent lieu, *lorsque ses flancs se furent abaissés*, à une ordonnance du lieutenant particulier, portant qu'elle seroit visitée par des matrones. Celles-ci ayant rapporté qu'*elle s'étoit délivrée il n'y avoit pas quinze jours;* on la mit en prison, & on prit ses réponses, qui *parurent extravagantes & pleines de contrariétés.* Elle convint avoir eu affaire une seule fois avec un jeune homme qui l'avoit forcée par le secours d'une servante, & que quelques jours après, il lui étoit *tombé quelque chose de mol & de flatueux*, que cette servante lui avoit expliqué être un faux-germe. Sur cette confession, on visita le lieu où elle disoit *que cette molle lui étoit tombée*, & on n'y trouva rien. Tandis que les juges étoient embarrassés pour statuer sur cette procédure, un soldat apperçut, au pied d'une muraille voisine d'un jardin qui appartenoit au pere de l'accusée, *un corbeau qui tiroit quelque linge avec peine.* Il s'approcha, trouva le corps d'un petit enfant enveloppé d'une chemise, & en fit part à la justice. A la vérification de cette chemise, on reconnut qu'elle étoit de la même toile & de *la même grandeur que celle que l'accusée avoit vêtue, & ayant même au dessous de l'ouverture d'en-haut, les deux lettres du nom d'Helene Gillet; savoir, une* H *& un* G. Sur ces indices, sentence du présidial de Bourg, qui la condamna à avoir la tête tranchée. Appel au parlement de Dijon, qui confirma & ordonna *de plus, qu'elle seroit* *conduite au supplice la hart au col : ce qui fut remarqué être contre les formes ordinaires, & contre ce qui se pratique en France sur ceux qui sont condamnés à avoir la tête tranchée.* . . . Sur les trois heures de l'après-midi, elle fut conduite au *Morimont*, assistée de deux jésuites & de deux capucins. *Le bourreau qui s'étoit communié le matin dans la prison, tremble, s'excuse au peuple sur une fievre qui le tenoit depuis trois mois, le prie de lui pardonner, où il manqueroit à son devoir.* Comme il n'entendoit pas son métier, il lui porte le coup sur l'épaule gauche, & fait tomber la patiente sur le côté droit; cependant celle-ci se releve, se replace sur le poteau & tend le col. Le bourreau éperdu décharge un second coup, qui glisse dans le col, *dans lequel il entra du travers du doigt.* Le peuple s'agitant, & les pierres volant de tous côtés, le bourreau, les jésuites & les capucins se sauvent dans une chapelle qui étoit au bas de l'échafaud. La femme du bourreau, restée seule avec la patiente, prend la corde avec laquelle celle-ci avoit été conduite, & *la lui met au col, la patiente se défend & jette les mains sur la corde; cette femme lui donne du pied sur l'estomac & sur les mains, & la serre cinq ou six fois pour l'étrangler : puis se sentant frappée à coups de pierres, elle tire ce corps demi-mort la corde au col. . . . prend des ciseaux qu'elle avoit apportés pour couper les cheveux à la condamnée; avec ces ciseaux qui étoient longs de demi-pied, elle lui veut couper la gorge; comme elle n'en peut venir à bout, elle les lui ficha en divers endroits....* A ce spectacle, le peuple en fureur veut rompre la porte de la chapelle; les jésuites & les capucins en sortent *le crucifix à la main*, après avoir reçu quelques légeres contusions. Le bourreau & sa femme sont tués à coups de bâtons, de pierres & de poignards. On s'empare d'Helene Gillet, & on la porte chez un chirurgien. . . . . *A la visite de ses plaies, elle avoit, outre les deux coups d'épée, six coups de ciseaux, un qui passoit entre le gosier & la veine jugulaire; un autre sous la levre d'en-bas, qui lui égratignoit la langue & entroit dans le palais; un au dessous du sein, passant entre deux côtes proche de l'emboiture de l'épine du dos; deux en la tête assez profonds; quantité de coups de pierres; les reins entâmés fort avant du coutelas sur lequel elle étoit couchée, lorsque la femme du bourreau la secouoit pour l'étrangler; elle avoit le sein & le col meurtris de coups de pieds que la bourelle lui avoit donnés.* Dans cet affreux état, elle demanda si elle n'auroit pas d'autre mal : on lui répondit qu'elle prît courage, que les juges auroient pitié de ses malheurs, & qu'on profiteroit du délai de quinze jours de vacation pour solliciter sa grace auprès du roi. Elle fut accordée en faveur du mariage de Henriette de France, avec ce Charles I, décapité lui-même à Londres, le 9 février 1649. Fevret, auteur du traité de l'abus, présenta au parlement de Dijon les lettres de pardon accordées à Helene Gillet, dans lesquelles le roi *mettoit à néant toutes informations, décret, même les sentence & arrêt de mort qui s'étoient ensuivis, la restituoit & rétablissoit en sa bonne renommée & en ses biens, non d'ailleurs confisqués.* Elles furent entérinées par arrêt du 5 juin 1625. *On trouve ces lettres, le plaidoyer de Fevret, & l'arrêt dans le tom. 11 de la collection du Mercure françois, pag. 526 & suiv.*

En ramassant ainsi par-tout les arrêts intéressans sous divers points de vue, peut-être devons-nous demander pardon de la citation exacte des détails horribles qui ont accompagné celui-ci. Quelles noires réflexions ils inspirent! Quel mélange d'humanité, de religion, de curiosité, de barbarie! Qu'est-ce donc que ces affreux & dégoûtans supplices? L'ordre social n'a-t-il pas d'autres moyens pour se soutenir? La nature a-t-elle besoin d'être vengée ? Ou si on croit le devoir, ne le peut-on qu'en ajoutant à ses pertes, en l'outrageant sans mesure ? Et pourquoi ce peuple, pour l'effroi ou l'instruction duquel les supplices ont été rafinés, ce peuple dont les sensations naturelles valent bien notre dialectique, pourquoi s'est-il soulevé dans cet événement & dans celui qu'on va lire ?

ARRÊT du parlement d'Aix, du 27 avril 1654.... *Espece.* Une fille d'Hyeres, âgée de seize ans, condamnée à être pendue pour avoir recélé sa grossesse & fait mourir son enfant, fut tirée de la potence par quelques laquais. Ils s'étoient apperçus, après la retraite du bourreau, qu'elle donnoit encore des signes de vie, avoient coupé précipitamment la corde, & l'avoient portée dans la prison, où par le secours de quelques dames charitables, elle fut saignée & rappellée à la vie. *La cour s'étant assemblée pour délibérer si elle devoit être encore exposée au supplice, renvoya l'affaire après les fêtes de Pâque, durant lequel temps, la grace ayant été demandée pour elle au roi, S. M. touchée de commisération, la pardonna, & commua la peine de mort en celle de religion perpétuelle, au choix de la cour.* Boniface, *tom.* 2, *liv.* 1, *tit.* 17, *chap.* 5, *pag.* 370. Voyez *Avortement*, *Grossesse.*

La conséquence de ces arrêts est, que de quelque maniere qu'un coupable condamné à mort ÉCHAPPE au supplice, on ne peut se dispenser d'*accomplir* l'exécution, qu'autant que le prince lui accorde des lettres de grace.

Il en faut dire autant de celui qui condamné aux galeres s'évade, la peine doit s'accomplir jusqu'au dernier jour ; & lorsque le forçat est saisi, on le fait conduire & réintégrer jusqu'au dernier jour, après lequel seulement il est déclaré libéré & obtient son congé.

La jurisprudence des pays étrangers n'est pas différente, suivant Julius Clarus, *recept. sentent. lib.* 5, § *finali. Quæst.* 98, n°. 9, *pag.* 290, *edit.* 1608. . . . *Cremonæ, quidam Marchettus Capriolus laqueo suspensus, quòd pluries à carnifice calcaretur, cùm expirasse crederetur, cecidit fracto laqueo, & à se ipso surrexit incolumis, & senatus jussit ut per dies aliquot supersederetur, intrà quod posset & pacem & gratiam impetrare; & ita (ni fallor) habitâ* GRATIA *à principe fuit dimissus,* 10 *maii* 1546.

Pour éviter la répétition de ces cas assez communs, le gouvernement de Florence a changé le supplice qu'on faisoit subir aux coupables, & y a substitué l'usage de la luxation des vertebres. *Lettera sopra la morte apparente*, *pag.* 35.

Mais lorsque l'arrêt a été exécuté, si le coupable cru mort, est rendu à la vie par la médecine, par la puissance de la nature, ou même enfin, par ce que le président Boyer appelloit *une espece* de miracle ; quel sera l'état du condamné ? que doivent ordonner les juges ? quelle est la loi ?

Les médecins ont beaucoup écrit sur les secours accordés aux suppliciés pour les rappeller à la vie. (*Cœsalpin quæst. medic. pag.* 229. *Riolan antropographia, lib.* 1, *cap.* 18. *Bacon hist. vitæ & mortis. Wepfer de apoplexiâ, pag.* 167. *Le baron de Haller Elément. physiolog. tom.* 3, *pag.* 270 & 271. *Morgagni, epist. anat. medic.* 19, *art.* 36. *Sauvage, nosologie clas.* 6, *ordr.* 4, *asphyxie des pendus.*)

Hébenstreit appelle *impiété* l'acte de livrer à un nouveau supplice ceux qui ont déja éprouvé les douleurs d'une cruelle agonie. Il soutient que celui qui est rappellé à la vie par une opération de l'art, appartient au médecin, & ne doit plus dépendre du juge : *quos novo tradere supplicio cùm jam mortis angores experti sint, quantùm ad rationes medicas* IMPIUM EST ; *neque enim ille qui venæ sectione, aliove modo revocatus, vitam accepit, deque novo vivere instituit* JUDICIS EST, SED MEDICI A QUO SERVATUS FUIT. *Anthropologiæ forensis*, *pag.* 608.

Cette opinion d'Hébenstreit a deux grands caracteres, le fier amour de son art, & l'amour plus touchant de l'humanité; on aime à voir ce médecin dire au juge : *ton devoir a été, sans doute, de faire mourir cet homme, & le mien a été de le faire revivre. Tu tenois vainement le glaive de la justice; j'ai trouvé le feu sacré de la nature qui ranime tout, & j'ai recréé un homme. L'exemple est donné. Après ce morne silence qui accompagne le moment de l'exécution, le peuple est rentré dans ses humbles foyers, persuadé de la mort de son semblable. Peux-tu condamner encore & donner deux morts? Ah! plutôt laisse-moi jouir du bonheur d'avoir donné une seconde vie. Tu fis assez pour ta sévere justice, laisse-moi faire quelque chose pour la foible humanité.*

Cette opinion présente un inconvénient ou un abus : c'est celui des précautions que le condamné prendroit avec les gens de l'art, pour le soustraire à l'*accomplissement* de la peine.

« Un riche boucher de Londres, nommé Gordon, fut condamné à être pendu. Un jeune chirurgien, ébloui par l'espoir de la récompense, entreprit de le dérober à la mort. Il alla le voir dans sa prison, lui fit à la gorge une petite incision qui répondoit au conduit de la respiration, & il y fit entrer un petit tuyau. L'exécuteur ayant fait son office, & Gordon ayant resté quelque temps suspendu, on livra suivant la coutume son cadavre à ses parens. Le chirurgien lui ouvrit la veine du bras, & lui administra d'autres secours. Gordon ouvrit les yeux, & poussa un grand soupir, mais étant retombé presque aussitôt dans une espece d'évanouissement, il expira quelques minutes après. Le chirurgien attribua le mauvais succès de son entreprise à la grosseur de Gordon, qui l'avoit fait peser excessivement sous la corde. (*Pour & contre, 1733, tom. 1, art. invention nouvelle de l'art, pag. 154.*)

Bruhier dans sa dissertation sur l'incertitude des signes de la mort, a une opinion différente d'*Hébenstreit :* il dit avec Nymman, « que les médecins ne doivent pas beaucoup s'embarrasser de rappeller les pendus à la vie, s'*il s'agit de ceux que la justice a retranchés, par ce supplice, d'une société dont ils ont enfreint les loix les plus sacrées. C'est en quelque maniere se rendre complice de leurs crimes que de les soustraire à la punition qui leur est due.* D'ailleurs c'est presque toujours peine perdue; car il est constant que le *gibet ne perd jamais ses droits*, pour me servir d'un de nos proverbes qui répond à celui des latins, *frustra submergitur quod corvis debetur*, & qu'une bonne partie de ceux à qui on a rendu la vie se sont fait pendre une autrefois, ou sont morts de supplices plus terribles. » Il cite plusieurs exemples. Nous en choisissons trois remarquables.

Le premier est tiré de Schenckius, *obser. lib. 1, de suffocat. art. de suffoc. ex laqueo.* « Un marchand surnommé *Landthaler* fut pendu à un arbre pour quelques fripponeries; il y resta une heure entiere, tant qu'une troupe d'infanterie fût à défiler. Les valets qui la suivoient ayant coupé la corde, & remarqué quelques signes de vie, le mirent sur une voiture, & le rappellerent à la vie. Il a souvent dit qu'il n'avoit pas senti plus de mal qu'aux yeux & à l'extrêmité des doigts des pieds. Ayant recommencé dix-huit ans après les mêmes manœuvres qui l'avoient fait pendre en premier lieu, *le prince Charles d'Aremberg* le fit pendre une seconde fois, & il mourut. »

Le second est tiré de *Cæsarius Heisterbacchensis illustr. miracul. lib. 6, cap. 42.* « Un voleur venoit d'être pendu, lorsque le valet d'un chanoine de Cologne passa près de la potence. S'appercevant qu'il palpitoit encore, il fut touché de compassion, il coupa la corde, & fit revenir le patient avec de l'eau fraîche puisée dans un ruisseau voisin. Le voleur ayant repris peu-à-peu ses forces, suivit son libérateur qui alloit à la ville la plus prochaine, &, tout en causant avec lui, jeta la main sur la bride de son cheval, en criant que le cheval lui appartenoit, & que le valet le lui avoit volé. Ce débat ayant attiré beaucoup de monde, l'indignation dont ils furent saisis les déterminoit, sans écouter ce qu'il disoit pour sa justification, à traîner le malheureux jeune-homme vers la potence dont il venoit de détacher le voleur, lorsque Dieu permit que des gens de la ville voisine, ayant vu le concours de monde qui alloit au lieu de ce supplice, qui étoit commun aux deux villes, s'approchassent pour savoir de quoi il s'agissoit. Laissant alors au valet la liberté de parler, il conta son avanture, & la maniere dont on récompensoit le service qu'il avoit rendu au voleur. Ce dernier ayant été reconnu, on le rattacha au poteau, où il fut si bien étranglé que mort s'ensuivit. »

Le troisieme exemple rapporté par *Bruhier* est encore plus singulier, & il résout cette question subsidiaire vraiment étrange: est-il permis à celui qui a rappellé à la vie un criminel, de le priver de cette seconde vie, lorsqu'il a de justes motifs de se repentir du service qu'il a rendu à un ingrat! Jusqu'à quel point est vraie la maxime d'*Hebenstreit : qui de novo vivere instituit, judicis non est, sed medici à quo servatus fuit?*

« Un meûnier des environs d'Abbeville, passant près d'un endroit où étoit exposé un voleur qui avoit été pendu la veille, crut remarquer qu'il n'étoit pas mort. Un mouvement de compassion l'ayant engagé à éclaircir son soupçon, qui se trouva bien fondé, il le détacha, à l'aide de son charretier, le mit dans sa charrette, & l'emmena chez lui. Il employa ses soins pour le rappeller à la vie avec tant de succès, qu'au bout de quinze jours son nouvel hôte avoit recouvré une santé parfaite. Il pensoit à le congédier avec quelque argent, lorsqu'ayant par malheur différé trop long-temps de le faire, il le laissa seul dans la maison un dimanche. Ce misérable oubliant ce qu'il devoit à son libérateur, mit à profit la liberté qu'on lui laissoit, crocheta une armoire, & emporta toute l'argenterie & le comptant qu'il put trouver. Le meûnier s'apperçut en entrant qu'il étoit volé, & n'eut pas de peine à deviner d'où partoit le coup, quand il vit que son *ressuscité* étoit éclipsé. Il courut après le voleur avec ses deux fils & son charretier. Ils l'atteignirent à une lieue de là, & l'ayant ramené sur-le-champ au poteau d'où on l'avoit détaché, ils le *rependirent*, & le secouerent si bien cette fois, qu'ils lui ôterent le pouvoir de commettre davantage le crime. Le procureur du roi au bailliage d'Abbeville informé du fait, fit décréter de prise de corps le meûnier & ses complices, à qui l'on conseilla de prendre la fuite, & de demander des lettres de rémission. Elles furent dressées par M. Guisain, secretaire du roi, lequel les présenta à M. le chancelier, qui ne voulut pas les sceller sans avoir régalé le roi de cette histoire, & qui les scella ensuite. . . . Il y a environ soixante ans que cette histoire est arrivée, & je la tiens de Mrs. Guisain, tous deux avocats au parlement, l'un fils, l'autre petit-fils du secretaire du roi, qui m'ont assuré avoir lu plus d'une fois la minute des lettres de rémission. » Bruhier, *tom. 2, chap. 8, pag. 223 & suiv. 1745, in-12.*

A ces exemples on peut opposer celui rappellé dans le *Journal de Paris*, & dans le *Tableau de Paris*, tom. 2, pag. 143.

Un vieux & riche libertin, après avoir voulu séduire sa jeune & jolie servante, pour se venger de ses refus, plaça dans la cassette de cette fille plusieurs effets précieux à lui appartenans, aisés à reconnoître, & l'accusa de vol.

Elle fut pendue. Un chirurgien avoit acheté le corps. Il alloit le disséquer, lorsqu'il sentit un reste de vie. Il employa les secours de son art, & appella à toutes fins un prêtre qui avoit une grosse tête & une physionomie fortement prononcée. Cette fille rouvrant les yeux à la lumiere, & se croyant devant Dieu : *Pere éternel*, s'écria-t-elle en tremblant & joignant les mains, *vous savez mon innocence, ayez pitié de moi.* On fut long-temps à lui persuader qu'elle n'étoit pas morte, tant l'idée du supplice & de la mort avoient frappé son imagination. Elle alla dans son pays se cacher, tremblant de rencontrer ses juges, les satellites & l'affreux poteau qui poursuivoient ses regards. Le peuple instruit accabla d'injures l'accusateur ; mais l'affaire se perdit avec tant d'autres dans le tourbillon de la capitale. La revision du procès articulée par le Journal de Paris est démentie par M. M. . . qui paroît avoir approfondi cet événement : il dit avoir connu le prêtre, tenir de lui ces détails, & ajoute avec raison : *Quel tableau pour le philosophe! QUELLE INSTRUCTION POUR L'HOMME DE LOI!*

Placez cette malheureuse fille à côté du voleur d'Abbeville, & vous prononcerez aisément dans quel cas la peine doit être *accomplie.*

Il n'est que trop vrai que le spectacle du supplice ne corrige point les malfaiteurs d'habitude ; ils s'attendent à tout & ils ont toujours l'espoir d'échapper. Comment seroient-ils effrayés de la mort d'un autre? Ils recommencent même lorsque, par une espece de résurrection, leur supplice n'est pas accompli, & c'est sur leurs libérateurs que se portent leurs mains ingrates; & sans doute ce sont ces réflexions qui ont déterminé la jurisprudence Russe & l'adoucissement de la nôtre. Mais les innocens condamnés? C'est alors que l'on voit avec plaisir les miracles du président Boyer. Mais encore les condamnés pour un crime unique, effet de la foiblesse humaine, quelquefois des circonstances? Si la médecine leur rend une seconde vie, qui osera demander l'*accomplissement* de la peine prononcée? Qui l'ordonnera? Qui n'aimera pas avec Hébenstreit, à penser que la justice est *accomplie*, que c'est une nouvelle vie? Et, avec les parlemens, qui avoient été forcés de juger suivant la rigueur des loix, qui n'aimera pas à solliciter ces lettres de grace que le souverain n'a jamais refusées?

Dans son traité *della pena di morte* (Milan, de l'imprim. de la cour, *in*-4°.) M. Vergani, après avoir vanté la peine de mort, par l'effroi qu'elle doit causer aux malfaiteurs, & par l'impression qu'elle fait sur le peuple, va jusqu'à dire que *c'est PAR HUMANITÉ qu'on débarrasse le criminel du poids de la vie!* . . . M. Vergani & ses semblables critiqueront nos principes, nos réflexions & jusqu'à nos doutes. Nous sommes rassurés par l'expérience, sans laquelle il est difficile de ne pas errer dans cette triste partie de la jurisprudence, & nous serons dédommagés par le suffrage des magistrats vertueux & sensibles. Voyez *Arrêt*, *Bourreau*, *Cadavre*, *Chirurgien*, *Exécution*, *Jugement*, *Médecin*, *&c.*

Nous avons été tentés de placer ici la question suivante : Si de deux complices, l'un étant prêt à marcher au supplice, l'autre condamné par effigie se constitue prisonnier, soutenant son innocence & celle de son co-accusé; le juge inférieur peut-il, doit-il suspendre l'exécution de l'arrêt? N'est-il qu'un instrument passif? N'a-t-il plus d'autre droit que celui de faire mourir? On devine peut-être notre opinion. Mais là il ne s'agit pas exactement de l'*accomplissement* d'une peine qui n'est pas commencée. Il s'agit plutôt de l'*exécution* d'un *arrêt*; sous l'un de ces deux mots, nous traiterons cette question qui a eu lieu, il y a un an, pour l'exécution d'un arrêt du parlement de Paris.

ACCORDAILLES, ACCORDÉ, ACCORDÉE.

Les mots *accordailles*, *accordances*, *épousailles*, dans le style des anciens jurisconsultes, répondent à ceux de *dicatio* chez les juifs, de *sponsalia* chez les Romains & de *fiançailles* parmi nous. Cependant *accordailles* & *fiançailles* seroient-ils synonymes? *Accordailles* désignent plus précisément les conventions, les *accords*, ou articles de mariage arrêtés entre deux personnes qui veulent se marier. *Fiançailles* expriment plus particuliérement les promesses de mariage qu'on se faisoit anciennement en présence du curé : l'un étoit une cérémonie ecclésiastique, & l'autre tient au contrat civil.

M. de Catelan emploie ces mots *accordé* & *accordée* dans un arrêt qu'il cite (liv. 4, ch. 2, tom. 2, pag. 9,) en ces termes.

« Le 11 avril 1656, à mon rapport en la premiere chambre des enquêtes, il a été jugé qu'une *accordée*, qui avant & après le contrat de mariage avoit reçu de son *accordé* des habits, du linge, des perles, des diamans & de l'argent, l'*accordé* étant *mort* avant que d'épouser, étoit obligée de rendre les perles, les diamans & l'argent, mais non les habits & linge, hors les habits qu'elle avoit retirés des mains du tailleur pendant la maladie du fiancé. C'est une modification ajoutée au sentiment de Godefroy, qui sur la loi 16, C. *de donat. propter nuptias*, dit que cette loi n'est en nul cas observée en France, *ubi osculo non delibatur virginitas*; & que l'*accordé* venant à mourir avant que d'accomplir le mariage, l'*accordée* est obligée de rendre généralement tous les présens qui lui avoient été faits : sur quoi il cite même un arrêt de ce parlement. L'arrêt que je rapporte, a cependant jugé qu'une *accordée* s'approprioit plus particuliérement & ainsi devoit plus incommutablement acquérir les habits & le linge faits à son usage propre & personnel. On en excepta les habits retirés des mains du tailleur par l'*accordée*, pendant que l'*accordé* étoit malade, qu'on regarda plutôt comme destinés que comme donnés, & que l'*accordée* ne parut pas mieux mériter par le soin empressé qu'elle avoit pris de les retirer des mains du tailleur, dans un temps qui devoit appeller ailleurs son intention. »

Nous aimons à transcrire les arrêts ainsi motivés par les magistrats qui les ont rendus : en lisant celui-ci, on blâme l'empressement vil de cette *accordée*. On plaint moins la mort de l'*accordé* qui dans son *accordée* n'auroit trouvé qu'une femme avide. On se dit qu'on auroit jugé de même; & si l'on avoit à juger la même espece, on seroit tenté de faire rendre à l'*accordée* les habits & linge qu'elle auroit reçus.

Aux mots *Fiançailles*, *Mariage*, *Promesse de mariage*, *Articles de mariage*, que dans quelques lieux on appelle improprement *compromis*, nous examinerons l'effet du défaut de mariage, soit qu'il vienne de l'homme, soit qu'il vienne de la femme, soit qu'il vienne des circonstances, telles par exemple que la mort de l'un des deux, comme dans l'espece de l'arrêt de Catelan. Nous tâcherons de fixer la jurisprudence la plus naturelle & la plus raisonnable.

Voyez d'Argentré sur l'art. 220 de l'ancienne coutume de Bretagne, *glos. 5, n°. 8*, où il parle des *accordances*; Boutillier dans sa somme rurale, *pag. 28, édit. goth. in-4°.* où il parle des *épousailles* : le rabbin Maimonide dans son traité *hebræorum de connubiis jus civile & pontificium trad. à lud. Compiegne, de Veille, cap. 1, pag. 1, & sequent*, où il rend un compte curieux des fiançailles des juifs qu'ils appellent *dicatio* : Cujas *lib. 16, observat. cap. 33*, où il rend compte de celles des Romains appellées *sponsalia*.

ACCORDEMENT.

(Droit féodal.)

« Les accordemens étoient proprement ce que l'on payoit au seigneur, en cas d'échange, de donation ou autre aliénation, sans prix certain, parce que le seigneur & l'acquéreur s'*en accordent ensemble.* » La Thaumassiere, *tit. 6, art. 1, de la coutume de Berry.* Il cite Ducange en son glossaire, au mot *accordabiles denarii*, & celui-ci dit : *ACCORDABILES denarii qui dantur domino vice laudimiorum cum possessiones censuales distrahuntur aut permutantur, quia eo casu dominus & vassallus, si in distractione aut venditione nulla pecuniæ solutio intervenerit, invicem conveniunt.*

D'après ces définitions & ces explications, les accordemens en Berry ne sont autre chose que les droits de *lods & ventes* réglés & fixés par amiable composition entre le seigneur & le vassal : c'est encore ce qu'atteste M. Boyer dans son commentaire latin, sur les anciennes coutumes de la ville & septaine de Bourges, *de consuetudine regni Franciæ debentur ventæ domino censuali quando res censualis venditur, & alibi vocantur vendæ & ACCORDAMENTA, ut hic, & alicubi LAUDIMIA ut in linguâ occitanâ; & in solutione accordamentorum seu laudimiorum attenditur consuetudo. Boerius in consuet. Biturensibus, fol. 44, recto édit. 1543, in-4°.*

Comme nous rendrons un compte étendu de tout ce qui a trait aux droits de lods, sur les mots *Lods* & *Quint*, nous nous contenterons de dire ici qu'il est parlé des *accordemens* dans les 12 premiers articles du tit. 6 de la coutume de Berry, dans les 21, 23, 28 & 30 du même titre, & enfin dans les deux premiers articles du tit. 13. Il en est également question dans l'art. 45 de la coutume de Montargis.

ACCOTEMENT.

(Droit public. Police. Voirie.)

1. Par ce mot, on entend les deux parties d'un chemin ou d'une chaussée, qui sont entre le fossé & l'empierrement ou encaissement. On entend encore les remparts naturels ou factices, qui forment les bords d'un canal ou d'une riviere.

DROIT ROMAIN.

2. La loi *10 D. de extraord. criminibus*, punit ceux qui dégradent & rompent les remparts & digues qui renferment le fleuve du Nil, d'une peine capitale proportionnée à l'importance du dommage & plus ou moins grave, suivant la dignité du coupable. *In Ægypto qui chomata rumpit, vel dissolvit, (hi sunt aggeres, qui quidem solent aquam niloticam continere) æquè plectitur extrà ordinem, & pro conditione suâ & pro admissi mensurâ. Quidam opere publico, aut metallo plectuntur.*

La loi unique, *C. de Nili aggeribus non rumpendis*, s'exprime dans les termes les plus remarquables. *Si quis posthac, per Ægyptum intra duodecimum cubitum fluminis Nili ultrà fluenta de propriis ac vetustis usibus, præter fas prœterque morem antiquitatis usurpaverit : flammis eo loco consumatur, in quo vetustatis reverentiam, & propemodum ipsius imperii appetierit securitatem : consciis & consortibus ejus, deportatione constringendis, sic ut nunquàm supplicandi eis, vel recipiendi civitatem vel dignitatem vel substantiam licentiæ tribuatur.*

L'Égypte étoit le grenier de Rome, & ses récoltes étoient mauvaises lorsque les eaux du Nil ne s'élevoient pas à la hauteur de douze coudées. Il étoit donc essentiel de veiller avec le plus grand soin, à ce que personne n'interceptât les eaux de ce fleuve pour son avantage particulier. Il falloit donc punir de la maniere la plus

plus rigoureuse, ceux qui y pratiquoient des saignées & des épanchoirs. La peine du feu subie sur le rivage même, étoit un exemple terrible.

Droit françois.

3. En France on n'a pas moins veillé sur les accotemens des chemins, des rivieres & des canaux. *De aggeribus juxta Ligerim faciendis, ut bonus missus eidem operi præponatur, & hoc Pipino per nostrum missum mandetur ut & ille ad hoc missum ordinet, quatinùs prædictum opus perficiatur. Capitulat. lib. 4, tit. 10, tom. 1, pag. 776, édit. Baluzii & pag. 892, Collect. Lindenbrog.*

ORDONNANCE du Roi, du 4 août 1731, qui impose des peines à ceux qui dégradent & embarrassent les chemins publics, & qui défend *entr'autres* d'abattre aucunes bornes pour empêcher le passage des voitures sur les *accotemens* des chaussées, à peine contre les voituriers de confiscation des chevaux & équipages, de 500 liv. de dommages & intérêts, & de prison contre ceux qui seront pris sur le fait.

ORDONNANCE du bureau des finances de la généralité de Paris, du 25 mai 1762, qui condamne plusieurs particuliers solidairement à faire enlever les graviers & immondices, qu'ils avoient déposés sur les *accotemens* de la montagne de St. Germain en Laye, & à 20 liv. d'amende chacun.

ORDONNANCE du bureau des finances de la généralité de Paris, du 30 avril 1772, qui enjoint aux propriétaires des maisons ou héritages de la généralité, de réparer & entretenir chacun en leur endroit les revers de pavé & les *accotemens* de chaussées faits entre leurs maisons ou héritages & la chaussée du milieu, & de combler les trous qui s'y trouveront, de façon que les eaux n'y puissent séjourner.

ORDONNANCE du bureau des finances de la généralité de Paris, du 2 août 1774: l'art. IV défend aux mendians, bergers & à tout autre particulier, de construire ni pratiquer sur les *accotemens*, berges, ou fossés des grands chemins aucune cabane ou loge pour s'y retirer dans les mauvais temps, & de séjourner dans les mêmes lieux en y mendiant, sous peine d'amende pour la premiere fois & d'emprisonnement en cas de récidive.

ORDONNANCE de M. l'intendant de la généralité de Paris, du 12 décembre 1780, concernant la police des routes. L'article I défend sous peine de 50 liv. d'amende, de placer ni amasser aucuns fumiers, immondices, gravois, sur & le long des grandes rues, routes & chaussées. L'article II défend de creuser les *accotemens*, & d'en enlever les terres, sous les mêmes peines.

ORDONNANCE du bureau des finances de la généralité de Paris, du 22 décembre 1780, portant défenses aux nommés Jacquier, Royer & Morturat, de plus à l'avenir pêcher dans le canal de Bourgogne ni d'en dégrader les *accotemens*.

Droit étranger.

4. Ceux qui par méchanceté ou par vengeance, percent les digues qui contiennent un fleuve ou la mer, sont enterrés tout vivans sur le lieu même du délit. (*Christinæus in L. unic. C. de Nili aggeribus.*) Damhouder observe, que ce crime doit attirer toute l'attention & toute la sévérité des juges, parce qu'il n'est pas privé; il expose & ruine tout un pays. *In hoc crimine puniendo occulatissimi & severissimi sint judices qui maritima loca inhabitant, & tales criminosos ad omnium terrorem accerrimè puniant, ex quo crimine tot tantaque deploranda mala proveniunt, non in unum aut alterum solum, sed in universam plerùmque regionem. Tract. & praxium rerum criminal. Collect. tom. 1, pag. 167.*

Plusieurs édits des souverains des Pays-Bas défendent de dégrader en aucune maniere les *accotemens* des chemins & rivieres, d'y mener paître les troupeaux, d'en arracher les ronces & les gazons, d'en enlever les bois, & d'en rompre les défenses naturelles ou factices. *Zypæuz in notitiâ jur. Belgici. tit. de aggeribus.*

ORDONNANCE du duc de Modene de 1775, qui défend à tous particuliers de faire des digues dans les fleuves & rivieres & canaux, comme aussi d'en gêner le cours, *d'en dégrader les bords* pour faire des saignées, & attirer l'eau sur des terres voisines ou dans des jardins.

Voyez *Canal*, *Chaussée*, *Digue*, *Fleuve*, *Marchepied*, *Quai*, *Riviere*, *Voirie*, &c.

ACCOUCHEMENT,

ACCOUCHEUR, ACCOUCHEUSE.

(Droit divin. Droit eccléſ. Droit public. Droit pr. Droit crim. Police.)

1. L'accouchement est la sortie d'un enfant hors du corps de sa mere. Cette sortie a lieu, 1°. lorsque la matrice se décharge, au bout d'un certain temps, du fruit de la conception; & cet accouchement est le plus naturel; 2°. lorsqu'on emploie la main de l'homme pour aider la nature; & cet accouchement est encore naturel; 3°. lorsqu'on est réduit à extraire l'enfant par le *forceps*, ou par d'autres procédés, tels que l'opération césarienne, la section de la symphyse, &c.

L'accoucheur est celui qui s'adonne principalement à l'art des accouchemens, & délivre les femmes qui sont en travail d'enfant.

L'accoucheuse est celle qu'on appelle ordinairement *sage femme*, & qui accouche aussi les femmes.

Si dans la Préface, dans l'exposition des différens droits qui sont l'objet de nos recherches, nous avons oublié de parler de la jurisprudence *medico-légale*, ce premier article prouvera quel intérêt nous y mettons.

Dans la composition des loix de sureté & de police relatives à la santé, à la salubrité de l'air, & à la bonté des alimens, la médecine est interrogée: dans une infinité de questions d'état & d'affaires criminelles, le magistrat n'oseroit prononcer, le jurisconsulte ne pourroit interpréter sans avoir consulté les maîtres de l'art. *In judiciis forensibus formandis & suum cuique tribuendo medicinæ operâ, ipsæ leges publicæ uti coguntur, quarum multas sine illâ nec legislator condit, nec explicare audet interpres. Hinc in causis gravioribus pariter ac criminalibus decernendis, medica oracula implorat prætor cautus. Quin imò salubritatem aeris ac victûs medicorum prudentiæ committit magistratus saluti civium invigilans.* Bohnius de officio medici clinici & forensis, part. 2, cap. 1, pag. 530.

Nous devons donc rassembler ce que, sur les principales questions, renferment les loix romaines, la médecine, & la théologie même. Le silence de ceux qui nous ont précédés seroit une mauvaise excuse, nous l'avons dit *pag. 95 de la préface. Nous aborderons les lieux inconnus. Nous pénétrerons sans crainte les lieux escarpés & solitaires. C'est ainsi seulement qu'on peut se rendre vraiment utile.*

Que n'avons nous, pour remplir cette tâche, les connoissances particulieres des grands maîtres de l'art, de ceux qui ont si bien écrit dans les affaires de *Calas*, de *Sirven*, de *Montbailli*? Et pourquoi ne resserrerions-nous pas le nœud sacré qui unit la jurisprudence & la médecine? Elles sont sœurs; elles enseignent les loix de l'ordre moral & de l'ordre physique. La santé & la justice sont les premiers biens de l'homme; sans elle les empires ne sont que des cadavres, la société n'est qu'une forêt dangereuse, les individus ne sont que de foibles animaux, que rassemblent le besoin & le bonheur, mais qu'affoiblissent & détruisent les passions & les maux. *Legum peritia sociam fidamque adjutricem sibi, SACRO quasi fœdere in jure dicendo, medicinam jungit, ex quo utriusque connubio scientia MEDICOLEGALIS prodit.* Bohnius pag. 589.

Droit divin.

2. Les douleurs de l'accouchement sont la premiere peine infligée au genre humain. L'arrêt qui la prononce est le premier rendu sur la terre.

Le serpent, dit Moyse, avoit tenté la femme, elle avoit séduit l'homme, & il avoit désobéi. Dieu appelle les coupables, les interroge, les entend, les confronte, les juge. Il condamne le serpent à ramper, l'homme au travail, &, s'adressant à la femme, *je multiplierai tes miseres*, dit-il, & *TU ACCOUCHERAS AVEC DOULEUR. Multiplicabo ærumnas tuas & conceptus tuos. IN DOLORE PARIES filios.* Genes. 3, 16. Ailleurs l'écriture rappelle ces souffrances, Psal. 477, Eccles. 34, 6, & 43, 22. Isaï. 13, 8, & 21, 3. Jerem. 4, 31, & 6, 64.

Combien ce grand événement de la nature qui reproduit l'homme, & auquel on s'accoutume comme à la mort, est intéressant! Combien ce passage a produit de versions, de gloses, de commentaires, de volumes!

A commencer par l'infini qu'il ne comprend pas, & qui pourtant se démontre, l'incrédule s'amuse à nier tout ce qui ne tombe pas sous ses sens trompeurs, ou tout ce qui surpasse sa foible intelligence, & finit par se perdre dans l'abyme des systêmes, comme au milieu d'une mer sombre & agitée; l'homme nu & isolé, se débat, s'agite, saisit un rocher & est englouti par les flots.

Le naturaliste s'arrêtant au résultat, considere comment la crainte des douleurs est heureusement étouffée par le penchant irrésistible qui rapproche, unit & confond les deux sexes. Avec Rousset, dans son *traité de l'hysterotomotokie. Observ. I.* Il examine comment il se peut que des femmes aient consenti à être meres jusqu'à sept fois de suite, quoiqu'elles ne pussent accoucher que par l'effroyable & dangereux secours de l'opération césarienne. Humain & courageux il regarde, comme une partie du travail imposé à l'homme, le soin d'écarter la mort de l'instant même qui doit donner la vie.

Le philosophe admire la sage combinaison du créateur, qui soutient la balance inégale des biens & des maux, par l'espérance d'une autre vie & par le charme du plaisir. Attrait puissant! L'instant où l'on touche le port, efface l'image affreuse des périls. Un instant de gloire fait oublier les tourmens de l'ambition, les dangers du courage, les ennuis & les travaux de la jurisprudence; & lorsque la nuit appelle au repos l'homme condamné au travail, un instant de paix, de bien-être, de jouissance ne lui présente plus une journée que comme un songe.

Le jurisconsulte va plus loin, & dans ce qui précede l'arrêt fatal, il reconnoît les formes de ce que nous appellons l'instruction criminelle, comme si celui qui voit tout, qui sans doute pouvoit juger suivant l'infaillibilité de sa conscience, n'avoit appellé, interrogé, entendu & confronté les accusés, que pour nous apprendre quels sont les devoirs sacrés que nous imposent l'humanité, la raison, la loi naturelle & la loi divine, quand nous jugeons nos semblables.

Le jurisconsulte ne s'arrête pas là: considérant l'homme & le citoyen, il s'occupe de la législation, qui dans ce moment intéressant doit veiller pour lui, lui conserver la vie, la santé & l'état civil.

Droit ecclésiastique.

Purification.

3. Outre la peine physique prononcée par le créateur, la loi ancienne avoit imposé une peine d'opinion. Toute femme qui avoit accouché étoit assujettie à une purification légale. *Ipsa verò triginta diebus manebit in sanguine purificationis suæ.* Levit. 12.

Ce rit des Hébreux a passé à plusieurs communions chrétiennes. Les *Jacobites-Coptes* arrêtent à la porte de l'église non seulement la femme qui s'y présente après ses couches ; mais ils tiennent pour impure la sage femme pendant vingt jours, si c'est *un garçon* qu'elle a reçu, & pendant quarante si c'est une fille, & lui interdisent pendant tout ce temps l'approche des saints mysteres. Les Coptes ne laissent point entrer dans l'église le corps des femmes mortes en couches, & font en dehors les prieres prescrites. Histoire de l'église d'Alexandrie par Vansleb, *pages 207 & 236*.

L'église latine est moins sévere ou plus éclairée. Les femmes peuvent entrer dans nos temples aussi-tôt après l'accouchement, mais ne sont pas condamnables de s'en abstenir, suivant le réglement d'Innocent III, *in cap. unic. de purificatione post partum. Si mulieres post prolem missam acturæ gratias ecclesiam intrare voluerint, nullâ proindè peccati mole gravantur, nec ecclesiarum est eis aditus denegandus. . . . Si tamen ex veneratione voluerint aliquandiù abstinere, devotionem earum non credimus improbandam.* Decretal. lib. 3, tit. 47.

Qui croiroit que cet acte de dévotion a suscité des procès entre les curés & les religieux, sur la question de savoir à qui appartenoit le droit de bénir les femmes dans cette cérémonie ? Tant il est vrai que tout tient à l'administration de la justice.

Les curés disoient que cette bénédiction leur appartient comme une suite des fonctions curiales. Ils citoient cette décision du concile de Milan. *Parochi puerperas ut Deo gratias acturæ mox ad ecclesiam accedant, ubi benedictionem ab eo accipiant.* Ils citoient le réglement général du clergé de France assemblé à Melun : *moneant puerperas parochi ut quàm primùm à partu domo exierint, mox ad ecclesiam reddendis Deo gratiis accedant suscepturæ à parocho benedictionem.* Ils citoient enfin les conciles de Cambray & d'Aix, les ordonnances synodales de Sisteron & de Grasse.

Les religieux répondoient, que cet acte étant de dévotion & non d'obligation, les femmes pouvoient choisir ; que le rituel romain parle d'un prêtre quelconque ; *Sacerdos*, & non du curé, *Parochus*.

La jurisprudence des arrêts a, dans cette partie comme dans quelques autres, augmenté le trouble par la contradiction.

ARRÊT du parlement de Grenoble, du 17 décembre 1668, en faveur du curé de Moretel, avec défenses aux augustins de bénir les femmes relevées de couche, la premiere fois qu'elles entreront dans l'église.

ARRÊT du parlement de Grenoble, du 4 février 1672, qui fait défenses aux capucins & autres religieux, & à tous prêtres autres que les curés, de *faire les bénédictions des femmes accouchées, ni dire aucunes messes pour raison de ce.*

ARRÊT du parlement d'Aix, du 25 février 1729, qui admet les capucins de Martigues, à la preuve par eux articulée, de la possession de bénir les femmes relevées de couche.

ARRÊT du parlement d'Aix, du 28 mai 1744, qui, sans s'arrêter à la requête du curé de Cannes, qui offroit la preuve de sa possession, & demandoit des défenses aux capucins de l'y troubler, met les capucins *hors de cour avec dépens.*

M. de Regusse qui rapporte ces quatre arrêts, dans son recueil du parlement de Provence, *tom. 1, quest. 66, pag. 323*, observe que le dernier fut rendu contre les conclusions des gens du roi & l'opinion de plusieurs juges.

LETTRES-PATENTES du mois d'avril 1746, enrégistrées au parlement d'Aix le 13 mai suivant. Art. XVI. *Les réguliers ne pourront donner la bénédiction, ni faire les prieres accoutumées sur les femmes qui se présentent à l'église pour être relevées après leurs couches, à moins qu'elles n'en aient obtenu la permission du curé de leur paroisse.*

Seroit-ce ces procès qui ont ralenti l'usage ou la dévotion des femmes, de se présenter ainsi à l'église pour se faire bénir ?

Nos reines ont conservé ce rite, elles se rendent à la cathédrale de Paris, &

dans l'église en signe de réjouissance, comme dans les grandes fêtes, on lâche 400 oiseaux que doit fournir la communauté des oiseleurs. La jurisdiction des eaux & forêts rend ordonnance pour leur rappeller cette obligation consignée dans les réglemens.

Nous ne devons pas terminer cette partie du droit ecclésiastique, qui paroît au premier coup d'œil aussi étrangere aux accouchemens, que le reste de la jurisprudence, sans rappeller les défenses faites par l'église de France, aux prêtres de se trouver aux assemblées & aux festins qui suivent les couches. *Ne puerperarum consortiis intersint*, dit le Synode de Langres de 1537; *convivia puerperarum evitent*, dit celui de Sens de 1524. Ces deux loix se trouvent dans le recueil de Bouchel. *Decret. eccles. Gall. pag. 998 & 1027.*

L'esprit de ces loix n'est pas celui de la sévérité, mais de la décence. Qu'entendroit un prêtre dans ces assemblées? ces plaisanteries quelquefois fines, souvent lourdes, toujours intarissables, qui ont produit des recueils intitulés *caquets de l'accouchée*, que recherchent les Bibliomanes. Au milieu des questions, des paris, des allégories produites par l'ennui ou la gaieté, un prêtre seroit fort embarrassé & embarrasseroit davantage. Sa place est près de l'autel, avec les pauvres, par-tout où il peut instruire & faire le bien.

Droit romain.

4. Une loi précise tirée du *jurisconsulte* Ulpien, fixe le terme de *l'accouchement* à 182 jours, & légitime ainsi l'enfant qui naît deux jours après le sixieme mois de la mort de son pere. *De eo autem qui centesimo octogesimo secundo die natus est, Hippocrates scripsit, & Divus Pius pontificibus rescripsit, justo tempore videri natum. L. 3, § 12, D. de suis & legit. hæred.* Une autre loi moins claire, fixe ce même terme au septieme mois, sans s'expliquer s'il faut que ce mois soit entiérement révolu, ou s'il suffit qu'il soit commencé. *Septimo mense nasci perfectum partum jam receptum est, propter auctoritatem doctissimi viri Hippocratis, & ideò credendum est eum qui ex justis nuptiis, septimo mense natus est, justum esse filium. L. 12, D. de statu hominum.*

L'obscurité de cette derniere loi, a fait naître parmi les commentateurs une grande difficulté. Les uns soutiennent que le septieme mois doit être révolu, quoique cette circonstance ne soit point exprimée par la loi, & qu'il faut l'y suppléer, parce que le *jurisconsulte Paul* déclare précisément son intention, dans ses ouvrages d'où cette loi est tirée. *Septimo mense natus matri prodest, ratio enim pythagorei numeri: hoc videtur admittere ut...... septimo pleno.... mense partus maturior videatur. Pauli Recept. sentent. lib. 1, tit. 9, n°. 5.* Les autres, parce que la loi ne prononce pas que le septieme mois doit être révolu, *ainsi que l'avoit dit Paul*, soutiennent qu'il faut croire que Tribonien & Justinien ont rejeté l'opinion de *Paul*, comme contraire à celle d'*Ulpien*, qui leur paroissoit préférable. Les médecins n'étant pas plus d'accord entr'eux que les commentateurs; la jurisprudence n'a pu être fixée jusqu'ici d'une maniere invariable, sur le véritable terme des *accouchemens* qui peuvent paroître précoces.

La jurisprudence est également incertaine sur le terme des *accouchemens* qui peuvent paroître tardifs; & cette incertitude a été produite par l'obscurité & l'opposition des loix romaines à cet égard, par la diversité des opinions des jurisconsultes sur leur interprétation, enfin par les contradictions des médecins, sur le véritable résultat des opérations de la nature.

Un enfant né d'une veuve dans l'intervalle des dix mois écoulés depuis la mort de son mari est censé légitime, dit la loi 31 des 12 tables. *Si filius patri post mortem ejus intrà decem menses proximos à morte natus ex uxore erit, justus ei filius esto.*

Cette décision des décemvirs ne paroissoit pas susceptible de contestation, puisque les peres de famille l'adoptoient, & en faisoient la base de la formule par laquelle ils instituoient héritiers leurs enfans posthumes. *Si filius meus, vivo me, morietur, tunc si quis mihi ex eo nepos sive quæ neptis post mortem meam in decem mensibus proximis quibus filius moreretur, natus, nata erit, hæredes sunto. L. 29, in princip. D. de liber. & posthum.*

Il y a plus : Suivant Aulugelle l'empereur Adrien déclara légitime un enfant né onze mois après la mort de son pere, *Gellius, lib. 3, cap. 16.* On pourroit donc étendre les *accouchemens* légitimes *jusques au onzieme mois.* Cependant *Ulpien* assure que ceux qui naissoient après les dix mois accomplis depuis la mort de leur prétendu pere, ne pouvoient être admis à leur succession. *Post decem mortis menses natus, non admittetur ad legitimam hæreditatem. L. 3, § ult. D. de suis & legit. hæred.*

Dans une matiere aussi essentielle pour le repos de la société, pour l'honneur des familles, pour l'ordre des successions ; il est étonnant d'errer de doute en doute, de ne trouver, ni dans les principes des loix romaines, ni dans les décisions des magistrats, ni dans les avis des jurisconsultes, ni dans les connoissances des médecins, de quoi asseoir un jugement certain. Nous chercherons dans l'analyse des écrits publiés dans la fameuse contestation de Madame de la P. . . . . à faire sortir la vérité du sein même des nuages dans lesquels semblent l'avoir enveloppée les efforts de Mrs. Bouvard & Louis d'un côté, & de Mrs. Petit & le Bas de l'autre. Mais cette discussion importante sera placée plus naturellement sous le mot *Naissance*, c'est là que nous discuterons avec impartialité les questions malheureusement trop controversées des naissances *précoces & tardives ;* ici nous suivons le détail des loix romaines, sur l'objet des *accouchemens.*

On trouve dans le titre entier *de inspiciendo ventre, custodiendoque partu, D. lib. 25, tit. 4,* le détail des précautions qu'il faut prendre pour éviter que les femmes ne supposent faussement qu'elles ont accouché. Nous traiterons ce sujet essentiel (*publicè enim interest partus non subjici, ut ordinum dignitas familiarumque salva sit. l. 2, § 13, tit. citati*) sous le mot convenable *Part* (*supposition de*).

La loi 12, *D. de lib. & posthum.* décide que l'enfant dont une femme accouche, rompt le testament, quand même il ne seroit pas *animal parfait,* pourvu qu'il soit animé: *Quid tamen si non integrum animal editum sit, cum spiritu tamen, an adhuc testamentum rumpat, & hoc tamen rumpit.* Nous renvoyons aux mots *Animation* & *Viable,* la discussion des signes qui établissent que l'enfant est venu au monde vivant, tels que ceux dont parlent les loix 2 & 3, *D. de postum. hæred. instit.* & ceux que les médecins nous disent caractériser indubitablement la vie, tels que *la respiration, les cris, &c.*

La loi 26 du code papyrien, la loi 28 des 12 tables, & les loix 14, *D. de statu hominum, 135, D. de verb. signif. & 3. C. de posthum. hœred. instit.* parlent de l'*accouchement* des monstres & des enfans difformes ; nous nous en occuperons sous les mots *Baptême, Difformité, Monstre, &c.*

La loi 6, *C. de legit. hered.* décide que l'enfant dont accouche une femme qui a plus de cinquante ans est légitime, & doit succéder à son pere, parce que si de tels accouchemens sont rares, il faut cependant les admettre, dès qu'ils sont possibles dans l'ordre des productions de la nature. *Et sancimus licèt mirabilis hujus modi partus inveniatur & rarò contingat, nihil tamen eorum quæ probabiliter a naturâ noscuntur esse producta, respui.* Falloit-il donc une loi pour un cas pareil ? L'empereur Justinien ne la rendit que pour faire cesser les doutes qui s'étoient élevés à ce sujet, dans le corps des jurisconsultes de la ville de Césarée. *A cesarianâ advocatione interrogati sumus.* Il s'étoit bien élevé des doutes encore plus ridicules, sur la légitimité des enfans venus au monde, par la voie de l'opération césarienne; & ils étoient fondés sur ce que l'on ne pouvoit pas dire en ce cas, que la femme dont ces enfans étoient provenus, eût accouché. *Falsum est eam peperisse cui mortuæ filius exsectus est. L. 132, § 1, D. de verb. signif.*

Les jurisconsultes détruisent ces doutes par des décisions précises & multipliées. *L. 6, in princip. D. de inoficioso testamento, 12. D. de lib. & posthum. 141. D. de verb. signific.* Les romains commençoient par douter, délibéroient ensuite, mais prononçoient sur tout. Les avons nous imités?

Après cette analyse des loix romaines, sur l'important ensemble des objets relatifs aux *accouchemens*, nous allons développer notre marche. Nous ne nous occuperons point de tout ce qui peut être relatif à *l'état* des enfans dont les femmes accouchent; nous nous bornerons à ce qui regarde *ces femmes elles-mêmes, dans le moment critique de l'accouchement* & dans ses suites. Les objets actuels de nos recherches, sont les loix de police relatives à la pratique de l'art des accouchemens, l'opération césarienne, l'extraction par l'arrachement ou ce que les médecins appellent la *paidioctonie*, la section de la symphyse des os pubis, la section & la ligature du cordon umbilical & quelques autres procédés dans la pratique de l'art des accouchemens, les signes par lesquels on prétend reconnoître si une femme a accouché, les droits seigneuriaux prétendus par quelques seigneurs à l'occasion de l'accouchement de leurs femmes, quelques coutumes bizarres ou affreuses, pratiquées par différens peuples dans cette circonstance, & enfin trois questions extrêmement singulieres. Nous terminerons cet article important par les cérémonies légales, usitées dans l'accouchement des reines de France.

Police de l'art des accouchemens.

5. Comment l'administration & la législation ne veilleroient-elles pas à la police des accouchemens? C'est de-là que dépendent trop souvent la vie, la santé, l'état civil: la profession même de l'art d'accoucher, peut-être la source du plus affreux désordre. M. Diderot en a consigné la preuve dans l'Encyclopédie, au mot *Accoucheuse*.

« Je me crois obligé, *dit-il*, par l'intérêt que tout honnête homme doit prendre à la naissance des citoyens, de déclarer que pressé par une curiosité qui est naturelle à celui qui pense un peu, la curiosité de voir naître l'homme, après l'avoir vu mourir tant de fois, je me fis conduire chez une de ces sages femmes qui font des éleves, & reçoivent des jeunes gens qui cherchent à s'instruire de la matiere des accouchemens, & que je vis là des exemples d'inhumanité qui seroient presqu'incroyables chez des barbares. Ces sages femmes, dans l'espérance d'attirer un plus grand nombre de spectateurs & par conséquent de payans, faisoient annoncer par leurs émissaires, qu'elles avoient une femme en travail, dont l'enfant viendroit certainement contre nature. On accouroit, & pour ne pas tromper l'attente, elles retournoient l'enfant dans la matrice & le faisoient venir par les pieds. Je n'oserois pas avancer ce fait, si je n'en avois pas été témoin plusieurs fois, & si la sage femme elle-même n'avoit eu l'imprudence d'en convenir devant moi, lorsque tous les assistans s'étoient retirés. J'invite donc ceux qui sont chargés de veiller aux désordres qui se passent dans la société, d'avoir les yeux ouverts sur celui-là. »

Le préjugé produit d'autres maux, moins affreux, mais plus multipliés. On se persuade que les femmes du peuple & sur-tout de la campagne, sont sujettes à moins d'accidens pendant leur grossesse, que celles qui habitent les villes: on croit que leurs accouchemens sont moins difficiles, moins laborieux & exigent moins de précautions. C'est une erreur capitale, & les examens faits par les ordres du gouvernement, ont prouvé que la plupart des maladies graves qui alterent la constitution physique & morale des habitans des campagnes, prennent leur source dans l'impéritie qui préside aux accouchemens & à leurs suites. Cette impéritie attaque tout-à-la fois la santé des meres & des enfans, qui ne sont pas surveillés avec ce soin & cette intelligence qui sont nécessaires dans les premiers momens de leur existence. Un auteur moderne peint avec énergie la fatale influence de ce préjugé. *Dolendum sanè vehementer est omni auxilio destitutas esse, quæ rure vivunt mulierculas....... Quam tristia sese quotidie offerunt spectacula! Videas homines à nativitate obstipos, valgos, varos, gibberosos: aliis capitis forma vitiata fuit, cùm obstetrix nascentis calvariæ ossa, nondum suturis obfirmata & membraneo tantùm nexu juncta, incautè comprimeret; undè sæpe fit quòd vel maturè pereant infantes, vel totâ vitâ maneant stupidi & veternosi. Videas etiam matres miserè laceratas ut urinas tenere nequeant, prolapsu sinus muliebris vexatas, hinc ad prolem aliam concipiendam ineptas. Ut funera non tangam quæ, obstetricum inscitiâ atque temeritate, ducuntur quotidie.* Hebenstreit, *Antropologia forensis, p. 35 & 36, édit. Lips. 1753, in-8°.*

Accoucheurs ou *Accoucheuses.*

6. Les livres saints attestent que les femmes ont pratiqué l'art des accouchemens, chez la plupart des peuples anciens; les Chaldéens, les Hébreux & les Egyptiens. *Genes. cap. 35, v. 17, & cap. 38, v. 37. Exod. cap. 1, v. 15, 16, 17, 19, 20, 21. Job. cap. 26, v. 13.*

Si toutes les parties de la médecine furent d'abord interdites aux femmes chez les Grecs, ainsi qu'aux esclaves; (*ne quis servus, neve quæ fœmina artem medicinam discito.*) l'histoire connue d'*Agnodice*, rapportée entr'autres par *Hygin*, fab. 274, fit abroger la loi ancienne & établir la nouvelle: (*Ingenuæ fœminæ artem medicinam discunto.*) Les romains emprunterent encore des Grecs, l'usage de se servir de matrones, sages femmes, pour les *accouchemens;* les Pandectes en offrent une foule de preuves. *Sed & obstetricem audiant quæ utique medicinam exhibere videtur, leg. 1, § 2, D. de extraord. cognitionibus.* On peut consulter encore la loi 9, *D. ad l. aquiliam*, & tout le titre déja ci-dessus cité de *inspic. ventre*, ainsi que Cujas dans ses observations, *lib. 17, cap. 27.*

D'après ces loix, il ne faut pas, comme M. *Hecquet*, dans son ouvrage, *de l'indécence aux hommes d'accoucher les femmes*, s'élever contre la pratique de l'art des accouchemens par les chirurgiens, introduite en France depuis environ un siecle & demi. Nous penserons à cet égard, comme M. Robinet, dans sa *bibliotheque de l'homme d'état & du citoyen, tom. 1, page 228 & 229;* qu'il ne s'agit pas de décider qu'un chirurgien instruit, accouche mieux qu'une femme, quelque éclairée qu'elle soit, ni de dire que ce n'est pas la besogne d'un homme; parce que les femmes ont les mouvemens plus lians, plus de patience, plus de douceur, & que s'étant trouvées dans le même cas, elles sont plus à portée de donner du soulagement à leurs semblables, & nous conclurrons comme lui; *que ces allégations n'ont rien de décisif, que l'essentiel, c'est qu'une profession si importante ne soit exercée que par des personnes suffisamment instruites, hommes ou femmes; & pour cela, qu'il faut qu'elles aient fait des études analogues, qu'elles aient suivi des cours d'anatomie, qu'elles aient été formées par d'habiles accoucheurs, qu'elles aient subi des examens séveres & opéré pendant plusieurs années, sous les yeux de leurs maîtres. A ces titres, elles mériteront d'être honorées de la confiance du gouvernement & du public.*

Réglemens.

7. Arrêt de réglement du parlement de Rouen, du 24 février 1728, qui enjoint *à toutes les sages femmes de la province,*

province, lorsqu'elles se trouveront dans des accouchemens laborieux & contre nature, d'appeller promptement du secours, sur les peines au cas appartenant. Recueil du parlement de Normandie, *an. 1726 à 1740, pag. 112 & suiv.*

STATUTS, portant réglement pour les communautés de chirurgiens des provinces du royaume, enrégistrés au parlement de Paris, le 13 août 1730. L'art. 77 porte: « toutes aspirantes à l'art des accouchemens dans une ville où il y aura communauté, seront tenues de faire deux années d'apprentissage avec une maîtresse sage-femme de la ville, ou de servir deux années à l'Hôtel-Dieu de la même ville, au cas qu'il y ait moyen d'occuper des apprentisses dans cet art. »

La DÉCLARATION du 3 septembre 1736, mise à la suite des statuts de 1730, ordonne que les sages-femmes des bourgs & villages, de même que les chirurgiens, se feront recevoir par la communauté établie dans le chef-lieu de la justice où elles veulent se fixer.

SENTENCE de M. le lieutenant criminel, au châtelet de Paris, du 3 août 1979, qui « fait défense à toutes femmes & filles de s'immiscer dans la fonction de matrone & sage-femme, dans la ville, fauxbourgs & banlieue de Paris, & de prendre enseigne sans avoir été examinées aux écoles de St. Come, & prêté serment. »

ARRÊT de réglement, du parlement de Besançon, du 5 mai 1774, qui ordonne aux accoucheurs & accoucheuses, chez qui se présenteront des filles & veuves, ou même des femmes venues des provinces étrangeres, pour y accoucher, d'en faire leur déclaration dans les 24 heures; de déclarer également dans ce délai, le sexe des enfans nouvellement nés, & les marques auxquelles on pourra les reconnoître, comme encore l'endroit où ces enfans auront été placés en nourrice. Nous parlerons des autres réglemens rendus sur ces objets essentiels, ainsi que de l'édit de Henri II, sur les devoirs des filles enceintes, aux mots, *Chirurgien, Grossesse, Nourrice, Recommanderesse, Sage-Femme, &c.*

Établissemens utiles.

8. Le gouvernement, touché des inconvéniens que présentoit l'impéritie de la plupart des sages-femmes, a établi dans les capitales des provinces, un *cours gratuit d'accouchemens.*

M. de Tiers, seigneur de plusieurs terres en Auvergne, conçut le premier, le dessein de faire instruire des sages-femmes; & pour cet effet, il engagea la Dame *Ducoudray*, fameuse accoucheuse de Paris, à venir passer quelque temps chez lui, où il rassembla les matrones des environs. Ce premier essai ayant eu du succès, M. de la Michodiere, intendant de Clermont, & depuis prévôt des marchands de Paris, fournit à la dame Ducoudray les moyens d'instruire un nombre d'éleves dans sa généralité. M. le Nain, intendant de Moulins, en fit bientôt autant. Il dressa & fit imprimer une instruction sur la maniere dont il faudroit s'y prendre, dans toutes les intendances, pour rassembler un nombre de 80 à 100 sages-femmes, qui profiteroient pendant trois mois, des leçons de la Dame Ducoudray. M. de Villeneuve, intendant de Bourgogne, & M. de Lacorée, intendant de Franche-Comté, appellerent ensuite la Dame Ducoudray, qui a parcouru une grande partie des généralités du royaume, & y a formé près de 4000 éleves. Elle ne pénétra pas en Provence, & nous ignorons si la délibération des états du 3 février 1765, qui l'en exclut, a encore son exécution.

Tandis que les états de Provence hésitoient, M. le Pelletier de Morfontaine, intendant de Soissons, formoit dans sa généralité, avec le plus grand succès cet établissement, par les soins de M. Augier Dufot, médecin, auteur du *Catéchisme sur l'art des accouchemens, pour les sages-femmes de la campagne.*

Nous sommes également témoins des succès de cet établissement formé à Lyon, par les soins paternels de M. de Flesselles, qui donne des prix annuels aux éleves, & confié aux soins de M. Viter, célebre médecin. M. l'évêque de Castres vient encore d'en former un dans son diocese.

Malgré ces efforts du gouvernement & des principaux administrateurs, l'esprit de routine, peut-être encore l'apathie des gens de la campagne, les a souvent déterminés à ne pas employer les accoucheuses instruites, & cet abus a fixé les regards des tribunaux.

ORDONNANCE du siege de Poitiers, du mois d'août 1779, « qui fait défenses, sous peine de 20 liv. d'amende dont les maris seront & demeureront responsables, à toutes les femmes des paroisses y dénommées qui, n'ayant pas des lettres de maîtrise, délivrées par le lieutenant du premier chirurgien du roi, se mêlent d'exercer *l'art des accouchemens*, d'y continuer ledit exercice; & aux habitans desdites paroisses, de s'adresser à d'autres qu'à celles qui, après avoir fait leur apprentissage, ont suivi le cours dont il s'agit, & se sont rendues dignes de recevoir la maîtrise. »

Mais s'il y a tout à craindre de l'impéritie des matrones, il ne faut pas en conclure qu'on doit interdire aux femmes *l'art des accouchemens*; il suffit de le défendre à celles qui n'auront pas profité des soins que le gouvernement prend pour leur instruction; & lorsque celles qui sont vraiment capables ont été inquiétées, la justice les a protégées.

ARRÊT du parlement de Rouen, du 3 avril 1779... *Espece*. La femme Fremont, enceinte de sept mois, & affoiblie par une perte de sang successive & considérable, envoya chercher pour l'accoucher, la femme Blanchard, dont elle avoit déjà employé deux fois les soins avec succès. Celle-ci étoit sur le point de la délivrer après plusieurs tentatives, lorsque le sieur Drouel chirurgien entra, blâma la manœuvre de la sage-femme, l'empêcha d'opérer de la maniere qu'elle l'avoit projetée, retourna lui-même l'enfant plusieurs fois, & le tira enfin avec tant de force, que la tête se détacha du corps; il abandonna ensuite l'opération, qui fut terminée avec habileté par un éleve en chirurgie. Quelques jours après, la femme Blanchard est assignée à la requête des chirurgiens de Rouen, qui lui imputoient d'avoir entrepris une opération contre nature, sans s'être fait assister d'un *maître conseil*. Sentence des premiers juges qui la condamne aux dépens, par forme de dommages & intérêts. Sur l'appel, les chirurgiens soutenoient que la Dame Blanchard avoit eu tort d'entreprendre un accouchement prématuré & difficile, sans l'avis d'un chirurgien juré. Ils ajoutoient qu'elle avoit mal opéré, mal placé la mere, & négligé de retourner l'enfant lorsqu'il en étoit temps. Enfin, ils concluoient contre elle, à des dommages & intérêts considérables, pour avoir contrevenu à l'arrêt de réglement de la cour, de 1728, ci-dessus rapporté. La femme Blanchard prétendoit qu'elle s'étoit conduite suivant les regles de l'art, & se plaignoit d'avoir été mal-à-propos troublée dans son opération, par le sieur Drouel son éleve en cette partie. Elle invoquoit le témoignage des personnes qui s'étoient trouvées chez la femme Fremont; & il en résultoit que le chirurgien avoit méconnu ou négligé les regles d'une saine pratique. La cour déchargea la sage-femme de l'action intentée contre elle; condamna le college des chirurgiens en 1000 liv. de dommages & intérêts à son profit; ordonna la suppression des termes injurieux & faits calomnieux, insérés contre elle dans leurs écrits, & permit l'impression & l'affiche de cinquante exemplaires de l'arrêt à leurs frais. *Causes célebres de M. des Essarts, tom. 68, pag. 1, & suiv.*

Police étrangere.

9. ORDONNANCE des états généraux des provinces unies, du 31 janvier 1747, « que personne n'ait à se donner pour *accoucheur*, ou ne puisse exercer cet art, à moins qu'il n'ait été spécialement autorisé à la fonction d'accoucheur, après un

examen préalable, fait en présence des gens préposés pour cet effet. » Cet examen est si rigoureux, selon M. Levret, dans ses *observations sur les causes & les accidens de plusieurs accouchemens laborieux, page 203 & 204*, que M. Rathlaw vraisemblablement très-capable, (puisqu'il avoit eu pour maître à Paris, tant pour l'anatomie que pour la pratique des accouchemens, Mrs. Boudou, Duvernay, & Grégoire; & à Londres, Mrs Cheselden, Amyand, Haatkens, Sandes & autres) ne fut point admis.

ORDONNANCE du roi de Prusse, du 1 octobre 1751, qui établit un théâtre d'anatomie à Berlin, pour l'instruction des sages-femmes. Un professeur habile y fait sur les cadavres, les dissections nécessaires pour leur faire connoître toutes les parties de leur art; & il n'y a que celles qui ont donné les preuves suffisantes de capacité dans l'examen qu'elles subissent, & qui en ont obtenu des certificats, qui puissent être admises à pratiquer l'art des accouchemens. *A docto anatomes professore, januis clausis, adhibitis etiam muliebrum cadaverum sectionibus, in iis quæ circa formationem & augmentum fœtuum, eorumque nativitatem cognoscere oportet, erudiuntur, de his omnibus deinde examen subituræ.* Cangiamila *ambryologia sacra. Venetiis 1763, in-fol. pag. 187.* Ouvrage qui a mérité les suffrages de Benoît XIV. *(De synodo diocæsana, lib. 11, cap. 7, § 13, pag. 410.)*

ACADÉMIE fondée par Madame la duchesse, régente de *Saxe-Weimar*, pour l'instruction des sages-femmes. On y entretient, pendant leur cours, aux dépens du gouvernement, toutes celles qui s'y présentent. Elles remplacent ensuite celles qui n'ont pas voulu profiter de la générosité de la princesse, pour acquérir la théorie de leur art, & afin que ces dernieres ne puissent se plaindre en aucune maniere, on leur fournit d'autres travaux qui leur procurent une honnête subsistance. Cette académie en vaut bien d'autres.

Opération césarienne.

10. Numa Pompilius paroît avoir donné la loi sage qui porte que, « si une femme est enceinte, on ne doit pas l'enterrer avant d'avoir tiré son fruit, & que si le mari de la défunte manque d'exécuter cette ordonnance, il doit être puni comme ayant nui à la naissance d'un citoyen. » C'est la 31me. du code papyrien, dont celle du digeste a été tirée. *Vetat lex regia mulierem quæ prægnans mortua sit, humari antequam partus ei excidatur. Qui contra fecerit, spem animantis cum gravidâ peremisse videtur. L. 2, D. de mort. inferendo.* C'est, dit Mornac dans son commentaire, par une réponse vraiment naturelle & physique, que le jurisconsulte recommande l'exécution de la loi royale, *legis regiæ*, & qu'il veut qu'on fasse examiner par un chirurgien, si l'enfant qui existe dans le corps de sa mere morte, est encore en vie. *Sed manus chirurgi exploret, an quod in utero est matris mortuæ vitale existat.* Mornac, *tom. 1, pag. 768, édit. 1721.*

On s'est attaché plus que jamais de nos jours, à prescrire l'observation de ce point important de la législation romaine, & le roi de Prusse en a fait une loi précise dans son code, *part. 2, liv. 1, tit. 2, art. 2, § 14, nomb. 3, pag. 13, tom. 2.* « Lorsqu'une femme enceinte vient à décéder après le sixieme mois de sa grossesse, elle ne pourra être enterrée, que premiérement on ne lui ait tiré l'enfant qu'elle porte dans son sein. »

Le Sénat de Venise a été plus loin. Il a déterminé que l'on prendroit les plus grandes précautions, dans la section d'une femme enceinte, qui seroit réputée morte; afin que, si par hazard les signes qui annonçoient sa mort, venoient à se trouver fautifs, on pût encore la ramener à la vie. En conséquence, il a prescrit au college de médecine, de dresser une liste des médecins & des chirurgiens, qu'il croiroit capables d'entrer dans les vues du gouvernement, & de répondre à la confiance publique, laquelle liste seroit publiée

& affichée. *Essendo che nelle donne che muoiono gravide sia alla creatura essistente nel ventre ogni dilazione pericolosa, percio permettono pure sue eccelense di medici sudetti aprir & far aprir listesse da sufficiente chirurgo con toglio solito a praticarsi nel parto cesareo; onde resti nel medesimo tempo preservata la creatura & la madre stessa, sè per ancho morta non fossè, ma solo oppressa da soffocazione isterica. E perche tal operazione sia fatta da medici e chirurgi periti in tali incisioni, debbe il collegio de medici portar al magistrato di sue eccelenze nota distinta dei più idonei accio dei medesimi ne sia fatta rolo ed esposto a chiara intelligenza di ognuno nelle publiche speziarie.* MELLIUS, *lib. de arte obstetricia, cap. de partu cesareo, pag. 353.*

L'un des plus grands papes, Benoît XIV, ordonna, d'après la consultation du célebre médecin, *Morgagni*, que tous les accoucheurs & toutes les sages-femmes seroient tenus de pratiquer l'opération césarienne, sur les femmes enceintes qui mourroient en cet état : son bref est de l'année 1754.

Mais aucun des gouvernemens de l'Europe ne s'est occupé avec plus de zele, du soin des enfans existans dans le sein de leur mere défunte, *non natorum*, que celui de Sicile, & les deux puissances séculiere & ecclésiastique semblent s'être fait à l'envi un honneur & un devoir d'y concourir, à la conservation de ces êtres infortunés, par les réglemens les plus sages & les plus multipliés. On trouve dans l'ouvrage déja cité de *Cangiamila*, des pragmatiques des vice-rois, des mandemens des évêques, des ordonnances du premier médecin de Sa Majesté Sicilienne qui entrent dans les plus grands détails sur la nécessité de l'opération césarienne, & *sur la maniere* de la pratiquer à l'égard des femmes mortes enceintes. Ces loix méritent bien d'être lues avec attention, soit dans le traité latin, *pag. 212 & suiv.*, soit dans la traduction étendue & paraphrasée, qu'en a donné au public M. *Dinouart*, qui y a joint de nouvelles pieces, *pag. 309 & suiv.*, *de l'édit. de 1774, in-12.*

Nous ne connoissons en France, que quelques anciennes loix ecclésiastiques, qui recommandent l'opération césarienne sur les femmes mortes enceintes; c'est une des dispositions des ordonnances synodales, du diocese de Rheims. *Mulieres mortuæ de partu scindantur, si infans vivat, dum tamen certum sit quod non vivant mulieres.* Bochelli *decret. eccles. gallic. lib. 7, tit. 19, pag. 1137.* On trouve dans le même recueil, *pag. 166 & 167*, des ordonnances synodales des dioceses de Langres & de Paris, à-peu-près semblables.

Si les ordonnances de nos rois ont gardé le silence sur cet objet, c'est sans doute parce qu'on a pensé que le zele des médecins & chirurgiens du royaume n'avoit pas besoin d'être animé, & on peut dire, en effet, à la louange de ces maîtres, dans les différentes parties de l'art de guérir, qu'ils ont agrandi l'horizon des connoissances humaines. L'établissement de l'académie royale de chirurgie & de la société royale de médecine, a servi à développer & à perfectionner des talens rares, & l'on trouve aujourd'hui, non seulement dans la capitale, mais encore dans les différentes provinces du royaume, des médecins & des chirurgiens dont l'expérience & la capacité d'un côté, & le désintéressement & l'humanité de l'autre, doivent fixer la confiance du gouvernement & du public.

Cependant, ne faudroit-il pas une loi précise qui servît à prévenir des attentats rares à la vérité, mais dont il y a malheureusement des exemples? Tel est celui dont parle Mauriceau. (*Observations sur la grossesse. Paris, 1695, in-4°., observ. 353.*) Un pere s'opposa avec obstination à ce qu'on fît la section de sa fille, morte enceinte, & par-là occasiona la mort de l'enfant vivant qu'elle avoit dans son sein. Tel est encore celui dont parle *Heister*, d'un frere qui s'opposa de même à l'ouverture de sa sœur, morte dans les douleurs de l'*accouchement*, & poussa la fureur jusqu'à menacer l'auteur de le tuer à coups de fusil, s'il persistoit à vouloir l'entreprendre. *Helmstadii frater noluit ut in partu defunctam sororem inciderem, sed sclopeto, si ædes hujus ad sororem incidendamo intrarem, me intersicere pessimus voluit, atque sic fœtus quoque periit. Inst. anatomicatum, part. 2, sect. 5, cap. 3, tom. 2, pag. 760, edit. Amstel. 1739, in-4°.*

Les loix de tous les peuples policés, anciens & modernes, le sentiment des théologiens, des jurisconsultes, des médecins, des chirugiens, se réunissent pour déterminer la nécessité de l'opération césarienne sur les femmes enceintes qui sont mortes, ou qui sont réputées telles par les gens de l'art, & l'on punit comme *infanticides* ceux qui en empêchent la pratique. (*Wildvogelius de jure embryonis.*) Mais il n'y a pas le même concours de vues & d'opinions, relativement à cette opération sur les femmes vivantes. Les loix sont muettes, & les auteurs sont divisés. Dans ce silence des unes, & cette contradiction des autres, essayons de proposer nos réflexions sur un objet si important.

Les théologiens ont agité quatre questions principales sur la pratique de l'opération césarienne: 1°. peut-on s'en servir pour sauver la mere & l'enfant, lorsqu'on a une espérance bien fondée de sauver l'un & l'autre par ce moyen? 2°. Peut-on s'en servir au préjudice de la mere en prévoyant le salut de l'enfant, & une mort certaine que doit causer à la mere cette même opération? 3°. Lorsque la perte de la mere & de l'enfant se trouve assurée par rapport aux circonstances où ils se trouvent, peut-on s'en servir sans espérance bien fondée, pour l'un & pour l'autre? 4°. Enfin si l'on ne peut sauver que la mere ou l'enfant en se servant de l'opération césarienne, sans espérance bien fondée pour l'autre, lequel des deux est-on obligé de préférer?

Ces questions ont aussi été proposées à Mrs. les docteurs en théologie de Paris, en 1733: voici en substance la réponse qu'ils y firent.

Au premier cas on peut se servir de l'opération césarienne, parce que l'espérance des médecins & chirurgiens est parfaitement bien établie. Les docteurs rappellent à cet égard les exemples cités par *François Rousset*, dans son traité de *l'Hysterotomotokie*, ou de l'*opération césarienne*, ci-dessus cité, & par le jésuite *Théophile Raynauld*, dans son ouvrage, *de ortu infantium contra naturam per sectionem cæsaream*. Nous pouvons ajouter, que les preuves qui établissent la possibilité & la pratique de l'opération césarienne sur la femme vivante, sont trop savamment discutées par M. *Simon*, dans ses dissertations, insérées au premier & second volume des *Mém. de l'acad. de chirurgie*, pour qu'il soit possible de douter de la réussite. Mrs. *Soumain*, *Millot* & *Deleurye*, ont communiqué tout récemment à la même académie & au public, des observations sûres & incontestables sur les procédés & le succès de cette opération.

Au second cas, les docteurs décident qu'il n'est pas permis, suivant la doctrine de l'apôtre, de faire un mal pour procurer un bien, & qu'en conséquence, quelque desirable que soit le baptême d'un enfant, on ne peut au préjudice de la vie de sa mere, lui donner moyen de le recevoir. L'on ne doit point comparer la mort temporelle de la mere, avec la mort spirituelle de l'enfant; mais l'on doit comparer l'homicide de la mere que l'on aura causé par l'opération césarienne avec le malheur de l'enfant, auquel on n'aura eu aucune part. Cette comparaison faite, il est certain que l'homicide est un crime que l'on ne peut excuser, mais le malheur de l'enfant quelque déplorable qu'il soit, ne peut être imputé à personne. Certes, Henri VIII ne suivit pas cette décision, quand Jeanne Seymour sa femme, étant dans les douleurs de l'accouchement, on vint lui demander lequel il vouloit que l'on sauvât de la mere ou de l'enfant, parce qu'on ne voyoit pas de moyen de les sauver tous deux : l'*enfant*, répondit-il, *car pour des meres j'en trouverai assez*. C'étoit bien Henri VIII; il avoit répudié Catherine & fait couper la tête à Anne de Boulen. Il sacrifia ainsi Jeanne, qui mourut deux jours après. De trois femmes qu'il eut encore, il répudia l'une & fit décapiter l'autre. Il déclara criminelles de lese-majesté celles qui se présenteroient pour l'épouser, sans être vierges, & finit par épouser une veuve. Ce n'est ni sous ce regne, ni dans ce siecle qu'il faut chercher les bonnes loix.

Au troisieme cas, les docteurs assurent qu'en supposant d'un côté la mort de la mere & de l'enfant, si on ne fait point l'opération césarienne, & l'incertitude du succès si on la fait, il est permis de se servir de ce remede quelque désespéré qu'il soit. Ils ajoutent, que la seule difficulté qu'on peut former sur leur réponse, est la juste crainte que l'on doit avoir, que l'opération césarienne n'accélere la mort au lieu de procurer la vie : mais ils prétendent que la sagesse veut que l'on expose plutôt un malade à une mort anticipée qu'à une mort certaine; parce qu'une espérance même peu fondée de recouvrer la vie, est préférable à la certitude d'une mort prochaine.

Enfin au quatrieme cas, les docteurs expliquent que, si on n'a égard qu'à la justice, on peut sacrifier la vie de l'enfant pour sauver la mere. Mais ils soutiennent que la charité demande que la mere préfere le salut de son enfant à sa propre vie, s'il n'est pas possible autrement de lui procurer le baptême. Et ils ajoutent, qu'il est bien constant que le précepte de la charité concourant avec la justice, il seroit inutile de rien faire contre celle-ci, si on manquoit à la premiere.

On adopte généralement cet avis sur les trois premiers cas; mais sur le quatrieme la décision est combattue par des autorités puissantes & nombreuses. Presque tous les médecins & chirurgiens modernes, s'étayant du suffrage de plusieurs théologiens, soutiennent que dans la circonstance critique des *accouchemens* qui nécessitent le sacrifice de la mere ou de l'enfant, il faut se décider pour celui de l'enfant. L'examen de cette question doit être fait particuliérement.

Paidioctonie.

11. La *paidioctonie* ou l'opération par arrachement, est celle dans laquelle on se décide à saisir avec des instrumens l'enfant *vivant* d'une femme qui ne peut être *accouchée* par les moyens ordinaires & à le tirer par lambeaux hors de son corps. Cette opération est-elle licite ou ne l'est-elle pas? . . . *Hoc in quœstione versatur, utrùm fœtum adhuc vivum, qui vel ob nimiam & incorrigibilem matricis angustiam, vel inusitatam magnitudinem, aut situm prœternaturalem, cùm naturali aut saltem partui aptiori non commutandum, edi in lucem vivus nequit, requirente marito instrumentis impunè arripere & interficere liceat, ut mater cui damnato partu cæsareo, neglectâque hâc violentâ extractione in angustiâ partûs vita ponenda est, servetur.*

C'est ainsi que le savant *Becker* pose la question dan son traité *de Paidioctoniâ inculpatâ ad servandam puerperam. Giessæ, 1729, in-4°.* Et il prononce que la paidioctonie en ce cas est *officieuse* & ne peut être blâmée : *officiosam & inculpatam pronuntio, cap. 47.*

Il dit, 1°. que la loi naturelle nous autorise à conserver notre vie, & à suivre cet instinct placé en nous par le souverain Créateur, qui nous fait rechercher ce qui nous est avantageux, & fuir ce qui nous est nuisible : *ab ipso Creatore convenienter nobis indita* φιλαυτια *quâ quisque rapimur ad appetitionem boni nos conservantis & fugam mali destruentis : Summar. cap. 48*; 2°. qu'en cas de nécessité on peut repousser la force par la force, & qu'une femme, par exemple, dont la chasteté est attaquée, peut défendre son honneur aux dépens même de la vie de celui qui ose y attenter : *Summar. cap.* 49 ; 3°. qu'un enfant doit le sacrifice de sa vie à sa mere, plutôt que de permettre que celle-ci périsse avec lui & pour lui. *Ex parte infantis æquum est ut ex peculiari erga matrem obligatione pro illâ potiùs occumbat, quàm ut eam vitæ suæ secundùm Deum auctorem propter se & secum sinat mori. Summar. cap.* 52. 4°. Il feint pour un moment que le fœtus dont on s'occupe soit capable de raison, & il dit qu'il doit certainement penser d'une maniere favorable à sa mere. *Fingat quis se adhuc esse utero inclusum & præsumat fœtus cogitationes, eas certè suis sentiet congruentes. Summar. cap.* 54. Enfin, il conclut qu'un mari placé dans la cruelle alternative de perdre tout à la fois sa femme & son enfant, ou de sacrifier seulement celui-ci, ne doit pas balancer à choisir celui des deux maux qui est le moindre. *Prudentiæ est ex duobus malis quæ simul evitari nequeunt, datâ eligendi potestate religere minus; consequenter ex duobus tristibus minus triste. Jam verò omnium est tristissimum cum fœtu simul amittere carissimam nostri partem, uxorem; minus contrariò triste amittere infantem. Quamobrem sinamus aut si naufragium etiam matri timendum, periculumque in morâ est, faciamus potiùs infantem perire, & jacturâ, matrem quæ servari potest redimi, ut electo minori malo, majori autem evitato id servemus cujus jucunda præsentia, & magnus ac familiaris usus nobis oblectamento est, minorisque mali nos facit oblivisci, cap.* 57.

On pourroit prononcer entre les théologiens & les médecins, si les premiers s'accordoient tous à ne prescrire le sacrifice de la mere plutôt que celui de l'enfant, que parce qu'il est intéressant d'empêcher celui-ci de mourir *sans avoir reçu le baptême*. En effet, on est assez d'accord aujourd'hui sur la question de savoir, s'il est permis ou défendu de donner ce sacrement à un enfant qui existe encore dans le ventre de sa mere, & *Cangiamila* a suffisamment prouvé dans son *Embryologie, liv.* 3, *ch.* 6, *pag.* 112 & 113, que cela étoit permis, & qu'on pouvoit se servir de l'expédient proposé par Mauriceau. *In partubus difficilibus posse ut plurimùm in utero ipso parvulum baptisari : & hujusmodi baptismum esse validum.* Voici quel est cet expédient de Mauriceau, & comme il le propose dans son *Traité des maladies des femmes grosses, liv.* 2, *chap.* 32, *pag.* 264. « Il n'est aucun cas où on ne puisse conférer le baptême à un enfant qui est encore dans le sein de sa mere, *puisqu'il est facile par le moyen d'un petit syphon, de porter l'eau sur les parties de son corps.* Il est inutile d'avancer qu'on ne peut porter l'eau jusqu'à lui, parce qu'il est enveloppé de membranes qui y font obstacle. Ignore-t-on qu'on peut les ouvrir facilement, quand elles ne s'ouvrent point d'elles-mêmes, & alors le syphon peut toucher le corps ? Si nous supposons que l'orifice de la matrice n'est pas suffisamment ouvert, on peut encore répondre à cette hypothese; car il faudroit dans ce cas, supposer que la femme n'est pas dans le travail de l'enfantement; car si elle y est, de quelque maniere que ce soit, on peut dilater l'orifice suffisamment pour avoir lieu de baptiser l'enfant. »

D'après ces explications, il seroit possible de prononcer entre les théologiens & les médecins, s'il n'étoit question que de l'administration du sacrement de baptême; car on se décideroit bientôt pour les seconds, si les premiers bornoient là leurs difficultés relativement au sacrifice de l'enfant; mais ils en élevent d'autres encore plus sérieuses, les voici.

« Une femme étant dans les douleurs de l'*accouchement*, se trouve réduite à une si grande extrêmité, qu'il faut nécessairement qu'elle & son enfant meurent, si on la laisse en cet état; mais si on tire l'enfant par force, ce qui ne peut se faire qu'en lui causant la mort, il y a espérance de sauver la mere. . . . On demande, 1°. si dans ce cas il est permis de tirer l'enfant *après l'avoir baptisé dans le ventre de sa mere*, vu qu'on sait très-certainement qu'il mourra ; 2°. si un prêtre peut donner ce conseil. » Sept docteurs de la maison de Sorbone, & trois de la maison de Navarre, consultés en 1648 & 1649, répondirent d'une maniere négative sur les deux points de la question proposée, & cela d'après cette maxime de St. Ambroise : *si alteri subveniri non potest, nisi alter lædatur,* COMMODIUS *est neutrum juvari.* Dict. de Lamet & Fromageau, *tom. 1, pag. 85.*

Les médecins & les chirurgiens ne sont pas de cet avis. *Heister* soutient qu'il est juste que l'accoucheur, dans un cas de nécessité, sacrifie plutôt l'enfant. A l'objection prise du cinquieme commandement, *non occides*, & de la maxime, *non esse facienda mala ut indè eveniant bona,* Heister répond, que les théologiens eux-mêmes, d'accord avec les jurisconsultes & les philosophes, permettent de donner la mort en certains cas : *in bello, in officio magistratûs & carnificis dum reos interficiunt, in moderamine inculpatæ tutelæ, &c.* Il ajoute que le traité de la fameuse accoucheuse *Justine Siegzmundin* a été approuvé par les *théologiens* de la cour de Berlin, & a obtenu le suffrage de la faculté de médecine de Francfort, quoiqu'elle y eût avancé qu'on pouvoit en sûreté de conscience pratiquer l'extraction par arrachement, quand il n'y avoit pas d'autres ressources. *Quando enim hoc incidit ut nullum aliud sit auxilium* QUAM FŒTUS PER FERRAMENTA EXTRACTIO, *& puerperæ diù jam miserè excruciatæ ob amorem & misericordiam Dei rogant & clamitant ut eas à fœtu & instanti morte liberemus, quid aliter faciendum esse tunc existimas ? Profectò in tristi hâc rerum facie, in summis hisce angustiis ac necessitate : ait propter conscientiam ab unco abstinere non possum.* Heister, *loc. citat. pag. 782.*

M. Levret, dans l'ouvrage déja cité, *page 240*, avoit paru balancer, & il avoit dit, « que si d'une part il est en apparence plus sensé de chercher à sauver la mere que ses enfans, puisque ceux-ci ne pourroient manquer, en supposant qu'ils pussent vivre long-temps, de mener une vie aussi triste qu'à charge à leurs parens ; d'un autre côté, la religion nous défend expressément d'ôter la vie à quelqu'un de dessein prémédité. » Mais il paroît plus décidé dans sa réponse à une question *chirurgico-légale*, insérée au journal de médecine, tome 3, page 336. Il répond *affirmativement* à cette demande. *Savoir, si dans un cas de nécessité il est permis de couper le bras de l'enfant lorsqu'on ne peut autrement terminer l'accouchement.*

Enfin, M. Lindemann, dans sa dissertation, *de partu præternaturali quem sine matris aut fœtûs sectione absolvere non licet operatori : Gottingæ 1765, in-4°.*, opine pour le sacrifice du fœtus dans différens cas ; ce sont ceux où la tête est enclavée, où le bassin est étroit, où il est hydropique & monstrueux ; il préfere même alors la paidioctonie à l'opération césarienne.

Si dans une matiere aussi importante pour l'humanité, nous balançons encore à donner notre avis, nous ne balançons pas du moins à manifester nos vœux pour que le souverain législateur prononce. De tels objets doivent-ils donc être livrés à l'incertitude des opinions, aux dangers d'un parti pris avec trop de témérité ou trop de pusillanimité, en un mot à l'arbitraire ? N'est-il pas déja trop surprenant qu'aucun jurisconsulte n'ait pris sur lui de les discuter & de faire sentir la nécessité de les voir fixer par des loix claires & précises, qui déterminent la conduite des accoucheurs & accoucheuses dans tous les cas possibles ?

On trouve deux arrêts modernes, qui ont prononcé sur des questions relatives à des accouchemens laborieux ; mais ces questions ne sont pas d'une nature aussi délicate

délicate que celles qui nous font desirer une loi.

ARRÊT de la commission de Paris, du 11 mars 1772.... *Espece.* La femme d'un laboureur d'une paroisse près de Meaux, étant sur le point d'accoucher, fait appeller une sage-femme, qui, après lui avoir fait souffrir les douleurs les plus aiguës, lui avoue enfin son incapacité, & demande qu'on fasse appeller son mari dont elle vante les talens. Celui-ci opere pendant long-temps, & *arrache* enfin un enfant sans vie des entrailles de sa mere. Après cette opération, cette infortunée se trouve dans l'état le plus violent, & expire bientôt dans des tourmens affreux, causés par l'extirpation d'une tumeur que l'accoucheur & un médecin appellé pour le diriger, avoient pris pour un corps étranger gangrené. Plainte de la part du mari, tant contre l'accoucheur que contre la sage-femme. Sentence des juges de Meaux, qui les condamne en 150 liv. de dommages & intérêts. « Sur l'appel, la cour décharge l'accoucheur & sa femme des condamnations contr'eux prononcées. » La commission se décida sur une consultation des principaux membres de l'académie de chirurgie, rédigée par M. Louis, dans laquelle on démontroit que l'accoucheur avoit agi suivant les regles de l'art dans cet accouchement, qui avoit été réellement très-laborieux & très-difficile. On observoit d'ailleurs que le médecin auroit dû seul répondre du mauvais effet de l'extirpation de la tumeur, s'il y avoit eu de l'impéritie de sa part en la conseillant. *Causes célebres de M. des Essarts, tom. 24, pag. 1.*

ARRÊT du parlement de Nancy, du ... 1775..... *Espece.* Un chirurgien des environs de Sédan se trouve par hasard dans cette ville, & est conduit auprès d'une femme qui étoit depuis vingt-quatre heures dans les douleurs de l'enfantement, malgré les efforts de trois sages-femmes qui avoient inutilement tenté de la délivrer. Le nouveau venu trouve que l'enfant étoit mort & présentoit un bras, il essaie de le tordre, & ne réussissant pas, il en fait l'amputation; il veut ensuite extraire l'enfant par parties, mais comme il n'a pas les instrumens nécessaires, il se sert d'un *crochet de lampe.* Après cette opération aussi inutile que cruelle, il ne voit plus d'autre ressource que dans l'opération césarienne, qu'il entreprend avec un mauvais rasoir qu'il se procure. La femme meurt au bout de vingt-quatre heures. Les chirurgiens attaquent l'accoucheur campagnard, & le premier juge lui fait défenses d'exercer à l'avenir sa profession de chirurgien dans la jurisdiction de Sédan, & le condamne en outre à une amende de 500 livres, applicable aux pauvres. Sur l'appel, les chirurgiens de Sédan, défendus par M. de la Cretelle, soutenoient que l'accoucheur étoit répréhensible d'avoir voulu faire une opération aussi délicate, & de l'avoir fait avec une témérité & une impéritie sans exemple. L'appellant répondoit qu'on ne pouvoit l'accuser d'impéritie, qu'en prouvant (ce qu'on ne faisoit pas) qu'aucune cause étrangere n'avoit donné la mort à la femme auprès de laquelle il avoit été appellé, & il expliquoit qu'il prouvoit au contraire lui-même que l'inflammation avoit détruit les effets salutaires de l'opération césarienne. On lui répliquoit par un raisonnement assez frappant, & on lui disoit: « Ou l'inflammation occasionée par le travail des sages-femmes étoit telle, que l'accouchement étoit devenu impossible; dans ce cas, pourquoi avez-vous essayé de le consommer avec des crochets de lampe, & à deux reprises différentes? Ou bien cette inflammation ne demandoit que plus d'adresse & plus de prudence; pourquoi donc avez-vous risqué l'opération césarienne, qui étoit, dans ce moment, aussi inutile que douloureuse & terrible? » Malgré ces raisonnemens dénués de preuves légales, & qui n'étoient point soutenus par l'intervention des véritables parties, la cour regarde les chirurgiens de Sédan comme n'ayant aucun droit de poursuivre l'accoucheur, & en conséquence les déboute de leurs demandes. *Ibid. tom.* 5.

Section de la symphyse.

12. La symphysotomie ou la section de la symphyse est une invention moderne, par laquelle on divise l'union cartilagineuse des os pubis, qui s'éloignent ensuite par gradation l'un de l'autre, afin de remédier à l'*étroitesse* du bassin, de donner plus d'*ampleur à ses détroits*, & de favoriser par-là la sortie de l'enfant par la voie ordinaire.

Ce procédé pratiqué en 1777, par Mrs. Sigaud & Alphonse le Roi, médecins de Paris, sur la femme d'un soldat du guet de cette capitale, nommé Souchot, a excité l'attention, l'examen & l'approbation de la faculté de Paris. Dans l'assemblée du *primâ mensis* d'octobre 1777, elle a arrêté que le mémoire de M. Sigaud, le rapport des commissaires, imprimés au nom & aux frais de la faculté, seroient présentés au monarque bienfaisant qui nous gouverne, aux princes, aux *ministres & magistrats*, *afin que tout le monde soit instruit de la découverte de ce nouveau moyen de sauver des meres & leurs enfans.*

Des médecins ajoutent que cette opération ne doit cependant s'exécuter que dans les accouchemens où la section du cartilage peut augmenter l'étendue du petit bassin, au point de laisser passer la tête de l'enfant, naturellement ou par le secours du *forceps;* que les maîtres de l'art ont sur cette opération des regles qui distinguent les accouchemens où la section de la symphyse est nécessaire, de ceux où cette section seroit inutile & mortelle. Cette assertion nous rassure.

Cependant plusieurs chirurgiens de réputation ont prétendu que la section de la symphyse est un moyen inutile & dangereux, & ne peut dans aucun cas remplacer ceux qui avoient déja réussi, tels que le *forceps*, l'opération césarienne.

M. *Allouet* dans ses remarques insérées *en 1778*, dans le Journal encyclopédique, dit : que l'écartement des symphyses sacro-iliaques ne pouvoit être porté à un certain degré sans rupture des ligamens & d'autres parties molles, ou au moins sans dilacération des feuillets du tissu cellulaire, extravasation des liqueurs, & par conséquent sans abcès; il a ajouté que la section de la symphyse pourroit être insuffisante après avoir été pratiquée, & l'extraction du fœtus impraticable. Neuf médecins & cinq chirurgiens de la ville d'Arras, (ensuite d'un procès-verbal rédigé *par ordonnance des magistrats & en leur présence*, de l'état du cadavre d'une jeune femme à qui on avoit fait l'opération de la symphyse, le 24 avril 1778, & qui étoit morte cinq jours après) ont déclaré qu'ils n'avoient trouvé aucun vice de conformation au bassin, & qu'en conséquence l'opération leur avoit paru d'une inutilité démontrée. Enfin, on a été jusqu'à dire : Qu'*il faudra tôt ou tard avoir recours* A L'AUTORITÉ DU GOUVERNEMENT *pour empêcher des mutilations au moins inutiles, &* SOUSTRAIRE AU COUTEAU MEURTRIER D'HOMICIDES IGNORANS ET PRÉVENUS DES VICTIMES *qui peuvent trouver leur salut dans un moyen peut-être aussi dangereux, mais au moins plus certain & plus sûr, sur-tout lorsqu'il sera administré par des maîtres de l'art, instruits par une longue expérience.* C'est ainsi qu'a parlé M. Suë le jeune, dans ses *Essais sur l'art des accouchemens*, *tom. 1, pag. 358.*

Dans ces circonstances, où le gouvernement est, pour ainsi dire, interpellé de s'occuper des abus d'une opération qu'on prétend *meurtriere*, n'est-il pas infiniment à desirer qu'il fasse examiner ces prétendus abus, & prononce ensuite sur l'utilité ou le danger de la nouvelle découverte, en permettant ou en prohibant expressément la symphysotomie ? Ce vœu de notre part n'est que le résultat de la demande de M. le garde des sceaux à la faculté de médecine de Paris. (*Essai sur l'art des accouchemens, tom. 1, pag. 612.*) Cette demande est : *si cette section faite sur une femme bien conformée, pourroit jeter quelques lumieres sur l'opération en général ?* Cette question du chef de la justice annonce qu'elle a les yeux ouverts sur l'utilité, les procédés & les conséquences de cette grande opération.

Nous terminerons cet article de la section de la symphyse, par l'extrait d'une observation intéressante, envoyée à l'académie royale de chirurgie, par M. Dusaussoy, chirurgien principal de l'Hôtel-Dieu, qui a bien voulu nous en faire part. Que la jurisprudence ne craigne pas de fixer un instant ses regards sur ce qui tient à la vie des hommes ; le chef de la justice a donné l'exemple.

« Françoise-Marguerite Danne, agée de 38 ans, enceinte pour la premiere fois, affligée d'un vice rachitique, qui avoit singuliérement défiguré ses extrémités inférieures, se présenta à l'Hôtel-Dieu de Lyon le 5 décembre 1781, pour y faire ses couches. La sœur accoucheuse, cherchant à s'assurer de l'état du travail, reconnut un vice de conformation, qui rendoit inutiles les efforts de la nature ; elle fit appeller le chirurgien principal. . . . La malade lui dit qu'elle étoit aux douleurs depuis le 29 novembre ; que les eaux s'étoient écoulées le 30 ; que ces eaux étoient très-fétides, & qu'elle ne sentoit plus les mouvemens de son enfant, depuis dix à onze jours. Ce chirurgien trouva l'orifice de la matrice dilaté & aminci, n'affectant point une forme ronde comme à l'ordinaire, mais transversalement ellyptique : il se présentoit du côté droit une tumeur molle, de la grosseur d'un œuf de pigeon ; en refoulant cette tumeur, on en sentoit une autre, (c'étoit la tête de l'enfant). Le diametre antéro-postérieur du détroit supérieur étoit rétreci par une saillie considérable de l'angle sacro-vertébral ; son étendue parut être au dessous de deux pouces ; la matrice étoit inclinée à gauche ; les douleurs étoient très-vives, très-rapprochées, & toutes les parties où elles se faisoient sentir, jouissoient d'une sensibilité qui rendoit l'examen le plus sage extrêmement douloureux, le teint de la malade étoit décoloré, le pouls fréquent & assez bon, les jambes, les cuisses & les tégumens du ventre infiltrés jusqu'au nombril ; la malade éprouvoit encore depuis l'invasion des premieres douleurs des accidens de rétention d'urine, qui obligerent de la sonder. . . . Dans une circonstance aussi difficile & aussi urgente, douze maîtres de l'art furent convoqués. Ils reconnurent la vérité de ce qui vient d'être détaillé, & se déciderent pour la section de la symphyse, de préférence à l'opération césarienne ; à raison de l'état de mort de l'enfant, présumé tel d'après les circonstances de la fétidité des eaux, du temps qu'elles s'étoient écoulées, & de son immobilité dans le sein de sa mere depuis dix à onze jours. A peine la section fut-elle achevée, que les pubis s'écarterent de dix lignes. Deux aides intelligens, chargés de soutenir les cuisses, le furent aussi de favoriser un plus grand écartement par des mouvemens combinés. Cet écartement fut porté à *deux pouces sept lignes*. . . . Après avoir tenté inutilement l'extraction de l'enfant, par le moyen du *forceps*, il fut retourné & tiré par les pieds ; il étoit d'un volume ordinaire, très-putréfié, la tête s'étoit prodigieusement alongée ; enfin l'extraction faite du *placenta*, la malade fut portée dans son lit, après qu'on eut pansé mollement la plaie. La délivrance de cette infortunée fut bientôt suivie d'un frisson considérable, qui dura plus d'une heure, malgré l'attention qu'on eut de la réchauffer. La chaleur une fois rétablie, on sentit un pouls foible, égal & assez vif. Le régime le plus exact, les fomentations, les embrocations, &c. diminuerent un peu la tension du ventre, & calmerent la violence des douleurs; la nuit fut assez heureuse, & la malade eut quelques heures de sommeil. . . . Le lendemain matin, la fievre ne parut pas augmenter, le visage étoit bon, les urines couloient, mais avec incontinence; les lochies étoient en petite quantité, noires, & de mauvaise odeur. Tel fut l'état de la malade, pendant les premieres vingt-quatre heures; mais bientôt après, le hoquet survint, la tension & le balonnement du ventre firent de nouveaux progrès; les douleurs, les anxiétés devinrent plus insupportables; le pouls fut petit, inégal, intermittent, la plaie & toutes les parties extérieures de la génération furent frappées d'une gangrene rapide, le délire se joignit à tous ces accidens; le soir du troisieme jour, la mort les termina tous à dix heures de la nuit, cinquante-deux heures après l'opération. . . . L'impossibilité d'appliquer les crochets dans le cas présent, ayant été bien démontrée, à raison du vice d'étroitesse du bassin, il falloit sans considération pour l'enfant, dont la mort étoit certaine; il falloit, disons nous, choisir le moyen moins cruel pour la mere; & sous ce point de vue, la section de la symphyse méritoit en effet la préférence sur l'opération césarienne. Il est malheureux, sans doute, que l'événement n'ait pas justifié la bonté du choix qu'ont fait les maîtres de l'art; mais cet événement ne peut fournir aucun argument contre la section de la symphyse. Françoise-Marguerite Danne est morte du progrès d'une inflammation de la matrice, déja décidée dans cet organe, lorsqu'elle fut transportée à l'Hôtel-Dieu; la section de la symphyse a bien pu accélérer sa terminaison en gangrene; mais tout autre moyen eût-il été exempt de ce reproche? C'est un problême que les maîtres de l'art prendront la peine de résoudre.

Section & ligature du cordon ombilical, &c.

13. Ammien Marcellin, historien du IV siecle, dit qu'Eusébie, femme de l'empereur Constance, jalouse de la fécondité d'Hélene, sœur de son mari, & femme de Julien l'apostat, gagna la sage-femme qui devoit l'accoucher, & la détermina à procurer la mort de l'enfant qu'elle mettroit au jour, en lui coupant le cordon ombilical trop court. *Cùm marem genuisset infantem hoc perdidit dolo; quod obstetrix, corrupta mercede, mox natum, præsecto plusquàm convenerat umbilico, necavit. Lib. 16, cap. 10, edit. Henr. Valezii, 1681, in-fol. pag. 33.*

Un pareil crime seroit sans doute sévérement puni aujourd'hui, s'il étoit commis par quelque accoucheur ou accoucheuse; mais seroient-ils également punissables, s'ils avoient négligé la ligature du cordon umbilical, ou s'ils l'avoient mal faite?

On trouve de l'incertitude sur cette question parmi les médecins & les chirurgiens eux-mêmes. M. Schulze dit, dans une dissertation qu'il a fait imprimer à Hall, en 1733: (*an umbilici deligatio in nuper natis absolutè necessaria sit. in-4°.*) Que la ligature du cordon umbilical n'est pas d'une nécessité absolue. M. Heister, (*lib. citat. pag. 748 & 749*) dit: que s'il peut arriver *quelquefois* que l'omission de la ligature n'entraîne aucun inconvénient, il a cependant vu, ainsi que plusieurs autres médecins, *beaucoup d'exemples* où cette omission a été funeste: en conséquence il ajoute, qu'on punit avec justice comme infanticides ces prostituées, qui ont caché leur grossesse & accouchement, dont on trouve les enfans ensanglantés & épuisés, ou par la section & le déchirement du cordon umbilical, ou par l'omission de sa ligature. *Multis mihique ipsimet* QUAM PLURIMA EXEMPLA *nota sunt, ubi ob intermissam hanc ligaturam, infantes omnem sanguinem, per resecta aut lacerata vasa umbilicalia amiserunt; atque adeò indè mortui fuerunt. Quarè meritò illæ* PRO INFANTICIDIS *habentur mulieres sive scorta quæ clàm pariunt, funiculum umbilicalem non ligant, & infantes sanguine exhausti deprehenduntur, præsertim si hunc funiculum dilacerant.*

Malgré cette décision de M. *Heister*, divers auteurs ont persisté à soutenir l'*innocuité* de l'omission de la ligature du cordon umbilical, & entr'autres, M. Parmenion en 1742, M. Kaltschehmidt en 1751, & M. Schaël en 1755. Ce dernier convient cependant que l'hémorragie peut avoir lieu, si le cordon est cassé immédiatement après l'accouchement.

Dans ce conflit d'opinions nous ne balançons pas à présenter la nôtre, & à assurer que les magistrats punissent & doivent punir les accoucheurs & accoucheuses qui négligent de faire la ligature du cordon umbilical. C'est aussi ce qu'attestent *Techmeyer*, *Bohnius*, *Hébenstreit*, & les autres principaux auteurs qui ont écrit sur la jurisprudence médico-légale.

Becker, dans sa Paidioctonie déja citée, *pag. 25 & suiv.* parle d'une contestation singuliere élevée en Allemagne, & dans laquelle le magistrat d'Asseld requit son avis. Il s'agissoit de savoir, si une femme étoit fondée à refuser les honoraires que réclamoit le chirurgien qui l'avoit *accouchée*, sous le prétexte qu'il l'avoit laissée, à la suite d'un fort long traitement, dans un cas très-critique. *Cui sostrum petenti cùm objiceret ejus malè curatam se esse imperitiâ, siquidem, conglutinatis Genitalibus, inidonea ad præstandam matrimoniale debitum facta esset.* Becker dit qu'il s'occupa du soin d'examiner si, d'après les principes de son art, on pouvoit reconnoître que l'accident dont la plaignante rendoit compte dans sa relation, provenoit de l'impéritie de l'accoucheur; il entre dans de longs détails, & explique qu'il fut convenu de part & d'autre que le chirurgien avoit demandé dans l'origine de la maladie le concours d'un médecin, en observant qu'elle étoit sérieuse: on ne se prêta pas à ses idées, & il prescrivit un régime & des remedes conformes aux indications: ces remedes furent employés pendant douze jours, au bout desquels on la renvoya. Rappellé de nouveau, il reconnut qu'on avoit négligé la maladie, & prescrivit la continuation de l'ancien régime & des remedes qui avoient déja eu du succès; mais on les interrompit bientôt, & il fut congédié une seconde fois. *Cæterùm, quintâ post dimissionem chirurgi hebdomade, cum marito ejus, ipsius confessione, rem habuit, sed cum difficili viri admissione, ex eoque gravida facta coïtu post octo dies patitur menstrua. Tandem intromissionem penis difficilem & imperfectam, nec satis profundam sentiens, arietari se à marito tentatoque violento congressu vulnerari patitur, atque hanc suam silentio premit lodicibusque tegit calamitatem: postremò occasione specierum quas ab alio quodam haud inepto chirurgo petit, oblata ejus officia aspernatur, atque tempus impetrandi auxilii & cum conservandæ tum recuperandæ pristinæ in vaginâ capacitatis negligit, sine dubio, me opinante, post dimissionem chirurgi successivè insecutâ angustiâ ac tandem omnimodâ clausurâ vulvæ ut ne minimum quidem vestigium pristinæ festivitatis fissuræque appareat, istius ipsius negligentiæ ac incuriæ tribuenda est. Æger consiliis chirurgi non obtemperans, eo monente medicum cætera curaturum non consuluit, atque ipse curationem sui neglexit: imputatâ culpâ chirurgum crimine censeo absolvendum. Dabam Asfeldiæ ipsis Kalendis septembris 1720.* Becker observe que la femme & le mari, convenant des faits consignés dans son avis, furent condamnés à payer les honoraires réclamés par le chirurgien; & qu'ayant appellé du jugement du *magistrat provincial*, d'abord à *Giessen*, & ensuite à *Darmstad*, ce jugement fut successivement confirmé.

Nous terminerons cet article, en rendant compte d'un dernier procédé, pratiqué par quelques accoucheurs modernes; & sur lequel nous souhaiterons comme sur les autres, dont nous avons déja parlé, les explications du législateur, parce que (*nous ne saurions trop le répéter*,) rien ne doit être laissé à l'arbitraire, dans la pratique importante de l'art des accouchemens. Il s'agit de savoir, s'il est convenable & licite, d'*accélérer* & de provoquer l'accouchement, vers le septieme ou le huitieme mois, lorsqu'on a des signes assurés, que l'accouchement naturel ne pourra avoir lieu à l'époque ordinaire. C'est une pratique introduite par le célebre M. *Petit*, dans le cas d'une difformité constante & considérable aux os du bassin, & adoptée par M. *le Vacher de la Feutrie*. N'y a-t-il pas un inconvénient à *accélérer*, par art, une opération à laquelle la nature a assigné un terme fixe? Et peut-on courir les risques de compromettre la vie de l'enfant, pour assurer celle de la mere?

Signes de l'accouchement.

14. Il y a des auteurs qui prétendent, qu'il n'est pas possible aux matrones & aux accoucheurs de reconnoître, à des signes certains, si une femme a été ou n'a pas été enceinte; parce que les traces de l'accouchement disparoissent bientôt: c'est, entr'autres, l'avis de Goëlicke. *Medicin. forens. specim.* 5, § 5, *pag.* 83, & *sequent.* Cette opinion est conforme au droit canonique. *Et manus obstetricum & oculi sæpè falluntur. Can.* 4, *caus.* 27, *quæst.* 1. *Sæpè manus fallitur & oculus obstetricum, cap.* 14, *de probat. Decret.* 2, *tit.* 19.

D'autres médecins soutiennent, que l'accouchement laisse après lui des vestiges, qui suffisent pour le faire certainement reconnoître, sur-tout lorsqu'il est récent. Ces vestiges selon Techmeyer. *Instit. medicin. legalis quæst.* 2, *pag.* 66, & *sequent.* sont entr'autres, 1°. *ventris flacciditas & rugositas admodùm conspicua*, 2°. *cruoris vel sanguinis per pudenda muliebria effluxus*, 3°. *dilatatio uteri extraordinaria*, 4°. *regionis pubis intumescentia & tumor pudendorum ædematosus*, 5°. *lactis in mammis præsentia*, 6°. *durities mammarum à tactu dolorosa.* Il paroît que les cours souveraines en France n'ajoutent pas une certaine foi aux différens signes qui peuvent caractériser un accouchement: en voici deux exemples bien remarquables.

Arrêt du parlement de Paris, du .... 1687.... *Espece.* « Une *fille* de 27 à 28 ans, est accusée, par le procureur fiscal de Montreuil sous le bois de Vincennes, d'être accouchée en secret, & d'avoir jeté son enfant dans un puits, où l'on avoit trouvé un enfant nouveau-né. La *fille* soutient qu'elle est innocente, & qu'elle n'a jamais été grosse. Le juge ordonne qu'elle sera visitée *dans ses parties naturelles*, par une matrone & un chirurgien; elle est visitée dans la prison, & trouvée *pucelle* par leur rapport. Sur l'appel en la cour, *il est fait défenses aux juges, d'ordonner de semblables visites*; & pour réparation à la fille, ordonné que l'arrêt qui la renvoie absoute, sera lu & publié au prône de la messe paroissiale de Montreuil. » Ceux qui prendront la peine de conférer notre mot *accouchement*, avec celui de *Brillon*, reconnoîtront que nous n'avons emprunté de lui, que la notice du préjugé précédent. Le reste étoit ou inutile ou hors de place. Nous n'avons pas cru notamment devoir faire usage des loix du moment, qui défendoient aux gens de la R. P. R. d'accoucher les femmes dans le royaume.

Arrêt du parlement de Paris, du 30 juillet, 1767.... *Espece.* La Demoiselle Famin, fille du directeur des postes à Mantes, jouissoit d'une réputation intacte, lorsqu'un événement imprévu la glace d'effroi dans un moment critique, & la laisse en proie à des maux sans nombre; & entr'autres, à un gonflement produit par la suppression, & qui augmentoit tous les jours. Un chirurgien appellé dans l'origine de cette maladie grave, ne pouvant procurer aucun soulagement, on fit venir un médecin qui ne réussit pas davantage, & qui se retira après que le sieur Famin eut refusé une visite qu'il proposoit. Ce refus fut fondé sur la crainte de mauvaises plaisanteries qui pouvoient nuire à l'établissement de la fille. Cependant aucun de ceux qui y avoient songé ne cessoit de voir assidument la Demoiselle Famin ; & le sieur Lencret obtint sa main de sa famille, qui attendit des effets du mariage, une guérison que n'avoit pu opérer la vertu des remedes. Cette union étoit tranquille, & la santé seule de la Dame Lencret inquiétoit son mari ; lorsque la nature long-temps contrainte se débarrassa avec effort. L'évacuation fut très-considérable, & dura plusieurs jours. Les chirurgiens reconnurent alors les symptomes, & les suites d'une hydropisie, prescrivirent les remedes usités en pareil cas, & promirent une guérison certaine. Mais tandis que la Dame Lencret se livroit à l'espérance, un orage se formoit sur sa tête. Dans la nuit du 26 au 27 mars 1767, on exposa à la porte d'un habitant du village de Gassicourt, deux enfans nouveau-nés, qui furent trouvés morts au point du jour. Cet accident excita l'attention de la justice, & intéressa le peuple, qui renouvella ses soupçons que l'hydropisie de la Dame Lencret avoit engendrés. On cria hautement qu'elle étoit mere des deux infortunés qui avoient été exposés, & le ministere public lui-même ne put se défendre de la prévention. En conséquence, sans que rien autorisât ses motifs, il rendit plainte & remontra qu'une personne enceinte de la ville avoit déguisé son état, & pris des remedes dangereux, ce qu'il étoit intéressant de vérifier. Information, décret en vertu duquel la femme Lencret est enfermée *dans un cachot*. La procédure continue, & les juges ordonnent qu'elle sera visitée par des chirurgiens & matrones, qui prétendirent voir des *traces d'accouchement*. Sur ce rapport, intervint sentence, qui condamna la femme Lencret à la mort, non pour avoir donné le jour, & exposé les deux enfans trouvés à Gassicourt, mais pour avoir célé sa grossesse, & soustrait son fruit.

Sur l'appel, M. Valentin, chirurgien distingué de la capitale, rédigea une consultation souscrite par MM. *Louis*, *Russel*, *Barbaut* & *Veyret*. Il y assigne les symptomes communs & particuliers, aux vraies & aux fausses grossesses ; & il y établit des principes, pour distinguer surement si une femme est *accouchée*, ou si elle a eu une hydropisie de matrice. Il résultoit de cette consultation, que le rapport ordonné par les premiers juges étoit le fruit de la prévention, de l'erreur & de l'ineptie, & ces différens vices étoient rendus palpables : aussi la cour s'empressa-t-elle de reconnoître l'innocence de la Dame Lencret ; & d'ordonner qu'elle étoit déchargée de l'accusation contre elle intentée ; & que son écrou seroit rayé & biffé. *Causes célebres de MM. des Essarts & Richer, tom. 41.*

Droits seigneuriaux.

15. Chez les romains, « les serfs appréhendoient la fécondité de leurs maîtresses, autant que les laboureurs se plaignoient de la stérilité de leurs moissons, *parce que*, pour féliciter l'*accouchement* des femmes de leurs maîtres, & le nouveau part, ils étoient obligés à de grandes largesses au préjudice de leur pécule, qui en souffroit beaucoup d'incommodité. » Dolive, *liv. 2, chap. 6.*

Dans l'affaire sur laquelle ce magistrat rappelle ce trait, le seigneur de Corbiere, soutenoit que par ses anciens titres, appuyés d'une possession immémoriale, il étoit en droit de *tailler* ses vassaux *en sept cas*, savoir en cas de ses noces, *des couches de sa femme*, du mariage de ses filles, de guerre, de captivité, de voyage d'outremer, & d'acquisition de nouvelles terres ; & il concluoit à ce qu'ils fussent tenus de lui passer nouvelle reconnoissance de son droit de taille en tous ces cas. Les vassaux prétendoient que ce droit odieux devoit être restreint, *suivant la coutume de France aux quatre cas ordinaires* du mariage de la fille ainée du seigneur, de sa captivité, de son voyage d'outremer & de sa promotion à l'ordre de chevalerie. Le parlement de Toulouse, par son arrêt du 22 mai 1631, confirma la sentence du sénéchal de Nîmes, qui prononçoit la condamnation du droit de taille *en sept cas*.

Ce préjugé est conforme à deux arrêts de la même cour, rapportés par Ferriere, *sur la question 57*, *de* Guipape, *pag. 66*. Cet auteur explique que tout dépend des conventions primitives, faites entre le seigneur & ses vassaux. *Hoc enim pendet ex conventionibus inter dominos & subditos suos editis : extant in parlamento Tolozano arresta quibus concessum est dominis pecuniam exigere à suis hominibus dum filii vel filiæ nascuntur. Arrest. 11, septem. 1509, & Arrest. 17 januarii 1496, pro domino Loci d'Arpajon.*

On trouve dans la gazette des tribunaux, *tom. 1*, *pag. 382*, l'extrait d'un acte du 5 novembre 1737, portant établissement d'un droit singulier en faveur d'un seigneur du Poitou. Le voici.

« Pour raison de quoi je vous dois, mon dit seigneur, le devoir ci-après expliqué, qui est, qu'à la premiere *couche* que les Dames de C. . . . . . feront d'enfant vivant, soit mâle ou femelle, moi dit avouant, & l'aîné des enfans qui naîtront de moi en légitime mariage, & les descendans aussi premiers nés mâles de mes enfans, à perpétuité, sommes tenus d'aller le lendemain des *couches* de ladite Dame comtesse, au devant de la porte d'entrée de sa chambre, & là crier à haute voix. *Vive Madame la comtesse de C. . . . & le nouveau né*; à l'honneur duquel je serai tenu de boire, tout d'une haleine, une bouteille de vin, que vous serez, mon dit seigneur, tenu de me faire donner, avec un morceau de pain blanc pesant une livre, & une perdrix bien poivrée & bien salée; & si ladite Dame comtesse n'*accouche* que d'une fille, vous ne me ferez donner, mon dit seigneur, qu'une bouteille d'eau, une livre de pain noir, & un morceau de fromage. Lequel devoir j'offre vous payer, &c. » Cette reconnoissance est aussi singuliere, que celle qu'on nous a assuré exister dans quelques papiers terriers d'un seigneur du Lyonnois. Ses vassaux s'étoient soumis à aller battre l'eau des fossés de son château, pour empêcher les grenouilles d'incommoder sa femme par leur coassement, à l'approche *de ses couches*. Ce devoir n'est point rendu, parce que le seigneur ne juge pas à propos de fournir à ses vassaux des baguettes d'argent, ainsi qu'il y est obligé par les reconnoissances. *O cæcas hominum mentes !*

Ces droits bizarres existoient nagueres dans toute l'Europe, & nous ignorons si la Russie accablée encore par la féodalité, en est délivrée. « La coutume des seigneurs, *disoit un auteur de la fin du siecle dernier*, est de faire savoir aux principaux ministres, aux officiers & aux marchands de la nation allemande que Dieu leur a donné un fils ou une fille. Ceux qui savent ce que cela veut dire, ne manquent point de se rendre chez le pere de l'enfant nouvellement né, où, après avoir donné un baiser à l'*accouchée*, ils mettent sur le lit deux ou trois *roses nobles*, enveloppées dans un papier, où le nom de celui qui donne est écrit, ensuite ils donnent un baiser à l'*accouchée*, & un à l'enfant, & se retirent chez eux. *Celui qui a le plus donné, entre le plus avant dans les bonnes graces du seigneur* ; & si c'est une personne de grande autorité, ceux qui ont fait les présens les plus considérables, sont assurés d'en recevoir aussi plus de protection. » *Religion ancienne & moderne des Moscovites. Cologne, Marteau, 1698, in-8°. pag. 117.*

Pierre a aboli les spahis, les barbes & l'ignorance. *Catherine*, en donnant à la Russie un nouveau code, n'oubliera rien de ce qui peut contribuer à la liberté & au bonheur de ses peuples.

Coutumes

Coutumes bizarres ou monstrueuses.

15. L'auteur du *coup d'œil Anglois sur les cérémonies du mariage, pag. 124, édit. de 1750*, rend compte, d'après le pere Lafiteau, d'un usage singulier des Caraïbes. « Lorsque leurs femmes sont accouchées, elles ne laissent pas de vaquer à leurs affaires; mais le mari se plaint beaucoup, & pendant plusieurs jours on lui fait observer une diete rigoureuse. » Cet usage est fort ancien, & nous n'en devons pas la connoissance à la découverte du nouveau monde, puisque *Diodore de Sicile* nous apprend qu'il avoit lieu chez les habitans de l'Isle de Corse : *mulieris enixæ nulla in puerperio geritur cura, sed maritus ejus velut æger decumbens, & corpus malè affectum habens per certos & aliquot dies puerperæ vice lecto decumbit.* Strabon dit à-peu-près la même chose des Espagnoles de son temps.

En Turquie, « l'époux & ses amis, dit M. Turpin, *dans son histoire de l'Alcoran, tom. 2, pag. 105*, se rendent dans les écoles publiques, & font un présent au maître, pour l'engager à donner congé à ses disciples, ou pour obtenir la grace de celui qui est tombé dans quelque faute. . . . Ils achetent des oiseaux, pour leur donner la liberté, persuadés que cette liberté rendue est un gage que leurs femmes seront bientôt affranchies des maux qu'elles souffrent dans l'*accouchement.* »

Cela n'est que bizarre & ridicule, mais voici qui tient essentiellement à l'humanité, & présente une férocité révoltante dans la législation. Dans l'Isle de Formose, suivant *Rechteren*, les femmes ne peuvent mettre au monde des enfans, avant l'âge de trente-cinq ans. « C'est une chose qui ne leur est pas permise *par leurs loix*, ou par leurs coutumes; quand elles deviennent grosses, il faut qu'elles se fassent avorter, & comme il leur est défendu de conserver dans leur cœur aucun sentiment de tendresse naturelle, pour obvier à cela, voici ce qu'elles pratiquent. Elles envoient chercher la prêtresse & se couchent devant elle au lit ou ailleurs : elle leur presse ou leur foule le ventre, ou même leur marche dessus, jusqu'à ce que l'enfant en soit sorti ; maudite opération qui est plus dangereuse, & qui leur est plus douloureuse que d'accoucher. » *Rec. des voyages qui ont servi à l'établissement & aux progrès de la Compagnie des Indes Orientales, tom 5, de la 2e. édit. pag. 162.*

Le président de Montesquieu, (*esp. des loix, liv. 23, chap. 16,*) semble vouloir excuser cette affreuse & incroyable coutume. « Les réglemens, dit-il, sur le nombre des citoyens, dépendent beaucoup des circonstances. Il y a des pays où la nature a tout fait. Le législateur n'y a donc rien à faire ; à quoi bon engager par des loix à la propagation, lorsque la fécondité du climat donne assez de peuple ; quelquefois le climat est plus favorable que le terrein. Le peuple s'y multiplie, & les famines le détruisent. C'est aussi le cas où se trouve la Chine, aussi un pere y vend-il ses filles, & expose ses enfans. Les mêmes causes operent au Tonquin les mêmes effets, & il ne faut pas, avec les voyageurs Arabes, dont Renaudot nous a donné la relation, aller chercher l'opinion de la métempsychose pour cela. *Les mêmes raisons sont, que dans l'Isle Formose, la religion ne permet pas aux femmes de mettre des enfans au monde, qu'elles n'aient 35 ans. Avant cet âge, le prêtre leur foule le ventre & les fait avorter.* ». . . . Montesquieu cherchoit l'esprit des loix ; mais comment excuser celle qui, autorisant le plaisir nécessaire dans les climats chauds, égorge tous les enfans, pendant les 17 premieres années de la fécondité d'une femme ? Quelle religion que celle dont le prêtre étouffe dans le sein de leurs meres, des enfans créés pour servir son Dieu ! Quel gouvernement, que celui qui craint les dangers de la population ! Voyez *Colonie, Émigration, Population.*

Questions singulieres.

16. PREMIERE QUESTION. Une femme peut-elle concevoir & accoucher sans l'intervention d'un homme?

Qui croiroit, je ne dis pas qu'on ait eu des doutes, mais qu'on ait supposé que la cause a existé, & qu'elle a été jugée pour l'affirmative par un parlement célebre? Nous aurions pu renvoyer ce trait aux mots *Conception*, *État*, *Grossesse*, *Naissance*, *Part*. Nous nous empressons de détruire une erreur trop accréditée, & renouvellée encore de nos jours, comme tant d'autres mensonges imprimés.

Au mois de février 1637, on publia à Paris & dans quelques villes un imprimé, ayant pour titre : *Arrêt du parlement de Grenoble*, rendu le 13 février 1637, au profit de *dame Magdeleine d'Autemont, épouse de Jérôme Auguste de Mont-Léon, chevalier, seigneur d'Aiguemerre*. On lisoit dans le vu de cet arrêt l'extrait des défenses & demandes de la dame d'Aiguemerre, « sur la naissance d'un sien fils, arrivée QUATRE ANS après l'absence de son mari, & sans avoir eu connoissance d'aucun homme, soutenant ladite dame, qu'encore que véritablement le sieur d'Aiguemerre son mari n'ait été de retour d'Allemagne, & ne l'ait vue ni connue depuis quatre ans, la vérité est telle que, *s'étant* IMAGINÉ *en songe la personne & l'attouchement du sieur d'Aiguemerre, elle reçut les mêmes sentimens de grossesse & de conception, qu'elle eût pu recevoir en sa présence.* » . . . Le dispositif de l'*arrêt* étoit conçu ainsi. « Vu en ladite cour les attestations, avis & raisons de plusieurs médecins de Montpellier, sages-femmes, matrones, & plusieurs autres *personnes de qualité*, sur la *possibilité & réalité du fait* que dessus : informations faites à la requête du procureur général; tout considéré, LA COUR ordonne que l'enfant dont il est question, sera déclaré fils légitime & vrai héritier dudit *seigneur* d'Aiguemerre, déclare les sieurs Fage & Bourglemont appellans & *demandeurs*, à tenir ladite dame d'Aiguemerre pour femme de bien & d'honneur, dont ils en donneront acte après la signification de l'arrêt. »

Que Venette dans son tableau de l'Amour conjugal; que Johnson, dans sa *Lucina sine concubitu*, aient paru croire à la réalité de cet arrêt, & se soient permis de plates railleries sur les magistats qu'ils supposoient l'avoir rendu : on a souvent créé des monstres pour les combattre. Mais qu'un jurisconsulte, d'ailleurs estimable, dans ses *Élémens du droit*, *tom.* 2, *pag.* 109, ait imprimé, que dans le siecle dernier, on pensoit qu'une femme pouvoit concevoir & accoucher sans avoir de commerce avec un homme, qu'il en ait donné pour *preuve aussi simple que respectable*, *un monument* AUTHENTIQUE, UN ARRÊT *du parlement de* Grenoble, *du* 13 *février* 1637, *piece curieuse qui mérite d'être tirée de l'oubli*; qu'en commentant il ait ajouté : *on suppose que la nuit du songe de la dame d'Aiguemerre étoit une nuit d'été, que sa fenêtre étoit ouverte, son lit exposé au couchant, sa couverte en désordre, & que le zéphyr du sud-ouest, duement imprégné de molécules organiques de fœtus humains, d'embrions flottans, l'avoit fécondée* : c'est supposer dans le siecle dernier, & dans les tribunaux, une ignorance honteuse; c'est propager une fable qui déshonoreroit la justice.

Il est très-vrai qu'en février 1637, on publia à Paris ce prétendu arrêt imprimé, & ce n'est pas alors seulement qu'on a imprimé des fables, des arrêts supposés. Tandis que des vagabonds rassemblés cherchoient à exciter une émeute à Paris, pour le prix du pain, en mai 1775, un inconnu vendoit à Valence, à Vienne, vouloit vendre à Lyon & vendit à Roanne, à Moulins & jusqu'à Blois, où il disparut, un prétendu arrêt du parlement de *Cette*, qui fixoit la livre du pain à un sou, pour tout le royaume.

La rédaction de l'arrêt de 1637 suffisoit aux yeux des gens d'affaires pour en découvrir la fausseté : on rangea peut-être un instant cette absurdité dans la classe des contes, dont on toléroit le débit, pour amuser le peuple crédule. Mais c'étoit déja trop, qu'en mars 1634, Urbain Grandier eût été, comme sorcier, condamné au feu par une commission dévouée à Richelieu. Les parlemens qui n'auroient pas jugé Grandier, s'alarmerent sur les progrès de l'ignorance & de la superstition, sur l'honneur même de la justice. Le procureur général du parlement de Paris rendit plainte, & obtint arrêt, qui faisoit défenses d'imprimer & vendre le prétendu arrêt, ordonnoit la suppression des exemplaires, permettoit d'informer, &c. contre les fabricateurs & distributeurs. De suite le procureur général du parlement de Grenoble rendit plainte : le 13 juillet 1637 cette cour déclara l'arrêt du 13 février précédent *faux, supposé, calomnieux, & injurieux à son honneur ;* ordonna que la copie imprimée dudit arrêt seroit remise entre les mains de l'exécuteur de la haute justice, pour être par lui biffée & lacérée, & les pieces jetées au feu & brûlées devant la grande porte du palais, dans la place publique de St. André ; fit défenses de l'imprimer, l'exposer en vente, ni l'acheter, A PEINE DE LA VIE, &c.

II QUESTION. Un homme en mourant laisse sa femme enceinte & une fortune de 100000 liv. Son testament porte que, si elle *accouche* d'un garçon, l'enfant aura les trois cinquiemes de sa succession, & la mere les deux cinquiemes ; & que si elle *accouche* d'une fille, l'enfant aura trois septiemes & la mere quatre septiemes. . . . La mere accouche à la fois d'une fille & d'un garçon. De quelle maniere doit se faire le partage des 100000 livres ?

Barreme a proposé cette question, & l'on trouve différentes solutions dans le Mercure de France de 1749. (*Janvier, page 72 ; avril, page 40 ; juin, part. 1, page 97 & partie 2, page 80, &c.*)

Cette question que nous aurions pu placer aux mots *Partage, Posthume,* paroît avoir agité les esprits & les têtes, sans qu'on ait imaginé d'en trouver la solution dans le droit romain : seroit-ce parce que l'on n'imagina pas y trouver une espece pareille ? Mais ce n'est pas d'aujourd'hui que l'on peut se convaincre qu'on y trouve toutes les questions du droit privé, & plusieurs du droit public.

Quoi qu'il en soit, il y a une loi précise : c'est la *13, D. de liberis & posthumis hered. inst. vel exhered.*

« Le testateur écrit ainsi sa derniere volonté : s'il me naît un fils, qu'il ait huit onces de mon hérédité, & ma femme les quatre onces restantes. Si ma femme accouche d'une fille, que celle-ci ait quatre onces, & ma femme les huit restantes ; cependant, il naît à la fois un fils & une fille. Alors il faut prononcer que la succession doit être partagée en sept parts, dont le fils aura quatre, la femme deux & la fille une : car suivant la volonté du testateur, le fils doit avoir deux fois plus que sa mere, & celle-ci une fois plus que sa fille. En effet, quoique par la regle *subtile* du droit, le testament pût être déclaré nul ; cependant, comme le testateur a rappellé ses deux enfans posthumes, & qu'il a voulu dans ces deux cas que sa femme eût une portion, l'humanité a suggéré de prononcer ainsi le partage. »

Si ita scriptum sit : si filius mihi natus fuerit, ex besse heres esto ; si verò filia mihi nata fuerit ex triente heres esto : & filius & filia nati essent : dicendum est assem distribuendam in septem partes, ut ex his filius quatuor, uxor duas, filia unam partem habeat. Ita enim secundùm voluntatem testatoris filius altero tantò ampliùs habebit quàm uxor ; item uxor altero tantò ampliùs quàm filia. Licèt enim SUBTILI *juris regulæ conveniebat ruptum fieri testamentum, attamen cùm ex utroque nato testator voluerit uxorem aliquid habere; ideò ad hujus modi sententiam, humanitate suggerente, decursum est.*

Cette décision, dit Cujas, (*tom. 3, posth. edit. Fabrotti, pag. 205,*) est faite suivant la proportion géométrique, *servatâ proportione geometricâ*. Or, la proportion géométrique est celle qui a ses raisons semblables, 3, 9, 27, 81, c'est-à-dire, dont la progression va croissant par la multiplication du dernier nombre par le premier. La progression arithmétique au contraire, est celle qui a toujours les mêmes raisons, augmentant toujours d'un nombre égal & le même, 3, 9, 15, 21, 27, où l'on voit que la progression n'est autre chose qu'ajouter le même nombre 6 au dernier.

Pythagore, & après lui tous les philosophes anciens & modernes, sur-tout dans l'orient, ont cherché dans les nombres, la clef de la *science*, la marche de la création, l'ordre de l'univers, l'essence ternaire de l'esprit qui renferme trois opérations, la pensée, la volonté, l'action, & l'essence de la matiere, dont le nombre 9 multiplié par tous les autres & par lui-même ne figure jamais que 9. Voyez *Cabale*, *Nombre*, *Proportion*.

Les anciens jurisconsultes ne pénétroient pas sans doute ces systêmes des anciennes institutions, excepté cependant *Dolive*, qui divise son ouvrage en quatre livres, *à cause du fameux nombre quaternaire*. Mais ils avoient une connoissance des hautes sciences, & l'on voit dans l'espece combien elle est nécessaire, combien elle éclaire & assure la marche de la raison, & la justice elle-même. *Jurisprudentia est divinarum atque humanarum rerum scientia. l, lib. 1, tit. 1, § 1.*

Sous le mot *Posthume*, nous examinerons si l'institution énoncée dans la loi que nous venons de citer, seroit valable en France, d'après les dispositions de l'art. 50 de l'ordonnance des testamens de 1735. Jusques-là on peut consulter Henrys & Bretonnier, *tom. 3, pag. 562 & suivantes*; le président Favre, en son code, *liv. 6, tit. 10*; Ranchin, en ses décisions, *pages 406 & 407*.

III QUESTION. *Extrait de la gazette de France, du 22 juillet 1777....*
« De Venise, le 21 juin. On écrit de Padoue qu'il vient de s'y passer un événement très-extraordinaire. Une sage-femme enceinte, & à terme, assistant une dame de cette ville qui étoit en travail, se vit surprise elle-même par les douleurs de l'enfantement. La servante de la maison, fille d'un certain âge, appellée au secours, reçoit comme elle peut les deux enfans, tous deux mâles, & les met dans le même berceau, sans remarquer la place qu'elle donne à chacun. L'un des deux enfans étant mort quelques minutes après sa naissance, le survivant fut reclamé par les deux meres. Quels juges seroient capables de décider une telle cause? »

Cette espece est bien autre que celle du fameux jugement de Salomon: car, chacune des deux Juives connoissoit parfaitement son enfant, & il s'agissoit seulement de découvrir laquelle étoit véritablement la mere du survivant. Salomon interrogea la nature par l'apparence d'un jugement absurde & barbare; & tandis que la mere de l'enfant mort s'inquiétoit peu de voir partager en deux l'enfant étranger, la mere de l'enfant vivant s'écria qu'elle aimoit mieux voir son enfant passer à une étrangere; & ce cri de la nature toujours si puissant, éclaira le monarque juge, qui, reconnoissant ainsi la véritable mere, lui rendit son enfant.

Mais dans l'événement de *Padoue*, quel sera le flambeau de la justice? A quoi reconnoître la mere de l'enfant survivant? L'une des deux l'a porté neuf mois dans son sein? Mais jusqu'à l'*animation* l'enfant n'est rien, jusqu'à l'*accouchement* c'est peu de chose, & après l'*accouchement* qu'est-il encore? C'est lors de l'*accouchement* qu'il falloit prendre les précautions nécessaires pour conserver la vie & l'état civil, & des circonstances extraordinaires ont tout bouleversé. Invoquera-t-on encore le cri de la nature? Mais chacune des deux meres soutiendra que l'enfant survivant est le sien, & le dira de bonne foi : tant est grand le desir d'être mere, & de ne pas l'avoir été vainement. Si on donnoit l'enfant à la mere, dont il n'a pas reçu le jour, elle le croiroit sien, & le chériroit comme tel ; semblable à ces femelles d'animaux auxquelles on substitue d'autres petits, & qui les nourrissent avec soin, même quand ils sont d'une autre espece. Examinera-t-on la grosseur de l'enfant & la difficulté de l'*accouchement?* Mais cette difficulté n'est souvent que relative, & toutes les lueurs replongent dans les ténebres. Que restera-t-il donc ? La ressemblance. Mais ce fil léger & fragile suffira-t-il pour soutenir un jugement sûr, pour guider dans le labyrinthe que forment les circonstances, les mœurs, les opinions, les doutes, les caprices & les jeux de la nature?

S'il y avoit une loi qui prononçât que dans le doute absolu, on peut se décider pour la ressemblance, il faudroit baisser la tête ; & lorsqu'il en est tant dans les coutumes, qui blessent la raison & outragent la nature, si on les suit, c'est parce qu'on les a adoptées comme des loix positives, peut-être même parce qu'il vaut mieux souvent, du moins dans le droit privé, avoir une mauvaise loi que de n'en point avoir du tout. Sans doute la loi qui prononceroit sur la ressemblance seroit une loi nécessaire, puisque l'enfant survivant étant le fils d'une des deux femmes accouchées en même temps, s'il appartient à l'une des deux par la loi de la nature, il ne peut pas dans la société rester sans mere, sans famille & sans état civil.

Un événement à-peu-près pareil est arrivé à Brive-la-Gaillarde. Deux femmes nourrissant leurs enfans, les ont laissés se mêler nus, ne les ont plus reconnus, & ont choisi au hasard. L'un des deux est mort, l'autre ressemble parfaitement à la fille de celle dont il n'est plus le fils. Dans ce partage inexact, du moins en apparence, il paroît avoir éprouvé deux maux ; l'un d'être échu à une famille pauvre, l'autre de craindre une maladie à laquelle n'ont pas échappé plusieurs enfans de la famille à laquelle il croit qu'il devoit appartenir.

Sous le mot *Ressemblance* nous examinerons les opinions des médecins & des jurisconsultes sur la question de savoir, si, dans la décision des questions d'état, on peut s'appuyer sur cette probabilité, sur cette apparence ; le devoir du jurisconsulte n'est pas seulement de rassembler les especes & les jugemens connus, mais de chercher ces questions rares, de prévoir les cas inconnus & qui peuvent néanmoins arriver. C'étoit la maniere utile des anciens jurisconsultes, & ce sera toujours la nôtre.

ACCOUCHEMENT DES REINES DE FRANCE.

17. Pardonnez les recherches que vous allez liré, vous, qui accoutumés à l'aridité du droit privé, à la précision du droit positif, & au laconisme des dictionnaires, trouverez déplacés dans celui-ci une infinité d'objets. Nous écrivons cet article en novembre 1781, dans l'ivresse de la joie publique, & nous sommes François. Pardonnez, si reprenant la maniere des anciens jurisconsultes, quittant celle qui a suivi l'administration de Richelieu, & marchant avec le XVIIIe. siecle, nous osons quelquefois, à la triste & monotone sécheresse du droit, mêler des faits & des accens qui lui paroissent étrangers. Ah ! sans doute, notre jurisprudence seroit autre, & n'eût pas mérité les reproches de nos rois même, notre droit public seroit mieux su, notre droit criminel n'exciteroit pas une réclamation universelle, si écrivant comme *Cujas*, *Dumoulin*, *Ayrault*, *Loiseau*, *&c.*, comme *Heineccius*, & tant d'autres jurisconsultes Allemands, nous eussions toujours consulté l'histoire & l'antiquité,

respecté la vérité, appellé la raison, cherché la justice primitive, & consulté la nature; si vraiment jurisconsultes & nous occupant à ce titre de tout ce qui tient à l'ordre social & au bonheur des hommes, nous eussions dit avec Térence, *humani nihil à me alienum puto.*

Pardonnez, vous sur-tout qu'enchaînent l'âge & l'habitude; nous aurons fait beaucoup si cet ouvrage est lu par vos enfans: & si vous le critiquez, notre objet sera rempli, il en restera quelque chose.

A l'exemple des Grecs, les Romains célébroient par des fêtes publiques l'*accouchement* de l'impératrice. Le sénat alloit féliciter le prince; on faisoit des processions, on élevoit des temples à la fécondité. On dressoit des statues d'or à la fortune, & le cirque étoit rempli de nouveaux jeux. *(Tacit. annal. 15, 23.)*

Cet usage a passé aux peuples modernes avec la modification qu'entraînent la religion, les mœurs. Les princes, les grands, les cours supérieures, les corps & le peuple vont adresser leurs félicitations, leurs hommages & leurs vœux; & tous sont admis, tant ce grand événement de la nature rapproche tous les hommes. L'encens brûle sur les autels; les villes allument des feux; les pauvres sont secourus: des prisonniers sont délivrés, la justice devient moins sévere & pardonne les fautes. C'est la joie de tout un peuple qui se regarde comme une seule famille.

Ces fêtes n'appartiennent point à cet ouvrage, ou n'y tiennent que par le soin qu'ont les tribunaux de consigner dans leurs registres l'événement & le vœu qu'ils ont porté, par la police qui doit être observée dans ces rejouissances, par le rang que chacun doit tenir, par l'ordre & la sûreté qu'il faut établir pour prévenir le moindre accident & souvent les plus grands maux. Voyez *Assemblée*, *Attroupement*, *Ordre*, *Peuple*, *Police*, *Préséance*, *Rang*, *Sûreté*, *Tumulte*, *&c.*

Mais ce qui appartient à la nature de cet ouvrage, & ce que les publicistes Allemands ont bien remarqué, ce sont les formalités extraordinaires usitées dans les accouchemens de nos reines; nous allons traduire littéralement le célebre Ludolff.

« Il n'est pas inutile d'exposer au lecteur les précautions éclatantes que l'on prend en France à la naissance d'un dauphin, pour éviter tout soupçon d'un enfant supposé ou substitué. Là la reine ne doit pas avoir honte d'*accoucher* en présence des princes du sang. Voici comme les choses se passent. Il y a dans la salle destinée à la naissance deux tentes; la premiere, qui a environ quarante pieds de circonférence, & qui est fermée par deux rideaux, est occupée par le roi, les princes du sang & quelques princesses; au milieu de cette tente est une petite, dans laquelle doit entrer la reine avec la sage-femme. Mais avant qu'elle y entre, on tire les rideaux & les ailes de la tente, afin que chacun puisse voir que nulle autre femme, nul autre enfant ne s'y trouvent. Après la naissance de l'enfant, on le montre aux princes & aux grands, pour éloigner tout soupçon de supposition. » *(in der allgemeinen schaubühne der Welt-Geschichte, tom. 1, lib. 1, cap. 5, n°. 45, fol. 34.)*

Ainsi, tandis que pour assurer l'ordre des familles, la naissance & l'état des sujets, le droit public se contente de l'extrait de baptême & quelquefois de la possession, il indique d'autres formes lorsqu'il s'agit de l'héritier du trône. Ce n'est point assez d'avoir annoncé la grossesse & d'avoir demandé les bénédictions du ciel, il faut donner à l'accouchement une publicité qui, par le nombre & la qualité des témoins, atteste à jamais la naissance & le sexe.

Nous n'avons, sur ce point de notre droit public, qu'une jurisprudence traditionnelle; nos ordonnances d'ailleurs si multipliées & si nombreuses sont muettes sur ce grand événement, & c'est bien fait. Le manquement de la moindre formalité eût été un prétexte pour contester l'état de l'héritier légitime, occasioner des troubles & amener la guerre, pour répandre des bruits calomnieux, ridicules, mais toujours fâcheux, tels que ceux que Duhaillan rapporte sur la naissance de Charles VIII, inculpé par les uns d'être un fils supposé, par les autres d'être bâtard du roi & non fils de la reine.

Il suffit que l'accouchement de la reine soit fait en présence des princes & des grands. On pourroit oublier quelqu'un. Un prince, le chancelier, le garde des sceaux, quelqu'autre grand officier peuvent être absens ou éloignés. Qu'importe si d'ailleurs l'*accouchement a été public*? Et il l'est si bien, on respecte si fort cette publicité légale, que nous connoissons un citoyen honnête, mais sans titre, qui, porté par la foule, s'est trouvé dans la chambre de la reine, lors du dernier accouchement, & a été témoin paisible de toute la cérémonie.

Cette formalité n'a point lieu pour les enfans des princes du sang & des freres de nos rois, quand même le roi régnant n'auroit point d'enfans. Elle n'eut point lieu à la naissance de Louis XII, de François premier, né à Cognac en Guienne, & de Henri IV, né à Pau en Bearn, province de Navarre, alors royaume étranger. Arrêtons nous à celui-ci : il en vaut bien un autre.

Péréfixe, dans la vie de ce prince, ne cite, sur le moment de sa naissance, qu'une circonstance remarquable. Le roi de Navarre, dit-il, avoit promis à sa fille de lui remettre son testament, lorsqu'elle auroit montré ce qu'elle portoit dans ses flancs, & à condition que dans l'enfantement elle lui chanteroit une chanson, *afin*, lui dit-il, *que tu ne me fasses pas un enfant pleureux & rechigné*. La princesse malgré les *grandes douleurs*, *en chanta une*, *en son langage Béarnois*, aussi-tôt qu'elle l'entendit entrer dans sa chambre, & l'on remarqua que l'*enfant*, contre l'ordre de la nature, *vint au monde sans pleurer ni crier*. Aussi ne falloit-il pas, ajoute Péréfixe, qu'un prince qui devoit être la joie de toute la France naquît parmi des cris & des gémissemens. . . . Adopte qui voudra la tournure de cet éloge, mais voici une grande vérité. Au milieu de tant d'événemens qui assaillirent Henri IV, depuis 1572, époque de la St. Barthelemi, où il manqua être égorgé, jusqu'en 1610, époque de sa lamentable mort, pendant tout ce temps, ou comme il le disoit, *le vent de l'adversité avoit soufflé sur sa tête, & rendu de bonne heure ses cheveux blancs*, Henri conserva cette franchise & cet enjouement qui donnent les nuits tranquilles, rendent le travail facile, inspirent la confiance, animent le courage, & comme disoit Ciceron, dédaignent la mort par l'espérance d'une meilleure vie. *Spem melioris vitæ*.

Les formes observées à la naissance du dauphin, fils de Henri IV, paroissent conservées avec la plus grande exactitude dans un livre très-rare intitulé : *Récit véritable de la naissance de Messeigneurs & Dames les enfans de France, par Louise Bourgeois, dite Boursier, sage-femme de la reine, mere du roi : Paris, Mondiere 1652, in-8°.* Ne craignons pas d'extraire ce livre dans son langage suranné.

« La nuit du 27 septembre (1601) à minuit, dit l'accoucheuse Boursier, le roi m'envoya appeller pour aller voir la reine qui se trouvoit mal. . . Entrant dans la chambre de la reine, le roi demanda, n'est-ce pas la sage-femme ? on lui dit qu'oui. Il me dit, venez, venez sage-femme ; MA FEMME est malade : reconnoissez si c'est pour accoucher : elle a de grandes douleurs : ce qu'ayant reconnu, je l'assurai qu'oui. A l'instant le roi dit à la reine : MA MIE, vous savez que je vous ai dit, par plusieurs fois, LE BESOIN QU'IL Y A QUE LES PRINCES DU SANG SOIENT A VOTRE ACCOUCHEMENT, je vous supplie de vouloir vous y résoudre ; *c'est là la grandeur de vous & de votre enfant.* A quoi la reine répondit qu'elle avoit toujours été résolue de faire tout ce qui lui plairoit. Je sais bien, MA MIE, que vous voulez tout ce que je veux: mais je connois votre naturel, qui est timide & honteux, que je crains que si vous ne prenez une grande résolution, les voyant, cela vous empêche d'accoucher : c'est pourquoi je vous prie de ne vous étonner point, *puisque c'est* la FORME *que l'on tient au premier accouchement des reines.* Les douleurs pressoient la reine : à chacune d'elles *le roi la tenoit* & me demandoit s'il étoit temps qu'il fît venir *les princes*, que j'eusse à l'en avertir, d'autant que *cette affaire-là étoit de* GRANDE IMPORTANCE *qu'ils y fussent ;* je lui dis que je n'y manquerois pas, lorsqu'il en seroit temps. Environ une heure après minuit, le roi, vaincu d'impatience de voir souffrir la reine, & croyant qu'elle accoucheroit & que les princes n'auroient pas le temps d'y venir, il les envoya quérir, qui furent *Messeigneurs les princes de Conti, de Soissons & de Montpensier.* . . . . Cependant la grande chambre ou ovale de Fontainebleau, qui est proche de la chambre du roi, qui étoit préparée pour les couches de la reine, où étoit un grand lit de velours cramoisi rouge, accommodé d'or, étoit près le lit de travail. Aussi les *pavillons, le grand & le petit*, qui étoient attachés au plancher & troussés, furent détroussés. Le grand pavillon fut tendu ainsi qu'*une tente* par les quatre coins avec quatre gros cordons ; il étoit d'une belle toile de hollande, & avoit bien vingt aunes de tour, au milieu duquel il y en avoit un petit de pareille toile, sous lequel fut mis le lit de travail, où la reine fut couchée au sortir de sa chambre. . . . Lorsque la reine alloit accoucher, je voyois qu'elle se retenoit de crier ; je la suppliai de ne s'en point retenir, de peur que sa gorge n'enfle. Elle avoit desir d'accoucher dans sa chaise, où *étant assise, les princes étoient dans le grand pavillon vis-à-vis d'elle.* J'étois sur un petit siege devant la reine, laquelle étant accouchée, je mis MONSIEUR LE DAUPHIN dans ses linges & langes dans mon giron, sans que personne que moi vît quel enfant c'étoit. Je l'enveloppois bien, ainsi que j'entendois ce que j'avois à faire. Le roi vint auprès de moi. Je regarde l'enfant au visage, que je vis en grande foiblesse, à la peine qu'il avoit endurée. Je demande du vin à M. de Lozeroy, l'un des premiers valets de chambre du roi ; il apporta une bouteille ; je pris une cuillier, le roi prit la *bouteille qu'il tenoit :* je lui dis, Sire, si c'étoit un autre enfant, je lui mettrois du vin dans la bouche, & lui en donnerois de peur que la foiblesse dure trop. Le roi me mit la bouteille contre la bouche, & me dit : faites comme à un autre : j'emplis ma bouche de vin & lui en soufflai : à l'heure même il revint. . . Je vis Gratienne, à qui je dis : ma fille, chauffez-moi un linge : *(c'étoit le signal promis, à cette femme de chambre, pour annoncer un dauphin)* alors je la vis aller au roi, lequel la repoussoit & ne la vouloit pas croire ; il lui disoit que c'étoit une fille, qu'il le connoissoit à ma mine : elle l'assuroit que c'étoit un fils, ainsi que je lui en avois donné le signal, il lui disoit : *elle fait trop mauvaise mine :* Sire, elle vous a dit qu'elle le feroit : il lui dit qu'il étoit vrai, mais qu'il n'étoit pas possible que je la pusse faire telle. . . . Le roi vint à moi à côté de la reine & se baissa, & mit la bouche contre mon oreille, & me demanda : sage-femme, est-ce un fils ? Je lui dis qu'oui : *je vous prie, ne me donnez point de courte joie : cela me feroit mourir.* Je développe un petit Monsieur le dauphin, & lui fis voir que c'étoit un fils que la reine n'en vit rien. Il leva les mains jointes & rendit graces à Dieu ; les larmes lui couloient sur la face aussi grosses que de gros pois : il me demanda si j'avois fait à la reine, & s'il n'y avoit point danger de lui dire. Je

Je lui dis que non; mais que je ſuppliois Sa Majeſté que ce fût avec le moins d'émotion qu'il lui ſeroit poſſible. Il alla baiſer la reine, & lui dit : *ma mie*, vous avez eu beaucoup de mal, mais Dieu nous a fait une grande grace, de nous avoir donné ce que nous lui avions demandé. *Nous avons un beau fils.* La reine à l'inſtant joignit les mains, & les levant avec les yeux vers le ciel, jeta quantité de groſſes larmes, & à l'inſtant tomba en foibleſſe. . . . . *Le roi alla embraſſer les princes*, ne s'étant apperçu de la foibleſſe de la reine, & alla ouvrir la porte de la chambre, & fit entrer toutes les perſonnes qu'il trouva dans l'anti-chambre & grand cabinet; je crois qu'il y avoit deux cents perſonnes, de ſorte qu'on ne pouvoit ſe remuer dans la chambre pour porter la reine dans ſon lit. J'étois infiniment fâchée de le voir ainſi. Je dis qu'il n'y avoit apparence de faire entrer le monde ici que la reine ne fût couchée. Le roi m'entendit: & me vint frapper ſur l'épaule, qui me dit, tais-toi, tais-toi, ſage-femme, ne te fâche point. CET ENFANT EST A TOUT LE MONDE, IL FAUT QUE CHACUN S'EN RÉJOUISSE. » . . . Paroles ſimples & ſublimes ! comme elles peignent le nœud qui unit à la nation, ſon roi, ſes enfans, la maiſon de France ! elles ont paſſé aux Bourbons. M. le dauphin, pere du roi, alloit voir ſouvent ſa fille, & on lui en demandoit le motif. *Elle n'a que moi*, répondit-il, *& mon fils eſt à tout le monde. C'eſt l'enfant de la France.*

Le Mercure de France, de ſeptembre 1729, conſerve quelques détails ſur la naiſſance de ce prince vertueux. Le 4 ſeptembre 1729, à deux heures du matin; la reine commençant à ſouffrir, & le roi s'étant levé, *on envoya avertir les princes & les princeſſes du ſang, le cardinal de Fleury, le chancelier de France & le garde des ſceaux, qui ſe rendirent auſſitôt* ***DANS LA CHAMBRE DE LA REINE***, dont l'appartement fut dans l'inſtant rempli des ſeigneurs & dames de la cour. La reine étant accouchée, M. le dauphin, après avoir été ondoyé, fut porté dans l'appartement qui lui avoit été préparé par madame la ducheſſe de Vantadour, gouvernante des enfans de France. Le roi dit au capitaine des gardes du corps : *duc de Villeroy, conduiſez* ***LE DAUPHIN***; *c'eſt le ſeul cas où mon capitaine des gardes me quitte.* Le ſecretaire d'état ayant le département des affaires étrangeres, dépêcha des courriers extraordinaires aux ambaſſadeurs & aux miniſtres du roi dans les cours étrangeres. On frappa une médaille allégorique avec cette légende : *vota orbis.*

Ces fêtes furent magnifiques & coûteuſes. Ce qui vaut mieux que l'éclat brillant du ſalpêtre; ce qui diſtingue notre ſiecle, ce furent les actes de bienfaiſance publique & l'empreſſement des particuliers à y concourir.

Plus de bienfaiſance encore a accompagné la naiſſance de l'héritier actuel du trône. Le 12 décembre 1778, lors de ſes premieres couches, la reine avoit été prévenue de la publicité & des formes uſitées. Mere des François, elle ſoupiroit après l'inſtant de voir remplir le vœu univerſel. Le 22 octobre 1781, à une heure vingt-cinq minutes, elle eſt accouchée d'un dauphin, ayant près d'elle les princes, le garde des ſceaux, les grands & les miniſtres. A deux heures vingt-cinq minutes cette grande nouvelle a été annoncée à Paris par le canon de la ville. Le ſurlendemain mercredi nous l'avons appriſe à Lyon par des courriers extraordinaires. Le 27 elle n'étoit ignorée nulle part. De toutes les circonſtances conſignées dans les papiers publics, recueillons-en une ſeule.

« La reine avoit conſenti, dit-on, à n'être inſtruite du ſexe de ſon enfant que quelques jours après ſon accouchement, de crainte que la joie ou le mécontentement qu'elle éprouveroit ne lui causât quelque révolution funeſte. Cette loi n'a pas été obſervée. Le jour de ſes couches, après le baptême, le roi étant auprès de Sa Majesté, & parlant avec elle de son enfant, la reine parut si résignée à accepter sans murmure ce que le ciel lui avoit donné, & elle lui répéta tant de fois que si ses vœux avoient toujours été pour un fils; le bien du royaume, le contentement particulier de Sa Majesté pouvoient seuls le lui faire former, que le roi se décida à ne lui plus cacher qu'elle avoit donné un dauphin à la France. Sa Majesté le lui apprit de la maniere la plus noble & en même-temps la plus délicate. Il se leva & dit: qu'on apporte M. le dauphin à la reine. A ces mots la reine se souleva sur son lit, tendit les bras au roi, & ces deux augustes époux étroitement embrassés répandoient des larmes de tendresse bien délicieuses sans doute, puisqu'ils ne s'apperçurent pas que Monseigneur le dauphin étoit à côté d'eux. » *(Mercure de France, de septembre 1781, page 30.)*

Magistrats, jurisconsultes, historiens, poëtes, dans leurs écrits, leurs plaidoyers, leurs discours, tous célébroient la grandeur de Louis XIV, & nous, nous aimons à parler de la bonté de Louis XVI: nous aimons à le placer dans le même cadre avec Henri IV; comme lui, versant des larmes d'attendrissement à la naissance de son fils; comme lui, embrassant une épouse adorée; comme lui, se montrant homme. Et cette ame sensible est la même qui venoit d'abolir la *servitude* & la *question*: la même qui ne voit sa gloire que dans le bonheur de ses peuples. Quand on est bon mari, bon pere; quand on est vraiment homme, on est bon roi.

Nous terminerons bien cet article intéressant pour tout bon François, en copiant quelques traits du mandement de M. de Montazet, archevêque de Lyon.

« LA NAISSANCE DE L'HÉRITIER DU TRÔNE est un des plus grands évenemens qui puissent intéresser cette monarchie. De là dépendent la félicité de nos souverains, la prospérité & la gloire de la nation, la splendeur & la paix de l'église, le bonheur & la sanctification des peuples. Prier pour l'enfant auguste, sur lequel reposent à son insu d'aussi hautes destinées, c'est prier pour vous-mêmes, pour vos proches, pour vos amis, pour l'état entier: c'est vous rendre les bienfaicteurs du siecle présent & des générations futures. Portons donc aux pieds des autels des vœux dignes de ces grands objets. Et après avoir remercié Dieu, de toute la plénitude de nos cœurs, de l'enfant royal qu'il nous a accordé dans sa bonté, demandons-lui qu'il le préserve des dangers si multipliés de son rang & de son âge.

» Demandons-lui un des dons les plus précieux que le ciel puisse faire aux enfans des rois, des *instituteurs* religieux, *éclairés* & vigilans, *qui préferent la gloire de leur éleve à ses faveurs; qui l'aiment assez pour ne pas craindre de lui déplaire*; qui l'environnent sans cesse des regards de Dieu & de ceux de la postérité; qui lui montrent une ame élevée, *un esprit exempt de* PRÉJUGÉS; qui lui offrent dans chacune de leurs paroles une leçon, dans chacune de leurs actions un exemple; qui lui fassent sentir que, pour être JUSTE, il doit être laborieux & appliqué; que *la vertu est la seule illustration qui lui reste à acquérir; que la* BIENFAISANCE *est le plus noble adoucissement des sollicitudes attachées à un grand pouvoir*: des instituteurs, en un mot, qui ne croient avoir rempli dignement leurs pénibles fonctions, que lorsque le jeune prince, *loin de s'enorgueillir de sa destinée, sentira au fond de son ame le besoin d'en être consolé*.

» Demandons pour cet auguste enfant qu'il conserve *une ame droite & pure au milieu des pieges sans nombre qui lui seront tendus, & des hommages séducteurs qui vont lui être prodigués*. Qu'il soit également en garde contre *ces deux poisons les plus redoutables des cours, l'adulation & la calomnie*; qu'il craigne jusqu'aux simples *erreurs*, *qui dans les princes engendrent souvent tant d'INJUSTICES* & de calamités. Demandons qu'au centre du luxe & de la molesse, qui endurcissent presque toujours les grands, il se souvienne que c'est l'habitant des campagnes qui paie de ses sueurs la pompe dont ils sont accompagnés; qu'il soit compatissant pour les miseres publiques; qu'il se rapproche des malheureux au moins par sa *sensibilité*.

» Demandons enfin que le jeune prince, formé dans l'art de régner par les sages leçons & les exemples de ses augustes parens, vive long-temps sous leurs heureuses loix; que satisfait d'être le premier des sujets, il apprenne, en se gouvernant lui-même, à gouverner un jour les autres; & que si la divine providence l'appelle jamais à cette haute & périlleuse fonction, *il ne soit pas seulement le roi de sa cour, mais celui de son peuple.* »

ACCROISSEMENT.

(Dr. eccl. Dr. pr. Dr. fisc. Dr. féodal.)

1. Le droit d'accroissement (que quelques anciens auteurs appellent *accrétion*), est celui par lequel une chose *accroît* à quelques personnes ou à quelques fonds. *Dictionn. de l'académie.* C'est encore, le droit par lequel une portion vacante est jointe & réunie à la portion qui est occupée & possédée par un autre. *Dict. de Trevoux.* C'est enfin le droit qu'a chacun de deux héritiers d'une même succession, ou de deux légataires d'une même chose, d'avoir la portion de l'autre qui ne peut ou ne veut la prendre. Domat, *liv. 3, tit. 1, sect. 9.*

La premiere de ces définitions est générale, & s'applique tout à la fois à l'augmentation physique des choses, ce qui a pour objet les *accrues*, les *alluvions*, les *atterrissemens*, *&c.* & à l'accroissement des droits afférens aux personnes. La seconde, moins étendue, ne concerne que les droits résultans des intérêts respectifs qu'ont plusieurs individus à des *Communautés*, *Sociétés*, *Successions*, *&c.* La derniere, qui est la plus bornée, ne regarde que les droits ouverts dans des successions légitimes ou testamentaires, soit à plusieurs héritiers, soit à plusieurs légataires ou fidéicommissaires.

Tout, dans cette matiere compliquée, est difficile & épineux, parce que tout y tient à une législation conjecturale, fondée sur des idées abstraites & métaphysiques, & à une jurisprudence versatile, étayée par des maximes obscures & incertaines.

LE DROIT ROMAIN formoit déja un vaste & tortueux labyrinthe *(tangitur hic disputatio de jure accrescendi, quâ nulla in toto jure nostro creditur esse vel subtilior, vel perplexior.)* Vinnius I, *de legatis*, § 8, *pag.* 425, *edit. Elzeviriorum.*

LE DROIT FRANÇOIS pouvoit simplifier, éclaircir, statuer en un mot. Aucun législateur ne s'en est occupé; vous ne trouvez les questions sur l'accroissement & le mot même, ni dans nos anciennes ordonnances, ni dans celles des donations, des testamens & des substitutions; en sorte que dans cette portion de notre jurisprudence, en pays coutumier comme en pays de droit écrit, nous sommes encore obligés de recourir au droit Romain pour y trouver des loix. Les ténebres augmentent par l'application inexacte faite par les commentateurs des décisions du digeste & du code, aux dispositions barbares & mal rédigées des coutumes, relativement aux questions d'*Aînesse*, *Communauté*, *Renonciation*, *&c.*

Ce que nous avons négligé, ou ce que nous n'avons pas osé, LE ROI DE PRUSSE l'a exécuté avec le plus grand succès. Il a coupé l'arbre par le pied, & nous donnerons en finissant une idée de sa législation, qui paroît pouvoir être établie par-tout sans inconvénient comme sans obstacle.

Droit romain.

2. Le siege des principes, sur le droit d'accroissement, n'est pas circonscrit dans un petit nombre de textes rapprochés les uns des autres, comme celui de plusieurs objets de la législation romaine : on les trouve épars dans une foule d'endroits du code & du digeste. Nous allons présenter la notice des principales loix qui en traitent, & en extraire quelques maximes fondamentales, dont nous renverrons le développement aux différentes divisions de cet article.

I. *De hæred. instit. lib.* 2, *tit.* 14, § 5.... *De legatis*, *lib.* 2, *tit.* 20, § 8.

D. *De usufructu accresc. lib.* 7, *tit.* 2, per totum & imprimis in, *l.* 1 & 3. . . . *De hæred. instit. lib.* 28, *tit.* 5, *l.* 63. . . . *De vulg. & pupil. subst. lib.* 28, *tit.* 6, *l.* 41. . . . *De acquir. vel omit. hæred. lib.* 29, *tit.* 2, *l.* 35, 53 & 83. . . . *De legatis*, *lib.* 30, *l.* 16, § 2 & *l.* 33, & *Lib.* 32, *l.* 80 & *l.* 89. . . . *Ad sen. trebell. lib.* 36, *tit.* 1, *l.* 78, § 10. . . . *De bonor. possess. contra tab. lib.* 37, *tit.* 4, *l.* 2, § 2. . . . *De suis & legit. hæred. lib.* 38, *tit.* 16, *l.* 9. . . . *De verb. obligat. lib.* 45, *tit.* 1, *l.* 1, § *penult.* & *l.* 38, 95 & 110, *eod.* . . . *De verb. signific. lib.* 50, *tit.* 16, *l.* 142. . . . *De reg. juris.*, *lib.* 50, *tit.* 17, *l.* 7.

C. *Quando non petentium partes petentibus accrescunt*, *lib.* 6, *tit.* 10. . . . *De hæred. instit. lib.* 6, *tit.* 24, *l.* 2. . . . *De impub. & aliis subst. lib.* 6, *tit.* 26, *l.* 6. . . . *De cad. tollendis*, *lib.* 6, *tit.* 51, per totum. . . . *Si liberalitatis imperialis socius sine hærede decesserit*, *lib.* 10, *tit.* 14 & C. TH, *lib.* 10, *tit.* 14.

Le droit d'accroissement a été introduit dans les successions, pour les cas où quelques-uns de ceux qui y sont appellés ne peuvent, ou ne veulent pas y participer : on suppose qu'une même chose appartient à deux ou plusieurs co-partageans, indivisément & solidairement, & que le partage ne doit s'en faire que par leur concours, c'est-à-dire, par l'appréhension de la portion qu'ils y ont. S'ils concourent tous & que chacun prenne sa portion, l'indivision cesse & le droit d'accroissement n'a point lieu ; mais si l'un des co-héritiers ne vient pas prendre sa portion, soit par incapacité, soit par renonciation, alors la division ne se faisant pas, la solidité subsiste & l'accroissement a lieu en faveur de ceux qui restent, non seulement pour les portions qui leur eussent appartenu, mais même pour le tout.

En matiere de successions légitimes, le droit d'accroissement est très-naturel : la loi qui appelle tous les enfans à la succession de leur pere, selon leur nombre, a dû déterminer qu'ils la partageront en portions égales s'ils sont deux ou plusieurs, & que s'il n'y en a qu'un, il aura seul le tout. Les successions collatérales ont dû participer à la faveur que méritent les successions directes.

A l'égard des successions testamentaires, le droit d'accroissement n'y est ni si juste, ni si naturel. En effet, lorsque, dans le cas de deux héritiers testamentaires, étrangers au testateur, dont l'un ne veut ou ne peut pas succéder, il faut décider à qui sa portion doit être acquise, ou au co-héritier testamentaire, ou à l'héritier *ab intestat* ; le droit de cet héritier testamentaire n'est pas si parfaitement évident contre l'héritier légitime, que l'est le droit de ce même héritier légitime dans le cas d'une succession *ab intestat*, où il se trouve seul au défaut du co-héritier, qui ne peut ou ne veut pas participer à l'hérédité. On peut même dire que si la loi n'en avoit pas ordonné autrement, il seroit assez naturel de décider que le testateur n'ayant voulu donner à chacun des héritiers nommés par son testament, que la portion de l'hérédité qu'il lui a assignée, chacun ne peut réclamer que cette portion, & que celle de l'héritier incapable, ou qui renonce, doit être laissée à l'héritier légitime, qui auroit eu tout, s'il n'y avoit pas eu de testament.

Le droit d'accroissement, dans les successions légitimes, est du droit naturel. Le droit d'accroissement, dans les successions testamentaires, est du droit positif.

Dans les successions légitimes, la loi qui admet le droit d'accroissement n'entraîne point d'inconvéniens, parce que la loi est claire. Il n'en est pas de même dans les successions testamentaires, c'est-à-dire entre les divers héritiers d'une même succession, ou divers légataires d'une même chose. Là cette loi n'a point de base solide, & porte tout à la fois sur deux principes arbitraires, & sujets à différentes interprétations. L'un de ces principes a pour objet la recherche de la volonté du testateur, pour savoir si ses dispositions peuvent, ou donner lieu au droit d'accroissement, ou faire qu'il n'y en ait point ; mais comme les dispositions se trouvent souvent mal expliquées, la connoissance de la volonté du testateur est par-là même souvent incertaine. L'autre principe a pour objet la combinaison de différentes regles compliquées dans leur rédaction, & dont l'application est souvent difficile pour ne pas dire impossible, tant parce qu'elles ont été l'ouvrage d'un grand nombre de jurisconsultes qui avoient des vues & des opinions différentes, tels entr'autres que les Sabiniens & les Proculeïens, *(l. 40 & l. 59, D. de legat. 2°; l. 12, D. de legat. 1°, & l. 55, D. de legat. 2°.)* que parce que Tribonien & ses coopérateurs ont souvent altéré ces regles, en formant leur compilation du digeste. On trouve une preuve frappante de leur peu d'attention à cet égard, dans une loi fameuse *(l. 1, D. de legat. 1°.)* où l'on fait dire à *Ulpien*, que les legs sont en tout parfaitement assimilés aux fidéicommis, quoiqu'il y eût entre ces deux genres de dispositions des différences sensibles & multipliées *dans l'ancien droit*, & que cette *exéquation* n'eût été introduite que par Justinien.

Les difficultés les plus sérieuses sur le droit d'accroissement, viennent de ce que les testateurs, qui appellent plusieurs héritiers à une même succession, ou qui donnent à plusieurs légataires une même chose, peuvent s'exprimer de différentes manieres, & les joindre ensemble par des expressions, dont les effets sont différens.

Un testateur peut, de trois manieres différentes, faire passer à plusieurs personnes en même-temps, l'objet d'un legs ou d'un fidéicommis, en les y appellant, ou par la chose, ou par la chose & les paroles, ou par les paroles simplement. *Triplici modo conjunctio intelligitur. Aut enim re per se conjunctio contingit, aut re & verbis, aut verbis tantùm : (l. 142, D. de verb. signif.)* langage abstrait, qui ne peut être rendu sensible que par les exemples.

Les légataires ou fidéicommissaires sont conjoints par la chose seulement, lorsque le testateur legue ou substitue une même chose à deux différentes personnes par deux clauses séparées & entiérement distinctes : *je legue ma maison de Lyon à Pierre, je legue ma maison de Lyon à Jean ; je substitue ma maison de Lyon à Pierre, je substitue ma maison de Lyon à Jean.*

Les légataires ou fidéicommissaires sont conjoints par les paroles & par la chose tout à la fois, lorsque le testateur léguant une même chose à deux personnes différentes, ou substituant deux personnes à la totalité, ou à une partie déterminée de son hérédité, n'indique en aucune maniere, ni dans les expressions du legs, ni dans celles du fidéicommis universel ou particulier, les portions qu'il veut que ses légataires ou fidéicommissaires aient dans ce legs ou dans ce fidéicommis universel ou particulier : *je legue à Pierre & à Jean ma maison de Lyon ; je substitue à Pierre & à Jean ma maison de Lyon.*

Enfin, ils sont conjoints par les paroles seulement, quand le testateur léguant une même chose à deux personnes, ou substituant deux personnes à son hérédité, distribue son legs ou son fidéicommis par des parties égales ou inégales, qu'il fixe lui-même. *Je legue à Pierre & à Jean ma maison de Lyon, par égales portions : je substitue Pierre & Jean à mon héritier universel, par égales portions; je substitue Pierre & Jean à mon héritier, quant à ma maison de Lyon, par égales portions.*

Tous les auteurs sont assez d'accord sur l'effet des deux premieres conjonctions, & admettent le droit d'accroissement entre les légataires & fidéicommissaires conjoints par la chose, ou par la chose & les paroles tout à la fois : à l'égard de la troisieme conjonction, leurs opinions sont très-partagées. Les uns, tels que *le président Favre*, *Goveanus*, *Henrys*, *Domat*, *Furgole*, *&c.* prétendent qu'il n'y a pas lieu à l'accroissement entre les conjoints par paroles seulement : les autres, tels que *Duaren*, *Vinnius*, *Perezius*, *Heineccius*, *Duperier*, *Ferriere*, *Boutaric*, *Serres*, *&c.* soutiennent fortement le contraire. *Cujas*, *Ricard*, *&c.* prennent un parti moyen, & décident que lorsqu'il paroît que la volonté du testateur a été que la chose léguée à plusieurs légataires, appartînt en entier à un seul d'entr'eux, au défaut des autres; le droit d'accroissement doit avoir lieu en sa faveur, dans le cas de la simple conjonction verbale.

Cette derniere opinion paroît entraîner plus d'inconvéniens que les deux premieres; elle ouvre la plus vaste carriere aux présomptions, aux conjectures; elle soumet tout à cet arbitraire si dangereux, pour les parties & pour les juges même.

Obligés de nous ranger à l'avis de *Henrys & Furgole*, ou à celui de *Vinnius & Duperier*, nous suivrons le systême de ces derniers, & nous proposerons modestement les raisons de notre préférence sous les divisions *Héritier*, *Légataire*.

En matiere d'usufruit, le droit d'accroissement avoit lieu, chez les Romains, même après l'acceptation des légataires & le partage de la chose léguée. M. Pothier, pense que cette regle ne doit pas avoir lieu dans notre droit françois; & c'est ce que nous examinerons plus particuliérement sous la division *Usufruit*.

Enfin, les Romains n'admettoient pas le droit d'accroissement dans les contrats, non plus que dans les donations entre-vifs, à l'exception de celles qui avoient été faites par le prince. (*Si liberalitatis imper. socius sine hærede decesserit.*)

Droit françois.

3. Nous avons donné une idée générale du droit romain, & nous ne le pouvons pas du droit françois. Ce n'est que jurisprudence. Elle a pour base les loix romaines, pour développement les arrêts, pour interpretes les jurisconsultes sans nombre, qui, par leurs contradictions, leurs préjugés, leur langage, leurs subtilités, achevent d'embarrasser & d'obscurcir.

Ce qui accroît les ténebres, c'est le droit féodal inconnu aux Romains, & qui vient se placer sur la route avec ses prétentions. C'est sur-tout le droit coutumier avec ses regles si contraires au droit romain, les acquêts, les conquêts, les propres, la communauté, &c. Il n'y a pas de maniere d'acquérir sur laquelle l'intérêt n'ait porté l'idée de l'*accroissement*; il n'y en a point sur laquelle ne se soit exercé l'esprit des jurisconsultes, d'autant plus difficile à saisir, que beaucoup raisonnent toujours d'après leurs coutumes & l'esprit coutumier. Ce mélange d'opinions, de coutumes & d'arrêts divers a fait de cette petite partie de notre jurisprudence, un chaos.

Nous ne chercherons pas à y porter la lumiere. Nous ne présentons que le droit positif, *ce qui est*, & nous suivrons les matieres par ordre alphabétique, à mesure qu'elles se présentent. Il faut du courage pour lire, il en faut davantage pour extraire & rédiger.

Acquêts, Conquêts, Propres.

4. On demande si ce qui *accroît* à l'héritage propre de l'un des conjoints par *alluvion*, est conquêt. M. d'Argentré

décide que non ; *inter acquestus communes censeri non debet, sed alterius propria : art. 428, veteris consuet. britan. glos. 2, n. 18.* C'est aussi l'opinion de Renusson, dans son traité des propres, *chap. 1, sect. 11, n°. 8*, & de Duval, *de rebus dubiis, tract. 13, edit. 1571, in-4.*

Ce dernier auteur étend sa décision au cas d'un droit d'*accroissement*, en faveur du mari : *quantùm ad jus accrescendi & alluvionem attinet, quia rei accrescunt vel portioni, non personæ? illud non communicatur uxori.* Valla, *pag. 72, n°. 4.* Ainsi donc, un mari est légataire conjointement avec *Titius*, d'un héritage, & ils sont unis entr'eux *re & verbis ;* il y a clause que la chose léguée sera propre au mari : si Titius répudie le legs, l'héritage entier lui appartiendra *par droit d'accroissement*, sans que la moitié destinée originairement à Titius forme un conquêt.

Ainé, Puiné.

5. Plusieurs coutumes renferment des dispositions relatives au droit d'accroissement en matiere d'ainesse, telles que celles d'*Amiens, Anjou, Bretagne, le Maine, Péronne, Paris*, &c. ; cette derniere a suivi d'autres regles que les premieres : analysons.

COUTUME DE BRETAGNE. « La portion de la fille, mariée par le pere noble à moindre part qu'il ne lui appartient par la coutume, ou de religieux ou religieuse ayant fait profession volontaire, en âge légitime, *accroît* & appartient à l'ainé, à la charge des dettes, à raison de ladite portion, & payant la pension qui seroit due auxdits religieux ou religieuse. » *Art. 558 de la coutume de Bretagne.*

D'Argentré, dans ses premiers ouvrages, avoit soutenu que cette portion de la fille mariée demeuroit dans la masse de l'hérédité, & n'appartenoit à l'ainé que dans le cas où la fille avoit fait une renonciation expresse en sa faveur, & il s'étoit trompé ; en effet, le fondement de ce droit d'*accroissement*, en Bretagne, ne dépend en aucune maniere de la fille, mais il est l'effet de la disposition de la coutume & du fait du pere, *vi consuetudinis & per factum patris :* aussi est-il connu dans cette province sous le nom D'ACCROISSEMENT LÉGAL. Le pere noble ayant la faculté de marier sa fille à plus grande part au préjudice de l'ainé, il est naturel que celui-ci profite de l'avantage que son pere a voulu lui conserver en n'usant pas de cette faculté. D'Argentré l'a reconnu dans ses derniers ouvrages, & il donne de sa nouvelle façon de penser deux raisons décisives, dans son commentaire sur l'*art. 224, glos. 7, nomb. 9.*

La premiere, c'est que la collocation des puînés ne préjudiciant qu'à l'ainé dans le cas d'un mariage à plus grande part, il est juste que le profit qui doit résulter du cas d'un mariage à moindre part lui appartienne exclusivement : *in causâ amplioris dotis quàm sit legitima filiæ, quod plus est, perire soli primogenito & de parte ejus demeti, sic necessariò relinquitur in casu converso filiæ exclusæ pro minore portione primogenito cedere, atque adeò totum, si nihil datum est.*

La seconde, est que l'exclusion des filles mariées étant établie en faveur de l'ainé, il faut que ce que l'on ôte au puiné à sa considération lui soit appliqué, puisqu'il est cause de cette exclusion. *Quoties quis aliquo jure excluditur respectu certæ personæ, toties jus applicatur illi personæ quæ reperitur exclusionis causa, n°. 11.*

En suivant à la lettre les dispositions du texte de la coutume, qui dans une même période & par une expression conjonctive, soumet au droit d'accroissement la portion de la fille mariée à moindre part, & celle du religieux ou de la religieuse ; il faudroit décider, que pour donner lieu à ce droit, en faveur de l'ainé, le mariage doit avoir été célébré, & la profession faite du vivant du pere. Cette décision seroit fondée sur cet axiome connu, que l'incapacité d'un héritier doit être considérée relativement au temps de la délation de l'hérédité : cependant, l'usage autorisé par la jurisprudence paroît avoir prévalu sur la regle.

ARRÊT du parlement de Rennes, du premier juillet 1654, qui confirme une sentence rendue en la jurisdiction de Carhaix, entre Vincent Kret ainé noble, & les puînés, qui avoit adjugé à cet ainé l'accroissement *au noble & au roturier*, de la portion de frere Jean de Kret, religieux, & de Françoise Kret, religieuse, aux successions des pere & mere. *Sauvageau, liv. 1, chap. 210, pag. 114.* Il ne faut pas oublier de remarquer avec l'auteur, que le religieux & la religieuse avoient pris l'habit & fait profession depuis le décès du pere, mais avant celui de la mere, qui étoit de condition commune. Il faut remarquer aussi que la mere roturiere, veuve d'un gentilhomme, participant en Bretagne à la noblesse de son mari, sa succession se partage noblement, comme si elle étoit noble d'extraction; d'où il résulte que comme elle a la faculté d'avantager ses enfans puînés sur ses meubles, au préjudice de l'ainé, le droit d'accroissement doit avoir lieu en faveur de celui-ci.

ARRÊT du parlement de Rennes, du 24 mars 1691, qui juge que l'ainé noble ne peut prétendre recueillir par droit d'accroissement les portions des religieux qui ont fait profession *depuis la mort des pere & mere*, & que les biens sont *partables* entre l'ainé & les puînés, comme en véritables successions collatérales. *Sauvageau, ibid.*

ARRÊT du parlement de Rennes, du 16 avril 1750, qui juge que la portion de la puînée noble, dans la succession de la mere veuve, lors de la profession *accroît* en entier à l'ainé noble.

Le puîné prétendoit qu'on devoit s'en tenir scrupuleusement à la lettre de l'art. 558, dont les dispositions étoient relatives, même pour les parts des religieux, à celles de l'art. 557, qui exige le concours du pere avec la mere; il soutenoit que l'opinion contraire n'étoit qu'une suite de l'abus, par lequel l'accroissement étoit donné à la succession, échue avant la profession, abus universellement condamné, depuis l'arrêt du 24 mars 1691. L'ainé répondoit que presque tous les commentateurs de la coutume l'avoient interprétée d'une maniere favorable pour lui; qu'en rapprochant l'art. 557 de l'art. 558, il étoit aisé de voir que le premier exigeoit formellement que la fille fût mariée par le pere noble, & que le second ne disoit pas qu'il fût nécessaire que le religieux ou la religieuse eussent été mis dans le monastere par le pere. Il faisoit remarquer que l'arrêt de 1654, qui lui étoit favorable, avoit décidé la question dans la même espece, tandis que celui de 1691 avoit été rendu dans des circonstances totalement différentes.

Il est vrai qu'en 1654, le religieux avoit fait profession *depuis le décès du pere, mais avant celui de la mere :* au lieu qu'en 1691, le religieux n'avoit fait profession que depuis la mort des pere & mere.

Une question importante a divisé les auteurs de la province de Bretagne & de celle d'Anjou : il s'agit de savoir si pour donner lieu au droit d'accroissement en faveur de l'ainé, il faut que le religieux puîné, qui a fait profession, survive au pere commun. Chopin (*de moribus audium, lib. 3, tit. 1, n°. 16.*) tient pour la négative, tant pour la fille religieuse que pour la fille mariée à moindre part : *arbitror immaturum utriusque puellæ obitum seu conjugis, seu monachæ, fraterno juri non officere in hæreditariâ earum parte subducendâ ex parentum bonis.* Hevin, dans ses remarques sur Frain, *tom. 2, pag. 907* & suivantes, soutient au contraire l'affirmative, & appuie son systême sur une multitude de raisons qu'il déduit avec des détails infinis.

ARRÊT du parlement de Rennes, du

27

27 novembre 1656, qui adjuge à Claude Carpont-Kerouzien, la portion de sa sœur religieuse, décédée avant les pere & mere. . . Cet arrêt, qui fut rendu selon quelques auteurs, *multis & meritò reclamantibus*, ne nous paroît pas bien extraordinaire, non plus que cette idée de Dupineau, sur l'art. 248 de la coutume d'Anjou : *les religieux étant morts au monde, il ne faut plus se mettre en peine de leur mort naturell*.

Le droit d'accroissement, en faveur de l'ainé, admis dans la succession directe au premier dégré, n'a pas lieu au second, c'est-à-dire dans la succession de l'aïeul. En effet, dès que ce droit n'a été introduit que pour indemniser l'ainé du dommage qu'il pourroit souffrir par la collocation de ses freres & sœurs mariés à plus grande part, & que l'aïeul ne peut faire de ces collocations, sa succession ne sauroit autoriser l'accroissement. Quand la cause cesse, l'effet doit cesser, & il ne faut pas donner aux statuts une interprétation extensive, *verba statutorum sunt tyrannica :* c'est ce qui a fait dire à Guy-Pape, sur ceux du Dauphiné, *natura statuti sterilis est & frigida*.

ARRÊT du conseil, du 10 mai 1659, qui en réformant une sentence des requêtes du palais, du 18 juillet 1659, déboute le sieur de Rumain, de sa prétention au droit d'accroissement, dans la succession de Françoise Los son aïeule, relativement aux portions de deux de ses sœurs puînées, qui avoient fait profession religieuse du vivant du pere commun. *Hevin, pag. 891 & 892*. Les petits enfans recueillent la succession de leurs aïeux, *jure suo & succedunt in locum suorum ;* conséquemment il n'y a que ceux qui sont capables qui y puissent faire part, & des filles religieuses du vivant de leur pere, *nunquam factæ fuerunt suæ avis*.

Hevin, *pag. 900*, dit qu'on prétendit, pour la premiere fois, en Bretagne, dans l'année 1683, que le puîné, devenu ainé actuel par la profession de ses freres ainés en religion, peut être ainé à leur place & les réputer ses puînés, à l'effet de prendre, de leur chef par accroissement, autant de portions de puînés qu'il y a de freres ainés religieux. Il s'éleve contre une telle nouveauté, & combat avec force la prétention du puîné devenu ainé. Nous nous rangerons à son avis, & nous pensons avec lui, que pour attribuer au puîné devenu ainé les portions de ses freres religieux, il faudroit feindre qu'ils sont ses puînés, quoique réellement il soit plus jeune qu'eux, & qu'il ne soit venu à l'ainesse que par dévolution de leur droit en sa personne, ce qui est impossible : & en général toutes ces fictions sont absurdes & devroient être rejetées, quand, bouleversant l'ordre de la nature, elles n'ont pas un objet d'utilité publique.

La coutume ne donne l'accroissement que de la portion du puîné à celle de l'ainé, ce qui est naturel, & non pas de la portion de l'ainé, ce qui seroit contre nature. On peut bien feindre qu'un ainé, qui a sa qualité établie dans sa personne, peut exercer celle de son frere religieux ; ce sont deux qualités qui subsistent : mais celui qui devient ainé par la profession de son frere ainé, acquiert une qualité qui consume celle du puîné en même personne, car il devient véritablement ainé & exerce le droit d'ainé *per se* & de son chef ; il ne peut donc plus être cadet dans la même succession, ni par conséquent prendre avec la portion d'ainé celle qu'il eût eue comme puîné, ne l'étant plus.

ARRÊT du parlement de Rennes, du . . . au profit de la Dame du Pont, contre la Dame de la Boullais de Robien, qui juge que l'article de la coutume ne s'entendoit que de la portion du religieux ; & qu'ainsi, quand l'ainé avoit fait profession, le puîné qui se trouvoit en sa place dans la succession du pere ou de la mere, ne pouvoit prétendre faire subsister sa portion de puîné. *Coutume de Bretagne, par M. Poullain du Parc, tom. 3, pag. 540*.

On a agité au parlement de Rennes,

en 1729, cette importante question, *si, en succession collatérable noble, l'ainé doit recueillir en entier une charge de président à mortier, comme provenant du tige & tronc commun, ou si elle doit être partagée des deux tiers au tiers.* M. Morand, ainé noble, appellant d'une sentence du présidial de Rennes, soutenoit que l'art. 545 de la coutume, donnant à l'ainé en collatérale tout ce qui provient du tige & tronc commun, lui donne par conséquent les offices; parce que pour opérer l'*accroissement* en entier à l'ainé, il suffit que le bien soit noble, qu'il soit immeuble, & qu'il procede du tige & tronc commun, trois qualités qui concouroient dans l'espece: l'office possédé par le noble est constamment un bien noble, il est immeuble à tous égards; enfin, il procede du tige & tronc commun.

Les sieurs & demoiselles Duplessis-Bardoul, cadets dans la succession collatérale de M. le président Brequigny, prétendoient au contraire que ces trois qualités n'étoient pas suffisantes pour opérer l'*accroissement*; & que l'art. 543 de la coutume, exigeoit outre cela que le bien eût été baillé à l'ainé par ses puînés; d'où ils concluoient qu'il falloit que ce bien fût de nature à être tenu en *juveigneurie* par les puînés sous leur ainé.

M. Poullain du Parc réduit ainsi, sous un point de vue clair & précis, les principaux moyens des parties, qu'il analyse avec étendue. Il observe sagement qu'il n'y auroit pas eu *partage* sur cette affaire, si les juges & les avocats avoient eu connoissance d'un arrêt rendu au mois de juillet 1710, entre la duchesse de Portsmout & le marquis de Caraman, qui jugea la question en faveur de l'ainé.

Coutumes du Maine, d'Anjou et de Touraine. Bouchel dit, dans sa bibliotheque, au mot *accroissement*, que dans la plaidoirie d'une cause, en 1593, on allégua d'un côté trois arrêts; le premier de 1577; le second de 1583, & le troisieme de 1592, qui avoient jugé que la portion des enfans entrés en religion approuvée, *accroissoit* à l'ainé, *etiam vivo patre*, en la coutume du Maine & d'Anjou; & de l'autre un arrêt de l'année 1544, qui avoit jugé, *conformément à la disposition de droit*, que les parts des religieux accroissoient à la succession.

Il est étonnant qu'il y ait eu de l'incertitude sur l'application des dispositions de l'article 266 de la coutume du Maine, & de l'article 248 de la coutume d'Anjou, & sur-tout une diversité de jurisprudence: l'un & l'autre sont en effet clairs & précis. Mais il y a des gens qui doutent de tout, qui distinguent sur tout: Chopin étoit du nombre. Il avoit imaginé, d'après un prétendu arrêt du 29 juillet 1581, que si l'enfant entré en religion avoit causé de grandes dépenses au pere & à la mere, & diminué leurs facultés, il feroit part & nombre pour la computation des portions héréditaires, & qu'ainsi celle de l'ainé en seroit accrue; & qu'au contraire, si le pere n'avoit fait que peu de frais, l'accroissement auroit lieu au profit de toute la succession. Brodeau, sur la coutume du Maine, *pag. 344*; & Dupineau, sur celle d'Anjou, *tom. 2, pag. 689*, s'égaient à ce sujet sur Chopin.

Le premier dit, « *sed parcant tanti viri manes*, j'estime que notre coutume est si expresse en cet article qu'il n'est pas besoin de lui donner une autre intelligence, puisqu'en termes si clairs elle dispose que si homme noble met son fils ou fille en religion approuvée, où ils fassent profession, le fils ainé d'icelui homme noble, prendra en la succession la portion qu'ils eussent prise, s'ils eussent été séculiers & eussent survécu ledit pere: où il n'est fait aucune mention, si le pere donne ou ne donne pas pour l'ingres de son fils ou de sa fille en religion. »

Le second dit que « Chopin *n'est pas toujours dans les bonnes graces de la déesse Thémis*, & il se trompe souvent dans la lecture des arrêts qu'il allegue;

il n'a jamais vu celui duquel il s'agit. » Dupineau fait voir en effet qu'il jugeoit le contraire de ce qu'allegue Chopin.

Dans le Maine & dans l'Anjou, la fille ainée, à défaut de mâles, n'est pas fondée à prendre par droit d'accroissement les portions de ses sœurs puînées religieuses, ou mariées à moindre part, comme en Bretagne. La raison de la différence, suivant les commentateurs des coutumes de ces trois provinces, est que le texte *des articles 266 & 248* des deux premieres, donnent cet avantage au FILS AINÉ *in termino appellativo & masculino* FILS, & que l'*art.* 558 de la derniere ne parle que de l'AINÉ *in termino communi.* Quelque faveur que mérite le droit d'ainesse, il faut se contenter de le conserver dans son intégrité, sans chercher à l'étendre. *Jus utile primogenituræ, ubi agitur de virtute comprehensivâ, latè debet interpretari, sed ubi ageretur de virtute extensivâ, strictè.* Molinæus, *tom. 1, pag. 252, n. 30, in fine.*

Le droit de l'ainé dans la succession noble, en Anjou, consiste dans le préciput, les deux parts de tous les immeubles, & dans la propriété du *bienfait* des puînés mâles, qui tous ensemble ne sont fondés qu'en usufruit de leur droit & part au tiers des immeubles. Si les puînés ont tenu ce bienfait *indivisément & sans partage*, la portion de celui d'entr'eux qui décede, *accroît* & appartient aux autres, à l'exclusion de l'ainé qui ne reprend le bienfait entier qu'après le décès du dernier des puînés. C'est ce que décide l'*art.* 228 de la coutume.

ARRÊT du parlement de Paris, du 26 avril 1636. . . . *Espece.* Jean de Juigné, seigneur de la Brossiniere, néglige de donner partage à Paul, Réné, Isaac & Daniel, ses freres puînés, dont le curateur fut obligé de l'actionner à cet effet. Réné décede, & long-temps après, l'ainé donne un lot à Paul & un partage à tous les puînés, qui ne fut pas une délivrance du tiers des immeubles à tous ensemble, mais une distribution de certains corps héréditaires à chacun d'eux, & un partage aux deux parts & au tiers de la portion de Réné. Paul accepte le lot que son frere lui donne, & il est convenu qu'Isaac & Daniel viendront dans deux mois déclarer s'ils entendent prendre leur partage en propriété, ou s'ils veulent demeurer *bienfaicteurs & usufruitiers* : il est convenu encore, que dans le cas où ils prendront ce dernier parti, on nommera des arbitres qui termineront les différens, résultans du fournissement de ce partage, & pour savoir si la portion de Réné est *accrue* à Daniel & Isaac. Ceux-ci optent le bienfait, & le compromis n'ayant pu avoir son effet, ils demandent à leur ainé, pour eux & pour Réné, la délivrance d'une moitié au tiers des immeubles de la succession, *pour en jouir par eux leur vie durant & par le plus vivant.* L'ainé s'étant refusé à cette demande, la sénéchaussée d'Angers jugea en sa faveur, que les puînés n'avoient pas toujours tenu leur bienfait *assemblement*, & que le droit de Réné ne leur étoit pas *accru* : sur l'appel, la cour, *après deux enquêtes par Turbes* sur l'usage & l'intelligence de l'*art.* 228 de la coutume, infirme la sentence, & juge 1°. que l'accroissement a lieu entre les puînés, lorsque l'ainé a été *en demeure* de leur délivrer leur bienfait jusqu'après le décès de l'un d'eux ; 2°. que cet accroissement a également lieu dans le cas où l'ainé ayant fait entre les puînés division de leur bienfait, ils ne l'ont ni exécutée ni acceptée. *Dupineau, tom. 2, pag. 146 & suiv.*

La coutume de Touraine, dont les dispositions sont à-peu-près conformes à celle d'Anjou, relativement au *tiers héréditat* des puînés, fixe à trois mois le temps après lequel on peut décider que l'ainé est *en demeure* de donner le tiers & partage à ses puînés, & que le droit d'*accroissement* a lieu entr'eux à son préjudice. « Si l'un des puînés ayant eu leur tierce partie, décede sans hoirs de sa chair avant que d'en avoir fait subdivision, ou que l'ainé eût été *en demeure notable comme de trois mois ou plus* de bailler ladite tierce partie à part & divis, la portion dudit décédé retourne aux autres puînés ; autrement ladite portion vient à l'ainé ou ceux qui le représentent.» *Art.* 263.

ARRÊT du parlement de Paris, du 26 août 1656, qui juge, dans la succession de M. du Gast, marquis de Montgauguier, que le délai de trois mois déterminé par la coutume de Touraine, court sans interpellation, *etiam sine interpellatione*. La disposition pénale de l'*art.* 263, n'annonçant point qu'il soit nécessaire d'en venir à une sommation, il n'y faut rien suppléer. Pallu, *Cout. de Touraine, pag.* 435. Cet auteur explique que, si l'ainé n'étoit pas dans le cas de donner partage à cause de sa minorité, il ne seroit point censé *en demeure*, *NON CENSETUR IN MORA* ; de sorte que, si pendant ce temps il décédoit quelque puîné, l'ainé lui succéderoit de même que si sa mort étoit arrivée dans les trois mois de la succession ouverte de ses pere & mere : il cite une sentence arbitrale, *du premier avril* 1635, qui l'a ainsi décidé.

COUTUMES D'AMIENS ET DE PÉRONNE, ROYE ET MONTDIDIER. L'ainé mâle, & à défaut de mâle, la fille ainée succedent dans les héritages féodaux nobles, à la charge d'un quint héréditai aux puînés, qui le divisent entre eux par égales portions. C'est la disposition *de l'art.* 71 de la coutume d'Amiens. *L'art.* 81 porte, que la part des puînés qui s'abstiennent d'appréhender le quint, ou qui l'ayant appréhendé décedent sans enfans & sans en avoir disposé, *accroit* aux autres puînés & non à l'ainé.

Ce *quint héréditai*, est une légitime coutumiere qui appartient solidairement à chacun des puînés, & ils y sont substitués, en quelque maniere les uns aux autres, à l'exclusion perpétuelle de l'ainé. La portion des puînés n'étant point actuelle ni divisée, mais habituelle & potestative, les parts qui eussent pu appartenir à ceux qui s'abstiennent ou qui renoncent, ou qui décedent sans enfans & sans en avoir disposé, demeurent aux autres puînés par droit d'*accroissement*, ou plutôt par droit de *non décroissement*. Le quint *datif* doit avoir la même faveur que le quint *héréditai* ; parce que les pere & mere qui donnent à leurs puînés, ne font que prévenir l'office de la coutume : ainsi, comme la provision & disposition de l'homme fait cesser celle de la loi & de la coutume, en ce qui ne choque point le droit public, la donation relative à la coutume produit le même effet que la coutume, cessant sa disposition.

ARRÊTS du parlement de Paris, du 14 mai 1630, & du 12 juillet 1631 ; le premier provisoire, le second définitif, qui décident que la donation du fief par la mere à ses enfans puînés, dans la coutume d'Amiens, leur tient lieu de quint héréditai, & que les portions des puînés décédés, même avant la mere, *accroissent* aux autres puînés à l'exclusion de l'ainé. Bardet, *tom.* 1, *liv.* 3, *chap.* 94. Louet & Brodeau, *lett. D. som.* 13, *n°.* 4.

ARRÊT du parlement de Paris, du 4 janvier 1633, qui juge dans la coutume de Péronne, Roye & Montdidier (dont les dispositions *dans l'art.* 175, sont les mêmes que celles de *l'art.* 81 de celle d'Amiens), que les puînés succedent réciproquement au quint héréditai, soit qu'ils l'aient eu par contrats & donations, soit qu'ils l'aient eu par testament & *ab intestat*. Il y avoit dans l'affaire cette circonstance particuliere, que le pere avoit donné à ses puînés, au lieu de leur quint, un fief entier *à part & divis* ; de sorte qu'ils n'avoient rien possédé en commun & par indivis. Malgré cela, M. l'avocat-général Talon, dit que la condition des cadets étoit misérable & désavantageuse, puisque leur portion héréditaire, leur quint, étoit toujours le même, quel que fût leur nombre; & qu'ainsi, la coutume avoit voulu les dédommager, en quelque façon, en leur affectant tellement ce quint, qu'ils y succédassent graduellement & perpétuellement les uns aux autres, à l'exclusion de l'ainé. Bardet, *tom.* 2, *liv.* 2, *chap.* 1; & Louet & Brodeau, *ibid.*... Il faut observer que les coutumes de St. Quentin, *art.* 37, & de Ribemont, *art.* 39, renferment à-peu-près les mêmes dispositions que celles d'Amiens & de Péronne, &c.

ARRÊT du parlement de Paris, du 10 février 1673, qui juge que dans les coutumes d'Amiens & de Péronne, une fille qui, moyennant les avantages à elle faits lors de son contrat de mariage, a renoncé à la succession de ses pere & mere, ne laisse pas de succéder aux portions de quint des fiefs à eux échus, avec ses autres freres, même au quint entier lorsqu'elle est seule, & ce à l'exclusion de l'ainé, & sans qu'elle soit tenue de déduire, sur la valeur du quint, les deniers qu'elle a reçus en mariage. L'ainé prétendoit que ce quint devoit lui appartenir, parce que la coutume ne reconnoît en collatérale qu'un héritier pour les fiefs qu'elle donne entiérement à l'ainé, & que lorsqu'elle attribue les portions du quint des puînés prédécédés aux puînés survivans, ce n'est qu'en vertu du droit d'*accroissement*, qui ne peut avoir lieu à l'égard d'une fille qui n'a point pris part aux fiefs & en la succession du pere: il ajoutoit, que sa sœur ayant renoncé & emporté plus que sa part, & le puîné prédécédé n'ayant pas laissé de prendre le quint entier, il arriveroit qu'elle auroit deux quints, au lieu d'un que la coutume défere aux puînés. La sœur répondoit qu'il n'y avoit aucun inconvénient à lui adjuger l'*accroissement* qu'elle réclamoit, parce que la coutume lui donnant une part dans le quint, c'étoit à cette part, qui lui appartenoit de droit, que la part du puîné prédécédé *accroissoit*: elle expliquoit que la coutume n'exigeoit point que l'on fût héritier du pere pour profiter du droit d'accroissement, qu'il suffisoit d'avoir été habile; enfin, que ce qu'elle avoit eu en mariage lui tenoit lieu de part héréditaire en la succession du pere, & que si elle se trouvoit plus avantagée que si elle avoit accepté la succession du pere, on ne pouvoit en faire un moyen contr'elle, puisque la coutume permettoit aux peres d'avantager l'un de leurs enfans au préjudice des autres. Louet & Brodeau, *ibid.*

JUGEMENT EN DERNIER RESSORT, rendu le 24 mars 1725, par Mrs. Tartarin, Denyau, & Guerin de Richeville, (*fameux avocats au parlement de Paris*) commissaires nommés par divers arrêts du conseil. Il prononce sur ces six questions importantes élevées entre la marquise de Belleforiere, & la comtesse du Brossay. 1°. Si l'accroissement de quint doit avoir lieu, tant pour les fiefs situés dans la coutume de Péronne, Montdidier & Roye, que pour ceux qui sont régis par la coutume d'Amiens. ... 2°. Si un puîné, qui a disposé de sa portion de quint, est obligé d'en fournir la valeur aux autres puînés, lorsqu'il succede au premier ainé. ... 3°. Si un puîné devenu ainé, doit rendre aux autres puînés, non seulement sa part personnelle dans le quint hérédital, mais encore la part dont il a profité à titre d'accroissement par le prédécès du frere ainé, & par la dévolution des quatre quints au premier ainé. ... 4°. Sur quel pied la valeur des portions du quint de tous les fiefs sera fixée; si ce sera sur le pied de l'estimation que les coutumes de la situation en ont faite, ou sur le pied du prix porté dans les actes. ... 5°. A qui doit appartenir l'accroissement du quint, ou des portions de quint; si au second puîné devenu ainé, ou aux autres puînés. ... 6°. Sur la contribution aux dettes.

L'extrait des moyens des parties, excéderoit les bornes naturelles de cet ouvrage. On trouvera les mémoires, les consultations & le jugement, *à la fin du pre-*

mier volume du recueil des commentateurs des coutumes de Picardie, pag. 124 à 217.

COUTUMES DE CHAUNI, ET DU BOULONNOIS. Quoique ces deux coutumes ne déterminent rien sur l'accroissement des puînés entr'eux, au quint héréditał qu'elles leur attribuent ; la jurisprudence y a étendu la disposition des autres coutumes de Picardie, dont nous venons de rendre compte.

ARRÊT du parlement de Paris, du 30 avril 1686, qui adjuge la portion d'un puîné de la maison de Longueval, décédé sans enfans, à la dame de Montaterre, fille d'une cadette, à l'exclusion de madame la duchesse d'Etrées, 730 fille de l'ainé. M. *Asselin, sur l'art. de la coutume de Chauni, pag. 117,* appelle *équitable le tempérament des coutumes*, qui, en réduisant au quint la part des puînés nobles dans les fiefs, admettent entr'eux le droit d'*accroissement*, lorsque l'un d'eux ne prend point sa part du quint, ou décede sans en avoir disposé, ou sans laisser d'enfans pour lui succéder.

ARRÊT du parlement de Paris, du 25 mai 1700, qui juge, 1°. Que le droit d'accroissement du quint héréditał, en la coutume de Boulonnois, appartient aux cadets, à l'exclusion de l'ainé. 2°. Que le droit d'accroissement se défere par représentation, dans les coutumes d'Amiens & de Péronne. 3°. Que la renonciation d'une fille ainée, faite par contrat de mariage, à la succession de son pere, ne l'exclut point de l'accroissement du quint. 4°. Que la renonciation d'une fille, quoique faite en faveur de ses freres, ne leur a point transmis le droit qu'elle avoit, soit au quint, soit à l'accroissement du quint. *Journal des aud. tom. 7, au suppl. chap. 50, pag. 206.*

COUTUME DE PARIS. « Le droit & la part de l'enfant qui s'abstient & renonce à la succession de ses pere & mere, *accroît* aux autres enfans héritiers, sans aucune prérogative d'ainesse de la portion qui accroît. » *Art. 310.*

Les mots : *sans aucune prérogative d'ainesse de la portion qui accroît*, ne se trouvoient point dans l'ancienne coutume ; & ils n'ont été insérés dans la nouvelle, que d'après ce qu'avoit réglé un préjugé rapporté par *Duluc.* La cour décida formellement qu'il n'y avoit aucune prérogative d'ainesse, dans le cas de la renonciation d'un fils ainé à la succession de sa mere, parce que cette prérogative lui avoit été invariablement acquise, au moment de l'ouverture de cette succession.

Après cela, comment les auteurs ont-ils pu varier sur l'interprétation de l'art. 310, au point de former trois classes d'opinions différentes ?

Ceux de la premiere ont dit que l'ainé, en renonçant à la succession, renonçoit même au titre d'ainé, puisqu'il abandonnoit les prérogatives qui y étoient attachées ; que ce n'étoit pas à l'ainé des enfans, que la coutume accordoit ce droit, mais à l'ainé de ceux qui venoient à la succession ; que le premier né de ceux-ci, étoit donc précisément l'objet de la faveur de la loi. Si l'ainé des enfans étoit mort, nul doute que son cadet prendroit sa place, & le représenteroit à tous effets ; or ayant renoncé à la succession de son pere, il est aussi étranger à cette succession, que si réellement il n'existoit pas.

Ceux de la seconde ont soutenu que le droit de l'ainé ne passe point au cadet, mais *accroît* au profit de tous les cohéritiers ; cet héritier, quoique ne prenant rien, n'en existe pas moins, n'en est pas moins l'ainé de la famille. Il est vrai qu'il ne jouira pas des droits utiles qu'il auroit pu prendre à ce titre dans la succession de son pere, mais tous les droits honorifiques, tous ceux qui ne lui sont pas déférés à titre successif, lui appartiennent, de même que s'il n'avoit pas renoncé. Nonobstant cette résignation, c'est en lui que réside la dignité de la famille, c'est lui qui est le chef des noms & armes ;

& s'il y avoit dans la famille un fief substitué au profit de l'ainé, ce seroit à lui seul que ce fief appartiendroit. En un mot, le titre d'ainé ne lui est pas déféré par droit héréditaire ; il le conserve, quoiqu'il ne soit pas héritier ; ce titre n'est donc pas dévolu au cadet ; celui-ci ne peut donc réclamer les prérogatives attachées à cette qualité.

Enfin, ceux de la troisieme classe ont fait une distinction : ou l'ainé a renoncé en considération des avantages qui lui avoient été précédemment faits, & dans ce cas, le préciput qu'il abandonne, *accroît* à la masse héréditaire, & se partage entre ses freres & sœurs ; ou l'ainé a renoncé sans avoir rien reçu, & d'une maniere purement gratuite, & dans ce cas, le droit d'ainesse doit appartenir au second fils. Cette distinction paroit puisée dans les dispositions de l'*art.* 31 de la coutume de Mantes, & de l'*art.* 84 de celle de Montfort.

Si le recueil de *Duluc* avoit été moins rare, si les jurisconsultes coutumiers avoient été à même de consulter & de méditer l'arrêt important qu'il nous a transmis, leurs avis auroient été sans doute moins partagés, & les distinctions n'auroient pas eu lieu. Nous ne craignons donc pas de présenter à nos lecteurs, un texte essentiel à connoître.

Matris hæreditatem, liberorum maximus, cæteris eam agnoscentibus, cùm repudiasset : controversum est, an proximus ab eo, in ercìscunda familia, is habendus esset, cui moribus suum, ætatis nomine, ratum est præcipuum. Dicebat hic, se in maximi jus ac locum intrasse, simul atque ille hæreditatem omisisset : perindèque esse ac si aut nunquam extitisset, aut ante delatam hæreditatem, de medio sublatus fuisset. Hanc fratris à maximo maximi, reliqui tum fratres, tum sorores, intentionem depellebant, sed longè dispari ratione. Illi quidem : potiùs fingendum esse, fratrum omnium maximum, post aditam hæreditatem, sine liberis vitâ excessisse, atque ita jus suum ad se, nempe transversarios hæredes transtulisse ; in quo succedendi genere, pro more civitatis, fœminarum ratio non habetur, neque inter masculos, præcipui jus ullum sibi vindicat locum ; aut certè non petentis partem, velut è transverso venientem, solis masculis ACCREVISSE. *Hæ verò : nihil esse affingendum, nihil quod morti rectè compararetur, nihil quo naturæ veritatem imagine obumbrare oporteret : è transverso nihil obvenisse : unam liberis omnibus matris hæreditatem esse delatam ; quam si qui vel omisissent, vel repudiassent, cœteris, pro suâ cujusque parte, jus esset accrescendi.* PLACUIT *liberorum omnium maximi partem cæteris omnibus ex æquo, fratribus ac sororibus* ACCREVISSE. *Placitum pronuntiatum V. Id. septemb. M. D. L. II. fratribus ac sororibus Bocheriis ambigentibus, Alberto litis enarratore.* Placitorum Lucii, *lib.* 8, *tit.* 10, *n°.* 2, *pag.* 175.

La jurisprudence la plus récente, est conforme à l'ancienne ; & la cour prononce non seulement dans l'étendue de la coutume de Paris, mais encore dans celle des autres coutumes de son ressort qui n'ont pas des dispositions particulieres, que le droit de l'ainé qui renonce, *accroît aux autres enfans héritiers, sans aucune prérogative d'ainesse de la portion qui accroît.*

ARRÊT du parlement de Paris, du 21 août 1777, rendu après partage *& consultis classibus*, (M. l'abbé TANDAU, rapporteur, & M. LEFEVRE D'AMECOURT, compartiteur) qui décide que, dans la coutume de Poitou, en cas de renonciation de l'ainé, le droit d'ainesse ne passe pas aux puînés, & que les biens se partagent par égales portions. D'après la regle, *le mort saisit le vif*, le droit d'ainesse appartient à l'ainé, qui s'en trouve saisi dès le moment du décès de ses pere & mere ; c'est ce moment qu'il faut considérer, & auquel le puîné ne se trouvoit pas l'ainé. Ainsi donc, quoique par la suite & avant tout partage, l'ainé renonce, le puîné immédiat ne peut pas se dire subrogé en sa place, à l'effet de prendre le droit d'aineſſe en la ſucceſſion des pere & mere, puiſqu'il n'étoit pas l'ainé au temps de leur décès. En un mot, le droit des ſucceſſions ſe forme au moment du décès de celui auquel on ſuccede, & nul événement poſtérieur au décès ne peut changer ce droit.

Le Brun, dans ſon traité des ſucceſſions, *liv.* 2, *chap.* 2, *ſect.* 1, *n°.* 10, examine après *Tiraqueau* cette queſtion. On *ſuppoſe* que le droit d'aineſſe a été partagé entre deux jumeaux, & que l'un d'eux eſt décédé ſans enfans; & on demande ſi la part du défunt doit être partagée entre tous les freres, comme une ſucceſſion collatérale, ou ſi elle doit *accroître* à l'autre jumeau? Les deux auteurs ſont d'avis que le jumeau ſurvivant doit avoir par droit *de non décroiſſement*, parce qu'il y avoit une *conjonction* naturelle & légale entre ces deux freres. Voyez *Aineſſe*, *Juveigneurie*, *Jumeau*, *Légitime* (Coutumiere), *Quint* (Héréditai) &c. Et ci-après, les diviſions *Donation*, *Fief*, *Renonciation*, *Subſtitution*.

Alimens.

6. Un Romain charge ſon héritier de donner à ſes affranchis l'uſufruit de certains fonds pour fournir à leurs alimens; l'un d'eux meurt; on demande ſi ſa portion dans l'uſufruit *accroîtra* aux autres, ou ſi elle appartiendra à l'héritier? La loi répond, en faveur de l'héritier, *Per fideicommiſſum fructu prædiorum ob alimenta libertis relicto, partium emolumentum ex perſonâ vitâ decedentium ad dominum proprietatis recurrit. l.* 57, *D. de uſufr. & quemad.* La deſtination *ob alimenta* eſt le motif de la déciſion: *Si illa verba*, OB ALIMENTA, *non fuiſſent adjecta, jus accreſcendi locum non haberet; ſed in hoc additamento apparet, teſtatorem voluiſſe non plus quemlibet libertum habere debere, quàm ut vitam ſuam toleraret: ergo portio mortui ad hæredem recurrit.* Brunemannus *ad. d. l. pag.* 279.

« Lorſqu'un teſtateur a légué l'uſufruit d'une terre à pluſieurs perſonnes *pour leurs alimens*, quoiqu'il n'ait point exprimé qu'il la leur léguoit pour chacun une part, il n'y a pas lieu au droit d'*accroiſſement* entr'eux, (*l.* 57, § 1, *D. de uſufr.*) parce qu'en exprimant que c'étoit pour leurs alimens, il a ſuffiſamment fait entendre qu'il ne léguoit à chacun que la part néceſſaire pour *frayer* à ſes alimens. » *Pothier, cout. d'Orléans, pag.* 539, *n°.* 149.

ARRÊT du parlement de Grenoble, du 8 juin 1459. Un mari & une femme avoient donné conjointement leurs biens ſous la réſerve d'une penſion alimentaire: la cour jugea que la portion de celui des deux époux qui étoit mort le premier, n'avoit pas *accru* au ſurvivant, *Deciſ.* 204, *Guidonis-papæ*, *pag.* 222. Cet arrêt ne paroîtroit-il pas un peu ſingulier, & les juges n'auroient-ils pas pu interpréter la loi? *La lettre tue, & l'eſprit vivifie.* Sans donner trop d'extention à cet axiome, nous penſerions dans cette circonſtance comme l'un des annotateurs de Gui-pape. *Nec enim eſt* VERISIMILE *quod ipſi donatores* INTELLEXERUNT *ſe ita voluiſſe* DENUDARE, *quin ſaltem integra alimenta apud quemlibet eorum perpetuò ſint.*

ARRÊT du parlement de Paris du 2 décembre 1608. Un pere legue à ſes quatre enfans adultérins une penſion viagere de dix écus d'or & d'un muids de bled. Deux meurent; les deux ſurvivans réclament la penſion entiere par droit d'*accroiſſement*: le juge de Pontoiſe accueille cette prétention; la cour infirme. *Aſperitas juris civilis ſtatuit ne quidem alimenta deberi.* Mornacius, *tom.* 1, *pag.* 523.

La juriſprudence françoiſe, d'accord avec la romaine, paroit donc rejeter tout accroiſſement en matiere d'alimens.

Mais n'y a-t-il point de circonſtances où la juſtice, interprétant la volonté du teſtateur, ſouvent mal expliquée, protégeant la miſere, venant au ſecours de l'humanité, l'humanité, doive même prononcer cet accroissement? Nous le croyons avec Lapeyrere en ses *Décisions lettre A, pag. 7.* Ecoutons encore un auteur classique, *Surdus* dans son fameux traité *de alimentis, lib. 9, quest. 5, n°. 27, pag. 615.* Quand, dit-il, les alimens légués ne sont pas suffisans pour l'entretien & la nourriture du légataire, soit que cette insuffisance vienne de la volonté du testateur, soit par événement: *par la volonté du testateur*, par exemple, s'il a légué à trois ou quatre à partager entr'eux une somme unique, qui évidemment ne suffit pas pour les faire subsister; ou s'il leur a légué ensemble les fruits d'un fonds, qui pourtant ne peuvent pas suffire pour la subsistance de chacun en particulier: *par événement*, lorsque les alimens peuvent être fournis en entier, eu égard aux revenus du testateur, qui n'auroient pas été suffisans dans l'origine, soit parce que l'hérédité étoit modique, soit parce qu'elle étoit épuisée par les dettes. Dans tous ces cas, dit *Surdus*, je croirois qu'il y a lieu au droit d'accroissement; alors cessent tous les obstacles.

Quando ex legato in alimenta relicto sufficienter non esset provisum necessitatibus legatarii, sive id proveniat ex voluntate legantis, sive ex casu: ex voluntate, putà si minùs relictum sit cuique, quàm requiratur ad vitæ sustentationem, ut si tribus vel quatuor unicâ oratione relinquantur viginti pro alimentis, quæ omnibus certè non sufficiunt, & quando fructus alicujus fundi legantur pluribus ad alimenta, qui tamen non possunt sufficere: casu verò, & quando alimenta integra præstari possunt habito respectu ad reditus testatoris, vel quia hæreditas sit modica, vel etiam ære alieno exhausta. Iis enim casibus crederem locùm esse juri accrescendi.

Alors la jurisprudence est arbitraire: le magistrat, pénétré de l'intention du testateur, considérant les droits de la nature, dispose, comme l'auroit fait le testateur sage & honnête, s'il avoit prévu la mort de l'un des co-légataires: & ce n'est pas le seul cas où la nature & la raison font taire la loi. Voyez *Alimens.*

Alluvion.

7. François Marc, suivant Brillon, est d'avis, *tom. 2, quest. 20, (c'est sur la question 220, pag. 43,)* que la redevance emphytéotique ne doit pas être augmentée, quoique le fonds asservi ait reçu un accroissement fortuit; *fundus, si fortuito casu augeatur, pensio non indè augeri debet.* Dumoulin le décide de même, *tit. des fiefs, § 1, glos. 5, in verbo* LE FIEF. En traitant les questions relatives à l'augmentation des fiefs par alluvion, il distingue à ce sujet deux especes d'*accroissemens;* le premier, qui se forme insensiblement, *incrementum latens*, qui fait partie du fief, & suit en tout la destinée du fief, tant au profit du seigneur, qu'à celui du vassal; *& habenti territorium, jurisdictionem, merum & mixtum imperium accrescit in eodem jure territorii, imperii & omnis jurisdictionis..... & eodem modo accresceret emphyteutæ, nec propter hoc debet augeri canon, vel aliud onus aut servitium, n°. 116 & 117, tom. 1, operum pag. 91.*

Le second *accroissement*, qui se forme tout à coup par le débordement d'un fleuve, *incrementum apparens*, n'opere une vraie & exacte incorporation au fief, que lorsque la confusion est telle, que les deux héritages ne peuvent plus être distingués: *Postquam coaluit & mixtum fuit, ita ut discerni & separari non possit..... undè, etiam emphyteutæ aut alii cuicumque habenti dominium utile, accrescit jure ejusdem utilis dominii, n°. 118 & 119.* Ibid.

Lorsque le fleuve change de lit, celui qu'il abandonne s'unit pareillement aux fonds adjacens, à moins que leur étendue n'ait été fixée; auquel cas l'*accroissement* auroit lieu en faveur du seigneur supérieur. *Alveus relictus efficitur communis eorum qui propè ripam ejus prædia possident, pro modo latitudinis cujusque agri, quæ latitudo propè ripam sit, nisi illa prædia essent limitata : quia tunc ille alveus fieret superioris domini, n°. 120.* Cette fixation de la vraie contenue d'un fonds ne peut être invariable que lorsqu'il a été mesuré *à la perche*. En effet, toutes les autres manieres de le confiner & de le circonscrire, telles que la destination du pere de famille, l'établissement de bornes en pierre, l'ouverture d'un fossé, &c. présentent de grands inconvéniens. *Si civiliter mensurantur ad perticam, non habent jus alluvionis ; quia semper apparere potest quantùm accreverit ; sed si solâ destinatione patrisfamilias vel principis, limites habent per terminos lapideos vel fossata, ubi submotis terminis quantùm accreverit difficilè discerni potest ; locus est alluvioni.* Ibid.

ARRÊT du parlement de Provence du..... 1684, qui juge que l'alluvion & l'*accroissement* d'un fonds limité appartient au propriétaire plus voisin, non au seigneur direct. Boniface, *tom. 4, liv. 3. tit. 3, chap. 1.*

Cet arrêt, qui paroît contraire aux principes & à des préjugés des parlemens de Paris & de Toulouse, ainsi qu'à la loi 16, *D. de acquir. rerum dominio*, peut avoir eu pour fondement la prescription trentenaire, opposée par l'emphytéote à son seigneur. Car comment éluder ce texte précis de la loi : *In agris limitatis, jus alluvionis LOCUM NON HABERE CONSTAT?* Voyez *Alluvion, Atterrissement, Fleuve, Limite*, & ci-après la division *Emphytéose*.

Amende.

8. Le droit d'accroissement n'a pas lieu en matiere de dispositions pénales : ainsi, quand un particulier a été condamné en une amende applicable en partie au fisc, en partie aux pauvres, si le fisc répudie la portion qui lui est afférente, elle n'accroîtra point aux pauvres. *Vasquius, de success. progr. lib. 3, § 24, in fin.*

De même, si plusieurs contrevenans ont été condamnés à une amende, il ne peut pas y avoir d'accroissement contre eux au profit du fisc, à moins qu'ils n'aient été condamnés solidairement. Voy. *Amende, Contravention, Solidarité.*

Aubaine, Bâtardise & Déshérence.

9. On a demandé : « si un homme, qui a plusieurs héritages propres, tant paternels que maternels, décede sans aucuns parens paternels, & ne laisse que des héritiers maternels ; comme il peut advenir aux enfans ou petits-enfans d'un aubain ou étranger, ou bien aux enfans ou petits-enfans d'un bâtard qui a été marié avec une femme naturelle & légitime, ou aux enfans & petits-enfans d'une bâtarde qui a été mariée avec un homme né en loyal mariage, ou bien à une autre personne native en France : si tels héritiers maternels auront, non seulement les héritages maternels avec les meubles & acquêts, mais aussi tous les héritages paternels demeurés par le décès du défunt. *Et è converso*, si les héritiers paternels auront non seulement les héritages paternels avec les meubles & acquêts, mais tous les héritages propres maternels ; ou bien si tous les héritages propres paternels ou maternels appartiendront au haut-justicier par droit de déshérence, & de ligne faillie, comme dit la coutume d'Anjou, ou bien au roi par droit d'aubaine ou bâtardise. »

Telle est l'importante question proposée par Bacquet, dans son traité du droit de déshérence, *chap. 40, (tom. 2, pag. 229 & suiv. de l'édit. de 1744,)* & sur laquelle il discute avec soin les raisons de douter & de décider.

Il dit pour le fisc & les seigneurs, 1°. *les 5, 9 & 10 articles* de l'extrait de la chambre des comptes, du 9 avril 1540, déterminant que le roi est héritier des enfans des étrangers & bâtards, & de leurs descendans *nés au royaume à eux succédans tant qu'il en est mémoire*, s'ils n'ont point d'enfans légitimes ; on peut dire & *maintenir* que les biens acquis par ces étrangers & bâtards, échus à leurs enfans & aux enfans de leurs enfans, & autres descendans paternels, appartiennent au roi, dans le cas où il n'y a point d'héritier paternel ; & ce, à l'exclusion de l'héritier maternel. Un arrêt de 1298, inséré au registre *Olim*, avoit déja établi ce droit au profit du roi : *Quia in successione filii Bassi Lombardi de Terei, non inveniebatur aliquis heres ex parte patris, pronuntiatum fuit immobilia ipsius filii, ex latere patris provenientia, tanquam vacantia ad dominum regem pertinere.* 2°. Plusieurs coutumes renferment des dispositions favorables aux seigneurs. Celle d'Anjou, *art. 268*, dit qu'à défaut d'héritiers en l'une des lignes, le seigneur du fief *succédera, s'il lui plaît, pour la ligne défaillante.* Celle de Bretagne, *art. 595*, porte, *que défaillant un estoc, ne succédera l'autre, ains sera le seigneur du fief préféré à recueillir les choses par droit de déshérence & reversion.*

Bacquet répond à ces autorités, 1°. que la cause du fisc est toujours défavorable vis-à-vis les héritiers du sang, *fiscus post omnes*, & que suivant les principes du droit romain, en cela conformes à ceux du droit naturel, les héritiers maternels doivent avoir, au défaut des héritiers paternels, la main-levée de tous les biens, tant paternels que maternels, & exclure le fisc. *Vacantia mortuorum bona tunc ad fiscum jubemus transferri, si nullum, ex qualibet lineâ, vel juris titulo, reliquerit intestatus hæredem, l. 4, C. de bonis vacant.* 2°. Quand les coutumes ont introduit la regle *paterna paternis, materna maternis* ; c'est-à-dire, la distinction des patrimoines paternels & maternels, afin de conserver les héritages aux familles, elles n'ont eu en vue que les cas où il y auroit *concurrence* entre les parens des deux lignes, & non ceux où les héritiers paternels & maternels manqueroient : dans ceux-ci : *le concours cessant*, les choses rentrent dans le droit commun, & il faut suivre l'ordre qu'il prescrit pour les successions légitimes, suivant lequel il y a *accroissement* entre tous les héritiers, sans distinction de ligne (*l. 9, D. de suis & legit. hered.*) Aussi, dans la rédaction des nouvelles coutumes, s'est-on écarté des dispositions irrégulieres & odieuses des anciennes. Celle de Mantes, *art. 170*, détermine que, *où il n'y auroit descendans ou collatéraux, héritages propres retournent aux pere & mere, & autres ascendans qui sont préférés au fisc.* Celle de Paris, *art. 330*, dit : que *s'il n'y a aucuns héritiers, du côté & ligne dont sont venus les héritages, ils appartiennent au plus prochain habile à succéder, de l'autre côté & ligne, en quelque degré que ce soit.*

Les tribunaux ont suivi les grands principes du droit romain, & Bacquet rapporte plusieurs préjugés du parlement, de la chambre du trésor, du châtelet, qui ont proscrit les prétentions du ministere public ou des donataires du roi. Ils sont des 28 mai 1566, 8 mai 1572, 26 mai 1587, 9 février 1588 &... juin 1589. Les prétentions des seigneurs n'ont pas été mieux accueillies.

ARRÊT du 12 mai 1622, qui confirme une sentence des requêtes du palais qui maintient les cousins d'Etienne Langlois en la possession & jouissance de sa succession, à l'exclusion du seigneur qui la prétendoit par droit de déshérence. Louet & Brodeau, *lettre* F, *sommaire* 22, *nombr.* 2.

C'est donc à présent un principe certain, que pour donner ouverture, en faveur du roi ou des seigneurs hauts-justiciers, aux droits d'aubaine, bâtardise, & déshérence, il ne suffit pas que l'une des deux lignes soit éteinte, mais qu'il faut encore qu'il n'y ait aucuns parens habiles à succéder soit dans l'une, soit dans l'autre ; sans quoi la portion de la ligne défaillante *accroît* incontestablement à la ligne subsistante.

Au reste, pour pouvoir se dire parent

de quelqu'un, il suffit, suivant Dumoulin, sur l'*art. 328* de la coutume de Bourbonnois, qu'on le soit au SEPTIEME ou DIXIEME degré, parce qu'à quelque éloignement que l'on soit du tronc commun, on exclut le fisc : *maternus SEPTIMI vel DECIMI gradûs excludet fiscum in paternis, tom. 2, pag. 745.* Il suffit même, suivant cet auteur, sur l'*art. 3* de la coutume de Vitri, d'avoir la quasi-possession de parenté, *sufficit quasi-possessio parentelæ, tom. 2, p. 704.* On aime toujours à marcher avec ce grand jurisconsulte, & on l'entend toujours avec plaisir s'élever contre les dispositions barbares de quelques-unes de nos coutumes, de celle d'Anjou, par exemple, que nous venons de citer, & qui est si favorable au fisc & aux seigneurs, au préjudice des droits du sang. *Hæc consuetudo INIQUA est & per errorem emersit, eodemque errore non fuit impugnata; ET INTERIM STAT, donec in generali statuum consessu corrigatur; quia etiam regium fiscum excludunt quicumque cognati, tom. 2, pag. 726.*

Le droit d'*accroissement* entre les deux lignes au préjudice du fisc & des seigneurs, entroit dans les vues d'un grand magistrat. « S'il n'y a aucun parent de la ligne directe ou collatérale dont procede le propre, alors le propre de la ligne défaillante appartiendra au plus prochain parent du défunt, habile à lui succéder, sans distinction des lignes paternelles & maternelles, *à l'exclusion du fisc & des seigneurs particuliers.* » Arrêtés de M. de Lamoignon, *tit. des Successions, art. 38.*

ARRÊT du parlement de Paris du 27 août 1666, qui confirme une sentence de la chambre du trésor, par laquelle il avoit été jugé que le droit d'*accroissement* d'un legs fait à des bâtards avoit lieu contre le fisc ; & en conséquence, déboute de ses prétentions celui qui avoit obtenu du roi le don des portions qui avoient appartenu aux bâtards décédés. *Journal des Audiences, tom. 2, liv. 5, chap. 20, pag. 462.* Mornac a donc eu tort de dire, à l'occasion de l'arrêt de 1608, *(ci-dessus cité n°. 6,)* qui proscrivit le droit d'*accroissement* entre des bâtards adultérins, légataires d'une pension alimentaire, *in hâc tamen quæstione, nota jus illud accrescendi ita intelligi ut, si post agnitum legatum, naturales liberi decesserint, portio illorum deferri debeat vel fisco, vel domino loci, in quo mors contigit, prout de eo prescripti sunt mores, atque id jure τῆς ἀκληρονομίας dicimus* déshérence, *vel jure albinatus.*

Quand une succession appartient par droit de déshérence aux seigneurs de différentes terres & justices, & que l'un d'eux renonce à la portion qui lui reviendroit, cette portion abandonnée n'appartient point aux autres ; il en est autrement, si la succession par déshérence est ouverte dans une seule terre, dont plusieurs seigneurs se trouvent co-propriétaires. En ce dernier cas, la portion du co-seigneur qui renonce appartient aux autres par droit d'*accroissement.* Ceci est fondé sur ce principe général, en matiere d'*accroissement*, qu'il n'a pas lieu entre ceux qui ne concourent pas entr'eux, & qui ont des droits distingués & séparés; *qui veniunt diversò jure : argum. L. 6, D. de bonor. possession.* Voyez *Aubain, Bâtard, Déshérence, Degré, Ligne, Parenté, &c.*

Bagues & Joyaux.

10. Quelle étoit l'idée de Brillon dans cette division, lorsqu'en disant que les *bagues & joyaux peuvent recevoir accroissement ou diminution*, il a renvoyé ses lecteurs à la loi *Grege, D. de Legatis*, 1°. & au mot *Bagues?* Il n'y a d'abord sous ce mot rien de relatif à l'*accroissement.* A l'égard de la loi *Grege*, quelle analogie y a-t-il entre le legs d'un troupeau & celui de bagues & joyaux ? Quoi qu'il en soit, on trouve dans le digeste deux loix, qui, sans appartenir précisément à l'*accroissement* des bagues & joyaux, y ont un rapport moins éloigné

que la loi *Grege*. La premiere dit, que si un testateur, ayant légué des pierreries & des perles, en destinoit ensuite la totalité ou une partie à quelque ornement, comme d'une garde d'épée, d'une montre ou de quelqu'autre bijou, le legs seroit révoqué ou en totalité, ou en partie. *Si probare possit Seiam uniones & hyacinthos quosdam in aliam speciem ornamenti, quod postea pretiosius fecit, additis gemmis & margaritis, convertisse, an hos uniones & hyacinthos petere possit, ut hæres compellatur ornamento posteriori eximere & præstare : Marcellus respondit fieri non posse, l. 6, § 1, D. de aur. & argent. legat.* Voilà qui a trait à la diminution des bagues & joyaux.

Le legs de bijoux d'or comprend les bagues, boucles d'oreilles, cachets & autres effets précieux propres à l'ornement des dames, lors même qu'elles sont enrichies de diamans & autres pierres précieuses. *Auro facto, annumerantur gemmæ annulis inclusæ, quippe annulorum sunt; cymbia argentea crustis aureis illigata; margaritæ quæ ita ornamentis muliebribus contextæ sunt, ut in his aspectus auri potentior sit, auro facto annumerantur, l. 32, § 1, D. ibid.* Voilà qui a trait à leur *accroissement*.

Une troisieme loi offre une espece singuliere, qui renferme *un véritable droit d'accroissement, dans le cas d'un legs de bagues & joyaux.* Une femme avoit légué à son amie ses bijoux, & avoit ordonné qu'on en enterrât avec elle une partie. Son mari & son héritier n'ayant point accompli cette partie de la volonté de la testatrice, il fut question de savoir à qui appartiendroient ces bijoux qu'on avoit négligé de mettre avec elle dans le tombeau. Scevola répondit qu'ils devoient plutôt faire partie du legs général du même genre, & y *accroître*, que grossir la masse de l'hérédité. *Mulier decedens ornamenta legaverat ita : Seiæ amicæ meæ ornamenta universa dari volo. Eodem testamento ita scripserat : funerari me arbitrio viri mei volo, & inserri mihi, quæcumque sepulturæ meæ causâ feram ex ornamentis, lineas duas ex margaritis, & viriolas ex smaragdis; sed neque hæredes neque maritus, cùm humi corpus darent, ea ornamenta, quæ corpori jussus erat adjici, dederunt. Quæsitum est, utrùm ad eam, cui ornamenta universa reliquerat, pertineant; an ad hæredes? respondit : non ad hæredes, sed ad legatariam pertinere, l. 40, § 2. D. de aur. & argent. legat....* Le luxe des dames romaines ne finissoit pas avec leur vie; on respectoit si fort leur vanité qu'on y avoit égard, alors même qu'on les condamnoit au dernier supplice. *Denis d'Halicarnasse* nous apprend que les vestales étoient enterrées vives avec toutes leurs parures. *Virgines vestales stupri reæ in cellam subterraneam, unà cum sepulcralibus ornamentis intrabant, lib. 2, histor.*

Nous examinerons plus spécialement, sous le mot *Legs*, quels sont les accessoires des choses léguées, & dans quel cas les dispositions du testateur peuvent comporter de l'*accroissement* ou de la diminution.

M. Boucher d'Argis, dans son *traité des gains nuptiaux, pag. 238*, rapporte une consultation des avocats de Lyon, du 4 mai 1734, dans laquelle ils décident que, si les bagues & joyaux en nature excedent la somme de droit proportionnelle à la dot, *elle ne tient pas compte du surplus, bien entendu que l'excédant seroit un petit objet; sans quoi, s'il s'agissoit de bijoux considérables, la femme en tiendroit compte.* Ils regardent cet excédant comme un *accroissement*.

Cela est dans l'ordre des procédés entre la veuve & l'héritier, mais ne peut pas être ordonné par la justice. La fixation deviendroit pour lors arbitraire, & elle est déterminée par la jurisprudence à la dixieme de la dot, pour les femmes de la premiere classe, & à la vingtieme, pour celles de la seconde. Par exemple, si les bagues & joyaux de droit sont de 3000 liv.; & si la veuve en a en nature estimés 3300 liv., le juge ne peut statuer qu'elle les prendra, qu'en ajoutant qu'elle tiendra compte de 300 livres. Voyez *Bagues & Joyaux.*

Biens d'église.

11. Redoanus (*de bonis ecclesiæ non alienandis, quæst. 67, pag. 376*) agite la question de savoir au profit de qui a lieu l'*accroissement* arrivé à l'immeuble aliéné par l'église; & il soutient qu'il cede au profit de l'acquéreur, si l'aliénation a été faite avec les solemnités requises; & qu'il appartient au contraire à l'église, si cette aliénation a été faite sans le concours de toutes les formalités prescrites en pareil cas par les loix ecclésiastiques & politiques. Voy. *Aliénation*, &c.

Communauté.

12. « Lorsqu'aucun des enfans qui ont continué la communauté, meurt, ou tous fors un, les survivans ou le survivant d'eux continuent la communauté, & prennent autant que si tous les enfans étoient vivans. » *Art. 243 de la Cout. de Paris.*

La juste crainte des inconvéniens qu'entraînent ordinairement les secondes noces, a fait établir que lorsqu'un des conjoints vient à décéder & laisse des enfans mineurs, la communauté continue entre ceux-ci, & le conjoint survivant, qui a négligé de faire, avec personne capable & légitime contradicteur, un inventaire des biens meubles & immeubles qui la composoient. Dans cette continuation de communauté, la mort des enfans qui décedent profite à leurs freres, parce que la coutume les y appelle tous également & indivisément, & qu'ils ne sont part que par l'effet du concours, & non dans l'ordre de la disposition. Ce droit d'*accroissement* entre les enfans, ou plutôt de *non-décroissement*, puisqu'il dérive de leur saisine collective & du droit que la communauté leur donne sur la moitié de la masse, a donné lieu à plusieurs questions dont nous allons parcourir les plus importantes.

On avoit autrefois prétendu que la continuation de communauté ne devoit avoir effet que pour l'avenir, c'est-à-dire, pour les acquisitions faites depuis le décès de l'enfant, & non pour les précédentes qui devoient être laissées au pere ou à la mere survivans, en qualité d'héritiers de l'enfant prédécédé; & Dumoulin est de cet avis dans son commentaire sur l'*art.* 118 de l'ancienne coutume de Paris. Selon l'opinion de cet auteur & de ses partisans, l'ascendant auroit profité d'un demi-quart dans ces acquisitions antérieures au décès de l'enfant : mais la question a été décidée contre le survivant.

Arrêt du parlement de Paris du .... 1595. *Espece.* Magdeleine Angoulan survit à son mari, avec deux enfans mineurs, & donne lieu à la continuation de communauté, par défaut d'inventaire. Un des enfans meurt, & la mere prétend qu'elle doit succéder aux meubles, c'est-à-dire, à la part qu'il avoit dans la continuation de communauté, qui comprenoit les meubles qui lui étoient échus par le décès de son pere, & qu'ainsi elle devoit avoir, dans la communauté continuée, une moitié de son chef, & une moitié en l'autre moitié, comme héritiere de son fils. Le Bailli de St. Denis juge que la mere auroit moitié de son chef & un quart de l'autre moitié, & que l'enfant qui avoit survécu son frere auroit les trois autres quarts dans cette moitié; par où il décidoit que la part de l'enfant décédé étoit entrée en la continuation de communauté, & devoit être partagée entre la mere & l'enfant qui avoit survécu. Sur l'appel, la cour infirme & ordonne que la mere n'auroit que la moitié de son chef, & que l'autre moitié appartiendroit à l'enfant qui auroit survécu son frere.... C'est avoir décidé que l'enfant survivant devoit avoir autant que son frere & lui auroient eu tous deux ensemble, si son frere n'étoit pas décédé; & conséquemment, que la part du frere lui étoit *accrue.*

Bouguier, *lettre C, n°. 6. Chenu* rapporte ce même arrêt sans date, *Centur. 2, quest. 8.* Il se trouve aussi dans Louet & Brodeau, *lettre C, sommair. 30, n°. 24*, (qui observent que *deux de Mrs. de la chambre des enquêtes*, où il fut rendu, *se transporterent au châtelet pour s'informer de l'usage*); & dans Legrand sur la coutume de Troyes, *tom. 2, pag. 84*.

ARRÊTS du premier avril 1600, & 28 février 1620, rendus dans la coutume de Troyes & dans celle de Maine, conformes aux précédens, *ibid.* La jurisprudence est donc bien certaine dans toutes les coutumes qui ne parlent point de continuation de communauté, qu'elle a lieu entre le survivant & tous ses enfans, & que tous ceux-ci ne font qu'une seule tête; de maniere qu'en cas de décès de quelques-uns d'entr'eux, leur part *accroît* aux autres, ou plutôt se consolide à la masse dont elle formoit partie. Il ne faut donc faire aucun cas de l'avis de Chopin, sur la cout. de Paris, *liv. 2, tit. 1, n°. 31*, qui prétend que l'*art. 243* ne doit point être adopté dans les coutumes qui n'ont point de dispositions pareilles.

Comme chacun des enfans peut user à son gré du droit qui lui est personnel, d'accepter la continuation de la communauté ou d'y renoncer; la part de celui qui renonce *accroît* à ses freres & sœurs, au préjudice du conjoint survivant, tout comme dans le cas du décès dont parle l'*art. 243*; mais avec ce tempérament. C'est que lorsque la renonciation n'est pas pure & simple; c'est-à-dire, lorsque celui qui renonce à la succession du prédécédé de ses pere & mere, a pour objet de s'en tenir au don qui lui avoit été fait; alors, dans le partage que les enfans feront avec le survivant, ils seront tenus de déduire sur leur part, en la continuation de la communauté, la valeur de ce qui a été donné par le prédécédé au renonçant qui s'en tient à son don.

Mais on suppose le cas où un des enfans, qui ne veut pas continuer communauté avec le survivant de ses pere & mere, en s'en tenant à ce qui lui est échu par la mort du prédécédé, réclame sa part des biens de la communauté, en l'état qu'elle étoit au temps de cette mort; & on demande, si la part que cet enfant auroit eu dans la continuation de communauté, *accroîtra* en ce cas aux autres enfans, ou si elle appartiendra au survivant.

ARRÊT du parlement de Paris du 6 septembre 1687. . . . . *Espece.* Le Sr. Chouayne eut trois filles, de son mariage avec dame Boussan, Marie, Françoise & Jeanne; & ne fit point faire d'inventaire après le décès de sa femme. Il maria successivement ces trois filles. L'ainée à M. du Laurens; la seconde, Françoise, à M. Maupeou d'Ableiges; la troisieme, Jeanne, à M. Pajot: il constitua 150,000 liv. à chacune des deux premieres; & la troisieme se maria avec ses droits. A son décès, ses filles se porterent ses héritieres sous bénéfice d'inventaire, chacune pour un tiers. La dame de Maupeou, légataire universelle de la dame du Laurens, accepta, en cette qualité, la continuation de communauté; & de son chef, n'accepta la communauté qu'en l'état où elle étoit lors du décès de sa mere. Le compte de communauté, présenté par la dame Pajot à la dame de Maupeou, en qualité de légataire universelle de la dame du Laurens, donna lieu à plusieurs questions: celle qui est relative *à notre article* est très-importante.

Il s'agissoit de savoir si la dame de Maupeou, qui avoit, de son chef, renoncé à la communauté, mais qui en avoit demandé la continuation, du chef de la dame du Laurens, devoit avoir seulement sa part, en sa qualité de légataire universelle, en la continuation de communauté, eu égard au nombre d'enfans, c'est-à-dire, un tiers ou la moitié; ou si au contraire, par le moyen de la renonciation de deux des filles à la communauté, elle devoit être seule à partager le profit de cette continuation, & y prendre la moitié ; c'est-à-dire, si les parts des deux renonçantes à la continuation lui appartenoient & lui étoient *accrues* par leurs renonciations. La cour jugea que la dame de Maupeou, en sa qualité de légataire universelle de la dame du Laurens, ne devoit avoir qu'un sixieme dans la continuation de communauté ; quoique la même dame, de son chef, & la dame Pajot se contentassent de leur part, dans la simple communauté. *Journal du palais, tom. 1, pag. 694.*

Ce préjugé a paru, à tous les auteurs, contraire aux saines regles, qui ne donnent qu'une moitié au pere dans la communauté continuée, & établissent le droit d'*accroissement* au profit des enfans, dans la continuation de communauté : aussi, pour qu'il ne fût point tiré à conséquence, ils ont observé que la cour avoit sans doute regardé la dame de Maupeou comme très-défavorable, puisqu'elle demandoit, en qualité de légataire universelle, la continuation d'une communauté à laquelle elle avoit renoncé de son chef. La contradiction des deux qualités & l'incompatibilité des deux rôles étoient réellement frappantes.

Il faut donc, sans s'arrêter aux conséquences qui paroissent résulter de l'arrêt de 1687, tenir pour principe certain, que, si l'un ou plusieurs des enfans renoncent à la continuation de la communauté, leur part *accroît* aux autres, en prenant par ces derniers, sur leur lot, ce qui a été fourni aux renonçans sur la continuation, pour leur part de la communauté. C'est l'avis uniforme des auteurs qui ont approfondi la matiere que nous traitons ; Renusson, Lebrun, Duplessis, dans leurs *Traités de la communauté d'Argou*, auteur élémentaire, *tom. 2, liv. 3, chap. 5:* c'est sur-tout celui de M. de Lamoignon, en ses arrêtés, *titre de la communauté, art. 119, pag. 260.* . . . « Si aucuns des enfans demandent la continuation de la communauté, & les autres la rejettent ; ceux qui la prendront, auront la portion entiere, qui eût appartenu à tous les enfans, si elle eût été par eux acceptée. »

Le droit de l'enfant décédé ne venant pas à ses freres & sœurs à titre de succession ; mais demeurant réuni & confus dans leurs portions, comme si leur frere défunt n'étoit jamais entré en communauté, ces portions ne sont point sujettes à l'acquittement de ses dettes. Ce qu'il pouvoit donc devoir, soit comme héritier du prédécédé de ses pere & mere, des charges de la communauté, du temps du mariage, & qui ne tombent point dans la communauté continuée, soit de son chef, doit être acquitté sur tous les biens de sa succession, à proportion de ce que chacun *amende* de ses biens. C'est ce qu'a très-bien expliqué M. de Lamoignon, sur *le titre* déja cité, *art. 133 & 134, pag. 263 & 264.* . . . « La succession de l'enfant décédé durant la continuation de communauté, n'est tenue des dettes passives dont elle est chargée. . . . Mais les autres dettes de l'enfant décédé, sont portées par le survivant des pere & mere en qualité d'héritier des meubles & acquêts, & par ses freres & sœurs héritiers des propres, à proportion de ce qu'ils amendent de la succession, sans en ce comprendre la portion de la continuation de communauté, qui revient aux freres & sœurs, par droit d'*accroissement*, laquelle n'est tenue de contribuer. »

Cependant il ne faut pas conclure, de ce que nous venons de dire, par rapport aux dettes de l'enfant décédé, qu'il faille le considérer, lors du partage de la communauté, comme n'ayant jamais existé, sous prétexte qu'en vertu de l'*accroissement*, établi par l'*art.* 243, ses freres & sœurs prennent autant que si tous les enfans étoient vivans : ce seroit une erreur. Si l'enfant décédé a reçu quelque somme en avancement d'hoirie, elle s'impute sur la part de la communauté continuée : il y en avoit une de son vivant, ainsi le pere a pu lui donner à compte de cette part tout ce qu'il a voulu : par-là, la communauté continuée est

est libérée d'autant, & elle ne peut pas demeurer débitrice de ce qu'elle a payé.

Renusson, *part. 3, chap. 4, n°. 24, pag. 561, de l'édit. de 1723,* décide la question très-clairement. Après avoir dit que les enfans survivans continuent la communauté, & prennent autant que si tous les enfans étoient vivans, (la part des enfans qui décedent, accroissant aux autres enfans qui survivent); il ajoute, qu'il en est de même, si un des enfans étoit entré en religion, & avoit fait profession pendant la continuation de communauté; qu'en ce cas, il y auroit accroissement au profit des autres enfans; mais qu'en partageant avec le survivant, ils seroient obligés de déduire, sur leur part, ce qui auroit été pris dans la continuation de communauté, pour la dot de leur frere ou sœur entrés en religion, à moins que le pere n'eût voulu doter *de suo,* & qu'il l'eût expressément déclaré.

Le droit d'accroissement *ou plutôt de non-décroissement*, ainsi que nous l'avons déja observé, cesse en certains cas. Si parmi les enfans il y en avoit qui fussent en continuation, d'autres qui n'y fussent pas, ces derniers, s'étant fait rendre compte de la communauté, les premiers étant décédés, le droit des premiers ne peut *accroître* aux derniers; parce que bien loin d'y avoir entr'eux *un concours*, il n'y a pas même de société.

Un autre cas où le droit d'accroissement cesse, à l'égard des enfans, c'est celui où l'un d'entr'eux décede en laissant des enfans. La part que cet enfant décédé avoit dans la continuation passe à ses enfans, bien préférables à leurs oncles.

Cette transmission du droit du pere à ses enfans, donne encore lieu à une décision. Lorsqu'il y a un enfant & des petits enfans; l'un de ceux-ci venant à décéder, sa portion accroîtra à ses freres & sœurs, & non à leur oncle, parce qu'ils sont unis entr'eux d'une maniere plus particuliere; leur conjonction est d'une nature prédominante à celle des enfans du premier degré. Lebrun, *liv. 3, chap. 3, sect. 2, dist. 2, nomb. 4, pag. 617....* « Par le décès de l'un des petits enfans, qui doivent prendre part dans la continuation de communauté, par représentation de leur pere & mere, sa portion accroît à ses freres, & ne tombe dans la succession de ses meubles & acquêts. » *Arrêtés de M. de Lamoignon, ibid. art. 131, pag. 263.*

Nous venons de dire que le droit de l'enfant décédé dans la continuation se transmettoit à ses enfans; mais y a-t-il de même lieu à la transmission de ce droit, soit en faveur de sa veuve, son héritier, son donataire, soit en faveur de ses créanciers? On distingue deux cas.

Premier cas. La veuve, l'héritier, le légataire, les créanciers de l'enfant prédécédé, ne peuvent prétendre, en aucune maniere, le droit qu'il avoit dans la continuation de la communauté, lorsqu'il laisse un ou plusieurs freres ou sœurs qui étoient comme lui en continuation, parce que la part du prédécédé leur *accroit* exclusivement, ou plutôt se consolide à la totalité de la masse, dont elle faisoit partie. C'est l'avis de presque tous les auteurs, & il doit être adopté malgré la contradiction de Renusson, *chap. 5, pag. 573 & suiv.* puisqu'il est consacré par la jurisprudence la plus ancienne & la plus moderne.

ARRÊT du parlement de Paris, du 22 novembre 1644, qui juge que la faculté de demander, par les enfans, continuation de communauté au survivant des conjoints, est personnelle; & en conséquence déboute la veuve de l'enfant décédé, de sa demande contre sa belle-mere à fin de continuation de communauté; parce que son mari ne l'avoit pas formée lui-même de son vivant. Soefve, *tom. 1, cent. 1, chap. 68, pag. 67.* On peut dire ici, *dura lex sed scripta :* si quelqu'un pouvoit mériter une exception, ce seroit bien sans doute une veuve.

ARRÊT du parlement de Paris, du 10 avril 1669, qui juge que le droit de continuation de communauté peut être transſmis aux héritiers ou donataires d'un mineur qui n'avoit pas demandé cette continuation. *Journal des audiences, tom. 2, liv. 8, chap. 8, pag. 690 & ſuiv.* . . . C'eſt cet arrêt qui a ſervi de baſe à l'opinion de Renuſſon; mais il eſt contraire aux déciſions du précédent & des ſuivans : ainſi un préjugé unique ne peut être tiré à conſéquence.

Arrêt du parlement de Paris, du 17 août 1677, qui juge que l'option de continuation de communauté, faute d'inventaire, qu'ont les enfans, ſelon l'*art.* 240 de la coutume de Paris, n'eſt pas tranſmiſſible, & n'appartient point au légataire univerſel, parce que c'eſt une faculté perſonnelle qui ſe renferme dans la perſonne de ces mêmes enfans, auxquels elle eſt accordée. *Journal du palais, tom. 1, pag. 822.*

Arrêt du parlement de Paris, du 20 mars 1707, qui juge qu'un homme marié peut, après la mort de ſa mere, renoncer à la continuation de communauté, qui étoit entr'elle & lui, pour en rendre propres tous les biens, & empêcher par ce moyen qu'ils ne tombent dans la communauté qui eſt entre lui & ſa femme. . . . *Eſpece.* Favier, qui avoit été en continuation de communauté avec ſa mere, & qui, en conſéquence, avoit droit à la moitié des acquiſitions qu'elle avoit faites pendant ſa viduité, accepte purement & ſimplement ſa ſucceſſion : il meurt bientôt après, & ſa femme réclame cette moitié d'acquiſitions, ſavoir; un quart en propriété, en ſa qualité de commune avec ſon mari, & un quart en uſufruit, à cauſe du don mutuel qu'ils s'étoient fait. Les héritiers lui oppoſent qu'elle n'y peut rien prétendre, parce que Favier s'étant porté héritier pur & ſimple de ſa mere, tous les biens ſont devenus propres en ſa perſonne. Le châtelet accueille cette défenſe des héritiers : appel.

La veuve Favier diſoit que ſon mari n'ayant pas exercé le droit de continuation de communauté, l'avoit tranſmis à ſes héritiers, & qu'elle pouvoit les obliger de l'exercer, parce que ſon mari avoit agi en fraude, & à ſon préjudice. Les héritiers répondoient que le droit de continuation de communauté n'étoit point tranſmiſſible; que ce droit n'étoit rien juſqu'à ce qu'il eût été réaliſé par une demande; que cette demande n'ayant pas été formée, il étoit demeuré infructueux. Ils ajoutoient que c'étoit ſans fondement qu'on oppoſoit de la fraude, parce qu'un mari, maître de vendre les effets de la communauté, n'eſt point cenſé y faire préjudice, lorſqu'il néglige d'acquérir des droits qui lui appartiennent, des droits qui deviendroient peut-être inutiles, & qui entraîneroient des frais conſidérables. Ici quelle apparence y avoit-il qu'un mari, qui avoit tous les biens de ſa mere, en ſe portant héritier de ſa ſucceſſion, qui lui appartenoit toute entiere, fît créer un curateur à la ſucceſſion, pour ſavoir s'il y avoit quelque bien qui lui appartînt, en conſéquence de la continuation de communauté entre ſa mere & lui? Augeard, *tom. 2, pag. 10 & 11.*

Second cas. Lorſque l'enfant, décédé en continuation, ne laiſſe ni frere ni ſœur, ſon droit eſt tranſmiſſible, ſuivant la plus grande partie des auteurs; non ſuivant Brodeau : il penſe que ce droit & cette faculté, que la coutume donne aux ſeuls enfans, au lieu des *actions fameuſes*, forment un privilege ſpécial & perſonnel, qui n'eſt point tranſmiſſible, quand il n'a point été demandé de leur vivant. Il dit que les créanciers peuvent bien arguer l'inventaire de défectuoſités, omiſſions, recélés, demander à en faire preuve, & uſer du ſerment *in litem*, mais non pas requérir la continuation de communauté, que leur débiteur n'avoit pas requiſe lui-même, afin de troubler, par ce moyen, le repos d'une famille, & en brouiller toutes les affaires. Brodeau ajoute, que ſon opinion a été adoptée par un arrêt donné en la chambre de l'édit. Louet & Brodeau, *lettre* C, *somm. 30, n°. 13.*

Malgré ces autorités, nous nous rangerons à l'avis de ceux qui soutiennent, que le droit de continuation de communauté est transmissible, parce que ce privilege procede de la loi & non de la convention, & qu'il a été bien moins établi par rapport à la personne, qu'à cause du mêlange & de la confusion des biens qu'on a voulu prévenir. Si ce droit n'est pas transmissible, ce n'est pas absolument, mais relativement, & il doit l'être, lorsqu'il n'y a pas lieu au droit d'accroissement. Nous le disons avec Poquet de Livoniere, *dans ses Regles du droit françois, pag. 393.* Il pense, qu'au défaut de freres & de sœurs, le droit de l'enfant est transmissible à son héritier collatéral, ce qui ne peut être au préjudice du survivant de ses pere & mere; puisque ce qu'il auroit pu recueillir de la continuation, est pur acquêt dans sa personne, & que les acquêts sont confondus dans la succession mobiliaire d'un tel enfant, que la coutume défere au survivant de ses pere & mere, à l'exclusion des collatéraux.

Nous le disons, avec M. le premier président de Lamoignon, dans ses *arrêtés*.... « Si l'enfant a demandé la continuation de communauté, le droit ayant été une fois établi en sa personne, il passe à ses créanciers, & pareillement à son mari ou à sa femme, pour en discuter les droits & y prendre ce qui pouvoit revenir à l'enfant, du chef duquel la continuation est demandée. ».... « S'il n'y a qu'un seul enfant, son héritier ou légataire universel, & ses créanciers, sont capables de demander, du chef de l'enfant, la continuation de communauté; & s'il y a communauté d'autres enfans, la portion du décédé *accroît* à ses freres & sœurs. » *Arrêtés, ibid. art. 128 & 129, pag. 262.*

Nous avons dit, en commençant cette division, que c'étoit en haine des secondes noces, que la coutume avoit établi la continuation de communauté, en faveur des enfans, avec le conjoint survivant, qui avoit négligé de faire inventaire; mais nous n'avons parlé jusqu'à présent de cette continuation, que relativement aux cas où le conjoint survivant est resté en viduité: il faut dire à présent un mot de ceux où le survivant des pere & mere passe à un second ou autre subséquent mariage.

La communauté se continue pendant le second mariage par tiers, suivant l'*art. 242* de la coutume de Paris; de maniere que les enfans du premier lit ont un tiers, le mari & sa femme, chacun un tiers. S'il y a d'autres lits, la communauté est multipliée, & se sous-divise en autant de portions que de lits; ensorte que les enfans de chaque mariage ne font entr'eux qu'une seule tête dans la communauté. Plusieurs auteurs ont cru que ces sous-divisions dans la continuation de communauté, n'avoient été introduites que lors de la réformation de la coutume de Paris, en 1580; & cependant un texte des *coutumes de Beauvoisis*, paroît leur assurer la plus haute antiquité. . . . *Tuit li enfans d'un mariage, quant il viennent en compaignie avecques le secont mariage, ou avec le tiers, si ne sont comtés que pour une seule personne; car autant emporteroit un seuz comme feroient les dix quant ils viennent à partie.* La Thaumassiere, *Rec. des assises de Jérusalem & coutumes de Beauvoisis, pag. 212.*

Les principes, sur ce droit d'accroissement dans la communauté *tripartite*, sont les mêmes que ceux de la communauté simplement continuée entre les enfans & le conjoint qui n'a point convolé. . . . « C'est chose constante, dit Duplessis, *dans son Traité de la communauté, liv. 3, chap. 4, pag. 473*, que dans la continuation de communauté, les enfans d'un lit ne font, tous ensemble, qu'une tête. »

« Si pendant cette continuation l'un des enfans vient à décéder, laissant des enfans de lui, ses héritiers, ils le représentent en son droit indivis dans cette tête. »

« Mais s'il ne laisse pas d'héritiers directs, son droit, dans cette continuation de communauté, *accroîtra*, non point à toute la communauté, mais seulement aux autres enfans ses freres & sœurs de la même tête que lui, & ainsi de suite; ensorte que s'il n'en reste qu'un, il aura lui seul la moitié, ou le tiers de la communauté, suivant la maniere de la continuation; par où le survivant, pere ou mere, est en ce cas privé de la succession mobiliaire de ses enfans décédés qui est renfermée dans cette communauté. »

SENTENCES du bailliage de Touraine, des 27 décemb. 1582, & 4 décemb. 1583, qui jugent que s'il y a des enfans de divers lits dans une continuation de communauté, *chaque lit fait une souche; ensorte que si l'un desdits enfans décede, sa part* ACCROIT *seulement aux autres enfans du même lit.* Pallu, *sur la cout. de Touraine, tit. 32, art. 346, n°. 8, pag. 605.*

La communauté *tripartite* donne encore lieu à une espece particuliere d'*accroissement*, dont personne n'a mieux parlé que Bourjon dans son droit commun de la France, au *tit. 12 de la continuation de communauté, chap. 12, pag. 706 & 707 du tom. 1 de l'édit de 1770.* Nous nous contenterons d'en extraire deux textes qui donneront une idée de cet accroissement, & des cas où il a & où il n'a pas lieu.

« Si tous les enfans, étant en continuation de communauté, décedent avant le survivant de leur pere & mere, & que le survivant soit remarié, la part des enfans, dans la continuation, *accroît* par moitié à leur beau-pere ou à leur belle-mere; leurs parts tombant dans la communauté qui est entre ceux-là & leur pere & mere survivant, sauf l'effet de la clause de propres, si telle clause est insérée dans le contrat du second mariage; clause qui doit avoir son exécution; mais faute de cette clause, il y a lieu au *droit d'accroissement* qu'on vient d'expliquer; c'est succession mobiliaire qui, dans la these générale, tombe en communauté. »

« Lorsque le contrat du second mariage contient la clause, que ce qui échoira aux conjoints par succession, leur sera propre; en ce cas, la mort de tous les enfans étant en continuation avec le survivant de leur pere & mere, ne produit aucun bénéfice ni *accroissement*, en faveur de leur beau-pere & de leur belle-mere, telle succession formant un propre au profit du conjoint succédant; propre conventionnel à la vérité, mais qui n'opere pas moins, relativement à la seconde communauté, qu'un propre légal. En effet, au moyen de la clause, le droit du dernier enfant décédé passe au survivant de ses pere & mere, avec l'impression de propre, relativement à la communauté, impression qui le distrait de sa masse. »

Après avoir rendu un compte exact de toutes les questions relatives *au droit d'accroissement en matiere de communauté, établi par l'art. 243 de la coutume de Paris;* & avoir observé que les dispositions de cet article ont été étendues à toutes les coutumes, qui n'en ont pas de contraires, il s'agit d'examiner ce qui se pratique, à cet égard, en Bretagne.

L'*art.* 595 de la coutume de cette province, est conçu en ces termes: « Et au cas que lesdits enfans acceptent la continuation de ladite communauté, ils seront fondés à avoir la moitié, tant des meubles qu'acquêts, qui se trouveront faits pendant la continuation de communauté, jusqu'à l'inventaire. »

M. Poullain du Parc dit sur ce texte, (*tom. 3, pag. 628*,) que la coutume ne disant pas expressément que les portions des prédécédés demeurent confuses, *jure non decrescendi*, on a toujours jugé que chaque enfant ne continue la communauté que pour sa part & portion, cela suffisant pour indemniser les enfans. Il cite plusieurs arrêts du parlement de Rennes, des 17 novembre 1616,

23 juin 1628 & 10 octobre 1652, qui l'ont ainsi décidé.

Cependant ce même auteur, dans son Journal du parlement de Bretagne, *tom. 1, chap. 35, pag. 165 & suiv.* rapporte un arrêt de cette cour, rendu le 14 mars 1730, qui paroît avoir jugé d'une maniere différente, & avoir adopté les dispositions de l'*art.* 243 de la cout. de Paris.

Il juge en effet, 1°. que, lorsqu'une partie des héritiers de la femme renonce à la communauté, en acceptant sa succession, le co-héritier qui prend seul part à la communauté, recueille en entier la moitié, qui appartenoit à la femme dans cette communauté. 2°. Qu'en ce cas, l'héritier, qui recueille le total de cette moitié, & qui de son chef avoit le droit de continuer la communauté pour sa portion, la continue pour le total; quoique ses consorts n'eussent pu la continuer pour leurs portions, si, au lieu de renoncer, ils avoient accepté la communauté. . . . . . En prenant une lecture attentive des moyens qu'on fit valoir, de part & d'autre, dans cette affaire, on aura une connoissance exacte des vrais principes, sur la maniere dont on envisage en Bretagne le *droit d'accroissement*, en matiere de communauté.

Quand il y a un légataire universel des meubles & acquêts d'un mari défunt, la part de la veuve, qui renonce à la communauté, lui *accroît* & non aux héritiers du défunt, quoiqu'il paroisse, au premier coup-d'œil, que ce soit un gain adventif survenu depuis son décès, qui par conséquent doit appartenir à ses héritiers, & être réuni à la masse de ses biens, dont ils sont saisis dès l'instant de sa mort, sauf les charges & legs auxquels ils sont tenus de satisfaire.

ARRÊT du parlement de Paris, du 10 avril 1607, en la troisieme chambre des enquêtes, sur un partage, porté de la seconde, qui adjuge la communauté entiere au légataire universel du mari, ensuite de la renonciation de la femme à la communauté. Ricard, *des donations, part. 3, chap. 4, n° 499, pag. 543, tom. 1, de l'édit. de 1754*.... Le préjugé suivant est encore plus décisif.

ARRÊT du parlement de Paris, du..... 1615.... *Espece.* « Pierre Quintin fait son testament en la coutume d'Anjou, lieu de son domicile. Il donne à Charlotte Gallicon, lors sa femme, tous ses meubles francs & quittes de toutes dettes, & où ses héritiers voudroient débattre ce testament, il lui donne ses meubles, acquêts & conquêts & le tiers de ses propres. Après le décès du testateur, la veuve prend la communauté par bénéfice d'inventaire; ayant ensuite reconnu qu'elle lui étoit onéreuse, elle y renonce, & en qualité de légataire universelle de son mari, elle demande tous les meubles francs & quittes. L'héritier prétendoit qu'au moyen de la renonciation faite par la veuve, la moitié des meubles lui devoit être adjugée, eu égard principalement à ce que ces deux portions, dont l'une appartenoit au mari, & l'autre à la femme, avoient été actuellement divisées par l'acceptation que la veuve en avoit faite, & qu'elle n'avoit pu, par sa renonciation, s'attribuer un plus grand droit. La sentence confirmée par l'arrêt, a adjugé tous les meubles à la femme légataire. » Ricard, *ibid. n°. 500, pag. 453 & 454*.

« Par la renonciation faite par les héritiers de la femme prédécédée, la moitié qu'ils étoient fondés de prendre dans les biens de la communauté, *accroît* au mari; & en cas de prédécès du mari, la portion de la veuve qui renonce à la communauté, *accroît* à l'héritier des meubles & acquêts, ou au légataire universel, à l'exclusion des héritiers des propres, & toutes les dettes passives de la communauté seront payées par l'héritier des meubles & acquêts, ou légataire universel. » *Arrêtés, ibid. art. 91, pag. 254*.

Les héritiers ou légataire universel du mari prédécédé, qui prennent le total de la communauté lorsque la femme y a renoncé, ou les héritiers & légataire universel de la femme, lorsque le mari a renoncé, ne doivent aucuns droits royaux; c'eſt ce qu'a décidé un arrêt du conſeil du 5 février 1729, qui a diſpenſé en pareil cas du paiement du centieme denier.

Cette déciſion eſt fondée ſur ce que ces héritiers prennent l'entiere communauté plutôt *par droit de non-décroiſſement* que *par droit d'accroiſſement*, puiſque le partage de la communauté n'a lieu que quand elle eſt acceptée.

Par la même raiſon, ces héritiers ne doivent non plus aucuns droits ſeigneuriaux; & c'eſt ainſi que le décident textuellement deux articles de la coutume d'Amiens..... « Quand le mari ſeul ſaiſi des acquêts communs faits durant le mariage, ſurvit, le ſeigneur féodal, après le trépas de la femme, ne le peut empêcher en la jouiſſance d'iceux acquêts, ſi les héritiers de ladite femme s'abſtiennent d'appréhender la moitié à eux échue par le trépas de ladite femme. »..... « Et quand ledit mari ſeul ſaiſi prédécede ſa femme, ſi ladite femme ne veut prendre ſa moitié, les héritiers dudit défunt mari peuvent relever le total deſdits acquêts, & ne le peut contredire le ſeigneur. » *Art. 202 & 203 de la cout. d'Amiens.*

La coutume de Paris renferme une diſpoſition conforme dans l'*art.* 5. « N'eſt du relief ni profit féodal par les héritiers du mari, avenant que la veuve renonce à la communauté, encore que par le moyen de ladite renonciation, le total du fief demeure aux héritiers du mari. » L'*accroiſſement* qui ſe fait de la part de la femme au profit des héritiers du mari, n'eſt point une mutation de ſa perſonne en la leur; c'eſt pourquoi ils n'en doivent rien davantage, & il ſuffit qu'ils *ſervent* pour le tout en qualité d'héritiers du mari.... Voyez ci-après les diviſions *Droits royaux* & *Renonciation*, & les mots *Communauté*, *Mariage*, *Noces*, (*ſecondes*), &c.

Contrats.

13. Il y a une grande diſtinction à faire entre les contrats & entre les teſtamens. Ceux-ci ſouffrent des interprétations, fourniſſent matiere à des conjectures, & ont par-là même fait introduire des *fictions*: ceux-là ſont de droit étroit, ne comportent aucune eſpece d'extenſion, *tantùm valent, quantùm ſonant*; de maniere qu'il faut en prendre les termes dans leur propre ſignification ſans y rien ſuppléer ni retrancher. Il réſulte de cette différence, entre les uns & les autres, que le droit d'*accroiſſement*, admis dans les teſtamens, ne doit point avoir lieu dans les contrats. *Si quis ſibi & alii, cujus juri ſubjectus non ſit, dari decem aureos ſtipulatus eſt, valet quidem ſtipulatio: ſed utrùm* TOTUM *debeatur ſtipulatori quod in ſtipulationem deductum eſt, an verò* PARS DIMIDIA, *dubitatum eſt; ſed placuit non pluſquàm* DIMIDIAM *partem ei acquiri. I, lib. 3, tit 20,* § 4. Lorſqu'on ſtipule pour ſoi & pour un autre, la promeſſe ſe diviſe à cauſe de la particule conjonctive &, de maniere que l'obligation n'eſt acquiſe que par moitié à celui qui a ainſi ſtipulé; à l'égard de l'autre moitié elle n'*accroit* pas au ſtipulant & n'augmente pas ſa portion, mais la ſtipulation en eſt inutile. Le principe eſt le même, ſoit qu'il s'agiſſe d'une ſomme de deniers, comme dans l'eſpece propoſée par Juſtinien, ſoit qu'il s'agiſſe d'un objet quelconque, mobilier ou immobilier; dans tous les cas il n'en eſt dû que la moitié, à moins que l'obligé ne conſente à le céder tout entier.

Il faut cependant prendre garde que lorſque l'objet, qui a fait la matiere de la ſtipulation, ne peut pas ſouffrir de diviſion, il eſt acquis en entier au ſtipulant.

On demande ſi, en vendant la portion du fonds que j'ai en commun avec Titius, je puis impoſer une ſervitude à ſon profit & au mien: la réponſe eſt qu'on ne peut établir de ſervitude que pour ſon avantage perſonnel; ainſi, il faut regarder comme ſuperflue la ſtipulation que j'ai faite en faveur de Titius, & décider que la servitude constituée cédera entiérement à mon profit. *Si commune solum vendo, ut mihi & socio serviat, an consequi possim? Respondi, servitutem recipere nisi sibi nemo potest: adjectio itaque vicini pro supervacuo habenda est, ità ut tota servitus ad eum qui receperit, pertineat, l. 5, D. Commun. præd. tam urban. quàm rustic.*... Brunemann dit que la servitude étant *indivisible* de sa nature, elle demeure acquise à celui qui l'a stipulée, non par droit d'accroissement, mais par droit de non-décroissement. *Acquiritur, non quidem jure accrescendi, sed jure non decrescendi, ob individuam servitutis naturam. Tom. 1, operum, pag. 315.*

J'ai acheté un fonds pour Titius & pour moi; on demande si la vente doit avoir lieu pour une partie ou pour le tout, ou si elle doit être regardée comme non avenue; & on répond qu'il ne faut considérer en aucune maniere la personne de Titius, mais que tout le fonds m'appartient. *Fundus ille est mihi & Titio emptus: quæro utrùm in* PARTEM *an in* TOTUM *venditio constat, an nihil actum sit? respondi personam Titii supervacuo accipiendam (puto.) Ideòque fundi emptionem ad me pertinere, l. 74, D. de Contrah. empt.* Il seroit injuste que le vendeur fût obligé de morceler son fonds. La vente donc doit avoir lieu pour la totalité.

Le texte de ces deux loix a fourni aux Socin, aux Barthole & aux Balde une foule d'argumens & de sophismes qui ont embarrassé long-temps Dumoulin lui-même. Du sein de ces ténebres il a tiré enfin cette maxime, que le droit d'accroissement n'a pas lieu dans les contrats pour les choses divisibles, *In Dividuis in contractibus non est locus juri accrescendi, n°. 573, pag. 278, tom. 1*: il faut en conclure, par la regle des contraires, qu'il a lieu dans les contrats pour les choses indivisibles.

Il auroit été mieux de la part des interpretes de ne point envisager comme droit d'accroissement ou de non-décroissement, le résultat du profit qu'accordent les loix à celui qui a acheté, pour soi & pour une autre, une servitude ou tout autre objet indivisible. En effet, la dénomination est tout-à-fait inexacte suivant Vinnius: *de jure accrescendi non rectè disputatur, nisi actus in utriusque personâ ab initio consistat, ut concurrentes singuli partem petere possint, uno autem deficiente, totum ad alterum pertineat, ut fit cùm duo ad eamdem hæreditatem vocantur, aut cùm duobus eadem res conjunctim legatur. At in contractibus persona conjuncti facit, ut actus, aut pro parte nullus sit, aut ut perinde sit habendus ac si omninò adjectus non esset totumque negotium ad alterum solum pertineret. I. pag. 623 edit. Elzevir.*

ARRÊT du parlement de Toulouse, du 18 novembre 1569.... *Espece.* Titius prend un bail à demi-fruits pour lui & son frere Mœvius, avec promesse de le faire ratifier: celui-ci ne ratifie point, mais continue de vivre en commun avec Titius, & ils cultivent ensemble, tant les fonds dépendans du bail, que tous leurs autres biens, comme par le passé. Lorsque les deux freres viennent à division & partage, Titius veut exclure Mœvius de l'objet du bail, & se le réserver exclusivement & par *droit d'accroissement.* Il prétexte pour cela le défaut de ratification de la part de Mœvius, & il soutient que la demeure & le travail qu'ils avoient faits ensemble, ne pouvoit induire une société, une participation entr'eux; *non per hoc videbatur contrahi societas, l. ex parte, § filius D. famil. erciscundæ.* La cour, *sans s'arrêter à telles délicatesses de droit alleguées* par Titius, jugea que la ratification résultoit *du fait, travail & labeur que Mœvius avoit employés à la culture des biens; ce qui partoit de soi-même; telle approbation quoique tacite, venant à équipoller à l'expresse.* Maynard, *tom. 2, liv. 7, chap. 54, pag. 99 & 100.*

Arrêt du parlement de Toulouse, du 15 mai 1698, qui juge que l'accroissement a lieu en faveur des vendeurs à faculté de rachat.... *Espece.* Quatre particuliers vendent, solidairement & sous faculté de rachat, une terre dont ils avoient la propriété par indivis. Quelque temps après, l'un des quatre vendeurs ou son subrogé veut racheter toutes les différentes portions de cette terre, moyennant le remboursement du prix entier de la vente. L'acheteur soutient qu'il est non recevable dans sa demande, tant qu'il ne rapportera pas le consentement des trois autres vendeurs; il prétend encore que, pour être admis au rachat, il faut qu'il lui rembourse les sommes qu'il a prêtées à l'un d'eux, conformément à la réserve qu'il en a faite dans le contrat d'acquisition, ce qui est établi par le titre *Etiam ob Chirographariam pecuniam, pignus teneri posse, C. lib. 8, tit. 27.* La cour décida que le subrogé de l'un des vendeurs n'avoit pas besoin de la subrogation des autres pour être reçu au rachat de toutes les terres vendues : chaque vendeur étant solidairement obligé de maintenir la vente, il est juste aussi que chacun jouisse du droit de rachat stipulé. A l'égard des sommes dues à l'acheteur par l'un des autres vendeurs, on jugea que le subrogé devoit les lui rembourser, parce que le titre, *Etiam ob Chirographariam*, qui n'est fait que *pour l'engagiste, peut être appliqué à l'acquéreur sous faculté de rachat, qui a un titre plus fort.* Catellan, *tom. 2, liv. 5, ch. 58, p. 343.*

Arrêt du parlement de Toulouse, du mois d'août 1721, qui juge que l'acheteur sous faculté de rachat ne peut exiger de celui des vendeurs, qui veut racheter, le remboursement des sommes qui peuvent lui être dues par un des autres vendeurs. On se décida, en interpprétant le titre *Etiam ob Chirographariam*, d'une maniere diamétralement opposée a celle dont on l'avoit interprété en 1698. Vedel sur Catellan, *tom. 2, liv. 5, chap. 58, pag. 157 & 158.* ... Nous pensons ainsi que Vedel, *qu'il faut se ranger du côté de cet arrêt, par la raison que la loi ne parle que de la retention du gage, & qu'elle doit être restreinte à ce dont elle a voulu disposer.*

L'acheteur d'une portion héréditaire peut-il réclamer la portion répudiée par un co-héritier, & profiter ainsi du droit d'accroissement ouvert au profit de son vendeur? Cette question a fait la matiere d'une grande controverse entre les docteurs. (*Vide Fachinæum, libro 3, controvers. capite ult.*) Barthole, Duaren, &c. ont soutenu le parti de l'acheteur, & ont dit que, par le moyen du contrat de vente, l'acheteur entroit dans tous les droits quelconques de l'héritier, *æquissimum videtur emptorem hæreditatis vicem hæredis obtinere, L. 2, § 18, D. de hæred. vel act. vend.* Ils ont ajouté que l'*accroissement* se faisant de la portion à la portion, & non de la personne à la personne, il devoit avoir lieu au profit du nouveau propriétaire de la portion héréditaire, & non au profit du vendeur qui n'y avoit plus aucun droit.

Jason, Salicet, &c. ont répondu qu'en vendant une succession, le vendeur n'entend aliéner que les biens qui composent cette succession au moment de la vente, à moins que le contrat n'énonce expressément que l'acheteur profitera de tous les droits échus & à échoir : une loi précise l'a ainsi décidé. Enfin, l'acheteur d'une succession, *ont dit ces derniers*, ne peut prétendre au droit d'accroissement, ni par la disposition de la loi, puisqu'il n'en est aucune qui le lui accorde, ni par la volonté du défunt qui ne l'a pas eu en vue, ni par l'intention des contractans. En effet, l'héritier n'a pas eu l'idée que la portion de ses co-héritiers demeureroit vacante, & qu'il devoit en profiter un jour; d'où il résulte qu'il n'a pas pu avoir celle de la vendre.

Dans ce conflit d'opinions, nous penserons avec Ricard, (*Traité des Donations, part. 3, chap. 4, sect. 4, n°. 511* &

& *suiv.*) qu'il faut les concilier par cette distinction. Si la vente est faite indéfiniment & sans aucune réserve, dans ce cas, de même que la diminution, qui pourroit arriver dans les droits successifs, n'opéreroit aucune garantie contre le vendeur ; l'acquéreur doit, par la loi de réciprocité, profiter de l'accroissement inattendu de ces droits ; le marché a été un coup de filet, *jactus retis*, & la perte & le profit ont dû également concerner l'acquéreur. Si au contraire le vendeur n'a transmis que certains droits spécifiés, ou une portion héréditaire telle qu'elle paroissoit devoir lui appartenir, eu égard au nombre des héritiers apparens, l'accroissement survenu depuis par la renonciation, ou l'incapacité de l'un des cohéritiers du vendeur, ne peut être réclamé par l'acquéreur. C'est le cas de l'application des principes posés au commencement de cette division, qu'en matiere de contrats tout est de rigueur, & qu'on ne doit point y suppléer des clauses qui ne s'y trouvent pas.... Voyez ci-après, la division *Donation*.

Déguerpissement.

14. Lorsqu'un tenancier déguerpit un héritage chargé d'une rente solidaire, la portion déguerpie accroît au co-tenancier; c'est-là ce qu'enseigne Loiseau dans son traité des Seigneuries, *chap. 12, n°. 122*, & en son traité du Déguerpissement, *liv. 6, chap. 2, & chap. dernier.*

ARRÊT du parlement de Toulouse, du 16 février 1601, qui juge que le tenancier d'une partie d'un fief faisant rente par indivis, peut déguerpir ce qu'il tient, & que sa portion *accroît* aux autres co-tenanciers, en par eux payant la rente entiere au seigneur. *Cambolas, liv. 3, chap. 9, pag. 176.*

« Si l'un des puînés renonce à sa part, elle revient à l'aîné & non au seigneur, » *art. 176 de la coutume de Normandie.*

De Merville, sur cet article, observe que lorsqu'un puîné renonce à sa portion d'héritage & la déguerpit, pour se *legat* penser d'acquitter les redevances imposées sur cet héritage, la part déguerpie *accroît* à l'aîné. Celle qu'abandonneroit l'aîné, par le même motif, *accroîtroit* au puîné à l'exclusion du seigneur, qui ne peut rien prétendre sur tout l'héritage, tant qu'il se trouve payé de la totalité des redevances, *pag. 191.*

Distributions.

15. Le concile de Trente veut qu'on mette en distributions manuelles le tiers du revenu des prébendes & autres bénéfices des églises cathédrales & collégiales : il ne permet pas que la portion des absens puisse *accroître* aux présens, & il détermine qu'elle sera appliquée par l'ordre de l'évêque, à l'entretien de la fabrique, ou à telles autres œuvres pieuses qu'il jugera à propos ; *fabricæ ecclesiæ quatenùs indigeat, aut alteri pio loco arbitrio ordinarii applicetur. Seff. 22, de reformat. cap. 3.*

Ce précepte devroit être observé, parce qu'il empêcheroit & préviendroit la collusion des chanoines, qui peuvent autrement se faire respectivement grace des absences ; cependant l'usage de la plupart des églises de France, accorde aux présens, *par droit d'accroissement*, la portion des distributions des absens. Ce sont les dispositions du douzieme canon du concile de la province d'Auch, tenu *en 1326*, & de celui de Cambrai, *de 1586*; & elles ont été adoptées par l'arrêt des grands jours de Clermont, *du 30 octobre 1665.*

Covarruvias fait à ce sujet plusieurs distinctions : si tous ceux qui doivent assister aux offices, viennent à y manquer, leurs distributions appartiennent à l'église ; mais s'il n'y en a que quelques-uns d'absens, la portion des absens *accroît* aux présens. *Si nullus ex ecclesiæ ministris intersit divinis officiis, omnes quotidianæ distributiones, quæ iis forent dandæ, si præsentes fuissent, ad ipsam ecclesiam pertinent. Quòd si canonici aliquot divinis officiis intersint, alii verò absentes fuerint, tunc in quotidianis distributionibus, receptum est eas, quæ absentibus, si præsentes forent, omninò competerent, præsentibus* ADCRESCERE. La seconde distinction du prélat Espagnol consiste à dire que, s'il y a un partage de revenus entre l'église & les chanoines, de maniere qu'une partie soit destinée à l'entretien de la fabrique, & l'autre à celui des chanoines & autres bénéficiers, l'*accroissement* a lieu, dans ce cas, & qu'il cesse dans le cas contraire où les *manses* ne sont pas distinctes & séparées. *Priori casu, sive in distributionibus quotidianis, sive in principalibus reditibus beneficiorum, absentium portiones præsentibus debentur &* ADCRESCUNT; *in posteriori verò absentium partes apud ipsam ecclesiam manent, eique jure omninò debentur*: var. resolut. *lib. 3, cap. 13, pag. 270 & 271, tom. 2.*

Van-Espen fait encore une troisieme distinction : il dit que, lorsque le chapitre destine une somme fixe & déterminée, par chaque jour, ou chaque office, pour l'assistance des présens, *alors l'accroissement a lieu*; mais il ne l'a pas, quand chacun des chanoines a son droit fixé en particulier, V. G. quand les statuts du chapitre portent qu'on donnera 10 s. à chaque chanoine qui assistera à matines, 5 sous à chacun de ceux qui se trouveront à vêpres. Van-Espen, *tom. 2, part. 1, tit. 7, cap. 11.* Suivant ce principe, l'*accroissem nt* ne doit point avoir lieu pour les fondations d'obits, services, &c., où le fondateur a marqué ce qu'on donneroit à chacun des présens. C'est aussi l'avis de Guymier (*in pragm. de tenentibus capitula tempore missæ, pag. 529, édit. Pinssonii,*) qui, en retraçant les principes généraux sur le droit d'accroissement, dit qu'il faut l'admettre dans les testamens & le rejeter dans les contrats.

En deux mots, il faut tenir pour constant, que comme il n'y a point de loi générale & précise sur cette matiere, on doit suivre les usages de chaque église, qui varient beaucoup.... Voyez *Chanoine, Chapitre, Distributions, Présence, Résidence, Statuts*, &c.

Donations.

16. Les auteurs sont assez généralement d'avis, que la donation entre-vifs étant un *véritable contrat*, le droit d'accroissement ne sauroit y avoir lieu ; ainsi lorsqu'elle est faite conjointement à deux personnes, si l'une d'elles refuse ou néglige de l'accepter, la moitié de l'objet donné n'accroît point à celle qui a accepté. Ricard, dans son Traité des donations, *part. 1, n°. 872, & part. 3, n°. 477, & suiv.*, pense, au contraire, que quand deux donataires se trouvent conjoints, la portion caduque, à cause de l'incapacité de l'un d'eux, accroît à l'autre, & il se fonde sur ce que le droit d'accroissement n'étant point établi par une loi générale, si ce n'est pour l'institution, on ne peut l'envisager comme un privilege introduit par la loi en faveur des légataires. Ce que nous trouvons, à cet égard, dans le droit romain, n'est fondé que sur la raison & l'interprétation de la volonté du testateur, qu'on suppose solidaire en faveur de tous ceux qu'il unit par un même bienfait ; de maniere, que si quelques-uns ne veulent ou ne peuvent prendre part à sa libéralité, les autres sont subrogés à leur place, en conséquence de la présomption de cette volonté ; mais comme cette présomption se rencontre dans une donation entre-vifs aussi bien que dans un legs, la raison paroît exiger que l'un & l'autre soient susceptibles de la même faveur. L'exposé des arrêts déterminera quelle est l'opinion qui mérite la préférence.

ARRÊT du parlement de Paris, du 18 juin 1558. Un riche gentilhomme donne en pleine propriété, l'une de ses terres, à trois personnes, la moitié à Pierre, l'autre moitié à Paul & à Jean, qui ne sont point parens du donateur;

& il stipule que si les donataires décedent sans enfans, la terre lui sera rendue. Pierre décede sans enfans, Paul & Jean réclament, par droit d'accroissement, la moitié dont il jouissoit. Ils disent, qu'*en la condition de la reversion stipulée par le donateur, y a clause conjonctive, comprenant tous les donataires, s'ils décedent sans enfans; & autre clause universelle, que ladite terre retournera & appartiendra audit donateur: par lesquelles deux clauses, appert l'intention avoir été du donateur, que la part accrût aux autres, & n'y eût droit de retour, sinon pour toute la terre, quand tous les donataires seroient décédés.* La cour ordonna, que la moitié de la terre donnée à Pierre reviendroit au donateur, *parce que le droit d'accroître n'a point lieu ès donations.* Carondas, *liv. 8, réponse 51, pag. 322.*

ARRÊT du parlement de Toulouse, du mois de février 1574, qui décide, *après partage*, que le droit d'accroissement n'avoit point lieu dans les donations entre-vifs. L'espece dans laquelle il fut rendu est *précisément la même* que celle qui fut l'objet du précédent arrêt du parlement de Paris. Maynard, *liv. 8, chap. 72*, ne manque pas de l'observer, & sans cette attention de sa part, on auroit été tenté de croire qu'il avoit confondu les temps & les lieux.

ARRÊT du parlement de Toulouse, du mois de décembre 1588, qui juge, « qu'en fait de donations, le droit d'accroissement n'avoit point de lieu, *attendu qu'il n'est pas reçu aux contrats*, ce qui se doit entendre des donations qui se font entre-vifs, *non de celles qui se font à cause de mort, auxquelles le droit d'accroissement est reçu:* quoiqu'il semble qu'en celles-là même, il y ait difficulté de les recevoir, parce qu'elles tiennent de la nature des contrats, & sont censées des libéralités, & par conséquent éloignées de la nature des testamens auxquels le droit d'accroissement est admis, d'autant que, dit Cujas, sur la loi *Unum ex familiâ, D. de legat.* 2°. *Dare est viventium, relinquere morientium, denique relinquimus quod adsportare nobiscum non possumus.* » Cambolas, *liv. 1, chap. 13, pag. 33 & 34.*

Nous avons rapporté le texte du magistrat de Toulouse, pour faire cesser les doutes que pourroit causer la citation de Rousseau de la Combe, dans son édition de Louet & Brodeau, *lettre D. somm. 13, nomb. 8*, où il dit, que l'arrêt de 1588 a décidé, *que le droit d'accroissement n'a point lieu en la donation entre-vifs* OU A CAUSE DE MORT: ajoutons que Duperier, *tom. 2, pag. 228*, & Fromental, *pag. 456*, sont d'avis, que le droit d'accroissement doit être admis dans les donations, à cause de mort, & que c'est encore celui d'un ancien auteur très-estimé; *præterea & in hoc quoque convenit donatio causâ mortis cum ultimâ dispositione, quòd in illâ jus accrescendi locum habeat.* Pontanus, *in cons.* Blesenses, *tit. 12, de donat.* § *9, art. 170, tom. 2, pag. 152.*

ARRÊT du parlement de Toulouse, du 18 mai 1589, qui juge, dans le cas d'une donation faite par une tante à deux de ses neveux, que l'un étant décédé avant elle, sa portion n'avoit pas *accrû* au codonataire. Ferrerius, *in notis ad quæst. 1, præsidis Duranti.*

ARRÊT du parlement de Paris, du 13 mars 1651. Une aïeule fait donation à quatre de ses petits-enfans, dont deux présens à l'acte, acceptent tant pour eux que pour les deux absens: ceux-ci étant décédés, les deux acceptans prétendent à la totalité des objets donnés, tant par *droit d'accroissement*, que parce que leur aïeule les avoit substitués les uns aux autres. La cour les déboute de leurs prétentions. Soëfve, *tom. 1, centur. 3, chap. 69, pag. 299.*

ARRÊT du parlement de Paris, du 2 mars 1657. . . . *Espece.* « Une mere qui *avoit passé en secondes noces*, ayant donné à deux enfans qu'elle avoit du premier lit, la part qui lui appartenoit aux conquêts de la premiere communauté, l'un des deux acceptant, tant pour l'un que pour l'autre; la mere, quelque temps après révoque la donation, prétendant qu'elle étoit demeurée imparfaite, en conséquence de ce qu'elle n'avoit pas été acceptée par les deux donataires. Il fut jugé que la révocation ne pouvoit être d'aucun effet, par cette raison, que quand le donataire, qui n'avoit pas accepté, n'auroit pas la donation pour agréable, sa part *accroîtroit* à l'autre qui avoit accepté. » Ricard, *des donations, part. 3, chap. 4, sect. 4, n°. 479, tom. 1, pag. 540.* . . . C'est ce préjugé qui a fait embrasser à Ricard, l'opinion solitaire dont nous avons rendu compte; mais un arrêt ne peut l'emporter sur des principes étayés par une jurisprudence constante. D'ailleurs le parlement de Paris peut avoir eu en 1657, un motif tiré des circonstances particulieres du fait: la mere qui vouloit révoquer la libéralité faite à ses enfans, avoit passé à de secondes noces, & Ricard lui-même est obligé de convenir, que sans cette circonstance on auroit pu juger différemment.

ARRÊT du parlement d'Aix, du premier avril 1675. Une femme dispose en faveur *de ses servantes*, de la réserve qu'elle avoit faite de l'usufruit d'une donation, & les recteurs de la miséricorde, cessionnaires de ces servantes, prétendent le droit d'accroître. La cour déclare le testament nul, & adjuge 1000 liv. aux recteurs de la miséricorde. Boniface, *tom. 4, liv. 7, tit. 6, chap. 1, pag. 419.*

ARRÊT du parlement de Rouen, du mois de janvier 1677, qui juge, que le droit d'accroissement n'a point lieu dans une donation entre-vifs. Basnage, *sur l'art. 422 de la cout. de Normandie, tom. 2, pag. 225*, dit qu'on n'a jamais douté, que les donations entre-vifs n'étoient point susceptibles du droit d'accroissement, parce que, dès le moment que la donation est parfaite par l'acceptation, elle saisit le donataire, & ses codonataires cessent de lui être conjoints; de sorte que la cause du droit d'accroissement manquant, il ne peut plus avoir d'effet.

Duaren, dans son excellent Traité *de jure accrescendi, lib. 1, cap. 15*, suppose une espece de donation entre-vifs, dans laquelle il pense que le droit d'accroissement doit avoir lieu. Titius donne un fonds à Mœvius ou à Sempronius, & Mœvius accepte la donation, tant pour lui que pour Sempronius absent: comme la libéralité est dirigée *in solidum* à chacun des donataires, & que ce n'est que par le concours qui peut survenir, au moyen de l'acceptation de Sempronius absent, que les portions peuvent être distinguées; Mœvius doit profiter de toute la libéralité, si Sempronius n'accepte pas. Le donataire acceptant, dans cette espece particuliere, doit être considéré de la même maniere que s'il avoit expressément stipulé que le fonds donné lui appartiendroit en entier, dans le cas où l'autre donataire absent ne prendroit pas sa part. . . . Nous nous rangeons à l'avis de Duaren, & nous ne balançons pas à assurer, que le cas qu'il propose est effectivement le seul où on puisse, *par voie d'interprétation*, déroger à la regle générale, que le droit d'accroissement n'a point lieu dans les donations entre-vifs.

Il y a, en effet, un autre cas où le droit d'accroissement a lieu dans les donations; mais il est écrit dans la loi, (*l. unic. C. si liberal. imp. socius, &c.*) Si le prince donne une même chose à deux personnes, & que l'un décede sans héritiers, sa portion n'appartient pas au fisc, mais à l'autre donataire, *ex pleniori interpretatione beneficii principis:* ce qui se fait *par droit d'accroissement*. La raison est, qu'il y a lieu de présumer que le prince l'a donnée à chacun *in solidum*.

Quelques auteurs ont prétendu que la disposition de cette loi n'est pas adoptée en France; mais comme ils ne donnent aucune raison de leur opinion, nous ne saurions nous y rendre ; nous pensons, au contraire, avec la loi romaine, que puisque la fortune des souverains surpasse infiniment toutes les autres, & pour ainsi dire, les contient toutes, rien ne doit empêcher de mettre le comble à leurs bienfaits & à leurs graces. *Ut enim imperialis fortuna omnes supereminet alias, ita oportet & principales liberalitates culmen habere præcipuum, l. 7. C. de bonis quæ liberis, &c.*

« On ne peut, en Normandie, instituer un héritier, ni substituer à la part que la coutume donne aux héritiers, sans préjudice néanmoins des dispositions particulieres du pays de Caux. . . . Le donateur peut aussi, entre-vifs & par testament, ordonner que les choses, par lui données, passeront après la mort du donataire, à celui ou à ceux qu'il aura nommés par la donation ou testament. » *Art. 54 & 55, des placités de 1666.* La disposition du dernier de ces articles, qui est une exception au premier, a servi à la décision d'une contestation élevée tout récemment.

ARRÊT du parlement de Rouen, du 2 mai 1777. . . . *Espece.* Catherine Louvel donne entre-vifs & par portions égales, à ses trois petits-enfans mineurs, une somme de 1200 liv., qui est reçue par Pierre Gaudin, leur pere, avec stipulation qu'il la remplacera, soit en la donnant à constitution de rentes, soit en achetant des immeubles. Il est dit encore, *qu'en cas de décès d'un ou de deux des mineurs, la part ou portion d'icelui ou de ceux qui décéderoient, augmenteroit celle de celui ou de ceux qui survivroient par substitution réelle & actuelle, sans qu'il soit besoin d'autre acte ou aucune formalité de justice.* Pierre Gaudin ne remplace point la somme, mais en mariant sa fille ainée à Antoine Mauger, il lui paie son tiers. Après son décès, arrivé en 1759, Pierre Nicolas Gaudin, fils, en se portant héritier de son pere, confond le second tiers, & paie le troisieme, en mariant à Feron, sa sœur puînée. Pierre Nicolas Gaudin meurt en 1774, & Feron ayant renoncé à sa succession, Mauger la prend par bénéfice d'inventaire. Feron attaque Mauger, & demande qu'il soit tenu de lui payer la moitié des 400 liv. afférentes à Pierre Nicolas Gaudin, dans la succession de l'aïeule, sur le fondement de la substitution réelle & actuelle. La cour jugea que la clause de la donation n'opéroit qu'*un droit d'accroissement*, qui ne devoit subsister que jusqu'au partage, que ce partage s'étant fait après la majorité des trois donataires, il ne restoit aucune action dans la succession du frere, pour demander l'effet de la substitution. *Gazette des tribunaux, tom. 5, pag. 380 & suiv.*

QUESTION SINGULIERE. Il s'agit de savoir si tous les enfans d'un premier lit étant décédés, leurs portions doivent accroître au second mari, donataire, par son contrat de mariage, d'une portion d'enfant ?

Lebrun, *Traité des successions, liv. 2, chap. 6, sect. 1, distinct. 5, n°. 14*, se décide en faveur du mari, parce que, quoique la femme ait restreint la donation, à une portion d'enfant, afin de ne pas contrevenir à l'édit des secondes noces, elle a eu évidemment l'intention de tout donner ; mais la mort l'ayant privée des enfans qu'elle avoit du premier lit, la disposition à laquelle elle n'avoit point voulu donner d'autres bornes que celles de l'édit, n'en doit plus avoir.

Pour que l'opinion de Lebrun fût admissible, il faudroit que la femme eût institué ses enfans & le second mari conjointement, dit M. Dupin, *dans son Traité des peines des secondes noces, tit. 5, chap. 1, nomb. 30 & suiv.*; parce qu'elle ne pourroit pas décéder partie intestat ; mais s'agissant d'une donation limitée à une portion, on ne doit pas étendre la donation, d'autant mieux que la femme ayant survécu à ses enfans, si elle avoit voulu donner le tout à son mari, il dépendoit d'elle d'expliquer son intention. D'ailleurs, suivant Ricard, *part.* 3, *n°.* 128, la donation d'une part égale à celle d'un des enfans, ne peut comprendre le tout, quoique tous les enfans décedent avant leur mere. Cette difficulté doit être décidée par la regle de droit, qui veut que, quand on a donné une partie indéfinie de ses biens, cette partie soit fixée à la moitié, qui est le premier & le plus équitable de tous les partages. *Argum. l.* 83, *D. de legat.* 1°.

« Donation faite en testament, & derniere volonté, & donation, qui est appellée en droit, *donatio causâ mortis*, se peut révoquer, changer, diminuer & *croître*, pourvu que le don ou *accroissement*, n'excede ce que dessus est écrit. » *Art.* 339, *de la cout. d'Anjou*.... C'est l'*art.* 321 *de la même coutume*, qui fixe à la *tierce partie*, ce dont il est permis de disposer par donation. Voyez ci-dessus *n°.* 5, & ci-après les divisions, *Droits Royaux*, *Retour (droit de)* & les mots *Donation*, &c.

Dot.

17. Pour caractériser les biens qui sont échus à la femme, depuis son mariage, & sa constitution dotale, les auteurs se sont servis, tantôt du mot *supplément*, tantôt du mot *augmentation*, tantôt enfin du mot *accroissement*. Henrys, *tom.* 2, *pag.* 300, & l'auteur de la table de ses œuvres, les emploient tous les trois. Cependant, comme nous restreignons dans cet article l'*acception* du mot *accroissement*, nous croyons plus naturel de renvoyer au mot *Dot*, toutes les questions importantes, relatives à cet objet ; notamment celle de savoir, si la femme, a, pour cette augmentation ou cet accroissement, la même hypotheque que pour la dot qui lui a été originairement constituée dans son contrat de mariage.

Douaire.

18. *Le douaire reçoit accroissement ou diminution*, dit le Prêtre, *centur.* 3, *chap.* 74, *pag.* 660. Nous renverrons, au mot générique *Douaire*, tout ce qui a trait à cette proposition, & nous ne traiterons ici que ce qui peut s'appeller *accroissement*, en matiere de douaire, d'une maniere moins éloignée du véritable sens de la derniere de nos définitions.

Dans la coutume de Paris, le douaire, soit coutumier, soit préfix, est propre aux enfans, & la femme n'en jouit que par usufruit ; mais les enfans pour obtenir leur portion dans ce douaire, doivent avoir renoncé à la succession de leur pere. . . . . « Le douaire coutumier de la femme, est le propre héritage des enfans venans dudit mariage, &c. » . . . « Le douaire constitué par le mari, ses parens ou autres de par lui, est le propre héritage aux enfans issus dudit mariage, &c. ».... « Nul ne peut être héritier & douairier ensemble, pour le regard de douaire coutumier & préfix. » *art.* 249, 255 & 251 *de la cout. de Paris.*

Le droit d'accroissement n'a point lieu pour le douaire, soit coutumier, soit préfix ; de maniere, que si de plusieurs enfans, les uns se portent héritiers & les autres douairiers, suivant l'option que la loi leur donne, la portion des héritiers n'*accroît* point aux douairiers. Dans ce cas, pour liquider les parts, on considere le douaire tout entier, comme s'il étoit accepté par tous les enfans, & les douairiers n'ont que celles qui reviennent à chacun d'eux, celles des héritiers restant dans la masse de la succession, & l'augmentant pour leur seul avantage.

Cette regle est fondée sur la disposition de l'*art.* 186 *de la cout. de Senlis.* « Item, si le pere va de vie à trépas, délaissés plusieurs enfans, l'un desquels renonce à la succession & accepte le douaire, & les autres se portent héritiers, celui qui aura renoncé à ladite succession, n'aura audit douaire, que telle part & portion, que si les autres se fussent déclarés douairiers & non héritiers. »

De St. Leu dit, sur cet article, *pag. 257, de son commentaire*, qu'il n'y a point d'*accroissement* au douaire, par l'adition d'hérédité d'aucuns des enfans, parce que ces enfans, suivant Dumoulin, *non perdunt partes suas ex eo quod hæredes, sed vice exceptionis coguntur eas cohæredibus conferre, & sic non deficiunt nec aliis accrescere possunt*. Molinæus, *tom. 2, pag. 701*.

Ces décisions coutumieres peuvent être justifiées par les principes du droit romain, sur le droit d'*accroissement*, en matiere d'*alimens* & de *contrats*. 1°. Le douaire tient lieu de légitime & d'alimens, & les alimens prennent fin par la mort de celui à qui ils étoient dus, ou par sa renonciation. 2°. Les enfans ne prennent point le douaire à titre successif & universel, mais à titre particulier qui émane d'un contrat.

ARRÊT du parlement de Paris, du mois de juillet 1619, qui juge, en la coutume de Mantes « que de cinq enfans, un étant héritier, & les quatre autres douairiers, la portion de celui qui étoit héritier ne leur appartenoit point, mais qu'ils ne pouvoient prétendre que les quatre cinquiemes du douaire, qui étoit de 300 liv. de rente. » Louet & Brodeau, *lettre D, somm. 44, n°. 6*: & Ferriere, *sur l'art. 251 de la coutume de Paris, n°. 11*.

ARRÊT du parlement de Paris, du 27 mars 1629, qui juge, que quand l'un des enfans décede *du vivant du pere*, sa portion du douaire appartient aux autres enfans douairiers, sans distraction de la légitime de ceux du second lit. Bardet, *tom. 1, liv. 3, chap. 37, pag. 251 & suiv.* & Ferriere, *ibid. n°. 13*... Ce préjugé, qui paroît au premier coup-d'œil, contraire au précédent, & aux principes ci-dessus énoncés, se concilie aisément avec ces principes, par une distinction sur le droit des enfans, dans le douaire, avant ou après la mort de leur pere.

Au premier cas, ce droit des enfans n'est qu'une espérance, & il s'éteint lorsqu'ils prédécedent leur pere; il n'est donc pas surprenant que leurs portions *accroissent* à celles des enfans survivans, puisqu'on peut dire, en quelque maniere, qu'ils n'en ont jamais eu, *nec admittuntur ad partem nec partem faciunt*. On doit appliquer ce raisonnement à ceux qui ne viennent point au douaire, soit parce qu'ils sont incapables de le recueillir, étant religieux, soit parce qu'ils sont morts civilement avant le décès de leur pere, *leur part accroît de même aux autres douairiers, ou plutôt ne leur décroît point; puisqu'ils n'y en ont jamais eu; parce que le douaire n'est que pour ceux qui se trouvent capables de le recueillir à son ouverture*. Duplessis, *tom. 1, pag. 254*.

Au second cas, ce n'est qu'au moyen de l'incompatibilité des deux qualités de douairiers & d'héritiers, que le douaire demeure éteint & confus dans ceux-ci, par l'adition de l'hérédité. Il n'est donc pas possible que leur portion, dans ce douaire, entrant dans la succession du pere, ou plutôt y demeurant (puisque, par un effet rétroactif, elle est censée n'en être jamais sortie) puisse *accroître* aux douairiers, qui n'ont rien à prétendre dans cette même succession.

Les auteurs, d'accord sur le point principal, que les portions qu'auroient eu, dans le douaire, ceux qui y renoncent, n'*accroissent* point aux douairiers; mais restent dans la masse de la succession, sont divisés sur le point de savoir, si cet *accroissement* ne doit pas avoir lieu, lorsque ceux qui renoncent au douaire le font sans aucun avantage. Duplessis & Ferriere, *ibid. n°. 16*, tiennent pour l'affirmative, parce que, dans ce cas, ceux qui sont héritiers n'ont pas lieu de se plaindre; mais Baquet, dans son *Traité des droits de justice, chap. 15, n°. 68, tom. 1, pag. 138*, est pour la négative.

Le douaire coutumier ou préfix, *selon lui*, est *si également partagé* & personnel, à chaque enfant, que lorsque quelqu'un d'eux y renonce, *pour avoir grands avantages de ſon défunt pere, ou pour autres cauſes*, les autres douairiers ne peuvent demander que leur portion & quotité. Baquet ajoute, que cette propoſition eſt également vraie, lorſque le renonçant n'a eu aucuns bienfaits de ſes défunts pere & mere; *parce qu'on préſume qu'il a voulu laiſſer ſa portion de douaire, en la ſucceſſion de ſon pere, pour acquitter les dettes de ſondit pere, à la décharge de ſon ame; plutôt que ſa portion de douaire accrût à ſes freres & ſœurs, qui n'ont aucunement voulu entendre au paiement des dettes du défunt.*

Nous ſommes de l'avis de Ferriere, que dans aucun cas, le droit d'*accroiſſement* des portions des héritiers, ne doit avoir lieu en faveur des douairiers, & nous le ſommes d'après les autorités ſuivantes.

« L'enfant qui eſt héritier de ſon pere, *même par bénéfice d'inventaire*, ne peut être douairier, & ſa portion du douaire *accroîtra* à l'hérédité, & n'augmente point les portions des autres enfans, qui ſe tiennent au douaire. » *Arrêtés de M. de* Lamoignon, *tit. des douaires, art. 50, pag. 278.*

Acte de notoriété du châtelet de Paris, du 9 février 1704, qui décide, qu'il n'y a pas d'accroiſſement dans le douaire; que chaque enfant capable de ſuccéder à la mort de ſon pere, en recueille une portion égale, ſans accroiſſement de la part de ceux qui ſont héritiers légitimaires, & qui prennent les quatre quints des propres: de ſorte que, ſi le douaire *eſt de 4000 liv. de rente, & qu'il y ait quatre enfans, au jour du décès du pere, il appartiendra à chacun 1000 liv.; mais pour la part de celui qui eſt héritier légitimaire, ou prend les quatre quints, ou celui qui impute ſur ſon douaire, & dont il a été avantagé, n'accroîtra pas à celui ou à ceux des enfans qui ſont douairiers, mais leurs parts demeurent dans le fonds de la ſucceſſion.*

En Normandie, les enfans ont le tiers du douaire coutumier, par les diſpoſitions des *art. 399 & 400* de la coutume; mais par celles de l'*art. 401*, ils ne peuvent accepter ce tiers qu'autant qu'ils renoncent, *tous enſemble*, à la ſucceſſion de leur pere, & rapportent tous les avantages qu'ils peuvent avoir eus de lui. Cette double condition rendoit ſouvent illuſoire, le bénéfice de la loi, parce que ſouvent, par imprudence ou par malice, quelqu'un des enfans ſe portoit héritier de ſon pere; parce que plus ſouvent encore, quelqu'autre, pour éviter le rapport de ce qui lui avoit été donné s'en tenoit aux avantages qu'il avoit.

Un arrêt du parlement de Rouen, du 13 décembre 1646, adoucit la rigueur du texte de la coutume, & jugea, que l'acceptation de ſucceſſion par un des freres n'empêchoit pas les autres qui avoient renoncé, d'avoir leur part au tiers coutumier: & conformément à cet arrêt, & à quelques autres préjugés ſemblables, l'*art. 89 des placités ou réglement de 1666*, détermine *que les enfans n'auroient pas le tiers, ſi tous n'avoient renoncé; mais que celui qui auroit renoncé auroit la par taudit tiers, qu'il auroit eu ſi tous avoient renoncé.* Il réſulte de ce texte, ſuivant Baſnage, *ſur l'art. 401, tom. 2, pag. 134*, « que le *droit d'accroiſſement n'a point lieu pour le tiers coutumier*, & que celui qui renonce, ne peut avoir que ſa part; & que, par conſéquent, la portion de ceux qui ſe portent héritiers, ou qui renoncent au tiers coutumier, pour ne rapporter pas les immeubles dont ils ont été avancés, demeure en la maſſe de la ſucceſſion, pour tourner au profit des créanciers. »

Arrêt du parlement de Rouen, du 26 juin 1636, qui juge qu'encore qu'une ſœur ait accepté la ſucceſſion du pere, ſon mariage avenant ſur le tiers coutumier, après ſon décès ſans être mariée, retourne au frere, au préjudice des créanciers.

créanciers. Basnage *ibid.* observe que cet arrêt fut fondé sur ce que la sœur étoit morte sans avoir été mariée ; & que n'ayant qu'un simple usufruit, & la propriété étant toujours demeurée au frere, on ne pouvoit demander de part à son droit.

Le même auteur met une exception à la maxime, *que le droit d'accroissement n'a point lieu en douaire ou tiers coutumier;* c'est lorsqu'après la mort du pere, un des enfans décede sans avoir renoncé, ni demandé sa légitime. En ce cas, sa part passe aux autres enfans à double droit, *jure accrescendi*, comme si le défunt n'eût point été au monde lors du décès du pere, *& jure hereditatis*, comme héritier de leur frere.

ARRÊTS du parlement de Rouen des 9 août 1658 & 15 décembre 1670. Ce dernier, conforme au précédent, jugea que Louis Dubois étant mort sans avoir accepté ni répudié la succession de son pere, avoit transmis à ses autres freres sa part au tiers coutumier. En matiere de succession, le droit & la part de celui qui s'abstient, accroît aux autres héritiers, *ubi enim noluit hereditatem adire, jam cœpit ad alios pertinere. . . .* Voyez *Douaire, Tiers coutumier, &c.*

Double lien.

19. « Si la part de la fille qui a renoncé à la succession de son pere, *accroitra* seulement à son frere conjoint des deux côtés, même pour le regard des acquêts du pere, & en sera exclus son frere conjoint du seul côté paternel. » Carondas, *liv. 4, rép. 73*, dit que cette question curieuse & intéressante fut le sujet d'un partage d'opinions au parlement de Paris, & que les parties s'étant conciliées, ce partage ne fut point vuidé.... La renonciation d'une fille ne doit-elle pas être censée faite au profit de son frere *germain*, puisqu'il a sur le frere *consanguin* l'avantage du double lien, & que cet avantage paroît déterminer une préférence *fondée en nature ?*

Cette préférence naturelle a été saisie par les rédacteurs de la coutume de Bourbonnois, dans l'*art. 307.* « Renonciation faite par la fille en son contrat de mariage, s'entend être faite au profit de l'hoir mâle germain, & des descendans de lui, sans qu'il soit besoin d'en faire autre expression, sinon qu'il fût dit expressément, au profit duquel ladite renonciation auroit été faite. »

L'*art. 317* fortifie les dispositions de l'*art. 307*, & Decullant, ancien commentateur, avoit donné une plus grande extension encore que la coutume, au privilege de *germanité*, ou double lien. *Renuntiatio facta à filiâ prodest tantùm fratribus germanis, & non uterinis & consanguineis; & si fiat renuntiatio, tam respectu consanguinei, quàm germanorum, illa tantùm proderit germanis.* Auroux des Pommiers, *tom. 2, pag. 60. . . .* Voyez ci-après la division *Renonciation* & le mot *Double lien.*

Droits royaux.

20. L'accroissement, en matiere de succession, de donation, d'usufruit, de communauté, &c., a souvent donné lieu à des difficultés touchant le paiement de différens droits royaux ; il eût été facile de les prévenir, si on avoit fait tout à la fois une sérieuse réflexion, & sur les édits portant établissement du centieme denier, & sur le résultat des principes en matiere de droit d'accroissement.

1°. Le droit de centieme denier qui, suivant les auteurs fiscaux, est *le salaire de l'insinuation des mutations de biens immeubles*, a été établi par l'*édit du mois de décembre 1703*, pour donner une connoissance exacte de ces mutations; l'*art. 24* ordonne en conséquence, que tous *contrats de vente, échanges, décrets, & autres titres translatifs de propriété des biens immeubles*, seront insinués & enrégistrés ; & que pour cette insinuation & enrégistrement, il sera payé le centieme denier du prix de ces biens. L'*art. 6 de la déclaration du 20 mars*

1708, entre dans un plus grand détail, pour caractériser les actes qui donnent ouverture au droit de centieme denier ; ce seront *tous contrats de vente, échanges, licitations entre héritiers, co-propriétaires & co-associés ; baux à rentes foncieres, rachetables & non rachetables, baux emphytéotiques, baux à domaine congéable, ventes à faculté de réméré, ou de rachat, antichresès, contrats pignoratifs, engagemens, démissions, abandonnemens, contrats de vente à vie, cession de fonds avec fruits, transports, subrogations, résolutions volontaires de ventes, arrêts, jugemens, sentences, & généralement tous actes translatifs de propriété de biens immeubles tenus en fief ou en censive, soit du roi ou des seigneurs particuliers, ensemble ceux tenus en franc-aleu, franc-bourgage & franche bourgeoisie, rentes foncieres, les contrats de vente de droits de justice & de tous autres droits seigneuriaux & honorifiques, conjointement ou séparément du corps des domaines en fonds de terre, seront insinués, & les droits de centieme denier payés.*

Les soins pris dans cette seconde loi, pour détailler toutes les especes d'actes qui doivent être regardés comme *translatifs* ou *RÉTROCESSIFS* de propriété, servent au moins à prouver qu'il ne doit y avoir ouverture au droit de centieme denier que dans le cas où il y a indubitablement *mutation*.

2°. Les principes que nous avons déja fait connoître, déterminant que la part de celui qui ne peut ou ne veut accepter une succession, un legs, une communauté, &c., & qui *accroît* à celui qui accepte, est censée être toujours restée dans cette succession, cette communauté, &c., il est sensible que le droit d'accroissement ne peut être envisagé comme une *mutation*.

En rapprochant les dispositions des édit & déclaration de 1703 & 1708, portant établissement du droit de centieme denier, des principes sur le droit d'accroissement, on reste donc convaincu de la certitude & de l'invariabilité de la maxime suivante.

Le droit d'accroissement en succession légitime & testamentaire ne forme point mutation ; celui qui recueille par accroissement la portion de celui qui ne peut ou ne veut la prendre, ne doit que les droits qu'il auroit été obligé de payer, s'il eût été appellé par la loi, ou par la disposition de l'homme à recueillir le tout.

DÉCISION du conseil, du 5 février 1729, qui prononce que l'accroissement produit par la renonciation d'une veuve à la communauté, ne donne point ouverture au droit de centieme denier. . . . Nous l'avons analysée ci-dessus à la fin du *n°. 12.*

DÉCISION du conseil, du 8 juillet 1737. Un frere legue à chacune de ses sœurs 300 liv. de rente viagere avec accroissement, en faveur de la survivante, qui jouira des 600 liv. : elles soutiennent ne devoir que 30 liv. chacune pour l'insinuation de ce legs, & on prononce que l'un des droits sera perçu sur le pied de 3000 liv., & l'autre sur celui de 6000 liv.

DÉCISION du conseil, du 24 octobre 1739. Le comte d'Agenois cede aux sieur & dame Vernier l'usufruit d'un château, pour en jouir par l'un & par l'autre, & par le survivant d'eux : l'acte ayant été contrôlé à la mort du mari, on demande à sa veuve le demi-centieme denier de la moitié, formant accroissement. Elle soutient que la mort de son mari n'a point occasioné *une mutation*, que l'usufruit dont elle a droit de jouir, lui est personnel, & lui appartient par le seul effet de l'acte de cession originaire. On prononce que s'il n'a été payé qu'un demi-droit de centieme denier, lors de cette cession, il est dû un quart du droit pour l'accroissement. . . . Cette décision n'est-elle pas en contradiction avec la maxime invariable invoquée par la veuve Vernier ? Y avoit-il donc *mutation* dans l'espece ?

DÉCISION du conseil, du 22 juillet 1741, qui juge que dans le cas d'une donation de 200 liv. de rente viagere à un mari, à sa femme, & à leur fille, avec stipulation que le survivant jouira de la totalité; il est dû trois droits d'insinuation, l'un de 7 liv. sur le tiers, l'autre de 10 liv. sur la moitié, & le troisieme de 20 liv. sur la totalité.

DÉCISION du conseil, du 23 novembre 1748. Un mari & sa femme, légataires d'un usufruit pour eux & pour le survivant d'eux, paient le droit dû pour ce legs; le survivant est interpellé de payer un droit de mi-centieme denier de la moitié dont il y a accroissement en sa faveur, & il est condamné à faire ce paiement.

DÉCISION du conseil, du 7 octobre 1751. La dame veuve de la Jonchere est condamnée à payer le demi-centieme denier pour l'accroissement de la moitié d'une terre dont elle avoit acquis l'usufruit avec son mari, pour eux & le survivant.... Encore une fois, cet *accroissement* pouvoit-il être considéré comme faisant *mutation*?

Il résulte de ces différentes décisions, dit l'auteur du dictionnaire des domaines, *au mot* Accroissement, *tom. 1, pag. 16 & suiv.*, qu'il faut distinguer si l'objet susceptible d'*accroissement* est, de sa nature, sujet au centieme denier ou à l'insinuation, suivant le tarif. Dans le premier cas, le droit de centieme denier n'est exigible que lorsque l'accroissement a lieu; & dans le second, le droit d'insinuation doit être perçu en même temps que l'on insinue l'acte.... Voyez le mot *Acte*, où nous nous expliquerons sur la nécessité de prévenir quelques abus dans la perception des droits royaux; & encore les mots, *Centieme denier*, *Contrôle*, *Domaine*, *Formule*, *Insinuation*, *Tarif*, &c.

Emphytéose.

21. L'accroissement a lieu, en certains cas, pour l'emphytéose, & ils forment exception à la regle générale que ce droit n'est point admis pour les contrats. Dumoulin, dans ses notes sur les consuls d'Alexandre Tartagni (*2 vol. consil. 204, tom. 1, operum, pag. 920,*) indique quelques-uns de ces cas. Le premier est celui où la concession a été faite à plusieurs personnes avec la clause de reversion en faveur du bailleur, après le décès de tous les preneurs : *si adjiceretur verbum; OMNIUM, ut post mortem eorum omnium, &c., quia hæc dictio implicat jus accrescendi.* Le second est celui où elle a été faite en termes équivalens, comme, par exemple, pour les preneurs & leurs héritiers, ou pour celui de l'un d'entr'eux, *idem in verbis æquipollentibus; hinc si dictum sit : PRO SE ET HEREDIBUS EX IPSIS ET EORUM ALTERO, locus est juri accrescendi.*

Pontanus, dans son commentaire sur la coutume de Blois, dit que, si un pere a pris un fonds en emphytéose pour lui & ses enfans, ce contrat sera considéré sous un double point de vue, comme acte entre-vifs, par rapport au pere, comme disposition à cause de mort par rapport aux fils, qui, en conséquence, succéderont à la jouissance du fonds emphytéotique par droit d'*accroissement*. Mais ce droit n'auroit-il pas lieu dans le cas où la concession auroit été faite à deux freres? Le décès de l'un d'entr'eux ne transmettroit pas sa portion au survivant, mais la feroit rentrer dans la main du seigneur. *Pater accepit pro se ac filiis suis, post mortem suam, emphyteosim aliquam : hic contractus partim inter vivos, partim ex causa mortis, factus intelligitur. Nam quoad patrem, inter vivos facta esse ea concessio censetur. Quoad filios, mortis causâ capio erit cùm illi eam emphyteosim, mortuo demùm patre, capiant; & in mortis causâ capione locus sit juri accrescendi sicut & in donatione causâ mortis, in hâc quoque emphyteosi fratrem fratri successurum. Secùs ubi esset emphyteosis fraterna, id est, ab initio duobus fratribus simul accepta. Altero si quidem decedente, portio ob mortem illius deficiens & vacans, alteri non accresceret fratri, sed ad dominum rediret.* Pontanus, *tom. 2, pag. 156.*

Covarruvias pense également que c'est en vertu d'une disposition à cause de mort que les fonds emphytéotiques passent des peres aux enfans; ce qui fait cesser l'obstacle qu'on pourroit opposer à cette transmission, en soutenant que le droit d'accroissement n'a pas lieu en matiere de contrats, *patre accipiente rem aliquam in emphyteosim pro se & filiis, mortuo patre, filios aliam emphyteosim consequi à domino directo ex mortis causâ capione, & ideò inter eos esse locum juri accrescendi, quod alioqui in contractibus propriis locum non habet.* Il ajoute que cette transmission se fait, moins en vertu d'un droit d'accroissement proprement dit, que par la force du pacte tacite, & par la loi même de la concession. *Id recipiendum est omninò, non ex propria jure accrescendi; sed vi taciti pacti & lege concessionis.* Covarruvias, *tom. 1, pag. 20 & 21, n°. 39 & 41.*

Fiefs.

22. Le fief ressemble tellement à l'emphytéose, qu'on peut dire que l'emphytéose a fourni l'idée des droits des fiefs. En effet, il y a si peu de différence entre l'un & l'autre, que les anciens, qui n'avoient pas encore *subtilisé* sur ces matieres, confondoient souvent ces deux especes de contrats, & donnoient à l'un le nom *de l'autre.* D'après cette explication, qui est du célebre président Bouhier, *chap. 37, n°. 55 de la cout. de Bourgogne,* ce que nous venons de dire sur l'emphytéose, relativement *au droit d'accroissement,* doit s'appliquer aux fiefs; nous ne parlerons donc plus que des autres acceptions du mot *accroissement,* en matiere de fiefs.

« Du temps de nos ancêtres, que les fiefs étoient en vigueur, c'est-à-dire, aux siecles onzieme, douzieme & treizieme, les seigneurs féodaux voulant reconnoître les services qu'ils avoient reçus de leurs vassaux, & les gratifier d'un nouveau bienfait, avoient accoutumé de leur faire quelque concession en accroissement du fief, qu'ils appelloient *in augmentum feudi,* quelquefois libéralement, quelquefois aussi moyennant une somme d'argent: & cette concession étoit incorporée au fief principal, dont elle faisoit partie, nonobstant qu'il n'en fût point fait de mention dans les actes d'hommage suivans. L'usage en a été fréquent en Dauphiné, sous ses anciens princes. » Salvaing, *en son usage des fiefs, tom. 1, chap. 19, pag. 159.*

L'accroissement du fief se faisoit, non seulement lorsque le seigneur y ajoutoit quelque chose, ainsi que l'explique Salvaing; mais encore lorsqu'on le déchargeoit de quelques-uns des devoirs auxquels il étoit sujet: M. de la Place assure qu'on n'a pas d'exemple de ces différentes sortes d'accroissement depuis le quatorzieme siecle.

En matiere de fiefs nouveaux, suivant Goetzman, dans son traité du droit commun des fiefs, *tom. 1, pag. 147 & suiv.*, les freres ne se succedent pas; mais si l'un des deux meurt sans postérité masculine, sa part retourne au seigneur, *le droit d'accroissement* n'ayant pas lieu entr'eux.

Il y a quelques exceptions à cette regle générale. 1°. Si le frere de celui qui a obtenu les investitures a été appellé à la succession du fief, en cas de non existence d'enfans mâles de son frere, parce qu'alors ils peuvent être regardés comme solidairement investis, & vraiment conjoints par la chose & les paroles, *re & verbis conjuncti.* 2°. Si au défaut de toute convention, lors des investitures, les deux freres ont joui en commun du fief, & ont rendu l'un & l'autre les devoirs au seigneur. 3°. Si le fief a été acquis, moyennant finance fournie par les deux freres au su du seigneur; car si le seigneur l'ignoroit, il auroit le droit de rembourser la part de finance fournie par celui qu'il n'auroit pas investi, & de rentrer dans la totalité du fief. 4°. Si le fief avoit été donné aux deux freres, en récompense de quelques services rendus à la guerre; *mais cette exception ne peut plus avoir son application en France.* 5°. Enfin, si le fief consistoit en droits indivisibles, tels que des droits de justice, de patronage, de chasse & de pêche, &c. Le seigneur, en ce dernier cas, ne pourroit prétendre qu'une indemnité proportionnée à la valeur de la portion que l'indivisibilité l'empêche de remettre en sa main.

Un fief relevant de plusieurs seigneurs est vendu : l'un d'eux content du quint & requint, veut investir le nouvel acquéreur, & l'autre veut exercer le retrait féodal. Ce dernier pourra-t-il obtenir l'entier fief, ou seulement la portion qui releve de lui? Legrand, sur la coutume de Troyes, *tit. 3, art. 8, glos. 6, n°. 6, tom. 1, pag. 116*, dit que celui qui veut user de retenue féodale, ne peut pas avoir la chose entiere malgré l'acheteur, mais seulement sa part, d'autant qu'il ne peut pas unir & incorporer à son fief la portion de son compagnon, qui a reçu le quint & le requint, *cùm in contractibus non sit jus accrescendi.* Il cite des arrêts du parlement de Paris, de 1577, 1581 & 1587, rapportés par Louet & Brodeau, & des arrêts du parlement de Toulouse, rapportés par la Rocheflavin, favorables à son opinion.

On suppose que, dans l'intervalle de la vente d'un fief au retrait féodal, exercé par le seigneur, il arrive quelque augmentation au fief; & on demande si cet accroissement a lieu au profit de l'acquéreur. Dumoulin est pour l'affirmative, pourvu que le retrait n'ait pas été reculé par sa faute : *augmentum quod supervenit à tempore venditionis, antequàm emptor fuerit constitutus in morâ super isto retractu, cedit lucro emptoris & debet vel ejus æstimatio refundi per patronum, tom. 1, pag. 313, n°. 87.*

Pothier, *cout. d'Orléans, introd. des fiefs, n°. 254, pag. 145*, tient au contraire pour la négative. « Les augmentations naturelles, telles qu'une alluvion, survenue à l'héritage depuis le contrat, n'augmentent pas le prix que le retrayant doit rembourser, de même que les dégradations survenues par cas fortuits, sans le fait ni la faute de l'acquéreur, ne le diminuent pas : le retrayant, en prenant le marché de l'acquéreur, le prend avec ses risques, comme avec les bonnes fortunes qui ont pu survenir.

La coutume d'Anjou, qui permet le démembrement des fiefs, permet aussi leur accroissement, par des acquisitions & des alliances. « Et aussi comme les fiefs se peuvent despiécer par les moyens dessus touchés au préjudice du suzerain & chef-seigneur, comme du prince, du comte, du baron, du seigneur châtelain, & de degré en degré, aussi à leur avantage se peuvent accroistre, & accroissent par acquêts & mariage, &c., » *art. 207*. . . . . . Voyez *Despié, Emphythéose, Fief, Prélation, Retrait, Seigneur, Vassal, &c.*

Gains nuptiaux.

23. Les matieres sur le droit d'accroissement, abstraites & difficiles en général, sont sur-tout épineuses dans la matiere des gains nuptiaux; parce que Justinien a encore plus varié dans celle-là que dans aucune autre. La jurisprudence françoise, bien loin de porter la lumiere, a augmenté les ténebres.

On demande si, pour régler la portion virile de la mere dans le gain nuptial, il faut considérer le nombre des enfans vivans au décès du pere; de maniere que s'il en meurt quelques-uns pendant la vie de la mere, leur portion *accroisse* aux survivans à l'exclusion de la mere; ou s'il faut seulement compter ceux qui se trouvent en vie quand la mere meurt, & faire un partage absolument égal entre la mere & les enfans.

Cette question est clairement décidée

par la *novelle 2, chap. 3, § 1*, qui défere la portion de l'enfant qui meurt après son pere sans laisser des enfans, à ses freres & sœurs à l'exclusion de la mere, au point qu'il ne peut pas même en disposer en sa faveur. Cette décision doit avoir lieu, soit que la mere fût remariée au temps de la mort de l'enfant, soit qu'elle lui eût succédé avant que de l'être: *etiam circa eas quæ nunc sunt viduatæ mulieres, & propriis successerunt filiis, & quæ nondum ad secundas veniunt nuptias, licèt postea veniant.*

La *novelle 22, chap. 20, § 1*, introduisit une regle bien différente, puisqu'elle permit au pere & à la mere, qui restoient en viduité, de disposer à leur gré de tout le gain nuptial, quoiqu'il y eût des enfans procréés de leur mariage; *& erunt hæc eis propria, nihil penè ab aliâ eorum differentia possessione, undè donec vixerint omnem licentiam habebunt alienationis super his, sicut in aliis quæ de suo, initio habuerunt.*

Cependant cette nouvelle loi fut bientôt traitée comme celle qui l'avoit précédée, & l'empereur ôta au pere & à la mere non remariés le droit de disposer du gain nuptial, dont il attribua la propriété aux enfans, en ne leur en réservant que l'usufruit. *Usum quidem lucrorum ex nuptiis apud eos constitutum, proprietatem verò eorum filiis omninò servandam. N°. 98, cap. 1.*

Un quatrieme changement survint, & Justinien, qui s'étoit déja *excusé* sur ses variations, ne craignit pas de s'y livrer encore & de s'*excuser* de même: NOSTRAS LEGES EMENDARE NOS NON PIGET, UBIQUE UTILITATEM SUBJECTIS INVENIRE VALENTES. Il établit donc par la *novelle 127, chap. 3*, que les femmes qui ne passeroient point à de secondes noces, auroient dans le gain nuptial une portion en pleine propriété, égale à celle de chacun des enfans. C'est de ce dernier réglement qu'a été tiré l'authentique: *Si tamen abstineat C. de secundis nuptiis*, qui étend aux peres & à tous les ascendans non remariés la disposition faite pour la mere restée en viduité. *Si tamen abstineat mater à secundis nuptiis, habebit & ipsa proprietatis portionem pro numero liberorum: idem in patre obtinet, & in omnibus ascendentibus à secundis nuptiis abstinentibus.*

Cette derniere constitution ne s'expliquant pas précisément sur la question décidée originairement par la *novelle 2, chap. 3*, au sujet de l'accroissement des portions viriles de l'enfant décédé à celles de ses freres & sœurs, à l'exclusion de la mere; Cujas a pensé que sans s'arrêter aux dispositions des réglemens intermédiaires, portés par les *novelles 22, chap. 20, § 1 & 98, chap. 1*, il falloit croire que cette exclusion devoit avoir lieu, & que la disposition de la *novelle 2* n'avoit point été abrogée: c'est ainsi qu'il s'en est expliqué sur les *novelles 2, 22, 68 & 98.*

Nous ne sommes pas de son avis, & nous pensons que la *novelle 127* établissant une entiere égalité entre la mere & les enfans, il faut essentiellement la conserver; ce qui ne pourroit se faire, si les portions de ceux d'entr'eux, qui décedent avant elle, accroissoient à celles de ses freres & sœurs à son exclusion. Les expressions de l'empereur sont d'ailleurs trop formelles, *ut secundùm proprietatis rationem, unius & ipsa filii personam obtinere videatur.* Dès qu'il a voulu que la mere fût considérée comme un enfant, il est constant qu'il a entendu confondre tellement la personne de la mere & celle des enfans dans le partage du gain nuptial, qu'il n'y eût entr'eux aucune espece de différence. Enfin, ce partage ne pouvant se faire qu'après la mort de la mere, puisqu'il est incertain si elle restera en viduité, & que d'ailleurs, elle a la jouissance entiere du gain nuptial, il faut décider que Justinien a entendu qu'il se feroit relativement à l'état où les enfans se trouveroient à cette époque.

De notre opinion, il résultera, que dans les véritables regles du droit romain, les portions des enfans décédés après leur pere, du vivant de leur mere, n'*accroissent* point à celles de leurs freres & sœurs, à l'exclusion de la mere; que le partage des gains nuptiaux, & la computation des *viriles* ne se fait qu'après la mort de celle-ci; en un mot, que le droit des enfans dans les gains nuptiaux, est en suspens jusqu'à cette époque, & qu'ils n'en sont propriétaires que sous la condition qu'ils survivront à leur mere; *si matri supervixerint*. . . . Voyons la jurisprudence.

ARRÊT du parlement de Paris, du 12 janvier 1645. . . . *Espece intéressante.* Un particulier, qui avoit donné par contrat de mariage la terre de la Rochette à son épouse, pour augment & gain de survie, l'institue son héritiere, en ne laissant à leurs trois enfans que la légitime de droit. Deux de ces enfans étant morts, la mere vend la terre de la Rochette au sieur de Seve, lieutenant général en la sénéchaussée de Lyon. Le troisieme enfant, après son décès, attaque le sieur de Seve, & soutient que la terre n'a pu être aliénée valablement, parce que, formant le gain de survie, elle n'appartenoit pas en propriété à sa mere, qui n'en avoit que l'usufruit. Un premier arrêt condamne le sieur de Seve; mais à l'instant qu'on alloit le mettre à exécution, il s'oppose & soutient que, par la disposition des *novelles 22, 98 & 127*, la femme a, dans le gain nuptial, une portion dont elle peut disposer; que celle-ci n'ayant qu'un fils, étoit propriétaire de la moitié de la terre affectée à ce gain nuptial, qu'elle avoit donc pu aliéner cette moitié, & qu'il étoit prêt à rendre l'autre. Le premier juge ayant renvoyé les parties en la cour, le sieur de Seve prend lettres en forme de requête civile, pour faire cesser la fin de non-recevoir résultante de l'arrêt. On insiste sur cette fin de non-recevoir, & on soutient *qu'un lieutenant général de sa province, par conséquent présumé savant en tout ce qui peut être de la jurisprudence romaine & du droit écrit, avoit dû rechercher tous les moyens nécessaires pour se défendre de la demande qui lui étoit faite, à faute de quoi il ne pouvoit pas être reçu, après un arrêt contradictoire, à rien proposer de nouveau, touchant la question jugée par icelui.*

La cause est plaidée *solemnellement pendant trois audiences*, tant sur la fin de non-recevoir que sur la question de savoir si la femme pouvoit disposer de sa virile, *& en quoi pouvoit consister cette virile au fait particulier, y ayant trois enfans, lorsque le mari est décédé, & n'y en ayant plus qu'un, lorsque la femme en avoit disposé.*

M. Talon convient que la femme pouvoit disposer de sa virile; mais il explique *que dans l'espece elle ne pouvoit être que du quart, d'autant que cette femme ayant trois enfans lors du décès de son mari, & depuis deux d'iceux étant décédés, leur portion étoit* ACCRUE au survivant. Il ajoute que la mere n'avoit pu succéder à ses deux enfans, en vertu du *tertylien*, abrogé par l'édit de St. Maur; qu'à l'égard des fins de non-recevoir, elles étoient puissantes; mais qu'il laissoit à la prudence de la cour d'en ordonner ce qu'elle jugeroit à propos. Les parties furent mises hors de cour & de procès; de sorte, dit l'arrêtiste, *que la cause vraisemblablement ne fut point jugée touchant la portion virile, appartenante à la femme dans son augment; mais sur les fins de non-recevoir, proposées contre la requête civile, n'y ayant aucune ouverture contre l'arrêt dans la forme, & le demandeur, qui étoit doublement majeur lors dudit arrêt, soit par la considération de son âge, soit à raison de sa charge de lieutenant général de la province, ne pouvant pas alléguer une omission de défenses.* Soëfve, *centur. 1, chap. 74, tom. 1, pag. 71 & suiv.*

Nous avons rapporté ce préjugé avec certains détails, parce qu'ils nous ont paru importans. 1°. Il y a apparence que la cour n'a pas examiné le fond de la question *sur le droit d'accroissement;* Soëfve le remarque, & dit *que la cause vraisemblablement ne fut point jugée touchant la portion virile, mais sur les fins de non-recevoir.* 2°. Il est bien vrai que M. Talon dit que *la virile dans l'espèce ne pouvoit être que du quart, d'autant que cette femme ayant trois enfans lors du décès de son mari, & depuis deux d'iceux étant décédés, leur portion étoit accrue;* mais il n'est pas vrai, comme l'observe Terrasson, dans ses nouvelles observations sur Henrys, *tom.* 2, *pag.* 692, que M. Talon ait établi dans son plaidoyer, rapporté par Soëfve, *que la portion de l'augment de ceux qui décedent doit accroître à leurs freres survivans, à l'exclusion de leur mere, conformément à la novelle 22, chap.* 1, § 1. M. Talon n'a rien discuté, rien approfondi; & nous croyons, sans balancer, que s'il eût rapproché les dispositions des quatre textes des novelles que nous avons analysés, il n'eût pas assuré qu'il y avoit lieu à l'accroissement des portions des enfans décédés à celles des survivans, à l'exclusion de la mere. 3°. L'édit des meres est ce que M. Talon a le plus discuté, & effectivement, suivant cette loi, les meres ne pouvoient succéder à leurs enfans. Mais sans entrer dans la discussion de savoir si les dispositions de cet édit pouvoient être appliquées à l'espece de la cause jugée en 1645, il suffit de remarquer qu'on ne pourroit plus s'en faire un moyen dans une cause semblable, au moyen de l'édit du mois d'août 1729, qui révoque celui de St. Maur.

ARRÊT du parlement de Paris, du 27 août 1672, qui juge que les enfans sont tellement propriétaires de leur part dans l'augment, que lorsqu'ils l'ont aliéné, l'aliénation subsiste au préjudice de la mere survivante.

Cet arrêt, rapporté par Ricard, sur l'édit des secondes noces, *chap.* 9, *glos.* 6, *nomb.* 1378, ne sauroit servir à décider la question que nous traitons, parce que la mere étoit remariée; & qu'ainsi, ayant perdu la propriété des gains nuptiaux, le réglement des portions viriles, & leur disposition lui étoient parfaitement indifférens. Nous examinerons cet arrêt plus particuliérement en son vrai lieu, & nous discuterons la question essentielle de savoir s'il décide que la mere remariée perd dans le moment la propriété de tous les avantages de son premier mariage, sans aucune espérance de les reprendre, même après le décès de tous ses enfans, ainsi que l'attestent presque tous les auteurs; ou si au contraire la cour ne s'est pas décidée contre la prétention de la mere, par la circonstance que l'un des enfans du premier lit avoit laissé des enfans.

Au parlement de Toulouse, la question *sur l'accroissement exclusif* n'est point douteuse, & on y interprete la *novelle* 127, & l'authentique *si tamen* de la maniere que nous avons cru devoir l'interpréter nous-mêmes; en conséquence, on y juge que la virile que la femme gagne sur l'augment par le prédécès de son mari, se regle, eu égard au nombre des enfans qui sont en vie lors du décès de la mere.

ARRÊT du parlement du Toulouse, du 24 mars 1665, qui juge que les créanciers de Me. Chotet, prêtre, condamné à mort par contumace, & à des dépens envers Costes, partie civile, ne pouvoient pas se venger sur sa part dans l'augment au préjudice de sa mere, parce qu'étant mort civilement avant elle, il n'y avoit aucun droit. Catellan, *tom.* 2, *liv.* 4, *chap.* 52, *pag.* 149 & *suiv.* La propriété de l'augment est donc une propriété incertaine & irréguliere, qui n'est incommutablement acquise aux enfans qu'après le décès de leur mere: de maniere qu'elle peut jusques alors recevoir *un accroissement*, mais que cet *accroissement ne se fait point à l'exclusion de la mere*, dont la virile est toujours parfaitement égale à la portion de ceux de ses enfans qui lui survivent,

Après tout ce que nous venons de dire, nous persistons à notre avis, qui est aussi celui de M. Boucher d'Argis & des avocats de Lyon, qu'il consulta en 1734. Ils pensent tous unanimement que l'accroissement des portions qu'auroient pu avoir dans les gains nuptiaux les enfans décédés après leur pere, mais avant leur mere, ne se fait pas aux portions des autres enfans, à l'exclusion de leur mere, & que la computation des viriles doit se faire dans les principes de la plus parfaite égalité, entre les enfans & leur mere.

« Le pere ou la mere survivant, qui ne se remarie point, peut valablement disposer entre vifs, ou à cause de mort, de la portion qui lui appartient pour la virile, laquelle sera réglée selon le nombre d'enfans, vivans lorsqu'il dispose; & si depuis cette premiere disposition la quotité de la virile augmente, par le décès de quelqu'un des enfans, le survivant pourra encore disposer de ce qui lui est *accru* par le prédécès de son enfant; ou s'il n'en dispose pas, cela ne laissera pas de lui appartenir en propriété à titre de virile, & de faire partie de la succession. »

« De même à l'égard des enfans, aussitôt que leur pere ou mere survivant a reçu ses gains nuptiaux; leur part dans la propriété de ces gains est déterminée selon le nombre des enfans qui se trouvent vivans, lorsque leur droit est ouvert: ils peuvent dès-lors disposer de la propriété de cette part, jusqu'à concurrence de sa quotité actuelle, ce qui n'empêche pas qu'elle ne puisse être augmentée par le prédécès d'un de leurs freres ou sœurs; ou lorsque le conjoint survivant, leur pere ou mere se remarie: parce que dès ce moment le survivant perdant la propriété de tous les avantages à lui faits par son premier conjoint, la propriété de sa virile *accroît* aussitôt à la part que chacun des enfans avoit déja dans les gains nuptiaux. » *Traité des gains nuptiaux, page 198.*

Les avocats de Lyon disent que la mere a dans les gains nuptiaux « une portion égale à celle des enfans qui lui survivent: c'est ce qu'on appelle portion virile, dont elle peut disposer comme elle le juge à propos & même l'engager, pourvu que la disposition ou l'obligation soit expresse; mais elle perd cette portion par un second mariage, quant à la propriété; l'usufruit lui demeurant toujours réservé en entier, de même que celui de l'augment pendant sa vie. » *Ibid. pag. 241.*

Il se présente une seconde difficulté, relativement au *droit d'accroissement*, dans la matiere des gains nuptiaux, non moins épineuse que la précédente; & l'embarras que fait naître sa décision, provient également de l'obscurité & des variations de Justinien dans la rédaction de ses novelles. Il s'agit de savoir, si l'*accroissement* a lieu aux gains nuptiaux, en faveur des enfans du premier lit qui survivent, au préjudice du pacte *in casu orbitatis*.

Pour bien entendre le cas, il faut observer que les contractans faisoient différentes conventions par leurs contrats de mariage: les uns convenoient que le survivant gagneroit en entier la dot, ou la donation à cause de noces, *propter nuptias*, au cas qu'il y eût des enfans vivans au temps de la mort du survivant; & cette convention s'appelloit *pactum in casu existentium liberorum*. Les autres convenoient que le survivant ne gagneroit qu'une partie de la dot ou de la donation, *propter nuptias*, au cas qu'il n'y eût point d'enfans, *in casu non existentium liberorum, in casu orbitatis* ἀπαιδίας.

Voici les termes de la novelle, dont la décision semble choquer tout à la fois les loix antérieures & la raison. *Undè si, pluribus existentibus filiis, moriatur unus; si quidem habet filios, ad illos ferri hereditatem: hoc quòd sæpè diximus. Si verò non habeat filios, non omninò ad fratres totum venire, sed quantùm ex pacto non existentium filiorum acquirebatur generanti, hoc eum lucrari: reliquum verò concedere in filii venire successores, sive fratres sint, sive extranei fortè (quod maximè in matre contingit,) sive disponant suas substantias, sive etiam intestati moriantur.* N°. 22, *cap. quoniam* 26. Cujas, en convenant de l'obscurité de cette novelle, *locus est obscurus*, a voulu en rendre l'explication sensible, & il l'a fait par une comparaison.

Supposons, *dit-il*, qu'une femme dont le mari meurt, doive avoir l'entiere donation à cause de noces, qui est de 1000 livres, s'il lui laisse des enfans, & qu'elle n'en doive avoir que la moitié, s'il ne lui en laisse point. Le premier cas arrive, & la veuve a cinq enfans: comme elle se remarie, la propriété de la somme de 1000 livres leur est acquise, & ils ont chacun 200 livres: cependant, si l'un d'eux décede, sa mere acquiert la moitié de sa portion; l'autre moitié doit aller à ses freres ou même à ses héritiers testamentaires. *Finge, convenit, ut moriente marito sine liberis, mulier donationis propter nuptias semissem lucraretur, existentibus liberis, assem. Donatio propter nuptias est solidorum mille. Nullis existentibus liberis, matri debentur* D. *Existentibus liberis, integram donationem lucratur. Si iterùm nubat, dominium ejus pecuniæ liberis adquiritur, ut si sint quinquè singulis adquiruntur* CC. *Moritur porrò ex eis liberis unus, cujus portio erat ducentorum; hujus portionis semissem habebit mater, puta* C. *Reliqua* C. *Obvenient fratribus, vel etiam extraneis heredibus filii testamento scriptis.* Cujacius, *tom.* 2, *priorum pag.* 482, *edit. Fabrotti.*

Cujas explique bien, mais il ne justifie pas la décision de la novelle; il auroit donc dû faire comme le *glossateur*, qui, après avoir donné différentes interprétations, dont il étoit sans doute peu satisfait, ne craint pas de dire que le premier pacte, *en cas d'enfans*, étant contraire à l'autre, le premier ayant son effet, l'autre ne peut en avoir; *nam duo diversa pacta & contraria fuerunt, ergo uno habente effectum, aliud non poterit suum vigorem sortiri*: le *glossateur* ajoute qu'il implique que le second pacte puisse être exécuté en partie, *en cas de non enfans*, par la mort de l'un, dès qu'il en reste d'autres; *nam si aliquid est in pluribus faciendum, non sufficit fieri in uno; ergo & hic non debet sufficere unum mori, cùm secundùm verba pacti secundi, oporteat quòd nullus remaneat.*

Ainsi donc, quand il y a quelques enfans vivans, le pacte fait, au cas qu'il n'y en ait point, *pactum in casu orbitatis*, ne sauroit avoir lieu, même à l'égard de ceux qui sont décédés, parce qu'il est constant qu'il y a des enfans, & que la mort de quelques-uns n'empêche pas qu'il n'y en ait d'autres. Ainsi donc, la novelle décide mal à propos qu'il y a un cas dans lequel le conjoint survivant remarié succede en propriété à un fils du premier lit, & que ce cas est celui où il y a eu pacte, qu'il gagneroit une portion quelconque *in casu orbitatis*. Ainsi donc, Justinien a bien mérité dans cette circonstance la censure du glossateur, lorsqu'il a dit que la division du chapitre *Quoniam* ne pouvoit être justifiée par aucun motif raisonnable. *Sed potest dici hæc jura magis esse* VOLUNTARIA QUAM RATIONABILIA; QUIA SIC VOLO, SIC JUBEO, SIT PRO RATIONE VOLUNTAS, SICUT PLURAQUE JURA IMPERATORUM SUNT.

Nous pensons donc, avec M. Dupin, dans son traité des secondes noces, *tit.* 3, *chap.* 4, *pag.* 147, qu'il faut rejeter absolument la disposition du chapitre *Quoniam*, parce qu'elle est contraire à toutes les loix antérieures & postérieures, & notamment au chapitre 21 de la même novelle. Celui-ci décidant par rapport aux gains nuptiaux, que si un des freres décédés a laissé des enfans qui répudient son hérédité, la portion du défunt *accroît* aux autres; cette décision doit s'appliquer aux enfans du premier lit qui restent, quoique quelques-uns d'entr'eux soient décédés, puisque la répudiation & la mort produisent le même effet. *Repudiare & mortuum esse, paria sunt: Benedict. in cap. Raynutius*, in verbo *Uxorem, decis. 5, n°. 100*. Voyez *Agencement, Augment, Bagues & Joyaux, Chambre garnie, Coffres, Contre-augment, Coutume de Ferrete, Deuil, Dévolution, Donation (de survie,) Douaire, Equipages, Gains nuptiaux, Habitation, Habits, Hardes, Insinuation, Mariage, Morgengaab, Noces (secondes,) Pension viagere, Quarte pauvre, Screix, Survie, Tenute, Tiers-coutumier, Trousseau, Viduité, Virile, Ustenciles*, &c.

Garenne.

24. « Homme noble peut avoir buisson à congnils, defensable au vol de chapon, environ la maison de son domaine où il faict sa demeure continuelle, supposé que ledict domaine ne soit hommaigé, sans préjudice d'autrui ». . . . . . « Tous autres accroissemens de garennes sont prohibez estre faits au préjudice d'autrui. » *Art. 33 & 34 de la cout. d'Anjou*. Dupineau, *tom. 1, pag. 76*, observe sur ces textes, qu'on trouve des ordonnances du roi Jean & de Charles le dauphin, des années 1355 & 1356, qui enjoignent de démolir les garennes *& leurs accroissemens faits depuis quarante ans*, avec permission à chacun d'y chasser, même dans celles du roi. Les lapins, non seulement rongent les vignes & l'écorce des jeunes arbres, mais encore les déracinent par les creux & les clapiers qu'ils fouillent dans la terre. C'est ce qu'observoit M. le Bret, en portant la parole dans une cause, où il conclut contre un seigneur qui vouloit établir une garenne, & à qui la cour le défendit par arrêt du 6 mai 1614. *Œuvres de le Bret, liv. 5, décis. 11, pag. 330 & suiv.* Voyez *Clapier, Garenne, Lapins*, &c.

Héritier.

25. Nous avons dit, en commençant cet article important, que le droit d'accroissement étoit *du droit naturel* dans les successions légitimes, & n'entraînoit point d'inconvéniens, parce que la loi civile étoit à cet égard claire & simple comme la loi naturelle qui l'avoit inspirée. Nous avons dit que le droit d'accroissement dans les successions testamentaires étoit *du droit positif*, & que ce droit formé par le résultat des opinions contraires de plusieurs jurisconsultes sur l'interprétation des volontés, souvent ridicules ou inintelligibles des testateurs, donnoit lieu aux difficultés les plus sérieuses : les détails vont justifier nos réflexions.

SUCCESSIONS LÉGITIMES. La loi XXXIII des douze tables, regle ainsi l'ordre de succéder dans la ligne directe & collatérale. *AST. SI. INTESTATO. MORITUR. CUI. SUUS. HÆRES. NEC. ESCIT. AGNATUS. PROXIMUS. FAMILIAM. HABETO. SI. AGNATUS. NEC. ESCIT. GENTILIS. FAMILIAM. NANCITOR. Mais si le pere de famille meurt sans avoir testé, & qu'il n'ait point d'enfant qui lui succede, que son plus proche parent soit son héritier; s'il n'a point de proche parent, qu'un homme de sa famille & de son nom ait son héritage.*

Quoique ces termes des Décemvirs se trouvent *au nombre singulier*, il n'en faut pas conclure, qu'un seul *enfant*, un seul *proche*, un seul *homme de la famille* soit appellé. Ce nombre s'applique en effet à tout le degré des plus proches, c'est-à-dire, à toutes les personnes qui composent ce degré, & qui ne sont réputées qu'une seule personne, parce qu'étant unies au défunt par le même lien de parenté, elles sont réciproquement unies par la même vocation. C'est ce qu'explique bien précisément l'empereur aux institutes. *Si plures sint gradus agnatorum : apertè lex XII tab.* PROXIMUM *vocat. Itaque si (verbi gratiâ) sint defuncti frater & alterius fratris filius, aut patruus : frater potior habetur. Et quamvis singulari numero usa lex (XII tab.)* PROXIMUM *vocet, tamen dubium non est, quin si plures sint ejusdem gradûs, omnes admittantur. Nam*

& propriè proximus ex pluribus gradibus intelligitur: & tamen non dubium est, quin, licèt unus sit gradus adgnatorum, pertineat ad eos hereditas. I. § 5, de legit. adgnat. success.

Suivant ces principes fondamentaux en matiere de successions légitimes, il est donc juste que tous les parens d'un défunt au même degré, lui succedent par portions égales; mais si l'un d'eux refuse, ou est incapable de venir à partage, sa portion *accroitra* aux autres: *si ex pluribus legitimis heredibus, quidam omiserint (adire) hereditatem; vel morte, vel quâ aliâ ratione impediti (fuerint) quominùs adeant: reliquis qui adierint, adcrescit illorum portio: & licèt decesserint antequam adcresceret, hoc jus ad heredes eorum pertinet: l. 9, D. de suis & legit. hered.*

Cet accroissement se fait tacitement, & contre la volonté même de l'héritier, qui ne peut le refuser lorsqu'il accepte la succession; parce qu'on ne peut reconnoître l'hérédité pour une portion & la refuser pour l'autre. *Qui semel aliquâ ex parte heres extiterit, deficientium partes, etiam invitus, excipit, id est tacitè ei deficientium partes etiam invito adcrescunt: l. 53, § 1, D. de adquir. vel om. hered.*

Le droit de représentation en vertu duquel, & par une fiction de la loi, les enfans prennent la place de leur pere dans une succession (*ad hunc scilicet effectum ut tantùm capiant ex hereditate quantùm habuisset suus parens, si vixisset,*) a donné lieu à deux difficultés qui se présentent relativement au droit d'accroissement entre les héritiers ab intestat, mais elles ne sont pas sérieuses.

1°. On demande de quelle maniere se regle ce droit, entre ceux qui succedent par têtes & ceux qui succedent par souches; c'est-à-dire, quand des petits-fils viennent à la succession de leur aïeul avec leur oncle, fils du défunt. Lorsque la portion défaillante est celle d'un héritier au premier degré qui laisse un frere & deux neveux, ceux-ci n'ont pas plus à eux deux dans cette portion, que n'en a leur oncle; parce que leur pere qu'ils représentent l'auroit partagée avec son frere: lorsque la portion défaillante est celle d'un héritier au second degré, c'est-à-dire, qui vient par représentation, & qui laisse un frere & deux oncles, celui-là comme co-représentant exclut ceux-ci, parce que l'accroissement se trouve dans la portion même du représenté à laquelle ils n'ont aucun droit. En un mot, le lien des cohéritiers entr'eux, plus ou moins fort, opere la préférence dans le droit d'accroissement. *Si duobus filiis, & ex altero filio duobus nepotibus bonorum possessio competat, & alter ex nepotibus non petat: pars ejus fratri adcrescit. Si verò ex filiis alter non petat, tam fratri quàm nepotibus id prodest: namque tunc duo semisses fiunt, ex quibus alterum filius, alterum nepotes consequuntur: l. 12, in princip. D. de bon. possess. contra tab.*

2°. On demande si la portion du fils, qui renonce à la succession de son pere, peut être dévolue à ses enfans, ou si elle *accroît* à ses freres & sœurs: on répond, que ces enfans ne peuvenr recueillir la portion de leur pere, ni à titre d'accroissement, puisqu'ils sont placés dans un degré plus éloigné que leurs oncles & tantes, *ADGNATUS. PROXIMUS. FAMILIAM. HABETO.* ni à titre de représentation, parce qu'on ne représente point un homme vivant dont le droit est d'ailleurs consommé par sa répudiation.

ARRÊT du parlement de Paris, du 11 décembre 1612, qui décide que dans le cas de répudiation d'une mere, les enfans ne peuvent y être admis par la voie de la représentation. *Matre repudiante, venire quidem non posse filios per repræsentationem etiam in lineâ directâ: venire tamen posse jure suo ex successorio edicto, si sint proximiores in gradu, vel æque propinqui cum aliis succedentibus vel repræsentantibus. Hæc* MOLINÆUS, *ex cujus sententia rejectus est nepos à successione avi, quam, cùm pater ejus repudiasset, eo adhuc vivente, receperat ex inventario : propterea senatus solo patruo addixit.* MORNACIUS, *ad l.* 7, *D. de his qui sui vel alieni juris, &c. tom.* 1 *operum, pag.* 58. . . . . Dumoulin a dit effectivement sur *l'art.* 149 de l'ancienne coutume de Paris, *etiamsi pater vel mater superfit & renuntiet, non habet locum repræsentatio pro filio, si sit patruus. Tom.* 1 *operum, pag.* 903.

ARRÊT du parlement de Paris en la chambre de l'édit, du 2 août 1634, qui juge, que si un des héritiers plus proche renonce à une succession directe, les cohéritiers de celui qui a renoncé excluront ses enfans qui prétendent succéder par la représentation de leur pere. Ces enfans ne le peuvent que lorsqu'ils sont capables de succéder de leur chef avec les autres parens qui se trouvent au même degré qu'eux. Auzanet, *sur l'art.* 310 *de la coutume de Paris, pag.* 291. . . . Les préjugés confirment l'axiome : *nulla est repræsentatio personæ viventis.* . . . Voyez ci-dessus *le n°.* 5, & ci-après la division *Renonciation.*

SUCCESSIONS TESTAMENTAIRES. Les Romains jaloux du droit de commander, même après leur mort, s'occuperent sur-tout du soin d'assurer l'accomplissement de leurs dernieres volontés. Aussi la loi des XII tables fixe les regles des successions testamentaires, avant de déterminer celles des successions légitimes. La loi XXXII s'exprime ainsi : *PATER. FAMILIAS. UTI. LEGASIT. SUPER. PECUNIÆ. TUTELÆ. VE. SUÆ. REI. ITA. JUS. ESTO. Que la disposition qu'un pere de famille fera de son bien, & au sujet de la tutelle de ses enfans, tienne lieu de loi après sa mort.* Par une suite de ce premier principe sur l'indépendance sans bornes d'un testateur, & de cette attention à assurer la vocation de l'homme avant de s'expliquer sur celle de la nature, on établit deux maximes fondées sur le même motif.

La premiere fut que, lorsqu'un citoyen faisoit son testament, il falloit que cet acte contînt une institution d'héritier & réglât toute sa succession, parce qu'il n'étoit pas possible de décéder partie *testat* & partie *intestat. Jus nostrum non patitur eumdem in paganis & testato & intestato decessisse : earumque rerum naturaliter inter se pugna est* (*TESTATUS ET INTESTATUS*) *l.* 7, *D. de reg. juris.*

La seconde fut que, lorsqu'un testateur n'instituoit son héritier que pour une certaine portion ou pour un certain fonds, cet héritier n'en avoit pas moins le droit de recueillir toute la succession, sa qualité d'héritier opérant cette fiction que la succession entiere étoit présumée renfermée dans la portion ou le fonds laissé à l'héritier qui étoit seul appellé : *Non semper duodecim uncias esse oportet. Nam tot unciæ assem efficiunt, quot testator voluerit : & si unum tantùm quis ex semisse (verbi gratiâ) heredem scripserit, totus as in semisse erit. NEQUE ENIM IDEM EX PARTE TESTATUS ET EX PARTE INTESTATUS DECEDERE POTEST. l.* § 5, *de hered. instit.* . . . *Qui certæ rei heres instituitur coherede non dato, bonorum omnium hereditatem obtinet : l.* 41, § 8, *D. de vulg. & pupil. subst.*

De tout cela il résulte que les seuls héritiers d'un testateur sont ceux qu'il a nommés, & que c'est dans leur personne que résident tous les droits de la succession. Là où il y a des héritiers testamentaires, il n'y a plus d'héritiers légitimes, parce qu'il n'y a plus lieu à la vocation de la loi, là où l'homme a appellé lui-même. L'un des héritiers testamentaires venant à ne pouvoir ou ne vouloir recueillir sa portion, elle *accroît* donc aux autres héritiers testamentaires, & non pas aux héritiers légitimes auxquels on n'a aucun égard. La disposition de l'homme, autorisée par la loi civile & positive, fait cesser la disposition de la loi naturelle impuissante par elle-même,

Testamento jure facto, multis institutis heredibus .... adeuntibus suam portionem etiam invitis coheredum repudiantium, adcrescit portio: l. 6, C. de impub. & al. subst.

Mais comment se fait cet accroissement entre les cohéritiers testamentaires? Cela est moins aisé à décider que pour les héritiers légitimes. Le droit de ceux-ci tient à un principe simple dans ses effets comme dans son origine; puisqu'il a pour base unique la proximité du degré qui les unissoit au testateur : le droit de ceux-là, dérivant de la maniere dont le testateur les a placés dans la rédaction de ses dispositions, devient douteux & arbitraire ; parce que cette rédaction est souvent équivoque & susceptible de diverses interprétations.

Nous avons distingué trois especes de conjonctions : par la chose, par les paroles, & par la chose & les paroles tout à la fois, & nous en avons donné des exemples qui pussent les rendre plus sensibles. Nous avons dit que ces conjonctions avoient donné lieu à une grande diversité d'opinions entre les plus célebres jurisconsultes ; les uns n'attribuant le droit d'accroissement qu'aux conjoints, par la chose ou par la chose & les paroles, & le refusant aux conjoints par paroles seulement : & les autres, au contraire, le donnant indistinctement aux trois especes de conjoints. Ce n'est pas ici le moment de déduire les raisons qui nous font embrasser cette derniere opinion, parce que l'examen n'en est essentiel qu'en matiere de legs & de fidéicommis, & non en matiere de succession.

En effet, quand il s'agit de l'hérédité, de quelque maniere que les héritiers y soient appellés, ou par la chose seulement ou par l'expression seule, ou tant par la chose que par l'expression ; il n'est pas difficile de sentir qu'il n'y a aucune différence entr'eux pour recueillir par accroissement la portion défaillante; puisque l'identité de leur jonction leur y donne un droit égal ; de sorte qu'en supposant que tous les héritiers institués par un testament, fussent joints ou par la chose seulement, ou par l'expression seulement, il faut décider qu'il y a accroissement entr'eux, par la raison introductive du droit d'accroissement. C'est que le droit à l'hérédité est un droit universel & indivisible, c'est-à-dire, qu'on ne peut être héritier seulement pour une partie, de sorte que l'autre demeure vacante & sans héritiers.

En matiere de legs ou de fidéicommis, au contraire, il n'y a pas cet inconvénient à craindre, puisque quand le droit d'accroissement n'auroit lieu pour aucune des especes de conjonctions, la succession ne se trouveroit pas vacante: les portions des légataires ou fidéicommissaires qui ne voudroient ou ne pourroient les recueillir, pouvant en ce cas rentrer dans la masse de l'hérédité & être prises par l'héritier. Cette différence a été saisie par Mornac: *advertendum verò est jus accrescendi locum habere duntaxat in jure universali successionis*, ITA UT NECESSE NON SIT SPECTARE QUO GENERE CONJUNCTIONIS ID FIAT, SEU RE TANTUM, SEU VERBIS, AUT RE ET VERBIS SIMUL.... *Quod si de rebus singularibus agatur, ei locus non est nisi legatarii re & verbis conjuncti sint, neque factis discretisve ac separatis portionibus. Tom. 1, ad. l. 1, § 2, D. de usufr. accresc. pag. 529.*

Il ne faudroit pas conclure, de ce que nous venons de dire sur la conjonction des héritiers, que le droit d'accroissement est toujours tel, que tous les héritiers l'aient toujours entr'eux réciproquement. En effet, la distinction des conjonctions n'est indifférente que lorsqu'il s'agit de ne pas laisser vacante une portion de l'hérédité ; mais elle est essentielle pour connoître comment doit procéder le droit d'accroissement, lorsque dans un même testament, il se trouve des vocations d'héritiers joints en diverses manieres.

Parmi plusieurs exemples que les loix nous donnent du mélange de jonctions d'héritiers, nous n'en choisirons qu'un petit nombre qui suffisent pour rendre aisée l'application des maximes générales qu'elles présentent sur tous les cas possibles.

Si un testateur donne une moitié de sa succession à deux ou plusieurs héritiers, & l'autre moitié à quelques autres; l'un de ces héritiers ne recueillant point, sa portion demeurera dans la masse de la moitié dont elle faisoit partie, & *accroîtra* aux cohéritiers de cette moitié & non à ceux de l'autre. Mais s'il y avoit quelqu'un des héritiers qui fût institué seul pour une moitié ou autre portion, & qu'il ne pût ou ne voulût pas la prendre, elle accroîtroit entiere à tous les autres héritiers indistinctement, selon la proportion de leurs portions dans l'hérédité. Donnons un plus grand jour à ces idées.

Supposons qu'un testateur se soit ainsi exprimé : *je veux que Jean & Pierre soient mes héritiers, je veux que Paul soit mon héritier:* il y a dans ce mélange deux especes de conjonctions : *Jean & Pierre* institués héritiers, par une seule & même clause, sans distinction de portions, sont joints l'un à l'autre, tant par l'expression que par la chose: *Paul* n'est joint *à Jean & à Pierre* que par la chose seulement; puisqu'il est institué héritier par une clause différente sans aucune mention de sa portion. On demande si Jean venant à ne point recueillir sa portion, elle *accroîtra* tant à *Pierre* qu'à *Paul*, ou si *Pierre* exclura *Paul.* On répond que *Pierre* aura seul le droit d'accroissement à l'exclusion de *Paul*; parce que *Pierre* est joint plus particuliérement à *Jean* que *Paul*, puisque *Pierre* l'est tout à la fois par la chose & par l'expression, & que *Paul* ne l'est que par la chose. Or, cette conjonction plus spéciale fait présumer que le testateur a voulu que *Jean* & *Pierre*, *QUASI IN UNUM CORPUS REDACTI*, par la copulation *&*, qui fait la jonction des termes ou de l'expression, profitassent réciproquement de la portion de celui d'entr'eux qui seroit défaillante, à l'exclusion de *Paul* qu'il a disjoint & séparé d'eux par une clause différente, qui indique qu'il doit se contenter de sa portion dans l'hérédité. Cette décision est juste. En effet, supposez que *Jean*, *Pierre & Paul* fussent tous les trois venus à partager la succession, elle n'auroit pas été divisée par tiers, mais par moitié, dont l'une auroit été donnée à *Paul*, institué par une clause distincte, & joint à *Jean* & *Pierre* par la chose seulement; & l'autre à *Jean* & *Pierre*, institués par une seule clause & joints ensemble par la chose & l'expression tout à la fois: d'où il résulte, que l'un de ceux-ci ne voulant ou ne pouvant recueillir, sa portion défaillante doit accroître à la seule moitié dont elle ne pouvoit être séparée que par le concours.

Tout ce que nous venons de dire est le résultat de l'analyse de deux loix essentielles à connoître. *Heredes sine partibus utrùm conjunctim an separatim scribantur, hoc interest, quod si quis ex conjunctis decessit, hoc non ad omnes, sed ad reliquos, qui conjuncti erant, pertinet. Sin autem ex separatis, ad omnes, qui testamento eodem scripti sunt heredes, portio ejus pertinet: l. 63, D. de hered. inst. . . . Si quidam ex heredibus institutis vel substitutis permixti sunt & alii conjunctim, alii disjunctim nuncupati: tunc siquidem ex conjunctis aliquis deficiat, hoc omninò ad solos conjunctos cum suo veniat onere, id est, pro parte hereditatis quæ ad eos pervenit. Sin autem ex his qui disjunctim scripti sunt, aliquid evanescat, hoc non ad solos disjunctos, sed ad omnes tam conjunctos quàm etiam disjunctos, similiter cum suo onere pro portione hereditatis perveniat. Hoc ita tam variè, quia conjuncti quidem propter unitatem sermonis, quasi in unum corpus redacti sunt, & partem conjunctorum sibi heredum quasi suam præoccupant : disjuncti verò ab ipso testatoris sermone apertissimè sunt discreti, ut suum quidem habeant, alienum autem non soli appetant, sed cum omnibus coheredibus suis accipiant & HÆC IN HEREDIBUS TANTUMMODO STATUENDA SUNT : l. uni. § 10, C. de caduc. toll.*

C'est sur le fondement de ces deux loix & des principes que nous venons d'établir, que trois avocats du parlement de Bordeaux, rendirent leur sentence arbitrale dans cette espece. . . . . La veuve Heberard institue Catherine Lupien sa niece, son héritiere pour une moitié; Thomas & Jean Heberard, ses neveux, ses héritiers pour l'autre moitié. Thomas étant décédé avant la testatrice, Mrs. Hugon, Grenier & Comet, déciderent que la portion de Thomas étoit acquise à Jean son frere, *par droit d'accroissement;* parce que dans cette institution, Thomas & Jean étoient conjoints par la chose & par l'expression, au lieu que Catherine Lupien, instituée pour une moitié, n'étoit appellée avec eux que *disjunctim*. Lapeyrere, *lettre* A, *n°*. 6, *pag*. 5.

Le droit d'accroissement n'a lieu qu'entre ceux qui sont institués héritiers à titre universel, soit pour une portion déterminée de l'hérédité, & non entre les légataires d'une chose particuliere, quand même le legs leur auroit été fait à titre d'institution. C'est la décision de la *l. 13, C. de hered. instit. Quotiens certi quidem ex certâ re scripti sunt heredes, vel certis rebus pro suâ institutione contenti esse jussi sunt, quos legatariorum loco haberi certum est : alii verò ex certâ parte, vel sine parte, qui pro veterum legum tenore ad certam unciarum institutionem referuntur : eos tantummodo omnibus hereditariis actionibus uti, vel conveniri decernimus, qui ex certâ parte, vel sine parte scripti fuerint, nec aliquam deminutionem earumdem actionum occasione heredum ex certâ re scriptorum fieri.* On ne peut pas opposer la loi qui décide que l'héritier institué pour un fonds, a droit de prétendre toute la succession, *si ex fundo fuisset aliquis solus institutus, valet institutio, detractâ fundi mentione : l. 1, § 4, D. de hered. inst.* En effet, cette loi n'accorde la totalité de la succession à l'héritier institué pour un fonds désigné, que parce que le testateur ne lui a joint aucun autre héritier, *solus institutus;* la loi présume qu'il a voulu lui transmettre toute la succession. Au contraire, quand il y a un héritier général, cet héritier pour un fonds particulier, réduit au rang de simple légataire, ne peut se prétendre héritier universel, contre l'intention présumée du testateur qui en a nommé un autre.

L'application de la loi *quotiens* & du paragraphe *si ex fundo*, a donné lieu à une difficulté intéressante. On a demandé si l'héritier d'une chose déterminée qui n'est assimilé qu'à un légataire, quand il y a un héritier universel, peut devenir lui-même héritier universel par le prédécès de celui-ci, avant le testateur ou par sa répudiation. On disoit contre l'héritier de la chose déterminée, qu'étant simple légataire avant la mort ou la répudiation de l'héritier universel; cette mort ou cette répudiation ne sauroit le rendre héritier universel, parce que le droit d'accroissement n'a lieu qu'entre ceux qui ont un droit commun, & une qualité commune qui les unit : ce qui ne se rencontre pas entre l'héritier institué en une chose particuliere & l'héritier universel. On répondoit pour l'héritier de la chose déterminée, que si les loix ne le regardoient que comme légataire, lorsqu'il y avoit un héritier universel; ce n'etoit qu'en ce cas, qu'il ne pouvoit demander que la chose en laquelle il étoit institué; & qu'il n'étoit pas tenu de contribuer au paiement des legs & autres choses héréditaires, mais qu'il étoit considéré comme héritier quant à d'autres effets. L'institution du fils en une chose certaine, l'empêche de se plaindre du testament de son pere, suivant

ſuivant la Novelle 115. Il pourroit ſe plaindre s'il n'étoit enviſagé que comme ſimple légataire. Il n'y a pas apparence que Juſtinien ait exigé l'inſtitution du fils, *propter ſolum honorem*, ſi elle ne lui étoit d'ailleurs d'aucune autre utilité; & cette utilité eſt le droit d'accroiſſement acquis, au cas où l'héritier univerſel prédécede le teſtateur ou répudie l'hérédité. Enfin, le motif général qui a fait introduire le droit d'accroiſſement, en faveur de l'héritier *in re certâ*, eſt afin que le teſtateur ne mourût pas *partim teſtatus, partim inteſtatus:* mais comme le motif eſt le même, lorſque l'héritier univerſel meurt avant le teſtateur ou qu'il répudie le droit d'accroiſſement, il doit donc être également adopté dans l'un & l'autre cas, dès que ces deux cas doivent produire le même effet.

ARRÊT du parlement de Toulouſe, du 22 mars 1670, qui juge après partage, & conformément à l'avis du compartiteur, que l'héritier inſtitué *in re certâ*, ou ſubſtitué pupillairement *in re certâ* (la ſubſtitution pupillaire étant le teſtament du pupille) devenoit héritier univerſel, par le décès de l'autre ſubſtitué pupillairement, mort avant le décès du pupille. Une circonſtance étoit bien capable d'autoriſer l'avis du rapporteur. Dans la ſubſtitution pupillaire par laquelle il avoit reſtreint l'un des pupilles à la moitié d'un bien fonds, le teſtateur s'étoit ſervi *de cette expreſſion*, TANT SEULEMENT; on en inféroit qu'il avoit *expr ſſément* prohibé le droit d'accroiſſement entre les deux ſubſtitués pupillaires: cependant l'avis du compartiteur l'emporta. Il ſe fonda ſur ce que la clauſe reſtrictive n'empêchoit pas que le ſubſtitué pupillairement *in re certâ*, ne dût avoir l'entiere ſucceſſion *alio coherede non concurrente*, parce que la raiſon de la déciſion de la loi ſubſiſte toujours. Il faut éviter que le pupille meure *partim teſtatus, partim inteſtatus*. Catellan, *liv.* 2, *chap.* 35, *tom.* 1, *pag.* 331 *& ſuiv.* Ce magiſtrat fut le compartiteur.... Vedel n'approuve pas cet arrêt, fondé cependant ſur l'interprétation la plus raiſonnable des loix poſitives exiſtantes.

Nous nous gardons bien de dire qu'il ne faut pas les réformer ces loix poſitives, puiſqu'elles tendent toutes à contrarier la diſtribution des biens ſuivant la raiſon & la loi naturelle; mais juſqu'à ce qu'on ait coupé l'arbre par le pied, nous croyons qu'il faut dans l'interprétation des volontés d'un teſtateur, s'en tenir au plan le plus éloigné de l'arbitraire. Ce plan eſt ſans doute celui qui, en ſe rapprochant davantage du ſens de la loi, toute imparfaite qu'elle eſt, donne la moindre extenſion poſſible à la rédaction ou à l'interprétation des volontés d'un teſtateur, quelquefois ignorant ou prévenu, quelquefois ſéduit ou mal-entendu par ceux qui dictent ſes diſpoſitions.

Juſqu'à cette réforme deſirable, nous nous en tenons à la maxime d'un de nos auteurs qui ont le mieux ſaiſi l'enſemble des loix romaines, & leur vrai but. *Jus accreſcendi eò quodam modo tendere videtur ut res de quâ agitur perfecta reddatur ſuisque numeribus abſoluta & conſummata; cùmque hereditas ſit unum integrale & perfectum, ideò jus noſtrum non permittit eumdem teſtato & inteſtato deceſſiſſe, ſi modo paganus ſit, & conſequenter dicendum eſt heredi rerum certarum aut partis hereditariæ reliquum hereditatis accreſcere.* Vaſquius, *lib.* 1, *de ſucceſſionum progreſſu in princip.*

Ce principe auquel les romains paroiſſoient ſi fort tenir, qu'il ne falloit pas qu'un homme décédât partie *teſtat*, partie *inteſtat*, a pourtant reçu une exception; c'eſt celle du teſtament du ſoldat. Le droit d'accroiſſement n'y a point lieu; ſi l'un de ſes héritiers inſtitués ne recueille pas ſa portion, elle eſt dévolue à l'héritier du ſang, ou du patron héritier légal, ſi le ſoldat eſt un affranchi, à moins qu'il ne paroiſſe évidemment par les termes du teſtateur qu'il a voulu que le droit d'accroiſſement eût lieu entre les héritiers. *Si duobus à milite liberto scriptis heredibus alter omiserit hereditatem : pro eâ parte intestatus videbitur defunctus decessisse. Quia miles & pro parte testari potest : & competit patrono ab intestato bonorum possessio : nisi (si) hæc voluntas defuncti probata fuerit, ut omittente altero, ad alterum vellet totam redire hereditatem : l. 37, D. de testam. milit.* Quel peut être le fondement de cette préférence donnée à l'héritier légitime, sur l'héritier institué relativement au testament du soldat, dont la disposition semble mériter *encore plus d'extension & de faveur* que celle des autres citoyens ? N'y a-t-il pas de l'inconséquence à accorder à l'héritier présomptif auquel il n'a pas songé, un avantage sur l'héritier institué qu'il a expressémemt appellé ?

Il y a encore quelques autres cas où on n'admet point le droit d'accroissement. 1°. Lorsqu'un des héritiers délibere s'il acceptera la portion de succession qui lui est déférée ; cette portion n'accroît pas à son cohéritier qui demande intermédiairement la possession des biens. *Quandiù tamen ex heredibus unus deliberat utrùm admittat bonorum possessionem, an non ; portio bonorum possessionis ejus coheredi non defertur : l. 2, § 2, D. de bonor. possess. secund. tabulas.* 2°. Si de deux héritiers, l'un est institué purement, & l'autre sous condition ; le premier se portant héritier ne prend pas la portion du second, qui ne peut lui accroître que lorsque la condition aura été purifiée. *Papillonius de jure accrescendi, pag. 44, edit. 1640.* 3°. Lorsque l'on attend la naissance d'un posthume, ou des nouvelles d'un prisonnier de guerre, la portion du posthume ou du prisonnier, n'appartiendra *par accroissement* à leurs cohéritiers, que lorsque l'espérance de la naissance du posthume sera éteinte, ou la mort du prisonnier assurée : *l. 1, § 4 & 5, D. de bonor. possess. contra tab. & Papillonius, pag. 48 & 49.* 4°. La portion d'un fils déshérité n'accroît point à ses cohéritiers par son silence, parce qu'il est toujours dans le cas de se pourvoir contre l'exhérédation. *Filius exheredatus omninò exclusus non est per exheredationem, quippè admitti speratur ; & qui tacet quidem, sed exclusus non est quin possit admitti ad querelam inofficiosi.* Mornacius, *ad l. 8, § 8, D. de inof. test. tom. 1, pag. 432.* Il en est autrement, si le fils déshérité néglige de se pourvoir par la querelle d'inofficiosité, ou en est exclus par la prescription de cinq ans, ou s'en est désisté. *Qui repudiantis animo non venit ad accusationem inofficiosi testamenti, partem non facit : l. 17, D. de inof. test.*

Nous devons encore rendre compte de deux especes, où il a été question de savoir s'il y avoit ou n'y avoit pas lieu au droit d'accroissement.

ARRÊT du parlement de Toulouse, du mois de juillet 1632..... *Espece.* Le mari de Catherine Moulat l'institue son héritiere pour les deux tiers de sa succession, & lui substitue M. Espagnet, conseiller au parlement d'Aix, dans le cas où elle passeroit à de secondes noces ; il institue Balthasar de la Panouse, son héritier pour l'autre tiers. Catherine Moulat transige avec le substitué, qui renonce au fidéicommis, au moyen d'une somme de 1500 liv. qu'elle lui compte, & consent qu'elle se remarie ; ce qu'elle fait bientôt après. Balthasar de la Panouse l'attaque, & demande qu'elle soit déclarée déchue de l'effet de l'institution. L'affaire évoquée au conseil, & renvoyée au parlement de Toulouse, présenta des difficultés, tant sur le point de savoir, si Catherine Moulat devoit être privée des deux tiers de la succession de son mari, ensuite de son convol, que sur celui de savoir à qui ces deux tiers devoient être adjugés, ou au fisc ou au substitué, ou au cohéritier testamentaire, ou enfin à l'héritier *ab intestat.* On disoit, pour le fisc, *que la femme étant déchue de l'héritage pour son indignité, c'étoit à lui de recueillir ce qu'elle ne pouvoit retenir dans ses mains.* Mais on répondoit qu'outre *que nos rois ont estimé qu'il n'étoit pas digne de leur bonté, de grossir leurs finances des dépouilles de leurs sujets par l'indignité de leurs actions; il étoit d'ailleurs remarquable que les loix romaines étoient en ce point aussi indulgentes que celles de France. Car les empereurs, établissant des peines contre les secondes noces, ont voulu que le fisc ne pût tirer aucun profit de cette sévérité, de peur qu'en une matiere où ils faisoient les censeurs, on ne pût leur reprocher qu'ils avoient pris ce parti, plutôt pour l'augmentation du trésor public, que pour la correction des mœurs des particuliers.* NE IN HIS, IN QUIBUS CORRECTIONEM MORUM INDUXIMUS, FISCI VIDEAMUR HABERE RATIONEM. *l. 1, C. de sec. nuptiis.* Le substitué prétendoit, qu'ayant *remis inutilement la condition des secondes noces*, sa renonciation devoit être regardée comme non avenue; mais on lui reprochoit son indignité, & d'avoir trompé l'attente de son ami, & trahi, par une prévarication honteuse, les intérêts qu'il lui avoit confiés en mourant: *non hoc præcipuum amicorum munus est*, PROSEQUI *defunctum ignavo questu; sed quæ voluerit meminisse, quæ mandaverit exequi.* Tacitus, *annal. 2, cap. 71.* L'héritier *ab intestat* soutenoit que la peine encourue par la femme devoit tourner à son profit, parce que la proximité du sang qui l'attachoit au défunt, lui faisoit prendre part à l'injure, pour la vengeance de laquelle cette peine étoit établie. Le cohéritier testamentaire disoit que c'étoit lui qui représentoit la personne du testateur, & qu'ainsi c'étoit sur lui que réjaillissoient les outrages faits à ses cendres. Vainement, *ajoutoit ce cohéritier*, m'opposeriez-vous qu'il n'y a pas lieu *au droit d'accroissement*, parce que ce droit n'a lieu que pour les portions défaillantes des héritiers qui n'ont point appréhendé la succession; je vous répondrois que la loi considere l'héritier qui a manqué à la condition sous laquelle il a été institué, comme s'il n'avoit jamais été héritier, & que la privation qu'il encourt, a un effet rétroactif au temps du décès du testateur. . . . . LA COUR décida la question *en faveur du cohéritier testamentaire*, & lui adjugea l'entiere succession. D'Olive, *liv. 3, chap. 17 & 18, pag. 283 & suiv.*

Dans l'extrait que nous venons de donner de cette singuliere affaire, nous avons copié avec plaisir ce beau trait de Justinien, *ne in his in quibus correctionem morum induximus, fisci videamur habere rationem.* C'est là que cet empereur est grand, parce qu'il est juste & généreux; c'est lui qui abolit les chefs de la loi Papia Poppæa, relatifs aux caducités. Disons ce que c'étoit à Rome que cette loi fiscale, source de la plus grande partie des difficultés qui embarrassent si fort dans la décision des questions relatives *au droit d'accroissement.*

Le trésor public se trouvant épuisé à la suite des guerres civiles, Auguste chercha le moyen de soutenir les charges de l'empire. En conséquence, sous le consulat de M. PAPIUS MUTILUS, & de Q. POPPÆUS SECUNDUS, on porta la loi dite PAPIA POPPÆA, du nom des deux consuls qui présiderent à sa promulgation. Cette loi, qui prononçoit des peines pécuniaires contre les célibataires, les secondes noces, les mariages disproportionnés, prononçoit sur-tout, 1°. que la sixieme partie des biens qu'un des conjoints mourant sans enfans laissoit au survivant, appartiendroit au fisc, *l. 1 & 2, C. de infirm. pœn. cœlib.* 2°. Qu'un héritier étranger seroit obligé de porter au fisc la vingtieme partie de la succession. *C. de edict. Hadriani toll.* 3°. Que si un de plusieurs héritiers ou légataires refusoit sa portion, ou ne pouvoit la recueillir, soit parce qu'il seroit décédé avant le testateur, ou avant que de se porter héritier, & accepter son legs, soit parce qu'il auroit perdu le droit de cité, cette portion n'*accroîtroit* plus aux cohéritiers ou co-légataires, mais seroit dévolue au fisc, comme caduque : c'est ce qui fit donner à cette loi le nom de LEX CADUCARIA. Voici ses dispositions sur ce dernier objet. *QUÆ HEREDITAS, QUODVE LEGATUM, TANQUAM INDIGNO EREPTA EREPTUMVE ERIT, ILLA ILLUDVE POPULO DEFERTOR.... ANTE ADITAM HEREDITATEM AGNITUMVE LEGATUM PER DAMNATIONEM, SINENDI MODO, VEL PER PRÆCEPTIONEM RELICTUM, HERES LEGATARIUSVE DECEDAT, SIVE HERES LEGATARIUSVE JUS SUUM OMITTAT REPUDIETVE, HEREDITAS LEGATUMVE, CEU VACANTIA POPULO VINDICANTOR NEVE HEREDIBUS DEFERUNTOR, cap. 8 & 9, L. Papiæ Poppææ apud* Heineccium, *tom. 3 operum, edit.* FF. Detournes, *part. 2, pag. 413, & 416, Commentar. ad leg. Juliam & Papiam Poppæam.*

Cette loi fut modifiée par les différens empereurs, énervée par l'interprétation des jurisconsultes, éludée par les testateurs, & enfin, réformée en entier, ou abolie en partie par Justinien. *Quæ aliaque ejus legis capita omnia, quia odiosa & dura, partim à veteribus principibus emendata, PARTIM A JURISCONSULTIS INTERPRETATIONE ENERVATA, PARTIM A TESTATORIBUS ELUSA, denique à Justiniano omnia non tantùm emendata sed & correcta.* Corvinus *ad L. unic. C. de caducis tollendis, pag. 477, edit. Elzeviriorum.*

Ce sont ces adoucissemens, ces interprétations, *ces énervations*, ces détours des jurisconsultes qui se combinoient avec les testateurs sur les moyens d'éluder la loi *caducaire*, & de conserver les effets du *droit d'accroissement*, qui ont occasioné, ainsi que nous l'avons dit, l'obscurité, pour ainsi dire impénétrable, de la jurisprudence romaine dans cette partie. Nous ne donnerons qu'un exemple des ressources employées pour restreindre la fiscalité.

Il paroissoit cruel de faire tomber la rigueur de la loi indistinctement sur toute sorte d'héritiers. En conséquence, le jurisconsulte *Celsus* dit que son pere, dans le tribunal du consul *DUCENUS VERUS*, soutint qu'elle n'étoit pas faite pour les parens de la ligne directe & ascendante jusqu'au troisieme degré. Dans l'espece, il s'agissoit de savoir si un fils institué héritier en partie, recueillant par droit d'accroissement la portion défaillante de son cohéritier, étoit tenu de payer le legs qui devoit être délivré nommément par ce cohéritier défaillant. *Celsus* fit décider, conformément à son avis, que l'accroissement avoit lieu à son profit sans charges ; & cela, parce qu'il recueilloit en vertu du DROIT ANCIEN ; c'est-à-dire, par le droit d'accroissement, tel qu'il avoit lieu avant la loi *PAPIA POPPÆA*. *Si filio heredi pars ejus à quo nominatim legatum est adcrescit, non præstabit legatum quod JURE ANTIQUO, capit. l. 29, D. de legat. 2°.* Cujas dit, sur cette loi, (*posteriorum, tom. 4, parte priori, pag. 1213.*) *Hereditatis portio apud filium heredem institutum remanet sine onere, & remanet JURE ANTIQUO QUOD SCILICET FUIT ANTE LEGEM PAPIAM, CUIQUE FILIO INSTITUTO LEX PAPIA ABROGARE NOLUIT.*

N'étoit-il pas intéressant que Justinien fit cesser tous les subterfuges, & ramenât la confiance & la soumission, en abrogeant une loi vraiment injuste & déshonorante pour le gouvernement ? c'est ce qu'il fit dans des expressions dignes de passer à la postérité la plus reculée : *& nomen & materiam caducorum EX BELLIS ORTAM ET AUCTAM CIVILIBUS, quæ in se populus romanus movebat necessarium duximus, PATRES CONSCRIPTI, in pacificis nostri imperii temporibus ab orbe romano recludere ut quod belli calamitas introduxit, hoc pacis lenitas sospitet : & quemadmodum in multis capitulis lex Papia AB ANTERIORIBUS PRINCIPIBUS EMENDATA FUIT ET PER DESUETUDINEM ABOLITA, ita & à nobis circa caducorum observa-*

tionem INVIDIOSAM SUUM AMITTAT VIGOREM, QUI ET IPSIS PRUDENTISSIMIS VIRIS DISPLICUIT, MULTAS INVENIENTIBUS VIAS PER QUAS CADUCUM NON FIERET. Ensuite de cet exorde, l'empereur divise sa nouvelle loi en deux parties, dont la premiere concerne l'abrogation des caducités, & la seconde le droit d'accroissement, (nous parlerons ci-après de ses dispositions sur ce point) & il la termine ainsi : *hæc omnia ad vos*, PATRES CONSCRIPTI, *duximus esse sancienda (scilicet)* UT NEMINI MANEAT INCOGNITUS BENEVOLENTIÆ NOSTRÆ LABOR, *sed edictis ex solemnitate à nostris magistratibus propositis, omnibus innotescat. L. unic. C. de caducis tollendis.*

ARRÊT du parlement de Dijon, du 26 avril 1673. . . . *Espece.* Pouchet, d'Auxonne, laisse dix enfans. Une créanciere en attaque deux, qui paient chacun leur dixieme de la somme réclamée. Les autres huit, ayant refusé de s'exécuter de même, en déclarant qu'ils ne vouloient point se porter héritiers de leur pere ; la créanciere revient sur les deux premiers, soutient qu'ils doivent la désintéresser pleinement, parce qu'ayant fait acte d'héritiers, les portions de leurs freres & sœurs leur sont *accrues* nécessairement : ce qui est ainsi jugé par le bailliage d'Auxonne. Appel : les deux Pouchet prétendent que sous le bénéfice de leurs offres de répudier leurs portions héréditaires, ils doivent être renvoyés de la demande de la créanciere. Ils expliquent, que tant qu'ils ont cru n'être héritiers de leur pere que pour un dixieme, ils n'ont pas voulu lui faire le déshonneur d'abandonner sa succession, au hasard de payer chacun une dixieme portion des dettes : mais que connoissant actuellement la répudiation de leurs cohéritiers, on ne peut les contraindre d'accepter entiérement une succession très-onéreuse, & qui les accableroit s'ils étoient obligés d'en acquitter toutes les charges. Il ne seroit pas juste que l'office de piété qu'ils ont voulu rendre à la mémoire de leur pere leur devînt préjudiciable, & les soumît à être ses seuls héritiers. La loi 55, *D. de acquir. vel omitt. hered.* leur est favorable, & décide que les enfans qui ont accepté la succession de leur pere, ne doivent pas être traités moins favorablement que ceux qui l'ont répudiée : c'est l'avis de Cujas (*in l. unic. C. quando non petentium partes petentibus accrescunt*,) & de plusieurs autres docteurs, qui tous pensent que l'héritier qui a accepté pour sa part, peut répudier pour le tout, lorsqu'il connoît que ses héritiers ont répudié leurs parts.

La créanciere répondoit, que suivant les loix du Code & du Digeste, *invitis & ignorantibus deficientium partes accrescunt*, que c'étoit l'opinion de M. le Prêtre, *cent.* 2, *chap.* 1, de Ricard en son traité des Donations, *chap.* 4, *art.* 3, *n°.* 484. La loi *Scimus, C. de jure deliberandi*, ôte la faculté de répudier une succession, quand on l'a une fois acceptée, soit pour le tout, soit pour une partie. Il n'y a que deux manieres d'accepter une succession ; l'une sous bénéfice d'inventaire, qui dispense les héritiers de payer au-delà de ce qu'ils retirent de l'hérédité, *ultra vires hereditarias*, & l'autre purement & simplement, qui fait entrer l'héritier en la place du défunt, de maniere qu'il est chargé d'acquitter toutes ses dettes. Les deux Pouchet se sont immiscés dans tous les biens de leur pere, sans faire aucun inventaire, ils en jouissent depuis dix ans, & pendant ce temps, il leur a été facile de divertir ses effets, & de tromper les créanciers de leur pere. Leur cause seroit favorable, si les choses étoient entieres ; mais ils ont tout dénaturé. Ainsi, ils ne peuvent se prévaloir de l'opinion des docteurs, & notamment de Cujas, parce qu'il explique lui-même, que le cohéritier qui a accepté pour sa part, ne peut être admis à répudier le tout que dans le cas où il n'a pas encore diverti les effets de la succession. La cour, sous le bénéfice des offres des appellans, mit les parties hors de cour, dépens compensés. Perrier, *tom.* 1, *quest.* 129, *pag.* 386 *& suiv.*

Raviot *ibid.* dit que la loi 55, citée par les Pouchet, est une loi Prétorienne, plus remplie d'équité qu'elle n'est applicable à la sévérité des principes sur lesquels les Romains ont formé leur droit testamentaire. Il ajoute, « qu'en suivant le systême des loix romaines, & des principes sur lesquels le *droit d'accroissement* est fondé, il semble que l'héritier qui s'est une fois engagé dans l'hérédité, en prenant sa portion, & en acceptant la qualité d'héritier, *etiam pro parte*, doit demeurer héritier, par la regle qui dit, que *semel heres nunquam desinit esse heres* : il a dû prévoir que son cohéritier pourroit répudier, & que par le droit d'accroissement introduit *ne defunctus pro parte testatus & pro parte intestatus moriatur*, il pourroit devenir le seul & universel héritier, chargé de tous les effets, tant actifs que passifs de l'hérédité. »

« *Néanmoins, par équité, & en s'écartant de la trop grande subtilité du droit*, il a été établi, que si l'un des héritiers répudie, l'autre qui auroit accepté, ou qui n'auroit pas encore pris qualité, pourroit aussi secouer le joug de l'hérédité, *ut aut totum agnoscat aut à toto recedat* : il a le choix ou de tout prendre, ou de tout laisser ; & par ce moyen, le défunt ne meurt point *partim testatus partim intestatus*. L'hérédité étant indivisible quant au titre, & non quant aux biens, la loi *feint* qu'elle n'est point acceptée, si elle ne l'est pour le tout; c'est-à-dire, par tous les héritiers qui ne sont & qui ne représentent qu'une seule & même personne : ainsi, l'un de ces héritiers ayant répudié, l'autre peut aussi renoncer, parce que l'adition d'hérédité n'est point parfaite, & n'est point un ouvrage fini & consommé jusqu'à ce que cette hérédité ait été totalement acceptée.»

N°. 5 & 6. . . . . Nous avons cru devoir rendre un compte exact de la question décidée par le parlement de Dijon, parce qu'elle est importante, & que la même espece peut se présenter très-fréquemment.

Dans le droit coutumier, il n'y a pas, à proprement parler, de testament, puisque tout testament doit renfermer un héritier, & suppose la plus ample liberté de disposer de ses biens : ce droit, gênant la liberté du testateur, désigne un héritier légal, & permet seulement de faire des légataires universels. Le *droit d'accroissement* n'y paroîtroit donc pas d'une nécessité absolue ; on n'a pourtant pas laissé de l'y admettre ; & cela, sur la présomption de droit, qu'un testateur qui fait une disposition universelle au profit de plusieurs personnes qu'il unit ensemble, les préfere toutes collectivement & chacune d'elles en particulier à son héritier du sang ; ensorte que son intention est présumée avoir été que celui-ci ne pût rien retirer de sa succession qu'après la défaillance de tous les légataires universels.

ARRÊT du parlement de Paris, du 13 décembre 1629. . . . . *Espece.* Regnauld, prévôt de Poissy, legue, par son testament olographe, à Pierrette & André Bailly ses domestiques la somme de 600 livres, ainsi que tous ses meubles, acquêts & conquêts immeubles, dont la jouissance étoit dévolue à Marguerite le Bel sa femme, en vertu du don mutuel stipulé dans leur contrat de mariage, & il déclare qu'au cas que l'un d'eux vînt à décéder sans enfans avant sa femme, ces meubles, acquêts & conquêts immeubles appartiendront au survivant. Les héritiers présomptifs de Regnauld attaquent le legs universel, sur le fondement de l'indignité de Pierrette Bailly, concubine du testateur & de la complicité de son frere André *qui lenocinii præbuit ministerium*. Celui-ci ne peut invoquer le droit d'accroissement, parce que, selon les loix, l'héritier n'est tenu de payer que la moitié du legs, lorsque l'un des légataires se trouve incapable. (*L. unic.*

§ 12, *C. de cad. toll.* & *L. penult. C. de legat.*) Enfin, ce droit n'a lieu que quand l'un des cohéritiers ou co-légataires répudie sa portion, & non quand il l'a acceptée : ici les deux légataires universels demandoient la délivrance de leurs legs.

On nioit les faits de concubinage & de complicité de crime. On disoit que le droit d'accroissement auroit lieu dans tous les cas en faveur d'André Bailly, parce que l'indigne *pro non scripto haberetur*. La cour adjugea à Pierrette Bailly le legs de 600 livres, & à André son frere, la même somme, & en outre, tous les meubles, acquêts & conquêts immeubles *par droit d'accroissement*. Bardet, *tom.* 1, *liv.* 3, *chap.* 71.

ARRÊT du parlement de Paris, du 29 mars 1640, qui juge que si un mari qui n'a que des meubles & acquêts, les legue à sa femme & à son frere, ils appartiennent par droit d'accroissement à celle-ci, dans le cas où son frere soit incapable d'y prendre part en sa qualité d'aubain & étranger.

L'héritier du sang fut exclu, parce que « son droit cesse quand il y a un testament contenant un legs universel ; en conséquence de quoi les legs particuliers de partie des mêmes meubles & acquêts faits à des personnes incapables, accroissent au légataire universel des mêmes meubles & acquêts, & non à l'héritier du sang & de la parenté, auquel le testateur n'a point entendu rien laisser des meubles & acquêts, ni que le profit & accroissement de la caducité lui pût appartenir, les legs particuliers se prenant sur le fonds, le corps & la masse des meubles & acquêts, à la succession universelle & indéfinie, desquels il est appellé à l'exclusion de l'héritier. » Louet & Brodeau, *lettre* D, *somm.* 13, *n°.* 3, *pag.* 454.

Il y a un cas où ce principe général, que les legs particuliers caducs appartiennent au légataire universel *à titre d'accroissement*, & non à l'héritier du sang, souffre une exception ; c'est celui où le testateur a restreint le legs universel à certains objets déterminés : *V. G.* lorsqu'après avoir énoncé tous les legs particuliers qu'il fait, il s'est servi de ces expressions limitatives : *& quant au surplus de mes biens, &c. je les donne à . . . . . . que j'institue mon légataire universel.* La disposition de l'homme ne fait cesser celle de la loi, que lorsqu'elle est claire & précise ; & ici la lettre du testament s'oppose à la prétention du légataire universel, au lieu de la favoriser.

Il faut observer, sur l'usage du droit d'accroissement dans les pays coutumiers, qu'il n'a point lieu entre l'héritier coutumier & l'héritier du sang, parce qu'ils viennent *diverso jure* ; c'est par une application des regles qui avoient lieu chez les Romains, dans le cas de la *mise en possession Prétorienne* : c'est ce qu'explique Mornac. *Sed cùm patrono quidem contra tabulas certæ partis bonorum possessionem prætor polliceatur, scripto autem heredi secundùm tabulas alterius partis, convenit non esse jus accrescendi, ex hâc lege fit regula non esse jus accrescendi inter eos qui diverso jure succedunt, tom.* 1, *pag.* 288, *ad l.* 1, *D. de bonor. possess.* La maxime reçoit une exception : lorsque l'héritier coutumier répudie, alors l'héritier du sang retient les biens coutumiers. Lapeyrere, *lettre* A, *pag.* 7, *n°.* 13.

Le droit d'accroissement n'a lieu de même qu'entre cohéritiers d'une même espece de biens ; ainsi, lorsqu'un défunt laisse un frere, des neveux, enfans d'un autre frere, & une sœur, & que le frere renonce, il n'y a que les neveux qui aient droit d'accroissement dans le féodal, parce qu'il n'y avoit qu'eux qui fussent cohéritiers du renonçant dans cette espece de bien. De même comme les héritiers mobiliers & immobiliers paternels & maternels succedent par un droit différent, *diverso jure*, si l'héritier paternel renonce à la succession, sa part n'accroîtra pas à l'héritier maternel. Pour que le droit d'accroiſſement ait lieu entre héritiers, il eſt néceſſaire de ſuppoſer un même patrimoine, un même corps, une même maſſe héréditaire, à laquelle tous les héritiers puiſſent avoir part *per concurſum*, en ſe portant héritiers, parce que dans ce cas, la part de celui d'entr'eux qui renonce, demeure toujours dans le même corps héréditaire dont elle n'a point été tirée, & augmente la part des autres, qui ſe portent héritiers : mais il eſt impoſſible que la part de l'héritier qui renonce aux biens échus du côté paternel, puiſſe accroître à l'héritier du côté maternel, qui eſt étranger à la maſſe de ces biens. Il y a une exception à cette déciſion, déja ramenée ci-deſſus, *n°. 9*. C'eſt lorſqu'il s'agit d'exclure le fiſc, *fiſcus poſt omnes*.

A l'égard des héritiers du ſang entr'eux, les principes du droit d'accroiſſement ſont les mêmes dans les pays coutumiers que dans ceux où l'on ſuit le droit romain, c'eſt-à-dire, dans les pays du droit écrit. La coutume de St. Quentin, entr'autres, renferme à cet égard une diſpoſition préciſe. « Si l'un des lignagers apparent, ſoit en directe ou collatérale, ne ſe porte héritier du défunt, ſa part & portion accroît aux autres qui ſe ſont déclarés héritiers. » *Art. 53*.

Dans le cas où l'un des héritiers d'une branche renonce à la ſucceſſion, on demande à qui accroît la portion de celui qui renonce, ou à toute la ſucceſſion & à tous les héritiers, ou aux héritiers de ſa branche : *V. G.* un aïeul laiſſe pluſieurs petits-enfans, de diverſes branches, & ces branches ſont ſubdiviſées : l'un des petits-enfans d'une branche renonce à la ſucceſſion. Comme tous les enfans d'une branche repréſentent tous enſemble leur pere, dont ils prennent la portion qu'il eût eue collectivement, & que celui qui renonce n'eût fait *concours* dans la ſubdiviſion qu'avec les *part-prenans* de la branche, ſa portion *accroît* non à la maſſe de la ſucceſſion, mais à ſa branche ſeulement ; c'eſt-à-dire, à ſes freres & ſœurs. La raiſon en eſt, que la portion entiere de chaque branche appartient ſolidairement, & pour le tout, à chacun des cohéritiers de cette branche.

ARRÊT du parlement de Paris, qui juge que dans le cas où un neveu renonce à la ſucceſſion de ſa tante, qui lui avoit fait un don, pour s'en tenir à ce don ; ſa portion ACCROIT, non à ſa branche ſeule, mais à tous les héritiers, quoiqu'ils fuſſent de diverſes branches. Chopin, *ſur la cout. de Paris*, *liv. 2*, *tit. 3*, *n°. 19*.

Quand la renonciation n'eſt pas pure & ſimple, mais qu'elle a pour motif la retenue des avantages déja faits au renonçant, ſa portion demeure confuſe dans la ſucceſſion, au profit de tous les héritiers. C'eſt-là une exception à la regle, & elle eſt juſte : les avantages faits au renonçant diminuent la totalité de la maſſe ; tous ceux qui ſupportent cette diminution doivent donc profiter du bénéfice de la renonciation.

ARRÊT du parlement de Paris, du 20 décembre 1602, rendu *conſultis claſſibus*. Une aïeule, ayant des petits-enfans de deux branches, ſix de l'une, & un ſeul de l'autre, fait don de ſes meubles, acquêts & quint des propres, dont elle pouvoit diſpoſer, par la coutume d'Auxerre, à quatre des ſix d'une branche, au moyen de quoi les légataires renoncent à la ſucceſſion. La cour décide, que la part qu'euſſent pu avoir les légataires aux quatre quints, *accroiſſoit*, non à leur branche, mais à la ſucceſſion, & devoit ainſi ſe partager également entre les deux branches. Louet & Brodeau, *lett.* D. *n°. 56*, *pag. 586*, *& ſuiv.* « La vraie raiſon, dit Louet, c'eſt que la part & portion des quatre légataires *accreſcit hereditati*, & non à la branche ſeule : car *causâ abſtentionis ſeu renuntiationis*, c'eſt ce que l'on donne de l'hérédité, qui diminue d'autant de ce que les deux branches euſſent *amendé* : partant, *lucrum abſtentionis ſeu illa portio non petentium* accroît aux deux branches

branches eussent amendé : partant *lucrum abstentionis seu illa portio non petentium* accroît aux deux branches pour les mêmes parts qu'ils succédoient, *scilicet* chacune par moitié. »

Nous terminerons cet article par une décision récente sur le droit d'accroissement entre légataires universels dans les pays coutumiers, d'autant plus intéressante que l'application peut & doit s'en faire au cas où une pareille question s'éléveroit entre des héritiers testamentaires en pays de droit écrit.

ARRÊT du parlement de Paris, du 20 juin 1777. . . . *Espece.* Le sieur Lamotte institue pour ses légataires universels les enfans du feu sieur Lutton, son cousin germain du côté paternel, & ceux du feu sieur Sebré, son cousin germain du côté maternel : les premiers étoient alors au nombre de quatre, & les seconds au nombre de trois. Un des enfans de chaque ligne décede dans l'intervalle qui s'écoule entre le testament & la mort du sieur Lamotte, & ils laissent tous deux des enfans. Un de ceux-ci renonce à la succession, pour s'en tenir à ce qu'il prétend avoir droit de recueillir dans le legs universel, & en demande la délivrance ; il est débouté de sa prétention aux requêtes du palais : appel.

L'unique question portoit sur la vraie signification du mot *enfans* dans le testament du sieur Lamotte : devoit-il être restreint aux enfans du premier degré ? devoit-il être étendu aux petits-enfans ?

La cour, conformément aux conclusions de M. l'avocat-général Joly-de-Fleuri, jugea que l'un des enfans du premier degré, étant mort avant le testateur, sa portion avoit *accru* à tous les autres légataires universels, & que le petit-enfant n'avoit pu recueillir. Cette question a été controversée pendant long-temps. Domat, Ricard & quelques autres auteurs avoient prétendu, sur le fondement des loix *104*, *201* & *220*, *D. de verb. signific.*, & notamment de cette derniere, que les enfans, les petits & arriere-petits-enfans, se trouvant également compris sous le mot *liberi*, ils étoient également appellés : LIBERORUM APPELLATIONE, *nepotes & pronepotes, cæterique qui ex his descendunt, continentur ; hos enim omnes suorum appellatione lex XII tabularum comprehendit.*

Mais la disposition de l'*art.* 62 de l'ordonnance des testamens de 1735 a tranché la difficulté, & fait prévaloir l'avis de Mornac, Louet, Bretonnier, Pothier, &c. fondé également sur le texte de quelques autres loix favorables à leur systême.

« Celui qui aura été institué héritier, à la charge d'élire un des enfans du testateur, ne pourra élire un des petits-enfans ou descendans ; encore que celui des enfans dont ils sont issus, fût mort avant que le choix eût été fait : & si tous les enfans du premier degré décedent avant ledit choix, le droit d'élire demeurera caduc & éteint ; le tout, à moins que le testateur n'en eût autrement ordonné. » Dans le droit, celui qui est chargé de rendre un fidéicommis à la famille du testateur ou de l'héritier, doit suivre l'ordre des degrés : *quid ergo si non sint ejusdem gradus ? Ita res temperari debet ut proximus quisque primo loco videatur invitatus*, & cela, parce que l'affection du testateur *præsumitur ordinata.* La loi romaine a paru confondre quelquefois ces mots, *filios*, *nepotes*, *& liberos ;* mais ce n'est que lorsque le testateur a donné à connoître qu'il parloit des uns & des autres, ou par ce qui précédoit, ou par ce qui suivoit dans le testament, où il employoit ces différentes expressions. Dans la these générale, le mot d'enfans demeure restreint à sa signification naturelle ; & on ne peut lui donner une plus grande extension. Voyez ci-dessus la division *Ainé*, & ci-après, les divisions *Légataire*, *Masculinité*, *Renonciation* & *Substitution*, & les mots *Acte d'héritier*, *Adition*, *Enfans*, *Héritier*, *Incapacité*, *Légataire universel*, *Legs*, *Succession*, *Testament*, &c.

Institution contractuelle.

26. Coquille est un des plus anciens auteurs qui aient examiné les effets *du droit d'accroissement* dans les institutions contractuelles. Il suppose un contrat de mariage où les futurs conjoints sont institués héritiers avec d'autres personnes ; & il dit qu'à l'égard de ces derniers, l'institution forme une simple donation à cause de mort, révocable de sa nature, & qui ne peut valoir que comme legs testamentaire. Si l'instituteur ne révoque pas, les légataires prendront après sa mort jusqu'à la concurrence de ce que la coutume permet de disposer par testament, & le surplus appartiendra aux mariés comme héritiers. Si au contraire il révoque le legs, ou que les légataires ne l'acceptent pas, les mariés prendront tout, *comme le legs étant devenu à rien & fait caduc*. Ces explications de l'auteur, sur l'*art.* 12 du titre des donations de la coutume de Nivernois, deviennent encore plus claires, par ce qu'il ajoute, *dans la cent soixante-onzieme de ses questions & réponses sur les articles des coutumes*. Il suppose un traité de mariage entre quatre personnes instituées par un tiers ; & il dit que si l'une d'elles décede sans enfans avant l'instituteur, sa portion *accroîtra* aux autres, en vertu de la présomption de sa volonté. « Mais si en la convenance de succéder sont entremêlés les autres qui ne se marient, il semble qu'à l'égard de ceux-là, la disposition vaudra comme donation pour cause de mort, & jusqu'à la concurrence de ce qu'il est permis de léguer, & sera révocable, & n'y aura droit d'accroissement entre eux & les mariés ; *quia diverso jure succedunt, l. cum patrono in princip. D. de bonor. possession.* » Coquille, *cout. de Nivernois, pag.* 277, *& questions & réponses, pag.* 241, *tom.* 2 *de ses œuvres.*

Vulson & son annotateur ont parfaitement bien traité la question, dans leur ouvrage sur les élections d'héritier, *p.* 195 *& suiv.* « La regle, *dit le premier*, qu'aucun ne peut tester en partie, & en partie non, s'entend d'une vraie & parfaite institution faite en testament, comme aussi, elle ne peut être faite ailleurs ; & non des institutions contractuelles que l'usage a introduites, lesquelles sont plutôt *contrats* & conventions, que vraies institutions, & ne se peuvent étendre plus outre que de ce qui a été accordé & convenu entre les parties ; encore moins que si l'institution avoit été faite de certaine chose en un codicille, ou testament imparfait ; car on ne pourroit prendre telle disposition que pour legs & fidéicommis, *où le droit d'accroissement ne peut avoir lieu pour les choses non léguées ou données.* »

« La maxime des loix romaines, *dit le second*, qu'un héritier, qui n'a été institué qu'en une partie, ne laisse point de tout recueillir, lorsqu'il ne lui a pas été donné de cohéritiers, n'a de fondement que dans un pur scrupule de droit, qui n'admettoit point le concours de la succession testamentaire, & de la succession légitime. C'étoient deux successions contraires, dont l'une donnoit l'exclusion à l'autre, & jamais un successeur *ab intestat* ne pouvoit être admis à entrer en partage avec un héritier testamentaire. Telles étoient les regles scrupuleuses des Romains. Mais est-ce sur ces regles qu'il faut juger des institutions contractuelles ? *Est-ce dans les détours & dans les finesses du droit romain qu'il faut chercher les principes ?* L'usage des institutions contractuelles est tout françois, elles n'ont point d'autre fondement que les mœurs particulieres de ce royaume ; & nous ne voyons pas que la jurisprudence, quand elle les a introduites, ni les coutumes, ni les ordonnances de nos rois y aient attaché la même incompatibilité avec la succession légitime. Ainsi, pourroit-on d'office suppléer à cette incompatibilité, qui, n'étant fondée ni sur la nature des choses, ni sur des raisons générales, mais sur un droit purement positif, ne doit jamais avoir lieu qu'autant qu'une loi précise l'a ordonné. »

« Aussi la doctrine de Vulson a été généralement embrassée. L'*héritier ab intestat*, dit Lebrun dans son traité des successions, *liv. 3, chap. 2, n°. 24, concourt avec l'héritier contractuel, en cas que l'institution ne soit que pour une certaine quantité de biens.* Ricard, des Donations, *part. 1, chap. 4, sect. 19, n°. 1148*, suppose aussi évidemment que, quand l'institution n'est que d'une partie, le reste doit être pour les héritiers légitimes. Duperier insinue la même chose en ses questions, *liv. 2, quest. 17;* & *au liv. 1, quest. 13*, il se déclare ouvertement pour la doctrine de Vulson. »

L'annotateur ne trouve d'exception au principe, que le droit d'accroissement n'a pas lieu en faveur des héritiers contractuels, que dans le cas sur lequel intervint un arrêt du parlement de Paris, du 2 août 1678, rapporté au Journal du palais, *tom. 1, pag. 931 & suiv.* Si on décida que la somme dont un pere n'avoit pas disposé, conformément à la réserve qu'il en avoit faite dans le contrat de mariage, où il instituoit son fils pour son héritier universel, *accroissoit* à cet héritier au préjudice des héritiers légitimes; ce fut sur le fondement d'une distinction bien essentielle à saisir.

Ou l'institution contractuelle n'emporte qu'une partie de la succession, ou elle en emporte l'universalité, sous la réserve particuliere d'une somme ou d'un effet quelconque. « Au premier cas, il y a une partie du titre d'héritier qui est libre; & les héritiers légitimes, en succédant à cette partie du titre d'héritier, recueillent la quotité des biens qui y répond: mais au second, où la qualité d'héritier est évacuée en entier par l'institution contractuelle, il ne reste aucune partie de cette qualité, pour attribuer aux successeurs légitimes ce qui a été réservé. L'héritier contractuel est à cet égard dans la même position que l'héritier testamentaire; & comme l'héritier testamentaire conserve ou reprend, en vertu de l'universalité de son titre, tout ce que le testateur n'a retranché de l'hérédité que par des dispositions particulieres, qui demeurent caduques & sans effet; de même aussi, l'héritier contractuel doit conserver ou reprendre ce que le donateur avoit retranché de l'institution, lorsqu'il se trouve qu'il n'en a pas particuliérement disposé, ou que les dispositions qu'il en a faites n'ont point eu d'effet. »

L'annotateur rapporte ensuite deux arrêts, rendus au parlement de Toulouse, l'un *après un premier partage* le 7 juin 1674, *& l'autre après un double partage*, le 4 mars 1684, qui jugerent la question d'une maniere parfaitement contradictoire; puisque le premier accorda la somme réservée, dans l'institution contractuelle, aux héritiers légitimes, & que le second l'adjugea à l'héritier contractuel. Mais il observe que ce dernier, conforme à celui du parlement de Paris, de 1678, & aux avis de Lebrun, de Ferriere, & de Delauriere, est si bien fondé d'ailleurs sur les vrais principes, qu'il ne doute pas que l'héritier contractuel ne l'emportât aujourd'hui au parlement de Toulouse, si la difficulté s'y présentoit de nouveau.

L'ordonnance des donations, de 1731, n'a-t-elle donc pas tout décidé, & fait cesser la contrariété des jugemens dans cette partie? L'*article 16* veut « qu'en cas que le donateur se soit réservé la liberté de disposer d'un effet compris dans la donation, ou d'une somme fixe à prendre sur les biens donnés; ledit effet, ou ladite somme ne puissent être censés compris dans la donation, quand même le donateur seroit mort sans en avoir disposé: auquel cas ledit effet, ou ladite somme appartiendront aux héritiers du donateur, nonobstant toutes clauses ou stipulations à ce contraires. » L'*art. 18* forme une exception à l'*art. 17*, relativement aux donations *par contrat de mariage*; il décide « qu'en cas que le donateur, par contrat de mariage, se soit réservé la liberté de disposer d'un effet compris dans la donation de ses biens présens, ou d'une somme fixe à prendre sur lesdits biens ; s'il meurt sans en avoir disposé, ledit effet ou ladite somme appartiennent au donataire ou à ses héritiers, & soient censés compris dans la donation. »

Furgole, dans son ouvrage sur les donations, *quest. 38, tom. 2, pag. 324*, dit : « que lorsqu'il s'agit d'une institution contractuelle avec certaine réserve, quoiqu'il semble d'abord que ce qui est réservé ne doive pas faire partie de l'institution contractuelle, *comme il ne fait pas partie de la donation universelle*, & que cette réserve doive appartenir aux héritiers *ab intestat*, & non pas à l'héritier contractuel...... cependant il y a lieu de décider le contraire, par cette raison, que l'institution contractuelle est un titre aussi universel que l'institution testamentaire ; & par conséquent, elle comprend tout ce qui tomberoit dans la succession *ab intestat*, & tous les biens que le défunt possédoit au temps de sa mort. » Furgole ajoute, qu'il faut toujours s'en tenir à la décision de l'arrêt du parlement de Paris, du 2 août 1678.

Si nous nous sommes un peu étendus dans cette division sur l'avis de l'annotateur de Vulson, c'est parce qu'il nous a paru reconnoître l'inconvénient *des détours & des finesses du droit romain*, dans la matiere du droit d'accroissement, & que cet aveu, bien précieux dans un jurisconsulte du parlement de Toulouse, attaché à la loi romaine, annonce combien tout le monde est d'accord sur la nécessité de réformer cette partie si vaste, si confuse de notre jurisprudence. Voyez ci-dessus les nº. *13* & *16*, & les mots *Donation*, *Institution contractuelle*, *Réserve*, &c.

Intérêt.

27. Une contestation qui porte sur des sommes très-considérables, occupe dans ce moment toute la ville de Lyon, & donne lieu à la question de savoir jusqu'à quel point est licite l'*accroissement* d'un capital avancé par un négociant, syndic d'une masse de créanciers négocians, d'un failli négociant ? Est-il d'usage dans le commerce & dans la finance que les comptes se reglent annuellement, & que lorsque le remboursement ne suit pas, on joigne l'intérêt au capital, pour ne faire du tout qu'un seul article qui forme l'entrée du nouveau compte ; ce qui s'appelle *porter à nouveau ?* La plupart des chambres de commerce ont donné des pareres, & beaucoup de jurisconsultes de la capitale & de quelques autres villes principales ont donné des consultations. Nous analyserons ces ouvrages, nous rendrons compte de la décision qu'aura reçu l'affaire, & nous traiterons tous les objets relatifs à une partie aussi importante de notre légillation sous le mot *Anatocisme*. Voyez encore *Agio*, *Banque*, *Cours de la place*, *Intérêts*, *Taux du prince*, *Usure*, &c.

Légataire.

28. Nous avons remarqué que *le droit d'accroissement* en succession testamentaire n'avoit point pour fondement, comme en succession légitime, des raisons nécessaires & dérivantes des loix de la nature, mais des motifs arbitraires & de pure invention, tels que la volonté présumée du testateur si respectée chez les Romains, & l'inconvénient fictif qu'un citoyen décédât partie *testat*, partie *intestat*. Nous avons ajouté que cet inconvénient prétendu avoit fait établir, que les portions des héritiers institués, *non-prenans*, accroissoient toujours aux autres héritiers qui concouroient ; parce qu'étant de l'essence de toute institution d'être universelle, d'englober toute la masse de l'hérédité, le titre d'héritier ne pouvoit être limité, ni tomber sur une partie de cette hérédité, qu'il ne réagît & ne s'étendît nécessairement sur l'autre dont on n'avoit pas disposé, ou dont la disposition étoit devenue inutile.

Comme l'accroissement naturel entre

héritiers légitimes servit de modele à l'accroissement entre héritiers testamentaires, celui-ci donna lieu à son tour à l'accroissement entre co-légataires ; mais ce dernier établissement fut encore plus arbitraire, puisqu'il ne porta plus que sur l'un des motifs qui avoient autorisé le premier, c'est-à-dire, la volonté du testateur qui avoit conjoint les légataires. En effet, l'inconvénient du décès partie *testat*, partie *intestat*, n'étoit plus à craindre, puisqu'il se rencontre toujours dans la personne de l'héritier quelqu'un d'habile à profiter, en vertu de son titre universel, de ces parties détachées de l'hérédité, qui en cas de caducité, retournent à leur centre, c'est-à-dire, se réunissent à la masse de la succession.

Ainsi donc, par cette gradation & extension du droit d'accroissement, de nécessaire qu'il étoit dans le premier cas, étant fondé sur le vœu de la nature, il a dégénéré en droit arbitraire & positif dans le second cas, & enfin en pure exception dans le troisieme. C'est pourquoi il ne faut plus s'étonner, si cette matiere devient obscure de plus en plus, à mesure qu'elle s'éloigne de sa source, c'est-à-dire du droit naturel : & si les loix semblent varier à chaque circonstance ; c'est pourquoi il ne faut plus s'étonner, si pour concilier l'étonnante variation de ces loix, les commentateurs se sont divisés à leur tour, & ont pris les trois routes différentes que nous avons déja désignées.

Les uns, *avons-nous dit*, ont cru devoir borner le droit d'accroissement aux conjoints par la chose & l'expression tout à la fois, ou par la chose uniquement ; & ils l'ont refusé aux conjoints par la seule expression ; les autres l'ont admis indistinctement pour toutes les especes de conjonctions. Enfin, les troisiemes ont distingué, & ont voulu que la conjonction par la seule expression ne donnât le droit d'accroissement que dans le cas où il apparoîtroit d'une volonté manifeste de la part du testateur de faire succéder ses légataires les uns aux autres. Nous allons rendre un compte sommaire des raisons qui ont déterminé les partisans de ces trois opinions, & comme nous avons été obligés de faire un choix, & que nous avons embrassé celle de ceux qui admettent le droit d'accroissement entre tous les conjoints, nos lecteurs seront à portée de reconnoître si ce choix a été raisonnable.

1°. La conjonction par la seule expression, selon *Goveanus*, *le président Favre*, *Domat*, *Furgole*, &c. ne donne point ouverture au droit d'accroissement, par la raison que les légataires ne sont unis entr'eux que par les paroles, *verbis*. Quand un testateur dit : je legue à Paul & à Jean ma maison de Lyon, *par égales portions* ; ou Paul aura *les deux tiers* & Jean *l'autre tiers* de ma maison de Lyon ; Paul & Jean ont dans cette maison chacun une portion distincte, qui leur est propre : cette assignation de portion exclut leur vocation à la totalité. La moitié, ou les deux tiers destinés à Paul ne sont pas la moitié ou les deux tiers destinés à Jean. Point de corrélation entre eux qui leur fasse passer le droit partiel que le testateur leur a assigné à chacun. Il y a bien un tout indivis *dans le fait*, jusqu'à l'opération du partage ; mais ce tout se trouve divisé *dans le droit* par la volonté du testateur qui n'a gratifié chaque légataire que de la portion qu'il lui a limitativement assignée.

C'est ce qu'une infinité de loix décident à l'envi : les unes en donnant de la conjonction par paroles seulement cet exemple : *Titio & Seio fundum æquis partibus do, lego ; quoniam semper partes habent legatarii : l. 89, D. de legat. 3°.* les autres en prononçant, comme dans le cas de l'usufruit légué à plusieurs personnes, avec assignation des parts, que *si separatim unicuique, partis rei usufructus sit relictus, sine dubio jus adcrescendi cessat : l. 1, D. de usufr. accrescendo.* A quoi la glose ajoute, *conjuncti in proprietate non sunt, illi quibus partes divisæ vel indivisæ assignantur ; undè inter eos jus adcrescendi locum non habet. . . . Fructuarii separati videntur, non minùs quàm si æquis portionibus duobus ejusdem rei fructus legatus fuisset : undè fit ut inter eos jus adcrescendi non sit.*

Telle est encore l'hypothese de la loi *78, § 10, ff. ad Senat. cons. Trebell.* dans laquelle le jurisconsulte suppose, qu'une femme institue son mari son héritier, à la charge de remettre dix onces de sa succession à son fils, & deux onces à son petit-fils. Le petit-fils décede avant le pere, & la loi décide que les deux onces qui lui étoient destinées appartiendront à l'héritier grevé, au préjudice du fidéicommissaire survivant, qui n'a à prétendre que la portion qui lui étoit destinée *ab initio.* DECEM DUNTAXAT UNCIAS FILIO DATAS.

Le fameux jurisconsulte Portugais *Govea*, plus connu sous le nom latinisé *Goveanus*, après avoir discuté divers textes, & entr'autres la fameuse loi, *si duobus § sed & si testator Titio & posthumis*, dont nous parlerons bientôt, & avoir cherché à détruire les inductions qu'en tirent les partisans de l'accroissement entre tous les conjoints, termine ainsi : *FIRMUM IGITUR ILLUD MANEAT INTER CONJUNCTOS VERBIS TANTUM, NON ESSE JUS ACCRESCENDI. Goveanus, in tractatu de jure accrescendi; pag. 60, in princip. edit. recentissimæ apud Beman, 1766, in-fol.*

Domat, dans son excellente compilation des loix civiles, *liv. 3, tit. 1, sect. 9*, remarque, qu'il n'y a que la conjonction par la chose, & celle par l'unité du discours & de la chose en même temps, qui doivent produire le droit d'accroissement ; en conséquence il le rejette toutes les fois que les portions de chaque co-légataire ou co-fidéicommissaire sont déterminées par la disposition. *Je donne à Paul & à Jean mon fonds Cornelien par portions égales :* cette disposition ne fait point de conjonction par la chose ; chaque co-légataire a son droit borné par sa portion. Une des portions devient-elle vacante? c'est l'héritier qui en profitera, & non l'autre légataire, qui n'aura toujours que la portion que le testateur lui avoit destinée.

Ce que l'auteur réduit ainsi en regle dans l'*art. 13* de cette section.

« Si une même chose est donnée à deux ou plusieurs légataires, mais de sorte que le testateur la divise entre eux *par portions égales*, ou assigne à chacun la sienne; il n'y aura point entr'eux de droit d'accroissement : car le titre les divise, & donne à chacun son legs séparé de celui des autres, restreint à sa portion : de maniere que, si quelqu'une des portions de ces légataires venoit à vaquer, les autres n'y auroient aucun droit ; mais elle demeureroit acquise à l'héritier, si c'étoit lui qui fût chargé de ce legs. »

Furgole, dans son savant traité des testamens, *tom. 3, pag. 9*, après avoir pesé le *pour* & le *contre* de la question que nous agitons ; après avoir dit également que le droit d'accroissement n'a pas lieu entre les conjoints *verbis tantùm*, toutes les fois que le testateur a marqué lui-même les portions qu'auroit chacun des légataires dans la chose léguée, conclut « que si quelqu'un des fidéicommissaires, auxquels le testateur a assigné une portion du fidéicommis de l'hérédité, vient à manquer, sa portion demeure à l'héritier qui étoit chargé d'en faire la restitution, dans le cas où la condition arriveroit : ainsi, il suffit que le fidéicommissaire ait la portion qui lui étoit destinée *ab initio.* Car le droit d'accroissement qui arrive par la conjonction, ne peut produire d'autre effet que de conserver à celui qui est appellé à une libéralité, ce qui lui est destiné dans le cas qu'il ne sera pas fait des portions par le concours, & non pour lui attribuer plus que le testateur ne lui a donné dans le principe. »

2°. Le droit que produit la conjonction par la chose, disent *Duaren, Vinnius, Perezius, Gomes, Ferriere, Boutaric, Heineccius, Serres, &c.* est proprement un droit de *non-décroissement*, & le droit que produit la conjonction verbale est précisément, au contraire, *un droit d'accroissement*. Ne seroit-il pas singulier que celui-ci n'eût pas autant d'effet que celui-là? Pourquoi ceux à qui le testateur a légué une même chose par différentes énonciations: *je legue ma maison de Lyon à Paul, je legue ma maison de Lyon à Jean;* pourquoi, *dit-on*, ces conjoints par la chose seulement, la divisent-ils & ne prennent-ils qu'une portion en cas de concours, quoique le testateur, en ce cas, n'ait parlé ni de division ni de portion? c'est parce qu'on présume que telle étoit sa volonté. Pourquoi, au contraire, entre conjoints par la seule expression, s'il ne s'en trouve qu'un en état de recueillir le legs, le lui adjuge-t-on en totalité, quoique le testateur ait parlé de portions? c'est parce qu'on présume que le testateur en s'énonçant ainsi n'a eu en vue que le cas du concours. Ainsi au premier cas, quoique le testateur n'ait pas parlé de portions, on en fait s'il y a concours: au second cas, au contraire, quoique le testateur ait assigné des portions, s'il n'y a pas concours, on n'en fait pas, & on ne divise pas, & cela toujours par la même raison, *la volonté présumée du testateur;* volonté à laquelle il faut uniquement s'attacher, & qui doit seule servir de regle & de base à toutes les décisions sur cette matiere. Ainsi, encore une fois, y a-t-il concours entre ceux qui sont conjoints par la chose seulement? on doit diviser & faire des portions. N'y a-t-il pas concours entre ceux qui sont conjoints par paroles seulement? celui qui se trouve seul en état de profiter du legs, doit le recueillir en entier. C'est donc par le cas du concours ou du non concours, que la chose doit uniquement se décider: *hoc igitur, inter re conjunctos & verbis conjunctos interest, quòd re conjuncti, ex verbis testatoris habent solidum, sed partes ex interpretatione voluntatis: contrà verbis conjuncti, ex verbis partes, ex voluntate verò solidum habent.* Duarenus, *de jure accrescendi, lib. 1, cap. 2.* Cette raison est trop claire, trop sensible & trop juste pour n'être pas saisie.

Les loix qui attribuent le droit d'accroissement aux conjoints par la seule expression, sont encore plus simples & plus expresses que celles qu'on prétend opposées à l'exercice de ce droit. Il y en a deux entr'autres qui ne laissent rien à desirer: ce sont les loix *re conjuncti 89, D. de legat. 3°. & si duobus, § 16, si Titio. 2, D. de legat. 1°.* Dans la premiere, le jurisconsulte se fait cette question: entre deux personnes qui seroient unies par la seule expression, & un tiers qui le seroit avec elles par la chose seule, si l'un des conjoints par l'expression vient à décéder, à qui accroît sa portion? *Paul* se décide en faveur du conjoint par l'expression: *Re conjuncti videntur, non etiam verbis cum duobus separatim eadem res legatur; item verbis non etiam re, Titio & Seio fundum æquis partibus do, lego; quoniam semper partes habent legatarii. Præfertur igitur omnimodò cæteris qui & re & verbis conjunctus est: quòd si re tantùm conjunctus est, constat non esse potiorem. Si verò verbis quidem conjunctus sit, re autem non, quæstionis est an conjunctus potior sit? Et magis est ut ipse præferatur.*

La seconde loi est encore plus décisive. Un testateur avoit légué à Titius & aux posthumes qui naîtroient de Sempronius, une certaine chose par portions viriles, *virilibus portionibus:* Sempronius n'ayant point eu de posthumes, & Titius se trouvant seul en état de recueillir le legs, la loi décide qu'il lui appartient en entier par droit d'accroissement, ses co-légataires n'étant point en nature: *sed & si testator Titio & posthumis viriles partes dari voluisset, vel etiam id expressisset, totum legatum Titio debetur, non nato posthumo.*

Il est bien certain que dans cette espece, il ne paroissoit y avoir qu'une conjonction verbale: car d'une part, léguer *par portions viriles* ou *par égales portions*, c'est absolument léguer de la même maniere. D'autre part, n'être pas en nature à l'échéance du fidéicommis, ou n'y être plus, cela revient absolument au même. La décision de *Pomponius* s'applique donc parfaitement à l'espece.

Vinnius, après s'être fait les objections les plus fortes sur l'interprétation des loix 1. *D. de usufr. accresc.* & *34*, *§ 9*, *D. de legat. 1°.* dit que, *nonobstant tout*, il est d'avis que la conjonction par la seule expression opere le même droit d'accroissement, que la conjonction par la chose. Il soutient, à cet égard, que le legs fait à Titius & à Seius du fonds cornelien, *par parties égales*, conjoint évidemment ces deux légataires pour la même chose, puisque le même fonds leur est légué : l'expression de légalité des portions ne change rien à l'effet de cette conjonction, parce que le concours auroit opéré cette même égalité *par la présomption de la volonté du testateur.* Ce qui est aisé à entendre devient inutile à exprimer. Ainsi, il n'y a réellement de différence entre les conjoints par les paroles & les conjoints par l'expression, que celle-ci; c'est que dans la seconde de ces conjonctions les parties sont désignées, & que sans l'être expressément dans la premiere, elles le sont pourtant équivalemment, d'après l'intention du testateur. *SED HIS NON OBSTANTIBUS, verius existimo verbis conjunctos, quos hic vocamus, etiam re conjunctos esse. Etenim qui sic legat, TITIO ET SEIO FUNDUM TUSCULANUM DO, LEGO EX ÆQUIS PARTIBUS. Is utique utrumque conjungit in eamdem rem, dum simul & semel eumdem fundum ambobus legat. Nec mutat hanc conjunctionem PARTIUM ÆQUALIUM EXPRESSIO: nam & si hæ partes non exprimuntur, tacitè tamen significantur enumeratione personarum. Quæ autem non expressa intelliguntur tamen, si exprimantur, pro supervacuis habentur : ut omninò verum sit quod BARO AIT, non aliter differre verbis conjunctos à conjunctis re & verbis, quàm quòd in illis, PARTES ÆQUÆ EXPRIMANTUR, in his non item : judicio autem defuncti pari jure censeri. Sed cur igitur dicuntur verbis tantùm conjuncti conjuncti verbis, non re? Non quia verè verbis tantùm conjuncti sunt, re planè disjuncti; sed quia tales videntur in comparatione re & verbis conjunctorum, inspectâ formâ & conceptione verborum quæ sola hæc genera separat, & adscriptis æquis partibus in verbis conjunctis, qui dicuntur, res diversas facere videtur : quòd tamen non ita est, si rem ipsam spectemus & sententiam testatoris, cujus judicio cùm pariter ad eamdem rem vocentur, pariter pro re & verbis conjunctis habendi sunt. Ex quo porrò sequitur, si re & verbis conjuncti solidum ab initio ex voluntate testatoris habere intelliguntur, & solidum habere eodem modo intelligi singulos verbis conjunctorum :* Vinnius, *ad § 8, I. de legat. pag. 430.*

Ferriere, dans son commentaire estimable sur le code *de l'abrogation de la loi Papia, liv. 6, tit. 51, tom. 2, pag. 206*, dit que « quant aux legs qui sont faits à plusieurs, qui ne sont unis que par une même énonciation, *la plus probable opinion est qu'il y a droit d'accroissement.* » Il le prouve par les loix *re conjuncti* & *si duobus*, & encore par le paragraphe *his ità definitis*, de la loi unique *de caducis tollendis*, qui est l'objet de sa dissertation sur l'accroissement. Nous reviendrons sur cette loi, parce que c'est sur elle principalement que nous fondons la préférence que nous donnons aux autorités qui établissent l'indifférence de toutes les especes de conjonctions, pour opérer le droit d'accroissement entre co-légataires ou co-fidéicommissaires.

M. Serres, professeur en droit françois, en l'université de Montpellier, dans son commentaire sur les institutes, *liv. 2, tit. 20, § 8, pag. 325*, après avoir dit que le droit d'accroissement a lieu entre deux, ou plusieurs légataires qui se trouvent joints ensemble par la chose & par les paroles, ou même par la chose seulement, ajoute que, « la difficulté est, quand les légataires ou fidéicommissaires ne sont joints entr'eux que par les paroles, de savoir si le droit d'accroissement doit avoir lieu entr'eux, quand l'un vient à défaillir; soit qu'il n'ait pu ou n'ait voulu recueillir, & qu'il soit mort avant le testateur ou qu'il ait répudié; c'est-à-dire, s'il faut adjuger la portion de ce défaillant à l'autre légataire, ou bien si elle demeure acquise à l'héritier; comme par exemple, quand le testateur a légué un domaine à Pierre & à Jean, *par portions qu'il leur a assignées, soit égales ou inégales*; car dans ce cas, les portions d'un chacun étant distinctes, ils sont disjoints par la chose, & ne sont conjoints que par les paroles & par l'unité du discours : Henrys, *tom. 1, liv. 5, quest. 58, de l'édition de 1708*, décide que le droit d'accroissement ne doit pas avoir lieu entre les légataires. Vinnius, sur ce paragraphe, & Ferriere, *in quæst. 335, de Guy-Pape*, soutiennent, au contraire, que le droit d'accroissement doit avoir lieu, ET CET AVIS PAROIT LE MEILLEUR. »

Cujas, embarrassé par les expressions énergiques des loix *re conjuncti* & *si duobus*, & ne pouvant se dissimuler que ces deux textes accordoient le droit d'accroissement aux conjonctions par la seule expression, a voulu prendre un parti moyen. Il a donc dit que, bien que régulièrement la conjonction par les paroles n'opere pas le droit d'accroissement, il doit pourtant avoir lieu, si on juge en interprétant la volonté du testateur qu'il ne les a unis par une même expression qu'à l'effet de leur procurer ce droit, ou si on pense qu'en réglant les portions, il ait moins entendu les séparer que leur montrer la part que chacun devoit avoir. Voici comme il annonce son exception : *nisi illa conjunctio verborum nuda ex voluntate testatoris accipiatur pro duplici, id est, pro conjunctione nominis & rei; ut si testator ità dixerit : primo & secundo illum fundum* ÆQUIS PARTIBUS *do, lego,* NON UT IPSE PARTES FACERET AB INITIO, SED UT DEMONSTRARET QUAS PER CONCURSUM PARTES HABITURI FORENT: *quo casu verbis tantùm conjuncti pro utroque modo conjunctis habentur, & hujus voluntatis argumentum est in L. si duobus, 16, § ult. de legat. 1°. Cujus species hæc est. Testator legavit mihi & posthumis eamdem rem conjunctâ oratione ex virilibus partibus, id est adscriptis virilibus partibus. Nullo nato posthumo, ego totam rem vindicabo non tantùm virilem partem; quia testator adscripsit partes viriles non ut nos separaret, sed ut demonstraret, plurimis posthumis natis, non unam se mihi partem, alteram posthumis dare velle, sed omnibus viriles; quia nullo posthumo nato, tota res ea ad me pertinet,* QUASI SOLIDO MIHI AB INITIO RELICTO : *l. 7 & 8*, D. *de reb. dubiis*. Cujacius, *ad § his ità definitis. L. unic. C. de cad. toll. tom. 5 posthumorum, pag. 935*.

Ricard, dans son traité des donations, *part. 3, chap. 4, sect. 3, nombr. 473*, dit, d'après Cujas, que s'il résulte des termes dont s'est servi le testateur, que *son intention* en assignant les portions des légataires qu'il a conjoints, *n'a pas été de disjoindre & de séparer le legs ou fidéicommis*, mais d'exprimer seulement celles qui auroient lieu en cas de concours; ce legs ou fidéicommis sera susceptible du droit d'accroissement. *Cette exception*, ajoute l'auteur, *paroît très-raisonnable & fondée en droit*..... Nous répéterons ici que ces tempéramens de Cujas & Ricard (*mezzo termino*) livrent à l'arbitraire des conjectures toutes les dispositions de derniere volonté, & ouvrent un champ trop vaste aux méprises & à l'erreur.

Voici actuellement les motifs qui nous ont fait accorder la préférence aux loix & aux autorités qui décident que le droit d'accroissement doit avoir lieu pour la seule conjonction *verbale*, comme pour les deux autres especes de conjonctions.

Et d'abord dès que que l'on a mis cette maniere d'être uni dans une disposition au rang des conjonctions, c'est sans doute pour lui faire produire un effet ; & quel effet produira-t-elle, si elle ne donne pas ouverture au droit d'accroissement ? Absolument aucun. Si les conjoints *verbis tantùm*, n'ont pas plus d'avantage entr'eux, que ceux qui sont réellement & absolument *disjoints ;* il faudra dire que dans la vérité la loi les regarde plutôt *comme disjoints* que *comme conjoints*. Pourquoi donc leur donner alors une dénomination si peu convenable, dénomination qui n'aura rien de réel, & qui ne peut être propre qu'à induire en erreur ? Ne doit-on pas rendre plus de justice à la loi, & la supposer incapable d'une pareille inconséquence ?

Ce raisonnement étoit trop pressant pour ne pas faire impression sur les auteurs modernes, qui ont pensé que la conjonction verbale ne devoit pas produire le droit d'accroissement, aussi ont-ils cherché à en écarter les conséquences, en supposant que la conjonction verbale, qui avoit eu lieu dans l'ancien droit, avoit été abrogée par Justinien. Ils ont soutenu que ce prince, dans la fameuse loi sur les *caducités*, n'a plus laissé subsister que les deux conjonctions par la chose & les paroles tout à la fois, & par la chose seulement.

Nous conviendrons, sans peine, que le même pouvoir qui avoit mis cette maniere d'être uni dans une disposition, au nombre des conjonctions, pouvoit sans doute lui ôter ce rang, la dépouiller de toute propriété, & lui enlever, pour ainsi dire, jusqu'à son existence. Mais l'empereur l'a-t-il fait ? C'est ce qui ne paroît nulle part. Il ne faut pas cependant une volonté moins forte & moins expresse pour abroger une loi que pour la créer. Cette conjonction existant une fois par la force de la loi, la loi seule pouvoit la détruire ; cette conjonction tenant son être, sa nature, & tous ses effets d'une loi claire, expresse & précise, il n'y avoit qu'une loi claire, expresse & précise qui pût les lui ôter ; & il n'existe point de loi semblable.

Quand même le législateur ne parleroit que de deux especes de conjonctions dans la loi *unic. Cod. de caducis tollendis*, il ne s'ensuivroit pas pour cela qu'il eût abrogé la conjonction dont il s'agit en ce moment. S'il l'eût voulu ainsi, il l'auroit sans doute déclaré expressément, & c'est ce qu'il n'a pas fait. Ceux qui partent de cette loi pour écarter la conjonction verbale, ne se fondent que sur ce que l'empereur ne l'y rappelle point ; mais ce rappel étoit-il donc nécessaire pour proroger son existence ? Est-il dit, quelque part dans cette loi, qu'on ne comprendra plus au nombre des conjonctions, que celles qui y seront expressément énoncées ? Non sans doute. Les termes dont prétendent exciper les partisans de ce systême, *ut quod tollitur, vel reformatur, non sit incognitum*, suffiroient seuls pour le détruire. Le législateur s'étant proposé par cette loi, de faire connoître clairement ce qu'il entendoit abroger, ou réformer en cette matiere ; on doit conclure qu'il n'a pas entendu abroger la conjonction verbale, ni la priver du droit d'accroissement, dès qu'il ne l'a pas formellement déclaré.

Mais non seulement Justinien n'a point abrogé la conjonction verbale par la loi dont il s'agit ; non seulement il n'a point déclaré que le droit d'accroissement ne seroit plus attaché à cette conjonction ; il paroît, au contraire, que c'est à la force de la conjonction verbale principalement qu'il attribue cette propriété. En effet, après avoir rappellé les anciennes formules des legs qui jetoient tant de confusion dans cette matiere, & avoir parlé des différens cas où le droit d'accroissement sera admis, il finit par l'attribuer sur-tout à la conjonction par les paroles, qui unit les légataires & fidéicommissaires, d'une maniere si étroite, qu'il semble qu'ils ne sont tous ensemble qu'un seul & même corps, qu'une seule & même personne : *Hoc ita tam variè, quia conjuncti propter unitatem sermonis, quasi in unum corpus redacti sunt, et partem conjunctorum sibi heredum quasi suam præoccupant. Disjuncti verò ab ipso testatoris sermone apertissimè sunt discreti, ut suum quidem habeant, alienum autem non soli appetant, sed cum omnibus coheredibus suis accipiant : l. unic. § 10, his ita definitis, C. de cad. tollendis.* On ne prétendra pas, sans doute, que des légataires conjoints *propter unitatem sermonis*, ou des légataires conjoints *verbis*, ne soient absolument la même chose.

Duperier, dans ses nouvelles questions notables, *liv. 1, quest. 11, tom. 3, pag. 45 & suiv.* traitant notre question, *si le droit d'accroître a lieu entre deux substitués conjoints seulement par paroles*, ne trouve rien de plus victorieux pour notre commun systême que ces termes de la loi. « Ces paroles, dit-il, bien considérées, établissent si fortement cette proposition, & donnent une si grande force à la conjonction verbale, qu'il n'est pas possible après cela de trouver matiere de doute, si ce n'est qu'on mette en doute l'autorité de la loi ; car on voit par-là que Justinien, ou ce grand législateur Tribonien, n'attribue le droit d'accroissement qu'à la seule unité & conjonction qui se fait par les paroles, & nullement à celle de la chose, *quia propter unitatem sermonis, quasi in unum corpus redacti sunt*, & il auroit dit, au contraire, *propter unitatem rei*, s'il eût entendu que l'accroissement dépendît de l'unité & conjonction de la chose ; & le confirme puissamment par ces mots suivans : *disjuncti verò ab ipso testatoris sermone apertissimè sunt discreti*, sur quoi il faut faire deux observations notables.

» L'une, que non content d'avoir montré par les mots précédens, que la conjonction se formoit par l'unité du discours & des paroles, & non pas par celle de la chose léguée ; il a voulu pour le faire mieux connoître, y ajouter que, comme c'est l'unité des paroles qui forme la conjonction & l'union, ce sont aussi les paroles qui forment la disjonction & la séparation ; & l'autre est, qu'il y a ajouté cette diction remarquable *apertissimè*, pour montrer qu'il n'y a doute quelconque, que la conjonction ou disjonction, & par conséquent le droit d'accroissement qui en est le fruit & l'effet, ne dépendent absolument de l'unité des paroles.

» Après cela, il est inutile de s'agiter à l'interprétation de ce que les anciens jurisconsultes avoient dit avec tant *d'ambages & d'obscurités*, dans ce grand nombre de loix qui nous restent dans le digeste ; *puisque c'est la derniere jurisprudence établie par Justinien qui nous fait la loi, & qui est la seule regle que nous devons suivre dans le droit écrit.* »

Duperier, après avoir observé qu'on trouve pourtant à travers l'obscurité des anciennes loix une décision très-claire, dans l'une de ces loix *si duobus* ; & avoir combattu les inductions qu'on veut tirer de la loi 3, *in princip. de usufr. accresc.* & l'avis de Faber, *de erroribus pragmaticorum, decad. 47, cap. 5*, revient encore à la loi des caducités, & s'écrie : « Enfin, il faut toujours venir *à la derniere loi qui a parlé de cette question*, & qui lui prescrit ces regles sous lesquelles nous vivons. Ayant déclaré si précisément & si nettement, que c'est l'unité des paroles qui, faisant comme un seul corps de tous les légataires ou fidéicommissaires, appellés par un seul verbe ou par une seule énonciation, fait la conjonction qui produit le droit d'accroissement ; on ne peut plus mettre en controverse, que son intention n'ait été d'attribuer ce droit à la conjonction verbale. »

L'avis de Duperier que nous adoptons, ainsi que son point de vue, sur l'interprétation de la loi *unic. de caduc. toll.* est conforme à celui des commentateurs du code les plus accrédités. Nous avons déja cité celui de Ferriere sur le § *his ita definitis ;* mais la matiere est de trop grande importance pour ne pas rendre encore compte de celui de *Perezius* & de *Corvinus :* nous terminerons ensuite cette dissertation par celui de l'immortel *Heineccius*, le Cujas de ce siecle.

Le premier dit que Justinien, dans sa nouvelle constitution, accorde le droit d'accroissement à tous ceux à qui on donne quelque chose conjointement, ou que l'on conjoint dans une même libéralité ; & il ajoute, qu'on peut être conjoint, non seulement par la chose & l'expression tout à la fois, mais encore par la seule expression. Mal-à-propos objecteroit-on que l'empereur n'a parlé dans sa loi que de deux especes de conjonctions ; son objet en cela n'a été que d'abréger, & de renvoyer aux Pandectes où l'on trouveroit les différences des trois conjonctions bien marquées par le jurisconsulte PAUL. Mal-à-propos objecteroit-on encore que les conjoints par l'expression ont leurs portions marquées par le testateur, puisque cette désignation n'en renferme point une division formelle, mais simplement intellectuelle, d'où il faut conclure que les conjoints par l'expression, ne sont appellés à différentes parties que par le discours, mais qu'ils ont réellement le tout d'après l'intention présumée du testateur. *DONELLUS, libr. 7, comm. cap. 13; & DUARENUS, de jure accresc. cap. 10, adducunt, l. unic. § 10, h. tit. ubi imperator ait jus accrescendi esse inter eos quibus aliquid conjunctim relinquitur; dicuntur autem conjuncti, non solùm qui re & verbis conjunguntur, SED ETIAM QUI VERBIS TANTUM. Nec movet quòd duas tantùm conjunctionum species ibi imp. proposuerit : nam hoc ipsum brevitatis ergo & compendii causâ fecisse videtur, volens nos ad altiora Pandectarum volumina relegare, ubi inveniemus triplicem, conjunctorum differentiam à PAULO jc. constitutam. Non obstat, quòd verbis conjuncti ab initio partes habeant, ex voluntate testatoris ; nam habent quidem partes PRO INDIVISO, NON PRO DIVISO, ideòque non videntur res diversæ legari singulis, quia ejusdem rei partes corpore divisæ non sunt, maximè cùm partes illæ æquales intelligerentur, etsi expressæ non essent : l. 19, § fin. ff. de leg. 1. Quare rectiùs dici arbitror verbis conjunctos partes quidem habere ex verbis, solidum autem ex mente defuncti.* Perezius, *tom. 1, pag. 565 & 566, edit. Elzevir.*

Le second, après avoir observé que la question de savoir si le droit d'accroissement a lieu entre les conjoints par la seule expression, n'entraîne aucune espece de difficulté entre les différens héritiers, parce que cet accroissement est de nécessité à leur égard, dit qu'elle en forme une très-considérable entre les différens légataires. Il cite d'un côté, *Goveanus, Cujas, Faber, Fachinæus;* & de l'autre, *Duaren, Baron, Vulteius, Gomez, Albericus-Gentilis, Donneau*, & soutient que l'opinion de ces derniers doit prévaloir : *quorum sententia ut communior, ita & verior.* Il prétend qu'en suivant ce parti l'on se conforme évidemment à l'intention du testateur ; c'est interpréter sa volonté de la maniere la plus naturelle que de penser, qu'en fixant les portions qu'un chacun de ses légataires auroit dans le legs qu'il leur faisoit, il n'a eu en vue que le cas d'un concours entr'eux ; & que ce cas cessant, & le concours n'ayant pas lieu, il a voulu donner à chacun d'eux l'entier objet du legs. *Est & ea testatoris voluntati consentanea, qui plures ad eamdem rem, licèt expressis partibus conjungendo & vocando, ostendit velle se quidem ut singuli partes adscriptas habeant, sed si concurrant ; si non concurrant solidum.* Corvinus, *tom. 1, pag. 482, edit. Elzevir.*

Le troisieme, après avoir bien réfléchi sur les opinions des jurisconsultes qui avoient écrit avant la loi *Papia Poppæa*, relativement au droit d'accroissement & aux caducités, sur les changemens opérés par cette loi, enfin sur le rétablissement de l'ancien droit par la loi *unic. C. de cad. toll.* soutient que cette derniere loi détermine invariablement qu'il y a ouverture au droit d'accroissement pour toutes les especes de conjonctions. Il ne dissimule pas même que d'après les expressions du jurisconsulte *Paul* dans la loi *re conjuncti*, la conjonction par la seule expression lui paroît mériter plus de faveur que la conjonction par la seule chose : voici le résultat de ses réflexions. *Quod itaque ad conjunctos attinet, inter eos obtinet jus adcrescendi, etiam inter verbis tantùm conjunctos, quibus id legis beneficium abjudicant Goveanus, Hotomannus, Faber, & quem primo loco nominare debebam, Cujacius. Quid enim clarius est verbis Pauli nostri*, SI VERO VERBIS QUIDEM CONJUNCTUS SIT, RE AUTEM NON; QUÆSTIONIS EST, AN CONJUNCTUS POTIOR SIT? ET MAGIS EST, UT ET IPSE PRÆFERATUR. *Præferebantur itaque eâdem figurâ conjuncti reliquis. Hinc deficiens portio adcrescebat collegatario conjuncto.* Heineccius, *in commentar. ad. l. Jul. & Papiam Poppæam, tom. 3, pag. 430 & 431.*

L'état de la jurisprudence viendroit-il renverser tout l'édifice que nous avons pris tant de peine à construire ? Il est vrai qu'on nous oppose quelques arrêts qu'on prétend avoir proscrit le droit d'accroissement, soit entre des légataires, soit entre des fidéicommissaires conjoints par la seule expression : mais ces arrêts ne sont-ils donc pas eux-mêmes combattus par d'autres, ainsi que nous le ferons voir en discutant dans la division *Substitution*, ceux qui sont relatifs à des fidéicommis ? Mais les deux qui concernent plus particuliérement les legs sont-ils aussi décisifs qu'on veut bien le supposer ? C'est ce qu'il s'agit de vérifier.

ARRÊT du parlement de Paris du 11 juillet 1647. . . . . *Espece.* Un oncle legue à deux de ses neveux, tous ses meubles *pour être partagés entr'eux comme freres* : l'un des légataires meurt avant le testateur qui décede lui-même après avoir fait un codicille, dans lequel il ne change rien au legs porté par son testament. Le légataire survivant demande les meubles en entier, & soutient que la portion de son frere lui étoit accrue par son décès. L'héritier, frere du testateur & oncle du légataire, soutient que le droit d'accroissement n'a lieu qu'en faveur des conjoints par la chose, ou par la chose & les paroles tout à la fois, & non pas en faveur de ceux qui ne sont conjoints que par l'expression ; *il cite les différentes loix qui favorisent ce système* ; & il ajoute que le testateur qui savoit bien le décès de l'un de ses légataires, *ayant fait un codicile, & par icelui n'ayant rien changé, ni ajouté à l'égard du légataire survivant, il étoit bien vraisemblable qu'il n'avoit pas voulu qu'il profitât davantage dudit legs, que de la moitié à lui léguée ; ce qui fut ainsi jugé conformément aux conclusions de M. l'avocat général Bignon.* Soefve, *tom. 1, centur. 2, chap. 31, pag. 139.*

ARRÊT du parlement de Paris, du 12 juillet 1686, *qui juge la même chose.* C'est ainsi que s'exprime Bretonnier sur Henrys, *liv. 5, chap. 4, quest. 58, tom. 3, pag. 255*, en rappellant l'arrêt cité par Soefve. Il faut observer ici que Henrys a traité du droit d'accroissement, & dans *cette question 58*, & dans la *question 57* précédente, & enfin, dans la *question 107 du même livre, pag. 520.* Dans l'origine, c'est-à-dire, en traitant la premiere question, il avoit décidé que ce droit avoit lieu dans toutes les especes de conjonctions ; s'il se réforma en traitant la seconde, ce fut sur le fondement de l'arrêt de 1647. Aussi Bretonnier observe-t-il sur la troisieme, que son auteur ne changea de sentiment que *sur l'avis contraire des avocats de Paris*, d'après *l'estime qu'il avoit pour eux & son humilité*.

Si l'arrêt de 1647 est connu, celui de 1686 ne l'est en aucune maniere; ainsi il n'y a, à proprement parler, qu'un préjugé qu'on puisse nous opposer. Mais pour que ce préjugé fût décisif, il faudroit qu'il ne fût pas *si ancien*, il faudroit que Soefve, qui nous rend compte de tous les moyens que fit valoir l'héritier qui triompha, nous eût fait part de même de ceux qu'avoit employé le légataire qui succomba. Il ne nous dit rien à cet égard, & peut-être la victoire ne fut due qu'à la vivacité de l'attaque, & à la pusillanimité de la défense. Si on eût bien présenté & bien examiné en 1647, les inductions qui se tirent de la loi nouvelle de Justinien, eût-on jugé de même? Nous croyons que non, & nous sommes en cela de l'avis de Duperier (*pag.* 51, *ibid.*) qui dit que ce préjugé ne peut prévaloir à un arrêt *prononcé en robes rouges, pour servir de réglement, au parlement de Toulouse*. Duperier ajoute que Henrys a fait une équivoque en parlant d'un arrêt du parlement d'Aix, *dont il faisoit son plus grand appui*, pour le nouveau systême que les avocats de Paris lui avoient fait embrasser; & il observe que cela présente *un exemple notable du danger & de l'incertitude qu'il y a toujours en ces allégations d'arrêts qui ne viennent pas de la bouche de ceux qui ont assisté aux jugemens, & qui seuls en savent les véritables motifs*. Nous rapporterons ci-après l'arrêt *rendu en robes rouges*, rappellé par Duperier.

En attribuant le droit d'accroissement à toutes les especes de conjonctions, nous n'entendons point qu'il faille déroger à la regle que nous avons établie ci-dessus pour les héritiers. Le droit d'accroissement n'est pas toujours tel entre les légataires, qu'ils aient tous ce droit réciproquement. Par exemple, si entre ceux qui recueillent le legs, les uns étoient conjoints avec celui qui ne le recueille pas, par la même disposition, *conjuncti re & verbis*; & les autres étoient légataires de la même chose, par des portions séparées : l'accroissement se fera à ceux qui *sunt conjuncti re & verbis*, préférablement à ceux-ci : *l.* 89, *D. de legat.* 3°. . . . En effet, si le légataire qui ne recueille pas le legs, l'eût recueilli, il n'y auroit eu que ceux qui étoient conjoints avec lui par la chose & l'expression, *re & verbis*, qui en eussent souffert; n'ayant avec lui qu'une part pour eux tous, ils doivent donc aussi seuls profiter de ce qu'il ne recueille pas. Par la même raison, si l'un de ceux que le testateur avoit renfermés sous une appellation collective, dans la vue qu'ils n'eussent tous ensemble qu'une part, ne recueille pas le legs, ceux qui étoient compris avec lui sous cette appellation collective, doivent être préférés pour l'accroissement aux autres co-légataires. Il n'y a personne qui ait plus clairement déterminé la maniere dont doit être exercé le droit d'accroissement, lorsque le testateur a confondu plusieurs jonctions de légataires, que Cujas, sur la loi 142, *D. de verb. significat.* Nous ne craignons pas de présenter sa décision, quelqu'étendue qu'elle soit, parce qu'elle servira seule à applanir toutes les difficultés. En effet, elle présente une regle certaine & invariable, qu'on pourra appliquer par analogie à tous les cas possibles.

« Quæritur in portione deficientis collegatarii uter utri præferatur, re tantùm conjunctus, an verbis tantùm, an re & verbis conjunctus. Constat re & verbis conjunctum omni modo cæteris collegatariis præferri, quoquo modo conjuncti sint : exempli gratiâ, ita dixit : *primo & secundo fundum Tusculanum do, lego*, hi conjuncti sunt re & verbis. *Addidit : tertio eumdem fundum do, lego ;* hic prioribus conjunctus est re tantùm, non verbis. Finge, deficit primus ; cui accrescit portio primi ? Soli secundo, non tertio, *l. 1, § idem ait, de usufr. accresc.* Utamur etiam hoc exemplo. Ita dixit testator : *primo & secundo fundum Tusculanum do, lego, quinto & sexto eumdem fundum, æquis partibus, do, lego.* Hi posteriores conjuncti sunt verbis tantùm, duo priores utroque modo : hoc casu si omnes veniant ad legatum, fient quatuor partes, quia conjuncti re & verbis, aut verbis tantùm habentur pro uno. *L. planè in princip. de leg. 1°.* Deficiente primo quid fiet ? accrescet secundo soli, quoniam re & verbis conjunctus præfertur cæteris. At finge tertium deficere : cui accrescit ejus portio, an soli quarto, qui erat tertio re tantùm conjunctus ? Minimè : portio tertii deficientis accrescet omnibus pro ratâ, non soli quarto, quia omnes tertio sunt re conjuncti, nec subest quicquam quod plùs tribuat quarto, quàm cæteris. Et hoc est quod ait lex, *quod si re tantùm sit conjunctus, constat non esse potiorem*, id est omnes admitti in partem vacantem. Constat igitur re & verbis conjunctum præferri cæteris, & re tantùm conjunctum non præferri cæteris. Quæstio est de verbis tantùm conjuncto, putà, de quinto. Secundum propositum exemplum, si deficiat quintus, portio ejus accrescit-ne soli sexto ? Lex ait, quæstionis esse, sed verius esse sextum præferri cæteris omnibus, *id est, verbis tantùm conjunctum excludere cæteros omnes :* quia cùm datâ operâ eos conjunxit testator, habentur pro conjunctis utroque modo, & non alio fine eos ita conjunxit, quàm ut portio deficientis alteri soli accresceret, non cæteris. » Cujacius, *tom. 4 posthumorum, part. 2, pag. 638.*

Le droit d'accroissement a-t-il lieu dans cette espece ; *je legue un esclave à Titius, & un esclave à Mævius ?* On répond que non, parce que ce n'est pas assez que le nom des légataires se trouve placé dans le même contexte, & joint par la copulative & ; il faut encore qu'ils soient appellés à recueillir le même objet. Il y a bien accroissement entre deux conjoints, malgré l'assignation des portions, lorsqu'il s'agit des portions d'un même tout ; mais il n'y a pas d'accroissement, lorsqu'on legue à chacun des légataires une chose distincte & séparée, quoique ces deux legs paroissent confondus dans une même contexte de phrase. *Quibus ita legatum fuerit, Titio & Mævio singulos servos do, lego ; constat eos non concursuros in eumdem servum, sicuti non concurrunt cùm ita legatur : Titio servum do, lego ; Mævio alterum servum do, lego, l. 84, § 12, D. de legat. 1°.* Nous avons dit, en parlant du droit d'accroissement entre héritiers, que l'héritier qui recueilloit la portion de celui qui ne pouvoit ou ne vouloit pas la prendre, la prenoit avec les charges qui grevoient cette portion *cum onere.* Ce principe général dans les successions, souffroit dans le droit romain plusieurs exceptions relativement aux legs ; elles sont marquées dans les différentes loix, *l. cùm verò, § si pro non scripto, D. de fideicommiss. libert. l. ult. D. de iis quæ pro non scriptis, l. unic. § pro secundo, § in novissimo, § sed ut manifestetur. C. de caduc. toll. l. pater 29, § ult. D. de legat. 1°. l. licèt 74, ibid. l. 6, § 5, D. de legat. 2°. l. si quis 54, § ult. D. de condit. & demonstrat. &c.* En France, nous avons trouvé toutes les distinctions des Romains sur ce point, plus subtiles que solides, & nous avons décidé, conformément à l'opinion de Ricard, des donations, *part. 3, chap. 4, sect. 7, n°. 551 & 552*, que les charges dont le légataire défaillant auroit été tenu, passent aux co-légataires, *à l'exception des charges pures personnelles*, & cela, parce qu'on ne présume pas qu'un testateur ait voulu qu'un co-légataire, à qui il ne donnoit qu'une portion, en cas que l'on concourût, eût pu profiter de la totalité du legs sans satisfaire à la charge qu'il avoit imposée au co-légataire défaillant. . . . . Voici comme s'exprime sur cette question un auteur recommandable.

« Par les loix romaines, lorsqu'à défaut de conjoints *re & verbis*, l'accroissement se faisoit à des conjoints *re tantùm*, c'est-à-dire, à qui la chose avoit été léguée par des dispositions particulieres, l'accroissement se faisoit nécessairement, & sans qu'ils fussent tenus des charges imposées à celui qui n'avoit pas recueilli le legs, *accrescebat invitis & sine onere*; parce qu'étant légataires de la chose entiere par une disposition séparée, ils la retenoient en entier, *magis jure non decrescendi quàm accrescendi*, & plutôt de leur chef que du chef de celui qui ne recueilloit pas le legs à lui fait : & en cela, ces conjoints *re tantùm* différoient des conjoints *re & verbis*, à qui l'accroissement se faisoit *non nisi volentibus & cum onere*, *l. un. cod. de caduc. toll.* CETTE DISTINCTION N'A PAS ÉTÉ SUIVIE PAR NOTRE JURISPRUDENCE; & soit que l'accroissement se fasse à des conjoints *re & verbis*, soit qu'il se fasse à des conjoints *re tantùm*, il ne se fait qu'avec les charges imposées à celui qui ne recueille pas le legs, & dont néanmoins peuvent s'exempter ceux au profit de qui se fait l'accroissement, en renonçant à l'accroissement.

» Ce principe, que la part du légataire qui ne recueille pas le legs, accroît à ses co-légataires avec les charges qui lui avoient été imposées, *souffre exception à l'égard des charges qui étoient personnelles au légataire*. Par exemple, si j'ai légué un héritage à Pierre, Jean & Jacques, *à la charge que Pierre* (qui étoit mathématicien) *enseignera les mathématiques à mon fils*; Pierre étant prédécédé, ou ayant répudié le legs; Jean & Jacques, qui ne sont pas mathématiciens, & auxquels la part de Pierre accroît, ne sont pas tenus de cette charge. »

Pothier. *cout. d'Orléans, introduction au tit. 16, n°. 146, pag. 538.*

ARRÊT du parlement de Bordeaux, du . . . . 1666. Un testateur nomme trois exécuteurs testamentaires, & veut qu'ils aient cent écus pour prix de leurs soins; l'un d'eux refusant de se mêler de l'exécution qui lui avoit été confiée, les deux autres sont tout, & réclament les cent écus en entier. La cour jugea qu'ils devoient les avoir *par accroissement* au préjudice de l'héritier. On cita la loi *unic. § 9, C. de caduc. toll.* & Aufrerius, *quæst. 293*, Lapeyrere, *lettre L., n°. 5, pag. 200, édit. de 1749*. Voyez ci-dessus les *n°. 1, 2 & 26*, & ci-après, la division *Substitution* & les mots *Condition*, *Démonstration*, *Legs*, &c.

Légitime.

29. La légitime non demandée *accroît*-elle à l'héritier exclusivement ?

ARRÊT du parlement de Grenoble, du 18 juillet 1659, qui juge la question en faveur de l'héritier. Chorier, *liv. 3, sect. 2, art. 13, pag. 176*. Cette jurisprudence est ancienne en Dauphiné. Rabot, un des annotateurs de Guy-Pape, cite un premier préjugé qui décida que la légitime prescrite & non réclamée augmentoit la masse de l'hérédité pour le seul avantage de l'héritier grevé de fidéicommis, & du fidéicommissaire : *curia judicavit ACCREVISSE hereditati, & in esse hereditatis permansisse ad utilitatem heredis & fideicommissarii respectivè : quæst. 303, pag. 302.*

Nous avons cité, *(tom. 1, pag. 212 & 213,)* deux arrêts, l'un du parlement de Toulouse, du 16 avril 1737, & l'autre du parlement de Paris, du 22 août 1776, qui paroissent confirmer l'usage de celui de Grenoble. Des légitimaires furent déboutés des demandes qu'ils faisoient à l'héritier, aux fins de partager provisoirement avec eux, & par portions viriles, la légitime de leur frere commun, absent depuis longues années. Ces décisions

décisions ne paroissent justes que parce qu'elles ont été rendues dans des circonstances particulieres, qui ne peuvent être tirées à conséquence. Nous sommes instruits très-particuliérement des faits de la cause jugée par le parlement de Paris en 1776 : les légitimaires étoient remplis, & au-delà, par les bienfaits de leur mere testatrice, de leur légitime de droit, en faisant même considération de la portion accordée à l'absent.

En général, les auteurs sont fort divisés sur le point de savoir si l'accroissement survenu à l'hérédité doit profiter proportionnellement aux légitimaires & à l'héritier. Mais nous ne craindrons pas de nous ranger à l'opinion de ceux qui sont pour l'affirmative, en admettant quelques exceptions raisonnables. La premiere, que l'accroissement est tout en faveur de l'héritier, s'il arrive après le paiement de la légitime ; la seconde, qu'il en doit aussi profiter, lorsqu'il est arrivé par ses soins & son industrie ; la troisieme, qu'il lui appartient encore exclusivement, si le légitimaire prétend conserver un fonds particulier qui lui a été assigné pour sa légitime. *Limito, quando incrementum pervenisset post solutam filio legitimam ; item quando illud augmentum operá heredis & industriá procederet ; item etiam si filio volente, legitima in specie quâdam esset assignata, & in reliquis augmentum fieret.* Berengarius Fernandus, *in tract. ad L. in quartam præf. 2, pag. 271.*

Nous renverrons au mot *Légitime* la discussion des différentes questions relatives à l'accroissement de cette portion accordée aux enfans par la loi, & nous y traiterons notamment celles qui sont agitées par Dumoulin, en son conseil 29, *tom. 2, operum, pag. 895,* par Grivel, *décis. 34, pag. 122 & seq.,* par Lebrun, en son *Trait. des success., liv. 2, chap. 3, sect. 5, pag. 246 & 247, & sect. 9. pag. 278 & 279.* Voy. encore ci-dessus le *n°. 5,* & ci-après, la division *Renonciation.*

Lods, Relief, &c.

30. Nous avons dit ci-dessus, *n°. 12, pag. 110,* qu'il n'étoit dû aucuns droits seigneuriaux, dans le cas où les héritiers du mari prenoient l'entier fief par *droit d'accroissement*, ensuite de la renonciation de la veuve à la communauté ; & nous nous sommes fondés sur les dispositions de l'*art. 5* de la coutume de Paris, & des *art. 202 & 203* de celle d'Amiens. Par la même raison, quand un des enfans renonce à la succession de son pere ou de sa mere, aïeul ou aïeule, les autres enfans ne sont point obligés de faire la foi & hommage, ni de payer aucun droit pour la part qui leur revient ou qui leur *accroît* par cette renonciation ; parce que celui qui renonce, est présumé n'avoir jamais eu la qualité d'héritier, *art. 6 de la coutume de Paris, & 39 du titre des fiefs de la coutume d'Orléans.* St. Leu sur la coutume de Senlis, *art. 156, pag. 179,* met, ainsi que quelques autres auteurs, une exception à la regle générale. « La renonciation d'aucun des enfans qui fait accroissement aux autres, ne fait mutation sujette au droit de relief, ou il est dû à toute mutation, *pourvu qu'il n'y ait argent baillé, ou autre chose équipolente.* dit l'*art. 6* de la coutume de Paris : toutefois quand c'est pour éviter à partage, & qu'elle tient lieu de licitation, n'en est dû aucuns. » Cette exception ne paroît pas juste à M. Pothier, & nous adoptons son avis, en ce qu'il dit, « qu'une renonciation, quoique faite, *aliquo dato*, n'en est pas moins valable, *qui pretium omittendæ hereditatis causâ capit, non videtur heres esse, l. 24, D. de acquirendâ vel om. hered.* Et quand elle passeroit pour une cession que le renonçant auroit faite à ses cohéritiers de ses droits successifs, ce seroit un accommodement de famille, qui ne donne pas lieu au profit. » *Commentaire sur la coutume d'Orléans, pag. 200.*

Arrêt du parlement de Paris, du 29 mai 1615, qui décide qu'il n'est point dû de lods & ventes pour la moitié d'une terre délaissée par le partage fait entre deux légataires particuliers. Louet & Brodeau, *lettre* L, *sommaire* 9, *n°.* 6, *tom.* 2, *pag.* 58. Les deux légataires ne furent sans doute considérés que comme une seule & même personne; & par induction de la loi *planè* 34, *D. de legat.* 1°, on jugea que leur partage ne formoit point un changement de possession, puisque si l'un d'eux eût renoncé à sa portion dans le legs, ou eût été incapable de la recevoir, l'autre auroit eu la terre en entier *par droit d'accroissement.*

Le droit d'accroissement n'a pas lieu en matiere de lods & ventes : ainsi, si l'un des coseigneurs déclare qu'il ne veut pas percevoir sa portion, elle n'accroît point à l'autre; c'est parce que ce droit n'est point admis dans les contrats, ni en fait de conjonction légale. *Dicendum nullo modo accrescere, tametsi in istis laudimiis videantur, & sint plures domini legaliter conjuncti; quia inter conjunctos conjunctione legali non est locus juri accrescendi.* Cependant, si le bail originaire, & la concession primitive avoient été faits par deux ou plusieurs seigneurs *solidairement*, la déclaration que feroit l'un d'eux qu'il ne veut veut point exiger de lods, ne priveroit pas l'autre du droit de les percevoir entiers *par droit d'accroissement.* Il faudroit, pour dispenser l'emphytéote de faire une partie du paiement, que le seigneur qui refuse cette partie, déclarât qu'il s'en départ en faveur de l'acquéreur, & non pas qu'il y renonce. *Limito in jure non decrescendi quando illi locus esse potest, ut si duo in solidum dederint eumdem fundum in censum stipulanti,* QUISQUE IN SOLIDUM *jura censualia, quia tunc si alter* REPUDIAT, *non jus dominicum, sed certa laudimia non accrescunt; sed* JURE NON DECRESCENDI *remanent consorti cui aliàs integra debentur, & cui repudians non facit partem.... Secùs si partem suam remittit emptori:* ALIUD ENIM REPUDIATIO VEL ABDICATIO, ALIUD REMISSIO IN FAVOREM, QUÆ ACCEPTATIONEM IMPLICAT; Dumoulin, sur l'ancienne coutume de Paris, *tit.* 2, *de censive*, § 78, in verbo *censier ou foncier*, *n°.* 37 & 38, *tom.* 1, *pag.* 784, *édit.* 1681. Voyez *Droits seigneuriaux*, *Emphyteose*, *Lods*, *Mutation*, *Quint*, *Relief*, *Requint*, *Vassal*, *Ventes*, &c.

Mariage.

31. « Donation faite par pere & mere, *en accroissement de mariage*, à leurs enfans, sortit nature de propre : & néanmoins, si celui à qui est faite ladite donation va de vie à trépas sans hoir de son corps, ledit héritage retourne auxdits pere & mere qui l'auront donné, &c. » *art.* 141, *de la coutume de Troies.* « Accroissement de mariage est pris ici pour en avancement d'hoirie, qui veut dire tout ce qu'un ascendant donne à ses enfans pour les établir en déduction de leur portion héréditaire. C'est ce qu'explique M. Marcilly dans son nouveau Commentaire sur la coutume de Troies, *pag.* 331; & c'est aussi ce qui résulte des explications de Legrand dans le sien, *tom.* 2, *glos.* 4, *pag.* 204.

Quelle idée pouvons-nous nous former des personnages qui rédigeoient ainsi nos principales coutumes, lorsque nous voyons qu'ils n'ont pas la premiere notion de la propriété des termes? Le mot *accroissement*, qui emporte avec lui l'idée d'une augmentation, d'une addition à quelque chose déja existente, a-t-il pu être confondu avec le mot *avancement*, qui suppose le principe, le commencement d'une chose qui n'existe pas encore?

Après cela, que l'on se soit érigé en législateur de son pays, sans entendre même ce que l'on vouloit dire, c'est ce qui paroît aujourd'hui incroyable, & c'est pourtant l'histoire de la plupart de nos coutumes rédigées par des praticiens ignorans, qui ne savoient pas même parler. Aussi, comment ont-ils été traités, eux & leurs ouvrages, par les Cujas, les Dumoulin & tous nos vrais jurisconsultes !

Et qu'on ne dise pas encore que l'on peut être jurisconsulte sans être grammairien. Voilà une preuve frappante des dangers de l'ignorance de sa langue, & elles sont innombrables dans la rédaction des coutumes; & elles ont beaucoup contribué à rendre la jurisprudence inextricable. Nous l'avons prouvé au mot *Accins & préclotures*.

Disons-le ici, pour le répéter encore. Les ténebres de notre jurisprudence viennent moins encore de la maniere d'envisager les objets, que de la maniere de les exprimer, & d'entendre les expressions des loix, des ordonnances & des auteurs. Bornier, *sur l'art. 11 du tit. 6 de l'ordonnance de 1670*, écrit que le secret de notre procédure criminelle ne vient que de ce que les rédacteurs ont mal expliqué le mot de *secretum* de la loi romaine; & Voltaire n'a pas manqué de dire : *ainsi ce fut un solécisme qui fit cette partie de notre jurisprudence.*

Disons-le avec courage, dût-on nous reprocher des fautes : disons-le pour les jeunes gens qui feront mieux que nous. On ne peut pas être jurisconsulte, si l'on n'est pas grammairien ; si l'on ne donne pas à sa pensée l'expression la plus claire, & aux choses le mot véritable. Disons-le avec les orateurs & les jurisconsultes : *perspicuitas in verbis præcipuam habet proprietatem : nobis prima sit virtus perspicuitas*, ***PROPRIA VERBA***, *rectus ordo* (Quintilianus inst. orat. lib. 7, cap. 2, n°. 1 & 2.) ***VERBORUM ELIGENDORUM ET COLLOCANDORUM*** *facilis est vel ratio vel sine ratione ipsa exercitatio* (Cicero de orat. lib. 3, n°. 52.) Voyez ensuite les Ulpien, les Paul, les Scævola, dans les deux cent quarante-six loix, du titre du digeste *de verborum significatione*. Voyez Calcagninus (*in collectione operum, pag. 338.*) dans ses commentaires sur ce titre : comme il dit, que ce n'est qu'en recherchant, avec le plus grand scrupule, la véritable propriété des mots que LABEON parvint à avoir une parfaite connoissance du droit, *& profectò multùm interest quantùm* ***EXACTE*** *quisque teneat* ***NOMINA*** *& apellationes cujusque disciplinæ. . . . Certè memoriæ proditum est Labeonem* ***NON ALITER QUAM VOCUM ENARRATIONE JUS VETUS ENUCLEASSE.***

Que des citoyens éloignés des tribunaux & des affaires se trompent sur la signification des mots, c'est la cause de tant d'actes où ils disent le contraire de ce qu'ils ont entendu ; au moins faut-il que le jurisconsulte parle en jurisconsulte. *Verba quæ proferuntur à peritis, intelliguntur secundùm proprietatem verborum, proutque jurisconsulti loquuntur.* Decius, consil. 238, n°. 7. . . . Voyez *Avancement (d'Hoirie)*, *Avocat*, *Expression*, *Jurisconsulte*, *Législation*, *Style*.

Masculinité.

32. « Jaçoit que parci-devant la portion des filles mariées par leur pere ou aïeul ou de leur vivant, *accrût* ès filles non mariées comme ès mâles, & que la fille non mariée fût réputée mâle quant à ce, toutefois en ayant égard à la coutume générale devant dite, & à la raison d'icelle, & pour la CONSERVATION DES MAISONS DUDIT PAYS, a été avisé par lesdits états pour l'avenir que la portion de la fille mariée, ainsi forclose de succéder par les moyens dessus dits, *accroîtra* ès mâles seulement, s'ils veulent payer la dot à elle constituée ou les restes d'icelle, en conférant ladite dot ou moins prenant de la part & portion, comme ladite fille feroit si elle succédoit, sans qu'audit cas les filles restantes à marier puissent aucune chose prétendre en la portion de la fille mariée. » *Coutume d'Auvergne, tit. 12, art. 32.*

Dumoulin, dans sa note sur cet article, avoit mis une restriction à son application, & il avoit décidé que le pere pouvoit disposer de l'accroissement dans son testament ou dans le contrat de sa fille: *nisi aliter dispositum sit in contractu, vel testamento patris cujus sunt heredes.* Molinæus, *tom.* 2, *pag.* 747.

SENTENCE de la sénéchaussée d'Auvergne, du 17 juin 1654, qui juge qu'un pere qui marie sa fille peut disposer du droit d'accroissement en faveur de celui de ses enfans qu'il juge à propos de préférer, même en faveur d'une autre fille. Prohet, *pag.* 76, *de l'anc. édit. de* 1695, *& tom.* 1, *pag.* 92, *de celle de* 1745. Ce Jugement qui adopte une partie de l'opinion de Dumoulin est régulier: en effet, comme il est libre aux ascendans de retenir dans leur maison la fille qu'ils se décident à marier, ou de la faire héritiere, ou de lui réserver toutes les successions par son contrat de mariage, ils peuvent bien, à plus forte raison, disposer à leur gré du droit d'accroissement auquel leurs enfans mâles n'ont point encore de droit acquis. Mais dès-que ce droit leur est une fois assuré; c'est-à-dire, lorsque le pere n'a pas usé dans le contrat de mariage de sa fille de la faculté qu'il avoit de lui conserver telle partie de sa succession qu'il pouvoit lui assigner, il ne peut plus, par son testament, déroger au droit acquis des mâles, ni rappeller sa fille mariée sans leur consentement. Cette distinction qui rejette la seconde partie de l'opinion de Dumoulin, paroît juste. Prohet, *ibid.*

« La portion de la fille mariée & appanée, comme dit est, *accroit* aux mâles seulement, s'ils veulent payer la dot à elle constituée ou le reste d'icelle: & s'ils sont refusans de la payer, & il y a filles restans à marier, elles succéderont à leur sœur mariée, vivant leur pere, avec les mâles ou descendans d'eux, en payant le dot *pro rata*, ou reste d'icelui. Et combien que ladite fille ainsi mariée ne prenne part & portion esdites successions, comme dit est, si fait-elle nombre & part avec les autres enfans pour la quotité & computation de la légitime. » *Coutume de Bourbonnois, art.* 310.

Auroux des Pommiers, *tom.* 2, *pag.* 70, adopte la distinction de Prohet sur l'opinion de Dumoulin; & il dit que, dès-que le droit d'accroissement est une fois acquis aux enfans mâles par la disposition de la coutume, les ascendans ne peuvent pas les en dépouiller par un second traité de mariage ou par un partage. Il ajoute que l'*art.* 311 renferme à cet égard une disposition précise, & ôte aux ascendans le pouvoir de blesser ce droit, & de rappeller la fille mariée sans le consentement des mâles.

Une observation importante du même auteur sur l'accroissement, en faveur des mâles, de la portion de la fille mariée & apanée, c'est que ce droit n'a lieu que dans le cas où cette fille ou ses enfans sont existans au temps de l'ouverture de la succession, & dans le droit d'y prendre une portion, s'il n'y avoit point eu d'apanage. La raison est, que le frere ou ses descendans n'ont droit de prendre du chef de la fille apanée que la portion qui lui appartient à elle ou à ses enfans dans la succession. Decullant, sur ces mots de l'*art.* 310, ACCROIT AUX MALES, s'explique ainsi: *dummodo filia aut ejus liberi tempore delatæ hereditatis supervixerint, & fuerint habiles ad successionem; alioquin secùs: quia frater & illius descendentes ferunt duntaxat portionem, quæ filiæ nuptæ & dotatæ vel ejus liberis obtigisset, citrà renuntiationem.* . . . Auroux, *ibid. pag.* 69.

« Et pour la CONSERVATION DES MAISONS DUDIT PAYS, la portion de la fille mariée par le pere, ou du vivant d'icelui, selon l'article commençant, *fille apanée est forclose de succéder*, par les moyens dessus dits, *accroîtra ès mâles seulement*, s'ils veulent payer la dot à elle constituée, ou les restes d'icelle, *en conférant* ladite dot & portion, comme ladite fille feroit si elle succédoit; sans ce que audit cas les filles étant à marier, puissent aucune chose prétendre en la portion de ladite fille mariée. » *Cout. de la Marche, tit. 19, art. 242.*

Jabely, dans son Commentaire sur cet *art. pag. 238 & 239 de l'édit. de 1734*, observe, d'après *Paul de Castro*, que si pendant que les mâles auxquels la portion de la fille apanée *accroit*, ou à la portion de laquelle ils sont subrogés, déliberent, cette fille vient à décéder avant d'être payée de sa dot ou de partie d'icelle, elle transmet son droit à ses enfans qui la recevront, ou ce qui en restera dû. Il ajoute, que les enfans mâles des freres de la fille mariée succedent à la portion *accrue* concurremment avec leurs oncles, mais que les autres filles mariées ou à marier dans la maison, n'y prennent aucune part, non plus que les les freres utérins : tout est dévolu aux freres germains & consanguins, ou à leurs enfans, qui profitent de l'*accroissement* à l'exclusion de leurs sœurs ou tantes. Les dispositions de ces trois coutumes, en faveur des mâles au préjudice des filles, peuvent être autorisées par deux motifs importans, qui ont été indiqués par Jabely.

Le premier qu'*elles énoncent*, a pour objet *la conservation des maisons*, & il tire son origine de la loi divine (*numer. cap. 27*,) sur quoi Coras fait cette observation. Nos loix coutumieres, qui renferment des prédilections en faveur des mâles, ne sont pas aussi étranges qu'elles le paroissent au premier coup d'œil, puisqu'elles ont été promulguées par le souverain législateur lui-même, qui par des considérations de bien public, a cherché, en favorisant les mâles, à maintenir l'illustration des familles, *non tam iniquas esse leges municipiorum masculis existentibus fœminas excludentes quàm vulgò creditum est, cùm hoc primùm à Deo optimo maximo statutum fuerit & favore publico latæ sint, agnationis scilicet & familiæ conservandæ causâ.* Corasius, *in miscellaneis, lib. 3, cap. 16.*

Le second motif a également pour objet l'avantage général du royaume, & est fondé sur une considération essentielle dans l'ordre politique. « Est apparent que la nation Françoise, obstinée à la liberté, vouloit entretenir le moyen aux hommes de choisir pour eux femmes sans avance, & contenir lesdites femmes en leur office, estimans que la fermeté & foi du mariage étoit plus grande, quand par seule amitié il étoit fait, que pour les biens, & que le prix de la femme payé par le mari à ses parens, la réduisoit du tout en la maison dudit mari. Combien que les filles lors ne coustassent à marier en France, elles ne laissoient d'être héritieres quant aux meubles & acquêts, *excluses toutefois de l'ancien patrimoine quand y avoit enfans masles*, comme il est exprimé au soixante-deuxieme titre de la loi Salique. » Du Tillet, en son recueil des rois de France, *part. 1, pag. 3 & 4.* Voyez ci-dessus le *n°. 5*, & ci-après la division *Renonciation*, & encore les mots *Ainesse*, *Majorat*, *Mâle*, *Masculinité*, *&c.*

Patronage.

33. Le droit de patronage, laissé à plusieurs légataires, *accroît* à ceux d'entre eux qui acceptent le legs, ou se trouvent capables de le recevoir, quelle que soit l'espece de conjonction par laquelle le testateur les a unis. Ce droit étant indivisible, il ne peut pas appartenir pour une moitié, pour un tiers à un patron, & l'église ne peut pas être libre de cette charge pour l'autre moitié, pour l'autre tiers. Il répugne qu'un homme soit libre pour une partie, & esclave pour l'autre. *I. de Donationibus*, § 4. Par le même motif de l'indivisibilité du patronage, il est susceptible du droit d'accroissement

en faveur de plusieurs co-donataires ; dont quelques-uns ne peuvent, ou ne veulent pas prendre part à la donation qui leur en est faite ; c'est encore là une exception à la regle générale que le droit d'accroissement n'a point lieu dans les contrats. Ferriere, *Traité du patronage*, *part. 1, chap. 6, sect. 3, n°. 5, & 6, pag. 122.* Voyez ci-dessus le *n°. 13.*

L'ordinaire a accordé à deux copatrons le droit de présenter un chapelain ; l'un d'eux meurt : son droit accroît-il au survivant ? Oui, répond Vasquius *de successionum progr. lib. 3, § 23, n°. 119.* Grassus appelle le droit d'accroissement, en matiere de patronage, le droit de non-décroissement, *in patronatu ecclesiastico obtinet jus non decrescendi, § jus adcrescendi, quæst.* 27. Voyez Patronage, &c.

Pâturage.

34. Plusieurs bergers ont le droit de faire paître dans un fonds un nombre déterminé de têtes de bétail. L'un d'eux le perd par le non-usage, les autres le conserveront-ils de maniere à pouvoir mener toujours au pâturage le même nombre de têtes, ou le maître du fonds sujet à la servitude en sera-t-il libéré pour cette partie ? On répond pour la libération partielle, *si plures jus pascendi habeant in certo quodam fundo, unus ex his per non usum amisit illud. An hoc aliis* ACCRESCAT, *ita ut alii possint numerum pecorum in tantùm augere in quantùm alter ante amissionem insimul pascuit, an verò commodum illud accedat domino prædii servientis ? affirmatur posterius per l. 16, § item si quis, D. quemad. serv. amit. In rebus enim diversis & separatis neque conjunctio est neque jus accrescendi. L. hujus modi, § de quibus D. de legat.* 1°. *Cui accedit quod jus accrescendi nunquàm habeat locum post portiones acquisitas, l. re conjuncti de legat.* 3°. Schutz, *tract. de jure pascendi, cap. 9, § 17, pag. 179, édit. 1722, in-4°.*

Prohibition.

35. Un testateur peut-il prohiber le droit d'accroissement ? La plupart des auteurs distinguent, & soutiennent qu'il ne le peut pas en matiere d'hérédité ; mais qu'il en a la faculté en matiere de legs. Il n'y a point, en effet, de difficulté dans ce dernier cas, parce qu'un legs peut passer pour une partie au légataire, & rester pour l'autre dans la masse de la succession. Le second cas seroit susceptible de l'inconvénient que la législation romaine paroît eu avoir si fort à cœur de prévenir ; c'est-à-dire, qu'un citoyen mourût partie *testat*, partie *intestat*. Cette distinction a été clairement présentée par Zoezius, *jus accrescendi in relictis ultimâ voluntate prohiberi non potest per testatorem, qui non potest facere quominùs leges locum habeant in suo testamento, & hoc quoad hereditatem, ob sæpè dictam regulam quæ non patitur aliquem pro parte tantùm testotum decedere. Aliter se res habet in legatis, in quibus prohibitio adcrescendi nihil continet contra regulas juris, cùm portio deficiens adcrescat heredi. Uti etiam nihil continet inconveniens contra regulas juris dispositio in hereditatibus, ut uni potiùs adcrescat quàm alteri, neque enim per hoc peccatur contra dictam regulam.* Zoezius *ad titulos, D. de legat. cap. 3, n°. 66, pag. 550, édit. Foppens 1718, fol.* La prohibition peut donc, suivant notre auteur, avoir lieu même en matiere d'hérédité, lorsque le testateur a nommé plusieurs héritiers pour des portions distinctes, & a voulu que celles qui ne seroient pas recueillies par ceux à qui elles étoient destinées, *accrussent* à quelques-uns de ces héritiers préférablement à quelques-autres.

La question sur laquelle les auteurs ont été le plus divisés, est celle de savoir si le droit d'accroissement peut être prohibé à l'héritier institué *in re certâ*. Vinnius cherche à cet égard un tempérament qui puisse concilier les différentes opinions, & qui serve encore à ménager d'un côté le respect que l'on doit à la volonté d'un testateur, & de l'autre, à parer à l'inconvénient de le laisser décéder partie *testat*, partie *intestat*. Il pense donc, d'après Salicet, qu'il faut considérer l'héritier institué *in re certâ*, comme héritier malgré la prohibition, mais comme héritier grevé de fidéicommis envers les héritiers du sang. *Nimirùm prohibitionem supra dictam non efficere quidem quominùs heres scriptus ipso jure ex asse heres fiat; cæterùm hanc ejus vim esse, ut heres ille partes reliquas quas accrescere testator noluit, tanquam ex fideicommisso teneatur restituere iis qui ab intestato ad hereditatem ejus venissent..... Et hæc sententia mihi quoque non adeò displicet.* Vinnius, *ad § 5, I. de hered. instit.*

Tout ceci rend sans doute bien excusable la sortie de Dumoulin dans l'endroit où il s'éleve avec la plus grande force, contre la trop grande licence des testateurs chez les Romains, & la complaisance de leur législation qui se prêtoit à tous leurs caprices. Après avoir posé pour principe général, que le droit d'accroissement ne peut point être prohibé à des personnes qui ont des droits communs : *jus adcrescendi non potest prohiberi inter communes;* il ajoute, PUTO QUOD, *l. quoties, D. de hered. inst.* NON DEBET SERVARI, ETIAM IN PATRIA JURIS SCRIPTI : QUIA DICTA JURA FACTA SUNT SUPERSTITIONE ROMANA, UT ESSET EORUM MEMORIA POST MORTEM, ET LAUS, CUM NON SPERARENT ALIAM VITAM : *quia semper omnes faciebant testamenta, & ut valeret, & non ambularetur tota dispositio aliàs, hoc est contra mortem quod limitatus habeat totum, debet ergo solùm tanquam legatarius habere : sicut ex codicillis reliqua relicta venientibus ab intestato :* HOC ENIM EST NATURALE, *& de mente, & hoc nisi invaluit usus ex quo mens verisimiliter est talis : quia institutus cogitat satis esse ut totum habeat, cui totum vult relinquere; & sic sequitur quod si quis non illic morans, sed hic habitans, habens tamen fortè ex recenti successione bona illic, faciat hic testamentum, vel ibi transiens, & verisimiliter nondum mores illos sciens, in quo aliquem extraneum instituerit heredem suum in certa domo existente Lugduni, etiam si aliter non disponat de residuo, quod ille non habebit, nisi de domo, tanquam legatarius.* Molinæus, *ad art. 120, veter. cons. Paris. Tom. 1, pag. 878.*

L'art. 282 de la coutume de Normandie, dont les dispositions concernent particuliérement les lieux régis par la coutume de Caux, dit que « le donateur ou testateur pourra, si bon lui semble, ordonner que la portion d'un puîné, mourant sans enfans, *accroîtra* aux autres puînés sans que l'aîné y prenne part. »

Il faut observer que cette stipulation de la part du donateur ou du testateur, qui ont voulu user de la faculté accordée par la coutume, n'emporte ni substitution, ni fidéicommis; ensorte que le puîné a toujours la faculté de disposer de sa portion; la raison est, que les termes de la coutume ne doivent s'entendre que des biens que le puîné possédera, non au temps de la donation, mais au temps de sa mort. Basnage, *tom. 1, pag. 496.*

Puisque le pere peut ordonner que la portion d'un puîné, mourant sans enfans, *accroîtra* aux autres, il sembleroit qu'il a aussi la liberté de disposer, que le mariage qu'il donne à ses filles appartiendra aux puînés, au préjudice de l'aîné. On juge cependant le contraire, & on se fonde sur cette raison qui paroît bonne : l'aîné, ayant contribué pour la plus grande partie à la dot de ses sœurs, ne doit pas être exclus de leur succession, d'autant mieux que la coutume ne s'est pas expliquée sur ce cas.

ARRÊT du parlement de Rouen, du 30 juin 1683, qui casse le testament d'un pere qui avoit ordonné que ses fils puînés recueilleroient la dot de leur sœur à l'exclusion de l'ainé. Basnage, *ibid. pag.* 497. Voyez ci-dessus *les n°.* 5 *&* 25.

Renonciation.

36. Ce que nous avons dit sous les divisions 5, 12, 14, 18, 19, 25, 26 & 27, laisse peu à dire sous celle-ci.

« Fille mariée de pere & de mere ensemble, & qui a renoncé aux biens & successions de sesdits pere & mere, & fait ou promis quittance d'iceux, moyennant son mariage divis, à elle par eux constitué, ne peut revenir à leurdite succession, ne d'aucun d'eux tandis qu'il y aura enfans mâles, ou autres enfans mâles descendans d'eux légitimes, si par lesdits pere & mere elle n'y est rappellée. » *Cout du C. de Bourg. art. 6.*

Il paroît, aux termes de cet article, que les renonciations avoient été introduites au comté de Bourgogne en faveur des mâles qui conservent le nom & la dignité des familles, & qu'ainsi les mâles doivent seuls profiter de la portion de la fille renonçante. Un arrêt du parlement de Dole, du 6 septembre 1605, l'avoit même ainsi décidé; cependant on ne suit plus aujourd'hui en Franche-Comté cette ancienne jurisprudence, blâmée dans le temps par le magistrat qui nous a transmis l'arrêt. Grivel, après avoir examiné la question de savoir si les seuls mâles doivent profiter de la portion qu'auroit eue *ab intestat* la fille qui a renoncé, moyennant une dot payée ou promise *de filia quæ acceptâ aut promissâ dote successioni renuntiavit, & an illius portio, quam fuisset habitura ab intestato (si non renuntiasset) SOLIS ACCRESCAT FILIIS*, & avoir discuté les raisons de douter & de décider, dit qu'on jugea que la portion de la renonçante étoit acquise exclusivement aux mâles. *Et moi-même f..s de cette opinion, n'osant récéder de la coutume, QUAM IN JUDICANDO JUDICES SEQUI TENENTUR : & soit noté que ce procès fut jugé en la petite chambre, & que si les deux chambres fussent été assemblées, comme il se fait ordinairement ès questions importantes, & qui concernent l'interprétation de la coutume, je tiens que la pluralité des opinions eût été au contraire de cette résolution; car j'ai entendu de quelques-uns des plus anciens de la compagnie, que la cour l'avoit autrefois autrement jugé.* Grivellus, *pag.* 365 *&* 370.

Dunod, dans son commentaire sur la coutume du comté de Bourgogne, p. 562 & 563, dit que l'accroissement des portions des filles renonçantes, ne doit avoir lieu en faveur des mâles que dans les coutumes qui par une disposition expresse leur en réservent l'effet; il ajoute; « notre jurisprudence paroît fixée : car le parlement de la province, ayant demandé une ordonnance sur la question, on voit, par l'avis qu'il envoya au souverain, que nonobstant l'arrêt cité, du 6 septembre 1605, il penchoit à juger que les parens devoient seuls profiter de la renonciation. On ne trouve pas que le procès, à l'occasion duquel cette ordonnance fut demandée, ait été jugé, ni que l'ordonnance ait été accordée; mais MM. Boivin & Javelot conviennent que le sentiment de M. Grivel a prévalu, & citent un arrêt rendu en conformité, le 26 avril 1634, entre les sieurs & demoiselle de Malpas. Dès-lors encore, par arrêt rendu aux enquêtes, au rapport de M. Bereur, le 8 février 1714, il fut jugé entre Jeanne & Nicolas Nardin, que la renonciation faite par Etiennette & Françoise Nardin *accroissoit* à la succession de Claude Guyon leur mere; & qu'en conséquence, les portions dont elles étoient privées par leur renonciation, devoient être partagées également entre Jeanne & Nicolas Nardin leur frere & sœur. »

Cette jurisprudence du parlement de Besançon est conforme à celle du parlement de Dijon, qui juge que les portions des filles renonçantes, *accroissent* à la masse de l'hérédité, & non aux seuls mâles,

mâles, à moins que cela n'ait été stipulé par l'acte contenant la renonciation. Taisand, dans son commentaire sur la coutume de Bourgogne, *tit.* 7, *art.* 21, *n°.* 9, rapporte un arrêt de cette cour, du 13 juillet 1647, qui l'a ainsi décidé.... Les magistrats & jurisconsultes assemblés avec M. de Lamoignon, pour aviser aux moyens de rendre la jurisprudence uniforme, justifient par leur opinion le parti pris dans le duché & comté de Bourgogne. « La portion de la fille qui a renoncé purement & simplement accroît à la succession, & seront les biens de pere & mere partagés entre les autres enfans mâles & filles, selon les loix & coutumes, sans considérer la fille qui a renoncé. » *Arrêtés, titre de la renonciation des filles, n°.* 19, *pag.* 350.

M. de Lamoignon n'a pas manqué d'insérer dan son arrêté ces mots *purement & simplement*, qui sont bien essentiels à remarquer ; en voici la preuve.

Trois sœurs héritent d'un parent éloigné, l'ainée renonce en faveur de la seconde, qui en conséquence prétend deux lots dans le partage ; la troisieme combat cette prétention. Elle dit que l'ainée ne s'étant point immiscée dans la succession, & ne s'étant point portée héritiere, devoit être considérée comme si elle eût répudié, & qu'ainsi il falloit suivre la regle, qui veut qu'un cohéritier renonçant ne fasse point part, mais que cette part *accroisse* aux autres cohéritiers, *undè succedere illam regulam, quâ dicitur renuntiationem ab uno ex coheredibus factam, non includere aditionem seu acceptationem hereditatis, sed pro portionibus hereditariis cæteris coheredibus omnibus perœquè proficere* JURE ACCRESCENDI. Ces raisons ne peuvent me toucher, dit *Pontanus*, & en jugeant l'affaire qui avoit été soumise à mon arbitrage, j'adjugeai deux portions à la seconde sœur au profit de qui l'ainé avoit renoncé. Je me décidai sur ce que cette renonciation n'avoit pas été gratuite, ainsi que le certifioient plusieurs témoins, & qu'on devoit conséquemment la considérer comme renfermant d'un côté une acceptation de sa portion héréditaire, & de l'autre une cession de cette même portion en faveur de la seconde sœur, exclusivement à la troisieme. *Verùm ea non tantùm apud me potuerunt; quin ego à partibus arbiter delectus, pro secundâ sorore judicaverim, ut scilicet duas integras portiones ferre deberet, ratione renuntiationis in ejus favorem factæ. Nec enim simpliciter renuntiaverat prima soror, sed demùm pecunia accepta, etsi in instrumento nulla pecuniæ facta esset mentio : sed id quidem testibus præsentibus præstabat primùm hereditatis delatæ acceptationem & secundùm, cessionem ejusdem nominatim factam in favorem unius ex sororibus. Ex quo renuntiare non eo animo intelligitur, ut tertiæ sorori accresceret, sed ei tantùm proficeret renuntiatio cujus nomine facta esset.* Pontanus, *in cons. Bles. Titul.* 7, *art.* 79, *tom.* 1, *pag.* 300.

La décision de Pontanus est dans les principes adoptés par deux arrêts du parlement de Paris des 12 avril 1588, & 31 mars 1607, qui ont jugé que lorsque l'un des héritiers renonce à une succession échue, *non pas purement & simplement*, mais en faveur d'un de ses cohéritiers, sa part *accroît* au profit de ce cohéritier, & non aux autres. *Intelligitur tacitè adita & cessa portio.* Le Pretre, *centur.* 2, *chap.* 62, *pag.* 518 *& suiv.* Ferriere, sur l'*art.* 310 *de la coutume de Paris, n°.* 6 & 7.

La coutume de Nivernois, *tit. des droits appartenans à gens mariés, art.* 24, n'exige point la renonciation des filles pour qu'elles soient exclues de la succession de leur pere & mere, elle se contente qu'elles aient été par eux dotées & apanées. On a demandé si la part d'une fille apanée *accroît* aux seuls mâles, ou si les autres filles non-apanées y avoient part ; & Coquille a décidé en faveur des mâles, & que les filles non mariées ni apanées ne prendroient en l'hérédité de leur pere, sinon telles portions qu'elles prendroient, si toutes les filles jà mariées & apanées venoient à succession, *quest. 128, tom. 2, pag. 209.*

Le même auteur a examiné une seconde question. Les portions des sœurs apanées, *accrues* à leur frere, leur reviennent-elles après son décès sans enfans? Il a cru que lorsque la coutume, par l'*art. 24*, déterminoit que la fille dotée ou apanée *ne pouvoit revenir à succession tant qu'il y a hoir mâle, ou descendant de mâle, elle n'avoit point entendu exclure la fille, en haine d'elle, mais en faveur de son frere & descendans de son frere.* D'où il a conclu que ce frere décédant sans enfans, elle devoit rentrer au droit qu'elle avoit quitté. Mais le frere, après avoir appréhendé la succession de ses pere & mere, est-il en interdiction d'aliéner au préjudice de sa sœur? Notre auteur pense qu'il ne peut se livrer à des aliénations frauduleuses ou gratuites; *comme donner entre-vifs, ou léguer pour son plaisir, & sans grand mérite de la part du donataire ou légataire, ou vendre à vil prix: mais que si, selon l'occurrence des affaires survenues, & sans suspicion d'affectation, il aliene à titre onéreux, l'aliénation tiendra.* Ibid. *quest. 126, pag. 207.*

Enfin, Coquille traite une troisieme question. La portion de la fille apanée *accroît-elle* aux freres paternels ou utérins comme aux freres germains? La coutume, *au chap. des successions, art. 16*, ne préférant le frere germain au paternel, que pour la succession mobiliaire, celui-ci ne prendra seul que la part des meubles *qui adviendroient à sa sœur, si elle n'est apanée.* A l'égard des héritiers, le frere germain concourra avec le paternel *(consanguin)* pour ceux du côté paternel, & avec l'utérin pour ceux du côté maternel, *ibid. quest. 132, p. 212.*

Le droit d'accroissement est ouvert en faveur des ascendans, comme il l'est à l'égard des descendans. Ainsi, lorsque tous les enfans sont décédés, si le pere renonce, sa portion accroît à celle de la mere, qui jouit de toute la succession; pourvu toutefois que cette renonciation ne soit pas un avantage indirect du mari à la femme. S'il n'y a que des aïeux, l'accroissement se fait par souches & non par têtes, conformément à l'*art. 312* de la coutume de Touraine, qui veut que les aïeux paternels aient une moitié, & les aïeux maternels l'autre. Ainsi, lorsqu'un petit-fils laisse un aïeul & une aïeule paternels, & un aïeul & aïeule maternels; si l'aïeul paternel renonce, l'*accroissement* ne profite qu'à l'aïeule maternelle. Lebrun, *des success., chap. 5, sect. 1, n°. 35 & 36.*

Arrêt de réglement du parlement de Paris, du 30 mai 1702, qui juge qu'un aïeul d'un côté, & un aïeul & une aïeule de l'autre, succedent par tête & non par souche. Augeard, *tom. 1, chap. 205, pag. 674.* . . . D'après les dispositions de cet arrêt, la décision de Lebrun ne peut plus avoir son application dans les pays du ressort de la coutume de Paris, & elle doit être restreinte à ceux où l'on suit la disposition du droit romain qui donne autant à l'aïeul maternel, qu'à l'aïeul & à l'aïeul paternels, & *vice versâ.* Voyez *Aïeul, Renonciation, Représentation, &c.*

Retour (Droit de).

37. Nous avons remarqué ci-dessus, *n°. 16, pag. 114 & 115*, que l'accroissement n'avoit point lieu au préjudice du droit de retour, stipulé par un donateur; & nous avons cité deux arrêts, l'un du parlement de Paris, du 18 juin 1558, l'autre du parlement de Toulouse, du mois de février 1574, qui l'avoient ainsi décidé dans le cas d'une donation faite à trois donataires étrangers, au donateur. Le préjugé suivant déroge-t-il à la maxime générale?

Arrêt du parlement de Toulouse, du 21 juin 1629. . . . . *Espece.* Un pere donne à son fils la moitié de ses biens, & stipule, que dans le cas où le donataire ou ses enfans viendroient à décéder avant lui, ces biens lui reviendront. Le fils meurt & laisse deux filles, dont l'une décede bientôt après son pere. Grande difficulté entre l'aïeul donateur, qui réclame, par droit de retour, la moitié des objets donnés à son fils, la petite-fille survivante, qui prétend que la portion de sa sœur est *accrue* à la sienne, & l'aïeul maternel, qui demande *à être joint en l'instance*, & soutient qu'ils doivent *succéder tous les trois également ab intestat*. La cour, *après que la question eut été versée & agitée*, adopta les conclusions de l'aïeul maternel.

Boné, qui rapporte cet arrêt en son recueil, *part.* 2, *arr.* 25, *pag.* 202, observe que celui de 1574 est contraire, en ce qu'il *établit le retour au profit du donateur, & exclut le droit d'accroissement*. Nous ne pensons pas comme lui, & nous croyons que l'arrêt de 1629 ne sauroit affoiblir le principe général établi par les arrêts de 1558 & 1574. En effet, dans l'espece des deux premiers, le donataire prédécédé n'avoit point laissé d'enfans, & il en existoit dans l'espece du troisieme. Ainsi, point de contradiction entre deux décisions données dans deux cas bien différens. Voyez *Retour, &c.*

Société.

38. Le droit d'accroissement a-t-il lieu entre associés? Il a lieu dans le cas où le prince a appellé deux personnes à une même libéralité. Nous l'avons déja observé ci-dessus (*pag.* 116 & 117,) d'après les dispositions de la loi unique, *C. si liberal. imper. socius, &c.* Nous ajouterons ici que l'application de la loi cesseroit dans le cas où l'un des associés au bienfait du prince laisseroit des enfans. *Inter socios in re donatâ ab imperatore, habet locum jus accrescendi, & socius vivens præfertur cuilibet heredi alterius socii morientis, exceptis liberis.* Felicius, *de societate, cap.* 12, *n°.* 23, *pag.* 132, *edit. Gorinchemi*, 1666, *in-4°.*

« Encore que plusieurs eussent contracté *société* entre eux, & accordé que les successions légitimes, si aucunes échéoient à l'un des *associés*, seroient communes à tous; si est-ce que par cette convention on devroit seulement entendre, que les successions seroient communes pour telle part & portion que l'*associé*, auquel les successions sont échues, étoit héritier du défunt: & non pas que si aucune des parts des cohéritiers dudit *associé* venoit à faillir, cette part seroit aussi commune; mais *accroîtront* seulement lesdites parts à celui auquel la succession est échue, & non pas à ses *associés*, si ce n'étoit qu'il eût été expressément convenu au contraire, ou que tous les *associés* fussent héritiers *ab intestat* du décédé, auquel cas le droit d'*accroissement* auroit lieu entr'eux; mais en qualité d'héritiers, & non pas *ex naturâ actionis pro socio.* » Legrand, *sur la cout. de Troye, tit.* 6, *art.* 110, *glos.* 3, *n°.* 10, *tom.* 2, *pag.* 64.

QUESTION NEUVE ET INTÉRESSANTE. Un intérêt dans une manufacture de glaces peut-il être substitué en nature, de maniere que la succession du grevé soit tenue de le rendre à l'appellé, tel qu'il existe *avec tous ses accroissemens*, ou n'y a-t-il de substitué que la valeur qu'avoit cet intérêt à l'instant de la mort du testateur, ensorte que l'appellé ne puisse répéter que cette valeur? . . . .

La dame Dumoulin, propriétaire de vingt-sept deniers d'intérêt dans une manufacture de glaces, institue le sieur de Santilly & la dame de Combault ses neveu & niece, ses légataires universels, chacun pour un sixieme, & greve le sieur de Santilly de substitution envers ses enfans, & à défaut d'enfans, envers la dame Combault sa sœur. Celui-ci étant mort, l'appellé se fait envoyer en possession de la substitution, & notamment de quatre denier & demi d'intérêt dans la manufacture. La veuve Santilly, donataire des biens de son mari, forme opposition entre les mains des *intéressés & associés*, & soutient que l'intérêt de quatre deniers & demi lui appartient, sauf la valeur qu'il avoit au moment de la mort de la dame Dumoulin, qu'elle offre de rendre à la dame Combault. Les créanciers du sieur de Santilly interviennent & adherent aux conclusions de sa veuve.

L'opposante & les intervenans prétendent qu'un intérêt dans une manufacture n'est qu'une copropriété de ce qui la compose, c'est-à-dire, des ustenciles, matieres premieres, marchandises fabriquées, fonds en caisse, dettes actives; & enfin, de l'emplacement & bâtimens, qui n'étant que l'accessoire de la manufacture, sont comme elle d'une nature mobiliaire. De tels objets ne sont pas plus susceptibles de substitution en nature que d'usufruit; & les loix romaines, en permettant d'en léguer l'usufruit, déterminent qu'ils appartiennent à l'usufruitier, de maniere qu'il n'est tenu qu'à donner caution de leur valeur pour être rendue au propriétaire à la fin de l'usufruit. *Ita traduntur legatario UT EJUS FIANT, sed æstimatio his satisdatur, ut si moriatur, aut capite minuatur, tanta pecunia restituatur quanti hæ fuerunt æstimatæ. § 2, I. de usufructu.*

Les réponses des parlemens aux questions proposées par M. d'Aguesseau, au sujet de l'ordonnance des substitutions de 1747, & l'autorité de M. d'Aguesseau lui-même, annoncent qu'on doit appliquer aux substitutions ces principes des loix romaines sur l'usufruit des choses mobiliaires, & que les grevés ne sont tenus qu'à rendre, ou faire rendre l'estimation de leur valeur, au moment de leur entrée en jouissance.

La veuve & les créanciers expliquent encore, que le privilege accordé aux intéressés, étant expiré après la mort de la dame Dumoulin, celui qui avoit été accordé de nouveau, étoit une cession personnelle au sieur de Santilly, qui n'avoit pu par conséquent être grevé de substitution; d'où il concluoit que la substituée ne pouvoit prétendre qu'à la valeur de l'intérêt, telle qu'elle étoit au moment du décès de la dame Dumoulin, avant la rénovation du privilege. Ils ajoutent enfin, que la substitution ne pouvoit profiter des *accroissemens* qui étoient le fruit du travail, des connoissances, & de l'économie *des intéressés & associés*, & conséquemment du sieur de Santilly en partie. L'une des causes principales de ces accroissemens, est qu'au lieu de faire des répartitions annuelles de tout le produit de la vente des glaces, les *associés* ne s'en sont distribué qu'une partie, & ont laissé le reste en masse. Si le sieur de Santilly ne s'étoit pas privé de ces distributions, elles seroient aujourd'hui dans sa succession; & seroit-il juste que la substitution s'enrichît de ces privations? *Fusarius & Peregrinus* décident, que dans une substitution dont un fonds de commerce fait partie, les accroissemens profitent au grevé, ou à ses héritiers, & qu'ils ne sont obligés que de rendre le prix de ce fonds de commerce, suivant son estimation au temps du décès de l'auteur de la substitution, *in restitutione mercium attenditur valor tempore mortis testatoris & non gravati, ut tenuit optimè comprobando Rota romana.* Fusarius, *de substitutionib. quest. 624, n°. 21, pag. 908.*

La dame Combault répond & observe qu'il est possible de jouir d'un intérêt dans une manufacture, sans l'altérer, sans le détruire; qu'ainsi on ne peut appliquer à la cause la décision des loix romaines, & le sentiment des magistrats françois sur l'usufruit des choses mobiliaires *fungibles*, qui se consument par l'usage. Léguer l'usufruit de l'intérêt d'une manufacture, ce n'est que léguer le droit de percevoir les fruits de cet intérêt, & de prendre part aux répartitions qui se feront pendant l'usufruit. Le privilege de fabriquer des glaces n'est point la manufacture; ce qui la forme, c'est l'association, c'est la corporation, c'est le mélange de tous les intérêts: tant que ce mélange dure, tant que l'association subsiste, la manufacture est la même; dès-lors, point de changement dans l'intérêt qu'a chaque *associé*. Le sieur Santilly n'a jamais été cessionnaire du privilege actuel; c'est la compagnie qui en a sollicité la rénovation, non pour aucun intéressé en particulier, mais pour tous en général; c'est-à-dire, pour la chose même, pour tous ceux qui y ont intérêt, soit à titre de propriétaires, soir à titre d'usufruitiers, soit à titre de grevés de substitution, soit à titre d'appellés à cette substitution.

Un grevé de substitution peut bien retenir ses impenses pour les améliorations du fonds substitué; mais il ne peut rien prétendre pour ces augmentations, ces accroissemens que le bénéfice du temps, des événemens heureux, la nature même de la chose procurent: il en jouit pendant sa vie; & elles passent après lui à ceux à qui la volonté du testateur, qui lui en a donné l'usufruit, en a voulu assurer la propriété.

ARRÊT du parlement de Paris, du 5 janvier 1781, qui sur l'appel interjeté par la dame Santilly de la sentence du châtelet, qui envoyoit la dame Combault en possession de l'intérêt dont le sieur de Santilly son mari étoit grevé de substitution, *a mis l'appellation au néant*.

Ainsi, l'on a jugé qu'un intérêt dans la manufacture des glaces pouvoit être substitué en nature, & que ses *accroissemens* appartenoient, lors de l'ouverture du fidéicommis, à l'appellé. *Gazette des tribunaux, tom. 11, pag. 177 & suiv.* Voyez *Entreprise*, *Manufacture*, *Société*, &c.

Substitution.

39. La substitution directe, c'est-à-dire, celle où le substitué prend les biens directement dans la succession des mains du substituant, & non par le canal d'une personne interposée, n'est autre chose qu'une seconde institution d'héritier pour le cas où la premiere demeurera sans effet: *heredes aut instituti dicuntur aut substituti; instituti, primo gradu, substituti, secundo vel tertio. L. 1, D. de vulgat. & pup. subst.* Les regles qui concernent les héritiers au premier degré, relativement au droit d'accroissement, doivent donc être appliquées aux substitués héritiers au second ou au troisieme degré; elles se trouvent ci-dessus, *n°. 24*.

La substitution fidéicommissaire, c'est-à-dire, celle qui est indirecte, oblique, & qui a lieu quand le substitué ne prend pas directement la disposition de la personne du testateur, mais de la main du premier nommé, est parfaitement assimilée à un legs, *omnia quæ naturaliter insunt legatis, & fideicommissis inhærere intelligantur; & contrà quidquid fideicommittitur, hoc intelligatur esse legatum. L. 2, C. comm. de legat. & fideic.* Les regles des legs, en matiere de droit d'accroissement, sont donc les mêmes que celles des fidéicommis: on peut les parcourir ci-dessus, *n°. 27*.

Lorsqu'un testament contient une substitution, la substitution exclut le droit d'accroissement. Un testateur institue Pierre & Paul pour ses héritiers, & substitue Jacques à Paul; Paul ne pouvant ou ne voulant pas recueillir sa portion, elle n'accroîtra point à Pierre, en vertu de la loi générale du droit d'accroissement; mais elle sera acquise à Jacques en vertu de la volonté du testateur, qui, par la substitution, a prouvé qu'il préféroit le substitué au cohéritier. Ainsi donc, toutes les fois qu'un testateur a substitué à celui de ses héritiers qui mourroit avant lui, qui seroit incapable de recevoir, ou qui répudieroit sa portion héréditaire, la disposition de l'homme fait cesser celle de la loi: ainsi donc, la substitution vulgaire, soit qu'elle soit expresse ou comprise dans la compendieuse, étant une seconde institution d'héritier, empêche le droit d'accroissement.

Mais le droit auroit pourtant lieu, si le

substitué répudioit lui-même l'hérédité : c'est la disposition d'une loi précise qui dit, que s'il y a deux héritiers institués, le *premier* & le *second*, & qu'un *troisieme* soit substitué au *second*, le *second* ne voulant pas être héritier, le *troisieme* succede ; mais que si le *troisieme* refuse l'hérédité, elle appartient au *premier* par droit d'accroissement. *Si duo sint heredes instituti, primus & secundus, secundo tertius substitutus, omittente secundo bonorum possessione, tertius succedit. Quòd si tertius noluerit hereditatem adire vel bonorum possessionem accipere, recidit bonorum possessio ad primum, nec erit ei necesse petere bonorum possessionem, sed ipso jure ei adcrescet. L. 2, § 8, D. de bon. poss. secund. tab.*

ARRÊT du parlement d'Aix, du 11 mai 1632. « Accroissement est exclus par la substitution vulgaire, comprise dans le compendieuse par arrêt, au rapport du sieur de Foresta, en la cause de l'hôpital d'Arles. » Duperier, *tom. 2, lett.* A. *n°. 7.* On trouve au *tom' 3, liv. 1, quest. 1*, des œuvres du même auteur, la consultation sur laquelle intervint cet arrêt.

ARRÊT du parlement de Paris, du premier août 1634. Un testateur institue ses deux cousins ses héritiers & leurs enfans *après leur mort*. Un des cousins étant décédé avant le testateur, le cousin survivant prétend avoir la portion du défunt par droit d'accroissement, & soutient, qu'étant institué collectivement avec lui, il doit l'emporter sur ses enfans qui n'étoient institués qu'après la mort des deux cousins. Les enfans du cousin prédécédé expliquent que la vocation des enfans, dans le cas particulier, a pour objet de les faire profiter de la part de leur pere, s'il vient à prédécéder le testateur, qui n'a point eu en vue d'appeller les enfans seulement après le décès des deux héritiers, mais de substituer ceux de chacun d'eux à la portion de leur pere. La cour accueillit la prétention des enfans. Journal des audiences, *tom. 1, liv. 3, chap. 2, pag. 181.* La clause du testament étoit bien obscure, & si les juges n'avoient pas interprété l'intention du testateur d'une maniere conforme à la raison & à l'équité, ils auroient bien pu adopter la regle générale, suivant laquelle un substitué à plusieurs héritiers appellés en nom collectif, ne vient à la succession qu'après le décès du dernier mourant des héritiers. *L. 4, C. de imp. & al. subst.* Ils auroient pu sur-tout se décider par une loi dont l'espece se rapprochoit singuliérement de celle qu'ils avoient à juger. *Si mihi Firmianus filius & Ælia uxor mea (quod abominor) heredes non erunt, in locum eorum Publius Firmianus heres esto : manifestum est in eum casum factam substitutionem, quo utrique heredem substitui potuit.* Ne doit-on pas conclure de cette loi, que la substitution ne fait cesser le droit d'accroissement que lorsqu'elle est faite à l'un des héritiers uniquement, & non lorsqu'elle est faite à tous ? Au premier cas, le testateur a voulu que le substitué représentât l'un de ses héritiers, à la place duquel il le subrogeoit par une volonté expresse, tandis que le cohéritier n'avoit pour lui qu'une volonté tacite & présumée. Mais au second cas, c'est moins par droit d'accroissement que l'un des héritiers succede à l'autre, que par droit de non décroissement. Ils ne représentent qu'une seule personne, au défaut de laquelle le substitué est appellé. La vocation des deux héritiers est un tout indivisible, qui ne pouvant décroître par le défaut de l'un, subsiste dans toute sa force pour l'autre, de maniere que le substitué ne recueille qu'après tous les deux.

Pour que la substitution exclue le droit d'accroissement, il faut qu'elle soit valable: il ne suffit pas même qu'elle soit faite légitimement, il faut encore qu'elle ait son effet, parce que la volonté du testateur, en substituant à l'un de ses héritiers, n'est pas de dépouiller l'autre, mais seulement de préférer le substitué à l'autre institué ; de sorte que celui-ci ne reçoit de diminution qu'au cas que le substitué veut ou peut recueillir. « Quand deux substitués conjointement, soit en l'institution, soit au légat, sont eux-mêmes chargés séparément de substitution, la substitution de l'un des conjoints étant faite caduque, véritablement les substitués d'icelui seront préférés au conjoint survivant; mais si les substitués étoient décédés lors de la caducité, en ce cas le conjoint survivant prendra la portion caduque, à l'exclusion de l'héritier. *Peregrinus, art. 9, n°. 13. Mantica de conjecturis, lib. 4, tit. 12, num. 18. L. 79, D. ad SC. Trebell.* Le droit d'accroissement par les loix est appellé *jus antiquum*, & par les loix caducaires étoit appliqué au fisc ; mais pour ôter ce profit au fisc, les jurisconsultes introduisirent les substitutions, comme Cujas l'atteste dans ses paratitles, *C. de cad. tollendis*. La raison de douter de la décision se prend, de ce que les conjoints étant chargés de substitution envers des tierces personnes, cette substitution sembloit empêcher ce droit d'accroissement ; mais la substitution de ces tierces personnes étant faite caduque par leur prédécès, cette caducité rendant nulle ladite substitution, la conjonction & le droit d'accroissement demeure toujours en sa force. » Lapeyrere, *lettre* A, *n°. 10, pag. 6*.

Le droit d'accroissement a lieu dans toutes les especes de substitutions, même dans la pupillaire. En effet, tout comme l'institution d'héritier ne peut avoir lieu pour une partie de l'hérédité, sans que l'autre partie en appartienne à quelque autre héritier testamentaire ; de même la substitution ne peut être faite à moitié, & le substitué même pupillairement, prendra toute l'hérédité *jure accrescendi*, si le testateur n'a point disposé de la portion, vacante en faveur d'une autre personne, ou s'il n'a pas expliqué qu'elle demeureroit au premier institué ou à ses successeurs & ayants droit. *L. 41, § ult. D. de vulg. & pup. subst. & § 2. I. eod.* item, *l. 1, C. de impub. & al. subst.*

En matiere de substitution réciproque, le droit d'accroissement a son effet, d'abord entre ceux qui sont conjoints, & ensuite entre ceux qui ne le sont point, quoiqu'appellés. Godefroi, sur la loi 41 que nous venons de citer, dit à ce sujet : *substitutio reciproca generaliter facta refertur priùs ad conjunctos, deinde ad cæteros.*

ARRÊT du parlement de Bordeaux, du mois de février 1626. Grammont ayant un enfant d'un premier lit, & quatre d'un second, institue celui du premier lit & l'aîné du second. Il fait des legs aux autres impuberes, & leur substitue ses héritiers universels, en cas qu'ils décedent en pupillarité. L'un des impuberes meurt, les substitués demandent l'ouverture de la substitution ; la cour juge qu'il falloit attendre la mort de tous les impuberes en pupillarité. Lapeyrere, *lettre* S, *n°. 132, pag. 447*. La cour se décida par les principes de la loi 10, *C. de impub. & al. subst.* dont les termes sont remarquables. *Cùm quidam duobus impuberibus filiis suis heredibus institutis adjecit*, SI UTERQUE IMPUBES DECESSERIT, ILLUM SIBI HEREDEM ESSE : *dubitabatur apud antiquos legum auctores, utrùmne tunc voluerit substitutum admitti, cùm uterque filius ejus in prima ætate decesserit: an alterutro decedente, illicò substitutum in ejus partem succedere. (Et) placuit Sabino substitutionem tunc locum habere, cùm uterque decesserit: cogitasse enim patrem primo (filio) decedente, fratrem suum in ejus portionem succedere. Nos ejusdem Sabini veriorem sententiam existimantes, non aliter substitutionem admittendam esse censemus, nisi uterque eorum (in) primâ ætate decesserit.*

ARRÊT du parlement de Dijon, du 16 février 1668. Deux freres, partant pour un voyage de long cours, disposent réciproquement du tiers de leurs biens au profit l'un de l'autre ; & des deux tiers restans, en faveur de deux autres de leurs freres, marchands à Châlons. Ils substituent à ceux-ci, en cas qu'ils décedent sans enfans, les enfans de Villedieu & Blandin. Les deux donataires recueillent, & l'un d'eux décede sans enfans. Les enfans de Villedieu & Blandin attaquent le survivant, & demandent l'ouverture de la substitution du chef du prédécédé. Celui-ci soutient qu'on doit induire des termes de la substitution, qu'il y avoit entre lui & son frere une substitution réciproque qui excluoit les substitués étrangers. On le jugea ainsi à Châlons; & sur l'appel, la cour confirma : elle se décida par deux motifs; le premier, que le droit d'accroissement doit être admis dans la substitution comme dans l'institution; le second, que l'intention présumée du testateur devoit faire préférer un frere & des neveux à des étrangers. Perrier & Raviot, *quest. 57, tom. 1, pag. 129 & suiv.*

ARRÊT du parlement de Paris, du 13 juin 1671. Un testament est conçu en ces termes : *pour la bonne amitié que je porte à Philippe Chevalier mon frere, & la reconnoissance de ses services particuliers & des logement & nourriture qu'il m'a fournis, je lui ai donné de ma pure, franche & libre volonté, par cettuy mon présent testament, que jai écrit de ma propre main, sans aucune induction ni suggestion de personne, tous mes meubles, & acquêts immeubles, & le tiers de mes propres,* A LUI ET AUX SIENS, OU AYANTS CAUSE, A PERPÉTUITÉ, *pour en faire & disposer par lui comme de ses propres héritages.* On prétendit que ce legs universel étoit devenu caduc par le décès du légataire avant le testateur; mais la cour jugea, en faveur des enfans du légataire, qu'il devoit avoir son exécution, soit que « l'on considérât les enfans comme substitués à leur pere, par les termes auxquels le legs étoit conçu, soit qu'on les regardât comme conjoints avec lui, suivant la disposition de droit, en la loi unique, § 3 & 4, *de caduc. tollend.*, qui attribue généralement, & sans distinction, *le droit d'accroissement* aux conjoints par les paroles & par la chose; à quoi on peut encore appliquer le § *ubi autem 11* de la même loi, & le § *si eadem. I. de legat.*, qui semble encore plus précis. » Soefve, *tom. 2, cent. 4, chap. 60, pag. 422.*

ARRÊT du parlement de Flandre, du 19 juillet 1700. Un pere, à la suite du partage de ses biens entre ses enfans, les substitue réciproquement les uns aux autres, dans les termes suivans: *voulant bien expressément qu'ils soient héritiers l'un de l'autre, au cas qu'ils viennent à mourir sans enfans; ensorte que les biens du terminé* ACCROISSENT *toujours aux survivans, pour y prendre ce que la coutume de la situation des biens leur donnera, leur défendant toute distraction ou aliénation de ses biens, au préjudice dudit fidéïcommis, & substitution réciproque, sauf, pour cause de remploi, à la réserve de 8000 florins, dont chacun pourra disposer librement.* La cour juge que cette substitution est graduelle, & doit s'étendre à tous les biens que les décédés pourroient laisser venans du testateur, soit immédiatement à titre d'assignat, soit immédiatement par l'acquisition des prédécédés. Les mots « *accroitront toujours*, signifient une continuation de la substitution jusqu'au dernier substitué : autrement on ne peut pas leur donner un sens complet; parce que si la substitution réciproque étoit entiérement épuisée au premier degré; ensorte qu'il n'y eût que l'assignat de l'institution qui pût *accroître*, il s'ensuivroit qu'ils *n'accroîtroient pas toujours.* » Pinault, *tom. 2, pag. 310 & suiv.*

ARRÊT du parlement de Grenoble, du 15 juin 1612, qui jugea que le droit d'accroissement n'a point lieu dans cette espece, *substitue Marguerite Devesc, sa femme, en la moitié de ses biens.* Chorier, *liv. 3, sect. 2, art. 13, pag. 176,* & Basset, *tom. 1, liv. 5, tit. 16, pag. 68,* rapportent

rapportent l'un & l'autre cet arrêt sans en donner aucun motif; & ce qui surprend davantage en cela de la part de Basset, c'est qu'il avoit posé d'abord le principe généralement adopté. *Le droit d'accroissement a lieu également entre les institués & les substitués, & les héritiers fidéicommissaires.* Ce préjugé, dans de telles circonstances, ne doit pas faire une certaine impression.

La grande question qui a divisé les auteurs sur l'accroissement en matiere de legs, c'est-à-dire, s'il avoit lieu pour les conjoints par la seule expression, a été d'autant plus sérieuse, que plusieurs d'entr'eux soutenoient qu'il n'avoit lieu en matiere de fidéicommis pour aucune des especes de conjoints; & que les portions de tous les fidéicommissaires en général, qui ne pouvoient ou ne vouloient les recueillir, demeuroient au profit de l'héritier grevé, & n'accroissoient point aux autres co-fidéicommissaires. C'est l'avis de Paul de Castro, *ad L. Lucius. § qui habebat, D. ad S. C. Trebell.* de Vasquius *de success. progress. tit. de jur. accresc. n°. 103;* de Faber *de error. pragmatic. dec. 50; err. 41;* enfin de Cujas lui-même qui en a fait une question expresse, (*An jus accrescendi transeat in fideicommissarium, cui ex Senatus-Consulto Trebelliano restituitur hereditas?*) qu'il décide ainsi : *Fideicommissarius successor est juris. L. non enim ad S. C. Trebelli. Jus accrescendi in heredem successorem juris transit; an ergo in fideicommissarium? MINIMÈ.* Cujacius, *in appendice operum tom. decimo, edit. Fabrotti, pag. 900.*

Mais l'avis contraire de Fusarius, de Peregrinus, de Henrys, de Ricard a prévalu, & personne ne doute aujourd'hui que le droit d'accroissement n'ait lieu au profit du co-fidéicommissaire qui a survécu à l'événement de la condition du fidéicommis, & à la mort de l'héritier grevé. Comment avoit-on pu oublier la fameuse loi, *Et omnia quæ naturaliter insunt legatis, & fideicommissis inherere intelligantur, & contra, quidquid fideicommittitur, hoc intelligatur esse legatum.*

Il ne subsiste donc plus que la difficulté de savoir, si le droit d'accroissement entre les fidéicommissaires doit avoir lieu pour toutes les especes de conjonctions; c'est ce que nous soutenons d'après les autorités & les motifs que nous avons fait valoir, (*n°. 27.*) & d'après les dispositions de l'arrêt rendu en robes rouges au parlement de Toulouse, qui a servi à décider Duperier, & que nous avons (*pag. 158.*) promis de faire exactement connoître.

ARRÊT du parlement de Toulouse, du mois d'août 1586.... *Espece.* François Durba, après plusieurs legs à Jeanne Durba sa sœur, femme de Guillaume Duverger, François Bors son neveu, & Jeanne Lisseri sa femme, institue ses héritiers par égales portions, Guillaume Durba son fils & de Jeanne Lisseri, & l'enfant posthume dont elle peut être enceinte si c'est un fils; voulant que, si c'est une fille, elle soit réduite à 1500 liv. de légitime, & que Guillaume soit son seul héritier. Il ajoute, « & si aucun de ses héritiers alloit de vie à trépas, sans enfans ou filles de leur mariage, les substitue l'un à l'autre; & si tous ces enfans & héritiers alloient de vie à trépas sans enfans ou filles, & ledit posthume aussi, que ses biens & hérédité viennent audit cas la moitié de chacun desdits biens à ladite de Lisseri, & la moitié de l'autre moitié, qui est la quatrieme partie, à ladite Jeanne Durba sa sœur, & Martin Duverger mere & fils, & l'autre quatrieme partie, audit François de Bors; & audit cas, les substituant les auroit institués ses héritiers universels & généraux pour en faire leurs plaisirs & volontés. »

Jeanne Lisseri, après avoir mis au jour un enfant mâle, *appellé Pierre, posthume, eu égard au testament,* assassine son mari, & est condamnée & exécutée en 1552 ; François Bors, l'un des substitués meurt en 1556 ; Guillaume Durba fils & héritier en 1573 : & enfin, Jeanne Durba, aussi substituée, & mere de Martin Duverger, en 1575. Pierre, posthume, meurt le dernier, après avoir fait son testament, dans lequel il institue héritier Pierre Autenac son cousin.

M. Duverger, conseiller en la sénéchaussée de Toulouse, fils de Jeanne Durba, demande l'ouverture de la substitution contenue au testament de François Durba, & la maintenue en tous ses biens contre Autenac, met en cause plusieurs acquéreurs des biens substitués, *& prétend que tout a été réuni sur sa tête, tant par l'institution, substitution de son chef, que par droit d'accroissement du chef des autres substitués prédécédés.* Grande contestation : on prétend que le testament de François Durba est infecté de plusieurs nullités, & on soutient sur-tout ; 1°. que le droit d'accroissement n'a pas lieu en matiere de fidéicommis universels ; 2°. que quand il auroit lieu, « ce ne seroit pas le cas, attendu que Duverger n'étoit nullement conjoint avec Jeanne Lisseri, ni avec le neveu Bors, le testateur ayant fixé la portion de chacun en particulier, d'une maniere séparée, par des paroles & des clauses bien distinctes, malgré quelque généralité qu'on puisse entrevoir dans les termes, parce qu'il suffit que le testateur ait assigné des portions divises ; & dans ce cas, la spécialité déroge à la généralité, suivant les regles communes du droit. Bartole, sur la loi *Lucius*, § *qui habebat*, *D. ad Trebell.* a d'ailleurs enseigné, *paria esse ab initio per partes relinquere vel dictum simpliciter per partes modificare.* »

Les moyens de nullité sont étrangers à l'objet de notre article ; ainsi nous nous contenterons de remarquer, que le substitué soutint, que le droit d'accroissement avoit lieu pour la conjonction par la seule expression, comme pour toutes les autres especes de conjonctions, & qu'il ne pouvoit y avoir de difficulté à ce sujet : *après la loi de l'empereur Justinien,* (DE CADUC. TOLL.) *qui porte sa disposition à toute derniere volonté, soit legs, soit fidéicommis.* La cour par arrêt *prononcé en robes rouges, aux arrêts généraux du mois d'août 1586, déclare la substitution ouverte en faveur de Duverger, & il fut maintenu par droit d'accroissement, à cause du décès des deux autres substitués en tous & chacuns les biens de Durba, sauf la légitime & quarte & autres détractions de droit.* Maynard, *liv.* 5, *chap.* 10, *pag.* 676 *& suiv.*

On a taché d'affoiblir les conséquences victorieuses qui naissent de cet arrêt, pour déterminer l'indifférence des conjonctions à l'égard du droit d'accroissement, & on a dit que la clause générale insérée par le testateur, *les substituant audit cas, & faisant ses héritiers universels pour en faire à ses plaisirs & volontés*, avoit seule décidé la cour. Le *testateur*, a dit Furgole en son traité des testamens, tom. 3, chap. 9, *après la substitution faite à plusieurs en diverses portions, avoit ajouté, qu'il les instituoit ses héritiers universels, & par ces mots les avoit unis de nouveau, & appellés à la même hérédité.* On a vu qu'on opposoit à cet égard au substitué, *que malgré quelque généralité qu'on puisse entrevoir dans les termes, la spécialité dérogeoit à la généralité ;* ainsi la clause finale du testament n'a pas servi à décider les juges. Il faut en croire Maynard, qui nous assure qu'*il fut maintenu par droit d'accroissement à cause du décès des autres substitués :* le droit d'accroissement a donc seul décidé, & ce droit a été attribué à la conjonction par la seule expression, *en vertu de la disposition de l'empereur Justinien, qui porte sa disposition à toute derniere volonté, soit legs, soit fidéicommis.*

ARRÊT du parlement de Toulouse, du 6 juin 1699. La Michel institue héritier Boyer son mari, & le greve de fidéicommis en faveur de leur fils, ajoutant que, s'il vient à décéder en pupillarité ou sans enfans, elle donne le tiers de son bien à son mari, le tiers à Dulignon, & le tiers à une parente. La parente & le fils Boyer étant décédés, Dulignon attaque Boyer pere, & réclame l'ouverture de la substitution pour son tiers, & pour la moitié du tiers de la parente, *prétendant que ce tiers étoit parvenu par droit d'accroissement à lui & à Jean Boyer son mari, & qu'il devoit être partagé entr'eux.* L'arrêt, *ouvrant la substitution au profit de Dulignon pour le tiers, auquel il étoit nommément appellé, le déboute de la demande de la moitié de l'autre tiers, & juge que l'accroissement n'a pas lieu entre les substitués, quand ils le sont pour une partie, & que la portion du substitué mort avant le testateur, devient caduque & demeure acquise à l'héritier.* Catellan, *tom. 1, liv. 2, chap. 104, pag. 437.*

Ce préjugé est cité avec emphase par tous nos adversaires, mais quand on supposeroit pour un moment qu'il a prescrit l'accroissement entre les conjoints par la seule expression, il n'affoibliroit point le respect qu'on doit à la loi, & la loi est claire & formelle. Aussi Vedel, annotateur de Catellan, *tom. 1, pag. 271 & suiv.*, n'a pas cru pouvoir s'écarter de ses dispositions, & a embrassé l'avis de Duaren en disant: *dans toutes les différentes conjonctions, le droit d'accroissement a lieu.*

Mais l'arrêt de 1699 n'a pas décidé la question qui divise les auteurs, & c'est ce que reconnoît Boutaric en ses institutes, *pag. 326;* il dit que les fidéicommissaires de la Michel *étoient aussi peu conjoints par les paroles que par la chose*, & il ajoute:

Il faut conclure que l'arrêt de M. de Catellan ne décide pas la question dont il s'agit. Je me souviens que le cas s'étant présenté il y a quelque temps dans une cause importante, sur laquelle pourtant il ne fut point rendu d'arrêt, *LA PLUPART DES JUGES INCLINOIENT A DONNER A LA CONJONCTION VERBALE LE MÊME EFFET QU'A LA CONJONCTION RÉELLE, & ils étoient touchés entr'autres, des solides raisons sur lesquelles Vinnius appuie cet avis, ainsi que de la décision de Ferriere, sur la question 335 de Guy-Pape.*

Terminons cette dicussion sur le droit d'accroissement entre tous les conjoints par cette réflexion importante. C'est que parmi tous les auteurs qui ont écrit dans le siecle où nous vivons, nous ne trouvons que Furgole pour adversaire. Vedel, Boutaric, Serres & Heineccius sont de notre avis, & certes leur suffrage est important. Le premier a abandonné Catellan son auteur, les deux suivans ont été professeurs dans les deux universités du royaume, où l'on doit le mieux connoître les véritables principes du droit romain. Il suffit de nommer le quatrieme pour faire naître l'idée du véritable jurisconsulte.

Si un testateur substitue à son fils, au cas qu'il décede sans enfans, sa fille pour mille écus, & un parent *pour le restant;* il n'y a point d'accroissement en faveur de la fille, si la substitution du parent devient caduque; & il y en aura pour le parent, si c'est la substitution de la fille qui devienne caduque. C'est ce qu'observe, d'après Peregrinus, *art. 9, n°. 5 & 6,* Lapeyrere, *lettre* A, *n°. 9, pag. 5 & 6*, en disant: *la fille n'a qu'un fidéicommis particulier; mais le parent est fidéicommissaire universel, qui trouve dans l'hérédité fidéicommissaire le légat de mille écus.* Son annotateur ajoute: « la raison de la décision est, que le parent & la fille *diverso jure succedunt, filia ut legataria particularis*, & le parent comme fidéicommissaire universel, *ex vi substitutionis & de reliquo:* les derniers termes, *DE RELIQUO continent totum. L. Cœterorum, D. de verb. signific. l. cum patrono in princip. D. de bonor. possess.* »

Un des héritiers est grevé de substitution, & ses cohéritiers renoncent à la succession. Les portions qui lui sont *accrues* entrent dans le fidéicommis, & le fidéicommissaire en profite par droit d'accroissement. *Portio portioni accrescit, non personæ.* L'héritier grevé doit restituer tout ce qui lui échet en qualité d'héritier. « Suivant la doctrine de Peregrinus, *de fideicommissis, art. 10, n°. 1, ad. 26*, les accroissemens de droit qui arrivent aux choses sujettes à restitution, ne sont pas compris dans le fidéicommis universel, s'ils arrivent par le fait de l'héritier, comme s'il avoit réuni la seigneurie utile avec la directe qui étoit aliénée, ou s'il s'en étoit mis en possession faute de paiement des redevances échues de son temps. Autre chose seroit, si le bail emphytéotique étoit fini en vertu d'une convention faite avec le testateur ou ses auteurs, le temps étant expiré pendant le fidéicommis; ou s'il étoit rentré en vertu d'une autre cause nécessaire & inhérente au contrat d'aliénation.

Le rachat fait par l'héritier, en vertu de la clause de réméré stipulée par le testateur, ne vient pas dans la restitution du fidéicommis universel, suivant l'opinion de Ménochius, en son conseil 644; néanmoins Peregrinus veut qu'ils y soient compris: déduction faite de ce que l'héritier a tiré du sien pour ce sujet. *Traité des fiefs, par M. Henrion de Pensey, tit. 9 du retrait féodal, pag. 424.* Voyez ci-dessus les *n°. 24 & 27*; & les mots *Condition, Héritier, Legs, Substitution, Testament, &c.*

Transmission.

40. La transmission est le droit que peuvent avoir des héritiers, ou des légataires de faire passer à leurs successeurs, l'hérédité ou le legs qui les regarderoit s'ils meurent avant que d'avoir exercé leur droit: ce droit exclut celui d'accroissement. Ainsi lorsqu'un cohéritier décede avant de recueillir ou de renoncer, ses héritiers peuvent recueillir pour lui, & exclure le cohéritier qui ne peut plus prétendre le droit d'accroissement. C'est la décision de Duaren. *De jure accrescendi, lib. 2, cap. 17, in fine* de Swanenburch. *De jure accrescendi, cap. 8, in fine*, & de Pothier. *Coutume d'Orléans, pag. 527.* Ce dernier dit: « le légataire qui meurt après que le legs a été ouvert à son profit, transmet à ses héritiers le droit qu'il a, d'avoir par droit d'accroissement les parts de ses co-légataires, qui pourroient par la suite devenir caduques, soit par leur répudiation, soit par la défaillance de la condition sous laquelle le legs leur avoit été fait, ou par quelqu'autre matiere que ce soit. *L. 26, § 1, D. de condit. & demonstr.* »

« C'est une suite de ce principe que, si après avoir répudié de mon chef le legs fait à mon frere & à moi d'une certaine chose, je deviens héritier de mon frere mort, sans s'être expliqué, s'il entendoit accepter ou répudier le legs ouvert à son profit, je puis en acceptant le legs, comme héritier de mon frere, avoir la chose entiere qui nous a été léguée. Les jurisconsultes romains avoient été néanmoins d'avis différens sur cette question: les Sabiniens dont nous suivons l'opinion tenoient l'affirmative. *L. 40 & 59, D. de legat. 2°.* Les Proculéiens tenoient la négative. *L. 12, D. de legat. 1°. L. 55, D. de legat. 2°.* »

Mais pour transmettre, il faut que les héritiers & les légataires meurent après le testateur; car s'ils décédoient avant lui, quoiqu'après le testament, ils n'auroient aucun droit, puisque le testament dont ce droit dérive, ne doit avoir son effet qu'après la mort du testateur. *Pro non scriptis sunt, iis relicta qui, vivo testatore, decedunt. Argum. § 2 & 3, l. unic. de caduc. toll.* C'est encore une regle de droit, qu'un legs fait sous condition devient caduc quand le légataire décede avant l'événement de la condition.

Intercidit legatum si ea persona decesserit cui legatum est sub conditione. L. 59, D. de condit. & demonstr. L'espérance d'un fidéicommis ne peut point non plus être transmise avant l'échéance de la condition, parce que suivant les principes de la raison naturelle, l'on ne peut donner aucune qualité, ni attribuer aucun effet à une chose qui n'est point. *Non entis nullæ sunt qualitates neque accidentia.* Et c'est pour cela que le jurisconsulte Celsus décide que celui qui meurt ne peut point transmettre le droit d'une institution faite sous condition, parce qu'il est censé n'en avoir jamais eu aucun. *Nec potest intelligi datus ei qui in rerum naturâ non fuit. L. 59, § 6, in fine, D. de hered. instit.*

Quelques parlemens avoient introduit la transmission du fidéicommis testamentaire en ligne directe contre la pureté du droit romain, & celui de Toulouse sur-tout avoit cru ses motifs si légitimes que, dans ses réponses à M. d'Aguesseau, à l'occasion de l'ordonnance des substitutions, il avoit observé qu'il croyoit : *que loin qu'il convînt d'abolir sa jurisprudence, il convenoit au contraire de la rendre commune, non seulement aux parlemens du royaume qui conforment leurs décisions au droit écrit, mais même à ceux des pays coutumiers.*

C'est par une suite de cet usage que ce parlement jugeoit que l'accroissement devoit avoir lieu dans le fidéicommis universel, auquel les descendans étoient appellés par transmission, de même que dans les autres, où leur vocation se trouvoit expresse.

ARRÊT du parlement de Toulouse, du 7 septembre 1722, qui juge, que le droit d'accroissement a lieu dans le fidéicommis universel, quoique les substitués viennent par transmission. Vedel, *tom. 1, liv. 2, chap. 94, pag. 272 & 273*.... Le vœu du parlement de Toulouse n'a pas été exaucé... « Ceux qui sont appellés à une substitution, & dont le droit n'aura pas été ouvert avant leur décès, ne pourront dans aucun cas être censés en avoir transmis l'espérance à leurs enfans ou descendans, encore que la substitution soit faite en ligne directe par des ascendans, & qu'il y ait d'autres substitués appellés à la même substitution après ceux qui seront décédés, & leurs enfans ou descendans. » *Art. 20 de l'ordonnance de 1747.* Voyez *Transmission.*

Usufruit.

41. Les principes du droit d'accroissement ne sont pas les mêmes pour les legs d'usufruit que pour les legs de propriété, & la raison de cette différence est bien simple; c'est que dans ceux-ci l'accroissement se fait de la chose à la chose, *portio portioni*, & que dans ceux-là il se fait uniquement à la personne, *personæ*. Ainsi, par exemple, quoique celui qui a refusé sa portion dans un legs de propriété, ne puisse plus profiter de l'accroissement survenu à l'occasion des autres portions défaillantes, le co-légataire qui n'a point accepté sa portion d'un legs d'usufruit, peut réclamer l'accroissement résultant des portions défaillantes. *Interdum pars ususfructûs & non habenti partem suam sed amittenti accrescit : nam si ususfructus duobus fuerit legatus, & alter lite contestatâ amiserit usumfructum; mox & collegatarius qui litem contestatus non erat, usumfructum amisit; partem dimidiam dumtaxat quam amisit qui litem contestatus est, adversùs eum qui se liti obtulit à possessore consequitur; pars enim collegatarii ipsi adcrescit, non domino proprietatis; USUSFRUCTUS ENIM PERSONÆ ADCRESCIT etsi fuerit amissus. L. 10, D. de usuf. adcresc.... Usumfructum in quibusdam casibus non partis effectum obtinere convenit. Undè si fundi vel fructûs portio petatur, & absolutione secutâ pars altera quæ postea adcrevit vindicetur; in lite*

quidem proprietatis judicatæ rei exceptionem obstare, in fructus verò non obstare scribit Julianus : QUONIAM PORTIO FUNDI VELUT ALLUVIO PORTIONI, PERSONÆ FRUCTUS ADCRESCERET. *L.* 33, § 1, *D. de usufr. & quemad. &c.*

Ainsi encore, quoique dans les legs de propriété le droit d'accroissement ait lieu entre les conjoints par l'expression, comme entre les conjoints par la chose, il n'en est pas de même dans les legs de propriété, où les conjoints par la seule expression en sont exclus. *Cùm singulis, ab heredibus singulis, ejusdem rei fructus legatur, fructuarii separati videntur nihilominùs, quàm si æquis partibus duobus ejusdem rei fructus legatus fuisset, undè sit ut inter eos jus adcrescendi non sit. L.* 11, *D. de usufr. adcresc.* Si dans le legs d'un usufruit le droit d'accroissement n'a pas lieu entre ceux qui ne sont conjoints que par l'expression, c'est que chaque partie de l'usufruit est attachée à la personne à laquelle elle a été léguée, & que l'usufruit consistant dans une simple perception de fruits, & dans le fait particulier de ceux à qui il a été légué, personne ne peut en jouir que pour soi-même. L'usufruit d'ailleurs retourne & se consolide de sa nature à la propriété dès l'instant qu'il ne peut avoir lieu pour quelque cause que ce puisse être. La loi que nous venons de citer n'est donc point faite pour affoiblir les preuves du systême que nous avons cru devoir embrasser sur la parfaite indifférence des conjonctions en matiere de droit d'accroissement.

Enfin, dans le legs de propriété, le droit d'accroissement cesse quand ce legs se trouve divisé par le concours des légataires, parce que chaque portion acceptée ne peut plus être vacante, & est transmise aux héritiers du légataire. Le legs d'usufruit au contraire, est susceptible d'accroissement, même après le concours des légataires, & cela, parce qu'il ne s'acquiert pas en totalité dès l'instant que le légataire l'accepte comme le legs de propriété ; mais qu'il se multiplie & se subdivise à l'infini, en autant de legs qu'il y a de jouissances. *Quæri potest si ususfructus cui per singulos dies legetur, vel in annos singulos, an semel cedat; & puto non cedere simul, sed per tempora adjecta ut plura legata sint. L.* 1, *in princip. D. quando dies usufr. legati cedat.*

Zoezius est un des auteurs qui ont le mieux développé les motifs & les conséquences de la différence des principes sur le droit d'accroissement dans les legs d'usufruit & dans les legs de propriété. *Ususfructus constitutus & postea amissus nihilominùs conjuncto accrescit. . . . . Quod aliter se habet in proprietate relicta. . . . Rationem in eo ponunt quòd proprietas in momento constituatur, eo scilicet tempore quo vindicatur, quo solo, qui non concurrit non partem facit alteri, qui verò concurrit, partem facit etiamsi posteà eam deserat ; ususfructus autem quotidiè constituatur & legetur, ex eo quòd in quotidianâ perceptione consistat & in facto fruendi. Undè quandocumque non invenio qui mecum utatur, fruatur, sivè conjunctim sivè separatim sit relictus, solus utar, fruar in solidum. Præterea est differentia in eo, quod* PROPRIETAS ADCRESCAT REI, ID EST PORTIONI, NON ETIAM PERSONÆ *si portionem amiserit :* USUSFRUCTUS VERO NON REI SED PERSONÆ *etiam non habenti partem, modò habuerit :* NAM PERSONAM RESPICIT, *estque individuus.* Zoezius, *ad tit. D. de legat. pag.* 550, *n°.* 67.

Ensuite de ces détails sur les principes du droit romain, il s'agit de voir s'ils ont tous été adoptés dans notre droit françois.

ARRÊT du parlement de Paris, du mois de février 1540. Un pere & une mere donnent à leur fils aîné une maison *sise à Paris, s'étant réservé à eux & à chacun d'eux l'entier usufruit d'icelle.* Les puînés héritiers soutiennent après la mort du pere, que la réserve stipulée par leur mere est nulle, & ils réclament l'usufruit pendant sa vie, par la raison que, quoique l'usufruit cessant se consolide ordinairement à la propriété, *cela s'entend quand l'usufruitier meurt naturellement & non pas civilement & par fixion.* L'ainé répond que l'*usufruit n'est déféré à d'autres qu'aux proprietaires, quand il est tenu en suspens par condition ou donné illicitement, (L. fundus, D. si usufr. petat.) & ne retourne à l'héritier du donateur, s'il n'est aussi proprietaire de l'héritage donné. Si Titio fructus, Mœvio proprietas legata sit, & vivo testatore Titius decedat nihil apud scriptum heredem relinquetur. L. 33, D. de usufr. & quemad. &c.* La cour adjugea l'usufruit caduc au donataire, & en débouta les héritiers. Chopin, sur la *coutume de Paris, liv. 2, tit. 3, n°. 6.*

Ce n'est que par un abus des termes que les auteurs ont inféré de cet arrêt & de la *loi 3, § 2, D. de usufr. adcr.* qui lui sert de fondement, qu'il y a *accroissement* de l'usufruit défaillant au legs de la propriété; en effet, il n'y a point de réciprocité entre le légataire de la propriété & le légataire de l'usufruit. Quand le légataire de la propriété ne recueille point, son legs demeure caduc au profit de l'héritier, & ne peut passer au légataire de l'usufruit, borné à la jouissance qui lui est attribuée. Quand le légataire de l'usufruit ne peut ou ne veut recueillir, ce ne peut être par un accroissement proprement dit à la personne du légataire de la propriété, que cet usufruit lui est acquis, puisqu'il n'en avoit pas encore joui, mais tout simplement par la *consolidation* naturelle qui s'en fait à la propriété. C'est ce qu'a très-bien saisi Ricard, en citant un préjugé conforme au précédent.

ARRÊT du parlement de Paris, rendu *aux grands jours de Lyon* en 1596. Un testateur legue à son beau-frere les fruits d'une terre, jusqu'à ce que des enfans mineurs à qui il en laissoit la proprieté, eussent atteint l'âge de vingt-cinq ans. Le légataire de l'usufruit étant décédé avant que les légataires de la propriété fussent parvenus à cet âge, on jugea que les fruits ne laissoient pas que d'être consolidés à la propriété dès l'instant du décès du légataire qui devoit en jouir. Ricard, *des donations, part. 3, chap. 4, sect. 5, n°. 529.* Nous avons dit, que ce n'étoit que par un abus des termes, que quelques auteurs d'après la loi appelloient *accroissement* la *consolidation* à la propriété, n'aurions-nous pas dû dire plutôt que c'étoit par une analyse trop subtile de leur valeur, & une crainte trop scrupuleuse d'équivoquer dans leur véritable application? *Non solùm autem si duobus ususfructus legetur est jus adcrescendi, verùm & si alteri ususfructus, alteri fundus legatus est; nam amittente usumfructum altero cui erat legatus, magis jure adcrescendi ad alterum pertinet quàm* REDIT *ad proprietatem.* Cette subtilité a paru neuve à Godefroy, il a pourtant cherché à l'excuser, HOC NOVUM EST *ut proprietario ususfructus non consolidetur, sed adcrescat quasi servitus : id tamen ideò sit, quod* REDIRE *ea dicuntur quæ quondam ac semel olim nostra fuerunt; in hac autem specie nunquam pertinuit ad proprietarium ususfructus.* ADCRESCIT IGITUR MAGIS QUAM REDIT. Il est bien vrai que le légataire de la propriété n'ayant jamais eu l'usufruit, ce ne peut être une réunion proprement dite à sa personne, mais l'acquisition d'un nouveau droit qui lui accroît, & qui augmente son legs. Mais n'est-ce pas là un véritable jeu de mots, indigne d'avoir occupé Ulpien? HOC NOVUM EST.

ARRÊT du parlement de Paris, du 14 août 1607, qui juge que l'usufruit légué à une personne incapable appartient à l'héritier, *& non à la proprieté de la chose*, contre le titre du droit *de usufructu adcrescendo.* Auzanet, sur l'*art. 292 de la coutume de Paris, pag. 255, colon. 1.* Cet arrêt directement contraire aux précédens & aux suivans, ainsi qu'à la loi, ne doit pas faire sensation. Si l'arrêtiste a été exact; *Bon pour ceux qui l'ont obtenu.*

ARRÊT du parlement de Paris, du 17 août 1697. Patou & sa femme, par leur testament mutuel, donnent à la charité des pauvres de Chably, tout ce que la coutume leur permettoit de donner sous la réserve de l'usufruit qu'ils se léguerent mutuellement, avec la clause que le survivant n'en pourroit disposer qu'en faveur des mêmes pauvres. Après la mort de la femme, ses héritiers contestent au mari l'usufruit légué, sur le fondement que ce legs est contraire aux dispositions de la coutume qui prohibent toute sorte d'avantages entre conjoints : le mari déclare à l'instant qu'il l'abandonne aux pauvres de la charité. Contestation entre l'hôpital & les héritiers: sentence en faveur de ceux-ci. Appel: la cour juge que le legs caduc d'usufruit doit être RÉUNI à la propriété. Augeard, *tom. 1, chap. 141, pag. 388.*

ARRÊT du parlement d'Aix, du 25 juin 1701. Charles de Ripert legue à Jean son frere l'usufruit de la terre de Valbourdin; fait diverses institutions & substitutions, & veut que Magdeleine Fournillier son épouse, *jouisse tant qu'elle vivra des fruits & usufruits de tout sondit bien & héritage.* Le testateur meurt sans enfans, & par l'effet des substitutions, la propriété de ses biens doit passer au seul fils mâle qu'ait laissé son frere, & en cas qu'il décede, à telle de ses filles que Magdeleine Fournillier voudra choisir. Jean Ripert étant mort bientôt après lui-même, l'usufruit de la terre de Valbourdin donne lieu à une grande contestation. La veuve de Jean Ripert prétend qu'il appartient à ses enfans, héritiers substitués de leur oncle, parce que, suivant la décision de la *loi 1, D. de usufr. adcresc.* le droit d'accroître n'a pas lieu entre deux différentes personnes, & pour deux différentes especes de biens. Magdeleine Fournillier répond, « que la loi citée n'a aucune application à l'espece, parce que l'on ne peut disputer si l'usufruit qui prend fin par le décès d'un légataire se consolide à la propriété, ou s'il *accroît* à l'autre légataire, que dans le cas où il y a un propriétaire établi, qui peut réunir l'usufruit vacant à sa propriété. Ici il n'y a point de propriétaire, *il n'y a qu'une usufructuaire universelle, qui, à proprement parler, est une héritiere universelle chargée de rendre,* ce qu'elle ne peut être obligée de faire par anticipation, ni pour la totalité, ni pour aucune partie de la succession. » Lorsqu'il y a un temps marqué pour faire recueillir un propriétaire, il faut qu'il attende ce temps, & que jusqu'alors l'usufruitier général jouisse de l'usufruit particulier. C'est l'espece de la *loi 35, D. de usufr. legat.* Un testateur legue à sa femme l'usufruit d'un fonds pour cinq ans, voulant qu'après ce délai il appartienne à ses affranchis. La femme étant morte avant la fin de la cinquieme année, les affranchis voulurent entrer en jouissance du fonds; mais le jurisconsulte décida qu'il falloit attendre le délai prescrit. Magdeleine Fournillier invoque des autorités puissantes & multipliées; nous n'en citerons que deux. *Si verò ususfructus certæ rei legetur uni, alteri verò fructus omnium bonorum, & moriatur fructuarius certæ rei, illius ususfructus pertinebit ad fructuarium omnium bonorum, non ad heredem; quod fit jure accrescendi.* Barry, *de success. l. 9, tit. 24, n°. 49, tom. 1, operum pag. 448. . . . Constituendum est quòd cùm testator legat fundum alicui, deinde relinquit alteri usumfructum omnium bonorum, est inter eos conjunctio tacita, proveniens ex interpretatione legis; ità ut fructuarius omnium bonorum concurrat in usufructu dicti fundi cum legatario ejusdem, & dicantur re conjuncti : tunc, inquam, decedente legatario*

legatario prædicti fundi, ille usûsfructus ACCRESCIT FRUCTUARIO OMNIUM BONORUM NON AUTEM HEREDI ACQUIRITUR. Joannes de Castillo-Soto-Major *de usufructibus.* La cour prononça en faveur de l'usufruitiere universelle. Decormis, *tom.* 1, *centur.* 8, *chap.* 9, *pag.* 1762 *& suiv. & tom.* 2, *centur.* 2, *chap.* 72, *pag.* 764 *& suiv.*

Lebrun dans son *traité des successions, liv.* 1, *chap.* 5, *sect.* 9, a bien développé les regles du droit d'accroissement dans les coutumes qui donnent aux ascendans l'usufruit des immeubles de leurs enfans : il désigne trois cas.

Le premier : lorsqu'à la mort du fils, il n'y a que le pere ou la mere qui survivent, l'usufruit appartient en entier au survivant. C'est entr'autres la disposition de l'*art.* 270 *de la cout. d'Anjou.*

Le second : lorsque les pere & mere survivent à leur fils, & que l'un d'eux renonce à sa succession, celui qui accepte aura l'entier usufruit, parce que la renonciation gratuite produit le même effet que la mort naturelle. Les pere & mere sont d'ailleurs conjoints, *re & verbis* dans les dispositions de ces coutumes, qui leur donnent à tous deux un même usufruit; or, la conjonction *re & verbis* emporte l'accroissement, & il se fait à la personne & non à la chose en matiere d'usufruit.

Le troisieme : lorsque le pere a joui quelque temps de sa portion d'usufruit, elle n'accroît point à la mere s'il vient à décéder, parce que l'usufruit donné par la coutume au pere est consommé; & par conséquent réuni à la propriété. Lebrun convient que le droit romain décide le contraire, par la raison que l'usufruit se constitue & se legue tous les jours ; mais il soutient que c'est une pure subtilité. *Car si l'usufruit ne passe point aux héritier, c'est parce que le droit est fini & consommé par la mort de l'usufruitier, & par la même raison, il ne doit plus s'en faire d'accroissement.* Ces raisons de Lebrun appuyées de l'autorité de Dupineau & des auteurs qu'il cite, *tom.* 1, *pag.* 812, *& tom.* 2, *pag.* 251, ont sans doute déterminé l'assertion de Pothier, que nous avons ci-dessus (*n°.* 2, *pag.* 86.) promis d'examiner. Nous pensons donc après lui, d'Argentré, Dupineau & Lebrun, que la regle qui autorisoit le droit d'accroissement chez les Romains après l'acceptation des légataires, & le partage de la chose léguée, ne doit point avoir lieu dans notre droit françois.... Voyez *Consolidation, Propriété, Usufruit, &c.*

Observations importantes.

42. Nous croyons avoir prouvé notre respect pour la jurisprudence françoise, par notre exactitude à parcourir servilement jusqu'à ses moindres ramifications. Nous avons voulu remplir par-là notre premier engagement d'énoncer toujours *ce qui est;* & ce n'est pas notre faute, *si ce qui est* ne présente qu'un amas confus de statuts, d'arrêts, d'opinions, de citations insupportables à rassembler encore plus qu'à lire. C'étoit déja trop que les seules subtilités du droit romain, qui ont fait dire à Vinnius, qu'il n'y a pas dans le droit de matiere plus subtile & plus obscure que celle de l'accroissement : (*nulla in toto jure vel subtilior vel perplexior.*) C'étoit trop que les sophismes, les jeux de mots & les pointilleries qui naissent de la conjonction, par les paroles, par la chose & par le tout ensemble. Falloit-il avec cette pâle lueur pénétrer successivement chaque coutume, tâcher d'entendre, de concilier ceux qui souvent ne se sont pas entendus eux-mêmes, & ne se sont guere souciés d'être d'accord ?

Dans notre travail immense, il n'y a pas de partie plus accablante, & cent fois nous avons voulu, comme la plupart de ceux qui nous ont précédés, réduire tout à quelques notions générales, faciles à copier ; nous avons été encouragés par de puissantes considérations.

D'abord nous nous sommes flattés

qu'on ne confondra point nos recherches & nos vues, avec tant de compilations, dont le résultat n'est trop souvent que d'augmenter les ténebres, de gâter les jeunes gens en ne faisant que des demi-savans, & d'être méprisées par les vrais jurisconsultes. Nous desirons bien que ceux-ci nous sachent quelque gré de nos efforts.

Ensuite, si la jurisprudence actuelle est bonne, si elle doit être conservée malgré son embarras, ses contradictions & son incertitude; nous avons dû la consigner *telle quelle* dans un Dictionnaire de jurisprudence.

Le dirons-nous enfin? Ce courage de notre part a eu un motif qui ne pourroit être blâmé d'après l'exactitude de cet article. C'est l'espoir que ce tableau complet des difficultés inextricables, des procès ruineux qu'entraîne tous les jours & par-tout notre jurisprudence, déterminera peut-être à abolir entiérement le droit d'accroissement.

Qu'on ne nous appelle point novateurs & gens à systême, deux injures avec lesquelles on empêche tout le bien qui est à faire. Cette idée d'abolition ne nous appartient pas, & elle a été exécutée avec le plus grand succès dans deux grands états.

Droit espagnol.

43. L'Espagne conquise comme les Gaules par les Romains, avoit adopté leur jurisprudence & leurs subtilités sur le droit d'accroissement. Elle en a d'abord détruit la base en abrogeant la fameuse regle que nul ne peut mourir partie *testat*, partie *intestat*. *MANDAMOS que el testamento que en la forma suso-dicha fuere ordenado, valga en quanto à las mandas, y otras cosas que en èl se contienen, AUNQUE EL TESTADOR NO HAYA HECHO HEREDERO ALGUNO: Y ENTONCES HEREDE AQUEL, QUE SEGUN DERECHO, Y COSTUMBRE DE LA TIERRA HAVIA DE HEREDAR EN CASO QUE EL TESTADOR NO HIZIERE TESTAMENTO; y cumplase el testamento: y si el testador instituyere heredero en el testamento, y el heredero no quisiere heredar, valga el testamento en las mandas, y en las otras cosas, que en èl se contienen.* (Recopilacion de las leyes, *ley 1, tit. 4, lib. 5.*)

Aujourd'hui donc, dit le jurisconsulte Galindo, soit qu'un testament ne renferme point d'institution d'héritier, soit que l'héritier institué ne puisse ou ne veuille recueillir, les legs ni les autres dispositions ne deviennent point caducs; mais la succession est dévolue à l'héritier légitime, qui est obligé de remplir l'intention du testateur, comme l'auroit fait l'héritier institué. *Hodiè & si nemo institutus sit heres aut scriptus hereditatem nequeat nolitve adire, nec legata, nec cætera in testamento contenta infirmantur,* **SED LEGITIMIS HEREDIBUS DEFERTUR HEREDITAS** *manente quoad reliqua testamento.* (Phœnix jurisprudentiæ Hispanicæ, *tit. 3 de testam. § 20, pag. 309.*)

Galindo analysant les principes sur les successions. (*Tit. 5 de instit. heredum, § 9 & 15, pag. 328 & 334; tit. 6 de condit. instit. § 17, pag. 352; tit. 10 de acquir. & omitt. hereditate, § 6, pag. 465*), prouve que le droit d'accroissement n'a plus lieu aujourd'hui en Espagne entre héritiers; & (*tit. 12 de legatis, pag. 523 & suiv.*) il atteste qu'il ne doit point avoir lieu non plus en matiere de legs. Entr'autres raisons, il dit: « que la meilleure maniere d'interpréter le droit espagnol, (*jus patrium*) doit être celle qui sera reconnue pour renfermer le plus d'avantages, & éviter le plus d'inconvéniens. Or, quelle loi ajoute-t-il, présenta jamais de plus grands inconvéniens, que celle qui se trouve fondée sur les motifs les plus futiles, appuyée sur de vaines subtilités, entravée par des obstacles sans nombre, embarrassée par des questions inextricables, & qui est la source inépuisable de procès ruineux & de discussions éternelles? Toutes ces subtilités, ajoute-t-il encore, portent sur le plus frêle fondement, sur l'intention présumée d'un testateur. Mais n'est-il pas absurde de supposer de pareilles présomptions, non pas seulement dans un paysan, un particulier illitéré, mais même dans presque tous les citoyens, puisque les jurisconsultes les plus laborieux, les sophistes les plus exercés viennent à peine à bout d'en suivre la trace, & d'en démêler le fil. Ainsi, dit-il en concluant, regardons comme invariable la maxime qui refuse le droit d'accroissement aux différens légataires, soit conjoints, soit disjoints, & qui attribue les portions défaillantes aux héritiers institués, qui demeurent toutefois chargés de remplir les conditions imposées aux légataires. » *Nulla melior* NOVI PATRII JURIS *interpretatio, quàm quæ communi utilitati convenit; & publicè noxium est jus illud conservare, quod futili adeò ex causâ inductum constat, quodque tot subtilitatibus innixum, tot obstaculis implicatum, tot quæstionibus difficillimis involutum, totque jurgiis, litibusve innumeris fatemur obnoxium: maximè cùm certa notitia ejus, (prout necessaria quidem est ad conjecturam voluntatis inducendam) nec* PRÆSUMI *posse videatur* NON MODO IN HOMINE RUSTICO, SED NEC IN QUOLIBET ALIO, *quoniam vix aliqua sunt in hâc re certa principia, & à nemine dubitata....* STET *itaque jam nunc sententia generaliter jus denegans accrescendi, ut deficiens portio rei pluribus conjunctim, disjunctim, aut utroque modo legatæ apud heredem maneat, cum onere tamen, si quod illi erat injunctum: pag. 525.*

Un grand nombre d'auteurs flamands & espagnols, ont été de l'avis de Galindo, sur l'interprétation de la nouvelle loi; & décident qu'il ne faut plus s'occuper du principe de droit romain; qu'un citoyen ne peut pas décéder partie *testat*, partie *intestat*. On peut consulter entr'autres: *Gudelinus de jure novissimo, lib. 2, cap. 5; Joannes del-Castillo-Soto-Major controvers. quotidianarum juris, part. 3, cap. 17; & Tellus, part. 3, l. 3. Tauri n°. 2 & 3.*

Droit prussien.

44. Sigismond, marquis de Brandebourg, dans son code publié en 1620, adopte les principes des Romains sur le droit d'accroissement, toujours d'après la maxime, que nul ne peut mourir partie *testat*, partie *intestat*. INSTITUTIO ENIM HEREDUM AD OMNES RES TESTATORIS SESE EXTENDIT, NEQUE FIERI POTEST, UT ALIQUIS PRO PARTE TESTATUS DECEDAT. (Jus provinciale ducatûs Prussiæ, publicatum anno 1620, *in-fol. lib. 5 de testam. tit. 2 de hered. instit. art. 2, § 2, 3 & 4, pag. 16 & tit. 8 de legatis, art. 3, § 1, 2 & 3, pag. 32 & 33.*) FRÉDERIC, voulant être grand par la justice autant que par les conquêtes, simplifiant les loix de la Prusse, ne pouvoit pas laisser subsister la jurisprudence de l'accroissement. C'est un arbre parasite, dont les racines s'étendoient sur tout le champ de la patrie, dont les branches couvroient tout, & il l'a coupé par le pied. Le code Fréderic, *part. 2, liv. 7, tit. 4, art. 1, § 11*, rend compte d'abord de la regle des Romains, *que personne ne puisse décéder en partie* TESTAT, *& en partie* INTESTAT, *c'est-à-dire, que personne ne puisse disposer dans son testament d'une partie de ses biens, & laisser l'autre partie à ses héritiers ab intestat.* Il prouve ensuite que les Romains avoient donné eux-mêmes *diverses limitations à cette regle, en permettant, par exemple, à un soldat de tester d'une partie de ses biens dans son testament militaire*, & il dit, que *les différentes limitations que les Romains ont été obligés d'apporter à la regle, l'engagent à abolir la regle même*; en conséquence, il vient (*§ 17.*) au droit d'accroissement, qui étoit une suite de cette regle; il explique

les différentes conjonctions qui y donnoient lieu, & abroge le tout en ces termes : « L'expérience a fait voir combien les opinions des jurisconsultes ont varié sur cette matiere, & à combien de procès ces subtilités ont donné lieu, sur-tout lorsque quelques-uns des héritiers étoient conjoints par la chose ; pendant que d'autres l'étoient par l'expression, & d'autres par l'expression & par la chose en même temps. C'est-là la raison qui nous a engagés, après avoir mûrement pesé les inconvéniens qui en résultoient, d'ABOLIR ENTIÉREMENT LE DROIT D'ACCROISSEMENT, & d'ordonner une fois pour toutes, que lorsqu'un des héritiers institués conjointement ne succédera pas, sa portion appartiendra toujours aux héritiers *ab intestat* & non pas aux cohéritiers. D'où il suit que la regle mentionnée au § 11; savoir, *que personne ne peut décéder en partie testat, & en partie ab intestat*, tombe par-là d'elle-même.

Nous avons trouvé d'autant plus nécessaire de bannir de nos loix ces subtilités, qui ont donné lieu à tant de procès difficiles & épineux ; d'un côté, parce que le droit d'accroissement avoit déja autrefois été aboli entiérement par la loi appellée *Papia*, & que c'est Justinien qui l'a introduit de nouveau : & d'un autre côté, parce qu'il est DE TOUTE ÉQUITÉ, que lorsqu'un des héritiers institués ne succede pas, sa portion soit plutôt acquise *à ceux qui sont appellés à la succession par la nature ou par le droit de famille*, qu'à des cohéritiers. D'ailleurs le droit d'accroissement n'ayant pas lieu dans les contrats, nous ne voyons aucune raison, pourquoi il devroit être reçu dans les dispositions testamentaires. »

ACCROIT.

(Droit féodal.)

La coutume d'Anjou permet au seigneur qui n'a pas été servi de l'hommage dans l'année, ou dans le délai par lui prescrit au vassal, *de prendre la chouse tenue de lui à foy & hommaige . . . & fera les fruits siens . . . & si peult prendre & lever l'effroüeil, revenu &* ACCROIT *du bestail nourri du domaine & mestairie tenue de lui à foy & hommaige, pour la portion du vassal . . . avec tous autres prouffits, revenus & avantures de fié, &c.* Art. 103. L'art. 123 se sert également du mot *accroît*.

Dupineau, sur le premier de ces articles, *tom. 1, pag. 274*, dit que Guenois a mal-à-propos confondu ces trois choses *effroüeil, revenu & accroît*, parce que la signification en est différente, & qu'ils marquent des profits différens. « L'effroüeil est la part ou portée du bétail qu'on ôte tous les ans de dessus le lieu. Le revenu est le profit & les fruits provenans du bétail, comme le lait, la laine. L'*accroît* est l'augment du prix des choses, ou souches des bêtes dont le seigneur aura part, si ce prix a augmenté depuis le jour & pendant le temps de sa mainmise, parce que ces chefs & souches ont été nourris dans les pâtures saisies. » Voyez *Cheptel, Commise, Effroüeil, Foi & hommage, Saisie féodale, &c.*

ACCRUE.

(Droit publ. Droit pr. Droit féodal.)

Ce mot qui, dans sa propre signification désigne l'augmentation d'une chose par la jonction d'une autre, est en usage dans plusieurs coutumes ; tantôt pour exprimer les accroissemens qui se font à un héritage situé sur le bord d'une riviere ou de la mer. (*Art. 195 de la cout. de Normandie; 268 de celle d'Auxerre; 154 de celle de Sens; art. 28, tit. 12 de celle de Metz.*) tantôt pour exprimer ceux qui se font à un bois. Nous avons parlé du premier objet ci-dessus, *pag. 83, 97 & 98*, & nous en parlerons encore sous les mots *Alluvion, Atterrissement, &c.*

us nous bornons ici à traiter du ond.

Accrue de bois, est l'espace de terre is lequel un bois s'est étendu au-delà ses limites.

Suivant la coutume de Troies, *tit. 10*, *. 177* : « accrues de bois, joignant bois & forêts, faisant séparation de tice, étant en une même seigneurie, uivent la nature & conditions desdits s & forêts durant le temps qu'elles it en *accrues*, lesquelles le proprié-re peut faire *essarter* quand bon lui nble. »

Si le bois & l'accrue sont de diverses tices, le seigneur du bois ne pourra re essarter l'accrue située dans une re justice. Par ces mots, *durant le ps qu'elles sont en accrues*, la cou-ne détermine que la négligence du opriétaire n'acquiert point au seigneur propriété des accrues, mais seulement ccasion de les prescrire, lorsqu'il en it pendant trente ans sans réclamation. grand, *tom. 2, pag. 307 & 308*, M. Marcilly, *pag. 397*.

« Les accrues appartiennent au seigneur ut-justicier comme biens vacans, si es sont en fruits & héritage par aucun nu, autrement elles appartiennent au opriétaire du fonds. » *Cout. de Sens*, *. 15, art. 154*.

« Les accrues appartiennent comme ens vacans au seigneur haut-justicier, non qu'elles soient en fonds & héri-ge dont il y ait détenteur, auquel cas, les appartiennent à celui à qui est le nds & héritage. » *Coutume d'Auxerre*, *t. 268*.

M. Née de la Rochelle, sur cette erniere coutume, dit que : « les accrues appartiennent aux seigneurs que quand les se font dans des héritages vacans : elles se font dans les chemins & qu'elles tennent dans l'héritage voisin, elles ppartiennent au voisin, pour le dédom-nager de la perte qu'il fait, à moins ue le seigneur ne pût donner d'ailleurs n chemin aussi commode. Mais quand le public l'a pris par un endroit, & qu'il en a joui pendant quelque temps, il est bien difficile de l'en détourner ; ces sortes d'accrues ne se font pas dans les lieux fréquentés. »

Cet auteur ajoute, que l'accrue n'appartient pas au propriétaire du bois, mais à celui de l'héritage dans lequel les racines se sont étendues & ont poussé des arbres, à moins qu'il n'ait négligé ce bénéfice, & que le propriétaire du bois n'en ait joui le temps fixé pour prescrire. *Comment. sur la cout. d'Auxerre, 1749, in-4°., pag. 387*.

Le seigneur ne peut jouir des accrues si l'héritage est séparé du bois par des bornes ou limites.

Accrues de bois joignant : « bois & forêts ensuivent la condition desdits bois & forêts durant qu'elles sont en forêts, pourvu que ce soit en haute-justice de celui à qui appartient la forêt, *s'il n'y a fossé ou borne faisant la séparation des bois*; autrement n'y a accrues. » *Cout. de Chaumont, tit. 9, art. 108*.

« Le bois acquiert le plain dans la haute-justice, si le plain demeure trente ans sans labour & sans essart; s'il n'y a séparation entre la forêt & le plain, par fossés, murs ou autres enseignes. » *Cout. du duché de Bourgogne, tit. 13, art. 1*.

« Afin que le bois, dit Taisand, *pag. 731 & suiv.*, acquiere au seigneur la propriété du plain : cet article desire trois conditions. La premiere, que la forêt soit bannale; la seconde, qu'il n'y ait point de séparation entre la forêt & le plain, ou les héritages des particuliers, par des fossés, limites & petits murs, ou autres moyens de séparation ; la troisieme, que le plain ait été sans culture & sans être essarti pendant trente années. »

Taisand ajoute, que c'est-là selon Chassanée, une nouvelle maniere d'acquérir, *hic est novus & anteà inauditus modus acquirendi dominium*. On ne la trouve ni dans le digeste, ni dans le code, ni aux institutes, & on ne voit rien à ce sujet dans les titres *de usucapionibus & longi temporis præscriptionibus, pro derelicto, pro donato, pro dote, pro emptore, pro herede vel possessore.* Il convient cependant que l'alluvion formant un des moyens d'acquérir adoptés par les loix (*prætereà quod per alluvionem agro tuo flumen adjecit, jure gentium tibi adquiritur, I. §. 2°. de rerum divis.*); il n'est pas surprenant que l'accrue qui a beaucoup d'analogie avec l'alluvion opere le même effet. Enfin, Taisand observe, toujours d'après Chassanée, que si quelqu'un a un droit de pâturage sur le plain acquis par la forêt bannale, ce droit doit être conservé, sans que le seigneur haut-justicier puisse y donner atteinte. *Intellige dummodò alius non prætendat aliquod jus in dicto plano de quo semper usus fuerit, putà quia prætendat jus pasturagii in dicto plano; nam hoc casu dominus non potest privare habentem talem servitutem in dicto plano jure suo, quod esset per indirectum tollere jus tertii quod non potest fieri directè.*

« Le bois acquiert le plain en forêts bannales, appartenans aux seigneurs hauts-justiciers & lieux joignans auxdits bois, qui sont de la haute-justice desdits seigneurs, s'il n'y a séparation de bornes, fossés ou autres enseignes apparentes, faisant ladite séparation, après ce que par *vingt ans* continuels, ceux à qui seront les terres y auront laissé croître les bois. » *Coutume du comté de Bourgogne, chap. 9, art. 15.*

Dunod observe que, quoique la coutume ait fixé toute prescription à trente ans, ce n'est pas ici le cas d'une prescription, mais d'un autre moyen qu'elle a autorisé. *Observations sur quelques titres de la coutume du comté de Bourgogne, pag. 79 & 80.*

De tout ce que nous venons de dire sur les accrues d'après les dispositions des différentes coutumes & les explications de leurs commentateurs, il faut, avec Loisel tirer cette maxime. *L'accrue de bois appartient au propriétaire du terrein sur lequel elle se fait, s'il ne la laisse perdre par la prescription.* Institutions coutumieres, *liv. 2, tit. 2, n°. 30.*

Pour prévenir les contestations qui pourroient naître entre le roi & les riverains au sujet des accrues qui se font sur les rives des bois & forêts, provenans de la semence du gland ou feine que le vent a poussé, ou des racines, l'*art. 4 du tit. 27* de l'ordonnance des eaux & forêts, a déterminé que, « tous les riverains possédans bois joignant nos forêts & buissons (*du roi*) seront tenus de les séparer des nôtres, par des fossés ayant quatre pieds de largeur, & cinq pieds de profondeur, qu'ils entretiendront en cet état, à peine de réunion. »

M. Pecquet dit à ce sujet, « que la regle générale pour la confection de ces fossés est, qu'ils doivent être pris sur le terrain du riverain : & la raison en est toute simple, puisque le terrain du roi est inaliénable. C'est ce qui fait que, pour ces sortes de fossés, *tout ce qui croît en dedans de la berge extérieure, jusqu'à moitié de la largeur du fonds du fossé, appartient au riverain, & ce qui croît sur la berge intérieure, au roi.* Loix forestieres, *pag. 587 & 588.* Voyez *Bois, Essartement, Forêt, Fossé, Futaie, Lisiere, Plain, Taillis, Vuide, &c.*

ACCUEIL, ACCUEILLEMENT, ACCUEILLIR.

(*Dr. pub. Dr. féod. Commerce. Monnoies.*)

Cérémonial.

1. *Accueil*, réception que nous faisons à quelqu'un qui vient vers nous. *Dictionnaire de l'académie.*

Le cérémonial tient au droit public, & par conséquent au plan de cet ouvrage.

On fait, & on doit faire des réceptions aux princes, aux évêques, aux ambassadeurs, aux gouverneurs & lieutenans-généraux des provinces & des villes. On trouve le détail de celles des évêques, gouverneurs & lieutenans de roi de Paris, au second volume du cérémonial françois, *pag. 866 à 886*, & elles peuvent servir de modele pour les autres villes. Les Lyonnois qui tiennent par le cœur à la maison de Villeroy, ont intitulé *accueil*, la réception qu'ils firent à M. & Mme. d'Alincourt en 1608. *Accueil fait à monseigneur & madame d'Alincourt, par la ville de Lyon, à leur arrivée en icelle, au mois de novembre 1608, par le sieur Goujon, avocat du roi de ladite ville : Lyon 1608, in-4°.* Voyez *Accompagnement & Cérémonies, Entrées, Réceptions, &c.*

Féodalité.

2. Dans nos anciennes loix & chroniques, on trouve souvent le mot ACUILLIR. Il est employé entr'autres dans les assises de Jérusalem, *chap. 224, 225, 227 & 228*. Choisissons le second : « *ci dit coment quant le seignor semont son home dou service que il li doit, & se le seignor li doit de son fié, coment home se peut défendre d'*ACUILLIR SA SEMONCE, *& coment il le doit faire, se le seignor ne n'a essoigne aparant come de être assiégé de ses ennemis....* Se le seignor doit de son fié à aucun de ses homes, ou il est merme d'aucune chose de son fié, & il le fait semondre de son service, & il ne veaut *la semonce acuillir* tant que il soit payé, il doit dire la raison pourquoy, & venir le plustost que il pora devant le seignor en sa court, & dire li : sire, vous m'avés fait semondre de tel service, & dire li quel service. Sire vous ci me devés de mon fié dequoy je vous dois le service, de que le terme de ma paie est passé, faites moi payer, & je *acuillerai votre semonce* si com je devrai, car je n'entens que je doie votre semonce acuillir, se vous ne me paies ou faites paier de ce que vous me devés de mon fié dequoy le terme de ma paie est passé, ne *acuillir* ne le veuill se la court ne l'esgarde, & de ce me met je en l'esgard de la la court sauf mon retenail. Et après ce il ne me semble que le seignor puisse chose dire parquoi la court doie esgarder *que le semons doie la semonce acuillir* tant que il soit paies de ce que l'on li doit de son fié, de que le terme de sa paie est passé, se ce n'est à défendre cité, bourg, ou ville ou chateau qui soit dou seignor en quoy il se treuve quand il est semons, car a tel semonce ne me semble il mie que deffaute de sa paie l'escuse selon l'assise & l'usage dou royaume de Jerusalem, que selon ce que je ais oy dire, cestui service doit chascun a son seignor paié & sans paié. » *Assises de Jérusalem, pag. 154.*

Ce texte a besoin d'une explication. La constitution d'un fief forme un contrat entre deux personnes que les besoins rapprochoient l'une de l'autre. Le seigneur cherchoit un homme pour le servir, & promettoit des terres & une somme d'argent à celui qui vouloit s'obliger à ce service. Le vassal cherchoit en sacrifiant quelque chose de sa liberté, à se donner de l'aisance, & à se faire un protecteur. Mais comme le vassal ne pouvoit refuser le service, le seigneur ne pouvoit en refuser le prix. Cependant le vassal devoit commencer par obéir à l'ordre que lui donnoit le seigneur, lors même que celui-ci étoit en demeure de satisfaire à ce qu'il lui devoit. Le vassal devoit donc comparoître, proposer en la cour du seigneur les raisons qu'il avoit pour refuser le service, pour se dispenser de son devoir, d'*accueillir la semonce*. Bien plus dans un cas pressant, il devoit marcher & aider son seigneur, soit que celui-ci le satisfît, soit qu'il ne le satisfît pas sur ses prétentions, sauf à poursuivre ensuite, & après la paix, son paiement ou la décharge de tout service à l'avenir. Voyez *Arriere-*

Ban, *Bénéfice*, *Conjure*, *Convocation*, *Fief*, *Seigneur*, *Semonce*, *Service*, *&c.*

Commerce.

3. Cette expreſſion ACCUEIL dans la correſpondance, ſur-tout entre négocians, n'indique pas toujours un ſimple acte de civilité ou d'affection; elle emporte ſouvent dans les lettres miſſives que des négocians s'écrivent, un engagement formel & de rigueur. *Vous pouvez vous prévaloir ſur moi pour telle ſomme à tant d'uſances* : ou bien *j'ai pris note de vos traites*, *vous pouvez compter que j'y ferai un bon accueil.*

Alors l'expreſſion *accueil* me ſoumet à accepter les traites de mon correſpondant & à les payer.

L'*accueil* a auſſi pour objet les perſonnes. Un négociant de Lyon prie ſon correſpondant d'Avignon de faire *accueil* à un étranger, auquel il ne donne point de crédit, celui-ci avanturier prend de l'argent & diſparoît. L'Avignonois dit : je ne vous demande pas mon rembourſement, parce que vous ne m'avez pas dit de prêter. Je vous demande de me prouver que celui que vous m'avez dit d'*accueillir*, & qui m'a trompé, eſt bien celui que vous m'avez nommé; car ſans vous je ne l'aurois pas vu, & il ne m'auroit pas eſcroqué. L'affaire s'eſt arrangée, & chacun a ſupporté par moitié l'eſcroquerie. Voyez *Honneur*, *Lettres miſſives*, *Lettres de change*, *Protêt*, *&c.*

Monnoies.

4. ACCUEILLEMENT. C'eſt l'admiſſion des deſcendans des ouvriers monnoyeurs, & ajuſteurs à l'apprentiſſage de l'art de la fabrication des monnoies, enſuite des preuves qu'ils ont fait de *leur droit d'eſtoc & ligne*. L'importance de ne confier un tel état qu'à des perſonnes bien connues par leurs talens, & ſur-tout leur délicateſſe, a fait établir de toute ancienneté, qu'on ne recevroit que les deſcendans des ouvriers à qui on ſuppoſe plus d'aptitude à acquérir les connoiſſances néceſſaires, & à profiter des leçons & exemples de probité de leurs peres.

ORDONNANCE de Charles-le-Bel, du 25 ſeptembre 1327, concernant les officiers des monnoies, leurs fonctions, droits & privileges. « *Item.* Que ils ne puiſſent recevoir ez franchiſes que nous leur avons octroyées fors que enfant d'ouvrier ou de monnoyer, ou fils de fille d'ouvrier ou de monnoyer & ne *accueillir* au meſtier iceux, ne autres ſans appeller les maîtres de nos monnoyes, ou ceux qui de par leſdits maîtres y ſeront députés. » *art. 25.* Recueil des ordonnances par de Lauriere, *tom. 2*, *pag. 803*. (*Ordonnances du Louvre.*)

RÉGLEMENT fait à Toulouſe par un général maître des monnoies, ſur le fait des *accueillemens* des ouvriers & monnoyers audit métier, le . . . Il porte défenſes aux prévôts, & aux compagnons, ouvriers & monnoyers de ladite monnoie: *deus ſagrament de Franca, que eux n'en recevent deſore en avant fors que en la maniere qui s'enſient, c'eſt aſſavoir quand il en i ora quatre receus devers les ouvriers que eux en recevent un à monnoyer.* Conſtans, *traité de la cour des monnoies*, *pag. 6 aux preuves.*

ORDONNANCE du commiſſaire député pour la réformation des monnoies au pays & duché de Normandie, du 21 juin 1578. « Les prévôts, ouvriers & monnoyers, ne recevront en leur college que les enfans naturels & légitimes de ceux qui auront fait leur épreuve, ſeront trouvés d'être & ligne & âge compétant, qui eſt de douze ans accomplis par les ordonnances, & ne pourront recevoir ni *accueillir* avec eux aucun duquel le pere n'aura fait ſon épreuve, ou la mere n'aura été reçue ſans lettres du roi, vérifiées en ladite cour, ou par l'un des conſeillers généraux députés par icelle. » *Chartres*, *ordonnances & lettres-patentes; arrêts*, *réglemens & ſentences concernant les privileges des ajuſteurs*, *monnoyeurs & tailleresses du ſerment de France*,

France, tenans garnison en la monnoie de Rouen, 1761, *in*-12.

ARRÊT de la cour des monnoies, du 3 avril 1612, qui ordonne : « qu'il ne sera reçu ci-après aucun monnoyeur en la monnoie de Paris, sinon les ainés des ouvriers & monnoyeurs, & quant aux autres, seront *accueillis* & reçus du côté des ouvriers, jusqu'à ce que le nombre desdits ouvriers soit suffisamment rempli : faisant défenses aux prévôts d'y procéder autrement, à peine de nullité & de suspension de leurs charges. » Constans, *pag. 367 & 368.*

ARRÊT de la cour des aides de Normandie, du 15 mai 1687, qui juge que les *accueillis* doivent jouir des privileges accordés aux monnoyeurs. Les prévôts, lieutenans ouvriers & monnoyeurs de Rouen, étoient parties intervenantes au procès pendant entre les habitans de la paroisse de Roquemont & M. Lebrun, avocat, *accueilli* ajusteur en la monnoie de Rouen. *Chartes, ordonnances des monnoyeurs de Rouen, pag. 311 & suiv.*

ARRÊT du conseil, du 28 octobre 1755, & lettres-patentes du même jour, le tout adressé à la cour des monnoies, qui ordonne que les monnoyeurs, ajusteurs & tailleresses, qui à l'avenir ne se feront pas *accueillir* dans le cours de l'année dans laquelle ils auront atteint l'âge requis par les ordonnances, seront déchus pour toujours de leurs droits & privileges ; déclare pareillement déchus pour toujours les enfans de ceux qui auroient des charges à la monnoie, & qui par leur naissance auroient droit aux places de monnoyeurs, ajusteurs ou tailleresses ; s'ils ne se font pas accueillir dans l'année, à compter du jour que leurs peres auront quitté leurs charges. Enfin, déclare pareillement déchus ceux qui ne se feront pas recevoir auxdites places dans le courant de six mois, après l'année fixée de leur *accueillement* ou apprentissage. *Traité des monnoies en forme de dictionnaire*, par M. Abot de Basinghen, *tom. 1, pag. 304.*

ARRÊT de la cour des monnoies, du 14 janvier 1756, qui ordonne sous le bon plaisir de S. M., que ceux qui par leur naissance ont droit aux places de monnoyeurs, ajusteurs & tailleresses, seront tenus à l'avenir de s'y faire *accueillir* au plus tard dans l'année, qui commencera à courir du jour qu'ils auront atteint l'âge de vingt-cinq ans accomplis, sous la peine d'être déchus pour toujours de leurs droits & privileges dans les monnoies. *Ibid. pag. 305.*

Les motifs de cet arrêt furent, que l'âge auquel les monnoyeurs, ajusteurs & tailleresses devoient se faire *accueillir*, n'ayant point encore été fixé, & l'usage ayant été différent dans les différentes monnoies, il étoit d'autant plus nécessaire de le déterminer, que, si d'un côté il pouvoit résulter des inconvéniens de la liberté indéfinie qu'ils avoient de se faire *accueillir* & recevoir à tout âge ; d'un autre côté, la déchéance d'un droit qu'ils tiennent du sang & de la nature, étoit une peine trop forte pour ne pas faciliter à ceux sur qui elle tomberoit, le moyen de ne pas l'encourir. Le droit que les monnoyeurs, &c. transmettent à leurs enfans, est un droit qui leur est acquis, pour ainsi dire en naissant, & dont l'*accueillement* & la réception ne leur donne que la jouissance. Il suffit donc qu'ils puissent faire le service qu'ils doivent. Ils ne le peuvent pas dans la premiere jeunesse, c'est-à-dire, avant que la raison, les sentimens, les réflexions aient confirmé en eux les premiers principes d'éducation, & surmonté les défauts trop communs dans un âge tendre. Ils ne le peuvent pas non plus dans un âge trop avancé, parce que les opérations du travail auquel ils sont appellés, demandent une dextérité dans la main, une justesse dans la vue, & un mouvement méchanique, à la perfection duquel on ne peut atteindre dans la vieillesse. Ces réflexions ont conduit à penser que l'âge de vingt-cinq ans seroit celui qu'il conviendroit de fixer,

& auquel les monnoyeurs, &c. seroient tenus à l'avenir de se faire accueillir sous la peine de déchéance, portée par l'arrêt du conseil de 1755.

ARRÊT de la cour des monnoies, du 21 juillet 1756, portant homologation de la délibération contenant état & réglement des droits d'*accueillement* & réceptions des monnoyeurs, ajusteurs & taillereſſes de la monnoie de Paris. *Ibid. pag.* 320. Voyez *Ajusteurs*, *Monnoyeurs*, *&c.*

ACCUMULATION, CUMULATION.

(Dr. eccl. Dr. pub. Dr. pr. Dr. crim.)

1. On se sert de ces deux mots indifféremment dans la langue françoise, pour exprimer l'assemblage, la réunion de plusieurs objets, de plusieurs droits. On dit de même indistinctement en latin *Accumulatio* & *cumulatio*.

Droit eccléſiaſtique.

2. En matiere bénéficiale, il est permis d'accumuler différens titres & d'ajouter aux droits qu'on peut avoir; *accumulando jura juribus*. On demande si un ecclésiastique qui a déja pris possession d'un bénéfice en vertu d'une premiere provision, doit prendre de nouveau possession dans le cas d'une seconde provision? Presque tous les canonistes sont pour la négative : *possessionis novæ prehensione opus non est, ubi collatio eidem fit ejusdem beneficii per* CUMULATIONEM *jurium*. Mornacius, *ad l.* 4, *D. de peculio, tom.* 1, *pag.* 916.

ARRÊT du parlement de Bordeaux, du 18 octobre 1518. Un bénéfice vacant est impétré par trois : deux le tiennent de l'ordinaire, ont pris possession & plaident. Un troisieme le tient du pape & est le premier pourvu : il résigne son droit à l'un des litigans. On décide que ce litigant n'est point obligé de prendre de nouveau possession. Boerius, *décis.* 24, *pag.* 58. Pareils arrêts de la même cour, du 7 novembre 1522, & . . . décembre 1535, *ibid.*

Bouchel & Blondeau distinguent trois cas; « le premier, de celui qui est possesseur ayant titre, & impetre de son chef titre nouveau; le second, de celui qui est possesseur ayant titre, & impetre nouveau titre par résignation de celui qui n'étoit possesseur; le troisieme, de celui, qui avoit titre, mais n'avoit point de possession & n'étoit en cause, & depuis par résignation, a acquis le droit de celui qui auroit la possession, & étoit déja en cause. Quant aux deux premiers je ne fais pas tant de difficulté que du dernier. Car, combien que la glose *in verbo coloratum de pacif. poss. in pragmat.*, dise que *possessio incolorata confirmatur superveniente titulo colorato, nec requiritur alia possessio* : ce n'est pas à dire que *is qui titulum habet sine possessione, cui supervenit per resignationem titulus ab eo qui possessionem habebat, non teneatur ingredi ex suo capite possessionem* : car mêmement. *Gl. sequens in verbo Titulum in fine*, dit *apertè*, que *non transfertur possessio in beneficialibus*. NÉANMOINS ORDINAIREMENT ON PRATIQUE LE CONTRAIRE. Bibliotheq. canonique, *tom.* 2, *pag.* 225. . . . On pratique le contraire, cela est vrai; c'est ce qu'a décidé le parlement de Bordeaux; c'est ce que décident les meilleurs canonistes; c'est ce qui ne souffre qu'une exception : la voici.

On est obligé de réitérer la prise de possession en matiere de régale, de maniere que celui qui, après avoir pris possession en vertu d'un titre ordinaire, obtient des provisions du roi, doit la prendre de nouveau à cause de la dignité du nouveau titre.

ARRÊT du parlement de Paris, de l'année 1489, entre Pierre de Serisay & le cardinal d'Etouteville, qui juge entr'autres, que toute provision en régale exige une prise de possession particuliere. *Superveniente titulo jure regaliæ obtento, regalista virtute illius novam tenetur apprehendere realem possessionem.* Probus, *quæst.* 20, *n°.* 4, *pag.* 97. Il en est autrement lorsque le roi dispense formellement le pourvu de prendre de nouveau possession.

ARRÊT du parlement de Paris, de l'année 1384, qui accorde à Guillaume de Utte, la maintenue d'un canonicat de l'église de Noyon, qui lui étoit disputé par Pierre Maréchal, sous le prétexte du défaut d'une seconde prise de possession, après l'obtention de la provision en régale. *Finaliter partibus auditis fuit dictum pro dicto Guillelmo. Ratio decidendi fuit quia ante gratiam regiam habebat possessionem Guilielmus dictorum canonicatûs & præbendæ, & clausulam in litterâ regiâ quod manuteneretur in possessionem virtute regiæ gratiæ.* Galli *quæst.* 21, *pag.* 256 & 257. Tous les auteurs qui rapportent cet arrêt, Probus, Ruzé, Mornac, citent la question dix-neuf de Jean le Coq, & ils se trompent tous. Il est difficile d'être exact, parce qu'il est difficile & fastidieux de vérifier tout ce qu'on rapporte, & qu'il est plus simple, de copier sans peine, & de croire sur parole. La regle que le pourvu qui a pris possession n'est point tenu de la réitérer, *ex novo titulo superveniente*, a lieu seulement lorsqu'elle a été prise en vertu d'un titre. Lorsque c'est en vertu d'une sentence ou arrêt, la possession doit être réitérée après que le bénéficier a obtenu le titre qui lui manquoit, ou qui lui avoit été refusé. La raison de cette différence est, que la prise de possession en vertu d'une sentence ou arrêt n'est que civile, & pour la conservation des droits & la jouissance des fruits, lorsque le juge l'a ainsi ordonné; mais elle n'est point canonique, & ne donne pas droit d'exercer dans les bénéfices des fonctions ecclésiastiques. Ce sont les dispositions des *art.* 7 & 9 *de l'édit de* 1695. Voyez *Possession*, *Régale*.

Nous ne parlerons pas ici de cet abus, contre lequel on a tant & si vainement crié d'*accumuler* sur la même tête divers bénéfices. Le siege de cette importante matiere doit être sous les mots *Incompatibilité*, *Pluralité*.

Droit public.

3. Est-il permis d'*accumuler* diverses charges, divers emplois, & sur-tout lorsque ces charges, ces emplois exigent une dépendance de deux états, de deux Souverains? Bynkershoeck soutient l'affirmative contre l'opinion des plus fameux politiques. *Solemnes sunt veterum digressiones de licitâ seu prohibitâ duplicis muneris* ACCUMULATIONE *in unâ eâdemque personâ; num videlicet ejus exemplo pectora nostra duas sint admittentia curas? Sed vix est ut hæc ipsa disputatio minùs sit fatua, quàm illius occasio. Si quis utramque personam sustinere possit, & munera sive duo sive plura* NON PUGNENT FRONTIBUS ADVERSIS, *licitum esse quod quæritur, ipsa ratio docuerit. Utriusque limitationis exempla sufficient: l. ult. C. qui milit. poss. l. ult. C. de ads. c. v. x. de cler. conjug. ubi & ratio. Quia* CITHARA CUM PSALTERIO MALE CONCORDAT. *Nil horum si obstet non modò duplicem personam in eâdem republicâ tueri quem posse dicendum est,* SED ET PLURIBUS PRINCIPIBUS ESSE IN SACRAMENTO ET OFFICIO *quidquid* Jac. Gothofredus *de salario*, *C.* 4, *n°.* 9, *omnisque politicorum chorus contradicat.* Bynkershoeck, *tom.* 1, *operum edit.* Vicat. 1766, *fol. pag.* 4.

Godefroy, cité par Bynkershoeck, dit effectivement, dans son Traité du salaire, (*pag.* 227, *edit. operum jurid. minorum* 1733, *in-fol.*) qu'un édit de Louis XIII, du 27 octobre 1614, rapporté par Bouvot, *tom.* 2, *au mot* Pension, *question* 15, défend, à peine de punition exemplaire, aux officiers royaux d'être pensionnaires des seigneurs gentilshommes. Il ajoute, qu'à plus forte raison on ne doit pas admettre qu'un particulier puisse être aux gages de deux princes, de deux républiques, quand même ces deux princes, ces deux républiques ne seroient point en guerre. Enfin, il prétend que quoiqu'on puisse quelquefois réunir deux charges compatibles, on fait mieux cependant de ne pas ainsi multiplier des rôles difficiles à remplir convenablement. *Multò minùs admittendum est, ut quisquam à duobus principibus vel rebuspublicis salarium accipiat, nisi nulla dissidii aut partialis suspicio inter principes illos & respublicas esse possit. Quemadmodum & alias duas personas gerere quis potest, dummodo se invicem compatiantur....... meliùs tamen fecerit qui omninò abstinuerit,* NEMO ENIM BONA FIDE DUOBUS DOMINIS SERVIRE POTERIT.

Nous pencherions assez volontiers pour l'avis de Godefroy, mais nous traiterons plus amplement cette matiere importante sous les mots *Avocat*, *Charge*, *Emploi*, *Incompatibilité*, *Magistrat*, *Procureur*, *Pension*, *Prince*, *Service*.

Droit privé.

4. La question qui se présentoit fréquemment chez les Romains, de savoir si on pouvoit *accumuler* plusieurs actions, est presque sans objet parmi nous. A Rome, les formules des actions étoient de rigueur; & il falloit, à peine de nullité, exprimer dans la citation le nom de celle qu'on prétendoit intenter. En France, on n'est point obligé de qualifier dans l'exploit l'action qu'on veut exercer, il suffit d'y conclure à ses fins, & de demander que notre partie soit condamnée suivant les conclusions que nous avons prises contre elle.

Comment les loix ne paroîtroient-elles pas en contradiction sur l'objet de l'*accumulation* des actions; puisque non seulement *Modestin* paroît d'un avis différent de celui d'*Hermogenien*, mais qu'on croit voir *Ulpien* opposé à *Ulpien*? La loi *plura 53, D. de obligat. & act.* qui est de Modestin, veut qu'on ne se serve que d'une action: *plura delicta in unâ re plures admittunt actiones, sed non posse omnibus uti probatum est: nam si ex unâ obligatione plures actiones nascuntur, unâ tantùmmodo, non omnibus utendum est.* La loi 32, *D. eod.* qui est d'Hermogenien, veut au contraire qu'on puisse se servir de toutes les actions qu'on peut avoir pour la poursuite d'un même délit: *cùm ex uno delicto plures nascuntur actiones, sicut evenit cùm arbores furtim cæsæ dicuntur, omnibus experiri permitti, post varietates magnas obtinuit.* ULPIEN avoit dit dans la loi 43, *D. de reg. juris*, que toutes les fois que plusieurs actions concourent pour assurer la réclamation d'un objet, il faut se borner à une, *quoties concurrunt plures actiones ejusdem rei nomine, unâ quis experiri debet.* ULPIEN a dit au contraire dans la loi 130, *D. eod.* que les actions ne s'élident point dans leur concours, sur-tout en matiere pénale; *nunquam actiones præsertim pœnales de eâdem re concurrentes, alia aliam consumit.*

Les jurisconsultes modernes ont été fort embarrassés à concilier ces contradictions apparentes des jurisconsultes anciens; on peut voir à cet égard les efforts de Cujas dans ses observations, *lib. 8, cap. 24*, & d'Hottoman dans ses questions illustres, *cap. 27*. Eggelingius a fait un traité exprès, *de concursu & cumulatione actionum 1680, in-4°.* & le docteur napolitain Sanfelicius, une dissertation excellente sur le même sujet, en rendant compte d'une DÉCISION du tribunal souverain de Naples, du 21 février 1622.

Ce tribunal décida, que celui qui réclamoit des fiefs en sa qualité d'héritier & de parent plus prochain d'un défunt à qui il avoit contesté ces mêmes fiefs, pouvoit abandonner sa premiere demande, & suivre l'effet de la feconde, nonobstant la prétendue contrariété que lui opposoit son adversaire. Sanfelicius dit, entr'autres, *ACCUMULATIO permittitur ad tollendam multitudinem litium, ut sub uno judice terminentur. — ACCUMULATIO coram diversis judicibus super eâdem re prohibetur. — ACCUMULATIO non dicitur actionum quæ competunt ex diversis causis & diverso tempore*. Sanfelicius, *lib. 1, décis. tom. 1, pag. 135 & seq. édit. Lugduni 1675, in-fol.*

En deux mots : un demandeur ne peut, suivant le résultat des usages des Romains, intenter plusieurs actions pour le même objet, dès qu'elles dérivent d'une même cause ; mais il doit en choisir une, & après ce choix, il ne peut plus en faire un nouveau. *L. quod in herede, § eligere, D. de tributoriâ act.* Il ne peut pas non plus *accumuler* diverses actions dans un même libelle, parce que chaque contestation doit être poursuivie par le genre d'action qui lui est propre, & que l'exercice de cette action déterminée suffit, n'étant pas permis de multiplier les êtres, & de compliquer les procédures. *L. singulis D. de except. rei. judic.* On ne peut pas non plus proposer les actions les unes après les autres, parce que la bonne foi ne permet pas de réclamer deux fois le même objet. *L. bona fides D. eod.* Par exemple, dans le cas d'une société, où il sera question de régler les dépenses faites par l'un des associés pour la chose commune, & de liquider les fruits qu'il aura pu en retirer, on sera libre d'user indifféremment des actions *pro socio* ou *communi dividundo* : mais l'une exclura l'autre. *L. pro socio. 38, § 1, D. pro socio.* Il y a une exception en matiere de délit. Un voleur peut être poursuivi par la double action *& furti & vi bonorum raptorum*. Quand on a pris la premiere, on peut exercer la seconde, en ce qu'elle renferme de plus avantageux, *ut tamen id quod ampliùs in eâ est consequatur. L. I, D. Vi bonor. raptorum.*

En France, on peut *accumuler* dans le même exploit l'action personnelle & l'hypothécaire contre le principal débiteur & son héritier, qui possede la chose soumise à l'hypotheque : *actio personalis & hypothecaria possunt simul CUMULARI in eodem libello contra principalem debitorem aut ejus heredem, si possideat rem hypothecariam*. Guy-Pape, *quest. 108.*

« Celui qui aura été dépossédé par violence ou voie de fait, pourra demander la réintégrande par action civile & ordinaire, ou extraordinairement par action criminelle ; & s'il a choisi l'une de ces deux actions, il ne pourra se servir de l'autre, sinon qu'en prononçant sur l'extraordinaire, on lui réserve l'action civile. » *Art. 2 du tit. 18 de l'ordonnance de 1667.*

« Celui contre lequel la complainte, ou réintégrande sera jugée, ne pourra former la demande au pétitoire, sinon après que le trouble sera cessé, &c. . . . Les demandes en complainte, ou réintégrande, ne pourront être jointes au pétitoire, ni le pétitoire poursuivi, que la demande en complainte, ou réintégrande n'ait été terminée, & la condamnation poursuivie & exécutée. Défendons d'obtenir lettres pour *cumuler* le pétitoire avec le possessoire. » *Art. 4 & 5 ibid.*

Les canonistes, sur la loi 12, § *nihil commune, D. de acquir. vel amit. possess.* & sur le chapitre *pastoralis extr. de causâ possessionis & proprietat s*, s'étoient livrés à de longues dissertations sur la question de savoir si l'on peut *cumuler* le pétitoire avec le possessoire ; c'est-à-dire, agir en même temps pour la propriété & pour la possession. L'ordonnance rend toutes ces discussions inutiles par sa décision trop précise, pour qu'on puisse se livrer à des doutes sur son interprétation. On la suit donc à la rigueur en matiere de réintégrande ; & si l'on s'en départ quelquefois en matiere de complainte, c'est lorsque le défendeur justifie clairement & sans retardement, qu'il est le véritable propriétaire. Dans cette circonstance, les juges prononcent sur le pétitoire, pour ne pas constituer les parties en des frais inutiles, en leur faisant essuyer deux procès différens. Voyez *Action*, *Complainte*, *Contrariété*, *Litispendance*, *Réintégrande*, &c.

Droit criminel.

5. Deux questions. Quels sont les tribunaux qui peuvent faire le procès aux accusés par *accumulation* de crimes? Est-il permis d'*accumuler* sur la tête d'un coupable toute sorte de peines?

1°. « Si après le procès commencé pour un crime prévôtal, il survient de nouvelles accusations, dont il n'y ait point eu de plaintes en justice pour crimes non prévôtaux, elles seront instruites conjointement, & jugées prévôtablement. » *Art. 23 du tit. 2 de l'ord. de 1670.*

Cette loi, dit Boutaric dans son commentaire, *pag. 52*, donne aux prévôts un droit que les cours supérieures prétendent leur appartenir à l'exclusion de tous autres juges; c'est-à-dire, le droit de faire le procès à un accusé par *accumulation* de crimes; mais il y a toujours entr'eux & les cours supérieures cette différence, que celles-ci peuvent évoquer les procédures faites contre l'accusé en d'autres jurisdictions, au lieu que ceux-là peuvent seulement connoître des nouvelles accusations qui surviennent dans le cours de l'instruction du cas prévôtal, des nouvelles accusations pour raison desquelles il n'y a eu précédemment ni plainte, ni information.

Les cours supérieures, *ajoute Boutaric*, peuvent-elles, dans une cause qui leur a été renvoyée par le roi, faire le procès à l'accusé par *accumulation* de crimes? Une instance criminelle est évoquée du parlement de Bordeaux, & renvoyée par arrêt du conseil au parlement de Toulouse; ce dernier tribunal pourra-t-il évoquer les procédures dans des jurisdictions du ressort du premier, pour raison d'autres crimes que de ceux qui ont donné lieu à l'instance renvoyée? pourra-t-il les évoquer à l'effet de juger conjointement le tout par un seul & même arrêt? Cette question se présenta, il y a quelques années, au parlement de Toulouse, qui crut que sans une nouvelle attribution, il ne pouvoit connoître d'autres crimes que de celui dont le roi lui avoit renvoyé la connoissance.

Arrêt du parlement de Toulouse, du 3 janvier 1688, qui juge, *entr'autres questions*, que la cour ne pouvoit faire faire à des accusés *ressortables* du parlement de Bordeaux, qui lui avoient été renvoyés, le procès par *accumulation* de crimes sans nouvelle attribution, par la raison que n'ayant pas de jurisdiction sur les personnes qui étoient d'un autre ressort, on n'en avoit que pour l'affaire renvoyée. Catellan, *tom 2, liv. 9, chap. 9, pag. 556.*

Arrêts du parlement de Toulouse, du 6 avril 1718, & du 30 août 1719, qui décident que les juges supérieurs peuvent seuls juger par *accumulation* de crimes, & que si les juges inférieurs le font, leur procédure doit être cassée *sans réserver l'information*. Supplément au journal du parlement de Toulouse, par feu M. Aguier, arr. 217, pag. 285.

Arrêt du parlement de Toulouse, du 13 mars 1720, qui décide que la cour ne peut faire le procès par *accumulation* de crimes que pour ceux dont elle peut connoître par voie de ressort. Un notaire d'Espalion *fut relaxé pour les crimes appartenans à la cour; & quant à ceux qui provenoient du fait des tailles, l'arrêt le renvoya où & pardevant qui de droit*, ibid. *pag. 212.* L'auteur ajoute, que le sieur Mieulet de Barres « étant accusé d'un crime de la compétence de M. l'intendant, il fut dit que ce crime ne seroit point compris dans l'accumulation, & que le procès lui seroit fait pour les autres. »

2°. Arrêt du parlement de Toulouse, du mois de septembre 1722, qui prononce qu'un juge ſubalterne ne peut pas *cumuler* les dépens, dommages & intérêts. Pareil arrêt de la même cour, du mois de juin 1731, journal d'Aguier, *arr.* 294, *pag.* 240.

ARRÊT du parlement de Rennes, du 14 juillet 1735, qui juge *entr'autres points*, qu'on ne peut *accumuler la réparation d'honneur, & la réparation pécuniaire*. Journal de Bretagne, *tom.* 2, *chap.* 47, *pag.* 260. Voyez *Accuſation*, n°. 26 & 29, & *Attribution*, *Crimes*, *Dépens*, *Dommages & Intérêts*, *Peines*, *Réparation*, *&c.*

ACCUSATION,

ACCUSATEUR, ACCUSÉ.

(*Dr. nat. Dr. div. Dr. eccl. Dr. publ. Dr. crim.*)

1. L'ACCUSATION eſt l'action judiciaire par laquelle on ſe plaint d'un délit & l'on demande ſatisfaction. L'ACCUSATEUR eſt celui qui intente cette action. L'ACCUSÉ eſt celui qui y eſt ſoumis.

Ces mots ſont encore employés dans les querelles, les débats, les diſputes, les écrits polémiques & les papiers publics, pour exprimer les reproches & les imputations graves. Vous les retrouvez dans l'hiſtoire, lorſqu'elle rappelle les fautes & les crimes fameux que la faveur ou le pouvoir, la juriſprudence ou les mœurs ne ſoumettent pas aux tribunaux, ou mettent au deſſus des loix. Alors s'éleve un autre tribunal qui n'a d'autres peines que les mépris & l'infamie, d'autres loix que la juſtice & la vérité. C'eſt celui de l'opinion publique : tribunal éternel & ſuprême ; nous recherchons ſon ſuffrage, mais nous écrivons pour les autres.

Leur établiſſement comme celui des loix, a pour objet la ſûreté, la tranquillité, l'ordre, la paix & le bonheur public. Les loix & la juriſdiction criminelle, ſont la partie la plus importante & la plus redoutable de l'adminiſtration de la juſtice. Un vaſte & ſombre édifice s'éleve de toutes parts, où des hommes pourſuivent, jugent & puniſſent le crime chacun à ſa maniere, ſuivant ſes uſages, ſes préjugés & ſes mœurs. L'accuſation en eſt la baſe. Il faut donc la conſidérer dans ſa profondeur & dans tous ſes rapports. Il le faut d'autant plus, qu'elle ſemble avoir moins fixé les regards. Il le faut, & quand nous aurons aſſuré cette baſe, les autres parties de l'édifice ſeront plus aiſées à parcourir & à réduire.

Que ſi nous paroiſſons quelquefois voir autrement que ceux qui nous ont précédés, nous répondrons avec le légiſlateur romain, qu'il ne faut pas tant s'occuper de ce qui ſe fait, que de ce qui devroit être. *Non tamen ſpectandum eſt quid Romæ factum eſt, quàm quid fieri debeat.* (L. 12, D. *de off. præſid.*) Nous dirons avec M. Servan.... « C'eſt pour vous que je vais parler. Je vais parler pour vos biens, vos libertés, vos vies. Qui de vous m'entendra avec indifférence ? Vous êtes libres aujourd'hui. Votre fortune, vos jours vous paroiſſent en ſûreté. Mais demain, peut-être, demain vous ſerez accuſateurs ou accuſés ; peut-être en cet inſtant, un citoyen ennemi épie le moyen de vous ſurprendre ; peut-être un noir complot expoſera votre vie aux ſoupçons de la juſtice ? Peut-être vos mains porteront des fers ? O mes concitoyens, écoutez ! » (*Diſcours ſur l'adminiſtration de la juſtice criminelle.*)

Droit naturel.

2. L'enfant offenſé, volé ou maltraité crie, reſſaiſit avec joie, ſe venge par vivacité, mais s'effraie, gémit, pleure, tremble à la vue du ſang qu'il a fait couler, & que voudroient étancher ſes mains innocentes. Voilà l'aimable & douce nature qu'il ne faut plus chercher parmi ces ſauvages dégradés, qui ont

tous les maux de la société, sans aucun des avantages de la civilisation.

La nature a dit à l'homme : *tu ne feras point à autrui ce que tu ne voudrois pas qu'on te fît à toi-même.* Elle a dit encore : tu pardonneras ton semblable, car le mal léger ou passager qu'il t'a fait par accident, par légéreté, par besoin, peut-être, tu l'aurois fait toi-même, si tu avois eu son ame, & si tu avois été dans sa position. Elle a dit encore : celui qui s'écartera du principe sacré, convaincu par la pâleur du visage, l'égarement des yeux, sera puni par la honte & le remords, par la crainte même de rencontrer des hommes plus adroits, plus injustes & plus méchans que lui, & par la terreur de cette autre vie, l'espoir de l'homme juste. La vraie punition du scélérat, ce ne sont, dit Ciceron, ni les jugemens devenus inutiles par leur nombre, ni les supplices qui passent, c'est la conscience. Le scélérat est agité, non par les furies, avec leurs torches ardentes comme sur nos théatres, mais par l'image de son crime qui le poursuit par-tout, & cette voix intérieure qui peut seule faire le bonheur ou le malheur de la vie. *Pœnas luunt, non tam judiciis, quæ quondam nusquam erant, hodie multifariam nulla sunt; ubi sunt, tamen persæpe falsa sunt: quàm conscientiâ: ut eos agitent insectentur furiæ, non ardentibus tædis, sicut in fabulis, sed angore conscientiæ, fraudisque cruciatu.* (de legibus. I. 40.)

Là finit la loi naturelle. Ce n'est point elle qui a dit à l'homme : lorsque tu seras outragé, volé ou maltraité, tu citeras celui que tu accuses devant d'autres hommes, & tu leur demanderas vengeance. Ce n'est point elle qui leur a dit : vous réparerez l'injure avec du parchemin, de l'argent ou des paroles; vous punirez l'erreur ou l'égarement par cette flétrissure qui ne laisse plus au coupable que le désespoir & la honte qui menent à tout. Vous vengerez le vol par la servitude ou par la mort, & la perte d'un individu par le sacrifice de plusieurs autres. Ce n'est point elle qui a dit : vous préviendrez les crimes par la terreur, par le raffinement des peines, & pour rendre les autres meilleurs, vous deviendrez barbares. La voix de la nature est plus douce.

Elle a dit seulement : si ton semblable est accusé, si son repos, sa fortune, son honneur ou sa vie sont en danger, permets qu'il ait des défenseurs; car la grandeur du péril est au dessus de la foiblesse humaine, & si son amour-propre, son courage, sa misere les écarterent de lui, ne souffre pas qu'il en manque; parce que sa fermeté, ses lumieres disparoissant bientôt, tu serois exposé à condamner l'innocent : fais à autrui ce que tu voudrois qu'on te fît à toi même; & législateur ou juge ne cesse jamais d'être homme.

C'est cette vérité éternelle que réclama en faveur de l'humanité & de la justice l'un de nos plus grands magistrats, lorsque dans la rédaction de notre code criminel, il dit : *Le* CONSEIL *donné aux* ACCUSÉS *n'est point un* PRIVILEGE, *c'est une* LIBERTÉ *acquise par le* DROIT NATUREL, *qui est plus ancien que toutes les loix humaines. La nature enseigne à l'homme d'avoir recours aux lumieres des autres, quand il n'en a pas assez pour se conduire, & d'emprunter des secours quand il ne se sent pas assez fort pour se défendre.* (Discours de M. le premier président de Lamoignon, dans le procès-verbal de l'ordonnance de 1670, tit. 14, art. 8, pag. 163.)

Mais les législateurs & les juges n'ont pas été tous éclairés, vertueux & justes comme le grand Lamoignon, & trop souvent ils ont oublié qu'ils étoient hommes.

L'accusation, la procédure, le jugement, la torture, les bourreaux, les supplices; tout ce long & lamentable appareil de la justice humaine est une institution purement sociale, c'est l'ouvrage du pouvoir, de la foiblesse & de la la corruption, de l'intérêt & des passions. Chaque peuple a vu suivant ses chefs, ses monumens, ses préjugés, son climat, son gouvernement & ses mœurs; & plus on s'est éloigné, de la nature, plus on s'est écarté du but que l'on vouloit atteindre.

Droit divin.

3. Les Scribes & les Pharisiens amenerent à la porte du temple une femme surprise en adultere, citerent la loi qui ordonnoit de lapider, & presserent JESUS de parler. Il écrivit d'abord sur le sable, & répondit enfin : QUE CELUI DE VOUS QUI EST SANS PÉCHÉ JETTE LA PREMIERE PIERRE. A ces mots, ils prirent la fuite. JESUS dit à la femme adultere : OU SONT CEUX QUI VOUS ACCUSOIENT? PERSONNE NE VOUS A CONDAMNÉE, JE NE VOUS CONDAMNERAI PAS NON PLUS : ALLEZ ET NE PÉCHEZ PLUS. . . . *Qui sine peccato est vestrûm, primus in illam lapidem mittat. . . . Ubi sunt qui te accusabant? Nemo te condemnavit. . . . Nec ego te condemnabo. Vade, & jam amplius noli peccare.* (Joann. VIII, v. 7, 10, 11.)

Ce passage de l'évangile trop peu cité peut-être dans la chaire de vérité, sans doute à cause de l'espece du péché, est, avec le pardon des injures, un des traits les plus frappans de la sublime morale du CHRIST; un de ceux qu'il paroît avoir prêchés avec le plus d'éclat, de complaisance & de force. En effet, après avoir écrit sur le sable, pour figurer l'instabilité des loix humaines qu'on lui citoit; après avoir désarmé les accusateurs, en les faisant rougir, de vouloir condamner à la mort une femme pour avoir été foible ou sensible, eux qui, comme Juda avec Thamar sa belle-fille, avoient été cent fois plus coupables; après avoir motivé & prononcé l'absolution; il rappelle la grandeur & l'objet de sa mission; il s'éleve au dessus de l'homme, & s'adressant au peuple étonné : JE SUIS, dit-il, LA LUMIERE DU MONDE, CELUI QUI OBSERVERA MES LOIX NE MARCHERA PLUS DANS LES TÉNEBRES; IL AURA LA VÉRITÉ, LA SCIENCE ET LA JUSTICE. . . . *Iterùm ergo locutus est eis Jesus dicens, ego sum lux mundi. Qui sequitur me, non ambulat in tenebris, sed habebit lumen vitæ* (id. v. 12.). . . . Vous êtes étonnés, dit JESUS, de ce que je fais miséricorde, parce que vous ne voyez que vos mœurs dépravées, vos préjugés destructeurs, vos coutumes barbares, & ce que vous appellez vos loix! Elles ont assez dégradé l'humanité : je viens en apporter d'autres : je viens enseigner aux hommes la justice suprême : elle n'est point aveugle & inexorable comme les Païens l'ont figurée. Dans les actions, elle distingue celles qui sont essentiellement crimes, de celles qui ne le sont devenues que par la volonté des hommes : elle compatit aux erreurs, aux besoins & aux maux de la foible humanité : elle prévient plutôt qu'elle ne punit : elle marche entre la raison & la pitié : elle les fait parler avec elle; & malheur au juge qui ferme l'oreille à leurs douces voix! Malheur à quiconque ne m'entend pas, il marchera dans les ténebres!

Pourquoi ce tableau de la clémence divine, si bien & si souvent peint, n'est-il dans aucune de nos chambres criminelles? Dans celle de Lyon, seroit-il déplacé entre le législateur qui se plonge l'épée dans le sein, pour avoir violé par inattention sa loi, & le magistrat grec, qui, voulant prouver que la justice est impitoyable, fit arracher un œil à son fils coupable, & un autre à lui-même.

Nous n'inférerons pas de l'évangile, qu'il ne doit y avoir ni accusation, ni jugement, ni peine. Il est des crimes, qui, par leur atrocité, l'intention, la réflexion, la combinaison, le résultat, les conséquences exigent une réparation envers l'offensé, & envers le public un exemple qui instruise, effraie & retienne. Il en est encore qui, par leur nature & le caractere de l'accusé en annoncent infailliblement d'autres, & par-là même entraînent toujours le retranchement absolu de la société, & quelquefois la mort. D'ailleurs, dans les nations profondément corrompues, il faut bien remplacer les mœurs, l'instruction, la police & l'ordre, par la terreur des supplices.

Je dis plus. Il existe, sur-tout dans le midi de l'Europe, la Suisse exceptée, une espece parasite d'hommes, qu'il paroît impossible d'amener au travail, à la probité, à aucun des devoirs de la vie civile, & qui semblent dévoués au supplice, aussi-tôt qu'ayant fait le premier pas dans le crime, ils commencent à en parcourir l'échelle; tout ce qu'ont écrit Quevedo, Cervantes, le Sage & Fielding, n'est point exagéré.

Un magistrat qui s'occupe de la refonte des loix criminelles, considérant toujours l'homme abstrait, & jugeant des autres par lui-même, ne pouvoit pas se persuader qu'il y a une classe d'hommes essentiellement dégradés, & presque irrévocablement corrompus. Elle existe cependant cette espece redoutable. Abandonnés la plupart dès l'enfance, sans religion, sans éducation, sans domiciles, sans profession, sans principes & sans mœurs; fatalistes abrutis, persuadés que les biens communs dans l'origine appartiennent à l'adresse & à la force, ils parcourent les grands chemins, les grandes villes, les foires, les marchés, les fêtes, les foules, les auberges, les cafés, les spectacles & tous les lieux publics. Ils ont un jargon, des manieres, des signes, par lesquels ils se reconnoissent sans s'être vus, se rapprochent, s'unissent, s'entr'aident & désolent la société. Ils commencent par la paresse, la débauche, l'escroquerie, le vol; finissent par l'assassinat, le poison & l'incendie. Vous avez vu de temps à autres diviser ou détruire des bandes innombrables de ces misérables, & vos places publiques sont devenues d'affreuses boucheries. Au moment où j'écris, la maréchaussée de Lyon en juge soixante. En voyant ces monstres dans les derniers instans, vous les compareriez à des loups & à des tigres pris à la trappe; & vous rougiriez d'être homme.

Après avoir pendant huit ans, observé, étudié, interrogé cette espece d'hommes, & jusqu'à ce que la société soit organisée de maniere à prévenir cette dégradation par une sage police, je conviens avec douleur qu'on ne peut s'en garantir quelques instans que par les supplices. Il faut les regarder comme une exception, comme des monstres, & les traiter en conséquence.

Mais parmi les citoyens, & dans le cours ordinaire de la vie civile, n'est-il point d'accusations sur lesquelles le magistrat puisse dire au plaignant : vous-même répondez; êtes-vous sans reproche? Le besoin, la jeunesse, la vivacité, les passions, la mauvaise compagnie, l'erreur, le hasard, ne vous ont-ils jamais égaré, compromis, exposé à la rigueur des loix? Question simple & terrible! Combien encore elle feroit reculer d'accusateurs, s'ils étoient de bonne foi!

Les loix de l'Europe sont-elles si claires, si précises, si justes, si accommodées aux mœurs & au bien public, qu'il ne soit pas possible de s'en écarter? Ne seroient-elles pas plutôt écrites sur le sable, & avec elles ne marche-t-on jamais dans d'affreuses ténebres?

Avant de répéter trois fois ces mots terribles, par lesquels les juges prononcent la mort d'un de leurs semblables, n'en est-il point qui, au fond de leur cœur, aient entendu la nature & la raison s'élever contre notre jurisprudence? Et s'il en est, beaucoup sans doute; si quelquefois ils ont été émus & attendris, n'ont-ils pas pu se livrer à la clémence sans manquer à leur devoir, sans compromettre la paix & l'ordre?

Dans toute notre Europe, excepté l'Angleterre, qui doit bientôt les adoucir, les peines sont devenues arbitraires, parce que faites en des siecles d'ignorance & de barbarie, elles sont enfin modifiées par les mœurs, les lumieres de chaque nation & le meilleur esprit des tribunaux. Cet arbitraire ne pourroit-il pas aussi rejeter certaines accusations, & comme l'écrivoit le chancelier d'Aguesseau, étouffer certaines affaires? Au mot *Accommodement*, n°. 13, pag. 16, nous avons cité un arrêt du parlement de Toulouse, du 9 juillet 1743, qui permet la prise à partie d'un procureur-fiscal, qui, après le désistement de l'accusateur, vouloit poursuivre la punition du vol d'une poule : jurisprudence arbitraire, en s'éloignant de la rigueur de nos ordonnances, qui considerent tous les délits comme publics; elle se rapproche encore plus de la justice primitive, qui ne confond pas les petits avec les grands vols, & les délits isolés avec les crimes d'habitude. ARRÊT précieux, il jette un grand jour, il honore notre siecle & le parlement qui l'a rendu.

Enfin, n'y a-t-il point de délits, dont l'accusation devroit être interdite, ou sur lesquels il faudroit prononcer comme le divin législateur? Car on ne supposera pas que l'adultere ait été le seul objet de sa clémence. Pour les premieres fautes, pour les délits malheureux, isolés, sur lesquels la partie offensée s'accommode, se tait, demande grace; & lorsque l'accusé a d'ailleurs une bonne réputation; ne seroit-ce pas assez quelquefois, comme chez les peuples anciens, de le condamner à la restitution du double & du quadruple, ou à une satisfaction combinée avec sa bonne conduite, son état, l'opinion publique & la nature du délit? Ne seroit-ce pas assez, & souvent trop, de l'avoir soumis à l'humiliation de l'emprisonnement, des interrogatoires, des confrontations, de tous les maux qui assaillissent les accusés innocens ou coupables? Et après cela, ne seroit-il pas suffisamment puni par une injonction ou une admonition? Le peuple qui raisonne, quoi qu'on en dise, ce peuple, qui est d'autant plus humain qu'il est pauvre & malheureux, ne seroit-il pas plus touché, mieux instruit par ce mélange de pitié & de justice, qu'il ne l'est par ces affreux & dégoûtans supplices, qui trop réitérés, ne font pas plus d'impression sur lui, que n'en font sur nous nos drames les plus noirs, & ne laissent dans son esprit que l'aversion, la défiance, la terreur & les ténebres? Ne saurions-nous être tranquilles qu'au bruit des fers dont nous chargeons les accusés? La sûreté publique ne peut-elle exister qu'au milieu des échafauds & des bûchers? Et verrons-nous toujours à la porte de nos villes ces effroyables étaux de cadavres défigurés, dont se rit le scélérat fataliste, qui s'enivre à leur pied, & ne se réveille que pour commettre un nouveau crime?

J'ignore quel effet produira ce texte de l'évangile & son commentaire; mais je sais que c'est à la beauté de cette morale, que la religion doit ses progrès, non aux bûchers de l'intolérance; j'entends Zamore pardonné par Gusman, s'écrier :

Ah! la loi qui t'oblige à cet effort suprême,
Je commence à le croire, est la loi de Dieu même.

Et l'applaudissement du public prouvant quelle impression toujours nouvelle fait sur lui la sublimité de cette morale, dit encore combien il peut être instruit & devenir meilleur par les grands exemples d'humanité, de pitié, de générosité & de clémence.

Droit ecclésiastique.

4. Faite pour rendre les hommes heureux & meilleurs par l'instruction, par la pratique des vertus, par l'espoir ou la crainte d'une autre vie, la religion chrétienne, bien différente de toutes les autres, devoit méconnoître les supplices & l'accusation qui y mene. Elle ne supposoit pas même la possibilité des crimes; c'est du moins dans ce sens que Tertullien (Apolog. C. 45.) disoit aux

Païens : « *Si vous avez emprisonné quelques-uns de nos freres, sans doute ils ne sont accusés que d'être chrétiens, ou s'ils sont accusés d'autre chose, ils ne sont plus chrétiens.* »

Il ne reste de cet esprit de l'église primitive que la maxime : *Ecclesia abhorret à sanguine*, d'après laquelle, les conseillers-clercs n'entrent point à la tournelle, & dans les autres tribunaux, se retirent aussi-tôt qu'il y a conclusion ou opinion à peine afflictive.

En France, comme dans les autres états catholiques, l'inquisition exceptée, les délits commis par les ecclésiastiques, sont ou *délits communs*, ou *cas privilégiés*. Voyez ces mots & le mot *Abus*, n°. 41, 42, 45 & 46.

Des cas privilégiés, ou délits qui peuvent entraîner peine afflictive contre l'ecclésiastique, l'accusation doit être portée devant les juges royaux, & la procédure est suivie conformément aux ordonnances, à l'exception de l'instruction qui est faite conjointement par le juge laïque & le juge ecclésiastique.

A l'égard des *délits communs*, c'est-à-dire, de ceux qui sont relatifs à la discipline ecclésiastique & ne donnent lieu à aucune peine afflictive; l'accusation doit être portée devant le juge ecclésiastique. Fleury, dans son *Institut. au droit ecclésiastique, tom. 2, chap. 15, pag. 146 & suiv.* donne une idée exacte de l'accusation ecclésiastique, par accusation directe, par dénonciation, par inquisition, & il cite les textes du droit canon.

Toutes ces accusations sont sujettes pour la forme & pour le fond à nos ordonnances, à notre jurisprudence; lorsqu'on s'en écarte, il y a abus. Il faut donc appliquer au droit ecclésiastique tous les principes de notre droit civil, que nous développerons après avoir jeté un coup-d'œil rapide sur celui des peuples anciens, & nous être arrêtés quelque temps à celui des Romains.

Peuples anciens.

5. Par-tout, excepté dans la nuit de la tyrannie, l'accusation étoit permise au citoyen; mais elle avoit des formes rigoureuses; mais la défense étoit de droit, & le jugement étoit public.

Chez les ÉGYPTIENS, l'accusateur écrivoit sa plainte, l'accusé sa défense; ensuite on les entendoit encore par eux ou par leurs orateurs. Les juges prononçoient leurs avis, & le prince confirmoit. (*Diodorus Siculus, lib. 2, cap. 3.*)

Chez les PERSES, le droit d'accuser appartenoit à tout le monde, & les jugemens étoient publics. *Accusandi cuilibet ex populo facultas erat, propterea quòd* PUBLICA *erant hujusmodi* JUDICIA, *popularesque accusationes.* (Brissonius, *de regno Persarum*, pag. 538, edit. operum minorum. 1749, fol.)

Les GRECS permettoient aussi à tout le monde de se rendre accusateur. *Cuivis eum qui alteri injuriam intulerit accusare permissum esto.* (L. Atticæ, lib. 7, tit. 2.)

Si le crime intéressoit vraiment le public, comme l'enlévement d'un citoyen, on donnoit à l'accusateur le tiers des biens confisqués sur les coupables : *Triens accusatori cedito.* (Lib. 6, tit. 1.)

Les jugemens étoient publics κατηγορίαι pour le maintien des loix publiques, & les loix publiques étoient les loix faites contre les crimes publics. (*Salmas. de modo usurar. pag. 106.*) On ne peut pas en douter, quand on voit dans l'histoire, cet *aréopage*, où avoit droit de s'asseoir tout citoyen vertueux, & cette jurisdiction *héliastique*, exposée en plein air & aux rayons du soleil; on peut encore moins douter de la liberté laissée aux accusés d'avoir des défenseurs, quand on parcourt l'histoire, quand on lit Démosthene, quand on voit à Athenes les progrès de l'éloquence.

Les JUIFS avoient les mêmes principes, & ils pécherent doublement contre leur loi. (*Talm. jom tob. cap. 5, hal.* 2.) dans l'accusation qu'ils porterent chez le grand prêtre Anne contre JESUS-CHRIST, en ce qu'ils la firent de nuit & dans un temps de fête: *Constitutiones receptas violabant, viz. quòd quemquam* ACCUSARENT *& damnarent festi die, qui jam inceptus erat, porrò quòd hoc agerent noctu: utrumque per eorum legem prohibitum erat.* (Lighfoot operum, tom. 2, pag. 53, edit. Leers, 1686, fol.) Cet auteur pag. 669, *ibid.* fait encore une observation précieuse tirée du Sanhedrin, fol. 32. 1. & 40. 1; c'est que, quand il s'agissoit de délits capitaux, on devoit commencer par entendre les témoins qui déposoient à la décharge de l'accusé. On s'écarta, dit-il, de cette loi, puisque *Pierre* seul interrogé, déclarant ne pas connoître son maître, il falloit chercher d'autres disciples qui pussent parler à sa décharge. *Ordiuntur judicia capitalia à parte defensoriâ & non à parte accusatoriâ. Omnibus licuit pro parte defensoriâ agere, non omnibus licuit pro accusatoriâ... Scholaris aliquis dicit, habeo quo eum accusem,* משתקין אותו, *silentium ei indicunt. At scholaris aliquis dicit; habeo quo eum defendam, ad seipsos eum evocant, atque inter se collocant, nec descendit ille inde per totum diem....* Un accusateur se présente, & après son exposé, le tribunal lui impose silence; c'est assez de lui avoir permis d'accuser. Un défenseur se présente, & non seulement les juges l'accueillent, mais ils le font asseoir au milieu d'eux; il est digne d'y avoir place: car il vient faire le plus noble usage de son éloquence: il vient protéger la foible humanité, & éclairer la justice qui pourroit se tromper.... Que cette loi des Juifs étoit belle! Je ne connois de coutume qui en approche, que la question adressée au public par le juge Anglois avant de terminer l'instruction: *n'y aura-t-il personne qui veuille prendre encore la défense de ce malheureux accusé?*

DROIT ROMAIN.

6. *Leges* XII *tab.* Sur 105 de ces fameuses loix, 31 appartiennent au droit criminel. En France, sur mille une seule!

I. lib. 4, tit. 6 & 18.

De privatis delictis. D. 47. 1.

De publicis judiciis. D. 48. 1.

De judiciis omnibus. Paul. 1, 10.

De criminibus & reis. N. 17, cap. 5.

De accusationibus & inscriptionibus. D. 48, 2, C. 9, 2, C. Th. 9, 1.

De his qui accusare non possunt. C. 9, 1.

Ne præter crimen majestatis, servus dominum, vel patronum libertus seu familiaris accuset. C. Th. 9, 6.

Ubi senatores vel clarissimi civiliter vel criminaliter conveniantur. C. 3, 24.

Ut nemo invitus agere vel accusare cogatur. C. 3, 7.

Ubi de criminibus agi oporteat. C. 3, 15.

Ut intra certum tempus criminalis quæstio terminetur. C. 9, 44.

An per alium causæ appellationum reddi possunt.. D. 49, 9.

De reis postulatis. C. 19, 58.

De reis destitutis. Paul. 1, 6.

De exhibendis vel transmittendis reis. C. 9, 3, C. Th. 9, 2.

De custodiâ & exhibitione reorum. D. 48, 3, C. 9, 4, C. Th. 9, 3.

Si reus vel accusator mortuus fuerit. C. 9, 5.

Nos mots, *accusation*, *plainte*, répondent à ceux des Romains ACCUSATIO, INSCRIPTIO, EXPOSTULATIO. *Accusateur*, ACCUSATOR. *Accusé*, REUS, ACCUSATUS. Le dernier ne pouvoit se dire qu'après l'inscription & l'admission de l'accusation; le premier qui signifioit plutôt *défendeur* par opposition à ACTOR, s'employoit préférablement dans les plus grandes causes par égard ou par politesse. *Dénonciation*, DENUNTIATIO. *Délation*, DELATIO. *Information*, INQUISITIO. Dans notre usage & dans le langage même de nos ordonnances, on admet à faire *enquête* dans les affaires civiles, on ordonne qu'il sera *informé* dans les affaires criminelles, & l'on convertit les *informations* en *enquêtes*, quand on civilise la procédure criminelle. L'Anglois, qui a bien plus conservé que nous l'esprit, les formes & le langage même des Romains, appelle indistinctement *inquiry* toute recherche judiciaire ou légale dans les causes privées, les instructions criminelles, même dans l'examen de la conduite des généraux & des ministres.

Le moindre coup-d'œil sur ces titres du droit des Romains, suffit pour appercevoir de grandes différences entre leur jurisprudence & la nôtre. C'est bien autre chose, quand après les avoir parcourus, vous lisez Tite-Live, Salluste, Pline, Valere-Maxime, Plutarque, Tacite, Quintilien, Ciceron & son commentateur Asconius, & les jurisconsultes, tels que Cujas, Mornac, Brisson, Ayrault, Gravina, Rizzi, Heineccius, Terrasson, & Montesquieu. C'est-là que l'on découvre les causes de la désuétude de tant de loix romaines. Cherchons les plus essentielles de ces différences: mais disons avec Tite-Live: *Nec satis scio, nec, si sciam, dicere ausim.*

La constitution, l'esprit & les mœurs de Rome, ne se retrouvent dans aucun de nos états modernes. J'appelle esprit, cet attachement inexprimable de tous à la République & à la religion, ce respect pour les loix, qui venoit de ce que chacun vouloit & pouvoit les connoître. Rome n'est plus: par conséquent toutes les fois que vous voudrez appliquer ses loix du droit public, même quelques-unes du droit privé, vous trouverez des obstacles dans la constitution de votre pays, si différente depuis l'introduction du droit ecclésiastique, depuis l'établissement du gouvernement féodal, qui a enchaîné l'Europe, & depuis cette longue nuit d'ignorance & de barbarie, qui a couvert tout le globe. Vous trouverez encore des obstacles dans ce pouvoir législatif qui ne se montre jamais tant que dans l'enfance des nations, qui tremble de se réformer dans les temps de lumiere, & qui se voit avant tout. Vous trouverez enfin, des obstacles dans l'entêtement de tous les peuples pour leurs coutumes bonnes ou mauvaises, dans l'intérêt particulier qu'offense toujours le moindre changement; dans les mœurs mêmes qui marchant toujours avec la jurisprudence, devroient être réglées par elle, & trop souvent la corrompent.

C'est pour régler ces mœurs que Rome avoit établi cette magistrature à laquelle nulle des nôtres ne ressemble, celle des censeurs; ils corrigeoient la ville avec une exacte sévérité; ils chassoient du sénat; ils ôtoient le suffrage; ils rayoient de la tribu; ils punissoient les fautes & la négligence même; ils attachoient la GLOIRE ou l'INFAMIE à la vie des citoyens. *Ab his vitæ singulorum aut laus impertiebatur, aut inurebatur infamiâ: totaque urbs animadversione illorum emendabatur.* (Gravina *de ortu & progressu juris civilis*, C. 8, pag. 6.) Or, c'étoit quelque chose que la gloire & l'infamie chez un peuple, où l'on savoit tout sacrifier pour obtenir comme bon citoyen, une couronne de chêne. Montesquieu ajoute: *Ils corrigeoient les abus que la loi n'avoit pas prévus, ou que le magistrat ne pouvoit pas punir. Il y a de mauvais exemples, qui sont pires que les crimes: & plus d'états ont péri, parce qu'on a violé les mœurs, que parce qu'on a violé les loix.* (Décad. des Romains, C. 8.)

A côté de ce tribunal, il en existoit un autre non moins salutaire: c'étoit le tribunal domestique, dans lequel chaque famille, répondant à l'état & à elle-même, de la sûreté, de la conduite & des mœurs de ses individus, débarrassoit les tribunaux de ses affaires, de ses querelles & de ses délits secrets.

Voulez-vous connoître cette jurisdiction, dont nous n'avons plus d'idée, parce que nos jurisconsultes semblent l'avoir oubliée dans leurs écrits depuis près de deux siecles? Voulez-vous connoître son pouvoir & ses jugemens, rendus tantôt par le maître seul contre ses esclaves, tantôt par le pere avec la famille assemblée contre la femme ou les enfans ? lisez Ayrault qui écrivant sous un bon roi, sous Henri IV, blâmoit si hautement notre jurisprudence criminelle, quoiqu'il fût lieutenant criminel d'Angers. Lisez de ses deux grands ouvrages, celui qui a pour titre *Rerum judicatarum pandectæ; Genevæ, Detournes, 1677.* Lisez le titre de la correction des esclaves & des jugemens domestiques : *(de emendatione servorum & de judiciis domesticis, lib. 6, tit. 6, pag. 321.)* Le titre de la correction des enfans & de la puissance paternelle : *(de emendatione liberorum & de patriâ potestate, tit. 7, pag. 323.)* De la puissance des maris & des parens sur les femmes : *(de potestate maritorum & cognatorum in matronas. cap. 11, 12 & 13.* Ibid. *pag. 326.)* Grace à cette jurisdiction privée, jamais les tribunaux romains ne retentirent de ces causes indécentes ou affreuses, qui chez les peuples modernes divisent, ruinent, déshonorent & perdent à jamais les familles. On ne voyoit point les époux se traîner comme des criminels aux pieds des tribunaux, se déchirer comme des tigres, & inonder le public de ces écrits, dont le moindre abus est de dévoiler les mysteres du lit nuptial. On ne voyoit point les enfans dédaignant effrontément leurs parens, & refusant insolemment aux yeux de la justice, du pain dans la vieillesse à ceux dont ils avoient reçu le nom, l'éducation & la vie. On ne voyoit pas les peres ne pouvoir répondre à la patrie des mœurs, de la conduite, du scandale, des excès même, & des crimes de leurs enfans. Chaque famille régloit ses différens, surveilloit ses membres, & en répondoit à la République. Cette organisation si naturelle, que l'on retrouve en Chine, étoit le premier & le plus puissant ressort de l'ordre, de la tranquillité & de la sûreté publique.

Après cela, la législation se simplifioit d'elle-même.

Les délits étoient ainsi classés : *Délits publics. Délits privés.* Et par-là même, leurs jugemens étoient ou publics ou privés. *Judicia privata, judicia publica.* Cette division a été marquée dans les 47 & 48me. livres du Digeste, que Justinien appelloit terribles, dans les Institutes, le Code & les Novelles.

Les *délits privés* étoient ceux qui occupent le plus nos tribunaux modernes, & qui alimentent nos greffes ; le vol, le recelé, le stellionat, la fraude, l'injure, les coups, le dommage, l'accident, &c. Délits ou quasi délits, ils ne pouvoient être poursuivis que par action comme tous les intérêts particuliers, & ils n'étoient punis d'aucune peine capitale. Rien ne peint mieux l'esprit des Romains à cet égard que ce texte de Justinien. « En haine des *voleurs*, & afin qu'ils soient retenus par un plus grand nombre d'actions, on a voulu, qu'outre la *peine* du *double* & du *quadruple*, on pût encore leur demander la chose volée. » *Planè, odio furum, quo magis pluribus actionibus teneantur, effectum est ut extra pœnam dupli aut quadrupli, rei recipiendæ nomine fures etiam hâc actione teneantur.* (I. L. 4, tit. 6, § 14.) Sparte rioit du vol. Rome condamnoit au quadruple. Nous avons longtemps prononcé la mort, la roue même ! Qu'est-ce donc que cette justice qui semble devoir être une ?

Les délits soumis au jugement public, étoient ceux qui intéressoient vraiment la République, la brigue, le péculat, la concussion, l'exaction, la conspiration, la conjuration, la sédition, la révolte, le faux dans certains actes, le rapt, le viol, le meurtre & le sacrilege. C'est Auguste qui imagina de soustraire au tribunal domestique l'adultere, pour le soumettre à un jugement public, & qui n'en vit que mieux sa femme & sa fille, bravant jusqu'à la nature, donner à Rome l'exemple de la débauche la plus crapuleuse. Ce ne fut que sous les Césars, que l'on imagina d'ériger en crime le monopole des grains, lorſqu'on ôta au commerce & à la concurrence l'approviſionnement public, pour le mettre entre les mains de ce Caligula, qui menaçoit le peuple de fermer le grenier public, & de le réduire à la famine. Ce n'eſt que ſous Sylla & ſous Auguſte, qu'on étendit l'idée attachée juſques-là au mot *Perduelliones;* que parurent toutes ces loix *Julies* & ces crimes vagues de leze-majeſté, que la ſombre férocité de Tibere étendit aux écrits, aux diſcours, aux ſtatues, aux ſignes, aux penſées & au ſilence même. Je remarque ces époques intéreſſantes difficiles à appercevoir dans le Code & le Digeſte.

Ces délits publics étoient ou capitaux ou non capitaux. Les capitaux étoient ceux qui emportoient la peine de mort, l'interdiction du feu & de l'eau, la déportation, la condamnation aux mines. Les non capitaux emportoient infamie avec une réparation pécuniaire. (I. liv. 4, tit. 18,) Milon convaincu du meurtre de Clodius, ne perdit point la tête; mais il étoit Romain, & il perdoit tout lorſqu'il étoit obligé de quitter Rome.

Ce qui diſtinguoit le plus les délits publics, c'eſt que, dès qu'il s'agiſſoit de la liberté de l'homme, de la vie d'un citoyen, les jugemens devoient être publics, comme ſi la publicité ſeule pouvoit répondre à la République du ſalut des citoyens.

Ce qui diſtinguoit encore parfaitement les délits publics, c'eſt qu'ils ne pouvoient pas être pourſuivis par *action*, comme les intérêts particuliers, comme les délits privés. Ils ne pouvoient l'être que par ACCUSATION.

Or, l'accuſation étoit bien autre choſe par ſa nature, ſa forme, ſon objet, ſon éclat, ſes rapports & ſes conſéquences.

Cependant il n'y avoit point de magiſtrature établie pour accuſer & pourſuivre. C'étoit une charge commune, *cuilibet ex populo.* Chaque citoyen la regardoit comme une portion de la ſouveraineté.

C'eſt pour cela qu'elle ne pouvoit pas être exercée par les étrangers, & qu'entr'autres, les Siciliens furent obligés de recourir à Ciceron, pour accuſer Verrès. La loi ne confioit non plus un acte ſi important, ni aux femmes, ni aux enfans, à moins qu'ils n'euſſent un intérêt direct & perſonnel; elle excluoit encore les affranchis à l'égard de leurs patrons, les eſclaves, les infames & ceux qui ſe faiſoient payer pour accuſer.

Godefroy a cru voir notre miniſtere public & des accuſateurs en titre dans ces *Queſteurs du parricide*, établis par la 8ome. loi des douze Tables. Les jugemens & l'hiſtoire atteſtent que leurs fonctions, aſſez ſemblables à celles de nos commiſſaires enquêteurs, ſe bornoient à faire des recherches ſur les crimes capitaux & ſur le meurtre, délit particulier dans le fond, mais public par les conſéquences. *Quæſtores parricidii qui de rebus capitalibus* QUÆRANT *à populo creantor, & indemnatum quemcumque hominem interficere ne liceto.* PARRICIDII exprimoit toute ſorte de meurtres, comme ſi la République n'eût été qu'une ſeule famille. Néron ne régnoit pas encore.

Lorſque le délit public étoit grave, la gloire créoit des accuſateurs, & puiſque Caton le fut ſouvent, il faut bien croire que c'étoit auſſi l'amour de la patrie. Il manquoit ſi peu d'accuſateurs, que pluſieurs ſe préſentoient à la fois, & ſe diſputoient ce privilege par des plaidoyers qu'on appelloit *Divinations.* Ciceron n'obtint la faveur d'accuſer Verrès, qu'après l'avoir conteſtée ainſi à Cæcilius Niger. La loi ordonnoit de choiſir le plus digne par le rang, le ſavoir & les vertus, *ſi plures exiſtant qui eum in publicis judiciis accuſare volunt, judex eligere debet eum qui accuſet, cauſâ ſcilicet cognitâ, æſtimatis accuſatorum perſonnis, vel de* DIGNITATE, *vel de eo* QUOD INTEREST, *vel* ÆTATE, *vel* MORIBUS, *vel*

vel aliâ justâ de causâ. (L. 16, D. de accusationibus.)

Quand le préteur avoit pris des informations préalables sur le fait qui donnoit lieu à l'accusation, *causâ scilicet cognitâ;* quand il avoit choisi & nommé l'accusateur, celui-ci prêtoit le serment de calomnie. Il juroit qu'il étoit déterminé par la vérité, par le bien public, non par intérêt, non par envie de fatiguer ou de perdre par des mensonges. Ce serment étoit quelque chose chez un peuple qui le respectoit, il étoit tout dans un état où l'on ne pouvoit aller à la fortune que par l'estime particuliere, la considération publique, & la confiance de tous.

Le serment prêté, l'accusateur inscrivoit & signoit son libelle. C'étoit un acte bien difficile à rédiger s'il étoit faux; car suivant les loix 3 & 17, *D. de accusationibus*, il falloit qu'il contînt avec exactitude, clarté & précision, les personnes, le lieu, le temps & toutes les circonstances. Subtils dans le droit privé, les Romains étoient minutieux dans le droit criminel, & s'attachoient à la lettre même comme les Anglois. La question: si le nez est un membre, n'eût pas paru plus extraordinaire à Rome qu'à Londres, où elle a donné lieu au statut 22 de Charles II, appellé l'acte de *coventry*. On auroit discuté aussi long-temps & avec autant de raison, parce qu'en matiere criminelle, il ne faut confondre ni les délits, ni les peines; parce qu'il ne doit jamais y avoir d'arbitraire, quand il s'agit de l'honneur & de la vie, ou que, s'il peut s'introduire, ce ne doit jamais être qu'en faveur de l'*accusé*.

A cet appareil & cette rigueur dans la forme de l'accusation, se joignoit la crainte de succomber. Le président Brisson, pendu sans formalité en 1591, par la faction des *Seize*, nous a conservé cette formule antique d'accusation romaine. « Si je suis reconnu injuste, & si l'accusé est renvoyé absous, je me soumets à la peine à laquelle l'accusé seroit condamné, s'il étoit reconnu coupable. » *Si te injustè interpellavero, & victus exinde apparuero, eâdem pœnâ quam in te vindicare pulsavi, me constringo partibus tuis esse damnandum atque subiturum.* (Brissonius, *de formulis & solemn. Pop. Rom. verbis.* Lib. 5, p. 523, edit. 1583, fol.)

C'étoit encore la loi du talion, c'étoit un combat, & quelquefois il étoit à mort.

L'accusation inscrite & communiquée à l'accusé, le préteur fixoit le jour de l'audience, plus ou moins éloigné, suivant la nature de l'affaire & le temps nécessaire à l'accusé pour préparer sa défense. Si celui-ci refusoit de comparoître, il étoit condamné. Si c'étoit l'accusateur, l'accusation étoit rayée & l'affaire finie. S'ils comparoissoient tous les deux, l'instruction se faisoit respectivement à charge & à décharge, la cause se plaidoit, & ces deux actes étoient publics, *publica judicia*. Mais quels étoient les juges!

La notice que les historiens nous en ont conservée, n'est guere plus claire que ne le seroit celle des tribunaux modernes, même de ceux de Londres. Le sénat & le peuple se disputerent quelquefois le droit de juger. Mais ce n'est que dans les temps de trouble, comme lors de la conjuration de Catilina, ou sous de mauvais empereurs, que le sénat fut souverain, législateur & juge. L'administration & la jurisdiction ne devoient pas être dans les mêmes mains.

Vous voyez bien encore en 463, trois juges établis sous le titre de *Triumviri capitales;* mais cette magistrature ne fut que passagere, comme celle des Décemvirs & des dictateurs.

Qu'étoit-ce donc que ces tribunaux criminels? Ils se renouvelloient toutes les années. Il y en avoit pour chaque crime. Ils étoient présidés par un préteur dont les fonctions étoient aussi annales. On tiroit au sort ceux qui devoient les remplir, mais pour être admis au scrutin, il falloit en être jugé digne par une certaine fortune, par des mœurs, par la connoissance des loix. Quand le préteur avoit admis une accusation ; sur la quantité des juges fixée pour juger l'espece, il tiroit au sort un certain nombre, que pouvoient encore récuser l'accusateur ou l'accusé ? Quelquefois la loi permettoit à l'accusateur & à l'accusé de choisir leurs juges, comme nous choisissons nos arbitres. Quelquefois encore, comme lorsqu'il s'agissoit de concussion, crime pour lequel il y avoit quatre cents cinquante juges inscrits, la loi *Servilia* permettoit à l'accusateur d'en présenter cent, & à l'accusé d'en récuser cinquante. Ces détails nous rappellent à chaque pas la jurisprudence angloise.

Les juges convenus ou nommés, la cause étoit plaidée aussi long-temps que l'exigeoient sa nature, son importance, & l'intérêt qu'y mettoit un peuple humain, citoyen & jurisconsulte ; l'on y consacroit plusieurs grandes journées, & Pline plaida sept heures de suite pour un accusé, parce qu'il n'y avoit rien de plus essentiel que l'honneur & la vie du citoyen, & que l'intérêt de chaque accusé étoit celui de tous. Les plaidoyers finis, le préteur, qui, comme le juge à Londres, n'avoit point d'opinion, distribuoit aux juges trois especes de bulletins, A. *absolvo*, C. *condemno*, N. L. *non liquet*. Les juges délibéroient entr'eux, & mettoient chacun dans l'urne fatale le bulletin conforme à son opinion. Le préteur comptoit & vérifioit publiquement ces avis muets, & d'après la pluralité reconnue publiquement, comme nous faisons pour les loteries ; il prononçoit l'absolution, ou le plus amplement informé, ou la condamnation. Le président Brisson, dans ses *formules* liv. 5, pag. 538, observe que ces maîtres du monde ne prononçoient point en termes vagues, obscurs & impérieux, mais avec une certaine modestie. IL PAROIT que l'accusé a fait telle action, ou, il paroît l'avoir faite à bon droit, VIDETUR *fecisse*, *aut videtur* JURE *fecisse* : tant on étoit persuadé que l'erreur est le partage de la foible humanité ; tant craignoient peu d'en faire l'aveu ces magistrats, qui n'avoient au dessus de leur autorité que leur conscience, la justice, la crainte des remords & la honte d'avoir mal jugé.

Si l'accusé étoit condamné, rien ne pouvoit le soustraire à la peine. S'il étoit absous, ce pouvoit être par clémence, par grace, & il ne lui restoit plus qu'à en profiter ; ce pouvoit être encore, ou parce qu'il avoit traité secrétement avec l'accusateur qui avoit ralenti sa marche, & celé les preuves, ou parce que l'accusation étoit calomnieuse. Ces deux cas donnoient lieu à deux accusations incidentes. La premiere appellée de *prévarication*, étoit dirigée contre l'accusateur corrompu, par le premier citoyen qui pouvoit avoir la preuve de la manœuvre. (L. 1, § 6. D. ad S. C. turp.) La seconde appellée de *calomnie*, avoit lieu toutes les fois qu'il étoit constant que par une coupable calomnie l'accusateur avoit inscrit un crime imaginaire, ou que l'accusé n'avoit pas commis. (L. 1, § 1, & seq. ibid.) Alors, ou la peine du talion étoit prononcée quelquefois, ou le calomniateur étoit puni par l'impression sur le front d'un fer chaud, avec la lettre *K*.

Enfin, l'accusation avoit une durée, fixée irrévocablement à deux années ; *biennio*, dit la loi 15, § 5, D. ad S. C. *turp.* : & ce temps déja si long pour l'absolution de l'innocence, pour la punition du crime, ne fut point augmenté par les empereurs. Justinien dans la L. 3. C. *Ut intra certum tempus criminalis quæstio terminetur*, veut que de quelque maniere que ce soit, les affaires criminelles soient jugées en deux années, & qu'après ce terme révolu, l'accusé soit absous de droit. *Post biennii excessum minimè ulterius lite durante, accusatum absolvi.* Que ce fût la faute de l'accusateur de n'avoir pas fourni les preuves ; que ce fût celle des juges de n'avoir pas statué dans le temps ; que ce fût toute autre cause, l'accusation ne pouvoit pas durer davantage. *Nec ullâ aliâ occasione ad ampliora produci tempora.* Ibid. Jurisprudence digne d'éloges ! Les prisons ne regorgeoient pas de malheureux entassés, oubliés, confondus comme des troupeaux d'animaux dévoués à la mort, s'infectant par le nombre, la mal-propreté, la misere, & formant un foyer de contagion funeste. Les accusés ne paroissoient ni aux yeux de leurs juges comme des cadavres, ni aux yeux du public comme des inconnus. Et pour tout dire en un seul mot, si cette loi sauvoit quelques coupables, elle conservoit l'état, l'honneur & la vie à des milliers d'innocens.

TELLE est l'esquisse de la procédure criminelle des Romains. Cherchons quelle influence elle eut sur la constitution, l'administration, la sûreté, l'ordre, les mœurs, l'instruction & le bonheur de ce grand peuple. Nous avons reçu de lui nos loix premieres, que nous avons par-tout amalgamées avec nos coutumes & nos ordonnances. Nous en avons fait ce que nous appellons la jurisprudence. Pour voir comment peuvent s'allier ces métaux, & si nous sommes bien ; il faut reconnoître ce que nous avons pris, ce que nous avons rejeté, & ce que nous avons mis à la place. Cette recherche justifiée par l'usage de consulter le droit romain dans toutes les affaires criminelles, est prescrite par le chef même de la justice. M. d'Aguesseau *tom. 8, lettre 109,* écrivoit, que partout où les ordonnances sont insuffisantes ou obscures, il faut remonter *à la jurisprudence romaine, & non à des coutumes qui, en matiere de crimes, méritent bien peu de considération.* Notre dessein n'est de blâmer personne; mais nous voulons justifier les Romains, & cette recherche qui eût été vaine au commencement de ce siecle, sera bien reçue dans un moment où toutes les nations s'occupent de la réforme de la justice criminelle.

A Rome on plaidoit publiquement sur les accusations, comme parmi nous on plaide sur les moindres intérêts ; on retraçoit donc la ligne souvent imperceptible, qui sépare le juste de l'injuste : c'étoit la République de Platon, & Socrate y disputoit avec Thrasimene. Cette controverse étoit d'autant plus précieuse & plus juste, qu'on ne se battoit point avec des hypotheses absurdes, des raisonnemens abstraits, & des maximes trop fines. La scene, les acteurs, tout étoit connu, & si l'on vouloit réussir, il falloit au moins se faire entendre.

Rome établissoit ainsi une école de morale, où chacun pouvoit apprendre ses devoirs. Ces leçons journalieres devoient produire plus d'effet que ces discours rares, vagues, froids & monotones, auxquels chez certains peuples se borne l'instruction publique. L'impression étoit plus douce, plus profonde & plus sûre que celle des supplices. Ils ne sont plus rien par le nombre qui en détruit l'effet, par le silence qui les accompagne, par la curiosité qui ne les présente que comme spectacles à ceux qui n'en ont point d'autres, par la pitié qu'ils inspirent, surtout par le doute qu'on a de leur équité, quand les peines ne paroissent pas proportionnées aux crimes ; quand le mystere de l'accusation, le secret de la procédure, la sécheresse, la tournure & l'ambiguité du jugement ne mettent pas le public à portée de raisonner & juger à son tour.

Dans cette exposition publique des loix, des accusations & des défenses, Rome trouvoit encore une école de droit public & d'administration ; école qui manquoit aux états, où l'administrateur & le magistrat élevés aux premiers rangs par la naissance, la fortune, le crédit ou l'intrigue, ignoroient les premiers élemens, devenoient les écoliers de leurs sous-ordres, & parcouroient légérement le cercle des honneurs, sans s'occuper d'autre chose que de la maniere de représenter, & des moyens de se soutenir.

Prenez les seuls plaidoyers de Ciceron, vous y verrez dans la cause de Verrès, l'administration des finances; dans celles de Fonteïus & de Flaccus, le gouvernement des provinces; dans celles de Murena & de Sylla, les devoirs du consulat; dans celle de Rabirius, la conduite d'un général avec ses alliés & les pays conquis; dans celles des gouvernemens, de la loi Agraire, de la loi Manilia, & dans les Philippiques, vous verrez l'administration & toute la politique de Rome. C'est-là sur-tout que s'acquéroit cette connoissance des hommes si difficile, & pourtant si nécessaire. C'est-là que Montesquieu fait dire à Sylla montrant César : *Je ne crains qu'un homme, dans lequel je crois voir plusieurs Marius. Je le regarde sans cesse, j'étudie son ame, il y cache des desseins profonds.*

Après avoir ainsi tiré des accusations deux grands avantages pour le bien public, Rome n'omettoit rien pour le salut des accusés.

Le premier appui de l'innocence étoit, ce qu'a remarqué Montesquieu (Esp. des loix, liv. 12, C. 20,) qu'on *donnoit des gardes à l'accusateur, pour qu'il fût hors d'état de corrompre les juges ou les témoins.* Plutarque dans son traité, *comment on pourra recevoir utilité par ses ennemis*, ajoute, que telle étoit l'opinion de la vertu de Caton, que les gardes se retiroient sur sa parole. Combien de pays au contraire, où tandis que l'accusé séparé de l'univers gémit, se désespere ou meurt au fond d'un cachot, l'accusateur libre aiguise ses armes, & seul a droit de pénétrer les mysteres de l'instruction!

De plus, la loi accordoit au citoyen la liberté de préparer sa justification, de conférer avec tout le monde, de solliciter les juges, & d'amener avec lui les témoins de ses faits justificatifs. Il ne falloit pas qu'il pût dire, ni même que l'on pût soupçonner, qu'il lui manquoit de temps & de liberté. S'il pouvoit être condamné, il falloit qu'il fût coupable, qu'on le vît & qu'il épuisât tous les moyens de se justifier. A Londres vous voyez de même l'accusateur & l'accusé arriver chacun avec leurs témoins, & voilà sans doute ce qui s'appelle informer à charge & à décharge.

De plus, l'usage & la nécessité donnoient la liberté de parler contre l'accusateur *ulciscendi.* La loi 5, D. *de publicis judiciis*, veut bien que l'accusé se justifie avant tout. *Si qui reus factus est, purgare se debet, nec antè potest accusare, quàm fuerit excusatus.* Mais l'accusateur n'étant point caché & se mettant en présence de l'accusé, celui-ci, tout en se défendant, parloit des mœurs, de la réputation, du motif, de la personne entiere de l'accusateur; & Ciceron se servit souvent de cette défense. Cette maniere, dont vous retrouvez plus d'un exemple dans les derniers débats du parlement Britannique, assuroit l'exactitude des preuves, la modération, la circonspection & la vertu même de l'accusateur.

De plus, c'étoit une maxime gravée dès l'enfance dans le cœur des Romains, qu'il vaut mieux laisser le crime impuni, que de perdre un seul innocent: adage recueilli par Justinien : *Satius enim esse impunitum relinqui facinus nocentis, quàm innocentem damnare.* (L. 5, D. de pœnis.)

De plus, les Romains connoissoient leurs loix, sur-tout ceux qui entroient dans les tribunaux; sur-tout ceux qu'élevoient aux premieres charges le savoir & le génie, non moins que la brigue ou la vertu. Et cette vérité ne peut pas être contestée, quand on voit Marc-Antoine, Pompée & César, plaidans comme Ciceron & Hortense.

De plus, les juges étoient établis pour chaque crime, & cette jurisprudence venoit encore d'Athenes, qui entr'autres avoit ce *palladium* destiné uniquement à statuer sur les accidens; sans doute on jugeoit mieux quand on s'occupoit d'un seul genre d'affaires, que, si jugeant tout & de par-tout, on avoit été embarrassé par la multitude & la diversité des loix & des usages.

De plus, les juges n'ayant qu'une année d'exercice, leur ame n'étoit point endurcie par le spectacle journalier des accusateurs, des accusés, des greffiers, des licteurs & des supplices. Ils n'avoient pas le temps de contracter cette habitude de vivre, pour ainsi dire, dans le crime; habitude qui empreint à la longue une certaine défiance; qui bientôt suppose tous les hommes, presque sans exception, capables de tous les crimes possibles; habitude qui fait un métier du droit de juger, une routine de l'instruction, & un jeu de la condamnation; habitude qui fait quelquefois du magistrat un agresseur vif & rusé, plutôt qu'un juge patient & humain; qui met de la vanité à découvrir les choses les plus cachées, & à surprendre les accusés par toutes sortes de moyens, comme s'ils étoient des ennemis; habitude enfin qui attache une étrange gloire à avoir beaucoup d'occupation, à rendre les supplices éclatans & nombreux, comme si au milieu des échafauds & des bûchers le crime ne renaissoit pas de ses cendres!

Le dernier & le principal appui de l'innocence étoit la *défense publique*, indiquée dans la quatre-vingtieme loi des douze Tables ci-dessus citée, & maintenue par une tradition constante, comme toutes les grandes branches du droit public. Elle étoit d'ailleurs prescrite par l'équité naturelle, par l'intérêt général, qui ne permettoit pas de déshonorer quelqu'un sans qu'il fût défendu, à plus forte raison, de le faire mourir. *Ne probrum audire, nisi ex lege, ut respondere liceat, & JUDICIO DEFENDERE.*

Les termes de cette loi des douze Tables n'ont indiqué aux Duprat, aux Poyet, aux Pussort & à leurs semblables, que la défense personnelle. Mais l'humanité crioit que l'accusé souvent timide, toujours troublé, ne pouvoit pas se défendre lui-même. La raison, (& les Romains étoient conséquens) ajoutoit, que s'il étoit permis à qui que ce fût d'avoir des avocats, dans les causes où il s'agissoit seulement de la fortune, il ne devoit pas seulement être permis, il devoit être ordonné d'en avoir pour l'honneur & la vie, deux biens inestimables, qui appartiennent à l'humanité, à la famille, à la patrie.

La justice, qui forçoit le pupile à recevoir un tuteur, le prodigue & l'insensé à se soumettre à un curateur, vouloit que l'accusé plus foible en raison du danger, remît sa défense à des hommes de sang froid, courageux & instruits. C'étoit une obligation d'avoir au moins un avocat, & l'on pouvoit en avoir jusqu'à six, qui se relevoient & se partageoient l'action. Rabirius défendu d'abord par Hortense, le fut bien mieux encore par Ciceron, qui porta la lumiere dans les esprits & attendrit les cœurs.

Eh! lorsque les premiers génies n'osoient pas entreprendre leur propre défense; lorsque Ciceron accusé par la loi Clodia bégaya, fut atterré, perdit la tête & recourut à ses rivaux; comment des hommes vulgaires auroient-ils échappé à une accusation profondément méditée? Qu'auroient dit pour leur défense ces *dames romaines*, qui, écartées de toutes fonctions publiques, soumises à l'autorité maritale, n'avoient d'affaires que les soins domestiques, & ne savoient être qu'épouses & meres? Que seroit devenu ce sexe foible & timide, qui, élevé loin des dangers, ne sait qu'aimer, n'apprend qu'à plaire, ne connoît de loix que celles du plaisir, de la pudeur & de la nature?

Comment auroit-on refusé des défenseurs aux femmes? L'on en accordoit même aux esclaves. La loi 11, D. *de publicis judiciis*, vouloit que l'esclave fût défendu par son maître ou par le procureur de son maître : *Servus etiam per procuratorem domini, æquè ac per dominum, defendi potest.* Et si dans une affaire capitale, où il seroit présumé coupable, il pouvoit être abandonné, la loi 9 du même titre, ne vouloit pas qu'il restât sans défenseur. *Non eum pro derelicto haberi.* Tant l'humanité & la justice reprenoient leurs droits quand il s'agissoit de la vie des hommes!

Quel vaste champ ces accusations ouvroient à la générosité, à la bienfaisance, à l'amitié, au savoir, à l'éloquence, à tout ce qui peut émouvoir ou convaincre un grand & nombreux auditoire! Combien les talens de l'orateur étoient considérés, lorsque chacun voyoit en lui un refuge! Combien l'art de parler & d'écrire étoit cher à l'avocat, lorsqu'à l'avantage de s'illustrer, il joignoit la satisfaction intérieure, mais ravissante, d'avoir sauvé un infortuné, souvent un ami, & quelquefois la justice.

C'est par-là que Ciceron ouvrit sa brillante carriere, dans l'affaire de Roscius, qu'avoient refusée d'anciens orateurs épouvantés par le crédit & le caractere de Sylla, dont il falloit rappeller les proscriptions. Ah! sans doute, la défense des accusés étoit le plus noble & le plus saint des devoirs, puisqu'au milieu des troubles de la conjuration de Catilina, Ciceron consul, Ciceron le premier des maîtres du monde, descendit au barreau pour défendre & sauver Murena.

C'est-là que Marc-Antoine plaidant pour Manius Aquilius, accusé d'avoir pillé la Sicile, après sa victoire contre les esclaves révoltés, voyant qu'il ne pouvoit plus convaincre, & qu'il ne lui restoit plus qu'à toucher, déchira la robe de son brave, mais avide client; & montrant ses cicatrices honorables; faisant oublier ses torts, ne laissa plus dans les esprits que le souvenir des services rendus à la patrie.

C'est-là encore, que plaidant pour Norbanus, ce même Antoine se réduisit à demander grace à cause de lui Marc-Antoine, & l'obtint; ce qui a fait écrire à Rollin : *Que diroit-on parmi nous d'un avocat qui, au défaut de moyens, feroit valoir ses propres services & sa douleur?*

Ce *Rollin* à qui FRÉDERIC-LE-GRAND écrivoit : *des hommes tels que vous sont faits pour marcher à côté des rois;* ce Rollin qui a enseigné nos peres, & que nous lisons tous avec tant de plaisir, après avoir recueilli ces traits dans son histoire romaine, ajoute les réflexions suivantes, pag. 467 & 473 du tom. 5 de l'édit. *in-4°.*

« On permet, dit-il, aux historiens d'écrire fort au long des combats guerriers entre des généraux. Pourquoi ne seroit-il pas permis d'en rapporter aussi d'un autre genre, mais *non moins intéressans* pour un grand nombre de mes lecteurs, *ni moins instructifs?* J'entends les combats de l'éloquence entre les plus illustres orateurs de l'antiquité.... *Est-il moins intéressant pour les AVOCATS qui commencent, & pour des jeunes gens qui se destinent au barreau*, d'apprendre de la bouche même d'un des plus célebres orateurs de l'antiquité tout l'art qu'il a employé, & tous les ressorts qu'il a fait jouer, dans une *cause, à la vérité mauvaise, mais à laquelle les meilleures peuvent ressembler pour la difficulté?* ».... Ce mot seul de Rollin excuseroit la longueur de cet article.

Il ajoute, pag. 472 : « *Norbanus fut donc absous, & l'éloquence d'Antoine déroba ENCORE un coupable à la JUSTE peine qu'il méritoit.* » C'est le ton de la critique. Ciceron pensoit autrement. « C'est une barbarie, écrivoit-il à son fils, que de s'occuper à préparer des victimes à la justice. Sur-tout n'accusez jamais l'innocence. C'est un abominable forfait, que d'employer contre l'humanité les talens que nous n'avons reçus que pour la défendre. Mais, *embrassez quelquefois la cause des coupables, pourvu que ce ne soit pas des scélérats. C'est le vœu public. C'est l'usage, & la foiblesse de l'humanité en fait une douce loi.* NOCENTEM ALIQUANDO, MODÒ NE NEFARIUM IMPIUMQUE, DEFENDERE : VULT HOC MULTITUDO, PATITUR CONSUETUDO, FERT ETIAM HUMANITAS. » (Cicer. de off. 2, 51.)

A ces réflexions, Rollin en a joint une autre qui mérite d'être approfondie. *Il semble*, dit-il, pag. 472, *qu'à Rome les juges se regardoient assez comme maîtres du sort des accusés, plutôt que comme* ESCLAVES DE LA LOI. *Heureux! quand leur* CAPRICE *se portoit à faire grace à un criminel, & non à perdre un innocent!*

Il me sembleroit que, quand Rollin écrivoit ainsi, il ne consultoit pas son ami Cochin. Il jugeoit des Romains par nous, qui, lorsqu'il y a lieu de faire grace, ne pouvons que renvoyer au monarque, seul maître de l'accorder. Mais ce peuple magistrat, législateur, souverain, ne connoissoit de loix irréfragables que celles du droit naturel, & laissoit à ses juges le droit de faire grace, comme de condamner, ou d'absoudre: sans doute, c'est cette puissance absolue qui a fait trembler Rollin pour l'innocence, comme si le pouvoir suprême, quand il est juste & tranquille, n'étoit pas naturellement porté à la bienfaisance & à la générosité.

Mais si les magistrats romains furent corrompus, la publicité des jugemens ne fut-elle pas un frein, & purent-ils se livrer à leurs *passions*, à leurs CAPRICES même?

Sur une procédure secrete faite par un seul homme, qui a entendu, confronté dans les ténebres & écrit ce qu'il a voulu, que des juges s'égarent & condamnent l'innocence : cela se peut. Le savoir & la bonne foi ne garantissent pas de l'erreur, sur-tout dans l'éloignement. Le mystere de l'instruction est l'excuse bannale, même lorsque la vérité est démontrée.

Ce n'étoit pas la même chose à Rome. L'accusateur, l'accusé, les témoins respectifs, les avocats & les juges, tout étoit, comme on le voit encore à Londres, soumis à l'inspection respectueuse, mais sévere du public. Les témoins étoient interrogés, non seulement par l'accusé, mais par ses avocats, à qui l'usage permettoit l'examen le plus pressant. Dans son plaidoyer pour Sextius, conservé sous le titre d'*interrogation*, Ciceron a laissé un beau modele de ce genre, qu'il appelle lui-même une *invective perpétuelle* : invective nécessaire par la nature de la cause, elle produisit un effet salutaire, puisque Vatinius, témoin suspect & vendu, magistrat infame, après avoir essayé de se justifier, se retira confus.

Rollin auroit-il regardé la présence du public comme indifférente? Elle ne l'étoit ni à l'instruction ni au jugement. Je parle toujours de Rome.

En effet, ce public que l'on croit ignorant, aveugle, prévenu, dont on semble redouter le sentiment & les regards; qu'est-ce donc? C'est le TOUT dont les juges ne sont qu'une petite *partie*, sans doute très-choisie, très-élevée, très-savante, mais très peu nombreuse. C'est pour la sûreté, l'ordre, l'instruction & le bonheur de ce TOUT, que cette *petite* partie sacrifie son temps, son repos, sa fortune. Ce tout contient le désordre & la force pour le détruire; le secret des crimes & les moyens de le pénétrer. C'est dans ce sens que Ciceron dans sa seconde catilinaire disoit au peuple : « Le péril est au dedans : l'ennemi est dans nos murs : la débauche, la scélératesse, le trouble, le crime; voilà contre qui nous avons à combattre. Je suis votre général. Je ne crains pas les méchans. Tout ce qui veut devenir meilleur, je lui fais grace. Mais pour ceux dont la corruption est sans remede, je ne souffrirai pas qu'ils communiquent leur venin, & je les punirai sans miséricorde. » *Intus insidiæ sunt, intus inclusum periculum est, intus est hostis : cum luxuriâ nobis, cum amentiâ, cum scelere certandum est. Huic ego me bello ducem profiteor, quirites*, n°. 33.

Or, pourquoi ce général fuira-t-il les regards de sa patrie pour laquelle il combat ? Trop foible pour vaincre seul, pourquoi éloignera-t-il ce *public*, qui renferme incontestablement dans son sein, quelquefois la force dont il a besoin, & toujours la vérité qu'il cherche ? Ce qui est un secret pour les juges qui s'enveloppent dans le silence & le mystere, n'en est pas un pour le public. Tous les jours des crimes sans preuve, des malfaicteurs invisibles, des événemens dans lesquels, comme le disoit d'Aguesseau, *le vrai même ne paroît pas vraisemblable !* Quels guides pour pénétrer ce dédale ? Des informations lentes & obscures, des témoins timides ou vendus, des espions redoutables, des délateurs infames, des dénonciateurs suspects ! Le temps qui dévore tout, la vérité qui trop souvent se cache, le génie & le zele qui ne suffisent pas ! Voilà chez les Romains comme ailleurs, quelles eussent été les ressources foibles, rampantes & trop souvent meurtrieres, s'ils eussent éloigné le public. Ils l'appelloient à l'instruction, au jugement, & ils étoient bien sûrs de tirer parti de sa présence. Vouloient-ils connoître le personnel du dénonciateur, des témoins, de l'accusé ? Le public n'attendoit pas d'être questionné. Les juges étoient instruits par son agitation, ses acclamations, ses huées même; & s'il se présentoit un témoin infame comme ce Vatinius, (ou comme un *Lutterloh* dans l'affaire de *La Mothe*, à Londres.) on entendoit le cri de l'indignation générale. Vouloit-on connoître le secret le plus caché, ou saisir les fils imperceptibles qui menent à sa découverte ? on y parvenoit par ce public, qui dans son sein renferme tout, qui a tout vu, tout su, tout observé. Alors s'identifiant avec ses juges, partageant en quelque sorte avec eux l'administration de la justice, il ne la laissoit pas se déshonorer; & s'il avoit vu qu'elle alloit égorger l'innocence, il auroit plutôt vomi de son sein le coupable. Jamais quand il est libre & quand on daigne lui parler, le public ne s'est égaré dans les causes qui tiennent à la vérité, à l'humanité & à la sûreté générale.

Telle étoit l'opinion des Romains, quand ils appelloient le peuple à leurs jugemens. Ils regardoient sa présence comme nécessaire à la sûreté de l'instruction & à la sainteté du jugement. Jamais Ligarius n'eût été absous, si la cause n'eût été plaidée publiquement. Partagé entre le desir de se venger & la honte de le paroître, César céda à l'opinion publique, & à ce mot qui finissoit le plaidoyer de Ciceron : « en vous demandant justice, je vous avertis que vous la ferez à tous ceux qui m'écoutent. » *Tantùm te ipsum admonebo, si illi absenti salutem dederis, præsentibus* HIS OMNIBUS *te daturum.*

Légéreté, prévention, corruption, ambition, haine secrete : qu'on fasse de ces qualités le caractere des magistrats romains; tous ces accidens si lamentables par leurs tristes effets, disparoissoient à la vue de ce public, aux yeux de qui rien n'échappe. Ses regards curieux & inquiets veilloient sans cesse pour les accusés. Le moindre mouvement, le murmure le plus léger, le cri échappé à l'étonnement, suffisoient pour maintenir l'exactitude précieuse & l'attention fatiguée. L'idée seule qu'on étoit observé, & la crainte d'être deviné, rappelloient à l'humanité & à la justice. L'opinion publique faisoit trembler sur leurs

leurs trônes les souverains, les juges & les tyrans eux-mêmes. Le regard libre des contemporains & le souvenir de la postérité firent toujours plus pour la justice & le bonheur des hommes, que la force, l'astuce, les formes & les supplices. Ajoutons une derniere observation. L'histoire fidele ne nous a conservé de Rome aucune de ces condamnations désolantes pour la justice & révoltantes pour l'humanité, comme elle a fait chez tant de peuples, qui, ayant abrogé la publicité des jugemens, ont si souvent, malgré le savoir & la probité des juges, égorgé l'innocence. On peut m'opposer l'exemple de Virginie. Mais c'étoit la tyrannie des Décemvirs; Appius-Claudius étoit seul, & si la passion l'égara, il en fut bien puni, la justice ne tarda pas à être vengée.

C'est la conviction de ces grandes vérités, qui fit regarder comme loix fondamentales ou sacrées la défense des accusés par avocats, la publicité de l'instruction & des jugemens. C'est l'infraction de cette jurisprudence dans le jugement des complices de Catilina, qui perdit Ciceron. Il avoit pris pour regle de sa conduite cette tradition, que, dans les crises alarmantes, de simples particuliers, de leur autorité privée, avoient fait mourir des citoyens redoutables : *Privati pernitiosos cives morte multarunt.* (Catil. I, 11.) Il s'étoit fait donner un sénatus-consulte qui l'autorisoit à employer, comme les dictateurs, toutes sortes de moyens pour le salut de la République. Il avoit invoqué cette regle que tout Romain révolté perdoit les droits de citoyen. *Qui à Republicâ defuerunt nunquam civium jura tenuerunt.* Avec ces précautions, après avoir secrétement interrogé, confronté, convaincu, condamné & fait étrangler en prison, il en avoit rendu compte au sénat & au peuple, qui l'avoient remercié, en le saluant comme pere de la patrie. Mais quand il ne fut plus consul, quand le danger fut oublié, quand Clodius voulut se venger, il fit cette loi : « Que celui qui auroit fait mourir un citoyen sans les formes ordinaires de la justice, seroit interdit de l'eau & du feu. *Qui civem romanum* INDEMNATUM *peremisset, ei aquâ & igne interdicatur.* » (Vellei. Paterc. II, 45.) Et Ciceron pour échapper à l'accusation s'exila lui-même.

Tel fut enfin le respect des Romains pour cette jurisprudence salutaire qu'il subsista quelque temps sous le plus cruel & le plus sombre des tyrans. Pison, dit Tacite, (Ann. III. 8 & suiv.) étoit accusé d'avoir empoisonné Germanicus. *Tibere,* après avoir écouté les charges des accusateurs & les prieres de l'accusé, renvoya l'affaire au sénat. Cinq orateurs choisis par Pison refuserent de se charger de sa défense, qui fut acceptée par trois autres. Tibere parut au sénat. « Si Pison, dit-il, a aigri & bravé la jeunesse de mon fils, s'il lui a manqué d'égards, s'il a vu sa mort & ma douleur avec joie, je le haïrai, je l'éloignerai de mon cœur, je vengerai ainsi Tibere & non l'empereur. Mais si Pison est convaincu d'un crime dont les loix vengent même le dernier des hommes : c'est à vous, sénateurs, à consoler par une juste sévérité les enfans de Germanicus & son pere. Je pleure sans doute, & je pleurerai toujours mon fils. Mais je n'empêche point de dire HARDIMENT tout ce qui pourra servir à la *défense* de Pison, ou même d'accuser Germanicus. Que le triste intérêt que je prends à cette affaire, ne vous fasse pas regarder des imputations comme des preuves. Dans le danger où est Pison, que ses parens & ses amis le soutiennent de leur zele & de toute leur éloquence. *Si quos propinquus sanguis, aut fides sua patronos dedit, quantùm quisque eloquentiâ & curâ valet, juvate* PERICLITANTEM. J'exhorte les accusateurs aux mêmes soins & à la même fermeté. Mais la seule chose au dessus des loix qui puisse être accordée à la mémoire de Germanicus, c'est que l'enquête soit faite, & que la cause soit plaidée au sénat, plutôt que dans le *forum* ou dans les tribunaux ordinaires. Du reste, elle doit être jugée avec le même sang-froid, & que personne n'ait égard ni aux larmes de Drusus ni à ma douleur. » *Id solum Germanico super leges præstiterimus, quod in curia potiùs quàm in foro, apud senatum quàm apud judices de morte ejus anquiratur. Cœtera pari modestiâ tractentur. Nemo Drusi lacrymas, nemo mæstitiam meam spectet.* » On donna, ajoute Tacite, deux jours aux accusateurs pour parler, six aux avocats de Pison pour se préparer, & trois pour répondre. *Exin biduum criminibus objiciendis statuitur, utque sex dierum spatio interjecto, reus per triduum defenderetur.* (id. 13.)

Pour qui connoît Tibere & lit Tacite, ce trait mieux que tous les commentaires, prouve l'attachement des Romains à la publicité de l'accusation, de la défense, de l'instruction & du jugement.

La violation de cette jurisprudence fut, avec la corruption des principes & des mœurs, une des causes principales de *décadence*, trop peu remarquée peut-être par le *PRÉSIDENT de Montesquieu*. Sans doute, la soif de l'or avoit éteint cet esprit créateur & conservateur, qui, plus que la grandeur de l'état & le nombre des hommes, éleve & soutient les empires. Sans doute, Rome devoit périr, puisqu'après ses épouvantables proscriptions, Sylla rentré fiérement dans la foule, mourut tranquille au milieu des honneurs & des regrets publics, & puisqu'il avoit fait rendre cette loi sans exemple, qui approuvoit non seulement tout ce qu'il avoit fait, mais tout ce qu'il pourroit faire encore. Sans doute, Rome n'étoit plus, lorsque le sénat eut la révoltante bassesse de faire cette infame loi, qui permettoit d'être le mari de toutes les femmes à ce *grand* & *débauché* César, que le soldat appelloit la femme de tous les maris.

Avec tant de vices destructeurs, Rome se fut rétablie encore, si Auguste eût eu l'ame de Marc-Aurele; mais il régna pour lui, & comme s'il eût voulu se faire regretter, il adopta Tibere.

Tout fut perdu, dit Tacite, quand le prince fut lui-même accusateur, quand l'accusé sans défense fut jugé secrétement, & quand ses biens furent partagés entre les accusateurs.

Tout fut perdu, quand abolissant la loi qui ne permettoit pas de faire déposer les esclaves contre leurs maîtres, Tibere affranchit ceux de l'accusé Libon. *Callidus & novi juris repertor Tiberius, mancipari singulos actori publico jubet.* (Ann. II. 30.)

Tout fut perdu, quand pour perdre Sylanus, d'abord on l'accusa d'avoir nié la *DIVINITÉ d'Auguste*, & d'avoir méprisé la majesté de l'empereur; *violatum Augusti numen, spretam Tiberii majestatem :* ensuite on ne lui laissa pas la liberté de prendre des avocats, lui qui ne savoit pas plaider, & qui, le sachant même, ne l'auroit pas pu; interdit par le danger personnel qui, dans la propre cause, anéantit l'éloquence la plus exercée. *Orandi nescius, PROPRIO IN METU, QUI EXERCITAM QUOQUE ELOQUENTIAM DEBILITAT.* (Ann. III. 66. 67.)

Tout fut perdu, quand Sabinus condamné ainsi & traîné la corde au cou, la tête enveloppée dans sa robe, partout où tomboient ses regards, où s'adressoient ses cris, on fuyoit : la ville n'offroit qu'un sombre désert & un vaste silence. Quelques citoyens reparoissoient un instant, effrayés même d'avoir eu peur, & rentroient aussi-tôt en tremblant. On voyoit bien que Tibere n'avoit plus rien de sacré! *Quò intendisset oculos, quò verba acciderent, fuga, vastitas; deseri itinera, fora, & quidam regrediebantur, ostentabantque se rursum, id ipsum paventes quod timuissent....*

Quæsitum meditatumque ne quid impedire credatur. (Ann. IV. 70.)

Tout fut perdu, quand la justice s'enveloppant des voiles du silence & du mystere, le citoyen sans défense & sans crime, fut égorgé avec le glaive des loix. Il n'y eut plus de vertu publique. Eh! que faire de cette passion sublime, lorsqu'elle étoit livrée au ridicule, au mépris, à la honte, à la terreur, aux tourmens & à la mort: lorsqu'elle pouvoit être insultée & accusée impunément par le plus vil des esclaves, comme par le plus lâche des courtisans, pourvu qu'il portât dans ses mains la statue de César? *Incedebat enim deterrimo cuique, licentia impunè probra & invidiam in* BONOS *excitandi, arreptâ imagine Cæsaris.* (Ann. III. 36.)

On peut s'embraser de l'amour de la patrie, être heureux du bonheur des autres, & de tous, sans doute, c'est le plus grand, le plus pur, le plus durable. Mais l'homme est si foible & a si peu de jours à vivre; quelques points le soutiennent dans le temps & l'espace; la liberté, la vérité, la paix, la justice: s'ils lui échappent, sa pensée s'obscurcit, sa raison s'égare, son ame se dégrade; le besoin du plaisir change d'objets: il passe insensiblement de la crainte au découragement, à l'apathie, à la bassesse, aux noirceurs, aux crimes. La patrie des Scipions, des Fabius & des Camille, devient celle des Tibere & des Séjan, des Néron & des Narcisse. Burrhus lui-même n'est qu'un lâche courtisan, Séneque un rhéteur froid & corrompu.

Les bons empereurs revinrent aux anciennes loix. Marc-Aurele les rétablit, effraya les délateurs, présida les jugemens publics, dit aux hommes qu'ils sont freres, enseigna le pardon des offenses, & pensa toujours qu'il falloit instruire au lieu de punir. Julien après avoir jugé publiquement Numere, lorsque l'avocat de l'accusateur se plaignit de l'absolution, repartit: *eh! quel innocent ne passera pas pour coupable, s'il suffit d'accuser?* Enfin, il falloit bien que cette publicité des jugemens fût sacrée, puisque le lâche & avide Tribonien conserva les 47 & 48me. livres du digeste, & la loi même qui donnoit un défenseur à l'esclave accusé.

Dans tout ce que je viens d'exposer, on ne doit pas confondre le *droit civil* avec le *droit des gens*, le *droit de la guerre* & le *droit martial.* Je vois après le massacre des habitans de Rhege, le sénat condamner à mort la garnison coupable. Et après la bataille de Benevent, j'entends Grachus dire aux lâches: « Jurez que, tant que vous porterez les armes, vous resterez debout en prenant vos repas, & croyez que cette mortification est une punition légere. » Ces traits peignent la jurisprudence & le génie de Rome; mais ils appartiennent au *droit martial*, au *droit de la guerre*, au *droit des gens*, au devoir des *garnisons*, au droit de la *conquête*, à la punition de la *lâcheté*, à la fixation des *peines*, à la *clémence* & à la *politique*. Voyez *ces mots*.

J'ai trop insisté, peut-être, sur le droit romain, & je ressemble au voyageur qui ne veut plus quitter le Panthéon & les ruines de *Campo Vaccino;* mais je supplie, que l'on considere sous quel bon roi & dans quel temps heureux j'ai le bonheur d'écrire. Le *sénat* Britannique, accablé par une guerre capitale, porte encore ses regards sur la régularité du jugement prononcé en Amérique contre le colonel Haynes. L'Europe entiere paroît convaincue de la nécessité de réformer ses codes criminels, & elle s'en occupe. Il est donc utile de fixer cette jurisprudence romaine où chacun a puisé plus ou moins; il n'est pas indifférent de savoir ce qu'a pensé & ce qu'a fait le premier peuple du monde.

DROIT FRANÇOIS.

7. Le droit criminel des Romains avoit passé aux peuples soumis. Vous voulez savoir comment il a disparu:

jetez un coup-d'œil rapide sur nos codes & sur l'histoire.

Vous ne reconnoissez déja plus l'esprit & la justice de Rome dans cette loi salique, qui nous a régis sous les deux premieres races. Tous les crimes y semblent permis pour de l'argent.

Le rapt d'une femme mariée, & le viol d'une jeune fille au moment où elle se marie, sont taxés à 200 sous. Celui d'une vierge ne l'est qu'à 62 sous. *Si quis cum ingenuâ puellâ per VIRTUTEM mœchatus fuerit.* Tit. 14. 10, 12 & 13, *edit. Lindenbrogii.*

Celui qui accuse devant le roi un innocent est condamné à 62 sous, & celui qui a accusé faussement d'un crime qui méritoit la mort, est condamné à 200 sous. Tit. 20.

Le meurtre est puni par 600 sous. Tit. 3, 4.

Le faux témoignage par 15 sous. Tit. 50, &c.

La préface vous dit que ces loix ont été faites, « dans le temps où la nation encore barbare, cherchant la clef de la science par l'inspiration de Dieu, desiroit une justice conforme à son caractere & à ses mœurs. » *Dum adhuc ritu teneretur barbarico, inspirante Deo inquirens scientiæ clavim, juxta morum suorum qualitatem desirans justitiam.*

Vous retrouvez ensuite l'esprit des loix romaines dans les capitulaires des VIII & IXme. siecles. C'est Charlemagne qui dans une bonne législation cherchoit la gloire, l'ordre & le bonheur public.... « Que le serf, l'affranchi & l'infame ne soient pas admis à accuser. » *Servi vel liberti omnesque infames personæ ad accusationem non admittantur.* Lib. 7, cap. 99.... « Que l'accusé de vol, s'il n'a point de propriété, donne caution de se représenter au plaid. » *Si res non habet, fidejussores donet.* 4. 29.... « Que l'accusateur & l'accusé se présentent respectivement leurs témoins. » *Non soli accusatori liceat testes eligere absente suo causatore.* 3, 10.... « Qu'avant tout on examine la vie de l'accusateur. » *Vita, conversatio accusantium enucleatim perscrutetur* 5. 393.... « Si quelqu'un accuse faussement, qu'il subisse la peine à laquelle il auroit fait condamner l'accusé. » *Pœnam quam ipsi, si convicti essent, passuri erant, patiantur.* 6. 435.... « Que personne ne soit ACCUSÉ ni PUNI, si son crime n'est reconnu d'une maniere ÉVIDENTE. » *Ne quisquam accusetur vel puniatur, nisi MANIFESTIS INDICIIS scelus patuerit.* 6. *summar.* n°. 151.... « La loi romaine est la mere de toutes les loix humaines. » *Lex romana legum omnium humanarum mater. CAPITULARIUM addit.* 4. 160.... *Hæc omnia ex edit.* Baluzii, *tom.* 1.

Après ces loix sages vous respirez; mais voyez celles qui suivent.... ASSISES DE JÉRUSALEM de 1090, chap. 83. *Quand l'on doit plaidoyer de meurtre soutillement.* Vous retrouvez bien encore par-tout les *conseils de court, lor avant parliers,* (Prælocutores.) la cour des barons présidée par le comte & la cour de *Borghesie* présidée par le vicomte. Mais cette apparence de conseil, de défense & de tribunaux disparoît à travers une justice militaire, des formes ridicules, des juges & des avocats profondément ignorans.... ÉTABLISSEMENS DE SAINT LOUIS, liv. 2, chap. 17 & 35. Opinion réduite à ces deux mots : *j'absous* ou je *condamne. Assurément* de l'accusé synonyme de la caution des Romains & du fidéjusseur des Capitulaires... EXCELLENTE INSTITUTION. Jugement des *hommes* & des *pairs.* Nous avons conservé les *pairs,* & nous n'avons plus les *hommes....* LOIX ANGLO-NORMANDES. Henri premier, cap. 33. *Convocet PARES & VICINOS suos ut infortiato judicio gratuitam & cui contradici non possit justitiam exhibeat.* Ce sont les pairs & les jurés de l'Angleterre... COUTUMES sans nombre. La très-ancienne de Beauvoisis, par

Beaumanoir & La Thaumassiere, rappelle par-tout la défense des accusés, par *avant parliers*, & dans le chapitre 69, donne quelques détails naïfs sur *les cas de adventures qui adviennent par meschéance:* Dumoulin appelloit ces coutumes *impertinentes*, & le chancelier d'Aguesseau écrivoit au parlement de Bretagne, qu'*elles ne méritent aucune considération en matiere criminelle.*

Pour entendre ces codes barbares, il faut faire marcher avec eux nos mœurs plus barbares encore. La chevalerie bouleverse les idées sur l'honneur, se croit destinée à réparer les torts & à maintenir la sûreté publique. Les croisades dépeuplent la France, & y jettent cet esprit de *vagabondage* qui subsiste encore. La féodalité attaque le trône, la liberté, la propriété, l'honneur & la vie. Chaque seigneur a sa loi, son plaid, son ban & son fisc; devient souverain, législateur, juge, greffier, archer, quelquefois bourreau; vend la sûreté aux uns & attaque celle des autres; tire un profit de la justice, des accusations & des crimes, par le *fredum*, l'emprisonnement, les amendes, la confiscation de corps & de biens. Pour recueillir ses droits & poursuivre les crimes, chaque seigneur établit cet office dont les fonctions purifiées, annoblies & élevées, sont devenues en France & dans toute l'Europe, la plus active, la plus importante magistrature, *le ministere public.*

A ces loix & à ces mœurs se mêlent encore des pratiques incroyables. La vérité semble avoir fui avec la raison, & pour la decouvrir la procédure criminelle n'a plus d'autres ressources que les *épreuves* de l'eau, du feu, de la croix, du cercueil, & ces *combats judiciaires*, origine de nos duels. En 1386, Legris accusé d'avoir violé la femme de Carrouge, est condamné par arrêt du parlement à se battre avec le mari; le roi y assiste, Legris blessé est pendu pour ce viol, qu'avoue peu de temps après un malfaicteur qui lui ressembloit & avoit pris son nom. En 1380, sous Charles dit le Sage, un accusé est condamné à se battre avec le chien du mort, & pendu parce que le chien l'a mordu & terrassé. Enfin, les juges eux-mêmes se prétendant insultés par l'appel au roi, soutenoient l'accusé calomniateur, se battoient avec lui en champ clos les uns après les autres, & ne manquoient pas de l'égorger.

Le XV siecle ne vous offre pas des mœurs plus douces ni de meilleures loix. Les campagnes dévastées par le brigandage, & les villes sans police dépeuplées par la contagion: des guerres civiles & religieuses: Charles VI accusant tout son peuple par la voix du chancelier d'Orgemont, pour faire grace en apparence, & convertir la peine de mort en une taxe seche: assassinats fameux & impunis, tels que ceux des ducs d'Orléans & de Bourgogne, & du connétable de Clisson: supplices révoltans, tels que celui du comte d'Armagnac, dont les jeunes enfans furent placés sous l'échafaud, pour recevoir sur leur tête le sang de leur malheureux pere: Louis XI, tantôt à Paris assistant aux supplices, *excitant par sa présence le bourreau, l'animant du geste & de la voix*, tantôt fermé dans son château du Plessis, & *entouré de gibets, où le prévôt Tristan, son terrible compere, faisoit pendre, SANS FORME DE PROCÈS, les victimes des soupçons & des vengeances du monarque*. . . . . Le cœur se souleve, la plume échappe.

Vous appercevez une lueur. C'est François premier qui, au parlement de 1518, comparoit notre jurisprudence à un *labyrinthe tortueux & obscur*, & proposoit de s'occuper d'un *code où chacun puisse aisément s'instruire de ses devoirs*. Vous croiriez volontiers que la renaissance des lettres va être celle des loix, & qu'elles s'uniront pour la félicité publique.

Mais la fiere & féroce intolérance avoit secoué par-tout ses torches funebres;

elle avoit persécuté Pétrarque & Jehan de Meung comme sorciers, parce qu'ils faisoient des vers; elle avoit proscrit comme contraires à la saine philosophie, le mouvement de la terre autour du soleil & l'existence de l'Amérique. Elle avoit exterminé les Templiers. Elle avoit mitré & *enfossé* ce prévôt des marchands, Aubriot, dont toute la magie consistoit à embellir Paris par les mains des fainéans. Elle avoit brûlé comme Athée cette *Jeanne-d'Arc*, qui venoit de sauver la France. Elle avoit établi enfin ce tribunal redoutable, qui, sous prétexte de venger la divinité, se permettoit d'outrager la nature, la raison & la justice; qui accueilloit la délation, & ne croyoit point à l'innocence; qui érigeoit l'accusation en devoir, le soupçon en preuve, la défense en crime inexpiable. La défense des accusés & la publicité de l'instruction auroient diminué ses victimes, & il imagina le premier de proscrire cette jurisprudence. *Simpliciter, de plano, sine advocatorum & judiciorum strepitu & figurâ.* (Direct. inq. pag. 369.)

Vous vous rassurez en voyant chasser ce tribunal & ses juges. Mais leurs principes ont été adoptés par Duprat & Poyet, les deux chanceliers de François premier. L'art. 23 de l'ordonnance de 1535, veut que, *aux accusés de crime le procès soit fait le plus diligemment & SECRÉTEMENT, que faire se pourra, en maniere qu'AUCUN n'en soit averti pour éviter subornation & forgement....* L'art. 162 de l'ordonnance de 1539, statue que, *en matieres criminelles NE seront les parties AUCUNEMENT OUIES PAR CONSEIL, ne ministere d'AUCUNE personne, mais répondront par leur bouche, des cas dont ils sont accusés, & seront ouis & interrogés. . . SÉPARÉMENT, SECRÉTEMENT & à PART.*

Après la lecture de ces articles, vous trouvez au commentaire ce cri d'indignation du grand Dumoulin: *voyez la législation tyrannique de ce scélérat de Poyet! VIDE TYRANNICAM opinionem illius impii Pogeti!* (Molinæus, *tom. 2, pag. 793.*) Vous voyez encore Ayrault, publier sous Henri IV un volume *in-4°.*, intitulé, l'*Ordre, Formalité & Instruction judiciaire dont les Grecs & les Romains ont usé ès ACCUSATIONS publiques, conféré au style & usage de notre France.* Et certes, on peut s'en rapporter à un lieutenant criminel.

Ces deux jurisconsultes ayant imprimé avec permission, vous espérez trouver une réformation dans la fameuse ordonnance de 1629. Vous y lisez en effet art. 112, l'*USAGE introduit dans quelques PARLEMENS, qu'après que les ACCUSÉS ont été interrogés sur les charges & informations, l'on vient PLAIDER à l'AUDIENCE pour prendre réglement.* Mais en reconnoissant avec joie qu'en maintenant *la plaidoirie à l'audience pour prendre réglement*, les parlemens avoient conservé la défense des accusés & la publicité des jugemens; vous voyez dans la fin de l'article. cet *usage ABOLI*, la défense des accusés proscrite & le *secret* rétabli dans toute sa rigueur. Marillac n'étoit pas un Poyet; mais il étoit l'esclave de Richelieu, & l'ame de ce grand ministre ressembloit à celle de Louis XI, comme le château de Ruel à celui du Plessis.

Vous arrivez enfin à l'ordonnance de 1670. Vous y retrouvez l'abandon des accusés à eux-mêmes & le secret le plus rigoureux. Et faut-il croire ce que le commentateur Bornier a eu le courage d'écrire sur l'article 11 du titre 6, *les informations seront faites secrétement, &c.?* « Ce qui donne lieu, dit-il, à cet usage, où pour mieux dire à cet ABUS, d'ouir les témoins SECRÉTEMENT, est qu'on a cru que ce qui est dit en la loi *nullum 14, C. de testibus; Testes intrare JUDICIS SECRETUM*, vouloit dire que, *in secreto, & remotis arbitris interrogarentur.* Mais c'est une

ERREUR; car ce *SECRETUM* ne ſignifie autre choſe que *SECRETARIUM, id eſt, judicii locus, ut in L. pen. C. de accuſat.* » Faut-il croire ce que Voltaire, dans ſon ſiecle de Louis XIV, a écrit d'après Bornier : *Ainſi ce fut un* SOLÉCISME *qui fit cette partie de notre juriſprudence ?*

Ce n'étoit point ERREUR. Liſez attentivement le procès-verbal des commiſſaires chargés de l'examen de cette ordonnance. Dès la premiere conférence, vous verrez que l'ouvrage avoit été préparé ſecrétement par ce conſeiller d'état PUSSORT, couſin de Colbert, grand *faiſeur,* inconnu dans la magiſtrature, étranger aux affaires du palais, qui emprunta ſans doute les connoiſſances, la plume & la routine de quelque greffier criminel, & n'en apporta pas moins l'amour-propre des auteurs. Vous le verrez, dès qu'il eſt contredit par les magiſtrats du parlement, ſe couvrir de la penſée, de l'intention, de la volonté du roi, qu'il préſentoit comme un *maître abſolu,* qu'il trompa ſans doute, ou qu'il n'inſtruiſit pas ; car Louis XIV étoit humain & juſte. Avec ce manege Puſſort fait paſſer dans l'*art. 8 du tit. 6*, l'abolition des adjoints qui veilloient à la vérité de l'information ; dans l'*art. 15 du tit. 6*, les défenſes de communiquer l'information ; dans l'*art. 7 du tit. 14*, la néceſſité du ſerment de l'accuſé, parce que c'étoit l'uſage de l'Italie & de l'Eſpagne ; & dans l'article 8 du tit. 14 l'abolition des conſeils des accuſés, malgré la touchante réclamation du vertueux Lamoignon.

Cette réclamation conſignée par les premiers commentateurs, ne l'a pas été par les derniers qui ſe ſont contentés d'écrire froidement qu'on avoit *jugé à propos de changer.* Vous voyez encore dans la fameuſe cauſe de la Pivardiere, en 1699, avec quel embarras le grand d'Agueſſeau compare la juriſprudence romaine & la nôtre ; comment il excuſe celle-ci, & comment il loue l'autre. La voix de Lamoignon, le langage de la raiſon, le cri de la nature, tout étoit étouffé par le pouvoir, la crainte & l'habitude.

Enfin, après un ſiecle d'obéiſſance aveugle, un nouveau jour a lui ſous le meilleur des rois. En aboliſſant la queſtion préparatoire permiſe par l'art. 1 du tit. 19, il a effacé une tache, & il a permis d'examiner s'il n'y en avoit point d'autres.

On a conſidéré l'enſemble & les détails de ce code terrible, & il a paru qu'il ne remplit pas ſon objet : car il n'énonce ni les *devoirs*, ni les *crimes*, ni les *peines*, & il ne fait marcher au *repos public* que par les *châtimens.* Ce n'eſt qu'une nomenclature aride & découſue de formalités minutieuſes, dans leſquelles même il n'y a ni baſe, ni plan, ni ordre, ni liaiſon, ni ſuite. Avec ces formes rigoureuſes, on peut ſauver le *crime* & égorger l'*innocence.* On n'enſeigne point les *devoirs*, on ne prévient point les *délits*, on ne détermine pas les peines, on ne fait que tracer la route obſcure & tortueuſe des formes. Tout le reſte eſt livré à un dangereux arbitraire : le juge incertain ſur la nature des délits, ſur l'étendue des peines, eſt trop maître du ſort des accuſés, trop ſouvent embarraſſé, s'il eſt vertueux, exact & ſenſible. Non : ce n'eſt point là un code criminel.

Vous attendez avec impatience ſa réformation, & vous joignez vos vœux aux efforts des magiſtrats & des juriſconſultes qui s'en occupent. Cependant vous voulez connoître l'état actuel de notre juriſprudence, & ſon développement peut ſervir à la réformation deſirée. Examinons donc ſéparément l'ACCUSATION, l'ACCUSATEUR, l'ACCUSÉ. Enonçons les arrêts les plus célebres ; & après avoir parcouru cette vaſte & triſte carriere, oſons, comme Dumoulin, Ayrault, Servan, Vermeil, Warville & Lacretelle, prononcer quelques vérités utiles.

Accusation.

8. Je considere l'accusation en elle-même, indépendamment de la nature des *délits* & des *peines*, & d'une grande partie des formalités de notre procédure criminelle. J'aurois voulu rassembler tout dans le même cadre : je suis gêné par la nature de mon ouvrage ; c'est-là un des grands défauts des dictionnaires, mais c'est aussi un avantage, sur-tout en jurisprudence. Tel qui ne cherche que le droit positif actuel, & ne lit rien de tout ce qui paroît depuis quelque temps sur la nécessité de réformer la justice criminelle, sera entraîné à lire, à réfléchir, à avouer, à desirer, à imaginer à son tour, à faire du moins des vœux. Or, c'est de ce concours général qui forme peu-à-peu l'opinion publique, que résulte la bonne réformation des loix. Si François I eût consulté la nation par les savans avec qui il passoit sa vie, il n'eût pas souffert que Poyet donnât l'ordonnance de 1539 ; & celle de 1670 auroit moins de défauts, si Louis XIV, annonçant d'avance son projet, avoit permis aux magistrats & aux jurisconsultes de publier leurs vues.

Objet de l'accusation.

9. Tout ce qui compose le sombre édifice de la procédure criminelle, à partir de l'accusation la plus légere jusqu'au supplice le plus affreux, a pour objet de conserver la religion, l'état, la sûreté, la bonne foi, la propriété, les mœurs, l'ordre, la justice enfin ; car tout est sous la main de la justice.

Les moyens pour arriver à ce grand but sont obscurs & cruels, souvent funestes & vains, lorsque les mœurs sont corrompues, lorsqu'il y a un combat perpétuel entre la richesse & la misere, le pouvoir & la foiblesse, l'ordre convenu & la liberté, la nature & la loi.

Presque par-tout, pour empêcher le crime, on a supposé qu'il suffisoit d'effrayer, de lasser, de punir, d'exterminer, de détruire. On a traité le crime en ennemi, à qui l'on déclare une guerre sanglante. Le nombre des accusés, arrachés à la société par la prison, les galeres, la question ou les supplices, surpasse le nombre des hommes tués à l'armée : & ainsi la sûreté intérieure a été plus cruelle encore que la sûreté extérieure. Dans cette guerre perpétuelle contre le crime, on emploie la police, le ministere public & les accusations particulieres.

Police.

10. Le chancelier de l'Hôpital avoit entrevu la nécessité de la police, mais il n'avoit qu'ébauché ; & en la confiant à tout le monde, il lui ôtoit son activité, sa force, son essence même.

Sous la minorité de Louis XIV, dans un discours pour la rentrée du parlement de Paris, le premier président avoit eu de cette magistrature une idée confuse : & après avoir parlé des *Ciclopes barbares, cruels & inhumains, & nullement industrieux, ni nourris aux choses bonnes & vertueuses;* après avoir parlé des cent yeux d'Argus : *tous inferent de-là,* disoit-il au parlement, *que ceux qui ont l'œil, la conduite & l'administration des autres comme vous, qui êtes employés aux affaires de la justice, doivent savoir,* ŒDIBUS IN NOSTRIS QUÆ PRAVA AUT RECTA GERANTUR. (Trésor des harangues & remontrances faites aux ouvertures du parlement ; Paris, Robin & Legras 1668, *tom.* 2, *pag.* 72.)

C'est en 1667 seulement que l'on imagina d'établir entre le juge civil & le juge criminel un magistrat, dont les fonctions essentielles sont de maintenir la sûreté, la santé, l'ordre & la paix, de prévenir, autant qu'il est possible, toute espece de délit ; & quand il n'y a pas réussi, de découvrir les coupables, de les faire remettre à la justice, avec les éclaircissemens & les preuves, & de de s'aider à chaque pas de ses connoissances particulieres. Mais ce magistrat n'est pas plus accusateur que ne l'étoient à Rome les questeurs du parricide.

De quoi peut-on accuser?

11. L'*art. 3 du titre 20 de l'ordonn. de 1670*, porte : *s'il* PAROIT *avant la confrontation des témoins, que l'affaire ne doit point être poursuivie* CRIMINELLEMENT, *les juges recevront les parties en procès ordinaire, & pour cet effet, ordonneront que les informations seront converties en enquêtes, & permis à l'accusé d'en faire de sa part, dans les formes prescrites pour les enquêtes.*

Que prouve cet article, & que signifie ce mot vague, *s'il paroît?* que nous n'avons ni dans nos ordonnances, ni dans les arrêts aucune définition précise du crime, de la matiere de l'accusation. Car, que produit l'information? des ténebres ou des lumieres sur le fait exposé dans la plainte. Que ce fait soit prouvé ou non, ne falloit-il pas examiner avant de recevoir la plainte, si ce fait étoit un crime ou non; si c'étoit le cas d'une action ou d'une accusation? Reste toujours la question de savoir de quoi l'on peut accuser : & ce mot, *s'il paroît* ne la résoud pas.

Les Romains avoient applani toute difficulté par leur grande division des crimes en privés, qui se poursuivoient par action, & en publics, qui se poursuivoient par accusation.

En France, nous disons que tous les délits sont publics; comme si nous étions plus vertueux ou plus attachés à la chose publique; comme si nous formions une famille si unie & si bien organisée que le moindre tort fait au moindre de ses membres, répondît au corps tout entier, compromît sa sûreté, son repos; & qu'il ne fût pas même permis à la partie offensée de traiter seule avec l'autre, pour la réparation du tort qu'elle a reçu. Cette vérité est constatée par l'article 19 du tit. 25. *Enjoignons à nos procureurs & à ceux des seigneurs, de poursuivre incessamment ceux qui seront prévenus* DE CRIMES CAPITAUX, *ou auxquels il écherra* PEINE AFFLICTIVE, *nonobstant toutes transactions & cessions de droit faites par les parties; & à l'égard de* TOUS LES AUTRES, *les transactions seront exécutées, sans que nos procureurs & ceux des seigneurs puissent en faire aucune poursuite.* Voyez ci-devant *Accommodement*, n°. 13.

Cet article semble présenter dans notre jurisprudence une division des crimes en CAPITAUX & non capitaux, en crimes qui méritent PEINE AFFLICTIVE & en ceux qui ne la méritent pas. Cette notion est-elle exacte, & renferme-t-elle clairement les délits qui peuvent ou ne peuvent pas être la matiere de l'accusation, les délits sur lesquels on peut, ou on ne peut pas transiger?

Lisez le procès-verbal de l'ordonnance sur cet article, & vous verrez-là comme par-tout ailleurs l'embarras des rédacteurs. M. Pussort dit, pag. 253 & 254 : *en cas que l'on juge que ces termes de* CRIMES CAPITAUX *n'expliquent pas suffisamment, l'on peut mettre grands crimes.* M. Talon dit, pag. 254: « on veut faire différence des crimes & distinguer les grandes accusations d'avec les affaires légeres. *Il faudra en venir à un détail qu'il n'est pas facile de mettre dans une ordonnance.* . . . . Le plus grand abus à cet égard se commet dans les petites justices, où *les seigneurs obligent leurs procureurs de poursuivre les moindres accusations par le seul intérêt de l'amende qui leur en revient.* Il est juste d'enjoindre aux parties publiques, de faire la poursuite des *grands crimes*, & de les empêcher de relever *les* ACCUSATIONS DE PEU DE CONSÉQUENCE *& pour* MATIERE LÉGERE, & ce qu'on pourroit faire à cet effet, seroit d'insérer dans l'article, que, *nonobstant la transaction, les procureurs du roi & ceux des seigneurs,* *seront tenus de poursuivre les prévenus de crimes capitaux, & auxquels il écherra peine afflictive, & de leur défendre de poursuivre les autres.* M. Pussort a dit, que ce ne sera qu'une exhortation & que néanmoins, NE SE POUVANT MIEUX FAIRE, il falloit réduire ces trois articles en un » (ce qui a été fait par l'art. 19, ci-dessus cité.)

Cet embarras évident de la part des rédacteurs de l'ordonnance augmente encore, quand vous lisez les commentaires. Jousse, dans son *traité de la justice criminelle, tom. 1, part 1, tit. 1,* considere les crimes de huit manieres différentes : 1°. crimes *publics* ou *privés*, & sous ce point de vue, il rentre absolument dans le droit romain; 2°. crimes *graves* ou *légers*. Il appelle graves, ceux qui méritent une peine capitale; légers, ceux qui ne la méritent pas, comme les injures verbales, & il ajoute, que *cela dépend beaucoup des circonstances & de l'arbitrage des juges;* 3°. considération du côté de l'intérêt public, *beaucoup plus blessé par certains crimes que pas d'autres; ainsi les rebellions à justice, troublent plus le repos public, que les larcins; & la fausse monnoie plus qu'un simple crime de faux;* 4°. considération par le préjudice qu'ils causent, l'incendie qui fait périr un grand nombre de personnes, est *plus grave* que celui qui n'a consumé qu'une maison; 5°. considération par la différence de l'objet, leze-majesté divine & humaine, vol, meurtre, *adultere*, libelle diffamatoire, &c. L'offense envers les magistrats, plus grande, l'assassinat d'un ami, plus punissable; 6°. considération des crimes par la différence des peines qu'ils méritent; 7°. considération relativement aux différens juges qui en peuvent connoître; 8°. enfin, considération relativement aux preuves que l'on peut avoir. Il cherche ensuite les motifs qui doivent déterminer à suivre une accusation & à la juger plus ou moins sévérement.

Toutes ces vues louables de Jousse ne sont relatives qu'à la rigueur de la procédure, à la gravité de la peine, & ne changent pas l'ordonnance. D'après le mot vague, *s'il paroît*, & tous les autres aussi louches, les sujets d'accusation sont indéterminés. Tout est soumis à l'*arbitrage* du juge, à la circonspection du ministere public, à la passion de l'accusateur & à l'art du rédacteur subalterne.

De là on réduit en accusation tout ce qu'on veut. Celui qui ne seroit plus admis à la preuve d'un fait au civil, parce que l'ordonnance de 1667 la proscrit pour les valeurs au dessus de 100 liv., appelle délit le refus fait de les lui rendre, de lui payer, de lui faire raison, donne plainte, informe, sauf ensuite, conformément à l'*art. 3 du tit. 20*, à convertir le procès extraordinaire en ordinaire, & l'information en enquête. La femme qui veut se faire séparer de corps, & qui craindroit, si elle présentoit le tableau des torts réels ou supposés de son mari, qu'il ne fît pas assez d'impression pour être admise à la preuve par enquête, donne plainte, fait entendre des témoins endoctrinés ou complaisans, & le juge criminel marche, sauf à voir si la nature des faits prouvés lui permettra de garder l'affaire, ou s'il la renverra au lieutenant civil.

De là, le citoyen ignore parfaitement s'il ne peut pas être accusé, & comme tel placé sous le glaive de la justice. Les juges n'en savent pas davantage. Tout est à leur *arbitrage*, comme dit Jousse. Mais souvent le premier juge a arbitré d'une maniere, le second arbitre d'une autre, & le troisieme s'il existe, arbitrera encore d'une autre. Et voilà notre jurisprudence : voyez l'arrêt du parlement de Toulouse, du 9 juillet 1743, que nous avons cité pag. 16 de ce volume. Un homme vole & transige ensuite avec le propriétaire qui avoit donné sa plainte. Le procureur-fiscal poursuit. Le parlement permet la prise à partie de celui-ci, & décide que le cas avoit été susceptible d'accommodement.

Est-il donc impossible de *faire mieux*, comme l'a dit M. Pussort? Ne peut-on pas venir à un détail exact des délits? & ce détail est-il *si difficile à mettre dans une ordonnance*, comme le pensoit M. Talon?

Considérons que le droit romain spécifioit & classoit exactement tous les délits, & que les Anglois ont adopté cette jurisprudence, de telle maniere, qu'un délit qui ne se trouve pas parfaitement exprimé dans un statut, ne peut être le sujet, ni d'une accusation, ni d'un jugement, ni encore moins d'une peine. On peut m'opposer le jugement de l'amiral Byng. La loi martiale angloise est conçue en ces termes : « toute personne de l'armée navale, qui, par *lâcheté*, par *mauvaise volonté* ou par *négligence*, *quittera le combat*, *cessera son feu*, ou *ne donnera pas*, ou ne fera pas *les derniers efforts pour prendre & couler bas chaque vaisseau qu'il sera de son devoir d'attaquer*, & pour assister ou soulager chacun des vaisseaux de sa majesté, qu'il sera de son devoir d'assister & de soulager, toute *personne convaincue d'un pareil crime par le jugement d'une cour martiale*, SERA PUNI DE MORT. » Or, que le jugement qui condamnoit à mort l'amiral Byng ait été sévere, injuste, l'effet de l'influence du ministere, qui vouloit s'excuser aux yeux de l'*opposition* de n'avoir ni ravitaillé Minorque, ni envoyé une escadre assez forte pour empêcher le débarquement : les papiers publics du temps sont remplis de ces imputations. Elles ont porté non sur l'insuffisance de la loi, mais sur l'insuffisance des preuves. Et si la loi eût été trop vague, on auroit pu dire à Byng, comme à Poyet, sans néanmoins comparer ces deux hommes : *Malheur à vous, si vous souffrez de la loi que vous avez faite!*

Considérons ensuite l'embarras évident des rédacteurs de l'ordonnance de 1670, le tourment des commentateurs, l'anxiété des jurisconsultes quand ils sont interrogés, la contradiction dans l'arbitrage des juges, c'est-à-dire, dans la maniere différente dont ils envisagent les accusations en raison de l'autorité, du crédit, des préventions, de l'éloignement, de l'opinion publique, des circonstances, du personnel de l'accusé & même de l'accusateur.

Considérons enfin l'abus continuel des accusations par la facilité qu'on a de les admettre, sans examen des circonstances, des personnes, des rapports & des maux qui en résultent.

Disons avec courage que les loix faites pour le repos, la sûreté & le bonheur des hommes, ne doivent pas devenir une source obscure & intarissable de maux; & que, quand elles le sont évidemment, il faut les réformer.

Sans doute, comme le disoit M. Talon, *le détail* des accusations, des délits & des peines n'est pas *facile* à mettre dans une ordonnance. Mais tous les obstacles ne doivent-ils pas disparoître, quand il s'agit du bonheur des hommes? Si vous pouvez en douter, voyez le travail immense de la réformation du code Prussien & du code Russe; voyez les loix de notre jeune monarque; voyez tous les écrits sur la justice criminelle; & dans le nombre, voyez comment M. Vermeil, avocat, a spécifié & classé les délits & les peines dans son *essai sur les réformes à faire dans notre justice criminelle*; voyez la théorie des loix criminelles par M. de Warville, avocat: avec M. Franklin, il distingue trois sortes de délits, les *péchés*, les *crimes* & les *vices*.

Cet examen qui nous meneroit trop loin, appartient aux mots *Délit* & *Crime*. Renfermons-nous dans l'accusation proprement dite, & après avoir vu combien on en abuse : examinons sa marche, ses différentes especes, & tout ce qui en résulte.

Accusation directe & indirecte.

12. « Nous avons, dit Montesquieu, une loi admirable : c'est celle qui veut que le prince, établi pour faire exécuter les loix, prépose un officier dans chaque tribunal pour poursuivre en son nom tous les crimes. (Esp. des loix. L. I. c. 6.)

C'est le *ministere public*, établi chez toutes les nations policées. Oublions son origine pour ne voir que son excellence actuelle, le bien qu'il fait & celui qu'il peut faire encore. Ah! sans doute c'est une sage & sublime magistrature que celle qui exerce, à certains égards, la fameuse censure des Romains, qui a éminemment la poursuite des crimes, qui, en accusant, a seule le droit de prononcer le mot de supplice ; comme si l'humanité répugnoit à ce qu'un particulier demandât pour sa vengeance la mort d'un autre homme.

Pussort ne voyoit pas ainsi, lorsque dans le procès-verbal de 1679, pag. 253, il disoit : *il seroit à desirer que les parties civiles* ANIMASSENT *toujours les procès criminels, parce que ce sont les véritables offensés ; elles y apportent plus de* CHALEUR & SOUTIENNENT *davantage la preuve.*

Nous n'entendons pas ce que c'est qu'*animer* une procédure criminelle, & y mettre de la *chaleur*. Nous ne voyons dans la justice que modération, circonspection, humanité, regret, douleur même, lorsqu'elle est obligée de condamner. Nous entendons encore moins ce que c'est que *SOUTENIR DAVANTAGE LA PREUVE*, à moins que Pussort n'ait sous-entendu ce zele artificieux, & ces ressources condamnables, qui ont envoyé tant d'innocens à l'échafaud.

Il semble au contraire que le ministere public devroit seul être chargé de la poursuite des crimes. Il y auroit moins d'accusations, moins de procédures criminelles, moins de supplices. Il y auroit plus de choix, plus d'exemple, & sans doute il y auroit moins de crimes. Mais ce n'est pas l'état actuel de notre jurisprudence.

Il y a deux especes d'accusations, la directe & l'indirecte.

L'accusation directe peut être faite par le ministere public & par la personne intéressée, que l'on appelle *partie civile*. Au premier cas, le ministere public agit seul, demande la réparation de l'offense, la vengeance publique, & l'*amende* pour le *fisc*. Voyez *Amende*, *Fisc*, *Partie civile*. Au second cas, la partie civile ne paroît dans la procédure que pour demander son indemnité, & c'est sous ce point de vue qu'on l'appelle partie civile.... Elle fournit les témoins & les preuves, & elle *anime le procès*.

L'ordonnance de 1670 laisse encore la liberté à l'accusateur de se retirer dans les vingt-quatre heures, & ce procédé est de tous le plus dangereux. *Les plaignans ne sont réputés parties civiles, s'ils ne le déclarent formellement, ou par la plainte, ou par acte subséquent, qui se pourra faire en tout état de cause, dont ils pourront se départir dans les vingt-quatre heures, & non après. (Tit. 3, art. 5.)*

Alors, c'est au ministere public à poursuivre seul avec les renseignemens contenus dans la plainte, & ceux qu'il pourra se procurer encore par l'accusateur retiré. La partie civile ne reste plus dans la procédure que pour jouer deux rôles, l'un secret, & l'autre public. Le rôle public est de demander des dommages & intérêts ; le rôle secret est de donner les renseignemens, d'*animer le procès*, de *soutenir la preuve*.

J'aime mieux la loyauté des Romains, l'accusateur ne cachoit point le bras, après avoir frappé le coup ; il étoit toujours en présence. Ici, voyez l'embarras & le danger. Une fois excité par la partie civile, le ministere public est forcé de poursuivre. Que devient l'accusé dans cette position ? C'est une des parties les plus obscures & les plus délicates de notre jurisprudence.

L'accusation indirecte est ce que nous appellons *dénonciation*; acte presque synonyme de l'abominable *délation*. Voyez *ces deux mots*.

On a supposé qu'il y auroit des hommes de bien pour dénoncer à la justice les délits, sans autre motif que le zele pour l'ordre & le bien public. « Les Procureurs du roi & ceux des seigneurs, auront un *registre* pour recevoir & faire écrire les dénonciations qui seront *circonstanciées* & signées par les dénonciateurs, s'ils savent signer, sinon elles seront écrites en leur présence par le greffier du siege qui en fera mention. » (Ord. de 1670, tit. 3, art. 6.)

Que l'accusation soit directe ou indirecte; qu'elle soit poursuivie par le seul ministere public, ou par lui, en cachant tantôt le dénonciateur, tantôt l'accusateur qui s'est retiré dans les vingt-quatre heures, l'accusation n'en est pas moins possible dans sa formation, facile dans sa poursuite, terrible dans ses effets, & elle a ce caractere particulier, qu'elle entrave tout, l'accusé, le ministere public, la justice elle-même. Examinons si l'obligation d'accuser n'est pas imposée au seul ministere public.

Qui doit accuser & poursuivre? Ministere public. Partie civile.

13. Rome avoit imposé à la femme, au mari, aux enfans & aux héritiers l'obligation d'accuser celui qui avoit tué injustement un des leurs. L'exhérédation, l'indignité & l'infamie étoient la peine prononcée par les loix. Voyez le titre entier du *D. de his quæ ut indignis auferuntur*, particuliérement les loix *heredem & portiones 27 & 21* de ce titre. Voyez encore la loi *cùm mortem. 27 D. de jure fisci*. Voyez enfin le titre du *C. de his quibus ut indignis*, & particuliérement les loix 1 & 9.

Rome qui n'avoit point de ministere public avoit ainsi divisé l'accusation. Libre pour les délits privés, & recherchée pour les crimes vraiment publics, elle devenoit un devoir quand il s'agissoit de meurtre C'étoit le même esprit qui, dans la loi des douze Tables, avoit fait établir les questeurs du parricide. Celui qui, devant accuser & poursuivre le meurtrier de son parent ou de son bienfaiteur, ne le faisoit pas, étoit déclaré indigne, & la succession étoit dévolue au fisc.

Les loix françoises présentent un autre ordre de choses, & il faut bien le saisir.

ORDONNANCE d'Orléans de 1560, art. 63. « *Enjoignons à tous nos juges* & des hauts-justiciers, *informer* en personne promptement & diligemment, sans divertir à autres actes, *les crimes & délits qui seront venus à leur connoissance*, vaquer, procéder, toutes choses délaissées, à la confection des procès de ceux qui se trouveront chargés & coupables, *SANS ATTENDRE la plainte des parties civiles & intéressées*, ni les CONTRAINDRE A SE RENDRE PARTIES, *à faire les frais nécessaires, si VOLONTAIREMENT ils ne les offrent, & veulent faire*, à peine de privation de leurs états, en cas de négligence ou connivence, & de tous dépens, dommages & intérêts des parties intéressées. »

ORDONNANCE de Blois de 1579, art. 184. « Enjoignons à tous nos juges & des hauts-justiciers, informer en personne & diligemment, sans divertir à autres actes, des crimes & délits qui seront venus à leur connoissance, vaquer & procéder, toutes choses délaissées, à la confection des procès criminels, selon le contenu au 63 article de l'ordonnance faite aux états tenus à Orléans, ensemble faire procès verbal des plaintes & *dénonciations* qui leur auront été faites des *crimes & délits* commis en leur ressort. Et afin de connoître quel devoir & diligence ils y auront faits; enjoignons à nos prévôts, châtelains & tous autres juges inférieurs d'envoyer aux baillis & sénéchaux ou leurs lieutenans, le *rôle* des *procès criminels* qu'ils auront jugés, & lesdits baillis & sénéchaux, envoyer *semblable rôle* à nos cours de parlement & procureurs généraux en icelles; lesquels & leurs *substituts* en chacun siege, & semblablement *les procureurs fiscaux des seigneurs seront tenus faire diligente* **POURSUITE** *& recherche desdits crimes, sans attendre qu'il y ait* **INSTIGATEUR, DÉNONCIATEUR** ou **PARTIE CIVILE,** le tout *sur peine de privation* de leurs états en cas de *connivence* ou *négligence*, & de tous dépens, dommages & intérêts des parties intéressées. »

ORDONNANCE de 1670, tit. 25, art. 1. « Enjoignons à tous juges, même à nos cours de travailler à l'expédition des affaires criminelles par préférence à toutes autres. ». . . . Art. 19. « Enjoignons à nos procureurs & à ceux des seigneurs, de poursuivre incessamment ceux qui seront prévenus de *crimes capitaux*, ou auxquels il écherra *peine afflictive*. »

D'après ces ordonnances, notre législation paroît renfermer dans les juges l'obligation de poursuivre les délits; & le droit d'accuser dans ce ministere public, par-tout appellé le seul & véritable accusateur. On a bien la liberté d'accuser, de dénoncer, mais on a le droit de se départir aussi-tôt suivant l'*art. 5 du tit. 3, ci-dessus cité, pag. 228, colonne 2.* L'art. 5 du tit. 3 *de l'ordon. de 1670,* ci-dessus cité.

Sur cet article, Bornier, & après lui tous les commentateurs disent que « **PERSONNE** n'est *contraint* en France de déférer en justice ceux qui l'ont offensé, que c'est un acte qui dépend purement de la volonté des parties qui *peuvent remettre l'offense, ou en poursuivre la vengeance* comme bon leur semble; que le juge peut, il est vrai, s'adresser d'office pour l'intérêt public à l'offensé, & l'enquérir sur la qualité du fait, & que l'offensé est tenu de répondre, sans que pour cela il soit pris à partie. »

Lapeyrere, lettre I. n°. 3, pag. 171, dit: « nul héritier en France ne perd comme indigne la succession du défunt, duquel il n'a point vengé la mort, suffit qu'il en fasse plainte ou dénonciation. »

Ayrault, liv. 2, art. 4, n°. 65, dit: « nous sommes si aheurtés à ce brocard, que le *procureur du roi* seul ait le fait de la police & discipline publique, que *quelque cas qui se présente, nous ne contraignons que celui-là d'accuser*, & disons outre pour excuse, que ce n'est pas du bienfait de l'homme, mais de loi, que l'*héritier* a les biens qui lui adviennent; conséquemment, que *c'est assez s'il dénonce le crime & en fait plainte*. Mais de se rendre partie, outre les raisons ci-dessus, *les frais en sont si grands, les longueurs si odieuses*, qu'il seroit plus dur d'y astreindre les hommes, qu'inhumain & déshonnête de les nourrir en un mépris & nonchalence d'une juste & honnête vindicte. »

Papon, liv. 24, tit. 1, arrêt 3, dit: « *en tout cas, sans exception*, l'on n'est tenu poursuivre ou continuer accusation, & suffit de s'en remettre au procureur d'office, qui est l'accusateur public, & observons en France la regle *ut nemo invitus agere cogatur. C.* que nos docteurs ont voulu limiter avoir seulement lieu en matiere civile & non en criminelle, pour la faveur de la vindicte & honnêteté publique, à tout le moins que le fils ou héritier fût tenu de faire poursuite de la mort de son prédécesseur, comme dit Paul de Castro *in lege unicâ C. nemo invitus agere cogatur.* Néanmoins en France, nous observons le contraire & *sont tous en liberté* de *composer*, soit *taire*, ou *désister*, par ce qui est noté, § *14, si paciscar. L. juris gentium D. de pactis.* Ainsi fut jugé par arrêt de Paris pour les héritiers d'un paysan de Château-neuf, ayant été occis par autre paysan en l'an 1544, en Forêt. »

Qu'est-ce donc que cette jurisprudence, qui sembloit assujettir les parens & les héritiers à poursuivre le meurtrier de leur bienfaiteur ou de leur parent? Qui l'a inspirée? qui la soutient? Est-ce la crainte du soupçon, le tourment de la haine, la vanité de la vengeance? N'est-ce point plutôt nos loix anciennes, la tradition & le préjugé? car toutes ces choses tiennent à nos loix & à nos mœurs.

Clotilde disoit à ses enfans : ne faites pas regretter à votre mere les soins qu'elle a pris pour votre éducation; pénétrez-vous bien de l'atrocité de l'injure que j'ai reçue, & méditez une vengeance capable de satisfaire ma haine & d'appaiser les manes de mon pere & de ma mere. *Non me pœniteat, carissimi, vos dulciter enutrisse : indignamini, quæso, injuriam meam, & patris matrisque meæ mortem sagaci studio vindicate.* (Greg. turon. hist. franc. lib. 3, pag. 108, edit. Ruinart.)

Sichaire massacre les parens de Chramnisinde, qui, après avoir reçu la composition, est assez lache pour vivre avec lui dans l'amitié la plus intime, au point qu'ils couchoient souvent ensemble suivant l'usage de ce temps-là. Sichaire, soupant chez Chramnisinde, le méprise assez pour lui dire; qu'il lui a obligation d'avoir assassiné ses parens, puisque sa petite fortune n'est autre chose que la composition qu'il lui a payée. Ce reproche ranime des sentimens éteints; & Chramnisinde se dit : si je ne venge la mort de mes parens, je suis indigne de porter le nom d'homme; & je dois être comparé à la femme la plus pusillanime. *Nisi ulciscar interitum parentum meorum amittere viri nomen debeo, & mulier infirma vocari.* Il tranche la tête à Sichaire, & obtient sa grace malgré le crédit de la reine Brunehaut. (Grég. turon. *Ibid.* lib. 9, pag. 437 & 438.)

Ce mot de Chramnisinde, *nisi ulciscar*, a été cité dans tous les temps, comme nous citons les loix romaines, & vous le voyez dans la plupart des auteurs modernes, qui l'ont copié les uns sur les autres, sans prendre la peine de vérifier l'anecdote dans sa source.

Notre histoire offre à chaque pas le même esprit de vengeance, & des résultats aussi dégoûtans, aussi horribles.

Après le meurtre du duc d'Orléans par le duc de Bourgogne le 23 novembre 1407, le fils allumant le flambeau des guerres civiles, écrivoit au roi : « *sommes à ce tenus & obligés*, & nous est commandé par les droits à très-grandes & grosses peines, c'est à savoir, en peine d'encourir tache de infamie, *de non être censés ne réputés ses enfans, ne lui appartenir en aucune maniere, être réputés indignes de sa succession*, de son nom, de ses armes & de sa seigneurie. » (Juvenal des Ursins, hist. de Charles VI, Paris, 1614, *in-4°., pag. 277.*)

Ce fut pour modérer cet esprit de vengeance que furent imaginées ces *compositions* qui tariffoient la vie des hommes. Jurisprudence, dit l'abbé Velly, *tom. 1, pag. 138*, (de l'édit. *in-4°.*) dans laquelle cependant « on découvre certaines vues de bien public. *Elle conserve un homme à l'état*. . . . On pouvoit *se tirer de parenté* par une déclaration juridique, mais celui qui le faisoit perdoit le droit d'en hériter, & s'il venoit à être tué, sa succession, ou du moins ce que l'assassin étoit obligé de payer, appartenoit au fisc. »

A cette étrange législation se mêla celle des duels ou des combats judiciaires; & c'étoit encore une bonne jurisprudence pour un temps où il n'y avoit ni autorité, ni justice, ni mœurs; il valoit bien mieux en finir par la mort d'un homme, que d'allumer ces guerres civiles, si communes alors. Trop souvent une bonne loi n'est que le moindre des maux possibles.

A cette double jurisprudence succéda l'esprit du droit romain. Les jurisconsultes, armés des loix de Moïse & des loix romaines, dirent aux hommes, qu'ils pouvoient se venger, qu'ils le devoient même; mais qu'il falloit recourir à des juges, & poursuivre devant eux le coupable. Voyez entr'autres,

1°. Cujas, sur la loi *heredem*, *D. de his quæ ut ind. tom. 1, posth. part. 2, pag. 546*; & sur-tout sur la loi *1 & 6, C. de his quibus ut ind. tom. 5, eorumd. pag. 830, & sequent.* ... 2°. Dumoulin, sur le même titre du code *de his quibus ut ind. tom. 3, operum pag. 747, & sequent.* ... 3°. Mornac, *in tit. D. de accusat.* ... 4°. Automne, dans sa conférence du droit, *tom. 2, pag. 344* ... 5°. Legrand, sur la coutume de Troyes, *tit. 2, art. 21, glos. 2, n°. 20 & suiv. tom. 1, pag. 80* .... 6°. Bretonnier, sur Henrys, *tom. 2, de l'édit. de 1708, pag. 809*. Il dit : « *la femme peut être privée de ses droits*, si elle ne venge pas la mort de son mari, suivant la loi 20, *D. de his quæ ut indign.* où il est dit que le mari qui ne venge pas la mort de sa femme, perd la dot qui lui est acquise par les pactes du mariage. IL FAUT DIRE LA MÊME CHOSE DE LA FEMME QUI NE VENGE PAS LA MORT DE SON MARI.... 7°. Enfin Patru dans son neuvieme plaidoyer cité ci-après. » Ces opinions entraînerent les tribunaux.

ARRÊT du parlement de France, de 631, qui confisque au profit de Dagobert la succession de Sadragesil, duc d'Aquitaine, au préjudice de ses deux fils, qui n'avoient pas voulu venger sa mort. « *Les barons jugerent, suivant les loix, qu'ils n'auroient rien en l'héritage de leur pere, pource qu'ils étoient mauvais fils & forlignables*. Quand la terre fut revenue en la main du roi, il en donna à l'abbaye de St. Denis vingt-neuf villes, (f°. 64.) *Anno* XIII. *regnante Dagoberto, Sadregesilus dux aquitanorum, à quibusdam hominibus gladiatorio adversùs eum animo insurgentibus trucidatus est. Hic est Sadregesilus quem à Dagoberto, adhuc in pueritiæ annis constituto, superior declaravit sermo flagellis cæsum & barbæ rasione deturpatum. Cujus filii cum ultores potuissent fieri effusi sanguinis paterni, maluerunt vivere desides ac otiosi, quàm perurgendo armis homicidas, cruorem exigere interfecti. Idcirco* IN PUBLICO FRANCORUM CONVENTU, *à quibusdam proceribus secundùm leges romanas (quæ sanciunt à paterna eos decidere hereditate debere, qui noluerint interfecti necem vindicare) omnibus paternis expoliati sunt bonis, atque inanes relicti. È quorum possessionibus, multas Dagobertus tribuit ecclesiæ sancti Dionisii obsequia curantibus.* Aimonius monachus de gestis francorum, *lib. 4, cap. 28, pag. 174, ed. P. Dubreul 1603, in-fol.*

ARRÊT du parlement de Paris, du 7 septembre 1566, en robes rouges. *Un frere ayant tué injustement son frere, ses enfans furent déclarés indignes de succéder.* (Maynard, tom. 2, liv. 9, chap. 3, n°. 2, pag. 340.)

ARRÊT du parlement de Paris, du 24 juillet 1573, qui a déclaré indignes de succéder à leur pere des enfans qui n'ont point voulu se rendre parties contre ceux qui l'avoient tué, (Louet & Brodeau, lett. H. somm. 5, tom. 1, p. 803.) Louet dit : « il falloit *qu'il y eût charge contre l'accusé, autrement l'héritier n'est point tenu de se rendre partie.* » Brodeau ajoute : « la cour trouva le cas *si étrange & si exemplaire*, que par arrêt précédent du samedi 24 juin de la même année 1573, elle auroit ordonné avant faire droit, que les enfans seroient ajournés à comparoir en personne pour répondre aux conclusions du procureur général. » *ibid. pag. 805, n°. 8.*

ARRÊT du parlement de Bordeaux, du 14 août 1579, en robes rouges, par lequel les *enfans de feu Lomme, homicidé, furent déclarés indignes de la succession de leur feu pere, pour avoir été négligens à poursuivre le meurtrier & déclaré qu'ils ne vouloient pas le poursuivre pour le faire punir par justice*, C'ÉTOIT LEUR FRERE *qui avoit commis le parricide.* (Maynard, *ibid.* n°. 2, pag. 340).... Cet auteur avoit dit n°. 1 : LES JURISCONSULTES ONT ORDONNÉ *qu'ils fussent déclarés indignes de l'hérédité de celui qui a été tué.*

ARRÊT

ARRÊT du parlement de Bordeaux, du 7 février 1608, qui juge que l'aïeule n'est point indigne de la succession de ses petits-fils, pour n'avoir pas poursuivi leur mort contre leur mere sa propre fille. La cousine des enfans, qui demandoit la succession, fut déboutée. (Maynard, *ibid.* n°. 7, pag. 341).... Comment concilier cet arrêt avec le précédent? Maynard fait ce qu'il peut; ses efforts ne m'éclairent point, & je ne vois guere plus de raison à ce qu'un frere accuse son frere, qu'une mere sa fille. La loi qui justifiera l'une & blâmera l'autre, me semble toujours outrager la nature, & la bienséance publique. Eh! que deviendront les mœurs, que deviendra la société entiere, si l'on force les parens à la délation, si l'on flétrit ou l'on brise le plus sacré des nœuds, celui des familles?

ARRÊT du parlement de Paris, du 30 juillet 1630, qui sans avoir égard à l'intervention du fermier du greffe, dont il est débouté avec dépens, garde les enfans dans la succession de leur pere, & adjuge à la veuve ses conventions matrimoniales, condamne Desmarêts, seigneur engagiste, aux dépens; ordonne que *les officiers d'Ianville* se présenteront à la cour au mois pour répondre aux conclusions du procureur général, & jusqu'à ce, *interdits de leurs charges.* (Bardet, tom. 1, liv. 3, ch. 117, pag. 337. Journ. des aud. tom. 1, liv. 2, ch. 80, p. 114.)... *Espece tirée de Bardet.* Le Maire, laboureur, est assassiné par Rosny, le 29 octobre 1629. Les officiers du bailliage d'Ianville se tranportent & interpellent la veuve & les enfans de déclarer s'ils veulent se rendre parties civiles pour poursuivre en justice la mort de leur pere & mari : ceux-ci *répondent que le défunt, avant son décès, avoit* CHRÉTIENNEMENT PARDONNÉ *sa mort à Rosny, & leur avoit* DÉFENDU *de se rendre parties civiles contre lui pour le faire punir, disant qu'ils perdoient assez en sa personne, sans consommer le reste de leurs biens en frais & poursuites de justice.* Le juge ordonne qu'ils prendront conseil. L'assassin est arrêté, condamné, ensuite le juge déclare la veuve & les enfans indignes, & appointe sur la question de savoir à qui du roi ou de l'engagiste, la succession sera adjugée. C'est cette sentence que le parlement a infirmée. Les intimés étoient le fermier du greffe & l'engagiste, qui se fondoient entr'autres sur l'arrêt du 24 juillet 1573. M. Talon, avocat général, a dit: « *En France, nous n'observons pas la disposition du droit romain,* qui adjuge au fisc tout ce qu'elle ôte à celui qui en est jugé indigne, à l'exclusion de ses autres parens & héritiers. Mais au contraire, préférant les héritiers du sang & la conservation des familles à l'utilité & profit du fisc, on laisse & adjuge tout ce qui a été ôté à l'indigne, au plus proche parent en degré. *A priore hereditas ablata, ad sequentem gradum transfertur argum. L. 15, D. ad senat. Sylan.* Nous n'observons pas non plus la loi *Lucius Titius 9. D. de jure fisci,* qui adjuge au fisc ce qu'elle ôte à l'indigne. Cette maxime a été établie & confirmée par plusieurs arrêts, & notamment par un de 1608 entre les nommés Tassart. Suivant cette maxime, quand les appellans se trouveroient indignes de la succession de leur pere & mari, elle ne doit point pour cela être adjugée aux intimés, mais à un autre plus proche parent du défunt qui ne se présente point & n'y demande rien. Aussi *ne le peut-il faire,* puisque *les appellans* n'ont encouru aucune indignité, n'ayant méprisé la vengeance de la mort de leur pere & mari, qui a été faite par la juste punition du coupable..... Le crime ayant été puni, *& ne s'en trouvant point coupables, on ne peut leur faire porter la peine d'indignité.... Il n'importe à la requête de qui la poursuite ait été faite,* l'assassin arrêté & le crime puni, *pourvu que l'héritier soit hors de soupçons de complicité du crime...* Les romains avoient dit, *heredes ne necem* *defuncti inultam omitterent*..... PARCE QUE PARMI EUX LE CRIME SEROIT DEMEURÉ AUTREMENT IMPUNI ; & à leur maxime, ils avoient encore ajouté une exception en faveur des mineurs, *minoribus non obesse crimen inultæ mortis.* Mais parmi nous, l'ordonnance oblige les officiers des lieux de faire diligemment la recherche & poursuite des crimes, quoiqu'il n'y ait point de parties civiles. *Il a été curieux de voir l'original* de l'arrêt rapporté par M. Louet, sur lequel les intimés s'appuient entiérement : mais cet arrêt ne parle point de la question d'indignité. C'étoit entre deux veuves, pour le remboursement des frais de quelques procès criminels. *Cela fait voir combien est dangereuse la lecture & la doctrine de* TELS ARRÊTS MAL RAPPORTÉS. Les officiers d'Ianville n'ont eu d'autre dessein que de consommer le bien des appellans, & il y a lieu d'infirmer leur sentence. »....

ARRÊT du parlement de Paris, du 4 avril 1637. Même décision sur la plaidoirie de Patru & Guerin. (Journ. des aud. *tom. 1, pag 115.*) Voyez dans le 9me. plaidoyer de Patru, ses vains efforts pour faire déclarer la veuve indigne pour n'avoir pas poursuivi la vengeance du meurtre de son mari. Les loix,, disoit-il, « nous laissent la liberté de pardonner & de suivre ces exemples mémorables que le Rédempteur du monde, que tant de grands saints, que tant de martyrs nous ont donnés. Autre chose est quand il s'agit de l'injure, disons plutôt de la mort d'un homme, qui est en effet, ou que la loi considere comme notre bienfaiteur. Car en ce cas, non seulement il ne nous est pas permis de nous taire, mais *on nous peut même contraindre de venger son sang.* » Il cite vaguement l'arrêt de Bobé & d'Arconville de 1572, que nous rapporterons ci-après n°. 22, au sujet de la poursuite de l'assassinat de la dame Bobé, fille du grand Dumoulin; arrêt qui n'a point d'application à l'espece. Il cite encore l'arrêt de 1573, si fort combattu par M. Talon.

ARRÊT du parlement de Dijon, du dernier mai 1666, qui ordonne que le procureur d'office de Quinserot, sera remboursé des frais qu'il a faits, sur les biens des enfans Sacier, après que pension alimentaire aura été décernée au profit de ceux qui étoient mineurs, pour en jouir pendant leur minorité ; & en cas d'insuffisance, sur les conventions de la veuve du défunt sans dépens. (Perrier & Raviot, *tom. 1, quest.* 33, *pag. 66.*).... *Espece.* On contestoit sur la succession d'un pere assassiné. L'avocat des enfans disoit : « que s'ils ne s'étoient pas joints au ministere public, il ne falloit en accuser que leur *pauvreté* & leur *ignorance*, qui ne leur avoit pas permis tout ce que la douleur inspire aux personnes qui sont dans le pouvoir de se *venger.* » Me. Jeannin, pour les gens du roi, expliquoit : « que comme il étoit à présumer qu'un pere aimoit mieux que ses enfans ne fussent point réduits à la mendicité, que de se voir vengé ; il falloit laisser aux appellans une pension alimentaire proportionnée à leur âge & à leur condition, après quoi l'intimé prendroit sur le reste des biens les frais qu'il avoit faits ; & en cas qu'ils ne fussent pas suffisans, sur les profits que la femme de celui qui avoit été tué pouvoit avoir sur la communauté. » L'arrêt fut conforme aux conclusions.

ARRÊT du parlement de Provence, du 28 janvier 1684, qui déboute les demandeurs de leur demande en déclaration d'indignité. (Boniface, *tom. 5, liv. 1, tit. 22, pag. 206.*)... *Espece.* Brochier, avant d'aller en Candie, avoit fait héritiere Honorée Massillon sa mere. A son retour il eut *contention* avec François Massillon son oncle, frere de sa mere, & fut par lui tué à Toulon. Sa mere n'accusa point son frere, ne le poursuivit pas, n'adhéra point à la plainte du procureur du roi, retira le meurtrier, mangea avec lui & le fit évader. Deux Brochier cousins se pourvurent pour la faire déclarer indigne de la succession de son fils, & se la faire adjuger. Il s'agissoit de savoir si cette adjudication étoit légitime, ou si *la qualité de sœur du meurtrier* déchargeoit la mere de la poursuite.

Arrêt du parlement de Dijon, du 5 février 1687, par lequel l'exécutoire donné contre les héritiers d'un particulier de ce lieu, qui avoit été assassiné, pour subvenir aux frais du procès qui se poursuivoit contre l'assassin, fut confirmé ; nonobstant que les appellans missent en fait que leur pere en mourant leur avoit défendu de faire aucune poursuite contre celui qui l'avoit tué. (Perrier & Raviot, *tom. 1, quest.* 33, *pag.* 66.)....

Arrêt du parlement de Dijon, du 7 août 1697, qui juge la même chose. *(ibid.)* Raviot ajoute : « on ne doute pas que non seulement les enfans, mais encore tous autres héritiers ne soient *en quelque sorte* indignes de la succession, s'ils refusent de poursuivre le meurtrier de celui auquel ils ont succédé, il est juste que le défunt soit vengé sur ses propres biens. »

Arrêt du parlement de Dijon, du 17 mars 1731, en la tournelle, contre le fermier d'Ahuy, appellant d'exécutoire, décerné contre lui le 15 mai 1730, au profit de Boudrot. (Perrier & Raviot, tom 2, quest. 253, n°. 21 & suivans, p. 317.) Raviot, après avoir rappellé ceux de 1687 & 1697, dit : « néanmoins malgré une jurisprudence qui sembloit constante en Bourgogne, puisqu'elle étoit appuyée sur une suite de tant d'arrêts, il en a été rendu un contraire. » (celui de 1731.)

Arrêt du parlement de Toulouse, du 31 mai 1748. Notredite cour, vu, &c. disant droit aux parties, sans avoir égard au testament dudit Fontanés Malherbe, dudit jour 18 avril 1744, *a déclaré & déclare ledit Fontanés indigne de la succession de son frere* ; ce faisant, a maintenu & maintient lesdits Moynier, Poncet & la veuve Colombier en l'entiere succession dudit Fontanés Malherbe, avec restitution de fruits contre les détenteurs, dépens compensés. (Recueil judiciaire, *pag.* 604.).... *Espece.* Fontanés Malherbe, trésorier de France à Montpellier, fait un testament olographe au profit d'un hôpital, & est assassiné. Fontanés, avocat de Montpellier, son frere, s'étoit pourvu en nullité du testament ; Moynier & autres s'étoient pourvus de leur côté & avoient réclamé la succession pour eux seuls, *vu que ledit Fontanés est indigne de succéder à son frere.* L'Arrétiste ajoute cette note. « La premiere question fut jugée le 21 août 1747. *Il y eut* PARTAGE *sur la seconde*, (la question d'indignité), qui fut vuidée à la grand-chambre le 31 mai 1748. »

Ce même préjugé est rapporté dans le recueil des questions de jurisprudence, proposées par M. le chancelier d'Aguesseau, à tous les parlemens du royaume, & des réponses du parlement de Toulouse, *pag.* 197, & y est énoncé sous ce titre : qu'*UN FRERE PRÉVENU D'AVOIR DONNÉ LA MORT A SON FRERE, mis HORS DE COUR ET DE PROCÈS sur cette accusation, ayant négligé ensuite de poursuivre la vengeance de sa mort, est INDIGNE de recueillir sa succession.* La circonstance de l'accusation portée contre Fontanés, avocat, & *du hors de cour*, affoiblit les inductions qu'on voudroit tirer de cet arrêt, & met l'espece hors du rang de celles qui concernent des parens non soupçonnés, non accusés.

Arrêt du parlement de Grenoble, du 16 septembre 1769, entre Suel Lambert, bourgeois de Romans, DEMANDEUR *en requête de plainte, & en réparation* du crime d'assassinat commis en la personne de Suel Lambert Beguin *son fils*, capitaine dans la légion de Flandre, & en *dommages & intérêts*, & le procureur général du roi ACCUSATEUR en crime de duel & d'assassinat d'une part,

& Jacques-François Merlin Duchelas... accusé, contumax, d'autre part... condamne Duchelas.... à être roué, &c. *pour les causes résultantes des procédures, a condamné ledit Duchelas en la somme de 12000 livres envers ledit Suel Lambert pere, pour lui tenir lieu de dommages & intérêts.* En ce qui concerne Lambert Beguin fils, l'a déclaré mort coupable du crime de duel; pour réparation de quoi, ordonne que sa mémoire sera & demeurera éteinte & supprimée à perpétuité..... ordonne que sur les biens dudit Beguin, il sera prélevé une amende fixée aux deux tiers desdits biens, laquelle demeurera au profit dudit Lambert pere..... *Espece.* Duel entre Beguin & Duchelas, le 18 juillet 1769, celui-ci *assassine.* Le lendemain 19, requête en plainte du ministere public, ordonnance du juge, procès-verbal, information. Même jour, requête en plainte de Suel Lambert, pere, par laquelle il demande qu'il soit informé, & ordonnance conforme. Le 2 juillet, requête du procureur général, & arrêt qui commet deux conseillers de la cour pour informer. Le 25 août, *procuration de Suel Lambert, pere, à Dubois, procureur en la cour,* POUR POURSUIVRE LE PROCÈS ET DEMANDER DES DOMMAGES ET INTÉRÊTS; *acte de présentation de Dubois; requête remonstrative, &c.*

ARRÊT du parlement de Paris, du 16 janvier 1779, sur les conclusions de M. l'avocat général Seguier, « qui décharge le sieur de la M. . . de l'accusation d'assassinat de dessein prémédité contre lui intentée, à la requête de la dame de V..... *la condamne en tous les dépens* de cause principale, & d'appel & demandes. Ordonne que les mémoires respectifs seront supprimés; fait défenses au sieur de la M..... de P..... de plus à l'avenir user de pareilles voies de fait, lui enjoint d'être plus circonspect, & lui permet de faire afficher l'arrêt à ses frais. »... *Espece.* Querelle entre de V..... fils, & de la M..... Rencontre. On se bat, on se blesse: De V.... reçoit un coup d'épée plus fort, tombe dans un fossé, se releve, va se faire panser & meurt le quarantieme jour. Cette mort, la circonstance de la chûte dans le fossé, & la bavarderie du peuple, persuadent à la mere, qu'elle doit accuser d'assassinat le sieur de la M.... & demander vengeance de la mort de son fils. Le pere de la M..... prend la défense du sien. Grand procès. Mémoires terribles, & nécessaires dans le système des parties. Voyez le résultat.

Tel est l'état de notre jurisprudence. Au milieu de ces contradictions & de ces ténebres, quelle est la regle? sans doute elle est précieuse à la sûreté & aux mœurs. Hasardons aussi notre opinion, & présentons-la sans crainte.

Que le pere, la mere, les enfans, les héritiers aient le droit de se porter accusateurs, de demander une réparation religieuse, honoraire, pécuniaire: cela est certain. On a vu dans l'arrêt du 16 septembre 1769, quels sont les caracteres & la marche de cette accusation. Elle a lieu dans les autres états de l'Europe. En Angleterre, on peut se rappeller le fameux arrêt de la chambre des pairs, du 17 avril 1765, qui déclare que le lord Biron étoit coupable d'homicide seulement. Il étoit accusé de meurtre par les héritiers du mort.

Que le fisc royal ou seigneurial soit exclus du droit de s'emparer de la succession, pour la prétendue indignité de celui qui ne poursuit pas la vengeance de la mort: c'est un point encore constant dans notre jurisprudence.

Que la poursuite ne regarde plutôt les héritiers que les parens les plus proches, ce seroit un résultat de la jurisprudence. On ne vengeroit pas un homme parce qu'il a dû nous être cher, mais parce qu'on est son héritier ou son donataire! Ce seroit affaire d'intérêt & non de sentiment.

Enfin, que les héritiers, lorsqu'ils

sont pauvres, soient affranchis des frais de la poursuite du procès, qui retombent à la charge du fisc; c'est encore la jurisprudence.

Mais, qu'est-ce donc que cette obligation d'accuser & de poursuivre? Quel en seroit l'objet, & comment le remplir? On invoque les jurisconsultes, la jurisprudence, la loi, la religion, la nature & les mœurs, la sûreté & le bien public. Interrogeons-les à notre tour.

Les jurisconsultes! .... En traitant cette question, Maynard disoit: les *jurisconsultes ont* ORDONNÉ: étrange expression! comme s'ils avoient fait violence. Le peuvent-ils? se sont-ils réunis? Il faudroit trembler en les attaquant de front, lors même qu'ils pourroient s'être trompés! mais ils sont divisés & se combattent eux-mêmes.

La Jurisprudence! ..... Un seul caractere me suffit pour soupçonner son équité, c'est son excès. Dans plusieurs arrêts, on vouloit que des freres accusassent leur frere; des enfans, leur mere ou leur oncle; & ainsi, pour remplir un devoir imaginaire, il falloit outrager l'honneur & la nature. Après cela, qu'est-ce que les autres jugemens? Trois de Dijon sont anéantis, comme le dit l'Arrêtiste lui-même, par un seul de 1731. Parmi les anciens, qu'est-ce que celui de 1573, cité dans tous nos livres classiques, & que signifie-t-il après le plaidoyer de M. Talon? Et voilà pourtant comment l'erreur se propage, comment on dispose de l'honneur & de la fortune! Le dernier de tous, celui de 1748 juge l'indignité. Mais dans un pays même où l'on tient tant au droit romain, observez qu'il y a eu *partage*, & que l'héritier avoit été accusé. C'est mon respect pour le parlement & pour les jurisconsultes de ces provinces qui m'ont entraîné à approfondir cette question, d'ailleurs très-importante.

La Loi! .... Parcourez nos ordonnances, vous y trouverez la liberté d'accuser, jamais la nécessité; celle-ci est imposée au seul ministere public. Si l'on avoit voulu l'étendre, on le pouvoit sans doute, & l'idée n'est pas échappée à ce Pussort, *qui disoit qu'il seroit à* SOUHAITER *que les parties civiles* ANIMASSENT *toujours les procès criminels*. C'est-là un SOUHAIT & non un ordre. Il n'y a donc point de loi françoise. Or, dans le droit criminel, on ne peut contraindre, juger & punir que d'après le texte de nos ordonnances. On invoque les loix des romains; mais, comme le disoit M. Talon, cette obligation n'existoit parmi eux que parce que *le crime seroit resté impuni* faute de ministere public. Observez encore combien nous serions inconséquens. Nous ressaisirions des loix qui évidemment ne vont pas à notre constitution politique, & nous laisserions la publicité de la procédure & les conseils des accusés, qui sont de droit naturel, qui vont à tous les gouvernemens, & que nous avons conservés si long-temps.

La Religion! .... On ne manque pas de citer les textes suivans de l'écriture. *Propinquus occisi homicidam interficiet.* (Numer. 35. 19.) *Si quis autem odio habens proximum suum insidiatus fuerit vitæ ejus, surgensque percusserit illum & mortuus fuerit, fugeritque ad unam de supradictis urbibus. ... Mittent seniores civitatis illius & arripient eum de loco effugii, tradentque in manu* PROXIMI *cujus sanguis effusus est & morietur.* (Deuter. 19. 11 & 12.) C'étoit la loi de Moyse, & voyez où meneroit son observation. JESUS a ordonné le pardon des injures, & persuadé la clémence. Comment sa religion prescriroit-elle de poursuivre les coupables? elle défend à ses ministres de les juger & de prononcer la mort.

La Nature & les Mœurs! ... Je ne sais ce que nous gagnerions à cette obligation d'accuser & de poursuivre, & je ne crois pas qu'elle ait rendu les hommes meilleurs. A Rome même je me défie, avec Tacite, de cette ostentation publique de douleur qui sembloit croître à mesure que les mœurs se perdoient. *Laudationes & lacrymas vel doloris* IMITAMENTA. J'entends une voix entrecoupée, dire au senat : « c'est à vous à consoler, par une juste sévérité, les enfans de Germanicus & son pere » *Vos verò & liberos Germanici & nos parentes justis solatiis adficite.* Mais celui-là même qui parloit ainsi, étoit celui qui, jaloux de son fils, l'avoit fait empoisonner par Pison : c'est cet affreux Tibere qui contrefaisoit si bien la douleur : *flexo in mæstitiam ore.* Eh ! qu'est-ce que les mœurs qui ne tiennent qu'à un deuil fait pour les yeux, à des discours étudiés, à des écrits préparés, à des affiches uniformes, & à une vaine représentation?

La nature a ses droits! Quand on a perdu ce qu'on aimoit, on croit être privé d'une partie de soi-même ; on souffre, on gémit, on se désespere; & malheur à l'homicide qui se présenteroit aux yeux de la douleur égarée! Mais comment revoir les lieux où a péri l'enfant que l'on pleure? Comment rechercher les témoins de sa mort? Comment en rassembler les funestes circonstances? Comment combiner une vengeance légale & se livrer à cette instruction judiciaire, dont suivant Ayrault, *les frais sont si grands & les longueurs si odieuses?* De froids & monotones écrits, des démarches accablantes, l'appareil enfin de notre procédure : qu'est-ce que tout cela pour la vraie douleur? Andromaque ne sait que pleurer Hector & embrasser son fils. La nature ne va pas plus loin, le reste est l'ouvrage de l'art.

Eh ! quel art? En empruntant le voile de la nature, il n'a pas même l'adresse de se cacher entiérement ; car ce ne sont pas les parens qu'il appelle à la vengeance, c'est l'héritier! Quel est le motif de cette distinction? Le vil intérêt. Tous ces procès fameux, dans lesquels, poussant le délire au point de vouloir faire périr les freres par les freres mêmes, on outrageoit la nature, à quoi se réduisoient-ils en derniere analyse? A savoir qui avoit dû, ou qui devoit faire les frais de la procédure. En France, comme à Rome, qui a élevé cette grande question? des cohéritiers infames, ou une avide fiscalité. *Heu! fuge crudelem terram, fuge littus avarum.* (Virg. Eneid. 2.)

Enfin, on a parlé de *sûreté & de bien public.* Mais que font à la sûreté générale des événemens isolés, des exemples sans effets? Et ne sait-on pas enfin qu'elle consiste plutôt à prévenir qu'à punir. Et quand il pourroit être utile de frapper, que peuvent à l'instruction judiciaire les larmes d'un enfant, le désespoir d'une épouse, la douleur muette d'une mere, qui, près du tombeau, soupire après l'instant d'y rejoindre tout ce qu'elle a perdu?

Qu'attendez-vous, ministres redoutables des loix sociales, pour remplir le devoir qu'elles vous imposent? Que les parens vous demandent justice! Ah! si elle est nécessaire, l'Univers entier la réclame. L'homicide injuste attaque toute la famille humaine, & la nature même, en versant des pleurs, vous demande un exemple. Qu'attendez-vous? que l'héritier place son nom sur vos registres, & qu'on le lise dans l'arrêt avant celui du ministere public! Que signifiera ce témoignage froid & équivoque? & si la fortune ou la délicatesse le mettent au dessus d'une réparation pécuniaire, pourquoi l'assujettir à un éclat superflu, à de vaines, longues & ruineuses procédures? Pourquoi lui donner un rôle au moins pénible, lorsqu'il ne peut paroître que pour demander l'argent qu'il dédaigne, & que le seul & véritable accusateur est le ministere public? Attendez-vous que l'héritier vous indique l'endroit où vous devez frapper? Mais encore, cette indication peut compromettre son repos, sa fortune, toute son existence;

& n'eſt-ce pas aſſez des maux qu'il a ſoufferts ſans les prolonger, & ſans y en ajouter d'autres? Mais ſur-tout ſi la nuit & le myſtere avoient enveloppé le crime, quelle lumiere trouveriez-vous au ſein de l'effroi, des cris, des pleurs & du déſeſpoir? Ah! craignez qu'égaré par vos queſtions, par la rumeur publique, par des conjectures ſi ſouvent fauſſes, l'on ne vous faſſe immoler l'innocence! Ouvrez nos annales, & voyez que les accuſations ſuivies par les familles ont trop ſouvent égaré la juſtice. Ce d'*Arconville* qui, ſans l'éloquence de Paſquier, eût été injuſtement décapité en 1572, pour l'aſſaſſinat de la fille de Dumoulin, c'étoit le mari, ſon beau-frere, qui s'étoit cru obligé de l'accuſer. Ce *Boulanger* qui, en 1600, eut la queſtion pour l'aſſaſſinat de Jean Proſt, c'étoit la mere qui l'avoit fauſſement accuſé. Cet infortuné *Lebrun*, qui périt ſoupçonné du meurtre de ſa maîtreſſe, c'étoient encore les enfans qui accuſoient. Et, s'il faut tout dire, n'oublions jamais que l'épouvantable ſupplice de la roue a été inventé contre une prétendue ſorciere, par une mere furieuſe & déſeſpérée de la mort de ſon fils.

Plus on y réfléchit, plus on voit que nos ordonnances ſont ſages, quand elles impoſent au magiſtrat ſeul l'obligation d'accuſer & de pourſuivre. Seul en effet, il peut avoir l'autorité, les moyens, l'habitude, le ſang froid, la patience, l'art enfin, & le tact néceſſaires pour débrouiller le chaos des rapports & des circonſtances, atteindre le coupable, & ſur-tout ne pas immoler l'innocence. Que les parens l'éclairent s'ils le peuvent; qu'ils demandent du pain ſi on leur a ravi celui qui le donnoit; qu'ils attendent en ſilence les décrets de la juſtice, &, lorſqu'elle frappe, qu'ils détournent la tête. Voilà ce que leur permettent la nature & l'honneur. Mais que le magiſtrat ſeul accuſe, pourſuive & puniſſe; voilà ce que preſcrit notre conſtitution depuis l'établiſſement du miniſtere public, & ce qu'ordonnent clairement l'eſprit & la lettre de nos ordonnances; ce que dicte la prudence, & ce qui eſt conforme à la nature du gouvernement monarchique.

Superbe & redoutable magiſtrature que celle du miniſtere public! Quand on apperçoit ſa ſource dans la fange du gouvernement féodal, il ſemble voir ces fleuves nombreux, qui, échappés des ſombres & glaciales cavités des Alpes, croiſſant avec le temps & l'eſpace, animent & fertiliſent l'Europe. Le miniſtere public tient dans ſes mains les droits de la couronne, l'ordre, les mœurs & la ſûreté. Quel bien il peut faire! A ce pouvoir qui embraſſe tout, s'il joint les lumieres, la prudence, le zele & l'humanité, quel bien il peut faire encore! J'allois rappeller ce que j'ai lu; & voulant dire ce que peut dans une grande ville un magiſtrat éclairé, vertueux, doux & ſenſible, j'allois peindre M. BAROU DU SOLEIL, ancien procureur-général de la cour des monnoies, ſénéchauſſée & ſiege préſidial de Lyon, & procureur du roi de la même ville. L'amitié m'arrête, & ſa modeſtie m'arrache la plume.

Forme de l'accuſation.

14. Quel que ſoit le titre de l'accuſation, quelle que ſoit la qualité de l'accuſé, nous n'avons pas aſſujetti l'accuſateur à l'appareil impoſant des Romains; & nous avons rendu les accuſations très-faciles.

Le titre 3 de l'ordonnance de 1670, paroît deſtiné tout entier à expliquer la forme des *plaintes*, *dénonciations & accuſations*; mais l'accuſateur n'en eſt pas moins fort à ſon aiſe. En effet, les articles 1 & 2 permettent de faire l'accuſation par *requête* ou par *comparant*; c'eſt-à-dire, qu'il eſt permis d'aller au juge avec un écrit à lui adreſſé; écrit que nous appellons *requête*; ou de comparoître devant lui ſans écrit, & d'y déclarer qu'on ſe plaint d'un délit quelconque: deſquels comparution & dire, le juge rédige ſon procès-verbal, qu'il doit faire écrire par son greffier ordinaire, ou tel autre qu'il commet, en prenant de lui le serment requis. L'art. 4 veut que *tous les feuillets soient signés par le juge & par le complaignant* (l'accusateur) *s'il sait ou peut signer, ou par son procureur fondé de procuration spéciale*, & qu'il soit *fait mention sur la minute & sur la grosse de sa signature ou de son refus*. Précautions destinées à assurer l'exactitude de la plainte, précautions souvent insuffisantes.

Toutes les formalités de la procédure criminelle ont été regardées comme rigoureuses, parce qu'elles sont prescrites à peine de nullité, quelquefois d'amende contre le juge. Une procédure suivie avec zele, modération, sagesse, a pu être refaite aux dépens du juge dont le greffier aura oublié un seul mot, celui-ci, par exemple, que le témoin principal n'est *serviteur ni domestique* du vagabond accusé.

D'après cela, jadis vouloit-on sauver un coupable? on ne s'amusoit pas à pallier le délit: on s'accrochoit à quelque nullité de ce genre, & le juge supérieur à qui elle étoit exposée, dépositaire de la loi, ne pouvoit pas se dispenser d'ordonner que la procédure seroit refaite: cependant les témoins se cachoient, le corps de délit étoit dénaturé, tout avoit disparu. Et combien de grands crimes ainsi impunis, tandis que de moindres délits ont entraîné des peines cruelles!

Vouloit-on se pourvoir en cassation? ce n'étoit pas la condamnation de l'innocence qui étoit le moyen, c'étoit l'oubli le plus indifférent de la moindre de ses formes; car, si elles avoient été remplies, malheur à l'innocence égorgée ou flétrie!

Après cela, qu'étoit-ce qu'un grand criminaliste? Ce n'étoit pas celui qui, à tout ce qu'inspirent une ame sensible & généreuse, un esprit vaste & pénétrant, joignoit la connoissance des loix, des affaires & des hommes, la modération, la douceur, l'exactitude, la patience & la crainte continuelle de compromettre un seul instant l'innocence. C'étoit celui qui avec un bon greffier avoit la routine de la procédure, une assiduité visible dans les prisons, une certaine facilité à tirer parti de tout, à rapporter avec clarté une affaire compliquée, une grande insensibilité dans les interrogatoires, à la torture, & sur l'échafaud même. C'étoit celui qui, comme le disoit Pussort, savoir *animer le procès*, & *soutenir la preuve*; car alors, le juge mettant une certaine gloire à punir le crime, faisoit véritablement & secrétement le rôle d'accusateur. C'étoit le juge qui avoit cet art d'instruire, qui a fait dire au lieutenant-criminel Ayrault, liv. 3, art. 3, n°. 22, pag. 334: « *La dextérité & industrie de bien faire & instruire un procès, a bien toujours été requise au magistrat; mais aujourd'hui que toutes les fonctions qui résidoient aux parties & aux avocats sont en lui, il faut qu'elle approche tellement du nom de* RUSE *& de* FINESSE, *s'il veut bien tirer les vers du nez d'un criminel, qu'à grand peine sauroit-on plus dire si ces artifices se doivent appeller* JUSTICE *ou circonvention.* »

Les formalités de l'accusation étoient plus rigoureuses encore chez les Romains que parmi nous; mais ce n'étoient pas les nôtres, & elles avoient un objet bien différent. Il s'agissoit d'abord de circonstancier exactement le libelle d'accusation, pour que le préteur vît s'il étoit admissible: l'accusation une fois reçue, tout se traitoit à l'audience, & les greffiers ne pouvoient écrire que par abréviation; tout étoit public, & dès-lors disparoissoit l'importance de ces formalités minutieuses, auxquelles jadis nous avons attaché la bonté de la procédure & le sort de l'accusation. Voyez *Procédure*, *Nullité*, *Cassation*, *Preuve*.

Titre de l'accusation.

15. Cette expression, TITRE DE L'ACCUSATION, qui est fort en usage, paroît

paroît employée dans l'article 20 du titre 10 de l'ordonnance de 1670, & dans l'édit de décembre 1680; elle est synonyme de celle *qualité du crime*, répétée dans l'ordonnance de 1670, entr'autres, dans l'art. 2 du tit. 10. « *Selon la qualité* des *crimes*, des *preuves* & des *personnes*, sera ordonné que la partie sera assignée pour être ouie, ajournée à comparoir en personne, ou prise-au-corps. » Or, ce texte n'expliquant pas si ces trois motifs doivent être pris cumulativement, ou séparément, c'est spécialement par le titre de l'accusation qu'on se décide.

Cette jurisprudence est constatée par plusieurs lettres de M. le chancelier d'Aguesseau. « Lorsqu'il y a un procès-verbal du corps du délit & une information faite, *la regle* générale est, que quoiqu'il n'y ait encore que des *soupçons* & des *indices* contre l'accusé, c'est le *titre de l'accusation*, & non pas le degré de la preuve, qui doit décider de la nature du décret. » (Tom. 8, lett. 27, pag. 55.)..... « Quand il s'agit d'un crime qui mérite peine afflictive ou infamante, il n'est pas des regles d'accorder l'élargissement à un accusé sur sa simple requête .... l'arrêt est visiblement nul dans sa forme. » (*ibid.* lettre 29, pag. 60).... Mêmes maximes dans la lettre 193 du même volume, pag. 292.

Le titre de l'accusation influe donc sur le titre du décret. Ce n'est rien, si l'on veut, pour certaines gens, & c'est tout pour d'autres. Mais encore, il suspend la puissance du roi, qui s'interdit le droit de faire grace pour certains crimes: c'est quelque chose, sans doute: mais il regle la procédure, le traitement de l'accusé, quelquefois les procédés & l'opinion des juges, & sans doute c'est beaucoup. Trop souvent on a poursuivi une accusation, on a retenu long-temps dans les fers, on a renvoyé sous un plus amplement informé indéfini, on a appliqué à la question, non parce qu'il y avoit des preuves, mais uniquement, parce qu'à des présomptions si souvent fausses, à des indices si souvent trompeurs, se joignoit un grand titre d'accusation. Nous l'avons vu, nous devons l'écrire; & la plume échappe, quand nous songeons que les accusés étoient innocens.

Qu'est-ce donc que ce *titre d'accusation*? Ayrault, liv. 2, art. 4, n°. 4, pag. 198, écrivoit, il y a deux siecles, que l'*accusation se prenoit* SI LARGEMENT. L'ordonnance de 1670 ne l'a pas resserrée, puisqu'on n'y a ni spécifié les crimes, ni prescrit la formule de l'accusation.

De-là, fiez-vous-en à la passion ou à la prévention de l'accusateur, & à l'intérêt de quelques subalternes. Les événemens dont on peut se plaindre, quels qu'ils soient, sont placés par eux dans un cercle dénominatif de crimes, dont ils ne sortent jamais. A leurs yeux égarés & livides, tout est vol, rapt, viol & assassinat. Point de modification, point de nuances, point d'excuses, encore moins de palliatifs, & sur-tout point d'innocence. De quoi vivroient-ils, s'il n'y avoit point d'accusation, si l'on pouvoit s'éclaircir, se rapprocher, se taire ou s'accommoder? Il faut creuser un abyme, & ils le font sans pudeur comme sans pitié. Incohérence dans les faits exposés, invraisemblance frappante, défaut de témoins, impossibilité de preuves, passion & mensonge de l'accusateur, repentir, peines & dépenses qu'entraînera la procédure; bienséance, honneur, réputation, amitié, parenté, humanité, tout disparoît sous la plume de l'avide rédacteur de la plainte. L'apparence est réalité; l'indice, preuve; l'allégation, certitude. Tout prend la couleur & la vie d'un crime capital. La faillite est banqueroute frauduleuse; la plaisanterie, libelle diffamatoire; la possession de l'effet dérobé, vol; l'achat, recelé; la compagnie, complicité; la grossesse célée par la honte, infanticide; l'accident, meurtre; le suicide, assassinat. L'homme du peuple, qui du cabaret arrive le premier, signe, encore ivre, une plainte qu'il ne lit point, & où il ne manque pas d'accuser son camarade, avec lequel il vient de se battre, d'avoir voulu l'assassiner.

Secret de l'accusation.

16. Le titre de l'accusation étant aussi aisé à aggraver que les formes à remplir, on peut sans obstacle donner plainte contre qui & de tel fait qu'on voudra. Avec une feuille de papier, écrite dans les ténebres, on va désoler un citoyen, ruiner une famille, compromettre le repos public & la justice elle-même; car telle est la marche de notre procédure, que la plainte une fois donnée, on ne peut plus reculer, & que tout doit marcher dans le secret le plus profond.

De-là, nécessairement plus d'un citoyen dort tranquille, sans savoir qu'il existe contre lui une accusation dans quelque greffe. On a vu, il y a quelques années, un ambassadeur l'ignorer pendant trois mois, & dans la fameuse affaire de l'abbé G. . . . . contre le comte de B. . . . . l'abbé ne sut que par hasard qu'il étoit accusé.

C'est en vain que Serpillon, dans son code criminel, sur l'article 8 du tit. 2, pag. 285, dit: qu'*il n'y a que le décret qui constitue* VÉRITABLEMENT *accusé*, & cite cet adage du palais: C'EST LE DÉCRET QUI ACCUSE? Jeu de mots cruel! L'accusation n'en est pas moins une injure; elle n'expose pas moins celui contre qui elle est dirigée. Le décret est le commencement de l'incendie: mais tandis qu'on assemble sous moi les matieres combustibles, puis-je dormir en paix? & la loi qui permet à mon ennemi de me brûler à petit feu, si elle veille pour tous, ne doit-elle pas m'avertir au moins avant que le feu soit aux poudres?

Tout cela existe ainsi depuis l'ordonnance de 1670; ou si l'on veut, depuis celle de 1629; car, celle-ci prouve qu'alors les juges renvoyoient à l'audience d'abord après l'information. On se fait à tout, & en voilà la preuve, puisque ce qui n'avoit existé nulle part, subsiste en France, en Espagne, & en Italie, déja depuis plus d'un siecle, & nous n'en avons pas moins vécu. Il s'agit de savoir si cela est juste, & dans les jours heureux où j'ai le bonheur d'écrire, il suffit de jeter cette question pour la tranquillité générale.

Conversion de l'accusation en action, en procès ordinaire.

17. Les examinateurs de l'ordonnance de 1670, ont reconnu l'abus affreux de pouvoir accuser qui l'on veut, & de ce qu'on veut indéterminément: ils ont cherché un remede dans le *tit.* 20. L'*art.* 3 porte: « *s'il* PAROIT *avant la confrontation des témoins, que* L'AFFAIRE NE DOIT POINT ÊTRE POURSUIVIE CRIMINELLEMENT, *les juges renverront les parties en procès ordinaire*: & pour cet effet, ordonneront que les informations seront converties en enquêtes, & permis à l'accusé d'en faire de sa part dans les formes prescrites pour les enquêtes. » *Art.* 4: « après la confrontation des témoins, l'accusé ne pourra plus être reçu en procès ordinaire, mais sera prononcé définitivement sur son absolution ou sa condamnation. » *Art.* 5: « encore que les parties aient été reçues en procès ordinaire, la voie extraordinaire sera reprise *si la matiere y est disposée.* » . . . . Bornier, sur ce dernier article d'après Carondas, en ses observations sur le mot *causes*, rapporte deux ARRÊTS par lesquels, *quoique les parties eussent été reçues en procès ordinaire, les criminels furent repris, le prévôt des maréchaux condamné à mort, & le faussaire puni de peine corporelle & amende.* La loi est précise, & la raison ne s'y oppose point: toutes les fois que la justice voit un délit grave, elle peut punir.

Mais qu'est-ce que cette conversion d'accusation en action prononcée par l'*art. 3.* Cherchons en l'esprit dans le procès-verbal de l'ordonnance : M. Talon y dit page 229. . . . « AVANT L'ORDONNANCE DE 1539, LES PROCÈS CRIMINELS S'INSTRUISOIENT COMME LES AFFAIRES CIVILES. L'ACCUSÉ SE DÉFENDOIT PAR LE MINISTERE D'UN AVOCAT ET D'UN PROCUREUR. LES PLUS GRANDES ACCUSATIONS MÊME CAPITALES, ÉTOIENT PORTÉES A L'AUDIENCE OU L'UNE ET L'AUTRE DES PARTIES PRODUISOIENT LES TÉMOINS ET LES PREUVES LITTÉRALES QU'ELLES AVOIENT RASSEMBLÉES, L'UNE POUR INSTRUIRE SON ACCUSATION, L'AUTRE POUR SERVIR A SA JUSTIFICATION. *L'ordonnance a changé cette coutume & obligé les accusés de crimes capitaux, de répondre & de se défendre par leur bouche :* elle a permis néanmoins aux juges, en cas qu'après l'interrogatoire l'affaire parût moins grieve, de la remettre en procès ordinaire, c'est-à-dire de suivre ce qui se pratiquoit avant l'ordonnance. . . . . *TOUTES accusations criminelles ne doivent pas être TOUJOURS poursuivies* par récolement & confrontation. *Il y auroit SOUVENT de la VEXATION d'en user ainsi ;* mais ce que l'on doit prescrire aux juges, est qu'en *MATIERE LEGERE comme d'injures & AUTRES SEMBLABLES, ILS NE DOIVENT PAS MEME PERMETTRE D'INFORMER,* mais d'assigner les parties & les régler sur le champ. Si outre les injures il y a quelque *excès*, mais qui ne soit pas *fort considérable*, ils peuvent & doivent au lieu de décréter l'information, ordonner que celui duquel on se plaint sera assigné, &, sur le récit qui sera fait à l'audience des informations, arbitrer la réparation. »

Certes, voilà d'excellentes vues. Pourquoi n'ont-elles pas été suivies ? Je l'ai dit plus haut. Ce silence de l'ordonnance sur une infinité de points intéressans développés par les magistrats du parlement, l'ambiguité des expressions, tant de choses laissées à l'arbitrage des juges, tout a jeté dans la procédure criminelle une obscurité effrayante qui étonne & qui embarrasse les juges eux-mêmes. Les cours souveraines attachées aux maximes saines les font revivre souvent ; mais les juges inférieurs craindroient de se compromettre en rejetant l'accusation, en refusant la permission d'informer ; cependant l'innocence est inquiétée, la paix publique est troublée ; est-ce donc là la justice ?

Examen préliminaire de l'accusation.

18. Avant d'admettre l'accusation, les Romains examinoient la qualité & la réputation de l'accusateur & des témoins, la possibilité, la vraisemblance & les détails des faits circonstanciés : *causâ scilicet cognitâ.* Les questeurs du parricide n'étoient établis que pour faire les recherches & les enquêtes nécessaires au prêteur, avant qu'il se déterminât à inscrire le libelle.

Cette jurisprudence est fondée sur des motifs puissans. L'accusation est une voie extraordinaire & violente qui compromet l'honneur, le repos, la fortune & quelquefois la vie de l'homme le plus honnête & le plus tranquille. Or tout citoyen trop foible pour être heureux s'il reste isolé, ne s'est mis en société que pour vivre sous la protection des loix. Donc ces loix, si elles sont bonnes, doivent veiller pour lui. Donc le citoyen vertueux & paisible ne doit pas être exposé à une accusation invraisemblable, faite par un homme sans nom comme sans fortune, soutenue par des témoins infames ou suspects. Donc il faut que le juge avant d'inscrire l'accusation, puisse examiner l'accusateur, l'accusé, les témoins & les faits exposés.

Notre ordonnance de 1670 n'assujettit le juge ni à un examen préliminaire ni à la moindre recherche. L'*art. 2, du tit. 10,* qui veut que le juge considere la *qualité du crime, des preuves & des personnes*, n'a pour objet que la différence des décrets ; il suppose l'accusation reçue & l'information faite. La plainte restera éternellement au greffe, si la partie civile ou le ministere public ne requierent aucun décret ; & s'ils en requierent un, l'accusé le plus innocent sera exposé aux longueurs, aux frais, à toutes les horreurs de la procédure criminelle : trop heureux s'il échappe à la méchanceté de l'accusateur, à la subornation des témoins, à l'avidité des subalternes, qu'il ne voudra pas ou ne pourra pas stipendier, à la timidité du ministere public, à la foiblesse du juge, aux précipices que présente à chaque pas l'instruction criminelle.

Y auroit-il quelque inconvénient à nous rapprocher du droit romain ? *Doute, question*. J'y suis amené par l'*art. 1 du tit.* 4 de l'ordonnance. *Les juges dresseront* SUR LE CHAMP *& sans déplacer procès-verbal de l'*ETAT *auquel seront trouvées les personnes blessées ou le corps mort*, ensemble *du* LIEU *où le délit aura été commis & de* TOUT CE QUI PEUT SERVIR POUR LA DÉCHARGE OU LA CONVICTION.

La justice ne cherche que la vérité. TOUT ce qui peut la découvrir, la préparer, la fixer, est précieux & ne sera point ILLÉGAL. Je suis encore amené à cette idée par ce que disoit M. d'Aguesseau de l'interrogatoire préliminaire des témoins : *Il n'y a point de* BON *juge qui ne le fasse.* (tom. 4, pag. 469.)

Cette précaution a été suivie plus d'une fois avec succès, a sauvé plus d'un innocent, a fait disparoître plus d'une dénonciation. Je l'ai vu ; & si l'on y faisoit bien attention, sans doute on se convaincroit que du nombre des délits dénoncés il en est beaucoup de supposés, beaucoup qui ne doivent pas fixer les regards de la justice criminelle.

Ce que vous proposez, dira-t-on, est l'objet de l'information ; c'est ainsi que l'on voit. Si l'accusé est inconnu, on s'en inquiete peu : s'il est intéressant, on l'aura à ses pieds. Dans un bailliage voisin on vient par ce motif de décréter d'assigné pour être oui un conseiller de sénéchaussée, parce qu'il a renversé une haie plantée sur son fonds par un paysan usurpateur. On se vantera peut-être de ne l'avoir pas décrété d'ajournement personnel. Et si les magistrats se traitent ainsi, jugez quelle est notre jurisprudence.

On ne veut rien savoir que par l'information : cela est plus commode, plus lucratif & plus sûr. C'est l'usage, sans doute : mais est-ce la justice ? Observez les témoins ; les uns craignent de parler & de se compromettre ; les autres poussés par l'accusateur, le dénonciateur, le délateur, ne vous présentent que le mensonge, l'embarras, les ténebres : s'ils se sont égarés par un motif quelconque dans le *récolement* qui se fait avec tant de légéreté ; si dans la confrontation à l'aspect de l'accusé le remord les saisit, ou s'ils apperçoivent qu'ils se sont trompés ; ils ne connoissent pas les formes, ils croiroient en vain que la vérité est une. Le mensonge qu'ils ont dit est irréparable, & dût-il faire périr l'innocent ; ils doivent persister. L'*art. 11 du tit.* 15 porte : que *les témoins* qui depuis *le récolement rétracteront leurs dépositions ou les changeront dans les circonstances* ESSENTIELLES *seront poursuivis &* PUNIS COMME FAUX TÉMOINS. Combien cette disposition a fait de maux ! Voyez *Témoin qui se rétracte, Déposition, Information, Récolement, Confrontation.*

Observez ensuite l'ensemble de tant d'informations, rien n'est plus obscur. Les témoins se sont cachés ; les idées se sont effacées ; les faits ont été oubliés ; la vérité s'est décousue, & vous ne pouvez plus en former un corps. Elle se soustrait si souvent aux hommes ; elle est quelquefois si fort au-dessus de notre foible intelligence ; & vous vous flattez de la rencontrer, de la reconnoître sans avoir vu les lieux, sans avoir tout comparé, combiné, consulté ! Les informations faites sur le champ à Paris par les commissaires enquêteurs ont cet avantage que recueillant l'accusé, le corps de délit, la position des lieux, les témoins & l'événement, elles présentent à la justice un tableau exact.

Ouvrez les annales des tribunaux de la province, vous trouverez mille exemples d'innocens condamnés, parce que le premier juge a suivi cette routine. Vous en trouverez un plus grand nombre qui ont gémi sous le poids insupportable d'une accusation injuste. Tous ceux dont la mémoire a été vainement réhabilitée n'eussent pas péri sur l'échafaud ou dans les fers, si avant d'admettre l'accusation, le premier juge eût pris les précautions & fait les recherches ordonnées ensuite par les arrêts qui ont cassé le premier jugement.

Je suis encore amené à l'idée de l'avantage de cet examen préliminaire, par un arrêt récent que je cite entre mille. Je supplie qu'on en saisisse bien le dispositif & l'espece.

ARRÊT du parlement de Paris du 22 septembre 1781, qui. . . « Faisant droit sur les *APPELS interjetés par les sieurs Burdet & Ardisson* DES PLAINTES *& addition de plainte* du sieur Guillermin, met les appellations & ce dont est appel au néant : émendant, évoquant le principal & y faisant droit, DÉCLARE LESDITES PLAINTES NULLES *& injurieuses ;* DÉCHARGE *lesdits Burdet & Ardisson* DES ACCUSATIONS*; fait* DÉFENSES *à Guillermin de rendre à l'avenir de semblables* PLAINTES *:* le condamne en 300 liv. de dommages & intérêts envers les sieurs Burdet & Ardisson, applicables de leur consentement aux pauvres des hôpitaux de Lyon: ordonne que les mémoires imprimés, signés Guillermin, ensemble sa requête sur l'appel, seront & demeureront *supprimés comme injurieux & calomnieux ;* permet de faire imprimer l'arrêt, condamne Guillermin en tous les dépens... *Espece remarquable.* Guillermin fait avec ses créanciers, le 15 juillet 1773, un contrat d'accord, par lequel il doit payer en 5 ans. 4 avril 1779, acte par lequel il abandonne à ses créanciers entr'autres un domaine à Odenas en Beaujolois pour être vendu par direction. 22 septembre, après trois affiches, vente par adjudication faite par Burdet & Ardisson, & syndics de ses créanciers, en présence du conseil de la direction, à Sygaux, plus offrant, au prix de 61000 l. à la charge en outre de la pension viagere de 3000 liv. à Jacquet, vendeur originaire, & d'une pension de 600 liv. que les créanciers font à Guillermin. Silence de Guillermin durant deux mois, pendant lesquels il écrit quatre lettres sans se plaindre, & quitte le domaine, ensuite murmure, menace. 9 décembre, plainte de Guillermin au bailliage de Villefranche. Le même jour, 9 décembre 1779, arrêt du Parlement sur la requête de Burdet & Ardisson, qui les reçoit appellans, & fait défenses, signifié avant que l'information fût commencée. Mémoires respectifs, audience. Pour Guillermin, on disoit 1°. que l'acte du 4 avril étoit faux, en ce qu'il étoit daté d'Anse, en Lyonnois, & paroissoit reçu par deux notaires de Lyon, tandis qu'on offroit de prouver qu'il avoit été fait & signé à Villefranche en Beaujolois, où l'on soutenoit que les deux notaires de Lyon ne peuvent pas acter : faux encore, en ce que l'on offroit de prouver que des créanciers qui l'avoient signé n'étoient pas venus à Villefranche ; faux enfin, en ce qu'on avoit sans doute substitué une minute préparée à celle qu'on avoit lue à Guillermin. 2°. Que cet acte étoit frauduleux, en ce qu'on avoit abusé du malheur de Guillermin ; qu'on l'avoit attiré dans une auberge, où on l'avoit fait signer avec précipitation après le repas, & où l'on avoit amené un huissier pour le traduire à

Lyon s'il ne ſignoit pas ; en ce que cette manœuvre ſuppoſée n'avoit pour objet que de vendre à vil prix à Sygaux, prête-nom ſuppoſé du conſeil des créanciers à qui, diſoit-on, le voiſinage faiſoit deſirer cette propriété. 3°. Que cette vente étoit infectée de léſion, ce domaine n'ayant été vendu qu'environ 112000 liv., & valant, diſoit-on, 150000 liv. De plus, Guillermin avoit fait imprimer une conſultation, ſignée le premier Mars 1781, par deux avocats de Paris, qui diſoient qu'*il eſt abſurde de ſe faire recevoir appellant d'une plainte dont l'exiſtence n'eſt pas certaine. Les réglemens défendant aux procureurs d'obtenir des arrêts ſur requêtes ou des lettres de chancellerie, pour interjeter appel de prétendues Sentences ou ordonnances lorſqu'ils n'ont pas des groſſes, des expéditions ou des copies ſignifiées dans les formes. Ces réglemens ont été renouvellés en matiere civile durant les vacations de 1779, par un* ARRÊT *prononcé par M. le préſident Joly de Fleury, mais c'eſt ſur-tout en matiere criminelle qu'ils doivent être maintenus dans toute leur rigueur.* — Les ſyndics répondoient 1°. ſur le faux prétendu, qu'il ne ſeroit pas *ſubſtantiel*, que la minute étoit ſous les yeux de la cour ; que Guillermin avoit reconnu cet acte par quatre lettres écrites poſtérieurement, & que dans le nombre des témoins ſignataires ſe trouvoit ſon conſeil. 2°. Point de précipitation puiſqu'il s'étoit écoulé plus de 5 mois entre l'acte du 4 avril 1779, & l'adjudication du 22 ſeptembre ; point de fraude puiſqu'il y avoit eu vingt-huit encheres, dont cinq par le procureur de la famille Guillermin ; point de perſonne interpoſée, Sygaux reſtant acquéreur, payant & ayant fait les formalités preſcrites par l'édit des hypotheques. 3°. Point de léſion, puiſque la derniere enchere du procureur des Guillermins n'avoit été que de 55000 liv., puiſqu'il étoit vendu le double de ce qu'il avoit été acheté. Guillermin non-recevable à ſe plaindre, parce qu'il n'offroit pas de payer ce qu'il devoit ; parce qu'il avoit écrit quatre lettres confirmatives ; parce qu'il avoit enlevé ſon mobilier & quitté le domicile ; parce que l'acte avoit été mis au greffe des hypotheques & purifié ; parce qu'au lieu d'une plainte artificieuſe qui compromettoit l'honneur & le repos de pluſieurs citoyens honnêtes, & n'avoit pour objet que de les diffamer par des mémoires imprimés, Guillermin auroit dû enchérir ou même moins, puiſque *l'édit ne l'aſſujetiſſoit qu'à offrir un dixieme en ſus de l'adjudication.* — MOTIFS. Ainſi quand le parlement voit qu'une plainte eſt dénuée de fondement s'il eſt à temps de l'arrêter, il le fait & c'eſt juſtice. De pareilles plaintes ſont des *vexations* ; elles n'ont pour objet que d'injurier, de *calomnier*, & c'eſt pourquoi l'arrêt condamne en des dommages & intérêts : ordonne l'impreſſion avec l'affiche, & fait défenſes de récidiver.

J'ai extrait avec ſoin cette affaire afin qu'on ne ſuppoſe pas des circonſtances oubliées qui décident quelquefois les arrêts. Je ſupplie qu'on remarque le diſpoſitif. *APPEL de PLAINTE & addition de plainte.* L'arrêt *DÉCLARE les PLAINTES NULLES & injurieuſes, DÉCHARGE les ſieurs Burdet & Ardiſſon des ACCUSATIONS, fait DÉFENSES à Guillermin de rendre à l'avenir de ſemblables PLAINTES.* On peut donc *APPELLER* d'une *PLAINTE :* on peut donc la juger avant l'information en renvoyant l'affaire à l'audience, & entendant les parties par avocat. On n'a donc pas beſoin d'une information, lorſqu'après l'examen des faits bien mieux ſaiſis ſur la contradiction reſpective & la plaidoirie des avocats, on voit la vérité. Ces conſéquences ſont le réſultat de l'arrêt.

Cette juriſprudence ſage & précieuſe eſt un retour à celle qui ſe pratiquoit avant l'ordonnance de 1629 ; & voyez combien elle aſſure la tranquillité publique. En effet, laissez marcher la routine de la procédure criminelle, vous voilà exposé aux faux témoignages & à l'obscurité que présentent la plupart des informations. Voilà des *accusés !* & ce mot seul fait frémir. Voilà une involution de procédures éternelles, dont le moindre inconvénient sera de coûter aux accusés du temps, de l'inquiétude & des faux frais bien connus. Elevez-vous, au contraire, avec la raison & la jurisprudence, examinez, appellez les parties, faites plaider, vous reconnoîtrez contradictoirement la vérité, & vous rendrez exactement justice.

Cette jurisprudence n'est pas même opposée à l'ordonnance de 1670. L'*art. 3 du tit. 20*, porte : *s'il paroit AVANT la confrontation des témoins que L'AFFAIRE NE DOIT POINT ETRE POURSUIVIE CRIMINELLEMENT, les juges renverront les parties en procès ordinaire.* Or ce terme vague *AVANT* n'exclut pas le renvoi d'abord après la plainte, il faudroit que l'ordonnance eût dit APRÈS l'information, *APRÈS le récolement.* Donc l'examen de la plainte, de sa vraisemblance, de sa probabilité, de sa vérité, de l'intérêt & du personnel de l'accusateur, de l'accusé & des témoins, peut être fait avant tout. Donc il est juste & salutaire.

Mais ce que le Parlement a fait, le juge inférieur le peut-il ? Les cours souveraines peuvent tout, & les juges inférieurs croient pouvoir si peu! Quel doute! la justice est une. La justice est tout ce que peuvent les uns & les autres. Si un parlement a fait justice en jugeant d'une maniere, le juge inférieur l'auroit pu faire en jugeant de même. Quelle différence y a-t-il entre les tribunaux? Les premiers juges statuent conformément à l'équité, au droit naturel, aux loix établies; s'ils ne s'en sont pas écartés, le juge supérieur ne peut que confirmer; il peut infirmer s'ils se sont égarés : il ne peut rien de plus. Je ne parle pas des prévarications : la justice est le flambeau qui éclaire la sûreté & le bonheur public. Le juge souverain le rallume ; ce qu'il fait est toujours la preuve de ce qu'auroit pu & dû faire son inférieur : & malheur aux peuples qui, éloignés des tribunaux souverains, n'auroient que des juges inférieurs qui ne se croiroient pas autorisés à rendre la justice dans toute son étendue ; le désordre & le trouble y régneroient bientôt; l'état en souffriroit incontestablement.

Aspect de l'accusateur & de l'accusé.

19. Je vais rassembler des idées qui paroîtront extraordinaires; je supplie qu'on les approfondisse avec quelque intérêt, & qu'on les juge sans prévention.

Avant d'admettre la plainte, tout juge ne devroit-il pas considérer l'accusateur, le dénonciateur, le délateur ? Ne devroit-il pas chercher dans les yeux, la voix, les discours, les gestes & la contenance même, quel motif porte à cet acte extraordinaire ? De même, avant de renfermer l'accusé dans des cachots, d'où il ne sortira que mourant & méconnoissable, ne seroit-il pas utile qu'il fût vu, entendu, examiné, interrogé plusieurs fois, je ne dis pas par l'instructeur seul, mais par tous ses juges ?

Voilà ma double idée, que je trouve par-tout; car, je l'ai dit dans ma préface, rien de ce que j'écris ne m'appartient, je ne fais que rassembler ce que j'ai vu, ce que j'ai lu, ce que j'ai appris des grands hommes du siecle, avec lesquels j'ai eu le bonheur d'avoir des rapports.

Cette idée est bien ancienne, puisqu'on la trouve dans Confucius. Cinq cents ans avant l'Ére commune, le législateur de la Chine en avoit fait aux magistrats une obligation développée par cinq regles précises. *Verborum, vultûs, respirationis, aurium, oculorum observatio.* (Confucius Sinarum philosophus : Parisiis, Horthemels, 1687, in-fol., *lib. 1, p. 2, § 1, pag. 12 & 13.*)

Un ſavant François a traduit ainſi ce paſſage du légiſlateur Chinois.... « Pour mettre l'innocence à l'abri des attentats de la calomnie; j'ai déſigné les juges & leur compétence; j'*ai réglé l'ordre des accuſations contre les citoyens*, le nombre des témoins, la qualité des perſonnes qui peuvent l'être, & *pour intimider les accuſateurs, je les ai condamnés à la mort, après avoir eu la langue percée d'un fer rouge, ſi leurs accuſations ſe trouvent fauſſes*.... La juſtice eſt émue de compaſſion pour les *foibleſſes* des hommes. *Elle ne cherche point à les trouver coupables;* elle ſe félicite au contraire quand elle les trouve innocens. Mais ici ſes ſollicitudes ſont ſans bornes; elle preſcrit cinq regles aux magiſtrats... Ces regles ſont de la plus grande utilité. Comme toutes les paſſions ſont des mouvemens de l'ame, la plupart relatives aux impreſſions des ſens, elles peuvent être exprimées par les mouvemens du corps, & ſur-tout par ceux du viſage. Quoiqu'un inſtant de réflexion ſuffiſe pour arrêter les mouvemens du viſage dans les paſſions, & même pour les changer : *il n'eſt pas poſſible à l'homme d'empêcher* ſon viſage de changer de couleur; la rougeur ou la pâleur des joues qui ſont involontaires ne dépendent point de la réflexion. *C'eſt ſur-tout dans les yeux que les paſſions ſe peignent* & qu'on peut les reconnoître; *l'œil appartient à l'ame plus qu'aucun autre organe, il ſemble y toucher & participer à tous ſes mouvemens.* — La bouche & les levres ſont après les yeux les parties du viſage qui ont le plus de mouvement & d'expreſſion; les paſſions influent ſur leurs mouvemens. La bouche en marque les différens caracteres; l'organe de la voix anime encore cette partie & la rend plus vivante que les autres. Une inſpiration vive & prompte, des ſons inarticulés, des ſoupirs, expriment auſſi l'émotion de l'ame, ſans ſon conſentement. — En général *on rougit* dans la honte, la colere, l'orgueil. *On pâlit* dans la crainte, l'effroi, la triſteſſe. Des yeux qui ſe gonflent tout-à-coup, & qui ſe couvrent d'un humeur qui les obſcurcit, expriment *la honte*. — Dans la *perplexité* & la *triſteſſe*, les deux coins de la bouche s'abaiſſent, la levre inférieure remonte, la paupiere eſt abaiſſée à demi, la prunelle de l'œil eſt élevée & à moitié cachée par la paupiere, les autres muſcles de la face ſont relâchés, & le viſage paroît alongé. — Dans la *peur*, la triſteſſe, l'effroi; le front ſe ride, les ſourcils ſe levent, la paupiere s'ouvre autant qu'il eſt poſſible, & laiſſe paroître une partie du blanc de l'œil, au deſſus de la prunelle qui eſt abaiſſée; la bouche eſt en même temps fort ouverte, les levres ſe retirent & laiſſent paroître les dents en-haut & en-bas. La *tête* enfin prend dans les paſſions diverſes des poſitions & des mouvemens différens. Elle eſt abaiſſée en avant dans l'humiliation & la honte, penchée à côté dans la langueur & la pitié; élevée dans l'arrogance; droite & fixe dans l'opiniâtreté; elle fait un mouvement en arriere dans l'étonnement, & pluſieurs mouvemens réitérés de côté & d'autre dans le mépris, la colere & l'indignation. — Voilà des phénomenes naturels dont *les juges* doivent ſavoir la cauſe, s'ils veulent démêler les motifs ſecrets qui font agir & parler les hommes. *Ces obſervations* & ces formalités néceſſaires dans les affaires majeures, pour examiner, diſcuter, éclaircir tout ce qui peut donner atteinte à la réputation & à la fortune des citoyens, *ſont toutes à l'avantage de l'accuſé & conformes au droit qu'il a d'être d'abord cru innocent. La même juſtice qui le protege, juſqu'à ce qu'il ſoit trouvé coupable, défend expreſſément que ſur une ſimple accuſation, on commence par l'arrêter & le déshonorer. Aucune peine ne peut & ne doit être infligée, que dans le cas où la loi décide qu'un homme l'a encourue.* Avant que d'infliger *la peine d'empriſonnement*, il faut

faut un examen & des *indices suffisans.* Quels griefs énormes un citoyen accusé, emprisonné d'abord, reconnu innocent après l'examen, & puis absous, n'a-t-il pas à former contre ses juges? Tout crime pour mériter une peine doit être certain. *TOUTE AUTRE FORME DE PROCÉDURE DONNE ATTEINTE A LA LIBERTÉ, A LA SURETÉ PUBLIQUE. Un scélérat ose tout, parce qu'il n'a rien à perdre; il forme des accusations contre le citoyen vertueux qu'il veut déshonorer, intimement persuadé que, si l'accusé s'en lave, une tache en reste toujours aux yeux des méchans.* » (Yu le grand & Confucius, par M. le Clerc, médecin de M. le duc d'Orléans. Soissons, Courtois, 1769, pag. 676 & suiv.). . . . Et voilà comment, en traduisant librement un ouvrage Chinois, on imprimoit & publioit en 1769, la critique de nos loix, avec une liberté qu'on n'auroit pas eue alors, si on les avoit attaquées directement.

Ces idées sur l'aspect attentif & réfléchi du personnel, appartiennent à toutes les nations & à tous les temps. Le philosophe Helvetius a recueilli ce trait fameux de Marcel, « à la démarche, à l'habitude du corps, ce danseur prétend connoître le caractere d'un homme. Un étranger se présente un jour dans la salle: *de quel pays êtes-vous?* lui demande Marcel: *je suis Anglois. . . . . Vous Anglois?* lui replique Marcel: *vous êtes de cette isle où les citoyens ont part à l'administration publique, & sont une portion de la puissance souveraine! Non, monsieur, ce front baissé, ce regard timide, cette démarche incertaine, ne m'annoncent que l'esclave titré d'un électeur.* . . . Et de nos jours le célebre Latour, dont les portraits ont une vérité si frappante, a dit de ceux qu'il peignoit: *Ils croient que je ne saisis que les traits de leur visage; mais je descends au fond d'eux-mêmes à leur insu, & je les porte tout entiers.*

Ces réflexions ne sont point étrangeres à la jurisprudence. Dans l'affaire de l'accusation de parricide jugée par un arrêt du 14 avril 1778, que nous citerons ci-après n°. 24, M. Dodin, avocat, écrivoit: « De quoi s'agit-il ici, de savoir si des enfans ont été assez scélérats pour donner la mort à leur pere, de connoître s'ils sont d'abominables *PARRICIDES?* Eh bien! *prononcez CE SEUL MOT devant eux, quand ils paroîtront à vos pieds;* s'ils vous entendent sans trouble, concevez d'eux la plus funeste idée, ils le méritent. Mais *si vous voyez l'indignation se peindre à l'instant sur leurs fronts, si vous appercevez dans tous leurs membres ce frémissement involontaire & subit de la nature révoltée, arrêtez vous à l'émotion que vous éprouverez, soyez certains qu'ils ne sont pas des monstres.*

Je retrouve les mêmes idées & les mêmes conséquences dans une lettre que M. le chancelier d'Aguesseau écrivoit à un Parlement le 12 mai 1730. « Ce n'est pas seulement, disoit-il, pour l'accusé que la nécessité de ce dernier interrogatoire a été établie, c'est aussi contre lui & pour le bien de la justice même. *La CONTENANCE plus ou moins ferme de l'accusé, le TON de sa voix, l'embarras, l'hésitation ou la variation de ses réponses, également remarqués par TOUS LES JUGES*, sont des circonstances qui *JOINTES A TOUT LE RESTE* servent à affermir leur jugement. » (Œuvres de d'Aguesseau, tom. 9, lett. 75, pag. 147.)

Cet aspect du personnel de l'accusateur & de l'accusé est important sur-tout chez des hommes francs, généreux & libres, qui, quand ils sont sans reproche, ne craignent pas de porter leurs regards sur le magistrat le plus sévere, comme sur les personnes les plus puissantes de l'état. On se rappelle ce trait du maréchal de l'Isle Adam: il parloit au roi d'Angleterre, & le regardoit avec cette franchise naturelle à notre nation: « *Comment*, dit Henri, en fronçant le sourcil, *osez-vous regarder un prince au visage ! Très - REDOUTÉ seigneur*, repartit le François, c'est la *GUISE DE FRANCE : & SI AUCUN N'OSE REGARDER CELUI A QUI IL PARLE, ON LE TIENT POUR MAUVAIS HOMME ET TRAITRE : & pour Dieu ne vous en déplaise.* » (Hist. de France, par Villaret, *tom. 7, pag. 278, édit. in-4°.*)

J'entends s'élever le petit nombre de ceux qui dans les affaires criminelles, négligent tout éclaircissement particulier, dédaignent les mémoires, prétendent qu'il ne faut lire que les charges, ne s'occupent de l'affaire qu'au moment où excédés, accablés, distraits, ils écoutent légérement le rapport, & trop souvent donnent moins de temps à prononcer sur la vie d'un malheureux inconnu que sur une affaire civile, agréable par les détails ou intéressante par le crédit qui la sollicite. Je n'écris point pour ce très-petit nombre, & à l'égard des autres, je conviens qu'il ne faut pas attacher une trop grande importance à ces observations.

Mais il me semble que lorsqu'un accusateur, un dénonciateur se présente, si le juge l'envisage, le pénetre, lui parle avec clairvoyance, adresse & bonté, s'il descend dans son ame, il déterrera toujours le motif & souvent la vérité : il semble encore que la premiere conférence avec l'accusé peut être décisive, qu'on ne sauroit donc y donner trop de temps & y mettre trop d'intérêt. Il semble que les indices qui en résultent sont bien supérieurs à ceux auxquels on a si malheureusement attaché tant d'importance.

Entre mille exemples d'innocens condamnés sur des indices, j'en choisis un seul, celui de Lebrun dont je rapporte l'arrêt ci-après, n°. 24. J'ouvre Augeard, *tom. 1, pag. 268.* Qu'est-ce que les *conjectures* & les *indices* sur lesquels ce malheureux, accusé d'avoir volé & assassiné la dame Mazel, sa maîtresse, fut condamné, par le premier juge, à la roue, & par arrêt à la torture, d'après laquelle il mourut ? C'étoit 1°. que l'assassin *devoit* connoître l'intérieur de la maison ; & quoiqu'on trouvât une *échelle de corde*, on ne manqua pas de supposer qu'elle avoit été placée par Lebrun pour détourner les soupçons ; & parce qu'il avoit la confiance de la maîtresse, on l'accusa plutôt que les autres. 2°. Un *morceau de cravate* teint de sang, arraché par la dame Mazel, qu'on reconnut n'être pas à lui, & qu'on soupçonna encore qu'il avoit prise pour se déguiser. 3°. Trois ou quatre *morceaux de cheveux* que les *experts perruquiers* ne purent pas reconnoître pour les siens. 4°. Une serviette *tournée en forme de bonnet de nuit*, qui fut trouvée *ASSEZ JUSTE A SA TÊTE !* 5°. Un *couteau* trouvé dans les cendres qui se trouva comme le sien, de la fabrique de Chatelleraut, & que les *serruriers experts* déclarerent paroître avoir été *AFFILÉ PAR LA MÊME MAIN.* 6°. Son *passe-par-tout* qui se trouvant plus mince que les autres fut reconnu pouvoir ouvrir la chambre de sa maîtresse. 7°. Enfin quelques contradictions légeres sur des détails indifférens, contradictions qui ne signifioient rien, & dans lesquelles tombe nécessairement un accusé quand on le presse, l'effraie, le tourmente, & qu'on lui fait perdre la tête.

Voilà donc les indices avec lesquels jadis on pouvoit égorger l'innocence ! Ah, que le premier coup-d'œil, les premiers discours, la *contenance*, la *voix*, les *yeux* sont bien plus près de la vérité. Ils appartiennent du moins à l'accusé ; c'est lui, c'est lui tout entier, le reste lui est étranger ; & trop souvent le hasard, la prévention, l'inimitié, le cri de la richesse, la bavarderie du peuple, le zele dangereux des subalternes stipendiés, la vanité même de l'instructeur ont rassemblé sur la tête de l'innocent des indices aussi absurdes. *Les juges*, a dit M. de Marivaux, avocat de Paris, *manquent la vérité, parce qu'ils vont la chercher trop loin ; trop d'apprêts la dérobe. Il semble qu'il faille pour saisir la vérité l'assiéger avec des especes de tranchées obscures, détournées, pratiquées à une distance qui la fait perdre de vue.* (Mémoire pour les mariés C.... pour lesquels est intervenu l'arrêt d'absolution du 14 avril 1778, ci-après cité n°. 24.)

Je ne prétends pas faire de l'aspect de l'accusateur & de l'accusé la base du jugement, & sans doute il faut bien d'autres choses pour perdre un homme. Au mot *preuve*, je traiterai séparément la preuve en matiere civile & la preuve en matiere criminelle, que j'ai vu quelquefois ne pas assez distinguer. J'examinerai notre préjugé sur la valeur de deux témoins, & ce mot du *président* Montesquieu: *la raison en exige deux, parce qu'un témoin qui affirme, & un accusé qui nie, fait un partage; & il faut un tiers pour le vuider.* (Esp. des loix, liv. 12, c. 3.) J'examinerai enfin si l'unanimité dans les avis exigée par les loix angloises n'est pas le meilleur des procédés connus.

Ici je propose seulement au juge de ne pas négliger l'aspect de l'accusateur & de l'accusé, sur-tout dans les premiers instans où ils lui sont présentés, de les entendre avec patience & perspicacité, de les sonder en conférant bonnement avec eux, de pénétrer leur ame ; je le propose, d'après quelques expériences, & parce qu'il me paroît que cet examen peut être un trait de lumiere, qui assurera les pas toujours vacillans du juge.

Ce procédé, dira-t-on, est difficile, dangereux même; & l'on ne doit pas *juger sur la mine*, si l'accusé est coupable, il a pour répondre l'art que vous avez pour interroger. S'il est innocent, la honte & la terreur l'interdisent ; si c'est un accusateur calomnieux ou téméraire, il a préparé sa fable: & en général, qui peut pénétrer l'ame ?

Pope s'est fait cette objection dans son essai sur l'homme, *Ep. 2, v. 203 & 204.* Qui peut, a-t-il dit, séparer les lumieres & les ombres réunies dans le chaos de notre ame ? & il a fait la réponse. LE DIEU QUI EST EN NOUS.

This light and darkness in our chaos join'd,
What shall divide? the God within the mind.

Quel est ce *Dieu* du juge ? l'amour de la vérité, de l'humanité, de la justice ; une vive & tendre sensibilité. Qu'il y joigne l'expérience, & il y acquerra un tact qui le trompera rarement, ce tact, qui par-tout a fait les grands hommes & les grandes choses.

Dans nos sociétés, l'ame est voilée sous les vernis de la politesse, de la frivolité, du sourire dédaigneux ou monotone, & des manieres uniformes, à travers desquels l'homme effectif échappe & disparoît. Toutefois l'on y voit gens que l'on devine au premier aspect, & dont ensuite on se défie toujours. Leurs yeux livides ou sanguinolents, sombres ou hagards, semblent appartenir plutôt au renard ou au tigre qu'à l'homme. Vos prunelles, rayons de l'ame autant que de la lumiere, ne rencontrent jamais les leurs. L'intérieur, qui agit & craint d'être pénétré, leur donne cette empreinte équivoque & ce caractere fugitif. Ces yeux *n'osent jamais vous regarder en face*, & avec l'Isle-Adam, vous les prenez aisément *pour mauvais hommes & traîtres.*

Vous trouverez les mêmes résultats dans l'accusateur & l'accusé, lorsque vous les sonderez pour la premiere fois. D'ailleurs, dans un acte aussi terrible que l'accusation capitale, toutes les passions agissent & se portent au dehors. Observez-les donc & tâchez de les saisir, vous qui devez juger leur effet. L'accusateur calomnie-t-il ? pressez-le sur les circonstances, l'intérêt, la preuve, les témoins ; vous le verrez balbutier, s'égarer, & finir souvent par se retirer. Est-il sincere ? il vous dira naïvement ce qui est arrivé, ne se coupera jamais, & s'en rapportera entiérement à votre justice & à votre prudence.

A l'égard des accusés, il faut en distinguer de deux especes; les criminels d'habitude, & ceux qui en sont au premier délit. Cette distinction est importante.

Les vagabonds, les scélérats de profession, les criminels d'habitude ont un aspect beaucoup plus difficile à saisir; parce qu'arrêtés pour un crime, ils en ont bien d'autres, sur lesquels ils craignent l'examen. Mais aussi ils n'exigent point d'égards. Coupables par état, ils sont dévoués au soupçon, à l'humiliation, aux fers, & ne se plaignent jamais. Vous les devinerez aisément à leurs manieres contraintes, à leur contenance inquiete, à leurs mouvemens convulsifs, à leur langage bas & flatteur, à leurs propos monotones, à leurs yeux vacillans. J'en ai vu plus de deux mille, & j'atteste que de pas un seul je n'ai pu fixer les prunelles, quoique j'eusse toujours le soin de leur dire : *regardez-moi donc, & parlez-moi avec confiance;* tant ils avoient peur d'être pénétrés.

Quant aux accusés de crime premier, s'ils sont coupables, vous serez bien mal-adroit, si vous ne l'appercevez pas dans toute leur personne. L'homme étoit né pour la vertu ; & quand il a commis le premier crime, il voit sa nudité, *se couvre de feuilles de figuier, rougit & tremble à la voix du juge qui l'appelle ;* & souvent encore, comme le premier coupable, avoue sa faute, en s'excusant. Si l'accusé est un citoyen jusques-là sans reproche, n'entendez ni la rumeur publique, ni les délations officieuses, ni les indices trompeurs ; examinez-le avec bonté, écoutez-le avec patience, parcourez avec lui toute sa vie, & suivez-le dans tous les détails de l'accusation : cherchez sur-tout comment il se peut qu'un homme, jusques-là honnête & pur, ait franchi tout-à-coup l'abyme qui est entre le vice & la vertu. Soyez homme avant d'être juge ; par-là vous vous épargnerez, je ne dis pas le douloureux désespoir de condamner l'innocence, mais même l'affreux reproche de la faire languir dans la prison ; n'obtinssiez-vous de vos soins que cet avantage, c'est beaucoup pour vous, pour la justice, pour le bonheur public. Car combien d'innocens condamnés, & combien encore plus d'innocens accusés! Ayrault s'en plaignoit amérement il y a deux siecles. Je desire que le nombre soit moindre aujourd'hui ; & c'est pour le diminuer encore, s'il est possible, par des précautions qui coûtent si peu, que j'entre dans tous ces détails.

Ce que je dis là, au surplus, n'est que ce qu'on fait tous les jours dans la vie privée, ce qui par conséquent est indiqué par la nature & la simple raison. Soupçonnez-vous l'animal qu'on peint comme le symbole de la fidélité! vous l'appellez, le regardez, lui parlez, & jugez souvent s'il a dérobé. L'homme seroit-il plus difficile à connoître, ou votre semblable seroit-il moins à vos yeux? Un crime a-t-il été commis dans une terre, dans une maison ; vous voyez le maître distinguer avec soin les bons & les mauvais sujets, parler à tous, les envisager, pénétrer leur ame, & presque toujours trouver la vérité. Pourquoi donc le juge s'affranchiroit-il de ces soins? La société civile n'est-elle pas une famille? en seroit-il le tyran? n'en est-il pas le pere? Ah! sans doute il l'est ; il doit en avoir les entrailles ; & toutes les fois qu'il oubliera ce titre sacré, toutes les fois qu'il se sera endurci l'ame au point de pouvoir, comme je l'ai entendu d'un homme qui n'est plus, dire à la question : *parle, ou je te ferai griller comme un cochon ;* il sera méprisable & malheureux comme le fut Laubardemont, malgré son pouvoir & sa richesse.

Tout ce que je dis-là, enfin, est connu des magistrats de police, qui au devoir & au zele, joignent l'amour

& la connoiſſance de l'humanité, & c'eſt ſous ce point de vue, que dans ma Préface, pag. 64, j'ai dit : qu'*un cours préliminaire de police ſeroit ſans doute une excellente école de morale & de juriſprudence criminelle.*

Ne croyez pas au reſte que ces connoiſſances ſoient ſi difficiles à acquérir : En voulez-vous des exemples ? entre mille, j'en citerai deux.

Vous connoiſſez le crime abominable de ce *Deſrues*, qui par ſon hypocriſie a étonné la capitale, deſireux d'abord d'échapper au ſupplice, enſuite jaloux ſoit de ſauver ſa femme, ſoit plutôt encore de conſerver cette réputation que l'homme heureuſement chérit encore au ſein du crime. Il étoit venu à Lyon, où il ſuppoſoit que s'étoit retirée la dame de Lamothe, qu'il avoit empoiſonnée & enterrée dans une cave étrangere. A Lyon, il fit, le 28 mars à une heure après midi, une procuration ſous le nom de cette malheureuſe dame, déguiſé lui-même en femme, & c'eſt un des traits qui le peignent le mieux. Je fus chargé de découvrir ſa manœuvre, & j'eus le bonheur de trouver ſa trace, quoiqu'il fût arrivé ſous le nom de *Deſportes*, & qu'en vingt-huit heures de ſéjour, il en changeât juſqu'à trois fois, ſans jamais prendre le ſien. Dans mes recherches, d'autant plus ſûres que le crime n'étoit pas encore connu à Lyon, je vis que le ſoir il étoit entré chez un marchand d'étoffes, qu'il y avoit acheté, & s'y étoit repoſé quelque temps ſous le nom de *Lemaire*. J'entre, je cauſe ſans affectation : le marchand, les commis ſe rappellerent parfaitement ſon achat, ſon ſignalement, ſa contenance, ſon embarras, tout ce qui ſuit le crime, & ſans ſavoir mon objet, ils me diſent unanimement : *Nous ne ſavons pas ce que c'eſt, mais ce monſieur étoit inquiet, égaré, embarraſſé; il nous a fait peine à voir; on auroit dit qu'il avoit fait quelque choſe.*

Le remords, qui accompagne le crime, ne lui permet jamais de conſerver l'aſpect de la tranquille probité.

Mais c'eſt ſur-tout avant la procédure qu'il faut examiner : car la priſon met un maſque ſur le crime, affoiblit & défigure l'innocence.

Cependant on peut encore la reconnoître ſur la ſellette même, comme l'écrivoit M. d'Agueſſeau ; & c'eſt le ſecond exemple de mon aſſertion. C'eſt l'événement qui fit tant d'honneur à M. Hurſon, alors conſeiller au parlement de Paris.

A la Rochelle, deux freres honnêtes avoient le double malheur de plaider l'un contre l'autre & d'être brouillés. Un régiment arrive : dans ce corps, deux ſoldats ſans doute exercés au crime, ſuppoſent que l'un des deux freres leur a offert 25 louis pour aſſaſſiner l'autre. Ils en donnent avis à celui-ci, qui leur donne le double. Le ſecret échappe, l'affaire devient publique ; perſonne n'y croit ; mais il y a deux témoins qui ne ſe démentent point à la confrontation, & l'infortuné, condamné à la roue, arrive à Paris, eſt conduit à la tournelle : placé avec ſes fers ſur la ſellette, il répétoit bien qu'il étoit innocent, mais l'inſtruction étoit lumineuſe. On avoit bien écrit à M. Hurſon, mais la procédure étoit claire. Cependant ce digne magiſtrat n'imagine pas comment un homme, juſques-là honnête, peut avoir eu l'idée de faire aſſaſſiner, & qui ? ſon frere. Mettant dans la balance la paſſion & l'intérêt d'un côté, de l'autre l'honneur & la nature, il ne voit pas que le crime ſoit poſſible. Il fait plus : il enviſage l'accuſé, il lui parle, ſe pénetre de ſa premiere idée ; tout-à-coup, par une eſpece d'inſpiration, & comme tranſporté hors de lui-même, il quitte ſa place, pour remplir celle du miniſtere public, donne plainte en calomnie contre les deux témoins, en diſant que s'il ſe trompe, il paiera la réparation, obtient aiſément le ſurſis d'un tribunal vertueux comme lui, envoie à la Rochelle, fait amener les deux ſoldats, leur fait avouer leur complot, les fait périr sur l'échafaud, & par ce trait de lumiere, sauve le jour à l'innocence. Jamais M. Hurson n'en parloit sans verser des pleurs, & je rappelle ce trait si connu pour honorer sa mémoire.

C'est ainsi qu'il faut être quand on veut prononcer sur l'honneur & la vie. Et malheur au juge orgueilleux ou apathique, qui ne voit & n'entend l'accusateur & l'accusé qu'avec une stupide indifférence, ou dans un fier silence, & qui craint de se compromettre, de se fatiguer, de s'abaisser à des détails quelquefois révoltans, mais toujous nécessaires. *Humani nihil à me alienum puto.*

Accusations inadmissibles.

20. N'y a-t-il donc point d'accusations qu'il faille rejeter par la nature même du crime, ou pour la maniere dont elles sont présentées? N'y en a-t-il pas au moins, sur lesquelles, avant tout, le ministere public doive consulter MM. les procureurs généraux? Interrogeons la religion, la pitié, la paix publique, la jurisprudence & l'ordonnance même. Car elle laisse tant à l'*arbitrage* du juge, elle dit si vaguement, tit. 15, art. 1. *si l'accusation mérite d'être instruite*, que le juge peut bien y réfléchir, voir les résultats, consulter ses supérieurs; & c'est sur-tout pour amener à ce dernier point, que je vais jeter quelques idées & quelques faits.

DÉLITS SECRETS. D'après le droit romain, Jousse, tom. 1, part. 1, tit. 1, n°. 18, pag. 12, cite cette regle, *que les CRIMES COMMIS EN SECRET & en particulier, sont MOINS PUNISSABLES que s'ils étoient commis en public.* A-t-il voulu dire seulement que la peine doit être moins grande? J'ose ajouter qu'il faut être au moins très-circonspect. J'entends non les crimes *cachés*, ou enveloppés sous un voile épais, sous celui même de leur atrocité, comme celui de *Desrues*, qui après avoir à Paris empoisonné la dame de Lamothe vint à Lyon pour la chercher, se déguisa en femme, fit chez un notaire une procuration, & retourna tranquille en apparence conter sa fable, dont la trame fut heureusement découverte. J'entends par *Délits secrets*, ceux qui ont pu exister, qui ont été ignorés, que l'inimitié ne passe, & que s'est cru trop souvent obligé de poursuivre ce devoir aveugle & austere, qui suppose si faussement, qu'il ne doit rien y avoir d'impuni. Or, voyez à la suite de cette maxime le trouble, la pâleur & la crainte dans les familles. Voyez les conséquences de ces recherches inquisitionnelles, d'après une législation obscure, chez un peuple doux, mais léger, avec des mœurs libres quelquefois corrompues. Je m'arrête & ne dis plus qu'un mot. La justice humaine & compatissante ne donne l'exemple public de la punition, que parce que le crime a été public. Elle ne le doit donc pas s'il a été secret. Laissez au coupable la honte, les remords, & les peines de l'autre vie.

DÉLITS ANCIENS. Je ne parle pas des crimes fameux qui ont alarmé la sûreté publique. Il faut applaudir à l'administration, quand on la voit faire ramener du fond de l'Inde le domestique qui avoit assassiné son maître à Paris, & du centre de l'Allemagne, ce valet de chambre qui auroit assassiné le baron d'Onge, si la police qui veilloit pour lui ne l'eût prévenu, & n'eût fait arrêter ses complices. Mais combien de crimes que l'on ne dénonce à la justice que plusieurs années après, que supposent, que dénoncent l'inimitié, ou quelquefois encore cette espece d'imbécillité qui hasarde tout & ne se rétracte jamais! Or, voyez combien on peut compromettre la tranquillité publique, & la justice elle-même. Je citerai un seul exemple. En 1773, dans une grande ville de la province, une dévote dit à ſon directeur qu'elle a vu, douze années auparavant, une femme qu'elle nomme, aſſaſſiner un homme qu'elle ne connoît pas, & le faire jeter dans la riviere. Le directeur ſe croit obligé de dénoncer au miniſtere public de la *commiſſion*, qui ne manque pas d'en rendre compte au chef de la juſtice de ce temps-là. La femme accuſée, arrêtée par ordre ſupérieur, eſt miſe au ſecret dans une priſon d'état, & interrogée par le magiſtrat de police, chargé d'ailleurs de faire les recherches les plus exactes. Point de preuve, point d'indices, point de vraiſemblance même, & au bout de quelque temps l'accuſée eſt remiſe en liberté. En 1775 elle ſe pourvoit au parlement & au conſeil, contre l'accuſateur, & ſans doute il ne faut que la ſuite de cette affaire pour dégoûter de ces recherches anciennes : en général elles ſont dangereuſes & vaines; après un certain temps les notions ſe perdent; les témoins diſparoiſſent; les idées s'effacent, & les perquiſitions ne produiſent qn'un trouble inquiétant pour l'accuſé, pour les témoins, pour le public lui-même, qui penſe que c'eſt aſſez de s'occuper des crimes actuels, ſans faire revivre ceux dont la mémoire eſt effacée.

DÉLIT UNIQUE. J'appelle ainſi, non le grand crime, mais la foibleſſe occaſionée par le cri du beſoin, par la nature même, par des circonſtances malheureuſes & une eſpece de fatalité; comme l'affaire des Savari, ſoldats aux gardes, dont les lettres de grace furent entérinées au châtelet ſur la plaidoirie de Loyſeau de Mauleon. Mais lorſque le délit n'a point d'éclat, lorſque d'ailleurs l'accuſé eſt un malheureux honnête homme, faut-il toujours le mettre ſous le couteau de la juſtice par une accuſation en regle; & ne peut-on pas, comme l'écrivoit M. d'Agueſſeau, *étouffer* certains délits! N'eſt-il pas vrai que le déſordre de la ſociété ne vient pas des délits uniques, mais des crimes d'habitude? Ne ſemble-t-il pas qu'il faudroit être impitoyable pour ceux-ci, modéré ou indulgent pour les autres? Citons encore des faits — 1°. Un grand magiſtrat voit, à dix heures du ſoir, tomber à ſes pieds & tout en larmes un malheureux & honnête ouvrier qui, dans le vin, ſe battant avec ſon ami ſur le boulevard venoit de le tuer en le jetant ſur une des pointes de fer qui garniſſent les barrieres. Falloit-il le faire arrêter? — 2°. Un magiſtrat dans la province, ſe voit amener un malheureux qui, mangeant cinq livres de pain par jour, & manquant de travail depuis quinze jours à cauſe de la groſſeur des rivieres, avoit dérobé un petit écu. Si le magiſtrat a rendu cet argent, s'il a nourri le coupable juſqu'au moment où il lui a procuré du travail, s'eſt-il compromis? — 3°. Un ouvrier honnête, chargé de ſix enfans, ſans travail & ſans pain, voit arriver le nourricier du ſeptieme, le mene au cabaret pour lui cacher ſa miſere; s'enivre, & lorſque le nourricier lui prête 6 liv. pour payer, fuit; va acheter du pain à ſes enfans; eſt arrêté & conduit au magiſtrat, qui rend les 6 liv., réprimande le malheureux pere, & le fait ſubſiſter quelque temps. Falloit-il punir, perdre ſans reſſource cette famille entiere, & n'a-t-on pas mieux ſervi l'état en lui conſervant un chef que le beſoin extrême a rendu foible une ſeule fois? Les grandes villes offrent chaque jour des délits de ce genre.

ACCUSATIONS DANGEREUSES. J'appelle ainſi toutes celles qui compromettent la religion, la ſûreté, les mœurs, la tranquillité & la pudeur publique. N'eſt-il pas des crimes qu'il faut étouffer quelquefois & dans certaines circonſtances? L'athéiſme, la pédéraſtie, le ſuicide, tous les crimes nouveaux, tous ceux dont on n'oſe parler par le dégoût qu'ils inſpirent ou par la crainte d'éveiller la curioſité. Et lorſque dans un mémoire imprimé en 1687, je lis: *Novum crimen, uſque nunc inauditum! Aqua genitalis in ova trita & liquores commiſcetur.* Lequel fut le plus ſage, ou du parlement de Rouen, qui voulut aſſoupir cette abomination, d'ailleurs ſi difficile à prouver, ou du faux zele qui ſe pourvut en caſſation, & inonda Paris de cet écrit révoltant? Souvent l'éclat de l'accuſation & le ſupplice même ont fait plus de maux qu'un acte honteux, obſcur & paſſager. Quel eſt encore une fois l'objet de la juſtice? l'exemple. Sans le devoir de le donner, douce & protectrice de la foibleſſe humaine, jamais elle ne ſe détermineroit à ravir la liberté & la vie. Mais ſi l'exemple excite la curioſité, la pitié, la diſpute; ſi au lieu de corriger, il enſeigne ce qu'on ne ſavoit pas; s'il laiſſe après lui l'eſpoir de n'être pas découvert, cet eſpoir qui eſt au criminel ce qu'eſt l'eſpérance au ſoldat qui va combattre, & au voyageur qui parcourt le perfide océan: alors le but de la juſtice eſt manqué. Vous pouvez lire les procès de la *Cadiere*, de *Duchauſſour*, & l'arrêt de 1588 contre ce *Guitel* qui fut conduit *baillonné* au ſupplice. Ces exemples ont-ils fait plus de bien que de mal? En juſtice comme en adminiſtration & en ſaine politique, tout ſe réduit à balancer les inconvéniens. C'eſt un art que l'on fait bien dans la capitale, & malheur aux provinces dont les foibles ſupérieurs l'ignorent ou ne le pratiquent pas! J'abrege: *incedo per ignes ſuppoſitos cineri doloſo.* Dans une grande ville trois filles de quinze & ſeize ans s'étoient empoiſonnées de déſeſpoir d'être abandonnées par leurs amants. Le magiſtrat les fit enterrer, écrivit au procureur général du reſſort, qu'il prendroit ſon ſilence pour une approbation de ſa conduite, & ne reçut point de réponſe.

ACCUSATIONS ABSURDES. J'appelle ainſi toutes celles qui choquent la raiſon, la religion, la liberté naturelle & civile; toutes celles qui ont pour cauſe la ſuperſtition, la crédulité, l'ignorance; pour objets des opinions intérieures ou des ſyſtêmes indifférens, des découvertes ou des ſecrets, qui ne ſont que l'invention de l'art, l'effet du haſard ou l'ouvrage de la nature, comme l'imprimerie & la poudre à canon au quatorzieme ſiecle, l'électricité & le magnétiſme dans le nôtre. J'appelle ridicules & atroces ces accuſations de *ſortileges*, de *magie*, de *divination*, de *pronoſtication*, de *maléfices*, de *nouement d'aiguillete*, d'*envoutement*, de *ſuccube* & d'*incube*, qui n'agueres ont occupé tant de place dans les faſtes de la juſtice, & avec leſquelles jadis le fanatiſme & la haine ont ſi ſouvent égorgé l'innocence. J'entends encore le cri lamentable du ſurintendant Marigny, pendu non pour avoir volé l'état, mais pour avoir *envouté* le roi avec une petite figure de cire.

Une lumiere douce & ſalutaire commence à nous éclairer ſur nos devoirs religieux & civils, ſur nos beſoins & notre bonheur. Mais n'oublions jamais que le mouvement de la terre autour du ſoleil & l'exiſtence de l'Amérique, ont été l'objet d'une accuſation & d'un jugement. N'oublions jamais qu'il y a eu un procès criminel ſur la maniere de prononcer la lettre *K*; que Ramus a été *accuſé d'avoir médit d'Ariſtote, réprouvé & condamné le train & art de la logique reçue de toutes les nations*; & rappellons nous avec tranſport cet ARRÊT du parlement de Paris, de juillet 1575, qui condamna ſeulement à *faire amende honorable, & à être fermé pendant cinq ans pour faire pénitence*, cet Artus Deſiré qui par zele exceſſif pour la religion, qu'il diſoit perdue, alloit de champ-en-champ promenant une requête pour la ſoutenir, & vouloit appeller l'Eſpagne à la défenſe de nos autels. N'oublions jamais que les *Templiers* furent pillés, exterminés & brûlés, parce qu'ils étoient accuſés d'étudier la philoſophie de Pythagore. N'oublions jamais que cette *Jeanne-d'Arc* qui ſauva la France fut brûlée

brûlée comme magicienne à Rouen le 30 mai 1431. N'oublions jamais que Gilles Garnier, natif de Lyon, fut par ARRÊT du parlement de Dôle, *brûlé* dans cette ville le 18 janvier 1584, comme *loup-garou ayant mains semblant pattes.* N'oublions jamais qu'Urbain Grandier fut brûlé comme sorcier, le 18 avril 1634, persécuté par Richelieu, par Laubardemont, par des ursulines, par des capucins qui *animoient l'accusation & soutenoient la preuve,* exorcisoient les instrumens de la torture & du supplice, & frappoient avec une croix de fer l'innocent curé afin qu'il ne pût ni invoquer Dieu, ni être entendu des hommes. N'oublions jamais que le médecin Harvei, au milieu du dernier siecle, a été accusé de nouveauté dangereuse, persécuté, exposé à toutes sortes d'horreurs, pour avoir découvert & prouvé la circulation du sang.

En lisant ces affreuses extravagances vous rougissez d'être homme; vous pleurez sur les injustices & les maux qui naissent de son ignorance & de sa foiblesse. Vous vous rassurez par la rapidité des progrès actuels de l'esprit humain. Et sans doute il faut espérer beaucoup de l'avenir, sur-tout lorsque de toutes parts de grands souverains donnent de grands exemples. Mais si le magistrat ne contribuoit pas de tout son pouvoir à propager la lumiere, si instruit des maux passés, il ne redoutoit rien de l'avenir, s'il ne veilloit pas sur quelques lieux encore ignorans & barbares; croyez que ces scenes affreuses reviendroient encore, & si vous en doutez, voyez le cimetiere de St. Médard, certains possédés en certaine province, nos convulsionnaires, & cette sentence de 1781 qui proscrit le *paratonnerre!*

De plus, lisez certains criminalistes même modernes.... Bruneau, *part.* 2, *tit.* 20, *pag.* 405, dit en 1716: *on ne peut donner d'autre définition de l'incubat & du succubat qu'une accointance & habitude & copulation avec le démon, déguisé sous la forme d'un homme ou d'une femme, ou de la figure d'un animal; du moins il paroît tel aux yeux fascinés, car il est pere du mensonge....* Jousse, *tom.* 3, *part.* 4, *tit.* 30, *art.* 1, *n°.* 1, *pag.* 752, définit, en 1771, *les magiciens tous ceux qui exercent l'art magique, soit que cet art se pratique par des voies naturelles ou par l'invocation du démon:* définition conforme à l'esprit de quelques loix barbares où les mots *magiciens & mathématiciens* sont synonymes.... L'auteur des loix criminelles, *liv.* 3, *tit.* 1, *n°.* 6, *pag.* 103, imprimées en 1780, dit *que si ces exemples* (de sortilege & de magie) *ont été plus fréquens dans les siecles d'ignorance, ce n'est que parce que dans ce temps-là tout le monde croyoit; ensorte que le démon ne pouvoit séduire les hommes, autrement que par la voie de la superstition; au lieu que dans un siecle comme le nôtre, où l'on se fait gloire de ne rien croire & de révoquer en doute les vérités de la religion les plus constantes, la continuité & la fréquence de ces prestiges ne permettant plus de douter de l'existence des démons à ceux qui osent la nier, tendroit nécessairement à renverser un empire que cet ennemi du genre humain a tant d'intérêt d'étendre & de conserver!* ... Et notre bon Brillon? Lisez ses articles *Astrologie, Magie, Sortilege.* Avec quelle complaisance il s'y arrête; quelle énumération de loix, d'auteurs & d'arrêts! Comme au mot *Magie, tom.* 4, *pag.* 164, il vous donne *six preuves principales de la certitude qu'il y a des magiciens & des sorciers!*

Or, d'après ces autorités, dans le coin de quelque province; qui vous dit qu'un mathématicien, un méchanicien, un chymiste, ne seront pas encore accusés de magie & de sortilege? Que faut-il? un ennemi qui dénonce; deux témoins imbécilles ou fanatiques; deux praticiens bien ignorans & bien despotes, dont l'un requerra & l'autre décrétera. Le parlement instruit viendra au secours; car

Jousse, *tom. 3, pag. 753*, avoue que *le parlement de Paris ne punit point ces sortes de criminels comme sorciers.* Mais en attendant voilà une accusation, une information, un décret, une affaire criminelle ! Y auroit-il quelque danger à rendre un arrêt de réglement qui enjoindroit, sur toute accusation de magie, sortilege & divination, avant de l'admettre, d'en référer auparavant à la cour? Je soumets cette question à ce grand magistrat qui éclaire le parlement de Dijon par ses conclusions, & le monde savant par l'étude d'une chymie lumineuse & bienfaisante, *M. de Morveaux.* (On vient de publier ses discours, & l'on va imprimer ses écrits sur la jurisprudence.)

ACCUSATIONS VAGUES. L'ordonnance de 1670, tit. 3, art. 6, veut que les *dénonciations* faites au ministere public soient *circonstanciées*. C'est quelque chose, puisqu'il est la vraie partie publique. Il faut raisonner par parité, & à plus forte raison des accusations directes dans lesquelles le ministere public ne fait que se joindre, s'il y a lieu. Tous les auteurs attestent cette jurisprudence invariable & sage. On l'appuie encore sur l'ordonnance de 1667, qui veut que les demandes soient libellées. S'il en étoit autrement, qui seroit à l'abri d'une plainte vague, & d'une information préparée? Le juge ne sauroit donc trop exiger que l'accusation soit parfaitement *circonstanciée*. S'il y a un crime punissable, c'est le moyen d'en assurer la preuve ; s'il n'y en a point, il n'en faut pas davantage pour rassurer l'innocence.

ACCUSATIONS LÉGERES. L'ordonnance de 1670 ne parle que de la maniere suivante, art. 2 du tit. 10. *Selon la qualité des crimes, des preuves & des personnes*, art. 19 du tit. 10. *ne sera décerné prise-de-corps contre les domiciliés, si ce n'est pour crime qui doive être puni de peine afflictive ou infamante*, art. 1 du tit. 15. *Si l'affaire mérite d'être instruite*, art. 3 du tit. 20. *S'il paroît, avant la confrontation des témoins,* QUE L'AFFAIRE NE DOIT PAS ÊTRE POURSUIVIE CRIMINELLEMENT, *les juges recevront les parties en procès ordinaire.* Sur cet article, M. Talon, dans le procès-verbal, pag. 230, propose de l'éclaircir, & dit vainement : *toutes sortes d'accusations ne doivent pas être* TOUJOURS *poursuivies par récolement & confrontation ; il y auroit souvent de la* VEXATION *d'en user ainsi; mais ce que l'on doit prescrire aux juges, c'est qu'en* MATIERE LÉGERE, *comme d'injures &* AUTRES SEMBLABLES, ILS NE DOIVENT PAS MÊME PERMETTRE D'INFORMER ; *mais d'assigner les parties & régler sur le champ.* Pussort l'a encore emporté sur l'esprit du parlement; mais ce bon esprit reste, & la jurisprudence ne permet pas même d'informer sur les *matieres légeres*, en certaines circonstances & contre certaines personnes ; & ce bon esprit, qui va en croissant, est la sauve-garde du repos public.

Que si on demandoit quelles sont ces accusations *légeres ;* nous répondrions : pesez bien les articles que nous venons de citer, & songez, avec M. Talon, qu'une accusation n'est souvent qu'une VEXATION *légale*. Vous ne voyez pas au-delà de la loi, & vous écrivez froidement cette ordonnance laconique : *acte de la plainte, permis d'informer ;* & vous allez mettre votre nom comme à un *permis d'assigner* ! . . . . Arrêtez : vous allez signer le chagrin, la ruine, la perte, la mort d'un honnête citoyen ; par ce mot seul, signé de vous, son temps, sa fortune, sa santé, tout va être ébranlé. Eh ! de quoi s'agit-il ? ce n'est pas un crime capital, c'est un accident, une rixe, une contestation pécuniaire. Qui est-ce qui dénonce ou accuse? Un ennemi qui veut se venger, un homme passionné qui s'en repentiroit si vous lui en donniez le temps, un scélérat obscur qui n'a rien à perdre. Et que ſavez-vous ſi en faiſant une procédure réguliere dans la forme & injuſte au fond, vous ne vous expoſerez pas à condamner malgré vous un innocent, & le parlement à confirmer votre jugement inique ? Peut-être l'innocence triomphera des ténebres & des embûches qui vont l'environner. Mais n'eſt-ce rien que d'être des jours, des mois, des années dans les fers ; une fortune arrêtée, un public avide d'événemens bizarres, la calomnie qui laiſſe toujours ſa cicatrice, le poids de l'accuſation, qui peſe ſur la tête de l'innocent comme l'épée de Denys, ſuſpendue par un fil ſur la tête de Damocles ; le ſéjour, la compagnie, les nuits affreuſes de la priſon ; la honte, le découragement, le déſeſpoir, au-deſſus deſquels ne s'éleve pas l'innocence la plus pure ; enfin, des amis inquiets, une femme déſolée, des enfans abandonnés? Tout cela n'eſt-il rien, & voudriez-vous être ainſi lentement égorgé ? certes vous fuiriez. Vous êtes froid & inſenſible, ſous l'eſpoir de n'être point accuſé, & vous faites à autrui ce que vous ne voudriez pas qui vous fût fait à vous-même. Ah ! tremblez. Un ſort pareil vous attend, & vous ne ſerez pas le premier juge compromis, à qui l'on pourroit dire, comme à Poyet : *ſouffrez de la loi que vous avez faite*. Tremblez, ſi l'innocent que vous allez ruiner pour une accuſation légere, abſurde, inconſéquente, ſe préſente ſur vos pas ; ſon aſpect vous fera détourner la vue & vous déchirera le cœur. Que s'il meurt en priſon ou dans les ſupplices, ſon ombre plaintive vous pourſuivra ſans ceſſe, dans le ſein d'une épouſe adorée, dans les bras d'enfans chéris : le jour, la nuit, tout vous rappellera la victime de votre inſenſibilité ; vous croirez la voir, l'entendre, la toucher, & peut-être cité au tribunal ſuprême, ſi vous êtes aſſez malheureux pour ſurvivre à votre injuſtice ; verrez-vous vos enfans périr comme celui de Laubardemont. Tremblez, quelque épouvantable que ſoit le ſort de l'innocent accuſé, il eſt encore préférable à celui du juge qui égorge l'innocence avec le glaive de la loi, ou qui la charge de fers.

J'ai peſé ſur ces idées, parce qu'il me ſemble que tous nos commentateurs conſultés ſans ceſſe au palais n'ont preſque vu que la forme, & n'ont rien dit du fond de l'accuſation, ou ont écrit froidement. Du reſte, quand j'ai dit *accuſations inadmiſſibles*, je n'ai point entendu qu'il faille les rejeter toutes & toujours. Je voudrois amener les premiers juges à l'examen, à la circonſpection, à l'accommodement d'une infinité d'accuſations qui dépendent d'eux. Je voudrois ſur-tout amener à conſulter dans les affaires délicates MM. les procureurs généraux. Cette route eſt indiquée par l'art. 20 du tit. 10 de l'ordonnance de 1670. *Nos procureurs aux juſtices ordinaires ſeront tenus d'envoyer à nos procureurs généraux un état, &c.* L'intention du ſouverain eſt, que ces chefs ſoient informés que les cours ſupérieures veillent, dirigent, retiennent. Quand on les conſulte, ils répondent exactement comme le chancelier d'Agueſſeau, dont on nous a conſervé tant de lettres. C'eſt le moyen le plus sûr de ne pas mettre en oppoſition l'homme juſte & ſenſible avec le magiſtrat, de ne pas ſe compromettre, & d'éviter les maux auxquels les accuſations mal fondées donnent lieu chaque jour.

Accuſations mal fondées.

21. Toutes les accuſations poſſibles ſont ſoumiſes à trois réſultats, l'abſolution, la condamnation, & le doute. C'étoit l'eſprit de Rome. *Abſolvo, Condemno, Non liquet.*

Quand l'accuſé eſt condamné juſtement, tout finit avec lui, il a payé ce qu'il devoit à la ſociété par la priſon, les ſouffrances, l'ignominie, la torture, la mort, & ſon ſupplice va être joint à tant d'autres, comme ces fleuves qui ſe jettent dans l'Océan, ſans l'augmenter & ſans diminuer leurs cours. Voyez *Jugement*, *Peine*, *Supplice*.

Quand il y a du doute, il faut l'éclaircir le plus promptement qu'il eſt poſſible : car c'eſt un homme, un citoyen, un pere de famille qui ſouffre dans toute ſon exiſtence phyſique & morale. Il doit bien à la conſervation de l'ordre ſocial, & à la ſûreté publique, l'examen de ſa conduite, quelquefois même le ſacrifice de ſa liberté. Mais il faut en finir, ſans quoi la juſtice ſeroit tyrannie, & l'homme perſécuté par une mauvaiſe légiſlation, ou par l'abus de l'autorité, regretteroit avec raiſon de vivre ſous des hommes puiſſans, qui l'accuſant injuſtement, & refuſant toujours de le condamner ou de l'abſoudre, peuvent néanmois l'empriſonner & le faire mourir de langueur, de déſeſpoir ou de miſere. Toute légiſlation qui ne ſtatue pas clairement ſur un point auſſi important, & qui, vague, obſcure & laconique, laiſſe tout à l'arbitrage du juge, eſt évidemment mauvaiſe. Car l'état, l'honneur & la vie de l'homme doivent dépendre de la loi ſeule. Voyez *Abſolution*, *Plus amplement informé*, *Hors de cour*.

Mais quand une accuſation eſt reconnue mal fondée, quand l'abſolution de l'accuſé a été prononcée, que doit-il arriver encore? Ah! c'eſt alors que la juſtice, qui quelquefois a accueilli trop légérement l'accuſation ou la dénonciation, rougit, ſouffre, eſt embarraſſée. C'eſt alors qu'il s'éleve un combat terrible entre le pouvoir & la foibleſſe, la juſtice & l'humanité, l'opinion de la ſûreté publique, & la néceſſité abſolue de cette ſûreté particuliere, qui fait au moins partie de la ſûreté générale. C'eſt alors que le légiſlateur a beſoin de tout ſon génie pour balancer de ſi grands intérêts, pour conſerver tout, pour être juſte. C'eſt alors que les juges, ſi la loi eſt muette, vague ou obſcure, ont beſoin de toute leur ſenſibilité, de toute leur prudence & de toute l'équité poſſible. Car s'il eſt permis d'accuſer injuſtement, de calomnier l'innocence, de perdre lentement & artificieuſement l'homme juſte & paiſible; ou, ce qui revient à-peu-près au même, s'il en coûte ſi peu à l'accuſateur téméraire, méchant & fauſſaire, qu'avec quelque argent il en ſoit quitte, vous le verrez peſer gaiement d'un côté, ce qui peut lui en coûter, & de l'autre, le plaiſir de ſe venger ou de nuire; vous verrez les accuſations injuſtes ſe multiplier & croître ſans autre digue que la bonté du caractere national; vous verrez l'homme riche, accuſer froidement l'homme pauvre, auquel, à tout événement, il paiera quelques dommages & intérêts; vous verrez le miſérable, qui n'a rien à perdre, dénoncer ſans riſque le citoyen qui a tout à conſerver; vous verrez la pudeur, la probité, la vertu, la richeſſe, les dignités, la grandeur même aſſujettis à l'humiliation de ſe juſtifier; & après un triomphe long & ruineux, ne rentrer dans le ſein de la paix & de l'honneur, qu'avec la cicatrice de la calomnie.

Tel ſera l'état des choſes, ſur-tout chez un peuple léger, cauſeur, ignorant & facile. Tous les jugemens poſſibles n'empêchent pas que l'on n'ait parlé, diſputé, pris un parti, & adopté une opinion, ſur laquelle ne peuvent rien tous les arrêts du monde. On croit en ſavoir autant que les juges; on leur ſuppoſe des motifs ſecrets; on dit hautement qu'ils ont mal jugé; & l'accuſé abſous, reſte au milieu de la ſociété avec trois viſages, l'un innocent pour ceux qui adoptent l'arrêt, l'autre coupable pour ceux qui le blâment; le troiſieme ſuſpect aux yeux de cette portion d'hommes, qui ne ſe décide jamais, & qui croit auſſi aiſément le crime que la fauſſeté de l'accuſation. Eh! comment ſeroit-elle convaincue? Souvent les juges eux-mêmes n'ont pas été unanimes, & ſouvent l'arrêt differe entiérement de la sentence, souvent encore le dispositif est louche, trop laconique, ou n'est pas entendu de tout le monde.

Vous avez vu bien des accusations depuis trente ans. Vous en avez vu de fameuses, qui ont compromis des grands, des hommes puissans, des gens en place, des magistrats, des citoyens jusques-là tranquilles & sans reproche. Combien sont sortis de ces affreux combats sans blessures! Combien peuvent dire qu'ils n'auroient pas racheté d'une portion de leur fortune & de leur vie tous les maux qu'ils ont soufferts? Et combien sur-tout n'ont pas infiniment perdu dans l'opinion publique?

C'est l'aspect de ces affreuses conséquences qui m'a fait insister sur l'idée d'examiner préliminairement, non le titre de l'accusation, car il égare trop souvent avec le flambeau décevant de l'intérêt public, mais la possibilité, la vraisemblance, les circonstances, le personnel, les suites & les résultats. Il me semble qu'en recevant la plainte, tout juge devroit se faire un tableau fidele de tous les événemens qui suivront l'accusation, en la supposant d'abord juste, & ensuite mal fondée. D'après cet examen, quel bien il pourroit faire! Combien l'état même auroit gagné à prévenir, à étouffer des procédures criminelles, qui après avoir agité les esprits, ébranlé les tribunaux, troublé la paix publique, n'ont laissé qu'un triste souvenir, & la réflexion inévitable que tant de maux ne seroient pas arrivés, si nous avions eu d'autres loix!

Ces événemens ne touchent déja guere plus que les troubles de Rome & d'Athenes. On n'a été affecté que comme on l'est au spectacle; & après avoir pleuré Tancrede, on va vivre, rire & jouir, tout passe, tout s'oublie, & l'on rentre dans le tourbillon comme si l'on n'avoit pas été froissé.

Toutefois nous avons vu l'impression que fait sur le public tranquille la vue d'un homme injustement accusé de vol. Le drame de *Clementine & Desormes* a pu être critiqué. On a pu, dans le Mercure du 29 septembre 1781, pag. 216, dire que *c'est le spectacle le plus horrible qu'on puisse présenter à des gens délicats; que les angoisses sous lesquelles on voit l'innocent prêt à succomber, sont trop cruelles; que présenter l'homme vertueux écrasé sous le poids d'une accusation aussi flétrissante que fausse, devenu la victime & la proie de tout ce que la haine & la vengeance peuvent avoir de fureur; c'est porter le désespoir dans l'ame; que c'est dégoûter de la vertu que de la représenter comme impuissante à sauver ceux qui la chérissent, de la persécution des méchans, & de l'inconséquence des gens sans caractere.* Mais on est forcé d'ajouter que *malheureusement l'innocence est trop souvent la victime de la perfidie & des apparences*, & *cette vérité désolante* a fait la plus forte impression. Jamais drame n'a fait couler tant de larmes; chacun a senti qu'exposé à la même accusation, il peut être aussi malheureux. Chacun gémit des ténebres qui enveloppent son existence frêle & passagere. Et le vœu du public pour une jurisprudence claire & rassurante, est celui de tous les magistrats vertueux.

Mais jusques-là, quels sont, avec la vertu & l'humanité, les guides qui peuvent empêcher de s'égarer? Que doit-on prononcer, lorsque l'accusation est mal fondée? On consulte d'abord les ordonnances, ensuite le droit romain, puis les auteurs & la jurisprudence.

ORDONNANCE de Philippe-le-Bel, de 1303, *Denunciator vel instructor resarciat denunciato damna & expensas, quas idem denunciatus sustinuerit, nisi dicto delicto denunciatus fuerit diffamatus, vel ad minùs per unum testem idoneum convictus, vel aliàs apparet probabilis suspicio contra eum, ad cognitionem curiæ ad judicium, ita tamen quod super prædictis denunciator vel instructor in testimonium non admittatur.*

ORDONNANCE de 1539: art. 88,

« en toutes matieres réelles, personnelles & possessoires, civiles & *criminelles*, y aura adjudication de dommages & intérêts, procédant de l'instance & de la *calomnie* ou *témérité* d'icelui qui succombera en icelles, qui seront par la même sentence & jugement, *taxés & modérés à certaine somme*, pourvu toutefois que lesdits dommages & intérêts aient été demandés par la partie qui aura obtenu, & desquelles les parties pourront faire remontrances par ledit procès. ». . . . Sur cet article, Dumoulin dit, *non requirit veram calumniam, dummodo appareat de injustitiâ & morâ victi*, (tom. 2, pag. 780.)

ORDONNANCE de 1670 : tit. 3, art. 7, *les accusateurs & dénonciateurs qui se trouveront* MAL FONDÉS *seront condamnés aux dépens, dommages & intérêts des accusés, & à plus grande peine s'il y écheoit : ce qui aura aussi lieu à l'égard de ceux qui ne se seront rendus parties, se seront désistés, si leurs plaintes sont jugées* CALOMNIEUSES.

Sur un point si intéressant pour le repos public, voilà toutes nos loix. Dans ce vuide ténébreux, on cherche un autre appui, & l'on s'accroche tour à tour au droit romain, aux auteurs & à la jurisprudence des arrêts.

Le droit romain contient des définitions exactes, une raison pour ainsi dire palpable. Mais il a plusieurs âges. Celui que j'ai essayé de peindre étoit la virilité de Rome ; celui de Justinien étoit la décrépitude. La loi du talion, & la marque sur le front du calomniateur, étoient abolies ; c'étoit Tribonien qui tronquoit plusieurs loix du digeste, & en laissoit d'excellentes, qui compiloit le code, pour l'embrouiller encore plus par les novelles. Nous avons d'ailleurs d'autres loix & d'autres mœurs.

Les auteurs sans nombre, à la tête desquels on ne manque pas de mettre Julius Clarus & Farinacius, comme parmi les modernes, Serpillon & Jousse, ont écrit immensément : nous extrairons de leur esprit la définition & la division.

L'accusation mal fondée est celle dont l'accusé est renvoyé absous, soit qu'il soit vraiment innocent, soit, s'il ne l'étoit pas, qu'on n'ait eu ni preuves pour le condamner, ni indices assez forts pour le renvoyer sous un plus amplement informé.

Cette définition doit être bien saisie ; car 1°. aux yeux de la justice, l'*innocent* est celui qu'elle déclare tel en le renvoyant absous ; & si pourtant il pouvoit être coupable, ce seroit l'affaire de la justice éternelle. 2°. Il ne suffit pas d'accuser, comme disoit l'empereur Julien, il faut prouver ; & il vaut mieux encore absoudre le crime que de punir l'innocence. 3°. Entre l'absolution & la condamnation, il y a un moyen terme, c'est le doute, le plus amplement informé.

L'accusation mal fondée se divise en trois especes, *calomnieuse*, *téméraire*, *excusable*.

L'*accusation calomnieuse* est à la justice une déclaration méchante & mensongere qu'inspirent la passion & la mauvaise foi, non la vérité, la défense personnelle, & l'amour du bien public. *Calumnia est malitiosa & mendax infamatio.* Cassiod.

L'*accusation téméraire* est celle qui paroît faite de bonne foi, mais qui est entreprise ou suivie avec imprudence, avec trop de vivacité, sans les égards & la retenue que dictent l'humanité, la justice & les mœurs.

L'*accusation excusable* est celle que justifient la bonne foi, l'intérêt, le préjugé, l'honneur, la nature, les circonstances, & de fortes présomptions.

L'objet de ces distinctions n'est pas de renvoyer l'accusé absous. Ce n'est qu'après avoir prononcé son innocence, & lorsqu'il demande une réparation, que l'on examine l'accusation qui l'a frappé. D'après cet examen, on statue sur la réparation, considération faite, non seulement des circonstances, des conséquences, mais encore du personnel, de la réputation, de la fortune & de la qualité de l'accusateur & de l'accusé. C'est bien alors que l'*arbitrage* du juge peut tout.

On seroit fort embarrassé de fixer des principes généraux dans cette partie si délicate, & toutes les notions répandues dans les loix romaines, comme dans nos auteurs, sont vagues & décousues. Tout le monde convient du principe, que quand une accusation n'est pas fondée, l'innocent reconnu doit être indemnisé. Mais comment ? jusqu'à quel point ? combien ? par qui ? C'est-là que l'on se perd.

Dans ces ténebres, quel guide choisir ? Celui de la jurisprudence des arrêts paroît encore le plus sûr. On y retrouve les principes généraux, on y rencontre des rapprochemens, des parités. Ce n'est qu'une lueur, mais elle a éclairé l'abyme. S'il faut le dire enfin, il y a peu de parties de jurisprudence sur lesquelles les arrêts soient plus précieux. Ce n'est pas la plus belle partie de l'histoire de l'esprit & du cœur humain, mais il faut la savoir.

Je vais donc classer par ordre de date, des arrêts sous ces trois divisions, autant que me l'indiqueront, ou le dispositif, ou les especes. Je ne citerai pas tout, car il faut abréger, & je prendrai pour ainsi dire au hazard, en choisissant pourtant les célebres & les modernes.

Accusation calomnieuse.

22. C'est à l'histoire de dire comment en tout temps & en tout lieu, le génie, la vertu, la bienfaisance, ont été déchirés par l'ignorance, le fanatisme, l'ambition, la rivalité, le mécontentement & la crédulité. C'est à la morale de démasquer & de foudroyer ce monstre qui a fait tant de maux à la religion & à l'état. Mais c'est à la justice de le punir sévérement, lorsqu'il ose traduire devant elle l'innocence, lorsqu'il la place entre deux écueils ; la dépense, la longueur & les angoisses de l'accusation d'un côté, de l'autre, la crainte d'une condamnation injuste. Car, combien d'*innocens condamnés !* Nous renvoyons à ce mot plusieurs arrêts.

En France, dit le président Favre, dans son code, *Lib. 9, tit. 2, déf. 2*, l'accusation calomnieuse est punie, non seulement par les dépens, les dommages & intérêts, mais par une peine capitale, suivant les circonstances. *Calumniatores enim non modò litis sumptibus, sed etiam mulctâ pecuniariâ, adeoque si res postulabit, capitali pœnâ puniri debere placuit.*

En parcourant les arrêts que nous allons extraire, il faut ne pas perdre de vue deux principes généraux. 1°. Le dénonciateur est puni comme l'accusateur, lorsqu'il est reconnu calomnieux, parce que sa dénonciation excitant le ministere public, il répond de la calomnie qui en résulte. Voyez *Dénonciation*. 2°. Le ministere public n'est point exempt de la peine des calomniateurs, lorsqu'il l'a méritée par l'esprit qui l'a *animé*, & par la maniere dont il a soutenu la preuve.

Le premier arrêt célebre, recueilli par Brillon, est celui de *Jean Juvénal des Ursins*. Ce prévôt des marchands de Paris étoit vertueux, bienfaisant & savant ; en 1392, ses ennemis l'accuserent secrétement, & trouverent jusqu'à trente faux témoins. C'étoit fait de des Ursins, sans un incident bizarre qui tenoit aux mœurs de ce temps-là. Le procureur-général ayant refusé d'accuser, & étant remplacé par Andriguet, simple avocat d'Auvergne ; celui-ci alla conférer au cabaret avec le commissaire & les délateurs. La minute de l'information oubliée & tombée entre les mains d'un honnête homme, passa sur le champ à des Ursins, qui eut le temps de préparer sa défense jusqu'au lendemain, que mandé devant le roi, il se fit accompagner pas cinq cents bourgeois. Quand

Andriguet eut plaidé avec l'impudence vénale de la calomnie, qui sait se couvrir des formes de la justice ; des Ursins, avant de se justifier, l'interpella de produire la procédure, & Andriguet, après avoir fait de vaines recherches, fut obligé de fuir, hué par tout le monde. Charles VI prononça ainsi : *Je dis, par sentence, que mon prévôt est* PRUDHOMME, *& que ceux qui ont fait proposer les choses sont* MAUVAISES GENS. A pâque, les trente faux témoins ne purent avoir l'absolution qu'en allant à l'hôtel-de-ville, en chemise, la tête voilée, crier miséricorde à des Ursins, qui les nomma, apprit qui les avoit subornés, s'attendrit, pardonna, fit tout oublier par sa bonté, & par le bien qu'il fit encore..... Ce trait, recueilli de toutes parts, est précieux à transmettre sous divers points de vue. 1°. L'administration de la justice de ce temps-là, & le dispositif de l'arrêt royal. 2°. La générosité de des Ursins ; & outre que la vengeance est un tourment pour les belles ames, j'aime à croire qu'on se lasse de persécuter l'homme de bien, lorsqu'il plaint ses ennemis sans les perdre. 3°. La quantité de faux témoins, trouvés à la fois dans une seule affaire ; or qui nous dit que depuis on n'en a pas trouvé autant, qu'on n'en trouvera pas encore ? & remarquez bien que ce n'étoient pas des scélérats comme nous en voyons tant, puisqu'ils allerent tous se confesser à pâque. 4°. Les mœurs de ce temps-là : elles ont bien changé, & une calomnie seroit bien autrement travaillée. On n'est pas si cruel, on est plus adroit. Un grand prince dont j'ai parlé, pag. 101 de la Préface, me disoit : *J'ai vu notre ami T..... ils l'ont perdu en le supposant* FOU, *il ne l'est pas certes, & j'ai causé avec lui plusieurs heures, à plusieurs reprises. Mais c'est chez vous la calomnie à la mode. Quand un homme veut le bien & qu'il le fait, on dit qu'il est* FOU.

ARRÊT du parlement de Paris, du 11 octobre 1556, qui absout Pelisson, président ; Boissonet & Durosel, conseillers du parlement de Chambery ; condamne Taboué, procureur-général, en 2000 l. de dommages envers Pelisson, & 800 l. envers chacun des deux autres...... SANS AVOIR ÉGARD *à la qualité de procureur-général en ladite cour de Chambery*.... le condamne à faire amende honorable à l'audience, jour de plaidoyer, huis ouverts, nuds pieds & tête, à genoux, en chemise, la corde au cou, tenant en ses mains une torche ardente, déclarer que *faussement, malicieusement, calomnieusement, à tort & contre vérité*, il a chargé & *accusé* lesdits Pelisson, Boissonet & Durosel, dont il se repent, dont il demande pardon à Dieu, au roi, à la justice & auxdits..... (*item* à la porte du palais, & conduit au pilori des halles, pour y être tourné trois tours.... conduit sous bonne & sûre garde à Chambery, y faire la même amende honorable, y être confiné, ou par-tout où voudra le roi...... condamne ledit Taboué en 2000 livres parisis d'amende envers le roi....... & *pour aucunes causes & considérations à ce mouvant*, ladite cour ordonne que ledit Pelisson sera mandé en icelle, pour lui être fait les *remontrances* par elle ordonnées, & auquel Pelisson la cour a enjoint de garder & faire garder en ladite cour de Chambery, les ordonnances royales & défenses d'y contrevenir sous peine d'amende. (Papon, liv. 19, tit 8, arr. 9, pag. 1098.).... *Espece*..... Taboué avoit accusé de faux, malversations & prévarication les autres magistrats, & fait renvoyer l'affaire au parlement de Dijon, d'accord avec le duc de Guise, qui, en qualité de gouverneur, avoit grand crédit dans ce parlement, *in quo Guisius utpotè provinciæ præses, præcipuam auctoritatem habebat*, dit l'historien de Thou, liv. 17. Par arrêt du parlement de Dijon du 18 juillet 1552, Pelisson, infirme, âgé de quatre-vingt-quatre ans, avoit été condamné à faire amende

amende honorable, & subit son jugement. On s'étoit pourvu d'abord en cassation, & faute de nullité, en revision. L'affaire avoit fait la plus grande sensation. J'ai copié plus au long cet arrêt, cité par-tout, pour plusieurs motifs. 1°. Il renferme en quelque sorte ces mots sacramentaux de l'accusation calomnieuse. 2°. A des dommages considérables pour ce temps-là, & à la peine du Talion, l'amende honorable à Paris & à Chambery, il ajoute une peine extraordinaire, celle du pilori; & il confine le calomniateur, comme pour le séparer à jamais de la société. 3°. Il juge sévérement Taboué, *sans avoir égard à sa qualité de procureur-général*, parce qu'elle ne peut pas être une excuse de la calomnie & de la vexation. 4°. Il paroît que la conduite de Pélisson n'étoit pas irrépréhensible, puisque l'arrêt lui fait des injonctions; mais des torts ne sont pas des délits, & c'est ce qui prouve la justice scrupuleuse du prononcé. 5°. Cet arrêt fameux ne fut rendu qu'après avoir assemblé des députés du parlement de Dijon, de Paris & du conseil, après de grands mémoires, des conférences, des plaidoyers; & c'étoit le temps des plus grands jurisconsultes.

Arrêt du parlement de Paris, de 1572, qui absout d'Arconville de l'accusation contre lui intentée par Bobé son beau-frere. . . . . *Espece* tirée de la vie de Dumoulin, beau-pere de Bobé par Brodeau, & insérée au premier tome de ses Œuvres, pag. 57. . . . La nuit du 19 février 1572, des voleurs, guidés par un valet Gascon, pénetrent dans la maison de Bobé absent, égorgent sa femme enceinte, ses deux enfans, la nourrice du plus jeune & la servante; emportent l'argent, & jettent dans le puits la vaisselle & les bijoux qui auroient pu les faire reconnoître; puis se font mener hors de Paris par un cocher, qu'ils poignardent de peur qu'il ne les découvre, & disparoissent sans qu'on en ait eu des nouvelles, quelques perquisitions qu'on ait faites. Bobé, de retour, fait informer & décréter de prise-de-corps d'Arconville & sa femme. Appel. La cause est plaidée par le célebre Pasquier pour d'Arconville, & par le savant Barnabé Brisson pour Bobé. Une foule de présomptions s'élevent contre d'Arconville, & avoient fait dire à Charles IX, *c'est un ennemi qui l'a fait*. Il y eut même des lettres-patentes, portant *que tous les prisonniers pour crime, seroient interrogés sur le fait de ce massacre & obtiendroient impunité avec 3000 écus sur les biens des coupables, s'ils les faisoient connoître certainement*. Premier arrêt du 22 mars 1572, conforme aux conclusions d'Augustin de Thou, qui confirme le décret & la procédure extraordinaire, & cependant ordonne l'élargissement de d'Arconville & sa femme, à la charge, par le mari, de donner caution, de se représenter, & par la femme seulement de se représenter. Second arrêt d'absolution. . . . L'auteur des Mélanges, tirés d'une grande bibliotheque, tom. 7, pag. 180, rapporte le même arrêt. Mais, 1°. il dit que, *suivant la jurisprudence de ce temps-là, d'Arconville ne fut point mis en prison, mais donné en garde à un commissaire, avec lequel il alloit consulter les avocats sur son affaire*. 2°. Il dit que de Thou conclut contre d'Arconville, mais qu'heureusement Pasquier ayant pu répliquer, on lui donna du temps pour la justification de sa partie, qu'il employa à prouver l'*alibi*. 3°. Que le valet Gascon, arrêté pour d'autres crimes, s'avoua coupable, & ne chargea point d'Arconville, même à l'article de la mort. 4°. Enfin, que l'arrêt définitif déchargea d'Arconville d'accusation, & condamna Bobé en 3000 liv. de dommages & intérêts, & en tous les dépens. . . Comment concilier ces deux versions? La premiere, l'ouvrage de Brodeau n'a point été contredit pas Pinsson, dernier éditeur de Dumoulin. La seconde est d'un ministre, qui, possesseur d'une riche bibliotheque, permet que l'on donne au public les extraits de ses précieux manuscrits, & paroît avoir celui de ce procès avec une infinité d'autres. Nous sommes entrés dans ces détails par respect pour lui, & pour prouver combien différens de tant d'autres arrêtistes, nous sommes exacts & scrupuleux. Cette partie pénible de notre travail n'est pas indifférente : il y a une infinité de points de jurisprudence qui n'ont d'autre base que l'erreur des citations inexactes ou falsifiées.

ARRÊT du parlement de Paris, du 10 décembre 1619, qui renvoie d'accusation Gaspard de Monconys, condamne l'assesseur criminel & le procureur du roi, du présidial de Lyon, en de gros dommages & intérêts & en tous les dépens; leur enjoint de se défaire de leurs charges, & les déclare incapables d'en posséder à Lyon; ordonne que le nom de l'accusé sera rayé des registres des greffes (*nomen innocentis rei erasum ex infami commentariensi codice*); que l'arrêt & le procès seront imprimés, que l'arrêt sera lu & publié au présidial de Lyon, l'audience tenante, & enrégistré au greffe. (Mornac, *Lib. 4, § 4, D. de his qui notantur infamiâ, tom. 1, pag. 232.*) Il a changé le nom de Monconys en celui de Corus. C'est-là une des erreurs dans lesquelles tombent nos plus grands jurisconsultes, faute de remonter aux sources. Nous nous en garantissons autant que nous pouvons. Je vais extraire quelques détails, de nos historiens de Lyon, & de l'ouvrage intitulé *Dicœologie*, ou défense *justificative pour Me. Gaspard de Monconys, pourvu de l'office de lieutenant-criminel en la sénéchaussée & siege présidial de Lyon par la résignation de Me. Pierre de Monconys, seigneur de Liergues, contre l'étrange, horrible & prodigieuse calomnie de Mes. Claude Bernard, assesseur, Nicolas de Masso, Claude Terrat, conseillers, & Jacques Daveyne, substitut de M. le procureur-général audit siege : par Me. Sébastien Roulliard de Melun, avocat en parlement, Paris 1620, in-4°.* C'est un tableau révoltant de ce que peuvent sur des magistrats même, la haine, la vengeance & l'esprit de corps. C'est un événement oublié, mais il n'est pas indifférent de lui rendre la vie : car tout le mal qui a existé peut se renouveller sous d'autres formes, & pour garantir l'innocence, il faut exposer les artifices les plus extraordinaires de la calomnie..... Gaspard de Monconys étoit fils de Pierre de Monconys, lieutenant criminel de Lyon, frere de Balthazar, docteur en droit de l'université de Salamanque, si connu par ses voyages qu'il poussa jusqu'au fond de l'Inde, par le recueil *in-4°.* qu'il en a laissé, par un superbe cabinet de physique, & par la correspondance la plus étendue avec les savans & les souverains qui protégeoient les sciences & les arts. Gaspard avoit aussi voyagé pour s'instruire; & fixé dans sa patrie, il voulut se faire recevoir dans la charge de son pere. Jusques-là tout est dans l'ordre & le cours naturel des choses : mais le pere de Gaspard avoit fait ajourner au parlement Terrat, Masso & Bernard, pour abus & malversations; dans le délire de la haine & de la vengeance, ils imaginerent d'empêcher la réception du fils, & ils *pratiquerent une procuration du présidial de Lyon, prétendue conforme à leur dessein.* Il falloit trouver une incapacité dans le fils. Voici leur étonnante fable. Ils trouverent qu'en 1612, un nommé François Louys, convaincu de sacrilege dans l'église de St. Denis, avoit été condamné d'abord à la mort par le bailli de cette ville, & ensuite par arrêt du 7 septembre 1612, condamné seulement aux galeres pour neuf ans, & le 4 novembre suivant, attaché à la chaîne. Ils supposerent que ce Louys n'étoit autre chose que Gaspard de Monconys, qui avoit déguisé son vrai nom, & que ce motif secret étoit ce qui avoit déterminé le parlement à adoucir la peine, d'autant plus, que la famille Monconys étoit protégée par la maison de *Villeroy*. . . . . Daveyne, procureur du roi, va à Paris, s'unit aux autres conjurés; ils font observer Monconys par gens affidés, le font arrêter & conduire en prison à St. Denis, & font dresser par le bailli une procédure. Requête de la famille Monconys au parlement le 29 août 1617, & le même jour, arrêt qui ordonne l'apport de la procédure du bailli de St. Denis, & *cependant, par provision, que Monconys sera élargi* en donnant caution. 2 septembre, arrêt qui décrete de prise-de-corps Bernard, Terrat, Masso, Daveyne & le bailli de St. Denis. 13 décembre, requête tendante à être admis à prouver même par monitoire, que Monconys étoit le François Louys. . . . . 18 avril 1618, arrêt portant qu'avant de procéder au jugement, tant des appellations que du principal, ils feroient informer dans deux mois des faits contenus dans leur requête, même par monitoire. Trente-six témoins entendus, récolés & confrontés à Monconys. Jamais, dit Mornac, la calomnie n'eut plus l'air de la vérité, & ne fut étayée par de plus audacieux témoignages. 24 novembre 1618, arrêt qui admet Monconys à la preuve des faits justificatifs, notamment de son *alibi* & de ses reproches; cent quarante témoins, tous qualifiés, n'ont pas perdu de vue Monconys & son pere long-temps avant 1612. C'est après cette double & longue procédure que l'affaire fut plaidée à la fin de 1619. Roulliard, avocat de Monconys, avoit non seulement à discuter une infinité d'objets, mais *à lever le scrupule de quelques sourcilleux qui vont criant: comment seroit-il possible qu'on eût inventé & esventé ce fait, s'il n'en étoit quelque chose? il n'est point de feu sans fumée. En tout cas, à qui en est la faute? au pere, lieutenant-criminel, ou au fils, pourvu du même état? Quelques-uns viennent jusques-là, que de dire comme Auguste aux enfans d'Hérode:* PECCASSE QUI VEL VENERINT IN SUSPICIONEM. C'étoit bien assez de deux ans pour éclaircir un point de fait qui l'eût été à Rome en vingt-quatre heures, par l'effet prompt & sûr de la procédure publique. Les calomniateurs furent perdus; Monconys, vengé par l'arrêt, fut reçu avec éloge après un examen éclatant sur le droit romain & le droit françois. Pour le pere, protégé par les Villeroy, il fut nommé prévôt des marchands en 1623. Ainsi alors, comme dans tous les temps, à Lyon comme ailleurs, il y avoit des scélérats, & l'on savoit calomnier, mais on savoit récompenser; le public étoit juste. La ville étoit bien organisée; & ce fut MM. de *Villeroy*, qui pouvant faire le bien à Lyon en qualité de gouverneurs, voulurent tout à la fois illustrer l'innocence accusée dans le fils, & récompenser le pere.

ARRÊT du parlement de Paris, de novembre 1669, qui renvoie d'Aulnoy, gentilhomme, de l'accusation du crime de leze-majesté, condamne à être décapités ses trois accusateurs, le marquis de Courboyer, Bonenfant de la Moisiere & Crouville de Lamiere. . . . Je ne fais pas transcrire cet arrêt d'après Brillon, voyez *accusation*. 1°. L'on n'y voit point si d'Aulnoy fut indemnisé sur les biens des calomniateurs, ou par quelque grace du prince. Brillon dit froidement: « que la mémoire de M. d'Aulnoy est presqu'aussi *fameuse* par cette manifestation de son innocence, que l'est sa veuve par ses mémoires d'Espagne, & par les autres histoires & les contes plaisans qu'elle a laissés au public. » Funeste célébrité, que celle d'avoir gémi sous le poids d'une affreuse accusation, d'avoir langui dans les fers; & par un hasard heureux, d'avoir conservé son honneur & sa vie! Qui voudra être fameux à ce prix? Et voilà comme nos jurisconsultes du commencement de ce siecle, le bon Brillon lui-même, se traînant sur la jurisprudence actuelle, envisageoient froidement le sort des innocens accusés.

2°. Je ne sais pas pourquoi l'on fit à ces trois calomniateurs l'*honneur* de les décapiter. Il me semble qu'il y a des crimes dont la bassesse & la noirceur rendent indigne de cette distinction. L'arrêt du même parlement, du 1 février 1762, condamne Paul-René Dutruche de la Chaux, *écuyer*, ci-devant garde du roi, à faire amende honorable & à être *pendu*, pour avoir fabriqué des impostures contre la sûreté du roi & la fidélité de la nation. . . . . 3°. Brillon, contemporain, donne des détails extraordinaires. Lamiere, dit-il, eut un remord de conscience, déchargea pleinement d'Aulnoy, & déclara qu'il avoit servi *de faux témoin pour 1000 écus*. Il fut réservé pour *le dernier*, alla *deux fois* au supplice & monta *deux fois* sur l'échafaud, savoir, le jour de l'exécution de ses compagnons & le lendemain; après quoi, c'est-à-dire, *après avoir vu, oui & senti tout ce que la mort a d'affreux*, le lieutenant-criminel le fit descendre & ramener à la prison. Il avoit femme & enfans, & demeuroit sur la paroisse de St. Landry, *où depuis il marcha souvent sur la fosse qu'on avoit faite dans l'église pour l'enterrer après* son exécution. Ces détails pesent sur le cœur du magistrat éclairé, de l'homme sensible. Pourquoi en effet cette répétition de supplice quand on fait grace? Pourquoi sur-tout contre ce Lamiere, dont le remord, tardif il est vrai, mais toujours très-heureux, avoit sauvé l'innocence? il étoit mille fois moins coupable que ses camarades, parce qu'il n'avoit pas imaginé le crime, & parce qu'il l'avoit révélé à la justice? Ce n'étoit qu'un homme foible, les autres étoient des scélérats endurcis. On lui conserve la vie, parce qu'il a sauvé celle de l'innocence. Et c'est une belle action. Après cela, pourquoi le tourmenter & l'avilir? ON A BLAMÉ CETTE FAVEUR. Tant on a peu de principes. Mais d'abord c'étoit justice: c'étoit *do ut des*. De plus, comment espérerez-vous jamais une heureuse rétractation de la part du calomniateur, ou du témoin suborné, lorsque vous le traiterez aussi cruellement que ses complices, lorsqu'à la peine qu'ils ont tous méritée, vous substituerez la honte publique, comme si elle avoit pour objet la punition du repentir! Ce seroit dire, parce que tu as eu un remords heureux, & parce que tu sauves l'innocence, tu seras couvert d'infamie. Ne faudroit-il pas dire plutôt: l'innocence alloit périr, tu la sauves par un retour à la vérité, & tu seras honoré. Ce raisonnement paroît avoir été fait depuis dans les cas semblables, soit en faisant grace entiere, soit en modifiant la peine. Vu le péril continuel de l'innocence, ne seroit-ce pas une bonne loi que celle qui conserveroit la vie, le repos & l'honneur au dénonciateur, au témoin qui, par un aveu sincere, épargneroit à la justice l'horreur de condamner l'innocence. On a cent fois accordé la vie au scélérat qui découvre ses complices, & Duchatel est mort à bicêtre quarante ans après Cartouche. Eh! comment voulez-vous que l'innocence n'ait pas été mille fois égorgée par le glaive des loix? Tant de témoins ne savent ce qu'ils disent: tant de fois on les a fait parler comme on a voulu ou comme on a cru: ils pourroient, ils voudroient se rétracter, à la vue de l'accusé, ou sur les éclaircissemens survenus. Mais ils sont persuadés qu'ils seront punis comme faux témoins. Entre leur vie & celle de l'accusé, ils ne doivent pas hésiter; & peut-être, Lamiere ne se fût pas rétracté, s'il eût cru être traité comme il le fut. . . . . 4°. Comment enfin cet arrêt rendu si près de l'ordonnance de 1670, n'a-t-il pas donné lieu à une disposition? Voulez-vous le savoir? Pussort seul étoit dans le secret; & quand on assembla les députés du parlement pour examiner ce code criminel, il n'y eut que sept conférences. Or, il est impossible que dans ce court intervalle on puisse créer, combiner, rapprocher & développer cette grande & difficile partie de la jurisprudence qui a pour objet les mœurs, la propriété, la sûreté & la tranquillité de tous, qui statue sur la fortune, l'état, l'honneur & la vie..... Je m'arrête.

ARRÊT du parlement de Paris, du 6 août 1710, qui condamne Michegaut, curé de Laune, pour calomnie, contre Amat, vicaire général, en 1500 liv. de dommages outre les dépens, à lui faire, à l'audience & nu-tête, réparation, & le bannit pour neuf ans. De quoi s'agissoit-il? de la grossesse d'une servante de Michegaut, prêtée quelques jours à Amat, morte avec son enfant, de douleur & de honte, après les poursuites du promoteur, après des propos vagues, une déclaration contre un inconnu, le tout suivi de manœuvre du curé & d'une double procédure *conjointe*. L'affaire portée en cet état au parlement, il n'a pu que juger comme il a fait, & punir le calomniateur. Mais étoit-ce le cas de tant d'éclat? n'a-t-il pas produit bien des maux? n'est-ce pas là une de ces affaires qu'il faut étouffer? Voyez *Grossesse*.

ARRÊT du parlement de Paris, du 4 janvier 1715, qui condamne plusieurs calomniateurs en 40,000 liv. de dommages & intérêts envers Parseval, maire de Nogent-le-Rotrou, & en outre les uns en neuf ans de bannissement; les autres à demander pardon à Dieu, au roi, à la justice & au maire, nu-tête, en la chambre de la Tournelle.... *Jousse* qui rapporte cet arrêt, *tom. 3, pag. 196*, ne donne aucun détail ni sa source. Il y a à parier que c'étoit une répétition de la calomnie, exercée contre le prévôt des marchands des Ursins, & dans ces cas on ne peut être trop févere. Il faut punir rigoureusement l'officier municipal qui prévarique; mais quand il est pur, quand il fait pour le mieux, s'il est permis de le calomnier, ou ce qui revient au même, s'il en coûte peu, qui osera se mêler de l'administration publique?

ARRÊT du parlement de Paris, du 31 janvier 1715, qui condamne un ancien *greffier criminel* du châtelet de Paris, à faire amende-honorable & au bannissement à perpétuité, pour avoir accusé faussement la Dlle. Richard, fille majeure, de vol avec effraction.... *Jousse, ibid.* Il y a à parier qu'il y eut des voix à la mort, & si elle peut être prononcée, c'est dans ce cas, considération faite de la qualité de l'accusateur, de la foiblesse de l'accusée, de la nature du délit & de la peine qui eût suivi, si la providence n'eût pas découvert le complot.

JUGEMENT du lieutenant de police de Paris, du 7 avril 1734, qui, sur une fausse dénonciation de contrebande, condamne l'un des dénonciateurs en cinq ans de bannissement, & l'autre au pilori. (*Jousse ibid.*).... Ce jugement est doux, vu la facilité de compromettre la sûreté publique par de pareilles dénonciations. Voyez *Contrebande, Gabelle, Sel, Tabac, Traites*.

ARRÊT du parlement de Dijon, du 4 juillet 1753, qui, sans avoir égard à la déclaration faite par l'accusateur qu'il se repent, le condamne à demander pardon, en présence de quatre personnes. Jousse, *tom. 3, pag. 208*. Il faudroit voir les circonstances.

ARRÊT du parlement de Paris, du 30 mai 1756, « qui condamne la communauté des procureurs de Lyon en 10,000 liv. de dommages & intérêts envers Bordua, notaire, pour avoir engagé des paysans à faire une dénonciation calomnieuse de crimes graves, pour empêcher que Bordua ne fût reçu ».... Nous avons une connoissance parfaite de cette affaire, sur laquelle nous ne nous permettons que deux réflexions; la premiere, que cette dénonciation fut l'ouvrage d'un député, qui n'étoit pas procureur; la seconde, que ces événemens n'arriveront plus, tant que le chef de la justice refusera des provisions à celui qui n'apportera pas le certificat du corps où il veut entrer.

ARRÊT du parlement de Paris, de 1763, au rapport de M. Pasquier, qui décharge le sieur de Lattre de l'accusation intentée contre lui, avec 2,000 liv. de dommages. Arrêt imprimé & affiché... *Espece*. Le sieur de Lattre étoit lieutenant particulier du bailliage de Ribemont. Ce tribunal étoit divisé. Prétention du lieutenant général, concussions, libelle, reproches réciproques. Sur le tout, information contre le sieur de Lattre. C'est sur ces procédures & sur les éclaircissemens pris par le parlement, qu'a été rendu l'arrêt, honorable pour cet officier, humiliant pour les calomniateurs. Puisse-t-il avoir rétabli l'union & la paix si précieuses dans l'administration de la justice !

ARRÊT du parlement de Paris, du 21 mai 1770, qui décharge d'accusation Nicolas Clément de C... & plusieurs particuliers; lui permet de se pourvoir contre les auteurs de la calomnie énoncée au procès, & de demander ses dénonciateurs aux procureurs fiscaux de la pairie de Rheims & de la justice de Cormicy; ordonne que les informations seront continuées devant le lieutenant criminel de Rheims, &c.... *Espece*. C.... loue un appartement à M... américain, qui le quitte, & a avec lui un petit procès. Le 21 octobre 1767, pendant la nuit on entend crier au secours dans l'appartement de M... où logeoit un de ses amis, l'abbé Berard, chapelain du roi; on pénetre, & l'on trouve l'abbé égorgé, sa commode forcée, sa montre & son argent de poche négligés. Une servante déclare qu'elle a entendu & vu sortir les voleurs; & d'autres particuliers déposent avoir vu roder trois inconnus. Plainte, procès-verbaux. On arrête trois paysans passans par Cormicy pour un mariage; on les enchaîne, on les conduit à Rheims, d'où on les renvoie malades, ruinés & désespérés, sous un plus amplement informé. Ces victimes échappées on établit des soupçons contre C.... & M... On suppose que C... a voulu se venger de M... & qu'il a assassiné l'abbé pour faire accuser M... Le 25 juin 1769, C... est emprisonné. Le 12 août, il est mis *hors de cour* ainsi que les autres accusés; il interjette appel, &, facilement justifié, il obtient par l'arrêt une décharge. Mais *les outrages qu'a essuyé l'innocence persécutée*, qui les réparera? L'arrêt ordonne la révélation des dénonciateurs; mais si ce sont des gens de rien! Cette partie de notre législation qui compromet ainsi tout le monde, mérite le plus sérieux examen.

SENTENCE de la sénéchaussée de Moulins, du 28 février 1777. « Disons, faisant droit sur les accusations intentées par le procureur du roi, contre le sieur comte de Viry la Forêt, les nommés Brissac, Coudrier & Françoise Solignat, ayant égard aux reproches proposés par ledit sieur comte de Viry, contre Jean Fleury, curé de Burnay, que nous avons la déposition dudit curé rejetée, & sans nous arrêter aux reproches proposés contre aucuns des autres témoins ouis ès informations & additions d'icelles, nous avons déchargé ledit sieur comte de Viry, les nommés Brissac, Coudrier & Solignat des accusations contre eux intentées; *sequemment* les renvoyons quittes & absous d'icelles; ordonnons qu'ils seront relaxés des prisons de cette ville, &c. ».... *Espece intéressante*. Le comte de Viry, chevalier de Malte, capitaine de cavalerie, lieutenant de roi du Bourbonnois, avoit recueilli, secouru, protégé Fuchs, d'abord comme secretaire, ensuite comme ami, avoit cautionné sa mere, avoit payé pour le faire guérir d'une maladie secrete, le recevoit chez lui & le combloit de biens. Le 25 septembre 1774, Fuchs s'échauffe à courir sur la glace, & tout suant se baigne dans l'eau glacée. Le lendemain à l'heure du dîner on l'appelle, on est inquiet, on enfonce la porte fermée en dedans, on le trouve froid ou de mort subite, ou de son imprudence de la veille. Il est regretté, pleuré, enterré. Dix mois se passent. Le comte de Viry a trois ennemis connus : & les gens de bien en ont plus que les autres. M. le procureur général reçoit un mémoire, qui assure que Fuchs *avoit prêté au comte 20,000 liv.; que, pour ensevelir cette dette, le débiteur avoit donné la mort à son créancier, l'avoit fait enterrer au milieu de la nuit, & recommandé de consumer son corps avec de la chaux.* 9 septembre 1775, arrêt qui ordonne qu'il sera informé. Le curé de Burnay dépose, & paroît jouer un grand rôle. A des dispositions obscures ou suspectes, se joint un rapport de chirurgien, dont il faut faire démontrer l'absurdité par le célebre M. Petit; & c'est la premiere fois qu'on avoit fait le rapport d'un cadavre après dix mois d'inhumation. C'en est assez cependant, malgré un mémoire touchant de M. La Croix, pour qu'un second arrêt ordonne que le procès sera fait au comte & à trois de ses gens en état de prise-de-corps. Le lieutenant de roi de la province, est obligé de se constituer prisonnier à Moulins : l'information est composée de cent quatre-vingt-trois témoins; & sur la plainte en subornation contre quelques-uns, soixante-dix témoins sont entendus. Le comte rapporte de plus des lettres de la mere & du fils Fuchs, par lesquelles il étoit prouvé qu'il leur prêtoit de l'argent, & qu'il étoit à tous égards leur bienfaiteur. Jamais la calomnie n'a été plus évidente, & malgré ses noirceurs, c'est par acclamation que le public & les juges ont prononcé l'absolution du comte & de ses gens. Le procureur du roi n'a pas appellé, & le curé ayant voulu faire revivre l'affaire au parlement & y attirer encore le comte, parce que lui curé avoit étoit maltraité dans un mémoire de la noblesse du Bourbonnois, il a été mis hors de cour par arrêt du 22 octobre 1777. . . . Nous dirons peu sur cette affaire, parce que nous sommes trop près de l'événement & des personnes. Si on la compare à celle de d'Arconville de 1572, que conclure? Si on l'approfondit, on frissonne de voir comment pour maintenir la sûreté, nos loix assujettissent la naissance & la dignité, la bienfaisance & la vertu aux formes, aux humiliations, à la prison, à toutes les souffrances qui, réservées au crime, ne sont justes qu'en ce qu'on les considere comme une anticipation du supplice. On s'est demandé encore comment cette affaire n'a pas eu d'autres suites, comment on n'a pas fait un exemple sévere des délateurs & des témoins accusés de subornation, & on l'a desiré, parce qu'il n'y a rien de si funeste au repos public que ces avis secrets & ces délations envoyées à la capitale & à la cour du fond des provinces. Mais il falloit que le comte de Viry demandât ses dénonciateurs, & après tout ce qu'il avoit souffert, il a préféré la paix, les nuits tranquilles de la bonne conscience, les égards de ses juges, la joie universelle, & cette opinion publique qui venge de tout. De plus, aussi-tôt après son absolution, le roi lui a envoyé la croix de St. Louis, comme s'il avoit voulu le dédommager des sacrifices faits à notre jurisprudence criminelle, & il ne faut pas manquer de consigner ici cette attention paternelle de notre bon roi. C'est la bienfaisance éclairée qui n'a pas craint de faire chercher les citoyens les plus obscurs pour récompenser de bonnes actions. C'est LOUIS XVI qui, abolissant la question préparatoire, a porté la hache dans cette ordonnance de 1670, qui, par ses formes rigoureuses, gêne la bonté & la justice même des parlemens.

ARRÊT du parlement de Paris, du 19 février 1777, qui, évoquant le principal & y faisant droit, condamne D... à se charger de l'enfant dont Marie Marchebout est accouchée, *en 6000 liv. de dommages & intérêts* envers elle, non compris la provision; fait défenses à D... d'user à l'avenir de pareilles violences, *sous peine de punition corporelle*. . . . En tant que touche les appels de la sentence, du 27 mars 1776, met les appellations au néant, *décharge de l'accusation* Marie-Anne Marchebout, la femme Marchebout sa mere & autres; ordonne que leurs écroux seront rayés & biffés.... condamne D... en 3000 liv. de dommages envers la femme Marchebout, & en 10,000 livres envers sa fille, & en tous les dépens; ordonne enfin que l'arrêt sera imprimé & affiché à Neauphle, à Versailles & autres lieux circonvoisins, aux dépens de D. . . . . *Espece odieuse*. D... riche libertin, attire chez lui la fille Marchebout, sous prétexte de lui donner de l'ouvrage, la séduit & la viole; apprend qu'elle est devenue grosse, lui conseille de se faire avorter, lui donne un billet de 400 liv. de pension, veut la garder, la menace de dire qu'elle l'a volé, si elle fuit & ne peut la retenir. Ses parens ayant rendu plainte le 11 janvier 1776, en rapt de séduction, & obtenu un décret d'ajournement personnel; D... obtient un arrêt de défenses, rend plainte lui-même de vol contre la jeune fille, la fait décréter de prise-de-corps, veut la ravoir & essaie de la faire enlever. Nouvelle plainte des parens. C'est sur les appels respectifs, & après le vu des charges qu'a été rendu l'arrêt qui a été fort applaudi. Les pareils de D... ont trouvé que c'étoit beaucoup d'argent pour une *fantaisie*. Les gens austeres ont trouvé l'arrêt trop doux, & M. Aubry Dumesnil, dans un excellent mémoire pour la jeune fille, avoit cité les loix du code *de raptu virginum*, l'ordonnance de Blois, celle de 1639, & différens arrêts qui condamnent le ravisseur à la mort. A l'égard de l'accusation calomnieuse, plus dangereuse & plus révoltante, surtout dans les circonstances, il paroît que la jurisprudence du XVI siecle étoit encore plus sévere.

ARRÊT de la cour des aides de Paris, du 24 mars 1777, qui déclare la procédure & tout ce qui a précédé & suivi, nul, récriminatoire, & *calomnieux*; décharge le sieur Dupuy, receveur des tailles de Mantes, des accusations contre lui intentées; condamne Legros à le reconnoître pour homme d'honneur & de probité, pour un officier irréprochable & incapable des faits mentionnés dans les plaintes, & ce en présence de six personnes, telles que le sieur Dupuy voudra les choisir, & à lui en passer acte au greffe de la cour, ou pardevant notaire, dans quinzaine. . . . Fait défenses à Legros d'intenter à l'avenir de pareilles accusations, le condamne en 10 livres d'amende envers le roi, & en 1000 livres de dommages & intérêts envers le sieur Dupuy, applicables de son consentement aux pauvres de Mantes, dépens, impression & affiches. . . . . . *Espece*. Legros préposé à la recette des tailles, prétend qu'il a laissé son argent chez le receveur, & qu'on l'a gardé sans lui donner quittance. Plainte du receveur. Ensuite Legros donne plainte à son tour, & accuse le sieur Dupuy d'avoir extorqué à son profit des deniers royaux. L'accusation étoit grave. L'arrêt est doux: car on connoît la peine contre le crime de péculat.

ARRÊT du parlement de Paris, du 26 août 1778, au rapport de M. de St. Alban, qui décharge Baronet des accusations intentées contre lui, sous le nom de Guillaume Babilot, &c. . . . *Affaire odieuse*. Baronet long-temps absent revient dans sa patrie, trouve ses biens au pouvoir de sa sœur, veuve Lamort, qui le méconnoît, prétend qu'il est Babilot, demande à le prouver produit *ses* témoins, le fait décréter de prise-de-corps: l'enquête convertie en information, intervient le 29 octobre 1773, sentence de Rheims, qui condamne Baronet, sous le nom de Babilot, comme *faussaire*, *spoliateur de succession*, à faire amende honorable, à être flétri &

& aux galeres à perpétuité. Confirmation du jugement par la commission de Paris, le 14 janvier 1774 : exécution à Rheims, & Baronet est attaché à la chaîne. Une circonstance frappante & qui donne une étrange idée de la procédure, c'est que Laurence, sœur de Babilot, & de laquelle on ne s'étoit pas enquis, va voir dans les fers celui qu'on avoit condamné comme son frere, & ne le reconnoît point. *Mon frere*, dit-elle, *étoit bien fait & n'étoit pas bossu, on a condamné un innocent*, *ET LA CONDAMNATION N'A PAS LE SENS COMMUN :* paroles vaines pour gens qui ne vivant que sur le crime ne croient jamais à l'innocence. Après deux ans, & du fond des galeres, Baronet se fait entendre à Versailles. C'étoit un autre regne, & la justice avoit repris tous ses droits. La revision est au parlement de Paris. M. Homeri entreprend généreusement la défense du pauvre opprimé; & enfin, après quatre ans de souffrance, Baronet est rétabli, par arrêt du 26 août 1778. . . . En lisant ce procès, on voit d'un côté avec peine, qu'il n'est plus question de cette sœur, qui n'a pas pu méconnoître son frere, & dont l'accusation révolte; de l'autre on voit avec transport le zele & l'humanité de M. le président de Gourgues, & de M. de St. Alban. Mais combien il a fallu de choses pour rendre l'état à cet infortuné. Nous nous contenterons d'observer, que si la procédure avoit été publique, ce malheur public ne seroit pas arrivé; car la condamnation de l'innocent, quelque pauvre & obscur qu'il soit, est un malheur public.

ARRÊT du parlement de Paris, du 20 mai 1779, qui décharge la mémoire de Marc Game des accusations contre lui intentées, & des condamnations prononcées contre lui, par sentence de la sénéchaussée de Lyon, du 11 mars 1773, sauf à la veuve à se pourvoir, pour raison de dommages & intérêts, contre qui & ainsi qu'elle avisera.... *Espece*. En 1772, un particulier escroque des provisions chez plusieurs marchands, en leur présentant des cartes, sous le nom de différens citoyens : on croit reconnoître Game, ancien domestique de quelques-uns de ceux dont on a pris le nom; on l'arrête, des témoins croient le reconnoître, persistent à la confrontation, & une sentence du 11 mars 1773, le condamne à neuf ans de galeres. Il tombe malade, & meurt à l'hôpital le 13 mai. La veuve & le pere interjettent appel, & font intimer tous ceux qui leur paroissent avoir eu part à l'emprisonnement & aux témoignages. Plusieurs jurisconsultes prêtent généreusement leur plume à l'innocence, & l'on distingue un écrit de M. Servan. La commission renvoie à faire droit jusqu'à ce qu'il ait été statué contre Pierre Barrat, accusé d'escroqueries pareilles. Celui-ci désavoue les vols imputés à Game, n'en est pas moins condamné aux galeres par sentence de Montbrison, du premier février 1775, & par arrêt du parlement de Paris, du 22 juin 1778. Envoyé à Lyon pour attendre la chaîne, il fait en prison la fausse monnoie, est condamné par sentence du présidial, du 29 mars 1779, & avant de mourir, fait à la décharge de Game un aveu libre dans une déclaration que j'ai entendue. C'est sur cette étrange involution de faits & de procédures, que porte l'arrêt du 20 mars 1779.... Je ne me permettrai aucune réflexion sur cette affaire que j'ai observée, &, dont entr'autres j'ai vu faire quelques confrontations. Tout ce que je puis assurer, c'est qu'avec tout le zele & toutes les lumieres possibles, les juges sont exposés à de pareilles erreurs par la forme de notre procédure criminelle, qu'il y en a bien d'autres qui n'ont pas fait tant de bruit, & que le mal se répétera infailliblement tant qu'il faudra suivre la même loi.

ARRÊTS du parlement de Paris, du 18 juin & 6 août 1779, au rapport de

M. Titon de Villotran, qui renvoient d'accusation J.... font défenses à T.... de récidiver, le condamnent en 10,000 l. & aux dépens, impression & affiches, &c... J.... châtelain de Coumon en Auvergne, instruit une procédure en vol, contre un particulier qui avoit volé T.... seigneur de la paroisse. Celui-ci s'accommode avec le voleur, veut forcer le châtelain à cesser la procédure, & sur son refus se venge par une dénonciation de malversations reconnue calomnieuse.... M. Berny, avocat de J.... a très-bien dit : « qu'il en coûte au malheureux accusé pour rendre son innocence aussi notoire que l'a été la diffamation. Un jour de calomnie demande des années entieres pour l'effacer, & ses blessures passent d'une génération à l'autre. » Il a très-bien dit encore : « Un *reproche* trop souvent fait sans doute *aux seigneurs de justice*, mais aussi trop souvent mérité, *c'est d'exiger de ceux auxquels ils ont remis l'administration une soumission aveugle à leurs caprices & à leur cupidité.* » A l'égard de l'accommodement, relisez l'arrêt du parlement de Toulouse, du 9 juillet 1743, que j'ai cité page 16me. de ce volume. Arrêt qui permet de prendre à partie le procureur fiscal qui veut poursuivre sur un vol malgré l'accommodement, & voyez s'il ne seroit pas utile d'avoir une jurisprudence plus claire, plus certaine, au moins en matiere criminelle. Les juges inférieurs toujours tremblans doivent faire ce vœu avec nous.

Arrêt du parlement de Bordeaux, du 4 septembre 1779, qui décharge L... des accusations contre lui intentées, condamne l'accusateur en 100 livres de dommages, & aux dépens, impression & affiches.... *Espece.* L.... avocat à Perigueux, veillant comme assesseur de la maréchaussée à l'ordre public dans une foire, voit Cuminal, garçon boulanger, qui, le bâton à la main, poursuivoit Tosias, maître de danse, lequel se défendoit avec son épée; fait arrêter Cuminal par un cavalier & l'envoie en prison. Jalousie d'un juge du lieu qui fait élargir Cuminal. Ce n'est rien : celui-ci excité, suppose qu'il ne poursuivoit Tosias que parce qu'il débauchoit sa femme, & ajoute que l'assesseur ne l'a fait arrêter que pour favoriser ce libertinage. Plainte contre sa femme, Tosias & le sieur L..... décret d'ajournement personnel, puis de prise-de-corps. Le parlement évoque & juge....... l'accusation étoit absurde..... l'arrêt est doux. On observe trop souvent, sur-tout dans les villes où il n'y a point de parlement, que quand il s'agit de maintenir l'ordre, chaque autorité, chaque jurisdiction veut s'en mêler, au lieu de se concilier, même de concourir tous; & qu'au milieu des prétentions, des conflits & des rixes le désordre public ne manque pas de s'établir paisiblement & de croitre. Qui n'a pas vu cette vérité, & quels maux ne fait-elle pas?

Arrêt du parlement de Paris, du 25 juillet 1781, qui déboute la femme M... de sa demande en séparation de corps, la condamne en 3000 liv. de dommages & intérêts, émendant la décharge de la condamnation au blâme, fait défenses de requérir ni prononcer à l'audience en matiere civile de pareilles condamnations.... *Espece révoltante.* La femme de M... aubergiste à N... va à Paris, projette de se débarrasser de son mari, lui écrit de venir pour placer un lot qu'elle suppose avoir gagné, le dénonce à la police comme un homme banni à perpétuité. Après la vérité reconnue, elle se pourvoit en séparation de corps, disant de nouveau qu'elle ne peut vivre avec un homme *fouetté, marqué & envoyé pour trois ans* aux galeres. Après une visite rigoureuse & humiliante, le bailliage déboute la femme de sa séparation, la condamne en 3000 liv. & ordonne qu'elle sera *mandée à l'audience pour y être blâmée d'avoir ainsi voulu déshonorer son mari.*.... C'est cette derniere disposition que le parlement a réformée &

sans doute c'est la loi ; sans doute, telle quelle, il faut la suivre jusqu'à ce qu'on en ait une meilleure. L'arbitraire est le plus grand des maux. Mais cette femme audacieuse, qui revient à la charge, qui assujettit son mari à se laisser visiter publiquement par des chirurgiens avec des *frictions* humiliantes & douloureuses, restera-t-elle impunie ? L'arrêt de 1619, cité plus haut en faveur de Gaspard de Monconys, qu'on avoit voulu perdre par la même supposition, se rapproche de la loi du talion. Ici c'est une femme, & c'est son mari qu'elle calomnie par une atroce accusation : & c'est-là ce qui embarrasse plus encore que l'ordonnance. Mais les mœurs, l'exemple, les conséquences ! Pardonnons les premiers juges d'avoir oublié l'ordonnance : transportés d'une juste indignation, convenons que notre législation, si rigoureuse pour les formes, si févere pour les crimes contre la sûreté, est bien obscure ou bien foible pour tout ce qui tient aux mœurs ; & faisons les vœux les plus ardens pour une heureuse & prompte réformation, car le bonheur public tient encore plus aux mœurs qu'à la sûreté.

ARRÊT du parlement de Grenoble, du 22 mars 1782, au rapport de M. de Chaléon, qui décharge les sieurs *Daumas* & *Cubissol* des accusations en crime de vol & de subornation à eux intentées par *Long* ; condamne *Long* à payer à *Daumas* & *Cubissol* à chacun 15000 liv. pour leur tenir lieu de dommages & intérêts : décharge le sieur de *Gaufredi* & la femme *Arnaud* de l'accusation à eux intentée par *Long* en crime de subornation de témoins : en ce qui concerne l'accusation en crime de subornation de témoins, intentée à LONG, à la *Souffiés* & à la *Negrel*, *dite tante Masse*, condamne *Long aux* GALERES *pour dix ans, préalablement flétri ;* BANNIT la Souffiés *de son ressort & de celui du parlement d'Aix* pendant dix ans, & la Negrel pendant un an. *Pour l'exécution* du présent arrêt, ordonne que *Long* sera pris au corps, sinon, l'arrêt exécuté à la Ciotat par effigie. . . . . condamne *Long*, la *Souffiés* & la *Negrel* solidairement à payer à *Daumas & Cubissol* à chacun 10000 *liv.* en 10 liv. d'amende envers le Roi & en tous les dépens. Met hors de cour *G*. . . . . procureur à la Ciotat & celui de Long, dépens compensés ; met hors de cour *Minuty*, aubergiste, le condamne aux dépens ; met hors de cour le Sr. *P*. . . . lieutenant de la justice de la Ciotat, & la femme Canorque sans dépens. *Et attendu le décès de Robe dans les prisons d'Aix, dit n'y avoir lieu de prononcer sur* LE CRIME DE MAGIE *à lui imputé*. . . . . impression & affiche, &c. . . . *Espece*. Pour couvrir un vol fait dans la caisse do son associé, Long, il y a huit ans, prétendoit avoir été volé par *Daumas & Cubissol*, qu'il avoit accusés ; la plainte donnée à la Ciotat étoit soutenue par la déposition & les manœuvres de *Robe*, l'un de ces escrocs, qui profitant de l'imbécille crédulité, se disent devins, sorciers, magiciens : ses manœuvres avoient produit des témoins qu'on avoit d'ailleurs préparés, endoctrinés & subornés. Daumas & Cubissol avoient donné plainte contre Long & consorts en diffamation & subornation. Ils y avoient enveloppé Minuty, ennemi capital de Daumas, G. . . . . comme ayant excédé son ministere & pratiqué les témoins ; & le juge, pour avoir favorisé toutes ces pratiques, en recevant les dépositions écrites, & pour diverses inexactitudes. Le juge d'Aix n'avoit condamné Long qu'en 10,000 liv. & aux dépens, la Negrel en 20 sous d'amende pour avoir pratiqué des témoins, en 100 liv. de dommages & aux dépens, &c. . . L'arrêt ne présente qu'une espece, & jamais elles ne se ressemblent. Mais voyez le danger des accusations légérement admises ; voyez sur quoi l'on peut les appuyer, & combien l'honnête homme est exposé ! Les condamnations paroissent fortes ;

mais Long & Minuty ont disparu à la veille de l'arrêt. Les autres condamnés présentent-ils bien des ressources? Et voilà pourtant huit années employées à repousser un phantôme hideux & ridicule qui disparoît au moment d'être saisi. De tout ce qu'il y avoit à dire sur cette affaire, une seule réflexion viendra à tout le monde. Si le premier juge avoit *examiné* & fait d'*exactes diligences*, jamais ce malheur n'auroit existé; car, j'appelle malheur une affaire de ce genre. Or, est-il impossible que la législation le prévienne?

Accusation téméraire.

23. L'accusation téméraire peut différer de la calomnieuse par le principe, mais ses effets peuvent être aussi funestes. Le vol, l'outrage, la terreur, l'attaque même ne sont pas un motif suffisant pour s'en prendre au premier venu, comme l'avare de Moliere. Si j'ai été volé, c'est un malheur; mais il ne faut pas y joindre un malheur plus grand encore, celui de compromettre l'honneur, la fortune & la vie de celui que je soupçonne. Cette vérité répétée en cent manieres diverses dans Julius Clarus, Farinacius, & tous nos jurisconsultes, est encore mieux écrite au fond de tous les cœurs, & elle paroît être la base de plusieurs arrêts. Choisissons les plus modernes.

Arrêt du parlement de Paris, du 31 juillet 1775, au rapport de M. de Chavanne, qui renvoie Garnier de l'accusation intentée, à la requête du substitut de M. le procureur général, sur ses demandes en dommages & intérêts & réparations civiles hors de cour, sauf à lui à se pourvoir. . . . . Autre arrêt du 26 août 1777, au rapport de M. Brochant, qui condamne M. . . fermier général, en 6000 livres de dommages & intérêts, & aux dépens. Ordonne néanmoins que les mémoires de Garnier seront supprimés, comme contenant des déclamations étrangeres à la cause, & injurieuses à M. . . *Espece remarquable.* Le 11 octobre 1775, M. . . reçoit de son portier une lettre anonyme où on le somme d'enterrer 360 louis la nuit du 17 au 18, dans le fossé du Cours-la-Reine, au pied du poteau de la corde du bac des invalides, & s'il ne suit pas l'avis, il est menacé d'être assassiné. M. . . . . remet cette lettre à M. le lieutenant-général de police, qui charge un inspecteur de veiller & de découvrir. Garnier, officier du comte de l'Aubepine, devant aller au château de son maître, & prendre le carrosse de Chartres, s'éveille tard, va attendre le carrosse sur la route, pressé par un besoin, descend dans le fossé à vingt pas du poteau, est pris pour l'écrivain du billet menaçant, arrêté, de là conduit chez un commissaire qui l'interroge, le fait écrire, trouve que son écriture ressemble beaucoup à celle de la lettre anonyme, & l'envoie en prison. Information faite, éclaircissemens pris, Garnier est reconnu innocent, & d'ailleurs très-honnête homme. En conséquence, premier arrêt qui le renvoie d'accusation. Ensuite Garnier attaque M. . . comme dénonciateur. On reprochoit à celui-ci, 1°. d'avoir fait parler à son gré son portier, qui, à la confrontation, prétendoit reconnoître Garnier; 2°. d'avoir fait une horrible inquisition sur la vie & les mœurs de Garnier, & d'avoir excité l'animosité de Jean & Magdeleine frere & sœur de l'accusé, dont les dépositions ont été rejetées; 3°. d'avoir cherché, interrogé & endoctriné les témoins; 4°. d'avoir, lorsqu'il étoit convaincu de l'innocence, & qu'il ne pouvoit trouver de preuve, *proposé* au lieutenant criminel *de faire appliquer Garnier à la question préparatoire*, qui *n'étoit pas encore abolie*; 5°. *d'avoir dit que le parlement jugeroit comme il voudroit, mais qu'il avoit une lettre de cachet toute prête pour soustraire ce malheureux au reste du monde, s'il étoit absous.* D'après cela, l'arrêt qui a condamné le fermier général à 6000 liv. & aux dépens, a dû être applaudi par le très-grand nombre, & l'on se doute bien que la cause du malheureux Garnier contre le riche M. . . est devenue celle de tout ce public qui soutient à grands cris la pauvreté, la foiblesse, la liberté, la vérité, l'humanité & l'innocence. . . . Cet extrait rapide suffit sans doute pour indiquer les motifs de l'arrêt, & il ne faut pas s'y méprendre. La premiere démarche de M. . . étoit réguliere, & s'il s'en étoit tenu là, le reste étoit l'ouvrage, l'obligation de la police. Son devoir est de veiller dans l'intérieur du royaume, & de procurer la sûreté, comme à l'extérieur, c'est le devoir des troupes. Le citoyen a droit de réclamer auprès du magistrat cette sûreté & cette tranquillité pour laquelle il paie l'impôt; le magistrat ne peut pas la lui refuser. C'est l'intention du roi, & le vœu de toutes nos loix. Le citoyen a droit de confier ses terreurs, ses soupçons; & quand le magistrat est au-dessus de sa place, il pourvoit à tout par des moyens invisibles & insensibles. Ainsi, nous avons vu M. de Sartine prévenir le baron d'Onge qu'il devoit être assassiné le soir, le renvoyer coucher, veiller pour lui, faire arrêter & punir les assassins. C'est donc la conduite ultérieure de M. . . . . qui l'a fait condamner. Il devoit s'en rapporter, & il ne l'a pas fait. Il est devenu accusateur téméraire & opiniâtre. Il a fait gémir Garnier dans un *cachot*, & c'étoit pis, si on l'eût écouté. Ce n'est pas sa faute, disoit-on, si les accusés de crime capital sont mis au *cachot*; c'est la faute des loix. Sans doute, c'est pour la richesse & le pouvoir que tout a été réglé. C'est le puissant & le riche qui ont tout fait. Quand la mauvaise disposition des choses ne tombe que sur le crime, on se tait. Mais quand l'innocence souffre & d'être injustement accusée, & de la maniere dont nous renfermons presque indistinctement les accusés, sans doute ces traitemens humilians & terribles doivent entrer en considération dans la fixation des dommages & intérêts auxquels on condamne le riche accusateur téméraire; c'est une indemnité que la richesse paie à l'innocent pauvre & foible, & sans doute elle ne doit pas la regretter.

ARRÊT du parlement de Paris, du 13 août 1779. « La cour, grand'chambre assemblée, faisant droit sur l'appel interjeté par l'abbé G. . . . . du décret contre lui décerné, & de tout ce qui a précédé, a mis & met l'appellation & ce dont a été appellé au néant, émendant, évoquant le principal, & y faisant droit, ensemble sur les conclusions du procureur général du roi, donne acte à l'abbé G. . . . . de la déclaration par lui volontairement faite avant toute procédure, & signée de lui, qu'il n'a jamais vu, ni lu, ni communiqué, ni porté à quiconque les prétendues lettres dont il s'agit au procès; en conséquence, le décharge de l'accusation contre lui intentée à la requête du comte de B. . . . condamne le comte en 20 liv. de dommages & intérêts envers l'abbé, applicables, de son consentement, au pain des prisonniers. Ordonne que les termes injurieux à l'abbé, dans les mémoires & procédures du comte, seront & demeureront supprimés: permet à l'abbé de faire imprimer le présent arrêt à ses frais: sur le surplus des demandes, fins & conclusions des parties, les met hors de cour, condamne le comte aux dépens. . . . .

AFFAIRE FAMEUSE par les personnes, les rapports & les circonstances. Elle avoit pour base des lettres supposées, des propos tenus à la cour par l'abbé G. . . . homme d'esprit, ci-devant attaché aux affaires étrangeres, & féal d'une grande maison, contre le comte de B. . . . . (actuellement mort) ayant eu des démêlés avec cette grande maison. Le comte se croit outragé, entrevoit le fil d'un intrigue qui l'aura éloigné d'une place de confiance, & se plaint amérement.

L'abbé lui écrit comme à un grand seigneur, désavoue, rend justice, se justifie, s'excuse. Malgré cette déclaration avouée, plainte en calomnie & diffamation, du comte au châtelet; information, décret d'assigné pour être oui, interrogatoire, appel, arrêt de défenses, apport des charges. L'affaire est *plaidée* pendant plusieurs audiences, avec chaleur, éloquence, & une affluence incroyable de la cour & de la ville. . . . On a pardonné à Brillon ses longs plaidoyers. On me saura gré de placer ici quelques traits de celui de M. l'avocat général Seguier, moins encore comme un modele d'éloquence, que comme une leçon utile. . . . . Après avoir peint largement & vigoureusement les courtisans & cette intrigue de cour dont les victimes ne viennent jamais porter leurs plaintes dans les tribunaux, « que peuvent-ils, continue M. Seguier, attendre de l'intégrité des magistrats, qui ne prononcent sur les délits, que lorsqu'on leur a apporté la preuve la plus évidente du crime qui leur est dénoncé? Les ressorts cachés de l'intrigue, les sourdes menées de la cabale, les propos actifs de l'envie, l'art meurtrier d'étouffer son rival dans des embrassemens perfides, toutes ces armes offensives & défensives à l'usage des sectateurs de la fortune, sont inconnues dans le sanctuaire de la justice, & *les forfaits obscurs de la politique ne sont point de sa compétence; ce sont des jeux d'enfant dans le temple de la faveur, mais Thémis elle-même auroit peine à se tirer, à l'aide d'un fil secourable, d'un labyrinthe dont les détours lui sont absolument étrangers.* — D'après ce tableau, on est sans doute étonné de voir une plainte rendue contre une *intrigue*, former la matiere d'un procès-criminel; mais on est encore plus surpris de voir que ce procès est instruit avec tout l'appareil du délit, du forfait le plus grave. L'étonnement doit néanmoins redoubler encore, quand on examine les deux faces sous lesquelles cette affaire vous est présentée. — D'un côté, la plainte ne parle que de complots formés pour nuire à l'accusateur; de fausses confidences répandues, pour lui enlever une place qu'il avoit droit d'espérer; de lettres supposées pour le perdre. . . . Son adversaire est un intrigant, un parjure, un faussaire, un calomniateur. D'un autre côté, que vous a-t-on présenté? une accusation appuyée sur des propos; une calomnie répandue dans des conversations particulieres; des bruits vagues, convertis en certitude; la nouvelle du jour, transformée en preuve d'une cabale inconnue; un corps de délit dont rien n'atteste l'existence; enfin, *l'arbre généalogique d'un ou de plusieurs oui-dire*; tels sont les fondemens de l'étonnante procédure dont nous avons à vous rendre compte. . . . Nous vous épargnerons, Messieurs, le détail de ces *propos fugitifs, qui s'échappent dans la société, comme le vif argent fuit de la main qui croit le retenir*; & après avoir déterminé tous les faits d'une maniere positive, nous les fixerons comme le minéral mobile dont nous venons de parler, sur une glace transparente. ». . . . . En résumant l'information, M. Seguier fait une réflexion d'autant plus importante, qu'elle peut s'appliquer à presque toutes. « *Que de variations*, dit-il, *dans toutes les dépositions! & cette dissemblance est le sort ordinaire de tous les oui-dire. On voit cette différence dans la maniere de raconter les nouvelles; elles changent, pour ainsi-dire, de nature & de caractere dans toutes les bouches par où on les voit passer; elles s'alterent, s'augmentent ou diminuent, suivant les dispositions où se trouve celui qui les raconte. Elles varient à l'infini, & la plupart du temps on est tenté d'y ajouter, pour leur donner plus de certitude & d'authenticité.* ». . . . Se résumant ensuite, M. Seguier dit, « nous ne sommes point étonnés de la sensibilité du comte de B. . . . sur les bruits qui s'étoient répandus relativement aux prétendues lettres dont il s'agit, sa délicatesse a dû être offensée du récit qui lui a été fait. Il étoit naturel qu'il cherchât à remonter à la source de ces propos. On lui avoit nommé l'abbé. Il s'est plaint. L'abbé a voulu se justifier, il lui a même donné volontairement une déclaration authentique, dans laquelle il atteste qu'il n'avoit jamais ni vu, ni lu, ni porté, ni communiqué ces prétendues lettres à qui que ce soit. Si l'abbé les avoit portées au ministre, le comte devoit remettre cette déclaration au ministre, & l'imposture étoit démasquée. Quel usage le comte a-t-il fait de cette déclaration? Il va rendre plainte dans les tribunaux contre l'abbé, & il annexe la déclaration à sa plainte; c'est-à-dire, qu'il joint la piece justificative au titre de l'accusation. Si l'abbé étoit coupable, un désaveu aussi public, aussi formel, aussi authentique, devoit suffire à un homme du rang, de la naissance, des talens du comte. Si l'abbé est innocent, il a été traité de faussaire, d'imposteur, de parjure, de malfaiteur, de calomniateur; il lui est dû une réparation. *Plus il y a de distance du comte à l'abbé, plus cette réparation doit être éclatante; la réputation d'un homme constitué en dignité, n'est pas toujours entiérement flétrie par une* ACCUSATION INDISCRETE. *Il* S'ENVELOPPE DE SA DIGNITÉ MÊME, DE LA SPLENDEUR DE SON NOM, DE L'ILLUSTRATION DE SA NAISSANCE, ET SON HONNEUR SURVIT A SA CONDAMNATION. *Il n'en est pas de même* DANS LA CLASSE ORDINAIRE DES CITOYENS, LE DÉSHONNEUR LES COUVRE TOUT ENTIERS, *la honte les accompagne par-tout : ils rougissent de leur abaissement, & font rougir ceux même à qui ils étoient attachés;* TRISTE VÉRITÉ *que notre ministere nous oblige de révéler à la face de toute la nature! Mais quelle sera donc la force du ministere public, s'il n'a pas le courage de prendre en main la défense du citoyen? Et que deviendroit l'autorité des tribunaux, s'ils pouvoient oublier un moment que* TOUS LES HOMMES SONT ÉGAUX AUX REGARDS DE LA LOI? »

ARRÊT du parlement de Paris, du 15 septembre 1781, qui déclare nulle la procédure extraordinaire, faite par le lieutenant criminel d'Auxerre, décharge V..... & S..... des accusations intentées contre eux, avec 50 livres de dommages & intérêts; fait défenses aux sieurs de N.... de plus, à l'avenir rendre de pareilles plaintes, & aux juges d'Auxerre d'en recevoir, les sieurs de N... condamnés aux dépens... *Espece.* Le 30 janvier 1780, plusieurs citoyens du Cravant en Bourgogne se masquent & courent les rues avec des instrumens. Cette gaieté déplaît à deux humoristes, les sieurs de N..... qui se jettent sur le peuple, sur les masques, font sortir un valet avec son couteau de chasse, & blessent les premiers venus. Plainte respective des blessés devant le juge du lieu & de N..... devant le lieutenant criminel d'Auxerre. Appel du tout au parlement. L'arrêt prouve que l'accusation des N.... étoit *téméraire*. Et il est donc vrai qu'on ne peut pas donner plainte de tout.

Accusation excusable.

24. Les motifs donnés par la jurisprudence, pour excuser certaines accusations, quand elles sont reconnues mal fondées, sont la douleur de l'accusateur, les circonstances qui l'ont porté à accuser, & des indices qui, ou laissent encore des soupçons, ou prouvent au moins que l'accusé a quelque tort. La difficulté d'appliquer ce principe général, paroîtra mieux encore par les arrêts suivans.

ARRÊT du parlement de Paris, du 27 janvier 1600, qui absout Boulanger de l'accusation du crime d'assassinat commis en la personne de Jean Prost; & sur sa demande en dommages & intérêts contre la mere accusatrice, met les parties hors de cour sans dépens. . . AFFAIRE FAMEUSE par une circonstance. *Espece.* Jean Proſt, natif de Lyon, faiſant ſon droit à Paris, loge en chambre garnie chez Boulanger, diſparoît après avoir reçu de ſa mere une ſomme conſidérable. Procès-verbal du commiſſaire, qui trouve les coffres enfoncés, & l'argent enlevé. Boulanger ſoupçonné, arrêté, empriſonné, interrogé, nie. De ſes deux enfans, l'un dit que le lendemain de la diſparition, il avoit vu entrer le ſoir deux inconnus; l'autre ajoute, que ce même jour au matin, ſon pere avoit enlevé l'argent de Proſt, & l'avoit porté chez ſon beau-frere, qui l'avoit caché dans un endroit qu'il indique. Ce fait ſe vérifie; Boulanger niant toujours, eſt appliqué à la queſtion ordinaire & extraordinaire, la ſoutient, parce qu'il eſt robuſte, & eſt mis en liberté, à la charge de ſe repréſenter. Quelque temps après, des voleurs prêts à mourir, déclarent qu'ayant appris que Proſt avoit reçu beaucoup d'argent de ſa mere, ils avoient réſolu de l'aſſaſſiner & de le voler; que craignant d'être entendus & pris dans ſa chambre, ils l'avoient tué, & jeté dans la foſſe d'aiſance, ce qui fut vérifié; qu'avec ſa clef, priſe dans ſa poche, ils avoient été dans ſa chambre, mais qu'après avoir forcé les coffres, ils n'avoient point trouvé l'argent. C'eſt d'après cette déclaration que Boulanger demandoit ſon abſolution avec des réparations & des dommages. Anne Robert, plaidant pour lui, fit valoir la preuve reconnue de ſon innocence, & les tourmens affreux qu'il avoit ſoufferts à la queſtion, dont il n'étoit ſorti qu'eſtropié, incapable de gagner ſa vie, celle de ſa femme & de ſes enfans. Antoine Arnaud, plaidant pour la mere, fit valoir ſa douleur, & ſur-tout la mauvaiſe foi de Boulanger, qui s'appercevant que Proſt ne revenoit plus, l'avoit ſi bien volé, qu'il avoit caché l'argent & n'en avoit point donné avis. Cette circonſtance fut le motif de l'arrêt. . . . . Qu'eſt-ce donc qui rend cette cauſe fameuſe aujourd'hui? eſt-ce l'arrêt? La juſtice eſt évidente; Boulanger, qui méritoit d'être puni comme voleur, l'avoit été par la queſtion, & avoit induit en erreur la mere accuſatrice & tous les juges? Eſt-ce la plaidoirie d'une affaire criminelle, & par les plus célebres avocats? Nous ſavons qu'alors les procès criminels étoient publics, & que c'étoit une carriere précieuſe à l'éloquence & à la bienfaiſance! Eſt-ce enfin cet abus horrible de la queſtion préparatoire, autoriſée encore depuis par l'ordonnance de 1670, & abolie ſeulement en 1780? On trouveroit mille exemples de coupables qui ont échappé, plus encore d'innocens qui ont péri; & ce n'eſt pas ſeulement ſur ce point atroce de notre juriſprudence, qu'il faut dire avec Tacite, que le mal ſe fait toujours trop vîte & le bien lentement. Qu'eſt-ce donc qui a fait accueillir partout cet arrêt? C'eſt qu'il fut rendu en préſence de Henri IV, qui mena au parlement le duc de Savoie pour entendre plaider; car il n'y a point d'anecdote de la vie de ce bon roi qui ſoit indifférente: & c'eſt là qu'après avoir entendu chaque avocat, Henri diſoit naïvement au duc: *il a raiſon, il a raiſon auſſi. Ils ont raiſon tous les deux.* Hommage rendu à l'éloquence par la franchiſe, mais blâme public de la légiſlation: car ſi elle eût été claire & préciſe, Henri, qui ſe fit expliquer les motifs de l'arrêt & les prononça, Henri, qui avoit du génie, n'auroit pas varié. Mais alors la loi n'étoit pas ce qu'elle doit être, une majeure, dont la cauſe devient la mineure, & le jugement la conſéquence.

ARRÊT du parlement de Paris, du 30 mars 1694, qui décharge la mémoire de Lebrun, & renvoie la veuve de l'accuſation contre eux intentée; ordonne que la ſucceſſion dudit Lebrun aura délivrance de la ſomme de 6000 liv. à lui léguée par teſtament de la dame Mazel; condamne meſſieurs de Savonieres à en payer

payer les intérêts du jour de la mort de la dame Mazel, à délivrer à ladite succession la moitié du prix provenant des habits & linges servans à la dame, aussi par elle léguée audit Lebrun, & les intérêts du jour de la vente; ensemble les habits, linges & argent appartenans audit Lebrun, & en tous dépens; & *sur la demande en réparation, dommages & intérêts, met les parties hors de cour & de procès.* AFFAIRE FAMEUSE.... La dame Mazel, mere d'un conseiller au parlement, est assassinée & volée. On soupçonne Lebrun, vieux domestique, sans reproche; on l'accable sous le poids d'indices que j'ai rappellés ci-dessus, n°. 18.... Sentence du châtelet, qui le condamne à la roue. ARRÊT du parlement du 22 février 1670, qui le condamne à la question préparatoire, qu'il a la force de soutenir sans démentir son innocence. ARRÊT du 27, qui ordonne qu'il en sera plus amplement informé pendant un an, & cependant tiendra prison. Le surlendemain, premier mars, l'innocent torturé meurt, pleuré par le peuple qu'avoient éclairé des mémoires généreusement faits par des avocats. Le 21 juillet 1690, arrêt qui condamne à la roue Berry, ancien domestique de la dame Mazel, qui est convaincu & convient d'avoir commis seul l'assassinat & le vol imputé à Lebrun. C'est d'après cela que la veuve Lebrun s'étoit pourvue en dommages & intérêts contre les enfans accusateurs, & que fut rendu l'arrêt du 30 mars 1694, qui l'en débouta. Le grand moyen des héritiers Mazel étoit ceci. *Nous avons pour garans de notre défense les juges qui ont condamné Lebrun à la question, ils ont par-là adopté l'erreur des accusateurs, ils se la sont rendu propre, & par-là nous ont justifiés, puisqu'on ne peut nous reprocher d'avoir été plus éclairés que les juges mêmes. Si la cour, avec toutes ses lumieres, son exactitude & son application, n'a pu découvrir la vérité, dira-t-on que nous étions obligés de la deviner, & si les juges n'ont pu se dispenser de condamner Lebrun à la question, voudra-t-on que nous ayons pu nous dispenser de l'accuser?* (Arrêts notables d'Augeard, édition de 1765, tom. 1, pag. 285 & 286.) Je me tais: mais j'entends encore les cris de Lebrun torturé, & je trempe ma plume dans son sang.

ARRÊT du 30 juillet 1767, qui décharge seulement la femme Lencret de l'accusation d'infanticide, ordonne la radiation de son écrou. Nous l'avons cité dans ce volume au mot *Accouchement*, n°. 24, pag. 70. Ainsi, le public soupçonnant trop souvent le crime, & des sages-femmes ignorantes prenant les suites d'une affreuse maladie pour une grossesse; en voilà bien assez pour excuser l'accusation d'infanticide. Trop heureuse la femme Lencret, après avoir souffert encore dans les prisons, & après avoir été condamnée par le premier juge à être pendue, de ce que le parlement s'est élevé au dessus des ténebres, & a consulté de grands maîtres sur le rapport des sages-femmes!

SENTENCE du juge de Lannion en Bretagne, du 13 septembre 1775, qui renvoie d'accusation Querdaniel, meûnier... *Espece.* Querdaniel est attaqué la nuit par des voleurs, qui, pour pénétrer chez lui par une fenêtre, montent sur la roue arrêtée. Le meûnier leve la *guinde;* la roue part avec force, entraîne l'inconnu, qui à la pointe du jour est trouvé expirant. Le procureur fiscal a cru devoir accuser pour la sûreté, & ne peut pas être recherché. Le juge éclairci, a vu dans l'action du meûnier une juste défense, & la sentence a été exécutée sur le *vidi* de M. DE LA CHALOTAIS, procureur général. Ce nom, cher à la magistrature, & célebre dans les fastes de la vertu courageuse, met cette sentence à côté des arrêts.

ARRÊT du parlement de Paris, du 22 octobre 1777, qui reçoit M. le procureur général, appellant d'une sentence d'Issoudun, qui déchargeoit Michau d'accusation, & *surfoyoit* au jugement de la contestation, jusqu'à ce qu'il eût été statué sur l'appel. . . . *Espece*. Michau, maréchal, voisin de Sartin, chirurgien, renverse un mur mitoyen. Celui-ci, rentrant chez lui, croit rencontrer l'autre qui fuit. Information. Point de preuve. Renvoi d'accusation. M. Fournel, connu par d'excellens traités de jurisprudence sur la séduction & l'adultere, disoit, que quand Michau seroit innocent, quand Sartin auroit mal vu, Michau auroit donné lieu à de justes soupçons, par la démolition du pan du mur qui avoit précédé, & que dès lors l'accusateur ne seroit soumis à aucuns dommages & intérêts; mais la décision est suspendue par l'appel. Ainsi, quand l'absolution n'est pas prononcée par arrêt, on peut exciter MM. les Procureurs généraux; ensorte qu'un accusé n'est véritablement absous que quand il y a arrêt, ou quand il a édifié comme dans le précédent arrêt. S'il est pauvre, ou malade, c'est un malheur. Telles sont nos loix; & les parlemens, qui en ont le dépôt, ne peuvent que les faire observer.

ARRÊT du parlement de Paris, du 14 avril 1778, au rapport de M. de St. Alban, qui décharge de l'accusation d'assassinat la belle-fille & un domestique, & met *hors de cour* le fils. . . . . *Espece*. Un pere marie son fils, lui donne son bien, se brouille avec lui, le dénigre par-tout, paroît animé de haine & de vengeance, bat sa belle-fille, est soupçonné d'avoir voulu empoisonner ses petits-enfans, & cette épouvantable division est connue sans que les pasteurs rétablissent l'union, sans que les officiers des lieux prennent des mesures contre de nouveaux excès; tant il est malheureusement vrai que nos loix n'ont rien fait pour prévenir les crimes, & que le pouvoir du magistrat, sur-tout en province, réduit à punir, est presque impassible sur tout ce qui tient à la félicité publique. Le 14 juin 1775, nouvelle rixe dans un chemin, la belle-fille pleure, le fils appelle son domestique, le pere fuit, s'arrête, chancelle, tombe & meurt. Si jamais des soupçons furent fondés, ce fut après ces affreux démêlés. La clameur publique accuse; & comme l'a dit à Paris M. de Marivaux, avocat des accusés, *les juges de Montbrison manquent la vérité*, *parce qu'ils la vont chercher trop loin. Trop d'apprêts la dérobe; il semble qu'il faille pour saisir la vérité, l'assiéger avec des especes de tranchées obscures, détournées, pratiquées à une distance qui la fait perdre de vue*. En effet, on procede à une information inquisitionnelle, composée de cent quatre-vingts témoins, remplie de conjectures, de propos, d'opinions, par conséquent obscure, vacillante, contradictoire comme elles le sont presque toutes, singuliérement sur des événemens de cette nature; de plus, des chirurgiens ignorans dressent un rapport absurde, dans lequel, entr'autres, le coup que le pere s'est donné en tombant, paroît être un coup qu'il a reçu. Le procureur du roi de Montbrison conclut à la mort, les juges ordonnent la question préparatoire. Premier arrêt du parlement, du 20 Mars 1777, qui ordonne un plus amplement informé d'un an, contre le fils & la belle-fille, & un sursis à l'égard du journalier, jusqu'après le jugement des autres, & cependant la belle-fille & le journalier mis en liberté. Et après l'année, Arrêt d'absolution du 14 avril 1778, ci-dessus cité. . . . Le motif de ce simple *hors de cour* contre le fils, tandis que la belle-fille & le journalier sont *déchargés d'accusation* a paru être le respect dû par les enfans à leur pere. Eh! plût au ciel, cette grande maxime de tout bon gouvernement, rappellée avec force au milieu de la corruption des mœurs, par l'ame vertueuse de M. de St. Alban, pût-elle être étendue à une infinité d'autres objets de l'administration de la justice, sur-tout dans les provinces où la coutume a détruit l'autorité paternelle, & anéanti la subordination, & cet ordre naturel des familles, que Ciceron regardoit comme la base de l'ordre public : *principium urbis & quasi seminarium reipublicæ !* Voyez ce que j'ai dit au mot *Abandon*, tom. 1, pag. 4. . . . Je ne finirai pas sur cet arrêt sans observer encore que l'erreur des premiers juges a porté sur le rapport des chirurgiens. Avant de se décider, M. de St. Alban a consulté le célebre LOUIS; & dans cette affaire, ce grand chirurgien, qui, à la connoissance la plus profonde de son art, joint l'étude de la jurisprudence, le génie de la raison, & l'amour de l'humanité, a encore sauvé l'innocence. Mais voyez donc à quoi tiennent l'honneur & la vie, au dire de chirurgiens, qui souvent ignorans, s'accoutumant à faire ces rapports, prenant dans l'habitude de l'instruction criminelle l'esprit de prévention que l'on reproche avec raison à ceux qui en font métier, mettent sans cesse le crime à la place des accidens ou de la nature. Voyez *Chirurgien*, *Rapport*.

Accusation respective, *Récrimination*.

25. Je discuterai plus bas le droit qu'avoit à Rome l'accusé, d'imputer à son accusateur des délits étrangers à la cause, & c'est un point fort délicat d'après notre ordonnance. Je ne parle ici que des plaintes sur le même fait ou le même intérêt, données respectivement par une ou plusieurs personnes, qui par-là se trouvent réciproquement accusées & accusatrices. L'embarras que cette double procédure présentoit depuis le silence & le secret prescrit par les ordonnances de 1539 & 1629, a déterminé dans la jurisprudence françoise une décision très-importante.

ARRÊT de réglement du parlement de Paris, du 10 juillet 1665, art. 10. « En cas de *plainte respective*, seront tenus les lieutenans criminels, & tous autres juges royaux subalternes, incontinent après les interrogatoires, de *juger qui sera accusateur & qui demeurera accusé*, pour contre lui être le procès instruit par récolement & confrontation sur diverses informations respectives, à peine de nullité, répétition des frais desdites instructions criminelles, & des dommages & intérêts des parties. »

Les rédacteurs de l'ordonnance de 1670 paroissent s'être occupés des accusations respectives. L'article projeté étoit ainsi : « *si les parties* rendent *respectivement leurs plaintes*, il sera *informé d'office*, à la diligence de notre procureur, ou de celui des seigneurs; & ordonné, sur l'information, qui demeurera accusateur ou accusé. Défendons aux juges, à peine d'interdiction, de permettre aux deux parties d'*informer respectivement*, ni décréter contre l'une & l'autre. » Après quelques débats, dans lesquels M. Talon a réclamé pour la liberté respective d'informer, & contre l'abus que pourroit faire le ministere public du droit exclusif d'indiquer les témoins, M. Pussort à dit qu'*il en parleroit au roi*, & l'article a été retranché. (Procès-verbal, pag. 63.)

Rien n'est plus commun que de voir, pour raison d'un même fait, chacun rendre sa plainte, l'un un jour, l'autre le lendemain, chacun faire informer; & souvent le second plaignant être déclaré accusateur, & le premier demeurer accusé, cela dépend *de la force des charges*, de savoir lequel est le PLUS PRÉVENU du crime, lequel paroît avoir été l'*agresseur* & de plusieurs autres *circonstances*, qui dépendent de la *prudence du juge*. (Cochin, tom. 2, pag. 394.)

Il faut lire dans ce volume tout ce que M. Cochin a écrit dans l'affaire de mademoiselle de Kerbabu, contre le marquis de Hautefort, saisir bien l'espece & voir ensuite les arrêts rendus.

Elle rend plainte le 14 janvier 1728, comme veuve du comte de Hautefort, de la suppression de la minute de son contrat de mariage & d'un testament, de la lacération des feuilles du registre de la paroisse, où elle dit avoir été mariée. Le marquis de Hautefort, héritier, rend plainte le 4 février suivant en crime de faux, de supposition d'acte & d'usurpation d'état, &c. . . . Arrêt du parlement de Paris, du 23 juin 1728, qui ordonne la continuation de la procédure contre le marquis de Hautefort.... Arrêt du 13 mars 1729, qui, sur la demande du marquis, à fin de permission de faire entendre de nouveaux témoins, joint la demande aux appels respectifs.... Arrêt du 2 avril 1730, qui annulle la procédure du marquis de Hautefort, ordonne la continuation de celle de la demoiselle de Kerbabu, & lui adjuge 20,000 liv. de dommages & intérêts.... Arrêt du 29 mars 1732, qui déboute la demoiselle Kerbabu de ses plaintes, avec 2000 liv. de dommages & intérêts envers le marquis; & aussi en dommages & intérêts envers divers particuliers, sauf à elle à se pourvoir sur ses demandes à fins civiles. . . . Arrêt du 8 juin 1734, qui déclare le mariage abusif.

Arrêt du parlement de Bordeaux, du 18 mai 1776, qui, faisant droit sur l'appel du sieur Damade, casse le décret d'assigné pour être oui, & le décharge de l'accusation intentée contre lui par les sieurs de Q. . . . & sans s'arrêter à la demande en cassation des sieurs de Q. . . . dont ils sont déboutés, de même que de l'appel par relevé du décret de prise-de-corps, ordonne qu'ils seront transférés des prisons de Bordeaux dans celles de Libourne, pour le procès leur être fait suivant la rigueur des ordonnances, jusqu'à sentence définitive, inclusivement & pardevant autre juge que celui qui avoit prononcé les décrets.... *Espece.* Les sieurs de Q. . . . officiers distingués, avoient eu avec le sieur Damade, dans la ville de Castillion, leur patrie commune, de ces démêlés de procédés, d'intérêt, de société, dont la cause est indifférente. Après des regards, des propos, des querelles, des menaces, & quatre combats, le 26 novembre 1775, rencontre dans une rue, nouvelle affaire; le sieur Damade se défend comme il peut, avec son couteau de chasse, contre le sieur de Q. . . . qui avoit un sabre affilé; est désarmé, tire en vain un pistolet qu'il portoit depuis tant d'attaques, & reçoit plusieurs coups de sabre, *qui lui fendent les bras jusqu'aux os, lui coupent les muscles & les nerfs.* Le lendemain 27, plainte de Q. . . . & information, sur laquelle, décret d'assigné pour être oui. Le 30, plainte de Damade & information, sur laquelle décret de prise-de-corps. C'est sur ces plaintes respectives, & sur l'appel interjeté aussi respectivement qu'il s'agissoit de prononcer, & M. du Paty, avocat général, parla pendant six heures, tant notre jurisprudence est peu sûre, ou tant ces informations comme tant d'autres étoient obscures. Il est démontré aujourd'hui que la préférence donnée par l'arrêt de Bordeaux étoit juste, comme l'a confirmé en derniere analyse l'arrêt du parlement de Paris, du 31 avril 1778, que nous avons cité dans le premier volume, au mot *Abstention*, pag. 277.

Mais a-t-on toujours un point d'appui pour déterminer laquelle des deux accusations doit prévaloir, subsister & anéantir l'autre? Et ce point d'appui quel est-il?

Sera-ce l'antériorité de la plainte? Dans le procès-verbal de l'ordonnance M. Talon disoit: « celui qui a été le plus maltraité, n'est pas toujours le plus diligent à se plaindre; au contraire, la grandeur de ses blessures & le péril de sa vie, font, qu'il songe plus au salut de sa personne, qu'à poursuivre la vengeance de l'injure qu'il a reçue. Si donc le coupable se plaint le premier, & fait informer, est-il juste que sa diligence lie de telle sorte les mains au juge, qu'il ne puisse faire justice, ni informer à la requête de celui qui a été véritablement offensé? » L'arrêt de Bordeaux a préféré la plainte du sieur Damade, quoique postérieure de trois jours, & puisqu'il faut avant tout établir un seul accusateur, il est évident qu'il devoit l'être.

Cependant le préjugé de l'antériorité de plainte subsiste encore dans toute sa force chez le peuple, qui se hâte de courir au greffe. Il a influé sur plus d'un jugement, & en lisant Cochin, vous seriez tenté de croire qu'il a motivé les deux premiers arrêts rendus en faveur de la demoiselle Kerbabu.

Se déterminera-t-on par la qualité des parties? L'odonnance de 1670 n'y est pas opposée. L'*art.* 2 *du tit.* 10, veut que l'on prononce les décrets *selon la* QUALITÉ *des crimes, des preuves & des* PERSONNES. Or, si cette *qualité* influe sur l'un, elle ne doit pas être indifférente pour l'autre, car tout se tient & s'enchaîne. Par ce mot *qualité*, je n'entends pas seulement la naissance, la dignité, la fortune, trop souvent méprisables fruits du hasard; j'entends les qualités personnelles, la réputation, l'estime publique. A Rome c'étoit beaucoup, & l'on se rappelle le mot de Scaurus, après lequel Varius n'eut qu'à se cacher. *Varius, Espagnol, accuse Scaurus, prince du sénat. Scaurus nie. Romains, qui des deux croirez-vous?* C'étoit donc tout à Rome que d'être homme de bien. Ne sera-ce rien parmi nous? Et parce qu'un misérable vous accusera à son tour, faudra-t-il qu'il puisse vous compromettre, comme l'essaya cet impudent filou, qui, se voyant reprendre la boîte d'or qu'il tenoit, & craignant d'être arrêté, osa prétendre qu'elle lui appartenoit, & accuser de vouloir la lui dérober à lui-même, celui à qui il venoit de la voler? Faudra-t-il descendre dans des détails humilians de justification, & le juge indifférent fermera-t-il les yeux sur la différence des personnes, appuyé sur cet adage, que tous les hommes sont égaux aux yeux de la justice? Ah! sans doute ils doivent l'être, quand il s'agit de la vigne de Naboth: ils doivent l'être quand il s'agit de liberté & de justice, & c'est une regle parfaitement observée dans nos tribunaux, sur-tout dans les cours souveraines. Richesse & pauvreté, grandeur & foiblesse, tout disparoît ou s'égalise sous le niveau de la loi. L'étranger même est encore mieux accueilli que le citoyen, & cette administration de la justice est applaudie de toute l'Europe. Mais cette regle d'égalité est pourtant, comme toutes les regles, susceptible d'exception; & dans le doute, au moins faut-il pencher pour l'homme comme il faut, sur-tout pour l'homme de bien. L'état social seroit bien monstrueux ou bien corrompu, si après une vie sans reproche, malheureusement compromis par un vagabond, un scélérat, ou un frippon connu, & par lui accusé, l'homme de bien, d'accusateur, pouvoit sans égard être réduit au rang d'accusé.

Vous déterminerez-vous par la qualité d'agresseur dont parle Cochin? Mais voyez combien elle est difficile à fixer. Il faut d'abord savoir ce qu'on entend par ce mot très-vague, comme *tant d'autres.* Ensuite je puis avoir manqué à un homme par erreur, par accident, par ce que nous appellons un *quasi-délit*, & ce ne sera pas une raison pour lui de commettre envers moi un délit. Puis encore nous pouvons tous les deux avoir tort, ce qui arrive si souvent, sur-tout dans les disputes, les querelles, les rixes & les batteries. Enfin la naissance des affaires a toujours peu de témoins, soit qu'ils ne surviennent qu'au bruit, soit plutôt qu'ils n'aient pas fait attention aux premieres circonstances; je serai agresseur aux yeux d'un témoin, mon adversaire le sera aux yeux d'un autre, & nul n'aura vu le principe de l'affaire.

Vous vous déterminez toujours par la *qualité des preuves*, pour parler comme l'ordonnance de 1670; c'est-à-dire, par le coup-d'œil inexact & incertain des deux informations; je dis inexact & incertain, parce que l'information n'est rien sans le récolement, sans la confrontation; cependant sur cette base irréguliere & mobile, vous élevez un nouvel édifice. Sur un simple apperçu, qui peut être fautif, vous me condamnez d'avance, car votre préliminaire préjuge tout : vous me désarmez du moins, & du rôle facile & imposant d'accusateur, vous me faites descendre au rôle humiliant & terrible d'accusé.

Vous déterminerez-vous enfin, par ce que les jurisconsultes appellent question *préjudicielle*, comme dans l'affaire de la demoiselle de Kerbabu ? Elle se plaignoit la premiere de ce que l'on avoit supprimé les preuves de son état, & le marquis de Hautefort instruit de cette plainte, l'accusa ensuite d'avoir fabriqué ces mêmes pieces. Le parlement paroît avoir jugé qu'avant de décider si des pieces étoient fausses, il falloit savoir si elles avoient existé, & en conséquence a préféré l'accusation en suppression, d'ailleurs antérieure. Mais par la suite des arrêts rendus, voyez combien cette base de préférence est fragile !

Je ne sais, mais la procédure romaine semble plus simple, plus facile & plus sûre. Chacun amenoit ses témoins & présentoit ses preuves. Tout étoit entendu, vu, examiné, comparé sur le champ & publiquement. Un seul jugement terminoit tout, & il devoit être infaillible, si ce caractere appartient aux opinions humaines.

Lorsqu'on rédigera notre nouveau code criminel, sans doute cet objet intéressant reviendra, & ne sera pas retranché, faute de s'accorder sur les moyens comme en 1670. Or, si l'embarras de donner la préférence à l'une de deux informations, avoit fait imaginer d'en faire une d'office à la requête du ministere public ; quelle difficulté y auroit-il d'ordonner que le juge renverra les parties à l'audience, à laquelle elles produiront & feront respectivement assigner leurs témoins ? Le secret de la procédure. Je discuterai cet objet important dans les observations que je place à la fin de cet article. Ici il me suffit d'observer que cela est possible, que cela se pratiquoit à Rome sans obstacle ; que cela se pratique encore dans la plus grande partie de l'Europe ; que c'est l'unique moyen de découvrir & de constater la vérité ; & que dans les affaires de rixe, dans les accusations d'attaque réciproque, cette séance où les parties & leurs témoins comparoîtroient devant les juges, termineroit tout souvent par un seul jugement, & même par le rapprochement & la conciliation des parties.

Addition, ajouté, ampliation, nouvelles charges, accumulation.

26. Un homme accumule sur sa tête plusieurs crimes, il faut bien le juger sur tous. Il n'y a pas plus d'inconvénient à le juger sur dix que sur un. Au contraire, plus il en a commis, plus la justice doit être prompte & sévere. Elle doit avoir pour objet moins encore la punition du délit passé, que l'exemple & la crainte. Voyez *Accumulation* & les arrêts cités sous ce mot, n°. 5.

L'ajouté de plainte a lieu quand il survient de *nouvelles charges*, soit que les faits qui les composent soient postérieurs à la plainte, soit qu'ils l'aient précédée ; si après un vol, dont on s'est plaint, l'accusé attaque, menace pour effrayer ou se venger ; ou bien, si, ignorant qu'on s'est plaint, il continue ses excès. Il peut arriver aussi que l'accusateur, après la plainte, découvre que des excès dont les auteurs étoient inconnus, ont ou paroissent avoir été commis par l'accusé ; dans ces deux cas, la jurisprudence, d'accord avec la raison, veut qu'on fasse droit.

Qu'il soit permis de le dire avant tout : l'accusateur doit être circonspect ; le juge doit être prudent : car quand une fois l'on accuse, on s'étourdit, on ne rêve que de son ennemi, on voit quelquefois des fantômes, & les impressions que l'on éprouve, on vient souvent à bout de les communiquer au juge. Tel qui, jusques-là honnête, est emprisonné pour un crime dont il est innocent, est bien plus étonné, lorsqu'il voit qu'on accumule ensuite sur sa tête tous les crimes dont les auteurs sont inconnus. S'il est accusé du dernier vol, la ville ne manque pas de lui imputer tous ceux qui ont précédé. Cette facilité de soupçonner & d'accuser exige beaucoup de circonspection dans le juge.

De plus, dans la forme, pour faire droit sur ces ajoutés de plainte, il faut nouvelle plainte, nouvelle information, nouvel interrogatoire, sauf ensuite à joindre pour prononcer par un seul & même jugement. Il ne peut être régulier & juste, qu'autant qu'on accuse, qu'on prouve, & sur-tout que l'accusé se défend par ses réponses dans l'interrogatoire.

ARRÊT du parlement de Paris, du 9 janvier 1743, qui enjoint au lieutenant criminel de Bourges lorsqu'il sera survenu de *nouvelles charges*, d'interroger les accusés sur les faits qui en résulteront. (Code crim. de Serpillon, pag. 672.)

Ce mot *nouvelles charges* signifie les nouveaux délits qui se trouvent à la charge de l'accusé. C'est la langue criminaliste. Ainsi, nous disons *charge de judicature* & *charge* de l'accusé. Pauvre langue!

Ces *nouvelles charges* arrivent ou par l'effet des termes généraux employés dans la plainte, les lettres patentes, l'arrêt qui ordonne d'informer, ou parce que les témoins déposeront à la charge de l'accusé d'un délit jusqu'alors inconnu.

Cette déposition du témoin a le caractere de la dénonciation, & doit rendre au moins très-circonspect. Mais le juge ne peut pas la rejeter. L'esprit de notre instruction criminelle, qu'on ne peut bien pénétrer qu'en approfondissant tout ce qu'a dit Pussort dans le procès-verbal, est d'accueillir tout fait, & toute personne qui dénonce un délit, de le poursuivre, de le juger. De-là, l'art. 1 du tit. 20. *Les juges pourront ordonner qu'un procès commencé par voie civile, sera poursuivi extraordinairement, s'ils connoissent qu'il peut y avoir lieu à quelque* PEINE CORPORELLE: & cette disposition s'exécute tous les jours sans plainte de partie civile ni du ministere public. De la *peine corporelle*, Pussort a fait la clef de la voûte sociale. Ces détails sont fondus par induction dans l'ordonnance de 1670. Il faut les y appercevoir, ou les étudier dans les auteurs & la jurisprudence. C'est un grand embarras non pour les cours souveraines, mais pour des juges inférieurs peu accoutumés à ce genre d'instruction. Pour qu'elle fût ce qu'elle doit être, il faudroit ne s'occuper que du fond, & trop souvent le juge lui-même est plus embarrassé de la maniere d'instruire & de juger que l'accusé de la maniere de se défendre. Trop souvent, il craint moins le mal vu, le mal jugé, que les nullités qui l'exposeroient à voir casser sa procédure, & ordonner qu'elle sera refaite à ses frais. Il faudroit une route droite, applanie & claire. C'est un sentier tortueux & obscur, à travers des abymes où l'accusé & le juge peuvent également se perdre.

Désistement, transaction.

27. Quand on se désiste d'une plainte, on peut avoir eu raison de la donner, & vouloir bien en abandonner la poursuite. Quand on se rétracte, on convient que l'on a eu tort d'accuser, & l'on peut être déclaré accusateur ou calomnieux, ou téméraire ou excusable. *Désistement* & *rétractation* ne sont donc pas synonymes.

Il y a peu de rétractations, parce qu'elles sont dangereuses. Aussi ce mot ne se trouve-t-il pas dans nos livres: c'est toujours l'expression générique, *désistement*, employée par l'ordonnance.

Considérons la valeur & l'effet du désistement, d'abord relativement aux frais & à la réparation, ensuite relativement à l'accusateur ou plaignant partie civile, & au ministere public.

Je ne parle point du *dénonciateur*,

car malgré l'amphibologie de l'*art. 7 du tit. 3*, le dénonciateur n'est qu'un donneur d'avis. C'est beaucoup, sans doute, de la part du magistrat de vouloir bien, d'être obligé par la loi d'en recevoir, sur-tout de la part de certaines gens; cette triste fonction remplie, ils doivent se retirer, se taire & s'en rapporter absolument à la sagesse du ministere public : s'ils peuvent être désintéressés & purs, le reste ne les regarde plus. S'ils sont autres, ils doivent trembler & se taire, ou se déclarer *plaignans* s'ils le peuvent. Voyez *dénonciation*.

L'ORDONNANCE de 1670, *tit. 3*, *art. 5*, dit : « Les *plaignans* ne sont réputés partie civile, s'ils ne le déclarent formellement, ou par la plainte ou par acte subséquent, qui se pourra faire en tout état de cause, *dont ils pourront se départir dans les 24 heures & non après*. En cas de désistement ne seront tenus des frais faits depuis qu'il aura été signifié, *sans préjudice néanmoins des dommages & intérêts des parties*.

ARRÊT du parlement de Dijon, du 15 juillet 1755, qui, sans avoir égard à l'opposition de l'accusateur, le déclare partie civile. (Code crim. de Serpillon, tom. 1, p. 403.)... *Espece*. Un homme dénonce, & signe en déclarant qu'il se rend partie civile. Cinq jours après il déclare ne vouloir plus l'être, & prétend n'avoir pas signé. M. l'avocat général présente la piece signée. L'arrêt juge que le terme est fatal, & que l'accusateur est non-recevable.

ARRÊT du parlement de Dijon, du 26 juillet 1756, qui condamne en tous les frais l'accusateur sur le même fondement. (*Ibid.*) Il prétendoit de plus, qu'on avoit informé encore sur des faits étrangers à sa plainte. Mais quand un homme s'avise de dénoncer à la justice un coupable, il ne doit pas imaginer qu'elle n'agisse que pour lui; elle embrasse tout. Et tant pis pour lui s'il n'a pas vu les conséquences.

ARRÊT du parlement de Dijon, du 16 octobre 1753, qui ordonne qu'à la diligence du procureur général & aux frais de l'appellant, il sera informé par ampliation des faits de subornation, & de tous autres qu'il appartiendra (Serpillon, *ibid.* pag. 404.).... *Espece*. L'accusateur avoit suborné, & après avoir porté ce coup mortel vouloit se désister, c'est-à-dire, se retirer & laisser agir le ministere public avec l'arme empoisonnée qu'il lui avoit prêtée. La fourberie reconnue, plainte en subornation, preuve, & par arrêt du 2 août 1755, les deux faux témoins furent condamnés aux galeres perpétuelles. En lisant cet arrêt, on est fâché de voir le suborneur simplement décrété de prise-de-corps, condamné aux dépens. Voyez *Subornation*.

Vous trouvez plusieurs autres arrêts semblables dans Serpillon, Jousse, Bruneau, Bornier & Rousseau de Lacombe. Tous portent sur ce point que, quand l'accusateur ne s'est pas désisté dans les 24 heures, ce délai est fatal; qu'il est *non-recevable* à se désister, ensuite qu'il doit rester, & payer les frais.

Cette regle a une exception, c'est la pauvreté du plaignant, qui oublie de se désister dans les 24 heures, & n'a pas de quoi poursuivre. Dans un arrêt du 4 Décembre 1630, rapporté par Bardet, édition de Lalaure, *tom. 1*, *liv. 3*, *c. 132*, *pag. 350*, M. Bignon, avocat général, disoit : « On voit avec quelque pitié que cette pauvre femme a été contrainte de quitter & abandonner la juste poursuite du recouvrement de ses meubles dérobés, à cause de son extrême pauvreté, n'ayant pas le moyen de fournir aux frais de *LA JUSTICE, QUE L'ON VEND SI CHÈREMENT*, *qu'il est souvent plus expédient d'abandonner ce qu'on peut légitimement demander & obtenir, que de le rechercher avec tant de frais & de dépenses*. C'est par cette considération, que nous n'observons point la disposition du Sénatus-consulte

consulte Turpilien, qui défendoit expressément de se désister d'une accusation sous peine de calomnie : au contraire, la justice a toujours les yeux aux transactions & accords qui se font sur les procès criminels, laissant cette liberté aux parties de se rédimer des frais des procédures, & de retenir leur intérêt par une voie amiable : d'ailleurs, *M. le procureur général ou ses substituts & les procureurs fiscaux sont les véritables parties dans les procès criminels.* »

Laissons ces frais, funeste aliment de la procédure criminelle, cherchons le double effet du désistement, & tâchons de rapprocher quelques principes généraux.

L'accusateur ou partie civile, & le dénonciateur, sont la même chose aux yeux de la raison & de la loi. Le second se cache, tandis que l'autre se montre à découvert ; mais de cette posture différente il résulte toujours le même effet. Le désistement permis dans les 24 heures à l'accusateur ou partie civile, n'est qu'une facilité accordée pour déterminer les plaintes, au nombre & au succès desquelles les rédacteurs de l'ordonnance ont attaché un des grands ressorts de la sûreté publique. Or, si l'accusation est calomnieuse, téméraire, le désistement fait à temps ou à tard, est toujours inutile, quant aux dommages & intérêts que peut prétendre l'accusé absous ; & même à la punition que peut mériter la calomnie. C'est le texte de l'*art. 7 du tit. 3.* « Les *accusateurs & dénonciateurs* qui se trouveront *mal fondés*, seront condamnés aux dépens, dommages & intérêts des accusés, & à *plus grande peine*, s'il y échoit ; ce qui aura aussi lieu à l'égard de ceux qui ne se seront point rendus parties, ou qui, s'étant rendus parties, *se seront désistés*, si leurs plaintes sont jugées *CALOMNIEUSES.* » Dispositions sages : il ne falloit pas dénoncer ; il ne falloit pas accuser ; il ne falloit pas induire en erreur le ministere public & les juges. Et si d'après la loi romaine, tous les peuples éclairés & humains s'empressent de dire qu'il vaut mieux laisser cent crimes impunis, que de condamner un seul innocent ; par la même raison, il vaut mieux cent fois négliger d'accuser ou de dénoncer que de calomnier, ou même compromettre un seul instant l'innocence par une erreur qui n'est presque jamais excusable.

Le désistement une fois donné, peut-on revenir à la charge ? La loi 2, *D. ad senat. Turpil.* dit : *qui destiterit agere, ampliùs & accusare prohibetur.* L'ordonnance de 1670, étant muette sur ce point comme sur une infinité d'autres plus importans encore, cette jurisprudence paroît être généralement devenue la nôtre. Quelques auteurs, tels que Serpillon, ont bien élevé des doutes, fondés sur ce mot de l'*art. 5 du tit. 3, en tout état de cause*, cependant la jurisprudence paroît constante & uniforme pour refuser le retour à celui qui s'est désisté.

Ce principe est encore soumis à quelques exceptions tirées des circonstances ; comme si le pere ou le tuteur, en se désistant, ont évidemment sacrifié l'intérêt de celui qu'ils devoient défendre : & aux arrêts que j'ai cités sous le mot *Accommodement*, n°. 13, vous pouvez en ajouter d'autres rendus dans le même esprit.

ARRÊT du parlement de Provence, du 13 février 1655, qui, malgré le désistement du pere de la fille offensée, condamne l'accusé en des dommages & intérêts envers elle. (Boniface, *tom. 2, liv. 1, tit. 2, chap. 18, pag. 290.*)... *Espece.* Une jeune & honnête servante est excédée & souffletée par un voisin, & se plaint. Le pere *mendiant & suspect* traite & se désiste. L'accusé excipant du désistement, se prévaloit de ce que la fille, sous la puissance paternelle, ne pouvoit pas agir seule ; à plus forte raison, détruire l'ouvrage de son pere. L'état & le caractere du pere fit exception à la regle.

ARRÊT du parlement d'Aix, du 28 février 1665, qui, entérinant les lettres de rescision, condamne Guerin en 200 l. de plus, & aux dépens. (*ibid.* pag. 326.)... *Espece.* Catherine Maurelle, enceinte des œuvres de Guerin, son maître, fait sa déclaration, puis se désiste pour 90 liv. pardevant notaire, & sa mere veuve ratifie : lettres de rescision. La jeune fille disoit qu'elle étoit mineure, que son désistement lui avoit été extorqué par son maître. Voyez *Grossesse*.

ARRÊT du parlement d'Aix, du 4 février 1662, qui ordonne que la procédure commencée contre l'accusé sera continuée. (*Ibid.* pag. 351.)... *Espece.* Duhan, libraire, est volé pendant son absence, soupçonne un guichetier, & non son apprentif, & écrit au pere de celui-ci, qu'il étoit *persuadé de la fidélité de son fils*; & l'on argumentoit de ces termes. Duhan ayant eu des indices, accusa l'apprentif. Boniface fait dire à Duhan *qu'il avoit bien remis la coulpe & la faute, mais qu'il n'avoit pas remis le dol ni le crime, suivant la disposition du droit civil.* Je n'entends pas ce langage, & encore moins la citation qui le suit de quelques loix romaines évidemment sans application, parce qu'à Rome il n'y avoit point de ministere public.

Mais tous ces désistemens de la partie civile ne sont rien sans celui du ministere public, chargé de veiller à la sûreté publique. L'*art. 19 du tit. 25* porte : « Enjoignons à nos procureurs généraux, & à ceux des seigneurs de poursuivre incessamment tous ceux qui seront prévenus de *crimes capitaux*, & auxquels il écherra *peine afflictive*, nonobstant toutes *transactions* & cessions de droit faites par les parties, & à l'égard de *tous les autres*, les transactions seront exécutées, sans que nos procureurs & ceux des seigneurs puissent en faire aucune poursuite. »

De cette injonction faite au ministere public, la plupart des auteurs concluent que le ministere public n'a pas, comme la partie civile, l'avantage de pouvoir se désister de la plainte : ils se fondent sur un arrêt rapporté par Bruneau, *tit. 5, n°. 7, pag. 47.* Voici Bruneau : « Cette faculté de se désister n'est pas accordée à messieurs les procureurs du roi & fiscaux, ni aux promoteurs, qui sont les seules parties capables d'agir au criminel pour la vindicte publique, auxquels le désistement ou une transaction des parties ne préjudicie jamais. »

« ARRÊT rendu en la chambre de la tournelle, au rapport de M. Bochard de Sarron, conseiller, le 28 août 1699, qui l'a ainsi jugé pour demoiselle **, veuve de M. **, contre Gilles **, Robert ** & Etienne **, maîtres écrivains jurés à Paris, experts nommés, Louis ***, & consorts, fermiers des coches & carrosses de Flandres. »

Bruneau ne donne point l'espece : il ajoute, « la partie civile peut en tout état de cause transiger de ses droits, parce qu'à son égard le procès est toujours civil, ne concluant à aucunes peines, excepté dans le crime d'adultere du mari contre sa femme. Transiger de ses droits est un véritable désistement, suivant l'avis de Mrs. les commissaires dans le procès-verbal de l'ordonnance. »

De tout cela que faut-il conclure, que le ministere public ne peut pas se désister si c'est un *crime capital*, un crime qui mérite *peine afflictive*, s'il y a des preuves ou des indices contre l'accusé. S'il le faisoit mal à propos, quel qu'eût été son motif, le procureur général auroit droit de reprendre, d'interjeter appel, & feroit renvoyer l'affaire devant un autre juge.

Ainsi que la partie civile transige, que le procureur du roi se désiste, qu'il y ait sentence, tout cela n'est rien s'il y a *délit capital* & preuve. Ainsi sur un mémoire adressé au parlement, des affaires accommodées, même oubliées depuis plusieurs années, ont été reprises sur des requisitoires du procureur général, instruites par un autre tribunal commis à cet effet. Semblables à l'absolution prononcée par le premier juge, ces désistemens ne sont rien s'ils ne sont approuvés par la cour souveraine, du moins visés par le procureur général, & encore si celui-ci venoit à changer, ou si l'affaire faisoit sensation, elle pourroit être reprise, même par *requête civile.* Voyez ce mot. Voyez encore le mot *Accommodement*, n°. 10 & 13.

Mais de tout cela il ne faut pas conclure vaguement que le ministere public ne puisse pas se désister, & cette assertion répétée par tant d'auteurs pourroit induire dans une erreur funeste.

Que le désistement ou la transaction faits entre la partie civile ne soient point une loi pour le ministere public, & qu'il ne doive pas même y accéder quand il s'agit d'un *crime capital:* c'est ce qui résulte évidemment de l'ordonnance & d'une jurisprudence constante. Ainsi un riche scélérat qui, ayant assassiné, transige avec la pauvre veuve à laquelle il paie le sang de son mari, n'en est pas moins poursuivi par le ministere public, & doit l'être sans doute. C'est dans ce sens & autres semblables qu'il faut entendre ce langage de nos auteurs, que la *faculté de se désister n'est pas accordée au ministere public.*

Mais si le ministere public a été induit en erreur sur l'existence du crime, & ce malheur n'est arrivé que trop souvent, sur-tout, lorsque prêt à condamner au supplice, on a vu reparoître celui qu'on croyoit assassiné; si l'erreur tombe sur la nature ou les circonstances du délit; ce qui arrive, par exemple, lorsque le titre de l'accusation étant l'assassinat, le juge voit qu'il s'agit seulement d'une rixe; si l'erreur frappe sur la personne, comme lorsqu'on impute à un citoyen honnête le crime commis en secret par un inconnu; si, après avoir accusé légérement, le ministere public reconnoît son erreur ou sa faute; faut-il donc qu'il ne puisse pas se désister, & n'est-ce pas plutôt le cas de cet adage si précieux dans l'administration de la justice: *humanum peccare, diabolicum perseverare?*

Plus la loi éleve le ministere public au dessus des accusateurs ordinaires, plus il doit être humain & juste: il est l'œil de l'ordre public. En deviendroit-il le tyran? Il est homme, se croiroit-il infaillible?

Voyez où meneroit ce paradoxe! Un accusé gémit dans les fers. Son innocence éclate; le ministere public la voit; elle est démontrée, & il faudroit poursuivre jusqu'au bout notre lente & obscure instruction: il faudroit même un arrêt! Cependant l'innocent périt d'humiliation & de désespoir; la vérité, l'humanité & la justice parlent à l'envi au cœur du magistrat! Quelle idée peut-on avoir de la justice humaine en lisant ces assertions ou ces amphibologies? Et fasse le ciel qu'elles n'aient pas retardé la liberté de l'innocent, qu'il n'ait pas péri en attendant l'accomplissement des formes nécessaires à son absolution!

Ce malheur n'arrive point à des juges éclairés & sensibles: ils ont pu être trompés, car l'erreur est le partage de la foible humanité: *humanum peccare;* mais ils tracent eux-mêmes à l'innocent accusé la route qu'il doit tenir, & il ne lui en coûte rien. Il présente requête; le procureur du roi se désiste; le juge absout & renvoie; les prisons sont ouvertes, & l'innocence respire. Cette procédure a la promptitude de l'éclair. Et c'est ainsi seulement qu'on répare, autant qu'il est en soi, les sacrifices faits à la sûreté publique de la sûreté & de la tranquillité particulieres.

Dans ces cas assez ordinaires par la facilité avec laquelle on accuse & on décrete, il est superflu d'écrire préliminairement aux cours supérieures, ni aux procureurs généraux. Que peut-il résulter? Qu'un méchant envoie des mémoires; ce qui n'arrive que trop souvent. J'en ai vu entr'autres d'un huissier qui, six mois après, fut arrêté & condamné à être pendu comme fauteur & complice d'une infinité de vols. Alors Mrs. les procureurs généraux écrivent, se font rendre compte, & lorsque le désistement a pour base la vérité, elle demeure inébranlable. Si les magistrats sont les peres du peuple, c'est sur-tout Mrs. les procureurs généraux, & le choix éclairé du prince répond de toutes leurs vertus.

Ce long détail ramene à la question de savoir de quels délits on peut se désister, sur quels délits on peut transiger? Car suivant la langue criminaliste, transaction & désistement sont synonymes.

J'ouvre l'ordonnance de 1670, j'y lis : *les crimes capitaux & autres, matieres légeres*, & autres expressions vagues dont les rédacteurs eux-mêmes ont senti l'insuffisance. Je ne suis point rassuré & guidé par la loi comme je devrois l'être.

J'ouvre les arrêts & j'en trouve qui, s'ils ne sont pas contradictoires dans l'opinion de ceux qui les ont rendus, le paroissent au lecteur, & c'est un mal de plus. Je vois entr'autres la fameuse affaire du poëte Rousseau : il étoit accusé d'avoir répandu contre Saurin, ses fameux couplets. *TRANSACTION* & *ARRÊT* par défaut du 24 mai 1710, qui décharge le poëte; & ensuite le 7 janvier 1711, requisitoire en plainte, de M. le procureur général, qui dit qu'on n'avoit pas fait lecture des charges. Nouvelle procédure; & par arrêt du 7 avril 1712, Rousseau banni, Rousseau qui, sans doute coupable, croyoit avoir pu transiger sur des injures personnelles avec Saurin qu'il avoit seul offensé. Ensorte qu'il semble que ses vers, par leur beauté, devinrent un *délit public*.

Je suis entouré de criminalistes & d'arrêtistes. Que vois-je?

Jousse, dans sa *Justice criminelle*, tom. 1, part. 3, tit. 1, ch. 2, sect. 1 & 2, pag. 568 & suiv., présente une longue nomenclature *des délits qui peuvent être poursuivis extraordinairement, & de ceux qui peuvent l'être seulement par action civile ou criminelle ordinaire*. Ce n'est qu'une classification arbitraire, très-juste pour certains délits, & démentie pour d'autres par la jurisprudence & par d'autres auteurs.

Serpillon, dans son Code criminel sur l'art. 2 du tit. 10, pag. 537, dit: *on est forcé souvent de prendre la voie criminelle dans le cas de simples injures verbales pour saisir un tribunal sur les lieux; sauf à renvoyer à l'audience au lieu de décréter* : comme si le droit terrible d'accuser, ne devoit pas être fixé par la loi la plus claire, & pouvoit dépendre de la fantaisie, ou de la commodité d'un individu!

J'ouvre encore Boniface, tom. 2, part. 3, liv. 1, tit. 2; & je lis les titres suivans, sur chacun desquels sont intervenus des arrêts. Ch. 13. *Si l'action criminelle a lieu contre un sergent qui refuse d'exploiter une commission*. Ch. 23. *Si l'action criminelle compete contre la femme, les enfans & le gendre qui n'ont point assisté aux funérailles du défunt*. Ch. 25. *Si l'action criminelle compete pour choses de peu d'importance*. Il s'agissoit d'un demi panier de raisins. Ch. 29. *Si l'action criminelle est donnée au seigneur de fief contre son vassal QUI NE LE SALUE POINT?* Ch. 32. *Si l'ACTION CRIMINELLE compete contre celui qui fait l'AMOUR; & si les défenses de faire l'amour sont ridicules*. Dans cette espece, je vois que le premier juge avoit fait *défenses de faire l'amour à d'autres femmes qu'à la sienne*; que la cause a été plaidée le jeudi gras, qu'on ne manqua pas de citer les ARRÊTS D'AMOUR.

D'après cela, & une infinité d'especes semblables, je conclus que, bien différens des Romains, non seulement nous ne distinguons pas *le crime public* du *crime privé;* mais que nous ne savons pas même ce qui est crime ou ce qui ne l'est pas, ce qui doit être porté devant le lieutenant civil, le lieutenant de police ou le lieutenant criminel. Je persiste à conclure comme je l'ai fait au n°. 11, que nous ne savons pas bien de quoi l'on peut accuser & de quoi l'on ne le peut pas; sur quels délits on peut transiger ou on ne le peut pas. Je ne puis que me demander : qu'est-ce donc encore que notre jurisprudence criminelle? Je laisse la question à résoudre, & je vais examiner, si du moins le temps ne détruit pas ce terrible édifice de la procédure criminelle, imaginé par la passion, ordonné par l'ignorance, & soutenu souvent par le seul intérêt.

Péremption, Prescription.

28. Dans l'exposition du droit romain, j'ai vanté les loix qui, mettant dans la balance de la justice, d'un côté la sûreté publique, de l'autre la fortune, l'honneur, la liberté & le repos des particuliers; & supposant avec raison que deux années suffisent pour instruire & juger, avoient réduit à ce terme la durée de toutes les accusations; ensorte qu'à partir du jour de l'inscription, s'il s'étoit écoulé deux années sans jugement, l'accusation étoit périe, les prisons étoient ouvertes à l'accusé; il restoit par-là même, & sans autre forme, aussi-bien absous que s'il avoit obtenu un jugement.

En parcourant nos ordonnances, vous espérez quelquefois retrouver cette sage disposition, & vous en voyez l'esprit dans l'article 15 de l'ordonnance de Roussillon de 1563, qui applique la péremption à toutes les instances. Mais la jurisprudence paroît avoir restreint la péremption aux instances civiles. C'est une maxime au parlement de Paris, que la péremption n'a pas lieu en matiere criminelle; & Denizart, au mot *péremption*, n°. 32 de la nouvelle édition, rapporte un arrêt de cette cour, du 5 mai 1759, qui l'a jugé ainsi dans une affaire où il ne s'agissoit que d'*injures verbales*.

La jurisprudence du parlement de Toulouse paroît avoir été autrefois conforme; & l'on trouve, au Journal de ce parlement, *tom. 6, pag. 376 & 377*, un arrêt du premier mars 1748, qui rejetoit la péremption même dans *le petit criminel.* Mais cette jurisprudence paroît changée par deux arrêts rapportés en ces termes : *ibid.* « La cause ainsi plaidée, MM. les juges furent partagés en avis; mais comme en matiere criminelle il passe toujours *in mitiorem*, l'arrêt du 19 janvier 1752 déclare l'instance périmée.... Le 24 mars suivant, il fut rendu un semblable arrêt à la même audience, plaidans Fevrier & J. Roux; ensorte qu'on doit à présent tenir pour constant, que *la péremption d'instance a lieu dans le petit criminel.* »

Quoi qu'il en soit, la péremption d'instance n'a pas lieu dans le grand criminel. De plus, la jurisprudence a introduit l'usage, que pour qu'une sentence soit périe, il faut le demander & le faire juger. De plus enfin, l'effet de la péremption se bornant à empêcher que l'instance n'arrête le cours de la prescription, l'accusé, échappé à une instance, ne seroit ni libre ni absous, si on avoit encore le droit de l'accuser, si le crime qui lui seroit imputé n'étoit pas prescrit.

La péremption & la prescription de l'accusation ne sont donc véritablement que la prescription du crime. Voyez *Péremption, Prescription, Injure, Crime*, & les différens crimes. Car, la prescription établie par le laps de vingt ans en général & pour le plus grand nombre des crimes, est beaucoup plus courte pour quelques-uns tels que l'*injure* & l'*adultere*, beaucoup plus longue pour le crime de *leze-majesté*. Voyez ces mots.

D'après cette jurisprudence, c'est un état terrible que celui d'un accusé, surtout s'il est dans les fers. Innocent ou coupable, il peut languir plusieurs années, être oublié, être même retenu injustement, parce qu'on craindra la honte de déclarer qu'on s'est trompé, & les suites d'une absolution juste.

C'est pour prévenir cet abus de l'autorité dans l'administration de la justice criminelle, que l'ordonnance de 1670, tit. 25, art. 1, *enjoint à tous juges, même aux cours, de travailler à l'expédition des affaires criminelles, PAR PRÉFÉRENCE A TOUTES AUTRES.* L'art. 20 du tit. 10; enjoint encore *aux procureurs des justices ordinaires, d'envoyer aux procureurs généraux, chacun dans leur ressort, aux mois de janvier & juillet de chaque année, un état signé par les lieutenans criminels, & par eux, des écroues, & recommandations faites pendant les six mois précédens aux prisons de leurs sieges, & qui n'auront point été suivies de jugemens définitifs, contenant la date des décrets, écroues & recommandations; le nom, surnom, qualité & demeure des accusés; & sommairement le titre de l'accusation, & l'état de la procédure.*

L'exécution du premier de ces articles est bien importante; car, comme le dit Bornier, « *la condition de ceux qui sont dans les fers & dans les prisons est si déplorable*, qu'il est bien juste que l'on expédie préférablement leurs procès, qu'on absolve les innocens, ou qu'on condamne les coupables, plutôt que de *les laisser périr misérablement par une trop longue détention.* »

Mais si ces articles pouvoient n'être pas exécutés!... Je me tais. J'observerai seulement que ce point est digne de l'attention des magistrats qui refondront notre code criminel. Ils compareront notre jurisprudence avec celle des Romains; & sans doute ils préféreront celle dans laquelle ils trouveront le moins d'inconvéniens. Pour juger sainement, il suffira de faire exécuter une fois exactement le second des articles que je viens de citer, & de voir combien on trouvera de citoyens gémissans depuis long-temps sous le poids d'une accusation injuste.

La jurisprudence angloise, si jalouse des droits de l'individu, ne paroît pas non plus avoir adopté la jurisprudence romaine, mais elle y supplée d'une autre maniere par la marche de la procédure criminelle. Aux premieres assises, il faut faire l'examen & juger. Ainsi au moins, ne voyez-vous pas dans les prisons des accusés après six mois, & à Londres, après trois. Des trois manieres de prononcer des Romains, *absolvo, condemno, non liquet*, l'Angleterre n'a adopté que les deux premieres. Les jurés doivent prononcer par *coupable* ou *non coupable.* Il n'y a point de milieu. S'il restoit de l'inquiétude sur l'accusé, tout ce qu'on pourroit faire, seroit de lui demander un cautionnement, & l'on ne connoît ni le plus amplement informé, ni les emprisonnemens sans fin.

Juge de l'accusation.

29. *La connoissance des crimes appartient au juge des lieux où ils ont été commis.* Ce sont les termes de l'art. 1 du tit. 1 de l'ordonnance de 1670.

Cette regle générale a plusieurs exceptions que je dois seulement indiquer, & qui sont développées dans le cours de cet ouvrage, sous tous les mots relatifs aux délits, aux personnes & aux jurisdictions. Réduisons-nous ici à quelques points de vue généraux.

Cas Royaux. Ce sont les délits dont la gravité a déterminé nos rois, à en réserver la connoissance à ses juges. Et cette dérogation prouve ce que l'on peut encore, si le bien public le demande. Voyez *Cas royaux, Justice seigneuriale.*

Prévention. Ordonnance de 1670, tit. 1, art. 7. « *Nos juges* n'auront aucune prévention entr'eux; au cas néanmoins, que *trois jours* après le crime commis, nos juges ordinaires n'aient informé & décrété, les juges supérieurs pourront en connoître. » *Art. 8.* « Ce que nous entendons avoir lieu entre les juges des seigneurs, encore que celui qui auroit prévenu fût juge supérieur, & du ressort de l'autre. » *Art. 9.* « Nos baillis & sénéchaux ne pourront prévenir les juges subalternes & non royaux de leur ressort, s'ils ont informé & décrété dans les vingt-quatre heures après le crime commis. *N'entendons néanmoins déroger aux coutumes à ce contraires, ni à l'usage de notre châtelet de Paris.* » . . . . . Et voilà toujours le respect pour les usages tels quels ! toujours l'incertitude & l'arbitraire ! toujours la loi qui ne suffit pas pour guider ! Voyez *Prévention.*

Attribution. Il y a des délits dont le souverain, pour des causes majeures, prononce l'évocation à lui & à son conseil, sauf à réserver la connoissance à son conseil, ou à la renvoyer à d'autres juges. Cette matiere est très-délicate. Voyez *Evocation.*

Commission. Quelquefois encore, le souverain commet ou forme un tribunal, pour juger, ou souverainement, ou à la charge de l'appel ; ou bien encore, il compose la commission de différens magistrats ou gradués : matiere encore fort délicate. Voyez *Commission.*

Plusieurs délits en différens ressorts. Comment alors juger l'accusé ? Cependant rien de plus important, sur-tout à l'égard de ces malfaiteurs qui désolent les provinces en les parcourant. Si ce sont des vagabonds, le roi commet le prévôt & le présidial, les plus à portée & les plus considérables. Si les juges, saisis de diverses accusations, sont dans le ressort du même parlement, il renvoie tout à un seul bailliage, à une seule sénéchaussée. Si les juges sont de deux ressorts différens, MM. les procureurs généraux se concertent, & le roi renvoie tout devant le bailliage le plus prochain, ou le premier saisi du coupable, ou le plus convenable, sauf l'appel en l'un des deux parlemens.

Incapacité du juge ordinaire. Elle résulte de différentes causes ; quand elle est reconnue, le roi ou les cours supérieures renvoient devant d'autres juges. Voyez *Incapacité, Juge, Récusation, Suspicion.*

Privileges personnels. Celui des ecclésiastiques est de n'être jugés en certains cas que par le juge d'église ; d'autres, que par le juge royal & le juge d'église d'abord unis, & ensuite séparés. Voyez *Abus, Pape, Cardinal, Evêque, Abbé, Chanoine, Curé, Ecclésiastique, Délit commun* & *Cas privilégié.* . . . . Il y a encore des personnes qui par leur naissance, leur rang, leurs dignités, leurs offices, ne sont pas soumises à certains juges d'attribution, qui pour les délits ne sont pas justiciables des juges des seigneurs, qui ne peuvent être jugées par les baillis & sénéchaux que sauf l'appel au parlement, & peuvent demander à l'être, grand'chambre & tournelle assemblées. Il y en a même qui ne peuvent être jugés ni décrétés que par le parlement de Paris. Voyez *Prince du sang, Pair, Gentilhomme, Noblesse, Cours souveraines, Jurisdictions, Magistrats.*

Circonstances enfin. Le délit peut être commis sur mer, par l'administration, ou contre l'administration d'une colonie, comme dans les affaires de l'Inde, de Cayenne & du Canada. Le délit peut être commis en pleine campagne, dans un camp, un siege, un pays conquis. Dans la derniere guerre, par exemple, les magistrats d'A. . . . . accusoient d'un côté nos munitionnaires de concussion, & notre état major de connivence ; d'autre part, ces magistrats étoient accusés de calomnie & de subornation. Par qui faire juger ? M. LE DUC DE CHOISEUIL fit composer un tribunal d'officiers François *gradués,* attention qui plut aux Allemands. La procédure extraordinaire que j'ai lue en entier, mon frere étant instructeur & rapporteur, fut faite avec toutes les formalités prescrites. Les deux bourgueg mestres & le greffier, convaincus de subornations, de manœuvre

& d'accusation calomnieuse, furent attachés au pilori, & le pays conquis applaudit au choix des juges, à l'exactitude de la procédure, & à la douceur du jugement.

Toutes ces exceptions donnent lieu à des *conflits* de jurisdiction, à des *réglemens de juge*, à des *évocations*, & des renvois. C'est alors que l'on fait valoir d'une part la qualité de juge territorial; de l'autre, l'attribution formelle. Alors le souverain, SOURCE DE TOUTE JUSTICE, choisit ou nomme suivant les circonstances. Jusques-là il n'y a pas grand mal; car la connoissance des grands crimes, des délits ordinaires, n'est guere contestée aux juges territoriaux, à moins qu'il n'y ait des doutes sur les bornes du ressort. Cependant l'innocent souffre, le coupable languit ou échappe, & la justice n'est pas rendue. Voyez *Compétence*, *Conflit*, *Réglement de juge*.

Quelques efforts qu'on ait faits dans le tit. 1 de l'ordonnance de 1670, pour fixer d'une maniere claire la *compétence* des juges en matiere criminelle, elle attirera encore les regards du législateur.

Accusation sans accusateur. Accusation sans accusé.

30. Ayrault dans son instruction judiciaire, *liv. 2, art. 1, n°. 21, pag. 117 & 121*, examine s'il peut y avoir des accusations sans accusateur ou sans accusé. Ces questions ne sont paradoxales qu'au premier coup-d'œil. Si je ne connois pas celui qui m'a volé, qui a tué un des miens, je ne saurois le nommer, je donne plainte du délit, & c'est tout ce qu'il faut. Une plainte où l'accusé n'est pas nommé, est moins suspecte de calomnie. Le délit est exposé, & c'est du sein de l'information que sortira le signalement ou le nom de l'accusé.

Le défaut d'accusateur n'est pas plus important d'après nos ordonnances. Celle d'Orléans de 1560, *art. 63*, enjoint aux juges d'informer & poursuivre les crimes qui seront venus à leur connoissance, sans attendre les plaintes des parties civiles. L'ordonnance de 1670 renferme à chaque pas le même droit. L'*art. 2 du tit. 20* dit: qu'*en instruisant les* PROCÈS ORDINAIRES, *les juges pourront, s'il y échoit, décerner décret de prise-de-corps ou d'ajournement personnel, suivant la qualité de la preuve*, & ordonner l'instruction à l'extraordinaire.

Quand la justice voit un délit, elle peut le poursuivre, l'instruire, le juger. De-là cet adage: *C'est le crime qui accuse*.

L'ORDONNANCE suppose ordinairement une partie civile plaignante ou un dénonciateur, & le ministere public véritable accusateur. L'*art. 8 du tit. 3* dit: *S'il n'y a point de partie civile, les procès seront poursuivis à la diligence & sous le nom de nos procureurs ou des procureurs des justices seigneuriales.* D'autres articles veulent qu'il leur en soit communiqué, qu'ils requierent, &c. Cet ordre naturel n'empêche pas que le juge ne décrete & n'ordonne que le procès sera fait; & l'on ajoute seulement, à la requête du procureur du roi. Souvent les cours décretent, ou mandant les gens du roi, leur communiquent les charges, leur disent de prendre leurs conclusions, & jugent ensuite comme elles veulent. Cependant la procédure est toujours faite sous la poursuite & au nom du ministere public.

Ne craignons pas de manquer d'accusateurs, l'ordonnance les appelle.

ACCUSATEUR.

Ministere public, plaignant partie civile, dénonciateur.

31. A Rome tout étoit simple, clair, précis dans l'inscription, la poursuite & le jugement de l'accusation. Il n'y avoit qu'un accusateur & un accusé, ou s'ils prenoient des seconds, l'accusé pouvoit en avoir davantage.

Parmi

Parmi nous l'accusé, seul, isolé, désarmé, enchaîné, peut avoir à la fois plusieurs adversaires également redoutables.

Dans le procès-verbal de l'ordonnance de 1670, vous trouvez à chaque pas, notamment dans la troisieme conférence, pag. 68, que *les procureurs du roi & ceux des seigneurs, sont les véritables parties pour la vengeance des crimes.*

D'après ce mot, il semble que la poursuite du crime ne devroit plus appartenir qu'au ministere public; que la justice étant une fois instruite ou par elle-même, ou par la plainte, ou par la dénonciation, il faudroit que le ministere public se montrât seul; que le plaignant, la partie civile, le dénonciateur, le public entier attendissent dans le silence & le respect ce que produiront le devoir, le zele, les lumieres & la prudence du magistrat à qui la *poursuite* & le *jugement* des crimes sont confiés par toutes nos ordonnances. Alors, certes il y auroit moins d'accusations, & dans celles qui méritent d'être poursuivies, il y auroit moins d'erreurs, moins d'embarras, moins d'innocens calomniés, moins d'innocens condamnés.

Mais quoique le ministere public soit la véritable partie, quoiqu'il ait seul le droit de requérir les peines & les supplices, l'ordonnance place derriere lui ou à côté, le plaignant, la partie civile & le dénonciateur. Quoique leur rôle ne soit que secondaire, quoiqu'ils semblent n'avoir qu'une influence limitée, obscure & indirecte, néanmoins par la nature & la complication de la procédure, ils sont véritablement les parties poursuivantes, & si l'on en croit ce que disoit Pussort, ils sont appellés & conservés dans l'instruction pour *animer* le procès & *soutenir* la preuve.

Le *plaignant* est celui qui donne sa plainte, & déclare sur le champ ou dans les vingt-quatre heures qu'il n'entend être partie civile, soit qu'il ne demande point de dommages & intérêts, soit qu'il craigne de payer les frais.

La *partie civile* est celle qui, après avoir donné sa plainte, reste en qualité dans la procédure, paie les frais, & suit l'affaire en son nom, en requérant la jonction du ministere public, qui ne peut pas la refuser, lorsque le titre de l'accusation est grave. La partie civile ne conclut qu'à sa réparation honoraire ou pécuniaire; mais elle ajoute : *sauf au ministere public à prendre pour la vindicte publique telles conclusions que de droit.* Ce partage de conclusions donne deux accusateurs : le ministere public n'est même que le second, & vous le voyez ainsi placé entr'autres dans l'arrêt du parlement de Grenoble, du 16 septembre 1769, rapporté ci-dessus n°. 11. Enfin, l'ordonnance supposant naturellement une partie civile, ne considere le ministere public que comme subsidiaire. L'*art. 8 du tit. 3* dit : « s'il n'y a point de partie civile, les procès seront poursuivis à la diligence & sous le nom de nos procureurs, ou des procureurs des justices seigneuriales. »

Le *dénonciateur*, qui a été témoin ou victime d'un délit grave qui compromet évidemment la sûreté publique, doit au bien de la société d'en faire rapport au magistrat qui, selon sa sagesse, doit à son tour prendre les éclaircissemens & les moyens convenables. L'objet de cette dénonciation est de prévenir de nouveaux crimes & d'empêcher que l'innocent ne soit accusé. Ainsi je traverse un bourg où je ne connois personne; je vois un homme en assassiner un autre, je crois qu'il est de mon devoir d'aller au juge déclarer ce que j'ai vu, donner le signalement, & épeler pour ainsi dire toutes les circonstances. Ces dénonciations infiniment utiles, sont bien rares, & pourquoi? C'est qu'en général on a pour la procédure criminelle une répugnance qu'on n'avoit pas à Rome, & qu'on n'a pas dans tous les pays où la procédure est publique. C'est que dans l'opinion commune le dénonciateur ressemble beaucoup à ces délateurs si long-temps inconnus à Rome, dont la vénalité, la cruauté & le nombre faisoient dire à Tacite, qu'ils troubloient toutes les familles, & qu'on gémissoit sous les loix comme autrefois sous les crimes : *quum omnis domus delatorum interpretationibus subverteretur, utque antehac flagitiis, ita tunc legibus laborabatur.* (Annal. III. 25.)

L'ORDONNANCE de 1670 n'a pas fait cette distinction : elle a supposé tous les hommes desireux de l'ordre public, & elle a accueilli la dénonciation comme l'accusation. L'*art. 6 du tit. 3*, dit séchement : « nos procureurs & ceux des seigneurs auront un registre pour recevoir & faire écrire les *dénonciations*, qui seront *circonstanciées* & signées par les dénonciateurs, s'ils savent signer ; sinon elles seront écrites en leur présence par le greffier du siege qui en fera mention. »

Voilà donc trois accusateurs au lieu d'un comme chez les Romains ; le plaignant ou partie civile, le ministere public ou partie publique, le dénonciateur ou délateur ; chacun attaque l'accusé à sa maniere. Et telle est la combinaison de notre procédure que tous trois se pressent pour *animer* l'instruction & soutenir la preuve, en telle sorte que le ministere public, s'il manque de lumiere, de probité & de fermeté, résiste difficilement à la commotion.

Ces trois especes d'accusateurs devroient être retenus par l'*art. 7 du tit. 3*, qui porte que, « les accusateurs & dénonciateurs qui se trouveront MAL FONDÉS, seront condamnés aux dépens, dommages & intérêts des accusés, & *à plus grande peine s'il y écheoit;* ce qui aura aussi lieu à l'égard de ceux qui ne se seront point rendus parties, ou qui s'étant rendus parties, se seront désistés ; si leurs plaintes sont jugées calomnieuses. »

Le chancelier d'Aguesseau écrivoit : « quand les ordonnances se sont reposées sur les procureurs généraux, du soin de recevoir *les dénonciations qu'ils jugent à propos d'écouter*, ce n'a pas été sans doute pour les autoriser à prendre pour dénonciateurs tous ceux qui se présentent à eux sans *examen* & sans discussion, ni *de leur caractere*, ni *de leurs facultés;* elles ont *SUPPOSÉ* qu'ils seroient sur cela les *DILIGENCES NÉCESSAIRES pour le bien de la justice* & pour la décharge de leur ministere. Il n'y a point de bon procureur général qui ne soit très-attentif sur ce point, & qui veuille recevoir une dénonciation, à moins qu'elle ne soit faite par une personne notoirement solvable, & qui, en cas qu'il ait du doute sur ce sujet, n'exige une caution de celui qui se rend dénonciateur. » (Tom. 8, lett. 1, pag. 1.)

Ces *diligences nécessaires*, cet *examen* du *caractere* & des *facultés* du dénonciateur, autorisent ce que j'ai dit plus haut sur la nécessité de cet examen, si l'on ne veut pas commettre d'irréparables injustices. Je l'ai dit de l'accusateur ; mais voyez que dans l'esprit & la marche de l'ordonnance, le plaignant, la partie civile & le dénonciateur, sont sur la même ligne également punissables, s'ils ont calomnié. Je n'ai pas parlé des facultés, parce que l'argent que pourroit payer l'accusateur ou le dénonciateur calomnieux, n'est rien en comparaison de l'honneur & de la tranquillité de l'accusé.

Il est une autre espece d'accusateurs encore plus dangereux.

Accusateur caché & témoin.

32. Il y a des accusations, des dénonciations qui ont pour objet de perdre un homme par une machination secrete, de faire entendre pour témoin l'une des parties, quelquefois de métamorphoser en accusé celui qui auroit droit de se plaindre, & de changer en témoins les coupables eux-mêmes.

Le chancelier d'Aguesseau ne l'ignoroit pas lorsque dans la lettre que je viens de citer, *tom. 8, pag. 2*, il écrivoit : « *il est contraire aux regles de la justice*

& de l'équité naturelle de faire entendre comme témoin la femme d'un dénonciateur, qui est tellement intéressé dans la procédure qui se fait sur sa dénonciation, que c'est lui qu'on rend responsable des dommages & intérêts envers l'accusé, contre lequel il n'a pu administrer des preuves suffisantes pour le faire condamner. »

Les statuts d'Avignon ont prévenu cette manœuvre en prescrivant au juge de la punir, & en ordonnant l'examen le plus scrupuleux. *Quia sæpè contingit* SECRETOS *esse accusatores, vel denunciatores qui contra intitulatos in testes producuntur, districtè judicibus inhibemus, ne posthac dictos accusatores, denunciatores, vel instigantes, contra dictos intitulatos in testes productos examinare audeant, pœnâ privationis eorum officiorum & aliâ arbitrio superioris infligendâ, restitutionisque omnium damnorum, per partem contra quam similes productiones factæ fuerint passorum: dictumque* EXAMEN *nullo modo probet, imò nullum & invalidum sit.* (Statuta civitatis Avenionensis, lib. 3, rubr. 1, art. 3, pag. 109, verso.)

L'impératrice de Russie, dans sa fameuse instruction n°. 174, dit encore: « il est une chose de la plus grande importance dans toutes les loix, savoir de déterminer *exactement* les premieres regles fondamentales, d'où dépendent l'authenticité des témoins & la force des preuves. »

Faut-il donc aller chercher ces notions précieuses à la sûreté publique ou dans des codes étrangers, ou dans des lettres d'un chancelier, qui écrivoit qu'elles étoient *supposées* par l'ordonnance?

Le danger de ces accusations cachées & combinées est cependant la chose du monde la plus ordinaire.

Il y a une batterie atroce & sanguinaire, dans laquelle l'innocent insulté, attaqué, maltraité par plusieurs, parce qu'il est seul, ne peut que se traîner chez lui. Cependant les coupables se concertent; l'un d'eux va donner plainte, & produit comme témoins ses camarades. Que deviendra l'innocence, si le juge n'examine pas, & ne fait pas d'exactes diligences? Elles sont fatigantes. Mais il n'y a que le mal qui se fasse aisément.

On a vu davantage; les voleurs, les assassins prêts à être découverts & arrêtés se retourner sur le champ, se concerter, arrêter l'honnête citoyen qui alloit périr, le livrer à la justice, déposer contre lui & le faire mourir, si le juge ne supplée pas à l'ordonnance, en examinant les circonstances & les personnes, en faisant tout ce qui n'y est que *supposé*. On doutera moins de la possibilité de cette manœuvre, si l'on veut bien relire le trait que j'ai rapporté dans ce volume, pag. 44 & 45, d'un voleur qui, ayant été détaché du gibet par le valet d'un chanoine, revenu à lui eut l'audace de l'arrêter, & de prétendre que le valet l'avoit volé.

Il y a encore une espece d'accusateurs non moins dangereuse.

Clameur publique, bruit & rumeur.

33. L'ORDONNANCE de 1670, *tit. 10, art. 9*, dit: *après qu'un accusé pris en flagrant délit, ou* A LA CLAMEUR PUBLIQUE, *aura été conduit prisonnier, le juge ordonnera qu'il sera arrêté & écroué.*

Voilà donc que non seulement la clameur publique accuse & dénonce, mais que bien au dessus de la plainte judiciaire, elle ravit au citoyen la liberté & le jette légalement dans les fers: heureux, si elle n'influe pas sur l'instruction & sur le jugement!

Qu'est-ce donc que ce bruit, cette rumeur auxquels la loi donne tant de crédit, & dont les effets sont si terribles?

Montaigne le dit avec son énergie ordinaire: « *Notre discours est capable d'estoffer cent autres mondes*, & d'en trouver les principes & la contexture. Il ne lui faut ni matiere ni base; laissez le courre. Il bâtit aussi bien sur le vuide que sur le plein, & de l'inanité que de matiere, *dare pondus idonea fumo*. Je trouve quasi par-tout qu'il faudroit dire : il n'en est rien ; & emploirois souvent cette réponse.... Peu de gens faillent, notamment aux choses mal aisées à persuader, d'afermer qu'ils l'ont vu, ou d'alléguer des témoins desquels l'autorité arrête notre contradiction. Suivant cet usage, nous savons les fondemens & les moyens de *mille choses qui ne furent oncques*..... La vérité & le mensonge ont leurs visages conformes, le port, le goust & les alleures pareilles : nous les regardons de même œil. Je trouve que nous ne sommes pas seulement lasches à nous défendre de la piperie ; mais que nous cherchons & convions à nous y enferrer.... Les premiers qui sont abreuvés de ce commencement d'estrangeté, venans à semer leur histoire, sentent par les oppositions qu'on leur fait, où loge la difficulté de la persuasion, & *vont calfeutrant* cet endroit de quelque piece fausse. Outre ce que, *insitâ hominibus libidine, alendi de industriâ rumores ;* nous faisons naturellement conscience de rendre ce qu'on nous a presté, sans quelque usure & accession de notre cru. *L'ERREUR PARTICULIERE FAIT PREMIEREMENT L'ERREUR PUBLIQUE, ET A SON TOUR APRÈS, L'ERREUR PUBLIQUE FAIT L'ERREUR PARTICULIERE.* Ainsi va tout ce bastiment, s'estoffant & formant de main en main ; de maniere que le plus éloigné témoin en est mieux instruit que le plus voisin ; & le dernier informé, mieux persuadé que le premier. C'est un progrès naturel. » (*Essais de Montaigne, liv. 3, chap. 11.*)

Un délit se commet ou se suppose : son existence ou sa fable sont un aliment pour l'inquiétude, la curiosité, l'oisiveté, la bavarderie, pour toutes les passions sociales : vous entendez bientôt un chœur confus & discordant, dont les accens aigus, après avoir été répétés par les échos de la ville, vont frapper le sanctuaire de la justice. Un citoyen est mort, lui dit-on, & les coupables vivent ! & le magistrat dort ! Comment resteroit-il tranquille spectateur, pressé qu'il est par ce cri funebre, & commandé par la loi ! Il faut bien qu'il s'assure du dénoncé ; la loi ordonne la prison ! Et souvent le citoyen est dans les fers, avant même que le juge se soit assuré qu'il y a un délit.

Voulez-vous voir la source & le progrès de ce bruit public, & juger sa valeur dans ces événemens ? Examinez d'abord la maniere différente de raconter l'événement, qui après avoir altéré les propos primitifs, comme le disoit M. l'avocat général Seguier, dans l'affaire de l'abbé G.... contre le comte de B.... frappera jusques sur les dépositions des témoins. « *On voit*, ajoutoit ce magistrat, on voit cette différence dans la maniere même de raconter les nouvelles : elles changent pour ainsi dire de nature & de caractere dans toutes les bouches où on les voit passer. Elles s'alterent, s'augmentent ou diminuent suivant les dispositions où se trouve celui qui les raconte ; elles varient à l'infini, & la plupart du temps on est tenté *d'y ajouter* pour leur donner plus de certitude & d'authenticité. »

D'après ces dispositions funestes dans les premiers raconteurs, pénétrez un instant les cercles, les cotteries & jusqu'aux tourbes que forme la populace au moindre événement. C'est par-tout même caractere, même fond, même marche de l'esprit humain, & rien ne peint mieux sa foiblesse.

Après le récit fait avec emphase, & entendu avec l'intérêt de l'inquiétude ; le premier mouvement, & même le plus naturel est cette question que chacun se fait intérieurement. Qui peut avoir commis ce crime affreux, c'est-à-dire, quel est le coupable ? Car il en faut un à l'accusation, disoit Ciceron, elle le cherche, le desire : DESIDERAT *hominem, ut notet*. Il en faut un, & sur des données fausses, sur des apperçus inexacts, chacun croit deviner & veut avoir raison. Surviennent des disputeurs, & le cercle se partage entre les accusateurs & les défenseurs; l'amour propre s'irrite; la médisance arrive, la calomnie suit, & comme on est porté plus naturellement à croire le mal, l'accusation entraîne les suffrages. Alors malheur à l'honnête homme qui, tranquille, loin du crime, & incapable de le commettre, a été soupçonné! S'il est pauvre, la misere conduit à tout; s'il est riche, il a des envieux; s'il est malheureux, c'est un dissipateur; s'il vit dans la retraite, on soupçonne plus aisément ceux qu'on ne voit pas; s'il est répandu dans le monde, on s'y fait des tracasseries; s'il est en place, il a désobligé par impuissance, par distraction ou par devoir; s'il est vertueux, il aura contre lui tous ceux à qui son exemple est un reproche continuel; s'il est froid, circonspect, rêveur, humoriste, on lui trouve une phisionomie sinistre; s'il est vif, c'est un furieux capable de tout : quel qu'il soit, il a des ennemis, des détracteurs, des rivaux qui se reconnoissent pour s'unir, se développent & se déchaînent. Enfin, c'est bien pis, si quelqu'un croit l'avoir rencontré la nuit près du lieu du délit : on ne manquera pas de dire qu'on l'a vu : c'est bien pis encore, s'il paroissoit brouillé avec le mort : c'est bien pis, lorsque le coupable audacieux, ainsi qu'on en a tant vu, se mêlant dans la foule, jette les soupçons, ou les appercevant les augmente avec adresse : alors il n'y a plus de doute, & l'innocent ainsi dénoncé par la voix publique est arraché à son domicile; traîné ignominieusement en prison pour aller au supplice, ou n'en sortir que lorsqu'il sera assez heureux de prouver géométriquement son innocence; peut être seulement, comme il est si souvent arrivé, lorsque le coupable allant à l'échafaud pour un autre crime, voudra bien avant de mourir avouer celui-là, par respect pour l'humanité, la vérité & l'innocence.

Qu'est-ce que cette propension à croire si aisément le crime, & à le croire d'autant mieux qu'il paroît plus extraordinaire ou par sa nature, ou par les qualités de celui à qui on l'impute? Est-ce l'amour du merveilleux? Est-ce la mauvaise opinion que nous avons de nous-mêmes? Ah! ce sera trop de croire quand la preuve sera faite, & nous serons toujours à temps de rougir pour nos semblables, de gémir en voyant combien l'homme se dégrade, & s'abrutit dans cette société humaine formée pour son instruction & sa félicité. Jusques-là doutons avec plaisir; doutons par amour propre, par justice : craignons sur-tout que nos propos, nos soupçons, nos gestes, notre silence même augmentant ou favorisant le bruit public ne contribuent à verser le sang innocent.

Ce ne sont point là de fausses terreurs, ce sont de malheureuses vérités consignées dans les annales de la justice par d'épouvantables traits : dans le nombre j'en choisis deux bien connus.

Le premier se trouve dans le premier volume du dictionnaire au mot *Absolution*, n°. 6, pag. 239; c'est l'arrêt de Frillet. Ce procureur fiscal *prenant pour dénonciation* LES BRUITS PUBLICS qui supposoient qu'un homme avoit été jeté dans un four, fit condamner à la mort par le juge du Pont-d'Ain plusieurs innocens, & ils l'eussent été à Dijon, si le parlement n'eût pas fait des recherches; si le prétendu mort n'eût pas été retrouvé : car Frillet qui en vouloit aux accusés, avoit soutenu *la preuve*. Ainsi, sur un bruit public, sans corps de délit, le moindre petit officier peut faire arrêter : trop heureux si l'on ne meurt pas de chagrin dans les fers, & si enfin la vérité triomphe!

Le second trait est celui de la fameuse affaire de la Pivardiere, dont les arrêts & les conclusions se trouvent dans le tome IV des œuvres de M. d'Aguesseau. On supposoit que ce gentilhomme avoit été assassiné & enterré par sa femme & le prieur de Miséré. Le bruit public avoit imaginé le fait : la preuve s'étoit faite lestement, & d'elle-même d'après le public : à force d'avoir oui-dire & d'avoir raconté, les témoins s'étoient persuadés que cela devoit être, & quand la Pivardiere se présenta, on lui soutint qu'il n'étoit pas lui, & pour le prouver il fallut qu'il se constituât prisonnier. Etrange forme ! M. d'Aguesseau montra la source de cette persécution légale par ces mots : LE BRUIT PUBLIC & *la rumeur du voisinage deviennent ses premiers délateurs. . . . Examinons donc si la voix du peuple est celle de la vérité*, (pag. 406 & 434)

Cet examen est celui de tout homme éclairé & juste qui fait pour autrui ce qu'il voudroit qu'on fît pour lui-même. Il examine graduellement si le crime est possible, s'il existe, & comment il a été commis : il remonte à la source, compare les récits, interroge les témoins, les circonstances & le lieu même. Enfin il considere la réputation, les mœurs, le caractere de l'accusé, & le grand intérêt qui a pu lui faire franchir l'intervalle immense qui sépare le crime de la probité. Cet examen, s'il est fait de bonne foi, amene la vérité ; du moins l'incertitude & la circonspection, qui, jusqu'à la preuve la plus claire, doivent être les compagnes de la justice.

Ces précautions recommandées si souvent par le grand d'Aguesseau qui écrivoit qu'elles étoient *supposées* par nos ordonnances, ont-elles été souvent prises ? Ce n'est pas la faute des parlemens ; mais c'est une chose bien étrange que la vérité après avoir été long-temps étouffée sur les lieux, n'ait été découverte que dans l'éloignement. C'est encore l'effet de la rumeur publique ; elle aliene jusqu'aux facultés de l'entendement humain. L'amour propre se révolte, & blâme l'arrêt qui justifie l'innocent. Quand le prétendu mort revenant dit à tout le monde qu'on s'étoit trompé, on lui soutient qu'il n'est pas lui.

Accusateur étranger.

34. Ce mot *étranger* donne lieu à une infinité de questions également intéressantes qui tiennent au droit des gens, à la jurisprudence établie & aux mœurs mêmes.

C'est d'abord une maxime du droit des gens, que quiconque souffre d'un délit, a droit de s'en plaindre au juge du lieu où il a été commis ; & ce droit il l'a, quels que soient son pays & sa religion. La personnelle intolérance n'a fermé encore ni les hôpitaux, ni les tribunaux. Alliés, neutres, ennemis, tout est égal, & doit l'être quand il s'agit de la sûreté individuelle : & c'est-là que tous les hommes sont égaux aux yeux de la justice. Tandis que nos armées pressant de toutes parts le lion britannique, rendent à l'Europe reconnoissante la liberté des mers, & assurent l'indépendance américaine ; un Anglois voyageant en France y trouve bonne & prompte justice ; ces égards tiennent à nos mœurs & à notre politesse. Un François ne se plaint point de ce qu'on retarde son affaire pour juger celle d'un étranger ; & si celui-ci ne pouvoit pas obtenir justice d'un magistrat particulier, il le feroit censurer en écrivant à son ambassadeur, au chancelier, au procureur général ou au parlement. Son titre pour avoir justice, est de se dire étranger.

La maniere la plus sûre est de dénoncer & d'attendre tout de la sagesse du juge, de demander la jonction du ministere public, sauf à présenter ensuite requête pour obtenir restitution ou réparation : car quoiqu'on ne soit que dénonciateur, le juge n'en doit pas moins prononcer la restitution de la chose volée, ou ordonner la satisfaction proportionnée au délit. C'est une conséquence des ordonnances qui enjoignent aux juges de poursuivre; & la réparation envers le particulier n'est pas moins précieuse, que l'exemple de la punition par rapport au public.

Mais si l'étranger veut se rendre partie civile & suivre l'affaire en son nom, la jurisprudence l'assujettit à des sûretés pour raison des dommages & intérêts qu'il devra, si son accusation est mal fondée.

ARRÊT du parlement de Paris du 10 février 1742, qui ordonne qu'avant d'informer sur la plainte donnée par Journaux anglois, il sera tenu de donner caution, *judicatum solvi*, jusqu'à concurrence de 20000 liv. si mieux il n'aime consigner cette somme. (Mat. crim. de Lacombe, part. 3, ch. 1, sect. 1, n°. 14.)... *Espece*. Journaux, se disant envoyé du chancelier d'Angleterre, avoit rendu plainte à Paris, contre Butluer, premier écuyer du roi d'Angleterre & autres, du rapt de deux filles du Major Roche, anglois. Les accusés instruits présenterent requête & demanderent caution. Il répondit qu'elle n'avoit pas lieu, puisqu'ils étoient étrangers. Ils prouverent qu'ils étoient François..... Même arrêt le 25 mai 1742, contre la mere des deux Dlles. Roche, intervenante; & son avocat ayant voulu plaider avant la réception du cautionnement, arrêt qui ordonne que, jusqu'à ce, toute audience lui sera déniée. Voyez *Caution*, *Judicatum solvi*.

On plaide au parlement de Paris une cause à-peu-près pareille, dont je rapporterai l'arrêt au mot *Mariage*. On plaide sans cautionnement, parce que toutes les parties sont étrangeres. L'accusation est respective. La Dlle. Hamilton, Ecossoise, se plaint de rapt de violence, & soutient son mariage nul. Beresfort, mari, soutient le mariage valable, & impute à sa femme divers délits.

Comment arrive-t-il que les Anglois plaident au parlement de Paris sur des actes, des délits faits dans la grande Bretagne? Le juge naturel devoit être Anglois. Mais la femme a fui en France, le mari l'a poursuivie, & tous les deux y demandent justice.

Dans cet état, que faire? Renvoyer au juge naturel? Mais la femme se réfugie. La France est l'asyle des opprimés. Elle le fut d'un roi d'Angleterre. Pourquoi ne le seroit-elle pas d'une Angloise. Beresfort veut employer la force pour reprendre celle qu'il prétend être sa femme. La jurisprudence ne le lui permettra pas qu'auparavant il n'ait justifié son droit. Et voilà comme par accident le parlement de Paris se trouve juge de personnes, d'actes, d'accusations & de délits étrangers.

Nous appellons cette jurisdiction de *secours*, & nulle part le droit des gens n'arrête son exercice. Cependant le juge de secours doit prononcer suivant les loix, les usages & les rites des étrangers, devenus casuellement ses justiciables.

Ces affaires extraordinaires donnent de la justice une idée sublime. Au milieu des orages qui agitent, divisent & séparent les nations, il existe un temple de paix, où chacun peut se présenter avec confiance, réclamer sa sûreté & sa liberté. La justice ne voit ni son pays, ni ses Dieux. S'il est homme, s'il embrasse ses autels, il ne sera point repoussé: mais il sera jugé d'abord sur le droit naturel, ensuite suivant le droit civil de son pays. Cet acte est une des plus belles parties du droit des gens.

Accusateur pauvre, vagabond, mal famé.

35. Tandis que la jurisprudence force l'étranger, tout connu, riche & puissant qu'il puisse être, à donner caution *judicatum solvi*, lorsqu'il accuse; elle me paroît muette sur cette espece parasite d'hommes, qui n'ayant point de domicile, & ne tenant à rien, parcourent

le royaume & y font les plus grands maux. Elle autorise les prévôts & tous juges à les faire arrêter. Entr'autres loix, on peut citer la déclaration du 3 août 1764, qui prescrit la capture, l'enfermement, la punition des vagabonds & gens sans aveu. Or, comment les mêmes êtres, livrés également à la honte & à l'enfermement, seront-ils libres, & acquerront-ils un état lorsqu'ils accuseront ?

Le silence de notre législation sur un point si délicat, vient de l'extrême facilité que l'ordonnance a donnée aux accusations, comme si elle avoit cru ne pouvoir maintenir, que par-là, l'ordre & la sûreté. Elle a supposé d'ailleurs, comme l'écrivoit M. d'Aguesseau, que le juge examineroit le fait & les parties.

Cet examen est un devoir prescrit par la raison, l'ordre public & les bienséances. Il seroit absurde qu'un citoyen connu & honnête pût être accusé & poursuivi par le premier venu, par un homme qui n'a rien à perdre, & qui peut disparoître aussi-tôt. Y auroit-il quelque inconvénient à l'assujettir à donner caution, & ne seroit-ce pas justice ? L'homme qui n'a point de domicile, & qui ne tient à rien, mérite moins d'égards, & doit plus de sûreté pour la réparation de l'accusation calomnieuse, que celui qui quoique étranger présente des sûretés dans son pays, & qui d'ailleurs, par son personnel, peut inspirer la confiance. Voyez *Vagabond.*

La pauvreté donne lieu à des inconvéniens ; car il en coûte si peu pour accuser, & l'homme de bien pourra être compromis cruellement par le pauvre qui n'a rien à perdre. La jurisprudence y a pourvu en partie, en accordant la contrainte par corps pour les dépens, dommages & intérêts qu'entraîneroit l'accusation mal fondée. On n'a pas été plus loin, & il faut louer ce reste d'égards pour la misere. Il faut respecter encore les établissemens faits dans certaines provinces pour soutenir les affaires des pauvres ; & en Dauphiné, la jurisprudence qui évoque sur le champ pour éviter les longueurs & les frais qu'entraînent les degrés de jurisdiction.

Cependant, comme l'extrême misere peut inspirer une accusation absurde, dans l'espérance de fatiguer, le juge doit être circonspect, lorsqu'il admet la dénonciation ou la plainte, & ne pas oublier ce que M. d'Aguesseau a écrit : l'ordonnance n'a pas autorisé à prendre pour dénonciateurs *tous ceux qui se présentent, sans examen & sans discussion ni de leur caractere, ni de leurs facultés. Elle* SUPPOSE *qu'on fera les diligences nécessaires.* (tom. 8, lett. 1, pag. 1.)

Cet examen est encore plus nécessaire, quand l'accusateur ou le dénonciateur sont mal famés ; c'est alors qu'il faut redoubler d'activité, de clairvoyance, sans quoi l'on compromettroit évidemment la sûreté & la justice. Si l'accusation est mal fondée, ou ne mérite pas d'être poursuivie, le juge doit la rejeter ; & si l'accusateur repoussé se plaint à M. le procureur général, ce magistrat ne l'accueillira pas quand il connoîtra les motifs.

J'insiste sur tous ces détails, parce que j'ai vu presque par-tout la plus grande facilité à recevoir les plaintes, & l'on ne sait que trop où mene cet abus, dont le motif est connu.

Accusateur absent.

36. L'ordonnance de 1670 autorise à donner plainte & à poursuivre son accusation, malgré l'absence. L'art. 4 du tit. 3, porte que les plaintes seront signées par *le complaignant ou par son procureur fondé de procuration spéciale.* Cela est clair.

Or, si l'accusateur peut s'absenter & agir par procureur spécial, pourquoi l'accusé n'a-t-il pas la même facilité ? Ce défaut de réciprocité, qui ne semble pas conforme à l'exacte équité, vient de ce que l'ordonnance ne permet à l'accusé de se défendre que par *sa bouche.*

Ne

Ne fût-il décrété que d'assigné pour être oui, il faut qu'il vienne, quoi qu'il lui en coûte, & à quelque distance qu'il soit. M. le président de Lamoignon avoit bien raison de dire à chaque pas, que notre ordonnance est *rigoureuse*, & qu'on a tout fait contre les accusés.

Rome étoit, ce me semble, plus juste. L'accusateur & l'accusé étoient obligés de comparoître en personne. Si au jour indiqué, l'accusateur ne comparoissoit pas, ou n'étoit pas excusé, l'accusation étoit rayée. Je vois toujours Rome.

Accusateur sans intérêt.

37. Regle générale : pour pouvoir accuser, il faut avoir été offensé, il faut avoir intérêt à la chose. Où en seroit-on, s'il étoit permis au premier venu de se plaindre d'un délit dont il n'auroit pas souffert, sur lequel l'offensé se tairoit ou s'accommoderoit, sur lequel le ministere public garderoit le silence?

Cette maxime n'est heureusement contestée par aucun auteur depuis Julius Clarus & Farinacius, jusqu'à Serpillon & Jousse. Je n'ai point vu d'arrêt qui ait même l'apparence de la contredire. Et plus un peuple sera léger, inconsidéré, vif & peu instruit, plus elle sera précieuse. C'est bien assez, c'est bien trop de tant d'accusations mal fondées, quelquefois excusables, trop souvent absurdes, téméraires & calomnieuses.

Mais qu'est-ce qu'avoir intérêt? C'est-là qu'arrivent les distinctions & les sophismes. Pour ne pas s'égarer, il faut se pénétrer de notre constitution, & ne pas la confondre avec celle des Romains.

A Rome, sans le ministere public, lorsqu'il y avoit un délit qui intéressoit vraiment l'état, comme le péculat, la concussion, la conspiration, la révolte, la brigue, il falloit bien que quelqu'un se montrât accusateur, sans quoi les crimes se seroient multipliés par l'impunité : & j'ai dit comment il s'en présentoit plusieurs, parmi lesquels on en choisissoit un seul. *En France*, où il y a un ministere public, il n'est pas permis au particulier d'accuser de ces crimes, & cela n'est pas permis, précisément parce qu'ils sont vraiment publics. Il diroit vainement que, comme partie du tout, comme membre du corps politique, il a sa portion dans l'intérêt public. Cette accusation est réservée au ministere public, qui la fait au nom du souverain. Tout ce qu'on peut, c'est de dénoncer : & alors c'est au ministere public à voir s'il accusera; aux juges, s'ils poursuivront; quelquefois même, s'ils le pourront. *En Angleterre*, c'est autre chose encore; la nation étant assemblée dans le parlement, chaque membre de la chambre haute ou de la chambre basse, peut faire une *motion* & demander une *enquête*. Si la motion passe à la *majorité*, le parlement ordonne l'enquête d'office. Les ministres, les généraux sont accusés, l'affaire s'instruit régulièrement, & l'on juge. C'est un autre ordre de choses.

A Rome, pour les délits publics, pour les délits privés, il n'y avoit qu'un accusateur. *En France*, nous avons le dénonciateur qui avertit la justice, le plaignant qui peut se retirer, la partie civile qui reste, & le ministere public. Celui-ci, partie publique, peut seul requérir la peine. Le plaignant, la partie civile ne peuvent que demander des dommages & intérêts, une satisfaction quelconque. Or, pour former cette demande, il faut y avoir droit, il faut, comme on dit au palais, avoir *qualité*, il faut être la partie offensée. Et ce seroit une absurdité de voir un particulier, un ami, un parent même, demander satisfaction d'un délit dont ne se plaindroit pas la partie offensée.

Il y a cependant des exceptions. Le mari & la femme, le pere & les enfans peuvent accuser les uns pour les autres. C'est qu'on les regarde comme une seule & même personne. L'honneur de la personne & du nom, plus encore que l'intérêt, font admettre ces accusations indirectes.

Mais c'est-là qu'il faut veiller. La sensibilité d'une femme, la vivacité des enfans, la tendresse d'un pere, l'ignorance des uns & des autres, tout doit rendre le ministere public très-circonspect, lorsque la partie offensée ne se présente pas. Que la plainte soit admise, que l'information soit faite; au moins, si l'on peut, & s'il n'y a point de danger, faut-il attendre que la partie offensée légitime ou corrobore ce qui a été fait provisoirement.

Dans cette partie, comme dans presque toutes, l'ordonnance est muette, laisse tout à l'arbitrage des juges, & se repose sur leur prudence. Tout est bien, quand ils sont ce qu'ils doivent être; mais s'il en existoit, tels que Pussort lui-même les supposoit, voyez où meneroient ces accusations indirectes.

Héritier.

38. Lorsque le dénonciateur, la partie civile, le plaignant meurent avant le jugement, & que l'accusation est déclarée calomnieuse, l'héritier des uns & des autres doit payer les dommages & intérêts auxquels ils auroient été condamnés. C'est une dette de la succession. Mais, si conformément à l'art. 7 du tit. 3 de l'ordonnance de 1670, *il échéoit* de condamner *à une plus grande peine*, si par exemple l'on avoit suborné les témoins, l'héritier ne seroit pas soumis à la peine encourue par le suborneur. Les fautes sont personnelles. Alors, il semble que les juges doivent prononcer une indemnité pécuniaire plus considérable. C'est un dédommagement de la satisfaction qu'auroit donné à l'accusé innocent la punition publique.

Sous le n°. 13, *Qui doit accuser?* nous avons essayé de fixer à quoi paroît devoir être réduite de la part des parens héritiers l'obligation d'accuser. Nous n'avons point contesté à la famille, au donataire, à l'héritier sur-tout, le droit d'accuser, comme l'auroit pu le mort lui-même, & ce droit vient de cette maxime romaine, que les droits & la personne sont en quelque sorte confondus, *succedit in universum jus & PERSONAM defuncti.*

L'héritier peut accuser, comme l'auroit fait celui à qui il succede; & ce principe général, incontestable, répond à tout.

Mais si la mémoire du mort est offensée par une calomnie, l'héritier ne peut-il pas accuser, intervenir, demander justice?

Cette question a été supérieurement traitée au parlement de Rouen, dans la fameuse affaire de Lally, dont on trouvera l'arrêt dans ce volume sous le mot *Administration*, à sa date, parmi les jugemens célebres, rendus en matiere d'administration. M. de Lally Tolendal, fils, avoit fait casser l'arrêt du parlement de Paris, & demandoit au parlement de Rouen, où l'affaire avoit été renvoyée, la réhabilitation de la mémoire de son pere. M. Duval d'Epremenil est intervenu & a dit: vous n'essayez de justifier la mémoire de votre pere, qu'en calomniant M. Duval de Leyrit mon oncle, dont j'ai le nom & la succession, vous me forcez à intervenir pour soutenir qu'on a bien jugé. C'étoit une espece d'accusation. M. d'Epremenil citoit deux loix romaines. « Si l'on insulte soit au cadavre, soit à la mémoire de celui qui nous a laissés pour héritiers, ou pour possesseurs de ses biens, nous avons en notre nom une action d'injures, car cette insulte intéresse notre réputation. » *Et si fortè cadaveri defuncti fit injuria, cui heredes bonorumve possessores extitimus, injuriarum nostro nomine habemus actionem: spectat enim ad existimationem nostram.* (L. 1. § 4, D. de injuriis & famosis libellis.)

« Toutes les fois que le cadavre ou la mémoire d'un testateur sont attaqués, après l'adition d'hérédité, il faut dire que l'injure est faite en quelque sorte à l'héritier lui-même ; car il importe toujours à l'héritier de laver la mémoire du défunt. » *Quotiens autem funeri testatoris vel cadaveri fit injuria, si quidem post aditam hereditatem fiat, dicendum est heredi quodam modo factam : semper enim heredi interest defuncti existimationem purgare.* (Ibid. § 6.)

Je ne place point ici l'arrêt du parlement de Rouen, parce que l'affaire a été renvoyée au parlement de Dijon, & on trouvera celui que rendra, définitivement sans doute, ce dernier parlement, sous le mot *Innocent condamné*, ou sous le mot *Réhabilitation*, suivant ce qui sera prononcé.

Mais quoique je n'aie pas oui plaider à Rouen cette grande affaire, je dois consigner ici l'effet qu'elle a produit sur le public. Jamais il n'y eut ni plus d'éloquence, ni plus d'intérêt, ni plus de grands mouvemens. C'étoient l'honneur & la nature ; & l'auditoire identifié avec les parties qui plaidoient elles-mêmes, alloit reporter dans la ville, & faisoit passer jusques dans la province les sentimens dont il étoit affecté. C'est bien-là qu'on a vu l'avantage de la publicité dans les causes criminelles ; & cependant elle n'étoit pas complete comme à Rome, puisque l'information sur laquelle est appuyé l'arrêt, est encore secrete.

Plusieurs accusateurs.

39. A Rome, il ne devoit y avoir qu'un accusateur, & il falloit choisir entre ceux qui avoient le même droit, parce que le combat public n'auroit pas été égal.

Parmi nous, où l'intérêt est la regle de l'accusation, où il suffit d'avoir droit de demander une indemnité, & où le ministere public est le véritable accusateur, les mêmes motifs ne subsistent plus.

Plusieurs personnes peuvent donc, comme le dit Julius Clarus, *lib.* 5, *quæst.* 23, *n°.* 1, rendre plainte du même délit, lorsqu'elles y ont véritablement intérêt, mais il faut se réunir ou laisser poursuivre par un seul.

Ainsi, lorsqu'un marchand fait banqueroute, chaque créancier a droit de donner sa plainte, & de poursuivre ; mais pour simplifier, pour abréger, ils se réunissent & nomment des directeurs chargés d'accuser & de poursuivre.

Ainsi, lorsqu'un citoyen a été assassiné, sa veuve & ses enfans se réunissent & se plaignent en commun par une seule requête.

S'il y avoit plusieurs plaintes données sur le même délit, & qu'on instruisît sur chacune, on jugeroit deux fois l'accusé sur le même fait, & l'on pourroit le juger d'une maniere contraire. : *bis in idem, contrario judicio.*

Vous trouverez par-tout des arrêts où il y a plusieurs accusateurs, & vous en voyez deux dans celui de Grenoble du 22 mars 1782, cité sous le n°. 22 ; mais ils s'étoient réunis. Par-tout, ou réunion des plaignans, ou syndicat, ou jonction pour être informé, instruit & jugé à la fois.

Insensé, mort civilement.

40. Nos ordonnances n'excluent personne du droit de donner plainte ; on les supplée par le droit romain, qui entr'autres, dans les loix 1, 2, 4, 5, 9, 10, D. *de accusationibus*, excluent plusieurs personnes. On y supplée encore par la seule raison.

Le fou, l'imbécille, le furieux, doivent être renfermés ; & parce qu'une police foible ou pauvre n'y pourvoit pas, ce n'est pas une raison pour les admettre à un acte pour lequel il faut au moins le sens commun. Cependant, dès qu'ils restent dans la société, exposés comme les autres à toute espece de délit, il seroit affreux d'imaginer qu'ils le seront impunément. Ils peuvent donc, non être accusateurs, c'est-à-dire, parties civiles, mais plutôt plaignans ou dénonciateurs, & c'est-là que l'examen est indispensable. Alors le ministere public doit donner la plainte & faire dédommager l'imbécille ou le fou qui ont été volés ou excédés. Ce sont des hommes, des infortunés; & à ces deux titres, ils sont plus spécialement sous sa main.

A l'égard de la mort civile, la loi 5, *D. de publicis judiciis*, & la loi 18, § 2 & 3, *D. de jure fisci*, interdit à ceux contre qui elle a été prononcée, la faculté d'intenter une accusation. Ils ont la ressource que nous venons d'indiquer pour l'imbécille. M. Richer, dans son traité de la mort civile, part. 2, liv. 3, ch. 4, pag. 251, indique une autre ressource qui nous paroît très-sage, c'est de se faire assister d'un curateur.

Serviteurs & Domestiques.

41. Les Romains mettoient leurs esclaves au nombre de ceux qui ne pouvoient accuser. C'étoient des animaux domestiques plus que des hommes, & quelque esprit qu'ait mis un jurisconsulte de nos jours à vanter cette institution politique, elle déshonoreroit la législation romaine, si cet usage n'eût pas été celui de l'univers. Et comme s'il ne pouvoit pas exister sans quelqu'une de ces grandes erreurs qui outragent l'humanité & la liberté; à l'esclavage, a succédé la féodalité; à la féodalité, l'intolérance; à l'intolérance qui expire, . . . je m'arrête.

Par-tout où l'esclavage subsiste encore, la même incapacité doit subsister. Le bras vigoureux d'un commandeur répondroit bientôt pour le maître à l'accusation intentée par l'esclave; & si celui-ci ne mouroit pas dans le cachot, si après avoir fait de son corps une plaie continue, le maître la faisoit encore soupoudrer de sel pour arrêter la gangrene, c'est qu'il faudroit le remplacer, & que les esclaves valent, l'un portant l'autre, 2000 liv.

Ces notions & ces loix romaines ont séduit quelques jurisconsultes qui refusent à nos domestiques le droit d'accuser.

Il faut distinguer d'abord, & définir exactement ce que nous entendons par *Domestique*. Voyez ce mot. Ensuite en supposant qu'un domestique n'ait pas droit d'accuser son maître, il n'est pas incapable d'accuser une autre personne, un autre domestique, par exemple; & tous les jours ces plaintes sont admises. La domesticité ne peut à aucun égard être comparée à l'esclavage.

Mais est-il bien vrai qu'un domestique ne puisse pas accuser son maître? Serpillon le dit, pag. 383, & après avoir cité les Romains, il rapporte encore ce capitulaire de Charlemagne, liv. 7, chap. 148 & 337. *Servos dominorum facinora confessos nullo modo audiri oportere, nisi in crimine læsæ majestatis.* Application évidemment fausse, soit dans son contexte, soit parce que les serfs du temps de Charlemagne n'étoient pas nos domestiques d'aujourd'hui.

L'ORDONNANCE de 1670 ne parle des domestiques que dans l'*art. 5 du tit. 6*, où elle dit: « les témoins prêteront serment, & seront enquis de leur nom, surnom, âge, qualité, demeure, & s'ils sont *serviteurs* ou *domestiques.* » Là & dans les ordonnances de 1629, de 1560, de 1539, de 1535 & nulle part je ne vis l'incapacité d'accuser.

Que le juge se défie du domestique qui vient accuser son maître, qu'il le mette non au rang des infames, mais des hommes suspects; sur-tout, qu'il éloigne ces accusations malicieuses, qui tendroient à brouiller une famille, il le peut, il le doit. Ainsi, un magistrat de police ne craignit pas, en 1777, de punir de la prison une jeune servante qui osoit accuser sa maîtresse de mauvaises mœurs en présence d'un mari septuagénaire.

Mais si une servante a été violée par son maître, si un maître a voulu tuer son domestique, la plainte est recevable; & dans les deux cas, le maître sera puni. Je vois condamner à la mort le lord

Ferrets pour avoir tué son domestique; les parens de l'accusé étoient protégés par le solliciteur général, & si le domestique eût survécu, la chambre des pairs n'eût pas rejeté son accusation. Ferrers étoit pair, mais le domestique étoit homme.

Maître, Seigneur, Commettant, Client, Instituteur, Gardien, Dépositaire.

42. La jurisprudence admet le maître à accuser pour son domestique, lorsque celui-ci étoit dans ses fonctions. (§ 3 & 6. *Inst. de injuriis.* Farinacius, quest. 106, n°. 277, 279. Gui-Pape, décis. 557.)

ARRÊT du parlement d'Aix, du 13 février 1655, qui admet le maître à *adhérer* à la plainte de sa servante insultée & excédée dans ses fonctions, & à poursuivre. (Boniface, tom. 2, part. 3, liv. 1, tit. 2, ch. 18, pag. 290.) L'arrêt est d'autant plus remarquable, que le pere de la servante avoit transigé, que le maître suivit l'affaire en son nom, que le premier juge & le parlement n'eurent point d'égard à cette transaction.

ARRÊT semblable du même parlement, du 5 mars 1679. (Boniface, tom 5, liv. 3, tit. 7, ch. 4, pag. 429.). . . . . *Espece.* Le prieur de Villemus avoit ordonné à son valet d'accompagner une noce, & chemin faisant il avoit été excédé. On soutenoit le maître non-recevable à accuser, l'injure n'ayant pas été faite *in contumeliam domini*, suivant le § 3 des inst. ci-dessus cité. Mais on avoit fait la preuve de l'ordre donné par le maître, ensorte que le valet étoit en fonction.

ARRÊT du parlement de Toulouse, du 3 janvier 1688, qui juge la même chose par rapport au meurtre d'un garde-chasse tué dans ses fonctions. (Catellan, tom. 2, liv. 2, ch. 8, pag. 553.) Il faut remarquer encore, qu'il y avoit plainte donnée par le pere du garde-chasse; ensorte que l'intervention du maître sembloit inutile. Catellan dit: « le marquis de Biron fut néanmoins reçu partie intervenante, non comme seigneur haut-justicier, mais comme ayant son intérêt propre & particulier à poursuivre le meurtre commis en la personne d'un de ses officiers, son garde-chasse. On crut que l'accusation formée par le pere qui poursuivoit un intérêt différent, n'excluoit pas le sieur de Biron de poursuivre le sien. »

Quelquefois on a voulu qu'il suffit que le domestique eût la livrée de son maître, & alors c'est la vanité. Il faudroit que ce fût seulement le soutien de la misere ou de la foiblesse.

« Le seigneur aussi est reçu partie à poursuivre la vindicte de son sujet: jugé le 10 janvier 1587. » (Papon, liv. 24, tit. 2, arr. 5.)

A plus forte raison le seigneur est-il reçu à accuser, à intervenir, à poursuivre pour l'injure faite à ses officiers de justice. Gui-pape expose cette faculté en termes encore plus généraux. *Aliquis verberat procuratorem meum, vel officiarium meum,* DUM EST IN GESTIONE ET DUM EST IN EXECUTIONE OFFICII *: numquid mihi competit actio injuriarum? Dic quod sic.* (quæst. 557, pag. 522.)

C'est d'après ce principe que les fermiers, régisseurs & administrateurs des droits du roi, excipant de l'*art. 10 du tit.* commun des fermes de l'ordonnance de juillet 1681, se croient autorisés à poursuivre en leur nom la réparation des injures, & des excès faits à leurs commis.

Farinacius, *quest. 105, n°. 284 & 285*, dit qu'un maître ou un précepteur peut accuser pour l'injure faite à son éleve; mais il réduit ce droit au cas où l'injure est faite en mépris du maître & en sa présence. J'ose penser différemment; il me semble que le droit d'accuser peut avoir deux appuis, l'offense personnelle & la protection du foible. Un enfant est insulté, maltraité, tué: sa famille est éloignée; faudra-t-il attendre l'autorisation? Le college, la pension, l'institut sont les gardiens, les dépositaires de l'honneur & de la vie de leurs éleves ; ce sont en quelque sorte des tuteurs & de seconds peres. Ils en ont tous les droits, & doivent en remplir tous les devoirs : j'en dis autant de l'instituteur, lorsqu'il accompagne son éleve.

J'en dis autant de tous les établissemens qui reçoivent des citoyens foibles, enfans, malades ou pauvres, comme nos hôpitaux. Je pense que les administrateurs ont le droit d'accuser & de poursuivre quiconque insulte, vole ou tue ceux qui sont sous leur direction ; & ce que peut la ferme générale pour ses commis, sans doute des administrateurs le peuvent pour leurs pauvres.

Dès que vous avez admis l'accusation comme un moyen nécessaire pour le maintien de l'ordre & de la sûreté, vous devez être très-circonspect dans son examen ; mais dans l'exercice de ce moyen, vous devez multiplier les secours en faveur du pauvre & du foible. Et c'est une considération qui a fait louer le zele de l'abbé de l'Epée, dans la poursuite du malheureux Solar. Je saisis avec empressement l'occasion de faire l'éloge de ce digne prêtre, sans bénéfice, sans secours, n'employant pas moins son patrimoine, son temps & toute son existence à rendre à la société les sourds & les muets.

Dans tous ces cas qui exigent l'examen le plus sérieux de la part du juge qui reçoit la plainte, il me semble encore qu'il suffit de dénoncer, & que c'est au ministere public à faire la poursuite. C'est lui qui est véritablement le patron, le tuteur, le pere du pauvre, du foible, de l'enfant, de l'orphelin, de l'opprimé : & c'est ce caractere essentiel de son office qui l'annoblit encore.

Vassal accusant son Seigneur.

43. L'esprit de superbe & de barbarie qui aimoit à ne pas distinguer nos domestiques des esclaves, a confondu aussi nos vassaux avec les affranchis, pour en conclure que les vassaux n'avoient pas droit d'accuser leurs seigneurs. Cette prétention a subsisté jusqu'à Richelieu : & vous trouverez dans l'histoire mille délits de la part des seigneurs, sans que les vassaux osassent se plaindre. Nos rois, occupés au dehors & foibles au dedans, ne firent que tard & rarement des exemples.

Tel fut celui de Jourdain de l'Isle, seigneur de Casaubon, fameux par ses brigandages, & par la tyrannie qu'il exerçoit dans sa terre, violant les vierges & mettant à mort tout ce qui lui résistoit. Sur une accusation contenant dix-huit chefs de vol, de viol & d'assassinat, Charles IV le fit enlever dans le Languedoc, conduire à Paris : par arrêt de 1323, il fut traîné à la queue d'un cheval, & ensuite pendu. (Hist. de Languedoc, par dom Vaissette, tom. 4, pag. 191.)

Arrêt du parlement d'Aix, du 23 mai 1653, qui faisant droit sur la plainte des consuls de la Canorque, contre le marquis de Canillac, leur seigneur, leur permet de faire informer de ses exactions, concussions, voleries, meurtres & autres crimes dont ils donneront *intendits*. (Boniface, tom. 1, liv. 3. tit. 2, ch. 6, pag. 242.) .... Canillac citoit la *loi 8, in fin. D. de accusationibus*, qui interdit aux affranchis l'accusation contre leurs maîtres, & les anciennes loix des fiefs par lesquelles les communautés ne pouvoient pas accuser, sur-tout leurs seigneurs. Les consuls citoient Papon, un ancien arrêt ; & ce qui vaut mieux encore, cette grande vérité, qu'en France tout le monde naît libre.

Arrêt du parlement d'Aix, du 12 mars 1667, qui juge la même chose pour la communauté des Arcs contre le seigneur & son fermier, accusés d'avoir surexigé des droits de fournage & mouture, & les condamne à 10 liv. d'amende envers le roi. (Boniface, tom. 2, part. 3, liv. 1, tit. 2, ch. 21, pag. 291.)

Dans les environs de Paris sur-tout, il feroit bon voir que les seigneurs ne pussent être accusés par des vassaux, qui d'ailleurs très-souvent valent mieux qu'eux à tous égards ! Nous rions de ces folies de nos peres, mais n'avons-nous plus rien dans notre législation, notre jurisprudence, nos usages & nos mœurs, qui n'apprête encore à rire à nos neveux ?

Corps & Communautés.

44. Les deux arrêts que je viens de citer, suffiroient pour prouver quelle est la capacité des corps & communautés pour accuser. Boniface, *tom. 2, part. 3, liv. 2, tit. 1, chap. 13, pag. 374*, en rapporte un encore du 2 mai 1643, pour la communauté de Mont-Cal, contre un fermier accusé de concussion.

Pourquoi les corps & communautés ne pourroient-ils pas accuser, ils peuvent bien l'être, comme nous le dirons tout-à-l'heure sous le mot *Accusé*. Il doit y avoir réciprocité, tout corps politique réduit à un état passif, sans pouvoir jamais être actif, seroit un être malheureux, bientôt anéanti.

Mais il faut que ce corps accuse par ses syndics, ses directeurs, ses chefs, comme le dit François Marc, tom. 2, quest. 911. *Syndicus pro universitate an accusare possit?* Il faut alors que les chefs se fassent autoriser par une délibération expresse, & même qu'ils en justifient. Car, si l'accusation étoit déclarée calomnieuse; si le chef étoit désavoué par son corps; qui paieroit les dommages ? L'accusation est un acte extraordinaire, qui sort du courant de l'administration, & qui exige par conséquent une délibération extraordinaire.

Il faut encore que le corps ait une existence légale, sans quoi le juge ne doit pas recevoir la plainte, & la premiere défense de l'accusé seroit de soutenir l'accusateur sans qualité. Elle ne le meneroit pas loin, si d'une part il y avoit un délit considérable, si de l'autre le corps n'étoit pas dangereux. Le ministere public prenant pour dénonciation l'accusation sans qualité, la poursuivroit en son nom & devroit le faire.

Tout ce que nous disons ici s'applique à toute espece de corps politique, civil, ecclésiastique & *religieux*.

Ce dernier mot amene cependant une idée qui mérite d'être approfondie. Qu'entend-on par corps religieux ? Est-ce l'ordre entier, dont le chef réside à Rome ? Est-ce la province dont le chef est en France ? Est-ce la maison ? Si c'est la maison qui accuse, si elle *calomnie*, si les sujets qui la composent, disparoissent tous dans une nuit pour faire place à d'autres, comme on l'a vu dans un couvent de Troye; alors qui sera condamnable aux dommages & intérêts de l'accusé, & même *à plus grande peine s'il y écheoit*, suivant l'*art. 7 du tit. 3 de l'ordonn. de 1670 ?* Ces considérations semblent ne pas permettre de recevoir un corps comme *partie civile*, & même de n'accepter sa *dénonciation* qu'avec la plus grande précaution & l'examen le plus scrupuleux ; car le *dénonciateur* qui *calomnie* est sujet aux peines des calomniateurs.

ARRÊT du parlement d'Aix, du 19 janvier 1646, qui a jugé qu'un habitant ne pouvoit pas être accusé par la communauté de larcin particulier. (Boniface, *tom. 2, part. 3, liv. 2, tit. 1, ch. 12, pag. 374.*). . . . Si cette jurisprudence avoit pour base unique la distinction des délits publics & des délits privés, si difficile d'après ce que nous avons dit, elle tireroit à de grandes conséquences. Par exemple, dans une communauté d'habitans où toute espece de crime seroit inconnue, & il en peut être quelqu'une, lorsque effrayée de se voir flétrie pour la premiere fois, elle s'éleveroit toute entiere, & demanderoit d'arracher de son sein le coupable qui l'a souillée, ce concours unanime seroit respectable. De même dans les états où les communautés répondent des délits faits sur leur territoire, on ne pourroit pas encore les repousser lorsqu'elles accuseroient le voleur. De plus l'*art. 196 de l'ordonnance de Blois*, enjoint aux hauts-justiciers, aux officiers des lieux, aux habitans des plus prochains villages, *de poursuivre en diligence les malfaiteurs*, & l'*art. 198* ajoute, *même à son de tocsin*. Le motif de la jurisprudence est donc 1°. que le véritable accusateur ne peut être que le ministere public; 2°. qu'il ne peut y avoir de partie civile que les particuliers volés; 3°. qu'il seroit à tous égards dangereux, ruineux & contraire à notre constitution d'admettre encore la communauté comme partie civile, qu'elle ne peut l'être par ses syndics que pour les délits qui l'intéressent en corps, ainsi que ceux énoncés dans les arrêts cités, ou bien encore si l'on veut le vol de sa caisse ou de ses archives. Pour les autres, il faut s'en rapporter au ministere public, véritable accusateur; que s'il négligeoit la poursuite, les syndics recourroient à M. le procureur général.

On distingue encore si les corps ont été offensés par le délit commis contre un de leurs membres. Si le syndic ou un autre officier est attaqué dans ses fonctions, le corps peut accuser pour lui. De même si l'offense paroît avoir eu pour objet le corps entier; & alors arrive l'arbitraire du juge. Autrement c'est au particulier seul à accuser.

ARRÊT du parlement d'Aix, du 19 juin 1638, qui déboute le chapitre de la métropolitaine d'Aix de son intervention, & cependant ordonne que l'accusé passera le guichet. (Boniface, *tom. 5, liv. 3, tit. 10, chap. 3, pag. 440.*)... *Espece*. Bourrelli avoit appellé un chanoine, fou, athée, & lui avoit donné un soufflet. Le chanoine avoit donné plainte. Le chapitre étoit intervenu, disant que, *puisque l'injure avoit été faite à l'un de ses membres, tout le corps avoit intérêt de la faire réparer*. Mauvais raisonnement qui mettroit à la charge des corps l'accusation périlleuse de tous les délits commis contre chaque membre.

« L'abbé & le monastere sont reçus *pour leur intérêt*, & ainsi fut jugé par arrêt de Bordeaux, entre Pierre Lochet & l'abbé de Mady d'une part, & Pierre Gomband, seigneur de Brian, sur l'*homicide* commis en la personne de Lochet, moine de ladite abbaye. » (Papon, liv. 24, tit. 2, arr. 5.).... Ainsi des religieux seroient censés se chérir davantage & s'être respectivement plus utiles que les gens du monde! La religion, qui ordonne le pardon des offenses, ne les empêcheroit pas d'exercer un acte de vengeance & de demander la mort du coupable! Ce que ne pourroit pas une ville pour l'homicide d'un citoyen vertueux & utile, une abbaye le pourroit pour la perte d'un de ses moines! Farinacius, *quest. 105, n°. 297, 302 & 303*, réduit l'activité des corps au cas où, en offensant le citoyen, on aura entendu offenser la cité. Mais le meurtre d'un citoyen utile n'est-il pas pour la ville une perte souvent irréparable, & un délit plus grave qu'une injure dont le reflet ne frappe point le corps, ou ne consiste quelquefois que dans une opinion passagere? On est tenté de dire avec Montaigne, que *la raison humaine est un glaive à deux tranchans*. Ce fut un acte de vertu publique, que celui des Genevois de prendre le deuil & de fermer les boutiques, lorsque mourut le riche & bienfaisant professeur Lullin. Quel inconvénient y auroit-il à voir une ville s'unir pour accuser celui qui auroit outragé ou tué son magistrat vertueux ou un citoyen utile? Ce seroit un hommage rendu à sa mémoire, un encouragement à la vertu. Les corps politiques n'existeroient-ils que pour la fortune & les passions de leurs membres? Et peuvent-ils se soutenir, si l'esprit de corps n'est pas quelquefois au moins l'esprit de famille? Voyez *Communauté, Compagnie, Corps, Esprit de corps*.

Mineur, Fils de famille, Femme.

45. La premiere idée qui vient à l'esprit est celle de la réciprocité. Si je puis être accusé, je dois pouvoir accuser à mon tour. Et quiconque ne peut pas raisonner ainsi, semble être dans la société un être passif réservé à l'oppression & à l'injure.

Sans doute c'est un point aussi important que délicat dans notre constitution & dans nos mœurs. Si nous avons ôté aux femmes mariées, aux fils de famille, aux mineurs, le pouvoir d'ester en jugement, de contracter sans y être autorisés; si la puissance à laquelle ils sont soumis, la tutelle qui les entrave, sont des freins qu'ils ne peuvent pas rompre, ou sans lesquels ils ne peuvent pas marcher dans les actes civils; si même dans les provinces où le Sénatus-consulte Velléien est dans toute sa force, la femme ne peut, sous aucun prétexte, aliéner, cautionner, hors le cas de tirer son mari de prison; comment arrivera-t-il qu'ils puissent ester judiciairement, & faire un acte aussi important que celui de l'accusation, du moins sans être autorisés? Ils se compromettroient, les mineurs & les impuberes, parce que la loi les suppose ignorans & foibles; les fils de famille & les femmes mariées, parce que la loi les frappe d'incapacité; parce qu'ils altéreroient le repos, la fortune & l'ordre établis dans les familles. Si l'on permettoit à une femme d'accuser sans l'autorisation de son mari, qui paieroit les frais de la poursuite, & si elle étoit déclarée calomniatrice, qui paieroit les dommages?

Ce coup d'œil rapide suffit pour donner une idée de l'importance de cette question, dans tous les rapports qu'elle a avec l'ordre social, les droits personnels, la sûreté & l'honneur individuels. Interrogeons les loix romaines, les coutumes, les jurisconsultes & les arrêts.

Droit Romain. Les loix *1 & 2, D. de accusationibus*, semblent déclarer l'incapacité absolue des fils de famille, femmes & mineurs, excepté le cas où il s'agit de venger la mort d'un des leurs. Mais d'autres loix semblent donner pour exception le cas où ils accusent pour leur propre injure, le cas où le fils de famille allegue l'absence ou la négligence de son pere: *L. si longius 18, § 1, D. de judiciis. L. Filiusfamilias 9, D. de obligat. & act. L. sed si unius 17, § ait prætor 5, D. de injuriis. L. 6, D. de popularibus actionibus.* Celle-ci est citée par-tout, *mulieri & pupillo* POPULARES *actiones non dantur, nisi cùm* AD EOS RES PERTINEAT.

Ordonnances de nos rois. Il n'y a pas un article, pas un mot même dont on puisse argumenter. On peut s'étonner qu'avec la facilité donnée pour accuser, non seulement on n'ait pas fixé de quoi il est permis d'accuser, mais même statué qui peut ou ne peut pas exercer un acte aussi important. Les Romains ont du moins essayé.

Coutumes. Celle d'Orléans, art. 200, dit: « femme mariée peut intenter & poursuivre en jugement, sans son mari, l'injure dite ou faite à elle: & aussi peut être convenue sans son mari, pour l'injure que elle auroit faite ou dite à aucun. Toute fois, si ladite femme est condamnée, le mari & les biens que lui & sadite femme ont & possedent constant leur mariage, n'en sont tenus durant la communauté de biens. ».... Même disposition dans les coutumes de Berri, tit. 1, art. 11. Blois, art. 3. Bourbonnois, art. 169. La Marche, art. 343. Normandie, art. 543, &c... D'autres paroissent avoir des dispositions contraires, ou, ce qui revient au même, assujettir à se faire autoriser par le mari, le pere, le tuteur. Poitou, art. 226. St. Quentin, art. 15. Celle de Paris, art. 224, dit: *que femme ne peut ester en jugement sans le consentement de son mari, si elle n'est autorisée ou séparée par justice.*

AUTEURS. Les élémentaires, tels qu'Argou, tom. 1, liv. 1, ch. 4, tom. 2, liv. 3, ch. 4, présentent ceux qui sont soumis à la pupillarité, la minorité, la puissance paternelle & l'autorité maritale, comme incapables de tout engagement, tout acte privé, public ou judiciaire. Papon, liv. 7, tit. 1, arr. 23, dit: « femme mariée *ne peut* soi inscrire de faux, ni *accuser* sans être autorisée de son mari par *la commune observance de France?* » Quelques autres voient les difficultés, doutent, & cherchent du moins des modifications. D'autres tranchent pour la capacité absolue..... Julius Clarus, quest. 14, n°. 7... Farinacius, quest. 12, n°. 10, disent: *consuetudo INDISTINCTÈ admittit minores ad accusandum dummodo quatuordecimum ætatis annum excesserint...* Perraut, sur l'art. 200 de la coutume d'Orléans, dit: « la femme peut intenter une action d'injures sans l'aveu & autorité de son mari, qui ne veut pas s'en mêler & poursuivre la vengeance de l'affront fait à sa femme. *C'est un usage GÉNÉRAL* dans ce royaume. » .... Lacombe, mat. crim. part. 3, ch. 1, sect. 1, dit, n°. 2. « La femme en puissance de mari peut accuser sans être autorisée de son mari. 3. Les pupilles ne sont recevables à rendre plainte que par le ministere de leur tuteur. 4. Quant au fils de famille, il est *incontestablement* recevable à accuser sans le consentement de son pere. »

ARRÊT du parlement d'Aix, du 13 février 1655, qui confirme la plainte d'une fille de dix-huit ans, pour injures, même malgré la transaction de son pere, & condamne l'accusé en des réparations; mais le pere étoit un mendiant suspect. (Boniface, tom. 2, part. 3, liv. 1, tit. 2, ch. 18, pag. 290.)

ARRÊT du parlement d'Aix, du 12 août 1684, qui met hors de cour. (Boniface, tom. 5, liv. 3, tit. 7, chap. 5, pag. 431.) Il s'agissoit d'injures ou paroles arrogantes, proférées par des bourgeois contre un seigneur & sa femme. Celle-ci avoit rendu plainte. Le premier juge avoit ordonné des excuses. Le mari avoit arrangé l'affaire. La femme voulut suivre. On ne manqua pas de citer Dumoulin sur la coutume de Paris, tit. 1, § 43, gl. 1, n°. 123, qui dit que le mari peut remettre la félonie commise par le vassal contre sa femme à qui le fief appartient. Tant il est vrai, dans notre chaos, que faute de principes généraux, fixés par les loix, on s'attache à tout.

ARRÊT du parlement d'Aix, du 8 novembre 1676, qui confirme la procédure criminelle faite par un fils de famille. (Boniface, tom. 5, liv. 3, tit. 7, ch. 3, pag. 428.) Il étoit fils de famille, mais il étoit trésorier de la communauté, & le pere étoit intervenu. Il s'agissoit d'injures dites contre le pere & la sœur.

ARRÊT du parlement de Dijon, du 21 mars 1691, qui met hors de cour. (Davot & Bannelier, tom. 7, p. 546.)... *Espece.* Soufflet donné par un jeune homme à une jeune fille. Arrangement par les peres. Plainte & poursuite de la fille. Elle ne fut pas déclarée incapable de donner plainte, mais on jugea qu'elle devoit souscrire à l'arrangement du pere de famille, qui n'étoit pas mendiant & suspect, comme celui de l'arrêt d'Aix, de 1655.

ARRÊT du parlement de Paris, du 10 mai 1709, qui sur la plainte d'une fille de dix-huit ans, en rapt de séduction, décrete de prise-de-corps l'accusé. (Journ. des aud. tom. 5, liv. 9, ch. 20, pag. 232.)...... Observez qu'attendu l'absence du pere, on nomma un curateur à sa fille.

ARRÊT du parlement de Dijon, du 11 février 1724, qui juge qu'un fils de famille mineur ne peut se plaindre sans l'autorité de son pere; & à son refus, du juge. (Davot & Bannelier, tom. 1, pag. 385). L'auteur dit qu'on ne doute pas au palais que le fils de famille majeur ne puisse se plaindre seul.

ARRÊT du parlement de Dijon, du 18 juin 1738, qui casse une procédure faite par deux femmes sans l'autorisation de leurs maris, dépens compensés. (Cod. Crim. de Serpillon, tom. 1, pag. 384.) Observez que les maris avoient ensuite autorisé leurs femmes.

ARRÊT du parlement de Dijon, du 23 janvier 1751, qui casse une information faite par un mineur sans autorisation de son pere ni du juge. (Davot & Bannelier, tom. 1, pag. 544.)

De cette compilation & de ce rapprochement, tâchons de tirer quelques principes généraux.

Premiere Regle. Le droit romain & le droit françois, en frappant d'incapacité l'impubere, le pupille, le mineur, le fils de famille, la femme, ont eu pour objet leur foiblesse, leur intérêt & celui des familles. Mais quand il est question de délit, l'incapacité a paru disparoître; moins encore parce qu'il est plus personnel, que parce qu'il affecte davantage, parce qu'il exige un plus prompt exercice des facultés données pa la nature à chaque individu de se venger, ou de se plaindre.

Seconde Regle. Mais l'incapacité doit être corrigée, ou par l'autorisation du pere, du mari, du tuteur, ou par celle de la justice; & sur ce point, le droit François rentre entiérement dans l'alternative de l'art. 224 de la coutume de Paris. Ainsi :

La femme ne doit pas accuser sans être autorisée par son mari, & à son refus, par la justice.

Le Mineur sans l'assistance de son curateur, *l'Impubere* de son tuteur, & à leur défaut, sans l'autorisation de la justice.

Le Fils de famille, mineur, a besoin de l'autorisation de son pere, ou de celle de la justice : majeur, il peut s'en passer.

C'est à ces points simples que me paroît se reduire toute la jurisprudence. Mais combien le juge a besoin de prudence, quand il autorise; & toutes fois, combien ces autorisations se font avec légéreté!

Le mari qui autorise sa femme, le pere qui autorise son fils, répondent des dépens & des réparations.

ARRÊT du parlement de Dijon, de 1752, qui condamne le pere qui avoit autorisé son fils. (Serpillon, Cod. crim., tom. 1, pag. 388.)

ARRÊT du parlement de Dijon, du 2 août 1755, qui décide la même chose. (*Ibid.*). . . . . *Espece.* Le fils s'étoit inscrit en faux contre la minute d'un notaire, & le pere avoit signé la plainte.

Mais si le mari, le pere, refusent d'autoriser : alors à l'égard de la femme, il faut attendre la mort du mari pour obtenir le paiement des dommages & intérêts, parce que la femme ne peut pas aliéner ainsi indirectement sa dot, dont la jouissance appartient au mari, & qui est destinée à l'entretien de la commune famille.

A l'égard de l'impubere, du mineur, vous les exposez à se ruiner par une accusation mal fondée, téméraire, calomnieuse, même excusable.

Toutes ces considérations semblent devoir exiger de la part du juge & du ministere public l'examen le plus approfondi des circonstances & des parties. Si les ordonnances s'en rapportent à sa prudence & à son zele, si elles mettent entre ses mains le sort de tous ces individus frappés d'incapacité dans les affaires civiles, c'est que, comme écrivoit M. d'Aguesseau, elles *supposent* qu'ils *examineront*, qu'ils feront d'*exactes diligences.* Or, s'ils peuvent refuser les dénonciations, ils ont le même droit pour les accusations. La trop grande sensibilité & l'ignorance des femmes, la vivacité & la légéreté des mineurs & des fils de famille, avertissent du danger d'admettre sur le champ toutes sortes de plaintes. Différer & examiner sont au moins toujours un devoir, quelquefois même un service rendu aux plaignans.

Accusateur mort.

46. Le Code, liv. 9, a un titre entier sur les effets résultans de la mort de l'accusateur ou de l'accusé; c'est le sixieme, *si reus vel accusator mortuus fuerit.* La loi 6 dit: « si quelqu'un a été condamné à une peine capitale ou à la déportation, si l'exécution a été suspendue par l'appel, & s'il meurt, LE CRIME EST ÉTEINT PAR SA MORT. *Crimen morte finitum est.* IL EN EST DE MÊME, SI L'ACCUSATEUR MEURT PENDANT L'APPEL. *Idem observatur, & si accusator, pendente appellationis tempore, ultimum diem obiisset.*

Ceux qui auront vu avec quelque intérêt le tableau que nous avons présenté de la jurisprudence criminelle des Romains, le rapprocheront de la nôtre, appercevront sur le champ des résultats différens.

En effet, parmi nous, le véritable accusateur, c'est le ministere public, qui seul peut requérir la peine. La partie civile n'est que demanderesse en réparation civile, & en dommages & intérêts. Or, le ministere public ne mourant jamais, on ne peut pas même imaginer que le crime s'éteigne par la mort de l'accusateur.

La mort même de la partie civile n'empêche pas les héritiers de poursuivre l'affaire pour raison de leur indemnité, & même de la satisfaction qui pourroit être due au défunt. Legrand, sur la coutume de Troyes, tit. 7, art. 120, n°. 42, part. 2, pag. 124, dit: « Le décès des accusateurs n'éteint pas le crime. C'est pourquoi un particulier ayant été condamné à faire déclaration honorable en jugement, qu'il avoit indiscrétement baillé un soufflet; il a été jugé par arrêt, que l'appellant n'étoit point à ouir en la requête par lui présentée, afin d'être déchargé de la condamnation, eu égard au décès de la partie; & les parties furent renvoyées pardevant le juge, pour faire la déclaration. » . . . Il semble au premier coup d'œil, que l'injure étant personnelle, finit par la mort de l'offensé, mais elle étoit grave, elle tenoit à nos préjugés, à nos mœurs & au repos public. Quand les enfans auroient négligé de poursuivre, le ministere public l'eût pu, l'eût dû. Une injure grave offense le public dans la personne du citoyen, & annonce ce qu'on doit redouter d'un citoyen impudent & audacieux. Il ne faut donc pas que la mort de l'offensé affranchisse l'offenseur de l'humiliation ou de la multiplication d'une réparation publique. Voyez *Injure.*

ARRÊT du parlement de Paris, du 20 décembre 1652, qui condamne l'accusé envers les enfans de la partie civile qui avoit donné plainte, avoit transigé ensuite, & étoit mort dans les quarante jours. (Journ. des aud., tom. 7, au Supplément, chap. 670, pag. 135.)

Cette jurisprudence est d'autant plus équitable, que si la partie civile ou le dénonciateur ont été *mal fondés*, comme dit l'art. 7 du tit. 3 de l'ordonnance de 1670, les héritiers ne peuvent pas être condamnés à la *peine* qu'ils auroient subie; mais la succession répond des dommages & intérêts.

Disons-le cependant: si la mort de l'accusateur n'éteint pas le crime, elle peut quelquefois apporter des adoucissemens, ménager un accommodement pour certains délits; & c'est alors que se développent la sagesse & la bienfaisance du juge.

Parens accusateurs.

47. Sous le n°. 13, j'ai examiné si la famille est obligée de *venger* la mort d'un des siens, & jai pensé qu'elle le peut sans y être forcée par nos loix.

On m'observe que par-là je fronde l'opinion de Furgole, Traité des testamens, tom. 1, ch. 6, sect. 3, n°. 295, pag. 596, jusqu'au n°. 344, pag. 613. J'ai relu attentivement & de bonne foi ces dix-sept pages; prêt à me réformer, je supplie qu'on les parcoure. Furgole raisonne d'après l'*indignité* nécessitée à Rome par le défaut de ministere public, d'après les arrêts de Maynard & de Louet, si bien dépecés par M. Talon. Moi, je marche, d'après notre constitution, l'établissement du ministere public, l'obligation imposée par les ordonnances aux seuls magistrats de poursuivre les crimes, & l'interdiction aux parties civiles, de conclure à aucune peine. Je marche d'après une loi qui me paroît absolument décisive sur l'intention du législateur. C'est l'art. 34 de l'édit des duels, de 1679. *Lorsque dans les combats il y aura eu quelqu'un de tué, nous* PERMETTONS *aux parens du mort de se rendre partie dans trois mois contre celui qui aura tué.* Or, si la vengeance de la mort d'un parent avoit été une obligation, le législateur n'auroit pas dit : *nous* PERMETTONS, il auroit dit *enjoint, ordonné.* Or, s'il ne l'a pas fait pour un des délits qu'il avoit le plus à cœur de détruire ; comment peut-on dire qu'il l'a voulu pour tous les autres ? Je marche enfin d'après des arrêts modernes qui valent bien ceux du XVI siecle. J'invoque même celui du parlement de Toulouse de 1748, postérieur à Furgole ; car si dans l'hypothese où l'héritier avoit été accusé d'abord lui-même du meurtre de son frere, & mis seulement *hors de cour;* ensuite, sur la question de savoir s'il ne devoit pas être déclaré indigne de succéder, faute de rechercher & poursuivre les assassins, il y a eu *partage;* il me paroît évident que dans les especes ordinaires, d'enfans, de veuve, d'héritiers qu'on n'a pas accusés, il ne peut plus y avoir le moindre doute.

Oserai-je le dire enfin, puisque je reviens sur cette grande question ? Je suis toujours étonné, quand je lis le mot de *vengeance* dans nos loix & nos arrêts. Je dirai, avec Montaigne, liv. 3, chap. 4 : *c'est une douce* PASSION *que la vengeance, de grande impression & naturelle; je le vois bien, encore que je n'en aie* AUCUNE EXPÉRIENCE. Mais c'est une PASSION ; & ce mot me paroit contraster avec la bonté & la majesté des loix ; il me sembleroit que la justice rejette toutes les passions, n'admet que les vertus, n'écoute que la vérité, l'ordre & l'humanité, & notre sublime religion, qui par-tout défend la *vengeance.* Je dis encore avec Montaigne, que dans l'ordre moral, comme dans l'ordre politique, la vengeance n'a produit que de *tragiques événemens.* Je l'ai prouvé par quelques accusations de famille, & je citerois mille exemples non moins cruels. Que si dans le sein de la justice paisible, vous permettez de prononcer ce mot, qui tant de fois a fait le malheur de l'Europe ; si vous en admettez la seule idée, comment condamnerez-vous celui qui, transporté hors de lui-même, par cette passion aveugle, & animé encore par les préjugés barbares de notre honneur, appelle son ennemi pour avoir sa vie, ou même la lui arrache sans le prévenir ? Comment punirez-vous le duel qui n'est que le résultat de la vengeance ?

Cette grande question de droit public a beaucoup de rapports avec celles qui suivent.

Tandis que pour *venger* la mort d'un des siens, la famille se considere comme un seul corps ; peut-elle ensuite permettre à ses membres de se diviser & de se perdre en s'accusant ?

Ceux qui composent la même famille, peuvent-ils se traîner dans les tribunaux, dénoncer à la justice leurs crimes, se diffamer, se jeter dans les fers, du moins quand il s'agit de leur intérêt personnel, & de venger leur propre injure ? La nature, l'honneur & la loi ne disent-elles rien pour les retenir ?

En un mot, admet-on l'accusation entre mari & femme, entre pere, mere & enfans, entre freres & sœurs, entre oncle & neveu, entre cousins & alliés ? Si cette maniere d'obtenir justice est défendue entre certains parens, n'y a-t-il pas un terme auquel cesse la prohibition ? Et ce terme, quel est-il ?

Je voudrois ne faire parler que l'honneur & la nature ; & il semble, comme le dit le législateur Romain, que certaines vérités écrites au fond des cœurs, n'ont besoin d'être confirmées par aucune loi. *Quæ rerum naturâ prohibentur, nullâ lege confirmata sunt.* (L. 188, § unic. D. de regul. Jur.) Mais par-tout le droit positif a étouffé le droit naturel. Je suis donc jeté dans le labyrinthe obscur & tortueux des loix & des arrêts. Tâchons d'en trouver le fil.

La premiere loi que je trouve, & qu'on a citée si souvent, est celle des Hébreux : c'est au Deutéronome, ch. 21, v. 18 & suivans. Le législateur juif y dit : « si un pere a un fils libertin & désobéissant, il le prendra & le conduira en jugement ; là il l'accusera devant les vieillards, & le peuple le lapidera, afin que le mal soit ôté du milieu de la nation ; il mourra, & cet exemple fera trembler Israël. » *Lapidibus eum obruet populus civitatis, & morietur, ut auferatis malum de medio vestri, & universus Israel audiens pertimescat.* Sous le n°. 3, j'ai dit ce qu'il falloit penser de ces loix hébraïques. J'ai prouvé que ce n'est point là le droit divin, & j'ai rapporté le grand exemple de la clémence de celui qui vint pour détruire la loi ancienne & prêcher la loi de GRACE.

Après ce premier étai, l'on en a cherché un autre dans le droit Romain, & chacun a cru y trouver son systême. Il me semble qu'il falloit en chercher l'esprit, & il éclate dans les loix que nous allons rapprocher.

D'abord les Romains avoient formé l'esprit public par des maximes générales répandues à chaque pas dans le corps du droit, & qui y sont distinguées par des caracteres italiques. Telle est celle-ci. « Tout ce qui blesse la piété filiale, l'honneur des familles, l'estime de nous-mêmes, la pudeur publique, & en général, tout ce qui peut être contre les bonnes mœurs, ne doit pas même entrer dans l'esprit. » *Quæ facta lædunt PIETATEM, EXISTIMATIONEM, VERECUMDIAM nostram & (ut generaliter dixerim) CONTRA BONOS MORES fiunt, nec facere nos posse credendum est.* (L. 15, *D. de condit. institutionum.*)

De-là, corroborant ce respect pour les droits du sang, & pour l'humanité, que la nature a gravé dans les cœurs, mais qu'affoiblit & détruit la corruption sociale ; convaincu d'ailleurs que tout gouvernement, si puissant qu'il paroisse, est monstrueux & périssable, s'il n'est pas établi sur le modele de celui des familles, le législateur s'interdit à lui-même le droit de faire aucune loi qui puisse altérer l'honneur, le repos & l'union des familles. Et c'est en vain, dit-il, que je l'oserois : mes loix seroient bientôt abrogées par cette impulsion universelle de tous les hommes, & cette volonté invariable de mettre les loix de la nature au dessus des institutions humaines. *Jura sanguinis nullo jure civili dirimi possunt.* (L. 8, D. de regul. jur.) Si donc vous rencontrez quelque loi factice en opposition avec celle de la nature, qu'elle se taise ; les droits du sang ne peuvent être détruits par aucune loi écrite. *Jura sanguinis* NULLO *jure civili dirimi possunt.*

C'est en appliquant ces grandes maximes aux cas particuliers, que le législateur adresse au magistrat ces paroles mémorables. « Si un frere ose accuser son frere, non d'un délit léger, mais d'un crime grand & capital, gardez-vous de l'entendre, & punissez-le par l'exil ; un mauvais frere est un mauvais citoyen. » *Si magnum & capitale crimen ac non leve frater contra fratrem suum instituit, non solùm audiendus non est, sed etiam exilii pœnâ plectendus est.* (L. 13, C. de *his qui accusare non possunt.*

Cette morale va porter le même principe sur d'autres especes.

S'agit-il d'accusations de pere & mere contre leurs enfans, la loi les retient, en déclarant que le pere & le fils sont une seule & même personne ; *pater &*

filius una eademque persona censentur. Elle les retient, en disant, qu'elle ne met aucune différence entre le meurtrier & celui qui cause la mort. *Nihil interest, occidat quis, an causam mortis præbeat.* (L. 15, D. ad leg. corn. *de sicariis.*) Et lorsqu'une mere se présente aux empereurs Diocletien & Maximien, pour obtenir la permission d'accuser son fils; vous le pouvez, répondent-ils, mais la raison, la nature, & la piété paternelle ne vous arrêteront-elles pas? *Si pietas, & ratio naturalis animi tui non revocat.* (L. 14, *C. de his qui accus. possunt.*) Plus loin, quoique le vol fût un délit privé, qui n'assujettissoit le coupable qu'à la restitution du double ou du quadruple, la loi décide que le pere ne peut pas en accuser son fils, parce qu'on ne peut pas plus accuser ses enfans que soi-même. *Naturâ rei impedimento est: quòd non magis cum his quos in potestate habemus, quàm nobiscum ipsi agere possumus.* (L. 16, *D. de furtis.*) Plus loin, la loi décide, qu'un pere ne peut accuser son fils, quand c'est pour la vengeance de sa propre injure: elle lui permet de le juger en vertu de la puissance paternelle; & s'il n'est pas assez puissant pour se faire obéir, de recourir au magistrat, mais sans accusation; & elle veut que celui-ci prononce conformément à la volonté du pere. *Eumque præsidi provinciæ oblaturus, dicturo sententiam quam tu quoque dici volueris.* (L. 3, *C. de patr. potest.*) Elle ne suppose pas que le pere puisse dicter une sentence sévere. Car, ajoute Justinien, le pere souffriroit encore plus de la peine imposée au fils que le fils lui-même: *ut penè per filii corpus pater magis quàm filius periclitetur.* (Inst. L. 4, tit. 8, § 7.) Plus loin enfin, la loi suppose un pere qui a arrêté & dénoncé son fils comme déserteur, & elle ne permet pas qu'on puisse condamner celui-ci à autre chose qu'à passer à une cohorte inférieure, afin que l'on ne dise pas qu'un pere a livré son fils au supplice. *Desertorem qui à patre suo fuerat oblatus, in deteriorem militiam Divus Pius dari jussit, NE VIDEATUR, (inquit,) PATER AD SUPPLICIUM OBTULISSE.* L. 13, § 6, *D. de re militari.*) Or, si l'on songe quelle étoit la sévérité des loix martiales de Rome, on sentira combien étoit grand le sacrifice que faisoit la sûreté de l'état, au respect que l'on avoit pour les droits de la nature.

S'agissoit-il du mari & de la femme, les Romains ne leur permettoient pas même de s'accuser de vol. C'étoit une action atroce que la loi auroit ROUGI d'autoriser entre deux êtres ainsi unis & confondus. *Cùm enim apertissimi juris sit, non posse maritum constante matrimonio furti actionem contra suam uxorem habere, quia lex ita ATROCEM actionem dare in personam ITA sibi conjunctam ERUBUIT.* (L. 22, § *ult. C. de furtis.*)

Pendant la vie des deux époux, il ne pouvoit jamais y avoir entr'eux d'accusation; le vol ou l'enlévement d'effets ne donnoit lieu qu'à une action ordinaire. *Divortii causâ rebus uxoris à marito amotis, vel ab uxore mariti, rerum amotarum edicto perpetuo permittitur actio. Constante etenim matrimonio neutri eorum neque pœnalis, neque famosa actio competit, sed de damno in factum datur actio.* (L. 2, *C. rerum amotarum.*) Cette prohibition passoit aux héritiers que la loi réduisoit à l'action ordinaire en revendication. *Adversùs uxorem (quæ socia rei humanæ atque divinæ domus suspicitur) mariti diem suum functi successores expilatæ hereditatis CRIMEN INTENDERE NON POSSUNT. Et ideò res quas per eamdem abesse quereris, competenti in rem actione, vel si dolo malo fecerit, quominùs res mobiles possideret ad exhibendum persequere.* (L. 4, *C. de crimine expilatæ hereditatis.*) Enfin, de quoi que la femme voulût accuser, même si c'étoit pour la vengeance de la mort des siens, la loi lui permettoit bien de s'adresser au magistrat; mais elle prescrivoit à celui-ci d'examiner avant tout si le crime étoit de telle nature, qu'elle pût se porter accusatrice. *De crimine quod publicorum fuerit judiciorum, mulieri accusare non permittitur: nisi certis ex causis, id est si suam suorumque persequatur injuriam secundùm antiqui juris statuta tantùm, de quibus specialiter ei concessum est, non exactâ subscriptione. Undè aditus præsès provinciæ inprimis examinabit, an tale sit crimen cujus accusationem mulier subire non prohibeatur.* (L. 12, *C. de his qui accusare non possunt.*)

L'adultere sembloit former une exception à la regle générale, & il falloit bien que l'ensemble de la législation fût dérangé, que son esprit fût affoibli par ce sentiment de desir, de propriété, de jalousie, qui rapprochant sans cesse les deux sexes, bouleverse l'ordre moral, en soutenant l'ordre physique. Mais Cujas dit si bien qu'en laissant au pere la triste liberté de tuer sa fille surprise en adultere, on supposoit que la nature retiendroit son bras vengeur. *Quia lex vix aut perrarò eventurum arbitrata est ut pater occidendæ filiæ tristissimum ministerium obierit.* (Cujacius ad L. 20, *D. ad L. Juliam de adult. tom. 2, posth. part. 2, pag. 687.*)

Comment les loix Romaines auroient-elles permis aux parens de s'accuser? Elles ne permettoient pas qu'on les fît déposer les uns contre les autres, même quand ils l'auroient proposé. *Parentes & liberi invicem adversùs se* NEC VOLENTES *ad testimonium admittendi sunt.* (L. 6, *C. de testibus.*) Vous retrouvez le même esprit dans les loix 4, 5 & 9, *D. de testibus*, qui excluent les peres, meres, aïeuls, enfans, petits-enfans, freres & sœurs, oncles & tantes, neveux & nieces, les cousins germains, & les issus de germains, même les gendres & les beaux-peres. *Socerum, generum, vitricum, privignum, sobrinum, sobrinam, sobrino natum, eosve qui priore gradu sint: item ne liberto ipsius, liberorum ejus parentium, viri, uxoris.* (L. 4, *D. de test.*) Or, le droit de déposer, même volontairement contre un parent, étant proscrit par les loix, comme honteux & funeste, comment auroit-on admis le droit d'accuser? L'accusation est un acte d'intérêt ou de passion. Le témoignage est un acte de vérité & de justice. L'un est plus favorable & moins suspect que l'autre; mais tous deux sont également proscrits par le cri de la nature, la voix du sang & cette bienséance publique, qui veut que les familles se soutiennent & fassent cause commune.

Rome portoit plus loin cette délicatesse scrupuleuse qui tient aux bonnes mœurs. Loin de nous, disoient les empereurs, & de la pureté des mœurs actuelles, de permettre à Thaumasius d'accuser Symmachus, dont il a été le commensal, & par qui il a été élevé. *Iniquum & longè à seculi nostri beatitudine esse credimus, ut Thaumasius accusandi ejus habeat facultatem, in cujus domo eum (licèt ingenuum) à primâ ætate tamen fuisse constabat. Quare ex nomine Thaumasii meritò super conflictu criminis cum Symmacho* CONQUIESCAT. (L. 17, *C. de his qui accusare non possunt.*) Que si, ajoutoient les empereurs, Thaumasius veut se pourvoir par action civile, qu'il le fasse. *Si quam sanè civilem petitionem idem Thaumasius sibi competere confidit, judicio præsidali poterit experiri. (Ibid.)*

L'indignation & la sévérité des loix augmentoient à mesure que le danger devenoit plus grand, que la pureté des mœurs & la confiance publique pouvoient être plus aisément altérées. L'incapacité frappoit jusqu'aux FAMILIERS, ceux qui sans être parens ni esclaves, étoient censés tenir à la famille; elles ne vouloient pas qu'après avoir été dans l'intimité du citoyen, on pût, en sortant de chez lui, aller le dénoncer, ni l'accuser: que si on l'osoit, elles ordonnoient de couper l'organe de la parole à celui qui en faisoit un si cruel usage. *Si quis ex*

FAMILIARIBUS

FAMILIARIBUS *vel ex servis cujuslibet domûs cujuscumque criminis delator atque accusator emerserit, ejus existimationem, caput atque fortunas petiturus, cujus* FAMILIARITATI *vel dominio inhæserit; ante exhibitionem testium, atque examinationem judicii, in ipsâ expositione criminum, atque* ACCUSATIONIS EXORDIO, ULTORE GLADIO FERIATUR. VOCEM ENIM FUNESTAM AMPUTARI OPORTET POTIUS QUAM AUDIRI. *Majestatis autem crimen* TANTUM *excipimus.* (L. 20, *C. de his qui accusare non possunt.*)

Quelques jurisconsultes ont essayé de borner l'application de ces loix aux crimes qui regardoient le public seulement, & dont le droit d'accuser appartenoit à chaque citoyen, *cuilibet ex populo*. D'où ils ont conclu, que s'il étoit défendu d'accuser dans ce cas, il étoit toujours permis de le faire pour ces crimes & ces injures qui touchoient directement l'accusateur. Mais d'abord ce sens nous paroît contraire à la lettre de la derniere loi, qui excepte le crime de leze-majesté SEULEMENT, *tantùm*. Il est encore plus opposé à la loi où l'empereur dit, que si Thaumasius a quelque chose à demander, qu'il le fasse par la voie civile. Ensuite, n'est-ce pas une affreuse absurdité de prétendre qu'il sera honteux d'accuser d'un crime qui intéressera le public, & la honte cessera par cela seulement que le délit intéressera l'accusateur? Vous trouverez quelque courage dans celui qui dira : Je me tairois, s'il ne s'agissoit que de moi, mais je vois la sûreté de tous, & quoique l'accusé soit mon parent, j'oublie les nœuds qui nous unissent pour ne voir que l'état, la grande famille. Vous trouverez une bassesse révoltante dans celui qui dira : je me tairois, s'il ne s'agissoit que du bonheur public, mais il s'agit du mien, d'un tort qui m'a été fait : mon parent a troublé le repos de mes jours, en me volant, me menaçant, m'attaquant. Or, pour m'enrichir, me tranquilliser ou me venger, je brise les nœuds sacrés qui nous unissent, & je veux l'égorger avec le glaive des loix. Pere, mere, épouse, enfans, noms chers & sacrés, tout disparoît quand il s'agit de mon personnel; & ce qui seroit odieux de ma part pour la patrie, mon intérêt l'annoblit & le légitime.

Comment a-t-on pu raisonner ainsi, & dégrader à ce point le génie de Rome? Ciceron ne le pensoit pas, quand défendant Cluentius, accusé d'avoir empoisonné Oppianicus son beau-pere, il découvrit que la veuve Sassia, mere de son client, étoit l'accusatrice secrete; quand il disoit : ce n'est point une femme, ce n'est point une mere, *nemo fœminam, nemo matrem;* c'est un monstre à qui il ne reste plus que la figure d'homme : *eò jam denique adducta est, ut sibi præter formam, nihil ad similitudinem hominis reservarit.* (Cic. pro Cluentio 199.) Et cet esprit de famille, ces droits de la nature, Ciceron les regardoit comme le principe conservateur de la république, *principium urbis & quasi seminarium reipublicæ.*

C'est sous Tibere qu'on voit, pour la premiere fois, un fils accuser son pere, encore c'étoit du crime de leze-majesté; ce crime, dont la servitude avoit déja fait une exception à toutes les loix divines & humaines. Tacite, (Annal. IV. 28 & 29) représente un pere aux pieds du sénat & de Tibere, & devant le peuple, vieillard vertueux, arraché de sa retraite, chargé de fers, abbatu, pâle, défiguré, lançant sur son accusateur des regards terribles, invoquant les Dieux, & les suppliant de l'ôter d'un lieu barbare où l'on outrageoit ainsi la nature; le peuple indigné & en rumeur, voulant étouffer le fils, le menaçant de la corde, du roc Tarpeïen, ou du supplice des parricides, & l'obligeant de fuir. *Vulgi rumore territus, robur & Saxum, aut parricidarum pœnas minitantium.*

Tacite choisit ce trait, comme peignant largement la profanation de la justice, de l'humanité, & l'abyme du malheur de Rome sous le cruel Tibere; *miseriarum ac sævitiæ exemplum atrox, reus pater, accusator filius!*

Cependant, la fausse interprétation du droit romain a formé en France des opinions. Ensuite, comme dit Maynard, *les jurisconsultes ont ordonné;* quelquefois les tribunaux ont admis, prescrit même l'accusation.

Arrêt du parlement de Paris (sans date) qui renvoie d'accusation une femme qui n'avoit pas dénoncé son mari qui avoit tué l'enfant qu'elle avoit du premier lit. (Henrys, tom. 1, liv. 4, ch. 6, quest. 103, pag. 628, édition de 1708.). . . . Bretonnier ajoute que la femme n'est jamais obligée de dénoncer son mari, & il en doute même pour le crime de leze-majesté, parce que la loi naturelle & divine lui défendent de nuire à son mari. Voyez *Leze-majesté.*

Arrêt du parlement de Bordeaux, du 14 août 1579, qui déclare les enfans Lomme, indignes de la succession de leur pere pour n'avoir pas *accusé* & *poursuivi* leur frere parricide. (Maynard, tom. 2. liv. 9. ch. 3, pag. 340.)

Arrêt du parlement de Paris, de 1629, qui déclare un cousin germain non-recevable à accuser de crimes capitaux. (Plaid. de Gautier, Paris, Girard, 1688, tom. 1, pag. 307.). . . . L'*espece* est ainsi donnée par Gautier. « Le sieur de Maudetour, ayant été autrefois accusé de crimes capitaux par les parties intéressées, la poursuite en avoit été assoupie, & toutes choses demeurées dans le silence; jusques-là même, qu'il y avoit lieu de présumer que la foiblesse & pauvreté des parties étoit ce qui arrêtoit leur action. Sur cela, M. de Thurin, *cousin germain*, se rendit dénonciateur, pour lui faire & parfaire son procès, y joignit même la dénonciation d'une infinité d'autres crimes pour aggraver l'accusation, & fit que M. le procureur-général consentit qu'il fût reçu à s'inscrire. Le sieur Maudetour baille sa requête pour le faire déclarer *non-recevable, sur ce seul moyen qu'il étoit son* COUSIN GERMAIN; que c'étoit faire violence à la nature, de souffrir qu'il se rendît partie & dénonciateur; & sur les considérations que j'en représentai à l'audience, la cour rejeta *avec honte* cet effet injuste de la fureur d'un parent. »

Arrêt du parlement de Paris, de 1638, qui déclare un neveu non-recevable dans l'accusation intentée contre son oncle. (Plaid. de Gautier, tom. 1, pag. 307.). . . Gautier dit: « les seuls motifs de cette loi commune de la bienséance de la nature & des devoirs du sang & de l'indignité d'une action, qui ne pouvoit jamais être imputée qu'à une *lâcheté extrême*, furent pleinement expliqués par ma bouche, & tirerent ce jugement avantageux pour l'exemple, que le marquis de Thury fut déclaré *non-recevable* en sa requête. *La cour* prononce au surplus sur ce qui avoit été fait à la requête de M. le procureur-général, *ne voulant pas seulement qu'il restât la moindre marque, qu'en cette poursuite le neveu eût pu être & se dire partie contre son oncle.* »

Arrêt du parlement de Paris, de juillet 1638, qui déclare l'oncle non-recevable dans l'accusation d'usure intentée contre son neveu. (Plaid. de Gautier, *ibid.*). . . . Gautier, plaidant pour ce neveu, disoit: . . . . « la bienséance, l'honnêteté publique, & la pureté de la justice, ne peuvent souffrir qu'un proche parent, un oncle, se rende dénonciateur contre son neveu; l'on a jugé que la *pensée seulement de former une accusation*, & une dénonciation *contre son parent, étoit criminelle*. . . . Jamais la rigueur de la loi ne combat les sentimens de la nature, & dans les effets, que l'instinct du sang doit naturellement produire, la loi s'arrête toujours à ce premier principe du mouvement intérieur de l'affection que la nature imprime dans nos ames. *Le désordre est plus grand, le public est plus offensé à souffrir la révolte du sang, qu'à permettre l'impunité du crime.* »

ARRÊT du parlement de Rouen, du 30 octobre 1636, qui civilise à l'égard de la femme Saunier la procédure instruite sur la plainte en vol de son mari, ordonne néanmoins qu'elle sera instruite à l'extraordinaire contre les complices. (Basnage, coutume de Normandie, tom. 2, tit. du douaire de femme, art. 394, pag. 105.)

ARRÊT du parlement d'Aix, du 20 juin 1654, qui déclare une mere partie recevable à accuser son fils du crime de larcin. (Boniface, tom. 2, part. 3, liv. 1, tit. 2, ch. 2, pag. 284.)

ARRÊT du parlement d'Aix, du 12 février 1639, qui ordonne « qu'ayant égard à la requête du pere, les enfans seroient déclarés non-recevables en leur plainte, & en évoquant l'instance de séparation, pendante à Marseille, sans y avoir égard, leur enjoint de demander pardon à leur pere; ordonne que mal, follement & irrévéremment ils ont tenu les discours mentionnés dans l'information, qu'ils le tenoient pour homme de bien & d'honneur; ce fait, se retireroient dans sa maison, avec défenses d'user de semblables paroles, à peine de punition corporelle; enjoint au pere de les traiter doucement & paternellement. » (Boniface, tom. 2, part. 3, liv. 1, tit. 2, ch. 1, pag. 283.)

ARRÊT du parlement de Toulouse, du 22 mars 1665, qui casse la procédure criminelle, faite à la requête d'une fille contre son pere, & la donation faite par lui à sadite fille. (Graverol sur La Roche Flavin, lettre *I*, tit. 5, arr. 5, pag. 164.)

ARRÊT du parlement d'Aix, du 23 novembre 1675, qui sans avoir égard à la requête du mari, tendante à fin de non-recevoir contre le pere, ordonne que la fille de celui-ci fera amende honorable, sera fustigée, enfermée pour sa vie, 15 liv. d'amende envers le roi, & 50 liv. envers son pere. (Boniface, tom. 5, liv. 4, tit. 2, ch. 5, pag. 531.)... *Espece*. Vieu, *batelier* de Marseille, ayant marié sa fille avec Negrel, *muet & sourd*, après vingt ans, la fait d'abord enfermer au refuge, puis donne plainte de ce qu'elle est sortie de cet hôpital, qu'elle continue ses débauches, & le menace de le faire tuer.

ARRÊT du parlement de Paris, du 13 Août 1686, qui condamne Blavette à contribuer aux frais de poursuite de la procédure criminelle, poursuivie par la communauté des bouchers du Mans, comme partie contre Pasteau, gendre de Blavette. (Journ. du palais, tom. 2, pag. 642.)

ARRÊT du parlement de Dijon, du 29 décembre 1687, qui pour un vol considérable avec escalade, commis chez Armet, bourgeois de Conches en Autunois, par *ses enfans*, les condamne, ainsi que leurs complices, à un bannissement de neuf ans. Le procès fut jugé par contumace sur la plainte & la poursuite des pere & mere Armet. (Perrier & Raviot, tom. 2, quest. 250, n°. 23, pag. 289.)

ARRÊT du parlement de Metz, du 12 juillet 1708, qui condamne, & par corps, Marie Mercier à restituer à Nicod son mari, les deniers, billets & collier de perles mentionnés au procès; si mieux n'aime ledit Nicod faire entrer ladite Mercier dans telle maison religieuse qu'il jugera à propos, lui fournissant ses alimens & entretiens nécessaires, pour y rester jusqu'à l'entiere exécution de l'arrêt, la condamne aux dépens. (Augeard, tom. 2, pag. 120.)... *Espece*. Pendant l'absence de Nicod, on force ses portes & son coffre fort, on lui vole 72,840 l. en billets, 6,000 l. en especes & un collier de perles. Sa femme lui écrit que ce sont des voleurs. Il donne plainte contre des *quidams*. L'information charge la femme; le juge la décrete d'ajournement personnel, & ensuite le 13 juin, prononce un plus amplement informé. Appel respectif. La femme soutenoit qu'elle n'avoit pas pu être poursuivie extraordinairement ; le mari répondoit que sa plainte étoit *anonyme*, qu'il n'étoit point accusateur direct ; qu'il avoit pu & dû se plaindre d'un vol aussi considérable, qui compromettoit la fortune de la famille commune & son honneur, puisque c'étoient en partie des deniers royaux ; qu'un vol de cette nature, fait pendant la nuit, n'a point d'exemple, & sort absolument des especes du droit romain ; qu'il n'y auroit point de mari & de famille en sûreté, si une femme pouvoit ainsi voler impunément ; que le parti à prendre est absolument à l'arbitrage du juge, suivant Damhouderius dans sa pratique criminelle, *cap. 110, de furto*, n°. 42, où il dit : *uxores quæ suis furantur maritis, furtum quidem committunt; sed uti fures non sunt punibiles : subsunt tamen judicis censuræ arbitrariæ, ut ex consideratis circumstantiis & personarum & rerum, aliquam punitionem instituat pro suo arbitrio.* Le parlement prit un tempérament sage. La femme fut mise *en prison*, sans doute parce qu'aucun couvent de Metz ne voulut la recevoir; & peu de temps après, un religieux rapporta au mari tout ce qui avoit été volé.

JUGEMENT de la commission de Lyon, du 10 mai 1773, qui déclare inadmissible la preuve de l'inceste entre le pere & sa belle-fille, dont la mere avoit donné plainte, casse & annulle la procédure faite devant le sénéchal; sur la demande en séparation, met les parties hors de cour; ordonne que la femme accusatrice se retirera pour deux ans dans un couvent... *Espece.* Le 28 octobre 1769, la femme D. rend plainte contre son mari en excès, se fait visiter & fait informer. Le 21 novembre, le mari volé rend plainte contre des *quidams.* L'information charge la femme qui est décrétée d'assigné pour être ouie. Le sénéchal civilise les deux procédures. Seconde plainte de la femme contre son mari en empoisonnement. Troisieme plainte, où elle accuse son mari & sa fille d'inceste, & d'avoir exposé l'enfant. Information, décret de prise-de-corps. Le mari arrêté, la fille absente, contumacée, & publiée à son de trompe. Sentence de séparation de corps. Appel de la part du mari, sur lequel est intervenu l'arrêt ci-dessus. Ce qu'il y a de remarquable, c'est que la preuve de la grossesse de la belle-fille étoit faite, & qu'il y avoit contre le beau-pere, sur-tout par ses réponses, des indices qui, suivant notre étonnante jurisprudence, auroient suffi contre un étranger. Mais c'étoit la mere qui accusoit; & cet acte féroce, qui outrageoit la nature, désarmoit la justice, & sembloit anéantir la vérité même.

ARRÊT du parlement de Nancy, du 30 juin 1781, qui dit : « qu'il a été *mal*, NULLEMENT PERMIS *d'informer, informé, décrété, & a cassé le tout, & l'a annullé.* . . . Ayant égard au surplus des conclusions des parties & des requisitions du procureur-général, condamne *Nicolas* Georges en 200 livres de dommages & intérêts envers Marie-Claude Georges, femme de Colignon, en 50 liv. envers Catherine Georges, & en pareille somme envers Ambroise Georges; ordonne que la *requête en plainte* de Nicolas Georges, du 11 décembre 1780, sera *lacérée* par l'huissier de service à l'audience de la cour ; condamne *Nicolas* Georges en 10 livres d'*aumône*, & que l'arrêt sera imprimé & affiché à ses frais à Nancy & à Granville, fait défenses à *L*. . . . de faire les fonctions de *juge; interdit* à *C*. . . . . les fonctions d'avocat & la postulation pendant dix ans. . . . . condamne Nicolas Georges aux dépens. ». . . *Espece.* Catherine Trotianne resta veuve à Granville de Nicolas Georges, avec cinq enfans, Ambroise, Catherine, Marie-Claude, femme de Colignon, *Nicolas* & Jean-Baptiste, tous unis, établis, avancés & heureux par la tendresse & la bonne conduite de leur mere. *C*. . . . praticien, éleve entre *Nicolas* & Catherine, sur la propriété d'une *coëffe*, un procès que la mere étouffe en payant 150 liv. de frais. C.... s'oppose à l'homologation de la transaction le 11 septembre 1780, disant que Nicolas, *infirme*, n'a pas pu transiger sans conseil. Le 11 décembre, requête en plainte de Nicolas contre sa mere, son frere & ses sœurs, *requête odieuse, où la décence, la raison, la vérité sont indignement outragées. C'est une affreuse dénonciation contre toute sa famille, que l'on a fait souscrire à cet infortuné dont on a fasciné les yeux, endurci le cœur, égaré l'esprit : les conclusions de la plainte tendoient à l'interdiction de la mere, & à la réclusion perpétuelle de la sœur.* Ordonnance de L.... beau-pere de C.... qui permet d'informer. 9 janvier, conclusions de *Nicolas* à la civilisation, & à ce que l'affaire soit jugée par trois gradués. Trois séances, où six gradués déclarent qu'il n'y a pas lieu à prononcer de décret, sauf aux parties à se pourvoir par la voie civile. Enfin, avec deux gradués ignorans ou complaisans, L.... le 12 février 1781, décrete d'assigné pour être ouis la mere, Ambroise, Catherine & Marie-Claude, femme Colignon. Réponses, appel, décret d'ajournement personnel, puis *de prise-de-corps* contre les sœurs, le frere & la mere même. Pour l'excuser, on disoit : que le *FORFAIT étoit si TERRIBLE, si INCONCEVABLE, que l'accusation s'en éclipsoit à la lueur des premiers mouvemens QU'EXCITE dans les ames droites le seul instinct de la vertu.* Tous fuient hors la femme Colignon, qui, allaitant son enfant, fut traînée en prison. Arrêts qui ordonnent sa liberté provisionnelle; refus d'obéir. Arrêt du 5 avril, portant la mise en cause de L.... & de C.... à la requête du ministere public, lequel conclut contre eux à une interdiction perpétuelle, & à 1000 liv. d'aumône chacun, au profit des enfans trouvés; contre *Nicolas* Georges à un emprisonnement de trois mois, & à 1000 liv. de dommages & intérêts; & enfin, à ce que la *requête en plainte du 11 décembre 1780, sera livrée entre les mains de l'exécuteur de la haute-justice, pour être par lui BRULÉE aux pieds du grand escalier du palais.* L'arrêt a été moins sévere, parce que *Nicolas*, accusateur, a été considéré comme un imbécille; peut-être encore, parce que le motif, qui ne permet pas aux parens de s'accuser, influe sur la douceur de leur condamnation, lors même qu'ils le violent; & c'est dans cet esprit qu'on n'adjuge point d'indemnité à la mere. M. Mollevaut, avocat éclairé & courageux des accusés, terminoit ainsi son mémoire : « *périsse à jamais ce monument honteux, l'ouvrage de la méchanceté, l'effroi de toutes les familles, l'opprobre de l'humanité!* Que tous les vestiges, s'il est possible, en soient anéantis; un exemple éclatant est digne du zele dont les sages magistrats, arbitres de nos destinées, sont animés pour le maintien *des bonnes mœurs*, & le *repos de la société.* »

Je lis encore dans les mémoires de cette affaire, que le peuple de Granville, indigné contre le moteur de tant d'atrocités, *le poursuivoit de toutes parts, cassoit jusqu'à ses fenêtres, dessinoit son portrait, & l'attachoit au carcan avec cette inscription* C.... PERTURBATEUR DU REPOS PUBLIC. Et ce trait rappelle celui de Tacite : *vulgi rumore territus parricidarum pœnas minitantium.* Tant il est vrai que par-tout & dans tous les temps, les droits de la nature sont profondément gravés dans les cœurs; que l'individu peut les violer un instant, mais que le peuple les respecte.

Oui, par-tout le peuple respecte ces droits immuables & sacrés. Ils font sa sûreté, son bonheur, toute son existence : & c'est, avec la crainte de l'autre vie, tout ce qui le meut & l'agite. Le reste, il l'ignore; & comment le sauroit-il?

Ce double sentiment d'amour & de crainte ne le quitte pas, même dans les ténebres de l'abrutissement & du crime. Un malfaicteur alloit au supplice : on l'avoit fait déclarer que sa concubine étoit sa complice ; on l'amene à l'hôtel-de-ville pour la lui confronter. *Parle, si tu l'oses*, lui dit-elle, en frappant son ventre, & lui rappellant qu'elle étoit grosse de lui ? ... Il la regarde, baisse les yeux, pleure, & relevant la tête : *je désavoue tout*, reprend-il avec force, *qu'on me fasse mourir*, & il marche au supplice. Les juges n'insisterent pas, & au milieu de cette scene d'horreur, le public témoigna qu'il auroit vu avec effroi qu'on voulût forcer le condamné à accuser la mere de son fils.

Et nous, chez qui l'amour de la patrie & l'esprit de famille sont éteints par nos mœurs & nos loix coutumieres ; nous blasés sur la plupart des sentimens qui font le bonheur de la vie, nous ne sommes pas assez corrompus encore pour être sourds au cri de la nature quand elle parle avec force.

Quand nous voyons une femme altiere ou foible & mal conseillée, traîner son mari de tribunaux en tribunaux, sous prétexte qu'il l'a *maltraitée*, le couvrir de ridicule, d'infamie & de ruines, qui retomberont sur ses enfans : nous pensons que la sainteté du mariage, l'honneur des familles, & la pudeur publique devoient étouffer cet éclat scandaleux.

Quand nous voyons des freres s'égorger juridiquement ; l'appareil de la justice les couvre en vain de son voile ; nous le déchirons, & les noms d'Abel & de Caïn passent de bouche en bouche.

Quand un pere imprudent ou cruel leve sur la tête de son fils coupable le glaive vengeur des loix, on frémit, & l'on entend encore cette voix d'en-haut qui lui dit : garde-toi de frapper ton fils : *non extendas manum tuam super puerum, neque facias illi quidquam.* (Genes. C. 22, v. 12.)

De même on est saisi d'horreur lorsque, seulement un fils découvre la nudité de ceux à qui il doit le jour ; la vertu le méprise, la justice le maudit. *Maledictus Chanaan, servus servorum erit fratribus suis.* (Genes. C. 9, v. 25.)

Sans aller si loin, lorsque, prêt à entendre un témoin vous reconnoissez qu'il est parent de l'accusé, vous vous arrêtez aussi-tôt, quoique l'ordonnance vous prescrive seulement d'en faire mention. Une puissance secrete vous retient ; & s'il étoit assez foible ou méchant pour déposer contre son frere, vous le repousseriez avec indignation, vous voudriez pouvoir l'exiler comme l'ordonnoit la loi romaine.

Qu'est-ce donc que ce contraste entre le silence de nos loix françoises & le cri du sang ? Ah ! ne nous-y trompons pas : c'est un hommage perpétuel rendu à ces loix primitives de la nature, que rien au monde ne peut altérer. C'est cette loi naturelle que ne peuvent abroger les loix & les tribunaux humains : *nec verò aut per senatum aut per populum solvi hâc lege possumus.* (Cicer. fragm. L. 3 de rep.). C'est ce sentiment universel, qui dans tous les papiers publics imprime qu'Arnold n'a pas pu trahir la grande famille Américaine avec laquelle il combattoit pour l'indépendance, qui le dévoue au mépris même de la nation qu'il a servie, & qui n'a pas permis au chancelier, au vertueux lord Turlow, de sceller le brevet par lequel l'administration assuroit mille livres sterl. de pension viagere à ce transfuge. C'est la loi de toutes les familles, & quiconque la viole, entend encore au fond de son cœur une voix qui crie : Qu'as-tu fait, malheureux ? Le sang de ton frere te couvre tout entier, & monte jusqu'aux cieux. *Quid fecisti ? Vox sanguinis fratris tui clamat ad me de terrâ.* (Genes. C. 4, v. 10.) Cette loi est le modele de tout bon gouvernement, & dans toute sa puissance, Rome ne crut jamais pouvoir l'affoiblir par aucun droit civil. *JURA SANGUINIS NULLO JURE CIVILI DIRIMI POSSUNT.*

La nature & l'hymen, voilà les loix premieres,
Les devoirs, les liens des nations entieres.
Ces loix viennent des Dieux, le reste est des humains.
(L'Orphelin de la Chine, act. 2.)

La haine aveugle, la foiblesse inquiete, & le vil intérêt tiennent un autre langage. Ecoutez-les : « chacun peut défendre sa fortune, son repos, son honneur avec tous les moyens qui ne sont pas interdits par les loix du royaume, » &, l'astuce chicanniere appuyant ce sophisme, tout devient crime, & tous peuvent être accusés. Vertu, réputation, dignité, naissance, honneur, nature, tout disparoît aux yeux de la justice. Elle ne voit que la sûreté qu'elle doit conserver & le crime qu'elle doit punir. Ainsi parle-t-on quelquefois, entraîné par cette routine aveugle qui, au défaut de loix, guide tant de juges en matiere criminelle.

Je conviens que, bien différentes des loix romaines, nos ordonnances semblent ne mettre aucunes bornes aux accusations, ni en définissant exactement les délits, ni en interdisant la faculté d'accuser. Tout paroît laissé à l'*arbitrage* du juge : chose qui donne aux tribunaux plus de pouvoir que n'en eurent jamais les despotes de l'Asie ; pouvoir d'autant plus redoutable, qu'il marche sourdement, ténébreusement & paisiblement, couvert du voile imposant des loix ; tandis que, appercevant le plus vil des esclaves, qui, la torche allumée sur la tête crie *justice*, le despote tremble à la vue du peuple qui l'observe.

Mais d'abord, si nos loix ne s'expliquent pas positivement sur la défense aux parens de l'accusé, leur silence même ne prescrit-il pas de recourir au droit romain, comme le dit M. d'Aguesseau dans sa lettre que nous avons rapportée, pag. 129 du premier volume ? Dans tous ces cas, ce chef de la justice défendoit de consulter nos coutumes barbares.

De plus, lorsque averti par la famille des délits d'un de ses membres, le souverain se prête, après une information, à le soustraire à la société & à la rigueur des loix ; cette condescendance n'est-elle pas un hommage rendu à la nature & à l'esprit de famille, qui, par cet acte libre & sage, pourvoit tout à la fois à son honneur & à la sûreté publique ? Le parlement de Paris lui-même est entré dans ces vues d'une sage administration, lorsque par ses arrêts de réglement, des 9 & 13 mars 1673, 14 mars 1678, & 27 octobre 1696, rapportés au *Journ. des aud. tom. 4, ch. 29, pag. 660*, il a permis aux parens de faire enfermer les mineurs dans certaines prisons. Nous n'avons pas encore atteint la sage législation de LÉOPOLD, dans son édit pour la police de Florence, du 17 mai 1777 ; mais l'administration a les mêmes principes.

De plus, l'édit d'août 1560, & l'ordonnance de Moulins, art. 83, enjoignent aux parens, *pere & mere, aïeuls, aïeules, enfans, & enfans des enfans, freres, sœurs, oncles, & enfans des freres & sœurs*, de prendre des arbitres pour le jugement des causes & autres *différens*. Et l'auteur de ces ordonnances fut le chancelier de Lhôpital. Présumerez-vous que ce grand homme, qui nous donna nos premieres loix de police, qui par-tout voyoit les mœurs, ait entendu obliger les parens à prendre des *arbitres* pour leurs *différends*, & néanmoins leur laisser la liberté pour ces *différends* d'intenter l'accusation qui ne peut être portée devant *arbitres* ? Si la loi repousse des tribunaux les parens dans les affaires civiles, comment les accueilliroit-elle dans les affaires criminelles, dont l'objet est inévitablement de s'accuser, se diffamer & se perdre ? De deux maux ce seroit détruire le moindre & maintenir le plus funeste ; c'est recrépir la maison & y mettre le feu. Or, les loix doivent être conséquentes, sans quoi elles tombent dans le mépris, & le législateur manque son but.

C'est à l'admission de quelques accusations entre parens, dans quelques tribunaux, qu'il faut attribuer la désuétude où sont tombées les ordonnances portant le renvoi des parens pardevant arbitres, tandis que se sont maintenues celles qui ordonnoient le renvoi pardevant arbitres des associés, uniquement parce que la loi les considere comme freres : *jus quoddam fraternitatis*. On a dit : si l'on permet d'accuser, comment défendroit-on de plaider ? Et c'est ainsi que la jurisprudence versatile entraîne les principes après avoir détruit les conséquences.

On demande où s'arrêtera cette prohibition de s'accuser. Les trois arrêts cités par Gautier déclarent *non-recevables* les oncles, neveux & cousins-germains. Y auroit-il quelque inconvénient à étendre cette *fin de non-recevoir* aux degrés déterminés pour l'empêchement des mariages, les récusations & le témoignage ? Qu'y perdroient les parens plus éloignés ? Car ils n'obtiendroient pas moins justice par la voie civile ou mieux encore par l'arbitrage ? Que perdroient-ils donc ? le pouvoir de déshonorer & de perdre les leurs. Or, je ne vois pas que cet avantage mérite le moindre regret, & celui qui le réclameroit, prouveroit par-là combien il est funeste.

Cette prohibition n'empêchera pas les parens de se perdre par des dénonciations détournées. Tiquet, empressé de se débarrasser de sa femme coupable, la fit dénoncer par le bruit public, la livra ainsi à la sévérité des loix & s'appropria sa dot. Cet homme vil fut livré à son tour à un supplice plus cruel que la mort, le mépris de la cour & l'exécration du peuple. Voyez *Dénonciation*.

On parle encore de sûreté publique. Quels moyens pour tranquilliser, que de détruire l'union des familles, & de perdre les mœurs ? *Quid leges sine moribus ?* Ah ! plutôt apprenez au peuple à veiller autour de lui, à instituer ses enfans, & à ne pas regarder comme indifférent tout ce qui ne lui est pas personnel. Vous l'abrutissez, vous le corrompez, vous le rendez capable de tout, en plaçant la défiance entre lui & la justice, entre lui & ses membres. Que voulez-vous qu'il fasse pour l'état, qui est la grande famille, lorsque vous lui permettez, vous lui ordonnez même de violer les loix de sa propre famille ?

Enfin, on compare notre constitution à celle de Rome, pour en conclure que, là comme sur tant d'autres objets, nous ne devons pas nous régler sur le droit romain. Nous n'avons, il est vrai, ni censure, ni tribunal domestique, & nous avons le ministere public. Mais est-ce une raison pour violer les mœurs, & sans elles, que deviendront toutes nos loix éphémeres ?

Si l'esprit de famille doit subsister, ce n'est point dans ces états toujours agités par le fantôme de la liberté & l'ambition oligarchique. C'est dans une nation qui se regarde comme une vaste famille dont le roi est le pere. L'une a été faite à l'image de l'autre, & toutes deux doivent avoir le même principe.

Accusateur pere, témoin & juge.

48. Après tout ce que nous venons d'exposer sur les dangers de l'accusation entre parens : qu'est-ce donc que je découvre dans les vastes & sombres archives de la jurisprudence ?

ARRÊT du parlement de Grenoble, du 19 septembre 1663, qui, pour les causes résultantes du procès, condamne N.... aux galeres pendant sa vie. (Basset, tom. 2, tit. 10, liv. 4, ch. 6, pag. 235.).... *Espece*. La *mere* N.... avoit présenté requête où elle *accusoit* son fils, & par arrêt du 5 mars 1663, le parlement avoit renvoyé au pere à juger son fils prisonnier. Celui-ci avoit rendu sa sentence en ces termes. « Vu, &c. nous N.... PERE, après avoir conféré en famille avec nos parens, de l'avis l'avis des assesseurs soussignés, disons le procès pouvoir être jugé sans *enquérir de la vérité* des reproches, & passant outre au principal pour les causes résultantes des actes, & *pour s'être ledit N.... rendu incorrigible*, *ET POUR AVOIR VOULU ATTENTER ET SUR SA MERE ET SUR NOUS*, ce que nous sommes nécessités d'exposer avec *creve-cœur & la larme à l'œil*, avons condamné & CONDAMNONS ledit N... de servir le roi *par force dans ses GALERES*, pour & durant l'espace de vingt années, avec défenses audit N... d'en sortir, A PEINE DE LA VIE. A l'effet de quoi, *supplions très-humblement la cour* d'interposer son autorité, *à ce que la présente sentence soit mise à exécution*. Déclarons en outre ledit N... indigne de toute succession directe & collatérale, & avoir encouru les peines d'exhérédation tant envers sa mere, que nous qui l'exhérédons à cet effet. »....

L'arrêt cité ci-dessus confirme cette sentence, & étend à toute la vie la peine des galeres à temps prononcée par le pere.

A côté de cet arrêt il faut placer celui par lequel le sénat de Chambery condamne un fils aux galeres, suivant *la volonté* du pere, quoiqu'il n'y eût aucune preuve des crimes dont le pere accusoit son fils. *Licèt nullas in promptu haberet querelæ probationes*. Faber, *in C. lib 8, tit. 23, defin. 1.*

Ces deux arrêts qui sans doute paroîtront extraordinaires, sont fondés sur le droit romain; l'on conçoit l'attachement du midi à ce droit; & certes en voilà une preuve. Dans la loi 3, *C. de patriâ potestate*, l'empereur Alexandre dit à Artemidore : « si votre fils manque au respect qu'il vous doit, vous pouvez le châtier en vertu de la puissance paternelle. S'il persiste, & si vous voulez aller plus loin, vous pouvez le présenter au président de la province, QUI JUGERA COMME VOUS VOUDREZ. » *Si filius tuus... pietatem patri debitam non agnoscit, castigare jure patriæ potestatis non prohiberis : acriore remedio usurus, si in pari contumaciâ perseveraverit, eumque PRÆSIDI PROVINCIÆ oblaturus, DICTURO SENTENTIAM QUAM TU QUOQUE DICI VOLUERIS.*

Certes, quand Alexandre qui ne porta jamais de loi qu'après avoir consulté vingt jurisconsultes fameux (Lamprid. cap. 16.) prononçoit ainsi, il n'imaginoit pas que quinze cents ans après, faute de code criminel, sous d'autres souverains, avec d'autres mœurs, & avec des peines plus cruelles, son rescrit seroit la base de deux arrêts terribles. Il avoit devant les yeux deux maximes romaines conservées comme loix dans le corps de droit.

La premiere se retrouve dans la loi qui réserve au pere l'ancien droit de tuer la femme surprise en adultere, & non au mari, qui dans la colere pourroit ne pas pardonner. *Ideò autem patri, non marito mulierem & omnem adulterum permissum est occidere, quod PLERUMQUE PIETAS PATERNI NOMINIS CONSILIUM PRO LIBERIS CAPIT. Cæterùm mariti calor & impetus facile decernentis fuit refrenandus.* (L. 22, § 4, D. ad legem Juliam de adulteriis.)

La seconde maxime est dans la loi 5, *D. ad L. pompeiam de parricidiis*; l'empereur y suppose quelqu'un qui a tué son fils à la chasse, parce que celui-ci avoit *adultéré* sa belle-mere, & il relegue ce pere dans une isle; parce que le droit par lequel il l'a tué est celui d'un voleur plutôt que d'un pere. Il ajoute : *le caractere de la puissance paternelle*, CE N'EST PAS L'ATROCITÉ, C'EST LA TENDRESSE, C'EST LA PIÉTÉ. *Divus Hadrianus fertur, cùm in venatione filium suum quidam necaverat, qui novercam adulterabat, in insulam eum deportasse; quòd latronis, magis quàm patris jure eum interfecit : nam PATRIA POTESTAS IN PIETATE DEBET, NON IN ATROCITATE CONSISTERE.*

Que le parlement de Grenoble ait condamné le fils sans doute coupable, *quoiqu'il n'y eût aucune preuve légale;* que le témoignage de ce pere ait suffi, comme en Chine; cette jurisprudence peut se justifier.

Que ce parlement seul eût condamné le fils réputé coupable, à la mort même, s'il l'avoit méritée, cela est du droit civil. La loi est sévere, la justice est aveugle. Tel est l'ordre établi.

Mais que ce soient des peres qui condamnent leurs enfans *aux galeres.* Aux galeres! au supplice le plus avilissant! à un état pire que celui des bêtes; car les animaux domestiques sont aimés par leurs maîtres, & les animaux sauvages sont libres. Qu'un pere ait jeté un fils dans un lieu infect, & au milieu d'un troupeau d'hommes qui le pervertiroient quand il seroit pur! En transcrivant ce jugement mes entrailles sont émues; je fus fils & je suis pere. Mon cœur s'est soulevé, ma plume insensible sembloit se refuser à transcrire ces mots: *Nous pere condamnons aux galeres; à peine de la vie.* Et remarquez bien qu'il écrit toujours séchement N.... comme s'il parloit d'un étranger; & qu'il n'ose jamais écrire *mon fils*, comme si ce mot ne pouvoit pas sortir de la bouche du juge qui condamne. Non, non, ce n'est pas la piété paternelle qui a prononcé ce jugement, c'est l'ouvrage de quelque vil, ignorant & féroce praticien, semblable à ceux qui dans les siecles d'ignorance rédigerent plusieurs articles de nos coutumes.

J'aime mieux lire dans l'histoire des voyages, *tom. 6, p. 438, de l'édit. in-4°*, le trait suivant. Des parens avoient cité devant le mandarin un fils incorrigible, & le magistrat, après le discours qui en Chine précede toujours le jugement, ordonnoit la bastonnade; la mere entra brusquement, se jeta à genoux, versa des larmes abondantes, & obtint la grace de son fils.

J'aime mieux me rappeller ce trait arrivé il y a quelques années à Naples, & dont j'ai oublié la source, mais que se rappelleront les jurisconsultes de cette ville. Un pere avoit fait renfermer son fils par correction. Le juge l'interrogeant, avoit eu l'adresse de lui faire avouer des crimes, & il étoit accusé par le ministere public. Heureusement à Naples les accusés ont des conseils. On dit avec force que le jeune homme n'avoit été arrêté que par correction, que ce seroit violer la confiance publique & la piété paternelle. On ne manqua pas de citer cette belle loi romaine que nous avons transcrite ci-dessus pag. 319, où le fils déserteur livré par son pere, & méritant la mort, ne fut condamné qu'à passer à une cohorte inférieure, afin que le pere ne fût pas en quelque sorte son bourreau: *ne videatur pater ad supplicium obtulisse.* Le jeune Napolitain fut laissé en état de correction, & le ministere public déclaré *non-recevable.*

SENTENCE du 24 juin 1718. « *Des ministres, sénateurs, états militaire & civil de Russie, en vertu* DE L'ORDONNANCE EXPRESSE DE SA MAJESTÉ *Czarienne, signée de sa propre main, pour le jugement d'Alexis Petrowitz, sur ses transgressions & ses crimes contre son pere & son seigneur*, prononçant *que ledit Alexis est* DIGNE DE MORT. » (Hist. de l'emp. de Russie, par le B. Jwan Nestesuranoi. La Haye, Alberts, 1726, pag. 217, tom. 4, édit. in-12.) La prononciation de cet arrêt à ce malheureux Alexis lui causa des convulsions dont il mourut.... Quel étoit cet Alexis, dont le sort rassembloit les états de l'empire? C'étoit le Czarewits, l'héritier du trône. Quels étoient ses crimes? La critique des projets de son pere, la fuite & l'amour! Quels étoient ses complices? Sa maîtresse & son confesseur! Qui fut son accusateur? Le pere! Qui fut instigateur? Le pere! Qui, ordonnateur? Le pere! Qui juge? Le pere! Car les états assemblés déclarerent qu'au pere & seigneur seul appartenoit le droit de juger: & ce pere terrible, quel étoit-il? Le créateur de la Russie, un grand homme sans doute, car c'est l'être que de rendre vingt millions d'hommes heureux en les éclairant. Il avoit même promis de pardonner, si son fils avouoit tout, & il se rétracta sous prétexte que son fils lui avoit celé quelques-unes de ces circonstances indifférentes sur lesquelles la mémoire manque, sur-tout à un accusé! Cette condamnation à la mort d'un fils par son pere, est sans exemple dans la chrétienté. Car Philippe II ne fit point le procès à D. Carlos. On entrevoit la double cause de la sévérité de Pierre. Il étoit remarié, avoit un fils du second lit; & s'effraya de l'apparence qu'Alexis bon, & livré aux moines, pourroit renverser d'un souffle le grand édifice qu'il venoit d'élever pour arracher le Nord à la barbarie.

Ce jugement fut encore barbare.... On a voulu le justifier par le trait de Manlius Torquatus. C'étoient une autre religion, d'autres loix, d'autres mœurs; c'étoit un délit militaire. Manlius détourna la tête & versa des larmes de sang. Le crime, le jugement & la peine furent un instant: ailleurs & une heure après Manlius eût été pere, & ce jugement si fameux fit gémir Rome, & ne fut approuvé de personne.

Comme pere, le Czar ne pouvoit être ni accusateur, ni témoin, ni juge. Et comme roi, pouvoit-il être accusateur?

Roi accusateur, Témoin, Juge.

5°. Le chancelier d'Aguesseau, dans un mémoire sur la jurisdiction royale, inséré dans le *tom. 5 de ses Œuvres, pag. 232*, présente un étrange tableau de la maniere dont se faisoient jadis en France de grandes accusations.

« *Par* UN TRÈS-MAUVAIS USAGE, mais qui a *peut-être* donné la premiere idée du ministere des officiers qu'on a établis dans la suite, pour requérir au nom du roi la punition & la mort des coupables, il étoit autrefois assez ordinaire que les rois se rendissent eux-mêmes accusateurs des évêques qui avoient commis des crimes de leze-majesté.... C'est ainsi que, selon Gregoire de Tours, auteur contemporain & témoin oculaire de ce qu'il raconte, *Prétextat*, archevêque de Rouen, fut *accusé* par *le roi Chilperic* lui-même, dans le concile des évêques qui avoient été assemblés pour prononcer sur cette accusation.... C'est ainsi que sous la seconde race de nos rois, l'empereur, *Louis-le-Débonnaire*, *accusa Ebbon*, archevêque de Rheims, dans le concile de Thionville, de l'avoir déposé injustement de l'empire, & livré à la pénitence publique. Hincmar, qui raconte cette histoire, atteste expressément la vérité de ce fait, c'est-à-dire, que ce fut par l'empereur même que cet archevêque fut accusé: *accusatus ab ipso Augusto*... Enfin, c'est ainsi que *Charles-le-Chauve*, assure dans sa lettre au pape Adrien II, que c'étoit lui-même qui avoit accusé *Hincmar*, évêque de Laon, dans l'assemblée des évêques. *Præsentes præsentem in synodo episcoporum accusavimus*.... OR, DÈS LE MOMENT QUE LE ROI OU L'EMPEREUR MÊME SE DÉCLAROIENT PARTIES ET ACCUSATEURS, IL N'ÉTOIT PAS SURPRENANT QUE TOUS LES MAGISTRATS QUI DÉPENDOIENT D'EUX, FUSSENT REGARDÉS COMME SUSPECTS. »

Ce *très-mauvais usage* disparoît à l'époque de l'établissement du ministere public. Vous en trouvez une trace légere dans l'histoire de Melun, (*pag. 618*), par Sébastien Roulliard, natif de Mélun, avocat au parlement de Paris, le même qui plaida en 1619, dans la fameuse affaire de Monconys, dont j'ai rapporté l'arrêt.

« Le roi Henri II, dit Roulliard, étant à Melun fit emprisonner certain Italien, disant l'avoir surpris en cas digne de mort. Néantmoins ne vouloit point déclarer quel crime c'étoit; & toutefois s'*obstinoit* à ce qu'on lui fist son procès & qu'il fust condamné à mourir. Le conseil de la royne auquel il s'adressa, lui dit absolument que *cela ne se pouvoit faire* PAR JUSTICE.

Autant lui en fut dit par d'aultres grands personnages qui lors étoient en cour : & entre iceux, messire Antoine Paolo, second président au parlement de Toulouse, de maniere qu'il s'en désista, quoique mal-envis. Le même fut autrefois répondu par le jurisconsulte Azon, au Podestat de Boulogne, & autres siens assesseurs. »

Le bruit que fit cet événement le défigura sans doute, & les historiens étrangers y ont ajouté ; tant il est vrai que les souverains ne sauroient être trop circonspects, & que l'infinité de leur pouvoir les fait soupçonner d'injustice & de cruauté. Crusius, auteur Allemand, dans un ouvrage intitulé : *de nocte & nocturnis officiis, cap. 16, pag. 303*, raconte ainsi le fait : « Henri II fit emprisonner un Italien qui étoit dans sa familiarité, parce qu'il l'avoit surpris à commettre un crime capital : le coupable ennuyé du cachot, demanda son absolution & son relâche ; fondé sur ce que, bien loin d'être convaincu du délit, il n'en étoit pas même accusé, *quandoque nullius criminis convictus, imò nedum* ACCUSATUS *esset*. Le prévôt de l'hôtel, *prætor curiæ*, accompagné de trois autres juges, se rendit chez le roi pour savoir le motif qui l'avoit engagé à faire renfermer l'Italien, & le roi leur ordonna de le condamner, parce qu'il l'avoit surpris dans un cas grave, qu'il ne vouloit pourtant pas leur faire connoître. Le prévôt lui dit qu'ils avoient fait serment de ne condamner personne qu'après une entiere conviction : *nos jurati sumus non nisi convictum, & ex animi nostri sententiâ damnaturos neminem*. Le roi se fâcha de cette observation, comme si elle tendoit à faire révoquer en doute la vérité de son *accusation* & de son témoignage, & il l'attesta par serment, *jurejurando obtestatus est*. Alors le capitaine des gardes, *magister militum*, prit le roi à part, & lui conseilla de faire périr l'Italien dans la nuit, afin que le peuple ne fût pas soulevé par la nouveauté du fait, *ne populus rei novitate perturbaretur*. En conséquence, il fut jeté dans la riviere la nuit suivante par ordre du roi. »

Crusius cite Bodin, & nous avons vérifié que cet auteur ne va pas plus loin que Roulliard : cependant on peut tout croire après les horreurs de l'administration de la justice dans le siecle précédent, où Louis XI, déchiré par l'inquiétude & la terreur & se prétendant grand-justicier, étoit à la fois l'accusateur & le juge, & faisoit condamner à son gré par son prévôt les malheureuses victimes de ses soupçons ou de sa sévérité.

On peut tout croire, lorsque dans le procès du chancelier Poyet, on voit François premier vraiment accusateur ou instigateur, ensuite témoin, après l'arrêt, dire aux députés du parlement, que *la peine n'étoit condigne aux crimes & délits dont ledit Poyet étoit convaincu ; qu'il n'étoit si jeune, qu'il n'eût oui dire, qu'*UN CHANCELIER PERDANT SON OFFICE DEVOIT PERDRE LA VIE *; que ce qui avoit été jugé ainsi, n'étoit pas bien ; qu'il falloit y pourvoir, y mettre le cauthere & faire des loix particulieres.*

Les souverains ne doivent être ni accusateurs, ni témoins, ni juges.

Le premier de ces actes contraste avec la royauté. Les peres ne peuvent pas accuser leurs enfans.

Le témoignage du souverain le compromet dans l'histoire, & gêne d'ailleurs les formes précieuses de la justice. Dans le procès de Poyet, vous voyez que François premier dépose sans prêter serment, sans être récolé ni confronté. Le second chef d'accusation étoit d'avoir écrit au nom du roi, au parlement de Toulouse de ne pas condamner un homme à l'amende, que cette grace avoit été accordée dans le conseil, *après que le roi lui en avoit parlé plusieurs fois. Le roi déposa qu'il n'en avoit aucune connoissance. Poyet dans les termes les plus respectueux répliqua, que dans la multitude d'affaires dont sa majesté entendoit parler, elle pouvoit bien avoir oublié celle-là.* Or, Poyet a été facilement cru.

Enfin, les rois peuvent encore moins être les juges de leurs sujets en matiere criminelle. Dans les mémoires de Montresor, *tom. 2, de l'édition de Leyde, Sambix, (Elzevir.) 1665, p. 260 & suiv.* Voyez le procès du duc de la Valette, que voulut présider à St. Germain le foible Louis XIII, ayant à sa droite le cardinal de Richelieu. Le premier président demanda le renvoi au parlement. « *Le roi* l'interrompit & lui dit, qu'il ne vouloit pas cela, qu'ils faisoient les difficiles & les tuteurs, qu'il vouloit que l'on opinast au procès, qu'*il estoit le maistre*... Que c'estoit une erreur de dire qu'il ne peust faire le procès aux pairs de France où il lui plaist, *défendant de parler.* » *Pag. 269.* Le président de Bellievre (Lyonnois) dit: « qu'*il voyoit en cette affaire une chose estrange, un prince opiner au procès d'un criminel de ses sujets, que les rois ne s'estoient réservé que* LES GRACES, *& renvoyé les condamnations à leurs officiers. Et vostre majesté voudroit bien voir sur la sellette un homme devant elle, qui par son jugement, iroit dans une heure à la mort!* Que la veue & la face du prince qui donne LES GRACES ne peut porter cela; que sa veue seule levoit les interdits de l'église; *& que jamais personne ne devoit sortir que content de devant le prince;* remonstrant au reste l'inconvénient de troubler les juges devant le roi, & de ne laisser la liberté des opinions. » *pag. 271 & 272.* Montresor ajoute: « *c'est un jugement sans exemple*, voire contre tous les exemples du passé jusques à huy qu'un roi de France ait condamné en qualité de juge un gentilhomme à mort. » *Pag. 290.*

N'oubliez jamais ce discours de Bellievre, vous que de hautes destinées appelleront à gouverner les empires. En laissant aux magistrats la triste & redoutable fonction de juger les délits, & en vous réservant le droit de faire grace, votre partage est assez beau. Dans toute l'Europe, même dans les républiques, ce droit est le grand caractere de la souveraineté; & jamais cette nation altiere, qui, après avoir assujetti & entravé ses rois, a voulu enchaîner le monde, n'a osé leur disputer cette superbe prérogative. Laissez les despotes de l'Asie être accusateurs, témoins, juges & quelquefois bourreaux des victimes de leur pouvoir, de leur avarice ou de leurs craintes. Ce sont des tyrans & vous êtes des peres. Que votre vue seule porte par-tout l'espérance & la vie. Que votre aspect soit l'image du contentement & du bonheur. Ah! plutôt songez que depuis tant de siecles l'Europe gémit sous des codes barbares, & que les loix qui préviennent ou punissent les crimes, sont les gardiennes des empires, des trônes, de la sûreté, de l'ordre, des mœurs & de la félicité publique. Voyez tous les peuples enfin éclairés, soupirer après une refonte absolue, d'après laquelle ils puissent, comme le disoit François premier, s'instruire commodément de leurs devoirs. Voyez les desirer un code, tel que le prescrit l'impératrice de Russie dans son instruction, n°. 148: *un code en langue vulgaire qui renferme toutes les loix, qui soit de moyenne grandeur, & que l'on puisse acheter à bon marché comme l'on fait un catéchisme.* Considérez que les erreurs & les torts imputés si souvent à des magistrats vertueux & éclairés, sont les erreurs & les torts des loix obscures & oppressives dont ils ne peuvent pas s'écarter. Et voyez enfin gémir dans les fers des milliers d'accusés qui seroient heureux & libres, s'ils vivoient sous d'autres loix.

Accus

§1. D'Aguesseau disoit avec Ciceron: « TOUTE ACCUSATION SUPPOSE d'abord

UN CRIME dont elle DÉTERMINE LA QUALITÉ. Elle DEMANDE ensuite un COUPABLE, sur qui l'ÉVIDENCE DES PREUVES puisse faire tomber le poids de la condamnation. *Accusatio crimen desiderat, rem ut definiat, hominem ut notet, argumento probet, teste confirmet.* » (Tom. 4, pag. 438.)

Si ces notions sont exactes, comment se peut-il qu'il y ait eu des accusations & des condamnations pour *des crimes qui n'avoient pas existé?* Entre mille, on peut citer l'affaire de la Pivardiere, celle de Frillet : & qui assureroit qu'elles ne se renouvellent pas souvent, avec moins d'éclat?

Si ces notions sont exactes, ne s'en écarte-t-on pas lorsque embarrassé, ou dédaignant de *déterminer la qualité du crime*, l'on s'exprime d'une maniere vague, ou par ce prononcé, *pour les cas résultants du procès;* ensorte que le public, pour qui l'exemple est fait, ignore les motifs de l'arrêt; ensorte qu'on les méconnoît, même lorsqu'on plaide sur la réhabilitation de la mémoire du condamné; ensorte que l'histoire, recueillant les grands jugemens, ne peut pas *déterminer la qualité des crimes* qui en ont été la cause ou le prétexte?

Si ces notions sont exactes, a-t-on rempli le vœu de la raison & de la justice, lorsque dans l'art. 12 du tit. 25 de l'ordonnance de 1670, on a statué que l'arrêt passera à *l'avis le plus sévere s'il prévaut* DE DEUX VOIX? Quand de douze juges CINQ ont absous & SEPT ont condamné, trouve-t-on là l'*évidence des preuves nécessaires pour faire tomber le poids de la condamnation?*

Notre législation criminelle a moins d'inconvéniens dans les cours souveraines, & l'on a vu souvent des innocens condamnés en premiere instance, absous ensuite par les parlemens. Elle a moins d'inconvéniens dans les grands tribunaux; par-tout où l'on a le bonheur d'avoir des instructeurs éclairés & sensibles, ce sont les premiers défenseurs de l'accusé.

Mais telle est notre justice, que le sort de l'accusé dépend moins de l'*évidence des preuves* que de la maniere dont elles sont ordonnées, moins des juges que de la procédure, moins des parlemens que du premier-instructeur. Or, ce despote légal est-il toujours ce qu'il doit être? J'ouvre le procès-verbal de l'ordonnance de 1670, pag. 109: j'entends le grand Lamoignon parler de ceux *qui ne font pas de leur devoir la principale regle de leur conduite*, & qu'anime *l'avidité du gain.* J'entends Pussort lui-même, pag. 110, avouer qu'*il n'avoit pas cru que les choses fussent venues dans un si grand excès de désordre.*

En s'éclairant, les hommes deviennent incontestablement meilleurs. Mais si la loi elle-même est un obstacle, au bien que veut faire le magistrat instruit & sensible; & s'il peut exister encore des juges ignorans & cruels : dans leurs lâches mains, quel sera le sort de l'accusé?

Je ne parle pas de ces fameuses accusations formées par l'ambition, protégées par le crédit, animées par la haine, maintenues par la foiblesse, & sous le poids desquelles l'homme public doit toujours succomber : on en trouvera quelques exemples sous le mot *Administration.* C'est alors que se vérifie cette basse & dégoûtante maxime, *que tant qu'un homme est en faveur, il faut lui donner son pot-de-chambre, & que quand il n'y est plus, il faut le vuider sur sa tête.*

Je parle de ces accusations ordinaires formées par le hasard, l'erreur ou la méchanceté, & auxquelles est exposé, au moment où il s'y attend le moins, le citoyen paisible & sans reproche.

S'il existe un crime dont le coupable soit inconnu, & si avec une mauvaise loi il y a un mauvais juge, quel sera le sort de l'accusé?

Malheur à celui qui aura été noté dans la foule; si la légéreté, le hasard ou la haine l'environnent du nuage de la possibilité, des vapeurs de l'apparence & de la nuit de notre justice criminelle! Que pourra-t-il contre le préjugé funeste, qui, au lieu de prévenir les crimes, s'en va par-tout élevant des gibets, & criant sans cesse, qu'*il faut qu'un homme meure pour le peuple?* Que deviendra-t-il lorsque l'accusation *demande un coupable*, le poursuit dans les ténebres, le saisit, le terrasse, l'enveloppe, l'étouffe, & ne le lâche que quand on lui donne une autre victime?

Pur che'l reo non si salvi, il giusto pera,
E l'innocente. . . . .
Sù, sù fedeli miei, sù via prendete
Le fiamme, e'l ferro, ardete & uccidete.
(La Gierusalemme liberata: canto 2, stropha 12.)

Malheur à l'accusé innocent, s'il est ignoré, inconnu, foible & pauvre! Qui le défendra contre le cri public, qui accuse d'indolence & de corruption le juge qui n'a pas découvert le coupable, ou qui ne trouve pas les *preuves évidentes?*

Malheur à l'accusé innocent quel qu'il soit: il a pour délateur la mauvaise opinion que les hommes ont assez généralement les uns des autres, & sur-tout l'étonnante propension du vulgaire à croire le mal. *Nam est vulgus ad deteriora promptum.* (Tacit. annal. XV. 64.)

Malheur à l'accusé innocent, s'il est élevé, riche, & sur-tout vertueux; il a à combattre les oui-dires de la crédulité, les mensonges de la bêtise, les assertions de la haine, le silence de l'indifférence, le sourire de la circonspection, & les serpens de la calomnie. Il a à combattre l'intérêt ou la vanité de l'accusateur; l'impéritie, la routine, la foiblesse, ou la dureté de l'instructeur; il a à combattre cette procédure secrete, *labyrinthe obscur & tortueux*, où, comme le disoit François premier, les *plus éclairés s'égarent.* Il a à combattre la loi-même, qui ne lui permet de se justifier qu'APRÈS QUE LES JUGES AURONT RECONNU QU'IL N'EST PAS COUPABLE. Car l'art. 1 du tit. 28 de l'ordonnance de 1670, leur défend d'*ordonner la preuve d'aucuns faits justificatifs, ni d'entendre aucuns témoins pour y parvenir, qu'*APRÈS LA VISITE DU PROCÈS.

Dans cette étreinte dangereuse, que devient le malheureux honnête homme? Ses connoissances le renient, ses amis l'abandonnent, ses parens n'osent ou ne peuvent le voir; l'Univers entier disparoît à ses yeux. La seule religion, timide, embarrassée, peut, sans se compromettre, lui offrir ses consolations & ses ressources. C'est un pestiféré que l'on plaint quelquefois, & que l'on fuit toujours.

La procédure criminelle, par sa marche, son pouvoir & son secret, conserve un des caracteres de ces proscriptions que l'histoire s'est attachée à peindre, pour prouver l'anéantissement de la liberté, l'insolence de la tyrannie & la dégradation de l'espece humaine. On fuyoit les proscrits, & l'on craignoit même d'en voir la liste, de peur d'y rencontrer son nom. Il y a encore un autre rapport. La sûreté publique étoit le voile de tant d'horreurs. *Non esse curæ Deis securitatem nostram, esse ultionem.* (Tacit. hist. I. 3.)

L'accusation est la foudre qui écrase tout & répand au loin la terreur. Elle pénetre invisiblement & brûle les entrailles, conserve & nourrit les surfaces. L'accusé n'est plus qu'un cadavre infect & défiguré, dont l'idée seule effraie, & dont l'aspect feroit reculer tout le monde.

Qu'on ne m'impute pas de tracer des images trop fortes. J'atteste les magistrats, qui, avec une ame douce & sensible, ont acquis quelque expérience de la procédure criminelle, non dans les cours souveraines, où l'on ne connoît l'affaire que par le rapport & l'interrogatoire sur la sellette, mais dans les tribunaux inférieurs, où l'on voit la naissance, le progrès & la fin de l'accusation. Qu'ils parlent!

J'atteste les accusés innocens, qui ont eu le bonheur d'être absous, & dans le nombre, j'entrevois des hommes vertueux & puissans. Qu'ils parlent! Endormis avec toute la nation sur l'abyme, & façonnés au joug depuis un siecle, ils se croyoient au dessus des événemens, & s'inquiétoient peu d'une législation qui sembloit ne frapper que des hommes vulgaires. Aujourd'hui qu'ils ont éprouvé que la foudre atteint le cedre altier comme l'humble roseau; qu'ils parlent. Qu'ils nous disent quelle idée ils ont conçue de la justice humaine, lorsqu'arrêtés ignominieusement, fouillés, dépouillés, mis au secret, dans une prison contagieuse, avec des vagabonds & des scélérats, n'ayant pour société que des geoliers, des guichetiers, des espions, n'entendant plus que le bruit des verroux & des fers, les hurlemens des cerberes & les cris de la torture, le sommeil a fui leurs paupieres; ou s'ils se sont assoupis un instant, ç'a été pour faire des songes affreux, pour voir des échafauds ensanglantés, & les ombres plaintives des innocens condamnés.... Qu'ils parlent!

J'ouvre les Annales du siecle, & j'y vois un magistrat illustre & vertueux s'exprimer ainsi.... « Quand nous invoquons le bénéfice de l'ordonnance pour conférer, après nos interrogatoires, avec qui bon nous semble, comme le dit l'art. 9 du tit. 14; pour avoir un conseil, comme le dit l'art. 8; pour pouvoir mettre des requêtes, comme portent différens articles..... On s'y oppose.... Nous restons *dans les fers*, moi à mon âge de 65 ans, tourmenté d'une oppression de poitrine, ayant contracté DANS LES CACHOTS une infirmité qui, suivant les consultations des médecins, abrégera ma vie de plusieurs années. Je suis privé d'air, & je respire par un vagistan, pendant vingt-quatre heures de la journée, des vapeurs de soufre & de goudron. »..... Qu'il parle, celui-là, & s'il se souvient de moi, si ce foible écrit lui tombe sous la main, qu'il dise si j'exagere. Ah! plutôt après avoir glorieusement échappé, qu'il se souvienne que le gouffre est encore ouvert, & que chaque jour l'erreur, la passion y entassent des hommes innocens comme lui. Qu'il parle, & qu'avec ses collegues il fasse une sainte union. Dépositaires de la loi, convaincus de ses vices, qu'ils ne se bornent pas à les modifier, qu'ils les présentent au souverain Législateur. Il leur a donné l'exemple. Ils sont bien sûrs de n'être pas repoussés. L'humanité en pleurs les sollicite, la justice applaudira leur zele, & la nation bénira leurs efforts.

L'état de l'accusé est incroyable pour qui ne le connoît pas, & pour qui le connoît, il est *incompréhensible*. La jurisprudence la plus obscure vient encore l'accabler.

Accusé, Confession, Communion.

52. Telle est l'impression que Duprat & Poyet, pénétrés des maximes de l'inquisition, firent dans les esprits, lorsqu'ils changerent notre jurisprudence, qu'on imagina qu'il suffisoit d'être accusé, pour être indigne de participer aux sacremens de l'église.

ARRÊT du parlement de Paris, du 21 mars 1552, qui juge qu'un curé ne pouvoit pas refuser d'admettre aux sacremens de pénitence & de communion, au jour de pâques, sous prétexte que celui qui se présentoit étoit en prévention & accusé d'un crime qualifié. *Patres conscripti abusivè negatam sacramentorum administrationem decreverunt.* (Chopin, lib. 2, polit. eccles. tit. 7, n°. 21.)

Cette jurisprudence n'a pas varié, & l'on accorde même le sacrement de confession aux condamnés. Mais tandis que la religion, plus douce, accorde ses consolations au coupable qui va expier son crime, la jurisprudence frappe l'accusé d'une espece d'incapacité, aussitôt que par ses décrets elle annonce qu'elle le suppose coupable.

Nous allons parcourir les différens actes de la vie, sur lesquels frappe cette incapacité;

incapacité ; & après les avoir considérés sous quatre points de vue, nous examinerons, sous le n°. 57, ce qu'il faut penser de cette incapacité.

Puissance paternelle & maritale.

53. ARRÊT du parlement de Toulouse, du 14 août 1673, chambres assemblées, qui déclare nul le contrat de mariage d'une fille mariée sans le consentement de son pere, condamné à mort par contumace. (Graverol sur La Roche Flavin, liv. 2, lettre *M*, arr. 36, pag. 196.)

ARRÊT du parlement de Toulouse, du 7 janvier 1687, qui confirme la procédure contenant la nomination d'un tuteur aux enfans d'un condamné à mort par contumace, *à la charge néanmoins que le nommé à la tutelle agira, & administrera les biens de l'impubere en qualité de curateur.* (Catellan, tom. 2, liv. 4, ch. 8.) Vedel, dans ses observations, dit : « si la condamnation étoit contradictoire, & que le pere fût condamné, par arrêt ou aux galeres perpétuelles, ou au bannissement perpétuel hors du royaume ; comme *alors* sa condamnation emporte mort civile, il est hors de doute qu'il faudroit pourvoir de tuteur l'enfant de celui qui seroit condamné. »

Or, si le condamné par contumace ne perd pas la puissance paternelle, à plus forte raison l'accusé, simplement décrété & emprisonné, ne perd pas non plus l'autorité maritale ; & je ne vois aucun arrêt, aucune opinion contraire. Suivons-le dans les autres parties de la vie civile.

Accusé qui vend ou s'oblige.

54. ARRÊT du conseil, du 21 juillet 1541, qui déclare valable l'aliénation faite d'un fief par un accusé élargi par provision, & ensuite repris & condamné. (Berault, sur la cout. de Normandie, édit. de 1648, pag. 176.). . . . *Espece.* « Queteuille, après un crime par lui commis, poursuivi en justice, & ayant obtenu un simple élargissement, avoit vendu un fief à Dannebaut avant la sentence de condamnation de mort contre lui donnée. La Riviere prétendoit ledit fief lui appartenir, comme tenant de son fief du Mesnil, & acquis & confisqué dès-lors de la commission du délit. Néanmoins, ledit fief fut adjugé à Dannebaut, acquéreur. . . . . Les venditions sont réguliérement valables après le délit commis, sinon en crime de leze-majesté, pourvu qu'elles ne soient faites en fraude de la confiscation, & que l'acheteur n'en soit participant. ». . . . Ici l'acquéreur paroissoit de bonne foi, vu l'élargissement provisionnel.

ARRÊT du parlement de Paris, du 3 juillet 1567, qui juge qu'un accusé peut vendre de ses biens jusqu'à une certaine somme en vertu d'une permission du juge. Dans l'espece, le premier juge avoit permis à l'accusé de vendre jusqu'à concurrence de 150 liv. La cour autorisa la permission. (Legrand, sur l'art. 120 de la cout. de Troyes, tit. 7, glos. 2, n°. 18, pag. 122, du tom. 2.)

ARRÊT du parlement de Rennes, du 24 octobre 1571, qui déclare valable la vente faite par un accusé. (Dufailh & Sauvageau, tom. 2, chap. 234, pag. 289.). . . . . *Espece.* Leroi, accusé de meurtre, vend à Calon pour 7000 liv. à condition de racquit. Saisie des biens de Leroi. Opposition de Calon. Sentence du sénéchal de Rennes, qui le déboute, & ordonne la ferme de tous les biens. Arrêt qui prononce le mal-jugé, & donne main-levée à Calon.

ARRÊT du parlement de Paris, de notre-dame d'août 1585, qui ordonne que les enfans du premier lit d'une femme condamnée, jouiront de tous les biens appartenans à leur mere avant la condamnation, casse toutes les aliénations faites, tant par elle que son second mari, sauf aux acquéreurs leur recours contre qui ils aviseront bon être, autres que les enfans du premier lit. (Montholon, arrêt 36, pag. 74.). . . . *Espece.*

rémarquable. La nommée Maçon, accusée d'avoir tué son mari dont elle avoit plusieurs enfans, est condamnée à mort par arrêt, dont l'exécution est sursise, attendu sa grossesse. Lettres d'abolition, adressées au parlement qui les rejette; ensuite, lettres de commutation de peine en une prison perpétuelle, entérinées par le prévôt de l'hôtel. Enfermée aux filles pénitentes, elle échappe & va se marier à Vannes en Bretagne à un médecin, dont elle a plusieurs enfans; elle vend une partie de ses biens, en acquiert d'autres & meurt. Les enfans du second lit demandent le partage de la succession. Tels sont les faits d'après lesquels le parlement a déclaré les aliénations nulles, & débouté les enfans du second lit du partage des biens appartenans à la mere commune. A l'égard des biens acquis pendant le second mariage, Montholon dit: *la cour n'ordonne rien des biens acquis depuis la condamnation, lesquels* IL SEMBLE *qu'elle ait réservé aux enfans du second lit*.... ainsi, on a jugé deux questions. La premiere, que l'accusée n'avoit pu aliéner depuis sa condamnation, ce qui n'est pas douteux, parce qu'elle étoit morte civilement. La seconde, qu'elle avoit pu acquérir, ce qui paroît contradictoire. De là il résulte, qu'ayant racheté avec le prix de ce qu'elle avoit vendu, ce sont les acquéreurs seuls qui souffrent, & que les enfans des deux lits en bénéficient; ceux du premier, parce qu'ils reprennent tout ce qui avoit été vendu; ceux du second, parce qu'ils gardent ce qui avoit été acheté. Mais les acquéreurs n'auroient-ils pas dû être dédommagés sur le prix de la seconde acquisition? C'est la bonne foi supposée qui maintient tout à la fois le second mariage, l'état des enfans qui en sont nés, & l'acquisition des nouveaux immeubles. Mais cette bonne foi, si elle suffit pour opérer de si grands effets, est-elle indifférente pour la vente? Comment persuadera-t-on que la même personne ne peut pas vendre, parce qu'elle est morte civilement, & en même temps, qu'elle peut se marier, donner à ses enfans un état légitime, & acquérir, avec l'argent provenu de la vente qu'elle a faite? Dans les affaires de cette nature, où il n'y a aucune loi claire & précise, & où l'on n'a d'autre regle que le *jus suum cuique tribuere*, l'a-t-on bien suivie? Il est permis d'en douter.

ARRÊT du parlement de Rouen, du 27 février 1598, qui juge qu'un homme avoit acquis valablement d'un accusé décrété de prise-de-corps, ensuite arrêté & condamné. (Berault, *ibid.*)... *Espece*. « L'accusé étoit en décret de-prise-corps, & avoit été appellé à ban pour avoir assisté un sergent qui étoit allé forcer une femme de mauvais gouvernement, sans qu'il y eût eu aucune saisie ni annotation de biens, ni qu'autrement le procès eût été approfondi; & lors de la vente de la maison, le vendeur ne se cachoit point & n'étoit plus poursuivi. Depuis, pour un meurtre par lui commis, *joint* le premier crime, il est condamné à mort & exécuté. Les héritiers de l'homicide faisoient décréter cette maison aux fins du paiement de leurs intérêts. »... La vente étant faite de bonne foi, & antérieure au meurtre, il ne pouvoit pas y avoir difficulté.

ARRÊT du parlement de Paris, du 22 mai 1599, qui juge, contre de Bar, acquéreur, que la vente d'une terre, qui lui avoit été faite par de Salles, accusé, étoit nulle; & sans s'arrêter à son opposition, ordonne que les criées, poursuivies à la requête de Bailly, receveur des *amendes*, seront parachevées, & la terre vendue. (Leprêtre, cent. 1, chap. 84, n°. 12, pag. 264.)

ARRÊT du parlement de Rouen, du 4 mars 1608, qui maintient les acquéreurs d'un bien *fieffé* après le décret de prise-de-corps. (Berault, sur la cout. de Normandie, pag. 176.).... *Espece*. « Mathurin Cotelle, voyant que Guillaume, son fils unique, étoit en décret de prise-de-corps dès 1596 pour homicide; que s'il venoit à décéder & son fils à succéder, & en après être confisqué, ses biens ne feroient que passer par la main de son fils pour être adjugés au fisc, fait le 13 août 1600 une *fieffe* de tous ses biens à Guillaume son frere, par 12 liv. de rente, & décede le 20. Guillaume frere jouit. Guillaume fils est arrêté, & vend ces 12 liv. de rente à Bouteillier, puis par arrêt du 12 mai 1606 est condamné aux galeres, ses biens confisqués. » Le receveur du domaine soutenoit la collusion & l'invalidité du contrat de *fieffe*, vu les circonstances, la parenté & la modicité du prix.

ARRÊT du parlement de Paris, du 25 juin 1619, qui, sans égard pour la jouissance de plus de *vingt ans* sans interruption des biens maternels d'un accusé, condamne les acquéreurs à déguerpir en faveur des héritiers du condamné. (Bardet, tom. 1, ch. 63, pag. 57.).... *Espece.* Michel Léonard, donataire contractuel du quart des biens de son pere, & héritier contractuel du surplus, à la charge seulement d'une légitime pour ses deux sœurs, tue son pere, jouit de tous les biens & vend. Vingt ans après, son complice arrêté, le charge, & tous deux sont condamnés. Le Sénéchal de Lyon déclare les ventes nulles. Sur l'appel, M. Lebret, avocat général, rappella cette maxime des pays de droit écrit: *reus à* DIE CRIMINIS COMMISSI IPSO JURE *perdit bonorum suorum administrationem & dispositionem.*

ARRÊT du parlement de Paris, du 30 juillet 1641, qui juge que « la déclaration d'un condamné à mort, qu'il a extorqué par force une vente d'héritages portant numération du prix dont il n'a jamais rien payé, & a tué son vendeur, ne peut nuire à un tiers acquéreur de bonne foi. » (Bardet, tom. 2, liv. 9, ch. 18, pag. 398. Henrys, tom. 1, liv. 4, ch. 6, quest. 86, pag. 593 de l'édit. de 1708.). . . . M. l'avocat général Talon dit: que *telles déclarations sont fort peu considérables.* NEC ENIM AUDITUR PERIRE VOLENS. Je supplie d'observer qu'elles l'étoient *fort*, lorsque l'accusé ne voulant pas avouer, de peur de périr, on l'appliquoit à la question préparatoire pour lui arracher, par les tourmens, un aveu par lequel on pût le condamner. Je supplie d'observer encore, que tous les jours ces testamens de mort sont la base de condamnations contre les complices. Et néanmoins, cette déclaration faite sans aucun intérêt, ne peut pas nuire au tiers-acquéreur.

ARRÊT du parlement de Grenoble, du 13 août 1660, qui déclare nulle la vente faite par une femme d'un office étant de la succession de son pere, après l'accusation d'adultere contr'elle intentée. (Basset, tom. 1, liv. 6, tit. 2, ch. 3, pag. 73.) Basset dit: il n'est pas défendu à un accusé de vendre ou de donner, moyennant que ce soit sans fraude: or, la vente faite par la femme accusée publiquement d'adultere, n'avoit pour objet, que de soustraire à son mari les biens qu'il auroit en la faisant authentiquer.

ARRÊT du parlement de Dijon, du 27 avril 1694, qui juge qu'une personne, quoique accusée de crime capital, peut valablement contracter une obligation. (Perrier & Raviot, tom. 2, chap. 339, pag. 701.)

ARRÊT du parlement de Paris, du 4 août 1742, qui en infirmant la sentence du sénéchal de Poitiers, déclare nulle la quittance passée par Pierre Rossignol à Louis son frere, condamne Louis à payer aux parens du sieur Lasoudiere les intérêts civils à eux dus, en déduction de ce qu'il devoit à Pierre son frere, & aux dépens. (Mercure de France, janvier 1743, pag. 55.).... *Espece.* Louis Rossignol & Anne de Villemaudy sa femme firent, en 1719, un testament mutuel, dans lequel ils se donnerent mutuellement au survivant l'usufruit de leurs biens disponibles instituerent Louis, leur fils aîné, pour en jouir après leur décès, à la charge de payer 26000 livres à *Pierre* pour tous droits de légitime, à raison de 13000 l. pour chacun, & le substituent à son frere. Mort du testateur, la mere reste en possession. 13 février 1722, *Pierre* assassine le sieur de Lasoudiere. Même jour, Louis, héritier, fait contrôler le testament. Le lendemain 14, insinuation; le 15, il le dépose entre les mains d'un notaire d'Angoulême; le 16, quittance pardevant ce notaire, dans laquelle *Pierre* reconnoît avoir lu & approuvé le testament, & avoir reçu comptant de son frere en especes 13000 liv. pour sa légitime dans la succession paternelle. La veille de cette quittance, les parens Lasoudiere avoient donné plainte à Poitiers. Le 19 septembre 1722, sentence qui condamne *Pierre* & son valet à la mort, en 100 l. d'amende envers le roi, 600 l. pour faire dire des messes, 10000 l. de réparation envers les parties civiles & en tous les dépens. Saisies par les Lasoudiere, assignation à la mere. Sentence du sénéchal de Poitiers, qui renvoie Louis & sa mere des demandes des Lasoudiere. Appel. . . . . L'arrêt qui infirme est évidemment fondé sur ce que tout avoit été fait en fraude après le crime commis, & pour frustrer la partie civile de ses réparations. Les circonstances, la fraternité, tout le prouve; c'est justice. Il faut bien que ces questions soient douteuses & essentielles, puisque celle-ci fut insérée dans le mercure avec ce titre: *Question importante jugée au parlement de Paris:* & alors on prenoit beaucoup moins d'intérêt qu'aujourd'hui aux grands objets de la jurisprudence criminelle.

Arrêt du parlement de Dijon, du 11 mars 1758, qui juge que la remise faite par un accusé à sa créanciere d'une partie de ses effets est valable en affirmant; & déclare nulle la vente du surplus à d'autres, bannit l'accusé, & le condamne à des réparations envers la partie civile. (Traité des criées par Thibaut, tom. 2, au supplément, pag. 11; Dijon, Desventes, 1760.). . . . *Espece.* Plainte en injures graves par Guyot, le 28 avril 1754, contre Bulliard curé, coupable d'ailleurs de scandale, adultere & inceste spirituel. Celui-ci, instruit, vend ses meubles, ou paroît les vendre; en cede en paiement à la veuve Pupier, au mari de laquelle il avoit fait, trois ans auparavant, un billet de 681 liv., & disparoît. La Pupier n'avoit reçu que ce qui lui étoit dû, & étoit évidemment de bonne foi. A l'égard des autres acquéreurs, les circonstances ont montré de la mauvaise foi, sans doute; car, il seroit trop dur de prétendre qu'un accusé ne peut pas vendre des effets mobiliers, sur lesquels il n'y a pas suite par hypotheque.

Arrêt du parlement de Dijon, du 7 juillet 1759, qui déboute les acquéreurs de la demande en distraction des biens acquis de Cousin avec dépens. (*Ibid.* pag. 12.). . . *Espece.* Arrêt du 19 janvier 1758 en matiere civile, qui prend pour dénonciation de malversation une requête de Viriot contre Cousin. 11 mars, décret d'ajournement personnel. 7 juillet, arrêt qui le condamne en 21 l. de restitution, en tous les dépens, & en 100 l. d'amende envers le roi. Saisie par Viriot. Demande en distraction de trois acquéreurs, leurs contrats étoient des 31 janvier, 21 février & 11 mai, par conséquent postérieurs à l'arrêt du 19 janvier, qui avoit ordonné que le procès seroit fait à Cousin. Une circonstance encore très-forte, c'est que ces trois acquéreurs étoient freres & cousins de l'accusé. C'étoit évidemment une manœuvre.

Accusé qui donne & teste.

55. « Si quelqu'un, après l'accusation, meurt en prison sans avoir été condamné, son testament sera valable. » *Si quis post accusationem in custodiâ fuerit defunctus indemnatus, testamentum ejus valebit.* (L. 9, D. qui test. facere poss.)

Arrêt du parlement de Paris, de Pâque 1581, qui, pour la réparation accordée à l'accusateur, le préfere sur les biens, à la seconde femme du condamné. (Montholon, arr. 9, pag. 19.)... *Espece singuliere.* Titius épouse deux femmes, & tue celle qu'il avoit épousée la premiere; il est poursuivi, condamné à mort, & en 2000 liv. de dommages envers le pere de sa femme tuée. La seconde demande sur les biens à être préférée pour son douaire, & se disoit de bonne foi. Le pere répondit : ou votre mariage est du vivant de la premiere femme, alors il est nul; ou il est postérieur à sa mort & au crime qui l'a causée, & alors vous ne pouvez avoir ni préférence, ni antériorité d'hypotheque. Dans ces cas l'hypotheque est du jour du délit. Le mariage de cette seconde femme avoit été fait secrétement, & elle étoit soupçonnée d'avoir eu part au meurtre de la premiere. Il n'y a besoin ni de loix, ni d'autorités pour appercevoir sur le champ la justice de cet arrêt.

ARRÊT du parlement de Paris, du 5 février 1665, qui a jugé qu'un fils accusé & convaincu de parricide sur la poursuite de son pere, qui lui avoit fait faire son procès jusques au récolement & à la confrontation, n'ayant point été condamné, avoit pu tester valablement dans les prisons en faveur de son oncle paternel, auquel il avoit donné les biens de la succession de sa mere, qui étoit décédée dans l'intervalle de l'accusation. (Soëfve, tom. 2, cent. 3, chap. 45, pag. 275.)

ARRÊT du parlement de Paris, du 6 février 1621, qui a jugé « au procès d'ordre des deniers provenans du prix de la terre de Bussy Lestrées, vendue sur défunt Jean Poinsart, bourgeois de Châlons, au profit de Salles contre Chavigny, que par la donation faite *etiam* par contrat de mariage, le donataire ne viendroit en ordre qu'après les dépens faits par celui qui auparavant ledit contrat s'étoit inscrit en faux contre un faux contrat fabriqué par ledit Poinsart, contre lequel il y avoit eu décret d'ajournement personnel, avec *retentum, comparendo retineatur*, pour parvenir à la condamnation de mort contre Poinsart, exécuté pour cette fausseté en mars 1606 par arrêt. » (Leprêtre, cent. 1, chap. 84, pag. 265, not. margin.)

ARRÊT du parlement de Paris, du 1er. juillet 1632, qui maintient la donation faite par l'accusé avant le décret. (Journ. des audiences, tom. 1, liv. 2, chap. 113, pag. 138.)... *Espece.* Montfreville donne ses biens à ses enfans en 1616, est décrété en 1617, condamné & exécuté le 10 février 1618, sans que la sentence portât confiscation de biens. De Nelle confiscataire fut débouté par l'arrêt cité. Cette demande étoit odieuse. De plus, la donation étoit antérieure au décret.

ARRÊT du parlement de Rouen, du 18 février 1645, qui déclare nulle la donation faite par l'accusé à son frere. (Basnage, sur l'art. 143 de la cout. de Norm. tom. 1, pag. 240.).... *Espece.* Dufayel, prêtre, séduit sa paroissienne, & connoissant qu'elle étoit grosse de cinq mois, fait à son frere une donation de tout son bien insinuée cinq jours avant l'accouchement.

Accusé qui résigne.

56. ARRÊT du parlement de Paris, de juillet 1598, qui juge que, si auparavant la résignation admise, sentence de mort a été donnée contre le résignant, la provision sera nulle. (Carondas, liv. 1, rep. 22, pag. 7.) L'arrêtiste dit : « aucuns disputent si celui qui a commis crime capital peut résigner ses bénéfices. Dumoulin se travaille fort à traiter cette question contre la commune opinion des interpretes du droit canonique. Mais j'ai appris des anciens jurisconsultes & avocats de notre palais qu'il a été jugé PAR PLUSIEURS ARRÊTS, & entr'autres un solemnel & notable pour le prieuré de St. Denis de la Chartre, résigné par celui qui avoit commis homicide.... Que celui qui avoit été pourvu par le pape *avant que le résignant*

fût prévenu & accusé en justice, a été estimé canoniquement pourvu. »

ARRÊT du parlement de Paris, du 5 avril 1664, qui a jugé qu'un procureur du roi en la maréchaussée & au bailliage de Loudun, accusé d'avoir malversé dans sa charge, n'avoit pu la résigner à son fils, ni celui-ci être reçu en cette charge jusqu'à ce que le procès de son pere fût terminé. (Soëfve, cent. 3, tom. 2, chap. 16, pag. 243.)

ARRÊT du parlement de Dijon, du 20 décembre 1689, qui juge qu'un ecclésiastique qui a subi une condamnation n'est pas recevable à rentrer par la voie du regrès dans le bénéfice qu'il a résigné sous pension pendant qu'il étoit accusé, sous prétexte de perfidie du résignataire. (Perrier & Raviot, tom. 2, chap. 308, pag. 566.)

ARRÊT du parlement de Paris, du 18 septembre 1618, au rapport de M. de la Nauve, qui a jugé *tout d'une voix* que la résignation faite de son office par un sénéchal accusé d'assassinat, mais avant la sentence prévôtale qui le condamna, étoit bonne & valable; parce que l'accusé étant décédé dans les cinq ans de la sentence, la condamnation étoit feinte & imparfaite. (Leprêtre, cent. 1, ch. 84, pag. 265, not. margin.)

ARRÊT du parlement de Paris, du 27 juillet 1694, qui juge que le bénéficier, quoique coupable d'un crime atroce qui a rendu son bénéfice vacant & impétrable, peut le résigner avant le décret. (Journ. des audiences, tom. 4, liv. 9, chap. 18, pag. 516.). . . . *Espece*. Un curé de Tours étoit accusé de délits graves par le promoteur, & décrété de prise-de-corps par l'official. *Cela l'obligea de mettre son bénéfice à couvert* de la maniere suivante. Il fit le 15 novembre 1691 résignation en brevet à Gittet, & alla la déposer chez un notaire de Poitiers. La résignation fut admise à Rome en janvier 1692. Le 14 mars suivant sentence par défaut, qui déclare le curé résignant incapable de posséder bénéfices. Depuis Moët dévolutaire se pourvoit. Procès entre lui & Gittet. Celui-ci est maintenu par l'arrêt. M. l'avocat général de Lamoignon insista, *sur ce que la résignation avoit été admise & consommée* avant qu'il y eût aucune accusation, & auparavant que le dévolutaire eût obtenu aucune provision.

Maynard dans ses *questions notables*, *tom. 1, liv. 1, chap. 61, pag. 48*, dit: « il a été reçu communément tant par les interpretes du droit canonique qu'arrêts des cours souveraines, qu'un titulaire & paisible possesseur de bénéfice, *pouvoit résigner après un crime capital par lui commis*, ***ET AVANT LA CONDAMNATION***, *& même durant l'appel qu'il en auroit pu relever*. . . . Ces maximes ont reçu une limitation aux cas où le délit seroit tellement qualifié, que par circonstances graves & énormes on le doive dire *détestable*, comme *parricide*, *assassinat*, *volerie* & autres, qu'on ne peut passer sous le titre de simple délit. *Cap. in quibusdam de pœn. extra. cap. 1, de homicid. lib. 6*, auxquels cas les bénéfices sont censés vaquer de droit au moment du crime commis, qu'on appelle *ipsò jure*, *&c.* »

Loiseau dans son *traité des offices*, *liv. 1, chap. 13, n°. 13 & suiv.* dit que la validité de la résignation des offices comme des bénéfices, faite après l'accusation intentée, est suspendue jusqu'à la sentence définitive, & qu'elle devient nulle si la sentence emporte forfaiture ou dévolut; mais qu'elle est valable si l'accusé décede avant le jugement ou sur l'appel. Il y en a, ajoute-t-il, qui font vaquer le bénéfice de plein droit comme l'hérésie, le crime de leze-majesté, l'assassinat prémédité, le rapt, l'inceste spirituel, la simonie & autres marqués dans le droit canon. Ces crimes rendant le bénéfice impétrable par dévolut, le titulaire ne peut plus résigner. Il le peut pour tous les autres, même sur l'appel de la sentence qui le condamne.

Accusé héritier, Donataire, Légataire.

57. ARRÊT du parlement de Paris, du 24 mars 1603, qui juge qu'un accusé, décrété, prisonnier, appliqué à la question préparatoire où il a avoué, & après laquelle il a fui, repris ensuite & pendu, a succédé à son frere mort dans l'intervalle de la question à la mort. (Servin, tom. 1, pag. 129; Montholon, arr. 100, p. 217.)... *Espece.* Vermondet avoit quatre enfans mâles, Gautier l'ainé, maître des requêtes, trois autres du nom de Jean & quatre filles. Le premier des trois Jeans marié, ayant des enfans, commet un inceste avec une de ses sœurs. LE PERE LE MET EN JUSTICE. Il est mis à la question, confesse, brise la prison, disparoît & n'est pas jugé. Le pere fait son testament, par lequel il l'exhérede & institue ses trois freres; l'ainé Gautier est héritier universel. Ils meurent tous trois. Les filles mariées avoient renoncé. Que deviendra la succession de Gautier? L'appas de cette succession fait commettre une nouvelle horreur. Jean coupable & fugitif est *livré à la justice par une de ses sœurs*, condamné & pendu à la Greve en 1585. Ses enfans demandent la succession de leur oncle. La tante qui avoit vendu le sang de son frere s'y oppose, disant que s'ils avoient le bien de leur oncle, ils succéderoient à l'aïeul qui avoit exhérédé leur pere. Les malheureux enfans répondent, qu'il ne s'agit pas de la succession de leur aïeul dont les biens ont changé de mains, mais de celle de leur oncle, & qu'il s'agit uniquement de savoir si leur oncle Gautier étant mort avant la condamnation de leur pere, celui-ci n'a pas pu succéder. « Par arrêt prononcé à Pâque 1603, les biens ont été adjugés aux enfans de celui qui étoit *in reatu*, & advertit M. le premier president Molé, que la cour avoit jugé que l'EXHÉRÉDATION DU PERE N'EMPÊCHOIT QUE L'EXÉCUTÉ A MORT N'AIT PU SUCCÉDER A SON FRERE AVANT LA CONDAMNATION : *quia mutatione personæ paterna bona esse desierunt. L. per procuratorem de acquir. hered.* & que la renonciation de la sœur profitoit aux enfans de l'exécuté à mort. » Contre cet arrêt requête civile & hors de cour.... Sans doute cet arrêt est dans l'espece la plus forte. Ce n'étoit pas un simple accusé, un simple décrété qui succédoit, c'étoit un *condamné* non définitivement, mais à la question préparatoire, car l'*art. 13 du tit. 25 de l'ord. de 1670*, dit : *après la peine de la mort naturelle, la plus rigoureuse est celle de la question, à la réserve des preuves.*

ARRÊT du parlement de Paris du 10 juin 1659, qui juge que le fils accusé de parricide ne peut pas succéder à son pere mort avant le jugement. (Soëfve, tom. 2, cent. 2, chap. 1, pag. 87.).... On voit sur le champ que cet arrêt cité par-tout l'est souvent mal-à-propos; en effet, le fils n'étoit pas incapable de succéder à son pere comme accusé, mais indigne comme parricide : il auroit recueilli pendant l'accusation la succession de tout autre, mais il ne pouvoit pas succéder à son pere qu'il avoit égorgé. Dans presque tous ces arrêts on voit le fisc soutenir l'accusé incapable, lorsqu'il peut y avoir confiscation. Ici le fisc soutenoit contre les freres restés seuls héritiers du pere commun, que le parricide avoit pu hériter. Et voilà ce que produit l'odieuse âpreté du gain quand il peut changer de couleur, & se replier dans les ténebres de la jurisprudence.

ARRÊT du parlement de Paris, du 16 juillet 1676, qui déclare la Brinvilliers indigne de succéder à son pere & ses deux freres, qu'elle avoit empoisonnés. Même motif que sur l'arrêt précédent. Ce n'est pas incapacité résultante de l'état d'accusé, c'est indignité résultante de ce que l'assassin ne peut jamais succéder à celui qu'il a tué. La plupart des auteurs, tels que Serpillon & Jousse, font cette confusion.

Arrêt du parlement de Paris, du 5 septembre 1699, qui juge que la pension viagere & alimentaire n'est point éteinte par la condamnation au bannissement, ou aux galeres. (Mat. crim. de Lacombe, part. 1, chap. 1, n°. 18.)... Ce qu'on ne perd pas par la condamnation, on peut l'acquérir pendant l'accusation. C'est l'humanité qui dicte ces principes, c'est la pitié, & on aime à la voir paroître dans les séveres décrets de la justice.... C'étoit la loi 16, *D. de interdictis & relegatis*. Le rescrit d'Antonin est superbe.... *quòd verò* pie *rogastis liceat vobis ultimâ voluntate eis ad victum & alios usus necessarios sufficientia relinquere, eisque ex hac causâ relicta capere.*

Arrêt du parlement de Paris, du 28 mai 1670, qui juge qu'un accusé de crime capital est capable de recueillir une succession, *pendente accusatione*, & que l'aliénation par lui faite est valable. (Soëfve, tom. 2, cent. 4, chap. 35, pag. 394.).... *Espece.* Henry de Bury meurt le 8 janvier 1661, laissant pour héritiers *François* & Marie. Celle-ci renonce. François conjointement avec sa femme, par acte devant notaire, vend les biens de la succession à de Lizy pour 12500 liv., dont 7000 liv. déléguées au douaire de la femme du vendeur, & le reste à celui-ci. De Lizy jouit paisiblement. Mais *François* avoit commis un crime en 1654, avoit transigé avec la partie civile, & avoit oublié de terminer une procédure instruite sur ce délit par le prévôt de la maréchaussée de Compiegne. Août 1663, commandement du receveur du domaine à de Lizy acquéreur de Franç. de Bury. Opposition de celui-ci. Ordonnance de l'assesseur portant acte & joint. Appel de de Lizy. Au préjudice de cet appel, sentence de la prévôté qui condamne par contumace Bury vendeur à la mort, & déclare nul & frauduleux le contrat de vente. Appel de de Lizy.... Dans l'intervalle, François accusé étoit mort dans les cinq ans de la contumace.... Ce n'étoit point la partie civile qui se plaignoit d'une vente faite pour la frustrer, puisqu'on avoit transigé. Quel étoit donc l'instigateur? Un partisan très-défavorable. On applaudit l'arrêt, mais on est étonné de ne pas voir punir le prévôt de Compiegne. Car le crime est commis & accommodé en 1654, & la justice se tait pendant neuf ans. Ce n'est qu'en 1663, lorsque l'accusé devient riche, que le prévôt excité par le partisan, poursuit & condamne à mort. Ce sont de pareils traits dans la province qui rendent odieuse l'administration de la justice criminelle.

Observations sur les cinq articles précédens.

58. Lorsque l'accusé a été absous définitivement, il est incontestable qu'il a pu résigner, tester, donner, recevoir, hériter, transiger, s'obliger & vendre. Il n'y a ni loi, ni arrêt, ni opinion contraire. S'il en pouvoit être autrement, il dépendroit du premier venu d'ôter l'état civil par une simple accusation; & comme on peut plaider durant un demi siecle, pendant tout ce temps le citoyen le plus innocent, le plus qualifié, le plus puissant, seroit dans une interdiction absolue. Ce seroit une atroce absurdité.

Mais avant le jugement quel est l'état de l'accusé? Est-il mort civilement par le seul effet de son crime, ou par l'accusation, ou par le décret? Innocent ou coupable, quelle sera sa capacité pour lui, pour son état, pour sa famille, pour tous ceux avec qui il peut traiter?

Voilà une des plus grandes & des plus importantes questions de la jurisprudence. On feroit dix volumes *in-fol.* de tout ce qui a été imprimé sur ce seul point, qui par une loi simple pouvoit se réduire à cinq ou six lignes. Tant il est vrai que nous n'écrivons tant que parce que nous manquons de loix.

On est remonté jusqu'au droit divin, & l'on a cité avec subtilité pour & contre

contre les deux premiers crimes commis, & les deux premiers arrêts rendus sur la terre. Voyez la *Genes. chap.* 3 & 4; & ce que j'ai dit au mot *Accouchement, n°.* 2. Voyez encore Brodeau sur Louet, *lettre* O, *n°.* 1, *pag.* 256; & Bardet, *tom.* 1, *chap.* 63, *pag.* 58, *col.* 2.

Dans le droit romain on cite une prodigieuse quantité de loix, à travers lesquelles on s'égare. Voici les principales.

Celui qui est accusé peut administrer son bien; & ses débiteurs qui le paient de bonne foi ne peuvent pas être recherchés. *In reatu constitutus, bona sua administrare potest, eique debitor rectè bonâ fide solvit. L.* 46, § 6, *D. de jure fisci.*

Rien n'empêche, dit une autre loi, que l'accusé ne reçoive ce qui lui est dû, sans quoi la plupart des innocens manqueroient du nécessaire. *Reo criminis postulato, interim nihil prohibet rectè pecuniam à debitoribus solvi. Alioquin plerique innocentium necessario sumptu egebunt. L.* 41, *D. de solut. & liberat.*

« Après qu'un crime capital a été commis, les donations ne valent rien, si la condamnation a suivi. » *Post contractum capitale crimen, donationes factæ non valent, ex constitutione divorum Severi & Antonini,* (NISI) *condemnatio secuta sit. L.* 15, *D. de donationibus.*

« Les biens de celui qui est mort en prison ou dans les fers, ne peuvent pas être ôtés aux héritiers de droit, soit qu'il ait testé, soit qu'il soit mort *ab intestat.* » *Bona eorum qui in custodiâ, vel in vinculis, vel compedibus decesserunt, heredibus eorum non auferuntur, sive testato sive intestato decesserunt. L.* 45, § 1, *D. de jure fisci.*

« Celui qui est accusé de parricide étant mort, si c'est lui qui s'est tué, sa succession appartient au fisc; mais s'il est mort naturellement, il aura pour héritiers ou ceux qu'il aura institués, ou ceux qui étoient appellés par la loi. » PARRICIDII POSTULATUS, *si interim decesserit, si quidem sibi mortem conscivit, successorem fiscum habere debebit. Si minùs eum, quem voluit, si modò testamentum fecit; si intestatus decessit, eos heredes habebit, qui lege vocantur. L.* 8, *D. de lege Pompeiâ de parricidiis.*

L'ORDONNANCE de 1670, *tit.* 10, *art.* 11, dit: *le décret d'ajournement personnel ou de prise-de-corps emportera* DE DROIT INTERDICTION. L'article précédent dit: *L'ordonnance d'assigné pour être oui contre un juge ou officier de justice n'emportera point d'interdiction.* Du mot *Interdiction* & du rapprochement de ces deux articles, on conclut que le législateur n'a entendu que l'abstention, la cessation des fonctions de la justice, & non la mort civile.

Dans le silence de nos loix on recourt aux loix étrangeres, & l'on cite l'*art.* 14 *du tit.* 16 *de l'ordonnance criminelle de Léopold, duc de Lorraine, de l'an* 1701. « Déclarons toutes ventes, cessions, donations & transports faits par les condamnés à mort civile ou naturelle, de leurs biens, meubles & immeubles, du jour de la signification du premier décret, nulles & de nul effet, comme faites en fraude de la condamnation, & en cas de crime de leze-majesté au premier chef, du jour du crime commis. »

Mieux vaut une loi telle qu'elle qu'une jurisprudence arbitraire, contradictoire, obscure & versatile. C'est le désespoir du jurisconsulte, la ruine du citoyen & la honte des loix. Que signifient nos arrêts & les opinions diverses de tant d'auteurs? Là on établit la mort civile de l'accusé à la condamnation, ailleurs au décret, plus loin à l'accusation, lorsque le crime est grave, plus loin encore on fait rétrograder la mort civile jusques avant le crime, pour punir l'intention, le projet ou la préparation; & ces idées vagues ouvrent un vaste champ à l'imagination & aux raisonnemens des jurisconsultes anciens, qui, ne trouvant point d'appui dans nos ordonnances, se sont reportés sur le droit romain.

Vous trouverez la nomenclature & les opinions diverses de tous nos jurisconsultes dans l'excellent traité de la mort civile de M. Richer, & nul ne nous paroît avoir mieux vu, resserré, approfondi & présenté ces questions importantes. Il propose trois principes fondamentaux, chap. 2, sect. 1, pag. 46 & suivantes. *Premier principe.* « Aucune peine n'est encourue *ipsò facto.* » *Second principe.* « Un criminel conserve son état de citoyen avec les prérogatives qui y sont attachées jusqu'au moment de la condamnation. » *Troisieme principe.* « C'est une regle du droit naturel qu'un accusé ne soit point réputé coupable jusqu'à ce qu'il soit convaincu du crime & comme tel condamné. »

De ces principes M. Richer conclut, pag. 101, que, quand ces arrêts déclarent nuls des actes faits par l'accusé pendant le temps intermédiaire au crime commis & au jugement, ce n'est pas que l'accusé fût incapable. Rien encore ne lui avoit ravi la qualité de citoyen. Mais on présume qu'il les avoit faits en fraude. « *Quand on les annulle, c'est comme frauduleux, & non comme faits par une personne incapable.* »

Osons aussi jeter rapidement & sans ordre quelques-unes des réflexions qui viennent en foule en considérant notre jurisprudence.

A Rome l'inscription & la publicité de l'accusation, l'éclat & l'authenticité de la procédure criminelle, mettoient le citoyen sous le regard du public comme accusé, &, comme si c'étoit un pestiféré, du moins chacun pouvoit fuir la contagion.

Mais parmi nous, & lorsque tout est secret, comment imaginer que l'accusé puisse être frappé d'incapacité ou de mort civile, je ne dis pas par l'accusation, mais même encore par le décret?

Si vous considérez les tiers qui auront eu affaire avec l'accusé, y a-t-il justice à détruire ce qui aura été fait, sous prétexte d'un délit obscur, ignoré, d'une plainte mystérieuse, d'un décret ténébreux?

Si, écartant les tiers, vous vous bornez à l'intérêt que l'accusé doit inspirer jusqu'à sa condamnation, sinon pour lui, du moins pour sa famille, considérez où vous menera cette jurisprudence. Vous êtes tranquille; que savez-vous si quelqu'un n'a pas donné plainte contre vous, si vous n'êtes pas décrété, s'il ne s'est pas entendu avec un huissier infidele? Dans dix ans, vingt ans plus tard vous apprendrez que durant tout ce temps, vous avez été frappé d'une incapacité approchant de la mort civile!

De plus, comment concilier le principe qu'un accusé ne perd son état civil que par la condamnation, & cependant lui en ôter l'exercice?

Comment statuer qu'un homme perd la puissance sur les choses & qu'il conserve la puissance sur les personnes? Celle-ci sans doute est bien supérieure & d'un ordre plus élevé.

L'état d'un accusé coupable ou innocent est déja si déplorable! N'est-ce pas assez du sacrifice fait à la sûreté publique de sa liberté, de son honneur, de sa personne toute entiere, sans y joindre encore sa fortune?

L'esprit de fiscalité a dicté cette jurisprudence aux Romains, & a passé parmi nous: au mot *Confiscation*, nous examinerons ce que c'est que cette coutume qui, à la peine de la mort naturelle & de la mort civile, ajoute la privation de la fortune au préjudice des héritiers de droit; & seulement je supplie de considérer comment, aveugle dans ces principes contradictoires, le fisc soutient, tantôt que l'accusé n'a pu ni vendre, ni donner, & tantôt qu'il a acquis & hérité.

Après ce motif principal est venu l'intérêt de l'offensé, & sans doute il mérite protection. Jugez donc qu'il est devenu créancier par le délit, à l'instant même du délit, & déclarez frauduleuses les aliénations faites depuis le décret, depuis le délit même. Faites plus, & en prononçant le décret d'ajournement personnel ou de prise-de-corps, faites saisir & annoter les biens de l'accusé, comme ceux du contumax ou du failli; mais ne le rendez pas incapable de tous les actes de citoyen. Sur-tout ne l'empêchez pas de résigner son office, son bénéfice. Car s'il est coupable, il se fait justice à lui-même, & la religion & l'état gagneront à le voir remplacé plutôt. S'il est innocent, c'est une iniquité de lui ôter un droit qui lui appartient. Si vous voulez le conserver, ne le laissez pas accuser; ou, en le jugeant promptement, encouragez-le à conserver des fonctions dont le dégoûte ou le détourne la nécessité de se défendre.

Ces idées peuvent avoir quelques inconvéniens, & quelles loix humaines n'en ont point? Tout se réduit à les comparer avec ceux qui résultent de l'incapacité des accusés. Or, si vous mettez d'un côté les risques que courroient le fisc & quelques offensés; de l'autre le désordre & la ruine des familles, résultans de la mort civile des accusés, ou du doute même qu'on paroît avoir d'après l'obscurité de la jurisprudence, les inconvéniens de cette derniere hypothese, seront à ceux de la premiere comme mille à un.

Quoi qu'il en soit, cette partie de la jurisprudence criminelle paroît devoir fixer les regards du législateur.

Accusé absent, contumax.

59. Ces deux mots ne sont pas synonymes. L'*absent*, est celui qui est éloigné de sa patrie, de son domicile. Le *contumax*, est celui qui, accusé d'un délit & frappé d'un décret quelconque, ne comparoît pas en justice pour *se défendre par sa propre bouche.*

Sous le mot *Contumax*, j'exposerai notre droit positif. L'ordonnance de 1670 a un titre entier. Le 17, *des défauts & contumaces*: trente-deux articles y sont destinés seulement à tracer les formes prescrites pour juger le contumax par défaut, & recommencer la procédure, s'il *purge la contumace.*

Ici je propose des doutes.

Premiere question. Lisez le titre du Digeste *de requirendis vel absentibus damnandis*, (L. 48, tit. 17.) & sur-tout la premiere loi de ce titre, qui donne pour maxime que l'absent ne peut être ni puni, ni condamné sans avoir été entendu & défendu. *Ne quis* ABSENS *puniatur, & hoc jure utimur, ne absentes damnentur: neque enim inauditâ causâ quemquam damnari æquitatis ratio patitur.* Recherchez le coupable; faites-le arrêter. Mais, si vous ne le trouvez pas, ne le condamnez pas sans l'entendre. Ne vous exposez pas à le déshonorer & à le ruiner. Il vaut bien mieux suspendre un acte équivoque de justice, qui dans le vrai, ne signifie rien, que de vous exposer à faire une injustice. Tel étoit l'esprit de Rome. Notre jurisprudence vaut-elle mieux?

Seconde Question. L'ordonnance de 1670 a-t-elle pris toutes les précautions nécessaires pour appeller l'absent, s'il l'est long-temps & fort au loin? Car, vu le secret de la procédure, il est affreux d'imaginer qu'en votre absence, sans que vous vous en doutiez, on vous accuse, & que revenant dans quelques années, vous trouviez une procédure faite, votre nom flétri, vos biens saisis & vendus si vous en avez, peut-être encore l'impossibilité de vous justifier. Cependant cela est arrivé plus d'une fois & peut se répéter encore.

Troisieme question. Qu'est-ce que ce bon mot du premier président de Harlay répété par-tout? *Si l'on m'accusoit d'avoir mis dans ma poche la grosse cloche de Notre-Dame, je commencerois par fuir, & je me défendrois de loin.* Si un accusé innocent vous consulte, lui direz-vous de se mettre en état? D'abord, voyez ce qu'il aura à souffrir des frais de la procédure, des longueurs & de la prison:

ensuite, considérez quel peut être le résultat d'une procédure secrete, d'une procédure telle que la plupart de celles sur lesquelles sont intervenus les arrêts que j'ai cités. Je me rappelle, toujours en frissonnant, la réponse que M. Desjobert m'a dit, en 1764, avoir faite en pareil cas, & que j'ai déja citée tom. 1, pag. 649. Leroi lui disoit: je suis accusé d'avoir assassiné, & je suis innocent: *s'il y a,* lui répondit Desjobert, *deux témoins tels quels, vous serez roué, bonne ou mauvaise, telle est la loi.* Et quand Leroi se détermina à se mettre en état, M. Desjobert lui cria encore de la fenêtre : *au moins ce n'est pas moi qui vous le conseille.*

Quatrieme question. L'accusé absent ne peut-il pas se défendre par procureur, du moins provisoirement, former opposition, interjeter appel, sans se mettre en prison, conformément à l'art. 18 de l'ordonnance de Roussillon.

ARRÊT du parlement de Metz, du 19 décembre 1781, qui juge qu'un accusé peut être reçu appellant d'un décret de prise-de-corps, sans s'être mis en état dans les prisons. . . . . *Espece.* Cahem, juif, avoit été décrété de prise-de-corps, accusé, ainsi que plusieurs autres, de malversation dans les fourrages : absent, fugitif, contumax, il a présenté requête au parlement, on l'a écouté, il a été défendu, & l'examen de la procédure a déterminé l'arrêt.

Le chancelier d'Aguesseau traite cette question dans une lettre du 20 février 1728, adressée au parlement d'Aix, (tom. 9, pag. 190.) « Au parlement de Paris, & dans le plus grand nombre des autres cours, je vois qu'on regarde l'ordon. de Roussillon, comme *TACITEMENT abrogée* par l'ordonnance de 1670, qui SEMBLE avoir réduit tout le devoir des cours en cette matiere à l'obligation de ne donner *aucunes défenses* de continuer l'instruction des procès criminels, *sans avoir vu les charges* & informations, si ce n'est qu'il n'y ait qu'un ajournement personnel. C'est sur le fondement de cette disposition AINSI EXPLIQUÉE, qu'on a cru que l'appel de ceux-mêmes qui sont en décret de prise-de-corps, pourroit être reçu, quoiqu'ils ne fussent pas encore en état ; ainsi, l'on rend un premier arrêt, où l'on ne fait que les recevoir appellans, & ordonner que les charges & informations seront apportées, pour se déterminer ensuite à accorder ou refuser par un second arrêt, les défenses demandées, selon le TITRE DE L'ACCUSATION & le mérite des charges. — L'ancienne rigueur des regles qu'on observoit autrefois à l'égard des décrétés de prise-de-corps, qui ne s'étoient pas remis en prison, a donc été réduite à deux cas par LA JURISPRUDENCE LA PLUS COMMUNE. — L'un est celui d'un accusé, qui n'ayant pu obtenir des défenses pour arrêter le cours de la procédure, insiste à faire juger son appel à l'audience. Comme il a alors contre lui, non seulement le préjugé du décret, mais celui de l'arrêt qui lui a refusé des défenses, c'est une maxime inviolable que toute audience lui soit déniée, jusqu'à ce qu'il se soit mis en état. — L'autre cas est celui d'une instruction portée jusqu'à une sentence définitive, rendue par contumace; une pareille sentence ne pouvant être anéantie que par la représentation de l'accusé, on ne l'écoute point & on ne reçoit point son appel, jusqu'à ce qu'il soit actuellement prisonnier, & il faut nécessairement joindre une copie de son écroue à sa requête, pour le mettre en état de pouvoir être reçu appellant. — Telles sont les regles que l'*INTERPRÉTATION de l'ordonn. de 1670, autorisée par l'USAGE LE PLUS* commun, a établies en cette matiere; & comme *il est INDÉCENT que la même ordonnance s'exécute différemment dans les différens parlemens*, le bon ordre SEMBLE demander que le parlement d'Aix se conforme sur ce point à l'usage général, & qu'en expliquant son arrêt de réglement, il établisse les regles que je viens de vous marquer. — Cependant, comme je ne vois POINT DE LOI PRÉCISE qui condamne la *rigueur* dont il paroît avoir usé jusqu'à présent à l'égard des décrétés de prise-de-corps, en ne les recevant appellans que lorsqu'ils se sont mis en état, & que d'ailleurs *il peut y avoir des* RAISONS LOCALES *de laisser subsister son usage à cet égard, par des considérations propres & particulieres à ce qui est de son ressort*, je suspends encore mon jugement jusqu'à ce que vous m'ayez instruit plus exactement à cet égard. »

J'ai transcrit une grande partie de cette lettre, moins encore pour consigner les principes de LA JURISPRUDENCE LA PLUS COMMUNE, que pour donner une idée exacte du malheureux état de cette jurisprudence en matiere criminelle. Quoi! l'art. 18 de l'ordonnance de Roussillon n'est ABROGÉ que TACITEMENT! Il n'y a point de LOI PRÉCISE qui condamne la rigueur d'un tribunal dans la maniere d'administrer la justice criminelle! Il peut y avoir des RAISONS LOCALES, des CONSIDÉRATIONS PROPRES A UN RESSORT! La raison n'est pas une! La justice n'est pas une! Dans le même royaume qui n'est qu'une grande famille; la liberté, l'honneur & la vie des sujets ne dépendent pas d'une *loi précise*, pas même de l'usage ordinaire & de la jurisprudence la plus commune! Le moindre juge peut se moquer d'une *abrogation tacite*, & parce qu'il n'y a point de *loi précise*, faire revivre une loi barbare! *Il est* INDÉCENT *que la même ordonnance s'exécute différemment dans les différens parlemens*; & néanmoins ce désordre subsiste, sans réforme depuis 1728! Grand & bon d'Aguesseau! tu voyois la vérité, tu chérissois la justice, & tu voulois le bonheur public. Tu étois convaincu des erreurs, des défauts & de l'insuffisance de notre code criminel; tu le parus, sur-tout dans l'affaire de la Pivardiere, où après avoir fait un éloge pompeux de la jurisprudence romaine, passant à la nôtre, tu te contentas de dire: *La loi a parlé, il ne nous reste plus que la gloire de lui obéir.* (tom. 4, pag. 436.) Au lieu de tes belles, mais insuffisantes ordonnances sur les donations, les testamens & les substitutions, ah! pourquoi ne préféras-tu pas la refonte de notre code criminel? Tu aurois bien mieux servi la patrie, l'humanité & la justice. Mais LOUIS XVI ne régnoit pas encore.

Cinquieme question. Un accusé absent qui ne se met pas en état & ne présente point de requête, n'a-t-il pas un défenseur de droit dans le ministere public?

ARRÊT du parlement de Paris, du 13 août 1781, dans la grande affaire entre le sieur Lempereur de la Rochelle, accusateur & intimé, & les sieurs Bonin & Consorts, accusés & appellans, qui *reçoit le procureur général appellant* POUR *le nommé Bourdon de la procédure extraordinaire encommencée à la requête*... Il falloit terminer cette monstrueuse affaire, & pour statuer régulièrement, le ministere public appelle pour l'absent. Il peut donc le défendre, faire ce qu'il auroit fait, s'il eût été en cause; & s'il le peut, il le doit.

Nulle part ce pouvoir & cette précieuse attention du ministere public n'ont été manifestés avec plus d'éclat que dans l'affaire de M. de Vocance, si fameuse par l'écrit ayant pour titre: *Réflexions sur quelques points importans de nos loix à l'occasion d'un événement important. Par M. Servan, ancien magistrat. Geneve, 1781.*

C'étoit une atroce absurdité de prétendre que M. de Vocance, gentilhomme, ancien conseiller du parlement, eût imaginé d'empoisonner à la fois son ami, sa femme, ses enfans, parce qu'un domestique confondant de l'arsenic avec du sucre en avoit mis dans du café aux œufs. Le défaut d'intérêt, l'honneur, la nature, tout proscrivoit cette monstrueuse accusation; cependant elle avoit eu lieu, provoquée par ce perfide *bruit public*, source de tant de vexations légales ; le vibailli de Vienne avoit décrété de prise-de-corps les domestiques, & d'ajournement le maître qui, connoissant les *raisons locales*, avoit fui à Geneve, suivant le bon mot de M. de Harlay ; mais après une information faite comme tant d'autres, une sentence du bailliage avoit prononcé un plus amplement informé indéfini. Il est public à Grenoble, que Mrs. les procureur & avocats généraux ont interjeté appel, & qu'après l'examen de la procédure ils ont conclu à la réformation de la sentence.

Au mot *Poison*, nous rapporterons cet arrêt que nous attendons avec impatience, & l'on se persuade que l'absence de l'accusé n'influera pas sur la décision. S'il n'y a point de preuves du crime supposé, & s'il est invraisemblable, qu'importe la présence de l'accusé ? La vérité est une. Le devoir du juge est de la faire triompher indépendamment des formes obscures, incertaines & trop souvent meurtrieres.

Le moment est arrivé où les parlemens portant le flambeau de la raison, de l'humanité & de la justice, sur les loix dont ils ont le dépôt, les rejetteront quand elles seront injustes, ou en demanderont la réformation. Le parlement de Grenoble qui a donné tant de grands exemples de loyauté, de courage & d'amour du bien public ; ce parlement qui, dans l'affaire des grains donna ce bel avis que nous avons extrait au mot *Accaparement*, tom. 1, pag. 627, après avoir posé les fondemens de notre jurisprudence sur l'approvisionnement public, jettera ceux de notre législation criminelle.

Accusé malade.

60. Le tit. 11 de l'ordonnance de 1670, est employé tout entier à prescrire les formes à remplir quand l'accusé *malade* ou *blessé*, ne peut pas comparoître en justice pour répondre *par sa bouche*. Voyez *Exoine*.

L'art. 2 veut que le médecin déclare avec serment que le malade *ne peut se mettre en chemin sans* PÉRIL DE LA VIE. Cette disposition paroît bien *rigoureuse* ; car s'il plait au moindre juge de vous décréter sur un soupçon ou un indice, n'y aura-t-il donc que *le péril de la vie* qui puisse vous dispenser d'aller répondre. Ensuite, quel sens exact donner à ce mot *péril de la vie* ? La médecine la plus éclairée peut-elle le calculer ? La moindre indisposition peut amener la mort, si l'accusé, d'ailleurs inquiet & effrayé, quitte son domicile. C'est à la médecine à modifier cette expression rigoureuse, & là comme ailleurs la dureté des loix entraîne leur inexécution.

Je supplie de lire les détails minutieux de ce titre, & de se rappeller que, lorsqu'il a été question de fixer la qualité & de faire la division des crimes, on s'y est refusé, parce qu'*il faudroit en venir à* UN DÉTAIL *qu'il n'est pas* FACILE *de mettre dans une ordonnance*. (Procès verbal, pag. 254.) Ainsi il ne faut pas ouvrir notre code pour savoir comment un homme peut être coupable, mais comment on se conduira avec lui s'il se dit malade lorsqu'il est accusé ! Là comme ailleurs la législation, la jurisprudence, la procédure s'attachent aux incidens & négligent le fond. Notre droit criminel semble mériter le reproche fait à quelques sociétés frivoles. On y détaille l'habit & les manieres de l'homme, & l'on ne s'enquiert pas de son ame.

Avec cela toutefois on paroît en avoir oublié un point : c'est le cas de l'accusé qui n'a pas un sou pour se mettre en chemin, & cette misere est quelquefois une maladie incurable. Ce fait existe au moment où j'écris. Un particulier de Marseille, vivant du jour à la journée, & ayant une nombreuse famille, décrété d'assigné pour être oui, a écrit à un magistrat de Lyon : « je suis très-pauvre, & j'ai beaucoup d'enfans. Je suis prêt à obéir à justice, mais ayez la charité de m'envoyer de quoi faire mon voyage & nourrir ma famille pendant mon absence. » Faut-il convertir le décret en un ajournement personnel, & ensuite celui-ci en prise-de-corps ?

Je ne puis terminer ceci sans une observation. L'art. 3 dit : « l'exoine sera montrée à notre procureur ou à celui des seigneurs & communiquée à la partie civile, s'il y en a, qui sera tenue sur un simple acte de se trouver à l'AUDIENCE, où l'exoine sera présentée & reçue, sans que le porteur des pieces soit tenu de déclarer qu'il est envoyé exprès pour les présenter, & qu'il a vu l'accusé. »

Ainsi l'on renvoie à l'audience l'examen de la question, si un accusé demeurant à cent lieues est malade ou bien portant, & si l'exoine est réguliere. Ce misérable incident peut exercer pendant plus d'une audience l'examen du ministere public, l'éloquence des avocats, des accusés & des accusateurs s'il y en a nombre. On a cru qu'il étoit intéressant de mettre sous les yeux du public ce point de fait, cette question de forme ou de médecine ; mais quand il s'agit du fond, quand il s'agit de reconnoître si un homme est innocent ou coupable, de savoir quel est le crime, de l'interroger, d'entendre les témoins, on s'enveloppe, on se cache, & l'on fuit les regards du public, à qui l'honneur & la vie de l'accusé appartiennent. On lui permet un avocat pour plaider qu'il est malade, & on lui en refuse un pour prouver qu'il est innocent... Je m'arrête.

Accusé prisonnier.

61. Le tit. 13 de l'ordonnance de 1670, composé de 39 articles, a pour objets *les prisons, greffiers des geoles, geoliers & guichetiers.* Cette loi a été suivie de plusieurs déclarations & réglemens tendants également à établir la sûreté, l'ordre & la police des prisons.

L'art. 16 *défend* aux geoliers & guichetiers de permettre *la communication de quelque personne que ce soit avec les prisonniers détenus pour crime*, s'il n'est ainsi ordonné par le juge... « C'est-là une disposition que ne rappelloit pas le magistrat dont nous avons parlé à la fin du n°. 51. » Lorsqu'il disoit : « Nous invoquons le bénéfice de l'ordonnance pour conférer après nos interrogatoires, avec qui bon nous semble, comme le dit l'art. 9 du tit. 14. »... Tant il est vrai que les magistrats n'apperçoivent pas toujours la rigueur ou les contradictions de ce code ; que tel qui s'en inquiete peu ou l'exécute aveuglément, peut à l'instant où il s'y attend le moins, en être la victime.

L'art. 17 défend *toute communication aux prisonniers enfermés dans les cachots, & qu'il leur soit donné aucune lettre ou billet.*

L'emprisonnement, le cachot, le secret ! Voilà les ressorts puissans de l'instruction criminelle ! Ainsi on me soupçonne, on me décrete, on m'arrête, on me jette dans un cachot, je ne puis *communiquer avec personne, recevoir aucune lettre ou billet !* Tandis que mon accusateur rassemble librement, prépare & aiguise ses armes, je suis vivant encore, renfermé dans un cercueil. Suivant le procès verbal, pag. 137, cet article a passé sans contredit. Je le crois bien ; le secret de la procédure étoit arrêté malgré les représentations de M. de Lamoignon ; cet article en étoit une conséquence.

Au mot *Emprisonnement*, nous examinerons jusqu'à quel point, dans quel cas & comment la loi & le magistrat peuvent, sans violer la justice, attenter à la liberté naturelle & civile. C'est une des plus importantes questions de notre jurisprudence, par ses rapports avec la sûreté générale & individuelle, la tranquillité, les mœurs & le commerce.

Au mot *Prison*, je peindrai ce lieu terrible, où, au nom de la justice & du pouvoir, dans presque toute l'Europe, on entasse pêle-mêle les sexes, les conditions, les âges, le crime, l'erreur & l'infortune : foyer pestilentiel, d'où la mort assise comme sur un trône, étend sa faux sur les villes qui conservent soigneusement ce lieu comme le boulevard de leur sûreté, & s'il est permis d'achever le portrait, je dirai que ceux qu'on y envoie par correction en sortent dépravés & perdus, motif qui avoit déterminé les arrêts du parlement de Paris, des 9 & 13 mars 1673, 14 mars 1678, & 27 octobre 1696, portant réglement pour les mineurs que les parens veulent faire renfermer par correction, & leur assignant des prisons particulieres. (Journ. des audiences, tom. 4, ch. 29, p. 660, édit. de 1757.) Je dirai que c'est dans les prisons que se forment tant de complots contre la sûreté publique, & que c'est de là que la police reçoit ses renseignemens quand elle a épuisé ses moyens ordinaires.

Je donnerai le plan de la prison de Valence, la seule du royaume, que je sache avoir été construite dans une distribution convenable à la sûreté, à la santé, à la bienséance & aux mœurs. Je tâcherai d'y joindre un extrait des observations qu'ont faites Mrs. Coxe & Howard, ces deux généreux Anglois qui ont parcouru l'Europe, non pour y voir de froids monumens, mais pour observer jusqu'à quel point l'humanité & la liberté sont dégradées dans les prisons, & qui, rentrant dans leur patrie, ont exposé à la chambre des communes leurs observations, afin qu'elle réforme à cet égard les abus qui ne sont pas moins grands dans les trois royaumes que dans le reste du monde.

Je dirai comment ce méchant ordre de choses est suppléé en quelques lieux par des compagnies charitables, destinées uniquement à consoler, aider, soutenir l'innocence opprimée, l'humanité souffrante, & je parlerai du bien que fait à Lyon celle *de la Miséricorde*.

Enfin, j'extrairai les loix de police sur les prisons, & je parlerai avec joie de la déclaration du 30 avril 1780, dans laquelle notre bon roi, *touché depuis long-temps de l'état des prisons dans la plupart des villes*, destine à Paris l'hôtel de la Force, pour renfermer spécialement les prisonniers arrêtés pour dettes civiles, donne dès à présent des secours dans les autres prisons, & se propose de détruire tous *les cachots pratiqués sous terre, ne voulant plus risquer que des hommes ACCUSÉS OU SOUPÇONNÉS INJUSTEMENT ET RECONNUS ENSUITE INNOCENS PAR LES TRIBUNAUX, aient essuyé d'avance une punition rigoureuse par leur seule détention dans des lieux TÉNÉBREUX ET MALSAINS.... Notre justice*, dit le roi, *jouira même d'avoir pu adoucir pour les criminels ces SOUFFRANCES INCONNUES, & ces PEINES OBSCURES, qui du moment qu'elles ne contribuent point au maintien de l'ordre par la publicité & par l'EXEMPLE, deviennent inutiles à notre justice, & n'intéressent plus que notre BONTÉ.*

Voilà les loix que j'avois lues; voilà l'esprit dont je me suis pénétré quand j'ai commencé cet article. Je ne le démentirai point dans tout ce que j'aurai à dire sur la jurisprudence criminelle.

Accusé sourd, muet, aveugle.

62. Le tit. 18 de l'ordonnance de 1670, renferme la maniere de faire le procès aux accusés sourds & muets, & à ceux qui refusent de répondre.

Les art. 7, 8, 9, 10 & 11, ont pour objet les sourds & muets volontaires. Le juge doit les interpeller d'abord trois fois, en faire mention, leur déclarer qu'à défaut de répondre il leur fera leur procès comme à des muets volontaires, faire mention du tout dans la procédure, répéter cette interpellation & cette mention dans chaque acte. Avec ces précautions rigoureuses, le muet volontaire est jugé régulièrement. S'il en étoit autrement, le plus grand scélérat se sauveroit infailliblement par le silence.

Ne pourroit-on pas demander comment on a oublié ou cru inutile de constater par témoins la faculté de parler ou d'entendre, supposée dans l'accusé, à qui on fait le procès comme à un muet volontaire? Si l'information prouve qu'il parle, la preuve est acquise. Mais si, par exemple, on arrête un inconnu soupçonné de vol ou d'assassinat, que les témoins croient reconnoître, mais qu'aucun ne dise avoir entendu parler, & qui par ses signes annonce qu'il n'entend & ne parle pas; pourra-t-on le juger comme muet volontaire? Interrogera-t-on des gens de l'art? Et que diront-ils? Nous avons vu en 1781 *une femme* qui parloit & chantoit sans langue, avec la seule luette. Est-il impossible qu'avec une langue bien conformée un homme soit muet? Si l'accusé est véritablement sourd & muet, l'ordonnance, Art. 1, veut que d'office on lui nomme *un curateur qui sache lire & écrire.* Art. 3. *Permet à ce curateur de s'instruire secrétement avec l'accusé par signe ou autrement.* Art. 4. *Permet à l'accusé sourd qui sait écrire de signer ses réponses, dires & reproches contre les témoins qui seront encore signés du curateur.* Art. 5. *Si le sourd ou muet ne sait ou ne veut écrire ou signer, le curateur répondra en sa présence, fournira des reproches contre les témoins, & sera reçu à faire* TOUS ACTES AINSI QUE POURROIT FAIRE L'ACCUSÉ, *à la réserve seulement que le curateur sera debout & nu-tête en présence des juges, lors du dernier interrogatoire, quelque conclusion ou sentence qu'il y ait contre l'accusé.*

La lecture de ces détails ne rassure point sur le sort de l'homme qui, cruellement affligé par la nature, va être encore accablé par les hommes. Cet être infortuné qui sourd dès sa naissance, n'a jamais entendu parler, & par conséquent ne sait pas articuler un son, on le soupçonne, on l'accuse d'un vol ou d'un meurtre possible. Le coupable l'a dénoncé, l'instructeur empressé de faire ce qu'on appelle *justice*, n'est point fâché d'avoir à diriger cette singuliere, rare & facile procédure. S'il y a la moindre apparence, l'indice le plus léger, tout innocent que sera le sourd & muet, il est évident qu'il sera condamné, à moins qu'il n'ait un instructeur dont la sagacité, le zele & la charité portent partout la vérité & la lumiere.

Qu'est-ce en effet que ce simulacre, qui *peut faire tous actes ainsi que pourroit faire l'accusé sourd & muet?* Comment pourra-t-il remplir cette fonction qui l'identifie avec l'accusé, s'il ne peut ni l'entendre, ni se faire entendre par lui? Comment faire des reproches, articuler l'*alibi*, donner les explications & les détails qui doivent former la défense? L'ordonnance à part, quel est l'homme tant soit peut honnête & raisonnable, qui se chargeroit en conscience de se mettre, pour le défendre, à la place d'un accusé, qui ne pourroit ni lui parler, ni l'entendre, & qui ne suppléeroit pas à ces deux facultés essentielles par des signes exacts & déterminés? Comptable à l'humanité & à la patrie de la vie de l'homme accusé; la loi a-t-elle rempli son devoir par la nomination de ce *curateur?* Il semble voir entrer sur la scene le premier venu, qui pour remplacer le rôle principal, se jette à travers les acteurs sans préparation, sans talent & sans rôle. La piece tombe infailliblement, & s'il persiste, le public hue. Il hueroit de même ce *curateur*, s'il voyoit sa contenance, & s'il entendoit sa ridicule défense. Mais le public ne voit rien, & le sourd & muet innocent peut être envoyé au gibet; sans que le juge même sache un mot de sa vie.

Ayrault, liv. 3, art. 3, n°. 7 & suiv. pag. 321 & suiv. disoit en 1580. . . « *Si l'accusé est véritablement sourd de nature, conséquemment muet, lui ferons-nous son procès? Ou si nous nous contenterons comme du furieux, de sa misere & calamité?* Donnerons-nous seulement ordre, en lui apposant des gardes, qu'il ne puisse nuire, ni offenser à l'advenir? *Il semble qu'il est impossible de l'accuser;* tant s'en faut que nous devions insister à en demander les formalités. Car si l'interrogatoire, si la preuve, si l'audience sont nécessaires, comment est-ce que nous l'oirons, & lui comment entendra-t-il le juge, l'accusateur, les témoins?.... Ce qui fortifieroit plus cette opinion seroit que, *non seulement il ne se trouve point d'exemple en l'antiquité,* (pour le moins je n'en ai point lu) *où l'on ait condamné le sourd & le muet; mais que nos loix même aussi n'en disent rien.* »

Venant ensuite au curateur, Ayrault dit n°. 11: *La procédure criminelle n'est pas susceptible de telle forme qu'autre soit accusé & qu'autre plaide.... Ce que j'y vois de difficulté pour notre regard, qui instruisons les accusations* SECRÉTEMENT *non en public* n°. 13: Et comparant la procédure secrete à l'instruction publique, il s'éleve avec courage en faveur de celle-ci. En effet, si l'on peut faire le procès à un sourd & muet, certes il y aura bien plus de ressources dans l'auditoire; la pitié lui donnera des défenseurs, & l'humanité fera des miracles.

Je laisse à examiner si les formes établies par l'ordonnance remplissent parfaitement le vœu de la justice. Je cherche l'esprit du législateur dans le procès verbal; je vois qu'il a suivi *les usages*, que dans le nombre il a choisi le meilleur ou le plus facile, & j'entends Pussort, pag. 217, dire, qu'*il n'y avoit rien de si recommandé que l'*EXPÉDITION *en matiere criminelle.*

Je ne terminerai pas cet article sans rappeller encore l'établissement fait à Paris, par l'ABBÉ DE L'ÉPÉE, pour l'instruction des sourds & muets: il a trouvé dans un des plus grands malheurs de l'humanité, le moyen de la servir, que prétendent ne pas avoir tant de gens embarrassés de leur fortune; & au milieu des monumens, des spectacles & des fêtes, cette école a fixé les regards de l'empereur, qui s'est empressé d'en avoir une dans ses états. C'est-là une des institutions qui honorent le plus notre siecle, parce qu'elle a vraiment pour objet le malheur & l'humanité.

Accusé qui ne sait la langue.

63. L'art. 11 du tit. 14 de l'ordonnance de 1670 dit: « Si l'accusé n'entend pas la langue françoise, l'*interprete* ORDINAIRE, ou s'il n'y en a point, celui qui sera nommé d'office par le juge, après avoir prêté serment, expliquera à l'accusé les interrogatoires qui lui seront faits par le juge, & au juge les réponses de l'accusé, & sera le tout écrit en langue françoise, signé par le juge, l'interprete & l'accusé. »

Cette disposition est d'autant plus importante, que le commerce & les voyages multiplient chaque jour, dans chaque lieu un peu vivant, les étrangers de tout pays & de tout culte, & toutefois ce point paroît traité fort légérement.

D'abord on suppose un *interprete ordinaire*, c'est-à-dire, un homme en titre qui sache toutes les langues, de maniere, je ne dis pas à écrire & à traduire sur le papier, mais à parler & entendre, car tel traduira parfaitement Pope, Clarke & Newton, qui ne comprendra pas Sakespéar déclamé même par Garrik. Chaque langue a des mots qui ne se transportent pas dans une autre: ainsi dans l'Anglois *Guyltinesſ* qu'il faudroit traduire en françois par *coupabilité.* Ainsi *Good nature*, mot auquel les Anglois attachent un sens général & sublime, que nous ne rendons pas certainement par *bon naturel*, & qui le seroit foiblement encore par *excellente nature d'homme.*

Ayrault parle des dangers de ces interpretes, & rapporte le procès de Thémistocles, accusé par les Perses d'avoir tué les neveux de Xerxès. « *Qu'est-ce donc qui le sauva? Les juges lui donnerent un long délai pour se défendre, pendant lequel il* APPRIT LA LANGUE *des Perses; & lors* SE DONNANT A

ENTENDRE SOI-MÊME, *tant aux juges qu'à l'auditoire, sa défense fut trouvée si équitable qu'ils le renvoyerent tout d'une voix*, dit Diodore. IL EUT ÉTÉ AUTREMENT EN PÉRIL. (Liv. 3, art. 3, n°. 6, pag. 319.)

La capitale a des ressources sans nombre, ne fût-ce que le college royal. Mais dans la province, que deviendra un malheureux accusé dont personne ne saura la langue. J'ai vu détenu six mois un vieillard Africain, qui le seroit encore, si la charité n'avoit mené près de lui le chevalier de Monspey, guidé par le seul principe de bienfaisance universelle, qui embrasse toute la famille humaine.

De plus, suffit-il de baragouiner? J'ai fait deux fois le procès à des Allemands, dont je n'entends point du tout la langue. On me donna pour interprete un menuisier Allemand qui ne les entendoit guere mieux que moi, parce qu'il étoit de Hall & eux de la Souabe. Je proteste que je ne me serois pas déterminé à les juger sur cette traduction, pire que la plupart de celles que nous avons en littérature.

Vous ne serez point inquiet du sort de l'étranger jugé à Londres, parce qu'il le sera publiquement. Le shérif veille, & s'il l'oublioit, il sortiroit de la foule cent voix qui redresseroient l'instructeur & l'interprete.

Par-tout où le public est librement admis, il n'y a rien à craindre pour l'innocence. Ce peuple que j'ai peint prompt à soupçonner, à accuser, à calomnier, même par ses oui-dires, ses bavardages & ses clameurs, n'est plus le même, dès que l'admettant dans le temple de la justice, il est en quelque sorte identifié avec elle. Fier de sa fonction, se repliant sur lui-même, il est élevé par deux grands sentimens qui l'absorbent, l'humanité & la justice. Comme accusateur, il voyoit la sûreté publique; comme observateur, & se croyant juge, il voit la sûreté individuelle, & chacun songeant qu'il peut être injustement accusé, l'innocent étranger ou citoyen ne manque jamais de défense.

Mais parmi nous la difficulté vient toujours, comme le dit Ayrault, *de ce que nous instruisons secrétement, non en public.*

Que dans un coin de la province un étranger, ignorant la langue, tombe entre les mains d'un prévôt actif, d'un juge plus pressé de juger que de bien faire, & qu'on lui donne des interpretes tels que j'en ai vu : innocent ou coupable, c'est fait de lui.

Il ne faut pas sortir du royaume pour trouver des François dont le jargon ne s'entend guere mieux que l'Anglois & l'Allemand. Allez à Marseille, vous entendrez prêcher en provençal pour le peuple, & ne comprendrez pas un mot. Le bas Breton plus rapproché du Gallois que du François, n'est rien en comparaison du langage du peuple de Saint-Etienne en Forez & de Bourg-Argental. Si jamais on interroge à Paris quelque grossier habitant de ce canton, le juge aura besoin d'un interprete, bien plus que pour faire le procès à un Italien, à un Espagnol, & à un Grec qui parle la langue franque.

Dans le nombre de ces accusés, étrangers ou françois, qui n'entendent pas la langue & ne se font pas mieux entendre, si les preuves ne sont pas lumineuses, & s'il n'y a pas un interprete éclairé, sûr & zélé, que risqueroit-on de leur donner *pour se défendre, un délai pendant lequel ils apprendroient la langue, & se donneroient à entendre eux-mêmes?*

Ces détails ne sont pas dans nos commentateurs, & encore moins dans l'ordonnance. Mais il ne faut pas oublier ce qu'a écrit tant de fois le chancelier d'Aguesseau : que la loi n'a pas tout prévu; qu'elle a supposé que les magistrats *feroient les diligences nécessaires pour le bien de la justice & la décharge de leur ministere.* (Tom. 8, lettre *I*, pag. 1.)

Je dirois encore qu'il y a une langue particuliere au crime, sans laquelle les magistrats se feront toujours difficilement entendre de ces malfaiteurs de race & de profession qui circulent dans le royaume; jargon bas, ridicule en apparence, mais universel; il a un tel attrait pour ces malheureux, que quand le magistrat de police le sait ou l'épele tant soit peu, ils l'appellent *Franc*, l'entendent beaucoup mieux, s'expliquent plus librement, prennent confiance en lui, & croient à peine pouvoir se cacher. Voyez *Argot*.

Erreur, Méprise.

64. Le chancelier d'Aguesseau écrivoit : *il est fort fâcheux que celui qui se plaint ait été arrêté par* MÉPRISE *& retenu si long-temps dans les prisons. Mais c'est un* MAL *qui doit être regardé comme* PRESQUE IRRÉPARABLE. (Tom. 8, lett. 130, pag. 197.)

On ne lit pas cette décision sans émotion, sans une sombre inquiétude qu'inspirent le retour sur soi-même, & l'idée qu'on a de la justice.

Fille du ciel, ame de la félicité publique, base de l'ordre social, soutien de l'opprimé, refuge de l'innocence; comment osera-t-on embrasser ses autels, lorsque ses prêtres, le bandeau sur les yeux & le glaive à la main, prendront sans choix les victimes, & les égorgeront sans pitié? Comment la justice maintiendra-t-elle la sûreté, qu'elle crée & protege, lorsqu'après l'avoir violée par inattention, par négligence, par dureté, par l'abus même du pouvoir & de la force, on pourra froidement considérer ce désordre judiciaire comme un mal *irréparable*? Quel bien fera-t-on par l'exemple des supplices, lorsque le peuple, connoissant des exemples d'erreur & de méprise, croira toujours qu'ils peuvent se répéter? Quelle idée aura-t-il de la justice, de la loi, du magistrat, lorsque du sein ténébreux d'une procédure criminelle, il ne sortira que cette lumiere affreuse & ce cri lamentable : l'*innocent a péri* : . . . *l'innocent a souffert, & c'est un mal presqu'irréparable.*

L'erreur est le partage de la foible humanité, & les juges de la terre, images de la divinité, ne sont trop souvent que des hommes. Mais si l'erreur semble devoir être bannie de quelque lieu, c'est du temple de la justice, c'est sur-tout, lorsque armée du glaive de la loi, elle dispose souverainement de la liberté, de l'honneur & de la vie.

Le soupçon, l'accusation, l'emprisonnement, la captivité, les souffrances ne sont rien, lorsqu'ils tombent sur ces vagabonds, ces malfaiteurs de profession que j'ai tâché de peindre, n°. 3, pag. 202. Se commet-il un crime; il est très-naturel de les soupçonner plus que le citoyen sans reproche. Ils sont coupables par état, si je puis m'exprimer ainsi; ils ne peuvent s'en prendre qu'à eux-mêmes de l'erreur ou de la méprise, & ils ne s'en plaignent pas, pourvu qu'ils échappent. Ils appellent cela, être arrêté par précaution, (dans leur jargon, être *levé de belle*.) C'est quelquefois l'unique & le plus sûr moyen d'établir la sûreté. Dans une grande ville, dans une circonstance d'éclat, l'administration ayant chargé la police de veiller à la sûreté, le magistrat fit arrêter par précaution cent quatre-vingt-dix-sept de ces malfaiteurs de profession, donna l'épouvante aux autres, & pendant trois mois, il ne fut volé qu'une boîte d'écaille. En Angleterre même, où la liberté individuelle est si fort respectée, le juge de paix les fait arrêter provisoirement, le grand juré du Comté les décrete, on leur demande caution; & s'ils ne peuvent la fournir, quoiqu'innocens ou non convaincus du délit actuel, on les condamne quelquefois à être transportés. Là, comme ailleurs, ils sont *exlegs*, soustraits à la protection des loix qui veillent à la sûreté & à la tranquillité du citoyen.

Mais le citoyen sans reproche, arrêté par méprise & par une erreur soutenue, long-temps chargé de fers ! on l'a arraché à ses affaires, à sa famille; on l'a couvert d'opprobre, on a altéré sa santé dans des *cachots obscurs & mal-sains;* on a rendu le reste de sa vie languissant, peut-être insupportable ! Ah ! sans doute, tant de maux doivent *être regardés comme un mal presque impossible à réparer.* Et c'est dans ce sens qu'écrivoit M. d'Aguesseau.

Est-il donc si difficile de prévenir la méprise ? & si quelquefois la verité reste voilée, la prudence & le zele ne donnent-ils pas à chaque pas les moyens d'éviter l'erreur ?

L'ordonnance de 1670 ne suppose l'erreur & la méprise que dans un moment intéressant pour les reconnoître. L'art. 14 du tit. 15 assujettit le juge à interpeller l'accusé & le témoin de déclarer *s'ils se connoissent;* & après que lecture a été faite de la déposition & du récolement, l'art. 18 veut que le juge *interpelle le témoin de déclarer s'ils contiennent vérité, & si l'accusé est celui dont il a entendu parler dans ses dépositions & récolement.*

Or, si le juge, distrait & insensible, suit froidement l'ordonnance, si, comme le dit M. d'Aguesseau, (tom. 1, pag. 168.) il s'en rapporte à ce *que peut lui tracer une main ignorante, & quelquefois infidele*, s'il s'en rapporte à son greffier pour remplir le préambule, il arrivera aisément que l'accusé se trouvera reconnu, sans que le témoin le connoisse & l'ait jamais vu.

On faisoit une confrontation bien importante, & il s'agissoit avant tout de reconnoître l'accusé : il entre; la femme témoin le regarde avec empressement, s'étonne, hésite, recule, baisse les yeux & balbutie. Tout en elle disoit qu'elle ne le reconnoissoit pas. Mais comment, ne seroit-ce pas lui, puisque la justice le reconnoît ? S'il a changé, c'est l'effet de la prison. Et l'on écrit qu'elle a dit le connoître, sans que dans le trouble où elle est, elle sente la conséquence de son assertion. A la seconde interpellation plus pressante, parce qu'elle vient après la déposition; & lorsque l'accusé lui dit : « regardez-moi bien : comment pouvez-vous dire que c'est moi; » elle hésite, se trouble, pâlit, se tait; mais on la reprend, on l'étourdit en lui disant que ce seroit se contredire & se compromettre. Elle s'en rapporte, laisse écrire, signe, & voilà l'innocent légalement convaincu. Voilà ce que disoit Montaigne. *L'erreur particuliere fait premierement l'erreur publique, & à son tour après l'erreur publique fait l'erreur particuliere.*

On avoit dénoncé à un magistrat de police une escroquerie qui revenoit souvent, & qui paroissoit faite par le même individu, sous des noms toujours divers, mais avec le même signalement. Il falloit en finir, mais il falloit craindre la méprise. On se garda bien de soupçonner des citoyens; & dans le nombre des malfaiteurs de profession, le signalement fut appliqué à un sujet d'ailleurs connu dans ce genre de délit. On l'arrête. On assemble publiquement tous les dénonciateurs, & on les prévient qu'ils doivent dire la vérité, & ne pas compromettre la justice. Il paroît : à l'instant un seul cri : *c'est lui.* Il pâlit, se tait, est envoyé au juge criminel, & bientôt convaincu, avouant même son crime, condamné aux galeres.

Il semble qu'il est possible, quand on le veut bien, de se garantir de l'erreur homicide, & de la méprise irréparable; mais il faut du zele, de la sagacité, du courage. Voyez ce que disoit M. d'Aguesseau dans son discours qui a pour titre, l'*Attention*, tom. 1, pag. 164, & sur-tout ce qu'il disoit encore du juge criminel.

« Arbitre souverain de la vie & de la mort, que l'habitude la plus longue ne diminue jamais l'impression qu'une fonction si redoutable doit faire sur son esprit; qu'il n'en approche qu'avec tremblement; & conservant cette louable timidité jusqu'à la fin de ses jours, que le spectacle d'un accusé dont il tient la destinée entre ses mains, lui paroisse toujours aussi nouveau & aussi effrayant que lorsqu'il l'a vu pour la premiere fois.... C'est alors que se tenant également en garde contre l'excès d'une rigueur inhumaine, & contre une compassion souvent encore plus cruelle, & tout occupé d'un *jugement dans lequel il peut devenir aussi coupable que celui qu'il va juger, il recueillera toutes les forces de son ame.* » (tom. 1, pag. 120.)

Cette attention & cette sagacité sont sur-tout nécessaires dans l'accusation que nous allons examiner.

Ville, Corps, Communauté.

65. L'ordonnance de 1670, tit. 21, prescrit la maniere de faire *le procès aux communautés des villes, bourgs & villages, corps & compagnies qui auront commis quelques rebellions, violences,* &c. .... Art. 2. Elles doivent nommer un *syndic* ou *député*, suivant ce qui sera ordonné par le juge; & à leur refus, il nommera d'office un *curateur*.... Art. 3. Le syndic député ou curateur *subira les interrogatoires*, & sera employé *dans toutes les procédures* en la même qualité, & non dans le dispositif du jugement, qui sera rendu seulement contre les communautés, corps & compagnies.... Art. 4. *Les condamnations* ne pourront être que de *réparations civiles, dommages & intérêts* envers les parties, *d'AMENDE envers nous*, privation de leurs *privileges*, & de quelqu'autre *punition* qui marque *publiquement la peine* qu'elles auront encourue par leur *crime*... Art. 5. « Outre les poursuites qui se feront contre les communautés, voulons que le procès soit *fait aux principaux auteurs du crime & à leurs complices*; mais s'ils sont condamnés en quelque peine pécuniaire, ils ne pourront être tenus de celles auxquelles les communautés auront été condamnées. »

Là, comme dans tout son contexte, l'ordonnance ne s'occupe que des formes; elle semble obscure ou contradictoire. Dans l'art. 5, elle distingue parfaitement de la communauté *les principaux auteurs du crime & leurs complices*; mais outre le *procès* qu'elle ordonne leur être fait, elle admet, contre la communauté, des poursuites, & pour résultat de ces poursuites, un jugement qui la condamne à *des réparations civiles, dommages & intérêts envers les parties, AMENDE envers le roi, privation des privileges, & AUTRE PUNITION qui marque publiquement la peine encourue par le crime:* c'est-à-dire, toute peine qui ne soit pas afflictive; & la fin vague de l'article, ces mots *AUTRE PUNITION*, n'ayant pas un sens déterminé, laissent encore arriver le funeste arbitraire.

Or, en retranchant ce mot *autre punition*, & supposant que le juge ne puisse condamner la communauté qu'à une réparation civile, & en l'amende envers le roi, la forme prescrite pour rendre cette condamnation juste & réguliere est-elle satisfaisante? Qu'est-ce que ce syndic, ce député, ce curateur? Ne peut-on pas répéter avec Ayrault, qu'il est contre toute justice, *que l'un soit accusé, & que l'autre plaide?* Quel peut être le rôle de ce curateur qui n'aura rien vu, ne saura rien, & avec autant de lumiere que de zele, ne suffira jamais à la défense de tous! Cette disposition n'est-elle pas absolument contraire à l'art. 8 du tit 14, qui dit que *les accusés de quelque qualité qu'ils soient, seront tenus de répondre PAR LEUR BOUCHE sans le ministere de conseil?* On voit bien comment le sourd & muet, ne pouvant pas parler, doit être remplacé par quelqu'un; mais à l'égard d'un corps, d'une ville dont tous les habitans parlent & se croient en état de se justifier chacun personnellement, peut-on les tous condamner sur les réponses d'un *curateur*.

Ces doutes menent à la question de savoir si l'on peut accuser d'un délit quelconque un corps, une compagnie, un village, une ville, une province, un état : c'est sans doute une des plus importantes de notre droit public. Il est d'autant plus nécessaire que vous l'approfondissiez, qu'elle revient tous les jours.

Si, dégagé de tout préjugé, vous examinez avec la seule raison toute espece d'accusation contre une communauté, vous la trouverez injuste & mal fondée. Blakestone, dans ses commentaires sur les loix angloises, tom. 2, ch. 10, pag. 197, compare les corporations même, plus resserrées & plus actives que les communautés, à la Tamise, qui est toujours la même riviere, puisque les eaux qui la composent, changent à chaque instant de lit. Et cette comparaison, très-ingénieuse, dit assez ce qu'on doit penser du corps d'une ville, dont les habitans changent & se renouvellent sans cesse. A la fin du chapitre, il rappelle la saisie qui fut faite par ordre de Charles I & de Jacques II, des chartes de la cité de Londres; & quoiqu'elle eût été précédée d'une procédure réguliere, il ne dissimule pas que tous les citoyens en furent offensés. C'est le ressentiment d'une injustice évidente, & elle ne contribua pas peu à aliéner des Stuarts les cœurs de leurs sujets.

Everard Bronchorst, cent. 1, assert. 40, a très-bien dit : *une communauté d'habitans, considérée en elle-même, n'est qu'un* CORPS FICTIF ET EN IDÉE, *qui n'a ni esprit, ni intelligence, & qui par conséquent ne peut ni consentir, ni délinquer.* Cette opinion n'est que la traduction des loix romaines. Ulpien, dans la loi unique, *D. de libertis univers.* § 1, dit : *municipes consentire non possunt.* La loi 15, *D. de dolo,* § 1, dit : *quid enim municipes dolo facere possunt?* Mornac, sur cette derniere loi, conclut de ces deux textes réunis, qu'*on doit pardonner à un peuple quand il a failli, parce qu'il se laisse entraîner sans connoissance où les factieux le portent.*

Cette décision de la raison & des loix romaines n'a pas toujours été suivie. Ouvrez les annales de l'histoire. Par-tout c'est le pouvoir & la sûreté qui tremblent, & auxquels, pour se maintenir tout moyen est bon. Ainsi, Scha-Nadir, tranquille dans Delhi, sur le moindre soupçon de soulévement, fait égorger deux cents mille hommes. Ainsi, le roi de Brama, après avoir conquis Martaban & égorgé cent mille hommes, fait traîner au supplice, la reine, les femmes & les enfans, parce qu'*étant filles ou femmes de peres & de maris qui avoient tué un grand nombre de Bramas, & qui avoient donné naissance à la guerre, il les avoit jugés dignes de mort.* (Voyages de Fernand Mendez Pinto, Paris; Henault 1628, pag. 745.) Ainsi encore, pour se maintenir au dedans, gouverner par la crainte, & s'éviter la peine de trouver des coupables, on condamne sans pitié & sans choix tous ceux qui, habitant le même lieu, ont pu être complices des coupables. C'est le pouvoir aveugle, inquiet & barbare; ce n'est pas la justice.

En lisant ces horreurs, on les croiroit réservées à l'Asie; toutefois combien de temps n'ont-elles pas formé la jurisprudence de l'Europe entiere, & même de la plus douce, de la plus soumise, de la plus fidele des nations?

Charles VI régnoit, & avec lui régnoient la concussion, la misere, l'abrutissement, le désordre. Ni tribunaux, ni loix, ni administration, ni police : mais des factions qui amenent toujours la sédition, sur-tout dans la capitale. *Un savetier & une herbiere en avoient été les trompettes*, dit Mezerai, (tom. 1, pag. 925, édition de Guillemot.) Charles étoit rentré triomphant. Deux cents accusés avoient péri sur l'échafaud, & avec eux le vertueux & fidele avocat général Desmarets. Plusieurs autres avoient été jetés dans la Seine, cousus dans des sacs. Il falloit ou régner dans un désert teint de sang, ou finir tant d'horreurs.... « Après ces supplices, qui faisoient trembler toute la ville, il fut crié de par le roi que tout le peuple, *hommes*, *femmes & enfans*, eussent à se trouver dans la cour du palais. Là le roi étant monté sur un théatre, & toutes les avenues gardées par gens de guerre, Pierre d'Orgemont son CHANCELIER, après avoir représenté à cette multitude, DEMI-MORTE D'EFFROI, *son infidélité*, *son ingratitude & l'horreur de ses attentats*, ajouta, qu'*une si maudite conspiration*, *étant plus atroce que tous les supplices du monde*, *le roi étoit résolu de continuer* SANS RELACHE *la sévérité de sa justice*, *afin que la punition de* PARIS *fût aussi exemplaire que son crime*. (Quel chancelier!) Comme il sembloit à ces malheureux que le dernier coup de foudre allât éclater sur leur tête, & que tous les soldats qui les environnoient fussent autant de bourreaux, les Ducs de Bourbon & de Berri se jeterent à genoux devant sa majesté pour implorer sa clémence. Les dames de la ville, toutes échevelées, redoublerent les mêmes supplications. Puis le peuple, prosterné par terre, se mit à crier tout d'une voix, *miséricorde*, *miséricorde*. Le roi ainsi disposé par son conseil, se laissa vaincre à ces pitoyables cris, & leur commua le châtiment en peines *pécuniaires*. » (Ibid. pag. 936.)... Si vous croyez que ces horreurs amenerent la soumission & l'ordre; voyez la suite de ce funeste regne, & sur-tout la journée du 12 juin 1418, où *dans la cour du palais*, *& aux environs de la porte de Paris*, LE SANG HUMAIN *gagnoit jusqu'à la cheville du pied*. (Hist. de France, par Villaret, in-4°., tom. 7, pag. 222.)

Qu'a produit encore l'abominable ARRÊT du 18 novembre 1540, portant que *Merindol & Cabrieres seroient rendus déserts & inhabitables*, *que toutes les maisons seroient brûlées & démolies*, *que tous les châteaux*, *retraites & bois seroient rasés à deux cents pas à la ronde*? Qu'avoient fait ces malheureux habitans, à qui Louis XII avoit rendu justice? Comment, après une inexécution de quatre ans, a-t-on pu de sang froid, au nom de Dieu, du roi, de la justice, porter par-tout le fer & le feu, repoussant dans les flammes les femmes & les enfans? & lorsque le cri du sang innocent demanda vengeance, lorsque Henri II renvoya l'affaire au parlement de Paris pour être les juges, d'Oppede Président, & Guerin, avocat-général, poursuivis à la requête de son procureur-général; comment, après cinquante audiences, renvoya-t-on absous ce barbare d'Oppede? Villaret l'explique: *le premier président Lizet*, *& la plupart des juges n'étoient ni plus éclairés*, *ni moins fanatiques que d'Oppede*. (Hist. de France, tom. 13, pag. 317.)

Le même esprit dicta bientôt le fameux ARRÊT du 26 octobre 1548, cité partout. Moneins, lieutenant de roi de Bordeaux, assez imprudent pour se jeter au milieu de quelques mutins, & les menacer lorsqu'ils le sommoient de lui remettre les clefs du château, avoit été assassiné. Le parlement avoit condamné Lavergne qui avoit sonné le tocsin, à être tiré à quatre chevaux, & il l'avoit été sans qu'on demandât sa grace; tant le peuple revenu du premier délire, est soumis & tranquille lorsque justice est faite par le parlement. Celui de Bordeaux, occupé de la poursuite des coupables, avoit rendu compte au roi, & demandoit grace pour le reste des habitans. On envoya le connétable de Montmorency & le duc d'Aumale, avec une armée & des commissaires tirés des maîtres des requêtes & de quelques parlemens. Cette commission, non contente de condamner à la mort plusieurs habitans, rendit un arrêt du 26 octobre 1548, qui déclare *la ville entiere atteinte & convaincue du crime de félonie*, la condamne à perdre ses privileges, dont les chartes furent brûlées, ses cloches, son hôtel-de-ville, qui devoit être démoli & remplacé par une chapelle, à une *amende de 200000 l*.... Ordonne que les jurats & cent vingt notables iront en habit de deuil *déterrer avec les ongles* le corps de Moneins, & le le porteront sur les épaules jusqu'à la cathédrale. . . . On met aux fers le conseiller la Chassaigne, qui méritoit qu'on lui dressât des statues, & qui renvoyé au parlement de Toulouse, fut absous. Qu'ont produit tant d'appareils, d'injustice & de cruautés? Une déclaration du 9 octobre 1553, portant abolition. Voyez *Abolition*, tom. 1, pag. 153.

Ce n'est qu'après plusieurs siecles d'ignorance & de barbarie, qu'on a vu que cette jurisprudence nuisoit plus à l'état qu'aux malheureux accusés. Tout est fini pour eux par la mort; mais l'état entier souffre, quand sous le voile d'une fausse justice, on sacrifie ainsi au maintien de l'ordre & de la sûreté des communautés & des villes entieres.

A travers les monumens de cette heureuse & sage jurisprudence, je choisirai trois faits modernes. 1°. Ensuite de l'événement arrivé à Lyon en août 1744, appellé mal-à-propos sédition, puisque sur cent soixante mille habitans, ce n'étoit qu'un attroupement de deux ou trois mille ouvriers en soie, qui n'avoient point d'armes, & ne tuerent personne. Les lettres du premier avril 1745, que j'ai rapportées au mot *Abolition*, tom. 1, pag. 156, après avoir ordonné de poursuivre huit particuliers obscurs, portent que les *autres habitans étoient déchargés de toutes poursuites & recherches, voulant que tout soit éteint, supprimé & aboli*. Je me souviens parfaitement de cet événement: j'étois jeune & curieux; & je me demande, comment avec justice, j'aurois pu être recherché, poursuivi, accusé, pour un fait auquel moi & tout le reste de la ville n'avions pas plus de part que les curieux, qui sur les derrieres de l'armée, observent une bataille, & je m'estime bien heureux d'être né dans un siecle d'humanité & de lumiere. 2°. Lors de l'émeute arrivée à Paris au mois de mai 1750, au sujet des enfans: l'arrêt du parlement du 25 ne statue point que le procès sera fait à la ville de Paris; mais il ordonne qu'il sera informé contre les coupables, & par celui du premier août, quatre sont condamnés à être pendus, un blâmé, quatre admonestés; & à l'égard des autres, plus amplement informé, & cependant élargis. 3°. Au sujet de l'affaire des bleds, que j'ai rapportée au mot *Accaparement*, tom. 1, pag. 635, les lettres-patentes rejettent tout sur *des brigands attroupés*, parmi lesquels deux seulement ont été pendus, & l'on n'a pas imaginé d'accuser Paris de ces deux événemens.

Cette jurisprudence, qui prouve les progrès de l'esprit humain, est fondée sur la politique & la justice.

Une communauté d'habitans n'est qu'un *CORPS FICTIF & en idée, qui n'a ni esprit, ni intelligence*, qui par conséquent ne peut être coupable: comment la condamner avec justice? Cela est vrai, sur-tout dans les gouvernemens monarchiques, où le peuple surveillé, dirigé, jugé & commandé de toutes parts, n'a qu'une existence passive, semblable à celle de la matiere dans le chaos avant le mouvement & la lumiere. Il peut être tiré de cette léthargie par des ambitieux, tels que les Guises; des fanatiques, tels que les prêtres de la ligue; des aventuriers, tels que les *Seize*, ou même des malfaiteurs & des voleurs, qui souvent ont excité l'attroupement, la sédition & l'incendie, pour piller à leur aise. Alors, si le peuple semble un instant connoître son poids, sentir sa force, relever la tête & se mouvoir; cette impulsion électrique, qui a la vivacité de l'éclair, n'en a aussi que la durée. Le peuple est toujours un troupeau que conduit, effraie, & rassemble un seul chien. Or, parce qu'il se sera agité, mépris & égaré, faudra-t-il l'enfermer, l'amaigrir, l'égorger? Et le maître sera-t-il assez injuste & assez fou pour perdre sa propriété?

Qu'on suspende les privileges; c'est une grace qu'on peut retirer en tout temps, & c'est le rappel au droit commun. Qu'on empêche la municipalité de s'assembler, c'est un témoignage de défiance qui avertira le zele, la circonspection & la fidélité courageuse. Qu'on envoie encore des troupes pour contenir & observer, c'est une précaution dictée par la prudence, & c'est garantir les gens de bien. Enfin, qu'on punisse avec éclat les coupables, & avec eux les administrateurs indolens, & les magistrats ignorans; c'est devoir, c'est justice. Les guerres civiles, les troubles, tous ces mouvemens populaires auxquels on donne tant de noms divers & presque synonymes, sont toujours l'ouvrage du fanatisme, de l'ignorance générale, & de l'ambition particuliere; le résultat d'une autorité destructive & d'une police *invigilante*. Si le savetier & l'herbiere, dont parle Mezerai, avoient été pendus, ou même seulement enlevés, la France n'eût pas été si long-temps malheureuse. Car l'esprit d'indépendance & de trouble se perpétue avec le temps, l'éducation, les préjugés. Les maux se reproduisent & s'enchaînent encore plus que les biens.

La justice dit que celui-là seul est coupable qui a commis le crime. La politique ajoute, que le mal fait par la loi aux communautés & aux villes, retombe sur le souverain, sur l'état entier. Si les délits des factieux & des malfaiteurs avoient été punis suivant la rigueur de l'ancienne jurisprudence, que seroient Paris, Londres, Madrid & tant d'autres villes?

La politique & la justice, toujours d'accord, disent encore que sous la dénomination de ville ou communauté, confondre l'innocent avec le coupable, c'est enhardir au crime. Que gagnera-t-on à l'éviter, ou à s'exposer pour ramener l'ordre, si l'on peut être accusé comme la Chassaigne, & condamné comme Desmarets? *Una salus victis nullam sperare salutem.* Alors les mauvais sujets deviennent maîtres du champ de bataille, le mal qui pouvoit être arrêté à sa source, dure & s'agrandit sans obstacle. Et quand la force à la main, on vient pour juger les coupables, on n'a plus de témoins, puisque tous sont accusés comme membres du corps; la vérité fuit, & le crime reste impuni.

Au contraire, abandonnez cette fausse & abstraite idée de vous en prendre au corps tout entier, & ne voyez que les individus, alors la vérité s'offrira d'elle-même, & vous ne manquerez pas de témoins. Lorsqu'au sein des ténebres & de la foule, il s'est commis un délit, chaque innocent se félicite de n'y avoir pas eu part, & s'empresse de donner les renseignemens qui découvrent la vérité & consolident la preuve.

Cette réflexion détruit sans réplique les objections faites par les partisans de l'ancienne jurisprudence, & on peut l'appuyer encore d'un préjugé cité par-tout.

ARRÊT du grand-conseil, du 14 mars 1673, qui casse & annulle les procédures faites par le présidial d'Evreux & le prévôt de Normandie, décharge les habitans de Breteuil du décret contre eux décerné. (Journ. du palais, tom. 1, pag. 374.).... *Espece.* Procès fait par le bailliage de Breteuil à un voleur. Conflit avec le prévôt qui veut le faire enlever. Le lieutenant criminel accourt, les archers font feu, les habitans s'attroupent & défendent leur juge. Personne de tué. Procès de toutes parts. Le présidial d'Evreux rend avec le prévôt un jugement qui *décrete de prise-de-corps le lieutenant criminel & tous les habitans de Breteuil.* En cassant ce jugement, le grand-conseil, protecteur des maréchaussées, a décidé bien clairement que la communauté ne pouvoit être accusée. Et depuis, lorsque la maréchaussée est insultée & attaquée par un bourg, un village, on peut bien décréter légérement; la connétablie dans l'éloignement pourra bien être trompée; mais jamais on ne décrete le bourg & le village tout entiers.

Dans les moyens respectifs qui précedent cet arrêt, je lis: « on ne peut faire le procès à une communauté, que lorſque les habitans ſe ſont aſſemblés, lorſqu'ils ont délibéré, & fait une ſociété & un pacte de joindre toutes leurs forces, & de s'unir pour faire une rebellion. » On cite Barthole, ſur la loi *erat factis*, § ult. *D. de pœnis*; Hypolitus de Marſiliis *de jure bannitorum*; Oldrade, conſeils 65 & 66; Decius, conſeil 667; le Spéculateur, tit. *de accuſatore in fine*; Abbas, ſur le ch. Dilectus *de ſimoniâ*; Curtius junior, conſeil 174; Julius Clarus, *lib. ſentent.* 5, § *final. queſt.* 60; Tiraqueau, traité de *pœnis*, la gloſe de la pragmatique, *tit. de interd. indiff. non ponend. in verbo locorum*; Rebuffe, § *monemus in verbo univerſitates de collationibus in concordat*: Boerius, traité *de ſeditioſis*; Bodin, liv. 3, de la république, ch. dernier. . . . J'oſerai penſer différemment.

Pour pouvoir condamner juſtement une communauté, ſur une délibération priſe dans une aſſemblée; il faut ſavoir ce que c'eſt qu'une aſſemblée, du moins populaire, & ce que ſont les délibérations qui en émanent.

Quand avec M. Ramon, dans ſa traduction du voyage de M. Williams Coxe, (tom. 1, pag. 87 & ſuiv.) vous pénétrerez dans les petits cantons de la Suiſſe, quand vous verrez l'aſſemblée de celui de Glaris, ſa ſouveraineté, les lumieres, l'union, la liberté & le courage de tous; alors vous aurez l'idée juſte d'une délibération où tous les eſprits ne formant qu'une ſeule ame, on peut s'en prendre au corps de l'opinion qui a prévalu, & de la réſolution qui a ſuivi.

Mais parmi nous, qu'eſt-ce que ces aſſemblées? Un ramaſſis formé par le haſard, le rang ou l'intrigue: des hommes ſans inſtruction, ſans énergie & ſans vues; vrai troupeau que fait mouvoir à ſon gré le ſcélérat ou l'ambitieux qui veut être agitateur ou clef de meute. Et parce qu'on aura ſigné à la pluralité une délibération qui n'aura pas été entendue, parce qu'elle aura eu des effets coupables, vous vous en prendrez non ſeulement à tous les délibérans, mais aux abſens; non ſeulement à ce corps, repréſentant éphémere, mais à la communauté toute entiere; non ſeulement à ce corps, *qui n'a ni eſprit, ni intelligence*, mais aux femmes, qui éloignées par la loi de toutes les affaires, ne peuvent par conſéquent être jugées y avoir pris part; mais aux enfans même, qui malgré la protection accordée à leur foibleſſe, par la raiſon, la nature & la loi, ſeroient néanmoins punis, par l'abſurde & atroce juriſprudence, d'un délit ou d'une faute qu'ils n'ont pas pu commettre; cette condamnation, cette proſcription, nous l'étendrions aux races futures & aux êtres inanimés!

Ah! ſoyons plus clairvoyans, plus humains & plus juſtes. Ecartons de l'accuſation tous ces êtres foibles & malheureux, étrangers au délit: diſons avec la loi romaine, *quid enim dolo facere poſſunt?* Réduiſons les accuſés au petit nombre des opinans; & quand nous aurons ainſi reſtreint l'accuſation dans ſes bornes étroites, trions encore; cherchons qui a été l'ame de la délibération, &, s'il eſt poſſible, tâchons de borner là toute la punition. C'eſt le moyen le plus sûr de ramener la ſoumiſſion, la paix & l'ordre. Soyons juſtes, en un mot, c'eſt la vraie politique. Ce fut celle de Henri IV; c'eſt celle de tous les bons rois, de tous les ſages gouvernemens. Foibles reſſorts qui s'uſent ou ſe briſent, tous ces actes de l'autorité, couverts de l'appareil de la juſtice, ne font qu'irriter les eſprits, aliéner les cœurs, & ſur-tout effacer de la tête du peuple les notions primitives du juſte & de l'injuſte, qu'il eſt ſi important d'y conſerver. La juriſprudence ſe prêta long-temps aux ſoutiens aveugles du pouvoir. Aujourd'hui qu'heureuſement les ſouverains s'empreſſent de la rétablir dans ſa pureté primitive, gardons-nous de la flétrir par des opinions qui ont ébranlé le trône, & fait ſi long-temps le malheur de l'état.

J'ai parlé des enfans, des mineurs; examinons s'ils peuvent être personnellement accusés.

Enfant, Impubere, Mineur, Vieillard.

66. L'enfance dure jusqu'à sept ans. La puberté commence pour les hommes à quatorze ans accomplis, & pour les femmes à douze ans accomplis : après ce temps est l'adolescence jusqu'à vingt-cinq ans accomplis. Alors finit la minorité, & commence la majorité, l'âge viril.

Cette division légale des commencemens de la vie de l'homme, a été faite pour l'administration de sa personne & de ses biens; il s'agissoit de savoir quand il pourroit contracter seul, exercer des fonctions publiques, être homme & citoyen: or, les loix claires, irréfragables, n'ont jamais varié.

Cette précision dans la fixation des époques n'étoit pas moins importante pour les délits. Si l'ignorance & la foiblesse supposées dans l'individu ne lui permettoient pas de contracter, & si le terme étoit fatal, les mêmes motifs sembloient éloigner de lui l'accusation & la peine. Mais on a craint que l'impubere sûr de l'impunité ne se livrât ou ne fût livré à toutes sortes de crimes, & la sûreté publique a dicté d'autres loix.

Les Romains assimilant l'enfant au furieux jugerent long-temps qu'il n'étoit pas punissable, même quand il avoit tué un homme. *Infans, vel furiosus, si hominem occiderint, lege Corneliâ non tenentur: cùm alterum innocentia consilii tuetur, alterum fati infelicitas excusat.* L. 12, *D. ad leg. Cornel. de sicariis.* L'empereur Severe dit ensuite, que l'âge seul ne pouvoit pas assurer l'impunité. *Impunitas delicti propter ætatem non datur, si modò in eâ quis sit, in quam crimen quod intenditur, cadere potest.* L. 7, *C. de pœnis.* Enfin, Justinien dans ses Institutes, liv. 4, tit. 1, § 18, après avoir rappellé qu'on avoit douté long-temps si un IMPUBERE pouvoit être actionné pour vol, décida qu'il peut l'être, S'IL EST PROCHE DE LA PUBERTÉ, ET PAR-LA MÊME S'IL COMPREND QU'IL FAIT MAL. *Ita demùm obligari eo crimine impuberem si proximus pubertati sit, & ob id intelligat se delinquere.* Cette décision, au reste, n'avoit pour objet que l'action de vol, qui n'assujettissoit point comme parmi nous à des peines capitales: je n'ai pas vu que l'on eût abrogé les anciennes loix sur les peines, notamment celle qui décidoit, même pour l'esclave impubere, qu'il ne pouvoit pas être mis à la question, mais seulement effrayé, lié & fouetté. *Impuberi autem utrùm in supplicio tantùm parcimus, an verò etiam in quæstione? Et magis est, ut de impubere nec quæstio habeatur. Et aliàs solet hoc in usu observari, ut impuberes non torqueantur. Terreri tantùm solent, & habenâ vel ferulâ cædi.* L. 1, § 33, *D. de senatusconsult. Silaniano.*

Nos ordonnances ne prononçant rien, quel parti avons-nous tiré du droit romain, & quelle est notre jurisprudence?

Bruneau, tit. 27, n°. 29, pag. 268, dit: « généralement parlant, on ne punit point les impuberes, parce que *furtum vel aliud crimen, sinè intellectu & voluntate admitti non potest.* L. 1, *D. si quadrupes pauperiem.* Étant présumés sans volonté suffisante, les impuberes peuvent être poursuivis pour crime, *si proximi sunt pubertati & quando malitia supplet ætatem.* Cela a été jugé à Bordeaux par arrêt, qui a condamné un enfant à être suspendu sous les aisselles, pour avoir de nuit ouvert la porte à des voleurs. Par arrêt du parlement, du 22 décembre 1683, l'on suspendit à la Greve, *sous les aisselles*, pendant deux heures un petit garçon de la Ferté-Bernard, pour avoir mis du poison dans un pot au feu, PAR ORDRE *de son pere*, dont il mourut quatre personnes. Ensuite étant détaché, il eut le fouet, & fut renfermé à l'hôpital général. HORS CELA, *impuberes nullius criminis capaces sunt.* La cour l'a jugé à l'occasion de deux enfans d'Etampes, qui avoient en jouant fait brûler un enfant comme un cochon. L'arrêt les renvoya *ad patrum verbera*. Bardet, liv. 1, chap. 9, trois enfans de Poissi, liv. 2, ch. 46 & 107, tom. 2.»

Rousseau de Lacombe, part. 1, ch. 1, nº. 39, ne va pas plus loin, & il confond l'enfant avec l'impubere. « *Un enfant impubere n'est point capable de délit*, & son pere ne peut être condamné civilement en des dommages & intérêts. Ainsi, jugé par deux arrêts du parlement de Paris, en la chambre de la tournelle, des 9 juin 1625, & 19 mai 1613. Dans l'espece du premier arrêt, c'étoit un enfant âgé de sept ans, trois mois, qui, ayant jeté un éclat de bois à un autre enfant de sept à huit ans, lui avoit crevé un œil. Dans le cas du second arrêt, c'étoit un enfant de huit ans, qui, jouant avec d'autres enfans de son âge, reçut un coup de pierre dont il perdit l'œil, qui seul lui restoit. Ces deux arrêts sont dans Bardet, tom. 1, liv. 2, chap. 46; & liv. 3, chap. 34. » Ouvrez Bardet, édit. de 1773, vous trouverez en effet, pag. 9, 143 & 249 plusieurs arrêts; mais au premier, l'éditeur, pag. 10 & 11, combat la jurisprudence de ces arrêts anciens, parce que *les peines sont infligées avec beaucoup plus de sévérité*, & ajoute: *aussi je pense que dans quelque tribunal que la question décidée par l'arrêt de 1617, fût portée, elle seroit jugée différemment aujourd'hui, si elle n'étoit pas accompagnée d'autres circonstances que celles que présente M. Bardet.*

Après cela, parcourez les arrêts que j'ai rassemblés & les réflexions qui y sont jointes sous le mot *Accident*, nº. 11, tom. 1, pag. 715: voyez encore Serpillon, pag. 390, & 1505. Denisart, au mot *Impubere*, entr'autres arrêts, en cite un du parlement de Paris, du 12 septembre 1730, qui a mis hors de cour sur une accusation de poison, *donné par une malice proportionnée à l'âge d'un impubere.*

Jousse, tom. 2, pag. 616, dit encore, que les *impuberes sont excusables en matiere de crime; qu'ils ne le sont pas entiérement* s'ils sont PROCHES de l'âge de puberté; mais qu'ils doivent être punis d'une peine moindre que la peine ordinaire, suivant les *circonstances* & la *qualité* du crime; que pour savoir quand un *impubere* est *proche de l'âge de la puberté*, cela dépend de la *prudence du juge*, qui doit considérer la qualité de la personne, la nature & les circonstances du crime, & s'il est de ceux *in quibus malitia supplet ætatem.* Il cite l'arrêt du 20 juillet 1722, qui condamne le frere de Cartouche à être pendu sous les aisselles DONT IL MOURUT. Il cite Bougler en sa pratique criminelle, *L. 2, tit. 12, pag. 130*, qui rapporte plusieurs exemples d'impuberes condamnés à mort, entr'autres deux arrêts des mois d'octobre 1606, & janvier 1607, prononcés en pareil cas pour *vols domestiques*.... Les mineurs de vingt ans, doivent être punis moins sévérement que s'ils étoient majeurs, même dans les délits atroces, sur-tout lorsque leur âge est peu au dessus de l'âge de puberté; ce qui doit avoir lieu, à plus forte raison, dans les délits commis par faute & non par dol.... Il pense, d'après Farinacius, *quest. 92, nº 181*, que les mineurs peuvent être condamnés à la peine ordinaire, lorsqu'il s'agit d'assassinat à prix d'argent, de vol réitéré, d'usure, & autres cas, qui proviennent plutôt d'une malice réfléchie que de jeunesse, d'imprudence ou de passion.... Enfin, d'après Farinacius, *quest. 92, nº. 22;* & Julius Clarus, *quest. 60, nº. 6;* Jousse dit que *la vieillesse* peut aussi servir quelquefois d'excuse, & contribuer à faire diminuer la peine, pourvu qu'il ne s'agisse pas d'un crime capital, & que ce soit une vieillesse très-avancée. »

Vous retrouvez une partie de cette incertitude & de cet arbitraire dans la jurisprudence angloise, & heureusement c'est, je crois, le seul point. Après avoir posé pour principe, que, pour qu'une action soit un crime aux yeux de la loi, il faut nécessairement la volonté de le commettre, & que l'action soit faite en conséquence de cette volonté, Blackstone dit : « Depuis Edouard III, *c'est moins sur l'âge que notre loi juge de la capacité à commettre le crime, que sur l'étendue des connoissances de celui qui le commet;* car, il peut arriver qu'un enfant de douze ans en ait autant que celui de quatorze. La maxime de la loi est que *malitia supplet ætatem.* Avant sept ans un enfant ne peut pas se rendre coupable de félonie, parce qu'il n'est pas possible qu'il ait assez de raison pour se déterminer volontairement à faire une mauvaise action. Mais passé sept ans, il peut avoir cette capacité.... Une fille de TREIZE ans a été condamnée au feu pour avoir tué sa maîtresse. Un enfant de DIX ans fut condamné à être pendu pour avoir tué son compagnon, & s'être caché ensuite. Un autre de NEUF fut pendu également, qui, après avoir tué, avoit caché le cadavre. *Le soin pris par l'un & l'autre, prouvoit que tous deux connoissoient la nature de leur crime, & qu'ils étoient en état de distinguer le bien d'avec le mal.* Dans le dernier siecle, Abingdon, *âgé de* HUIT ANS, *fut pendu* pour avoir mis le feu à deux granges, parce qu'on prouva qu'il s'étoit porté à cette action par esprit de vengeance. De nos jours on a pendu un garçon de *dix* ans, qui avoit tué son compagnon de lit, parce que dans ses réponses il parut avoir connu l'énormité de son crime avant de le commettre. Les juges considérerent que, si on lui faisoit grace en faveur de son âge, ce pouvoit être un dangereux exemple, en ce qu'on en concluroit, que les enfans peuvent impunément commettre les crimes les plus atroces. Du reste, *on doit apporter la plus grande circonspection & la plus grande attention dans l'examen des circonstances, lorsqu'il s'agit de cas où l'astuce & la méchanceté peuvent suppléer l'âge.* » Commentaire sur les loix angloises de M. Blackstone, *liv.* 4, *chap.* 2, *n°.* 1, vous en trouvez un extrait dans la traduction libre de l'abbé Coyer, intitulée: *Commentaire sur le code criminel d'Angleterre.* Paris, Knapen, 1776, tom. 1, chap. 2, pag. 17.

L'Allemagne a les mêmes usages. En 1749, à Vienne en Autriche, on coupa la tête à un enfant de moins de onze ans, orphelin, qui avoit assassiné sa bienfaitrice dans son lit, l'avoit cachée dans la ruelle sous les matelas, l'avoit volée & avoit pris la fuite.

Dans tous ces cas, l'impubere qui commet un crime réfléchi & combiné, mérite moins de pitié que l'homme qui, transporté hors de lui-même par le besoin ou la passion, commet rapidement un crime dont il se repent aussi-tôt, comme ce malheureux jeune homme qui, après avoir tué sa maîtresse & pouvant fuir, se livra lui-même à la justice.

L'impubere, l'enfant même, ainsi corrompus & abrutis, ne peuvent plus rester dans la société, à moins qu'une éducation suivie ne refonde leur ame, & que de longues épreuves ne répondent de leur cœur. Ce sont des *monstres.* J'en ai observé un, il y a quelques années, (Virissel, dit Petit-Gas), beau jeune homme, âgé de quinze ans, quand il fut arrêté. Il avoit passé sa vie avec des assassins, & lui-même l'avoit été de sang froid, n'ayant pas la moindre notion du juste & de l'injuste, riant de tout, desirant tout, craignant le besoin, la privation, la douleur, & méprisant la mort. Il conserva ce caractere jusqu'à l'échafaud. Son âge & sa figure intéresserent. On cria contre les juges, on agita la question, à quel âge on peut être accusé & puni, sans trouver autre chose que l'arbitraire, & l'on fut généralement étonné du silence de nos loix sur un point si important.

Etoit-il donc impossible de fixer d'une maniere claire, exacte & précise, 1°. l'enfance pendant laquelle on convient généralement que, juſqu'à ſept ans accomplis, l'homme ne peut pas être réputé coupable aux yeux de la loi ; 2°. la puberté après laquelle on convient qu'il peut l'être, mais on ajoute que les juges peuvent modifier la peine à proportion de la plus grande jeuneſſe ; 3°. l'état exact de l'impubere depuis ſept ans juſqu'à quatorze, & durant cet intervalle, par quels caracteres & quelles circonſtances, les juges pourront déterminer l'étendue des connoiſſances ſur leſquelles ils pourront appuyer cette maxime : *malitia ſupplet ætatem?* Ne le peut-on pas du moins, par des exemples, comme le faiſoient les Romains ? Voyez entr'autres ceux que j'ai cités au mot *Accident*, tom. 1, n°. 4, pag. 708.

Cette maniere de faire les loix a pluſieurs avantages ; 1°. elle fixe dans la tête des juges des regles, & pour tout magiſtrat ſenſible, éclairé & ſcrupuleux, c'eſt un grand bien de pouvoir dire, que le citoyen eſt condamné par la loi & non par l'opinion ; 2°. enſuite, c'eſt pour le peuple une grande tranquillité, lorſque ſa liberté, ſon honneur & ſa vie dépendent des loix ſeulement, des loix même telles quelles, non des préjugés, du ſavoir, de l'humeur & des paſſions du juge ; 3°. enfin, lorſque le peuple ſaura à quel âge on peut être accuſé & puni, n'eſt-il pas évident qu'il veillera plus exactement à l'éducation, aux mœurs, à l'inſtruction, à la conduite dans cet âge où l'homme ſuſceptible de toute impreſſion, ſemblable aux arbres de nos jardins, peut être droit ou tortueux, ſuivant les ſoins qu'on aura pris de l'élever ?

Ces réflexions paroiſſent mériter d'autant plus d'attention que la juriſprudence actuelle, livrée entiérement à l'arbitraire, préſente des variations continuelles & des contradictions inſoutenables.

Des variations. Voyez ce que dit Lalaure ſur Bardet : *Je penſe que la queſtion ſeroit jugée différemment aujourd'hui.* Or, n'y ayant point de loi qui détermine la *coupabilité*, n'y ayant que la raiſon & la juſtice primitive, comment peut-on, ſans friſſonner, lire que ce qui étoit excuſable un jour ne l'eſt pas l'autre, & que pour le même délit, commis dans le même âge, l'un aura été abſous & l'autre condamné ! La juſtice doit être une & éternelle, comme l'Être Suprême dont elle émane.

Des contradictions. Placez à côté l'un de l'autre l'arrêt cité par Bruneau, du 22 décembre 1683, qui condamne à être pendu ſous les aiſſelles *un petit garçon pour avoir mis du poiſon dans un pot au feu*, PAR ORDRE DE SON PERE ; & l'arrêt du 12 ſeptembre 1730, cité par Deniſart, qui a mis hors de cour ſur une accuſation de *poiſon donné par une malice proportionnée à l'âge d'un impubere.* Et, comparez encore ce dernier arrêt avec les deux de 1606 & 1607, rapportés par Jouſſe d'après Bougler, qui ont condamné A MORT *des impuberes pour* VOLS DOMESTIQUES.

Et, qu'eſt-ce encore que faire pendre ſous les aiſſelles ? Jouſſe, *tom. 2, part. 2, tit. 3, n°. 9, pag. 60*, dit que : « c'eſt une peine qui ſe prononce quelquefois contre les *impubères*, pour avoir participé à des crimes conſidérables, lorſque la foibleſſe de leur âge ne permet pas de prononcer contr'eux la peine ordinaire. » En liſant Blackſtone, nous ſommes étonnés de voir brûler une fille de treize ans pour avoir tué ſa maîtreſſe ; pendre un enfant de dix ans pour avoir tué ſon camarade ; & un autre de huit ans pour avoir mis par vengeance le feu à deux granges. Réfléchiſſons-y de ſang froid, & nous préférerons cette juriſprudence à la nôtre. Le juge anglois dit : l'*accuſé a mérité la mort :* & il la prononce. Le juge françois dit : l'*accuſé a mérité la mort, mais, quoique je ne ſois gêné par aucune loi, puiſqu'elles ſont muettes, je tiens à un préjugé tiré en partie des loix romaines, en partie de la pitié qu'inſpirent l'enfance & la jeuneſſe, & pour me tirer de cette perplexité, j'imagine un supplice bizarre, qui fera souffrir plus long-temps l'impubere accusé, un supplice auquel l'expérience prouve qu'on échappe difficilement, & que je puis prolonger tant que mort s'ensuive, comme il arriva au frere de Cartouche, un supplice enfin contraire à l'esprit de* NOTRE RELIGION, *puisque l'accusé impubere n'étant pas condamné à mourir, on ne lui donne point de confesseur.* Ainsi en Russie on sera gêné par la loi qui défend la peine de mort, mais voulant se débarrasser du coupable, on le condamnera à une quantité de coups de Knout, après lesquels il est impossible qu'il en réchappe.

Cette maniere de juger & de raisonner n'est-elle pas une petite & cruelle astuce, contraire à la religion & indigne de la justice? Eh! sans doute la justice humaine dégagée de préjugés & confiée à des cœurs purs a un autre langage. Elle ne fait que juger que l'accusé est dans le cas de la loi, & quand elle prononce, c'est la loi seulement qu'elle répete. Si elle se permet l'arbitraire, c'est pour modifier la peine & faire grace toute entiere, jamais pour punir. De deux magistrats quand pour le même crime & au même âge, l'un absout, & l'autre condamne à mort, si le premier a bien jugé, certainement le second est homicide, ou bien la justice n'est plus qu'un mystere incompréhensible, qui admet indifféremment le pour & le contre.

Je demande pardon d'insister sur ces questions. Ma justification est dans leur importance, dans l'exposition même de la jurisprudence. Voici encore une partie non moins intéressante, & sur laquelle le silence de nos loix laisse la contradiction & l'arbitraire.

Insensé, Furieux, Somnambule, Ivresse.

67. Les Romains assimilerent la folie & la fureur au sommeil & à l'absence, affranchirent de la peine ceux qui, étant évidemment atteints de ces maladies, avoient commis quelque crime, & pourvurent seulement à ce que, pour la sûreté publique, ils fussent enfermés par les soins de la famille ou du magistrat: *furiosum fati infelicitas excusat.* L. 12, D. ad leg. cornel. de sicar. *Furiosus* ABSENTIS *loco est.* L. 124, D. de reg. juris. *Furiosus in omnibus quiescentis & dormientis loco habebatur.* L. 2, § 3, D. de jur. codicill. Plus loin le législateur permet d'absoudre celui qui avoit tué sa mere, s'il est prouvé qu'il étoit dans une démence continuelle, & qu'il n'y avoit point d'artifice; parce qu'il est assez puni par son malheur: de-là, comme administrateur, il ordonne que le furieux sera enfermé, & enchaîné s'il le faut. *Si tibi* LIQUIDO *compertum est Ælium priscum in eo furore esse ut* CONTINUA *mentis alienatione omni intellectu careat: nec subest ulla suspicio, matrem ab eo* SIMULATIONE DEMENTIÆ *occisam,* POTES *de modo pœnæ ejus* DISSIMULARE, *cùm* SATIS FURORE IPSO PUNIATUR; *& tamen diligentiùs custodiendus erit, ac, si putabis, etiam vinculo coercendus quoniam tam ad pœnam quàm ad tutelam ejus & securitatem proximorum pertinebit.* L. 14, D. de off. præsid. . . . *Furiosis, si non possint per necessarios contineri, eo remedio per præsidem obviam eundum est, scilicet, ut carcere contineantur, & ita divus Pius rescripsit.* L. 13, § 1, D. eod.

Ce rapprochement de quelques loix romaines présente une idée exacte & simple de leur jurisprudence. La démence & la fureur excusent le coupable, même du parricide, ce crime que la loi des douze tables mettoit si fort au dessus de tous les autres, & dont ensuite on appliqua le nom, les formules & les questeurs à tous les grands crimes. On compara le parricide insensé ou furieux à un homme qui rêve. On le considéroit comme absent, & cette idée est lumineuse; mais une preuve claire d'une folie continuelle

continuelle suffisoit pour ne pas condamner. C'étoit à la famille à pourvoir, pour la sûreté publique, à l'enfermement du furieux, & en tout cas c'étoit le devoir du magistrat.

La jurisprudence angloise va plus loin, Blackstone, dans ses commentaires sur les loix angloises, tom. 5, liv. 4, chap. 2, n°. 2, en donne une idée très-exacte. Les idiots & les lunatiques (*foolish, à lunatick,*) étant privés de l'usage de la raison, ne peuvent avoir cette volonté fixe & déterminée, absolument nécessaire pour rendre coupable aux yeux de la loi, & pour assujettir à la peine qu'elle prononce. La maxime *furiosus furore solùm punitur*, s'applique à l'idiot ainsi qu'au lunatique. L'idiot, tant qu'il est attaqué de cette infirmité, n'est responsable d'aucune de ses actions, pas même dans le cas de la TRAHISON. Mais lorsqu'un homme, ayant tout son bon sens, commet un crime capital; si avant d'être cité en justice, il perd la raison, comme il n'est plus en état de se défendre, on ne peut plus suivre son accusation. Si même arrêté, emprisonné, & après avoir comparu, il devient fou, l'instruction ne peut pas continuer. S'il devient fou après l'instruction, sa sentence ne lui est pas prononcée; & si enfin il le devient après la condamnation, la sentence n'est pas exécutée. La loi angloise donne pour motif de sa décision, qu'après le jugement & avant son exécution, il auroit pu employer des moyens de défense qui peut-être l'eussent purgé du crime pour lequel il avoit été condamné. Sous le regne sanglant de Henri VIII, on fit un statut qui ordonne que celui qui, *compos mentis*, commettra le crime de haute trahison, & ensuite perdra la raison, ne sera pas moins poursuivi & exécuté que s'il étoit dans son bon sens. Mais cette LOI BARBARE fut abrogée par le statut 1 & 2, ch. 10, du regne de Philippe & de Marie. *Si l'exécution du criminel*, dit Sir Edouard Coke, *se fait pour l'exemple*, UT PŒNA AD PAUCOS, METUS AD OMNES PERVENIAT, *l'esprit & le but de la loi ne sont pas remplis; si le coupable est un fou, un insensé, ce n'est plus qu'un spectacle d'horreur & de cruauté, qui ne peut être d'aucune utilité pour personne.* ... Si le coupable est seulement soupçonné de n'être pas dans tout son bon sens, la loi veut qu'il soit examiné par un juré, & que s'il est reconnu avoir l'esprit aliéné, il ne soit pas poursuivi, & qu'il ne soit puni *pour aucun crime;* mais que si le lunatique est reconnu avoir des intervalles de raison, il soit puni de ce qu'il aura fait dans ces intervalles. Mais si les fous ne sont pas responsables de leurs actions, ils doivent donc être privés de la liberté d'agir & mis sous la tutelle & la garde de quelques personnes nommées à cet effet, afin qu'ils ne puissent insulter ni offenser personne. Ils doivent être enfermés jusqu'à ce qu'ils aient recouvré leur raison; & qu'une commission nommée par le roi les ait déclarés *compos mentis*. Les actes faits pour le vagabondage, statuent que les fous seront arrêtés & enfermés, & même enchaînés dans la maison qui leur est destinée.

J'ai transcrit presque en entier le texte de Blackstone, qui à sa juste célébrité joignoit la dignité de solliciteur général du roi (procureur général), afin de comparer cette jurisprudence à celle des Romains & à la nôtre. Je parle de la nôtre: mais quelle est-elle?

Point d'ordonnance de nos rois: quelques arrêts qui semblent décider que les fous ne peuvent pas être condamnés: dans le nombre, j'en choisis un remarquable, puisqu'il s'agissoit de parricide.

ARRÊT du parlement de Paris, du 23 février 1690, qui ordonne qu'il sera informé de la démence & fureur de Quignon qui avoit tué sa mere; & après l'information, autre arrêt qui infirme la sentence du juge de Péronne qui l'avoit condamné à la mort; ordonne en outre, qu'il sera enfermé & gardé par ses parens.

(Augeard, tom. 1, ch. 31, pag. 47, édit. de 1756.)

Vous croyez la jurisprudence françoise aussi claire & uniforme que celle de Rome, mais suivez. La Roche-Flavin, L. 2, tit. 12, pag. 148 & suiv. rapporte des arrêts qui jugent que les fous & les furieux ne sont pas excusés quand ils attentent à la personne du prince, à celle du magistrat, à la religion & à l'état. D'autres jurisconsultes, tels que Farinacius, sont d'un avis différent, & rapportent des arrêts contraires.

De-là, on doit examiner s'il ne faut pas que la folie soit continuelle; & en la supposant momentanée, comment on pourra juger certainement que l'accusé, au moment du crime, étoit dans un intervalle dilucide : question infiniment délicate, qui exige de remonter à une connoissance exacte de la raison & de la folie, telles que la loi les considere pour condamner ou pour absoudre.

Il faut examiner si la folie excusant du crime, met à couvert des dommages & intérêts : ou si, comme plusieurs arrêts l'ont jugé, le dommage causé par le fou, n'est pas réparable sur ses biens, même par les parens qui auroient dû le garder.

Il faut examiner quelle est la forme de la procédure, & sur-tout si le premier juge, convaincu par l'information même de la démence & de la fureur continuelles de l'accusé, doit néanmoins le condamner à la mort, sauf au parlement à ordonner une information, & ensuite à absoudre. Opinion combattue par Jousse, adoptée par M. de Vouglans dans ses loix crimin. L. 1, tit. 5, ch. 1, § 2, n°. 9, pag. 28, & étayée par un arrêt du parlement de Paris, recueilli par Rousseau de Lacombe, dans son Recueil de réglemens, pag. 250.

Il faut voir enfin si l'on peut assimiler le somnambule au fou, & à la folie l'ivresse, que Blackstone appelle très-bien *une démence artificielle & une frénésie momentanée, qui aux yeux de la loi aggrave le crime & ne l'excuse point.*

La multiplicité des arrêts, la nécessité de les lier, ainsi que les principes généraux, à la définition de ces maladies, & à l'obligation de donner une idée de la police faite ou à faire pour l'ordre & la sûreté publique, tout me force à porter ailleurs la jurisprudence sur les accusations occasionées par les délits que l'homme peut commettre dans l'espece d'aliénation où le reduisent ces accidens ou ces maladies. Voyez *Démence*, *Idiot*, *Imbécille*, *Fou*, *Furieux*, *Somnambule*, *Suicide*, *Mélancolie*, *Ivresse*.

Accusé rebelle.

68. Lorsqu'un accusé décrété de prise-de-corps résiste aux gens chargés de l'arrêter, cet acte s'appelle *rebellion à justice*. Elle doit être punie plus sévérement sur l'accusé que sur celui qui est arrêté pour fait de police ou pour dette civile.

ARRÊT du parlement de Toulouse, du 5 septembre 1728, qui condamne « à dix ans de galere le sieur Cazales de Milhau en Rouergue, pour avoir donné des coups de canne à un huissier de la cour qui vouloit le conduire en prison, sur la requête de la demoiselle Lasalle sa partie, qu'il avoit rendue enceinte, & qui, sur ce que l'huissier ne se plaignoit pas, demanda la permission d'informer, ce qui lui fut permis. » (Rec. d'arr. not. par Aguier, ar. 414, tom. 1, p. 321.) Il ajoute que l'accusé s'étant évadé des prisons, obtint des lettres d'abolition. Cet arrêt, qui prouve bien qu'en France les peines sont arbitraires, étoit sévere, puisque l'huissier ne se plaignoit pas, & qu'il ne s'agissoit au fond que d'une grossesse, fait qui semble n'être ni la matiere d'un procès criminel, ni d'un décret de prise-de-corps contre un domicilié. Voyez *Grossesse*.

En général, si le délit étoit léger, si le décret étoit injuste, si l'idée de ce qu'il aura à souffrir dans la captivité & durant une longue instruction, font perdre la tête à l'accusé qu'on veut arrêter; si sans préparation & sans meurtre il a pratiqué, par la résistance & la fuite, cette défense personnelle qu'inspire à tous les hommes la nature, & que semble légitimer la fiere conviction de l'innocence offensée ; si d'ailleurs il est sans reproche ; les juges n'auront-ils aucun égard à la réunion de ces circonstances, & puniront-ils impitoyablement l'accusé rebelle ?

Pour autoriser la sévérité de cette jurisprudence, on dit que l'ordre & la justice ne subsisteroient pas un instant, sans une soumission prompte & aveugle aux décrets des juges.

Cette soumission existe chez la nation la plus fiere & la plus idolâtre de sa liberté. Dans la cité de Londres, un homme seul, avec sa petite baguette arrête l'homme le plus violent & l'accompagne à Newgate, sans que celui-ci résiste ; s'il l'osoit, le peuple, après l'avoir averti qu'il doit obéir à la loi, qu'il sera sous la protection de la loi, & qu'il aura des défenseurs, donneroit main-forte au constable.

Ailleurs l'huissier, l'alguasil, le sbirre sont insultés, ne marchent qu'en force, & n'en sont pas moins maltraités ; ce qui occasione des frais de capture considérables, des excès toujours punis & toujours renaissans.

Ce contraste frappant vient de l'opinion qu'on a de la maniere d'administrer la justice criminelle, & mérite seul les plus sérieuses réflexions.

Accusé mort pendant le procès & son héritier.

69. Pendant six cents ans de gloire & de vertu, Rome ne permit sous aucun prétexte & pour aucun crime d'accuser les morts ni de poursuivre leur procès après leur mort, soit qu'elle fût naturelle, soit qu'ils se la fussent donnée. Comment auroit-on été si jaloux de punir, lorsqu'après deux ans de poursuite, le crime s'éloignoit & l'accusation tomboit d'elle-même sans jugement ? Comment auroit-on pu remplir la solemnité des jugemens publics, lorsqu'on n'avoit pas, comme nous, imaginé de créer, sous le nom de curateur à la mémoire, des représentans de l'accusé mort ? Comment punir un cadavre insensible & défiguré ? Quel exemple que celui qui voulant inspirer la terreur par les peines, prouve au contraire que le destin ou le coupable les ont éludées ! La mort, qui finit tout, doit faire oublier les crimes, & ne laisser que le souvenir des vertus.

Cette jurisprudence commença à se corrompre sous Sylla, lorsque l'avide & cruelle proscription plaça sur ses tables le nom des citoyens riches & vertueux, qui s'étoient donné la mort pour conserver à leurs héritiers les biens que recherchoit l'insatiable confiscation. Tibere alla plus loin, en ce qu'il voulut y joindre les formes judiciaires. Quand Pison se fut poignardé, il fit continuer pendant deux jours un simulacre de procédure. *Biduum super hæc*, IMAGINE *cognitionis absumptum.* (Tacit. Annal. III. 17.) Ensuite, quand le sénat parut vouloir décider que les accusateurs devoient être privés de leur salaire, lorsque l'accusé de crime de leze-majesté s'étoit donné la mort, le tyran empêcha ce décret en supposant que le salut public dépendoit de l'encouragement des accusations. *Et quia Cornutus suâ manu ceciderat, actum de præmiis accusatorum abolendis, si quis majestatis postulatus, ante perfectum judicium se ipse vitâ privavisset :* IBATURQUE IN EAM SENTENTIAM, *ni duriùs contraque morem suum palàm pro accusatoribus Cæsar, irritas leges, rempublicam in præcipiti conquestus esset : subverterent potiùs jura, quàm custodes eorum amoverent.* (Tacit. annal. IV, 30.)

Après cela, vous ne trouvez plus dans les loix romaines qu'un assemblage incohérent de la maxime, *morte crimen extinguitur*, de quelques exceptions couvertes du voile de la sûreté publique par les accusateurs & le fisc,

& de l'action en réparation ou restitution soutenue contre les héritiers de l'accusé mort naturellement ou violemment avant la fin du procès.

Dans cette partie du droit criminel comme dans toutes les autres, le droit romain a fondé le nôtre. A quelques exceptions près, tirées du dernier âge de la jurisprudence romaine, & dont nous parlerons sous le nombre suivant, nous avons adopté la maxime que le crime s'éteint par la mort. Nous jugeons que lorsque l'accusé meurt pendant l'instruction, & même sur l'appel, il en est comme s'il n'eût pas été accusé, il meurt *integri status*. La procédure cesse, & il ne peut plus y avoir de condamnation de peine, ni contre l'accusé mort, ni à plus forte raison contre son héritier. Que si par une fiction de droit la loi décide que l'héritier succede dans tous les biens & la personne du défunt, *succedit in universum jus & personam defuncti*, cette fiction ne peut pas s'étendre aux peines.

Mais lorsque le délit a donné lieu à une demande en dommages & intérêts, lorsqu'il y a partie civile, l'action qu'elle exerce est-elle aussi éteinte par la mort de l'accusé, & ne peut-elle pas se reprendre contre l'héritier ? Ici encore, faute d'ordonnance, la jurisprudence semble contradictoire.

ARRÊT du parlement de Paris, du 29 juillet 1628, qui condamne l'héritier à payer la provision adjugée, & sur le surplus des dommages & intérêts demandés par la partie civile, renvoie devant le premier juge. (Bardet, tom. 1, liv. 3, ch. 12, pag. 220.).... *Espece*. C'étoit un homme qui avoit excédé & défiguré, qui après l'accusation, l'information, le décret de prise-de-corps, l'interrogatoire & une sentence de provision, étoit mort. La preuve paroissoit acquise. Les avocats ne plaidoient que pour savoir si tout n'étoit pas éteint par la mort. M. l'avocat général Bignon dit que *quoique par la mort le crime soit éteint, & l'accusé soit soustrait à la peine, néanmoins* IL N'EST PAS DÉCHARGÉ DES RÉPARATIONS CIVILES *dues aux offensés; qu'il ne peut plus y avoir de récolement ni confrontation, mais qu'il faut* AGIR CIVILEMENT ET PAR ENQUÊTES.

ARRÊT du parlement de Toulouse, du 18 décembre 1713, qui juge que l'accusé étant mort avant sa condamnation, ou la confirmation de la sentence de condamnation, les biens passent à ses héritiers sans qu'ils soient tenus d'aucune condamnation pécuniaire, quand même l'arrêt confirmeroit la sentence pour les autres accusés du même fait. (Supplém. au Journ. du parlement de Toulouse par Aguier, tom. 1, pag. 151.)........ L'arrêtiste ajoute : « il en seroit autrement, si le *prévenu* (l'accusé) s'étoit tué lui-même, ou s'il avoit avoué le crime dans sa réponse.... Cet arrêt paroît conforme à ceux de Catelan, liv. 7, ch. 1, pag. 446, & de la Roche, liv. 6, tit. 23, *verbo* Confiscation; à la note de Graverol & à l'opinion des docteurs sur la loi 2, *D. de bonis eorum qui ante sententiam*. Cependant le dernier auteur observe, sur l'arrêt 2 du tit. 52, *verbo* Héritier, qu'on suit pour ce chef l'arrêt de la Roche en ce chapitre, & la disposition du droit canon, tirée du *C. in litteris de raptorib.* QUE LES BIENS DU PRÉVENU SONT AFFECTÉS POUR LA RÉPARATION DES DOMMAGES ET INTÉRÊTS DE LA PARTIE CIVILE, SI SES HÉRITIERS NE PURGENT PAS SA MÉMOIRE. Telle est aussi la décision de Boutaric aux instit. pag. 550, & de Serres, pag. 588, qui regardent la derniere opinion comme *la plus sûre*, & elle est en effet la plus équitable. »

ARRÊT du parlement de Toulouse, du 17 décembre 1723, qui juge que l'ARRÊT rendu CONTRE UN MORT ACCUSÉ est non seulement NUL quant à la peine, mais pour les dommages & intérêts. (Journ. de Toulouse, *ibid.* pag. 256.).... L'arrêt en condamnant l'accusé mort, avoit prononcé une réparation envers la partie civile qui avoit voulu le faire exécuter. Ses héritiers soutinrent que l'arrêt étoit nul comme rendu contre un mort, que la peine étant le principal, & les dommages & intérêts l'accessoire, la chûte de l'un entraînoit celle de l'autre, d'autant qu'ils ne profitoient pas du crime comme dans le cas d'un vol qui seroit censé entre leurs mains.

Nous oserons combattre cette jurisprudence apparente du parlement de Toulouse, non avec le droit canon, que nous ne citerons jamais que dans les matieres ecclésiastiques, mais avec le droit romain, l'arrêt de 1628, l'opinion de Bignon, de Graverol, de Boutaric, de Serres, & pardessus tout des considérations qui paroissent décisives.

D'abord le droit romain, bien saisi, nous paroît renfermer plusieurs loix positives que Pothier dans ses Pandectes, tom. 3, lib. 48, tit. 1, *de publ. jud.* n°. 6, pag. 428, a rassemblées avec ce titre *vidimus crimina publica non dari in heredem. VERUM in ipsum dabitur ACTIO CIVILIS, in id quod ad ipsum pervenit.* Ces loix sont les 4 & 12, *D. de leg. Corn. de falsis.*

Nous allons plus loin que Pothier, qui semble resserrer l'action civile contre l'héritier, au cas où il paroît avoir profité, comme dans le vol.

Si le fait qui donne lieu à l'accusation avoit été porté au civil, l'action intentée contre le défendeur auroit subsisté contre ses héritiers. Mais que renferme donc l'instance criminelle, qui puisse détruire ce droit donné par la raison, & pour ainsi-dire la loi naturelle, qui veut que les torts & les dommages soient réparés par la personne & sur ses biens? L'instance criminelle renferme deux choses: l'action civile en dommages & intérêts, formée par la *partie civile*, & l'accusation formée par le ministere public. Ces deux demandes sont parfaitement distinctes, même PAR LES MOTS.

Quand l'accusé meurt, la peine ne pouvant plus avoir lieu, l'accusation qui l'a pour objet, cesse. Pour le condamner, il faut sa défense. Il faut bien d'autres preuves quand il s'agit de l'honneur & de la vie.

C'est une subtilité de prétendre que les dommages & intérêts *accessoires* du crime doivent s'éteindre avec lui. La loi n'éteint que la peine: il n'y a que la confiscation & les dépens, que l'on puisse regarder comme accessoires de la peine.

Quand l'accusé meurt, il n'est pas juste que la réparation qu'il doit, ne soit pas faite sur ses biens. Si ses héritiers ne veulent pas le représenter, ils n'ont qu'à s'abstenir: mais sa succession doit en répondre. Cet ordre de choses nous paroît mettre tout à sa place, & remplir parfaitement le *jus suum cuique tribuere.*

Reste à voir, si, par la procédure faite avant la mort de l'accusé, & par ses réponses même, il y a preuve; ou si elle pourra s'acquérir par enquête, comme le disoit M. Bignon. Si les faits sont de telle nature que la mort de l'accusé rende la vérité impénétrable, alors c'est aux juges à se décider par la nature des circonstances & des preuves. Alors l'*arbitrage* du juge, absolument nécessaire, ne sera pas dangereux, parce qu'il portera seulement sur les faits. Mais il faut conserver pour principe que la mort qui éteint le crime, n'éteint pas la demande en dommages & intérêts & en restitution.

Et voyez où méneroit ce systême! Le crime commis a été prouvé. L'accusé meurt: le corps de délit existe; & on en dépouillera la partie civile, pour le remettre à l'héritier de l'accusé!

Cette idée vient de la confusion que l'on fait des jugemens publics des Romains, où ils ne demandoient point de réparation civile, & qui font l'objet du quarante-huitieme livre du digeste, avec les délits privés, comme le vol, qui sont l'objet du quarante-septieme livre.

Cette opinion, que nous adoptons avec tant de jurisconsultes, nous paroît d'autant plus précieuse, qu'elle diminue les sources des crimes, sur-tout du vol, & le nombre des voleurs. La plupart volent pour eux & pour le moment; mais quelques-uns seroient moins ardens, moins persévérans, s'ils étoient persuadés qu'après leur mort, leur succession ne passera pas à leurs enfans sans avoir été purgée du bien mal acquis, sans avoir servi à réparer les torts qu'ils ont faits.

Mémoire, Cadavre, Animaux, Livres.

70. J'ai dit que la mort éteint le crime, & j'ai annoncé des exceptions: elles sont dans le tit. 22 de l'ordonnance de 1670, art. 1. *Le procès ne pourra être fait au cadavre, ou à la mémoire d'un défunt, si ce n'est pour crime de* LEZE-MAJESTÉ *divine ou humaine, dans les cas où il échet de faire le procès au défunt,* DUEL, HOMICIDE DE SOI-MÊME *ou* REBELLION A JUSTICE, *avec force ouverte dans la rencontre de laquelle il aura été tué.* Les quatre articles suivans tracent la procédure, qui se réduit à nommer au cadavre ou à la mémoire un curateur comme au muet-sourd, & aux communautés.

En lisant cette loi on y cherche le parricide, l'infanticide, le fratricide, l'assassinat, le poison, l'incendie, ces crimes *innommés*, par lesquels le magistrat prévaricateur, l'administrateur infidele, tout homme puissant, ambitieux, avide & cruel, se jouant du repos, de l'honneur & de la vie, fait à l'état & à l'humanité des plaies profondes que le temps referme avec peine, & dont l'histoire des derniers siecles nous offre tant d'exemples.

On cherche encore si cette loi a produit l'effet que LOUIS XIV s'étoit promis, & si elle a inspiré à la nation une horreur salutaire. Car en général le législateur n'atteint pas son but, & de son vivant même ses décrets tombent en désuétude, lorsqu'il manque d'instruire & de prévenir. On a beau multiplier, prolonger & raffiner les supplices, étaler par-tout les restes défigurés des coupables, s'en prendre à leur cadavre & poursuivre leur ombre; ce ne sont plus que des fantômes dégoûtans auxquels se fait l'habitude, à travers lesquels marchent de sens froid, le besoin, la réflexion, le crime, l'espoir de l'impunité, l'audace, le préjugé, l'erreur & l'opinion publique.

L'usage d'accuser la mémoire tient à la plus haute antiquité. Avant d'être admis dans l'asyle des morts, rois, grands & sujets, tous les Egyptiens devoient subir un jugement solemnel. Le mort traduit au tribunal sacré, avoit un accusateur & un défenseur. Les juges accordoient ou refusoient la sépulture, honoroient ou condamnoient la mémoire. « Le peuple, dit Rollin, admiroit le pouvoir des loix, qui s'étendoit jusques après la mort, & chacun touché de l'exemple craignoit de déshonorer sa mémoire ou sa famille. » (Hist. anc. tom. 1, pag. 49, de l'édit. in-4°.)

Mais ce tribunal suprême n'étoit pas réduit à prononcer l'infamie; honorant la mémoire, il remplissoit le devoir essentiel de la justice; & c'étoit la plus sublime politique. Ainsi notre bon roi arrachant à l'oubli les bons rois & les grands hommes, leur érige des statues. Ainsi nos tribunaux, nos temples & depuis quelque temps nos académies retentissent d'éloges, où, malgré la circonspection & la flatterie, les vivans trouvent leur critique, des exemples & des vérités utiles. Ainsi la bienfaisante philosophie, cherchant à encourager la classe la moins élevée & la plus nombreuse, assure un prix annuel au citoyen obscur qui aura fait la plus belle action. Cette institution sublime honore le siecle qui l'a vu naître, l'académie françoise qui doit juger, & le citoyen vertueux & modeste à qui on la doit.

On ne s'est pas borné à poursuivre des cadavres & à juger la mémoire. Parcourez l'histoire, les codes, les arrêts, les jurisconsultes, & sur-tout Ayrault, *liv. 4, pag. 396 jusqu'à 417.* Vous verrez la justice & l'imagination s'étendre aux animaux brutes, aux choses inanimées, aux écrits qui attaquoient la paix publique, les opinions reçues, les préjugés utiles, l'autorité salutaire & la réputation même des particuliers.

Toutes ces accusations extraordinaires, en ce qu'elles frappent des objets insensibles & qui ne peuvent pas se défendre, tiennent à plusieurs idées confusément liées dans la tête de tous les peuples par la foiblesse, la timidité, le desir passager d'effrayer ou d'instruire, par l'opinion que l'ordre, la paix & la sûreté ne peuvent être maintenus qu'avec la force, la punition & l'exemple. Ces idées se réveillent chaque fois qu'il se commet un crime. Il faut une accusation, un accusé, un jugement, un supplice. Il faut un spectacle au peuple, & pour l'avoir ou le rendre plus sensible, on s'en prend même aux choses inanimées.

A ce propos se pourroit joindre l'opinion d'un ancien, que « les supplices aiguisent les vices plustost qu'ils ne les amortissent. Qu'ils n'engendrent point le soing de bien faire, c'est l'ouvrage de la raison & de la discipline; mais seulement un soing de n'être point surprins en faisant mal. *Latiùs excisæ pestis contagia serpunt.* Je ne sçay pas qu'elle soit vraie, mais ceci, sçay-je par expérience, que jamais police ne se trouva reformée par-là. L'ordre & reiglement des mœurs dépend de quelque autre chose. » (Essais de Montaigne, liv. 2, chap. 15.)

Femme accusée.

71. Je ne puis voir la triste & révoltante condition des femmes, lorsqu'elles sont accusées, sans tourner encore mes regards du côté de Rome.

Par quel art, pour attacher les femmes aux devoirs domestiques, vint-on à bout de les éloigner de la magistrature, du barreau & de toutes les fonctions publiques, de les empêcher, comme les enfans, de boire du vin ; de les soumettre perpétuellement à l'autorité maritale & à la puissance paternelle, & de leur faire aimer cette espece de servitude? *Nunquam salvis suis exuitur* SERVITUS *muliebris : & ipsæ* LIBERTATEM *quam viduitas & orbitas facit, detestantur.* (Titus Livius. XXXIV. 25.)

Ce systême, qui, sous prétexte de la foiblesse naturelle du sexe, le réduisoit à une minorité perpétuelle, parfaitement conçu & lié, avoit pour base la décence, la pitié & la justice.

Après avoir été admises au barreau, pour plaider dans toutes sortes d'affaires, si l'éloquence inquiétante que déploya Carfania, (*magistratum inquietans*) fit ôter aux femmes les fonctions d'avocat, par l'édit que rappelle le § 5, de la loi 1, *D. de postulando*; si on les assimila aux impuberes, on les admit comme eux à exciper de l'ignorance du droit. L. 8, *D. de jur. & fact. ignor.*

On ne les offensa point, & l'on ne viola point la pudeur publique, en publiant à l'audience leurs foiblesses, leurs erreurs, ou leurs miseres. Elles préféroient toujours cette justice secrete & compatissante, qu'elles trouvoient dans le tribunal domestique. Et Tibere, lui-même, avant d'être un monstre, y renvoya les femmes accusées d'adultere. *Matronas prostratæ pudicitiæ, quibus accusator publicus deesset, ut propinqui more majorum, de communi sententia coercerent, auctor fuit.* (Sueton. in Tiber. 35.)

Si la loi 1, *D. de accusat.* leur interdisoit de paroître comme accusatrices dans les crimes publics, elle le leur permettoit pour la vengeance de leurs parens; par-là on les rappelloit sans cesse à la nature, & on resserroit le saint nœud des familles.

Si elles pouvoient être accusées, parce qu'elles pouvoient commettre de grands crimes, la loi voulant qu'elles ne fussent pas impunément calomniées, assuroit à leur foiblesse des défenseurs. *Mulieribus tunc succurendum est, cùm defendantur, non ut faciliùs calumnientur.* L. 110, § 4, *D. de reg. jur.* C'étoit pour elles à plus forte raison que le prêteur avoit rendu le célebre édit conservé dans le § 4 de la loi. 1, *D. de postulando. Ait prætor: SI NON HABEBUNT ADVOCATUM, EGO DABO.*

Enfin, si elles étoient accusées d'un crime qui exigeât de s'assurer d'elles, on les admettoit à donner caution. Si elles ne le pouvoient pas, ou si le crime étoit si grave qu'il fallût les enfermer pour faire leur procès; on ne les envoyoit jamais en prison, de peur qu'étant livrées à des hommes, leur chasteté ne fût insultée ou compromise. On les retenoit en des maisons sûres sous la garde des femmes; & depuis l'établissement du christianisme, on les enferma dans les couvens. *Nullam enim mulierem pro pecuniâ fiscali, sive privatâ causâ, aut pro CRIMINALI quolibet modo, aut in carcerem mitti concedimus, aut à viris custodiri; ut non per hujusmodi occasiones inveniantur CIRCA CASTITATEM INJURIATÆ.* Novell. 134, C. 9.

Que reste-t-il de cette jurisprudence? Chez ce peuple dont je vante sans cesse la justice criminelle, & à qui Elisabeth & Anne ont donné tant de belles loix, je vois Blackstone, *tom. 2, chap. 7, nº. 3*, écrire « que le mari peut priver sa femme d'une partie de sa liberté en cas de mauvaise conduite.... Que quand on la reconnoît forcée par lui à quelque félonie ou moindre crime, la loi use d'une indulgence qui ne s'étend ni à la trahison, ni au meurtre.... Que la femme peut être accusée, poursuivie & jugée séparément; parce que son union avec son époux n'a de rapport qu'avec ce qui touche le civil. ».... La femme angloise a la liberté commune de voir sa famille, le bonheur d'être jugée publiquement, & l'assurance de ne pas manquer d'avocats. Mais elle peut être ravie à son mari, jetée dans les fers avec d'impudens scélérats, & rester ainsi jusqu'aux premieres assises. Dans le procès de la duchesse de Kingston, la séance du 13 avril 1776, se passa à examiner si on ne l'enverroit pas à la Tour, ou si on la laisseroit sous la garde de l'huissier à verge noire. Mais c'étoit une pairesse; & il y a grande apparence qu'une femme d'un autre ordre auroit été envoyée en prison suivant le droit municipal. *Tis the will of the common law.*

Et nous dont les aïeux *défendoient en champ clos le sexe qu'on outrage*, nous qui ressemblons aux Romains, en ce qu'on disoit d'eux qu'ils obéissoient à leurs femmes; nous qui avons emprunté d'eux tant de loix qui ne vont guere à notre gouvernement, à nos mœurs & aux progrès de l'esprit humain; qu'avons-nous fait de celles qui regardoient les femmes?

Avons-nous tiré du droit romain cette jurisprudence, par laquelle, dans nos provinces du droit écrit, du ressort du parlement de Paris, la femme considérée comme marchande publique, est contraignable par corps, & peut être emprisonnée pour la vie, tandis que s'il y a du profit, elle n'en a rien, parce qu'on ne la considere plus que comme factrice de son mari? Voyez *Marchande publique*.

Qu'est-ce encore que ces loix coutumieres, par lesquelles le mari peut donner tout à sa femme en l'épousant, & rien en mourant; c'est-à-dire, tout avant de la connoître, & rien quand elle peut l'avoir mérité? Ensorte que faits pour se rendre heureux, ils ne peuvent plus l'un pour l'autre ce qu'ils peuvent pour la personne la plus indifférente, ou que si le mari veut faire du bien à sa femme qui aura fait le bonheur de sa vie, il ne le peut suivant l'*art. 282 de la coutume de Paris*, qu'autant qu'elle lui en fera de son côté; espece de marché, qui tend à faire jouir celui qui

pourra

pourra enterrer l'autre. Voyez *Don mutuel*

Qu'est-ce enfin que notre jurisprudence, lorsque la femme mariée est accusée, & que peut pour elle celui sans l'autorité duquel par-tout ailleurs elle ne peut rien?

La coutume de Normandie, art. 544, dit : *Et où la femme seroit poursuivie pour méfait, ou médit ou autre crime, son mari en sera tenu civilement, s'IL LA DÉFEND; & s'il la désavoue, & elle est condamnée, la condamnation sera portée sur tous les biens à elle appartenans, de quelque qualité qu'ils soient, si les fruits n'y peuvent suffire.* Voyez sur cet article Basnage, *tom.* 2, *pag.* 482, qui convient d'abord, que *cet article est contraire au droit civil.*

Le mari défendra-t-il sa femme accusée? Il doit être retenu par la jurisprudence, qui lui fera supporter les dommages & intérêts, ainsi que les dépens auxquels elle sera condamnée; non que l'on juge qu'il a été complice, mais parce qu'il aura autorisé dans sa défense celle que la loi avoit mise sous sa protection. C'est sa femme, c'est la moitié de lui-même; mais il ne peut pas sans se compromettre, faire pour elle ce que peut le tuteur pour son pupille, l'avocat pour son client, le procureur pour sa partie, l'homme charitable pour l'infortuné qu'il voudra arracher à une injuste captivité.

Le mari se tiendra-t-il à l'écart, & refusera-t-il d'autoriser sa femme? Il n'en sera pas moins exposé. Tous les auteurs modernes répetent sans cesse, comme maxime, que la femme n'a pas besoin de l'autorité de son mari pour se défendre, & que lorsqu'il ne l'a pas autorisée, il ne peut pas supporter les adjudications prononcées contre elle. Ils en affranchissent même la dot & la communauté, ensorte que le jugement ne pourroit s'exécuter qu'après la mort du mari. Mais, 1°. la femme peut être contrainte par corps; 2°. d'anciens auteurs du plus grand poids, tels que Loyseau, *du déguerpissement, liv.* 2, *chap.* 4, *n°.* 17 & 18, sont d'un avis contraire; 3°. ouvrez Papon, Brillon, Serpillon, Jousse & Bruneau, ils rapportent des arrêts pour & contre. Brillon, *verbo* Dépens, dit bien que les arrêts rendus en faveur des maris sont plus conformes aux bonnes maximes. Serpillon, *pag.* 385, dit encore que les jurisconsultes de Bourgogne soutiennent que les adjudications obtenues contre les femmes non autorisées par les maris ne peuvent être exécutées qu'après la dissolution de la communauté. Mais Bruneau, *part.* 2, *tit.* 2, *n°.* 20, *pag.* 344, cite un arrêt du parlement de Paris, du 12 décembre 1703, qui condamne le mari quoiqu'il n'eût été *ni partie, ni oui, ni appellé pour autoriser*; à quoi il ajoute cette réflexion. IL N'Y A RIEN DE CERTAIN AU JUGEMENT DES HOMMES : *des raisons & des motifs impénétrables font que la jurisprudence semble avoir varié.* Voyez *Femme, Dot, Communauté.*

Au milieu de ces contradictions & de ces ténebres, quelle est la jurisprudence à l'égard des femmes?

Je vois une exception incontestable, dictée par la décence & la foiblesse du sexe. Nous ne les condamnons ni à la roue, ni aux galeres, & quoique la déclaration du 4 août 1682 prononce le bannissement hors du royaume contre les Bohémiens & leurs femmes : quelques auteurs croient qu'il ne faut pas ordonner cette peine; *ne liberos pariant in alienâ terrâ.* (Jousse, tom. 1, pag. 41.)

Je vois encore par-tout que les femmes accusées n'ont pas besoin d'être autorisées par leurs maris pour se défendre, & cette maxime est de toutes les nations, parce que les délits sont personnels.

Mais, parce qu'une femme peut se passer de l'autorisation de son mari, comme la fille mineure de celle de son pere, faut-il qu'elles ne puissent pas être défendues par eux, lorſque la nature & l'honneur leur en font un devoir? Comment le pourront-ils, s'ils ne ſont pas à côté d'elles, s'ils ne ſont pas inſtruits, s'ils ne voient ni la plainte, ni les témoins, ni aucune partie de la procédure? Dans cet abyme que deviendra une femme?

Voyez d'abord celle dont j'ai donné l'arrêt, pag. 325. Elle eſt innocente, mais le titre de l'accuſation étoit grave. Son mari eſt abſent; elle allaite ſon enfant, & alors une mere eſt ſacrée; mais la loi eſt muette. Le juge inſenſible a décrété. D'impitoyables archers la traînent ignominieuſement & la jettent dans une priſon mal-ſaine avec ſon enfant qu'elle ne pourra plus abreuver que de ſes larmes. Voilà certes une atroce violation de la nature & de la décence, que n'ont pas effacée les 200 liv. d'indemnité accordées par l'arrêt de Nanci; car l'honneur ne ſe compenſe pas avec l'argent, & l'enfant, qui peut-être ſe reſſentira toute ſa vie de ces jours d'effroi & de douleur, appellera barbare la juſtice qui, inconſidérée dans ſes décrets, ne reſpecte ni l'innocence, ni la nature.

Laiſſons cette femme intéreſſante, & au milieu de celles qu'enferment nos priſons, prenons la premiere qui s'offre à nos regards, & ne cherchons pas quel eſt le titre de ſon accuſation; car juſqu'à l'arrêt, l'humanité, la raiſon & la loi la placent dans cet état neutre, qui ne permet pas de la traiter comme coupable. Quel eſt ſon ſort, & comment ſera-t-elle défendue?

Jetée dans une priſon ténébreuſe & mal-ſaine, ſi elle peut conférer avec ſon mari, embraſſer ſes enfans, être conſolée par ſon pere, c'eſt une grace qu'on n'accordera pas toujours & que fera payer le geolier. Elle ne doit plus voir qu'un juge tel quel, un greffier inſenſible, des témoins de toute eſpece, des guichetiers inſolens & avides.

Dans le dédale de notre myſtérieuſe procédure, ſi un accuſé eſt digne de pitié, c'eſt l'être délicat, ſenſible, foible & timide que la nature ne forma pas pour cette rude épreuve, que l'éducation n'y a pas préparé, à qui la loi naturelle aſſigne d'autres devoirs & une autre exiſtence. Une femme n'a point appris la langue de la juſtice criminelle, en ignore la route, les détours, les aboutiſſans. Si quelqu'un a beſoin d'appui, de conſeil, c'eſt elle ſans doute. Elle l'aura dans l'inſtructeur, s'il a une ame élevée au deſſus de la routine, des préjugés & des orages des ſens. Il lui expliquera la procédure à chaque pas, il lui en fera voir la marche & les conſéquences; il l'éclairera, la conſolera, lui ſervira de pere. Mais s'il avoit un cœur de bronze; ſi c'étoit un monſtre; ſi, maître abſolu de cette eſpece d'eſclaves, il pouvoit mettre un prix au ſalut de l'innocence; ſi la foibleſſe, la crainte, l'ennui, le déſeſpoir!... Femmes, vous m'entendez! Celles d'entre vous qui, dormant ſur le duvet de la molleſſe, n'ont connu juſqu'à ce jour que la paix, le bonheur & la volupté, ne concevront pas comment une femme honnête peut être ainſi livrée à des hommes ſéveres & ſoumiſe aux êtres les plus vils; elles ne verront dans cette affreuſe poſition que ces images terribles qu'on peint ſur nos théatres & qui diſparoiſſent comme un ſonge; mais ſachez qu'au ſein du bonheur, du repos & de la fortune, vous pouvez être enlevées & chargées de fers par la calomnie, la fatalité, l'erreur & la mépriſe. Sachez qu'il en eſt des exemples récens. Liſez dans la déclaration du 30 août 1780, « que des hommes accuſés & ſoupçonnés injuſtement, & enſuite reconnus innocens par les tribunaux, eſſuient d'avance une peine rigoureuſe par la ſeule détention dans des lieux ténébreux & mal-ſains; que des priſonniers de tout âge *& de tout ſexe* reſſerrés dans un trop petit eſpace & ſouvent confondus, préſentent le ſpectacle le plus affligeant. »

Si le récit de l'infortune ſuffit pour attendrir vos cœurs compatiſſans, & ſi la charité vous mene, dans les réduits les plus obscurs pour soulager la misere, ah ! laissez-vous toucher par la foible esquisse que je viens de présenter. Parlez pour votre sexe, parlez pour tous. Dans le drame de Clémentine, le danger auquel est exposé l'innocent accusé vous a fait frémir. Ce n'est pas assez de pleurer. A nos foibles efforts joignez vos voix touchantes. Vous fûtes l'ame de la chevalerie; devenez celle de la justice. Défendez la vertu, l'honneur & l'innocence. Si vous régnâtes toujours par le desir, l'espoir & le sentiment, enseignez aux François à être humains & justes. Tandis qu'ils vous traitent avec tant de barbarie, apprenez que jadis ils avoient imaginé des privileges pour une espece d'hommes, qui, étant réputés plus instruits, devroient être moins exempts de la loi commune, si elle est juste.

Prêtre accusé.

72. Dans le tom. 5 des mémoires du chancelier d'Aguesseau, pag. 199, on trouve un mémoire de 145 pages, *où l'on examine si un cardinal françois qui commet un crime de leze-majesté est exempt de la jurisdiction royale par sa dignité.* On y voit les exemples des procès faits aux cardinaux Constance, Balue, Chatillon, Guise, Sourdis & Retz. M. d'Aguesseau conclut avec raison que pouvant être coupables, ils peuvent être accusés.

Un siecle auparavant on avoit fait le procès à des évêques pour le même crime. *Quelques évêques,* dit le président Hénault, *complices de la révolte de Monsieur, sont jugés à Paris par des commissaires délégués par le pape. Le clergé protesta en 1650 contre cette délégation.* (Ab. chr. de l'hist. de France, année 1633.)

C'étoit le privilege de Clergie, & tous les mauvais ministres, comme Poyet, avoient soin de prendre la tonsure afin de s'assurer de l'impunité. Par une étrange bizarrerie, il subsiste encore en Angleterre, sous le titre de bénéfice du clergé. *The benefit of the clergy.* Blackstone en donne l'état actuel, liv. 4, chap. 28. Voyez *Clerc*, *Clergie*.

Ces prétentions étoient un foible reste des immunités dont le clergé avoit joui si long-temps en France, elles se réduisent aujourd'hui à ce que j'ai dit n°. 4, pag. 203.

Le respect pour la religion peut faire *étouffer* certaines accusations, & j'en ai vu plusieurs exemples. Mais il faut bien se garder d'adopter pour principes l'ombre même de ces privileges.

Il y a encore quelques états de l'Europe où ils subsistent dans toute leur force; & il en résulte les plus grands maux. Voyez ci-après l'affaire *SARTORIUS* sous le n°. 85.

En France aucun sujet, aucun habitant n'a le privilege, ni de pouvoir commettre un crime sans être accusé, poursuivi & jugé, ni d'être jugé par des juges étrangers ou délégués par une puissance étrangere. Si ce privilege existoit, s'il pouvoit être essentiel à un corps quelconque, il faudroit l'anéantir. Ce corps seroit à un état policé ce que sont les requins dans le vaste océan.

Princes, Pairs, Grands, Magistrats, Étrangers.

73. C'est un principe du droit des gens & du droit public de l'Europe, que quiconque commet un crime peut être accusé, poursuivi judiciairement & condamné par le juge du lieu du délit.

La civilisation ayant proscrit la vengeance naturelle, & la confédération des offensés, il a bien fallu pourvoir à la sûreté publique d'une autre maniere. Tout état, tout lieu où un homme pourroit insulter, outrager, piller & tuer impunément, seroit bientôt un désert : & l'être ainsi privilégié seroit réduit à habiter l'Afrique avec les tigres. Cette grande vérité fut bien sentie par le souverain qui dit à un prince de sa race : *Je vous pardonne, mais j'ai signé la grace de celui qui dans la même occasion se fera justice.*

L'Asie elle-même a adopté ces grandes maximes : la surate 16 de l'Alcoran défend l'oppression, la cinquieme le vol, & la quatrieme ordonne sans exception l'obéissance aux loix. Si nous entendons parler de l'oppression des foibles, c'est que la Turquie n'est pas mieux policée que la France au XIV siecle. Mais lorsque les plaintes arrivent au divan, les grands sont d'autant moins épargnés que la confiscation a lieu, & les têtes exposées à la porte du serrail attestent la justice suprême. Dans l'Indoustan, les instructions données au magistrat ont un caractere sublime.... *Qu'il ne donne pas le supplice de l'attente à ceux qui demandent justice.... Qu'il soit plein de bonté pour le petit & le foible.... Qu'il fasse baisser le bourdonnement, le tumulte de ces guêpes, de ces frêlons de la loi, & que son ame veille à la garde des biens, de la vie, de la réputation & de la loi des habitans du monde.* (Hist. de l'Indoustan, par M. Dow, tom. 3, append. pag. 411 & suiv.)

Ce droit général est plus particuliérement encore celui de la France. Tout sujet, tout habitant, si puissant qu'il soit, soumis néanmoins aux loix, peut être accusé, s'il les enfreint, & doit être jugé.

Les étrangers ne sont pas affranchis de cette loi commune. Les délits légers qu'ils commettent peuvent être excusés par l'ignorance de notre langue, de nos usages & de nos mœurs. Mais pour tout crime qui viole la sûreté publique & le droit naturel, ils peuvent être accusés & jugés, ou par le juge du territoire, ou par le juge d'attribution.

Les ministres étrangers prétendent pour eux & leurs gens à une exemption, qui consiste à les renvoyer à leurs maîtres pour avoir justice. Ce privilege si délicat & si dangereux, a des bornes placées par la nature du délit, la qualité des personnes & la considération pour la puissance. Voyez *Ambassadeur, Étranger, Franchise.*

Cette question du droit des gens devient encore plus délicate, s'il s'agit de l'accusation d'un souverain étranger. Au mot *Abdication*, tom. 1, n°. 8, p. 115, j'ai dit avec tous les publicistes que Christine, auparavant reine de Suede, eût été réguliérement jugée & justement condamnée pour le meurtre de Monadelschi. A l'égard des princes régnans qui commettent un délit hors de leurs états, voyez *Roi, Souverain.*

En France nous ne connoissons de privilege que celui des princes & des pairs, & il se réduit non pas à ne pouvoir pas être accusés, mais à ne pouvoir être jugés que par le parlement de Paris.

ARRÊT du parlement de Paris, du 30 décembre 1763. « Notredite cour, toutes les chambres assemblées, suffisamment garnie de pairs, *toujours existante, & ESSENTIELLEMENT & UNIQUEMENT NOTRE COUR DES PAIRS*, a dit & déclaré que, par l'arrêt du parlement de Toulouse, du 17 décembre 1763, il a été incompétemment DÉCRÉTÉ contre le duc de Fitzjames, pair de France, & en cette qualité justiciable de notre cour de parlement de Paris *seulement;* en conséquence, déclare ledit décret & tout ce qui s'en est ensuivi ou pourroit s'ensuivre, nul. » Voyez *Pair.*

ARRÊT du parlement de Paris, du 26 avril 1765, qui donne acte de la protestation des princes & de leur adhésion à l'arrêt du 30 décembre 1763 ; déclare nul & de nul effet tous actes judiciaires ou extraordinaires, publics & privés, intervenus ou qui pourroient intervenir, & qui seroient contraires aux droits essentiels de la pairie, aux prééminences de la cour, & aux droits respectifs d'icelle, & des princes & des pairs, *lorsqu'il s'agit de leur ÉTAT, de leur HONNEUR, de leur PERSONNE & de leur DIGNITÉ, & le droit qu'ils ont esdits cas de ne pouvoir être AJOURNÉS,*

CONVENUS OU JUGÉS *ailleurs, qu'en ladite cour,* SEULE COUR DES PAIRS, *les formes requises duement observées.*

Quelques tribunaux souverains ont attribué ce privilege à chacun de leurs membres; c'est-à-dire, que commettant un délit dans un ressort étranger, il peut y être décrété par le moindre juge, qui ne l'oseroit pas s'il étoit dans le ressort de cette cour; ce n'est point un droit, c'est une bienséance dont ont pu abuser des magistrats tels que ceux dont se plaignoit le chancelier de l'Hôpital, dans son discours au parlement de Bordeaux. Le despotisme légal est le plus odieux, le plus insupportable & le plus funeste. Tout est perdu lorsque le crime couvert du manteau de la justice, viole la sûreté publique.

Ces maximes précieuses furent contestées sous le gouvernement féodal, lorsque les grands se prétendirent exempts de toute jurisdiction. Nos rois occupés au dedans à réprimer ces tyrans subalternes & féroces ne pouvoient plus se défendre au dehors. Les procès faits à quelques-uns apprirent à tous à se soumettre au trône & à obéir aux loix.

Aujourd'hui, encore qu'il soit vrai, comme le disoit M. Seguier dans l'affaire de l'abbé G.... contre le comte de B.... que *la réputation d'un homme constitué en dignité, n'est pas toujours* ENTIÉREMENT *flétrie pour une accusation indiscrete, qu'il s'enveloppe de sa dignité, de la splendeur de son nom, de l'illustration de sa naissance, & que son honneur survit à sa condamnation;* cela peut être dans les affaires où les talens & les services, ou le crédit, le pouvoir & la grandeur effacent par leur éclat une tache légere, & font oublier l'erreur du moment. Là comme ailleurs, l'opinion publique s'éleve au dessus du jugement de quelques hommes. Mais dans les affaires graves, les noms & les rangs disparoissent. L'accusateur & l'accusé ne sont plus qu'hommes & sujets. On ne voit plus que le salut de tous, & c'est alors que le magistrat dit avec M. Seguier: *Quelle sera donc la force du ministere public, s'il n'a pas le courage de prendre en main la défense du citoyen, & que deviendroit l'autorité des tribunaux, s'ils pouvoient oublier un moment que* TOUS LES HOMMES SONT ÉGAUX AUX YEUX DE LA JUSTICE?

Que si le premier juge refuse de recevoir la plainte, le tribunal supérieur instruit par une requête y pourvoira. L'exactitude des parlemens à maintenir ce recours du foible contre l'oppresseur est un des plus grands services qu'ils aient rendus au roi, à la nation & à l'humanité. Cet ordre judiciaire, même par une sévérité apparente, a eu la plus grande influence sur la population, le commerce, les mœurs, & tout ce qui peut amener & soutenir la félicité publique. Sans cette administration de la justice, nous serions encore plongés dans cet état de barbarie, par lequel jusqu'au XVII siecle nous avons mérité la plupart des reproches que nous faisons à l'Asie. On ne verroit pas en France les étrangers attirés par la liberté, la sûreté & la tranquillité, autant que par le plaisir, les arts, le caractere national & la beauté du climat. Voyez *Justice.*

Plus il y a d'inégalité dans les conditions, les pouvoirs & les fortunes, plus ce droit d'accuser devient précieux au foible & au pauvre contre le puissant & le riche; plus nos rois ont été grands & bons, mieux ils ont senti combien leur gloire, la sûreté de l'état, & le repos public tiennent au soutien de ces grandes vérités. Lorsque Roquelaure demanda la grace de saint Chamant, qui avoit donné des coups de bâton à Fenis, lieutenant général de Tulle, *allez,* répondit Henri IV, *& me laissez en paix. Je m'étonne comme vous osez me faire cette requête, lorsque je vais protester à Dieu de faire justice & lui demander pardon de ne l'avoir pas faite.*

Ce bon roi disoit encore: *Je n'ai que deux yeux & deux pieds. En quoi ſuis-je différent de mes ſujets, ſinon en ce que j'ai* LA FORCE DE LA JUSTICE.

Roi.

74. Dans le traité des crimes, M. Soulatge, avocat au parlement de Toulouſe, dit : *LE ROI ni les princes ſouverains ne peuvent être* ACCUSÉS *par leurs ſujets, des* CRIMES *qu'ils peuvent avoir commis ; parce que l'*ACCUSATION *tend infailliblement à la punition du crime, après que l'*ACCUSÉ *en a été convaincu, & que les ſouverains ne peuvent pas être jugés par leurs ſujets. Ce n'eſt qu'à Dieu ſeul qu'ils ſont tenus de rendre compte de leurs actions.* (Traité des crimes. Toulouſe. Biroſſe 1777, tom. 1, ch. 3, n°. 5, pag. 38.)

Cette maxime du droit public, auſſi ancienne que la civiliſation, & univerſelle comme la parole, étoit exprimée chez les Grecs par un ſeul mot ἀνυπεύθυνο, tel que celui d'INEFFABLE, que nous avons créé pour raſſembler dans une ſeule idée tous les attributs de la Divinité, qui ne peuvent s'exprimer par aucunes paroles. Chez les Romains, le poëte philoſophe diſoit :

> *Regum timendorum in proprios greges ;*
> *Reges in ipſos imperium eſt Jovis.*
> Horat. l. 3, od. 1.

Cette grande vérité, qui tient à la paix & au bonheur public, ne peut être approfondie qu'en faiſant marcher l'hiſtoire à côté de la juriſprudence & la politique à côté de la raiſon. Si dans la foule des publiciſtes vous pouvez être ſéduit par Milton & Sydney, oppoſez-leur ce qu'en ce ſiecle de lumieres a enſeigné M. Blackſtone. Je vais extraire ce grand homme d'autant plus volontiers, que ce qu'il a donné comme loi fondamentale de la Grande-Bretagne, le ſera à plus forte raiſon de tous les autres états de l'Europe.

Si l'on pouvoit ſe perſuader que le roi n'eſt qu'un homme ordinaire, il arriveroit que ſes ſujets lui manqueroient & pourroient lui déſobéir. Pour prévenir ce déſordre funeſte, la loi lui donne non ſeulement un pouvoir ſuprême & de grands avantages qui conſtituent la PRÉROGATIVE ROYALE, mais des attributs qui déterminent le peuple à ne l'enviſager que comme UN ÊTRE SUPÉRIEUR, à avoir pour lui un reſpect de crainte, qui ſeul peut le rendre capable de gouverner..... *Rex eſt*, dit Bracton, *vicarius Dei, & miniſter Dei ſuper terram. Omnis quidem ſub eo eſt, & ipſe ſub nullo, niſi tantùm ſub Deo.* ... La loi a déclaré SACRÉE la perſonne du roi. Quand il ſe permettroit des actes tyranniques & arbitraires; AUCUNE JURISDICTION N'A LE DROIT DE LE JUGER, ENCORE MOINS DE LE PUNIR. Si une juriſdiction étrangere avoit ce droit, comme le prétendoient autrefois les papes, l'indépendance du roi n'exiſteroit plus. Si un tribunal du royaume avoit ce droit, la conſtitution nationale ne ſubſiſteroit pas davantage, parce qu'il n'y auroit plus ni enſemble, ni action dans les parties conſtitutives du pouvoir ſouverain légiſlatif. ... Henri VII n'étant encore que comte de Richemont, fut accuſé, convaincu, jugé coupable du crime de félonie & de trahiſon, & comme tel, proſcrit; mais lorſqu'il parvint au trône, il ne fut pas néceſſaire de demander pour lui au parlement un acte d'abolition. Le lord Bacon, dans ſon hiſtoire de ce prince, dit que ſon acceſſion au trône ſuffit pour le purger de ſon crime, & rendre de nul effet le jugement porté contre lui..... L'un des attributs naturels & fondamentaux de la ſouveraineté eſt d'être cenſée poſſéder la perfection abſolue.... Le roi ne peut donc jamais être jugé capable de faire le mal. S'il le fait, ce ne peut être que parce qu'il a été inſpiré, entraîné, ſoutenu par de perfides conſeillers, par de mauvais miniſtres. La loi s'en prenant à eux ſeuls, veut qu'ils puiſſent être ſeuls accuſés, jugés

& punis.... *LE MAL PARTICULIER que feroit un roi, trop prévenu de sa dignité, ou qui en abuseroit, seroit BALANCÉ PAR LA SURETÉ DU GOUVERNEMENT ET LA TRANQUILLITÉ GÉNÉRALE.* (Comment. sur les loix angloises, liv. 1, ch. 7.

Le développement de la derniere réflexion de M. Blackstone suffit pour rendre précieuse à jamais, aux yeux de toutes les nations qui raisonnent, cette grande maxime de l'INACCUSATION des rois, s'il est permis de créer ce mot à la maniere des Grecs.

En effet, embrassez d'un coup-d'œil l'histoire du monde, & laissant de côté ces grandes révolutions, ouvrage de l'ambition particuliere, de l'ignorance générale, & de la foiblesse des rois, fixez vos regards sur les souverains qu'on a voulu accuser & juger.

Qu'est-ce que l'histoire d'Agis, roi de Sparte? Léonidas, son collegue, voulant régner seul, irrita la corruption & la licence. Agis fut arrêté, jugé par un éphore, & étranglé deux cents quarante-un ans avant l'ére commune. Quel fut son crime? Il vouloit faire revivre les loix de Licurgue, & avec elles les mœurs, le bonheur & la gloire de Sparte.

Qu'est-ce que l'absurde & révoltant procès fait à Louis le débonnaire en 833 par les grands & les évêques. L'abbé Velly dit: « on ne se rappelle qu'avec horreur les excès où se porta cette assemblée. La religion y fut jouée, la majesté des rois oubliée, toutes les loix de la nature ouvertement violées. Les comtes Lambert & Mafride, deux esprits également factieux, étoient à la tête des laïques. L'archevêque de Rheims, Ebbon, que Louis avoit tiré du néant & comblé d'honneurs, gouvernoit les ecclésiastiques. C'étoit un point de l'ancienne discipline, qu'un homme dans l'exercice actuel de la pénitence publique, étoit exclu des fonctions civiles & militaires, & même *du mariage*... L'audacieux Ebbon, qui d'ailleurs déshonoroit son caractere par des mœurs aussi cruelles qu'impudiques, s'oublia au point d'y condamner pour toujours son maître & son bienfaiteur. Cette condamnation fut l'acte de la déposition de l'infortuné monarque. On est surpris de voir Agobard & Vala, tous deux en réputation de sainteté, se prêter à ce ministere d'iniquité. *Mais Louis avoit entrepris de réformer le corps épiscopal: il devoit s'attendre à toute la vengeance du clergé.* » (Hist. de France, tom. 1, pag. 296, *in-4°.*)

Qu'est-ce que l'accusation, le procès & le meurtre de Charles I? Ce fut la violation la plus manifeste de toutes les loix du monde, & particuliérement des loix angloises: car Richemond, Hartford, Southampton & Lindesey représenterent qu'*ils avoient concouru par leurs avis à toutes les démarches dont on faisoit des crimes à leur maître; qu'AUX YEUX DE LA LOI, & suivant les lumieres communes de la raison, ils étoient SEULS COUPABLES, & devoient répondre seuls de ce qui pourroit être regardé comme blâmable dans la conduite du roi, & qu'ils se présentoient volontairement.* On les repoussa. Cromwel vouloit régner. On ne lit pas sans frémir, dans Thoyras & Hume, l'interrogatoire fait par Bradshaw, & il n'y a rien d'aussi vague, d'aussi absurde, d'aussi révoltant que le libelle d'accusation. Le grief principal étoit l'intention supposée de faire la guerre au parlement & au peuple. Or, qu'appelloit-on le peuple? Lorsqu'on lut le libelle au nom du peuple, *pas une dixieme partie du peuple*, s'écria Lady Fairfax. Qu'appelloit-on le parlement? Ce n'étoit pas la chambre des pairs; ils avoient fui d'horreur & d'effroi, & fait leurs protestations. Ce n'étoit pas même la chambre des communes; les membres chassés à main armée, avoient protesté contre la violence & tout ce qui pouvoit être fait contre le roi. Ce n'étoient pas non plus les douze grands juges du royaume, ils fuirent après avoir représenté qu'il *étoit contraire à toutes les idées de la constitution angloise, de faire le procès au roi pour crime de trahison, lui, pour l'autorité duquel toutes les accusations de cette nature devoient être nécessairement conduites.* Quels furent donc les accusateurs, les juges & les assassins de Charles? Ce furent le fanatisme atroce & la licence aveugle, irrités & guidés par l'ambition d'un seul, & tel fut l'art de ce monstre, qu'il ne vint à bout de persuader ses conjurés, qu'en avouant la maxime générale qui affranchit les rois de toute accusation, & en supposant qu'il étoit entraîné à l'enfreindre par une inspiration céleste. Dans la séance du 4 janvier 1649 il dit : *SI QUELQU'UN AVOIT PROPOSÉ VOLONTAIREMENT D'ACCUSER LE ROI, JE L'AUROIS REGARDÉ COMME LE PLUS GRAND DES TRAITRES. Et j'ai voulu moi-même demander le rétablissement de sa majesté. Mais j'ai-senti ma langue se coller à mon palais, & j'ai pris ce mouvement surnaturel pour une réponse que le ciel rejette ce prince, & nous ordonne de le juger. Puis donc que LA PROVIDENCE ET LA NÉCESSITÉ NOUS IMPOSENT CE FARDEAU, je prierai le ciel de répandre sa bénédiction sur vos conseils.*

Ainsi, d'après l'aveu du plus audacieux, du plus rusé, du plus sombre & du plus cruel des usurpateurs, tout homme qui proposeroit d'accuser son roi seroit LE PLUS GRAND DES TRAITRES. Ainsi, ce n'est pas la nation angloise qui a accusé, jugé & assassiné son roi. Elle a consacré à jamais son esprit, ses loix, & ce grand événement par un jour expiatoire, appellé *martyre de Charles*. Et c'est depuis ce procès, que, quand on parle du roi dans l'une des deux chambres, on dit : *celui dont il n'est pas permis de prononcer le nom dans cette chambre :* tournure légale qui exclut toute idée d'accusation, parce que la formule du libelle doit contenir le nom de l'accusé.

Enfin, qu'est-ce que cette longue anarchie d'injustice & d'ignorance, où se couvrant tour à tour du manteau de la religion qui les désavouoit, du fantôme de la liberté & du prétexte du bien public pour délier les sujets du serment de fidélité, on soumettoit les rois aux plus absurdes accusations? Qu'est-ce que cette frénésie du 16 janvier 1589, où les *ligueurs* traînerent en prison le parlement de Paris, parce qu'il refusa de recevoir leur plainte sur un fait qu'excusoit la nécessité? Les barbares! ils accuserent aussi le plus grand & le meilleur des rois. Si, accablée de sa misere, & lasse de s'égorger, la nation n'eût ouvert les yeux sur l'abyme où la plongeoient d'ambitieux scélérats; si le parlement n'eût rendu le célebre arrêt du 28 juin 1593, qui maintient la loi fondamentale; si le vainqueur des françois n'en eût été le pere, Henri IV n'eût jamais régné.

Peuples, n'oubliez jamais cette maxime de Blackstone. *Le mal particulier que feroit un prince trop prévenu de sa dignité, ou qui en abuseroit, seroit balancé par la sûreté & la tranquillité générale.* Que vos souverains soient les images de Dieu sur la terre; & qu'ils tiennent de lui seul leur pouvoir, ou qu'ils doivent leur sceptre à la constitution politique, ne cessez jamais de vous considérer comme une famille dont ils sont les peres. Que cette douce, exacte & sublime idée suffise pour écarter du trône la défiance, le soupçon & la calomnie. Des enfans peuvent-ils accuser leur pere? Ne souffrez jamais que qui que ce soit ose lui demander compte de sa conduite. Ces hommes funestes, qui sortent quelquefois de la foule pour le malheur des empires, qui, l'étendard de la religion sur la tête, la vertu sur les levres, & le crime au fond du cœur, le poignard de la révolte dans une main & des loix obscures ou éphémeres dans l'autre, les grands mots de citoyen, de liberté, de bien public dans la bouche, vous agitent, vous

vous divisent, vous égarent & vous traînent à leur suite pour ébranler le trône, en calomniant le prince; ne vous y trompez jamais; ce n'est ni la justice, ni l'humanité, ni la religion, ni la patrie qui les animent; c'est l'espoir d'un nom célebre ou d'une grande fortune. Lorsque la vengeance, la force ou l'accablement rameneront la lumiere, l'ordre & la paix, vous vous appercevrez trop tard que vous n'avez été que les agens obscurs de l'ambition particuliere, que vous avez teint de votre sang tous les pas qu'elle a faits, & vous serez longtemps à réparer de si grands maux. Encore un siecle d'abrutissement, de guerres civiles, & semblable à l'Egypte, à la Grece, à Carthage & à Rome, le plus beau des empires n'auroit été marqué, sur la surface du globe, que par sa ruine & le nom du peuple qui l'avoit habité.

DROIT ÉTRANGER.

75. M. de Warville, auteur de la théorie des loix criminelles, va donner un grand ouvrage qui a pour titre : *BIBLIOTHEQUE PHILOSOPHIQUE SUR LES LOIX CRIMINELLES, ou choix des meilleurs discours, dissertations, essais, fragmens composés par les plus célebres écrivains sur la jurisprudence criminelle en François, Anglois, Italien, Espagnol, &c. pour parvenir à la réforme des loix pénales dans tous les pays, traduits & accompagnés de notes historiques.* (Berlin & Paris, chez Désauges, libraire rue St. Louis du palais.)

Voilà certes une vaste & utile entreprise, où l'espoir de faire le plus grand bien politique soutiendra le courage du vrai jurisconsulte, & déploiera l'ame de l'homme de bien.

A Mighty maze! but not Without a plan;
A Wild, Where Weeds, and flow'rs promiscuous Shoot;
Or Garden, tempting With forbidden fruit.
Together let us beat this ample field,
Try What the open, What the covert yield.

An. Essay on Man. épist. I, v. 6.

Jetons un coup-d'œil rapide sur la procédure des peuples modernes, & commençons par le midi.

Espagne, Portugal.

76. Au mot *Abandon*, tom. I, pag. 6, j'ai expliqué comment l'inquisition, après avoir déclaré l'accusé *relaps*, le rejette du for de l'église, & le livre à la justice séculiere, qui ne peut se dispenser de l'envoyer au supplice, quoique la procédure de l'inquisition soit faite mystérieusement, contre le droit naturel & le droit civil de toutes les nations policées (excepté une.)

Ce secret impénétrable & funeste avoit paru si révoltant, qu'en 1728 le roi de Portugal défendit aux inquisiteurs de faire le procès à ses sujets, sans leur avoir communiqué les chefs d'accusation, afin qu'ils pussent se défendre par eux-mêmes ou par des avocats qui leur seroient donnés, & que toutes les sentences de l'inquisition ne pourroient être exécutées qu'après avoir été examinées & approuvées par le conseil. Ensuite le marquis de Pombal alla plus loin. L'Espagne avoit fait aussi quelques pas, j'ignore l'état actuel des choses.

Mais quoi qu'il en soit, cet esprit de ténebres ne s'est point emparé de l'administration de la justice criminelle dans ces deux royaumes. Elle a conservé l'esprit des loix romaines. On doit ce bienfait aux écrits des savans & au courage des ministres, dont le plus grand nombre choisi parmi les jurisconsultes, comme M. de Campo Manes, s'ils n'ont pas fait tout le bien qu'ils portoient dans le cœur, ont empêché de grands maux.

Dans le corps de loix, appellé *Las partidas*, & dans celui nommé *recopilacion*, vous ne trouvez aucun texte semblable à ceux de nos ordonnances de 1535, 1539 & 1670. La procédure criminelle d'Espagne & de Portugal differe peu de celle des Romains.

On informe, on décrete, on interroge, on récole; mais avant la confrontation, l'*alcade* ordonne la communication de toute la procédure à l'accusé, qui choisit son avocat & son procureur, communique librement avec eux, prépare & publie sa défense. Elle est sacrée pour celui-ci, qui reçu au conseil royal ou dans les chancelleries, a juré de défendre en justice les causes criminelles comme les civiles, *aprobado para defender in judicio causas civiles ò criminales*. L'instruction finie, l'affaire ne peut se juger qu'à l'audience, où tout le monde est admis. L'accusé y paroît assisté de ses parens, de ses amis, de son procureur & de son avocat. Le rapporteur lit & résume la procédure. L'accusé parle, s'il veut; son avocat plaide; le fiscal répond: on interroge, on réplique, on admet même les auditeurs à donner les éclaircissemens qui peuvent instruire. L'examen fini, on remet l'accusé en prison, l'on fait retirer l'audience, les *alcades* déliberent seuls. Mais pour prononcer la mort, toute peine afflictive, & même la question, il faut qu'ils soient unanimes. S'ils ont condamné à mort, le premier *alcade* va faire lire à l'accusé la sentence, qui n'est exécutée que le troisieme jour après qu'il a été confessé & communié. Telle est l'esquisse de la procédure criminelle d'Espagne & de Portugal.

On se plaint dans ces deux royaumes des longueurs de la procédure criminelle; car là, comme ailleurs, aussi-tôt qu'un grand crime a été commis, l'inquiétude voudroit voir dresser le gibet, sans s'embarrasser de la coupabilité de celui qui y seroit attaché. On se plaint de l'impunité des prêtres, des moines, & de tous les familiers de l'inquisition. On se plaint des vexations de ces écrivains, *los escrivanos*, qui greffiers & enquêteurs, se rendent maîtres de l'instruction jusqu'à la publicité. On se plaint enfin de ce que la *sainte Hermandad* ne paroît pas assez souvent sur les grandes routes, & de ce qu'à Lisbonne on trouve encore dans la nuit des *Ranchos*, bandes inquiétantes de malfaiteurs ou de mauvais sujets. Mais il y a deux grandes vérités; la premiere, c'est que la publicité des instructions criminelles, & la défense des accusés ne permet pas de condamner l'innocent; la seconde, c'est que les grands crimes sont rares, qu'on traverse librement l'Espagne & le Portugal, & que les vols sont beaucoup moins communs qu'en Italie & en France.

Naples & la Sicile.

77. Sous la domination des rois Normands, Naples & la Sicile ont adopté une partie de nos coutumes, qui, avec les pragmatiques des rois, forment aujourd'hui ce qu'on appelle *leggi consuetudinarie di vari luoghi*. Mais ces deux royaumes ont également rejeté le secret de la procédure criminelle & l'abandon des accusés à eux-mêmes. Et l'on jugera de cette précieuse jurisprudence par l'extrait que je vais donner.

EDIT de sa majesté Napolitaine, de mars 1782.

« Sa majesté fait que l'*inquisition* fut odieuse au peuple dès son origine.... on la détesta, parce que, *tant dans ses emprisonnemens que dans ses procédures, elle n'a jamais agi que de la maniere la plus* ILLÉGALE. Combien de fois ne s'est-on pas jeté aux pieds du trône, pour supplier le souverain de faire substituer les loix *publiques* aux loix *secretes* de ce tribunal? Combien de fois les rois prédécesseurs de sa majesté ne l'ont-ils pas condamnée? Néanmoins ce tribunal ne s'est point désisté de son ancien systême. Les procès se font toujours d'après des *dénonciations cachées*. Elle se contente de *témoins obscurs, dont les accusés ignorent les noms, ce qui les prive des moyens de défense;* elle prononce ses sentences, sans qu'ils connoissent leurs délateurs, ni les dépositions. *Le grand inquisiteur n'a pas même eu honte de répondre que l'*INVIOLABILITÉ ÉTOIT L'AME ET L'ESSENCE DE L'INQUISITION; QU'ELLE NE PEUT AVOIR DE

FORCE SANS LE SECRET, ET QU'IL VAUDROIT MIEUX LA SUPPRIMER QUE D'EN CHANGER LES PROCÉDURES. Sa majesté considérant que de cette maniere l'INNOCENCE PEUT ÊTRE OPPRIMÉE, & voulant préserver de tout JUGEMENT INIQUE les peuples dont le gouvernement lui est confié, sans néanmoins laisser impunis les perturbateurs de la religion, a aboli & *ABOLIT entiérement le tribunal de l'INQUISITION* dans le royaume de Sicile, laissant aux évêques l'exercice de leur ancienne jurisdiction en matiere de foi, *pourvu qu'ils suivent la forme usitée dans TOUS les tribunaux de justice criminelle des états de sa majesté.* . . . Art. 2. Quand un ecclésiastique ou laïque aura été emprisonné, *il pourra prendre pour sa défense tel AVOCAT* qu'il jugera lui convenir, & il aura la liberté, sans même être obligé de la demander à personne, de *PARLER A QUI BON LUI SEMBLERA, & de faire usage de papier, de plumes & encre, COMME S'IL SE TROUVOIT DANS SA PROPRE MAISON.* »

Cette forme de *tous* les tribunaux des deux royaumes ressemble parfaitement à celle d'Espagne; l'information, l'interrogatoire & le récolement sont secrets, mais aussi-tôt après tout est communiqué à l'accusé, qui n'est jamais privé de voir ses conseils & dont la cause est plaidée publiquement par avocats, devant le premier juge & à l'*audience royale*, qui a l'autorité de nos cours souveraines. Cette forme de *tous* les tribunaux assure le salut de l'innocence, & l'on peut voir le trait que j'ai cité n°. 49, pag. 330.

Du reste, pour le maintien de ces maximes sacrées, on peut s'en rapporter au zele, aux lumieres, au courage des jurisconsultes de Naples, à la confiance & à la considération dont ils jouissent. Si là, comme par-tout, la liberté de l'ordre y place des hommes nouveaux, on y voit les plus grands noms du royaume, des Carraccioli, des Brancaccio, des Loffredo, des Poderico, des Capece, des familles ducales; & c'est de là, comme en Espagne, qu'on tire les magistrats & les ministres. C'est à ce corps nombreux & savant de jurisconsultes que ce gouvernement doit les armes avec lesquelles il a repoussé des prétentions étrangeres & ruineuses. Nous lui devons, depuis quelques années, d'excellens écrits sur les deux puissances, sur la disposition des biens religieux, sur l'autorité royale, sur la liberté & la propriété, & ainsi, tandis que le nord de l'Europe refond ses codes, le midi examine ses loix & propage la lumiere.

Rome moderne.

78. L'inquisition n'a pas porté dans les tribunaux mondains ses maximes, qu'elle s'est réservées comme un sublime privilege. Rome & toute l'Italie ont conservé le droit criminel des romains. On a fait plus; & en y établissant un *avocat du fisc* chargé de la poursuite, on a placé à côté de lui un *avocat des pauvres*, chargé de la défense des accusés.

Cette place honorable & bien stipendiée est la récompense du mérite & de la vertu. Comment oseroit-il être ignorant, foible ou corrompu, il parle en public, il répond à la patrie de l'honneur & de la vie des citoyens.

Un de ces hommes aimables & superficiels, qui ne vont en Italie que pour voir des monumens & pour porter dans les *conversations* les préjugés de leur nation, attribuoit à cette publicité de la procédure criminelle, la licence résultante de la constitution politique, les vols produits par la misere, & les coups de stilet donnés par la jalousie. Addisson voyoit bien autrement, quand il comparoit Rome à St. Marin & à Londres. (*Remarks on several parts of Italy in the years 1701, 1702, 1703. By the late Rigth honorable Joseph Addisson London 1745.*)

Aucun pape n'a eu plus de moyens pour ramener l'ordre public par le changement de la constitution politique & la réformation des mœurs, que Benoit XIV. Il savoit les vérités imprimées depuis dans la *Riforma d'Italia*. Il avoit été vingt ans avocat, & c'étoit un grand jurisconsulte. En arrivant au trône, il entendit ce cri d'un fanatique : *Della parte di Dio, l'emendazione di questa cita piena di sceleratezza e d'abominazioni;* mais il dit avec tant d'autres; *basta, basta, sara l'affare del papa che viene.* Et s'il respectoit les abus, c'étoit, disoit-il, *per viver lontano.* Ganganelli, plus courageux & moins capable, pensa différemment & ne mourut pas de même.

Florence & Milan.

79. Si un état jouit bientôt du bonheur de voir refondre son code criminel, ce doit être la Toscane. Elle y est préparée par les réglemens préliminaires du grand duc régnant; & l'édit du 26 mai 1777 est un grand pas. Ce qui prouve la bonté du nouvel ordre des choses, c'est que pendant dix ans il n'y a eu que deux personnes condamnées à mort, & cent quarante-deux aux galeres. *L'unica prova certa che voi abbiate regnato bene, sarà quella di poter assicurare che sotto il vostro regno il vostro popolo sia divenuto più felice, e più saggio.* (L'uomo libero, pag. 156.)

Ainsi JOSEPH & LÉOPOLD rendent les hommes heureux par la bienfaisance, l'instruction, la fermeté & les bonnes loix.

Le comte Christiani, fils d'un meûnier, clerc de procureur & juge de village, élevé par MARIE THERESE à la place de chancelier de Lombardie, avoit commencé ce grand ouvrage, lorsque la mort l'enleva le 10 juillet 1758. Depuis, nous avons eu les ouvrages des Risi, des Veri, des Becaria.

En lisant pour la premiere fois le traité des délits & des peines, je fus étonné de n'y rien voir sur la défense des accusés, & la publicité de la procédure. L'auteur ne croyoit pas devoir examiner des points dictés par la raison & la loi naturelle, & moi, je croyois que l'Italie où regne l'inquisition, devoit, comme la France, en avoir pris le secret de la procédure & l'abandon des accusés à leur propre foiblesse.

Venise.

80. Tandis que, administrée par Duprat & Poyet, (deux chanceliers clercs qui lui firent adopter le régime de l'inquisition) la France ordonnoit le secret de l'instruction criminelle & l'abandon des accusés à leur propre foiblesse, Venise conservant le droit romain, se glorifioit de l'améliorer encore; 1°. en ôtant aux particuliers le droit de s'accuser; 2°. en le réservant aux trois conservateurs de la République; 3°. en ne leur permettant encore de l'exercer qu'après avoir soumis l'accusation à l'examen préliminaire du tribunal des *Quarante*; 4°. en ne permettant l'emprisonnement de l'accusé qu'en vertu d'un décret du conseil des *Quarante*; 5°. en assurant aux accusés des conseils & des défenseurs, & même lorsqu'ils sont pauvres, en leur en fournissant aux dépens du trésor public; 6°. en laissant à leur défense la liberté, la force & la publicité qui peuvent seules assurer le salut de l'innocence.

Il faut voir ces grandes vérités dans les œuvres de Contarini, noble Vénitien. (*Gasparis Contarini cardinalis opera. Parisiis apud Sébastianum Nivellium, 1571, in-fol.*) Dès 1544, Jean Charrier avoit traduit & fait imprimer à Paris, le fameux *Traité des Magistrats & de la République de Venise*; sans doute pour l'opposer à notre ordonnance de 1539, & dans l'esprit de Dumoulin qui, de son côté imprimoit : *VIDE TYRANNICAM OPINIONEM ILLIUS IMPII POGETI.*

Je vais extraire l'original latin, car le françois de Charrier n'est plus lisible. Je demande encore pardon de cette longueur, mais lorsque sous François I, nous nous vantions déja d'avoir tant de lumieres, & lorſque dans une monarchie on compromettoit ainſi la sûreté de tous les ſujets du roi; lorſqu'on s'écartoit évidemment du droit naturel, pour adopter le régime illégal & ſecret de l'inquiſition, c'eſt une choſe remarquable, que l'eſprit & la juriſprudence d'une ariſtocratie telle que Veniſe. Je donne d'autant plus volontiers quelque étendue à cet extrait, qu'on y trouvera la juſtification de tout ce que j'ai dit ſur les accuſations en général, en particulier contre les accuſations entre parens.

« A Rome, dit Contarini, pag. 300, chaque citoyen pouvoit accuſer. A Veniſe aucun particulier ne le peut; ce droit eſt réſervé à des magiſtrats qui en ſont chargés par la République, & en cela nos ancêtres ont plus que les Romains reſpecté l'humanité, plus fait pour le maintien de la paix & l'union des citoyens : car celui qui commet un crime offenſe ſur-tout les loix & la République, & puiſque c'eſt l'eſſence de la magiſtrature de veiller au maintien des loix & à la sûreté publique, c'eſt à elle ſeule de ramener à l'obſervation des loix & de requérir la punition de celui qui les a violées. AU CONTRAIRE, LE DEVOIR DU PARTICULIER EST D'OUBLIER LES OFFENSES QU'IL A REÇUES ET DE PARDONNER AISÉMENT LE COUPABLE. D'ailleurs le particulier ne peut jouer le rôle d'accuſateur ſans ſe rendre ODIEUX, ſans exciter la HAINE de celui qu'il accuſe; & de-là naiſſent entre les citoyens des troubles & des DISSENTIONS funeſtes. Ce grand inconvénient eſt évité en réſervant le droit d'accuſer à des magiſtrats, qui ne voient que la loi, l'intérêt public, & n'ont jamais des vues & un intérêt perſonnel. » *Olim Romæ quivis civis alteri diem dicere poterat, eumque quàm acerrimè accuſabat apud judices. Venetiis verò nemo privatus hoc munus obire poteſt, ſed ex Reipublicæ lege officium illud eſt advocatorii magiſtratûs. Quâ in re magis naturam rerum imitati, ſapientiùſque concordiæ civium conſuluiſſe majores noſtri videri debent quàm Romani. Nam quoniam qui facinus aliquod perpetravit, maximè leges & rempublicam læſit, ideòque præcipuè Reipublicæ pœnas dare debet, jure magiſtratus is qui tuendis legibus præeſt, à facinoroſo homine pœnas poſcere, atque ad id omni ſtudio eniti debet. Contra privati officium* EST ILLATAS SIBI INJURIAS OBLIVISCI, FACILEQUE REO CONCEDERE. *Præterea nullus privatus civis poteſt accuſatoris perſonam ſibi ſumere abſque maximâ invidiâ & incredibili odio ejus cui diem dixerit : ex quâ re facilè ſeditiones oriuntur inter cives. Hoc igitur incommodum à noſtris perquam egregiè vitatum eſt, univerſo hoc accuſandi munere magiſtratui demandato, qui non privatà ſimultate ductus, ſed ex legis præſcripto id agat.*

On peut ſeulement s'adreſſer à l'un des trois conſervateurs, qui reçoit la dénonciation ſi le délit paroît digne de leur cenſure. *Si res digna cenſeatur eorum cenſurâ.* Auſſi-tôt il en fait ſon rapport au conſeil des *Quarante*, qui eſt le tribunal des cauſes criminelles. Ce conſeil détermine ſi c'eſt le cas d'envoyer l'accuſé en priſon, *ſèntentiâ decernitur an reus ſit in carcerem conjiciendus*, (même de lui faire donner la queſtion, *& quæſtioni adhibendus*) ou bien de le laiſſer en liberté par un ſimple ajournement, *an potiùs ſolutus cauſam dicere debeat.* De-là l'accuſé eſt ajourné ou amené chargé de fers. On l'interroge, on entend les témoins en ſa préſence, & l'on écrit tout ce qu'ils diſent pour ou contre l'accuſé. *Sive pro reo, ſive contra reum.* L'on donne copie de tout à l'accuſé, & on lui donne le temps néceſſaire afin qu'il inſtruiſe ſes avocats & ſes conſeils; & qu'ils méditent avec zele de quelle maniere ils pourront effacer le crime ſuppoſé & atténuer les témoignages. *Reo ſit copia; conſtituiturque tempus, quo docere cauſam poſſit advocatos atque oratores, quos ſibi adhi-*

buerit, illique possint omnia diligenter perspicere, quæ reo patrocinentur, & meditari quo pacto objectum crimen testimoniaque reo adversantia diluere possint.

« Enfin, la cause est plaidée publiquement, & si l'accusé est pauvre, la République paie deux avocats pour le défendre; ainsi la loi a pourvu à ce que personne ne pût être condamné sans avoir été défendu publiquement. *Tandem* CAUSA INCIPIT AGITARI. *Hac in parte non est reticendus mos majorum ad nostra usque tempora perductus. Si enim fortè quispiam reus factus tam tenui re familiari fuerit, ut sumptum facere nequeat in conducendis advocatis, qui partes suas tueantur, duo oratores qui Reipublicæ stipendio conducti, id muneris habent, suscipiunt inopis illius rei partes tuendas. Sic enim lege cautum est* NE ULLUS INDICTA CAUSA PUNIATUR.

« Après avoir satisfait à tout ce qui est dû à l'accusé, & avoir rassemblé tout ce qui peut servir à sa justification, les avogadors indiquent l'audience. Le conseil des *Quarante* assemblé, l'avogador fait les fonctions d'accusateur, & il convient qu'il les remplisse avec zele comme Ciceron contre Verrès & Antoine, de maniere cependant qu'il ne calomnie point, & ne s'écarte pas de sa cause. Il expose le crime, le prouve par les témoins qu'il présente, & par les conjectures les plus vraisemblables. » *Consilio coacto, magistratus hic advocatorius,* ACCUSATORIS *vice fungitur; eosque qui in eo sunt magistratu, maximè decet, ut accusatores acerrimos agant, qualis (dummodo id assequi possint) fuit Cicero in Verrem & in M. Antonium, ita tamen ut maledicta caveant, neque extra causam maledicendo vagentur. . . . Crimina &* FACINORA OBJICIT *primùm, deindè* TESTIBUS OBJECTA CONFIRMAT *ac verisimilibus* CONJECTURIS CORROBORAT.

« Lorsque l'avogador a fini, l'avocat de l'accusé plaide. Si l'un des avogadors veut répliquer, il le peut, de même l'un des avocats de l'accusé, jusqu'à ce que de part & d'autre on déclare qu'on n'a plus rien à dire. » *Postquam dicendi finem fecerit,* AGITUR CAUSA REI AB EO PATRONO *quem sibi asciverit; deinde si advocatorem quispiam antequam judices sententias rogentur adhuc urgere reum voluerit, locum dicendi habet.* SIMILITER ADVOCATI REI, RESPONDENDI, ET OBJECTA CRIMINA DILUENDI FACULTATEM HABENT. *Eâque ratione causa utrinque agitatur, donec alter eorum, sive reus, sive advocator, cui dicendi locus incumbit, se ampliùs dicere nolle pronunciaverit.*

Cette jurisprudence n'a reçu aucune altération. J'en trouve la preuve dans la *nouvelle relation de Venise. (Utrecht, Poolsum, 1702, pag. 391.)* Un jeune homme étoit accusé d'avoir tué un homme qui avoit outragé son amante. « Le malheur voulut que l'avogador fût un gentilhomme de la maison Donati, lequel entrant pour la premiere fois dans l'exercice de sa charge, & *ayant envie d'y* PAROITRE, s'étoit étudié d'une maniere extraordinaire à la bien remplir; c'est-à-dire, à faire connoître de toutes les manieres possibles la faute de sa partie adverse & de la faire condamner; mais le criminel de son côté avoit obligé le plus fameux avocat, Lazaro Ferro, à plaider sa cause & à déployer toute la force de son éloquence.... Ce qui surprit un grand nombre de personnes attirées à cette audience, par l'importance de la cause, & par la renommée de ceux qui devoient la plaider, fut qu'il s'arrêta au milieu de son discours, *& ayant regardé avec un* SILENCE EFFRAYÉ *tous les juges en face, il descendit brusquement de la tribune, & traînant le jeune homme qui étoit là lié, jusqu'aux pieds des juges, il le laissa là étendu le visage contre terre,* & recommença un nouveau discours tissu des figures les plus pathétiques pour exciter la pitié, faisant valoir les larmes de la mere, la jeunesse & les mérites de l'accusé, l'espérance des services qu'il étoit pour rendre à l'état, l'injustice de le rendre coupable d'une mort que le défunt avoit pu s'attirer de mille endroits par ses discours licentieux & sa mauvaise conduite, enfin, *la compassion de toute l'assemblée qui prioit pour lui*, & cela avec des mouvemens si vifs & si touchans, qu'effectivement toute l'assemblée l'interrompit & demanda hautement grace, les larmes coulant des yeux de tout le monde. Sur quoi les juges ayant fait donner avec la cloche le signal à tout le monde de se retirer, après une courte consulte, le jeune homme fut absous & renvoyé, sinon à titre d'innocent, qu'il étoit peut-être un peu difficile de lui accorder, du moins comme capable d'une absolution que le tribunal pouvoit accorder comme souverain. On a lu les oraisons les plus touchantes de Ciceron & d'autres grands orateurs, mais on doute que Rome ait rien vu de plus fort en ce genre, que ce que vit le palais de Venise ce jour-là. »

M. Grosley, avocat de Troyes, si connu par ses ouvrages & sa bienfaisance, après avoir vu Venise en 1763, s'explique ainsi : « le barreau de Venise est aussi voisin des grands mouvemens de l'éloquence grecque & romaine, que les auditoires de nos pays septentrionaux en sont éloignés. C'est sur-tout dans les affaires criminelles que se déploient ces grands mouvemens. *C'est en* PLEINE AUDIENCE *que l'accusateur, qui est toujours l'un des avogadors*, forme sa demande sur l'exposé des faits & des preuves. L'accusé y répond par le *ministere de l'avocat : & si son état & sa pauvreté ne lui permettent pas d'en payer un, la cause est plaidée par l'un des avocats du college particulier, que la République gage à cet effet.* Les ressources qui étoient si familieres aux Grecs & aux Latins pour les causes de cette espece, sont épuisées dans ces audiences. Les armes, les poignards & tous les instrumens du crime, les enfans, la femme, les parens de l'accusé, sont présentés aux juges par l'accusateur & le défenseur de l'accusé. *En un mot, ces plaidoyers, ainsi que* TOUTE LA MANIERE DE PROCÉDER EN MATIERE CRIMINELLE, *sont les mêmes à Venise qu'ils étoient à Rome & à Athenes. Si cette maniere de procéder a été abandonnée dans nos pays septentrionaux,* C'EST MOINS SANS DOUTE PAR UN CHOIX RÉFLÉCHI, *que parce que les ecclésiastiques, long-temps maîtres de tous les tribunaux, y ont introduit, sur-tout en matiere criminelle, les formes du droit canonique qui leur étoit le plus familier; c'est-à-dire, celles que les papes avoient imaginées pour l'*INQUISITION. (Observations sur l'Italie, tom. 2, pag. 96.)

Gênes.

81. Cette république doit son administration extraordinaire de la justice criminelle à un grand événement. La discorde secoua sur Gênes ses torches sanglantes & funebres; le pape Grégoire XIII, l'empereur Maximilien II & Philippe II, roi d'Espagne, choisis pour médiateurs, envoyerent des ambassadeurs. Les citoyens de tous les partis donnerent pouvoir de réformer leurs loix, sur-tout les criminelles; car c'est à leur bonté, à leur sagesse & à leur observation que tiennent essentiellement la paix, l'union, la sûreté, l'ordre & le bonheur public. Le nouveau code fut publié le 17 mars 1576, & nous l'avons sous ce titre : *Leges novæ reipublicæ Genuensis, imp. Genuæ apud Bellonum 1576, in-fol.* Je vais en extraire les articles relatifs à l'accusation, à la procédure & à la composition du tribunal criminel.

Le tribunal de la rote criminelle est composé *de trois jurisconsultes* ÉTRANGERS qui ne doivent avoir aucune espece d'alliance, ni d'affinité avec aucun Génois (cap. 1, pag. 38.) Le plus âgé a la qualité de préteur & les deux autres celle d'auditeurs, & ils se succedent tour à tour. (Cap. 3, ibid.) Il y a un fiscal, *aussi* ÉTRANGER, & qui ne peut être parent d'aucun Génois. (Cap. 6, pag. 39.) Toutes les années on choisira DANS CHAQUE PAROISSE DEUX OFFICIERS POUR DÉNONCER au préteur les crimes qui s'y commettront. Ils exprimeront le tems, le lieu, les noms, & surnoms des offensés, des coupables, des témoins & toutes les circonstances. *Exprimendo delicti tempus, locum, delinquentes, offensi nomen & cognomen, & testium qui adfuerint vel sciverint, aliasque circumstantias omnes quas de his acceperint.* (Cap. 11, pag. 40.)

La rote connoîtra des crimes qui se commettront à Gênes & dans les trois districts voisins; mais les préteurs & juges des endroits plus éloignés feront l'instruction de ceux qui se commettront dans leur territoire, de maniere cependant que s'il s'agit d'un crime qui mérite d'être puni de mort ou de mutilation d'un membre, ou même des galeres, ils ne pourront procéder au jugement qu'après avoir fait passer tout le procès au tribunal de la rote, en y joignant leur avis & qu'ils n'aient reçu ses ordres. (Cap. 12, pag. 41.)

Le préteur procédera à la punition des crimes, non seulement sur la *DÉNONCIATION* ou la *PLAINTE* des parties offensées, mais même d'*OFFICE*. *Procedet prætor Genuæ in omnibus delictis non modò ad partis instantiam sive accusationem, verùm etiam ex officio.* (Cap. 13. ibid.)

Les anciennes loix qui défendoient d'élargir les accusés avant le jugement définitif, ont paru trop dures. *Nimis durum visum fuit.* En conséquence, le préteur & les auditeurs pourront prononcer cet élargissement suivant les circonstances. (Cap. 15, pag. 42.)

Il est défendu d'appeller des jugemens rendus par la rote ou d'après son avis. Ils doivent être exécutés sans délai. Néanmoins, lorsqu'ils prononcent la mort, ou la perte d'un membre, on surseoira à leur exécution pendant trois jours pour la ville, pendant quinze pour les endroits éloignés & pendant vingt pour la Corse. (C. 17. ibid.)

Comme on a éprouvé que PLUSIEURS ACCUSÉS, à cause de leur pauvreté, du crédit & de la méchanceté de leurs ennemis, même DE L'INIQUITÉ DES JUGES, ONT CRAINT DE SE PRÉSENTER, LORS MÊME QU'ILS ÉTOIENT INNOCENS, & ont préféré de subir un jugement de condamnation par contumace AU DANGER ÉVIDENT DE PERDRE LA VIE, il leur est permis de proposer leurs défenses, pourvu qu'ils obtiennent à cet effet des lettres dans l'intervalle de deux années. *Usu compertum est, multos ob paupertatem, nonnullos verò INIMICORUM suorum MALIGNITATEM, aut etiam JUDICUM INJURIAM TIMENTES, cùm in judicium vocati essent, etiam quod innocentes forent, non fuisse ausos in judicio comparere, maluisseque sententiam in contumaciam pati, quàm EVIDENS VITÆ PERICULUM SUBIRE. Horum indemnitati consulentes sancimus hosce in contumaciam bannitos, aut condemnatos admitti posse ab illustrissimâ dominatione ad novas defensiones, modo litteræ petantur intrà biennium.* (C. 18. ibid.)

Enfin, rien n'est plus important que de venir au secours de ces malheureux, qui, manquant de tout, abandonnés de tout le monde, souvent poursuivis par des oppresseurs puissans, périssent dans les prisons, & souvent encore sont injustement condamnés. Pour assurer donc le salut de la foiblesse, de la pauvreté & de l'innocence, on crée l'office de protecteur des prisons. Cet office sera exercé par deux citoyens d'une piété distinguée, au choix du doge & des gouverneurs, par deux jurisconsultes nommés par le sénat, enfin, par deux avocats, qui seront députés tous les deux ans par leur ordre. Dès l'instant de leur élection, & toute excuse cessante, ces protecteurs visiteront

visiteront les prisons, *prendront note de tous ceux à qui leur pauvreté n'a pas permis d'avoir des* DÉFENSEURS, & s'instruiront auprès des greffiers & du préteur des causes de la détention. Ensuite ils s'assembleront chez le plus ancien des jurisconsultes, & là on examinera avec autant de zele que d'attention, les moyens de défendre l'accusé. *Maximè refert pauperum, & miserabilium personarum, qui omnium ope destituti, aut* IN CARCERIBUS MARCESCUNT, *aut à potentioribus* OPPRESSI INJUSTE *& longiùs fortasse quàm par sit, detinentur & quandoque etiam* INJUSTAS POENAS *subeunt.... Hi postquam electi erunt, nullâ admissâ excusatione onus impositum subibunt, carceres adibunt. Notulam carceratorum qui propter paupertatem defensore indigent, habere curabunt, titulum & causam eorum detentionis à notariis vel à prætore aut aliis judicibus intelligent. Convenient in domo senioris jurisconsulti.... De defensione eorum diligenter & accuratè tractabunt. Munera inter se partientur.* (Cap. 21, pag. 43.)

Ce code criminel renferme, comme tous ceux d'Italie, la publicité des jugemens, & la nécessité de la défense des accusés. Mais ce qui le distingue de tous, c'est 1°. la composition de la rote criminelle par des juges *étrangers;* 2°. la faculté accordée à l'accusé *absent* de se défendre, sans être obligé de se mettre en prison; 3°. la crainte des jugemens iniques & des accusations calomnieuses; 4°. la protection accordée à la foiblesse, à la pauvreté, à l'humanité; 5°. l'établissement de ce protectorat; 6°. enfin, ce qui distingue ce code, c'est qu'il est l'ouvrage de trois grandes puissances, le pape, l'empereur, & le roi d'Espagne, ce sombre, ce cruel, ce fanatique Philippe II, l'apôtre de l'inquisition. Si de concert avec le pape, il se détermina à donner à Gênes ces loix bienfaisantes, certes il fallut que le cri de l'humanité, de la raison & de la justice étouffât en lui cette voix sourde qui le portoit sans cesse au despotisme & à la cruauté.

Sardaigne, Piémont & Savoie.

82. Le code criminel de ces états présente aussi des loix intéressantes & dignes de la sagesse & de la bonté de la maison de Savoie.

Liv. 4, tit. 3, art. 6. Les délits légers sont les batteries & injures; ils doivent être jugés sommairement, le plaignant peut se désister sans l'assistance du ministere public, *non vi sarà necessaria l'assistenza del fisco.* Art. 7. La maniere de les punir est une mortification, comme les arrêts dans la maison, ou la prison pour deux ou trois jours, *arresto personale in casa, o carcere per due o tre giorni.*

Art. 9. Dans les délits graves, le ministere public doit procéder d'office. Il ne peut forcer l'offensé qu'à déposer la vérité du fait; & si celui-ci venoit à transiger, son désistement n'empêchera pas le fisc de poursuivre, quand le bien de la justice le requerra.

Art. 14. Quand il s'agira de délits qui méritent peine afflictive, on ne pourra se défendre qu'après qu'on se sera constitué prisonnier. *Se non se costituisce in prigione.* C'est le contraire de ce que nous avons vu dans les loix de Gênes, voyez encore ce que j'ai dit n°. 59.

Tit. IV, art. 4. On sera obligé d'INTERROGER LES TÉMOINS sur les circonstances qui peuvent charger l'accusé, sur celles qui peuvent l'innocenter, *tanto che possano aggravare, quanto quelle, che possono sgravare il delinquente.*

Art. 12. On leur fera prêter serment à tous, & on leur fera les observations & les remontrances convenables, *colle opportune ammonizioni.*

Art. 18. Avant de rédiger leurs dépositions, on les interrogera sur le délit en général, & dans le cours de leur déposition, on pourra les interrompre & les interroger, sur-tout quand leur maniere de parler paroîtra chancelante ou affectée, ou pour quelque autre motif pareil, *quando per la loro dubiezza, affettazione, o altro motivo sembrera à lui necessario.*

L'art. 19 du tit. 4, a pour objet de prévenir les erreurs & les méprises, le juge doit faire placer l'accusé parmi des personnes qui puissent lui ressembler: *Si sara riconoscere dallo stesso testimonio con metterla fra altre persone il più à lei simili di faccia, vestito, e statura che sia possibile;* demander ensuite au témoin s'il le reconnoît, lui enjoindre enfin de le toucher avec la main, & de lui soutenir face à face ce qu'il a déposé. *Gl' imporrà di toccarlo colla mano, è di sostenere in confronto del medesimo quanto avrà contro di esso antecedentemente deposto.*

Art. 20. On décrira les mouvemens, les gestes, le changement de couleur, tout ce que fera ou dira la personne reconnue, *i moti, i geste, il cambiamento di colore, ed ogni altra cosa,* tous les discours qu'elle & le témoin tiendront en se provoquant, ou sur les interrogatoires du juge, *tanto per reciproca provocazione, che per ordine de giudici.*

Art. 21. On répetera la même chose avec tous les témoins, en faisant changer de place celui qu'il s'agit de reconnoître, *avertendo di fare ad ogni atto cambiar posto à quello, che deve essere riconosciuto.*

L'art. 16 du tit. 7, rentre dans ce que j'ai dit, n°. 33, pag. 297, sur la clameur publique, & ailleurs sur les accusations légeres & les soupçons mal fondés. En effet, lorsque le titre de l'accusation est grave, & peut mener à une peine corporelle, le juge peut faire arrêter la personne sur laquelle tombe le soupçon. *Far arrestare la persona, sulla quale cada un sospetto,* pourvu qu'il soit appuyé sur de raisonnables INDICES, *purchè questo sia appoggiato a ragionevoli* INDIZI, sur-tout sur quelque motif qui VRAISEMBLABLEMENT ait pu l'induire à commettre le crime. *La quale verosimilmente possa averlà indotta a commettere il delitto.* Spécialement, si d'abord que le crime a été commis, le bruit public l'accuse, ou si l'on a des rapports des personnes honnêtes. *Specialmente, se, tostochè questo sia seguito, ne insorga* LA PUBLICA FAMA *relativa alla sudetta causa, è relazioni di persone probe.*

Tit. XI, art. 7. On n'admettra personne au premier interrogatoire de l'accusé, pas même son curateur s'il est mineur.

Art. 10. On écrira tout au long les réponses des accusés & à la premiere personne, pour exprimer plus distinctement & plus précisément ce qu'ils veulent dire. *In prima persona per esprimere con piu distinzione il loro sentimento.* Forme précieuse usitée en Angleterre. Comme l'observe Ayrault, ce qu'on écrit en France n'est pas ce que l'accusé dit, mais ce que le juge traduit, entend & pense.

L'art. 31, après l'information faite, permet à l'accusé de se choisir un avocat & un procureur, *eleggersi l'avvocato, e procuratore, acciocchè possano difendere la sua causa.*

Tit. XII. L'art. 1 donne pour défenseurs aux accusés l'AVOCAT ET LE PROCUREUR DES PAUVRES *l'avvocato e procuratore de' poveri.* Art. 2. Dans les lieux où il n'y en a point, l'accusé en choisira qui ne pourront lui refuser leur ministere, & s'il n'en choisit point, le juge en nommera un d'office, *li quali, non dovranno ricusare a veruno senza legitima causa il patrocinio, sotto pena di essere interdetti dall' esercizio della loro professione.*

Art. 3. Au moment où le procès sera déclaré public NELLA PUBBLICAZIONE, il sera au choix de l'accusé de connoître la procédure, ou par l'expédition qui lui sera délivrée, ou par la communication à son avocat & à son procureur. Art. 4. Cela s'exécutera quoiqu'il y ait des complices absens ou contumaces, à la charge néanmoins par le conseil de l'accusé, autres que l'avocat & le procureur des pauvres, de prêter serment de ne pas révéler. Art. 5 & 6. Après cette communication, l'accusé a huit jours pour fournir les reproches contre les témoins, & tous ses autres moyens, & quinze jours pour prouver les faits justificatifs. Art. 11. Le fisc aura cinq jours pour répondre, & l'accusé cinq autres jours pour répliquer. Après quoi on procédera au jugement.

J'ai rapproché ces détails pour prouver que l'admission des conseils des accusés n'empêche pas que l'instruction ne soit facile & sûre. Nous étions ainsi avant l'ordonn. de 1629, comme je l'ai prouvé pag. 222, col. 2. Sommes-nous mieux ?

Geneve.

83. La défense des accusés & la publicité des jugemens, usitées dans cette république, assurées par les édits de 1568 & 1713, ont été confirmées par le réglement de 1738, qui, toutefois, dans son style, ses restrictions, sa défiance, sa timidité & l'incohérence des idées, ne présente, si on le lit avec attention, ni la dignité, ni la bienfaisance de Venise & de Gênes.

Art. 30. « AFIN QUE L'ACCUSÉ PUISSE MIEUX SE DÉFENDRE, il sera EN DROIT de prendre, si lui ou quelqu'un en son nom le requiert, UN AVOCAT ET UN PROCUREUR de la ville A SON CHOIX, lesquels à peine d'interdiction seront obligés de le servir. Ledit accusé pourra en outre, *au lieu de douze parens & amis* qui lui avoient été accordés ci-devant par l'*art. 14 de l'édit au tit.* des matieres criminelles, *en choisir seulement deux*, tels qu'il voudra, pour l'assister aux prisons, dans les instructions qu'il lui conviendra de donner à son avocat & procureur.... Lorsque ledit accusé aura subi son interrogatoire & fait ses réponses, *il lui sera permis d'en faire*, si bon lui semble, *la lecture avant de les signer*, & la procédure finie sera COMMUNIQUÉE A L'AVOCAT ET PROCUREUR DE L'ACCUSÉ AINSI QU'A SES DEUX ASSISTANS, *huit jours avant le jugement, s'ils la demandent*, lesquels, en la recevant, seront mis sous le *serment de n'en donner ni prendre aucune copie*, & de la rapporter à un secretaire d'état aussi-tôt après la sentence définitive..... Il aura de plus la *liberté* de prendre deux autres parens ou amis, faisant ensemble *quatre*, pour l'accompagner à l'AUDIENCE & être présens au PLAIDOYER de ses défenses, *sans que les quatre une fois choisis, puissent être changés ni le nombre augmenté. L'avocat & le procureur dudit accusé pourront aussi assister à l'audience.* »

Malgré les taches légeres que j'ai cru appercevoir & que j'ai marquées par les lettres italiques, il faut convenir que cette loi est belle, sur-tout quand on la compare à l'*art. 162 de notre ordonnance de 1539, à l'art. 112 de notre ordonnance de 1629, & à l'art. 8 du tit. 14 de notre ordonnance de 1670.*

Si tout le code Genevois étoit fait dans cet esprit, si l'on y avoit énoncé les pouvoirs respectifs, les devoirs publics & privés, les délits & les peines ; si, au lieu de combattre sans cesse pour cette liberté qui, dans tout état riche & corrompu, n'est qu'une ombre pour le peuple & un cri de ralliement pour les agitateurs, on se fût donné des loix claires & précises, bienfaisantes & sages, Rousseau n'eût pas écrit : Geneve seroit plus tranquille & certainement plus heureuse.

La position de cette République ressemble beaucoup à celle de Gênes, lorsqu'en 1576 le pape, l'empereur & le roi d'Espagne choisis pour médiateurs, lui donnerent le code qui la régit encore, & dont sous le n°. 81, j'ai extrait quelques articles. C'étoit toujours le peuple qui se plaignoit de l'oppression du magistrat dans l'administration de la justice : car, & il faut bien le remarquer, excepté l'Asie & l'Afrique, où le despote dispose de la fortune, de l'honneur & de la vie par sa seule volonté, quelquefois colorée de prétextes absurdes, par-tout ailleurs, & sur-tout dans notre Europe, le pouvoir ne peut rien que par l'exercice ou l'abus de la justice: or, celle que nous appellons criminelle est la plus active, la plus puissante, la plus redoutable. Qui l'exerce, & peut faire grace, a le pouvoir suprême.

C'est à la composition, à l'insuffisance, à l'obscurité; au vague & au silence des loix de police & des loix criminelles de Geneve, non à leur exercice qu'on attribue avec raison le trouble actuel. Qui aura le courage de les refondre? Qui, laissant à l'état le vain titre de souverain, en partagera l'autorité d'une main sûre; de maniere que le pouvoir exécutif, qui, par sa nature, doit être concentré dans un petit nombre, n'alarme pas le peuple, & ne serve pas aux agitateurs de prétexte pour amener de nouveaux troubles? Qui, dans un code sage & bien combiné, saura soumettre les inconvéniens inévitables & passagers au grand bien de la paix, les abus à la regle, la licence au devoir, l'ambition à la modestie, l'intrigue à la honte, la richesse à la vertu, l'esprit de famille à l'esprit public, le citoyen au magistrat, le magistrat à la loi? Qui pourra faire régner la justice? *Explica atque excute intelligentiam tuam, ut videas, quæ sint in eâ species, forma & notio boni viri.* (Cicer. offic. III. 20.)

Avant de quitter Geneve, n'oublions pas que l'*art. 32 du réglement de 1738*, abolit la question préparatoire en ces termes : *Les accusés & criminels ne pourront être appliqués à la question ou torture, que préalablement ils n'aient été par jugement définitif condamnés à mort.* Ce réglement étant l'ouvrage de la France, de Zurich & de Berne, n'est-il pas étonnant que la question préparatoire ait subsisté en France jusqu'à LOUIS XVI, & qu'elle se maintienne à Zurich & à Berne, conformément à la Caroline! Les législateurs ont-ils accordé cet article comme un privilege? N'étoit-il pas dicté par l'humanité & la justice? S'ils ont pensé ainsi, comment des loix qu'ils donnoient à des étrangers comme salutaires & justes, ne se sont-ils pas hâtés de les accorder à leurs sujets?

Suisse.

84. Cette contrée partagée entre tant de petits états, de religions, de gouvernemens divers, n'a pas une législation autre que la plupart de celles de l'Europe. Ce sont toujours les ruines de Rome sur lesquelles aux jours de trouble, d'ignorance & de féodalité, avec un langage obscur & gothique, sans vues générales, sans ordre & sans suite, on a rassemblé des statuts & des coutumes, qui font aujourd'hui le droit municipal de chaque lieu. Avec cela, si la concorde, la paix, la sûreté & la liberté regnent en Suisse, ne peut-on pas l'attribuer en grande partie à l'excellence de la police, à la douceur de la justice criminelle, sur-tout à la maniere dont elle est administrée?

Un ancien jurisconsulte a tracé avec complaisance le tableau de l'instruction & des jugemens criminels de la Suisse. C'est *Sprecherus in Pallade Rhæticâ armatâ & togatâ, lib. 6, pag. 160 & 161, edit. 1617, in-4°.*

« Après l'emprisonnement, qui n'a lieu qu'après des préliminaires qui autorisent des soupçons légitimes, *ad cujus capturam & inquisitionem non nisi legitimis præcedentibus indiciis proceditur.* Après l'entiere instruction du procès faite avec les plus grandes précautions & néanmoins dans le plus court délai possible, *quod brevi temporis spatio plerumque fit*, on en rend compte à tout le peuple assemblé, *universo populo proponitur.* Là un des fiscaux rapporte l'affaire à trente juges choisis parmi les personnages les plus éclairés de la nation, *ex peritioribus* : là les curateurs nommés à l'accusé, conjointement avec ses parens, choisissent un avocat qui propose ses moyens de défense, *reo curatores postulati dantur qui unà cum consanguineis rei, advocatum sibi assumunt per quem dein defensiones accusati proponuntur.* D'après ces précautions & le résultat du plus mûr examen, le jugement est prononcé conformément à ce qui est prescrit par les loix du pays & le droit romain. *Maturè itaque processu toto offensivo & defensivo cum suis circumstantiis perpenso, secundùm resultantia, juraque patria & Cæsarea fertur judicium.* Mais ce jugement n'est pas toujours exécuté à la rigueur. On en modere les dispositions d'après les sollicitations faites pour le coupable, en tâchant d'excuser son délit ou de le pallier. *Rigor in casibus favorabilibus, pro intercessione & deprecatione contemperatur.*

Ainsi, 1°. on n'emprisonne pas sans cause, & il faut des indices frappans; 2°. l'accusé ne languit pas long-temps dans les prisons, & son procès se fait rapidement; 3°. le récit des charges n'est point un mystere, il se fait devant le peuple assemblé, comme une instruction sur ses devoirs, comme un compte rendu des motifs qui peuvent déterminer à diffamer, à flétrir, à punir, à retrancher même de la société un de ses membres; 4°. le sort de l'accusé n'est point abandonné à un petit nombre de juges qui pourroient être ignorans ou prévenus; ce sont trente vieillards éclairés qui prononcent; 5°. l'accusé a des curateurs qui veillent à sa défense, depuis le moment qu'il a été cru coupable; 6°. les parens ont droit de faire valoir ses moyens de défense par le ministere de l'avocat qu'ils choisissent avec les curateurs déja instruits de ceux qu'il convient sur-tout d'employer; 7°. le jugement n'est prononcé qu'après les preuves les plus claires, & l'humanité en fait presque toujours tempérer la rigueur.

Voilà une touchante & belle jurisprudence. A-t-elle été conservée partout? On croit aisément qu'étant la sauve-garde de tous les individus, les états démocratiques & véritablement populaires ne l'ont pas abandonnée. Mais s'est-elle conservée dans les autres? Je la retrouve sous l'aristocratie même des Bernois. Les loix & statuts du pays de Vaud, contiennent des dispositions claires & précises. *Part. 3, tit. 6, liv. 7, fol. 393; tit. 7, liv. 5, 6, 7 & 8, fol. 401, 403 & 407*, vous y voyez 1°. la lecture PUBLIQUE de la procédure par les curiaux; 2°. la séance du tribunal dans la PLACE PUBLIQUE; 3°. la défense de l'accusé par son *parlier* (AVOCAT). *La cause fortement débattue par le moyen & organe des deux* PARLIERS; 4°. la liberté aux parens du défunt, de *déclarer qu'ils ne veulent faire aucune clame ni instance contre le perpétrateur, mais qu'ils en laissent & remettent la vengeance à Dieu & à la justice. En ce cas* le magistrat doit lui-même poursuivre.

Cette forme de jugement est parfaitement expliquée dans une lettre écrite de Lausanne, par M. Seigneux, conseiller, du 10 décembre 1730, insérée dans le Mercure de France, même mois, même année, pag. 2835.

Au milieu de la PLACE PUBLIQUE on forme par des barrieres une salle ou parc en quarré long, à la tête de laquelle sont trois tribunaux élevés de quelques pieds chacun. A droite & à gauche sont placés *quatre-vingt dix-neuf juges*: au devant est la secretairerie. Il y a aussi un magistrat debout, nommé *Gros saultier*, tenant un bâton d'argent, le héraut de la ville & beaucoup d'huissiers. Les trois magistrats qui occupent les tribunaux ont chacun un sceptre à la main. Au milieu du parquet, sont *les habits sanglans de l'homme mort*, exposés sur une planche, & *formant tristement une figure de corps gissant*.... Aux quatre coins de la salle sont des barrieres qui s'ouvrent & se ferment par des huissiers qui en sont les gardes. C'est-là que se tiennent trois assises, deux dans le même jour, & la troisieme quinze jours après.

Les proclamations étant faites, si l'accusé paroît, il entre *armé* dans le parc. Si c'est un gentilhomme, il l'est de toutes pieces, suivi de ses parens & amis qui restent à la porte du parc.... L'accusé étant entré seul, on le désarme : *il plaide ou* FAIT PLAIDER *sa cause*. Un avocat nommé par le conseil plaide pour le lieutenant criminel. Si après les plaidoyers & le jugement rendu, l'accusé est absous, on le revêt de ses armes, & il se retire suivi d'un nombreux cortege : s'il est condamné, on le conduit droit au supplice, à moins qu'il n'ait recours à la clémence des juges qui peuvent lui accorder sa grace.... On appelle cette cour, *cour impériale*, parce que la forme & le droit nous en viennent des empereurs. Elle s'assemble rarement, parce qu'elle n'exerce cette jurisdiction solemnelle que dans le cas d'homicide, commis seulement dans la ville de Lausanne.... C'est-là où j'ai été appellé & où j'ai fait deux fonctions : d'abord un discours à l'ouverture du tribunal, & quinze jours après *un long* PLAIDOYER, *dans lequel*, après avoir exposé *les raisons présomptives de l'accusé qui étoit* ABSENT, & la disposition des loix, j'ai enfin conclu selon les circonstances du fait, les regles de la justice & le devoir de mon ministere. Cette fonction répond assez à celle d'avocat général dans les parlemens de France.... Cette formalité est très-ancienne, car quoi qu'on puisse rapporter cet établissement au temps de la race Carlovingienne; je crois qu'on peut en remonter la premiere origine à ces *Campi Maii*, *Madii* ou *Martis* dont parle Ducange, qu'on appella ensuite *Mallum*, *Placitum generale*, *Conventus generalis*, dans lesquels se rendoient les jugemens militaires usités chez les anciens Francs. »

Ainsi, cette publicité & cet appareil imposant, ont lieu même pour juger l'accusé ABSENT. Jurisprudence très-sage; 1°. en ce que l'instruction publique instruit bien mieux le peuple qu'une froide & muette effigie; 2°. en ce que l'absence d'un homme ne doit pas permettre de le déshonorer, lui, les siens & la patrie à laquelle il appartient. Si on veut le juger, au moins faut-il qu'il soit défendu & qu'il le soit publiquement. La Hollande va plus loin, comme nous le verrons tout-à-l'heure. Aurois-je donc eu tort en proposant avec timidité des doutes sous le n°. 59, pag. 347.

L'état qui abandonneroit cette justice instructive & douce perdroit infailliblement sa liberté, sa sûreté & ses mœurs. J'ai vu cette persuasion généralement établie. C'étoit à Berne l'opinion du savant *Okschbourg* & du célebre *Haller*, alors bailli-directeur de Roche.

M. Coxe, qui a voyagé pour le bien de l'humanité, en retrouvant à Neufchatel cette publicité & cette douceur de jugemens criminels, dit (lettre 28.) : que *la prudence compatissante de la loi n'encourage pas la trangression*. M. Ramon ajoute : *que ne peut-on persuader cette vérité* A CES TRIBUNAUX DE SANG *qui, pénétrés de l'idée que* LA LOI NE CHERCHE QUE DES COUPABLES, *oublient que* LE JUGE NE DOIT CHERCHER QUE DES INNOCENS!

M. Coxe vante encore l'*excellent état des prisons & les précautions pleines d'humanité que les diverses législations de la Suisse ont prises à l'égard des coupables*. J'en ai été témoin en 1762, même à l'égard de ces forçats condamnés à nettoyer la ville de Berne, & que l'on voit traînant un tombereau avec une chaîne, & mieux encore à Aigle, vis-à-vis d'un assassin. C'étoit le seul grand crime commis depuis long-temps dans ces cantons, & le coupable étoit un déserteur étranger.

La seule tache remarquée par M. Coxe dans la jurisprudence criminelle des Suisses, c'est la question préparatoire indiquée par la fameuse ordonnance de Charles-Quint, appellée la Caroline. M. Servan dans ses *réflexions sur quelques points de nos loix, pag. 219*, voit de même, & adresse à toute la Suisse cette éloquente & touchante apostrophe, que je ne puis me refuser de placer ici. « Sage Helvétie, préviens l'affront qui te menace; j'ose te le prédire : encore vingt ans, & l'Europe dira : la torture n'a plus que deux asyles, l'inquisition & la Suisse! ... Tu me diras peut-être : les bonnes mœurs m'exemptent des bonnes loix. Dans un pays où les crimes sont rares, on sent à peine le vice des loix criminelles.... Mais seroit-il vrai que tu fusses encore au point de te consoler, par la pureté des mœurs, de la sagesse même des loix? ... O citoyens, hommes sages & libres! ... si vous ne corrigez pas cette loi pour vous-mêmes, corrigez-la pour nous, pour tous les hommes. »

Liege.

85. Pourquoi parler du droit criminel de cette ville, qui semble devoir être celui de Rome ou de l'Allemagne? Je dois compte de l'affaire *Sartorius*, insérée dans les papiers publics. Je l'extrais d'un mémoire publié en faveur de l'arrêt qui en a été le résultat.

Le 19 décembre 1771, à quatre heures & demie du soir, E. Sartorius, que j'appellerai Eustache, arrive de Liege chez son pere, Bourgmestre de Visez. Une demi-heure après, son frere, chanoine & chantre, que j'appellerai l'abbé, va se promener dans un pré sur la Mozelle avec *Magdeleine* W.... sœur du Mayeur, qui étoit *grosse*, & que l'abbé voyoit beaucoup. Le lendemain on trouve au bord du fleuve le cadavre de Magdeleine, cruellement assassinée, sans qu'on lui eût volé le moindre effet. Les soupçons tombent sur l'abbé. Il les confirme par une démarche non désavouée; *pour obtenir l'absolution d'un homicide volontaire, il s'adresse au consistoire qui le soupçonne d'être le faituel* (coupable) *jusques-là même qu'il est nommé hautement à Liege.* (Pag. 99.)

Le chapitre de Liege, *sede vacante*, ordonne une *enquête secrete*. Dans le nombre des témoins qui ne présentent que des oui-dires, des indices, des conjectures ou des faits antérieurs, on distingue Marguerite Hevers, servante étrangere, *qui avoit* CONTÉ *à Matthieu Humbel, qu'elle avoit lavé le 19 décembre 1771 au soir les manchettes* EN-SANGLANTÉES *de E. Sartorius.*

L'apologiste, pag. 31, assure que de cette enquête *il résulta des* PRÉSOMPTIONS *assez fortes pour croire qu'Eustache & l'abbé* POUVOIENT *être* CRUS *les auteurs de l'assassinat.*

On ne décrete de prise-de-corps que *Giet*, *Hennet* & *Eustache Sartorius. Celui-ci se constitue* VOLONTAIREMENT *prisonnier.* Le 10 janvier 1774, Hennet torturé avoue *dans les tourmens*, qu'il est coupable, ainsi que Giet, Eustache & l'abbé son frere; puis se *rétracte* avant de mourir, soutenant son innocence & laissant le crime sur les trois autres. On ne voit pas ce qu'est devenu Giet, dont les mémoires parlent tantôt comme d'un témoin qui a déposé, tantôt comme d'un accusé sur la *fermeté* duquel Eustache avoit compté.

A l'égard des deux freres Sartorius, l'abbé vit tranquille & assiste à l'église, quoique son nom se trouve à chaque pas dans la procédure, qui continue ainsi contre son frere Eustache.

25 janvier 1777, jugement qui déclare insuffisans les faits justificatifs de E. Sartorius, défend au geolier de lui *donner accès*, ordonne que le procès sera fait à Ghiot & Marguerite Hevers qui s'étoient *rétractés* à la confrontation, de maniere *à faire croire qu'ils avoient été subornés*, (pag. 86.) Cette défense de *donner accès*, qui revient à ce que nous appellons en France, *mettre au secret*, parut contraire à l'art. 9 du réglement de Liege du 6 novembre 1719, qui veut que même dans *les occisions commises avec couteau* ou *autres crimes énormes.... Il soit permis de se servir d'avocat et procureur.* (Pag. 58.)

Le 17 mars 1777, l'abbé Sartorius fait devant deux notaires une déclaration, dans laquelle, après avoir expliqué son commerce secret avec Magdeleine W.... *il avoue l'avoir assassinée étant tourmenté de l'esprit malin, & BEAUCOUP AGITÉ DE LA GROSSESSE D'ICELLE QUI LUI FAISOIT PEUR, jurant d'être le SEUL faituel* (coupable), *de n'avoir aucun complice.* Il rappelle son adresse au consistoire, dégage le P. Ancion du secret de la *confession, même le consistoire pour pouvoir déclarer compétemment tout ce qu'ils peuvent savoir à ce sujet, comme quoi il à perpétré ce fait seul.* (Pag. 89.)

« Cette déclaration, mise sous les yeux des juges, ne produisit aucun effet. Ils savoient que le chanoine *Sartorius*, qui se disoit seul coupable, étoit d'une complexion foible; qu'au contraire Magdeleine W.... étoit d'une constitution robuste, & que sa force étoit telle, qu'il auroit été impossible au chanoine de l'assassiner, s'il n'eût été aidé de ses complices. Tous les *témoins* les avoient *assurés* qu'une personne seule n'auroit pas pu assassiner ladite demoiselle. » (Pag. 107.)... Au contraire, « personne n'ignoroit le mauvais caractere de E. Sartorius; tous ses compatriotes savoient qu'il avoit le *cœur dur*, & que dès la plus tendre enfance, il avoit souvent donné des preuves de sa *méchanceté*. On se rappelloit qu'étant clerc dans les études de prélocuteurs de Liege, où il étudioit la pratique, son plus grand plaisir étoit de piquer ses camarades *avec des épingles*, & même avec un couteau pointu & à ressort, qu'il portoit toujours sur lui; dans sa famille, on ne l'appelloit jamais que TURC. *Dans le peuple*, ce nom est synonyme de CRUEL, BARBARE & SANGUINAIRE. » (Pag. 25.)

« *On demandera, sans doute, comment il pouvoit se faire que le chanoine Sartorius, accusé PAR NOMBRE DE TÉMOINS, & sur-tout par Hennet, d'avoir été un des assassins de Magdeleine W.... commis en décembre 1771, fût encore à Visez le 13 mars 1777, qu'il y habitât tranquillement la maison de son pere, & y remplît ses fonctions de chanoine & chantre.* (Je supplie de peser le motif donné par l'apologiste, & de considérer ce que peuvent être la sûreté & la justice dans tout pays où il est fondé.) *Le chanoine auroit été décrété de prise-de-corps en même temps que ses complices: mais dans un PAYS ECCLÉSIASTIQUE, tel qu'est celui de Liege, UN ECCLÉSIASTIQUE POUR QUELQUE CRIME QUE CE SOIT, ne peut être jugé que par les juges d'église, qui sont les juges NATURELS. Personne n'avoit accusé le chanoine devant ces juges, & ces juges n'étoient point chargés de la vindicte publique.* » (Pag. 101.)

« Le crime de E. Sartorius étoit de l'espece de ceux où il n'est pas nécessaire, dit *Julius Clarus, Farinacius, Jousse* & les autres, d'avoir des témoins de *visu* pour pouvoir condamner l'accusé. Le temps, l'heure, & l'endroit où l'assassinat s'étoit commis, rendoit impossible l'acquisition de la preuve de témoins de *Visu*. Mais les dépositions des témoins, fortifiées de celles de Hennet, *pouvoient* en tenir lieu. Et ce fut d'après l'examen le plus rigoureux que les juges ordonnerent que E. Sartorius seroit appliqué à la question de l'estrapade; elle se donne en élevant l'accusé, auquel on attache les mains sur le cul, & en le tenant suspendu en l'air, ayant un poids de cinquante livres attaché aux pieds. Sartorius avoit été condamné à subir cette torture PENDANT SIX HEURES; mais *au bout de trois*, lui étant survenu *une foiblesse*, on fut obligé de le descendre.... L'officier public ayant fait une nouvelle déposition d'acte, les juges ordonnerent la question des meches, qui est, de *toutes les tortures, la plus cruelle.* » (Pag. 129.)

« *Le prisonnier est attaché contre la muraille, & SERRÉ contre icelle avec des cordes; un grand clou chassé en terre à quelque*

quelque distance du prisonnier, auquel on attache les pieds du prisonnier avec des cordes, ce qui fait que LES JAMBES SONT TENDUES COMME DES CORDES A VIOLON : *le prisonnier a vis-à-vis de lui une petite table faite exprès, sur laquelle ses mains sont attachées de façon à ne pouvoir les bouger. Entre les doigts, il se trouve des trous dans la table, par lesquels on y passe des meches allumées remplies de matieres combustibles que les* BOURREAUX ALLUMENT AVEC DES SOUFFLETS, *pendant la* DURÉE *de la question,* CE QUI PROCURE DES TOURMENS INCROYABLES. (Pag. 130.)

« Dans la *confrontation* qui suivit cette torture, l'accusé fut PLEINEMENT *convaincu*, & après un examen non interrompu, qui dura depuis le 18 février 1779 jusqu'au 28, les juges prononcerent contre E. Sartorius la sentence suivante. »

« Le 27 février 1779, vus les actes, par *nous les* ÉCHEVINS *de la justice souveraine de la cité & pays de* LIEGE, condamnons E. Sartorius, prisonnier, d'être traîné sur une CLAIE à Visez, & être TENAILLÉ, *avec des pincettes ardentes*, à trois fois différentes; savoir, la premiere, en sortant de la prison, *aux bras* droit & gauche; la seconde fois à Vivegnis *aux épaules* droite & gauche; & la troisieme fois *aux seins* droit & gauche, au lieu du supplice: puis avoir *les bras, cuisses & jambes rompues avec une barre de fer*, puis son corps être exposé sur une roue, & si un quart d'heure après il se trouve en vie, d'être étranglé tant que mort s'en suive POUR L'EXEMPLE D'AUTRES. »

L'apologiste dit : que cette sentence fut rendue en conséquence de l'art. 137 de la caroline. *Latro & sicarius dolosus rotæ : sed qui alium ex irâ occidit, & nullam facti justam excusationem allegare potest, gladio puniendus est, nisi quòd ratione personarum quæ occiduntur, pœna* QUODAM MODO *exasperari possit.* Pour justifier cet horrible supplice réservé par-tout aux régicides, il dit que Liege a suivi l'*exemple* des juges de France; pour le prouver, il cite l'arrêt rendu en 1563, contre Poltrot, assassin du duc de Guise, & un jugement de 1595, contre un savetier d'Orléans, qui avoit assassiné un trésorier de France. Ensorte que ces terribles jugemens échappés en des jours de trouble & de ténebres, vont encore dicter ceux qu'on rend aujourd'hui en pays étrangers !

Enfin, l'apologiste assure, pag. 134, que « tous les frais du procès ont été payés par l'officier public, parce que la confiscation n'a pas lieu à Liege, & que *toutes les poursuites criminelles sont à la charge du ministere public.* Quelquefois il en est indemnisé par les états, qui ont donné à celui-ci une *gratification de 1500 livres.* Après la condamnation de E. Sartorius, la cause de l'officier public a été défendue par l'avocat Warnant, qui, dans cette occasion, a donné des preuves de la grande connoissance qu'il a des loix, & *sur-tout de la* PRATIQUE *criminelle*, & en même temps de son *zele pour le public.* » Il rapporte, pag. 4, une ordonnance pour faire le procès à l'avocat Sartorius, qui en défendant Eustache son frere, avoit eu *la témérité de servir des écritures insuffisantes à la justice*, & l'on ajoute qu'*à Liege les* LIBELLISTES *sont condamnés à être* DÉCAPITÉS.

A la suite de cette apologie, on trouve un des mémoires qu'elle réfute, & l'on y voit entr'autres les moyens suivans; 1°. défaut de vraisemblance que E. arrive de Liege à quatre heures & demie exprès pour assassiner Magdeleine; 2°. invraisemblance dans ce complot d'assassinat, où l'on suppose quatre personnes. C'étoit déja trop des deux freres; 3°. défaut d'intérêt dans Eustache. L'abbé peut avoir eu, comme il le dit, *un mauvais moment;* mais il n'est pas présumable qu'il eût appellé son frere de Liege pour être son complice; que le frere ne l'eût pas détourné, & encore moins qu'ils eussent admis dans le complot deux étrangers au moins inutiles; 4°. alibi d'Eustache prouvé autant qu'il est possible dans la même ville; 5°. refus d'entendre les témoins déposans à sa décharge, & persécution de ceux qui avoient parlé pour lui; 6°. refus d'éclaircir la vérité par le P. Ancion & le consistoire; 7°. aveu formel de l'abbé, qui seul put assassiner cette fille par les motifs expliqués dans sa déclaration; 8°. défaut de preuves; 9°. ardeur plus qu'extraordinaire de l'officier public, qui n'auroit point eu de gratification, & qui en auroit été pour ses frais s'il n'y avoit point eu de supplice; 10°. terreur répandue parmi les témoins; 11°. prévention & menaces de quelques juges; 12°. abus horrible des tortures, &c.

En lisant cet extrait, ceux qui pourroient croire que l'abbé seul a été coupable, ne s'en prendront pas aux juges, mais à la jurisprudence, qui ne permet pas de juger l'abbé qui s'avoue coupable, & qui ordonne de faire périr Eustache, contre lequel on n'a que ces indices qui n'acquierent de consistance que par les plus affreuses tortures.

Allemagne.

86. La rigueur & la composition de la jurisprudence de Liege rappellent ce fameux tribunal *Westphalien*, qui fut le premier tribunal criminel de l'empire, dont Liege étoit arriere-fief.

Les loix de ce tribunal, appellées Vehmiques, étoient atroces & sanguinaires, comme toutes celles de ces siecles barbares. Chacun adoptant cet esprit, & s'attribuant la même jurisdiction; l'on vit en 1291, l'archevêque de Cologne, prisonnier du comte de Bergues, relâché à des conditions honnêtes, faire enlever son vainqueur par trahison, & le jeter dans une cage de fer. Le malheureux prince, retiré de temps en temps, frotté de miel, &, à l'ardeur du soleil, exposé nu à la piquure des guêpes, mourut après plusieurs mois dans les plus affreux tourmens.

Les seuls ecclésiastiques étoient affranchis des supplices, des loix & de la jurisdiction du tribunal Westphalien; mais à l'égard de tous les autres sans exception, c'étoit un crime *vehmique* d'être puissant, riche, considéré; d'avoir du crédit. On dénonçoit le coupable. Le soupçon devenoit preuve. Le procès étoit fait sans que l'accusé le sût. Les jugemens étoient secrets, on redoutoit moins ce *vieux de la montagne*, ce roi des assassins, dont un des fanatiques émissaires vint du fond de l'Asie égorger un duc de Baviere.

Le *secret* de la procédure & des jugemens Westphaliens ajoutoit à la terreur générale, & il étoit impénétrable. Le Frigrave choisissoit ses assesseurs, échevins, *Scabini*, & leur faisoit jurer sur son épée l'observation des loix Vehmiques, & le secret le plus inviolable. L'échevin indiscret, après avoir eu la langue attachée derriere le dos, étoit pendu au plus haut arbre par le premier échevin.

Dans la diete de Nuremberg de 1438, l'empereur Albert modifia ce tribunal, & Fréderic III son successeur, essaya de l'abolir dans la diete de Francfort de 1442. Mais ils ne mirent rien à la place; ensorte que le secret de la procédure, & la cruauté sembloient se naturaliser en Allemagne : plusieurs publicistes ont été jusqu'à croire que c'est dans cette source infecte que l'inquisition avoit puisé son esprit destructeur & son secret inviolable.

Charles-Quint, plus éclairé, plus puissant, s'occupa, comme François premier, de la législation criminelle, & donna en 1530 cette fameuse constitution appellée *caroline*, citée par-tout, & qui régit encore la Suisse même. Mais Charles dit comme François : *Pour instruire les hommes, il faut* DES SUPPLICES. *Pour empêcher les assassinats & les grands crimes,* LA ROUE. *Pour avoir des preuves,* TORTURE AUX ACCUSÉS.

Cependant cette caroline a des dispositions extraordinaires, & de grandes beautés. *A Wild, Where Weeds and flow'rs promiscuous Shoot.* Parcourons-en quelques textes.

L'art. 6 veut que dans les accusations de crimes *permanens*, il conste du corps du délit ; qu'ainsi, dans le cas de l'homicide, il y ait un rapport judiciaire de l'état du cadavre ; que dans le vol, il y ait désignation certaine des choses volées, avec serment du plaignant. C'est la loi 1, § 24. *D. ad senat. silan.* qui ne permet pas *habendam esse de familiâ quæstionem nisi constet aliquem esse occisum ; liquere igitur debere scelere interemptum ut senatus-consulto locus sit.* C'est aussi l'esprit de l'ordonnance de 1670. Mais entr'autres affaires, celles de Frillet & de la Pivardiere prouvent que certains juges ne s'attachent qu'à la lettre.

C'est encore l'esprit de la caroline, qu'on ne fasse pas languir les accusés innocens, & les coupables, s'ils sont arrêtés en flagrant délit : innocens, il faut abréger leurs peines : coupables, il faut en faire un prompt exemple. Cela s'observoit si habituellement en Allemagne, qu'un jurisconsulte atteste qu'il a souvent vu enterrer, pour ainsi-dire, dans le même tombeau, l'homicidé & l'homicide. *Nota, in quantùm hoc statutum vult quod flagrans delictum debeat illicò puniri. Vidi sic observatum, quòd uterque tam occisus quàm homicida eodem sepulcro sunt tumulati.* (Thomasius *de occas. concept. & intent. constit. crim. carol.* § 8, *not.* Z, *pag.* 13.)

L'art. 12 de la caroline, veut que l'accusateur soit emprisonné, ainsi que l'accusé, à moins qu'il ne donne caution de poursuivre l'instance, & de payer tous les dépens, dommages & intérêts que pourroit obtenir l'accusé. L'art. 13 exige cette caution, non seulement lorsque l'accusé nie le crime, mais encore lorsqu'en l'avouant il s'excuse sur de justes motifs. . . . Vous retrouvez cette disposition dans les codes de Geneve & du pays de Vaud. Nous ne l'avons adoptée en France, comme je l'ai dit n°. 34, pag. 302, que quand ce sont des étrangers qui accusent. C'est un bon esprit qui a dicté cette disposition de la caroline ; si les accusateurs y étoient soumis, certes il y auroit moins de plaintes, & la paix publique n'en souffriroit pas.

Avant, dit Carpzovius, que le juge ordonne l'information contre une personne soupçonnée ou accusée, il doit prendre les plus grandes précautions & ne se déterminer que sur des présomptions de la plus grande force, parce qu'une procédure criminelle laisse toujours des impressions défavorables contre celui qui y a été soumis. *Cavere debet ne facilè atque incautè absque omni quali quali etiam conjecturâ & præsumptione ad generalem inquisitionem procedat, propterea quòd illa, quantumvis generalis, famam tamen inquisiti apud bonos gravesque viros minuat, ejusque existimationem lædat.* Sans cet examen préliminaire & ces soins précieux à la paix publique, un juge peut être pris à partie. *Undè fit ut haud raró magistratus sive judex actione injuriarum conveniatur.* (Carpzovius, *part.* 3, *quæst.* 108, *n°.* 62, *pag.* 64, *édit. Bazileæ* 1751, *in-fol*.... Voyez ce que j'ai dit n°. 15, pag. 18 & 19.

Dans tout le cours de la procédure, Carpzovius s'occupe de la faveur de la défense des accusés. Cette faveur, dit-il, est si grande, que le juge doit en quelque maniere entreprendre de lui-même cette défense, rechercher d'office les moyens qu'il pourroit faire valoir, & suppléer aux inductions que l'on peut tirer de ceux qu'il présente ; en un mot, l'aider de toutes ses forces & de toutes les manieres. *Favor defensionis postulat ut ipsemet judex ex officio defensiones rei quærere, easque supplere, & QUOQUO MODO ADJUVARE DEBEAT.* Le juge doit prendre tous ces soins, lorsque l'accusé semble s'oublier lui-même, & ne le demande pas, *quamvis reus hoc non petat.* (*Id. quæst.* 115, *n°.* 13, *pag.* 120.)

Enfin, Carpzovius trouve, pour la défense des accusés, une grande ressource dans *le dernier article* de la caroline. Le texte est : qu'*APRÈS la confection du procès extraordinaire*, *LES JUGES EN COMMUNIQUENT TOUTES LES PIECES AU COLLEGE DES JURISCONSULTES, ATTENDENT ENSUITE LEUR AVIS POUR Y CONFORMER LEUR SENTENCE*. Ainsi à-peu-près à Londres, la chambre des pairs a des jurisconsultes qu'elle interroge & qui l'éclairent sur les grandes questions du droit public & de la jurisprudence. Cette disposition, qui paroîtroit extraordinaire en France, Carpzovius en approfondit l'esprit avec une liberté & un style aussi semblable à Ayrault, que différent de Serpillon & de Jousse.

Carpzovius suppose qu'on sera surpris de ce que Charles-Quint a ainsi forcé les juges à s'adresser à des jurisconsultes, & a ôté le droit de juger à des magistrats dont le choix, prescrit par l'*art. I*, paroît assurer la religion, la probité, la prudence & le savoir. *Attamen miretur quis forsan, cur imperator Carolus quintus jurisconsultorum ac dicasteriorum consilium implorare, eorumque sententiam tam sanctè petere jusserit, ademptâ in criminalibus facultate judicandi magistratibus atque judicibus, quorum tamen muneri probos, pios, prudentes ac doctos tantummodo viros præesse voluerit, in art. I. ordin. crimin.* Cependant, continue Carpzovius, après avoir bien pesé les avantages & les inconvéniens, il paroît que l'empereur s'est déterminé par des raisons puissantes.

« Il est, dit Carpzovius, malheureusement trop constant, que souvent les juges ne sont pas ce qu'ils devroient être. La plupart sont durs, pour ne pas dire cruels. Ils s'acharnent aux accusés, & ne les quittent pas qu'ils ne les aient accablés de leur rigueur. Contre toutes sortes de droits & d'usages, ils en perdent plusieurs, ils en mutilent d'autres, ils les vexent presque tous. Ils violent la sainteté des loix, & oublient jusqu'aux devoirs de l'humanité, ils renversent la société civile. CE SONT DES BOURREAUX, CE NE SONT PAS DES JUGES. » *Enim notissimum est, quòd sæpissimè judices tales non sint quales jure esse deberent; plerique namque judicum criminalium sunt duriores, ne dicam crudeliores, qui rigorissimè super dorsum pauperum inculpatorum procedunt, & contra omnes juris terminos, approbatos mores, & usus consuetudinarios, alios perdunt, alios mactant, alios mancos reddunt* (*ut graviter invehitur* Cavalcan. p. I. de brach. reg. n°. 5 & 6.) *Legum sanctitatem violant & humanam societatem evertunt, CARNIFICES, NON JUDICES.* Soupçonne-t-on quelqu'un, ils l'emprisonnent sur le plus léger fondement, sans s'informer s'il y a un crime, ou s'il n'y en a point. Ils condamnent à la question, sans examiner si l'on peut se procurer la vérité par d'autres voies. Enfin, ils ne respirent que les tortures, les supplices, la mort & le feu. *Qui suspectum in carcerem detrusum statim torturæ subjiciunt, nec priùs inquirunt an crimen perpetratum sit necne? Quibus inconsideratis statim ad CRUCIATUM, IGNEM, TORMENTUM, SUPPLICIUM RECURRUNT.* En un mot, ils justifient ces plaintes faites autrefois par les états de l'empire, qu'on portoit à la république le coup le plus funeste, lorsqu'on se livroit à emprisonner des innocens, à les tourmenter par la question, & à les faire mourir injustement. *Ut non immeritò, quod olim conquesti sunt ordines imperii, adhuc sit deplorandum: periculosissimum reipublicæ vulnus infligi, dum insontes in vincula conjiciuntur, quæstionibus temerè subjiciuntur, & majori etiam audaciâ pœnis immeritis afficiuntur, ut inquit imp. Carolus V, in præfat. ord. crim.* (Carpzovius, *part. 3, quæst. 116, n°. 11, & sequent. pag. 128.*)

Cette sortie énergique déplut sans doute aux tribunaux de ce temps-là. La vérité surnagea malgré le poids des préjugés & de l'orgueil; & que peut-on à l'homme de bien, qui, plein d'un saint zele, la loi à la main, sent & écrit comme sent & ordonne le législateur lui-même? Les orages ont passé, & le livre protégé par les empereurs a été réimprimé sans cesse, notamment trois fois de nos jours en 1751, à Basle; en 1754, à Francfort; & enfin à Leipsick.

C'est à cette énergie & à ce bon esprit que Vienne a dû l'abolition de la torture. On trouve l'histoire de cet événement dans le recueil de la société des Philantropes, tom. 1, pag. 51.

M. de Sonnenfels, conseiller de justice, fit un mémoire sur l'abolition de la torture, qu'il adressa à MARIE THERESE, avec l'épître la plus touchante. « Le cœur sensible de S. M. est ému, elle croit devoir agiter dans ses conseils une question qui intéresse si vivement sa religion & sa bienfaisance naturelle. Elle ordonne que les tribunaux lui adressent des mémoires... M. de Sonnenfels fait le sien... Le succès ne répond point à ses vœux, & *la raison fut condamnée* au silence... Le mémoire imprimé en Suisse & renvoyé à Vienne, fut confisqué par la chambre syndicale. L'auteur alloit être réprimandé & destitué de ses emplois, lorsque l'*impératrice craignant de ternir son regne par une proscription injuste*, voulut examiner ELLE-MÊME l'affaire une seconde fois.... Au lieu d'être puni, M. de Sonnenfels se vit bientôt récompensé de la maniere la plus flatteuse pour l'homme de bien. Sa réclamation fut couronnée d'un succès aussi complet qu'inattendu; *Marie Therese* insinua à tous ses habitans l'ordre tacite d'abolir la torture & éteignit une loi odieuse inventée pour des esclaves, conservée pour des hommes libres, & dirigée trop souvent contre l'innocence. »

Le digne fils de *Marie Therese* a été plus loin. Il a rapproché & élevé M. de Sonnenfels. On nous dit que par ses ordres on s'occupe d'un nouveau code, & qu'*on s'y attachera moins à punir les crimes qu'à les prévenir.* JOSEPH crée d'autres hommes par le bonheur, l'instruction & les loix.

Per populos dat jura, viamque affectat Olympo.

Virg. Georg. 4, v. 562.

Prusse.

87. C'est pour l'histoire de l'esprit humain un magnifique portrait que celui du prince dont elle dira :

Guerrier, il a été grand par sa tactique nouvelle, l'ordre de ses campemens, la célérité de ses marches, la sûreté imposante de ses retraites, le nombre de ses victoires, le fruit de ses conquêtes, & ce courage inoui, qui la veille de Rosbach jouoit de la flûte, & se rappellant que ce jour étoit le dernier accordé à un homme utile qu'il avoit vu en Hollande, lui écrivoit pour l'appeller à lui.

Politique, il a su peser les puissances, se faire craindre ou desirer par toutes, échapper au danger par la prudence des négociations, l'activité à prévenir, & la fierté de la contenance.

Administrateur, il a donné aux sables du Brandebourg une agriculture, un commerce, des manufactures, & il eût été plus loin sans ce gouvernement militaire qui décourage, avilit, & éloigne tout ce qui n'est pas lui.

Philosophe, il a été le protecteur & le favori des muses, l'apôtre de la liberté d'écrire, l'apologiste de la tolérance, l'ami des gens de lettres : semblable à l'élément inconnu qui anime le globe, son vaste & bienfaisant génie a électrisé le nord, & a porté la lumiere sur l'Europe assoupie.

Justicier, il a donné ce code que j'ai rappellé tant de fois, sur-tout au mot *Accroissement, pag. 187*. Il a enrichi son peuple en abrégeant les formes & en simplifiant la jurisprudence civile. C'est lui qui a composé ce bel édit que j'ai transcrit au mot *Accommodement, pag. 23 & suiv.* C'est lui enfin qui le premier en Allemagne a aboli la torture.

FRÉDERIC-LE-GRAND s'arrêtera-t-il, & ne verrons-nous rien de plus sur la procédure criminelle, cette vaste & sombre partie des loix, où réside la vie & l'honneur des sujets, la sûreté & la tranquillité des empires? Qu'il jette ses regards paternels sur la jurisprudence Prussienne, il la trouvera peut-être encore empreinte de l'esprit du tribunal *Westphalien* & dirigée par la *caroline*.

Sous un roi qui regarde ses sujets comme ses enfans, qui reçoit tout, lit tout, répond à tout, & punit avec éclat les juges ignorans & pervers, l'innocence est tranquille; mais le bonheur public n'est immuable que quand il est fondé sur les loix. Le regne de FRÉDERIC est son apogée, mais comme les astres les plus brillans, il peut avoir une marche rétrograde. Marc-Aurele n'est plus.

Pologne.

88. La constitution Polonoise differe de toutes celles de l'Europe par trois points capitaux.

1°. Il n'y a point de ministere public, pas un seul magistrat chargé de soutenir l'opprimé, de protéger le foible, de poursuivre le coupable, de censurer les mœurs, & de veiller au salut public.

2°. C'est une jurisprudence traditionnelle qu'on ne peut être mis en prison qu'après avoir été *juridiquement convaincu*. Cette forme assure au coupable l'impunité jusqu'à la conviction, &, à ce moment, la liberté de fuir. Cependant, quiconque est élu roi, la voit insérée dans la capitulation, & ne peut se dispenser d'en jurer l'observation dans le *pacta conventa*.

3°. Le roi est le premier des magistrats, ce qui faisoit dire à HENRI III: *ils ne m'ont appellé que pour juger.* Mais il n'est point législateur, & quand il s'agit de proposer une loi, quelque lumineuse & utile qu'elle soit, il y a tant de formes à remplir pour lui donner la sanction, les dietes sont si orageuses; le *Liberum veto* a encore tant d'effet, que le bien public est regardé comme impossible. Stanislas Auguste le porte dans son cœur; mais ses mains généreuses sont liées, & son génie est accablé par la constitution de l'état.

On punit les délits par le glaive; le vol, par la corde; les crimes atroces, par la roue : mais que signifient ces peines, lorsque l'accusation est ruineuse, vaine, dangereuse; lorsque l'accusé libre fuit au moment de la conviction, & après le jugement peut armer pour sa défense?

Vous pouvez évaluer la sûreté & la tranquillité publique, par un coup-d'œil rapide sur la composition de l'état. Il est divisé en trois castes : celle des nobles qui gouverne, possede tout, & rend la justice comme nos barons sous le gouvernement féodal; la caste modeste & peu nombreuse des bourgeois, qui répond à nos communes, mais qui n'a aucune influence; la caste immense des esclaves qui, labourant & peuplant pour le noble, sont traités & vendus par lui, comme les troupeaux de nos étables.

Le nombre des nobles est si grand & il en est de si pauvres, que de ces hommes qu'on voit dans les tribunaux rendant la justice, dans les diétines le sabre à la main, & dans les dietes entonnant le funeste *Liberum veto*, vous en avez vu, vous en retrouvez réduits à servir comme domestiques. Si un valet noble offense ou vole son noble maître, celui-ci lui fait donner arbitrairement la bastonnade, à la maniere de l'orient, avec cette seule différence qu'on étend un tapis sous le noble insolent ou larron; mais le bourgeois, & à plus forte raison l'esclave, ne pouvant ou n'osant accuser, le crime s'enhardit par l'impunité, & se propage par l'exemple.

Vous pouvez encore vous former une idée de la justice criminelle par l'administration de la justice civile. Un jugement n'est rien contre l'usurpateur s'il n'est soutenu par une troupe supérieure à la sienne. Ainsi le prince Radziwil & le comte Tarlo se sont battus long-temps ſur l'exécution d'un décret du tribunal ſuprême, concernant la ſucceſſion du prince Jacques Sobieski. Un arrêt n'eſt que la permiſſion de s'égorger pour le faire exécuter, & *la raiſon du plus fort eſt toujours la meilleure.*

Des nobles prévoyant ce qui eſt arrivé, & ce qui arrivera encore, ont eſſayé de conſerver l'état en changeant la conſtitution politique & en réformant les loix. Ce fut l'objet du mémoire adreſſé par le comte Wielhorski, à J. J. Rouſſeau. Celui-ci répondit entr'autres: *il faut faire trois codes, l'un politique, l'autre civil, & l'autre criminel.* (Ch. 10.)

Le ſavant & vertueux comte Zamoski a préſenté ce grand ouvrage dicté par l'humanité & la juſtice, appuyé par le vœu du roi, deſiré par le peuple, & évidemment néceſſaire au ſalut public. Seroit-il donc vrai qu'il a été rejeté? Seroit-il vrai qu'inſtruite par le *partage*, éclairée par les grands exemples de CATHERINE, de FRÉDERIC, de JOSEPH, & ſi j'oſe m'exprimer ainſi, éblouie par la lumiere qui l'environne, la Pologne chérit ſes ténebres? Ce gouvernement monſtrueux que l'abrutiſſement de l'Afrique n'a pas même imaginé, ſeroit-il vrai qu'il eſt encore l'idole de la nobleſſe Polonoiſe?... *Adhuc quadraginta dies!* ... (Jonas III. 4.)

Ruſſie.

89. Ne cherchez rien encore dans la juriſprudence de la Ruſſie, ſemblable à celle de toute l'Europe juſqu'au XVII ſiecle, & vous pouvez la juger par le procès du Czarewitz, que j'ai rapporté n°. 49, pag. 330. L'hiſtoire libre dans ſes déciſions a blâmé la rigueur de PIERRE-LE-GRAND, & lui-même il regretta ſon fils. Il en donna une preuve qui m'a été atteſtée par un témoin oculaire.

Le Knées Gagarin, gouverneur de Sibérie, avoit été accuſé de révolte, amené à Pétersbourg, jugé & condamné à être décapité en 1721. PIERRE avoit ordonné de placer le coupable ſur l'échafaud, de lui lire ſon jugement, & d'attendre qu'il donnât le ſignal avec ſon mouchoir. Pierre ſur le balcon indécis & obſervant ſa cour, s'apperçut qu'on pleuroit. *Il falloit*, dit-il, *pleurer il y a deux ans, lorſque l'on condamnoit mon fils, non quand on condamne juſtement un traître.* Et la larme à l'œil, la colere ſur le viſage & le déſeſpoir dans le cœur, il donna le terrible ſignal.

Pierre commençoit ſeulement le bonheur de ſes peuples, en appellant les arts, & ne pouvoit aſſurer ſon empire qu'en lui donnant des loix ſages, ſimples & uniformes. Mais comment raſſembler & refondre en un code les coutumes diverſes de tant de peuples diviſés ſur un ſi grand eſpace par la religion, les beſoins, le climat, les mœurs & le langage. Ce n'eſt pas dans l'enfance des nations, qu'on peut avoir de bonnes loix, elles appartiennent à l'âge mûr.

Ce grand ouvrage étoit réſervé à la *mere de la patrie*. CATHERINE II l'a préparé par *les inſtructions qu'elle a adreſſées à la commiſſion établie pour travailler à l'exécution du projet d'un nouveau code de loix.*

Déja, tandis qu'avant elle il n'exiſtoit que la nobleſſe & des eſclaves, Catherine en créant un *tiers-état*, avoit jeté les fondemens de l'édifice de la liberté politique qu'elle élevera juſqu'au faîte. Déja elle avoit formé l'éducation publique, établi des hôpitaux, encouragé des académies, diviſé l'empire en gouvernemens militaires & en tribunaux de juſtice. Il falloit des loix, ſur-tout des loix criminelles.

Liſez & reliſez ſon inſtruction ſublime & ſur-tout ce qui concerne le droit criminel, qui en occupe la plus grande partie.

N°. 447. *Il n'eſt rien qui attaque ſi vivement la* LIBERTÉ *d'un citoyen que les* ACCUSATIONS *qu'on fait contre lui, qu'elles ſoient intentées par la juſtice ou par quelque particulier. A* [illegible]

DANGER NE SEROIT-ELLE PAS EXPOSÉE, SI ON LAISSOIT DANS L'INCERTITUDE CET OBJET DE LA LÉGISLATION?

N°. 105. *Dans les états où il y a une forme de gouvernement modérée, où la vie, les biens, l'honneur du moindre des sujets sont pris en considération; là aucun ne perd sa vie, ses biens ou son honneur, qu'après qu'on a long-temps & soigneusement recherché la vérité. Sous un tel gouvernement, on n'ôte la vie à personne, à moins que la patrie ne s'éleve contre lui, & la* PATRIE NE DEMANDERA JAMAIS LA VIE DE PERSONNE SANS LUI AVOIR DONNÉ AUPARAVANT TOUS LES MOYENS DE SE DÉFENDRE.

N°. 106. *Les usages juridiques augmentent donc à proportion du cas que l'on fait de l'honneur, de la vie & de la liberté des citoyens.*

N°. 107. *Il faut entendre les* ACCUSÉS, *non seulement pour avoir une juste idée de la chose qui est à leur charge, mais aussi afin qu'ils puissent se défendre; il faut qu'ils le fassent eux-mêmes,* OU BIEN QU'ILS CHARGENT QUELQU'UN DE LES DÉFENDRE.

N°. 108. *Il est des gens qui croient que ce devroit être le juge qui est entré le dernier dans le corps, qui par sa charge devroit défendre les accusés; comme, par exemple, chez nous c'est à quoi est appellé l'enseigne d'une compagnie. De là viendroit encore un autre avantage, savoir, que par-là l'habileté des juges augmenteroit beaucoup.*

N°. 109. *Tout ce que l'on entend ici par le mot* DÉFENDRE; *c'est de présenter aux juges* TOUT CE QU'ON PEUT DIRE A L'AVANTAGE DE L'ACCUSÉ, TOUT CE QUI PEUT SERVIR A SA JUSTIFICATION.

N°. 134. *Quelle est l'origine des peines, & quel est le principe sur lequel le droit de punir les hommes repose?*

N°. 135. *On peut appeller les loix, des moyens qui servent à réunir les hommes en société, & sans lesquelles aucune société ne peut subsister.*

N°. 136. *Mais il ne suffisoit pas de fournir aux hommes ces moyens, qui devoient leur servir de garant de leur sûreté, il falloit aussi leur donner quelque force; & c'est dans ce but que l'on a infligé des peines à ceux qui les violent.*

N°. 137. *Toutes les punitions deviennent* INJUSTES, *dès qu'elles ne sont pas* NECESSAIRES; *car par-là ce garant de la sûreté publique perd tout son prix.*

N°. 140. *Si cette* VERTU QUI A PITIÉ DE L'HUMANITÉ, *n'avoit déja pas fait rejeter les* SUPPLICES CRUELS, *on auroit des raisons suffisantes de les rejeter, parce qu'ils* NE SERVENT A RIEN, *& par conséquent ils sont injustes.*

N°. 141. LES JUGES N'ONT PAS LE DROIT D'EXPLIQUER LES LOIX PÉNALES, *parce qu'il ne sont pas législateurs. Qui les expliquera donc? c'est le prince. Le devoir du juge consiste uniquement à rechercher si un tel homme a effectivement commis telle action contre la loi, ou s'il ne l'a pas commise.*

N°. 142. *Tout homme qui juge sur un délit, doit pour tout raisonnement faire un syllogisme, dont la premiere partie est la loi; la seconde, appliquant la loi à l'action, décide si l'action est conforme ou contraire à la loi; & enfin, la conclusion par laquelle l'accusé est absous ou condamné. Lorsque le juge, soit pour s'éclaircir soi-même, soit à cause de l'obscurité de la loi, fait plus d'un raisonnement dans une cause criminelle, alors tout s'obscurcit & devient incertain.*

N°. 143. *Il n'est rien de si dangereux que ce qui se dit assez généralement*, savoir: qu'il faut faire attention à l'esprit de la loi plutôt qu'à la lettre de la loi: *cela veut dire, en tout autant de termes, qu'il faut rompre la digue qui s'oppose au cours impétueux des opinions humaines.* C'EST ICI UNE VÉRITÉ INCONTESTABLE, DUT-ELLE MÊME PAROITRE ÉTRANGE A QUELQUES PERSONNES:

PERSONNES : tous les hommes ont différentes manieres de se représenter les choses, & chacun a la sienne propre. Le sort d'un citoyen porté de tribunaux en tribunaux, pourroit voir ainsi sa vie & sa liberté dépendre de quelque faux jugement, ou bien de la mauvaise humeur du juge. Les mêmes crimes seroient punis différemment par les mêmes tribunaux, suivant les différens temps, s'il arrivoit jamais que l'on admît cette façon arbitraire d'expliquer les loix, & qu'on ne s'en tînt pas à la signification prise des mots de la loi.

N°. 147. *Si le droit d'expliquer les loix est un mal, ce n'en est pas un moindre, quand les LOIX sont assez EMBROUILLÉES pour avoir besoin d'explication. Il est encore plus grand quand elles sont ÉCRITES dans une LANGUE INCONNUE, ou bien lorsqu'on y trouve des expressions inconnues.*

N°. 148. *Les loix doivent être écrites en langue vulgaire. LE CODE qui les renferme DOIT ÊTRE UN LIVRE DE MOYENNE GRANDEUR, QUE L'ON PUISSE ACHETER A BON MARCHÉ, COMME L'ON FAIT UN CATÉCHISME. Si le CITOYEN n'est pas en état de connoître par lui-même les suites fâcheuses que de mauvaises actions peuvent avoir à l'égard de sa personne ou de sa liberté, il devient en quelque sorte l'ESCLAVE d'un certain nombre de PERSONNES qui ONT PRIS LES LOIX SOUS LEUR PROTECTION, ET QUI LES EXPLIQUENT SUIVANT CE QUE BON LEUR SEMBLE* (des magistrats). *Plus il y aura de personnes qui liront & entendront les loix, & moins il y en aura qui les violeront. C'est pourquoi il faut ordonner dans toutes les écoles d'employer, pour apprendre à lire aux enfans, tantôt les livres de la religion & tantôt le livre des loix.*

Cette instruction contient cinq cents six maximes de cette clarté & de cette force. Quand on les approfondit & les rapproche, on retrouve la justice primitive que l'Eternel grava dans tous les cœurs, & qu'ont défigurée le temps & les passions sociales. On est heureux en relisant, d'imaginer que des hommes seront gouvernés par cet esprit bienfaisant. On est pénétré de ce consolant respect qu'inspirent les grandes vérités; & l'on seche ses larmes sur l'état des sociétés politiques, en voyant dans la bouche de quelques souverains cette morale sublime, présage certain de la félicité publique.

La voix de la Russie a nommé CATHERINE, *mere de la patrie*. Nous osons la nommer MERE DE L'HUMANITÉ.

J'ai demandé au prince *Youssoupoff* son chambellan, quel avoit été le rédacteur de ces instructions ? Elle-même, m'a-t-il dit, elle seule. Je l'ai vu. Elle craignoit les préjugés nationaux, & l'insouciance étrangere. Appuyée d'une main sur Montesquieu, & de l'autre sur Beccaria, elle n'a voulu consulter que l'humanité, la raison, la justice, sa bienfaisance & son cœur; arrachée au sommeil dès les quatre heures du matin, elle s'occupoit de cette grande & précieuse compilation. *L'instruction écrite en entier de sa main* a été déposée dans le maître autel de la cathédrale de St. Petersbourg, renfermée dans une boîte d'or, sur laquelle est figuré Moyse recevant de Dieu les tables de la loi.

Il n'y a que l'impératrice elle-même, il n'y a que la grande ame de CATHERINE qui ait pu écrire tant de vérités utiles dégagées de la rouille du trône & de la fange des cours; la fin sur-tout est remarquable par le sentiment qui l'a inspirée.

N°. 500. *Il n'est pas possible que tout ceci puisse plaire aux flatteurs, qui répetent tous les jours aux princes de ce monde que leur peuple a été créé pour eux. Mais pour nous, nous croyons, & nous nous faisons gloire de dire, que NOUS AVONS ÉTÉ CRÉÉS POUR NOTRE PEUPLE : c'est à cause de cela que nous sommes obligés de dire les choses* COMME

ELLES DOIVENT ÊTRE. *A Dieu ne plaise qu'après que ces loix seront données, il y ait un peuple sur la terre plus* JUSTE, *&* PAR CONSÉQUENT *plus* FLORISSANT *que le nôtre. Le but de nos loix ne seroit pas rempli.* CE SEROIT UN MALHEUR AUQUEL JE NE VOUDROIS PAS SURVIVRE.

. . . . Qual sì disgiunta
Terra è d'a l'Asia, ò dal camin del sole,
MADRE DEL' HUMANITA, ove non giunta
Sia la tua fama, e l'honor tuo non vole?
. . . . Sol di te degne credo
L'imprese malagevoli, e le grandi.

La Gerusalemme liberata. Canto II. Stroph. 47 & 48.

Nous avons à Lyon l'*héritier de ce grand empire*, & un seul trait peindra son ame. Hier 9 mai 1782, il visitoit les hôpitaux, & on l'éloignoit d'un lieu rempli de malheureux souffrans: *je veux les voir*, dit-il avec une touchante vivacité; *nous ne saurions trop considérer les miseres de l'humanité.*

Suede.

90. Si un peuple devoit avoir de bonnes loix criminelles, c'étoit celui où la bourgeoisie & les paysans admis aux états à côté de la noblesse & du clergé, ont pu réclamer sans cesse en faveur de la sûreté, de la liberté & de l'humanité.

Les codes de Christophe, de 1441, & de Gustave Adolphe, de 1618, étoient avec la caroline, les seuls qui remplissent leur objet en fixant les délits & les peines. Vous y trouvez d'ailleurs des dispositions sages; la punition févere de l'accusateur calomnieux; la distinction entre l'homicide volontaire & l'homicide casuel; le vol puni par la restitution, l'amende & les travaux publics; point de jugement sans défense libre; point de secret, point d'exclusion des conseils; point de condamnation sans preuves manifestes, & si elles ne le sont pas, *quand on croiroit l'accusé coupable*, le devoir de l'absoudre, en jurant par lui son innocence, & en la faisant jurer encore par douze personnes.

Cette modération est encore l'objet de l'art. 31 des devoirs des juges. *Semper etiam procliviores erunt judices ad juvandum aliquem quàm evertendum. Itaque pro universali regulâ hoc habendum est in omni processu judiciali, quod ubi tam intricata & obscura causa est, ut inde erui jus non possit, accusatus absolvi debet,* ETIAM SI REUS ESSET. *Præstat enim nocentem absolvere, quàm innocentem damnare. Judex neminem damnare debet, nisi manifestas rationes ac probationes pro se habeat; si secùs faciat, vis & iniquitas est, ipsi non benè cessura.* (Seciæ regni leges provinciales à Loccenio, Londini Scanorum, 1675, in-8°., pag. 381.)

Je devois parler du code de 1731, rédigé par le sénateur Curnielon, approuvé par les dietes de 1731 & 1735, confirmé par les états & publié par le roi en 1736. Mais ouvrez le fameux mémoire, remis le 15 août 1766, par la grande députation à tous les ordres du royaume. Vous lirez, art. 9, *la nécessité de tarir avant tout la source des clameurs & du mécontentement général sur la mauvaise administration des juges*, & vous en conclurez que le code fait par un sénat aristocrate ne peut être que défectueux, parce que voulant s'emparer de l'autorité royale, & régner en effet, il n'avoit pas de moyen plus sûr que la rigueur, le secret & la possibilité d'abuser de la justice criminelle.

Cette vérité est écrite dans le fameux procès de 1756. Horn, Brahé & quatre autres amis du roi, accusés d'avoir voulu rétablir l'autorité royale, sont arrêtés, mis aux fers, jugés *secrétement* sans défenseur & sans conseils, par une *commission* illégale, & faute de preuve appliqués à une torture affreuse qui arrache à Brahé seul un aveu sans conséquence: ils périssent enfin sur l'échafaud malgré les supplications de la reine, & les larmes du roi, à qui le sénat aristocrate ravissoit jusqu'à cette prérogative de faire grace, que l'Angleterre n'a disputée à aucun de ses rois.

Tandis que l'aristocratie renouvelloit le despotisme & les horreurs de Christiern, un nouveau Gustave croissoit pour devenir le libérateur de la Suede. Tessin enseignoit à son enfance ces vérités douces, dont le développement fait les grands rois, rend les peuples heureux. Dans sa lettre du 27 juin 1752, sous l'apologue du Lion, qui tue & pleure ensuite son chien désobéissant, parce que la faim l'avoit égaré, Tessin enseignoit à son royal éleve à ne pas confondre inhumainement tous les délits, & l'art heureux d'allier la clémence à la justice.

Gustave, roi seulement le 20 août 1772, a dès le lendemain aboli la torture, & sa loi étoit écrite avec le sang de Horn & de Brahé. Il ne s'arrêtera pas à ce bienfait. Il aura le courage de lire la procédure de ces infortunés. Il y verra comment avec le secret, & l'abandon des accusés à eux-mêmes, on peut encore perdre tous les jours l'innocence. Il fera plus pour l'instruction publique par la publicité des jugemens, que par la terreur des supplices; & non content de permettre des défenseurs aux accusés, il en assurera aux pauvres & aux foibles. Il a dit que *sa plus grande gloire est d'être le premier citoyen d'un peuple vraiment libre;* il en est le pere; il en sera le législateur. La Suede devra à Gustave I son trône, à Gustave Adolphe des victoires, à Gustave III sa liberté, son bonheur & ses loix.

Danemarck & Norwege.

91. J'ai conféré ici avec M. *Olivarius*, professeur de l'université de Kiel, qui avant d'enseigner, a parcouru toute l'Europe; jeune homme de la plus grande espérance, & qui ira à tout dans un pays où l'on n'arrive qu'après avoir parcouru avec succès les premiers degrés.

Par la fameuse loi royale du 14 mars 1665, Christian V accepta le pouvoir absolu que lui offrit la nation, lasse du despotisme des grands, & préférant un roi à des aristocrates. Mais il se garda bien d'imaginer que la volonté éphémere du prince pût suffire. Il fit un code, & il y confirma l'antique & constante jurisprudence criminelle. Extrayons-en quelques maximes principales.

Premiere regle. « Personne ne peut être mis en prison, à moins qu'il n'ait été surpris commettant un délit sujet à une peine capitale ou corporelle, ou qu'il n'ait avoué son crime en justice, ou qu'il n'ait *été* condamné comme coupable. Tout accusé peut, en donnant caution, venir & s'en retourner librement de la cour, & jouir de toute la liberté nécessaire pour se défendre. » (Code Danois, L. I. ch. 19, art. 1.)

Seconde regle. Le souverain voulant éviter qu'on poursuivît en son nom la punition de ses sujets, n'a point d'officier chargé de ce redoutable ministere. Mais quand un délit est public ou dénoncé, le juge nomme pour accuser un avocat du siege, qui le fait au nom de la patrie; & cette forme, qui en vaut bien d'autres, quoiqu'elle semble ne tenir qu'au mot, renferme une certaine délicatesse, qui ôte d'ailleurs à l'accusateur public une importance, une considération, & une confiance trop souvent funestes à l'innocence.

Troisieme regle. Les procès criminels se traitent avec les formes & la publicité des procès civils. En conséquence, le juge nomme pareillement un avocat pour défendre l'accusé. Si celui-ci ne l'agrée pas, il peut en obtenir un autre en s'adressant au roi. Là, comme à Venise & à Londres, c'est une superbe fonction de défendre les accusés.

Quatrieme regle. Dans les cas d'homicide ou de réglement de limites, on forme une cour extraordinaire de huit personnes appellées *Sande-Maend*, HOMMES DE VÉRITÉ. Ils sont choisis tour-à-tour parmi les citoyens. Ils donnent leur avis par serment, & le juge ne peut prononcer que conformément à cet avis.

Cinquieme regle. On appelle du juge ordinaire aux cours provinciales, & l'accusé ne peut pas renoncer à l'appel, s'il est condamné à perdre la vie.

Sixieme regle. Aucun jugement de mort ne peut être exécuté, s'il n'est revêtu de l'approbation du roi.

Septieme regle. La question n'est permise que dans le cas du crime de leze-majesté, & lorsque le criminel est condamné à mort; encore faut-il que le roi en accorde la permission expresse, ce qui arrive très-rarement.

En rapprochant ces maximes, on retrouve la jurisprudence Angloise, & l'équivalent du fameux *Habeas corpus.* Cela rappelle que les Anglois ont reçu leurs loix des Romains, des Saxons & des Normands. Cela prouve encore qu'avec de bonnes loix criminelles, on peut être aussi heureux & aussi libre sous un gouvernement absolu que sous un gouvernement mixte. Et lorsque la justice criminelle est devenue oppressive en tant de lieux où l'on parle beaucoup d'humanité & de liberté, c'est un étrange & beau spectacle que celui d'un état où le roi exerce ce pouvoir absolu, funeste par l'abus, mais si précieux quand on ne cesse pas un instant d'être le pere de tous ses sujets.

Hollande.

92. Lorsque les sept provinces s'unirent contre la tyrannie de Philippe II, ce qui irrita le plus, fut sans contredit la violation de la justice criminelle. L'acte d'indépendance du 26 juillet 1581, reproche au duc d'Albe, fameux par ses atrocités, *vermaert van straf heydt ende crudeliteydt*, d'avoir fait emprisonner, jugé lui-même, & condamné à mort, sans observer les formes, sans instruction connue, sans que les accusés eussent été légitimement ouis dans leur défense, *ten lesten, sonder hen volkomelijck te hooren.* Le cri du peuple ne fut point liberté, ce n'est jamais en général que celui de quelques particuliers; ce fut police & justice. *Politie ende justitie.*

Il est aisé de couvrir l'abus du pouvoir par le voile de la nécessité ou du bien public. Mais quand on voit répandre le sang au nom de la justice même, sans l'observation des loix & des formes qui répondent à tous de la liberté, de l'honneur & de la vie, alors chacun songe à son salut, & se détache de la société à laquelle il n'avoit juré fidélité, que pour qu'elle lui garantît sa liberté, son honneur & sa vie. Alors se brisent tous les liens, & se forment ces confédérations fameuses dans l'histoire moderne. Qu'on rapproche les révolutions de la Suisse, de la Hollande & de l'Amérique, on verra leur cause principale dans la violation de la justice criminelle.

Un des points dont les Hollandois paroissoient le plus jaloux, c'étoit celui qui attribue aux échevins la jurisdiction criminelle. Ils s'empresserent de le ressaisir dans l'acte du 16 octobre 1587, contenant la déduction de leurs libertés, droits, privileges & bonnes coutumes. On y lit : *de collegien vande schepenen vaceeren ordinairis tot d'administratie vande justitie, soo in alle criminele als civile saecken, ende hebben ende exerceren alle hooge, middele ende lage jurisdictien.*

Cette jurisdiction des échevins prenoit sa source dans les communes, & les loix Westphaliennes.

Le droit criminel de la Hollande étoit comme celui de toute l'Europe, un composé monstrueux du droit Romain, de quelques ordonnances, & quant aux formes de l'ordonnance d'Albert & d'Isabelle; j'y vois cependant quelques points remarquables, droit d'accuser, défense des accusés, publicité & célérité.

Droit d'accuser. Il est concentré dans le ministere public, & afin qu'on n'en abuse pas, le procureur général du fisc ne peut former aucune accusation sans y avoir été autorisé par une ordonnance. (*Instr. van Hove Hollant. art.* 19.) C'est la jurisprudence de Venise.

Défense des accusés. Les anciens statuts opstalbomiques, publiés en 1323, § 35 & dernier, disent que le citoyen qui rendra plainte contre un autre sera tenu d'énoncer sur le champ ses faits & ses preuves, afin que l'accusé voie d'un coup-d'œil la marche qu'il doit tenir dans les défenses qu'il est libre de fournir. *Si quis contra alium querimoniam deposuerit, actor in principio litis omnia juramenta seu probationes allegando proponat, ad ampliora non audiendus, ut reus* PLENAM *se deliberandi habeat facultatem.* (Lex Frisionum illustrata à Siccama, accedunt statuta opstalbomica omnia recensita à Gærtner, Lipsiæ 1730, in-4°., pag. 154.)

Publicité. Groenewegen, dans son ouvrage des loix abrogées en Hollande, *de legibus abrogatis & inusitatis in Hollandiâ,* au tit. du code *de custodiâ reorum,* dit que dans quelques-unes des sept provinces, l'accusé, qui a fait des aveux à la QUESTION, doit y persévérer après vingt-quatre heures, non seulement en présence des juges, comme en France *in galliâ,* mais à découvert *sub dio.* Il ajoute que les habitans de Roterdam ont le privilege que l'aveu du coupable doit être réitéré, non seulement à découvert, mais en présence de tout le peuple. Enfin, il observe que *dans quelques endroits,* TOUTES LES PROCÉDURES CRIMINELLES SE FONT PUBLIQUEMENT ET A DÉCOUVERT, afin d'éviter tout soupçon de crainte & de terreur. *Alibi tamen consuetudine receptum est, ut reus in confessione post intervallum quatuor & viginti horarum perseverare debeat sub dio,* Onder den blauwen Hemel. *Rotterodamenses autem in privilegiis habent, ut iterata confessio non tantùm sub dio, sed etiam coram populo fieri debeat. Alibi quoque ad amovendam omnem timoris* METUSVE SUSPICIONEM, QUÆVIS JUDICIA SUB DIO AC PATENTE CŒLO DISCEPTARI MORIS EST. Fr. Sande ad. consf. feud. Gelr. tract. 3, cap. 3, n°. 1 & 2.

Célérité. Grotius, dans sa fameuse apologie, *cap. 14, in princip.* rappelle la constitution de la princesse Marguerite de 1346, qui prescrit de juger ou d'élargir tout accusé dans la quinzaine, à moins que l'on ne soit occupé à une expédition de mer, auquel cas le délai ne peut être que de trois mois. *Quisquis nostro nomine capitis arcessitur, convenitor intra sesquimestre tempus postquam delatus est, aut reatui eximitor, ni classis procincta sit, tum fiat id intrà tertium mensem, aut reatui eximitor.* Les loix modernes prescrivent la même célérité dans la confection des procédures criminelles. (*Costum. van Utreght rubr. 34, art. 5, & Instruct. cur Holland. art. 48, in fine.*)

Je trouve encore deux points importans dans la jurisprudence hollandoise.

Le premier concerne la faculté d'accuser deux fois du même délit, *bis in idem,* & se trouve décidé pour la négative dans Coren. (*Observationes rerum judicatarum & ejusdem consilia quædam, Amstelodami, apud Ravesteyn, 1661, in-4°, pag. 95 & 99.*) C'est sur la vingt-sixieme question qu'il intitule ainsi : *Utrùm semel absolutus à crimine ob defectum probationis accusatoris, novis repertis probationibus, iterum accusari possit?* Il pose l'espece en Hollandois de la maniere suivante.... Vander Platen ayant été accusé de rapt & d'adultere à la cour de justice, pardevant le bailli de Breda, fut absous par sentence du 20 janvier 1617, parce que l'accusateur ne présenta pas des preuves convaincantes. Dans la suite Vander Platen ayant été arrêté à la Haye, pour un nouvel adultere & d'autres délits : le bailli le fit accuser de nouveau de l'adultere & du rapt sur lequel il avoit été jugé à Breda, & prétendit avoir de nouvelles & plus fortes informations. L'accusé proposa l'exception de la chose jugée. Elle fut rejetée par les échevins, mais il interjeta appel en la cour de Hollande, qui prononça « qu'elle jugeoit à propos de rejeter la sentence, de la déclarer d'aucune valeur,

& d'admettre l'exception *litis finitæ*, proposée par l'accusé » *'t Hoff heeft dienvolgende oock goedt ghevonden, dienaengaende 't voorsz Vonnisse ende sententie te niet te doen, ende exceptie* litis finitæ *by den Impetrant geproponeert, te admitteeren. Actum den 6, August. 1622*.... Voyez *Bis in idem* & *Absolution*, n°. 8, pag. 140.

Sur le second point, qui regarde l'accusé *absent*, la jurisprudence hollandoise paroît calquée sur le droit romain. Suivant le droit établi par le digeste, L. 5 *de pœnis*, & par le code, L. 6 *de accus.. & inscript.* on ne pouvoit procéder contre un absent contumax, que par annotation de biens; ou tout au plus, après une suite d'interpellations de se représenter, on ne pouvoit prononcer que des peines pécuniaires ou la rélégation. *Verùm si quid graviùs irrogandum fuisset, puta in metallo, vel capitis pœnam non esse absentibus irrogandam.* La jurisprudence hollandoise se réduit à faire sequestrer les biens de l'accusé contumax, mais elle ne permet pas de continuer la procédure. *Praxis nostra habet, ut criminosus, si fugâ se subtraxerit, ad instantiam procuratoris generalis per edictum citetur, & si præfixâ die non compareat, de contumaciâ accusetur, & in pœnam contumaciæ, fiducialiter bona annotentur. ULTERIUS CONTRA ABSENTEM IN CRIMINALIBUS PROCEDI NEQUIT.* (Decisiones aureæ sive rerum in supremâ Frisionum curiâ judicatarum libri quinque à J. A. Sande, Colon. 1663, 4°., lib. 5, tit. 9, desin. 2, pag. 144 & 145.).... Voyez ce que j'ai dit sous le mot *Accusé absent contumax*, n°. 59, pag. 347.

Voilà de belles parties de jurisprudence criminelle. Mais il ne paroît pas y avoir en Hollande plus qu'ailleurs des loix fixes, suffisantes, & une certaine uniformité dans les arrêts des cours des sept provinces. L'on ne paroît pas avoir fait un pas pour l'abolition de la torture.

C'est donc un malheur commun aux états les plus riches, les plus heureux & les plus libres en apparence, que la chose du monde la plus importante pour la sûreté, la tranquillité & la félicité de tous, que la jurisprudence en un mot soit obscure, incertaine & versatile; que dans le vaste & perfide océan de ses décisions, l'honneur & la vie soient comme le plus frêle vaisseau sur les flots agités.

Le maintien de la torture en Hollande & en Suisse, tandis qu'elle est abolie en des gouvernemens monarchiques, semble indiquer un vice dans ces états confédérés. Chacun a apporté ses loix & ses usages bons ou mauvais, auxquels il est attaché comme le pauvre à sa chaumiere; & les grandes & utiles réformes deviennent très-difficiles par la complication des grandes assemblées. Le Nord réforme ses codes barbares. La France s'occupe des siens, & depuis LOUIS XVI nous avons de grands changemens qui en annoncent d'autres. La Hollande qui a une bonne police, parce qu'elle s'est formée dans la confédération, & de bonnes loix sur la publicité des jugemens criminels, comme celle de Roterdam, a des loix différentes, & sera peut-être la derniere à proscrire la torture.

Angleterre.

93. Je reviens trop souvent sur la procédure criminelle de la Grande Bretagne pour en donner ici tous les détails: ceux qui, ne sachant pas l'anglois, voudront l'approfondir, peuvent consulter les commentaires de M. Blackstone, & la traduction libre de M. l'abbé Coyer. Ils en jugeront mieux encore par sentiment, en lisant dans les papiers publics & les causes célebres de M. des Essarts, les procès des amiraux Byng, Keppel & Palliser; des lords Biron, Gordon & Ferrers; de la duchesse de Kingston, des freres Perrault & du chevalier de la Mothe.

Je verrai ici l'accusation, l'accusateur,

l'accusé, la marche, la facilité & la sûreté de la procédure.

L'accusation peut être, comme en France, intentée par la partie offensée, par ses héritiers, ou par le ministere public, & suivie par tous les deux à la fois.

Il y a deux especes d'accusations & de procédures.

La plus ordinaire appellée *a Tryal upon Indictment*, est celle des grands jurés, *the Grand Jury*. Ce sont vingt-quatre gentilshommes, ou bons bourgeois, francs ténanciers, choisis impartialement parmi les habitans du comté.

On appelle comté ce que nous appellons province. L'Angleterre seule en a quarante, il en est de grands, de peuplés comme Lincolnshire, qui contient six cents trente paroisses, & Norfolk six cents soixante; il en est de très-petits comme Cumberland, qui n'a que cinquante-huit paroisses, Suffolk cinquante-cinq, & Westmorland vingt-six. Chaque comté a son régime, sa jurisdiction & ses officiers, comme chez nous les bailliages & sénéchaussées.

La charge de ces jurés est entr'autres choses d'examiner ensemble & au moins au nombre de douze, l'accusation qui doit être écrite & parfaitement circonstanciée.

Si les grands jurés assemblés examinant la plainte, la trouvent mal-fondée, ils la rejettent sur le champ, & mettent au dos *Ignoramus*. S'ils la trouvent admissible par la nature des circonstances & des preuves, ils écrivent au dos *Billa vera*.

Cette formalité indispensable étant remplie, l'affaire est portée devant la cour de justice, & jugée par douze autres jurés qu'on appelle petits jurés, *a Petty Jury*, qui sont les véritables juges, & qu'on choisit encore avec le même scrupule parmi les bons citoyens. Car à Londres & dans les trois royaumes n'est pas nommé juré qui veut, & tel qui ailleurs a un nom & une fortune, seroit hué, si à *King's-Bench*, à *Old-Baily*, à *Guildhall*, ou à *Westminster*, on le voyoit siégeant comme loyal homme, prononcer sur l'honneur & la vie de ses semblables.

Les grands jurés ont encore droit d'accuser & de faire arrêter les criminels; leurs plaintes s'appellent *a Presentment*: mais ils ne jugeront pas non plus, ce sont toujours les petits jurés.

La seconde procédure appellée *a Tryal upon Information*, est celle dans laquelle, au nom du roi, *for the King*, le procureur général se porte accusateur, comme dans le procès de la duchesse de Kingston. Cette accusation se traite de même devant un petit juré, à moins que l'accusé ne soit pair.

Ces deux especes d'accusations ont dans le résultat une différence qui rapproche la derniere de la jurisprudence françoise. Dans la premiere *upon Indictment*, l'accusé absous peut obtenir des dommages & intérêts, si l'accusation paroît calomnieuse & vexatoire. Dans la seconde, *upon Information*, l'accusé ne peut point en demander, quelques frais qu'il ait faits & quoiqu'il ait souffert. Le procureur général n'est même assujetti par aucun statut à nommer le dénonciateur; la loi suppose qu'il ne se détermine à accuser que sur de puissans motifs, & en effet, ses accusations sont infiniment rares.

Dans ces deux formes l'accusé peut être décrété de prise-de-corps, arrêté par un ordre particulier ou à la clameur publique. Mais il doit être mené sur le champ au juge qui, si c'est à la clameur publique, après avoir examiné, peut renvoyer & décharger l'accusé.

Dans tous les cas on examine la nature du délit, & s'il n'est pas capital, le juge ne peut pas refuser de laisser l'accusé libre, en par lui donnant caution, & à la charge de comparoître à la session où il sera ajourné.

Cet instant arrivé sera décisif, mais dans l'intervalle, tandis que l'accusateur quelconque ramasse ses preuves & s'assure de ses témoins, l'accusé prépare sa défense & instruit ses conseils. Cette liberté de consulter pour se défendre, est si fort respectée, que la Mothe, accusé de haute trahison, & détenu par ordre du gouvernement dans la tour de Londres, conféroit avec son procureur & lui écrivoit librement.

L'accusé paroît à l'audience, libre, s'il est sous cautionnement, & avec des fers s'il étoit en prison. Il avance à la barre avec ses conseils. On lui fait prêter serment qu'il est bien l'accusé, dont le nom & surnom ont été prononcés hautement. *Constet de personâ.* On lui présente le nom de quarante-huit jurés, & il peut en récuser trente-six, même davantage s'il y a de justes motifs. On lui lit les chefs d'accusation, on lui demande s'il est coupable ou non du délit, & il doit répondre par aveu ou désaveu, *guilty* ou *not guilty*. Il ne manque pas de répondre *not guilty*. L'accusateur est prêt à fournir ses preuves, *pry'd*, & fait avancer ses témoins qui déposent l'un après l'autre en présence de l'accusé, qui peut les interroger par lui ou par ses conseils. Pendant ces débats les greffiers écrivent, ainsi que je l'ai expliqué au mot *Abréviation*, tom. 1, pag. 169. Les avocats plaident comme dans les affaires civiles. Le juge résume comme nos avocats généraux à l'audience. Les jurés se retirent pour délibérer, rentrent ensuite dans l'auditoire, & donnent hautement au juge leur avis, dont l'unanimité seule peut entraîner condamnation. Le juge prononce la sentence avec un témoignage de satisfaction si l'accusé est absous, une consolation & une instruction, s'il est condamné.

Quand on suit la marche de cette procédure, on n'est point étonné de voir combien les Anglois y sont attachés. Ils la regardent comme la base de la sûreté & de la tranquillité. Elle est sûre, en effet, lumineuse, touchante. C'est le pere qui assemble, interroge, rend compte de ses motifs, absout avec joie, punit avec douleur : or, pour être bon, l'ordre des empires doit toujours être celui des familles.

La jurisprudence criminelle des Anglois a de grands caracteres : 1°. l'examen préliminaire de la plainte ; 2°. le cautionnement ; 3°. la publicité de l'instruction ; 4°. la défense des accusés ; 5°. le droit de récuser ; 6°. la qualité des juges ; 7°. l'unanimité dans les opinions ; 8°. les moyens de prévenir les crimes. Reprenons.

L'examen de la plainte par les grands jurés, comme à Rome par le préteur, à Venise par la *quarantie*. Cet examen porte sur la nature du délit supposé, sur le genre des preuves alléguées, sur le personnel de l'accusateur & de l'accusé. Eh ! sans doute, il est doux de savoir qu'on ne peut pas être accusé par le premier venu, d'un délit inconséquent ou invraisemblable ; qu'on ne sera pas exposé pendant plusieurs années à une procédure criminelle, réduit, pour la soutenir, à se ruiner, & forcé par la loi à se mettre en prison. Il est doux de s'entendre dire : on vous a accusé, mais les chefs du canton vous ont absous sans vous entendre, parce qu'ils vous ont jugé incapable de commettre un crime. Il n'y a point d'ame élevée, point d'esprit tant soit peu dégagé de préjugés, qui ne sente combien cette jurisprudence éleve l'honneur & la vertu, & augmente l'amour de la réputation.

Le cautionnement dans certaines accusations. La loi pense qu'on ne doit point ravir la liberté pour un fait qui ne mérite pas peine afflictive, & qu'il faut conserver à l'état le citoyen, à la famille l'individu qui la soutient, qui lui est cher, qui languiroit ou périroit dans les fers. C'est justice, c'est politique.

La publicité de l'instruction à l'audience a les avantages de celle des Romains, que j'ai développés pag. 211 : sûreté pour la justice, exactitude dans la recherche de la vérité, instruction pour le le peuple, satisfaction pour les juges mêmes.

La défense publique des accusés. Quand on lit ces procédures, excepté celui qui par intérêt, orgueil ou habitude, est attaché à d'autres formes, on s'étonne toujours que cet usage si naturel ne soit pas général.

La qualité des juges. Ce sont des jurés; car le juge, comme le préteur chez les Romains, ne fait que présider, résumer, recueillir les voix, prononcer, & n'a point d'opinion. Or, des hommes simples & impartiaux, des hommes qui ne sont pas endurcis par la pratique de la procédure criminelle, ont précisément les qualités convenables pour prononcer sur un fait, & sur des preuves qui doivent être plus claires que le jour, *luce meridianâ clariores.* L'expérience atteste qu'ils jugent bien; & pour toute chose au monde les Anglois ne consentiroient pas à avoir des juges de métier.

Le droit de récuser un certain nombre de jurés. Tout le monde se fait un devoir, un honneur même d'être nommé juré. Mais personne n'est jaloux d'exercer cette redoutable fonction : qui l'oseroit en seroit indigne, & il est aisé de le remplacer.

L'unanimité dans les opinions. Nous l'imaginons impossible, nous qui y voyons tant de diversité. Mais de quoi s'agit-il? De la liberté, de l'honneur, de la vie, de tout ce que l'homme a de plus précieux. Quel est le langage de la raison & de toutes les loix? c'est que les preuves doivent être plus claires que le jour. Donc, si un seul honnête juré dit, non coupable, *not Guilty,* il faut bien qu'elles n'aient pas ce caractere. On se rappelle toujours en Angleterre le procès de cet homme qui condamné par onze jurés, fut absous par la persévérance du douzieme à dire *not Guilty.* Le roi voulut savoir le motif de son opinion, & apprit que c'étoit le juré lui-même qui avoit tué en se défendant, & que l'accusé n'avoit été arrêté, que parce que passant sur le chemin, attiré par les cris, on l'avoit trouvé sur le corps du voleur inconnu, tâchant de lui rendre la vie.

Les moyens de prévenir les crimes. M. Blackstone, liv. 4, ch. 17, dit avec raison que c'est un honneur pour les loix angloises, & qui leur est particulier d'avoir un titre de cette espece. Car la justice, qui prévient le crime, est bien supérieure à celle qui ne sait que punir. C'est le langage de la raison, c'est le cri de l'humanité, c'est l'art de tout bon gouvernement. Et malheur à l'homme imbécille ou atroce qui penseroit ou sentiroit autrement!

Avec ces grands caracteres, peut-on dire que l'Angleterre a atteint la perfection que semble exiger la justice criminelle?

Ne devroit-on pas circonscrire l'accusateur particulier, celui que nous appellons la partie civile, dans sa demande en dommages & intérêts? Après l'arrêt de la cour des pairs du 17 avril 1745, qui déclara le lord Byron homicide & non meurtrier, l'accusateur, neveu du mort, insista pour que l'accusé, absous du crime de meurtre, fût comme homicide brûlé à la main, & celui-ci fut réduit à réclamer le privilege d'un statut d'Edouard VI. En France, la partie civile, quelque grand que fût le crime, ne seroit pas admise à conclure à une peine infamante ou corporelle, & seroit odieuse si elle l'osoit. C'est la triste & redoutable fonction du ministere public. Les Vénitiens préféreront notre jurisprudence, eux qui n'admettent d'accusation que de la part des conservateurs.

L'Angleterre a supprimé, il y a cinq ans, *la peine forte & dure.* Comme la loi exige que l'accusé réponde s'il est coupable ou non, *to plead,* s'il refusoit de parler, s'il tomboit dans le cas du muet volontaire, prévu par nos ordonnances, on le couchoit sur le dos, le long d'un ruisseau d'immondices, on ne lui laissoit pour nourriture que du pain d'orge & la faculté de s'abreuver au ruisseau. On lui mettoit sur l'estomac un poids très-pesant qu'on augmentoit graduellement jusqu'à ce qu'il parlât ou mourût. Or, il est bien étonnant qu'un peuple qui se glorifioit d'avoir le premier aboli la torture, conservât cet usage dégoûtant & atroce. Les nations les plus éclairées passent des siecles à effacer la rouille de la barbarie.

Et comment ce sentiment sublime d'humanité que se donne l'Angleterre, (*Good nature*), lui permet-il de prononcer la mort pour la plupart des vols, de condamner les femmes au feu, & de conserver l'affreuse & révoltante boucherie du supplice des criminels de haute trahison?

Qu'est-ce encore que ce qu'on appelle *the benefit of the clergy*, que la France a aboli? Si l'on cherche son origine, on la voit dans le *papisme*. Si l'on considere sa nature, c'est un privilege; & chez une nation libre, ce mot semble ne devoir être prononcé que pour récompenser les découvertes utiles. Si l'on suit les conséquences, que dira-t-on? C'est un affranchissement de la loi, comme si la nation étoit un esclave & la loi un tyran. Mais si la loi est mauvaise ou trop dure, il faut l'abroger ou la modifier. Si elle est ce qu'elle doit être, si l'on veut qu'elle produise son effet, elle doit instruire & donner l'exemple à tous, sans quoi les affranchis la violeront sans cesse.

Qu'est-ce enfin que la jurisprudence qui a prononcé sur l'accusation de *Lamothe*? On demande, comment dans l'examen on a pu admettre pour témoin légal ce Lutterloh complice, délateur, & avoir foi à son serment lorsqu'il a été reconnu qu'il s'étoit parjuré envers son complice. On demande, pourquoi convaincu d'avoir trahi la patrie pour s'enrichir, & de n'avoir discontinué que pour gagner davantage en servant d'espion; accusé de plus d'avoir voulu corrompre un étranger pour armer ceux que la mere patrie appelle insurgens, & ne le désavouant pas; accusé de plus d'avoir volé avec effraction & ne le niant pas; ce Lutterloh a pu sortir du tribunal sans être condamné ou du moins arrêté, sur-tout lorsqu'à chaque mot il étoit interrompu par ce cri universel: *ah! rogue! knave! infamous! ah! monster!* On demande comment, malgré cette effrayante clameur, Lutterloh a pu non seulement être accueilli doucement par la loi, mais encore sortir tranquillement couvert du sang de l'homme qu'il venoit de vendre, & de l'or de sir *Hug Palliser*?

Ces questions sont importantes. Que Lamothe fût coupable, & que les jurés aient bien prononcé, cela se peut: ils n'étoient interrogés que sur lui, sur le fait de haute trahison à lui imputé; & peut-être dans la jurisprudence angloise est-ce un défaut qui outrage la justice distributive, de ne présenter à l'opinion des jurés que la victime qu'on veut sacrifier, & de ne pas embrasser le tout. Mais comment Mrs. Dunning & Peckan, avocats de Lamothe, n'ont-ils pas non seulement reproché l'infame Lutterloh, mais encore demandé qu'il ne fût pas entendu davantage? Comment M. le juge Buller n'a-t-il pas élevé & discuté ces grandes questions de droit public qu'offroit cet incident, avec le même courage que montra M. Pratt, aujourd'hui lord Cambden, dans la fameuse affaire des imprimeurs du n°. 45 du Nord Britton? . . . Quoi! chez un peuple honorable & loyal, il paroît en justice un être couvert d'opprobres & de crimes, qui trahissant tour-à-tour sa patrie & son complice, ose avec un sourire sombre, vil & moqueur, déclarer hautement, que dans tout ce qu'il a fait il n'a voulu que s'enrichir à tout prix! Et ce monstre est l'instrument de la loi, l'organe de la vérité, l'œil de la justice! Et tout couvert de l'exécration publique, tout souillé de crimes, il va, sous la protection des loix, vivre au milieu de ceux que ses aveux ont fait frémir, que son aspect a fait reculer d'effroi! Et il n'est pas *Lawless!* Non: les papiers publics nous ont trompés. Ce seroit corrompre un bon peuple par les horreurs que Tacite reproche aux jugemens de Rome sous Tibere, & que Th. Gordon, dans son sixieme discours sur Tacite, n'a rappellées & commentées avec tant de force, que pour en garantir sa patrie.

On reprochoit encore à l'Angleterre l'état insupportable de ses prisons, sans excepter celles de *King's-bench, Newgate* & *Fleet*. Deux HOMMES, Mrs. Howard & Coxe, après avoir parcouru l'Europe, ont publié un écrit plus puissant que les actes du parlement & les adages des jurisconsultes. La chambre des communes vient d'arrêter une dépense de 100000 l. sterlings pour la réparation des bâtimens & le soulagement des prisonniers. Avec cette premiere mise, & quelques réglemens sages, cette partie désolante de l'ordre public sera bientôt réformée, sur-tout si l'on y attache le goût & les regards de la bienfaisance nationale.

Je termine ce coup-d'œil partiel & rapide sur la jurisprudence criminelle de la Grande-Bretagne par la traduction libre de la fin du traité de M. Blackstone. *Nous y avons admiré tour-à-tour les restes de l'antique simplicité, & l'art plus savant des modernes. Nous n'avons pas caché les défauts, quand nous avons cru en appercevoir; & il y en a sans doute, puisque la perfection n'appartient pas aux loix humaines. C'est aux pairs, aux représentans de la nation, aux vrais jurisconsultes, à tous les gens de bien, de s'unir pour assurer & perfectionner cette base de la liberté, de la sûreté & du bonheur public. C'est à l'Angleterre de donner encore cet exemple à l'univers.*

Amérique.

94. La jurisprudence américaine est merveilleusement resserrée & développée dans la constitution de la Pensylvanie, arrêtée en 1776.

Ch. I, art. IX. *Dans toutes les poursuites* POUR CRIME, *un homme a* LE DROIT:

D'être entendu par lui & PAR SON CONSEIL:

De demander LA CAUSE ET LA NATURE DE L'ACCUSATION *qui lui est intentée.*

D'être CONFRONTÉ *aux témoins.*

D'administrer TOUTES *les preuves qui peuvent lui être favorables.*

De requérir une instruction prompte & PUBLIQUE *par un* JURÉ *impartial du pays, sans l'*AVIS UNANIME *duquel il ne sauroit être déclaré* COUPABLE.

Il ne peut pas être forcé d'administrer DES PREUVES CONTRE LUI-MÊME.

Et aucun homme ne peut être privé justement de sa liberté, qu'en vertu des LOIX DU PAYS *ou du jugement de ses pairs.*

Je ne saurois mieux expliquer cette jurisprudence, qu'en présentant l'extrait exact du fameux procès de Zenger, libraire à New-York, accusé d'avoir imprimé un libelle contre le gouvernement, (*the Tryal of John Peter Zenger of New-York, printer, who was lately try'd and acquitted for printing and publishing à libel against the Governement with the Pleadings and Arguments on both sides. London.* J. Wilford 1738, in-4°.)

Au mérite de présenter avec exactitude la maniere dont se plaident les causes criminelles, suivant le rit Anglois, cet extrait joindra celui de donner une idée sûre des mécontentemens de l'Amérique, mécontentemens, qui après s'être élevés peu-à-peu comme les flots du vaste Océan, qui sépare ce continent de la mere patrie, ont enfin rompu les digues, lors de l'acte du timbre, & préparé la grande révolution de l'indépendance américaine.

Au mois de novembre 1733 Zenger, libraire à New-York, publia une gazette intitulée: *The New-York Weekly journal, containing the freshest advices foreign and domestick.* Dans ce journal, diverses plaintes contre William Cosby, gouverneur, & ses sous-ordres, entr'autres ces traits. « Vu l'état actuel des choses en Amérique, ses habitans croient que leur liberté & leurs biens sont précaires. IL Y A APPARENCE QU'EUX ET LEUR POSTÉRITÉ SERONT POUR TOUJOURS RÉDUITS EN ESCLAVAGE, à moins qu'on ne réforme plusieurs abus. Ce qui le fait penser ainsi, c'est une conduite soutenue en plusieurs occasions. . . . Vous vous plaignez des avocats, mais c'est la *loi* même qui n'est pas écoutée. On rend inutiles des actes authentiques ; on dépose arbitrairement les juges ; on érige de nouvelles cours de justice sans la sanction & l'aveu même de ceux en qui réside le pouvoir législatif. Le peuple sera bientôt privé du droit d'être jugé par douze jurés, toutes les fois qu'il plaira à un gouverneur ; on refusera à des personnes qui ont le bien requis par les loix, la liberté de donner leur suffrage. Y a-t-il donc quelqu'un qui puisse dire qu'une chose est à lui, ou qu'il jouit de la liberté, si ce n'est autant qu'il plaît à ceux qui sont employés dans le gouvernement ? »

Ce journal étant multiplié, le chef de justice de New-York le déféra d'abord vainement aux grands jurés, ensuite par un message du 17 octobre 1734, à l'assemblée nationale, qui se regardoit comme le parlement de la Nouvelle York, & qui ordonna que *tous les papiers & la requête resteroient sur la table* ; maniere honnête de rejeter.

Le conseil du gouverneur, qui étoit là ce qu'est en Angleterre le conseil privé du roi (*The king's privy council*), & qui par-là même sembloit n'avoir point de jurisdiction, ordonna que les journaux de Zenger seroient brûlés par la main du bourreau, & que les Maire, Aldermans & Shérifs assisteroient à l'exécution.

La cour des Aldermans déclara être d'opinion, qu'elle ne devoit être commandée que par un mandement du roi par écrit (*The king's Mandatory writ*), conforme aux loix, (cas auquel elle croit même pouvoir refuser d'obtempérer en déduisant ses motifs), ou par des ordres autorisés de quelque loi connue. La cour pour le maintien des droits de la corporation, pour *la liberté de la presse*, & la liberté du peuple de la province, estima qu'il étoit de son devoir de *protester* contre cet ordre du conseil, & de défendre à tous les membres de la corporation d'y obéir.

Malgré cet acte éclatant, les journaux furent par ordre du conseil brûlés par la main du bourreau en place publique, sans l'assistance des magistrats, & Zenger fut emprisonné par un nouvel ordre du conseil, le 17 novembre 1734. Le procureur général se porta accusateur, & le 15 avril 1735, l'affaire commença à être plaidée devant Mrs. de Lancey, chef de justice, & Philippes, second juge, en présence d'un petit juré. C'est ici qu'il faut suivre la maniere du barreau Breton.

Deux freres Smith, avocats de Zenger, débuterent par récuser les juges, & plaiderent ces quatre moyens ; 1°. l'autorité des juges du banc du roi, *Justices of the king's bench*, ne leur étoit donnée dans leurs lettres-patentes que *durant le bon plaisir de sa majesté*, tandis que, suivant un acte du parlement, ils devoient être établis pour autant de temps qu'ils se conduiroient bien, *During good behaviour*. De sorte qu'on ne pouvoit les déposer sans leur faire leur procès & pour crime seulement, (ce qui revient à l'inamovibilité françoise, *sinon par forfaiture*) ; 2°. leurs lettres-patentes les constituoient aussi juges de la cour des plaidoyers communs. *Justices of the Court of Common-Pleas* ; ce qu'aucun juge du banc du roi ne peut faire ; 3°. la forme de ces lettres-patentes, ou plutôt commissions, n'étoit autorisée, ni par la loi commune, ni par les actes du parlement d'Angleterre, ni par aucune loi de l'assemblée de la Nouvelle York ; 4°. ces lettres-patentes étoient données sous le sceau de la colonie, par le gouverneur, & il ne paroissoit pas qu'elles eussent été données de l'avis & avec le consentement du conseil du roi dans cette colonie, ce que le gouverneur ne pouvoit pas.

Ces moyens de récusation donnerent lieu à deux questions; 1°. en droit, un sujet a-t-il droit de proposer des moyens de récusation contre les juges, lorsqu'il croit que leur commission est contraire aux loix? 2°. Dans le fait, les moyens proposés sont-ils justes & valables?

Sans doute il étoit intéressant de fixer la question de droit public, sur-tout dans une colonie qui, parvenue à son adolescence, avoit l'inquiétude & la vivacité de cet âge. Le lord chef de justice ne voulut, ni admettre les moyens de récusation, ni souffrir qu'on plaidât sur la question de droit, & s'adressant aux avocats: *vous imaginez*, dit-il, *vous faire applaudir & gagner la faveur du peuple, en vous opposant à la jurisdiction de cette cour; mais, vous avez porté les choses à un point qu'il faut, ou que nous abandonnions notre siege, ou que vous quittiez le barreau.* Ensuite il les fit sur le champ sortir du barreau, en leur interdisant même la consultation.

C'étoit donc alors la jurisprudence de l'Amérique, que le juge, seul ordonnateur, comme le préteur à Rome, pouvoit exclure du barreau & interdire les avocats. Les jurés n'étoient pas même consultés par courtoisie, parce que leur fonction au criminel comme au civil, se réduit à donner leur avis sur la question proposée; ensorte que seuls juges dans le fait, ils ne sont dans la rigueur du droit que des experts. (*The skilful Man.*)

Cette noble profession dont le chancelier d'Aguesseau lui-même a célébré l'indépendance, devant être plus libre chez un peuple enthousiaste de la liberté, l'on doit sentir combien ce pouvoir du juge pesoit sur le peuple, sur-tout d'après la phrase mal-adroite du chef de justice, & combien ce ton joint aux abus devoit irriter les esprits de ces colonies créées par la persécution.

Le chef de justice remplaça sur le champ les deux avocats interdits par M. Chambers seul, qui n'osant suivre l'incident de la récusation, se réduisit à répondre pour l'accusé *not guilty*, sur quoi la cause fut renvoyée au 24 août.

Ce jour arrivé, le procureur général ouvrit l'audience par son accusation, & soutint que les journaux dont on lut les articles principaux, étoient des *libelles* FAUX, *malicieux, séditieux & diffamatoires.*

M. Chambers pour l'accusé plaida le premier, & se réduisit à deux points; 1°. dans le droit, qu'est-ce qu'un libelle? Il faut avoir de l'indulgence pour ce qu'on dit & qu'on écrit. Une piece ne peut être qualifiée libelle, qu'en tant que quelque personne particuliere *a private man*, y est si clairement désignée, qu'il soit impossible de s'y méprendre; 2°. dans le fait, il somma le procureur général de prouver que Zenger eût imprimé & publié les journaux en question, & sur-tout qu'il eût les vues supposées par l'accusation.

Cette défense étoit foible ou mal développée, mais on avoit appellé le compatriote de M. FRANKLIN, le premier avocat de Philadelphie, M. Hamilton. « J'avoue, (dit-il,) en débutant que suivant la maniere ordinaire de procéder, nous aurions droit d'obliger M. le procureur général à prouver que notre client a imprimé & publié les journaux en question. Toutefois je ne saurois, sans faire violence à mes propres principes, nier la publication d'un écrit qui contient seulement des plaintes générales que je crois permises à tout sujet *libre*. J'épargnerai donc à M. le procureur général la peine de l'examen des témoins sur ce point de fait; *je confesse au nom de mon client, qu'il a imprimé & publié les journaux mentionnés dans l'accusation, & je pense qu'en cela il n'a commis aucun délit.* »

Cette maniere de plaider sous des points de vue différens, qui ne peut soutenir l'illusion que quand il y a plusieurs avocats, est très-avantageuse aux accusés. Ainsi Rabirius fut défendu de deux manieres par Hortense & Ciceron : & dans l'une & l'autre affaire, la derniere plaidoirie fut la meilleure.

Après un assez long silence, le chef de justice embarrassé dit au procureur général de parler, & celui-ci étourdi de l'assertion, dit : qu'après l'aveu de l'impression & de la distribution, les jurés ne pouvoient pas se dispenser de prononcer en faveur du roi contre l'accusé. Cette requisition fut appuyée de ce raisonnement : « quand même on supposeroit que les journaux de Zenger ne contiennent rien que de vrai ; ils n'en seroient pas moins des libelles selon la loi : *au contraire, la vérité des assertions aggraveroit le crime.* »

Ce dernier mot donnoit carriere à M. Hamilton, qui, saisissant la définition angloise du libelle, repliqua que, pour condamner Zenger comme libelliste, il falloit prouver que le contenu en ses journaux étoit *FAUX, diffamatoire & séditieux.*

Le procureur général, pressé, se rejeta sur la nécessité de faire respecter le roi, le gouvernement & le magistrat, & cita des passages de jurisconsultes, là comme ailleurs, quelquefois obscurs, & souvent contradictoires.

« Je conviens, reprit M. Hamilton, que le gouvernement est une chose sacrée. Mais les *justes* plaintes d'un nombre de personnes qui souffrent sous un mauvais gouvernement, ne sont pas des libelles contre le gouvernement. . . . Ce que M. le procureur a dit, que l'accusation a été intentée par ordre du gouverneur, & le *concours extraordinaire* que je vois au palais, me font penser que le *gouvernement se propose quelque chose de plus dans cette affaire, & que le peuple se persuade qu'il court beaucoup plus de risque que je n'avois cru d'abord.* Je dois donc m'expliquer nettement, sans détour & avec sincérité. . . . M. le procureur général veut remettre en vigueur les principes de la *chambre étoilée*, entr'autres celui-ci, qu'*il n'importe pas que ce qu'on dit soit vrai ou faux*. . . . Tout ce qu'il a plaidé du respect & de l'obéissance, dus par les sujets, a pour objet le roi seul. . . . Nous sommes accusés d'avoir publié un libelle *faux, séditieux, diffamatoire*. Pour qu'il soit *diffamatoire*, il faut qu'il soit FAUX. Afin d'abréger, je consens qu'on fasse la preuve de la fausseté. . . . On m'objecte qu'on ne peut pas prouver une négative ; mais je me charge de tout le fardeau, & j'offre de prouver que tous les faits énoncés dans le journal sont vrais. »

Le chef de justice ayant déclaré qu'il n'étoit pas permis de justifier un libelle, & que la preuve offerte étoit inadmissible. « C'est donc à vous, reprit M. Hamilton, en s'adressant aux jurés ; c'est à vous, messieurs les jurés, qu'il faut que nous en appellions maintenant. Nous avons offert de prouver & de produire des témoins sur tous ces faits, & on nous le refuse. . . . Si vous donnez une sentence contre mon client, il faut d'après la loi que vous jugiez que les journaux sont *faux, diffamatoires & séditieux*. . . . On nous refuse la preuve, mais je pose pour maxime que *la suppression forcée des preuves, doit toujours être regardée comme la preuve la plus forte.* Je prie M. le procureur général de nous donner une définition du libelle, d'après laquelle nous puissions raisonner. »

Le procureur général ayant lu quelques passages de jurisconsultes, le chef de justice déclara que *toutes paroles sont DIFFAMATOIRES ou non, selon le sens dans lequel on les entend ; & que c'est à ceux qui ont droit de juger des paroles à prononcer, si elles sont diffamatoires, ironiques, séditieuses &*

tendantes à troubler la paix. Après quoi, il prétendit que les jurés n'avoient à prononcer que sur le fait de l'impression & publication des journaux; mais que la question de droit, la qualification des écrits étoient réservées à la cour.

Je sais, reprit avec force M. Hamilton, que les jurés peuvent se comporter ainsi; mais je sais qu'ayant à prononcer si un homme est *coupable ou non*, ils ne le peuvent pas, s'ils n'ont le pouvoir de juger le droit comme le fait. Leur ministere essentiel seroit inutile, pour ne rien dire de pis. . . . En général, il y a de la bassesse & de la malhonnêteté à diffamer qui que ce soit, & c'est pour cela que nos loix autorisent l'offensé à poursuivre son ennemi par la voie de l'information, dans ce qu'on appelle l'office de la couronne, *The crown-office*. En particulier, c'est une chose infame de noircir la réputation d'une personne revêtue d'un caractere public. J'accorde à M. le procureur général que lorsque les défauts, les fautes, même les vices de l'homme en place sont personnels; c'est-à-dire, ne sont dangereux ni pour la tranquillité publique, ni pour la liberté & le bien public; c'est pécher contre l'honnêteté & la bienséance, que de les exposer au grand jour de vive voix ou par écrit. Mais lorsque les foiblesses personnelles & plus encore les vices d'un gouverneur influent sur le gouvernement; lorsque le peuple en souffre, alors tous les panégyriques étudiés de la dignité & du pouvoir n'imposeront pas silence aux opprimés. Malgré tout le respect que M. le procureur général exige de notre part pour les hommes constitués en dignité; je crois pouvoir dire, sans me compromettre, que la loi britannique, ne renfermant aucune exception, ils sont assujettis & comme particuliers, & comme magistrats, au moins à suivre les regles les plus communes de la justice. Mais comment les punir, s'ils oppriment, sur-tout si ce sont les gouverneurs, qui, s'identifiant toujours avec le roi, prétendent n'être pas tenus de répondre? Dira-t-on que l'on peut adresser des remontrances aux assemblées générales des représentans de chaque colonie? Mais qu'attendre de ces corps composés toujours des créatures du gouverneur, de ces corps sans énergie, & même sans pouvoir, de ces corps pourris par la crainte, les pensions & les places que ne manque pas de donner exclusivement aux députés chaque gouverneur, lorsqu'il ne les garde pas pour lui-même? Parlera-t-on encore du droit de se présenter à une des cours du roi, à Westminster, & de s'y plaindre juridiquement de tout le mal que font à l'Amérique ses gouverneurs? Mais comment entreprendre cette poursuite coûteuse, longue & meurtriere? Comment quitter ses affaires, son habitation, sa famille, sa chere patrie, *traverser les mers*, transporter avec soi les témoins; & puisque l'oppression est générale, il faudroit donc transporter à Londres toute l'Amérique! . . . Dans l'état des choses, il ne reste de ressource aux malheureux colons que celle de parler, d'écrire & de s'animer à la défense commune. C'est encore un reste d'égards de ne pas nommer les oppresseurs; & je ne comprends pas comment au lieu d'y être sensible, M. le procureur général affecte d'envenimer nos journaux par ses insinuations, *innuendo's*. Avec ces applications arbitraires & ces interprétations forcées, il n'y a point d'écrit qu'on ne puisse déclarer libelle, point d'homme qui ne puisse être accusé de diffamation. Le plus doux des hommes, Moyse aura diffamé Caïn; & qui est-ce qui n'a pas diffamé *le Diable*? Car, suivant la doctrine de M. le procureur général, ce n'est pas une excuse de dire, que celui dont on parle mal est ruiné de réputation. Burnet a diffamé nos rois Charles & Jacques, Echard notre bon roi Guillaume, & Rapin Thoyras les a diffamés tous. . . . Comment faut-il donc qu'un homme parle ou écrive? que faut-il qu'il lise, qu'il écoute ou qu'il chante? Quand lui sera-t-il permis de pleurer ou de rire, sans crainte d'être accusé comme diffamateur? car l'une & l'autre de ces expressions peuvent être interprétées à mal, & considérées comme diffamatoires. En vérité, je crois que si quelques honnêtes habitans se promenoient à présent dans les rues de New-York, en lisant quelques passages de la bible, sans avertir que ce sont des passages de la bible, M. le procureur général par ses *innuendo's*, auroit l'art de transformer ces passages en autant de libelles. Prenons, par exemple, celui d'Isaïe IX. 16. *Les conducteurs du peuple le font errer, & ceux qui sont conduits par lui sont détruits.* Si M. le procureur général vouloit faire un libelle de ce passage, il n'auroit qu'à le lire ainsi : *les conducteurs du peuple;* (savoir, le gouverneur & le conseil de la Nouvelle York) *les font errer,* (les peuples de la province.) *Et ceux qui sont conduits par eux* (insinuant le gouverneur & le conseil) *sont détruits;* (c'est-à-dire, abusés & trompés jusqu'à ce qu'ils aient perdu leur liberté, la plus terrible des destructions.) De même, si quelqu'un s'avisoit de réciter publiquement ces versets 10 & 11 du ch. 56 du même prophete. *Toutes ses sentinelles sont aveugles, & ce sont des chiens avides qu'on ne peut rassasier.* Quel vaste champ pour les applications de M. le procureur général! *Les sentinelles* (le conseil du gouverneur & l'assemblée générale) *sont aveugles & ne savent rien;* (Ils ne veulent pas appercevoir les projets funestes de son excellence;) *ce sont des chiens avides qu'on ne peut rassasier;* (c'est-à-dire, que le gouverneur & le conseil n'ont jamais assez de pouvoir & de richesses.) J'en appelle à M. le procureur général lui-même : ces passages ne paroissent-ils pas aussi applicables au gouverneur & à ses ministres, que les expressions extraites des journaux de mon client?

Après cette raillerie amere, en effet plus terrible que les écrits attaqués comme libelles; après la discussion la plus profonde des arrêts divers, rendus sur la matiere des libelles, & des jurisconsultes Anglois qui, semblables à la plupart de ceux des autres nations, n'ont pas été d'accord, même sur la définition; après avoir comparé au courage des Romains les efforts déja faits par les Américains, l'illustre Hamden à leur tête, pour s'opposer à une taxe injuste, M. Hamilton termine ainsi sa plaidoirie, en s'adressant toujours aux jurés.

« On me perdonnera sans doute mon zele dans cette cause, c'est celui de la liberté publique. Graces au ciel! j'ai, comme Pensylvanien, le bonheur de vivre sous un gouvernement où l'on comprend bien ce que c'est que la liberté, & où l'on sait en jouir; mais encore, nous avons une maxime fort ancienne qui nous dit : *que lorsque la maison de notre voisin est en feu, nous devons prendre garde à la nôtre.* L'expérience nous apprend à tous, qu'un mauvais exemple donné dans un gouvernement, est bientôt cité comme autorité dans le gouvernement voisin. C'est donc mon devoir, c'est celui de tout honnête homme, en obéissant à l'autorité, de veiller sans cesse pour la liberté commune. C'est une grande tâche pour moi. Vous voyez que je suis accablé sous le poids des années & sous de grandes infirmités corporelles. Eh bien! tout vieux & infirme que je suis, je croirois qu'il est de mon devoir d'aller jusqu'au bout du monde, si ma foible voix pouvoit y assurer la liberté & la faculté de réclamer contre l'oppression. Je voudrois de tout mon cœur que ce que je viens de dire fût sans exemple. Mais non : ce n'est point ici une affaire obscure, peu importante; ce n'est ni la cause d'un pauvre imprimeur, ni même celle de la ville de New-York. C'est par ses conséquences fatales, celle de tout le continent de l'Amérique; c'est la plus grande & la meilleure de toutes les causes, celle de la LIBERTÉ. En la jugeant suivant

ſuivant les loix & la juſtice, vous acquerrez, meſſieurs, l'eſtime & l'amour de tous vos concitoyens. Oui, tout homme qui préfere la liberté à une vie traînée dans l'eſclavage, vous comblera d'honneur & de bénédictions, comme des hommes juſtes qui auront fait échouer les entrepriſes hardies des tyrans, & qui par une ſentence impartiale & ferme, nous auront aſſuré, à nous, à notre poſtérité & à nos voiſins, ce que la nature & les loix de notre patrie nous donnent droit d'exiger; la liberté de nous oppoſer au pouvoir arbitraire, & de le rendre odieux au moins dans cette partie du monde; la liberté de dire & d'écrire la vérité. »

Après cette péroraiſon & une grande replique du procureur général, qui tendoit à perſuader aux jurés qu'ils ne pouvoient prononcer que ſur le fait, M. Hamilton, ne voulant plus répondre, les jurés ſe retirerent ſuivant l'uſage, & bientôt unanimes, rentrant dans l'auditoire, ils déclarerent hautement l'accuſé innocent par le mot ſacramentel, *not Guilty*. Ce mot tant deſiré excita, à trois repriſes différentes, les applaudiſſemens & les acclamations du peuple immenſe qui porta chez lui M. Hamilton, comme ſauveur de la patrie.

Au ſavoir le plus profond, & au courage le plus touchant, l'éloquent avocat ajouta la plus noble généroſité, en refuſant ſes honoraires; & il fut plus heureux, plus flatté du préſent que lui fit la ville de New-York; c'étoient des lettres de bourgeoiſie motivées, renfermées dans une boîte d'or du poids de cinq onces & demie. L'or n'étoit rien; mais ſur le couvercle de la boîte on avoit gravé les armes de la ville avec cette inſcription. DEMERSÆ LEGES, TIMEFACTA LIBERTAS, HÆC TANDEM EMERGUNT. Au dedans du couvercle étoit une jarretiere avec cette légende, qui caractériſe le vrai juriſconſulte : NON NUMMIS, VIRTUTE PARATUR, & autour de la boîte on liſoit ce ſouhait de Ciceron : ITA CUIQUE EVENIAT, UT DE REPUBLICA MERUIT. C'eſt ainſi qu'Athenes & Rome récompenſoient : c'eſt ainſi qu'élevant le barreau & la juriſprudence par la liberté, l'honneur, le déſintéreſſement & le courage, ces deux peuples en faiſoient le ſéminaire de la magiſtrature, la lumiere & l'égide de la ſûreté perſonnelle & de la liberté publique.

J'ai donné une grande étendue à cet extrait, j'ai cru que les juriſconſultes verroient avec plaiſir ce qu'étoient déja, il y a quarante ans en Amérique, le barreau, la juriſprudence & l'adminiſtration de la juſtice. J'ai cru qu'ils n'entreverroient pas avec indifférence combien l'éloquence du barreau & la maniere de diſcuter cette affaire, ont influé ſur la grande révolution de l'Amérique. J'ai penſé en général que voyant, pour ainſi dire, l'Amérique ſortir du chaos ou des ténebres, & jouer tout-à-coup un grand rôle dans le monde politique, il n'étoit pas indifférent de développer une des grandes cauſes de cette révolution, & de montrer quel étoit l'état des connoiſſances & de l'eſprit de ce peuple à peu-près auſſi nouveau que les Ruſſes au commencement du ſiecle. Voilà mes motifs & mon excuſe.

FRANCE.

95. Après cette eſquiſſe du droit étranger, je voudrois ſavoir, d'une main hardie & ſûre, faire le tableau des opinions enfantées en France depuis ſept ans par les écrits dans leſquels on a librement examiné & jugé notre juriſprudence criminelle. Je voudrois pouvoir rendre les ſentimens que l'on a éprouvés, ſoit en la comparant aux juriſprudences étrangeres, ſoit en voyant le danger imminent auquel elle expoſe ſans ceſſe la propriété, l'honneur & la vie.

Je peindrois dans le lointain les ruines du droit romain, de l'ancien droit françois, & ſur elles, Louis XIV & François I, reprochant à Poyet & à Pussort de les avoir trompés : plus près un gouffre enflammé ébranlant la terre, répandant la vexation, la terreur, la maladie & la mort : sur le devant la France inquiete, agitée, fuyant les ombres plaintives des Lebrun, des l'Anglade, des Montbailli, des Calas, & d'une foule d'innocens condamnés, invoquant la raison, l'humanité, la justice, & tournant vers son roi ses regards attendris : ce roi bienfaisant & juste lui offrant d'une main l'abolition de la question préparatoire, de l'autre ordonnant au volcan de s'arrêter, & appellant des bras pour combler l'abyme : aux pieds de ce bon roi, des magistrats, des philosophes, des jurisconsultes, s'empressant d'offrir tout ce que dictent l'expérience, la méditation & le zele le plus pur.

Ils ont tout embrassé, la nature des délits, la proportion des peines, la procédure, les moyens de prévenir les crimes, la police, l'éducation, l'instruction, les récompenses : rien n'a échappé à leurs savantes recherches. Chacun a son invention, son dessin, sa composition, sa couleur & son *faire*.

Ayrault & Dumoulin leur avoient donné l'exemple de cet ardent amour de la vérité, de l'humanité, de la justice, que ne doit affoiblir aucune considération, & sans lequel le jurisconsulte, tel que nous en avons vu depuis, est l'être le plus dangereux de la société. Tout ce qu'on dit contre notre jurisprudence criminelle n'approche pas de ce que, sous le regne de Henri IV, faisoit imprimer ce Ayrault, qui au savoir, à l'énergie, à la naïveté, joignoit l'expérience acquise dans la charge de lieutenant criminel d'Angers. Il n'y a rien d'aussi fort que cette phrase de Dumoulin, en parlant de l'ordonnance de 1539, qui a introduit le secret & aboli les conseils des accusés : *VOYEZ LA TYRANNIQUE LOI DE CE SCÉLÉRAT DE POYET! Vide tyrannicam opinionem istius impii Pogeti!*

Vous retrouvez la même critique & le même savoir, mais avec un amour plus touchant de la justice & de l'humanité, dans les observations de M. de Lamoignon, lors de l'examen de l'ordonnance de 1670. C'est le langage du magistrat, homme & citoyen ; & quiconque critiquant notre jurisprudence pourroit être attaqué, auroit pour égide ces réflexions d'un de nos plus grands magistrats, qui semblent n'avoir été conservées & imprimées qu'afin de mettre à portée de juger cette ordonnance de 1670, & de pouvoir la réformer dans un temps de liberté & de philosophie.

Vous retrouvez le même esprit dans celui qui, vingt ans après, devant le parlement de Paris, osa louer le droit romain & blâmer le droit françois ; c'est le grand d'Aguesseau, dans la fameuse affaire de la Pivardiere : mais quelle fut sa marche? Il compara les deux jurisprudences, il fit un éloge pompeux de la romaine, puis venant à la françoise & s'arrêtant tout à coup, il la dénonça à la postérité plus heureuse & plus libre par ce seul mot : *l'ordonnance a parlé, il ne nous reste plus que la gloire d'obéir.* (Tom. 4, pag. 436.)

Cette obéissance aveugle a duré soixante-huit ans encore, pendant lesquelles des commentateurs sans nombre, voulant arranger & polir nos chaînes, les rendoient plus pesantes. Bornier est le seul à qui de l'antique véracité il semble être resté quelques étincelles qu'on n'a pas étouffées ; & ses traits, tels que celui du secret de la procédure relevé par Voltaire, la crainte permettoit à peine de les lire. Nous étions assoupis, nous entendions parler vaguement de la refonte des codes du nord, comme d'un projet hardi, superbe dans sa spéculation, mais impossible à exécuter. Nous en inférions que la jurisprudence étrangere étoit insupportable, & nous supportions gaiement la nôtre. Nous allions jusqu'à railler l'excellent traité des délits & des peines du marquis de Beccaria. Nous regardions nos maux comme incurables, nous nous y accoutumions, parce qu'on se fait à tout, & nous sommeillions tous sur le bord de l'abyme.

En 1767, à la rentrée du parlement de Grenoble, M. Servan, avocat général du roi, prenant pour sujet de son discours, l'administration de la justice criminelle, a plaidé devant des hommes la cause de l'humanité, comme devant les Athéniens Démosthene soutint celle de la patrie. Ce discours imprévu a étonné, pour ne rien dire de plus. Lu par-tout, il a eu l'effet infaillible des grandes vérités, dites avec l'accent de la nature. Les nuages ont fui, & l'horizon s'est épuré. C'étoit le crépuscule du beau jour qui nous éclaire.

Après lui, Mrs. Letrone, avocat du roi au présidial d'Orléans, Boucher d'Argis, conseiller au châtelet, Vermeil & de Warville, avocats au parlement de Paris, ont publié d'excellentes vues, & l'on m'annonce un grand ouvrage d'un président de parlement, célebre par son dévouement à la magistrature, M. du Pati.

M. Vermeil blâme plusieurs de nos supplices, compare notre droit à celui de l'Angleterre & du Piémont, critique nos formes, & dans le chap. 14 du liv. 3, pag. 251, appelle *monument antique & BARBARE, les anciennes ordonnances qui ont fait la base de celle de 1670*. M. Vermeil écrivant avec une noble simplicité, a été lu par-tout le monde, & ce mot seul fait son éloge.

M. de Warville, dans ses mémoires couronnés par l'académie de Châlons, dans sa théorie des loix criminelles, répand à grands flots la lumiere. Nous attendons avec impatience sa bibliotheque du droit criminel. A la collection la plus utile, il joindra des réflexions précieuses, puisqu'elles ne seront rédigées qu'après la plus profonde méditation, & qu'elles sont inspirées par une ame qui semble se consumer par l'amour de l'humanité & le desir du bien public.

La nature de cet ouvrage ne me permet pas de placer ici tant de vues; mais il en est quelques-unes que je puis renfermer dans le cadre de l'accusation, de l'accusateur, de l'accusé.

Juges criminels, Jurés.

96. Mrs. Servan & de Warville tournent avec complaisance leurs regards vers les jurés. « Ne baissons point, dit M. Servan, la tête devant une loi angloise, mais adorons une loi vraiment humaine. N'est-on pas content? Cette loi est françoise. Fouillez dans les décombres de notre féodalité, & vous retrouverez ses cendres. Que dis-je? elle vit encore; elle est assise auprès du trône; & la prérogative de nos pairs n'est que l'image du droit commun à tous les citoyens. » (Réflexions sur quelques points de nos loix, Geneve, 1781, pag. 145.)

Tout le monde appercevra aisément l'avantage d'être jugé par ses pairs, par des hommes quelconques qui, prononçant rarement & pouvant être jugés à leur tour, ont la circonspection, la timidité, l'exactitude, le scrupule, l'attention, la pitié même si précieuse pour la foible humanité; qualités naturelles à l'homme, mais que perd insensiblement celui qui peut se croire au dessus des loix, ou qui, passant sa vie à juger le crime, acquiert de la dureté ou de l'insensibilité, & cette mauvaise opinion des hommes qui permet rarement de croire à l'innocence.

Il ne faut non plus qu'ouvrir les archives de la nation, pour voir que les François furent jugés par les *hommes* & les *pairs*. Les assises de Jérusalem de 1090, montrent par-tout la cour du comte pour la noblesse, & pour le reste de la nation la cour de *Borghesie* présidée par le vicomte. Les établissemens de St. Louis & les anciennes coutumes présentent le même ordre de choses, & vous pouvez revoir ce que j'ai cité, n°. 7, pag. 220.

Mais le gouvernement françois a bien

changé, depuis la fixation du parlement, la vénalité des offices, la multiplication des tribunaux & des formes. La nation n'est plus la même : & ne pourroit-on pas sans l'offenser, lui appliquer presque tout ce que Salluste écrivoit à César ? « Cette multitude IGNORANTE ET CONFUSE, divisée d'ailleurs par la différence des professions & des manieres de vivre, & ne pouvant se concerter, me paroît peu propre à se mêler de l'administration de la justice ? *Hæc igitur multitudo, primùm MALIS MORIBUS IMBUTA, deinde in artes vitasque vanas dispalata, nullo modo inter se congruens, parum mihi quidem idonea videtur ad capessendam rempublicam.* » (Sallust. Ep. I. ad Cæsar. 7.)

D'ailleurs s'il y a des égaremens, c'est rarement dans les cours souveraines : elles ont sauvé plusieurs fois l'innocence condamnée par les premiers juges, & depuis quelques temps sur-tout, elles ont adouci la jurisprudence, modifié les peines, & recouru à toutes sortes de moyens pour rechercher la vérité.

En général, on se persuadera difficilement que des hommes riches & considérés, trouvant dans l'administration exacte de la justice, tout ce qui constitue l'existence & le bonheur civils, consentent à être de mauvais juges & s'unissent pour égorger l'innocence. Certainement les intentions sont pures. Les torts apparens des tribunaux sont les torts réels de la loi, & si elle est mauvaise, tant qu'elle subsistera, quel que soit son dépositaire, ils reviendront sans cesse comme les effets nécessaires d'une mauvaise cause. Ainsi le médecin le plus habile donne la mort, lorsque ses remedes sont empoisonnés.

Mais, tandis que l'on est tranquille sur l'administration de la justice criminelle par les cours & les tribunaux, on ne peut pas l'être quand on la voit entre les mains des juges inférieurs, quand on a lu Loyseau, dans son traité *des justices de village*, & le procès-verbal de l'ordonnance de 1670. On ne peut pas être tranquille, quand on songe quel est le pouvoir du moindre juge en matiere criminelle, & qu'au défaut de gradués, conformément à cette ordonnance, la fortune, l'honneur & la vie sont à la disposition du premier praticien. Surtout on ne peut pas être tranquille, quand on a quelque expérience de la procédure criminelle, quand on sait que l'instructeur est le maître absolu du sort de l'accusé ; quand on considere que la procédure faite par lui seul, étant portée dans le tribunal, *les autres juges*, comme dit Ayrault, *ne voient pas le procès ; ils ne voient que l'ombre & la fumée ;* & lorsque la sentence est portée devant les juges souverains, ceux-ci voient encore moins.

Il est donc bien intéressant que dans cette derniere classe de juges, la loi destinée à faire le bonheur des moindres individus qui composent la société, soit telle que, placée entre les mains de l'homme foible ou aveugle, cruel ou vil, elle ne devienne pas une arme dangereuse pour la sûreté & la tranquillité publique. Et c'est à ce seul point de vue que se rapportent les observations suivantes.

Plainte, Information, Décret.

97. Le procès-verbal de l'ordonnance de 1670, est rempli de témoignages de défiance contre les juges inférieurs. Entr'autres, sur l'art. 10 du tit. 26. M. Pussort lui-même a dit : *Que l'on ne peut apporter trop de PRÉCAUTIONS lorsqu'il s'agit de l'HONNEUR ET DE LA VIE des sujets du roi, particuliérement si l'on considere que les gentilshommes peuvent être justiciables des JUGES DES SEIGNEURS qui sont SANS EXPÉRIENCE, & qui peuvent être FACILEMENT CORROMPUS.*

Après cela, on est bien étonné de voir que l'ordonnance livre à ce premier juge le pouvoir de recevoir *seul* l'accusation, d'entendre *seul* les témoins dans l'information, de prononcer *seul* les décrets; c'est-à-dire, de ravir *seul* au citoyen l'état par l'ajournement, & la liberté par l'emprisonnement. Ce pouvoir est absolu & décisif, car si ce premier juge sait avec art asseoir cette base du procès, il peut infailliblement perdre l'innocence, ou si elle échappe enfin aux embûches, si elle est reconnue au parlement, cette premiere partie de la procédure aura été composée de maniere qu'après avoir langui dans les fers, l'accusé sera trop heureux d'obtenir un hors de cour, ou une décharge d'accusation sans dommages & intérêts.

On paroît généralement d'accord sur le danger de confier ainsi la fortune, l'honneur & la vie du citoyen à un seul homme, que les rédacteurs de la loi eux-mêmes ont supposé *ignorant & facile à corrompre*; si l'on pouvoit en douter, il suffiroit d'interroger les magistrats des cours. Mais quel parti prendre?

J'oserai avec plusieurs jurisconsultes, proposer celui-ci; 1°. que l'ordonnance qui donnera acte de la plainte & permission d'informer, sera délibérée & signée au moins par trois juges, à peine de nullité; 2°. que les procès-verbaux & informations seront faits au moins par trois juges, à peine de nullité; 3°. que les décrets seront nuls, s'ils ne sont pas délibérés & signés au moins par trois juges.

Dans ces dispositions, je ne comprends ni le flagrant délit, ni les vagabonds, ni les crimes d'état. Par-tout, & même en Angleterre, ces trois cas forment exception à la regle générale. Cette exception importante, je supplie de la faire dans tout ce qui me reste à dire.

Les avantages de ce nouvel ordre de choses paroissent évidens; 1°. examen de la plainte, difficulté même de l'admettre, si elle n'est pas évidemment fondée; 2°. En appellant trois juges à cette premiere partie de la procédure, vous en assurez l'exactitude, & vous préparez des lumieres pour les jugemens; 3°. vous coupez par le pied la tige de ces procédures que les parlemens voient souvent avec indignation, d'après lesquelles, avec le plus grand & le plus juste desir de punir le premier juge, qui leur a paru évidemment ignorant ou corrompu, ils sont embarrassés par le vague, l'obscurité & l'arbitraire de la plupart des articles de l'ordonnance.

Ce désordre disparoît nécessairement dès que vous placez trois juges; parce que dans trois hommes, il y a nécessairement plus de lumieres que dans un seul; parce qu'il est plus difficile de corrompre trois personnes qu'une seule. Ce qu'on ose seul dans le secret de son cabinet, on ne s'exposeroit pas à le proposer à deux assesseurs. Il ne faut qu'une lueur pour arrêter l'ignorance. Il ne faut qu'un regard pour ranimer la vertu. Il ne faut qu'un mot pour rappeller à lui le juge qui se seroit laissé corrompre.

Contre ces précautions évidemment salutaires, l'unique objection est la difficulté de procéder ainsi dans les villages. Mais quel embarras sera-ce d'assembler trois gradués, ou même, si l'on veut, trois praticiens? Il pourra s'en trouver un instruit, honnête, qui connoisse l'accusateur, l'accusé, les circonstances. Si vous ne confondez pas tous les délits, & si vous suivez les trois grandes exceptions que j'ai faites, vous conviendrez aisément que par-tout ailleurs l'administration de la justice ne souffrira point du retard nécessaire pour assembler trois juges, & qu'elle y gagnera infiniment par l'exactitude, la circonspection & les lumieres.

En général, nous mettons trop peu d'importance à cette base de la procédure criminelle; nous confondons trop les délits & les personnes.

Grand & petit criminel.

98. Dans les autres états de l'Europe vous ne voyez point le juge criminel occupé de ces affaires minutieuses qui

prennent tant de temps, & que nous appellons *petit criminel*, comme injures, rixes, querelles & batteries. Elles ont un autre juge, une forme plus rapide, moins coûteuse & plus convenable.

Comment l'ordre judiciaire subsistant en France s'est-il formé ? On avoit d'abord un seul juge, bailli, sénéchal, prévôt; puis son lieutenant; puis deux, dont l'un civil & l'autre criminel : entr'eux Louis XIV imagina en 1667, d'en établir un troisieme à Paris pour la police, & en 1699, de le porter dans les provinces. On s'est arrêté là, & le partage des fonctions n'a pas été fait avec clarté.

L'art. 2 du tit. 20 de l'ordonnance de1670, dit seulement : *s'il paroît avant la confrontation que l'affaire ne devoit pas être poursuivie* CRIMINELLEMENT, *les juges recevront les parties en procès ordinaire*. Est-ce assez ?

Veut-on rendre à l'administration de la justice criminelle son activité, donner au juge criminel le temps nécessaire pour remplir exactement ses fonctions si importantes, sur-tout dans les grandes villes ? qu'on ne le laisse instruire & juger que les crimes; qu'on renvoie à d'autres juges tout ce qu'on appelle *petit criminel*, & même toutes les affaires que l'on civilise après l'information; sur-tout, qu'on ne présente pas à la justice comme crime, ce qui évidemment ne l'est pas, ce qui n'est qu'erreur, tort, faute, légéreté, accident, tout ce qui ne peut pas être jugé comme crime. Il est très-important de fixer les idées du peuple. Et peut-être est-il trop vrai, qu'une partie du désordre social ne vient que de l'obscurité avec laquelle les loix considerent les actes de la vie civile.

Serment de l'accusé.

99. Dans le procès-verbal de l'ordonnance de 1670, art. 7 du titre des interrogatoires, pag. 153, de l'édit. de 1757, il faut lire le savant & convaincant discours de M. le premier président de Lamoignon, sur le serment qu'on exige des accusés. Il annonce qu'*on peut dire sur cette matiere bien des choses qui paroîtront d'abord* EXTRAORDINAIRES, *parce qu'elles sont contraires à l'usage reçu.*

Il prouve que le droit romain n'exigeoit pas le serment des accusés : il rapporte la novelle 94 qu'il traduit ainsi : « La force & la religion du serment ne veulent pas que nous endurions qu'on fasse jurer le nom de Dieu avec tant de témérité pour violer ensuite la foi de ce serment; car nous savons qu'on a presque toujours prévariqué contre cette loi, & qu'elle fait faire presque autant de parjures que de sermens. De sorte que *c'est un péché évident d'exiger un serment*, qu'on sait qui doit être violé; car quand il se trouveroit quelques personnes qui le gardent, cela ne doit pas donner occasion d'en exposer d'autres à commettre une pareille impiété contre la majesté de Dieu; *les législateurs ne doivent pas se régler sur ce qui se fait* RAREMENT, *mais sur ce qui se fait presque toujours, afin d'arrêter le cours d'un mal ordinaire, & d'y apporter soigneusement le remede.* » NAM QUOD RARO FIT (SICUT VETUS SAPIENTIA DOCET) NON OBSERVANT LEGISLATORES : SED QUOD FIT PLERUMQUE ET RESPICIUNT ET MEDENTUR.

De-là M. de Lamoignon parcourt les opinions des jurisconsultes, & après avoir prouvé que le serment de l'accusé n'est prescrit ni par les anciennes ordonnances de nos rois, ni par la plupart des codes étrangers, entre lesquels il distingue la *Caroline*, qu'il ne l'étoit pas même par le droit canon, *avant qu'il fût embrouillé des formalités de l'inquisition*, il cite *le directoire des inquisiteurs, composé par Eméric en 1330*, comme la source où l'on a puisé l'obligation imposée aux accusés de jurer qu'ils diront la vérité, sur toutes les questions qui leur seront faites, dût l'aveu de cette vérité déterminer leur condamnation & les conduire à la mort. M. de Lamoignon conclut que ce serment est injuste, & insiste pour qu'on n'en parle pas dans l'ordonnance.

Arrive ce terrible Pussort qui se retranche sur l'usage, & attribue au serment des accusés de bons effets, entr'autres la rétractation de Lamiere, dont j'ai rapporté l'arrêt pag. 267. Application fausse, en ce que Lamiere n'étoit pas accusé, mais témoin suborné, ce qui est bien différent. Ensuite M. Talon dit, que *ce point peut être la matiere d'un problême & d'une question curieuse*. M. le chancelier dit qu'*il en falloit parler au roi*. Et comme l'avis du *faiseur* étoit absolu, le procès-verbal porte : *nonobstant les raisons alléguées par M. le premier président, l'article 7 a été inséré dans l'ordonnance.*

L'ordonnance de 1670, tit. 14, art. 7, porte donc : l'*accusé prêtera le serment avant que d'être interrogé, & en sera fait mention à peine de nullité.*

Voilà *ce qui est*, mais est-ce là *ce qui devroit être?* Malgré la loi subsistante on peut faire encore cette question, quand on a pour soi l'avis ferme & motivé d'un des plus grands & des plus vertueux magistrats. Je la fais, cette question, avec M. Vermeil qui voudroit qu'*on se restreignit à demander aux accusés s'ils veulent prêter le serment, sans les y forcer.* (Part. 3, chap. 5, n°. 2, pag. 196.)

J'ose aller plus loin, & je préfere la jurisprudence angloise, suivant laquelle devant le juge de paix, lorsqu'un homme y est conduit & interrogé d'abord après le délit, ensuite à la barre de la cour, lorsqu'il est amené pour être examiné & jugé, l'on se borne à lui demander son serment sur ses nom, surnom, qualité & domicile, afin de constater son état & sa personne, *constet de personâ.* Sur le reste des interrogatoires on n'exige point de serment.

Les argumens des Anglois paroissent sans replique. C'est une absurdité révoltante de placer ainsi un accusé entre le parjure & le suicide. Car s'il désavoue, il se parjure, & s'il avoue, il se donne la mort. Que fera-t-il donc? s'il interroge la loi naturelle, elle lui dit que rien au monde ne peut forcer l'homme à se perdre, à se détruire, & que la conservation de la vie est pour chaque être le premier sentiment, même le premier des devoirs. S'il consulte la religion, elle lui assure la rémission du péché qu'il aura fait en se parjurant. Enfin, s'il consulte la loi, elle-même semble lui indiquer le parjure; car, flétrissant le suicide, elle seroit en contradiction avec elle-même, si l'aveu qui fera procurer la mort, elle l'exigeoit de l'accusé à qui elle ne permet pas de se la donner par désespoir, par ennui de la vie, ou pour échapper à la honte du supplice. Ainsi raisonnent les Anglois.

Pour nous, disons avec l'expérience, que le serment exigé des accusés ne produit que des parjures, qui révolteroient si l'on n'en avoit pas l'habitude, si le cri de la nature toujours supérieur à la lettre de la loi, ne nous disoit qu'ils font ce que nous ferions à leur place. Disons qu'on ne rempliroit pas cette formalité si elle n'étoit prescrite à peine de nullité, & que souvent on lui échappe, en faisant écrire faussement par le greffier que l'accusé a prêté serment : tant cette forme répugne à des juges éclairés & justes. Disons que la prestation du serment, si jamais elle a arraché quelque aveu, ç'a été à quelque malheureux accusé, dont le délit intéressoit peu la sûreté publique, jamais à ces scélérats qui doivent seuls fixer les regards de la justice, & dont le premier sentiment, la loi la plus sacrée, est de désavouer même après la condamnation, à la question & jusqu'à la mort. Disons enfin avec le grand Lamoignon, que si on refond le code criminel, il ne faudra plus parler du serment des accusés, ou du moins, comme la loi angloise, le borner à jurer que l'accusé est bien un tel, *constet de persona*.

Ajournement, Emprisonnement, Assurement, Caution.

100. D'où a-t-on tiré l'*ajournement personnel* dans le sens qu'on le prononce, & avec l'effet qu'on lui attribue? Ce n'est ni du droit romain, ni de nos anciennes coutumes, ni de nos voisins. Cette invention n'a d'autre caractere particulier au dessus de l'*assigné pour être oui*, que d'emporter l'*interdiction* de l'officier public, & en cela même c'est une injustice : on le flétrit avant de l'avoir entendu. C'est encore une contradiction; l'office, qu'il ne peut pas exercer, on lui conteste le droit de le résigner, & ainsi l'on peut pendant plusieurs années priver l'administration de la justice d'un officier utile.

Le décret de prise-de-corps prononcé dans tous les temps & tous les lieux a deux objets; d'empêcher l'accusé d'éviter la peine par la fuite, & même de préserver la société des délits qu'il pourroit commettre jusqu'au jugement, s'il conservoit sa liberté.

Ce qui nous est particulier, c'est l'extrême inconsidération avec laquelle on décrete de prise-de-corps, attendu que l'art. 2 du tit. 10 de l'ordonnance de 1670, a laissé de la maniere la plus vague, le choix des décrets, à l'arbitrage du juge.

Par quelle fatalité avons-nous abandonné la jurisprudence du cautionnement que vous voyez dans le droit romain, entr'autres dans la loi 4, *D. de custod. & exhibit. reorum?* St. Louis l'avoit conservée dans ses établissemens, & vous la retrouverez dans plusieurs de nos coutumes, entr'autres celles de Bretagne, de Nivernois & de Poitou. Les Anglois l'ont conservée avec soin. Elle est à l'ordre public ce qu'est à la liberté individuelle la grande charte & l'*habeas corpus*. Vous trouverez dans le ch. 22 du liv. 4 de Blackstone; 1°. la maniere dont on l'accorde; 2°. la mesure des sommes que la caution doit s'engager à payer, si elle ne présente pas l'accusé à l'audience, ou s'il enfreind la paix publique; 3°. les délits sur l'accusation desquels le cautionnement n'est pas admis, & sur lesquels l'accusé doit nécessairement être emprisonné.

En effet, on conçoit bien que pour les délits graves, qui entraînent peine corporelle, il ne peut pas être question de donner une caution qui s'engage de représenter l'accusé; sinon de payer une somme déterminée par le juge. Mais hors ce cas, cette jurisprudence est évidemment & infiniment avantageuse à l'accusé, à l'accusateur même, & surtout à la sûreté publique.

Je nomme d'abord l'accusé. Ce seroit un révoltant & lamentable tableau, que celui des maux qui résultent pour les individus, les familles & l'état même, de la quantité des accusés inutilement ou injustement emprisonnés.

De quoi s'agit-il si souvent? De rixe, de batterie, d'injures, de délits ou de quasi-délits, dont le jugement se réduira à des dommages & intérêts, peut-être encore à l'injonction, l'admonition, le blâme si l'on veut, & l'on peut prévoir ce résultat par le titre même de l'accusation.

Or, quelle nécessité y a-t-il dans ces circonstances de ravir la liberté à l'accusé? S'il est domicilié, s'il a une profession, une famille, il ne fuira pas; il aggraveroit son délit, & sans contredit il préférera de donner caution.

Mais voyez les maux que je cause en le faisant emprisonner. Sa fortune, ses amis, sa famille, tout est perdu pour lui, & qui sait s'il ne sera pas perdu lui-même? C'eût été un bon pere de famille, un citoyen utile, je l'arrête dans sa marche, je le ruine par des frais; j'effraie le crédit; j'éloigne les amis & les protecteurs. S'il est pere de famille, le mal est irréparable; car, que deviendront sa femme & ses enfans? Qui

Qui les élevera, qui les nourrira, s'ils n'ont pour subsister que le travail journalier du pere? Qui sait même si, succombant sous le poids du chagrin & de l'injustice, il ne mourra pas? L'état des prisonniers morts ainsi, effraieroit & toucheroit peut-être: des calculateurs politiques pourroient évaluer le tort qui en résulte pour le commerce, la population & la fortune publique.

A l'égard de l'accusateur que nous appellons partie civile, quel est son intérêt? C'est d'avoir satisfaction d'une offense ou d'un tort. C'est encore de se garantir à l'avenir des insultes, des menaces & des excès de l'accusé?

Pour arriver à ces deux fins, quelle est la marche actuelle? C'est d'obtenir, si l'on peut, un décret de prise-de-corps, qu'accorde quelquefois trop aisément le juge inférieur par instigation des subalternes, par légéreté, par complaisance, quelquefois même par dureté & par hauteur. Alors c'est le triomphe de l'accusateur. Il iroit jusqu'à guider les Satellites, si la jurisprudence des arrêts ne l'arrêtoit pas.

Quelquefois l'accusé emprisonné & interrogé, demande son élargissement en donnant caution, & l'obtient; cela prouve qu'aujourd'hui même elle n'est pas illégale; mais tel est le vice de la loi, que ce que le juge ordonne alors, il semble, il croit ne le pouvoir qu'autant que l'accusé est incarcéré. De là, indépendamment des frais & de la honte, il arrive que celui qui, libre, auroit trouvé une caution, est abandonné, décrété, ruiné, languit & périt quelquefois. Alors il ne reste à la partie civile que la triste satisfaction de s'être vengé, & le regret de n'avoir plus pour ses dommages & intérêts les ressources que lui auroit donné le cautionnement, si le juge avoit pu le préférer à l'emprisonnement.

C'est bien pis, si la partie civile redoute les menaces, la présence & les excès de l'accusé, quelle ressource a-t-elle? Qu'est-ce que des injonctions à gens qui n'ont rien à perdre? Qu'est-ce même que l'usage établi de mettre la partie civile sous la sauve-garde du roi & de la justice? L'expérience le dit assez, & malheur à celui qui, dans le fond de la province, en certains lieux, n'auroit que l'appui de la justice pour assurer son honneur & sa vie!

Le cautionnement, tel que le prescrivoient nos coutumes, avoit un bien autre avantage. L'article 670 de la coutume de Bretagne, dit: *tout homme est tenu de donner sûreté, jurant celui qui la demande, qu'il se craint de celui auquel il la demande. Et qui dénie sûreté à l'autre, justice le doit arrêter, jusqu'à ce qu'il l'ait baillée.* On suivoit donc la pratique usitée en Angleterre.

Lorsqu'il y a preuve de menaces, d'excès, de danger pour le plaignant, ou lorsqu'un homme est conduit devant le juge de paix comme vagabond, comme accusé de troubler la paix publique, *to disturb the peace of the Kingdom;* on demande caution. Si l'accusé la donne, certainement ceux de ses parens, ou amis, qui auront bien voulu l'être, le calmeront, le surveilleront, le retiendront; & ce qu'il n'auroit pas fait pour le juge, il l'observe pour celui qui l'a obligé. S'il refuse de donner caution, ou s'il ne le peut pas, alors indépendamment du fait particulier, la loi juge que dans toute société, c'est un être dangereux que celui qui ne trouve personne qui réponde de lui; en conséquence, elle le proscrit, & le transporte dans une colonie, où il sera livré à une espece de servitude comme TRENTE-SIX MOIS. *A man hired for three years in the west indies.*

Ce dernier point de jurisprudence est infiniment précieux pour la tranquillité & la sûreté publique, & c'est à son observation sagement combinée qu'on attribue avec raison le maintien de l'ordre & de la paix publique.

Cette jurisprudence sera très-utile dans un état qui aura des jeunes gens indisciplinés, des hommes audacieux, des citoyens dangereux & des vagabonds sans nombre. Rien de plus difficile que de les surveiller, les réprimer, les contenir dans la paix, la bienséance & les devoirs de la vie civile. Laisserez-vous la licence croître & se propager par l'impunité? C'est perdre les mœurs & la sûreté. Armerez-vous & soudoyerez-vous une police active & puissante? Elle tempérera le mal dans la capitale, sera foible & mal soutenue dans les provinces. Ferez-vous des loix contre les vagabonds? Elles frapperont les mendians, & n'atteindront pas cette foule d'hommes que vous trouvez par-tout sans domicile, sans métier comme sans fortune, subsistant de mille manieres aux dépens de la sûreté publique. En enfermerez-vous quelques-uns d'*autorité*? Mais outre que cet acte déplaisant au public entraîne mille abus inévitables, ce sera une grande dépense; le lieu où vous les retiendrez sera le foyer du désordre & l'école du crime; vous serez réduit à l'ouvrir de temps en temps pour faire place à d'autres. Ceux que vous aurez renvoyés, en les bannissant à une certaine distance, y porteront la corruption, la pratique des leçons qu'ils auront prises, & la nécessité d'en faire usage pour subsister. Ainsi, la licence, le désordre, la corruption, le crime formeront un enchaînement sensible, & une réproduction infaillible de maux qu'on pourra pallier sans cesse sans pouvoir jamais les détruire.

La jurisprudence du cautionnement pourvoit à tout. Me blâmeroit-on de la louer sur le bien qu'elle fait en Angleterre? Je l'ai montrée à Rome & en France. Eh! quand on voit qu'elle est l'ame, le ressort, le secret de la police angloise; quand on voit que sans éclat & sans frais elle fait tant de bien; sans doute il est permis de la regretter.

Conseil de l'accusé.

101. Nous avons suivi l'accusé dans la prison & dans son premier interrogatoire. On l'a forcé de prêter un serment désavoué par la loi naturelle. Innocent ou coupable, il a nié. Il peut être *accusé où soupçonné injustement*, comme l'a dit la déclaration du 30 avril 1780. Tandis que notre bon roi s'occupe à rendre plus supportable le lieu où le retient une loi rigoureuse, examinons comment il doit être défendu.

Ce point de notre instruction criminelle est celui qui frappe & inquiete le plus généralement. Qui ne frémiroit pas, en songeant que calomnié ou soupçonné injustement, il peut être jeté dans les fers à cause du titre de l'accusation; qu'alors abandonné à lui-même, seul, au milieu des ténebres épaisses de notre procédure, sans appui, sans conseil, sans secours, il sera réduit à se garantir des traits homicides qui l'accablent? J'entends toujours ces mots terribles d'un magistrat illustre & vertueux, qui vit encore. *Quand après nos interrogatoires nous demandons à conférer avec qui bon nous semble, à avoir un* CONSEIL, *on s'y oppose, & nous restons dans les fers!* (Voyez ci-dessus, pag. 336.)

Rappellerai-je ce que j'ai rassemblé sous les n°. 5, 6 & 7? Chez tous les peuples anciens, vous voyez les accusés assistés de conseils, quels que fussent les crimes. Les magistrats Hébreux honorent & placent parmi eux l'orateur généreux qui embrasse la défense de l'accusé. Rome met cette défense au rang des loix fondamentales dictées par l'humanité, la justice & la sûreté publique. L'esclave lui-même ne peut pas être condamné s'il n'a été défendu, le préteur donne ce fameux édit : *Si non habebunt advocatum, ego dabo.* Tacite enfin présente l'abolition des conseils des accusés comme un des plus grands caracteres de l'injustice & de l'inhumanité de Neron & de Tibere.

Rappellerai-je comment cette jurisprudence a disparu, & le mot de Dumoulin? *Vide tyrannicam impii Pogeti opinionem.* Hélas! les parlemens l'avoient encore conservée, puisque suivant l'art. 122 de l'ordonnance de 1629, *après l'interrogatoire des accusés l'on venoit plaider à l'audience.* Lorsque Pussort présenta l'art. 8 du tit. 14 de l'ordonnance de 1670, M. le premier président de Lamoignon dit: *entre tous les maux qui peuvent arriver dans la distribution de la justice, aucun n'est comparable à celui de faire mourir un innocent.* ***IL VAUDROIT MIEUX ABSOUDRE MILLE COUPABLES.*** *C'est une des maximes que le parlement observe le plus religieusement. . . . Le* ***CONSEIL*** *qu'on a accoutumé de donner aux accusés,* ***N'EST POINT UN PRIVILEGE****, c'est une* ***LIBERTÉ*** *acquise par* ***LE DROIT NATUREL****, plus ancien que toutes les loix humaines. La nature enseigne à l'homme d'avoir recours aux lumieres des autres, quand il n'en a pas assez pour se conduire, & d'****EMPRUNTER DU SECOURS QUAND IL NE SE SENT PAS ASSEZ FORT POUR SE DÉFENDRE.*** Si ces motifs simples & puissans ne prévalurent pas sur ceux de Pussort, c'est que le destin aveugle & cruel avoit prononcé que notre droit criminel seroit l'ouvrage de deux hommes dont le nom seul inspire au moins la défiance, Poyet & Pussort.

Plus heureux que nous, les autres peuples de l'Europe n'ont pas changé d'opinion. L'impératrice de Russie, dans son instruction, n°. 107, veut sans distinction de crimes ni de personnes, que les accusés *puissent charger quelqu'un de les défendre.* Ce droit fondamental de la sûreté publique, l'Amérique naissante en fait la base de la sienne. Il subsiste même dans les pays d'inquisition & à côté d'elle: les souverains portent l'humanité & la justice jusqu'à gager des avocats pour défendre les pauvres accusés. Si le roi de Naples vient d'abolir l'inquisition en Sicile, c'est uniquement par rapport au secret de la procédure & au refus de donner des conseils aux accusés. Cette procédure, il l'appelle *inique, illégale,* & il ordonne que les accusés *pourront prendre pour leur défense tel avocat qu'ils voudront.*

Et nous François, dont on vante la douceur, l'humanité, la bienfaisance; nous qui cultivons tous les arts, nous négligeons celui de la justice dans le point qui intéresse le plus notre conservation! nous qui traitons si légérement des vérités utiles, nous respectons aveuglément une forme que les autres nations appellent *inique, illégale!* Nous l'étayons même par des sophismes, tant le regne paisible de la vérité est difficile à établir. Eh! n'en avons-nous pas fait contre l'abolition de la question préparatoire?

On ne peut rien reprocher sur ce point aux parlemens. Ils ont lutté, dès le principe, contre l'ordonnance de 1539. Lorsque son coupable auteur Poyet, accusé lui-même, pleura de se voir seul, sans conseils, & d'être obligé de reprocher sur le champ les témoins, les présidens interrogateurs lui dirent avec une ironie amere: « Portez le joug que vous vous êtes imposé vous-même, & ne vous plaignez pas de la rigueur de la loi que vous avez faite. » *Patere legem quam ipse tuleris.* Reproche désespérant! La sensation dans le public dicta à Catelneau cette grande vérité jetée dans ses mémoires. « Un chancelier doit se considérer comme particulier dans les loix qu'il établit, & comme celui sur lequel on peut en faire la premiere épreuve. »

Les parlemens ont lutté encore un siecle, puisque l'article 122 de l'ordonnance de 1629 abolit l'*usage introduit dans quelques parlemens, qu'après que les accusés ont été interrogés sur les charges & informations,* ***L'ON VIENT PLAIDER A L'AUDIENCE POUR PRENDRE RÉGLEMENT****:* ensorte que jusques-là les accusés avoient des conseils, & l'on plaidoit à l'audience.

Les parlemens ont lutté lors de l'ordonnance de 1670, & il n'y a rien de plus fort que le discours du premier président de Lamoignon.

Les parlemens luttent encore aujourd'hui, non seulement en renvoyant à l'audience sur les incidens, quand ils le peuvent, sans donner ouverture à des moyens de cassation, non seulement en permettant l'entrée des prisons aux avocats, en laissant voir ces procédures qui doivent être secrettes, en recevant des mémoires imprimés, dans lesquels on transcrit tout au long la procédure, mais encore le parlement de Paris donne des conseils aux accusés, lorsqu'il s'agit d'un délit commis à l'audience.

ARRÊT du parlement de Paris, du 8 mars 1668, qui condamne à l'amende honorable & au bannissement Pierre Mery pour vol de boutons fait ce jour à l'audience. (Loix criminelles de Vouglans, liv. 3, tit. 5, pag. 307.)..... Dans le procès-verbal, contenant toute la procédure faite sur le champ par la grand'chambre, on lit: *& l'accusé ayant demandé* CONSEIL, *lui a été donné Me. Riviere pour conseil.*

ARRÊT du parlement de Paris, du 29 août 1733. « Nicolas Bouval vola un mouchoir pendant l'audience, fut arrêté & conduit à la conciergerie. M. l'avocat général Chauvelin rendit plainte; trois témoins furent entendus PUBLIQUEMENT. L'information faite, il fut ordonné que le prisonnier seroit visité & interrogé, & cet arrêt ayant été exécuté, *un autre* ARRÊT NOMMA Me. BARBAROUX POUR CONSEIL DE L'ACCUSÉ, ordonna le récolement & la confrontation. Comme le procès s'instruisoit A L'AUDIENCE, en présence de l'accusé, qui avoit même été *interrogé en présence des témoins*, il s'est agi de savoir si l'accusé ne devoit pas fournir des reproches contre les témoins, après la lecture du premier article de la déposition, contenant les nom, âge, qualité & demeure, avant que les témoins soient récolés & confrontés. Après des opinions fort débattues, il fut décidé que l'accusé devoit déclarer s'il avoit ou non des reproches à fournir; & qu'après sa réponse, il seroit procédé au récolement & confrontation. L'accusé ayant déclaré n'avoir aucuns reproches, on récola & confronta les témoins; après quoi M. Chauvelin ayant donné ses conclusions, l'accusé fut interrogé sur la sellette: on le fit retirer pendant qu'on opinoit, & par l'arrêt définitif prononcé dans la même audience par M. le premier président Portail, Nicolas Bouval fut déclaré atteint & convaincu du vol d'un mouchoir dans l'audience, ainsi qu'il en étoit accusé, pour réparation de quoi, condamné à faire amende honorable, flétri & aux galeres pour trois ans. » Denisart. Verbo *Audience*.

Or, si contre le texte des ordonnances de 1539 & 1670, le parlement de Paris accorde des conseils aux accusés dans les affaires où ils semblent le moins en avoir besoin; que peut-on dire de raisonnable pour empêcher d'en accorder dans toutes les autres, & sur-tout dans celles qui par leur nature exigent véritablement que l'accusé, foible, ignorant & abandonné, soit aidé des lumieres & de l'appui de quelqu'un qui veille pour lui, & le dirige?

On objecte d'abord les embarras & les longueurs: mais ailleurs on les éprouve sans se plaindre; nous-mêmes nous les avons supportés pendant douze cents ans, & malheur au juge atroce & pusillanime qui redouteroit les regards d'un conseil! C'est bien le cas de parler ainsi quand il s'agit de la liberté, de l'honneur & de la vie de nos semblables! Tout instructeur éclairé & humain ne demandera pas mieux que de voir l'accusé défendu par un conseil habile, ce sera pour lui, pour tout le tribunal une lumiere de plus. Et ces jugemens, qui ont soulevé toute l'Europe, lorsque la vérité a été reconnue, jamais ils n'eussent été rendus, jamais le sang innocent n'eût été répandu, si les accusés avoient eu des conseils.

Cependant on ose prétendre que les accusés ont tout ce qu'il faut pour se défendre seuls ; on va jusqu'à croire avec D. Pedro de Castro, que s'il pouvoit manquer de force & de lumieres à l'innocence, elle en acquerroit de surnaturelles. On ne craint pas de répéter avec le directoire des inquisiteurs que la procédure marche ainsi plus simplement, plus vîte, & que le conseil des avocats ne peut qu'obscurcir la vérité ; *simpliciter, & de plano sine advocatorum & judiciorum strepitu & figurâ.* On suppose enfin, dans l'instructeur, une exactitude, des lumieres, & un zele qui suppléeront à tout. Dans qui l'accusé trouveroit-il un défenseur plus précieux que dans celui qui sera son juge, & pour ainsi dire son seul juge ? Car on sait l'influence de l'instructeur.

Ainsi parla-t-on au siecle dernier, lorsque la tyrannie voulut abolir les conseils des accusés en Angleterre. Un des grands juges, ASLHEY, avocat éloquent, profond jurisconsulte, prié de traiter cette question, se troubla, perdit la tête, la parole, & revenu à lui, pressé de parler : *Milords,* dit-il, *si moi qui suis innocent & libre, je me vois interdit en parlant devant vous, comment donc pourra se justifier seul l'accusé qui tremble pour sa vie?* Ce mot fut un trait de lumiere, & la défense des accusés par conseils fut confirmée si généralement & irrévocablement, qu'on n'en a pas refusé dans les derniers temps, même pour les crimes de haute trahison ; indépendamment de Lamothe, je le vois encore dans le procès du lord Lovat que j'ai sous les yeux. Les vrais Bretons, les *Wihg* sur-tout, regardent le conseil des accusés comme l'égide de la sûreté individuelle.

Ce trait d'ASLHEY est la traduction de ce qu'avoit dit Tacite en parlant de Silanus ; « Quand il auroit su parler, il ne l'auroit pas pu, interdit par le danger personnel, qui dans la propre cause, anéantit l'éloquence la plus exercée. » *Proprio in metu qui exercitam quoque eloquentiam debilitat.* (Ann. III. 67.)

Voulez-vous une démonstration de cette vérité ? Voyez en 1765 un illustre & vertueux magistrat, accusé injustement, comme vous pouvez l'être, du fond de sa prison, réclamer avec instance le conseil d'un avocat, lui, qui durant trente années avoit été la lumiere du barreau & l'ame du ministere public d'un grand parlement. Si quelqu'un pouvoit se défendre seul, c'étoit lui sans doute. Il joignoit à l'innocence la vertu, l'esprit, le savoir, l'art de bien dire, & cet art de représenter que lui donnoient la naissance, le rang & la célébrité.

Voulez-vous un trait plus frappant encore ? lisez le procès du chancelier Poyet ; cet avocat, choisi par François premier, comme l'homme le plus éloquent du royaume, pour haranguer le pape Clement VII, ce jurisconsulte profond, que son savoir fit parvenir du barreau à la premiere magistrature. Législateur lâche & cruel, pour perdre Chabot, il avoit fait l'ordonnance de 1539, de maniere que sans conseil, l'amiral ne put pas échapper aux replis tortueux de la nouvelle procédure. Mais le voilà lui-même accusé, & voyez comme il sent sa foiblesse. . . . . . .

« M. Guillaume Poyet a dit : *que ce qu'il dira présentement, & qu'il a rédigé par écrit ne peut être sans impertinence & ineptie,* COMME FAIT D'UN HOMME ÉTANT EN CAPTIVITÉ. . . . *Qu'il craignoit* BEAUCOUP *n'avoir* PUISSANCE ET ENTENDEMENT SUFFISANT. . . . . . *Qu'il étoit* MAL AISÉ BEAUCOUP PARLER SANS FAILLIR ; attendu que ceux qui ont été en la grace de Dieu *defuerunt in linguâ,* & a allégué plusieurs passages de Job. . . . . Qu'il étoit aisé de dire beaucoup de bonnes choses à personnages savans ayant autorité de leur état contre *personnes affligées.* . . . Que les gens du roi ne devoient prendre les paroles d'une personne affligée *ad rigorem*. . . . Que la langue lui avoit tourné, *erat lapsus linguæ.* » . . . . . . Il commence ainsi son pénultieme interrogatoire. *STUPEFACTUS FUERAT hesternâ die, dum videret BELLUM sibi paratum, doctissimos & eloquentissimos PUGNANTES adversùs PUSILLUM, & METUS NATURALIS & circumspectio tantorum virorum.*

« Hier j'ai été égaré, déconcerté à la vue du combat que je suis obligé de soutenir contre des ennemis instruits & éloquens, moi devenu pusillanime, accablé par la foiblesse de la nature, & par la crainte qu'inspire le danger de ma position. »

Malheureux ! il n'étoit plus temps de gémir, de pleurer, de se plaindre de la rigueur de notre loi. Il devoit ne pas l'avoir faite, & il eût été défendu avec courage par ses anciens confreres ; & c'eût été pour le barreau de Paris, pour la magistrature, pour l'état entier, une grande & belle instruction ; s'il n'eût pas été sauvé, du moins sa procédure n'eût pas été jusqu'en 1771 un mystere ; François premier, la méconnoissant lui-même, & croyant *que les loups ne se mangent pas*, n'auroit pas dit avec colere au président Guillard, *qu'il n'étoit si jeune qu'il n'eût oui-dire qu'un chancelier, perdant son office, devoit perdre la vie.*

Si la loi meurtriere de Poyet n'étoit retombée que sur sa tête, nous partagerions avec plaisir les sentimens de ses juges, lorsque la lui opposant sans cesse, ils lui répétoient *patere legem quam ipse tuleris* ; indignés qu'ils étoient de voir introduire dans notre ordre judiciaire les maximes atroces de l'inquisition. Ce sentiment perce dans toute la procédure. Mais cette loi, que M. Vermeil appelle *barbare*, elle a été la base de l'ordonnance de 1670. D'Aguesseau n'a pas eu le courage de l'abolir. Et l'habitude de la supporter a fait imaginer de nouveaux sophismes pour l'étayer. Ainsi, l'esclave qui traîne ses fers, les couvrant d'une étoffe légere, croit les cacher ou en diminuer le poids.

On parle de l'art avec lequel se défendent certains criminels, & que prouve ce fait ? Que les scélérats d'habitude sont très-hardis, très-impudens, très-exercés. Nous le savons bien. Dans leurs comités pervers, dans la solitude, dans les prisons, dans les galeres, le temps se partage entre l'art de mal faire & l'art de n'être pas convaincu *(de ne pas tomber, de n'être pas fait.)* Ils s'endoctrinent, se recommandent entr'eux un secret inviolable, & lorsque l'un d'eux est mené devant ses juges, vous entendez les autres lui crier dans leur jargon, de ne rien avouer *(St. Pierre.)* Il y a plus : ils se font entr'eux des sermens épouvantables, contre lesquels les tortures les plus affreuses ne peuvent rien, sur-tout quand ils s'y sont préparés.

Cette espece d'hommes que je connois bien, & que j'ai tâché de peindre, n°. 3, pag. 202, est une exception à toutes les regles : & quoiqu'ils aient en Italie pour conseils l'avocat des pauvres, leur procès n'en est ni plus tard, ni plus mal fait.

Mais le citoyen paisible, & jusques-là sans reproche, mais l'innocent qui, dormant dans le sein de la probité, arraché à sa famille, jeté au fond d'une *prison obscure & mal saine*, s'entend accuser d'un crime qui ne fut jamais dans son cœur, comment voulez-vous qu'il conserve son sens froid, & la liberté d'esprit nécessaire pour sa justification ? Le jour, il se voit entouré d'*ennemis*, pour parler comme Poyet. La nuit, son imagination effrayée lui peint l'erreur, la calomnie, la honte & le supplice. Il habite peut-être le cachot des Lebrun, des Langlade, des Calas & des Montbailli ; sa raison s'égare ; placé devant ses juges, il a à peine la force de dire : *ce n'est pas moi* ; & quelquefois de verser ces larmes que tarissent enfin l'abattement, l'habitude du malheur & la résignation. Comment échapperoit-il à la mort? Comment la justice ne seroit-elle pas homicide?

On parle enfin de l'exactitude, du zele de l'instructeur, & j'ai essayé de le vanter. J'en ai vu en effet, pour qui une procédure criminelle est une affaire capitale; ils sont avocats de l'accusé avant d'être ses juges. Entre leurs mains, la vie & l'honneur de leur semblable sont un dépôt sacré. Ah! sans doute ils ne le violeront pas: ceux-là desirent de voir aux accusés un conseil qui, par ses soins & ses lumieres, allege le poids qu'une instruction criminelle met sur toute ame sensible & timorée.

Mais dans le fond des provinces; & parmi ces juges de village, que Loyseau peint d'une si étrange maniere, qu'il n'y a point d'homme si puissant, si vertueux & si éclairé, qui ne se crût perdu, s'il tomboit entre leurs mains; & cependant leur jurisdiction embrasse les deux tiers de la France! que direz-vous?

Et dans nos tribunaux, dans nos grandes villes, où un lieutenant criminel est absorbé par les détails du grand & du petit criminel, avec les intentions les plus pures, le zele le plus actif: comment voulez-vous qu'il suffise à tout? Après avoir mis dans une question toute la force qu'inspire la prévention de l'accusation & l'amour-propre du rédacteur, s'il stipule ensuite pour l'accusé: comment imaginez-vous qu'il puisse donner aux réponses la même précision, la même énergie & le même intérêt? Le lieutenant criminel Ayrault regardoit, il y a deux siecles, ce double rôle comme impossible. Trop heureux l'accusé si l'instructeur rédigeant tout à la troisieme personne, n'affoiblit pas par cette espece de traduction, & ne défigure pas entiérement ce que lui aura dit l'innocent accusé.

D'ailleurs le juge le plus zélé pourroit-il sans se compromettre faire les recherches extérieures, reprocher les témoins? Plaidera-t-il pour l'accusé, lorsque celui-ci sur la sellette, accablé par la honte & la terreur, paroîtra devant ses juges, comme un spectre, un instant, pour la premiere & la derniere fois?

Plus vous approfondirez cette grande question de la défense des accusés par conseils, plus vous serez convaincu de la nécessité absolue de rétablir l'ancienne jurisprudence. Avec Lamoignon interrogez la nature, elle vous répondra qu'*elle enseigne à l'homme de recourir aux autres, quand il ne se sent pas assez fort pour se défendre, & que cette loi qu'elle a gravée dans tous les cœurs est plus ancienne que toutes les loix humaines.* Interrogez la justice, elle répondra qu'*elle aime mieux sauver mille coupables que de faire mourir un innocent.* Interrogez les parlemens, ils diront que cette maxime, ils l'ont observée religieusement; qu'ils ont été long-temps attachés à l'ancienne jurisprudence, qu'ils l'ont réclamée ou maintenue autant qu'ils l'ont pu; & en effet, cette maniere de procéder contre un délit commis à l'audience, ne subsiste que, parce que le cas n'étant pas prévu par les ordonnances, le parlement a cru pouvoir donner encore un conseil sans se compromettre; c'est le feu sacré qui a été conservé dans le premier parlement du royaume.

Il s'agit de le rallumer & d'en éclairer tous nos tribunaux. La sûreté publique; la tranquillité des juges; le nombre des innocens condamnés; l'exemple de l'Univers; tout le dit, le persuade: aucun obstacle ne s'y opppose. On a modifié tant de loix: on a dérogé à celle-ci pour les délits commis à l'audience; ne peut-on pas le faire à plus forte raison pour des délits plus compliqués & plus graves?

Craindroit-on que notre bon roi ne voulût maintenir l'abandon des accusés à leur insuffisance & à leur foiblesse? Ah! celui qui, choisissant le jour de sa fête pour abolir la question préparatoire, éleva ce beau monument à l'humanité & à la justice, connoît le ténébreux & sanguinaire édifice dont il a brisé la voûte, & il n'écartera pas les bras qui s'occupent à le démolir.

Puisse s'accomplir ce vœu formé par l'observation, la méditation & le zele le plus pur !

Justification de l'accusé.

102. Tel est l'esprit dans lequel a été faite l'ordonnance de 1670, qu'on semble, en la rédigeant, avoir oublié d'abord la justification de l'accusé. Le titre intitulé, *des faits justificatifs*, est le dernier : & comment, juste Ciel ! Pussort l'a-t-il fabriqué ?

L'art. I. *Défend à tous juges, même aux cours, d'ordonner la preuve d'aucuns faits justificatifs, ni d'entendre aucuns témoins pour y parvenir, qu'*APRÈS *la visite du procès.* C'est-à-dire, qu'on ne permettra à l'accusé de se justifier que quand on aura jugé qu'il n'est pas coupable ! Car, si on le décide coupable, on ne l'admet plus à se justifier, & si on le décide innocent, sa justification est superflue.

Art. II. *L'accusé ne sera reçu à faire la preuve d'aucuns* FAITS JUSTIFICATIFS, *que de ceux qui auront été* CHOISIS PAR LES JUGES, *du nombre de ceux que l'accusé aura articulés dans les interrogatoires & confrontations.* Voilà sans doute un des points sur lesquels est établi le plus évidemment le despotisme du juge criminel. Cet arbitraire ne peut se justifier qu'en admettant dans les juges des qualités plus qu'humaines ; mais s'ils sont *ignorans ou faciles à corrompre*, comme Pussort lui-même en voyoit tant, s'ils sont durs, prévenus, desireux de trouver un coupable, jaloux d'empêcher que l'innocent injustement accusé, ne se justifie de maniere à exciter dans le public une juste indignation, à faire réprimander les juges par le parlement, à demander des dommages & intérêts contre l'accusateur, partie civile, ou ministere public : quel sera le sort de l'innocent ?

Art. IV. *Le jugement qui ordonnera la preuve des faits justificatifs, sera prononcé incessamment à l'accusé par le juge, & au plus tard dans vingt-quatre heures, & sera interpellé de nommer les témoins par lesquels il entend se justifier ; ce qu'il sera tenu de faire* SUR LE CHAMP, *autrement il n'y sera plus reçu.*

Art. V. *Après que l'accusé aura une fois nommé les témoins, il ne pourra plus en nommer d'autres....* Quoi ! vous m'avez celé dans une espece de tombeau, dans un état pire que la mort, constamment vous avez éloigné de moi le repos, la force, la lumiere, mes parens, mes amis, mes conseils, l'Univers entier, & vous voulez que SUR LE CHAMP je me rappelle tout ce qui peut avoir rapport à l'événement dans lequel vous m'enveloppez ! Vous voulez que je *devine* SUR LE CHAMP les témoins qui pourront me justifier ! Si je ne le fais pas *sur le champ*, je n'y serai plus reçu ! Si le lendemain je me rappelle un fait, un témoin, qui peut montrer à la justice cette vérité qui doit lui être chere, vous refuserez de l'entendre !... On ne transcrit pas sans frémir ces INJUSTES dispositions. Oui, injustes : Bornier l'a dit avant moi. IL N'EST PAS JUSTE *que l'accusé soit obligé de deviner à l'instant quels témoins le peuvent justifier.*

Rien ne prouve mieux le funeste esprit & la mauvaise constitution de notre code criminel, que ce titre, le plus précieux de tous. M. d'Aguesseau le critiqua hautement & publiquement de la maniere suivante. (Tom. 4, pag. 434.)

« Reconnoissons sans peine, disoit-il au parlement, dans la cause de la Pivardiere, que, si une semblable contestation eût été portée devant les juges d'Athenes ou de Rome, si elle avoit été traitée devant ces grands hommes, qui sembloient avoir soumis toute la terre, plutôt *à la sagesse des loix* qu'à la force de de leurs armes, ce que nous examinons comme une grande difficulté, auroit paru indigne de l'attention de la justice. Telle *est la force de l'exemple & de l'habitude* que les juges se seroient élevés contre ceux qui auroient entrepris de fermer la bouche pour un temps aux justes défenses d'un accusé, & de ne lui permettre de faire la preuve, que lorsque celle de l'accusateur auroit été achevée. . . . *L'accusé avoit le même privilege que l'accusateur, l'accusation & la défense marchoient d'un pas égal, & la preuve de l'innocence se faisoit en même temps que celle du crime. . . .* ***LA LOI QUI PRÉSUME TOUJOURS L'INNOCENCE ET QUI CRAINT DE DÉCOUVRIR LE CRIME***, *ne doit pas souffrir que l'accusateur puisse tout dans le temps que l'accusé ne peut rien, & que la voix du premier se fasse entendre, lorsque le second est obligé de garder un triste & dangereux silence.* Si la balance de la justice ne doit pas pencher plus du côté de l'accusé que de celui de l'accusateur, elle doit au moins être égale entre l'un & l'autre. Le moindre privilege que doit espérer un accusé qui peut être innocent, c'est l'indifférence, & si l'on ose s'exprimer ainsi, l'équilibre de la justice. *Pour mieux juger de la vérité, il faut envisager d'un même coup-d'œil & dans un même point de vue l'accusation & la défense, réunir toutes les circonstances, rassembler les différens faits,* ***NE POINT DIVISER CE QUI EST INDIVISIBLE***, *de peur qu'en voulant juger dans un temps du crime & dans un autre de l'innocence, on ne puisse juger sainement ni l'un ni l'autre.* ***LES PREUVES DE L'ACCUSÉ PEUVENT PÉRIR*** *dans le temps qu'on s'applique uniquement à examiner celles de l'accusateur.* Quand l'accusé auroit *le bonheur* de conserver sa preuve dans toute son intégrité; *il est toujours à craindre qu'une premiere impression trop vive & trop profonde, ne ferme l'esprit des juges à la lumiere de la vérité*, & que la lenteur du contre-poison ne le rende même absolument inutile. »

C'est avec cette énergie que le grand d'Aguesseau critiquoit l'ordonnance criminelle, en faisant parler les Romains, par cette tournure : *Si nous pouvions interroger ces* ***SAGES*** *législateurs, ils répondroient.* Mais après cette vive sortie, le caractere du magistrat & de l'homme reprend son assiette. M. d'Aguesseau termine ainsi : *Avant l'ordonnance de 1539, on a pu avoir recours aux* ***ORACLES*** *de la jurisprudence romaine. Non seulement on a pu le faire, mais on l'a fait. Il seroit facile d'en rapporter plusieurs preuves.* ***MAIS ENFIN, LA LOI A PARLÉ, IL NE NOUS RESTE PLUS QUE LA GLOIRE DE LUI OBÉIR.***

Que cette critique publique n'ait produit aucun effet en 1699, cela n'étonne point, on étoit trop près de l'ordonnance de 1670, pour la réformer, & Louis XIV vivoit encore. Mais qu'il se soit écoulé près d'un siecle, tandis qu'à chaque pas, à partir même de l'affaire de la Pivardiere, on a vu combien cette loi a compromis l'innocence, la sûreté & la justice; c'est un paradoxe effrayant, qu'il est pourtant aisé d'expliquer.

Si l'ordonnance de 1670 n'avoit eu que cette tache, il étoit aisé de la lever par une déclaration. On pouvoit réparer l'édifice; mais en le sondant, il présentoit de par-tout le péril & la ruine. L'entreprise a irrité l'amour-propre, effrayé le courage, & nous avons tous habité la maison, sans songer au péril qui nous menace. Si quelque malheureux citoyen a péri, nous avons dit: *la loi a parlé : il ne nous reste plus que la gloire d'obéir.* Si quelque magistrat, quelque homme puissant a risqué son honneur & sa vie, comme nous l'avons vu en 1765, alors il a crié contre la loi, & il a parlé comme le grand d'Aguesseau; mais échappé au danger, rendu à sa famille, à la patrie; il n'a plus songé qu'à la paix : ainsi le mal se perpétue.

D'ailleurs, telle est la funeste nature des loix évidemment vicieuses comme celle-ci, qu'après avoir étonné, irrité même dans le principe, elles deviennent ensuite affaire d'habitude : l'on tremble de respect en les voyant attaquer, comme on a frémi de crainte en les entendant promulguer. Et aujourd'hui même, dans ces jours d'humanité, de justice & de lumiere, quoique je ne parle que d'après un chancelier (le grand d'Aguesseau,) qui sait si je ne serai pas blâmé par ceux qui trouvent que *tout est bien?* Ah! qu'ils me critiquent, je dédaigne leurs suffrages. Je ne veux que celui des gens de bien, des magistrats vertueux. Je parle pour tous : je dis la vérité. Le reste ne m'est rien.

Publicité.

103. En traitant la question du conseil de l'accusé, je n'ai parlé ni du secret de la procédure, ni de la défense par avocat à l'audience. Je supplie en lisant ceci de se rappeller ce que j'ai dit des peuples anciens, n°. 5; des Romains, n°. 6; de nous-mêmes, n°. 7; & des étrangers, n°. 76 & suivans.

Si avec quelque expérience on daigne réfléchir sur ce secret des procédures, on conviendra; 1°. qu'il disparoît avec l'or, ensorte que s'il est utile, le criminel riche échappe, & l'innocent pauvre est perdu; 2°. que quand un délit a été commis, & qu'un instructeur trace son plan, s'il ne voit pas d'un coup-d'œil les faits, les témoins & les coupables, pour une fois que par hasard il rencontrera la vérité, mille fois il s'égarera & commettra des erreurs atroces, irréparables; 3°. que quand l'enceinte est formée, il doit faire ses dispositions, de maniere à avoir tout sous la main, autrement la preuve & l'accusé lui échapperont malgré lui.

Je fais toujours une exception des affaires d'état, elles sont d'un autre ordre : par leur nature, leur importance, leurs rapports, elles peuvent exiger quelque temps un certain secret que l'histoire se chargera de publier dans le siecle suivant, comme aujourd'hui l'on imprime les procès fameux des siecles derniers. Cependant le procès fait à Mrs. de la Bourdonnaye & Dupleix, apprend qu'ils eurent un conseil; qu'on publia des mémoires, & que l'observation stricte du secret ministériel pendant trois ans nuisit au bien de l'état. Si l'on eût discuté publiquement ces deux grandes affaires, comme derniérement à Londres l'on a agité l'état actuel de l'Inde, les événemens qui ont suivi auroient été différens.

Je dois observer encore, que l'arrêt du 24 avril 1545, rendu contre le chancelier Poyet, lui fut prononcé audience tenante. *(Après ouverture des huis de ladite cour.)* Nouveau témoignage que les parlemens affectoient de rendre à la publicité de l'ancienne jurisprudence, en l'employant encore contre celui même qui l'avoit détruite.

Après ces observations qui réduisent à sa juste valeur ce secret si vanté; si vous craignez de vous compromettre en admettant sur le champ des conseils & en renvoyant à l'audience, vous pouvez prendre les précautions des loix du Piémont ou de Geneve, que j'ai extraites n°. 82 & 83, pag. 393 & 395. Dans ces états le secret de la procédure est parfaitement maintenu malgré l'admission des conseils.

Voulez-vous instruire comme à Rome, à Londres, à Venise, comme en France jusqu'en 1629? Alors la plainte & l'information se font à part; le récolement, la confrontation, les interrogatoires, & le complément de la procédure se font à l'audience, de suite & publiquement.

Ne croyez pas que cette instruction publique soit difficile & prenne beaucoup de temps. Vous voyez sa marche simple & rapide, non seulement dans les procédures angloises, mais même dans les deux arrêts, que j'ai cités pour vols faits à l'audience. Ces deux procès entiers ne tiennent pas quatre pages, tandis que dans notre forme compliquée & fatigante, c'eût été l'affaire de plusieurs jours & d'une involution d'écritures, dont le détail accable l'instructeur & les juges mêmes lors de la *visite du procès*. L'expérience prouve que les tribunaux jugeroient plus aisément & beaucoup plus d'affaires.

Dans le moment où j'écris, le présidial de Lyon instruit le procès d'un assassin; les confrontations & les interrogatoires se font, je ne dirai pas publiquement; mais la porte du palais reste ouverte, & j'y ai vu beaucoup de monde. Je peindrois mal la facilité & la confiance avec lesquelles marche cette procédure, l'intérêt que le public paroît y prendre, le silence & le respect qui regnent. Ce sont des enfans dont le pere s'étoit caché jusqu'à ce jour. Admis au conseil de l'affaire commune, ils lui offrent leur zele, & sont pénétrés de reconnoissance des soins qu'il prend pour la sûreté de tous. Ce tableau me présente celui de la famille, & il me semble que ce doit être celui de la justice comme de la grande administration.

Si j'ai bien développé cette procédure romaine pag. 211, vous devez convenir qu'elle renfermoit à la fois plusieurs avantages dont rien aujourd'hui ne dédommage. C'étoit une école de morale, de droit public & d'administration. C'étoit le seul moyen possible & sûr de découvrir la vérité, par la contenance de l'accusateur, le caractere des témoins, l'affluence & la participation du public. C'étoit le grand ressort de la justice criminelle; & comme je l'ai dit, il n'y eut point d'exemple d'innocens condamnés.

M. Vermeil traitant cette question, *part. 3, chap. 10, pag. 230*, dit : « l'instruction une fois devenue publique, à partir du réglement à l'extraordinaire, il convient que ces jugemens soient publiquement rendus, & même que l'accusé soit admis à faire *plaider sa cause*, quand elle est telle qu'un défenseur honnête doive faire des efforts pour lui. Si des affaires du plus modique objet, qui n'intéressent que deux particuliers & qui sont indifférentes à l'ordre public, se discutent tous les jours dans nos audiences ouvertes à tous les citoyens; à plus forte raison doit-on discuter & juger publiquement ces poursuites rigoureuses qui ont pour objet l'intérêt de la société entiere. Et n'est-il pas étrange de lui faire un secret d'une discussion engagée pour elle? Ajoutons que *cette publicité ne peut qu'assurer la régularité du jugement. Hélas! tel est le sort des vertus humaines, que souvent pour ne se point démentir, elles ont besoin d'être soutenues par la présence imposante du public.* »

Ceux qui rapprocheront cette derniere réflexion de ce que j'ai écrit depuis la pag. 211 jusqu'à la pag. 219, conviendront qu'à ces vérités, à ces exemples & à l'expérience de l'Europe, il est impossible d'opposer autre chose, que ces grands sophismes, ou ces petits argumens qu'enfantent sans raison, comme sans mesure, l'aveugle préjugé & l'habitude paresseuse. Leur discussion interminable ne peut pas être la matiere d'un ouvrage tel que celui-ci. Je répondrai en un seul mot : voyez Rome, Londres, Venise, l'Europe entiere, ce que vous fûtes jadis. Voyez ensuite ce que vous êtes aujourd'hui. Voyez sur-tout ces alarmantes condamnations. La France ne fut pas teinte du sang de l'innocence égorgée par le glaive de la justice, lorsqu'il lui fut permis d'avoir des conseils, lorsque sa cause fut plaidée publiquement; comparez, soyez de bonne foi & prononcez.

Mais contre cette forme simple, satisfaisante, universelle, qui parleroit encore? Le public? Il attend, desire & prononce par son affluence & son silence respectueux dans les grandes causes criminelles qu'il lui est permis d'entendre.

Seroient-ce les magiſtrats? Non, jamais. Ils retourneroient à une juriſprudence qu'ils ont chérie, qu'ils ont maintenue de tout leur pouvoir, parce qu'ils en ſentoient la ſageſſe ; & leur état ſera bien autre, lorſque dans les affaires criminelles, les audiences ſeront ce qu'on les a vues à Paris dans les affaires Damade & Beresford, & à Rouen dans l'affaire Lalli.

Seroient-ce les avocats? Mais, c'eſt alors que le barreau reprendra ſa ſplendeur, ſes fonctions les plus belles. C'eſt alors que l'éloquence deviendra ce qu'elle fut à Athenes, à Rome, ce qu'elle eſt à Londres.

Si vous pouviez douter encore, parcourez les plaidoyers de Ciceron, de Démoſthenes ; & à Londres, voyez les procès criminels de la ducheſſe de Kingſton & du lord Gordon ; comparez-les avec les nôtres & prononcez. Voyez ſur-tout, après que les jurés ont dit du lord Gordon *not Guilty*, ſon avocat célebre M. Erskine, dans les bras de ſon client, l'embraſſer avec tranſport, verſer des larmes de joie, cédant à l'excès du ſentiment, tomber en défaillance, revoir la lumiere, rappellé par les cris, les ſoins & les tendres empreſſemens des Anglois, qui le pleuroient déja comme Athenes avoit pleuré Démoſthenes. Ah! c'eſt alors que l'exiſtence civile s'agrandit, s'éleve, devient heureuſe & ſublime par la réunion du ſentiment & de la vertu, du ſavoir & de l'éloquence, & qu'après avoir joui de ce triomphe, il ne reſteroit plus qu'à mourir, ſi l'on n'étoit pas attaché à la vie par l'intérêt général, & par l'eſpoir de ſauver encore l'innocence.

**Jugement de l'accuſé, preuve.*

104. Nous arrivons au moment redoutable où les juges vont ſtatuer ſur l'honneur & ſur la vie de l'accuſé. Ils ont entendu la lecture d'une procédure accablante par la prolixité, le déſordre & l'incohérence. Ils ont, diſoit M. d'Agueſſeau, *cherché la vérité à travers les nuages qui l'environnent.* Ils vont prononcer.

Que dit la loi d'accord avec la raiſon? *S'il y a* PREUVE. Mais, comme celui de VÉRITÉ, ce mot n'eſt-il pas ſans ceſſe prononcé, ſans qu'on ſoit d'accord ſur ſon eſſence?

Qu'eſt-ce qu'une PREUVE?

Cette queſtion ſuſceptible de tant d'acceptions diverſes, ne peut être traitée qu'en diſtinguant d'abord parfaitement la preuve en matiere civile, de la preuve en matiere criminelle, diſtinction ſaiſie par quelques juriſconſultes, & ſans doute de la plus grande importance.

En matiere civile, il s'agit uniquement de ſavoir, ſi une propriété eſt à Pierre ou à Paul. Il eſt évident que la moindre circonſtance dans les preuves reſpectives, comme une voix de plus dans les opinions, doit faire pencher la balance : il faut en finir.

Mais, lorſqu'il s'agit de ſtatuer ſur une accuſation qui attaque l'honneur & la vie, alors vous entendez la voix de la nature crier, que les preuves doivent être plus claires que le jour : *luce meridianâ clariores ;* maxime inviolable & répétée par-tout. Vous entendez Lamoignon dire au nom du parlement de Paris, qu'*entre tous les maux, aucun n'eſt comparable à celui de faire mourir un innocent, & qu'il vaudroit mieux abſoudre mille coupables.*

Qu'eſt-ce donc qu'une PREUVE JUDICIAIRE, telle qu'après l'avoir regardée comme ſuffiſante, le magiſtrat ne ſoit pas expoſé au remords, au doute même d'avoir condamné l'innocent ?

Si vous interrogez la loi françoiſe, vous la trouverez abſolument muette : car, que ſignifie cet article premier du titre 19 de l'ordonnance de 1670? *S'il y a* PREUVE CONSIDÉRABLE *contre l'accuſé d'un crime qui mérite la peine de mort, & qui ſoit conſtant, tous juges pourront ordonner qu'il ſera appliqué à la queſtion, au cas que la preuve ne*

SOIT PAS SUFFISANTE. Que signifie *preuve considérable & non suffisante ?* C'est précisément l'article aboli par la déclaration d'août 1780.

Si vous interrogez les loix romaines, dans les titres *de probationibus, de præsumptionibus, de testibus*, vous trouverez par-tout l'obligation imposée à l'accusateur, de fournir des preuves suffisantes, le devoir du juge d'absoudre, s'il y a le moindre doute; mais pas une loi qui fixe la valeur, le poids & la mesure des preuves.

C'est pis encore, si vous interrogez la jurisprudence des arrêts; ils ne vous présenteront, comme ceux que j'ai cités sous les nombres 22, 23, 24, que des exemples, des approximations, jamais une espece parfaitement semblable : du moins verrez-vous l'accusé condamné ou prêt à l'être, sur des preuves admises par les uns & rejetées par les autres.

Si vous interrogez les auteurs, serez-vous plus instruit & plus rassuré? Dans son *essai sur l'entendement humain*, le philosophe Léibnitz, élevé sous l'empire de la caroline, & sous le préjugé de la question préparatoire, semble admirer l'esprit de nos jurisconsultes, quand ils partagent les preuves, en *pleines, plus que pleines*, & *demi-pleines*. Mais, parcourez les principaux. MASCARDUS, dans son traité *de probationibus*, présente comme preuve des faits arrangés à sa maniere, & qui ne seront jamais conformes à l'espece que vous avez à juger. MÉNOCHIUS est encore moins supportable dans son traité *de præsumptionibus*; & vous pouvez en juger par ce seul trait. Cherchez-y les présomptions sur l'incendie : dans ce gros *in-folio*, vous ne trouverez par-tout que ce passage de la loi romaine. *Incendia plerùmque fiunt culpâ inhabitantium*, & pas un mot après. FARINACIUS plaide en faveur des accusés, & il faut l'en aimer, l'en estimer davantage. JULIUS-CLARUS a de la précision dans les principes, de la liaison dans les idées, de la netteté & de la force dans le style. Chacun cherche à vous offrir un jour pur & serein. Mais comme les especes qu'ils vous présentent ne sont jamais la vôtre, après avoir bien lu, vous appercevez toujours à l'horizon un nuage qui cele la vérité & peut amener une affreuse tempête.

Après cette étude, examinez les différens genres de preuves, *corps de délits, rapports d'experts, présomptions & indices, témoins, aveus de l'accusé*, & voyez l'influence qu'ils peuvent avoir sur l'arrêt que vous allez prononcer.

Corps de délit. L'ordonnance de 1670, tit. 4, art. 1, place avant tout *le corps de délit* comme base de la procédure. « Les juges dresseront sur le champ & sans déplacer procès-verbal de l'état auquel se sont trouvées les personnes blessées & le corps mort, ensemble du lieu où le délit aura été commis, & de tout ce qui peut servir pour la décharge & conviction. » C'est une sage disposition, & Bornier remarque avec raison, combien on a tort de s'en écarter, sur-tout de poursuivre des accusations d'assassinat supposé de gens qui reviennent ensuite arrêter le supplice de l'innocent. Mais, parce qu'on trouvera chez, ou sur un particulier honnête un effet volé, que vous qualifiez alors corps de délit, sera-ce contre lui une preuve suffisante? Ne peut-il pas avoir acheté de bonne foi? N'a-t-on pas vu souvent le filou poursuivi & observé, jeter en passant ou entreposer la boîte, la montre, le mouchoir, & même le glisser adroitement dans la poche de son voisin? Parce que un homme se sera tué ou empoisonné, parce qu'il sera mort par accident ou sur le champ, faudra-t-il soupçonner, accuser, poursuivre l'honnête homme à côté de qui ou chez qui ce malheur sera arrivé? Dans tous ces cas, ce que vous appellez corps de délit prouve bien un fait, mais non pas que cet événement soit arrivé par un crime, & encore moins que tel ou tel en soient coupables.

Vous ne parcourriez pas sans frémir les procédures appuyées sur cette base. Elle ne suffit point pour condamner. Elle suffit sans doute pour décréter le vagabond, le mauvais sujet, l'homme d'ailleurs noté, celui que nous appellons *vir famosus*. Mais contre l'homme sans tache, le citoyen honnête, elle ne dit rien, & le juge qui le décrete compromet certainement la justice.

Rapport d'experts. S'agit-il d'écriture? L'art des maîtres n'est évidemment que conjectural, & il est démontré qu'on peut parfaitement contrefaire la signature & l'écriture entiere. J'en ai vu des preuves frappantes, entr'autres dans le procès de Falque, agent de change, pendu à Lyon en 1753, en exécution d'un arrêt du parlement de Paris, pour avoir contrefait parfaitement la signature & l'écriture de plusieurs négocians, que j'ai vus s'y tromper eux-mêmes. S'agit-il de meurtre? Le parlement de Paris surtout, parce qu'il s'en est occupé, connoît la routine, l'impéritie, & même la mauvaise foi de quelques chirurgiens de la province. Avec ces grands mots *instrument contondant*, vous croyez voir le fer assassin, tandis que la mort n'a été que l'effet d'une chûte. M. Petit & M. Louis ont donné sur ces rapports des avis lumineux.

Présomptions & indices. De ces deux mots je ne sais pas comment on ose prononcer le premier en matiere criminelle: à l'égard des indices, voyez entr'autres ci-dessus pag. 250, ceux qui firent torturer & mourir l'innocent le Brun. Vous trouverez la même insuffisance dans les indices qui ont dicté tant de jugemens censurés aujourd'hui. Des indices ne sont pas des preuves. Ce sont seulement des indications pour découvrir la preuve, & y en eût-il cent, ce n'est rien autre. C'est tout au plus ce que sont à la chasse les signes qui annoncent le gibier, & quand vous aurez pris un cerf, vous ne serez pas sûr que c'est bien celui dont vous avez vu la *foulée*, pas plus que ce malheureux juge de Lorraine qui condamne à la roue un paysan innocent, parce qu'il trouve un indice dans la proportion de ses pieds, avec des souliers trouvés près du cadavre.

Preuve par témoins. C'est ici que l'esprit routinier se croit en sûreté, s'il y a deux témoins, sur-tout depuis que le PRÉSIDENT *de Montesquieu*, liv. 12, chap. 3, a écrit cette assertion subtile: *La raison exige deux témoins, parce qu'un témoin qui affirme & un accusé qui nie, font un partage; & il faut un tiers pour le vuider.* Avec cette regle, le plus honnête homme du monde sera roué, parce que deux scélérats s'uniront pour déposer contre lui, comme dans l'affaire de Leroi, citée tom. 1, pag. 648, ou dans celle de la Rochelle, dans ce second volume, pag. 253, & dans mille autres semblables. Ah! voyez plutôt dans le droit romain, combien il faut se défier des témoins, avec quelle attention il faut examiner leur personnel, leurs dépositions, les circonstances, la possibilité & la vraisemblance du délit qu'ils attestent. Rappellez-vous le plaidoyer dans lequel en interrogeant l'infame Vatinius, qui par sa déposition alloit perdre Sextius, Ciceron obligea le témoin de fuir, & sauva son client. Rappellez-vous cent traits dans lesquels l'infamie ou la misere du témoin ont suffi pour rejeter l'accusation. Et croyons qu'il est encore quelques citoyens assez honnêtes pour pouvoir, comme Scipion, refuser même de se défendre, sur-tout de certains crimes, & quand on n'a pour témoins que certaines gens.

Aveu de l'accusé. La caroline l'exige, même après la preuve la plus concluante, ensorte que, si dans la grande place de Berne, un assassin ayant tué, & étant convaincu par le témoignage de cent personnes, persiste à désavouer, on l'applique encore à la question préparatoire. Cet aveu libre concordant avec les autres preuves, est précieux pour le magistrat & le peuple qui l'attendent avec impatience & le regrettent toujours. Mais il ne suffit pas, *non auditur perire volens.* La vie de l'accusé appartient à l'humanité, à l'état. Il ne peut être condamné à la perdre qu'autant qu'il y a des preuves légales du crime contre lequel la loi aura prononcé la mort.

Quelles sont donc les preuves judiciaires dans le grand criminel ? Question insoluble.

La jurisprudence appelle PREUVE, *ce qui paroît* PREUVE *à un certain nombre de juges.*

Mais quel nombre ? C'est ici que la jurisprudence varie.

En quelques lieux la pluralité suffit comme en matiere civile; c'est-à-dire, que de trente-un juges, seize prononçant la mort, tandis que quinze auront opiné pour l'absolution ou le plus amplement informé, l'accusé mourra. Cette jurisprudence ne rassure point l'innocent, & si, à un près, la moitié des juges a cru l'accusé non coupable, le public pourra dire avec elle qu'on a égorgé l'innocent.

Notre jurisprudence va un peu plus loin. L'art. 11 du tit. 25 de l'ordonnance de 1670, veut que *les jugemens en dernier ressort ne puissent se donner que par sept juges* AU MOINS. L'art. 12 dit : *les jugemens, soit définitifs ou d'instruction, passeront à l'avis le plus doux, si le plus sévere ne prévaut d'*UNE *voix dans les procès qui se jugeront à la charge de l'appel, & de* DEUX *dans ceux qui se jugeront en dernier ressort.* Or, cette majorité est-elle suffisante, lorsqu'il s'agit de l'honneur & de la vie? Ne se rappelle-t-on pas toujours entr'autres ce trait d'un mémoire de la famille Calas. « *De treize* juges, sept seulement opinerent à la mort; des autres, *trois* opinerent à la question; l'*un* conclut au hors de cour; *deux* autres prétendoient qu'avant faire droit, il falloit faire vérifier par l'inspection des lieux, s'il étoit ou n'étoit pas possible que Calas se fût pendu lui-même. Après différens débats, l'un des six juges se joignit à ceux qui avoient opiné à la mort, & ainsi fut formé à la seule prépondérance de l'ordonnance, le sanglant arrêt qui condamnoit Calas à la roue. »

Frappé de ces vérités & du cri public, M. Vermeil, *part.* 3, *chap.* 12, imagine un moyen terme pour *tranquilliser les esprits.* Dans les jugemens souverains, il propose d'observer la même proportion que l'ordonnance a fixée pour les jugemens premiers. Ainsi en premiere instance de trois juges, deux ayant prononcé la mort, pour qu'elle soit confirmée au parlement, il faudra qu'elle soit prononcée par douze sur dix-huit, par dix sur quinze, par huit sur douze & ainsi à proportion. Nous marchons.

Les Anglois vont plus loin encore, & leur jurisprudence universelle, inviolable, est qu'on ne peut être *déclaré coupable que par l'avis unanime de douze jurés.*

Si un seul juré a persisté à déclarer l'accusé *non coupable,* NOT GUILTY, quels que soient ses motifs, l'absolution est prononcée. Cette loi infiniment douce, l'Angleterre la justifie, en disant que l'accusé, fût-il coupable, a, en quelque sorte, expié son crime par la terreur de la mort qu'il a eue devant les yeux pendant son emprisonnement & la procédure.

Mais, si les douze jurés ont unanimement déclaré l'accusé coupable, la loi & le public le croient tel, parce qu'il paroît impossible que douze hommes sans préjugé & sans passion, après avoir entendu les faits, les témoins & les parties, puissent se réunir à déclarer unanimement l'accusé coupable, s'il ne l'étoit pas.

Cette jurisprudence à laquelle les Anglois sont si attachés, ils l'appellent *céleste,* & nous avons vu les Américains la placer à la tête de leur code, comme le fondement de leur sûreté & de leur justice.

« Que faites-vous, nous disent-ils tous, avec vos proportions diverses dans les opinions? Il s'agit bien du plus ou du moins quand on a à prononcer sur l'honneur & la vie! Nous pensons, nous, qu'il faut des preuves plus claires que le jour. *Luce meridianâ clariores.* Or, si elles sont telles, les douze jurés doivent en être également frappés. Si un seul ne l'est pas, il faut qu'elles n'aient pas ce caractere essentiel, & ce n'est pas le seul événement important sur lequel l'histoire nous diroit qu'un seul a mieux vu que plusieurs. Avec cette idée simple nous sommes tranquilles sur la bonté de nos jugemens. L'erreur commune, si elle est possible, excuse l'erreur particuliere. Les jurés sont sans remords, le peuple sans soupçons, & l'accusé lui-même baisse la tête avec respect. Point d'innocens condamnés, point de doute même de la part de ce public, pour qui seul l'exemple est fait. De cet ensemble de jurisprudence naît le respect général pour notre justice criminelle, & la tranquillité avec laquelle se font nos plus éclatantes exécutions, escortées seulement par deux shérifs, & sans aucun appareil militaire. . . . . Avez-vous le même avantage? Après des arrêts célebres, nous avons entendu des juges persister à dire qu'ils ont passé contre leur avis. Or, comment les autres ont-ils pu être parfaitement tranquilles? Comment l'auroit été ce public qui n'ignore rien? Quelle idée peut-il se faire de la justice, des supplices, lorsqu'il conçoit que l'accusé auroit été déclaré innocent, si le hasard lui avoit donné d'autres juges, un plus grand ou un moindre nombre? Faut-il s'étonner ensuite si votre peuple n'a pas le même respect & la même confiance; si vos exécutions entourées de Satellites, sont toujours accompagnées de soupçons fâcheux, de propos indécens & de blâme indiscret? Faut-il s'étonner enfin, si parmi vous on entend parler d'innocens condamnés? Exiger en France l'unanimité, *ce seroit*, dites-vous, *rendre la condamnation trop difficile, lors même qu'elle seroit évidemment méritée; car la volonté d'un seul pourroit balancer la volonté de tous les autres.* (M. Vermeil, chap. 12.) Mais sauroit-elle être trop difficile cette condamnation d'un de nos freres? Dans le doute, ne vaut-il pas mieux laisser le crime impuni que de condamner l'innocent. *Satiùs enim esse, impunitum relinqui facinus nocentis quàm innocentem damnare.* Croyez-vous même qu'il se sauve beaucoup de coupables? Moins que chez vous peut-être. Et vous en voyez bien la cause. Chez nous, tous concourent à la justice; chez vous, tous la contrarient ou la négligent. Et pour achever le parallele, voyez si avec votre guerre de sûreté intérieure, votre espionnage alarmant, & le mystere éternel de vos procédures, vous avez plus de sûreté & moins de crimes. Notre jurisprudence peut avoir quelques défauts, c'est le partage de la foible humanité. Mais, si les bonnes loix sont celles qui ont le moins d'inconvéniens, la nôtre est sans doute la meilleure. » Ainsi parlent les Anglois.

Qui de nous approfondira cette grande question d'humanité, de sûreté, de justice? Qui, pouvant s'élever par sa dignité au dessus de la censure, & par son personnel au dessus de la critique, osera d'une main sûre écarter les préjugés, avilir la routine, porter dans tous les esprits le flambeau de la vérité, & faire entendre à tous les cœurs le cri touchant de la nature? O Lamoignon! ton ame sublime embrasseroit avec joie cette grande & belle cause de tous les hommes, comme elle prit celle de la religion dans la question du serment, & de la justice naturelle dans la question du conseil des accusés. Tu ne trouverois plus de Pussort. Le digne chef de la justice seroit ton second, & parvenant librement au trône, tu serois exaucé par ce prince respecté par l'Europe, parce qu'il est juste; adoré par tous ses sujets, parce qu'il est moins encore leur roi que leur pere.

Accusé absous, réparation, dommages & intérêts.

105. L'arrêt est rendu. Si l'accusé est condamné, c'est une victime dévouée à la sûreté publique, & puisse sa mort produire l'effet qu'on s'en promet ! S'il est absous, il peut poursuivre sa réparation, conformément à l'art. 7 du tit. 3 de l'ordonnance de 1670, & à la jurisprudence que j'ai consignée n°. 21, pag. 259.

Si l'accusation est *calomnieuse*, il lui est dû des dommages & intérêts, proportionnés à ce qu'il a souffert, à son état, sa fortune & à celle de l'accusateur, du dénonciateur. La justice ne sauroit être trop sévere contre l'un, trop généreuse envers l'autre. Elle pourroit encore ne pas se borner à une indemnité pécuniaire dont se rit l'homme audacieux, barbare & vindicatif, qui jouit encore du plaisir d'avoir compromis, humilié, & peut-être perdu son ennemi. La loi du talion seroit quelquefois salutaire, &, si du moins l'on faisoit quelques exemples séveres, ils rassureroient tout le monde. Voyez les arrêts que j'ai cités n°. 22, pag. 263.

Si l'accusation est *téméraire*, l'accusé absous pourra avoir une réparation moins grande, il est vrai, mais toujours faut-il qu'il soit indemnisé du tort que lui a fait en insistant l'accusateur opiniâtre & riche. Voyez les arrêts que j'ai cités n°. 23, pag. 270.

Si l'accusation est *excusable*, l'accusé n'aura aucune réparation, soit qu'il ait des torts, soit que la poursuite de l'accusateur puisse se justifier par la conviction intérieure de tous qu'ils auroient fait comme lui. Voyez les arrêts recueillis n°. 24, pag. 279.

Mais, *lorsque la société civile, ayant accusé un de ses membres par l'organe du ministere public, succombe dans cette accusation, quels seroient les moyens les plus praticables & les moins dispendieux de procurer au citoyen reconnu innocent le dédommagement qui lui est dû de droit naturel?*

Cette question a été le sujet du prix donné en 1781, par l'académie de Châlons, & cette discussion publique a produit deux grands biens à la fois.

Cette société de freres, que je connois bien, dont l'égalité, l'instruction, la bienfaisance doivent être d'un pôle à l'autre le triple but, vient à Paris d'appliquer à cet objet touchant son attention, ses recherches & sa générosité. Tant il est vrai qu'en France l'exemple d'un bon roi embrase tous les cœurs. Tant il est vrai qu'il suffit d'éclairer les hommes & de leur montrer la vertu, pour qu'ils s'attachent à elle avec ardeur. Les écrits qui l'enseignent sont quelque temps le jouet du doute, de la timidité, de la raillerie de ces hommes pervers qui voudroient que l'Univers fût aussi méchant qu'eux. Les pamphlets passent & le bien reste.

Les mémoires publiés sur cette question, & celui entr'autres de M. de Warville, présentent des vues utiles sur les moyens de prévenir les crimes, d'améliorer l'éducation, de simplifier la police, & d'écarter les accusations mal-fondées. Mais, quand il s'agit de la question principale, tous conviennent de l'impossibilité d'indemniser l'accusé absous. Tous ont raison.

En effet, victime du zele aveugle, de la prévention, de la légéreté du ministere public, confié à un esprit foible ou ignorant ; victime si l'on veut de cette réunion de circonstances qu'on appelle fatalité, lorsque l'innocent aura langui plusieurs mois dans les fers ; lorsqu'il aura perdu son état, sa fortune & les siens ; lorsque sans être coupable, comme Poyet, il aura, comme lui, contracté une de ces infirmités qui naissent trop souvent de l'ennui, du chagrin, du désespoir, du séjour même dans une *prison obscure & mal-saine ;* lorsque rendu à la société il se trouvera seul, isolé, dénué de tout, abandonné par tous, poursuivi même encore par ce soupçon affreux, qui, né du secret de notre procédure, doute également du crime & de l'innocence, ne manque pas de dire qu'*il n'y a point de feu sans fumée*, & d'imputer à protection ou à bonheur ce qui n'est que justice : alors, que seront pour l'innocent absous quelques écus, qui l'humilieront encore, sans lui rendre ce qu'on lui a ravi? Rien au monde ne dédommage de l'honneur, de la paix, de la sûreté & de la liberté.

Que cette grande vérité soit sans cesse devant nos yeux, quand nous commencerons & nous suivrons une instruction criminelle. Qu'elle nous avertisse de mettre dans l'examen de l'accusation, de l'accusateur, de l'accusé, des témoins & des preuves, la lumiere, la circonspection, l'intérêt, la patience, le zele, la *diligence* que recommandoit le grand d'Aguesseau. Si notre devoir nous appelle à poursuivre & à juger, distinguons d'abord les crimes d'avec les délits, les scélérats de profession d'avec les accusés jusques-là sans reproche. Cette séparation précieuse pour la police & à la sûreté, jettera un grand jour sur l'administration de la justice. Quel que soit l'accusé, n'oublions jamais qu'il est homme; qu'il peut être innocent, & qu'il est présumé tel jusqu'à l'arrêt définitif. Si la loi ne nous permet pas, comme dans les autres états de l'Europe, de lui donner un conseil dans toutes les affaires, soyons-le nous-mêmes conformément à la loi romaine. *Quia ipsius est pro accusati laborare innocentiâ.* Soyons ses protecteurs. Nous serons toujours trop tôt ses juges. Si cette loi dont nous ne sommes que les dépositaires nous paroît insuffisante & dure; sans la violer, sans exposer l'innocent, & nous-mêmes par une infraction coupable, modifions-la, adoucissons ses rigueurs. Examinons avec M. d'Aguesseau ce qu'elle laisse à notre arbitrage, ce que nous pouvons *sans nullité*, sans nous compromettre. Heureux de faire tout le bien qui est en nous, attendons avec patience une réforme salutaire. Elle viendra sans doute : elle viendra bientôt. Car nous avons le meilleur & le plus juste des rois. Le trône est environné de ministres vertueux, & sur quelque tribunal que j'attache mes regards, je vois des magistrats éclairés, sages & humains. Seuls ils n'ont rien pu, ils l'ont dit cent fois, & nous le voyons par ce procès-verbal de l'ordonnance, contre laquelle ils ont fait les plus fortes réclamations. Les ténebres regnoient encore. La lumiere est faite : loin de l'éteindre ils la propageront. Ce que nous bégayons, ils le diront avec force. Ils convaincront, & l'humanité séchant ses pleurs, s'asseyera avec eux sur le trône de la justice.

Appel de l'accusé, Acquiescement.

106. Nous venons de supposer l'accusé condamné par un arrêt; mais si le jugement n'est pas souverain, l'accusé peut-il acquiescer, & l'appel n'est-il pas de droit, sur-tout lorsqu'il y a peine afflictive, à plus forte raison lorsqu'il y a peine de mort?

Vous trouvez dans le droit romain une belle loi. « Non seulement, y dit Ulpien, il est permis à celui qui est conduit au supplice d'interjeter appel, mais encore à qui que ce soit, n'eût-il pas charge de l'accusé. Que l'accusé acquiesce à cet appel, ou qu'il s'empresse de subir son jugement, il n'en faut pas moins différer son supplice, L'HUMANITÉ LE VEUT. « *Non tantùm ei, qui ad supplicium ducitur, provocare permittitur, verùm alii quoque, nomine ejus, non tantùm si ille mandaverit, verùm quisquis alius provocare voluerit. Neque distinguitur utrùm necessarius ejus sit, necne. Credo enim* HUMANITATIS *ratione omnem provocantem audiri debere. Ergo & si ipse adquiescit sententiæ : nec quærimus, cujus intersit. Quid ergo, si resistat qui damnatus est adversùs provo-*

cationem ? nec velit admitti ejus appellationem, perire festinans ? Adhuc putem, differendum supplicium. L. 6. D. de appellat. & relat.

Ainsi, par la même raison que les Romains qui n'avoient point de ministere public permettoient à chaque citoyen d'accuser, *cuilibet ex populo*, ils vouloient que chaque citoyen pût interjeter appel au nom de l'accusé condamné, même quand celui-ci s'y seroit opposé.

Cette jurisprudence est fondée sur trois grandes vérités; 1°. que la liberté, la vie & l'honneur du citoyen ne lui appartiennent point, mais à l'humanité, à la société dont il est membre; 2°. que pour les lui ravir, il faut une loi qui statue, & qui soit appliquée à l'espece par des juges nommés pour prononcer; 3°. que ces juges ne peuvent pas prononcer souverainement, & faire exécuter leur jugement, quand même l'accusé, las de la vie, ou ignorant ce qu'il peut, acquiesceroit, à moins que le tribunal ne soit autorisé à juger souverainement & en dernier ressort, par sa constitution, par la nature du délit, par la qualité de l'accusé.

Au mot *Appel*, nous remarquerons avec le président Henaut, combien son établissement a influé sur l'autorité du roi, sur la sûreté & le bonheur des peuples. Mais combien par-tout il a été long-temps méconnu! juste ciel, disoit au commencement du siecle dernier le célebre Brunemann, jurisconsulte Allemand, combien aujourd'hui l'on s'écarte des grands principes de l'administration de la justice criminelle! de quels vices on l'infecte, & quelles horreurs on y commet! On néglige l'instruction, l'information à charge & à décharge, les interrogatoires des accusés, ceux des témoins, la confrontation même : on abandonne la défense de l'accusé, on ne l'entend point comme il devroit l'être dans une procédure bien réglée, & ON LUI REFUSE L'APPEL.

Proh! superi! quanta hodie VITIA *&* SOLŒCISMI *in criminalibus admittuntur? sæpissimè negligitur litis contestatio, interrogatoria generalia, de quibus testes rogandi, omittitur confrontatio. Defensio inquisiti insuper habetur,* SED ET APPELLATIO DENEGATUR. Brunemannus in pandectas, *Colon. Allobrog.* Crammer. 1762, in-fol. tom. 2, p. 432.

Les jurisconsultes François attestent le même désordre qu'avoient peine à détruire les arrêts de quelques parlemens. Ouvrez Gui-Pape, quest. 74, pag. 82, vous y trouvez la question controversée. Ferriere, dans son commentaire, rapporte le célebre arrêt du parlement de Toulouse, du 15 mai 1596, contre le procureur du roi de Beaucaire, qui avoit fait exécuter sur le champ une peine capitale, sous prétexte que l'accusé n'avoit pas appellé. Il fait défenses à tous juges d'exécuter de pareils jugemens, & leur enjoint d'envoyer les accusés à la cour pour être jugés de nouveau, & enjoint au ministere public d'interjeter appel, même quand l'accusé voudroit acquiescer.

Servin, dans ses plaidoyers, arrêt du premier décembre 1601, pag. 229, écrit : « quant à ce que l'on dit, que l'appellant a renoncé à son appel à l'instant qu'il l'auroit interjeté; *telle renonciation ne devoit être reçue, le droit étant acquis à l'accusé d'être jugé par les juges d'appel*, c'est-à-dire, en cette cour, où la provocation est comme elle étoit jadis à Rome, *velut arx libertatis & tribunal Cæsaris*, où l'apôtre provoqua : nul ne pouvant se départir du bénéfice de provocation, après même qu'il en a usé; d'autant que l'homme n'est pas maître de ses membres. »

L'abus existoit si bien encore au milieu du siecle dernier, que le parlement de Provence fut obligé de rendre, le 5 janvier 1658, arrêt « qui fait défenses à tous juges de la province de procéder à l'exécution de toutes sentences portant condamnation de mort ou des galeres perpétuelles, qu'ils n'aient au préalable averti ladite cour, & renvoyé remettre leurs jugemens avec la procédure criminelle pardevers le greffe criminel d'icelle pour y être par elle ordonné, le procureur général du roi oui, ce qu'il appartiendra par raison, à peine de suspension de leur charge, de 3000 liv. d'amende, & autre arbitraire. » (Arrêts du président de Regusse, tom. 1, pag. 33.).... Réglemens insuffisans, puisque l'accusé ne devant pas être traduit au parlement, & interrogé par les juges, il est évident qu'il n'étoit pas défendu, puisqu'il ne parloit pas à ses juges souverains.

L'ORDONNANCE de 1670 a parfaitement statué sur ces deux points. Eh! plût au ciel que toutes ses dispositions eussent le même caractere. Elle dit, tit. 26, art. 1. « toutes appellations des sentences préparatoires, interlocutoires & définitives, de quelque qualité qu'elles soient, seront directement portées en nos cours, chacune à son égard, *dans les accusations pour crimes qui méritent peine afflictive :* & pour les autres crimes, à nos cours, ou à nos baillis & sénéchaux, au choix & option des accusés. ».... Art. 6. *Si la sentence rendue par le juge des lieux porte condamnation de* PEINE CORPORELLE, *de* GALERES, *de* BANNISSEMENT A PERPÉTUITÉ, *ou d'*AMENDE HONORABLE, *soit qu'il y en ait appel ou non, l'accusé & son procès seront renvoyés ensemble & sûrement en nos cours.*

Cette loi honore la législation françoise, d'autant plus, qu'ailleurs la nécessité des appels n'est pas encore parfaitement réglée. Par-tout, hors en Pologne, on a adopté l'établissement du ministere public, mais l'on ne l'a pas assujetti à interjeter appel, ensorte que l'accusé condamné à la mort, a pu subir son supplice sans user du droit de l'appel, sans le connoître, ou sans avoir la force d'en faire usage; & ainsi l'on a perdu un homme que les juges supérieurs auroient peut-être absous, ou dont ils auroient mitigé la peine.

Nous avons une preuve de cette vérité dans un fameux procès criminel fait à Rome en 1753, sous le pontificat de Benoît XIV.

Un sbirre, accusé d'avoir violé & défloré une jeune fille, avoit été condamné à la mort; il n'avoit pas interjeté appel: l'avogador & l'avocat des pauvres l'avoient négligé. Il y a des momens où tout le monde s'oublie, quand la loi ne parle pas impérieusement. Il marchoit à la mort. Deux jurisconsultes étrangers, MM. *Torre* & *Balsarini*, instruits du titre de l'accusation & du jugement, arrêtent fiérement le redoutable cortege. « Qu'allez-vous faire, dirent-ils? si ce malheureux n'a pas su appeller, pourquoi personne ne l'a-t-il osé pour lui? Etrangers, mais hommes, nous interjetons appel de ce jugement. La loi romaine, toujours vivante, nous y autorise, & quand l'accusé lui-même acquiesceroit, notre appel suspend l'exécution de son jugement. Nous soutenons cet accusé innocent, & quand il seroit coupable, nous plaidons qu'il ne peut pas perdre la vie, & qu'il doit être seulement condamné aux mines, *ad metalla*. Si nous conservons la vie à un homme que la loi, en le supposant coupable, ne condamne point à la mort, nous croirons avoir bien mérité de l'humanité, de la justice & de la cité. »

Cette démarche noble & touchante, la dignité, le savoir & le caractere de ces deux jurisconsultes en imposerent. On arrête le supplice; on en rend compte au préfet de Rome, qui en réfere au pape. Sixte-Quint eût puni l'audace généreuse des appellans; Benoît XIV, grand jurisconsulte lui-même, puisqu'il avoit été vingt ans avocat, d'ailleurs humain, compatissant, & aimant à pardonner certains délits, blâma le premier juge, l'avocat des pauvres, & l'usage qu'il n'abolit point cependant par une nouvelle loi, & renvoya l'appel au tribunal de la signature. L'affaire y fut plaidée avec le plus grand éclat, & le sbirre interrogé

& convaincu de nouveau, fut seulement condamné aux galeres.

Cette affaire, qui fit beaucoup de bruit en Italie, donna lieu à un ouvrage que j'ai sous les yeux : *De pœna stupri cum puellâ immaturâ dissertatio D. D. comitùm Marci Torre patricii Veronensis & Jacobi Balsarini patricii Methonensis : accedit elucubratio anatomica desumpta ex operibus D. Cajetani Petrioli romani, &c. Romæ Salomon 1754, in-4°.* Je reviendrai sur cet ouvrage aux mots *Défloration*, *Grossesse*, *Viol*, & je comparerai notre jurisprudence sévere avec celle des états du chef de l'église.

Ce trait prouve que si la jurisprudence françoise a ses taches, celle des autres états de l'Europe n'en est pas absolument exempte, à commencer par l'Angleterre. Si nous avions des détails sûrs, nous verrions ainsi par-tout, depuis quelques années, un nouveau jour éclairer sur les vices de la législation criminelle.

État actuel de la jurisprudence.

107. C'est dans l'histoire de l'esprit humain une époque remarquable, que celle où toutes les nations de l'Europe ouvrant les yeux sur leur jurisprudence criminelle, se sont tout à coup occupées des moyens de la refondre. Elles y étoient appellées par la religion, l'humanité, la politique & la justice elle-même ; car cette justice qu'on affecte de peindre armée d'un glaive menaçant, tient encore une balance. Si l'on y pese d'un côté les délits & de l'autre les peines, il n'est que trop vrai qu'elles sont dictées par le pouvoir impatient, la fortune inquiete, la crainte, l'ignorance & la barbarie. Il n'est que trop vrai qu'elles n'ont pas produit l'effet attendu. En mettant encore dans cette balance d'un côté les maux qu'on a faits & de l'autre ceux qu'on a fuis, on s'étonne, on rougit, & les larmes coulent.

Ce défaut général vient de ce que les loix appellées criminelles ont été faites par-tout sans base, sans plan & sans vues, comme toutes les parties de la plupart des gouvernemens. Je ne saurois trop le répéter : au lieu de s'occuper des moyens de prévenir les crimes, on n'a vu que ceux de les punir. On a même oublié d'enseigner aux hommes leurs devoirs, comme s'il leur suffisoit du droit naturel, étranger ou presque nul dans la plupart des sociétés politiques.

Après la loi donnée à Moyse sur le Tabor & la loi romaine des douze Tables bientôt accrue & défigurée, ce fut une idée sublime que celle de François I, lorsque, parlant au lit de justice, du 5 janvier 1518, il annonça qu'*il vouloit composer un code, où chacun de ses sujets pût commodément s'instruire de ses devoirs.* C'est l'idée de Catherine II ; & ce sera celle de tous les génies bienfaisans. C'est encore François I, qui, dans la trop fameuse séance du 21 janvier 1535 disoit : *Il convient que chacun pense quelle noirceur & quelle perfidie ce seroit d'intenter MÉCHAMMENT ou sur de LÉGERS INDICES une ACCUSATION CAPITALE. Il convient encore que les JUGES EXAMINENT SCRUPULEUSEMENT quelles sont les qualités de l'ACCUSATEUR & de l'ACCUSÉ, s'il n'y a eu auparavant entr'eux, ni querelles, ni procès, ni rivalité, & qu'ils infligent au coupable dénonciateur la peine qu'il vouloit faire souffrir à l'accusé.* (Hist. de France, par M. Garnier, tom. 12 de l'édition in-4°., pag. 553.)

Avec des idées aussi saines sur l'abus des accusations & sur les vices de la jurisprudence, qu'il comparoit à un *labyrinthe obscur & tortueux*, comment ce grand roi pût-il agréer cette ordonnance de 1539, qui augmentoit le mal ? C'est-là un de ces points historiques sur lesquels on ne peut trop revenir, afin de détruire le respect aveugle qu'inspire cette loi, base de l'ordonnance de 1670,

& que M. Vermeil a eu le courage d'appeller BARBARE.

Or, il faut obſerver que cette ordonnance de 1539, avoit deux belles parties, l'une qui ſtatuoit que tous les actes & jugemens ſeroient écrits & prononcés *en langue mere françoiſe*, l'autre qui diminuoit prodigieuſement l'immenſe juriſdiction eccléſiaſtique. Dans la premiere de ces parties Poyet flattoit le reſtaurateur des lettres: dans la ſeconde, il paroiſſoit d'autant meilleur ſerviteur du roi, qu'étant prêtre, ayant deux abbayes, il prétendoit comme Duprat à la pourpre romaine. Le roi, qui n'entendoit rien aux formes de la procédure, n'imaginoit pas l'art avec lequel, pour perdre l'amiral Chabot, Poyet fabriquoit une machine infernale, qui devoit ébranler l'état entier.

De là, quand le parlement refuſa d'enrégiſtrer, & arrêta des remontrances, Poyet prévint & indiſpoſa d'autant plus aiſément le roi, qu'il étoit inabordable par l'éruption de ſon affreuſe maladie. Poyet écrivit le 24 août à l'avocat général Raymond, une lettre ironique & menaçante, d'après laquelle le parlement enrégiſtra DE L'ORDRE ET EXPRÈS COMMANDEMENT DU ROI. Cet enrégiſtrement fut porté au roi avec les remontrances. Le roi inviſible ne lut, n'entendit rien; & Poyet répondit ſéchement qu'il falloit OBTEMPÉRER.

Ce détail eſt précieux pour ceux qui conſiderent quel rang l'opinion publique & la juriſprudence aſſignent aux loix enrégiſtrées de cette maniere. C'eſt le cachet de l'aveugle obéiſſance. Mais, lorſque la raiſon, la liberté & la juſtice reprennent leurs droits, les loix vicieuſes ainſi enrégiſtrées tombent d'elles-mêmes : & juſques-là elles ſont encore attaquées par les vrais juriſconſultes. Ainſi Dumoulin, dans ſon commentaire ſur cette ordonnance de 1539, imprima : VOYEZ LA TYRANNIQUE LOI DE CE SCÉLÉRAT DE POYET. *Vide tyrannicam impii iſtius Pogeti opinionem.* Plus haut il dit : VOYEZ LA BARBARE INJUSTICE AVEC LAQUELLE ON OTE AUX ACCUSÉS JUSQU'A LEUR DÉFENSE NATURELLE. *Vide duritiam iniquiſſimam per quam etiam defenſio aufertur :* & il rit avec tout le monde de la maniere dont, PAR UNE JUSTE PUNITION DU CIEL, la loi retomba ſur ſon auteur, parce que le plus grand nombre des juges affecta de la faire exécuter contre Poyet à la rigueur. *SED NUNC JUDICIO DEI JUSTO, redundat in auctorem; quia major pars judicum voluit hanc ſervare conſtitutionem hoc menſe octobri 1544. SED EST PERNITIOSISSIMA CONSEQÜENTIA.* (Molinæus, tom. 2, pag. 792 & 793.)

C'étoit en effet une HORRIBLE ET FUNESTE CONSÉQUENCE. Car les juges ayant ainſi fait exécuter contre ſon auteur la tyrannique ordonnance de 1539, ne crurent pas devoir en demander l'abrogation. C'eût été un grand exemple de juſtice de perdre ainſi par ſes propres armes le légiſlateur pervers, & tout de ſuite, de motiver l'abrogation même par la pitoyable défenſe de Poyet. Mais le parlement n'eut pas ce courage, & ſe contenta, malgré l'ordonnance, d'admettre *à venir à l'audience* auſſi-tôt après l'information. D'ailleurs, le roi malade avoit de l'humeur contre le parlement, & ce n'eſt pas la premiere fois que la prévention, la ſurpriſe, l'erreur, la faute d'un ſeul homme, ont influé ſur les loix les plus importantes, les plus grands événemens, le ſort des empires & le bonheur des races futures.

Après François I vinrent l'ineptie & l'accident de Henri II, les épouvantables déſordres des regnes des trois freres, & le regne fortuné de Henri IV, poignardé au moment où tranquille enfin, il ſongeoit à tout refaire. Enſuite, loin de réformer une juriſprudence qui favoriſoit ſes principes, ſes jugemens ſecrets & Laubardemont, Richelieu la fit cimenter par l'ordonnance de 1629, qui aboliſſoit le renvoi à l'audience. A ſa mort, les eſprits, menés par la terreur & la routine, avoient plié ſous le joug de la juriſprudence nouvelle, & Puſſort eut moins de peine à faire de cette loi *barbare* la baſe de l'ordonnance de 1670.

J'ai rappellé les efforts nouveaux du parlement, les diſcours du grand Lamoignon, la critique adroite du chancelier d'Agueſſeau en 1699, les traits vigoureux d'Ayrault, qu'il faut mettre avec Dumoulin dans le petit nombre des juriſconſultes que Bretonnier appelle LES DERNIERS DES ROMAINS. *Après eux*, ajoute-t-il, *on ne trouve plus perſonne qui ait eu un zele ſi ardent pour le bien de la juſtice, & un amour ſi ſincere pour la patrie.* (Henrys & Bretonnier, tom. 2, liv 3, queſt. 31, pag. 301, edit. de 1708.)

La juriſprudence criminelle a eu le ſort d'une infinité de grands objets qui tiennent à la liberté & au bonheur des hommes. Telle a été l'éducation des ſourds & des muets auxquels nous avons vu l'ordonnance de 1670 donner, lorſqu'ils étoient accuſés, des curateurs qui ne les entendant pas, & ne les comprenant pas, ne pouvoient pas les défendre. Un ſiecle auparavant, l'Eſpagnol Ponce avoit publié ſur l'éducation de ces malheureux une inſtruction utile, que ne connoiſſoit pas Puſſort, & dont il s'enquéroit peu. En 1750, Perere fit de nouveaux efforts & fut dédaigné. L'abbé de l'Epée a forcé de rougir le monde ignorant & inſenſible, en formant ſecrétement & à ſes frais cette inſtitution humaine, & imprimant que les familles avoient la cruauté d'abandonner ces malheureux enfans, & qu'*il y a encore des pays barbares où l'on fait mourir à l'âge de trois ans les enfans qui ne peuvent ni entendre, ni parler, parce qu'on les regarde comme des monſtres.* (Inſt. des ſourds & muets, Paris, Nyon 1776, pag. 3.)

L'inſtant où nous avons enviſagé avec une juſte pitié cette portion malheureuſe de la ſociété, eſt celui où revenus de notre longue léthargie, nous avons ouvert les yeux ſur notre juriſprudence criminelle, & où libres de publier nos ſentimens, nous nous en ſommes tous occupés chacun ſuivant nos forces.

Que cette lumiere qui nous a éblouis vienne du nord; qu'on en ait pris quelques étincelles dans l'*eſprit des loix*; que le marquis de Beccaria, par ſon traité des délits & des peines, ait ſecoué ſur toute l'Europe le flambeau de la vérité; que par ſon programme la ſociété de Berne ait donné un exemple reſpectable, bientôt ſuivi par d'autres académies; de quelque part enfin que nous vienne ce jour doux & ſalutaire, il eſt certain qu'il exiſte, que nous en jouiſſons ſans contrainte; & graces aux bons écrits répandus de toutes parts, nous ne redoutons plus les ténebres. Le malheureux juriſconſulte, qui eſſaie encore de nous ramener ſur nos pas, pour prix de ſes ridicules efforts, eſt livré à l'indignation, au mépris & au ſilence.

Nous voyons enfin dans la juſtice criminelle la ſauvegarde de la liberté; & la république de Lucques nous le diſoit depuis long-temps, en mettant à la main de ſon podeſtat, (préſident de la rote criminelle, confiée, comme celle de Gênes, à des étrangers) une baguette d'argent, qu'il montre ſans ceſſe au peuple, & ſur laquelle eſt gravé ce mot unique *LIBERTAS*.

Nous voyons dans la juſtice criminelle non l'art barbare & le droit terrible de punir les crimes, mais la ſcience précieuſe de les prévenir par l'éducation, l'inſtruction, la police & l'ordre: étude profonde, digne de fixer le légiſlateur, l'adminiſtrateur, le magiſtrat, le juriſconſulte, le philoſophe, le citoyen, l'homme enfin éclairé, non par d'abſtraites ſpéculations, mais par l'humanité, par la connoiſſance du cœur humain, par l'habitude des erreurs & des vices de la ſociété corrompue.

Nous avons apperçu que notre légiſlation confond trop arbitrairement les actions qu'elle appelle crimes & ceux qu'elle appelle accuſés; qu'il faut bien distinguer les délits solitaires des délits d'habitude, & les délinquans par accident des criminels de profession ; nous sommes convaincus que c'est contre ceux-ci que doivent se tourner tous les efforts de la justice & de la police, & que si l'on pouvoit en garantir la société, le reste ne présenteroit plus que des événemens rares, contre lesquels on pourroit s'en rapporter aux mœurs, à l'arbitrage des juges, & n'opposer que des peines d'opinion, raisonnées d'après la nature même, les motifs & les circonstances de chaque délit.

Nous avons éclairé l'affreuse & sombre caverne de l'instruction criminelle, & nous y avons découvert pêle-mêle les cadavres défigurés des Chabot, des Poyet, des Grandier, des Fouquet, des Lebrun, des Langlade, des Calas, des Montbailli, & ceux-ci fumans encore, ne nous ont demandé d'autre vengeance, que celle de nous garantir des mêmes malheurs.

Frappés de la grandeur du danger, nous avons fait pour le fuir quelques pas chancelans. Mais l'état de notre jurisprudence est celui où après une longue & affreuse maladie, l'homme, commençant à revoir le jour, redoute les remedes salutaires qu'on lui donne, & n'a pas même la force de les supporter ; heureux si la rechûte ne le met pas dans un état pire encore !

Nous ne craindrons pas ce malheur. Les loix du nouveau regne nous rassurent. Nous le sommes encore par l'esprit général des tribunaux, par l'art heureux avec lequel la justice criminelle, livrée presqu'entiérement à leur arbitrage, est modifiée jusqu'à la salutaire refonte du code. Mais gardons-nous de nous contenter de ces adoucissemens. Craignons encore l'ignorance, la timidité, les erreurs & la corruption. Que la liberté, l'honneur & la vie ne dépendent plus que des loix, & que les loix soient ce qu'elles doivent être. Comme Ayrault, nous écrivons sous Henri IV, unissons-nous pour ramener le regne de l'humanité, de la vérité, de la justice, & du moins laissons à nos enfans ce précieux patrimoine.

Conclusion.

108. Je termine par cette douce image ce traité des accusations. Mais, le dirai-je? j'ai la douleur de craindre qu'il ne produise pas sur mes lecteurs tout l'effet dont l'espoir seul m'a soutenu.

Les uns, après avoir passé à Brillon ses longs plaidoyers & son immense traité des bénéfices, s'étonneront de voir l'étendue de cet article *Accusation*, comme si ce que j'y ai jeté n'étoit pas autant de gagné sur le reste de l'ouvrage.

Pour hâter ma marche & mettre plus d'ensemble, j'ai élagué quelques points, tels que l'information, l'interrogatoire, le récolement & la confrontation qui se retrouveront à leur place, comme au premier volume la confrontation entre accusés, sous le mot *Accarement.* Dans le même esprit je n'ai parlé, ni des délits, ni des peines qui sont pourtant la cause & la fin des accusations.

Les crimes ne sont que trop connus, & c'est aux moyens de les prévenir plus qu'à l'art de les punir, que semblent devoir s'attacher le législateur, l'administrateur, le magistrat & le jurisconsulte. Ce point si intéressant au bonheur public, se placera naturellement au mot *Crime.* Les Anglois appellent cette justice PRÉVENTIVE. *The justice preventive.* Nous n'avons pas ce mot, comme avant l'abbé de St. Pierre, nous n'avions pas celui de *Bienfaisance.*

A l'égard des peines, que n'a-t-on pas dit sur leur nature, leur proportion, leur effet? Combien, d'après des observations suivies, j'aurai à insister sur les enfermemens, la prison, le bannissement, les galeres, la question & la roue !

Lorsqu'un malheureux est condamné, c'est quelque chose pour lui que sa peine soit adoucie. C'est beaucoup encore de de convaincre le peuple de la justice, & même, si je puis le dire, de l'*humanité du supplice*. Mais c'est tout de ne pouvoir être accusé ni décrété sans examen, sans distinction & sans mesure. C'est tout au sein de l'honneur & de la paix, de pouvoir se dire qu'on ne sera point enlevé, traîné, & séparé de tout ce qu'on a de cher, par la calomnie, le faux zele, la méprise, l'erreur, l'ignorance, la dureté, l'orgueil, & qu'on ne périra pas dans une prison *obscure & mal-saine*. C'est tout de n'être pas englouti dans une procédure mystérieuse, inextricable, avilissante, meurtriere, désespérante même pour le juge éclairé & sensible, telle enfin que, si Poyet & Pussort la présentoient aujourd'hui pour la premiere fois, sans doute ils seroient repoussés avec indignation. C'est tout de pouvoir s'assurer que, si l'on a le malheur d'être accusé injustement, parce que l'erreur & l'injustice ravagent la société civile, du moins avec une procédure simple, sage, lumineuse, & défendu comme on doit l'être, on n'augmentera pas le nombre des innocens condamnés.

Ces objets si importans au bien de l'état, à l'honneur de la justice, à la sûreté publique, au bonheur & à la tranquillité des individus, forment ce que nous appellons l'instruction criminelle. J'ai cru qu'il étoit intéressant de les réunir dans le même cadre, sous les mots *Accusation*, *Accusateur*, *Accusé*, auxquels ils appartiennent naturellement: car, sans eux, il ne peut y avoir, ni jugement, ni procédure.

J'ai pris l'accusation, l'accusateur, l'accusé à leur naissance; je les ai suivis dans les routes diverses, tracées tantôt par la loi, tantôt par la jurisprudence, tantôt par la routine, quelquefois même par les foiblesses, les passions & les vices. Et essayant de les éclairer dans le moindre sentier, je les ai conduits jusqu'à leur fin. En suivant cette marche, j'ai tâché de donner quelque liaison à mes idées par l'ordre, le rapprochement & les résultats. J'ai essayé de faire un traité commode & plus complet que ceux qui ont paru jusqu'à présent. Et s'il en est un d'utile, sans doute c'est celui-là.

Si j'ai été assez heureux pour aller plus loin que mes prédécesseurs, je n'en tirerai pas vanité. J'ai profité de leurs connoissances & de leurs erreurs même. Ils auroient mieux fait sans doute. J'ai l'avantage d'écrire dans un temps de lumiere, sous un roi qui chérit & protege également la vérité, la justice & le bonheur des hommes. *Nunc tandem redit animus.* (Tacit. Ag. vit. III.)

Si quelqu'un ne desirant que *ce qui est*, s'inquiétant peu de *ce qui pourroit* ou *devroit être*, regrettoit la place que j'ai donnée à cette derniere partie, je demanderois d'abord comment aujourd'hui, après tout ce qui a paru sur le droit criminel & dans l'agitation des esprits, il seroit possible de résister à la tendance générale. D'ailleurs exprimer le vœu public pour une réforme salutaire, n'est-ce pas dire *ce qui est?*

De plus, si l'on veut bien considérer avec attention cet article, on verra que tout s'enchaîne; que les plus grandes questions ne sont point décidées par nos ordonnances; que nous recourons au droit romain & à la jurisprudence des arrêts; que cette jurisprudence est si versatile, si contradictoire, qu'il est échappé aux auteurs les plus timides, tels que Bruneau, d'écrire qu'*il n'y a rien de stable aux jugemens des hommes.* C'est un vaste champ, dans lequel il est d'autant plus libre de combattre, qu'au dessus de cette jurisprudence est la justice primitive, *ce droit naturel*, *plus ancien*, comme disoit M. de Lamoignon, *que toutes les loix humaines*. Qui oseroit le repousser, ou qui me feroit un crime de le rappeller parmi nous?

Notre justice criminelle est ce *labyrinthe obscur & tortueux* que François I envisageoit avec répugnance, & auquel il vouloit substituer un code *où chacun pût commodément consulter ses devoirs.* Ce grand ouvrage est réservé à la législation, mais ce qui appartient au jurisconsulte, ce qui pour lui est un devoir sacré, c'est de tendre un fil secourable : je l'ai essayé, il falloit suivre Dumoulin, Ayrault, Lamoignon, d'Aguesseau, ou bien Serpillon, Jousse & Lacombe, & je n'ai pas hésité. J'aime mieux qu'on m'accuse d'avoir porté la coignée dans la forêt, que d'avoir augmenté les ténebres & agrandi l'abyme.

C'est un Dictionnaire que je fais. Mais, c'est par-là seulement que je racheterai les défauts justement reprochés à ce genre d'ouvrages. C'est un Dictionnaire de jurisprudence. Mais se croira-t-on jurisconsulte, parce que, sans choix, sans ordre, sans liaison, sans idées, sans principes sûrs, & sans vues utiles on aura l'art accablant & perfide d'entasser des loix, des arrêts, des opinions, de présenter des doutes & jamais le moyen de les résoudre? Est-on vraiment jurisconsulte quand on ignore ce qui a été, ce qui est ailleurs, & ce qui peut être encore? Est-ce ainsi qu'écrivoit en Allemagne cet Heinneccius, l'instructeur du prince d'Orange, & l'oracle du dernier roi de Prusse?

Pouvois-je sans une réticence injurieuse au trône, à la magistrature, à la nation même, ne pas exposer l'opinion publique sur notre droit criminel, l'esprit de douceur & d'humanité avec lequel les parlemens le temperent, les belles loix du regne actuel, & l'espoir qu'elles donnent?

Pouvois-je ne pas regarder comme un devoir la notice que j'ai donnée du droit étranger? Tandis que la timidité se défie des nouveautés, la sagesse enseigne à consulter l'expérience. Au milieu des idées que répand chaque jour l'effervescence des esprits, c'est quelque chose de pouvoir jeter un coup-d'œil rapide sur la jurisprudence des peuples de toute l'Europe, & d'apprendre le bien ou le mal qu'ils font à leur tour. Car, il n'est point de pays où l'observation ne trouve quelque loi ou quelque usage remarquable. L'auteur de la *Riforma d'Italia*, proposoit au pape de faire voyager, d'apporter en masse, de comparer & de choisir. Ce projet a été renouvellé depuis. Foibles humains que nous sommes, nous savons *guerroyer* avec tant de gloire, nous avons poussé si loin cet art homicide : & quand il s'agit d'être heureux par la justice, nous nous renfermons orgueilleusement dans nos ruines ; nous attendons qu'elles nous écrasent !

Pouvois-je exposer l'état de la jurisprudence françoise sans montrer son origine, ses progrès, ses variations, ses contradictions, &, si j'ose m'exprimer ainsi, son tempérament, ses foiblesses, ses maladies & ses ressources? Ces recherches difficiles & délicates peuvent être vaines dans quelques parties du droit positif, où la volonté du législateur fait tout, & toujours pour le mieux. Il peut être indifférent que les successions soient réglées comme dans le droit écrit ou dans les coutumes, & chacun tient à ses usages. Mais quand il s'agit de la sûreté personnelle, alors tous n'ont qu'un esprit & un vœu. Depuis le marche-pied du trône jusqu'à la plus pauvre chaumiere l'intérêt est égal ; le cri est universel, parce que nul, si grand & si puissant qu'il soit, n'est à l'abri des funestes effets de l'accusation. Elle engloutit la fortune & le rang, l'innocence & le crime. Telle est même l'étendue de ce gouffre caché sous nos pas, tel est le pitoyable état de la jurisprudence criminelle d'une grande partie de l'Europe, tel est enfin le danger de l'exemple que, rendant en 1779 le plus terrible des jugemens, (pag. 401) Liege s'est autorisée de l'opinion de nos jurisconsultes & de deux de nos arrêts du XVI siecle : ensorte que, ne pas jeter, quand on le peut, quelque jour sur notre droit criminel, ce seroit se rendre coupable envers toute la famille humaine.

Tels sont les grands motifs qui m'ont dicté ce long article. Je devois les consigner ici en finissant, afin qu'on ne m'impute pas le ton & l'abus de cet esprit de réforme qui, blâmant avec aigreur, & détruisant sans reconstruire, indispose, inquiete & retarde le bien qu'il propose. Personne ne respecte plus que moi la religion, le souverain, la justice & la patrie. Personne n'a loué avec plus de plaisir la magistrature françoise, & s'il falloit ajouter, je dirois avec quelle joie j'apprenois hier, que le parlement de Paris, au rapport de M. Dionis du Sejour, avoit sauvé un curé, qu'avoit condamné cruellement un premier juge pour une étourderie. Nos fastes judiciaires se remplissent chaque jour de pareils traits de modération, d'humanité & de véritable justice.

Mais notre jurisprudence existe, & le mal fait se perpétue sans que les parlemens puissent l'arrêter. Or, cette jurisprudence, je l'ai montrée telle qu'elle est, ouvrage des siecles d'ignorance & de barbarie, comme la plupart de celles de l'Europe : il faut bien la découvrir, si l'on veut la réformer. Il faut bien que quelqu'un s'asseie sur la breche.

Je ne me flatte pas d'influer sur la réforme que nous desirons tous. J'ai sans cesse devant les yeux cette grande vérité de Montesquieu. *Dans un temps d'ignorance on n'a aucun doute, même lorsqu'on fait les plus grands maux. Dans un temps de lumiere, on tremble encore lorsqu'on fait le plus grand bien.* Ce mot explique comment nous avons une mauvaise jurisprudence criminelle, & comment sa réformation est longue & difficile.

Mais j'aurai fait quelque bien, si, me trouvant au milieu de l'incendie, &, sans calculer froidement mes forces, m'élançant dans les flammes, je suis assez heureux pour leur arracher quelques-uns des infortunés qu'elles dévorent, atteignent ou menacent. Voyez le discours préliminaire de ce volume.

ACEMETES.

(Droit ecclésiastique.)

Vers l'an 459, il s'établit à Constantinople un monastere de moines appellés *Acemetes* du mot grec ΑΚΟΙΜΗΤΟΙ, qui signifie veillans, ou qui ne se reposent point; on conçoit cependant que ces moines ne faisoient pas profession de ne point dormir; mais leur instituteur (qui selon les uns, fut l'abbé Alexandre, selon quelques autres Studius, ce qui les a encore fait appeller Studites) les avoit divisés en six chœurs qui chantoient l'office tour-à-tour se succédant les uns aux autres, de maniere que les louanges de Dieu étoient célébrées sans interruption à toutes les heures du jour & de la nuit. L'abbé Alexandre éprouva des contradictions, & même des vexations : on soupçonna ses disciples d'une conduite équivoque, attendu qu'on ne les voyoit point travailler, & qu'on ne concevoit pas par quels moyens il pouvoit fournir à leur entretien. Les acemetes, ayant donc été forcés de se séparer, se retirerent dans un nouveau monastere à demi-lieue de Constantinople : ils l'appellerent paisible, du mot grec ΕΙΡΗΝΑΙΟΝ, qui exprime l'état de liberté dont ils jouirent après tant de troubles. C'est-là qu'arriva cet événement singulier qui donna lieu, selon les historiens ecclésiastiques, à la loi de l'empereur Léon pour les asyles, publiée la troisieme année de son consulat, environ l'an 466. *(L. 3. C. de his qui ad ecclef. & L. 3. C. Theodof. ibid.)*

Ardaburius, un des plus puissans seigneurs de la cour de l'empereur, avoit juré la perte d'un autre courtisan, qui se réfugia chez les acemetes, alors dirigés par l'abbé Marcel. Celui-ci refusant de livrer son nouvel hôte, Ardaburius fit assiéger le monastere : la plupart des moines effrayés, conjurerent leur supérieur de ne pas exposer leur maison à une ruine évidente ; mais il sut les rassurer, en leur promettant le secours de la providence. *On a écrit* que, comme les soldats se disposoient à forcer le monastere, ils apperçurent un feu qui lançoit sur eux comme des traits de foudre. Ils mirent bas les armes, implorerent l'assistance du saint abbé, qui arrêta les effets du courroux céleste, & obtint ensuite aisément d'Ardaburius, instruit du prodige, la grace du réfugié.

C'est des acemetes qu'il est question dans la lettre de Justinien au pape Jean, & dans la réponse de ce chef de l'église à l'empereur, qui se trouvent l'une & l'autre au titre du code *de sanctissimâ Trinitate*. Ces moines soutenoient qu'on ne pouvoit pas dire que la sainte Vierge fût vraiment & proprement la mere de Dieu, & qu'un de la Trinité se fût incarné, & ils avoient envoyé deux députés Cyrus & Euloge pour plaider leur cause auprès du pape, & l'engager à prononcer conformément à leurs principes. Justinien députa de son côté à Rome Hypace, archevêque d'Ephese, & Démétrius, évêque de Philippes, pour lui faire approuver l'édit qu'il avoit proposé de l'avis des évêques d'Orient, contre les opinions de quelques moines qui se laissoient aller aux erreurs de Nestorius, *à quibusdam paucis monachis malè & judaicè secundùm Nestorii perfidiam*. Le pape, après avoir vainement tenté de ramener Cyrus & Euloge, fut obligé de les déclarer exclus de sa communion, ensuite de leur obstination à combattre cette proposition, *un de la Trinité a souffert*. En conséquence, pour que sa sentence fût plus expresse, il inséra la lettre de l'empereur dans la sienne. On voit dans celle du pape, qu'il approuve l'édit de Justinien comme conforme à la saine doctrine & à l'avis de ses freres les évêques. *Quod quia apostolicæ doctrinæ convenit nostrâ auctoritate confirmamus*. . . . *FRATRUM ET COEPISCOPORUM NOSTRORUM INTERVENIENTE CONSENSU*. On voit dans celle de Justinien, qu'il regardoit Rome comme le centre de l'unité, *ET QUÆ AD VOS EST UNITAS SANCTARUM ECCLESIARUM inturbata servabitur*.

La coutume de prier Dieu nuit & jour sans interruption passa d'Orient en Occident, vers l'année 516 ; & elle y commença dans le monastere d'Agaune, fondé depuis peu par Sigismond, roi de Bourgogne. Ce prince l'y établit pendant la retraite qu'il y fit pour pleurer la mort de Giséric son fils d'un premier lit, qu'il avoit sacrifié à la passion & aux calomnies de la fille de Théodoric sa seconde épouse : *Ad sanctos Agaunenses abiens per multos dies in fletu & jejuniis durans, veniam precabatur, PSALLENTIUM IBI ASSIDUUM INSTITUENS*. Gregorius Turonensis, *lib.* 3, *cap.* 6. *Histor. Francor. pag.* 107, *edit. Ruinart*.

Ce premier établissement mit en vogue le nom d'*acemetes* & leur psalmodie perpétuelle : le monastere de St. Denis & plusieurs autres en France, tant d'hommes que de filles, se conformerent à cette regle. Il paroît par l'abrégé des actes de Ste. Saleberge, recueillis dans un manuscrit de Compiegne, cité par le pere Ménard, que cette sainte avoit rassemblé dans un vaste monastere, trois cents religieuses partagées en plusieurs chœurs différens, qui faisoient retentir tour à tour leur église du chant des pseaumes. L'adoration *perpétuelle* du St. Sacrement, pratiquée de nos jours par une sainte association, doit sans doute son origine à l'institut & à l'exemple des *acemetes*. Voyez les histoires ecclésiastiques de Godeau, *tom.* 3, *liv.* 2, *pag.* 388, *in-fol.* de Tillemont, *tom.* 12, *pag.* 490, *in-4°.*; de Fleuri, *tom.* 4, *liv.* 25 & 27, *pag.* 324 & 497, *in-4°.*, enfin l'histoire littéraire de Cave, *pag.* 238, *de l'édit. de Gabriel de Tournes de* 1720, *in-fol.* Voyez encore ci-après les mots *Asyle*, *Massaliens*, *Nestoriens*, *Pape*, &c.

ACEPHALES.

(Droit ecclésiastique. Police.)

1. Ce mot dérive du grec, ΑΚΕΦΑΛΟΣ, qui signifie un errant, un vagabond, sans chef & sans supérieur.

Prêtres.

2. Il s'applique d'abord à ces prêtres qui vivent sans avoir de domicile certain, sans s'astreindre au gouvernement d'un prélat quelconque. *Acephalos nuncupari sacerdotes qui sub nullius episcopi disciplinâ vel providentiâ gubernentur, velut sine capite intelligi debeant, sicut prisca sanxit consuetudo.* Cælius Rhodiginus, *lib. 5, lect. antiquar. pag. 258, edit. Genevæ 1620, in-fol.*

Les saints canons, & notamment ceux des conciles & synodes de l'église gallicane renferment des dispositions sages & séveres contre ces prêtres indisciplinés qui courent de ville en ville, de diocese en diocese, à la honte de la religion & du clergé. « L'expérience nous apprend, dit le chapitre 4 du synode de Paris de 1554, qu'on apperçoit dans ce diocese, & sur-tout dans cette ville, une foule de prêtres indigens par leur faute & leur paresse, & qui se rendent indignes d'être admis à la célébration des saints mysteres, qu'ils n'ambitionnent que pour le profit qu'ils en retirent, en le réclamant honteusement à la porte des différentes églises : *qui non nisi turpis lucri gratiâ, & velut quâdam consuetudine ad januas ecclesiæ adstant ad meridiem usque, expectantes donec aliquis eos conducat ad missam celebrandam.* Une telle conduite, une habitude si indécente donnent des sujets de scandale & de malédiction; en conséquence, nous défendons à tous curés & vicaires de permettre à ces vagabonds, ces *acephales*, de dire la messe dans leurs églises; & nous exhortons les marguilliers à leur refuser les ornemens qui leur seroient nécessaires, nous réservant de punir leur désobéissance à nos ordres & leur peu d'égard à nos prieres par les peines de droit. » Le synode de Tours de 1583, le concile d'Auvergne de 541, celui d'Orléans de 545, celui de Cognac de 1238, renferment des dispositions semblables. Ce dernier veut qu'avant de laisser approcher de l'autel un prêtre étranger, on exige qu'il présente des lettres hors de tout soupçon, qui établissent qu'il a reçu l'ordre de prêtrise, & qui contiennent les justes causes qui lui ont fait quitter son diocese d'après la permission de son évêque. *Quapropter decrevimus ut nemo posthac alienæ diœcesis ad celebrandum divina in sacris ordinibus recipiatur, nisi sui ordinatoris vel successoris ejus litteras omni suspicione carentes ostendat, suscepti ordinis mentionem expressam, & causam peregrinationis idoneam continentes.* Quand on aura négligé ces précautions, l'*acephale* qui aura été accueilli, & l'ecclésiastique qui l'aura reçu mal à propos, seront punis suivant l'arbitrage de leur supérieur. *Alioquin tam recipiens quàm receptus superioris arbitrio puniatur.* Bochellus *in collect. decretorum eccles. gallic. pag. 983 & 984.*

L'assemblée du clergé de 1685 s'occupa du soin de renouveller ces points de l'ancienne discipline des églises de France, & décida en répondant à l'avis que demandoit M. l'évêque de Lodeve sur la conduite que l'on devoit garder à l'égard des prêtres qui se trouvent dans d'autres dioceses que celui de leur évêque, soit qu'ils y vivent scandaleusement, ou qu'ils n'y fassent que passer, ou qu'ils y demeurent sans scandale. 1°. « A l'égard des prêtres scandaleux : que l'évêque, dans le diocese duquel ils se trouvoient, devoit les faire arrêter & les retenir en prison, jusqu'à ce qu'il eût écrit à leur évêque diocésain & reçu sa réponse. Que s'il les rappelloit dans son diocese, les autres évêques se trouveroient délivrés de leurs scandales; & que pour obliger le diocésain à les reprendre, il falloit que tous les évêques gardassent une conduite uniforme, parce qu'au refus fait par le diocésain de les reprendre, l'évêque dans le diocese duquel ils se trouveroient après les avoir retenus en prison, les chasseroit de son diocese : qu'un autre évêque gardant la même conduite avec eux, ces misérables se lasseroient d'être mis en prison de diocese en diocese, & leur diocésain auroit honte apparemment de recevoir de tant d'endroits des lettres de la mauvaise vie de ses prêtres, ce qui l'engageroit à les rappeller chez lui & à les corriger. »

« A l'égard des vagabonds : que le concile de Vienne défendoit d'établir des évêques titulaires, ni des prêtres vagabonds, & que la raison qu'il en rendoit, étoit, *ne instabilitate vagationis & mendicitatis, opprobrio episcopalis dignitatis serenitatem obnubilent.* »

« A l'égard des prêtres qui demeurent hors de leur diocese, & dont la vie est sans reproche; qu'on ne devoit point les recevoir sans les lettres formées de leurs évêques; que c'étoit-là la regle qu'il falloit suivre sans la violer ni s'en relâcher, pour éviter les inconvéniens de la dureté ou de la prévarication. » Procès-verbal de 1685, *pag.* 135 & 136. Voyez *Exeat*, *Romipete*, *Titre clérical*.

Religieux.

3. Lorsqu'on appelloit *acephales* les religieux qui se prétendoient indépendans de la jurisdiction des évêques, ils cherchoient à repousser cette qualification par ce raisonnement fait entr'autres par Geoffroy, abbé de Vendome, au commencement du XII siecle. « Nous ne sommes point *acephales*, puisque nous avons Jesus-Christ pour chef, & après lui le pape. » . . . . Mais un tel raisonnement n'étoit-il pas évidemment erroné & illusoire, puisque non seulement tous les ordres religieux, tout le clergé, mais les laïques eux-mêmes auroient pu s'en servir comme d'un prétexte suffisant pour se soustraire à toute inspection & jurisdiction de la part des ordinaires? Quoi qu'il en soit, les canons décident que l'évêque est en droit d'obliger les religieux vagabonds, *même ceux qui se disent exempts*, de rentrer dans leur monastere & d'employer contre eux les censures ecclésiastiques, en cas qu'ils refusent de lui obéir. *Ad audientiam nostram noveritis pervenisse quod* MONACHI, *canonici & alii regulares tuæ provinciæ, cùm deberent potiùs* IN CLAUSTRO *juxtà regularia constituta divinis obsequiis vigilare, de obedientiis & reditibus quorum curam gesserunt pecuniâ congregatâ* CLAUSTRUM ABHORRENTES *per curias principum & potentum discurrere non verentur. Mandamus quatenùs quoscumque tales inveneris, nisi ad commonitionem tuam resipuerint, ut proprium in manibus prælatorum suorum sine difficultate resignent, convertendo in utilitatem domûs secundùm abbatis consilium, & regularem vitam observent; si prælati eorum post suam commonitionem id exequi negligenter omiserint, per suspensionem officii & beneficii, remotâ appellatione compellas.* Innocentius III. *in cap. quanto 7, L. I, decretal. tit. 31, de officio jud. ord.* Voyez *Exemption.*

Police.

4. Les canons ne paroissent guere exécutés vis-à-vis d'une foule de prêtres, ou soi-disant tels, qui couverts d'un habit respectable, sont admis dans les sociétés les plus distinguées. La vertu de l'homme de bien, le savoir de l'homme de lettres, sont des passeports moins sûrs que le petit collet. On n'est point guéri par les exemples des abbés Lacoste, condamné aux galeres par arrêt du parlement de Paris, pour ses escroqueries & ses noirceurs. J'en ai vu un ici il y a cinq ans, qui en se supposant des liaisons illustres, emporta 30000 livres, entr'autres 16000 livres à un seul négo-

ciant, qui auroit refusé 50 louis à un de ses concitoyens. Après lui avoir fait rendre 1000 écus escroqués au concierge de la chambre syndicale, il disparut & passa en Allemagne, suivi de la femme d'un cafetier de Malines, qu'il avoit faite comtesse de l'empire. M. de Maurepas, avec qui il s'étoit supposé en correspondance, me dit que j'aurois dû le faire arrêter. En effet, ces gens-là peuvent être considérés comme vagabonds, & par-là sont vraiment *gibiers de police*. Mais dans la province, on craint de se compromettre, on hésite, on temporise, & l'escroc disparoît pour aller faire ailleurs d'autres dupes. J'eus tort, & je l'avoue, de n'avoir pas attaché à cet abbé des espions. Mais il étoit vraiment prêtre, ancien vicaire de Nîmes, & j'eus tort néanmoins, je l'avoue. Je releverai ainsi avec plaisir tous ceux dont je me souviendrai, afin d'instruire, par mes fautes, les magistrats de police, sur-tout dans les grandes villes, telles que Lyon, toujours remplies de vagabonds & d'escrocs qualifiés.

L'esprit des anciens canons a dicté à l'empereur ces belles ordonnances par lesquelles il fait sortir des couvens de ses états tous les religieux étrangers. C'est une sage politique. Les biens donnés à l'église ne sont pas faits pour nourrir des religieux étrangers, qui d'ailleurs peuvent porter dans les cloîtres des maximes dangereuses, & entretenir une correspondance ruineuse.

Cet esprit est encore celui de la jurisprudence françoise. Comment ferez-vous exécuter l'édit de conventualité qui réduit le nombre des couvens dans les villes, & ordonne leur suppression lorsqu'il n'y a pas un certain nombre de religieux, si vous y admettez des étrangers? Cet objet me paroît mériter quelque attention. Il peut être intéressant d'avoir un religieux étranger à cause de son savoir, mais il faut que le gouvernement en soit instruit. Dans le temps de la ligue, lorsque les moines firent tant de maux en France, les plus dangereux étoient ceux envoyés par l'Italie & l'Espagne, pour endoctriner & animer les nôtres. Les couriers de la ligue étoient religieux ou étrangers, ou alloient y chercher des principes qui ne sont ceux ni de notre gouvernement, ni de l'église gallicane. Enfin, cette admission d'étrangers dans nos cloîtres est une contravention aux maximes que nous avons posées sous le mot *Abus*, n°. 48, pag. 526, & aux édits & arrêts de réglement cités sous le même n°., & notamment à l'édit de février 1773, concernant les réguliers. Voyez *Cloître*, *Etranger*, *Moine*, *Religieux*, *Visite*, *&c.*

Hérétiques.

5. Après Eutyches, Dioscore & Mongus, il s'éleva une nouvelle secte, dite des *acephales*, parce qu'ils étoient *sans chef*, avoient leur communion à part, & ne reconnoissoient aucun patriarche. Ces hérétiques nioient les deux natures du fils de Dieu, & s'opposoient conséquemment aux définitions du concile de Calcédoine, & à la doctrine des trois chapitres. *ACEPHALI dicti, id est, SINE CAPITE quem sequuntur hæretici : nullus enim eorum reperitur auctor à quo exorti sint. Hi trium Calcedonensium capitulorum impugnatores, duarum in Christo substantiarum proprietatem negant, & unam in ejus personâ naturam prædicant.* Isidorus *in originibus lib. 8, pag. 184.* Alphonsus de Castro adversùs hæreses, *lib. 4, pag. 79, edit. 1551, in-fol.* Tillemont, *tom. 16, pag. 348.* Les erreurs de ces sectaires se trouvent anathématisées & proscrites par l'authentique *idem est*, inserée au code, *tit. de hæret. & manichæis* & tirée de la novelle 115, *cap. 3, § 14.* Justinien décide dans ces deux textes que les peres & meres qui seront de la secte des nestoriens ou des *acephales* ne pourront instituer d'autres héritiers que leurs enfans orthodoxes, & à défaut d'enfans, leurs plus proches parens aussi ortho-

doxes. Que si parmi leurs enfans il y en a d'orthodoxes & d'hérétiques, les premiers excluront les derniers. Que s'ils sont tous hérétiques, les parens les plus proches auront l'entiere succession. *Idem est de Nestorianis & ACEPHALIS, quia si quis ex his liberos habet ecclesiæ sanctæ communicantes, his solis ex testamento vel ab intestato hereditatem transmittere potest. Si verò permixti sunt, portio infidelium resideat penès orthodoxos.... Si autem omnes liberi perversi sint, vocantur agnati rectæ fidei.* Voyez les recueils d'Anastase, donnés au public par le savant jésuite Gretzer, *Anastasii Sinaïtæ patriarchæ Antiocheni* ὁδηγός, *seu Dux viæ adversùs Acephalos : Ingolstadii 1606, in-4°.*, & les mots *Eutichiens, Exhérédation, Hérétiques, Séveriens, Théopaschites, &c.*

Angleterre.

6. Les loix de Henri, premier roi d'Angleterre (*tit. 21, pag. 292, tom. 1 de la collection des loix Anglo-normandes, par M. Houard*) appellent *acephales* les citoyens qui ne relevent d'aucun Seigneur. Elles paroissent en faire une classe intermédiaire entre celle des vassaux du roi, des barons, des ecclésiastiques, & celle des pauvres. *Super regios & ecclesiasticos & baronum homines, & ACEPHALOS, & pauperes.*

ACHALANDER.

(*Commerce.*)

C'est attirer les marchands, accréditer, mettre une boutique, un magasin en réputation, y faire venir les chalands. (*Dictionn. encyclop.*)

ORDONNANCE de police de Paris, du 3 décembre 1776, qui « fait très-expresses défenses à tous les marchands de courir les uns sur les autres pour le débit de leurs marchandises, ni d'user d'aucun artifice pour surprendre les acheteurs, & se les ménager au préjudice de la liberté du commerce, à peine de trois cents livres d'amende pour la premiere contravention, & de fermeture de leur boutique en cas de récidive. »

La véritable maniere d'accréditer un commerce, de mériter la préférence sur les concurrens, c'est de mieux faire qu'eux, d'avoir des marchandises de choix & des assortimens bien faits. C'est sur-tout d'avoir de l'exactitude, de l'honnêteté, de la bonne foi, de la délicatesse. Voyez *Boutique, Commerce, Enseigne, Fabrique, Magasin, Marchand, Négociant, &c.*

ACHAT.

(*Dr. publ. Dr. priv. Comm. Police.*)

1. C'est le contrat par lequel on devient propriétaire de la chose d'autrui moyennant un prix certain, qui doit consister en argent ou en tel autre signe représentatif que l'usage, la confiance & l'autorité publique ont établi.

Vente se dit également des meubles & des immeubles ; mais *Achat* se dit plutôt d'une chose mobiliaire, & *Acquisition* d'un immeuble. Pendant que vous traitiez l'*acquisition* de cette maison, je finissois l'*achat* des chevaux du même maître.

Le dégoût, le bon prix, le besoin déterminent à vendre ; l'achat a d'autres motifs. La faim fait acheter les comestibles, la fantaisie ou la vanité les choses de luxe, & l'esprit de commerce les choses sur lesquelles on espere de gagner.

L'achat n'est point l'échange. Celui-ci s'opere par la tradition que se font de deux choses les deux propriétaires. L'achat au contraire suppose d'un côté la chose vendue & cédée ; de l'autre côté le prix convenu & payé ou promis, & sur le tout le consentement réciproque. *Si pecuniam dem ut rem accipiam, emptio & venditio est.* L. 5, § 1. D. de præscript. verbis.

verbis. *Sine pretio nulla venditio est.* L. 2, § 1, D. de contrah. empt.

Chez les peuples naiſſans ou indigens, l'idée de l'échange précéda toujours celle de l'achat ; & lorſque les Européens découvrirent l'Amérique, tout ſe fit ainſi long-tems. Nous offrions un miroir, une ſonnette, un couteau, un clou, & nous recevions en échange ce métal dont les paiſibles Américains méconnoiſſoient heureuſement le prix.

L'impoſſibilité de rencontrer toujours des choſes d'une valeur égale, fit imaginer de payer la différence par une valeur quelconque. On choiſit les métaux, plus diviſibles, plus ſolides & plus ou moins précieux ſuivant le beſoin, le luxe ou l'opinion. Enfin, ſans exclure de la ſociété l'échange qui ſe fait encore quelquefois, on trouva qu'il étoit plus commode & plus ſimple de traiter par achat & par vente. *Origo emendi vendendique à permutationibus cœpit. Olim enim non ita erat nummus, neque aliud merx, aliud pretium vocabatur; ſed unuſquiſque ſecundùm neceſſitatem temporum ac rerum, utilibus inutilia permutabat; quandoque plerùmque evenit, ut, quod alteri ſupereſt, alteri deſit. Sed quia non ſemper nec facilè concurrebat, ut, cùm tu haberes, quod ego deſiderarem, invicem haberem, quod tu accipere velles,* ELECTA MATERIA *eſt* CUJUS PUBLICA AC PERPETUA ÆSTIMATIO *difficultatibus permutationum æqualitate quantitatis ſubveniret.* L. 1, D. de contrah. empt.

L'achat & la vente ſe préſentent de front à l'eſprit, parce que l'un ne peut pas exiſter ſans l'autre.

Cependant l'idée de la vente ſemble marcher la premiere, parce qu'elle renferme avec elle la propriété de la choſe, qui eſt l'objet des deux contrats. Ainſi les compilateurs du droit romain, & après eux, ceux du droit canonique, ont rangé ſous l'idée de la vente les principes communs à ce double acte.

Res VENDITA *tranſque* DATA EMPTORI *non acquiritor donicùm ſatisfactum ſit,* L. 41. XII. *tab.* — *De* EMPT. & VENDIT. I. lib. 3, *tit.* 24. — *De contrahendâ emptione & de pactis inter* EMPTOREM & VENDITOREM *compoſitis & quæ res venire non poſſunt, D.* 18, 1. — *De cont. empt. C.* 4. 38. *C.* TH. 3. 1. — *De pactis inter* EMPTOREM & VENDITOREM *compoſitis, C.* 4. 54. — *De reſcindendâ* VENDITIONE, & *quando liceat ab* EMPTIONE *recedere, D.* 18. 5. *C.* 4. 44 & 45. — *De actionibus* EMPTI & VENDITI, *D.* 19. 1. *C.* 4. 49. — *Quæ res venire non poſſunt, & qui* VENDERE *vel* EMERE *vetantur, C.* 4. 40. — *De exceptione rei venditæ & traditæ, D.* 21. 3. — *Ex* EMPTO & VENDITO *Pauli ſentent.* 2. 17. . . . . *Spiritualia* EMERE *non licet nec* VENDERE, *Decreti part.* 2, *cauſ.* 1, *quæſt.* 1. — *De* EMPTIONE & VENDITIONE, *Decretalium, lib.* 3, *tit.* 17, & *Extravag. com.* 3. 5.

Nous ne nous écarterons point de la marche des livres claſſiques, qui ſous le mot *Vente* raſſemblent les principes communs à l'*achat*, à l'*acquiſition* & à la *vente*. Avant d'y arriver nous parcourrons les mots *Acquéreur, Acte, Adjudication, Aliénation, Arrhes, Commerce, Commiſſion, Commiſſoire, Comptant, Contrat, Convention, Crédit, Enchere, Eſcompte, Eſpeces, Eviction, Foire, Léſion, Livres, Marchandiſes, Marché, Manufactures, Monnoie, Numéraire, Précaire, Prix, Quanti-minoris, Rachat, Rédhibition, Regrès, Réméré, Simonie, Stellionat, Valeur.*

Ici nous nous bornons à l'achat des choſes mobiliaires, & au détail des loix que la police a établies pour la ſûreté publique.

Achat des choſes volées.

2. Suivant les loix romaines, l'acheteur des choſes dérobées étoit obligé de les rendre au maître & propriétaire qui les réclamoit, ſans que celui-ci fût tenu de lui rembourſer le prix qu'il en avoit donné. *Incivilem rem deſideratis ut agnitas res furtivas non priùs reddatis quàm*

pretium fuerit solutum à domino, L. 2, *C. de furtis*. . . . . *Vindicanti tibi dominium, solvendi pretii nulla necessitas irrogetur. L.* 23, *C. de rei vindicat.*

Cette sévérité prévenoit beaucoup d'abus, & nos premieres loix françoises y ajouterent des précautions. L'acheteur d'un effet volé devoit faire des recherches pour trouver son vendeur; lorsqu'il n'en venoit pas à bout, il étoit obligé d'attester avec serment son innocence, & de faire certifier son honnêteté: lorsqu'il étoit prouvé qu'il s'étoit parjuré & qu'il avoit caché le voleur, il étoit puni comme celui-ci l'auroit été. *Si quis de fure nesciens aliquid comparaverit, quærat accepto spatio venditorem. Quem si non potuerit invenire, probet se cum sacramento & testibus innocentem & quod apud eum cognoscitur restituat, & furem quærere non desistat. Quod si furem celare voluerit, & perjurans postea detectus fuerit, tanquam ille fur, ita iste in crimine damnetur.* Capitularium, *lib.* 5, *cap.* 344, *tom.* 1, *pag.* 898, *edit. Baluzii.*

Edouard, le confesseur, roi d'Angleterre, alla plus loin. Il défendit d'acheter des bestiaux & de vieilles hardes d'un vendeur qui ne se feroit pas certifier. Lorsqu'il s'agissoit d'ouvrages d'or & d'argent, il falloit s'adresser à des orfevres qui retenoient le vendeur jusqu'à ce qu'il eût édifié sur sa personne & sa conduite. L'acheteur imprudent perdoit non seulement le prix de ce qu'il avoit acquis contre les regles, mais encore les officiers de justice & les principaux bourgeois faisoient une enquête sur ses vie & mœurs. Si elle lui étoit favorable, on recevoit son serment sur les indices qu'il pouvoit donner au sujet de son vendeur qu'on poursuivoit avec vigueur. *Prohibitum erat ne quis emeret vivum animal vel pannum usatum* SINE PLEGIIS ET BONIS TESTIBUS. *Si esset opus aureum vel argenteum undè emptor dubitare possit, non emeret absque aurifabris vel monetariis, qui si vidissent quòd esset de ecclesiâ, vel de thesauro non emisset sine plegio.* Si venditor *careret plegiis,* RETINERETUR *cum censu, donec venisset dominus ejus, vel alter qui posset benè Warrantisare. Si quis hominum aliter emeret,* QUOD STULTÈ EMISSET CITO PERDET, ET FORIS FACTURAM. *Postea inquisiisset justitia per Langamannos & per meliores homines de burgo, vel de villâ, vel de hundredo ubi mansisset emptor,* ET DE QUALI VITA FUISSET, *& si unquam audissent eum calumniari de exlegalitate. Quod si testarentur eum de bonâ vitâ & legalitate, purgaret se judicio comitatûs quod venditorem nesciret reum de hâc venditione, nec de aliquâ aliâ exlegalitate: & si sciret venditorem suum qui esset, vel ubi fuisset, diceret; justitia verò quæreret eum ad faciendam de eo justitiam, qui si inveniri non possit utlagaretur.* Loix Anglo-Normandes, par M. Houard, *tom.* 1, *pag.* 187.

Par-tout les dispositions de nos coutumes ont dérangé les vues d'une sage législation; & celle de Toulouse, entr'autres, a ouvert la porte à tous les abus. Elle porte que, si quelqu'un a acheté dans une rue publique, dans un marché, *soit le jour où il se tient, soit tout autre jour, d'un étranger ou d'un citoyen*, des effets qui aient été volés, il ne doit les restituer à l'acheteur qu'autant que celui-ci lui remboursera le prix qu'il en a donné, & sur lequel on s'en rapportera à sa parole. *Item est usus & consuetudo Tolosæ quòd si aliquid emerit res mobiles in Tolosâ publicè in carreriâ publicâ vel foro,* VEL IN DIE FORI VEL ETIAM ALIA DIE AB ALIQUO EXTRANEO, SIVE CIVE, *& hoc fuerit per testes manifestum, quod emptor debet recuperare pretium ab illo cujus res est, & qui petit rem, quamvis res sit furtiva;* ET SUPER QUANTITATE PRETII STATUR JURAMENTO *emptoris, art.* 3, *tit. de emp. & vendit. pag.*36, *edit. J. de Casa veteri* 1544, *in*-4°.

N'est-ce pas favoriser les voleurs & les receleurs, que de permettre d'acheter indifféremment *ou un jour de marché*, OU TOUT AUTRE JOUR, *ou d'un citoyen*, OU D'UN ÉTRANGER.? n'eſt-ce pas favoriſer le vol, que d'autoriſer l'acheteur à retenir la choſe dérobée, s'il ne reçoit point du maître le prix qu'il dira l'avoir achetée? Qu'eſt-ce que ces diſpoſitions coutumieres, comparées avec la loi romaine, les capitulaires & les établiſſemens d'Edouard. Les magiſtrats ſouverains & les officiers de police ont eſſayé de concilier les avantages de la liberté des foires & des marchés, avec les inconvéniens d'une licence ſans bornes de la part de toute eſpece d'acheteurs. Mais la juriſprudence n'en eſt pas moins reſtée incertaine ou obſcure.

ARRÊT du parlement de Toulouſe, du 10 octobre 1579, qui juge que *le bétail & autres biens meubles vendus en pleine foire & marché n'ont point de ſuite & ne peuvent être vendiqués de l'acheteur.* (Laroche-Flavin, liv. 1, tit. des achats & ventes arr. 3.).... Graverol obſerve: « l'uſage eſt contraire & l'acheteur eſt tenu de reſtituer la choſe vendue en foire ou au marché, quand le propriétaire le rembourſe du prix qu'il en a payé. Si néanmoins il s'agit de quelque piece d'argenterie & d'orfévrerie, ou quelqu'autre choſe qu'on peut ſoupçonner être expoſée en vente par une perſonne qui l'ait dérobée; en ce cas, on ſuit la diſpoſition de la loi *incivilem, C. de furtis:* l'acheteur, comme étant dans quelque eſpece de mauvaiſe foi, eſt obligé de reſtituer la choſe dérobée ſans eſpoir de répétition de prix. »

ARRÊT du parlement de Dijon, du 29 février 1616, qui condamne un orfevre à rendre à un prêtre un diamant qui lui avoit été dérobé « ſans reſtitution de prix, ſauf à lui à ſe pourvoir contre le vendeur, nonobſtant qu'il fût dit que la choſe n'avoit été vendue à vil prix.... Ce ſeroit favoriſer les larrons, & leur donner hardieſſe & audace à dérober, & aux perſonnes d'acheter, vu que le prix leur ſeroit toujours rendu ſans aucune eſpece de contradiction. » (Bouvot, tom. 2, *au mot* Revendication, *queſt.* 1, *pag.* 864.)

ARRÊT du parlement de Paris, du 9 décembre 1648, qui met les parties hors de cour, ſur l'appel d'une ſentence du prévôt de Paris, qui avoit condamné le propriétaire d'un diamant volé, à payer à l'orfevre qui l'avoit acheté, le prix qu'il lui avoit coûté.... M. Talon avoit conclu à ce que « l'orfevre fût condamné purement & ſimplement à la reſtitution du diamant, attendu les fourbes & friponneries qui ſe pratiquent journellement entre les orfevres par le moyen des achats qu'ils font des choſes dérobées de toute ſorte de perſonnes qui ſe préſentent, & cela, pour beaucoup moins qu'elles ne valent; ce qui favoriſe les vols & les larcins qui ſe commettent tous les jours, & qui ſeroient ſans doute moins fréquens, ſi les orfevres auxquels on s'adreſſe pour vendre les choſes volées, étoient plus circonſpects dans l'achat qu'ils en font, ou que les ayant achetées, ils étoient obligés de les rendre & reſtituer ſans aucun rembourſement du prix qu'ils en ont donné. » (Soefve, *tom.* 1, *cent.* 2, *ch.* 96, *pag.* 203 & 204.)

ARRÊT du parlement de Dijon, du 3 janvier 1684, qui confirme la ſentence des requêtes du palais, qui avoit débouté M. Lebault, conſeiller au parlement, de la revendication d'une jument qui lui avoit été volée, & que deux payſans avoient enſuite achetée à la foire de Viteaux. (Perrier & Raviot, *tom.* 2, *queſt.* 250, *pag.* 285.

ORDONNANCE de police, du 18 juin 1698, qui fait défenſes à tous marchands & artiſans d'acheter aucunes hardes, meubles, linges, livres, bijoux, plomb, vaiſſelle & autres choſes des *enfans de famille* ou des *domeſtiques*, ſans un conſentement exprès ou par écrit de leurs peres, meres, ou tuteurs, ou de leurs maîtres & maîtreſſes; leur fait également défenſes d'en acheter d'aucune perſonne dont le nom & la demeure ne leur soient connus, ou qui ne leur donnent *caution ou répondant de connoissance, d'une qualité non suspecte*, le tout à peine de 400 liv. d'amende, & de répondre en leurs propres & privés noms des choses volées : même en cas de récidive, d'être punis comme receleurs..... Voilà le *sine plegiis & bonis testibus* du Roi Edouard.

ARRÊT du parlement de Dijon, du 20 janvier 1701... Gilbert, orfevre à Dijon, avoit acheté *d'un marchand public & dans l'habitude de vendre de pareilles choses*, des grains d'or qu'on avoit ôtés d'un chapelet; celui à qui on avoit volé ce chapelet, se pourvut en justice contre l'orfevre, qui fut condamné à en faire raison. (Perrier & Raviot, *tom.* 2, *pag.* 287.)

ARRÊT du parlement de Paris, du premier février 1718, qui, en confirmant la sentence de mort, rendue contre la servante d'un hôtelier, qui avoit volé des cuillers & fourchettes d'argent à son maître, fait défenses *à toutes personnes d'acheter aucunes choses, sinon de personnes connues, & qui donneront caution & répondant de connoissance & qualité non suspectes.* (Journal des audiences, *tom.* 7, *liv.* 2, *ch.* 11, *pag.* 15.)

ARRÊT du parlement de Paris, du 11 août 1721, qui condamne la veuve d'un orfevre de Compiegne, à rendre une tasse d'argent ou la somme de 35 livres, à la personne à qui elle avoit été volée; lui fait en outre défenses d'acheter de gens inconnus & sans répondant, & lui enjoint d'avoir un registre pour inscrire les marchandises qu'elle achetoit.

ARRÊT du parlement de Paris, du 2 septembre 1722, qui condamne à la mort Antoine Leroi, marchand orfevre à Paris, convaincu d'avoir acheté des gardes d'épée & vaisselle d'argent, volées par Dominique Cartouche, le Craqueur, Riffaut & autres voleurs signalés.

ORDONNANCE de police, du 12 mars 1734, qui enjoint aux crieurs de passemens d'or & d'argent, & à tous colporteurs qui achetent & revendent, de faire inscrire chez les commissaires de quartier leur nom & le lieu de leur domicile actuel.

SENTENCE de police du châtelet de Paris, du 23 novembre 1742, qui condamne à 400 livres d'amende, & à fermer son cabaret, un marchand de vin, qui avoit reçu chez lui plusieurs peintres & brocanteurs, & avoit souffert qu'on y portât & qu'on y achetât des tableaux qui avoient été volés : la sentence porte des défenses à tous marchands de vin, traiteurs & limonadiers, de tolérer chez eux de pareilles assemblées & négociations.

ARRÊT du parlement de Dijon, du 3 juillet 1757.... *Espece.* Buisson, domestique du sieur de Digoine, à Paray, lui vole plusieurs habits galonnés qu'il vend à diverses personnes, & entr'autres, au sieur Leschere, frippier de la ville de Mâcon. Plainte du procureur fiscal de Paray, contre Buisson & co-accusés, & sentence définitive, qui condamne le voleur aux galeres perpétuelles. Elle prononce en même temps contre Leschere, qu'il est déclaré atteint & convaincu d'avoir acheté de Buisson sans qu'il le connût; pour réparation de quoi, il est condamné en 150 liv. d'amende envers le seigneur de Paray, & en 60 livres d'aumône envers les pauvres de la même ville, avec défenses de récidiver sous plus grande peine. Appel par Leschere : le sieur de Digoine intervient & conclut contre Leschere & tous les accusés à la condamnation solidaire de la valeur de tous les habits qui lui ont été volés, des dommages & intérêts qu'il plaira à la cour de fixer, & de la somme de 175 livres qu'il a déboursée pour la course des cavaliers qui avoient arrêté Buisson. Le seigneur de Paray intervient aussi, & demande contre tous les accusés le remboursement des avances qu'il a faites pour l'instruction & le jugement du procès. La cour sous le bénéfice des offres faites par Leschere au sieur de

Digoine, de lui payer à dire d'experts le prix de ce qu'il a acheté, & les frais de l'instance jusqu'au jour de ces offres, le renvoie d'accusation, le décharge des condamnations prononcées par le juge de Paray, & des conclusions prises par le seigneur de cette ville.

ARRÊT du parlement de Paris, du 26 janvier 1770.... *Espece*. On vole une montre d'or au sieur Vulder, négociant à Dunkerque, qui fait courir des billets, & faire des perquisitions non seulement dans cette ville, mais encore dans les villes voisines, & notamment à St. Omer, où le sieur Herbourt, correspondant du sieur Vulder, apprend qu'elle a été achetée par le sieur Rolland, horloger, qui consent à la remettre, en lui rendant neuf louis qu'il disoit l'avoir payée. Procès. Le sieur Rolland dit qu'il a acheté la montre dans le temps d'une foire établie à St. Omer, en vertu de lettres-patentes, & se prévaut d'une lettre du sieur Vulder au sieur Herbourt, dans laquelle il consentoit à ce que l'acheteur disposât de la montre. Le sieur Vulder répond, qu'il est prouvé que la montre quoique achetée dans le temps de la foire, l'a été d'un juif, & dans la boutique de Rolland, ce qu'on ne peut dire acheter en foire; il explique que sa lettre provient de l'erreur où l'ont jeté quelques praticiens peu instruits, en lui persuadant qu'il n'avoit droit de réclamer sa montre qu'en rendant le prix donné par Rolland. La cour confirma la sentence du conseil provincial d'Artois, qui avoit condamné Rolland à payer au sieur Vulder 288 livres, qui étoit le prix que lui avoit coûté sa montre.

Voilà bien des arrêts choisis parmi un plus grand nombre; les principes en sont-ils plus certains, & avons-nous eu tort d'annoncer que la jurisprudence étoit *obscure*?

En 1579, le parlement de Toulouse juge, que *le bétail & autres biens meubles vendus en foire n'ont point de suite, & ne peuvent être vendiqués de l'acheteur*, cependant, en s'expliquant sur ce préjugé, un avocat du ressort soutient, que l'acheteur doit *restituer la chose vendue en foire ou au marché, quand le propriétaire le rembourse du prix qu'il en a payé*. Le parlement de Dijon juge en 1684 comme celui de Toulouse, & déboute un de ses membres de la revendication de sa jument. Enfin, le parlement de Paris rejette également en 1766, la revendication d'un cheval acheté en foire; il est vrai que dans cette derniere espece rapportée sous le mot *Abigeat*, pag. 127, il s'étoit écoulé un intervalle de près de trois années, entre l'achat & la demande du maître.

Au milieu de ces contradictions, faut-il que nous nous expliquions? Eh bien! nous pensons que l'acheteur de la chose volée doit la rendre sans distinction des temps ni des lieux, toutes les fois qu'il ne se sera pas écoulé entre l'achat & la réclamation un intervalle assez considérable pour jeter de la défaveur sur un maître trop négligent à se pourvoir. L'idée romaine du *lucrum cessans*, du *damnum emergens* est une idée lumineuse, qui ne sauroit égarer un juge lorsqu'il en fait une juste application.

En 1616, le parlement de Dijon condamne un orfevre à rendre un diamant *sans restitution du prix, sauf à lui à se pouvoir contre le vendeur*; & M. Talon en 1648 adopte ce préjugé, & conclut à la restitution pure & simple d'un autre diamant, *attendu les fourbes & friponneries qui se pratiquent journellement entre les orfevres, par le moyen des achats qu'ils font des choses dérobées de toutes sortes de personnes*; cependant le parlement de Paris met les parties hors de cour. Mais le même parlement de Paris en 1718, 1721 & 1722, a fait des défenses aux orfevres d'*acheter aucunes choses, sinon de personnes connues*; leur a enjoint d'avoir *un registre pour inscrire les marchandises qu'ils achetoient*, & a fait pendre Antoine

Leroi orfevre, *en liaiſon avec les Cartouches*. Enfin, le parlement de Paris, en 1770, a fait rendre la montre du ſieur Vulder, achetée dans un temps de foire, parce que l'horloger la tenoit des mains d'un *juif*.

En aſſujettiſſant les acheteurs de bonne foi, mais indiſcrets ou négligens, à reſtituer, vous leur apprenez à n'acheter que de gens bien connus, vous aſſurez évidemment la bonne foi & la propriété mobiliaire, vous déconcertez les filous, qui ne ſont pas embarraſſés de voler, mais de vendre. En admettant des excuſes de la part de l'acheteur qui ne peut nommer ſon vendeur, & en lui adjugeant ce qu'il dit avoir payé, vous favoriſez les voleurs & les receleurs, vous introduiſez par-tout ces colporteurs & ces revendeuſes à la toilette, qui donnant à moitié prix, gagnent encore le double ſur le voleur; vous perdez le commerce & les mœurs.

Nous penſons donc que tous les acheteurs de choſes dérobées doivent être aſſujettis à les rendre ſans reſtitution de prix, toutes les fois qu'ils ne ſeront pas en état d'établir par des livres tenus avec ſoin & avec ordre que leurs vendeurs ſont domiciliés, honnêtes, & dans une ſituation qui a permis de préſumer qu'ils étoient propriétaires des effets par eux offerts....

Nous rapporterons, en finiſſant, un réglement dont les diſpoſitions devroient être adoptées dans tous les pays policés.

ORDONNANCE de police de Paris, concernant la ſûreté publique, du 4 novembre 1778..... ART. I. Faiſons très-expreſſes inhibitions & défenſes à tous marchands & artiſans de cette ville & fauxbourgs, même à ceux qui demeurent dans l'étendue des lieux privilégiés ou prétendus privilégiés, d'*acheter* aucunes hardes, meubles, linges, livres, bijoux, plomb, vaiſſelle, & autres choſes des enfans de famille, ou des domeſtiques, ſans un conſentement exprès & par écrit de leurs pere, mere, ou tuteurs, & de leurs maîtres ou maîtreſſes; leur faiſons ſemblables défenſes d'en *acheter* d'aucunes perſonnes dont le nom & la demeure ne leur ſoient connus, ou qui ne leur donnent caution & répondant d'une qualité non ſuſpecte, & de toutes perſonnes ſans qualité; de s'entremettre dans leſdites ventes & reventes; le tout à peine de quatre cents livres d'amende, & de répondre en leur propre & privé nom des choſes volées, & même d'être pourſuivis extraordinairement, ſi le cas y échet.

ART. II. Enjoignons aux marchands merciers quincailliers, orfevres, jouailliers, bijoutiers, horlogers, frippiers, tapiſſiers, fourbiſſeurs, potiers d'étain, fondeurs, plombiers, chaudronniers, vendeurs de vieux fers, & à tous autres marchands & artiſans qui *achetent* & revendent, changent & trafiquent de vieux meubles, linges, hardes, bijoux, vaiſſelle, tableaux, armes, plomb, étain, cuivre, ferraille & autres effets & marchandiſes de haſard, ou qui *achetent* les mêmes choſes neuves, d'autres perſonnes que des artiſans qui les fabriquent, ou des marchands qui en font commerce, d'avoir & tenir chacun deux regiſtres, ſur leſquels ils inſcriront jour par jour, de ſuite, & ſans aucun blanc ni rature, les noms, ſurnoms, qualités & demeures de ceux de qui ils *acheteront*, & avec qui ils tranſiqueront, ou échangeront des effets & marchandiſes de haſard, enſemble la nature, la qualité & le prix deſdites marchandiſes, conformément à l'ordonnance du commiſſaire ancien, prépoſé pour la police de leur quartier, qui ſera miſe en tête de chacun deſdits regiſtres, leſquels ſeront de lui côtés & paraphés par premier & dernier feuillets; & ſeront tenus leſdits marchands de repréſenter leſdits regiſtres au moins une fois le mois, ſavoir, l'un audit commiſſaire ancien, & l'autre à l'inſpecteur de police de leur quartier, à l'effet d'être chaque fois paraphés par le commiſſaire & viſés par l'inſpecteur; le tout à peine, contre chacun des contrevenans ou refuſans, de quatre cents livres d'amende, & même de plus grande peine.

Art. III. Toutes personnes dont le commerce consiste à *acheter* de vieux passemens d'or & d'argent, brocanteurs, crieurs de vieux chapeaux, colporteurs de merceries ou jouailleries, appellés vulgairement Haut-à-bas, revendeurs & revendeuses, seront également tenus d'avoir un registre côté & paraphé par le commissaire ancien de leur quartier, de porter journellement sur eux ledit registre, d'y inscrire les hardes, linge, nippes & autres choses qu'ils *acheteront*, & les noms & demeures des vendeurs, & de faire viser ledit registre au moins une fois la semaine par l'inspecteur de police du quartier; en tête duquel registre seront les noms, demeures & signalemens desdits revendeurs & revendeuses, lesquels, en cas de changement de demeure, en feront leur déclaration, tant au commissaire ancien & à l'inspecteur du quartier qu'ils quitteront, qu'à ceux du quartier dans lequel ils iront demeurer; le tout à peine de cent livres d'amende, même de prison.

Art. IV. Seront aussi tenus lesdits revendeurs & revendeuses de représenter leurs registres, même les effets, hardes & autres choses qu'ils auront *achetés*, aux commissaires, inspecteurs & autres officiers de police, toutes les fois qu'ils en seront requis, à peine de saisie & confiscation des hardes & effets qu'ils auront célés, & de cinquante livres d'amende. Voyez *Bijoutier*, *Colporteur*, *Escroc*, *Filou*, *Foire*, *Larcin*, *Marché*, *Orfevre*, *Receleur*, *Revendeur*, *Revendication*, *Vol*, *&c.*

Soldats & Matelots.

3. Le code militaire & celui de la marine, renferment divers réglemens concernant l'achat des habillemens, armes & chevaux des soldats, & les métaux, munitions, outils, bois, cordages, provenans des magasins de S. M.

Louis XIV & Louis XV ont défendu à tous leurs sujets, de quelque qualité qu'ils soient, d'*acheter* de tous cavaliers, dragons ou soldats, leurs habillemens, armes, ni chevaux, à peine de confiscation & de 200 livres d'amende, payables sans remise ni déport, moitié au capitaine de la compagnie à qui ils appartiendront, (*les compagnies étant aujourd'hui au compte du roi, l'amende lui appartiendroit*) & moitié à l'hôpital du lieu le plus prochain. Réglemens *des 15 mars 1704, 6 décembre 1710 & 28 février 1716.*

Ce dernier *défend en outre* à tous armateurs, marchands & autres sujets d'*acheter* aucune poudre ni plomb, soit en balle, saumon de plomb, ou de quelque nature que ce puisse être, cuivre, fers coulés ou non coulés, ni autres métaux, outils à pionniers ou tranchans, outils d'ouvriers, charrons, charpentiers, forgeurs, tonneliers, chaudronniers, menuisiers & autres servans à l'usage de l'artillerie; fusils, carabines, mousquetons, pistolets, armes de rempart & demi-rempart, espontons, pertuisannes, piques, fleaulx armés, faulx à revers & toutes autres sortes d'armes, poids à peser, bois & toutes autres munitions généralement quelconques qui proviendront des magasins de S. M. *à peine pour la premiere fois de 300 liv. d'amende, applicables moitié au dénonciateur, & moitié à l'hôpital du lieu, ou du plus prochain, & en cas de* RÉCIDIVE, *de punition corporelle, outre l'amende qui demeurera encourue..*

Briquet, *tom. 3, pag. 128*, prétend que ce réglement n'établissant qu'une peine pécuniaire contre ceux qui auront une premiere fois acheté ou vendu des outils, n'est pourtant pas censé avoir *dérogé* à l'ordonnance du 28 octobre 1684, qui portoit *la peine du fouët & de la fleur de lis....* Nous ne saurions adopter cette interprétation. Les loix postérieures dérogent aux antérieures, & ce principe doit avoir lieu, sur-tout en matiere pénale. Le réglement de 1716, ne portant la punition corporelle que pour la *récidive*, cette peine ne peut plus être employée pour une premiere contravention, qui ne doit être punie que par l'amende de 300 liv.

L'ORDONNANCE concernant les déserteurs, du 30 mars 1727, dit que comme rien ne contribue davantage à la désertion que la facilité que les cavaliers, dragons & soldats ont trouvée par le passé à se déguiser, en vendant ou troquant leurs chevaux, habillemens, armes & équipages, il est défendu à tous sujets de quelque qualité & condition qu'ils soient, de les acheter, troquer, ou garder, à peine, aux contrevenans, de confiscation & de 200 liv. d'amende.

JUGEMENT du prévôt de la maréchaussée d'Aix, du 15 février 1765, qui condamne à 200 liv. d'amende le nommé Cauvet, travailleur, pour avoir acheté l'habit uniforme d'un soldat du régiment royal Roussillon.

ORDONNANCE du lieutenant-général de police de Paris, du premier mars 1769, qui condamne le nommé Richard & le nommé Moreau & sa femme à 200 liv. d'amende, pour avoir acheté des habits & autres effets provenans des soldats du régiment des gardes-françoises.

ORDONNANCE de la marine, liv. 4, tit. 1, art. 17. Faisons défenses à toutes personnes d'acheter des matelots & compagnons de bateaux, des cordages, ferrailles & autres ustenciles de marine, à peine de punition corporelle.

M. Valin, dans son commentaire, *tom. 2, pag. 471*, observe très-à-propos qu'il ne s'agit point là des receleurs, puisqu'ils sont sujets aux mêmes peines que les voleurs leurs complices, mais seulement de ceux qui ne se font point de scrupule d'acheter des choses qui peuvent avoir été volées, & qu'on doit naturellement soupçonner de l'avoir été, tels que sont des cordages, ferrailles & ustenciles de navire que des matelots ou autres mariniers de pareille étoffe cherchent à vendre par eux-mêmes, ou par leurs femmes & enfans & autres personnes interposées. Il ajoute qu'on ne doit pas étendre les dispositions de la loi aux capitaines & autres officiers des vaisseaux, même aux officiers mariniers, parce qu'à leur égard, la présomption est que ces effets leur appartiennent légitimement; de sorte que sans preuve de collusion, en pareil cas il n'y auroit pas lieu d'inquiéter ceux qui auroient acheté d'eux. Voyez *Arcenal*, *Artillerie*, *Capitaine*, *Cavalier*, *Cordage*, *Déserteur*, *Dragon*, *Equipage*, *Magasin*, *Marine*, *Munitions*, *Soldat*, *Vaisseau*, &c.

Fils de famille, Clerc de palais.

4. Nous avons exposé les réglemens qui défendent d'acheter du fils de famille, des mineurs, des domestiques, sans le consentement de leurs peres & meres, tuteurs & maîtres. Ces réglemens ont eu pour objet de prévenir des vols & des recélés. Un autre objet a fixé les regards du parlement, c'est d'empêcher la ruine des jeunes gens & des fils de famille, par cette espece d'hommes que nous appellons *faiseurs d'affaires*. Le moyen employé est d'autant plus digne d'attention, qu'on n'en trouve aucun exemple dans la jurisprudence françoise.

ARRÊT du parlement de Paris, du 5 mai 1778, au rapport de M. l'abbé de Sahuguet d'Espagnac, qui sur les conclusions de M. le procureur-général, ordonne que les marchands & négocians qui seront prévenus de négociations frauduleuses, d'avoir *vendu* des marchandises à un prix beaucoup au-dessus de leur valeur, & de les avoir ensuite fait ACHETER par des personnes interposées *à un prix inférieur à celui de la vente*, ne pourront être admis dans les corps & communautés, ni à aucune place dans la jurisdiction consulaire, soit comme consuls, soit comme conseillers, sauf à être procédé par les voies de droit contre lesdits marchands & négocians qui seront prévenus de négociations frauduleuses, conformément aux ordonnances & réglemens.

La

La cour ordonne la lecture & publication de cet arrêt. . . . Puisse-t-on, agrandissant cette idée salutaire, arrêter ainsi une foule de vices destructeurs qui font la honte & le désordre de la société, non en les punissant par des peines rigoureuses, difficiles à prononcer régulièrement, mais en excluant des distinctions, des honneurs, des dignités, des offices & des graces qui dépendent du souverain ou du public! Que les hommes d'argent n'aient que de l'argent; & qu'avec lui, quand ils l'auront bassement acquis, ils transmettent à leurs enfans une incapacité tacite; & qu'au lieu de jugemens difficiles à rendre dans ces affaires ténébreuses, la police tienne des notes exactes de tous ceux qui dans les grandes villes sur-tout, font des trafics infames! C'est un des moyens simples de prévenir le désordre & la ruine. Voyez *Affaire*, *Corps*, *Faiseur d'affaires*, *Charge*, *Honneur*, *Jurande*, *Municipalité*, *Probité*, *Syndicat*, *Usurier*, &c.

ARRÊT du parlement de Paris, du 8 mars 1618, qui fait défenses, sous peine de punition exemplaire, à tous marchands apoticaires, papetiers, cartiers, épiciers, charcutiers, beurriers & autres, d'*acheter* soit directement, soit par personnes interposées, aucuns parchemins, ni papiers écrits, minutes ou grosses, ni d'en employer aucuns à leurs paquets & métiers; si aucuns leur étoient offerts, leur enjoint de les retenir & d'en faire leur dénonciation à la justice.

ARRÊT du parlement de Paris, du 28 août 1662, qui en renouvellant les mêmes défenses, condamne le nommé Tenon, ci-devant clerc de procureur, au fouet au préau de la conciergerie, & au bannissement pour trois ans, pour avoir détourné & diverti plusieurs registres & papiers de l'étude de François Martin, procureur en la cour, & iceux vendus. . . . L'exécution de ces réglemens mérite la plus grande attention; la soustraction des papiers & procédures dans les études & les cabinets des gens d'affaires, peut porter le trouble dans la société, & ruiner les familles les plus opulentes. Voyez *Clercs*, *Papiers*, *Parchemins*, *Patrocines*, *Procureurs*, *Procédures*, &c.

Prisonniers de guerre.

5. L'administration de la justice s'épure, & s'agrandit tous les jours, l'esprit de bienfaisance & l'amour de l'humanité regnent dans le cœur des magistrats, & leur inspirent des réglemens qui honorent ce siecle.

ARRÊT du parlement de Rennes, du 26 janvier 1782, qui, faisant droit sur les remontrances & conclusions de M. le procureur général, ordonne que les ordonnances du royaume rendues contre les monopoles & les monopoleurs, seront exécutées selon leur forme & teneur; en conséquence, fait défenses à toutes personnes de s'arroger le privilege exclusif de vendre aux prisonniers de guerre anglois, soit qu'ils soient détenus ou cautionnés, aucuns comestibles, provisions, denrées, boissons & marchandises au delà du prix fixé par les ordonnances de police, réglemens & usages des lieux: fait pareillement défenses à toutes personnes d'*acheter desdits prisonniers de guerre des especes d'or & d'argent, ou vêtemens au dessous de leur valeur*; ordonne à tous ceux qui *acheteront desdits effets d'en faire déclaration* aux substituts du procureur général du roi, ou procureurs fiscaux des lieux, laquelle sera reçue sans frais, même de leur représenter lesdits effets, à peine contre les contrevenans d'être poursuivis extraordinairement, & punis suivant la rigueur des ordonnances comme monopoleurs: enjoint aux juges des lieux de tenir la main à l'exécution du présent arrêt, qui sera lu, publié & affiché, dans toutes les villes & bourgs de la province, où il est d'usage d'envoyer des prisonniers de guerre. . . . Puisse cet exemple avoir des imitateurs, & ramener les puissances belligérantes de l'Europe à des sentimens de générosité, qu'elles n'ont que trop souvent perdus de vue. Voyez *Cartel*, *Échange*, *Prison*, *Rançon*, *&c.*

Choses sacrées, Reliques, &c.

6. Il n'est pas permis d'acheter des ciboires, calices & autres vases sacrés, qui ont été offerts à Dieu & employés au service des autels : il n'est pas permis non plus d'acheter les saintes dépouilles des hommes justes que l'église expose à notre vénération, ni les reliquaires précieux qui les renferment. *Donaria I, lib. 2, tit. 1, § 8. Nemo martyres distrahat, nemo mercetur, l. 4, C. de sacros. ecclesiis.* La loi 21 du même titre, veut que les acheteurs de vases sacrés, soient à la diligence des évêques & autres administrateurs des églises, contraints à les rendre sans qu'ils puissent répéter le prix qu'ils ont donné. *Sacratissima atque arcana vasa, vel vestes, cœteraque donaria quæ ad divinam religionem necessaria sunt. . . . Qui hæc* SUSCIPERE *ausi fuerint modis omnibus vindicari tam per religiosissimos episcopos quàm per œconomos, necnon & sacrorum vasorum custodes, nullâ eis actione relinquendâ super recipiendo pretio.*

En France les magistrats sont encore plus séveres, & les acheteurs des choses sacrées sont punis par des amendes. Par un ancien arrêt de 1585, « un Piémontois fut condamné au prieur de St. Martin-des-Champs, à quarante-trois marcs d'argent, & seize marcs cinq onces & quinze estelleins d'autre, ou la valeur qu'il avoit acheté de frere Jean Talence, religieux dudit lieu, qui les avoit soustraites de la châsse dudit St. Martin, & vendues audit Piémontois à juste prix & bien payé : & avoit ledit Piémontois partie de cet argent en masse par lui fondu, disant, *comme il étoit vraisemblable*, qu'il ne savoit dont ils étoient venus ; & néanmoins sa faute étoit de ce qu'il les avoit achetés de nuit, dudit moine venu en sa maison en habit séculier, & qu'il y avoit quelques plis des têtes des images, ce qu'il devoit révéler : *& outre ce, fut condamné en l'amende de quarante livres envers le roi.* » Papon, *liv. 1, tit. 5, arr. 38.* Voyez *Calices*, *Église*, *Reliques*, *Vases sacrés*, *&c.*

Sel, Tabac, Privilege.

7. Les gouvernemens intéressés à exciter l'industrie de leurs sujets, à l'établissement des différentes manufactures, & à empêcher que les étrangers n'attirent chez eux l'argent & les richesses de leur pays, ont proscrit l'achat de différentes marchandises, de différentes denrées : ce sont-là des vues d'une sage politique qu'il faut respecter. De pareilles vues ont fait ordonner au contraire l'achat d'autres marchandises, d'autres denrées. En France, nos rois pour assurer à leurs fermiers la vente de leurs sels, ont non seulement défendu à leurs sujets d'en acheter ailleurs que dans les greniers ou chez les regrattiers ; mais encore ils en ont forcé l'approvisionnement, de maniere qu'aucun pere de famille ne peut se dispenser d'en acheter, & sa consommation est fixée. (*Ordonnance de 1680, tit. 6.*)

La loi n'est pas si sévere à l'égard du tabac, on ne peut à la vérité en acheter que par les mains du fermier, mais l'achat n'en est pas nécessité : chacun est libre de s'en passer. Enfin, d'autres vues politiques ont concentré l'achat de certains objets, entre les mains de certaines personnes. Pour donner de l'émulation & encourager à faire des découvertes utiles, on autorise les inventeurs à la vente exclusive des objets qui sont la matiere de ces découvertes. Voyez *Contrebande*, *Découvertes*, *Gobelins*, *Impositions*, *Inventions*, *Manufactures*, *Porcelaine*, *Privilege*, *Sel*, *Tabac*, *&c.*

Denrées, Comestibles, Bestiaux, Poison.

8. Il est défendu d'acheter les bleds *en verd*, & les laines avant la tonte du

mois de mai. Voyez ci-dessus le mot *Accaparement*, & ci-après *Bled*, *Laine*, *Monopole*, *Tonte*, *&c.* Il est défendu aux aubergistes, traiteurs, &c. de se présenter au marché, & d'y rien acheter avant que les particuliers aient fait leurs provisions. Voyez *Aubergiste*, *Halle*, *Poisson*, *Traiteur*, *&c.*

Il est défendu d'acheter des denrées gâtées, & de chercher à les dénaturer pour en faire disparoître les défauts.

ORDONNANCE de police de Paris, du 25 avril 1732, qui condamne en 20 liv. d'amende le nommé Joüan fils, regrattier de paille & de foin, pour avoir acheté de mauvais foin sur les ports à vil prix, & avoir voulu le faire passer comme foin arrivé par terre, en le faisant rebotteler de nouveau. Le foin fut aussi confisqué. Voyez *Foin*, *Paille*, *Regrattier*, *&c.*

Il est quelquefois défendu d'acheter, soit des veaux, soit des agneaux; & c'est sur-tout lorsqu'après des maladies épizootiques, on cherche à prévenir l'entier dépérissement des especes, &. à conserver des bœufs & des moutons. Dans ces mêmes circonstances, il est défendu d'acheter des bestiaux qui proviennent des lieux où regne la contagion. Voyez *Agneau*, *Bestiaux*, *Bœufs*, *Contagion*, *Épidémie*, *Épizootie*, *Mouton*, *Veau*, *&c.*

Il est défendu d'acheter des poisons quand on n'exerce pas une profession qui en nécessite l'usage. Voyez *Apoticaire*, *Arsenic*, *Épicier*, *Empoisonnement*, *Maréchal*, *Médecin*, *Poison*, *Teinturier*, *&c.*

Effets des faillis.

9. Les achats des effets des mauvais débiteurs qui se faisoient au préjudice des légitimes créanciers, étoient proscrits par la loi romaine. (*Tot. tit. D. quæ in fraud. credit.*) Ils l'ont été de même par les réglemens de ce royaume. L'*art.* 4 *de l'édit du mois de mars* 1673, déclare nul tout ce qui se fait *en fraude des créanciers*. Cependant, comme ces termes étoient trop généraux, & qu'ils présentoient des inconvéniens, la déclaration du 18 novembre 1702, admit les dispositions du réglement de la place de Lyon, & prononça la validité des achats & ventes d'effets, dans le cas où ces opérations auroient précédé de dix jours la faillite ou banqueroute connues. Voyez *Banqueroute*, *Créancier*, *Débiteur*, *Faillite*, *Fraude*, *Identité*, *Revendication*, *&c.*

ACHEM.

(Droit étranger.)

1. C'est la ville capitale du royaume du même nom, situé dans la partie septentrionale de l'isle de Sumatra aux Indes orientales. L'administration de la justice a fixé les regards de quelques jurisconsultes, par sa forme, ses rapprochemens avec la nôtre, & quelques usages extraordinaires.

Justice civile.

2. Elle est administrée sous un grand *baly* près de la principale Mosquée. Un des plus distingués & des plus riches Orancayes, préside le tribunal qui s'y assemble tous les jours, à l'exception du vendredi. On n'y connoît ni avocats ni procureurs : le créancier y cite tout simplement son débiteur, qui se garde bien de manquer à l'assignation, & de passer au désaveu de la dette, & qui est condamné à y satisfaire dans un très-court délai. S'il n'obéit pas à l'ordonnance du juge, il est cité une seconde fois, & sans entendre ses excuses, on lui lie les mains derriere le dos avec un rotton, après quoi on le laisse aller, sans craindre que personne soit assez hardi pour le détacher. Dans cet état, il est obligé de paroître tous les jours à l'audience du tribunal qui, le voyant enfin dans l'impuissance de satisfaire à ce qu'il doit,

le livre à son créancier. Dès-lors celui-ci a le droit d'en user comme de son esclave, de le prêter à ses amis, de le vendre ; en un mot, de le traiter aussi rigoureusement qu'il le juge à propos, pourvu toutefois qu'il n'attente point à sa vie, qu'il est obligé de lui conserver.

Cette extrême sévérité prend son origine dans les usages des peuples anciens les plus policés, qui presque tous ont outragé la nature pour respecter le vil intérêt. Malheureuse distinction du *tien* & du *mien !* que de maux n'as-tu pas produits, & ne produis-tu pas encore tous les jours ? Sommes-nous beaucoup plus sages avec notre contrainte par corps ?

Les Égyptiens enterrerent d'abord les débiteurs insolvables tout vivans ; mais Sésostris sut concilier les droits des créanciers avec les devoirs de l'humanité. Il tira parti de l'opinion de ses peuples sur la nécessité des funérailles pour le repos des morts, & en ordonnant de laisser sans sépulture les cadavres des mauvais payeurs, la terreur salutaire que cette punition inspira, produisit l'effet qu'il s'en étoit promis. (Dissertation sur l'initiation aux Mysteres Éleusiniens, tirée & traduite de la quatrieme section du second livre de la Divinité de la mission de Moyse, par Warburton.)

Les Hébreux avoient pris des Égyptiens leurs rigueurs contre les malheureux débiteurs, & ces rigueurs donnoient souvent lieu à des révoltes. Tant il est vrai que de mauvaises loix ont toujours donné lieu à des événemens fâcheux. Quand David pour se soustraire aux violences de Saül, fut obligé de prendre les armes, il fut joint par tous ceux qui, hors d'état de payer leurs dettes, chercherent à se soustraire à la tyrannie de créanciers impitoyables. *Et convenerunt ad eum omnes qui erant in angustiâ constituti & oppressi ære alieno, & amaro animo, & factus est eorum princeps.* SAMUEL 1, 22, 2.

Les anciens Gaulois accablés de dettes ou opprimés par des taxes ou par la tyrannie des grands, se mettoient au service de quelque personne de distinction pour en être protégés : ce protecteur les entretenoit, & ils se dévouoient entiérement à son service, s'engageant à vivre & à mourir avec lui. C'est-là l'origine du vasselage & de ces guerres intestines que se faisoient les seigneurs entr'eux, en s'opposant mutuellement ces personnages désespérés, qui dans la crainte de leurs créanciers n'avoient plus qu'à vaincre ou mourir. Ces guerres qui ont bouleversé pendant si long-temps notre France ont donc dû leur origine à la dureté des créanciers, & au défaut de loix fondées sur celles de l'humanité & de la commisération. *Soldurios appellant quorum hæc est conditio ut omnibus in vitâ commodis cum his fruantur, quorum se amicitiæ dediderunt. Si quid iis per vim accidat, aut eumdem casum unà ferant, aut sibi mortem conciscant ; neque adhuc hominum memoriâ repertus est quisquam, qui eo interfecto cujus se amicitiæ devovisset, mori recusaret.* Cæsar, *de Bello-gallico*, 3, 20.

Mais de toutes les législations celle des Romains eût été sans doute la plus barbare, si elle avoit prononcé contre des débiteurs infortunés ces peines rigoureuses & inhumaines, que tous les commentateurs de la loi des douze Tables ont long-temps cru trouver dans leur texte. Ces loix après avoir déterminé que, *si le débiteur ne transigeoit pas avec son créancier, celui-ci pourroit le retenir dans la captivité pendant soixante jours ; que, si dans cet intervalle le débiteur ne trouvoit pas de quoi s'acquitter, le créancier le feroit paroître aux yeux du peuple pendant trois jours de marché, & feroit publier la somme qu'il étoit dans le cas de perdre ; qu'enfin après le troisieme jour de marché, le débiteur insolvable envers plusieurs créanciers pourroit être ou vendu aux étrangers qui habitoient au delà du*

Tibre, ou même MIS EN PIECES, ET SON CORPS PARTAGÉ EN AUTANT DE PARTIES QU'IL Y AUROIT DE CRÉANCIERS. Tabul. 3, leg. 8 & 9. AST SI PLURES ERUNT REI, TERTIIS NUNDINIS PARTIS SECANTO.

L'illustre Bynckershoeck a lavé Rome de l'opprobre d'avoir porté une loi aussi terrible, & il a prouvé dans une dissertation qui ne souffre point de replique, que le texte des douze Tables bien examiné, autorisoit simplement le créancier à la vente de son débiteur, & à une répartition du revenu. *Bynckershoeck, observat. jur. Rom. lib. 1, cap. 1, tom. 1, operum, pag. 9.* Voyez *Contrainte par corps, Discussion, &c.*

Justice criminelle.

3. Nous l'avons dit, il n'est point indifférent de fixer nos regards sur la jurisprudence étrangere, sur-tout la criminelle, même quelquefois sur celle de l'Asie. Nous qui vantons notre savoir, notre justice & nos mœurs, nous y voyons ce que nous fûmes, & peut-être ce que nous sommes encore. Nous tirerons celle d'Achem du voyage du capitaine Beaulieu, inséré dans la collection de Thevenot, imprimée en 1696 à Paris, chez Moëtte (*4e. tom. en 2 vol. in-fol.*) Après avoir exposé que la justice criminelle s'administre sous un autre *baly*, où plusieurs des principaux Orancayes président alternativement, Beaulieu continue ainsi : « Un criminel arrêté par une femmelette, ou par un enfant pour son meffait, n'ose s'enfuir & demeure immobile comme une statue, ayant remarqué plusieurs fois, passant par le marché, quelques grands bélitres surpris par des enfans de quatre à cinq ans, faisant un malheureux larcin, peut-être de la valeur d'un double, se laisser lier les mains, & traîner devant cette justice, où sur l'heure ils avoient audience & sentence de quelques coups du *rotton* sur les épaules du délinquant; puis chacun s'en retournoit de son côté, sans pouvoir juger qui eût perdu ou gagné; le puni ne menaçant celui qui l'avoit fait justicier, ni l'autre se plaignant davantage, & quelquefois retournoient ensemble. Étant sous le même *baly*, attendant que la Chappe vint du château, & devisant avec le juge, survint quelques causes, entr'autres d'un qui avoit eu la curiosité de voir la femme de son voisin par-dessus une haie, comme elle se lavoit; la femme l'ayant apperçu, s'en plaignit à son mari, qui le fit venir en justice, où il fut condamné à trente coups de *rotton* sur les épaules. L'exécuteur étant tout prêt, le retire environ trois ou quatre pas du *baly*, & commence à lever le bras bien haut; le condamné entre en capitulation, fait offre de six mazes : l'exécuteur en demandoit quarante; mais comme le condamné ne se hâtoit de venir à cette somme, il se sentit chatouillé d'un coup si rude, que le marché se conclut en bref à vingt mazes qu'il paya comptant, & moyennant cela, on ne lui fit qu'appuyer le *rotton* vingt-neuf coups sur son vêtement; mais ce qui étoit le plus étonnant, étoit que la capitulation se faisoit en présence de chacun, à la vue & l'ouie du juge & de ses accesseurs qui étoient encore plus proches que moi; davantage celui qui avoit payé se mit doucement contre le barreau à attendre & écouter l'issue de quelques causes qui s'alloient vuider, ne paroissant à sa contenance qu'il eût vu personne ce jour-là; & comme j'eus demandé à mon interprête si cela se pratiquoit souvent, il m'assura que cela étoit très-ordinaire, mais qu'il falloit que celui qui avoit donné les vingt mazes, fût riche, parce qu'il y en auroit beaucoup qui endureroient trente coups de *rotton*, quelque serrés qu'ils fussent, pour gagner cette somme; de plus, il me confirma ce que j'avois déja appris, que le roi faisoit journellement couper nez, crever yeux, châtrer, couper pieds, poings & oreilles, & autres mutilations qu'il fait exécuter bien souvent pour peu de chose; que

les exécuteurs tenant le patient, lui demandent combien il donnera pour être bien châtré, ou que le poing lui soit coupé d'un seul coup, ou le bien éborgner, lui couper proprement le nez, le rendre médiocrement *here* & choses semblables, ou si c'est la mort, de ne le faire languir; que le patient marchande jusqu'à tomber d'accord, puis paie comptant; car en cette action, il faut de l'argent sur soi; alors ils exécutent promptement: que s'ils ne sont appointés, s'il faut couper un nez, il le fera si haut, que le cerveau en paroîtra; si c'est un pied, il le hâchera en deux ou trois coups; si c'est une oreille, il la prendra si près, qu'il en emportera partie de la joue. Mais ce que je trouve de plus merveilleux est, que de ces misérables, voire même de ceux qu'ils châtrent, qui aucune fois passent cinquante ou soixante ans, rarement en meurt-il aucun; & si n'y apportent autre remede que de mettre la partie mutilée promptement dans la riviere, qu'ils laissent quelque peu saigner, puis la lavent, & avec des linges l'étanchent & bandent: puis on les porte en leur maison, & qui que ce soit qui ait ainsi été justicié, soit par le commandement du roi, ou des juges, n'encourt pour cela aucune ignominie pour quelque malversation qu'il ait commise; & quelqu'un lui reprochant, le tuant sur ce reproche, il n'en seroit puni, tenant entr'eux que le délinquant ayant subi la condamnation de son juge, a suffisamment satisfait à sa coulpe, qui ne doit plus lui être reprochée, chacun étant sujet à faillir. » .... Si les habitans du royaume d'Achem ont tort de n'attacher aucun déshonneur à des actions injustes & criminelles, qui leur attirent l'animadversion de la justice, n'en avons-nous pas un plus grand encore d'envelopper tous les parens d'un coupable dans la peine d'opinion & d'infamie qu'il devroit seul subir? Les Anglois n'ont-ils pas à cet égard des idées plus exactes que nous? Voyez *Infamie*, *Opinion*, *Supplice*, &c.

Mariage, divorce.

4. La pluralité des femmes est admise au royaume d'Achem, mais les seuls enfans de l'épouse principale y succedent à leur pere. Les parens ne sont pas obligés de dotter leurs filles; & là, comme ailleurs, le mari fait de grands sacrifices. D'abord, ce sont des présens de noces, même au pere & à la mere de la future; ensuite il est obligé d'assigner un douaire: enfin, si la femme a quelque chose en propre, elle en exige une reconnoissance authentique pour pouvoir le réclamer, soit en cas de mauvais ménage, soit en cas de mort du mari; au dernier cas, elle est préférée, tant pour ce qui lui appartient, que pour son douaire, à tous ses créanciers, soit antérieurs, soit postérieurs. Justinien n'a donc pas été le seul législateur qui ait eu l'idée de favoriser les femmes, & celui d'Achem mérite les mêmes reproches qu'a attiré la loi *Assiduis* à son auteur (*VIR NIMIUM UXORIUS. Vernulæi epitome histor. pag.* 255.) Le mari gagne la dot entiere par le prédécès de sa femme. C'est le droit établi dans la ville & banlieue de Toulouse par la coutume particuliere.

Le divorce n'est permis à Achem, que lorsque les deux époux sont d'accord. Quand la femme le refuse, le mari est obligé de lui payer son douaire, & le revenu de sa dot, & alors ils continuent à rester ensemble, mais sans se communiquer. Du reste, quand les Achemois *entendent dire qu'en chrétienneté la femme apporte une notable somme à l'homme, en trouvent la coutume bonne, mais très-mauvaise de n'en pouvoir avoir qu'une sans moyen de se démarier, accord de partie ou non, & tiennent cette loi irraisonnable.* Voyez *Augment*, *Contr'augment*, *Divorce*, *Dot*, *Douaire*, &c.

Intérêt de l'argent.

5. La grande usure est défendue à Achem: il n'est pas permis aux prêteurs d'exiger des gages, ni de retirer plus de

douze pour cent de leur argent par année. A Bantam, au contraire, on donne trois pour cent par mois, & on prend toujours des gages d'une valeur bien supérieure à la somme confiée. Voyez *Agio*, *Anatocisme*, *Prêt*, *Usure*, *&c.*

Les Achemois sont honnêtes, comme ceux qui, dans plusieurs états de l'Europe, prêtent au gouvernement à raison de dix pour cent pour l'année. Les Bantamois sont vils & escrocs comme ces usuriers, courtiers, entremetteurs, proxenetes qui rançonnent le malheureux ouvrier, l'herbiere de Paris, en prêtant à la petite semaine ou à raison de vingt-quatre sous par louis pour chaque mois.

Par-tout vous trouvez toujours les mêmes vices, & quelquefois les mêmes vertus.

A-CHER-PRIX.

(Droit féodal.)

C'est une redevance stipulée par quelques seigneurs ecclésiastiques du comté de Blois, qui leur donne le droit d'exiger à la mort de chaque censitaire, un relief extraordinaire, fixé à la douzieme partie de la valeur de l'objet donné à cens ; & ce relief est appellé *A-cher-prix*, à cause du poids effrayant de l'exaction. *In consuetudine Blesensi quoties res censualis mutat manum per obitum, sive in lineâ directâ, sive in collaterali, simplicia relevia debentur ad ratam duplicati census ; ut si denarius annuatim pro censu debeatur, mortuo censuario, ejus filius vel alius heres, solvet duos denarios pro relevio. Accedit quòd plura monasteria & alii locorum domini concesserunt multa prædia in censum ad onus laudimiorum consuetorum in casu venditionis, & ad onus quod in omni mutatione per obitum, loco relevii consueti simplicis solveretur duodecima pars æstimationis ipsius rei pro relevio ; & ejus modi relevium* PROPTER ONERIS GRAVITATEM *vulgò vocant relevium* CARI-PRETII. (Molinæus, *in consf. Parif. tit.* 2, *de censive*, § 76, *glos.* 1, *in verbo* Droits de vente, *n°.* 12, *pag.* 719, *tom.* 1, *édit.* 1681.)

Cette redevance donna lieu à l'époque de la rédaction de la coutume de Blois, publiée le 18 avril 1523, à la contestation la plus importante par son objet, & par le zele des deux illustres défenseurs Dupont & Dumoulin, qui soutinrent les droits du malheureux peuple contre les prétentions exorbitantes du clergé. Un extrait de cette grande affaire, dont on pourroit appliquer les principes à plusieurs droits seigneuriaux, ne peut être indifférent ni aux vrais jurisconsultes, ni à tous les cœurs nés sensibles & enthousiastes de la liberté.

Les commissaires rédigerent en ces termes l'art. 109. « Au bailliage de Blois, il y a deux manieres de censifs, dont les uns se paient à jour nommé, & les autres sont à quête, & en y a aucuns qui sont *à-cher-prix* en vente & reliefs, & les autres sont à tels cens, tels reliefs, ainsi que sera déclaré ci-après. »

Le procès-verbal explique que sur cet article « les gens du tiers état se sont opposés, prétendant n'y avoir aucune coutume ne cens *à-cher-prix* ; & si on en avoit joui, ce auroit été par *exaction*, *& est un droit odieux & inique.* » Il ajoute que les praticiens ayant expliqué quels étoient les effets du *cher-prix*, les commissaires remontrerent aux gens d'église & nobles qui prétendoient ce droit *que bon seroit & profitable en la chose publique en prendre récompense*, parce que les censitaires préferoient de laisser tomber en ruine leurs maisons au parti de les bâtir à grands frais ; & d'exposer par-là leurs héritiers au paiement d'une taxe qui proportionnée à leur nouvelle valeur, formoit une charge ruineuse pour leur succession. Les praticiens ayant déposé la coutume *être telle que est contenu audit article*, les commissaires ordonnerent qu'*elle demeureroit pour coutume par* *maniere de provision sans préjudice de l'opposition dudit tiers état.... dont les gens dudit tiers-état ont appellé.*

C'étoit le fameux Dupont qui plaidoit la cause du tiers-état, & voici les motifs de son opposition, qui ne firent aucune impression sur les commissaires. Il disoit, 1°. que le cens imposé au profit du seigneur direct n'emportoit *de sa nature* que la nécessité de payer la redevance annuelle, & il expliquoit que si par la coutume générale du royaume, & la coutume particuliere du comté de Blois, l'imposition du cens emportoit encore la nécessité de payer des lods en cas d'aliénation, il étoit du moins contraire à tous les principes du droit canon & du droit féodal d'exiger ces lods en cas de changement de propriétaire par voie de succession. Enfin, il s'élevoit su-tout contre l'avidité des ecclésiastiques, qui par une prétention jusqu'alors inouie, vouloient exiger à la mort de chaque censitaire la douzieme partie de la valeur de l'objet donné à cens, & avoient encore la témérité de fixer cette valeur, non pas sur le pied originaire qu'elle avoit lors du bail à cens, mais sur le pied de celle que lui avoient acquise les améliorations procurées à grands frais par les censitaires. *Sed nec audita fuerat unquam ecclesiasticorum* IMPROBITAS *qui* HONESTATIS PARUM MEMORES *sibi jus esse contendebant ad singulorum censuariorum obitus duodecimam valoris rei censualis* CORRADENDI *& quo* NOVUM AVARITIÆ GENUS *magis detesteris, non solùm huic* ILLICITÆ EXACTIONI INHIANTES *contenti erant censûs solutione juxta valorem ac æstimationem rei cujus directum dominium apud eos remanserat, quo metiendus sanè fuit census; sed & ad emponemata seu (quod dicitur melioramenta) quæ censuarii ipsi suâ arte & industriâ ad urbis ornatum & elegantiam fecerant, hoc suum si diis placet æquissimum jus imò* IMPURAM AVARITIÆ LABEM PROTRAHEBANT. (Pontanus, *in consf. Blesf. tit.* 9, *art.* 109, *tom.* 1, *pag.* 386.)

2°. Il écartoit les moyens qu'on se faisoit de l'ancienne perception, par ces deux réflexions. La premiere, c'est que la perception d'un droit insupportable, inique, odieux, exorbitant & contraire à l'usage général du royaume, ne pouvoit être regardée que comme abusive, & conséquemment ne pouvoit être maintenue comme légitime. *Jus illud quod prætendebant ipsi, planè* INSUPPORTABILE, INIQUUM, ODIOSUM *esse docebam, atque* EXORBITANS *ab usu generali totius Franciæ.... Quòd si demus adversarios aliquando ita exegisse, non tamen propterea trahendum id est ad consequentiam, & legis formam. Ibid.* La seconde, c'est que cette perception n'avoit eu lieu que dans la ville de Blois, & dans quelques villages voisins, au nombre de dix, tandis qu'elle étoit inusitée & inconnue à plus de trois cents paroisses, d'où il falloit conclure que le droit sur lequel on prétendoit la fonder, devoit être restreint & non étendu, comme *destructif* de la chose publique & contraire à l'équité. *JUS VELUT STRANGULATIVUM CONTRA PUBLICAM UTILITATEM.... JURIQUE AC ÆQUITATI REPUGNANS. Ibid.*

3°. A l'assertion des praticiens, que la coutume autorisoit ce droit : Dupont répondoit, qu'en une matiere si odieuse, l'inexistence d'un titre authentique ne pouvoit être supplée par la déposition de quelques témoins. Il ajoutoit que la coutume alléguée devoit infailliblement son origine à une pure tolérance, fondée, ou sur la crainte du pouvoir des ecclésiastiques, ou sur une confiance aveugle de la part du peuple qu'ils vouloient asservir, aux promesses qu'ils lui faisoient de l'aider de leur protection, de leur crédit.

Cependant tous mes efforts pour le succès d'une cause juste, *& très-juste*, furent inutiles, s'écrie Dupont, & les commissaires donnerent, soit à l'argent, soit à la faveur, (ce que je crois plutôt) un jugement qui faisoit trop de griefs à à ma province pour que je ne me décidasse pas à en appeller. Je le fis, & je puis le dire, sans chercher à satisfaire un vain orgueil, je fus le seul magistrat municipal qui osai me rendre auprès du sénat, & y poursuivre un arrêt nécessaire à mes concitoyens: mais je fus aussi le seul exposé aux terribles effets du courroux de mes adversaires. N'importe : le desir d'être utile à ma patrie dont mon ame fut toujours embrasée, me soutint dans mes pénibles démarches, & le plaisir que je goûtai en triomphant pour elle, fut une récompense bien agréable & assez satisfaisante. *SORDE NE AVARITIÆ, AN NIMIO ECCLESIASTICORUM FAVORE (quod magis puto) CORRUPTI nostri judices contrariam sententiam tulere, à quâ ut planè graviore & insupportabili à me ad supremum senatum appellatum est. Ubi ME UNO CONSULE, quod citra jactantiam dictum velim, adversùs tam INFESTAM TURBAM obtinui, ac VICTOR, non sine magno reipublicæ nostræ commodo evasi. QUANTIS interim ab adversariis sim ob eam rem affectus CONTUMELIIS, nihil laboro. BENE ENIM AC FELICITER MECUM ACTUM SEMPER EXISTIMAVI, SI QUID EST QUOD PATRIÆ A ME BENE CONSULTUM FUERIT.* Ibid. pag. 388.

Dumoulin fut choisi par Dupont pour soutenir la cause du tiers-état du comté de Blois. Il explique qu'il y trouva de la difficulté, en ce que les termes de l'*art.* 109 ne paroissoient que narratifs, & non énonciatifs. On y disoit qu'il y avoit des héritages sujets au relief *à-cher-prix*, & d'autres au relief ordinaire; la disposition alternative conservoit donc respectivement les droits des seigneurs & des censitaires, & ces derniers ne pouvoient être tenus de la redevance onéreuse, qu'autant que les premiers justifieroient clairement de leur droit à cet égard, c'est-à-dire, par des titres précis & indépendamment des expressions de la coutume. Cependant je revins bien vîte d'un premier apperçu, poursuit Dumoulin, & je trouvai l'appel bien fondé, parce que les commissaires avoient déclaré que la redevance étoit autorisée par la coutume, & que toutes les expressions d'une coutume écrite sont bien faites pour inspirer des craintes terribles sur les équivoques qu'on peut faire dans leur interprétation. Ces craintes sont d'autant plus fondées, que des seigneurs puissans & accrédités savent bien toujours faire expliquer les choses douteuses en leur faveur, au préjudice de malheureux habitans toujours abandonnés à leur propre foiblesse. *Quibus non obstantibus censeo appellantes probabile & justum habere interesse, ex eo maximè quod præfati commissarii ordinarunt QUOD DICTA CLAUSULA TENERET PRO CONSUETUDINE. Ratio est quia CONSUETUDINIS SCRIPTÆ VEL STATUTI METUS EST TERRIBILIS. ACCEDIT ETIAM METUS ET IMPRESSIO DOMINORUM, ET POTENTIORUM, QUIBUS PAUPERES CENSUARII ET SUBDITI PARES ESSE NON POSSUNT.*

ARRÊT du parlement de Paris, du 13 juin 1535, qui, rendant droit sur l'appel interjeté par le tiers-état de l'ordonnance des commissaires députés à la rédaction de la coutume, ordonne que les seigneurs pourront vérifier leur droit au relief *à-cher-prix*, par tous autres moyens que ceux qu'ils prétendroient tirer des expressions de l'*art.* 109 de la coutume, tous moyens & exceptions, au contraire demeurant réservés à leurs censitaires.

Bretonnier a cru devoir rendre compte de cette affaire célebre, & nous ne balançons pas à transcrire en son entier le résumé qu'il en présente. Cet auteur a une maniere de voir, si semblable à celle de Dupont & de Dumoulin, qu'il peut bien être placé dans le même cadre que ces deux grands hommes. D'ailleurs, il fait sur la rédaction de nos coutumes une réflexion importante, & qui ne sauroit être trop méditée par nos lecteurs. Elle nous servira souvent d'excuse dans notre façon de penser sur le droit coutumier du royaume.

« Dans la coutume de Blois, il y a des cens *à-cher-prix;* ce cens se paie à toutes mutations, même en ligne directe; & il est au douzieme denier de la valeur des héritages; ainsi c'est la même chose que notre mi-lods : ce cens a été introduit par les ecclésiastiques, contre l'avarice desquels Dumoulin & Pontanus déclament fortement; ils déclament aussi contre les commissaires qui furent employés à la réformation de la coutume, qui eurent la complaisance pour les ecclésiastiques, d'insérer dans la nouvelle coutume, un cens qui n'étoit pas dans l'ancienne, au préjudice de l'opposition du tiers-état, à la tête duquel étoit Pontanus, qui eut le courage d'appeller de l'ordonnance des commissaires, & de venir à Paris pour faire juger son appel. Il s'adressa à M. Charles Dumoulin, qui écrivit au procès; ils eurent l'avantage d'obtenir un arrêt contradictoire, le 13 juin 1535, par lequel l'ordonnance des commissaires fut déclarée nulle; & faisant droit sur l'opposition du tiers-état, il fut ordonné que ces mots, *à-cher-prix*, seroient rayés de la coutume, sauf aux seigneurs à établir leurs droits par autres titres que la coutume. J'ai cru devoir rapporter cette histoire pour faire honneur à ces deux bons citoyens, que l'on peut appeller *les derniers des Romains;* car, on ne trouve plus personne qui ait un zele si ardent pour le bien de la justice, & un amour si sincere pour la patrie: cela doit aussi servir à désabuser les partisans du droit coutumier, qui croient que les coutumes sont les loix du monde les plus justes, comme étant l'ouvrage des personnes les plus expérimentées de chaque province, à l'assemblée desquelles ont présidé des commissaires de la cour nommés par le roi : 1°. les cahiers étoient rédigés avant l'arrivée des commissaires, par les officiers des lieux, *la plupart gens ignorans*, ou *intéressés;* 2°. les commissaires n'avoient pas le temps d'examiner toutes les difficultés, ni les moyens d'empêcher les cabales; enfin, s'ils étoient exemts du vice de l'avarice, ils n'étoient par exemts de tous les sentimens qu'inspirent l'amitié, la faveur & le crédit; ainsi l'on peut fort bien nommer les coutumes, *decreta ambitiosa.* » Bretonnier sur Henrys, *tom.* 2, *pag.* 301 *de l'édit. de* 1708; *& tom.* 2, *pag.* 155 *de l'édit. de* 1738.

Observation.

2. Ce n'est pas vainement que nous avons donné une certaine étendue à cet article, peu connu par la plupart des jurisconsultes.

Nous avons voulu donner une idée de la rédaction des coutumes, la plupart rassemblées originairement avec le même esprit, la même intrigue, quelquefois la même oppression & toujours la même ignorance. Aussi que n'ont pas dit Dumoulin, Bretonnier, & tant d'autres jurisconsultes? OH! LA BARBARE, L'EXTRAVAGANTE COUTUME! Ce sont les moindres coups de pinceau de Dumoulin. Entendons-le lui-même dans ses notes, sur les différentes coutumes du royaume, insérées au tome second du recueil de ses ouvrages.

INIQUISSIMA consuetudo : art. 209 de la coutume d'Étampes, pag. 698. — *Sed est STULTUM :* art. 27 de celle de Chaumont, pag. 703. — *Hoc est satis ABSURDUM & contra regulas juris :* art. 227 de celle de Vermandois, pag. 706. — *Hoc est valde CAPTIOSUM :* art. 61 de celle de Châlons. *Ibid.* — *Hoc nimis DURUM :* art. 106 de celle de Rheims. *Ibid.* — *INEPTA consuetudo :* art. 45 de celle de Ribemont, pag. 707. — *INJUSTUM & iniquum :* art. 11 de celle de Chauni, pag. 710. — *Stulta & iniqua consuetudo :* art. 19. *Ibid.* — *Valde injusta & corrigenda :* art. 76 de celle de Boulenois, pag. 711. — *Stulta & BARBARA consuetudo :* art. 144 de la premiere publication de celle d'Artois, pag. 712. — *Hoc valde* INSULSUM *& corrigendum :* art. 23 du chap. 1 de celle du comté de Bourgogne, pag. 714. — *Erroneum & iniquum :* art. 7 du chap. 1 de celle d'Auxerre, pag. 715. — *Stulta consuetudo :* art. 41 du chap. 34 de celle de Nivernois, pag. 717. — *Iniqua consuetudo :* art. 40 du chap. 1 de celle d'Orléans, pag. 721. — *Iste est vetus error* QUO EPISCOPI JURE PAPALI TRAHEBANT OMNIA AD FORUM SUUM *:* art. 234 du chap. 14. *Ibid.* — *C'est ici une erreur provenue de cupidité d'augmenter les greffes :* art. 10 du chap. 1 de celle de Touraine, pag. 723. — *Hæc consuetudo iniqua est, & per errorem emersit, eodemque errore non fuit impugnata,* ET INTERIM STAT *:* art. 268 de celle d'Anjou, pag. 726. — *Ineptum & correctione dignum :* art. 97 de celle du Maine, pag. 728. — *Hæc consuetudo est* ODIOSA *& iniqua :* art. 376. *Ibid.* pag. 730. — *Iste articulus valde ineptus est :* art. 263 du chap. 22 de celle de Blois, pag. 737. — *Hæc est additio Petri* LIZETI PRAGMATICI *iniqua.... Solebat* ILLE AUGERE FISCUM ET QUÆSTUM JUDICIALEM *:* art. 19 du chap. 5 de celle de Berry, pag. 738. — *Hoc addidit Lizetus ad* AUGENDA LUCRA FISCALIA *:* art. 10 du chap. 18. *Ibid.* pag. 739. — *Absurdum videtur :* art. 4 du chap. 1 de celle de Bourbonnois, pag. 740. — *Hic est* ABUSUS *:* art. 73 du chap. 10. *Ibid.* pag. 741. — INHUMANAM ET IMPIAM *:* art. 202 du chap. 18. *Ibid.* pag. 743. — *Videtur iniquum :* art. 6 du chap. 21 de celle d'Auvergne, pag. 748. — *Inepta consuetudo :* art. 178 du chap. 17 de celle de la Marche, pag. 749.

Nous avons voulu encore donner une idée de l'établissement des droits seigneuriaux. Nous ne nous proposons point de déclamer contre leur origine & leur extension ; ce seroit en vain, nous serions étouffés par le cri imposant de la propriété, qui couvre tout. Mais nous croyons pouvoir, sans nous compromettre, assurer que la plupart des droits seigneuriaux, du moins ceux qui sont vraiment exorbitans, n'ont pas une origine plus juste, & que s'ils ont passé, c'est qu'il n'y a pas eu toujours & partout, des Dumoulin, des Dupont & des Bretonnier. Noms respectables & chers à tout homme libre & pensant! On ose les citer. Mais les imiter ; avoir leur franchise, leur courage, leur ardent amour pour la justice, qui l'oseroit? Près de deux siecles se sont passés dans la crainte & le silence. *Nunc tandem redit animus.* Voyez *Amélioration, Cens, Coutumes, Droits seigneuriaux, Lods, Relief, &c.*

ACHEVEMENT.

(Commerce.)

C'est l'action de finir une étoffe en noir par le teinturier du petit teint, lorsqu'elle a été guedée ou passée sur la lave du bleu par le teinturier du grand teint. *(Dictionn. Encyclop.)*

« Pour qu'une étoffe soit parfaitement bien teinte en noir, elle doit être commencée par le teinturier du grand & bon teint, & *achevée* par celui du petit teint. Il faut d'abord donner aux laines ou étoffes de laine que l'on veut teindre en noir une couleur bleue, la plus foncée qu'il est possible, ce qui se nomme le *pied* ou le *fond :* on donne donc à l'étoffe le pied de bleu *pers*, qui doit se faire par le teinturier du bon & grand teint. » *(L'art de la teinture des laines, par M. Hellot; Paris, 1772, in-12.)*

Pour pouvoir constater que la piece donnée à teindre en noir a été passée par le teinturier du grand teint, le teinturier du petit teint doit laisser à la tête de cette piece une rosette bleue, ou échantillon de la grandeur d'un écu de six livres : ce sont les dispositions des statuts & réglemens des teinturiers du grand teint, du mois d'août 1669.

Quand il s'éleve des difficultés entre les fabricans & les teinturiers, sur la mal-façon des étoffes de laine données à teindre, il y a une maniere de juger de leur *achevement;* c'est-à-dire, de reconnoître si elles ont eu le pied de bleu *pers* ou turquin, & cette maniere est prescrite par l'art. 25 de l'instruction sur le débouilli des laines & des étoffes de laine, publiée par ordre du gouvernement, & insérée à la fin de l'ouvrage de M. Hellot.

Il est dit au commencement de cette instruction, que la méthode prescrite pour les débouillis des teintures, par l'art. 37 des réglemens de 1669, & 220 & suivans de l'instruction générale pour la teinture des laines de toutes couleurs, du 18 mars 1671, n'étoit-pas suffisante pour juger exactement de la bonté ou fausseté de plusieurs couleurs, & qu'elle pouvoit même quelquefois induire en erreur & donner lieu à des contestations, & qu'en conséquence, sa majesté après différentes expériences, a réglé une nouvelle maniere de faire les débouillis ou épreuves des teintures.

L'art. 25 dit donc, que pour connoître si la laine a eu le pied de bleu turquin prescrit par les réglemens, « on prendra une livre, ou une chopine d'eau, on y mettra une once d'alun de Rome, & autant de tartre rouge pulvérisés : on fera bouillir le tout, & on y mettra l'échantillon de laine, qui doit bouillir à gros bouillons pendant un quart-d'heure; on le lavera ensuite dans l'eau fraîche, & il sera facile alors de voir si elle a eu le pied de bleu convenable: car, dans ce cas la laine demeurera bleue, presque noire; & si elle ne l'a pas eu, elle grisera beaucoup. » Voyez *Débouilli, Échantillon, Épreuve, Laine, Teinture & Teinturier, &c.*

ACIER.

(Commerce.)

On distingue deux sortes d'aciers, le naturel & le factice ou artificiel. Le premier est celui où l'art n'a eu d'autre part, que de détruire par le feu l'excès des parties salines & sulfureuses & autres, dont le fer de fonte est trop plein. Le second est du fer, à qui l'art a restitué par le secours des matieres étrangeres, les mêmes parties dont il étoit trop dénué.

Tout l'acier qui se consommoit en France y venoit anciennement de l'Angleterre, de l'Allemagne, de la Hongrie. Un physicien célebre par son amour pour les sciences & son zele pour sa patrie, publia sur la fin de l'année 1722, l'*art de convertir le fer en acier, & l'art de faire des ouvrages de fer fondu, aussi finis que de fer forgé.* Le premier de ces arts étoit en usage depuis quelque temps dans les pays dont nous tirions l'acier; mais on avoit pris tant de soin d'en tenir les pratiques cachées, qu'elle étoient restées inconnues. Il s'éleva d'abord sous la protection du gouvernement, *la manufacture royale d'Orléans, établie à Cosnes pour convertir le fer en acier, & pour faire des ouvrages de fer & d'acier fondus sur les principes de M. de Réaumur.* Depuis, les meilleures manufactures d'acier ont été établies à Nevers & à Rive en Dauphiné, celui qui sort de cette derniere est justement préféré. Il seroit à desirer qu'on perfectionnât encore cette branche importante de commerce, & qu'on s'attachât sur-tout à donner aux ouvrages d'acier ce poli & ce fini qui, jusqu'à ce jour, a soutenu le débit en France des fabriques angloises de Birmingham. La consommation en est étonnante malgré les défenses qui en interdisent l'entrée; on les élude aisément en les introduisant par le port d'Ostende.

TARIF DES DROITS D'ENTRÉES de 1664, qui fixe les droits sur l'acier non ouvré, de quelque pays qu'il vienne, à 1 liv. 8 sous par quintal. . . . L'acier qui sort du royaume, doit 1 liv. 2 sous par quintal.

LETTRES-PATENTES du mois d'août 1669, pour l'établissement des moulins à fer, acier. *Vol. 13 des ordonnances de Louis XIV, coté 3 X, fol. 176.*

ÉDIT du mois d'octobre 1668, enrégistré le 29 juin 1669, pour l'établissement des fourneaux pour la fabrique de l'acier. *Ibid. fol. 194.*

ARRÊT du conseil, du 25 novembre 1687, qui augmente les droits d'entrée sur l'acier non ouvré, & les fixe à 6 liv. par quintal.

LETTRES-PATENTES, du 22 janvier 1694, enrégistrées au parlement & en la chambre des comptes les 9 & 17 février, & en la cour des aides le 2 mars suivant, portant établissement d'une manufacture d'acier.

ARRÊT du conseil, du 5 juillet 1695, qui ordonne que les vérifications des aciers saisis seront faites à l'avenir par des gens experts dans ces matieres, & fait défense aux bourgeois experts d'y apporter aucun trouble à peine de 100 l. d'amende. Cet arrêt fut rendu contre les bourgeois experts de Nevers, qui prétendoient qu'en leur qualité d'experts de la ville, ils avoient droit de vérifier des aciers saisis. Il s'agissoit de savoir si c'étoit des fers ou de l'acier.

ARRÊT du conseil, du 2 avril 1701, qui réduit les droits d'entrée sur l'acier à la moitié, c'est-à-dire, les fixe à 3 liv. par quintal.

ARRÊT du conseil, du 10 avril 1702, qui décharge l'acier en bille & non employé, & le fer en gueuse & en mine, venant des pays étrangers dans le Hainaut, de tous droits d'entrée, & qui ordonne ce qui sera levé aux entrées du Hainaut François & de la Flandre Françoise, venant des pays étrangers, sur les marchandises de fer contenues au présent arrêt, à commencer du jour de la publication.

ARRÊTS du conseil, du 30 décembre 1710 & 20 janvier 1711, qui permet aux nations neutres d'apporter dans les ports du royaume pendant la guerre, des aciers en payant seulement l'ancien droit de 1 liv. 8 sous par quintal, à condition que les vaisseaux sur lesquels ils seroient chargés, seroient de leur propre construction & fabrique, qu'ils partiroient des ports de leurs états & viendroient à droiture dans ceux du royaume.

ORDRE du conseil, du 23 juillet 1713, portant que les nations neutres continueront de jouir du bénéfice des arrêts de 1710 & 1711, jusqu'à ce que par S. M. il en ait été autrement ordonné.

ARRÊT du conseil, du 23 janvier 1717, par lequel S. M. informée que les droits qui se perçoivent sur les aciers venans des pays qui ont été neutres pendant la guerre, & de ceux que l'on fait payer sur les aciers qui viennent des autres états, causent un préjudice considérable au commerce de cette marchandise qui s'emploie à plusieurs sortes d'ouvrages qui s'emploient dans le royaume, ordonne qu'il ne sera perçu à l'avenir à toutes les entrées du royaume, que 1 l. 8 sous par quintal sur l'acier non vieux, à l'exception seulement de celui qui entrera dans le Hainaut François, pour les manufactures du pays, lequel, conformément à l'arrêt du 10 avril 1702, demeurera déchargé de tous droits.

LETTRES-PATENTES, du 8 avril 1737, enrégistrées au conseil souverain d'Alsace le 28 mai suivant, portant permission au sieur Makau d'Hurtigheim, Stattmeistre de la ville de Strasbourg, & à ses héritiers ou ayans cause, d'exploiter exclusivement à toutes autres personnes, & à perpétuité, les mines d'acier en Alsace, à la charge cependant qu'ils n'en pourront ouvrir aucune dans les terres, seigneuries dépendantes des domaines des seigneurs duc de Mazarin, marquis de Ruffec, & de la dame comtesse de Rottembourg, *& qu'ils ne pourront débiter aucun fer*, à peine d'être déchus du présent privilege. (Recueil de M. de Boug, tom. 2, pag. 137.) Voyez *Birmingham*, *Clinçaillerie*, *Fer*, *Langres*, *Mines*, *Moulins*, *Nevers*, *Ostende*, *Rive*, *Saint-Etienne*, *Thiers*, *&c.*

ACOLYTE.

(Droit ecclésiastique.)

1. Ce mot vient du grec Ακόλυθος, rendu en Latin par ceux-ci *secutor*, *pedissequus*, *consequens*, & en françois par ceux-ci, *serviteur*, *habitué*, *commensal*. Quelques lexicographes ont aussi donné au mot *acolyte* une seconde signification bien éloignée, ce semble, de la premiere, puisqu'ils le rendent par ces mots, *stable*, *ferme*, *inébranlable*. Aussi l'appliquent-ils & aux imperturbables Stoïciens, & à tous ceux en général qui montroient une constance invariable dans leur systême religieux. Nous ne connoissons en France le mot *acolyte* que pour désigner un des quatre moindres ordres nécessaires à ceux qui se destinent au service des autels, & c'est sous ce seul point de vue qu'il doit entrer dans notre ouvrage.

Eglise Grecque.

2. Les acolytes n'étoient pas connus dans les premiers siecles de l'église. St. Ignace n'en fait aucune mention dans sa lettre aux habitans de Smyrne sur la subordination qui devoit régner entre tous ceux qui composoient la hiérarchie ecclésiastique : *laici diaconis subditi sint, Diaconi præsbyteris, præsbiteri episcopis, episcopi Christo sicut & ipse patri.*

Aussi le pere Morin, dans son excellent traité des ordinations, ne craint pas d'assurer que leur institution, bien loin de dater du temps des apôtres, n'a jamais eu lieu dans l'église Grecque, & ne remonte dans la Latine qu'à l'année 250. *Acolythorum nusquam fit mentio nisi post annum à Christo nato ducentesimum & quinquagesimum. . . . Verùm si sunt ab ipsisinet apostolis instituti, qui factum est, ut antiquissimi autores qui cæteros ordines commemorant, & plures quam nunc habeamus, ACOLYTHORUM non meminerint ? Qui factum est ut apud Græcos autores ullâ unquam ætate compareant ?* Morinus, *part. 3, exercit. 11, cap. 1, n°. 12, pag. 197.*

Il est bien vrai qu'Eusebe de Césarée, dans la vie de Constantin, *liv. 3, ch. 8*, dit que les évêques qui allerent au concile de Nicée, y furent accompagnés par des *acolytes*; mais ce mot n'exprime dans cet endroit, suivant sa vraie étymologie ci-dessus observée, que les ministres, ou plutôt les serviteurs des évêques.

Les empereurs de Constantinople avoient de même leurs *acolytes*, & c'est de cette cour que leur usage & leur dénomination a passé d'abord dans la famille des évêques Grecs, & ensuite dans la hiérarchie de l'église Latine. *Ex aulâ Romanorum principum desumptum esse videtur & ACOLYTHI nomen, sed ACOLUTHI, qui Latinè est puer vel minister qui alios sequitur, ipsisque ministrat. . . . Sed hoc nomen ei dici potest impositum ab alio ACOLYTHO qui ad principis cubiculi ostium cum militibus Barancis dictis astabat, & illi in triclinio ministrabat, atque eum quocumque ivisset sequebatur, sicut scutarius eum præcedebat.* Pancirolius, *in thesauro variar. lect. lib. 1, cap. 85, pag. 168, edit. Lugd. 1617, in-4°.*

Eglise Latine.

3. Ce n'est, comme nous venons de l'annoncer d'après le P. Morin, que vers l'an 250, que l'église Latine a introduit les *acolytes*. Il en est question dans la loi 6, *C. de episcop. & cleric.* & dans les ch. 2, 3, 4, 5 & 6 de la novelle 59, ainsi que dans le décret de Gratien, *can. 1, distinct. 21, 24 & 25*, enfin,

dans les Décrétales de Grégoire IX, *lib. 3, de conversione conjugatorum tit. 23, cap. 1.*

Les peres du concile de Trente décident que pour parvenir aux ordres sacrés, il faut avoir passé par les moindres, qui en sont comme les degrés, & dans l'énonciation qu'ils font de ceux-ci, ils commencent par l'ordre des *acolytes*, à qui ils donnent par-là le premier rang. Ils suivent en cela l'exemple du quatrieme concile de Carthage, tenu du temps de St. Augustin, qui déclare que c'étoit celui que les *acolytes* tenoient dès-lors dans l'église. *Consentaneum fuit.... ut in ecclesiæ ordinatissimâ dispositione plures & diversi essent ministrorum ordines, qui sacerdotio ex officio deservirent; ità distributi ut qui jam clericali tonsurâ insigniti essent, per minores ad majores ascenderent.... & ab ipsô ecclesiæ initio sequentium ordinum nomina, atque uniuscujusque eorum propria ministeria, subdiaconi scilicet, ACOLYTHI, exorcistæ, lectoris & ostiarii in usu fuisse cognoscuntur, quamvis non pari gradu. Sess. 23, cap. 3.*

Ordination.

4. Suivant le pontifical romain, l'ordre des *acolytes* a une double matiere & une double forme. L'évêque présente d'abord à l'ordinant le chandelier & le cierge, en lui disant: recevez ce chandelier avec le cierge, & sachez que vous êtes destiné à allumer les cierges dans l'église: *accipe ceroferarium cum cereo, & scias te ad accendenda ecclesiæ luminaria mancipari in nomine domini.* Ensuite il lui présente les burettes vuides, & lui dit: recevez ces burettes pour fournir l'eau & le vin qui sont nécessaires pour la consécration du corps & du sang de Jesus-Christ: *accipe urceolum ad suggerendum vinum & aquam in eucharistiam sanguinis Christi.*

A la forme des dispositions du sixieme canon du concile de Carthage, & des usages constatés par différens manuscrits cités par le P. Morin, tels que ceux du fameux Petau, conseiller au parlement de Paris, de l'abbaye de Corbie, de l'église de Rouen, de celle de Rheims, du monastere de St. Germain des Prés, de la bibliotheque du président de Thou; (*pag. 261, 271, 284, 291, 300 & 309, tract. ordinat. part. 1.*) c'étoit à l'archidiacre à présenter à l'ordinant le chandelier & le cierge avec les burettes vuides. Mais l'usage a changé depuis long-temps à la forme des dispositions du pontifical romain, & même de deux manuscrits moins anciens que les précédens, mais qui le sont cependant beaucoup, celui de l'abbé de Cajetan, & celui de St. Victor, également cités par le P. Morin, (*pag. 236 & 297, ibid.*) Quoi qu'il en soit de la différence que nous venons de remarquer, elle ne doit causer aucune difficulté, puisqu'elle ne change en rien la nature de l'ordre, & il faut suivre à la lettre les derniers usages; ce sont ceux que prescrit le pontifical romain. Les rits des ordinations ont varié suivant les circonstances, & dans différentes époques tant dans l'église Grecque, que dans l'église Latine; mais cette variation, qui ne porte que sur des formes extérieures, ne change en rien la matiere du sacrement qui demeure toujours le même. *Alio ritu Græci, alio Latini ordinant, alio à nobis ritu hoc tempore, alio primis ecclesiæ sæculis ordinationes peractæ sunt, manente semper eâdem materiâ; ut est signum spiritualis potestatis traditæ, quamvis diversa sit, prout diversæ res ad hanc potestatem significandam assumptæ sunt.* Hallerius, *de materiâ & formâ ordinationum, art. 1, cap. 2, § 21, sect. 57.*

Fonctions.

5. Les *acolytes* ne paroissent pas avoir été toujours destinés aux mêmes emplois dans l'église Latine. Onuphre Panvin (dans son traité *de interpretatione vocum ecclesiasticarum*) dit: qu'il y avoit

à Rome trois sortes d'*acolytes*, les *Palatins*, qui étoient uniquement occupés à servir le pape dans son palais; les *Stationnaires*, qui étoient attachés au service d'une église particuliere, & les *Régionnaires*, destinés au service de différens quartiers de la ville, où ils alloient exercer les fonctions de leur ordre.

Ces fonctions, dans les premiers siecles du christianisme, consistoient à distribuer aux fideles les *eulogies*, c'est-à-dire, les pains bénits destinés à leur communion, & à leur présenter le chalumeau lorsqu'ils communioient sous les deux especes du pain & du vin.

Aujourd'hui ces fonctions se bornent à préparer l'eau & le vin pour le saint sacrifice, à porter les cierges pendant qu'on le célebre, à accompagner les diacres au pupitre pour y chanter l'évangile, à présenter au prêtre célébrant l'encensoir & la navette, à l'encenser ainsi que les autres ministres des autels, tout le clergé & le peuple. Ils peuvent encore faire l'office de soudiacre, pourvu qu'ils ne l'exercent pas solemnellement, c'est-à-dire, qu'ils ne se revêtent pas du manipule, qui est l'ornement particulier du soudiacre, & qu'ils ne présentent point à la messe le calice au diacre.

Mais le devoir le plus essentiel des *acolytes*, dit Van-Espen, c'est d'être l'exemple & la lumiere des fideles, & de prendre garde qu'aucune de leurs actions ne puisse leur fournir des sujets de scandale : *per bona opera lucis exempla monstrare, atque sollicitè cavere ne quid in eorum actionibus occurrat quod populo in scandalum cedere possit. De instit. & offic. canonic. part. 2, cap. 3, § 5, pag. 615, tom. 2, edit. 1777, in-fol.* Voyez les Capitulaires de nos rois, *lib. 1, cap. 133 & lib. 5, cap. 302 & 336, pag. 728, 886 & 897, tom. 1, edit. Baluzii.* — Legem Baiwariorum, *tit. 1, cap. 8, art. 1, apud Lindenbrogium, pag. 402, codicis legum antiquarum.* — Isidori origines, *cap. 12, lib. 7, pag. 175, edit. Basileensis 1577, in-fol.* — Pontificale Romanum, *pag. 18, edit. Romæ 1752, in-fol.* — Thomassin, de la discipline de l'église, *tom. 1, liv. 1, chap. 26.* — Et ci-après, *Exorciste, Lecteur, Ordination, Ordre, Portier, Sacrement, &c.*

A-COMPTES.

(Commerce. Marine.)

1. Ce sont les paiemens partiels d'une dette, d'un salaire.

Commerce.

2. Est-il permis à des juges d'avoir des égards pour la situation gênée d'un débiteur poursuivi par un créancier intraitable? Peuvent-ils, en prononçant la condamnation des sommes réclamées, en diviser le paiement, & prescrire au créancier de se contenter de divers *à-comptes* payables à des époques déterminées jusqu'à l'extinction de la créance?

Si l'on consulte les principes rigoureux des loix, ils nous apprennent qu'un débiteur doit payer au terme convenu, & qu'il ne peut pas obliger son créancier de recevoir le paiement en différentes fois : toute dette doit être acquittée en entier, s'il n'y a point de convention pour la diviser. Un débiteur, dit la loi 2, *C. debitorem vendit. pign. imped. non posse*, ne peut empêcher la vente de la chose qu'il a hypothéquée que par l'actuel paiement qu'il fait à son créancier de tout ce qu'il lui doit, *tant en capital qu'en intérêts*, ou par la consignation réguliere de la somme totale, dans le cas où celui-ci refuse de recevoir ce qui lui est offert. *NISI UNIVERSUM TAM SORTIS QUAM USURARUM offerat creditori, eoque non accipiente, idoneâ fide probationis (ita ut oportet) depositum ostendat.* S'il manquoit la moindre partie, soit du capital, soit des intérêts, il sera passé outre à la vente : *nam si*

vel

vel MODICUM *de ſorte vel uſuris in debito perſeveret, diſtractio rei obligatæ non poteſt impediri.*

Si l'on conſulte les regles de l'équité, il faut décider que les juges peuvent dans bien des cas tempérer la rigueur de la loi & venir au ſecours de ces débiteurs infortunés que la miſere des temps & la fatalité des circonſtances ont mis en demeure vis-à-vis de leurs créanciers. Par-tout nous trouvons dans le corps du droit romain des textes précieux qui ne reſpirent que l'humanité, & la préſentent comme la vertu caractériſtique des bons juges. *HUMANITATIS gratiâ obtinendum eſt. L. 86, de acquir. vel omit. hered.* — *HUMANITATIS rationi congruum eſt. L. 12, § 5, D. de captiv. & poſtlim.* — *Divus Marcus cum fratre ſuo pro ſuâ* HUMANITATE *hanc rem* TEMPERAVIT. *L. 31, D. de leg. Cornel. de falſis.* — *Conſulere debeat* HUMANITATIS *ſententiæ. L. 3, D. de Decurion.* — *Habet hæc ſententia Juliani* HUMANITATEM. *L. 7, § unic. D. de dol. mal. & met. except.* — *HUMANITATEM ſolet prætor exhibere. L. 1, § 4, D. de poſtul.* — *Rectè dicetur* HUMANITATE *ſuggerente. L. 1, D. quando appelland. ſit.*

Nous y trouvons ſur-tout ces deux loix qui s'appliquent particuliérement à la queſtion que nous traitons. *HUMANITATIS gratiâ tempus indulgeri ſolutionis. L. 16, § 1, D. de compenſat.* — *Non enim negligentibus ſubvenitur, ſed neceſſitate rerum impeditis; totumque iſtud* ARBITRIO PRÆTORIS TEMPERABITUR. *L. 16, D. ex quib. cauſ. major.*

A Lyon, dans le tribunal de la conſervation, on eſt dans l'uſage immémorial d'accorder à de malheureux peres de famille, chargés d'enfans, & qui ſeroient ruinés ſans reſſource ſi on les laiſſoit à la merci d'un créancier inexorable, des délais pour s'acquitter par *à-comptes* juſques à fin de paiement. Cet uſage introduit, pour le bien du commerce, dans une ville pleine d'ouvriers, dont le ſort change à la moindre interruption du travail des manufactures, eſt eſſentiel à conſerver. Auſſi le ſouverain le tolere, vu ſon ancienneté & l'importance des motifs qui l'ont fait introduire. Il exiſtoit lors de la rédaction du ſtyle de la conſervation, imprimé à Paris par Vitré en 1657 : on y trouve en effet dans les art. 13 & 14, pag. 53 & 54, que « les délais qui regardent l'inſtruction & la formalité ſont tous fort brefs, & doivent être tels par pluſieurs raiſons particulieres à cette juriſdiction; *cela dépend de la volonté du juge qui regle les parties, & qui doit conſidérer & leur qualité, & celle du fait.* On en donne *rarement* aux condamnés, il faut qu'ils ſatisfaſſent d'abord au paiement des ſommes adjugées contr'eux, ou qu'ils s'accommodent avec leurs créanciers : & ſi ayant été condamnés, il eſt dit par la ſentence qu'ils paieront *dans un temps certain*, il eſt ajouté auſſi, qu'où ils ne le feront, la ſentence & l'exécutoire qui ſeront levés contr'eux entreront en taxe. » Ce qui étoit *rare* en 1657, eſt malheureuſement plus commun aujourd'hui, parce que les juges ſe trouvent plus ſouvent qu'autrefois dans le cas de ſe livrer à des ſentimens de commiſération, après avoir conſidéré & la *qualité* des parties & *celle du fait.* Il faut, pour que la juſtice ſoit bien adminiſtrée dans un tribunal de commerce, laiſſer *dépendre* beaucoup de choſes de la *volonté du juge*, & qu'on n'y perde jamais de vue ce fameux axiome : *Apices juris & ſubtilitates hujuſmodi non ſunt in conſideratione habendæ, ubi in foro mercatorio inter mercatores agitur.* Straccha, *de mercaturâ, deciſ. 105, n°. 12, pag. 325, edit. 1660, in-fol.* Voyez *Bourſe, Commerce, Commiſération, Conſervation, Conſuls, Créancier, Débiteur, Délai, Equité, Fabrique, Juge, Manufactures, Marchand, Négociant, Ouvrier, Paiement.*

Marine.

3. DÉCLARATION du roi concernant l'embarquement & débarquement, ou congé donné aux matelots dans les ports du royaume ou étrangers, au sujet des *à-comptes* qui peuvent être donnés sur leurs salaires, du 18 décembre 1628. « Nous sommes informés que le commerce de nos sujets est souvent interrompu par la désertion des matelots qui composent les équipages de leurs vaisseaux; que ces désertions proviennent de ce que ceux qui les commandent ont la facilité de donner auxdits matelots des *à-comptes* sur leurs loyers, & même de leur payer en entier ce qui peut leur être dû avant que le voyage soit fini; qu'ils font ces paiemens dans les ports de notre royaume où ils relâchent, ou dans les pays étrangers; & que cette facilité donne lieu aux matelots qui ne sont point retenus dans ces sortes d'endroits par leurs familles, de faire *un mauvais usage de ce qu'ils ont reçu, & de le consommer en des dépenses inutiles*, ce qui est cause de leur désertion, & qu'ils prennent le parti de ne point retourner dans leurs départemens. Et étant de l'intérêt & de l'avantage du commerce de nos sujets d'empêcher un pareil abus, &c. »

Les premiers articles de cette loi déterminent les cas où des capitaines, maîtres, ou patrons pourront laisser leurs matelots dans les pays étrangers, & les précautions qu'ils doivent prendre dans ces cas.

L'art. 5 leur défend de payer aux matelots dans les pays étrangers ce qui pourra leur être dû pour leur loyer, à peine de 100 liv. d'amende. Et l'art. 6 leur défend aussi, à peine de 60 livres d'amende, de donner auxdits matelots aucun *à-compte*, soit dans le royaume, soit dans les pays étrangers, que du consentement des officiers des classes dans le royaume, & de celui des consuls ou vice-consuls dans les pays étrangers.... L'énonciation des motifs du souverain dans le préambule de la loi est trop claire & trop remarquable pour qu'il soit besoin d'y joindre aucune espece de réflexion. C'est dans le même esprit que par une autre ORDONNANCE du premier novembre 1745, il a été défendu à tous officiers, mariniers ou non mariniers, de rien prêter ni *avancer* à des matelots ou autres gens de mer pendant le cours des voyages; soit en deniers ou en marchandises, sous quelque prétexte que ce puisse être, à peine de privation ou de perte des sommes qui auront été ainsi prêtées ou *avancées*, & en outre, de 50 liv. d'amende, S. M. déclarant nuls & de nul effet tous billets & obligations sous seing privé faits par des matelots & autres gens de mer en faveur des officiers mariniers, & autres gens de mer faisant partie des équipages où ils auront servi, avec défenses à tous juges d'y avoir égard, quand même lesdits billets ou obligations seroient d'une date postérieure ou antérieure au temps que les voyages auront duré. Voyez *Armateur, Avances, Capitaine, Classes, Congé, Consul, Contremaître, Débarquement, Déserteur, Embarquement, Loyer, Marine, Matelot, Navire, Paiement, Patron, Port, Relâche, Salaire, Vaisseau, Vice-consul, &c.*

ACON.

(Marine.)

C'est un petit bateau composé de trois planches seulement, & nécessairement plat & sans quille.

Comme l'on ne peut aller aux bouchots d'Esnandes & de Charon qu'avec le secours d'un *acon*, & que la déclaration du roi du 23 avril 1726, défendoit par l'art. 26 à tous pêcheurs à la mer le long des côtes, de se servir de bateaux sans quille, l'alarme des propriétaires des bouchots fut grande.

Mais les officiers de l'amirauté de la Rochelle vinrent à leur secours, & firent sur ce sujet des représentations à M. le comte de Maurepas, qui leur demanda un mémoire circonstancié sur la nature, la forme & l'usage du bateau nommé *acon*.

Ce mémoire (inséré dans le recueil de l'académie de la Rochelle, imprimé chez Thibouft en 1752, pag. 79 & suiv.) se trouva tellement fondé, que par arrêt du conseil du 11 janvier 1727, S. M. rétablit l'usage des *acons* pour le service des bouchots de Charon & d'Esnandes, à condition néanmoins qu'il n'y en auroit qu'un seul pour chaque Bouchot, & qu'il ne pourroit servir pour aucune autre pêche. (Valin, *sur l'art. 6 du tit. 3 du liv. 5 de l'ordonn. de la marine, pag. 730 & 750.*) Voyez *Bouchot, Esnandes, Filet, Parc, Pêche, Pêcherie, &c.*

AÇORES.

(Droit des gens. Droit de la guerre.)

Ce sont plusieurs isles contiguës dans la grande mer Océane, à deux cents lieues de Lisbonne. Elles appartiennent au Portugal. Long. 346-354, Lat. 39.

Que dire de quelques morceaux de terre échappés au bouleversement du globe, & quel rapport peuvent-ils avoir avec la jurisprudence? Beaucoup, si les premiers voyageurs ignorans & avares, au lieu de remarquer vainement une inscription & une statue qui du doigt indiquoit l'Amérique, avoient observé les mœurs & les loix de ce peuple, séparé depuis long-temps de l'ancien & du nouveau monde.

Chaque découverte est pour l'Europe ambitieuse le sujet de quelque guerre, & le théatre d'un combat. L'une de ces petites isles, St. Michel, fut un instant fameuse par la défaite de l'amiral Strozzi, *envoyé par Catherine de Medicis, tant pour soutenir les droits de D. Antonio, prince de Crato, contre Philippe, que pour tirer avantage des prétentions qu'elle avoit sur la couronne de Portugal.* (Abr. du P. Henaut, ann. 1583.)

Après quelques succès, Strozzi, attaqué par la flotte Espagnole, blessé dangereusement, & fait prisonnier, fut achevé, dit-on, sous les yeux de Santa-Cruz, amiral Espagnol. On égorgea de même tous les prisonniers François, *contre la foi donnée*. Henri III adressa aux puissances de l'Europe, notamment au pape Gregoire XIII, des plaintes, consignées dans les 55, 56 & 57 lettres de M. de Foix, ambassadeur à Rome, dans l'histoire de M. de Thou, liv. 75, & dans la vie de D. Antonio, pag. 10.

Ainsi, faute de connoissance du droit des gens, du droit public & des principes de la justice primitive, on invoquoit la religion, & on recouroit au pape. Mais que pouvoit-il déja, lorsque depuis près de cinquante ans, le protestantisme éloignoit du centre commun la plus grande partie de l'Europe? Il ne restoit plus que la loi de l'humanité. Mais comment l'invoquer, après les horribles scenes dont la France même avoit été le théatre depuis plus de deux siecles?

En trouvant à chaque pas les traces de la barbarie qui couvroit l'univers dans les derniers siecles, disons avec plaisir que nous sommes devenus meilleurs, & n'oublions jamais ce que nous devons à l'étude, & à la fixation de cette jurisprudence qui embrasse dans le droit des gens, les droits respectifs des nations; dans le droit public, les droits respectifs des souverains & des peuples; & pardessus tout, dans le droit naturel, les droits de la nature, de la bonne foi & de la justice primitive.

C'est aux deux isles de Flores & de Corvo, les plus occidentales des Açores, que les Portugais avoient placé d'abord leur premier méridien, sur ce qu'ils crurent avoir observé que l'aiguille aimantée ne varioit point par leur travers ; mais leur observation à cet égard, se trouvant fausse, pouvoit donner lieu à des bévues & à des malheurs que Louis XIII chercha à prévenir par une loi que vous ne trouvez dans aucun livre de jurisprudence, parce qu'elle n'a été citée dans aucun procès.

LETTRES-PATENTES du premier juillet 1634, qui défendent à tous hydrographes, pilotes, graveurs, & compositeurs de cartes géographiques de changer l'ancien méridien, ou le mettre ailleurs que par la partie la plus occidentale de l'isle de fer, qui est la plus occidentale des Canaries, sans s'arrêter aux nouvelles inventions des *ignorans* qui l'ont mis aux *Açores*, & commandent à tous gens de mer de n'exercer aucune hostilité contre les Espagnols entre ledit premier méridien & le tropique du cancer, qui sont les anciennes lignes des Amities. (Hydrographie du P. Fournier, *Paris. Dupuis 1667, in-fol. pag. 268.*) Voyez *Astronomie*, *Boussole*, *Cartes*, *Géographie*, *Hydrographie*, *Méridien*, *Navigation*, *Pilote*, *Route*, *&c.*

ACORUS.

(Droit fiscal, commerce.)

C'est une plante assez semblable à la véritable flambe ou iris, mais dont les feuilles âcres & aromatiques sont plus étroites & plus longues. Sa racine longue, noueuse, genouillée, grosse comme le doigt, un peu applatie, de couleur blanche, verdâtre extérieurement lorsqu'elle est récente, & rougeâtre quand elle est desséchée, blanche intérieurement, entre dans la composition de la thériaque. Les Hollandois qui en font un commerce étendu s'en servent aussi dans la composition de plusieurs sortes de biere, de vin & de tisannes. (Hist. gén. des drogues par Pomet, pag. 91 de l'édition de 1694, in-fol. Dictionnaire de Savary, tom. 1, pag. 19 de l'édition de 1750.)

En France, l'acorus paie 2 liv. 10 f. par quintal de droit d'entrée à la forme du tarif de 1664, à quoi il faut ajouter les sous pour livre.

Des méditateurs économi-politiques ont demandé pourquoi on n'affranchissoit pas de tout impôt les drogues nécessaires à la médecine, & ce doit être l'opinion des apothicaires. Mais dans toute l'Europe les drogues sont sujettes à quelques impôts. Voyez *Accise*, *Bled*, *Douane*, *Drogue*, *Grain*, *Impôt*, *&c.*

ACQS.

1. C'est une ancienne ville de France en Gascogne, appellée dans la notice des provinces, *CIVITAS AQUARUM TARBELLICARUM, AQUENSIUM DICTA:* par Ptolomée *AQUÆ AUGUSTÆ:* par l'auteur de l'itinéraire d'Antonin, *AQUÆ TARBELLICÆ (pag. 456 & 457, édit. Wesselingii 1737, in-4°.)* par Ausone, *AQUÆ TARBELLÆ, (épigr. 106 & 24, carm. parentale.)* par Vibius Sequester, dans son traité des fleuves, *TARBELLÆ:* par Peutinger, *AQUÆ:* enfin, par l'auteur de la vie de Louis le Pieux, *VILLA AQUÆ, (pag. 354.)* Ces différens noms, qui ont tous de l'analogie, tirent leur origine des eaux salutaires qui y naissent, & dont parle Pline dans son histoire naturelle *(lib. 31.)* De-là il résulte que ceux qui appellent aujourd'hui cette ville DAX, ou DACQS, font une confusion, en joignant l'*article* au véritable nom ACQS, qui dérive du Latin *AQUÆ*.

Ancien état de la ville d'Acqs.

2. Adrien de Valois, dans sa notice des Gaules, prétend que la cité d'*Acqs* a donné son nom à l'ancien royaume d'Aquitaine. Quoi qu'il en soit de cette conjecture assez vraisemblable, cette

ville eut d'abord ses comtes sous la premiere race de nos rois, & Gregoire de Tours dit que Nicetius, l'un d'entr'eux, en obtint enfin l'évêché après l'avoir long-temps ambitionné. *Nuper enim in* AQUENSI *urbe episcopus obierat, & Nicetius* COMES, *illius præceptionem ab Chilperico elicuerat, ut tonsoratus civitati illi sacerdos daretur. . . . Nicetius tamen ex laico, qui prius ab Chilperico rege præceptum elicuerat, in ipsâ urbe episcopatum adeptus est.* (Histor. Franc. *lib. 7, cap. 31, pag. 357, & lib. 8, cap. 22, pag. 392, edit. Ruinart.*)

Après les comtes, & sous la troisieme race de nos rois, *Acqs* eut des vicomtes qui prirent fin vers l'année 1180, que leur héritiere épousa Remond Arnaud, vicomte de Tartas, dont la famille posséda depuis les deux vicomtés d'*Acqs* & de Tartas, jusqu'en 1295, que Remond Arnaud, second du nom, n'ayant que deux enfans bâtards, les vendit au seigneur d'Albret. La postérité de celui-ci les a conservés jusqu'à Jean d'Albret (dont est issu Henri IV), qui prenoit le nom de vicomte de Tartas en 1456.

La ville d'*Acqs* a été pendant long-temps au pouvoir des Anglois : ce fut Charles VII qui la leur enleva, & *promit à ceux de ladite ville de ne les mettre jamais hors de ses mains, sinon qu'au futur successeur de la couronne.* (Traités touchant les droits du Roi par M. Dupuy, 1670, *in-fol. pag. 421.*) Cette possession des Anglois a donné lieu à une fable, saisie d'abord par Belle-Forest, copiée par plusieurs auteurs sans critique, & adoptée enfin par Brillon, qui après avoir fait l'article *Acqs* en deux mots, le répéta sous le mot *Dax* pour y dire : « cette ville a été honorée du nom de *cité des nobles*, parce qu'elle étoit gouvernée par douze seigneurs du pays avant la réduction de la Guyenne : chacun de ces seigneurs y avoit une tour où l'on voyoit les titres de sa famille. » Le récit de Belle-Forest, dit le judicieux historien de la Gascogne, ne se trouvant étayé, ni par l'autorité d'aucun historien ancien, ni par les vestiges d'aucune espece de monumens, doit être mis au rang des fables par les personnes sensées. *Cognomen* CIVITATIS NOBILIUM *oppido* AQUARUM TARBELLICARUM *ab eodem autore (Belle-Foresto) additum, ex eo quod Anglis in Aquitaniâ rerum potientibus à* XII *nobilibus, ut ait, regeretur, quorum unusquisque turrim in eâ haberet suæ genti cognominem. . . . cum vetustioribus scriptoribus indictum, & in fide dignis monumentis hactenùs illectum fuerit, perinde* PRO LUDICRO HABERI SOLET. (Oihenarti, *notitia Vasconiæ, pag. 542, edit. Cramoisy, 1638, in-4°.*)

État actuel. . . . Évêché.

3. *Acqs* est le siege d'un évêché composé de deux cents quarante-trois paroisses, dont soixante-six dépendent du gouvernement de Bearn & de la Basse-Navarre, & toutes les autres de celui de Guienne. L'évêque, qui est le premier suffragant de la métropole d'Auch, & à qui on donne 31000 liv. de revenu, est taxé à la chancellerie romaine à cinq cents florins. Il a eu pour prédécesseurs plusieurs cardinaux, & notamment Pierre Iterii, fameux jurisconsulte, (*egregius legum peritus*) qui ajouta divers réglemens aux précédentes constitutions ecclésiastiques de son diocese.

L'ancienne dotation de l'évêché d'*Acqs*, formée par l'union de plusieurs bénéfices, a donné lieu à une contestation intéressante au commencement de ce siecle. Caunegre, prêtre de ce diocese, ayant impétré en cour de Rome la cure de St. Pandelon & de Benesse son annexe sur le vicaire perpétuel, & interjeté appel comme d'abus de l'union de cette cure & dîmes en dépendantes à l'évêché d'*Acqs*, il y eut grand procès, sur lequel intervinrent des arrêts divers, tant la jurisprudence ecclésiastique est incertaine.

ARRÊT du parlement de Bordeaux, qui maintient Caunegre dans la cure & *dans tous les fruits décimaux & revenus en dépendans, à la réserve néanmoins de la quatrieme partie des fruits décimaux, qu'elle déclare devoir appartenir au sieur évêque, pour lui tenir lieu de la part & portion que les évêques ses prédécesseurs pouvoient y avoir anciennement.* L'évêque fut condamné à la restitution des trois quarts de ces fruits, depuis qu'il étoit évêque, savoir envers Caunegre, depuis sa prise de possession de la cure de St. Pandelon, & le surplus pour être employé à la réparation de l'église de cette paroisse & de son annexe, en achat d'ornemens, & bâtiment d'une maison presbytérale.

ARRÊT du conseil, qui casse l'arrêt du parlement de Bordeaux, & renvoie l'affaire au parlement de Paris.

ARRÊT du parlement de Paris, du 20 mars 1717, qui maintient Caunegre dans la possession des dîmes de la paroisse de St. Pandelon & de Benesse son annexe avec restitution de fruits. (Procès-verbal de l'assemblée du Clergé de 1725, *pag. 164 du recueil des pieces.*)

Abbaye.

4. On compte six abbayes dans le diocese d'*Acqs*, quatre d'hommes, dont deux, savoir, celle de la Caignotte & de Sordes, de l'ordre de St. Benoît; & deux, savoir, celles d'Arthoux & de Ville-Dieu, de celui de Prémontré; & deux de filles, savoir, celles de St. Bernard-les-Bayonne, & de St. Sigismond, de l'ordre de Cîteaux.

Chapitre.

5. Le chapitre de l'église cathédrale, dédiée à la Ste. Vierge, est composé de dix chanoines. Il prétend avoir été fondé par nos rois, & avoir toujours joui, dans les différentes cours du royaume, des privileges attachés à une pareille fondation. Les fleurs-de-lis, peintes & sculptées dans les différentes parties de l'ancienne église, ne démentent pas cette illustre origine, qui au surplus se perd dans la nuit des temps. *Capituli primævam originem à regibus Galliæ repetunt, hâc conjecturâ quod jure & privilegio regalis fundationis in supremis Galliæ curiis semper gavisum sit. Tempus autem illius institutionis sicut & sedis episcopalis, huc usque in fastis Aquensibus est ignotum, quod ejus antiquitatis validum argumentum est; sicut etiam testantur lilia gallica quæ in antiquo ædis primariæ delubro ubique sculpta & picta promicant.* (Autores Galliæ christianæ, *tom. 1, pag. 1036.*)

Hôpitaux.

6. Deux hôpitaux existoient dans deux fauxbourgs de la ville d'*Acqs*, & depuis long-temps on sentoit l'inconvénient de laisser ainsi subsister deux corps d'édifice différens, dont la destination, les revenus & les administrateurs étoient les mêmes: depuis long-temps on formoit le projet de n'en faire qu'un, & d'éviter ainsi la double dépense qui résultoit nécessairement d'un entretien séparé.

Le bureau d'administration délibéra, en 1741, que M. Daulan, alors évêque d'Acqs, seroit instamment prié d'interposer ses bons offices auprès de sa majesté pour en procurer la réunion; mais des esprits inquiets susciterent à ce prélat (qui avoit déja fait des démarches pour répondre au vœu des administrateurs,) tant de tracasseries, qu'on le dégoûta. M. de la Neuville, successeur de M. Daulan, frappé comme lui de l'utilité du projet qu'on avoit fait avorter, s'occupoit du soin de solliciter du gouvernement une loi qui le consommât, lorsque le souverain prévint lui-même ses vues. Ce monarque bienfaisant, après s'être occupé de la capitale du royaume, en établissant par un arrêt du conseil du 17 août 1777, une commission pour y améliorer les asyles destinés à l'indigence & au soulagement des infirmités humaines, s'occupa de la ville d'*Acqs*. Des lettres patentes du mois de décembre 1777, émanées du propre mouvement du roi, & adressées au parlement de Bordeaux, prononcerent la suppression de l'hôpital *du St. Esprit*, & permirent d'en vendre les bâtimens dans le cas où il seroit nécessaire d'augmenter ceux *de St. Eutrope*. Ces mêmes lettres, en composant un nouveau bureau d'administration, lui ordonnerent de commettre des personnes particulieres pour avoir soin des filles enceintes, & pourvoir au traitement des malades qui ne pourroient pas être reçus dans l'hôpital.

Sur la requête présentée au parlement de Bordeaux par la nouvelle administration, pour parvenir à l'enrégistrement des lettres-patentes, M. le procureur-général le requit lui-même, & il fut prononcé le 13 mars 1778. Ces lettres furent de même enrégistrées en la sénéchaussée d'*Acqs* sans opposition, & tout le monde paroissoit également satisfait, lorsqu'un mémoire anonyme s'attacha à décrier la réunion, & à critiquer la loi qui l'avoit consacrée.

Cependant on procédoit toujours à l'exécution des lettres-patentes, & on travailloit à des ouvrages essentiels pour le plus grand bien des malades, lorsque sept officiers de la sénéchaussée, un avocat, un procureur, & un barnabite firent signifier leur opposition à l'adjudicataire de ces ouvrages, avec protestation de le rendre personnellement garant des événemens s'il étoit passé outre. Cet acte suspendant des travaux pressans, M. l'évêque, président du bureau d'administration, présenta sur le champ requête au parlement, qui permit par provision de continuer les ouvrages commencés. La contestation ayant été ensuite engagée sur le fond, le bureau soutint les opposans non-recevables.

Entre plusieurs moyens qu'il fit valoir, nous n'en présenterons qu'un, parce qu'il est décisif. L'autorité du roi pouvant seule établir en France des hôpitaux, elle seule aussi peut les changer, les modifier, ou les supprimer; son pouvoir n'a d'autre mesure que sa sagesse, & c'est à elle à en régler l'effet sur les circonstances; mais, de quelque maniere qu'elle se dirige, aucun de ses sujets pris individuellement ne sauroit l'arrêter: les cours souveraines seules peuvent y élever des obstacles, parce qu'elles ont seules le droit d'avertir la législation, & de l'éclairer sur les dispositions qui peuvent être nuisibles. Mais lorsque les cours ont enrégistré sans réclamation une loi concernant un objet de police publique tel que les hôpitaux, c'est une preuve qu'elles ont pensé comme le prince qui l'a publiée; l'autorité de cette loi ne doit donc plus rencontrer d'obstacles. Sur ces motifs, ARRÊT du 11 mai 1779, par lequel le parlement de Bordeaux déclare les opposans non-recevables dans leur opposition à l'enrégistrement des lettres-patentes, & les condamne aux dépens.

Deux choses paroissent avoir décidé: 1°. le mauvais air & l'inondation de l'hôpital détruit; 2°. la plus grande facilité d'administrer. Mais de ces deux motifs le dernier seul nous paroîtroit insuffisant. Car, il seroit à desirer que chaque genre de maladie eût son hôpital, du moins qu'on ne confondît pas les blessés avec les fiévreux, les sains avec les malades. Voyez *Hôpital*.

Consignons avec plaisir un de ces actes de bienfaisance, si précieux dans les provinces. Au mois de mai 1755, douze villages ou hameaux aux environs de la ville d'*Acqs*, plusieurs maisons de campagne, & un grand nombre de moulins ayant été réduits en cendres, ce qui opéra une perte de plus d'un million; l'évêque d'Acqs vint au secours des familles réduites à la derniere misere. Il prit les enfans sous sa protection, les plaça dans des pensions, & pourvut à ce qu'ils y reçussent une éducation conforme à leur état. Sa charité s'étendit en même temps sur leurs parens infortunés, à qui il fit distribuer abondamment du bled & de l'argent. Le peuple n'envie plus la grande fortune de l'église tant qu'elle en fait cet usage.

Tribunaux.

7. *Acqs* est le siege d'un présidial uni à la sénéchaussée, dont les appels se portent au parlement de Bordeaux; son ressort embrasse tout le pays connu sous le nom de LANDES. C'est aussi le siege d'une élection, créée par édit du mois de juin 1622, & dont le nombre des officiers fut augmenté par édit du mois de mars 1627. (Filleau, *tom.* 2, *part.* 3, *tit.* 1, *chap.* 78, *pag.* 102.)

Municipalité.

8. Le corps municipal est composé d'un maire & de quatre jurats : *Porro urbs prœterea gaudet suo* MAJORE *à quo agitur, suosque, ut aiunt,* JURATOS *& alios hujusinodi* URBICOS MAGISTRATUS *habet.* (*Autores gall. Christ. Ibid.*)

On trouve dans le Catalogue des rôles Gascons, Normands & François, déposés à la tour de Londres, donné au public par M. Carte (en 1743, *in-fol.*) le titre d'un manuscrit qui renferme les immunités, privileges & libertés des habitans d'ACQS. *De libertatibus civium Aquensium conservandis. Teste rege apud Donameneye 24 die martis.* (Rotulus Chartarum & chirographorum Vasconiæ, annis 6 & 7 regis Eduardi primi, membrana 5, n°. 3.)

LETTRES-PATENTES, portant réglement pour les privileges des habitans de la ville & cité d'*Acqs*, du mois de mars 1547. *Mém. de la chambre des comptes, coté* 2 T, *fol.* 8.

Coutume.

9. On trouve dans le coutumier général de 1581, & dans celui qu'a mis au jour Bourdot de Richebourg, (tom. 4, pag. 913 de l'édit. de 1724) le texte des *coutumes des ville, cité, prévôté & autres lieux & paroisses du siege & ressort d'Acqs.* Il avoit été imprimé avant cette derniere édition dans un volume particulier, sous ce titre : *Les coutumes générales & particulieres de la ville d'Acqs. Bordeaux, 1700, in-8°.*

ARRÊT du parlement de Bordeaux, du 9 mars 1514. « Vu par la cour, les chambres assemblées, les *coutumes* dessus écrites, arrêtées & publiées par les commissaires députés par le roi, & oui le rapport; la cour a icelles *coutumes* décrété & autorisé, décrete & autorise; sauf en ce que par lesdites *coutumes* & publication, est permis aux *seigneurs caviers*, de prendre amende pour les playes faites aux sujets dudit seigneur, à quoy le procureur général du roi en ladite cour s'est opposé, &c. »

Il n'est rien de comparable à l'absurdité de la rédaction du titre 12, *des amendes encourues pour plaies & blessures*, qui détermina l'opposition du procureur général, & il justifieroit seul toutes les épithetes de Dumoulin ci-dessus rappellées. (*Pag.* 482 *&* 483.)

L'art. 1 veut que celui qui blesse l'*homme du seigneur cavier en la teste au dessus du menton dont sort effusion de sang à cause de laditte blessure, ou ailleurs au dessous, de playe de marque qu'est la longueur d'une once de pouce ou d'estoc qui entre par fond jusques à l'os, &c.* encoure une double amende de six livres tournois, l'une envers le seigneur *cavier*, & l'autre envers le seigneur haut-justicier. Les art. 2 & 3 portent que cette amende envers les seigneurs *caviers* n'est que de 2 l. 5 s. tournois dans quelques endroits, comme le vicomté de Tartas, &c. & dans quelques autres de 11 sols 3 den. seulement. L'art 4 veut qu'il y ait autant d'amendes qu'il y a d'hommes blessés. L'art. 5 dispense de l'amende celui qui fait une playe en se défendant. L'art. 6 veut que celui qui, après avoir fait à son adversaire une premiere blessure « se départ de lui de trente pas loin, ou bien qu'il remette son harnois dedans le fourreau, &

& après retourne blesser derechef, paye une seconde amende de 6 liv. »

L'art. 7 mérite un examen particulier. « Et parce que par cy-devant, l'on ne bailloit aucune amende à la partie blessée, & aussi que quelque délict sans mort qui eust été perpetré, si qualifié fust-il, l'on ne punissoit jamais le délinquant corporellement, & que l'amende taxée par la *coustume* est petite : à cette cause, & que pour tels délicts *la réparation en estoit seulement aux seigneurs qui en prenoient l'amende comme dit est*, SANS FAIRE AUCUNE PUNITION ET JUSTICE DU DELINQUANT, ne reparation au blessé & offensé, qui estoit faire vivre les subjets du roy *en loy & coustume contre Dieu & justice :* car quand aucun vouloit mal à un autre, *sachant estre quitte en payant l'amende taxée par la coustume*, ne craignoit le guetter de nuit & de jour pour le blesser jusques à la mort exclusivement; & aussi la partie blessée à qui l'on adjugeoit aucune amende ne queroit qu'à se venger, plusieurs & infinis excès journellement estoient commis & perpetrez audit pays: par l'advis, deliberation & consentement des estats, a esté arresté, afin que les habitans dudit pays vivent en paix & tranquillité, & sans estre foulez, & que les crimes ne demeurent impunis, que doresnavant par *coustume* & loy auront lieu les articles ensuivans jusques à la fin du titre. »

Comment concevoir qu'après avoir si pathétiquement décrit des abus effrayans & reconnu la nécessité d'y mettre ordre, on soit assez aveugle pour ne pas sentir que les moyens que l'on prend pour y parvenir, sont précisément ceux qui serviront à les perpétuer. Dumoulin avoit bien raison quand il écrivoit que tout portoit dans la rédaction de nos coutumes l'empreinte de la vexation des seigneurs & de l'esprit de fiscalité : *Ad augenda lucra fiscalia.*

L'art. 8 des *coutumes d'ACQS* veut, qu'outre les amendes envers les seigneurs *caviers* & hauts-justiciers, les délinquans soient punis suivant la qualité du délit, & condamnés aux dommages & intérêts. Mais l'art. 9 veut que les juges ne puissent *en arbitrant condamner en peine pecuniere envers les seigneurs en plus grande somme que d'une* AUTRE AMENDE DE SIX LIVRES TOURNOIS, ET CESI LE CAS REQUIERT PEINE CORPORELLE, SERONT TENUS FAIRE PUNIR LE DELINQUANT SELON LA QUALITÉ DU DÉLICT, ET AUDICT CAS N'Y POURRA AVOIR LIEU QUE L'AMENDE ANCIENNE TAXÉE PAR LA COUSTUME QUI EST DE SIX LIVRES.

Ainsi, lorsque le délinquant n'est pas puni de peine corporelle, alors il paie, outre l'amende ordinaire, AUTRE AMENDE DE SIX LIVRES TOURNOIS, pour le seigneur. Le délinquant, au contraire, est-il puni de peine corporelle? AUDIT CAS N'Y POURRA AVOIR LIEU QUE L'AMENDE ANCIENNE TAXÉE PAR LA COUSTUME. Quoique la *coutume* prenne la précaution d'ordonner, que les amendes arbitraires ne pourront être jugées par le seul juge du seigneur haut-justicier, *sans les bayle & jurés du lieu*, a-t-on pu croire que la différence de l'amende dans le cas de la punition corporelle ne conduiroit pas à l'impunité? Encore une fois les rédacteurs, les commissaires ne devoient-ils pas réfléchir qu'ils venoient d'écrire que les seigneurs contens de l'amende la prenoient *sans faire punition & justice du délinquant?* N'étoit-ce pas ouvrir une nouvelle porte à leur cupidité, que d'augmenter leurs droits lorsque le délinquant n'étoit pas puni sévérement, & de les diminuer lorsqu'il étoit condamné à une peine corporelle? N'étoit-ce pas autoriser de nouveau les crimes? Voyez *Amende*, *Blessure*, *&c.*

Ceux qui voudront plus de détails encore sur la ville d'Acqs, pourront consulter entr'autres la bibliotheque du P. Lelong, de l'édit. de M. Fevret de Fontette, *tom.* 1, *pag.* 73, 86, 167 & 553; & *tom.* 4, *pag.* 56; l'histoire sacrée d'Aquitaine, par le pere Bajole, 1644, in-4°. *Alteserræ opus rerum Aquitanicarum*, 1648 & 1657, *vol.* 2, *in-4°.*; le dyptique ou catalogue des évêques d'Acqs, par Bertrand de Compaigne, avocat, 1661, *in-8°.*; la bibliotheque des coutumes, par Berroyer & de Lauriere, *pag.* 67 *de l'édition de* 1699, *in-4°.*, &c.

Nous n'avons pas pu refuser de placer cet article avec tous ces détails; mais nous supplions d'observer que, si nous donnions la même étendue à toutes les villes de France, notre ouvrage seroit immense. Nous serons donc forcés d'abréger.

ACQUÉREMENT.

(Droit coutumier.)

Ce terme dans la rédaction de la coutume de Dunois, locale de celle de Blois, *art.* 57 & 68, est synonyme de *Conquêt*, & nous renvoyons à ce mot ainsi qu'à ceux de *Don mutuel* & *Testament*. On peut voir aussi sur l'art. 68 de cette coutume de Dunois l'interprétation du savant Pothier, dans son *traité sur différentes matieres de droit civil, appliquées à l'usage du barreau & de la jurisprudence françoise*. Édit. de Debure, in-4°., tom. 4, pag. 333 & 334.

Forcés de placer ainsi des expressions synonymes, afin qu'on puisse se dispenser de recourir ailleurs, nous ne cesserons d'observer le misérable état de notre langue judiciaire. Elle a vingt mots divers pour exprimer chaque idée du droit privé, du droit féodal, du droit ecclésiastique, du droit fiscal, &, s'il pouvoit en manquer, l'intérêt les forgeroit à l'instant. Mais dans le droit naturel, le droit public, le droit criminel, quand il s'agit d'exprimer une grande idée, un acte de justice & de bienfaisance, alors notre langue est pauvre. *Auri sacra fames!*

ACQUÉREUR, ACQUÉRIR, ACQUISITION,

(Dr. des gens. Dr. pub. Dr. privé.)

1. Sous le mot *Achat*, pag. 464 & 465, nous avons dit que *Vente* se dit également des meubles & immeubles; mais qu'*Achat* se dit plutôt d'une chose mobiliaire, & *Acquisition* d'un immeuble. Nous y avons traité ce qui étoit relatif à l'*achat* des choses mobiliaires, & nous avons renvoyé à traiter sous le mot *Vente*, ce qui concernoit l'*acquisition* des immeubles. Après ces observations, il sembleroit que cet article n'a plus d'objet; mais, si dans l'usage on restreint le mot *acquéreur* à celui qui a fait l'*acquisition* d'un immeuble, néanmoins le mot *acquérir* dont les deux précédens sont formés, a, parmi nous, comme chez les Romains, une signification plus étendue.

En général *acquérir*, du latin *adquirere*, c'est devenir maître ou propriétaire d'une chose qui appartenoit à autrui, ou qui n'étoit à personne.

Origine des acquisitions.

2. La nature n'avoit établi aucune propriété, & tous les hommes avoient l'usage libre de toutes les choses; mais comme cette liberté auroit produit les plus grands désordres, & comme le soin des choses communes eût été négligé, les fondateurs des premieres sociétés en déterminerent les individus à faire un partage, & à renoncer à la communauté générale, onéreuse & insoutenable. L'Univers fut divisé en plusieurs régions, dans lesquelles les différentes hordes se disperserent & formerent d'abord des colonies : on bâtit des cabanes; leur union forma des hameaux; puis vinrent

les villages, les bourgs & les villes. Les anciens plans de Paris présentent dans l'isle, du temps des Gaulois, quelques huttes, qui ont été l'origine de cette vaste capitale. Chaque ville eut un territoire. Chaque habitant en obtint une portion plus ou moins considérable, suivant le degré de crainte ou de considération qu'inspirerent sa force, son génie, son âge, sa famille.

Moyens d'acquérir.

3. Après tous ces partages on inventa divers moyens d'*acquérir*, afin que chacun pût conserver son bien en repos, ou l'augmenter avec justice. Le droit des gens en établit un grand nombre, qui furent successivement adoptés par toutes les nations, dirigées par les seuls principes de la raison naturelle qui leur en faisoit reconnoître la justice, l'utilité & la nécessité. Grotius dans son traité du droit de la guerre & de la paix, *liv.* 2, *chap.* 1, 2 & 3, & plusieurs autres publicistes, ont analysé les différens moyens d'*acquérir*, que le droit des gens a mis en usage. Voici la marche de Justinien dans le *tit.* 1 *du liv.* 2 de ses institutes.

Le premier de ces moyens fut l'*occupation*; on détermina que les choses qui seroient restées indivises ou vacantes appartiendroient à celui qui le premier s'en mettroit en possession. *Quod enim nullius est, id* RATIONE NATURALI *occupanti conceditur. Leg.* 3, *D. de acquir. rer. dom.*

La chasse est une des especes de l'occupation, & elle fut libre dans l'origine des sociétés, comme elle l'est encore chez les peuples que nous appellons barbares, à qui elle fournit les plus sûrs moyens de subsistance. La pêche étoit libre ainsi que la chasse, & c'est bien tard que les souverains ont prétendu à la propriété exclusive des mers qui avoisinoient les côtes de leurs états; que certaines nations ambitieuses ont voulu usurper leur domination universelle, & prétendu à la possession exclusive de quelques pêcheries; que les seigneurs enfin ont voulu s'approprier les fleuves & les rivieres qui couloient dans leurs terres. *Omnia igitur animalia quæ terrâ, mari, cœlo capiuntur, id est feræ bestiæ, & volucres, pisces, capientium fiunt. Leg.* 1, § 1, *D. ibid.*

Les isles nées dans la mer, (à la différence de celles qui naissent dans les fleuves) appartenoient encore au premier occupant; *insula quæ in mari nascitur (quod rarò accidit) occupantis fit. Leg.* 7, § 3, *ibid.* Il en étoit de même des choses abandonnées sur la terre, ou jetées & perdues dans la mer. Enfin, les choses que distribuoient au peuple les consuls & généraux Romains lors des largesses qu'ils faisoient, sur-tout à l'occasion de leurs triomphes, ne pouvoient être arrachées des mains de celui qui s'en étoit saisi le premier. *Qui missilia jactat in vulgus, ignorat quid eorum quisque accepturus sit, & tamen, quia vult quod quisque exceperit ejus esse, statim eum dominum efficit. Leg.* 9, § 7, *ibid.* Nos rois, dans des occasions importantes, comme celles de leur sacre, de la naissance de l'héritier du trône, des victoires signalées, font jeter de l'argent au peuple, à qui l'on distribue encore des comestibles; & ce moment de gaieté du peuple (trop court il est vrai) présente une joie plus vraie que celle de la grandeur & de la richesse.... Voyez *Abeille*, *Abénévis*, *Adriatique*, *Amérique*, *Angleterre*, *Animaux*, *Baleine*, *Chasse*, *Dauphin*, *Epaves*, *Fleuve*, *Isle*, *Jet*, *Mer*, *Naufrage*, *Navigation*, *Occupation*, *Pêche*, *Pêcheries*, *Riviere*, *Sacre*, *Terre-Neuve*, &c.

La guerre est un moyen d'*acquérir*, comme l'occupation, & c'est le second dans l'ordre de Justinien. *Item ea quæ ex hostibus capimus statim nostra fiunt, adeò ut & liberi homines in servitutem nostram deducantur*, § 17, *I. de rer. divis. & adquir. rer. domin.* L'homme devenir l'esclave du vainqueur! Avant

Justinien, Cicéron avoit envisagé l'occupation & la conquête comme deux moyens d'*acquérir* du même genre. « A ne regarder que la nature, il n'y a rien qui appartienne à l'un plutôt qu'à l'autre; & si telle chose est présentement à celui-ci, & telle autre à celui-là, cela vient où de s'en être emparé le premier, comme ont fait ceux qui ont rencontré des terres inhabitées, & dont personne ne s'étoit mis encore en possession, ou de ce qu'on l'a conquise par les armes. » *Sunt autem privata* NATURA *nulla, sed aut vetere* OCCUPATIONE *ut qui quondam* IN VACUA VENERUNT, *aut* VICTORIA, *ut qui bello potiti sunt.* CICERO, *officior. I. 33.*

Le précepteur d'Alexandre écrivoit qu'il y avoit deux sortes de guerre, l'une contre les hommes, l'autre contre les bêtes sauvages, & que comme elles avoient une fin semblable, celle de remporter la victoire sur les ennemis & de les réduire sous sa puissance, elles se servoient aussi des mêmes regles pour la conduite des mêmes entreprises. *(Aristoteles in politicis.)* La chasse des hommes est aussi ancienne que celle des bêtes, & à celle-là Alexandre fut un grand homme. Voyez *Assaut, Butin, Captivité, Dépouilles, Ennemi, Esclave, Guerre, Neutralité, Paix, Pillage, Prise, Rançon, Traité, &c.*

L'invention est le troisieme moyen d'acquérir : *Item lapilli & gemmæ, & cætera quæ in littore inveniuntur, jure naturali statim inventoris fiunt. (I. § 18, ibid.)* Voyez *Ambre, Corail, Épaves, Gaives (Choses), Goesmon, Perles, Trésor, Varech, &c.*

La naissance est le quatrieme : *Item ea quæ animalibus dominio tuo subjectis nata sunt.* (§ 19, *ibid.* Voyez *Accessoire, n°. 3.)*

Le cinquieme est l'alluvion, parce que ce qui est ajouté à un fonds par une telle voie appartient par le droit des gens à celui qui en est propriétaire : *Præterea quod per alluvionem agro tuo flumen adjecit, jure gentium tibi adquiritur.* I. § 20, *ibid.* Voyez *Accroissement, n°. 7, pag. 97. Alluvion, Atterrissement, Domaine, Fleuve, Isle, Riviere, Seigneur, &c.*

Le sixieme est la spécification, qui a donné lieu à de si grandes disputes entre les Proculéiens & les Sabiniens : *Cùm ex alienâ materiâ species aliqua facta sit,* § 25. *I. ibid.* Ces questions abstraites sont absolument arbitraires. En général, toutes les fois que la matiere ne peut être rendue à son premier état, on se décide en faveur du propriétaire de la matiere, ou de l'ouvrier, suivant que la matiere vaut plus que le travail, ou le travail plus que la matiere. Dans le cas où la propriété est conservée à l'ouvrier, ce n'est qu'en le condamnant au paiement de la matiere; au contraire, lorsqu'on adjuge la propriété de l'ouvrage au maître de la matiere, on n'accorde à l'ouvrier le paiement de son travail qu'autant qu'il a été dans la bonne foi. Voyez *Spécification.*

Le septieme est l'accession, & les loix en donnent trois exemples, *attextura, adferruminatio, adplumbatura.* Parmi nous, sans s'embarrasser de l'action *ad exhibendum*, que le droit romain avoit introduite pour obliger le détenteur à séparer ou détacher la chose qu'il avoit jointe à une autre, afin que le maître fût ensuite dans le cas de la revendiquer, on peut *rectâ viâ*, & sans aucun détour, demander la chose même si elle peut être séparée, ou la valeur, si la séparation n'est pas praticable. La voie criminelle seroit même autorisée contre celui qui par dol & mauvaise foi, auroit fait la jonction (Serres, *pag. 119.*) Voyez ci-dessus *Accession & Accessoire*, & ci-après *Ferrumination, Plombier, Soudure, Statue, &c.*

Le huitieme moyen d'*acquérir* est la *confusion* & la *commixtion*, ce qui comprend l'*inédification*, l'*implantation*, l'*écriture*, la *joaillerie*, la *peinture*, *&c.*

Voyez encore ci-dessus *Accession* & *Accessoire*, & ci-après *Arbre*, *Auteur*, *Bâtiment*, *Bornes*, *Commixtion*, *Confusion*, *Diamant*, *Ecriture*, *Edifice*, *Fossé*, *Gravure*, *Imprimeur*, *Manuscrit*, *Matériaux*, *Mélange*, *Orfevre*, *Ouvrier*, *Papier*, *Peinture*, *Plantation*, *Sol*, *Surface*, *Tableau*, *&c.*

Enfin, le dernier moyen naturel d'*acquérir* le bien d'autrui, le plus commun & le plus fréquent entre les hommes, dépend de la volonté de celui à qui il appartient, c'est par la *tradition*; & cela nous conduit aux moyens d'*acquérir*, introduits par le droit civil, qui sont entr'autres l'*addiction*, l'*adrogation*, la *donation*, les *legs*, la *prescription*, la *puissance paternelle*, la *succession légitime*, le *testament*, *&c. &c.* Voyez *ces mots*.

Après avoir présenté un tableau abrégé de l'origine de l'*acquisition* & des différens moyens d'*acquérir*, introduits sur-tout par le droit des gens, & ensuite par le droit civil, il faut en présenter un plus précis encore de quelques objets relatifs, c'est-à-dire, de la matiere, des qualités, des formalités, & des effets des *acquisitions* : puis, nous dirons un mot des différens *acquéreurs*, en examinant quelles personnes peuvent *acquérir*.

Matiere des Acquisitions.

4. Toutes les choses qui ne sont point dans le commerce (*res nullius, universitatis, principis*) ne peuvent faire la matiere des acquisitions. Ainsi, d'abord on ne peut *acquérir* les immeubles consacrés à Dieu, comme on ne peut *acheter* les vases sacrés, les reliquaires, (*Achat*, n°. 7.) *Nullius sunt res sacræ quæ ritè ad Dei ministerium consecratæ sunt*, *§ 7 & 8*, *I. ibid.* Voyez *Autel*, *Chapelle*, *Eglise*, *Sacrilege*, *&c.*

A l'égard des biens appartenans à l'église, c'est-à-dire, aux ecclésiastiques séculiers & réguliers, quoique l'aliénation en ait été prohibée par des motifs de sagesse & de bienséance, ils ne sont pas précisément hors du commerce; il est permis de les y mettre dans certains cas, avec certaines précautions. Voyez *Aliénation*, *Clergé*, *Eglise*, *Subvention*, *&c.*

Quoique plusieurs auteurs aient appellé du nom d'*acquisition* les différentes manieres dont on peut être pourvu de bénéfices ecclésiastiques, il est certain que cette expression est tout-à-fait impropre, & que Rebuffe, par exemple, a eu tort, dans sa *pratique bénéficiale*, d'avoir énoncé les moyens de parvenir à l'obtention d'un bénéfice sous cette rubrique : *Quot modis beneficia acquiruntur.* On doit se servir des termes reçus par les saints canons & les loix ecclésiastiques. Voyez *Collation*, *Dévolution*, *Gradué*, *Indult*, *Nomination*, *Permutation*, *Provision*, *Régale*, *Vacance*, *&c.*

On ne peut acquérir les choses publiques, dont la propriété n'est à personne à proprement parler, quoique tous les habitans d'une ville, d'un village en aient l'usage, & puissent s'en servir; telles sont les places, les fontaines, les promenades publiques, les communaux. Il en est de même des fossés & des murailles; mais à cet égard, il faut observer que la garde & la conservation de ces objets appartiennent au souverain ou au seigneur haut-justicier. *Universitatis sunt, non singulorum quæ in civitatibus sunt, theatra, stadia & similia. § 6, I. ibid.* Voyez *Bastion*, *Communaux*, *Fontaine*, *Fortifications*, *Fossé*, *Murailles*, *Paturages*, *Promenade*, *Rempart*, *Théatre*, *&c.*

Le domaine de la couronne est inaliénable, & ceux qui en seroient *acquéreurs* pourroient toujours être recherchés. Voyez *Aliénation*, *Domaine*, *Engagement*, *Roi*, *Souverain*, *&c.*

Il est des choses dont la vente est prohibée aux nations neutres dans des temps de guerre. Voyez *Armes*, *Neutralité*, *Saisies*, *Vaisseaux*.

Enfin, on ne peut *acquérir* d'une maniere légitime & solide les biens pupillaires. Les biens dotaux ne sont pas non plus dans le commerce dans les pays régis par le droit romain dans sa pureté. La succession d'un homme vivant est encore un objet qui ne peut faire la matiere d'une *acquisition* valable. Voyez *Dot*, *Mineur*, *Pupille*, *Succession*, *Tuteur*, &c.

Nous n'avons parlé, sur ce qui peut faire la matiere des acquisitions, que des *choses* & non des personnes, parce que tous les hommes étant libres en France, ne peuvent ni se vendre, ni *s'acquérir*. S'il en est autrement dans nos colonies, c'est une exception autorisée par la loi, l'exemple de l'Europe, & une prétendue nécessité. Mais Philadelphie nous dit que la religion, l'humanité, la philosophie reprendront tôt ou tard leurs justes droits. Voyez *Affranchissement*, *Afrique*, *Amérique*, *Colonie*, *Esclave*, *Negre*, *Traite*, &c.

Qualités des acquisitions.

5. Nous avons déja observé que les mots *Acquéreur*, *Acquérir*, *Acquisition* n'emportoient pas seulement l'idée d'une propriété fondée sur le contrat de vente, mais celle d'une propriété déterminée par tout autre titre quelconque, introduit par le droit des gens ou le droit civil. Nous ajouterons que ces mots peuvent s'appliquer à certains contrats, qui sans assurer une propriété incommutable, laissent cependant au possesseur la liberté de s'y maintenir, en remplissant des conditions stipulées. L'*Antichrese*, le *Bail à rente fonciere*, l'*Engagement*, la *Locatairie perpétuelle* (oserons-nous créer un mot?) nous paroissent pouvoir être considérés comme des contrats *acquisitifs*. Voyez ces mots.

Effets des acquisitions.

6. Le premier de ces effets consiste dans la libre & entiere jouissance de la chose acquise. Ainsi, s'il s'agit d'une vente, on dira avec Loysel, *l'on n'a pas plutôt vendu une chose qu'on n'y a plus rien*; si c'est une donation, elle est par sa nature irrévocable, *temerè non revocatur*; si c'est un testament, *le mort saisit le vif*.

Cependant la jouissance qui suit l'acquisition ne va pas sans les charges de l'objet acquis; voici donc les autres effets qu'elle produit.

S'il est question de donation, de succession, il faut satisfaire aux obligations imposées par le donateur, payer les dettes du testateur, & entretenir dans ce dernier cas les baux qu'il a pu passer. S'il s'agit d'une vente, il faut payer les droits dûs au roi, ou au seigneur, même les arrérages légitimes des cens & rentes. Voyez *Arrérages*, *Bail*, *Cens*, *Garantie*, *Hypotheque*, *Investiture*, *Lods*, *Mi-lods*, *Rente*. On peut encore se voir déposséder ou par ce seigneur, ou par un parent du vendeur. Voyez *Retrait*. Enfin, si l'objet vendu est situé dans un pays de taille réelle, il faut faire insérer dans le cadastre la note de son acquisition. Voyez *Allivrement*, *Cadastre*, &c.

Formalités des acquisitions.

7. Les formalités sont générales ou particulieres; mais avant d'en rendre compte, faisons une observation préliminaire. Nous acquérons & par le fait & par le droit, comme dans la plupart des moyens établis par le droit des gens, *apiscimur possessionem corpore & animo. L.* 3, § 1, *D. de adquir. vel amit. poss.* & nous acquérons aussi par le droit seul, par l'intention, *oculis & affectu. L.* 1, § 21, *ibid.* comme par exemple dans l'adition d'hérédité. Mais dans tous les cas nous avons été encore plus loin que les Romains, & nous exigeons plus de formalités. A Rome, la tradition seule ne tranféroit point la propriété, il falloit encore qu'elle eût été précédée d'une vente ou de tout autre titre quelconque. *Nunquam nuda traditio transfert dominium, sed ita si venditio, aut aliqua justa causa præcesserit, propter quam traditio sequeretur. Leg.* 31, *D. de adquir. rer. domin.* Mais dans nos mœurs, tout

titre d'*acquisition* doit être authentique; & c'est en cela que consistent les formalités générales. L'intérêt de l'état & de l'acquéreur exigent également ce titre: celui de l'état à cause des droits de centieme denier, d'insinuation & de contrôle; celui de l'acquéreur à cause de l'incertitude des événemens, & des difficultés qui pourroient s'élever entre l'ancien propriétaire & le nouveau, si la translation de propriété n'étoit pas invariablement constatée.

Les formalités particulieres des *acquisitions* doivent être observées suivant qu'elles sont prescrites par les loix qui les ont introduites pour chacune des especes particulieres. Pour les donations, il faut s'astreindre à celles que prescrit l'ordonnance de 1731; pour les testamens, à celles que prescrit l'ordonnance de 1735; pour les *acquisitions* des gens de main-morte, il faut qu'elles soient précédées ou suivies du paiement des droits d'amortissement, d'indemnité, de nouvel acquêt; pour celles qui sont faites dans la mouvance du roi, il faut l'ensaisinement. Enfin, il faut dans les actes ne pas perdre de vue ce principe général que nous développerons en son lieu, qu'on doit dans leur rédaction suivre les formalités requises par les coutumes particulieres des endroits où ils sont passés. Voyez *Acquêt*, *Acte*, *Amortissement*, *Centieme denier*, *Contrat*, *Contrôle*, *Ensaisinement*, *Fruits*, *Indemnité*, *Insinuation*, *Main-morte*, *Notaire*, *Possession*, *Propriété*, *Saisine*, *Tradition*, &c.

Quelles personnes peuvent acquérir?

8. C'est une regle de droit que chacun peut faire ce que la loi ne défend pas. *Quod non est jure prohibitum, intelligitur esse concessum*: en conséquence de ce principe, les pupilles & les mineurs à qui il est défendu d'aliéner, & même de contracter sans autorisation, peuvent cependant *acquerir* de leur chef, si l'*acquisition* leur est avantageuse. Ils peuvent, par exemple, accepter une donation, quoiqu'ils ne puissent point accepter une succession; la raison de la différence est que l'acceptation d'une donation même sans inventaire, n'engage pas au delà de la valeur de l'objet donné, *ultra vires*; au lieu que l'acceptation d'une succession est toujours périlleuse, à cause de l'incertitude où l'on est des charges qui l'accompagnent. Voyez *Autorisation*, *Héritier*, *Mineur*, *Pupille*, *Tuteur*, &c.

Le fils de famille qui ne peut ni emprunter, ni faire aucun acte qui puisse avoir trait à l'emprunt, peut *acquérir*, & il n'importe que cette *acquisition* tourne à son profit, ou à celui de son aïeul, ou de son pere qui l'ont sous leur puissance, il n'en a pas moins valablement acquis. Voyez *Fils de famille*, *Émancipation*, *Pécule*, *Puissance paternelle*, &c.

Les femmes mariées peuvent acquérir, mais leurs acquisitions ont une destinée différente, suivant les usages des pays où elles résident ou acquierent, & quelques autres circonstances. Voyez *Autorisation*, *Femme*, *Marchande publique*, *Séparation*, *Statut*, &c.

Viennent encore ceux qui sont morts civilement. Il faut distinguer d'une part ceux qui sont condamnés à mort par contumace, à la peine des galeres perpétuelles, du bannissement perpétuel: d'autre part, les esclaves & les religieux. Les premiers n'étant plus comptés pour rien dans la société, ne participent plus aux droits qu'elle accorde à ses individus; ils ne peuvent donc plus acquérir. Voyez *Bannissement*, *Contumace*, *Galeres*, *Mort civile*, &c.

Des seconds, les esclaves peuvent *acquérir*, mais ils ne profitent point de l'*acquisition* qui tourne au profit de leurs maîtres. Ainsi le prescrit pour nos colonies l'édit de 1685, art. 28, calqué sur le droit romain. « Déclarons les esclaves ne pouvoir rien avoir qui ne soit à leurs maîtres; & tout ce qui leur vient par industrie, ou par la libéralité d'autres personnes, ou autrement, à quelque titre que ce soit, être *acquis* en pleine propriété à leurs maîtres, sans que les enfans des esclaves, leurs peres & meres, puissent rien prétendre par succession, disposition entre-vifs, ou à cause de mort, lesquelles dispositions nous déclarons nulles, ensemble toutes les promesses & obligations qu'ils auroient faites, comme étant faites par gens incapables de disposer & contracter de leur chef. »

Sous la prohibition qui frappe les esclaves, il faut encore ranger l'espece d'hommes que nos loix & nos coutumes appellent *serfs, main-mortables :* voyez ces mots. Le roi leur a rendu la liberté dans ses domaines, & c'est un des grands événemens de notre droit public : car le même esprit qui, au XV siecle, imagina que le souverain ne peut pas aliéner le domaine de la couronne, même pour le bien de l'état, a long-temps pensé que par conséquent il ne peut pas affranchir les serfs de ce domaine : & pour faire cesser cette objection, il a fallu que l'édit d'août 1779 exprimât que ces *affranchissemens sont bien moins une aliénation qu'un retour au droit naturel.* C'est encore un grand exemple de bienfaisance, suivi par quelques seigneurs, dédaigné par d'autres, à qui enfin il faudra l'ordonner. Je voudrois pouvoir consigner ici leur nom. J'en indiquerai quelques-uns, & on les connoîtra peut-être, quand je dirai que, voyant approcher leur fin, ils ressemblent aux avares, dont la passion croît avec l'âge.

A l'égard des religieux, ils ne peuvent acquérir que pour le monastere. *Quicquid acquirit monachus, acquirit monasterius.* Voyez *Cote-morte, Moine, Pécule, Succession.*

Disons d'avance que bien que les religieux soient morts au monde, ils y rentrent lorsqu'ils sont promus à l'épiscopat, & qu'alors leurs parens leur succedent. Voyez *Evêque, Religieux.*

Disons encore que, si les religieux ne peuvent *acquérir* des propriétés, ils peuvent *acquérir* des pensions viageres. Ce sont les dispositions d'un des articles de l'édit des réguliers de 1773, qui permet d'établir en faveur des religieux jusqu'à 400 livres de pension viagere, dont ils seront autorisés à jouir personnellement, & à passer quittance. La déclaration du 8 août 1779, enrégistrée en la chambre des comptes, le 4 septembre suivant, porte également que les femmes mariées, les mineurs, les religieux ou religieuses qui ont obtenu ou obtiendront des pensions ou autres graces viageres, pourront les recevoir sur leurs simples quittances, sans avoir besoin de l'autorisation de leurs maris, tuteurs ou supérieurs.

Les ecclésiastiques séculiers ne sont point dans le cas des religieux. Ils *acquierent* pour eux-mêmes, & leur succession est dévolue non à leurs églises, mais à leurs parens, ce qui a lieu parmi nous, indépendamment de toutes les distinctions établies par les décrétales au titre *de peculio clericorum*, qui consistent à examiner si les *acquisitions* ont été faites de l'argent de l'église ou de celui du bénéficier. Il n'y auroit qu'une exception à cette maxime, ce seroit le cas où l'ecclésiastique auroit *acquis* au nom de son église & pour elle. Voyez ci-après *Clergé, Eglise, Pollicitation,* & sur-tout *Main-morte.*

Sous ce dernier mot nous développerons le fameux édit de 1749, sur les *acquisitions* des gens de main-morte : jurisprudence qui a déja passé à la plupart des états catholiques, & qui sera bientôt celle de toute l'Europe.

Il fut un temps où les roturiers ne pouvoient pas *acquérir* des fiefs, ou fonds nobles, & ils n'ont acquis cette capacité que depuis l'établissement du *franc-fief.* Voyez ce mot.

Au mot *Abus*, n°. 4, nous avons énoncé les loix romaines & celles de quelques-uns de nos rois, qui défendoient aux gouverneurs des provinces & aux magistrats qui y étoient envoyés pour

pour l'administration de la justice, d'y faire aucune espece d'*acquisition :* cette défense subsiste encore partiellement par les ordonnances & les arrêts de réglement, qui défendent aux juges & autres officiers des sieges, de se rendre adjudicataires des biens dont on poursuit la vente pardevant eux ou à leur requête. Les magistrats municipaux & autres administrateurs de la chose publique, ne doivent point prendre part aux adjudications auxquelles ils font procéder. Voyez *Adjudication*, *Juges*, *Municipalité*, *Procureurs*, *&c.*

Il est encore défendu aux juges, avocats, procureurs & solliciteurs d'acheter directement ou indirectement les droits litigieux des parties qui plaident devant eux, ou par leur ministere. Voyez *Avocat*, *Droits litigieux;* sous ce dernier mot nous dirons tout ce qui a trait aux acheteurs d'actions & aux dispositions des loix *per diversas & ab Anastasio.*

Acquisition des souverains.

9. Comment les souverains peuvent-ils acquérir? Quelles formes doivent-ils employer? Et que devient entre leurs mains l'immeuble qu'ils ont acquis? Nous traiterons ces questions importantes, sous les mots *Domaine*, *Roi*, *Souverain.*

Disons ici que, tandis que naguere la gloire des souverains étoit attachée au nombre & à la célébrité des victoires, tandis que leur ambition étoit d'*acquérir* par les *conquêtes*, aujourd'hui cette gloire, qui dépend heureusement de l'opinion publique, consiste à rendre leurs peuples heureux par une administration éclairée & paternelle. Eh! qu'est-ce que ces *acquisitions* faites au loin avec l'or & le sang des sujets? Qu'est-ce que des morceaux de terre, dont la possession après avoir épuisé le trésor public & diminué la population, exige pour les conserver de nouvelles dépenses & de nouveaux soins? Comme si la foiblesse de l'homme & la briéveté de sa vie ne le mettoient pas toujours au dessous de l'administration du plus petit état! Comme si, quiconque voudra faire du bien, ne trouvera pas un champ assez vaste dans le lieu même où la nature l'a placé!

Ainsi parlent l'humanité & la philosophie. La jurisprudence politique va plus loin. Elle examine si le roi peut faire des acquisitions particulieres des biens de ses sujets, pour en jouir à titre de possession privée.

On dit d'une part qu'un souverain seroit bien malheureux, s'il ne pouvoit pas autant que le moindre de ses sujets; que s'il ne peut pas aliéner le domaine de la couronne, c'est uniquement parce qu'il est censé frappé d'une substitution perpétuelle, en sorte que le souverain n'en a véritablement que l'usufruit; mais qu'il doit pouvoir acquérir avec la faculté de disposer du moins dans un certain temps.

D'autre part on dit que le souverain, s'il peut acquérir comme particulier, ne doit pas posséder perpétuellement & transmettre à ses héritiers à titre de propriété particuliere. Cette idée a une source plus noble & plus salutaire que celle de l'inaliénabilité du domaine, & qui détruit au contraire celle-ci. Dans un état heureusement constitué, le prince n'a pas plus besoin de possessions privées que de domaine. Le domaine du roi c'est la France: ses revenus, ce sont l'agriculture & l'industrie: ses ressources inépuisables, c'est l'amour de ses peuples.

Ces questions, délicates nous les examinerons sous le mot *Domaine*, & après avoir comparé la jurisprudence ancienne avec celle établie depuis le XV siecle, nous verrons quel est l'esprit de la jurisprudence actuelle.

Observation.

10. Nous aurions pu faire de cet article un traité complet comme celui des accusations: nous avons préféré le plan de Justinien, qui consiste à jeter les principes généraux, & à indiquer

par des renvois les applications. Comment d'ailleurs embrasser tout ce qui, dans la jurisprudence, a rapport au droit d'acquérir ? La loi romaine le dit : *TOTUM autem JUS consistit aut in ACQUIRENDO, aut in conservando, aut in minuendo, aut enim hoc agitur quemadmodum QUID CUJUSQUE FIAT, aut quemadmodum quis rem vel jus suum conservet, aut quomodo alienet, aut amittat.* L. Ult. D. de legibus.

Tout le droit consiste à statuer comment on peut ACQUÉRIR, conserver & perdre ; vaste & sublime idée du législateur romain ! Ainsi, le moral & le physique ont la même marche. Ici l'homme acquiert pendant un tiers de sa vie, conserve durant l'autre, diminue ensuite à chaque pas, & meurt enfin. Là à peine il voit, il entend, il marche, il touche, & il voudroit tout envahir comme s'il étoit infini & éternel ! Et cette passion de tous agissant sans cesse, est la source intarissable des maux de l'humanité & de la société.

Au milieu de cette agitation continuelle, c'est à la justice d'établir la paix, l'ordre & la sûreté. C'est au droit des gens à maintenir le repos de l'Europe & à réprimer les conquêtes, par ses maximes, ses négociations, les alliances & la force. C'est au droit public à conserver à la souveraineté son pouvoir bienfaisant ; à l'état, sa puissance réelle ; à chaque individu, la propriété, la liberté, l'honneur & la vie. C'est à l'administration à encourager les moyens justes d'*acquérir* l'honneur & la fortune. C'est à la législation à réprimer les moyens funestes, & à faire tourner au profit du bien public ce sentiment personnel que nous appellons l'intérêt particulier.

Ainsi, le monde physique & le monde moral n'existent que par une réaction continuelle d'acquisition, de conservation & de ruine. Mais tandis que les loix immuables du Créateur assignent au monde physique un ordre tel que la destruction même n'est que reproduction ; les loix sociales ont-elles la même sagesse, arrivent-elles au même but, à la félicité commune, par des moyens simples, infaillibles & uniformes ? C'est à nos lecteurs à en juger par l'extrait que renferme cet ouvrage, des incertitudes, des variations & des erreurs de la jurisprudence.

ACQUÊT.

(Droit coutumier. Droit privé.)

1. En général & suivant son étymologie, l'*acquêt* est cette espece de bien que nous acquérons par notre industrie, notre travail & notre économie. Ce seroit le gain que les Romains définissoient ainsi : *Quæstus enim intelligitur qui ex operâ cujusque descendit.* L. 8, D. pro socio.

Le *propre* au contraire, est ce que nous tenons de nos parens par succession. *Res non parta labore, sed relicta à propinquis, dicitur patrimonium ; PROPRIA bona sunt heredia.* Chopin, sur la cout. d'Anjou, *liv. 3, tit. 1, n°. 1.*

De toutes les définitions de l'acquêt & du propre, la plus remarquable sans doute, est celle que donnoit au parlement le chancelier d'Aguesseau, alors avocat général. *(tom. 4, pag. 239.)*

« Tâchons, dit-il, d'expliquer en très-peu de paroles quelle est la nature d'un propre, & quelles sont les conditions nécessaires pour l'établir ? — Un propre peut se définir ou en lui-même, ou, pour expliquer plus clairement sa nature, en le comparant avec le terme qui lui est opposé, c'est-à-dire, celui d'*acquêt*. — En lui-même, & dans son origine, un propre n'est autre chose qu'un immeuble qui nous est échu par succession directe ou collatérale : deux caracteres doivent se trouver dans un propre : le premier, que ce soit un immeuble ; le second, qu'il soit déféré comme immeuble par la voie de la succession légitime. — Si l'on compare le terme de *propre* avec celui d'*acquêt*, on connoîtra encore plus distinctement sa véritable qualité. *UN ACQUÊT est un bien dont nous ne sommes redevables qu'à notre industrie, qu'à notre mérite, & aux qualités personnelles qui nous l'ont procuré.* En un mot, le *propre* est un bien réel ; & l'*acquêt* un bien personnel, si l'on peut s'exprimer ainsi. »

Après avoir rassemblé ces idées, c'est bien le cas de rappeller ce que dit des définitions le jurisconsulte Javolenus. *Omnis definitio in jure periculosa est; parum est enim ut non subverti possit.* L. 202, D. de reg. jur.

Combien cette inexactitude des définitions se fait encore mieux sentir dans celles des principaux mots du droit coutumier. Eh ! si les jurisconsultes romains étoient embarrassés, quoiqu'ils n'eussent qu'à exprimer la valeur d'un mot qui dans tout l'empire devoit avoir le même sens, comment ne l'auroient pas été des jurisconsultes coutumiers, lorsque dans environ quatre cents coutumes, le même mot a un sens, des rapports & des effets différens ?

Nous ne nous flattons pas d'éclairer & de débrouiller ce chaos. Mais nous ferons quelque chose, si avant de parcourir les subdivisions, nous présentons quelques notions simples sur l'origine du droit coutumier, & si nous y joignons les principes généraux, que nous appercevons comme des fils qui doivent guider dans ce vaste labyrinthe.

Nous parlerons d'abord des successions, & ensuite des communautés ; deux parties principales, dans lesquelles il faut examiner ce qu'on entend désigner par le mot *Acquêt*.

Droit coutumier, Succession.

2. Nous l'avons dit, *tom. 1, pag. 131*, au mot *Ab-intestat*. C'est une découverte intéressante de retrouver dans l'Inde la distinction des acquêts & des propres, qui, rejetée par les Égyptiens, les Grecs & les Romains, seroit venue par le nord se placer dans les pays que nous appellions la langue d'*Oil*, & former une des bases du droit coutumier.

En effet, on ne trouve rien dans le droit romain sur la distinction des *acquêts* & des *propres*, rien chez les Gaulois, rien chez les Francs ; le droit commun primitif y déféroit également la succession au plus proche parent du défunt, sans aucune espece de distinction de patrimoine. La loi salique dans le *tit. 62 de Alodiis*, *§ 5*, établit cette regle de succéder, & avant les Francs, les Gaulois soumis au droit romain, suivoient la loi fondamentale des douze Tables. *Si intestato moritur cui suus heres nec escit, Agnatus proximus familiam habeto. L. 2, tab. 5.*

Le germe de cette distinction des acquêts & des propres, sembleroit être l'idée de rendre à chaque famille les biens qui en proviennent, d'où nos coutumes ont fait la regle *paterna, paternis*, & il faut voir comment nos plus fameux jurisconsultes cherchent à annoblir cette idée par une origine plus ancienne. Cujas la trouve dans la loi 5, *C. de emancip. liber.* Godefroi dans le code Théodosien ; Dupont dans les premieres loix des fiefs ; Dumoulin dans une constitution de Charlemagne. Quoi qu'il en soit, il est certain que cette regle *paterna, paternis*, étoit uniforme dans son origine ; c'est-à-dire, qu'on ne distinguoit dans la personne du défunt décédé sans enfans, que deux lignes, la paternelle & la maternelle. Tous les immeubles qu'il avoit recueillis comme héritier de son pere ou de ses parens paternels, appartenoient à son parent le plus proche du côté de son pere, & de même, le plus proche parent de sa mere succédoit à ceux qu'elle lui avoit transmis, ou qui étoient venus du côté maternel.

La regle *paterna, paternis*, pouvoit paroître juste, en ce qu'elle bornoit aux *acquêts* la liberté laissée par le droit romain. Cet ordre de choses avoit encore une certaine simplicité, parce qu'il étoit aisé de voir ce qu'un homme avoit acquis, & ce qu'il tenoit des siens. Mais le caractere de l'esprit humain est de porter tout à l'excès. On ne s'en tint donc pas à l'idée de rendre les biens du défunt à la ligne paternelle & maternelle ; & l'on crut qu'il étoit infiniment juste de remonter à toutes les sources, afin de rendre à chacun les biens qui en provenoient.

Pour remplir ce plan, on subdivisa les lignes des aïeuls, bisaïeuls & autres ascendans plus reculés : on imagina la distinction des propres *naissans* & des propres *avitins*, & on détermina que pour succéder à un propre *avitin*, il falloit être descendu comme le défunt, du premier aïeul ou bisaïeul, ou ascendant plus éloigné qui l'avoit acquis. Cet accroissement fit naître des embarras infinis, & compliqua les dispositions du droit coutumier, au point de répandre une obscurité souvent impénétrable. En effet, la subdivision des biens introduite dans toutes les différentes lignes ascendantes, oblige à des recherches de généalogie multipliées & presque toujours inextricables. Dans quel labyrinthe n'est-on point jeté quand, par exemple, le défunt laisse des biens provenans de quatorze ascendans? & pour trouver quatorze ascendans d'un défunt, il ne faut remonter qu'à ses bisaïeuls inclusivement; si on va jusqu'à ses trisaïeuls, on en compte trente ; deux ou trois degrés plus haut, le nombre en est presque infini, & cependant toutes ces recherches deviennent nécessaires dans les coutumes qui observent la regle *avitina, avitinis*.

Vinrent ensuite les seigneurs toujours prêts à envahir le peu de possession qu'ils avoient laissées à leurs vassaux, ou à profiter des biens que ceux-ci avoient acquis, malgré les entraves & le dégoût résultans du despotisme.

Au défaut de la descendance de l'acquéreur de l'une des lignes paternelle ou maternelle, ils prétendirent exclure la ligne défaillante. Plusieurs bailliages déterminerent que le seigneur féodal pour les fiefs & le haut justicier pour les rotures, réuniroient à leurs tables les biens de cette ligne défaillante. Ils se persuaderent que la loi qui déféroit les propres aux seuls descendans de l'acquéreur, tiroit sa source de l'ancien droit des fiefs, &, parce que ce droit antique autorisoit le seigneur à rentrer dans l'héritage, quand il n'y avoit plus de descendans de celui qui en avoit eu la premiere investiture, ou la premiere concession, ils tirerent de là la conséquence qu'il devoit en être de même à l'égard des propres.

D'autres traiterent de chimere la prétention des seigneurs, & établirent pour regle, qu'au défaut des descendans de l'acquéreur, le propre se convertiroit en *acquêt*, & qu'il appartiendroit à l'héritier le plus proche du défunt, c'est ce qui se pratique aujourd'hui dans la plupart des coutumes soucheres.

Enfin, quelques-uns prirent un milieu en rejetant également le seigneur & le parent plus proche du défunt, & ils déciderent qu'on reviendroit en ce cas à la premiere institution des propres; c'est-à-dire, à la regle *paterna, paternis*, & que le parent le plus proche du défunt, du côté dont le propre lui étoit échu, seroit celui qui y succéderoit.

Cependant on sentit dans quelques coutumes que la distinction des propres & des *acquêts*, qui avoit donné lieu à des extensions, à des prétentions, à une gêne singuliere, devoit être restreinte & ramenée à son but primitif ; en conséquence d'une part, dans quelques lieux, on borna ce qu'on devoit appeller *propres*, & on étendit ce qui devoit être rangé dans la classe des *acquêts*, qu'on ne limita plus à ce que chacun avoit acquis *commercio, merito, aut fortunâ;* mais on détermina que les donations & même les successions d'un étranger, d'un ami, même d'un collatéral, formeroient des *acquêts*.

D'autre part, on adopta aussi en d'autres lieux ce principe, que dans le doute sur la nature d'un bien, on le regarderoit plutôt comme *acquêt* que comme propre. C'est entr'autres la disposition de la coutume de Paris, & on peut dire qu'elle forme le droit commun, quoiqu'en Normandie tous les biens soient réputés propres, s'il n'est justifié qu'ils sont *acquêts*.

Quand on dit qu'en Normandie tous les biens sont réputés propres, on n'entend pas parler des meubles & effets mobiliers, qui là, comme par-tout, n'ont jamais la qualité de propres, quand même ils viendroient de succession, les meubles & effets étant périssables, & n'ayant qu'une valeur idéale. (*Mobilium vilis est possessio.*) La qualité de propre ne peut pas s'imprimer sur eux comme sur les immeubles qui sont choses fixes, stables & permanentes. Il faut cependant excepter de cette derniere regle les propres fictifs, établis par la faveur du mariage.

Cet apperçu du droit coutumier suffit pour prouver quelle préférence mérite le droit romain par sa simplicité, caractere fondamental de toute bonne législation. Nous allons retrouver ces mêmes embarras dans la fixation des acquêts, par rapport à la communauté.

Droit coutumier. Communauté.

3. M. Bignon (*Notæ ad formulas Marculphi, lib. 2, cap. 17, pag. 940, tom. 2, Capitular. edit. Baluzii.*) croit trouver des exemples de la société conjugale, du droit de *communauté*, dans les anciennes loix des Bourguignons, des Ripuaires & des Saxons, qui attribuoient à l'épouse qui survivoit à son mari, la troisieme partie des acquisitions provenues du fruit de leurs communs travaux: *Tertiam partem de omni re quam simul* CONLABORAVERINT *sibi studeat vindicare. L. Ripuar. tit. 37, cap. 2, edit. Lindenbrogii, pag. 467.*

Mais une loi de l'empereur Louis-le-Débonnaire, est encore plus précise & s'explique de maniere à étendre de beaucoup ce que nous appellons les *acquêts de communauté.* Elle décide que non seulement la femme aura après la mort de son mari, la troisieme partie dans les acquisitions qui auront été le fruit des communs travaux, mais encore qu'elle partagera avec ses enfans ce que le défunt aura eu d'ailleurs, ou qui lui aura été donné par ses amis; il est évident que ce partage lui attribue la moitié de ces derniers objets. *Volumus ut uxores defunctorum post obitum maritorum tertiam partem* CONLABORATIONIS, *quam simul in beneficio* CONLABORAVERUNT *accipiant, & de his rebus quas is qui illud beneficium habuit, aliunde adduxit vel comparavit, vel si ab amicis suis* COLLATUM *est, has volumus tam ad orphanos defunctorum, quàm ad uxores eorum pervenire. Capitularium Karoli & Ludovici imperat. lib. 4, cap. 9, edit. Lindenbrogii.* Mais comment est-il arrivé que pour interpréter ces mots de la plupart de nos coutumes, qui accordent à la femme les unes, la moitié des *acquêts faits constant le mariage*, les autres, la moitié des *meubles & conquêts immeubles*, les commentateurs aient si fort varié? (Nous nous expliquerons sur cette confusion des coutumes dans l'usage du mot *Acquêt*, & du mot *Conquêt* ci-après, sous la division *Conquêt.*)

Les uns ont cru que sous le nom d'*acquêts* il falloit comprendre seulement ce que l'un ou l'autre des conjoints avoit acquis par son travail & son industrie, les autres l'ont étendu à tout ce qui leur étoit échu, soit à titre lucratif, soit à titre onéreux. Ces derniers encore n'ont pas été d'accord entr'eux: les uns n'y ont compris que les donations entre-vifs, faites par des étrangers ou par des parens éloignés, tandis que les autres y ont mis indistinctement, tant les donations entre-vifs & à cause de mort, que les institutions d'héritier & les legs universels faits en ligne collatérale.

De là, avec le plus grand desir de joindre l'ordre à la clarté, il nous est impossible en exposant *ce qui est*, de cacher les ténebres & les contradictions que présente à chaque pas cette partie immense du droit coutumier. Nous nous bornerons à *compiler* les arrêts principaux, & nous laisserons au lecteur à juger s'il ne seroit pas avantageux & facile de statuer à cet égard, comme l'a fait le roi de Prusse sur l'accroissement.

Accessoire.

4. Tout ce qui est uni à un propre en suit la nature, suivant la regle: *Accessorium sequitur naturam rei principalis :* ainsi lorsqu'une maison a été bâtie sur un fonds *propre*, la maison prend la qualité du fonds, & appartient à l'héritier des propres : *Superficies solo cedit.*

Arrêt de réglement du parlement de Paris, du 3 août 1688. . . . . *Espece.* M. Cottard, avocat, & sa sœur, avoient chacun un quart dans deux maisons qui leur étoient propres & qu'ils augmenterent. Ils en vendent une 11000 l. & emploient 6000 l. au paiement de la totalité des augmentations. La demoiselle Cottard décede en 1670, & laisse pour unique héritier Louis Cottard qui meurt en 1676, après avoir fait des legs considérables. Les héritiers des propres abandonnent aux légataires les *acquêts* & les meubles, & le quart des propres, & en conséquence il est procédé à un premier partage entre ces héritiers & quelques-uns de ces légataires : mais quelques autres légataires demandent un nouveau partage, & qu'il soit procédé par experts à une estimation séparée du fonds & de la superficie. Sentence aux requêtes du palais qui ordonne cette estimation, & que le prix des augmentations & réparations & celui du quint du surplus sera donné aux légataires. La cour sur l'appel des héritiers des propres paternels & maternels infirme la sentence, & leur adjuge la maison sans récompense aux légataires. Il faut respecter ce préjugé ; mais il ne faut pourtant pas passer sous silence l'avis de Renusson dans son traité des propres, *chap. 4, sect. 11, n°. 3;* il avoit pensé que le conjoint auquel appartenoit l'héritage sur lequel il y avoit eu des améliorations & réparations faites pendant la communauté, devoit rembourser à l'autre le mi-denier de ces augmentations ; il fondoit son avis pour cette récompense sur le même principe d'équité que le remploi des propres vendus. L'art. 139 de la coutume de Paris, veut bien que l'héritier des propres ait l'*héritage retiré par retrait lignager;* mais il veut aussi qu'il rende dans l'an & jour du décès le prix de l'héritage à l'héritier des acquêts.

Dunod dans ses observations sur la coutume du comté de Bourgogne, *pag. 392*, rapporte deux arrêts qui paroissent opposés entr'eux, mais qui se concilient par une distinction dictée par l'équité, & qui tend à empêcher que l'un des conjoints ne profite & ne soit avantagé au préjudice de l'autre. Dunod dit : « si le mari bâtit sur son fonds ou méliore les héritages pendant le mariage, c'est un acquêt suivant un arrêt du 17 juin 1611, entre la veuve Carmillon & le sieur Javocel, cité par M. Boivin. Il en cite un autre du 7 septembre 1552, qui prouve que, *lorsque les impenses faites par le mari dans ses fonds sont peu considérables, par rapport à la valeur des acquêts*, la femme est non-recevable à en répéter la moitié. »

En appliquant cette division pour les acquêts de communauté aux acquêts de succession, on empêcheroit que l'héritier des propres ne nuisît à l'héritier des acquêts. L'objet des améliorations est-il modique, & le sort de l'héritier des acquêts est-il d'ailleurs avantageux? la regle *superficies solo cedit* doit être adoptée. L'objet des augmentations est-il conséquent, & l'héritier des acquêts est-il d'ailleurs beaucoup moins bien partagé que l'héritier des propres? il faut appliquer les dispositions de l'art. 139 de la coutume de Paris, à un cas qui paroît parfaitement semblable. *Paritas rationis paritatem juris inducit. Argum. l. illud. D. ad l. aquil.* Voyez ci-après les divisions *Récompense*, *Remploi*, *Retrait*, & les mots *Accessoire*, *Consolidation*, &c.

Action.

5. Une action immobiliaire forme un propre, une action mobiliaire forme un acquêt. Ainsi donc d'une part, pour que je sois censé posséder à titre de succession un héritage & qu'il soit propre, il n'est pas nécessaire que j'aie trouvé cet héritage dans une succession; il suffit que j'y aie trouvé le droit en vertu duquel j'en suis depuis devenu propriétaire. D'autre part, si je vends une maison qui m'est propre, & que je vienne à mourir avant d'en recevoir le prix, mon héritier aux acquêts le touchera, parce qu'il n'y aura dans ma succession qu'une action pour demander à l'acquéreur le prix de la maison. Renusson, *chap. 4*, *sect. 6*, avoit décidé dans cette derniere hypothese pour l'héritier des acquêts, ensuite de l'avis de d'Argentré, Tiraqueau & Ricard, & de la maxime que l'action est de la même qualité que la chose qui est due: *Actio ad mobile est mobilis.* Un arrêt rendu le 29 juillet 1738, entre le sieur Lasnier de Bissé & Faloux & consorts, sur un appel du bailliage du Mans, consacre cet avis. Voyez *Immeubles*, *Meubles*, &c.

Ainé.

6. « Les freres partagent entr'eux également la succession des meubles, acquêts & conquêts immeubles, encore qu'elle soit située en cause & lieux tenans nature d'icelui, sauf toutefois le droit de préciput appartenant à l'ainé, où il y auroit un ou plusieurs fiefs nobles. . . . Et si en ladite succession il y a propres qui soient partables entre mêmes héritiers, l'ainé ne pourra prendre qu'un préciput sur toute la masse de la succession. » *Art. 318 & 319 de la coutume de Normandie.*

Arrêt du parlement de Rouen, du 30 juillet 1670, qui, en infirmant la sentence arbitrale, rendue par le président de Lestaleville, a jugé que l'ainé qui avoit pris son préciput au propre en une succession collatérale, ne pouvoit rien demander dans les acquêts. (Basnage, *tom. 1*, *pag. 524 & 525.*)

Arrêt pareil, du 24 avril 1693. *Ibid.*

Arrêt du parlement de Rouen, du 24 mai 1777, qui adjuge à l'ainé des sieurs d'O héritiers de leur oncle, dont la succession consistoit en propres & acquêts, un préciput d'un côté & une part de l'autre, & ordonne que les rotures & échetes, & la récompense du préciput seront partagés entre les puînés. *Ibid. pag. 528.*

Le nouvel éditeur observe que cet arrêt ne doit pas être tiré à conséquence, & que Pesnelle dont le sentiment est celui de tout le barreau a dit: « C'est une maxime certaine, que quand les propres & les acquêts sont déférés aux mêmes héritiers, soit en ligne directe ou collatérale, un des héritiers ne peut prendre qu'un préciput dans la même coutume par l'art. 319, dont la raison est, que la succession des propres & des acquêts, audit cas, n'est réputée qu'une seule succession, & partant ne peut attribuer deux préciputs à une même personne. » Voyez *Ainé*, *Échete*, *Puîné*, *Préciput*, &c.

Amende & réparation civile.

7. L'amende à laquelle le mari a été condamné pour un délit, doit-elle être payée sur les acquêts?

Arrêt du parlement de Bordeaux, de l'année 1598, qui admet l'opposition faite par la femme d'un capitaine condamné aux galeres, & en de fortes amendes, à la saisie des biens de son mari; lui accorde la distraction de la moitié des acquêts faits pendant le mariage. (Coutume de Bordeaux, par Automne & Dupin, *pag.* 365.)

Coquille sur l'art. 7 du tit. des droits appartenans à gens mariés, de la coutume de Nivernois, fait sur cette question une distinction curieuse & dans des termes singuliers. Ou le mari délinquant *a manié les finances du roi, & s'est englué les doigts, comme tels deniers sont sujets à la pince*, ou il a commis un crime *par vengeance & mal talent, dont ne revient aucun profit pécuniaire:* au premier cas, la communauté qui a profité du délit doit en répondre; au second cas, la femme ne doit pas souffrir pour un crime qui n'a pas accru la communauté.

Chopin rapporte un ancien arrêt du parlement de Paris, qui donne à la femme main-levée de la saisie faite sur les biens de la communauté, à défaut de paiement de la réparation civile, adjugée contre son mari condamné à mort & exécuté. (Comment. sur la cout. de Paris, *liv.* 2, *tit.* 1, *n°.* 28.) Voyez ci-après la division *Confiscation*, & les mots *Amende, Délit, Confiscation, Dommages & intérêts, Fisc, Réparation, &c.*

Amortissement.

8. On distingue dans les coutumes d'Angoumois *art.* 67, de la Rochelle *art.* 40, de Nivernois *tit.* 22, *art.* 10, les acquêts communs & les héritages amortis. Mais cette distinction est surtout remarquable dans la coutume de Poitou: l'*art.* 344 dit que l'on est *reçu à payer le mi-denier dedans l'an, quand le mari & la femme durant leur mariage ont acquis aucunes rentes, charges ou servitudes qui étoient dues sur les biens immeubles du prédécédé;* mais l'art. 345 explique, que *toutefois s'ils avoient été vendus par eux ou l'un d'eux durant leur dit mariage, & depuis par eux ou l'un d'eux retraits durant icelui mariage, l'ACQUÊT OU RETRAIT NE SEROIT COMMUN AINS AMORTI dès le retrait que lesdits conjoints ou l'un d'eux auroient fait, & n'en pourront rien avoir ne demander l'un d'eux, ne leurs héritiers sur l'autre.* La récompense ou le mi-denier sont dus à l'héritier du prédécédé des conjoints, lorsque c'est durant le mariage que l'on a acquis les rentes ou charges & servitudes imposées sur les immeubles du conjoint survivant, parce que cette acquisition s'est faite des deniers de la communauté, & c'est ce qu'ont déterminé clairement les coutumes d'Anjou *art.* 286, & du Maine *art.* 202: cette derniere dit, que celui *devers lequel ledit héritage déchargé n'est pas mouvant ou ses héritiers, doit être récompensé de la moitié des deniers donnés pour l'AMORTISSEMENT de ladite charge.* La récompense n'est pas due, au contraire, lorsque l'héritage est déchargé *constant le mariage*, des rentes ou charges imposées sur ledit héritage pendant le mariage, & cela dit Boucheul, (*tom.* 2, *pag.* 495, *n°.* 1.) parce que c'est plutôt *un amortissement qu'un acquêt*, & que la communauté ne fait que racheter ce qu'elle avoit chargé & engagé. Voyez ci-après la division *Remploi.*

Autorisation.

9. Quoique le mari soit le maître des acquêts pendant la durée du mariage, il ne peut en disposer que de la moitié par testament & ordonnance de derniere volonté. C'est entr'autres la disposition de l'art. 18 de la coutume de Vermandois. A l'égard de la femme, elle ne peut disposer des acquêts *sans l'autorisation de son mari*, qu'autant qu'elle le fait par testament. « Femme mariée peut disposer par testament de la moitié des meubles, acquêts & conquêts, immeubles communs entre son mari & elle, sans le consentement de son mari, & pourvu que ce soit à personne capable. »

Art.

Art. 26 de la coutume de Châlons. « Si une femme, (dit Pothier, *cout. d'Orléans, pag. 36, n°. 78.*) sous puissance de mari, sans être *autorisée*, avoit vendu un héritage au parent à qui j'ai succédé, & que depuis, cette femme devenue veuve, par un acte entr'elle & moi, eût ratifié & consenti à mon profit la vente qu'elle en avoit faite, j'inclinerois à penser que cet héritage seroit *acquêt;* car il me paroît que cet acte ne peut passer que pour un nouveau titre d'aliénation qu'elle fait de cet héritage à mon profit, & non pour une simple confirmation de la vente qu'elle en avoit faite au défunt; *ce qui est absolument nul tel qu'est un acte d'une femme non autorisée ne pouvant être confirmé.* »... La confirmation, dit Dumoulin, ne donne rien, n'attribue point un nouveau droit, *& ne valide point ce qui est invalide;* elle ne se fait point dans l'intention de disposer, mais simplement dans celle d'approuver ce qui seroit dans le cas d'être approuvé, ce qui seroit susceptible d'être ratifié, ce qui ne seroit point contraire à la loi, & non autrement. *Confirmatio nihil dat, nihil novi juris confert, nec INVALIDUM validat; non enim fit ad finem disponendi, sed ad finem approbandi confirmabile tale quale est; & in quantum est verum, VALIDUM, & efficax SI TALE EST, ET NON ALITER.* Molinæus, *in consf. Parif. tit. 1 de fiefs, § 8, glos. in verbo* Dénombrement, *n°. 87, pag. 173.* Voyez *Autorisation, Confirmation, Donation, Femme, Testament, &c.*

Communauté.

10. Nous avons dit que les coutumes varioient dans leurs dispositions sur la nature des biens qui entroient dans la communauté conjugale & en formoient les acquêts, ou pour mieux dire, les conquêts. Celle de Normandie autorise dans un seul article *quatre différentes manieres de partager les acquêts.* « La femme, après la mort du mari, a la moitié en propriété des conquêts faits en bourgage constant le mariage: & quant aux conquêts faits hors bourgage, la femme a la moitié en propriété au bailliage de Gisors, & en usufruit au bailliage de Caux, & le tiers par usufruit aux autres bailliages & vicomtés. » *Art. 329.*

Basnage, voyant l'inconséquence de ces dispositions, & les inconvéniens qu'elles entraînent, dit: « il eût été beaucoup plus *utile au public d'établir une loi générale, & un usage uniforme dans toute la province,* que d'autoriser dans un même article quatre différentes manieres de partager les acquêts. *La difficulté du discernement & de la distinction de ces diverses especes de biens cause une infinité de procès;* mais il faut croire que ses réformateurs ne purent convaincre l'*opiniâtreté* des peuples, ni leur ôter ces opinions & ces *préjugés* avantageux que tous les hommes ont naturellement pour leurs anciennes coutumes, *bien que mauvaises & injustes.* On se détache fort difficilement de ses premieres habitudes, & toute l'*autorité de nos rois ne seroit point assez grande pour faire accepter à leurs sujets une loi générale:* leur humeur & leur inclination n'étant point conformes, ils ne peuvent se conduire par les mêmes principes. Lors de la réformation de la coutume, outre tous les différens usages marqués sur cet article, il fallut encore conserver à plusieurs villes & bourgs leurs usages particuliers locaux. »

ARRÊT du parlement de Paris, du premier décembre 1588, & du 7 décembre 1594, qui jugent que la femme ne peut rien prétendre aux acquêts faits avant le mariage, quoique le prix en ait été payé pendant sa durée, mais qu'elle peut seulement demander récompense pour ce prix. (Bouchel & Bechefer, *tom. 1, pag. 28.*)

ARRÊT du parlement de Paris, du 7 février 1609, qui juge (en interprétant l'art. 234 de la coutume du Maine, par lequel les conjoints par mariage peuvent donner l'un à l'autre leurs meubles & acquêts à perpétuité) que le mot *acquêt* ne comprend point les acquisitions particulieres faites avant le mariage par l'un des conjoints. *Non omnis nova acquisitio communicatur inter virum & uxorem; sed solùm ea quæ fit constante matrimonio, & non dependet à jure jam alterutri eorum ante matrimonium quæsito; unde si domus donata fuerit alteri ante contractum matrimonium, traditio verò post contractum matrimonium fiat, non tamen efficitur communis, sed propria illi cui erat debita.* (Molinæus, *in consf. Paris. tit. 1, des fiefs. § 43, gloss. 1*, in verbo *qui dénie le fief, n°. 201, pag. 543, tom. 2, édition 1681.*)

L'expression *donata*, dont se sert Dumoulin, donne lieu à la grande question de savoir si les donations entre-vifs, faites à l'un des conjoints pendant le mariage, sont des conquêts de la communauté.

Il paroît d'abord que la plus grande partie des auteurs a décidé (contre l'opinion de d'Argentré sur l'ancienne coutume de Bretagne, *art. 418, gloss. 1, n°. 20 & 21,*) qu'il faut excepter les donations faites pas les ascendans aux descendans. Lebrun entr'autres, en son traité de la communauté, *(liv. 1, chap. 5, dist. 4, n°. 3 & 4)* a fait voir que ces sortes de donations étant réputées faites en avancement d'hoirie ne tomboient point en communauté.

A l'égard des donations entre-vifs, faites par les descendans aux ascendans, Lebrun *(ibid. n°. 9)* après avoir balancé les raisons que l'on donne pour l'affirmative & la négative, a préféré celles qui tendent à établir que ces donations sont des conquêts. Nous ne pensons pas comme lui, & nous préférons l'opinion contraire pour laquelle Renusson semble avoir panché dans son traité de la Communauté, *(part. 1, chap. 3, n°. 28 & suiv.)* Les loix civiles, en cela conformes à celles de la nature, ne paroissent-elles donc pas avoir envisagé avec la même faveur les ascendans & les descendans? *Largius tempus parentibus liberisque petendæ bonorum possessionis tribuitur, in honorem sanguinis videlicet; quia arctandi non erant, qui pene ad propria bona veniunt. L. 1, § 12, D. de successor. edict.* Dans nos coutumes, comme dans le droit romain, les ascendans & les descendans marchent d'un pas égal. Elles n'accordent point de droits utiles au seigneur dominant lorsqu'un fief arrive à un ascendant, ou par succession, ou par donation d'un descendant: *Paris, art. 4; Troyes, art. 25 & 33; Orléans, art. 14, &c.* De plus, quand la question seroit douteuse, elle devroit être décidée par les dispositions de l'art. 246 de la coutume de Paris, qui excepte indistinctement les donations *en ligne directe* du nombre de celles qui tombent en communauté. Nous avons dit ci-dessus *(n°. 3.)* qu'il falloit plutôt restreindre qu'augmenter les objets qui entrent en communauté. Enfin, l'avis de Lebrun est contraire à celui de M. de Lamoignon dans ses arrêtés, *tit. des propres, art. 15 & 16, pag. 69* de l'édit. in-4°.

C'est la question de savoir si la donation entre-vifs d'immeubles, faite par un collatéral à l'un des conjoints, son héritier présomptif, tombe en communauté, qui paroît réellement ardue d'après les contradictions inouies des coutumes.

Celle de Paris, *art. 246*, décide qu'elle forme un conquêt, & elle est suivie de celle de Calais, *art. 47*; de Mantes, *art. 120*; de Montargis, *chap. 8, art. 14*; d'Orléans, *art. 211*; de Valenciennes, *art. 68*; de Poitou, *art. 233*; de Saintonge, *art. 63*; & de Bayonne, *tit. 9, art. 25.*

Mais un plus grand nombre décide qu'elles forment un propre: Laon, *art. 112*; Noyon, *art. 22*; Vitri, *art. 116*; Chauni, *art. 25*; Amiens, *art. 51*; Ponthieu, *art. 42*; Peronne, *art.* 208; Senlis, *art.* 232; Bourbonnois, *art.* 274; Cambrai, *tit.* 3, *art.* 2; Dunois, locale de Blois, *art.* 65; Sedan, *art.* 32; Anjou, *art.* 513; le Maine, *art.* 507. Il faut joindre à ces dernieres celle de Bretagne, *art.* 441, qui porte en général que *donation faite à l'un des mariés par le parent en contemplation de sang & parenté, n'est réputée acquêt communicable*, & celle de Nivernois, *chap.* 26, *art.* 9, qui porte que, *chose immobiliaire, léguée ou donnée par contemplation de donataire, est reputée héritage, & n'y ont les communs du donataire part ni portion, s'il n'est convenu au contraire.*

On croira sans peine que les commentateurs n'ont pas moins varié que la disposition des coutumes, & que la jurisprudence a également été fort incertaine: admirons ses contradictions.

ARRÊT du parlement de Paris, du 3 avril 1635, qui décide dans la coutume d'Amiens que *toutes donations* forment des propres. Brodeau sur Louet, *lettre* A, *tom.* 2, *n*°. 6, *pag.* 5, se trompe lorsqu'il dit que l'art. 51 de cette coutume répute acquêts toutes donations entre-vifs ou testamentaires, puisqu'elle répute *héritages* celles qui seroient faites à l'héritier apparent en avancement d'hoirie. Mais il n'en est pas moins vrai qu'il a raison d'être surpris de la disposition trop générale & indéfinie de cet arrêt, qui se trouve par-là même en opposition avec le texte de la coutume.

D'après cela, comment se peut-il que tous les arrêts postérieurs aient, sans aucune exception, adopté les dispositions de l'art. 246 de la coutume de la capitale. Dans le nombre nous n'en choisirons qu'un.

ARRÊT du parlement de Paris, du 18 mai 1646, rendu également *après une enquête par turbes faite au châtelet*, qui juge que les biens donnés à l'un des conjoints, quoique présomptif héritier du donateur, entroient dans la communauté. Bretonnier sur Henrys, *tom.* 2, *pag.* 579, *édit. de* 1738, nè balance donc pas à dire: « cette question a fait autrefois beaucoup de difficulté dans la coutume de Paris, mais elle n'en fait plus aujourd'hui: l'art. 246 de la coutume, décide nettement la question, en disant que chose immeuble, donnée à l'un des conjoints pendant leur mariage, à la charge qu'elle sera propre au donataire, ne tombe en communauté; mais si elle est donnée simplement à l'un des conjoints, elle est commune, fors & excepté les donations en ligne directe, lesquelles ne tombent en communauté. Mais l'on a trouvé le moyen de remédier à l'*inconvénient de cet article*, non seulement par rapport aux donations faites par les collatéraux, mais même pour celles faites à des étrangers par l'un des conjoints: car dans tous les contrats de mariage passés à Paris, l'on ne manque pas de stipuler que tout ce qui écherra & adviendra aux conjoints pendant le mariage, soit par succession, donation ou autrement, leur demeurera propre; & au moyen de cette stipulation, les biens donnés à l'un des conjoints n'entrent point en communauté. »

Que penser d'une loi qui présente tant d'*inconvéniens*, qu'il faut y remédier par des stipulations qui sont totalement contraires à ses dispositions?

Que penser d'une loi que le chef du parlement qui en a déterminé l'exécution par des arrêts récens, renverse en entier par celle qu'il propose lui-même? « Immeuble donné, ou légué par un collatéral auquel il étoit propre, à un de la ligne dont procede ledit immeuble, est propre au donataire ou légataire du même côté & ligne, encore qu'il ne fût point son héritier présomptif. . . Si l'immeuble, dont le collatéral a disposé étoit acquêt en sa personne, il est pareillement acquêt en la personne du parent au profit duquel il en a disposé, si ce n'est que le parent fût *son héritier présomptif*, ou descendant dudit héritier. » *Arrêtés de M. Lamoignon, tit. des propres, art. 16 & 18.* Ne craignons donc pas de nous expliquer, & disons que les dispositions de la coutume de Paris & du petit nombre de celles qui ont suivi ses principes devroient être restreintes dans leur territoire, parce que les coutumes qui en ont de différentes, sont plus conformes à la raison & aux anciennes regles de notre droit françois. D'Argentré, dans son commentaire de l'ancienne coutume de Bretagne, en a rapppellé une en ces termes : *QUODCUMQUE HEREDITATE, GENTE, SANGUINE, SIVE AB ASCENDENTIBUS SIVE TRANSVERSALIBUS DEFERTUR, ID EJUS PROPRIUM est nec confertur, nec commune fit. Art. 418, glos. 1, n°. 6.* Coquille, sur la coutume de Nivernois, dit énergiquement : *car si l'héritage est propre en cas de vente, où l'argent fait la principale fonction; à plus forte raison il le sera en cas de donation, où la seule libéralité du donateur fait fonction, & laquelle libéralité VRAISEMBLABLEMENT EST PROVOQUÉE PAR L'AMOUR DU LIGNAGE.* (Coquille, *chap. 26, art. 28, tom. 2, pag. 242 de l'édit. de 1702.*)

Des conciliateurs pourront proposer d'adopter les tempéramens qu'a pris la coutume de Châlons, qui pour être unique dans sa maniere de voir, n'en est peut-être pas moins sage. Elle décide, *art. 117*, que l'héritage donné par un collatéral à son héritier présomptif, lui est propre pour la part & portion dans laquelle il auroit dû succéder au donateur, le surplus étant réputé *acquêt*. Nous persistons à croire qu'il vaut mieux, comme Alexandre, couper le nœud gordien, que de s'essayer vainement à le défaire.

A l'égard des successions, tous les auteurs sont d'accord, que les immeubles échus par cette voie sont propres & non conquêts de communauté. Mornac, sur la *loi 3, D. pro socio*, s'en explique ainsi, *hereditates ab-intestato non modò directæ, sed collaterales etiam hodie in moratâ Galliâ societati conjugum exemptæ sunt.* Ferriere, sur l'*art. 246 de la coutume de Paris, glos. 2, n°. 23*, explique que « c'est une jurisprudence certaine & indubitable, qu'encore que par le contrat de mariage il n'en soit rien dit, tous immeubles échus par succession directe & collatérale à l'un des conjoints, ne sont point *acquêts*, mais sont propres à celui auquel ils sont échus. »

Il y a quelques questions relativement aux acquêts, en matiere de continuation de communauté, par le défaut d'inventaire de la part du conjoint survivant. Et d'abord on demande, si elle se continue en même état qu'elle étoit auparavant, & est composée des mêmes choses, ou si, au contraire les acquêts du premier mariage devenus propres aux enfans pour leur part dans la succession du prédécédé, ne doivent pas en être distraits ?

Deux premiers arrêts, des 19 juillet 1608, & ... 1615, rapportés par M. Leprêtre, *centur. 2, chap. 80*, avoient jugé la question d'une maniere parfaitement contradictoire; mais deux autres postérieurs, des 30 avril 1616, & 10 juillet 1627, rappellés par son annotateur, ont prononcé unanimement que les acquêts faits en une premiere communauté, n'entroient point en la seconde communauté continuée. Cela *semble très-raisonnable*, dit Gueret, parce que *les enfans mineurs avec lesquels la communauté auroit été continuée, rapporteroient des propres, lesquels propres n'entrent jamais en communauté.*

L'arrêt de 1627 jugea une autre question. Il s'agissoit de savoir, si une donation des meubles & acquêts au survivant empêchoit la continuation de communauté, quand il passoit à de secondes noces, sans faire inventaire. La raison de douter étoit, que le survivant emportant tous les biens de la communauté, il n'y en avoit donc plus après la mort du prédécédé. La raison de décider fut, que la donation étoit réduite à un simple usufruit par le convol, ensuite des dispositions de la loi *fœminæ C. de sec. nupt.*, & de l'édit des secondes noces.

Enfin, une troisieme question est celle de savoir, si les acquêts faits pendant la continuation de communauté sont propres ou acquêts aux enfans. Elle a été décidée par un arrêt du 12 août 1681, qui a jugé que les acquisitions faites pendant la continuation de communauté sont de véritables acquêts dans la succession des enfans. (*Journal du palais, tom. 2, pag. 988.*)

On dit d'un côté que la communauté continue dans le même état, sans quoi ce ne seroit pas une communauté continuée, mais interrompue; ce seroit une nouvelle communauté contractée sans convention, ce qui ne peut se concevoir. On écarte ce sophisme de l'autre côté, en observant que la communauté continuée n'est ainsi appellée, que parce qu'elle succede immédiatement à la premiere. L'*art.* 240 de la coutume de Paris, ne dit pas que ce soit *la même communauté continuée*, mais simplement qu'à défaut d'inventaire les enfans peuvent demander communauté & tous les meubles & conquêts immeubles du prédécédé. C'est-là une nouvelle communauté qui se contracte en vertu d'une loi qui a & doit avoir sans doute encore plus de force qu'aucune convention. La Lande, sur l'*art.* 216 de la coutume d'Orléans, & Renusson, dans son *traité des propres, chap. 4, sect. 2, n°. 10*, traitent très-bien cette question. Voyez ci-après les divisions *Donation*, *Héritier*, *Legs*, *Secondes noces*, *Succession*; & les mots *Anciens*, *Communauté*, *Convol*, *Donation*, *Héritier*, *Inventaire*, *Legs*, *Propres*, *Succession*, *&c.*

Confiscation.

11. Les *acquêts* ont été pendant longtemps les seuls biens sujets à la confiscation, & cela paroissoit juste, parce que c'étoit la véritable conséquence de ce principe du droit coutumier, que les propres n'étoient qu'une espece de dépôt entre les mains de celui qui en jouissoit sans en avoir la libre disposition. Aujourd'hui tous les biens généralement, acquêts & propres, meubles & immeubles sans aucun égard à leur origine, sont enveloppés avec le coupable dans une proscription générale. Il n'y a d'exception qu'à l'égard des coutumes qui n'admettent la confiscation que pour une espece de biens, les meubles ou les immeubles, les propres ou les acquêts; & cette exception est encore combattue par le partisan qui prétend que le fisc ne sauroit être gêné par des loix particulieres qui ne peuvent lier le souverain. Sous les mots *Confiscation*, *Domaine*, *Fisc*, nous verrons ce qu'il faut penser de cette prétention, & nous nous bornons dans ce moment à examiner une autre question relative aux *acquêts*, en matiere de confiscation, question vraiment intéressante, & sur laquelle les opinions des auteurs & la jurisprudence ne sont rien moins qu'uniformes.

La remise que fait le roi d'une confiscation au condamné, à ses enfans, à ses autres héritiers, fait-elle des propres ou des acquêts?

On ne trouve point d'arrêts qui aient décidé la question dans le cas de la remise faite au condamné lui-même, & les auteurs ne sont point d'accord. D'Argentré, sur la coutume de Bretagne distingue : ou les lettres de rémission sont de justice, s'accordent par un droit ordinaire, & n'éprouvent aucune difficulté de la part des magistrats qui doivent procéder à leur entérinement, & alors les biens ne sont pas censés avoir changé de nature & demeurent *propres* : ou au contraire, les lettres de rémission proviennent de la pure grace du souverain & de sa toute puissance, & alors l'ancienne propriété est éteinte, & les biens de propres qu'ils étoient sont devenus acquêts. Dans le premier cas, *si contingat probatâ causâ ex præexistenti materiâ judicaturæ infirmari & ad non causam reduci*, *certum est titulum non mutari, & antiquam causam manere, ideoque acquæstum non posse videri, quod retinetur potiùs quàm recuperatur.... Videri non debet causa proprietatis immutata.* Dans le second cas, *sed ista cum fiunt ab absoluta principum auctoritate, & gratia promanant : ideoque quod his ex causis tribuitur, novus titulus & acquæstus putatur, & ex die concessionis acquiritur ante perditum, etiam si enunciatio contineat annulationem judicati. Quia quod sic fit, non à meritis causæ, sed à mera indulgentia. (Art. 418, veter. cons. britan. glos. 2, n°. 18, pag. 1655.)*

M. Pothier (*coutume d'Orléans, pag. 31.*) a adopté l'opinion de d'Argentré. « S'il paroît que le roi a voulu se désister de son droit de confiscation, & par la plénitude de sa puissance, rendre au condamné le droit de transmettre ses biens à ses héritiers, les biens immeubles dont la confiscation aura été remise seront propres : mais si le roi a entendu faire simplement un don de ces biens, ils seront acquêts. »

Chopin rejette toute distinction, & dit, que l'ancien état des biens du condamné ne sauroit être changé sous aucun point de vue, de maniere que les propres lui demeurent toujours propres. *Restitutio in bona publicata non mutat priorem bonorum causam, statum, conditionem; restitutio enim retro fingit bona adempta non fuisse condemnato, tantum abest ut adscititium titulum introducat, novamque possidendi causam: haud secus ac si patronus novæ commissoriæ clientem eximat, seu vassallo condonet feudi commissoriam perfidiam, tunc benignius interpretamur vetusti feudi concessionem esse hanc, non novi juris translatitiam; unde colligitur, feudo à cliente postea vendito, locum fore gentilitio ipsius retractui tanquam gentilitiæ, avitæ & antiquæ possessionis. (Tract. de domanio Franciæ, lib. 1, tit. 8, art. 2.)*

Nous ne balançons pas à nous ranger à l'avis de Chopin, & nous croyons que, puisque plusieurs arrêts ont décidé que la remise faite par le roi aux enfans du condamné conservoit aux biens confiqués la nature de propres, il faut appliquer leur décision au cas de la remise faite au condamné lui-même. La grace du prince doit bien avoir sans doute autant d'effet pour le pere que pour les enfans; d'ailleurs le pere & les enfans sont parfaitement assimilés dans le droit, *pater & filius censentur una & eadem persona.*

ARRÊT du parlement de Paris, du 16 janvier 1556, vulgairement connu sous le nom d'*arrêt de Spifame.* Un pere est condamné pour péculat & ses biens sont confisqués. Ses enfans traitent avec le roi qui, moyennant une certaine somme, leur remet la confiscation. L'un d'eux étant mort, contestation entre son frere & sa mere, pour savoir qui succéderoit à la part qu'il avoit eue dans les biens confisqués. La mere héritiere des meubles & acquêts de son fils, soutenoit que ces biens avoient formé un acquêt dans sa personne, avec d'autant plus de raison, que la remise n'avoit pas été gratuite. Le frere soutenoit au contraire que la remise faite par le roi déterminoit le droit de succéder, comme s'il n'y avoit point eu de confiscation, & c'est ce que la cour jugea. Charondas en ses réponses, *liv. 6, rép. 4.* Il y a un arrêt conforme, du 23 janvier 1599, sur un appel du bailli de Forez, qui décida que les biens confisqués par le roi, & donnés aux enfans du condamné, leur étoient propres, tout comme s'ils leur étoient échus dans la succession de leur pere.

Un arrêt du 29 janvier 1691, appellé l'*arrêt d'Heucourt*, & rapporté au journal des audiences, *tom. 4, liv. 6, chap. 6*, paroît s'être écarté de l'ancienne jurisprudence, & avoir décidé que des biens confisqués donnés par le roi aux enfans du condamné étoient acquêts en leurs personnes; mais un préjugé isolé ne doit pas l'emporter sur plusieurs décisions fondées sur de justes motifs & sur le suffrage des auteurs les plus recommandables.

Nous disons que l'arrêt de 1691, opposé à ceux de 1556 & 1599 est isolé : en effet, l'arrêt de Canillac est rendu dans des circonstances particulieres qui forment une exception à la regle : on va en juger.

Arrêt du parlement de Paris, du 6 septembre 1673. Gabriel de Beaufort, sieur de Canillac, est condamné à mort par arrêt des grands jours de Clermont. Sa majesté accorde ses biens confisqués au sieur de Bretillac, qui après en avoir joui huit mois, en dispose en faveur de la fille unique de Gabriel de Beaufort. Celle-ci étant décédée, sa mere, tant comme héritiere légitime de ses meubles & acquêts, que comme héritiere testamentaire de ses meubles & immeubles, prétend à la totalité de sa succession. Les oncles de la défunte soutiennent que les biens originairement confisqués, & depuis cédés par le sieur de Bretillac, formant des propres paternels dans cette succession, leur sont dévolus à ce titre. La cour maintint la mere, tant comme héritiere légitime, que comme héritiere testamentaire, en la propriété & jouissance de tous les biens meubles & immeubles de sa fille. Deux motifs la déciderent, 1°. les biens confisqués n'avoient pas été remis & donnés par le roi à la demoiselle de Canillac, elle les tenoit d'un étranger : ainsi on ne pouvoit plus considérer ces biens comme ayant conservé *par la grace éminente* du prince leur qualité originaire. 2°. La fille, par son testament, avoit disposé de ses biens situés en pays de droit écrit, & ce testament fut déclaré valable.

S'il paroît incontestable que la remise faite par le roi, soit au condamné lui-même, soit à ses enfans, doit conserver aux biens confisqués leur nature de propres ; en doit-il être de même lorsque cette remise est faite aux collatéraux du condamné ?

Arrêt du parlement de Paris, du 15 juin 1640. Florimond Dupuy, seigneur de Vatan, est convaincu de rebellion envers le roi, condamné à avoir la tête tranchée, ce qui fut exécuté, & sa tête exposée au bout d'une pique sur la principale porte du château de Vatan. Plusieurs seigneurs, & notamment le maréchal de la Chatre, obtiennent du roi le don de la confiscation en faveur de la sœur de Florimond Dupuy. Après le décès de celle-ci, la dame de Cezi, cousine paternelle, soutient que la terre de Vatan doit appartenir à elle seule, comme un propre du côté du pere. La dame présidente Aubri soutient au contraire, que cette terre doit être partagée comme un acquêt dans la succession de la demoiselle Dupuy. La cour se détermina pour le partage, conformément aux conclusions de M. Talon. (Louet & Brodeau, *tom.* 2, *lett. A*, *somm.* 2, *pag.* 8 & 9.)

Les auteurs ont conclu de cet arrêt, que la remise de la confiscation faite par le roi à des collatéraux dénaturoit tout, parce qu'elle ne méritoit pas la même faveur que celle qui étoit faite, ou au condamné lui-même ou à ses héritiers.

A notre égard, nous ne saurions admettre une telle distinction par plusieurs raisons qui nous paroissent importantes. 1°. Les dispositions de l'arrêt de 1673 sont combattues par celles d'un arrêt du même parlement de Paris, rendu le 28 août 1679, qui a jugé que quand le roi fait don & remise des biens confisqués aux héritiers présomptifs du coupable même en ligne collatérale, ce don & cette remise n'operent autre chose que de conserver l'hérédité à la famille & à ceux qui ont droit de succéder ; mais que cet ordre de succéder, non plus que la qualité des biens ne sont point changés. (Chopin, cout. d'Anjou, *liv.* 1, *tit.* 42, *n°.* 5.) 2°. Le caractere essentiel & auguste que doivent avoir les bienfaits du prince, seroit blessé par une distinction frivole & contraire aux grands principes. *Beneficium imperatoris, quod à divina scilicet ejus indulgentiâ proficiscitur,* QUAM PLENISSIME INTERPRETARI *debemus : l. 3, D. de constit. princip.* 3°. Des auteurs du plus grand poids ont dit, que « les remises ou restitutions que les rois font aux enfans, ou aux *autres héritiers* du condamné, ont été *interprétées si favorablement* par les arrêts de la cour, qu'elles ne changent point ni l'état, ni la condition premiere des biens ; de façon que les enfans, *ou les autres héritiers* ne sont point tenus de prendre de nouvelles investitures, ni obligés à aucune nouvelle reconnoissance, étant réputés leur être demeurés *propres* comme devant, & sujets au retrait lignager. » Lebret, de la souveraineté du roi, *liv. 3, ch. 13, pag. 125 de la collect. de ses œuvres, impr. en 1689, in-fol.* . . . « Les biens confisqués, donnés ou remis par le roi *ou le seigneur haut-justicier,* aux ascendans & aux descendans du condamné, ou à aucuns d'eux, sont propres aux donataires, *encore qu'ils ne soient héritiers présomptifs,* & que les biens soient *acquis* au condamné. . . . S'ils ont été donnés ou remis aux *collatéraux,* ils sont *pareillement propres en leurs personnes,* pourvu que cessant leur confiscation, ils eussent été héritiers du condamné, ou que les donataires soient descendus de ces héritiers, encore que le don ou la remise excede la portion héréditaire. » Arrêtés de M. de Lamoignon, *tit. des propres, art. 5 & 6, pag. 67.*

ARRÊT du parlement de Paris, du 26 janvier 1681, qui juge que les propres de Louis Lameth de Moutonvilliers, condamné à mort pour avoir attenté à la vie de sa femme, confisqués au profit du seigneur, formoient des acquêts dans la succession des héritiers du coupable, à qui le seigneur avoit fait don & remise de la confiscation.

Cet arrêt est directement contraire à l'opinion de M. de Lamoignon, qui met sur la même ligne le don & la remise faite *par le roi* OU LE SEIGNEUR HAUT-JUSTICIER; mais nous croyons que ce grand magistrat avoit donné trop d'étendue à sa maxime. Les graces du roi sont d'une autre nature que celles de leurs sujets ; & celles-ci ne permettent pas les mêmes fictions que celles-là. Voyez les divisions *Amende & Fief,* & les mots *Confiscation, Crime, Don du roi, Grace, Mort civile, Remise, Seigneur.*

Conquêts.

12. Nous avons eu souvent occasion de remarquer le peu de connoissance des rédacteurs de nos coutumes sur la véritable propriété des termes, & la confusion qu'ont introduit les commentateurs dans la langue judiciaire-coutumiere, en se servant sans choix de différentes expressions dont ils faisoient une fausse application. Cette confusion en est au point, qu'il est impossible d'être parfaitement exact & méthodique, en rendant compte de leurs opinions. Cependant, afin que nos lecteurs soient en état de rectifier la nomenclature, il suffira de leur donner une notion à-peu-près exacte du mot *conquêt,* comme nous avons donné celle du mot *acquêt* & du mot *propre.* Leurs trois définitions une fois saisies, serviront de point de ralliement dans ce labyrinthe.

Acquêt est le genre, & *conquêt* est l'espece. Acquêt, dans toute l'étendue de sa dénomination, comprend toutes les acquisitions qui ont été faites, tant avant qu'après le mariage ; mais dans l'usage on distingue deux sortes d'acquêts ; ceux fait avant le mariage, qui retiennent le nom d'acquêts, *(quæstus)* & ceux faits pendant le mariage lorsqu'il y a communauté entre les conjoints, que l'on nomme conquêts, *(conquæstus, quæstus cum alio.)* La coutume de Châlons, que nous avons déja eu occasion de louer en quelque maniere

maniere, est aussi celle qui a le mieux marqué la différence dont nous parlons. Elle dit, dans l'art. 250, que l'*héritage retiré par le lignager lui est* ACQUÊT; *& s'il est marié*, CONQUÊT *entre lui & sa femme*. L'art. 32 de la coutume de Rheims, a donné une idée approchante des *acquêts & conquêts*.

ARRÊT du parlement de Paris, du 7 février 1609, *(déja cité ci-dessus n°. 10)*, qui juge que les *acquêts* faits par le mari avant le mariage n'entrent point dans le don mutuel autorisé par l'art. 334 de la coutume du Maine. Cet article s'énonce ainsi : « Deux conjoints ensemble par mariage, soit nobles ou coutumiers, peuvent par donation mutuelle ou autrement, *liberis existentibus*, donner l'un à l'autre tant seulement les meubles à perpétuité, les *acquêts & conquêts* pour en jouir à viage, & tant qu'ils seront en viduité, à la charge de nourrir les enfans mineurs jusqu'à ce qu'ils soient en âge. Et s'il n'y a meubles, *acquêts & conquêts*, pourront donner l'un à l'autre la tierce partie de leur patrimoine à perpétuité; & s'il n'y a aucuns enfans, peuvent donner l'un à l'autre leursdits meubles à perpétuité. » La veuve prenoit avantage des deux mots différens *acquêts & conquêts*, dont se sert la coutume, & s'étayoit sur-tout de la circonstance qu'ils étoient *unis par la conjonctive &*. Cependant après enquêtes par turbes, la cour annulla le don mutuel pour les acquêts faits par le conjoint prédécédé avant son mariage, avec restitution de fruits & dépens. (Ricard, du don mutuel, *tr. 1, ch. 5, sect. 3, n°. 183, tom. 2, pag. 47, édit. de 1754.*) Ricard observe que Chopin, sur la coutume d'Anjou, *liv. 3, chap. 2, tit. 3, n°. 1*, rapporte que la même question s'étant présentée au parlement environ l'année 1600, la cour rendit un jugement interlocutoire, portant qu'il seroit informé par turbes de l'usage de cette coutume.... La formalité des enquêtes par turbes ne présentoit-elle pas plus d'inconvéniens que n'en présenteroit la refonte totale du droit coutumier, quelque attachement que l'on suppose dans les peuples à leurs coutumes, *bien que mauvaises*.

ARRÊT du parlement de Paris, du 29 août 1701, qui juge de nouveau que la veuve ne peut profiter d'aucun des acquêts faits pas son mari avant son mariage. Augeard, *tom. 1, chap. 191, pag. 613 & suiv.* approfondit la question, & il résulte de sa discussion, tant sur les sentimens des auteurs que sur le rapprochement de plusieurs articles de la coutume du Maine & de celle d'Anjou, qui ont la plus grande analogie, que les mots acquêts & conquêts sont synonymes dans l'art. 334 de la premiere. Nous nous bornerons ici à rappeller l'avis de Louis, sieur de Malicottes, auteur aussi estimé qu'estimable. Il est en effet décisif pour justifier l'arrêt; il dit que les « *acquêts* faits avant le mariage comme tenant nature de propres naissans ne peuvent entrer dans la donation, la coutume n'ayant entendu donner la liberté à des conjoints de se faire ledit don mutuel, ou par testament, sinon des biens de leur communauté, de laquelle ne dépendent les acquêts faits avant icelle; & ne fait rien au contraire que par cet article il soit dit ACQUÊTS ET CONQUÊTS, *parce que ces mots sont synonymes, & ont une même signification.* » ... Si les du Marsais, les Girard eussent rédigé nos coutumes, une question de mot n'auroit pas divisé pendant des siecles les habitans de la province du Maine. Si des jurisconsultes éclairés reformoient aujourd'hui le droit coutumier; si des magistrats éclairés & puissans, daignoient & pouvoient s'en occuper, que de procès étouffés, que de dissentions prévenues! Quel bien général pour l'état même! Voyez *Conquêts, Turbes, &c.*

Cottiers.

13. On appelle héritages *cottiers* dans

les coutumes d'Amiens, Ponthieu, Boulenois & autres voisines, ceux qui ne sont point féodaux, & qui sont chargés envers les seigneurs des droits les plus considérables.

« *Acquêts cottiers*, & meubles succédés *ab-intestat* se partissent également aux enfans des *acquêteurs*, chacun par égale portion. » *Art. 70 de la cout. de Boulenois.*

Si des biens déja chargés de droits immenses envers les seigneurs, étoient encore sujets à la prérogative d'ainesse, qui consiste au prélévement de quatre parts sur cinq ; que resteroit-il donc aux malheureux puînés ? Voyez *Ainesse, Cottiers, Quint héréditai, &c.*

Contributions aux dettes.

14. Le paiement des dettes entre cohéritiers ne formoit aucune difficulté dans le droit romain, parce que ce droit n'admettant qu'un seul patrimoine, il étoit juste de les payer suivant la portion qu'ils prenoient dans la succession.

La distinction des propres & acquêts dans nos coutumes, a fait prendre sur le paiement des dettes deux partis bien différens. Les unes déterminent qu'il se fera sur tous les biens indistinctement à proportion de l'émolument que chacun en retire, & cela est encore juste : « les héritiers d'un défunt en pareil degré, tant en meubles qu'immeubles, sont tenus personnellement de payer & acquitter les dettes de la succession, chacun pour telle part & portion qu'ils sont héritiers d'icelui défunt. » *Art. 233 de la coutume de Paris.*

Mais les autres veulent que les héritiers des meubles & acquêts les paient en entier : « qui prend les meubles & conquêts d'aucun, soit par contrat ou succession, est tenu de payer ses dettes mobiliaires. » *Art. 316 de la coutume de Bourbonnois.* On trouve des dispositions conformes dans celles de Péronne *art. 188*; de Poitou, *art. 248*; de Sens, *art. 95*; de Mantes, *art. 166*; de Montargis, *chap. 15, art. 11*; de Valois, *art. 79*; enfin de Senlis, *art. 141*.

On dira que nous avons tort d'annoncer que la coutume de Bourbonnois & les autres rejettent en entier sur l'héritier des meubles & acquêts le paiement des dettes, puisqu'elles ne le chargent que des mobiliaires. Mais ce genre de dettes ne forme-t-il pas toujours l'objet le plus considérable ? En effet, les dettes mobiliaires sont les frais funéraires, toutes les sommes dues *pour une fois payer*, les rentes constituées, les legs de meubles ou deniers, les reliquats de compte tutélaire, les amendes & réparations civiles, les arrérages des rentes foncieres & pensions viageres. Les héritiers des propres ne sont chargés que du capital de ces rentes foncieres & pensions viageres.

Admirez les heureuses conséquences des dispositions de nos coutumes ! Il y a ouverture en Bourbonnois à une succession composée de propres valant cent mille livres, & d'acquêts valant vingt mille livres. Le défunt laisse dix mille livres de dettes mobiliaires. Le pere & le frere succédant également aux acquêts, paieront chacun cinq mille livres sur les dix qu'ils reçoivent ; mais le frere étant seul héritier des propres aura cent cinq mille livres, tandis que le pere n'en aura que cinq. *Pater & frater defuncti succedentes æqualiter in mobilibus & QUÆSTIBUS æqualiter æs alienum sustinent, etsi frater ultra, heredia materna capiat.* Duretus, *in consuet. Borboniens. art. 316.* Voyez *Dettes, Succession, &c.*

Disposition.

15. Le plus grand nombre des coutumes qui forment en cela le droit commun, laissent à chacun la libre disposition de ses meubles & acquêts ; il suffit que l'on soit *sui juris*, & que l'on ait l'âge requis. « Chacun peut par don d'entre-vifs & en derniere volonté *disposer* & ordonner à sa volonté, à tel

qu'il lui plaît de ses meubles, dettes, casuels & *acquêts*, sans le consentement de son héritier apparent. » *Art.* 124 *de la coutume de Boulenois.*

L'âge requis pour disposer de ses meubles & acquêts, est différent, dans la plupart des coutumes, de celui qui est requis pour disposer des propres. A l'égard de ceux-ci, le droit commun est qu'il faut avoir vingt-cinq ans pour pouvoir les aliéner; comme ceux-là ont paru moins essentiels à conserver, on a laissé une plus grande liberté dans leur disposition. « Pour tester des meubles *acquêts & conquêts immeubles*, il faut avoir accompli l'âge de *vingt ans*, & pour tester du quint des propres, il faut avoir accompli l'âge de vingt-cinq ans. » *Art.* 293 *de la cout. de Paris.* La coutume d'Orléans *art.* 293, est exactement conforme; mais elle permet cependant par l'*art.* 294, à celui qui *n'a meubles acquêts ni conquêts immeubles, de tester audit cas du quint de ses propres, après vingt ans accomplis.* Les coutumes d'Auxerre *art.* 225, & de Melun *art.* 247, adoptent la distinction du droit romain sur la plus prompte capacité des filles, & veulent que celles-ci puissent disposer deux années plutôt que les mâles de leurs meubles & acquêts.

Les loix, dit De La Fons sur l'art. 59 de la coutume de Vermandois, ont dû moins gêner sur la disposition des meubles & acquêts, que sur celle des propres. Ceux-ci provenant de la parenté, doivent être conservés à la parenté; ceux-là sont ordinairement peu spécieux, & d'ailleurs ils ne doivent exciter aucune envie, parce qu'ils sont le fruit de l'industrie de celui qui a su se les procurer. *Mobilium enim libera potestas, quia ut vilia habentur, nec gentem nec lineam habent: libera item immobilium* QUÆSITORUM, *quia sine invidiâ est, quæ quis* LABORE ET DILIGENTIA QUÆSIERIT, *de his ipsum statuere : strictior in paternis & avitis facultas, quia à majoribus profecta gentem habent cujus interest conservari.* On peut appliquer ici ce vers du poëte Martial :

Nam quod emas, possis dicere jure tuum.
Lib. 2, epigr. 20.

La regle établie au commencement de cette division est sujette à quelques exceptions.

1°. Il n'est pas permis de disposer en entier de ses meubles & acquêts si l'on n'a point de propres. C'est ce que porte entr'autres la coutume du Maine, *art.* 352. « Si aucun noble ou coutumier n'a qu'*acquêts* ou conquêts, il n'en peut donner que telle portion, comme il pourroit faire de son patrimoine : s'il avoit patrimoine, & s'il n'a que meubles, n'en peut donner que la moitié. » Les coutumes d'Anjou, de Bretagne, d'Angoumois, de la Rochelle, de Sens, de Tours, de Poitou & autres, qu'on appelle à cause de cela *coutumes de subrogation*, renferment des dispositions approchantes. Voyez ci-après la division *Subrogation.*

2°. Il faut pour pouvoir donner librement ses meubles & acquêts, que les propres soient suffisans pour composer la légitime des enfans. Voyez la division *Légitime.*

C'est sous le mot *Conquêts* que va se placer naturellement l'importante question de savoir jusqu'à quel point le mari est maître des acquêts de la communauté. En général on peut dire que, conformément à la disposition de la plupart des coutumes, & entr'autres de celle de Paris *art.* 225, il peut les *vendre, aliéner ou hypothéquer, & en faire & disposer par donation ou autre disposition faite entre-vifs à son plaisir & volonté, sans le consentement de sadite femme,* A PERSONNE CAPABLE ET SANS FRAUDE. Voyez *Age, Avantage (indirect), Bâtard, Concubine, Donation, Enfans, Femme, Fraude, Mari, Testament, &c.*

Divorce. Séparation.

16. Il y a des circonstances où, le mariage subsistant, la communauté est

dissoute ou plutôt interrompue, alors les *acquêts* faits pendant cette interruption cessent d'être communs, ne deviennent point *conquêts*.

ARRÊT du parlement de Paris, du 13 Juin 1619. Marie Menin quitte Pierre Coquelet, deux ou trois jours après leur mariage, & se retire chez sa mere, où elle reste pendant vingt ans, au mépris de plusieurs sommations de réintégrer le commun domicile. Elle fait assigner à son tour son mari, aux fins qu'il ait à la recevoir, ce que la cour ordonne, en prononçant néanmoins qu'elle n'aura aucune part aux acquêts qui auront pu être faits depuis l'instant du mariage, jusqu'à celui de sa rentrée. (Auzanet, en ses arrêts, *liv.* 2, *chap.* 92.)

ARRÊTS du parlement de Rouen, des 23 août 1656, & 19 mars 1664, qui jugent que la femme séparée de biens n'a point part aux meubles & acquêts faits par le mari depuis la séparation. « Autrefois plusieurs estimoient que ces sortes de séparations ne détruisoient pas les effets ordinaires du mariage, & que nonobstant icelle, lorsque la femme ne renonçoit point à la succession de son mari, elle prenoit part à ses meubles & acquêts. Cependant, puisque par cette précaution elle veut mettre son bien à couvert & en demeurer la maîtresse, il est juste qu'elle ne profite point du bon ménage & de l'industrie de son mari, & qu'elle ne participe point à des biens à l'acquisition desquels elle n'a point contribué. » Basnage, *art.* 391 *de la cout. de Normandie*, *tom.* 2, *pag.* 96.

ARRÊT du parlement de Paris, du 20 janvier 1672, qui juge qu'une femme qui avoit quitté son mari par légéreté & par inconstance, étoit déchue de la communauté du jour de son absence. *Journal du palais*, *tom.* 1, *pag.* 154.

Si la femme séparée de son mari se réunit à lui, & qu'ils rassemblent leurs biens, l'effet de la séparation cessera, & la communauté sera composée non seulement des acquêts qui auront lieu après la réunion, mais même de ceux qui auront été faits auparavant. C'est la disposition de la loi romaine, adoptée par l'une de nos coutumes & autorisée d'un ancien arrêt. *Si mulier diverterit, & judicio de dote contestato reversa fuerit in matrimonium, reintegrato matrimonio expirat judicium, & omnia in statu pristino manent: l.* 19, *D. solut. matrimon.* « Si après la séparation de biens d'entre homme & femme conjoints par mariage, lesdits conjoints se rassemblent & mettent leurs biens ensemble, cessera l'effet de ladite séparation, & rentreront en ladite communauté *les meubles & acquêts immeubles*, même ceux qui sont échus & acquis pendant ladite séparation, comme si elle ne fût advenue, demeurant néanmoins bon & valable tout ce qui a été contracté pendant la séparation. »

ARRÊT du parlement de Paris, du 10 février 1601, au profit de M. Chauchefoin, procureur en la cour. (Louët & Brodeau, *lettre* A, *sommaire* 3, *n°.* 15, *tom.* 1, *pag.* 14.)

En Portugal, pour que les acquêts faits par les conjoints soient communs, il faut qu'ils demeurent ensemble au moment de l'acquisition. On s'y détermine par les dispositions de la *loi* 64, *D. pro socio* : quand les associés commencent à négocier séparément, la société est dissoute; *itaque cùm separatim socii agere cœperint, & unusquisque eorum sibi negotietur, sine dubio jus societatis dissolvitur.* (Ant. de Gama decisionum supremi senatûs regni Lusitaniæ centuriæ, *impr. Ulyssipone*, 1578, *in-fol.*, & *Francofurti*, 1599, *in-4°*... Decis. 357.)

Domicile.

17. Dumoulin & d'Argentré, presque toujours d'un sentiment opposé, sont sur-tout divisés sur la question de savoir si la femme, mariée dans un pays où la coutume admet la communauté entre conjoints, a la moitié dans les acquisitions faites en pays de droit écrit. Jean

de Ganay, depuis chancelier de France, & Jeanne Boylesve, stipulent *grace mutuelle & don égal de tous les biens meubles & acquêts immeubles quelconques, qu'ils ont acquis & acquéreront durant & constant leurdit mariage, dont & desquels ils seront tenans & possédans au jour & heure du trépas du premier mourant : voulans & expressément accordans & ordonnans chacun en droit soi, que par vertu de cette présente grace mutuelle & don égal, le survivant jouisse & usè, peut & puisse tenir, jouir & posséder ; c'est à savoir de ceux estant en la comté de Beaultmont, estant des anciens ressorts du bailliage de Senlis en propriété & à toujours, en ensuivant la coutume dudit bailliage ; & des autres estans en la ville, prévôté & vicomté de Paris & prévôté d'Orléans, ou autre part, à usufruit durant le cours de sa vie, ainsi que la coutume desdits lieux où lesdites choses sont assises, situées & trouvées, le veut & permet, de toute sa part & portion du premier mourant ; sauf & réserve de cinq cens livres tournois pour faire testament, que le survivant sera tenu faire & accomplir : privant leurs héritiers contredisans de toute part de succession desdits meubles & acquêts immeubles, qui sera audit cas distribuée aux pauvres.* Ils avoient lors du don mutuel leur domicile à Paris, & ils acquirent ensuite des immeubles dans le Lyonnois, province régie par le droit écrit. Après la mort du chancelier, la veuve jouit sans difficulté ; mais à peine fut-elle morte, que les héritiers de Jean de Ganay attaquerent les siens & prétendirent non-seulement à la moitié des acquêts faits pendant le mariage dans le ressort de la coutume de Paris & autres semblables, mais encore par-tout ailleurs & en pays de droit écrit ; en conséquence, & dans un esprit de vexation ils céderent leurs droits à Pierre Petit, bourgeois de Berne.

Dumoulin consulté pose trois questions. 1°. La communauté, tacitement contractée entre deux conjoints parisiens, en vertu des dispositions de la coutume de Paris qui la détermine, doit-elle avoir son effet pour les biens situés hors du ressort de cette coutume, par exemple, pour ceux que l'un des conjoints a acquis en pays de droit écrit ? 2°. Le don mutuel, fait à Paris par deux conjoints qui y étoient domiciliés, comprend-il les biens situés hors du ressort de la coutume de Paris, & notamment en pays de droit écrit ? 3°. En supposant l'affirmative de la question précédente, le don mutuel aura-t-il lieu pour la propriéte, ou simplement pour l'usufruit ?

Sur la premiere : nul doute que la communauté ne comprenne toute sorte de biens, où qu'ils soient situés ; c'est un contrat qui oblige la personne & les biens sans distinction : *nullum habet dubium quin societas semel contracta complectatur bona ubicumque sita, sine ullâ differentiâ territorii, quemadmodum quilibet contractus sive tacitus, sive expressus ligat personam & res disponentis ubique, n°.* 2. Dumoulin combat les opinions de quelques jurisconsultes ultramontains, & notamment de Jean André, & il soutient que celui-ci n'a pas bien saisi l'esprit des dispositions de la coutume de Paris, qui établit la communauté entre conjoints, lorsqu'il la regarde comme un statut réel ; c'est un statut au contraire purement personel, qui n'a pour objet que les parties contractantes, & l'unique but de leur assurer la communication de tous les acquêts qui se feront pendant la durée de leur mariage. *Patet Joannem Andream non intellexisse, vel habuisse notitiam consuetudinis nostræ, quæ non est directò super bonis, sed est primariò, & directò super actu & dispositione personarum contrahentium matrimonium, ut tali contractui, & inter ipsos contrahentes insit contractus societatis mobilium, & conquestuum ; patet per textum. . . . Prin-*

cipaliter, primariò & directò disponit in personas subjectas, & in actum & informationem actûs qui ab eis geritur. Unde non est inconveniens quod in consequentiam, & per indirectum habeat effectum UBIQUE, ETIAM IN BONIS, ET REBUS SITIS EXTRA LOCUM CONSUETUDINIS, ET DOMICILII PARTIUM, *n°. 8.*

Sur la seconde : comme il ne s'agit que d'examiner l'intention des contractans & les termes de la convention, il est certain qu'ils n'ont voulu mettre aucune borne au don mutuel, que la rédaction de l'acte embrasse généralement tous les acquêts dans quelques lieux qu'ils aient été faits. *Cùm non agatur de vi & jure consuetudinis, sed de vi & implemento contractûs celebrati.... duo tantùm discutienda sunt, videlicet mens & intentio donantium, & tenor & verba donationis, quorum utrumque* APERTISSIME *omnes conquæstus (etiamsi qui in patriâ juris scripti inveniantur) complectitur.*

Sur la troisieme, les conjoints ont donné à leurs libéralités réciproques toute l'extension qu'elles pouvoient avoir; mais le droit écrit, observé dans le Lyonnois (Mâconnois) permet le don mutuel en pleine propriété, donc, &c.

Je donnai cet avis, dit Dumoulin, en faveur de Jean de Brinon, seigneur de Pontilaust, maître des requêtes, neveu & héritier de la dame de Ganay, dont les adversaires, craignant de succomber dans leurs prétentions, en céderent la poursuite à un citoyen de Berne. Celui-ci succomba par sentence des requêtes du palais de l'année 1523, confirmée par arrêt du parlement de 1527. Quelque justes que fussent ces décisions, & *justissimè*, le demandeur obstiné profita du moment où le gouvernement étoit obligé de favoriser les Suisses à cause de la guerre, *(dum propter bella rex indigeret favore Helvetiorum)* pour obtenir en 1548, un arrêt du conseil qui, sur l'avis de quelques commissaires, cassa celui du parlement, *(super solâ opinione quorumdam, ut fit in aulâ quando quærendus est color, commissariorum deputatorum Rothomagi, sed tam iniquè quàm pravo more.)* L'illustre du Tillet, greffier en chef du parlement, fut obligé de se pourvoir contre cet arrêt par la voie de proposition d'erreur. Quoi qu'il en soit, je n'impute rien cependant aux seigneurs de Berne, dont j'ai admiré le bel ordre dans la police & l'administration de la justice après en avoir jugé sur les lieux. *Nihil imputo dominis Bernensibus, quorum ego pulcherrimum ordinem & optimam in foro constituto* πολιτείαν *vidi, & magnis semper laudibus (ut meretur) prosecutus sum.* Molinæus *in consil.* 53, *tom.* 2, *pag.* 964 *& sequent.*

Nous avons cru devoir donner quelque étendue à la discussion de cette affaire, tant par rapport à la dignité des parties, à la célébrité du défenseur des héritiers de la veuve du chancelier de Ganay, à la circonstance qui influa sur la décision du conseil, que parce que ces détails nous dispenseront d'entrer dans ceux des autres arrêts qui ont confirmé les dispositions de celui de 1527. Disons un mot du sentiment de d'Argentré.

Il dit qu'en matiere de donations les dispositions des coutumes sont plutôt réelles que personnelles, parce qu'à la différence des loix romaines, leur objet essentiel est de s'occuper plutôt de la conservation des biens dans les familles que des personnes à qui ils doivent passer. Il faut en dire autant en matiere d'acquisitions & de legs d'immeubles : *qui donationibus modum, & legatis immobilium quotam figunt, non benè dicuntur de personis statuere; est enim plane quæstio de rebus... Consuetudinariæ causæ de prohibendis his, sumentur potius à rebus, gentili pecuniâ, successione & propagatione familiarum, quæ reales potiùs sunt, non ut illæ juris romani à personis sumptæ. Eadem consideratio de* CONQUÆSTIBUS, *eadem de legatis immo-*

bilium. D'Argentré termine par ses sorties ordinaires contre Dumoulin : *quod verum est etiamsi contradicendo rumpatur Molinæus*. (Argentræus *in cons. brit. art. 218, glos. 6, n°. 14 & seqq., pag. 679.*)

ARRÊT du parlement de Paris, du mois de février 1549, qui juge que « les acquêts faits par gens demeurans en pays coutumiers, des biens assis en pays de droit écrit, seront néanmoins communs entre les mariés ; & réciproquement par arrêt du premier jour de mars ensuivant fut jugé qu'une maison acquise à Paris par gens demeurans à Lyon, n'entreroit point en communauté. » (Bouchel & Bechefer, *tom. 1, pag. 29.*)

ARRÊT du parlement de Paris, du 12 mai 1595. *Les articles 313, 314 & 426* de la coutume de Normandie dérogent expressément aux conventions matrimoniales qnand elles excedent ce qui est permis par la coutume. Procès sur la question de savoir si lorsque le contrat de mariage donne les acquêts au survivant, la veuve prendra les héritages assis en Normandie, tant ceux qui ont été acquis pendant la communauté, que ceux qui l'avoient été auparavant par son mari.

La cour jugea *que la convention des mariés s'étendoit plus loin que la coutume comme une ordonnance personnelle, qui attire à soi toutes les choses suivantes*. En conséquence, elle distingua les héritages acquis en Normandie avant ou durant le mariage. Elle adjugea les premiers aux héritiers du mari, & les seconds à la veuve. (Chopin sur la coutume de Paris, *liv. 1, tit. 1, n°. 3 & 4.*)

ARRÊT du parlement de Franche-Comté (alors séant à Dôle) du 10 juillet 1616. « Ferréol Bellin, de Besançon, où la société conjugale n'a pas lieu de droit, se marie à Paris où elle a lieu ; il s'y établit & y demeure pendant plusieurs années, après quoi il retourne à Besançon, y acquiert des biens & y meurt. Anne Thierevand sa veuve, demande part aux acquêts comme femme mariée sous la coutume de Paris, & elle lui est accordée quoiqu'il n'y eût point de stipulation expresse de communauté par son contrat de mariage. L'arrêt paroît fondé sur ce que le mari s'étant établi à Paris en se mariant, il étoit censé y avoir choisi un nouveau domicile, & s'y être marié sous la coutume de Paris. » (Dunod, observations sur la coutume du C. de Bourgogne, *pag. 370 & 371.*)

« Si le mari & la femme résident en pays coutumier, & que l'un d'eux fasse acquêt de maison ou héritage en pays de droit écrit, tel acquêt sera commun entre les mariés, tout ainsi que s'il étoit fait en pays coutumier. . . . . Au contraire, si le mari & la femme demeurent en pays de droit écrit, & que l'un d'eux acquiere en pays coutumier, tel acquêt pour ce ne sera réputé commun entre lesdits mariés, mais sera propre à celui duquel procedent les deniers dudit acquêt. . . Généralement tels acquêts suivent le domicile de l'acquéreur, PARCE QUE LA COUTUME REGARDE LES PERSONNES, ET NON LA CHOSE ACQUISE. . . . . *Art. 157, 158 & 159 du tit. 6* des cayiers dressés par les commissaires députés pour la réformation de la coutume du duché de Bourgogne, insérés au *tom. 1, pag. 82* de l'ouvrage du président Bouhier sur cette coutume.

La jurisprudence, l'avis des commentateurs les plus estimés, & celui des magistrats d'une province éclairée, se réunissent donc pour Dumoulin contre d'Argentré.

« Lorsqu'un Orléanois a recueilli la succession d'un parent domicilié sous une coutume qui répute meubles les rentes constituées, c'est une question si les rentes qu'il a recueillies de cette succession deviennent propres en sa personne.

Pour l'affirmative, on dira que ces rentes sont devenues immeubles en la personne de l'héritier Orléanois dès l'instant qu'il a ſuccédé; que ce ſont des immeubles qu'il a à titre de ſucceſſion, & par conſéquent des propres. Néanmoins j'inclinerois à penſer que ces rentes ne ſont pas propres, mais *acquêts;* la raiſon eſt, que les propres étant ſelon le langage des coutumes les *anciens héritages*, il faut pour qu'une choſe ait la qualité de propre, qu'elle ait eu la nature d'*héritage*, & ait été réputée immeuble dans la perſonne du défunt à qui l'héritier a ſuccédé, auſſi bien que dans celle de l'héritier; car ſi elle a commencé à n'avoir la nature d'héritage que dans la perſonne de l'héritier, on ne peut dire qu'elle ſoit un ancien héritage, l'héritier étant le premier de la famille qui l'ait poſſédée comme héritage & immeuble. Boulenois, traité des ſtatuts 2, XII, eſt de ce ſentiment. L'annotateur de Lebrun, *traité de la communauté, liv. 1, chap. 5, D. 4, n°. 37*, rapporte un arrêt du 14 mars 1697, & une ſentence des requêtes, du 10 avril 1710, qui ont confirmé cette opinion. » (Pothier, *cout. d'Orléans, pag. 24.*) Voyez *Communauté, Coutume, Domicile, Statut, &c.*

Donation.

18. Ce que nous avons dit ſous le *n°. 10*, relativement aux donations faites tant en ligne directe qu'en ligne collatérale, doit s'appliquer aux acquêts de ſucceſſion comme aux acquêts de communauté; nous n'avons donc qu'un mot à dire ſur les donations faites par des étrangers.

Patrimonium id dicitur quod à patre vel ab alio parente JURE PROXIMITATIS *alicui obvenit, ſive ab inteſtato, ſive ex teſtamento, vel aliâ diſpoſitione vel donatione.* D'après cette définition des propres, il eſt ſenſible que ce que nous tenons de la liberalité d'un étranger avec lequel nous n'avons aucune liaiſon de parenté, & à qui nous ne pouvions pas eſpérer de ſuccéder doit former un acquêt. Le capitulaire cité *n°. 2*, veut que les conjoints ſe communiquent le tiers de ce qu'ils ont gagné par leur commun travail. *Tertiam partem collaborationis quam ſimul in beneficio collaboraverunt*, & la moitié de ce qui peut leur être donné par leurs amis, QUOD AB AMICIS SUIS CONLATUM EST. Le don d'un ami, le profit créé par notre induſtrie, n'ont rien de commun avec les dons, les profits que nous tranſmettent les liens du ſang: ce ſont ces derniers ſeulement que les coutumes ont voulu conſerver dans les familles. « Toute donation faite à l'un des mariés par le parent *en contemplation du ſang*, n'eſt réputée acquêt communicable. » *Art. 441 de la coutume de Bretagne.* Voyez *Amitié, &c.*

Don mutuel.

19. ARRÊT du parlement de Paris, du 21 avril 1577, qui juge que, « quand deux freres ſe ſont *donné mutuellement* leurs biens au ſurvivant, ce qui advient au ſurvivant lui eſt acquêt & non propre. » (Bouchel & Bechefer, *tom. 1, pag. 28, colon. 1.*)

ARRÊT du parlement de Paris, du 27 août 1678, qui juge que, lorſque l'un des conjoints a donné à l'autre par contrat de mariage ſa part des meubles & acquêts, ils ne peuvent plus ſe faire de don mutuel pendant le mariage. Cet arrêt eſt fondé ſur les diſpoſitions de la coutume d'Orléans *art. 281*, & ſur ce principe, que tout don mutuel y devant être égal, l'un des conjoints ne peut donner à l'autre qu'autant que l'autre lui peut donner.

ARRÊT du parlement de Paris, du mercredi 9 juin 1734, après partage.... *Eſpece.* « Les deux filles d'une veuve de Celles qui avoit entr'autres biens, trouvé dans ſa ſucceſſion une rente dont le capital montoit à 22000 livres, ne la partagerent point, & ſe firent donation mutuelle entre-vifs & réciproque de tous leurs biens. Une de ces filles étant décédée, ſa ſœur ne parla point de donation, elle toucha la totalité de la rente, tant

tant comme héritiere pour moitié de sa mere, que comme seule héritiere de sa sœur.

La derniere de ces filles fit un testament, par lequel elle disposa de la moitié du capital de 22000 livres, au profit d'un sien parent éloigné, & de l'autre moitié, au profit de l'hôpital des petites maisons.

Après son décès, son héritier demanda les quatre quints des 22000 livres. Les légataires lui accorderent les quatre quints de la moitié seulement, & lui contesterent les quatre quints de l'autre moitié, parce, disoient-ils, que la moitié de la rente appartenoit à la défunte, comme donataire de sa sœur prédécédée, & que les biens donnés en collatérale, même à l'héritier présomptif, ne forment que des acquêts.

L'héritier des propres répondoit, que la donation faite entre les deux sœurs étoit mutuelle, & que la survivante n'en avoit point demandé la délivrance; qu'au contraire, elle avoit préféré la qualité d'héritiere de sa sœur, & avoit touché en cette qualité. Il ajoutoit, que la rente dont il s'agissoit, étoit commune entre les deux sœurs qui s'étoient fait une donation mutuelle; que chacune de ces deux sœurs possédoit la totalité de la rente par le moyen de l'indivision.

Cette question fut partagée en la grand'chambre, au rapport de M. Severt: (M. Delpech étoit le compartiteur.) Mais le mercredi 9 juin 1734, elle fut départagée en la troisieme chambre des enquêtes: la cour jugea que la totalité de la rente étoit propre dans la succession de la demoiselle de Celles. » (Denisart, *tom.* 4, *pag.* 34.)

Voyez sous le *n°.* 12 les arrêts de 1609 & 1701, qui ont jugé une question relative au don mutuel en matiere d'acquêts, & à l'interprétation de l'*art.* 334 *de la coutume du Maine*. Voyez encore les divisions *Propres & Rentes*, & les mots *Don mutuel*, *Égalité*, *Femme*, *Mari*, *Testament*, *&c.*

Dot.

10. L'immeuble acquis des deniers dotaux de la femme, lui devient-il propre, ou tombe-t-il en communauté?

La regle générale est, que le propriétaire d'une somme d'argent ne devient pas propriétaire de la chose qui en a été achetée, & que la dot n'a pas un privilege particulier à cet égard: *Ex pecuniâ dotali fundus à marito tuo comparatus, non tibi quæritur. . . . At dotis tantùm actio tibi competit. L.* 12, *C. de jur. dot.*

Il faut convenir qu'il y a une loi opposée: *Res quæ ex dotali pecuniâ comparatæ sunt dotales* VIDENTUR. *L.* 55, *D. eod.* Mais sans parler de l'embarras que paroît avoir le jurisconsulte Gaius en se décidant ainsi, *videntur*, il est aisé de concilier les deux loix par cette réflexion des interprêtes: c'est que dans l'espece de la derniere, l'acquisition avoit été faite du consentement de la femme, & lui avoit été d'ailleurs utile.

Les arrêts & les auteurs n'ont pas moins varié que les jurisconsultes romains.

ARRÊT du parlement de Paris, du 28 mai 1574, qui ordonne que les héritiers de la femme prendront des premieres acquisitions faites par le mari durant le mariage, jusqu'à la somme de 4000 liv. dont il avoit promis de faire emploi, quoique le mari n'eût rien déclaré à ce sujet lors de ces acquisitions. (Bacquet, droits de justice, *chap.* 21, *n°.* 301.) . . . . Arrêt du parlement de Paris, du 27 octobre 1594, qui ordonne, au profit de la demoiselle Bois Guerin, que les premieres acquisitions faites pendant la communauté lui appartiendront *selon le prix des contrats.* (Tronçon, *sur l'art.* 232 *de la coutume de Paris*, *pag.* 471.)

ARRÊT du parlement de Paris, du 13 mars 1578, entre Nicolas Tandon & Jeanne le Vergeur, veuve Frenel; qui décide que les premieres acquisitions ne sont point censées dotales, quoiqu'elles aient été faites des deniers dotaux, si le mari ne l'a formellement déclaré en acquérant. *Prima inter conjuges acquisitio non censetur fundus dotalis uxoris, licèt dotalibus nummis partus, qui in emptionem fundi pro uxore conferendi erant ex pacto nuptiali, nisi in emendo maritus expressè declararit, qui ideò remanet pro dote obligatus.* (Chopin, sur la coutume d'Anjou, *liv. 1, chap. 4, n°. 14.*)

Ferriere sur Bacquet cite d'autres arrêts conformes à ce dernier, des 28 mai 1599, 21 janvier 1604, 19 juillet 1606, enfin, premier août 1686, & il observe qu'ils forment à présent la jurisprudence constante, & qu'on suit les dispositions de la loi du code, « quoiqu'il paroisse, soit par la proximité des actes, soit par le rapport des especes, que l'héritage ait été acquis des deniers dotaux, quand même il n'y auroit pas eu d'autre acquisition faite pendant le mariage, néanmoins il n'appartient point à la femme; & étant saisi avec les autres biens du mari par les créanciers, la femme ne pourra pas le révendiquer, ni en demander distraction à son profit, sauf à elle de se pourvoir sur le prix comme créanciere suivant l'ordre d'hypotheque. »

Il paroît donc incontestable, aux termes des auteurs & de la jurisprudence la plus récente, que les héritages acquis des deniers dotaux, ne forment point de propres pour la femme, mais simplement des conquêts de communauté, lorsque le mari n'a point déclaré qu'il acquéroit pour faire emploi. Cependant, comme dit très-bien Tronçon (*pag. 472 ibid.*) « il se faut principalement arrêter aux conventions des contrats de mariage; car d'y apporter des regles & maximes générales, cela ne se peut; il faut dire comme le jurisconsulte Ulpien en la loi *sed hæc, D. de procuratoribus. Sed hæc neque passim admittenda sunt, neque districtò denegenda, sed à prætore causâ cognitâ temperanda.* »

Nous trouvons donc que Bouchel a assez bien vu, lorsqu'il a dit à ce sujet: « la diversité de ces arrêts dépend des diverses considérations qu'a eues la cour & qui me semblent raisonnables: car si le mari acquiert quelque héritage pour le même prix, que les deniers qu'il devroit remployer, & pour le profit d'icelle (de sa femme), il n'y auroit pas apparence de la refuser; mais si l'acquisition par lui faite est d'un prix beaucoup plus haut, ou plus petit que les deniers, & l'héritage incommode à sa femme, & depuis il fait d'autres acquisitions à elle plus utiles & commodes, il est plus équitable qu'elle ait le choix desdites acquisitions, sans être tenue de prendre l'héritage acheté le premier. » (Bibliotheque de Bouchel & Bechefer, au mot *Remploi, tom. 3, pag. 172, col. 2, édit. de 1667.*)

En Normandie, il n'y ni meubles, ni acquêts que les propres ne soient remplacés & libérés de toutes dettes & hypotheques: il y a pourtant quelques especes d'aliénations, les donations, par exemple, pour lesquelles il n'est point dû de remploi, on jugea qu'il n'en étoit pas dû dans l'espece suivante.

ARRÊT du parlement de Rouen, du 13 mars 1664. « Une femme avoit porté à son mari 1300 livres, tant en argent qu'en meubles: de cette somme, le mari en avoit constitué 400 liv. en 30 liv. de rente *pour tenir nature de dot.* Le mari n'ayant laissé que des meubles, sa femme reprit cette rente & ses autres droits sur ses meubles; elle fit ensuite un testament, par lequel elle donna tous ses meubles à divers légataires. Son héritier prétendit que les quatre cens livres qui avoient été constituées en trente livres de rente dotale, devoient être repris sur les meubles, à quoi il fit condamner les légataires; mais en ayant appellé, ils représenterent que cette somme, que la femme s'étoit constituée en dot sur son mari, étoit un véritable *acquêt*, ne paroissant point que les deniers ou les meubles qu'elle avoit portés à son mari procédassent de ses pere, mere ou freres ; car en ce cas cette dot eût été un propre ; mais cela n'étant pas, c'étoit un *acquêt* dont elle avoit pu recevoir le rachat, & étant devenu un meuble, elle avoit eu droit d'en disposer. L'héritier de la femme appuyoit sa prétention sur cette raison, que le remploi de la dot avoit été véritablement pris sur les meubles, parce que le mari n'avoit point laissé d'immeubles ; mais que cela n'en empêchoit pas le remploi, puisque c'étoit un immeuble. La cour infirma la sentence, & ordonna que le testament seroit exécuté. (Basnage, *sur l'art. 408 de la coutume de Normandie, tom. 2, pag. 156.*)

La dot constituée par la femme de partie de meubles qu'elle a apportés à son mari, est réputée acquêt.

ARRÊT du parlement de Rouen, du 14 août 1638, par lequel une somme de 1000 liv. formant la constitution totale d'une femme qui passoit à de secondes noces, fut adjugée aux héritiers des acquêts de cette femme contre les héritiers des propres. (Basnage, *sur l'art. 247 de la cout. de Normandie, tom. 1, pag. 422.*)

ARRÊT du parlement de Rouen, du 12 juin 1662, qui a réputé *acquêt* une dot constituée de deniers provenans de meubles. (*Ibid.*)

ARRÊT de réglement du parlement de Rouen, du 29 janvier 1721, qui, entr'autres choses, ordonne que de la totalité des biens dont sera composée la dot des femmes, la partie qui leur sera provenue des meubles à elles échus de la succession de leur pere & parens collatéraux, sera censée *acquêt*. (Recueil des édits & arrêts enrégistrés au parlement de Normandie, *ann. 1718 à 1726, pag. 255.*)

L'annotateur de Basnage (*ibid.*) observe que ce réglement est contraire à des arrêts, des 6 mars 1630, 3 août 1638 & 20 avril 1660.

Il y a quelques autres principes en Normandie qui ont quelque relation à cette division, celui-ci, par exemple, qu'il n'y a point d'acquêts que les deniers dotaux ne soient acquittés ; mais nous en renvoyons la discussion aux mots *Dot* & *Remploi*. Voyez cependant ci-après cette derniere division.

Douaire.

21. « Douaire d'une somme de deniers pour une fois payée, venue aux enfans, est réputé mobilier, & perd la nature de douaire, & les plus proches héritiers mobiliers y succedent. » *Art. 259 de la coutume de Paris.*

Mais on demande si l'héritage donné en paiement d'un douaire préfix est acquêt ou propre aux enfans qui l'ont reçu.

ARRÊTS du parlement de Paris, des premier septembre 1691 & .... 1693, qui décident qu'il est *acquêt*. Le premier de ces arrêts homologue une sentence arbitrale de MM. Husson, Martinet & autres, rendue entre les héritiers du sieur Ripaux de Venilli.

ARRÊT du 16 janvier 1694, sur les conclusions de M. l'avocat général d'Aguesseau, qui déclare propre un tel héritage.

Il y avoit, dit Brillon, deux circonstances essentielles dans cette derniere affaire. « L'une, que l'héritage avoit seulement été délaissé pour sûreté du douaire, & non en paiement du douaire ; & dans l'ordre fait par un directeur des créanciers, cet article étoit tiré pour mémoire, ensorte qu'on soutenoit qu'il n'y avoit point eu de translation de propriété en la personne des enfans, dont la mere avoit joui pour sûreté seulement. L'autre, que le délaissement avoit été fait pendant la minorité des enfans, dont l'un étoit décédé en minorité. »

Brillon ajoute, que « cette cause ne paroissoit pas susceptible de difficulté dans les véritables circonstances ; car les enfans n'avoient pas été propriétaires de la maison, puisqu'ils avoient renoncé à la succession de leur pere, & que la maison ne leur avoit pas été adjugée en paiement de leur douaire, ainsi leur douaire subsistoit encore. »

Eclaircissons Brillon, & fixons bien les idées sur les cas où le douaire en général est acquêt ou propre dans la succession des enfans.

Le douaire coutumier est toujours propre, parce qu'il consiste en immeubles qui proviennent de leur pere.

A l'égard du douaire préfix, quelquefois il est constitué en immeubles qui appartiennent au pere, comme quand il est dit que la femme aura pour son douaire les revenus d'une telle terre, ou les arrérages d'une rente due au mari par un particulier désigné : quelquefois le mari constitue une rente sur lui-même en ces termes : la future épouse sera douée de 600 liv. de rente. Dans l'un & l'autre de ces cas, le douaire préfix est *propre* dans la succession des enfans, *pourvu qu'ils n'aient pas été remboursés en majorité de la rente qui leur a été donnée pour douaire*. Mais lorsque le douaire préfix est d'une somme de deniers, comme lorsqu'il est dit dans le contrat; la future épouse sera douée de la somme de 12000 liv. *à une fois payer*, alors le douaire est purement mobilier, & par conséquent *acquêt*. C'est donc l'examen du contrat de mariage qui décide la question de savoir quand le douaire préfix est propre ou acquêt : & qu'on ne croie pas que les différences que nous venons de remarquer ne consistent que dans les termes, puisque la somme de 12000 livres, à une fois payer, produit 600 livres de revenu à la femme, aussi bien que la rente que le mari a constituée sur lui-même. Pour prouver en effet qu'elles sont essentielles, il suffit de réfléchir que lorsque le douaire est stipulé en rente, les enfans douairiers n'en peuvent pas demander le remboursement à la succession de leur pere, au lieu que quand il est en deniers, non seulement les enfans, mais la femme, peuvent en demander la somme capitale.

« La femme est douée après le trépas de son mari, de la moitié de tous les héritages que le mari a le jour de son trépas, mouvans de son estoc, & autres dont il est mort vêtu & saisi, excepté des conquêts auxquels ladite femme ne prend aucun douaire, parce qu'elle en a la moitié, &c. » *Art. 250 de la cout. de Bourbonnois.*

Les commentateurs ont conclu, des expressions de ce texte, que dans le cas où la femme ne seroit pas commune par une clause du contrat de mariage exclusive de communauté, elle est en droit de prendre le douaire sur les acquêts faits par le mari durant le mariage. C'est entr'autres l'opinion de Dumoulin, *secùs ergo si non est communis* (Molinæus, *tom. 2, pag. 743.*) C'est aussi celle de Duret : *enim verò si non sit communis ab initio, quoniam in contrahendo matrimonio consuetudinariæ societati derogatum fuit, propiùs est ut in omnibus defuncti immobilibus, etiam quæsitibus constante matrimonio ab eo factis, doarium obtineat, &c.*

« Le droit de douaire est la moitié ès fiefs, & le tiers ès cottiers, pour en jouir durant la vie de la douairiere, tant seulement *en ce compris les acquêts faits* durant & constant leur mariage. » *Art. 98 de la coutume de Boulenois.*

Le Roi de Lozembrune, dans son commentaire sur cet article, observe qu'il y a dans ce texte une omission sensible & manifeste. En effet, la coutume marquant évidemment que le douaire coutumier n'a point lieu sur les *acquêts* faits constant le mariage, il faudroit ajouter la négative à la rédaction de cet article, & y mettre : *Le droit de douaire, &c. en ce non compris.* (Le Roi, *coutume de Boulenois, pag. 221, tom. 2 du Recueil des commentaires sur les cout. de Picardie.*)

« Femme de noble ou de coutumier ne peut avoir don & douaire sur les héritages de son mari, mais il est au choix de la femme de prendre la donaison ou son douaire; & en élisant l'un, elle est forclose de l'autre, ET NÉANMOINS PEUT AVOIR DON DE MEUBLES ET DOUAIRE. » *Art. 323 de la cout. du Maine.*

M. de St. Vast, dans son commentaire sur cette coutume, *(tom. 3, pag. 110)* rapporte une consultation des avocats de la sénéchaussée du Mans, sur la question de savoir si la veuve peut avoir don de meubles *& d'acquêts* en pleine propriété & douaire sur les propres de son mari, dans le cas où sondit mari & elle n'auroient point d'enfans. Ils y décident l'affirmative par le rapprochement de différens articles de la coutume, & y déterminent que les termes DON DE MEUBLES, dont se sert l'art. 234, *n'excluent point les ACQUÊTS dont elle peut être donataire, sans perdre la qualité de douairiere sur ses propres; la coutume n'entendant autre chose, sinon que deux causes lucratives ne peuvent concourir ensemble sur une même espece de biens.*

Par l'ancienne jurisprudence du parlement de Rouen, la femme n'étoit point obligée de prendre son douaire sur les héritages échangés par son mari, non plus que sur les acquêts faits constant le mariage. On a détruit cet usage, suivant Basnage sur l'*art. 367* de la coutume de Normandie.

ARRÊT du parlement de Rouen, du 27 janvier 1670. Marie du Mouchel, femme séparée de Pierre Corbiere, actionna Moyse Vereuil en délaissement des héritages qu'il avoit acquis de son mari, pour en jouir pour son tiers & en remplacement de sa dot. Le premier juge avoit adjugé le douaire & le remplacement de la dot sur les biens dont Corbiere étoit saisi à l'époque du mariage. Sur l'appel de cette sentence, le bailli de Caux l'infirma & ordonna que Marie du Mouchel pour ses droits de douaire & de dot liquidés à 6600 liv. étoit envoyée en possession des héritages donnés à Vereuil; celui-ci renvoyé *en son contr'échange.* La cour ordonna qu'on procéderoit à l'estimation de l'échange & du contr'échange, ensemble des autres biens de Corbiere, pour être procédé à la liquidation des droits de Marie du Mouchel. Un précédent arrêt du premier avril 1667 avoit ordonné que Marie Alexandre, femme séparée de Martin du Porquet prendroit son tiers à douaire sur la terre de Breteville, donnée en échange à son mari par le sieur de Roncherolle; & que si elle ne suffisoit pas, il lui seroit fourni sur la terre d'Ameronville, qui avoit appartenu à son mari.

Basnage observe fort judicieusement que cette nouvelle jurisprudence a l'inconvénient de jeter les femmes dans des procès ruineux, en les engageant à des estimations difficiles & incertaines.

« Femme mariée par la coutume générale du comté de Bourgogne, gardée entre les nobles, est douée à la moitié des anciens héritages de son mari à vie; & si elle est mariée à la coutume générale, gardée entre les bourgeois, elle est douée à la tierce partie de son dot & mariage aussi à vie. » *Coutume du comté de Bourgogne : du douaire, art. 3.*

Dunod, dans ses observations sur ce texte, dit d'abord que le mot *héritages* est limitatif, & ne s'applique qu'aux biens-fonds & autres de pareille nature, comme les rentes foncieres. Les rentes constituées, quoique réputées immeubles (en Franche-comté) n'y entrent pas, parce que quoique tout héritage soit immeuble, tout immeuble n'est point héritage. En conséquence, il décide que lors même que le mari n'a point d'héritages, le douaire ne peut être pris sur ses autres biens, parce que ce seroit passer les termes de la coutume qui doivent être entendus strictement, & que la femme qui n'a pas dû ignorer que son futur mari n'avoit point d'héritage, doit s'imputer de n'avoir pas fait stipuler un douaire préfix.

La grande difficulté, poursuit Dunod, est de savoir ce que l'on doit entendre par le mot *anciens*, & il entre à ce sujet dans de grands détails.

« Il faut distinguer l'ancien en succession, de l'ancien en société conjugale. L'ancien en succession est parmi nous l'héritage que l'on a reçu, non seulement en ligne directe, mais encore en collatérale, d'un parent qui le tenoit d'un tronc ou souche commune. L'ancien en société conjugale est *tout ce qui appartient au mari avant le mariage*, à quel titre que ce soit, ou de succcession ou d'acquisition; c'est par la raison que les héritages qu'il possédoit, n'entrant pas dans le partage des *acquêts* de la communauté, ils sont réputés anciens & propres *respectivè* à l'égard de la femme. Dumoulin avoit déja fait cette distinction : *tit. 1 de l'ancienne coutume de Paris*, *§ 31*. *QUOD NOS VULGO VOCAMUS PROPRIUM, DUPLICITER ACCIPITUR: UNO ET PRINCIPALI MODO PRO OBVENTIS EX SUCCESSIONE PRÆDECESSORUM: ALIO ET INCIDENTI MODO PRO OMNIBUS QUÆ NON CADUNT IN SOCIETATEM BONORUM QUÆ EST INTER VIRUM ET UXOREM; SED MANENT ALTERI PROPRIA, QUAMVIS SINT DE ACQUESTU.* »

« Comme il ne s'agit pas ici de succession, mais de droit de mariage, il en faut conclure, *ajoute Dunod*, que les rédacteurs de notre coutume ont entendu parler INDISTINCTEMENT DES HÉRITAGES QUI APPARTENOIENT AU MARI LORSQU'IL S'EST MARIÉ : en quoi l'on suit l'*idée commune de la femme & de ses parens*, lorsqu'ils s'en tiennent au douaire coutumier, car il leur suffit de connoître en général les biens du futur époux; & jamais on ne s'est avisé de discuter s'il y a des biens anciens en succession, s'il les tient de ses ascendans ou collatéraux, ou s'il les a acquis. Une discussion aussi embarrassante feroit rompre bien des mariages. L'esprit de la coutume, mettant le douaire à la place de la donation à cause de noces, rend sujets au douaire tous les héritages dont le mari pouvoit disposer, & qu'il auroit pu donner à cause de noces; & je ne trouve pas qu'on ait jamais décidé parmi nous qu'il n'y a que ce qui est ancien en succession qui soit sujet au douaire. » (Dunod, *observations sur la coutume du C. de Bourgogne*, *pag. 356*.)

L'idée commune de la femme & des parens est une idée juste & conforme à la lettre & à l'esprit de presque toutes les coutumes, à l'avis de presque tous les commentateurs, qui sans distinction des propres, & des acquêts faits par le mari avant le mariage, assignent le douaire sur tous les héritages indistinctement, qu'il a à l'époque de sa célébration.

Nous disons à l'époque de la célébration; & en effet, il se présente ici une observation bien plus importante que la distinction faite par Dunod.

Si le mari avoit acheté un héritage dans l'intervalle du contrat de mariage & de la célébration, il ne seroit pas sujet au douaire quoique le mari s'en trouvât propriétaire lors de la célébration du mariage. La raison en est, qu'il est défendu (notamment par l'art. 223 de la coutume d'Orléans) d'augmenter les avantages faits à une femme hors la présence des parens qui ont assisté au contrat de mariage, & que ce seroit une voie indirecte d'y parvenir, que de faire des acquisitions intermédiaires d'héritages sujets au douaire; cette voie doit donc être interdite.

Par la raison contraire, l'héritage que le futur époux auroit aliéné entre l'époque du contrat de mariage & celle de la célébration, doit être placé parmi les biens sujets au douaire, quoique le mari ne s'en soit pas trouvé propriétaire lors du mariage. Il n'a pu en effet, depuis le contrat, en changer les conditions, en diminuer les effets, & tromper par-là les espérances de sa future épouse, qui a compté & dû compter qu'elle auroit son douaire sur tous les héritages qu'elle savoit appartenir à son époux. Voyez *Assignation*, *Contrat*, *Douaire*, *Rentes constituées*, *Secondes noces*, &c.

Double lien.

22. Dans l'ancien droit, les freres étoient admis à la succession de leur frere ou autre parent, sans avoir égard à la prérogative du double lien. (*L. 2, § hereditas, D. de suis & legit. hered. l. 1, § proximum; § gradatim, D. und. cognat. l. 1, C. de legit. hered.*) Justinien l'établit par les novelles 84 & 118; de cette derniere sont tirées les deux authentiques, *cessante & post fratres autem, C. de legit. hered.* Par la premiere, les freres joints des deux côtés que nous appellons germains, sont préférés à tous les autres collatéraux, & succedent tous également sans distinction de biens paternels ou maternels, parce que leur condition est égale, & qu'ils ont tous les mêmes avantages. Par la seconde, les freres joints d'un côté seulement que nous appellons consanguins ou utérins, & leurs enfans succedent au cas que le défunt n'ait laissé aucuns freres & sœurs joints des deux côtés. L'effet ou la force du double lien n'a donc lieu qu'à l'égard des freres ou sœurs, & des enfans au premier degré de ces freres & sœurs, & il ne s'étend pas au delà; la représentation en ligne collatérale n'allant pas plus loin : ainsi au delà des freres & enfans des freres, on ne considere que la proximité & non le double lien.

Tout ceci étoit assez simple, mais les commentateurs & la jurisprudence, & sur-tout les coutumes, ont introduit des restrictions & des augmentations dans la prérogative du double lien qui ont tout compliqué. Quelques auteurs & quelques arrêts ont décidé, que les cousins au premier degré succédoient également & sans égard au double lien, de maniere que les enfans des freres germains n'excluoient pas les enfans des freres consanguins ou utérins. Quelques coutumes, au contraire, ont déterminé que le double lien se conservoit & perpétuoit, tant que les héritiers joints des deux côtés pouvoient justifier leur degré de parenté: & en cela, ces coutumes ont conservé l'esprit des anciennes loix françoises, qui étendoient le privilege du double lien bien plus loin que le droit romain. Il étoit tel, (M. Houard, *tom. 1, pag. 21.*) qu'un frere consanguin étoit exclu par un oncle frere de pere & de mere, ou même par les descendans de cet oncle, *nonobstant la proximité du degré.*

Ces détails préliminaires paroissoient nécessaires pour l'intelligence de ce que nous allons dire, 1°. sur la distinction des propres & des acquêts dans l'application de la prérogative du double lien; 2°. sur l'étendue que doit avoir cette prérogative.

1°. La plupart des coutumes qui l'admettent, telles que celles de Péronne, *art. 189;* Troyes, *art. 93;* Rheims, *art. 311;* Artois sur-tout, *art. 105, &c.* bornent textuellement le privilege du double lien *aux meubles & acquêts;* & les auteurs ont étendu leurs dispositions aux coutumes qui l'admettent indéfiniment, telles que celle de Blois, *art. 155;* de Montargis, *ch. 15, art. 12, &c.* Ils soutiennent donc que les propres ne doivent jamais être compris dans le privilege du double lien, si la coutume n'en dispose expressément, comme fait celle de Berri au titre des successions *art. 6.* Dumoulin, sur l'*art. 90* de la coutume de Dreux, s'en explique clairement : *in herediis .... non attenditur duplicitas utriusque vinculi.* Il l'établit encore dans ses notes sur les conseils d'Alexandre : *frater germanus non excludit consanguineum in paternis, nec uterinum in maternis; sed bene eos excludit in mobilibus & quæsitis nominibus, & aliis bonis indifferentibus certæ lineæ non affectatis.* Molinæus, *tom. 3, pag. 954.*

La condition naturelle des propres est, qu'ils soient attachés à une certaine ligne ; mais le frere consanguin, par exemple, n'étant pas moins de la ligne paternelle que le frere germain, il n'est pas à présumer qu'une coutume, celle de Blois, par exemple, sous ces termes *en toutes successions collatérales*, ait entendu comprendre la succession des propres ; il y a apparence plutôt qu'elle n'a entendu comprendre que les degrés de succession ; c'est aussi ce qui a été jugé formellement par deux arrêts rendus dans cette coutume.

Arrêt du parlement de Paris, du 20 février 1593, qui juge, en infirmant la sentence du bailli de Blois, du 5 septembre 1591, que, « quant aux héritages propres paternels ou maternels, ceux qui ne sont conjoints que d'un côté, ne sont pas exclus par ceux qui sont conjoints des deux côtés, mais concourent avec eux, & succedent ensemblement aux propres qui sont de leur côté & ligne, parce qu'ils sont aussi bien parens du défunt, soit freres, sœurs, oncles ou tantes du côté duquel viennent les héritages paternels, que les autres freres ou sœurs, qui sont du côté paternel & maternel. » Bacquet, *droits de justice, chap. 15, n°. 8, pag. 9 de l'édition de 1744.*

Arrêt conforme, du 31 mai 1636. *Journal des audiences, tom. 1, liv. 2, chap. 136, pag. 167 & suiv.*

2°. Quelle est l'étendue que l'on doit donner au sens de ces mots dont se servent les coutumes en parlant du double lien, *en toutes successions collatérales?* Il paroît au premier coup-d'œil que l'on pourroit soutenir que tous les degrés de la ligne collatérale y sont compris, parce que, qui dit tout n'excepte rien. (*Lex generaliter loquens extendit dispositionem suam usque in infinitum : arg. l. 1, D. de legat. præst.*) Cependant il faut croire que les rédacteurs de nos coutumes qui devoient avoir des notions des novelles & des degrés auxquels elles étendent leurs dispositions, n'ont pas voulu aller plus loin.

Arrêt du parlement de Paris, du... qui juge dans la cause de *Villebrames*, que le privilege du double lien, porté dans l'*art. 155 de la coutume de Blois*, ne s'étend pas au delà des enfans des freres ; *non attenditur duplicitas vinculi ultra filios fratrum .... restrigendo hunc articulum ad limites novellæ.* Molinæus, *tom. 2, pag. 736.*

Arrêt du parlement de Paris, du... juillet 1671, confirmatif d'une sentence du 5 mai 1670, qui juge dans la même coutume, que le privilege du double lien a lieu entre neveux & nieces, venans *jure suo.* (M. Fourré, *pag. 306.*) Cet arrêt paroît contraire à quelques autres & à l'opinion de quelques auteurs sur l'interprétation de la novelle & de l'authentique, *post fratres autem.* Nous examinerons plus particuliérement cette opinion au mot *Double lien*, & nous nous contenterons de dire ici qu'il paroîtroit singulier que les enfans des freres germains l'emportassent sur leurs oncles consanguins ou utérins, & ne l'emportassent pas sur les enfans de ceux-ci. Rappellons la maxime *si vinco vincentem te, à fortiori vinco te.* Rappellons sur-tout ces expressions de Cujas, *utroque parente conjuncti filii, excludunt fratris altero tantum parente conjuncti filios.* Cujacius, *tom. 2, prior. pag. 552, edit. Fabrotti.*

Lorsque les coutumes ont des dispositions *claires* sur le privilege du double lien, il faut les suivre, quelque contraires qu'elles puissent paroître aux regles générales. Il suffit qu'elles soient autorisées par le souverain, pour qu'on doive s'astreindre aveuglément à ce qu'elles prescrivent. Desirons une réformation, mais ne troublons pas l'ordre établi jusqu'à ce qu'elle soit faite.

Pa

Par l'*art. 311 de la cout. de Rheims*, lorsqu'un décédé laisse un frere germain de pere & de mere, & un frere non germain, c'est-à-dire, qui ne lui est lié que du côté paternel ou maternel, le frere germain recueille les trois quarts des meubles & acquêts, & le frere non germain ne prend que l'autre quart.

Il s'est présenté, dit Buridan, une difficulté très-grande sur l'interprétation de cet article, & elle a été agitée plusieurs fois en cette province.

Il s'agit de savoir, si les neveux enfans du frere germain d'un défunt, partageant sa succession quant aux meubles & acquêts avec leurs oncles consanguins ou utérins, doivent prendre la moitié de ces biens par avantage & préciput, & encore la moitié de l'autre moitié; c'est-à-dire, en tout les trois quarts desdits meubles & acquêts, comme eût fait leur défunt pere s'il eût survécu.

La représentation ayant lieu à l'infini par l'*art. 309 de la coutume*, & le propre de la représentation étant de représenter les pere & mere, aux mêmes droits qu'ils auroient eu s'ils avoient survécu, & non pas seulement en partie; « il semble que c'est assez que la coutume ait donné le privilege aux freres utérins de les admettre à une partie des biens du défunt, contre la susdite raison écrite, (*le droit romain*) sans leur en bailler un autre second contre les enfans du germain, en les excluant de la prérogative que le droit de proximité géminée de sang avoit donné à leur pere, laquelle prérogative ou privilege doit passer du pere aux enfans, &c. » Buridan, sur l'*art. 311 de la coutume de Rheims, n°. 4, pag 467, tom. 2 du recueil des commentateurs de Vermandois.*

« Les freres & sœurs de pere & de mere succedent à leurs freres & sœurs conjoints de pere & de mere en meubles & acquêts, & excluent ceux qui ne sont conjoints que d'un côté. *Et s'observe le semblable pour le regard des parens collatéraux* conjoints des deux côtés, contre ceux qui ne sont conjoints que d'un côté. » *Art. 189 de la coutume de Péronne.*

« Ainsi, ce que dit le droit que le privilege de la double ligne, *non extenditur ultra fratrum filios*, n'a pas lieu en cette coutume, puisqu'elle veut en termes généraux, que le même soit gardé *entre toutes sortes de collatéraux*, mais pourvu qu'ils soient en même degré: car autrement, je crois que les meubles & acquêts doivent être adjugés *proximiori;* tant à cause que le droit civil & coutumier le veut ainsi, par la maxime que *le mort saisit le vif*, que parce que la coutume étant ici contraire au droit commun, *strictè interpretanda ne vinculi duplicitas eat in infinitum;* nonobstant la généralité du texte *& le brocart, qu'il ne faut distinguer quand la coutume ne distingue pas;* & que le double lien étant un droit du sang, *nullo jure civili dirimi potest*, & qu'il semble que pour cette raison il doive se continuer avec la génération & la naissance. » (Villette, *sur Péronne, pag. 170, tom. 2 des commentateurs de Picardie.*)

Arrêts du parlement de Paris, du 27 mars 1599, & 2 avril 1602, qui jugent que l'*art. 289 de la coutume de Tours*, qui adjuge la totalité des meubles & acquêts aux freres & sœurs conjoints des deux côtés, comprend les roturiers aussi-bien que les nobles. On disoit que cet article employé au titre *des successions entre nobles*, ne pouvoit détruire les dispositions de l'*art. 312 qui étoit aussi ancien, lequel, à défaut de pere & mere, admet la fente & partage des meubles & acquêts entre les aïeuls des deux côtés; elle lui en attribue la moitié, & l'autre moitié aux héritiers collatéraux de l'autre côté & ligne.* (Pallu, *sur la cout. de Touraine, pag. 477 & 478.*)

Arrêt du parlement de Paris, du 17 avril 1636, qui juge dans la coutume de Ribemont, que les freres & sœurs germains du défunt *seulement*, succedent avec leur pere aux meubles & acquêts à l'exclusion des freres utérins. Bardet, *tom. 2, liv. 5, chap. 17.*

ARRÊT du parlement de Paris, du 18 juillet 1694, qui (dans la coutume de Troyes, où le double lien est introduit par les dispositions de l'*art. 93*) adjuge les meubles & acquêts aux neveux, fils d'un frere germain, à l'exclusion du frere & des neveux joints d'un seul côté. (*Journal des audiences, tom. 3, pag. 145.*)

La jurisprudence du parlement de Rouen a singuliérement varié sur l'interprétation des différens articles de la coutume de cette province, relatifs aux successions mobiliaires des freres, & des enfans des freres conjoints des deux côtés, ou d'un côté seulement. Nous allons nous borner à deux objets qui paroissent irrévocablement décidés.

L'*art. 62 des placités ou réglement de 1666*, porte, que *les enfans de la sœur du pere excluent les enfans de la sœur utérine de la succession des meubles & acquêts.*

ARRÊT du parlement de Rouen 1754, qui juge, que les enfans de la sœur utérine, ne peuvent à la représentation de leur mere succéder avec la sœur de pere & de mere. (Annotateur de Basnage, *tom. 1, pag. 524.*)

L'*art. 7 du titre des successions des coutumes générales anciennes & nouvelles du duché de Lorraine pour les bailliages de Nanci, Vosges & Allemagne*, renferme des dispositions particulieres. « Ceux qui décedent sans hoirs procréés de leurs corps, font écheute de leurs meubles & acquêts à leurs freres & sœurs germains, & aux descendans d'iceux : & à faute desdits germains aux non germains. Et s'ils n'ont aucuns freres ou sœurs, lesdits meubles écherront en tout aux peres ou meres, aïeuls ou aïeules les survivant. Que s'ils décedent au cas qu'ils aient hérité la succession de leurs peres ou meres, aïeuls ou aïeules, lesdits biens hérités retourneront à ceux de la ligne d'où ils sont procédés. »

Enfin, remarquons que plusieurs coutumes n'admettent en aucune maniere la prérogative du double lien; ce sont entr'autres celles de Paris, *art. 340*; de Melun, *art. 260*; de Sens, *art. 84*; d'Auxerre, *art. 240*; d'Estampes, *art. 127*; de Dourdan, *art. 122*; de Montfort, *art. 155*; de Mantes, *art. 171*; de Valois, *art. 89*; de Senlis, *art. 168*; de Calais, *art. 129*; de Laon, *art. 80*; enfin d'Amiens, *art. 86*. Voyez *Consanguin, Double lien, Frere, Germain, Utérin, &c.*

Doute.

23. Nous avons remarqué que dans le doute tout étoit présumé acquêt dans presque toutes les coutumes du royaume, à l'exception de la Normandie, où dans le doute tout étoit au contraire réputé propre : ces deux propositions exigent quelques détails.

1°. Le droit commun du royaume est établi par presque tous les auteurs; & pour cette fois, d'Argentré lui-même se trouve d'accord avec Dumoulin. Celui-ci avoit dit, sur la coutume de Paris, *in dubio prædia non præsumuntur antiqua, sed potiùs de novo conquestu*, & il avoit répété dans ses conseils, *in dubio prædia præsumuntur nova acquisitio & non vetus hæredium* (*consil. 53, n°. 21.*) Celui-là n'a point contredit cette opinion dans son commentaire sur l'art. 418 de l'ancienne coutume de Bretagne; il l'a au contraire appuyée par cette réflexion : on doit, dit-il, présumer que les conjoints ont pris possession pendant leur mariage, & on doit s'arrêter à cette possession, s'il ne paroît point qu'elle ait été prise par l'un ou l'autre avant cette époque; car dans l'obscurité & dans l'incertitude, il n'y auroit pas plus de raison de dire que l'héritage auroit été acquis par l'un que par l'autre. *Itaque crebræ in talibus positiones fieri solent, quòd conjuges constante matrimonio ad novam possessionem talis fundi venerunt, quo probato, acquæstum sufficienter probatum volunt : etsi enim non necessariò hæc positio probata concludit, propterea quòd fieri potest ut ex causâ successionis ad unum, pervenerit exclusivè ad alterum; tamen probâtâ novâ possessione de eo adeptâ, qui vult excludere exceptione ex eo quòd res patrimonialis fuerit, exceptionem probare debet : alioqui vincit præsumptio ex probatione novæ causæ, nisi alterius possessione excluditur, quam tenere hoc casu valde utile est, (glos. 3, n°. 18, pag. 1659.)*

Loisel a fait de ceci une regle générale : TOUS BIENS SONT RÉPUTÉS ACQUÊTS, S'IL N'APPERT DU CONTRAIRE, *liv. 2, tit. 1, reg. 147* & cette regle a été adoptée par Duval, dans son traité latin des choses douteuses, *trait. 6, n°. 4;* Chassanée, sur la coutume de Bourgogne, *tit. 4, § 6, au mot* Anciens, *n°. 9;* Renusson, traité des propres, *chap. 1, sect. 1, n°. 1 & 2;* & traité de la communauté, *liv. 1, chap. 5, distinct. 3, n°. 1 & 2;* Mornac, sur la loi 8, *D. pro socio;* Legrand, sur la coutume de Troyes, *tom. 2, pag. 25 & 26, &c.*

Auzanet, sur la *coutume de Paris, tit. 10, art. 220, pag. 156,* dit que l'héritage dont le mari se trouve en possession au jour de la dissolution de communauté est présumé lui être *propre,* si sa femme ou ses héritiers ne font apparoir qu'il a été acquis durant la communauté; il ajoute que la proposition contraire peut être soutenue, & qu'il suffit que cela soit décidé.

Cette opinon solitaire est anéantie par cette réflexion bien simple. Un mari, administrateur de la communauté, en a tous les titres, il peut donc les écarter, les détruire pour nuire à sa femme; il n'est donc pas possible aux héritiers de la femme de prouver ce qui est acquêt, ce qui ne l'est pas. Aussi, Bechet, qui a soutenu que dans le doute, les biens sont réputés propres, n'a pas balancé à mettre cette exception à son avis : « nous observons néanmoins au partage des biens de la communauté entre le survivant & l'héritier du prédécédé des conjoints, qu'ils sont tous censés acquêts & partagés par moitié, si celui qui prétend qu'ils sont patrimoniaux, ne peut vérifier que le défunt duquel il est héritier en fût en possession avant le mariage; car demandant le tout, il en doit faire des preuves. » (Usance du siege de Saintonge, *pag. 183, édit. de 1701.*)

Lapeyrere avoit dit que *réguliérement, en fait de succession tout est présumé patrimoine & non acquêt;* mais son annotateur remarque que cette décision ne peut être véritable que dans les coutumes où une seule succession fait souche comme dans celle de Bordeaux, & non dans les coutumes telles que celles d'Acqs & de St. Sever, où il en faut plusieurs, & où les biens sont présumés acquêts & non pas avitins.

ARRÊT du parlement de Bordeaux, du 7 septembre 1669, qui juge que celui qui allegue l'avitinage doit le prouver.

ARRÊT du parlement de Bordeaux, du premier avril 1688, qui ordonne que Jean Roux & marguerite Larraset sa femme, qui demandoient, en qualité d'héritiers coutumiers de feu Pierre Ducournau tous ses biens, & notamment une métairie appellée de Caumat, feront apparoir que ces biens étoient avitins en la personne dudit Ducournau au temps de son testament du 12 mars 1639, *lesdits biens étant présumés acquêts & non pas avitins, parce qu'il faut deux successions pour faire souche.* (Annotateur de la Peyrere, *pag. 1, édit. de 1749.*)

Dans la diversité d'opinions que nous venons d'annoncer, on s'apperçoit que la partie n'est pas égale, & que le petit nombre d'auteurs qui, dans le doute, réputent tous les biens propres, mettent des restrictions à leur proposition trop générale : nous ne balançons donc pas à nous ranger à l'avis de Dumoulin, de d'Argentré, & des autres partisans accrédités de l'opinion commune, que dans le doute tous les biens sont acquêts : voici comme s'exprime à ce sujet un auteur moderne. « Dans le doute sur la qualité d'un immeuble, il est réputé acquêt lorsqu'on ne peut découvrir à quel titre, ni en quel temps il est échu au possesseur, parce que l'homme naissant naturellement sans biens, il est censé avoir acquis tous ceux qu'il possede. La premiere nature des biens est d'être acquêts : il faut effectivement les avoir acquis avant qu'ils forment un patrimoine. La premiere présomption est en faveur de la premiere qualité ; il faut prouver le changement pour détruire cette premiere qualité qu'un immeuble a reçu. » (M. Souchet, sur l'article 40 de la coutume d'Angoumois, *tom.* 1, *pag.* 432 & 433.)

2°. L'usage de la province de Normandie, contraire au droit commun de la France, est fixé par l'art. 102 du réglement de 1666. Il porte que *tous biens sont réputés propres, s'il n'est justifié qu'ils soient acquêts.*

ARRÊT du parlement de Rouen, du 11 mars 1745, qui adjuge à l'héritier des propres les biens d'un François réfugié dans les pays étrangers, quoique ce François ne fût revenu en France qu'après le temps fixé par les déclarations du roi, & qu'ainsi il eût perdu la propriété de ces biens qui lui avoient été cependant restitués par ceux qui auroient pu les conserver à son exclusion. (L'annotateur de Basnage, *sur l'art.* 247 *de la coutume de Normandie, tom.* 1, *pag.* 422. Voyez ci-après la division *Retrait*, & les mots *Ambiguité*, *Avitins*, *Doute*, *Souche*, *&c.*

Femme.

24. Les acquêts faits par la femme dans les pays coutumiers pendant le mariage, entrent-ils en communauté, lorsqu'elle les a faits séparément & en son nom?

ARRÊT du parlement de Paris, du 26 juillet 1689, qui juge que l'acquet fait au nom de la femme, & payé par elle seule, mais d'un argent qu'elle ne prouve point lui être venu par voie de succession, entre en communauté. *Espece....* Un marchand de la ville de Lyon, marié en communauté, avoit acquis une maison au nom de sa femme absente, à laquelle il promit de faire ratifier le contrat. La femme de retour paie le vendeur sans l'assistance de son mari, en retire quittance & meurt peu après. Les affaires de son mari s'étant dérangées, il s'en va à Geneve. Ses créanciers font saisir tous ses biens, & entr'autres, la maison qu'ils prétendent *acquêt*; & c'est aussi ce que la cour décide. (*Journ. des audiences, tom.* 4, *liv.* 4, *chap.* 31.)

Nous ne parlons dans cet article des acquisitions que relativement aux usages des pays coutumiers, c'est-à-dire, de celles qui sont comprises sous le mot générique *Acquêts*. Sous les mots *Femme*, *Mari*, *Vente*, nous examinerons ces questions long-temps controversées, mais qui viennent d'être solemnellement décidées entre les héritiers du sieur Flachat de St. Bonnet, ancien prévôt des marchands de la ville de Lyon, & les héritiers de la dame son épouse. La femme, en pays de droit écrit, peut-elle acquérir pendant le mariage? Le peut-elle sur-tout lorsqu'elle s'est constituée en dot tous ses biens? Lorsqu'elle acquiert conjointement avec son mari, devient-elle propriétaire de l'objet acquis pour la moitié? Quoique le contrat d'acquisition porte quittance, tant en sa faveur qu'en celle de son mari, ne doit-elle pas imputer la moitié du prix sur sa dot? Lorsque le mari & la femme ont acquis conjointement & pour le survivant d'eux, ce survivant devient-il seul propriétaire par l'effet de ces clauses, &c.?

Fief.

25. La consolidation féodale donne lieu à plusieurs questions touchant les *acquêts*, & leur décision dépend des

différentes manieres par lesquelles le fief servant est réuni au fief dominant. On peut les réduire à trois classes principales. En effet, la consolidation peut s'opérer, 1°. par l'expiration du temps pour lequel l'investiture a été faite, ou le défaut de paiement du cens; 2°. par la condamnation pour crime, qui donne lieu à la confiscation; la commise, la déshérence, la bâtardise; 3°. par l'acquisition, ou telle autre aliénation volontaire que le vassal peut faire au profit du seigneur, & par la voie du retrait féodal.

Jean Faber, jurisconsulte du parlement de Bordeaux, avoit soutenu que de quelque maniere que la réunion eût lieu, ce qui étoit réuni étoit censé acquêt, & son opinion avoit eu quelques partisans, entr'autres, Tiraqueau & le président Boyer.

Après avoir proposé la question de savoir si la femme devoit avoir part aux consolidations qui se faisoient pendant le mariage, au fief de son mari, par des acquisitions, *ou par toute autre cause*, il la décidoit en faveur de la femme, par la raison que ce qui étoit consolidé & réuni n'avoit ni la même nature, ni la même qualité que la chose principale, à laquelle se faisoit la consolidation. *Quæ consolidantur non videntur acquisita illo jure seu titulo, quo res cui consolidantur tenentur; & est notabile ad facti quæstionem. De consuetudine mulieres habent partem in rebus emptis per virum acquisitis: vir habebat feuda quæ tenebantur ab eo antequam nuberet, & ità uxor nihil habuit in illis. Contingit quod durante matrimonio aliqua consolidantur, & redeunt ad dominum* EX ALIQUA CAUSA; *quæritur utrùm mulier habere debeat partem in his consolidatis, & videtur quod sic:* QUIA CENSENTUR ALIA A REI PROPRIETATE *per hunc textum; & idcirco tanquam alia judicanda sunt & per se: idcirco hæc quæ consolidata sunt videntur per se judicanda.* Joan. Faber *ad* §. *si cui fundus* 9. *I. de legat. pag.* 56 *verso, edit. Phil. Tinghi* 1580, *in-fol.*

Dupont a le premier censuré Faber; & à la suite de plusieurs raisonnemens, a imaginé une distinction. Ou la consolidation se fait à titre gratuit, ou elle se fait à titre onéreux; au premier cas elle forme des propres, au second cas elle forme des acquêts, *aut enim feudum conjungitur suo feudo dominanti ex causâ præexistente, & ipsi feudo vel emphiteosi naturaliter inhærente, &* TITULO LUCRATIVO.... *sed nec* CONQUÆSTUS *censebitur, sed judicabitur ad dominum esse reversum ex eâdem causâ, ex titulo quo proprietas plena ad eum pertinebat. Sin autem* EX CAUSA ONEROSA *ut quia emit, & suo conjunxit dominio, hic censebitur* CONQUÆSTUS *inter virum & uxorem communicandus, & ipsa uxor dimidiam percipiet: eâ tamen lege quod refuso pretio suæ portionis tenebitur marito aut ejus heredibus illam restituere.* Cela étoit trop vague, & d'ailleurs peu exact, puisque nous avons déja fait voir qu'il y avoit plusieurs choses, qui quoiqu'échues à titre gratuit, étoient réputées acquêts. (Pontanus, *tit.* 5, *art.* 67, *cons. bles. tom.* 1, *pag.* 311.)

Dumoulin a le mieux vu dans cette matiere, comme dans tant d'autres; suivons-le.

1°. Quand un fief a été concédé pour un certain temps, pour certain nombre de générations, & que le temps est expiré & les générations finies; ou que le bail à cens est résolu à défaut de paiement: alors il n'est pas douteux que ce qui est consolidé ne prenne la nature & la qualité de la chose à laquelle la consolidation se fait; que le fief servant ne prenne toutes les qualités du fief dominant; & que si celui-ci est propre, celui-là ne le devienne aussi. La raison est, que cette consolidation se fait par une cause nécessaire, par une condition inhérente au contrat originaire à l'acte d'investiture: *quandocumque consolidatio fit ex naturâ rei, & ex necessitate causæ antiquæ, & inexistentis rei consolidatæ & rei cui fit consolidatio, consolidatum censetur ejusdem juris, qualitatis, & conditionis cum re cui consolidatur & unitur.* Molinæus, *tom. 1, n°. 190, pag. 542.*

Duplessis, *tom. 1, pag. 76*, dit : que l'on ne peut point admettre dans l'usage l'opinion de Dumoulin, il convient cependant que c'est aussi celle de Chopin, de Carondas, de Tronçon, de Brodeau & de Ricard. C'est aussi la nôtre (malgré la propension naturelle que nous aurions pour restreindre les propres & étendre les acquêts), parce qu'elle est la plus conforme aux vrais principes du droit coutumier.

2°. quand la réunion du fief servant au fief dominant s'opere par la condamnation du vassal, par la vacance de ses biens à défaut de parens qui puissent se dire héritiers, par son inhabilité à transmettre sa succession ; dans tous ces cas, le fief acquis au seigneur, est un pur acquêt. Il en est de même dans le cas de la commise proprement dite, c'est-à-dire, lorsque la réunion se fait par la félonie ou le désaveu du vassal. On ne peut se dissimuler ici que Dumoulin n'ait été obscur dans ce qu'il a dit sur ce dernier cas, & qu'en confondant souvent les raisons de douter & de décider, il n'ait laissé entendre, tantôt que la commise formoit un propre, tantôt qu'elle formoit un acquêt : d'Argentré a donc eu quelqu'espece de raison de relever ses contradictions. Cependant il faut convenir avec les auteurs qui ont cherché à l'excuser, qu'il s'est expliqué enfin d'une maniere assez claire pour nous rendre certains de sa véritable opinion. *Quia feudum erat verum patrimonium vassalli, & de se perpetuum, & non finitur de se, sed per accidens amittitur, censetur nova acquisitio in pœnam ingratitudinis, & sic velut ex causâ lucrativâ... Nec est verum dicere quòd hujusmodi feudum obvenerit patrono per successionem prædecessorum ; sed imò per novam & supervenientem culpam & privationem vassalli, & sic est nova acquisitio.* Molinæus, *ibid. n°. 200, pag. 543.*

Quoi qu'il en soit, tous les auteurs, (à l'exception d'Auzanet) se sont rangés à l'avis de Dumoulin, ou à celui qu'ils ont cru devoir lui supposer, & ont décidé unanimement que le fief réuni par la commise formoit un acquêt. Ils ont donc rejeté le sentiment de d'Argentré, qui soutenoit que la commise formoit des propres à tous égards : *quodcumque à causâ commissi quæretur,* PATRIMONIALE *esse domini feudi, nec quidquam acquiri alteri conjugi ; quippe quod ab antiquo jure & concessione feudi dependeat, non à jure constante matrimonio nato aut proveniente.... Denique quoties naturâ, consuetudine, concessione apposita in ipsâ concessione, res concessa & distracta regreditur ad concedentem, & is capiet à quo abscesserat, & cujus in patrimonio fuerat : nec quidquam tale conquæstum esse, ideòque nec inter conjuges communicandum, nec ad heredem* ADQUÆSTUUM PERTINERE. *(Art. 418, veter. cons. Britan. n° 15, pag. 1654.)*

Les *art. 23 & 24 de la coutume de Tours* forment une exception particuliere aux principes dont nous venons de rendre compte ; & là, les biens que le seigneur réunit par voie de déshérence, lui demeurent propres. « Après que ledit seigneur aura saisi aucun héritage *par défaut d'hoir*, ou comme vacant, & il l'aura tenu ou possédé, ou autre de par lui par trente ans, dès-lors en avant, il sera & demeurera seigneur propriétaire & domanier.... & audit cas demeurera ledit héritage *pour le tout*, à celui à qui il appartient, sans que celui des conjoints par mariage (auquel ledit fief n'appartient) y puisse aucune chose prétendre, sinon pour la part des deniers communs si aucuns y a. » Pallu dit que les dispositions de ces textes font cesser la fameuse question de savoir si la réunion de fief tombe en communauté, & il a raison ;

mais il a tort, lorſqu'il dit que la déciſion de ſa coutume eſt *plus recevable*. On ne doit pas regarder comme *plus recevable* ce qui eſt contraire aux vraies notions des choſes, à la diſpoſition du droit commun, au ſentiment des docteurs les plus accrédités : la diſpoſition de la coutume de Touraine doit donc être reſtreinte à ſon territoire. (Pallu, *pag. 32.*)

3°. Le fief réuni par la voie de l'acquiſition ou de toute autre aliénation volontaire de la part du vaſſal en faveur du ſeigneur, forme un acquêt; *quando mediante* VOLUNTARIA *alienatione vaſſalli per patronum* ACQUIRITUR. (Molinæus, *ibid. pag. 539, n°. 185.*)

Il en eſt de même de l'aliénation forcée, lorſque le ſeigneur uſe de la voie du retrait féodal; c'eſt-à-dire, quand il retient par puiſſance de fief l'arriere-fief vendu par ſon vaſſal.

ARRÊT du parlement de Paris, du 9 juillet 1569, au profit de maître Etienne Baudouin, appellant de la ſentence du bailli d'Amiens, qui juge que l'héritage retiré par puiſſance de fief eſt acquêt.

ARRÊT du parlement de Paris, du 24 janvier 1623, qui juge de même, que l'héritage réuni au fief par retrait féodal, eſt acquêt en la perſonne du ſeigneur de fief. Bardet, *tom. 1, liv. 1, ch. 109, pag. 96.* Cet arrêtiſte obſerve, que « les héritages retenus & retirés par puiſſance & retrait féodal, par le moyen de la réunion qui s'en fait au fief, ſont bien cenſés de même nature & qualité que le fief auquel ils ſont réunis, deviennent nobles & féodaux, & ne ſont plus roturiers ou cenſuels comme ils étoient auparavant : mais qu'ils ne ſont point pour cela cenſés & réputés *propres & anciens héritages* comme le ſurplus du fief; ils ne ſont que ſimples acquêts, comme s'ils n'étoient point dépendans d'aucun fief, ni réunis au fief. *La réunion n'opere autre choſe que la ſuppreſſion de la qualité roturiere ou cenſuelle qui leur avoit été baillée en les ſéparant de leur tronc; mais elle ne peut pas effacer la qualité d'*ACQUÊT*, qui ne dépend aucunement du fief, mais du contrat de vente & d'achat.* »

« Les acquiſitions que fait le ſeigneur en ſon fief noble, de terres tenues de ſon dit fief, ſont toujours réputées acquêts de ſon vivant, s'il ne les a retirées à droit de ſa ſeigneurie; mais ſi ſon ſucceſſeur les a poſſédées comme domaine non fieffé pendant quarante ans, elles ſont cenſées réunies au corps du fief, encore qu'il n'y ait point de réunion expreſſe. » *Art. 200 de la cout. de Normandie.*

Baſnage dit encore ici fort librement, que les diſtinctions portées par cet article *ne ſont point raiſonnables*, & qu'on voit *par expérience qu'elles font naître beaucoup de troubles & de procès dans les familles.* Il ajoute qu'elles ſont *contraires aux regles ordinaires, parce que chaque choſe retourne aiſément en ſon premier état; ainſi quand l'arriere-fief qui compoſoit autrefois un même corps avec le fief principal retombe dans ſa premiere nature, il ſe confond naturellement avec le bien primitif.* (Baſnage, *tom. 1, pag. 303.*)

Le même auteur trouve étrange l'*uſage de Paris*, que la réunion féodale ne donne aux héritages acquis par le ſeigneur que la qualité féodale, & non celle de propre, de ſorte qu'après le décès du ſeigneur, ils appartiennent aux héritiers des acquêts & non des propres. Il le combat & dit : *auſſi par notre uſage, lorſque le fief eſt propre au ſeigneur, ce qu'il retire à droit féodal pour l'y réunir devient de la même qualité; comme au contraire, ſi le fief eſt un acquêt, ce qui eſt réuni appartient auſſi à l'héritier aux acquêts; & par même raiſon, nous tenons que la femme n'a point droit de conquêt ſur les héritages retirés par puiſſance de fief*... Il faut, d'après ces explications, conſidérer l'uſage de la Normandie, comme formant une exception au droit commun du royaume, puiſqu'il y eſt de principe, que quand le seigneur suzerain réunit un fief par la voie du retrait féodal, l'héritage ainsi réuni, au fief qui tenoit nature de propre est censé propre.

« Héritage pris à surcens perpétuel ou viager, ou à temps, est *acquêt* au preneur. » *Art. 39 de la coutume de Rheims.* L'*art. 114 de la coutume de Vermandois*, renferme des dispositions conformes. C'est, dit Buridan, (*pag. 262 du tom. 1 du recueil des comment. de Vermandois*), parce que le preneur « s'acquiert la seigneurie utile desdits héritages, suivant la nature de son bail, & pour le temps y apposé : à laquelle seigneurie, Dumoulin sur la coutume de Paris, § 55, *glos.* 2, *n*°. 1 & 2, dit être ajointe la propriété même, contre la disposition du droit romain, qui la joint à la seigneurie directe seulement; *quia proprietas quæ sic dicitur, propriè tua, est nomen directum, inquit, quod nunquam obliquatur, nec capitur pro utili dominio.* » Voyez ci-après les divisions *Remeré & Retrait*; & les mots *Bâtardise*, *Cens*, *Comm se*, *Confiscation*, *Conquêt*, *Consolidation*, *Deshérence*, *Emphitéose*, *Félonie*, *Fief*, *Investiture*, *Prélation*, *Retrait*, *Réunion*, *Surcens*, *Vacans*, *Vassal*, *&c.*

Gagieres.

26. On distingue dans le ressort des coutumes générales de la ville & cité de Metz trois especes de biens ; les meubles, *les acquêts de gagiere*, & les immeubles tenant nature de fonds. On répute meubles *tout ce qui peut se transporter de lieu à autre sans fractions ou détérioration*, les bois, bleds & autres grains coupés & cueillis, le poisson pêché & mis en réservoir, les dettes personnelles, & enfin les arrérages des rentes constituées. On répute immeubles tenant nature de fonds, tout ce qui n'entre pas dans la classe des meubles. Enfin, on appelle *acquêts de gagiere*, les immeubles qui ont été acquis sous cette dénomination expresse & de rigueur. L'effet de cette dénomination, est que les héritages acquis par gagiere sont réputés meubles, *en ce qui touche la liberté d'en disposer par testament ou entre-vifs, & le droit d'y succéder*, mais qu'ils retiennent leur nature d'immeubles, *en ce qui regarde l'hypotheque & l'aliénation. Les acquêts faits par gagiere demeurent gagiere aux successeurs, s'il n'y a chose faite au contraire.* Ce sont les dispositions de plusieurs *articles du titre* 5 *de la différence des biens meubles, immeubles & de gagiere.*

Arrêt du parlement de Paris, du 18 mai 1710, qui juge qu'une charge de conseiller au parlement de Metz étoit réputée *acquêt de gagiere*, parce que les charges sont une espece particuliere de bien, qui n'entre pas dans la classe des immeubles : une sentence arbitrale du 15 septembre 1718, décide la même chose.

Les acquêts de gagiere se partagent par moitié entre les lignes paternelle & maternelle, sans distinction du côté & ligne dont ils peuvent provenir. Mais les parens les plus proches de l'une des lignes, n'excluent pas les plus éloignés de l'autre. A l'égard du fisc, il est exclu par les parens d'une ligne dès qu'il ne s'en trouve point de l'autre. Ce sont les dispositions des *art. 27 & 28 des successions directes & collatérales & du partage d'icelles.* Voyez *Accroissement*, pag. 98 & suiv. & *Fisc*, *Gagieres*, *Immeubles*, *Meubles*, *Offices*, *&c.*

Héritier. Légataire.

27. « Aucun ne peut être héritier & légataire d'un défunt ensemble. » *Art. 300 de la coutume de Paris.* Les coutumes de Senlis, *art. 160*; de Valois, *art. 80*; & de Melun, *art. 249*, ajoutent : « toutefois il est loisible à celui qui peut être héritier renoncer à la succession, & prendre les legs à lui faits. » Ce sont les termes de cette derniere. Cette exception se trouve fondée sur la décision des loix romaines : *si quis ex unciâ heres sit scriptus, ex quâ ducenta consequi potuit; deinde*

deinde propter hoc legatum, in quo centum erant prætulit, ne molestiis hereditariis implicaretur, an si legatum petat, exceptione doli mali summoveatur? & ait Julianus, non esse eum summovendum. L. 4, § si quis, D. de dol. mal. & met. except.

Il y a beaucoup de coutumes dont les dispositions sont différentes de celles que nous venons de citer. Celle de Rheims, *art. 233, 287 & 288,* souffre qu'un fils soit en même temps donataire, légataire & héritier, pourvu que les autres enfans trouvent leur légitime. Celle de Blois, *art. 167,* ne permet point d'être héritier & donataire, soit en ligne directe, soit en ligne collatérale, tandis que la coutume de Paris le permet par l'*art. 301*. La coutume de la Rochelle, *art. 42,* défend d'avantager son héritier présomptif. Les coutume d'Anjou, de Touraine, du Maine, ordonnent le rapport, tant en directe qu'en collatérale, *même dans le cas de la renonciation.* Celles de Noyon, *art. 16,* & de Péronne, *art. 205,* permettent de faire un prélegs; celle de Poitou n'exige que la présomption du testateur pour ce prélegs. Les dispositions des coutumes de Berry, tit. des successions, *art. 42,* de la Marche, *art. 252,* & d'Auvergne, *chap. 12 des successions, art. 46,* déterminent que le préciput ne se rapporte point, lorsque la donation est faite, sans assujettir à ce rapport; enfin, l'*art. 217* de la coutume de Bourbonnois ne permet les donations que par contrat de mariage.

L'objet de toutes ces coutumes est de conserver l'égalité que la nature desire entre enfans, parce qu'il paroît juste que ceux que la naissance a rendus égaux, soient égaux dans le cœur de leurs peres, & dans le partage de leurs biens. Ainsi donc, il n'y a pas proprement incompatibilité entre les qualités d'héritier & légataire ou donataire; d'où il suit que quand on est seul héritier, on peut bien être héritier & légataire.

Mais les prohibitions de ces coutumes ont-elles lieu indistinctement entre toute sorte d'héritiers, soit ceux des propres, soit ceux des meubles & acquêts? Ont-elles lieu lorsque ces deux especes de biens sont situées dans des ressorts différens?

Arrêt du parlement de Paris, du mois de janvier 1563, vulgairement appellé l'*arrêt des bureaux,* qui juge que la prohibition n'a lieu « que sous même coutume, & non pas quand il y a raison de différence, comme il a été jugé entre les héritiers de M. Pierre Bureau, avocat à Paris, décédé le dernier octobre 1560, délaissés un frere & une sœur, & plusieurs neveux d'un frere & de deux sœurs, auxquels neveux il avoit legué ses meubles & acquêts : & parce qu'il n'y avoit aucuns acquêts à Montfort, les neveux ne prenoient rien en vertu dudit testament à Montfort; *& pourtant, combien qu'ils prissent, tous les meubles & acquêts étant à Paris, ils ne laisserent de succéder par représentation aux propres estans à Montfort, jusqu'à exclure leurs tantes aux fiefs.* » (Dumoulin, sur l'*art. 93 de la cout. de Montfort, tom. 2, pag. 699.*)

On dit que les dispositions de ce préjugé ne doivent point faire une certaine impression; parce qu'il est intervenu sous l'empire de l'ancienne coutume de Paris, dans laquelle la représentation n'avoit pas lieu en collatérale. Les neveux Bureau ne pouvant être héritiers *actu nec habitu* de leur oncle pour les biens situés dans la coutume de Paris, dans laquelle leur oncle étoit domicilié, & dans laquelle ils étoient réputés étrangers, pouvoient y être légataires de ses meubles & acquêts; & ils pouvoient être héritiers quant aux propres dans la coutume de Montfort, en laquelle ils ne prenoient rien en vertu du testament, & comme légataires.

Ce n'est donc que lorsque celui qui veut être héritier dans une coutume, & légataire dans l'autre, n'est point appellé pour succéder dans la coutume où les biens situés sont légués, qu'on ne peut opposer l'incompatibilité d'héritier & de légataire.

ARRÊT du parlement de Paris, du 8 février 1624, qui juge que, quoique l'on ne puisse être héritier & légataire tout à la fois, par les dispositions des coutumes de Paris & de Nevers, l'on peut cependant être héritier quant aux propres situés dans la coutume de Nevers en ligne collatérale, où le mâle exclut les femelles; & légataire, quant aux meubles & acquêts en la coutume de Paris, où le défunt étoit décédé. (*Journal des audiences, tom. 1, liv. 1, chap. 15, pag. 11.*)

ARRÊT du parlement de Paris, du 23 mars 1739, qui juge, que M. Coignet, conseiller en la cour, a pu recueillir comme héritier, dans la coutume du Grand-Perche la terre de Mondoucet, dépendante de la succession de M. le président Seguin, & qu'il a pu être légataire de biens situés dans la coutume de Paris, en laquelle il n'étoit pas héritier. M. Coignet succédoit aux biens nobles du Grand-Perche, parce que cette coutume admet la représentation à l'infini, & attribue en collatérale les biens nobles aux représentans mâles, à l'exclusion de ceux qui représentent les femelles : mais il étoit exclu par des héritiers plus proches dans la coutume de Paris, où il n'étoit conséquemment pas héritier lui-même.

Mais, si dans tous les autres cas, que ceux déterminés par les arrêts dont nous venons de rendre compte, il y a incompatibilité dans l'étendue de la coutume de Paris, entre les qualités d'héritier & de légataire; il n'y en a pas entre celles de légataire universel & de légataire particulier.

ARRÊT du parlement de Paris, du 26 avril 1649, qui juge conformément aux conclusions de M. Bignon contre M. Colombel, conseiller en la cour, qu'une même personne peut avoir les deux qualités de légataire universel & de légataire particulier, « même entre les présomptifs héritiers du défunt, qui avoient renoncé à sa succession pour se tenir aux legs qu'il leur avoit faits, la succession étant composée *de meubles & d'acquêts*, dont il lui avoit été permis de disposer. » (Ricard, *traité des donations, tom. 1, pag. 152, édition de 1754.*)

Le légataire qui se trouve en même temps héritier présomptif, est-il obligé de renoncer à la qualité d'héritier lorsqu'il veut s'en tenir à son legs?

ARRÊT du parlement de Paris, du 28 septembre 1594, « en la cause des Pancartes & Leroi, il a été jugé en la cinquieme chambre des enquêtes, au rapport de M. Brisard : que *donatio facta successuro in lineâ collaterali*, bien que ce fût des acquêts, étoit faite propre au donataire, *ex eo*, que la donation étoit par testament, & que le donataire, *eodem instanti*, avoit pris la qualité d'héritier & de donataire, & demandé la délivrance du legs : que par la coutume de Chartres, nul ne pouvoit être héritier & légataire; tellement que le donataire ayant pris qualité d'héritier, la qualité de légataire étoit éteinte, & tenoit lieu de partage. » (Bouchel & Bechefer, *tom. 1, pag. 29, colon. 2.*)

« La qualité d'héritier pur & simple ou par bénéfice d'inventaire & la qualité de légataire sont incompatibles en une même personne dans une même *succession, tant directe que collatérale*; c'est pourquoi un héritier présomptif qui veut se tenir au legs qui lui a été fait par un testateur duquel il est héritier présomptif, est obligé de renoncer à cette succession purement & simplement. . . On ne peut pareillement être donataire entre-vifs *en ligne directe*; il faut renoncer à la succession, ou, rapporter les choses données, ou moins prendre en la succession directe : mais en succession collatérale, on peut être héritier & donataire entre-vifs; parce que le rapport n'a point lieu en succession collatérale. » (Merville, *dans son com mentaire sur l'art. 92 de la coutume de Chartres, pag. 361.*)

C'est ici qu'on peut placer le résultat de la cause *Turmenyes*, célebre par les plaidoiries & les mémoires de deux avocats qui ont illustré le barreau françois.

Il s'agissoit de déterminer quelle avoit été la qualité des immeubles que la demoiselle de Turmenyes avoit recueillis par la mort du sieur de Nointel, son oncle. La dame de Champigni prétendoit que sa fille n'avoit recueilli ces immeubles qu'en qualité de légataire universelle, & qu'ainsi ils n'avoient formé que des acquêts auxquels elle avoit droit de succéder. Le sieur de Montigny, la dame Huguet, & la dame comtesse de Laval, soutenoient, au contraire, que la demoiselle de Turmenyes avoit été héritiere de son oncle, & qu'ainsi les biens qu'elle avoit recueillis étoient propres en sa personne, & devoient retourner à la ligne dont ils étoient sortis.

Ces derniers disoient par la bouche de M. Cochin : « La demoiselle de Turmenyes a été véritablement héritiere du sieur de Nointel, son oncle. D'abord elle a été saisie par la loi d'une part indivise dans sa succession avec les autres héritiers du sieur de Nointel : par cette saisine légale elle s'est trouvée héritiere, & les biens lui ont appartenus comme propres sans aucun acte, sans aucune déclaration de sa part. Depuis elle n'a rien fait de contraire à cette saisine légale, & qui eût pour objet de la détruire. Elle n'a point renoncé expressément à la succession du sieur de Nointel; elle n'y a point renoncé tacitement, en prenant une qualité incompatible avec celle d'héritiere, puisque tous ses cohéritiers ont pris, comme elle, les qualités d'héritiers & de légataires, & que l'incompatibilité ne peut être opposée que par celui qui est uniquement héritier : enfin, loin de renoncer expressément ou tacitement à la qualité d'héritiere, elle l'a prise dans une transaction de 1728, & dans un partage de 1730. Elle a fait acte d'héritiere en partageant selon les dispositions des coutumes : comment pourroit-on donc révoquer en doute qu'elle n'ait été héritiere de son oncle? Saisie par la loi, non seulement elle n'a point détruit, mais elle a confirmé cette saisine par toutes ses démarches. »

« Il est vrai qu'elle a réuni à cette qualité d'héritiere celle de légataire, comme il paroît par les actes ci-dessus; mais outre que ces deux qualités ne sont point incompatibles, c'est qu'il est évident qu'elle n'a jamais regardé le legs, que comme un nouveau titre qui fortifioit en elle l'impression que la loi y avoit déja faite. »

« La qualité d'héritiere est celle qui mérite le plus de faveur; elle conserve, elle entretient l'ordre public des successions; elle affecte les biens à la ligne dont ils sont sortis; elle entre, pour ainsi dire dans l'esprit général de notre droit coutumier, qui est de veiller à la conservation des biens dans les familles. »

« Enfin, cette qualité forme une impression bien plus forte que celle de légataire : elle est tellement inhérente à la personne qui l'a prise, qu'elle n'en peut être détachée par aucun changement de volonté : *semel hæres, semper hæres* : au lieu que celle de légataire est toujours flottante & incertaine : celui qui est légataire aujourd'hui, peut cesser de l'être demain, en abdiquant le legs qu'il ne possede jamais d'une maniere incommutable. »

« Il est donc impossible dans le concours des deux qualités de ne pas reconnoître les biens comme propres : c'est la premiere qualité qu'ils ont reçue au moment de l'ouverture de la succession. Si le mort saisit le vif dans le même instant que la succession lui est échue, les biens sont pour ainsi dire saisis de la qualité de propre dans le même moment : cette impression n'a jamais été effacée, puisque la saisine légale n'a jamais été détruite : il faut donc qu'ils demeurent propres, quelque titre que l'héritier ait pu joindre à celui de la loi qu'il a conservé. »

M. Normant répondoit: « Que quand il s'agit de déterminer les biens d'un défunt sur la tête & dans la personne de son successeur, *il falloit distinguer*. S'il recueille sans autre titre que celui d'héritier, alors il n'y a pas de doute qu'il ne soit héritier, & que les immeubles qu'il recueille n'acquierent la qualité de propre en passant à lui par le canal de la succession. Mais s'il a tout autre titre, s'il a tout autre droit, alors il n'est & ne peut être réputé héritier, & par une conséquence nécessaire, il ne recueille que des acquêts. »

« Or, la demoiselle de Turmenyes avoit bien un autre titre, elle avoit bien un autre droit, puisqu'elle étoit instituée légataire universelle de son oncle. C'est en vertu de cet autre titre, & de cet autre droit qu'elle a recueilli: la vocation de l'homme a entiérement écarté en elle celle de la loi: elle s'est renfermée dans la seule qualité de légataire universelle, ce qui suffit pour conclure qu'elle a abdiqué toute autre qualité, qu'elle n'a été ni pu être héritiere de droit, & que les biens qu'elle a recueillis n'ont jamais reçu aucune des impressions que la seule qualité d'héritiere auroit pu leur donner. »

« Il importe donc peu de savoir ce que les qualités de légataire & d'héritier réunies, peuvent produire dans une espece où cette prétendue réunion ne se rencontre pas; mais quand les adversaires de la dame de Champigny seroient en état de l'établir, ils ne doivent pas se flatter que personne pût adopter leur systême à cet égard. »

« Quand les deux qualités concourent, aucune d'elles ne prédomine sur l'autre, & chacune en particulier produit les effets qui en dépendent. Il arrive tous les jours qu'un héritier présomptif, institué légataire particulier d'un défunt, n'ayant affaire qu'à un légataire universel, contre lequel il peut faire concourir les deux titres, prend celui d'héritier pour retenir les quatre quints des propres, & celui de légataire pour conserver la chose léguée. »

« Les quatre quints des propres, qu'il prend comme héritier, conservent incontestablement la qualité de propres; mais ce qu'il prend comme légataire, acquiert-il cette même qualité, qu'il n'avoit pas dans la personne du défunt? C'est ce qui n'a jamais été soutenu, ni même proposé: ce qu'il prend comme héritier, & ce qu'il prend comme légataire, sont choses parfaitement distinguées, chaque titre produit son effet, & sans que jamais personne eût imaginé que l'un pût influer sur l'autre. »

« En effet, si l'une des deux vocations pouvoit prédominer, ce seroit, sans doute, celle du testateur, qui toujours l'emporte sur la vocation de la loi, pour toutes les choses dont il étoit permis au testateur de disposer. »

« Ainsi, ce qui pourroit arriver de pis dans le cas du concours des deux qualités, seroit qu'on regardât comme propre, dans la personne de celui qui auroit succédé aux deux titres, ce qui l'auroit été dans la personne du défunt; & comme acquêt, tout ce dont la loi lui auroit permis de disposer librement. »

« Mais, encore une fois, cette dissertation est ici superflue, puisque ce prétendu concours ne s'y rencontre point, & que le systême sur lequel on l'appuie, est également contraire & aux principes de la matiere, & à tous les actes qui doivent décider la question. »

Arrêt du parlement de Paris, du 8 juillet 1733, sur les conclusions de M. Gilbert de Voisins, qui déclare que les biens recueillis par la demoiselle de Turmenyes, dans la succession du sieur de Nointel, son oncle, étoient des acquêts. Nous avons copié Cochin & Normant, comme les Romains recueilloient Ciceron & Hortense. Mais c'étoient d'autres sujets & d'autres loix.

Dans les pays coutumiers l'héritier des propres n'est pas toujours celui des acquêts; souvent même l'héritier de telle espece de propres n'hérite pas de telle autre; ainsi lorsqu'une coutume dit qu'il n'y a qu'un seul héritier pour les immeubles, cela s'entend des propres, les acquêts n'y sont point compris.

ARRÊT du parlement de Paris, du 24 janvier 1633. Le présidial de Boulogne avoit infirmé une sentence du prévôt de cette ville, & ordonné que des héritages acquis seroient partagés par égales portions entre l'ainé & les puinés. Appel en la cour. L'appellant alléguoit l'art. 6 d'une coutume locale & particuliere de Boulogne, qui portoit, qu'il n'y avoit qu'un héritier pour les immeubles sans distinction de propres ou d'acquêts; & il en concluoit que l'ainé seul devoit les avoir tous sans y admettre les puînés. Les intimés repliquoient qu'il n'y avoit qu'une coutume générale; que la particuliere (rédigée selon Chopin, par un maître des requêtes dont la commission n'avoit point été vérifiée, & sans l'assemblée des trois états, ainsi que cela résultoit du procès verbal) étoit nulle. Le prétendu art. 6 de la coutume supposée n'avoir jamais été observé, & s'*entendoit*, suivant la coutume générale, des propres seulement & non des acquêts, toujours partagés avec les puînés à la forme de différens actes qui l'établissoient. La cour, contre les conclusions de M. Talon, mit l'appel au néant. (*Journal des audiences, tom. 1, liv. 2, chap. 127, pag. 159.*)

En ligne directe, l'héritier bénéficiaire n'est pas exclus par celui qui voudroit se porter héritier pur & simple; ce sont les dispositions de l'*art. 342 de la cout. de Paris*. En ligne collatérale, au contraire, on a toujours pratiqué que l'héritier simple, bien que plus éloigné, exclut l'héritier bénéficiaire. Cependant il est un cas où cette exclusion n'a pas lieu même en collatérale. L'héritier bénéficiaire des propres d'une ligne, n'est pas exclus par l'héritier simple des propres d'une autre ligne; de même l'héritier bénéficiaire des meubles & acquêts ne l'est pas par l'héritier simple des propres, *& vice versâ;* la raison est, qu'alors tous ces héritiers sont étrangers entr'eux : *hereditas materteræ petita, non infringit alterius hereditatis petitionem quæ venit ex aliâ successione, l. 3, in princip. C. de petit. hered.*

ARRÊT du parlement de Paris, du 6 septembre 1608, qui juge que, lorsqu'il y a « des héritiers qui succedent les uns aux meubles, acquêts & conquêts, les autres aux propres; en ce cas où il y a diversité de patrimoines, l'un peut être héritier simple des propres, & l'autre par bénéfice d'inventaire des meubles & acquêts. » (Tronçon, sur l'*art. 342 de la coutume de Paris, pag. 746 & 747.*)

Dans la coutume de *Ponthieu*, les biens donnés par les pere & mere à leurs enfans puînés, sont acquêts dans leurs personnes.

ARRÊT du parlement de Paris, du 29 juillet 1707, qui juge conformément à ce principe appuyé sur cette considération. « Il n'y a que la qualité d'*héritier* qui fait réputer tout ce qui est donné par le pere à son fils, être donné en avancement d'hoirie & lui être propre. Ainsi dans les coutumes, où les enfans puînés sont étrangers à la succession de leur pere, & où l'*ainé est seul héritier*, il faut convenir que ce qui est donné par le pere à ses enfans puînés, ne leur est pas donné en avancement d'hoirie de sa succession, puisqu'ils n'y ont rien; mais seulement comme une libéralité que le pere fait, de la même maniere qu'il le feroit à un étranger. (Augeard, *tom. 1, chap. 19, pag. 37.*) Deux anciens arrêts avoient déja prononcé la même chose dans la même coutume de Ponthieu : ils sont rapportés par Bouguier, *lettre* D, *chap. 10.*

La jurisprudence a éprouvé, à l'égard des legs faits à l'héritier présomptif en ligne collatérale, les mêmes variations qu'à l'égard des donations du même genre. Il faut sans doute suivre dans l'usage ce que détermine la plus moderne; mais est-elle la plus conforme aux regles? Nous persistons à nous en tenir à l'avis de M. le premier président Lamoignon. (Voyez ci-dessus *pag. 514, colon. 2 & suiv.*

« L'*ancien usage & pratique du Châtelet qui se trouve confirmé par plusieurs sentences du prévôt de Paris*, étoit qu'il falloit excepter le don de legs universel fait par testament à l'héritier ou aux héritiers présomptifs, lequel, *quoique d'acquêt*, n'étant fait que de la part & portion légitime, & rien plus, lui étoit fait propre naissant, & ne tomboit point en la communauté; parce que dans ce titre universel la disposition de l'homme ne faisoit & ne donnoit rien outre & pardessus la coutume, le légataire universel en ce cas étant tenu & réputé héritier.... *Mais les arrêts de la cour ont introduit une jurisprudence contraire, que le legs fait en collatérale, quoiqu'universel, & à l'héritier présomptif, même* IN EA PARTE IN QUA SUCCESSURUS ERAT, *est entiérement acquêt au légataire & non propre.* » (Louet & Brodeau, *tom. 1, pag. 8.*)

ARRÊT du parlement de Paris, du 26 février 1643, qui juge « conformément aux conclusions de M. Talon, qu'un legs universel fait au profit de l'héritier présomptif du testateur en ligne collatérale étoit un acquêt en sa personne, & qu'ainsi ce légataire universel, en la personne duquel on prétendoit que les biens qui composoient ledit legs universel avoit fait souche, avoit pu disposer par testament de la totalité d'iceux. » (Soefve, *tom. 1, centur. 1, chap. 58, pag. 57.*)

ARRÊT du parlement de Paris, du 15 juillet 1746, sur les conclusions de M. Joly-de-Fleury. « M. Ferrand abandonne à sa fille, en paiement de ce qu'il lui devoit du chef de sa mere & de la tutelle, la terre de Villemilan, pour 84500 liv. Elle meurt, & fait l'abbé de Bouillé son légataire universel. L'héritier des propres réclame les quatre quints de Villemilan, comme propre paternel : jugé que c'est un acquêt qui entre pour le tout dans le legs universel. » (Œuvres de Cochin, *tom. 6, pag. 520.*) Voyez ci-après la division *Succession*, & les mots *Héritier, Incompatibilité, Legs, Succession, Testament, &c.*

Légitime.

28. Nous avons dit ci-dessus sous la division *Disposition*, que l'on ne pouvoit avoir celle de ses meubles & acquêts, au préjudice de la légitime due aux enfans, qu'autant que les propres étoient suffisans pour la former. La légitime est due aux enfans pour leur nourriture & leur entretien; de maniere que dans le cas où les peres laisseroient des propres de peu de valeur, & qui ne consisteroient que *in vili cespite terræ*, comme expliquent les auteurs, les enfans seroient privés de cette nourriture & de cet entretien, que la loi de concert avec la nature ont voulu leur assurer, s'ils ne pouvoient les prendre sur les meubles & acquêts, qui sont souvent très-considérables.

Il faut donc bien distinguer les *deux tiers*, les *quatre quints* des propres, ou telle autre portion de cette espece de biens, que les coutumes affectent aux familles, & qu'on connoît sous le nom de *réserves coutumieres*, de la légitime due aux enfans. Si le défunt a laissé des héritiers collatéraux, ils sont tenus de se contenter des *deux tiers*, des *quatre quints*, &c. des propres, en un mot, des réserves coutumieres quelque mince que puisse être leur valeur; mais s'il a laissé des enfans, il faut qu'ils trouvent leur légitime; & ils ont *encore une fois* le droit de la prendre sur les acquêts, lorsque les propres ne sont pas suffisans pour la former. C'est-là la vraie maniere d'interpréter l'*art. 295 de la cout. de Paris*, en le rapprochant des *art. 292 & 298.*

A l'égard des autres coutumes, un

fameux ARRÊT du parlement de Paris, du 10 mars 1672, inséré au *journal du palais*, *tom.* 1, *pag.* 203, a déterminé que dans celles où il n'est pas parlé de légitime, & où elle n'est pas réglée, même par l'usage, on devoit suivre les dispositions de la coutume de Paris : en conséquence, sa quotité doit y être, la moitié de telle part que chacun des enfans eût eue en la succession de ses ascendans, si ceux-ci n'eussent pas disposé entre-vifs, ou par derniere volonté ; & cette quotité peut être prise sur les biens de libre disposition, meubles, acquêts & conquêts, aussi-bien que sur les propres.

Mais dans les coutumes qui ont des dispositions particulieres sur la légitime, ne faut-il pas les suivre à la rigueur ?

ARRÊT du parlement de Paris, du 14 janvier 1625, qui juge : « Qu'en la coutume de Boulenois, qui permet au pere de disposer de tous ses meubles, acquêts & conquêts immeubles, en faveur de telles personnes qu'il lui plaît, même au préjudice de ses héritiers apparens, les enfans ne peuvent prétendre le supplément de leur légitime sur iceux. Aussi, que par autre article de la même coutume, il est permis au pere de disposer de ses fiefs d'acquêts, jusques aux quatre quints, le quint héréditai réservé aux héritiers ; d'où l'on tiroit un argument à contre sens, qu'ès acquêts cottiers & roturiers, il n'y avoit point de légitime : & ce en confirmant la sentence du sénéchal de Boulogne. » (*Journal des audiences*, *tom.* 1, *liv.* 1, *chap.* 33, *pag.* 22.)

Le Roi de Lozembrune, (sur l'*art.* 70 *de la coutume de Boulenois*, *pag.* 103.) dit que Lebrun n'approuve pas cet arrêt, & il ajoute lui-même : « Que n'y ayant point d'autre bien que des meubles & acquêts cottiers, quoique le pere en puisse disposer, ce n'est pas à dire pour cela, que les enfans ne puissent demander leur *légitime* sur lesdits meubles & acquêts cottiers, *& si l'on peut tempérer la loi, c'est dans un cas aussi favorable que celui-ci.* » (*tom.* 2 *des comment. de Picardie.*)

Comment concilier cet auteur qui auroit bien dû connoître quel étoit l'usage sur l'interprétation de la coutume qu'il commentoit, avec un acte de notoriété de la sénéchaussée de Boulogne, inséré par Boullenois à la fin de ses *Dissertations sur des questions qui naissent de la contrariété des loix & des coutumes*, *pag.* 541.

Il y est attesté : « Que dans la coutume de ce pays du Boulonnois, il n'y a pas de légitime autre, & sinon les parts & portions des héritages féodaux patrimoniaux, désignés par l'*art.* 73, & celles des héritages patrimoniaux, désignés par l'*art.* 69, dont les pere & mere ne peuvent faire don au préjudice de leurs enfans, suivant l'*art.* 125 : de sorte que, lorsque quelqu'un a prétendu quelques autres légitimes, soit sur lesdits propres, *ou sur les meubles*, *acquêts & conquêts immeubles* de ladite coutume, il en a été débouté suivant l'usage de tout temps observé. *Il y en a même un arrêt du 14 janvier 1625, confirmatif de la sentence rendue en cette sénéchaussée, rapporté au journal des audiences*, dont nous avons donné *acte de notoriété* audit sieur Danviller, pour lui servir & valoir que de raison. Donné & expédié à Boulogne-sur-Mer, sous le scel royal de ladite sénéchaussée... le 6 octobre 1698. »

D'après les dispositions de l'arrêt de 1625, & de l'acte de notoriété de 1698, il devient clair qu'il faut suivre les dispositions des coutumes locales & des usages particuliers de chaque pays, quelques contraires qu'ils puissent paroître à la loi qui a établi le droit de légitime ; & que quelque *favorable* que soit ce droit, on ne peut *tempérer la loi* qui se trouve lui être contraire. *DURA LEX, SED SCRIPTA.*

Par la disposition du droit romain, la légitime est due non seulement aux descendans, mais aussi aux ascendans.

C'est la décision de divers textes, & notamment du § *non autem 1, I. de inof. test. l. pater 14 & nam etsi 15, D. eod. N. 1 de hered. & falcid. cap. 1, § primum itaque 2. N. 115, cap. 4, & N. 123 de sanct. episcop. cap. 41.* Cette légitime des ascendans est appellée, *legitima portio, constituta pars*, comme celle qui est due aux descendans est appellée, *debitum naturæ*.

Le droit coutumier n'a pas adopté les dispositions du droit écrit, & il n'accorde point de légitime aux ascendans : c'est une maxime certaine à laquelle il n'y a d'exception que pour deux coutumes qui ont en cela des dispositions particulieres, celle de Bordeaux, *art. 57, & 64*, & d'Acqs *tit. 2 des successions, art. 25*. La raison la plus spécieuse que puisse trouver Lebrun de cette différence des principes du droit écrit & du droit coutumier, c'est « que comme les ascendans sont héritiers des meubles & acquêts dans les pays coutumiers, ils ne pourroient avoir leur légitime que sur ces sortes de biens. Or, il y auroit en cela deux inconvéniens ; le premier, d'empêcher aux enfans la libre disposition des acquêts qui sont le fruit de leurs travaux & de leur industrie ; le second, que ce seroit interdire aux enfans le commerce de la plus grande partie de leur bien, parce qu'ils sont déja obligés de réserver à leur famille les quatre quints de leurs propres, & cet inconvénient ne se trouve pas dans la légitime des descendans ; car souvent les quatre quints des propres suffisent pour la remplir. D'ailleurs, nous avons considéré que la légitime des ascendans n'est pas naturelle : aussi la *loi 1, C. unde vir & uxor*, dit que la succession des ascendans est légitime, mais que celle des descendans est naturelle ; & la loi *nam etsi D. de inof. test.* ne leur accorde le droit de légitime *que par une espece de commisération*. » (Lebrun, *traité des successions, liv. 1, chap. 5, sect. 8, n°. 28.*)

Ainsi plus de sentiment de commisération pour des peres & meres infortunés qui n'ont souvent d'autre ressource que dans les secours de leurs enfans ! La nature les appelle, & la loi les repousse ! Ainsi l'on aggrave par le malheur de l'indigence, la perte qu'ils font de ceux à qui ils ont donné le jour ? Comment ce droit coutumier qui, pour conserver les biens aux familles, a porté ses regards sur les générations depuis long-temps écoulées, ne s'est-il point occupé du soin de pourvoir à ce que la nature exige & dicte, pour les individus de qui nous tenons notre existence ? Les sauvages n'assomment leurs peres que lorsqu'il leur est impossible de les alimenter. *FILI, QUANTUM TIBI SUMIS JUDICIUM, SI NON PASCAS PARENTEM ! ILLI DEBES QUOD HABES, CUI DEBES QUOD ES.* (*S. Amb. l. 8, in Luc.*)

ARRÊT du parlement de Paris, du 2 février 1583, en la coutume de Vermandois, qui adjuge la légitime au pere, encore que la disposition du fils fût en faveur des pauvres. Lors de cet ancien préjugé, la cour crut que le premier devoir c'est celui de faire subsister son pere, & que l'amour des pauvres ne devoit, avoir que le second degré dans l'exécution du commandement qui prescrit en général l'amour du prochain.

ARRÊT du parlement de Paris, du 3 octobre 1589, *après partage*, qui refuse la légitime aux pere & mere sur les meubles & acquêts de leurs enfans.

ARRÊTS conformes, des 28 avril 1606, 18 juin 1611, premier mars 1614, & 13 février 1615. Brodeau sur Louët, (*lettre A, tom. 1, n°. 20, pag. 20.*) observe que *la difficulté ayant été jugée pour la négative par cinq arrêts donnés sur la these*, *CAUSA PLENISSIME COGNITA*, il n'y a plus lieu d'en douter. *NEFAS EST DE EO QUÆRERE, DE QUO JUDICAVIT SENATUS ; NEC ENIM AMBIGITUR SENATUM JUS FACERE POSSE....* Nous

Nous ne pouvons que nous en rapporter à l'avis de Brodeau.

Licitation.

29. L'immeuble licité entre cohéritiers forme-t-il un propre, ou un acquêt, pour le tout, ou pour partie, en la personne de l'héritier qui en demeure adjudicataire? La soute empêche-t-elle que l'héritage ne soit propre jusqu'à concurrence de la soute? C'est encore ici que les auteurs n'ont pas été d'accord, & que la jurisprudence a éprouvé des variations singulieres.

ARRÊT du parlement de Paris, du 23 juin 1660, qui juge, que la licitation faite en justice à un des cohéritiers adjudicataire, est un acquêt pour les parts qui appartenoient à ses cohéritiers, quoique le prix leur ait été payé pour les égaler; mais que la part qui appartenoit à l'adjudicataire forme un propre. Requête civile contre l'arrêt; évocation au conseil privé : renvoi au grand-conseil qui entérine la requête, & juge que l'adjudication est acquêt. Nouvelle requête civile : appointement : arrêt qui juge conformément à ce qu'avoit décidé le parlement. (*Journal des audiences, tom. 1, liv. 11, chap. 27, pag. 882, & suiv.*)

Cette décision a été approuvée par Vigier, sur l'*art. 66 de la coutume d'Angoumois;* Lalande, sur l'*art. 323 de celle d'Orléans;* Ferriere, sur l'*art. 326 de celle de Paris, glos. 1, § 3,* intitulé : *Question sur la matiere des propres, n°. 11, tom. 4, pag. 920 & 921;* & Renusson, *traité des propres, chap. 1, sect. 5, n°. 11.*

Ce dernier pense que l'immeuble licité est propre jusqu'à concurrence de ce que l'héritier devoit avoir dans la succession; de maniere que, si l'immeuble est le seul effet de la succession, & qu'il y ait, par exemple, trois héritiers, le tiers est propre à l'adjudicataire : que s'il y a d'autres immeubles dans la même succession, & que l'héritier adjudicataire paie en partie le prix de celui qui lui a été adjugé en la valeur de ces immeubles, alors le sien est propre jusqu'à concurrence de cette valeur. Lebrun, dans son *traité de la communauté, liv. 1, chap. 5, dist. 5, n°. 6,* est d'avis, au contraire, que l'immeuble chargé de soute est propre pour le tout, par la raison que le partage fait des propres, & que la soute qui est un moyen nécessaire pour parvenir au partage, n'en détruit pas l'effet : d'ailleurs, la licitation ne fait qu'ôter l'indivision entre les cohéritiers, & quand l'un d'eux a la totalité de l'héritage par cette voie, on présume par un effet rétroactif, que cette totalité lui appartenoit dès le temps du décès.

ARRÊT du parlement de Paris, du 9 mars 1722, qui juge que l'immeuble indivis entre plusieurs cohéritiers est propre pour le tout à celui d'entr'eux qui en reste adjudicataire par licitation.

Cet arrêt consacre l'avis de Lebrun, & se trouve conforme aux vues de M. de Lamoignon dans ses arrêtés, *titre des propres, pag. 66 & 67.*

« En cas de licitation entre cohéritiers, le total de l'héritage, venu de la succession commune, est propre en la personne du cohéritier adjudicataire, encore que les étrangers aient été admis aux encheres. . . . . Mais si la licitation est faite entre ceux qui sont communs en biens, associés & copropriétaires, & si l'immeuble est adjugé à l'un d'eux, la portion qu'il y avoit auparavant conservera sa nature ancienne de propre ou d'acquêt, & le surplus sera acquêt. » *Art. 3 & 4.*

Mais regardera-t-on comme cohéritiers les héritiers de différentes lignes dont l'un reste adjudicataire de l'héritage moitié paternel, moitié maternel; ou les regardera-t-on simplement comme communs en biens, associés ou copropriétaires.

ARRÊT du parlement de Paris, du 24 mai 1729, entre M. Orry conseiller en la cour, & les sieur & dame Bertier, qui juge que l'immeuble moitié propre paternel, moitié propre maternel, licité entre les héritiers des deux lignes paternelle & maternelle, est propre pour le tout à celui d'entr'eux qui en reste adjudicataire. Il n'est pas possible, disoit M. Normant, de dire qu'un immeuble est moitié paternel, moitié maternel, dès que la licitation est faite; parce qu'elle fait cesser l'indivision & par conséquent la fiction de la loi, puisque chacun des cohéritiers n'a réellement que ce qui lui est échu par le partage. L'héritage est censé la portion que l'héritier maternel a trouvée dans la succession dès le décès, *ab initio;* & le prix, la portion que les héritiers paternels ont trouvée aussi *ab initio.* On ne peut d'ailleurs diviser le commencement & la fin de la licitation provoquée par un héritier maternel, & faite à un héritier maternel. Cette licitation étant un partage, & la consommation des opérations du partage; le partage, un titre successif; le titre successif, le germe des propres; l'héritage est par conséquent propre maternel pour le tout. (Recueil de jurisprudence civile par Rousseaud de Lacombe, *au mot* Licitation, *pag. 438 & 439.*)

ARRÊT du parlement de Rouen, du 22 décembre 1778.... *Espece.* Anne Fermanel, en épousant le sieur de Bethencourt, reçut de son pere la terre *du Menil-Godefroy,* dont elle donna le tiers en don mobile à son mari. Le sieur de Bethencourt décéda, & laissa pour héritiere des acquêts la dame de Norrey; celle-ci jouit par indivis avec la veuve, qui, en mourant, laissa pour héritier M. Couture de Sorquainville, conseiller en la cour. Transaction en 1758 entre M. de Sorquainville & la dame de Norrey, qui moyennant une somme de 6000 liv. renonce au partage de la terre *du Menil-Godefroy,* & lui cede tous ses droits sur le don mobile. Après le décès de M. de Sorquainville, & de la dame d'Imbleville, sa sœur & son héritiere, procès entre la dame du Menil & consorts, héritiers dès propres de la ligne Couture, & le sieur Fermanel, héritier des propres de la ligne Fermanel.

Le sieur Fermanel soutient que l'acte de 1758 a été une licitation entre cohéritiers de la terre *du Menil-Godefroy,* au moyen de laquelle la totalité de la terre est restée à M. de Sorquainville, comme propre de la ligne Fermanel. Ce qu'il a payé à la dame Norrey n'est point le prix d'une acquisition, c'est le prix d'une licitation, c'est une consolidation nécessaire. Il invoque bien des autorités, & notamment l'arrêt du parlement de Paris du 24 mai 1729.

La dame du Menil & consorts conviennent que la licitation entre cohéritiers d'une même espece, forme des propres; parce que l'adjudicataire qui avoit en lui l'aptitude à succéder à la totalité des biens licités, & qui y auroit succédé seul sans le concours de ses cohéritiers, n'a fait qu'écarter ces cohéritiers considérés dès-lors comme s'ils n'avoient jamais existé.

Mais ils soutiennent que la licitation d'un héritage partie propre paternel, partie propre maternel, ne forme qu'un acquêt pour la portion paternelle dans la personne de l'adjudicataire héritier maternel; parce que cet héritier ne possede pas cette portion à droit successif, & qu'aux termes de l'art. 247 de la coutume de Normandie, les biens ne sont faits propres qu'à la personne de celui qui le premier les possede *à titre successif.* M. de Sorquainville & la dame de Norrey n'étoient point cohéritiers entr'eux; ils ne pouvoient succéder l'un à l'autre; M. de Sorquainville n'a donc pu faire un propre Fermanel d'un bien qui provenoit des Bethencourt. La portion qu'il s'est fait céder par la dame Norrey, n'étoit donc qu'un acquêt sur sa tête. La cour le décida ainsi, en ordonnant qu'il seroit fait trois lots entre la dame du Menil & consorts, & le sieur de Fermanel.

« Et s'il n'y a aucun héritier du

côté & ligne dont sont venus les héritages, ils appartiennent au plus prochain & habile à succéder, de l'autre côté & ligne, en quelque degré que ce soit. » *Art. 330 de la coutume de Paris.*

« Les héritages venus du côté paternel retournent toujours par succession aux parens paternels, comme aussi font ceux du côté maternel aux maternels, sans que les biens d'un côté puissent succéder à l'autre, en quelque degré qu'ils soient parens; ains plutôt les seigneurs desquels les biens sont tenus & mouvans, y succedent. » *Art. 245 de la coutume de Normandie.* . . . Voyez *Cohéritier*, *Degré*, *Indivision*, *Licitation*, *Ligne*, *Lods*, *Partage*, *Paterna - Paternis*, *Propres*, *&c.*

Main-morte.

30. Les échutes de main-morte forment-elles des propres ou des acquêts?

Davot pense qu'elles forment des propres, parce qu'à l'exemple de ce qui échéoit par *commise*, c'est *utilis dominii cum directo consolidatio*; & il cite en preuve de son assertion l'autorité de Dumoulin. Bannelier, son annotateur, distingue, & il dit, que si le fonds est situé dans une seigneurie qui soit propre à l'un des conjoints, l'échute est aussi un propre; mais que pour les meubles & pour les héritages situés hors de la seigneurie, ce sera un conquêt en communauté. (Traités du droit François à l'usage du duché de Bourgogne, *tom. 1, pag. 182, & tom. 2, pag 188.*) Nous avons fait voir ci-dessus, sous la division *Fief*, que Dumoulin, quoiqu'obscur dans ce qu'il dit sur la commise, relativement aux acquêts, étoit cependant considéré comme le chef du parti qui décide que le fief servant réuni au dominant par la commise, forme un acquêt en la personne du seigneur.

L'*art. 5 du tit. 25 des mains-mortes* de la coutume du comté de Bourgogne, porte, que l'*homme franc affranchit sa femme main-mortable au regard seulement des acquêts & biens meubles faits en lieu franc :* mais on demande si cet affranchissement doit avoir lieu pour les acquêts qu'elle fait dans un lieu franc après la mort de son mari?

ARRÊT du parlement de Dole, du 18 août 1616, qui juge que les acquêts faits par la veuve d'un homme franc dans un lieu franc, ne font point échute au seigneur. Voici comme s'explique à ce sujet Talbert dans son savant traité de la main-morte. *Sed an vidua in loco franco commorans, in* ***ACQUÆSTIBUS IBI TEMPORE VIDUITATIS FACTIS*** *libera censebitur; & quamvis statutum hoc lucris matrimonialibus, & ob favorem viri liberi conditum videatur, quæ omnia eo defuncto cessant; quia tamen viduæ gaudent privilegiis maritorum, & eorum familiæ censentur, hicque § mulieri concessam libertatem ad mariti vitam non restringit; (persona enim semel facta libera perpetuò talis remanere debet) etiam in his liberam censemus.* Talbert, *de manu-mortuâ servisque liberæ Burgundiæ, pag. 40, édit. 1726, in-8°....* Ce titre est assez singulier : *Servi provinciæ liberæ.*

ARRÊTS du parlement de Dole, du 31 août 1550, du . . . . . 1605, & du 26 janvier 1608, qui décident que la femme main-mortable participe aux acquêts comme la femme franche. L'*art. 4 du tit. des gens mariés*, porte que « nobles femmes & autres qui seront de franche condition de quelque état qu'elles soient, survivantes à leurs maris, demeurent saisies de la part & portion des biens meubles & acquêts, qu'à elles par coutume, ou par traité de mariage, pourra & devra appartenir après le trépas de leursdits maris. » Cette rédaction fournit matiere aux contestations terminées par les trois arrêts : on soutenoit, d'une part, que l'article ne parloit que des femmes *nobles & autres de franche condition*; ce qui excluoit les mains-mortables : on répondoit, de l'autre, que l'art. 5 du titre des mains-mortes, décidant que l'homme franc affranchit sa femme main-mortable *au regard de acquêts*, supposoit nécessairement dans la femme main-mortable la capacité nécessaire pour faire des acquêts. . . Sauroit-on trop répéter qu'il est à souhaiter que l'exemple du monarque fasse cesser bientôt toutes les questions possibles sur un sujet aussi odieux! Voyez *Affranchissement*, *Echute*, *Main-morte*, *Serf*, *Viduité*, &c.

Mariage.

31. Arrêt du parlement de Paris, du 14 juin 1544. Un homme & une femme vivent ensemble sans être mariés; cette femme fait plusieurs acquêts en son nom par la permission de son prétendu mari, qui fait une donation universelle de ses biens. Après son décès, son donataire prétend la moitié dans tous les acquêts; la femme oppose qu'il n'y a jamais eu de mariage entr'elle & le donateur; la cour la renvoie des prétentions du donataire. (Le Vest, *art.* 26, *pag.* 137.) Le mariage présumé ne suffit pas pour établir une communauté légale: bien plus, si un mariage a été tenu caché pendant quelques années, cette communauté n'a lieu que du jour qu'il a été rendu public.

Arrêt du parlement de Paris, du 17 décembre 1650, qui juge que les acquisitions faites par le mari avant la célébration du mariage, quoique depuis le contrat, n'étoient pas *acquêts communs*, & en déboute la veuve; par la raison que la communauté conjugale est plutôt un effet du mariage que de la convention des parties. (Louis de Malicottes, sur l'*art.* 299 *de la cout. du Maine.*) Ce préjugé paroît d'abord contraire à un ancien arrêt du 15 août 1577, (cité par Vigier sur l'*art.* 40, *n°.* 3 *de la cout. d'Angoumois*) qui a jugé que les acquêts faits entre le contrat & la célébration du mariage, entroient dans la communauté: mais il faut observer que dans cette espece il avoit été stipulé que la communauté commenceroit du jour du contrat. Dumoulin, sur l'*art.* 94 de la coutume de Valois, qui porte, que *mari & femme conjoints par mariage, sont communs en biens du jour du mariage contracté en face de sainte église*, remarque à ce sujet fort à propos: *non ergo à die contractûs clandestini*, NISI IN VIM CLAUSULÆ EXPRESSÆ CONTRACTUS, *non in vim consuetudinis.* (Molinæus, *tom.* 2, *pag.* 702.)

La coutume d'Anjou, en l'*art.* 511; celle du Maine, en l'*art.* 508; celle de Bretagne, en l'*art.* 424, & autres, n'admettent la communauté entre les mariés que lorsqu'ils ont demeuré ensemble *par an & jour*, à compter du jour des noces; mais dans ce cas les acquêts qu'ils ont faits pendant l'an & jour sont communs comme si la communauté avoit commencé dès le jour du mariage. C'est ce qu'observe Dumoulin sur l'*art.* 508 de la coutume du Maine. *Trahitur intrò ad diem nuptiarum.* (Molinæus, *tom.* 2, *pag.* 731.)

Dupineau, sur l'*art.* 511 de la coutume d'Anjou, fait une remarque qui servira à compléter ce qui se présente à dire sur cette division.

« Notez que si un interdit, ou en curatelle, se marie, parce que le mariage ne leur est prohibé, s'ensuit la communauté de biens par an & par jour; parce qu'elle est contractée par la loi & non par contrat. Que faut-il dire d'un mari putatif? Pendant que la vérité du vice du mariage est inconnu, d'Argentré estime que les acquêts faits pendant telle conjonction sont communs, pourvu qu'il n'y ait point de mauvaise foi. (*Coutume de Bretagne*, *art.* 408, *glos.* 3.) Mais si le mariage est contracté entre parens dans les degrés prohibés; s'il a été contracté avec une ignorance probable, pourvu qu'aussi-tôt que les conjoints auront su que leur mariage n'étoit pas permis, & étoit défendu de droit, ils se séparent & s'entrequittent par un divorce volontaire, les acquêts seront communs. Mais supposé qu'il y ait de la mauvaise foi, Rat, sur la coutume de Poitou, *art. 19, glos. 1*, dit qu'un contrat illicite n'a point de suite; *nullas esse ex contractu illicito accessiones.* » (Dupineau de l'édit. de Pocquet de Livonniere, *tom. 1, pag. 1668.*). . . . Voyez *Affinité, Bénédiction, Célébration, Communauté, Contrat, Divorce, Empêchement, Interdiction, Mariage, Parenté, Séparation, &c.*

Meubles.

32. De droit commun, tous les meubles, de quelque nature qu'ils soient, même ceux qui proviennent de succession, sont réputés acquêts.

De droit commun aussi, tous les meubles qui appartiennent à chacun des conjoints au jour du mariage entrent en communauté & forment des conquêts, tout comme ceux qui leur aviennent depuis le contrat de mariage.

Dans la coutume d'Anjou, on stipule ordinairement que la femme n'aura part à la communauté que dans les conquêts immeubles & non dans les meubles; & cette clause est mise dans son contrat pour l'exempter des dettes mobiliaires, qui dans cette coutume sont attachées aux meubles. Quand on stipule la communauté des meubles & immeubles conquêts, on ajoute qu'il sera permis à la femme de se tenir à la moitié de ces conquêts, & cette clause a le même effet.

Par l'*art. 307* de la coutume de Touraine, les meubles se partagent également; mais le survivant a, *par avantage, ses vêtemens de tous les jours, & ceux des dimanches, tant d'hiver que d'été;* & le mari aura encore, *par avantage & préciput, s'il est noble suivant les armes, ses armes; & s'il est de lettres, ses livres sans en payer l'estimation.* On peut consulter Coquille sur la coutume de Nivernois, *titre des droits des gens mariés, art. 16;* & Maichin sur celle de Saintonge, *tit. 8, art. 1.*

Lorsque tous les biens d'une femme, ou la plus grande partie, consistent en meubles, on a soin de stipuler qu'il y en aura une partie qui demeureront propres à la femme; sans quoi, à défaut de stipulation ou de reprise, ils entreroient tous dans la communauté.

Cependant s'il y avoit du dol de la part du mari, qui se seroit fait plus riche qu'il n'étoit en effet pour engager les parens de la future à ne pas stipuler la clause d'emploi, & à souffrir que tous les meubles entrassent en communauté, la femme pourroit se faire restituer. Bacquet en rapporte un préjugé de l'année 1548 contre un nommé de Cuvilier; *lequel avoit enflé son premier inventaire pour être plus richement marié.* (Traité des droits de justice, *chap. 21, n°. 327 & 328, tom. 1, pag. 326.*)

De même, si la mineure mariée avoit été établie par un tuteur étranger qui auroit omis la stipulation de propre & de reprise, cette clause seroit censée employée, & l'on ne feroit entrer de ses biens dans la communauté qu'une somme modérée, eu égard à la qualité des parties. Bacquet rapporte un autre préjugé *du 16 juillet 1591.* La question est aussi traitée par Leprêtre, *centur. I, chap. 47;* Brodeau sur Louet, *lettre* D. *som. 39;* Lalande, sur l'*art. 186 de la coutume d'Orléans, &c.*

Si le pere ou la mere avoient stipulé, la mineure ne pourroit se faire restituer; parce qu'ils sont présumés avoir moins de négligence & plus d'affection qu'un tuteur étranger: c'est ce qui fut jugé par un arrêt du parlement de Paris, du 13 avril 1604, rapporté par Montholon, *arr. 103.*

« L'ameublissement des propres d'un mineur ne sera fait que par contrat de mariage en présence de son tuteur, ou de ses plus proches parens en cas d'émancipation; & tant les meubles que propres ameublis, à lui appartenans, ne pourront excéder le tiers de la totalité de ses biens, nonobstant toutes conventions qui pourroient être faites par autres; toutefois le pere, ou à son défaut l'aïeul paternel, pourront faire de l'ameublissement ce que bon leur semblera. » Arrêtés de M. de Lamoignon, *tit. des propres*, *art.* 31, *pag.* 73.

L'*art.* 2 du titre de la communauté de biens de la coutume de Bourgogne, dit que *nobles gens mariés ensemble sont communs en biens meubles & en acquêts d'héritages qui sont faits constant le mariage.*

ARRÊT du parlement de Dole, des 28 juin 1584 & 20 décembre 1587, qui jugent que ces termes de la coutume ne doivent être entendus que des meubles acquis pendant le mariage, & non des meubles anciens que les conjoints possédoient auparavant...... Le motif de ces arrêts; dit Dunod, *pag.* 373, est que les mots *biens meubles* étant joints à celui d'*acquêts*, ils doivent être régis par ceux qui suivent, *qui sont faits constant le mariage.* Voyez *Avantage*, *Ameublissement*, *Bibliotheque*, *Communauté*, *Conquêts*, *Dol*, *Femme*, *Immeubles*, *Mariage*, *Meubles*, *Mineur*, *Nobles*, *Propres*, *Remploi*, *Reprise*, *Restitution*, *Tuteur*, *&c.*

Offices.

33. Anciennement les offices n'étoient point dans le commerce, & ne faisoient, par conséquent, jamais partie de la succession de ceux qui en avoient été pourvus sur leur seul mérite : c'est par cette raison que la plupart des coutumes n'ont point de dispositions relatives à cette espece de biens. Dans la suite des temps les besoins de l'état ayant fait introduire la vénalité des offices, leur valeur, souvent considérable, devint un objet important de considération, & il fallut s'occuper du soin de les conserver dans les familles. On les regarda donc d'abord comme des immeubles, bientôt on les exclut des communautés ; on en fit ensuite des propres de succession, & enfin on en est venu à les envisager comme des propres de disposition. La jurisprudence, avec ses variations, découvre l'origine & les suites de cette progression.

L'*art.* 425 *de la coutume de Bretagne* répute les *offices venaux* immeubles en deux cas; savoir : *en donation de meubles, & en partage entre le survivant des mariés, leurs enfans, ou héritiers.* Mais la coutume de Paris ne réputant l'office immeuble, dans l'*art.* 95, que *quand il est saisi sur le débiteur par autorité de justice avant la résignation admise & provision*, on douta pendant long-temps s'il entroit en communauté.

ARRÊT du parlement de Paris, du 23 décembre 1592, qui juge qu'un office de notaire est immeuble propre au mari, & que les deniers de la vente qu'il en a faite, ne sont point entrés en communauté, conséquemment, que sa veuve ne peut y prendre part. On opposoit un ARRÊT du 5 décembre 1577, qui avoit jugé qu'une veuve prendroit la moitié des deniers provenans d'une charge de contrôleur-garde de la monnoie, vendue pendant la communauté, comme étant un meuble qui y étoit entré. (Leprêtre, *centur.* 2, *ch.* 23, *pag.* 390.)

ARRÊT du parlement de Paris, du 28 juin 1598, qui ordonne que les héritiers d'Oudart Coquebert reprendront par préciput & avant part sur les biens de la communauté, le prix d'un office par lui vendu durant son mariage, & qu'il avoit acquis auparavant, à la charge néanmoins de laisser jouir la veuve de la moitié de ce prix pendant sa vie seulement. Les parties étoient domiciliées dans le ressort de la coutume de Rheims, qui par l'*art.* 244, donne à la femme la moitié des héritages propres de son mari pour en jouir en usufruit pendant sa vie. (*Ibid.*) La femme n'avoit aucune part à cet office, qui étoit un acquêt fait par le mari avant le mariage, & elle n'étoit point favorable.

ARRÊT du parlement de Paris, du 15 février 1605, qui déboute les héritiers de la veuve de M. de Proustiere, maître des requêtes, de la demande qu'ils lui faisoient en rapport de la moitié du prix *de son état de maître des requêtes dont il étoit encore pourvu, acquis pendant la communauté, & comme en faisant part; & la seule raison, parce que les états de conseiller de la cour ne tombent point en commerce & ne reçoivent point d'estimation. (Ibid.)*

ARRÊTS conformes du même parlement, des 7 septembre 1607 & 4 décembre 1609. *(Ibid.)*

ARRÊT du parlement de Paris, du 22 janvier 1612, qui juge, que le mari peut retenir l'office acquis pendant la communauté, en rendant à ses enfans héritiers de leur mere la moitié de la somme par lui prise dans la communauté pour acheter : le tuteur fut débouté de sa demande, à ce que le pere fût tenu de faire état, & de tenir compte de la moitié de la valeur. (Renusson, *traité des propres, chap. 5, sect. 4, n°. 37.*)

ARRÊT du parlement de Paris, du mois d'août 1617, qui juge, que l'action de la fille du premier lit contre son pere, pour avoir part au prix de l'office par lui acquis pendant la communauté, est mobiliaire; en conséquence, que le pere y a succédé en sa qualité d'héritier des meubles & acquêts. « L'action pour le remploi des deniers procédans d'un immeuble fictif par la coutume, à l'exemple de l'immeuble fait par fiction & convention, appartenant à la fille mineure, est mobiliaire, & le pere y succede comme héritier des meubles; quoiqu'il fût son tuteur, & qu'il n'eût fait ce remploi comme il pouvoit être obligé pour faire le bien de sa mineure & son profit. (Leprêtre, *ibid.* aux notes.) . . . Un arrêt du 9 janvier 1593, avoit décidé pareillement, que les deniers provenus de l'office du pere appartiendroient à la mere, survivant ses enfans, comme meuble. La raison est, que c'est un immeuble fictif, & qu'en ce cas, la double fiction n'est point admise.

ARRÊT du parlement de Paris, du 17 septembre 1625, qui décide que, si le mari a prédécédé sa femme, l'office par lui acquis des deniers de la communauté appartiendra en commun à ses héritiers & à sa veuve, & que s'il y a eu don mutuel, celle-ci jouira de la moitié afférente à ceux-là en sa qualité de donataire. (Renusson, *Ibid. n°. 38.*) La différence de la décision de cet arrêt & des précédens est prise dans la différence des circonstances. L'office étant une dignité attachée à la personne du mari, il seroit injuste de l'en dépouiller de son vivant malgré lui; & les héritiers de la femme ne sont pas lésés par le remboursement qu'il leur fait de la moitié des deniers pris dans la communauté. Lorsque le mari décede le premier cette raison cesse à l'égard de ses héritiers; ainsi, l'office, dans ce cas, leur doit être commun avec la veuve.

ARRÊT du parlement de Paris, du 17 décembre 1625, qui juge, que l'office acquis pendant le mariage des deniers propres fictifs du mari, sans déclarer par le contrat, qu'il lui demeurera propre, est un conquêt de la communauté. Le mari après le décès de sa femme, où ses héritiers s'il la prédécede, ne peuvent pas prétendre que l'office leur appartient comme propre pour le tout; ils n'ont qu'une simple action pour reprendre le prix qui a été avancé. (Louet & Brodeau, *lettre* A, *tom. 1, som. 3, n°. 5, pag. 13.*)

ARRÊT du parlement de Paris, du 14 mars 1633, qui juge, que les deniers provenans de la vente d'un office de judicature dont le mari étoit pourvu avant son mariage, étoient immeubles, à l'égard des ses enfans mineurs qui lui avoient succédé; & que les héritiers des propres succédoient aux rentes constituées de ces deniers, à l'exclusion de la mere héritiere des meubles & acquêts. Gueret sur Leprêtre, *(ibid. pag. 392,)* observe sur cet arrêt, qui paroît contraire à ceux de 1593 & 1617, qu'il s'agissoit de la succession d'une mineure réclamée par sa mere remariée, & qu'il y auroit plus de difficulté en la rencontre de la succession d'un majeur, à l'égard duquel le remploi n'est pas de la même nature que la chose vendue. « Par exemple, si un fils majeur vend l'office de son pere, & met en rentes ou héritages le prix qui en est provenu, & que dans la suite il décede; en ce cas, comme les successions se recueillent en l'état qu'elles se trouvent, & qu'il est permis de faire de son propre un acquêt, il semble que la mere héritiere des acquêts devroit succéder aux choses acquises des deniers de l'office; néanmoins j'ai appris qu'il avoit été jugé au contraire, par un arrêt rendu en la seconde chambre des enquêtes, au rapport de M. de Maynardeau. »

ARRÊT du parlement de Rennes, du 31 août 1651, qui en réformant la sentence du présidial de Nantes, ordonne que la moitié du prix de l'office & les deux tiers des deniers seront réputés immeubles, & le pere exclus de la part qu'il y prétendoit, comme heritier *ordine turbato*. Le motif de l'arrêt, dit M. Poulain du Parc, sur l'*art. 425 de la cout. de Bretagne, tom. 3, pag. 71*, fut la minorité; car, si les enfans eussent atteint l'âge de majorité, la fiction eût cessé.

ARRÊT du parlement de Rouen, du 20 juin 1673, qui juge, que le prix de l'office perdu par la négligence du mari, sera remplacé sur les conquêts, avant que sa veuve y puisse prendre part. Basnage, qui rapporte ce préjugé sur l'*art. 408 de la coutume de Normandie, tom. 2, pag. 153*, ajoute, « cela avoit été jugé par un arrêt du 7 juillet 1664 : la femme ayant pris le tiers aux meubles, non seulement fut condamnée de contribuer au remploi des propres aliénés, mais aussi au remploi d'une charge dont elle avoit trouvé son mari saisi, laquelle avoit été perdue faute d'avoir payé le droit annuel : & l'on ne voulut point en faire la distinction, quoiqu'il parut rigoureux que la négligence de son mari fit perdre à une veuve cette petite portion que la coutume donne dans les conquêts. » Nous avons déja observé qu'en Normandie, il n'y a point d'acquêts que les propres ne soient remplacés.

ARRÊT du parlement de Paris, du 4 mai 1692, qui juge, que les offices ne sont point propres de disposition. (*Journal des aud. tom. 4, liv. 7, ch. 12, pag. 434.*) « On avoit mandé des députés des chambres qui furent tous de l'avis contraire, mais Mrs. de la quatrieme ayant été pour la liberté de la disposition, cet avis l'emporta. Depuis, la question s'étant présentée à la grand'chambre, au rapport de M. l'abbé Pucelle, on a jugé que les offices étoient propres de disposition, par ARRÊT du 9 février 1709. La même jurisprudence confirmée, par ARRÊT du 5 mars 1714, qui a jugé, qu'une charge étoit propre quoiqu'elle n'eût pas passé du pere au fils, mais que le pere l'eût achetée pour son fils, & la lui eût donnée depuis. Même ARRÊT contre le sieur Pinsoneau & la dame Guichon, en faveur du sieur Godeheu, au rôle de Paris, 1731. » (Œuvres de Cochin, *tom. 6, pag. 518.*)

SENTENCE ARBITRALE rendue par Mrs. de Vienne, Thomé & Dupré, conseillers; & Mrs. Capon & Gacon, avocats. . . . *Espece.* M. Bignon, premier président au grand-conseil, ne laissa qu'une fille qui recueillit cette charge dans sa succession, & épousa M. de Verthamont qui s'en fit pourvoir. Après la mort de M. de Verthamont, M. l'abbé Bignon son héritier, quant aux propres, prétendit que, dès que l'office faisoit partie de sa dot, c'étoit un immeuble dont le mari n'avoit eu que l'exercice, sans qu'elle en eût perdu la propriété. M. le procureur général, héritier en partie des meubles & acquêts, soutint que les provisions obtenues par M. de Verthamont, lui avoient transmis la propriété de l'office dont il devoit seulement le prix à la succession de son épouse, & conséquemment, que c'étoit un acquêt en sa personne. C'est ce que déciderent les arbitres.

ARRÊT

ARRÊT du parlement de Paris, du 13 février 1737, « dans la cause du sieur de Montigni & consorts, héritiers de la demoiselle de Turmenyes, contre la dame de Champigni, héritiere *des meubles & acquêts*, où je plaidois pour les collatéraux, & M. Leroi pour la mere : jugé à la trois, le mercredi 13 février 1737, que l'office de maître de la chambre aux deniers, qui s'étoit trouvé dans la succession du pere de la défunte, & qui avoit été vendu par son tuteur, sur avis de parens homologué au châtelet, avec délégation du prix, pour payer les dettes contractées par le pere, à raison de la charge même, n'étoit pas perdu pour les héritiers des propres paternels, quoique dans le fait on eût employé 250000 liv. de ce prix à payer les dettes du pere pendant la vie de la mineure. L'arrêt a donc jugé, que c'étoit un cas où s'appliquoit l'*art. 94 de la coutume de Paris*; puisqu'il a ordonné que dans le partage à faire entre la mere & les parens paternels, le prix entier de l'office seroit employé; c'est-à-dire, les 515000 livres, prix de la vente; & que les 250000 livres de dettes payées sur le même prix, seroient pareillement employées dans le passif avec les dettes existantes : pour toutes lesdites dettes être payées par contribution entre tous les héritiers de la mineure, à proportion de l'émolument. Selon cette décision, la mere contribuant aux 250000 liv. de dettes payées, mes parties héritieres des propres, ont trouvé dans cette contribution la récompense du prix aliéné. » (Cochin, *tom. 6, pag. 520.*)

ARRÊT du parlement de Rouen, du 21 janvier 1749, qui juge, qu'un office tombé aux parties casuelles, & relevé par l'héritier présomptif du titulaire dans le temps fatal, étoit un propre dans la succession de cet héritier; & l'adjuge à l'héritier des propres, au préjudice de l'héritier aux acquêts. L'annotateur de Basnage, sur l'*art. 247 de la coutume de Normandie, tom. 1, pag. 422*, observe que les offices qui sont réputés immeubles par l'*art. 514 de la coutume*, peuvent être propres & acquêts, & que les héritiers aux propres étant plus favorables en Normandie que les héritiers aux acquêts, ce fut ce qui détermina la cour.

ARRÊT du parlement de Rouen, du 12 janvier 1751. « L'office de conseiller au bailliage de Caen, étoit tombé aux parties casuelles; il en avoit été relevé, & avoit été vendu. La dame Desessarts prétendoit le prix de cet office comme un meuble de la succession de son fils : les sieurs de Baupte & Pelcot le prétendoient comme étant un propre dans la succession du sieur Postel fils. Par l'arrêt, la cour condamna le sieur Desessarts, héritier de la dame Desessarts, à rapporter au profit des sieurs de Baupte & Pelcot, le prix de l'office de conseiller au bailliage de Caen; à l'effet de quoi, il seroit tenu de représenter le contrat de vente dudit office, aux obéissances des sieurs de Baupte & Pelcot, de déduire sur le prix dudit office, ce qu'il en avoit coûté pour le relever aux parties casuelles. »... Il y a tant d'analogie dans les questions relatives aux *acquêts de succession*, aux *conquêts* ou *acquêts de communauté*, & aux *propres*, l'opposé des *acquêts*, qu'il est impossible de ne pas se laisser entraîner, par les auteurs qui n'ont pas eu toute la précision & toute la méthode nécessaire. Mais dans ce Dictionnaire les renvois réparent tout, & c'est toujours autant de gagné sur la suite de ce grand ouvrage. Voyez les arrêtés de M. le premier président de Lamoignon, *des offices, sous le titre de la communauté, & sous le titre des successions, pag. 60 à 66*; & ci-après la division *Remploi*; & encore les mots *Annuel, Charge, Communauté, Conquêt, Office, Provision, Récompense, Remploi, Vénalité, &c.*

Paiement.

34. Nous venons de prouver, dans la division précédente, que les offices acquis par le mari avant le mariage lui étoient propres, quoiqu'ils eussent été payés

des deniers de la commnnauté, & que la femme n'avoit qu'une action en remboursement de la moitié à elle afférente: il en est de même pour toutes les especes quelconques d'acquisitions.

ARRÊT du parlement de Paris, du premier mars 1567, qui juge que la femme a la moitié du prix de ce que le mari paie durant le mariage. (Le Vest, *arr. 228, pag. 1122.)*

ARRÊTS du parlement de Paris, du 30 septembre 1584, (prononcé seulement le 7 décembre 1594) & du premier décembre 1588, qui jugent que la femme ne peut rien prétendre aux acquisitions faites par le mari avant le mariage, encore que le prix en ait été payé pendant le mariage; mais qu'elle peut seulement demander part au prix. (Bouchel & Bechefer, *tom. 1, pag. 28.*) Voyez ci-dessus la *page 513*.

ARRÊTS conformes du même parlement du mois de décembre 1601, & du 7 février 1609. (Tronçon, *sur l'article 152 de la coutume de Paris, pag. 349*.

C'est le titre qui décide tout, ainsi l'héritage appartient à l'acquéreur. La tradition, & l'exécution par le paiement, remontant l'une & l'autre au principe qui est le contrat; il est certain que quand la tradition n'auroit été faite que pendant le mariage, ce seroit toujours en exécution du contrat qui l'auroit précédé: *ad primordium tituli posterior quoque formatur eventus, l. unic. C. de imp. lucrat. descript.*

Mais supposons le cas où il y ait à payer un supplément de prix pendant le mariage; ce supplément est-il acquêt? On pourroit dire, pour l'affirmative, qu'on l'accorde ordinairement au vendeur ensuite des démarches qu'il a faites pour attaquer le contrat par des moyens tirés du dol & de la fraude, ou de la lésion d'outre moitié de juste prix; & que ces vices infectant le contrat, il faudroit le regarder comme nul, & n'envisager l'acquisition que comme étant faite du jour de la ratification du vendeur qui s'étoit pourvu. Cependant la négative est certaine, parce que le supplément n'est toujours qu'un accessoire du prix du premier contrat, & remonte à la premiere cause, qui par-là se trouve confirmée. *Initium contractûs spectandum est, l. 12, D. ad S. C. Macedon.*

L'héritage donné en paiement par un pere, forme un propre dans la personne d'un enfant; parce qu'on considere la chose comme si l'héritage avoit été donné originairement: il en est autrement de l'héritage donné en paiement à un étranger; il forme un acquêt dans la succession du créancier à qui le délaissement a été fait.

ARRÊT du parlement de Paris, du 6 septembre 1696, qui juge que l'héritage donné par l'ascendant en paiement de la dot promise en argent, étoit propre à la fille; & par le même arrêt, l'immeuble donné par le beau-pere à son gendre, en paiement d'une somme à lui prêtée, a été réputé acquêt dans la succession du gendre.

ARRÊT du parlement de Paris, du 14 juillet 1766, rendu au profit de M. de Flesselles (aujourd'hui intendant de Lyon) & de madame son épouse, contre la dame veuve de la Hogue.... *Espece.* La dame veuve de la Hogue réclamoit contre madame de Flesselles, légataire universelle de madame Pajot du Bouchet les quatre quints d'une moitié de maison abandonnée à la feue dame Pajot du Bouchet, testatrice, en paiement d'une somme de 15000 liv. faisant partie d'une somme de 50000 liv. qui lui avoit été donnée en faveur de mariage par la demoiselle Louvet sa tante, & qui étoit stipulée payable en effets de la succession de la donatrice, avec clause de propre à la donataire & aux siens de côté & ligne; la même clause se trouvoit aussi répétée dans l'acte de délaissement de la moitié de maison, laquelle étoit propre à la donatrice.

La dame veuve de la Hogue soutenoit

que cette moitié de maison avoit formé entre les mains de la dame Pajot du Bouchet testatrice, & donataire de la demoiselle Louvet, un propre de succession & de disposition.

Par la sentence des requêtes du palais, la totalité de la moitié de la maison avoit été décidée disponible, & comme telle, adjugée à la légataire universelle; & cette sentence a été confirmée. (Denisart, au mot *Acquêt*, *n°. 17.*) « Les deniers *deubs* pour ventes d'immeubles, soit d'acquêt ou d'ancien, sont réputés meubles, & appartiennent à celui ou ceux qui ont droit de succéder les meubles. » *Art. 12 du tit. 4 de la coutume d'Espinal.* . . . Voyez *Communauté*, Datio-in-solutum, *Femme*, *Héritier*, *Mari*, *Paiement*, *Propres*, *Rente*, *Succession*, *&c.*

Prescription.

35. Les choses acquises par la prescription sont plutôt au rang des acquêts que des biens patrimoniaux suivant l'avis de Tiraqueau (*de retractu lineari, art. 32, glos. unic. n°. 74 & 75, & ad finem tit. n°. 74.*) D'Argentré, sur la coutume de Bretagne, *art. 418, glos. 3, n°. 13, pag. 1659*, distingue les prescriptions qui supposent un titre, de celles qui dépendent de la seule possession continuée depuis le commencement jusqu'à la fin; & il décide que ce qui est acquis en vertu des premieres, appartient exclusivement au mari; au lieu que ce qui provient des secondes, entre dans la communauté. *Cùm usucapio continui & successivi sit temporis, & possessionis continuatæ ex titulo quem solus maritus habuit, impossibile in usucapionibus quidem quæ titulum requirunt, tamen acquisitionem mulieri communicari quæ non participat in titulo; in præscriptionibus verò regularibus sinè titulo, possessionem legitimi temporis continuatam esse opportet, à principio ad finem.*

Godefroi, sur la coutume de Normandie, *rubrique du titre des successions collatérales*, dit: qu'eu égard au commencement de la possession, la chose prescrite forme un acquêt dans la personne de celui qui a commencé la prescription, quoiqu'elle n'ait pas été commencée & achevée de son temps; & qu'elle forme un propre dans la personne de son successeur, à titre universel, qui en a continué la possession en qualité d'héritier, & en a accompli la prescription. Voyez *Possession*, *Prescription*, *Titre*, *&c.*

Propres.

36. C'est la loi qui fait les propres & les acquêts; & la disposition de l'homme est parfaitement impuissante à cet égard. L'homme n'a pas le pouvoir de changer la nature de ses biens dans sa main; parce qu'elle est déterminée invariablement par les loix naturelles & positives qui ont établi à chaque chose une dénomination invariable, & toujours parfaitement indépendante des caprices & de l'inconstance des hommes.

Arrêt du parlement de Paris, du 16 avril 1671. Un particulier vend ses propres maternels, & des deniers provenus de cette vente acquiert d'autres immeubles. Il déclare dans le contrat, qu'il entend que ces nouvelles acquisitions lui tiennent lieu à lui & aux siens des propres maternels qu'il avoit aliénés. La cour déclara les nouveaux biens acquêts. (*Journal du palais, tom. 1, pag. 118.*) Voyez *Propres.*

Rachat, Réméré.

37. Arrêt du parlement de Paris, du 18 avril 1564. « Une maison ou immeuble du propre de la femme, ayant été vendu du consentement de la femme, avec faculté de rachat, n'est proprement aliénation, ains engagement. Partant, si ladite maison est rachetée, elle n'entre en communauté, ains demeure propre à la femme, nonobstant le consentement erroné par elle prêté de faire partage d'une maison aliénée. » (Papon, *liv. 15, tit. 12, arr. 21, pag. 878.*)

ARRÊT du parlement de Paris, du 3 mars 1557, qui juge qu'un héritage propre au mari qui l'a vendu, & depuis racheté des deniers provenus d'autres héritages qui lui étoient aussi propres, n'est tenu pour acquêt. (*Conquêt.*) (Papon, *ibid. arr.* 22, *pag.* 880.)

Mais supposons que le mari rachete des deniers de la communauté, dans ce cas l'héritage y entrera-t-il, ou la femme & ses héritiers n'auront-ils qu'une action pour se faire rembourser la moitié de ces deniers? D'Argentré décide que la femme n'y peut prendre part, & que cela a été ainsi jugé, par la raison que la stipulation de la faculté de rachat a un effet rétroactif pour la résiliation de la vente, & qu'ainsi l'héritage est possédé par l'ancien droit de propriété. *Alter conjugum rem domini sui distraxerat lege redimendi intra certum tempus; is postea redemerat, sed matrimonio constante: mulier dimidium petebat, veluti sui temporis acquisitum;* JUDICATUM EST *non rectè petere, quia non esset novi temporis acquisitio, sed ex veteri causâ & jure, in priorem causam potiùs rediisse, quàm esse innovatam.* (*Art.* 418, *glos.* 3, *n°.* 10, *pag.* 1659.) La femme, ou ses héritiers, ne pourront donc réclamer que le mi-denier.

On décide par les mêmes motifs, que si le mari a acquis un fonds sous condition avant le mariage, & que la condition arrivant durant le mariage, le contrat ait lieu définitivement, le fonds n'entre point en communauté; mais appartient au mari seul : en effet, les conditions, une fois purifiées, ont un effet rétroactif au jour où elles ont été stipulées; & on présume que dès ce jour la vente avoit été pure & simple. *Quæsitum de contractibus qui ante matrimonium essent initi, sub conditione tamen, quæ constante matrimonio evenit : an matrimonii, an superioris temporis is acquæstus esset? Sed hæc non valdè difficiosa est, quia certum est purificatis conditionibus actum retrò ad tempus ejus referri, & ex eo tempore valere, ac perindè haberi, ratione quidem translati dominii, ac si conditio nunquam fuisset apposita.* (*Ibid. n°.* 9.)

« Si l'un des conjoints avoit vendu son héritage, ou sur icelui constitué rente à *rachat* auparavant le mariage, & constant ledit mariage suivant ladite faculté de rachat, ledit héritage ou rente sont rachetés ou recouvrés; l'autre conjoint ne participe point audit héritage, charge ou rente rachetée & recouvrée, ou déchargée, mais sera remboursé pour sa part; & jusques audit remboursement, ledit conjoint jouira de l'héritage pour telle part qu'il a en la communauté, sans compter les fruits audit remboursement. » *Art.* 29 *du titre des droits appartenans à gens mariés de la coutume de Nivernois.*

La faculté de rachat dans la succession de celui qui avoit le droit d'en user, & qui ne l'a pas fait, a la même nature qu'avoit l'immeuble dans le temps qu'il étoit possédé par le vendeur; si l'immeuble étoit acquêt, elle passe à l'héritier des acquêts; si au contraire, il étoit propre, elle passe à l'héritier des propres. Mais si celui de ces héritiers qui avoit le droit d'user de cette faculté y rénonce, pourra-t-elle être exercée par l'autre? Denisart, sous le mot *Faculté de rachat, n°.* 8, pense que *l'acquéreur assigné en réméré par des héritiers d'une autre ligne, ou par l'héritier des acquêts, si l'immeuble est propre, ne peut se défendre du réméré, sous prétexte que l'action appartient à un autre; parce que ce seroit exciper du droit d'autrui.* Voyez les deux arrêts placés ci-dessus à la fin de la division *Licitation*, *pag.* 154.

Celui qui avoit vendu à un défunt, à charge de réméré, un héritage qu'il veut ravoir, doit-il rembourser le prix qu'il avoit reçu à l'héritier des propres, ou à l'héritier des acquêts? Le même Denisart (*ibid.*) dit : que *l'immeuble s'étant trouvé dans la succession, & non le prix, c'est sur l'héritier saisi de l'immeuble par la loi des successions que le réméré s'exerce; & par conséquent, c'est lui qui doit profiter du prix.*

Renusson avoit dit de même avant Denisart, que la faculté de réméré venant à s'exercer après la succession échue, n'ôte pas à l'héritier des propres le droit qui lui étoit acquis, & n'acquiert pas un droit nouveau à celui des acquêts qui n'y avoit rien. Le remboursement qui se fait est seulement l'exécution du contrat & de la faculté qui y avoit été stipulée, & il doit se faire à celui auquel appartenoit l'héritage. Renusson ajoute, qu'il faut que trois arrêts (qu'il venoit de citer) qui paroissent contraires à sa décision, aient été rendus dans des circonstances particulieres *qui ont échappé aux auteurs qui en ont donné les mémoires au public; ou que la question n'ait pas été examinée d'assez près. En effet, ces arrêts résistent aux regles & aux principes.* (Traité des propres, *chap. 1, sect. 10, n°. 24 & 25.*)

DÉCLARATION du roi, du 16 août 1698, portant que les nouvelles rentes constituées par le roi, en rachetant les anciennes, sont réputées acquêts.

La rente fonciere, mais stipulée rachetable dans l'aliénation d'un propre, forme-t-elle un propre ou un acquêt? On a décidé que la faculté de rachat rend la rente disponible & vrai acquêt pendant les trente ans de la faculté de rachat; & qu'après l'expiration de ces trente ans, cette rente est totalement propre comme représentative du fonds, & se trouve par-là sujette aux réserves coutumieres. (M. le Page, sur l'*art. 2 du chap. 13 de la coutume de Montargis.*) Voyez *Rachat, Rente, &c.*

Remploi.

38. La matiere vaste, importante & difficile des *remplois*, exige des discussions étendues, qui se placeront sous les mots *Autorisation, Communauté, Cumul, Dot, Femme, Immeuble, Mari, Noces, (Secondes) Offices, Partage, Propres, Récompense, Remploi, Remboursement, Reprise, Veuve, &c.* Nous ne pouvons cependant nous dispenser d'en dire ici quelque chose, pour rendre intelligibles quelques principes plus particuliérement relatifs à notre article.

La nécessité de prévenir les avantages que les conjoints auroient pu se faire en fraude de la loi, en convertissant leurs propres en acquêts, a fait établir le remploi de ces propres, lorsqu'ils auroient été aliénés pendant la communauté. Les coutumes de Châlons, *art. 32*; de Sens, *art. 277*; d'Auxerre, *art. 197*; de Blois, *art. 165*; de Bar-le-Duc, *art. 83*; de Metz, *tit. 6, art. 11*, renferment des dispositions à cet égard; mais elles ont entr'elles cette différence, que les unes, comme Châlons, exigent indéfiniment le remploi; & que les autres, comme Melun, Sens, Metz, ne l'accordent que lorsqu'il a été expressément stipulé par les conjoints. Voici ce que prescrit l'*art. 232 de la cout. de Paris*, qui forme aujourd'hui le droit commun du royaume: « Si durant le mariage il est vendu aucun héritage ou rente propre, appartenant à l'un ou à l'autre des conjoints par mariage, ou si ladite rente est rachetée, le prix de la vente ou rachat est repris sur les biens de la communauté, au profit de celui auquel appartenoit l'héritage ou rente; encore qu'en vendant *il n'eût été convenu de remploi ou récompense*, & qu'il n'y ait eu aucune déclaration sur ce fait. »

Quelque justes que fussent ces dispositions, plusieurs arrêts jugerent qu'elles ne pouvoient être étendues au delà du ressort des coutumes, *extra territorium*, & que le remploi des propres aliénés ne devoit avoir lieu dans celles qui seroient muettes sur cet objet, qu'autant qu'il auroit été expressément stipulé.

Cela fut d'abord ainsi décidé pour les coutumes de Tours & du Maine, en 1596 & 1597. Mais bientôt on admit les remplois dans les coutumes qui ne le prescrivoient pas. Un ARRÊT du 29 mai 1623, pour le Poitou, & un du 28 avril 1614, pour le Vermandois, ont fait dire à Tronçon, (*pag. 473*): « A présent l'on le juge ainsi en coutume qui n'en dispose tant à l'égard du mari que de la femme, ce qui semble équitable. »

Cependant, quelque faveur que parussent mériter les remplois, on décida qu'ils ne devoient être faits que des deniers seulement, & non des acquêts; & cela, malgré les plaintes que purent faire les femmes, du vil prix auquel leurs héritages avoient été aliénés.

Nous avons observé déja que dans quelques coutumes, comme celle de Normandie, il n'y a point d'acquêts, que les propres ne se trouvent entiérement remplacés, & que c'est la disposition de l'*art. 65 des placités* : par cette raison, si la femme survit au mari, le remploi de ses propres aliénés, sera fait par les héritiers des meubles & acquêts de celui-ci.

La coutume de Bretagne dit : « Si le mari, constant le mariage, vend son héritage, & durant le même mariage fait acquêts, il sera récompensé de son héritage aliéné, sur lesdits acquêts, paravant que la femme y prenne aucune chose. » *Art. 440 de la coutume de Bretagne.*

D'Argentré dit, que cela fut ainsi déterminé sur la demande des états de la province, & est très-raisonnable pour prévenir les fraudes des conjoints, au préjudice de leurs héritiers présomptifs. *Hic etiam novus articulus est postulantibus omnibus ordinibus editus, & magnam habet rationem præsuppositis conquæstibus; nec refert an ante venditionem facti sint, an post eam. Alioqui futurum erat ut mariti res suas distraherent fraude hæredum, & conquæstus facerent in quibus mulier dimidium caperet, quæ res recidebat in donationem vetitam inter virum & uxorem.* (Argentræi *Aitiologia*, *pag. 93.*)

On a demandé si cette coutume ne parlant du remploi que sur les acquêts & non sur les meubles, il étoit permis aux conjoints de le stipuler, tant sur l'un que sur l'autre objet; & le parlement de Rennes a décidé pour l'affirmative, le 24 avril 1619, (Louet & Brodeau, *lettre* R, *som. 30*, *n°. 14*, *pag. 336.*)

Mais, supposons qu'il n'y a eu aucune stipulation particuliere, dans ce cas le remploi sera-t-il restreint aux *acquêts*? Un ARRÊT du 30 octobre 1642, rapporté par Chapel, *chap. 286*, a décidé que les termes de la coutume ne souffroient point d'extension dans leur interprétation. Ce préjugé paroît bien rigoureux, il faut en convenir; aussi M. Poulain n'a pas balancé à dire, qu'il n'est pas possible d'y avoir égard, & ses raisons paroissent convainquantes.

« Au défaut d'acquêts, *dit-il*, le mari doit être récompensé sur les meubles; parce que ces mots d'*acquêts* ne sont pas mis *dans la coutume* pour faire exclusion des meubles, mais plutôt *in favorem* du mari, afin qu'il lui soit permis de prendre sur les acquêts *invitis uxoribus*. La récompense en immeubles étoit plus avantageuse; & il semble que celle-ci lui étant accordée, *à fortiori* l'autre sur les meubles. De plus la communauté n'étant autre chose qu'une société, il s'ensuit que le mari doit être récompensé devant que les biens soient dits profits : *lucrum dicitur deductis tantum damnis* : & d'ailleurs, il s'ensuivroit encore une plus grande absurdité, savoir, que les donations *inter virum & uxorem*, seroient permises *in fraudem legis*. Car, un mari voulant donner à sa femme la moitié de son bien, n'auroit qu'à le vendre; le prix tomberoit dans la communauté, & la moitié en appartiendroit à la femme. Enfin, il seroit absurde que la seule distinction des biens de la communauté qui n'est qu'accidentelle, fondât le droit du mari ou de ses héritiers, & qu'ayant le prix de son bien vendu entre mains, pour le mettre demain ou à la premiere rencontre en un acquêt, en ayant été empêché par la dissolution de la communauté arrivée, il demeure privé de la récompense qui lui est due. » (*Nouveau commentaire sur la coutume de Bretagne, tom. 3, pag. 163.*)

Il faut ajouter ici une nouvelle preuve à ce que nous avons dit au commencement de cette division, que le remploi des propres aliénés formoit le droit commun du royaume. Cela a été ainsi jugé par un ARRÊT du parlement de Besançon, du 22 avril 1717, dans une affaire évoquée du parlement de Dijon. On décida que le remploi devoit avoir lieu dans le duché de Bourgogne, quoique la coutume ne l'eût pas ordonné, & que tant qu'il y avoit des biens de communauté, de quelque part qu'ils vinssent, tout ce que le mari avoit aliéné devoit être rétabli. (Dunod, *pag. 381.*)

L'action pour le remploi des propres aliénés est-elle mobiliaire ou immobiliaire?

Les anciens arrêts avoient jugé que cette action comme réelle & immobiliaire, appartenoit aux héritiers des propres, & non aux héritiers mobiliaires : c'étoit entr'autres la décision formelle d'un ARRÊT du mois de mars 1591, rendu après que la question eût été proposée aux chambres. Mais la jurisprudence changea bientôt, & il est constant aujourd'hui que cette action est mobiliaire. Dans le nombre des préjugés, nous en citerons un des plus anciens, un d'une époque moins reculée, & un des plus modernes.

ARRÊT du parlement de Paris, du 11 février 1613, qui juge, « que l'action de remploi comme mobiliaire, appartient aux héritiers mobiliaires, à l'exclusion de ceux des propres ; & en défaut d'eux, aux héritiers paternels & maternels, quand ils sont en pareil degré, sans considérer de quel côté étoient les propres anciens vendus ; la succession se partageant en l'état que les biens se trouvent au jour du décès. *Ea sola substantia spectatur quam pater cùm moreretur habuerit;* comme il est dit en la loi *cum duplicibus 79, ad l. falcid. & l. si alienum 49, in fine, D. de hered. instit.* En l'espece dudit arrêt de 1613, la clause du contrat de mariage portoit, que le remploi se feroit en achat d'autres héritages ou rentes qui sortiroient pareille nature au mari & siens. » (Louet & Brodeau, *lettre* R, *somm. 30, n°. 23, pag. 538.*)

ARRÊT du parlement de Paris, qui décide mobiliaires les actions pour le remploi de rentes propres ; & en conséquence, adjuge les deniers à reprendre sur les biens de la communauté, faute de remploi des rentes rachetées, aux héritiers des meubles & acquêts, à l'exclusion du cousin maternel, duquel côté & ligne les rentes étoient procédées. (*Journ. des audiences, tom. 1, pag. 491.*)

ARRÊT du parlement de Paris, du 7 septembre 1756, rendu au rapport de M. Berthelot de St. Alban.... *Espece.* « Dans le contrat de mariage de Pierre Viel & de Marie Labbesse, il avoit été stipulé que, si les propres de la femme étoient aliénés pendant le mariage, le mari seroit tenu d'employer le prix en acquisition d'autres immeubles qui sortiroient pareille nature de propre à la femme, & aux siens de son estoc en ligne directe & collatérale. Après le mariage, Pierre Viel vendit des propres de sa femme, & fit emploi du prix en acquisition d'autres immeubles, avec déclaration au profit de la femme qui accepta le remploi, & laissa ces biens dans sa succession. Elle avoit pour héritiers des neveux paternels, & des cousins germains maternels. Ceux-ci, qui sans l'aliénation auroient succédé aux propres vendus, prétendirent qu'ils devoient aussi succéder aux héritages provénans du remploi qu'ils soutenoient représentatifs & subrogés aux propres aliénés. Les neveux, au contraire, réclamoient ces héritages, comme plus proches héritiers de la défunte, & soutenoient qu'ils étoient *acquêts* dans la succession ; ils disoient que la stipulation des propres insérée au contrat de mariage, n'avoit d'effet que contre le mari ; ils citoient la note de Dumoulin *sur la coutume de Nivernois*, qui porte, *hoc est indistinctè verum contra maritum aut ejus heredes.* Sur cela, sentence est intervenue aux requêtes du palais qui a adjugé aux neveux les héritages provenans du remploi, & elle a été confirmée. » (Denisart, au mot *Remploi*, *n°. 56*, *tome 4*, *page 165.*)

Plusieurs auteurs ont mis une exception au principe consacré par la jurisprudence. C'est, lorsque celui à qui le fonds appartenoit, & à qui le remploi est dû décede en minorité ; parce qu'en ce cas, il est réputé immeuble, & va aux héritiers des immeubles. C'est la disposition implicite de l'*art. 94 de la coutume de Paris ;* & cela se fait à cause de la prohibition d'aliéner.

Il y a une autre exception particuliere à la coutume de Normandie, d'après l'usage de cette province, de favoriser toujours les héritiers des propres. « Comme parmi nous, dit Basnage, sur l'*art. 408 de la coutume de Normandie*, *tom. 2*, *pag. 162*, le remploi des propres aliénés doit toujours être fait nécessairement, *non solùm jure societatis*, *sed jure hereditario*, & que la fin pour laquelle ce remploi est ordonné est la conservation du bien dans les familles, cette action est toujours immobiliaire, & appartient aux héritiers aux propres. Aussi cette action ne tend pas à demander la restitution du prix du propre aliéné, mais pour avoir un fonds & une pareille substance. »

Bechet propose une question importante : « S'il arrivoit que le pere ou la mere eût vendu son patrimoine, & qu'il ne se trouvât que des meubles en la succession pour être partagés entre les enfans, dont l'un auroit donation des meubles, acquêts & tiers de patrimoine, il y auroit du doute, de quelle façon les autres enfans prendroient leur légitime. Il y a deux avis divers ; l'un, d'attribuer les deux tiers de tous les meubles aux légitimaires ; & l'autre de faire un remploi du prix des propres vendus pour en donner les deux tiers à la légitime des enfans. J'estime ce dernier avis, que nous observons, plus conforme à la raison : car, en faisant le remploi des propres, il n'y aura point de sujet de plainte de part ni d'autre ; comme il pourroit arriver du côté des légitimaires, s'ils ne trouvoient pas la valeur des deux tiers du patrimoine dans une pareille quotité des meubles ; & du côté du donataire, si les deux tierces parties des meubles excédoient les deux tiers des propres aliénés. D'ailleurs le remploi des propres des conjoints, avant le partage des biens de la communauté qui se pratique entre nous, suivant l'équité des arrêts observés par M. Louet, SERT D'UN PUISSANT ARGUMENT EN CE SUJET, COMME ÉTANT UNE ESPECE PROCHE, ET DONT LA RAISON EST SEMBLABLE : *Ubi est eadem ratio*, *ibi jus idem esse debet.* » (Usance de Saintonge, *pag. 160 & 161.*) . . . . La conformité que Bechet trouve entre les acquêts de succession & les acquêts de communauté, justifie pleinement la marche que nous sommes forcés de suivre dans cet article. Voyez ci-dessus les divisions *Dot* & *Légitime*, & ci-après la division *Subrogation.*

Renonciation.

39. Une fille, après le decès de son pere, renonce à sa succession en faveur d'un de ses freres, qui en mourant donne à sa femme ses meubles & acquêts, & le tiers de ses propres : on demande si la portion de cette sœur forme un propre ou un acquêt dans la succession de son frere ?

ARRÊT du parlement de Paris, du 16 décembre 1564, qui juge que cette portion étoit acquêt dans la personne du défunt, & en conséquence, déboute sa sœur des deux tiers qu'elle y réclamoit, en soutenant que cette portion étoit de nature patrimoniale. L'arrêt lui laisse le choix

choix de rendre le prix que son frere lui en avoit payé. (Charondas, *liv. 8, rep. 48, pag. 392 & 393.*)

La femme, par son contrat de mariage, peut-elle renoncer aux meubles & acquêts de son mari? On dit que les particuliers ne peuvent pas altérer l'ordre établi par les loix & les coutumes. Mais cet axiome ne reçoit son application que relativement aux objets qui intéressent le public. A l'égard de ceux qui n'intéressent que les particuliers, il n'est point défendu de contracter d'une maniere différente de celle que les coutumes ont prescrite. *Convenire possunt conjuges in contrahendo ne ulla futura sit communio, ut & sua quisque habeat, ne certæ partis, ne certorum corporum & specierum, aut locorum, aut quotæ: cedit enim legis dispositio hominum conventionibus, in his quæ in consensum privatorum cadunt & materiam habilem reperiunt. Nam* ANTE LEGES SYNALLAGMATA FUERUNT, *& antiquiorem habent originem, & à naturâ causam ducunt, ut potiora videri debeant, si naturæ lex alia non repugnat, aut politicæ constitutiones* OB PUBLICAM CAUSAM. (Argentræus, *art. 418, veter. consf. Britan. glos. 1, n°. 5, pag. 1643.*)

ARRÊT du parlement de Rouen, du 4 juillet 1652. Guerout a dix enfans & veut se remarier sans leur faire préjudice. Il épouse la nommée Guerente & stipule qu'elle n'aura que 200 liv. de rente pour son douaire, *sans pouvoir prétendre aucune autre chose:* il lui donne depuis 500 l. par son testament. Il meurt, & sa femme le suit de près: les héritiers de celle-ci demandent part aux meubles & conquêts de Guerout; & le premier juge l'accorde pour les conquêts, & la refuse pour les meubles. Appel: la cour confirma. « On estima, *dit Basnage*, que la clause de *renonciation* n'étoit pas assez expresse; & d'ailleurs les acquêts étoient de petite conséquence: car autrement il ne faut pas douter que l'on ne puisse valablement stipuler par un contrat de mariage, que la femme ne prendra point part aux acquêts ni aux meubles, pourvu que la *renonciation de la femme soit précise & expresse.* » (Basnage, *art. 330 de la cout. de Normandie, tom. 1, pag. 549.*)

ARRÊT du parlement de Besançon, du 13 février 1727. Le sieur Dolard pere, épousant en secondes noces la demoiselle Daloz, lui promet une somme, moyennant laquelle elle *renonce* aux acquisitions qu'il feroit pendant leur mariage. La cour jugea la renonciation valable. (Dunod, *Observ. sur la cout. du comté de Bourgogne, pag. 371.*)

« Un pere, mariant sa fille, lui donne une somme de deniers, moyennant quoi elle renonce à sa future succession: l'on demande si ce qu'elle pouvoit recevoir de plus est un conquêt entre le pere & la mere? »

« Ce n'est point un conquêt, par la raison que ce qu'on lui a donné est une limitation de sa portion, qui par l'événement pouvoit être plus ou moins grande; ainsi il ne faut pas regarder le surplus comme une acquisition à cause de cette incertitude. Mais il y a plus, c'est que la succession d'un pere n'appartient point de son vivant à ses enfans, qu'en espérance, par la regle de droit, qui dit que *nulla est successio viventis;* de sorte que si le pere fait renoncer sa fille *aliquo dato*, c'est comme si elle entroit dans un couvent moyennant une dot, ou qu'elle vint à mourir: le pere demeure toujours maître de ses biens, comme il eût demeuré quand même cette fille n'eût pas renoncé; il n'y gagne rien. Peut-être que par l'événement cela produira quelque chose à ses enfans mâles, cela est incertain; mais à son égard, ce n'est point une acquisition: car, qu'une fille renonce, ou qu'elle ne renonce pas, son pere n'est pas moins le maître de ses biens qui ne changent point de nature dans l'un ni dans l'autre cas. » (Notes sur Duplessis, dans son *Traité de la communauté, tom 1, pag. 366.*).... Si cette question n'est pas purement hypothétique, il faut avouer que la veuve qui a eu l'idée de l'agiter, & l'homme d'affaires qui la dirigeoit, avoient des vues d'intérêt d'un raffinement singulier. Voyez *Clause*, *Contrat*, *Convention*, *Mariage*, *Renonciation*, *&c.*

Rente.

40. ARRÊT du parlement de Paris, rendu aux fêtes de pâques de l'année 1592, qui juge que ce que le cohéritier achete de son cohéritier après partage, est acquêt, & que la mere y succede; mais que la rente que donne celui qui a acquis, pour le prix de son acquisition, est propre, & que la mere n'y succede pas. (Montholon, *arr. 74*, *pag. 156.*)

ARRÊT du parlement de Paris, du 23 janvier 1625, qui juge qu'une rente acquise par un mari, pour être de pareille nature qu'un propre, qu'il avoit ci-devant aliéné, & rester hypothéquée aux conventions matrimoniales de sa femme, doit appartenir à l'héritier des acquêts. La clause de subrogation ne servoit qu'à assurer la rente aux droits de la femme, & ne pouvoit avoir l'effet de la rendre *propre à ceux du côté & ligne.* (*Journ. des aud. tom. 1, liv. 1, chap. 37, pag. 23.*)

ARRÊT du parlement de Rouen, du 17 juin 1633, qui juge que les rentes constituées, formées par le prix d'un office vendu, n'appartiennent point aux héritiers des acquêts. La sentence qui les leur avoit adjugées, fut cassée; parce que le défunt étant pourvu de l'office lors de son mariage, les deniers qui en provenoient étoient réputés de même nature. (Basnage, sur l'*art. 408 de la cout. de Normandie*, *tom. 2*, *pag. 153.*) C'est une suite de la grande faveur qu'ont les héritiers des propres en Normandie: en voici un autre exemple, & de la nécessité du remploi.

ARRÊT du parlement de Rouen, du 30 juillet 1745, qui juge que les arrérages de la rente viagere, qui échéent du vivant de la femme, appartiennent aux héritiers des propres du mari jusqu'à concurrence des propres aliénés. (*Annot. de* Basnage, *ibid*, *pag. 149.*) Les maris, pour avantager leurs femmes, prendroient le parti d'aliéner leurs propres, & de leur former des rentes viageres du prix de ces aliénations.

ARRÊT du parlement de Rennes, du mois de janvier 1691, qui juge que si une rente propre à une ligne a été amortie, & que des deniers qui en provenoient, on en ait créé une autre, cette derniere rente forme un acquêt.

ARRÊT du parlement de Paris, du premier août 1708, qui juge en interprétation de l'*art. 304* de la coutume du Maine, qu'un mari ne peut, quelques mois avant sa mort, convertir en rente viagere une rente conquêt de la communauté.

SENTENCE de la seconde chambre des Requêtes du palais à Paris, du 17 juillet 1718, qui juge que quand un défunt a vendu une maison qui lui étoit propre, à la charge d'une rente fonciere & non rachetable pendant sa vie, mais rachetable après son décès, cette rente est un acquêt dans sa succession. La stipulation du rachat ne permet plus de la regarder comme une rente fonciere. (*Œuvres de* Cochin, *tom. 6*, *pag. 520.*) Le défunt n'avoit pas un droit de propriété sur le fonds même, puisque c'étoit un droit résoluble en deniers à son décès. (*Ibid.*)

SENTENCE de la premiere chambre des Requêtes du palais à Paris, du 19 décembre 1726, qui juge que quand un des copartageans cede sa part pour une rente que son cohéritier lui constitue rachetable d'une somme fixe, cette rente est un acquêt disponible pour le tout. (*Ibid.*)

ARRÊT du parlement de Paris du mois de mars 1744, qui juge que si le mineur, à qui l'on a remboursé une rente, laisse pour héritiers de ses propres un autre mineur, les deniers provenus du remboursement seront encore propres à ce second mineur : s'il vient aussi à décéder, l'héritier des propres les recueillera & non l'héritier des meubles ; parce que la fiction de propres se soutient en la personne du second mineur, & que c'est l'héritier des propres qui lui succede dans le remboursement fait au premier mineur. Nous avons déja eu occasion de citer l'*art.* 94 de la coutume de Paris, qui détermine que les biens des mineurs ne changent point de nature pendant leur minorité. *(Ibid. pag. 518.)*

ARRÊT du parlement de Paris, du 19 mars 1763. Le sieur Pajot de Marcheval, mariant sa fille à M. Brayer président du parlement, la dote en ces termes: « En faveur dudit mariage, ledit sieur Pajot a constitué en dot & avancement d'hoirie de sa succession future, à ladite demoiselle future épouse sa fille, la somme de 160000 liv. en déduction de laquelle il promet & s'oblige payer auxdits futurs époux, celle de 20000 livres ; & pour les 140000 liv. de surplus, ledit sieur Pajot en a créé & constitué au profit desdits futurs époux ce acceptans, leurs hoirs & ayant cause du chef de laditte demoiselle, 7000 liv. de rente annuelle & perpétuelle qu'il a promis, & s'est obligé de payer auxdits futurs époux, & à leurs ayans cause, en leur demeure à Paris. »

En 1755, madame Brayer fait un testament par lequel elle institue sa belle-sœur, sa légataire universelle. Après son décès, ses héritiers prétendirent que la rente de 7000 liv. au capital de 140000 liv. formoit un propre sujet aux réserves coutumieres. La légataire soutint qu'elle n'étoit qu'un acquêt ; & c'est ce qui fut jugé par défaut au châtelet, dont la cour confirma la sentence.... *Voyez* Pothier sur la *cout. d'Orléans*, *pag.* 36 & 37.

« Sont contenus sous ce mot *Acquêt*, & réputés héritages d'acquêts, toutes rentes acquêtées, *(constituées)*, soient à rachapt, ou sans rachapt, pourvu qu'elles soient réalisées. » *Art.* 28 *de la coutume de Chauni.* Voyez *Constitution*, *Mineur*, *Rente*, &c.

Représentation.

41. Dans la coutume du Maine & d'Anjou, où la représentation a lieu à l'infini, les meubles & acquêts, & propres naissans d'un défunt, doivent-ils, en collatérale, après le premier partage entre les deux lignes paternelle & maternelle, se partager par tête ou par souche? Les *articles* 286 de la premiere, & 268 de la seconde, sont-ils *limitatifs*, ou simplement *démonstratifs*?

Les auteurs ne sont point d'accord sur la décision de cette question intéressante : les tribunaux de ces provinces consultés, ont présenté des résultats différens dans leurs actes de notoriété : enfin, les cours souveraines ont rendu des arrêts dont les dispositions se contrarient.

Un premier ARRÊT du parlement de Paris, du 6 mai 1768, a jugé que les dispositions des deux coutumes étoient *limitatives*; & il étoit fondé sur ce raisonnement. En ordonnant que *meubles & acquêts s'en vont en deux lignes*, *l'une en ligne de pere*, *& l'autre en ligne de mere*, *SANS ÉGARD A LA PROXIMITÉ DU DEGRÉ*, ce n'est pas ordonner que la division s'en fera en quatre lignes, celle du pere, celle de la mere, celle de l'aïeul paternel, celle de l'aïeul maternel, & ainsi de suite d'ascendans en ascendans jusqu'à l'infini. Les coutumes du Maine & d'Anjou, introduisant une exception à la regle générale de succéder en matiere de meubles & acquêts, confirment évidemment cette regle, hors le cas de cette exception ; & il ne doit pas être permis d'étendre des dispositions contraires au droit commun, du cas exprimé, à celui qui ne l'est pas. *Quando jus corrigens TAXATIVE loquitur*, *etiam ex identitate rationis*, *expressè non fit extentio. DOCTORES ad authent. quas actiones*, *C. de* *sacrosf. eccles.* Lorsque les coutumes veulent déroger aux usages ordinaires, elles annoncent clairement ce qu'elles entendent prescrire. Lorsque celle de Bretagne a voulu étendre la subdivision des acquêts, elle ne s'est pas contentée d'ordonner que les *biens meubles & conquêts* iroient *aux hoirs prochains; c'est à savoir, à la ligne devers le pere, la moitié; & l'autre moitié, à celle devers la mere;* elle a bien su ajouter : *& pour ce que la* LIGNE VIENT DE PLUSIEURS RAMAGES, ILS DOIVENT ÊTRE DÉPARTIS A CHACUN RAMAGE. *Art. 593 de la coutume de Bretagne.*

Un second arrêt, du même parlement de Paris, du 7 septembre 1769, a jugé au contraire que les dispositions des deux coutumes n'étoient que *démonstratives.* Il s'agissoit de décider si tous les grands oncles de la défunte, qui lui touchoient au même degré, devoient partager par la voie de la refente par moitié, la moitié des meubles & acquêts dévolus à la ligne paternelle; ou si cette moitié devoit être partagée en huit parts, y ayant huit représentés, cinq d'un côté, & trois de l'autre. La cour (après un premier arrêt du 15 juillet précédent, qui ordonnoit le rapport de plusieurs actes de notoriété des officiers des sénéchaussées d'Angers, Baugé, la Fleche & le Mans) jugea que la moitié des acquêts seroit partagée par moitié, & non par têtes représentées. On décida donc que la refente à l'infini étoit plus conforme aux principes des *articles 286 & 268* des coutumes du Maine & d'Anjou. Cependant l'arrêt ne passa pas sans difficulté; puisque sept juges opinerent aux *consultis classibus*, c'est-à-dire, à prendre l'avis des chambres.

Denisart, qui rapporte, sous le mot *Représentation*, les deux préjugés que nous venons de citer, rapporte également l'acte de notoriété qui servit de base au dernier, & qui est effectivement très-clair sur la question.

Les officiers de la sénéchaussée du Mans y attestent que l'*art. 286 de la coutume, a toujours été regardé comme démonstratif & non limitatif.* « Jamais, *disent-ils*, on n'a douté que dès que l'on est obligé de remonter aux aïeuls ou bisaïeuls de celui *de cujus*, pour trouver les héritiers d'une des lignes, il ne faille, dans chaque production en remontant, distinguer le paternel d'avec le maternel, & opérer *dans les fractions* comme s'il s'agissoit de partager les successions des aïeuls ou aïeules, bisaïeuls ou bisaïeules entre ceux qui sont représentés, s'ils étoient vivans : en sorte que la moitié des meubles & acquêts, & propres naissans qui tombent aux héritiers paternels, se subdivise en deux autres moitiés, dont l'une pour ceux qui représentent l'aïeul, & l'autre pour ceux qui représentent l'aïeule, *pour être ensuite divisées dans la branche qui part de ces deux souches*, qui sont étrangeres l'une de l'autre, quoiqu'elles aient un droit égal dans la succession. C'est ainsi qu'on a toujours opéré dans cette province pour les réglemens en succession collatérale.... Fait & délibéré le 12 août 1769. »

La même question s'est encore présentée de nouveau, & a donné lieu à une contestation très-sérieuse entre la comtesse d'Elva & le marquis de Vassé.

La cause ayant été portée au châtelet, intervint SENTENCE le 3 octobre 1772, qui avant faire droit, ordonna qu'il seroit rapporté acte de notoriété des officiers des bailliages royaux & sénéchaussées du Maine & d'Anjou, & autres principaux, sur l'interprétation des *articles 141 & 286* de la coutume du Maine, & de l'*art. 268* de la coutume d'Anjou sur les questions de savoir :

1°. Si après la division des acquêts & propres naissans en deux lignes de pere & de mere, à quelque degré que soient les représentans, on doit subdiviser, dans le cas d'égalité, comme dans celui d'inégalité du degré de parenté, pareillement en deux lignes de pere & de mere.

2°. Quels sont les usages qui se pratiquent journellement dans ces deux coutumes en cas d'égalité de degré de parenté pour régler le partage des meubles & acquêts, & propres naissans des héritiers du côté paternel & du côté maternel.

3°. Si pour trouver les héritiers de la ligne paternelle, il faut remonter jusqu'à l'aïeul & l'aïeule de celui *de cujus*, & même plus haut, jusqu'à ce qu'on ait trouvé les ascendans en la personne desquels la ligne paternelle & la ligne maternelle ont commencé à se séparer.

Le marquis de Vassé interjeta appel de cette sentence à la COMMISSION établie alors à Paris. Cependant la dame comtesse d'Elva produisit des actes de notoriété des officiers de la sénéchaussée du Mans, de celle du Château-du-Loir, du présidial de la Fleche & des sieges royaux de Laval & de Mayenne. Ceux du Mans rappellerent leur avis de 1769, & y persisterent; & ceux du siege de Laval, dont nous nous contenterons de rapporter l'acte de notoriété, parce qu'il est le plus brief & conforme aux autres, attesterent. « Que suivant l'interprétation qu'on a toujours donné dans l'étendue du ressort du comté de Laval aux *articles 241 & 286* de la coutume du Maine, on a toujours *subdivisé & refendu* chaque moitié des meubles acquêts & propres naissans, lorsque les héritiers ne réunissoient pas en leurs personnes les lignes paternelles & maternelles, . . . jusqu'à ce qu'il se trouve un héritier *qui confonde les deux lignes*. . . . Tout quoy a lieu & est observé, *tant dans le cas d'égalité de degré, que dans le cas d'inégalité*; & ce, à tel degré de parenté que soient les représentés; *tellement qu'il suffit d'être sorti d'une branche pour être admis à partager la part & portion afférente à chaque branche.* »

Sur ces différens actes de notoriété, ARRÊT de la commission, du 12 févr. 1774, qui évoquant le principal trouvé en état d'être jugé, sans s'arrêter aux demandes du marquis de Vassé, envoie la comtesse d'Elva en possession des objets par elle réclamés. Le marquis de Vassé s'étant pourvu au conseil, y obtint un ARRÊT du 6 février 1775, qui cassa celui de la commission, & renvoya les parties & leurs demandes au parlement de Rouen.

Le marquis de Vassé y combattit les actes de notoriété produits par la comtesse d'Elva, par ceux des sénéchaussées d'Angers & de Baugé, *qui leur étoient contraires*; & il soutint qu'il étoit impossible de concilier les subdivisions entre les lignes ascendantes paternelles & maternelles du défunt, avec ces deux regles admises par les coutumes du Maine & d'Anjou : *le mort saisit le vif; les meubles & acquêts appartiennent à ses plus proches lignagers collatéraux, chacun dans sa ligne.* En effet, donner chaque moitié de la premiere division aux lignagers les plus prochains du défunt, chacun dans sa ligne, c'est nécessairement exclure toute idée de subdivision en différentes lignes : car lorsqu'une succession doit être divisée en plusieurs lignes, la proximité n'est plus comptée pour rien; les descendans de l'une ne peuvent jamais prétendre aux biens destinés à l'autre.

ARRÊT du parlement de Rouen, du 24 février 1779, qui déboute la comtesse d'Elva de ses demandes à fins de subdivision & refente; & accorde au marquis de Vassé les meubles & acquêts, & propres naissans qui faisoient l'objet de la contestation, & étoient en souffrance. . . . . *Voyez* Lebrun dans son *Traité des successions, liv. 3, chap. 5, sect. 3, n°. 11*, & Guiné, dans son *Traité de la représentation, pag. 343 & suivantes.*

Celui-ci dit : « Que ce que portent les coutumes du Maine & d'Anjou, que *pour ce que représentation a lieu audit pays, les héritages & conquêts s'en vont en deux lignes*, est une EXPRESSION IMPROPRE ET MAL RÉDIGÉE : car, comme les héritiers paternels & maternels procedent nécessairement de troncs différens, la représentation ne peut pas (*du moins selon les principes de cette matiere*) produire son effet entr'eux. L'infinité de la représentation va bien à étendre & à proroger son effet dans les coutumes qui l'admettent plus loin que celui que l'empereur lui a donné; mais elle ne va pas à l'introduire entre des héritiers de différens troncs, à moins qu'elle ne se trouve unie à la regle *paterna paternis*; ce qui ne peut avoir lieu à l'égard des meubles & des acquêts qui ne sont affectés à aucune ligne. » . . . . On ne sauroit trop répéter que des dispositions incohérentes, rédigées avec des *expressions impropres*, des dispositions qu'on ne peut expliquer qu'au moyen d'*enquêtes par turbes*, & d'*actes de notoriété*, *SOUVENT CONTRADICTOIRES ENTR'EUX*, entraînent des inconvéniens sans nombre & sans fin. Qu'on réfléchisse que dans le cours de onze années, trois jugemens souverains ont tour-à-tour adopté, proscrit & repris une maxime qui pourroit être rejetée de nouveau, suivant les circonstances où la même question pourroit reparoître au palais. Ah, que Loiseau étoit bien excusable! lorsqu'ayant perdu un procès *par la regle commune PATERNA PATERNIS, qu'on jugea devoir avoir lieu en la coutume de Chartres, quoiqu'elle n'en portât rien, comme par-tout le royaume, il s'en moqua par ses écritures & factums, en ces mots qui coururent depuis au palais: PATERNA, PATERNIS; LANTERNA, LANTERNIS.*

Sans doute l'auteur qui nous a transmis cette anecdote a eu raison d'ajouter: « Un des principaux fondemens de cette maxime *paterna paternis*, c'est la distinction qui s'est introduite parmi nous, & même contre l'esprit du droit commun entre les acquêts & les propres: si bien que ce n'étoit pas sans très-grande apparence que M. Renaud Loiseau l'impugnoit. En effet, les provinces que nous appellons de droit écrit, l'ont rejetée; & d'entre celles qui se régissent par coutumes, *il n'y en a presque point qui n'en usent diversement des autres.* Voire même comme l'établissement des moindres *absurdités* ne manque jamais de produire divers inconvéniens; AUSSI EST-IL CONSTANT QUE CETTE REGLE EST LA PEPINIERE D'UNE INFINITÉ DE PROCÈS, DANS LA DÉCISION DESQUELS LES JUGES RENCONTRENT TOUS LES JOURS QUELQUES NOUVELLES PERPLEXITÉS. » (*Opuscules tirés des Mémoires de* M. Antoine Loisel, *pag.* 544.)

Quem dixere chaos, rudis indigestaque moles;
Nec quidquàm nisi pondus iners, congestaque eodem,
Non bene junctarum discordia semina rerum.
NULLUS ADHUC MUNDO PRÆBEBAT LUMINA TITAN.

Ovid. Metamorphos. lib. 1, v. 7, & sequent.

Qui détruira ce chaos? Qui le peut? Le roi, le roi seul. Ce que Frédéric a fait d'un seul mot sur l'*Accroissement*, Louis XVI le peut sur tous ces objets qui excitent la réclamation de tous les vrais jurisconsultes. C'est le vœu public.

En succession directe ascendante, on est toujours hors des termes de la représentation; ainsi, quand il y a plusieurs ascendans qui concourent, ils succedent par têtes.

ARRÊT du parlement de Paris, du 30 mai 1702. Magdeleine Le Dan, aïeule maternelle de Magdeleine Jacquemelle, prétendit qu'elle devoit succéder à la moitié de ses meubles & acquêts, & que Lecomte & Elisabeth Donneville sa femme, aïeul & aïeule paternels, ne devoient avoir à eux deux que l'autre moitié. Ceux-ci soutinrent au contraire que le partage des meubles & acquêts devoit se faire par têtes & non par souches. C'est ce que la cour décida, en ordonnant que l'aïeul & les deux aïeules auroient chacun un tiers de cette portion de la succession de leur petite-fille. (Augeard, *tom.* 2, *chap.* 205, *pag.* 674.) Voy. *Accroissement*, *p.* 170, *colon.* 2, & *Ascendans*, *Degré*, *Estoc*,

Fente, *Ligne*, *Partage*, *Refente*, *Représentation*, *Souche*, *Subdivision*, *Succession*, &c.

Réserves coutumieres.

42. On demande si un testateur peut léguer plus que le quint de ses propres, lorsqu'il laisse des biens d'une autre espece à son héritier pour le dédommager des propres, dont il le prive.

Ricard traite savamment cette question, & cite d'abord plusieurs ARRÊTS qui ont jugé que lorsque le testateur a excedé le quint des propres par son testament, on ne peut reprendre par compensation sur les meubles & acquêts, ce qui est retranché en vertu des dispositions de la coutume; mais, il en cite ensuite plusieurs autres parfaitement contraires des 9 août 1561, 2 août 1567, 13 août 1575, 20 janvier 1632 & 27 février 1664, qui ordonnerent les délivrances de différens legs qui excédoient le quint des propres; si mieux n'aimoient les héritiers, en cas de réduction des legs aux termes de la coutume, suppléer ce qui seroit retranché sur les autres biens situés en d'autres coutumes, tant en propres, que meubles & acquêts; jusqu'à concurrence de ce qu'il étoit permis de disposer par ces coutumes.

Cette diversité d'arrêts observe Ricard, fait connoître qu'il ne faut point s'y arrêter non plus qu'aux opinions des docteurs pour trouver la résolution de cette difficulté, mais qu'il faut passer plus avant, & aller la chercher dans son principe par la voie du raisonnement. Il discute ensuite fort au long les différens moyens, & termine par assurer qu'un testateur peut « rejeter des biens dont il a disposé, une charge qui leur étoit imposée par la coutume, sur d'autres biens dont il avoit pareillement la faculté de disposer; comme par exemple dans les coutumes où le successeur universel aux meubles est tenu d'acquitter les dettes, le testateur peut, en disposant de ses meubles, rejeter le paiement des dettes sur les acquêts qu'il pouvoit semblablement léguer; parce qu'en ce cas, il est censé avoir disposé de ses acquêts au profit des légataires des meubles jusques à concurrence de ce à quoi se montent les dettes dont les meubles étoient chargés par la loi. » Il a été ainsi jugé par ARRÊT du 4 juillet 1609, (Ricard, *Traité des donations*, *part.* 3, *chap.* 10, *sect.* 1, *n°.* 1451, *pag.* 766.)

Ce sentiment de Ricard, paroît consacré par les dispositions d'un préjugé moderne.

ARRÊT du parlement de Paris, du 30 juillet 1742, qui juge que lorsqu'un testateur a légué au delà du quint de ses propres, & a laissé des meubles & acquêts à son héritier, pour le dédommager de ce qu'il lui ôte sur ces propres, en lui imposant la peine d'être privé des meubles & acquêts, il faut qu'il opte. S'il veut conserver les meubles & acquêts, il faut qu'il livre les propres légués; s'il préfere les réserves coutumieres, il faut qu'il abandonne au légataire tous les biens disponibles. *Mais cessant la peine imposée par une clause du testament, si le legs d'un propre se trouve réduit par une demande en distraction des réserves coutumieres, il n'est point dû de récompense au légataire du propre sur les biens disponibles du testateur.* (Denisart, *au mot* Réserves coutumieres, *n°.* 17.) Voyez ci-dessus le *n°.* 27, & ci-après le *n°.* 56, & les mots *Héritiers*, *Légataire*, *Légitime*, *Option*, *Propres*, *Récompense*, *Réserves coutumieres*, &c.

Restitution.

43. Dans quels cas les héritages que nous avions possédés originairement & qui rentrent dans nos mains, tiennent-ils nature de propres ou d'acquêts. Ceux que nous avions aliénés après les avoir eus par la voie de la succession, & dont nous redevenons propriétaires par

la voie de l'acquisition, forment évidemment des acquêts; parce que le nouveau titre qui nous les transmet, n'a rien de commun avec l'ancien. Mais ceux dans lesquels nous rentrons en vertu de quelque action rescisoire, qui rend nulle l'aliénation que nous en avions faite, reprennent leur qualité de propres: c'est en effet plutôt dans ce cas une simple cessation de l'aliénation, qu'un nouveau titre d'acquisition: *ideòque acquæstum non posse videri, quòd retinetur potius quàm recuperatur. Art. 418, veter. cons. Britann. glos. 1. n°. 18.*

L'auteur de la note *G*, sur Duplessis, *de la communauté, tom. 1, pag. 362*, cite, d'après Chopin, un ARRÊT du parlement de Paris, du 12 août 1563, qui jugea que le prix d'un remboursement fait au mari, ensuite de l'entérinement des lettres de rescision obtenues par son vendeur, étoit immobilier; & en conséquence, debouta sa veuve donataire des meubles, de ses prétentions à cet égard. Cet auteur ajoute « que l'on doit faire grande différence entre l'aliénation de l'héritage faite indirectement ou volontairement; c'est le sentiment de Charondas, *livre 6, rep. 55*: la raison est, que le remboursement est nécessaire & forcé; il est fait par les héritiers faute de suppléer; s'ils le faisoient, la femme ne pourroit rien prétendre sur l'héritage. »

L'héritage vendu par le pere, & revenu au fils par la voie de la restitution, est-il propre ou acquêt? Bechet croit devoir distinguer: *Si le fils est restitué sans mettre la main à la bourse, comme si par exemple le pere avoit vendu en minorité, ou si étant majeur il avoit été deçu par le dol de l'acquéreur, l'héritage seroit propre au fils. Si au contraire la restitution arrivoit sur une lésion d'outre moitié de juste prix*, nouvelle distinction: *si le fils avoit trouvé les deniers dans l'héredité du pere pour faire le remboursement, il semble qu'il y auroit grande raison de réputer l'héritage de nature patrimoniale, mêmement si les lettres avoient été obtenues par le pere. Mais ce remboursement se faisant des deniers que le fils auroit par autre voie, il seroit bien juste de considérer cet héritage comme un acquêt dans son héredité.* (Usance de Saintonge, *pag. 191.*) Voyez ci-dessus les divisions *Fief & Rachat*, *Réméré*, & les mots, *Dol*, *Lésion*, *Minorité*, *Rescision*, *Restitution*, *Vente*, *&c.*

Retour.

44. L'héritage donné par un pere à son fils, & que le pere récueille ensuite comme héritier de ce fils, reprend-il la qualité, soit de propre, soit d'acquêt, qu'il avoit entre les mains du pere avant la donation, de maniere que les choses rentrent dans le premier état: ou au contraire, quelle que fût la qualité originaire de l'héritage donné, ne forme-t-il pas un propre entre les mains du pere, par cela seul qu'il l'a par voie de succession?

Denisart dit: « Que la plupart des auteurs soutiennent que quand le pere succede *par droit de réversion* aux immeubles qu'il avoit donnés, ils conservent la même qualité qu'ils avoient avant la donation, soit d'acquêts, soit de propres. Pour moi je pense, *ajoute-t-il*, que les immeubles donnés au fils par le pere, étant propres entre les mains du fils, ils ne cessent point de l'être, lorsque du fils ils retournent au pere *par voie de succession*. Ce seroit une chose bien étrange que la succession qui fait des propres, éteignît celui-ci. »

Pour se déterminer sur cette question il suffit de bien examiner quel est le droit en vertu duquel le pere reprend dans les pays coutumiers, les biens qu'il a donnés à son fils.

Si c'étoit par le droit de retour introduit par la jurisprudence romaine, il est certain que les biens donnés, n'auroient pas changé de nature; parce que le droit de retour opere cette fiction, que les biens ne sont point censés

censés être sortis de la main du donateur qui ne les avoit donnés que conditionnellement, & dans le cas où son donataire lui survivroit. Par une suite de cette fiction, les biens donnés reviennent au donateur francs de toutes dettes & hypotheques; c'est ce que décide constamment le parlement de Paris, pour les pays de droit écrit de son ressort, & cette décision est fondée sur la disposition de la loi *Constitutionis novæ C. de bonis quæ liber.*, sur l'opinion de la Roche-Flavin, de Graverol, de Maynard, de Henris, de Ferriere, & même de Bretonnier quoi qu'il paroisse avoir varié dans sa façon de penser. En un mot, le pere n'ayant donné que *sub onere reversionis*, la donation est *révoquée* de droit par la mort du donataire: *dos à patre profecta, si in matrimonio decesserit mulier familias, ad patrem* REDIRE *debet. l. 4 C. solut. matrim.*

Mais, comme l'observe très-bien Ricard, « ce n'est point *par un droit de retour & de révocation*, tel qu'il se pratique dans les pays du droit écrit, que les ascendans prennent parmi nous dans la succession de leurs descendans, décédans sans enfans, les choses par eux données; mais *par droit de succession*. Et de fait, la coutume de Paris, *art. 313*, & la plupart de celles qui ont touché cette matiere, se sont servies du mot *Succéder*, & non pas *Retourner*. »

D'après cette distinction, on ne doit pas être surpris du préjugé que cite Denisart à l'appui de son avis: voici comme il en rend compte.

ARRÊT du parlement de Paris, du 1 septembre 1762, entre M. le duc de Mortemart & M. le duc de Luxembourg héritier du duc de Rochechouart, décédé six mois après son pere, le 21 décembre 1743. La duchesse de Beauvilliers avoit donné au prince de Tonnay-Charante son petit-fils, le comté de Chaumont près Blois, par contrat de mariage du 28 avril 1730. Le donataire étant mort sans enfans en 1731, la donatrice succéda aux choses par elle données conformément à l'*art. 313* de la coutume de Paris, qui forme le droit commun des pays coutumiers. Incidemment à une demande en indemnité formée par M. de Luxembourg & autres, contre M. le duc de Mortemart & consorts, dans le partage des biens de la succession *du même duc de Mortemart*; il s'est agi de savoir si la terre de Chaumont étoit un propre dans la succession de madame de Beauvilliers, a laquelle elle étoit acquêt, lorsqu'elle l'avoit donnée au prince de Tonnay-Charante. M. de Luxembourg la soutenoit acquêt, & M. de Mortemart la soutenoit propre, à cause du mot *Succédent*, qui se trouve dans l'art. 313, de la coutume de Paris. L'arrêt susdit l'a jugée propre, *formâ negandi*. Denisart *au mot* Propres, *n°. 16, 17 & 18*. Voyez *Ascendant, Collatéraux, Dot, Hypotheque, Mere, Pere, Retour, Reversion, Succession, &c.*

Retrait.

45. Par la loi de Moyse, il falloit offrir sa terre à son parent, avant de pouvoir la vendre à un étranger. (*Levitic. cap. 25, v. 25. Ruth, cap. 4, v. 3, & sequent. Jerem. cap. 32, v. 7.*) La loi des anciens Saxons renfermoit les mêmes dispositions. A Rome les magistrats pouvoient acheter dans leurs provinces les biens provenus de leur patrimoine lorsqu'ils s'y vendoient, quoiqu'il leur fût d'ailleurs défendu d'y faire des acquisitions. (*L. qui officii, D. de contrah. empt. l. 9, D. de re milit. l. 22, C. de adm. tut. l. 38, D. de rei vindicat. l. cùm pater 77, § 27 de legat. 2°. l. princeps C. TH. de iis quæ administrantibus, vel offic. public. gerentibus sunt tradita vel donata.*) Ces réglemens d'exception étoient fondés sur cette ancienne maxime: *NEQUE LARES, SEPULCHRAQUE AVITA IN ALIENAM FAMILIAM TRANSEANT.*

En France, le retrait lignager est admis dans nos pays coutumiers, &

même dans quelques-uns de ceux qui sont régis par le droit écrit, & il y est plus ou moins favorable; ce qui produit une grande diversité dans les usages qu'on y a adoptés. Ces observations préliminaires serviront à rendre plus sensible ce que nous avons à dire du retrait relativement à notre article.

L'*art. 139 de la coutume de Paris*, que nous avons cité ci-dessus, *(n°. 4, pag. 510.)* dit : « Que l'héritage retiré par retrait lignager, est tellement affecté à la famille, que, si le retrayant meurt, délaissant un héritier des acquêts, & un héritier des propres, tel héritage doit appartenir à l'héritier des propres de la ligne dont est venu & issu ledit héritage, & non à l'héritier des acquêts; en rendant toutefois dedans l'an & jour du décès aux héritiers des acquêts, le prix dudit héritage. »

ARRÊT du parlement de Paris, rendu *en robes rouges*, le 7 septembre 1570, qui juge, que l'héritage acquis par retrait lignager est réputé propre, & l'adjuge comme propre maternel à la tante maternelle. (Tronçon, *pag. 335.*)

ARRÊT du parlement de Paris, du 9 juin 1633, qui juge, que l'héritage légué à un collatéral qui en fait legs à un autre collatéral, étant vendu par le dernier, n'est point sujet au retrait dans la coutume de Paris. On soutint qu'un héritage n'étoit sujet au retrait lignager, qu'autant qu'il avoit fait souche *en ligne directe*, & que c'étoit ce que la coutume de Paris vouloit exprimer en parlant du propre héritage *venu & écheu par succession. (Art. 129.)* On cita J. Faber, Duluc, Dumoulin, & on dit, qu'*un acquêt qui n'avoit fait que passer par les mains des collatéraux, n'étoit pas proprement dans la famille qui a son origine & son principe*, *A COMMUNI STIPITE*. (Bardet, *tom 2, liv. 2, ch. 40.*)

ARRÊT du parlement de Rouen, du 10 juin 1660, qui juge, conformément à l'*art. 483 de la coutume de Normandie*, que l'héritage retiré à droit de sang est propre & non acquêt. La partie condamnée s'étant pourvue par la voie de la requête civile, en fut déboutée par un second ARRÊT, du 18 août 1662. L'*art. 483* dit : L'*héritage retiré par clameur de bourse à droit de lignage, tient nature de propre & non d'acquêt.* (Basnage, *tom. 2, pag. 548.*)

Cet auteur ne manque pas d'observer sur l'*art. 483*, que la coutume de Normandie, bien différente en cela de celle de Paris, n'oblige l'héritier des propres à aucun remboursement, vis-à-vis l'héritier des acquêts, *& que c'est un usage certain.* (Ibid. *pag. 365.*) C'est toujours pour l'héritier des propres que la coutume de Normandie a des égards de prédilection : ce sentiment se manifeste à chaque disposition.

ARRÊT du parlement de Paris, du 21 mars 1713, qui juge, que l'acquêt légué à un parent de la ligne, & par lui vendu hors de la ligne, étoit sujet à retrait lignager. Rousseau-de-Lacombe, qui rapporte ce préjugé dans ses nouvelles observations, sur Louet & Brodeau, *(lettre A, somm. 3, tom. 2, pag. 21.)* est bien embarrassé à le concilier avec celui de 1633, cité par Bardet. Il décide cependant, que *tout propre de ligne, naissant ou ancien, vendu, légué ou donné à un parent lignager, est sujet à retrait en cas de revente hors de la ligne;* & il soutient que la distinction de Brodeau *entre le propre naissant & l'ancien propre, donné ou légué à un parent collatéral, n'est point suivie.*

ARRÊT du parlement de Paris, du 16 mars 1723, qui juge, que M. Midorge, maître des requêtes, a pu exercer le retrait sur une maison léguée au comte de Boulignieux, que la dame sa mere, son héritiere, avoit vendue au sieur de la Bourdeille.

ARRÊT du parlement de Paris, du 23 juin 1739, rendu après délibéré dans la coutume de Montargis. Jean Deservile, legue à sa niece Brossard des héritages qui étoient dans sa famille depuis un siecle : celle-ci les vend à Bertrand, étranger. Demande en retrait par la sœur de Jean Deservile. Sentence qui l'adjuge ; appel. Les appellans convenoient que les héritages en question étoient originairement propres de la ligne de la venderesse ; mais ils soutenoient qu'ils n'avoient formé que des acquêts dans sa personne : elle les tenoit en vertu d'*un legs*, de son oncle, dont elle n'étoit pas l'héritiere présomptive. Dans la coutume de Montargis, qui n'admet point la représentation en collatérale, l'immeuble légué en collatérale ne forme qu'un acquêt dans la personne du légataire ; un acquêt n'est point sujet au retrait. Les intimés répondoient : il est vrai que ce qui est donné en collatérale, est considéré comme acquêt, & appartient à l'héritier le plus prochain ; mais cette jurisprudence *ne regarde que le droit de succéder, & n'a aucune application au retrait*. En matiere de retrait, il suffit de considérer le titre d'aliénation qui met le propre hors de la famille, sans examiner à quel titre le lignager le possédoit ; attendu que tant qu'il a été dans sa main, il n'étoit point hors de la famille, & que ce n'est que la vente qu'il en fait à un étranger, qui donne lieu au retrait. La cour confirme la sentence. . . . En distinguant les *propres de retrait*, des *propres de succession*, on concilie ce qui paroît au premier coup-d'œil contradictoire, & on développe l'obscurité des commentateurs, embarrassés dans l'explication des différens articles de leurs coutumes.

« L'héritage naissant du vendeur est acquêt au retrayant lignager d'icelui. »... « L'héritage retrait par le lignager, encore qu'il lui soit acquêt, toutefois s'il est revendu, tombe en retrait. » *Art.* 37 *& 215 de la coutume de Rheims*. Ces deux articles rapprochés de l'*art.* 190, qui veut que, si un *héritage n'étoit du propre ou du naissant, ains fût seulement de l'acquêt du vendeur, audit cas retrait lignager n'auroit lieu*, présentent au premier coup-d'œil des contradictions & des difficultés insurmontables ; cependant on éclaircit tout par cette réflexion bien simple. Les rédacteurs des coutumes ont voulu récompenser l'économie & l'industrie du retrayant, en lui accordant la libre disposition de l'héritage retiré, comme d'un véritable acquêt ; & cependant restreindre ce privilege en faveur des héritiers des propres, qui avoient un droit originaire sur cet héritage, en leur donnant la faculté de le retraire sur l'étranger qui viendroit à l'acquérir du retrayant. Par une espece de fiction, l'héritage est censé dans ce dernier cas avoir été affecté à la famille, & n'avoir jamais été acquêt.... *La coutume de Paris, art.* 139, a eu également sa maniere de concilier les intérêts des héritiers des propres, & des héritiers des acquêts. Il n'y a que la Normandie qui n'admet point de tempéramens, & qui repousse toujours ces derniers en faveur des premiers.

ARRÊT du parlement de Paris, du 19 janvier 1782. . . . *Espece*. La demoiselle Camp retrait plusieurs fonds vendus par son pere ; après son décès, procès entre les sieur & demoiselle Camp, ses héritiers du côté paternel, & les sieurs Doudan & Delecourt, maris des Dlles. Gamand, ses légataires universelles. Les héritiers soutiennent que les fonds retirés par la demoiselle Camp, font partie des biens patrimoniaux, & demandent d'en être envoyés en possession ; les légataires prétendent qu'il faut avant tout les rembourser du prix avancé par la retrayante. Jugement de l'échevinage d'Arras, confirmé par le conseil provincial d'Artois, en faveur des héritiers. Appel.

Les appellans prétendent que la coutume d'Artois, ne s'expliquant pas sur la question qui divise les parties, il faut la décider par les dispositions de celle de Paris, qui forme le droit commun du royaume ; or, l'*art.* 139 *de cette coutume*, assure le succès de leur cause.

Les héritiers répondent, que la coutume de Paris & celle d'Artois, envisageant le retrait d'une maniere différente, il n'est pas permis d'expliquer l'une par l'autre.

A Paris, le retrait est soumis à des formalités rigoureuses, qui marquent sa défaveur ; ainsi, il n'est pas surprenant qu'en conservant l'héritage retiré aux héritiers des propres, on les assujettisse à rembourser aux héritiers des acquêts le prix avancé par le défunt. En Artois, au contraire, le retrait est très-favorable; l'héritage retiré forme un vrai propre de succession & de disposition, puisque le retrayant n'en peut disposer, ni par donation entre-vifs, ni par testament : ce sont les dispositions de différens articles de la coutume.

« Héritages procédans à aucun de la succession de ses prédécesseurs, *ou par lui rattraiz, remis à cotte & ligne*, sont réputés patrimoniaulx, soit qu'ils soient tenus en fief ou cotteries. »... « Héritages patrimoniaulx suivent cotte & ligne. »... « Et est aussi loisible au proesme du vendeur *rattraire* en dedans l'an de la saisine baillée à l'acheteur, tous heritaiges patrimoniaulx dudit vendeur, *pour les remectre à cotte & ligne.* » Art. 78, 108, & 123 de la coutume d'Artois.

Baudouin sur le premier de ces articles dit, *que le fief retiré par le mari au nom de sa femme, ne sera réputé entre les acquêts ou conquêts ; mais sera propre & patrimonial à la femme.* Maillart remarque, « que les héritages *réputés patrimoniaulx*, sont sujets aux mêmes regles que les vrais propres.... Que les héritages retraits lignagerement ou seigneurialement dans le cas où le fief dominant est propre, sont des propres, tant en matiere de disposition que d'aliénation.... Que l'on n'estime pas qu'en Artois l'héritier des propres qui prend ces héritages doive récompense ou aux héritiers mobiliaires, ou aux créanciers du défunt, ou au survivant qui accepte la communauté.... Qu'un ARRÊT du 7 septembre 1690, a décidé qu'en la coutume d'Artois, l'héritier mobiliaire ne pouvoit pas demander à l'héritier des propres la somme déboursée par le défunt, pour parvenir au retrait lignager. » (Maillart, en son *Commentaire sur la coutume d'Artois, pag. 615 & 616, de l'édition de 1739, in-fol.*)

Les héritiers ajoutoient, que la question avoit été jugée par la cour, le 13 mai 1728, de la même maniere qu'en 1690 : enfin, ils rapportoient plusieurs actes de notoriété du conseil provincial d'Artois, qui attestoient l'usage constant de ce pays, de ne donner aucune récompense pour l'héritage retiré. Sur ces moyens, la cour confirme les jugemens obtenus par les sieur & demoiselle Camp.

« Héritages coltiers rattraictz par le mari constant le mariage sont réputés acquestes.... Quand la femme du gré & autorité de son mari, rattrait audit titre de proximité aucuns héritages cottiers, ils sont réputés patrimoniaulx, & succedent par son trépas, comme patrimoine tenant sa cotte & ligne de lez, dont les héritages procedent. » *Art. 36 & 37 du chap. 2 des successions des coutumes de la Salle, bailliage & châtellenie de Lille.*

Pollet a bien raison de se récrier sur la bizarrerie des dispositions de ces deux articles, & de dire, qu'il « est difficile de donner une bonne raison de la différence que la coutume met entre l'héritage retrait par le mari, & celui qui a été retrait par la femme ; & pourquoi celui qui a été retrait par le mari seroit réputé *acquêt*. Le retrait a été introduit pour remettre les biens dans la famille dont ils étoient sortis par la vente, l'héritage retrait par le mari n'est point excepté de la regle.... Cette différence amene d'*autres difficultés.* » (Pollet, *Arrêts du parlement de Flandre, part. 2, arr. 21, pag. 161.*) Les inconséquences des loix sont toujours la source des contestations, qui bouleversent la société civile.

« Un pere s'étant servi du nom de son fils pour retirer un héritage comme lignager, l'on demande si cet héritage appartient au fils, & s'il lui sera propre ou acquêt? Les docteurs traitent cette question, *in l. filiæ cujus, C. famil. ercisc.*; la commune résolution est telle, que si le fils demeuroit les bras croisés, & partageoit l'héritage avec ses freres, sans se prévaloir de l'acquisition qui a été faite en son nom, sa portion seroit censée de nature patrimoniale en sa succession; mais, s'il veut tirer de l'avantage de cette acquisition, il peut prendre l'héritage à son profit, en rapportant à l'hérédité les deniers du prix, ensemble des augmentations & méliorations: & en cette façon, cet héritage lui sera un acquêt. » (Bechet, *Usance de Saintonge, pag. 188.*)

Cet avis de Bechet est conforme à celui de M. le premier président de Thou, qui remontra que: « Les coutumes qui disent que le retrait d'une terre, fait par le pere au nom de son fils, est réputé acquêt, de tant qu'il doit être partagé *inter fratres*, se doivent entendre de telle sorte que les deniers tombent en partage, demeurant la terre ès mains de celui au nom duquel a été exécuté le retrait.... *Aliàs sequeretur absurdum*, s'il falloit que la terre fût partagée. » (Bouchel & Bechefer, *tom. 1, pag. 29.*)

A ce que nous avons dit ci-dessus sur le retrait féodal, en matiere d'acquêts, (*n°. 25, pag. 543,*) joignons les dispositions de quelques coutumes: « Quand un vassal vend son fief, soit qu'il vienne de son propre ou naissant, ou d'acquêt à personne étrange, & non étant de sa ligne, le seigneur, dont le fief vendu est tenu, peut icelui retraire, & avoir pour les deniers & prix de ladite vendition, avec les frais & loyaux couts. » *Art. 115 de la coutume de Chauni.*

Quand la vente est d'un propre de la ligne de l'acquéreur, le seigneur ne peut exercer le retrait féodal.

La coutume de Rheims, qui ne permet le retrait lignager des acquêts, en autorise le retrait féodal par l'*art. 190.* Buridan observe à ce sujet, que *le seigneur peut retenir l'héritage vendu en sa jurisdiction fonciere, soit qu'il soit propre au vendeur, ou bien de ses acquêts seulement... qui est un avantage que le seigneur a en ce cas sur le lignager, en ce qui est des acquêts, tout au contraire des propres, pour le regard desquels le lignager est préféré.* (Commentaires de Vermandois, tom. 2, pag. 283.)

L'*art. 188*, décide en effet que: « Le retrayant lignager est préféré au seigneur, voulant avoir le fief tenu de lui par le retrait féodal. » Voyez *Fief, Ligne, Parent, Récompense, Retrait, Seigneur, &c.*

Reversion.

46. Dans la coutume de Bordeaux, les *acquêts* (conquêts) n'appartiennent point aux enfans, encore qu'il y ait communauté entre leurs pere & mere, à moins que le contrat de mariage ne contienne la clause expresse de reversion à leur profit.

ARRÊT du parlement de Bordeaux, du 30 mai 1672. « Un homme & une femme se marient, s'associent à moitié d'acquêts qu'ils feront pendant leur mariage, sans ajouter la clause que les acquêts seront *reversibles* aux enfans qui naîtront de ce mariage. La femme étant décédée la premiere, le mari contracte des dettes; faute de paiement, on fait saisir son bien. Les enfans s'opposent pour avoir la distraction de la moitié des acquêts qui appartenoient à leur *pere*. Les créanciers, au contraire, disoient qu'ils ne pouvoient prétendre aucune part dans cette moitié, parce que dans le contrat de mariage, ils ne leur avoient pas été affectés, & s'ils l'avoient été, ils les pourroient avoir par la force du pacte; la seule association faite par le contrat du mariage, n'établissant pas une donation en faveur des enfans qui en naîtront. » Les enfans furent déboutés de leurs demandes,

(Annotateur de Lapeyrere, *lettre* A, *n*°. 2, *pag.* 3.)

La coutume renferme une exception. « *Item :* Si un homme a été marié en plusieurs femmes successivement, & que chacune aye enfans, les acquêts des biens immeubles & héritages par lui faits (desquels il n'auroit disposés) seront aux enfans du mariage durant lequel auroient été faits, réservé la légitime aux enfans des autres mariages auxquels n'auroient été faits acquêts, si le demeurant des biens du pere, outre lesdits acquêts, ne suffisoit à la légitime. » (*Art.* 70.)

Lapeyrere dit que la propriété des acquêts, réservée aux enfans par le contrat de mariage, leur appartient si incommutablement, que le survivant de leur pere & mere ne peut les aliéner, ni les hypothéquer à leur préjudice; de maniere qu'en répudiant son hérédité, ils ont le droit de forcer les acquéreurs à leur en faire le délaissement. (*Ibid.*)

ARRÊT du parlement de Bordeaux, de 1709, qui juge que le conjoint survivant remarié, a pu vendre les acquêts de la premiere société pour en payer les dettes, malgré la clause de reversion en faveur des enfans; & que les enfans du premier lit n'étoient pas recevables à rembourser l'acquéreur qui avoit payé les créanciers de cette premiere société en conséquence des délégations portées par son contrat d'acquisition. (*Ibid.*)

Il est vrai que *bona non dicuntur nisi deducto ære alieno;* mais nous pensons que les délégations ne présentoient aucun soupçon de fraude; sans quoi un pere & une mere remariés pourroient ruiner leurs enfans d'un premier lit. Voyez ci-après la division *Secondes noces*.

Roi, Reine.

47. Nous avons traité déja, dans les divisions *Confiscation* & *Office*, les questions de savoir si les biens donnés par le roi à des confiscataires, & les charges de magistature, forment des propres ou des acquêts; la seule chose que nous avons à examiner ici, c'est de savoir si par le droit public du royaume les reines prennent part aux acquisitions faites par les rois leurs époux: écoutons du Tillet.

Les reines « n'ont communauté des acquêts faits par les rois leurs maris durant le regne & leur mariage, mais bien en ceux faits auparavant leur advénement à la couronne. Suivant ce, le roi Philippe de Valois feit raison à la royne Jeanne de Bourgoigne sa femme de la moitié des conquêts faits auparavant qu'il fust roi constant leur mariage. L'administration du royaume ne peut recevoir les roynes à communauté; *car tout est pour la couronne & bien du royaume, qui ne peut être approprié à la royne par vertu de la coutume.* LA BOURSE DU ROI EST CELLE DU PEUPLE, NON PARTICULIERE AUX ROY ET ROYNE. » (Recueil des rois de France, & leurs couronne & maison, *part.* 1, *pag.* 257 & 258.) Voyez ci-dessus les mots *Acquéreur, Acquérir, Acquisition, n*°. 9, *Acquisition des souverains;* & ci-après *Dauphin, Domaine, Patrimoine, Prince, Reine, Roi, Souverain, Union, &c.*

Secondes noces.

48. Sous les mots *Conquêts* & *Propres*, nous traiterons deux questions intéressantes. La premiere, de savoir si les acquêts auxquels la femme participe en vertu de la communauté légale ou conventionnelle, doivent être envisagés comme une libéralité du mari, & par conséquent sujets à réserve pour les enfans d'un premier lit. Aucun auteur ne l'a mieux traitée que Dunod, (*Observ. sur la cout. du comté de Bourgogne, pag.* 122 & *suiv.*) La seconde, de savoir si les biens procédans des donations du premier mari, que la mere restitue aux enfans, leur sont propres du chef paternel ou du chef maternel. Elle est discutée avec soin par Dupin, (*Traité des peines des*

secondes noces, tit. 6, chap. 3, pag. 451 & suiv.) Nous nous bornons ici à rendre compte de quelques dispositions singulieres de nos coutumes, qui annoncent la défaveur avec laquelle elles envisagent les seconds mariages.

Par les coutumes de l'évêché de Metz, les fils & les filles succedent également, pourvu qu'ils soient d'un seul & même mariage; car autrement, tout l'ancien du pere, échu & à échoir avec les acquêts faits jusqu'au jour de son second mariage, appartient aux premiers enfans privativement aux autres, « & n'ont plus rien les derniers que les acquêts faits constant le mariage duquel ils sont nés & pendant la viduité suivante.... Successions collatérales, sont tous acquêts pour tourner au profit du mariage constant lequel ils échéent; sinon & où elles écherroient après le décès du pere, tous y viennent également sans distinction de mariage.... *Le ventre ne fait point de distinction, même en immeubles,* & succedent également à la mere les enfans de premier ou subséquent mariage. » *Art. 2, 3, 4, 5, & 6 du tit. 11 des successions.* Les articles 6, 7, 8, 24, 27, 28, & 29 *du tit. 10 des successions de la coutume de Gorze*, sont à peu-près conformes.... Il paroît qu'on excuse plus volontiers le convol des femmes que celui des maris; cependant l'édit des secondes noces ne parloit que des femmes & non des maris, & la disposition n'en a été étendue à ceux-ci que par la jurisprudence, & notamment par deux arrêts prononcés *en robes rouges* au parlement de Paris les 16 mai 1578 & 22 mai 1586. La loi *hâc edictali* ne faisoit aucune différence, & punissoit également les secondes noces sans distinction de sexe.

La coutume de Mons n'appelle à la succession des oncles & tantes pour les biens patrimoniaux, que les neveux & nieces d'un premier mariage, & en exclut ceux du second: à l'égard des *acquêts de main-ferme & meubles*, elle admet par têtes les neveux & nieces indistinctement; parce que pour cette espece de biens, les enfans du second mariage sont aussi *prochains* que les enfans du premier mariage. *Chap. 3 & 4, d'échéance d'oncles & tantes.*

« Lorsqu'il y a enfans de plusieurs lits, les biens immeubles procédans du premier lit, & tous autres venans d'estocq & ligne, sont appartenans aux enfans dudit lit;...... & tous biens trouvés après la mort du commun parent sont présumés du premier lit, tandis que l'on ne fait paroître du contraire.... Enfans de plusieurs lits, fils & filles succedent également à tous biens meubles relaissés par leurs parens dernier devié, ensemble aux acquestes faites, & biens lui obvenus *par succession collatérale* pendant sa derniere viduité, ne soit qu'il en ait autrement disposé. » *Art. 28, 29 & 32 du chap. 11 des successions de la coutume de Liege.* Il y a quelques différence entre cette coutume & celles de l'évêché de Metz pour les successions collatérales échues durant les mariages postérieurs.

Mais comment concilier ces dispositions séveres de nos coutumes septentrionales avec celles de ce texte remarquable de la coutume de Hainaut. « Représentation n'a lieu en succession de fief, non plus en ligne directe que collatérale; mêmes les enfans du second mariage, ou autres subséquens succéderont ez fiefs patrimoniaux de leur pere ou mere, à l'exclusion des descendans de leur frere ou sœur de précédent mariage. » *Art. 5 du chap. 90 des coutumes des fiefs.*

La bizarrerie & le contraste de pareilles dispositions ne peuvent être expliqués que par cette réflexion; c'est que les coutumes septentrionales avoient encore plus de répugnance pour *la représentation*, que pour les secondes noces. Et en effet, Dumoulin n'a pas manqué de remarquer que plus les coutumes tirent au Nord, plus elles sont contraires au droit de représentation. A celle de

Hainaut, on peut joindre celle de Ponthieu, *art. 8*; d'Artois, *art. 93*; de Boulenois, *art. 76*, *&c.* C'est sur cette derniere que Dumoulin s'explique ainsi : *VALDE INJUSTA ET CORRIGENDA; in directâ tamen omnes ferè consuetudines à Parisiis, trans sequanam, versùs Belgium & AQUILONEM, pares olim fuerunt; & habent rationem in hoc, ne filii audeant contrahere matrimonium, & generare nepotes sine consensu parentum, qui possunt eos habilitare ad succedendum.* Le motif a bien quelque apparence, mais est-il suffisant pour faire proscrire, par une regle générale, la loi naturelle, qui veut qu'un fils prenne la place du pere qu'il a eu le maheur de perdre ? Voyez ci-dessus les divisions *Double lien*, *Représentation*, & ci-après la division *Succession*, & les mots *Convol*, *Mariage*, *Noces (secondes) Représentation*, *Succession*, *&c.*

Société.

¶ 49. On admet dans plusieurs provinces du royaume, entre certaines personnes, des especes de communautés, d'associations, de participations aux acquêts & conquêts qui se font par les condemeurans, les personniers. Nous n'en présenterons ici qu'une idée légere, telle qu'on peut se la former d'après quelques textes de nos coutumes: les détails se trouveront sous les mots *Adoption*, *Affiliation*, *Ami*, *Apport*, *Association*, *Cohabitation*, *Commerce*, *Communauté*, *Communication*, *Compagnie*, *Condemeurance*, *Confusion*, *Ecclésiastique*, *Etranger*, *Familiarité*, *Frere*, *Indivision*, *Industrie*, *Majeur*, *Mélange*, *Noble*, *Parent*, *Personnier*, *Prêtre*, *Roturier*, *Société*, *Succession*, *Trafic*, *Travail*, *&c.*

« Si deux personnes, ou plusieurs, de roturiere condition, âgées de vingt & cinq ans, & usans de leurs droits, demeurent ensemble par an & jour, vivans d'un même bien, & chacun d'eux ait apporté ses biens au fait commun de l'hôtel, ils contractent paisiblement compagnie, supposé qu'aucune chose n'en ait été convenue entr'eux ; & peut chacun d'eux demander part & portion, selon qu'ils étoient en nombre, par têtes de la condition susdite en ladite communauté, de tous les biens meubles d'entr'eux, & des *acquêts* faits par eux, ou l'un d'eux durant ledit temps : sinon qu'on fit apparoir que par familiarité, ou par autre cause, ils eussent demeuré ensemble. » *Art. 251 de la coutume de Poitou.* La qualité d'ecclésiastique ne change rien aux résultats ordinaires de ces sociétés rustiques ; il suffit que les ecclésiastiques demeurent à même pot & feu avec leurs communiers, & mêlent leurs biens au commun fait de l'hôtel.

ARRÊT du parlement de Paris, du 17 août 1682, entre les héritiers de M. Maurat, avocat, & François Maurat, chanoine de Dorat, freres, qui avoient vécu & mêlé leurs biens ensemble sans aucun inventaire. La cour déclara communs les *acquêts* faits par M. Maurat seul. (Boucheul, *tom 1*, *pag. 794.*)

Les coutumes d'Angoumois, *art. 41*; de Saintonge, *art. 58*; de Sens, *art. 280*; d'Auxerre, *art. 201*; de Berry, *tit. 8*, *art. 10*; de Troyes, *art. 101*; de Sens, *art. 280*; de Linieres, *art. 17*; de Bassigny, *art 69*; de Chaumont, *art. 75*; de Verdun, *tit. 8*, *art. 1*; de Gorze, *tit. 5*, *art. 38*, *&c.* renferment des dispositions à-peu-près semblables, à celle de l'*art. cité de la coutume de Poitou.*

« Pour acquérir droit de communauté entre deux ou plusieurs, trois choses sont requises ; la premiere est qu'il y ait lignage entr'eux, & qu'ils soient personnes de soi & usans de leurs droits ; la seconde, qu'ils aient demeuré ensemble par an & jour à dépens communs ; la tierce, qu'il y ait apport & communication de biens par chacune desdites parties ; & ces trois choses concurrentes, ils sont communs en biens meubles, & *acquéremens* faits par eux ou l'un d'eux durant ladite communauté, s'il n'y a accord ou protestation au contraire. » *Art. 61 de la coutume*

coutume de *Chartres*. Celles de Montargis, *tit. 9, art. 1*; de Dreux, *art. 52*; de Château-Neuf en Thimerais, *art. 70, &c.* sont conformes.

Ces associations sont rejetées par plusieurs coutumes, & on n'y connoît d'autre communauté de biens légale que celle qui a lieu par le mariage. Voyez celle de Tours, *art. 231*; d'Anjou, *art. 512*; du Maine, *art. 509*; d'Orléans, *art. 213*; de Mantes, *art. 133*; de Rheims, *art. 385*; de Châlons, *art. 62*; de Lodunois, *tit. 24, art. 2, &c.*

Subrogation.

50. Nous avons déja parlé des coutumes qu'on appelle de *Subrogation*, parce qu'elles subrogent les acquêts aux propres, & les meubles aux acquêts quant à la disposition; c'est-à-dire, qu'elles assujettissent aux réserves coutumieres les acquêts au défaut des propres, & les meubles au défaut des acquêts. Ces coutumes sont, entr'autres, celles de Poitou, *art. 223 & 224*; d'Anjou, *art. 340*; du Maine, *art. 352*; d'Etampes, *art. 103*; de Touraine, *art. 238*; de la Rochelle, *art. 44*; d'Angoumois, *art. 49*; de Vermandois, *art. 59*; de Bretagne, *art. 203*; de Sens, *art. 67*; de Lodunois, *tit. 25, art. 4*; de Saintonge, *art. 48*.

Les dispositions de ces coutumes, qui ont été rédigées sans doute *dans le même esprit*, présentent cependant *dans leur lettre* des différences sensibles, qui ont donné lieu à des variations infinies dans la jurisprudence. Les détails des arrêts vont justifier cette vérité; mais il nous paroît raisonnable de présenter, avant tout, le texte de celle de ces coutumes, qui, selon nous, a le mieux rendu ce qu'elle entendoit prescrire, quoique ce texte ait encore donné lieu à des contestations: tant il est vrai que le déplorable état de nos loix fournit des ressources infinies à la cupidité & à la triste manie de plaider!

« Combien que dessus est dit qu'on peut donner ses meubles, ses acquêts & la tierce partie de son héritage; toutefois si aucun n'a que meubles, il ne peut donner que le tiers desdits meubles; & s'il n'avoit que meubles & acquêts & n'eût aucun héritage, il peut donner tous ses meubles & le tiers desdits acquêts, & non plus; car quant à ce, lesdits acquêts sont censés héritages. . . . . Si aucun qui n'a que acquêts, donne tous ses acquêts, ledit don ne vaudra que pour le tiers desdits acquêts; & si le donateur dit qu'il donne la tierce partie de son héritage, ou le tout & tierce partie de ses acquêts, tout ledit don doit être réduit au tiers desdits acquêts, tout ainsi que s'il n'avoit donné que le tiers de son héritage, ou le tiers de ses acquêts; & ne pourra le donataire dire qu'il doit avoir le tiers par don d'acquêts, & par le don d'héritage le tiers en iceux deux tiers. » *Art. 223 & 224 de la coutume de Poitou.*

ARRÊT du parlement de Paris, du 28 juin 1585, qui restreint un don de meubles & acquêts qui excédoit de beaucoup la valeur du patrimoine. Chopin, qui rapporte ce préjugé, (*coutume de Paris, livre 2, tit. 3, n°. 12.*) assure qu'*il faut prendre* AVEC EFFET *les termes de la coutume*; & il applique cette réflexion affirmative aux coutumes d'Angoumois, de Vermandois, de Poitou & de Touraine indistinctement. A-t-il eu tort? C'est ce que nous allons reconnoître.

ARRÊT du parlement de Paris, du mois de juillet 1605, qui juge que l'abbé de St. Prix a pu disposer librement de ses acquêts de valeur de plus de 60000 écus, quoique ses propres ne se montassent pas à 400 liv. Louet observe, (*Lettre D, som. 45, pag. 550,*) qu'il avoit disposé en partie de son vivant en faveur de ses parens, quoique ce ne fussent pas les plus proches; & appliqué en partie le restant, après sa mort, à des œuvres pies, des fondations de colleges, &c. Aussi Brodeau ne balance-t-il pas à assurer que « la regle générale est, qu'il doit y avoir une proportion entre les meubles & les acquêts ; autrement, les propres se montant à une somme modique à l'égard des meubles & acquêts, ils ne viennent en aucune considération. Les coutumes ne s'attachent pas seulement à la *qualité* du bien, mais aussi à la *quantité* & valeur, afin que l'héritier ne demeure pas entiérement frustré & dépouillé. »

Cet avis de Brodeau, conforme à celui de Chopin, est encore celui de Dumoulin & de d'Argentré. Le premier s'expliquant *sur le mot* Patrimoine *de l'art. 49 de la cout. d'Angoumois*, s'exprime ainsi : *scilicet* NOTABLE, *non enim intelligitur de vili cespite terræ : verba cum* EFFECTU *notabili accipienda, & ita viginti quinque annos mecum sentiebat & consulebat dom. Mathæus Quadrigarius.* (Molinæus, *tom. 2, pag. 753.*) Ce M. Mathieu Chartier, dont parle ici Dumoulin, est cet avocat célebre par la noble contestation qui s'éleva entre lui & M. de Thou, lorsque celui-ci ayant passé tout d'un coup du barreau sur le grand banc, ne voulut point aller à l'offrande avant son ancien confrere. Voyez ci-après *Avocat*, sous la division *Préséance*.

Le second dit, que la donation universelle de meubles ne doit pas être permise à celui qui n'a point d'autres biens, & qu'il faut par conséquent la réduire. Il y a à Lyon, Rouen, Anvers & autres grandes villes de commerce, des gens qui ont tout leur bien en argent & en effets, & qui n'ont pas un pouce de terre, si ce n'est peut-être quelque jardin de plaisance.

Sed nihil præter mobilia habenti intolerandum est omnium donationem permitti effusâ liberalitate in externos, contemptis liberis, & nece eorum : nam eo casu mobilia patrimonii locum & considerationem occupant. Quid enim ? Cùm ejusmodi negotiatores sint Antuerpiæ, Lugduni, Rothomagi, qui fortunas suas habent in mobilibus & pecuniâ, soli ne pollicem quidem præter hortos suburbanos : an quia omnium bonorum mobilium donatio non prohibetur, omnia prodigi sinemus importuno affectu sinè consideratione liberorum, & dedi eos patiemur externorum dominorum arbitrio errantes & destitutos? Omninò putandum non est, sequendæque vicinarum consuetudinum cautio, quibus eâ de re valdè prudenter cautum est. Nec conquestuum plus tertia pars donari possit, ab eo qui patrimonium non habet, nec mobilium plus eâdem tertiâ, ab eo qui conquestus non habet.

Le vœu que faisoit ici ce commentateur de l'ancienne coutume de Bretagne, (*art. 219, veter. cons. glos. 2, pag. 708,*) s'est trouvé rempli par la rédaction de l'*art. 203 de la Nouvelle.* « Celui qui a hérirages propres ou acquêts peut donner tous ses meubles à autre qu'à celui auquel il auroit donné le tiers de ses héritages, ou la moitié de l'usufruit d'iceux : pourvu que l'héritage propre ou acquêt ne soit de moindre valeur que lesdits meubles. Et s'il n'a que meubles, ou choses réputées pour meubles, ou que l'héritage propre ou acquêt ne valût autant que lesdits meubles, il n'en pourra donner que le tiers : & s'il n'a qu'acquêts, il ne pourra donner que le tiers d'iceux, ses dettes mobiliaires & obseques préalablement payées sur le tout desdits meubles ; & où ils ne suffiroient, sur les conquêts, dont le donataire baillera caution si requis en est ? »

ARRÊT du parlement de Paris, du mois d'août 1607, qui juge qu'en ligne collatérale on peut donner ses meubles & acquêts à des étrangers, pourvu qu'il y ait *un peu* de patrimoine, sans crainte de réduction. La testatrice avoit consacré ses biens à des œuvres pies, & l'héritiere étoit une servante à qui 10000 liv. de propres laissoient un sort encore heureux, eu égard à sa condition. Vigier, qui cite ce préjugé, sur l'*art. 49 de la* coutume d'Angoumois, dit que le rapporteur assura, *en sa présence*, que la cour s'étoit décidée par les circonstances particulieres de la cause; mais il observe cependant qu'on s'étoit persuadé, dans sa province, que la cour avoit jugé dans la these générale qu'il suffisoit d'avoir des propres *en qualité*, quelque mince que fût leur valeur, pour avoir le droit de disposer de tous ses acquêts.

ARRÊT du parlement de Paris, du 7 août 1638. « Catherine Barbet, ayant donné par testament à Louis Brichet son mari, le tiers de son patrimoine & tous ses acquêts & conquêts, cette donation fut réduite au tiers des acquêts faits auparavant le mariage, & des conquêts; parce que mourant, elle n'avoit laissé aucun patrimoine. Cette décision de la cour doit être étendue à toute sorte de donations. » (Dupineau, *art. 340 de la coutume d'Anjou, tom. 1, pag 1160.*) Quand la coutume restreint la disposition des acquêts & des propres, elle n'excepte ni les donations mutuelles & réciproques, ni même celles qui seroient faites par contrat de mariage.

ARRÊT du parlement de Paris, du 10 juillet 1647, qui juge « que la disposition des coutumes qui *subrogent* les acquêts en la place des propres, & veulent que celui qui n'a point de propres ne puisse disposer de ses acquêts, que jusques à concurrence d'une certaine partie, comme la coutume de Poitou, ne se pouvoit étendre aux coutumes qui n'ont point de disposition précise pour ce regard. » Il s'agissoit d'une donation faite dans la coutume de Blois, qui permet de disposer de la moitié des propres & de tous les meubles & acquêts; la donatrice n'ayant point laissé de propres, on prétendoit que ses acquêts devoient leur être subrogés, & que la donation devoit être réduite à la moitié de ces acquêts. *La subrogation est fondée*, disoient les héritiers, *sur quelque sorte de justice pour laisser aux héritiers du sang une espece de légitime*. La cour n'eut point égard à ces raisons. (Soesve, *tom. 1, centur. 2, chap. 30, pag. 138.*)

ARRÊT du parlement de Paris, du 29 mai 1668, qui confirme « une sentence rendue dans les termes de la coutume de Poitou, qui avoit ordonné qu'avant faire droit, inventaire seroit fait des meubles dont le défunt avoit disposé pour reconnoître s'il y avoit quelque proportion entre les meubles & les propres, n'y ayant aucuns acquêts, sans avoir égard à la requête à fin d'évocation du principal, présentée par les héritiers collatéraux du testateur qui n'avoit pas laissé d'enfans. » *Ricard* dit que cet arrêt favorise son opinion, & son opinion étoit que, « pour bien entendre les loix, il ne faut pas s'arrêter à la signification des paroles; & il est besoin, pour cet effet, de pénétrer dans leur esprit & leur pensée. *In fraudem enim legis facit, qui salvis verbis legis, sententiam ejus circumvenit; l. contra 29, D. de legibus.* De sorte que dans les maximes de droit, qui veulent que *nihil & parum æquiparentur*, il n'est pas à présumer que lorsque ces coutumes ont parlé de patrimoine, elles aient entendu parler d'un propre nullement proportionné aux facultés que le défunt a laissées. En effet, la coutume ayant voulu laisser une légitime aussi bien aux héritiers de la ligne collatérale, que de la directe; en tout cas, & telle sorte de bien que le défunt puisse laisser, il faut entendre, comme dit Me. *Charles Dumoulin*, cette disposition avec effet; de telle sorte, qu'il reste toujours à l'héritier une part proportionnée au bien du testateur. » (Ricard, *Traité des Donations, part. 3, chap. 10, sect. 2, n°. 1478, tom. 1, pag. 773.*)

ARRÊT du parlement de Paris, du 2 juillet 1668, qui juge que pour pouvoir disposer de tous ses meubles, dans la coutume d'Anjou, il est nécessaire d'avoir des propres en quantité, & qu'il ne suffit pas d'en avoir en qualité. *Je fis ainsi juger la question*, dit

Lebrun, (*Traité des successions, livre 2, chap. 4, n°. 46,*) après avoir appuyé son sentiment sur diverses autorités, & notamment sur cette réflexion: « Entre les coutumes de subrogation, toutes celles qui ont prévu le cas dont il s'agit, l'ont décidé en faveur de cette opinion, & ont décidé qu'il ne suffisoit pas d'avoir des propres, ou d'une autre espece de biens en qualité; mais qu'il falloit en avoir en quantité pour pouvoir disposer du reste de ses biens. Ainsi la coutume d'Etampes, *art. 103*, dit: *& s'il n'y a meubles, ou qu'il y en eût si peu qu'il ne dût venir en considération; leurs immeubles tant propres qu'acquêts, succedent au lieu des meubles, pour pouvoir valablement disposer des acquêts & propres.* »

ARRÊT du parlement de Paris, du 26 janvier 1684, qui juge que la demoiselle Lefevre avoit pu donner aux enfants du sieur la Jailliere, tous ses meubles acquêts & conquêts, quoique ses propres ne consistassent que dans la trentieme ou quarantieme partie d'une métairie, restée indivise entre un grand nombre d'héritiers à cause du peu d'intérêt que chacun d'eux y avoit. Pocquet de Livoniere qui cite ce préjugé, (*Cout. d'Anjou, tom. 1, p. 1161,*) dit avec grande raison: *que la question est des plus problématiques de celles qui se traitent au palais*; que *les auteurs sont partagés*; que *les arrêts ont jugé diversement*; & que *pour les concilier il faut distinguer les temps.*

En effet, l'arrêt de 1585, a bien fait déterminer pendant long-temps que dans les coutumes de subrogation, il falloit qu'il y eût une proportion des propres aux acquêts, & que la qualité ne suffisoit pas sans la quantité: mais les arrêts de 1605 & de 1607, avoient tout changé & introduit *dans l'usage* la disposition la plus libre pour peu qu'il y eût de propres; & cela, disoit on, parce que régulièrement il n'est point dû de légitime aux collatéraux. Cet *usage* attesté par Vigier, ainsi que nous l'avons remarqué, l'est encore par Bodreau & Louis de Malicottes, sur l'*art. 332*, de la coutume du Maine.

A notre égard nous sommes surpris que les arrêts de 1605 & de 1607, aient pu faire impression & déterminer sans doute celui de 1684. En effet les circonstances particulieres dans lesquelles ils avoient été rendus, & l'explication précise du rapporteur lors de celui de 1607, annonçoient assez qu'on avoit jugé les especes particulieres & non la these générale. Quoiqu'il en soit, nous ne saurions résister aux motifs des Dumoulin, des d'Argentré, des Chopin, des Brodeau, des Ricard, des Lebrun; & nous croyons que c'est s'écarter de l'esprit des dispositions des coutumes de subrogation, & ne pas répondre au but de leurs rédacteurs, que d'imaginer qu'on a voulu laisser la faculté de disposer des acquêts indéfiniment, pour peu qu'on eût de propres.

Nous croyons avec Pocquet de Livoniere, (*ibid. pag. 1163,*) que dans ces coutumes, « les collatéraux sont fondés de droit commun dans une espece de légitime, & dans une certaine portion des biens du défunt qui ne peut leur être ôtée, & que ces coutumes ont pris grand soin de leur conserver. C'est aller contre leur intention que de réduire cette légitime à une quantité de propres si modique qu'elle n'ait aucune proportion avec le surplus des biens; c'est donner occasion aux gens mal-intentionnés de frauder la loi, & d'exhéréder leurs héritiers sans cause. Il est vrai qu'il peut y avoir de la difficulté à régler cette proportion; que c'est donner ouverture aux procès, aux contestations, de laisser cela à l'arbitrage du juge: mais, outre que cet inconvénient n'est pas si grand que ceux du parti contraire, on peut le faire cesser en établissant sur cela une regle certaine, & en déterminant qu'il faudra faire le *cumule* comme on dit, c'est-à-dire, accumuler les propres & les acquêts pour n'en faire qu'une masse, dont le tiers sera délivré au donataire, & les deux tiers relaissés aux héritiers, toutes les fois que les propres seront moindres en quantité, que le tiers ou la moitié des acquêts. »

ARRÊT du grand conseil, du 30 décembre 1694, qui appointe sur la question de savoir si le cardinal de Richelieu, qui avoit peu de biens propres, avoit pu disposer par son testament de tous ses acquêts en quelques coutumes qu'ils fussent situés : & cependant ordonne que le duc de Richelieu, communiquera au marquis de Richelieu, les inventaires, titres & papiers du feu cardinal. Cet arrêt forme évidemment un préjugé favorable pour l'opinion de nos graves auteurs, & M. l'avocat-général Briçonnet s'y étoit rangé dans ses conclusions. On en trouve l'extrait, ainsi que des moyens respectifs des parties, dans le *Journal du palais*, *tom 2*, *pag. 882*. Pour ne rien laisser à desirer à nos lecteurs sur un objet aussi intéressant, nous devons encore rendre compte de deux points qui ont formé des difficultés.

Est-il nécessaire que les propres soient situés dans la coutume, dans laquelle on a disposé ; ou suffit-il d'en avoir quoiqu'ils soient dans le ressort de différentes coutumes ? Faut-il avoir des propres réels, ou suffit-il d'en avoir de conventionnels ?

ARRÊT du parlement de Paris, du 17 juin 1606, qui juge que la coutume ne desire que la qualité des propres, sans spécifier l'endroit où il falloit les avoir, & qu'il suffisoit que la qualité se vérifiât en la personne de celui qui donne. (Louet & Brodeau, *lettre* P, *som. 48*, *n°. 1*, *tom. 2*, *pag. 450.*) Imbert rapporte un ARRÊT conforme, rendu sur l'interprétation de l'art. 199, de l'ancienne coutume de Poitou, après enquête par turbes. On jugea que le testateur qui avoit domaine ancien, ou héritage propre en une coutume, avoit pu disposer de tous ses acquêts, encore qu'il n'eût aucuns propres en la coutume de Poitou, où les acquêts étoient situés. *L'article 238 de la coutume de Touraine*, justifie ces deux préjugés. « Pour l'effet & validité des donations soit d'entre nobles ou roturiers, faites entre-vifs ou par testament à quelques personnes que ce soient, où il n'y a point de patrimoine audit pays *ou ailleurs*, les acquêts représentent le patrimoine ; & en défaut d'acquêts & de patrimoine, les meubles représentent le patrimoine. »

ARRÊT du parlement de Paris, du 14 juin 1633, qui décide qu'il faut avoir des propres naturels & véritables, & non conventionnels, quand on veut disposer valablement de ses meubles & acquêts immeubles. L'affaire s'étoit élevée dans la coutume de Poitou, & M. Bignon dit, que quand cette coutume, « par termes négatifs & prohibitifs, défend de tester & disposer de ses meubles & acquêts à celui qui n'a point de propres héritages obvenus par succession, cela se doit entendre d'un véritable propre, héritage ancien & naturel, & non point d'un conventionnel : en ce cas, la disposition de l'homme ne peut point donner atteinte ni préjudicier à celle de la coutume, qui comme maîtresse doit être suivie & entretenue. » (Bardet, *tom. 2*, *livre 2*, *chap. 41.*)

ARRÊT du parlement de Paris, du 18 juin 1646, conforme au précédent. (Louet & Brodeau, *lettre* D, *tom. 45*, *pag. 551.*) « Les rentes constituées, *dit l'auteur des nouvelles remarques sur ces auteurs*, & les offices, étant propres, sont suffisans pour pouvoir disposer de tous les acquêts ; parce que les rentes constituées & les offices, sont susceptibles de la qualité de propres ; & étant propres sont sujets aux réserves coutumieres, de même que les immeubles naturels devenus propres, contre Boucheul sur Poitou, *art.* 223, *n°.* 2, & *suivans.* »

La subrogation est légale ou conventionnelle; la premiere est celle qui est fondée sur la loi & qui se fait sans la convention de l'homme par le seul bénéfice de la loi, ou de la coutume; & c'est celle dont nous venons de parler, en discutant les regles prescrites par les coutumes *dittes, de subrogation:* la seconde est celle qui doit son origine au fait de l'homme & qui dérive de la simple convention; c'est donc une espece de subrogation mixte que celle qui naît de l'échange & du contre-échange, celle par laquelle l'héritage acquis par échange est réputé de la même nature que l'héritage cédé, de maniere que celui-ci doit appartenir aux mêmes héritiers à qui celui-là auroit été dévolu.

« L'héritage acquis par échange est de pareille nature & qualité que l'échangé, d'acquêt ou de naissant, si l'échangé étoit tel. » *Art.* 119, *de la cout. de Châlons.* « L'héritage prins par eschange fait purement & sans soulte, sortit pareille nature à l'acquesteur, que celui qu'il a baillé en contre-eschange. » *Art.* 33, *de la cout. de Sédan.* Les coutumes de Paris, *art.* 143; de Troyes, *art.* 154; d'Amiens, *art.* 30; d'Orléans, *art.* 385; de Rheims, *art.* 36; *&c.* ont des dispositions approchantes.

Sans échange la subrogation se fait quelquefois des deniers provenans de la vente d'un propre, au lieu & place du propre aliéné. Cela se pratique à l'égard des mineurs, & dans la communauté, lors de l'aliénation d'un immeuble ou du remboursement d'une rente constituée; mais il faut observer que l'*art.* 239 de la coutume de Bourbonnois, a prescrit des regles particulieres à cet égard. Il porte que l'héritage acquis des deniers procédans de la vente d'un propre de l'un des conjoints, ne sera subrogé au lieu du propre vendu, qu'autant que l'on aura observé certaines formalités de rigueur. La raison est, que le propre étant entiérement éteint par la vente, l'acquisition qui se fait ensuite ne peut être considérée que comme formant un acquêt. Les formalités nécessaires consistent dans deux affirmations faites devant le juge du lieu: la premiere, lors de la vente originaire, avec déclaration qu'elle a été faite pour en employer le prix à acquérir d'autres héritages; la seconde, lors de la nouvelle acquisition, avec déclaration qu'elle a été faite des deniers provenus de la vente originaire. La cout. de Nivernois, *art.* 31, *du chap.* 23, exige comme celle de Bourbonnois, deux déclarations: celle de Melun, *art.* 227, n'en exige qu'une, la premiere; celles de Sens, *art.* 277, & d'Auxerre, *art.* 197, laissent l'alternative, ou de la protestation lors de la premiere vendition, ou du consentement *sans fraude de l'autre desdits mariés.*

ARRÊT du parlement de Rennes, du 18 février 1688, qui juge qu'une terre donnée en contre-échange d'un autre de la tige & tronc commun, n'appartient pas toute entiere à l'aîné noble en succession collatérale; mais doit se partager entre lui & les cadets, des deux tiers au tiers *comme acquêts.* (Sauvageau, *tom.* 2, *pag.* 114, *édit. de* 1712, *in-4°.*) La question décidée par cet arrêt *fameux en Bretagne*, donna lieu à un partage. Les motifs de la cour, portèrent sur des principes particuliers à cette province. Pour attribuer tout à l'aîné, l'*art.* 543, exige, 1°. que les héritages viennent de tige & tronc commun; 2°., qu'ils aient été donnés par l'aîné pour partage à son puîné. Il faudroit donc admettre deux fictions; le droit de Bretagne admet bien la premiere, mais il n'en admet pas deux à la fois.

ARRÊT du parlement de Flandre du 12 janvier 1695, qui juge, « que bien qu'en une coutume il ne soit pas dû de remploi en ligne collatérale ou autrement des biens aliénés, on peut toujours néanmoins en faisant cet acquêt le *subroger* en la place d'un bien qu'on a aliéné, ou d'une rente qui a été remboursée; & que des partageurs peuvent échanger les propres pour la commodité d'un partage, ou pour d'autres raisons de convenance. » (Pinault, *tom. 1, chap. 48, pag. 127.*)

ARRÊT du parlement de Besançon, du 31 juin 1712, qui juge qu'un fonds acquis, partie en échange d'un fonds dotal, & partie en argent de la communauté conjugale, est dotal à la femme, à concurrence de la valeur de son fonds, & acquêt de la communauté à proportion du prix payé en argent. Dunod observe qu'il est de principe que lorsqu'on a acquis un fonds par permutation avec le fonds ancien de l'un des conjoints, le fonds acquis lui est propre par la *subrogation* qui se fait de l'un à l'autre. (*Observ. sur la cout. du comté de Bourgogne, pag.* 393.

Nous avons déja souvent remarqué qu'en Normandie il n'y a point d'acquêts, que les propres n'aient été remplacés; & que conséquemment les acquêts sont *subrogés* de droit aux propres aliénés, & tiennent la même nature; enfin, qu'*à faute d'acquêts* le remploi se fait *sur les meubles*. Mais on demande, si quand celui qui a aliéné des propres situés en Normandie, a son domicile dans une autre province & y décede, son mobilier ou même le prix qui reste de la vente des propres sont assujettis au remploi prescrit par la coutume de Normandie. Denisart (*tom. 4, pag. 33*) dit, qu'il a vu juger au châtelet en 1756, pour la négative. . . . . *Voyez* ci-dessus les *n°. 15, 20, 28, 29, 37, 38 & 42;* & les mots, *Aîné, Collatéraux, Coutume, Cumul, Disposition, Donation, Dot, Légitime, Meubles, Partage, Patrimoine, Proportion, Propres, Puiné, Qualité, Quantité, Réserves coutumieres, Subrogation, Succession, &c.*

Substitution.

51. Une *substitution* faite en collatérale, sans garder entre les substitués l'ordre des successions légitimes, fait-elle des propres, ou seulement des acquêts ?

Cette question importante fut agitée au parlement de Paris en 1697, & jugée conformément aux conclusions de M. d'Aguesseau. Nous ne saurions mieux faire, que de présenter à nos lecteurs l'extrait des moyens que fit valoir ce grand magistrat.

Une telle *substitution* ne fait, selon lui, que des acquêts; & pour s'en convaincre, il faut d'abord se former une juste idée de ce qu'on appelle *Propre* & *Acquêt*.

Un *propre* n'est autre chose qu'un immeuble qui nous est échu par *succession directe* ou *collatérale*. Deux caracteres doivent se trouver dans un propre; 1°. il doit être un immeuble; 2°. être déféré comme tel par la voie de la succession légitime.

Un *acquêt* est un bien dont nous ne sommes redevables qu'à notre industrie, qu'à notre mérite, & aux qualités personnelles qui nous l'ont procuré. En un mot, le *propre* est un bien *réel*, & l'*acquêt* un bien *personnel*, si l'on peut s'exprimer ainsi. Par-là, on reconnoîtra aisément que le *propre* est l'ouvrage de la *loi*, & que l'*acquêt*, au contraire, est l'ouvrage de l'*homme*.

Il faut maintenant se rappeller ici un autre principe; c'est que les *substitués* reçoivent les biens du testateur, & non pas de l'institué. Il y a autant de donations, de legs, ou d'institutions différentes, qu'il y a de degrés de *substitutions :* delà ces maximes, *jus habet à testatore, non ab herede : capit à gravante, non à gravato.*

D'après cela, la question paroît facile à décider. En effet, la substitution faite en faveur des collatéraux, n'est qu'une véritable donation dans la personne du substitué. Or, il a été jugé par un arrêt rendu après une enquête par turbes en 1646, qu'une donation en collatérale, n'est qu'un acquêt, quoique la donation soit faite *successuro*.

Les *substitutions* en directe font des propres; 1°. parce que c'est la présomption de l'intention légale d'un pere toujours plein de l'espérance d'une longue postérité, toujours occupé du desir de conserver son bien dans sa famille; 2°. cette *substitution* imite parfaitement l'ordre de succéder; 3°. dès le premier degré, dans la personne même du donataire ou de l'institué, la donation en avancement d'hoirie fait toujours un propre. Mais dans les donations en collatérale, on ne trouve plus ces motifs ni ces présomptions.

Il y a néanmoins une exception à cet égard, même dans le cas où la *substitution* est faite en collatérale; c'est lorsque le testateur ne fait dans la substitution, que suivre la disposition de la coutume; qu'il laisse subsister la loi en son entier; & qu'il ne fait que prendre une nouvelle précaution, par laquelle il défend l'aliénation des biens qu'il legue. En ce cas, il ne fait que fortifier la loi, lui tendre la main, procurer d'une maniere efficace l'exécution de ce qu'elle desire; & alors la *substitution*, quoiqu'en collatérale, fait des *propres*.

C'est l'espece des trois arrêts, qui ont décidé dans ce seul & unique cas, que la *substitution* en *collatérale* fait des *propres*. Le premier de ces arrêts est rapporté par Bouguier; le second, est l'arrêt de Mignot, rendu en 1640; le troisieme, est l'arrêt de Generais, en 1657. Dans l'espece de ces trois arrêts, les biens *substitués* en *collatérale* ont été regardés comme propres; parce que les testateurs & donateurs avoient parfaitement imité dans leurs dispositions l'ordre naturel des successions légitimes.

Il en est à-peu-près de même, de la sentence arbitrale rendue, entre M. le prince de Condé, madame la princesse de Hanovre & madame d'Orléans, pour le partage de la succession de mademoiselle de Guise.

La disposition dont il s'agissoit alors; étoit une véritable *substitution* en directe, quoiqu'on eût affecté de la dissimuler par un détour & par une feinte.

Hors ces cas, & quand l'ordre de la coutume est renversé, il n'est pas un seul arrêt qui ait jugé que la *substitution* fasse des *propres* en *collatérale*.

On oppose que le relief n'est pas dû par celui qui devient possesseur d'un bien *substitué*, lors même que le testateur n'a pas exactement copié les dispositions de la coutume; mais le relief établi pour le cas où la possession passe à un collatéral, ne peut être exigé dans le cas, où elle est transmise en directe. (C'est ce qui a été décidé depuis par l'*art. 56 du tit. 1 de l'ordonn. du mois d'août 1747.*)

On oppose encore inutilement, que, si le substitué ne reçoit point la propriété de la main de l'institué, il en reçoit au moins la possession; car, il n'est pas vrai que le *substitué* reçoive la possession de l'institué. Il la reçoit après lui, mais il ne la reçoit pas de lui; elle n'est point un fruit de sa libéralité: & par rapport à la possession même, le *substitué* tire tout son droit du testateur, ou de l'auteur de la substitution.

Arrêt du parlement de Paris, du 22 mai 1697, qui a jugé, que la *substitution* en *collatérale*, ne fait que des *acquêts*, quand l'auteur de la substitution n'a pas imité dans ses dispositions l'ordre naturel & légitime de succéder. (Œuvres de d'Aguesseau, *Plaidoy. 46, tom. 4, pag. 195 & suiv.*)

Arrêt du parlement de Paris, du 24 février 1718, qui juge, que les biens *substitués* par un étranger à ceux qui sont appellés à la *substitution*, sont *acquêts* à ceux qui les recueillent; même après qu'ils ont passé par différens degrés; à la différence de la *substitution* faite au profit d'une famille, où l'on suit les degrés & l'ordre des successions, auquel cas c'est un propre. (*Journal des aud. tom. 7, liv. 1, chap. 26, pag. 23.*)

Arrêt du parlement de Paris, du 19 mars

mars 1720, qui juge, que les biens *substitués* en *collatérale*, sont ACQUÊTS. (*Journal des audiences, ibid. liv. 3, chap. 12, pag. 386.*)

Pothier ne pense pas que la regle, qui veut qu'une *substitution* en faveur de collatéraux forme des *acquêts*, puisse souffrir aucune espece d'exception : voici ce qu'il dit à cet égard, pour soutenir une opinion contraire à celle de M. d'Aguesseau. « Quelques auteurs on pensé que *cette regle* doit souffrir exception, lorsque la *substitution* a été faite dans l'ordre des successions : » parce que « le testateur n'ayant eu, en faisant la *substitution*, d'autre intention que d'assurer la conservation de l'héritage en sa famille, la substitution auroit un effet contraire à cette intention, si elle rendoit *acquêt*, dans la personne du substitué, l'héritage compris dans la *substitution* qui lui auroit été *propre*, s'il n'y avoit pas eu de substitution, & qu'il l'eût recueilli à titre de succession. Mais ce sentiment n'a pas prévalu. La raison sur laquelle il est fondé est mauvaise : car il n'importe quelle intention ait eue l'auteur de la substitution, puisque les qualités de *propre* ou d'*acquêt* dépendent uniquement de la nature du titre auquel les héritages nous sont avenus, & non de la volonté de la personne qui nous les a transmis. » (Pothier, *sur la cout. d'Orléans, introduct. génér. art. 3, § 2, pag. 31.*) Voyez, sur cette question, *Ricard* dans son Traité des substitutions, *part. 1, chap. 3, n°. 10 & suiv. tom. 2, pag. 268 & suiv.*; & *Lebrun*, dans son Traité des successions, *liv. 2, chap. 1, sect. 1, n°. 23 & suiv.* Ces deux auteurs la traitent très-savamment. *Voyez* encore ci-après les mots *Collatéraux*, *Prohibition*, *Substitution*, &c.

Succession.

52. La succession fait des propres.

Ce principe est si général, que les *acquêts* donnés par le pere à son fils, & qui par conséquent étoient des propres naissans dans la personne de celui-ci, ne reprennent pas leur qualité originaire d'*acquêts*, lorsque le pere en jouit après la mort du fils : la raison est, que cette reprise se fait à titre de succession, & non par droit de reversion.

La succession de nos biens étant due par la loi de nature à nos enfans & descendans, les dons ou legs que nous leur faisons, sont censés leur être faits en avancement de notre succession, ou pour leur en tenir lieu; c'est pourquoi ces titres sont censés équipoller à succession, & les immeubles qu'ils ont à ces titres sont propres.

Il n'importe que le parent auquel nous avons succédé soit de la ligne ascendante, directe ou collatérale.

Il n'y a qu'une exception : c'est lorsque la femme ou le mari se succedent mutuellement par les dispositions de l'édit du préteur au titre, *undè vir & uxor*. (Voyez ci-après, *n°. 55.*)

Si ce que reçoivent les puînés en Ponthieu ne forme que des *acquêts* en leurs personnes, c'est parce qu'ils sont étrangers à la succession de leur pere. Ce que celui-ci leur donne en effet, n'est point à titre d'avancement d'hoirie, mais seulement à titre de libéralité, telle qu'il la feroit à un étranger.

Nous nous contentons de retracer ici ces maximes principales, qui sont le résultat de nos discussions dans la plupart des divisions de cet article. (Voyez les *n°. 2, 10, 15, 22, 27, 28, 41, 42, 44 & 51.*)

C'est à présent le cas de nous borner à rendre compte des dispositions de quelques-unes de nos coutumes sur la qualité de ceux qu'elles appellent à la succession des *acquêts*. Nous parlerons d'abord de celles qui forment en quelque maniere le droit commun à cet égard ; & ensuite de celles qui sont remarquables par ce qu'elles ont prescrit de particulier, telles que celles d'Auvergne, de la Marche, &c.

« Pere & mere succedent à leurs

enfans nés en loyal mariage, s'ils vont de vie à trépas sans hoirs de leurs corps, *aux meubles, acquêts & conquêts immeubles*; & en défaut d'eux, l'aïeul ou l'aïeule & autres ascendans. » *(Art. 311 de la coutume de Paris.)*

« Les pere & mere succedent à leurs enfans décédés sans hoir légitime de leur chair, *aux meubles & acquêts immeubles* appartenans auxdits enfans; & s'il n'y a pere ne mere, les aïeul & aïeule y succedent; & quand il y a aïeuls & aïeules d'un côté & d'autre, succedent de chacun côté en la moitié, &c. » *(Art. 199 de la cout. de Peronne.)*

On trouve des dispositions presque semblables dans toutes les coutumes de la province de Picardie & autres voisines; comme celle d'Amiens, *art. 68*; de Ponthieu, *art. 7*; de Vermandois, *art. 77*; de Noyon, *art. 10*; de Châlons, *art. 84*; de Rheims, *art. 313*; de Chauni, *art. 40*; de Meaux, *art. 42*; d'Auxerre, *art. 241*; de Senlis, *art. 141*; de Clermont en Argonne, *art. 7 du tit. 8*; de Valois, *art 78*; de Laon, *art. 77*; de Bassigni, *art. 164*; de Sédan, *art. 166 & 181*; de Cambrai, *art. 7 du tit. 2, &c.*

Les dispositions de ces coutumes, qui forment sans doute le droit commun, sont sages; mais celles de la coutume de Bourbonnois se rapprochent d'avantage du droit romain: *(N. 118, cap. 2, & N. 127, cap. 1)*; puisque celui-ci appelle, les freres & sœurs des enfans décédés, concurremment avec les ascendans. « Les ascendans ne sont héritiers & ne succedent à leurs descendans en ligne directe, réservé les peres & meres, & aïeuls ou aïeules paternels ou maternels respectivement, lesquels ou l'un d'eux, après le décès de l'autre, succedent à leurs enfans *ès biens meubles, & aux conquêts faits par leursdits enfans décédés*, avec leurs autres freres & sœurs germains, ou leurs enfans, par égale portion, &c. » *(Art. 314 de la cout. de Bourbonnois.)* Celles de Ribemont, *art. 67*; de Saintonge, *art. 97*; de Luxembourg, *art. 3 du tit. 8*, sont conformes.

Dans la coutume d'Orléans, les pere & mere, & à leur défaut, l'aïeul & l'aïeule succedent bien à leurs descendans comme à Paris; mais ces derniers, dans le cas du concours de freres & sœurs ne succedent qu'en usufruit. « Pere & mere, & à leur défaut aïeul ou aïeule succedent à leurs enfans nés en loyal mariage, s'ils vont de vie à trépas sans hoirs de leurs corps, *aux meubles, acquêts & conquêts immeubles*: toutefois où il y auroit aucuns freres ou sœurs du décédé, ledit aïeul ou aïeule ne succedent auxdits *acquêts* & *conquêts* sinon *en usufruit*, à leur caution juratoire. » *(Art. 313 de la coutume d'Orléans.)*

La coutume de Chartres, *art. 101*, n'appellant que *les pere & mere* à la succession des meubles & conquêts immeubles de ceux qui décedent sans hoirs de leur chair, on a demandé si l'aïeul & l'aïeule devoient être admis à leur défaut? Guyot de Merville, *pag. 382 & suiv.* dit que Dumoulin soutient l'affirmative; & que cependant Leprêtre, *cent. 1, chap. 178*, cite un arrêt du parlement de Paris, qui jugea pour la négative dans la coutume d'Etampes, qui ne parle, dans l'*art. 125*, que du pere & de la mere, comme celle de Chartres. Il ajoute: « A mon égard, j'estime qu'il faut suivre le sentiment de Dumoulin & la *disposition de la coutume de Paris*; & décider qu'au défaut des pere & mere, l'aïeul ou l'aïeule, ou autres ascendans, doivent, dans notre coutume, *quoiqu'elle n'en dise rien*, succéder aux meubles & *acquêts*, & conquêts immeubles de leurs petits-enfans: de plus, les mots d'*Aïeul* ou *Aïeule* se trouvent dans quelques exemplaires de notre coutume. »

Les coutumes de Vitri en Perthois, *art. 81*; de St. Quentin, *art. 41*; de Clermont en Beauvoisis, *art. 150*, n'appellent également à la succession des *acquêts* que les pere & mere. Celles du duché & du comté de Bourgogne & celle de Bretagne, qui sont dans la même classe, méritent quelques détails.

« Succession en ligne directe ne monte point, ... & au regard des autres biens, meubles & *acquêts* faits par lesdits enfans, leur pere & mere y succéderont avec leurs freres & sœurs, & les enfans desdits freres & sœurs & non autres, & selon forme de droit, &c. » (*Art. 14 du tit. 7 des Successions, de la coutume du duché de Bourgogne.*)

D'après les expressions de ce texte, on demande si l'aïeul ou l'aïeule succedent avec les freres & sœurs germains, au défaut du pere & de la mere?

Jean Guillaume soutient l'affirmative contre Chassanée. *Quæ ratio patrem matremve liberis superstites ad eorum successionem in omni patrimonio jure romano, in mobilibus & QUÆSTITIIS provinciali more nostro vocat cum fratribus utique conjunctis; eadem avo & aviæ & utrique patri præmortuo superstitibus in nepotum hereditate suffragatur : quamvis in aliam eat sententiam Chassanæus in hunc locum.* Jean Guillaume s'étaie des dispositions de la coutume de Paris & de celle de Troyes. (*Coutume de Bourgogne, édit. du président Bouhier de 1717, pag. 204 & 205.*)

Dunod s'explique ainsi sur l'*art. 44 du tit. 3 des Successions de la coutume du comté de Bourgogne*, qui dit : « Succession *ab intestat* ne monte point en ligne directe, si ce n'est au regard des meubles, *acquêts*, & donations faites par les pere & mere, ou par l'un d'eux à leurs enfans, &c. ». . . . « A défaut des peres & meres qui sont seuls nommés dans cet *article 2*, ces dispositions s'étendent aux autres ascendans suivant l'ordre des successions établi entr'eux par le droit Romain. C'est *par maniere d'exemple* qu'il nomme les peres & meres. . . . Tous les autres termes sont applicables aux descendans en degré plus éloigné lorsqu'ils sont successibles. D'ailleurs, les noms de pere & de mere comprennent les autres ascendans, lorsque, comme au cas qui se présente, la matiere en est susceptible, & qu'il y a parité de raison : *justâ interpretatione recipiendum est, ut patris nomine avus quoque intelligatur. L. 201, D. de verb. oblig.* Et Guillaume, sur l'*art. 14 de la coutume du duché de Bourgogne, quest. 3*, prouve doctement que l'aïeul & l'aïeule viennent à la succession de leurs petit-fils quand les pere & mere sont morts, bien qu'il y ait des termes dans cette coutume qui ont fait penser le contraire à Chassanée. » (*Observations sur la coutume du comté de Bourgogne, pag. 491 & 492.*)

La nouvelle coutume de Bretagne, dans l'*art. 593*, qui formoit *le 661 de l'ancienne*, dit que les biens meubles de ceux *qui meurent sans hoirs de leur chair, & ont pere & mere, doivent être & retourner à leur pere & à leur mere, s'ils sont vivans, ou à celui qui sera vivant.* Il doit en être de même *des conquêts qu'il auroit faits.*

Comme il n'est point question dans ce texte des aïeuls ou aïeules, on a fait les mêmes questions que dans la coutume de Chartres, & dans celles des duché & comté de Bourgogne : voici comme d'Argentré y a répondu. « *Pater igitur & mater & alter eorum excludunt avos, sed ponamus deficere patrem & matrem, sed superesse avum & aviam paternam, sed solam aviam maternam, quæ hic divisio fiet? Respondeo, duas partes faciendas & dimidiam avo & aviæ paternæ tribui, qui hoc casu pro uno habentur, aliam dimidiam aviæ maternæ : de mobilibus & CONQUESTIBUS semper loquimur.* (*Art. 661, veter. consuet. Britan. glos. 1, n°. 1, pag. 2007.*) Mais voyez ci-dessus, *n°. 41, pag. 574, colon. 2*, l'arrêt de 1702, qui dans le concours de plusieurs ascendans, prescrit entr'eux le partage par têtes & non par souches.

La coutume de Paris, & le grand

nombre de celles qui appellent les pere & mere, & les aïeuls & aïeules conjointement, ne disent rien des freres & sœurs; tandis que la coutume de Bourbonnois les appelle concurremment avec les ascendans: mais il y a des coutumes qui les excluent nommément. Ce sont, entr'autres, celle de Troyes, *art. 103;* celle de Bar, *art. 28;* & celle de Melun, *art. 258*, qui exclut aussi *tous collatéraux.*

Rendons compte, en finissant, des coutumes qui ont des dispositions tout-à-fait particulieres.

« Les pere & mere, & autres ascendans ne succedent aux descendans. . . . . Toutefois a été avisé par les états, que pour l'avenir ladite coustume n'ait lieu *quant aux meubles & conquêts* autrement faits & avenus esdits descendans, que par hoirie & succession *ab intestat;* & qu'en iceux lesdits ascendans succedent. » *(Art 2 & 3 du tit. 12 des successions & testamens de la coutume d'Auvergne.)*

ARRÊT du parlement de Paris, du . . . . 1584, après enquête par turbes, faite en la ville de Rion en 1582, qui juge que les ascendans ne succedent qu'à ce qui a été *acquis* par le défunt; & qu'ils n'ont aucun droit à ce qui lui est avenu par hoirie & succession *ab intestat*. . . . (C'est-là ramener l'étendue du mot *Acquêt* à ses bornes originaires suivant sa véritable étymologie.) Prohet, *(tom. 1, pag. 59 de l'édit de 1745, in-8°,)* dit que « c'est l'usage constamment observé dans la province, qui est *contraire à ce qui est statué dans les autres coutumes,* Paris, Berry, Bourbonnois & la Marche, qui adjugent aux descendans tous les meubles & *conquêts* sans distinction. »

Le pere & la mere, l'aïeul & l'aïeule succedent effectivement à leurs enfans par les dispositions de l'*art. 223 de la coutume de la Marche;* mais cette coutume a introduit encore elle-même un usage particulier. C'est qu'à défaut des ascendans, les *parens paternels succedent seuls aux acquêts.* « Tous biens *acquis* par le défunt, de la succession duquel est question, sont réputés biens paternels, & y succedent les parens paternels, & en sont les maternels forclos. » *(Art. 230 de la coutume de la Marche.)*

Cela est si bien exécuté, que Jabelly, *(pag. 225 de l'édit. de 1744)*, observe que *si les parens paternels avoient admis au partage de ces biens* ACQUIS *les parens maternels, il faudroit réformer les partages mal faits & inégaux, & ils seroient restitués contre un tel partage.*

La coutume de St. Mihiel fait sur la succession des *acquêts* une distinction essentielle à connoître. « Si une personne va de vie à trépas sans laisser hoirs procréés de son corps, ses pere & mere ou l'un d'eux, ou autres ascendans en défaut d'eux, a & emporte TOUS LES MEUBLES ACQUÊTS ET DONS FAITS HORS LIGNE, *& n'y ont rien les freres & sœurs du trépassé, & autres parens plus remots.* Mais quant aux biens de ligne & ACQUÊTS FAITS EN LIGNE, ils appartiennent aux plus proches parens dudit défunt, du côté & estocage dont les biens meuvent & viennent. » *(Art. 11 du tit. 4 des Testamens de la coutume de St. Mihiel.)*

La coutume de Normandie a des dispositions entiérement différentes de toutes les autres coutumes relativement à la succession des *acquêts.*

« Le pere préfere la mere en la succession des meubles *acquêts* & conquêts de leurs fils ou filles, & la mere préfere les aïeuls ou aïeules paternels & maternels. . . . . L'aïeul paternel préfere le maternel en ladite succession. . . . . . . L'aïeule paternelle préfere l'aïeul & l'aïeule maternelle. » *(Art. 325, 326 & 327 de la coutume de Normandie.)*

Dans les coutumes du Maine & d'Anjou, les pere & mere ne succedent qu'aux meubles délaissés par leurs enfans, & non aux acquêts; & les aïeuls & aïeules s'y trouvent textuellement privés de tout droit de succéder. Ce sont les dispositions de l'*art.* 278 de la premiere, & de l'*art.* 270 de la seconde. Voyez *Ascendant*, *Aïeul*, *Collatéraux*, *Frere*, *Mere*, *Pere*, *Sœur*, *Succession*, &c.

Transaction.

53. Si je transige sur une contestation qu'on m'a élevée relativement à la propriété d'un héritage que je possède par la voie de la succession, cette transaction ne sauroit passer pour un nouveau titre d'acquisition ; quoique j'aie donné une somme à mon adversaire pour acheter la paix, & me rédimer d'une vexation, *ad redimendam vexationem.* Ainsi, mon héritier aux acquêts ne seroit pas admis à attaquer mon héritier aux propres, en soutenant que l'héritage ne m'appartenoit pas. Quand même la somme que j'aurois donnée pour le conserver égaleroit sa valeur, cela ne formeroit qu'une preuve insuffisante de cette assertion ; & il faudroit, pour qu'on pût admettre la réclamation, que l'héritier aux acquêts eût en main des titres clairs & précis qui l'établissent d'une maniere indubitable. (*Pothier*, *cout. d'Orléans*, *pag.* 35.)

Par la même raison, si l'un des conjoints transige sur le procès qu'on lui faisoit pour un héritage qu'il possédoit comme propre, & paie une somme des deniers de la communauté, l'autre conjoint ne pourra réclamer la moitié de l'héritage après la dissolution de la communauté, sous le prétexte qu'elle en forme un conquêt. Il faudroit pour fonder sa prétention, qu'il démontrât que le droit de celui qui vouloit évincer le conjoint prédécédé, étoit si clair, que la somme donnée a fait réellement dégénérer la transaction en acquisition. (Argentræus, *in art.* 418, *veter. consf. Britan. glos.* 1, n°. 12, *pag.* 1647.) Dumoulin avoit dit que la transaction sur la propriété d'un fief ne donne ouverture à aucun droit féodal, quand le possesseur restitue le fief à celui avec lequel il transige, reconnoissant que c'est lui qui en est le véritable propriétaire, quand même cette transaction seroit faite moyennant une somme d'argent ; à moins que le seigneur ne prouve évidemment que la contestation étoit simulée & élevée sous le prétexte de déguiser une vente véritable. *In transactione tamen non erit fundata intentio patroni super relevio, vel super retractu, aut quinto pretii, etiamsi mediante pecunià transactum sit ; nisi probet vel litem fictam ad occultandam veram permutationem vel venditionem ;* (*L. cùm hi* § *sed his*, *D. de transact.*) *vel nisi probet eum qui rem restituit tunc fuisse verum dominum : & sic ex simplicibus terminis transactionis dominus directus nullum commodum habet.* (Molinæus, *in consf. Paris. titre* 1, *de fiefs*, § 33, *numero* 67, *tom.* 1, *operum edit.* 1681, *pag.* 406.) Voyez *Feinte*, *Possession*, *Propriété*, *Simulation*, *Soute*, *Transaction*, &c.

Transport.

54. La donation d'un propre peut-elle être transférée sur les acquêts, ou sur les meubles quand il y en a? « L'affirmative, dit Basnage, (*sur la coutume de Normandie*, *art.* 427, *tom.* 2, *pag.* 230), a été jugée pour les donations à la charge de dire des messes & de faire des services. Mais on n'a pas considéré ces donations comme des libéralités pures, mais comme des contrats synallagmatiques, comme une dette & une charge de la succession. »

ARRÊT du parlement de Rouen, du 10 juillet 1637, qui fait valoir sur les meubles une rente de 30 liv. qui étoit du propre du testateur. (*Ibid.*)

ARRÊT du parlement de Rouen, du 14 novembre 1642, qui juge que si le testateur a donné des acquêts, & qu'il soit mort avant les trois mois, la récompense en est donnée sur les meubles quand ils le peuvent porter. (*Ibid.*)

ARRÊTS de la même cour conformes des 24 mai 1650, 10 avril 1652, & 15 avril 1655. (*Ibid.*) Voyez *Donation*,

Eglise, *Fondation*, *Legs*, *Meubles*, *Propres*, *&c.*

Undè vir & uxor.

55. Suivant le titre du code *undè vir & uxor*, le mari & la femme se succédoient respectivement, à l'exclusion du fisc, lorsque le prédécédé d'entr'eux ne laissoit point de parens habiles à se dire ses héritiers. *Maritus & uxor ab intestato invicem sibi in solidum pro antiquo jure succedunt, quoties deficit omnis parentum, liberorumve, seu propinquorum legitima vel naturalis successio, fisco excluso. (C. lib. 6, tit. 18.)* Nous avons admis cette jurisprudence en France, & suivant le sentiment des meilleurs auteurs, elle y est en vigueur, non seulement dans les pays du droit écrit, mais encore dans la plupart des coutumiers.

On ne connoît en effet que les coutumes de Bourbonnois, *art. 328*; de Normandie, *art. 245*; de Bretagne, *art 595*; du Maine, *art. 286*; & d'Anjou, *art. 268*, qui préferent le fisc au conjoint survivant. Les autres, ou préferent expressément le conjoint survivant au fisc, telles que celle de Poitou, *art. 299*; de Berry, *art. 8 du tit. 19*, *&c.* ou n'en parlent en aucune maniere. Le silence de ces dernieres est interprété contre le fisc. Quoiqu'il en soit, on demande si cette succession *undè vir & uxor* forme des propres ou des acquêts?

Renusson, *(Tr. des propres, ch. 1, sect. 5, n°. 17,)* a soutenu que les immeubles échus à la femme, de la succession de son mari, ou au mari, de la succession de la femme, leur sont propres: *en effet*, dit-il, *ils ne peuvent pas avoir la qualité d'acquêts, puisqu'ils sont échus à titre d'héritier par le seul bénéfice de la loi; nous n'appellons acquêts que les immeubles qui viennent à une personne par son fait, comme quand il acquiert un héritage de ses deniers, ou que cet héritage lui vient par don & libéralité qu'il a méritée par ses services, ou autrement; & nous appellons propres ce qui vient à titre successif.* Renusson conclut que ces immeubles *ne seront affectés à aucune ligne; que le plus proche y succédera sans distinction de ligne; mais que l'on n'en pourra disposer que suivant les coutumes où ils sont situés, qui limitent le pouvoir de disposer des propres.*

Lebrun combat l'opinion de Renusson, & il dit: « qu'il y a toute sorte de justice de juger que l'immeuble dont un conjoint hérite de son conjoint n'est point propre; puisque tout l'avantage que la famille du conjoint qui succede, pourroit trouver en cela, consisteroit à lui en empêcher la libre disposition. Or, il ne semble pas fort équitable, que celui qui met le premier un héritage dans une famille, ou à l'occasion de son mariage, ou autrement, n'en ait pas lui-même la libre disposition, & soit obligé de le réserver à sa famille. *Ainsi, on ne peut assez s'étonner que quelques-uns aient voulu soutenir la proposition contraire*; & qu'un immeuble qui vient par la succession d'un conjoint soit réputé propre; ce qu'ils n'appuyent que d'une maxime *qu'ils se forment eux-mêmes, & qui ne se trouve point indéfiniment dans nos bons auteurs*, que toute succession fait un propre, & qu'il y a des propres qui ne sont d'aucune ligne. *Car il n'est point vrai qu'il y ait des propres sans ligne*, & ces propres seroient inutiles. » *(Traité des successions, liv. 2, chap. 1, sect. 1.)*

Durand, *sur l'art. 74 de la coutume de Vitry, n°. 9, pag. 278*, est de l'avis de Lebrun. « Le droit tacite du survivant des conjoints sur la succession de l'autre, à l'exclusion du fisc, étant moins naturel, & n'étant qu'une consolidation de la propriété à une quasi possession, il n'y a rien en Vitry qui puisse le faire réputer héréditaire & propre; & ce ne peut être qu'un acquêt, comme le seroit un immeuble donné par le défunt par le contrat de mariage, ou un testament en la coutume de Rheims, *art. 291*, parce que n'y ayant pas plus de parenté entr'eux qu'entre le défunt & le fisc, il n'y peut avoir hérédité ou succession. »

Pothier se décide comme Lebrun & Durand; mais par un principe différent. « Cette succession *undè vir & uxor*, est une vraie succession qui ne differe en rien des autres successions; si ce n'est en ce que les héritages qui aviennent par cette espece de succession, n'ont pas la qualité de propres. » Voyez *Aubaine*, *Bâtardise*, *Déshérence*, *Fisc*, *Quarte pauvre*, *Undè vir & uxor*, &c.

Usufruit.

56. L'immeuble échangé pendant la communauté avec l'usufruit de plusieurs héritages, dont le mari avoit droit de jouir avant le mariage, entre-t-il en communauté. Les héritiers du mari soutenoient la négative, par la raison qu'un usufruit étant réputé immeuble, n'étoit point entré dans la communauté, & que l'immeuble « donné en paiement ou pour l'extinction de l'usufruit, devoit sortir la nature de l'usufruit, au lieu & place duquel il étoit subrogé. Nonobstant ces raisons, j'ai répondu que ce fonds étoit *un acquêt de la communauté* : car encore qu'un usufruit soit réputé immeuble, toutefois la commodité de l'usufruit consiste en la seule perception annuelle des fruits, & par l'événement il se résout en meuble. Or, il est certain que s'il n'y eût point eu de convention pour l'extinction de l'usufruit dont il s'agit, les fruits de chaque année des héritages dont le mari jouissoit, auroient entré dans la communauté; d'où il s'ensuit que le fonds échangé ayant été subrogé au lieu & place des fruits qui devoient entrer dans la communauté, il en faut dire la même chose que de ces fruits successifs & non de droit d'usufruit. » (Dupineau, *tom. 1*, *pag. 882*.)

ARRÊT du parlement de Paris, du 3 février 1631, qui juge en la coutume de Boulenois, qu'une mari & une femme ne peuvent stipuler dans leur contrat de mariage, que le survivant jouira pour usufruit des acquêts & conquêts faits pendant leur mariage. (Bardet, *tom. 1*, *liv. 4*, *chap. 6*.) L'*art. 94* de cette coutume, porte que « le mari ne peut avancer la femme, ne la femme le mari par don d'entre-vifs, & en ordonnance de derniere volonté. » On opposoit l'usage constant observé dans le pays, & approuvé par plusieurs anciens préjugés qui autorisoient de pareils dons en usufruit; mais on répliquoit, par la production d'un arrêt de 1620, d'autant plus important, qu'il avoit débouté les maire & échevins de Boulogne, *lesquels étoient intervenus au procès, & avoient obtenu lettres par lesquelles ils avoient articulé les faits de cet usage.*

ARRÊT du parlement de Paris, du 20 janvier 1632, qui juge que le legs de l'usufruit de tous les propres pour neuf années, dont le mari n'a pu disposer que du quint, doit être étendu à l'usufruit de ce quint & des meubles & acquêts, dont il pouvoit disposer. On alléguoit la maxime FECIT QUOD NON POTUIT, NON FECIT QUOD POTUIT. Mais la cour n'y eut point égard. (*Journ. des aud. tom. 1*, *liv. 2*, *chap. 104*, *pag. 131*.) Voyez ci-dessus la division *Réserves coutumieres*.

ARRÊT du parlement de Paris, du 23 juin 1741, qui juge qu'une femme qui n'étoit point en communauté avec son mari; mais qui étoit donataire par son contrat de mariage de l'usufruit de la moitié des acquêts qu'il feroit depuis le mariage, n'a pas droit de réclamer l'usufruit de la moitié de ceux de ces acquêts que le mari a donnés en dot à leur fille. (*Recueil d'arrêts par* Rousseau-de-Lacombe, *chap. 95*, *pag. 563*.) Voyez *Conquêt*, *Disposition*, *Dot*, *Enfant*, *Femme*, *Mari*, *Mariage*, *Propres*, *Usufruit*, &c.

Terminons les recherches immenses, & sans doute fastidieuses de cet article, par répéter qu'il est vrai que notre droit coutumier présente une foule d'inconséquences & d'absurdités qui donnent lieu à une pépiniere de procès; mais qu'en desirant une refonte générale, il faut cependant en suivre les dispositions, jusqu'à ce que cette loi soit faite. Disons, avec d'Aguesseau, (*tom. 4, pag. 256*,) IL SEROIT A SOUHAITER QU'ON FIT UNE LOI QUI ÉTABLIT DES PRINCIPES DIFFÉRENS; MAIS IL EST CERTAIN QU'ON NE PEUT LE FAIRE SANS UNE LOI.

ACQUÊTS NOUVEAUX.

(*Droit ecclés. Droit fisc. Droit. féod.*)

1. On nomme *acquêts nouveaux*, ou encore *nouveaux acquêts*, les héritages nobles ou roturiers, féodaux ou allodiaux, & même tous les droits immobiliers quelconques que possédent les gens de main-morte, tant ecclésiastiques que laïques qui n'ont pas payé le droit d'amortissement, & qui sont en conséquence sujets à un droit annuel appellé, *Droit de nouvel acquêt*. Leur nom d'*acquêts nouveaux* vient de ce que ces héritages ou droits, sont ordinairement *acquis de nouveau* & différens de ceux qui forment la premiere dotation: en effet, les gens de main-morte, font presque toujours amortir ceux-ci, en prenant les lettres-patentes pour leur établissement. Mais cependant si on avoit négligé cet amortissement, on devroit pour cet objet de fondation ou dotation primitive, le droit de nouvel acquêt comme pour les biens acquis de nouveau. Il est vrai qu'en ce premier cas le droit est appellé improprement *nouvel acquêt*, puisque cette expression suppose toujours *une acquisition précédente*; mais c'est le terme unique & ordinaire dont on s'est toujours servi, & nous devons l'employer sans balancer, malgré l'inéxactitude de son application.

Le droit de nouvel acquêt est donc la finance due au roi, par les gens de main-morte possédant en France, des héritages ou des droits immobiliers non amortis: ce droit fait donc partie de celui d'amortissement dont-il est un paiement momentané.

Observations générales.

2. Il y a trois especes de gens de main-morte. 1°. Les ecclésiastiques séculiers & réguliers, ou isolés, comme les évêques, les prieurs, les curés, &c. ou composant des chapitres, & communautés séculieres & régulieres de l'un & de l'autre sexe. 2°. Les administrateurs des hôpitaux, léproseries, & les marguilliers, couriers des fabriques, confréries &c. 3°. Les maires, échevins, jurats, capitouls des communautés d'habitans, des villes, bourgs, villages, paroisses &c. Tous ceux qui forment ces différentes especes de main-morte, doivent les droits d'amortissement & de nouvel acquêt; à l'exception des administrateurs des hôpitaux, ou léproseries, qui en sont exempts par un privilege particulier de nos rois, lorsque ces lieux de charité exercent actuellement & réellement l'hospitalité en faveur des mendiants & des malades. Cette exemption est déterminée par les édits & déclarations des 13 novembre 1552, mai 1557, premier mars 1576, 4 juillet 1607, 20 août 1612, 16 juin 1619, 4 février 1622; & par arrêts du conseil d'état des 21 juillet 1609, 22 novembre 1614, 22 juin 1622, 17 août 1623, 6 octobre 1628, 14 novembre 1629, 30 mars 1633, 4 août & 14 décembre 1634, &c.

Les droits de nouvel acquêt sont dus *pour la tolérance de la possession & jouissance que les gens de main-morte ont eu d'héritages situés en France, lesquels, par les ordonnances & anciens statuts du royaume, il leur est prohibé de posséder, ne les pouvant & ne les devant tenir sans amortissement particulier,*

[illegible]

concession & permission du roi. En conséquence ces droits ne sont pas dus pour les héritages ou droits immobiliers qu'ils tiennent du roi, à titre de libéralité ou d'échange; parce que quand le souverain donne quelque chose, il entend que l'on en jouisse à perpétuité sans qu'il soit besoin d'autre permission: sa seule volonté suffit pour lever l'incapacité des gens de main-morte; & il est inutile qu'ils aient un autre titre que celui qui constate le don ou l'échange.

Le droit de nouvel acquêt originairement assez considérable, a reçu des diminutions successives. Ce qu'il suffit d'observer, c'est qu'il étoit plus ou moins fort, suivant la nature des biens & la maniere dont ils avoient été acquis. On le payoit sur un pied plus haut pour les fiefs & les censives qui étoient dans le domaine du roi, que pour ceux qui relevoient des seigneurs particuliers. Aujourd'hui il est fixé pour toute sorte de biens à une année de revenu pour vingt années de jouissance; c'est-à-dire, que les gens de main-morte payent pour chaque année la vingtieme partie du revenu des biens qui ne sont point amortis. C'est sur ce taux qu'il a été réglé par la déclaration du 9 mars 1700, art. 5: *& à l'égard du droit de nouvel acquêt, sur le pied d'une année de revenu, pour vingt années de jouissance desdits biens.*

Clergé.

3. Les acquêts nouveaux des gens d'église, donnent lieu à deux especes d'observations: les premieres seront relatives au droit *de nouvel acquêt;* les secondes concerneront divers autres objets essentiels à connoître.

1°. Comme la recherche des droits d'amortissement ne se faisoit anciennement que de temps à autre, comme tous les vingt ou trente ans; c'est-à-dire, ou plutôt ou plus tard, selon les besoins de l'état; & que le recouvrement s'en faisoit soit à titre de régie, soit à titre de traité, les gens de main-morte possédoient souvent des biens pendant longues années, sans qu'ils fussent amortis. Mais Louis XIV, ayant donné ces droits en ferme par arrêt du conseil, du 27 août 1689, ils commencerent à être demandés avec plus de soin, & à mesure que le fermier en prenoit connoissance; enfin, leur perception cessa bientôt totalement. En effet, l'édit du mois de mai 1708, ayant ordonné que les droits d'amortissement seroient payés dans l'an & jour des acquisitions, il n'y a plus eu lieu au droit de nouvel acquêt, pour les biens dont les gens de main-morte ont eu la propriété depuis le premier mai 1708; parce qu'il a dépendu du fermier de faire payer le droit d'amortissement qui se trouvoit exigible à l'expiration de l'année de la possession de ces biens, & qu'il n'a pas négligé de le percevoir.

Une autre cause a concouru à faire évanouir ce droit; & elle prend sa source dans les dispositions de l'édit de 1749, qui a prohibé aux gens de main-morte, les acquisitions sans lettres-patentes, qui ne vont gueres sans l'amortissement.

Il est donc vrai de dire, que le droit de nouvel acquêt ne doit presque plus avoir lieu que pour les biens dont les gens de main-morte *ont le simple usage;* & comme les ecclésiastiques sont rarement dans ce cas, les réglemens sur le droit de nouvel acquêt, n'ont presque plus concerné que les communautés d'habitans. Nous rendrons compte des dispositions de l'arrêt du conseil, rendu à cet égard le 23 janvier 1691, sous la division que nous destinons à cette espece de gens de main-morte.

Ce n'est pourtant pas qu'il ne se soit élevé, même jusqu'à ces dernieres années, des difficultés considérables relativement au droit d'acquêt, entre les fermiers de cette partie des droits du roi, & les ecclésiastiques en particulier, & sur-tout le clergé en général: mais elles dérivoient *la plupart* de causes antérieures à l'exécution de l'édit de 1708.

Arrêt du conseil, du 22 avril 1738, qui a condamné les prêtres de l'Oratoire de la maison de saint Magloire de Paris, à payer le droit de nouvel acquêt, pour une maison construite en 1695.

Arrêt du conseil, du 3 mars 1739, qui a condamné le chapitre de Tours, à payer le droit de nouvel acquêt, pour des biens qui lui avoient été donnés à charge de fondation, en 1705.... Ces deux arrêts sont fondés sur ce que l'édit de 1708, qui a fait cesser ce droit pour les biens dont la main-morte est propriétaire, n'a dû avoir d'effet que pour l'avenir; & qu'il a fallu conséquemment en payer les arrérages encourus jusqu'à l'époque de sa publication.

Mais les discussions particulieres du fermier avec quelques ecclésiastiques ou communautés particulieres, ne doivent pas fixer notre attention comme la contestation, sans cesse renaissante, qu'il y a eu depuis le commencement du siecle entre le fermier & le clergé en corps. Cette contestation, qui a été enfin terminée en 1775 & 1776, portoit sur trois points principaux que nous allons analyser d'après les comptes qu'en rendoient dans le temps les agens généraux du clergé.

Les trois points principaux de difficulté étoient, 1°. l'exemption des dîmes cédées respectivement entre les curés & les gros décimateurs; 2°. les baux passés par les abbés ou prieurs en faveur de leurs religieux; 3°. les baux des maisons abbatiales, canoniales & autres.

Le clergé invoquoit d'abord en général les amortissemens généraux, presque tous précédés par des recherches rigoureuses; & disoit qu'aux termes de celui de 1746, qui a été le dernier, le clergé a été déclaré exempt de tous droits d'amortissement pour tous les biens possédés avant le premier janvier 1700. Il se plaignoit ensuite, de ce que le traitant, en paroissant respecter le principe qui ne permettoit des recherches que contre les acquisitions faites depuis 1700, (parce que tout héritage amorti n'est pas sujet au droit de nouvel acquêt), venoit cependant à bout de perpétuer ces recherches, en détournant les conséquences de ce principe.

M. Dillon archevêque de Narbonne, chef de la commission du temporel, s'expliquant sur ces différens objets de contestation, disoit au clergé assemblé en 1775, « Que tous les lieux & terrains consacrés au service des églises, & affectés à l'usage immédiat des ministres établis pour les desservir, n'ont pas été amortis réellement, mais déclarés immuns & exempts d'amortissement: qu'ainsi tant que la cause de l'immunité existe, son effet doit avoir lieu; mais que la cause de l'immunité cessant, l'effet n'en doit plus subsister. Il suppose que toutes les maisons & terrains en dépendans, possédés actuellement par les ecclésiastiques, & qui sont situés dans le voisinage des églises, étoient avant 1700, consacrés uniquement au service immédiat de ces églises. Il étend le plus qu'il peut cette supposition, pour avoir droit d'en conclure que tout ce qui n'est pas dans ce moment-ci consacré à ce service immédiat, n'a joui que d'une immunité dont on ne peut plus réclamer la faveur, puisque la cause n'en existe plus; & est par conséquent sujet, sinon au droit d'amortissement, au moins au droit de nouvel acquêt. Il range dans cette classe les maisons priorales, abbatiales & la plupart des maisons canoniales: il tourne contre nous l'acte de bienveillance par lequel Louis XIV déclara en 1689, que les maisons canoniales seroient exemptes d'amortissement; mais cette décision n'avoit pour objet que celles qui auroient été alors susceptibles du paiement de l'amortissement, & celles qui auroient pu l'être à l'avenir: elle ne dépouilloit pas du bénéfice de l'amortissement les maisons qui avoient été précédemment amorties. Les chapitres de Rheims & de Soissons, qu'on tourmente actuellement sur cet objet, ainsi que celui de Nantes, fournissent la preuve de l'amortissement particulier de la plupart de leurs maisons; ce qui indique manifestement que depuis long-temps elles n'étoient plus censées immunes : & quand ils seroient hors d'état de fournir cette preuve, ne doivent-ils pas partager la faveur acquise à titre onéreux par les amortissemens généraux accordés par Louis XIV & Louis XV? Malgré ces considérations, le traitant demande aujourd'hui le droit de nouvel acquêt de toutes les maisons canoniales, données à loyer par les bénéficiers. Un grand nombre de chapitres, dont presque toute la dotation consiste en maisons, seront manifestement grevés par le nouveau systême que l'ARRÊT du conseil, du 27 novembre 1774, vient de consacrer. Il est même à observer que le réglement contenu dans cet arrêt, permet de demander les arrérages échus depuis 20 ans; & que le roi s'y réserve de faire faire à son profit le recouvrement des arrérages antérieurs, si bon lui semble, ce qui rendra les recherches éternelles. »

M. l'archevêque de Narbonne, après avoir observé qu'il est de toute nécessité d'obtenir une déclaration qui calme les inquiétudes d'un grand nombre de corps ecclésiastiques, passe à la discussion des difficultés qu'on éleve aux religieux à raison des baux à vie qu'ils passent avec leurs abbés. Il dit, qu'il a été déja décidé, entr'autres contre les religieux de Molesme, que l'amortissement étoit dû lorsque les accords étoient à perpétuité; & le droit de nouvel acquêt exigible, lorsque la durée des conventions excédoit celle des baux ordinaires. Cette décision est fondée sur l'art. 8, du réglement du 13 avril 1751, qui assujettit les gens de main-morte à payer ce droit lorsqu'ils jouissent, en vertu de jugemens ou d'actes passés devant notaires, de biens à eux cédés pour la sûreté de leurs créances; & sur la réponse faite au cahier de l'assemblée du clergé de 1760, dans laquelle sur sa demande d'exempter du droit d'amortissement les transactions entre les abbés & les religieux pour raisons de leurs manses respectives, le roi ne l'accorda que pour les biens du premier partage, & en ordonna la perception pour tous les autres cas; sauf à le restreindre au droit de nouvel acquêt lorsque ces transactions ne seroient qu'à vie.

Cependant le fermier se fonde sur un faux principe, qui est, que les accords entre les abbés & religieux, sont translatifs de propriété; en effet, ils ne sont que déterminatifs de la maniere de jouir. La propriété indivisible entre les chefs & les membres reste toujours la même. La maxime invariable des tribunaux est de ne regarder les partages entre les abbés commendataires & les religieux, que comme des partages de jouissance, des partages provisionnels, malgré lesquels la propriété demeure toujours indivise. La jouissance de l'abbé & des religieux, est toujours celle de l'église, & on ne peut dire que l'un acquiert de l'autre, sans supposer que l'église puisse se vendre à elle-même ses propres biens, & les acquérir de nouveau. En deux mots, ou leurs accords sont des acquisitions réelles & permanentes, & alors ils sont proscrits par l'édit de 1749; ou ils ne sont que des arrangemens sur la jouissance, & alors la demande du traitant est injuste.

Enfin, M. l'archevêque de Narbonne, soutient que ces principes ont une analogie manifeste avec les concordats que les décimateurs & les curés, passent entr'eux pour les novales; & il remarque que la demande de les assujettir au droit de nouvel acquêt, renferme une injustice particuliere & frappante.

Les dîmes sont des biens ecclésiastiques destinés à l'entretien des ministres des autels, que les laïques ne peuvent acquérir, & qui conséquemment ne peuvent donner lieu ni au droit d'amortissement, ni à celui de nouvel acquêt. Le traitant a cru pouvoir affoiblir l'autorité de ces principes par une tournure adroite. Il a sollicité lui-même un arrêt du conseil, du 13 avril 1751, qui exempte du droit d'amortissement, & par conséquent de celui de nouvel acquêt, les transactions qui auroient pour objet de réunir les dîmes au patrimoine des cures, sous prétexte qu'ils en sont seuls propriétaires ; & il conclut aujourd'hui des dispositions limitatives de cet arrêt, que tous les autres décimateurs sont soumis au paiement du droit. Cependant si ces conclusions pouvoient être adoptées, & si ce système avoit jamais force de loi, tous les échanges de dîmes seroient désormais sujets à l'amortissement. (*Procès-verbal de l'assemblée du clergé de France de 1775, pag. 141, & suiv. & pag. 1027 & 1028.*)

Tous ces trois objets de contestation, entre le clergé & le fermier des droits d'amortissement, ont été terminés par trois arrêts du conseil, du même jour.

EDIT du roi, du 29 janvier 1776, qui, confirmant l'exemption du droit d'amortissement, accordée aux dîmes acquises par les curés au profit de leurs cures, ordonne que tous échanges, concordats, transactions & autres actes, par lesquels les curés ou vicaires perpétuels céderont des dîmes aux gros décimateurs ou curés primitifs, demeureront particuliérement affranchis de tous droits d'amortissement & de nouvel acquêt.

EDIT du roi, du 29 janvier 1776, qui décharge du droit de nouvel acquêt, les baux qui seront faits par les abbés ou prieurs, en faveur de leurs religieux, soit qu'ils soient passés pour un terme au dessus de neuf années jusqu'à vingt neuf, soit même qu'ils soient faits pour avoir lieu pendant la vie des abbés ou prieurs.

EDIT du roi, du 29 janvier 1776, qui en déclarant les maisons abbatiales, canoniales & autres de même nature, que le clergé possédoit avant 1641, ou qui, ayant été acquises depuis, auront été données à loyer avant 1700, exemptes de tout droit d'amortissement & de nouvel acquêt, encore qu'elles soient mises dans le commerce, & qu'elles produisent un revenu, ordonne que celles acquises depuis 1641, qui n'auront été données à loyer que depuis 1700, continueront d'être assujetties au droit de nouvel acquêt, lorsqu'elles seront louées ; à moins qu'elles n'aient été amorties, ou qu'elles ne soient reputées l'être, comme faisant partie de dotations ou fondations royales.

2°. Ce qu'il y a à remarquer d'essentiel sur les acquêts nouveaux des gens d'église, indépendamment *du droit de nouvel acquêt*, est fondé sur la distinction de ces sortes de biens nouvellement acquis, d'avec ceux qui forment l'ancien patrimoine, l'ancienne dotation ; & cette distinction, est essentielle dans plusieurs cas.

Il faut la faire dans les contestations qui s'élevent entre les curés & les décimateurs sur la perception de la dîme, ou le paiement de la portion congrue. Voyez *Curé*, *Dîme*, *Portion congrue*, *Vicaire*, *&c.*

Il faut la faire à l'égard de certains corps religieux exempts de la dîme en vertu de privileges très-anciens, pour savoir si ces privileges embrassent les nouveaux acquêts, ainsi que les biens anciens de ces corps. Voyez, *Dîme*, *Fonteyrault*, *Malthe*, *Privilege*, *&c.*

Enfin, la même distinction revient, soit par rapport aux drois dus aux Seigneurs par les ecclésiastiques ; soit par rapport à la taille & autres impositions. Nous parlerons du premier objet, sous les mots, *Amortissement*, *Franche-aumône*, *Homme vivant & mourant*, *Indemnité*, *&c.*

Disons un mot du second.

Dans les pays cadastrés où la taille est réelle, l'ancien domaine de l'église en est exempt ; tandis que les acquêts nouveaux y sont soumis.

En Provence & en Languedoc, on a des principes différens pour distingue les anciens biens de l'église, d'avec les nouveaux. En Provence, on répute acquêts nouveaux, tous les biens acquis depuis l'affouagement général de 1471. En Languedoc, tous les biens possédés par les ecclésiastiques, ainsi que par les seigneurs justiciers, sont censés acquêts nouveaux, roturiers & taillables, s'il n'appert par titres de leur nobilité; laquelle doit-être justifiée par d'anciennes inféodations. Voyez, *Affouagement*, *Affranchissement*, *Cadastre*, *Election*, *Impositions*, *Inféodation*, *Noblesse*, *Seigneur*, *Taille*, *&c.*

En Dauphiné, on distingue aisément les biens anciens, exempts de la taille, & les nouveaux qui y sont soumis.

Un fameux ARRÊT du conseil, du 24 octobre 1639, ordonne qu'il n'y aura d'exempts de la taille, dans cette province, que les anciens héritages des ecclésiastiques, qui ont formé leur fondation ou dotation antérieurement au premier mai 1637.

Le roi de Portugal, vient d'adopter cette regle par un *alvara*, (lettres-patentes) du 3 février 1776, portant réglement pour la levée de la dîme générale, établie pour le subside militaire. Il est dit dans cet *alvara*, qui est une ampliation du réglement du 9 mai 1654, & des édits des 26 septembre 1762 & 11 mai 1770, que pour mettre fin aux difficultés qui s'étoient élevées relativement à l'exemption de cette dîme, à l'égard des biens fonds ecclésiastiques tant séculiers que réguliers, sa majesté Portugaise veut qu'il n'y aît, par la suite, que les biens dotaux ou ceux de premieres fondations des monasteres, couvens, églises, maisons de miséricorde & hôpitaux, qui puissent jouir du bénéfice de l'exemption.

« La taille est réelle en Bresse; les corps ecclésiastiques & gens de main-morte, ne la payent point pour leur dotation ancienne; mais seulement pour nouvelles acquisitions, fussent-elles pour cause de fondation: ainsi jugé par ARRÊT du parlement de Dijon, du 2 décembre 1661, contre les Cordeliers, pour deux domaines qui leur avoient été donnés en fondation de services, par un fondateur exempt lui-même de la taille; mais dont l'exemption, qui lui étoit personnelle, ne passa pas aux religieux. » (Perrier & Raviot, *tom.* 2, *quest.* 235, *pag.* 206.)

Dans les pays d'élection, où la taille est personnelle, il y a aussi des distinctions essentielles, entre les biens anciens des ecclésiastiques & les acquêts nouveaux; mais, comme ces distinctions tiennent aux principes même de la matiere de cette espece principale des impositions usitées dans le royaume, il ne seroit pas possible d'en traiter ici, aussi à propos, ni avec autant de clarté, que sous les mots, *Charrue*, *Exemption*, *Taille*, *&c.*

On a agité la question de savoir si le droit de nouvel acquêt, devoit être considéré comme une charge réelle du bénéfice.

ARRÊT du parlement de Toulouse, du 27 août 1701. Le fermier du droit de nouvel acquêt, ayant attaqué le chapitre de Narbonne, *à raison de la jouissance faite pendant 17 ans de la chapelle de Rebé, ce chapitre, propriétaire de la rente constituée, faite pour la dotation de cette chapelle, fut obligé de payer le droit de nouvel acquêt; & retrancha le pied du fonds de la dotation à concurrence.*

Monier chapelain, soutint que ce retranchement ne pouvoit avoir lieu, & que le droit de nouvel acquêt, devoit être pris sur ceux qui avoient joui de la chapelle; c'est-à-dire, deux années sur lui, parce qu'il n'avoit joui que pendant cet espace de temps, & 13 années sur ceux qui auroient joui précédemment. La cour décida que le retranchement devoit se faire sur le fonds; parce que le droit de nouvel acquêt forme une charge réelle du bénéfice; mais elle réserva à Monier son recours contre ceux qui avoient joui avant lui ou leurs héritiers, à l'effet de poursuivre la restitution de leur quotité, qui seroit placée en augmentation de la dotation de la chapelle. (*Journal du parlement de Toulouſe, par M.* de Juin, *tom.* 2, *art.* 171, *pag.* 384.)

Comunautés d'habitans.

4. Les communautés laïques qui poſſedent des droits de glandages, pacages, chauffages & autres droits d'uſage généralement quelconques, ont été diſpenſées de payer le droit d'amortiſſement pour ces ſortes de biens; parce qu'elles n'en ont point la propriété, mais ſimplement une poſſeſſion commune & un uſage général; mais elles ont été par là même aſſujetties *au droit de nouvel acquêt*, c'eſt-à-dire, à cette finance annuelle qui eſt due pour la jouiſſance des héritages non amortis.

L'édit de 1691, que nous avons ci-deſſus annoncé, ordonna aux maires, échevins, conſuls, ſyndics, &c. des villes, bourgs, paroiſſes, &c. qui poſſédoient des droits de glandages, &c. & autres droits d'uſage, d'en donner inceſſamment des déclarations; leſquelles rapportées à Mrs. les intendans, & enſuite au conſeil avec leur avis, détermineroient l'état qui ſeroit arrêté du droit de nouvel acquêt, à raiſon de la jouiſſance depuis 1672; & ce, nonobſtant toutes lettres d'amortiſſement générales ou particulieres, compoſitions faites par les provinces pour le droit d'amortiſſement, déclarations & arrêts confirmatifs, qui demeureront néanmoins en leur force pour les autres biens poſſédés à titre de propriété par ces communautés.

La déclaration du 9 mars 1700 fixa ce droit: *A l'égard du droit de nouvel acquêt, dû par les communautés laïques de notre royaume, pour les uſages dont elles jouiſſent, quelqu'ancienne qu'en ſoit la poſſeſſion, il ſera payé ſur le pied d'une année de revenu pour vingt années de jouiſſance.*

Ces droits ſont dus, quoique les communautés ſoient tenues de payer annuellement au roi des droits de cenſive, champart, terrage, bordelage, avenage, &c. La raiſon eſt que la redevance annuelle, ſtipulée par la conceſſion, eſt due au roi comme ſeigneur du fonds, & que le droit de nouvel acquêt eſt domanial, & dû par les communautés, pour avoir la faculté de jouir de toutes ſortes d'uſages quelconques.

Arrêts du conſeil, du 2 février 1733, & du 8 octobre 1726, qui condamnent les habitans des paroiſſes de St. Cyr, &c. en Poitou, & du pays de Laboud, au paiement des droits de nouvel acquêt, pour des landes, bruyeres & taillis, quoiqu'ils payaſſent au roi, pour ces mêmes objets, des droits de cenſive.

Par un arrêt du conſeil, du 7 juillet 1725, il eſt ordonné que l'impoſition du nouvel acquêt, ſera faite à l'avenir annuellement & par avance par les intendans dans les pays d'élection, & par les députés des états dans les pays d'états. Différens arrêts du conſeil ont ſucceſſivement ordonné l'impoſition des ſous pour livre, dont la perception a été progreſſivement augmentée, au capital du droit. On impoſe encore un droit d'un ſou pour livre de la totalité, pour la remiſe des collecteurs, des receveurs des tailles, & du receveur général des finances à raiſon de quatre deniers pour livre à chacun: ce ſont les diſpoſitions d'un arrêt du conſeil du 7 ſeptembre 1723.

On trouvera dans différentes collections, & notamment dans le dictionnaire des domaines, ſous le mot *Nouvel Acquêt*, § 2, les arrêts & réglemens rendus ſur la perception de ce droit, & notamment ceux qui ſont particuliers à chaque généralité, ſuivant le taux de leur fixation, le tout par ordre alphabétique.

On y trouve notamment les provinces d'Artois & de Bearn, parce qu'elles y ont été aſſujetties par arrêts du conſeil des 21 décembre 1723 & 15 juillet 1749, où il eſt inſéré expreſſément que ce droit étant dû au roi, à cauſe de ſa couronne, eſt domanial, impreſcriptible, & ne laiſſe ou à aucune espece d'exception, quelques privileges que l'on puisse invoquer.

Les dons & octrois concédés par les rois de France aux habitans de quelques villes, comme de courte-pointe, de huitieme, de vingtieme, d'entrée de ville, &c. pour subvenir aux fortifications, réparations de ponts, ports, portaux, pavés, chaussées & autres affaires communes des villes, bourgs, &c. ne sont points sujets au droit de nouvel acquêt, parce qu'ils se levent par une permission particuliere du roi, & sont destinés à des objets d'utilité publique. Voyez *Octroi.*

Des familles particulieres qui jouiroient, en vertu de concessions des souverains, de quelques droits d'usages, chauffages, pâturages, ou autres, ne devroient point non plus le droit de nouvel acquêt; & cela, parce qu'une famille n'est pas une communauté, & ne peut être comparée à des gens de mainmorte: en effet, elle ne fait point corps, & tous ses membres peuvent s'éteindre. Le droit en ce cas est plutôt personnel que réel, & la famille venant à finir, le droit finit aussi. (*Voyez* Bacquet, *Traité des droits du domaine & couronne de France, part. 3; des nouveaux acquêts, chap. 32, pag. 584. Le traité des amortissemens, nouveaux acquêts & francs-fiefs, par* Jarri, *pag. 229 & suiv. de l'édit. de 1717,* in-12.)

Droit féodal.

5. « *Item*, a le roi finance sur *nouveaux acquêts* qui se font par non nobles aux nobles sur tous fiefs, aleux & terres qui sont tenus en cens du roi; c'est à savoir, sur fiefs tenus à part du roi la finance de six ans, autant que vault le fief pour un an; & autant que le fief vault par trois ans des fiefs qui sont tenus par moyen; & des fiefs qui sont tenus en quart degré, nulle finance ne s'y doit asséoir pour sa longue deffaute. Et si ce étoit en aleux, ou en terres de cens tenues du roi, pareille finance s'y assiet: & ainsi là on veu juger, tenir & user par tous commissaires sur ce commis par le roi notre sire, & par leur instruction scellée, mais que ce soit acquests depuis le terme de quarante ans. » (*Somme rurale par* Bouteiller, *édit. de 1611, in-4°. pag. 657 & 658.*)

« Se personnes non nobles acquestent, ou possessent fiefs, ou nobles ténemens, telles personnes sont submises au droit de *nouvel acquest;* lequel droit se prend & lieve *par nous comme* conte d'Artois: & se prend & cueille icelui droit de vingt ans en vingt ans, & non plus souvent: lequel droit de *nouvel acquest* se peut prescrire contre nous ou nos successeurs contes d'Artois, après que ung non noble aura joy desdits fiefs, ou nobles ténemens, par l'espace de quarante ans, sans ce que ledit droit lui ait été demandé. » *Art. 194 de la coutume d'Artois.* Les articles suivans parlent du même droit.

Nous ne nous étendrons pas ici sur cet objet, parce que le droit de nouvel acquêt, tel que l'annoncent Bouteiller & la coutume d'Artois, n'est autre que celui de *Franc-fief*, dont nous traiterons sous ce mot avec l'étendue nécessaire. Nous n'avons placé ici les deux textes que nous venons de transcrire que pour annoncer à nos lecteurs que nous n'oublions rien, autant qu'il est possible; & que nous présentons chaque article sous tous ses points de vue, relatifs à la jurisprudence.

ACQUIESCEMENT.

(*Dr. publ. Dr. privé. Dr. crim.*)

1. Ce mot, qui a beaucoup de rapport avec les mots *Adhésion*, *Consentement*, *Approbation*, *Agrément*, *Soumission*, *Ratification*, dérive du Latin *acquiescere:* il s'emploie quelquefois dans le discours ordinaire, mais plus fréquemment dans la langue judiciaire. On

acquiesce à une demande, à un arrangement, à un avis, à une proposition, *à un jugement :* c'est sur-tout sous cette derniere acception que nous allons l'examiner.

Droit romain.

2. On admettoit dans la jurisprudence romaine les acquiescemens qu'on donnoit aux jugemens après l'appel, comme ceux qu'on y avoit donnés auparavant. On y reconnoissoit les acquiescemens tacites, comme les acquiescemens formels. On n'y relevoit que de ceux qui étoient le fruit de l'erreur ou de la collusion.

Les héritiers doivent proposer les griefs qu'ils peuvent avoir contre un jugement dont le défunt avoit appellé, ou y acquiescer. *Etiam post mortem ejus* QUI APPELLAVIT *necesse est heredibus ejus, vel reddere causam provocationis, vel statutis* ACQUIESCERE. *l.* 1, *C. si pend. appel. &c.*

Ceux qui n'ont pas interjeté appel dans les délais déterminés, doivent acquiescer aux jugemens. *Si quis in ejus temporis computatione ab eo, cujus de eâ (re) notio fuerit, injuriam passus non provocavit;* ACQUIESCERE *(rebus) judicatis debet, l.* 6, *C. de excusat. tut.... Si contra te jure pronunciatum est, nec appellationis auxilium imploratum est, intelligis* ACQUIESCERE *te statutis opportere. l.* 1, *C. de his qui per met. jud. &c.*

Celui qui demande du délai pour payer, acquiesce évidemment au jugement qui l'y condamne; il y acquiesce aussi par toutes les démarches qui peuvent annoncer l'approbation qu'il en fait. *Ad solutionem* DILATIONEM PETENTEM, ACQUIEVISSE *sententiæ manifestè probatur; sicut eum qui* QUOLIBET MODO SENTENTIÆ ACQUIEVIT. *l.* 5, *C. de re judic.*

Un tuteur qui a proposé des compensations, peut appeller du juge qui n'y a pas eu égard; mais s'il a acquiescé à son jugement, il ne peut en demander un nouveau. *Si judex compensationis ejus rationem non habuit, an contrario judicio experiri possit? Et utique potest. Sed si reprobata est hæc reputatio, & adquievit; non debet judex contrario judicio id sarcire. l.* 1, § 4, *D. de contr. tutel. & util. act.*

Quoiqu'on ne soit pas admis à critiquer un jugement dans lequel on n'étoit point partie, cependant on peut réclamer contre l'acquiescement collusoire ou préjudiciable que peuvent avoir donné ceux qui avoient les mêmes intérêts à défendre. *A sententiâ inter alios dictâ appellari non potest nisi justâ ex causâ; veluti si quis in cohæredum* PRÆJUDICIUM *se condemnari patitur, vel similem huic causam; quamvis & sine appellatione tutus est cohæres. Item fidejussores pro eo pro quo intervenerunt : igitur & venditoris fidejussor, emptore victo appellabit, licèt emptor & venditor adquiescant. l.* 5, *D. de appellat. & relat.*

Mais si nous avons commencé de satisfaire à un jugement rendu pendant notre absence, & sans que nous nous soyons défendus, cet acquiescement ne nous permettra plus d'agir que par la voie du recours contre nos cotuteurs. *Si non ex propriâ culpâ solus pupillæ condemnatus es, sed absens & indefensus* ACQUIEVISTI; *cùm ex causâ judicati satisfacere cœperis, actiones adversùs cotutores tuos mandari tibi à pupillâ desiderabis, vel utili actione uteris. l.* 2, *C. de cont. jud. tut.*

Lorsqu'un jugement a divers chefs de prononciation, il faut coter ceux qui nous sont grief, & dont nous avons intention d'interjeter appel, & les distinguer de ceux auxquels nous acquiesçons; parce qu'il ne doit être question sur l'appel, que des premiers. Mais dans ce cas, notre adversaire, qui a acquiescé au même jugement dans tous ses chefs, ne peut pas être admis à soutenir qu'on doit les traiter tous de nouveau, devant le juge d'appel; à moins qu'ils n'aient entr'eux une liaison essentielle, & une dépendance

dépendance nécessaire. *Ex causâ curationis condemnata pupilla, adversùs* UNUM CAPUT *sententiæ restitui volebat; quia videbatur in cæteris litis speciebus elevata fuisse, actor major ætate qui* ADQUIEVIT *tunc temporis sententiæ, licebat totam debere litem restaurare. Herennius Modestinus respondit; si species in quâ pupilla in integrum restitui desiderat*, CÆTERIS SPECIEBUS NON COHÆRET, *nihil proponi cur à totâ sententiâ recedi actor postulans audiendus sit. L. 29, § 1, D. de minor.* . . . . Mornac, sur cette loi, fait remarquer aux candidats du droit, que le terme acquiescement est passé des Romains parmi nous. *Observare etiam poterit studiosus verba hæc in textu legis:* ACQUIEVIT *tunc temporis sententiæ: hinc enim nostrum* ACQUIESCERE. (Mornacius, *tom. 1, pag.* 325.)

Droit françois.

3. L'ordonnance de 1667, *tit.* 27, *art.* 5, énonçant les especes de jugemens qui doivent *passer en force de chose jugée*, dit que ce sont ceux *rendus en dernier ressort, & dont il n'y a appel; ou dont l'appel n'est pas recevable, soit que les parties y eussent formellement* ACQUIESCÉ, *ou qu'elles n'en eussent interjeté appel dans le temps, ou que l'appel eût été déclaré péri.*

« L'objet de l'ordonnance, dans cet article, *dit Cochin*, est de déterminer quels sont les jugemens dont l'autorité est irréfragable, qui ne peuvent être réformés, & qui forment entre les parties une loi constante & immuable; & l'ordonnance en trouve de trois especes. Ceux qui ont été rendus en dernier ressort, ouvrage d'une autorité supérieure, qu'aucune autre ne peut réformer: ceux dont il n'y a point d'appel interjeté, parce qu'on ne trouve sans doute aucun prétexte de s'élever contre leurs décisions: enfin, ceux dont l'appel n'est pas recevable. Tous ces jugemens marchent pour ainsi dire d'un pas égal; leur autorité est la même, & l'on ne doit pas moins de soumission à un jugement dont l'appel n'est pas recevable, qu'à un arrêt ou jugement en dernier ressort. » (Cochin, *tom. 3, pag.* 583.)

L'objet de tous les législateurs a été de couper racine aux procès, vrai fléau de la société; & pour cela, de multiplier les fins de non-recevoir, afin d'écarter ces plaideurs obstinés qui préferent la vaine satisfaction de venger leur amour-propre blessé par une condamnation, aux avantages d'une vie tranquille, & aux besoins de leur famille. Parmi ces fins de non-recevoir, il n'en est point de plus fortes que celles qui résultent des *acquiescemens* des parties elles-mêmes.

On ne voit rien de mieux réfléchi & de plus pathétique, que l'avis qu'adresse à ce sujet à tous les juges un savant jurisconsulte Allemand, d'après les vues du chancelier de Théodoric. *Moneo judices verbis* CASSIODORI, *ut rigidam exceptionis rei judicatæ habeant rationem. Quæ enim, inquit, dabitur* LITIGANTIBUS PAX, SI NEC LEGITIMIS SENTENTIIS ACQUIESCITUR? *Unus enim inter* PROCELLAS IMMANES, *portus instructus est, quem si homines* FERVIDA VOLUNTATE *prætereunt*, UNDOSIS JURGIIS SEMPER ERRABUNT. *Quæ hodie maximè debent obtinere cum* TANTA MORA, TANTA MOLE SUMPTUUM, TANTA MOLESTIA *perveniatur ad portum rei judicatæ; calumniæ ventis & turbinibus, progressum litis impedientibus, & hanc velut navim jactantibus*, MAGIS QUAM ULLO RETRO SÆCULO. (Tuldenus *ad tit. D. de except. rei judic. cap.* 1, *n°.* 6.). . . . . Ceci ne sauroit passer pour une digression; l'objet est trop important.

Nous nous estimerions heureux, si ces réflexions pouvoient inspirer à nos lecteurs un ardent amour de la paix & une horreur invincible pour les contestations judiciaires! Quand ceci ne serviroit donc qu'à ranimer dans les vrais jurisconsultes cet esprit de conciliation, qui doit être la premiere vue qu'ils se proposent dans l'exercice de leur profession, nous croirions avoir beaucoup fait. Voyez ci-dessus *Accommodement.*

Acquiescement après l'appel.

4. Toutes nos anciennes ordonnances attestent les précautions de nos rois, pour empêcher les parties de se ruiner par des appels téméraires; en effet, ils cherchoient à les prévenir, en assujettissant à diverses formalités les acquiescemens qui n'étoient donnés qu'après qu'on les avoit interjetés. C'est l'objet de l'édit de Charles VII, de 1543, *art. 28;* de Louis XII, de 1512, *art. 31 & 55;* de François I, de 1528, *art. 24 & 25.*

Il falloit prendre des lettres d'acquiescement, & les présenter dans un délai déterminé; *ordonn. de 1510, art. 31; de 1535, chap. 27, art. 4.* Elles devoient contenir cette clause: POURVU QUE LE PROCÈS NE SOIT NE CONSULTÉ NE JUGÉ; *ordonnance de 1510, art. 55, & de 1535, chap. 17, art. 3.* On n'étoit reçu à acquiescer, le procès étant sur le bureau, ou bien la cause étant au rôle, ou appellée en jugement, sinon en payant l'amende; *ordonnance de 1528, art. 24, & de 1535, ch. 27, art. 2 & 3.* Dans les acquiescemens faits ès appellations comme d'abus, on payoit l'amende ordinaire du fol appel, & hors jugement, la moitié; *ordonn. de 1528, article 11, & de 1535, chapitre 17, article 1.* (Bouchel & Bechefer, *tom. 1, pag. 30.*)

ARRÊT du parlement de Paris, des mois de février & août 1503. *Die nonâ augusti anno domini 1503 in processu agitato inter Carolum Huet, appellantem à gubernatore Aurelianensi, sive ejus locum tenente, & Jo. de Valenciennes intimatum: fuit ordinatum quòd de cætero nulla* ACQUIESSAMENTA, *postquam casus cujuspiam processus in burello positus fuerit, ad preces alicujus vel alio modo recipientur. Eodem anno mense februario, idem observatum fuit super processu inter magistros Guillermum Dannet, & Eustachium Lhuillier.* (Ibid.)

ARRÊT du parlement de Paris, du 17 août 1504, conforme aux précédens. (*Ibid.*)

ARRÊT du parlement de Paris, du 25 février 1538, qui juge qu'un procureur créé en cause d'appel, peut acquiescer sans avoir nouvelle charge, pourvu qu'il le fasse par conseil. Celui qui avoit voulu désavouer son procureur, fut condamné en l'amende. (Papon, *liv. 19, arr. 1, pag. 1087.*)

ARRÊT du parlement de Rennes, du 30 octobre 1578, qui ordonne que *d'orénavant tous acquiescemens faits en icelle cour, seront reçus sans amende, lorsque les appellans auront pris lettres pour acquiescer.* (Dufailh, *tom. 2, liv. 3, chap. 410, pag. 415.*) Sauvageau observe « néanmoins, par l'ordonnance de François I, de l'an 1528, *art. 24 & 27,* aucun n'est reçu à acquiescer, soit par lettres ou autrement, sans payer l'amende; & particuliérement quand la cause vient à son tour de rôle, ou est appellée après un congé; sauf en ce parlement l'amende d'acquiescement, qui est de 6 liv. que la cour a arbitrée à cette somme, suivant l'ordonnance de 1535. »

ARRÊT du parlement de Paris, du 10 mars 1581, qui ordonne « qu'esdits acquiescemens des appellations verbales, qui seront portés au parquet du procureur général, sera mis au bas d'iceux, que la cause a été, ou est au rôle, ou qu'elle n'y a été, ou n'y est, procès conclu, ou non conclu; & paraphé par les procureurs qui signeront lesdits appointemens, à peine de 4 écus d'amende au nom privé des procureurs pourfuivans; & sera lu & publié à la barre à ce que les procureurs n'en prétendent cause d'ignorance. » (Bouchel & Bechefer, *ibid.*)

ARRÊT du parlement de Dijon, du 10 mai 1606, & du 31 juillet 1610, qui jugent que l'acquiesçant en jugement, soit en matiere civile, soit en matiere criminelle, doit 5 l. d'amende. (Bouvot, *sur le mot* Acquiescuer, *tom. 2, pag. 15.*)

ARRÊT du parlement de Dijon, du 27 novembre 1614, qui ordonne « que la cause mise au rôle, on seroit tenu d'acquiescer huit jours avant l'audience, en payant la moitié de l'amende ; & fut un de Bresse, pour avoir, un peu avant l'audience, acquiescé, condamné en l'amende de 10 livres, par arrêt du 4 juillet 1615, & par autre arrêt du 27 janvier 1618. » (Bouvot, *sur le mot* Action, *tom. 2, pag. 13.*)

ARRÊT du parlement de Dijon, du 3 mars 1616, qui juge que « si par l'acquiescement la cause est renvoyée pardevant le juge, pour procéder à six semaines, si pendant ce temps l'une des parties fait procéder par criées, elles ne sont pas valables. » (Bouvot, *ibid.*)

Nous ne trouvons plus d'exemples de cette jurisprudence, depuis les soins que l'on a pris pour assurer les amendes du fol appel par une consignation préliminaire à toutes procédures. Cette consignation prescrite par l'*art. 5 de l'ordonnance de Roussillon, de 1563*, n'étoit en usage que pour les requêtes civiles, & l'*ordonnance de 1667* n'en parle en effet que par rapport à cet objet. Mais l'*édit de 1669*, ayant ordonné qu'aucun ne pourroit être reçu appellant, qu'il n'eût consigné l'amende & donné copie de la quittance du receveur avant de pouvoir être reçu à faire aucune procédure, soit sur les appellations verbales ou par écrit, on a tenu exactement la main à son exécution : nous rendrons compte des différens réglemens intervenus sur ce point sous les mots *Amende, Appel, &c.* Voyez aussi *Désertion, Désistement, &c.*

Acquiescement avant l'appel.

5. Le détail des arrêts va faire connoître les vrais principes sur les acquiescemens ; les réflexions que nous y joindrons, en détermineront la juste application.

ARRÊT du parlement de Paris, du . . . . . 1617, qui juge que quand on a acquiescé à une sentence, l'appel n'en est plus recevable.

ARRÊT du parlement d'Aix, du 14 décembre 1684, qui rejette l'appel d'une sentence qui avoit ordonné un serment, après la prestation de ce serment : *ut pote cùm interposito eo, ab omni controversiâ discedatur. l. 40, D. de jurejur.* (Boniface, *tom. 3, liv. 3, tit. 13, chap. 1, pag. 324.*) Voyez *Affirmation, Serment, &c.*

ARRÊT du parlement d'Aix, du 31 mai 1698, qui juge que quand on a acquiescé à une sentence, on est non-recevable à en appeller. La décision souffrit des difficultés, & ne passa qu'après partage dans les opinions. Il s'agissoit d'*acquiescemens donnés par une femme à des sentences qui avoient jugé des questions dépendantes de la loi & de l'ordonnance, ... sans aucun conseil, & avec précipitation* : on *avançoit aussi qu'il y avoit eu du dol & de la fraude de la part de la partie adverse.* Enfin, on disoit « qu'il est de maxime, que les femmes sont restituées par l'ignorance où elles sont du droit, quand il s'agit de leur perte, *in damno rei suæ vitandæ* : en effet, la loi dit que *fœminæ in perpetuâ tutelâ sunt, tum propter sexûs fragilitatem, tum ob rerum forensium ignorantiam. . . .* On invoquoit l'autorité de Despeisses & du président Favre, qui, (*defin. 12, C. quor. appell. non recip.*) dit que la restitution est toujours accordée, lorsque l'acquiescement a procédé du dol de celui qui veut s'en prévaloir ; & que si cet acquiescement vient d'une femme, elle doit être restituée si le jugement acquiescé est inique. » (Debezieux & Eiriès, *livre 2, chapitre 9, § 1, pag. 175 & 176.*)

ARRÊT du parlement d'Aix, du 28 novembre 1699, qui juge que « l'appellant n'est pas non-recevable, s'il a levé la sentence, & l'a exécutée ; dans le cas où il a protesté de ne se préjudicier en l'appel qu'il pourroit en relever. . . . . On ne pouvoit pas regarder l'exécution du jugement comme un acquiescement, l'offre de la caution avec protestation marquant assez que le créancier n'avoit d'autre vue que de dessaisir son débiteur. (Ibid. § 2, *pag. 176 & 177.*)

ARRÊT du parlement de Toulouse, du 8 juillet 1722, qui juge que quand le syndic d'une communauté a acquiescé à un arrêt qui renouvelle le délai à la partie, cette communauté est non-recevable à se pourvoir par requête civile. Les motifs furent que *la loi 5, C. de re judic.* qui veut que celui qui a acquiescé à un jugement, ne puisse plus en revenir, ne met aucune différence entre un particulier & un syndic de communauté; qu'on présume toujours qu'un syndic n'a rien fait que par ordre de la communauté. Il en eût été autrement, *dit l'arrêtiste*, si la communauté avoit été évidemment mal défendue au fond, & s'il avoit été question d'autre chose que de quelque défaut très-léger dans la forme de procéder. (*Journal* Aguier, *tom. 1, arr. 291, pag. 237.*)

ARRÊT du parlement de Toulouse, du 13 avril 1730, qui juge que c'est un acquiescement que de laisser procéder à une enquête ordonnée par une sentence. M. Boutonnet, curé de Centres en Rouergue, avoit retiré une sentence de la sénéchaussée de Rodez, qui avoit ordonné une enquête & une estimation par experts; & il l'avoit fait signifier avec commandement d'y obéir & de payer le rapport. Huit mois s'étant écoulés sans aucune diligence, les parties de M. Boutonnet poursuivirent un jugement qui leur renouvelloit le délai pour faire enquête, & ce jugement fut contradictoire avec le procureur de M. Boutonnet. Celui-ci assigné pour voir jurer les témoins, n'y répondit rien, non plus que sur la signification du verbal d'enquête qui lui fut signifié en personne: l'enquête ayant été signifiée à son procureur, avec sommation, pour venir convenir d'experts qui procéderoient à l'estimation ordonnée, ce fut alors seulement qu'il fit signifier son appel, après avoir pris des *lettres pour être reçu à désavouer son procureur, & les comparoissances par lui faites qui pourroient lui être préjudiciables*. L'arrêt le démit de ses lettres & demande en désaveu. (*Journal* de M. de Juin, *tom. 5, art. 24, pag. 22 & 23.*)

ARRÊT du parlement de Toulouse, du 30 juin 1730, qui juge entr'autres points « qu'un acquiescement ne prive pas de l'appel, s'il n'est accepté par un acquiescement respectif. . . . . On crut que pour être déclaré irrecevable à appeller, il ne suffisoit pas de n'avoir pas *fait des réserves*, si d'ailleurs les adversaires avoient soutenu leur appel; qu'en ce cas le jugement ou sentence, n'étant pas acquiescés respectivement, l'intimé étoit dans tous ses droits; *par la raison qu'il en doit être en jugement, comme dans les contrats, où l'obligation des deux parties est necessaire : autrement, tout ce qu'une des parties a pu dire, demeure dans les termes d'un pacte nud qui ne produit point d'obligation.* » (*Ibid. pag. 64.*) . . . . Cet arrêt est important & digne d'être remarqué.

ARRÊT du parlement de Toulouse, du 18 janvier 1732. Il juge que tous ceux qui sont condamnés solidairement à des dommages & intérêts, doivent rester dans l'instance, pour voir déclarer l'arrêt commun, quoique plusieurs d'entr'eux déclarent acquiescer aux condamnations. (*Journal* Aguier, *tom. 2, pag. 45.*)

ARRÊT du parlement de Toulouse, du 5 juin 1741. « Appointement du sénéchal de Montpellier, qui en reprenant l'instance, ordonne qu'une clausion de 1727 sera jugée : signification de cet appointement à Ginieis, qui garde le silence, & cependant son procureur instruit la clausion : appel en la cour de la part de Ginieis, à qui on oppose la fin de non-recevoir, prise de son silence, & de ce que son procureur avoit instruit la claufion; mais la cour, fans avoir égard à la fin de non-recevoir, déclare l'inftance périmée. » (*Journal* de M. de Juin, *tom. 6, pag. 346 & 347.*)

ARRÊT du parlement de Toulouse, du 8 mars 1746. « Sourdes avoit fait une enquête, & obtenu des renouvellemens de délai, le tout au fu de Payan & de fa femme, lefquels ayant enfuite relevé appel de la fentence, & en étant démis par fin de non-recevoir, la cour, en caufe d'appel, réforma la fentence du fénéchal de Figeac, & démit de la fin de non-recevoir. » (*Ibid.*)

ARRÊT du parlement de Toulouse, du 27 juin 1750, qui juge « que des acquiefcemens donnés à une fentence interlocutoire par un procureur dans une cour bannerette, n'avoient pas lié la partie, & qu'elle n'étoit pas obligée d'impétrer des lettres en défaveu; le miniftere des procureurs en jurifdiction bannerette, n'étant pas néceffaire, & ceux-ci n'étant pas les maîtres de la caufe. » (*Ibid.*) Nous n'avons pas féparé ces trois arrêts, parce que le magiftrat qui les rapporte obferve que pour opérer une fin de non-recevoir fur le fondement d'un acquiefcement, il faut que cet acquiefcement foit formel aux termes de l'*art. 5 du tit. 23 de l'ordonnance de 1667*, & que pour induire un acquiefcement formel, il faut que la partie ait approuvé perfonnellement, *five facto vel verbis*. Il ne faut pourtant pas négliger de rendre compte de la note placée à côté de cette maxime: « On peut oppofer pour la doctrine contraire la *loi 5, D. rem ratam haberi*, qui dit, *non tantùm verbis, fed etiam actu rem ratam haberi poffe*, que les acquiefcemens par les faits font plus forts que ceux donnés par parole. Faber dit (*lib. 7, tit. 29, defin. 7*), *poftquam res integra effe defiit, nulla caufa eft propter quam audiri debeat appellans ab ea fententiâ cujus executioni confenfit; tametfi certet de damno vitando, ne injuriâ afficiatur is qui rei judicatæ auctoritatem fequutus eft*. La glofe fur la loi *ad folutionem 5*, *C. de re judic.* remarque que l'appel d'une partie *quæ quolibet modo acquieverit fententiæ* eft irrécevable; ce qui a été folidement établi pour prévenir *la réticence & le dol* des parties, qui laiffant exécuter *par malice* les fentences, expoferoient les pourfuivans en de longues procédures & des frais confidérables. ».... Il faut convenir que ces dernieres réflexions font folides & fondées fur les vrais principes. Ce font ces principes qui ont déterminé l'arrêt *Boutonnet*; & lorfque les juges s'en écartent, il faut croire qu'ils fe décident par des circonftances extraordinaires, qui forcent d'oublier les regles les plus certaines.

ARRÊT du parlement de Toulouse, du 5 avril 1748, qui caffe un appointement de la bourfe, rendu dans une matiere qui n'étoit pas de fa compétence; quoique ni l'une, ni l'autre des parties *n'eût infifté à fins de non-procéder.* Arrêt conforme de la même cour, du 4 mars 1754. (Ibid. *pag. 278 & 279.*) L'article 1 du titre 6 de l'ordonnance de 1667, defend à tous juges *de retenir aucune caufe, inftance ou procès dont la connoiffance ne leur appartient: leur enjoignant de renvoyer les parties pardevant les juges qui en doivent connoître, ou d'ordonner qu'elles fe pourvoiront à peine de nullité des jugemens;* ainfi donc, *en matiere de jurifdictions, qui font de droit public, l'acquiefcement ne lie point les parties.*

Quelques auteurs diftinguent l'incompétence *ratione perfonæ*, de l'incompétence *ratione materiæ;* celle-ci peut être propofée en tout état de caufe, parce que le pouvoir des juges ne dépend point de la volonté des parties, & que lorfqu'il s'agit d'un objet dont la connoiffance leur eft interdite, ils doivent renvoyer la caufe & les parties pardevant les juges qui en doivent connoître: celle-là doit être propofée *in limine litis*, parce que tout privilegié peut renoncer à fon privilege, & eft cenfé y avoir renoncé, lorfqu'il eft entré en conteftation devant un autre juge que celui qu'il avoit le droit de réclamer.

ARRÊT du parlement d'Aix, du 13 décembre 1748. Un acquéreur évincé en vertu de l'hypotheque d'une dot, appelle du jugement qui avoit prononcé cette éviction; mais sur les promesses de son vendeur, il s'en désiste au bout de dix jours, sous toutes protestations dues & raisonnables pour la conservations de ses droits. Le vendeur garant, ayant manqué de parole, l'acquéreur reprend ses poursuites; la femme le soutient non-recevable, attendu son désistement & son acquiescement à la sentence. Il répond qu'après les dix jours de l'appel, son désistement ne valoit rien sans lettres royaux, & que l'acquiescement qu'on en induisoit lui avoit été surpris, qu'il n'existoit pas même au moyen des protestations qu'il avoit faites. La cour débouta la femme de sa prétention avec dépens.

ARRÊT du parlement d'Aix, du 15 mars 1749. Cambon obtient du juge de Pignan une sentence qui condamne Girard à 15 liv. de dommages & intérêts, & à 2 liv. d'amende envers le roi; appel. Comme cette sentence ne portoit pas l'exécution provisoire, Cambon la requit & l'obtint sous la caution de droit. Il présente cette caution qui est contestée & rejetée; il paie les dépens à Girard. Nouvelle caution acceptée. Girard appelle alors de l'ordonnance, portant *le passe outre nonobstant l'appel*, sur le fondement qu'elle avoit été rendue sans que les parties eussent été entendues & sans conclusions du procureur fiscal. Cambon oppose à Girard son acquiescement à cette ordonnance, qui ne pouvoit être plus formel, puisqu'il avoit contesté sur la réception de la premiere caution, & reçu les dépens faits sur cet incident. Au fond, il soutint le bien jugé de l'ordonnance, par les termes même de l'*ordonnance de 1670, tit. 25, art. 6*, qui dit, que les sentences seront exécutées par provision; ce qui suppose une exécution légale que le juge auroit pu ordonner lui-même d'office. La cour proscrivit l'appel conformément aux conclusions du ministere public.

ARRÊT du parlement de Toulouse, du premier avril 1757, qui juge, que la bourse ne peut connoître des contestations élevées entre le fermier de la boucherie de Beaucaire, & le coupeur de la viande, malgré l'acquiescement de ce dernier & de sa caution. (*Journal* Aguier, *tom. 2, pag.* 229 & 230.) L'auteur observe qu'*il fut décidé par-là, que les contestations volontaires ne forment pas un acquiescement qui nuise en fait d'incompétence notoire.*

ARRÊT du parlement de Toulouse, du 5 septembre 1759, qui prononce, que le juge de seigneur est incompétent pour connoitre du délit d'un ecclésiastique, quelque acquiescement qu'il ait fait en ne demandant pas son renvoi au juge royal; & que cette incompétence opere la cassation de la procédure. (Ibid. *pag.* 255.)

ARRÊT du parlement de Paris, du 13 août 1767, qui juge, qu'il ne faut faire signifier une sentence, dont on a intention d'interjeter appel, qu'avec toutes protestations & réserves, sans quoi on seroit réputé y avoir donné son acquiescement, & par conséquent non-recevable. La comtesse de Louesme, assignée par le comte de Marcouville, en paiement d'une rente, opposoit la prescription: sentence du châtelet qui appointe en droit. Le comte de Marcouville la fait signifier purement & simplement, mais sans sommation d'y satisfaire. Malgré cela, la cour le débouta de l'appel qu'il en interjeta, & le condamna en l'amende de 75 livres.

Restitution.

6. Quelque faveur qu'on doive accorder à ceux qui se prévalent des *acquiescemens*, que leurs parties adverses ont pu donner aux jugemens qui les condamnoient; quelque intéressant qu'il

soit de soutenir tout ce qui tend à assoupir les procès, (*litium minuendarum causâ*), il est cependant des circonstances où on doit rejeter les fins de non-recevoir qu'on pourroit proposer d'après des acqiescemens obtenus par dol ou par fraude, ou déterminés par l'ignorance grossiere de justes droits.

Arrêt du parlement de Bordeaux, du 12 août 1633..... *Espece*. Dalvi est actionné en 1608, pour se voir condamner à payer seize boisseaux de rente seigneuriale, en vertu d'un jugement de l'année 1571 rendu du consentement de ses auteurs. Il justifie d'abord par plusieurs quittances, qu'on n'a payé depuis 1574 que huit boisseaux; mais en 1612, il acquiesce à l'appel du jugement de 1571. Marie Dalvi sa fille releve appel des jugemens avec clause de restitution contre l'acquiescement de son pere, qui, à cause de son convol, n'étoit qu'usufruitier des biens soumis à la rente, à l'époque où il l'avoit donné. La cour, sans avoir égard à la condamnation de 1571, ni à l'acquiescement de 1612, regle la redevance à huit boisseaux, & condamne le seigneur à rendre ce qui avoit été payé en sus avec dépens. Ce préjugé a eu pour base la regle, qui veut qu'un emphitéote ne soit jamais surchargé, & qu'on préfere les titres qui établissent les rédevances les moins onéreuses. On ne peut étendre les droits seigneuriaux, & on est restitué contre tous actes qui renferment cette extension. (*Bechet*, usance de Saintonge, *pag.* 25.) Voyez *Cens*, *Directe*, *Prestation*, *Reconnoissance*, *Rente*, *Seigneur*, *Surcharge*, *Titre*, *&c.*

DROIT CRIMINEL.

7. Après les réflexions que nous avons faites ci-dessus au mot *Accusation*, *n°. 106*, *pag.* 450 *& suiv.*, il nous suffira de rappeller encore quelques préjugés.

Arrêt du parlement de Paris, du 31 janvier 1550. « Un prisonnier appellant est sollicité *par les menées du juge*, dont étoit appellé, de passer procuration pour acquiescer à la cour avec dépens. Sous cette chose, mis hors de prison, obtient lettres pour être relevé de ce consentement, qui furent reçues en parlement à Paris, & défendu à tous juges de plus commettre, ni permettre pareilles choses. (Papon, *liv.* 19, *arr.* 2, *pag.* 1087.)

Arrêt du parlement de Paris, du............. Molart, cordonnier, dépose contre le bailli de Châteaudun sur un fait de concussion. Celui-ci, pour se venger, condamne le cordonnier à la question sur un soupçon qu'il avoit levé la serrure d'un coffre, & malgré les récusations proposées par cet accusé: appel. Molart acquiesce ensuite *par les inductions du geolier, & on l'applique à la question, & le fait tendre jusques à quasi rendre l'esprit*. La cour décréta le bailli d'ajournement personnel, & fut dit que quand il y a appel de la question, l'acquiescement ne peut plus être recu. M. Servin avoit conclu au décret de prise de corps. (Mornac, *en son Recueil d'arrêts*, *tom.* 4 *de ses œuvres*, *pag.* 52.)

Arrêt de réglement du parlement d'Aix, qui fait défenses à tous juges subalternes d'élargir des prisonniers condamnés à peine afflictive, quoiqu'ils acquiescent à la sentence; & enjoint au greffier de faire mention dans l'acte de publication des sentences, de l'acquiescement ou appellation des accusés. M. de Regusse, *tom.* 1, *pag.* 129, observe que c'est au juge supérieur à mettre le sceau aux jugemens. « Le subalterne ne peut metre sa sentence à exécution qu'elle ne soit confirmée; parce que que si la complaisance l'a dictée, il la rectifie en prononçant la peine que mérite le crime; si c'est une trop grand sévérité, il la modere: son acquiescement, ou son appel ne fait rien. La justice a des regles dont elle ne se départ jamais: en effet, combien de coupables échapperoient à sa rigueur, s'il dépendoit d'un juge timide de rompre les fers d'un accusé condamné à une peine afflictive ou infamante ; ou s'il subissoit la peine portée par la sentence, de crainte de la voir augmenter par le tribunal souverain. »

Arrêts de réglement du parlement d'Aix des 7 mars 1684 & 28 mai 1709, qui défendent a tous juges de faire exécuter aucunes sentences de bannissement sous prétexte d'acquiescement. (*Arrêts* de Regusse, *tom. 1, pag. 160.*)

Eaux & Forêts.

8. Arrêt du conseil, du premier août 1682, qui juge, que l'acquiescement à une condamnation d'amende se fait par le paiement d'icelle, ou à compte au receveur, laquelle au moyen de ce, doit être exécutée. Dominique Marie est condamné par sentence de la maîtrise de Cognac, en 500 liv. d'amende, pour avoir coupé cinquante pieds d'arbre en contravention aux réglemens; & en 500 l. de restitution. Il releve appel à la table de marbre, mais néglige de le faire juger, dans le délai de trois mois prescrit par l'ordonnance de 1669. Le fermier général des domaines le fait contraindre au paiement de la somme de 1000 livres, portée par la sentence, en déduction de laquelle, Marie paie 400 l. entre les mains des commis du fermier qui en donnent quittance, sans préjudice du surplus. Cependant sentence intervient au siege de la table de marbre, qui modere l'amende à 20 livres, & la restitution à pareille somme, & ordonne que le surplus de la somme payée par Marie lui sera rendu. Le commis du fermier contraint en exécution de cette sentence, paie entre les mains du geolier des prisons de Saintes 360 livres, sous protestation de s'en plaindre au conseil, ce qu'il fait. Il y soutient que la sentence de la table de marbre ne peut subsister en la forme ; puisque Marie n'a pas fait juger son appel de la sentence de la maîtrise de Cognac, dans le délai de trois mois prescrit par l'*art. 3 du tit. 14 de l'ordonnance de 1669.* Il y étoit même non-recevable, après avoir payé 400 livres pour partie de la condamnation, ce qui étoit un *acquiescement* à la sentence. Au fond, les amende & restitution prononcées par la maîtrise de Cognac, étoient conformes aux *art. 4 & 8 du tit. 32 de l'ordonnance de 1669*, & ne pouvoient être réduites à la forme de l'*art. 14 du même titre*. Le conseil, sur le rapport de M. Colbert, contrôleur général des finances, cassa la sentence de la table de marbre, ordonna l'exécution de celle de la maîtrise de Cognac; en conséquence, que le geolier des prisons de Saintes, rendroit la même somme de 360 livres, consignée par le commis du fermier, à quoi il seroit contraint, même par corps ; & que Marie seroit contraint par les mêmes voies à payer le surplus de la somme de 1000 livres, portée par la sentence de Cognac. (*Mémorial des eaux & forêts, pag. 2, & 389 & 390.*)

Sentences arbitrales.

9. Chopin, (*de privilegiis rusticorum, lib. 3, part. 3, cap. 6*), décide que, l'*acquiesçant à l'appel par lui interjeté d'une sentence arbitrale*, doit néanmoins payer la peine *apposée* par le compromis.

Arrêt du parlement de Dijon, du mois de juillet 1575, qui juge, que celui qui a acquiescé à une sentence arbitrale, ne peut plus en appeller. (Bouvot, *tom. 2*, au mot *Acquiesceur*, *pag. 15.*)

Cochin s'expliquoit ainsi sur l'appel d'une sentence arbitrale, en soutenant que l'appellant y étoit non-recevable. « Le pouvoir des arbitres, consistoit à arrêter les comptes des parties, c'est ce qu'ils ont fait : ils les ont dressés en débit & crédit ; ils ont mis dans la recette & dans la dépense tout ce qu'ils ont jugé devoir y entrer, ils ont tiré la solde de chaque compte. Voilà le jugement des arbitres ; les parties y ont acquiescé, en payant la solde d'une part, & la recevant de l'autre purement & simplement, sans réserve ni protestation : c'est donc une affaire consommée... Le fait des arbitres concourt avec celui des parties, ils sont intimement liés ; les arbitres n'ont rien fait que les parties n'aient signé, approuvé & exécuté. Elles ne sont donc pas recevables à appeller de la sentence arbitrale, elles ont *acquiescé* formellement au jugement ; & par conséquent, suivant l'ordonnance, il a passé en force de chose jugée... L'homologation n'est pas nécessaire pour imprimer au jugement des arbitres, ce caractere d'autorité, qui oblige les parties de s'y soumettre : la sentence arbitrale, quoique non homologuée, n'en est pas moins une sentence. Il est vrai que pour la mettre à exécution, il faut recourir aux juges ordinaires, parce qu'il n'y a que les juges en qui réside l'autorité publique, qui puissent donner l'exécution au jugement ; mais lorsqu'on n'est point obligé de mettre la sentence à exécution, l'homologation est absolument inutile. Celle dont il s'agit étoit dans ce cas, *les appellans* l'avoient exécutée ; il étoit donc inutile de la faire homologuer. » (Cochin, *tom. 3, pag. 584, 586 & 587.*) Voyez ci-dessus *Abus*, *n°. 14, pag. 302*; & *n°. 25, pag. 355 & 366* : & ci-après, *Amende*, *Appel*, *Arbitre*, *Arrêt*, *Avis*, *Clausion*, *Communauté*, *Compétence*, *Compromis*, *Concordat*, *Consentement*, *Déclinatoire*, *Demande*, *Désaveu*, *Désertion*, *Désistement*, *Dol*, *Eaux & Forêts*, *Femme*, *Fraude*, *Homologation*, *Ignorance*, *Jugement*, *Mineur*, *Péremption*, *Procureur*, *Proposition*, *Protestation*, *Ratification*, *Réciprocité*, *Restitution*, *Sentence*, *Syndic*, *Transaction*, *&c.*

Contrôle.

10. Il est permis à un défendeur d'acquiescer à la demande qui lui est formée ; & l'on ne doit pas considérer la sentence qui donne acte de cet acquiescement, comme un acte notarié, surtout lorsqu'il y a eu une assignation préalable.

Décision du conseil, du 24 juillet 1723, Marie & Philippe Bourgeois débiteurs, avoient signé le dispositif d'une sentence du prévôt de Troyes, qui les condamnoit au paiement d'une somme de 1000 livres avec intérêts. Cette sentence fut considérée comme un acte purement judiciaire, & le fermier qui prétendoit qu'elle devoit être contrôlée comme acte volontaire, & de nature à pouvoir être passé devant notaire, fut débouté de cette prétention.

Décision du conseil, du premier mars 1732, qui prononce que, lorsque le défendeur est assigné en vertu d'un titre, & qu'il acquiesce, le jugement qui intervient sur cet acquiescement, ne peut pas être regardé comme un acte volontaire, & conséquemment n'est pas sujet au contrôle. Voyez *Assignation*, *Contrôle*, *Demande*, *Jugement*, *Sentence*, *&c.*

ACQUIT.

(Dr. fisc. Commerce. Guerre. Dr. féod.)

1. Ce mot selon sa signification la plus naturelle, doit servir à exprimer tout acte par lequel on déclare qu'on a été payé de quelque somme : mais il a encore dans le droit plusieurs autres acceptions, dont nous allons rendre successivement compte.

Droit fiscal. ... *Traites.*

2. Un acquit, dans le style des douanes, est une espece de quittance ou billet, imprimé sur du papier timbré, qu'on délivre aux marchands, commissionnaires ou voituriers, dans les bureaux des cinq grosses fermes, établis aux entrées & sorties du royaume, & des provinces réputées étrangeres.

On distingue quatre sortes d'acquits ; l'*acquit de paiement*; l'*acquit à caution ou de précaution; l'acquit à caution de transit;* & l'*acquit ou certificat de franchise.*

Acquit de paiement.

3. L'*acquit de paiement* doit être délivré sur-le-champ après le paiement des droits, sans quoi le fermier répond des dommages & intérêts qui pourroient résulter du retardement des marchandises. C'est la loi générale pour les aides & les autres fermes, suivant Jacquin, dans son *Commentaire, sur l'art. 7, du tit. 7 de l'ordonnance de 1680, pag. 44.*

Cet acquit doit faire mention, « de la qualité des marchandises qui seront transportées, & de leur quantité, du dernier bureau de leur route, soit à l'entrée ou à la sortie, & du temps qu'elles y passeront, après lequel temps tous les acquits seront nuls; si ce n'est qu'il y ait eu quelque empêchement légitime, qui sera justifié par des procès-verbaux en bonne forme: défendons aux voituriers de passer par d'autres bureaux, que ceux qui seront marqués dans les acquits, à peine de confiscation des marchandises & de 100 l. d'amende.... Les voituriers seront tenus sur les mêmes peines, de conduire directement leurs marchandises à tous les bureaux de leur route, & d'y représenter leurs acquits pour y faire mettre le vu; & ils les laisseront aux commis du dernier bureau qui, après avoir visité les marchandises, leur délivreront un brevet de contrôle sans frais, même ceux du papier timbré.... Ils seront aussi tenus de représenter sur leur route leurs acquits à la premiere requisition qui leur en sera faite, par les commis ou gardes qui pourront les retenir, & leur délivrer un brevet de contrôle aussi sans frais; sans toutefois que l'ouverture des ballots, & la visite puissent être faites ailleurs que dans les bureaux. » *Art. 15, 16, 17 & 18 du tit. 2 de l'ordonnance de 1687.*

Le commentateur observe que l'obligation de désigner les marchandises dans les acquits de paiement est une précaution sage, soit pour empêcher les commis de prendre de plus forts droits que ceux qui sont dus, soit pour que le fermier puisse reconnoître si le receveur les a tirés justes, & n'a point déguisé la marchandise sur son registre pour s'approprier une partie de ces droits. La limitation du temps pour le transport des marchandises & l'obligation de les conduire directement, ont pour objet de prévenir la fraude des voituriers qui, n'ayant pas été rencontrés par des commis pour viser leur acquit, s'en serviroient après avoir rendu leur chargement à sa destination, pour faire passer plusieurs fois une même quantité de marchandises. La retenue de l'acquit au dernier bureau, met le fermier en état de reconnoître si les registres des receveurs sont chargés des mêmes sommes que celles qui sont portées dans leurs acquits. La délivrance des brevets de contrôle *gratis* est juste; parce que les visites n'intéressent que le fermier: en effet, cette liberté de retirer les acquits de paiement & de délivrer des brevets de contrôle, contient ses receveurs, à cause de la vérification qu'il est toujours dans le cas de faire de ces acquits sur leurs registres. (*Recueil des cinq grosses fermes, tom. 1, part. 2, pag. 217 & 218.*)

Tous les droits du roi doivent être payés comptant; s'il arrivoit cependant que les commis eussent donné leur acquit sans les recevoir, ils pourroient décerner des contraintes, & la production de leurs registres contenant la soumission & déclaration des contribuables leur suffiroit.

Ce sont entr'autres les dispositions de l'*art. 9 du tit. 7 de l'ordonn. de 1680*: « Seront les marchands redevables de nos droits d'entrée, auxquels les commis auront donné des congés sans que nos droits aient été acquittés, contraints en vertu des contraintes qui seront délivrées par le fermier, ses procureurs ou commis ayant serment à justice, sur les extraits des registres des déclarations ou des contrôles : défendons à notre cour des aides & à tous autres juges, de recevoir les marchands à la preuve par témoins de la perte de leur quittance, ni de s'en rapporter à leur serment : leur défendons aussi d'avoir aucun égard aux contraintes qui seront décernées ou signifiées un mois après que le vin sera entré. »

ARRÊT de la cour des aides de Paris, du 22 décembre 1715, qui casse une sentence du juge des traites de Rheims, qui avoit annullé une contrainte décernée par les commis du fermier, contre un marchand redevable. La cour ordonne l'exécution & par corps de cette contrainte.

Acquit à caution.

4. L'*acquit à caution* est l'expédition qui se délivre au bureau, après la visite des marchandises, au voiturier qui doit les conduire. Il contient, comme l'*acquit de paiement*, le nom de ce voiturier, le détail exact des marchandises, par quantité & qualité, le nom du marchand qui en fait l'envoi, & de celui à qui elles sont destinées. Il doit de plus faire mention de la soumission faite par une caution resséante & solvable, de rapporter un certificat de la descente des marchandises au lieu de leur destination dans le temps qui y est prescrit, à peine du quadruple du droit & même de confiscation en cas de fraude & contravention. Si le marchand, ne trouvant pas de caution, préfere de consigner les droits, l'acquit à caution doit en rendre compte. A l'arrivée du voiturier à sa destination, les commis du fermier doivent, après la visite & représentation des acquits, donner un certificat de descente qu'il faut placer au dos de ces acquits, encore qu'ils soient d'un timbre différent. S'il n'y avoit point de commis, les juges ou syndics des lieux donneroient ce certificat. Dans le cas où le voiturier n'arrive pas dans le temps prescrit, le commis ne doit point donner de certificat ; mais le voiturier a la ressource d'écarter le soupçon naturel de versement ou substitution de marchandises dans la route, par un procès-verbal en bonne forme, soit par les juges des lieux, soit en cas d'absence, par des notaires ou praticiens, qui justifieront que le retardement a été occasioné par fortune de mer, poursuite d'ennemis, ou autres accidens ; auquel cas, main-levée leur sera donnée des marchandises. Ces procès-verbaux doivent être faits dans les vingt-quatre heures du jour que l'obstacle aura cessé pour les marchandises transportées par terre, & pour celles transportées par mer dans les deux jours de leur arrivée au port. En rapportant le certificat de descente dans le temps prescrit par l'acte de soumission, la caution demeure déchargée, ou les droits consignés sont restitués. En cas de contestation, les voituriers seront déchargés du paiement du quadruple droit, s'ils représentent le certificat de descente avant le jugement ; pourvu cependant qu'il paroisse qu'il a été délivré dans le temps porté par la soumission, ou qu'on produise un procès-verbal qui justifie de causes légitimes de retardement. (*Art. 4, 5, 6, 7, 8, 9, 10, 11, 12 & 13 du tit. 6 de l'ordonnance de 1687.*)

ARRÊT de la cour des aides de Paris, du 20 janvier 1702, qui ordonne l'exécution de l'*art. 15 du tit. 6 de l'ordon. de 1687.* Cet article veut que les marchands & voituriers qui amenent des marchandises en dedans de la ferme, & qui les font passer dans les quatre lieues proches les limites, soient tenus de les déclarer au bureau du lieu d'où ils partiront, s'il y en a, ou au premier bureau de leur route, & d'y prendre des acquits à caution. Les habitans de Langres, ayant prétendu qu'avant l'*édit de 1694*, portant création de receveurs des fermes en titre d'office, ils n'avoient jamais pris d'acquits à caution, passavans, congés, ni certificats pour faire conduire leurs bleds, vins, & autres denrées des lieux où leurs biens sont situés, à Langres ; ni de Langres esdits lieux, même dans les quatre lieues de la ferme; & qu'il en étoit de même à l'égard des habitans de plat pays, qui conduisoient leurs bestiaux aux foires de Langres, ou les ramenoient chez eux, à défaut de les y avoir vendus, dont & du tout ils demandoient à faire preuve, en furent déboutés. La cour excepta seulement ce qui seroit apporté à Langres, ou rapporté de cette ville, dans des hottes, paniers ou besaces à bras, contenant des denrées de provision, pour lesquels menus objets on ne seroit point tenu de prendre aucuns certificats du lieu d'où proviendroient ces denrées... ARRÊT du conseil, & lettres-patentes, du 13 juillet 1725, qui confirment les dispositions de l'art. 15 du tit. 6 de l'ordonn. de 1687. (*Recueil des fermes, tom. 1, part. 2, pag. 234 & 235.*)

ARRÊT du conseil, du 10 janvier 1708, qui fait défenses aux juges des traites de Langres, & à tous autres de rendre aucunes sentences & jugemens, *pour servir d'acquit à caution*, à peine de nullité, & de répondre en leurs propres & privés noms, des dommages & intérêts du fermier. (Ibid. *tom. 2, pag. 133.*)

ARRÊT du conseil, du 28 juin 1710, qui fait défenses au sieur Vaudreuil, procureur du roi, en l'élection & bailliage d'Arques, d'interjeter haro sur les commis & employés des fermes, & de donner des billets pour faire passer en exemption des droits, aucuns vins, & autres choses qui y sont sujettes, si lesdits billets ne sont visés des directeurs : ordonne que ledit Vaudreuil sera tenu dans quinzaine du jour de la signification de l'arrêt, de se rendre à la suite du conseil, pour y recevoir les ordres de sa majesté. (Ibid. *pag. 139.*)

ARRÊT du conseil, qui ordonne que les marchands, voituriers, messagers & autres, qui feront des déclarations aux bureaux des fermes pour le transport des marchandises, & qui y prendront *des acquits à caution*, feront leur soumission de rapporter des certificats de la descente des marchandises, & de certifier la vérité des signatures desdits certificats qu'ils rapporteront au dos desdits acquits à caution; & en cas de fausseté desdits certificats & des signatures d'iceux, comme aussi de supposition des qualités de ceux qui les auront signés, les propriétaires des marchandises seront poursuivis extraordinairement comme pour crime de faux; & les cautions non propriétaires condamnées à payer le quadruple des droits, & 300 l. d'amende, sans que les cautions ou les consignans puissent être déchargés, avant que les signatures aient été reconnues véritables; à la charge de faire par le fermier les vérifications nécessaires dans les six mois, à défaut de quoi, les cautions déchargées... On avoit vérifié la fausseté d'un grand nombre de certificats, ce qui avoit donné lieu à des contestations multipliées, & même à des procédures extraordinaires. (Ibid. *pag. 286 & 287.*)

ARRÊT du conseil, du 28 octobre 1749, qui casse l'arrêt de la cour des aides de Rouen, du 23 mai 1749, & deux sentences de la jurisdiction des traites & quart bouillon d'Avranches, des 12 & 17 août 1748; ordonne la confiscation d'un cheval & de deux pieces de toile, saisies sur le nommé Joseph Rigou, qui transportoit lesdites toiles dans les quatre lieues des limites de la ferme, sur le certificat d'un prêtre de la paroisse d'Argouges, sans *acquit* ni congé des commis du fermier; & condamne ledit Rigou en 300 livres d'amende : fait défenses à tous juges de rendre à l'avenir de pareils jugemens, à peine de nullité, & d'en répondre en leur propre & privé nom : & défend à tous curés, vicaires, ou telles autres personnes que ce soit, de s'immiscer à donner aucuns certificats ni attestations, concernant le transport des marchandises & denrées, pour tenir lieu des *acquits*, congés ou passavans des commis des fermes. (Ibid. *pag. 670 & 671.*)

Regles communes aux deux acquits.

5. Le prix *des acquits de paiement, ou à caution* est très-modique, puisque les marchands ne doivent que cinq sous pour chaque *acquit*, & autant pour le certificat de descente, si les droits sur les marchandises comprises dans l'acquit montent à 3 livres; on paie moitié moins si les droits sont au dessous de 3 livres, & rien du tout s'ils ne se montent pas à vingt sous au moins. (*Art. 12 du tit. 1 de l'ordon. de 1687.*)

Arrêts du conseil, des 21 août & 18 décembre 1696; & 20 juin 1705, qui défendent aux receveurs des traites de percevoir autres ni plus grands droits. Celui de décembre porte de plus, que les receveurs de la Flandre & pays conquis, percevront, *suivant le tarif de 1671*, les droits d'acquits & passavans, & ainsi des autres droits des fermes de sa majesté, suivant les anciens usages. Les receveurs crées en titre d'office par l'édit de 1694, avoient voulu percevoir des droits plus considérables.

Arrêt du conseil, du 13 octobre 1705, qui, sur la réclamation des négocians de la province de Bretagne, défend aux receveurs de Brest, Morlaix & Auray, & à tous autres des traites de cette province, d'exiger *pour les acquits de paiement, ou à caution* des marchandises sujettes au tarif de 1667, ou aux droits des nouveaux arrêts, comme aussi *pour les acquits de paiement & à caution* du droit de fret, droits de ports & havre, brieux, congés & passavans; à l'exception du receveur de la prévôté de Nantes, qui pourra continuer de percevoir les droits *des acquits de paiement & à caution*, pour les marchandises de la compagnie des Indes, ainsi qu'il est accoutumé. Les négocians de cette province se fondoient sur un usage constant, de ne rien payer pour ces acquits. (*Recueil des fermes, tom. 1, part. 2, pag. 202.*)

L'*art. 15 du tit. 1 de l'ordonnance de 1687*, veut qu'il ne soit donné qu'un seul acquit, & perçu qu'un seul droit pour tous les ballots & marchandises d'un même marchand, conduits par eau & par terre par un même voiturier, & adressé aussi à un même marchand. *Le commentateur* observe, qu'il est *important* de tenir la main à l'exécution de cet article; parce que dans le cas d'une fausse déclaration sur quelques ballots, il y a lieu à la saisie de leur totalité. (Ibid. *pag. 203.*)

Cet auteur a-t-il puisé les principes de sa recommandation dans les grandes maximes du droit canon & du droit civil? *ODIA RESTRINGI, ET FAVORES CONVENIT AMPLIARI. Reg. 16, de reg. juris in 6°. IN PŒNALIBUS CAUSIS BENIGNIUS INTERPRETANDUM EST. L. 155, § 2, D. de reg. juris. INTERPRETATIONE LEGUM PŒNÆ MOLLIENDÆ SUNT POTIUS QUAM ASPERANDÆ. L. 42, D. de pœnis, &c. &c. &c.*

Il est défendu au fermier, à peine de 300 livres d'amende, d'abandonner à ses commis les droits d'acquits & certificats de recette; & ceux-ci doivent en faire mention sur leur registre séparément, & sans les comprendre dans les autres droits, à peine de 100 livres d'amende, (*art. 16 du tit. 1 de l'ordonnance de 1687.*)

Il est défendu aux maîtres des vaisseaux & bateaux, d'y recevoir aucunes marchandises sans un congé par écrit des fermiers, & de s'embarquer sans avoir en main les acquits de paiement ou à caution, à peine de confiscation des bateaux & vaisseaux, & de 200 livres d'amende, (*art. 11 du tit. 2 de l'ordonnance de 1687.*)

Les récépissés, *acquits*, bulletins, passe-ports, certificats, passavans, congés, dépris, contraintes, ampliations, quittances de toutes les parties des fermes des droits du roi, ne peuvent être présentés, reçus ni exécutés, s'ils ne sont écrits sur papier ou parchemin timbré,

(Art. 12 du tit. des droits sur le parchemin & papier timbré de l'ordonnance de 1680.)

Les soumissions faites *pour les acquits à caution*, qui se délivrent dans les bureaux des fermes, & toutes autres soumissions dans ces parties pour sûreté des paiemens des droits du roi, saisies, confiscations, &c. sont exemptes des droits du contrôle des actes, dans le cas même où il y a des contestations & des procédures judiciaires à ce sujet. Ce sont les dispositions d'un ARRÊT, du 25 octobre 1738, qui déroge à celui du 25 octobre 1727, par lequel le droit de contrôle en avoit été fixé à cinq sous.

Acquit de transit.

6. L'*acquit à caution de transit* regarde certaines marchandises ou choses servant aux ouvrages & fabrications des manufactures, qu'un marchand envoie d'un lieu à un autre des cinq grosses fermes, & qui, pour aller à leur destination, sont obligées de passer par une province réputée étrangere. Les commis dans ce cas, doivent délivrer un *acquit à caution*, dit *de transit*, pour s'assurer, par le rapport du certificat de la décharge de ces marchandises dans le délai qui doit en être fixé par ce transit, que ces marchandises n'ont point resté en fraude des droits de sortie dans la province étrangere dont on aura été obligé d'emprunter le passage.

Un ARRÊT du conseil, du 9 mars 1688, révoque les entrepôts & transits: cependant, en vertu de quelques réglemens postérieurs, leur usage a subsisté pour cinq especes différentes de marchandises : 1°. pour les pelleteries, autres que le castor & denrées provenant du crû du Canada, par ARRÊT du 21 mars 1721 ; 2°. pour les marchandises provenant des ventes de la compagnie des Indes ; 3°. pour celles provenant des foires de Lyon, & accompagnées *des acquits de franchise*, déterminés par les privileges particuliers de cette ville ; 4°. pour celles provenant des manufactures établies dans les villes & châtellenies de Lille, Douay, Orchies, & autres villes des pays conquis, qui entrent & sortent par les bureaux de Calais, Bayonne, Septeme, Pont-de-Beauvoisin, Strasbourg & Péronne, à la forme des ARRÊTS des 20 juin 1713, 15 février 1720, & 31 mai 1732, le tout sous certaines conditions prescrites par ces arrêts ; 5°. pour les marchandises prises dans le royaume, & destinées pour le commerce des isles & colonies françoises. Par rapport à ces cinq especes de marchandises, l'*acquit de transit* énonce la quantité, qualité & poids des marchandises ; le nombre des balles & caisses qui les renferment ; la mention qu'elles ont été cordées, ficelées & plombées ; leurs marques & *numéros* ; les bureaux par où elles doivent entrer & sortir ; ceux où elles peuvent être entreposées ; la condition qu'elles ne seront ouvertes qu'au dernier bureau où elles seront vues & visitées par les commis ; la caution que donne le marchand qui fait l'envoi, de rapporter dans un délai plus ou moins long, le certificat de leur délivrance dans l'état requis, & conformément à l'acquit. A la remise de ce certificat, la caution est déchargée sans aucune difficulté.

ARRÊT du conseil, du 28 octobre 1738, qui ordonne, qu'il ne sera expédié dans les ports & bureaux des fermes, des acquits à caution, pour les marchandises destinées pour St. Sébastien & Bilbao, que sur les soumissions qui seront faites par les négocians, de rapporter certificats du déchargement qui aura été fait dans lesdits ports, signés des préposés à cet effet, sous les peines portées par les réglemens ; avec défenses aux commis des fermes de recevoir d'autres certificats, que ceux qui seront signés desdits préposés.

Acquit de franchise.

7. L'*acquit de franchise* concerne

l'exemption des droits de sortie, des marchandises destinées pour envoyer hors du royaume, & qui sont achetées & expédiées dans le temps des franchises des foires. Il est sur-tout en usage à Lyon, où l'on connoît quatre foires franches, qui durent chacune quinze jours francs. Voyez *Conservation*, *Foire*, *Lyon*, *Paiement*, *&c*.

Cet acquit est délivré par les receveurs & contrôleurs, commis par les prévôt des marchands & échevins, conservateurs des foires. Il fait mention du poids, quantité & qualité des marchandises; du nombre des balles, ballots ou caisses; qu'il n'a été payé aucuns droits de ceux dus à la ville; qu'elles ont été enlevées & chargées pendant le temps de la franchise, & qu'elles ont été marquées de la marque particuliere, dont l'empreinte est en marge de l'acquit; enfin, qu'il n'y a aucunes choses prohibées. Au dos de cet acquit est inscrite l'expédition des commis du bureau général de la douane, portant ordre à ceux des portes, de vérifier la sortie des ballots & caisses désignés, & que les droits sont tenus pour payés durant la foire; & que l'on a déclaré vouloir les faire sortir du royaume par une province qui est dénommée. S'il n'y a des empêchemens légitimes, les marchandises doivent sortir de Lyon dans le dernier jour de la foire, & du royaume avant le premier jour de la foire suivante. Enfin, cet acquit de franchise doit accompagner la marchandise jusqu'au dernier bureau & y rester. (*Privileges des foires de Lyon*, *pag.* 356 *& suiv. de l'édit. de* 1649, in-4°.)

AIDES.

8. Les acquits sont en usage dans la partie des aides, comme dans celle des traites, pour les boissons & pour le pied fourché.

Boissons.

9. L'*art.* 31 *du tit.* 1 *de l'ordonnance de* 1680, enjoint aux commis de délivrer incontinent les acquits des droits, à peine de tous dépens, dommages & intérêts; & en cas de refus ou délai, en permet la consignation après une sommation par écrit, lesquelles sommation & consignation tiendront lieu d'acquit.

L'*art.* 9 *du tit.* 4, défend aux tonneliers d'*encaver les vins dans les maisons, qu'il ne leur soit apparu de l'acquit des droits d'entrée pour le vin qui y est sujet, & de l'acquit du gros pour le vin qui aura été acheté dans la ville*, à peine de 100 livres d'amende.

L'*art.* 4 *du tit.* 7, ordonne le paiement des droits d'entrée, tant pour le vin qui entre à Paris par eau & par terre pour y être consommé, que pour celui qui passe debout; & veut que ce paiement soit fait pour celui qui vient par terre, au plus prochain bureau du fauxbourg par lequel il entre, & pour celui qui vient par eau, au plus prochain bureau du port devant lequel il passera: voulant que *le vin qui aura passé les bureaux sans acquit ou congé soit confisqué*; & chacun des contrevenans condamné en 100 livres d'amende.

L'*art.* 5 *du tit. de la vente des vins en gros dans Paris*, dispense le vin du crû voituré par eau, de tout droit de gros & d'augmentation à l'entrée, & prescrit la consignation de ces droits lorsqu'il est voituré par terre, lesquels seront *rendus ensuite par le fermier en lui rapportant l'acquit, pourvu & non autrement dans l'un & l'autre cas, que les bourgeois aient fait enrégistrer au bureau des aides leurs titres de propriété, ou qu'ils les représentent au fermier, & qu'ils lui en laissent une copie signée d'eux en bonne forme*, *&c*.

Pied fourché.

10. Les *art.* 2, 3, 10, 12, 13, 14, 22, 28 *du tit. des droits sur le bestial à pied fourché*, renferment des dispositions sur les acquits.

1°. Il est enjoint aux bouchers & autres qui amenent des bœufs, vaches

& moutons, de payer les droits au bureau, & d'en prendre *acquit* avant que de les faire entrer au dedans des barrieres, à peine de confiscation & de 100 liv. d'amende. Quoique l'ordonnance ne parle pas de déclaration, il est pourtant aisé de sentir qu'il en faut une, puisqu'on ne peut ni payer les droits, ni prendre acquit d'une marchandise sujette à confiscation sans déclaration, suivant l'art. 3 du réglement de 1568, & l'ARRÊT de la cour des aides de Paris, du 2 avril 1619. Il y a même cette différence entre le pied fourché & les boissons, que les voituriers de celles-ci doivent être porteurs de lettres de voiture ou congés, & que les conducteurs de celui-là ne sont tenus que d'en faire déclaration, suivant les précédens réglemens, & deux ARRÊTS du conseil, des 29 juillet 1637 & 12 juin 1638. Comme on a reconnu, depuis l'ordonnance, que les peines n'étoient pas assez grandes, ni par conséquent suffisantes pour empêcher les contraventions, la déclaration du 26 août 1698 a prononcé, outre la peine de l'amende, la confiscation des chevaux & charrettes sur lesquels la viande sera trouvée entrer en fraude. Les juges ne peuvent modérer ni l'amende, ni la confiscation. (Jacquin, *pag. 145 & 146.*)

2°. Les bouchers sont tenus de représenter aux commis les acquits des droits des deux dernieres semaines, à peine de payer deux fois; auquel cas ce paiement se fera sur le pied du *bestial* qu'ils auront consommé les deux semaines précédentes.

3°. Les charcutiers de Paris ne peuvent acheter des porcs dans l'étendue de vingt lieues, ailleurs qu'aux marchés de Paris & Seaux, & aux foires de St. Ouen & de Lonjumeau; & ils sont obligés de payer les droits aux bureaux établis sur les lieux, & de représenter les acquits aux barrieres de Paris, à peine de confiscation.

4°. Ceux qui auront acheté des porcs au-delà des vingt lieues, seront tenus d'en mener le tiers au marché pour y être vendus, & les droits de ventes payés: ils pourront garder les autres deux tiers dans leurs maisons en payant les droits à raison de 16 sous pour chacun porc; mais avant de les faire passer aux barrieres, ils en feront la déclaration au bureau de l'achat, y rapporteront la certification de l'achat en bonne forme, signée par le notaire ou juge du lieu, de même que la quittance du prix aussi en bonne forme, qui contiendra *la qualité des deniers & la numération des especes*, à l'effet d'y payer les droits pour lesdits deux tiers, & d'en représenter l'acquit aux barrieres à peine d'amende & confiscation.

5°. Les bourgeois pourront acheter des porcs dans les vingt lieues pour la provision de leurs maisons, en payant les droits à raison de 40 sous pour chacun à l'entrée, & hors des vingt lieues, à raison de 16 sous dans le bureau général, en rapportant les quitances & certifications, & représentant les acquits comme on vient de l'observer.

6°. Les bourgeois peuvent aussi faire entrer pour leur provision les porcs du crû de leurs terres, en payant au bureau général 16 sous pour chacun, dont ils représenteront l'acquit aux barrieres avant l'entrée: les porcs ne seront réputés de leur crû, s'ils n'en ont justifié la propriété & possession par pieces laissées au bureau, & déclaration signée, qui emportera une amende de 500 liv. si elle se trouve fausse.

7°. Les commis des bureaux des barrieres délivreront des acquits contenant la quantité & qualité des porcs & veaux qui seront entrés sur les déclarations qui leur en seront faites, & qui contiendront les noms des propriétaires, leur nombre, leur qualité, s'ils sont du crû des bourgeois, destinés pour leur provision, ou pour être vendus. Ils rendront ensuite les sommes consignées, à raison de 30 sous pour chaque veau, & de 3 liv. pour chaque porc, en rapportant les acquits, & en justifiant aussi des acquits des droits payés

payés au marché, à la halle, ou à la place.

8°. On ne peut faire entrer des bœufs, vaches, moutons, porcs & veaux dans Paris que par certaines portes & barrieres, & de jour; & ceux qui les conduisent sont tenus, à peine de confiscation & de 100 liv. d'amende, de déclarer aux commis quand ils en seront requis, les noms de ceux à qui le bétail appartient, & de représenter les acquits ou billets d'envoi. Voyez *Aides*, *Ampliation*, *Annuel*, *Aubergiste*, *Augmentation*, *Bateau*, *Bestiaux*, *Boissons*, *Bouilleur*, *Brieux*, *Cabaretier*, *Cave*, *Certificat*, *Chaudiere*, *Cidre*, *Cinq grosses fermes*, *Commis*, *Compagnie des Indes*, *Congé*, *Contrôle*, *Courtage*, *Déclaration*, *Dépri*, *Détail*, *Descente*, *Eau-de-vie*, *Élection*, *Entrée*, *Entrepôt*, *Équivalent*, *Étape*, *Exercice*, *Foire*, *Franchise*, *Fret*, *Futaille*, *Gros*, *Havre*, *Huitieme*, *Jauge*, *Joigni*, *Langres*, *Liqueur*, *Maubouge*, *Marque à feu*, *Muid*, *Navigation*, *Passavant*, *Passe-debout*, *Passe-port*, *Patron*, *Plat-pays*, *Pied-fourché*, *Poiré*, *Pont*, *Port*, *Provinces réputées étrangeres*, *Quatrieme*, *Quête*, *Quittance*, *Rade*, *Rapé*, *Refuge*, *Recensement*, *Récépissé*, *Subvention*, *Traites*, *Transit*, *Vaisseau*, *Versement*, *Vin*, *Vinaigre*, *Vingtieme*, *Visite*, *Vivandier*, &c.

Acquit patent. Acquit de comptant, &c.

II. L'*acquit patent* est un ordre signé de la main du roi, & contresigné par un secrétaire d'état, portant mandement à ses trésoriers de payer à ceux qui en sont porteurs, certaines sommes dont sa majesté leur fait don.

L'ORDONNANCE de 1557, *art.* 34, défendoit expressément aux receveurs de payer & acquitter aucunes sommes en vertu d'acquits & mandemens patens du roi: cependant l'usage contraire a prévalu, & les trésoriers paient lorsque l'acquit est en bonne forme.

Cet usage existoit déja en 1605: « Combien que par l'ordonnance faite en 1557, soit défendu expressément aux receveurs généraux de ne payer & acquitter aucunes sommes en vertu d'acquits & mandemens patens de sa majesté, *ce néanmoins on ne laisse à payer*. Mais auparavant que ce faire, faut que l'acquit patent soit vérifié à la chambre, & qu'il soit fait en bonne forme, comme d'être signé de la main du roi, contresigné d'un secrétaire d'état, *signé en queue d'un intendant des finances, scellé du grand sceau, contrôlé & enrégistré au contrôle général par un desdits intendans. Faut aussi qu'il y ait attache & consentement du trésorier de l'épargne, & encore autre attache des trésoriers généraux de France.* » (*Guidon général des finances, par* Hennequin & Gélée, *édit. de* 1605, *in-12, pag.* 712.) On trouvera dans le même ouvrage les différences peu essentielles au fond, mais qu'on faisoit cependant, entre l'*acquit patent* & le *mandement patent*, & entre un *mandement portant quittance*, & un *mandement patent*.

L'*acquit de comptant* est une décharge du garde du trésor royal, qu'on lui fait expédier en forme de lettres-patentes, pour certaines sommes qu'il a remis comptant au roi. Ces lettres-patentes ne sont point libellées, mais servent simplement de lettres de validation du paiement des sommes remises à sa majesté, & par elle données manuellement. La chambre des comptes doit les passer en dépense sans qu'il soit fait mention de leur emploi & destination, le roi *imposant sur ce silence à son procureur général*.

A la chambre des comptes, on appelle acquits les pieces justificatives de la recette & de la dépense des différens comptes dont on demande l'apurement. Ces acquits sont cotés par premier & dernier. Lors du rapport, l'auditeur les fait tous mettre sur le bureau, & c'est d'après leur vérification qu'on prononce sur le compte. Voyez *Apurement*, *Auditeur*, *Bon du roi*, *Brevet*, *Chambre des comptes, Garde du trésor, Receveur, Trésor, Vérification.*

Commerce.

12. Parmi les négocians, on se sert indifféremment des mots *acquit*, quittance, reçu, récépissé : payé à un tel *par acquit d'un tel jour*; c'est-à-dire, sur sa quittance, son reçu, son récépissé.

Quand un négociant envoie ses commis recevoir le montant d'une lettre de change, il l'endosse en blanc afin qu'ils puissent mettre le reçu au dessus de sa signature; mais la prudence exige qu'on mette à côté de cette signature ces mots, *pour acquit*, afin qu'on n'ait pas liberté de remplir le blanc qu'on laisse, d'un ordre frauduleux. L'acquit des lettres de change n'est présumé qu'après les cinq années échues, à compter du jour où elles ont pu être protestées à défaut de paiement. Ce sont les dispositions de l'*art. 21 du tit. 5 de l'ordonnance de 1673*, qui dit que *les lettres ou billets de change seront réputés* ACQUITTÉS, *après cinq ans de cessation de demande, à compter du lendemain de l'échéance ou du protêt, ou de la derniere poursuite*. Voyez *Billet, Change, Échéance, Fin de non-recevoir, Lettre de change, Paiement, Prescription, Présomption, Protêt, &c.*

Guerre.

13. LA DÉCLARATION du 14 juin 1702, & l'arrêt du conseil du 20 octobre suivant, reglent la comptabilité des trésoriers généraux de l'extraordinaire des guerres, & la forme de leurs acquits. On la trouve, ainsi que les modeles de ces acquits pour un régiment, bataillon, escadron; les modeles des certifications & des quittances, pour une compagnie seule, dans le code militaire de Briquet, *tom. 8, tit. 171 des acquits des trésoriers, pag. 120 à 129.*

L'*art. 60* de la déclaration portant rétablissement, & nouveau réglement sur les étapes, du 13 juillet 1727, s'exprime ainsi sur les faux acquits : « Si quelqu'un des entrepreneurs, directeurs ou commis présentoient aux intendans des reçus d'officiers, ou certificats de routes & de révues faux ou falsifiés, sa majesté veut que leur procès leur soit fait & parfait comme faussaires, suivant la déclaration du 20 août 1699. » (*Code militaire, tom. 3, tit. 74 des étapes, pag. 416 & 417.* (Voyez *Armée, Bataillon, Capitaine, Commissaire des guerres, Étape, Escadron, Faux, Intendant, Régiment, Remonte, Revue, Route, &c.*

Droit féodal.

14. Dans les coutumes d'Anjou & du Maine, on donne le nom d'*acquits* aux droits de péage qui appartiennent à certains Seigneurs. Voyez *les art. 43, 49, 55, 56, 57, 58 & 59* de la premiere, & *les art. 50, 57, 58, 64, 67 & 68* de la seconde. *Voyez* ci-après le mot *Péage*, & encore *Assise, Bac, Barrage, Branchage, Branchiere, Chatellenie, Chemin, Coutume, Denrées, Dépris, Enseigne, Fleuve, Forain, Franchise, Marchand, Marchandises, Navigation, Noble, Pancarte, Petillage, Pont, Pontonage, Prévoté, Privilege, Provisions, Riviere, Roturier, Route, Tableau, Traite, Travers, Treu, Truage, Voyageur, Voierie, Voiture, Voiturier, &c.*

Dans les coutumes de Ponthieu & locale d'Abbeville, on appelle *acquit* le droit dû au seigneur censuel le jour de la vente. L'*art. 84* de la premiere dit, que celui qui est défaillant de payer le droit d'acquit au seigneur vicomte, & *quand il est engendré*, doit amende de 60 sous, *s'il ne le paie en dedans soleil couché le jour de la vente*. L'*art. 85* veut que celui qui est *mis en question de payer acquits ou cens, des ténemens qu'il tient*, puisse *passer par loi en affirmant par justice qu'il les a bien payés, ou quand, & à qui il les a dus,*

& ce, *une fois en sa vie, & non plus contre une même personne.* La coutume d'Abbeville renferme dans l'*art.* 16 les mêmes dispositions que celle de Ponthieu *dans l'article précédent.* Voyez *Affirmation, Cens, Lods, Quint, Seigneur, &c.*

La coutume de Paris parle d'une espece particuliere d'*acquit* en matiere de droit féodal. « Le fils ainé, en faisant sa foi & hommage au seigneur féodal, *acquitte* ses sœurs de leur premier mariage, tant de la foi que du relief, où il est dû relief; les noms & âges desquels il est tenu de déclarer en portant la foi. » *Art.* 35.

Quel est cet *acquit* par l'ainé, que la coutume prononce, en disant, *où il est dû relief*? Quel est ce premier mariage que la coutume affranchit du relief? Comment se fait cet *acquit?* Le frere doit-il payer de sa bourse en l'*acquit* de sa sœur, ou celle-ci est-elle *quitte* sans rien payer? L'offre de l'hommage par l'ainé suffit-elle pour cet *acquit*, ou faut-il une réception en foi? La réception par main souveraine dans le cas d'un combat de fief, satisferoit-elle à la coutume? Le seigneur dominant étant mort, suffiroit-il de faire la foi au suzerain? Ces questions, dont les deux premieres sur-tout ont fait le tourment de tous les auteurs feudistes, ont été bien traitées, entr'autres, par Dumoulin, Auzanet, Duplessis, Guyot, & sur-tout par M. Henrion de Pensey, dans son excellent *Traité des fiefs.* Nous les discuterons sous les mots *Age, Ainé, Cadet, Combat de fief, Dominant, Echûte, Fief, Fille, Foi, Hommage, Investiture, Main-souveraine, Mariage, Nom, Offre, Parage, Puiné, Quint, Réception, Refus, Relief, Saisie féodale, Seigneur suzerain, Tante, Veuve, &c.*

Enfin, dans la coutume de Montargis, quand par le traité de mariage, une femme noble ou roturiere n'a point de douaire préfix & conventionnel, elle « est douée de la moitié de tous les héritages que le mari avoit lors de la consommation du mariage, & de ceux qui lui adviennent de pere & de mere, aïeul ou aïeule, pour d'icelle moitié jouir par ladite femme sa vie durant, en soutenant & *acquittant* iceux héritages, &c. » *Art.* 1 *du chap.* 14 *du douaire.*

Quel est cet *acquit* dont parle la coutume? C'est le paiement des charges foncieres que doivent les héritages. *l. si pendentes, §. si quid, D. de usufr.* (l'Hoste, *pag.* 401.) Voyez *Cens, Charge, Douaire, Droits seigneuriaux, Rente fonciere, Usufruit, &c.*

ACRE.

C'est une mesure usitée en quelques provinces, sur-tout en Normandie. Cette mesure contient *huit vingts perches*, suivant Basnage, *(tom.* 2, *pag.* 254; *)* & suivant Terrien, *(pag.* 615.*)* Celui-ci s'explique avec plus de détail que celui-là. « Et semblablement est tout notoire qu'en chacune acre de bois a quatre vergées, & en chacun arpent deux vergées & demie: & en chacune vergée a quarante perches. Ainsi, en chacune acre a huit vingts perches, & en chacun arpent cent perches, & avec ce, en chacune perche vingt-quatre pieds; & en chacun pied, vingt-quatre pouces, & au pouce douze lignes, qui est le pied à toise dont on use à la mesure des bois & aux édifices. Toutefois, à la mesure des terres labourables, ainsi que les pieds des hommes sont inégaux, ainsi les pieds ne sont par-tout semblables, ni mesmes les perches. Ainsi advient que les vergées & les *acres* sont plus grandes ou plus petites selon la diversité des lieux, & la différence de la mesure, tant du pied que de la perche. » Delauriere *dans son Glossaire, (tom.* 1, *pag.* 8 *&* 9,*)* rend, suivant son usage, un compte exact & savant des différentes étymologies du mot *Acre*, & cite les textes d'un grand nombre d'auteurs qui ont parlé de cette mesure. Nous avons été surpris de ne pas y trouver un passage curieux, tiré des loix d'Henri premier, roi d'Angleterre. *Tàm longè debet esse pax regis à portâ suâ ubi residens erit, à quatuor partibus loci illius: hoc est, quatuor milliaria, & tres quarentenæ, & novem* ACRÆ *latitudine, & novem pedes, & novem palmæ, &* NOVEM GRANA HORDEI. *Multus sanè respectus esse debet, ac multâ diligentiâ, ne quis pacem regis infringat, maximè in ejus viciniâ.* (Loix Anglonormandes, tom. 1, pag. 290.)

Qu'est-ce que cette singularité mystérieuse dans la mesure des distances? *Quatre mille, trois quarantaines, neuf acres, neuf pieds, neuf palmes,* ET NEUF GRAINS D'ORGE? Et ce nombre de neuf moins naturel que celui de dix? N'est-ce pas pour ajouter encore à la certitude de la mesure, pour lever toute équivoque, sur-tout celle du mot *Environ*?

Si l'on mettoit la même exactitude dans la rédaction des actes, nous ne verrions pas tant de procès odieux, tant de lettres de rescision prises contre des vendeurs subtils & peu délicats qui trompent leurs acquéreurs sur la contenue, & qui se font un rempart de quelques expressions équivoques, telles que ce mot *environ*, à la faveur desquelles ils veulent soutenir leur injustice.

ARRÊT du parlement d'Aix, du mois de mai 1614, qui juge que quand *le manquement* de mesure est grand, il faut suppléer ce qui y manque, *soit que la vente ait commencé par le corps, soit qu'elle ait commencé par la mesure.* (Duperier, *tom. 2, pag. 336.*)

La bonne foi respective doit être l'ame des conventions, & on doit mépriser l'abus que des auteurs, plus praticiens que jurisconsultes, ont pu faire de ces soi-disans axiomes: il est permis de vendre & d'acheter plus ou moins cher; *licitum est pluris emere, pluris vendere*: il est permis à l'acquéreur & au vendeur de se tromper mutuellement, *mutuò se circumvenire*. Non, les loix romaines n'ont pas commis un délit dans l'ordre moral & politique, comme on le suppose faussement: la bonne foi est l'ame des décisions qu'on trouve dans les *Pandectes* & dans le *Code*, & précisément dans les matieres d'*achats & de ventes*. On y lit ces sages préceptes: *Labeo scripsit obscuritatem pacti nocere potiùs debere venditori qui id dixerit, quàm emptori: quià potuit re integrâ apertiùs dicere. l. 21, D. de contrah. empt.... Ferè, aliqui solent hæc verba adjicere,* DOLUS MALUS A VENDITORE ABERIT, *qui etiam si adjectum non est, abesse debet. l. 68, § 1, eod.... Omnia enim quæ* CONTRA BONAM FIDEM *fiunt, veniunt in empti actionem. l. 1, § 1, D. de act. empti.... In his autem quæ cùm re emptâ prestari solent, non solùm* DOLUM, *sed &* CULPAM PRÆSTANDAM *arbitror. l. 13, § 16, eod.*

ARRÊT du parlement de Rouen, du 15 décembre 1670, qui ordonne que l'adjudicataire d'une terre, sur une déclaration mise au greffe, paiera la valeur d'une sur-mesure de soixante-cinq *acres* plus que la déclaration ne contenoit: une si grande quantité de terres, ne pouvant être sous-entendue par ce terme d'*environ*, quoique la plupart fussent bornées & désignées. Si l'adjudicataire y en eût trouvé moins, il n'auroit pas manqué d'en demander la défalcation. (Basnage, *tom 2, pag. 497.*) Tout est respectif en pareille matiere, nous le répetons, & nous le répetons avec la loi. *Sicut æquum est bonæ fidei emptori, alterius dolum non nocere; ita non est æquum eidem, personæ venditoris, sui dolum prodesse. l. 37, D. de act. empt.* Voyez *Arpent, Dol, Foi, (bonne) Fraude, Mesure, Restitution, Vente, &c.*

Dans toute l'Angleterre, on mesure toujours par *acres*; & dans les acquisitions & ventes, on énonce toujours la quantité qu'on en vend & qu'on en achete. L'acre de ce royaume contient ordinairement ſept cents vingt pieds de roi en longueur, & ſoixante & douze en largeur. Les Anglois écrivent ce mot comme les François. (*Dict. de Commerce de* Savari, *tom.* 1, *pag.* 23.)

ACTE.

(*Dr. naturel. Dr. public. Dr. eccléſiaſtique. Dr. privé. Dr. fiſcal. Dr. étranger.*)

1. Ce mot dans ſa vaſte ſignification, dérive des mots latins, *actus*, *actum*, qui ſervent à exprimer tout ce qui ſe fait, tout ce qui s'eſt fait.

DROIT NATUREL.

2. Les actes conſidérés par rapport au droit naturel & à la morale, ſont ou gratuits, ou utiles de part & d'autre.

Les actes gratuits ſont ceux dont un ſeul membre de la grande ſociété retire de l'avantage, tandis que celui qui l'oblige n'a d'autre bonheur, que celui qu'il trouve à ſe rendre utile à ſon ſemblable. Celui-ci à qui on rend un ſervice déſintéreſſé, n'eſt tenu qu'à la reconnoiſſance; d'où il ne réſulte, ſuivant la juriſprudence civile, aucune eſpece d'action. Voyez cependant *Donation*, *Félonie*.

Tous les actes de pure bienfaiſance ou s'exercent ſur-le-champ, ou ne doivent avoir leur plein & entier effet que dans l'avenir. Dans le premier cas, ils ont plus de mérite ſans doute; mais dans le ſecond, ils ne laiſſent pas d'avoir leur prix auprès des cœurs ſenſibles & vertueux, quoiqu'en aient dit la Rochefoucaut & Helvétius.

Quoique les actes de bienfaiſance paroiſſent parfaitement libres dans les principes égoïſtes des ſociétés dégénérées & corrompues, ils ſont cependant d'une parfaite néceſſité d'après les maximes de l'évangile, & même de la philoſophie morale, puiſée dans les juſtes notions des devoirs de la pure & ſublime nature. L'homme n'eſt-il donc pas fait pour aider l'homme? Le riche & le puiſſant ne doit-il pas au pauvre & au foible, tous les ſecours néceſſaires, pour lui procurer les biens dont il eſt privé, & le ſouſtraire aux maux dont il eſt accablé? *Vocatur autem* ACTUS BENEFICUS, *ex quo unus tantummodò utilitatem percipit, alter verò nihil viciſſim accipit....* ACTUS MERÈ BENEFICUS *qui in præſens abſolvitur, ſeu quo ſtatim do alteri, vel facio, dicitur beneficium: aſt qui in futurum prominet, ſeu quo me ad dandum, vel faciendum alteri obligo, promiſſio liberalis eſt, ſeu beneficii promiſſio.... Qui beneficium dat,* BENEFACTOR, *qui accipit,* BENEFICIARIUS *appellatur.... Quoniam* HOMO QUILIBET, *alium* QUEMCUMQUE *ope ipſius indigentem juvare* DEBET, *ut conſequatur animi, corporis ac fortunæ bona,* QUANTUM IN POTESTATE SUA EST, *& cavere ne alii in mala ipſis oppoſita incidant. Homines ad beneficia mutua ſibi invicem* NATURALITER OBLIGANTUR; *& beneficium merentur qui eodem indigent, aut ipſi acquirere, aut facere nequeunt, quæ dat aut facit benefactor.* (Wolff, *Inſtit. juris naturæ & gentium, part.* 2, *cap.* 9, § 466, 470 & 472.)

Les actes utiles de part & d'autre, ou laiſſent les intérêts des parties ſéparés, ou les réuniſſent.

Au premier cas, ils conſiſtent dans l'échange réciproque de choſes, ou de faits & d'actions; échange, qui, après ſa conſommation ne laiſſe plus rien de commun entre les parties. C'eſt le réſultat de ces trois combinaiſons: *Donner afin que l'on nous donne; donner afin que l'on faſſe pour nous; faire afin que l'on faſſe pour nous:* en effet, *faire afin que l'on nous donne*, ne differe pas de l'ACTE *donner afin que l'on faſſe pour nous.* Ces combinaiſons ſont la ſource de tous les actes quelconques, non ſeulement du droit des gens, mais encore du droit civil.

Au second cas, les actes utiles de part & d'autre s'opérent par un mélange plus ou moins inégal, soit de choses, soit d'actions qui concourt à procurer l'avantage mutuel des intéressés. *ACTUS PERMUTATORIUS dicitur quo utraque pars ad aliquid dandum vel faciendum adstringitur. IN ACTIBUS itaque PERMUTATORIIS, RES ET FACTA INVICEM PERMUTANTUR, nimirùm res cum rebus, res cum factis, & facta cum factis. Est autem actus permutatorius, vel DIREMTORIUS, qui separatam utriusque partis utilitatem respicit, peculiaribus præstationibus obtinendam; QUO adeò ADIMPLETO, NIHIL NEGOTII INTER CONTRAHENTES AMPLIUS RELIQUUM EST: vel COMMUNICATORIUS, in quo per præstationes communes intenditur communis utilitas.... In DIREMTORIIS permutatur vel res cum re, vel res cum facto, vel factum cum facto, & in hisce spectatur separatim utriusque partis utilitas: in actibus diremtoriis, vel DO UT DES, vel DO UT FACIAS, vel FACIO UT FACIAS: nimirùm FACIO UT des, per se nullam facit differentiam AB ACTU, DO UT FACIAS.... Quoniam facta & res inter se communicare dicuntur, qui eadem conferunt ad communem quandam utilitatem; in actibus COMMUNICATORIIS, vel facta, vel res sinè pecuniâ; vel indè res sive pecunia, indè facta communicantur.* (Wolff, *ibid.* § 467, 468 & 469.) Dans une société, l'un ne met que son fonds, & l'autre son industrie, ou tous les deux mettent leur fonds & leur industrie, de maniere cependant que celui qui a plus d'industrie met moins de fonds. Voyez *Contrat*, *Obligation*, *Société*, *Stipulation*.

Droit public.

3. Les actes de droit public sont ou du droit public extérieur, (droit des gens), ou du droit public intérieur.

Les premiers sont les déclarations de guerre; les traités de paix, de treve, de neutralité. Ce sont encore les actes qui déterminent le rang entre les rois & les princes ou leurs représentans dans les assemblées diplomatiques, les congrès, &c.

Les seconds concernent l'administration d'un royaume, d'une souveraineté, d'une ville. Ce sont les actes qui établissent l'ordre de succéder au trône; ceux qui émanent du pouvoir souverain pour l'établissement des impôts, l'administration de la justice; ceux qui constituent le droit municipal d'une province, les privileges particuliers d'une ville, les chartes d'immunité, &c. Ce sont encore les actes qui fixent l'existence politique des différens corps d'un état. Voyez *Administration*, *Ambassadeur*, *Armistice*, *Assemblée*, *Autorité*, *Burgrave*, *Charte*, *Clergé*, *Concession*, *Confalonnier*, *Congrès*, *Couronnement*, *Czar*, *Déclaration*, *Démocratie*, *Diplomatique*, *Édit*, *Électeur*, *Élection*, *Empereur*, *État*, *Guerre*, *Landgrave*, *Lettres-patentes*, *Lit de justice*, *Magistrat*, *Majorité*, *Margrave*, *Monarchie*, *Neutralité*, *Noblesse*, *Paix*, *Pape*, *Plénipotentiaire*, *Préséance*, *Prince*, *Privilege*, *Rang*, *République*, *Roi*, *Souverain*, *Stathouder*, *Treve*, &c.

Droit ecclésiastique.

4. Quelques auteurs ont ainsi défini les actes ecclésiastiques. Ce sont ceux, ou qui émanent de l'autorité ecclésiastique, ou qui concernent des personnes ecclésiastiques, ou dans lesquels il s'agit de choses ecclésiastiques. Certes, cette définition n'est pas exacte.

Quoique le sacerdoce & l'empire forment deux corps distincts & séparés, ils ont cependant entr'eux tant de liaisons & de rapports, qu'il est bien difficile, pour ne pas dire impossible, de ne pas les considérer dans bien des circonstances, comme ne formant qu'un seul & même corps.

Le sacerdoce n'est-il donc pas dans l'empire? Le prêtre n'est-il donc pas citoyen avant d'être ministre de l'église ; & lors même qu'il agit, comme revêtu de ce dernier caractere, n'est-il pas, en bien des cas, comptable à l'état de la plupart de ses actions? C'est comme curé, qu'un pasteur tient en main les dépôts sacrés de l'état de tous les membres d'une souveraineté, puisqu'il forme & conserve les actes qui constatent leur naissance, leur mariage & leur mort. Mais ce dépôt n'est-il pas une dépendance nécessaire des pouvoirs & de l'autorité du gouvernement civil? Un prêtre fait une fondation pieuse, la matiere de cette fondation est ecclésiastique; mais les biens qui y sont affectés étant profanes, l'acte de cette fondation n'est-il pas purement civil? Il est donc vrai de dire qu'il y a des choses ecclésiastiques qui, quoiqu'essentiellement liées aux choses spirituelles, ne le sont jamais assez pour perdre le caractere primitif de temporalité qu'elles avoient.

Les actes ecclésiastiques sont donc seulement ceux qui sont passés entre ecclésiastiques pour choses purement spirituelles; & dans ce cas-là même, ces actes sont soumis, à bien des égards, aux mêmes regles que les actes civils.

Il y a des actes ecclésiastiques relatifs à la jurisdiction volontaire, & d'autres relatifs à la jurisdiction contentieuse; les premiers sont des actes judiciaires, les seconds sont en quelque maniere extrajudiciaires; nous en dirons un mot ci-après; mais les discussions particulieres se trouveront sous les différens mots. Voyez ci-dessus la plupart des divisions des mots *Abus* & *Acquêts nouveaux*; & ci-après, *Administration*, *Age*, *Aliénation*, *Amortissement*, *Archevêque*, *Archidiacre*, *Archiprêtre*, *Avénement (joyeux)*, *Banquier (expéditionnaire)*, *Baptême*, *Bénédiction*, *Bénéfice*, *Bulle*, *Capitulaires (actes)*, *Cardinal*, *Cession*, *Chancelier*, *Collation*, *Commende*, *Commission*, *Compact*, *Compromis*, *Concordat*, *Confirmation*, *Consistoriaux (bénéfices)*, *Contrôle*, *Couvent*, *Création*, *Curé*, *Démission*, *Dévolut*, *Dévolution*, *Dignité*, *Dîme*, *Dispense*, *Ecclésiastique*, *Échange*, *Election*, *Erection*, *Eucharistie*, *Evêque*, *Extinction*, *Fidélité (serment de)*, *Fondation*, *Fulmination*, *Grade*, *Indult*, *Information*, *Insinuation*, *Installation*, *Interpellation*, *Intronisation*, *Légat*, *Marguillier*, *Mariage*, *Messe*, *Monastere*, *Nomination*, *Notaire (apostolique)*, *Notification*, *Noviciat*, *Opposition*, *Option*, *Ordre*, *Pape*, *Paroisse*, *Patron*, *Pénitence*, *Pension*, *Permutation*, *Portion congrue*, *Présentation*, *Prise d'habit*, *Prise de possession*, *Procès-verbal*, *Procuration*, *Profession*, *Provision*, *Publication*, *Réduction*, *Refus*, *Régale*, *Registres*, *Répudiation*, *Requisition*, *Résignation*, *Rétractation*, *Rétrocession*, *Révocation*, *Sacrement*, *Sentence*, *Sépulture*, *Signature*, *Signification*, *Vêture*, *Visa*, *Université*, *Vœu*, &c.

Lorsque l'église universelle est réunie dans des conciles généraux, ou que les ecclésiastiques d'une nation, d'une province tiennent des conciles nationaux & provinciaux, on appelle *actes*, les résultats des décisions de ces assemblées, tenues tant par rapport au dogme, que par rapport à la discipline.

On appelle *actes* les déterminations du clergé de France, & on dit *actes de l'assemblée du clergé de France, de 1682, concernant la religion : actes de l'assemblée du clergé de France, de 1688, touchant la Régale, &c. &c.* Voyez *Agent (du clergé)*, *Assemblée*, *Canon*, *Clergé*, *Concile*, *Discipline*, *Dogme*, *Religion*, &c.

DROIT PRIVÉ.

5. Le mot *Acte*, a dans le droit privé comme dans le droit naturel & le droit public la signification la plus étendue. La premiere chose à remarquer, est que sa dénomination comme celle de *contrat* a passé de la chose au signe, du fait à la preuve. Au lieu de dire: l'écrit qui atteste l'acte du baptême, on a dit pour abréger l'acte de baptême;

comme on a nommé contrat, la preuve écrite d'un contrat, d'un pacte, d'une stipulation, d'une convention. On peut donc définir l'acte, appliqué à la jurisprudence des tribunaux, *tout écrit qui constate juridiquement qu'une chose s'est faite*. Les actes sont dans cette acception ou publics ou privés, & les premiers sont ou judiciaires, ou extrajudiciaires, ou simplement authentiques. Les Romains avoient les mêmes divisions.

DROIT ROMAIN.

6. Rome fut long-temps vertueuse, & on n'y fit usage, pendant un nombre de siecles, que de simples promesses verbales. Mais cette bonne foi primitive commençant à disparoître, il fallut assurer l'exécution des conventions que les sermens les plus solemnels ne garantissoient plus suffisamment des atteintes de la cupidité. Les préteurs introduisirent donc des formalités qui rendirent les stipulations indépendantes de la bonne ou mauvaise foi des contractans. Séneque s'éleve avec force contre la fatalité des circonstances qui forcerent d'adopter la précaution des actes authentiques. Qu'il seroit à desirer, *s'écrie-t-il*, qu'on pût s'en réposer sur la simple volonté d'un débiteur à qui on confie son argent! Qu'il seroit beau de voir le vendeur & l'acheteur consommer leur marché par un consentement réciproque, dont les conditions s'exécuteroient de bonne foi de part & d'autre! Pourquoi ces sceaux, ces anneaux, ces cachets, ces écrits, ces comparutions devant le magistrat? Un cœur pur & net n'est-il donc plus un gage suffisant de notre attachement à nos devoirs? Non: il a fallu préférer le nécessaire à l'honorable, & renoncer au doux plaisir que procure une confiance sans bornes, qui n'est jamais trompée. Faisons venir des témoins, préparons des tablettes, employons des agens, ne nous contentons plus de faire interroger notre débiteur, ne nous en rapportons qu'à nos sens; & ne soyons contens que lorsque nous aurons à la main ce que nous demandons. O triste aveu des déplorables effets de la perversité du genre humain.! On préfere notre sceau à notre cœur. *Utinàm quidem persuadere possemus, ut pecunias creditas, tantùm à volentibus acciperent! Utinàm nulla stipulatio emptorem venditori obligaret! Nec pacta, conventaque impressis signis custodirentur! Fides potiùs illa servaret, ut æquum colens animus! Sed necessaria optimis pretulerunt, & cogere fidem, quàm spectare, malunt. Adhibentur ab utrâque parte testes: ille per tabulas plurium nomina interpositis parariis facit: ille non est interrogatione contentus, nisi rem manu suâ tenuit. O turpem humano generi fraudis ac nequitiæ publicæ confessionem! Annulis nostris plusquàm animis creditur.* (Seneca *de benef. lib. 3, cap. 15.*)

On trouve les regles qui concernent les actes publics de jurisdiction contentieuse chez les romains sous les titres:

De edendo, D. 2, 13, & C. 2, 1. — Ad exhibendum, D. 10, 4, & C. 2, 42. — De judiciis & ubi quisque agere vel conveniri debeat, D. 5, 1. — De judiciis, C. 3, 1. — De variis & extraordinariis cognitionibus, & si judex litem suam fecisse dicatur, D. 50, 13. — De obligationibus & actionibus, D. 44, 7, & C. 4, 10. — De iis per quos agere possumus, I, 4, 10. — De formulis & impetrationibus actionum sublatis, C. 2, 58. — De exceptionibus, I. 4, 13. — De exceptionibus & præjudiciis, D. 44, 1. — De in jus vocando, D. 2, 4, & C. 2, 2. — Si certum petatur, C. 4, 2. — De actore & reo, l. 33, l. 41, l. 125, D. de reg. juris. — De citatione absentium, C. 1, 12. — De quibus rebus ad eumdem judicem eatur, D. 11, 2. — &c. &c.

Les regles qui concernent les actes publics de jurisdiction volontaire se trouvent sous les titres:

De tabulariis, scribis, logographis & censualibus, C. 10, 69, C. TH. 8, 2. — De

— *De adsessoribus domesticis & cancellariis judicum, C. 1, 51. — De decurialibus urbis Romæ, C. 11, 13, & C. TH. 14, 1. — De tabellionibus & ut protocolla dimittant in chartis, N. 44. — Ut præponatur nomen imperatoris documentis, & ut latinis litteris apertiùs tempora inscribantur, N. 47. — Quomodò tabelliones cautè debeant instrumentà componere, N. 73, cap. 5. — &c. &c.*

Enfin, les regles qui concernent les actes privés se trouvent sous les titres :

De fide instrumentorum & amissione eorum, D. 22, 4. — De fide instrumentorum, & apochis & antapochis faciendis, & de iis quæ sinè scripturá fieri possunt, C. 4, 21. — Si quis prolatam manum suam negaverit, N. 18, cap. 9. — De instrumentorum cautelá & fide, & primùm de deposito & mutuo, & aliis documentis privatæ quidem scripturæ, habentibus autem testes; & de non habentibus testes : & de instrumentis publicè confectis : & de collationibus manus propriæ scripturæ : & de expositis instrumentis ab illiteratis, aut paucas litteras scientibus : & de non scriptis contractibus : & de contractibus usque ad unam libram auri : & de contractibus qui in agris fiunt : & ut in documentis & contractibus futuris locum habeat lex. N. 73. — Ut non aliter credatur instrumento, de altero instrumento facienti mentionem, quam si id-ipsum proferatur, N. 119, cap. 3, &c. &c. &c.

Nous ne nous bornerons pas dans cet article, à cette nomenclature générale du droit romain sur les différentes especes des actes publics & privés : nous entrerons dans des détails ; & nous ferons connoître les principes sages de cette législation immortelle, dans le développement des questions que feront naître les différentes divisions.

Tout cet appareil de loix positives, faites pour assurer l'exécution des conventions auroit été inutile, si les hommes n'avoient jamais perdu de vue les loix naturelles; & si l'axiome de l'orateur romain eût été gravé dans tous les cœurs : LE FONDEMENT DE LA JUSTICE, C'EST LA FIDÉLITÉ ; C'EST-A-DIRE, LA CONSTANCE, ET LA SINCÉRITÉ DANS SES PAROLES ET SES PROMESSES : *Fundamentum est justitiæ, fides; id est dictorum, conventorumque, constantia, & veritas.* (Cicero, *de offic. lib.* 1, n°. 35.)

DROIT FRANÇOIS.

7. En France, nous entendons par actes publics, ceux qui émanent, soit d'un lieu, d'un tribunal établi par l'autorité souveraine ; soit d'une personne revêtue d'une charge créée pour le service du public : ceci comprend les actes des corps duement autorisés, ceux des officiers eccésiastiques, civils & militaires, en ce qui concerne l'exercice des fonctions de leurs états respectifs.

En descendant de cette définition bien générale, à des objets moins vastes, on distingue les actes publics de jurisdiction contentieuse & volontaire, & les actes extrajudiciaires.

Les actes publics de jurisdiction contentieuse, sont tous ceux qui se font pour intenter une action, & la poursuivre jusqu'au jugement définitif. On les nomme actes judiciaires, parce qu'ils se font par le ministere d'un, ou de plusieurs officiers de justice. On doit y suivre strictement les formes prescrites ; à défaut de quoi, la loi, non contente de prononcer leur nullité, prononce aussi quelquefois des peines contre ceux qui ont contrevenu à ses dispositions.

Les actes judiciaires qui se font par les procureurs & les défenseurs des parties, pour l'instruction des causes (qu'on appelle en général actes de procédure), sont distincts des actes judiciaires qui se font en jugement; c'est-à-dire, par les parties en personne & devant le juge. Ces actes par lesquels elles contractent publiquement, & forment des titres *authentiques* ; sont, entr'autres, les affirmations, les témoignages, les offres, les encheres, les prestations & réceptions de caution, &c.

On peut encore regarder comme une troisieme espece d'actes publics judiciaires, les attestations que donne le juge pour constater quelque point de fait, ou de procédure. Celle des parties, par exemple, qui a remis sa production au greffe, en demande acte : de même les avocats ou les procureurs dans leurs plaidoyers, dans leurs écritures, demandent acte de quelque aveu des parties adverses. Il y a enfin les actes extrajudiciaires qui ont un effet tout particulier & se dirigent sur des principes que nous ferons connoître, ils sont faits ordinairement par les huissiers, sergens, &c.

Les actes publics de jurisdiction volontaire, à qui on donne, pour ainsi dire, privativement le nom d'authentiques, (quoique la plupart des judiciaires soient au moins aussi solemnels), sont toutes les especes de contrats, obligations, quittances, transactions & autres actes reçus par des notaires ou autres personnes publiques, telles que les secrétaires d'état, les secrétaires du roi, les secrétaires près les cours souveraines, les greffiers, les receveurs des consignations, les banquiers expéditionnaires en cour de Rome, les gardes des archives & dépôts publics, &c. &c. & tous autres dont les fonctions & les dénominations sont différentes suivant les usages des différens pays.

On connoît encore en France les actes particuliers ou privés ; ce sont ceux qui se font entre les citoyens de tous les états sans le concours d'aucun notaire ou autre officier public ; ce sont les billets, promesses, reconnoissances, décharges, quittances, baux à loyer, &c, & tous autres qui sont rédigés sous simple signature privée.

Au fond, & relativement à la validité des engagemens, il n'y a point de différence entre l'acte privé & l'acte public. Il faut cependant en excepter quelques actes, qui en France doivent être rédigés en forme authentique pour être obligatoires ; c'est-à-dire, à peine de nullité. Tels sont les contrats de mariage, les actes de donation, ceux de foi & hommage, aveu & dénombrement ; les actes ecclésiastiques & autres, dont nous traiterons plus au long ci-après, soit sous la division *Droit fiscal*, soit dans le cours de l'ouvrage, sous les différens mots auxquels nous renverrons dans le cours de cette division.

Actes judiciaires.

8. Nous parlerons peu des actes judiciaires qui sont faits dans le cours d'une instance pendante à un tribunal ; les notions relatives à cet objet se trouveront sous les mots *Ajournement*, *Appel*, *Appointement*, *Assignation*, *Assistance*, *Audience*, *Avenir*, *Cause*, *Clausion*, *Communication*, *Complainte*, *Congé*, *Défenses*, *Défaut*, *Délai*, *Dépens*, *Duplique*, *Écriture*, *Enquête*, *Garant*, *Grief*, *Instance*, *Instruction*, *Matieres sommaires*, *Mémoires*, *Placet*, *Plaidé*, *Plaidoirie*, *Précis*, *Présentation*, *Procédure*, *Procureur*, *Réglement*, *Réintégrande*, *Replique*, *Rôle*, *Salvation*, *Sommation*, *Taxe*, *&c.*

Nous ne nous étendrons pas même beaucoup sur ceux qui se font en jugement : tout se réduira sur l'un & l'autre objet à quelques explications relatives à différens préjugés.

ARRÊT du parlement de Grenoble, du . . . . qui juge que les actes produits en premiere instance sur le possessoire, font foi en cause d'appel, sur le pétitoire. (Guypape, *quest.* 136.) Cet auteur observe ailleurs, que les actes communiqués au juge sans être produits dans l'instance, ne peuvent lui servir à asseoir son jugement ; & il atteste que *sa cour*, (il étoit conseiller au parlement de Grenoble après l'avoir été au conseil Delphinal), observe ce principe dans l'usage, ne considérant comme pieces du procès, que ce qui y a été respectivement communiqué. *An aliqua exhibita coram judice per partem, ad ipsius judicis animi informationem, sint, & dici possint de actis causæ ? Credo quod non . . . .*

& ita de ſtylo etiam ſervat hæc curia parlamenti, nec talia dicuntur de actis cauſæ, niſi in causâ judicialiter producantur. (Quæſt. 241.)

ARRÊT du parlement de Rennes, du premier avril 1555, qui juge qu'une partie qui vouloit s'aider d'un acte ſous les réſerves de s'en départir enſuite, ſi elle le jugeoit à propos, doit déclarer poſitivement, cathégoriquement & ſans réſerves, ſi elle veut, ou ne veut pas s'en ſervir. (Dufailh, *tom.* 1, *liv.* 1, *chap.* 485, *pag.* 429, *de l'édit. de* Sauvageau.)

ARRÊT du parlement de Paris, du 23 janvier 1596, qui juge qu'un acte de cautionnement n'eſt point obligatoire, s'il n'eſt point ſigné par la caution & le greffier. *Mornac* propoſe cette diſtinction. Ou le cautionnement eſt prêté en jugement & l'audience tenante, & dans ce cas, la ſignature de la caution n'eſt pas néceſſaire; ou il eſt fait hors jugement & de l'enceinte du tribunal, & alors cette ſignature eſt eſſentielle. *Hæc diſtinctio adhibenda eſt*, ut *ſcilicet & fidejuſſoris judicialis, & ſcribæ forenſis ſubſignatio ſit neceſſaria, ſi extrà judicium, nec judice ſedente pro tribunali facta ſit cautio : ſecùs, ſi in judicio, atque apud cauſas audientem judicem, ut qui præſentiâ ſuâ, publicâque ac fideli exceptoris manu perficiat, quod in privatis ſubſignatio*. C'EST CE QUE PENSOIT LE BARREAU DU PARLEMENT. (Mornacius, *tom.* 1, *operum*, *pag.* 169.)

ARRÊTS du parlement de Paris, des 22 ſeptembre & 19 octobre 1582; premier mars 1585 & 28 mars 1608, qui jugent que les *actes probatoires demeurent*, *encore que l'inſtance fût déclarée périe*. (Bouchel & Bechefer, *tom.* 1, *pag.* 32.)

ARRÊT du parlement de Toulouſe, du 12 juin 1631, qui juge que « les actes faits en matiere civile pardevant le juge d'égliſe, font foi entre les mêmes parties pardevant le juge temporel. » (D'Olive, *liv.* 1, *chap.* 23.)

ARRÊT du parlement de Grenoble, du 10 janvier 1619, qui décide que « l'énonciation d'un juge, qui portoit qu'une partie avoit juré, n'étoit pas de ſoi probatoire, n'apparoiſſant pas de ſon aſſévération. *Quia non creditur referenti niſi conſtet de relato.* ». . . . . C'eſt la déciſion de l'authentique *Si quis*, *C. de edendo. Si quis in aliquo documento mentionem faciat alterius documenti, nulla ex hâc memoriâ fiat exactio, niſi aliud documentum, cujus memoria in ſecundo facta eſt, proferatur.* (Baſſet, *tom.* 2, *liv.* 2, *tit.* 12, *chap.* 1.)

ARRÊT du parlement de Grenoble, du 23 juin 1634, qui juge « que les actes judiciels, *puta*, procedures faites devant un juge, ſont de ſoi probatoires, & que l'on n'eſt recevable d'avancer faits contraires, ni être la preuve admiſe. . . . . L'autorité du magiſtrat & la foi publique, rendent pareils actes hors de contredit & de ſoupçon. » (*Ibid.*)

ARRÊT du parlement de Paris, du 2 décembre 1651, qui décide « qu'une condamnation d'intérêts, d'une ſomme contenue dans une obligation, par une ſentence paſſée volontairement au greffe par le débiteur, eſt bonne & valable. L'*intimé ſoutint* l'appellant non-recevable en ſon appel, comme en ſa demande en lettres de reſtitution; & qu'il n'avoit pas raiſon de ſe plaindre de la ſentence qu'il avoit paſſée au greffe, puiſqu'il l'avoit paſſée volontairement; qu'il l'avoit ainſi deſirée pour un bien qui, non ſeulement leur étoit commun, mais qu'il y trouvoit lui-même de l'avantage, puiſqu'il lui épargnoit des frais qu'il eût fallu faire par une demande libellée, & par la pourſuite en juſtice qu'il eût fallu faire; qu'il étoit fondé ſur la bonne foi d'une ſentence paſſée par une perſonne qui l'avoit pu paſſer; que cette ſentence étoit comme une nouvelle obligation, ou un nouveau contrat, par lequel il ſtipuloit les intérêts; que *in judicio quaſi contrahimus, &c.* » (Deſmaiſons, *lettre* I, *chap.* 3, *pag.* 239 & 240.)

ARRÊT du parlement de Paris, du 21 juillet 1665. . . . *Eſpece.* Un héritier teſtamentaire actionne le détenteur d'un héritage dépendant de la succession, qui oppose pour titre de sa possession, une donation entre-vifs du défunt testateur. Inscription de faux par l'héritier contre cet acte ; apport de la minute au greffe. Transaction, désistement de l'héritier qui consent que la donation soit exécutée. Dix-neuf ans après, un autre héritier du même testateur, attaque le même donataire, qui oppose le même titre dont on demande la représentation, qui ne peut plus être faite ; cette piece ne se trouvant plus dans les minutes du notaire qui l'avoit retirée du greffe. Le donataire soutient à cet égard, que la minute ayant été une fois représentée au greffe, ensuite de l'inscription de faux d'un héritier qui y avoit autant d'intérêt que celui qui l'actionnoit à présent, les parties étoient dans le cas de la *loi 21, C. de fid. instr.*, par laquelle la foi d'un acte représenté une premiere fois en jugement, ne peut plus être révoquée en doute, de maniere qu'on n'en peut plus demander une seconde représentation : *Si enim causa jam plenissimam finem accepit; & neque per appellationem suspensa est, neque per solam retractationem adhuc lis vivere speratur : tunc satis durum est hujusmodi querelæ indulgeri, ne* IN INFINITUM *causæ retractentur, &* SOPITA *jam negotia, per hujusmodi viam,* ITERUM APERIANTUR. L'héritier répondoit que le désistement de l'inscription de faux n'ayant été obtenu que par le paiement d'une somme de 2000 livres, annonçoit que le donataire avoit acheté le silence de l'héritier, dans la crainte que la fausseté de son titre ne fût reconnue & vérifiée. On ne pouvoit d'ailleurs opposer des procédures faites avec un tiers : *Res inter alios actæ, aliis præjudicare non possunt.* Le long intervalle qui s'étoit écoulé étoit indifférent pour la cause du donataire prétendu, parce qu'on ne peut établir une possession utile sur un titre vicieux & faux; *meliùs est non habere titulum, quam habere vitiosum.* Sentence étant intervenue, qui sans avoir égard aux fins de non-recevoir du donataire, ordonnoit, qu'il rapporteroit le titre de sa donation, à défaut de quoi il demeureroit déchu de son effet ; la cour l'infirma conformément aux conclusions de l'avocat général Bignon, & mit les parties hors de cour. Le donataire justifioit d'un procès-verbal, par lequel le notaire qui avoit reçu l'acte soupçonné de faux, avoit établi, qu'un jour à son retour de la campagne, il avoit trouvé la fenêtre de son étude enfoncée, ses minutes partie éparses sur le plancher, partie brûlées ; & que la donation, suspecte étoit du nombre de ces dernieres. L'héritier repliquoit, « que ce prétendu incendie étoit une piece faite à plaisir, & pour se mettre à couvert, par le notaire, d'une nouvelle recherche touchant ladite minute, pour la passation de laquelle on prétendoit qu'il avoit reçu 800 liv. Il en étoit demeuré aux termes d'une simple plainte sur le fait du bris de sa fenêtre, & s'étoit contenté d'un procès-verbal fait par le juge, sans faire aucune information ni procédure, contre le prétendu auteur de cette violence, commise en sa maison pendant son absence. » (Soefve, *tom. 2, centur. 3, chap. 58, pag. 290 & 291.*)

ARRÊT du parlement de Paris, du 10 mai 1690, qui, par grace spéciale, permet à une partie condamnée à faire un acte au greffe de la cour, de le faire au greffe de la justice de Nevers, lieu du domicile des parties ; afin d'éviter les frais & la peine d'un voyage de soixante lieues. (*Journal des audiences, tom. 4, liv. 5, chap. 15, pag. 277.*)

ARRÊT du parlement de Paris, du 21 février 1695, qui décide qu'on n'est pas obligé de rapporter une demande d'intérêts, visée dans une sentence du 15 novembre 1665, *parce que les énonciations prouvent dans les choses anciennes.* (Maillart, *sur l'art. 86 de la coutume d'Artois, pag. 638, colon. 2.*)

ARRÊT du parlement de Bordeaux,

de l'année 1709, qui réforme une sentence du sénéchal de Limoges, *sur ce fondement que Desons de St. Junien, ayant fait une déclaration dans la chambre du conseil de Limoges, & ne l'ayant pas signée, cette déclaration étoit nulle.* (Lapeyrere, *lettre* I, *n°.* 56, *pag.* 190 *de l'édit. de* 1749.)

Arrêt du parlement de Paris, du 7 septembre 1740, qui permet l'inscription de faux contre la minute d'un arrêt. On n'eut point égard à ces moyens, qui sembloient sans doute bien spécieux. « L'inscription de faux est formée contre la minute d'un arrêt de la cour ; mais cette minute n'est pas un titre qui soit du fait du comte de Vauldrey, ni de ses auteurs ; c'est l'ouvrage même de la cour, c'est un oracle de sa justice qui réside dans le dépôt le plus sacré : est-il permis d'en ébranler la foi & l'autorité ? »

« Les arrêts sont délibérés dans le secret le plus profond ; ils sont rédigés sous les yeux du chef de la compagnie & du rapporteur ; l'un & l'autre les signent ; & ils ne sortent de leurs mains que par le dépôt qu'ils en font dans des archives confiées à des ministres, dont en quelque maniere le tribunal même est garant. C'est de ce trésor que chaque particulier voit sortir les loix inviolables qui fixent son état & sa fortune. »

« Former une inscription de faux contre les monumens respectables que renferme le dépôt du greffe, c'est attaquer la foi qui est due à la justice même, & à ses oracles ; c'est faire de l'asyle de la vérité, le séjour de l'imposture & du mensonge. Qu'y auroit-il donc de sacré, si une autorité si respectable n'est point à l'abri de l'insulte que renferme un soupçon si odieux ? » (*Œuvres de* Cochin, *tom.* 5, *pag.* 125.)

Arrêt du parlement d'Aix, tenant la chambre souveraine des Eaux & Forêts, du 12 décembre 1749, qui dans une affaire entre la communauté de Tans & son seigneur, juge qu'il suffit dans une poursuite en reprise d'instance, de prouver que la partie adverse a eu copie des pieces principales, pour qu'on ne soit pas obligé de rapporter l'original de ces pieces. Voyez *Archives, Arrêt, Caution, Collation, Communication, Enonciation, Exhibition, Extrait, Faux, Greffe, Inscription, Instance, Juge, Jugement, Jurisdiction ecclésiastique, Officialité, Original, Pétitoire, Possessoire, Preuve, Reprise, Réserves, Sentence, &c.*

Actes communs.

9. Personne n'a mieux traité que M. Salvaing de Boissieu, la question importante, de savoir si *les actes, une fois produits en justice, deviennent parfaitement communs aux deux parties;* de maniere que celui qui les a communiqués soit forcé de les adopter, même dans les clauses qui peuvent être contraires à ses vues & à ses intérêts. Comme cette matiere est essentielle & revient tous les jours dans la pratique des tribunaux, nous ne retrancherons rien des détails de la discussion de ce savant magistrat, parce qu'ils sont aussi bien rédigés, qu'ils sont importants.

« Il faut tenir pour maxime constante & indubitable, que toutes les fois que quelqu'un produit un acte en justice, qu'il emploie pour fondement de son intention, ou qu'il en demande l'exécution ; si par cet acte il est obligé à accomplir de sa part quelque chose, alors il ne peut se défendre d'exécuter ce qu'il a promis ; bien qu'autrement il eût pu s'en garantir par la force de la prescription. Car, comme les conventions réciproques sont corrélatives, & dépendent mutuellement l'une de l'autre ; il s'ensuit de là, que demandant l'exécution d'un acte, vous ouvrez en même temps à votre partie la voie à en demander aussi l'exécution ; & par ce moyen vous vous départez de toutes prescriptions que vous pourriez avoir acquises contre lui. Et comme il est constant que, dès qu'un acte a été produit en justice, il devient commun aux deux parties; il ne le seroit point en effet, si celui contre lequel il est employé, ne s'en pouvoit pas servir, s'en trouvant empêché par la prescription dont le demandeur lui opposeroit; comme il est remarqué en la glose de la loi premiere, § *editiones. D. de edendo*, sur laquelle Jason a formé quatre conclusions qui servent au sujet que nous traitons, & qu'il fortifie par le sentiment de plusieurs docteurs qu'il allegue. »

« La premiere est que d'abord qu'un acte est produit en jugement, il devient commun aux deux parties. La seconde, qu'incontinent qu'une personne a produit un acte, il est censé l'approuver, tant pour les choses qu'il contient pour lui, que pour les choses qu'il contient contre lui. La troisieme est que celui qui emploie un acte, semble tomber d'accord de la vérité de toutes les choses qu'il contient; en sorte qu'il ne le peut contredire en aucun chef, non plus que celui qui a produit un témoin pour déposer sur la vérité du fait qu'il a avancé, n'est point recevable à donner des reproches contre ce témoin, s'il venoit à être oui contre lui, quand même ce seroit en une autre instance. La derniere conclusion, que Bartole & Salicet, écrivant sur la glose du § *editiones*, ont dit mériter une remarque toute particuliere, est que bien que celui qui a produit l'acte, dise ou fasse dire par son procureur, qu'il ne l'emploie & n'entend s'en servir qu'au chef où il lui est favorable, & nullement au chef où sa partie pourroit trouver de l'avantage contre lui; cela n'empêche point qu'il ne faille s'arrêter à l'acte tout entier, la protestation étant absolument inutile: & le juge conserve à l'adversaire le droit que le titre lui donne contre celui qui l'a produit. Toutes lesquelles conclusions seroient fausses, si celui contre lequel on emploie un acte en justice, avoit la bouche fermée par la prescription, à ne pouvoir demander contre sa partie l'exécution de ce à quoi l'oblige ce même acte, duquel on peut dire, à juste raison, que c'est son propre titre, pour parler avec Dumoulin au conseil sus allégué, (*Consil. 20, n°. 14*,) puisqu'il l'emploie en jugement, qu'il s'en sert & qu'il en demande l'exécution. » (*Usage des fiefs par* M. Salvaing de Boissieu, *tom. 2, pag. 201 & 202 de l'édit. de 1731, in-fol.*)

Les anciens rédacteurs de la coutume de Toulouse, qui connoissoient bien la loi romaine & ses interprêtes, (*Jason, Bartole & Salicet*), voulurent bien adopter ses principes sur la nécessité de la communication des actes produits en justice; mais ils la rendirent en quelque maniere inutile, en ordonnant que la partie qui la demanderoit fût tenue de proposer, *sur le champ*, les inductions qu'il prétendoit en tirer en sa faveur. Quelles qu'aient été leurs idées; les jurisconsultes modernes de cette ville toujours justement célébrée dans les annales de Thémis, ne les adopteroient pas sans doute aujourd'hui. Voyons d'abord l'ancien texte, & rapprochons-le ensuite de la jurisprudence suivie à Toulouse, qui paroît dirigée sur des principes tout-à-fait différens.

Usus & consuetudo est Tolosæ quòd si aliquis exhibeat in judicio instrumentum publicum ad probantum intentionem, seu illo utatur contra aliquem in judicio: & pars altera petat illud sibi tradi & ex toto sibi exhiberi; debet totum instrumentum tradi & exhiberi parti alteri totaliter, scilicet illi parti contra quam illud producitur instrumentum, ut cum illo instrumento seorsum in curia deliberet, & possit deliberare. Et ibidem pars illa cui traditum est instrumentum prædictum, habita deliberatione super illo, illico reddere & restituere illud instrumentum alteri parti, quemadmodum sibi traditum fuit ab eodem. Quo facto pars prædicta tenetur respondere prædicto instrumento INCONTINENTI *illud concedendo vel negando, si à parte altera fuerit in judicio requisitum.* (*Consuetudines Tolosæ editæ* à J. de Casa Veteri *Rubr. de edendo, fol. 9, verso.*)

ARRÊT du parlement de Toulouse, du 11 juillet 1732, qui ordonne que les habitans de Saint-Lury « pourront avoir vision par eux & leur conseil, *pendant huitaine*, d'un registre de reconnoissances, pour, après ladite vision, pouvoir prendre des extraits des reconnoissances particulieres qu'ils indiqueront par an & jour, & non des emphytéotes. » Cette ordonnance est fondée sur cette jurisprudence connue, que les actes sont communs entre le seigneur & les emphytéotes ; c'est-à-dire, à proprement parler, que les archives du seigneur, pour ce qui concerne ses droits seigneuriaux envers les emphytéotes, sont comme les archives de ceux-ci. (*Journal de* M. de Juin, *tom. 5, pag. 283*.... Nous connoissons un ARRÊT plus moderne de la même cour, & fameux dans son ressort, qui condamna M. de Grimaldi, évêque de Rodez, à ouvrir ses archives placées dans son château de Salles-Curan, ainsi que celles de son palais épiscopal, au sieur Grailhe son emphytéote ; & commit, pour compulser tous les titres que celui-ci indiqueroit, M. Mascart, conseiller référendaire, près la chancellerie de la cour. Voyez *Archives*, *Communication*, *Compulsoire*, *Emphytéote*, *Exhibition*, *Prescription*, *Production*, *Reconnoissance*, *Terrier*, *Titre*, *&c.*

Mornac fait sur l'objet de cette division des remarques curieuses & intéressantes. Il dit qu'on ne communique jamais rien à la chambre des comptes, que celui qui demande la communication, ne s'assujettisse à ne jamais user contre sa majesté des titres dont on lui donne copie ; mais il observe que les bons juges ont peu d'égard à cette condition fiscale ; & condamnent le domaine, si les titres qu'on a compulsés au trésor, sont favorables à celui qui en a retiré des extraits. Il s'écrie à ce sujet, que le roi de France est le seul de l'univers qui permette de plaider contre lui ou son procureur général ; & que c'est pour cette raison que l'empreinte du sceau royal nous représente le monarque assis, portant en main le sceptre & la main de justice, tandis que les autres souverains décorent toujours leur effigie d'un appareil militaire. *Quamvis enim fiat numquam instrumenti ullius copia à ratiociniorum regiorum magistris, nempe ut loquimur, camera computorum*, NISI HAC SEMPER CONDITIONE, UT QUI PETIT NUNQUAM UTATUR INSTRUMENTO EX SCRIPTO ADVERSUS PRINCIPEM: *tamen si res ferat seu in lite jam cœptâ, seu non*, FISCALI HUIC PROTESTATIONI DEROGANT SEMPER BONI JUDICES, *feruntque adversùs fiscum sententiam, ex editione quæ ab eo ipso facta est, si condemnationi ex illâ sit locus. Et sanè id optimâ ratione :* PUBLICUM *enim ratiociniorum regiorum decuriæ archivum.... Solus enim ferè rex Gallorum, patitur sese in juri dicundo committi cum subditis. Hinc sedens illius imago sceptrigera in omnibus rescriptorum, senatusque consultorum sigillis cereis; cùm alii principes equestri, armatâque semper effigie exhiberi soleant.* (Mornacius, *tom. 3, pag. 263.*) Voyez ci-après la division *Dépôts publics*, & les mots *Effigie*, *Empreinte*, *Main de justice*, *Roi*, *Sceau*, *Sceptre*, *&c.*

Actes extrajudiciaires.

10. On donne ordinairement & *spécialement* le nom d'actes *extrajudiciaires* aux actes interpellatifs, faits par les huissiers ou sergens. C'est sous les mots *Extrajudiciaire*, *Huissier*, *Hypotheque*, *Incompétence*, *Interpellation*, *Prescription*, *Sergent*, *Sommation*, *&c.* que nous rendrons compte de leurs formalités & de leurs effets.

Dans un sens plus étendu, un acte extrajudiciaire est tout acte public, autre que celui qui dépend du ministere du juge siégeant dans son tribunal, du juge prononçant dans la jurisdiction contentieuse.

Ainsi, sous quelques rapports, on peut appeller actes extrajudiciaires, ceux qui sont faits hors jugement, & ceux qui tiennent à la jurisdiction gracieuse & volontaire, des évêques, & autres supérieurs ecclésiastiques. Voyez *Approbation*, *Attestation*, *Démissoire*, *Exeat*, *Lettres d'ordre*, *&c.* Les actes des notaires & autres personnes revêtues d'un caractere public, sont aussi du nombre des actes extrajudiciaires. Nous allons en donner une légere idée.

Actes des notaires.

11. A Rome, les actes des tabellions étoient sujets à vérification, puisque la *Novelle 72* prescrit la forme qu'on doit pratiquer à cet égard. En France, nous en usons autrement, & les actes des notaires font pleine foi entre toute sorte de personnes. Ils ont, comme disent nos praticiens & jurisconsultes anciens, *per se probationem probatam* : il est vrai qu'il y va de la vie de l'officier qui, au préjudice de son serment, & de la confiance publique, commet des faussetés : ce sont entr'autres les dispositions de l'ordonnance de François premier, *de 1531*.

Un autre privilege qu'ont les actes reçus par des notaires, c'est qu'ils portent hypotheque; mais il faut pour cela plusieurs conditions. Il faut que ces notaires aient qualité pour instrumenter; il faut qu'ils signent leurs actes; il faut que les actes ne soient point en brevet, & en feuilles volantes, mais qu'il en reste minute; il faut enfin qu'ils soient revêtus de toutes les formes prescrites par les ordonnances de nos rois, & les arrêts de réglement des cours souveraines.

Le siege de cette vaste matiere est au mot *Notaires* ; nous nous contenterons donc ici de rappeller quelques arrêts des plus importants, & de faire quelques observations essentielles.

ARRÊT du parlement de Grenoble, du 22 décembre 1522, qui juge que les actes qui paroissent reçus par deux notaires sont nuls, s'ils ne se trouvent signés que par l'un d'eux. (Basset, *tom. 1, liv. 2, tit. 14, chap. 1.*)

ARRÊT du parlement de Paris, du . . . . . 1579, « qui ordonne que les actes pardevant notaires seront signés des parties. Cet arrêt est conforme à l'art. 84 de l'ordonnance d'Orléans de 1560. » (*Abr. chronol.* du président Henault, *ann. 1579.*)

ARRÊT du parlement de Grenoble, du 6 avril 1586, qui juge que les actes doivent être signés par les parties, lorsqu'elles savent signer, à peine de nullité. (Basset, *ibid.*). . . L'*Ordonnance de Blois, art. 165 & 166*, veut que les notaires fassent signer les parties qui savent signer, *& en fassent mention, tant en la minute, qu'en la grosse qu'ils leur délivreront ; à peine de nullité* : elle veut que lorsque les parties ne sauront pas signer, ils fassent *mention de la requisition par eux faite aux parties de signer, & de leur réponse.* Elle veut également que des deux témoins présens à l'acte, il y en ait un au moins qui le signe.

ARRÊT du parlement d'Aix, du 24 octobre 1639, qui enjoint aux notaires de faire signer les parties, & les témoins; de les interpeller de signer; & de déclarer la cause, pour laquelle ils n'ont pu le faire. (Boniface, *tom. 1, liv. 1, tit. 20, n°. 3, pag. 72.*)

ARRÊT du parlement de Grenoble, du . . . . . « Les seigneurs de Berne en Suisse mirent en décret les biens de Pierre Perrier & consorts, du bailliage de Gex, qui s'y opposerent comme tiers : il y eut réglement de bailler leurs moyens d'opposition. Au lieu d'y satisfaire, ils firent incident ; entr'autres choses, sur ce que les seigneurs de Berne n'avoient produit qu'extrait d'extrait de l'obligation, & qu'ils avoient dû produire l'extrait original, où il y pouvoit avoir des paiemens

paiemens endossés; que cela regardoit les tiers & non les débiteurs. Au contraire, on soutenoit que cet extrait étoit de main publique, fait avant le décret commencé dans un temps innocent, qu'il avoit été produit contre le débiteur principal qui ne l'avoit contredit. » La cour condamne les seigneurs de Berne à produire l'extrait original. (Basset, *tom.* 2, *liv.* 2, *tit.* 12, *chap.* 2, *pag.* 107.)

Arrêt du parlement de Paris, du 3 décembre 1643, qui confirme un testament, sans s'arrêter à la déclaration du notaire, qui avoit expliqué, dans un interrogatoire qu'il avoit subi, que le testament étoit fait en partie lorsqu'il arriva dans la chambre du testateur. Quand une fois les actes ont reçu le caractere & l'impression de l'autorité publique, ils ne dépendent plus des notaires qui les ont reçus, qui ne peuvent plus par conséquent les détruire en affoiblissant la foi, qu'on doit y ajouter d'après le vœu de la loi. Sans ces regles, la fortune des particuliers dépendroit dans tous les temps d'un notaire intéressé ou ennemi.

Arrêt du parlement de Paris, du 21 mars 1659, en forme de réglement, qui fait défense aux notaires de déchirer aucun acte, même du consentement des parties. (Desmaisons, *lettre* N, *chap.* 5, *pag.* 410.)

Arrêt du parlement de Paris, du 14 mars 1663, qui fait défenses aux notaires de délivrer aux parties les minutes des procurations *ad resignandum*, & aux banquiers, de les envoyer en cour de Rome, conformément à la déclaration de 1646.

Arrêt du parlement de Paris, du 6 avril 1685, qui décide que le second notaire peut signer un acte vingt & cinq ans après sa date, sans que la preuve qu'il n'étoit pas présent à sa passation, soit admissible. (Maillart, *coutume d'Artois*, *pag.* 638.)

Acte de notoriété de MM. les gens du roi du parlement d'Aix. « Attestons que suivant l'usage inviolablement observé dans ce parlement, les contre-lettres, ou déclarations volantes, secrettes ou clandestines, qui ne sont point couchées & insinuées dans les registres des notaires, quoique reçues par iceux, n'ont leur effet & leur date que du jour de l'enrégistrement à l'égard des tiers, & n'ont hypotheque que du jour qu'elles ont été enrégistrées. ».... Il est certain que l'usage des registres sert à prévenir un grand nombre d'abus : aussi, il n'y a que les notaires de quelques villes principales du royaume, dont les lumieres & la probité garantissent l'exactitude, qui soient autorisés à recevoir les actes sur des feuilles volantes.

Arrêt du parlement d'Aix, du 9 mars 1700, qui préjuge qu'un acte inséré dans les registres d'un notaire qui ne l'a point signé, ne porte point hypotheque. La cour confirme une sentence arbitrale, qui en déclarant valable l'obligation contractée par cet acte, avoit renvoyé les parties à contester plus amplement sur l'effet de l'hypotheque dans une instance de bénéfice d'inventaire. On cita divers Arrêts de réglement de la cour, des 19 juin 1624, & 19 octobre 1666, par lesquels injonction fut faite aux notaires de signer, tant les contrats que testamens, à peine de nullité des contrats ; & un Arrêt plus récent, du 30 avril 1689, qui n'avoit point eu d'égard à un acte inséré dans le registre d'un notaire, parce qu'il ne l'avoit point signé. (Debezieux & Eiriés, *liv.* 8, *chap.* 1, § 1, *pag.* 577 *& suiv.*)

Acte de notoriété du châtelet, du 24 avril 1703. Une promesse sous seing privé de passer un contrat de constitution ne donne point d'hypotheque ; mais si au pied de la promesse le débiteur reconnoît ensuite sa signature pardevant notaire, le créancier acquiert une hypotheque du jour de la date de la reconnoissance, quoique l'acte n'ait point été déposé chez le notaire qui l'a reçu, & qu'il n'y ait point de grosse.

La raison est, que l'expédition en forme n'est nécessaire que pour rendre l'acte exécutoire, & que c'est la certitude de la date qui assure l'hypotheque : de maniere que le créancier qui garde l'acte, conserve son hypotheque, & que lorsqu'il veut le mettre à exécution, il le dépose chez le notaire pour minute, & en leve la grosse.

Arrêt du parlement d'Aix, du 15 mars 1713, contraire au précédent. (*Ibid.* § 2, *pag.* 580.) Les arrêtistes disent que la cour se décida « apparemment par ce motif, que l'acte dont il étoit question étoit dans un registre qui en contenoit une infinité d'autres que le notaire n'avoit pas signés ; ce qui auroit donné lieu à une infinité de procès, & auroit troublé le repos de plusieurs familles : & par cette autre considération, que l'extrait de l'acte dont il étoit question, qui avoit été expédié aux parties, étoit signé du notaire qui l'avoit reçu. » Quoiqu'il en soit de ces motifs d'équité, le conseil du roi jugea que les regles devoient l'emporter sur toute espece de considérations, & après avoir d'abord cassé l'arrêt du parlement d'Aix, débouta, le 13 mars 1717, de l'opposition formée à la cassation.

Arrêt de réglement du parlement de Bordeaux, du 20 août 1716, qui fait inhibitions & défenses à tous les notaires du ressort, de passer aucuns actes sans connoître les parties, ou sans les faire attester par deux témoins qui les connoissent ; & ordonne que cela sera référé dans l'acte & signé des témoins attestans. On cita l'art. 66 de l'ordonnance de 1629, qui enjoint aux notaires de prendre cette précaution. (Lapeyrere, *lettre* N, *n°.* 40, *pag.* 272.)

Arrêt du parlement de Toulouse, du 28 février 1730, qui fait défenses aux notaires de son ressort, de retenir les actes en cedes volantes, ni de les délivrer en original aux parties, *autres toutefois que les procurations ;* à peine de mille livres d'amende, de suspension de leurs charges, & de répondre aux parties de tout principal, dommages & intérêts : ordonne que, par le premier magistrat royal requis, il sera enquis des contraventions. (*Recueil judiciaire, tom.* 1, *pag.* 274.)

Arrêt du parlement de Toulouse, du 6 juin 1732, qui juge entr'autres choses, qu'on ne se préjudicie point en signant comme témoin un acte qu'on n'a pu empêcher. (*Journal de* M. de Juin, *tom.* 5, *pag.* 264.)

Arrêt du parlement de Toulouse, du ... août 1732, qui juge qu'un acte de vente non signé du notaire, ni des parties qui n'avoient pas su signer, étoit nul. L'acquéreur fut en conséquence forcé de délaisser l'objet acquis, quoiqu'il en fût en possession depuis très-long-temps. (*Journal de* M. de Juin, *tom.* 5, *art.* 194, *pag.* 330.)... *Non aliter vires habere sancimus contractus quos in scriptis fieri placuit, nisi instrumenta in mundum recepta, subscriptionibusque partium confirmata, etsi per tabellionem conscribantur, etiam ab ipso completa, & postremò à partibus absoluta sint, l.* 7, *C. de fide instrument.*

Arrêt du parlement de Paris, du 5 août 1749, qui semble préjuger que les loix relatives à la signature des notaires, des parties & des témoins pour la validité des *actes*, ne s'appliquent point aux quittances, pour la validité desquelles la signature du créancier suffit. La cour a, en effet, jugé valable une quittance de trente mille livres donnée devant Laideguive, notaire à Paris, par le sieur Perseval de la Brosse, qui l'avoit signée seul. Le sieur le Gras qui paroissoit avoir payé les trente mille livres en présence des notaires, & le notaire en second ne l'avoient point signée. Le créancier, qui soutenoit n'avoir rien reçu, s'étant pourvu en cassation, & ayant invoqué l'art. 165 de l'ordonnance de Blois, sa requête fut d'abord admise, mais il fut ensuite débouté de sa demande par ARRÊT du 21 juillet 1752. (Denisart, *au mot* Acte, n°. 14.)

ARRÊT du parlement de Paris, du 15 mars 1752, en faveur des notaires d'Angers, qui enjoint à tous notaires d'insérer le lieu de leur résidence dans leurs actes. . . . Les notaires doivent aussi faire mention dans leurs actes de la demeure des parties : ce sont les dispositions de l'*art.* 67 de l'ordonnance de 1539, & de l'*art.* 167 de celle de Blois. Celle-ci leur enjoint d'insérer dans les actes *la qualité, demeurance & paroisse des parties & des témoins y dénommés, la maison où ils seront passés, & parcillement le temps devant ou après midi qu'ils auront été faits.*

ARRÊT du parlement de Paris, du 7 août 1761, qui prononce l'exécution des ordonnances, arrêts & réglemens de la cour; & fait défenses à tous notaires de recevoir aucuns actes, s'ils ne connoissent les personnes contractantes, ou qu'elles leur soient certifiées & témoignées être celles qui contractent, à peine de privation de leurs offices, impression, publication & affiches.

ARRÊT du conseil souverain d'Alsace, du 2 décembre 1767, qui fait défenses à toutes personnes non provisionnées par les seigneurs pour le tabellionné, de recevoir & passer aucuns actes de la jurisdiction volontaire, à peine de punition. Le procureur général avoit remontré que de simples praticiens, commis par les juges des lieux pour tenir le plumitif dans la partie contentieuse, s'ingéroient de passer des actes de la jurisdiction volontaire, même des actes de derniere volonté : que leur procédé étoit d'autant plus répréhensible, que, par leur défaut de caractere, ils abusoient de la confiance du public, & donnoient lieu à des contestations qui devenoient plus fréquentes de jour en jour : qu'il importoit de réprimer ces abus, & de procurer aux citoyens l'avantage de pouvoir contracter efficacement & valablement. (*Recueil de* M. de Boug, *tom.* 2, *pag.* 771.)

ARRÊT du parlement de Paris, du 8 juillet 1780, qui décide que les notaires des seigneurs peuvent, dans l'étendue de leur territoire, instrumenter entre toutes sortes de personnes & pour toutes sortes de biens. Voilà un préjugé remarquable sur une question long-temps controversée, & qui offroit bien des décisions contradictoires. Nous y reviendrons, ainsi que sur la plupart des autres objets traités rapidement dans cette division, sous les mots *Attestation, Brevet, Cede, Cédule, Certification, Contre-lettre, Date, Domicile, Jour, Lieu, Minute, Notaire, Obligation, Procuration, Protocole, Registre, Signature, Témoin.*

Défaut de pouvoir dans les officiers.

12. Les actes faits par un juge, un official, un notaire, un huissier, qui n'avoient pas le droit de les faire, sont-ils nuls? L'affirmative seroit une suite de la maxime, qu'il n'y a pas de plus grand défaut que le défaut de pouvoir, *nullus major defectus quam defectus potestatis* : cependant la négative s'infere de plusieurs autres axiomes fondés sur l'intérêt public. Qui ne connoît la fameuse loi *Barbarius Philippus?* Cet esclave fugitif fut élevé à Rome à la dignité de préteur, & l'y exerça pendant long-temps sans qu'on reconnût son incapacité. On demanda si les actes qu'il avoit faits pendant qu'il avoit joui de la magistrature, devoient être annullés? Il fut décidé qu'ils seroient maintenus par rapport à l'intérêt de ceux qu'ils concernoient, & qui avoient cru de bonne foi qu'ils n'avoient rien à craindre en reconnoissant son autorité. *Barbarius Philippus cùm servus fugitivus esset, Romæ præturam petiit, & prætor designatus est. Quamdiù latuit, & dignitate prætoriâ functus est, puto nihil eorum reprobari quæ edixit & quæ decrevit; atque id propter utilitatem eorum qui*

apud eum EGERUNT *vel lege, vel quo alio jure : hoc enim humanius est. l. 3, D. de offic. prætoris.*

L'empereur Antonin déclara valable le jugement arbitral d'un esclave : *Si arbiter datus à magistratibus, cùm sententiam dixit, in libertate morabatur, quamvis posteà in servitutem depulsus sit, sententia tamen ab eo dicta habet rei judicatæ autoritatem. l. 2, C. de sent. & interlocut. omn. judicum.*

« C'est l'utilité commune & la considération du bien & du repos des particuliers qui donnent vigueur & efficace aux *actes* qui n'en ont point de soi-même. » (Puymisson, *plaid.* 12, *pag.* 278.)

ARRÊT du parlement de Toulouse, du 15 mai 1608, qui prononce qu'il n'y a abus dans les procédures faites par un official, ensuite de la vérification faite « par les certificatoires qu'on a produits; qu'il n'y a eu depuis trente-cinq ans autre official que lui; & qu'il a fait continuellement les *actes* qui dépendoient de cette fonction, tenu des audiences, rapporté des procès, exécuté des rescrits apostoliques; & en somme que tout a passé par ses mains. (*Ibid. pag.* 273.)

ARRÊT du parlement de Paris, du 14 octobre 1593, qui juge « que les *actes* reçus par un commis au tabellionnage, qui avoit exercé quelques années sans avoir prêté le serment à justice, étoient valables; les parties ne pouvant pas deviner si tels commis avoient prêté le serment ou non, fondé *sur l'erreur commune*, suivant la loi *Barbarius Philippus*, &c. » Brodeau rapporte deux ARRÊTS conformes, du 3 décembre 1604 & du 30 juin 1608, par lesquels on a confirmé des actes passés par des commis de tabellions, que l'on soutenoit ne pouvoir les recevoir. (Louet & Brodeau, *lettre* T, *som.* 11, *pag.* 777 & 779.)

ARRÊTS du parlement de Paris, du 30 avril 1717 & 10 février 1720, qui ordonnent que des conseillers-clercs opteront entre leur office de conseiller & la qualité d'officiaux. Denisart, *tom.* 3, *pag.* 388, observe, « aucun de ces arrêts n'a cependant déclaré nulles les procédures de ces officiaux sur le fondement de cette incompatibilité. Ils ont seulement ordonné que les officiers seroient tenus d'opter, conformément à l'*art.* 269 de l'ordonnance de Blois. »

ARRÊT de réglement du parlement de Paris, du 2 juillet 1708, qui fait défenses à tous notaires de se servir, dans les contrats & testamens qu'ils recevront, de témoins qui seroient leurs clercs, ni au-dessous de l'âge de vingt ans accomplis; mais, comme il y avoit auparavant un usage contraire à Blois, la cour ajouta : *Sans préjudice néanmoins de la validité des contrats &* ACTES *qui se trouveront avoir été passés, & des testamens de ceux qui se trouveront être décédés avant la publication du présent arrêt.* Voyez *Abrogation, tom.* 1, *pag.* 175 & 176, & ci-après *Contrat, Erreur, Fonction, Huissier, Incapacité, Incompatibilité, Incompétence, Interdiction, Juge, Jurisdiction, Notaire, Nullité, Official, Pouvoir, Qualité, Testament, &c.*

Dépôts publics.

13. L'usage des dépôts publics, où l'on peut conserver avec sûreté les actes importans, est très-ancien. Suetone, qui a tant de détails précieux, le fait remonter à l'époque du consulat de César avec Bibulus. *Primus omnium instituit, ut tam senatus, quam populi diurna acta conficerentur & publicarentur.* Nous apprenons à la vérité du même auteur, qu'Auguste défendit la publication de ces actes, *ne acta senatus publicarentur*; mais ce qui prouve qu'on ne cessa pas de les conserver, si on cessa de les publier, c'est ce passage de Spartien dans la vie de l'empereur Adrien. Il dit que cet empereur après avoir rempli les fonctions de questeur, exerça celles

de gardien des actes du sénat: *Post quæsturam, acta senatus curavit.* (Suetonius, *in Cæsare, cap.* 20, & *in Augusto, cap.* 36.... Spartianus, *in Adriano, cap.* 8.)

ARRÊT du parlement de Grenoble, du 7 septembre 1666, qui juge que les extraits sur extraits non signés, qui sont dans la chambre des comptes, *sont de foi probatoire.* « Le mouvement fut que les registres ou actes qui sont dans cette chambre, qui est comme le trésor & le lieu du sacré dépôt des plus précieux titres de la province, doivent être considérés & censés authentiques, & de foi probatoire; joint à ce que leur antiquité les rend fort recommandables; & finalement autrefois, dans ce temps ancien, on ne signoit pas les instrumens, les contrats, ni aucuns autres actes. *Animis plus quàm annulis credebatur, ut apud Senecam alicubi.* » (Basset, *tom.* 2, *liv.* 2, *tit.* 12, *chap.* 2, *pag.* 108.) Voyez ci-dessus, *n°.* 6, le passage entier de Seneque, & ci-après la division *Actes anciens*, & les mots *Annales*, *Archives*, *Chambre des comptes*, *Charte*, *Chancelier*, *Dépôt*, *Diplôme*, *Sceau*, *Trésor*, *Titre*, *&c.*

Établissement Nouveau.

14. ARRÊT du conseil, du 21 juin 1782, concernant le dépôt général des matricules du royaume, « Le roi s'étant fait rendre compte..... d'un projet présenté par le sieur *Thoumin*, tendant à obtenir la permission de former des tables alphabétiques des noms des notaires actuels du royaume, des noms de leurs prédécesseurs, & des années de leurs exercices, d'en établir le dépôt à Paris, & des bureaux de correspondance dans les provinces; d'établir à Paris un dépôt général des matricules de tous les notaires du royaume, & dans les provinces, des bureaux de correspondance; le tout *à l'effet de faciliter la recherche des actes anciens*: sa majesté auroit reconnu que l'exécution de ce projet pourroit être avantageuse, en ce que le dépôt qu'il a pour but d'établir, pourroit abréger de beaucoup des recherches pénibles, dispendieuses & souvent inutiles, en indiquant les détempteurs des anciennes minutes, & qu'il pourroit même en résulter pour ceux-ci un motif de les conserver plus soigneusement, par l'espoir du plus grand profit qu'ils pourront en tirer, du moment où ils seront connus;... LE ROI a permis... au sieur *Thoumin*... d'établir à Paris un dépôt de tables alphabétiques des noms des notaires actuels du royaume, des noms de leurs prédécesseurs & des années de leurs exercices, dans lesquelles tables ne seront toutefois compris les noms des notaires au châtelet de Paris, attendu l'ordre qui regne dans leurs minutes, & la facilité d'en faire la recherche; d'établir à Paris un dépôt général des matricules des notaires du royaume; comme aussi d'établir dans chaque province, des bureaux de correspondance, relatifs à ce même objet seulement; & ce, pendant... trente années..., pendant lesquelles il jouira seul & exclusivement, de ladite faculté; l'autorise... à recevoir la somme de trois livres pour son droit de recherche, toutes les fois seulement qu'il indiquera *le détempteur de l'acte recherché*, *&c. &c....* Un tel établissement paroît présenter de grands avantages, & peut prévenir beaucoup d'inconvéniens. Voyez *Dépôt*, *Notaire*, *&c.*

Actes sous signature privée.

15. On entend par actes privés ceux qui sont passés entre les différens citoyens, sans l'interposition d'aucune personne publique.

La forme de ces actes dépend de la volonté des parties: il y a cependant quelques regles établies pour obvier aux surprises & prévenir les fraudes.

Les ordonnances & les réglemens ne permettent pas d'abord de rédiger certains actes sous signature privée, & ces prohibitions portent entr'autres sur les actes renfermant donation, sur les baux, les échanges & les ventes des biens ecclésiastiques.

Ces mêmes ordonnances & réglemens veulent que les ventes d'immeubles sous signature privée, soient insinuées dans les trois mois, sous la peine du triple des droits royaux. Elles veulent encore qu'on ne puisse faire usage en justice d'aucun acte privé sans l'avoir auparavant fait contrôler.

L'art. 4 de la déclaration du 20 mars 1708, défend à tous curés, ecclésiastiques & autres qui n'ont pas droit d'instrumenter, de recevoir aucuns actes de quelque nature qu'ils soient, sinon les testamens en la maniere ordinaire; comme aussi il leur est défendu, ainsi qu'à tous notaires, tabellions, greffiers, & à toutes autres personnes, de se servir de témoins dans aucun acte privé, à peine de deux cents livres d'amende, tant contre lesdits curés & autres qui n'ont pas le droit d'instrumenter comme notaires, que contre ceux qui auroient signé lesdits actes comme témoins.

L'auteur du dictionnaire des domaines a accumulé, sous le mot *Acte*, un grand nombre de décisions du conseil, rendues en exécution de ce réglement. Il en cite également plusieurs autres, pour prouver que des gens publics & de loi, ne peuvent écrire pour autrui aucuns actes sous signature privée; & entr'autres un ARRÊT du conseil, du 12 mai 1750, qui réforme une ordonnance de M. l'intendant d'Amiens, « en ce que par icelle le sieur Maubaillarcq, avocat, n'avoit été condamné qu'en une amende de dix livres pour avoir écrit & rédigé, en 1743, un acte sous signature privée, contenant réglement & partage; en conséquence, prononce l'amende de deux cents livres par lui encourue. Il soutenoit que cet acte ne devoit être regardé que comme un projet rédigé, en qualité d'avocat, pour que les parties pussent reconnoître leurs droits; que la profession d'avocat est libre, indépendante & non publique, comme celle des notaires & greffiers.

L'obéissance & le respect doivent suivre toutes les loix du prince, & les jurisconsultes doivent l'exemple. Ce ne sera point y manquer que de faire les observations suivantes. 1°. Cette loi est faite sous la malheureuse fin du regne de Louis XIV, sous l'administration de ce Desmarets qui en rendant compte en 1716, dans son mémoire au régent, au dernier alinéa convient lui-même d'avoir employé *quelques moyens que la force & la nécessité ont obligé de mettre en usage*. 2°. Les expressions de cette loi sont vagues & obscures, & donnent lieu aux *extendeurs* d'en abuser. 3°. Peut-on forcer des citoyens à faire un acte public, s'ils ne veulent point acquérir d'hypotheque? L'acte privé n'est-il pas par-tout du droit naturel? Et si on ne peut pas l'empêcher, quel délit peut commettre celui qui prête sa voix & sa plume? 4°. Ne peut-on pas au moins douter si cette loi dans le sens extendeur qu'on lui donne, n'est pas tombée en désuétude? Car tous les jours on cite, on produit, & l'on juge de pareils actes. 5°. Ne seroit-ce pas un mal étrange, d'interdire à l'avocat le droit de conseiller, rédiger, dicter ou écrire une trransaction; & cete fonction, la plus utile sans doute, par conséquent la plus belle, pourroit-elle être interdite? Voyez *Avocat*, & ci-après la division *Droit fiscal*.

Actes anciens.

16. Rien ne jette un plus grand jour sur la jurisprudence, que les recherches historiques.

Ce ne sera donc pas pour flatter la curiosité de nos lecteurs, mais pour leur donner des connoissances exactes, que nous transcrirons en entier le *chapitre 11 du livre 4 des Recherches de* Pasquier.

« Qu'il y eut certain siecle en la France, pendant lequel la signature estoit incognuë..... Cette proposition semblera de premiere rencontre estrange, si est-elle vraie. Je l'ai appris autrefois par plusieurs vieux & anciens tiltres, esquels on ne voyoit que le scel & armes de ceux qui avoient faict quelque disposition, sans qu'avec ce, le nom & seing y fussent adjoutez, ainsi que depuis on a usé par la France. Et ne faut point estimer que ce fust l'ignorance du temps qui en fust cause, ains une coustume qui, par je ne sçay quel long usage, s'étoit insinuée entre nous : saint Bernard, le premier de son siecle, en la doctrine des saintes lettres, en sa trois cents trentiesme epistre, « *sigillum non » erat ad manum, sed qui leget, agnos- » cet stilum, quia ipse dictavi :* Je n'avois » point mon cachet en ma main (dit-il,) » mais qui me lira, cognoistra mon » stile, car j'ai dicté cette lettre. » Si au dessouz de la lettre il eust mis son nom, il n'eust été besoin de renvoyer la faute de son cachet à son stile : le semblable se trouve en l'epistre 339, qu'il escrit à Baudouin, evesque de Noyon. *Materies locutionis pro sigillo sit : quia ad manum non erat.* Il vouloit dire que le subject, & le stile feroient paroistre que c'étoit lui qui escrivoit à faute de son cachet. Cela même s'observe encore aujourd'hui presque par toute l'Allemagne & Souisse. Et ceci ne se pratiquoit point seulement ès escritures privées, ains publiques, comme nous apprenons de cest article de l'ordonnance de Philippe le long, de l'an 1319, où il veut que les forfaictures seront converties à payer les aumosnes deues sur le thrésor, & qu'il n'entend donner de son domaine, si ce n'est au cas que faire il doive. Puis adjoute. « Et est à entendre que sceaux » & escritures sont de nostre propre » domaine, & seront tenus les séneschaux » & baillis signifier aux gens de noz » comptes les valeurs desdittes forfaic- » tures, & en quoi elles seront, & quand » elles escherront, dedans le mois » qu'elles seront advenues, au plustost » convenablement qu'ils en pourront » avoir faict inventaire, & qu'ils appel- » lent avecque eux deux preud'hommes » à la confection de cest inventaire ; » lesquels (porte le texte) mettront » leurs sceaux avec les sceaux desdicts » baillis, & seront leurs noms escrits » dedans lesdits inventaires. » Il ne parle ni de seing ni de paraphe au dessous de l'inventaire, ains seulement du scel. Et néantmoins veut que dans l'inventaire les noms des preud'hommes soient insérés avec celui du bailli. Et quand je vois que les contracts passés pardevant notaires ne portent exécution que par le moyen du scel, je me fais presque acroire que les tabellions ne signoient; toutes fois les autres en jugeront à leur fantaisie. Qui est une ancienneté qu'il ne faut aisément contemner, pour les obscuritez qui en peuvent provenir au palais sur des vieux tiltres que l'on produit, esquels il n'y a que le scel, sans autre signature. »

A ces détails de Pasquier ; il faut joindre quelques réflexions tirées des écrits de d'Argentré, & une observation du chancelier d'Aguesseau ; & tout cela suffira pour s'assurer du bon ou du mauvais succès qu'on doit se promettre des tentatives que l'on feroit pour attaquer les actes anciens, sous le prétexte qu'ils ne sont point revêtus des caracteres nécessaires pour en justifier l'authenticité.

Les plus anciens actes, qui concernent les droits des particuliers, sont ordinairement fort précis, conçus en termes généraux, mais fort énergiques pour les savans, accoutumés à cet ancien style. On y observe qu'on y nomme seulement des témoins sans aucune signature, ni aucun scel ou cachet. On ne laisse pourtant pas que d'y ajouter foi quand la possession suffisante pour opérer la prescription, ou faire présumer un changement, n'est pas contraire ; & principalement quand ils ont été conservés dans les archives des prélats, seigneurs, corps & communautés,

(Argentræus *in art. 81, veter. conſ. Britanniæ, art. 3, pag. 368.)*

M. d'Agueſſeau, examinant ſi la critique qu'on a faite d'un ancien titre eſt bien fondée, dit que les obſervations qu'on a faites à cet égard *ſur la mauvaiſe latinité, ſur les expreſſions impropres, ſur les termes barbares qui ſe trouvent dans ces actes*, ne ſont point capables de faire concevoir le moindre ſoupçon de fauſſeté ; parce qu'il ne faut point *chercher la pureté, la juſteſſe, la netteté de l'élocution dans des actes latins du XV ſiecle*. Il ajoute : « bien loin que la groſſiéreté ſoit une preuve de la fauſſeté de l'acte, il y auroit au contraire un juſte ſujet de douter de ſa ſincérité, ſi les expreſſions en étoient plus correctes ; & la foi de l'acte diminueroit à proportion que l'élégance des termes augmenteroit. S'il a été compoſé dans le ſtyle de ſon temps, il a dû être tel qu'il eſt ; c'eſt-à-dire, dans un ſtyle plein de barbarie qui rend un témoignage fidele de ſa vérité, ou du moins qui la prouve beaucoup plus qu'elle ne la détruit. » (*Œuvres de* d'Agueſſeau, *tom. 4, plaid. 49, pag. 351 & 352.*) Voyez *Antiquité, Archives, Cachet, Charte, Diplome, Inſcription, Monument, Paraphe, Parchemin, Sceau, Style.*

Uſage de la langue françoiſe.

17. Juſqu'au XVI ſiecle, les arrêts, les jugemens & les actes ont été rédigés en latin ; parce que notre langue, pauvre & ignorante n'exprimoit rien avec ſimplicité & exactitude. On peut en juger par les aſſiſes de Jéruſalem, l'ancienne coutume de Beauvoiſis, les établiſſemens de St. Louis, quelques fragmens de nos orateurs, & tout ce qui nous eſt reſté de ces ſiecles barbares. On peut en juger encore par les plaidoyers où les avocats, dès qu'ils vouloient parler ſentencieuſement, recouroient au latin ; & vous en voyez un trait encore dans les réponſes du chancelier Poyet, que nous avons rapportées ſous le mot *Accuſation, n°. 101, pag. 437.*

Ce fut le reſtaurateur des lettres, François premier, qui bannit la langue latine des jugemens & des actes. Après avoir preſcrit, par l'article 110 de l'ordonnance de 1539, que *les arrêts fuſſent clairs & entendibles*, il ordonna par l'article 111, qu'ils ſeroient prononcés & expédiés en langue françoiſe : « & pour ce que telles choſes ſont ſouventes fois advenues ſur l'intelligence des mots latins contenus eſdits arrêts, nous voulons que dorénavant tous arrêts enſemble toutes autres procédures, ſoit de nos cours ſouveraines, ou autres ſubalternes & inférieures, ſoit de regiſtres, enquêtes, *contrats*, commiſſions, ſentences, *teſtamens* & AUTRES QUELCONQUES ACTES & exploits de juſtice, ou qui en dépendent, ſoient prononcés, enrégiſtrés & délivrés aux parties EN LANGAGE MATERNEL FRANÇOIS, ET NON AUTREMENT.

Le préſident Hénault, dans ſon abrégé chronologique, ann. 1539, obſerve qu'*on avoit attendu bien long-temps à faire une ſi ſage ordonnance*. En effet, c'étoit une choſe vraiment abſurde que de parler, de rédiger dans une langue morte, inconnue aux contractans, & à la plus grande partie du peuple. Comment ſtipuler que telle avoit été l'intention des parties, puiſqu'elles ne comprenoient pas le latin que liſoit le notaire ; & dans les affaires criminelles, comment inſtruire le public, pour l'exemple duquel les ſupplices ont été inventés ? Avec cela, qui opéra cette grande révolution ? Un rien, un mot plaiſant, comme il arrive ſi ſouvent. Et c'eſt ainſi que les grands événemens naiſſent des plus petites cauſes.

Jacques Colin, lecteur & aumônier du roi, avoit perdu un procès au parlement, & le premier préſident avoit prononcé l'arrêt en ces termes : *Dicta curia* DEBOTAVIT ET DEBOTAT *dictum Colinum de ſuâ demandâ.* Colin, piqué, fit au roi des plaiſanteries ſur les

les mots *DEBOTAVIT ET DEBOTAT*; & elles furent saisies avec d'autant plus de gaieté, que François passant ses après dîné au milieu des gens de lettres, ils n'étoient pas fâchés de critiquer le style de la justice, & de forcer la main à ce chancelier Poyet, qui n'aimoit ni la philosophie, ni les lettres, & qui auroit bien voulu faire le procès en latin à l'amiral Chabot; afin que celui-ci pût encore moins se défendre. « Le roi ayant pris quelque plaisir, & néanmoins indigné qu'en une cour si célebre & renommée par tout le monde, on usât d'un ramage si grossier & mal plaisant, au lieu qu'elle devoit être une école de bien dire, comme elle l'a été depuis, il fit l'ordonnance susdite. » (Bouchel & Bechefer, *pag.* 32, *col.* 2.)

M. Gaillard, dans son *Histoire de François premier, tom. 6 de l'édit. in-12, chap. 4, pag. 381*, après avoir rapporté l'anecdote, consignée d'ailleurs dans tous les historiens, ajoute: *Le temps a ramené un autre ridicule, celui de parler un vieux jargon jadis françois, inintelligible aujourd'hui à tout autre qu'aux gens du métier; comme si LA JUSTICE NE DEVOIT PAS ÊTRE MISE A LA PORTÉE DE TOUT LE MONDE.* J'examinerai la valeur de ce reproche sous les mots *Arrêt*, *Dispositif*, *Style*, *Vu*, *&c.*

Le traducteur de M. Bourdin, *pag.* 262, prétend que les mots *Maternel François* ont été ajoutés à l'article 111 de l'ordonnance de 1539, « pour montrer que l'on en doit faire lesdites expéditions *en langage du pays auquel elles se font*; comme il avoit été ordonné pour le regard des enquêtes & informations par le roi Louis XII, en son ordonnance de l'an 1512, art. 47, laquelle est abrogée par la présente avec grande raison; pour ce que les juges souverains n'avoient pas moins affaire à entendre lesdites informations, pour raison du langage, que les parties avoient anciennement d'entendre le Latin, & en résultoit plus de danger qu'auparavant; mais ce langage françois est connu & entendu par-tout le royaume, & par-tout se peuvent lesdits actes commodément faire & concevoir en françois. »

Il est certain qu'il seroit impossible de faire entendre au parlement de Paris, par exemple, un acte ou une information rédigés en bas-breton, en provençal, ou dans le jargon du Haut-Forez & du Vivarais. Mais quand il s'agit de la rédaction en françois, il faut que le juge ou le notaire soient des traducteurs fideles, & qu'ils expliquent auparavant leur traduction aux parties. Voyez les réflexions que nous avons faites au mot *Accusation*, n°. 63, pag. 354 & suiv. & ci-après les mots *Argot*, *Jargon*, *Idiôme*, *Interprête*, *Langue*, *Latin*, *Rédaction*, *Style*.

ORDONNANCE de Charles IX, de 1563, art. 35. « Que toutes lettres-patentes, réponses de requêtes, conclusions du procureur du roi, seront faites en langage françois & non latin, comme on souloit faire. »

ORDONNANCE de 1629, *idem.*

Depuis ces loix la langue françoise est la seule usitée, la seule permise dans les jugemens & les actes, excepté ceux qui doivent être envoyés à Rome, & qui sont expédiés en latin. Voyez *Banquier-expéditionnaire*.

La conquête ayant réuni à la France plusieurs provinces qui avoient formé partie de son empire, entr'autres, sous Charlemagne, il a fallu les assujettir particuliérement à l'uniformité du langage.

EDIT du mois de décembre 1684, qui défend aux avocats & procureurs de la Flandre occidentale de se servir de la langue flamande.

ÉDIT de février 1700, qui défend d'écrire en langue catalane les actes qui se passent en Roussillon. Un usage contraire à cette loi s'étant long-temps maintenu, DÉCLARATION du 24 mars 1754, régistrée au conseil souverain de Perpignan le 6 mai suivant, qui renouvelle impérieusement ces dispositions, en permettant néanmoins d'en suspendre l'exécution pendant trois mois, à compter de sa promulgation.

ARRÊT du conseil, du 3 janvier 1685, qui ordonne, qu'à commencer du jour de la publication du présent arrêt, toutes les procédures faites devant les juges de la province (d'Alsace), soit supérieurs ou subalternes; les *actes*, *contrats* & autres expéditions, de quelque nature qu'ils puissent être, soit qu'ils soient faits par les greffiers ou notaires de la province en fait de judicature, ou autrement, seront écrits *en langue françoise*. Fait défenses très-expresses à tous juges, magistrats, baillifs, notaires, greffiers, & à tous autres d'en recevoir aucuns en langue Allemande, à peine de nullité desdits actes, contrats & procédures, & de 500 l. d'amende. Enjoint à l'*intendant* de tenir la main à l'exécution dudit arrêt. » (*Recueil des édits, déclarations & arrêts d'Alsace*, par M. de Boug, premier président du conseil souverain d'Alsace, *tom.* 1, *pag.* 145.) L'arrêtiste a mis en marge la note suivante :

« Non exécuté généralement, non plus qu'une ordonnance de M. de la Grange, *intendant*, du 24 juin 1685, qui ordonnoit aux habitans d'Alsace de s'habiller à la françoise. » C'est ainsi que les barbes proscrites par Pierre premier, subsistent encore à Pétersbourg.

Il n'y a pas eu besoin de ces loix pour la Lorraine & la Franche-Comté, qui n'avoient, lors de la conquête, d'autre langue que la françoise. A l'égard de la Corse, où il n'y a pas la centieme partie des habitans qui entende le françois, il faudra bien ou imiter le roi de Sardaigne, qui a donné son code en piémontois & en françois, *langue maternelle* de la Savoye ; ou multiplier les François, & avec eux la langue régnante & législatrice.

Cette uniformité de langage, si importante pour la rédaction des actes & l'administration de la justice, tient encore infiniment à l'union de tous les peuples de la même monarchie. Car les deux premiers liens sont ceux de la religion & du langage.

Inscription & Souscription.

18. La curiosité peut rechercher dans Mabillon, Maffei, Dumont, Waltherius, Baringer & autres auteurs de traités diplomatiques, les différentes formules qui étoient employées dans les *actes* anciens, soit au commencement, soit à la fin. Nous avons un ouvrage non moins curieux, intitulé : *Formulare instrumentorum, nec non ars notariatus. Parisiis, Franc. Regnault,* 1509, *in-8°*. On y trouve les formules latines de tous les actes possibles, dans les provinces sur-tout où on en a long-temps gardé le style, & où l'on en conserve encore des restes.

On peut aussi consulter Blondel dans le fameux traité qu'il a fait pour venger deux de nos rois des impostures de quelques impertinens auteurs : *De formulâ* REGNANTE CHRISTO *in veterum monumentis usu, justas pro regibus maximis Philippo I & II, summâque regum omnium protestate vindicias, complexa diatribè. Amstel. Blaeu,* 1646 *in-4°*. Il prouve qu'il n'y a jamais eu de loi pour assujettir à la formule *regnante Christo*, soit dans les actes publics, soit dans les actes particuliers ; mais qu'il a été libre de l'employer ou de l'omettre. *De formulâ* REGNANTE CHRISTO *actis sive publicis sive privatis apponendâ, nullam umquam legem latam fuisse, sed pro scriptoris cujusque arbitrio, vel admissum, vel omissum semper ejus usum fuisse*... Il en donne des exemples dans tous les âges. (*Pag* 371 *& sequent.*)

Depuis long-temps, en France, on insere au commencement de tous les actes de législation & des actes judiciaires, le nom du souverain régnant ; & à la fin on met la date de l'année de l'incarnation qui court, & de l'année du regne du souverain.

A l'égard des actes notariés, on les intitule ou du nom du roi, ou du nom des sénéchaux, grands baillis & autres premiers officiers des sieges dans lesquels les officiers sont reçus, ou simplement du nom des notaires. Pardevant, &c. & les témoins ci-après nommés, &c.

Un auteur qui a fait sur la matiere des actes un traité intulé *le Jurisconsulte cartulaire*, (*1701, in-12*,) a proposé deux idées; 1°. Que *les actes* devroient commencer par le nom de Dieu, (*ch. 53, pag. 128*,) par la raison qu'il y auroit lieu d'espérer, que le respect pour ce nom préserveroit l'*acte* de la malice des faussaires, & inspireroit, par sa lecture aux contractans, la révérence due au saint nom du Seigneur, qui est le principe, le milieu & le terme de toutes choses: 2°. « Qu'il seroit à propos d'insérer aussi *au commencement des actes* le nom des rois régnans, comme il s'observe dans les pays de droit écrit, (*chap. 62, pag. 153 & 154.*) Cet usage est fort louable, la dignité des actes le veut; les faussaires ne sont pas toujours bons historiens: *on voit moins commettre de faussetés dans le pays de droit écrit, qu'en Normandie & au pays du Maine, & ailleurs*; soit que le nom & la présence du prince garde les actes, ou la crainte de ne pas bien savoir les date des regnes, on se contient en effet davantage. On ne sauroit trop prendre de précautions pour assurer la vérité & la défendre contre la malice; c'est pour cela que le contrôle dans les exploits, & l'insinuation ordonnée dans les actes ecclésiastiques par les édits, sont salutaires, *& qu'ils le seroient encore plus s'ils étoient à meilleur marché*: ils empêchent en quelque maniere, que les sergens & autres officiers n'*abusent du temps dans les actes qu'ils font.* » Voyez *Bailli*, *Charte*, *Date*, *Inscription*, *Monument*, *Regne*, *Sénéchal*, *Souscription*, *Titre*, *&c.*

Forme des actes.

19. Nous n'entrerons pas ici dans les détails des formalités essentielles à observer pour la validité des différens actes; on les trouvera à leur place sous les différens mots auxquels elles ont rapport: nous nous bornerons à une réflexion. On a beaucoup crié contre toutes les formes en général; & on n'auroit pas eu tout-à-fait tort, si l'abus de la loi pouvoit être envisagé du même œil que la loi. Qu'on revienne donc d'un préjugé adopté sans une certaine réflexion; les formes sont nécessaires, & l'orateur Romain lui-même en connoissoit si bien l'importance, qu'il approuvoit la forme de son bannissement, quoiqu'il en condamnât avec raison le sujet. Le sénat, *dit-il*, a reconnu l'injustice du jugement porté contre moi, mais c'étoit un jugement qu'il vouloit respecter, & il avoit raison: *Se rem improbare dicebant, sed lege istius impediri; erat hoc verum, nam impediebatur.* (Cicero, *pro domo suâ*, *n°. 55.*)

C'est donc une vérité certaine que la forme est fondée sur la regle; & c'est ce que les jurisconsultes ont décidé après les philosophes; *forma est quæ dat esse rei.* Aussi, le digeste & le code présentent à chaque pas des loix qui attestent la nécessité des formalités. *Ex divi Antonini Pii litteris, certa* FORMA *est. l. 4, C. de locat. & cond.* — *Cùm* FORMA *senatûs-consulto sit data, optimun est ipsius senatûs-consulti interpretationem facere. l. 19, § 6, D. de hered. petit.* — *Tutelam pupillorum tuorum sic administrare debes, ne ædificium quod his relictum est, contra* FORMAM *alienandi testamento datam vendas. l. 7, C. de admin. tut.* — *Et hanc* FORMAM *ab Hadriano datam observandam esse, imperator noster rescripsit. l. 14, D. de alim. vel cibariis legat.* — *Igitur commodissimè illa* FORMA *in mandatis servanda est, ut quotiens certum mandatum sit, recedi à* FORMA *non debeat. l. 46, D. mandati vel contra.*

Mais quelles sont les formalités qu'il faut suivre dans la rédaction des actes? C'est-là une question ardue que nous traiterons ailleurs avec l'étendue qu'elle mérite. Disons simplement ici que ce sont celles des lieux où ces actes sont passés. On convient à-peu-près de l'exactitude de ce principe du droit romain, *locus regit contractum*; & on en a formé celui-ci en France : *Tout statut qui concerne les formalités extrinseques des actes, & leur authenticité, est personnel; en sorte que quand l'acte est passé dans les formes usitées au lieu où il est rédigé, il a par-tout son exécution.* Dans le nombre des préjugés qui consacrent ce principe, nous n'en choisirons qu'un.

ARRÊT du parlement de Paris, du 2 mars 1628, qui juge qu'un homme domicilié à Paris, & dont la communauté par conséquent devoit être réglée selon la coutume de cette ville, étant mort à Tours, l'inventaire fait suivant les formes de la coutume de Tours, avoit empêché la continuation de la communauté. (*Journ. des aud. tom. 1, liv. 2, chap. 15, pag. 82.*) Voyez ci-après *Action, Age, Communauté, Contrat, Coutume, Domicile, Formalité, Formule, Lieu, Omission, Statut, Testament, &c.*

Essence des Actes.

20. Ce n'est point la qualité que l'on peut avoir donnée à la disposition par un acte quelconque, qui en détermine la nature; c'est la substance de la disposition même; c'est l'effet qu'elle produit & doit produire que l'on doit seul consulter. Qui ne connoît le fameux titre du code : *Plus valere quod agitur, quàm quod simulatè concipitur, lib. 1, tit. 22. — In contractibus rei veritas, potiùs quàm scriptura perspici debet. l. 1, eod. — Acta simulata ... veritatis substantiam immutare non possunt. l. 2, eod. ... Non quod scriptum, sed quod gestum est inspicitur. l. 3, eod.*

Dans l'application de ces principes, nous allons nous borner à un seul exemple. Un cohéritier se propose de tromper son cohéritier, parce qu'il connoît mieux que lui les forces de la succession qu'il s'agit de partager; en conséquence, au lieu de donner à l'acte qu'ils passent à ce sujet le nom de partage, il lui fait donner celui de transaction; & il imagine que cette dénomination adroite, lui assurera le succès de l'injustice qu'il a voulu faire : qu'il se désabuse. On juge que le premier acte entre cohéritiers est censé partage de quelque nom qu'on l'intitule; ainsi, pour l'annuller, il suffit qu'il s'y rencontre la lésion du tiers au quart. *Eoque jure utimur, ut quocumque nomine donetur contractus primus inter coheredes, reique cujusque communis participes, SEU TRANSACTIO VOCETUR, SEU non, tamen pro divisione hereditatis, rerumque communium accipi debeat : MEMINI inter cætera judicatum ita fuisse, &c. &c.* (Mornacius, *tom. 1, pag. 675.*) Voyez *Coheritier, Disposition, Lésion, Partage, Simulation, Transaction, &c.*

Actes licites ou illicites.

21. Les actes ne sont licites qu'autant qu'ils sont conformes aux loix, & ceux qui les blessent sont conséquemment illicites. Ainsi, par exemple, les actes qui sont contraires aux mœurs, & par conséquent aux loix, ne sont point obligatoires : *Pacta quæ contra leges, constitutionesque, vel contra bonos mores fiunt, nullam vim habere indubitati juris est. l. 6, C. de pact.* On ne peut faire de conventions qui regardent le partage de l'hérédité d'un homme vivant, parce qu'elles sont tout à la fois indécentes & DANGEREUSES. *Omnes hujusmodi pactiones odiosæ esse videntur, & plenæ tristissimi & PERICULOSI eventûs. Quare enim quodam vivente & ignorante, de rebus ejus quidam paciscentes conveniunt? Secundùm veteres itaque regulas sancimus, omnimodo hujusmodi pacta, quæ contra bonos mores inita sunt, repelli; & nihil ex his pactionibus observari. l. 30, eod.* La loi 4, *C. de inutil. stipulat.* renferme les mêmes dispositions; & on trouve des

décisions relatives à des especes pareilles & concernant des actes contraires aux bonnes mœurs, illicites & nuls, dans les loix. *L. 1, § Si convenerit, D. depositi. — L. 1, § Illud, D. de mandato. — L. 14, D. solut. matrim. — L. 5, D. de condict. ob turpem causam. — L. 134, D. de verb. obligat. &c. &c.* Voyez *Bienséance, Dépôt, Honnêteté, Mandat, Mœurs, Nullité, &c.*

On n'a point égard non plus à des actes où l'on mettroit, par exemple, en vente des objets qui n'y entrent point, comme des choses sacrées, des choses publiques : *Sacram vel religiosam rem, vel usibus publicis relictam, ut fanum, au basilicam, aut hominem liberum inutiliter stipulor. l. 83, § 5, D. de verb. obligat.*

Enfin, il n'est pas permis de stipuler dans un acte une chose évidemment impossible; & celui qui s'y est obligé ne peut être tenu à cet égard à des dommages & intérêts à raison de l'inexécution. *Nemo potest ad impossibile obligari : reg. 6, de reg. juris in 6°.*

L'effet des actes illicites est que s'ils ont eu quelque suite ou quelque exécution, les contractans sont remis dans l'état où ils auroient été s'ils n'avoient pas été passés. *Deceptis sinè culpâ suâ, maximè si fraus ab adversario intervenerit, succurri opportebit, cùm etiam de dolo malo actio competere liceat : & boni prætoris est, potiùs restituere litem, ut & ratio & æquitas postulabit. l. 7, § 1, D. de in int. rest.* Voyez *Impossibilité, Illicite, Licite, &c.*

Actes sans cause.

22. Si celui qui se plaint d'avoir passé un acte contenant une promesse de payer ce qu'il ne doit à aucune espece de titre, est pupille, mineur, soldat, rustique & illitéré, peu au fait des affaires litigieuses, d'un caractere simple & insouciant; il peut obliger son prétendu créancier à édifier sur l'origine & les causes de sa créance; & même le forcer au remboursement s'il a déja reçu, & s'il ne prouve pas clairement qu'il a eu droit de recevoir. *Sin autem is qui indebitum queritur, vel pupillus, vel minor sit, vel mulier, vel fortè vir, perfectæ quidem ætatis, sed miles, vel agricultor, vel forensium rerum expers, vel aliàs simplicitate gaudens & desidiæ deditus; tunc eum qui accepit pecunias, ostendere benè eas accepisse, & debitas ei fuisse solutas; & si non ostenderit, eas redhibere. l. 25, § 1, D. de probat.* « Lettres obligatoires *sans expression de cause* de prest, vente, dépost, ou autres ne sont exécutoires & sont nulles : voire, que s'il y a opposition contre l'exécution, le juge doit sur le champ le tout déclarer nul, sans adjuger aucune provision à la partie: peut toutes fois sur la depte ouir les parties. . . . Et ainsi fut jugé par ARRÊT de Paris, du 13 février 1511. » (Papon, *liv. 10, tit. 2, d'obligations nulles à faute de causes, arr. 1.*)

On sent qu'une fausse cause rend nuls, à bien plus forte raison, tous actes, contrats, &c. Voyez *Cause, Expression, Illitéré, Mineur, Motif, Nullité, Obligation, Rusticité, Simplicité, Soldat, &c.*

Volonté & capacité.

23. La volonté, la liberté & le consentement, qui sont des expressions à-peu-près synonymes, sont l'ame de tous les actes, qui doivent venir du premier & pur mouvement d'une personne qui, d'ailleurs ait la capacité requise pour agir & contracter une obligation civile. En deux mots, pour s'engager valablement, il faut le vouloir, il faut le pouvoir. C'est ici, *comme nous l'avons annoncé*, que les maximes du droit romain puisées dans les vraies notions du droit naturel & de la raison vont nous servir de guide.

1°. Rien n'est si opposé au consentement, que la force & la crainte : *Nihil consensui tam contrarium est, qui & bonæ fidei judicia sustinet, quàm vis atque metus. l. 116, D. de reg. juris.*

Les engagemens qui sont le fruit de la violence sont annullés, & le juge punit ceux qui ont usé de cette voie illicite pour les obtenir : *Violentiâ factas, & metu extortas venditiones & cautiones, vel sinè pretii numeratione, prohibeat præses provinciæ. l. 6, D. de offic. præs.* Pour juger de l'égard qu'on doit avoir aux plaintes de celui qui prétend avoir été contraint, il faut considérer les circonstances des temps, des lieux & des personnes ; examiner si c'étoit le jour ou la nuit, si c'étoit à la ville ou à la campagne, si c'étoit un homme ou une femme, un enfant & un vieillard, ou une personne dans la vigueur de l'âge : tout en cette matiere dépend beaucoup de la prudence du juge. *Sed non sufficit quolibet terrore abductum timuisse, SED HUJUS REI DISQUISITIO JUDICIS EST. l. 3, D. ex quib. caus. majores... Quòd si dederit, ne stuprum patiatur vir seu mulier, hoc edictum locum habet. l. 8, § 2, eod.... Non est verisimile compulsum IN URBE, iniquè indebitum solvisse. l. ult. eod.... Cùm Marcianus diceret, vim nullam feci, Cæsar dixit, TU VIM PUTAS ESSE SOLUM, SI HOMINES VULNERENTUR. l. 13, D. quòd metûs causâ.*

Le défaut de volonté ne provient pas seulement des impressions de la violence, mais aussi des illusions de l'erreur, lorsqu'on n'a pas exactement connu ce qu'il étoit nécessaire de savoir pour former un engagement. *Non videntur qui errant consentire. l. 116, D. reg. juris.* Voyez ci-après la division *Netteté* & *Clarté*.

Le défaut de capacité dans celui qui contracte, vicie les actes. Ainsi, si un muet, un furieux, un interdit, un mineur, une femme sans l'autorisation de son mari, alienent un héritage, la vente est nulle. L'incapacité procede donc, comme l'on voit, de la nature ou de la loi. *Mutum neque stipulari neque promittere posse, palam est. § 7, I. de inutil. stipulat. Furiosus nullum negotium gerere potest. § 8, eod. Prodigo interdicitur bonorum suorum administratio. l. 1, D. de curat. furios.* Mais si la liberté doit présider à la passation des actes, on ne peut plus s'écarter de leurs dispositions, dès qu'ils ont été dans l'origine, le résultat d'une volonté réfléchie : *Sicut initio libera potestas unicuique est habendi, vel non habendi contractus; ita renuntiari semel constitutæ obligationi, adversario non consentiente, nemo potest. Quapropter intelligere debetis, voluntariæ obligationi semel vos nexos, ab hac, non consentiente alterâ parte, cujus vos fecistis mentionem, minimè posse discedere.* Voyez *Arbitrage*, *Capacité*, *Circonstance*, *Consentement*, *Contrainte*, *Crainte*, *Démence*, *Erreur*, *Femme*, *Force*, *Furieux*, *Guichet*, *Insensé*, *Interdiction*, *Jour*, *Liberté*, *Nuit*, *Prison*, *Prodigue*, *Violence*, *Volonté*, &c.

Vérité.

24. « Toute énonciation fausse qui se trouve dans un acte, suffit pour le faire rejeter & condamner comme faux ; & sur-tout quand elle tombe sur ce qui appartient à la forme essentielle de l'acte, comme la présence des témoins instrumentaires. » (*Lettre 66* de M. d'Aguesseau, *tom. 10, pag. 120.*)

S'il y a quelque addition faite à la marge de l'acte, elle doit être signée & approuvée du notaire & des témoins, de même que les ratures, sans quoi tout est faux, & l'acte est nul.

Quand on dit qu'il est permis aux contractans de se tromper réciproquement, on abuse (*nous l'avons déja dit ci-dessus, pag. 628*) des prétendus *brocards du droit*, & on fait une fausse interprétation de quelques loix romaines. Ces loix biens saisies en effet, excluent toujours essentiellement la fraude, & même la lésion d'outre moitié de juste prix, & leur décision est juste. Il peut bien y avoir une légere augmentation dans le prix qu'on donne de ce qu'on acquiert, à cause de l'affection & du goût particulier ; mais il n'est pas à présumer qu'on eût donné le double de sa valeur intrinseque, si le vendeur avoit été *vrai*, & n'avoit pas usé de dissimulation & de réticence, employé la manœuvre & le dol. *Sanè si per se, vel per alium substractis instrumentis quibus* VERITAS *argui possit, decisionis litem extorsisse videtur, si quidem actio superest replicationis, auxilio doli mali. l. 19, C. de transact.*

La vérité & la bonne foi doivent faire la base des actes, & le droit naturel concourt à cet égard dans ses principes, avec le droit canon & le droit civil; ou plutôt ceux-ci ne forment que le développement de celui-là.

Le droit canon dit qu'il est égal d'énoncer, une fausseté ou de supprimer une vérité : *Paria sunt falsum exprimere, vel supprimere veritatem.* DOCTORES, *in cap. super litteris de rescript.* Le droit civil annonce qu'il ne faut point envelopper ses démarches de nuages, & que la vérité doit toujours se montrer : *Naturæ veritas imaginibus obumbrari non debet.* DOCTORES, *in l. 23, D. de liberis & posth.* Mais le droit naturel avoit proscrit auparavant le MENSONGE & même la RÉTICENCE. *Mentiri dicitur qui moraliter falsum loquitur, quando ad verum loquendum, seu animi sui sensa significandum, alteri obligatur; atque ideò* MENDACIUM *est falsiloquium pugnans cum obligatione, quâ tenemur alteri ad animi nostri sensa significanda; consequenter quo violatur jus alterius ex istâ obligatione ortum.* RETICENTIA *verò vocatur, silentium de eo ad quod dicendum obligamur, quæ ideo quoque est contra jus alterius.* (Wolff, *Inst. j. natur. & gent. part.* 2, *cap.* 6, § 531.) Voyez *Addition, Dol, Faux, Foi (bonne & mauvaise), Fraude, Inscription, Marge, Mensonge, Rature, Réticence, Témoin, Vérité, &c.*

Netteté & Clarté.

25. C'est une des grandes & bonnes maximes de Justinien, que la loi doit être claire & précise. *Quid enim sic proprium est legum, ut claritas? N. 107, cap. 1, in princip.* Les actes formant de véritables loix entre ceux qui y sont parties, ils doivent donc avoir le même caractere de précision & de clarté. Il faut donc que les contractans pour les actes sous signature privée, les notaires pour les actes publics, les juges pour les actes judiciaires, les jurisconsultes pour la rédaction des uns & des autres, ne perdent jamais de vue qu'il faut un plan, de l'ordre dans les idées, & de la clarté dans les expressions.

Dès qu'un acte est susceptible de plusieurs sens, il est par là même funeste; en ce qu'il fournit des armes à la chicane & à la mauvaise foi. Les *Papinien*, les *Paul*, les *Caïus*, les *Ulpien*, les *Modestin*, ont établi des regles pour se diriger dans ce labyrinthe de présomptions & de conjectures; mais il vaut encore mieux ne pas s'y enfoncer. En général, les obscurités & les incertitudes des clauses qui obligent, s'interpretent en faveur de celui qui est obligé, & il faut toujours restreindre l'obligation au sens qui la diminue. *Arrianus ait multum interesse, quæras ultrum aliquis obligetur, an aliquis liberetur? Ubi de obligando quæritur, propensiores esse debere nos, si habeamus occasionem, ad negandum : ubi de liberando ex diverso, ut facilior sis ad liberationem. l. 47, D. de oblig. & act.*

L'obscurité marche presque toujours avec l'astuce, a dit Ciceron : (*Obscurus vir & astutus.*) Ainsi, comme il est vrai de dire, que l'obscurité & l'ambiguité proviennent le plus souvent de la mauvaise foi de celui qui devoit plus clairement exprimer ce qu'il entendoit vendre ou louer, on en fait l'interprétation contre lui : *Veteribus placet pactionem obscuram, vel ambiguam venditori, & qui locavit nocere; in quorum fuit potestate legem apertiùs conscribere. l. 29, D. de pactis.* Enfin, lorsque les termes d'une convention présentent deux manieres de voir, il faut choisir celle qui se rapporte le plus à l'objet de cette convention : *Quoties in stipulationibus ambigua oratio est, commodissimum est id accipi, quo res de quâ agitur, in tuto sit. l. 80, D. de verb. obligat.*

L'embarras de reconnoître parfaitement l'intention du testateur ou de s'assurer de celle des contractans, a fait imaginer à plus d'un juge, de partager entre les plaideurs la chose contestée ; & au mot *Jugement*, nous en rapporterons quelques-uns de remarquables. Ici nous nous bornons à ce trait de Cujas.

Un roi des Indes avoit à décider, si un trésor trouvé dans un champ appartenoit au vendeur ou à l'acquéreur ; & après l'avoir adjugé à ce dernier, il dit aux courtisans qui lui avoient proposé d'en faire le partage entre les deux concurrens : *Insipiens sim si jusserim thesaurum eos inter se dividere : hoc enim vel ANUS JUDICABIT.* Cujas dit donc avec Accurse, qu'on peut appeller un jugement de vieille femme, un jugement de personnes rustiques, ceux qui prononceroient le partage de la chose litigieuse : *Ut non immeritò etiam Accursius dicat hoc loco esse JUDICIUM RUSTICORUM, vel ut ille, ANILE JUDICIUM, si lis inter duos ità componatur, ut rem de quâ litigatur inter se ex æquo partiantur.* (Cujacius, *tom. 2, posthumorum, pag. 939, column. 2, in fine.*) Voyez *Ambiguité, Clarté, Clause, Conjecture, Décision, Doute, Interprétation, Juge, Legs, Méthode, Obscurité, Opinion, Ordre, Partage, Présomption, Rédaction, Stipulation, Testament, Trésor, &c.*

Effet de plusieurs actes.

26. Les pactes ou conventions qui se font *incontinent* & sans aucun intervalle, font partie du contrat, quoiqu'il y ait des *actes séparés* : c'est la disposition des loix 7, § 5, *D. de pactis & 13, C. eod.* Cela se trouve aussi conforme à l'avis de Dumoulin. Cet auteur assure que le seigneur ne peut prétendre le relief ni le quint, lorsque le vendeur ou ses héritiers exercent la faculté de réméré, même dans le cas où cette faculté n'a pas été insérée dans le contract de vente, mais stipulée *par un acte séparé* ; les notaires de Paris en usent souvent ainsi pour éviter aux parties les frais d'une expédition volumineuse. Alors les conventions rédigées *dans divers actes, mais faits pour le même objet*, sont corrélatives, & ne forment qu'un seul & même contrat. *Amplio etiam si dicta facultas non sit in instrumento venditionis, SED IN INSTRUMENTO SEPARATO, EODEM DIE ; ut sæpiùs solent facere notarii Parisienses, quia etiam sæpè venditor contentatur levare parvum breve dictæ facultatis, ne majore sumptu cogatur levare prolixius venditionis instrumentum. CONTRACTUS ENIM CIRCA IDEM, FACTI EADEM DIE, ETIAM IN DIVERSIS INSTRUMENTIS, CENSENTUR CORRESPECTIVI, ET IN… SSE INVICEM MUTUA CONTEMPLATIONE FACTI, ET UNUS CONTRACTUS.* (Molinæus, *tom. 1, pag. 739, n°. 57.*)

Ces sortes d'actes, faits incontinent, sont connus sous le nom de *contre-lettres* ; & on a assez ordinairement l'idée qu'elles sont nulles en fait de contrats de mariage ; ce qui cependant n'est vrai qu'en partie.

En effet, l'*art. 258 de la coutume de Paris* ne les proscrit qu'autant qu'elles ne sont pas faites *incontinent* & en présence de tous ceux qui ont assisté au contrat : *Toutes contre-lettres faites à part, & hors la présence des parens qui ont assisté aux contrats de mariage sont nulles.*

Il ne faut pourtant pas se dissimuler qu'en général ces actes multipliés pour un même objet, présentent presque toujours des soupçons ; & que pour peu qu'il y ait d'autres circonstances qui les fortifient, la justice en prononce la nullité. « Et par regle générale, se dit qu'ès choses

choses qui communément sont de difficile preuve, on doit recevoir les preuves par conjectures, & telles qu'on les peut recouvrer : & peut-on joindre diverses sortes de preuves imparfaites, pour une complette : ainsi, dit Alexandre, *Con.* 24, *vol.* 2, *allegat. cap. cum causam extr. de probationibus, & cap. præterea extr. de testibus.* Autre présomption de fraude est quand le contrat est chargé de clauses & suretés insolites, ou s'il y a quelque diligence extraordinaire, ou interposition de personne, *ou multitude de contrats :* ainsi, dit le même Alexandre, *Consil.* 28, *vol.* 5, & Dumoulin, en l'annotation sur ledit conseil. »... Ce dernier dit en effet, d'après Alexandre : *Adde quòd ubi abundantior cautela, ibi evidentior fraus ..... sic ex diligentiâ insolitâ .... TANTO magis SI FIANT INSTRUMENTA SEPARATA : & adhuc magis si per interpositam personam.* (Molinæus, *tom.* 3, *pag.* 957.)

Quand une personne se sert *de deux actes contraires l'un à l'autre dans leurs dispositions,* ils se détruisent réciproquement par les conséquences opposées qui se tireront également de l'un & de l'autre : *Scripturæ diversæ, fidem sibi invicem derogantes, ab unâ eâdemque parte prolatæ, nihil firmitatis habere poterunt. l.* 14, *C. de fide instrum.* La loyauté romaine n'avoit donc pas connu les contre-lettres. Il faut donc dire que parmi nous la loi que nous venons de citer, ne peut avoir son application dans les cas où les contre-lettres ne sont point prohibées.

La contrariété qui se rencontre alors entre un acte & une contre-lettre ne détruit pas l'acte, mais y apporte les restrictions & autres changemens que les parties ont eu intention d'y faire. Ainsi, par exemple, si après que *Titius* a passé un acte contenant obligation en ma faveur de 20000 livres, je lui fais *incontinent* une contre-lettre, par laquelle je reconnois que cette obligation ne restera en valeur que pour 10000 liv. *Titius* ne me devra plus que cette même somme de 10000 liv. *Si cùm viginti deberes, pepigerim ne decem petam, efficeretur per exceptionem mihi opponendam, ut tantum reliqua decem exigere debeam. l.* 27, § 5, *D. de pactis.*

Les feudistes, qui ont si souvent cherché à favoriser les seigneurs, ont discuté la question de savoir si un seul acte portant reconnoissance de la part d'un emphitéote, établissoit la directe, ou s'il en falloit plusieurs. Nous l'examinerons ailleurs, & nous observerons seulement ici qu'aucun d'eux n'a osé dire qu'en matiere de servitude personnelle, une seule reconnoissance suffit ; ils sont tous demeurés d'accord, qu'il étoit essentiel pour établir un droit aussi odieux, que le seigneur présentât *des actes géminés,* & passés à des époques différentes.

ARRÊT du parlement de Paris, du 18 août 1588, « jugé au pays de Lyonnois & de Bourgogne, que la servitude personnelle ne se peut prouver par témoins, mais par écrit ; & qu'une SEULE reconnoissance de celui que l'on prétend serf, n'est pas suffisante ; mais qu'il faut qu'elle soit GÉMINÉE, *& cum legitimo intervallo, quod favore libertatis est introductum,* MÊME EN FRANCE, QUI N'ADMET PAS AISÉMENT TELLES SERVITUDES : & qu'il seroit périlleux de *priver un François de sa liberté,* pour une *seule* confession ou reconnoissance. Cela a été pris de la loi, *Cùm scimus circa medium, C. de agricol. & cens.* 1, *lib.* 11. » (Louet & Brodeau, *lettre* S, *somm.* 7, *pag.* 161.) Voyez *Clause, Confirmation, Contrariété, Contrat, Contre-lettre, Corrélatif, Dérogation, Diligence, Garantie, Interposition, Intervalle, Main-morte, Mariage, Parent, Précaution, Présomption, Preuve, Quint, Reconnoissance, Relief, Réméré, Seigneur, Serf, Soupçon, &c.*

Effets de plusieurs clauses d'un même acte.

27. Les clauses des actes peuvent-elles former des conditions mutuelles qu'on ne puisse diviser ? Cela dépend des

circonstances ; c'est-à-dire, de la nature des actes, & de l'objet que se sont proposé les parties, en les passant.

Lorsqu'on stipule pour soi & pour un autre une obligation de dix louis, la promesse se divise à cause de la conjonctive *&*; & l'obligation n'est acquise que pour la moitié au stipulant, l'autre moitié se trouvant en ce cas inutilement stipulée. *Quod si quis sibi, & alii cujus juri subjectus non sit, dari decem aureos stipulatus est; placuit non plusquam dimidiam partem stipulatori acquiri. I, tit. 20, § 4.* Cependant, si la chose stipulée ne souffroit pas de division, elle seroit acquise en entier au stipulant ; comme s'il étoit question d'une servitude qu'on auroit stipulée pour soi & pour un tiers : *Servitutem recipere nisi sibi nemo potest; adjectio itaque vicini pro supervacuo habenda est; ita ut tota servitus ad eum qui receperit, pertineat. l. 5, commun. præd. tam urb. quàm rustic.* Voyez *Accroissement, pag. 110 & 111.*

Il y a beaucoup d'autres circonstances où l'on fait usage de la maxime : *Utile non debet per inutile vitiari, reg. 37, de reg. juris in 6.* Ce sont celles où il faut envisager qu'il y a autant de stipulations différentes, qu'il y a de choses différentes. *Sed si mihi Pamphilum stipulanti, tu Pamphilum & stichum spoponderis, stichi adjectionem pro supervacuo habendam puto; nam si* TOT SUNT STIPULATIONES QUOT CORPORA, *duæ sunt quodam modo stipulationes,* UNA UTILIS, ALIA INUTILIS; NEQUE VITIATUR UTILIS PER HANC INUTILEM. *l. 1, § 5, D. de verb. obligat.*

On voit dans l'authentique *ex causâ de lib. præt.* que quoique l'institution d'héritier, qui fait la base d'un testament, soit caduque, néanmoins le testament subsiste & les legs sont dus : *Ex causâ exhæredationis vel præteritionis irritum est testamentum quantum ad institutiones; cætera namque firma permanent.* Voyez l'*art. 53 de l'ordonnance de 1735.*

Parmi nous, les donations des successions échues peuvent subsister, quoique celles des successions à échoir soient déclarées nulles. De même chez les romains les donations qui n'avoient pas été insinuées restoient en valeur, à concurrence de la somme pour laquelle l'insinuation n'étoit pas requise, & étoient nulles pour le surplus. *Si quid autem supra legitimam definitionem fuerit donatum, hoc* QUOD SUPERFLUUM EST TANTUMMODO NON VALERE; *reliquam vero quantitatem, quæ intra legis terminos constituta est, in suo robore perdurare, quasi nullo penitùs alio adjecto;* SED HOC PRO NON SCRIPTO, VEL NON INTELLECTO ESSE CREDATUR. *l. 34, C. de donat.*

On divise les clauses d'une transaction. *l. 31, C. de transact.* Tous les jours on infirme une sentence dans un chef, & on la laisse subsister dans les autres.

Enfin, on peut obtenir des lettres de rescision contre une des clauses d'un acte qui n'a aucun rapport aux autres : cependant, si le défendeur faisoit voir qu'il n'a passé l'acte qu'en considération de cette clause, tout devroit être anéanti.

En cette matiere, tout dépend des circonstances, & il faut user avec choix des maximes générales que nous annonçons dans les différentes divisions de cet article. L'application des regles triviales aux cas particuliers est délicate, & exige beaucoup de prudence de la part du jurisconsulte & du juge. Nous nous en expliquerons ci-après sous le mot *Adage.* Voyez encore *Appel, Clause, Condition, Division, Donation, Indivisible, Infirmation, Institution, Jugement, Sentence, Servitude, Testament, Transaction, &c.*

Droit fiscal.

28. Nous n'entrerons point ici dans un grand détail ; le lecteur trouvera aux mots *Amortissement, Centieme-denier, Contrôle, Droits-réservés, Ensaisinement, Formule, Franc-fief, Indemnité, Insinuation, Petit-scel, Timbre, &c.*

tout ce qui a rapport à cette importante matiere ; il suffira, quant à présent, d'exposer les regles de pratique qu'il importe le plus de faire connoître; mais nous ne pouvons pas nous faire entendre, sans quelques réflexions préliminaires.

Ceux qui auront lu l'article *Accise*, connoissent notre esprit.

Les impôts sont nécessaires aux dépenses qu'exigent le maintien de l'ordre & la sûreté de l'état; & c'est au souverain seul qu'il appartient de choisir l'objet sur lequel ils doivent être assis. Nous reconnoissons même, dans les droits dont il s'agit ici, un avantage qu'il seroit à desirer que l'on trouvât dans tous les genres d'impositions : celui de peser beaucoup plus sur le riche que sur le pauvre. Mais si c'est au prince à déterminer l'objet de l'impôt, ne seroit-il pas à souhaiter que le sujet connût bien précisément la volonté souveraine? qu'il sût exactement ce qu'il doit payer, & dans quel cas il est redevable ? cependant il s'en faut bien qu'il ait cet avantage. Les droits dont nous parlons portent sur des clauses souvent très-abstraites, ils tiennent à des discussions subtiles au dessus de la portée de la plupart des contribuables; de façon que les préposés, comme dit si bien Montesquieu, se trouvant les interpretes des loix du souverain, exercent un pouvoir arbitraire sur les fortunes.

Ces considérations ont porté les cours à faire des réglemens pour arrêter, ou du moins pour modérer les abus. On trouve un ARRÊT du parlement de Besançon, du 7 septembre 1767, & un ANTÉRIEUR de la cour des aides de Dole, du 17 avril 1736, qui prononcent contre les receveurs la peine de restitution, du quadruple de ce qu'ils auroient reçu induement, de 200 livres d'amende envers le roi, & d'interdiction de leurs emplois. L'on a écrit quelquefois que ces contestations ayant été attribuées aux commissaires départis, on voyoit rarement ces arrêts des cours s'exécuter littéralement contre les receveurs ; parce que les arrêts du conseil, regle naturelle des commissaires du conseil, ne prononcent les mêmes peines que dans le cas où il paroît que la sur-exaction a été faite de mauvaise foi. De cette maniere, les receveurs trouvant presque toujours une excuse dans une ignorance prétendue, on voyoit à leur égard très-peu d'exemples de condamnations; tandis que rien n'étoit plus fréquent, au contraire, que les paiemens d'amendes & de triples droits de la part des particuliers qui étoient tombés dans la contravention, ou plutôt dans l'omission de quelques formalités bursales. Combien cependant les omissions de ceux-ci ne sont-elles pas excusables, puisqu'ils ont & doivent certainement avoir bien moins de connoissances que des receveurs ou contrôleurs! Si ces plaintes ont été justes, elles méritent considération.

En Provence, on ne s'est point borné aux arrêts & aux réglemens contre la sur-exaction des receveurs : l'administration municipale a pris des précautions plus efficaces ; elle a cru devoir s'intéresser à toutes les contestations qui naissent entre les préposés & les contribuables; & en conséquence elle a établi, & pensionné dans la ville d'Aix, une personne versée dans cette partie, à qui chaque particulier peut adresser ses plaintes ou le soin de sa défense; ce qui se fait sans aucun frais. On a ensuite l'attention de recueillir les décisions, soit de l'intendant, soit du conseil, contre le fermier; & on en forme un cahier qui est envoyé à la fin de chaque année à toutes les communautés. Cet établissement précieux répand des connoissances très-intéressantes pour le public : & s'il est utile & juste, pourquoi ne seroit-il pas adopté dans tout le royaume? Il résulteroit de ces recueils annuels, une sorte de code contre les *extendeurs*. Tel a été du moins l'esprit des états de Provence.

Ces réflexions bien saisies, quelles regles avons-nous annoncées, & quelles peuvent-elles être? C'est d'abord un ARRÊT du conseil d'état, du 11 novembre 1767, composé de cinq articles.

Il est ordonné *par le premier*, que les notaires, greffiers & autres officiers publics, à la diligence desquels les actes auront été contrôlés & insinués, ne pourront plus être recherchés dans aucun temps, pour le supplément des droits qui en résulteront.

L'*article 2*, porte que l'adjudicataire des fermes, ses commis & préposés ne pourront former aucune demande en supplément de droits contre les parties contractantes, deux ans après que les actes auront été contrôlés & insinués.

L'*article 3*, décide que les frais de la premiere contrainte, sont à la charge de l'adjudicataire, soit qu'il s'agisse d'une demande en recours, soit qu'il s'agisse d'une demande en supplément.

L'*article 4*, ordonne que *les droits entiers* qui auront été omis ou recélés, pourront être recouvrés dans les vingt années du jour de leur ouverture. On remarquera le mot *Entiers*, qui distingue les droits dont il est parlé en cet article, de ceux dont il s'agit dans les précédens. Ceux-ci se prescrivent par deux ans, à compter du jour du contrôle ou de l'insinuation; pour ceux-là il faut vingt ans, à compter du jour de leur ouverture.

L'*article 5*, n'accorde aux parties que deux années après l'expiration du bail des fermes générales, pour réclamer la restitution des sommes sur-payées ou induement perçues. Sur ce dernier article, nous avons une observation importante à faire : c'est, que quand les actes pour lesquels on a payé les droits se trouvent nuls, d'une nullité qui puisse donner lieu à la restitution de ces droits, (ce qui est expliqué sous le mot *Nullité*), les traitans ou régisseurs ne restituent jamais ce qui a été payé pour ce qu'ils appellent *formalités utiles*, telles que le contrôle & l'insinuation au tarif. Ils disent que c'est-là le salaire d'un travail qui ne se répete point; ce qui en fait comme des droits personnels, à la différence des droits d'amortissement, de centieme denier & d'indemnité, qu'ils appellent réels, parce qu'ils semblent comme attachés à la chose ou au fonds, dont le transport ou l'acquisition donne ouverture à ces droits.

On reproche encore à quelques fermiers, receveurs ou contrôleurs de regarder d'abord les exemptions comme autant d'exceptions à la regle, lesquelles doivent être étroitement resserrées dans les cas pour lesquels elles ont été accordées; d'attacher ensuite à la levée des droits une idée de faveur qui leur fait interpréter les ordonnances de la maniere la plus avantageuse pour eux. Cependant, outre que ces droits, considérés comme impôts, sont de leur nature peu favorables, c'est un principe du droit romain, adopté & suivi dans la jurisprudence françoise, que, dans le doute, sur un droit du fisc vis-à-vis d'un particulier, la cause de celui-ci doit prévaloir. Ce langage au surplus est celui du *Traité du droit public* de Domat, où il revient trois fois sur cette maxime : 1°. *à l'art. 18, tit. 5, sect. 6; 2°. à l'art. 26, sect. 1, tit. 6;* & enfin, *à l'art. 14, sect. 7, du même titre.*

« Tous ces privileges qu'on vient d'expliquer, & toutes les considérations générales qui rendent favorables les droits du fisc, n'ont pas cet effet, que la cause du fisc soit en général plus favorable que celle des particuliers intéressés à contester quelques droits; & que, dans le doute, on doive pancher à juger en faveur du fisc. Car, encore qu'il soit vrai que l'intérêt public doit être préféré à celui des particuliers, & qu'à cause de cet intérêt, tous les droits du fisc soient très-favorables; la faveur de cet intérêt consiste à maintenir ces droits en entier, & à donner à chacun son usage dans tous les cas où ils peuvent s'étendre raisonnablement. Mais dans le doute de cette étendue, la considération de l'équité qui peut se trouver dans les intérêts des particuliers, venant à balancer l'intérêt du fisc, fait une autre sorte de bien commun que le prince veut bien considérer plus que le sien propre; préférant au peu d'intérêt qu'il peut avoir dans les cas où naissent ces doutes, l'intérêt des particuliers qui leur est bien plus important à proportion, que ne l'est au prince le peu de profit qui pourroit revenir au fisc. Ainsi en ces sortes de difficultés, on peut, selon l'équité, ne pas favoriser la cause du fisc, suivant la regle expliquée en un autre lieu. »

Domat dans cent autres endroits s'exprime encore plus clairement & avec le même courage.

« Les droits du fisc, dit-il, n'ont de faveur & de privilege qu'en ce qui regarde la justice qui les rend nécessaires pour le bien public, & la facilité d'en faire le recouvrement; ce qui est borné aux droits qui se trouvent nettement établis, *& ne s'étend pas aux prétentions que les traitans chargés du recouvrement pourroient avoir, au-delà des bornes des droits clairement fixés par le souverain.* »

Peregrin, en son Traité *de jure fisci*, en dit autant; & ces auteurs se fondent sur ces paroles des loix romaines. *Non puto delinquere eum qui in dubiis quæstionibus contra fiscum facilè responderit. l. 10, D. de jure fisci. Quod communiter omnibus prodest, hoc (rei) privatæ nostræ utilitati præferendum esse censemus; nostrum esse proprium subjectorum commodum, imperialiter existimantes. l. unic., § 14, C. de Cad. toll.* »

A ces autorités, on a quelquefois joint un raisonnement qui n'est pas sans force. Dans les contestations qui naissent entre le fisc & un particulier; ou celui-ci fait cause commune avec tous les autres citoyens, ou son intérêt est absolument détaché de l'intérêt général: que dans ce dernier cas, si l'on veut, la balance ne panche point de son côté; mais il est certain que dans l'autre, il représente le public, & qu'il doit jouir de toute la faveur attachée au bien général. Or, lorsqu'il s'agit des droits établis sur les actes, & que pour décider entre un particulier & la ferme, il est question d'expliquer, d'étendre ou de restreindre la disposition obscure d'une loi bursale; la cause du particulier n'est-elle pas celle du public? son intérêt n'est-il pas celui de tous? Il doit donc jouir, en ce cas, du privilege attaché à l'intérêt général; & la loi doit s'interpréter en sa faveur.

Les percepteurs font encore une distinction entre les actes judiciaires & forcés, & les actes volontaires; pour ne pas confondre les droits qui sont dus par les uns, & qui ne sont pas dus par les autres: car les actes judiciaires en général ne sont soumis qu'aux droits de greffe & de petit-scel, & non point aux formalités de contrôle & d'insinuation au tarif; tandis que les actes volontaires sont soumis à ceux-ci, & exempts des autres. Or, comme il se rencontre assez souvent que des actes judiciaires pourroient être passés pardevant notaires, ils prétendent qu'alors ces actes sont sujets à tous les droits des actes volontaires. Ils appliquent même cette regle aux actes ecclésiastiques qui émanent de la jurisdiction volontaire des évêques. Qui ne voit que c'est-là une extension de la loi contre les principes que nous avons établis plus haut?

Arrêt du conseil, du . . . . . . 1753, qui fait injonction aux notaires, tabellions & greffiers (qui précédemment ne faisoient mention sur les grosses & expéditions, que de la date du contrôle & de l'insinuation) d'énoncer dans leur entier les quittances ou relations des droits, telles qu'elles sont portées sur les minutes; de maniere que les contractans soient instruits de la quotité des sommes qui ont été perçues: il est aussi ordonné que l'Édit du mois de mars 1693, la Déclaration du 14 juillet 1699, & les Arrêts du conseil du 22 mars 1695 & 23 février 1736 soient exécutés selon leur forme & teneur ; & qu'en conséquence les notaires, tabellions, greffiers & autres seront tenus de transcrire exactement & dans leur entier, sur les expéditions & extraits des actes qu'ils délivreront, les quittances ou relations des droits qui auront été mises sur les minutes ; qu'ils y feront mention du nom du commis qui les aura contrôlées & insinuées, de celui du bureau, du montant des sommes qui auront été payées, & de la date du contrôle & de l'insinuation, sous peine de 200 liv. d'amende pour chaque omission.

Nous finirons cette division par ces paroles remarquables qui se trouvent dans l'arrêt du conseil du 9 janvier 1740, concernant les fermes & régies du Roi. « Sa majesté ne perd pas de vue combien est digne de son attention le choix des personnes qui doivent, en soignant le maintien de ses revenus, ne percevoir les droits qu'avec cette justice & cette prudence qui concourent à la tranquillité & à la confiance de ses peuples. »

Angleterre.

29. Nous avons vanté les loix criminelles de l'Angleterre. Le droit privé mérite-t-il les mêmes éloges, sur-tout relativement aux actes?

Blackstone, *tom. 2, liv. 2, ch. 20, pag. 295*, donne les principes suivans.

« Un acte est un écrit signé & scellé par les parties contractantes. » *A deed is a Writing sealed and delivered by the parties.*

« Quelquefois on appelle un acte charte, *charter*, CARTA, par allusion à la partie matérielle de sa composition. » (Ainsi l'on dit *la grande charte*, comme nous disons *les anciennes chartes*) ; mais, quand un acte est relatif aux faits de la vie privée, on l'appelle communément acte, du mot latin *factum*, κατ' ἐξοχήν. »...

« Si un acte est fait par plusieurs parties, il doit y avoir autant de copies que de contractans. Ces copies mises les unes sur les autres, sont coupées les unes sur les autres, sur le sommet, en forme de dents correspondantes, & delà cet acte est appellé *acte public* DENTELÉ.... S'il n'est question que d'une personne, ce n'est plus un acte public DENTELÉ, mais TONDU ou RASÉ. *A deed made by one party only is not indented, but* POLLED *or shaved quite even; and therefore called a deed-poll, or a single deed.* » (pag. 296.)

Après cette distinction, Blackstone parcourt plusieurs conditions nécessaires pour la validité des actes. Il termine, *pag. 308*, par un résumé que vous trouvez encore dans son petit extrait des loix angloises. *AN ANALYSIS OF THE LAWS OF ENGLAND. — The second edition*, Oxford, 1757. — Book 2, chap. 13. *Of alienation by common assurances and the* GENERAL NATURE *of* DEEDS.

« Un acte peut être annullé, 1°. par l'incapacité de contracter dans les parties, & par le défaut de la chose sujet du contrat. *Proper parties, and a proper subject matter*; 2°. par le défaut des motifs servant de fondement; par l'usure, la fraude, la collusion, tout ce qui peut tromper ou jeter en erreur, & autres bonnes considérations. *A good and sufficient consideration*; 3°. s'il n'est pas écrit sur du papier ou du parchemin duement timbré. *Writing, on paper or parchment, duly stamped*; 4°. si les expressions n'en sont pas claires, propres & légales. *Sufficient and legal words, properly disposed*; 5°. si avant l'exécution on a manqué d'en faire lecture aux parties, lorsquelles l'ont desiré. *Reading, if desired, before the execution*; 6°. si l'acte n'est pas scellé, ou même signé dans les cas fixés par le statut. *Sealing; and, by the statute, in many cases signing also*; 7°. s'il n'est pas délivré avec les formalités requises. *Delivery; it is a void deed* AB INITIO; 8°. s'il n'est pas attesté, ou n'a pas été exécuté en présence de témoins. *The attestation execution of il in the presence of or witnesses.*

Un acte peut être annullé par divers défauts, & des faits subséquens à sa rédaction. *It may also be avoided by matter* EX POST FACTO : 1°. s'il y a des ratures, des interlignes, ou quelqu'autre altération, à moins qu'il n'y ait approbation, attestation ou exécution. *By rasure, interlining or other alteration in any material part; unless a memorandum be made thereof at the time of the execution and attestation;* 2°. si le sceau est rompu ou effacé. *By breaking off, or defacing, the seal;* 3°. si l'acte quand on le présente, est cancellé, ou traversé de toutes les manieres par les lignes dont on se sert pour effacer un écrit. *By delivering it up to be cancelled; that it is to have lines drawn over it in the form of lattice work or cancelli; though the phrase is now used figuratively for any manner of obliteration or defacing it;* 4°. s'il y manque le consentement d'une personne, d'un tiers dont le concours est nécessaire, comme si le contractant est une femme mariée, un enfant, toute personne en puissance d'autrui; s'il y a violence, incapacité ou autre chose semblable. *By the disagreement of such, whose concurrence is necessary, in order for the deed to stand: as, the husband, where a feme covert is concerned; an infant, or person under duress, when those disabilities are removed; and the like;* 5°. si l'on n'a pas l'attache de quelque cour de judicature. *By the judgment or decree of a court of judicature.*

D'après cela, serons-nous critiqués par les Anglois eux-mêmes, si nous disons que leurs actes sont sujets à plus de formes que les nôtres; & que ces formes sont plus rigoureuses, quoiqu'elles paroissent étrangeres ou indifférentes à la réalité du contrat, à l'essence de l'acte, comme le timbre ou la rupture du sceau? Ne pouvons-nous pas avec la franchise d'un *whig*, ajouter que les principes anglois sur les conditions nécessaires à la validité des actes, sont au moins aussi abstraits, vagues, obscurs & subtils que les nôtres; *obscurum per obscurius:* & que les Anglois semblent avoir renchéri sur les Romains, de qui nous avons tous reçu cet esprit pointilleux de forme, de chicane & d'astuce, destructeur de toute bonne foi?

Ce furent les patriciens qui introduisirent ces formes inextricables pour s'asservir l'ignorant plébéien. Pour conserver les siennes, l'Angleterre sacrifie impitoyablement l'équité & la vérité. Sa justice n'a qu'un temple antique où l'on n'aborde que par un sentier tortueux semé d'abymes, qu'ont creusés à chaque pas les coutumes ou les loix. Et malheur à celui qui ne les sait pas toutes. Il ne doit pas les ignorer, dit Blackstone, dès qu'elles peuvent le concerner immédiatement. *It is incumbent upon every man to be acquainted with those at least, whith which he is immediately concerned.* (Introduction sect. the first, p. 6.)

Mais, comment savoir toutes ces loix & ces coutumes, & par qui s'assurer de leur certitude dans les actes toujours renaissans de la vie civile? *Blackstone* se propose cette grande question de justice dans son introduction, sect. 3, n°. 1, pag. 69 : *How are these customs or maxims to be known, and by whom is their validity to be determined.*

Il resout ainsi l'objection : « Par les juges des différentes cours de justice, dépositaires des loix, oracles vivans, chargés de décider les cas douteux & astreints par serment à juger conformément aux loix du pays. » *The answer is, by the judges in the several courts of justice. They are the depositary of the laws; the living oracles, who must decide in all cases of doubt, and who are bound by an oath to decide according to the law of the land.*

Mais comment s'acquiert cette connoissance de toutes les loix du royaume, qui ne sont, comme le dit *Blackstone*, qu'une coutume générale & immémoriale, appellée LOI COMMUNE, confirmée de temps en temps par les arrêts des cours? *And thus much for the first ground and chief corner stone of the laws of England, which is general immemorial custom, or* COMMON *law, from time to time declared in the decisions of the courts of justice.* (Introd. pag. 73.)

Blackstone répond par l'expérience, par l'étude, par VINGT ANS DE TRAVAIL, comme dit Fortescue, par l'habitude, par l'examen & la comparaison des jugemens rendus par les prédécesseurs. » *Their knowlege of that law is derived from experience and study; from the* VIGINTI ANNORUM LUCUBRATIONES, *which Fortescue mentions; and from being long personally accustomed to the judicial decisions of their predecessors.* (Inst. p. 69.)

Mais encore, s'il faut tant de temps & d'étude pour savoir la jurisprudence, qu'attendre de l'agricole, du marchand, du soldat, du navigateur, des femmes & de la plus grande partie de la nation? Qu'attendre même des pairs & de tous les gentilhommes, si le reproche que leur fait *Blackstone*, dans son introduction, pag. 4, peut être fondé: « que les Anglois de toutes conditions sont moins instruits en jurisprudence que toutes les autres nations de l'Europe. » *A species of knowlege, in which the gentlemen of England have been more remarkably deficient than those of all Europe besides.*

Delà il doit arriver, que les jurisconsultes sont en Angleterre ce que furent les patriciens dans les beaux temps de Rome; & que le savoir réuni à l'éloquence, ouvre les portes du sénat au *paysan d'Arpinum* pour en faire le sauveur de la république, le pere de la patrie. Ainsi, le *Démosthene anglois*, EDMUND BURKE, après avoir, par son abondante & vive éloquence, porté dans les esprits & dans les cœurs l'enthousiasme de la liberté, du courage & de l'économie, s'assied auprès du trône, sans abandonner, comme CHATAM, les *communes*. Il doit arriver qu'un mouvement général & irrésistible porte au faîte des honneurs les jurisconsultes que la nation appelle la loi parlante, *a speaking law*: comme si l'intelligence ou la conservation des loix dépendoit moins de leur existence réelle, & de leur sens intrinseque, que de la vie & de l'esprit que leur donnent les interprêtes! Tel ce chef de justice lord comte *Mansfield*, qui dans les flammes de l'émeute protestante, de juin 1780, a vu brûler ces manuscrits de jurisprudence dont les trois royaumes regardent la perte irréparable, comme un malheur public. Tel ce *Charles* PRATT, qui pour avoir, dans l'affaire du n°. 45 du nord Britton, si courageusement développé les principes constitutionnels de la liberté de la presse, & en général, les droits individuels de tous les hommes en société politique, fut élevé à la pairie sous le nom de lord CAMDEN, & préside aujourd'hui le conseil d'état.

Mais enfin, cette LIBERTÉ constitutionnelle que *Blackstone* définit LE POUVOIR DE FAIRE CE QUE LES LOIX PERMETTENT: *This* LIBERTY, *rightly understood, consists in the* POWER OF DOING WHATEVER THE LAWS PERMIT. (Int. pag. 6.) Ce feu sacré, à la conservation duquel tout Breton se croit obligé de veiller sans cesse, & de sacrifier l'humanité même, ne peut-il pas s'éteindre ou s'obscurcir, lorsque ses prêtres, les jurisconsultes, profanant leur savoir & leur éloquence, interpréteroient à leur gré ces loix versatiles & confuses, sur lesquelles repose la liberté publique & individuelle? En un mot, par le sens trop souvent arbitraire des loix, la liberté ne fut-elle jamais l'esclave du pouvoir, de la corruption, de l'ignorance; & ne peut-elle pas le devenir encore?

encore? Car tous les juges n'ont pas été & ne seront pas toujours des *Mansfield* & des *Pratt*.

La liberté se soutient par le courage du préjugé, l'agitation des esprits, la conscience ou la crainte des *jurés*. Mais l'intérêt général, épuisé par ce grand objet des conversations, des *clubs*, des *pamphlets*, & de l'*opposition*, n'ayant plus de force pour s'attacher à des intérêts privés & éphémeres, les causes particulieres doivent moins fixer l'attention publique, on néglige, on dédaigne le droit privé. Là, plus qu'ailleurs, la valeur & l'interprétation des actes peuvent être le jouet des tribunaux; le style Anglois sembleroit prêter merveilleusement à l'arbitraire.

En effet, vous avez pu entendre des Anglois, vanter la richesse, le moëlleux & l'énergie de leur langue. *The English tongue is as copious, Pithy, and significative.* Mais excepté quelques écrivains anciens, tels que Locke, Clarke & Pope; quelques modernes, tels que Hume & M. Robertson; & quelques orateurs, tels que le lord Richmont & Mrs. Burke & Fox, il semble que le style Anglois embarrassé dans la tournure des phrases, prolixe par l'exubérance des idées & des expressions, quelquefois long & diffus, n'a pas toujours la simplicité & la clarté convenables aux loix, aux jugemens & aux actes. Ce n'est pas ce laconisme des Grecs, quelquefois saisi par les Romains dans les loix du digeste, sur-tout dans les édits du préteur, & auquel, des langues vivantes, la françoise paroît la plus propre. Delà, tel acte qui, à Paris, ou sera rédigé plus clairement, ou ne présentera point de doute, ou n'excitera qu'une vapeur légere de chicane, rédigé à Londres, consulté aux environs de la chancellerie (*inns of court and chancery*,) & ensuite soumis à une cour de justice, doit produire des doutes graves, des argumens soutenables, quelquefois un déluge de procédures dont la sérieuse nation ne fait que rire; tandis que nous, si légers & si gais, nous nous affectons impatiemment de ce que nous appellons la fécondité dévorante du palais.

Avec un admirable systême de loix, pour parler encore comme BLACKSTONE, *admirable system of laws*, du moins avec le meilleur droit criminel connu; avec tant d'amour pour son droit public, tant d'études, d'éloquence, de génie & de courage pour le perfectionner; si la nation angloise a si peu fait pour son droit privé, plaignons-nous moins de l'état actuel du nôtre. Si nous avons fait davantage, espérons que, la surpassant dans cette partie, nous pourrons bientôt l'égaler dans les autres. Et, pour le bonheur des deux nations, que ce soit la seule & la premiere de nos rivalités!

Danemarck & Suisse.

30. Nous ne finirions pas, si nous essayions de donner une notice des différentes formes des actes en Europe.

En Danemarck, où le souverain est absolu; suivant le code de Christiern V, loi vivante, liv. V, ch. I, art. 2, ch. III, art. 28 & ch. VII, art. 7, la signature des contractans en présence de deux témoins suffit pour donner l'authenticité légale aux actes les plus importans. Après cela, veut-on conserver perpétuellement ces actes, ou acquérir une hypotheque par la publicité, on les fait enrégistrer & insinuer, à peu de frais, dans le tribunal du lieu. Aussi, dans toute la ville de Copenhague & ses fauxbourgs, n'y a-t-il qu'un seul notaire; point dans les campagnes, & souvent encore, point dans les bourgs & les petites villes.

La Suisse, libre, mais attachée à tout ce qu'elle a trouvé établi, lors de la confédération, a conservé un grand nombre de notaires; & la plupart des statuts locaux donnent aux actes notariés des droits que les actes sous signature privée n'acquierent pas, faute de pouvoir être insinués & enrégistrés comme en Danemarck.

Dans le pays de Vaud, tous contrats ou actes *perpétuels doivent être reçus, dressés & signés par des notaires jurés*, suivant la loi 4, fol. 63; « AFIN QUE LES LODS compétens aux seigneurs directs, ni les droits de proximité ne soient couverts & cachés au préjudice des intéressés. Il *ne sera* dorénavant *licite à personne* que ce soit *de faire ni passer* aucunes venditions, cessions, *ni autres contrats ou actes* PERPÉTUELS, concernant biens immeubles, *de leurs mains propres;* ains les devront faire recevoir, dresser & stipuler par les notaires jurés, résidens & faisant leur demeure au même bailliage; & principalement quand tels contrats toucheront des aliénations; *autrement ils ne seront valables, ains de nullité & sans effet.* »

« Cette loi, dit *Boyve*, dans ses remarques, part. premiere, tit. 6, pag. 73, reçoit une exception, par le dispositif de la loi 3, fol. 93, qui *permet d'avoir les actes de main privée*, pourvu que dans le terme accordé pour le paiement des lods, l'acte en soit instrumenté par main de notaire, & ce terme est fixé par la loi 6, fol. 109, à trois mois. — Par ARRÊT de la suprême chambre, du 13 février 1751, un convenant de main privée, emportant aliénation de biens fonds, sous promesse de le faire rédiger par écrit, a été jugé exécutable, nonobstant que l'une des parties en voulut revenir. »

J'ai vu faire plusieurs actes en Suisse, & j'ai signé à Nyons un contrat de mariage où les époux se constituoient quatre-cents mille livres. Le notaire fit deux doubles signés par les deux contractans, les parens, amis & témoins, lesquels doubles il remit aux deux époux, en gardant copie protocolée dans son registre, & signée de lui *seul*. Ainsi, les minutes sont délivrées aux parties, & le notaire ne protocole qu'une expédition, dont, suivant la loi 3, fol. 61, il pourra *redoubler & relever* une copie à la partie qui la demandera, soit du consentement de l'autre, soit de l'autorité de la justice inférieure. Cet usage vaut-il mieux que le nôtre, & ne semble-t-il pas plus naturel que l'officier public garde dans un dépôt public le signe original, l'instrument de la convention des contractans? Ne peut-il pas arriver que l'une des minutes se perde, que l'on arguë de faux la signature des témoins, que le notaire soit lui-même un faussaire, &c.

Je n'insiste pas davantage sur ces doutes dont il faut espérer que la bonne foi helvétique garantira long-temps ce pays. Quand il y auroit quelque réforme à faire sur ce point, comme sur les privileges donnés à la féodalité, partout, hors dans quelques petits cantons; comme sur la question préparatoire, conservée encore à Zurick & à Berne, après l'avoir, de concert avec la France, proscrite à Geneve en 1738, il ne faut pas seulement prononcer le mot de changement de loix dans ces républiques qui ont si aisément adopté la réforme religieuse. Et lorsque Berne a voulu rendre uniformes les poids & mesures, laissez-nous, a-t-on dit, nos mauvaises loix : vos enfans, moins vertueux que vous, attaqueroient les bonnes, & nous sommes bien.

Dans les états libres & heureux, on tremble de toucher à l'édifice; & c'est ce qui fait qu'avec de mauvaises loix, comme par-tout, la Suisse, la Hollande & l'Amérique, refondront plus tard leurs codes obscurs, gothiques, & quelquefois barbares.

D'après cette idée exacte, le moment ne seroit pas favorable pour la réforme des loix françoises : mais nous avons un autre avantage, c'est la volonté souveraine qui peut tout & ne craint rien, quand le bien de l'état le demande. Celui qui, au milieu d'une guerre opiniâtre, a aboli la question & donné tant de belles loix d'administration, que ne fera-t-il pas dans la paix?

ACTE D'HÉRITIER.

(*Droit privé.*)

1. La déclaration qui se fait en justice, ou par acte reçu par des notaires, qu'on accepte une succession, ne laisse aucun doute sur la qualité d'héritier; mais la difficulté consiste à savoir ce qui, au défaut de cette déclaration, peut & doit passer pour *acte d'héritier.*

La regle la plus générale & la plus simple qu'on puisse établir, c'est qu'on fait *acte d'héritier*, toutes les fois que l'acte ne peut se soutenir sans le droit, nom, ou qualité d'héritier. Le droit romain a des principes en cette matiere qui different peu de ceux des pays coutumiers : nous allons les présenter successivement; & le détail des arrêts achevera de faire connoître tout ce qu'il est essentiel de savoir sur cet objet important.

DROIT ROMAIN.

2. A Rome l'acceptation d'une hérédité se faisoit expressément, ou tacitement.

Elle se faisoit expressément, lorsque celui qui étoit habile à se porter pour héritier, déclaroit qu'il vouloit l'être, ou en prenoit la qualité dans quelque acte judiciaire, ou public & authentique. *Si filius qui abstinuit se paternâ hæreditate, in jure interrogatus, responderit se* HÆREDEM ESSE, *tenebitur. l. 1, in princip. D. de interrogat. in jur. faciendis.*

Elle se faisoit tacitement, lorsque l'héritier se livroit à quelque acte qu'il ne pouvoit faire qu'en qualité d'héritier; comme lorsqu'il disposoit des biens héréditaires en maître, en les vendant, les louant, les mettant en gage, &c. *Pro hærede gerere videtur is, qui aliquid facit quasi hæres. l. 20, in princip. D. de adquir. vel omit. hæred.... Tunc pro hærede geri dicendum esse ait, quoties accipit quod citra nomen & jus hæredis accipere non poterat. § 4, eod.... Pro hærede autem gerere quis videtur, si rebus hæreditariis tanquam hæres utatur, vel vendendo res hæreditarias, vel prædia colendo, locandove; & quoquomodo voluntatem suam declaret, vel re, vel verbo de adeundâ hæreditate. § 7, I. de hæred. qualit. & differ.*

Il peut arriver pourtant, qu'un héritier présomptif fasse des actes, qui, de leur nature, seroient des actes d'héritier; mais qui, par les circonstances, doivent en être distingués. Ainsi, par exemple, si un fils qui demeuroit dans une maison dont son pere le laissoit jouir, y continue sa demeure sans s'expliquer sur la qualité d'héritier; cette possession ne suffira pas pour l'obliger à la prendre, pourvu qu'il renonce à la succession & ne s'y immisce en aucune maniere. *Si paternâ hæreditate te abstinuisse constiterit, & non ut hæredem in domo, sed ut inquilinum vel custodem, vel ex aliâ justâ ratione, liquidò fuerit probatum; ex personâ patris conveniri te, procurator meus prohibebit. l. 1, C. de repud. vel abst. hæred.*

De même, ce qu'un fils fait par quelque devoir, comme s'il fait inhumer son pere, n'est pas réputé un acte d'héritier : *Ut puta, patrem sepelivit, vel justa ei fecit.... Si pietatis causâ hoc fecit, non videtur pro hærede gessisse. l. 20, § 1, D. de adquir. vel omit. hæred....* Il faut observer que la coutume de Nivernois, *chap. 34, art. 26*, a une disposition contraire : *Qui paie les dettes &* FRAIS FUNÉRAUX *du défunt.... il est tenu & réputé héritier.* HOC IMPIUM, auroit dit Dumoulin.

DROIT COUTUMIER.

3. Dans le nombre des coutumes de ce royaume, nous allons extraire ce que prescrivent celles dont les dispositions sont les plus claires & les plus raisonnables.

« Il ne se porte héritier qui ne veut... Et néanmoins, si aucun prend & appréhende les biens d'un défunt, ou partie d'iceux, quelle qu'elle soit, sans avoir autre qualité, ou droit de prendre lesdits biens ou partie; il fait *acte d'héritier*, & s'oblige en ce faisant, à payer les dettes du défunt : & supposé qu'il lui fut dû aucune chose par le défunt, il le doit demander & se pourvoir par justice; autrement, s'il prend de son autorité, il fait acte d'héritier. » *Art. 316 & 317 de la coutume de Paris.* La coutume d'Orléans, *art. 335 & 336*, s'énonce dans des expressions à-peu-près semblables.

« Quand aucun habile à succéder *ab-intestat* paie créanciers, légats, ou fait autre acte d'héritier, il est tenu & réputé héritier, & ne peut après répudier ladite succession, quelque protestation qu'il puisse faire au contraire. » *Art. 325 de la coutume de Bourbonnois.*

« Quand aucun prend pour soi & à son profit des biens d'un décédé dont il peut être héritier, il est tenu en toutes les dettes dudit décédé, s'il n'y a autres héritiers, quelque protestation qu'il fasse. » *Art. 272 de la cout. de Melun.*

C'est du résultat des principes établis par ces trois coutumes, & des *art. 150* de celle de Senlis, *& 101* de celle de Valois, que Loisel a tiré la seconde & la troisieme regle *du liv. 2, tit. 5 de ses Institutions coutumieres.* « Il n'est héritier qui ne veut.... Mais, qui prend des biens de succession, jusques à la valeur de cinq sous, fait acte d'héritier. »

D'Argentré rend compte des procédés qui forment ou ne forment pas des actes d'héritier.

Les seconds sont : d'avoir fait enterrer le défunt; parce qu'on peut avoir agi par principe de déférence pour sa mémoire : *Defunctum sepeliisse, nam citra hæreditatis acceptationem ab officio pietatis fieri potuit;* d'avoir resté dans la maison du défunt pour la garder, sur-tout, si c'est la veuve qui y a continué son séjour : *In domo defuncti habitasse, si custodiæ causa prætexitur, ut nec viduam in domo defuncti mariti hæsisse;* d'avoir fourni des alimens à sa famille : *Item defuncti familiam aluisse;* de s'être servi de ses chiens de chasse, parce que c'est l'exercice d'un droit de familiarité : *Canes venaticos defuncti abduxisse, pro hærede gessisse non est, quia jure familiaritatis potiùs ista fiunt.*

Les premiers sont : d'avoir intenté les actions que le défunt avoit le droit d'intenter : *Actiones hæreditarias intendisse;* d'avoir exercé le réméré des biens qu'il avoit vendus sous la réserve de cette faculté : *Prædia ex conventione retraxisse, quæ defunctus vendiderat lege redimendi;* d'avoir transigé sur un procès pendant : *De lite hæreditatis transegisse;* d'avoir agi en prenant formellement la qualité d'héritier : *hæreditatis qualitate quidquam gessisse;* d'avoir reçu des débiteurs, vendu, donné quittance, & payé les créanciers : *debita hereditaria exegisse, donasse, remisisse, soluisse.* (Argentræus, *ad art. 514, veter. cons. Britan. glos. 2, n°. 3.*)

Des principes du droit écrit, de ceux des coutumes & des maximes de Loisel, d'Argentré & autres meilleurs auteurs; M. de Lamoignon avoit cru pouvoir tirer ces conséquences.

« Vendre les meubles périssables de la succession, & payer les récompenses des domestiques, & les autres dettes privilégiées, *les frais funéraux*, & de la maladie du défunt, *n'est point faire acte d'héritier;* mais si l'héritier présomptif paie les autres dettes, *il fait acte d'héritier*, si ce n'est que lors du paiement il n'ait fait une *protestation expresse* au contraire. . . . . La réparation civile adjugée à celui qui est habile à succéder, & reçue par lui pour le délit commis en la personne du défunt, ne le rend point héritier. . . . Mais si en autre cas que ceux ci-dessus, aucun habile à succéder prend en la succession du défunt *jusqu'à la valeur d'un écu*, sans avoir autre qualité, ou droit de ce faire, il est réputé héritier, & ne peut après répudier la succession, si en recevant il n'a fait protestation contraire dans l'acte portant quittance. » *Arrêtés, titre des Successions, art. 6, 7 & 8, pag. 322.*

Jurisprudence.

4. ARRÊT du parlement de Paris, du 7 septembre 1559, qui juge « qu'une femme majeure est restituable contre une adition d'hérédité ombreuse, acceptée de parole seulement, quand *par dol* on a récélé & teu les deptes passives & charges d'icelles. » (Le Vest, *arr. 66, pag. 311.*) Quand on a été la victime du dol, on est toujours accueilli favorablement par la justice.

ARRÊT du parlement de Paris, du 6 octobre 1594, qui juge que la convention sur les biens d'une hérédité n'est pas un acte d'héritier. Catherine Malsec transige avec ses cousins germains sur l'hérédité d'un oncle commun, & se *désiste* de tous droits qu'elle eût pu prétendre sur une terre du défunt; au moyen de quoi ses cousins promettent de la garantir de toutes hypotheques sur cette terre. Indépendamment de cette transaction, Catherine Malsec avoit pris une cédule de quarante-neuf écus dus à son oncle, & écrit au dos : *cédule de mon oncle qu'il faut recouvrer.* Sur le fondement de ces deux démarches, on soutenoit qu'elle avoit fait acte d'héritier. *La question disputée, & avec contrariété d'opinions*, Catherine Malsec fut renvoyée de la prétention de ses adversaires. (Louet & Brodeau, *lettre* H, *som. 10, pag. 815 & 816.*)

Deux réflexions sur les deux objets qu'on opposoit à Catherine Malsec vont justifier la décision qui lui fut favorable. 1°. Il est bien vrai que celui qui cede ses droits à une succession, fait acte d'héritier, parce qu'il ne peut céder qu'autant qu'il a cette qualité; mais il n'en est pas de même de celui qui renonce. Celui-ci ne cede rien en effet à ses cohéritiers, puisqu'ils tiennent l'entiere succession de la loi par la voie de l'*accroissement* qu'elle a établi. *Voyez* ci-dessus ce mot, *n°. 36, pag. 169.*

2°. A l'égard de la cédule de 49 écus, Catherine Malsec ne l'avoit prise que pour en procurer le paiement, ainsi que le justifioit l'écrit qu'elle y avoit annexé. Les actes conservatoires ne peuvent nuire: ce fut l'avis d'un auteur accrédité dans une circonstance intéressante.

Nicolas Thoré meurt au mois de mars 1720, & on trouve dans sa succession pour plus de 30000 liv. de billets de banque. Il y avoit tout à craindre en les laissant entre les mains de l'huissier, à cause du discrédit de ce papier; les héritiers & la veuve conviennent donc de les retirer de ses mains, & ils les partagent, en déclarant dans le procès-verbal qu'ils n'en donnent décharge à l'huissier, qu'aux noms & qualités qu'ils procedent, savoir; la veuve, comme habile à accepter la communauté, & les héritiers comme créanciers. M. d'Héricourt décida que les héritiers n'avoient point fait *acte d'héritier* en partageant les billets de banque, attendu le danger qu'il y avoit qu'ils périssent entiérement. (*Œuvres posthumes de* d'Héricourt, *tom. 2, pag. 497 & suiv.*)

ARRÊT du parlement de Paris, du 22 novembre 1601, qui juge que ce n'est pas faire acte d'héritier, que de poursuivre la vengeance de la mort d'un défunt, lors même qu'on en est l'héritier présomptif; & que la condamnation que cet héritier présomptif obtient à son profit, ne l'oblige point à appréhender la succession. *Quia non accipit ex defuncti voluntate, sed quod in solâ vindictâ constitutum est. . . . Filius qui persequitur jus vindictæ, & non attingit aliquid hæreditarium, non videtur pro hærede gerere.* (Leprêtre, *centur. 1, ch. 11, pag. 31.*)

ARRÊT du parlement de Paris, du 31 décembre 1610, qui juge que la poursuite d'une veuve, tant en son nom, qu'en qualité de tutrice de ses enfans pour venger la mémoire de son défunt mari, & obtenir des intérêts civils, n'emporte point *acte de commune, ni d'héritier.* (Ibid. *pag. 32.*)

ARRÊT du parlement de Paris, du 24 juillet 1635, qui juge qu'un majeur qui a accepté purement & simplement une succession, peut être relevé de cette démarche, & reçu à la répudier, *en comptant de ce qu'il en a touché.* « Le fondement de cet arrêt est, qu'il y avoit eu *de la surprise*, & que les forces de l'hérédité, qui paroissoit d'abord opulente, s'étoient dans la suite trouvées affoiblies. » *(Ibid.)* Gueret observe, qu'un ARRÊT du 17 février 1605 avoit jugé le contraire. . . . Tout dépend des circonstances ; & on prend pitié d'un malheureux qui a été trompé & *surpris*.

ARRÊT du parlement de Rouen, du 6 juillet 1644, qui juge que celui qui a pris la qualité d'héritier par deux actes exercés en justice, *dont il n'y en avoit qu'un signé de lui*, n'est point recevable à faire entériner des lettres de restitution, quoiqu'il n'eût reçu aucune chose de la succession. Basnage, *sur l'art.* 235 *de la coutume de Normandie, tom.* 2, *pag.* 392.) L'art. 43 des placités de 1666 porte que « l'héritier présomptif, encore qu'il n'ait pas renoncé, n'est pas censé héritier, s'il n'en a fait acte, *ou pris la qualité*. »

ARRÊT du parlement de Grenoble, du 22 novembre 1650, qui juge, après partage, « qu'un mineur ayant accepté purement & simplement l'héritage de son pere de l'avis de ses tuteurs & plus proches, n'est depuis recevable de le prendre avec inventaire ; sauf à lui de se pourvoir contre ses parens & tuteurs. . . . Le mouvement de cet arrêt fut, que ce tuteur n'avoit agi que de l'avis des parens du mineur & du pupille ; qu'il avoit fait, de ce même avis, plusieurs actes héréditaires ; & que ce pupille fait majeur, n'en avoit jamais recouru qu'en cette instance : *Cependant, que les créanciers étoient en bonne foi de le considérer héritier pur & simple sur tant d'actes héréditaires.* S'il eût mis ses tuteurs & parens en cause, ou leurs héritiers, il eût eu contre eux sa garantie suivant la définition premiere de M. le président Faber. *C. si minor ab hered. se abstin.* » (Basset, *tom.* 1, *liv.* 5, *tit.* 4, *chap.* 7, *pag.* 30.)

ARRÊT du parlement de Rouen, du 14 mars 1667. « Les biens d'Edouard, sieur de Vaux, ayant été saisis réellement, son fils eut distraction de son tiers. Après la mort du pere, le fils disposa d'une partie de ses meubles ; les créanciers le poursuivirent comme ayant fait acte d'héritier. Il répondit que la distraction qu'il avoit demandée de son tiers coutumier équipolloit à une renonciation ; que cette demande avoit assez marqué son intention de n'être point héritier de son pere ; que les meubles qu'il avoit pris ne pouvoient lui donner cette qualité ; & que les créanciers n'avoient point d'action, que pour lui en faire rapporter la valeur. Les créanciers repliquoient que la demande du tiers n'étoit pas une renonciation suffisante, parce que son pere étoit vivant ; & que pouvant parvenir à une meilleure fortune, il s'en seroit rendu héritier. Il étoit donc incertain, avant la mort du pere, s'il accepteroit, ou répudieroit la succession ; qu'en tout cas sa défense seroit bonne, *s'il n'avoit pas mis la main à la chose ;* mais n'ayant point renoncé, & au contraire, s'étant saisi des biens héréditaires, il étoit réputé l'avoir fait comme fils & héritier, *non tanquam sur.* » L'arrêt prononça en faveur des créanciers, que le fils d'Edouard de Vaux avoit fait acte d'héritier. (Basnage, *tom.* 2, *pag.* 392.)

ARRÊT du parlement de Dijon, du 8 août 1669. Anne Ducreux « s'étoit *entremise* en des héritages de son pere, débiteur de M. Richard, & en avoit joui durant quatre à cinq ans. Elle vérifia, par son contrat de mariage, qu'elle étoit créanciere *pour dot ;* & quoiqu'elle n'eût pas fait de saisie après la mort de son pere, & se fût mise en possession d'autorité privée, ce fait fut considéré comme une suite de sa qualité de créanciere. » Davot, qui cite ce préjugé, (*tom.* 4, *pag.* 322.) convient que suivant la doctrine du président Favre, en son code (*de abst. vel. repud. hered. defin.* 1,) la possession de l'héritier testamentaire, ou *ab intestat*, est présumée être une acceptation de la succession déférée par la disposition de l'homme, ou par celle de la loi, *plutôt que d'être imputée au titre de gage*, à l'exception du cas où on auroit protesté par acte public; mais il dit que cette doctrine n'est pas suivie au parlement de Dijon.

Arrêt de la cour des aides de Paris, du premier mars 1673, « qui reçoit un mineur à renoncer à la succession de son pere, qu'il avoit acceptée sous l'autorité d'un tuteur; & ensuite devenu majeur, avoit donné une quittance en qualité d'héritier, du remboursement d'une charge qui faisoit partie de cette succession. » (Louet & Brodeau, *lettre* H, *som.* 11, *pag.* 817.)

On opposoit au mineur la quittance qu'il avoit donnée en majorité; & il répondoit : *J'en conviens, c'est un acte d'héritier fait en majorité, mais qui ne peut être considéré que comme la suite de l'appréhension de la succession que j'avois faite en minorité. Cette appréhension étoit vicieuse dans son principe : par conséquent, tout ce que j'ai pu faire à la suite de ce principe vicieux est également vicieux.*

Arrêt du parlement de Dijon, du 26 avril 1673, qui admet la répudiation de deux enfans qui avoient payé une partie des dettes de leur pere, & conséquemment fait acte d'héritier. L'espece de ce préjugé intéressant est rapportée ci-dessus *au mot* Accroissement, *pag.* 141.

Arrêt du parlement de Paris, du 26 mai 1674, qui juge entr'autres points, & en interprêtant l'*art.* 317 *de la coutume de Paris*, qu'un héritier présomptif n'est pas réputé faire acte d'héritier pur & simple, en prenant seulement les clefs du défunt, & demeurant sans autorité de justice dans la possession des effets héréditaires avant la confection de l'inventaire & sans aucun scellé : & encore qu'après une renonciation à une hérédité, on n'est plus réputé faire acte d'héritier pur & simple. (*Journal du palais, tom.* 1, *pag.* 569.)

Arrêt du grand conseil, du 16 décembre 1680, qui juge qu'un mineur doit être restitué contre l'adition d'une hérédité onéreuse, lors même qu'il a persévéré dans son acceptation après sa majorité, en sorte qu'il n'est tenu qu'à rendre ce qu'il peut avoir touché des effets de cette hérédité. L'arrêt est en faveur du marquis de Montrevel.

Arrêt du parlement de Dijon, du 26 juin 1685, qui rejette l'action intentée contre un pere aux fins de se voir déclarer héritier de son fils, *pour avoir retenu quelques effets délaissés par ce fils mort en sa maison.* « Il n'avoit rien fait en cela que de très-naturel, un pere n'étant pas obligé de jeter hors de sa maison des meubles qu'il y trouvoit, dans la crainte d'être héritier de son fils : il faudroit juger autrement, si le pere avoit été prendre ces meubles dans un autre domicile; mais n'ayant fait que les conserver, il falloit plutôt le considérer comme dépositaire, que comme héritier; la condition d'héritier étoit *potiùs animi, quàm facti, &c.* » (Perrier & Raviot, *tom.* 2, *quest.* 273, *pag.* 193 & 194.)

Arrêt du parlement de Flandres, du 30 avril 1697. « Une femme veuve qui s'est une fois immiscée, n'est facilement restituée après un long terme, à mois qu'il ne soit survenu quelque chose d'extraordinaire. » Peronne Lefevre, veuve de Malfait, reste en possession de la succession de son mari depuis le mois de septembre 1688, jusqu'à la fin de décembre 1695; & pendant, ce long intervalle, elle en administre les biens & en paie les dettes. A cette derniere époque, elle impetre des lettres de rescision fondées sur la lésion, qu'elle prétend justifier par un état des biens & des dettes, dont elle offre d'affirmer la sincérité. Elle invoquoit d'ailleurs la décision de Justinien, qui dans le § *6. I. de hæred. qualit. & differ.* avoit étendu à tout le monde le privilege que l'empereur Gordien avoit accordé aux soldats, de répudier une hérédité onéreuse. Les tuteurs de son fils mineur soutenoient que le défaut d'inventaire ne permettoit plus de reconnoître l'état originaire de la succession; que c'étoit le seul cas où Justinien avoit décidé qu'on pourroit faire quelque grace à un majeur; que l'état qu'elle produisoit étoit fort suspect, puisqu'elle y supposoit que son défunt mari étoit redevable à son pere d'une somme de plus de 20000 liv.; enfin, que son convol la rendoit tout-à-fait défavorable. La cour confirma la sentence des officiers de la gouvernance de Lille, qui avoient débouté Peronne Lefevre de l'entérinement de ses lettres. (Pinault, *tom. 2, pag. 1, & suiv.*)

Arrêt du parlement de Toulouse, du 31 août 1722, qui juge que deux filles avoient fait acte d'héritier en vendant quelques effets de la succession de leur pere, quoiqu'elles fussent ses créancieres, & qu'elles n'eussent pris aucune qualité dans le contrat de vente. Elles s'étoient obligées à la garantie, & d'ailleurs la qualité de créancier ne donne pas le droit d'aliéner. Serres *(pag. 317)* trouve cet arrêt *rigide.*

Arrêt du parlement de Toulouse, du 5 juillet 1725. « Il fut jugé pour Marcel Salager, contre la dame de Ranchin, que ledit Marcel Salager, en jouissance des biens de son pere, dont il se trouvoit créancier pour la somme de 1800 liv. de la dot de sa mere, & bien que, sans avoir fait aucun inventaire, n'avoit pas fait acte d'héritier; attendu que les enfans jouissent *du droit d'insistance*, ainsi que leur mere, comme l'observe *Vedel* sur *Catelan*, *liv. 4, chap. 76:* qu'ainsi on ne pouvoit pas dire qu'il se fût immiscé, quoiqu'il eût possédé lesdits biens depuis l'année 1718, en laquelle son pere étoit mort, & qu'en conséquence il avoit pu répudier ensuite l'hérédité de son pere, & faire saisir, pour sa créance, une maison que son pere avoit vendue, en 1704 à ladite dame Ranchin. » (Serres, *ibid.*) Cet arrêt n'est pas *rigide*, sans doute, pour l'héritier; mais il l'est bien pour le tiers-acquéreur, qu'on recherche après avoir joui sans inventaire, pendant sept ans, d'une succession qui a bien pu être dénaturée pendant ce long intervalle. Voyez *Insistance.*

Arrêt du parlement de Toulouse, du 10 mars 1731, qui juge « qu'un fils qui répudie ne cesse pas d'être héritier, s'il agit comme héritier. » *(Journal de M. de Juin, tom. 5, pag. 147.)*

Arrêt du parlement de Toulouse, du 27 juillet 1736, qui juge « qu'un fils qui répudie l'hérédité paternelle n'est pas censé faire acte d'héritier en demeurant ensuite dans la maison paternelle, s'il y a des droits. » *(Ibid. tom. 6, pag. 65.)* Serres ne dit pas que Marcel Salager eût répudié dans l'origine, puisqu'il soutient que quoiqu'il eût possédé les biens de son pere depuis 1718, *il avoit pu répudier ensuite.*

Arrêt du parlement de Toulouse, du 10 mai 1738, qui décide : « Que l'héritier quoique présomptif, qui sans avoir fait inventaire, conteste la dette d'un créancier & plaide ; fait acte d'héritier, *quoiqu'il soit lui-même créancier sur l'hoirie*, & qu'il n'est pas reçu à répudier. » (Aguier, *tom. 1, pag. 136.*)

Arrêt du parlement de Paris, du 15 mars 1758. « Les sieurs & dame le Large Dessaules, assignés en 1755 en reprise d'instance, du chef de la femme, comme héritiere du sieur de Lacour son pere, mort en 1727, firent signifier une renonciation à cette succession, & en conséquence demanderent leur décharge.... Les sieurs de la Roche & autres, opposerent que la dame Dessaules avoit fait *acte d'héritiere*, en vendant le 30 juin 1750, moyennant 2000 livres, le fief de Charpaigne, situé en Marche, dans

dans lequel son pere avoit des droits indivis avec le sieur de Charpaigne ; qu'elle n'avoit pu vendre ce fief que comme héritiere de son pere & de son oncle, dont elle avoit recueilli la succession.... Les sieurs & dame Deſſaules répondoient, que les biens du sieur de Lacour étoient saisis réellement à sa mort, & qu'on n'avoit pas dû présumer qu'il eût des droits sur Charpaigne, puisqu'il n'en avoit été saisi réellement aucune portion ; qu'au surplus, ils ignoroient & avoient toujours ignoré que le sieur de Lacour eût des droits sur ce fief: qu'il n'avoit point été vendu comme faisant partie de sa succession ; mais comme appartenant à la dame Deſſaules *en qualité d'héritiere du sieur de Charpaigne son oncle :* que c'étoit le cas d'appliquer l'exception écrite dans l'*art.* 314, (*317 ci-dessus cité, division 3*), *de la coutume de Paris,* puisqu'elle avoit une autre qualité. » Les sieurs de la Roche furent déboutés de leur demande en reprise. (Denisart, *au mot* Acte d'héritier, *n°. 5.*)

ARRÊT du parlement de Paris, du 9 janvier 1759 : Un fils forme quinze jours après le décès de son pere, & en qualité d'habile à se dire son héritier en partie, une demande en partage. Il soutient depuis, qu'on ne peut induire de cette demande une adition d'hérédité ; parce qu'une telle demande ne peut pas se former en qualité d'habile à succéder ; c'étoit donc un simple défaut de rédaction qui ne pouvoit lui nuire. On répondoit, qu'une demande en partage ne pouvoit être formée que par un héritier qui avoit une qualité déterminée, que le mot *Habile*, contradictoire à la demande, ne devoit être considéré que comme inutile, & qu'il falloit le réputer héritier pur & simple, en vertu de la maxime qui dit, que celui qui a été une fois héritier, ne peut plus cesser de l'être : *Semel hæres, nunquam definit esse hæres.* (Denisart, *ibid. n°. 13.*)

ARRÊT du parlement de Paris, du 27 février 1777, conforme aux conclusions de M. Séguier, qui juge, que l'abbé Clopin n'a pas fait acte d'héritier, en poursuivant le paiement de deux billets que lui avoit remis & donnés avant sa mort l'abbé Clopin son oncle.

L'annotateur de Lapeyrere dit, que c'est un principe certain dans le ressort du parlement de Bordeaux, que l'on peut répudier une succession pendant trente ans, soit en ligne directe, soit en ligne collatérale, en rapportant *un inventaire ou description sommaire,* & en se purgeant par serment, qu'on n'a rien détourné, & qu'on ne s'est point immiscé dans la succession ; sauf à ceux qui y ont intérêt *à coter les erreurs ou omissions contre ce même inventaire.* (*Lettre* H, *n°. 7.*)... Voyez ci-dessus *Abstention, n°. 5, tom. 1, pag. 279;* & ci-après *Adition, Cession, Enfant, Héritier, Renonciation, Succession, &c.*

Nous avons inséré ici cet article, pour nous conformer à la marche de la plupart des auteurs qui nous ont précédés, & afin qu'on ne présume pas que son omission eût été un oubli de notre part : cependant le mot *Acte* étant générique, on ne doit l'accompagner d'aucune de ses especes. On trouvera donc les autres sous leur mot particulier *Affirmation (acte d'), Dépôt (acte de), Election en ami (acte d'), Respect (acte de), &c. &c. &c.*

ACTEUR, ACTRICE.

(Dr. public. Dr. privé. Police.)

C'est celui ou celle qui représente un personnage dans une piece de théatre. (*Dict. de l'academ. franc.*)

Ce mot vient du latin *actor*, mais chez les Romains il avoit trois acceptions : 1°. en général, il signifioit quiconque jouoit un rôle dans une affaire ou dans un événement, & Ciceron disoit de Clodius : *Ipse non solùm spectator, sed actor & acroama fuit :* 2°. il signifioit dans les procès civils, le demandeur; *Actor sequitur forum rei :* dans les procès criminels, il signifioit accusateur jusqu'au moment de l'inscription, & après elle, on le conservoit quelquefois à l'audience par égard, ou comme plus doux, plus bref dans la rapidité du débit : 3°. il ne signifioit pas comédien, mais le talent du comédien; & Ciceron vouloit exprimer que le *comédien* Roscius étoit un grand *acteur*, quand, faisant son éloge, il disoit : *Quem populus romanus meliorem virum, quàm* HISTRIONEM *esse arbitratur : qui ita dignissimus est scenâ propter* ARTIFICIUM, *ut dignissimus sit curiâ propter abstinentiam.* (Pro Q., Roscio comœdo. n°. 10.)

Dans notre langue *acteur* n'est pas plus synonime de *comédien*, & M. Beauzée, dans sa *Continuation de l'abbé Girard*, marque parfaitement les différences.

En plaidant pour le Kain, vous auriez dit que c'étoit le plus grand *acteur* qu'ait eu la scene françoise; mais ce mot ne seroit pas reçu dans les qualités signifiées pour l'expédition de l'arrêt.

Dans la cause en nullité de mariage entre Marie-Anne Duclos & Pierre Duchemin, *(tom. 2, pag. 34)*, Cochin ne prononça ni le mot d'*acteur* ni celui de *comédien;* & vous ne voyez qu'il s'agit de mariage entre deux comédiens que par le trait du début : *La Dlle. Duclos, destinée depuis long-temps à paroître sur le théatre de la Comédie françoise;* & cet autre trait de la fin : *Tout est de droit public dans cette cause. La qualité des parties ne permet pas d'y donner atteinte.* C'étoit un art, une convenance. Il y a une infinité de traits pareils qu'il faut saisir dans ce qui nous reste de ce pere de l'éloquence du barreau françois : & que nous reste-t-il ? Nous ne voyons pas cette vie, cette ame, cette *action*, par lesquelles il identifioit avec lui ses auditeurs, & qui lui ont fait appliquer ce mot d'Eschine sur Démosthene : *Quelle seroit donc votre admiration, si vous l'aviez entendu lui-même !*

Si l'on peut écrire avec M. Beauzée, que tel, qui dans un conseil de guerre, propose des plans admirables, n'est plus si bon *acteur* un jour de combat; on peut donc dire que Cochin, consultant sûr & profond, écrivain pur & quelquefois sublime, étoit un grand *acteur* à l'audience.

Il y a de grands *acteurs* dans le parlement britannique; à l'art de penser & d'exprimer fortement, ils joignent l'élocution & l'*action;* & l'on en a vu plusieurs se former avec Garric, comme Ciceron avec Roscius. Lord North disoit bien sans doute, mais il n'avoit pas, comme Démosthene, corrigé la nature; & les Anglois ont senti quel avantage l'*action* donnoit sur lui à MM. Fox & Burke. Ainsi, d'après Quintilien, le talent de l'acteur ne sera jamais négligé par celui qui voudra persuader, & l'*action* de l'orateur aura quelque influence sur le sort des empires.

Ce talent se développe encore & devient nécessaire dans les causes criminelles. Voyez M. Erskine plaidant pour le lord George Gordon s'évanouissant dans ses bras, & rendu à la vie, lorsqu'on lui assure que les jurés ont prononcé, *non coupable.* Voyez encore ce trait que j'ai placé au mot *Accusation*, *n°. 80, pag. 390.* Ferro, avocat, plaidant à Venise pour un jeune homme accusé de meurtre, *s'arrête, regarde avec un silence effrayé tous les juges en face, traine le jeune homme lié jusqu'à leurs pieds, le laisse étendu, le visage contre terre*, parle avec plus de force, attendrit tout le monde & obtient grace.

Ces traits & d'autres semblables que vous trouvez dans les barreaux d'Athenes & de Rome, nous paroissent extraordinaires. Le préjugé, l'usage, la nature des affaires, l'habillement même, tout s'oppose au développement de l'action. Qu'attendre d'un orateur affublé d'une robe qui gêne le mouvement des bras,

& d'une perruque surmontée d'un petit bonnet? Certes M. de Lally, plaidant au parlement de Rouen en habit de colonel, devoit être plus acteur que ses adversaires. Qu'attendre encore de l'avocat qui s'engourdit en plaidant de suite vingt affaires ennuyeuses & abstraites, comme celle que j'ai entendue, neuf audiences, par M. Doucet, sur le bréviaire de Soissons? Dans l'affaire Damade vous avez vu Mrs. GERBIER & TARGET développer tous les ressorts de l'éloquence; c'étoit une grande *action*; c'étoit de grands *acteurs*: mais ces présens de la nature sont rares, & quelquefois nous ressemblons plutôt à ce *raconteur nazillard*, qui ne fait, au barreau de Venise, que répéter ce qu'a dit l'avocat principal, & qui ennuya si fort M. Grosley. (*Observations sur l'Italie, tom.* 2, *pag.* 94.)

Vous écrirez encore, comme le duc de Guise dans ses Mémoires, qu'*Innocent X pleuroit quand il vouloit, & que c'étoit un grand* COMÉDIEN. Combien d'hommes en place sont mauvais *acteurs* & grands *comédiens*, ayant l'art de représenter, d'intriguer, de promettre sans tenir, & de paroître toujours très-occupés sans vouloir rien faire.

D'après ces distinctions nous devons renvoyer aux mots *Comédien*, *Drame*, *Histrion*, *Spectacle*, *Théatre*, tout ce que nous avons à dire sur l'état du comédien dans ses rapports avec la justice. Nous placerons sous le mot *Comédien, ce qui est; & ce qui pourroit être* sera mieux développé sous le mot *Spectacle*.

Nous devons ajouter ici que les théatres publics & les comédiens qui y jouent, sont sous l'autorité, l'œil & le réglement de la police; & c'est mal-à-propos que l'on imagine que les *actrices publiques ne lui sont pas soumises*. A l'égard des citoyens, ceux qui, pour s'amuser, jouent en société des drames, les *acteurs* ne sont point pour cela soumis à la police: mais si c'est, comme il arrive quelquefois, un ramassis de mauvais sujets, de personnes inconnues; si cette association, son objet & son exécution peuvent compromettre la religion, les mœurs, la sûreté & la tranquillité publique; si les voisins se plaignent du bruit, & les parens, du danger que courent les *acteurs & actrices*, la police peut inspecter & dissoudre ces assemblées, tolérées quelquefois, mais quelquefois illicites. Voyez *Assemblée*, *Association*, *Attroupement*.

ACTIF.

(*Commerce. Finance.*)

Ce mot dans le commerce signifie ce qui appartient au négociant, & est l'opposé de ce qu'il doit, du *Passif*; dans les écritures en partie double, le grand livre de raison, les comptes courans & les bilans, il met en tête: *Avoir*; & de l'autre côté, *Doit*. Au premier coup d'œil & avec le secours de l'addition, vous pouvez faire la balance. L'ordonnance de 1673, *tit.* 3, *art.* 1, prescrit « aux négocians & marchands, tant en gros qu'en détail, d'avoir un livre qui contiendra tout leur négoce, leurs lettres de change, leur dettes *actives* & *passives*, & les deniers pour la dépense de leurs maisons. » L'*art.* 3 *du même titre* veut « qu'ils soient tenus de faire, tous les six mois, un inventaire de leurs effets mobiliers & immobiliers, de leurs dettes actives & passives, lequel sera recollé & renouvellé de deux ans en deux ans. » Cet article fait partie des trois quarts de cette ordonnance tombée en désuétude. Voyez *Inventaire*.

Dans les comptes courans extraits du grand livre de raison, il n'y a pas ordinairement de grandes difficultés; mais dans les bilans présentés lors des faillites, on est toujours embarrassé de fixer la valeur certaine & éventuelle de l'actif du débiteur. Il faut donner un prix aux immeubles & aux marchandises, puis partager les débiteurs en trois classes, bons, douteux, & mauvais. C'est une distinction souvent négligée. Voyez *Bilan*, *Inventaire*, *Banqueroute*, *Faillite*.

Vous trouvez le même embarras dans les états de finance, dans les états de situation & les comptes rendus des grandes administrations. D'après les *Budgets* & les états imprimés tous les ans en Angleterre, il nous est aisé de calculer son *passif*; mais son *actif*, qui doit faire la balance; qui vous le dira? Qui saura évaluer la valeur des immeubles, & sur-tout celle de l'industrie, là, comme en France, supérieure à la valeur territoriale, pour le produit & l'impôt? Voyez *Administration*, *Finance*, *Impôt*.

Actif a une autre acception qui sera développée ci-après sous le mot *Activité*; ainsi Savary, *tom. 1 de son Parfait Négociant, pag. 378*, fait grand cas du négociant *actif* dont il fait le portrait, & tout cela est merveilleux pour gagner de l'argent. Resteroit à examiner si l'*inactivité* constante pourroit entrer dans les caracteres de la *banqueroute*. Voyez *Banqueroute*.

ACTION.

(Dr. naturel. Dr. public. Dr. ecclésiastique. Dr. privé. Dr. criminel.)

1. Ce mot se dit généralement de *tout ce qu'on fait*; & cette définition a, comme on voit, une grande analogie avec celle que nous avons donnée ci-dessus du mot *Acte*. L'*action* differe cependant de l'*acte* par quelques nuances essentielles à saisir.

Action se dit de tout ce qu'on *fait*, commun ou extraordinaire, & *acte* ne se dit que de ce qu'on *fait* de remarquable. « Un petit accessoire de sens physique ou historique distingue encore ces deux mots: celui d'*action* a plus de rapport à la puissance qui agit, & celui d'*acte* en a davantage à l'effet produit; ce qui rend l'un propre à devenir attribut de l'autre. Ainsi, on pourroit dire: Conservez la présence d'esprit dans vos *actions*, & faites qu'elles soient toutes des *actes* d'équité. » (*Synon.* de l'abbé Girard.)

DROIT NATUREL.

2. Les actions humaines, pour être conformes aux principes du droit naturel, doivent avoir pour objet l'accomplissement de trois devoirs principaux; envers nous-mêmes, envers nos semblables & envers l'Être suprême: *Actio juxta legem determinata, quatenùs ad eam ità determinandam obligamur, dicitur officium; ac in specie officium* ERGA SEIPSUM, *quod homo sibimet ipsi debet; officium* ERGA ALIOS, *quod aliis debet; officium denique* ERGA DEUM, *quod Deo debemus.* (Wolff, *Inst. jur. natur. part. 1, cap. 2, n°. 57.*)

Le grand art de diriger ses actions de maniere qu'elles puissent servir à remplir parfaitement leur triple objet, c'est d'avoir une bonne intention dans tout ce que l'on fait: & pour donner à cette idée l'utilité qu'elle mérite d'avoir, il faut distinguer les actions en bonnes, mauvaises ou indifférentes.

Une bonne intention, jointe à une bonne action, lui donne toute la force & toute la vertu dont elle est capable; jointe à une action mauvaise, elle en atténue la malignité, ou même l'en dégage entiérement en certains cas; jointe à une action indifférente de sa nature, elle en fait une vertu, & la rend aussi méritoire que les actions humaines le peuvent être.

Au contraire, une mauvaise intention pervertit les meilleures actions, détruit l'innocuité d'une action indifférente, & donne à une action mauvaise toute la noirceur possible.

Ainsi donc, l'homme sage, en accoutumant son esprit à une bonne intention habituelle, dirige toutes ses actions à une bonne fin; soit *pour la gloire du Créateur*, soit *pour le bonheur du genre humain*, soit *pour sa satisfaction intérieure*, qui ne peut résulter que de la conviction intime où l'on est d'avoir rempli les deux premiers devoirs.

Ciceron a prescrit une maniere de régler ses actions, en les dirigeant sur les principes du droit naturel, qui se rapproche beaucoup de celle que nous venons d'énoncer. Il veut (& c'est le plus important de ses préceptes) que l'homme soumette ses goûts à sa raison; il veut qu'on n'emploie, pour venir à bout de ce que l'on se propose, que les moyens nécessaires; enfin, il veut qu'on ne s'écarte jamais, dans l'usage de ces moyens, des loix de la modération: *In omni autem* ACTIONE *suscipienda, tria sunt tenenda; primum ut appetitus rationi pareat; quo nihil est* AD OFFICIA CONSERVANDA *accommodatiùs. Deinde, ut animadvertatur quanta illa sit res quam efficere velimus; ut neve major, neve minor cura & opera suscipiatur, quàm causa postulat. Tertium est, ut caveamus ut ea quæ pertinent ad liberalem speciem & dignitatem moderanda sint. Modus autem optimus, decus ipsum tenere.... Nec progredi longiùs. Horum tamen trium,* PRÆSTANTISSIMUM *est, appetitum obtemperare rationi.* (De officiis, *lib.* 1, nº. 196 & 197. Voyez *Charité, Dieu, Morale, Philosophie, &c.*

DROIT PUBLIC.

3. Après la formation des sociétés, l'intérêt de ces sociétés en général, & des individus particuliers qui les composoient, opéra une distinction dans le résultat des différentes actions de ces individus: les unes furent des actions publiques, les autres des actions particulieres. *Civitatibus introductis, negotia &* ACTIONES *civium alterari & novis respectibus distingui cœperunt; quo imprimis pertinet, quod* ACTIONES *sint, vel* PRIVATÆ, *vel* PUBLICÆ. (Boehmeri, *Introductio in jus publicum universale; part. gener. cap. 2, § 9.*)

Les actions particulieres sont celles qui n'ont aucun trait à la société, à l'administration du corps politique dont on est membre, mais qui concernent chaque citoyen en particulier. En effet, quoique tous les citoyens d'un état quelconque en fassent partie, ils n'agissent pas toujours comme membres de cet état. Il est une infinité d'affaires qu'ils traitent comme particuliers; le chef de l'état, le souverain lui-même ne fait pas toujours des actions qui intéressent le public, & le corps qui est sous son régime; il peut vendre, il peut louer, il peut contracter comme un simple pere de famille; & ces opérations n'ayant aucun rapport à l'administration de la chose publique, ne doivent pas être envisagées comme des actions publiques: elles ne sont que des actions particulieres: *Privatæ* (ACTIONES) *sunt, quæ nullum respectum habent ad publicum statum, seu administristrationem reipublicæ, sed à singulis,* QUA TALIBUS, *in proprium commodum expediuntur.* (Ibid.)

Les actions publiques sont celles qui forment les obligations respectives des souverains & des sujets, relativement au régime de l'état civil & politique: & dans le nombre, il en est qui tiennent plus spécialement à cet état, & d'autres d'une maniere moins essentielle. Les premieres sont les actions qui concernent la *législation*, l'*ordre des jugemens*, le soin de la *police intérieure*; les secondes sont celles qui concernent l'*entretien des pauvres, des insensés, des malades*, l'*éducation de la jeunesse* dans des écoles publiques; l'*inspection des communautés* d'arts & métiers, &c. *Publicæ verò* (ACTIONES) *dicuntur quæ nexum imperantium & parentium, regimenque civile; quæque ad conservationem & administrationem status civilis spectant, respiciunt; adeoque reipublicæ, quà tali propriæ sunt, nec extra rempublicam occurrunt.* (Ibid. § 10.)... *Quædam negotia essen-*

tialiter & proximè ad statum publicum spectant : sinè quibus administratio fieri & subsistere nequit, ut LEGISLATIO, JUDICIORUM INSTITUTIO, ET CURA SECURITATIS INTERNÆ, *&c. Quædam verò paulò remotiùs reipublicæ curam tangunt, nec adeò proximè statum attingunt,* UT CURA PAUPERUM, IMBECILLIORUM PUBLICORUM, SCHOLARUM; INSTITUTIO OPTIMARUM ARTIUM, *&c.* (Ibid. *not. P.*) Voyez *Administration.*

Droit ecclésiastique.

4. Ici le mot *Action*, tout comme dans le droit privé, soit romain ou françois, soit des autres nations, tant anciennes que modernes, n'a pas une acception aussi étendue que dans le droit naturel & le droit public. On y définit l'action une demande judiciaire, par laquelle le poursuivant requiert en vertu d'un titre ou de la loi, que le défendeur satisfasse à ce à quoi il est obligé en vertu de l'un ou de l'autre, & qu'à défaut il y soit condamné par le juge.

Les actions des clercs sont réelles ou personnelles, civiles ou criminelles. Les actions réelles ne sont point en France de la compétence des cours ecclésiastiques. A l'égard des actions personnelles civiles, ces cours peuvent en connoître, soit lorsque le demandeur & le défendeur sont l'un & l'autre ecclésiastiques, soit lorsque le demandeur étant laïque, le défendeur est ecclésiastique. Cependant cette regle générale est soumise à un grand nombre d'exceptions que nous allons sommairement parcourir.

En effet, les tribunaux séculiers sont seuls compétens pour connoître même des actions civiles personnelles des clercs: 1°. Lorsqu'il s'agit d'une action dans laquelle un ecclésiastique est défendeur, si cette action dérive du fait d'un laïque que l'ecclésiastique représente. 2°. Lorsqu'il s'agit d'une action qui est étrangere à la vie cléricale; comme si le clerc, marchand ou fermier, est cité en justice pour des objets relatifs à son commerce ou à sa ferme. 3°. Lorsqu'il s'agit d'une action relative à l'administration que le clerc a eu du bien de ses proches ou autres personnes justiciables du tribunal séculier. 4°. Lorsqu'il s'agit d'un action résultante d'un cautionnement prêt par un clerc en exécution d'un jugemen émané d'une cour séculiere; & cela lors même que le clerc est assigné seul & séparément du principal obligé. 5°. Lorsque l'action dérive d'une promesse passée sous le scel royal, & que le clerc est poursuivi hypothécairement; parce qu'alors cette action est mixte & tient autant du réel que du personnel. 6°. Quand même la promesse seroit sous seing privé si elle est causée pour délivrance d'immeubles. 7°. Si cette promesse est pour dépôt. 8°. S'il est question d'arrérages de rentes. 9°. Lorsque le roi est partie parce que le souverain ne plaide point en autre cour que la sienne. 10°. Lorsqu'il s'agit d'une demande en restitution le clerc ne peut poursuivre l'entérinement des lettres royaux qu'il obtient e la chancellerie, que pardevant le juge séculier. 11°. Lorsqu'il s'agit d'une action intentée contre un clerc par un domestique, un mercenaire, pour des gages des salaires. 12°. L'homologation d'u jugement arbitral, rendu entre des ecclésiastiques par des ecclésiastiques, ne peut être poursuivie qu'en cour séculiere, surtout s'il s'agit de matiere temporelle. 13°. En Normandie, le juge d'église n peut connoître de la clameur de Haro quand même elle est interjetée par u ecclésiastique contre un autre ecclésiastique, &c. &c.

A l'égard des actions criminelles qui concernent les clercs, on peut voir ce que nous en avons dit sous le mot *Abus n°. 41 & 45*, & consulter égalemen pour tous les objets énoncés dans cett division, toutes celles du même mot ainsi que ce que nous dirons ci-après sous les articles *Arbitre*, *Caution*, *Clameur*, *Clerc*, *Compétence*, *Curateur*

Domestique, *Ecclésiastique*, *Entérinement*, *Fermier*, *Gage*, *Haro*, *Héritier*, *Hypothèque*, *Immeuble*, *Jurisdiction ecclésiastique*, *Marchand*, *Official*, *Privilege*, *Restitution*, *Roi*, *Salaire*, *Scel royal*, *Tuteur*, &c.

DROIT PRIVÉ.

5. L'action ou la demande judiciaire ont dû être le résultat de l'introduction de la mauvaise foi parmi les individus des différentes sociétés ; & le droit civil a dû s'occuper de la maniere de faire remplir les engagemens qu'on avoit contracté, lorsque l'attachement aux devoirs que prescrit la loi naturelle n'a plus suffi pour les faire respecter.

Les législateurs ont établi successivement deux manieres d'intenter une action, de former une demande judiciaire.

La premiere a été d'astreindre les demandeurs à des formules qui empêchassent que la maniere de procéder ne fût arbitraire & incertaine. Leur effet étoit que tout se faisoit avec solemnité, de maniere même que leur inobservation rendoit les procédures nulles : c'étoit l'ancien usage des Romains : nous parlerons ci-après avec une certaine étendue, des avantages & des inconvéniens qu'il pouvoit présenter.

La seconde maniere de diriger son action a été plus simple. Il a suffi au demandeur de proposer ce qu'il avoit à réclamer, & de justifier les motifs qui fondoient cette réclamation ; sans observer aucune espece de formule particuliere, soit dans l'exposition du fait, soit dans la vérification des moyens. C'est cette maniere de procéder que la France a adoptée dans la pratique judiciaire.

DROIT ROMAIN.

6. Comme la jurisprudence formulaire des Romains, après avoir eu beaucoup d'adversaires, a eu aussi des partisans célebres, & même dans ce siecle ; il est essentiel d'entrer dans des détails sur la maniere dont on poursuivoit à Rome une action civile. Nous ne dirons rien ici de l'action criminelle, parce que nous croyons avoir épuisé la matiere, sous le mot *Accusation*, n°. 6, *pag.* 205 & *suiv.*

Deux citoyens qui avoient des difficultés pouvoient les terminer à l'amiable ; & c'étoit même le conseil que paroissoit leur donner la loi des douze Tables, ainsi que nous l'avons expliqué, sous le mot *Accommodement*, n°. 2, & 4. S'ils ne pouvoient se mettre d'accord, soit par eux-mêmes, soit par le ministere de leurs parens ou amis, & qu'il fallût nécessairement en venir aux voies judiciaires ; voici quelle étoit la marche, tant dans le cas où le défendeur se présentoit devant le prêteur, que dans le cas où il ne vouloit pas y comparoître.

Au premier cas, le demandeur commencoit par proposer ou faire proposer par son défenseur l'espece d'action, suivant laquelle il entendoit poursuivre son adversaire ; ce qui s'appelloit *Edere actionem.* Ulpien dit que cela se pratiquoit ainsi, afin que le défendeur pût savoir s'il devoit accueillir la demande, ou y défendre ; & que dans cette derniere hypothese, il pût préparer ou faire préparer ses moyens, conformément à ce qu'exigeoit cette action. *Quâ quisque actione agere vult, eam edere debet : nam æquissimum videtur, eum qui acturus est, edere actionem; ut proinde sciat reus utrum edere, aut contendere ultrà debeat; & si contendendum putat, veniat instructus ad agendum, cognitâ actione quâ conveniatur. l. 1, D. de edendo.*

Nous avons dit que les parties avoient ou pouvoient avoir des défenseurs, & c'est ce que nous apprend l'édit du prêteur; *si non habebunt advocatum, ego dabo.* Ajoutons que le prêteur avoit le droit d'adopter ou de rejeter l'espece d'action que le demandeur proposoit ou qu'on proposoit pour lui. S'il l'adoptoit, il prononçoit : *Actionem do;* s'il la rejetoit, il prononçoit : *Actionem non do:* ce sont nos *Permis d'assigner*, *Néant à la requête.*

Au ſecond cas, c'eſt-à-dire, ſi le défendeur négligeoit de comparoître, le demandeur pouvoit, lorſqu'il le rencontroit, lui commander de venir ſur-le-champ devant le prêteur; & en cas de refus, le contraindre & l'entraîner malgré qu'il en eût, s'il ne donnoit caution de s'y trouver au jour qu'on lui marquoit. A cet effet, le demandeur prenoit à témoin ceux qu'il remontroit, en leur demandant : *Vis anteſtari?* Et alors, ceux-ci préſentoient le bout de l'oreille pour marquer leur conſentement : c'eſt ce que nous explique ſi clairement Horace. « Par haſard il rencontra ſa partie, & l'apoſtropha vivement. Où fuis-tu infame? En même temps il s'adreſſe à moi, & me prie d'être témoin : je préſente le bout de l'oreille, & mon homme l'entraîne chez le prêteur, avec un bruit horrible de part & d'autre. »

Caſu venit obvius illi
Adverſarius. Et quò tu turpiſſime? magnâ
Exclamat voce : & licet anteſtari? Ego verò
Oppono auriculam : rapit in jus; clamor utrinque.
HORAT. lib. 1, ſatyr. 9.

Les formules des différentes actions, *formules de rigueur, formules ſolemnelles,* étoient appellées les *actions de la loi,* les *actions légitimes*, & leur conſervation étoit confiée au college des pontifes, comme celle du feu ſacré aux veſtales. *Actiones compoſitæ ſunt, quibus inter ſe homines diſceptarent, quas actiones* NE POPULUS PROUT VELLET, INSTITUERET, *certas,* SOLEMNES*que eſſe voluerunt; & appellatur hæc pars juris,* LEGIS ACTIONES, *ideſt* LEGITIMÆ ACTIONES. . . . *Omnium tamen harum & interpretandi ſcientia, & actiones apud collegium pontificum erant, ex quibus conſtituebatur quis quoquo anno præeſſet privatis, & ferè populus annis propè centum hac conſuetudine uſus eſt.* Ainſi donc, afin de retenir le peuple dans le reſpect dû aux loix, ou plutôt, afin de reſſerrer les fers qui le tenoient ployé ſous le joug des patriciens, on cachoit avec ſoin & avec myſtere les formules des actions; *ne populus prout vellet, inſtitueret;* & les pontifes avoient ſeuls le droit de les interpréter; ce qui étoit ſouvent néceſſaire, ſoit à cauſe de l'obſcurité de leur rédaction, ſoit ſur-tout à cauſe des formes hiéroglyphiques dans leſquelles elles étoient conçues.

Valerius Probus les développe ces formes, dans ſon Traité des notes ou abréviations des Romains, & dans le nombre nous en choiſirons trois exemples. Je prétends, diſoit le demandeur, que vous êtes tenu à me donner telle choſe, ou à faire pour moi telle choſe : *Aio te mihi dare, vel facere opportere.* On enveloppoit ainſi cette formule, A. T. M. D. O. La formule de la revendication d'un meuble mis ſous les yeux du magiſtrat, & touché du doigt par le demandeur, étoit ainſi conçue : *Hanc ego rem jure quiritium meam eſſe aio.* On écrivoit, H. E. R. I. Q. M. E. A. Le défendeur propoſoit ſon exception, & répondoit : *At ego contra eam vendico.* A. E. C. E. V. Enfin, la formule uſitée dans la pourſuite d'un immeuble étoit propoſée de cette maniere : *Fundus qui eſt in agro, qui Sabinus vocatur, meus eſt. Eum ego ex jure quiritium meum eſſe aio; ibi ego te ex jure manu conſertum voco.* La formule de l'exception à cette demande portoit : *Unde tu me manu conſertum vocaſti, indè ego te revoco.*

Après que le peuple eût ainſi parfaitement ignoré, pendant près d'un ſiecle, la nature des loix qu'il devoit ſuivre, Cnæius Flavius, ſecretaire d'Appius Claudius, lui enleva le livre contenant la rédaction des formules des actions & le communiqua au peuple, qui lui en ſut tant de gré, qu'il l'éleva ſucceſſivement aux charges de tribun, de ſénateur, & d'édile curule : ce livre fut appellé de ſon nom le Droit civil Flavien. *Poſteà cum Appius Claudius propoſuiſſet, & ad formam redegiſſet has actiones, Cnæius Flavius*

ſcriba

scriba ejus, libertini filius, subreptum librum populo tradidit: & adeò gratum fuit id munus populo, ut tribunus plebis fieret, senator & ædilis curulis. Hic liber qui actiones continet, appellatur Jus civile Flavianum.

Si le présent que fit Cnæius Flavius au peuple, lui en attira les bonnes graces, ce même présent le rendit odieux au sénat & aux patriciens qui, n'ayant plus rien de secret pour tromper les Plébéiens, chercherent bientôt à composer de nouvelles formules. Mais ils eurent beau les cacher avec encore plus de soin que les premieres, afin qu'elles ne devinssent pas publiques: Sextus Ælius en entreprit la rédaction dans un livre, qu'il communiqua ensuite au peuple, comme avoit fait Cnæius Flavius; & ce livre fut connu sous le nom de Droit civil Élien. *Augescente civitate, quia deerant quædam genera agendi, non post multum temporis spatium, Sextus Ælius alias actiones composuit, & librum populo dedit qui appellatur* Jus Ælianum. Le fond de notre narration est tiré du jurisconsulte Pomponius, que nous venons de citer dans les paragraphes six, sept & huit, de la loi seconde, au digeste *de origine juris*: les détails historiques s'en trouvent dans Pline l'ancien, *liv.* 32; & dans Valere Maxime, *liv.* 2, *chap.* 1.

Ciceron paroît avoir varié dans sa maniere de penser sur la jurisprudence formulaire de Rome. Dans son oraison pour le comédien Roscius; il en parle comme d'un établissement salutaire pour prévenir les erreurs & les abus dans la forme de procéder; & il vante leur rédaction formée d'après le besoin des différentes causes. *Sunt jura, sunt formulæ de omnibus rebus constitutæ, ne quis aut in genere injuriæ, aut in ratione actionis* errare *possit. Expressæ sunt enim ex* unius cujusque *damno, dolore, incommodo, calamitate, injuriâ, publicæ à prætore formulæ, ad quas privata lis accommodatur.* (Pro Roscio comœdo, *n°.* 24.)

Au contraire, dans son oraison pour Murena, l'orateur romain, se moque dans les termes de la raillerie la plus amere de ces actions mystérieuses, de ces formules minutieuses, de ces notes obscures qui donnoient plus au mot qu'à la chose; & il prétend que, si on a eu autrefois une sorte de respect & d'admiration pour une science futile, parce qu'on ne la connoissoit presque pas, on doit être revenu d'un faux préjugé, depuis que Cnæius Flavius à éventé la mine, & fait connoître le ridicule d'une doctrine, dont tout le mérite consistoit dans le secret & l'appareil hiéroglyphique. *Primùm, dignitas in tam tenui scientiâ, quæ potest esse? Res enim sunt parvæ, propè in singulis litteris atque interpunctionibus verborum occupatæ. Deinde si quid etiam apud majores nostros fuit in isto jure admirationis, id, enuntiatis vestris mysteriis, totum est contemptum & abjectum.* (Pro Murenâ, *n°.* 21.)

Il avoit dit auparavant dans sa défense pour Cecinna, qu'il n'étoit pas question de s'attacher à de vaines expressions, lorsque la chose étoit bien connue, l'objet bien constant. Il n'y auroit point de loi, point de sénatus-consulte, point d'édit, point de traité, point de convention, point de testament qui ne pussent être aisément renversés, si dans leur interprétation on s'attachoit plutôt à la forme de leur rédaction, qu'à l'esprit de ceux qui les avoient rédigés. *Neque verò quicquam opus sit verbis cùm ea res, cujus causâ verba quæsita sint, intelligatur. Quæ lex, quod senatûs-consultum, quod magistratus edictum, quod fœdus, aut pactio, quod testamentum, quæ judicia, quæ stipulationes, aut pacti & conventi formula non infirmari aut convelli potest? si ad verba rem deflectere velimus; consilium autem eorum qui scripserunt, & rationem & auctoritatem relinquamus.* (Pro Cecinna, *n°.* 38.)

Quintilien a pensé comme Ciceron dans ces derniers passages; & il a soutenu qu'il étoit également absurde & dangereux de faire dépendre le succès d'une cause, de l'emploi, ou de l'omission d'un mot, d'une expression. *Est etiam periculosum, cùm si uno verbo sit erratum, totâ causâ cecidisse videamur.*

Au commencement de ce siecle, Heineccius a pris la défense des Romains, relativement à leur jurisprudence formulaire. Ce n'étoit point, dit-il, comme on le croit sans examen, un vain & superflu respect pour des mots & des formules qui caractérisoit la procédure qu'on tenoit dans l'ordre judiciaire; & cette procédure n'avoit pas pour objet d'éloigner & embarrasser le jugement des affaires, ou de donner un faux appareil de grandeur à des objets minutieux; mais au contraire, de faire cesser plus promptement les contestations particulieres, & de ne pas détruire témérairement un ordre de choses qui avoit subsisté long-temps sans aucune espece d'inconvénient. *Deniquè nè in foro quidem, ac intra tribunalia, inanis ac supervacua erat illa rituum ac verborum religio; quam profectò non ideò admiserant Romani, ut traherent lites, aut in re seriâ maximo conatu maximas nugas agerent; sed partim ut lites inter cives eò citiùs terminarentur, partim nè quid vetusti moris temerè viderentur abolere.*

Aujourd'hui, *poursuit Heineccius*, on intente les actions de maniere que le juge, à travers l'immensité des détails d'un fait romanesque, a souvent une peine infinie à reconnoître ce qui forme le véritable objet de la difficulté soumise à sa décision. Doit-on être surpris, après cela, que le défendeur ayant à répondre à un libelle inepte, obscur, & dont le but est incertain, vienne à bout à son tour, par une infinité d'exceptions & d'excuses, d'envelopper l'affaire de ténebres impénétrables. C'est là la véritable origine de tant d'incidens, de tant de jugemens préparatoires & interlocutoires qu'il faut subir nécessairement, avant qu'on ait pu réduire la chose à son vrai point de vue, & passer au jugement du fond. *Sæpè hodiè ita instituuntur actiones ut judex è longâ, quam libelli loco accipit fabulâ, quale negotium inter litigantes intercesserit, quid ab actore intendatur, quidque ab eo potissimum probandum sit, vix perspiciat. Hinc nihil frequentiùs exceptionibus, quibus ab inepto, obscuro, aut incerto libello nomen inditum est. Hinc tot opus est judicis decretis, atque interlocutionibus, antequam ad ipsum litis contestationem, id est intra teli jactum perveniatur.*

La procédure romaine présentoit certainement bien moins d'embarras. Quoi de plus simple en effet que cette formule d'un demandeur : *Je dis que vous devez me rendre cent écus que je vous ai prêtés?* Quoi de plus simple que cette réponse du défendeur : *Je ne vous dois plus rien, parce que je vous ai rendu ce que vous m'aviez prêté?* Ensuite, quoide plus simple quecette réplique du premier : *Je soutiens que vous me devez encore, parce que ce que j'ai reçu de vous étoit pour me rembourser d'une somme que je vous avois prêtée antérieurement à celle que je réclame aujourd'hui?* Quoi de plus simple que cette duplique du second : *Et moi je soutiens que ce que j'ai payé étoit pour satisfaire, précisément au prêt dont vous me formez actuellement demande?* Enfin, quoi de plus simple que cette prononciation du juge qui, dans moins d'une heure, trouvoit la vraie maniere de reconnoître qui du demandeur ou du défendeur usoit de fausses allégations: *S'il est prouvé que Titius n'a pas payé à Caius 100 écus, pour le même objet que celui que réclame Caius, Titius sera condamné à payer les 100 écus dont il s'agit?* La preuve ordonnée se faisoit sous peu de jours, & ainsi tout étoit terminé sans retour, briévement & sans frais. *At enim his omnibus æquo animo supersedebant Romani; quid enim faciliùs quàm audire brevissimam actionis formulam : AIO TE MIHI MUTUI NOMINE CENTUM DARE OPOR-*

TERE ? *Quid faciliùs quam audire excipientem reum :* ET EGO NEGO, NISI QUOD JAM SOLUTI SUNT ? *Quid faciliùs quàm operam dare actori, breviter replicandi :* EGO VERO TE SOLVISSE NEGO, NISI QUOD IN ALIAM CAUSAM SOLVISTI? *Quid procliviùs deniquè, quàm & reo se dare, hac se tuenti duplicatione :* ET EGO ME IN EANDEM CAUSAM SOLVISSE AIO ? *Unius horæ labor erat totum statum totius causæ pervidere, & judicem dare cum formulâ :* SI PARET, L. TITIUM, L. CAIO CENTUM DARE OPPORTERE, NISI IN EANDEM CAUSAM SOLUTUM ERIT, TU ILLUM IN CENTUM CONDEMNA. *Jam verò ad probationem res redierat, quâ intra paucos dies peractâ, lis sententiâ finiebatur :* EXIGUO TEMPORIS, MULTOQUE MINORE FACULTATUM DISPENDIO.

Avec ces usages, avec ces formules, les procès n'étoient pas éternels chez les Romains, & les plaideurs n'en étoient point réduits, pour ainsi-dire, à planter des arbres dont on ne peut recueillir les fruits que dans un autre siecle par les mains de ses arriere-neveux. *Non itaque rituum ac formularum hoc vitium fuit, quod homines inter lites consenescerent; & dum jus suum in foro persequebantur, arbores alteri sæculo profuturas serere viderentur.*

C'est la multitude des loix qui a produit la multitude des contestations. C'est lorsqu'on a substitué à des formalités simples une infinité de réglemens judiciaires très-compliqués, que tout s'est embrouillé, que tout s'est obscurci. L'esprit de chicane nous vient de ces pontifes, qui, sous de faux dehors de vertu & de justice, & sous le spécieux prétexte d'éclairer & d'instruire les peuples, ont remplacé les véritables loix, les loix sages & antiques, par leurs interprétations vagues & diffuses. En un mot, pour prouver l'*innocuité de la jurisprudence formulaire*, & l'illusion de ceux qui la critiquent mal-à-propos, il suffit de réfléchir que les contestations judiciaires n'ont jamais été de si courte durée que lorsque les jugemens ont été prononcés avec les solemnités primitivement introduites, & rédigés d'après la regle prescrite par les anciennes formules. *Tum demùm infinitæ fieri cœperunt lites, cùm innumeris principum constitutionibus juris antiqui fundamenta subverterentur : cùm pro vetere jurisprudentiâ, horrida quædam legum novarum sylva succresceret : cùm denique ipsi romani pontifices, quorum ex legibus hodierna litigandi ratio, ac disciplina forensis penè tota profluxit, adscititiâ specie sanctitatis ac justitiæ, illudere generi humano, atque oracula sua orbi pro legibus obtrudere possent. Eos autem qui* JURISPRUDENTIÆ FORMULARIÆ *hanc famam per ortum litterarium differunt, magnoperè suâ opinione falli, vel id unum argumento est, quod nusquam disceptationes forenses, minùs diurnæ fuerunt, quàm ubi omnia in judiciis solemniter atque* EX FORMULA *dici & fieri opportuit.* (Heineccius, *in dissert. de jurispr. formulariâ insertâ, tom. 2 operum, pag. 434.*)

Mais est-il donc bien difficile de se décider dans une affaire aussi importante que celle où il s'agit de prononcer sur les avantages ou les inconvéniens de la jurisprudence formulaire ? Nous osons croire que non; & nous dirons : Ciceron a raison, lorsqu'il soutient d'un côté que la distinction des especes des différentes actions empêche les parties & les juges d'errer comme dans un vaste Océan, sans bords & sans fonds; & Ciceron n'a pas tort de l'autre, lorsqu'il avance qu'il est ridicule de s'attacher plus particuliérement au mot qu'à la chose. De même, Quintilien a raison de dire qu'il est injuste que celui qui se sera trompé dans la rédaction des expressions d'une formule quelconque, perde un procès juste au fond; & Heineccius n'a pas tort, lorsqu'il dit que la simplicité & la netteté des demandes & des défenses, des répliques & des dupliques, abrege l'art long & dispendieux de la procédure, & détruit insensiblement le germe de la mauvaise foi, qui n'existe que par les ressources que présente la chicane, pour tout confondre, pour tout embrouiller.

Nous pensons qu'il faut distinguer l'usage des formules, de l'abus des formules; & que par ce moyen tout se concilie aisément. Il faudroit assujettir les plaideurs & leurs défenseurs à proposer leurs prétentions d'une maniere claire, précise & simple, qui déterminât évidemment son objet, & sur-tout la *compétence* du tribunal auquel on s'adresse. Mais nous pensons que cette maniere devroit cependant être libre; c'est-à-dire, que l'on ne devroit être assujetti à l'usage d'aucune formule de rigueur, & que le choix des expressions dont on se serviroit dans les différens actes d'une procédure, seroit dans tous les cas possibles parfaitement indifférent, & n'influeroit en rien sur le jugement. Le rédacteur de l'ordonnance de 1667 a bien eu quelques idées sur l'objet que nous traitons, mais ont-elles produit l'effet qu'on en devoit attendre! C'est ce que nous examinerons dans la division suivante.

Il s'agit actuellement de rendre compte de la maniere dont les Romains intenterent leurs actions après que l'usage des formules eut été aboli par Constantin, dans sa fameuse constitution : *DE FORMULIS ET IMPETRATIONIBUS ACTIONUM SUBLATIS. C. 2, 58.*

Rien n'en donne une idée plus juste que le tableau qu'en a présenté Justinien dans ses Institutes, *liv. 4, tit. 6;* nous allons en tracer l'esquisse, en le rapprochant, autant que nous pourrons, de notre nomenclature & de notre usage.

L'empereur définit ainsi l'action : *Actio autem nihil aliud est quam jus persequendi in judicio quod sibi debetur:* c'est comme nous l'avons déja dit, *le droit de poursuivre dans un tribunal ce qui nous appartient légitimement.* Il commence ensuite sa division, & distingue d'abord les actions en *réelles, personnelles & mixtes.*

Par les réelles, nous demandons ce qui est a nous, & nous en poursuivons la restitution contre le possesseur qui le retient injustement. *Rem meam sive mobilis, sive immobilis sit apud quemcumque possessorem vindicare possum. tot. tit. D. & C. de rei vindicatione. l. actionum genera, D. de act. & obligat. &c. &c.*

Par les personnelles, nous réclamons ce qui nous est dû contre la personne qui nous est obligée, pour la contraindre à nous payer, & à satisfaire à ce qu'elle nous doit. Elles dérivent des contrats ou quasi-contrats, délits ou quasi-délits. *l. ult. D. de contrah. empt. l. eum cui mutuam, C. de act. & obligat. l. qui vas argenteum, D. de furt. l. in conditione, D. de condict. furtivâ, &c. &c.*

Les actions mixtes participent des réelles & des personnelles; c'est-à-dire, qu'elles procedent tout à la fois de la propriété & de l'obligation.

On les subdivise en quatre branches principales; l'action en partage d'une succession entre cohéritiers, connue chez les Romains, sous le nom d'action, *familiæ erciscundæ;* l'action en division d'une chose commune entre des associés & consorts, connue sous le nom d'action *communi dividundo;* l'action en placement de bornes, connue sous le nom d'action, *de finibus regundis;* enfin, l'action en pétition d'hérédité, qui comprend plusieurs prestations personnelles, quoiqu'au premier coup d'œil elle paroisse purement réelle : elle étoit connue sous le nom d'action, *de petitione hereditatis.* On peut consulter entr'autres, sur l'exercice de ces différentes actions, les textes suivans. § *Quædam actiones, I. de act. l. judicium, D. finium regundorum, l. sed, lex § petitio, D. de petit. hæred. l. hæreditatis, C. eod. § item si inter I. De obligat. quæ ex quasi contract. .. 1, D. famil. ercisc. l. hæredes, § 1, l. qui familiæ, & l. cùm putarem eod. l. per hoc judicium, D. com. dividundo. l. penult. eod. l. inter omnes, C. de præd. min. l. in communi, & l. si non omnes, § venit.*

D. com. divid. l. ex hoc jure, D. de just. & jure. l. si quis, D. fin. regund. l. sed & loci, § sed & si mensor. l. si irruptionem, § ad officium judicis eod. TOTO TITULO, *D. si pars hered. pet. & l. regulariter & sequent. D. de petit. hered. &c.*

On divise encore les actions, en actions de bonne foi, *bonæ fidei;* en actions arbitraires, *arbitrariæ;* en actions de droit étroit, *stricti juris.* Dans les premieres, le juge a une liberté entiere de prononcer selon ce que l'équité lui suggere, sans s'astreindre aux conclusions des parties. Cette espece d'action n'a presque point d'usage en France, où les juges s'assujettissent aux loix & aux ordonnances. Dans les secondes, *les arbitraires*, le juge ne condamnoit que lorsqu'après avoir ordonné la restitution de la chose contenue en la demande, le défendeur refusoit d'y obéir. Quand celui-ci au contraire s'exécutoit, il évitoit la condamnation. Dans les troisiemes, *les actions de droit étroit*, le juge s'attache précisément à la demande, Dans le prêt, par exemple, il doit connoître simplement si le demandeur a réellement prêté la somme qu'il demande, ou non; & dans le cas où le prêt est reconnu vrai, il doit condamner le défendeur à rendre la somme réclamée, sans qu'il puisse le condamner à en payer une plus considérable, quand même le demandeur y auroit conclu, & quand même le défendeur auroit eu la foiblesse d'y consentir. § *Actionum autem*, & § *præterea, I. de act.*

On distinguoit les actions *solidaires*, IN SOLIDUM, par lesquelles on exige rigoureusement d'un débiteur tout ce qu'on a le droit de lui demander; & dans le cas d'insuffisance de ses biens, on emprisonne même sa personne; & les actions modérées, qui ne s'exercent pas avec cette rigueur, mais seulement jusqu'à la concurrence de ce qu'un débiteur peut payer sans prendre sur son entretien indispensable. Telles sont les actions, *entre associés*, pour le partage; parce que ce contrat produit une espece de *fraternité* qui demande cette modération; *societas jus quoddam fraternitatis:* les actions par lesquelles *un donataire* exige *d'un donateur* l'objet promis; parce qu'il n'est pas juste que celui qui a été généreux souffre une si rude peine de son affection: celles que *les enfans* intentent contre *leurs parens;* parce qu'ils ne peuvent pas sans honte, & sans manquer au respect qu'ils leur doivent naturellement, les réduire à la mendicité: enfin, les actions en répétition de dot que *la femme* intentoit contre *son mari* après la dissolution de son mariage; parce que l'honneur & la sainteté de cette liaison, (*honor transacti matrimonii*), ne permettent pas que la femme exigeant *solidairement* tout ce qui est compris en son contrat, laisse son mari dans une affreuse misere. § *Sunt præterea fin. I. de actionibus.* Nos auteurs François expliquent que la distinction des actions *solidaires* & *non solidaires* ou *modérées*, n'a pas lieu parmi nous, & qu'un créancier peut réclamer la condamnation entiere de ce qui lui est dû; quoiqu'il soit vrai d'ailleurs qu'il y a des débiteurs auxquels on seroit tenu de fournir des alimens, si la condamnation obtenue & exécutée les laissoit sans ressource.

Les actions sont *temporelles* ou *perpétuelles.* Les temporelles étoient: l'action d'*inofficiosité*, qui se prescrivoit d'abord par deux ans, & ensuite par cinq: les actions *pénales* introduites par le prêteur, qui ne duroient qu'une année; c'est-à-dire, pendant le temps qu'il étoit en charge: les actions *restitutoires* que les mineurs ou majeurs surpris exerçoient pour se faire relever de leurs engagemens ou dans l'année, à la forme de l'édit du prêteur, ou dans quatre ans, suivant la constitution de Justinien: enfin, les actions qui se prescrivoient par dix ans entre présens, & vingt ans entre absens dans la personne d'un possesseur de bonne foi. Les actions perpétuelles étoient toutes les autres, jusqu'à l'époque où elles furent bornées;

d'abord à soixante ans par Constantin, ensuite à trente par Théodose : cependant, comme on excepta de cette derniere limitation quelques actions, & entr'autres, l'action hypothécaire contre le débiteur ou ses héritiers ; l'empereur Anastase, ordonna qu'il n'y auroit point d'action qui ne pût être prescrite par quarante années.

On entend par actions *directes*, celles qui naissent de notre fait, & par *indirectes*, celles qui naissent du fait d'autrui: ces dernieres sont de deux sortes. Ou elles sont indirectes de la part du demandeur, lorsqu'elles sont intentées au nom d'autrui en vertu d'une procuration, ou elles sont indirectes de la part du défendeur lorsqu'on agit, & qu'on intente valablement une poursuite contre ceux avec qui on n'a pas contracté : les exemples de cette derniere espece d'action sont fréquens dans le droit romain. Si on avoit contracté avec un fils de famille, le prêteur donnoit en certains cas une action contre le pere; & ces cas étoient : celui où le fils avoit contracté par l'ordre de son pere; celui où il avoit emprunté & employé les deniers aux affaires de son pere, qui en étoit tenu à concurrence de ce qui avoit tourné à son profit ; celui où le pere avoit permis à son fils la libre administration d'un pécule, qui se trouvoit par-là même affecté aux droits des créanciers. Par la même raison, un maître étoit engagé par son facteur, son commissionnaire, pour raison du négoce auquel il l'avoit préposé.

Il est question d'une succession, & le pere la prétend en vertu de la puissance paternelle ; mais le fils soutient qu'il n'y est pas soumis : c'est ce qu'il faut examiner préliminairement. Cette action est l'action préjudicielle, parce qu'elle va avant (*præ*) la discussion de l'objet relatif à la succession ; & que la question d'état, doit être jugée avant la question d'intérêt, qui lui est évidemment subordonnée : *Præjudiciales actiones in rem esse videntur ; quales sunt, per quas quæritur : an aliquis liber, an libertus sit, vel de partu agnoscendo*, § 13, *I. de act.*

« On appelle ces actions *préjudicielles*, parce qu'avant que de pouvoir jouir des droits & des prérogatives attachées à l'état des personnes, il faut décider préalablement si on a cet état. Ces actions ne sont donc autre chose que le pouvoir, ou la faculté que tout homme a de défendre son état ; c'est-à-dire, la qualité attachée à sa personne, contre quiconque la lui conteste. Elles different des *actions réelles*, qui ont un droit réel pour objet, & par lesquelles le demandeur poursuit son droit de propriété : elles different aussi des *actions personnelles*, qui supposent une obligation de la personne, en vertu de laquelle le demandeur prétend que le défendeur est tenu à faire une chose ou à la donner. Mais dans les actions appellées *préjudicielles*, on éclaircit simplement quelques-unes de ces questions : la personne dont-il s'agit est-elle libre ? Est-elle membre de telle, ou telle société civile ? L'est-elle de telle, ou telle famille ? Ces actions affectent la personne même ; elles supposent un droit qui lui est attaché immédiatement ; & par conséquent, on ne prétend par ces actions ni droit réel, ni l'accomplissement d'un engagement : mais on s'en prend à la personne même, à laquelle on conteste l'état ou la qualité qu'elle s'arroge. (Code Frédéric, *part.* 1, *liv.* 1, *tit.* 4, § 12, 13 & 14; *tom.* 1, *pag.* 30 & 31.)

Disons un mot des actions *servienne*, & *quasi-servienne* ; parce que, bien que leur nom ne soit pas connu en France, on en a admis à-peu-près les effets. L'action *servienne* est celle par laquelle le propriétaire d'un fonds, d'une maison, a le droit de se faire payer par préférence à tous créanciers, du prix provenant de la vente des meubles & autres effets portés dans ce fonds, dans cette maison, par son fermier, son locataire, à concurrence de ce que ceux-ci lui doivent pour loyer ou fermages échus. *Serviana experitur quis de rebus coloni, quæ pignoris jure pro mercedibus fundi ei tenentur. §. 7, I. de act.* Nous suivons à cet égard les dispositions des *articles 161, 162 & 171 de la cout. de Paris;* suivant laquelle le propriétaire est non seulement préféré à tous autres créanciers sur les meubles de son locataire, mais a même le droit de les suivre, quand ils auroient été transportés ailleurs à la poursuite d'autres créanciers.

L'action quasi-servienne ou hypothécaire, *quasi serviana quæ etiam HYPOTHECARIA vocatur .... quâ creditores pignora hypothecasve persequuntur, I. eod.* a en France trois effets différens, suivant les différentes personnes contre qui elle peut être exercée. Le premier effet de l'hypotheque a lieu contre le débiteur obligé, & donne au créancier le droit de faire saisir & vendre la chose qui lui est hypothéquée, pour employer les deniers à son paiement. Le second effet de l'hypotheque a lieu contre les créanciers postérieurs, pour être préféré à eux sur le prix de la vente. Le troisieme, contre le tiers acquéreur de la chose hypothéqué, pour l'obliger à en faire le délaissement, ou à payer le montant de l'hypotheque.

Nous finirons en observant que les exceptions sont les défenses, que celui contre qui on a intenté une action, oppose à la demande pour en empêcher ou en éloigner l'effet : on peut en faire trois divisions principales. La premiere, est que les unes sont *perpétuelles & péremptoires;* & les autres *temporelles & dilatoires.* Les premieres détruisent ou diminuent l'action, comme les exceptions de dol, de crainte, de violence, de chose jugée, de prescription, du velléien, du macédonien, des quartes falcidie & trébellianique, &c. Les secondes, different ou éloignent le succès de l'action, mais ne l'anéantissent pas; elles ont pour objet, ou de faire transférer le jugement du procès dans une autre jurisdiction, ou d'obtenir un terme ou un délai dans le même tribunal. La seconde division des exceptions est, que les unes sont *favorables*, & les autres *odieuses.* L'on peut renoncer à celles-là, qui empêchent l'effet de l'une & de l'autre obligation civile & naturelle; & non à celles-ci, qui ne blessent point l'obligation naturelle, & n'empêchent que l'effet de l'obligation civile, déchargeant seulement le débiteur de la nécessité de payer. La derniere division est, qu'il y a des exceptions *personnelles*, & des exceptions *réelles.* Les premieres, attachées à la personne du débiteur, ne peuvent servir ni aux co-obligés, ni aux cautions; & le plus souvent ne passent pas même aux héritiers : les secondes, sont attachées à la chose, au contrat; de maniere qu'elles se communiquent à toutes les personnes intéressées, qui peuvent s'en servir aussi-bien que le principal obligé.

On sent aisément que dans une matiere aussi vaste que celle des *actions*, il est nécessaire de recourir aux articles particuliers de cet ouvrage, où on trouvera les détails nécessaires. Nous n'en indiquons aucuns, parce que les renvois seroient immenses. Tout dans le droit ne fait-il pas en quelque maniere le sujet d'une action ou d'une exception?

DROIT FRANÇOIS.

7. Dans le droit romain, le nombre des actions étoit limité, & chacune avoit son nom particulier, même après que l'on en eut aboli les formules. En France, nous l'avons déja remarqué, nous ne connoissons dans l'usage ni l'expression du nom de l'action, ni la solemnité des formules. Cependant, on a senti dans ce royaume, comme on avoit senti à Rome, la nécessité de simplifier les procédures, & pour cela, de bien caractériser l'objet des demandes des parties. En conséquence, l'ordonnance de 1667 a prescrit, *par l'art. 1 du tit. 2*, que

les ajournemens & citations en toutes matieres & jurisdictions, contiendront les conclusions, & sommairement les moyens de la demande : & l'*art. 6* du même titre, exige encore que *les demandeurs soient tenus de faire donner dans la même feuille ou cahier de l'exploit, copie des pieces sur lesquelles la demande est fondée, ou des extraits si elles sont trop longues.*

Ces réglemens ont-ils produit tout l'effet qu'on s'en étoit promis? On ne sauroit l'assurer, quand on jette les yeux sur les inconvéniens multipliés qui naissent de la marche de notre procédure civile; & dans le nombre, ne parlons que de ceux qui se présentent tous les jours sur l'objet de la compétence des tribunaux.

Si la loi avoit tout prévu, si la loi étoit suffisante, verroit-on tant de difficultés s'élever dans les tribunaux inférieurs & supérieurs en fait de déclinatoires? verroit-on au conseil du roi tant d'instances en réglement de juges? Qu'on y réfléchisse sérieusement; il y a pour ainsi-dire plus de procès sur la question de savoir où & pardevant qui on doit plaider, que de procès où les parties & les juges soient d'accord sur la compétence des tribunaux. Ce vice, dans la législation, mérite la plus grande attention de la part du souverain, de ses ministres & des magistrats supérieurs. Nous reviendrons sur cet objet sous le mot *Compétence*, *Déclinatoire*, *&c. &c.*

Quoique les actions soient libres en France, & qu'il y ait ouverture à une action, toutes les fois qu'on a un intérêt réel à poursuive; quoiqu'il n'y ait point de formule particuliere pour chaque nature d'affaires; il y a néanmoins des actions générales de différentes especes: & nous avons adopté, comme nous l'avons déja vu, sinon la nomenclature des Romains, du moins leurs divisions principales, & notamment celle qui distingue les actions en personnelles, réelles & mixtes.

Nous nous contenterons de joindre à ce que nous avons dit à ce sujet, des explications sur une soudivision des actions réelles, qui est d'un usage journalier dans notre pratique judiciaire. Les actions réelles sont de deux sortes, l'action pétitoire, & l'action possessoire; nous en prendrons les définitions dans Argou, l'un de nos plus méthodiques auteurs.

« L'action pétitoire est celle par laquelle nous demandons la possession d'une chose qui nous appartient, ou la jouissance de quelque droit réel, comme une servitude, un droit de cens, une rente fonciere, une hypotheque : sur quoi il faut observer que le créancier qui veut conserver son hypotheque sur l'héritage qui en est chargé, a une action particuliere, que nous appellons en déclaration d'hypotheque, & qui étoit inconnue dans le droit romain. »

« L'action possessoire ne regarde point la propriété de l'héritage, mais seulement la possession : elle est accordée à celui qui est troublé en la possession d'un immeuble, d'un droit réel, d'un droit universel; mais elle n'a jamais lieu que quand il ne s'agit que de la possession d'un meuble en particulier. Il faut que celui qui veut intenter cette action ait été troublé dan l'an & jour; car si le trouble étoit arrivé auparavant, on ne peut plus se pourvoir par action possessoire, mais seulement par action pétitoire. Pour pouvoir intenter l'action possessoire, il faut avoir été en possession réelle & actuelle; de sorte que le nouvel acquéreur ne peut pas intenter cette action, jusqu'à ce qu'il ait la possession actuelle; quelque clause de constitution de précaire qu'il y ait dans le contrat. Si celui qui est troublé n'a pas été actuellement évincé de sa possession, l'action qu'il intente, pour faire cesser le trouble, est appellée complainte en cas de saisine, & nouvelleté; & il doit conclure à être maintenu & gardé en la possession, &c. Si au contraire il a été actuellement dépossédé, l'action est appellée réintégrande, & il doit conclure à être réintégré & remis en possession, &c. » (*Instit. au droit françois, tom. 2, liv. 4, chap. 11.*) Voyez ci-dessus *Accumulation*, & ci-après *Complainte*, *Éviction*, *Hypotheque*, *Nouvelleté*, *Pétitoire*, *Possessoire*, *Réintégrande*, *Saisine*, &c.

Nous ne traiterons ici aucune *des divisions de* Brillon, telles qu'*Acheteur d'action*, Action *annale*, Action *cabaretier*, Action *communauté*, Action *confessoire & négatoire*, Action *donataire*, Action *fils de famille*, Action *héréditaire*, Action *hypothécaire*, Action *jeu*, Action *mobiliaire & immobiliaire*, Action *mari*, Action *pourvoyeur de seigneur*, Action *prêtre*, *messes*, Action *quanti-minoris*, Action *redhibitoire*, Action *rescisoire*, Action *tribunal*, &c. Les matieres seront placées dans un ordre plus simple & plus naturel sous les mots *Adjudication*, *Administration*, *Alimens*, *Animaux*, *Apothicaire*, *Aubergiste*, *Bannalité*, *Cabaretier*, *Cheval*, *Chirurgien*, *Communauté*, *Compétence*, *Créancier*, *Débiteur*, *Défendeur*, *Demandeur*, *Discussion*, *Domestique*, *Donataire*, *Dot*, *Femme*, *Fin de non-recevoir*, *Four*, *Gage*, *Gages*, *Habitans*, *Héritier*, *Hypotheque*, *Honoraire*, *Immeuble*, *Imposition*, *Jeu*, *Juge*, *Main-mise*, *Marchand*, *Mari*, *Médecin*, *Messe*, *Meuble*, *Mineur*, *Moulin*, *Nullité*, *Obligation*, *Ordre*, *Ouvrier*, *Paiement*, *Pédagogue*, *Pension*, *Police*, *Possession*, *Pourvoyeur*, *Prescription*, *Présomption*, *Prêtre*, *Quanti-minoris*, *Redhibition*, *Remede*, *Remploi*, *Rescision*, *Restitution*, *Retrait lignager*, *Revendication*, *Salaire*, *Seigneur*, *Serment*, *Serviteur*, *Servitude*, *Succession*, *Syndic*, *Taille*, *Tavernier*, *Tribunal*, *Voyageur*, &c.

A l'égard de l'action *criminelle*, nous allons en parler dans la division suivante. Les *actions en banque* formeront un article particulier, placé immédiatement après celui-ci.

DROIT CRIMINEL.

8. Nous le répétons, notre dissertation sur le mot *Accusation* remplit tout les objets relatifs aux *actions criminelles* dans l'usage de *la procédure extraordinaire* : ainsi, nous y renvoyons nos lecteurs, de même qu'au mot *Accumulation*; nous ne parlerons donc ici du mot *Action* qu'en l'envisageant sous son point de vue général ; c'est-à-dire, de la même maniere que nous l'avons envisagé dans les divisions *Droit naturel* & *Droit public*. Nous allons examiner dans cette acception étendue les grandes questions ; de savoir : 1°. Si dans les délits & les crimes l'*action seule* nous *oblige*, quoique nous n'ayions aucun dessein de nous *obliger*. 2°. Si une volonté toute nue, ou une simple pensée peut passer pour un délit & un crime.

Le délit ou le crime n'est autre chose qu'une *action* défendue par la loi qui nous commande, & nous assujettit à quelque peine. De cette définition dérivent des principes très-importans.

Le premier, c'est que dans les délits & les crimes, l'*action seule nous oblige*, quoique nous n'ayions aucune volonté de nous obliger ; à la différence des contrats qui ne produisent une obligation qu'autant qu'ils ont été faits dans l'intention & avec le dessein formé de nous obliger. C'est en conséquence de ce principe, qu'on décide que les contrats des pupilles, faits sans l'autorité de leurs tuteurs, ne sont pas obligatoires, & que leurs crimes ne sont pas impunis : *Ex maleficio nascuntur obligationes, veluti ex furto, ex damno, ex rapinâ, ex injuriâ, quæ omnia unius generis sunt : nam hæ* RE *tantùm consistunt, id est* IPSO MALEFICIO; *cùm alioquin ex* CONTRACTU *obligationes non tantùm re consistant, sed etiam verbis, &* CONSENSU. *l. 9, D. de oblig. & act.*

Le second principe, est qu'une volonté toute nue, & une simple pensée qui ne se produisent pas au dehors par quelqu'*action* tendante à l'exécution, ne peuvent point passer pour un délit ou un crime punissables par les hommes.

Grande vérité ! Les loix civiles & les magistrats ne peuvent connoître & corriger que *les actions* extérieures, & c'est bien assez. L'Être Suprême, s'est réservé le droit de juger les pensées secretes que lui seul connoît.

Distinguons donc deux sortes de crimes : les uns blessent la société civile, & les autres offensent la Majesté divine. Distinguons de même trois différentes sortes de volontés criminelles. La premiere est celle qui en demeure aux termes du simple dessein, & qui n'est accompagnée ni suivie d'aucune *action* qui tende à l'exécution : la seconde va un peu plus avant, commence à *agir*, & à exécuter le projet : la troisieme est celle qui non contente d'un commencement d'*action* & d'exécution, acheve & consomme le crime. La premiere n'est pas sujette à la justice humaine, & releve immédiatement & exclusivement de la justice divine : la seconde n'est punissable par la loi civile que dans certaines circonstances, & avec différentes modifications : la troisieme est punie également par toutes les loix divines & humaines. Ces distinctions admises par les philosophes, les théologiens, les canonistes & les jurisconsultes, concilient ce qu'il paroît y avoir de contradictoire au premier coup d'œil, soit dans les décisions des loix civiles & canoniques, soit dans les jugemens anciens & modernes.

Que la loi divine punisse la volonté, lors même qu'elle n'est suivie d'aucun commencement d'*action*, c'est ce que nous attestent divers textes des livres sacrés, qui présentent le précepte ou l'exemple. *Exod.* 22, *v.* 17. — *Deuter.* 5, *v.* 21. — *Matth.* 5, *v.* 28. — *Paul. ad Roman.* 7, *v.* 7. — *Id. ad Tit.* 2, *v.* 12. — *I. Petri*, 2, *v.* 11. — *II. Petri* 1, *v.* 4. — *I. Joan.* 2, *v.* 16.

La loi civile, au contraire, ne punit point la simple volonté, lorsqu'elle n'est suivie d'aucune espece d'effet. Elle dit qu'en matiere de crime, il ne suffit pas d'avoir eu le dessein de le commettre quand il n'y a eu aucune exécution ; qu'un esclave n'est pas réputé fugitif ni vagabond, pour avoir formé le dessein de s'enfuir, quoiqu'il s'en soit vanté en présence de plusieurs personnes ; que la volonté de corrompre une femme, ou de prendre le bien d'autrui sitôt que l'occasion s'en présentera, ne fait pas un adultere, un vol ; enfin, que la résolution de commettre les crimes, ne rend pas les hommes criminels ni punissables, jusqu'à ce qu'ils aient fait quelque *action* pour l'exécution de ce qu'ils ont résolu. *Cogitationis pœnam nemo patitur. l.* 18, *D. de pœnis. — Nec consilium habuisse nocet, nisi & factum sequutum fuerit. l.* 53, *in fin. D. de verb. signif. — Indè sola cogitatio furti faciendi non facit furem. l.* 1, § 1, *D. de furt.* Fugitivus *est, non is qui solum consilium fugiendi à domino suscepit,* LICÈT ID SE FACTURUM JACTAVERIT ; *sed qui ipso* FACTO, *fugæ* INITIUM *mente deduxerit : nam & furem, adulterum, aleatorem, quamquam aliquâ significatione ex animi propositione cujusque solâ quis dicere posset ; ut etiam is, qui numquam alienam rem invito domino subtraxerit, numquam alienam matrem-familias corruperit ; si modò ejus mentis sit, ut occasione datâ id commissurus sit : tamen opportere eadem hæc crimina* ASSUMPTO ACTU *intelligi ; & ideò fugitivum quoque, & erronem non secundùm propositionem solam, sed* CUM ALIQUO ACTU *intelligi constat. l.* 225, *D. de verb. signif.*

Le droit canon a adopté les principes du droit civil, & décide que le simple dessein de commettre un crime ne mérite aucune punition, lorsqu'il ne s'est point manifesté par *des actions*, des démarches extérieures : *Cogitatio non meretur pœnam lege civili, cum suis terminis contenta. Can.* 20, *de Pœnitentiâ, Decreti, part.* 2, *caus.* 33, *quest.* 3.

Les Rhodiens, alliés du peuple romain, étoient convaincus d'avoir formé la résolution de favoriser les armes de Persée, roi de Macédoine ; mais il étoit constant qu'ils en étoient demeurés aux termes d'un simple projet. Dans cet état, ils envoient des ambassadeurs à Rome pour se défendre d'un crime dont ils s'avouoient coupables pour en avoir conçu, & déclaré même la pensée ; mais pour lequel ils soutenoient ne pouvoir être punis, parce qu'ils ne s'étoient livrés à aucune espece d'exécution. Caton approuva cette défense, & opina pour les Rhodiens ; il soutint au sénat que les loix ne permettoient pas de punir ceux qui avoient voulu se livrer à une mauvaise *action* quand ils ne l'avoient pas exécutée. Comme la seule volonté d'être vertueux, *dit-il*, ne mérite pas de récompense jusqu'à ce qu'elle ait produit *quelque action de vertu;* tout de même, le dessein criminel n'est point sujet au châtiment, s'il n'a été suivi de quelque exécution du crime. La résolution de commettre un crime n'est donc pas un crime, & ne peut être punie : *Neminem qui male* FACERE *voluit plecti æquum esse*, NISI QUOD FACTUM VOLUIT, ETIAM FECERIT : FACTA SOLA CENSENDA ESSE, ATQUE IN JUDICIUM VOCANDA; *voluntates nudas, inanesque negligendas, neque pœnis fieri obnoxias.* (Gellius, 7 *noct. cap.* 3.)

« Un Marsias songea qu'il coupoit la gorge à Denis : celui-ci le fit mourir, disant qu'il n'y auroit pas songé la nuit, s'il n'y eût pensé le jour. C'étoit une grande tyrannie ; car quand même il y auroit pensé, il n'avoit pas *attenté*. Les loix ne se chargent que de punir les *actions extérieures.* » (*Esprit des loix, liv.* 12, *chap.* 11.) Montesquieu ajoute : *Il faut que la pensée soit jointe* A QUELQUE SORTE D'ACTION.

Il est donc certain qu'il ne suffit pas d'avoir conçu un projet criminel pour être punissable ; mais il est certain aussi qu'on est digne de peine, lorsque *la pensée a été jointe à quelque sorte d'action*, quoique l'action n'ait pas été consommée. Aussi les loix romaines ont ordonné que *dans les grands délits*, tels que le crime de lese-majesté, l'homicide, l'adultere & autres crimes *atroces*, les simples desseins seroient punis, s'il y avoit eu quelque effort, quelque attentat, quelque conjuration ou quelqu'autre commencement d'*action* & d'exécution. En fait de crime de lese-majesté, la volonté doit être punie avec la même sévérité que l'effet, lorsqu'on est entré dans une conjuration, en se liant avec des complices téméraires : *Quisquis cum militibus, vel privatis, vel barbaris, scelestam inierit factionem aut factionis ipsius susceperit sacramentum, vel dederit..... (Eâdem enim severitate voluntatem sceleris quâ effectum puniri jura voluerunt) ipse quidem, ut potè majestatis reus gladio feriatur. l.* 5, *C. ad L. Jul. maj.* Si quelqu'un a, non pas enlevé, mais entrepris d'enlever une vierge consacrée à Dieu, qu'il soit puni d'une peine capitale : *Si quis, non dicam rapere, sed attentare tantum jungendi causâ matrimonii, sacratissimas virgines ausus fuerit, capitali pœnâ feriatur. l.* 5, *C. de episcop.* Si quelqu'un a tenté de procurer la mort à un enfant, il est digne du dernier supplice : *Si quis necandi infantis piaculum aggressus, aggressave sit, sciat se capitali supplicio esse puniendum. l.* 8, *C. ad l. Cornel. de sicariis.*

Le droit canon dit pareillement, que ceux qui ont voulu séduire une femme, doivent être punis comme adulteres, quoiqu'ils ne soient pas venus à bout de leurs desseins criminels : *Sollicitatores alienarum nuptiarum, itemque matrimoniorum interpellatores, etsi* EFFECTU *sceleris potiri non possunt, propter voluntatem tamen perniciosæ libidinis, extra ordinem puniuntur. can.* 15, *de pœnitentiâ Decr. p.* 2, *caus.* 33, *quest.* 2.

En France, nous suivons aujourd'hui les mêmes principes, quoique nous ne les eussions pas d'abord adoptés. C'est ce qui résulte de la différence des ordonnances anciennes & modernes.

« Si aucuns gens avoient empoussé à

aller tuer un homme ou une femme, & fussent pris en la voye de jour ou de nuit, & l'on les amenast à la justice, lors demandast que ils alloient querant, & ils dissent que eux allassent tuer un homme ou une femme, & ils n'en eussent plus faits, jà pour ce ne perdroient en vie, ne membre. » (Ordonnance de Louis IX en 1270, insérée *au chap. 34 du liv. 1, du Recueil des ordonnances du Louvre.*)

L'*art. 195 de l'ordonnance de Blois* s'exprime ainsi : « Et pour le regard des assassins, & ceux qui pour prix d'argent & autrement, se louent pour tuer, outrager, excéder aucuns, ou recourre prisonniers pour crime, des mains de justice ; ensemble ceux qui les auront loués ou induits pour ce faire : nous voulons *la seule machination & attentat*, être punis de mort, encore que l'effet ne s'en soit ensuivi. » Ces dispositions ont été suivies textuellement par l'ordonnance de 1670, *tit. 16, art. 4.....* Examinons la jurisprudence.

ARRÊT du parlement de Paris, du 6 novembre 1534, qui condamne Jean Ferrand, accusé d'avoir essayé de recourir Guillaume Courtois, prisonnier de l'autorité & commission du lieutenant de la table de marbre, à faire amende honorable en deux lieux, l'une en l'audience de la table de marbre, l'autre au lieu de la recourse. (Papon, *liv. 23, arr. 2, pag. 1298.*)

ARRÊT du parlement de Paris, du premier décembre 1738, qui a condamné au dernier supplice un horloger qui avoit tiré un coup de pistolet au sieur Berlinguet de la Vigne. Le coup avoit manqué, mais la volonté fut réputée pour le fait; parce qu'il n'avoit pas tenu à l'assassin que son projet ne fût consommé.

ARRÊT du parlement de Paris, du 4 décembre, 1755, qui condamne à la roue Bernard de la Fosse & Pierre-Philippe-Louis Cardier, *convaincus d'avoir formé le complot de faire assassiner le comte de Donges leur maître, & d'avoir voulu engager un particulier à commettre ledit assassinat, sous prétexte de partager avec lui l'argent qu'ils devoient voler.* Ce trait rappelle celui du juif Duliz & de son valet-de-chambre exécutés, celui-ci réellement, & celui-là en effigie, pour avoir projeté de faire assassiner la demoiselle Pelissier, actrice de l'opéra. M. d'Aguesseau, alors procureur-général, appella à *minimâ* de la sentence du châtelet, qui n'avoit condamné le maître & le valet-de-chambre, qu'à la potence; & la cour prononça qu'ils seroient rompus vifs.

Cependant en France, comme à Rome, la volonté, suivie d'un commencement d'action, n'est pas toujours punie avec la même sévérité, que la volonté suivie de la consommation de l'action : les loix & les magistrats ont égard aux circonstances; & le principe, comme nous l'avons dit, est sujet à différentes modifications. Donnons deux exemples, l'un ancien & l'autre moderne.

A Rome, le transfuge qui se proposoit de passer au camp ennemi, étoit puni comme déserteur : cependant, s'il arrivoit qu'il fût pris dans sa route par l'ennemi, chez lequel il se retiroit, on lui accordoit sa grace, dans le cas où sa conduite passée l'en rendoit digne : *Et is qui* VOLENS *transfugere adprehensus est, capite punitur : sed si ex improviso dum iter quis facit, capitur ab hostibus,* INSPECTU VITÆ EJUS PRÆCEDENTIS ACTO, *venia ei dabitur. l. 3, § 11 & 12, D. de re militari.* La loi 5, au même titre, renferme les mêmes dispositions, & veut que les déserteurs ne soient pas tous punis avec la même sévérité.

ARRÊT du parlement de Grenoble, du 28 janvier 1461, qui juge que « lorsqu'il s'agit de punir celui qui s'est livré *à un attentat de connoitre une fille pucelle, n'ayant pu par faute d'âge compétent*, doit être puni plus légérement; de même que les qualifiés, ou de noblesse, ou honnêteté, d'une relégation ou amende ; & les viles personnes, du service des métaux, ou de galere par force. » (Papon, *liv.* 23, *tit.* 10, D'EFFORTS EN DÉLIT SANS EFFET, *arr.* 4.) Voyez *Assassin*, *Attentat*, *Circonstance*, *Complot*, *Crime*, *Délit*, *Déserteur*, *Dessein*, *Exécution*, *Machination*, *Projet*, *Scélerat*, *Vol*, *&c.*

Action roi.

9. « Comme l'un des privileges du roi est d'intenter, à cause de son domaine, différentes *actions* qui ne peuvent être communiquées à d'autres ; il a aussi le privilege de n'être pas sujet à toutes celles qui peuvent être intentées contre les particuliers. » (*Traité du domaine*, par M. Lefevre de la Planche, *tom.* 3, *liv.* 11, *chap.* 11, *pag.* 348.)

L'auteur examine, d'après ce principe, si l'on peut intenter l'action en complainte contre le roi, & si le roi peut en intenter contre ses sujets ; & il décide pour la négative des deux propositions. 1°. Parce que l'action en complainte suppose une voie de fait, une violence, & par conséquent, une injustice qu'on ne peut supposer dans le roi, *qui est la source & le distributeur de toute justice, sans blesser la révérence due à la majesté du prince.* 2°. Parce que le roi étant le protecteur de la possession de ses sujets, on ne peut jamais fonder une action sur la supposition, qu'ils ont troublé celle de leur souverain.

On ne peut pas non plus intenter l'action en retrait lignager contre le roi ; on ne peut lui opposer ni la péremption d'instance, ni la compensation, ni la cession de biens, ni les lettres d'état, ni les lettres de bénéfice d'inventaire.

Ces privileges se communiquent à l'apanagé pour raison de son apanage, mais non au fermier du domaine, ni à l'engagiste. Nous traiterons plus amplement ces différentes questions sous les mots *Apanage*, *Cession de biens*, *Compensation*, *Complainte*, *Domaine*, *Engagiste*, *Inventaire* (*Lettres de bénéfice d'*), *Lettres d'état*, *Péremption*, *Retrait* (*lignager*), *Roi*, *Souverain*, *&c.* *&c.*

Angleterre.

10. Dans l'excellent ouvrage *de la Constitution de l'Angleterre*, *chap.* 8, M. Delolme avocat, parle ainsi des actions judiciaires.

« En Angleterre, la seule maniere d'obliger un homme à comparoître devant un tribunal, c'est d'obtenir de la chancellerie, un *writ* au nom du roi, qui lui en donne l'ordre ; ces *writs* sont des formules toutes préparées, & semblables en cela aux *actiones legis*, tellement adaptées chacune à un certain genre d'action, que lorsqu'il se présente un nouveau cas, pour lequel il n'existe aucun *writ* connu, & que les officiers de la chancellerie ne s'accordent pas à en former un, le parlement lui-même, suivant un statut d'Edouard premier, doit y pourvoir.... Ces *writs* reglent tellement toute la procédure, qu'ils donnent leur nom à presque tous les actes ; & ce nom se tirant ordinairement du premier mot de l'ancien *writ* latin, & étant purement technique, cela forme des expressions qu'on entend souvent avant de les comprendre. Ainsi, un PONE est pour obliger celui qui refuse de comparoître en jugement, à donner caution. *PONE per vadium & salvos plegios.* Une action de QUI TAM est pour demander sa portion d'une amende portée par un statut pénal, auquel on a dénoncé un contrevenant ; ce qui est une espece d'accusation publique. *QUI TAM pro domino rege, quàm pro se ipsò in hac parte sequitur.* Un *writ* de SUB PŒNA, est pour faire comparoître des témoins, & celui qui l'a reçu, est dit être *sub pœnâ.* »

Blackstone, *liv.* 3, *ch.* 17, *pag.* 266 & *suivantes*, après avoir expliqué de son mieux les actions juridiques angloises, avoue la difficulté de connoître leur forme, leurs dénominations & leurs détours. Il convient qu'il y a des fictions & des tournures, des expédiens, des moyens arbitraires, tels que, si l'on ne développe pas les principes, les progrès & l'histoire de cette jurisprudence, ce système, sur-tout par rapport à la propriété, paroîtra LE PLUS EMBROUILLÉ, LE MOINS NATUREL; LE MOINS FAIT POUR UN PEUPLE ÉCLAIRÉ ET LIBRE: *The most intricate and unnatural that ever was adopted by a free and enlightened people.* Il convient qu'on peut faire à cette procédure le reproche mérité par celle des Romains, d'être embarrassante, fatigante, pénible; mais il prétend que ses vices ne la rendent pas dangereuse: *To be one of those troublesome, but not dangerous.* Et pour le prouver, il la compare à un labyrinthe, dont on peut se tirer quand on saisit bien le fil: *The labyrinth is easily pervaded.* C'est, dit-il, un château gothique, bâti dans le siecle de la chevalerie, néanmoins assez bien arrangé pour les Anglois d'aujourd'hui. Des remparts superflus, des fossés secs, des tours ruinées, des trophées ridicules! Mais, si au rez de chaussée l'on trouve un appartement commode, logeable & sûr, qu'importe que les avenues soient tortueuses, embarrassées & difficiles: *We inherit an old gothic castle, erected in the days of chivalry, but fitted up for a modern inhabitant. The moated ramparts, the embattled towers; and the tophied halls, are magnificent and venerable, but useless. The inferior apartments, now converted into rooms of convenience, are chearful and commodious, though their approaches are winding and difficult.*

Enfin, pour conserver cette jurisprudence gothique, il confond sa base avec celle du gouvernement même; & il conclut que la nation ne peut la changer sans compromettre ce qu'elle a de plus cher, sa constitution politique: *Without hazarding every thing that is dear to us.*

Comme je l'ai dit au mot *Acte, Angleterre*, nº. 29, pag. 663, les Anglois ont adopté la politique des Romains, sur la maniere inextricable d'introduire les actions judiciaires, afin que le peuple ne pût pas les exercer facilement, & qu'il fût obligé de se soumettre aux patriciens: *Ne populus prout vellet, constitueret. l. 2, § 5 & 6, D. de origine juris.*

M. Pilati, *dans son Traité des loix politiques des Romains, tom. 2, ch. 11, pag. 79*, dit: « *Quelques misérables jurisconsultes* de notre temps, prétendent que les patriciens ont agi de bonne foi; que leurs intentions furent bonnes, & qu'ils n'eurent en vue que le bien public. Ils en savent donc plus que Ciceron, qui soutint en face du jurisconsulte Sulpicius, qu'il n'y avoit en tout cela que malice & tromperie. (*Pro Murenâ II*); plus que les historiens, qui attestent que les patriciens ne furent portés que par l'intérêt & l'orgueil à former toutes ces entraves.... Comment ose-t-on justifier une invention qui assujettit les loix à de *vains jeux de mots*; qui *asservit* tout un peuple à un ordre, qui s'arroge seul la connoissance & la possession de ces mots, qui rend inutile à ce peuple la connoissance de ses loix, qui *gêne sa liberté* au point de faire tenir pour nul tout ce qui n'est pas fait *selon* les loix, qui, enfin, pour donner quelque validité aux moindres actes, oblige chaque individu à mettre dans sa confidence quelques-uns de ces TYRANS, *qui se sont érigés en possesseurs exclusifs des mysteres, & qui tiennent lieu de loi?* »

Si cela est vrai des Romains, que dire des Anglois? S'il est vrai, comme l'a dit Pope, que le bonheur, but & fin de tout être raisonnable, consiste dans le bien-être, le plaisir, le contentement & le repos: *Happiness! Our being's end and aim! — Good, pleasure, ease, content!* (Essay on man. Ep. 4.) Que penser du bien-être d'un peuple que ses loix embarrassent à chaque pas, tourmentent sans cesse, oppriment & asservissent? Que dire des motifs donnés par Blackstone pour justifier cet esclavage réel?

Et qu'est-ce donc que cet arbre de la constitution politique qui obombre si merveilleusement les habitans des trois royaumes? Qu'est-ce donc, si lorsqu'on y découvre des branches parasites, pourries, & qui en tombant, écrasent ceux qui y sont à l'abri; si, dis-je, l'on ne peut y porter la hache sans couper les racines? Qu'est-ce que la liberté publique, si elle réside seulement dans les représentans de la nation, & si les individus sont opprimés par les loix mêmes? Qu'est-ce en général que la liberté politique, lorsqu'elle réside dans un labyrinthe, où l'on se perd infailliblement, dès qu'on n'en saisit pas le fil imperceptible? Qu'est-ce qu'une législation gothique & barbare, comme toutes celles de l'Europe, assemblage monstrueux de coutumes locales, non écrites, & des loix romaines, normandes, françoises, saxones, danoises & *papistes?* Seroient-elles assez bien faites les unes pour les autres, ou le hasard les auroit-il si bien choisies & amalgamées, que leur ensemble méritât véritablement le magnifique éloge de Fortescue, dans son livre *de laudibus legum Angliæ*; & ce qu'en dit Blackstone: *admirable sistem of laws*.

Sans doute il y a des choses heureuses, uniques dans le droit public & le droit criminel. Mais si c'est tout pour le parlement, le droit privé n'est-il donc rien pour la nation? Si c'est tout pour les patriciens & les jurisconsultes, le droit privé n'est-il rien pour ce peuple immense, qui, excepté la lecture des papiers publics, là, comme ailleurs, n'est rien à l'administration que par son travail, son industrie, ses contributions, la milice & la *presse?* Suffit-il de l'amuser avec le hochet de la liberté, sans s'occuper un instant des loix qui l'intéressent véritablement, uniquement & sans cesse? Eh! que lui fait l'indépendance de ce parlement, où la fortune & la brigue ne lui permettent jamais de prendre place, si dans le droit privé, droit usuel du peuple, il ne peut rien savoir sans vingt ans d'étude, comme disent Fortescue, Coke & Blackstone? Que lui font ces débats éternels de l'opposition & de l'administration, si l'on ne daigne pas s'occuper un instant de ce droit privé qui asservit son temps, sa fortune, son repos, sa liberté, & toute son existence? *Sic vos non vobis fertis aratra boves!*

Des Anglois, hommes, & *Wigs*, interrogés sur ces points importants, m'ont donné d'autres motifs que Blackstone n'a pas osé écrire. 1°. Le peuple, naturellement inquiet & factieux, a besoin d'être occupé constamment par les embarras des procès, sans quoi, l'on verroit renaître les troubles des derniers siecles. 2°. Les loix ne peuvent être reformées que par le parlement, composé en grande partie de jurisconsultes. Or, tous les *Lawyers* se tiennent, & ne consentiront jamais à simplifier une machine, dont les ressorts sans nombre, leur assurent une immense fortune. Il n'y a point de pays au monde où les procès soient si nombreux, si longs, si coûteux, sur-tout ceux en chancellerie. Et vous, François, m'a-t-on ajouté, qui criaillez sans cesse contre le vuide de votre législation, l'arbitraire de votre jurisprudence, les longueurs & les frais de votre procédure; si vous voulez vous consoler, allez plaider à Londres.

Ces vérités sont connues; & nous avons encore en France un avantage, c'est que la réforme des loix, dépendant uniquement du souverain, nous devons espérer beaucoup plutôt une refonte salutaire. Un prince vertueux, bienfaisant & juste, comme Louis XVI, par sa seule volonté, & avec un mot, peut seul, & plus aisément faire ce grand bien, que ne le pourra jamais l'empire britannique entravé par sa constitution. C'est d'après cette grande vérité que, laissant, avec Pope, les insensés disputer ſur la forme du gourvernement, nous diſons comme lui, que le mieux adminiſtré eſt le meilleur. *Whate'er is beſt adminiſtred is beſt.* (Eſſay on man. ep. 3.)

Mais enfin, qu'eſt-ce donc que cette conſtitution ſi vantée, qui, s'il en faut croire ces apperçus & ces aveux, ne peut ſe maintenir qu'en accablant le peuple par les ténebres de la légiſlation, & par le pouvoir d'un ſénat ariſtocrate? Qu'eſt-ce que cette liberté, ſouvent fantaſtique ou arbitraire, que chaque individu ne poſſede que par le ſacrifice de tout ce qu'il a de plus cher, le repos, la fortune & le temps? Eſt-ce ainſi que le docteur Price l'a envisagée dans ſon célebre ouvrage: *Obſervations on the nature of civil liberty?* Dans le fameux procès de *New-York*, qui, dès 1735, a éclairé l'Amérique, & que j'ai extrait au mot *Accuſation*, n°. 94, pag. 419, les juges ne tordirent-ils pas les loix pour ſacrifier la liberté individuelle? Et que ſeroit-elle devenue, ſi les *jurés* n'euſſent été raffermis & éclairés par le compatriote de M. Franklin, par cet avocat Hamilton, qui quitta Philadelphie pour aller défendre la liberté humaine, contre la ſervitude britannique, établie par le gouverneur, ainſi que par les *lawyers* Anglois, compoſant ſon conſeil, & adminiſtrant la juſtice? L'Amérique n'eſt plus; l'Irlande a réclamé, la Grande-Bretagne gardera-t-elle toujours le ſilence, & faudra-t-il qu'un étranger, M. Marat, dans ſon fameux ouvrage, lui montre *les chaînes de l'eſclavage*.

J'adreſſe ces doutes modeſtes au Demoſthene Anglois, à l'homme qui, ayant préſenté aux Communes un plan d'économie, l'a appuyé d'un exemple rare, laiſſant au tréſor public les neuf dixiemes des revenus de l'office de tréſorier général des troupes. Je parle à l'orateur ſublime, qui, dans ce plan d'économie, n'a comparé, comme Blackſtone, la légiſlation britannique à un vieux château, que pour en conclure différemment, qu'il falloit y porter la hâche de la réforme. Je parle ſur-tout au juriſconſulte vertueux, qui a eu le courage de propoſer l'abrogation de quelques parties du droit criminel qui déshonorent le reſte. Cet examen eſt digne de ſon ſavoir, de ſon éloquence, de cet amour éclairé & pur de la liberté, qui, dans un cœur comme le ſien, n'exiſte qu'avec l'amour de l'humanité.

EDMUND BURKE.... « My Friend! My Genius!
Oh! While along the ſtream of time thy name
Expanded flies, and gathers all its fame;
Say, shall my little bark attendant ſail,
Purſue the triumph, and partake the gale.»

Eſſay on man epiſt. 4.

ACTION, ACTIONNAIRE, ACTIONNISTE

De Banque, de Commerce, de Finance.

I. « ACTION ſe dit auſſi de la *ſomme* qu'on a miſe dans une compagnie de commerce, ou de quelqu'autre ſociété utile, & à proportion de laquelle on doit avoir part au profit de la même ſociété. »....

« ACTIONNAIRE, eſt celui qui a une ou pluſieurs actions dans une compagnie de commerce. » (*Diction. de l'académie françoiſe.*)

Dans cette définition, il ſemble que le mot *intérêt*, ſubſtitué à celui de *ſomme*, la rendroit plus exacte: car, l'argent n'eſt pas l'*action*; mais un des moyens pour acquérir une portion de l'intérêt général, diviſé en actions; l'on peut être actionnaire ſans argent, par ſon travail, ſon induſtrie, ſon intrigue ou ſon crédit. D'après ces idées, l'ACTION *ſeroit une part dans les fonds & l'intérêt, d'une compagnie formée pour une entrepriſe.* L'ACTIONNAIRE eſt *le propriétaire de cette action.* L'ACTIONNISTE *eſt une eſpece d'agioteur qui commerce en actions par des achats & des ventes à terme, & par des primes.*

Cette

Cette maniere de prendre un intérêt dans une entreprise est assez naturelle ; tant que par ses talens, son âge, son crédit & sa fortune on est en état d'aller seul, on n'a pas besoin d'associés qui partageroient les profits. Faut-il plus de fonds ou de travail ? on s'adjoint des hommes industrieux ou riches, à qui l'on cede un intérêt proportionnel. Enfin, si l'entreprise exige des capitaux au-dessus des fortunes ordinaires, on partage l'intérêt en une quantité convenable d'*actions*, dont les propriétaires, en faisant les fonds demandés, deviennent associés au profit ou à la perte que donnera l'entreprise.

Vous lisez long-temps l'histoire du monde sans reconnoître cette derniere maniere dans les grandes opérations & les ouvrages publics. Et quand Charlemagne conçut le projet d'unir, par un canal, le Rhin au Danube, l'Océan à la Mer noire, il commença à l'exécuter avec ses troupes, comme faisoient les Romains pour ces grands chemins & ces édifices, monumens éternels de notre admiration.

C'est au XV & au XVI siecle que vous voyez les Lombards apporter cette maniere de former les grandes entreprises de finance & de commerce, & essayer d'y assujettir toute espece d'affaire ; trouvant tout bien & tout possible, quel que fût le résultat, pourvu qu'ils s'assurassent un profit. On peut voir ce que sur ces matieres ont pensé successivement l'Hospital & Sully.

Cette maniere de traiter les grandes affaires s'accrut encore sur la fin du regne de Louis XIV, & sous la régence, lorsque détruisant la liberté naturelle du commerce particulier, on livra tout le commerce extérieur à des compagnies, où il fut néanmoins permis à chacun de prendre intérêt en achetant des actions.

Ceux qui voudront connoître l'opinion d'un grand magistrat, sur ce genre de propriété & de commerce, sur ses avantages & ses inconvéniens, sur ce qu'il peut avoir de dangereux ou d'illicite, peuvent lire dans le tome 10 des Œuvres du chancelier d'Aguesseau, le fameux *Mémoire sur le commerce des actions de la compagnie des Indes*. Il avoit fait cet écrit pour se rendre compte des principes sur lesquels étoit appuyé son refus d'adopter le système de Law, & ce refus le fit exiler. Ce mémoire, resté dans les archives de la famille, n'a été imprimé qu'en 1777, lorsque la compagnie des Indes n'étoit plus, lorsque commençoit à renaître la liberté de publier les vérités utiles, les doutes raisonnables, & même ces controverses, toujours salutaires quand on ne franchit pas les bornes de la soumission & du respect.

Combien de choses à extraire des 122 pages in-4°. de ce mémoire, de ceux de la compagnie des Indes, avant & lors de sa destruction, & d'une infinité d'autres ! Car je ne sache pas un de ces corps dont l'existence ait été sure & parfaitement paisible. Bornons-nous à deux principes clairs, & joignons-y quelques observations sur la formation, la régie & la fin de ces sociétés.

Premier principe tiré du mémoire de M. d'Aguesseau, pag. 177. « Tout engagement qui n'a point de cause, ou qui n'a qu'une cause imaginaire, ou fausse, ou injuste, ou contraire aux bonnes mœurs, ou qui n'est point suivie de son effet, est un engagement ou une obligation nulle en soi-même, qui ne donne aucun droit, & qui laisse à l'un des contractans la faculté de répéter justement ce qu'il a donné sur la foi d'un tel engagement. » *Sive ab initio sine causâ promissum est, sive fuit causa promittendi quæ finita est, vel secuta non est, vel redit ad non justam causam, vel ob turpem causam datum est, dicendum est condictioni locum fore. . . . Hæc enim condictio ex æquo & bono introducta, quod alterius apud alterum sine causâ deprehenditur, revocare consuevit. . . . Nam hoc naturâ æquum est, neminem cum alterius detrimento fieri locupletiorem. l.* 1, *D. de condictione sine causâ. Ob turp. caus. l. 66, D. de condict. indeb. l. 14, D. eod.*

Si ce principe étoit pris dans toute sa rigueur, & suivant la vraie probité, que définit si bien Ciceron, on verroit tomber plus d'une de ces actions, qui ne se soutiennent que parce que les actionnaires, ne voyant que le profit trop souvent injuste ou infame, laissent agir dans l'éloignement ou les ténebres, des directeurs ou des syndics avides & cruels! Quiconque douteroit de cette vérité, peut voir, entr'autres, le compte rendu à la chambre des communes, par le lord avocat d'Ecosse, aux mois de mars & d'avril 1782; les réponses de Rumbold, directeur de la compagnie des Indes; les reproches en tout genre faits à ce commis & à ses collegues, d'avoir aliéné le cœur des Indiens par la mauvaise foi, l'oppression, & la plus atroce *inpolitique*.

Second principe. Les compagnies d'actionnaires sont une société, comme toutes les sociétés de commerce, d'argent, de finances, d'affaires, & doivent se régler par les mêmes maximes. Ainsi, tout ce que le droit romain, notre ordonnace de 1673, & les déclarations subséquentes renferment sur les sociétés de commerce & des gens d'affaires, s'applique en général aux sociétés d'actionnaires. Voyez *Associé, Société.*

A ces deux principes généraux, il faut joindre quelques observations particulieres, tirées de la nature de cette société, de son objet, de son régime, & de la qualité de ceux qui la composent.

D'abord, il faut se défier extrêmement de ces entreprises, réduites en actions, & présentées au public, encadrées en de magnifiques programmes; dont le résultat est toujours, qu'avec une mise modique, on est sûr d'augmenter bientôt & prodigieusement son capital. Ces programmes sont souvent l'ouvrage de mauvaises têtes, ou de gens qui n'ont rien à perdre. Lorsqu'un associé en séduit un autre, c'est une affaire privée, dont l'administration & la justice ne doivent se mêler que quand l'un des deux se plaint. Mais dans ces sociétés d'actionnaires, où l'on demande permission d'imprimer, où l'on se fait autoriser par des lettres-patentes; il semble que l'administration, les cours, la police, doivent sérieusement examiner avant de donner à l'entreprise la sanction légale qui semble assurer le public de l'existence de l'objet concédé ou entrepris, de la bonté du régime, & de l'honnêteté de ceux qui en sont nommés chefs. Car, dans tout gouvernement où le souverain, par lui & ses magistrats, veille & doit veiller à la sûreté publique, dès qu'on voit une entreprise ainsi protégée, appuyée, scellée & publiée, comment supposer que l'objet est chimérique, que le régime est vicieux, & que les entrepreneurs pourroient être des escrocs protégés, qui, après avoir ramassé de gros capitaux, disparoîtroient; ou le soutenant par des appels & des illusions nouvelles, ruineroient non-seulement les actionnaires, mais encore ceux qui auroient fourni & vendu à cette associaciation légale & importante?

Un des points les plus importans de cet examen préliminaire est de balancer la recette avec la dépense, la mise des actionnaires avec le *produit net.* C'est bien là qu'on peut placer ce mot nouveau, si cher aux économistes. Car, c'est une vérité prouvée par l'expérience, que les *proposeurs* d'actions supposent toujours la dépense infiniment moindre qu'elle ne sera réellement: semblables à ces architectes, qui, dans la capitale, & presque par-tout, vous offrent pour 100000 écus la construction d'un hôtel qui ira à un million. C'est encore une vérité traditionnelle, que la premiere compagnie se ruine; la seconde disparoît avec de grands sacrifices; & c'est tout au plus la troisieme qui, profitant des fautes & des avances perdues, commence par établir la balance éclairée sur cette base par l'erreur commune & quelque expérience.

La politique peut rire de la perte des deux premieres compagnies d'actionnaires, en voyant accomplir un grand projet, qui réussit par cette ruine particuliere, & peut-être sans elle n'auroit jamais eu lieu. Le public y gagne quelquefois; ainsi, à Lyon, tandis que les actionnaires de nos fameux travaux au midi de la ville, souffrent de tant de manieres, nous jouissons d'une grande économie, d'un accroissement de terrein, de promenades, d'une superbe route. La justice a d'autres yeux, un autre langage, & le jurisconsulte interrogé, doit savoir la vérité & la dire. D'ailleurs, on peut remarquer que tous les succès publics, qui ne sont formés que par la multiplication & la réunion des injustices particulieres, sont éphémeres, & souvent désastreux: tant il est vrai que par-tout où il n'y a ni justice, ni sûreté, ni prudence; il n'y a ni durée, ni bonheur, ni confiance. Aussi, quel est aujourd'hui le premier aspect de ces compagnies d'actionnaires, jadis si fort à la mode? On en est degoûté; l'on s'en effraie; & la difficulté de les remplir est aussi grande à présent, que l'aveugle facilité avec laquelle on s'y livroit nagueres.

Après avoir pris ces précautions fondamentales, il en est une infinité d'autres qui doivent accompagner l'exploitation & la régie.

Il faut, 1°. avoir, à la tête des opérations, des chefs éclairés, actifs & honnêtes.

2°. Se donner un comité perpétuel, & des syndics qui aient les mêmes qualités: fallut-il, pour les encourager, leur céder un intérêt plus fort à raison de leur industrie?

3°. Avoir des livres en parties doubles, un bordereau tous les mois, & toutes les années un inventaire exact.

4°. Tenir au moins toutes les années une assemblée générale, qui se formant en comité, & adjoignant aux directeurs & syndics, des examinateurs éclairés, fasse un état de situation raisonné, d'après lequel chacun puisse se rendre compte & juger l'entreprise comme ses propres affaires.

5°. Ne jamais consentir à ce qu'on nomme *appel;* c'est-à-dire, à une augmentation proportionnée de chaque action, que l'on ne soit assuré que ce sera la derniere, ou que si on en prévoit d'autres, elles seront nécessairement balancées par la certitude de la rentrée & des profits.

6°. Ne pas laisser établir ces *primes*, qui ne sont trop souvent que des apparences imaginaires de profit, & qui entrent toujours dans le systême intéressé d'illusion que font les auteurs du projet, & que soutiennent les directeurs; ne l'adopter, du moins, que quand on se sera assuré que les profits iront en croissant. Car il en est de ces *primes* comme des *levées* dans les sociétés de commerce; chacun s'en attribue de fortes, comme si les profits étoient immanquables; les fonds s'épuisent, le crédit disparoît, & la faillite arrive.

7°. Il faut enfin éviter par toutes sortes de moyens, de précautions & de recherches, ce qui n'arrive que trop souvent, que tandis que les actionnaires se ruinent, on voit les directeurs, & quelquefois les syndics, faire des fortunes immenses.

Combien d'autres choses à dire? mais je dois resserrer quelques articles. Voyez *Agent de change*, *Associé*, *Compagnie des Indes*, *Dividende*, *Négociation*, *Prime*, *Rescontre*, *Société*, &c. &c.

Droit fiscal.

2. DÉCISION du conseil, du 4 juin 1722, qui prononce que les actions de la compagnie des Indes ne sont point sujettes au contrôle; parce qu'elles ne doivent pas être regardées comme des écritures privées.

DÉCISION du conseil, du 20 juin 1723, qui porte que lorsqu'il se trouve des actions comprises dans un inventaire, c'est sur le pied de leur valeur dans le commerce que le montant doit être joint à celui des autres effets ; pour régler la perception du contrôle sur le tout. . . . « Il faut observer que les actions de la compagnie des Indes, quoique réputées meubles, ne doivent pas non plus être sujettes *à la crûe*, parce qu'elles ont jour par jour une valeur certaine, suivant le cours de la place; en sorte que quand il s'agit de constater la valeur de ces sortes d'effets au temps qu'ils ont été remis, on la peut prouver par le certificat d'un ou de plusieurs agens de change: & par conséquent, celui qui est obligé de tenir compte de la valeur de ces sortes d'effets, n'est tenu que de rendre le prix qu'ils valoient lorsqu'on les lui a remis, sans y ajouter aucune *crûe*, atendu que le cours de la place en constate la juste valeur. » (*Traité de la crûe des meubles*, par M. Boucher d'Argis, *pag. 124 & 125.*) Voyez *Crûe*, *Inventaire*, *Meuble*, *Parisis*, &c. &c.

DÉCISION du conseil, du 20 juin 1723, qui regle que l'exemption du contrôle, n'a lieu que pour les actions, & non pour les reconnoissances d'actions, qui y sont sujettes sur le pied de la valeur de ces actions au cours de la place. . . . DÉCISION du 15 août 1723, qui prononce la même chose dans un cas où l'on opposoit que les actions étoient nulles faute d'avoir été opposées.

L'auteur du dictionnaire des domaines, qui rappelle ces différens réglemens au mot *Actions en banque*, ajoute que « les mêmes regles doivent être observées à l'égard des actions des fermes créées sur les fermes générales par ARRÊT du conseil & lettres-patentes du 17 avril 1759, à l'imitation de celles qui furent créées jusqu'à concurrence de 100 millions sur le bail d'Aymar Lambert, par ARRÊT du 16 septembre 1718, & dont le dividende fut réglé par ARRÊT du conseil, du 21 juillet 1719. » Voyez *Banque*, *Caisse d'escompte*, *Contrôle*, *Cours de la place*, *Fermes générales*, *Reconnoissance*.

Jeu d'actions.

3. De grandes compagnies se sont formées dans une partie de l'Europe sur les idées que nous venons de présenter; elles ont embrassé la banque, le commerce, la finance, les *assurances* même, en un mot, tout ce qui peut donner du profit.

Les actions de ces compagnies sont devenues, dans les mains des courtiers, un sujet d'*agiotage*; & aux yeux des spéculateurs hardis, un objet continuel de spéculation. Elles ont pris, dans le commerce, un *cours* variable comme le *change*; & à raison de ce rapport, vous les voyez placées dans les *papiers-nouvelles* sous le titre d'*effets publics*, de *fonds publics*.

Les petites entreprises n'ont point de rang, & méritent peu d'attention. Les grandes, telles que les compagnies des Indes, voient leurs actions circuler dans le commerce, comme effets publics, & pour ainsi-dire, comme *papier-monnoie*.

La monnoie a deux valeurs, celle du métail intrinseque, & celle du prince. Ces actions ont une valeur d'opinion dépendante des événemens passés, & de ce qu'on présume des événemens futurs.

Ainsi, la compagnie des Indes angloises a eu dans l'origine une mise inconnue. Cette mise, & l'industrie de ses agens, lui ont valu, en propriétés, en effets, en marchandises, des fonds qui forment ce que nous appellons dans le commerce, son *avoir* ou son actif: & l'on peut voir, à cet égard, le célebre ouvrage qui donne le bilan de toutes les compagnies européennes, avec l'histoire politique des deux Indes.

Quels que soient ces fonds; leur produit accidentel, leur valeur intrinseque, sont soumis aux révolutions politiques, à la guerre, aux conquêtes & aux prises.

Alors l'opinion publique variant sur

la valeur des actions, il s'établit entre les possesseurs & le public, entre le vendeur & l'acheteur, un jeu public, appellé *jeu d'actions*.

Dans le second mémoire du comte, depuis duc de Guines, signé d'un procureur, mais que j'ai vu faire par M. Elie de Beaumont, ce jurisconsulte si célebre, entr'autres, par la défense des Calas & des Damade, on lit, *page* 2.

« La paix ou la guerre sont le thermometre de la valeur des fonds publics d'Angleterre. S'il y a vraisemblance de guerre, les fonds publics baissent; s'il y a vraisemblance de paix, les fonds publics haussent. Ces variations publiques sont à-peu-près les mêmes que l'on a vu en France aux actions de la compagnie des Indes. — On joue dans les fonds d'Angleterre, en achetant ou en vendant fictivement des actions pour livrer dans un temps convenu. Si après cette vente fictice, faite dans un moment où l'on auroit craint la guerre, il survient apparence de paix pour l'époque de la livraison, l'effet doit hausser de valeur: il doit baisser dans le cas contraire, & l'on doit payer la différence. — Quand on a mal spéculé, ou qu'il survient quelque événement important qui change les probabilités, on peut réparer le mal en couvrant l'opération; c'est-à-dire, en jouant à sens contraire avec ceux qui, n'étant pas instruits de ces événemens, ignorent le risque qu'ils courent. — Cet *agiotage* est défendu par les loix d'Angleterre. En conséquence, elles refusent toute action en justice pour y poursuivre le paiement des créances qui peuvent en résulter. Il en est de ce jeu comme de tous les autres; il est fondé sur la parole réciproque des joueurs; il n'a rien de contraire à l'honnêteté, lorsqu'il a lieu entre deux personnes qui ne jouent également que d'après leurs conjectures respectives; mais il devient condamnable dans un joueur qui, instruit d'un événement fait pour opérer sur la hausse ou sur la baisse des fonds, se prévaut de l'avantage que lui donne cette connoissance sur ceux qui ignorent le même événement. Cette fraude est semblable à celle d'un négociant qui feroit assurer un vaisseau qu'il sauroit être perdu. — D'après cet exposé, on voit combien un ambassadeur se rendroit méprisable, si informé des secrets de sa cour, il se permettoit de jouer dans les fonds d'après cette certitude; il blesseroit également les principes de l'honneur, il dévoileroit, par ses spéculations, les desseins dont il seroit dépositaire. Un tel ambassadeur trahiroit en même-temps & la foi publique, & la confiance de son roi. »

ARRÊT du parlement de Paris, du 19 mars 1777, qui « sur la plainte du duc de Guines contre Tort, Roger & Delpech, condamne *Tort au blâme & en l'amende envers le roi*. — Enjoint à Delpech & à Roger de se comporter à l'avenir avec plus de circonspection. — En ce qui concerne *la plainte de Tort contre le duc de Guines, d'avoir fait jouer pour lui ledit Tort dans les fonds publics, & de l'avoir fait fuir d'Angleterre, déclare ladite plainte injurieuse & calomnieuse*. — Déclare pareillement injurieuse & calomnieuse, l'addition de plainte rendue par Tort, contre le sieur de Monval; en conséquence décharge le duc de Guines & le sieur de Monval, desdites plaintes & accusations: supprime les mémoires de Tort, signés Falconet, comme contenant des faits faux & calomnieux à l'égard du duc de Guines, du sieur de Monval & du sieur Gaulard de Saudray. Fait défenses à Falconet de faire & signer à l'avenir de semblables mémoires, sous peine de punition exemplaire; & condamne ledit Falconet aux dépens. — Ordonne que les termes injurieux répandus dans les autres mémoires & requêtes de Tort, Roger & Delpech seront rayés & biffés par le greffier de la cour, & qu'il en sera dressé procès-verbal. — Condamne Tor aux dommages & intérêts par forme de réparation civile envers le duc de Guines, le sieur de Monval & le sieur de Saudray, applicables, de leur consentement, au pain des prisonniers & des pauvres. — Condamne Tort, Roger & Delpech, chacun à leur égard, en tous les dépens. — Condamne Tort aux dépens envers le sieur Roger. — Ordonne que la sentence du châtelet sortira effet en ce qui concerne Gomel. — Donne acte de la déclaration du duc Guines, sur l'imputation faite à Tort, de vol de papiers & deniers comptants : en conséquence, déclare ladite imputation comme nôn-avenue. — Donne acte de la plainte rendue par le procureur-général du roi, des *altérations, suppressions, additions, ratures, surcharges & autres faux qui se trouvent dans les pieces produites par Tort*, pour justifier sa généalogie; ordonne qu'à la requête du procureur-général du roi, il en sera informé. — Autorise le duc de Guines à se retirer par devers le roi, à l'effet d'obtenir que l'original de l'écrit intitulé : *Apperçu*, soit retiré du dépôt des affaires étrangeres, & supprimé comme contenant des faits faux & calomnieux ; en conséquence ordonne que la copie dudit écrit, certifiée conforme à l'original & étant au procès, soit remise au procureur-général. — En ce qui concerne le décret (d'assigné pour être ouï) prononcé contre Me. Gerbier le 11 février 1775, sur les conclusions du substitut du procureur-général, prenant à titre de dénonciation l'emploi fait par le duc de Guines, des lettres & billets dudit Me. Gerbier, trouvés sous les scellés dudit Tort; suivies d'autres conclusions du 18 avril 1775, ensuite de l'interrogatoire dudit Me. Gerbier, à ce que l'instruction fut continuée : reçoit le procureur-général appellant de l'arrêté de la chambre du Châtelet, du 30 mai 1775, qui déclaroit nul ledit décret, & tout ce qui s'en est ensuivi : émandant, déclare ledit arrêté nul & de nul effet ; faisant droit sur la plainte contenue au réquisitoire du substitut, du 11 février 1775, & le décret d'assigné pour être ouï du même jour contre J. B. Gerbier, le met *hors de cour*. — Permet au duc de Guines, aux sieurs de Monval & de Saudray, de faire afficher le présent arrêt par tout où besoin sera, aux frais de Tort, Roger & Delpech ».

En exécution de cet arrêt, le duc de Guines s'étant retiré par devers S. M. « le roi étant en son conseil a ordonné que l'*apperçu* seroit retiré du dépôt des affaires étrangeres, & demeureroit supprimé ; & que la requête du duc de Guines seroit mise à sa place pour servir de décharge au dépositaire & gardien de cet écrit. » Signé, *Gravier de Vergennes.*

Ceux qui liront avec quelque attention ce dispositif exactement copié, sur-tout les mots soulignés, verront à quoi se réduisoit ce fameux procès. Un ambassadeur a un secrétaire suffisamment caractérisé par l'arrêt ; celui-ci abusant de la connoissance qu'il avoit quelquefois des dépêches ministérielles pour jouer avec avantage, persuade, pour s'accréditer, qu'il joue *du consentement & pour le compte de son maître*. Les intriguans qui l'entourent, le répetent ; les spéculateurs qui l'abordent, le croient ou paroissent le croire. L'ambassadeur ignorant ces manœuvres cache un jour des dépêches, dissimule & garde le plus profond secret. Le secretaire s'enfonce dans les ténebres ; les spéculateurs perdent. Et parce qu'ils ont perdu, parce qu'ils ont dit qu'ils étoient les agens de l'ambassadeur, parce que le secretaire, pour se décharger de ce poids énorme le rejette sur son maître, sans que celui-ci en soit instruit, contre le droit sacré des ambassadeurs, on ourdit secretement & l'on travaille trois mois de suite une procédure criminelle, qui malgré le complot & le caractere des aggresseurs ne donne aucune preuve. Il n'y avoit pas même de vraisemblance ; car si l'ambassadeur eût joué sous le nom de son secretaire, *le* par conséquent eût fait le profit, il eût averti pour que ses agens le couvrissent.

Tels ont paru être les motifs, & l'on n'a jugé que ce point de fait : que l'ambassadeur n'avoit pas joué.

Je n'ai rapporté cet arrêt en entier, que pour sa célébrité, sa forme & les accessoires. Dans le nombre, j'ai laissé celui concernant Me. Gerbier, orateur sublime, formé par les mains de la nature, jurisconsulte clair & précis, excellent confrere, citoyen aimable & bienfaisant. Si cet affaire lui a donné quelqu'ennui, & si la méchanceté qui déchire les grands talens comme la vertu, a glosé le renvoi d'accusation par *hors de cour*, il en a bien été vengé par la confiance, la considération publique, & par les nouveaux trophées qu'il a attachés à son char. Au mot *Hors de cour*, je tâcherai de présenter quelques idées sur ce prononcé auquel les tribunaux attachent tant d'idées différentes, difficiles à saisir ; & nous verrons s'il n'est pas aisé & nécessaire d'être d'accord.

Il y a encore un jeu d'actions dans la banque d'Amsterdam ; ceux qui veulent le connoître peuvent consulter le *Dictionnaire de commerce* de Savary, & le *Dictionnaire politique & diplomatique* de M. Robinet, *tom. 1*, verbo *Action*. L'extrait de cette notice me meneroit trop loin. Voyez *Banque*.

Enfin dans le temps du fameux système de Law, il y a eu à Paris dans la rue Quincampoix, un épouvantable jeu des actions de la compagnie des Indes. Voyez *Compagnie des Indes*, *Systême*. Nous dirons seulement ici qu'il y a autant de différence des principes actuels du gouvernement à ceux de ces temps-là, que du soleil le plus pur aux plus sombres abymes.

ACTION MORALE.

Comment, depuis quelques années, nos livres, nos plaidoyers, nos écrits, ont-ils rappellé de concert cet esprit de raison, de morale & de philosophie que recommandoit Ciceron à tous les jurisconsultes, & que vous trouvez à chaque pas dans le droit romain? Jusques dans nos journaux de jurisprudence, vous voyez des articles particuliers sous le titre de *Morale*, *Bienfaisance* & *ACTION généreuse*.

Ceux qui liront la Préface du premier volume, & dans celui-ci les articles *Accusation* & *Administration*, verront les causes épouvantables du silence morne, & de la sécheresse dégoûtante de la plupart des jurisconsultes, pendant près de deux siecles ; car on ne la trouve pas dans l'esprit & la nature du droit & de la vraie jurisprudence. *Jus est ars BONI & æqui. . . . . Jurisprudentia est divinarum atque humanarum rerum scientia.*

Cet ouvrage trop étendu par lui-même, ne peut pas rassembler ces actions vertueuses & généreuses recueillies de toutes parts. Mais il doit en respirer l'esprit, en contenir tous les principes. Le droit positif est l'enveloppe ; la vertu doit être l'ame.

Au mot *Philosophie*, je donnerai un morceau vraiment curieux, qu'a fait, dans un moment de bonheur & de repos, un jurisconsulte célebre du parlement d'Aix : M. de Portalis. C'est la philosophie des Romains extraite du digeste, du code & des novelles, & encombrée sous les débris de cette vaste & informe compilation. En me l'offrant avec d'autres secours précieux, M. Portalis m'a assuré que l'on y reconnoît avec étonnement toutes les bonnes maximes de la philosophie actuelle.

Si chaque jurisconsulte, qui a fait ainsi des recherches particulieres, daignoit me les confier, ce Dictionnaire devenant un dépôt universel, pourroit être par le génie, les bontés & le zele de mes coopérateurs, l'ouvrage de jurisprudence, le plus précieux & le plus utile au bonheur public.

ACTIVITÉ.

(Droit Public. Droit privé. Police.)

Le Dictionnaire de l'académie françoise définit ce mot au propre : *faculté d'agir, vertu d'agir* ; & au figuré, *diligence, promptitude, vivacité dans l'action, le travail.*

Ce mot en jurisprudence répond donc à celui de *diligence* employé si souvent par le chancelier d'Aguesseau, & qu'il tiroit des loix romaines. *Magistratus reipublicæ non dolum solum modò, sed & latam negligentiam, & hoc ampliùs etiam diligentiam debent. l. 6, D. de administ. rerum ad civitates pertinentium.*

En rappellant les devoirs du magistrat, ce chancelier dit : que le magistrat se hâte donc pour la promptitude de l'exécution, mais qu'il sache se hâter lentement pour la plénitude de sa propre instruction.... Loin de lui l'activité non moins dangereuse de quelques magistrats dont l'ardeur se reproche tous les momens qu'elle donne à l'ouvrage présent, comme si elle les déroboit à celui qui le doit suivre ; & qui sont plus touchés du plaisir d'avoir beaucoup fait, que du mérite d'avoir bien fait. (*Merc. sur l'emploi du temps, tom. 1, p. 186.*)

C'est sur-tout dans l'administration de la justice criminelle, que le magistrat a besoin d'activité pour prendre ces éclaircissemens préliminaires sur le délit, l'accusateur, l'accusé & les témoins, pour empêcher que la preuve n'échappe ou ne périsse, & que l'innocence ne gémisse dans les fers. Voyez *Accusation, n°. 18, pag. 243 ; n°. 19, pag. 247 ; n°. 31, pag. 276 ; n. 33, pag. 299 ; n°. 47, pag. 316.*

Combien de juges, d'ailleurs honnêtes & purs, seroient accablés de remords affreux, s'il savoient que par leur inactivité l'innocent a été condamné, ou a péri dans les fers ? Je ne mets pas au nombre des remords, le dépit d'avoir laissé échapper le coupable. On a beau citer ce vers :

Scelestum sequitur pœna pede claudo.

S'il est bon d'entretenir ce préjugé dans le peuple ; il n'en est pas moins vrai qu'il y a peut-être un quart des accusés innocens, & que la moitié des crimes restent impunis. En 1775, la police de Paris, la seule qui ait une activité continuelle & éclairée, me demanda des renseignemens sur 84 voleurs ou assassins échappés à ses regards, & passés au midi de la France. D'après les renseignemens surs que j'envoyai, il y en avoit un quart supplicié & aux galeres, le reste étoit établi tranquillement dans nos provinces méridionales, en Italie & en Piémont ; & j'en connois une infinité qui ont échappés faute de preuve. Voyez *Bannissement, Bicêtre, Galere, Jugement, Justice, Peine, Police, Prévention, Preuve, Prison, Supplice, Sûreté.*

Quelques personnes font grand cas de l'activité de l'avocat, qui est toujours prêt à parler ; de celle du notaire, qui rédige avec promptitude ; & du procureur, qui ne perd pas une minute. L'homme de bien demande, si l'avocat toujours prêt sait son affaire & les principes qui doivent la décider ; si le procureur ne voit pas plus son intérêt que celui de sa partie ; & si le notaire qui rédige si vite, met dans son acte toute la précision, la clarté & l'ensemble qui ne s'acquierent que par la méditation. Car de ces actes si-tôt faits, le plus grand nombre nourrit bientôt le palais ; & des affaires plaidées avec tant d'activité, combien ne donnent pas lieu à de mauvais jugemens ! Le chancelier Bacon, disoit : *Qui enim nimium vigilat, interdùm dormit.* (Serm. fidel. n°. 21, pag. 104, Amstel., Elzev.) Voyez *Avocat, Juge, Notaire, Procureur.*

ACTUAIRE.

ACTUAIRE.

Ce seroit un simple *objet de curiosité*, que de rechercher quelles étoient chez les Romains les différentes fonctions des *actuaires*, *ACTUARIORUM*. — Nous nous bornerons à dire, que ces officiers qu'on nommoit encore *scribes*, *TACHYGRAPHES*, comme on le voit dans tous les anciens monumens, remplissoient auprès des différens magistrats, tant à Rome & à Constantinople, que dans les provinces, des fonctions à-peu-près semblables à celles des greffiers des tribunaux en France.

Ceux qui voudront des détails, les trouveront dans les commentateurs les plus estimés du code, sous le titre de *Numerariis*, *ACTUARIIS & chartulariis & adjutoribus*, *scriniariis & exceptoribus sedis excelsæ*, *cæterorumque judicum tam civilium quam militarium : C. lib. 12, tit. 49.* (Cujacius, *tom. 2, priorum part. 1, pag. 379, & sequent.* Peresius, *tom. 2, pag. 640, & sequent. edit. Elzeviriorum.* Corvinus, *tom. 2, pag. 231, & sequent. edit. Elzeviriorum.* Pancirolius, *in notitiâ dignitatum utriusque imperii, part. 1, cap. 14, pag. 32, & sequent. & cap. 40, pag. 73, edit. Genevæ, 1623, in-fol.* & Loiseau, *dans son Traité des offices, liv. 2, ch. 5, n°. 28 & suiv. pag. 116 & 117, edit. de 1701.*)

Les *actuaires* sont connus encore aujourd'hui dans les états du roi de Sardaigne. Le nouveau code imprimé à Turin en 1770, énonce leurs fonctions ainsi que celles des greffiers, dans le *tit. 8 du liv. 2.* « On n'admettra les *actuaires* au sénat, à l'exercice de leur emploi, qu'après qu'ils auront été approuvés par le magistrat : on établira dans les autres tribunaux subalternes *un greffier*, homme de bien & capable, qui devra être notaire, & sera nommé par ceux qui en ont le droit, &c. » *art. 1 & 2.* Il paroît par ces dispositions, ainsi que par celles des articles suivans, que les *actuaires* sont au sénat, ce que sont les *greffiers* dans les tribunaux subalternes. Voyez *Greffe*, *Greffier*, *&c.*

ADAGE.

L'académie françoise définit le *proverbe*, « une espece de *sentence*, de *maxime*, exprimée en peu de mots & devenue commune & vulgaire. *La plupart des proverbes sont figurés. Les proverbes renferment beaucoup d'instructions.* » L'académie ne donne d'autre définition de l'adage que celle-ci : « Proverbe. Il n'a d'autre usage qu'en plaisanterie & dans cette phrase : *On dit en commun adage.* »

Ces définitions ne seroient pas parfaitement justes dans la langue judiciaire. *Sentence* s'y dit seulement des jugemens dont on appelle. *Maxime*, des principes regardés comme incontestables. Mais, quelque commune que soit devenue une maxime, on ne l'appellera pas *proverbe*.

Les Angevins disent : *Marie ta fille en Anjou, & ton fils en Touraine.* Dans l'Orléanois on dit : *La glose est pire que le texte.* Ce dernier proverbe est d'un grand sens.

Quelques gouvernemens ont des *principes* constans. Toute bonne administration doit avoir ses *regles*. Toute jurisprudence doit avoir ses *maximes* fondamentales. Les gens de loi portent quelquefois dans la société le défaut de parler par *sentences*. Les courtisans font des épigrammes. Les plus grands événemens n'ont souvent d'autre cause qu'un *bon mot*. Le peuple ignorant a ses *proverbes*. Tout cela est étranger à l'*adage*, il n'y a point de synonyme.

Par *adage*, on entend au palais LES

MAXIMES QUI, DEVENUES COMMUNES ET VULGAIRES, S'EXPRIMENT EN TRÈS-PEU DE PAROLES. Ainsi, l'on dit : *Le mort saisit le vif. N'est héritier qui ne veut.*

Si tous les adages étoient aussi clairs, précis & incontestables, & d'ailleurs comme ceux-là, extraits des paroles de la loi même, on les admettroit sans distinction comme sans examen ; & peut-être desireroit-on que la jurisprudence fût ainsi réduite en *adages*. Mais, quelques-uns, fondés seulement sur l'opinion & l'usage, ne doivent être employés qu'après en avoir approfondi le vrai sens.

Pour y réussir, il faudroit suivre l'esprit & la maniere des Romains. Ils définirent tout, firent un traité de la signification des mots, & un recueil particulier de quelques regles du droit, qui par la grande habitude de les employer, devinrent des *adages*.

Marche-t-on ainsi ? Quelquefois on admet comme certaine une maxime, par la seule raison qu'elle paroît n'avoir pas été contestée ; on ne prend pas même la peine de méditer, de décomposer, d'analyser, de raisonner. Accréditée par l'habitude, par la précision de l'adage, par la facilité de le prononcer, par le ton imposant qu'il a & communique, l'erreur s'établit, se prolonge, se propage, & il faut des siecles pour la détruire. Ainsi, pendant deux mille ans on s'est réglé par cet adage : *Accaparement est monopole*. L'adage est une monnoie courante ; on la donne comme on l'a reçue : & cet abus reproché à l'étude des hautes sciences, la premiere de toutes, la jurisprudence ne s'en est pas toujours garantie.

C'est un adage que ces trois mots : *L'exception confirme la regle*. Mais, quel sens lui donne-t-on ? Si l'on entendoit que l'exception expresse prouve l'établissement & l'existence d'une loi ou d'une regle générale, rien ne seroit plus vrai. Car, si un cas est nommément excepté de la regle, ce seroit une preuve que tous ceux dont il n'est pas fait mention, restent soumis à la regle ; mais ce n'est pas dans ce sens qu'on emploie ordinairement cet *adage*. On en fait l'application aux cas, où la regle est en défaut, & se trouve contredite par des exemples particuliers, comme si ce défaut devoit en confirmer la justice, & en prouver la perfection. Au contraire, une regle générale est d'autant moins parfaite, qu'il y a plus d'exemples & de cas particuliers à lui opposer ; de maniere que l'exception prise en ce dernier cas, infirme la regle au lieu de la confirmer.

Il y a des adages faux : tel est celui : *En matiere criminelle tout est indivisible.* Maxime évidemment meurtriere, destructive de la liberté, de la sûreté, de la tranquillité publique, & par conséquent de toute justice. En effet, ce n'est point l'accusation, ce n'est point la procédure, qui doivent décider la *divisibilité* ou l'*indivisibilité*. C'est uniquement la *complicité*. Voyez *ces mots*.

Ce seroit un travail précieux que le recueil de tous ces adages avec une explication ; comme le titre du droit romain *de regulis juris*, avec les commentaires de nos anciens jurisconsultes. Mais, qui auroit le temps, la patience, le courage de ramasser & de réduire chacun à sa juste valeur ?

Jusques-là, on ne peut être trop en garde contre ces principes généraux devenus *adages*. Ce ne sont souvent que des propositions particulieres dans l'origine, jetées au hasard par des praticiens, confirmées quelquefois par des arrêts donnés sur espece, & ensuite généralisées & étendues à tous les cas possibles, connus & non connus. La paresse les chérit, l'ignorance les respecte, l'abus les consacre ; mais le magistrat s'en défie, & le vrai jurisconsulte ne les emploie qu'après les avoir bien médités.

ADAMIEN, ADAMITE.

(Droit ecclésiastique.)

C'étoient des hérétiques qui, dans leurs assemblées se mettoient nus comme Adam & Eve l'étoient dans l'état d'innocence, & s'y livroient à toutes sortes de débauches : *Adamiani vocati, quod Adæ imitentur nuditatem; undè & nudi orant, & nudi inter se mares feminæque conveniunt.* (Isidorus, *in origin. lib. 8, cap. 5, pag. 182; & Decret. part. 2, can. 39, caus. 24, quæst. 3.*)

Les auteurs de l'Histoire ecclésiastique ne sont pas d'accord entr'eux sur la véritable origine de cette secte; les uns la faisant remonter à *Carpocrate*, ou à *Prodicus* son disciple; les autres la plaçant à une époque beaucoup moins ancienne : ce qu'il y a de certain, c'est qu'elle subsista peu, puisque St. Épiphane (*hæres. 51.*) qui vivoit en 368, doutoit qu'il existât encore de son temps des Adamites. Cependant, quelque abominable qu'elle soit, elle a été renouvellée plusieurs fois.

Taudene, plus connu sous le nom de *Tanchelin*, accompagné de trois mille scélérats armés, prêchoit à Anvers & autres villes du Brabant, environ l'année 1120, que l'adultere & la fornication étoient des actions parfaitement indifférentes. La sévérité de l'empereur Henri V, & le zele de St. Norbert, fondateur des Prémontrés, éteignirent cette secte.

Elle reparut dans le XIV siecle, & elle fut encore détruite par le roi Charles V, secondé par l'activité de Jacques de Mora dominicain & inquisiteur à Bourges, qui en fit périr plusieurs par les flammes.

Enfin, un fanatique nommé PICARD, la répandit plus loin qu'aucun de ses prédécesseurs, & se fit un plus grand nombre de prosélytes. Voici ce qu'en dit LE FRERE DE LAVAL, dont nous transcrirons le texte en entier; parce qu'il donne une idée claire & des erreurs & des abominations de ces sectaires, qui ont été à-peu-près les mêmes dans les différentes époques où ils ont paru.

« Adamites quels estoient. . . . Saches donc qu'un certain PICARD possédé du Diable, voyant la porte ouverte en Boëme à toute heresie & nouveauté, passe le Rhin, & illec parvenu, se pousse au rang des prédicants, ramenant en jeu, ne sçay quelles vieilles resveries des Nicolaïtes, du commun usage des femmes, & de la nudité du corps sans honte ne vergongne. Son projet étoit, (disoit-il,) de restablir les hommes en l'innocence originelle, durant laquelle Adam & Eve n'userent d'aucuns habillements, mais seulement après la coulpe, laquelle efficace par le sang de Jesus-Christ, ne falloit porter les marques de notre ancienne misere, faisant injure au Redempteur, comme s'il n'avoit peu satisfaire n'y esgaller notre faute par son mérite infini. Qui eust pensé telle badinerie devoir jamais trouver audition entre gens plus sages à leur opinion, que tout le reste du monde? Elle fut pourtant ouye en Boëme, & qui plus est suivie par plusieurs qui, sortis de l'arche unique du salut, alloient errants à la mercy des vents d'opinion, & des flots de leurs concupiscences. Adonques le Picard esblouissant le peuple, sot par impostures, se nomma Adam, & fils de Dieu, persuadant à ses sectaires, n'estre loisible de cognoistre femme charnellement, sans la dispense & benediction de lui, qui se tiltroit prince du peuple. A cette occasion, quand quelqu'un de la bande vouloit abuser d'une femme, la premiere trouvée, il la prenoit par la main, & s'en alloit dire à ce gentil prince du peuple: Seigneur mon esprit s'echauffe envers cette-cy; & il répondoit, profanant impudemment la sainte escriture: Allés, croissés, multipliés & remplissés la terre : asseurant de telle benediction naistre les hommes libres : au lieu que les autres ausquels elle n'estoit conférée, engendroient des esclaves, des bastards & enfants de Satan. » (La vraie & entiere Histoire des troubles & guerres civiles avenues de notre temps pour le fait de la religion, tant en France, Allemaigne que Pays-Bas, *liv. 1, pag. 12 versò, & 13 rectò, édit. de 1573, in-8°.*) Voyez *Anabaptiste, Turlupin, Vaudois, &c.*

ADAPTATION.

(Droit féodal.)

C'est le *rapprochement*, la *comparaison* des vieux & nouveaux confins pour fixer la situation & l'identité d'un héritage, sur lequel un seigneur prétend avoir droit de directe.

Dans les pays coutumiers, les vassaux & censitaires sont obligés de faire l'aveu & dénombrement des biens qu'ils possedent, en conséquence de la regle, *nulle terre sans seigneur*; & lorsqu'ils ne le font pas, le seigneur a droit de les y contraindre. Mais, comme dans les pays de droit écrit, tous les héritages sont *réputés de franc-aleu*, selon la maxime attestée par Chopin, (*de commun. gallic. consuet.*) c'est au seigneur à établir qu'un héritage quelconque est soumis à sa directe. *UNIVERSIM certè præsumptum est IISDEM in PROVINCIIS quarum lites JURE SCRIPTO definiuntur; OPTIMO JURE PRÆDIA POSSIDERI, seu quæ IMMUNIA Latini, ALAUDIA Galli nominarunt.* En effet, un nouvel acquéreur ignore souvent de quels seigneurs dépendent les héritages : « Il n'y a donc pas apparence, dit Henrys, *tom. 1, liv. 3, ch. 3. quest. 18, n°. 2*, d'obliger un acquéreur à déclarer ce qu'il ne sait pas : & il semble que comme le seigneur en a plus de connoissance, aussi que c'est plutôt à lui d'*articuler par le menu* ce qu'il prétend que l'acquéreur tienne de sa teneur & censive ; que ce n'est au même acquéreur d'en bailler le dénombrement. » Cela posé, le seigneur rentre dans la classe du demandeur ordinaire, obligé de désigner l'héritage par son nom, sa qualité, sa contenue, sa situation *& ses confins anciens & nouveaux, adaptés les uns aux autres*, de maniere que le défendeur ne puisse pas méconnoître la relation nécessaire qu'il y a entr'eux, & qu'il puisse avouer ou contredire en grande connoissance de cause. (*L. 6 & 73, D. de rei vindicatione, & l. 1, D. de edendo.*)

Pour que l'*adaptation* soit juste, elle doit être soutenue de la preuve que les confins énoncés dans la reconnoissance, sur laquelle le seigneur fonde son droit, sont bien les mêmes que ceux qui existent lors de la demande. Cette preuve s'établit par le rapport des titres de descendance, & de tous les actes translatifs de propriété, à partir de celui qui a fait cette reconnoissance, jusqu'au possesseur actuel.

Le seigneur réunit ces adminicules aux anciens & nouveaux confins, *adaptés* les uns aux autres depuis un angle certain, formé par deux confins perpétuels; & il insere le tout dans sa demande : ce qui suffit pour fixer le placement le plus ancien. D'après cette adaptation, c'est à l'emphytéote, qui doute encore de l'exactitude de ce placement, à faire faire la carte sur la reconnoissance, qui est la base de la demande, & sur les adminicules, pour l'*adapter* ensuite au plan des lieux. Telle est la *désignation contentieuse* dont parle Faber, *cod. de jure emphyt. defin. 18*; & Mornac *sur la loi 6, D. de rei vindicat.* Le seigneur doit la faire à ses frais, parce que c'est l'*instruction* qu'il doit à son emphytéote, & dont ce dernier ne doit supporter les dépens que lorsqu'il conteste la demande justifiée.

En vain les seigneurs opposeroient-ils que cette instruction leur seroit trop dispendieuse & souvent impossible : c'est à eux seuls à souffrir de leur négligence à se faire reconnoître & à percevoir leurs droits, par les dépenses de cette instruction, ou même la perte de leur directe sur les articles *invétérés* dont ils ne peuvent vérifier le placement. Cette jurisprudence est suivie au parlement de Bordeaux, selon le témoignage de l'annotateur de Lapeyrere, *lettre* S, n°. 23. Il dit : « que l'*usage constant* & autorisé par la jurisprudence des arrêts, dans l'étendue de la sénéchaussée de Guienne & pays de Bordelois, est que tous les seigneurs suserains, fonciers, féodaux ou haut-justiciers, relevant médiatement ou immédiatement de sa majesté, seront tenus d'exhiber les titres, en vertu desquels ils prétendent des hommages, dénombremens & autres droits & devoirs seigneuriaux sur des héritages roturiers ou fiefs nobles : autrement, & à faute de ce faire, les vassaux & les propriétaires tenanciers, sont déchargés & relaxés des demandes desdits seigneurs. »

Dans les pays de droit écrit, la liberté est si favorable, que dans le doute, on prononce toujours pour elle. *Quoties dubia interpretatio* LIBERTATIS EST, *secundùm* LIBERTATEM *respondendum erit. l.* 20, *D. de reg. jur.*

Lorsque les prestations ont été faites avec exactitude, le seigneur ne court pas les mêmes risques, & sa marche est beaucoup plus simple : en effet, les actions en censives se réduisent à ces trois hypothèses : ou le seigneur agit contre son emphytéote qui a reconnu, ou il agit contre l'héritier de cet emphytéote, ou il agit contre un tiers possesseur.

Dans le premier cas, il n'a qu'à donner copie de la reconnoissance, comme d'une obligation, parce qu'il a l'action personnelle. L'emphytéote peut bien coter des erreurs contre sa reconnoissance ; il peut bien en examiner la relation avec les anciennes, parce que les titres sont communs, & que cette relation peut toujours être examinée : mais tout se fera à ses frais à cause de l'action personnelle ; & en succombant, il supportera tous les dépens actifs & passifs, même les frais du dépôt des terriers.

On observe ici que, dans tous les cas possibles, les seigneurs ne peuvent se dispenser d'exhiber tous leurs terriers à leurs vassaux & censitaires, & même de les déposer chez un notaire hors du ressort de leurs justices & seigneuries, pour que ceux-ci puissent en prendre des extraits dans tous les articles qui les concernent.

ARRÊTS du parlement de Toulouse, des 18 mai & 9 novembre 1600, qui jugent que lorsque l'emphytéote n'ose ou ne peut aller voir les livres terriers ou de reconnoissances dans la maison du seigneur, celui-ci remettra ses titres ès mains d'un notaire prochain hors de la terre, en un lieu de libre accès, pour y demeurer trois jours, pendant lesquels ils pourront être vus par l'emphytéote. (Laroche-Flavin, *des droits seigneuriaux, chap.* 1, *art.* 15.)

ARRÊT du parlement de Paris, du 31 mars 1703, qui ordonne le dépôt des terriers du marquis d'Albon dans l'étude d'un notaire à Lyon, pour y demeurer pendant un mois, afin d'en prendre communication depuis huit heures du matin jusqu'à midi, & depuis deux heures jusqu'à six du soir. (Bretonnier sur Henrys, *tom.* 1, *liv.* 3, *chap.* 3, *quest.* 18, n°. 10.)

Dans le second cas, l'action est mixte ; le seigneur est tenu de la simple copie de sa reconnoissance avec la déclaration des vieux & nouveaux confins, la contenue, le territoire, &c, à cause de la réalité de l'action : mais l'action personnelle, jointe à la réelle, le dispense de la désignation contentieuse, & rend l'emphytéote sujet à tous les dépens ; parce que le seigneur ne lui doit point d'instruction, dès qu'il a contre lui la personnalité comme la réalité de l'action ; ainsi, dès qu'il est à la fois héritier de celui qui a reconnu, & actuel possesseur, il ne peut contester que comme un téméraire plaideur ; & la condamnation des dépens est la peine de sa témérité.

Mais dans le troisieme cas, où l'action est purement réelle, le seigneur doit la fonder à ses frais ; pour cela il faut, la personne n'étant point sujette à son action, qu'il établisse que la chose y est assujettie ; il ne lui suffit pas d'avoir la preuve ou l'aveu que le tiers, contre lequel il n'a point d'action personnelle, possede le fond confiné dans la demande ; il doit établir son droit de demander sur le fonds possédé par le tiers qui est assigné, en prouvant que c'est bien sur ce fonds même que s'applique la reconnoissance qui constitue l'action réelle. C'est dans un seul cas seulement, & dans les pays de droit écrit, que l'emphytéote peut, selon Henrys, être assujetti à faire aveu & dénombrement ; & ce cas est lorsque le seigneur haut-justicier est fondé en territoire uniforme, universel, circonscrit & limité, & *en droit d'enclave* ; parce qu'alors il peut être présumé seigneur direct, & son *intention* paroît fondée : par conséquent, c'est aux emphytéotes & aux tenanciers à déclarer ce qu'ils tiennent de lui, ou à montrer que leurs héritages sont soumis à une autre directe. « Mais, dit Henrys, quand le seigneur a sa directe écartée, & que sa rente se leve en divers endroits, c'est à lui d'établir premier son droit. » Voyez *Confin*, *Cueilloir*, *Dénombrement*, *Directe*, *Enclave*, *Feudiste*, *Fief*, *Franc-aleu*, *Placement*, *Reconnoissance*, *Terrier*, *Titre*, &c.

ADDICTION.

(Droit romain. Droit françois.)

Chez les Romains, *addictio* signifioit tantôt la *mise en possession* des biens du débiteur, ordonnée par le juge en faveur du créancier. *Creditores, qui non redditâ sibi pecuniâ conventionis legem, ingressi possessionem exercent, vim quidem facere non videntur : attamen autoritate præsidis possessionem adipisci debent. l. 3, C. de pignor. & hypoth.* Tantôt c'étoit la tradition faite par le préteur au créancier, de la personne de son débiteur, qui devenoit son esclave. *Si non pactus fuerit, 60 diebus creditori* ADDICTUM, *in vinculis habere jus esto.* (Gellius, *noct. atticar. lib. 20, cap. 1.*)

Un voleur, surpris de plein jour en flagrant délit, étoit fouetté & *livré en servitude* à celui qu'il avoit volé. *SI. LUCI. FURTUM. FAXIT. SI. IM. ALIQUIS. ENDO. IPSO. CAPSIT. VERBERATOR. ILLI. QUE. CUI. FURTUM. FACTUM. ESCIT. ADDICITOR. l. 13, XII tab.*

Quand personne ne se présentoit pour recueillir la succession d'un défunt, les esclaves qu'il avoit affranchis par son testament ou par un codicille, pouvoient, pour conserver leur liberté, demander leur envoi en possession des biens de leur maître ; ce qui leur étoit accordé moyennant caution de payer les dettes du défunt. *I. lib. 3, tit. 12, in princip. l. 2 & 3, D. de fideicom. libert. & l. 6, C. de testam. manumis.*

Les Romains appelloient encore *addictio in diem*, la *clause* par laquelle ils stipuloient que tel contrat de vente ne tiendroit pas, si le vendeur, dans une espace de temps fixé par le contrat, trouvoit un acheteur qui lui offrît un prix plus considérable, ou une condition plus avantageuse. *IN DIEM ADDICTIO ita fit : ille fundus centum esto tibi emptus, nisi quis intra kalendas januarias proximas meliorem conditionem fecerit, quo res à domino habeat. l. 1, D. de in diem addict.* C'est une loi que l'on consulte encore, même dans les pays coutumiers, pour l'intelligence & la valeur des conditions insérées dans les actes.

Nous donnons cette courte analyse du droit romain, non par curiosité, mais parce qu'il est nécessaire de connoître parfaitement une maniere légale de disposer des personnes & des biens, laquelle on retrouve à chaque pas dans le dédale de la compilation de Justinien.

Cette maniere légale de disposer des personnes, n'a pas lieu en France, puisque nous avons proscrit l'esclavage.

Elle n'a pas lieu non plus pour les voleurs ; & au mot *Vol*, quand nous examinerons quelle doit être sa peine, nous chercherons si cette idée des Romains contrarieroit si fort nos préjugés & nos mœurs ; si, dans le fond, il ne vaudroit pas mieux, à tous égards, que le voleur fût livré quelque temps à celui qu'il a volé, (comme en Amérique *les trente-six mois*,) que de le voir perdu & corrompu sans ressource par le pilori & les galeres.

Binckershoek a approuvé en quelque sorte cette idée, lorsqu'il a dit qu'il valoit mieux livrer le débiteur à son créancier, que de le jeter dans les fers, où il n'est d'aucune utilité, ni à celui-ci, ni à la société : *Qui addictum possidet debitorem suum, si non totum debitum, certè partem aliquam ex ejus operâ poterit conficere*, *QUOD UTIQUE MELIUS EST QUAM TOTUM PERDERE*. Binckershoek, *tom. 1, pag. 1*. Voyez *Achem & Contrainte*.

A l'égard de l'envoi en possession des biens du débiteur, il a lieu en quelques provinces du pays de droit écrit, (malgré l'*art 45 de l'ordonnance de Moulins, de 1566*.) Dans les saisies réelles ; lorsque le bailleur de fonds, ou le plus ancien hypothécaire, absorbant la valeur des choses saisies, demandent que sur l'estimation, à dire d'experts, les biens leur soient adjugés en déduction de leurs créances ; si mieux n'aiment les autres créanciers leur donner caution qu'ils seront payés en principaux intérêts & frais, &c. Voyez *Adjudication*, *Créancier*, *Débiteur*, *Décret*, *Enchere*, *Hypotheque*, *Envoi en possession*, *Saisie réelle*, *Subhastation*, *&c.*

ADDITION.

(*Dr. ecclésiast. Dr. privé. Dr. criminel.*)

1. Ce mot signifie ce qui est ajouté à quelque chose. Faire des *additions*; de longues *additions*; un livre avec des *additions*. On dit en terme de *pratique* : informer par *addition*, pour dire : ajouter une nouvelle information à la premiere. (*Dict. de l'acad.*)

DROIT ECCLÉSIASTIQUE.

2. On a traité, au parlement d'Aix, en 1736, la question importante de savoir « si le changement, la rature ou l'*addition* faite à la supplique après le *FIAT* ou le *CONCESSUM* du vice-légat, peut annuller le titre & les provisions du bénéficier ? »

M. de Grasse est pourvu de la prévôté de Glandeve, sur résignation admise le 2 mai 1735. Quoique la supplique contînt la clause, *cujus cœtera beneficia, si opus fuerit, exprimentur*; on *ADDITIONNA par amende* une prébende qu'il possédoit dans l'église de Belleville ; on *addtionna* encore le titre de l'église *Sti. Rainiberti*, à l'expression, qu'il possédoit le canonicat curial de St. Rambert en Forez, diocese de Lyon. Ces différentes *additions* furent faites avant l'expédition de la bulle, & l'enrégistrement de la supplique, d'un autre caractere & d'une autre encre, après la signature du vice-légat.

M. Belin, nommé dans l'intervalle à la même prévôté par le grand-vicaire de l'évêque diocésain, s'inscrit en faux ; appel ; évocation du principal. L'inscription tomba par l'aveu judiciaire que M. de Grasse fit faire par son avocat, que les *additions* étoient faites effectivement d'un autre caractere & d'une autre encre après le *fiat* & le *concessum* du vice-légat ; mais avant l'enrégistrement de la supplique & l'expédition de la bulle : cet aveu réduisit la contestation à deux objets.

1°. La prébende ou chapelle de Belleville a-t-elle dû être exprimée à peine de nullité? 2°. Le défaut d'expression a-t-il pû être réparé après le *concessum* du vice-légat, & la collation faite à M. Belin.

La premiere question ne souffrit pas une grande difficulté : on opposoit bien à M. de Grasse un ARRÊT du parlement d'Aix, de 1712, qui déclara non-recevable M. Peissonnel, qui n'ayant pas déclaré un bénéfice dans sa supplique, l'avoit fait *additionner*. Mais indépendamment de la distinction qu'on soutint qu'il falloit faire d'un bénéfice simple, avec un bénéfice incompatible, tel que celui omis par M. Peissonel, qui en possédoit déja un *sub eodem tecto*; M. de Grasse n'avoit pas même omis d'exprimer un bénéfice, puisque la chapelle ou prébende de Belleville, *non spiritualisée*, étoit une simple prestimonie ou commission de messes, pour laquelle l'institution canonique n'est pas nécessaire.

Il y avoit plus à dire sur la seconde question. M. Belin disoit que le *fiat*, ou le *concessum* du vice-légat *perfectionnoit la grace*; sans quoi les officiers de la datterie deviendroient les maîtres des bénéfices : *Statim supplicatione signatâ, gratia est perfecta, & jus quæsitum, verusque titulus.*

M. de Grasse répondoit que le seing du vice-légat commençoit la grace, mais la tenoit en suspens; que c'étoit la date qui en fixoit le temps; que l'enrégistrement de la supplique la perfectionnoit; mais que ce n'étoit que la signature de la bulle qui la consommoit. Il citoit Garcias, Flaminius Parisius & Dumoulin. Le premier s'exprime ainsi : (*De beneficiis, part. 4, cap. 2, n°. 16.*) *Quod tamen procedit, quando signata est registrata; si enim solùm est signata, ante registrationem potest lacerari, ut solet fieri; & eâ laceratâ non potest dici beneficium vacare per eum; quia perindè est, ac si numquam fuisset signata.* Le second dit : (*lib. 8, quæst. 7, n°. 186.*) *Quòd antequam supplicatio sit registrata, & tradita partibus, non potest considerari aliquod præjudicium, neque aptitudo ad præjudicium; cum princeps usque ad illud tempus possit denegare & lacerare, & ad libitum disponere absque injuriâ, de supplicatione.* Dumoulin assure qu'on ne doit point s'occuper de la signature, quelque irrégularité qu'on y remarque; parce qu'elle ne peut passer que pour une écriture privée, jusqu'à l'expédition des bulles qui seules méritent une foi entiere, formant seules un instrument authentique : *Cùm nec de prætensâ signaturâ, quæ* PRIVATA *est* SCRIPTURA, *constet; nec illi si quâ difformitas esset, sed solis bullis in formâ sub plumba, quæ* SOLÆ AUTHENTICUM SUNT INSTRUMENTUM, *fides adhibenda sit.* (*Consil. 38, n°. 20, tom. 2, pag. 926.*)..... Voyez encore Pyrrhus Corradus, dans sa pratique bénéficiaire : *Sola signatura non sufficit; nec sequitur, papa signavit supplicationem, ergo signatura fuit perfecta pro substantiâ gratiæ : nam signatura perficitur in datâ, non autem in simplici appositione manûs papæ; quamvis illa concludat ad porrectionem supplicationis; sed illius* PERFECTIO *censetur dilata in aliud tempus, nempè quo erit apposita data.* (*Lib. 3, cap. 8, n°. 48, pag. 229.*) Amydenius, enfin, est du même avis : *Licèt supplicatio sit gratiæ fundamentum, illi tamen soli tantummodò creditur ut ex eâ possit gratia confici, & juxta eam* PERFICI; *& propterea sola supplicatio nihil confert ad jus proprietatis.* (De stylo datariæ, *cap. 32, n°. 52, pag. 425, edit. 1701*, in-fol.)

ARRÊT du parlement d'Aix, du 24 mai 1736, qui maintient M. de Grasse en la prévôté de Glandeve; & condamne M. Belin aux dépens. (Regusse, *tom. 2, quest. 4, pag. 5 & suiv.*) Voyez *Chancellerie romaine, Concessum, Dataire, Expédition, Fiat, Pape, Signature, Supplique, &c.*

Procédure civile.

3. Pour parvenir à l'abréviation des procédures, les anciennes & les nouvelles ordonnances ont prescrit des regles qu'il seroit à souhaiter de voir exécuter avec soin. L'*art. 42 de celle de 1539*, défend « aux parties, leurs avocats & procureurs d'alléguer aucunes raisons de droit par leurs *intendits*, écritures, *additions* & responsifs fournis ès matieres réglées en preuves & enquêtes; mais seulement leurs faits positifs & probatifs, sur lesquels ils entendent informer & faire enquête. » L'*art. 44* dit: « Ne répondront, les parties, que par une seule *addition*, ou deux au plus, en quelque matiere que ce soit. »

L'*Art. 3 du tit. 14 de l'ordonnance de 1667*, abroge « l'usage des dupliques, tripliques, *additions* premieres & secondes, & autres écritures semblables; & *défend* à tous juges d'y avoir égard, & de les passer en taxe. » Enfin, l'*art. 1 du tit. 20*, veut « que les faits qui gissent en preuve soient succinctement articulés, & les réponses sommaires, sans alléguer aucune raison de droit; interdisant toutes repliques & *additions*, *&c.* »

Sur le premier de ces deux textes, Bornier observe que le droit romain permettoit la triplique: *Sed & contra replicationem solet dari triplicatio, & contra triplicationem rursùs; & deinceps multiplicantur nomina, dùm aut reus, aut actor objicit: § 3, D. de except. & præjudiciis.* Cependant il ajoute que cela a été corrigé par l'ordonnance, *pour ne prolonger pas les procès par multiplicité d'écritures.* Sur le second texte, il convient, que si l'*on ôte l'ADDITION des faits, cela se peut suppléer par requête*; ainsi donc, la loi est éludée dans la pratique des tribunaux. On voit par le procès-verbal, que M. le premier président avoit prévu l'abus, & que M. Pussort avoit repliqué, que *la disposition de l'article étoit à l'effet d'abolir les repliques & dupliques, & toute cette suite de procédures inutiles.* L'abus subsiste: Qui peut le réformer? Les juges, en rayant les *additions* superflues.

ARRÊT du parlement de Toulouse, du 8 mars 1730, qui juge « qu'après que les faits ont été coarctés dans le jugement contradictoire, qui ordonne la preuve, on ne peut en *additionner* de nouveaux que par un autre jugement contradictoire; en sorte qu'on ne peut les amplifier par requête, sur laquelle le juge auroit rendu une ordonnance conforme. » C'est l'exécution de l'art. 1 du titre 22 de l'ordonnance de 1667, qui prescrit, qu'ès matieres où il écherra de faire des enquêtes, le même jugement qui les ordonnera, *contiendra les faits des parties*, dont elles informeront respectivement, si bon leur semble, sans autres intendits & réponses, jugement ni commission. (Aguier, *tom. 2, pag. 5.*) Voyez *Duplique*, *Enquête*, *Intendit*, *Preuve*, *Triplique*, *&c.*

Procédure criminelle.

4. On informe par addition dans les procès criminels.

A ce que nous avons tâché de développer, sous les mots *Accumulation*, pag. 198, & *Accusation*, pag. 286, nous joindrons ces réflexions de Jousse. « Il arrive souvent que la partie civile ou publique, ayant rendu plainte pour raison d'un crime contre un accusé, le juge vient à découvrir, dans le cours de l'instruction, par la déposition de quelques témoins, que cet accusé a encore commis d'autres crimes que celui porté par la plainte. Alors le juge doit informer de ces autres crimes; & à cet effet en donner avis au procureur du roi ou fiscal, lequel doit en rendre plainte, & demander qu'il en soit informé *par addition*; ce que le juge doit permettre, & ensuite procéder sans délai à cette nouvelle information. (ARRÊT du parlement, du 22 décembre 1731, pour Limours.) Voyez la loi *Nulli, C. de judiciis*; l'édit du mois *de novembre 1554, art. 15*; la loi *9, C. de accusat;* l'ordonnance *de 1670, titr. 2, art. 23.* (Justice criminelle, *tom. 3, part. 3, livr. 3, titr. 1, pag. 81.*)

ARRÊT du parlement de Paris, du 12 janvier 1731, qui juge, entr'autres points, que les juges ordinaires peuvent informer *par addition*, après le décret décerné, sans une nouvelle ordonnance. M. l'avocat-général Gilbert de Voisins, remarqua que cela avoit été autrefois sujet à contestation ; mais qu'on n'en faisoit plus de doute, depuis qu'on avoit cru devoir distinguer les lieutenans-criminels, qui sont de droit juges d'instruction, d'avec les juges qui n'agissoient que par commission.

L'*art.* 22 de l'ordonnance de 1670, porte que les procureurs du roi *& la partie civile, s'il y en a, pourront, nonobstant la présentation des lettres de rémission & pardon, informer* PAR ADDITION, *& faire récoler & confronter les témoins.* Ces dispositions sont conformes à celles de l'ordonnance de Louis XII *de 1498, art. 126 ; de 1507, art. 202 ;* & de François premier, à Is-sur-Tille, *art. 33.*

ARRÊT du parlement de Bourdeaux, du 19 janvier 1672, qui juge que la partie civile n'est pas recevable à demander l'information par addition, lorsqu'elle a affecté de ne former cette demande, que long-temps après la présentation des lettres de rémission, & après que l'accusé a tenu prison pendant trois mois. M. l'avocat-général observa *que les loix, ni les ordonnances ne doivent jamais servir d'instrument, ni de motifs aux juges souverains, pour favoriser la malice des plaideurs, & se rendre indulgens à leurs chicanes.*

ARRÊT du parlement de Bourdeaux, du 18 août 1690, qui juge de même, qu'après l'instruction achevée sur les lettres de grace, on ne pouvoit plus informer par addition. (Annotateur de Lapeyrere, *lettre* I, *pag.* 225.) Voyez *Information, Instruction, Lettres de grace, Lieutenant-criminel, Pardon, Plainte, Procédure, Procureur du roi, Rémission, Témoin,* &c.

Actes des notaires.

5. L'Ordonnance de François premier, faite pour la Provence, confirmée par celles d'Orléans & de Blois, s'exprime ainsi. « Tous notaires & tabellions feront bons & fidelles registres, auxquels ils seront tenus d'enrégistrer & insérer au long les notes & minutes des contrats, & iceux rédigeront par ordre, selon la priorité & postériorité de la date desdits instrumens ; esquels registres n'y sera rien laissé en blanc ; ains seront écrits tous d'un conteste, sans mettre apostilles en marges ou interlignes : ainsi si par inadvertence quelques mots avoient été omis, ils seront rejetés à la fin de l'instrument, avec marques de renvoi, lesquels registres ils signeront de leur seing, *si près de la lettre*, que l'on n'y puisse plus rien *adjouter.* »

A-peu-près dans le même temps le pape Pie IV, confirmoit les statuts d'Avignon, qui ont des dispositions conformes. « *Ne possint notarii aliquid in margine notæ originalis scribere, vel* ADDERE ; *sed si aliquid* ADDERE *vel mutare necesse sit, hoc fiat & ponatur in fine notæ ante subscriptionem partium aut testium. Et* ADDITIONES *aliter factæ nihil probent, & pro non factis habeantur.* » (Statut Avenion., *lib. 2. rub. 35, art. 2.*)

« La raison de ces ordonnances, est que les actes à la marge & les apostilles pouvant être ADDITIONNÉS *en tout temps, après les actes passés*, & pouvant recevoir telle date que les parties leur veulent donner, ils ne sont considérés que comme écritures privées ; lesquelles à raison de ce, ne produisent aucun hypotheque que du jour de l'avération suivant l'autorité de Mornac, sur la loi *fin. C. de fid. instrum.* » (Boniface *tom. 4, liv. 8, tit. 7, chap. 2 pag. 506.*)

ARRÊT du parlement de Toulouse du premier décembre 1584, qui déclare valable la grosse d'un testament où se trouvoit une *addition* non signée, mais écrite par le notaire. Les motifs de la décision furent, 1°. que les parties étoient d'*accord que le notaire étoit homme de bien, & avoit vécu en très-bonne réputation en sa charge; aussi y en avoit preuve au procès :* 2°. que trois témoins du testament déposoient que l'addition avoit été faite *du mandement du testateur, & dictant icelle.* Il paroissoit une autre grosse dans laquelle l'addition qui renfermoit une substitution, ne paroissoit pas. (Charondas, *liv. 7, rep. 169, pag. 315.*).... Quelque respect qu'on doive aux décisions d'un tribunal dont les arrêts sont presque tous conformes à la raison & à la loi, on ne peut que trouver celui-ci bien étrange.

ARRÊT du parlement de Paris, du 11 mai 1604, qui déclare nulle une *addition ajoutée en marge à un testament.* (Ibid. *liv. 5, rep. 49, pag. 180.*) Papon qui rapporte ce même préjugé (*liv. 9, tit. 8, arr. 10,*) observe que « si en un contrat, testament ou autre instrument reçu par un notaire, se trouve quelque *addition* en marge, qui ne soit signée par la partie, si elle sait signer, ou par les témoins, l'on n'y doit ajouter foi, *quoique le notaire soit homme de bien :* car si cela avoit lieu, & qu'à telle *addition* l'on fût tenu ajouter foi, ce seroit attribuer trop de pouvoir aux notaires, en la puissance desquels il seroit d'apposer telles clauses aux contrats qu'ils voudroient, de corriger & changer les dispositions des hommes, & s'en faire croire. C'est pourquoi les docteurs ont réprouvé telles *additions* comme nulles. »

ARRÊT du parlement d'Aix, du mois de février 1647, qui fait défenses aux notaires de rayer aucunes lignes, ni aucuns mots aux actes qu'ils feront; mais de mettre les mots qu'ils *ajouteront*, par amendes ou renvois, qui seront approuvés en signant par les parties : condamne Angles notaire, qui avoit rayé un mot & mis un autre au-dessus, & par-là donné lieu à un procès, aux dépens des deux parties. (Boniface, *tom. 1, liv. 1, tit. 2, n°. 8, pag. 74.*)

ARRÊT du parlement de Paris, du 15 février 1656, qui juge qu'une interligne mise dans un testament, & qui ne se trouvoit approuvée ni du notaire, ni du testateur, devoit être considérée comme non écrite, sans entrer dans la question du faux. (Soefve, *tom. 2, centur. 1, chap. 11, pag. 8.*)

ARRÊT du parlement d'Aix, du 28 mars 1675. Un pere en mariant sa fille, lui constitue un fonds, sans désignation de prix; & par une *addition* & apostille à l'acte, faite à la marge, signée par le notaire, parties & témoins instrumentaires, ce pere est obligé de faire valoir le fonds jusqu'à 18000 liv. La cour juge que cette *addition* ne peut produire une hypotheque en faveur de la fille, pour la moins value. (Boniface, *tom. 4, liv. 8, tit. 7, chap. 2, pag. 510.*)

ARRÊT du parlement de Paris, du 4 Septembre 1685, qui fait diverses défenses à un notaire du bailliage de Noyon, & entr'autres « d'*ajouter* quoi que ce soit à la fin des actes qui seront par lui passés; si ce n'est à l'instant de la passation, & qu'en le faisant dans le même instant approuver & parapher par les parties & témoins, & par lui notaire : & à condition que ce qui sera *ajouté* n'entrera point dans la signature des parties, des témoins & des notaires, à peine de nullité des actes, dommages & intérêts des parties, & de 100 liv. d'amende. (Denisart, au mot *Notaire, n°. 30.*)

ARRÊT du conseil, du 21 juin 1723, qui fait défenses à tous notaires, greffiers & autres, ayant droit d'instrumenter, de faire aucunes ratures, renvois, ni changemens de quelque espece que ce soit, dans les actes qu'ils recevront, à peine de nullité des actes, de 200 liv. d'amende & d'interdiction; & même en cas de récidive, d'être poursuivis extraordinairement.... ARRÊT du conseil, du 28 mai 1626, qui en interprétation du précédent, prononce que la nullité n'aura lieu que pour les renvois non approuvés, sans pouvoir donner atteinte au surplus des actes. Voyez *Apostille*, *Approbation*, *Faux*, *Greffier*, *Interligne*, *Marge*, *Notaire*, *Nullité*, *Rature*, *Renvoi*, *&c. &c.*

ARRÊT du parlement de Rouen, du 24 janvier 1778.... *Espece*. Par contrat de mariage, sous seing-privé du 9 mai 1756, le sieur Sausse mariant sa fille au sieur de la Prevotiere, fait démission de ses biens en faveur des futurs conjoints, sous la réserve d'une pension; & la demoiselle Sausse, du consentement de son pere, donne à son futur mari *don mobile entier*, tant sur les biens cédés, que sur ceux qui pourroient lui écheoir à l'avenir: cet acte n'est point énoncé *fait double*. En marge de la clause par laquelle la dame de la Prevotiere stipule le don mobile en faveur de son mari, celui-ci avoit écrit & par renvoi, ces sept mots: *au cas que le futur lui survive*. A côté du dernier article, on lisoit ces mots aussi par renvoi: *approuvé la note, au cas que le futur lui survive, le même jour & an que dessus*. L'ADDITION & l'approbation ne se trouvant signées ni de la femme, ni des parens, il y eut après la mort du sieur de la Prevotiere une grande contestation; le sieur des Salles son héritier, demanda le tiers des biens de sa veuve, à la forme de la stipulation du don mobile: celle-ci s'y refusa en soutenant que le contrat étoit nul pour n'avoir pas été fait double; & que le sieur de la Prevotiere avoit renoncé & pu renoncer à la donation faite en sa faveur. Le sieur des Salles répondit que le contrat de mariage ne pouvoit être déclaré nul, dès que les choses n'étoient plus entieres, & que le mariage s'en étoit ensuivi. A l'égard de l'*addition*, elle étoit nulle; soit comme contre-lettre, à la forme de l'*art.* 388 de la coutume; soit comme avantage indirect à la forme de l'*art.* 410. Le premier veut que « si les accords de mariage sont portés par écrit, nul ne sera reçu à faire preuve contre le contenu en iceux; & toutes *contre-lettres* qui se font faites au déçu des parens présens audit mariage, & qui l'ont signé, sont nulles, & n'y a-t-on aucun égard. » (L'*art.* 258 de la coutume de Paris est conforme.) Le second porte que « gens mariés ne se peuvent céder, donner, ou transporter l'un à l'autre, quelque chose que ce soit, ni faire contrats ou confessions, par lesquels les biens de l'un viennent à l'autre en tout ou parties, directement ou indirectement. ».... La cour déclara nulle l'*addition* faite par le sieur de la Prevotiere seul, à son contrat de mariage, & condamna la veuve à délivrer au sieur des Salles le tiers de ses biens, formant le don mobile porté par son contrat de mariage. Voyez *Don mobile*.

Impositions royales.

6. L'*art.* 20 du réglement des élus de Loudun, porte entr'autres qu'on ne pourra rendre aucuns jugemens contradictoires ou par défaut sur les *additions*, aux rôles des tailles des cotisables omis, sans que le substitut du procureur-général en ait eu communication, & pris ses conclusions. Voyez *Aides (cour des)*, *Asséeur*, *Collecteur*, *Cote*, *Election*, *Imposition*, *Omission*, *Procureur du roi*, *Répartition*, *Rôle*, *Taille*.

ADEMPRE.

(Droit féodal.)

Ce mot signifie une exaction violente, *ab ademptis rebus*.

C'est ce qu'atteste Salvaing de Boissieu dans son *Usage des fiefs*, *tom.* 1, *ch.* 40, *pag.* 232 & 233. Il cite trois anciens titres, où il est question *de ademptis*.

Le premier : acte du 12 juin 1319, par lequel Raymond d'Agoult, seigneur de la terre de Luc en Diois, accorde à son bayle de Miscon plusieurs privileges & immunités, & entr'autres, l'exemption *ab omnibus totis*, ADEMPRIS, *angariis*, *parangariis*. Le second : les lettres-patentes d'Humbert Dauphin, du premier septembre 1341, insérées dans le *Recueil des statuts Delphinaux*, *pag. 88*, par lesquelles ce souverain, voulant satisfaire aux intentions de ses prédécesseurs qui avoient ordonné la restitution des objets mal acquis, décharge ses sujets de tous fouages, dons, *adempres*, collectes & tailles extraordinaires : *Considerans & attendens prædecessores suos in suis ultimis voluntatibus ordinasse ut malè* ABLATA *& acquisita per eos, quocumque titulo & colore* RESTITUERENTUR. . . . *Focagiis, donis*, ADEMPRIS, *collectis & talliis extraordinariis & muneribus liberavit & affranchiavit & immunes esse voluit*. Le troisieme : acte de l'an 1297, par lequel le Dauphin, sa femme & leur fils ainé s'obligent en faveur de François de Sassenage, de ne jamais rien acquérir dans sa terre, *par quelque genre d'acquisition qui pût être* DIT OU PENSÉ : *sive conquirimenta consistant, seu consisterent, vel consistere possent in domibus, fortalitiis, montibus, planiciebus, furnis molendinis. . . . Homagiis, calvacatis*, ADEMPRIS, *gardis, commenderiis... Vel rebus & juribus quibuscumque, quæ dici vel* EXCOGITARI *possent, & sub quocumque vocabulo comprehendantur*. Voyez *Affouagement, Angarie, Corvée, Droits seigneuriaux, Exaction, &c.*

ADEMPTION.

(Droit public. Droit privé.)

1. « C'est, *en terme de droit civil*, la révocation d'un *privilege*, d'une *donation*, ou autre acte semblable. » (*Dict. encyclopédique*.)

Privilege.

2. Il faut croire qu'un prince ne révoque les privileges que l'on tient de sa bienfaisance & de sa justice, ou de celles de ses prédécesseurs, qu'autant qu'il y est déterminé par des raisons décisives. Ceux qui pensent qu'il a ce droit indépendamment de tous motifs quelconques, se trompent, dit Kurickius ; & pour les désabuser, il suffit de leur rappeller ce trait intéressant de l'empereur Sigismond. Un soldat vétéran, sommant ce prince de tenir sa parole, celui-ci lui répondit, qu'il avoit été indiscret dans ses demandes ; mais le vétéran lui repliqua : Vous étiez le maître de me refuser lorsque je vous adressai ma supplique ; mais, vous ne pouvez aujourd'hui *décemment* ne pas tenir ce que vous avez promis. Cette réponse ferme parut pleine de justice à l'empereur qui, s'exprima ainsi hautement : S'il faut sacrifier mes intérêts, ou ma réputation, je préférerai toujours de faire le premier de ces sacrifices : *Adhoc autem ut privilegium revocetur, necesse est justam & probabilem causam præcedere ; neque probanda est eorum opinio, qui principibus* ETIAM EX NUDA VOLUNTATE, NULLA DE CAUSA, *privilegii revocandi potestatem tribuit : quin potiùs si hoc ipsum facere præsumant, illud reponi potest, quòd olim, nescio quis miles veteranus* PROMISSA EXIGENS, *Sigismundo imperatori immoderatam ejus fuisse petitionem dicenti, regessit : Poteras negare cùm peterem ; nunc* SINÈ TURPITUDINE, *quod promissum est rescindere non poteris ; quæ quidem militis responsio, tam æqua visa fuit imperatori, ut confestim responderit : Si ex duobus alterum me ferre oportet, faciliùs rerum, quàm famæ jacturam subibo*. (Kurickius, *de Privilegiis, cap. 15, n°. 11.*)

Suetone rendant compte des *injustices* de Tibere, dit qu'il ôta à plusieurs villes & à differens particuliers leurs anciens privileges, & les priva du droit d'exploiter leurs mines, & de percevoir certaines redevances : *Plurimis etiam civitatibus & privatis, veteres immunitates, & jus metallorum ac vectigalium adempta.* Il place sur la même ligne la maniere barbare dont il se comporta envers Vocon, roi des Parthes. Il fit massacrer ce prince, chassé par ses sujets, & retiré à Antioche avec d'immenses trésors, sous la sauve-garde des Romains, & s'empara de tout ce qu'il possédoit : *Sed & Vononem, regem Parthorum, qui pulsus à suis, quasi in fidem populi romani cum ingenti gazâ Antiochiam se receperat, spoliatum perfidiâ & occisum.* (Suetonius, *in Tiber. n°. 49.*) Voyez *Concession, Grace, Immunité, Privilege, Révocation, Roi, Souverain, &c.*

DROIT ROMAIN.

3. Les mots *Adimere, Ademptio, Adimi*, sont d'un très-grand usage dans le corps du droit romain : ADIMERE pecuniam. *l. 7, C. soluto matrimonio.* Spem libertatis. *l. 9, D. de statu liberis.* Civitatem. *l. 6, D. de interd. & relegat.* Facultatem. *l. 7, § 3, D. de donat.* Peculium. *l. 45 & 53, D. de pecul.* Mandatam jurisdictionem. *l. 6, § 1, D. de offic. proconf.* Libertatem. *l. 26, C. de liberali cauf. &c. &c. &c.* ADEMPTIO bonorum. *l. 3, § 5, D. ad l. cornel. de sicar. & l. unic. D. si pend. appellat.* Libertatis. *l. 23, § 5, D. de stat. liber.* Usus. *l. 14, § 1, D. de usu. & habit. &c.* ADIMI jura libertorum. *l. 8, § 3, D. de bonor. damnat.* Actio. *l. 2, § 1, D. sol. matrim.* Electio. *l. 3, C. de duobus reis.* Via. *l. 11, D. de servit.* Persecutio hypothecaria. *l. 1, C. si antiquior cred. pign. vendiderit, &c. &c. &c.*

Legs.

4. L'ademption d'un legs peut être expresse ou tacite : elle est expresse, quand le testateur déclare par un codicille ou tout autre acte quelconque, qu'il révoque le legs qu'il avoit fait par son testament : elle est tacite, quand il fait cette révocation d'une maniere indirecte ou implicite.

Ricard dit que dans cette derniere espece, « la regle la plus générale qui puisse être établie, est que le légataire ayant pour lui la volonté *expresse* du testateur, la disposition faite à son profit ne doit pas lui être ôtée légérement, & s'il ne paroît par *des présomptions violentes*, que le défunt auparavant sa mort a changé d'intention. De sorte que si les conjectures proposées de part & d'autre étoient douteuses, il y auroit plus d'apparence de se ranger du côté du légataire, qui a quelque chose de certain & d'assuré pour fondement, que de s'arrêter à des présomptions qui ne sont point suffisantes pour déterminer notre esprit : *Sed ubi semel donatorem pœnituit, etiam hæredi revocandi potestatem tribuimus, si appareat defunctum evidenter revocasse voluntatem : quòd si in obscuro sit, proclivior esse debet judex ad comprobandam donationem. l. cùm hic status 2, § pœnitentiæ, D. de donat. inter vir. & uxorem.* . . . Mais dès-lors que la volonté du défunt paroît suffisamment pour l'extinction, comme l'héritier est fondé en *la volonté générale* du testateur ; & que les légataires ne peuvent rien prétendre, s'il ne paroît que le défunt a persisté en *la disposition particuliere*, dont ils veulent prendre avantage, l'explication doit dans ce cas être dans le doute faite en faveur de l'héritier ; & ainsi sur ce principe, comme les legs, ne peuvent avoir pour fondement que la volonté du testateur ; si la révocation qu'il a faite peut être également appliquée à deux legs qu'il avoit faits auparavant, & que l'on ne puisse pas reconnoître duquel des deux il a entendu parler, l'un & l'autre ne peuvent avoir effet, & l'*ademption* dans le doute opere pour les deux : *Si quis duobus Titiis separatim legaverit, & uni* ADEMERIT; *nec appareat cui* ADEMPTUM *sit, neutri legatum debetur. l. 3*, § *si quis*, *D. de* ADIMENDIS *legatis.* »

Mais l'auteur ajoute : « Il faut prendre garde toutefois que l'*ademption* ni l'extinction n'opere pas d'un cas à un autre ; comme si le testateur a légué une métairie, à la réserve du bois & des vignes, qui y seront plantées au jour de son décès ; s'il n'a pas accompli son dessein, & que lorsqu'il viendra à mourir, il ne s'y trouve ni bois ni vignes, la métairie sera due entiere, & l'héritier n'en retranchera point la place sur laquelle ce plant devoit être fait. *l. si quis* 75, *D. de legat.* 1°. »

En passant des regles générales aux particulieres, Ricard pose celles-ci. 1°. Le legs étant répété avec diminution, il y a extinction du surplus. *l.* 28, § *testamento itâ*, *D. de liberat. leg. l.* 20, *D. de fund. instruct.* Si ce n'est cependant que ce qui est ajouté à la disposition, ne fût mis par forme d'explication : *Non mutat substantiam rerum, non necessaria verborum multiplicatio. l.* 32, § *labeo*, *D. de aur. & arg. legat.* 2°. Quelquefois l'extinction d'un legs en fait périr un autre : *Si tamen inter filios divisionem fecit, arbiter conjecturâ voluntatis non patietur eum partes cohæredibus prælegatas restituere, nisi parati fuerint, & ipsi patris judicium fratris conservari. l.* 77, § *evictis*, *D. de legat.* 2°. & *l.* 15, *D. de adim. legat.* 3°. La cause cessant l'effet doit cesser. *l.* 30, § *seia*, *D. de adim. legat.* 4°. L'inimitié capitale survenue entre le testateur & le légataire, depuis le testament, fait présumer la révocation du legs, à moins que l'inimitié n'ait cessé. *l.* 4, *D. de adim. legat.* 5°. L'aliénation de la chose léguée indique le changement de volonté. § *si rem suam I. de legat.* à moins que cette aliénation n'ait été forcée. *l.* 11, § *si rem*, *D. de legat.* 3°. *l.* 34, *D. de aur. & arg. legat.* & *l.* 6, *C. de fideic.* 6°. Le legs d'une dette est éteint par le paiement qu'en a fait le débiteur. § *si rem* & § *tam autem I. de legat.* & *l.* 31, § *ult. D. de adim. legat.*

ARRÊT du parlement de Paris, du 9 juillet 1605. Un mari avoit légué à sa femme tous ses acquêts, avec priere de se souvenir de ses héritiers : celle-ci leur legue en conséquence par son testament, tout ce qu'elle tenoit de son mari : l'exécution de ce legs fit naître une difficulté. La veuve avoit reçu le rachat d'une rente de 25 livres, faisant partie des acquêts légués ; & les héritiers en réclamoient le principal. La cour jugea que la rente éteinte par le rachat, n'étoit pas comprise dans le legs fait par la veuve.

7°. Le legs ne revit point par le rachat qu'a fait le testateur de la chose léguée qu'il avoit vendue. *l.* 15, *D. de adim. legat.*

8°. L'échange de la chose léguée ne produit pas l'extinction du legs.

ARRÊT du parlement de Paris, du 8 février 1624, qui juge, que le legs d'une maison que le testateur avoit depuis échangée avec une rente constituée, n'est pas révoqué par cet échange.

9°. A plus forte raison, le legs n'est pas révoqué par l'engagement de la chose léguée, & le légataire a même action contre l'héritier, à l'effet de faire décharger l'héritage légué, pour qu'il puisse en jouir librement. § *Iidem rescripserunt I. de legat.* & *l.* 3, *C. eod.*

10°. La translation de la chose léguée opere l'*ademption*, à moins que le legs ne fût fait solidairement à l'un & à l'autre des légataires. *l.* 5, *D. de adim. legat.* & *l.* 25, *C. de legat.* (Ricard, *Traité des donations*, *part.* 3, *chap.* 3, *sect.* 3, *n°.* 148 & *suiv.* & *distinct.* 1 & 2 & *suiv.*)

C'est trop d'avoir sous ce mot *Ademption*, placé ces détails sur les legs qui sembleroient l'être mieux sous ceux *Donation*, *Legs*, *Libéralité*, *Révocation* ; mais ces mots exigent tant de détails, qu'il a paru nécessaire de les dégager. Nous nous conformons d'ailleurs à la marche des auteurs qui nous ont précédés.

ADÉNÉRER, ADÉNIÉRER.

(Droit privé. Droit coutumier.)

Ces mots anciens dérivent du mot latin *adærare*, qui veut dire *apprécier, taxer :* ils servent dans nos anciennes ordonnances, dans nos anciennes coutumes, à exprimer l'appréciation de toute sorte d'immeubles & meubles, pour les convertir ensuite en especes. *ADÆRARE : dicimus vulgò ADÉNÉRER.* (Mornacius, *ad l. 15, D. de erogat. milit. ann. tom. 4, pag. 579.*)

Les empereurs Honorius & Théodose veulent que ce qui doit se payer en espece aux soldats soit évalué selon le cours du marché ; & qu'on ne puisse plus changer cette évaluation, quand elle a été une fois arrêtée : *Non aliter ADÆRENTUR, nisi ut in foro rerum venalium distrahuntur, ... lege repetitâ censemus, ut si quis militum interclusam specierum exactionem refricare tentaverit, vel ADÆRATIONES statutas ausus fuerit immutare, tam vir spectabilis dux, centum librarum auri, quàm ejus etiam officium pari condemnationis summâ quatiatur. l. 12 & 13, C. de erog. milit. ann.*

Il est question de cette appréciation sous le nom d'*Adæratio* dans les loix des Visigoths, *(lib. 4, tit. 5, l. 3;)* & dans celles des Bourguignons, *(addit. 2, § 6, pag. 90 & 307, edit. Lindenbrogii.)*

L'ordonnance de Charles VI, de l'année 1413, *art. 127,* se sert de ces termes : *vendre & adénérer le sol.*

L'ancienne coutume de Lile dit, que les « exécuteurs des testamens mis aux biens par la loi de ladite ville, peuvent vendre & *adeniérer* pour fournir à leur exécution, les biens réputés pour meubles délaissés du testateur, » *art. 8 du ch. 2 des testamens.* Sur ce texte, l'ancien annotateur dit *ADÉNIÉRER ou ADÉNÉRER, c'est faire argent de la vente des meubles.*

Aux ordonnances de la chambre d'Artois, *chap. 2,* il est dit que les huissiers qui auront pris biens meubles par exécution, ne peuvent en faire garenne & les retenir ; ains sont tenus les vendre & *adénérer.* (Bouchel & Bechefer, *tom. 1, pag. 35.*)

Enfin, l'*art. 39 de la coutume de Blois,* dit que le seigneur qui n'est pas satisfait des droits & profits seigneuriaux, & qui a fait saisir l'héritage de son vassal, *peut conforter la saisie ; & doit tenir la main de justice jusqu'à pleine satisfaction, (pour laquelle faire, seront les fruits vendus & ADÉNÉRÉS.)*

M. Fourré observe, sur cet article, que le mot *ADÉNÉRÉS est un vieux mot qui signifie convertir en deniers ; & qui conséquemment ne dit rien de plus que celui VENDUS.* Il ajoute que « Dupont, sur cet article, dit qu'il fit tous ses efforts pour empêcher que ce qui est renfermé dans la parenthese ne fût inséré : mais que quelqu'un qui se faisoit plus de plaisir de le contrarier, que du vrai, l'emporta par son bruit. . . . . En effet, s'il s'agit de saisie féodale pour cause qui emporte gain des fruits, le seigneur n'est pas obligé de les faire vendre par un sergent ni autrement, & ils n'acquittent en rien le vassal ; que si, au contraire, il s'agit de saisie féodale, qui n'emporte pas gain des fruits, ou qu'il s'agisse d'héritages en censive, ou terrage, le seigneur qui doit rendre compte des fruits levés par le commissaire, ne doit point en précipiter la vente, sur-tout s'ils peuvent être facilement serrés & conservés. » *(Nouveau Commentaire sur la coutume de Blois, pag. 92.)* Voyez *Appréciation, Etape, Exécuteur-testamentaire, Huissier, Marché, Seigneur, Soldat, Solde, Vassal, &c.*

ADEPS, ADEX, DEX.

« Les *vicomtiers* ont le sang & le larron ; & à savoir connoissance de mêlée de de débat fait à sang courant, & du larron prins en icelle seigneurie, posé qu'il doive être pendu & étranglé; & si ont estrejures de bastards, *volée adeps*, &c. » *Art. 7 des coutumes particulieres du bailliage de St. Omer, discordantes aux générales de la prévôté de Montreuil.*

Delauriere observe, que l'emploi du mot *adeps* dans cet article est une faute qui auroit dû être corrigée dans les coutumiers généraux, & qu'il faut lire *volée d'eps*; c'est-à-dire, vol de mouches à miel, & ce qu'on appelle dans les autres coutumes *épave d'avetes*. *Eps* vient du mot latin *apes* ou *apis*, qui signifie une *abeille*. Il ajoute qu'il ne faut pour justifier cette correction, que rapporter l'*art. 192 de la cout. d'Amiens.*

« Si aucun *eps* ou *mouches à miel* s'envolent hors leurs vaisseaux; & celui à qui elles appartiennent, les poursuit tant qu'elles soient assises, elles lui demeurent, & n'en perd la seigneurie, & doit demander congé aux gens de la justice de les lever & prendre, qui le lui doivent accorder; mais s'il ne les poursuit, & elles s'assient en la *justice vicomtiere*, ou plus haute d'aucun seigneur, la moitié en appartient à celui qui les trouve, & l'autre moitié au seigneur *vicomtier*, ou autre ayant plus haute justice, en la seigneurie duquel elles se sont assises. » Voyez *Abeillage*, *Abeille*; & encore *Epave*, *Vicomtier*, &c.

Enfin, Delauriere dit, d'après Bouchel, que *dex* signifie, dans la coutume de Toulouse, les limites de la banlieue ou du *gardiage* de cette ville: *Statutis Tolosanis dex significat terminos*. . . . On trouve effectivement ce terme dans nombre d'endroits de la coutume de Toulouse, & il y a une rubrique particuliere qui en traite: *Rubrica de terminis seu dex Tolosæ, & usque ad dictos terminos vicaria Tolosana se extendit.* Le commentateur ancien observe à ce sujet que ces limites ont souvent variées: *Notandum quòd diversimodè* DEX *seu limites messegariæ, seu* GARDIAGII *Tolosæ fuerunt scripti & dictati.* (J. de Casa veteri, *fol. 69 versò.*) Voyez *Banlieue*, *Dex*, *Gardiage*, *Toulouse*, &c.

ADEPTION.

ADEPTE.

Adeption, du latin *adeptio*, signifie l'acte d'acquérir, d'obtenir, de parvenir, *actus adipisci.*

Ciceron dit, que le bonheur de la vie consiste moins à éviter le mal qu'à se procurer le bien: *Nos beatam vitam non depulsione mali, sed* ADEPTIONE *boni, judicemus.* (De finib. bon. & mal. 2, *n°. 68.*)

Comme on disoit parmi les Romains, l'*adeption* d'une magistrature, *Lyzanias adeptus est ordinem senatorium*, (Cicero *pro Flacco, n°. 34*,) on a dit long-temps parmi nous l'*adeption* d'un bénéfice. Mais dans cette derniere acception, le mot *Adeption*, signifioit plus particuliérement l'acceptation de celui qui en étoit pourvu. Voyez *Acceptation*, *tom. 1, pag. 653 & suiv.*

Du mot *adeptio*, dans le sens du premier passage de Ciceron, nous avons encore fait celui ADEPTE.

Au figuré, l'*adepte* est celui qui est initié dans les mysteres d'une secte, d'une science. Cujas & Heinneccius, furent *adeptes* en jurisprudence.

Au sens propre, *adepte*, est celui qui croit être parvenu au *grand œuvre*, ou qui le persuade. Le globe est couvert de ces *adeptes*, qui, éblouissant par quelques secrets, se jouent tôt ou tard de la crédulité publique, & sont vrais gibiers de police. Voyez *Alchimie & Alchimiste*, *Charlatan*, *Médecin*, &c.

ADÉQUATION.

(Droit privé.)

C'est la division, ou le partage d'une succession en autant de portions parfaitément égales qu'il y a de cohéritiers. Par la loi des Lombards, lorsqu'un mineur provoquoit un partage, ou qu'on le provoquoit à son égard, les parens s'assembloient, & en présence du juge, & de l'avis d'un expert connoisseur & *craignant Dieu*, on procédoit à la division requise. Malgré ces précautions, le mineur pouvoit, dans tous les temps, se plaindre de l'inégalité: *Si infans dùm infra ætatem est, res suas cum fratribus, aut cum parentibus suis dividere voluerit; aut si ipsi cum ipso infante dividere voluerint, faciant judici notitiam: & ipse judex faciat venire parentes ejus propinquos, ut unà cum ipsis, aut per se, aut per missum suum, bonam personam, Deum timentem, res ipsas dividant*, SIC TAMEN *ut* OMNI TEMPORE, *sortes stare debeant*, & ADÆQUATIO *percurrat*. (Legis Longobardorum, *lib.* 2, *tit.* 29, *cap.* 3, *edit.* Lindembrogii, *pag.* 623.)

On trouve, dans l'ouvrage du même Lindembrogius, (*pag.* 1248 & 1249.) trois anciennes formules de ces sortes de partages par *adéquation*.

Enfin, suivant les loix des fiefs, le tems pour se pourvoir contre un partage inégal, qui étoit indéfini suivant la loi des Lombards, *omni tempore*, est fixé à quarante années; *scilicet ut adæquatio percurrat usque ad quadraginta annos*. (*Lib.* 2, *feud. tit.* 58, § 2.)

ADHÉRENT.

(Droit criminel.)

Ce mot, « signifie *celui qui est dans le même parti, la même intrigue, le même complot*; car ce terme se prend, pour l'ordinaire, en mauvaise part. Il est synonyme à *complice*; mais il en differe, en ce que ce dernier se dit de celui qui a part à un crime, quel que soit ce crime; au lieu que le mot *adhérent* ne s'emploie guere que dans le cas de crime d'état, comme rebellion, trahison, félonie, &c. » (*Dict. encyclop.*)

Nous ne trouvons nulle part le fondement de cette distinction entre *adhérent* & *complice*; & nous voyons, au contraire, tant dans nos anciens auteurs françois, que dans l'usage actuel des tribunaux, que l'on donne à ces deux termes, ainsi qu'à ceux de *participe* & *fauteur*, la même signification.

Le président Fauchet, rendant compte de l'excommunication de Valdrade, dit, que le pape en écrivit en ces termes aux évêques de France. « Puisque Valdrade continue en sa paillardise, & n'est venue à Rome pour répondre de ses fautes, suivant l'assignation à elle donnée; ains, au contraire, ne cesse de travailler & de nuire à la reine Thierberge, la mort de laquelle elle a pourchassée: pour ces causes, nous l'avons excommuniée, jusqu'à ce qu'elle ayt satisfait à Dieu, & à nous, qui avons soing d'elle, & commencé à connoître de son fait exempt de toutes suspicions, tellement qu'elle puisse recevoir le corps & sang de Jesus-Christ: voulons qu'elle soit bannie de l'église avec tous ses ADHÉRENS & *complices*. Prononcé par nous le dixieme février. » (Œuvres de Fauchet, *liv.* 3, *chap.* 19, *pag.* 726 *de l'édit. de Geneve de* 1611, in-4°.)

Aujourd'hui, dans la rédaction des monitoires, des plaintes, & dans la prononciation des jugemens, des arrêts, on met sur la même ligne, les *participes*, *adhérens*, *fauteurs* & *complices*; & sous ces noms, on comprend indifféremment ceux qui ont *commandé* un crime, ceux qui l'ont *conseillé*, ceux qui ont *aidé* à le commettre, & ceux qui l'ont *approuvé* après qu'il a été commis. C'est au mot *Crime* que nous examinerons toutes les questions importantes que ces différentes *actions* illicites peuvent faire naître. Voyez aussi *Approbation*, *Assassin*, *Attentat*, *Complice*, *Complot*, *Conseil*, *Délit*, *Dénonciation*, *Fauteur*, *Machination*, *Participe*, *Receleur*, *Vol*, &c. &c.

ADHÉRER.

(Droit privé.)

Ce mot est d'usage au barreau, pour exprimer le consentement qu'on donne à quelque acte de procédure, dans une instance où l'on est partie. On *adhere* à des conclusions prises par celui qui a les mêmes intérêts que nous; on *adhere* à l'appel qu'il interjette d'un jugement. Voyez *Adhésion*.

ADHÉRITANCE, ADHÉRITEMENT.

(Droit coutumier. Droit féodal.)

1. Ces deux mots, que l'on trouve dans les coutumes de Cambrai, de Namur, de Hainaut, de Mons, de Lille, de Bruxelles, &c. sont synonymes, & signifient l'acte juridique par lequel un ACQUÉREUR *est mis en* POSSESSION *d'un immeuble*. C'est ce qu'on appelle dans d'autres coutumes, *Entrée*, *Inféodation*, *Investiture*, *Mise de fait*, *Nantissement*, *Saisine*, *Vest*, *&c.* Voyez ces mots & *Dessaisine*, *Déshéritance*, *Déshéritement*, *Dévest*, *Dévestiture*, *Exfestucation*, *Issue*, *Rapport d'héritage*, *&c.*

L'usage de l'*adhéritance* est fort ancien dans la province de Flandres. On en trouve la preuve dans les chartes de la paix de 1385, entre le duc Philippe de Bourgogne, comte de Flandres, par sa femme, & les Gantois & leurs complices. « Et aussi, nous octroyons, de grace spéciale, les *déshéritemens* & reconnoissances faites par loy entre parties présentes. » *(Chroniques de* Froissart, *tom. 2, chap. 178, pag. 311, édit. de 1559.)*

Adhéritance signifie quelquefois la *réception* d'un pourvu d'office public.

ÉDIT du mois de janvier 1718, portant établissement d'une jurisdiction consulaire à Valenciennes. . . . . *Art. 1.* « Nous créons, par le présent édit, nos hommes de fief; à l'effet de quoi, ils seront, suivant l'usage, *adhérités* & *investis* par la plume, pour ce qui regarde leur jurisdiction seulement.... *Art. 7.* Les juges & consuls qui seront par nous nommés pour la premiere fois, & ceux qui successivement seront élus après eux, seront tenus, avant que de commencer leurs fonctions, de prêter serment en notre conseil provincial de Hainaut, où ils seront *adhérités* & *investis* par la plume. » *(Recueil des édits, déclarat. & arr. de réglem. enrégist. au parlem. de Flandres, tom 2, pag. 730, édit. de 1730,* in-4°.*)*

Déshéritance ou *déshéritement* est l'acte judiciaire par lequel le vendeur, le donateur, &c. se dépouillent de leur propriété sur l'immeuble qui leur appartenoit.

Pour bien saisir le sens de plusieurs termes bizarres, employés dans ces coutumes à l'occasion de ces articles, tels que *command*, *fief cottier*, *mainneté*, *main-ferme*, il faut en connoître la définition.

Command, est celui au profit duquel on acquiert une propriété. Ainsi, *nommer son command*, c'est déclarer celui auquel on veut remettre son titre de propriété. (Pinault, *sur l'art. 3 du tit. 1 de la coutume de Cambrai, pag. 6.*) Voyez *command*, *Élection en ami*, *&c.*

Fiefs-cottiers, sont ce que l'*art. 68 de la coutume de Paris*, appelle francaleux; ils different des fiefs ordinaires, en ce qu'ils sont libres, & qu'il n'est dû pour eux ni foi, ni hommage, ni relief: ils different des francs-aleux roturiers, en ce qu'ils sont nobles. (Pinault, *ibid. art. 74, pag. 96.* Guyot, *Traité des fiefs, tom. 3, pag. 269.*)

Mainneté, est le droit qu'a le *mainé* (puiné) des enfans du premier mariage, de prendre, après la mort de ses pere & mere, trois des ustenciles de ménage qui leur ont servi pendant qu'ils ont vécu ensemble, & de s'arroger la propriété de l'héritage *main-ferme*, (roturier), avec la maison qui en dépend, dans laquelle le pere & la mere ont demeuré jusqu'à leur décès. (*Art. 1, 5 & 8 du tit. 8, de la coutume de Cambrai.*)

Mains-fermes, sont *tous les héritages & immeubles qui ne sont pas fiefs*. (Cout. de Cambrai, *art. 1, tit. 2.*) « La *main-ferme*, dit Guyot, *Traité des fiefs, tom. 3, pag. 267 & 268*, est l'héritage roturier, différent du fief & de l'aleu, même de l'héritage censuel, non sujet au droit de retenue, comme le fief ou l'héritage censuel. »

Forme de l'adhéritance.

2 La *forme* de *l'adhéritance* & celle de la *déshéritance* sont les mêmes.

Dans la coutume de Cambrai, celui qui aliene ou hypotheque un fief, ou un héritage *main-ferme (roturier,)* ne peut en transférer la propriété à l'acquéreur, ni lui donner une hypotheque, qu'en remplissant les formalités suivantes.

Le vendeur, donateur, &c. mettent la main au bâton que tient le *mayeur* ou *autre homme de loi* (officier de justice,) & déclarent qu'ils se *déshéritent* (désaisissent) de tel héritage entre les mains de la justice, pour en être disposé à leur volonté, qu'ils annoncent sur le champ, ou se réservent de déclarer par testament ou autrement. (*Coutume de Cambrai, art. 1, tit. 5;* Pinault, *sur cet article, pag. 153;* Guyot, *Traité des fiefs, tom. 3, pag. 268.*)

L'héritage doit être désigné par ses *tenans & aboutissans*, ou d'une autre maniere certaine, & non en termes vagues & généraux; à peine de nullité. (*Art. 11 du tit. 5 de la même cout.*)

Quant au nombre & à la qualité des personnes établies pour recevoir *déshéritance*, & donner *adhéritance*, il faut distinguer : 1°. S'il est question de *mains-fermes*, situés dans la ville & banlieue, *deux échevins* suffisent; mais si ces héritages sont hors de la ville, il faut le *maire & la plupart des échevins de la seigneurie*. 2°. S'il s'agit de *fiefs*, il faut *quatre hommes de fiefs ;* c'est-à-dire, *quatre vassaux* ou leurs *baillis*, avec le *bailli de la seigneurie*. 3°. Si ce sont des immeubles appellés *cotteries*, il faut *trois hommes cottiers*. (*Art. 2, tit. 5, ibid.*)

Ces formalités sont tellement de rigueur, que leur omission empêche l'effet de la *déshéritance*. *Sans lesquels devoirs de loy, ne SE PEUT PAR CONTRATS TRANSFÉRER, OU ACQUÉRIR DROIT DE PROPRIÉTÉ INCOMMUTABLE EN AUCUNS HÉRITAGES*. (*Art. 1, tit. 5.*)

Dans le Cambresis, chaque hôtel de ville contient une chambre, appellée *ferme*, destinée à renfermer un *double* authentique des *lettres d'adhéritance & deshéritance*, qui sont appellées *lettres en ferme*, du nom de la chambre où elles sont déposées.

« Afin, dit Pinault, que ce *double* des *lettres* soit *constant* & *inaltérable*, il se forme ainsi : Le notaire qui doit écrire les lettres, *peint au milieu d'une peau de parchemin, de GROS CARACTERES, qu'il coupe ensuite par la moitié, & la peau en deux parties, sur chacune desquelles il écrit le contrat, tel qu'il a été conçu par les parties :* enfin, *on en met & laisse une dans la ferme, & la partie intéressée retient l'autre*, laquelle ne peut se *falsifier*, qu'il ne soit facile d'en *vérifier* ensuite l'*altération*, en la *confrontant* avec son *double* reposant dans la *ferme*, avec les *caracteres* duquel elle doit parfaitement *convenir*. Cela revient fort à la maniere dont Tancrede, § 1, *de instrum. edit. in summâ apud specul.* nous apprend que de son temps les dépôts avoient coutume de se renseigner & justifier. *In deposito*, dit-il, *solet fieri instrumentum, in quo quædam litteræ & chartæ per medium incidantur; una pars datur depositario & alia deponenti.* » (Pinault, *sur l'art. 5 du tit. 5 de la coutume de Cambrai.*)

La coutume de Cambrai n'est pas la

seule qui exige les *formalités* de *déshéritance* & *adhéritance*, on les trouve aussi prescrites par les coutumes de *Namur*, de *Hainaut*, de *Valenciennes*, *&c.*

« *Item*, quiconque voudra faire *déshéritance* ou *adhéritance* d'aucuns biens réels cottiers, il suffit y avoir, pour ce faire, deux eschevins du lieu où les biens sont situés & assis avec le *mayeur*, *bailly*, ou autre officier, ou leurs lieutenans du même lieu. » (*Art. 7 de la coutume de Namur.*)

« Les devoirs de *déshéritances* & *adhéritances* de tout bien immeuble, se devront faire en notre *ville* de *Valenciennes*, pardevant *sept eschevins* & notre *mayeur*, ou notre *estably*, & au *chef-lieu* d'icelle pardevant le *mayeur* ou son *lieutenant* & *quatre eschevins*, à peine de nullité. » (*Art. 50, chap. 8 de la coutume de Valenciennes.*)

« Personne ne pourra *vendre*, *changer*, *donner*, *charger*, *bailler à rente*, ny en autre maniere *aliéner* ses *fiefs*, que par *déshéritance* pardevant les *seigneurs* ou *baillys* & *hommes de fiefs*, dont ils seront tenus, sauf par advis de pere & de mere, ou au profit d'un bastard pour sa provision de vivre seulement, pourvu qu'il en appere par écrit, si la somme excede trois cens florins une fois, laquelle provision de vivre ne pourra excéder le cinquieme des biens du donateur, s'il a plusieurs enfans, & n'en ayant qu'un, le dixieme seulement. » (*Art. 1, chap. 94 des chartes du pays & comté de Hainaut.*)

Il paroît ridicule, au premier coup-d'œil, que ces coutumes fassent dépendre la translation de propriété *de l'attouchement d'un bâton*, & qu'elles s'éloignent ainsi de l'esprit des loix romaines, qui veulent que la propriété soit acquise par la tradition de la chose & la prescription, & non par de simples conventions. *TRADITIONIBUS & USUCAPIONIBUS DOMINIA rerum, non NUDIS PACTIS TRANSFERUNTUR.* (*L. 20, C. de pactis.*)

Mais quand on considere les avantages de cet usage, on ferme les yeux sur ce qu'il offre de singulier, & l'on est tenté de desirer qu'il devienne général. On éviteroit une infinité d'embarras, de procès & de fraudes.

Aussi de célebres jurisconsultes ont-ils vanté l'utilité de l'*adhéritance*. « Elle a pour fondement le BIEN PUBLIC & la SURETÉ du COMMERCE; *ut ex inspectione LIBRORUM PUBLICORUM DOMINIA rerum INNOTESCANT, & pro DOMINO habeatur, quem PUBLICA ACTA DEMONSTRANT.* » C'est ainsi que s'exprime M. de Coloma *dans son Recueil d'arrêts* du grand conseil de Malines, *tom. 1, pag. 144.* Il cite pour garans de son avis Zypœus, *not. jur. Belg. lib. 3, tit. de rei vindicat.* Ricard, *des donat. part. 1, ch. 4, sect. 2, n. 901.* Groenewegen, *ad tit. C. plus val. quod agit. quàm quod simulatè concip.* Enfin Pekius, *de testam. conjug. lib. 2, cap. 10.* Ce dernier dit effectivement que dans l'usage des dix & sept provinces on ajoute plus de foi à un acte d'*adhéritance*, qu'aux oracles des Sybilles. *Et mores nostri plus tribuunt INHŒREDATIONI quam FOLIIS SYBILLINIS.* (*In collect. operum, pag. 557, edit. 1679, in-fol.*)

Absent.

3. Lorsqu'un légataire ou donataire à cause de mort laisse passer un an depuis le décès du testateur, sans prendre *adhéritance* des héritages donnés ou légués, ce terme est fatal; la *déshéritance* du testateur ou donateur devient nulle & sans effet, & le légataire ou donataire ne peut plus se faire *adhériter.* (*Cout. de Cambrai, art. 1, tit. 20.*)

Cependant, si le légataire, &c. a ignoré le testament, & sur-tout s'il a été absent pour le service du prince, il peut se faire restituer.

ARRÊT du parlement de Tournai, du 7 février 1696, qui entérine les lettres de restitution obtenues par un dragon, 17 mois après la mort du testateur, qui s'étoit *déshérité*. (Pinault, *Recueil d'arrêts de Fland. t. 1, arr. 93, pag. 253.*)

Age.

4. Dans la coutume de Bruxelles, « ceux qui passent pardevant le magistrat quelques contrats ayants *goust* d'aliénation, permutation, encharge ou obligation, comme devant, doivent avoir *l'âge* de *28 ans*; ou autrement l'*adhéritance* se doit passer en présence & avec consent de quatre plus proches parens mâles, respectivement de la part du pere & de la mere, certifiants sur leur foi que telle aliénation, encharge, permutation ou obligation, se fait au proufit de ceux qui la font; & en cas qu'il n'y ait point tant de parens ou qu'on ne les peut trouver, lors telles personnes sont, à leur requisition, autorisées par le magistrat, avec préalable connoissance de la cause. » (*Art. 140, tit. 10.*)

Aliénation.

5. Dans la coutume de Tournai, le mari peut, sans le consentement de sa femme, *aliéner* les fiefs acquis durant le mariage, lorsqu'il en a pris seul *adhéritance*. Mais si la femme en a été *adhéritée*, elle ne peut, *constant le mariage*, aliéner ces fiefs, sans l'*autorisation de son mari*, ni celui-ci, sans le *libre consentement* de sa femme. (*Art. 24, chap. 11.*)

L'*art. 32 du tit. 1 de la outume de Cambrai*, permet d'*aliéner* son *fief*, sans le *consentement* du *seigneur*, en faisant les *devoirs* pardevant le bailli, & quatre hommes de fiefs du seigneur, & payant les droits seigneuriaux qui en sont dus.

Colleges, Communautés, Couvens.

6. Les *communautés*, *colleges* & *couvens* seuls, peuvent faire DÉSHÉRITANCE par PROCUREURS. (*Art. 3, tit. 5 de la cout. de Cambrai.*) « Mais, dit Pinault, en fait d'aliénation ou d'hypotheque, il faut que la procuration soit spéciale, signée du supérieur & de la plupart des religieux; néanmoins il y a des communautés où l'*autorisation du seul supérieur* suffit pour faire accepter & reconnoître le pouvoir des procureurs. »

Communauté.

7. « Les biens-meubles, fermes, cens & rentes portées en mariage par l'un ou l'autre des mariez, les biens dévolus, laissez ou donnez, soit par testament, donation ou autrement, comme aussi la moitié des biens acquis pendant le mariage, & sujets aux droits de la ville, dans lesquels la femme est aussi *adhéritée*, ne sont *communs* entre les mariez, mais seulement l'*usufruit* & le *revenu annuel* d'iceux, tellement que le mari ne peut vendre, aliéner, charger ou obliger les biens de la femme, sans son consentement, assistance, ou qu'il soit autrement à ce autorisé par elle. » (*Art. 238, tit. 16 de la cout. de Bruxelles.*)

Conquêts.

8. « Les fonds, comme maisons, terres, vergers, prairies, bois, étangs, moulins, fermes perpétuelles, cens & rentes, & tout ce qui a *goust* d'immeuble, acheté par le mari ou la femme, durant le mariage, & *adhérité* pardevant les échevins de la ville ou sujet aux droits d'icelle, soit que le mari ou la femme seule, ou l'un & l'autre ensemble l'aient *acquis*, est compté entre les *conquests*; si ce n'est qu'autrement soit conditionné ou exprimé dans les *lettres acquisitoires*, avec lequel argent l'achat s'est fait, & d'où les deniers sont provenus pour démonstrer la nature de telle acquisition. » (*Art. 242, tit. 16, de la coutume de Bruxelles.*)

Consolidation.

9 « Il sera permis, comme de tout temps, aux seigneurs de reprendre les fiefs vendus, arrentés, donnés ou au-

trement aliénés qui seront tenus d'eux ; pour les *rapplicquer au gros de leur fief* & non autrement ; en rendant aux acheteurs les deniers principaux avec tous dépens raisonnables, défalcquant les droits seigneuriaux s'ils ne les avoient reçus, moyennant qu'ils facent ladite reprinse en dedans *quarante jours* après la *déshéritance* ou *adhéritance* ; mais ne pourront user de reprinse pour rentes vendues qui soient hypothéquées sur fiefs, ni pour fiefs donnés à son droit & aisné hoir. » (*Art. 1, chap. 95 de la coutume de Hainaut.*)

Créanciers.

10. Souvent des débiteurs de mauvaise foi, voulant enrichir leurs enfans au préjudice de leurs créanciers, chargeoient leurs immeubles de rentes, ou passoient des promesses de garant au profit de personnes étrangeres, qui faisoient ensuite une *vente simulée* de ces biens aux enfans des débiteurs, & les en faisoient *adhériter*. De maniere que quand les *créanciers demandoient* leur paiement aux enfans de leurs débiteurs défunts, ceux-ci prétendoient ne leur rien devoir, sous prétexte qu'ils ne tenoient leurs biens qu'à *titre d'acquisition*, & non à *titre de succession* de leurs parens.

La coutume de Bruxelles a détruit cet abus par la disposition suivante.... *Art. 146 du tit. 10*.... « Pour pourvoir dans ceci, est ordonné par certain statut, que la prédite subtilité, confessions, debtes, promesses de garand, & les *adhéritances* faites au proufit desdits enfans, ne pourront opérer en préjudice des *crédìteurs*, des debtes ou promesses faites par leurs parans, mais ce, nonobstant les biens dans lesquels l'induction est faite, ou qui sont autrement distraits, demeureront subjects au regard des enfans qui les auront assumé, au payement des debtes réelles & promesses desdits parans, comme s'ils les auroient obtenu en vertu de la mort desdits parans, ou en vertu de leur naissance. »

Donation entre-vifs.

11. Par la coutume de Cambrai, *Art. 5, tit. 2*, le donataire pur & simple qui néglige de se faire *adhériter* dans l'année de la *déshéritance*, est après ce temps réputé *saisi* & *adhérité*.

ARRÊT du parlement de Flandres, du 12 mars 1691.... *Espece*. Anne Lardenois, avant ses épousailles, se présente devant les échevins de la seigneurie du Saint-Sépulcre à Cambrai, & déclare qu'en exécution de sa promesse contenue en son contrat de mariage, elle se *déshérite* entre leurs mains, de sa maison, pour qu'elle appartienne à Philippe Turlure son futur époux, au cas qu'elle meure avant lui, soit qu'il y ait enfans de leur mariage, ou qu'il n'y en ait point.... Anne Lardenois meurt. Le mari ne prend point l'*adhéritance* de la maison dans l'année du décès de sa femme, & cependant il en jouit le reste de sa vie.... Après sa mort procès entre ses héritiers & Jeanne, sœur d'Anne Lardenois, qui soutient que Philippe Turlure n'ayant pas pris l'*adhéritance* de la maison dans l'année du décès de sa femme, la donation est caduque à la forme du l'*art. 1, du tit. 20 de la cout. de Cambrai*.... Sentence des échevins du Saint-Sépulcre, qui la déboute de sa demande. Autre sentence des échevins de Cambrai, qui infirme la premiere.... L'affaire portée au parlement de Tournai, la cour a jugé que le titre de Philippe Turlure étoit une *vraie donation entre-vifs*, qu'ainsi quoiqu'il n'eût pas demandé l'*adhéritance* de la maison, il n'en avoit pas moins acquis la propriété aux termes de l'*art. 5, du tit. 2 de la coutume de Cambrai*. (Pollet, *arr. 45, pag. 225*....) Les héritiers de Philippe Turlure auroient pu tirer avantage de l'*art. 3, du tit. 3* ; car la coutume avoit prévu leur cas, & déterminé que *pareille donation* ne devoit pas être confondue avec les *donations à cause de mort*. « DONATION *d'héritage en* AVANCE-

MENT de MARIAGE, faite par le donnant *après son décès*, ou *retenant sa vie dedans*, est *réputée d'entre-vifs* & *propre* au *donataire*, soit que la *réalisation* d'icelle soit faite *avant le mariage* ou après.... » Il ne restoit donc plus qu'à appliquer à l'espece, la décision de l'*art. 5, du tit. 2.*

ARRÊT du parlement de Douai, du 13 août 1781.... *Espece.* Donation universelle & réciproque par contrat de mariage, entre le comte des Barres & son épouse, de tous les biens, meubles immeubles, propres, aquêts & conquêts dont le premier mourant se trouvera saisi au jour de son décès.... Mort de la comtesse. Procès entre le comte des Barres & le sieur de Chastelain héritier *ab intestat* de la défunte, lequel demande la distraction de plusieurs immeubles situés dans le ressort de la coutume de Cambrai, sous prétexte que les formalités de *déshéritance* & *adhéritance* n'ont pas été remplies.... Le comte des Barres répond, que quoique ces formalités aient été omises, son contrat lui donne une action personnelle contre l'héritier de son épouse; qu'ainsi ce dernier ne peut lui refuser, au moins l'équivalent des biens dont la comtesse des Barres a voulu le gratifier.... Le sieur de Chastelain replique, que puisque le comte des Barres reconnoît qu'il n'a droit d'exiger que la valeur & estimation des biens litigieux, il doit s'adresser directement à l'héritier des meubles, de préférence à celui des immeubles, qui n'est tenu de payer les dettes de la succession, que lorsque tout le mobilier est épuisé; qu'ainsi le comte des Barres confondant en lui-même son action comme héritier mobiliaire, il ne peut l'exercer contre le sieur de Chastelain, héritier *ab-intestat* de la défunte.... Le comte des Barres replique qu'il n'a recueilli les meubles qu'à titre de *donataire* & non comme *héritier*, & que son épouse lui ayant promis deux choses très-différentes, son *mobilier* & la *propriété* de ses *immeubles*, l'exécution de l'une de ces promesses ne doit pas être un obstacle à l'exécution de l'autre..... Sentence du baillage du Quesnoy, qui annulle la donation par rapport aux biens du Cambresis, avec défenses au comte des Barres de troubler le sieur de Chastelain dans la propriété & possession d'iceux.... La cour infirme & condamne le sieur de Chastelain à payer au comte des Barres la valeur & estimation des immeubles contentieux, si mieux il n'aime lui en délaisser la propriété, & lui passer à cet effet les actes de dessaisine & saisine, requis par la coutume. Le sieur de Chastelain est encore condamné aux dommages & intérêts & aux dépens.

Il faut observer que l'*art. 33* de l'ordonnance de 1731, porte que les pays du ressort du parlement de Flandres, ne seront point compris dans les dispositions de cette loi relatives à l'insinuation. Voyez *Donation* & *Insinuation.*

Donation à cause de mort.

12. « Si un simple rapport d'héritage est fait *en main de loi* (justice) pour après le décès des rapportans appartenir à quelqu'un; icelui ou iceux, au profit de qui est fait ledit rapport, doit en dedans l'an après le trépas du rapportant, demander l'*adhéritance* & *saisine* de tel héritage à la *loi*, autrement après ledit terme passé, tel rapport cesse, & ne porte plus effet. » *(Art. 1, tit. 20, de la coutume de Cambrai.)*

Pinault dit que l'on ne doit pas prendre cette disposition à la lettre, & que le *légataire* & *donataire à cause de mort*, ne doivent être déchus du droit de le faire *adhériter* qu'un an après qu'ils ont eu connoissance du décès du testateur ou donateur; « parce qu'autrement, *dit-il*, ce seroit surprendre l'innocence des simples gens, & casser sans raison les justes & raisonnables dispositions des défunts. » Ce seroit en effet favoriser la fraude de l'héritier, qui pour se dérober au paiement des legs, affecteroit de tenir le testament

testament caché jusqu'à ce que la demande de l'*adhéritance* fût prescrite.

« Toutes *donations à cause de mort*, à l'exception de celles qui se feront par contrat de mariage, ne pourront dorénavant avoir aucun effet dans les pays même où elles sont très-expressément autorisées par les loix ou par les coutumes, que lorsqu'elles auront été faites dans la même forme que les testamens ou codicilles ; en sorte qu'il n'y ait à l'avenir dans nos états, que deux formes de disposer de ses biens à titre gratuit ; dont l'une sera celle des *donations entre-vifs*, & l'autre des testamens & des codicilles. » *(Art. 3 de l'ordonnance des donations, du mois de février 1731.)*

Droits seigneuriaux.

13. « Pour *vendage* de tous fiefs & charges de rentes héritieres sur iceux, le *quint denier* en sera deu aux seigneurs pour *droit seigneuriaux* ; aussi sera-t-il pour don, prestement que la *cognoissance* en sera faite devant le seigneur ou bailly & les hommes, & où il n'y auroit *déshéritance* passée pardevant le seigneur ou bailly, lesdits droits seigneuriaux ne se pourront prétendre qu'après l'an révolu de la possession. » *(Art. 1, chap. 104 de la coutume de Hainaut.)*

« Le *droit seigneurial* appartiendra au seigneur duquel le fief aliéné sera tenu au jour de la *déshéritance*, &c. *(Art. 9, Ibid.)*

ARRÊT du parlement de Tournai, du 13 décembre 1694.... *Espece.* 7 février 1682, *arrêt* qui condamne le sieur de la Marcq à payer au sieur Carondelet dix années d'arrérages d'une rente de cinquante florins par an, hypothéquée sur la seigneurie de la Marcq. 18 octobre 1688, commandement de payer à peine d'exécution. 30 septembre, requête en surséance par laquelle le sieur de la Marcq prétend que l'exécution est nulle & tortionnaire, attendu qu'il lui est dû, outre les vingtiemes, une somme de 160 florins pour *droits seigneuriaux* de la vente de ladite rente, le 6 février 1681, au sieur de Haut, pour la somme de 600 florins, & dont il avoit passé déshéritance le 8 février suivant.

Le sieur Carondelet soutient qu'il n'est dû au sieur de la Marcq aucuns droits seigneuriaux de la vente en question ; parce qu'elle n'a pas été consommée par l'*adhéritance*, à la forme de l'*art. 9 du chap. 34 de la coutume de Hainaut* ; que cette vente est même réputée résolue selon l'*art. 2 du ch. 99*, qui décide qu'en fait de rentes, faute d'*adhéritance* prise dans l'an, le droit de la chose vendue retourne à celui qui s'en est *déshérité*. . . . La cour déclare l'impétrant de surséance, mal fondé. (Pinault, *tom. 1, pag. 118.*)

« Pour rentes constituées par rapport de fiefs ou héritages cottiers, & que par faute de payement y a rentrée en iceux, est deu à la vente, don ou transport, *droict seigneurial* au seigneur duquel lesdits fiefs & héritages sont tenus, après que le acheteurs ou donataires sont *adhéritez* ou *réalisez* ez rentes. » *(Art. 56 du chap. 1 de la coutume de la Salle de Lille.)*

L'*art. 62 du chap. 1* de la même coutume, s'exprime ainsi. « Que les héritiers & possesseurs d'aucuns fiefs, maisons ou héritages cottiers, tenus & mouvans de ladite salle, bailliage & chastellenie de Lille, ou de ses vassaux & fiesvez, ne peuvent vendre, céder, transporter lesdits fiefs, maisons & héritages, fruits, proficts & revenus d'iceux en tout ou en partie, ne aussi les bailler en arrentement perpétuellement, ou pour quelque-temps & terme excédant douze ans, ne les charger d'aucunes soubs-rentes, sans rachapt, sans payer le *droict seigneurial*, tel que deu est à la vente, transport, don & aliénation d'iceux. Mesmes de les charger desdites soubs-rentes sans rachat ; n'est de notre gré & consentement exprès, ou de nos vassaux fiesvez. Et que ceux prétendans droicts à cause desdits contrats, ou autres semblables sont tenus amener à cognoissance lesdits contracts & droits par eux prétendus en dedans un an, du jour de tels contracts, pardevant la justice dudit seigneur & de sesdits vassaux, & illec faire les recognoissances, *déshéritemens* & *investitures pertinentes*, & payer lesdits droits seigneuriaux : ou en faute de ce, ils encourent & doivent payer doubles droits seigneuriaux. . . . . Pour le recouvrement duquel double droict, nos baillifs ou officiers, & les baillifs, & officiers de nosdits vassaux & fiesvez, peuvent saisir lesdits fiefs, maison & héritages en la maniere accoustumée. »

Dans la coutume de Hainaut, « celui qui possede fief de patrimoine ou acquest, pourra en quel estat qu'il soit & sans payer *droit seigneurial* disposer par *déshéritance* au profit de son fils aisné ou fille aisnée, à faute d'icelui, de l'un de ses fiefs, & l'en faire *adhériter*, comme son droit & aisné hoir, jaçoit que ledit homme eust eu autres enfans plus aisnés décédés, & que d'icelui fust demeuré génération, &c. » (*Art.* 1, *chap.* 93 *des chartres.*)

« Semblablement pere ou mere en acquérant fief, pourra faire *adhériter* l'un de ses enfans en la propriété, & soy-mesme en l'usufruit, ne payant aussi qu'un *droit seigneurial.* » (*Art.* 4. *Ibid.*)

« Un homme de fief pourra, quand il voudra, se *dévestir* & se *déshériter* de son fief, & en *revestir* son héritier plus prochain, moyennant un relief, sans payer au seigneur aucun autre *droit* plus grand, comme du *dixieme denier* ou autre. » (*Art.* 35 *de la coutume de la ville de Cassel.*)

« Si quelqu'un a plusieurs fiefs de patrimoine, & deux enfans légitimes, ou plus, soit fils ou filles, il pourra *adhériter* ou *vestir*, son ou ses enfans puisnés dans le moindre de ses fiefs, si bon lui semble, afin de les pourvoir; en payant seulement un *relief* au seigneur, pourveu que cette provision faite au profit de ses enfans puisnez, ne surpasse pas le tiers de tous ses fiefs tenus *mediatè* ou *immediatè*, de la cour de Cassel. » (*Art.* 38. *Ibid.*)

Par l'*art.* 7 *du tit.* 2 *de la coutume de Cambrai*, il n'est dû aucuns droits seigneuriaux pour *partage* d'héritages patrimoniaux entre *cohéritiers*, quoiqu'il soit passé, *présent loi par adhéritance prise après les lots jetés*; parce que tel *partage* n'est réputé ACQUÊT ni ALIÉNATION. (*Quando enim res litigiosæ per successionem ad heredes veniunt, non debet* ALIENATIO *intelligi, earum inter coheredes divisio. N.* 112, *de litigiosis & de decimâ.*)

Ensaisinement.

14. C'est l'acte par lequel le seigneur reconnoît pour son vassal le nouvel acquéreur ou héritier, auquel il confere l'héritage sous les conditions portées au titre de concession.

Il differe de l'*adhéritance* ou autres formalités équivalentes, en ce que celles-ci se font par ministere d'officiers publics, & pour donner à la *prise de possession*, l'authenticité convenable ; au lieu que l'*ensaisinement* se donne par le seigneur ou son fondé de procuration.

Ainsi l'*ensaisinement* est le premier de tous les devoirs auxquels un vassal doit satisfaire ; & l'*adhéritance* dans les pays de Hainaut & de Flandres, le *nantissement* dans la Picardie, la *mise de fait* en Artois, l'*investiture* en Dauphiné, ne peuvent en aucun cas le remplacer.

ARRÊTS des 29 novembre 1707, 31 janvier 1713, 29 juin 1727, 7 décembre 1728 & 13 décembre 1735, qui ont condamné les habitans de ces provinces à se faire *ensaisiner*, quoiqu'ils prétendissent que les formalités de l'*adhéritance*, du *nantissement*, &c. établies par leurs coutumes, devoient tenir lieu d'*ensaisinement*. . . ARRÊT du 24 novembre 1703, qui ordonne l'établissement de l'ensaisinement dans la généralité d'Amiens, pays de *nantissement*.... ARRÊT du 28 octobre 1704, qui porte la même chose dans la généralité de Bourdeaux. (*Recueil de jurisprudence féodale, imprimé en 1782, in-8°. tom. 1, pag. 268 & suiv.*)

Fiefs.

15. « *Fief* aquêté par deux conjoints, ou le mari seulement, constant leur mariage, tient en propriété la cote & ligne de l'homme, soit qu'il en dénomme sa femme *command*, & l'en fasse *adhériter* seule ou avec lui; car tel *command* ou *adhéritance* de la femme ne vaut, si non pour la *jouissance* de tel *fief sa vie durant*, après le trépas de son mari. » (*Art. 1, tit. 1 de la coutume de Cambrai.*)

Mais s'il a été convenu par le contrat de mariage, que les fiefs qui seront acquis pendant la communauté, seront communs aux conjoins, l'*adhéritance* donnée à la femme conjointement avec le mari, la rend *propriétaire* de la *moitié* du *fief*.

Il en seroit de même, quand le mari *seul* en auroit été *adhérité*; parce qu'il est censé avoir pris *adhéritance* pour lui & sa femme.

ARRÊT du parlement de Flandres, du 11 Octobre 1701, qui confirme cette distinction. (Pollet, *arr.* 43, *pag.* 215.)

ARRÊT du même parlement, du 14 janvier 1706, qui a jugé, que la moitié du *fief du Haut-Mez*, appartenoit à la dame de Moncheaux, en vertu de la convention portée par son contrat de mariage, quoique son mari en eût été *seul adhérité*; parce qu'il étoit réputé avoir pris *adhéritance*, tant pour sa femme que pour lui; & que le droit du seigneur, pour le défaut de relief de la part des enfans, ne s'étendoit pas au delà de la jouissance de leur moitié. (Pollet, *arr.* 18, *pag.* 156.)

Dans la coutume de Cambrai, le *seigneur peut bailler à rente sans rachat, jusqu'au* TIERS *du gros de son* FIEF NOBLE, sans être obligé de faire *déshéritance*, pourvu qu'il n'ait reçu aucun argent pour cette rente. (*Art.* 75, *tit.* 1.)

« Cette restriction, dit le commentateur, est très-équitable; car pour lors, tel arrentement seroit mixte de sa nature, & dégénéreroit en vendition ou permutation : il en seroit de même si l'arrentement se faisoit à rachat pour un prix convenu; car ce contrat est une vente véritable, dont le paiement est différé au temps fixé par les parties, ou à la volonté de l'acheteur. »

Ce que la coutume accorde aux *seigneurs* de *fiefs nobles*, ne peut s'étendre aux *seigneurs d'autres fiefs*; parce que c'est un privilege, une pure grace attachée à la *qualité* des fiefs. *Quod alicui gratiosè conceditur*, dit Pinault, *trahi non debet ab aliis in exemplum.*

« L'acquêteur de fief, qui ne prend l'*adhéritance* par *loi* du *fief* par lui acquêté *en dedans quarante jours* après les devoirs de *dessaisine* faits à son profit, est après le terme passé, réputé *saisi* & *adhérité* après lesdits quarante jours, comme dessus. (*Art.* 3, *tit.* 1 *de la coutume de Cambrai.*)

L'*art.* 70, *tit.* 1 *de la même coutume*, permet au survivant des conjoints, quoiqu'il ait des enfans, de *disposer d'un fief* SEULEMENT *au profit de son* PLUS PROCHAIN HÉRITIER APPARENT, *& non d'autre en* AVANCEMENT D'HOIRIE; moyennant les devoirs de *déshéritance* pardevant le bailli & quatre hommes de fiefs, sans payer aucuns droits au seigneur : *si ce n'est que ledit héritier pour son relief, doit double droit de relief, & simple cambrelaige.*

Jurisdiction.

16. En quel lieu doit-on faire les *devoirs de loi*, de *déshéritance* & d'*adhéritance* ?

L'*art.* 16 de l'ÉDIT de 1618, ordonne que pour vente, hypotheque, ou autrement, ces *devoirs* soient faits dans le *lieu* ORDINAIRE *de la justice*, à peine de nullité.

ARRÊT du parlement de Flandres, du 21 février 1691, qui décide que, quand il est dit dans un acte de *déshéritance*, *adhéritance*, *rapport d'héritage*, ou autre *devoir de loi*, qu'il a été fait en PLEINE COUR, l'acte est présumé fait dans le *lieu* ORDINAIRE *de la justice*, devant tel nombre de *gens de loi* qu'il est requis, & après les *semonces* & les autres formalités accoutumées. (Pollet, *Arrêts de Fland. pag.* 291.) Voyez ci-après *n°.* 22.

Lods.

17. « *Item.* La ville de Bruxelles a le *droit* de *lods* ou *vente* des fonds, maisons, fermes, cens ou rentes, tant rédimibles qu'irrédimibles dans la ville ou sa franchise, desquels l'*adhéritance* se fait pardevant les eschevins de la ville; à savoir, lorsqu'elles sont vendues, transportées, données en emphyteuse, permutées ou chargées : lequel *droit* de *lods* ou de vente, emporte le *soixantieme denier du juste prix ou de la valeur de l'achat*, outre les charges réelles y imposées : duquel au regard des ventes, aliénations, emphyteuses, transports & permutations, se paie la *moitié* par l'*acheteur*, & l'*autre moitié* par le *vendeur*; & se paie *entiérement* par le *prometteur de rente*, en cas des encharges, si les parties ne sont autrement convenues. » *(Art.* 135, *tit.* 10 *de la cout. de Bruxelles.)*

Maîneté, (droit de puiné.)

18. « *Maineté héréditaire*, n'a lieu sur arrentemens baillés à vie, ou temps limité par lettres, sous scels des bailleurs seulement; mais si tels arrentemens étoient *réalisés* pardevant les *loix* des lieux, & les *adhéritances* baillées pour en jouir audit titre, si le cas y échéoit, sur iceux se pourroit prendre maîneté. » *Art.* 20, *tit.* 8 *de la coutume de Cambrai.)*

Main-ferme, (bien roturier.)

19. « Si l'homme constant son mariage acquête terres, rentes, ou héritages de *main-ferme* au pays de Cambresis, & en prenne la *saisine* & *adhéritance* sans sa femme; ladite femme en est acquêteresse, *saisie* & *adhéritée* aussi-bien que son mari; pour par eux & le dernier vivant d'eux, *en jouir en* TOTALITÉ *tout le cours de sa vie* : comme pareillement l'homme est réputé acquêteur & *saisi* de l'héritage acquêté par *sa femme seule.* » (Cout. de Cambrai, art. 2, tit. 2.)

L'*art.* 3 *du même titre* donne au survivant la PROPRIÉTÉ *de la moitié des héritages* MAIN-FERMES *acquis* PENDANT LE MARIAGE, & l'USUFRUIT *de l'autre moitié.*

« Quand d'un héritage *main-ferme*, âqueté par achat, donation pure & simple, ou échange, après que le vendeur, donateur ou échangeur en est *desherité* & *dessaisy* en main de loy, l'âquêteur n'en prend par loi l'*adhéritance*, mais le laisse en main de loy l'*espace d'un an ou plus*, sans *dénommer command* présent loi : en ce cas, ledit âquêteur en est par la coutume, *après l'an expiré*, tenu & réputé pour *saisy* & *adhérité* à léal âquêt. » *(Art.* 5. *Ibid.)*

« Terres & héritages de *main-ferme* en âquêt faisant, & prenant l'*adhéritance*, & *non depuis*, se peuvent *conditionner* à la volonté & plaisir des âquêteurs. » *(Art.* 10.*)*

C'est-à-dire, que la coutume borne au moment de l'*adhéritance*, le droit qu'ont les conjoints de mettre à la disposition des héritages *main-fermes* telle ou telle autre *condition.* « De sorte que, si en prenant *adhéritance*, ils *conditionnent* que le *survivant d'eux* en pourra *disposer* comme de son *propre*, la disposition qui s'en suivra sortira son effet. Ce que l'*acquéreur de fief* ne peut pas faire. » (Pinault, *sur cet art. pag.* 114.)

Mineurs.

20. Les *mineurs* peuvent se faire relever du défaut de n'avoir pris *adhéritance* des héritages donnés ou légués, dans l'année du décès du donateur ou testateur. Eh! pourquoi leur refuser ce que le droit romain leur accorde, lorsque la coutume n'y déroge pas? Ils méritent bien au moins autant de faveur que les absens pour le service du prince. Voyez ci-dessus, n°. 3.

Mise de fait.

21. « Quand l'on appréhende à titre d'achat, fief ou héritages par mises de fait, le seigneur duquel ils sont tenus, son bailly ou lieutenant se peut opposer. Afin que ledit acheteur prenne, l'*adhéritement* par sa justice, & que ladite *mise de fait* soit révoquée : ce que fait à accorder. Mais en donation, *mise de fait* doit sortir moyennant le payement desdits droits seigneuriaux seulement. » (*Art. 63, chap. 1 de la coutume de la salle de Lille.*)

Officiers.

22. « Le seigneur du lieu, ou le bailly peut créer *mayeur* & *eschevins nouveaux* pour recevoir *dessaisine* & bailler *saisine* d'héritage, & en passer & solemniser les devoirs de loy. » (*Art. 4, tit. 5 de la coutume de Cambrai.*)

Mais les baillis, prévôts, mayeurs ou lieutenans, ne peuvent de leur *autorité privée*, se faire *remplacer par d'autres personnes* pour *remplir* leurs *fonctions*. (*Art. 10. Ibid.*)

Dans la coutume de Lille, « les seigneurs supérieurs ne peuvent recevoir les *déshéritemens*, & bailler les *adhéritemens* des fiefs & héritages tenus de leurs *inférieurs*, n'est, *en cas de refus.* » (*Art. 64, chap. 1, de la salle.*)

Par l'*art. 14 du tit. 5 de celle de Cambrai*, un bailli ne peut *passer les devoirs de loy de déshéritance & d'adhéritance dans une autre* SEIGNEURIE, qu'en se faisant assister des *officiers de cette seigneurie*; à moins que le *bailli* ne soit *officier du seigneur supérieur*, qui n'est pas obligé de recourir à cet expédient dans les *seigneuries de ses vassaux.*

Dans les coutumes de Baraille & Buissy, les *eschevins*, au nombre de *sept*, & le *mayeur*, ont « *SEULS droit de RECEPVOIR toutes DESSAISINES, ventes, partages, donations & aultres contracts, alliénation que font lesdits habitans & aultres, des manoirs, jardins, héritages & terres aux champs, tenues, tant dudit eschevinage, que du preau de Baraille & main-ferme, & en effect non fiefz, desquelles ventes, donations & alliénations, ils en baillent SEULS SAISINES & ADHÉRITANCES aux ACHEPTEURS & DONATAIRES.* » (*Art. 9.*)

ARRÊT du parlement de Metz, du 29 octobre 1674, qui déclare les notaires royaux du bailliage d'Avenes sans qualité pour passer les devoirs de loy de *déshéritance* & *adhéritance*, & maintient dans cette possession les *baillis* & *hommes de fiefs*, pour les fiefs, & les *maires* & *gens de loy*, pour les *mainfermes* ou rotures. (*Journal du palais, tom. 1, pag. 616.*)

« *Item*, pardevant les *eschevins* de la ville de Bruxelles sont toujours passés & se passent encore aujourd'huy tous contracts légitimes, comme d'emphyteuse, *exfestucations* des permutations, donations, charges des biens, aliénations, transports, obligations, tant des biens censaux, que des allodiaux, situez dans la ville, ou sa franchise, & soumis à la jurisdiction de la ville; comme aussi les locations perpétuelles, cens & rentes, tant foncieres, héréditaires, rédimibles & irrédimibles, que viageres, hypothecquées sur lesdits biens, sans qu'elles peuvent être adhéritées, transportées, données en emphyteuse, chargées ou obligées *pardevant des autres judicatures*, à peine de nullité & autres, selon l'ordonnance sur ce faite; excepté les fiefs & autres biens censaux, cens & rentes situez dans la ville, &

sa franchise, ressortans sous les bancs d'Uccle, de Ste. Gertrude, Jerico, & Coelckelbergh, du chapitre d'Auderlecht & des seigneurs Vander Aa : les aliénations, transports, encharges & obligations desquels se doivent faire *pardevant lesdits bancs*. . . . . . Se passent aussi *pardevant lesdits eschevins* les *adhéritances* des biens allodiaux, situez au plat pays dans l'Ammanie de la ville, des fermes, des cens & rentes y imposées : aussi des héritages situez dans la ville & sa franchise, données dehors par le duc de Brabant, pour cens, & des rentes sur icelles constituées : pareillement transports des rentes, tant héréditaires, que viageres, hypothecquées sur les domaines du prince, estats de Brabant, ou sur le corps des villes ou terres pardeça. » *(Art. 128 & 129, tit. 10 de la coutume de Bruxelles.)*

« Il n'est pas permis de passer aucun acte d'*adhéritance* qu'en présence du *bailli* ou *mayeur*, *deux hommes de fiefs* ou *eschevins*, & du *greffier*, à peine de nullité, suivant le placard du 9 mai 1618, *art. 16*. Il est cependant d'usage en Flandres, qu'en l'*absence* du *greffier*, la *présence* d'un *troisieme homme de fief* ou *eschevin*, empêche la nullité de l'acte, nonobstant, *quod de jure actus corruat, si forma à lege præscripta non servetur ad unguem*. AINSI JUGÉ au rapport de M. Odonnoghue, le 11 janvier 1725. *Vide* Knobb. *rubr. 1*, *art. 6*, *obs. 1*, *n°. 4*. » (Coloma, *tom. 1*, *pag. 289*.)

Dans la coutume de Tournai, il est dû par l'acheteur, aux *prévôt* & *hommes de fiefs*, pour avoir assisté aux *déshéritances* & *adhéritances*, *quatre deniers par livre du prix du fief vendu*, outre le salaire ordinaire, qui est pour chaque acte, de *cinq sols louisiens à chaque homme de fief*, & *de dix sols au prévôt*. *(Art. 27, chap. 11.)*

Possession.

23. ARRÊT du parlement de Flandres, du 12 octobre 1699, qui juge que la possession paisible d'un héritage pendant dix ans, depuis qu'il a été acquis, vaut *adhéritance*; de maniere que le possesseur n'en peut disposer que dans les formes prescrites par la coutume de la situation, pour la disposition des immeubles. (Pinault, *tom. 1*, *arr. 272*, *pag. 381*; Pollet, *arr. 3*, *pag. 269*.)

Il s'agissoit, dit Pollet, de la disposition testamentaire d'un héritage situé dans la province de Hainaut, que le testateur avoit acquis, depuis plus de dix ans, sans en avoir demandé l'*adhéritance*, & dont il avoit joui paisiblement pendant tout ce temps. La disposition fut déclarée nulle, parce que la coutume de Hainaut défend de disposer de ses immeubles par testament.

Prescription.

24. Nous avons dit que le légataire ou donataire, à cause de mort, qui a laissé passer *un an depuis* le décès du testateur ou donateur, sans se faire *adhériter*, perd le fruit de la *déshéritance*, & ne peut plus se faire *adhériter*, à la forme de l'*art. 1 du tit. 20 de la cout. de Cambrai*. Cependant il est des cas où l'on peut se faire relever de ce défaut. Voy. ci-dessus les divisions *Absent*, *Donation à cause de mort*, *Mineur*, *n°. 3*, *7* & *12*.

Procuration.

25. Tout vendeur ou donateur à cause de mort, est obligé de remplir les devoirs de *déshéritance en* PERSONNE, & non par PROCUREUR. *(Art. 3, tit. 5 de la coutume de Cambrai.)*

ARRÊT du parlement de Flandres, *consultis classibus*, du 28 mars 1696, sur requête présentée par Jacques Chawin, marchand à Valenciennes, qui juge qu'un particulier ne peut faire *déshéritance* par *procureur*, pour quelque cause que ce soit, même pour une MALADIE MORTELLE. (Pollet, *pag. 216*.)

Il y a apparence que dans l'espece de cet arrêt, les héritages dont on vouloit se *déshériter* par *procureur*, étoient situés dans le ressort de la coutume de Cambrai, & non dans celle de Valenciennes; car cette derniere, quand il s'agit de *recueillir* une *succession*, mobiliaire ou immobiliaire, de *vendre* & *aliéner* des héritages ou rentes roturieres, permet d'en faire *déshéritance par* PROCUREUR *suffisamment fondé, pour cause d'*ABSENCE, *de* MALADIE, *ou autre empêchement légitime;* & ce n'est que lorsque l'on est sur les lieux, qu'elle ordonne de le faire EN PERSONNE. *(Art. 68.)*

La coutume de Hainaut laisse la liberté de relever les fiefs, & d'en faire *déshéritance en personne* ou par *procureur. (Art. 1, chap. 103.)*

A l'égard de l'*adhéritance*, *l'art. 3 du tit. 5 de la coutume de Cambrai*, permet aux *légataires*, *acquéreurs*, *donataires*, *&c.* de la prendre par *procureur:* « car, dit Pinault, comme l'*adhéritance* est tout à l'avantage des *acquérans*, leur absence ne leur peut être préjudiciable. » Voyez ci-dessus la division *Colleges*, *&c. n°. 6.*

Rente.

26. « Personne puissante de vendre, peut charger son héritage situé, tant en la ville & banlieue, que sous le chef-lieu de notredite ville, de *rente héritiere*, & à rachapt, le faisant par DÉSHÉRITANCE & ADHÉRITANCE. » *(Art. 61, chap. 8 de la coutume de Valenciennes.)*

Représentation.

27. « La *réprésentation* des enfans, sans faire distinction des degrés, a lieu dans la ville & sa franchise touchant la succession des biens soumis aux droits de la ville, & *adhérités* pardevant les échevins de ladite ville: & ce tant en ligne collatérale qu'en ligne directe, *in infinitum. (Art. 278, tit. 20 de la cout. de Bruxelles.)*

Retrait.

28. « Celui qui veut *retraire* fera judiciellement adjourner le vendeur, achapteur, donataire, & autres semblables avec provision des lettres-patentes de ladite cour (féodale,) pour déclarer à quelles conditions le contract est fait;... & ce, tout en dedans le terme d'un an, en comptant de l'heure & moment que l'*adhéritance*, *transport*, ou l'*investiture* est faite, sous peine que si celuy qui veut *retraire* n'a satisfait ausdits points, sera & restera forclos du droit de retrait. » *(Art. 56 & 57 des coutumes de la souveraine cour féodale de Brabant.)*

L'*art. 226, tit. 15 de celle de Bruxelles*, porte que le *retrait lignager* n'a point lieu, si ce n'est des cens irrédimibles.... « Mais si les biens censaux, allodiaux, ou rentes, l'*adhéritance* desquels est derniérement faite pardevant les eschevins de la ville, soient par après vendus & *adhéritez* pardevant des juges admettans le *retrait*, lors tels biens ou rentes, sont soumis au mesme *retrait*, duquel ils auroient resté exempts, si l'*adhéritance* seroit continuée pardevant les eschevins de la ville. » *(Art. 229.)*

Succession.

29. Dans la coutume de Cambrai, *le mort saisit le vif;* ainsi, lorsqu'il s'agit de *succession*, l'*adhéritance* est inutile, du moins pour les héritages de *main-ferme;* car l'héritier doit toujours relever les fiefs. *(Art 1, tit. 12; art. 75, tit. 1.)*

Mais si la succession étoit anticipée, Pinault, sur l'*art. 1, tit. 5*, prétend qu'il faudroit faire la *déshéritance*.

Titres.

30. Dans la coutume de Bruxelles, « quiconque desire de passer des emphyteuses, transports, permutations, encharges, ou obligations des héritages, maisons, cens ou rentes pardevant les eschevins de la ville, est obligé, avant tout, de monstrer aux secretaires, greffiers ou leurs clercqs, son *titre*, & comment il est parvenu à tels biens ou rentes; lesquels recherchent lors la nature d'iceux biens, cens ou rentes, &c.

qui en est le seigneur foncier, presque au regard des biens censaux ou rentes sur iceux hypothéquées est nécessaire l'assistance du seigneur foncier. . . A faute de quoi les secretaires ou greffiers ne passent point l'*adhéritance*, si ce n'est que l'acheteur estant préadverti des difficultez & incertitudes, se déclareroit estre content avec le vendeur, constituant, ou obligé, & touchant ce, n'estre hors de repos. En ce cas, lesdits secretaires ou greffiers pourront *poursuivre les actes*, nommément quand il n'y a point de notable soubçon de fraude dans le vendeur, constituant ou obligé. » (*Art. 138 & 139, tit. 10.*)

Vente.

31. Lorsque l'acquéreur d'un fief laisse passer une année sans prendre *adhéritance*, le seigneur a droit d'en faire les fruits siens, jusqu'à ce que l'acquéreur ait demandé l'*adhéritance* du fief, & qu'il ait fourni aux deniers de l'achat. (*Art. 1, chap. 99 de la coutume de Hainaut.*)

Dans la coutume de la Salle de Lille, le *donateur* ou *vendeur* d'héritages de *quelque qualité* & *nature* qu'ils soient, en demeure *propriétaire*, jusqu'à ce qu'il en ait fait *déshéritance*, ou *que les donataires ou acheteurs y soient tenus & décrétés par mise de fait, ou autre appréhension judiciaire* . . . . . Il n'est pas tenu de se *déshériter*, s'il ne le veut; & en *rendant à l'acheteur les deniers à Dieu, carité, & ce qu'il en a reçu*, il est *quitte* envers lui, sans lui payer aucun intérêt pour cela. Il peut, au contraire forcer l'acheteur d'en prendre *adéritance*, pourvu qu'il se soit *déshérité* dans les *quarante jours*, & l'ait fait *signifier* à la personne ou au domicile de l'acheteur. Mais celui-ci peut refuser de se faire *adhériter*, si le vendeur n'a fait *déshéritance* dans le même délai. (*Art. 3 & 5, chap. 10.*)

« *Item*, chacun peut *vendre* & *aliéner* tous ses héritages cottiers, rentes réalisées, inféodées & patrimoniaux, à telle pesonne que bon lui semble, sans y garder aucune solemnité, en soy *déshéritant* en sa pleine vie. » (*Art. 61 des coutumes d'Artois, au bailliage de Saint Omer.*)

« Personne ne peut *vendre* ou charger aucunes terres ou maisons situées dans cette ville ou seigneurie, qu'il n'y soit premiérement duement *adhérité* & *ensaisiné*, à peine de l'amende de 6 livres parisis au profit du seigneur, & de payer à l'acheteur ou au créancier, son intérest. » (*Art. 1, tit. 3 de la coutume de la ville de Poperinghe.*)

Usufruit.

32. « Et aussi combien que le *mary prit seul adhéritance* de tel fief âqueté constant son mariage, si doit la femme survivante sondit mary jouir sa vie durant dudit fief *usufructuairement*, sans être tenue à nouveau relief, ni service. Mais le plus prochain héritier de son mary le doit relever, & en faire hommage & service au seigneur, comme propriétaire. » (*Art. 2, tit. 1 de la cout. de Cambrai.*)

Réflexion.

33. Nous demandons pardon aux philosophes & aux jurisconsultes du droit écrit, de ces détails & de ces citations coutumieres, dont le langage même est quelquefois inintelligible. Mais nous avons promis d'énoncer ce qui est; ici qui osera dire ce qui devroit être?

ADHÉSION.

(*Droit public. Droit ecclésiastique.*)

1. Ce mot a de l'analogie avec attachement & consentement, mais ils ont tous trois des nuances différentes qu'il faut saisir. « Le *consentement* peut être forcé, l'*attachement* est toujours volontaire, l'*adhésion* n'est quelquefois pas libre. L'intérêt, la crainte, ou la complaisance, emportent, le *consentement*; l'amitié, l'amour ou la haine décident de l'*attachement* à un parti : la force de la

la vérité, la conviction ou l'opiniâtreté entraînent l'*adhésion*, ou la font refuser. Le *consentement* appartient à la volonté, l'*attachement* naît du cœur, l'*adhésion* provient de l'esprit. (*Vocabul. françois.*)

DROIT PUBLIC.

2. Dans le style *diplomatique*, on appelle *adhésion* le consentement qu'un souverain donne aux arrangemens, aux traités de paix, d'alliance offensive & défensive qu'ont fait & cimenté d'autres souverains.

On dit que le Portugal vient de donner son *adhésion* au traité de neutralité armée des puissances du Nord.

DROIT ECCLÉSIASTIQUE.

3. Les actes de l'assemblée du clergé, de 1765, sur la religion, ayant éprouvé des contradictions jusques dans l'ordre épiscopal, elle délibéra de les envoyer à tous les archevêques & évêques absens, en les invitant à les *confirmer par leur suffrage*. Dans la deux cents trente-sixieme séance de l'assemblée de 1766, on fit lecture des *adhésions* des évêques aux actes qu'on leur avoit fait passer, & on délibéra, « que toutes les *adhésions* envoyées par les cardinaux, archevêques & évêques, seroient annexées au procès-verbal de la présente assemblée, & que dans la prochaine édition, qui sera faite desdits actes, il sera fait mention des noms des prélats *adhérens*, & de la date de leurs adhésions. » (*Procès-verbaux de 1765, pag. 234; & de 1766, pag. 972*)

Ces *adhésions* ont été insérées à la fin de ce dernier procès-verbal; & on y voit, non seulement celles des prélats du royaume, qui font partie de l'ancien clergé de France; mais encore celle des archevêques de Besançon, Cambrai, &c. des évêques de Strasbourg, Metz, Toul & Verdun, &c. des évêques *in partibus infidelium*, suffragans de divers archevêques & évêques; enfin, du cardinal des Lances, archevêque de Turin, (*pag. 1130 à 1159.*)

On connoît, dans la pratique des officialités, la demande en *adhésion* : c'est celle que forme une personne mariée, pour faire ordonner que son conjoint ait à vivre avec elle suivant les loix du mariage, & à le reconnoître en cette qualité. Cette demande est principale, ou incidente. Elle est principale, lorsqu'elle a pour unique objet la réunion des conjoints : elle est incidente, lorsqu'elle est jointe à une demande principale qui amene l'incident; comme par exemple, lorsqu'une femme forme opposition au second mariage que voudroit contracter son mari : elle conclut en ce cas, à ce que faisant droit à ladite opposition, défenses soient faites à icelui de hanter, ni fréquenter sa prétendue; lui donner pareillement acte de ce qu'elle se constitue *incidemment* demanderesse à ce qu'il soit tenu de la reconnoître pour sa femme, lui *adhérer*, en cette qualité, comme à sa légitime épouse, &c. On trouvera la marche & les formules de toutes les procédures, qui sont la suite de l'une & l'autre de ces demandes *pour les différentes circonstances où elles peuvent être formées*, dans deux ouvrages, l'un & l'autre excellens en leur genre. *Recueil des procédures civiles des officialités, par* Decombes, *tom. 1, ch. 3, pag. 250 & suiv. Notaire apostolique de* Brunet, *tom. 1, ch. 7, pag. 94.* Voyez *Bigamie, Divorce, Femme, Mari, Mariage, Réhabilitation, Sacrement, Séparation, &c.*

ADHIRÉ.

(*Dr. privé. Commerce. Dr. coutumier.*)

1. Ce mot est employé pour *égaré*. Un titre, une lettre de change se trouvent-ils perdus, on dit un titre *adhiré*, une lettre de change *adhirée*.

DROIT PRIVÉ.

2. L'original d'un titre étant *adhiré*, sa perte ne peut pas nuire au créancier,

lorsque celui-ci peut établir, par des preuves non suspectes, l'existence de la dette. *Nec oberit sibi amissio instrumentorum, si modò manifestis probationibus eos debitores esse apparuerit. l. 1, C. de fid. instr. & amiss. eor.*

Ainsi on est reçu à prouver l'existence de la dette, en produisant une copie qui vaille elle-même l'original, soit parce que ce sera une premiere grosse hors de tout soupçon, soit parce que si c'en est une seconde, elle aura été délivrée parties présentes ou duement appellées. Ces productions *en matiere de discussion, par exemple*, seront suffisantes pour opérer, en faveur du créancier, une collocation à la date du contrat, s'il s'agit d'une discussion de fonds; ou à celle de la saisie, s'il est question d'une discussion mobiliaire.

« Si l'original d'un acte est perdu, *dit* Domat (*liv. 3, tit. 6, sect 2, n°. 10,*) comme s'il est péri par un incendie ou autre accident, on peut en ce cas prouver la teneur de l'acte, ou par des copies duement collationnées, ou par d'autres preuves, s'il y en a de telles qu'il soit de la prudence du juge de les recevoir. »

Si la minute a disparu, *dit* le président Favre, c'est à la grosse qu'on s'arrête, pourvu qu'elle ne porte aucun caractere qui puisse en faire soupçonner la légitimité : *Eum qui profert instrumenti expeditionem, nullo vitio laborantem, vel suspectam, non esse cogendum exhibere protocollum;* & cela à lieu lors même que la partie soutient que si l'original étoit représenté, il pourroit s'inscrire en faux : *Licèt dicat adversarius paratum se in crimen falsi subscribere, statim atque protocollum inspexerit. (lib. 4, C. tit. 16, defin. 24, not. 4.)* Le même auteur assure qu'on ne peut impugner l'expédition d'un acte judiciaire, dont la minute ne paroîtroit point, si cette expédition se trouve elle-même revêtue des signatures nécessaires. *Quod tamen fieri non posset (impugnari) si à senatore simul, & ab ejus graphario subscripta proponeretur; sive tanquam authentica proferatur, sive tanquam exemplum desumptum ex authenticâ de quâ non constet. Ità senatus. (Ibid. defin. 25, not. 1.)*

Enfin M. Leprêtre (*centur. 1, chap. 60,*) après avoir exposé la regle générale, qu'une copie est insuffisante pour fonder quelque demande, & qu'il faut voir l'original, y apporte différentes exceptions, notamment celle-ci : « *Item.* Si la copie est collationnée & délivrée par les mêmes notaires qui ont passé l'original; ou bien si la collation a été faite par ordonnance du juge, partie présente ou duement appellée; parce qu'en faisant la collation, si la partie a été présente, il lui a été loisible de considérer l'original, d'en remarquer les vices & les coter par le procès-verbal de collation; ou si la partie appellée n'y a été présente, elle doit l'imputer à sa négligence, & cette copie ainsi collationnée, vaut original & fait preuve comme si c'étoit l'original même. » Voyez *Collation, Contrat, Copie, Exhibition, Expédition, Grosse, Minute, Notaire, Original, Perte, Titre, &c.*

Commerce.

3. « La lettre payable à un particulier & non au porteur, ou à ordre, s'étant *adhirée*, le paiement en pourra être poursuivi & fait en vertu d'une seconde lettre, sans donner caution, & faisant mention que c'est une seconde lettre, & que la premiere ou autre précédente, demeurera nulle. » « Au cas que la lettre *adhirée* soit payable au porteur ou à ordre, le paiement n'en sera fait que par ordonnance du juge, & en baillant caution de garantir le paiement qui en sera fait. » *Art. 18 & 19 de l'ordonnance de 1673.*

On comprend aisément, *dit* Boutaric, pourquoi le cautionnement est inutile dans le cas du premier article, & nécesfaire dans celui du second. « Lorsque la lettre est payable à un particulier, & non au porteur, ou à ordre, celui qui a accepté peut payer en vertu d'une seconde lettre, sans crainte d'être recherché par celui qui auroit trouvé la premiere; soit que celui qui l'auroit trouvée fût ce particulier à qui elle étoit payable, ou qui en auroit reçu le paiement, soit que ce fût un tiers qui voulût agir comme cessionnaire de ce particulier, & à qui ce particulier voulût tenir la main, en faisant une cession & transport; la seconde lettre quittancée, étant, pour celui qui auroit payé, une sûreté suffisante, tant contre celui qui auroit reçu son paiement, que contre son cessionnaire, qui ne pourroit avoir plus de droit que le cédant: mais il en est autrement, lorsque la lettre est payable à ordre ou au porteur, & qu'elle se trouve *adhirée*, ou perdue: après l'acceptation, le porteur, à qui la lettre seroit censée appartenir, seroit fondé à en demander le paiement; on ne pourroit lui opposer le paiement fait en vertu d'une seconde lettre, on pourroit être exposé à payer deux fois, & c'est la raison pour laquelle l'ordonnance veut qu'on ne puisse être obligé à payer qu'en donnant caution. » *(Comment. sur l'ord. de 1673, pag. 57 & 58.)*

Il s'est élevé un grand procès sur la question de savoir si c'est au tireur ou au dernier endosseur qu'il falloit s'adresser pour avoir une seconde lettre de change, dans le cas où la premiere avoit été *adhirée*.

Maréchal, de Charleville, tire une lettre de change sur Petitfils, de Paris, & la donne, avec son endossement, à Prudhomme, qui la négocie à Seurat, d'Orléans. Elle passe ensuite successivement à Rousselet, d'Orléans; à Mesnard & Jourdan, de Lyon; & enfin à Chalus & la Mure, de la même ville, qui l'envoient, avec leur endossement, à Dufour, banquier à Paris, pour en recevoir le montant de Petitfils. Dufour la présente, & Petitfils ayant refusé de la payer, protêt & renvoi à Chalus & la Mure par la poste: la lettre & le protêt s'y perdent. Chalus & la Mure prient Mesnard & Jourdan de leur remettre une seconde lettre; & ceux-ci s'y étant refusés, sommation à cet effet, ou à en payer la valeur. Mesnard & Jourdan répondent qu'il faut s'adresser à Maréchal, tireur, & non à eux; ce qui oblige Chalus & la Mure à les faire assigner en la conservation de Lyon aux fins de leur sommation. Mêmes défenses de Mesnard & Jourdan, qui cependant dénoncent cette demande à Rousselet leur endosseur; celui-ci contre-somme Seurat; & ce n'est qu'après six mois de procédures, & à la veille du jugement, qu'on offre à Chalus & la Mure une seconde lettre conforme à la premiere. Sentence qui renvoie, en conséquence de cette offre, Seurat, Rousselet, Mesnard & Jourdan, de toutes demandes, & condamne Chalus & la Mure aux dépens: appel.

Arrêt du parlement de Paris, du 14 juillet 1711, qui ordonne, avant faire droit aux parties, qu'elles se retireront pardevers Claude Tribard Marguerin, François Brion & Jacques Gillebon, pour avoir leur avis sur l'usage qui se pratiquoit, tant à Paris qu'à Lyon, quand une lettre de change étoit perdue. Si c'est au tireur, ou au dernier endosseur, & d'endosseurs en endosseurs, jusqu'au tireur de ladite lettre, à qui l'on devoit s'adresser pour une seconde fois pour avoir une seconde lettre de change, & qui devoit être tenu des frais & dépens pour raison de ce? . . . . Arrêt du 30 août 1714, qui infirme la sentence de la conservation, en ce que Chalus & la Mure ont été condamnés en tous les dépens; ordonne qu'ils seront compensés entre toutes les parties; & condamne Mesnard & Jourdan en la moitié de tous les dépens des causes d'appel & demande envers toutes les parties, même de ceux faits les uns contre les autres; l'autre moitié compensée. « *Faisant droit sur les conclusions du procureur-général*, ordonne que les *art. 18, 19 & 33* de l'ordonnance de 1673, seront exécutés selon leur forme & teneur. Ce faisant, que dans le cas de la perte d'une lettre de change, tirée de place en place, payable à ordre, & sur laquelle il y a eu plusieurs endosseurs, celui qui étoit porteur de la lettre de change, sera tenu à s'adresser au dernier endosseur de ladite lettre, pour avoir une seconde lettre de change de la même valeur & qualité que la premiere; lequel dernier endosseur sera pareillement tenu, sur la requisition qui lui en sera faite par écrit, de prêter les offices audit porteur de la lettre de change auprès du précédent endosseur, & ainsi en remontant d'endosseur en endosseur jusqu'au tireur de ladite lettre; même de prêter son nom audit porteur en cas qu'il faille donner des assignations, & faire des poursuites judiciaires contre les endosseurs précédens: tous les frais qui seront faits pour raison de ce, même les ports de lettres & autres frais, seront payés & acquittés par ledit porteur de la premiere lettre de change qui aura été perdue: & faute par le dernier endosseur de ladite lettre, & en remontant, par les endosseurs précédens, d'avoir prêté leurs offices & leurs noms audit porteur après en avoir été requis par écrit, celui desdits endosseurs qui aura refusé de le faire, sera tenu de tous les frais & dépens, même des faux frais qui pourront être faits par toutes les parties depuis son refus. Et sera le présent ARRÊT lu & publié à l'audience de tous les bailliages & sénéchaussées, & régistré au greffe desdits sieges, & aux greffes de toutes les jurisdictions consulaires du ressort de la cour. »

Savari, dans son soixante & dixieme parere, traite, entr'autres questions, celle de savoir: *si le risque du retardement en chemin, ou égarement d'une lettre de change est à celui qui l'envoie, ou à celui qui doit la recevoir.* Il dit d'abord qu'elle est *problématique & difficile à décider.* La raison de douter est, que la lettre s'étant égarée à la poste *deux jours après le temps qu'elle a dû être protestée*, celui qui en étoit le porteur, étoit dans l'impossibilité de la faire protester, *parce qu'à l'impossible nul n'est tenu;* on ne doit donc pas lui imputer sa négligence de n'avoir pas fait faire ce protêt dans le temps porté par l'ordonnance, *puisqu'il avoit été dans une impossibilité morale de le faire.* La raison de décider est, que l'allégation qu'il y avoit une impossibilité de faire protester la lettre, parce qu'elle avoit été égarée à la poste, n'est pas recevable; parce que le porteur *ne doit pas être cru sur sa parole*, & qu'il faudroit, *pour sa décharge, que la preuve fût claire comme le jour, que la lettre en question eût été* ADHIRÉE *à la poste jusqu'au deuxieme jour après que le protêt a dû être fait.* Si la prétention du porteur avoit lieu, *l'on n'entendroit tous les jours que de pareilles allégations par les porteurs de lettres, pour excuser leur négligence de ne les avoir pas fait protester dans le temps porté par l'ordonnance.... Ainsi, le porteur ne doit pas être reçu à dire, pour couvrir sa négligence, que la lettre étoit* ADHIRÉE *à la poste.* (Parfait négociant, *tom. 2, pag. 449 & 450 de l'édit. de 1763.*) Voyez *Endosseur, Lettre de change, Perte, Protêt, Tireur, &c.*

DROIT COUTUMIER.

4. L'huissier qui détourne, égare ou *adhire* les effets par lui saisis, doit être griévement puni, sur-tout lorsqu'il est *coutumier* du fait. « Pareillement, s'il est trouvé qu'ils (les huissiers) ayent prins, égaré ou *adhiré* aucuns des biens meubles qui ont été par eux prins par exécution, ou qu'ils ayent iceux achetés par personne interposée, ou commis aucune fraude & tromperie en faisant ladite exécution, seront griefvement punis; & si après ladite punition ils rechéent, & sont trouvés coustumiers, sera procédé à plus grande & griefve punition selon l'exigence des cas. » *Art. 28*

du tit. 9 de la coutume du Berry. Voyez *Exécution*, *Huissier*, *Interposition*, *Vente*, &c.

ADIAPHORISTE.

(Droit ecclésiastique.)

Ce nom formé du grec ἀδιάφορος, qui signifie *indifférent*, fut donné dans le XIV siecle à ces Luthériens mitigés qui, ayant à leur tête *Melanchthon*, soutenu des académies de Leipsick & de Wirtemberg, où il étoit tout puissant, ne vouloient pas qu'on retranchât les cérémonies de l'église romaine; & ne croyoient pas que pour un surplis, pour quelques fêtes, ou pour l'ordre des leçons, il fallût se séparer de communion.

« Les *Adiaphoristes* desquels on pense que *Melanchthon* étoit l'auteur... tenoient que les coutumes & les traditions de l'église romaine sont choses passables, & qu'*on les peut laisser ou suivre sans aucune difficulté.* » *(Religions du monde d'*Alexandre Roff, *traduites par* Thomas Lagrue, *pag. 172, édition de 1666, in-4°.)*

Les Luthériens, dit un autre auteur célebre, furent divisés en deux partis par rapport au fameux *interim*, dressé par ordre de l'empereur Charles-Quint. « Les uns le rejeterent, & suivirent rigidement la doctrine de Luther, & la confession d'Augsbourg; les autres accepterent les adoucissemens proposés par l'*interim*, ou plutôt l'indécision de certains points qui y sont rapportés sans explication. MELANCHTHON fut un de ceux qui, par crainte, *ou autrement*, se déclarerent pour l'*interim* avec des restrictions. Dans cette division du luthéranisme, il se fit encore une subdivision. 1°. D'*Impériaux*, qui n'étoient Luthériens que sur le mariage des prêtres & les deux especes. 2°. D'*Interimistes*, qui mêlerent la doctrine catholique avec le luthéranisme. » *(Cérémonies religieuses, tom. 3, pag. 354, édit. de Paris de 1741, in-fol.)*

Tout ceci nous remet devant les yeux l'importante réflexion que nous avons faite ci-dessus au mot *Abjuration*, *n°. 7, tom. 1, pag. 148*; & nous rappelle ces détails de M. de Perefixe, dans son histoire de Henri le Grand. *(pag. 202 de l'édition in-4°.)* « Un historien rapporte, que le roi faisant faire devant lui une conférence entre des docteurs de l'une & de l'autre église, & voyant qu'un ministre tomboit d'accord qu'on pouvoit se sauver dans la religion des catholiques, sa majesté prit la parole, & dit à ce ministre: Quoy, tombés-vous d'accord qu'on se puisse sauver dans la religion de ces messieurs-là? Le ministre répondant qu'il n'en doutoit pas., pourvu qu'on y vécût bien; le roi répartit très-judicieusement: *La prudence veut donc que je sois de leur religion & non pas de la vôtre; parce qu'étant de la leur, je me sauve selon eux & selon vous; & étant de la vôtre, je me sauve bien selon vous, mais non pas selon eux. Or, la prudence veut que je suive le plus assuré.* » Voyez l'*Histoire des variations*, par Bossuet, *tom. 1, pag. 7, 232, 245, 265, 268, 271 & 277 de l'édit. de 1688*, in-4°. & *Controverse*, *Interim*, *Luthérien*, *Sacramentaire*, *Ubiquitaire*, &c. &c. &c.

ADITION D'HÉRÉDITÉ.

(Droit privé.)

Ce mot vient du latin *aditio hæreditatis*, qui n'étoit en usage à Rome que pour l'acte, par lequel l'héritier *étranger* déclaroit devant le magistrat qu'il se portoit héritier. *I. lib. 2, tit. 19.* En France il s'applique à tous les actes par lesquels tous les héritiers quelconques, soit *présomptifs*, soit *institués*, déclarent qu'ils acceptent une succession. Les détails dans lesquels nous sommes entrés sous les mots *Abstention* & *Acte d'héritier*, nous mettent dans le cas de nous borner à quelques réflexions.

Les pupilles & les mineurs ne peuvent accepter une succession, ADIRE *hæreditatem*, sans l'autorité de leurs tuteurs & curateurs, quelque avantageuse qu'elle puisse être. *l. 18, § ult. C. de jur. deliber. l. 1, l. 9, D. de acquir. vel omit. hæred.*

L'*adition* d'une succession doit être pure & simple, & on ne peut y mettre aucune espece de condition ; car on ne sauroit exiger des créanciers qu'ils en attendent l'événement. *l. 51, D. de acquir. vel omitt.* L'*adition* ne peut être partielle, c'est-à-dire, qu'on ne peut pas prendre une partie de la succession, & abandonner l'autre partie. *l. 1, l. 2, l. 55, eod.* On ne peut être contraint à l'*adition* d'une succession, *l. 6, § ult. eod.*

Il y avoit cependant une exception à cette derniere décision, & le fidéicommissaire universel avoit le droit de forcer l'héritier institué d'accepter la succession pour la rendre ; c'est ce qu'on appeloit *adition forcée*. Le motif étoit que le refus de l'héritier institué rendoit le testament nul, & faisoit tomber par conséquent le fidéicommis : *Quia poterat fieri ut hæres institutus nolit* ADIRE *hæreditatem.... Prospectum est ut si fideicommissarius diceret suo periculo adire, & restitui sibi velle,* COGATUR *hæres institutus, à prætore,* ADIRE *& restituere hæreditatem. l. 4, D. ad S. C. Trebell.* C'étoit là le principal objet de l'établissement du Senatus-consulte pegasien. *I. de fideic. hæred. § 7. Si nemo subiit hæreditatem, omnis vis testamenti solvitur. l. 181, D. de reg. juris. Qui hæredes scripti ....* ADIRE *hæreditatem .... recusabant, atque ob id extinguebantur fideicommissa. I. § 5 de fideic. hæred.*

ARRÊT du parlement de Paris, du 17 mars 1698, qui décide qu'un « enfant fait légataire universel par le testament de son pere, & chargé d'une substitution envers ses enfans, & au défaut d'enfans, envers ses freres & sœurs & leurs descendans, ne peut pas renoncer à son legs universel pour anéantir la substitution..... *Prætor voluntates defunctorum tuetur, & eorum* CALLIDITATI *occurrit qui omissâ causâ testamenti, ab intestato hæreditatem, partemve ejus possident, ad hoc ut eos circumveniant quibus quid ex judicio defuncti deberi potuit, si non ab intestato possideretur hæreditas.* (Augeard, *tom. 1, chap. 150, pag. 427.*)

En France l'*adition* forcée ne peut plus avoir d'objet, depuis l'ordonnance de 1747, qui porte expressément que *la renonciation de l'héritier institué ne pourra nuire au substitué, lequel, audit cas, prendra sa place. (Art. 27 du tit. 1.)*

ARRÊT du parlement de Flandres du 28 juillet 1694, qui juge « qu'un créancier peut obliger les plus proches héritiers de son débiteur défunt, à se déclarer pour héritiers, ou à faire établir dans un certain terme un curateur aux biens. (Pinault, *tom. 1, chap. 39, pag. 101....*) ARRÊT conforme de la même cour du 13 février 1708.

Nous ne connoissons point les héritiers nécessaires comme chez les Romains. Ce sont les dispositions expresses de nos coutumes : Paris, *art. 326 ;* Melun, *art. 266 ;* Estampes, *art. 117 ;* Montfort, *art. 102 ;* Clermont, *art. 142 ;* St. Quentin, *art. 52 ;* Peronne, *art. 207 ;* Artois, *art. 112 ;* Orléans, *art. 335 ;* Poitou, *art. 278 ;* Boulenois, *art. 70 ;* Dourdan, *art. 112 ;* Senlis, *art. 156 ;* Nivernois, *art. 26 du chap. 34 ;* Normandie, *art. 278, &c. &c. &c.*

Ensuite de ce principe, on a établi que les héritiers d'un défunt peuvent, avant d'appréhender une succession, ou d'y renoncer, demander un délai pour délibérer. Pendant ce délai, qui est de quarante jours, ils font procéder à l'inventaire ; paient les frais des obseques & funérailles, les dettes pressées ; & pour cet objet peuvent vendre les menus effets de la ſucceſſion par autorité de juſtice : car ils n'ont droit de toucher à aucune choſe de leur autorité particuliere.

« L'héritier aura trois mois depuis l'ouverture de la ſucceſſion pour faire l'inventaire, & quarante jours pour délibérer ; & ſi l'inventaire a été fait avant les trois mois, le délai de quarante jours commencera du jour qu'il aura été parachevé. *Art. 1 du tit. 7 de l'ordonnance de 1667.*

ARRÊT du parlement de Bourdeaux, du 19 février 1672, qui juge qu'une femme, héritiere de ſon mari, eſt recevable à renoncer à ſon hérédité après les trois mois requis, pour faire inventaire, & les quarante jours pour délibérer, portés par la nouvelle ordonnance; & en conſéquence la renvoie de la demande en paiement d'un cheval dû par ſon mari, en remettant les effets de l'hérédité. . . . . Dans le reſſort de cette cour, la faculté de répudier une hérédité ne ſe preſcrit que par l'eſpace de trente ans; nous l'avons obſervé ci-deſſus, *pag. 673*. Un précédent ARRÊT de l'année 1670 l'avoit déja décidé.

En vertu de la regle *le mort ſaiſit le vif*, la tranſmiſſion d'une ſucceſſion ſe fait parmi nous, quoiqu'il n'y ait point eu d'adition de la part du défunt. Nous avons écarté par là toutes les ſubtilités des Romains en cette matiere. Chez eux celui qui n'avoit pu accepter une ſucceſſion par des raiſons légitimes, la tranſmettoit bien à ſes héritiers. *l. 86, D. de adquir. vel omit. hæred.* Mais cette tranſmiſſion ceſſoit, ſi l'adition n'avoit pas eu lieu par négligence. *l. 4 eod.* De même les enfans tranſmettoient leurs droits paternels à leurs héritiers, en vertu de la maxime *filius ergò hæres ;* mais la tranſmiſſion n'avoit pas lieu dans la ſucceſſion des freres. *l. 7, C. de jur. deliber.* Il faut convenir que nos loix ſont plus ſages & plus ſimples, & préviennent une foule de conteſtations qui étoient la ſuite infaillible des diſtinctions romaines.

L'*adition* d'hérédité a un effet rétroactif, & l'héritier eſt réputé héritier, non pas du jour de cette *adition*, mais du jour de la mort du défunt : cet effet réſulte de ce principe ſi fameux chez les Romains, ſuivant lequel on ne pouvoit mourir partie *teſtat*, partie *ab inteſtat.*

Mais la queſtion importante eſt de ſavoir ſi l'hypotheque des créanciers du défunt, a lieu ſur les biens de l'héritier; du jour de ſon *adition*, ou ſimplement du jour de la condamnation. La juriſprudence paroît différente dans les différentes cours ſouveraines.

ARRÊT du parlement de Paris, du . . . qui juge que « les créanciers d'un défunt ne pouvoient pourſuivre ſon héritier que perſonnellement, & par conſéquent n'avoient, par l'*adition* d'hérédité, que l'obligation perſonnelle ; en telle ſorte que les créanciers hypothécaires de l'héritier, *qui même n'avoient contracté avec lui que depuis l'adition d'hérédité*, lui étoient préférables à cauſe de leur hypotheque ſur ſes biens, & n'avoient les créanciers du défunt hypotheque ſur les biens de l'héritier, *que du jour du titre nouvel, ou de la reconnoiſſance, & non du jour de l'adition & de la ſucceſſion échue ;* ce qui s'entend ſur les biens de l'héritier : car autre choſe eſt des biens qui ont appartenu au défunt, ſur leſquels ils ont hypotheque du jour de leur contrat, & en peuvent demander ſéparation. » (Leprêtre, *centur. 1, chap. 4, pag. 126.*)

ARRÊT du parlement de Paris, du 16 août 1625, qui juge que les créanciers d'un défunt n'ont hypotheque ſur les biens de ſon héritier, que du jour qu'ils ont obtenu condamnation contre lui. « 1°. L'hypotheque ne ſe contracte que par convention, *atqui* L'ADITION D'HÉRÉDITÉ n'eſt pas une convention, mais une fiction ou quaſi-contrat ; & la loi réprouve deux fictions. *l. ſi verùm, D. mandati.* 2°. Par l'ancienne juriſprudence, les légataires & fidéicommiſſaires n'avoient aucune tacite hypotheque; mais *in moram hæredis mittebantur in possessionem servandorum causâ. l. 2, D. de legat. præst.* 3°. Par le droit nouveau les légataires & fidéicommissaires n'ont aucune action personnelle, mais utile & hypothécaire. 4°. Nulle confusion ni mixtion de biens, mais une perpétuelle séparation : l'héritier peut renoncer, ensuite reprendre. 5°. Autrement il y auroit de l'injustice; car si, pour pouvoir convenir l'héritier par action réelle & hypothécaire, il faut qu'il soit détempteur des biens du défunt, il s'ensuit nécessairement que l'action hypothécaire ne se peut donner sur ses biens propres sans une condamnation. 6°. Que par l'ordonnance de Moulins, *art.* 306, pour avoir hypotheque, il faut convention ou jugement; de même en l'*adition* d'hérédité nulle hypotheque sans sentence. » (Bardet, *tom.* 1, *liv.* 2, *ch.* 55, *pag.* 149 *& suiv.*)

Arrêt du parlement d'Aix du 30 juin 1664, qui juge que les créanciers héréditaires d'un défunt n'ont hypotheque sur les biens propres de son héritier, que du jour de la condamnation ou du nouveau titre. (Boniface, *tom.* 2, *liv.* 4, *tit.* 3, *ch.* 3, *pag.* 216.)

Arrêt du parlement d'Aix, du 22 avril 1683, qui juge que l'*adition* pure & simple ne produit qu'une action personnelle contre l'héritier; & que, pour que les créanciers aient une hypotheque sur les biens propres de l'héritier, indépendamment de celle qu'ils ont sur l'hoirie, il leur faut un nouveau titre tel que la vente, ou l'aliénation des biens, la cession, ou la quittance des dettes de l'hoirie, ou une demande judiciaire suivie d'une condamnation. (Debezieux & Eiriès, *liv.* 6, *ch.* 6, § 6, *pag.* 441 *& suiv.*)

La jurisprudence du parlement de Rouen est différente de celle des parlemens de Paris & Aix. « Notre usage est contraire, *dit* Basnage; l'adition d'hérédité ne produit pas seulement, en faveur des créanciers, une obligation personnelle contre l'héritier; elle leur affecte par hypotheque, de plein droit, tous ses biens, sans qu'il soit besoin d'obtenir aucune condamnation contre lui, ou de lui faire passer aucun titre nouveau. L'adition d'hérédité est un contract qui suffit seul pour l'obliger envers les créanciers du défunt; en ce cas, *cum creditoribus hereditariis contraxisse videtur.* Il est vrai que, par cette adition d'hérédité, il ne se fait pas de confusion au préjudice des créanciers de l'héritier, qui peuvent demander la séparation de biens; *proprii enim hæredis creditores habent propria ejus bona.* Cela n'a lieu que pour les créanciers antérieurs à l'adition d'hérédité; car après cette adition, *confusa sunt duo patrimonia*, & la séparation de biens ne peut plus être demandée par ceux qui ont contracté depuis; parce que l'héritier est devenu obligé aux dettes du défunt, du moment qu'il a pris la succession. C'est la décision expresse de l'article 129 du réglement de 1666, suivant lequel le contract ou jugement qui étoit exécutoire contre le défunt, l'est aussi contre l'héritier, tant sur les biens de la succession, que sur ceux dudit héritier, sans qu'il soit besoin d'agir contre lui, pour faire déclarer lesdits contracts & jugemens exécutoires. En effet, cette procédure est entiérement superflue, l'héritier étant suffisamment obligé par sa qualité, & par la possession qu'il a prise de tous les biens du défunt. » (*Traité des hypotheques inséré à la fin du tom. 2 des œuvres de* Basnage *de l'édit. de 1778, pag. 59.*)

Quand un défunt laisse deux héritiers, dont l'un accepte & l'autre répudie la succession, le créancier de cette succession ne peut demander à celui qui a accepté que sa portion, sauf à se pourvoir contre les biens abandonnés pour l'autre portion: la raison est que l'accroissement ne se fait pas à l'héritier qui a fait adition, lorsqu'il ne juge pas à propos de le réclamer : *post aditionem non*

non accrescit portio cohæredibus invitis & nolentibus.

Arrêt du parlement de Paris, du 2 juillet 1605, qui juge « que l'un des héritiers s'étant fait relever de la succession qu'il avoit appréhendée à cause de sa minorité, les créanciers ne se pouvoient adresser *personnellement* contre les autres cohéritiers pour la part qui eût appartenu au mineur ; parce que *post* ADITIONEM *non accrescit cohæredibus invitis & nolentibus* ; mais seulement qu'ils se pouvoient venger sur les biens qui étoient échus au mineur, & qui avoient été par lui abandonnés. J'ai dit *personnellement*, parce qu'il a été jugé par plusieurs arrêts qu'hypothécairement ils se peuvent adresser sur les héritages de la succession échus à ceux qui sont demeurés héritiers pour le tout, même pour la part du mineur qui s'est fait relever ; à cause que, *hypotheca est tota in toto, & tota in quálibet parte hæreditatis.* » (Leprêtre, *centur.* 2, *chap.* 5, *pag.* 351 & 352.)

Arrêt du parlement de Paris, du 26 juillet 1602. « Jugé que le créancier n'étoit recevable, qui vouloit poursuivre un des héritiers de son débiteur personnellement & hypothécairement, même sur les biens qui appartenoient audit héritier pour le tout, d'une rente qui lui étoit due par le défunt, disant qu'autrement sa rente seroit divisée & morcelée, & que *semel hæres non desinit esse hæres, obnoxius est creditoribus hæreditariis, & adeundo hæreditatem quasi contrahit cum creditoribus hæreditariis* : parce que c'est une maxime que l'héritier, en qualité d'héritier, *ne peut être tenu & convenu que personnellement pour la part & portion qu'il est héritier*, & non hypothécairement, s'il n'est détenteur d'héritage appartenant au défunt ; & en déguerpissant il n'est tenu que pour sa part & portion, si ce n'est qu'il ait passé nouveau titre de la rente, & se soit obligé au paiement : car par cette obligation ses héritages peuvent être saisis. » (Leprêtre, *centur.* 1, *chap.* 40, *pag.* 126.)

Une question controversée & difficile, comme toutes celles qui dépendent de l'examen de la *réalité* ou *personnalité* des *statuts*, est de savoir suivant quelle coutume l'*adition* d'hérédité est censée faite. Nous ne saurions mieux faire que de transcrire ce qu'a dit à ce sujet le dernier commentateur de la coutume de Bourgogne, ce célebre magistrat dont le nom rappelle tout à la fois l'idée du littérateur le plus savant, & du jurisconsulte le plus élégant.

« Mais suivant quelle coutume l'*adition* d'hérédité est-elle faite ? C'est sans doute, à mon avis, suivant celle du lieu où la succession est ouverte, qui est le domicile du défunt, de la succession duquel il s'agit. C'est là où se fait l'inventaire, où le testament doit être ouvert, où l'envoi en possession doit être demandé par l'héritier, & où par conséquent il est réputé en prendre la qualité. Or, cette acceptation forme une espece de contrat tacite entre lui & les créanciers & légataires du défunt, par lequel il s'engage à les payer suivant la loi qui régit le lieu de l'acceptation. *C'est le sentiment des auteurs, & l'usage constant du royaume*. . . . . Il est vrai que Paul de Castre a prétendu que ce quasi-contrat devoit être présumé fait au lieu où étoit la plus grande partie de la succession, & non en celui où l'adition s'étoit faite. Mais ce savant homme n'a pas pris garde que la loi qui l'a conduit à ce sentiment parloit, non de l'*adition* d'hérédité, mais de la demande en ouverture du fidéicommis, qui, suivant les loix romaines, pouvoit se faire, en quelques cas, dans le lieu où les biens héréditaires étoient situés. Je dis en quelques cas, car ordinairement cette demande devoit se faire pardevant le juge du domicile de l'héritier ; & cela se pratique toujours ainsi parmi nous, ainsi que pour la demande en délivrance des legs. Mais il y a grande différence entre la demande que l'héritier fait de la succession, & celle que le fidéicommissaire ou le légataire font à l'héritier, comme l'ont observé les meilleurs interpretes ; & la chose parle d'elle-même..... Burgundius s'est encore bien plus égaré, en soutenant que l'*adition* d'hérédité peut être faite en chaque canton où les biens sont situés; en sorte que l'héritier est libre d'accepter ce qui est dans une coutume, & de répudier ce qui est dans une autre: *Constanter docemus totidem esse hæreditates, quot erunt bona diversis territoriis obnoxia, & consequenter pro modo facultatum in quâlibet regione* aditionem *fieri posse; atque itâ quidem, ut si uno loco repudiare expediat, in altero tutò* adire *liceat, &c.* Mais il avoue, de bonne foi, que l'usage inviolable étoit au contraire, & je suis surpris qu'il ait voulu combattre un usage aussi raisonnable. » (Bouhier, *tom.* 1, *chap.* 21, *pag.* 415.)

Terminons cet article par un cas où cesse la fameuse maxime, *semel hæres nunquam desinit esse hæres*, un cas où l'effet de l'*adition* d'hérédité cesse après cette adition. Un homme meurt sans laisser d'enfans; & son frere, son héritier présomptif, fait *adition* de son hérédité: quelque temps après la veuve du défunt reconnoît qu'elle est enceinte, en fait sa déclaration, & accouche d'un fils: ce posthume est mis en possession de la succession de son pere, que son oncle est obligé de lui abandonner malgré son *adition*..... Il n'y a point de CODE qui renferme de plus sages précautions pour prévenir les suppositions de part qui n'arrivent que trop fréquemment, & qui portent les plus grands troubles dans les familles, que le CODE FRÉDÉRIC. Nous rendrons compte de ses dispositions sous le mot *Grossesse*: voyez encore *Condamnation, Créancier, Curateur, Délibération, Domicile, Héritier, Hypotheque, Inventaire (bénéfice d'), Patrimoine, Posthume, Préférence, Renonciation, Séparation, Statut, Substitution, Succession, Transmission, &c. &c.*

ADJOINT.

(Droit ecclésiastique. Droit privé.)

1. « On appelle ainsi une sorte d'associés, de collegues ou de coadjuteurs, qu'on donne à quelqu'un qui est en place; ou pour le soulager dans ses fonctions, ou pour rendre compte de sa vigilance & de sa fidélité. » *(Dictionn. encyclopédique.)*

DROIT ECCLÉSIASTIQUE.

2. Le concile de Trente a rétabli la jurisdiction des évêques sur les chapitres, nonobstant les exemptions. *(Sess. 7, cap. 4 de reform.)* Quoique pour la visite & les procès des chanoines il ait donné deux *adjoints* aux évêques pris du corps du chapitre, & élus par le chapitre même, il ne donne qu'une voix aux deux *adjoints;* ainsi ces deux *adjoints* ne peuvent rien contre l'avis de l'évêque. *(Sess. 25, cap. 6.)* En France nous ne connoissons pas ces adjoints établis par le concile; mais la jurisprudence, en laissant la correction des fautes légeres au chapitre sur ses membres, a maintenu les évêques dans leur jurisdiction pour tous les autres crimes. Ce sont entr'autres les dispositions de l'ARRÊT du parlement de Paris du 29 janvier 1671, rendu en faveur de M. l'évêque de Luçon, sur les conclusions de M. l'avocat-général Talon. Voyez *Abus, n°. 18, pag. 316; n°. 38, pag. 440; n° 45, pag. 446; & n°. 52, pag. 548; & Chanoine, Chapitre, Correction, Evêque, Exemption, Jurisdiction-ecclésiastique, &c.* Voyez encore *Coadjuteur*.

DROIT PRIVÉ.

3. C'est des Romains, sans doute, que nous tenions l'usage de donner des

adjoints aux magiſtrats qui alloient en commiſſion pour procéder à des informations & des enquêtes. Cet uſage atteſté par Ciceron donnoit lieu à quelques abus dont il ſe plaint : *Qui comitatus in INQUIRENDO ; comitatum dico, imò quantus exercitus, quæ jactura, qui ſumptus, quanta largitio ? (Pro Flacco, n°. 11.)* Mais cet uſage n'avoit-il pas auſſi ſes avantages, ſur-tout parmi nous où le nombre de ces adjoints étoit déterminé par des loix claires & préciſes, & où les commiſſaires n'avoient conſéquemment pas la faculté d'épuiſer les parties par des frais immenſes, en prenant une *armée* d'adjoints ?

Nous avons déja témoigné nos regrets ſur *l'abolition des adjoints qui veilloient à la vérité de l'information*, (au mot *Accuſation, n°. 7, pag. 223, colon. 1.*) Nous ne craindrons donc pas d'ajouter que cette abolition contraſte très-ſinguliérement avec ce qu'exigent nos loix criminelles exiſtantes. Elles exigent ces loix, la réunion de ſept juges pour prononcer ſur le ſort d'un accuſé, & ſur le mérite des informations ; & elles laiſſent cependant à un ſeul juge l'entiere rédaction de ces informations, qui déterminent ſeules eſſentiellement quel doit être ce ſort. Cet objet méritera ſans doute conſidération dans le plan de réformation qu'on ſe propoſe dans notre droit criminel. En effet, ſi le juge qui informe eſt ou prévenu, ou inſouciant, ou peu expérimenté, que ſervira-t-il enſuite à l'accuſé d'avoir ſept juges pour aſſiſter à la lecture d'une information qui décide de tout ?

Si nous avons parlé de l'abolition des adjoints, avant d'avoir parlé de leur établiſſement, c'eſt parce que tous les détails ſeroient purement hiſtoriques, & par conſéquent inutiles. Nous nous bornerons donc à dire que l'uſage des adjoints, pour procéder à la confection des enquêtes, étoit déja ancien, (puiſqu'il en eſt queſtion dans les ordonnances de 1498, 1535 & 1536) lorſque par édit du mois de novembre 1578, & une déclaration du 14 décembre 1580, ils furent créés, en titre d'office, dans chaque juriſdiction royale, avec pouvoir d'aſſiſter aux *enquêtes*, exécutions d'arrêts & lettres patentes : que ces adjoints ayant été abolis pour la fonction des enquêtes *par l'art. 12 du tit. 22 de l'ordonnance de 1667, ſauf aux cas portés par l'édit de Nantes* ; & pour les informations *par l'art. 8 du tit. 6 de celle de 1670*, furent rétablis par édits de *février 1674* & *avril 1696, en toutes enquêtes en matiere civile*, & quelques autres objets déſignés : que ces objets ayant été reſtreints par une déclaration du mois de novembre 1704, ils furent enfin totalement détruits par *édit de novembre 1717.* Ceux qui voudront en ſavoir davantage, peuvent conſulter Bouchel & Bechefer, *tom. 1, pag. 36* ; Papon, *liv. 9, tit. 1* ; Baſſet, *tom. 1, liv. 2, tit. 9, ch. 2* ; Boné, *arr. 89 & 91* ; Bornier *ſur l'art. 12 du tit. 22 de l'ordonnance de 1667, &c. &c.* Voyez *Enquêteur.*

On a nommé quelquefois *adjoints* les officiers ou les gradués que les commiſſaires du conſeil, les officiaux, les juges de ſeigneur prennent pour *aſſeſſeurs* dans le jugement de certaines affaires majeures ; mais nous en parlerons ſous ce dernier mot.

Ce ſera aux mots *Imprimeur* & *Libraire* que nous parlerons de tout ce qui eſt relatif à ces profeſſions, & notamment de leur régime intérieur ſous l'adminiſtration d'un ſyndic & de deux *adjoints.*

Enfin, ſous les mots *Arts & Métiers, Communauté, Jurande*, nous traiterons tout ce qui concerne ces articles importans, & nous rendrons compte de la DÉCLARATION du roi du 19 décembre 1776, enrégiſtrée le 30 du même mois, portant établiſſement d'un ſyndic & d'un *adjoint* dans chacune des profeſſions déclarées libres.

ADJONCTION.

(*Droit criminel.*)

Ce mot n'est guere employé au palais qu'en matiere criminelle, & dans les conclusions d'une requête en plainte. Le plaignant y demande *qu'il lui soit permis d'informer des faits contenus en icelle, requérant, à cet effet, l'*ADJONCTION (ou jonction) *du procureur du roi, &c.* Voyez les *Styles* de Gauret & de Dumont.

ADJECTUS SOLUTIONIS GRATIÂ.

(*Droit privé.*)

C'étoit, suivant les expressions des jurisconsultes romains, celui qu'un créancier indiquoit à son débiteur, pour recevoir à sa place ce que celui-ci déclaroit lui devoir dans un acte obligatoire quelconque. *Adjici dicitur is cujus personâ non adquirendæ obligationis gratiâ, sed solutionis causâ stipulatione comprehenditur.* (Doctores *ad varias l. tit. D. de solut. & liberat.*)

Le débiteur doit payer exactement à la personne qui lui a été indiquée. Ainsi, si le créancier lui a laissé l'alternative de lui payer à lui-même, ou à Stichus, esclave de Sempronius, il ne peut se libérer valablement, s'il paie à Sempronius. (*l. 9, eod.*)

La personne indiquée peut recevoir du débiteur, mais ne peut rien innover. (*l. 10, eod.*) Cette personne est très-différente du mandataire ou du fondé de procuration, pour recevoir; puisque la faculté de payer à celui-ci cesse par une révocation de son pouvoir signifiée au débiteur : la faculté de payer à celle-là ayant, au contraire, son fondement dans la convention dont elle fait partie, & à laquelle il ne peut être dérogé que du consentement de toutes les parties, le créancier ne peut empêcher le débiteur de se libérer entre ses mains, si cela lui convient. (*l. 12, § 3, & l. 106, eod.*)

Nous pensons cependant que, si le créancier invitoit son débiteur à ne payer qu'à lui-même, il faudroit qu'il eût égard à cette invitation ; en effet, ce seroit évidemment par humeur qu'il voudroit s'obstiner à payer à la personne précédemment indiquée ; & les juges proscrivent toujours les démarches qui n'ont pas un objet d'intérêt réel. Il faut pourtant convenir que, suivant la loi 57, la faculté de payer à un tiers, stipulée entre le créancier & le débiteur, ne cessoit que lorsque le premier avoit procédé judiciairement avec le second. *Si quis stipulatus fuerit decem in melle, solvi quidem mel potest antequàm ex stipulatu agatur ; sed si semel actum sit, & petita decem fuerint, ampliùs mel solvi non potest.* Mais nous persistons à croire que parmi nous, où tout doit être traité de bonne foi, la contestation en cause n'est pas un préliminaire indispensable.

On ne peut payer à la personne indiquée, si son état vient à changer; parce qu'on doit présumer que le créancier ne l'auroit pas choisie, s'il eût prévu ce changement. *Cæterùm sivè in adoptionem, sivè in exilium ierit, vel aquâ & igne ei interdictum, vel servus factus sit, non rectè ei solvi dicendum; tacita enim inesse hæc conventio stipulationi videtur, si in eâdem causâ maneat. l. 38, eod.* Parmi nous un changement résulteroit, non seulement de la mort civile, mais encore d'une banqueroute, d'une interdiction légale pour folie ou prodigalité, &c.

Enfin, quoique l'héritier succede à tous les droits du défunt, l'héritier de la personne indiquée ne succede pas au droit que celui-ci auroit eu de recevoir.

Si stipulatus sim mihi, aut Titio dari, si Titius decesserit, hæredi ejus solvere non poteris. l. 81, in princip. eod. Dans notre usage, un créancier n'indique ordinairement à son débiteur, pour recevoir le paiement de ce qui lui est dû, que son propre créancier à qui il fait une délégation, ou son donataire, ou son commis, ou son fondé de procuration. Ainsi donc, si la personne indiquée étoit créanciere de l'indiquant, on pourroit payer, après son décès, à ses héritiers aussi valablement qu'on lui auroit payé à elle-même. *La raison est,* dit Pothier, *que, dans cette indication, ce n'est pas tant la personne indiquée, que sa qualité de créancier, qui a été considérée, par l'intérêt que le vendeur avoit qu'on acquittât pour lui cette créance, & par celui qu'avoit l'acheteur de payer au créancier, pour être subrogé aux droits & hypotheques de ce créancier.* (Traité des obligations, *part. 3, ch. 1, § 4, n°. 487.*) Voyez *Commis, Délégation, Donataire, Mandat, Préposé, Procuration, &c. &c.*

ADJUDANT.

(Guerre.)

L'une des principales fonctions de cet officier nouvellement établi dans les troupes françoises, est de faire le premier l'examen des soldats, cavaliers, dragons, chevaux-légers, chasseurs & hussards, que les commandans des compagnies proposeront pour être faits caporaux & brigadiers ; & des caporaux & brigadiers qui seront proposés pour monter aux emplois de sergens & de maréchaux de logis. Il rend compte au major des connoissances & qualités qu'il aura reconnues dans les sujets proposés, qui sont ensuite successivement examinés par le major & lieutenant-colonel qui, après toutes les informations nécessaires sur leurs talens, leurs mœurs & leur conduite, les proposeront au colonel-commandant, pour être par lui agréés.

Lorsque les sergens, maréchaux des logis, caporaux & brigadiers, ont été reçus, l'*adjudant* à qui tous les bas-officiers des compagnies sont subordonnés, s'occupe à les instruire, les former, les encourager ; & tous les mois il remet au major un état dans lequel il rend compte de leur conduite, de leurs talens, de leurs progrès.

L'*adjudant* est choisi dans les bas-officiers qui ont montré le plus de zele, d'intelligence & d'activité, sans aucun égard à l'ancienneté. Il a rang de sergent-major dans l'infanterie, & de premier maréchal des logis, en chef, dans la cavalerie, les dragons & hussards. On lui accorde des lettres de sous-lieutenant, & les appointemens de ce grade, lorsqu'il a rempli les fonctions de cet emploi pendant dix ans en temps de paix, & cinq ans en temps de guerre. (*Art. 17, 18 & 19 du tit. 10 de l'Ordonnance portant réglement sur l'administration de tous les corps des troupes françoises, du 25 mars 1776.*)

Nous avons entendu dire à plusieurs officiers supérieurs que l'emploi d'adjudant est tout à la fois un des plus importans & un des plus pénibles ; & nous le croyons sans peine, puisque son examen préliminaire des sujets qui doivent passer au rang des bas-officiers, influe certainement sur la meilleure formation des régimens. Voyez *Caporal, Colonel, Lieutenant-colonel, Major, Maréchal de logis, Sergent, &c.*

ADJUDICATION.

(Droit public. Droit privé.)

1. C'est un acte par lequel on afferme, loue, vend à l'enchere, par lequel on donne une entreprise au rabais. La publicité & la concurrence sont les deux

caracteres essentiels de cet acte, dont l'objet est d'assurer le plus grand avantage de celui pour lequel il est fait.

C'est sous les mots *Domaine*, *Échange*, *Engagement*, *Entreprise*, *Rabais*, que nous traiterons de l'adjudication des biens & revenus du fisc; & sous les mots *Marine*, *Prise*, *Vaisseau*, de celle des vaisseaux saisis sur le propriétaire, ou pris sur l'ennemi, Sous les mots *Bois*, & *Eaux & Forêts*, nous traiterons de celle des bois du roi, & des communautés ecclésiastiques & séculieres; objet vaste, & qui mérite un article exprès. Nous nous bornons ici à dire quelque chose de l'adjudication de tous les biens & revenus patrimoniaux des communautés d'habitans, sur laquelle nous reviendrons aux mots *Communauté*, *Habitans*, *Octroi*. Notre principal objet sera donc l'adjudication des biens des particuliers.

Adjudication des biens des communautés.

2. Il y a des regles générales, établies pour les adjudications des biens saisis & décrétés des particuliers; mais nous n'en reconnoissons point qui s'observent uniformément par-tout pour les adjudications des biens des communautés. On peut bien suivre, dans certaines villes, les formalités prescrites pour les biens domaniaux; mais il y a des provinces entieres où certainement la regle du *doublement* ou du *tiercement* n'est point suivie; & cela vient vraisemblablement de la distinction que faisoient les loix romaines entre les privileges du fisc & ceux des villes particulieres. Celles-ci, sous les Romains, ne participoient point aux privileges de la république, si elles n'avoient, à cet égard, une concession expresse. *Tempora adjectionibus præstituta ad causam fisci pertinent, nisi si quæ civitas propriam legem habeat. l. 1, C. de vend. rer. civit.* Voyez encore les *loix 4, C. de fid. instrum. & jure hast. fisc. & addict. & 21, § fin. D. ad municip.*

Mais si les communautés des habitans ne jouissent pas des privileges du fisc en matiere d'adjudication, le droit leur accorde ceux des mineurs, auxquels elles sont justement assimilées à cause de la nécessité où elles sont de confier leurs affaires à des administrateurs qui pourroient ne pas avoir le même zele pour les intérêts de la communauté qu'ils représentent, que pour les leurs propres. C'est encore cette même nécessité qui met les communautés sous la protection particuliere des tribunaux, qui veillent soigneusement à ce que les regles établies à cet égard soient fidélement observées.

Une de ces regles, fondée sur plusieurs arrêts du conseil, est que toute adjudication, dont l'objet est au-dessus de 15 liv. doit être précédée d'encheres. L'édit du mois d'août 1764, contenant réglement pour l'administration des villes & principaux bourgs du royaume, porte, *art. 26*, « que les *adjudications* des revenus patrimoniaux desdites villes & bourgs, seront faites dans l'assemblée des notables au plus offrant & dernier enchérisseur sur trois affiches préalables, apposées, de quinzaine en quinzaine, aux lieux requis & accoutumés; à l'exception seulement de ceux qui n'excéderoient pas la somme de 100 liv. de revenu annuel, dont les baux pourront être passés par les officiers municipaux sans lesdites formalités : & à l'égard de tous les autres, sans exception, qui auront été par nous accordés aux villes & bourgs, il sera procédé à leur *adjudication* par les officiers de nos bureaux des finances, ou ceux de nos élections, qui s'y transporteront; le tout en la forme & maniere accoutumée. Défendons à tous officiers municipaux de s'en rendre, en aucun cas, & sous quelque prétexte que ce soit, *adjudicataires*, ou *cautions d'autres adjudicataires*, soit en leurs noms, ou sous des noms interposés, à peine de nullité desdits baux, de restitution, & de dommages & intérêts, sans que lesdites peines puissent être réputées comminatoires. »

Il y a des observations très-importantes à faire sur la disposition de cet article.

En premier lieu, quoique la loi où elle est renfermée, soit abrogée en partie par celle de 1771, son esprit & ses motifs subsistent toujours : l'on ne doit s'écarter nulle part de ce que cet article ordonne, tant sur la nécessité des formes authentiques dans les *adjudications*, que sur les défenses qui y sont faites aux officiers municipaux d'y participer ni directement, ni indirectement.

En second lieu, la somme de 100 liv. que cet article donne pour taux & pour regle, ne se rapporte qu'à l'état considérable des villes composées de quatre mille cinq cents habitans, ou plus, pour lesquelles spécialement le premier réglement fut publié. Il faut donc toujours s'en tenir à la regle de 15 livres pour les communautés moins considérables.

Troisiémement, le même article fixe les délais des encheres, après lesquelles il veut que l'*adjudication* se fasse au dernier & plus offrant enchérisseur, sans parler d'aucun délai ultérieur pour recevoir le *doublement* ou *tiercement*, ou telle autre nouvelle offre plus avantageuse pour la communauté. Il ne parle pas non plus du contrat comme d'une formalité qui doive accompagner le bail ou l'adjudication; sur quoi nous remarquerons que dans certains pays, comme en Provence, il s'étoit introduit des usages particuliers, & assez peu uniformes, qui souvent donnerent lieu à des arrêts, soit de la cour des aides, soit du parlement, qui ne l'étoient pas d'avantage. On en trouve dans Boniface & ailleurs, qui ont reçu de nouvelles offres, après l'adjudication, & même après le contrat, que certaines communautés passoient huit jours après la délivrance définitive, tandis que d'autres le passoient trois jours après, ou le même jour. Le motif de cette jurisprudence étoit le bien public, le plus grand avantage de la communauté qu'on supposoit lésée, par la seule preuve qu'en fournissoit la nouvelle offre.

Quelquefois aussi, l'avantage de cette nouvelle offre donnoit lieu à une discussion, où l'on contestoit le bénéfice relativement aux facultés ou aux talens du nouvel offrant, comparés à ceux de l'adjudicataire; il pouvoit arriver que celui-ci convînt mieux à tous égards à la communauté, quoiqu'il eût offert une moindre somme. On distinguoit encore les fermes de recette d'avec les fermes de fournitures & d'avances, pour se décider, soit par la solvabilité, soit par l'industrie. Tout cela, comme on le conçoit facilement, tombant nécessairement dans l'arbitraire, étoit une source de difficultés & de procès. C'étoit enfin un attentat à la foi publique : l'adjudicataire étoit lié envers la communauté, & celle-ci ne l'étoit pas envers lui.

Ces inconvéniens ont déterminé la cour des aides de Provence, à rendre, sur les représentations des syndics & procureurs du pays, un arrêt en forme de réglement. Nous allons le transcrire avec ses motifs, extraits du cahier de l'assemblée des communautés, convoquée à Lambesc le 19 novembre 1780.

Ce réglement nous paroît sage, & devoir être suivi dans tous les pays où peuvent subsister les abus & les désordres que cette loi a détruits en Provence.

ARRÊT de la cour des aides de Provence, du 20 juin 1780.

Art. I. Les communautés qui voudront exposer leurs rêves ou leurs autres impositions aux encheres, ne pourront le faire qu'en vertu d'une délibération du conseil municipal, laquelle contiendra les conditions auxquelles les preneurs seront tenus de se soumettre. Ces conditions seront transcrites au commencement du procès-verbal des encheres.

Art. II. Dans le cas où il est d'usage d'apposer des affiches, elles contiendront une énonciation sommaire des mêmes conditions.

Art. III. Les encheres se feront en présence des officiers qui sont en possession d'y assister, sans entendre la cour rien innover à cet égard aux droits, soit des communautés, soit des seigneurs féodaux, lesquels resteront dans leur entier.

Art. IV. Les procès-verbaux des encheres seront dressés dans les registres à ce destinés, ou dans celui des délibérations; a fait & fait inhibitions & défenses aux communautés de dresser lesdits procès-verbaux sur feuille vôlante.

Art. V. Les encheres seront annoncées au public à son de trompe, ou à la forme usitée dans chaque communauté.

Art. VI. Il y aura trois encheres de huitaine en huitaine; & la huitaine sera comptée du dimanche, ou de tout autre jour de la semaine, à pareil jour de la semaine suivante.

Art. VII. Les offres qui surviendront dans le cours des encheres, seront proclamées en la forme portée par l'art. V ci-dessus, sans qu'il soit nécessaire de les notifier aux précédens offrans; & du tout il sera fait mention dans le procès-verbal des encheres.

Art. VIII. Les offrans seront tenus de nommer leurs cautions dans les vingt-quatre heures qui suivront les offres, & icelles faire présenter pour signer leur cautionnement, si elles savent écrire; sinon il sera fait mention dans le procès-verbal d'encheres, qu'elles n'ont su, ou qu'elles n'ont pu écrire.

Art. IX. La caution de ceux qui ne feront des offres qu'à la derniere enchere, sera nommée sur le champ.

Art. X. Les cautions ne seront discutées que lors de la passation du bail.

Art. XI. Faute par les offrans de nommer leurs cautions dans les délais ci-dessus fixés, ou si la caution discutée n'est pas trouvée suffisante, leur offre sera comme non obvenue, la précédente subsistera, & là où le prix de la ferme n'arriveroit pas définitivement à celui de l'offre déclarée non obvenue, l'offrant dont l'offre est déclarée non obvenue par la disposition du présent article, sera contraint par forme de dommages-intérêts pour le déficit, en force du présent réglement.

Art. XII. Les encheres seront clôturées par la délivrance qui sera passée le jour de la derniere enchere, sauf huitaine comptée comme ci-dessus, & qui sera proclamée sur le champ, avec déclaration que le bail définitif sera passé le dernier jour de ladite huitaine à l'extinction de la chandelle, & avec déclaration encore de l'heure à laquelle la chandelle sera allumée; le tout sera proclamé, & il sera fait mention de ladite proclamation à la suite de ladite délivrance.

Art. XIII. La délivrance sera signée par le délivrataire, & sa caution, s'ils savent écrire; sinon il en sera fait mention dans le procès-verbal d'encheres.

Art. XIV. Dans cette derniere huitaine, les offres qui surviendront, se feront par comparant, lequel sera signifié aux consuls, au délivrataire, & à celui ou ceux qui auront fait, après la délivrance, l'offre la plus avantageuse.

Art. XV. Le dernier jour de ladite huitaine, le bail sera passé à l'extinction de la chandelle, pendant laquelle toutes offres verbales seront reçues, & le bail définitif sera acquis irrévocablement au dernier offrant, dont l'offre n'aura pas été couverte pendant la durée d'une chandelle surabondante, qui sera à cet effet allumée, & renouvellée jusqu'à ce qu'il n'y ait plus d'offres.

Art. XVI. A fait & fait inhibitions & défenses aux communautés de proroger la huitaine ci-dessus, de donner aucune autre expectation, & de recevoir aucune offre, pour quelque cause ou prétexte que ce puisse être, après l'extinction de la susdite chandelle surabondante, à l'exception néanmoins des cas de nullité du bail ou de la procédure.

Art.

Art. XVII. Les baux ne pourront être attaqués pour raison de nullité, lorsque la moitié de la durée du bail sera écoulée.

Art. XVIII. Tout ce que dessus sera observé à peine de nullité, nonobstant tous usages ou coutumes à ce contraires.

L'importance de ce réglement s'annonce assez par ses dispositions : cependant nous croyons devoir rendre encore compte des réflexions de M. Portalis, (*ce jurisconsulte distingué dont nous avons déja eu occasion de parler ci-dessus, pag. 688.*) Voici donc ce qu'il disoit à l'assemblée des états de Provence, en sa qualité de l'un des procureurs-syndics du pays. « Telle est la loi, que nous avons cru devoir solliciter ; on s'est proposé, pour fin principale, de fixer & de simplifier la marche des procédures. Le grand objet des encheres est de faire l'avantage des fermes ; mais cet objet doit être concilié avec la nécessité d'assurer la foi publique des *adjudications*, & avec les idées de modération & de justice qui sont inséparables d'un systême d'administration bien ordonné. On a pensé trop long-temps que toutes les formes & toutes les regles devoient céder au plus petit avantage qui étoit offert ; delà, les prorogations arbitraires des délais, les variations dans les procédures, le peu de respect pour les contrats les plus solemnels ; on eût dit que les encheres n'étoient que des pieges tendus à la bonne foi, ou à la passion souvent aveugle de la concurrence. Sans doute la loi doit protéger les fermes publiques contre l'intérêt personnel, contre les vues injustes & avides d'un *adjudicataire;* mais elle ne doit point chercher à établir un systême offensif contre ceux avec qui elle se propose de traiter, ni vouloir apporter moins de bonne foi & de justice dans les contrats auxquels elle préside, qu'elle n'en exige dans ceux qui se passent entre particuliers. *Il faut une certaine candeur dans les loix publiques ; faites pour surveiller ou pour réprimer la méchanceté des hommes, elles doivent avoir elles-mêmes la plus grande innocence.*

« On abusoit du prétexte important de l'utilité publique ; on ignoroit que cette utilité n'est pas d'écarter les fermiers par des dispositions inquiétantes, mais d'encourager leur confiance par des regles certaines & raisonnables ; mais de leur laisser entrevoir de la bonne foi dans les encheres, de la sûreté dans les contrats, & un gain honnête dans l'exploitation. Les fermes sont la base des revenus publics ; les particuliers qui s'y engagent ne viennent pas se dévouant généreusement à la patrie ; ce sont des citoyens honnêtes & solvables, dont il faut payer le travail, & qui doivent trouver, dans l'espoir d'un gain possible, la compensation des risques qu'ils courent. »

« Pourquoi rebuter les communautés par des précautions insidieuses, par des formes versatiles, par des combinaisons variables, par la vicissitude ou l'instabilité des adjudications ? Le véritable intérêt d'une ville n'est pas de se procurer, par de petites fraudes, un surhaussement qu'elle achete souvent bien cher, par les dangers auxquels l'exposent les pertes immenses d'un fermier, par les vexations que celui-ci peut se permettre contre les habitans, & par des demandes en indemnité. Mais son véritable intérêt est d'assurer ses revenus, la tranquillité des citoyens, la douceur de la perception, & les justes espérances du fermier. Voilà les vues vraiment majeures qui doivent constamment diriger cette partie de l'administration publique. Ces vues ont présidé au réglement qui, par ses dispositions, trace un plan invariable de conduite & aux administrateurs & aux offrans, & ne laisse rien au caprice de l'homme de ce qui ne doit naturellement dépendre que de la volonté de la loi. »

C'est une maxime en cette matiere, que les enchérisseurs dont le bail ou les offres sont cassés par jugement, n'ont aucune garantie à exercer contre la communauté qui leur a fait l'*adjudication*. La raison est que ces enchérisseurs sont censés connoître les regles des encheres, & ne doivent pas s'y immiscer, s'ils les ignorent.

Un autre principe très-utile, est celui de la loi 4, § *melior, D. de in diem addictione*, qui nous apprend quelle est, en certains cas, ce qu'on appelle *condition meilleure*, pour en faire la regle & le dernier motif de l'adjudication. *Melior autem conditio adferri videtur, si pretio sit additum : sed & si nihil pretio addatur, solutio tamen offeratur facilior pretii, vel maturior ; melior conditio adferri videtur. Præterea, si locus opportunior solvendo pretio dicatur, æquè melior conditio allata videtur. Et ità Pomponius libro nono, ex Sabino scribit.*

Mais il faut observer que la condition meilleure ne peut profiter à un particulier, que quand il s'en est fait une réserve expresse, en stipulant que, s'il se présente de nouveaux offrans, les nouvelles & plus fortes encheres seront préférées. Ce n'est qu'en faveur du fisc que cette réserve est toujours sous-entendue ; & si dans quelques pays les communautés d'habitans jouissent du même privilege, la condition meilleure doit s'estimer conformément aux principes que nous venons d'exposer, & l'exercice de ce privilege doit être limité à un certain temps, pour l'intérêt même des communautés.

Adjudication des biens des particuliers.

3. L'injustice de ceux à qui on a fait des prêts & des avances, a nécessité différentes manieres de leur faire payer ce qu'ils doivent. Les Romains en avoient établi quatre que nous avons en partie adoptées. 1°. La saisie entre les mains des débiteurs de notre débiteur : 2°. la saisie de ses meubles : 3°. celle de ses immeubles : 4°. l'emprisonnement, ou même l'*addiction* de sa personne. De cette derniere maniere, nous avons rejeté l'addiction, ainsi que nous l'avons déja observé *sous ce mot* ; & nous n'avons admis que la contrainte personnelle.

Nous n'avons à traiter ici que de l'adjudication des meubles, & *sur-tout* des immeubles, ensuite de leur saisie. Les formalités de celle qui avoit lieu par le droit romain, se trouvent sous les titres du digeste & du code, *de bonis auctoritate judicis possidendis, seu venundandis, & separationibus bonorum.*

Cette possession des biens d'un débiteur étoit accordée par le préteur, ou par le gouverneur de province, aux créanciers pour la conservation de leurs droits ; lorsque ce débiteur se cachoit, & que personne ne défendoit aux poursuites faites contre lui ; *l. 9, C. h. tit.* lorsqu'il étoit absent, & même prisonnier chez les ennemis. *l. 6 & 13, D. Quib. ex caus. in poss. eat.* Ensuite de cette possession, ces biens étoient vendus, & le prix en provenant étoit distribué entre tous les créanciers, selon l'antériorité de leurs privileges ou hypotheques.

Dans notre usage, un créancier n'a pas besoin de demander cet envoi en possession préliminaire ; il peut, en vertu d'un jugement de condamnation ou d'une obligation authentique portant exécution parée, procéder d'abord par saisie mobiliaire ou immobiliaire, & faire ensuite procéder à la vente des objets saisis, qui sont *adjugés* au plus offrant & dernier enchérisseur. Quand le débiteur est absent, il faut, pour la validité des poursuites, faire créer un curateur, qui y défend & qui représente parfaitement le débiteur.

Avant l'ordonnance de 1539, & surtout le fameux édit des criées de 1551, presque chaque siege avoit son style, auquel les rédacteurs des coutumes ajouterent diverses regles. Aujourd'hui l'édit de 1551 n'est pas même observé dans plusieurs provinces.

En Artois, & dans les provinces qui composent le ressort du parlement de Flandres, on suit les placards & ordonnances des princes de la maison d'Autriche, sur la matiere des décrets.

En Normandie, ces sortes de procédures se dirigent par les dispositions du réglement du parlement de Rouen de 1666, & du tit. 4 des lettres-patentes du 18 juin 1769, portant réglement pour l'administration de la justice dans le ressort de cette cour.

En Bretagne, après bien des doutes, on a enfin assuré l'exécution de la loi commune de 1551.

On ne l'a pas observée pendant longtemps aux parlemens de Toulouse & de Bourdeaux; mais elle y est suivie aujourd'hui, à quelques différences près introduites dans la premiere de ces cours, ensuite de l'usage du *rabbattement* de décret. Ces différences sont fixées par la déclaration du 16 janvier 1736, portant réglement pour les *adjudications* par décret en Languedoc; par l'arrêt de réglement du parlement de Toulouse, du 27 juillet 1743, qui juge que l'on ne peut rabattre une partie des adjudications, sans les rabattre toutes; enfin, par la déclaration du 5 janvier 1749, concernant aussi les *adjudications* par décret, & rendue pour faire cesser la diversité de jurisprudence qui s'étoit introduite entre le parlement de Toulouse & la cour des aides de Montpellier.

En Bourgogne, il s'étoit glissé plusieurs abus, relativement à l'exécution de l'édit de 1551, qui exciterent le zele des syndics des états à en demander la réformation: elle fut faite par un réglement du parlement de Dijon, de 1614, confirmé par des lettres-patentes de 1616. Cependant, comme cette loi locale ne prescrit pas toutes les formalités des décrets, l'usage en a introduit quelques-unes.

Dans la Bresse, le Valromey, le Bugey & le pays de Gex, on ne suit pas le réglement général de Bourgogne: on y a conservé, pour les discussions & les *subhastations* de biens, les anciennes regles prescrites par le statut publié en 1430, par Amédée, duc de Savoie, & par celui de Philibert second, rendu en interprétation du premier. Cet usage est fondé sur un des articles du traité d'échange de ces provinces, avec le marquisat de Saluces, & sur des lettres-patentes confirmatives, accordées par Henri IV, au mois de novembre 1601. Il a été irrévocablement assuré par des déclarations du 3 juillet 1702 pour la Bresse, & du 6 décembre de la même année pour le Bugey, le Valromey, & le pays de Gex.

En Franche-Comté, on observe, comme dans la Flandre, les anciennes loix des souverains de ce pays, avant sa réunion à la couronne, qu'on trouve au liv. 4, tit. 29 de la collection de Petremand, *pag. 188.*

En Dauphiné, on se sert indifféremment, soit de la voie générale prescrite par l'édit des criées, soit de celle introduite par un réglement du parlement de Grenoble, de l'année 1547; mais les formalités de ce réglement ne mettant point à couvert des actions hypothécaires, on emploie plus volontiers celles de l'édit de 1551.

Enfin, en Provence, on s'est constamment maintenu dans l'usage de suivre les anciens statuts, qui veulent que les créanciers viennent par *collocation* sur les biens de leurs débiteurs; ces biens leur sont adjugés pour le montant de leurs créances, & sur le pied de l'évaluation faite par des officiers qu'on appelle *estimateurs.*

Quoi qu'il en soit de cette diversité de jurisprudence dans les différentes provinces du royaume, voici quelle doit être dans celles qui suivront les procédures ordinaires des décrets, la marche de ces procédures.

Commandement recordé de témoins fait au débiteur: saisie réelle sur le débiteur: signification de la saisie réelle à la partie saisie: affiches & signification d'affiches: exploit portant qu'il sera procédé à la premiere criée: quatre criées de quatorze en quatorze jours: procès-verbal de criées : enrégistrement de la saisie réelle avant & après les criées : certification des criées & sentence de rapport : assignation à la partie saisie, pour proposer moyens de nullité : congé d'adjuger : enchere de quarantaine ; affiches : publication & signification : adjudication, sauf quinzaine : remise avant l'adjudication par décret : adjudication par décret : folle enchere : consignation par l'adjudicataire : sentence d'ordre.

Ces notions générales, sur la diversité des décrets interposés sur les biens des débiteurs, nous ont paru nécessaires. Sans ce fil on se perdroit dans le dédale des questions que présentent les formalités des *adjudications* qui terminent les procédures de ces décrets. Ces formes paroissent minutieuses & sont séveres.

On trouvera les autres détails sous les différens mots auxquels nous renverrons, tant dans le cours de cet article, qu'en le terminant.

Qui peut être adjudicataire.

4. Nous avons observé, sous le mot *Abus*, *n°. 6*, que la loi romaine & les anciennes ordonnances de nos rois défendoient aux gouverneurs & aux magistrats de faire des acquisitions dans les provinces où ils rendoient la justice. Ces réglemens, faits pour prévenir les dangers de l'abus de pouvoir, ont été appliqués aux adjudications par décret. Ainsi, d'après les dispositions du droit dans la loi 46, *D. de contrah. empt.*; de l'ordonnance de St. Louis, de 1254 ; de celle de Philippe IV, de 1320 ; de Charles VI, de 1388 ; de Blois, art. 132 ; de 1629, art. 117, on a assez constamment décidé, dans les différens tribunaux du royaume, que les juges, avocats & procureurs du roi, & même les greffiers, n'étoient point admis à mettre des encheres sur les biens qui se vendent dans leurs sieges. La derniere de ces loix s'exprime en des termes remarquables. *Les lieutenans-généraux, particuliers, & autres officiers, greffiers & clercs de greffe, des sieges tant présidiaux qu'autres, ne pourront prendre à ferme, ni acquérir par décret les héritages qui se vendront ez jurisdictions du corps desquels ils sont, à peine de nullité des décrets, dépens, dommages, intérêts des parties.*

Arrêt des grands jours de Troyes, du mois d'octobre 1583, contre un lieutenant-général de ce bailliage. (Mornacius, *tom. 1, pag. 1035.*)

Arrêt du parlement de Paris, du 31 mai 1588, contre un lieutenant-général de Vitri. (Chopin, *sur la cout. d'Anjou, tit. des hypotheques, n°. dernier.*)

Arrêt du parlement de Paris, en la séance de la St. Martin de 1598, qui condamne le lieutenant-criminel d'Angers à se départir d'un héritage qu'il s'étoit fait adjuger à vil prix par le lieutenant-général, son beau-pere. (Leprêtre, *centur. 2, chap. 92, pag. 572.*)

Arrêt du parlement de Paris, du 17 mai 1605, qui juge que les défenses faites aux juges d'acquérir les biens vendus dans leurs sieges, « ne s'entendent que des ventes & décrets nécessaires & forcés, & non point de ceux qui sont volontaires, & faits en conséquence d'un contrat précédent. » (Leprêtre, *centur. 3, ch. 32, pag. 625.*)

Arrêt du parlement de Paris, du 7 mai 1609, contre le greffier de Boisgency. (Tronçon, *sur l'art. 359 de la cout. de Paris, pag. 777.*)

Arrêt du parlement de Paris, du mois d'août 1610, qui confirme une adjudication faite à un avocat du siege d'Angers, & infirme celle faite à Boussac, conseiller du même siege : & sur les conclusions du procureur-général, fait désenses *à tous juges de se rendre adjudicataires des héritages adjugés en leurs sieges.* (Leprêtre, *centur. 2, ch. 92, pag. 552.*)

Arrêt du parlement de Paris, du 22 juin 1611, qui casse une adjudication faite au procureur du roi en la sénéchaussée de Lyon, dans son siege ; & faisant droit sur les conclusions de M.

l'avocat-général Lebret, fait défenses *aux procureurs du roi, aussi-bien qu'aux juges & à leurs greffiers, d'acheter aucune chose qui seroit vendue par décret aux sieges où ils seroient officiers.* (Lebret, *en ses décisions, liv. 5, ch. 7, pag. 319 & suiv.*)

Arrêt du parlement de Paris, du 23 novembre 1615, qui casse une adjudication faite au profit du lieutenant-général de Chauni; *bien qu'un procureur de ce siege fût resté adjudicataire, & depuis eût déclaré que c'étoit pour ledit lieutenant-général.* (Bouchel, *en ses Arrêts, liv. 1, chap. 7.*)

Arrêt du parlement de Paris, du 31 mai 1618, qui casse une adjudication faite au bailli de Chinon. On n'eut point égard à ce qu'il observoit, qu'étant officier de robe courte & homme d'épée, les loix prohibitives en cette matiere ne pouvoient le concerner.

Arrêt du parlement de Paris, du 9 mai 1622, qui prononce qu'un juge ne peut être adjudicataire en son siege, & casse tout ce qui s'est fait en conséquence, sauf à se pourvoir en restitution du prix de l'adjudication. (Bardet, *tom. 1, liv. 1, ch. 96.*)

Arrêt du parlement de Paris, du 5 février 1626, qui confirme une adjudication faite au profit du lieutenant-général du Mans en son siege, d'*autant que l'adjudication lui en avoit été faite sous seing privé, par la mere* de celui qui attaquoit cette procédure. Il en étoit donc aux termes de la *novelle 10* de Valentinien, qui permet aux magistrats d'acheter par convention, comme les autres. *Quem non tædeat, alioquin ista conditio iis solis qui ad honores aliquos evehuntur, libertatem in contractibus non parere.* Ici cessoit donc l'application de la maxime ordinaire fondée sur ces deux motifs. 1°. « Il n'est pas raisonnable que les pauvres débiteurs qui voient leur bien vendu, soient encore chargés de cette misere, qu'il soit vendu à vil prix par les monopoles, & par l'autorité des officiers. » 2°. « L'adjudication étant faite à un officier du siege, il ne consigne qu'en papiers; l'ordre est retardé, & les créanciers ne sont point payés. Ces deux considérations cessant, il n'importe à qui l'*adjudication* soit faite. » (*Journ. des aud. tom. 1, liv. 1, chap. 84, pag. 48 & 49*; & Bardet, *tom. 1, liv. 2, chap. 69.*)

Arrêt du parlement de Paris, du 17 décembre 1627, qui confirme une adjudication faite à un procureur du roi, après vingt & huit ans de possession paisible, & la ratification de la fille de celui sur qui les biens avoient été saisis. (*Ibid. pag. 75.*)

Arrêt du parlement de Paris, du 7 février 1634, qui annulle une adjudication par décret, *super non domino*, faite au profit du bailli de Sens, adjudicataire dans son siege, quoique l'appel n'en eût été interjeté que 25 ans après. (Bardet, *tom. 2, liv. 3, chap. 5, pag. 157 & 158.*)

Arrêt du parlement de Paris, du 4 mars 1657, qui casse une adjudication faite au profit du lieutenant-général de Roanne dans son siege. (Henris, *tom. 1, pag. 513 & 514.*)

Arrêt du parlement de Paris, du 11 mai 1659. « Dans la ville de Langres, une maison étant poursuivie par décret à la requête des créanciers du propriétaire, le lieutenant-particulier du siege où le décret étoit poursuivi, se la fit adjuger à son profit à la somme de 12000 liv. *quoiqu'elle en valût beaucoup plus.* Comme les encheres n'avoient pas été faites à la maniere accoutumée, un particulier se présenta, & demanda d'être reçu à l'enchere qu'il vouloit faire; ce qui lui fut refusé par sentence, de laquelle ayant interjeté appel en la cour, ensemble de l'adjudication par décret faite au profit de ce lieutenant-particulier, il offrit en même temps cinq cents écus d'enchere. » La cour ordonna qu'il seroit procédé à une nouvelle enchere; *& sur le surplus, qui étoit les offres, hors de* cour & de procès, dépens réservés. (Desmaisons, *lettre* A, n°. 21.)

ARRÊTS de réglement du parlement de Rennes, des années 1650 & 1666, qui font défenses aux juges, greffiers, procureurs d'office, de se rendre adjudicataires des héritages dont les adjudications sont faites dans leur siege.

ARRÊT de réglement général du parlement de Paris, du 10 juillet 1665. Dans l'*art.* 13, il défend à tous juges & officiers de justice, de se rendre directement ou indirectement *adjudicataires* des biens vendus en leur siege, & de les acquérir des adjudicataires, sinon trois ans après la vente, *à peine de nullité d'icelles, & de perte du prix qui tournera au profit des parties saisies.* La cour excepte les décrets volontaires, & les *adjudications* par licitation des immeubles dans lesquels les officiers ont quelque droit ou propriété. (Bretonnier sur Henris, *tom.* 1, *pag.* 514....) Cet auteur rappelle un article des franchises de Villefranche en Beaujolois, accordées à cette ville par Edouard de Baviere en 1376, qui porte : *Cùm aliqua terra, domus, vel vinea, nemus, pratum, seu quælibet pignora mobilia, vel immobilia, pro vendendo per forum Villefranchæ, subhastata fuerint, baillivi, vel eorum familia per se, vel per alium* EA EMERE NON POSSUNT, NEC DEBENT, *seu aliqua de prædictis pignoribus habere, retinere, seu facere retineri.*

ARRÊT du parlement de Paris, du 18 janvier 1672, qui, conformément aux conclusions de M. l'avocat-général Talon, confirme l'*adjudication* faite au profit du sieur Roussel, conseiller au présidial d'Amiens, dans son siege; ou plutôt la déclaration faite par M. le duc de Chaulnes, à l'instant de l'adjudication au profit du sieur Roussel. (*Journal du palais, tom.* 1, *pag.* 149.)

ARRÊT du parlement de Paris, du 10 janvier 1708, qui déclare valable une adjudication de biens saisis sur un curateur à une succession vacante, faite du consentement des créanciers, & cédée six semaines après par l'adjudicataire, au juge qui l'avoit faite. (Augeard, *tom.* 1, *chap.* 29, *pag.* 59.)

Ces derniers arrêts l'emporteroient-ils sur tant de préjugés contraires? Nous ne le pensons pas. L'influence d'un juge a toujours été terrible, & il sera toujours nécessaire d'en empêcher les mauvais effets : *Licetur Æbutius, deterrentur emptores partim gratiâ, partim etiam pretio, fundus addicitur Æbutio :* Æbutius fait des offres, on empêche les enchérisseurs par crédit & par argent; & la terre est adjugée à Æbutius pour le prix qu'il en a offert. (Cicero, *pro Cecinna.*)

C'est sur des motifs à-peu-près semblables à ceux qui ont déterminé les arrêts rendus contre les adjudicataires, que le parlement de Paris cassa le don de la baronnie de Thiers en Auvergne, fait par le roi au chancelier Duprat. Ce magistrat, après avoir présidé au jugement rendu contre le connétable de Bourbon, portant condamnation de mort & confiscation de ses biens, avoit obtenu cette baronnie de François premier; mais la cour, par son ARRÊT du 21 mai 1569, voulut punir dans ce chef de la justice un abus d'autorité, & le mauvais exemple qu'il avoit donné en acquérant les biens de celui qu'il avoit lui-même condamné. (Chopin, *du Domaine, liv.* 3, *tit.* 15, *n°.* 5.)

Les réglemens des Eaux & Forêts & ceux des Fermes du roi, viennent encore à l'appui des loix séveres qui nous paroissent devoir être maintenues.

Les juges royaux ne peuvent se rendre adjudicataires ou cautions des bois vendus par les officiers des maîtrises, à peine de confiscation des ventes & du prix; & les officiers des maîtrises qui auront consenti l'*adjudication* & souffert l'exploitation, seront déchus de leurs privileges, déclarés roturiers & privés de leurs offices. *Ordonnance de* 1669, *tit.* 15, *art.* 21. Les officiers des maîtrises ne peuvent être *adjudicataires* ou cautions pour les bois d'un autre département, ni leurs gendres, freres, beaux-freres, oncles, neveux & cousins-germains, à peine de confiscation & d'amende arbitraire; & les officiers des maîtrises, bannis en outre du ressort de la maîtrise: *art.* 22. Voyez *Bois*, *Maître (des eaux & forêts.)*

ARRÊT du conseil, du 4 mars 1688, qui défend à tous officiers connoissant du fait des fermes du roi, de prendre directement ni indirectement aucune espece d'intérêt dans les sous-fermes. Louis XII, par son ordonnance sur le fait des aides, de 1508, avoit défendu aux élus d'adjuger ces fermes à aucun de leurs parens, non plus qu'aux greffiers & receveurs.

Enfin, un souverain célebre par sa sagesse & l'amour qu'il avoit inspiré à ses peuples, a adopté les principes de la législation romaine.

ORDONNANCE du duc Léopold de Lorraine, du 8 mars 1723, qui défend à tous juges, procureurs, avocats du roi & greffiers, de se rendre adjudicataires des biens décrétés & vendus dans les tribunaux dont ils sont membres, à peine de nullité des mises, encheres, baux, ventes & adjudications, de perte du prix de leur adjudication, & de tous dépens, dommages & intérêts des parties. Cette loi renferme cependant deux exceptions. 1°. Le cas d'un décret volontaire. 2°. Celui où l'officier est créancier de la partie saisie; parce qu'alors il est intéressé à faire valoir l'immeuble qu'on adjuge, pour obtenir une collocation utile.

Les juges ne sont pas les seuls à qui il est défendu de se rendre adjudicataires. « Les parties ne pourront prendre directement ni indirectement le bail des choses sequestrées, ni la partie se rendre *adjudicataire* des fruits saisis étant sur pied, à peine de nullité, &c. » On éluderoit autrement l'effet de la sequestration; *& l'on ne présume pas*, dit Bornier, *que si les parties executées étoient reçues fermiers de leurs biens sequestrés, elles y gardassent la bonne foi.* (Bornier, *tom.* 1, *pag.* 139.

On en use autrement en Normandie, *& chacun peut enchérir, à la réserve de ceux auxquels il est défendu par l'ordonnance de Blois, comme les officiers de judicature, avocats, procureurs, greffiers, sergens & autres.* (Basnage, *tom.* 2, *pag.* 500.) Voyez la division suivante, & celle de *Bail judiciaire*, & les mots *Fermes générales*, *Juge*, *Procureur du roi*, *Saisie*, *&c.*

Administrateurs.

5. Nous avons déja rappellé les dispositions de l'édit du mois d'août 1764, qui défend à tous officiers municipaux de se rendre *adjudicataires* ou *cautions d'autres adjudicataires* des biens des communautés. Ces dispositions confirment de plus en plus l'opinion que nous venons d'énoncer sur les loix prohibitives qui cherchent à prévenir les abus de pouvoir, les fraudes, les manœuvres & les déprédations. Tout cela est sur-tout dangereux en matiere de municipalités, & nous proposerons à ce sujet de nouvelles réflexions ci-après, sous le mot *Administration*, *n°.* 19. Contentons-nous d'annoncer ici un réglement de l'archiduc Léopold, du 23 juin 1777: « Il est défendu par cette loi à toute personne employée au service des communautés, des lieux pies, ou de quelqu'autre patrimoine, d'acheter ou de prendre à cens, directement ou indirectement, aucuns des biens qui sont vendus ou donnés à cens par la communauté, ou autre corps public dont il est salarié. »

Alimens.

6. Bannelier sur Davot (*tom.* 1, *pag.* 167, *n°.* 4,) s'éleve contre ces *traités* qu'on appelle *tutélaires*, qu'une mauvaise routine qui ne mene communément à rien de bon, a introduits dans les campagnes, même dans les villes, entre les artisans; par lesquels on con-

vient que moyennant une somme que le conjoint survivant donnera aux enfans à certain âge, & la promesse de les nourrir, tous les effets mobiliers lui demeureront : *traités faits pour l'ordinaire à yeux clos, & qu'on pallie du spécieux prétexte d'éviter les frais d'un inventaire.* Une pratique qui nous paroît encore plus mauvaise dans la province de Bresse, c'est celle qui a lieu à la mort d'un pere de famille, relativement à l'entretien & à l'éducation des enfans qu'il laisse en minorité. On proclame cet entretien & cette éducation au rabais, & on *l'adjuge* très-souvent au préjudice, non-seulement des parens & alliés, mais même de la mere, à l'étranger intéressé qui fait à cet égard des spéculations que nous osons dire barbares, & également dangereuses pour les mineurs & pour la société. Nous reviendrons sur cet usage vraiment étrange sous les mots *Alimens, Bail, Éducation, Mere, Parent, Tuteur, &c.*

Appel.

7. « Les héritages & autres immeubles de ceux qui auront été condamnés par provision à quelque somme pécuniaire ou especes, pourront être saisis réellement ; mais ne pourront être vendus & *adjugés*, qu'après la condamnation définitive. » *Art. 8 du tit. 27 de l'ordonnance de 1667.*

La rédaction de cet article laisse des doutes. Peut-on procéder à l'adjudication après cette sentence définitive, lorsque la partie condamnée en a interjeté appel ? Premier objet.

Second objet : peut-on passer outre au jugement d'adjudication, nonobstant l'appel des saisies, criées & vérifications d'icelles ? Troisieme objet : est-on admis à se pourvoir contre un jugement d'adjudication, comme contre toute autre espece de jugement, lorsque l'adjudication est vicieuse ou par rapport au fond ou par rapport à la forme : vicieuse par rapport au fond, comme si le bien a été adjugé sur celui qui n'en étoit pas propriétaire, ou pour une chose qui n'étoit pas due ; vicieuse par rapport à la forme, comme si l'on n'a pas observé toutes celles que les loix prescrivent ? Voici quelle est la jurisprudence sur ces questions, & sur quelques autres de la même nature.

Arrêt du parlement de Rennes, du 27 Août 1558, qui casse une vente & adjudication faite nonobstant l'appel, & ordonne que l'arrêt sera lu à l'audience aux dépens du juge ; & que jusqu'à ce que l'arrêt ait été lu, le juge demeurera interdit de son état. (Dufailh, *tom. 1, pag. 455 de l'édit. de Sauvageau.*)

Arrêt du parlement de Paris, du 11 août 1604, qui fait défenses à tous juges de passer outre aux adjudications nonobstant l'appel, & d'adjuger par provision ; leur enjoint de déférer aux appellations, à peine de tous dépens, dommages & intérêts.... Arrêts conformes de la même cour, des 23 février & premier décembre 1608, 11 janvier 1610, 26 avril 1611 & 18 janvier 1612. « Ce qui manque néanmoins quand il y a un arrêt confirmatif de la saisie & criées, ou du congé d'adjuger ; car s'il survient un nouvel appel, le juge n'est pas obligé d'y déférer, & il peut adjuger nonobstant ledit appel. » (Louet & Brodeau, *lettre* D, *somm.* 65, *tom. 1, pag. 626.*)

Arrêt du parlement de Dijon, du 10 décembre 1610, qui juge que l'adjudicataire par décret des biens d'un mineur, est tenu, sur l'appel interjeté par ce mineur, de communiquer toutes les pieces sur lesquelles la délivrance a été faite, afin que l'on puisse reconnoître s'il y a quelques nullités dans les procédures, & si les sommes payées étoient dues. (Bouvot, *tom. 1, part. 1, pag. 1.*)

Arrêt du parlement de Paris, du 25 janvier 1611, qui déclare non-recevable l'appel d'un décret interjeté après vingt-sept ans. (Louet & Brodeau, *lettre*

lettre D, *somm. 26, tom. 1, pag. 498.*) Brodeau observe que cet arrêt ne juge pas la question de savoir si l'appel d'un décret est recevable après dix ans, soit à l'égard du saisi, de ses héritiers ou opposans : au contraire, *dit-il*, on peut remarquer plusieurs arrêts par lesquels la cour, après vingt-cinq & jusqu'à trente ans, a reçu l'appel d'un décret, & n'a point fait difficulté de le casser quand elle y a reconnu des nullités essentielles. Ces ARRÊTS sont des années 1608, 1624, 1625 & 1634.

ARRÊT du parlement de Paris, du 12 mars 1658, qui juge que s'il y a appel de l'adjudication, l'adjudicataire ne doit point payer les lods & ventes, parce que l'appel étant suspensif, l'adjudicataire ne peut se dire propriétaire. (*Dictionnaire de Laville, au mot* Décret, *n°. 2879, pag. 323.*)

ARRÊT du parlement de Paris, du 31 août 1761, qui juge que l'appel d'une sentence portant adjudication, n'est plus recevable après dix ans, parce l'adjudication est un contrat tel que celui passé devant un notaire; que même on se lioit autant & encore plus fortement en justice, que pardevant un officier public. (Denisart, *au mot* adjudication, *n°. 10.*) Ce préjugé paroît devoir l'emporter sur l'ancienne jurisprudence. Un adjudicataire mérite bien sans doute autant de faveur qu'un tiers-acquéreur.

ARRÊT du parlement de Toulouse, du 13 septembre 1769, qui juge « que quoiqu'un fonds n'ait pas été compris dans la saisie, & que le prix de ce fonds ne soit pas dans l'allocation, quoiqu'encore il n'ait pas été fait mention de la vente séparée pour les réparations, frais & loyaux-coûts, la sentence qui a ordonné la vente & fait les allocations, doit néanmoins avoir son exécution, lorsqu'on n'a pas fait réparer les erreurs ou omissions avant l'adjudication du décret, & que l'*appel n'en est pas après recevable*, si on a depuis contesté & laissé rendre l'adjudication, la chose ayant passé en force de chose jugée par les acquiescemens donnés. » (Aguier, *tom. 2, arr. 324, pag. 320.*) Voyez ci-après les divisions, *Redevances seigneuriales* & *Nullité*, & les mots *Allocation*, *Criées*, &c.

Audience.

8. ARRÊT du parlement de Paris, du 6 mai 1593, qui défend de faire les adjudications dans la chambre du conseil, & ordonne qu'elles seront faites *à l'audience*, publiquement & de vive voix. L'usage est qu'au parlement elles se font au greffe de la grand'chambre, où le principal commis de l'*audience* reçoit les encheres tous les mercredi & samedi, depuis cinq heures de relevée jusqu'à six. Aux cours des aides & des monnoies, les adjudications se font de même au greffe ; mais aux requêtes du palais & à celles de l'hôtel, au bailliage du palais & au châtelet, elles se font à l'audience. Il en est de même dans presque tous les tribunaux supérieurs & inférieurs du royaume. Voyez *Audience*, *Greffe*, &c.

Bail judiciaire.

9. C'est celui qui est fait par autorité de justice, d'un bien saisi réellement. Nous examinerons les formalités des adjudications des baux judiciaires sous le mot *Bail* (*judiciaire.*) Nous nous bornons à observer qu'un ARRÊT intéressant du parlement de Paris, du 22 juillet 1690, a fait défenses *aux commissaires aux saisies réelles* & à leurs commis, *aux procureurs* & à leurs clercs, de s'entremettre en aucune maniere, dans ces sortes d'adjudications. Voyez *Commissaire*, *Procureur*, &c.

Barre de la cour.

10. « Souvent, pour ménager les frais qu'un héritage ne peut supporter, on le fait vendre à la barre de la cour, & sur simple enchere ; & ces sortes d'expédiens se pratiquent au bailliage d'Auxerre, où l'on cherche plus que

dans les autres tribunaux à diminuer les procédures & les frais qu'elles attirent. » (Née de la Rochelle, en son *Commentaire sur la cout. d'Auxerre*, *pag.* 193.)

Cette espece d'adjudication, *à la barre de la cour*, qu'on connoît aussi dans bien des sieges sous le nom de *vente sur trois publications*, ménage bien le temps & les frais; mais enfin, elle ne purge point les hypotheques des créanciers qui ne se sont point opposés; de sorte qu'un adjudicataire est exposé aux demandes en déclaration d'hypotheque, & pourroit être évincé s'il étoit troublé par des créanciers qui eussent des droits plus utiles que lui. Il n'y avoit anciennement que le décret forcé qui pût purger une hypotheque existante lors du décret; mais nous connoissons heureusement aujourd'hui une nouvelle maniere qui réunit la sûreté des adjudications par décret, & la simplicité & l'économie de la vente sur trois publications; c'est la formalité des lettres de ratification. Nous traiterons amplement de tous les objets relatifs à ce nouvel établissement formé à l'instar de ce qui se pratiquoit pour les offices, sous le mot *Conservateur* (*des hypotheques.*)

Biens d'église.

11. La faveur que méritent les biens destinés, soit au service des autels, soit à l'entretien des pauvres & des malades, ne peut l'emporter sur celle qui est due à un adjudicataire qui a contracté sur la foi de l'autorité publique.

ARRÊT du parlement de Paris, du 10 mars 1778.... *Espece.* 13 août 1735, aliénation sans formalités par le chapitre de Beauvais, au sieur Bouchard, seigneur de Ravenel, d'un fief qu'il possédoit dans la paroisse de Ravenel, sous une rente fonciere de 492 livres. Saisie réelle de ce fief sur Bouchard*, opposition du chapitre à fin de charge & pour la conservation de sa rente. 1750, adjudication aux marquis & marquise de Guermante, à la charge de la rente dont ils passent reconnoissance nouvelle au chapitre. Au mois d'avril 1775, c'est-à-dire, avant qu'il se fût écoulé quarante ans depuis l'aliénation du fief, le chapitre en demande la nullité, ainsi que de tous les actes approbatifs, tout se trouvant dénué des formalités nécessaires pour la validité des aliénations des biens d'église. Sentence du châtelet, du 30 avril 1777, qui déclare l'acte d'aliénation nul, & sans qu'il soit besoin de lettres de rescision, condamne les marquis & marquise de Guermante, de laisser au chapitre la possession & jouissance du fief, à la charge par ce chapitre, suivant ses offres, de rembourser les deniers d'entrée. Sur l'appel, la cour, sur les conclusions de M. Joly de Fleury, infirme la sentence du châtelet, déboute le chapitre de sa prétention, & juge que le décret forcé & l'adjudication purgent la propriété contre l'église.

ARRÊT de la cour des aides, du 2c janvier 1780.... *Espece.* 1646, saisie réelle des biens de Vasset, receveur des tailles à Péronne; on y comprend sept journaux de terre appartenans à la fabrique de Soyecourt. Bail judiciaire de l'autorité de la cour, qui, par ARRÊT du 3 août 1678, adjuge à M. de la Barroire, président au parlement, les biens saisis consistant en 228 journaux, dont les sept de la fabrique faisoient partie. 1680, bail de la fabrique. 1686, demande des redevances au fermier, qui se trouvoit en même temps celui de M. de la Barroire, pour une partie des terres adjugées dans le nombre desquelles étoient les sept journaux. Intervention de M. de la Barroire, qui prodoit vainement, soit la copie de l'article de la saisie réelle qui comprenoit les sept journaux, soit l'arrêt d'adjudication. Une sentence du 26 juin 168?, condamne le fermier à consigner le prix du bail qui lui a été passé pour les années qui s'en trouvent échues.

D'un côté, M. de la Barroire mourut après avoir interjeté appel, & laissa

M. Sevin, aussi président au parlement, pour son légataire universel : de l'autre, la fabrique, après avoir fait assigner en désistement des sept journaux Jean Goguet à qui ils avoient passé, laissa impoursuivie cette demande appointée en 1699 & 1700. 1735, la fabrique de Soyecourt traduit au bailliage de Péronne Rabache, acquéreur des sept journaux, & lui en demande les fruits depuis 1686 : celui-ci ayant justifié au desir de l'art. 210 de la coutume de cette ville, une possession de 40 ans, tant de son chef que de celui de ses auteurs, sentence du 27 février 1737, qui déboute les marguilliers de leur demande.

Comme dans le cours de cette derniere instance, on avoit parfaitement ignoré les anciennes procédures faites en la cour des aides, la fabrique qui en prit enfin connoissance, interjeta appel, garda bientôt un nouveau silence qu'elle n'interrompit qu'en 1775, où le procès fut conclu en la cour.

La fabrique dit que la demande en désistement appointée en 1700, ne permettoit pas d'admettre aucune espece de prescription, d'après la maxime que des demandes intentées en cour souveraine, ne se prescrivent pas lorsqu'elles y ont été appointées. La saisie réelle de 1646, ne pouvoit lui être opposée, puisqu'elle n'avoit pas cessé de jouir ; ce qui étoit établi par les comptes des marguilliers, où ils avoient porté en recette les redevances annuelles ; cette jouissance étoit d'ailleurs prouvée par le bail de 1680.

On répondoit que la fabrique devoit s'imputer de n'avoir point formé son opposition à la saisie réelle qui avoit compris les sept journaux dont elle prétendoit avoir eu la propriété ; qu'elle avoit eu trente-deux ans pour en demander la distraction ; que les demandes en désistement de 1699 & de 1735, ne pouvoient avoir d'effet à défaut de réclamation pendant quarante ans, contre l'adjudication portée par l'arrêt de 1678 ; que l'art. 1 du tit. 35 de l'ordonnance de 1663, prescrivoit l'exécution des arrêts jusqu'à ce qu'ils fussent rescindés, & que celui de 1678 ne pouvant plus l'être, les demandes en désistement devoient être rejetées.

Les comptes des marguilliers ne peuvent être opposés à des tiers à qui ils sont parfaitement étrangers, & les baux judiciaires faits de l'autorité de la cour des aides, établissent que le prix en a été perçu par les fermiers judiciaires. Si la fabrique a passé un bail en 1680, ce bail n'a pas été exécuté, parce que le fermier qui a reconnu qu'elle n'avoit eu aucun droit pour le passer, n'en a jamais voulu payer le prix. La cour confirma la sentence du bailliage de Péronne, & jugea par-là, *in terminis*, qu'une église dont les terres ont été comprises dans une saisie réelle, & qui ont été *adjugées* par arrêt rendu depuis cent ans, contre lequel elle n'a pas réclamé, n'est pas recevable dans les demandes en désistement qu'elle en a depuis intentées. Voyez *Aliénation*, *Appointement*, *Décret*, *Église*, *Prescription*, &c.

Chandelle éteinte.

12. « Quant à la forme & solemnité des *adjudications*, l'on avoit, il y a quelque temps, accoustumé en plusieurs jurisdictions d'y procéder tout ainsi qu'aux fermes du roi, à l'extinction de la chandelle allumée ; y ayant même plusieurs coutumes à ce expresses, comme l'ancienne de Boulenois, sur la fin ; Ponthieu, *art. 169 ;* & celle de Bretagne nouvellement réformée, ès *art. 579 & 728 ;* ou en la coutume locale de Seclin sous Lille, & de Launoy : on est reçu à renchérir jusques au pouce de la chandelle ; ou bien on adjugeoit le décret à couvert en la chambre du conseil, & par prises d'espices ; & quelquefois en autres lieux au troisieme coup & battement d'une vergette ou baguette que

tenoit le juge, en signe que l'adjudicataire étoit par lui investi.... Mais enfin toutes ces cérémonies & solemnités pour les surprises qui en pouvoient arriver, mesmement que c'étoit un moyen de gratifier les uns au préjudice des autres, & jeter comme au sort & à l'extinction du feu d'une chandelle ou d'un coup de baguette, le bien & la substance d'un pauvre débiteur, ont été abolies en ce parlement, comme captieuses & aléatoires; & en ce faisant, ordonné que les adjudications par décret se feroient publiquement *aperto foro* en l'auditoire jurisdictionnel & de vive voix, au jour & heure pour ce assignés, avec défenses à tous juges d'*adjuger* ni en la chambre du conseil, ni au frappement de la baguette, ni à la chandelle éteinte, par ARRÊT du 27 mai 1606, & infinis autres intervenus sur le même sujet. » (Goujet, *Traité général des criées & Décrets, & Hypothèques, & Nantissement, Paris 1619, in-8°., pag. 472 & 473.*)

L'un des inconvéniens de l'adjudication à l'extinction de la bougie, est la difficulté de bien déterminer quel est le véritable enchérisseur: en effet, comment distinguer parmi plusieurs offres faites confusément & à la fois, quelle est celle qui est faite la premiere, quelle est celle qui est faite la derniere?

« La vente des biens d'un débiteur se faisoit à extinction de chandelle: plusieurs voyant que la chandelle alloit s'éteindre, mettent les héritages à prix; il est enfin ordonné qu'elle sera rallumée entre deux qui sont prouvés être les derniers enchérisseurs. Un tiers veut être reçu à enchérir; l'un des deux qui avoit le droit de le faire, cede son droit à l'autre à qui l'héritage est adjugé, sans avoir égard à l'enchere du tiers. »

ARRÊT du parlement de Bretagne, du 22 octobre 1557, « confirmatif de la sentence du sénéchal de Rennes, qui avoit encore ordonné que l'adjudicataire consigneroit dans jeudi & non dans les 24 heures. » (Dufailh, *liv.* 1, *chap.* 70, *tom.* 1, *pag.* 53.).... L'usage des adjudications à la chandelle éteinte, fondé sur la coutume de cette province, & autorisé par le réglement provisoire du parlement de Rennes de 1547, s'y observe d'une maniere qui n'est point préjudiciable à la partie saisie, ni aux créanciers: en effet, on prend des bouts de bougie de la longueur de quatre ou cinq lignes, & on en allume autant de bouts, l'un après l'autre, que le juge trouve à propos; de sorte que l'*adjudication* ne se fait que quand le juge a lieu de croire qu'il ne se présentera plus d'enchérisseurs: c'est ce qu'observe Hevin, *sur le Plaidoyer 92 de Frain.* Mais il a beau dire: le juge n'est-il pas le maître d'allumer plus ou moins de bouts, suivant qu'il peut avoir idée de favoriser des enchérisseurs?

Cette liberté du juge nous paroît toujours dangereuse; & nous ne saurions approuver par cette raison l'usage de certains tribunaux, où aussi-tôt que celui qui préside à une audience a prononcé le mot *Adjugé*, le droit est acquis irrévocablement à l'adjudicataire, au point qu'il n'est plus permis de recevoir de nouvelles encheres. La loi seule doit disposer, & jamais le juge.

Nous avons vu récemment une difficulté s'élever à l'occasion d'une adjudication à l'extinction de la bougie, qui démontre toujours davantage l'abus de cette pratique. L'enchérisseur qui tenoit la plus forte mise eut affaire à un concurrent adroit, qui ne la couvrit qu'à l'instant où il vit la bougie s'éteindre. Cette subtilité d'un genre nouveau nous paroît devoir être proscrite: en effet, le premier enchérisseur doit avoir la liberté d'augmenter, s'il le veut, la mise du dernier. Il ne le pouvoit avant l'extinction, puisqu'on a eu l'affectation de ne faire une nouvelle enchere qu'au moment de cette extinction; il le peut donc après cette extinction.

ARRÊT du conseil souverain d'Alsace,

du 24 juin 1750, qui casse une adjudication faite à l'extinction de la bougie, & enjoint au magistrat de Landau de se conformer aux ordonnances touchant les ventes & adjudications.

ARRÊT de la même cour, du 18 mars 1757, qui casse une pareille adjudication. Celui qui en avoit interjeté appel, disoit qu'il étoit constant qu'il s'étoit présenté d'autres enchérisseurs qui avoient voulu couvrir la mise de l'intimé, mais que les commissaires n'avoient pas voulu recevoir d'autres mises, sous prétexte que celle de l'intimé « avoit été faite au moment que la flamme & la fumée de la sixieme bougie *s'envoloient*; que ceci étoit une *irrégularité*, un *abus*, une *injustice criante*; parce que la fortune des citoyens, & en particulier celle des mineurs qui se trouvoient très-souvent intéressés dans les ventes, ne devoit pas dépendre d'un événement *aussi sujet à faire illusion*, & même à la *fraude*, que celui de l'extinction d'une bougie. » L'intimé eut beau répondre *que l'adjudication en question avoit été faite dans la forme & de la maniere usitée dans la ville de Strasbourg; qu'ainsi elle devoit subsister, cette ville ayant été confirmée, par sa capitulation, dans tous ses anciens droits, & statuts & coutumes:* ces observations ne firent aucune espece d'impression. (*Recueil de* M. de Boug, *tom.* 2, *pag.* 353 & 354.) L'auteur ajoute: *Il y a d'autres arrêts encore, qui ont proscrit l'usage de l'adjudication des biens saisis, à l'extinction de la bougie.*

Nous osons dire que les inconvéniens de ces sortes d'adjudications devroient les faire proscrire, soit dans les biens du fisc & des communautés, soit dans ceux des particuliers. Le tiercement, qui lui-même entraîne d'autres inconvéniens, est un foible remede. Nous aurions donc desiré que le réglement de la cour des aides de Provence, d'ailleurs si utile, n'eût point adopté dans l'art. XIII l'usage de la chandelle allumée & éteinte.

Charges & conditions.

13. L'*art.* 12 de l'édit des criées porte que tous héritages criés seront *adjugés*, à la charge des droits & devoirs seigneuriaux, frais & mises de criées, & des charges réelles & foncieres qui seront contenues dans le jugement de discussion; & qu'où les héritages seront de plus grande valeur que les charges, l'enchere sera faite à prix d'argent. L'ARRÊT de vérification du même édit porte que le dernier enchérisseur sera tenu, à peine de prison, de consigner les deniers de son enchere, pour être distribués ainsi qu'il appartiendra.

ARRÊT du parlement de Paris, du 3 mai 1642, qui prononce « que pour rentes foncieres, ou autres *charges* appartenantes à l'église, on est reçu à s'opposer à fin de faire adjuger les lieux à la *charge* d'icelles, après le congé d'adjuger. » (*Journ. des Aud. tom.* 1, *liv.* 4, *chap.* 1, *pag.* 311.) Voyez ci-après les divisions, *Consignation*, *Douaire*, *Redevances seigneuriales*, *Frais*; & les mots *Bref*, *Congé (d'adjuger,)* &c.

On ne doit point permettre des adjudications à condition par l'adjudicataire de se *charger* des événemens d'un procès, parce que cela éloigne les encheres, & que par ce moyen, les choses sont vendues & adjugées à vil prix, au grand dommage de la partie saisie & des créanciers. On ne doit donc pas laisser à l'avidité d'un poursuivant le droit de charger un bref de clauses dures & déraisonnables, qui tendroient à lui procurer plus vîte la rentrée de sa créance, mais qui écraseroient tous les autres intéressés. Les *charges* imposées à un adjudicataire doivent être simples & légeres.

Comptables.

14. L'édit du mois d'août 1669, & la déclaration du 21 janvier 1685, attribuent aux cours des aides le décret, l'adjudication, l'ordre & la distribution du prix des offices & des autres biens-immeubles des comptables

qui sont redevables, tant pour restes de leurs comptes & maniement, que pour toutes autres sommes dues au roi, soit par des rôles arrêtés au conseil, soit par des arrêts du conseil ou des chambres des comptes. Mais des auteurs accrédités, (d'Héricourt, *pag. 22 de son Traité de la vente des immeubles par décret*,) avoient avancé une erreur importante sur l'interprétation de ces loix. Ils avoient prétendu que la derniere dispensoit de la formalité prescrite par l'*art. 8* de la premiere, qui assujettissoit les créanciers des comptables qui avoient procédé aux saisies de leurs offices & de leurs immeubles, de les faire signifier, dans le délai d'un mois, au procureur-général de la cour des aides, & de retirer son consentement par écrit sur l'original des saisies, pour les continuer au cas que le saisi ne soit point redevable, *à peine de nullité de l'adjudication*. Pour faire cesser l'illusion qu'auroient pu faire ces auteurs, la cour des aides a fait un réglement important.

Arrêt de la cour des aides de Paris, du 12 janvier 1781, qui ordonne que « les édits, déclarations, arrêts & réglemens concernant la vente des offices & des biens-immeubles des comptables, *& notamment l'art. 8 de l'édit du mois d'août 1669*, seront exécutés suivant leur forme & teneur; en conséquence, que les créanciers particuliers des comptables, qui ont fait ou qui feront saisir leurs offices & biens-immeubles, seront tenus de représenter à notre procureur-général les procès-verbaux, dans les délais fixés par ledit article, à l'effet de retirer son consentement par écrit, pour, s'il y a lieu, passer outre aux poursuites, *à peine de nullité de leurs adjudications*. Ordonne pareillement que tous acquéreurs des biens des comptables, vendus ailleurs qu'au greffe de notredite cour, seront tenus dans un mois, pour tout délai, de lui faire signifier & représenter leurs titres d'acquisitions, pour, s'il y a lieu, obtenir, d'après son consentement par écrit, *des lettres de ratification*, à peine de nullité desdites lettres : déclare non avenues à notre égard celles obtenues par tous acquéreurs des biens qui ont appartenu à des comptables, vendus ailleurs *qu'au greffe des décrets* de notredite cour, & qui n'auront pas fait signifier leurs titres à notre procureur-général. »

Cette attribution aux cours des aides, des discussions des biens des comptables, est une exception à la regle générale; car il est de principe que les juges anomaux ne connoissent point des décrets. Les parlemens, en enrégistrant les baux des fermes, reconnoissent la légitimité des clauses qui contiennent cette exception : nous n'en citerons qu'un pour le bail de Pierre Henriet.

Arrêt du parlement de Dijon, du 20 décembre 1756. « La cour, les chambres assemblées, a ordonné & ordonne que, conformément à l'édit du mois d'août 1669, à la déclaration du roi du 21 janvier 1685, registrés à la cour, & à l'art. 585 du bail de Carlier, du 19 août 1726, les discussions, saisies réelles, adjudications des biens des commis, sous-fermiers & autres employés dudit Henriet, seront portées en premiere instance pardevant les élus, les officiers des greniers à sel & des traites, & autres juges des fermes qui en doivent connoître, & par appel en ladite cour, en qualité de cour des aides. » Voyez *Comptable*, *Fermes générales*, &c.

Consignation.

15. Avant de délivrer aucune expédition de décret à un adjudicataire, les greffiers doivent avoir en main, ou une quittance du receveur des consignations, portant que le prix entier de l'adjudication a été consigné entre ses mains, ou un ordre quittancé par les créanciers; & ils sont tenus d'attacher l'une ou l'autre de ces quittances à l'adjudication, pour servir de minute. Jusques-là, l'adjudication n'est point consommée, & l'adjudicataire ne peut pas percevoir les fruits des fonds

qui en sont l'objet. Cette consignation doit se faire dans la huitaine, suivant le réglement du parlement de Paris, du 3 septembre 1667. « Le dernier enchérisseur sera tenu & contraint, par toutes voies & manieres dues & raisonnables, même par emprisonnement de sa personne, mettre & *consigner* ez greffes des cours & jurisdictions où sera faite l'*adjudication*, les deniers de son enchere, lesquels y demeureront, pour être distribués ainsi qu'il appartiendra, sinon que les propriétaires poursuivans & opposans auxdites criées accordent d'autre dépositaire : en quoi sera suivi le consentement de la plus grande partie des créanciers, eu égard à la quantité & plus grande somme des deniers dus auxdits poursuivans & opposans, & non au nombre desdits opposans. » (Theveneau, *de l'exécution des jugemens, art. 26, pag. 1169 & 1170.*)..... Une telle alternative n'est plus permise, & les receveurs des consignations sont dépositaires nécessaires du prix de toutes les adjudications.

ARRÊT du parlement de Paris, du 25 janvier 1519, qui juge que « le dernier enchérisseur des immeubles criés, ores que simplement il ait enchéri sans soy soubsmettre, peut néantmoins être contraint par emprisonnement de sa personne, à remettre au greffe, pourvu qu'il soit ordonné par le juge. » (Papon, *liv. 18, tit. 6, arr. 15.*)

ARRÊT du parlement de Paris, du 29 juillet 1568, qui prononce qu'un adjudicataire ne peut point différer de consigner le prix de l'adjudication, sous prétexte de nullité étant au décret, *en baillant caution par les opposans qui toucheront les deniers. (Dict. de* Laville, *au mot* Décret, *n°. 2933, pag. 327.)*

ARRÊT du parlement de Paris, du 2 avril 1577, qui juge « que l'*adjudicataire*, quoyqu'il soit créancier & bailleur de fonds, si faut-il qu'il consigne argent au profit du commissaire, ou autre privilégié qui a réparé & réfectionné, lesdites réfections premiérement payées, sauf à lui de prendre les deniers & se rembourser. » (Papon, *ibid.*)

ARRÊT du parlement de Paris, du 22 novembre 1578. « Deux sont adjudicataires d'une terre par décret, & il est ordonné par arrêt, qu'ils consigneront chacun la moitié du prix. L'un d'eux consigne sa moitié; cependant les deux adjudicataires jouissent de la terre vendue. Le poursuivant présente requête en exécution dudit arrêt, afin qu'à faute de consigner, elle soit revendue à leurs périls & fortunes, & qu'ils rendent les fruits. Celui qui avoit consigné la moitié, soutient que pour son regard, le demandeur est non-recevable, parce qu'il a satisfait à l'arrêt. Le demandeur replique qu'il faut consigner toute la somme devant qu'il puisse jouir; car comme la jouissance est indivisée, aussi la consignation se doit faire indivisément pour le tout...... La cour ordonne que les défendeurs rendront les fruits, & leur sont faites défenses d'entrer en jouissance de ladite terre, jusqu'à ce qu'ils aient actuellement consigné toute la somme : & celui qui n'avoit satisfait, condamné à consigner sa moitié dans quinzaine; autrement, ledit temps passé, sera déchu de l'effet de ladite *adjudication* par moitié; & pourra le défendeur qui a consigné la moitié, consigner l'autre moitié, & en ce faisant, jouira de toute la terre; sinon sera la moitié criée & *adjugée* de nouveau aux périls & fortunes de celui qui n'a consigné; *en quoy la cour a jugé que deux acquéreurs d'une même chose, & pour un même prix, ne sont obligés & tenus solidairement.* » (Charondas, *liv. 7, rép. 183, pag. 322.*)..... En Hollande, l'*adjudicataire* qui ne peut ni consigner, ni donner caution, est conduit à l'hôtel-de-ville, où il est mis en prison, *& est en danger d'être fouetté publiquement pour donner exemple de sa fraude*; ne devant pas se présenter pour enchérir s'il n'a de quoy payer, ou une bonne caution. (Parival, *délices de la*

Hollande, chap. 8.). . . . On est rigoureux dans les dix-sept provinces : « L'offensant trouvé impuissant de payer les amendes, tant de perte, comme de justice, en devra être puni au corps & en sa personne, soit par prison, *fustigation*, voyages & autrement, à l'ordonnance du juge, & selon l'exigence des cas, *sans diminution ou mutilation* de membre. » *Chap. 15 des anciennes coutumes de Hainault*. C'est l'usage des commissions de Valence, Saumur, &c. *Qui non habet in ære, luat in cute*. Voyez *Commutation*.

Arrêt du parlement de Paris, du 23 juin 1544, qui déboute un adjudicataire de sa requête tendante à fins d'être déchargé de sa consignation, disant qu'il n'avoit pas les deniers qu'il avoit lors de l'adjudication, & que pendant l'appel interjeté par le propriétaire saisi, les héritages s'étoient détériorés. (Bouchel & Blondeau, *tom. 1, pag. 52.*)

Arrêt du parlement de Grenoble, du 21 juillet 1624, qui juge que les consignations pour être valables & avoir force de paiement doivent être effectives. (Basset, *tom. 2, liv. 4, tit. 21, ch. 1, pag. 288.*)

Un adjudicataire est donc tenu à une consignation réelle & effective *in numeratâ pecuniâ*, & non en papier : jusques-là il ne peut être déchargé de la restitution des fruits. Cette décision est conforme à l'avis de Chopin *sur la coutume de Paris, liv. 3, tit. 3, n°. 19*, & de Maichin *sur celle de Saintonge, art. 120.*

Arrêt du parlement de Paris, du 16 mars 1629, qui juge qu'un adjudicataire n'est pas tenu de consigner, si tous les opposans qu'il a payés se départent de leur opposition, & qu'il ne doit aucuns droits au receveur des consignations. (Bardet, *tom. 1, liv. 3, chap. 33, pag. 248.*) « Tous *adjudicataires* d'immeubles, droits, & autres biens tenans nature d'immeubles vendus, tant par décret forcé, que par arrêt ou jugement, seront contraints comme dépositaires de biens de justice, d'en *consigner* le prix entre les mains des receveurs des consignations, après l'adjudication ou le jugement, & de leur payer leurs droits de consignation à raison de douze deniers par livre ; si ce n'est qu'au temps de l'adjudication ou vente, il n'y ait aucune opposition ou saisie, ou qu'il y ait une main-levée pure & simple, sans autres conditions que de se pourvoir sur les autres biens du saisi. » *Art. 12 de la déclaration du mois de février 1689*.... Comment arrive-t-il que la vie de la plupart des receveurs des consignations soit employée à plaider sur leurs droits ? Seroient-ils enclins à les étendre, ou les redevables seroient-ils trop adroits & trop subtils pour tâcher de les éluder ? Nous chercherons à résoudre ce problème sous le mot *Consignation*, qu'il faudra bien consulter d'ailleurs sur tous les objets de cette division.

Arrêt du parlement de Paris, du 18 janvier 1686, qui juge que l'ordre se trouvant fait avec les créanciers, l'adjudicataire qui n'avoit consigné le prix de son acquisition, en devoit les intérêts aux créanciers colloqués, non seulement du principal, mais aussi des intérêts pour lesquels ils sont colloqués, parce qu'à son égard tout est principal. (*Journal du palais, tom. 2, pag. 576.*)....... « Il est certain que l'adjudicataire qui n'a point actuellement consigné le prix de son adjudication, peut être condamné à en payer les intérêts suivant la loi *curabit. C. de act. empt. l. 13, § 20, D. eod. quia percipit fructus rei*, & par ce moyen, jouit *du drap & de l'argent*, & ne se peut excuser qu'il avoit pardevers lui l'argent tout prêt & inutile, parce que du jour qu'il a pu consigner, il a dû le faire, *argum. l. 2, C. de usuris.* » (Leprêtre, *centur. 2, ch. 30, pag. 473.*)

Arrêt du parlement de Bourdeaux, du 2 décembre 1681, qui juge que l'adjudicataire sur qui on surenchérit, ne peut pas demander l'intérêt de sa consignation. « Filardiere se rend adjudicataire,

adjudicataire, il consigne: comme il prenoit possession, on lui signifie une surenchere; c'étoit au mois de septembre. On plaide; enfin, Filardiere donne les mains, mais il demande les loyaux coûts, entre lesquels il met l'intérêt depuis la consignation. On excepte que cela est inoui; qu'il devoit prévoir, en consignant, qu'il pourroit y avoir des surencheres. Il réplique, qu'il ne pouvoit pas *carere re & pretio*, qu'il falloit lui donner les intérêts sur les fruits dont il n'étoit pas juste que l'exécuté ou les créanciers colloqués profitassent: arrêt qui le déboute des intérêts demandés. » (Lapeyrere, *lettre* S, *pag.* 104.)

La coutume de Normandie, *art.* 584, condamne l'adjudicataire qui ne consigne pas, aux dommages & intérêts, & par corps, & même à la folle enchere. On a plusieurs fois agité à ce sujet la question de savoir, *si la femme adjudicataire, séparée, peut être condamnée par corps, faute de tenir état.* Basnage cite différens arrêts qui paroissent contradictoires; cependant il les concilie, en rendant compte des différentes circonstances qui les ont déterminés, & il paroît qu'il incline à croire que la femme est sujette à la rigueur de l'*art.* 584. (Basnage, *tom.* 2, *pag.* 527 & 528.)

Contrat.

16. ARRÊT du parlement de Paris, du 6 août 1740, qui juge qu'en matiere d'*adjudication*, il ne suffit pas, pour être lié, de s'être rendu *adjudicataire* par acte sous signature privée; & que l'on n'est point obligé, à moins que l'on n'ait signé le contrat passé devant notaire. Le même arrêt juge qu'une *adjudication*, par laquelle on n'a pas déclaré une substitution dont le bien adjugé est chargé, est nulle. Voyez ci-après la division *Substitution*, & les mots *Contrat*, *Double (de convention,) Licitation*, &c. &c.

Déclaration.

17. « L'usage est au châtelet, que celui qui se rend *adjudicataire*, doit faire sa déclaration dedans la huitaine, après le décret levé & scellé: la cour, ez coutumes qui n'en disposent pas, a jugé au même cas qu'il n'y a lieu au retrait lignager, pourvu que cette nomination & déclaration soient faites deux mois après l'adjudication, après lequel temps la déclaration est réputée pour un nouveau contrat. ARRÊTS des 5 août & 20 décembre 1600. » (*Diction. de* Laville, au mot *Décret*, *n*°. 2868, *pag.* 322.) Le procureur, en faisant sa déclaration, doit déclarer le nom, les qualités, la demeure de celui pour qui il a enchéri, & rapporter sa procuration ou sa ratification, à défaut de quoi il peut être poursuivi en son propre nom pour le paiement. Voyez les divisions *Redevances seigneuriales* & *Retrait*, & les mots *Command*, *Déclaration*, *Élection (en ami,) Procureur*, *Procuration*, *Ratification*, &c.

Destitution.

18. L'ordonnance de Roussillon, *art.* 47, porte que les seigneurs *pourront à volonté révoquer & destituer* (leurs juges & autres officiers) *de leurs charges & offices, sinon que leursdits officiers aient été pourvus pour récompense de service ou autre titre onéreux.* Cette loi a souffert des interprétations diverses & absolument contraires dans les différentes provinces du royaume; c'est ce que nous approfondirons sous les mots *Destitution*, *Juge*, *Seigneur*. Il s'agit dans ce moment d'examiner si un acquéreur judiciaire peut révoquer le juge établi par la partie saisie, pour récompense de services: les arrêts ne sont pas uniformes.

ARRÊT du parlement de Paris, du 8 mai 1608, qui juge valable la destitution de Pierre Fremin, que le duc de Nevers, *adjudicataire* de la terre de Porcien, avoit révoqué. Cet arrêt ne peut être tiré à conséquence, parce que Fremin n'avoit pas été pourvu à titre onéreux : les deux ſuivans ſont contradictoires.

Arrêt du parlement de Paris, du 26 mai 1617, qui ſur les concluſions de M. l'avocat-général Servin, maintient dans l'exercice de l'office de bailli de Nogent-le-Roi, le Riche, qui avoit traité moyennant 3000 liv. avec Meſmin, procureur au parlement, pourvu par le duc de Bouillon pour récompenſe, ſalaire & frais par lui avancés. Le marquis de Mony, adjudicataire de la terre de Nogent-le-Roi, avoit deſtitué le Riche.

Arrêt du parlement de Paris, du 15 mars 1631, qui décide qu'un adjudicataire par décret a pu deſtituer le procureur fiſcal de Genevriers & Belleſons, au bailliage de Langres. Nous penſons que les raiſons de Brodeau, qui cite ce préjugé, ſont bonnes. Il dit que lorſque des officiers, pourvus à titre onéreux, ou pour récompenſe de ſervices, n'ont point formé oppoſition au décret, & que l'adjudication n'eſt pas faite, à la charge par l'adjudicataire de les maintenir & conſerver, le décret purge toute ſorte d'hypotheques, & droits réels & fonciers. (Louet & Brodeau, *lettre* O, *ſomm.* 2, *n°.* 9, *tom.* 2, *pag.* 265.)

Arrêt du parlement de Rennes, du 4 juillet 1702, qui juge que ce n'eſt pas à l'acquéreur judiciaire à rembourſer les officiers deſtitués, & que ce rembourſement ne peut être demandé que ſur le prix de la terre. (Sauvageau, *en ſon Recueil d'arrêts, liv.* 1, *chap.* 318, *pag.* 195.)

Dîmes.

19. L'adjudicataire ne peut ſe diſpenſer de payer la dîme, quoique les décimateurs ni leurs fermiers n'aient pas formé oppoſition au décret, parce que c'eſt une charge à laquelle il a dû s'attendre. La dîme, d'ailleurs, n'eſt pas proprement une charge du fonds, le décimateur n'ayant aucun droit ſur le fonds dans lequel il la perçoit ; c'eſt plutôt une dette de celui qui recueille les fruits.

C'eſt au juge ſéculier à procéder à l'adjudication de la dîme, parce qu'il peut ſeul ordonner la ſaiſie du temporel des eccléſiaſtiques, dont la dîme fait partie.

Les adjudicataires des bois appartenans aux eccléſiaſtiques, étant exempts de la taille, ſuivant divers arrêts du conſeil des 4 avril 1756, 24 avril 1759 & 23 avril 1765, & un arrêt de la cour des aides de Paris, du 12 février 1767 ; enfin, ſuivant la clauſe miſe par le parlement & la cour des aides à l'enrégiſtrement de l'édit de 1766, concernant les privileges d'exemption de tailles ; le clergé prétend que les adjudicataires de ſes dîmes ne peuvent pas être impoſés pour cet objet à la taille ; & voici ſon ſyſtême, que nous examinerons plus préciſément ſous les mots *Dîme*, *Exemption*, *Taille*. « Les *adjudicataires* des fruits appartenans à des privilégiés, ne doivent pas être impoſés à la taille, ſi les adjudicataires des fruits appartenans à des taillables ne doivent pas l'être. Or, il ſeroit contre toute juſtice d'impoſer ces derniers ; ils n'acquierent, par leur *adjudication*, que des fruits déja impoſés dans le rôle des tailles ſur les perſonnes, ou ſur les biens des propriétaires. L'*adjudication* n'a lieu que dans le cas où ces propriétaires renoncent au moment de la récolte au bénéfice d'une exploitation commencée. Leur quote de taille étoit alors réglée, & ne diminue pas pour cela, la ſomme que leur donne l'adjudicataire ne fait que leur fournir la matiere d'un impôt déja réparti. Si l'adjudication occaſionoit une quote nouvelle, il réſulteroit un double emploi, & les mêmes biens ſeroient impoſés deux fois à la taille dans la même année. Une autre conſidération en faveur des adjudicataires, prouve qu'on leur feroit ſupporter un double emploi s'ils payoient la taille pour chaque adjudication particuliere ; c'eſt qu'ils ſont déja impoſés dans le lieu de leur domicile à une taille générale, connue ſous le nom de *teſte & faculté* ſur le pied de tout le bien qu'ils possedent, & de tout le commerce qu'ils font. » (*Procès-verbal de l'assemblé du clergé de 1775, pag. 783 & 784.*)

Dommage. Garantie. Indemnité.

20. L'adjudicataire doit-il supporter les dommages survenus à la chose adjugée? Doit-il avoir une indemnité pour un défaut de contenue, ou autres vices qui s'y rencontrent? Contre qui peut-il avoir son recours & exercer sa garantie? Nous allons parcourir les arrêts rendus dans les différens tribunaux sur des questions semblables, & les accompagner de courtes réflexions.

ARRÊT du parlement de Rouen, du 18 août 1541, qui condamne l'adjudicataire d'une maison brûlée depuis la vente, mais avant la consignation, à tenir état & garnir tous les deniers. (Bouchel & Blondeau, *au mot Enchere, pag. 2010.*)

ARRÊT du parlement de Rouen, du 10 janvier 1603, qui juge que l'adjudicataire d'héritages en bon état, à l'époque de l'adjudication, *mais depuis ruinés & démolis pour la plus grande part avec les arbres, hayes & fossés*, ne peut prétendre *à être déchargé, ou obtenir diminution du prix*, parce que *le péril advenu à la chose depuis la vente & adjudication d'icelle, appartenoit & devoit être entièrement porté par l'enchérisseur.* (*Ibid.*) Ces préjugés sont conformes à la décision des loix 1, *C. locat.* 1, *D. de in diem addict. l. vendita. l. id quod post, D. de peric. & com. rei vend. l. quod sæpè, § in his, D. de contrah. empt. & vend.*

ARRÊT du parlement de Grenoble, du 22 août 1591, qui juge qu'un créancier, ayant fait saisir & délivrer un fonds, si depuis il est ruiné, il ne s'en peut départir & saisir d'autres fonds. Ce créancier avoit été subrogé aux droits de l'adjudicataire; *periculum pertinebat ad eum*.... ARRÊT conforme, du 15 juin 1613, quoique le saisissant n'eût encore pris possession. (Basset, *tom. 2, liv. 7, tit. 8, chap. 3 & 4, pag. 425.*)

ARRÊT du parlement de Paris, du 15 mars 1612, qui juge que l'adjudicataire, ayant acheté *sciens & prudens rem vitiosam*, ne pouvoit prétendre aucun recours de garantie contre le poursuivant criées. (Louet & Brodeau, *lettre* B, *somm. 5, n°. 7, tom. 1, pag. 95.*)

Voici ce que dit Papon sur cette question. « Si au dernier enchérisseur n'est faite étrousse, mais remise au lendemain ou autre temps, & cependant par grêle, *aut aliâ vi majore*, les fruits sont gâtés, sera ce dernier enchérisseur tenu de demeurer à sa mise? Non certes simplement, mais sera seulement tenu à ce en lui faisant rabat *arbitrio boni viri*, ayant égard à ce qui est perdu : *car encore que l'étrousse eût été simplement faite sans remise ni délai, il eût toujours été reçu à requérir & obtenir tel rabat* raisonnable, *l. ex conducto, § si vis tempestatis, D. locat.* Contre ce que l'on peut dire que l'on faisoit crier les fruits pour vendre, à quoy l'on dira que cette vente n'étoit parfaite *& sic* le danger est au vendeur, *l. necessario, D. de peric. & comm. rei vend.* » (*Liv. 13, tit. 9, n°. 11.*)..... Nous ne pensons pas comme Papon : l'étrousse ou l'adjudication pure & simple, transmettant une propriété incommutable, le dommage survenu depuis cette consommation du décret ou du bail judiciaire, regardent l'adjudicataire, le fermier judiciaire : *res perit domino.* Voyez *Bail, Cas fortuit, Grêle, Guerre, Incendie, Indemnité, Ruine, Troubles, &c.*

ARRÊT du parlement de Flandres, du 22 octobre 1698, qui juge que lorsqu'un acheteur de biens vendus par décret, ne peut retrouver les parties mises en criées, il doit se pourvoir sur les deniers par lui consignés pour son achat. L'acheteur avoit procédé par saisie sur une terre du poursuivant, & la cour déclara la saisie nulle. (Pinault, *tom.* 2, *arr.* 232, *pag.* 224 *& suiv.*)

ARRÊT du parlement de Paris, du 27 août 1703. . . . . *Espece.* Un procureur de la cour se rend *adjudicataire* d'une maison & héritages situés à Vitri, consistans, suivant l'enchere de quarantaine & les affiches, en vingt arpens d'enclos ou environ, une petite maison & cour hors les murs, un arpent & demi de vignes, & quelques autres héritages, moyennant la somme de 20350 livres. Lorsqu'il veut se mettre en possession, il trouve que l'enclos qu'on avoit déclaré contenir vingt arpens, n'en contenoit que douze moins treize perches, & que dans les autres héritages il manquoit deux arpens & dix-sept perches. A l'égard de la maison, il fut débouté de la demande en désistement qu'il en avoit formé à la veuve Petit. Dans cet état, il se pourvoit contre le poursuivant, & ils conviennent d'experts pour visiter & mesurer les héritages : sur leur rapport, sentence qui ordonne l'estimation de ce qui avoit été reconnu manquer dans la contenue annoncée. Appel, & depuis convention de faire procéder par un expert nommé à l'estimation ordonnée par la sentence. Cet expert, *dans son rapport, se donna la liberté de faire le juge*, exclut de l'estimation la maison, &c. & réduisit l'indemnité due à l'adjudicataire à 2500 l. L'adjudicataire s'étant opposé à l'entérinement du rapport, la cour fixa d'office l'indemnité à 3500 liv. & ordonna que sur les deniers consignés pour le prix de l'adjudication, il en seroit délivré à l'adjudicataire ladite somme de 500 liv. (Bretonnier sur Henrys, *tom.* 2, *pag.* 550 *&* 551.). . . L'auteur dit que quand le prix est distribué aux créanciers, l'adjudicataire est bien fondé à revenir contre le poursuivant, pourvu qu'il le fasse dans un délai raisonnable, qui tout au plus ne doit pas excéder dix ans; puisqu'après ce temps, le poursuivant n'est plus garant de rien.

ARRÊT du parlement de Flandres, du 9 décembre 1712, qui juge entr'autres points, que « l'adjudicataire de la coupe d'un bois, qui l'a revendue par portions à des particuliers, ne peut demander modération du prix convenu à raison de la perte que les acheteurs particuliers ont faite de leurs bois par les campemens des troupes, depuis les avoir retirées chez eux. » (Pinault, *tom.* 4, *arr.* 171, *pag.* 361.)

ARRÊT du parlement de Paris, du 15 décembre 1769. Un ecclésiastique, nommé à la desserte d'une paroisse, fait procéder, suivant l'usage, à l'adjudication des fruits appartenans à la paroisse. L'adjudicataire prétendit à une indemnité, parce qu'une grêle considérable avoit ruiné l'espérance de la récolte. Pour établir ce cas fortuit, il alléguoit que les habitans avoient obtenu la remise d'une partie de la taille, & il invoquoit l'usage de faire, dans ces cas malheureux, une remise aux fermiers sur leurs fermages. M. Barentin, avocat-général, observa dans le droit, qu'une adjudication de fruits étant une véritable vente *res peribat domino* : dans le fait que l'adjudicataire ne prouvoit pas que la grêle fût tombée précisément sur les fruits adjugés ; la grêle ravage quelquefois une partie d'une paroisse & épargne l'autre. Enfin, l'adjudicataire, depuis l'événement, avoit offert, par son huissier, le prix de son adjudication, sans réclamer une indemnité.

Denisart, qui rapporte ce préjugé sous le mot *Adjudication*, n°. 8, examine au n°. 9, un cas singulier ; il fait cette supposition. Dans un encan, un particulier se rend adjudicataire d'un meuble fragile, qui passant de main en main pour lui parvenir, tombe & se brise; on ne peut s'en prendre à celui entre les mains duquel il a péri, qui a rendu un simple office de bienfaisance, qui, par sa nature, ne doit exposer à aucune garantie : c'est l'huissier qui doit répondre de la perte, parce qu'il doit livrer lui-même la chose qu'il adjuge. Il a eu tort d'abord de n'avoir point laissé l'effet en place avant que de l'adjuger, & après l'adjudication, de n'avoir pas averti l'adjudicataire de venir le prendre lui-même, ou de le faire enlever par ceux qu'il choisiroit. Voyez la division *Éviction*, & les mots *Arpentage*, *Expert*, *Huissier*, *Rapport*, *&c.*

ARRÊT du parlement de Toulouse, du mois de juillet 1603,... qui décide que l'*adjudicataire* par décret, quoiqu'il ait été évincé des biens, & que le débiteur soit insolvable, n'a point recours contre les créanciers qui ont reçu son argent. (Maynard, *tom.* 2, *liv.* 7, *chap.* 91, *pag.* 264.)

« Suivant cette maxime, *dit Catellan*, *on juge* généralement en ce parlement, que le créancier qui a reçu son paiement par les mains & des deniers de l'acheteur de son débiteur, ne doit à cet acheteur, évincé de l'acquisition, aucune garantie ni restitution de deniers. Cambolas, à la vérité, rapporte *deux arrêts* différens sur cette question; mais j'en rapporterai deux qui ont suivi la maxime que je viens d'établir, & qui même doit avoir lieu, quoique le créancier, recevant ses deniers, ait subrogé à son hypotheque. Le premier de ces ARRÊTS est du 14 janvier 1663. Dans cette cause, le créancier, recevant paiement de l'acheteur de son débiteur, l'avoit subrogé à son hypotheque. Le second est du 11 janvier 1675, après partage. Dans ce procès, le créancier recevant son paiement de l'acheteur de son débiteur, n'avoit pas véritablement subrogé à son hypotheque; mais le vendeur, dans le contrat de vente, chargeant l'acquéreur de payer ce créancier, l'avoit, moyennant ce, d'autant subrogé à son hypotheque; & le créancier recevant postérieurement son paiement des mains & des deniers de l'acquéreur, il étoit dit dans l'acte que l'acquéreur payoit en conséquence de son contrat d'acquisition, qui le chargeoit de faire ce paiement; & le créancier, recevant ainsi ses deniers, avoit encore promis de lui délivrer tous les actes justificatifs de ces hypotheques: ce qu'on prétendoit une ratification de la subrogation déja faite par le vendeur, qui ne pouvoit être inconnue à ce créancier, & même une subrogation expresse. » (Catellan, *tom.* 2, *liv.* 5, *chap.* 40, *pag.* 298 & 299.) ..... Nous examinerons, sous les mots *Garantie*, *Subrogation*, le bien ou le mal jugé de ces deux derniers arrêts. Quant au premier, celui rapporté par Maynard, nous le trouvons évidemment injuste. On ne peut, ni on ne doit payer le prix d'une chose qu'on ne reçoit pas.

Douaire.

21. Le décret ne purge pas le douaire de la femme, ni celui des enfans, lorsqu'ils en ont un; car, ce qui n'existe pas encore, & ne peut être ouvert qu'à la mort du mari, ne peut être purgé & éteint. Ainsi donc, si l'homme étoit mort, & le douaire ouvert, le décret le purgeroit. Il y a cependant des arrêts qui ont jugé que le douaire des enfans n'étoit pas purgé par le décret, quoique fait après la mort de leur pere, du vivant de leur mere, pour des dettes auxquelles celle-ci étoit obligée. Nous les discuterons sous le mot *Douaire*.

ARRÊTS du parlement de Paris, des 6 septembre 1567, 3 septembre 1604, 30 mars 1607, 8 mai 1608, & 23 mai 1620, « qui jugent que, lorsqu'il y a des créanciers hypothécaires qui précedent la douairiere, l'opposition à fin de distraire, par elle formée, n'empêche pas l'adjudication par décret des biens du mari sujets au douaire, sauve l'hypotheque du douaire viager qui s'estime à la valeur de la tierce partie du fond, pour laquelle la veuve doit être mise & colloquée en son ordre. . . . Et quand l'adjudication par décret d'un héritage, sujet au douaire coutumier, a été faite à la requête d'un ou de plusieurs créanciers précédans le contrat de mariage, l'*adjudicataire* ne peut être poursuivi & inquiété pour le douaire de la veuve ou des enfans, aux coutumes où il eſt propre, ſuppoſé même que le prix du décret n'ait point été abſorbé & conſommé par les créanciers précédans le douaire, n'y ayant en cela rien de ſon fait ; parce que c'eſt la juſtice qui a fait l'ordre & la diſtribution du prix de ſon adjudication, par lui conſigné ; ſauf à ſe pourvoir contre les créanciers poſtérieurs au contrat de mariage, pour leur faire rapporter les deniers par eux touchés. » (Louet & Brodeau, *lettre* F, *ſom.* 24, *tom.* 1, *pag.* 748.)

ARRÊT du parlement de Paris, du 25 janvier 1610, qui ordonne qu'il ſera paſſé outre à l'*adjudication* de la terre de Mainville, à la charge du douaire de 1500 liv. de rente en aſſiette propre aux enfans, ſans que l'arrêt pût préjudicier aux précédans créanciers, hypothécaires, enſaiſinés & inféodés auparavant le contrat de mariage. (*Ibid.*)

Ainſi donc, lorſque des créanciers poſtérieurs au douaire font vendre l'immeuble de leur débiteur, qui y eſt affecté, l'adjudicataire doit réſerver le fonds du douaire, pour y faire face.

Echange.

22. ARRÊT du parlement de Paris, du 11 octobre 1518. Grand, médecin, achete par contrat d'échange une maiſon ſiſe à Paris, *moyennant neuf vint onze écus deux tiers de rente, à la charge que, pour sûreté des hypotheques, il la feroit décréter.* Les prévôt des marchands & échevins de Paris demandent les lods & ventes, à cauſe de l'*adjudication* par décret. Grand ſoutient que ſon contrat n'étoit qu'un échange, & que le décret n'étoit qu'une confirmation d'icelui. La cour le renvoie des fins & concluſions priſes contre lui par les demandeurs. (Leprêtre, *centur.* 2, *chap.* 3, *n°.* 9, *pag.* 349.) Voyez la diviſion, *Redevances ſeigneuriales.*

Enchere.

23. L'enchere differe de l'adjudication, ſauf quinzaine. Par l'enchere, l'enchériſſeur n'achete pas, il s'engage ſeulement d'acheter, & il ne contracte cet engagement, que ſous la condition que ſon enchere ne ſera pas couverte ; ainſi, dès qu'elle l'eſt, ſon engagement ceſſe, par la déchéance de la condition. L'adjudication, ſauf quinzaine, eſt au contraire une véritable vente, quoiqu'elle ſoit ſubordonnée à la condition qu'il ne ſe préſentera pas de nouvel acheteur. Ces diſtinctions ſont ſubtiles, il faut en convenir ; cependant on les a admiſes : ainſi il faut les appliquer aux cas dont nous avons parlé ſous la diviſion *Dommage*, & dire que la perte ou la détérioration, ſurvenue à la choſe décrétée, ne concerne pas l'enchériſſeur, mais concerne l'adjudicataire, ſauf quinzaine.

ARRÊT de la cour des aides de Paris, du 12 octobre 1595, qui juge *qu'après l'adjudication légitimement faite des fermes des aides, perſonne n'eſt recevable à y mettre* ENCHERE. Un ſurenchériſſeur avoit offert mille écus de plus que ce que devoit donner l'adjudicataire ; M. Lebret, en concluant au rejet de cette offre, diſoit : « ce ſeroit violer *la foi publique ;* & pour le peu de sûreté qu'il y auroit en elle, on ôteroit le courage à toutes perſonnes de plus venir enchérir les fermes du roi. Vous jugez que, ſi le prince pratiquoit en ſes fermes le même privilege, que par les loix du royaume il a aux ventes d'icelles & de ſon autre domaine, la plupart demeureroient ſans trouver aucun enchériſſeur, pour la crainte qu'auroit un fermier d'en être évincé par le premier *envieux*, ſous prétexte *d'une ſurenchere.* (*Action* 24 de Lebret, *pag.* 495 *& ſuiv. du Recueil de ſes œuvres.*) . . . . Joignez à ces conſidérations les réflexions de M. Portalis, ci-deſſus rapportées, *pag.* 453 *&* 454.

ARRÊT du parlement de Grenoble, du 14 mai 1614, qui juge « qu'un créancier, dans une diſcuſſion, n'eſt recevable à offrir à l'acquéreur par juſtice des biens & fonds de l'hoirie, le prix de son *enchere* & accessoire, si mieux, en retenant lesdits biens, il ne vouloit payer à ce créancier son droit & dettes légitimes. » L'*adjudicataire* est à couvert, sauf au créancier d'agir par l'action hypothécaire contre les possesseurs des biens de l'hoirie, autres que cet acquéreur, ou par l'action révocatoire contre les créanciers à lui postérieurs. (Basset, *tom.* 2, *liv.* 5, *titr.* 4, *chap.* 4, *pag.* 318.)

ARRÊT du parlement de Rennes, du 22 mai 1674, qui juge qu'une *enchere* est recevable *après l'adjudication*, l'audience dans laquelle elle avoit été faite, n'étant encore levée. (Poulain *en son Commentaire sur la cout. de Bretagne*, *tom.* 2, *pag.* 152.)

Indépendamment de la contrainte qu'on exerce contre l'adjudicataire qui ne consigne pas, ainsi que nous l'avons remarqué sous la division *Consignation* ; le poursuivant fait procéder à sa *folle enchere*, en vertu d'un jugement qu'il obtient à cet effet, sans qu'on puisse avoir recours aux précédens enchérisseurs qui sont à couvert de toute recherche, par la derniere enchere suivie de l'adjudication définitive. La revente est donc ordonnée à la folle enchere ; & le poursuivant, après avoir fait signifier le jugement qui la prononce aux procureurs du saisi, des opposans & de l'*adjudicataire imprudent*, prend une remise qui contient une nouvelle enchere.

Si les biens sont revendus au-dessous du prix offert par l'adjudicataire, il est tenu par corps de fournir le supplément & les frais auxquels il a donné lieu : si on trouvoit le même prix, il en est quitte pour les frais. Enfin, quoique le prix de la revente fût plus fort, il n'en seroit pas pour cela dispensé de payer ces frais, sans qu'il pût prétendre qu'ils fussent pris sur le bénéfice de la nouvelle & plus forte enchere ; ce bénéfice restant acquis à la masse des créanciers.

Nous venons de dire qu'en cas d'insolvabilité de l'adjudicataire, & de défaut de consignation de sa part, on ne peut s'adresser aux enchérisseurs précédens ; & qu'il ne reste d'autre parti que celui de la revente à la folle enchere de cet adjudicataire : cependant nous ne devons pas dissimuler que des auteurs estimés, tels que Dumoulin sur l'*art.* 149 *de la coutume de Bourbonnois*, ont soutenu que, dans le cas de l'insolvabilité de l'adjudicataire, le surplus doit être payé par le dernier enchérisseur pour sa folle enchere. Nous conviendrons encore que, si des arrêts ont jugé contre le sentiment de Dumoulin, il en est qui ont jugé d'une maniere conforme à ce sentiment. Mais nous croyons qu'il faut s'en tenir à la distinction de quelques auteurs modernes, & dire avec eux que, s'il y a plusieurs enchérisseurs sans adjudication définitive, le premier enchérisseur n'est pas dégagé de son enchere, par l'insolvabilité du dernier ; & qu'il l'est au contraire, lorsque l'adjudication définitive est faite, parce qu'alors tout est consommé.

Les inconvéniens qu'entraînent ces encheres faites par des adjudicataires insolvables, ont été prévus par les différentes loix : aussi, pour les prévenir, l'édit des criées, *art.* 9, 10 & 11, & les réglemens postérieurs, portent que les procureurs ne seront pas reçus à enchérir sans procuration spéciale, ni les parties sans constituer procureurs, auxquels il est enjoint de garder les ordonnances faites pour prévenir les suppositions de personnes insolvables, & autres fraudes.

Comme nous nous proposons de discuter les questions intéressantes, relatives aux *encheres* sous ce mot, nous nous bornons ici à rendre compte d'une affaire intéressante, terminée par un jugement fameux.

ARRÊT du parlement de Paris, du 27 juillet 1703. . . . *Espece.* Saisie réelle des biens de Guillon, sieur de Fonteny, & de sa femme ; contrat de direction; Mrs. Millon, maître des requêtes, & Carpot, secretaire du roi, sont choisis pour syndics. Après les formalités ordinaires des décrets, l'adjudication est faite à Porcheron, procureur en la cour, au prix de 33000 liv. Il fait sa déclaration au profit de Vieillard, procureur à Saint-Germain-en-Laye, gendre de la partie saisie. L'adjudicataire ne pouvant consigner, les syndics demandent que Porcheron soit tenu de procurer cette consignation, ou qu'à défaut, l'adjudication soit faite à sa folle enchere, puisqu'il a enchéri pour une personne notoirement insolvable. Porcheron soutient qu'ayant pris la précaution de faire certifier la solvabilité de Vieillard, au bas du pouvoir qu'il lui avoit donné, par Gobreau procureur de la partie saisie qui devoit la connoître, il n'y avoit rien à lui imputer. Il rapporte, d'ailleurs, un avis de la communauté des procureurs, portant qu'elle pense, sous le bon plaisir de la cour, qu'il doit être déchargé de la demande des syndics, sauf à eux à se pourvoir contre l'adjudicataire, & contre Gobreau qui l'a certifié solvable; avis qu'il fait homologuer par arrêt du mois de mars 1703. Dans cet état de la cause, la cour ordonne « que Vieillard, adjudicataire des biens de Fonteny, son beau-pere, sera tenu de consigner, dans six semaines, 33000 liv. prix de son adjudication; sinon, & à faute de ce faire dans ledit temps & icelui passé, en vertu du présent arrêt, sera procédé à une nouvelle *adjudication* des biens dudit Fonteny, à la folle enchere dudit Vieillard, adjudicataire, & de Gobreau, procureur en la cour, solidairement & par corps, & les a condamnés aux dépens. » Voyez *Procureur*.

On suppose le cas où il n'y a point d'*enchere*; quel parti prendre? La somme pour laquelle la saisie a été faite, tient lieu d'enchere, & les biens sont *adjugés* au saisissant, qui peut encore avoir son recours sur les autres biens de la partie saisie, si elle en a, dans le cas où il n'est pas rempli de sa créance.

Estimation.

24. Il n'est presque aucun jurisconsulte qui ne se soit recrié sur les frais immenses qu'entraînoient les discussions des biens des créanciers, par la voie du décret forcé; & les cours souveraines ont voulu y mettre ordre, en ne les permettant que lorsqu'on ne pouvoit point absolument se dispenser d'en venir à cette extrémité fâcheuse. On trouve, à ce sujet, deux arrêts fameux du parlement de Paris, dans Henrys, *liv. 4, chap. 6, quest. 29 & 30, tom. 2, pag. 279 & suiv. de l'édit. de 1738.*

Dans l'espece du premier de ces ARRÊTS, du 16 juillet 1641, un dernier créancier vouloit faire vendre l'héritage acquis par un tiers, dont les deniers avoient été employés au paiement des anciens créanciers. L'acquéreur soutint que les poursuites de ce dernier créancier étoient faites par animosité & par haine, & non par intérêt, puisqu'il ne pouvoit rien retirer du prix auquel il pourroit être adjugé ensuite du décret qu'il y interposeroit : en effet, ce qui avoit été payé aux anciens créanciers, excédoit de beaucoup la véritable valeur de cet héritage. Dans ces circonstances, il demandoit qu'il fût procédé à son estimation, & offroit, dans le cas où il se trouveroit porté à un plus haut prix que celui auquel il l'avoit acheté, de payer l'excédant aux créanciers qui avoient des droits utiles, concluant dans le cas contraire, c'est-à-dire, où la valeur de l'héritage seroit inférieure au prix qu'il en avoit donné, à ce que son contrat fût exécuté. Le créancier inquiet répliqua vainement qu'il étoit de principe *qu'une hypotheque n'empêchoit pas l'autre*, & que le dernier de tous les créanciers pouvoit faire vendre le fonds qui lui étoit hypothéqué, quoique son hypotheque fût inutile, & qu'il n'eût rien à en espérer. La cour proscrivit ce ce système odieux. Elle ordonna donc, par le premier des deux arrêts ci-dessus cités, l'estimation par experts, requise par l'acquéreur; & le 14 juillet 1642, elle confirma définitivement la vente, ensuite du rapport qui établit que l'héritage avoit été payé ce qu'il valoit.

L'espece du second arrêt, rapporté par Henrys, rendu le 19 janvier 1645, se rapproche encore plus précisément de la matiere qui fait l'objet essentiel de cet article. La cour jugea qu'un ancien créancier pouvoit demander que les héritages de son débiteur, saisis réellement, lui fussent *adjugés* en paiement de ses créances, sous ses offres d'en allouer la valeur, suivant l'estimation qui seroit fixée par des experts. « On ne peut, *dit à ce sujet Henrys*, faire vendre des biens par décret, que les frais des criées & de la distribution n'en emportent plus du tiers; de sorte qu'il est vrai de dire que la vente par décret de quelques héritages, est *un gouffre où non seulement le débiteur, mais encore presque tous les créanciers font naufrage*. Cela n'est que trop connu, à cause même *des grands droits qui sont attribués au receveur des consignations*, & à son contrôleur. C'est à quoi la cour a voulu pourvoir, par sa prudence ordinaire, & par une jurisprudence nouvelle, ayant jugé à propos de faire *ce que les anciens législateurs ont toujours fait, qui est de changer de regles, selon que les choses changent, & de s'accommoder au temps: c'est imiter les pilotes, qui plient ou étendent les voiles selon les temps.* »

Henrys ajoute qu'au *Journal des audiences* il y a un ARRÊT du 8 janvier 1646, par lequel il a été jugé que, quand un débiteur est insolvable, & que ses biens se consommeroient en frais de criées & de consignation, ils doivent être pris & délivrés aux créanciers qui les veulent prendre pour paiement de ce qui peut leur être dû; & que, quand même il y auroit saisie réelle & criées commencées, on peut en empêcher le cours. Enfin, il observe qu'on lui a fait part de quatre autres ARRÊTS confirmatifs de la même jurisprudence.

Cette jurisprudence s'est, en effet, constamment maintenue; & un créancier hypothécaire, qui craint que l'immeuble saisi ne soit absorbé par les frais, a le droit de demander que cet immeuble lui soit adjugé, à compte de sa créance, sous ses offres de payer les créanciers qui lui sont antérieurs; si mieux n'aiment les créanciers postérieurs lui donner caution de le porter à si haut prix, qu'il puisse être payé, tant en principal qu'intérêts & frais. .... Sous le mot *Collocation*, nous examinerons ce qu'a d'approchant la jurisprudence du parlement de Provence, que nous avons déja énoncée, *n°. 3, pag. 755.*

Éviction.

25. On demande sur qui doit tomber le poids de l'*éviction*, lorsque l'adjudicataire est dépossédé ensuite des vices du décret, soit en la forme, soit au fond. Bourjon est un de ceux qui ont le miex traité cette question. Il dit que cet adjudicataire a droit d'attaquer le poursuivant, tant pour se faire restituer le montant de son adjudication, que pour ses dommages & intérêts; mais il accorde aussi à celui-ci son recours contre les opposans. Si le poursuivant est garant de sa poursuite, les autres n'ont dû recevoir que sur les biens de leur débiteur légitimement dépossédé; ainsi, lorsque la poursuite est irréguliere & l'adjudication nulle, ceux qui ont touché dans la supposition d'une poursuite valable, doivent restituer ce qu'ils ont reçu. Nous sommes de cet avis. Voici la jurisprudence.

ARRÊT du parlement de Rouen, du 14 mai 1612, qui juge que le défendeur principal, qui est parvenu à faire casser un décret, ne peut rentrer dans la possession de ses biens, qu'en remboursant à l'adjudicataire ce qui lui est dû; & cependant le renvoie de la demande en dommages & intérêts, résultante de l'éviction. (Berault, *sur l'art. 559 de la coutume de Normandie, pag. 708.*)

Arrêt du parlement de Rouen, de *1616*, qui juge que lorsque le poursuivant a procédé *pro non debito*, il est tenu envers l'adjudicataire des intérêts qu'il perd ensuite de l'éviction ; & en conséquence, le condamne à lui payer l'intérêt de son argent au denier cinq. *(Ibid.)* On distingue donc en Normandie. Ou le décret échoue par l'omission des formalités, & alors le poursuivant est ménagé, à moins que cette omission ne fût l'effet du dol ou d'une faute grossiere ; ou le décret est nul *ratione materiæ*, & alors l'adjudicataire a contre le poursuivant, non seulement une action en restitution de ce qu'il a payé pour la consignation, mais encore en rapport des intérêts de cette somme consignée, & même de la valeur des réparations & méliorations.

La même distinction a lieu pour la restitution des fruits, & il faut la faire remonter ou au jour de l'appel, si le décret a été cassé par un défaut de forme ; ou au jour de la saisie, lorsqu'il a procédé *pro non debito* ; sauf le recours de l'adjudicataire contre le poursuivant. Voyez ci-dessus à la division *Consignation, pag. 768*, la réflexion que nous avons faite sur l'arrêt du parlement de Grenoble, du 21 juillet 1624.

Arrêt du parlement de Dijon, du 18 mai 1689, qui juge que l'adjudicataire *évincé* ne peut exercer aucune garantie contre les créanciers qu'il a payés, quoiqu'il ait son action contre le poursuivant pour la validité du décret. « Les procédures d'un décret sont publiques ; c'est à l'*adjudicataire* à voir si les formes sont remplies, & s'il achete sûrement : il y est autant & plus intéressé que les opposans. Ainsi quoiqu'il ait spécialement sa garantie contre l'impétrant, il ne l'a point de même contre les créanciers ; parce qu'il a son tort, & qu'il n'auroit point dû les payer, ni les mettre hors du décret sans examiner la procédure : il a suivi la foi de l'impétrant & du décret. . . . . Dans l'*espece, d'ailleurs, dont il s'agit*, la même personne étoit tout à la fois adjudicataire & poursuivant criées ; elle étoit donc son propre garant ; elle ne devoit s'en prendre, de l'éviction, qu'à elle-même : si les créanciers n'avoient touché qu'à caution, nul doute qu'ils eussent été obligés à rapporter. Il en est de même si les biens n'avoient point appartenu au débiteur, parce qu'il est contre toute équité & toute justice, que le créancier qui représente le débiteur reçoive le prix du fond qui n'appartient point à ce débiteur, & qui n'est point hypothéqué au créancier ; *alieno damno nemo locupletari debet* : c'est l'une des premieres regles du droit civil & du droit naturel. » (Perrier & Raviot, *tom. 2, quest. 305, n°. 1 & 2, pag. 542.*) Voyez ci-dessus la division *Dommage, &c.*

Frais.

26. L'adjudicataire doit payer les frais ordinaires des criées ; ce sont les dispositions de l'*art. 12 de l'édit de 1551* : à l'égard des frais qui se font sur les incidens, ils se prennent sur le prix qu'il consigne, & qui se distribue par le receveur des consignations après la sentence d'ordre. Pour cet effet, le procureur poursuivant criées, donne la déclaration des frais ordinaires à celui de l'adjudicataire, & ils les reglent entr'eux à l'amiable ; sinon ils conviennent d'un procureur tiers qui les taxe à la forme des réglemens rendus en cette matiere, & notamment de celui du 26 août 1665. « Il n'est pas inutile de remarquer en cet endroit qu'il faut qu'*un procureur poursuivant*, ou autre, soit aussi religieux en ses paroles, qu'exact à dire la vérité ; & juste *& de bon compte* à ne pas demander plus que ce qui lui est légitimement dû. » (Bruneau, *Traité des criées, pag. 147.*)

Arrêt du parlement de Paris, du 14 août 1581, qui juge que dans les frais ordinaires des criées que doit supporter l'adjudicataire, « les despenses &

frais faits à l'encontre du débiteur auparavant la saisie, n'y sont compris, pour être le créancier préféré aux autres créanciers. . . . . Tous autres frais aussi n'y sont compris, comme les réponses aux causes d'opposition des opposans, ains seulement ceux de la saisie, criées & interposition du décret. » (Theveneau, *tit. 4, art. 25, pag. 1169.*) Voyez *Frais, Procureur, Taxe, &c.*

En Artois, où on ne suit pas pour les décrets l'édit de 1551, ainsi que nous l'avons observé, (*n°. 3,*) mais les anciens placards des princes de la maison d'Autriche, l'*adjudicataire* n'est pas tenu des frais ordinaires des criées, à moins qu'il n'en soit chargé par les affiches, & par l'enchere; en ce dernier cas, *convenances vainquent la loi.* C'est ce qu'observe Maillart, *sur l'art. 190 de la coutume d'Artois, n°. 200 & suiv.* Il parle au *n°. 210 & 211* d'un usage vraiment utile, & qui devroit être adopté par-tout. Lorsqu'il est question de colloquer les opposans, & que leurs créances sont contestées, soit pour le tout, soit pour partie; soit pour le privilege, l'hypotheque, la préférence; la contestation n'est appointée qu'entre ceux qui la soutiennent, & celui qui perd est condamné aux dépens: *Cet usage artésien est bien plus juridique que celui de Paris, où le poursuivant est colloqué sur le prix pour tous les frais qu'il à faits dans l'ordre contre chaque opposant: QUOD NOTANDUM.*

Hypotheque.

27. L'adjudicataire, par son adjudication & la consignation du prix, acquiert la propriété de l'héritage qui lui est adjugé, même avant qu'il en ait pris possession; & cette propriété est libre & dégagée de toutes *hypotheques:* en effet, le poursuivant & les opposans ne conservent de droit que sur le prix consigné qui doit leur être distribué selon l'ordre de leurs hypotheques. A l'égard de ceux qui n'ont point formé d'opposition au décret, ce décret a purgé tous leurs droits sur les biens adjugés, & ils n'ont plus à en exercer que sur les autres biens qui peuvent rester à leur débiteur.

ARRÊT du parlement de Paris, du 5 mai 1693, qui juge que lorsqu'un acquéreur de bois appartenans au roi a été condamné, par arrêt du conseil, onze ans après son adjudication, de payer une taxe ou un supplément de prix, celui qui a prêté ses deniers pour payer ce supplément avec subrogation dans les droits du roi, n'a son hypotheque que du jour de l'arrêt du conseil, & non de celui de l'adjudication. (Augeard, *tom 1, arr. 94, pag. 230.*) Voyez *Hypotheque.*

Inventaire.

28. En Bretagne, on admet une différence entre les *adjudications* sur saisies réelles, & les *adjudications* dans les successions sous bénéfice d'inventaire. Au premier cas, l'opposition est indispensable: au second, elle n'est pas nécessaire, & on est toujours reçu à répéter ce que les créanciers postérieurs ont reçu. (Hevin sur Frain, *pag. 429.*)

L'ouverture de la succession bénéficiaire regle les droits & les hypotheques des créanciers; & ce qui se fait postérieurement, ne doit pas y préjudicier. On doit considérer toute la succession bénéficiaire, comme étant, dès l'instant de la mort, le bien de tous les créanciers jusqu'à ce qu'ils soient tous payés; ainsi, l'on doit fixer leurs droits à cette époque, sans qu'aucun d'eux puisse souffrir du fait de l'héritier ou d'un des créanciers. Entr'autres conséquences, qui résultent de ce principe, il faut compter celle-ci.

On ne doit pas comparer la distribution du prix des biens vendus dans le bénéfice, à celle qui se fait dans les instances de saisie; car la saisie n'est faite que pour le saisissant. Ainsi, pour l'empêcher de toucher tout le prix des biens vendus, il faut qu'il y ait des oppositions avant que ce prix ait été payé; & les opposans ne veillant qu'à leur intérêt, ils ne conservent que pour eux: les créanciers non opposans ne peuvent donc pas obliger, ceux qui ont touché, de rapporter. Au contraire, l'instance du bénéfice d'inventaire est introduite pour tous les créanciers de la succession; & conséquemment, tandis que les créances ne sont pas prescrites, quoique le créancier ne se soit pas présenté dans l'instance du bénéfice, son droit sur les biens du bénéfice & sur leur prix, subsiste: & si un créancier postérieur a touché, il peut être obligé de rapporter pendant trente ans; c'est-à-dire, pendant le temps que la loi donne pour l'action personnelle, à fin de rapport de ce qu'on a induement perçu. (Poulain, *sur l'art. 576 de la cout. de Bretagne, tom. 3, pag. 595.*)

ACTE de notoriété, du 6 juin 1741, qui porte que dans les successions bénéficiaires, les *adjudications* de tous les immeubles de la succession de quelques seigneurs qu'ils relevent, & fussent-ils même dans d'autres provinces, se font dans la jurisdiction du bénéfice, qui est celle du domicile du défunt. *Voyez* Hevin *Consult. I.* Voyez encore *la division suivante* & *Inventaire (bénéfice d').*

Jurisdiction.

29. ARRÊT de réglement du parlement de Paris, du 29 novembre 1558, qui ordonne « que les *adjudications*, par décret, des immeubles mis en criées en exécution d'arrêts & exécutoires de ladite cour, seront faites en icelle; & les autres faites en vertu de sentences, aux sieges esquels elles auront été données; & ce qui sera mis en criées par vertu d'obligations & contrats, pardevant les juges auxquels l'exécution d'iceux appartient. » (Bouchel & Blondeau, *tom. 1, pag. 51, colonn. 2.*)

ARRÊT du parlement de Paris, du 18 décembre 1629, qui décide qu'un juge subalterne haut-justicier peut prononcer une *adjudication* par décret; mais que la certification des criées doit être faite dans le siege supérieur qui aura le nombre requis de praticiens (Bardet, *tom. 1, liv. 3, chap. 73, pag. 297 de l'édit. de Lalaure.*)

ARRÊT du parlement de Rouen, du 16 juillet 1656, qui juge que les *adjudications*, des domaines engagés doivent être faites devant le vicomte, & non devant le bailli. Cette cour avoit rendu précédemment deux arrêts conformes les 9 décembre 1631 & 3 août 1638. Godefroi, *sur l'art. 2 de la coutume de Normandie*, a remarqué des arrêts qui avoient de même décidé la compétence du vicomte pour les adjudications des fermes du domaine. (Basnage, *sur l'art 5 de la coutume de Normandie, tom. 1, pag. 39 & 40.*)

ARRÊT du parlement de Rouen, du 9 août 1664, qui prononce qu'une adjudication faite devant le bailli, d'héritages situés en deux vicomtés différentes, mais qui étoient dans son bailliage, étoit réputée faite devant le juge ordinaire: sans avoir égard à la distinction de Godefroi, qui estimoit que le réglement de 1610 ne devoit avoir lieu que pour les hautes justices. Ce réglement de 1610 portoit que les adjudications par décret, faites pardevant les baillis & vicomtes en vertu de lettres de mixtion, dont la connoissance leur appartient, suivant les *art. 4 & 8 de la coutume*, ne sont point sujettes à lecture. . . . . (Basnage, *sur l'art. 459 de la coutume de Normandie, tom. 2, pag. 341 & 342.*)

ARTICLES 97 & 98 des placités de 1666. « Il n'est besoin de faire la lecture de l'*adjudication* par décret des héritages nobles ou roturiers, quand elle est faite en vertu de lettres de mixtion. . . . Mais quand on adjuge les héritages situés en divers bailliages, en vertu d'arrêt du parlement, la lecture doit être faite à l'égard de ceux qui sont situés hors du ressort du bailliage où ils ont été adjugés. »

ARRÊT de réglement du parlement

de Rouen, du 24 mars 1678, qui « pour éviter aux surprises qui se commettoient souvent, lorsqu'après un arrêt qui renvoyoit à procéder à l'adjudication, l'on faisoit avec précipitation une proclamation d'abondant, dont les créanciers n'ayant connoissance & ne pouvant y faire trouver d'enchérisseurs, les héritages étoient adjugés à vil prix : *ordonne, pour retrancher cet abus*, que les arrêts ci-après rendus, portans renvoi devant les juges des lieux pour procéder aux adjudications finales des décrets, seroient publiés & enrégistrés dans les sieges où lesdits décrets seroient pendans; à charge que les proclamations pour lesdites *adjudications définitives*, ne pourront être terminées que dans la quinzaine pour les rotures, & dans le mois pour les fiefs : ordonne, *de plus*, que l'arrêt sera envoyé dans les sieges de la province, pour y être observé selon sa teneur. » (Basnage, *sur l'art. 583 de la coutume de Normandie, tom. 2, pag. 527.*)

ARRÊT du parlement de Rouen, du 19 mars 1726, qui déclare qu'une *adjudication* par décret, faite devant les juges de l'élection, est sujette à la lecture. (Annotateur de Basnage, *tom. 2, pag. 340.*). . . . Les *adjudications* par décret ne sont point sujettes à lecture à cause de leur notoriété; mais comme cette notoriété n'a pas lieu lorsqu'elles sont faites pardevant des juges anomaux ou d'autres juges que les ordinaires, il faut remplir cette formalité utile. Voyez ci-après la division *Retrait*, & les mots *Lecture, Mixtion (lettres de,) &c. &c.*

Lettres d'état.

30. L'*art. 14* de la déclaration de 1702 porte que « les *adjudicataires* des biens décrétés en justice, ne pourront se servir de *lettres d'état*, pour se dispenser de consigner & payer le prix de leur *adjudication*; non plus que les acquéreurs des biens immeubles, pour se dispenser de payer le prix de leurs acquisitions. » L'*art. 16* porte que « les opposans aux saisies réelles ne pourront se servir de *lettres d'état*, pour suspendre les poursuites du décret, ni des baux judiciaires, & l'*adjudication* des biens saisis. » La déclaration du 12 juin 1694 renfermoit à peu près les mêmes dispositions.

Cependant il y avoit eu une déclaration intermédiaire du premier février 1698, par laquelle le roi, pour prévenir la ruine entiere de ses officiers d'armée, avoit jugé à propos de surseoir pendant trois ans la vente & *adjudication* des biens saisis réellement sur lesdits officiers, & autres compris dans la déclaration; lesquels, pendant le temps de trois ans, pourroient être remis en possession de leurs biens, nonobstant les baux judiciaires & autres actes, en vertu desquels ils auroient été dépossédés. La surséance, portée par cette déclaration, fut prorogée pour une année par une seconde du 15 février 1701.

La cession & les lettres de répit doivent avoir encore moins d'effet que les lettres d'état, soit pour soustraire les adjudicataires à la consignation, soit pour suspendre en faveur des saisis les poursuites des décrets & les adjudications.

ARRÊT des grands jours de Moulins, du 16 septembre, qui confirme la sentence du bailli d'Orléans, qui avoit exclu *un acheteur de biens* de ses lettres-royaux de répit à un an. Il fut prononcé, *me præsente*, dit Dumoulin, sur le *chap.* des exécutions faites par lettres obligatoires *de la cout. d'Orléans.* (Molinæus, *tom. 2 operum, pag. 723.*) Voyez *Cession de biens, Lettres d'état, Répit, &c.*

Licitation. Partage.

31. On procede à l'adjudication des immeubles indivis, par la voie de la licitation, lorsqu'ils ne sont pas susceptibles d'un partage convenable entre les cohéritiers ou autres copropriétaires : elle se fait après trois publications & un rapport d'experts convenus ou pris d'office, qui déclarent que l'immeuble qu'on se propose de liciter, ne peut être divisé

commodément. Il n'est dû, pour ces sortes d'*adjudications*, aucun droit au receveur des consignations, suivant la déclaration du 29 février 1648. Voyez *Cohéritier*, *Copropriétaire*, *Licitation*, *Lods*, *Partage*, *&c. &c.*

Mari. Femme.

32. ARRÊT du parlement de Paris, du 20 mars 1571, qui juge que l'*adjudication* de l'héritage d'une femme, constant le mariage, pour dépens adjugés & taxés contre le mari, est nulle, si la femme renonce à la communauté. (Charondas, *liv. 6*, *rep. 27*, *pag. 211.*)

ARRÊT des grands jours de Poitiers, du 22 septembre 1579, qui décide qu'une femme séparée de biens d'avec son mari, n'a pu s'obliger par acte au paiement du prix d'un héritage dont elle s'étoit rendue *adjudicataire* sans l'autorisation de son mari, à l'effet de l'adjudication. (Tronçon *sur l'art. 234 de la cout. de Paris*, *pag. 480.*)

ARRÊT du parlement de Paris, du 26 août 1618, qui juge que le décret des immeubles du mari décédé, se fait à la charge du douaire, en usufruit, de la veuve, pourvu qu'elle donne caution de faire payer, sur le prix de l'adjudication, les créanciers antérieurs au mariage. « De dire que le prix sera suffisant, quoique l'adjudication se fasse à la charge du douaire, cela est trop incertain pour s'y arrêter : il faut que les créanciers antérieurs soient entiérement assurés, & ne courent point de risque. Quant aux créanciers postérieurs, ils peuvent se servir du privilege des antérieurs, *gaudere bonâ fortunâ*, & demander que l'adjudication soit faite sans charge du douaire. » (Bardet, *tom. 1*, *liv. 1*, *chap. 44*, *pag. 39 & 40.*) Voyez cependant les divisions, *Douaire* & *Estimation*.

Nous traiterons, sous le mot *Antichrese*, de tout ce qui a trait à cette espece d'adjudication des biens du mari en faveur de la femme. Voyez *Autorisation*, *Communauté*, *Femme*, *Mari*, *Séparation*, *&c. &c.*

Meubles.

33. « La vente des choses saisies sera faite au plus prochain marché public, aux jours & heures ordinaires des marchés ; & sera tenu le sergent signifier auparavant à la personne, ou domicile du saisi, le jour & l'heure de la vente, à ce qu'il ait à faire trouver des enchérisseurs, si bon lui semble..... Les choses saisies ne pourront être vendues, qu'il n'y ait au moins huit jours francs entre l'exécution & la vente. » *Art. 11 & 12 du tit. 33 de l'Ordonnance de 1667.*

« Les choses saisies seront *adjugées* au plus offrant & dernier enchérisseur, en payant par lui, sur le champ, le prix de la vente..... Les huissiers & sergens seront tenus de faire mention, dans leurs procès-verbaux, du nom & domicile des *adjudicataires* ; desquels ils ne pourront rien prendre ni recevoir directement ni indirectement, outre le prix de l'adjudication, à peine de concussion. » *Art. 17 & 18 du tit. 37 de la même loi.*

L'observation du dernier de ces articles est de la plus grande conséquence ; en effet, il dépend presque toujours d'un huissier de hâter ou de retarder, à son gré, le moment de l'*adjudication*.

« Les bagues, joyaux & vaisselle d'argent, de la valeur de 300 liv. ou plus, ne pourront être vendus qu'après trois expositions à trois jours de marché différens ; si ce n'est que le saisissant & le saisi n'en conviennent par écrit, qui sera mis entre les mains du sergent pour sa décharge. » *Art. 13 du tit. 33 de l'Ordonnance de 1667.* Suivant les loix romaines, les meubles précieux ne pouvoient être vendus qu'avec les formalités requises pour la vente des immeubles. *l. nulla 27*, *in princip. de episc. & clericis*, *l. quæ tutoris*, *C. de admin. tut. l. emptori 37*, *§ 1*, *D. de evict.* Voyez *Bague*, *Bijou*, *Diamant*, *Effets*, *Huissier*, *Meubles*, *Saisie*, *&c. &c.*

Dans les pays de vignoble, les vins s'adjugent après trois criées. Voyez *Vin*.

Nous avons déja dit que nous parlerions de l'adjudication des vaisseaux, sous le mot *Vaisseau*. Voyez aussi *Bac*, *Bateau*, *Moulin*, *&c*.

Mise à prix.

34. Les *adjudications par mise à prix* ont lieu dans la Flandre Françoise, & ne sont parfaites qu'au bout de quarante jours : pendant ce délai, chacun a la liberté de mettre des surencheres. Voyez *Mise à prix*.

Nullités.

35. Il faut, dans toutes les procédures des décrets & dans l'adjudication, observer les solemnités prescrites, tant par l'édit des criées que par les réglemens postérieurs, à peine de nullité.

ARRÊT du parlement de Paris, du 11 mai 1618, qui casse une adjudication par décret, parce que le juge avoit, par la sentence de certification de criées, prononcé le congé d'adjuger, qui le devoit être séparément. (Bardet, *tom. 1*, *liv. 1*, *chap. 23*, *pag. 26.*)

ARRÊT du parlement de Paris, du 10 décembre 1619, qui casse un décret, « sur l'appel de celui même qui s'étoit rendu *adjudicataire*; lequel après l'adjudication, ayant reconnu des *nullités* au décret, & que le poursuivant n'étoit suffisant pour le dédommager, au cas qu'il vînt à être évincé ; & d'ailleurs, ayant su que les héritages *adjugés* provenoient du domaine de l'église, & qu'en faveur de l'édit, les ecclésiastiques pourroient y rentrer, & ne seroient tenus à rembourser que le prix qu'ils en auroient reçu, qui étoit beaucoup moindre que celui de l'adjudication ; il demanda donc, pour sa sûreté, que les créanciers qui vouloient toucher les deniers, baillassent caution de les restituer. » (*Additions à la bibliotheque de* Bouchel & Blondeau, *insérées à la fin du tom. 1*, *pag. 21.*)

ARRÊT du parlement de Paris, du premier février 1621, qui réprouve l'usage abusif du bailliage de Beauvais, de faire des adjudications par décret, à la charge que l'adjudicataire ne seroit plus garant des *nullités* après dix ans, & fait défenses au bailli de cette ville de faire à l'avenir des pareilles adjudications. (Louet & Brodeau, *lettre* D, *som. 26*, *n°. 3*, *pag. 499.*)

ARRÊT du parlement de Paris, du 14 février 1624, qui juge qu'une adjudication par décret, qui exprime l'héritage d'un tiers non dépossédé par des baux judiciaires, est *nulle*. (Bardet, *tom. 1*, *liv. 2*, *chap. 7*, *pag. 108.*)

ARRÊT du parlement de Paris, du 28 avril 1630, qui confirme une saisie réelle, criées & décret faits sur un simple curateur aux causes & actions de la débitrice tombée en démence, sans discussion préalable de ses meubles ; si mieux elle n'aime rendre aux adjudicataires, suivant leurs offres, le prix principal, frais & loyaux-coûts. M. Bignon dit que les créanciers convenoient bien des nullités de la procédure, mais que leurs offres étoient désintéressantes. (Bardet, *tom. 1*, *liv. 3*, *chap. 101*, *pag. 325.*)

ARRÊT du parlement de Paris, du 9 avril 1691, qui juge qu'après dix ans un adjudicataire n'est pas recevable à demander la nullité de l'adjudication, sous prétexte d'un défaut de formalités, & qu'il n'a joui des biens que pendant quatre ans, au bout desquels il en a été dépossédé par la partie saisie. La cour déchargea cependant l'adjudicataire des intérêts du prix de l'adjudication, pour le temps qu'il n'avoit pas joui. (Augeard, *tom. 1*, *arr. 53*, *pag. 87 & suiv.*)

ARRÊT du parlement de Paris, du 20 août 1701, qui juge qu'une adjudication de biens n'est pas *nulle*, parce que les remises qui ont été signifiées au procureur d'une partie opposante, ne l'ont pas été à un autre procureur, chargé par la même partie d'enchérir pour elle. (Augeard, *tom. 1*, *arr. 190*, *pag. 611.*)

Offices.

36. C'est l'édit du mois de février 1683, qui regle les privileges des opposans au sceau, & ce qui doit être observé pour l'*adjudication* des charges saisies réellement. Nous traiterons cette matiere, qui est importante, sous les mots *Office*, *Opposition*, & *Sceau*. Nous nous bornons, dans ce moment, à citer les dispositions d'un préjugé récent & essentiel à connoître.

ARRÊT du parlement de Paris, du 12 avril 1782, qui juge que les offices de magistrature & autres ne peuvent être *adjugés* à un prix excédant la finance fixée & réglée par le roi. Voyez *Centieme denier*, *Charge*, *Evaluation*, *Finance*, *&c.*

Ordre.

37. Au parlement de Paris, on ne procede à l'ordre des créanciers, qu'après l'adjudication définitive; & au parlement de Toulouse, au contraire, on fait précéder l'adjudication par le jugement d'ordre ou d'allocation. Ce dernier usage est également avantageux au malheureux débiteur & à ses créanciers; parce qu'une partie de ceux-ci, qui reconnoissent qu'ils sont alloués à un rang très-inférieur, s'attachent à faire monter les encheres, pour tirer de leur allocation le meilleur parti possible.

On demande si, en faisant l'*ordre* des créanciers sur la distribution d'un prix, l'intérêt doit être adjugé jusqu'au jour de la sentence, ou jusqu'au jour de l'adjudication seulement. Henrys & Bretonnier, (*tom.* 2, *pag.* 354,) décident qu'ils ne doivent être *adjugés* que jusqu'au jour de la sentence d'adjudication, & non de la sentence d'ordre; & ils observent que cela se pratique ainsi, tant à Lyon, Montbrison & autres sieges des trois provinces de Lyonnois, Forez & Beaujolois, que dans toutes les jurisdictions du ressort du parlement de Paris. Ils mettent cependant une exception à cette décision, en faveur des créancier qui ne sont pas utilement colloqués; parce qu'à leur égard la consignation ne pouvant pas tenir lieu de paiement, elle ne peut pas arrêter le cours des intérêts: ils demeurent donc toujours créanciers; & leur dette ne changeant point de nature, les intérêts leur en sont toujours dus.

ARRÊT du parlement de Paris, du 16 mai 1672, qui juge qu'un réglement pris *sur un ordre* avant l'adjudication, est valable. M. Talon observa que ce réglement étoit précipité; mais néanmoins, que n'y ayant ni loi ni ordonnance qui le défendent, *& cela n'allant qu'au bien & à l'avantage des créanciers*, il y avoit lieu de le confirmer. (*Journal du Palais, tom.* 1, *pag.* 223.)

Ouvrages publics.

38. Les entreprises pour le compte du roi *s'adjugent ordinairement* par les commissaires départis dans les provinces; & celles qui concernent les villes, par les officiers municipaux. L'ordonnance de 1672, ainsi que le réglement de 1759 pour la ville de Paris, renferment des vues & des précautions utiles, & qu'il seroit à desirer qu'on rendît communes aux municipalités du royaume, qui, comme la capitale & les communautés de Provence, n'ont point de loi constante. Mais voyez encore ci-après, sous le mot *Administration*, n°. 19, tout ce qu'il faudroit faire pour prévenir tous les abus.

« Les ouvrages, soit de réparation ou de nouvelle construction, qui seront résolus & entrepris par les prévôt des marchands & échevins, ne seront point commencés sans un résultat du bureau, & ordre par écrit signé desdits prévôt des marchands & échevins, & du procureur du roi & de la ville; & quand les ouvrages seront considérables, en sera dressé dévis par le maître des œuvres, *sur lequel seront faites les publications & baux, au rabais & adjudications*, dans lesquels un des échevins sera nommé & commis pour veiller particuliérement audit ouvrage, & faire exécuter les dévis & marchés

marchés même, s'il étoit jugé nécessaire. Lesdits prévôt des marchands & échevins proposeront un contrôleur particulier, expert, pour y prendre garde, ez mains duquel seront mis les devis & marchés, & ne sera fait aucun paiement auxdits ouvriers, qu'en rapportant lesdits ordres & marchés par écrit. » *Art. 10 du Réglement de 1759.*

« Pour tenir les ouvriers en devoir, & les obliger à travailler pour la ville avec plus de fidélité, ne leur sera à l'avenir payé, pendant la construction des ouvrages, que les trois quarts, au plus, de ce qui leur sera dû, & ne leur sera le surplus payé qu'après que l'ouvrage entier aura été reçu; laquelle réception d'ouvrage ne se pourra faire qu'en présence des prévôt des marchands & échevins; ou, s'il est ainsi ordonné par l'échevin préposé, en présence du procureur du roi & de la ville; lors desquelles réceptions, seront les *adjudications*, rapports, devis & marchés, représentés, & le maître des œuvres & le contrôleur ouis, dont sera dressé procès-verbal: défenses au receveur de ladite ville de faire le dernier & parfait paiement des ouvrages, qu'en rapportant par l'ouvrier le procès-verbal des réceptions d'iceux en la forme susdite. » .... « Le greffier de la ville sera tenu de faire soigneusement des registres distincts & séparés des édits & déclarations, réglemens & ordonnances qui seront enrégistrés au greffe, des baux, agrémens, transports & concessions d'héritages, places, loyers de maisons dépendantes du domaine de ladite ville, des devis d'ouvrages, publications, encheres & *adjudications*, procès-verbaux & visites des ouvrages publics, &c. » *Art. 13 & 20 du titr. 32 de l'ordonnance de 1672.* Voyez ci-dessus la division *Adjudication des biens des communautés.*

Possession. Prescription.

39. Ce n'est qu'après la consignation, ainsi que nous l'avons déja remarqué, que l'*adjudicataire* peut se mettre en possession des biens qui lui ont *été adjugés*. Les procédures, pour parvenir à cette mise de possession, sont différentes, suivant qu'elle doit être faite par un juge royal, ou par un notaire, ou huissier. Au premier cas, l'adjudicataire prend des lettres adjournatoires, pour faire assigner le discuté, & les autres parties intéressées, à se trouver à la prise de possession aux jour & heure indiqués par le juge dans les lettres: le juge n'a point besoin de prendre des témoins pour son procès-verbal; un greffier lui suffit. Au second cas, l'adjudicataire procede par une simple assignation; & le notaire ou huissier doivent procéder en présence de deux témoins. Ce sont les dispositions de l'édit du mois de mars 1671, & des lettres-patentes du mois d'octobre 1722. Mais dans l'un comme dans l'autre cas, il n'est pas nécessaire d'assigner les opposans, parce que le jugement d'adjudication leur ôte la qualité de parties. Si les poursuites ont été faites avec un curateur à l'hérédité vacante, c'est lui seul qu'il faut faire assigner, aux termes de deux ARRÊTS du parlement de Paris, des 2 septembre 1697 & 21 mai 1726.

En Normandie, « l'adjudicataire des biens vendus par décret sera tenu, aux prochains plaids ou assises, après l'adjudication finale, de représenter le brevet de garnissement du prix de son adjudication, dont il lui sera accordé acte, lequel contiendra *l'envoi en possession des biens adjugés*, s'il y a lieu; & de suite l'état sera déclaré ouvert; & il sera ordonné que les opposans mettront leurs oppositions & pieces justificatives au greffe, dans la huitaine, & dans la forme prescrite par l'article précédent, aux fins par les créanciers opposans, ou leurs procureurs, de prendre communication desdites oppositions, s'ils avisent, que bien soit. » *Art. 26 du tit. 4 des lettres-patentes du 18 juin 1769.*

ARRÊT du parlement de Toulouse, du 9 mars 1742, qui juge que la simple adjudication par décret, *sans mise de possession*, ne suffit point pour faire perdre au tiers-acquéreur la propriété des biens décrétés. Le motif de l'arrêt fut que le décret est une vente judiciaire, & qu'il ne peut y avoir de vente ni de translation de propriété, sans la tradition de la chose vendue. (*Journal de* M. de Juin, *tom. 6, arr. 447, pag. 250.*)

ARRÊT du parlement d'Aix, du 22 juin 1666, qui décide que l'adjudication par décret des biens d'un débiteur, à la forme des usages qui ont lieu à Toulouse, est un titre qui donne lieu à la prescription; & qu'après l'expédition du décret, on ne peut venir par opposition, ni demander le recouvrement des biens. (Boniface, *tom. 2, part. 2, liv. 4, tit. 4, chap. 6, pag. 236.*) Voyez *Possession, Prescription, Propriété, Tradition, &c.*

Preuve.

40. ARRÊT du parlement de Paris, du 29 mai 1696, qui décide, entr'autres points, qu'on peut admettre la preuve par témoins, en cas de fraude, même lorsqu'il s'agit d'une adjudication faite en justice. (*Œuvres de* d'Aguesseau, *tom. 4, pag. 1 & suiv.*) Voyez *Fraude, Preuve, Témoin, &c.*

Procureur.

41. ARRÊT du parlement de Rennes, du 27 septembre 1645, qui confirme une adjudication faite au procureur d'un saisi. Il y avoit quatre circonstances: 1°. le saisi ne faisoit paroître aucun enchérisseur: 2°. le procureur offroit de lui rendre sa terre en remboursant: 3°. il étoit même créancier; & outre son enchere au profit des créanciers, il avoit aussi mis à valoir sur son dû: 4°. enfin, le saisi avoit été présent lors de l'enchere. La cour donne, de grace, un an pour rentrer, en remboursant. (Hevin & Frain, *tom. 1, pag. 422.*)

ARRÊT du parlement de Paris, du 2 juillet 1705, qui juge qu'un procureur qui s'est rendu adjudicataire pour son ami élu ou à élire, n'est pas tenu de payer en son nom les droits de lods, faute d'avoir fait sa déclaration dans les quarante jours. Cet arrêt fut rendu sur les mémoires faits pour le procureur attaqué, par le célebre Bretonnier. Nous conseillons de lire en entier l'excellente dissertation qui se trouve insérée au *tom. 2 des Œuvres de* Henrys, *pag. 862 & suiv.* Voyez *les divisions 3, 23, pag. 775, colon. 2 sur la fin, & 26*; ainsi que les mots *Election (en ami,) Lods, Procureur, &c.*

Rabattement.

42. Nous n'entreprendrons pas ici de discuter les questions importantes qu'a fait naître l'usage du rabattement de décret dans le ressort du parlement de Toulouse; elles seront placées plus naturellement sous le mot *Rabattement.* Nous nous bornons à donner une idée de cette grace spéciale accordée à un malheureux débiteur.

Le rabattement de décret est la faculté qu'a un débiteur saisi de rentrer dans les immeubles qui ont été *adjugés* sur lui par décret, en indemnisant l'adjudicataire.

Dans le préambule de la déclaration du 16 janvier 1736, ci-dessus citée, (*n°. 3,*) le souverain dit: L'usage du rabattement « n'étant fondé que sur des motifs d'équité & de commisération, doit être regardé comme une grace & comme un bienfait de la loi, plutôt que comme un acte de pure justice; quelque favorable que soit cette grace, lorsqu'il s'agit de réparer le mal d'*une adjudication faite à vil prix*, elle a néanmoins l'inconvénient de laisser l'état des possesseurs long-temps incertain; de donner lieu à de nouveaux procès; & d'être quelquefois nuisible au débiteur même, dont les biens ne sont pas portés à leur juste valeur, par la crainte qu'ont les *adjudicataires* d'être troublés quelque jour dans leurs acquisitions. » Le souverain ajoute que, pour prévenir ces inconvéniens, il a cru devoir faire un nouveau réglement sur une matiere aussi intéressante pour le bien des familles, & d'y prendre les tempéramens les plus propres à concilier *la rigueur de la regle, avec la faveur de l'équité.*

En conséquence, la déclaration porte que le délai, pour former la demande en rabattement, ne sera que de dix ans, soit que le décret eût été interposé au parlement de Toulouse & à la cour des aides de Montpellier, ou dans une jurisdiction inférieure; que ce délai ne courra que du jour de la mise en possession de l'adjudicataire; qu'il courra contre les pupilles & mineurs, sauf leur recours contre leurs tuteurs & curateurs. La demande en rabattement ne pourra être formée que par les propriétaires & leurs enfans; elle ne pourra être portée qu'en cour souveraine; son admission devra être précédée de l'offre réelle du prix du décret. Enfin, l'adjudicataire ne pourra être dépossédé qu'après le parfait remboursement, tant du prix du décret, & des frais & loyaux-coûts & améliorations, suivant la liquidation qui en aura été faite, que des intérêts, &c. *Art. 11 & suiv. de la Déclaration de 1736.*

Nous avons également parlé ci-dessus de l'ARRÊT de réglement du parlement de Toulouse, du 27 juillet 1743, qui a jugé que l'on ne peut rabattre une partie des adjudications, sans les rabattre toutes, lorsqu'elles sont faites au profit du même décrétiste, & qu'il faut rembourser à ce décrétiste, non seulement le prix des adjudications, mais encore toutes les sommes légitimement dues, quoiqu'elles ne soient pas entrées dans ce prix.

Redevances seigneuriales.

43. Deux questions principales : De quelles redevances seigneuriales anciennes l'adjudicataire est-il chargé? A quelles redevances seigneuriales nouvelles l'adjudication donne-t-elle ouverture?

PREMIERE QUESTION. Nous avons déja dit, sous la division *Charges*, que l'*art. 12 de l'Edit des criées* soumettoit l'adjudicataire au paiement des droits seigneuriaux; mais dans l'interprétation de cette loi, on suppose le cas où le seigneur a droit à des redevances particulieres, autres que celles qui marquent la seigneurie directe; telles, par exemple, qu'un surcens, un champart, &c. : & on demande si ce surcens, ce champart, &c., sont purgés par le défaut d'opposition au décret de la part du seigneur. On décide pour l'affirmative, & que l'*adjudicataire* est exempt de ces redevances extraordinaires : la raison est qu'il a réglé sa mise sur les charges apparentes, & que, ne voyant point d'opposition de la part du seigneur, il a dû croire que son droit étoit limité au cens ordinaire, presque toujours modique. Plusieurs préjugés consacrent cette maxime.

ARRÊT du parlement de Paris, du 20 avril 1630, qui juge qu'il faut s'opposer aux criées pour une rente fonciere, quoique seigneuriale. (Louet & Brodeau, *lettre* C, *som. 19, n°. 2, tom. 1, pag. 224.*) Dans l'espece de cet arrêt rapporté par nombre d'autres auteurs, M. Bertrand, procureur à Poitiers, fut condamné à payer à l'abbaye de Celles 12 deniers de cens, dus sur la métairie de Beaulieu, à lui *adjugée* par décret, quoique l'abbé de Celles n'y eût pas formé opposition; mais aussi, il fut déchargé, à raison de ce défaut d'opposition, du paiement que réclamoit l'abbé d'une rente noble, féodale & fonciere de deux setiers de froment, un setier de seigle, douze boisseaux d'avoine, & douze boisseaux d'autres grains.

ARRÊT du parlement de Paris, du 19 décembre 1646, qui décharge un adjudicataire du paiement d'une rente féodale de deux setiers froment, & deux chapons.

ARRÊT du parlement de Paris, du 24 mars 1677, qui juge qu'une rente distincte du cens, est purgée par le décret.

Le cens de 10 sous & la rente de 6 livres, étoient pourtant créés par le même contrat. *(Journ. des Aud., tom. 3, liv. 4, part. 1, chap. 39, pag. 286.)*

ACTE de notoriété du présidial de Poitiers, du 22 novembre 1677, fondé sur les précédens arrêts & autres conformes, qui porte qu'en Poitou les seigneurs de fiefs sont obligés de s'opposer aux criées des héritages qui sont dans leur censive & féodalité, *quand les devoirs sont considérables, & excédant le cens ordinaire.* (Filleau, *sur l'art. 445 de la coutume de Poitou.*)

La jurisprudence moderne confirme les décisions de l'ancienne.

ARRÊT du parlement de Paris, du 21 juin 1740.... ARRÊT du parlement de Paris, du 6 juin 1760, qui décharge le marquis de Wardes, adjudicataire de la terre d'Heudicourt, de la demande que lui avoit formé le chapitre de Saint-Furcy de Peronne, d'un muid de bled de surcens, pour lequel il n'avoit point formé opposition au décret interposé sur cette terre.

« Les particuliers qui prétendront des cens & rentes foncieres sur les héritages saisis & mis en criées, autres que des droits seigneuriaux, seront tenus de s'opposer pour iceux & pour les arrérages, à peine d'en être déchus. » *(Style du parlement de Metz, pag. 43.)*

Il y a quelques exceptions à la regle générale.

La premiere, en faveur de l'ordre de Malthe, parce que les biens de cet ordre sont imprescriptibles.

ARRÊT du parlement de Paris, du 26 mars 1729, qui juge, en faveur du commandeur de Monterolle, qu'un adjudicataire est soumis au paiement d'une rente féodale, due à cette commanderie.

La seconde est le résultat des dispositions de quelques coutumes isolées. « Par une disposition particuliere à notre coutume, *dit Pothier*, le droit de champart ne se purge pas par le décret même, lorsqu'il n'est pas seigneurial. Cette disposition, qui est contraire à la lettre de l'édit de 1551, est fondée sur ce que la perception du champart se faisant publiquement, l'*adjudicataire* a pu avoir facilement connoissance de ce droit; d'où notre coutume a conclu qu'il ne devoit pas être regardé comme compris dans la disposition de l'édit, qui n'a eu d'autre vue que de décharger l'*adjudicataire* des charges réelles dont il auroit pu n'avoir pas de connoissance. » *(Commentaire sur la cout. d'Orléans; introduction au tit. 21, § 15, n°. 117, pag. 811.)*

La troisieme exception est fondée sur une déclaration du 6 février 1657, enrégistrée au parlement de Toulouse le 6 mai 1665, qui porte que le décret ne purgera pas les rentes foncieres & seigneuriales dues aux églises & bénéfices du ressort de cette cour.

SECONDE QUESTION. Elle se subdivise. 1°. Est-il dû un double lods au seigneur, lorsque l'héritage est revendu à la folle enchere? 2°. Est-il dû un double lods, lorsque l'adjudicataire remet après coup son adjudication à un tiers? 3°. A quel fermier sont dus les lods? Est-ce à celui qui l'étoit au temps de l'adjudication, ou à celui qui l'est dans le temps de la levée du décret, de l'ordre & de la distribution du prix?

1°. Quelques anciens arrêts ont excité l'avidité de quelques commissaires à terrier, & de quelques financiers; & ils ont conclu, les uns & les autres, que la revente à la folle enchere d'un adjudicataire insolvable, formoit une nouvelle mutation, & par conséquent donnoit ouverture à la perception de doubles droits seigneuriaux & royaux. Ces ARRÊTS des 21 mai 1607, 12 juin 1609, & 8 juillet 1618, paroissent effectivement avoir condamné les seconds adjudicataires à payer doubles lods & ventes, sauf leur recours. Cependant Brodeau, qui les rapporte, observe lui-même « que cela n'auroit lieu qu'au cas que le premier adjudicataire fût solvable : quoi ceſſant, la choſe, *dont il n'a point été propriétaire*, n'eſt point obligée, ni le ſecond adjudicataire tenu du premier droit qui eſt dû par le premier adjudicataire obligé perſonnellement, auquel le ſeigneur ſe doit adreſſer ; autrement il ſe commettroit tous les jours des fraudes & des ſupercheries, par l'interpoſition de gens de néant, que *le ſeigneur, ou ſon receveur & fermier, feroit rendre adjudicataires, pour multiplier ſes droits, & y obliger la choſe ſaiſie* : ce qui ſeroit injuſte. » (Louet & Brodeau, *lettre* B, *ſom.* 2, *n°.* 4 & 5, *tom.* 2, *pag.* 458.)

Auſſi, tous les auteurs anciens & modernes, à l'envi, c'eſt-à-dire, tous les vrais juriſconſultes, tels que Henrys & Bretonnier, *tom.* 2, *pag.* 31 ; Guyot, *du Quint.*, *chap.* 4 ; Pocquet de Livoniere, Henrion de Penſey, &c., ſe ſont-ils réunis pour décider qu'il n'étoit pas dû doubles droits ſeigneuriaux pour une ſeconde adjudication faite à la folle enchere du premier adjudicataire. Auſſi, la juriſprudence des parlemens de Rouen, Bourdeaux, Rennes, conſacre-t-elle leurs opinions fondées ſur les vrais principes : *Factum non videtur, quod factum non durat.*

« Pour faire que les droits ſoient acquis au ſeigneur, il faut que ces deux choſes concourent, le droit de propriété & de poſſeſſion ; c'eſt-à-dire, que l'acquéreur ſoit maître, & qu'il entre en la poſſeſſion de l'héritage vendu, pour faire qu'il y ait mutation d'homme. Or, ſi le premier adjudicataire n'acquiert point la propriété, ſans conſignation actuelle du prix ; & s'il ne peut prendre poſſeſſion avant qu'il l'ait faite actuellement, il eſt manifeſte qu'il n'a jamais eu de propriété ni de poſſeſſion, qui ſont les deux conditions eſſentielles pour donner ouverture aux droits de fief ; & y ayant eu une double adjudication, l'une & l'autre ne peut ſubſiſter : l'on n'a pu procéder à une ſeconde, qu'en préſuppoſant que la premiere demeuroit ſans effet. Il a été jugé, conformément à ces raiſons, par un ARRÊT que je rapporterai ſur l'*art.* 584. Nous ſommes ſi éloignés de cette juriſprudence du parlement de Paris, qu'il a même été jugé par ARRÊT, en l'audience de la grand'chambre, du 23 juillet 1638, contre le receveur du domaine d'Alençon & le procureur du roi, que le treizieme n'étoit point dû de la folle enchere, & qu'elle ſeroit diſtribuée toute entiere au profit des créanciers ; parce que c'étoit une peine, & qu'elle ne faiſoit partie du prix. » (Baſnage, *ſur l'art.* 171 *de la cout. de Normandie*, *tom.* 1, *pag.* 268.) . . . . L'arrêt auquel Baſnage renvoie, n'eſt autre que celui de 1638 même, qui jugea que le treizieme de la folle enchere n'étoit pas dû au ſeigneur. (*Tom.* 2, *pag.* 528.)

« C'eſt un point d'uſage & de *juriſprudence*, qu'en matiere de décret, lorſque la priſe de poſſeſſion eſt caſſée par le défaut de conſignation, les encheres ſont d'abord ouvertes ; & il n'eſt dû qu'un ſeul droit de lods & ventes par le dernier adjudicataire ſubrogé. » (Annotateur de Lapeyrere, *lettre* P, *n°.* 53, *pag.* 308.)

Hevin ſur Frain, (*ch.* 92, *pag.* 464,) dit que la vente n'eſt parfaite dans les ventes judiciaires, que par la numération du prix ; ainſi que cela a été jugé par ARRÊT du parlement de Rennes, du 6 mai 1663. Un autre ARRÊT de la même cour, du 14 octobre 1653, a jugé qu'il n'eſt dû qu'un ſeul droit de lods, en cas de revente à la folle enchere. Sauvageau, *liv.* 1, *chap.* 199, *pag.* 109, certifie la même juriſprudence qu'Hevin, & rapporte encore un ARRÊT du conſeil du roi, du 2 août 1680, qui la confirme.

2°. Dumoulin, dans ſon commentaire ſur la coutume de Paris, examine s'il eſt dû double droit de lods dans le cas où un procureur qui acquerroit en ſon propre & privé nom, remettroit enſuite volontairement ſon acquiſition à un autre ; & après avoir dit qu'il paroît au premier coup-d'œil qu'il s'agit là d'une nouvelle vente, il décide cependant que cette nouvelle vente n'étant que la résolution de la premiere par une cause ancienne & nécessaire, les doubles droits ne peuvent être exigés. *Contrarium puto, quia ista nova mutatio est resolutio primæ ex causâ antiquâ & necessariâ; & acquisitio quam fecit procurator, licèt illam fecerit sibi ipsi inspectâ subtilitate juris, tamen non fecit pro se inspecto affectu & effectu, sed pro mandatore, ut patet tam per eventum quàm per præcedens mandatum.* (Molinæus, *tom. 1, pag. 435, n°. 9.*)

Nous ne suivrons pas les innombrables discussions où sont entrés les auteurs sur ce texte de Dumoulin; nous renverrons à M. Guyot, qui en a donné un détail exact, ainsi que de la jurisprudence de tous les parlemens : nous nous bornerons à son résumé, qui nous paroît exact, & ménage les justes droits des seigneurs, en prévenant les fraudes avec lesquelles on cherche si souvent à les éluder. « Au milieu de ces variétés, je tiens que dans la quinzaine de l'adjudication, avant la consignation en son nom, ou en consignant, l'*adjudicataire* doit déclarer que c'est pour lui ou un ami qu'il nommera, à la bonne heure, dans l'an, si la coutume ou l'usage constant du parlement lui donne ce temps : il nomme cet ami, mais il faut toujours qu'il manifeste son intention de ne pas rester adjudicataire, & il ne peut faire connoître cette intention de ne pas rester adjudicataire, qu'autant qu'en consignant il déclarera que c'est pour lui ou pour un autre qu'il nommera : alors quand il nommera dans l'an avant l'exécution du décret, sa nomination aura un air de vérité qui écartera le soupçon de la grosse fraude. » (Guyot, *traité des fiefs, tom. 3, pag. 256 & précéd.*)

3°. Les lods sont dus au fermier qui jouissoit lors de l'adjudication, & non à celui qui jouit lors de la sentence d'ordre : c'est l'avis du président Favre dans son code (*de jure emphit. defin 30 & 38;*) qui atteste d'ailleurs que cela se juge ainsi au sénat de Chambéry : c'est celui de Basnage, qui cite un ARRÊT du parlement de Rouen, du 22 décembre 1655; c'est aussi ce qu'a décidé le parlement de Rennes, par son arrêt du 14 octobre 1653, que nous venons de citer d'après Hevin, *chap. 92, pag. 464.* Enfin, c'étoit plus anciennement l'avis de Chopin, *sur la coutume de Paris, liv. 1, tit. 2, n°. 29.*

Le parlement de Grenoble juge que les lods sont dus « au rentier au temps de la mise en possession du dernier enchérisseur, non à celui qui l'étoit au temps de la délivrance. » (Basset, *tom. 1, liv. 3, tit. 8, chap. 19, pag. 263.*) Voyez ci-dessus les divisions *Déclaration*, & *Procureur;* & ci-après la division *Droit fiscal;* & encore les mots *Bail, Cens, Champart, Command, Décret, Délivrance, Élection en ami, Enchere, Fermier, Lods, Opposition, Quint, Seigneur, Surcens, &c.*

Rente.

44. ARRÊT du parlement de Paris, du 29 décembre 1609, qui fait défenses au bailli d'Amiens, & à tous autres, de faire à l'avenir aucune adjudication par décret d'héritages à la charge de rente constituée. D'après ce réglement, il est inutile d'entrer dans aucun détail sur les anciens usages, relativement à ce genre d'adjudications. On les trouvera au surplus dans Gouget, *traité des criées;* dans Bouchel & Blondeau, *en leur bibliotheque du droit françois.* Voyez les mots *Décret, Rente,* où nous rendrons compte des formalités qui ont lieu pour les saisies des rentes, & sur-tout de celles sur l'hôtel de ville de Paris, les fermes générales, &c. &c.

Retrait lignager.

45. « Le droit coutumier ayant introduit le retrait indistinctement pour toutes sortes de ventes, il n'y a pas lieu d'en excepter les judiciaires, qui sont de vraies

ventes, faites pour un prix certain, par le moyen desquelles (comme par les volontaires, qui sont choses équipollentes, parce que le fait du juge est le fait de la partie,) l'héritage passe en une main & famille étrangere, & ne peut être remis dans la ligne que par le retrait lignager, lequel étant de droit public & coutumier, ne peut être ignoré par un adjudicataire : & telle est l'opinion de nos plus anciens docteurs & praticiens françois qui ont écrit, tant auparavant la redaction des coutumes, que depuis. » (Brodeau, *sur l'art 150 de la cout. de Paris, tom. 2, pag. 312.*) « Propre héritage vendu par décret en jugement par criées & subhastations choit en retrait. » *Art. 150 de la coutume de Paris.* . . . « Propre héritage vendu & *adjugé* par décret en jugement, par criées & subhastations chet en retrait. » *Art. 450 de la coutume de Bourbonnois.*

Ce sont aussi les dispositions des coutumes de Troyes, *art. 148;* de Meaux, *art. 112;* de Sens, *art. 45;* d'Auxerre, *art. 286;* de la Marche, *art. 167;* de Rheims, *art. 192;* de Chaumont, *art. 115;* d'Auvergne, *art. 37 du tit. 23;* de Nivernois, *art. 28 du ch. 31;* de Berri, *art. 25 du tit. 14;* de Dourdan, Montfort, Mantes, duché de Bourgogne, Laon, Poitou, Angoumois, &c. &c.

Il n'y a qu'un très-petit nombre de coutumes qui se soient écartées du droit commun, & qui aient excepté de la loi du retrait lignager les adjudications par décret : telles sont celles d'Orléans, *art. 400;* & de Tours, *art. 180.* Dumoulin, dans sa note, sur cette derniere, dit que sa disposition est fondée sur une raison de commisération pour le débiteur saisi, afin que l'héritage s'en vende mieux : *hoc factum est favore debitorum, ut emptores alliciantur ad pluris licitandum, ut liberius à lite verá discedatur.* (Molinæus, *tom. 2, pag. 724, column. 2.*)

Cependant, il faut faire attention que la décision des coutumes d'Orléans & de Tours ne s'applique qu'au retrait lignager, & non au retrait féodal; le premier est une grace, & la loi ne fait point de tort aux parens en la refusant dans les ventes par décret, & en se dirigeant par un principe de faveur pour le saisi; mais le second est un droit véritable que cette faveur pour le saisi ne sauroit enlever aux seigneurs à qui il appartient.

Arrêt du parlement de Paris, du 4 août 1568, qui ordonne, dans la coutume de Blois, que quand l'héritage est *adjugé* à deux lignagers, le remboursement entier doit être consigné à un seul prix, & indivisé. L'indemnité d'un acquéreur, lorsqu'il est évincé par deux lignagers, ne doit pas être de pire condition que lorsqu'il ne s'en présente qu'un. (Louet & Brodeau, *lettre* R, *somm. 25, n°. 14, tom. 2, pag. 719.*)

Arrêt du parlement de Rouen, du mois de juin 1631, qui juge que l'adjudicataire dépossédé pas le lignager qui exerce le retrait, n'est point tenu de lui donner caution de l'événement de l'appel d'un décret qui pouvoit être cassé. (Basnage, *sur l'art. 458 de la cout. de Normandie, tom. 2, pag. 340.*)

Arrêt du parlement de Rouen, du mois de juin 1677, qui décide que l'an & jour du retrait court du jour de l'adjudication, & non du jour de l'arrêt qui l'a confirmée, parce que l'arrêt qui confirme *nihil dat, sed datum significat;* & par cette raison, il a un effet rétroactif. (Basnage, *ibid.*)

Brodeau pense que le tuteur peut être admis au retrait de l'héritage de son mineur, & qu'il en doit être de même du juge qui a prononcé l'adjudication, parce que l'action en retrait étant accordée à toutes sortes de personnes, « il n'est pas juste ni raisonnable qu'un juge en soit privé, pour avoir dans la nécessité d'une charge & fonction publique & nécessaire, qui ne lui doit point être préjudiciable, prononcé la sentence d'adjudication qui donne ouverture à l'action de retrait, *si l'on ne montre qu'il y ait eu du dol, de la fraude & autres mauvais artifices; que le juge, dans le dessein qu'il avoit de retirer l'héritage, ait détourné les enchérisseurs, ou précipité l'adjudication.* ».

« Si le seigneur touche les deniers pour lesquels il a été colloqué, sans se réserver la faculté du retrait seigneurial, il en perd l'usage pour cette fois; quand même il auroit touché les deniers avant les quarante jours qui lui sont donnés pour délibérer; parce que par la réception des droits seigneuriaux, le seigneur est censé avoir l'acheteur agréable; par conséquent il se prive de la faculté d'user de la retenue seigneuriale. » (Maillart, *sur l'art. 191 de la coutume d'Artois, pag. 999.*) Voyez *Retrait.*

Servitude.

46. L'adjudicataire est affranchi des servitudes occultes, pour la conservation desquelles on ne s'est pas opposé au décret, parce qu'il a eu une juste raison de les ignorer; à l'égard de celles qui sont visibles & apparentes, il y est soumis, parce que leur évidence ne lui a pas permis de les méconnoître. Nous traiterons cette question avec l'étendue qu'elle mérite au mot *Servitude*, & nous y rapporterons les arrêts cités par Gouget, *traité des criées, part. 2, chap. 4, n°. 83;* Louet & Brodeau, *lettre* S, *tom. 1;* Leprêtre, *centur. 1, chap. 62;* Theveneau, *liv. 6, tit. 4, art. 9;* Couart, *sur la coutume de Chartres, art. 79 & 84;* Lalande, *sur celle d'Orléans, art. 480;* Ferriere, *sur celle de Paris, art. 355, glos. 2, n°. 5;* Bodreau, *sur celle du Maine, art. 489, &c.*

L'adjudication par décret n'est pas un titre suffisant pour conserver des vues sur un héritage voisin, quoique le voisin sur lequel ces vues ont été usurpées, n'ait pas formé son opposition au décret à l'effet de les faire supprimer. Il en seroit autrement si l'héritage avoit été vendu avec énonciation que ces vues seroient acquises à l'adjudicataire, le voisin qui auroit négligé de former opposition en ce cas, seroit tenu de souffrir les servitudes. Voyez, entr'autres, Challine, *sur les maximes de* l'Hommeau, *au liv. 3, art. 356;* Ferriere, *sur la coutume de Paris, art. 186, glos. 1, n°. 8;* Pallu, *sur celle de Touraine, art. 212, n°. 8, &c. &c.*

Substitution.

47. Chez les Romains, la vente judiciaire des biens substitués ne nuisoit point aux appellés à la substitution dont le droit n'avoit pas été ouvert avant l'adjudication. Ces biens n'étoient adjugés qu'avec la charge du fidéicommis qui y étoit attachée: l'adjudicataire n'avoit donc que la propriété du grévé, propriété résoluble à l'événement du fidéicommis. *Res quæ sub conditione legata est, interim hæredum est.... & ADJUDICARI potest, cum suâ scilicet causâ, ut existente conditione eximatur ab eo cui ADJUDICATA est, l. 12, §. 2, D. famil. ercisc. Sin autem sub conditione.... relictum fuerit.... fideicommissum.... & ad venditionem vel hypothecam prosiluerit, sciat quòd conditione impletâ ab initio, causa in irritum devocetur. l. 3, § 3, C. commun. de legat. & fideic.*

Si l'on prétendoit que les deux loix que nous venons de citer, ne parlent point d'une vente judiciaire, d'une adjudication faite par l'autorité publique, on citeroit la loi 69, § 1, *D. de legat.* 2°. qui est expresse, & parle d'une aliénation forcée : *Prædium quod nomine familiæ relinquitur, si non voluntaria facta sit alienatio, sed bona heredis veneant; tamdiu emptor retinere debet, quamdiu debitor haberet bonis non venditis; post mortem ejus non habiturus quòd inter heres præstare cogeretur.* Cujas en commentant cette loi, suppose que les biens d'un héritier sont vendus sur la poursuite de ses créanciers, & de l'autorité du prêteur à l'enchere; & que parmi

parmi ces biens on ait compris un fonds dont le débiteur étoit grevé de substitution envers sa famille ; la vente de ce fonds sera entretenue pendant la vie du grevé, puisqu'il en auroit pu jouir lui-même pendant tout ce temps, encore qu'il n'eût pas été vendu. *Finge : hæredis bona venierunt* SUB HASTA EX EDICTO PRÆTORIS *urgentibus creditoribus.... quid si creditores.... bona heredis vendiderunt, & in his etiam, prædium illud de quo agitur, quod est obnoxium fideicommisso relicto nomini familiæ ? Sane interim vivo hærede alienatio tenet, quia & bonis non venditis, ipse quamdiu vixisset, prædium tenuisset.* (Cujacius, *tom. 2, posthum. pag. 555.*) En France les auteurs ont varié & fait des distinctions : les uns ont soutenu que les substitués n'avoient pas besoin de former opposition au décret, soit que la substitution fût ouverte à l'époque de l'adjudication, soit qu'elle ne le fût pas : les autres au contraire ont soutenu que dans l'un & l'autre cas l'opposition étoit inutile, pourvuque la substitution eût été publiée ; parce que c'est à l'adjudicataire à vérifier les registres de ces publications. Enfin il y en a qui ont distingué : si la substitution est ouverte lors du décret, les substitués sont obligés de former opposition, puisque le droit leur est acquis. C'est l'avis de Tronçon, sur l'*art. 355 de la cout. de Paris*, & de Mornac, sur la *loi 6, C. de remis. pignor.* Ce dernier rapporte même un ARRÊT du parlement de Paris, du 11 janvier 1601, en faveur d'un adjudicataire, contre des substitués dont les biens furent déclarés valablement aliénés par défaut d'opposition, encore qu'ils fussent mineurs. Si la substitution n'est pas ouverte au temps du décret, Mornac sur la *loi 13, D. qui satisdare cog.* dit que la question ayant été proposée en la chambre des consultations, on conclut que le plus sûr, pour les substitués, étoit d'y former opposition ; que cependant *manebant jura substitutionis integra.* La Roche-Flavin, *liv. 2, tit. 1, art. 4, pag. 81,* atteste que la jurisprudence du parlement de Toulouse, est que l'opposition n'est point nécessaire lorsque la substitution n'est pas encore ouverte.

Cette variation des auteurs avoit produit un bon effet, & presque toujours les substitués ou leurs tuteurs avoient le soin de former des oppositions à la vente des biens auxquels ils étoient appellés ; c'est ce que prouvent deux arrêts l'un ancien, & l'autre assez moderne.

ARRÊT du parlement de Paris, du 13 juin 1622, qui ordonne qu'il sera passé outre aux criées, vente & adjudication par décret, à la charge du droit de substitution, au profit de celui en la personne duquel elle se trouvera ouverte. (Vrevin, *sur l'art. 68 de la cout. de Chaulny, tom. 2, des commentateurs de Vermandois, pag. 156.*)

ARRÊT du parlement de Paris, du 13 juin 1735, qui infirme une saisie réelle du fonds & propriété des biens substitués, faite sur le grevé (en faveur de ses enfants nés & à naître) à la requête de son créancier personnel ; & ordonne qu'elle sera suivie seulement de l'usufruit du bien saisi, sauf à reprendre la saisie réelle, & poursuites en cas que le grevé ne laisse point d'enfant à son décès.

L'ordonnance des substitutions a fait cesser toute espece de doutes ; elle dit dans l'*art. 55 du tit. 1*, que « les adjudications par décret des biens substitués, ne pourront avoir aucun effet contre les substitués, lorsque les substitutions auront été publiées & enrégistrées suivant les regles prescrites *(par l'art. 56 :)* ce qui sera observé, encore que le substitué *eût un droit ouvert à ladite substitution, avant le décret & même avant la saisie réelle, & qu'il n'eût point formé d'opposition audit décret* : le tout, si ce n'est que les biens eussent été vendus pour les dettes de l'auteur de la substitution, ou pour d'autres dettes ou charges antérieures à ladite substitution. » Voyez *Fidéicommis*, *Substitution*, *&c.*

ARRÊT du parlement de Paris, du 29 août 1781, qui juge qu'une licitation de biens grevés de substitution, peut être poursuivie, & la sentence d'adjudication rendue sans le concours du ministere public. On avoit prétendu exciper des dispositions de l'art. 49 du tit. 2 de l'ordonnance des substitutions, qui dit : « Il ne pourra être rendu aucun jugement sur ce qui concerne les substitutions fidéicommissaires. . . . que sur les conclusions de nos avocats & procureurs en premiere instance, & sur celles de nos avocats & procureurs-généraux en nos cours, lorsque les contestations formées à ce sujet y pourront être portées par appel ou autrement : voulons qu'il y ait ouverture de requête civile contre les arrêts qui seront rendus sans conclusions de nosdits avocats & procureurs-généraux. » On répondoit que la loi ne parloit point de la nullité des *licitations* à cause du défaut de concours de ministere public ; & que les nullités étant de rigueur, il falloit qu'elles fussent prononcées expressément par une loi. Voyez *Conclusion*, *Licitation*, *Ministere public*, *&c.*

Temps.

48. Le temps pour procéder à l'adjudication définitive des immeubles saisis n'est pas précisément déterminé : en effet, indépendamment de la diversité des usages à cet égard, dans les différentes provinces, on laisse aux juges la faculté d'accorder des remises, suivant les circonstances.

A prendre à la lettre l'*art. 49 de l'ordonnance de Moulins*, il paroîtroit qu'après le congé d'adjuger, les quarante jours depuis l'apposition des affiches, & les quinze jours révolus depuis l'adjudication sauf quinzaine, on devroit adjuger les biens saisis définitivement ; cependant l'usage constamment adopté à Paris, pour toutes les jurisdictions qui s'exercent dans l'enclos du palais, est d'accorder de nouvelles remises de quinzaine en quinzaine. Le réglement des requêtes du palais, de 1677, porte qu'il y en aura successivement trois avant l'adjudication : quelquefois même on en accorde davantage, lorsqu'on reconnoît que le bien n'est pas porté à sa juste valeur.

C'est aussi l'usage du châtelet de n'adjuger purement & simplement qu'après trois remises, de quinzaine en quinzaine. Un ACTE de notoriété de ce tribunal, du premier mars 1757, prouve même qu'il est rare d'y voir adjuger à la troisieme remise, & qu'on n'y croit l'adjudication en état d'être faite qu'à la quatrieme.

Mais comment doit-on compter les délais de ces différentes remises & autres procédures dans les décrêts ?

ARRÊT du parlement de Paris, du 10 Juin 1547. « Sur le requisitoire de M. Riant, avocat du roi, qui réforme le style du châtelet, que, la premiere quinzaine après les vacances données, l'on procéderoit à donner les sentences des procès en état de juger alors de la publication des induces & des adjudications par décrêts & criées : une adjudication, faite pendant la quinzaine, fut cassée, les parties renvoyées pardevant le prévôt de Paris pour procéder à de nouvelles encheres. » (Bouchel & Bechefer, *tom. 2*, *pag. 52.*)

ARRÊT du parlement de Paris, du 3 Avril 1677, qui prononce que l'enchere de la quinzaine pour un décrêt étant échue un jour de fête, l'adjudication s'en peut faire à la huitaine suivante sans sentence de remise. C'est la confirmation d'un ACTE de notioriété du châtelet, du 19 février 1677. (*Journal des audiences*, *tom. 3*, *liv. 4*, *chap. 31*, *pag. 281.*)

En Normandie, « le juge ne doit pas retarder l'adjudication finale, s'il n'y a opposition ou appellation ; &, s'il la retarde, il répondra, en son nom privé, des dépens, dommages & intérêts du saisi & des créanciers. » *Art. 145 du réglement ou placités de 1666.*

Arrêt du parlement de Rouen, du 24 mai 1669, qui prononce que l'adjudication doit être faite sans aucune prorogation de délai : « *le fils du décrété* ayant demandé que l'adjudication fût différée, vu qu'il n'y avoit personne pour enchérir, *le poursuivant* s'en étant rapporté au juge, & *les créanciers* ayant consenti à une nouvelle proclamation, le juge limita un autre jour pour procéder à l'adjudication. Sur l'appel du décrété, on cassa la sentence ; on ordonna qu'une proclamation d'abondant seroit faite, & on fit défenses aux juges de donner des remises aux actes du décrêt, autres que les délais portés par la coutume. » (Basnage *sur l'art. 583 de la cout. de Normandie, tom. 2, pag. 525.*) ... Cet arrêt est bien rigoureux, pour ne rien dire de plus.

A Toulouse, « à l'expiration de la quinzaine (*échue après la quarantaine,*) pendant laquelle toutes encheres pourront être reçues au greffe, il sera procédé, la premiere audience suivante, à l'adjudication pure & simple, au profit de celui qui aura été le plus haut enchérisseur lors de l'adjudication sauf quinzaine, ou de celui qui aura fait la plus haute enchere pendant ladite quinzaine ou à ladite audience : laissons *à la prudence des juges* d'ordonner *une ou plusieurs remises* de ladite adjudication, même une publication surabondante d'affiches, lorsqu'ils jugeront, sur les remontrances des parties intéressées, *ou même d'office*, que le prix des biens qui doivent être adjugés, n'a pas été porté à leur juste valeur. » *Art. 6 de la Déclaration du 16 janvier 1736.*

En Bourgogne, *le Réglement de 1614, art. 38*, porte « qu'après la premiere enchere reçue & proclamée par trois dimanches ès prônes des églises, & affiches faites d'icelle enchere ès portes des auditoires où les biens se discutent, adjudication en sera faite *dans trois mois.* » Ces expressions ayant fait naître des difficultés sur le point de savoir si on pouvoit procéder à l'adjudication dans l'intervalle des trois mois, ou s'il falloit nécessairement attendre qu'ils fussent révolus, le parlement de Dijon, par un Arrêt du 20 Mars 1620, rendu, les chambres consultées, décida que la délivrance, (*l'adjudication,*) pourroit être faite au commencement du troisieme mois. Thibault, *dans son traité des Criées*, cite un Arrêt de la même cour, du 6 avril 1715, qui confirma une délivrance faite avant l'échéance des trois mois : cependant il ajoute, « malgré des décisions si précises, on tient communément au palais, qu'il faut laisser écouler les trois mois : ce qui peut autoriser cette opinion, c'est un Arrêt du 18 mai 1689, qui cassa, sur le rapport de M. de Thesut-Ragy, une délivrance faite cinq jours avant l'expiration du troisieme mois. . . . . Dans le doute où jette la diversité d'opinions & de *décisions*, il paroît plus sûr d'attendre que les trois mois soient écoulés, que de les anticiper par une procédure qui peut donner lieu à des contestations. » (Thibault, *tom. 1, ch. 12, pag. 207.*) Voyez *Délai, Délivrance, Dimanche, Férie, Fête, Remise, Vacations, &c.*

Tiercement.

49. L'ordonnance des Eaux & Forêts définit le tiercement : *Une enchere qui augmente du tiers le prix de la vente, & fait le quart sur le total.* (Art. 33 du tit. 15.)

Ce sera sous les mots *Bois, Eaux & Forêts* que nous parlerons du délai fixé par l'ordonnance, pour faire le tiercement : sous le mot *tiercement*, nous rendrons compte de tout ce qui a trait à cet usage d'admettre des surencheres après l'adjudication consommée. Nous nous bornons ici à observer que le tiercement qui a lieu, sur-tout en matiere de *baux judiciaires*, a fait l'objet d'une difficulté récemment élevée, & terminée par un jugement qui a décidé qu'il devoit être admis contre un acquéreur à titre de vente.

ARRÊT du parlement de Paris, du 3 décembre 1781..... Saisie réelle de la terre de Sousy, suivie de l'établissement d'un fermier judiciaire: les affiches à l'effet de parvenir à la vente, portoient que l'on adjugeroit au plus offrant & dernier enchérisseur une coupe d'environ cent arpens de bois, conformément aux dispositions de l'ordonnance de *1669*. Adjudication à la barre de la cour. Après l'adjudication, offre de deux particuliers d'un tiers en sus, & demande en préférence. L'adjudicataire soutient que le tiercement ne peut avoir lieu, parce qu'il n'est pas fermier judiciaire, mais acquéreur à titre de vente. La cour condamne l'adjudicataire au délaissement des objets adjugés à ceux qui ont tiercé, si mieux il n'aime donner le même prix.

Titres.

50. « L'adjudicataire d'un bien saisi réellement, ne peut forcer le saisi réellement à lui remettre les titres de propriété; parce que l'adjudicataire & la partie saisie réellement n'ont point contracté entr'eux; & que l'adjudicataire n'a d'autre titre que celui que lui donne la justice; c'est-à-dire, son décret. Tel est l'usage, qui ne me paroît pas fondé en raison, puisque les titres de propriété ne peuvent servir de rien à la partie dépossédée d'autorité de justice: tout ce qui peut résulter de cet usage en faveur de la partie saisie réellement & dépossédée de ses biens, c'est *le petit bénéfice* qu'elle trouve en forçant l'adjudicataire de composer avec elle pour avoir les titres de propriété. » (Denisart, *au mot* Décret, *n°. 89.*).... Si tous les usages n'étoient pas plus abusifs que celui-là, leur réformation ne seroit ni bien desirable, ni bien essentielle. Le petit bénéfice que se procure le saisi en traitant avec un adjudicataire, qui a dû compter sur ce léger excédent dans le prix de son adjudication, est une petite table après le naufrage.

Trois Publications.

51. Nous avons dit ci-dessus, dans la division, *Barre de la Cour*, qu'avant l'établissement de l'office de conservateur des hypotheques, il n'y avoit pas d'autre maniere d'acquérir solidement une propriété que celle du décret forcé: un arrêt récent vient de confirmer cette vérité, & a décidé que la vente sur trois publications ne purgeoit ni les hypotheques ni les droits réels qu'on pouvoit avoir sur des immeubles adjugés avec ces simples formalités.

ARRÊT du parlement de Paris, du 5 Mars 1780, au rapport de M. Dionis du Sejour.... *Espece.* Par un ancien accord, du 8 Juillet 1334, entre les religieuses du prieuré de St. Pierre d'Abbeville, & les maire & échevins de cette ville, stipulant pour leur communauté, vingt-quatre journaux de prés sont déclarés asservis au pâturage des habitans de Menchecourt, fauxbourg d'Abbeville. Saisie réelle de douze de ces journaux en 1700, à laquelle les habitans de Menchecourt négligent de former opposition: adjudication qui leur fait perdre leur droit de pâture sur cette partie. Saisie réelle des autres journaux qui n'est pas suivie, & vente sur trois publications au bailliage d'Amiens, le 20 Juin 1742. L'acquéreur qui ne connoissoit pas le droit de pâture établi sur les douze journaux, veut en priver les habitans de la communauté de Thuison, dépendante de celle de Menchecourt, & sur leur résistance il se pourvoit en garantie contre M. de Cardonnoi & consorts, à la requête de qui l'adjudication de 1742 avoit été faite. Sentence de la sénéchaussée de Ponthieu, du 8 Août 1753, qui déclare l'adjudication nulle, condamne M. de Cardonnoi & consorts, à rendre à l'adjudicataire le prix des douze journaux qu'elle déclare affectés au droit de vaine pâture en faveur des habitans de Menchecourt & Thuifon. Sur l'appel on difcute les titres qui établiffoient le droit, & à l'égard des formalités relatives à la vente, on foutient que les douze journaux ayant *été* faifis réellement, & les habitans n'ayant formé leur oppofition qu'après le temps déterminé par l'édit de 1551, ils font non-recevables à prétendre le droit de pâture, quand même il leur auroit appartenu. Les maire & échevins d'Abbeville prenant le fait & caufe des habitans de Menchecourt & Thuifon, répondent que la faifie réelle originairement introduite, ayant été abandonnée, & les douze journaux ayant été vendus fur *trois publications*, cette adjudication qui n'étoit qu'un contrat judiciaire, n'avoit pas purgé le droit de pâture. La cour confirme la fentence de la fénéchauffée de Ponthieu. Voyez *Communauté, Publication, Pâturage, &c.*

Tuteur. Mineur.

52. Quand on veut faire vendre par la voie du décrêt les immeubles d'un mineur, il faut que toutes les procédures foient faites avec le tuteur, qu'il faut fommer de rendre compte avant la certification des criées; parce que ce n'eft qu'après la difcuffion des meubles des mineurs qu'on procédera à celle de leurs immeubles.

« C'eft une regle & maxime certaine que l'immeuble d'un mineur qui eft fous la protection des loix & de la juftice, ne tombe point dans le commerce, & ne peut être vendu, foit en pays coutumier ou de droit écrit, que fous les formes & folemnités publiques de la faifie & criées fuivies d'une vente & *adjudication* par décret, conformément à l'ordonnance des criées. » (Louet & Brodeau, *lettre* A, *fom. 5, pag. 19 & fuiv.*)

Arrêt du parlement de Paris, prononcé à Pâque 1598, qui confirme le décret des biens d'un tuteur, *encore qu'il n'y eût eu oppofition pour ce qui pouvoit être dû par ledit tuteur aux mineurs.* « Il n'y auroit jamais décret qui tînt, parce qu'étant au pouvoir d'un tuteur de fe rendre reliquataire envers fes mineurs, jamais cela ne manqueroit; & par ainfi, quelques décrets que fes créanciers puffent faire faire de fes biens, ils feroient tous caffés, fe trouvant qu'à dix ans delà ayant rendu fon compte, il devroit à fes mineurs, encore qu'il ne dût rien lors du décret interpofé. Et fuffit qu'un mineur eût un tuteur pour s'oppofer à un décret qui préjudicieroit au mineur, encore qu'il ne l'ait fait; fans confidérer fi le tuteur a des biens, ni fi le recours du mineur eft bon; car autrement ce ne feroit jamais fait. De vérité, quand un mineur qui n'avoit point de tuteur, perd fon hypotheque ou quelqu'autre droit, à faute de s'être oppofé au décret; en ce cas, il eft reçu, étant majeur, à appeller du décret, parce qu'il n'avoit point de tuteur; & quant à lui, fon âge ne lui permettoit point de veiller à fes affaires, ni d'exercer aucune action ou intenter aucun procès. » (Montholon, *arr. 85, pag. 181 & fuiv.*)

Arrêt du parlement de Paris, du 2 Septembre 1600, qui condamne un adjudicataire par décret, à payer aux enfans du décrété une rente qui leur appartenoit du chef de leur mere, à laquelle l'immeuble adjugé étoit hypothéqué, *encore que leur pere & tuteur ne fe fût oppofé à la faifie & criées d'icelui*: la cour laiffe à l'adjudicataire la liberté de déguerpir l'immeuble. (Charondas, *liv. 10, rép. 89, pag. 521 & 522.*)... Voilà deux arrêts bien contradictoires dans la même efpece: en voici un troifieme qui indique le parti qu'il faudra embraffer.

Arrêt du parlement de Paris, du 26 février 1626, qui décide qu'une mineure ne peut faire retracter un arrêt d'adjudication par décret auquel elle ne s'eft point oppofée, *quoiqu'elle n'eût point de tuteur ou qu'il fût infolvable.* « On ne doit pas donner facilement atteinte à un décret ; il y va de l'intérêt & utilité publique. . . . La distinction de la solvabilité ou insolvabilité du tuteur est indifférente. » (Bardet, *tom. 1, liv. 2, chap. 73, pag. 172.*)

ARRÊT du parlement de Grenoble, du 15 juillet 1666, qui juge que si le tuteur demeure adjudicataire comme dernier enchérisseur, le pupille s'en prévaudra. (Chorier *en sa jurisprudence de Guy-Pape, pag. 339.*)

ARRÊT du parlement de Paris, du 21 juillet 1688, qui juge qu'une simple adjudication faite d'un bien de mineur à un créancier sans discussion, n'est valable ; & que le créancier ne peut prétendre la compensation des revenus desdits biens contre les intérêts à lui dus, mais une simple déduction desdits intérêts. (*Journ. des audiences, tom. 4, liv. 3, chap. 28, pag. 125.*)

ARRÊT du parlement de Toulouse, du 28 mars 1732, qui juge qu'un mineur n'est pas reçu à attaquer par requête civile un arrêt qui permet la vente de ses biens. M. de Juin ne craint pas de blamer le premier arrêt qui avoit permis la vente. (*Journal du parlement de Toulouse, tom. 6, pag. 228 & suiv.*)

Un tuteur peut-il se rendre adjudicataire de l'immeuble de son mineur saisi & mis en criées ?

ARRÊT du parlement de Paris, du 12 janvier 1610, qui déclare une pareille adjudication bonne & valable.... Tronçon qui le rapporte (*pag. 774,*) dit que *cela est sans difficulté quand il n'y a point de dol ou fraude de la part du tuteur.* A notre égard nous pensons que si on défend à un juge de se rendre adjudicataire des biens vendus dans son siege, il doit être défendu à plus forte raison à un tuteur, de se rendre *adjudicataire* des biens de son mineur.

Le délai de dix ans déterminé pour l'exercice de l'action en rabattement de décret, court contre les pupilles & mineurs, ainsi que contre les majeurs, sauf leurs recours, s'il y échet, contre leurs tuteurs ou curateurs. (*Art. 14 de la déclaration du 12 janvier 1736.*) Voyez *la Division suivante & les mots Aliénation, Mineur, Pupille, Tuteur, &c.*

Vilité de prix. Lésion.

53. Un adjudicataire peut-il être évincé sous le prétexte de la vilité du prix de la vente? Un adjudicataire peut-il demander la résiliation de son marché sous le prétexte de la lésion qu'il éprouveroit? La premiere de ces questions a souffert beaucoup plus de difficultés que la seconde.

1°. Quoique les Romains eussent permis au vendeur qui avoit aliéné son immeuble au dessous de la moitié du juste prix, de se pourvoir contre son acquéreur, *l. rem majoris 2, C. de rescind. vendit.* ils avoient excepté le cas où l'acquisition étoit faite par la voie des encheres & par l'autorité publique: dans ce cas, le privilege même de la minorité cessoit. *l. 5, C. de fide & jure hastæ fiscalis & de adjectionibus; & l. 8 C. de remiss. pignor.*

Suivant Loisel, on a adopté en France ces principes de la légillation romaine, & on en a fait cette regle générale : « En vente faite par décret, ne chet rescision pour déception d'outre moitié de juste prix. » (*Instit. coutum., liv. 3, tit. 4, art. 11.*) Cette regle est en effet le résultat des dispositions de plusieurs de nos coutumes : telles sont celles de Bourbonnois, *art 487;* de Cambrai, *art. 4 du tit. 21;* d'Auvergne, *art. 22 du tit. 16;* & de la Marche, *art. 120:* nous ne citons que cette derniere. « En vendition de chose vendue par criées & interposition de décret, rescision d'outre-moitié de juste prix n'a point de lieu. »

Dumoulin s'éleve avec force, contre la loi portée par ce texte, & répete ce qu'il avoit dit sur l'*art. 487 de la coutume de Bourbonnois,* qu'il a vu plusieurs arrêts conformes : mais qu'on a beau dire & juger; cela est *inique & injuste à l'égard du propriétaire & à l'égard des créanciers, & ne sauroit être toléré en bonne & saine police.* Ita etiam vidi servari in hoc senatu, ut *par l'arrêt de Bouchage : SED QUIDQUID DICANT, EST INIQUUM, ET PROPRIETARIO, ET CREDITORIBUS INJURIOSUM, NEC IN BONA POLITIA TOLERANDUM EST.* Dumoulin, né avec une belle ame & des sentimens exaltés, se laissoit emporter aux mouvemens de commisération que faisoit naître en lui l'état d'un malheureux débiteur dépouillé : cependant, quand on examine les choses de sens froid, on est forcé de convenir qu'il faut respecter les regles générales qui maintiennent la propriété & la sûreté *de tous*, quoique dans leur application elles puissent être fatales *aux particuliers*. Il y a pourtant quelques cas qui méritent exception ; mais qui sont-ils, & qui pourroit les spécifier exactement? Tout ce que nous pouvons, c'est de rapporter quelques arrêts, dans lesquels on voit des considérations particulieres l'emporter sur la regle générale.

ARRÊTS du parlement de Paris, de la veille de Pentecôte 1516, & 10 juillet 1519, qui jugent « que l'on n'est reçu à venir par requête civile sous ombre de déception contre un décret interposé par arrêt de la cour sur criées de choses immeubles. » (Papon, *liv. 18, tit. 6, arr. 2.*)

ARRÊTS du parlement de Bourdeaux, de septembre 1527, mai 1528, & janvier 1531, qui décident que « le mineur est recevable à requérir & poursuivre restitution contre les criées où il a été déçu . . . & n'empêche que ledit mineur ait été appellé ou présent ; car ores qu'il y eût expressément consenti, pour cela, il ne laisse d'être sur les pieds, s'il y a dol ou déception, faux *ou lésion énorme qui ne peut être sans dol.* » *(Ibid. arr. 1.)*

ARRÊT du parlement de Paris, du 6 juillet 1564. Un appellant d'un décret alléguoit pour tout grief, que l'adjudicataire étoit en dol, d'autant qu'il n'avoit pas enchéri au prix qu'il savoit que l'héritage valoit, lequel avoit été prisé avec lui à beaucoup plus haut prix. Il fut déclaré non-recevable & condamné en l'amende. (Bouchel & Bechefer, *au mot* Vilité, *tom. 3, pag. 884.*)

ARRÊT du parlement de Rennes, du 19 mars 1565. Après une adjudication de biens de mineurs, un créancier offre 60 liv. & soutient que son enchere doit être reçue, tant pour l'intérêt des mineurs, que pour le sien propre ; l'adjudicataire le soutient non-recevable, tant parce qu'il étoit présent *dum licitatio fieret*, que parce que *tempora in auctionibus* & *hastis statuta non patiuntur.* Ces moyens ayant été admis, & l'adjudication confirmée, appel. « L'avocat du roi remontre en l'endroit que l'appellant qui n'est qu'un tiers, a bien peu d'intérêt, attendu que les mineurs ne se plaignent, ni leur tuteur : toutefois parce qu'il voit la vendition des héritages avoir été faite à la poursuite du tuteur, & le décret apposé à sa requête ; & que *id non carebat dolo*, demande être reçu appellant du décret en faveur des mineurs. » La cour ordonne qu'il sera procédé à de nouvelles criées, *sans que le tuteur puisse employer en la dépense de son compte, les frais & mises des premieres.* (Dufailh, *tom. 2, liv. 3, chap. 163, pag. 257 & 258.*)

ARRÊT du parlement de Paris, du 18 août 1600, qui décide qu'une adjudication ne peut être cassée malgré une surenchere du double. (Papon, *liv. 18, tit. 6, arr. 53.*)

ARRÊT du parlement de Paris, du 8 mars 1611, qui casse une adjudication faite pour la somme de 835 liv. *& encore 200 liv. à déduire pour ce qui étoit dû à l'adjudicataire ;* si mieux n'aimoit celui-ci retenir l'héritage pour 1035 liv. qui seroient distribuées aux créanciers selon l'ordre de leurs hypotheques. (Bouchel & Bechefer, *tom. 1, pag. 1005.*)

ARRÊT du parlement de Paris, du 3 août 1645, qui sans avoir égard à l'adjudication faite du duché d'Aiguillon à dame Marie de Vignerot, ordonne qu'il sera procédé à de nouvelles encheres. Il avoit été adjugé au châtelet pour 400000 livres; & en cause d'appel, M. le Prince, qui étoit l'un des créanciers, l'enchérit jusqu'à 820000 livres. « Quelquefois les arrêts ont admis la restitution contre des décrets forcés à cause des abus qui s'y commettent tous les jours, & *principalement dans le cas de terres de grand prix, qui ont dignité annexée.* » (Gueret *sur* Leprêtre, *centur.* 1, *chap.* 12, *pag.* 35.)

ARRÊT, du parlement de Paris, du 23 août 1666, qui juge que l'on n'est point reçu à appeller d'une adjudication à cause de la vilité du prix, & malgré qu'on fit des offres de la moitié en sus. (*Journ. des aud. tom.* 2, *liv.* 5, *chap.* 19, *pag.* 469.).... Le contraire avoit été jugé le 16 février 1665.

ARRÊT du parlement de Rouen, du 5 août 1672, qui admet une surenchere de 5000 l. faite sur l'office de conseiller en la cour, par un créancier, quinze jours après l'adjudication qui en avoit été faite à 35000 liv. La cour ordonna, sans s'arrêter à l'opposition de l'adjudicataire, qu'il seroit fait une proclamation d'abondant sur l'enchere de 5000 liv. Basnage dit qu'on eut égard à ce que *cet office avoit été adjugé à trop vil prix: ce que l'on peut faire en ces rencontres, est que, quand la lésion est constante, le moindre défaut doit donner ouverture à la cassation*.... Hors de ces cas particuliers, il faut suivre la regle générale établie par l'*art.* 146 *des Placités de* 1666. « Nul n'est reçu à surenchérir, après la levée de la jurisdiction en laquelle a été faite l'adjudication finale, si elle n'a été faite par dol ou violence; & *la vilité du prix, quand bien il seroit au-dessous de la moitié de la juste valeur, ne peut donner lieu à la surenchere.* »

ARRÊT du parlement de Paris du 5 mars 1689, qui admet une surenchere de 6000 liv. signifiée dans les 24 heures de l'adjudication. Il étoit prouvé que le poursuivant s'étoit fait adjuger pour 4000 une maison louée 440 liv., & avoit éloigné les enchérisseurs par des pratiques sourdes.... Placerons-nous ici une note de Brillon, qui prouve le peu de goût de cet auteur. « L'on a demandé au palais si le nommé Aubri, qui enchérissoit une terre, pouvoit être condamné en des dommages & intérêts, pour avoir *pratiqué & fait en sorte que la terre lui fût adjugée à vil prix, par le moyen de quelque argent qu'il avoit donné pour empêcher les enchérisseurs?* On demandoit la permission d'informer comme d'une fraude & dol en justice; il fut estimé que l'action ni la plainte n'en pouvoient être reçues: quand cela seroit vrai, *non est dolus qui legibus vindicetur.* Souvent l'on a vu juger telles pactions bonnes, quand on promet une somme d'argent pour empêcher une enchere: *Nemo est tàm sui arrogans estimator, ut comitia petiturus non malit sine adversario esse*, disoit un ancien: d'ailleurs, les encheres étant libres & volontaires, il étoit en la faculté de ceux qui se plaignoient de l'adjudication, de surenchérir; ne l'ayant pas fait, ils ne doivent s'en prendre qu'à eux-mêmes, ou de n'avoir fait trouver d'autres enchérisseurs: l'adjudicataire est dit, par la sentence d'adjudication, plus offrant & dernier enchérisseur; & il y a fin de non-recevoir, de prétendre, *contre cette preuve écrite*, qu'aucun n'ait enchéri ni voulu enchérir à plus haut prix. » Nous ne faisons pas des réflexions sur une telle tirade, nous nous contentons de renvoyer à l'ARRÊT du 29 mai 1696, rendu sur les conclusions de M. d'Aguesseau, & ci-dessus cité sous la division *Preuve*.

ARRÊT du parlement de Paris, du 27 janvier 1690.... *Espece.* Saisie réelle de la terre de Gavaudan en Agenois, & adjudication au greffe de la cour, en 1686, au sieur de Bellesseince, moyennant 64000 liv. qu'il consigne: il paye aussi les droits seigneuriaux 8000 liv., & prend

prend possession : l'ordre fut fait. Requête civile du saisi sous le nom de son fils, héritier institué par son aïeule : cette requête est fondée sur quelques nullités peu considérables ; mais on l'étaye sur-tout d'une surenchere de 32000 liv., & de l'offre de consigner 96000 liv., ou de donner bonne & suffisante caution pour le paiement de cette somme. L'adjudicataire répond que l'usage du parlement de Bourdeaux, dans le ressort duquel est située la terre de Gavaudan, est qu'après la mise en possession de l'adjudicataire, on ne reçoit aucune enchere ; que les ARRÊTS n'admettent point de surenchérisseur, *parce qu'autrement il n'y auroit jamais rien de certain ; & quoique la voie d'acquérir en justice fût la plus assurée, l'on ne trouveroit plus d'adjudicataires par décret ; qu'on avoit toujours rejeté de telles encheres pour la sûreté publique.* Une créanciere, madame Bouthillier de Chavigni, à qui il étoit dû cent mille écus, & qui n'avoit reçu que 9000 liv., se réunissoit à l'adjudicataire, & disoit *qu'elle auroit notable intérêt que l'on reçût enchere, si elle étoit sérieuse ; mais venant de la part d'une partie saisie dépossédée, personne noyée & abymée de dettes, l'on voyoit bien qu'elle n'avoit pas le premier sol, & que c'étoit dans la seule vue de tourmenter un adjudicataire, pour tirer de lui quelque paragouante ou pot de vin.* M. de Lamoignon, avocat-général, parla trois heures, & après *plusieurs raisons qu'il rapporta, & la jurisprudence des arrêts, laquelle avoit varié selon les temps & les personnes*, dit qu'il falloit *une fois finir cette affaire qui duroit depuis trente ans, & avoit été portée à la chambre de l'édit de Guienne, en celle de Paris quatre fois, au conseil, & en la quatrieme & puis en la troisieme des enquêtes de la cour; ce faisant, débouter des lettres.*

La cour rejeta la requête civile avec dépens. *J'étois présent*, dit Bruneau, (*Traité des criées, pag. 568 & 569.*)

ARRÊT du parlement de Paris, du 21 avril 1760, qui confirme la maxime, que la lésion n'est point un moyen pour faire casser une adjudication..... En se résumant, il faut distinguer la lésion & le dol ; & quoique, suivant l'adage de Papon, *la lésion énorme ne puisse être guere sans dol*, il faut croire que, si l'on ne peut pas prouver qu'un adjudicataire a usé de mauvaises voies, pour éloigner des enchérisseurs, & se faire donner à vil prix un immeuble considérable, on doit maintenir la sûreté publique, intéressée à ce qu'il y ait une maniere certaine de faire des acquisitions.

2°. Un adjudicataire peut-il demander la résiliation de son marché, sous prétexte de lésion ?

ARRÊT du parlement de Paris, du 6 mai 1599, qui déboute de l'entérinement de la requête civile qu'elle avoit impétrée, une femme veuve, mineure, adjudicataire d'une maison, qui avoit consigné, *& depuis reconnu qu'elle avoit trop acheté.* « Cet arrêt ne peut faire préjudice à la question, comme chose jugée, donné sur des considérations particulieres, que c'étoit une veuve qui avoit pleine disposition pour intenter toute sorte d'actions, pour suivre ses droits, capable d'acquérir, ayant consigné le prix de son adjudication, qui a été la principale considération de l'arrêt En autre cas, un mineur qui acquiert, soit en jugement ou autrement, est restituable, quand il est lésé. » (Tronçon, *pag. 778.*).... Si un mineur n'a pas réussi à se faire restituer contre une adjudication, on ne doit pas craindre d'assurer qu'un adjudicataire ne peut se pourvoir contre son enchere, à raison de la lésion qu'il éprouveroit. Voyez *Lésion, Mineur, Rescision, Restitution, Vente, &c.*

DROIT FISCAL.

54. Nous avons dit, sous la division *Redevances seigneuriales*, que, pour donner ouverture aux droits des seigneurs, tels que le lods, le quint, le relief, &c.,

il falloit qu'il y eût tout à la fois changement dans la propriété & dans la possession ; & nous avons fait voir que, si quelques anciens préjugés, cités par Louet & Brodeau, avoient fait breche à ce principe fondamental & sacré du droit des fiefs & investitures, la jurisprudence moderne, d'accord avec l'universalité des auteurs, avoit corrigé ces défauts de l'ancienne. Il faut appliquer le résultat de notre discussion à la perception des droits de centieme denier.

Ainsi donc, si, à défaut de consignation de la part d'un dernier enchérisseur, on procede à une nouvelle adjudication à sa folle enchere, il n'y a qu'une mutation effective pour laquelle le droit de centieme denier doit être exigé seulement ; & s'il a été payé par le premier adjudicataire, le second n'y sera sujet qu'à raison de l'augmentation du prix, s'il s'en trouve. C'est bien assez que, si par hasard ce prix se trouve inférieur, les percepteurs aient établi l'usage de ne rien restituer, en considérant cet excédant comme une partie des frais de la folle enchere, que doit supporter un adjudicataire imprudent ou de mauvaise foi.

Si on oppose quelques décisions du conseil aux maximes que nous établissons, il est aisé de voir qu'on abuse mal-à-propos des circonstances particulieres où elles ont été rendues, pour en tirer une conséquence générale erronée. Ainsi, par exemple, la DÉCISION du conseil, du 23 novembre 1751, qui condamna le sieur Logrie au paiement du centieme denier de l'adjudication qui lui fut faite dans cette même année 1751, d'une maison à Paris, revendue à la folle enchere de celui qui en étoit resté adjudicataire en 1738, & qui en avoit payé le centieme denier; cette décision, disons-nous, est fondée sur le long intervalle de treize années qui s'étoient écoulées entre la premiere & la seconde adjudication. Celle-ci, dans les circonstances, étoit une véritable revente, puisque celle-là avoit été suivie d'une suite d'actes de véritable propriété, pendant le cours d'une possession suffisante, pour opérer la prescription d'un tiers-acquéreur.

Un autre principe relatif aux adjudications, c'est que, pour que le procureur qui reste adjudicataire, ne soit pas regardé comme vrai propriétaire, il faut qu'il fasse sa déclaration dans les délais prescrits par les *art. 7 & 9 de l'Edit de 1551, & les Réglemens de 1598 & 1678*. Lorsque cette déclaration est tardive, elle est considérée comme une revente, suivant la jurisprudence du conseil, fixée par des DÉCISIONS des 19 janvier, 1736, 12 mars 1740, 24 mai 1753, & 29 mai 1758.

Le délai pour le paiement du centieme denier ne court que du jour de la délivrance de la grosse ou expédition du décret. On avoit imaginé pendant long-temps qu'il devoit courir du jour de l'adjudication ; & il y avoit même une DÉCISION du conseil, du 17 mai 1753, portant réformation d'un jugement de l'intendant de Languedoc, qui l'avoit ainsi jugé. Cependant, comme on a reconnu qu'il ne dépend pas d'un adjudicataire de se procurer son expédition dans les trois mois, soit à raison des occupations plus ou moins considérables des greffiers, soit à raison du plus grand ou du moindre volume des procédures du décret, on a adopté un systême plus équitable ; & il est certain aujourd'hui que les trois mois ne courent que du jour de la délivrance de la grosse ou expédition du décret.

Un héritier bénéficiaire ne doit point le centieme denier pour l'adjudication des biens d'une succession, parce que cette adjudication n'ajoute rien à son droit. Il en seroit autrement, si cet héritier n'étoit pas seul habile à succéder, & il devroit le centieme denier de ce qui excéderoit sa portion dans les biens adjugés.

DÉCISION du conseil, du 10 août 1737, qui décharge la dame de Cop, adjudicataire d'une maison dont la vente avoit été ordonnée en justice, à la charge d'en précompter le prix aux cohéritiers; du paiement du droit de centieme denier, pour le quart dont elle est héritiere, & la condamne à celui des trois quarts revenant à ses cohéritiers.

Les adjudications par décret étant des actes judiciaires, ne sont point sujettes au droit de contrôle; il en est de même des déclarations faites par les procureurs, dans les jurisdictions où ces officiers sont seuls admis à faire les encheres. Mais dans celles où tout particulier est reçu à enchérir, les élections en ami, qui se font ensuite de ces adjudications, sont sujettes au contrôle, sur le pied de l'*art.* 39 du Tarif, du 29 septembre 1722. Les adjudications des biens en direction, faites par les créanciers unis, sont assujetties au contrôle, par l'*art.* 3 du même Tarif.

Les adjudications par *mise à prix*, d'usage en Flandres, & chacune des encheres, devoient être contrôlées dans la quinzaine de leur date, aux termes d'un ARRÊT du conseil, rendu en forme de réglement, le 9 janvier 1725; mais ce réglement n'a pas d'exécution, au moyen de l'abonnement que cette province a fait du contrôle.

Nous parlerons des droits royaux dus relativement, aux adjudications des bois du roi, & autres objets domaniaux, des bois des communautés ecclésiastiques & séculieres, & de ceux des particuliers, enfin, des vaisseaux, sous *les mots* auxquels nous avons renvoyé ci-dessus n°. 1.

A l'égard de ceux auxquels les adjudications des biens des communautés d'habitans donnent ouverture, nous nous contenterons de citer le principe général établi par le tarif; & pour les détails, tels qu'ils sont déterminés par les décisions de M. le contrôleur-général, du 5 mars 1766, nous renverrons à l'ouvrage moderne de M. de Contramont, où on les trouve arrangés par colonnes. (*Explication des Tarifs du contrôle des actes & de l'insinuation, suivant la jurisprudence du conseil, tom.* 1, *pag.* 158 *& suiv.*)

« Baux ou adjudications des biens & revenus communs patrimoniaux, & d'octrois des villes, communautés & paroisses, seront payés à raison d'une année de revenu, sur le pied de l'*art.* 15 du présent tarif. » (*Art.* 20 *du Tarif de* 1722.) Voyez *Centieme denier*, *Direction*, *Contrôle*, &c.

ADJURATION.

(Dr. eccl. Dr. crim. Police.)

C'est la formule dont l'église se sert dans les exorcismes. (*Dictionnaire de l'académie françoise.*

Eveillon distingue deux adjurations; l'une à Dieu & aux saints, par prieres; l'autre aux démons par commandemens. (*Traité des excommunications, chap.* 39, *pag.* 524.)

Adjurare signifie tantôt jurer ou protester avec serment, tantôt prier avec instance ou exorciser. *Adjurer* est encore employé *au figuré*: je vous *prie*, je vous *conjure*, je vous interpelle, je vous *adjure*. Ce dernier mot placé à propos a réussi quelquefois au barreau; mais adjuration *au propre*, n'a d'autre acception que celle donnée par l'académie.

La doctrine des bons & des mauvais esprits établie de tout temps par-tout, & retrouvée en Amérique, a inspiré aux hommes ignorans, foibles & timides la priere, l'invocation, la conjuration, l'adjuration, l'expiation & les sacrifices, comme si la mort de l'homme pouvoit être agréable au créateur.

Le rite des exorcismes & des adjurations passa de la religion aux formules de la jurisprudence, & vous le trouvez dans les capitulaires. Voyez *celle de l'eau froide*, dans Baluze, (*Capit. reg. frank. tom.* 2, *pag.* 647 *& sequent.*)

On adjuroit les armes des combattans, pour s'assurer qu'elles n'étoient point charmées. On adjuroit le fer, l'eau, le feu, tous les instrumens des épreuves judiciaires.

On adjuroit les élémens, les esprits, les animaux, & les corps inanimés, comme aujourd'hui les Affricains adjurent leurs *Fetiches*. Voyez *le Culte des Dieux Fetiches*, par le président de Brosse.

Dans les campagnes on adjuroit le temps, la grêle, la pluie, les sauterelles, les rats, les oiseaux, tout ce qui détruisoit la récolte, & cet usage n'est pas aboli par-tout. On a vu un curé adjurer le nuage, & ses paroissiens le retenir avec force, persuadés que le pouvoir du démon pouvoit l'enlever.

On n'est point étonné de retrouver ces rites dans le 16 siecle, époque de notre droit criminel. L'official d'Autun supplié d'excommunier les mulots, étoit fort embarrassé. S'il refusoit on le croyoit hérétique : s'il cédoit & que les rats n'obéissent pas, c'étoit pis, & les paysans brûloient tout. Chasséneuz, jurisconsulte, lui conseilla de répondre qu'il pouvoit bien adjurer les rats, mais qu'il falloit, suivant les regles du droit canonique, les assigner & leur donner le temps de répondre. Les paysans respecterent patiemment les formes. Surviennent la pluie & la gelée qui terminent le procès.

On n'est point surpris de voir, le 2 juillet 1782, une femme de Cette, en Languedoc, se prétendre possédée : un jeune homme se disant savoir le grimoire soutenir qu'elle avoit 22 demons, en chasser 19 : aux adjurations réitérées, la femme répondre au nom d'un démon opiniâtre, qu'il ne sortira que pour entrer dans le corps d'un autre : un Espagnol épouvanté, un avocat souriant, le mari reprenant sa femme & lui rendant son bon sens. En rapportant ce fait qu'il appelle *comédie*, le journaliste ajoute que *malgré les progrès des lumieres, la* SUPERSTITION *exerce encore son empire sur une multitude d'esprits. (Merc. du 10 août 1782, n°. 32, pag. 85.)*

Mais ce qui étonne, c'est les *adjurations* qui en certain lieu de la capitale ont existé jusqu'à la nuit du jeudi au vendredi-saint 1781, & que la police n'a pu détruire qu'en dissipant avec des troupes la foule scandaleuse.

Dans tous ces cas le magistrat est quelquefois aussi embarrassé que l'official d'Autun. Cependant l'instruction croissant tous les jours, il a moins à veiller.

Voyez *Besançon*, *Combat*, *Démon*, *Duel*, *Epreuve*, *Esprit*, *Exorcisme*, *Possédé*, *Possession*, *Superstition*.

ADMINICULE.

(Dr. pr. Dr. féod. Dr. crim.)

1. C'est ce qui aide à faire preuve dans un affaire civile ou criminelle. *(Dict. de l'académie franç.)*

Pourquoi ce mot existe-t-il en jurisprudence ? Ce n'est ni la preuve, ni la probabilité, ni la présomption ; il tient plus à la conjecture & à l'indice. Ce n'est donc rien en soi-même ; c'est pourtant *ce qui aide* à faire preuve. Et malgré cette existence abstraite, imperceptible, insaisissable, combien ce mot employé avec art, n'a-t-il pa dépouillé de citoyens ? Combien encore n'en a-t-il pas égorgés ?

DROIT PRIVÉ.

2. Les Romains avoient dit : « Les actes domestiques, l'attestation privée & les notes ne suffisent pas pour former la preuve, à moins qu'ils ne soient soutenus par quelques ADMINICULES. » *Instrumenta domestica, seu privata testatio, seu adnotatio, si non aliis quoque* ADMINICULIS *adjuventur ad probationem sola non sufficiunt.* (L. 5. C. de probationibus.)

Idée simple & lumineuse. Il n'y a personne qui ne sente la nécessité de corroborer ces notes équivoques & ces témoignages intérieurs, par des lumieres & des rapports extérieurs. Un homme a laissé des papiers ; ce ne sera que des apperçus, des chiffons & des rêves, si l'on ne trouve pas la corrélation avec des faits certains & des personnes existantes. En essayant sa plume il a écrit : *Paul me doit mille écus*, ou *je dois mille écus à Paul.* Mais Paul n'exista jamais, ou n'eut rien à faire avec l'écrivain. Il n'y a donc point d'adminicule qui puisse faire douter si Paul est créancier ou débiteur.

Je n'ai pas vu d'autre acception de ce mot renfermé dans le droit civil. C'étoit une vapeur légere ; quel corps on lui a donné !

DROIT FÉODAL.

3. C'est la féodalité qui jadis arracha ce mot au droit romain pour en faire le synonyme de preuve.

La loi naturelle avoit ordonné que tous les biens seroient libres entre les mains du possesseur, sauf les charges de l'état. La féodalité a dit, en quelques pays : *nulle terre sans seigneur ;* en d'autres : *nul seigneur sans terre.* Or, quel sera ce titre ? Le primordial, s'il exista, est perdu dans les guerres civiles. Elle a dit, 1°. au défaut du titre primordial il faut deux reconnoissances authentiques, ou une reconnoissance faisant mention d'une premiere, cotée d'an & jour, & du notaire qui l'a reçue : 2°. au défaut de tout cela il suffit d'avoir *une reconnoissance soutenue par des* ADMINICULES.

On appelle, dit Boutaric, *adminicule*, TOUT *ce qui peut faire connoître que la reconnoissance ait eu quelque suite ;* & l'on n'examine point si ces adminicules, servant à justifier l'exécution, consistent en des actes qui se soient opérés avec les tenanciers, ou en *des actes qui émanent simplement du seigneur.* — Ainsi quoique ce soit par le seigneur seul que les lieves sont tenues, & *quoique les comptes rendus* au seigneur soient purement l'*ouvrage de ses agens*, tout cela forme des *adminicules valables.* D'où je conclus que les actes par lesquels la directe a été vendue ou affermée, ou engagée, de même que les dénombremens rendus au seigneur dominant, quoique les emphythéotes n'y soient entrés pour rien, *seroient* aussi des adminicules utiles. (*Droits seigneuriaux, chap.* 2, *n°.* 38.)

Ce que Boutaric appelle *adminicules*, d'après la jurisprudence, est précisément le contraire du sens du droit romain. Car à Rome l'*ouvrage de ces agens auroit eu besoin d'adminicules*, & ici l'*ouvrage de ces agens* devient *adminicule* !

Enfin, dit Boutaric, on décide que la reconnoissance, quoique seule & sans *adminicules*, doit avoir la même vertu lorsqu'il s'agit de l'*église* & du roi. De l'église, parce que tel est son privilege selon la loi derniere. *C. de sacro. eccl.* que sans attendre la tradition, elle acquiert la possession & la dominité par la seule force des actes ; & *du roi*, parce qu'il ne doit point y avoir des privileges, dans son état, qui soient plus éminens que les siens.

Ainsi l'on a étendu le privilege du droit romain en faveur de l'église à la féodalité ; & ce privilege a amené nécessairement celui du souverain : or, tous les domaines utiles ou directs ayant passé plusieurs fois dans les mains du clergé, comme l'observe Montesquieu, la féodalité n'ayant besoin que d'*adminicules*, a dû étendre par-tout son empire.

ÉDIT de février 1657. « Que les propriétaires des terres mouvantes des seigneuries ecclésiastiques, seront tenus de reconnoître de nouveau, & payer les droits seigneuriaux sur les anciennes *désignations*, & *dénombremens* faits par les propriétaires desdites terres en *rouleaux*, ou enrégistrés dans les vieux cadastres & compoix des hôtels-de-ville, dans lesquels lesdits droits seigneuriaux se trouvent *spécifiés* en faveur de quelque seigneur ecclésiastique ; comme aussi sur les anciens contrats de ventes, donations, échanges, engagemens ou *autres*, dans lesquels leur seigneurie & lesdits droits se trouvent affermés ou *énoncés de quelque maniere que ce soit*, en faisant ledit seigneur ecclésiastique, *apparoir du brûlement* de leurs titres & documens, sans que lesdits emphythéotes puissent alléguer prescription contre leur seigneur. »

ARRÊT du parlement de Toulouse, du premier avril 1669, qui juge que l'évêque d'Aleth, sans bail à fief, reconnoissance, lauzime ni lieve, sera maintenu en la directe de divers biens, *sur les seules énonciations* contenues dans les acquisitions de ses parties les habitans d'Aleth, où il étoit dit, *sous telle rente due à M. l'évêque d'Aleth*, *sous la rente accoutumée due à M. l'évêque*; ou encore, *qui se trouvera due à M. l'évêque*. Les habitans furent seulement relaxés à l'égard des acquisitions dont les contrats ne disoient que, *sous ou sauf le droit de M. l'évêque*. (Catellan, *tom. 1, liv. 1, chap. 76.*)

ARRÊT du parlement de Toulouse, du 30 mars 1706, qui admet plusieurs adminicules en faveur de l'église, quoique les archives n'eussent été ni pillées ni brûlées. (*Journ. du parl. de Toulouse, tom. 3, arr. 102, pag. 226.* L'archevêque rapportoit l'*énonciation* d'un titre de 1077, tiré d'un registre du chapitre de St. Etienne, écrit en langue gothique, en 1221 &c. « Contre ces *adminicules*, le prieur disoit que toutes ces pieces étoient des actes domestiques, des écritures privées, *propria annotatio;* ce qui ne peut établir un droit : *Cùm nemo possit propriâ annotatione sibi jus constituere. l. exemplo, C. de prob.* » &c.

ARRÊTS conformes, dans Graverol sur la Roche-Flavin, *Tr. des dr. seign. chap. 1, art. 2, pag. 525.*

Cette jurisprudence est bien défendue par de grands privilégiés, & par le mot *propriété*. On n'entendroit pas plus le jurisconsulte qui s'aviseroit de parler de la faveur de la liberté & de l'allodialité, que ne le furent Bretonnier, & sur-tout Dumoulin, quand, dans son conseil 50, il disoit : *Non sunt tituli.*

DROIT CRIMINEL.

4. Un crime a été, ou peut avoir été commis. Long-temps les accusés ont gémi au secret & dans les fers. La procédure achevée ne prouve pas qu'ils soient coupables, & le jugement les condamne! Qui peut l'avoir dicté? . . . . . . Des *adminicules!*

Il faut voir comment la plupart des criminalistes ont calculé la valeur de ce mot *abstrait*, tantôt pour juger, d'après des suppositions, comment il pourra y avoir preuve; tantôt, pour condamner au moins l'accusé à quelque peine; comme s'il falloit prouver que la justice ne doit jamais avoir tort. Voyez, entre autres, Jousse, *tom. 1, part. 3, liv. 1, tit. 3, ch. 6, sect. 1 & 2.* Ce chapitre 6, *pag. 750*, est intitulé : *de la preuve par* ARGUMENS, *ou* INDIRECTE *ou* CONJECTURALE. « On peut, dit-il, *n°. 264*, mettre l'*adminicule* au nombre des *indices*. On en distingue de deux sortes : 1°. *L'*ADMINICULE VIOLENT *qui s'emploie, non pour former par lui-même une preuve, mais pour venir* AU SECOURS *de la preuve, & suppléer à ce qui manque à sa perfection.* 2°. *L'*ADMINICULE FOIBLE, *qui sert seulement à* CONFIRMER *une chose* PROBABLE. » D'après Jousse, la circonstance apperçue, est l'*indice;* la conséquence qu'on en tire, est l'*adminicule*. Depuis la *pag. 750* jusqu'à la *pag. 814*, & même jusqu'à la fin du volume, il parcourt une infinité de délits, de personnes & d'hypotheses, à travers desquels il pese la valeur des adminicules, comme ces drogues destinées à donner la mort ou à rendre la vie, & que le pharmacien arrange au gré de sa fantaisie ou de son savoir équivoque, sans connoître le tempérament, la maladie & les accidens.

Est-ce donc ainsi que doit se former cette preuve, qu'ailleurs tous les criminalistes du monde conviennent devoir être plus claire que le jour? *In causis criminalibus, probationes luce meridianâ clariores esse debent.* Si la loi romaine emploie le terme *indices*, n'exige-t-elle pas qu'ils soient HORS DE DOUTE, ET PLUS CLAIRS QUE LE JOUR? *Sciant cuncti accusatores eam se rem deferre in publicam notionem debere, quæ instructa sit apertissimis documentis, vel munita idoneis testibus, vel INDICIIS ad probationem INDUBITATIS, ET LUCE CLARIORIBUS EXPEDITA.* L. fin. C. de probat.

Est-ce donc ainsi que raisonnoit notre grand Cujas, quand il disoit: « TOUTES LES FOIS QUE LA VÉRITÉ NE PAROIT PAS PLEINE, C'EST LE MENSONGE; & ainsi, quand la preuve n'est pas complette, elle est nulle. » *QUÆ NON EST PLENA VERITAS, EST PLENA FALSITAS; sic quòd non est plena probatio, planè nulla est probatio.* (Cujacius *ad l. Jul. majest. tom. 2, posthum. p. 1448.*)

Voulez-vous savoir ce qu'a produit cette maniere de venir *au secours* de la preuve, par les circonstances qu'on appelle *indices*, & les conséquences qu'on en tire, comme *adminicules?* Toujours & par-tout, cet art perfide & mensonger a flétri la justice, en égorgeant l'innocence. Lisez entr'autres, dans Augeard, *tom. 1, pag. 268*, les indices & les adminicules qui firent torturer Lebrun; & que j'ai extraits sous le mot *Accusation, pag. 250.* 1°. L'assassin a dû connoître l'intérieur de la maison de madame Mazel: or, Lebrun, son laquais, la connoît; DONC! 2°. On a trouvé près du cadavre un morceau de cravate qui n'est pas à lui; DONC c'est lui qui l'a placé, pour détourner les soupçons! 3°. il y a trois ou quatre morceaux de cheveux que les experts ne reconnoissent pas pour être les siens, mais ils n'assurent pas que ce ne sont pas les siens; DONC ce peut être les siens! 4°. Une serviette tournée en bonnet de nuit, va, *assez juste*, à sa tête; DONC! 5°. Un couteau trouvé dans les cendres, est de la fabrique de Châtellerault, le sien en est aussi; DONC! De plus, les experts reconnoissent *que l'un & l'autre paroissent avoir été affilés par la même main*; DONC, &c.!

Voilà des adminicules; & toutes les fois que l'innocence ayant été reconnue, on a voulu peser & raisonner de sang froid, on a trouvé d'aussi barbares absurdités.

On objecte qu'il y a une infinité de crimes qui ne peuvent être punis qu'autant qu'on admet ce que Jousse appelle *la preuve par argumens, ou INDIRECTE, ou CONJECTURALE;* autant qu'on vient AU SECOURS de la preuve mourante, par ces confortatifs, ces *argumens* que sait employer à propos la force du raisonnement.

Oui: si douze juges décident unanimement que le raisonnement est bon; encore ce ne sera pas la preuve, & ils pourront se tromper: mais si sept seulement trouvent les adminicules concluans, & si les cinq autres les trouvent misérables, prononcerez-vous la mort?

Pour bien entendre ceci, je supplie qu'on lise ce que j'ai dit sur la nature de la preuve *en matiere criminelle*, qu'il faut bien distinguer de la preuve *en matiere civile*, (au mot *Accusation, n°. 204, pag. 444.*)

Combien nous nous sommes écartés de l'esprit & du texte de cette belle loi de Charlemagne! « Celui-là seul doit être jugé coupable, qui est convaincu; & il est affreux & funeste de juger sur des soupçons dans les choses douteuses; c'est à Dieu seul de juger. QUAND DIEU NE PERMET PAS QU'IL Y AIT DES PREUVES SUFFISANTES, C'EST QU'IL SE RÉSERVE LE JUGEMENT. *Non enim qui accusatur, sed qui con-*

vincitur, reus est; pessimum namque & periculosum est quemquam de suspicione judicare. In AMBIGUIS *Dei judicio reservetur sententia. Quod certè agnoscunt suo, quod* NESCIUNT, *divino reservent judicio; quoniam non potest humano condemnari* EXAMINE, *quem Deus suo judicio reservavit.* (Capit. lib. 7, cap. 259, tom. 1, edit. Baluzii, pag. 1079.)

Et voyez combien on est inconséquent. S'agit-il de ces grandes vérités dont l'aveu est utile à notre bonheur; parce que notre foiblesse ne s'éleve pas à la hauteur du sujet; parce que le fini ne comprend pas l'infini, qui pourtant se démontre; on doute, on nie tout! Et ici, lorsqu'il s'agit de l'honneur & de la vie, parce qu'on se persuade faussement qu'il faut un coupable, & que la sûreté publique naît des supplices; parce qu'on est disposé à croire le mal, on se contente de preuve *indirecte* ou *conjecturale*, d'indices, d'adminicules; & avec des argumens bons ou mauvais, on condamne à la mort son semblable!

Le crime pourra donc rester impuni! Eh bien, ne nous lassons pas de dire avec l'empereur Trajan: « Il vaut mieux le laisser impuni, que de condamner l'innocent: » *Satiùs enim esse impunitum relinqui facinus nocentis, quàm innocentem damnare.* (l. 5, D. de pœnis.)

Il faudroit effacer de nos livres les volumineuses dissertations sur les semi-preuves, les présomptions, les conjectures, les soupçons, les indices, les adminicules, qui, portant sur des hypotheses arrangées au gré de l'auteur, ne peuvent qu'égarer le juge sur une espece qui n'est jamais la même.

A la place de ces sophismes, il faudroit mettre les loix romaines avec celle de Charlemagne; & à la suite, le nom de tous les innocens condamnés sur des adminicules. Voyez *Argument, Conjecture, Indice, Présomption, Preuve, Semi-preuve*, & ce que j'ai dit sous le mot *Accusation, n°. 18, pag. 243, n°. 19, pag. 247 & n°. 104, pag. 444.*

ADMINISTRATION, ADMINISTRATEUR, ADMINISTRATRICE.

(Droit public. Droit fiscal. Droit criminel. Droit privé. Police.)

1. Dans l'acception & la corrélation de ces mots, notre langue paroît vague, incertaine & pauvre.

Le Dictionnaire de l'académie françoise définit ainsi. « ADMINISTRATEUR, TRICE. s. celui ou celle qui régit les biens, les affaires d'une communauté, d'un hôpital.. . ADMINISTRATION, s. f. *Gouvernement*, direction, conduite. Il a eu l'administration des finances. . . . Un tuteur est obligé de rendre compte de l'administration des biens de son pupille. On dit l'*administration de la justice*, pour dire, l'*exercice de la justice*. . . . On dit l'*administration des sacremens*, pour dire, l'*action de conférer les sacremens*. On dit, en terme de pratique, *administrer des témoins, des preuves & des titres*, pour dire, *fournir des témoins, des titres & des preuves.* »

Suivant l'abbé Girard, dans ses synonymes françois, *administration* n'a aucun des synonymes donnés dans la définition de l'académie. « La RÉGIE, dit-il, regarde uniquement les biens temporels confiés au soin d'une personne pour les faire valoir au profit d'un autre à qui ils appartiennent, & desquels on doit compte de clerc à maître. La DIRECTION est pour certaines affaires où il y a distribution, soit de finances, soit d'occupations, & auxquelles on est commis pour maintenir l'ordre convenable.

L'ADMINISTRATION *a des objets d'une plus vaste conséquence, tels que la justice & les finances d'un état. Elle suppose une prééminence d'emploi, qui donne du pouvoir, du crédit & une sorte de liberté dans le département dont on est chargé.* La CONDUITE désigne quelque sagesse ou quelque habileté à l'égard des choses, &

& une subordination à l'égard des personnes. Le GOUVERNEMENT résulte de l'autorité, de la dépendance ; il désigne une supériorité de place sur des inférieurs, & un rapport particulier à la politique. »

Si ces distinctions sont justes, il faut dire, *fournir*, *présenter* les témoins, les preuves, les titres. En ce sens, le mot *administrer* est plus qu'inexact, car il suppose une autorité & une influence illégales & dangereuses.... Il faut dire avoir la *conduite* d'une affaire, d'une entreprise, d'un projet, d'un ouvrage : la *régie* d'un domaine, d'une terre, d'un impôt dont on veut connoître le produit avant d'en affermer la perception ; on dit *directeur* des fermes, des aides, des octrois, du domaine.... Il faut dire : le curateur n'a que la *régie* des biens du mineur, du prodigue, & la *conduite* de ses affaires ; mais il a l'*administration* de la personne & des biens de l'insensé, du furieux, de l'imbécille. Le tuteur a la *régie* des biens du pupille, la *conduite* de ses procès, l'*administration* de sa personne. Dans les pays de droit écrit le pere est légitime *administrateur* de ses enfants.... Pour dire, *administrer* les sacrements, il faut supposer dans celui qui est chargé de les *conférer* le pouvoir de les refuser.... On peut dire, administrer un hôpital, une communauté, une ville, une province, parce qu'on a sur les personnes, leur existence & leur bien-être une autorité quelconque, que n'ont point les directeurs, les officiers & les sous-ordres, chargés seulement des détails de la régie des biens & de la conduite des affaires.... On dit, administrer la justice, la police, les finances, l'agriculture, le commerce, les arts, tout ce qui fait la sûreté, la tranquillité & la félicité publique.

L'administration suppose dans tous ceux qui en sont chargés des qualités que n'ont pas les personnes administrées, à cause de leur âge, de leur foiblesse ou de leur quantité. Car la multitude est incapable des connoissances & de l'activité nécessaires. Pour détruire cette incapacité on est réduit à choisir dans le nombre une ou quelques personnes à qui on confie l'administration publique.

L'administration se divise donc naturellement en deux especes, l'une privée, & l'autre publique.

L'administration privée est l'administration paternelle, la garde noble & bourgeoise de l'enfant, la tutelle, la curatelle du mineur, du pupille, du furieux, de l'insensé, de l'imbécille. Elle tient au droit public par l'autorité sur la personne, & au droit privé par la nature des affaires.

L'administration publique est une procuration, une commission, un mandat par où l'on est chargé de maintenir, d'augmenter les droits, la sûreté, la tranquillité, le bien-être des individus composant un corps, un hôpital, une ville, une province, un état entier. Ce n'est plus qu'une famille dont l'administrateur devient le pere.

Voulez-vous distinguer l'administration du gouvernement ? voyez entre autres l'*Ordonnance du 25 Mars 1776, portant réglement sur l'*ADMINISTRATION *de tous les corps, tant d'infanterie que cavalerie, dragons & hussards, sur l'habillement, sur les recrues, rengagemens & remontes ; la discipline, la subordination, la police intérieure, les récompenses, les punitions, la nomination aux emplois vacans, la formation des troupes en division, les congés, les semestres, les revues des commissaires des guerres, celles des officiers généraux.*

Cette ordonnance sépare le commandement de l'administration. S'agit-il de marcher, d'assiéger, de combattre, de vaincre ? la volonté du commandant est la loi suprême : c'est le dictateur romain. La victoire sera le résultat de l'habileté du général, du courage & de l'obéissance des troupes, quelquefois du hasard. Dans le droit martial, cette partie intéressante n'a de rapport avec la justice que par les crimes de trahison ou d'incapacité dans le général, de désobéissance ou de lâcheté dans les troupes. Hors delà, le camp, l'armée, toutes les troupes sont soumises à une administration sans laquelle il n'y auroit plus d'ordre, de subordination, de police, de justice; & le corps de l'armée se détruiroit comme tous les corps politiques.

Vous trouverez la même distinction dans la marine. Tandis que le commandement étoit confié aux officiers d'épée, l'administration l'étoit aux officiers de plume; & dans la maniere d'opérer & de juger, elle fait toujours un ordre à part.

Dans nos colonies on donne le nom d'*administrateurs* au gouverneur & à l'intendant; & c'est à eux en effet que le roi confie toute l'administration.

Rentrant dans l'intérieur du royaume, vous voyez le roi, son conseil, les cours souveraines former & régler les administrations d'hôpitaux, de paroisses, de villes, de provinces, par des édits, des lettres-patentes & des arrêts.

Voulez-vous avoir une idée de l'importance des grandes administrations? voyez l'histoire de tous les peuples malheureux par la guerre, heureux par une sage administration.

Voulez-vous avoir une idée des détails qu'entraîne la moindre administration? lisez l'*ARRÊT du parlement de Paris, du 13 mai 1782, portant réglement pour la fabrique de Noizy-le-Sec, & pour celle des revenus de la charité de la paroisse du même lieu.* Noizy est une bourgade près Paris. Le désordre régnoit. M. le procureur général a proposé un réglement de 76 articles, que le parlement a adopté.

Voulez-vous enfin avoir une idée de la nécessité de l'administration? lisez l'arrêt du conseil, du 13 septembre 1763, qui ordonne que dans chacune des villes, bourgs & paroisses de la généralité de Lyon, où il n'y a ni hôtel-de-ville ni corps municipal, il sera établi des syndics particuliers qui seront chargés de l'*administration* des affaires des communautés.

Dès qu'il est évident que l'ordre & le bien-être public sont l'effet d'une bonne administration; les loix qui la constituent, l'animent, la soutiennent, sont les plus importantes du droit public. Quelle est donc la chaîne immense qui embrassant les sociétés politiques, commençant par le droit naturel, finit par le droit public!

Objet de l'administration.

2. Laissons le chevalier Temple, dans ses *Recherches sur le Gouvernement*, examiner si les hommes sont comme les brebis qui ont besoin d'être conduites, ou s'ils ne ressemblent pas aux loups qui ne peuvent pas souffrir d'être gouvernés.

Si vous supposez une famille indigene & isolée, alors le respect filial, la tendresse paternelle, l'amour conjugal, l'habitude, la foiblesse, & le sentiment organiseront cette petite république d'une maniere simple & invisible; ce seront ces loix douces & immuables, que personne n'apprend, & que tout le monde sait; c'est le droit de la nature.

Mais, dès que rassemblant plusieurs familles, vous formez une société politique, vous voyez naître, croître, s'étendre & se multiplier à l'infini des prétentions & des droits dictés par le desir insatiable de la propriété, l'inquiétude de la richesse, l'ambition du pouvoir, la crainte de l'autorité, l'orgueil du culte, l'ignorance primitive, & la foiblesse éternelle; ce sont les conventions sociales.

Il s'agit d'abord de maintenir cette société politique au milieu de celles qui l'entourent, la pressent & la menacent; c'est le droit des gens, le droit de la guerre, le droit martial; & là plus qu'ailleurs, la multitude a besoin d'être organisée, disciplinée, animée & conduite.

Il s'agit ensuite de régler dans l'intérieur les propriétés, les successions, les moyens d'acquérir & de conserver les personnes, les choses, les actions;

c'est l'objet du droit privé ; ce droit que l'intérêt personnel a rendu le plus nombreux dans ses décisions, le plus obscur par ses contradictions & son insuffisance ; ce droit à l'étude duquel l'intérêt personnel a trop souvent réduit le magistrat & le jurisconsulte ; comme si la justice ne s'occupant plus que de cet intérêt particulier, qui dure un instant, étoit devenue trop foible pour embrasser, voir & ordonner l'intérêt public, comme si elle lui étoit étrangere.

Il s'agit cependant de rendre heureuses toutes ces familles réunies en une seule société politique, comme elles l'auroient été chacunes isolées & indigenes ; c'est l'effet d'une administration sage & paternelle ; c'est l'objet du droit public.

Mais, dès que vous rassemblez ainsi plusieurs familles, rapprochées insensiblement ou ramassées par le hasard, alors les liens se relâchent, les rapports disparoissent, les besoins augmentent, & le bonheur public est un art.

Cet art, le premier de tous, sans contredit, devient plus difficile, à raison de l'étendue de la propriété générale & de la division des propriétés particulieres, du nombre & de la diversité des rangs & des personnes. Les besoins réels ou factices, les usages bons ou mauvais, les droits justes ou injustes, les préjugés, les opinions, les mœurs, tout s'entasse, se croise, s'embarrasse, &, par la réaction continuelle des intérêts particuliers, s'éloigne du bonheur général, seul but de l'association politique.

Lorsque, envisageant ce but sublime, vous supposez quelque vertu, vous êtes tenté d'affranchir l'administration du joug des loix ; plus elle sera libre & puissante, plus elle pourra être bienfaisante : & c'est dans ce sens qu'en août 1777, j'ai entendu un grand monarque vanter le despotisme de la vertu.

Mais quand vous voyez l'ignorance, l'erreur, les passions, environner les administrations, y porter le désordre, l'abus, la ruine & le malheur public, alors vous sentez la nécessité de les soumettre à des loix principales, dictées par la justice, & déposées entre ses mains.

C'est à la gloire & à la vertu d'animer l'administrateur ; mais c'est à la justice de diriger la bienfaisance même. C'est à la loi de dicter les engagemens qui se forment entre la société & son administrateur ; de garantir l'un de l'ingratitude, de l'inconstance & de l'injustice ; l'autre, de l'incapacité, de la négligence, de la fraude & du crime. Eh ! sans doute, cette partie du droit public est la plus belle comme la plus importante.

Qui osera l'écrire sans redouter les préjugés qu'il pourroit offenser ? Qui osera rappeller à des loix simples, par lesquelles se rapprochant, autant qu'il est possible, du droit naturel, la société politique ne forme plus qu'une grande famille dont le souverain soit le pere ?

« Je veux chercher, disoit Rousseau en commençant son *Contrat Social*, je veux chercher si dans l'ordre civil il peut y avoir quelque regle d'*ADMINISTRATION légitime & sûre en prenant les hommes tels qu'ils sont, & les loix telles qu'elles peuvent être* ; je tâcherai d'allier toujours dans cette recherche, *ce que le droit permet* avec ce que l'intérêt prescrit, afin que la *justice* & l'*utilité* ne se trouvent point divisées. »

Rousseau fut politique, & je ne suis que jurisconsulte. Mais la jurisprudence n'est qu'un fléau destructeur, quand elle n'est pas éclairée par le flambeau d'une politique sage & humaine, quand elle ne fait pas marcher de front l'*utilité* & la *justice*.

Rousseau avoit devant lui le monde entier, & pour mes foibles yeux l'enceinte de ma patrie est déja si vaste ! elle présente encore à chaque pas tant d'abymes ! couvrons-en quelques-uns, franchissons-en d'autres, & voyons aussi les hommes *tels qu'ils sont*, les loix *telles qu'elles peuvent être*. Après avoir apperçu les difficultés, reprenons courage, & suivons la marche que nous nous sommes tracée pour tout ce grand ouvrage.

Droit ecclésiastique.

3. En prenant le mot *Église* dans sa grande acception, qui est *assemblée des Chrétiens*, il est évident que ce corps ne pouvoit pas s'administrer. Dans l'ordre civil il faut un souverain, des magistrats, des officiers, & des corps représentans. Dans l'ordre ecclésiastique il faut des évêques, des pasteurs, des synodes & des conciles.

Deux sortes d'administrations sont aujourd'hui confiées à l'église, la spirituelle & la temporelle.

L'administration spirituelle attachée au *pouvoir des clefs*, pour parler comme les Ultramontains, comprend les sacremens & l'espece de jurisdiction unie au droit de les conférer; espece de jurisdiction intérieure & secrete, d'où est née cette jurisdiction ecclésiastique qui si long-temps absorba tout. Les évêques & les curés sont comptables de leur administration, d'abord & principalement à Dieu dont ils sont les ministres. Ils le sont encore a l'assemblée des Chrétiens, qui les a présentés, choisis, installés par elle ou par ses chefs : par conséquent ils sont comptables à la souveraineté qui gouverne cette assemblée; au magistrat dépositaire des loix faites pour le maintien de l'ordre & de la paix publique. Et comme ils pourroient abuser de ce droit d'administrer, l'église gallicane & les tribunaux ont adopté des maximes & une jurisprudence invariable. Voyez *Abus*, *Clergé*, *Eglise*, *Jurisdiction ecclésiastique*, *Sacrement & chaque espece de Sacrement*.

L'administration temporelle est celle par laquelle le clergé en corps, ensuite chaque diocese, & enfin chaque bénéficier régit & administre les biens ecclésiastiques.

Quel tableau nous ferions de cette administration, si avec Fleury & tous les Ecrivains des premiers siecles, nous essayions de peindre les fideles apportant aux pieds des autels toute leur fortune; les évêques la recevant avec joie, non pour eux, non pour le clergé, mais pour la communauté des Chrétiens, & avant tout pour les pauvres ! Ah ! sans doute c'étoit-là de toutes les administrations la plus belle, la plus douce, la plus précieuse, aux yeux de la religion, de l'humanité, de la philosophie, de la justice; & le contrat social formé entre les Chrétiens, étoit le chef-d'œuvre de la politique.

Aujourd'hui qu'est-ce que cette administration ? Que doit-on entendre par église & par biens ecclésiastiques ? Quel emploi le clergé, les évêques, les pasteurs & les bénéficiers doivent-ils faire des biens dont ils ont l'administration ? & quels sont leurs engagemens ? Lorsqu'un bénéfice, un corps religieux sont détruits, ses biens doivent-ils appartenir au clergé, ou rentrer dans l'état, & retourner à la république, à la souveraineté, comme les biens de quiconque ne laisse point d'héritier ? Grandes & difficiles questions, vues d'une maniere en France; d'une autre, en Autriche & en Italie même. Nous serons obligés de les discuter, ainsi que les regles particulieres à l'administration temporelle ecclésiastique, sous les mots *Bénéfice*, *Clergé*, *Eglise*, *Etat*, *Suppression*, *&c.*

Droit romain.

4. Comment les Romains furent-ils administrateurs au milieu des dissentions éternelles qu'enfantoit la nature du gouvernement ? Ce n'est point un problême. Par-tout les meilleures loix d'administration sont nées de la contradiction publique. Alors l'ambition particuliere se couvrant de l'intérêt général, imagine, exécute de grandes choses, & les ames acquierent une énergie que ne donnent point la soumission, le bonheur & la paix.

Mais, comment les Romains ne discontinuerent-ils jamais de s'occuper de l'ordre, de la sûreté & de la prospérité intérieures, en cet état de guerre qui dans notre Europe moderne, détruit la population, épuiſe les finances, énerve l'agriculture, entrave le commerce, abſorbe les eſprits, & ne laiſſe ni temps ni moyens pour cette adminiſtration intérieure dont l'objet eſt le bonheur public?

Le génie de Rome mena de front tous ſes principes. Après avoir élevé dans le Capitole deux ſtatues entrelaſſées, la grandeur & la félicité, il enchaîna à leurs pieds l'intérêt perſonnel, les paſſions, les préjugés, les mœurs, les loix & la religion même. Il appella tous les citoyens au bien public par la liberté de le faire, & la gloire de l'avoir fait. Ce n'étoit rien que les triomphes, ſi le vainqueur, qu'avoit enrichi la guerre, ne partageoit pas avec la patrie les dépouilles des vaincus. Ce n'étoit rien que le conſulat, la cenſure, l'édilité, la queſture & toutes ces magiſtratures annuelles, ſi l'on ne ſavoit pas les diſtinguer par ces établiſſemens publics, dont la grandeur & la durée excitent encore notre admiration & notre déſeſpoir. C'étoit peu d'être roi, il falloit immortaliſer ſon adminiſtration par des loix bienfaiſantes, par des monumens utiles: & nous ne nous étonnons à la vue du cirque & des égoûts bâtis par Tarquin, il y a deux mille quatre cents ans, que parce que nous n'avons qu'une foible idée de ce que doit & de ce que peut la gloire vertueuſe du bien public.

Rome punit avec ſageſſe, & récompenſa avec magnificence; ainſi la juſtice tenoit dans ſa balance le deſtin de l'empire: & les tyrans eux-mêmes, dans les loix qu'ils donnerent, ne montrerent d'autre eſprit que celui de l'équité, d'autre but que la félicité publique.

Combien nous avons perdu de ces loix d'adminiſtration, ſans doute plus précieuſes que toutes celles du droit privé! Nous en retrouvons quelques ruines dans l'hiſtoire, comme en parcourant nos provinces nous appercevons des reſtes d'acqueducs & de grands chemins. Heineccius les rechercha dans ſon fameux ouvrage qui a pour titre: *Antiquitatum romanarum juriſprudentiam illuſtrantium Syntagma*. Ayrault, dans ſon livre intitulé: *Rerum ab omni antiquitate judicatarum Pandectæ*, lib. 2. & 10. Domat dans ſon foible traité du *Droit public*. En ouvrant le corps de droit, indépendamment d'une infinité de loix déplacées par Tribonien, vous trouvez des titres entiers. Je vais en préſenter quelques-uns: ce n'eſt au premier coup d'œil qu'une froide nomenclature: ce ſera plus, ſi on la lit avec attention.

De adminiſtratione rerum publicarum. C. 11. 30.

De jure Reipublicæ. C. 11. 29.

De adminiſtratione rerum ad civitatem pertinentium. D. 50. 8.

De adminiſtratoribus. N. 95.

Jusjurandum quod præſtatur ab iis qui adminiſtrationes accipiunt. N. 8. 3.

Ut nulli patriæ ſuæ adminiſtratio ſinè ſpeciali permiſſu principis permittatur. C. 1. 41.

De officio ejus qui vicem alicujus judicis vel præſidis obtinet. C. 1. 50.

De muneribus & honoribus. D. 50. 4.

De vacatione & excuſatione munerum. D. 50. 5.

De potioribus ad munera nominandis. C. 10. 65.

De adminiſtratione tutorum vel curatorum. C. 5. 37.

De adminiſtratione & periculo tutorum & curatorum qui geſſerint vel non, & de agentibus vel conveniendis uno vel pluribus. D. 26. 7.

Quod cujuſcumque univerſitatis nomine vel contra eam agatur. D. 3. 4.

Ut orphanotrophi (adminiſtrateurs d'hôpitaux) *ſint tutoribus ſimiles.* N. 131. cap. 15.

De legationibus. D. 50. 7. & C. 10. 63.

De procuratoribus & defenſoribus. D. 3. 3.

De negotiis geſtis. D. 3. 5. & C. 2. 19.

De mandato. I. 3. 27.

Mandati vel contra. D. 17. 1. C. 4. 35.

De mandatis principum. C. 1. 15. N. 17.

De ſenatoribus. D. 1. 9.

De officio conſulis. D. 1. 10.

De officio præfecti urbi. D. 1. 12. C. 1. 28.

De officio prætorum. D. 1. 14. C. 1. 39.

De officio præfecti vigilum. D. 1. 15. C. 1. 43.

De irenarchis (lieutenans de police.) C. 10. 75.

De officio quæſtoris. D. 1. 13. C. 1. 36.

De quæſtoribus & magiſtris officiorum & comitibus ſacrarum largitionum. C. 12. 6.

De quæſtore. N. 6. 9. 80.

De officio præſidis (gouverneur.) D. 1. 18.

De officio proconſulis & legati. D. 1. 16. C. 1. 35.

De jure fiſci. D. 49. 14. C. 10. 1.

De lege juliâ de annonâ. D. 48. 12.

De operibus publicis. D. 50. 10. C. 8. 12.

De viâ publicâ & itinere publico reficiendo. D. 43. 11.

De viâ publicâ & ſi quid in eâ factum eſſe dicatur. D. 43. 10.

Ut in flumine publico navigare liceat. D. 43. 14.

De aquæductu. C. 11. 42.

De cloacis. D. 43. 23.

Ad legem juliam de ambitu. D. 48. 14. C. 9. 26.

Ad legem juliam repetundarum. D. 48. 11. C. 9. 27.

Ad legem juliam peculatus. D. 48. 13.

Ut omnes judices tam civiles quàm militares, poſt adminiſtrationem depoſitam, quinquaginta dies in civitatibus vel in certis locis permaneant. C. 1. 49.

Cet extrait partiel ſuffit pour prouver comment toute l'adminiſtration des Romains étoit réglée par des loix poſitives; & ſi le gouvernement changeoit de principes, la loi ancienne étoit arrachée du code, comme nous l'avons expliqué au mot *Abrogation*. Aucune légiſlation de l'Europe a-t-elle ces détails, cet ordre & cet eſprit public ?

DROIT FRANÇOIS.

5. Pourquoi parlant des loix, Montaigne, *liv. 3, chap. 13*, écrivoit-il ? « Les noſtres Françoiſes preſtent aucunement la main par leur DESREIGLEMENT & DÉFORMITÉ, au *déſordre & corruption* qui ſe void en leur diſpenſation & exécution. Le *commandement eſt ſi TROUBLE & INCONSTANT, qu'il excuſe aucunement, & la déſobeyſſance, & le vice de l'interprétation, de l'ADMINISTRATION, & de l'obſervation.* »

Ce reproche étoit-il fondé, il y a deux ſiecles ? Et dans celui-ci, le bon mot ſi connu de Benoît XIV, étoit-il juſte encore? Jetons un coup d'œil ſur l'hiſtoire. On peut ſans danger, pendant la convaleſcence, parler au malade de l'état où il a été.

Le droit public des Romains avoit été anéanti par la conquête. St. Remi avoit envain rappellé à Clovis qu'il ne ſuffiſoit pas de vaincre, qu'il falloit adminiſtrer. *Manet vobis regnum ADMINISTRANDUM, & Deo auſpice, PROCURANDUM. Populorum caput eſtis & regimen ſuſtinetis.* (Epiſt. S. Remigii ad Chlodoveum, an. 497, Dom. Bouquet, tom. 4, p. 49.)

Que fit-on durant quatre ſiecles pour le bonheur des peuples ? A commencer par la ſalique, qu'eſt-ce que toutes ces loix barbares qui avoient remplacé le droit romain, & que vous trouvez raſſemblées dans le livre qui a pour titre: *Originum ac germanicarum antiquitatum libri à Joan. Herold.* Baſileæ, 1557.

A la ſuite & ſous le titre : *Leges francicæ*, Herold a placé les capitulaires recueillis par Anſegiſe, & l'on commence à reſpirer. C'eſt Charlemagne qui compare ſon peuple à un grand troupeau dont il ne ſe dit que le paſteur. *Unus grex & unus paſtor. (Capitularium, lib. 7, cap. 56, tom. 1, pag. 1039, edit. Baluzii.)* Sur les débris de Rome élevant un autre empire, il voit la néceſſité d'une loi uniforme, & de rendre les peuples heureux par les loix d'une ſage adminiſtration.

Vous les trouvez à chaque pas dans les capitulaires. Ici ce sont les mesures à prendre contre les famines, les intempéries des saisons, les grands accidens, la peste & tous les malheurs publics. *Si venerit fames, cladis, pestilentia, inæqualitas aeris, vel alia qualiscumque tribulatio.* (Herold, *lib. 1, cap. 112.*) Là, il s'agit de protéger la liberté, la pauvreté, la foiblesse : *De oppressione pauperum, liberorum hominum ut non fiant à potentioribus, per aliquod malum ingenium contra justitiam oppressi. (Ibid. cap. 115.)* Là encore, il s'agit des mendians, vagabonds qui doivent être nourris, retenus & assujettis au travail par les familles, les paroisses & les villes. *Et non permittat alicubi ire mendicandi : & ubi tales inventi fuerint, qui sibi manibus laborent, nullus eis quicquam tribuere presumat. (Ibid cap. 118.)* Là enfin ce sont des ponts, des chemins, l'agriculture, le commerce & les arts ; & *la France* d'aujourd'hui n'étoit qu'une portion de l'empire françois.

Or, quel sera le régime d'une si vaste administration, que la foiblesse de l'humanité ne permet pas à un seul homme d'embrasser toute entiere ?

Charlemagne voit cette difficulté qu'il avoue naïvement. Il ne considere le trône que comme le centre d'une grande circonférence, comme le foyer dont la lumiere doit répandre par-tout les rayons d'une législation sage. Il se donne partout des administrateurs particuliers qu'il appelle ses coadjuteurs. *Sed quamquam summa hujus ministerii in nostrâ personâ consistere videatur, tamen & divinâ auctoritate & humanâ ordinatione ita per partes divisum esse cognoscitur, ut unusquisque vestrûm in suo loco & ordine partem nostri ministerii habere cognoscitur; unde apparet quòd nimirùm vestrûm ammonitor esse debeo, & omnes vos nostri* ADJUTORES *esse debetis. (Ibid. lib. 2, cap. 3.)*

Charlemagne divise ainsi ses coadjuteurs, les comtes, sous eux leurs vicaires, & sous ceux-ci les centeniers. C'étoit une étincelle de l'esprit de Rome, qui enchaînoit ainsi par de petits anneaux toutes les parties de l'empire, & assignoit à chacune son chef.

Charlemagne imagina de plus cette magistrature DES COMMISSAIRES DÉPARTIS, *missi dominici*, qui devoient aller par-tout surveiller l'administration de la justice, de la police & des finances ; conférer particuliérement avec les citoyens sur les abus, les réformer & lui en rendre compte. *Ut missi nostri per singulas civitates... emendent, & ea quæ emendaverint diligenter scriptis notent... Et summoperè studeant ut hoc quod per se efficere non possunt, nobis notum faciant. (Lib. 3, cap. 43 & 56, pag. 785 & 787, edit. Baluzii.)*

Enfin, non seulement Charlemagne donna des loix d'administration ; non seulement il voulut que ses coadjuteurs les enseignassent spécialement à tous leurs préposés, *ut unusquisque fidelium nostrorum procuratores rerum suarum de his specialiter instruant; (Lib. 2, cap. 16, tom. 1, pag. 740, edit. Baluzii.)* mais encore qu'elles fussent lues dans les paroisses. En général, il pensa que le bonheur public n'éxiste jamais avec l'ignorance, & qu'il faut instruire le le peuple sans redouter sa force, ni suivre ses caprices. *DOCENDUS EST POPULUS, NON SEQUENDUS. (Lib. 7, cap. 50, tom. 1, pag. 1038, edit. Baluzii.)* Et que ne fit-il pas pour établir cette instruction ? Outre l'injonction aux évêques & aux pasteurs d'enseigner la morale & les devoirs du citoyen, il fonda l'université, appella les savans, établit des bibliotheques, & créa cette premiere académie françoise dont nous avons parlé, *tom. 1, pag. 561.*

Quand vous envisagez le régime & l'esprit de cette administration, vous n'êtes plus étonné de ce que Charlemagne exécuta facilement de si grandes choses, & de ce que les païens même l'appellerent *le pere de l'univers*, nom plus cher à l'humanité que celui de *maître du monde*. Vous n'êtes plus surpris de voir plusieurs de ces capitulaires copiés dans les ordonnances de Louis XIV, comme l'a remarqué le président Henaut.

La France pouvoit conserver cet esprit dans ses loix & son administration : mais tel est le sort des empires, que les rois se succedent sans se ressembler, & que quelquefois même le succès du dernier regne fut un motif pour changer de principes. Louis-le-Débonnaire ébranla l'édifice par sa foiblesse. Charles-le-Chauve acheva de le détruire. Il perdit tout par ce gouvernement féodal qui a entravé à jamais la liberté, la propriété & le trône. Il embrouilla la justice, & par conséquent il perdit tout encore par cet édit de Pistes de 864, dans lequel, art. 12, 16 & 20, il permet de juger, là suivant la loi romaine, & ailleurs, suivant les usages ; ce qui a fait dire à Montesquieu : *Ainsi la distinction des pays de la France coutumiere & de la France régie par le droit écrit, étoit déja établie du tems de l'édit de Pistes*. (Esprit des Loix, liv. 28, c. 4.)

Après quatre ans d'ignorance, de féodalité, de croisades & de chevalerie, un nouveau code sembloit devoir régénérer la France. C'étoit les établissemens de St. Louis, publiés en 1270. Mais qu'attendre d'un siecle où menée par deux moines, l'Europe alloit se perdre dans les sables de la Palestine ? Qu'attendre d'une nation qui, à l'organisation sagement établie par les capitulaires, substituoit le plus monstrueux désordre ? Qu'attendre d'un code où même l'on n'osoit pas abolir ce droit révoltant, appellé *prélibation*, par lequel le seigneur, fût-il évêque, curé, ou prêtre, pouvoit seul coucher la premiere nuit des noces, avec la nouvelle mariée sa vassale ? Il faut aller dans la bibliotheque du roi, à travers des manuscrits de Colbert, n°. 1669, chercher ce bel édit donné à St. Gilles en 1254, par lequel St. Louis ne veut pas que les sénéchaux puissent empêcher les habitans de transporter & vendre comme ils voudront leurs bleds, vins & autres denrées ; & que, si les circonstances exigent de prohiber l'exportation, on ne le fasse qu'après avoir consulté les prélats, les barons, les chevaliers & les habitans des bonnes villes : loi peu connue, très-remarquable, 1°. en ce qu'elle est la premiere sur le commerce des grains ; 2°. en ce qu'elle prouve que ce n'est pas aux états de Blois, pour la premiere fois, comme on l'a prétendu, que le peuple a été appellé sous le nom de tiers-état, & consulté sur l'administration publique.

Les trois siecles suivans, n'offrent ni monument, ni loi, ni administration : qu'étoit-ce que la puissance de l'état au dehors, lorsque la marine consistoit en quelques mauvais bateaux, inférieurs aux moindres de nos corsaires d'aujourd'hui ; lorsque les troupes n'étoient qu'un ramassis de serfs indisciplinés, & sans paie, qu'amenoit & renvoyoit, à son gré, leur seigneur ? Au dedans que pouvoit être l'ordre & le bonheur public, lorsque la tyrannie féodale réduisoit l'agricole en servitude, & entravoit le commerce par des péages ; lorsqu'en 1388, l'infection contagieuse des rues fit périr plus de cent mille ames, dans la seule ville de Paris qui n'en avoit pas trois cents ; lorsque calculant la fortune de l'état par la quantité du numéraire, on croyoit la conserver en prohibant l'exportation des monnoies ; lorsque redoutant la dépopulation occasionée par le mal-être, on punissoit de mort l'émigration ; lorsque les finances du roi s'épuisant par la profusion du trône, le gaspillage du courtisan, & la confusion de la régie, on s'en prenoit au ministre, que condamnoient presque toujours des commissaires ignorans & corrompus ; lorsqu'enfin toujours affamé d'or, on dénatura & corrompit l'administration publique, en introduisant la vénalité de tous les offices de judicature, de police, de finance, & en les multipliant sans mesure ? Vous parcourrez quatorze regnes sans trouver autre chose que des

guerres

guerres civiles, l'ignorance du droit public, le brigandage & la mort.

Charles V, placé entre le *peu avisé* Jean & le malheureux Charles VI, pallia le mal par sa sagesse; Louis XII, par son économie & sa bonne volonté fut surnommé le *pere du peuple*. François I pouvoit tout, mais il fut mal conseillé, & ne vit pas mieux que son rival, la vraie gloire qui résulte du bonheur des peuples. Les états assemblés à Paris, en 1558, sembloient s'occuper des abus de l'administration, mais que pouvoit-on, lorsque le désordre, l'oppression publique & l'abus du pouvoir étoient tels qu'en 1559, le cardinal de Lorraine fit entourer de potences la résidence royale, & publier qu'il y feroit pendre prévôtalement tous ceux qui fatigueroient l'administration par leurs sollicitations & leurs demandes?

Au milieu de ces ténebres, le fils d'un médecin, petit-fils d'un Juif, apporte l'ordre & la lumiere: c'est l'Hospital, arraché au barreau par son vaste génie, & chancelier pendant douze ans. On lui a reproché quelques erreurs de son siecle sur le luxe, l'approvisionnement, le domaine du Roi, la richesse réelle, la presse, & d'avoir ajouté à la vénalité des offices: mais que ne fit-il pas pour l'administration de la justice, par les ordonnances d'Orléans, de Roussillon & de Moulins? Que ne fit-il pas pour le commerce par l'édit de Novembre 1563, portant établissement de la jurisdiction des juges consuls; par les édits de 1565 & 1566, prohibant l'exportation des laines, afin d'encourager les manufactures, & de conserver la main-d'œuvre; par les lettres-patentes qui, pour forcer la nation à se livrer au commerce maritime, défendirent, à peine de confiscation, de freter aucun navire étranger pour exporter les marchandises & denrées du royaume? Que ne fit-il pas pour l'ordre & la sûreté, par l'établissement du guet, & par cet édit de 1567, où il jette les fondemens de cette police active & salutaire, inconnue jusques-là dans toute l'Europe, & depuis perfectionnée dans la capitale? Un seul trait acheve de peindre ce grand homme: c'est lui qui dicta à Catherine de Medicis ces belles lettres, dans lesquelles elle écrivoit à Charles IX entr'autres choses: *Après vous avoir parlé de la police de la cour, & de ce qu'il faut pour rétablir l'ordre dans votre royaume, il me semble qu'une des choses la plus nécessaire pour vous faire aimer de vos sujets, c'est qu'ils connoissent qu'EN TOUTES CHOSES avez soin d'eux.*

Après ce grand homme, vous voyez les états assemblés à Blois, en 1579, & dans la fameuse ordonnance qui porte ce nom, vous cherchez volontiers les grandes idées sur l'administration, qu'a jeté dans sa *république* ce jurisconsulte Bodin, orateur du tiers-état, & flambeau de l'assemblée. Vous n'y trouvez que quelques loix décousues; vous voyez, dans l'article 207, les états se plaindre du désordre de notre législation; le roi promettre de faire *réduire par ordre, en un volume, toutes les ordonnances qui se trouveront utiles & nécessaires.* Cette belle & salutaire idée disparoît comme tant d'autres.

Cette entreprise & la perfection des vues de l'Hospital étoient dignes de la grande ame de Henri IV, & du génie de Sully. Sans doute ce fut une bonne administration que celle où, après tant de maux, Henri IV laissa dans ses coffres quarante millions de ce temps-là. Et c'étoit un bon roi que celui qui écrivoit sans cesse: *Ayez soin de mon peuple, ce sont mes enfans.* Que ne projeta-t-il pas, suivant les Mémoires de Sully, & que n'eût-il pas exécuté? . . .

Vous trouvez encore quelques vues d'administration dans l'ordonnance de 1629; mais Richelieu ne voyoit au dedans que l'abaissement des grands; au dehors, que la puissance de l'état: & ce regne est marqué par plusieurs jugemens célebres, rendus en administration, que je placerai à la fin de cet article.

Vous arrivez au siecle de Louis XIV. Ce regne est moins célebre encore par les victoires & les conquêtes, que par la protection des arts & des sciences; par ces ordonnances & ces établissemens qui ont eu pour objet la justice, l'ordre, la sûreté & la félicité publique.

La fin malheureuse de ce regne, à partir de la mort de Colbert & de la révocation de l'édit de Nantes, lorsque Turenne, Condé, Catinat, Louvois, Molé, Vauban & Lamoignon ne furent plus; la régence qui a suivi, & le bouleversement absolu dont elle a donné l'étrange spectacle; tout atteste que l'on ignoroit encore ces grands principes d'administration & de politique qu'a vu naître le milieu de ce siecle, qu'ont dévéloppé avec courage les amis des hommes & les cours souveraines elles-mêmes, qu'ont adopté enfin & que suivent heureusement la plupart des souverains qui regnent aujourd'hui. Jusques-là il sembleroit que les gouvernemens avoient cette maxime unique: *La gloire du prince fait le bonheur du peuple.* L'Europe admirant les victoires de PIERRE, l'oublia lorsque, plus grand encore, il alla arracher à la Hollande le secret de la marine, dont il vouloit enrichir la Russie; lorsque, simple ouvrier à Sardam, il habita plusieurs mois cette cabane que son petit-fils vient de visiter avec un attendrissement qui décele sa grande ame.

Aujourd'hui *c'est le bonheur du peuple qui fait la gloire du prince.* Cette maxime prononcée par LOUIS XVI, dans sa premiere loi, est devenue celle de toute l'Europe; & j'ai entendu JOSEPH, en août 1777, dire: *Je dédaigne la gloire des conquêtes, & ne cherche que celle de l'administrateur.*

Ces principes de la grande administration des états tiennent trop à la politique, pour entrer dans un Dictionnaire de Jurisprudence, quoiqu'ils lui appartiennent comme portion du droit public; & je dis encore avec Tite-Live: *Nec satis scio, nec si sciam dicere ausim.*

Mais, tous les jours, les tribunaux chargés du dépôt des loix, avant de les enrégistrer, doivent les examiner dans leurs rapports avec l'administration publique. Des arrêtés, des remontrances sans nombre depuis 1750, renferment des vues & des maximes précieuses à la vraie gloire du prince & au bonheur des peuples. Des réglemens d'administrations particulieres, tels que celui de Noizy, du 10 mai 1782, cité plus haut, sont l'ouvrage des parlemens, ou doivent avoir sa sanction. Tous les jours, parmi les jurisconsultes, les uns sont interrogés sur les points tenant à la grande administration; d'autres sont priés de rédiger, d'examiner ou de combattre des administrations particulieres; d'autres enfin sont chargés d'accuser ou de défendre des administrateurs tels que la Bourdonnaye, du Pleix, Klingling & Lalli.

Au milieu de ces devoirs, de ces besoins & de ces grands intérêts, quelle est la justice? Quels sont les grands principes, la jurisprudence; & à leur défaut, que nous ont laissé les jurisconsultes dans cette immensité de livres qui remplissent nos bibliotheques?

L'angleterre a eu ses Blackstone; l'Allemagne, ses Heineccius; la France eut aussi ses publicistes: mais depuis Richelieu le mot même d'*administration* a été remplacé par celui de *gouvernement*, comme si la France n'existoit que par son action extérieure. S'il subsistoit encore dans les remontrances, c'étoit pour exprimer qu'on s'écartoit du cours ordinaire de la justice, & que sous prétexte d'*administration* on livroit la décision au funeste arbitraire. C'est sous ce regne seulement que dans nos loix le mot administration a reparu avec honneur, dans sa grande, belle & vraie acception. De même le mot de *nation* retranché de la langue judiciaire, étoit remplacé par celui d'*état*, & c'est de nos jours seulement qu'on a vu le Roi écrire: *Constamment occupé du BONHEUR de nos peuples, & mettant notre principale GLOIRE à commander une NATION LIBRE ET GÉNÉREUSE.* (Edit des Serfs, d'août 1779.)

C'est donc pour la jurisprudence une

matiere presque oubliée ou inconnue que celle de l'administration dans les rapports continuels & nécessaires qu'elle a avec la justice, pour l'examen judiciaire des ordres, du plan, de la conduite & du résultat.

Ce fut nagueres un crime d'aborder toute espece d'administration qu'envelop-poient toujours la crainte & le mystere : aujourd'hui c'est un devoir ; & sans doute il est cher au vrai jurisconsulte. Si sur des points arides & subtils, il écrit des volumes sans nombre, tels que ceux que nous avons extraits sous les mots *Accroissement* & *Acquêt*, combien ne doit-il pas de tems, de réflexions & de recherches à ces principes du droit public, d'où dépendent la gloire du trône, la sûreté, l'ordre & la félicité publique ? Qu'il compte pour beaucoup la propriété, l'honneur & la vie du citoyen : ne comptera-t-il pour rien ce qui crée, maintient & augmente le bonheur de tous ? Que si en administration une seule faute, un seul crime entraînent la ruine publique, la perte irréparable de plusieurs milliers d'hommes, le malheur même des races futures ; & si ces funestes résultats fixent les regards de la justice, le jurisconsulte, chargé d'éclairer ou de défendre, ne doit-il pas dans le droit naturel, le droit public, la raison & l'histoire, puiser des vues, des maximes, des préjugés, qui, au défaut de loix positives, comme chez les Romains, forment ce que nous appellons notre jurisprudence ?

J'essaierai de remplir cette tâche difficile en rapprochant des principes & des vues sur le régime de toute espece d'administration particuliere, sur les devoirs respectifs entre l'administrateur & le public ; j'y joindrai quelques jugemens célebres : je dis administration particuliere, parce que nulle part je n'aurai pour objet la grande administration, & je supplie de ne pas l'oublier.

Je pourrai m'égarer sans doute, car ici je ne suis pas compilateur ; je leve la barriere. C'est à ceux qui me suivront d'éclaircir mes doutes ; de relever mes erreurs ; d'ajouter ce que j'aurai omis. Je ferai quelque chose : on fera davantage.

ADMINISTRATION.

6. Pope, dans son *Essai sur l'homme*, *liv. 3, v. 303*, a renfermé en deux vers une grande vérité : Laissez, dit-il, les insensés disputer sur la forme du gouvernement, le mieux administré c'est le meilleur.

> *For forms of Government, let fools contest ;*
> *Whate'er is best administred, is best.*

Le gouvernement monarchique a de grands avantages ; la promptitude de l'exécution ; la direction de l'ambition au bien public ; une plus grande force dans la puissance ; un plus grand respect pour les loix ; un certain attachement au trône que chacun regarde comme le centre de la propriété commune, comme la source du bonheur public : c'est le gouvernement le plus naturel. On aime son roi, parce qu'on aime son pere, parce qu'on aime sa famille, parce qu'on se chérit soi-même.

Dans ce gouvernement, lorsque l'administration particuliere peut être confiée à un seul, elle sera plus prompte, plus sûre ; & vous voyez Charlemagne établir cet ordre de choses par-tout, hors dans l'administration de la justice, qui se réduisant à l'application de la loi par l'opinion la plus nombreuse, ne peut être confiée à un seul que par l'insupportable despotisme.

Mais, depuis que la nation, secouant les chaînes du despotisme féodal, réclama l'autorité bienfaisante du trône, & forma ces *communes* qui rendirent à la couronne son éclat, à l'état, sa puissance, & au peuple, sa liberté, les administrations particulieres resterent naturellement dans les mains de plusieurs : & nos rois maintenant cette constitution, ont admis tous leurs sujets, comme coadjuteurs, en partage des moyens qui produisent l'ordre, la sûreté & le bonheur public.

Or, quel sera le régime de toutes ces administrations particulieres, formées souvent par le hasard, comme nos coutumes; & n'en est-il pas qui soit meilleur en lui-même?

Ces recherches ne paroîtront inutiles ni au magistrat ni au jurisconsulte, quand ils considéreront qu'elle influence ont eu sur la paix publique, sur l'administration de la justice elle-même, il y a trente ans, la délibération d'une administration d'hôpital qui nommoit une supérieure, & depuis, l'administration toujours orageuse d'une province.

Je renvoie aux mots *Communauté*, *Échevin*, *Hôpital*, *Hôtel-de-ville*, *Jurande*, *Maire*, *Municipalité*, *Prevôt des Marchands*, *Syndic*, les détails & les regles particulieres à chacune de ces administrations; & je rassemble ici seulement les principes généraux qui paroissent appartenir plus ou moins à toute espece d'administration.

Régime.

7. Il y a quatre especes d'administrations particulieres, la mobile, la perpétuelle, la tournante & la mixte.

Je supplie de bien saisir ces distincions. Elles ne m'appartiennent pas; elles existent dans le fait: vous les trouvez confusément dans tous nos publicistes; l'on reconnoîtra facilement leur justesse, si l'on considere sans préjugé les administrations subsistantes, & les effets qui résultent de leur diversité.

L'ADMINISTRATION MOBILE est celle dans laquelle l'autorité place, maintient & déplace à son gré.

Tel fut, dans tous les lieux & dans tous les temps, ce qu'on appelle *ministere*, excepté néanmoins ce premier ministre du Tunquin appellé *Chova*, qui, semblable aux maires du palais sous nos rois fainéans, regne véritablement sous le nom du monarque qu'il cache, renferme & endort sans cesse dans le sein de la volupté.

Nous venons de voir le parlement britannique, par des motions & des menaces d'enquête, & par la nécessité de se concilier, amener son roi à changer entiérement le ministere, & indiquer par le vœu public celui qu'il devoit substituer. Mais le regne de celui-ci n'a pas été long: mais jamais la nation n'a prétendu forcer son souverain à garder malgré lui un ministre; & le lord Chatam, cher à la nation, a été renvoyé comme, parmi nous, l'Hospital & Sully.

En France les ministres, les sous-ministres, les gouverneurs, les commandans, les généraux, les intendans & leurs subdélégués, tout ceux qui n'existent que par commission, sont sujets à être révoqués, sans que l'autorité soit tenue de motiver son changement.

Plus le pouvoir est grand, plus il faut qu'il puisse être ravi aussi promptement qu'il a été donné, sans aucune forme & par la seule volonté souveraine.

Mais tout est perdu, lorsque la consistance de l'administrateur dépend du caprice, de l'intrigue, de la délation, de l'injustice. Alors on emploie à se soutenir un tems qui appartient à la chose publique. L'inquiétude personnelle énerve les facultés du génie. La crainte de n'être plus, absorbe, corrompt, anéantit; & souvent on a des ministres sans administration.

Le grand art est de conserver tant que le bien se fait, de changer aussi-tôt qu'il cesse par incapacité ou par mauvaise volonté; & ce systême bien connu, établissant une confiance générale, rend l'administration mobile, la meilleure de toutes. Cet art fut celui de Henri IV, dont le mot précieux étoit: *A la vie & à la mort.*

L'ADMINISTRATION PERPÉTUELLE est celle à laquelle une ou plusieurs personnes sont attachées légalement toute leur vie, & dont elles ne peuvent être déplacées que par un jugement rendu sur de justes causes & par des juges compétans.

Telle est en France l'administration de la justice. Notre droit public sur cette partie intéressante se trouvera sous les mots *Cour*, *Forfaiture*, *Inamovibilité*, *Magistrat*, *Office*, *Parlement*, *Tribunal*.

La perpétuité produit l'attachement, le savoir ou la routine : mais l'habitude amene l'ennui, le dégoût, l'insouciance. A force de voir les mêmes choses, on devient nécessairement froid, indifférent, apathique. Tel est le caractere de l'homme qui met moins d'intérêt à ce qu'il fait tous les jours, qu'à ce qui est rare ou extraordinaire : telle est sa foiblesse, qu'il mettra toujours plus de zele à ce qu'il ne fera qu'un certain tems, qu'à ce qu'il doit faire toujours.

La perpétuité peut donc convenir à tout ce qui n'éxige que l'assiduité, l'exactitude & une opinion saine, comme dans l'administration de la justice.

La perpétuité ne va point à ces administrations qui exigent de la vigueur dans le génie, de la fraîcheur dans les idées, de la hardiesse dans l'imagination, & du courage dans l'exécution. Le bonheur public est un foyer qui s'éteint quand on ne remplace pas les ames qu'il consume.

L'ADMINISTRATION TOURNANTE est celle qui est confiée pour un certain tems à quelques personnes, remplacées successivement par d'autres.

Telle fut celle de Rome, & l'on ne considere pas sans étonnement les grandes choses exécutées par des hommes dont le service changeoit toutes les années. C'étoit ou la vertu ou l'amour de la gloire ; ils préparoient avant d'être en place ; ils se hâtoient, lorsqu'ils pouvoient exécuter ; ils étoient chargés de finir, lorsqu'ils passoient à d'autres places ; & jamais, comme parmi nous, ils ne rentroient dans cette foule à qui il est interdit de se mêler de la chose publique.

Vous trouvez ce régime dans l'administration de nos provinces, de nos villes, de nos paroisses, de nos hôpitaux, & de la plupart des corps politiques.

Vous le trouverez même en plusieurs provinces pour l'administration de la police, & là il a des désavantages bien connus. Quand vous ne voyez dans le magistrat de police que le *jugeur* de quelques affaires minutieuses, le dernier homme est bon. Mais quand vous considérez tout ce que la police demande de lumieres, de savoir, d'activité, d'expérience, de constance, pour maintenir l'ordre, la paix, l'approvisionnement & la sûreté, vous convenez aisément que cette administration ne sauroit être bien exercée par des hommes nouveaux, & se renouvellant sans cesse ; elle ne peut l'être par le nombre, & il faut un seul homme, qui veille, agisse, & ordonne comme dans la capitale. Voyez *Police*.

L'édit de janvier 1780 concernant la vente des immeubles des hôpitaux, pourvoit à un des désavantages de cette *administration collective & CHANGEANTE, dont jamais les soins ne peuvent égaler l'activité de l'intérêt personnel*; & s'il n'ordonne pas, il indique, il prescrit la vente des immeubles.

Corneille a fait de ces administrations tournantes un portrait dont la méchanceté de ses contemporains ne manqua pas de faire l'application.

Ces petits souverains, qu'on fait pour une année,
Voyant d'un temps si court leur puissance bornée,
Des plus heureux desseins font avorter le fruit,
De peur de le laisser à celui qui les suit.
Comme ils ont peu de part au bien dont ils ordonnent,
Dans le champ du public largement ils moissonnent ;
Assurés que chacun leur pardonne aisément,
Espérant à son tour un pareil traitement.
Le pire des états c'est l'état populaire.

C'est Cinna qui parle à Auguste ; & l'on ne peut sans injustice supposer ces vices comme essentiels aux administrations tournantes : mais il en est d'autres dont il est difficile de les garantir.

En général, on ne sait rien quand on arrive, & l'on quitte quand on est instruit. On est tout de feu en entrant, on s'attiédit bientôt par les difficultés, par la concurrence même, & l'on dit comme Benoît XIV : *Sara l'affare del Papa che viene*. Cependant le mal se fait, se voit, se publie,

& deviendra éternel, à moins que l'autorité, la nécessité, ou quelque génie puissant, courageux & opiniâtre ne force ses collegues & les sous-ordres à une réforme salutaire. Il y a dix ans que la plupart de ces administrations tournantes étoient ruinées par ce vice intérieur; & ce malheur reviendra, tant qu'elles ne seront pas assujetties à des regles constantes, lumineuses & précises.

Voilà les désavantages de ces administrations; voici leurs avantages.

Elles doivent avoir plus de zele, parce qu'il n'a pas le temps de s'user; elles conviennent mieux par conséquent aux hôpitaux, où l'habitude de voir l'humanité souffrante rend insensible. L'homme se fait à tout, même au mal qu'il éprouve.

On peut leur supposer plus d'honneur, parce qu'on ne présumera pas que des hommes qui n'ont qu'une, deux ou quatre années à régir, osent se compromettre pour l'intérêt d'un moment.

Elles devroient être moins infectées de ce funeste esprit de corps, qui concentre en lui l'intérêt public. Quelquefois il sembleroit qu'on tient d'autant plus à son autorité, à ses prétentions, à sa vanité même, que la jouissance n'est pas durable. On se regarde comme dépositaire, & l'on refuse de justes sacrifices qu'on feroit plus aisément, si l'on étoit perpétuel.

Enfin, outre la propension naturelle à ne pas présumer le mal, il est évident que des hommes qui, guidés par l'honneur, débutent avec zele, s'ils se corrompent dans la suite, n'ont pas le temps & les moyens de préparer, combiner & exécuter ces manœuvres secretes qui amenent la ruine des administrations. Ils s'inspectent réciproquement, & ils seront inspectés à leur tour, par leur successeurs.

Cette opinion sur les administrations tournantes établies en France avec les *communes*, les a fait maintenir. Le Roi ne pouvant suffire à tout, semble ne pouvoir faire mieux que d'appeller tour-à-tour les citoyens à s'occuper du bien public. Si le mal se fait, c'est la faute du public représenté par ses délégués; ce n'est plus celle du souverain; il a confié à ses sujets le soin de leur bonheur: s'ils le négligent, ils ne peuvent s'en prendre qu'à eux-mêmes.

Vous trouverez le développement de ces idées dans le préambule de l'arrêt portant établissement de l'administration provinciale du Berry. Voyez *Administration provinciale*. Vous trouverez dans les procès-verbaux de cette administration & de celle de la Haute-Guienne, des preuves frappantes du bien que l'on peut attendre de ces corps changeans, lorsqu'ils ont un bon esprit, d'excellens chefs & des perpétuels éclairés.

L'ADMINISTRATION MIXTE, est celle qui est exercée, en partie par des administrateurs tournans ou amovibles, & en partie par des administrateurs perpétuels.

Ainsi, dans la Hollande, la Flandre autrichienne & la Flandre françoise, les bourguemestres & les échevins sont changés périodiquement; mais les conseillers pensionnaires, les fiscaux & les greffiers sont perpétuels, sont stipendiés convenablement, & n'ont qu'un avis qui ne se compte pas. C'est dans nos tribunaux la voix du ministere public: c'est encore dans les affaires criminelles la confiance accordée pour les formes au greffier, qui en a la routine; c'est un flambeau qui éclaire tous les pas de l'administration, & sans lequel souvent elle erreroit au milieu des ténébres.

Vous trouvez un autre mélange de perpétuité dans l'administration de nos états provinciaux, où les trésoriers ou greffiers se regardent comme perpétuels: vous le trouvez enfin dans les municipalités où le maire, le procureur du roi, le receveur & le greffier sont à vie.

Cette administration mixte, qui réunit les avantages des trois autres, n'a pas leurs désavantages, quand les perpétuels font éclairés & vertueux; & sous cet aspect sans doute c'est le meilleur des régimes connus. Un seul homme, éloquent & instruit, honnête & courageux, maniant à son gré les volontés, inspire des miracles & les fait exécuter : comme le cocher habile qui, tranquille sur son siege, anime & guide les coursiers dociles à sa voix.

Mais si le perpétuel est incapable ou corrompu, il entraînera tout par le crédit qu'acquiert sur des hommes inhabiles & passagers l'opinion du savoir, la crainte d'*errer*, la complaisance, la foiblesse, le desir de ne pas déplaire à celui que l'on craint de trouver en son chemin, lorsque rentré dans la foule, on pourra avoir à traiter avec l'administration qu'il dirige : que, s'il trouvoit quelque résistance, il attendroit, pour remplir son projet, le moment où l'administration se renouvellant, il pourroit par toute sorte de moyens faire adopter son plan par des hommes nouveaux. Ainsi dans plusieurs administrations se sont introduits des abus utiles aux perpétuels, & auxquels tous les administrateurs passagers se défendent d'avoir eu part.

Dans ces administrations mixtes, si vous ne pouvez pas déplacer le perpétuel sans lui faire son procès; comme les moyens d'accusation sont très-difficiles à saisir & à prouver; comme les passagers ne veulent pas se compromettre, & soupirent bientôt après la retraite; il peut se faire insensiblement beaucoup de mal, qui ne peut se réparer que par une grande révolution.

Cette perpétuité est donc dangereuse; & il semble qu'il conviendroit mieux au bien de l'administration, de rendre ces places amovibles; en sorte néanmoins que le pourvu soit assuré de les conserver tant qu'il fera le bien, & menacé de les perdre aussi-tôt qu'il en sera incapable par son âge, ses qualités, sa conduite, ses crimes, ses torts, ses erreurs & sa négligence même. Car là, s'il se fait un mal réel, c'est incontestablement au perpétuel qu'il faut s'en prendre; il doit avoir tout ce qu'il faut pour le prévenir; & dans un gouvernement tel que la France, il peut l'empêcher par le recours à la grande administration, dont les particulieres ne sont que des branches; ou aux cours souveraines qui en ont la grande police.

Science de l'Administration.

8. L'objet de toute administration est de faire ce que ne peut pas le mineur à cause de sa foiblesse; le souverain, à cause de son éloignement & de l'immensité des détails; le peuple, à cause de l'incapacité que produit toujours le grand nombre.

Le but de l'administration étant de produire la sûreté, l'ordre & le bonheur public, sans doute il n'est aucune science plus importante ni plus difficile : car il faut d'abord remplir ses devoirs ordinaires, & il faut ensuite lutter contre les besoins sans cesse renaissans, l'intempérie des saisons, l'accroissement de la population, la proportion entre la recette & la dépense, des événemens imprévus, des obstacles nouveaux, l'ignorance, la mauvaise volonté, & quelquefois ce qu'appellent impossibilité tous ceux qui ne joignent pas le génie au courage. Plus l'administration est vaste, plus les accidens, les difficultés & les embarras se multiplient & se perpétuent; plus par conséquent il faut à l'administrateur de courage & de connoissances. Avant d'entrer dans la lice, il faut qu'il connoisse le terrain, qu'il voie ses ennemis, & qu'il soit armé de toutes pieces.

Rome eut une école d'administration dans l'entrée au Sénat, accordée au citoyen qui avoit revêtu la robe virile, dans les conversations publiques du *Forum*, dans les conférences des jurisconsultes, dans ces grandes & belles accusations dont j'ai parlé sous le mot *Accusation*, n°. 6, pag. 211. Certes, après avoir entendu l'affaire de *Verrès*, aucun Romain ne put ignorer ce que c'étoit que le proconsulat, la questure & l'administration des provinces.

L'Angleterre a aussi une école d'administration dans ses études du droit public, la liberté des cercles, la publicité de la procédure criminelle, les débats & les enquêtes parlementaires. Après avoir lu dans les papiers publics les discours & les motions du duc de Richemont, des lords Mansfield & Cambden, de Mrs. Fox & Burke, on connoît mieux souvent l'administration britannique, que celle de sa province, de sa ville & de sa communauté.

Berne a une école d'administration encore plus marquée, c'est ce qu'elle appelle l'*état extérieur*. Cet établissement singulier au premier coup-d'œil, n'est autre chose qu'une assemblée de jeunes citoyens qui n'ont pas atteint l'âge requis pour entrer dans le conseil des *Deux Cents*. Ils s'assemblent réguliérement, & exercent entr'eux, par imitation, toutes les fonctions de l'administration publique. Je les ai vu s'élire, & discuter avec la vivacité de leur âge, souvent la sagesse de la raison, & quelquefois la sagacité de l'expérience : ils acquierent ainsi une connoissance si profonde du droit public & de la constitution, qu'appellés au conseil des *Deux Cents*, ils sont en état de marcher seuls. Le gouvernement a si bien senti l'importance de cette école, que le jeune homme que ses camarades ont élevé au grade d'*Avoyer*, est sûr, à la premiere promotion des *Deux Cents*, d'être appellé au conseil de la république.

Dans quelques autres états de l'Europe on rencontre quelque moyens plus ou moins rares, de faire les études préliminaires de l'administration; & sans doute elles sont indispensables. Le souverain qui dans le dernier siecle appella à lui un magistrat aimable, & crut que l'esprit naturel avec quelques leçons suffiroient pour en faire un ministre, se trompa grossiérement, & se repentit bientôt de son choix.

Par-tout où le citoyen sera appellé à l'administration sans étude préliminaire; vous pourrez trouver de l'activité, du zele, de la probité : mais souvent l'activité ne sera qu'étourderie, le zele sera aveugle, & la probité sera trompée. On ne sait point ce qu'on n'a pas appris.

Réglement.

9. Quelques administrations ont des réglemens, & j'ai cité comme modele en son genre, celui donné le 10 mai 1782, en soixante & seize articles, par le parlement de Paris, au petit bourg de Noisy-le-Sec.

Mais combien d'administrations où il il n'y a point de réglement, où tout va par l'usage, la tradition, l'exemple, l'avis le plus impétueux & souvent le plus funeste, par des principes généraux que l'on suppose, & que l'on seroit fort embarrassé de rédiger par écrit.

Ainsi, tandis que dans le droit privé, pour l'intérêt de quelque seigneur & du moindre particulier, on a rédigé des dispositions sans nombre; dans le droit public, pour l'intérêt général qui résulte d'une bonne administration; nos ancêtres n'ont pas su faire une loi. Vous ne trouvez pas même le mot Administration, ni un synonyme dans cette quantité de coutumes qui, par l'immensité, la contradiction & l'obscurité de leurs textes, en occupant les tribunaux, accablent le citoyen, vous diriez que le bonheur public étoit étranger à la France.

Combien d'autres administrations dont les réglemens n'ont d'autre mérite que leur existence & leur ancienneté, le respect aveugle de l'ignorance & de la paresse : j'en ai vu beaucoup; j'en ai observé quelques-uns; j'en ai fait exécuter d'autres. Si vous en retranchez le cérémonial, les élections, les privileges & quelques détails minutieux qui changent avec les mœurs, le tems, l'esprit du siecle & l'état des choses, que reste-t-il?

En général, ces réglemens paroissent devoir contenir le régime, le sujet & l'objet l'objet de l'administration, la nomination, les qualités & les devoirs des administrateurs, les obligations & les engagemens des personnes administrées; vous devez encore y trouver la forme & l'esprit des délibérations, l'ordre à établir dans la recette, la dépense & les comptes, les procédés dans les cas imprévus & extraordinaires, tout ce qui tient à l'objet de l'administration.

En un mot; moins vous supposerez de connoissances préliminaires & d'habitude aux affaires dans le grand nombre de ceux que la loi ou l'usage auront appellés à l'administration, plus vous devez leur donner de moyens pour délibérer sainement, agir avec sûreté, & marcher avec confiance. Que deviendra la chose publique, si vous remplacez l'impuissance par l'ignorance, la foiblesse par la licence ? Qu'attendez-vous pour le bonheur public, d'hommes qui assemblés pour le produire, en méconnoissent les sources, & ne sachant pas leur travail, ne sont jamais au dessus de lui ? Alors l'administration est un enfant mis entre les mains d'un aveugle; il faut du moins lui donner un bâton pour se conduire.

Délibération. Comité.

10. Le bonheur public étant le but de l'administration, elle doit délibérer avec ordre, tranquillité, sûreté, franchise & intelligence.

S'il y a sur le globe une administration où il semble difficile de rassembler ces caracteres, c'est celle de la grande Bretagne. Indépendamment de l'inquiétude nationale, de la contradiction essentielle entre le ministere & l'opposition, de l'immensité des affaires & de la grandeur des objets, il faut l'examen & la sanction de la chambre haute, dans laquelle plus de deux cents pairs ont séance, & de la chambre basse, composée de cinq cents quarante-trois membres. Comment aller ? Comment finir ?

Montez dans la tribune de la chambre des communes; suivez quelques séances; interrogez, & à travers cette multitude d'affaires & d'opinans, considérez comment tout se prépare, s'expose, s'établit, se débrouille & se résout.

D'abord, il n'y a point de nation qui mette plus d'exactitude & de clarté, je ne dis pas seulement dans la rédaction des *bills* ou projets d'actes, mais dans les propositions ou *motions* : & vous pouvez voir avec quelle scrupuleuse sévérité, dans les dernieres sessions, l'on a *amendé* des motions, par rapport à un seul mot équivoque. Après ces débats, l'acception stricte du mot étoit parfaitement entendue, mais dans la suite elle pourroit ne pas l'être, & entraîner des doutes, des contestations & des maux ; comme les actes entre particuliers, qui bien entendus par les contractans, ne le sont plus par leurs héritiers & quelquefois par eux-mêmes, faute de s'être expliqué suffisamment, clairement & en termes propres. Notre vivacité nous fait dédaigner cette exactitude scrupuleuse, & il ne faut point s'étonner ensuite si d'anciennes délibérations ne servent souvent qu'à égarer.

De plus, on ne hasarde jamais une motion importante, sans en avoir préparé le succès par des conférences avec les membres les plus éclairés.

En général, il est difficile que les grands objets soient saisis & vus sainement par la multitude. Vous seriez bientôt découragé par la résistance que la justice, la bienfaisance & l'évidence même éprouvent chaque jour au milieu d'administrateurs honnêtes. Ce sont de bons soldats, mais il faut, de distance en distance, des officiers qui marchent, parlent & dirigent.

Si la célérité, l'inconsidération ou le hasard ont jeté dans la délibération un objet important, & que, faute de préparation, il soit mal saisi, gardez-vous de couler à fond vos opinions : tout en se dévoilant, la pluralité persisteroit par amour propre; saisissez la premiere contradiction, pour persuader que la matiere est trop importante pour être traitée aussi légérement, & renvoyez au premier jour, afin de la préparer sagement. Ce renvoi ne se refuse guere au chef quand il est considéré : j'ai vu ce procédé simple & licite réussir toujours, & empêcher les délibérations les plus funestes.

De plus, il y a des affaires qui, par leur immensité, ne peuvent pas être soumises à l'examen suivi & réfléchi de la multitude; on s'y perdroit & l'on ne finiroit rien. Telles ont été les dernieres sessions du parlement britannique; la présentation du *budget* par mi ord North, & ensuite par milord Cavendish; l'affaire de l'Inde, par le lord avocat d'Ecosse; & la réduction de la liste civile par M. Burke. Alors on nomme un *comité* plus ou moins considérable, suivant la nature & la grandeur de l'affaire; & l'on a soin de le composer des administrateurs les plus capables de bien voir, de bien dire & de bien faire. Ce procédé est essentiel dans toutes les administrations nombreuses, & pour toutes les affaires tant soit peu compliquées.

L'assemblée provinciale de la Haute-Guienne a été plus loin, & elle s'est divisée en comités ou bureaux particuliers, qui ont chacun leur département. C'est ainsi qu'en divisant la multitude, & en la rapprochant de l'unité, on lui rend toutes les qualités nécessaires pour penser, agir, & se diriger au bien public qu'elle desire.

Enfin ce qui étonne le plus dans la chambre des communes, c'est le silence, l'ordre & le respect de tous ces députés, dont le nombre, l'agitation, le murmure préliminaire, & les vêtemens même vous alarment d'abord. Quelle est la cause du silence & de l'ordre qui va régner ? Tel que la statue d'Harpocrate dans le temple de Memphis, le président appellé *Orateur*, placé dans une chaire élevée, est l'ame de cette foule agitée; c'est à lui seul que tous les discours s'adressent; on ne sauroit parler sans lui avoir demandé la parole & l'avoir obtenue.

Il n'est permis de nommer ni le roi, par la raison que j'ai dite, verbo *Accusation*, *n°. 54. pag. 384*. Il n'est même permis que de désigner celui que l'on contredit. Si l'on s'écarte de la bienséance ou du sujet en délibération, une voix presqu'unanime rappelle à l'*ordre*; que si un membre, quelque puissant qu'il pût être, entraîné par la grandeur des objets ou la chaleur du discours, manquoit à un autre, quelque vulgaire que fût celui-ci, il faudroit une satisfaction ou une explication prompte; & le refus d'obtempérer sur le champ le perdroit à jamais.

Voulez-vous un exemple frappant de cette vérité essentielle ? Voyez la session de la chambre des communes, du 22 février 1782, où le ministere n'eut la pluralité que d'une voix, 194 contre 193. Le colonel Barré, membre de l'opposition, encouragé par ce succès, parle & raille le premier ministre présent; celui-ci homme d'esprit & de sens froid, qui devoit, comme il en convint bientôt, être accoutumé à ces sorties vives & ameres, mais irrité de la défection de sa majorité, répliqua avec emportement, s'oublia, & parlant des expressions dont le colonel venoit de se servir, dit qu'elles étoient *grossieres*, *brutales* & *insolentes*. *CLOWNISH, BRUTISH and INSOLENT*. Il s'éleva sur le champ un cri tumultueux de *à l'ordre*, *à l'ordre;* aussi-tôt ce ministre avoua qu'il avoit tort, qu'il s'étoit certainement écarté de l'ordre, & qu'il en faisoit ses sinceres excuses à la chambre, mais non pas au membre particulier qui l'avoit provoqué à un point si révoltant. L'orateur interposant ici son autorité, se fit beaucoup d'honneur en démontrant avec une fermeté polie au ministre, qu'il s'étoit mis dans le cas indispensable de faire des excuses générales & sans exception quelconque : le ministre les fit, & le colonel déclara qu'il étoit satisfait.

Vous trouverez des querelles aussi fortes chez les Romains, dans les délibérations du sénat. Vous en trouverez dans le cabinet même des princes, & jusques sous le bon Henri IV. J'ai consigné celle-ci seule plus rapprochée de nous, d'ailleurs très-marquante par l'état de l'offensé & l'importance de celui qui fut obligé de faire des excuses.

Dans cet ordre des choses, on suppose qu'il est permis de s'égarer, quand il s'agit du bien public, que toutes les intentions sont pures, que les expressions déplacées, les propos les plus vifs n'atteignent pas le citoyen que la patrie a jugé digne de la représenter. On ne voit point ces scenes indécentes, qui, après avoir porté le trouble dans l'administration, ont encore ces suites terribles que prescrit le faux point d'honneur.

Qu'on me pardonne ces détails ; je les crois précieux : & qu'on m'excuse d'aller les chercher dans un autre pays ; j'en parle avec plus de liberté, comme les papiers publics : d'ailleurs il s'agissoit de l'organisation d'une administration nombreuse & compliquée, pouvois-je mieux choisir ?

Signature. Protestations.

11. Lorsque la délibération a passé à la pluralité des voix, tous les administrateurs sont-ils obligés de signer ? Ne peut-on pas motiver par écrit son avis contraire, ou faire des protestations ?

J'examinois cette question, il y a quelques années, avec M. Jolyclerc, dont j'aime à placer ici le nom comme celui d'un vrai jurisconsulte, & de l'avocat le plus éloquent que j'aie vu au barreau de Lyon. Pressé, comme échevin, de signer une délibération municipale, arrêtée par la majorité qu'il avoit essayé de ramener, il se réduisit à mettre sous sa signature *C. M. A.* les initiales de *contre mon avis*, afin qu'on ne pût pas lui reprocher d'avoir, par ignorance, lacheté, ou corruption, signé ce qu'il appelloit la ruine publique.

Ce procédé rappelle celui d'un des commissaires de l'amiral Chabot. Intimidé & forcé par le chancelier Poyet, de signer contre sa conscience, il mit sous la premiere lettre de son nom un *V*, & sous la derniere un *I*, les deux lettres initiales de *violence*.

La même difficulté se présenta le premier février 1776, dans une grande assemblée & extraordinaire, où après avoir inculpé un ancien administrateur, le comité proposoit de donner à des créanciers 300000 liv. de plus qu'il ne leur étoit dû. Cet avis entraîna la majorité de vingt-cinq contre dix-huit. La délibération rédigée, signée par la pluralité, le secretaire emporta le registre. La minorité, à la tête de laquelle étoient deux magistrats principaux & deux jurisconsultes, s'étant présentée vainement pour signer, resta en possession de la salle d'assemblée, dressa & signa un procès-verbal où je lis : . . . . « Lecture faite de la délibération, plusieurs de ceux qui ont été d'un avis contraire, ont demandé que leurs dires & réquisitions fussent insérées avec leurs signatures sur le registre des délibérations ; qu'*en général, dans toute administration, il est libre de faire mention dans les délibérations des deux avis principaux, & des motifs qui les ont déterminés* ; & que dans les circonstances particulieres où se trouve l'administration, ses délibérations devant être déférées à une autorité supérieure, l'intérêt des citoyens exige que le conseil de sa majesté soit encore *plus instruit des motifs que de la pluralité des opinions*. . . . . Les soussignés ont fait leurs réserves & protestations, & rédigé le présent procès-verbal pour être envoyé en minute, comme *un témoignage de leur attachement au maintien de l'ordre & de leur zele pour les vrais intérêts de la patrie.* ». . . . . Cet acte, approuvé par le conseil, a donné lieu à trois arrêts, dont le premier du 10 juillet 1776, anéantit la commission ; le second, du 7 avril 1777, justifie l'administrateur inculpé ; le troisieme, du 16 octobre 1777, réduit à la somme qui leur étoit due les créanciers que favorisoit si exorbitamment la délibération du premier février 1776 : de plus, cet acte de protestation ayant été imprimé, relativement à des procès aux parlemens de Paris & de Grenoble, il paroît qu'il a été également approuvé par les magistrats & les jurisconsultes.

Cependant il y a plusieurs administrations qui ont fait entrer dans leurs réglemens l'obligation de voter & de signer l'avis adopté par la majorité.

Dans le procès-verbal de l'assemblée provinciale du Berry, de 1778, ch. 2, sect. 2, art. 10, pag. 45, je lis: *Les délibérations passeront à la pluralité des voix, sans qu'il soit permis de demander acte ou mention sur le registre d'un avis contraire, ni de sortir de l'assemblée sous prétexte qu'on n'agréeroit pas les opinions qui y seroient portées, ou les résolutions qui y seroient prises.*

L'administration provinciale de la Haute-Guienne a le même régime, suivant son réglement de 1780, sect. 1, art. 9. *Dans le cas où il s'éleveroit plusieurs avis, l'assemblée seroit obligée de se réduire à deux; & celui qui auroit la pluralité des suffrages formeroit la délibération.* Art. 10. *Il ne sera permis à aucun membre de l'assemblée de demander acte d'un avis qui n'auroit pas réuni la pluralité des suffrages, ni de prétendre qu'il en soit fait mention sur les registres des délibérations.* Art. 14: *Indépendamment de la signature de tous les membres de l'assemblée à la fin de la derniere séance, le résultat de chacune des séances particulieres sera signé chaque jour par le président & le secretaire.* Sect. 3, art. 5: *Toutes les délibérations prises au bureau intermédiaire, seront inscrites sur un registre qui sera conservé dans les archives de l'assemblée, & chacune des séances sera signée par tous les membres qui y auront assisté, sans qu'aucun d'eux puisse s'y refuser, sous prétexte que la délibération auroit passé contre son avis.*

Si, quittant un instant nos administrations particulieres, vous portez vos regards sur celle de la Grande-Bretagne, vous verrez bien la majorité l'emporter, & vous avez lu par-tout les efforts faits pour la composer ou la corrompre. Vous trouvez un exemple frappant du poids de la majorité dans la séance des communes, du 22 février 1782, où il s'agissoit de statuer sur la motion du général Coway pour la paix avec l'Amérique. Après quelques débats lorsqu'on eut recueilli les voix, on trouva cent quatre-vingt-treize voix pour la motion, & cent quatre-vingt-quatorze contre. Une seule voix sur trois cents quatre-vingt-sept!

Vous voyez de même, quatre jours auparavant, dans la séance de la chambre haute, du 18, sur la motion du marquis de Carmarthen, pour empêcher que lord Georges Germaine, pair en Irlande, ne fût pas admis à la pairie en Angleterre sous le titre de vicomte Sackville, l'admission passer à la pluralité de quatre-vingt-treize voix contre vingt-huit. Mais sur le champ, & en présence de tous les autres, neuf pairs protestent de la maniere la plus forte.

De plus, lorsqu'une motion a été perdue par un motif quelconque, si elle est utile, si les esprits sont mieux préparés, vous la voyez rechauffée & reproduite : elle le sera même, quoiqu'elle ait été rejetée depuis long-temps. Ainsi, dans la session des communes, du 8 avril 1782, l'éloquent Burke a reproduit son *bill économique*, rejeté, en 1781, par la majorité du précédent ministere; & le lendemain, le roi, par un message, a annoncé un nouveau plan économique, qu'il a fait présenter le 2 mai. Ainsi, le bill pour la paix, & l'indépendance de l'Amérique rejeté tant de fois par l'ancien ministere, même encore le 22 février 1782, se reproduit sous celui-ci, & paroît acquérir une majorité loyale & indestructible.

De plus, avant de recevoir la sanction royale, & de devenir actes du parlement, les bills sont lus trois fois en différentes séances dans chacune des deux chambres; en sorte que chacun peut savoir, méditer, opiner convenablement; & l'on a vu la chaleur des débats & l'importance de l'affaire, porter les sessions jusqu'à trois ou quatre heures après minuit. Or, quand une affaire a été ainsi délibérée, il est possible encore que l'on s'égare; comme on l'a fait, malgré le lord Chatam, en adoptant les actes oppressifs de l'Amérique : & cette grande faute politique prouve bien que l'erreur est le partage de l'humanité. Mais il n'est pas moins vrai que cette constitution paroît être celle qui a le plus de moyens pour ne pas errer & pour réparer ses fautes.

L'Angleterre tient cet esprit & cette constitution des Romains. Il falloit l'unanimité pour rédiger en décret la délibération du sénat, *decretum;* sans elle, ce n'étoit plus qu'une opinion, *autoritas*, sujette à être reproduite & délibérée de nouveau; & pour cela, il ne falloit que l'opposition d'un tribun ou d'un seul magistrat d'un rang supérieur. Voyez Ciceron, *de leg.* 3, 3, *ad fam. lib.* 10, *epist.* 22; Tite-Live, *lib.* 4, 37 & 6, 35. C'étoit le *liberum veto* de la Pologne. Mais on évitoit le danger, en portant l'affaire au peuple, ou en la faisant discuter de nouveau; & en déclarant ennemi de la république, celui qui persisteroit, malgré les nouveaux suffrages. *Quod M. Marcellus, coss. V. F. de provinciis D. E. R. I. C. senatum existimare neminem eorum qui potestatem habent intercedendi, impediendi, moram afferre opportere, quominùs de republicâ Q. P. ad senatum referri, senatique consultum fieri possit. Qui impedierit, prohibuerit, eum senatum existimare contra rempublicam fecisse : si quis huic senatus-consulto intercesserit, senatui placere autoritatem perscribi, & de eâ re ad senatum, populumque referri.* (Cicer. *ad fam. lib.* 8, *epist.* 8.)

Ainsi, par-tout où l'opinion d'un seul n'est pas décisive par le pouvoir, la flatterie, ou la crainte; par-tout, & toutes les fois que des hommes assemblés pour chercher la vérité, la justice, le bien public ont été embarrassés par la diversité des avis, ils ont statué que celui de la majorité seroit pris pour la volonté publique. *Quod* MAJOR *pars curiæ efficit, pro eo habetur ac si* OMNES *egerint. L.* 19, *D. ad municipalem & de incolis.*

Ainsi, dans un état habité par plusieurs millions d'hommes, la volonté publique se trouvant, par la constitution, réduite à l'opinion obscure & passagere du corps représentant à qui ils ont confié leur administration; & l'opinion de ces représentans, se trouvant formée dans le fait par une majorité telle que celle citée ci-dessus de cent quatre-vingt-quatorze, contre cent quatre-vingt-treize, ce n'est plus véritablement la volonté générale; c'est, en derniere analyse, une volonté unique, une seule voix qui décide du bonheur ou du malheur de plusieurs millions d'hommes, & quelquefois de celui des races futures!

Montesquieu qui s'y connoissoit, dans sa quatre-vingt & sixieme lettre Persanne, osa écrire, qu'*il vaudroit mieux recueillir les voix à la mineure, parce qu'il y a très-peu d'esprits justes, & qu'il y en a une infinité de faux.* Ce fut aussi quelquesfois l'idée de Louis XV, qui néanmoins se rangeant toujours vers la majorité, quoiqu'il pût ordonner, ne manquoit pas de dire ensuite, que ç'avoit été contre son avis; & en effet, vérifia souvent qu'il auroit dû préférer la minorité.

Cette pensée de Montesquieu, n'étant point assez fortement appuyée, n'a paru qu'un paradoxe; & la majorité a conservé son empire dans l'administration, comme dans la jurisdiction. Seulement nous avons cru que dans les affaires criminelles, il ne suffisoit pas d'une voix de plus pour condamner, & Louis XIV, par l'*art.* 12 *du tit.* 25, en a exigé deux. L'Angleterre a été plus loin, en ce qu'elle exige l'unanimité absolue des jurés.

Dans la jurisdiction, quoique nous soyons d'un avis contraire, il est certain que nous devons signer; fussions-nous, convaincus que c'est la condamnation de l'innocence. L'*art.* 14 *du tit.* 25 *de l'ordonnance de* 1670, veut que « tous jugemens, soit qu'ils soient rendus à la charge de l'appel, ou en dernier ressort, soient *signés* par tous les juges qui y auront assisté, à peine d'interdiction, des dommages & intérêts des parties, & de 500 liv. d'amende! »

Et tandis que la loi prononce ainsi, quand il s'agit de l'honneur & de la vie, comme si par là elle vouloit persuader au peuple que la condamnation de l'accusé a été unanime, elle voit bien autrement, quand il s'agit des créanciers assemblés pour délibérer sur une banqueroute. L'ordonnance de 1673, *tit.* 1, *art.* 6, statue que « les voix prévaudront, non par le nombre des personnes, mais eu égard à ce qui leur sera dû, s'il monte aux trois quarts du total des dettes. » De plus, les déclarations de 1716 & 1739, autorisent un seul créancier à donner plainte, à contredire ainsi la très-grande majorité, & à tout bouleverser.

C'est autre chose encore, quand il s'agit des droits d'un corps, d'une ville. Godefroi, sur la loi 19, *D. ad municipalem*, ci-dessus transcrite, dit: *In his quæ fiunt à pluribus, ut ab omnibus, majoris partis consensus sufficit; in his autem quæ fiunt à pluribus, ut à singulis, non sufficit majoris partis consensus.* Cette distinction plus aisée à poser qu'à appliquer, est répétée par tous les commentateurs sur l'*art.* 71 *de la coutume de Paris.* Et pour appuyer cette jurisprudence; ils citent, entr'autres, d'après Bouvot, *tom.* 2, *quest.* 37, *pag.* 156, verbo *Communauté*, un arrêt du parlement de Dijon, du 15 novembre 1599, qui a jugé que pour l'aliénation des *pasquiers*, la majorité ne suffit pas, & il faut le consentement de *tous.*

Au milieu de ces contradictions, on apperçoit quelque lueur.

Dans les affaires courantes, il faut dire & faire pour le mieux, & cependant expédier. Encore mieux vaut errer quelquefois que de ne rien finir, & ce principe est excellent en administration, même en jurisdiction.

Dans les affaires majeures, comment finir, si adoptant l'idée de Montesquieu, vous préférez l'avis de la minorité? c'est ravaler l'esprit humain: c'est annoncer que votre corps administrant est mal composé: c'est supposer que les ténebres croissent avec le nombre; & quelquefois aussi, c'est s'égarer évidemment. Car dans les délibérations qui n'ont été ni préparées par l'intrigue, ni obscurcies par le préjugé, ni corrompues oar l'intérêt personnel, il est des vérités si sensibles, qu'elles entraînent l'unanimité, du moins la très-grande pluralité, quand une éloquence simple & touchante les peint avec des couleurs qui leur sont propres. Si après la fameuse séance qui l'épuisa jusqu'à la mort, le grand Chatam eût pu reprendre & développer ce qu'il entrevoyoit sur l'Amérique; si dans cette chambre des communes, qu'il n'auroit dû jamais quitter pour sa gloire & le bien public, il eût été secondé par un Burke ou un Fox, jamais le parlement britannique ne se fût égaré sur les moyens de conserver l'Amérique. Tant il est vrai que le sort des empires tient quelquefois à l'opinion & à la vie d'un seul homme.

Laissez donc la pluralité en possession de décider, & fiez-vous aux événemens du soin de la réduire à sa juste valeur. Mais pourquoi ravir à la minorité le droit de consigner son avis en le signant, & de protester?

J'ose écrire que ce droit est légal, constitutionnel, précieux, nécessaire; & indépendamment des exemples que j'ai cités, je me fonde sur plusieurs motifs.

D'abord, en général, forcer qui que ce soit à signer contre ce qu'il croit être la vérité & la justice, me paroît un attentat vain & absurde à la liberté naturelle de penser. C'est une violation ridicule & atroce de la premiere des propriétés, celle que l'homme tient de la divinité, la seule qui le distingue des animaux, la pensée. Et si j'avois à faire une loi premiere, je croirois honorer la foi publique, assurer le repos, le bonheur & la vertu, en prononçant que jamais, nulle part, & pour quoi que ce soit, personne ne sera forcé à signer contre sa pensée. Je ramenerois ainsi la loi naturelle, cette loi trop oubliée dans nos institutions sociales, & qu'aimoit tant à citer le président Lamoignon, en disant avec force, qu'elle est *au-dessus de toutes les loix humaines*.

Les conventions sociales autorisent la souveraineté à entraver ou interdire la parole & l'action; & sur trois des facultés de l'ame, c'est beaucoup sans doute d'en assujettir deux. C'est tout, parce que sans elle la premiere ne peut rien. Mais nulle part la loi n'a puni la pensée, l'intention, l'idée, les songes, excepté sous les regnes de Neron, de Tibere: & de toutes les atrocités, ce fut la plus révoltante; celle qui acheva de désespérer tous les hommes.

On a pu ordonner de signer, contre son avis la condamnation de l'accusé qu'on croyoit innocent; & a-t-on mieux fait? On a voulu présenter au public le simulacre de l'unanimité, comme si la diversité des opinions ne perçoit pas toujours: par-là seulement on a ordonné d'écrire un mensonge; à moins qu'on ne regarde cette signature comme sans conséquence, & comme une forme vaine. Qui ne préféreroit l'usage des parlemens, où le président signant seul, atteste que l'arrêt rédigé a eu la pluralité légale.

Dans les affaires contentieuses, civiles ou criminelles, quels que soient les intérêts soumis à la jurisdiction, ce sont toujours des fortunes particulieres qui ne font que changer de place, ou des hommes égorgés injustement, bientôt oubliés & remplacés. Dans le tourbillon de l'ordre social, & sur-tout dans les grands états tout se répete, se succede, se rétablit avec rapidité. Des innocens accusés ou condamnés, sont à la félicité publique, en nombre & en résultat, ce qu'est à la population la foule des hommes dévorés par le fléau de la guerre. Sans doute ce sont de grands intérêts, & toutefois ils ne sont que passagers & individuels.

Combien les intérêts confiés à l'administration publique sont plus grands, plus élevés, plus durables! Elle a en dépôt la sûreté, la tranquillité, la félicité générale, la patrie entiere & l'avenir même; elle peut faire le bonheur ou le malheur de l'état, de la postérité la plus reculée. Et si vous en doutez, voyez encore ce que sont pour nous ces réglemens, ces établissemens, ces monumens, ces préjugés, ces usages, dont l'ensemble forme notre droit public & notre existence politique. Combien il s'en forma dans les siecles d'ignorance & de barbarie, & que nous n'osons ou ne pouvons détruire!

Et lorsque l'administrateur prononce sur de si grands intérêts, lorsque voyant la pluralité s'égarer, il croit devoir consigner son avis salutaire, pourquoi le forcerez-vous au contraire, à mentir, en signant sans restriction ni protestation l'avis destructeur de la pluralité? Qu'y gagnerez-vous? Si la délibération doit être déférée à un pouvoir supérieur, il est intéressant qu'il sache qu'il n'y a pas eu unanimité, & qu'il connoisse les deux avis principaux, ainsi que les motifs divers; parce qu'il pourra adopter l'avis de la minorité; comme l'a fait l'arrêt du 16 octobre 1777, d'après les protestations du premier février 1776, ci-dessus citées. Si la délibération est souveraine, lorsque les inconvéniens qu'elle entraînera commenceront à se faire sentir, alors remontant à la source du mal, on aura moins de respect en découvrant qu'il n'y a pas eu unanimité, plus de moyen en trouvant les motifs de la minorité, &

à tous égards le mal sera plus aisé à réparer.

Voilà pour l'intérêt public; & ces considérations qui pourroient être appuyées de mille exemples, me paroissent supérieures à toutes celles qui, en quelques lieux, ont dicté la nécessité de signer. Voici encore pour l'intérêt, l'honneur & la sûreté même des administrateurs: & ceci mérite la plus sérieuse attention.

Sous le mot *Accusation*, n°. 65, *pag.* 358, j'ai examiné la question, si l'on peut accuser les *villes*, *corps* & *communautés*. En citant, *pag.* 362, un arrêt du grand-conseil, qui casse une procédure contre la ville d'Evreux, j'ai trouvé dans les moyens respectifs cette distinction : « On ne peut faire le procès à une communauté, que lorsque les habitans se sont assemblés, lorsqu'ils ont délibéré, & fait une société & un pact de joindre toutes leurs forces, & de s'unir pour faire rebellion. » Cette opinion, que j'ai essayé de combattre, est appuyée par une infinité de jurisconsultes & de jugemens. J'ai dit entr'autres, *pag.* 363 : « Pour pouvoir condamner justement une communauté sur une délibération prise dans une assemblée, il faut savoir ce que c'est qu'une assemblée, du moins populaire, & ce que sont les délibérations qui en émanent... Parmi nous, qu'est-ce que ces assemblées? Un ramassis formé par le hasard, le rang, ou l'intrigue; des hommes sans instruction, sans énergie & sans vues; vrai troupeau que fait mouvoir à son gré le scélérat ou l'ambitieux, qui veut être agitateur ou clef de meute. »

Or, si la pluralité s'aveugle au point d'adopter une délibération punissable, ce qui peut arriver de mille manieres, forcerez-vous la minorité, à signer pour l'injustice, le crime & le malheur public, & l'empêcherez-vous de consigner son avis pur & salutaire? Le pouvez-vous? Non certes : ce seroit l'exposer à être accusée, jugée & condamnée pour un délit qu'elle n'auroit pas commis. Cette violence s'exerce entre des conjurés, des assassins & des voleurs; qui, redoutant la trahison, punissent entr'eux la résistance, l'opinion, la foiblesse, le soupçon & le doute même.

Tous les réglemens particuliers où le rédacteur s'est cru autorisé à forcer la minorité à signer, supposent donc tacitement cette restriction : « Toutes les fois néanmoins que la délibération passée à la pluralité ne contiendra rien de contraire au roi, à la religion, à la justice, à la loi & au bien public. » Mais voyez combien ces grands intérêts toujours sacrés, toujours & par-tout en réserve, donnent de moyens à l'administrateur pour ne pas signer, ou pour motiver son avis contraire.

En insistant sur cette liberté, que je regarde comme tenant, par son origine, au droit naturel, & par les conséquences, au bien public, je n'entends point que la minorité en abuse pour entretenir la division dans le corps administrant; je n'entends point qu'il faille en user dans la plupart des affaires, qui ne présentent qu'un intérêt passager & modique : mais dans ces grandes délibérations qui tiennent vraiment à la sûreté & à la félicité publiques; mais toutes les fois que par sa signature sans réserve, l'administrateur pourroit être compromis en son honneur, son état, sa sûreté & sa tranquillité, je persiste à croire qu'il peut & doit motiver son avis contraire; & à refus par la majorité de l'admettre, protester, ou dans l'assemblée, ou chez un officier public, ou par une adresse particuliere au pouvoir supérieur.

Plus on approfondira ces idées, plus on verra que leur sens bien entendu concourt à assurer la sagesse, la liberté des délibérations, & le bien public qui doit en être le but & le résultat.

Ordre. Registres. Comptabilité.

12. Les loix civiles de tous les peuples ont imposé au tuteur, au curateur, au régisseur, au commis quelconque, l'obligation

l'obligation de rendre compte ; & elle est dictée par le droit naturel.

Mais la maniere de maintenir l'ordre dans les administrations particulieres, a suivi la marche de l'administration générale.

Durant les siecles d'ignorance, où l'on ne savoit ni lire ni écrire, il ne faut chercher ni exemple, ni loi. Nos anciennes chroniques & les registres de la chambre des comptes, échappés aux flammes, présentent quelques comptes particuliers, comme celui écrit sur une tablette de cire, de la dépense du roi, montant à cinquante sous en un jour. Ce sont des objets de curiosité, qui indiquent la rareté du numéraire, & ne donnent aucune lumiere sur la maniere de tenir les comptes.

La premiere ordonnance de nos rois qui paroisse avoir eu cet objet, est celle de 1321, sous Philippe-le-Long, que vous trouverez dans les ordonnances du Louvre, *tom. 1, pag. 670 & 671*. Ce roi, mort six mois après, n'eut ni le courage ni le temps de la faire exécuter ; & son auteur, le surintendant de la Guette, dont le vrai crime aux yeux des courtisans & des gens d'affaires, étoit d'avoir voulu porter l'ordre & la lumiere dans toutes les administrations, à commencer par celle de la maison du roi, accusé d'infidélité & de désordre, fut mis à la question faute de preuves, & y mourut *dans des tourmens affreux*. (Voyez ci-dessus *tom. 1, pag. 665*.)

Cet exemple n'étoit pas fait pour encourager, & long-temps encore vous ne trouvez par-tout que des ténebres. Car, à travers tant d'ordonnances rendues sur les *doléances* des états, qu'est-ce que le seul *article 140 de l'ordonnance d'Orléans*, ouvrage du grand l'Hospital ; & que dit-il encore ? Il assujettit tout comptable *à rendre compte à ses dépens en grand & bon papier, non en parchemin, & à ne s'associer avec marchands & banquiers.*

Qui le croiroit ? C'est un gentilhomme, un guerrier, qui dans l'administration publique a porté l'esprit d'ordre, la nécessité de tenir des registres, & la maniere de les rédiger. C'est Sully, qui, sous Henri IV, pouvoit faire le bien : ils avoient été compagnons d'armes, ils avoient souffert ensemble la misere & la faim. Sully regardoit l'ordre comme la base de toute fortune. Il faut voir dans ses *Mémoires, tom. 2, de l'édit. in-4°., pag. 62 & suiv.* quel ordre il mit dans les registres de l'état, & la maniere de se rendre compte ; sur-tout, le bien qu'il fit en supposant toujours la possibilité des dépenses extraordinaires ; en assurant autant qu'il étoit possible la balance par des *épargnes* & des *réserves*, qui, malgré l'immensité des dépenses nécessitées par les circonstances, laisserent, à la mort de Henri IV, dans le trésor royal quarante millions de ce temps-là.

Colbert, qui avoit étudié le commerce, & qui avoit porté son esprit dans l'administration publique, perfectionna l'ordre établi par Sully. On s'étonne qu'il n'ait pas eu le courage d'introduire dans toutes les administrations la maniere de tenir les comptes en *parties doubles*, qu'il avoit vue en Hollande & à Lyon. Voyez *Parties doubles*.

Un particulier développa cette idée à un grand administrateur, en janvier 1777 ; lui prouva l'avantage & la possibilité de l'exécution ; d'une part, d'après les principes de Sully ; d'autre part, d'après quelques administrations particulieres, comme celles des hôpitaux de Lyon.

Un des grands avantages de tenir ainsi la comptabilité de toute espece d'administration, à commencer par la plus petite, & en arrivant à la plus grande, c'est 1°. d'établir exactement ce qu'on appelle l'entrée & la sortie ; c'est-à-dire, qu'il ne sorte ou n'entre pas un sou de dépense & de recette, que vous n'en trouviez sur-le-champ la cause & l'emploi : 2°. c'est d'assurer la fidélité des écritures par les journaux, qui, écrits à fur & mesure, & jour par jour, ne peuvent pas varier, sur-tout quand on rapporte exactement au grand livre, appellé pour cela *livre de raison :* 3°. c'est de mettre l'administrateur à portée, par le moyen des renvois & du livre de raison, de voir sur-le-champ l'état de situation, en débit & crédit, de tout ce qui a rapport à l'administration : 4°. c'est de pouvoir sur-le-champ se rendre compte, dresser un état de situation, un inventaire général en actif & passif, en capitaux & intérêts, si exact qu'un sou de différence dans l'addition, forcera le calculateur à revenir plusieurs fois à la charge, & par conséquent, de pouvoir prendre un parti absolu sur les moyens de rétablir & vérifier l'administration.

Nous sentîmes bien l'avantage de cet ordre dans l'administration des hôpitaux de Lyon, en 1768, lorsque celui de la Charité demandoit des secours, attendu que la recette annuelle n'étoit que la moitié de la dépense. Le 23 avril, sur le requisitoire de M. le procureur-général, le parlement rendit ARRÊT, portant qu'avant de faire droit, & dans la quinzaine de la notification, les administrateurs des hôpitaux de Lyon, déposeroient au greffe de la cour des états de situation, avec des mémoires sur leur fondation, leur origine, & en général toutes leurs parties. Le 4 mai, cet arrêt fut notifié à quatre heures du soir, au bureau de la Charité. Nous pensâmes qu'il étoit intéressant de donner des preuves promptes & éclatantes de notre soumission, de notre zele, de notre capacité, & de l'ordre subsistant. Sur-le-champ, & sans déplacer depuis quatre heures jusqu'à deux heures après minuit, les registres sous les yeux, & aidé par mes braves collegues, je dictai notre réponse à la notification de l'arrêt ; réponse qui contenoit l'origine, l'histoire, le régime, les progrès, les charges, les revenus, toutes les parties & l'état de la situation actuelle de l'hôpital. Dès le lendemain, nous rédigeâmes un inventaire général, extrait du grand livre, des inventaires annuels, & des comptes particuliers de chaque article de dépense & de recette, résultant de l'inventaire général, avec l'année commune sur dix : je portai toutes ces pieces signées, & les déposai au greffe du parlement, le 20 mai. — Édifiés ainsi & sur-le-champ, le parlement & le conseil rendirent justice à ces administrations ; & cet hôpital de la Charité s'est rétabli, de maniere qu'aujourd'hui la recette balance la dépense.

Or, nous n'aurions pas pu rendre compte sur-le-champ, & amener la restauration, si nous n'avions pas eu l'ordre le plus exact dans nos écritures.

Je consigne ici, comme un exemple, ce détail qui tient encore au contentieux. Il n'y a point d'administrateur à qui, sur des dénonciations, des requisitoires, les parlemens ne puissent demander compte. Il faut être en état de le rendre. Or, comment le faire sur-le-champ? Comment n'être pas compromis ; si dans les délibérations, les registres, les comptes, il n'y a pas l'ordre le plus exact, le plus clair, le plus simple? Celui qui m'a toujours paru renfermer seul toutes ces qualités n'existe que par les écritures à parties doubles. Ce n'est pas celui de la finance, ce n'est pas celui de plusieurs commerces, & c'est celui de très-peu d'administrations. Ce n'en est pas moins le meilleur, & l'on peut espérer qu'il sera adopté peu-à-peu par toutes les administrations.

Compte rendu.

13. Je viens de prouver par un arrêt, qu'au moment où elles s'y attendent le moins, sur une dénonciation & le requisitoire du ministere public, les administrations particulieres peuvent être citées au conseil ou aux parlemens, qui, dépositaires des loix de haute-police, ont le droit incontestable de se faire rendre compte, & de faire des réglemens.

Indépendamment de ces comptes juridiques, il y en a qui tiennent à l'ordre même de l'administration. Ce sont ceux rendus par chaque administrateur à sa sortie; ce sont encore les comptes que l'administration elle-même doit se rendre annuellement, afin de connoître parfaitement son état de situation, & de statuer ce qui doit être fait en conséquence.

L'administration des grands états toujours agitée par les mouvemens intérieurs & extérieurs, s'est très-rarement rendue compte de la situation de ses finances. Sully donna un résultat dans ses mémoires, que Marie de Médicis ne lut point. Lors du procès de Fouquet, on fit courir en manuscrit son compte rendu, qui est très-rare : Colbert n'en donna point. Il n'auroit pas pu y passer l'énorme dépense de Versailles, dont Louis XIV, effrayé lui-même, brûla tous les acquits. Colbert fit sur les finances le fameux mémoire qu'on nous a conservé, commençant en effet par ces mots : *Pour rendre compte au roi de ses finances*, & finissant par ceux-ci : *Il y auroit encore d'autres propositions tendantes à même fin, qui pourroient être exécutées*. Mais ce n'est point un inventaire général, c'est un plan, un projet, ce sont de nouveaux moyens, des ressources tirées de l'amélioration des choses subsistantes & de nouvelles idées.

Après la mort de Louis XIV, la terreur de la chambre de justice dicta au contrôleur-général Desmarets ce fameux écrit intitulé : *Mémoire sur l'administration des finances*, que vous trouverez dans les mémoires de la régence, *tom. 1, année 1716, n°. 6*. Il commence par énoncer *pag. 277*, que, *n'ayant fait aucune gestion qu'en vertu des ordres du roi, il n'est point obligé de rendre compte*. C'est en effet, l'état des contrôleurs-généraux des finances, qui font signer au roi toutes les ordonnances de *comptant*, de même que les *acquits de comptant*; & ne font en quelque sorte que mettre une signature de contrôle pour la chambre des comptes. Delà M. Desmarets rend compte de ses opérations & de ses ressources, dans lesquelles vous revoyez les créations d'offices & autres moyens des malheureux regnes de Charles VI & des trois freres. Et après un état effrayant, il termine *p. 336*, par cette réflexion : *Bien loin de blâmer quelques moyens que la* FORCE *& la* NÉCESSITÉ *ont obligé de mettre en usage, ne doit-on pas louer des ministres, qui, dans des temps si malheureux & dans un état si chancellant, ont eu assez de courage pour n'être pas effrayés, & pour continuer des efforts vifs & redoublés, qui ont enfin produit cette paix aussi nécessaire que desirée?*

Le motif énoncé pour dispenser le contrôleur-général Desmarets de rendre compte, en a affranchi ses successeurs. Tout se réduit à la remise au successeur de la place, du pouvoir & de la confiance royale, des bureaux, du dépôt & du porte-feuille.

On a cependant imprimé chez l'étranger un écrit qu'on suppose avoir été donné par l'abbé Terray, en juillet 1774, commençant par ces mots : *J'ai rendu compte au roi, votre auguste aïeul, dans le mémoire que je lui présentai au mois de juillet 1772, de l'état de ses finances, tant en recette qu'en dépense*. Cet écrit de sept pages ne présente non plus qu'un apperçu sommaire & quelques ressources.

On peut citer comme *compte rendu* celui de M. Neker, directeur-général des finances, *imprimé par ordre de sa majesté en janvier 1781*. J'en ai parlé, *tom. 1, pag. 566*. Un voile sombre enveloppe cet écrit dont l'explosion eut un si grand éclat; & ce n'est point à moi de le déchirer.

Aujourd'hui, dans toute l'Europe il y a peu de souverains qui se fassent rendre un compte annuel de l'administration ; & la mobilité du ministere est le premier obstacle. Dans les démocraties, les magistrats entrans donnent un état de ce qu'ils remettent; dans les démocraties, les trésoriers tiennent un compte exact de recette & de dépense. Tout cela ne forme point un compte rendu, qui en finance présente les détails exacts & balancés, & en politique les moyens & les ressources.

Il n'y a que la grande Bretagne où, par la nature de la constitution, le lord chef du trésor, ou, à son défaut, le chancelier de l'échiquier, avant de présenter le *budget*, c'est-à-dire, le plan de dépense, de recette & de ressources pour le service de l'année suivante, est obligé de rendre compte de l'emploi des fonds attribués pour l'année finie. Tout cela s'imprime. Il n'y a pas un habitant du globe, qui ne puisse voir les fonds destinés pour 1782; pas un Breton qui ne puisse en faire la critique; & nous avons lu tout ce qu'ont dit Mrs. Fox & Burke.

Cette diversité dans la constitution des gouvernemens, n'affranchit pas les administrations particulieres de l'obligation de se rendre compte, aux tribunaux, à elles-mêmes & au public.

Toute administration particuliere doit compte *aux tribunaux*. L'arrêt du 23 avril 1768, rendu par le parlement de Paris au sujet des hôpitaux de Lyon, & que j'ai cité sous le n°. précédent, suffit pour prouver qu'à chaque instant toute administration peut y être assujettie; & à défaut de s'y conformer, on peut y être contraint même par corps.

Toute administration se doit compte *à elle-même*. Qui peut aller sûrement & sagement, s'il ne connoît pas les détails & l'ensemble; s'il ne peut pas sans cesse balancer la recette & la dépense, comparer les événemens, & calculer enfin? Car en administration tout se réduit au calcul; & en politique même, l'art le plus sûr consiste à balancer les efforts avec les moyens, le produit avec les avances, & la gloire mensongere avec le bonheur public.

On peut se faire illusion, on peut la faire aux examinateurs. Mais toute administration doit compte *au public*.

LETTRES-PATENTES du roi, pour l'Hôtel-Dieu de Paris, du 22 avril 1781, régistrées au parlement le 11 mai suivant. PRÉAMBULE : « Nous sommes persuadés que les administrateurs de l'Hôtel-Dieu, dont nous connoissons les sentimens charitables, redoubleront de soins & d'attentions pour seconder nos vues, & pour faire servir les fonds dont ils disposent au soulagement d'un plus grand nombre d'infortunés. *Et afin de ménager à ces administrateurs le tribut d'opinion qui doit être une de leurs principales récompenses, notre intention est* QUE LES COMPTES DE LA RECETTE ET DE LA DÉPENSE SOIENT IMPRIMÉS ANNUELLEMENT. *Nous ne doutons point qu'une pareille connoissance donnée à tous les citoyens, n'excite les dons de la charité; &* LA VOIX PUBLIQUE *devenant alors auprès de nous un nouveau* GARANT DE LA BONNE ET SAGE GESTION DE L'HOPITAL, *nous serons d'autant plus encouragés à donner les secours qui paroîtront nécessaires.*

A la fin de ma préface, j'ai loué avec courage les belles loix du regne actuel; & sans doute en voilà une qui mérite la reconnoissance publique. Puisse-t-elle passer à toutes les administrations particulieres, en assurer la fidélité, l'exactitude & le succès!

En 1636 les officiers municipaux de Lyon, inculpés par les citoyens, & voulant *désabuser ceux qui s'étoient laissé prendre à telles impostures*, firent imprimer un compte rendu avec le bilan de la ville, que j'ai sous les yeux. Il finit par cette phrase : *Si quelqu'un de nos concitoyens desire une plus ample instruction, nous la lui donnerons telle, que s'il se paie de raison, il demeurera satisfait*.... On se tut.

Entre plusieurs avantages inestimables, cette publicité en présente quelques-uns de frappans.

Si l'abus a introduit quelque dépense arrachée à la considération personnelle, on n'osera plus la demander; si on l'ose, l'administrateur répondra qu'il se compromettroit; & s'il a la foiblesse ou la bassesse de l'allouer, la critique publique attaquant l'abus, l'empêchera de se renouveller.

S'il y a ce qu'on appelle en administration des *couvertures*, c'est-à-dire, de ces dépenses qui n'ont pas été faites, ou pour lesquelles on a fait signer aux ouvriers & aux fournisseurs des acquits de ce qu'ils n'ont jamais reçu, la curiosité, l'inquiétude & la jalousie éclairciront tout. Si l'on s'y expose une fois, une dénonciation, un jugement, un exemple effrayeront à jamais.

Comme le font au mari les erreurs de sa femme, & au pere de famille le désordre de son intérieur; s'il y a dans l'administration des abus secrets, l'administrateur de bonne foi, qui appelle à lui les lumieres publiques, sera averti. On ira plus loin: on lui offrira des secours, des vues, il s'égarera moins; & s'il le pouvoit encore, le public, en partage de son erreur, ne l'en blâmeroit pas, & ne s'en appercevroit que pour aider à la détruire.

Ce grand bien des comptes rendus trouve un obstacle dans un préjugé qu'il est intéressant d'examiner.

Secret.

14. Avec nos mœurs, notre franchise, notre curiosité, je dirois presque notre indiscrétion, comment avons-nous souffert si long-temps qu'un mystere légal & impénétrable enveloppât les deux choses les plus importantes au bonheur public, la procédure criminelle & l'administration?

Sous le mot *Accusation*, n°. 103, *pag.* 442, j'ai montré les dangers du secret de l'instruction criminelle; & si j'ai dit peu, c'est que l'on paroît convaincu, c'est qu'il ne faut plus qu'un mot prononcé auprès du trône, pour ramener l'ancienne publicité, avec les conseils des accusés.

Le secret des administrations publiques a dans notre histoire des racines plus profondes. Ce sont d'abord nos guerres civiles & religieuses, qui établirent partout la défiance & la crainte, comme si administrer & combattre eussent été synonymes. C'est ensuite l'espece d'abrutissement dans lequel le gouvernement féodal & l'ignorance universelle avoient plongé ce qu'on appelle *Peuple*, *Nation*, *Public*; vil troupeau que ses chefs, souvent plus dégradés, engraissoient, vendoient ou égorgeoient à leur gré.

Cette longue nuit eut quelques faux crépuscules, durant lesquels la nation guidée par des factieux, secouant ses chaînes & levant la tête, mais aussi barbare que ses conducteurs, se replongea toujours dans les ténebres. Ce fut l'aurore d'un beau jour que le regne de Henri IV; ce fut un instant à jamais remarquable, que celui où se livrant à l'administration, & appellant son peuple à Rouen, il dit: *Je veux être* LIBÉRATEUR *&* RESTAURATEUR *de la France; pour à quoi parvenir, je vous ai assemblés..... Participez, mes sujets, à cette seconde gloire avec moi, comme vous avez fait à la premiere. Je ne vous ai point appellés, comme faisoient mes prédécesseurs, pour vous faire approuver mes volontés; mais pour recevoir vos conseils, pour les croire, les suivre, bref, me mettre en tutelle entre vos mains; envie qui ne prend guere aux rois, aux barbes grises & aux victorieux: mais la violente amour que je porte à mes sujets, l'extrême desir que j'ai d'ajouter deux beaux titres à celui de roi, me fait tout trouver aisé & honorable.* .... — Il disoit encore au parlement de Paris, en 1599: *Je viens vous parler familiérement comme un pere de famille à ses enfans. .... Je suis roi-berger, qui ne veux répandre le sang de mes brebis, mais les veux rassembler avec douceur.* (Hist. de Henri IV, par Bury, *tom.* 2, *pag.* 31 *&* 89.)

— Encore vingt ans de ce bon regne, & ce que nous sommes déja si grandement, nous eussions commencé à le devenir.

Mais après Henri, le mystere redoutable du despotisme inquiet de Richelieu, porta son esprit & ses principes jusques dans les moindres administrations particulieres. De nos jours encore, la déclaration d'avril 1764 défendit d'imprimer ni publier *aucun écrit sur l'administration.* Vaines précautions ! comme si l'avidité des presses étrangeres ne s'empressoit pas de tout publier, & trop souvent de tout défigurer ; comme si, à l'exception de l'homme au masque de fer, l'histoire n'avoit pas arraché au secret le plus profond les mysteres, les intrigues, les vertus & les crimes.

Ce silence imposé au génie & au zele, n'amenoit pas le salut public, qui, par-tout & dans tous les temps, n'a été produit que par la vérité, la confiance & l'union. Les administrations particulieres, presque toutes réunies, ne s'occupoient qu'à masquer leur situation, par des emprunts ruineux ; & dans les tournantes, chaque administrateur ne songeoit qu'à soutenir encore quelque temps l'édifice, & à se choisir un successeur qui, plein du même esprit, agrandissoit le mal, sans songer à le guérir.

Frappé des dangers de ce secret terrible, j'osai parler ainsi dans un volume de 366 pages, imprimé en 1765, avec ce titre : *De l'Administration municipale*, page 50.

« Si j'osois hasarder quelque regle particuliere, ce seroit celle-ci ; je voudrois, dans les villes importantes, que chaque année le corps municipal publiât, sinon le journal, du moins le précis de ses opérations. »

« On a loué les Romains de ce que, pendant plusieurs siecles, personne ne révéla le secret des conseils. (Val. Max. *l.* 2, *c.* 21.) Les *imbécilles* ont imaginé que toutes les affaires publiques devoient être traitées avec le même secret ; & les *frippons* n'ont pas manqué d'accréditer ce préjugé. Il est clair cependant que c'étoit confondre des objets qui n'ont point de rapport. »

« *Le secret est nécessaire pour les affaires politiques ; mais pour les affaires d'une ville, d'une province, il est absurde, dangereux ; il choque la nature des choses. Des fondés de procuration ne doivent avoir ni mystere, ni réserve pour ceux qui les ont commis.* On s'en défie, comme des négocians qui cachent soigneusement leurs inventaires & leur grand livre ; & l'on n'a pas tort. Lorsque les administrateurs en viennent là, le désordre, la ruine & le despotisme ne sont pas loin. »

« En Angleterre, le conseil privé du roi exige & observe le plus grand secret ; mais les opérations de la chambre des communes, les discours pour & contre les bills, le bilan de l'état, tout est publié, imprimé chaque année, aux frais du gouvernement ; & cette dépense montoit l'année derniere (1764) à plus de trois mille livres sterling. »

« Que l'on publie ainsi, chaque année, les séances tenues pour les affaires du premier ordre, l'apurement des comptes généraux, le bilan général, les changemens, suppressions & établissemens, avec les noms & les discours de ceux qui ont proposé ; alors vous verrez la lumiere se répandre, l'ordre s'établir, & les loix particulieres se former d'elles-mêmes ; alors soumis sans cesse aux regards du public, & livré à sa censure, il faudra ou faire le bien, ou se perdre pour toujours. Alors la crainte du blâme, la vanité, l'amour de la gloire, toutes les passions qui précedent la vertu, & que l'on prend pour elle, se joindront à l'honneur & à l'amour de la patrie, pour élever, soutenir & orner l'édifice du bien public. Eh ! lorsque les lettres, les sciences & les arts ont tant de journaux, pourquoi l'administration publique n'en auroit-elle pas un ? »

Ce vœu a été accompli ſous le regne actuel, & de toutes les manieres. Il n'y a preſque point de journal où vous ne trouviez un article d'*adminiſtration*. Les aſſemblées provinciales du Berry & de la Haute-Guienne ont été plus loin, & elles ont fait imprimer des volumes, dont je donnerai une notice au troiſieme volume, ſous le mot *Adminiſtration provinciale*.

Enfin, non ſeulement dans les lettres-patentes pour l'Hôtel-Dieu de Paris, que j'ai extraites ſous le n°. précédent, le roi a indiqué combien, en général, la publicité eſt honorable pour les adminiſtrateurs, ſatisfaiſante pour le public, & avantageuſe pour les adminiſtrations particulieres; mais pénétré de cet eſprit, adoptant ces *principes* & les appliquant à la grande adminiſtration, il les a développés par tous ces préambules que nous ne liſons pas ſans attendriſſement. Et dans celui de la déclaration du 13 février 1780, concernant les vingtiemes, ſa majeſté a parlé ainſi: *Comment établirions-nous, au milieu des ſoupçons & de l'obſcurité, un ſyſtême de* BIENFAISANCE, *qui ne doit s'appuyer que ſur la* PERSUASION *& la* CONFIANCE? — LOIN DE NOUS DONC CETTE CRAINTE DE LA LUMIERE ET DE LA VÉRITÉ, ET SUR-TOUT LA MOINDRE DÉFIANCE *d'adreſſer nos loix de finance à l'enrégiſtrement de nos cours, comme ſi le ſecours de leurs obſervations, les écrits de leur zele pouvoient jamais nous être inutiles ou indifférens. Ainſi, c'eſt ſans aucune inquiétude, & avec une pure ſatisfaction, que nous rendons aujourd'hui une déclaration conforme à ces* PRINCIPES; *& qu'en témoignant à nos cours notre* CONFIANCE, *nous donnons à nos fideles ſujets une preuve ſenſible du ſoin que nous prenons de leur tranquillité & de leur* BONHEUR.

Que ſi quelqu'un regrettoit encore les anciens *principes*, qu'il compare ce que nous étions avec ce que nous ſommes. Les cœurs ſe ſont tournés vers le trône, comme vers le centre de l'ordre & du bonheur public. Le génie s'eſt occupé d'adminiſtration, & a publié des vues, tôt ou tard adoptées, quand elles étoient ſaines. L'humanité, la juſtice, la vérité, ont rallumé leurs flambeaux, & des établiſſemens de bienfaiſance ſe ſont multipliés de toutes parts. Ces miracles, inconnus aux ſiecles précédens, ſont nés du ſein de la liberté & de la lumiere.

Après ce grand exemple donné par le monarque, ſi l'on a vraiment pour objet la bienfaiſance publique, qui oſera faire marcher ſon adminiſtration dans l'obſcurité, entre le ſoupçon, la défiance & le ſecret? Qui redoutera la vérité & la lumiere?

S'il y avoit quelque adminiſtration particuliere qui chérît encore les ténebres, elle mériteroit le reproche que fit aux communes M. Temple Lutrell, dans la ſéance du 17 mai 1780. *La chambre*, dit-il, *ne ferme ſes portes, que parce qu'elle ſe trouve embarraſſée dans une chaîne de procédés ſi injuſtes, ſi iniques, ſi ſuſpects, ſi* SOMBRES, *(ſo dark,)* QU'ELLE DOIT CRAINDRE L'ŒIL DU JOUR. Perſonne n'oſa crier à l'ordre, tant, lorſqu'on a le courage de leur montrer leur égarement, la vérité en impoſe à des hommes libres & généreux, & qui ont un bon naturel, *(good nature.)* Depuis, excepté la ſéance du 20 mars 1782, où l'aſpect d'un traître dans la tribune excita la motion de faire ſortir tout le monde, on a toujours admis le public, dont les membres des communes ne ſont que les délégués, les commis, les repréſentans.

Par-tout & dans tous les temps, les ténebres n'ont couvert que le ſoupçon, la timidité, la défiance, l'ignorance, la terreur, l'abrutiſſement, le déſordre, la ruine, l'infortune & le crime. L'homme privé ne ſe cache point, quand il marche dans le ſentier de la vertu; & l'homme public ſe met à découvert, tant que, parcourant ſa carriere, il n'a d'autre guide que son cœur, d'autres armes que la justice, & d'autre but que la bienfaisance publique.

Savoir bien dire, encore mieux faire.

15. Dans son livre intitulé: *Instruction pour ceux qui manient les affaires d'état*, Plutarque réduit l'administration publique à cet adage qu'il faut respecter : *Savoir bien dire, encore mieux faire*; & il choisit quelques traits dans le grand nombre que présente l'histoire de la Grece & de Rome.

Les administrateurs Anglois ont poussé l'art de bien dire au point de s'exercer avec Garric, comme Ciceron avec Roscius. L'Angleterre dut à l'éloquence mâle de Chatam ses projets vigoureux & ses succès éclatans : elle doit à celle du lord Richemond, de Mrs. Fox & Burke, l'énergie avec laquelle modifiant la prérogative royale, établissant dans les finances l'économie & l'ordre, attaquant la corruption parlementaire, éclairant les esprits, échauffant les cœurs & rassemblant toutes ses forces, elle suspend, écarte & conjure l'orage formé sur sa tête.

Au mot *Abus n°. 5, tom. 1, pag. 285*, j'ai rappellé les efforts de l'orgueil & de l'ignorance, pour bannir du barreau cet art de bien dire auquel nous devons les libertés de l'église gallicane, nos loix fondamentales, notre droit public; & sous le mot *Accusation, n°. 101, pag. 434*, j'ai prouvé combien l'éloquence est précieuse dans l'administration de la justice criminelle : sans doute elle ne l'est pas moins dans toutes les affaires publiques.

Qu'est-ce donc que le dédain & la défiance qui si long-temps ont repoussé l'art de bien dire? La vérité, la justice & le bonheur public, objets de toutes les associations politiques, sont-elles donc étrangeres à l'éloquence? Suffiroit-il de se réunir pour s'éclairer & faire bien; & ne seroit-il pas vrai, au contraire, que le nombre ne produit presque toujours que désordre & ténebres; à moins que le flambeau du génie n'éclaire, n'échauffe, ne vivifie, & ne donne à tous une même ame?

Sans doute il est des vérités qu'il suffit d'exposer avec simplicité, que le grand nombre voit rapidement & saisit avec force. Ainsi au milieu d'une guerre entreprise pour le salut de l'état & la liberté des mers, lorsque la voix la plus foible appellera le zele national, le premier mot entraînera les cœurs.

Mais combien d'objets, d'embarras, de dangers dans lesquels la vérité voilée par l'intérêt personnel, le préjugé, l'habitude, l'ignorance & la crainte, a besoin que l'éloquence donne du ton à l'ame, du ressort à l'esprit, & repande cette lumiere vive sans laquelle la multitude tâtonne, hésite, tremble, perd le moment, s'égare & se jette dans l'abyme! Parcourez l'histoire; pénétrez avec elle les conseils des princes, des généraux, des provinces, des villes, vous verrez trop souvent les grands maux naître d'une mauvaise délibération, toujours prise faute d'avoir eu dans le nombre des opinans un homme assez instruit, éloquent & courageux pour saisir la vérité, l'élever sur l'autel & la faire adorer.

Le grand caractere de cette éloquence, est d'être & de paroître l'ouvrage du cœur. Car vous avez beau parler aux hommes de leur bonheur; ils se défient de vous quand l'ame ne jaillit pas toute entiere; & n'appercevant dans vos discours que l'intérêt personnel ou la vanité de vous distinguer, ils ne vous entendent plus.

Cette éloquence du cœur fut celle de notre bon Henri IV; il aimoit à dire qu'il avoit un chancelier qui ne savoit pas le latin, & un connétable qui ne savoit pas lire. Mais personne ne fit plus de cas de l'art de bien dire; & voyez comme par-tout & toujours il parloit lui-même. Voyez dans les états de Rouen de 1596, comment il débute par cette tournure oratoire: *Si je voulois acquérir le titre d'orateur*, *d'orateur, j'aurois appris quelque belle harangue & je la prononcerois avec quelque gravité; mais, messieurs, mon desir tend à des titres bien plus glorieux, ceux de libérateur & restaurateur de la France.*

Et avant la bataille d'Ivry, entendez-le encore : *Mes compagnons, si vous courez aujourd'hui ma fortune, je cours aussi la vôtre : je veux vaincre ou mourir avec vous.... Ne perdez point de vue mon panache, vous le trouverez toujours au chemin de l'honneur & de la victoire.* En parlant ainsi, on éleve les ames, on double les forces, il ne reste plus qu'à mourir ou à vaincre. L'éloquence du cœur produit le courage de l'ame, le seul qui crée & soutienne les grandes actions.

Elle disparut cette éloquence du cœur, sous ce Richelieu, que vous voyez dans son testament politique, comme dans l'histoire, administrer par la force, l'intrigue, la terreur & les peines. Long-temps encore les préambules des loix n'ont présenté que cette sécheresse impérieuse & sombre, qui ordonne sans motifs, punit sans mesure & menace sans cesse. Comparez-les avec ceux du regne actuel; c'est l'ame de Henri IV, c'est l'éloquence de son cœur. Louis XVI ne veut commander qu'à *une nation libre & généreuse;* il ne veut d'*autre gloire que celle de rendre son peuple heureux.* Il le leur dit; il le prouve; & ce que tant d'autres n'ont obtenu que de la force, l'amour de ses sujets le lui offre sans cesse.

L'éloquence de l'administrateur n'est pas celle du barreau dégradée par la petitesse des intérêts particuliers, refroidie par l'indifférence des juges, étouffée par le nombre des loix, les préjugés & le poids de la jurisprudence.

L'administrateur a une carriere plus brillante, plus vaste, & ce sont d'autres études : le droit naturel, base de toutes les sociétés politiques; le droit public, fondement de celle de son pays. Avec ces connoissances, souvent encore il ne sera qu'un froid rhéteur, si parlant aux hommes de leur bien-être, & voulant les convaincre, il ne sait pas les émouvoir. La justice, la vérité, la bienfaisance & son cœur. Voilà son code.

Mais dans l'administration, sur-tout, *la vérité*, comme dit Montaigne, *a ses empêchemens, incommodités & incompatibilités*, des ennemis puissans, des sous-ordres corrompus, des collegues qui mollissent, des chefs qui dominent, une autorité suprême qui pese sur tout, & que l'on trompe quelquefois : au milieu de ces gênes la liberté disparoît, le courage s'abat & l'éloquence fuit. L'art de bien dire en administration, est d'abord de se prêter à la nature du gouvernement, & d'avoir pour lui ce que la politique angloise veut que le ministere ait pour la chambre des communes, MÉNAGEMENT; ce qui comprend égard, respect & discrétion. L'éloquence de cette chambre ne sera pas celle de nos administrations particulieres : & certes, aucun de nous ne parlera, sur-tout à l'homme en place, comme l'ont fait Mrs. Burke & Fox, à un grand ministre, principalement M. Burke dans la séance du 21 mars 1780. Avec plus d'égard, d'aménité, de circonspection, de timidité, de mollesse peut-être, notre éloquence peut encore conserver un grand caractere, & produire de grands effets. Lisez les discours de M. le prince de Condé, aux états de Bourgogne; de M. de Brienne archevêque de Toulouse, aux états de Languedoc; de M. de Cicé aujourd'hui archevêque de Bordeaux, à l'administration provinciale de la Haute-Guienne; & voyez les résultats.

Allons encore aux états de Provence; c'est-là que reconnoissant l'avantage de l'instruction & de l'art de bien dire, on place toujours des avocats célebres à la tête du *tiers* & des *possédans fiefs*. L'un d'eux, M. Portalis, administrant sa province à l'âge de trente ans, a prouvé comment on allie le génie de l'administrateur & le cœur du patriote, avec le talent de l'orateur & le savoir du jurisconsulte.

Mais l'art de bien dire n'eſt rien, ſans l'art de bien faire.

Plutarque préſente pour moyens, la raiſon, le jugement, la méditation, la perſévérance, l'oubli de ſa perſonne, le ſacrifice de ſon temps & de ſa fortune, l'eſtime publique, la confiance générale, la prévenance, la douceur, l'énergie, le courage & la pureté de l'intention.

Avec ces qualités & quelques études préliminaires, l'adminiſtrateur eſt sûr de bien faire, autant du moins que le permet la foibleſſe humaine; car quelle adminiſtration ſi puiſſante & ſi libre que vous la ſuppoſiez, n'a pas fait de grandes fautes : en Angleterre, l'*acte du timbre;* en France, l'édit du 22 octobre 1685, le ſyſtême de 1720, &c.

Si l'adminiſtrateur n'a pas les qualités preſcrites par Plutarque, & ſur-tout la bonne intention, qu'il fuie. Voudroit-il *prendre les affaires publiques pour autant d'amuſemens & de paſſe-temps?* Voudroit-il faire nombre & n'ouvrir la bouche que pour dire qu'il eſt de l'avis du chef; ſemblable à ce magiſtrat ignorant, qui dans un procès ſur une ſucceſſion *ab-inteſtat*, ayant entendu ſon voiſin méchant, dire qu'il vouloit voir la volonté du teſtateur, opina gravement qu'avant tout, les parties euſſent à rapporter le teſtament? Voudroit-il acquérir ſans ſacrifice & ſans peine cette conſidération que le public accorde tôt ou tard à quiconque l'a bien ſervi? Voudroit-il, comme on ne l'a que trop vu, élever ſa fortune ſur la ruine publique? Ah! qu'il fuie ou qu'il meure. Il jouira un inſtant de ſes déprédations & de ſes crimes. Mais le mépris & la honte le ſuivront dans ſa retraite, l'accableront ſur ſon or, le feront rougir de ſes titres, pourſuivront ſes enfans; & l'hiſtoire ſe chargeant de développer le myſtere de ſes iniquités, livrera ſa mémoire à l'indignation publique, comme celle de Sejan & de tant d'autres adminiſtrateurs dont le nom eſt devenu une injure.

Il n'eſt pas de la nature de cet ouvrage, de renfermer un traité complet d'adminiſtration; & que n'auroit-on pas à dire s'il falloit aſſurer tous les grands principes, parcourir toutes les branches, embraſſer tous les cas, ſur-tout prévenir les accidens? Mais il eſt quelques parties qui tiennent plus immédiatement à l'adminiſtration de la juſtice.

Abus.

16. Un des premiers devoirs de la juſtice, & que rempliſſent avec zele nos cours ſouveraines, c'eſt la réforme des abus deſtructeurs des adminiſtrations; & les arrêts portant radiation de quelques dépenſes, ou contenant réglement, ſont ſans nombre. Je n'en citerai aucun: pour les entendre, il faudroit voir le régime, la fortune particuliere, les circonſtances verſatiles. Pour faire cet extrait, il faudroit pluſieurs volumes très-inutiles, parce que tout à changé; & c'eſt bien de ceux-là dont on peut dire : *bon pour celui qui l'a obtenu.*

Dans une cauſe célebre jugée au parlement de Grenoble, un avocat plaça acceſſoirement & vaguement les abus ſuppoſés d'une *adminiſtration* qui n'étoit point en cauſe : car il ſemble aujourd'hui que le barreau reſaiſit toutes les occaſions de fixer ſes regards ſur ce grand mobile du bien public. M. Lenoir, avocat, qui jetoit les fondemens d'une réputation durable, repouſſa ces traits par une de ces réflexions générales, que leur vérité fait recueillir comme des ſentences : « Sans doute, dit-il, il eſt beau de ſervir ſon pays, & de découvrir *les abus qui exiſtent véritablement* dans une *adminiſtration*. Mais ce zele ſi pur, ce patriotiſme ſi ſublime n'eſt-il pas quelquefois dégradé par l'eſprit d'intrigue & de parti, par des haines ſecretes, par des paſſions obſcures & une baſſe jalouſie. Vous le ſavez; dans toute adminiſtration publique, on cenſure avec amertume, ou l'on admire ſans bornes: tout eſt bien, tout eſt mal; au gré des principes ou des motifs de ceux qui jugent. *Le mot d'abus est dans les bouches, & plus souvent l'intérêt personnel est dans les cœurs.* »

Ce trait renferme de grandes vérités.

Le mot d'abus est dans la bouche de tous les administrateurs qui, voulant se faire un nom, ne parlent que des désordres qu'ils ont découverts, & des peines qu'ils se donnent pour les détruire. Sans avoir le génie & les vertus de Caton, ils en ont l'inquiétude & l'aspérité : réformateurs éternels, en remontant la maison d'un côté, il la font choir de l'autre, & la laissent crouler plus souvent. Ils ont plus de zele que de lumieres : ils voient plus leur petite gloire que le grand intérêt public ; & souvent c'est l'infâme Vatinius qui, couvert de l'opprobre de sa magistrature, accuse les gens de bien qu'il veut éloigner de l'administration. Voyez le *Plaidoyer de* Ciceron, *pour Publius Sextius.*

Le mot d'abus est trop souvent dans la bouche de ceux qui abordant la grande administration, s'insinuent par des mémoires artificieux, par de fausses délations, par des soupçons alarmans, auxquels donnent trop de crédit l'éloignement, l'accès accordé chez le chef & l'esprit subalterne. La Fontaine les a peints dans la neuvieme fable du liv. 7 :

Certaines gens faisant les empressés
S'introduisent dans les affaires,
Ils font par-tout les nécessaires
Et par-tout importuns devroient être chassés.

Le mot d'abus est dans la bouche de la plupart de ceux qui n'ayant pas été apellés à l'administration publique, la déchirent sans la connoître ; semblables à l'homme affreux, qui ayant été aux pieds d'une femme belle & vertueuse, repoussé enfin, rougit, se releve avec audace, &, la rage dans le cœur, va par-tout semant la calomnie.

Le mot d'abus est dans la bouche de quelques désœuvrés, que vous rencontrez par-tout : censeurs éternels, réformateurs inépuisables : ils ont des plans de justice, de guerre, de commerce, d'agriculture & sur-tout de finance. S'il se fait quelque bien, ils l'ont inspiré ; c'est la mouche du coche. S'il y a quelque mal apparent, ils le réalisent. Leur volubilité parcourt en un instant le globe, les cabinets de tous les princes, les porte-feuilles de tous les ministres, le passé, le présent, l'avenir ; ils régiroient l'univers. Donnez-leur la moindre administration, vous les voyez embarrassés, & comme dit encore notre bon la Fontaine, *liv. 2, fable 2 :*

Ne faut-il que délibérer,
La cour en conseillers foisonne ;
Est-il besoin d'exécuter ?
L'on ne rencontre plus personne.

Trop heureux si le charlatan placé sur la grande scene, conserve au moins quelque pudeur ; & si après avoir tant blamé, oubliant la chose publique, & surpassant ses prédécesseurs, il ne s'occupe pas seulement de sa fortune & de sa retraite.

Le bien public écarte ces censeurs atrabilaires, ces réformateurs ridicules ; & l'équité en fait un devoir au public, au magistrat & au ministre. Persuadés que la meilleure administration est celle où il y a le moins d'abus, ils ne décourageront point la probité, le zele, par des recherches odieuses que ne supporteroit dans le monde aucune administration ; & ne s'amusant point à ôter les taches du soleil, ils jouiront doucement de sa lumiere.

Mais n'est-il point d'abus essentiels, qui corrompant la racine de l'administration, doivent fixer les regards des tribunaux supérieurs ?

Crédit, Emprunt, Rentes viageres, Anticipation, Dépense.

17. L'idée d'interdire l'emprunt à toute espece d'administration, semble appartenir au grand Colbert.

« Lorsque Louis XIV, commençant la guerre de 1672, eut besoin de fonds,

Colbert tenoit à l'impôt, Louvois à l'emprunt. Le premier président de Lamoignon, consulté sur cette affaire pour le parlement, suivant l'usage de ce regne, ne suivit que les mouvemens de son cœur, ennemi de toute contrainte, & favorable à tout ce qui portoit un caractere de douceur & de liberté. Il chercha des moyens volontaires, & proposa la voie des emprunts & des créations de rente, soit de lui-même, soit à l'instigation de M. de Louvois. M. Colbert s'y opposa. Mais obligé de taire LES VÉRITABLES RAISONS, qui n'auroient pas été goûtées, il combattit avec désavantage, & il succomba. Les *paroles mémorables* qu'il dit à M. de Lamoignon, en sortant de la chambre du roi, lui rendent peut-être tout l'avantage qu'il avoit perdu dans le combat. *Vous triomphez*, dit-il, avec dépit, *vous pensez avoir fait l'action d'un homme de bien! Eh! ne savois-je pas aussi-bien que vous que le roi trouveroit de l'argent à emprunter? mais je me gardois avec soin de le dire. Voilà donc la voie des emprunts ouverte. QUEL MOYEN RESTERA-T-IL DÉSORMAIS D'ARRÊTER LE ROI DANS SES DÉPENSES? Après les emprunts, il faudra des impôts pour les payer; & si les emprunts n'ont point de bornes, les impôts n'en auront pas d'avantage.* (Vie du premier président de Lamoignon, à la fin du quatrieme volume de l'histoire de Charlemage, *par M. Gaillard*, Paris, Moutard, 1782, pag. 120.)

Dès-lors la grande administration reprit la voie de l'emprunt, suivie, entr'autres, sous Henri IV, quelquefois nécessaire, pour éviter ou éloigner des impôts insupportables. Elle eut même recours au crédit des administrations secondaires, lorsqu'elle perdit le sien; & par une singuliere combinaison d'idées, on prêta volontiers aux provinces & aux villes, ce qu'on refusoit à l'état.

Dans la grande administration, l'emprunt ne doit avoir lieu que quand il n'y a plus de ressource dans l'ordre, l'économie, l'amélioration, les retranchemens, & quand la voie de l'impôt est épuisée ou insuffisante.

Dans les petites administrations, l'emprunt est un des objets qui doit le plus fixer l'attention des tribunaux.

D'abord quels que soient le zele & les lumieres des administrateurs, on ne peut pas raisonnablement leur supposer l'esprit, l'ordre, les connoissances & l'ensemble des vues qu'ils auront chacun pour leurs affaires particulieres. C'est pis, lorsque l'administration est tournante. Si une fois le désordre & l'emprunt sont établis, chacun ne songera qu'à *faire*, comme on dit vulgairement, *de la terre le fossé, à vivre du jour à la journée, à pousser le temps avec l'épaule*, & à remettre sa charge, telle quelle, à ses successeurs, qui useront des mêmes ressources, dès qu'ils connoîtront le mal, & soutiendront le bâtiment jusqu'à ce que, faisant eau de toutes parts, il coule bas à la fin.

Quelques préjugés favorisent cette maniere d'administrer, & font de l'emprunt une affaire de politique.

On se persuade qu'il faut devoir, ou même paroître devoir, afin de n'être pas surchargé de demandes de la part du public, & plus encore, afin de conserver les octrois, les privileges & les bienfaits de la grande administration. On va jusqu'à imaginer, que non contente de retirer ses dons, si l'on paroissoit au-dessus de ses affaires, elle pourroit aller jusqu'à prétendre des contributions ou des secours. Etrange croyance! Elle n'est pas dans ce sentiment de foiblesse & de vanité, naturel à l'homme, par lequel il s'attache plus volontiers au bien-être, au pouvoir, à la richesse même, & n'aborde, qu'en tremblant, le besoin & la foiblesse. Ce préjugé a pu avoir quelque fondement dans ces temps malheureux, où, comme le disoit le contrôleur-général Desmarets, à la fin de son fameux mémoire, on avoit employé *quelques moyens que la force*

& la nécessité avoient obligé de mettre en usage. Mais aujourd'hui que les grands principes sont connus ; aujourd'hui que la justice & la confiance font la base de l'administration, le moyen le plus sûr d'être protégé, c'est de se mettre à découvert, de montrer une régie sure & une bonne situation. Cette vérité est consignée dans les lettres-patentes pour l'Hôtel-Dieu de Paris, du 22 avril 1781. Après avoir ordonné la publication annuelle du bilan raisonné de l'Hôtel-Dieu, & annoncé sa bonne situation, le roi déclare, qu'*il sera d'autant plus encouragé à donner les secours qui paroîtront nécessaires*.

C'est encore un préjugé destructeur de plusieurs administrations particulieres, qu'étant des branches de la grande, elle doit les soutenir sans cesse & à tout prix ; comme si accablée elle-même par tant de charges, elle pouvoit régénérer sans cesse toutes ces parties, qu'elle n'a détachées & fondées, en se réservant seulement l'inspection, que pour qu'elles pussent marcher & se soutenir elles-mêmes. Les grands exemples de faillite n'effraient point, & l'on a oublié celle de l'hôpital de la Grave de Toulouse, qui attendit vainement les secours du gouvernement & ceux des états de Languedoc.

A ce préjugé s'en joint quelquefois un autre non moins funeste dans les hôpitaux, & en général dans tous les établissemens de bienfaisance publique. Dans leur jeunesse tout a ri autour d'eux : dans leur vieillesse, tout les abandonne. Cependant on compte toujours sur la charité publique, qui se refroidit, & sur la providence dont on ignore les secrets. La bienfaisance semble devoir suivre la progression de la misere. On cede à la vanité, à la crainte, à la pitié : on ne veut pas paroître dur : on n'a pas le temps de compter avec soi ; on a à peine celui de suffire à tous les besoins : on n'interroge que son cœur : on n'entend point la raison sévere, qui modéreroit le zele & resserreroit la bienfaisance : on ne voit que le moment où l'on est, & l'on se cache l'avenir où l'on ne sera pas.

Ce procédé si naturel à la foiblesse humaine est un des points qui a dû le plus embarrasser les tribunaux supérieurs, lorsque demandant compte à quelque administration, ils ont apperçu un vuide destructeur, formé par ces motifs, dans les circonstances du besoin pressant & de la misere publique. On dit bien froidement, qu'il ne faut dépenser que ses revenus, & l'on voit encore Pierre-le-Grand, donnant des coups de bâton à un de ses boyars pour lui inculquer cette maxime. Mais quand le mal est fait, quand la crise a été violente, quand le besoin a été impérieux, quand avec cela l'administration a été pure, comment condamner personnellement les administrateurs ?

Et sur quelle loi encore les condamner ? Quand elles existeroient, comment remonter à la source du mal, & embrasser tous ceux qui y ont coopéré ?

Cette fixation de la dépense des administrations & du maintien de la balance entre la dépense & la recette, est un des objets les plus dignes de fixer l'attention du législateur.

La plupart des administrations ont cru trouver des ressources dans les *rentes viageres*, qui remplissant à propos la caisse du trésorier, ne laissoient jamais appercevoir de vuide, & rendoient difficile la balance exacte de l'inventaire. On faisoit de mauvais calculs sur les probabilités de la vie humaine, d'après les tables de Parcieux. On partoit de la certitude, que ces rentes s'éteignent peu à peu, & l'on ne voyoit pas qu'il falloit emprunter encore pour payer les arrérages. On se soutenoit ainsi dans le trouble & le désordre, jusqu'au moment où, d'une part, on ne pouvoit plus établir de balance, & où, de l'autre, on perdoit tout crédit.

En général, les rentes viageres ne

conviennent point aux adminiſtrations particulieres ; & lorſque la grande adminiſtration y a recours, elle n'en évite les inconvéniens & les abus, qu'en y mettant des bornes, & en formant, par des économies, la rente annuelle ; en ſorte que payant les arrérages par ces économies, & le capital venant à s'éteindre par la mort ſucceſſive des rentiers, l'état gagne véritablement le capital.

De tout cela, faut-il conclure que le crédit ſoit funeſte à toute adminiſtration ; c'eſt prendre l'abus pour la choſe même. Tout ce qu'on a écrit ſur ce point important & délicat, paroît ſe réduire à une diſtinction ſimple.

« Ou une adminiſtration a des beſoins impérieux, ou elle n'en a pas. »

« Au dernier cas, ſi la recette excede la dépenſe ; ſi au moins on peut fixer la dépenſe ſur la recette, alors il eſt clair qu'il ne faut point de crédit ; il eſt inutile, & il peut donner les procédés de l'opulence à un régime qui ne doit avoir que ceux de l'ordre & de l'économie. »

« Mais ſi la recette varie d'une année à l'autre ; ſi la dépenſe varie davantage, comme dans les hôpitaux, toujours plus chargés quand l'état eſt malheureux & quand le peuple eſt pauvre ; ſi les revenus ſont inſuffiſans, & ſi néanmoins il faut ſoutenir la machine, que ferez-vous ? C'eſt un magiſtrat de province qui a 30000 livres de rente & une maiſon bien réglée ; cependant il emprunte. L'établiſſement d'un fils, le mariage d'une fille, une ſuite d'événemens imprévus & malheureux réduiſent quelquefois à cette extrémité les plus riches particuliers. » (*Défenſe des hôpitaux de Lyon, pag. 93.*)

Par-tout & dans tous les temps, l'intempérie des ſaiſons, les diſettes, les chertés, l'interruption du commerce, les ceſſations de travail, la diſproportion entre la population & le terrein, la guerre, les épidémies, les révolutions politiques, la formation même de grands & utiles établiſſemens, ont entraîné des dépenſes extraordinaires ; par conſéquent des ſubſides & des emprunts. Triſte extrémité ! Mais, il faut ou périr, ou ſe défendre ; il n'y a pas de milieu.

Sans aller ſi loin, la nature même des poſſeſſions & des revenus n'eſt-elle pas trop ſouvent une ſource de détreſſe & d'emprunt ? Je l'ai dit encore dans cette défenſe des hôpitaux, *pag, 90*. « Daignez nous apprendre ce que ſont toutes les fortunes d'ici bas. Des rentes ? les débiteurs deviendront inſolvables. Des octrois ? ils pourront diminuer, on pourra les retirer. De l'argent ? il peut être volé, ce n'eſt qu'un ſigne, & chaque année il perd une partie de ſa valeur par l'accroiſſement du numéraire. Des maiſons ? elles peuvent brûler. Des biens fonds ? ils peuvent être emportés ; la terre peut s'ouvrir ; nous ne ſommes pas loin des feux ſouterreins de St. Etienne ; l'embraſement d'une ſeule nuit peut une ſeconde fois faire chercher, aux payſans étonnés, Lyon dans Lyon même. *Quærebant Lugdunum in Lugduno*, a dit Seneque : *una nox fuit inter urbem maximam & nullam*. (Epiſt. 91.).... Palmyre, Troie, Sparte, Athenes, Carthage, Pompeia, Herculane n'offrent plus que des ruines. Les empires paſſent ; le temps fuit & dévore ; l'univers ſe détruit & ſe renouvelle. Faut-il donc ceſſer de bâtir, de planter, d'adminiſtrer, de faire le bien ; ou vivant dans le monde comme il eſt, ſuivre les probabilités ordinaires, & chercher le bonheur particulier dans le bonheur général ? »

Ces grands objets ont fixé les regards du légiſlateur & l'attention des tribunaux, quand ils ont eu à enrégiſtrer des loix conſtitutives d'adminiſtrations particulieres, des lettres-patentes portant permiſſion d'emprunter ; ou lorſqu'ils ont demandé à voir l'état de ſituation, comme dans l'arrêt du parlement de Paris, que j'ai rapporté pour les hôpitaux de Lyon ; ou enfin, quand ayant à juger des procès, on a pu appercevoir le déſordre & le mal-être de l'adminiſtration. Car alors, chargées de la grande police, les cours ne peuvent rester inactives & indifférentes.

Mais, quelles mesures la loi & la jurisprudence ont-elles prises pour prévenir les emprunts ruineux, & les permettre dans une juste proportion avec l'état des administrations?

Sous les mots *Emprunt*, *Communauté*, *Corps*, *États*, *Hôpital*, *Main-morte*, *Municipalité*, *Province*, *Ville*, je citerai les loix générales & les réglemens particuliers, qui, de la prohibition d'emprunter, comme d'aliéner de la part des corps & de tous gens de main-morte, ont fait une loi générale du royaume. Je dirai les exceptions. J'énoncerai les formes nécessaires à suivre de la part de ceux qui se trouvent dans l'exception. Le parlement de Paris vient d'en faire l'application à un corps, qui, par la sagesse de son administration, par sa nature & sa consistance, sembloit être à l'abri de cette ressource périlleuse.

ARRÊT du parlement de Paris, du 11 juillet 1782, qui ordonne que les universités ne pourront faire aucun emprunt, en façon quelconque, sans auparavant y avoir été autorisées, soit par la cour, sur le vu des délibérations homologuées sur les conclusions du procureur-général, lorsque *lesdits emprunts n'excéderont la somme de* DEUX MILLE LIVRES; soit par des lettres-patentes, & que lesdites lettres-patentes n'aient été présentées à la cour pour y être enrégistrées, si faire se doit : *déclare nulles toutes les délibérations* qui pourroient avoir été faites par les universités *à l'effet d'emprunter :* ordonne qu'elles seront tenues de faire emploi, dans le délai de deux mois, des sommes principales qui leur seront remboursées en rentes de la nature de celles portées par l'art. 18 de l'édit du mois d'août 1749, à peine, par ceux qui auront reçu lesdits remboursemens, de demeurer personnellement responsables des sommes principales, fait défense aux universités d'employer leurs revenus à aucune dépense extraordinaire, qu'en vertu de délibérations, qui devront être homologuées à la cour : ordonne que lesdites *dépenses extraordinaires* ne pourront être prises que sur les revenus desdites universités, facultés, nations ou corps. »

A ces précautions générales, la grande administration en ajoute une digne de sa sagesse; & je ne puis pas, sans un doux frémissement, transcrire le nom des hommes vertueux dont elle paroît l'ouvrage.

ARRÊT du conseil, du 24 juillet 1775. « Oui le rapport du sieur TURGOT... Le roi ordonne qu'à l'avenir les villes, corps & communautés, hôpitaux & provinces, ne pourront être autorisés à faire des emprunts à constitutions de rentes perpétuelles, qu'en destinant au remboursement des capitaux desdits emprunts un fond annuel, qui sera augmenté chaque année du montant des arrérages éteints par les remboursemens affectés successivement; sans que le fond ainsi destiné puisse être employés à un autre usage pour quelque cause & raison que ce soit : à l'effet de quoi, veut sa majesté, que les officiers municipaux, les *administrateurs*, les syndics, & *autres chargés de l'administrations* des villes, corps, communautés, hôpitaux & provinces, soient garans & responsables en leur propre & privé nom, de l'effet des dispositions du présent arrêt, pour tout le temps de leur administration. Signé DELAMOIGNON. » (*M. de Malesherbes.*)

Ainsi, les loix rapprochées, présentent, 1°. la prohibition générale, d'emprunter; 2°. par exception, le pouvoir d'emprunter, en se faisant autoriser par des lettres-patentes, & en les faisant enrégistrer dans les cours; 3°. l'obligation d'assurer, par des économies & des réserves, le remboursement du capital emprunté.

Voilà le droit positif; *ce qui est.* Or, par là, a-t-on cimenté l'édifice de l'administration; n'a-t-on point laissé d'endroit foible, par lequel il puisse surbaisser, s'ouvrir, & écrouler à la fin?

D'abord, dans la plupart des réglemens & des lettres-patentes, vous voyez la dépense divisée en *ordinaire* & *extraordinaire*. C'est en effet le cours naturel des choses. Mais vous voyez assigner annuellement une somme fixe pour les dépenses extraordinaires. Le plus grand nombre des lettres-patentes, des arrêts ou des réglemens pour les municipalités, ajoutent la faculté d'augmenter l'un des deux fonds par l'autre.

De là, qu'arrive-t-il nécessairement? 1°. L'on peut bien calculer positivement les appointemens des officiers & certaines dépenses, comme un feu de joie, des fêtes, des gratifications; mais les autres, & sur-tout les extraordinaires, comment est-il possible de les arbitrer irrévocablement & à perpétuité? 2°. Les administrateurs, maîtres de prendre indistinctement dans la caisse *ordinaire* & dans la caisse *extraordinaire*, épuisent nécessairement celle-ci, peu jaloux de laisser des fonds à leurs successeurs; & l'on s'estime fort heureux, quand à la fin de l'année, on n'a pas excédé le taux fixé pour les deux especes de dépense. 3°. Il y a une infinité de manieres de faire des *anticipations*, de porter sur l'année suivante, & même sur plusieurs, le paiement des dépenses faites dans une seule; & ainsi, tel qui n'a dû dépenser que 100000 francs, en aura dépensé 200000; laissant à ses successeurs à payer l'excédent, dont il a soin de porter l'échéance à des termes plus éloignés. 4°. L'administrateur, gêné par les dénominations, par les formes & par la quotité des sommes, ne voit plus que le soin de ne pas se compromettre, & perd de vue l'esprit d'ordre, d'activité & de bienfaisance dont il doit être animé.

Ensuite, qu'est-ce que cette liberté de dépenser librement, & sans autorisation, jusqu'à une certaine somme? Je lis encore dans la plupart de ces lettres-patentes, arrêts ou réglemens pour les villes & municipalités: « où une dépense extraordinaire se trouveroit excéder la somme de *10000 livres*, par exemple; elle ne pourra être faite qu'en vertu de lettres-patentes, conformément à l'édit des municipalités, d'août 1764; & où elle n'excéderoit pas la somme de *3000 liv.* & au dessus, jusqu'à celle de *10000 liv.* elle pourra être faite en vertu d'une délibération de l'assemblée des notables, homologuée dans les cours, dans la forme prescrite par l'art. 16 dudit édit. Permettons aux maires, ou aux échevins & conseillers des villes de faire faire, en vertu d'une délibération de l'assemblée du corps de ville, les nouvelles constructions & augmentations dont l'objet de la dépense sera au total, au dessous de la somme de 3000 livres. »

De ces dispositions, il résulte que les administrateurs principaux peuvent seuls, & entr'eux, faire toute espece de dépense n'allant qu'à 3000 livres; qu'au de-là, & jusqu'à dix, ils sont obligés d'en appeller d'autres, formant avec eux un plus grand corps; que toute dépense montant à plus de 10000 livres ne peut être délibérée que par une plus grande assemblée encore, & faite qu'après que la délibération aura été revêtue de lettres-patentes, & qu'elles auront été enrégistrées.

Or, dans toute administration, à moins qu'il ne s'agisse d'une construction publique & bien visible, comme une maison, il est évident que l'on peut éluder la loi, en faisant la dépense ordinaire ou extraordinaire par parties brisées; & qu'en multipliant ainsi les petites dépenses de construction & de réparations, l'on peut tout aussi-bien épuiser les caisses ordinaire & extraordinaire.

A côté de ces loix, il faut placer les LETTRES-PATENTES concernant l'Hôtel-Dieu de Paris, du 22 avril 1781. Le roi ordonne la plus touchante & la plus utile des dépenses pour traiter *trois mille malades* SEULS, *chacun dans un lit*, & apperçoit la dépense qu'entraînera ce changement, depuis si long-temps desiré par

par le peuple, & dicté par la politique & l'humanité. Sa majesté n'entrave point le succès de cette opération sous des limitations & des restrictions impossibles. « Nous sommes, dit-elle, persuadés que les administrateurs de l'Hôtel-Dieu, dont nous connoissons les *sentimens* charitables redoubleront de *soins & d'attention* pour seconder nos vues, & pour faire servir les fonds, dont ils disposent, au soulagement d'un plus grand nombre d'infortunés. Et afin de ménager à ces administrateurs le *tribut d'opinion*, qui doit être une de leurs principales récompenses, notre intention est QUE LES COMPTES DE LA RECETTE ET DE LA DÉPENSE, SOIENT IMPRIMÉS ANNUELLEMENT. Nous ne doutons pas qu'*une pareille connoissance*, donnée à tous les citoyens, n'excite les dons de la charité; & la voix publique devenant alors auprès de nous un nouveau *garant de la bonne & sage gestion* de cet hôpital, nous serons d'autant plus encouragés à donner les secours qui paroîtront nécessaires. » L'art 7 porte : « *LES ÉTATS DE SITUATION de l'Hôtel-Dieu SERONT IMPRIMÉS tous les ans à notre imprimerie royale, & à nos frais : ces états contiendront, 1°. le nombre des journées de malades reçus & traités pendant l'année, ainsi que la quantité des personnes attachées & employées au service dudit hôpital; 2°. LES RECETTES ET DÉPENSES de toute nature, avec des OBSERVATIONS SUR TOUS LES OBJETS QUI EN SERONT SUSCEPTIBLES.* »

Comparons les loix précédentes avec celle-ci : celles-là gênantes, coërcitives, menaçantes, paroissent d[illegible] contre des administrateurs dont [illegible] redoute l'ignorance, la négligence, la prodigalité, pour ne rien dire de plus : celle-ci a pour base *les sentimens, les soins, les attentions* des administrateurs de l'Hôtel-Dieu; & les élevant au dessus des foiblesses humaines, par ce *tribut d'opinion qui doit être une de leurs principales récompenses*, elle se contente de les assujettir à publier annuellement l'état de situation de recette & de dépense, bien assurée que cette publicité écartera toute fausse dépense, toute altération de prix, & sera le plus sûr *garant d'une bonne & sage gestion*.

Seroit-il donc impossible de mener toutes les administrations par ces principes, ces formes, cet esprit, ces sentimens de charité, d'humanité, de bienfaisance & d'honneur? Cette marche simple ne seroit-elle pas plus rapide & plus sûre que ces prohibitions, ces formes, ces gênes, ces étreintes dans lesquelles on resserre des hommes qu'on n'appelle à l'administration que parce qu'on les croit capables & honnêtes, & néanmoins que l'on traite comme s'ils ne l'étoient pas? En les supposant inconnus ou équivoques, ne devez-vous pas plus attendre d'eux, lorsque vous les soumettez à l'inspection publique par l'impression, qu'en les laissant enveloppés dans des regles, à l'esprit desquelles on échappe toujours par l'observation des formes, par des détours, des suppositions, des *anticipations*, des *couvertures* que l'on ne peut jamais débrouiller & reconnoître, sur-tout dans l'éloignement? Car tel est le malheur des provinces dans l'administration, comme dans le contentieux, que la vérité qui paroît ici dans tout son jour, s'obscurcit & disparoît souvent à une certaine distance, défigurée par la prévention, l'intérêt, & toutes les passions qui s'étant voilées sur un petit théatre où rien n'échappe, se portent avec audace, là où il manque quelquefois de volonté, souvent de temps & de moyens pour la reconnoître.

En un mot, ce que le roi a pensé de cette administration de l'Hôtel-Dieu de Paris qu'on avoit critiquée, sans doute injustement comme tant d'autres, croyez-vous qu'il ne fût pas bien de l'appliquer à toutes? Ah! n'en doutons pas, & nous osons le dire, foibles citoyens que nous sommes, mais couverts par le bouclier de la loi vivante; oui, le plus sûr *garant* de la fidélité, de l'intelligence & du zele, c'est la publication de la vie administratrice. Tout obscures & indifférentes que peuvent être les actions de la vie privée, si on les imprimoit toutes, peut-être y auroit-il de meilleurs citoyens, & peut-être encore est-ce cette liberté de la presse, qui en Angleterre produit tant d'énergie, de bienfaisance & de sublimité? Car quel administrateur osera languir, hésiter, se compromettre & s'enfoncer dans une forêt d'exactions, de rapine, d'injustice & de cruauté, si, même après qu'il en est sorti, le flambeau de la vérité l'éclaire sans cesse, & le montrant aux yeux de son pays, couvert de son or & de son infamie, ne lui laisse pour refuge que le désespoir & les ténebres? Alors, plus d'anticipations; on se demandera, quels en sont la cause & l'objet: plus de comptes simulés; on cherchera la quantité, les prix, le cours, & allant au créancier on saura aisément ce qu'il a reçu: plus de traités secrets revêtus des formes & des apparences de l'équité, par-là même inattaquables, dans lesquels néanmoins la justice & le patrimoine de l'administration sont sacrifiés à l'intérêt de l'administrateur ou des siens; abus trop commun, & qui a ruiné d'autant plus d'administrations, que souvent l'on n'y aspire que pour pratiquer ces manœuvres. Plus de fautes, plus de négligences; si elles sont irréparables, du moins la critique publique les notera & avertira les successeurs de s'en garantir. Ainsi, ce que ne peut la loi, obscure dans son langage, tortueuse *dans sa marche*, foible dans ses moyens, embarrassante par ses formes, effrayante par ses longueurs, ses doutes & son exécution, la connoissance & l'opinion publique le produiront sans effort. L'impression annuelle d'un compte rendu sera un plus sûr *garant d'une bonne & sage gestion*, que cent loix amoncelées depuis tant de siecles.

Je jette ces idées sans prétention comme sans art; & je les livre avec confiance aux réflexions de ceux qui, à un cœur pur, joignent une certaine expérience de l'administration.

Vous trouverez le même esprit dans les administrations modernes, sur-tout dans le beau réglement du college de Louis-le-Grand, ouvrage de M. Rolland président du parlement, qui, depuis vingt ans s'occupant de ce grand objet, a tant de titres aux graces du roi & à la reconnoissance publique. Nous y reviendrons sous les mots *College*, *Education*, *École*, *Instruction*, *Université*. mais ici ce qu'il faut observer c'est la *publicité* & l'esprit de ce réglement, c'est l'ordre & l'économie, qui mettent à portée d'améliorer l'éducation, d'augmenter les secours & les bourses.

Conservation. Agrandissement. Amélioration. Ressources. Suppressions. Retranchemens. Réserve. Économie.

18. Le premier principe de l'administrateur honnête, mais borné, est de conserver le dépôt qui lui a été confié, & de le remettre à son successeur tel qu'il l'a reçu. Proposez une réforme, des modifications, des changemens quelconques, utiles à la religion, à l'humanité, à la patrie, mais contraires aux droits, privileges, honneurs & consistance de l'administration dont il est membre, sur-tout à la vanité, à l'intérêt indirect & caché que chacun peut avoir: on ne discutera rien, & l'on alléguera vaguement les dangers de toute innovation. Dites que cependant la France ne doit sa prospérité qu'à l'abandon absolu des principes, qui, sous Charles [illegible] les trois freres, & plus long-te[illegible]ncore, ont égaré l'administration, corrompu l'esprit & les mœurs, ébranlé le trône, & fait en tout sens le malheur public: on répondra froidement que tout cela peut être; mais qu'on s'opposera tant qu'on sera en place. Insistez avec force, pressez, convainquez, démontrez; vous verrez rougir le vain & petit orgueil, & vous recon-

noîtrez qu'en devenant administrateur on peut cesser d'être homme & citoyen. Trop souvent pour chacun de ceux qui la composent, l'administration est l'arche sacrée, qu'on ne sauroit toucher sans être coupable.

C'est à ce préjugé qu'il faut attribuer l'existence d'une infinité de corps politiques, d'établissemens & de places qui devroient n'être plus; la prorogation de tant d'abus, de désordres & de vices, qui devroient avoir disparu depuis qu'on s'éclaire. La pensée de Tacite sera vraie encore long-temps & toujours : *Naturâ infirmitatis humanæ, tardiora sunt remedia quàm mala; & ut corpora lentè augescunt, citò extinguntur; sic ingenia, studiaque oppresseris faciliùs quàm revocaveris.* (Agric. vit. n°. 3.)

Le second principe naturel aux administrateurs, est de faire le bien par religion, par humanité, par devoir, par honneur : & vous verrez quelquefois l'homme avide & injuste, aussi-tôt qu'il a passé le seuil, montrer du zele & des principes austeres, comme s'il vouloit effacer les torts de sa vie privée. Titus particulier, fut un des Romains les plus corrompus. Titus empereur, fut *les délices du monde.*

On peut aisément reconnoître trois idées diverses dans l'exercice de l'administration.

La premiere est d'agrandir, d'étendre, d'élever, souvent sans intelligence, sans goût, sans nécessité, sans utilité même, l'administration dont on est membre, du moins la partie dont on est chargé; & quelquefois c'est la chaumiere de Romulus, dont on voudroit faire la maîtresse du monde. Ainsi, celui qui a la partie des bâtimens, veut que l'on éleve quelque édifice qui perpétue son nom. Il y a peu de villes ou de provinces, qui n'aient quelque monument mal-entendu & inutile de la vanité de quelque administrateur.

Tous ces projets inspirés par les sous-ordres, sont d'autant plus vivement conçus & exécutés, qu'il n'en coûte rien à l'administrateur, & que c'est un moyen sûr d'enrichir les subalternes.

La seconde idée est d'améliorer, & elle est moins naturelle. En tout l'homme foible veut créer, comme si, par-là, il étendoit son existence? Il n'y a que la vertu douce & éclairée qui perfectionne. Ainsi, dans les administrations mobiles & tournantes, vous verrez changer les principes mêmes, & le nouvel initié se faire gloire de rejeter ceux de son prédécesseur : mal politique, le plus grand de tous; il a fait douter s'il ne vaudroit pas mieux avoir de mauvais principes que d'en changer sans cesse; parce que, ne sachant sur quoi compter, on doute de tout, on hasarde tout, on ose tout. Les engagemens & les principes, la confiance & la probité ne sont plus que des mots auxquels chacun attache le sens qu'il lui plaît.

La derniere de toutes les idées est celle de l'économie; elle a aussi ce rang dans l'histoire. Vous la voyez à Rome dans les premiers siecles, & ensuite sous Caton; en France, sous Charlemagne, Charles V, Louis XII, Henri IV & Louis XVI, mise en doctrine par l'Hospital, Sully, Lamoignon, d'Aguesseau, tous les grands magistrats & tous les bons ministres. Ailleurs, en d'autres temps, vous trouverez trop souvent un faste ruineux, la *voracité du courtisan*, pour parler comme l'Hospital, le *gaspillage* des gens d'affaire, l'épuisement du trésor public. Et les administrations secondaires tirant leur seve de la racine, ce doit être partout le même esprit.

Si l'on se rappelle le reproche fait par Colbert, & que j'ai rapporté au commencement du n°. pécédent, on y découvrira la preuve & la cause de cette vérité. Ce n'est que sous le regne actuel que l'on dit au roi : « *L'économie est un fond riche & inépuisable. L'économie seule peut rétablir entre la recette & la dépense cette sage proportion, qui fait* le *FONDEMENT DE TOUTE BONNE ADMINISTRATION. L'économie seule dont votre majesté a déja tracé si heureusement les plans, peut lui procurer la satisfaction de voir son royaume florissant; & ce qui touche encore plus votre cœur paternel, de rendre ses peuples heureux.* (Rem. du parl. de Paris, de mars 1780.)

Après ces maximes, voulez-vous connoître l'opinion actuelle de ce peuple, qui, voyant tout en grand, n'avoit pas plus que nous l'idée de l'économie, & s'inquiétoit peu de sa dette nationale, montant en août 1782, à deux cents 21 millions de liv. sterl. Lisez ce que, le 28 avril 1780, disoit à la chambre des communes le général CONWAY, aujourd'hui commandant de toutes les forces de terre de la Grande-Bretagne.

« La nation entiere est entrée, avec la France, dans un nouveau genre de rivalité, celui de l'ÉCONOMIE. . . . . La France a de l'avance sur nous, & nous ne pouvons que marcher sur ses traces.... UN JEUNE PRINCE, SUCCESSEUR ET ÉMULE DU GRAND HENRI, PARLANT A SES SUJETS, COMME UN PERE PARLE A SES ENFANS, *leur expose la situation dans laquelle il a trouvé sa FAMILLE lors de son avénement au trône, & les fait jouir, pour ainsi dire, par anticipation, des fruits de sa sagesse, en leur communiquant des vues d'ÉCONOMIE & de RÉFORME*. . . . . . Il a senti que l'économie étoit le seul remede qui pût être efficacement appliqué à un mal qui, tirant déja sur la consomption, conduisoit à pas lents vers la dissolution du corps politique. Pénétré de cette vérité, ce ROI PATRIOTE, (*patriot king,*) a tourné toutes les vues du côté de l'ÉCONOMIE. Affermi dans son dessein par de sages conseils, inébranlable dans sa résolution, il a eu la force d'exécuter le projet qu'il avoit eu la grandeur d'ame de concevoir. Un peuple heureux en recueille déja les fruits. Une marine créée, une guerre dispendieuse à soutenir: Louis XVI pourvoit à tout. »

L'économie mise en principe fondamental, & *prêchée* hautement dans deux états puissans, à deux nations riches & corrompues! Cette morale ridiculisée un instant, mais enfin appuyée de l'exemple d'un grand & bon roi, & gagnant ainsi peu à peu tous les états de l'Europe! C'est là une grande époque dans l'histoire de l'esprit humain. C'est l'aurore de la félicité publique.

La motion, objet du général Conway, n'étoit qu'une reprise de celle de M. Burke. Et si vous voulez avoir une grande idée des abus de tant d'administrations, des réformes à faire, de la maniere d'établir l'économie, lisez le discours prononcé par cet orateur citoyen, dans la chambre des communes, le 11 février 1780.

« S'il est, dit-il, quelque caractere éminent, qui, plus que tout au monde, distingue un gouvernement sage, d'une administration foible & dénuée de prévoyance, il se reconnoîtra à la pratique de cette maxime : *Bien connoître le meilleur moment, la meilleure maniere d'abandonner ce qu'il est impossible de garder.* On aime mieux lutter avec sa situation, que d'en tirer de l'instruction: on s'oppose à tout ce qui annonce un desir de réforme, comme si par là on se trouvoit exposé à une procédure criminelle. On se croit justifié, en alléguant qu'on ne fait que suivre le systême pernicieux qu'on a trouvé établi; que c'est un *héritage d'absurdités* que l'honneur doit conserver; & qu'on pourroit compter une longue filiation, non interrompue, de mauvais administrateurs qui ont précédé. »

M. Burke ne pouvant établir son plan économique que par une réforme, en donne l'idée suivante :

« La réforme, dit-il, faite à propos, est un arrangement avec un ami revêtu du pouvoir; tardive, c'est une condition imposée à un ennemi vaincu. Une réforme, faite de bonne heure, s'opere de sang froid: une réforme tardive s'opere dans un temps d'effervescence, où, ne voyant que les abus de l'administration, la nation ne présente plus que les transports d'une populace effrénée, irritée à l'aspect d'un mauvais lieu. ». (*A Stews.*)

« Une réforme, continue M. Burke, doit s'exécuter avec la modération qui peut la rendre permanente. C'est dans la modération seule qu'est le principe de sa croissance. *Toutes les fois que nous tâchons de faire mieux, il faut que nous ménagions les moyens de faire mieux encore; nous devons faire une pause, regarder autour de nous, considérer l'effet de ce que nous avons exécuté; alors nous pouvons aller en avant avec confiance, parce que nous marchons avec le flambeau de l'expérience.* Au contraire, si l'on met de la chaleur & de la précipitation, tout est crud, brut, indigeste, mêlé de tant d'imprudence & d'injustice, si contraire, d'ailleurs, au cours de la nature humaine & des institutions sociales, que les personnes même qui ont paru y mettre plus d'empressement, sont les premieres à se dégoûter de leur ouvrage. Alors toute idée de pureté & de désintéressement, en matiere politique, tombe en discrédit : on la regarde comme la vision de quelques têtes chaudes, dénuées d'expérience. C'est ainsi que les maux politiques sont incurables, non par leur nature, mais parce que, pour les guérir, on emploie des remedes d'une nature violente & absolument contraire. »

M. Burke, pénétrant le vaste dédale des abus, trouve leur source dans le gouvernement féodal, & les siecles d'ignorance. Il compare certains établissemens antiques & ruineux, qui inspirent un stupide respect, à des cadavres qu'on embaume superstitieusement, & qui ne valent pas les parfums employés pour les conserver. Il énonce les efforts du lord Talbot qui fut arrêté, parce que le *tourne-broche* de la cuisine du roi étoit *membre du parlement.* Il ne parle ni des *sept pages de l'escalier dérobé*, qui ont chacun 80 liv. ster., ni de la charge d'*examinateur des plaisirs*, avec 400 liv. sterl., ni de celle de *preneur de rats*, avec 50 liv. sterl.

Le *tourne-broche parlementaire* rappelle, 1°. que, dans un état de l'Europe, de grands seigneurs ont joui long-temps, & jouissent peut-être encore d'un appointement attaché au titre de jardinier d'un jardin détruit il y a trois siecles : 2°. qu'en 1768, un ministre ayant proposé au souverain la suppression de la place de concierge de l'appartement de la reine mere, morte en 1666, cette réforme fut rejetée.

Enfin, M. Burke présente sept moyens ou maximes de réforme & d'économie : 1°. La suppression de toutes jurisdictions, & de tous établissemens, inutiles, coûteux & oppressifs : 2°. la vente des domaines publics, inutiles & d'une régie impossible : 3°. la suppression de tous emplois, plus onéreux qu'utiles, & la réunion de tous ceux qui peuvent s'annexer, en simplifiant les fonctions : 4°. l'abolition de toutes les places où la dépense arbitraire est indépendante de la surintendance des finances, & en dérange le plan économique : 5°. l'établissement d'un ordre invariable dans tous les paiemens : 6°. la fixation des charges attachées à chaque établissement, parce que la connoissance exacte de leur montant, est la vie de tout ordre & de toute bonne administration : 7°. la suppression de toutes les caisses subordonnées, parce qu'elles sont autant d'asyles ouverts à la mauvaise administration, tirent à elles le plus d'argent qu'elles peuvent, le gardent le plus long-temps, & rendent compte le plus tard qu'il est possible. »

Nous nous bornerons à ces citations; quoiqu'elles aient pour objet la réforme & l'économie d'une grande administration, les principes n'en sont pas moins excellens pour les administrations secondaires.

Ne craignons pas de répéter la maxime du premier parlement de France : *L'ÉCONOMIE est un fonds riche & inépuisable, qui peut seul rétablir, entre la recette*

& la dépense, cette sage proportion, qui fait le FONDEMENT DE TOUTE BONNE ADMINISTRATION.

A cette maxime, osons-en ajouter une : c'est celle de mettre, s'il est possible, des fonds en *réserve* pour les dépenses extraordinaires, les besoins imprévus & impérieux : car il en est de toute administration, comme de celle du pere de famille; s'il n'a point de réserve pour les défauts de récolte, les événemens malheureux, les dépenses extraordinaires, il emprunte, s'accable par les intérêts, & se ruine insensiblement. Ce fut l'esprit du grand & bon Henri IV, qui, grace à son économie, & à l'ordre établi par Sully, malgré les sommes immenses que lui avoient coûté la conquête & la restauration de l'état, laissa en mourant, en especes, quarante millions de ce temps-là; somme qui, vu la différence du titre & de la valeur du bled, formoit environ 150 millions d'aujourd'hui.

Mais, tandis que nous examinons la conservation, l'amélioration & les ressources des administrations secondaires, ne dépérissent-elles point par des principes inhérens à leur nature?

Immeubles. Réparations. Droits honorifiques. Fourniture. Entreprise. Ouvrage public. Louage. Adjudication. Régie, ou Ferme.

19. Dans son plan économique, du 11 février 1780, M. Burke présente, pour second principe de la grande administration, la vente de certains immeubles qu'il est impossible de régir avec fidélité, exactitude, intelligence & activité; & le général Conway, en rechauffant la motion de ce plan, a dit, le 28 avril, que la France avoit donné l'exemple.

En effet, par ÉDIT de janvier 1780, le roi avoit indiqué la vente des immeubles des hôpitaux, comme moyen d'économie, d'amélioration & de ressources. Le préambule contient cette idée forte & lumineuse : *Nous avons remarqué qu'une partie des capitaux des hôpitaux, consistoit en* IMMEUBLES, SORTE DE BIENS QUI, SUR-TOUT ENTRE LES MAINS D'UNE ADMINISTRATION COLLECTIVE ET CHANGEANTE, DONT LES SOINS NE PEUVENT JAMAIS ÉGALER L'ACTIVITÉ DE L'INTERÊT PERSONNEL, NE PROCUROIT QU'UN TRÈS-MODIQUE REVENU, ET ASSUJETTISSOIT A DES FRAIS CONSIDÉRABLES *d'entretien & de réparations :* qu'il étoit même des hôpitaux qui jouissoient de *droits purement honorifiques, possession absolument vaine & indifférente pour eux*, & que l'avantage des pauvres invitoit à convertir en un revenu réel : qu'enfin on ne pouvoit se dissimuler que, si le foible produit des immeubles, peut-être préféré par des particuliers, en raison de la plus *grande solidité* qu'ils croient appercevoir dans ce genre d'emploi, il n'étoit pas raisonnable de soumettre à un pareil sacrifice le revenu des maisons hospitalieres; puisque, par les titres privilégiés qu'elles réunissent, leur fortune ne pourroit être exposée à aucun événement, toutes les fois qu'elle seroit liée à celle de l'état. »

Partant de ce principe, l'Angleterre marche à l'aliénation de certains domaines inutiles & ruineux; parce que les trois pouvoirs réunis reglent, à leur gré, la constitution de l'état. La France, arrêtée par la jurisprudence, que nous développerons au mot *Domaine de la couronne*, en montrant l'excellence du principe général, ne peut encore l'appliquer qu'aux hôpitaux qui sont dans la main du gouvernement, comme administrations secondaires, par les secours qu'on peut refuser, & par les octrois qu'on peut reprendre.

Il n'en est pas moins vrai, que toute administration de province, de ville, de communauté, qui voudra faire le bien, doit considérer ce que sont dans sa main la plupart des immeubles; quel avantage leur vente produiroit sous tous les aspects possibles; & s'occuper des mesures à prendre pour l'aliénation : mesures qui seront toujours favorisées par la législation & les tribunaux, quand on sera un placement solide & plus avantageux.

Si l'amour de la propriété & la crainte des révolutions arrêtent encore, du moins tout obstacle, tout préjugé, doivent-ils disparoître, par rapport aux droits honorifiques & seigneuriaux. Le hasard les donna, la vanité les conserve, & l'administrateur passager n'ose pas en proposer la vente, empêché par des hommes puissans, & par les sous-ordres. Calculez cependant, & vous verrez les revenus au moins absorbés par les retards, les procès & les graces.

Mais comment vendre? Comment affermer ou louer, au plus grand avantage, & sans se compromettre?

Sous le mot *Adjudication*, *n°. 2*, *pag. 750 & suiv.*; *& n°. 38*, *pag. 784*, nous avons exposé les loix romaines, les ordonnances du royaume, la jurisprudence, & le fameux arrêt de réglement du parlement de Provence, qui offre des vues si saines.

Ces articles renferment toutes les formalités légales. L'administrateur qui ne les observeroit pas, se compromettroit aux yeux de la justice; parce qu'elle a ordonné, à peine *de nullité*, *dépens*, *dommages & intérêts*. Ce seroit encore se compromettre aux yeux du public; parce qu'il supposeroit volontiers, sinon la connivence & la mauvaise foi, du moins la complaisance, la foiblesse, l'inexactitude : & en effet, dans plus d'une administration, l'on a reconnu, ainsi que le disoit Ciceron dans ses Verrines, que des fermes & loyers passés secrétement, augmentoient de valeur par la publicité & la concurrence des encheres.

Ce principe de publicité & de concurrence paroît avoir guidé la législation, lorsqu'elle a prescrit les formes que nous avons rapportées sous le mot *Adjudication*; & qui consistent, entr'autres, à publier & à délivrer au rabais, les bâtimens, constructions, réparations & ouvrages publics. Le roi lui-même s'y est assujetti, & les ordonnances du royaume s'exécutent strictement dans tout ce qui est de la grande administration, même dans toutes les parties de la maison du roi.

Toutefois, n'est-il pas des genres de biens, d'impôts, de droits, d'entreprises, pour l'adjudication desquels l'administration sage, & éclairée sur la valeur réelle, doit s'arrêter, lorsque les encheres atteignent cette valeur intrinseque? En suivant la chaleur des encheres, ne vous livrez-vous pas à gens qu'aveugle l'avidité des affaires, qui se croiront autorisés à être d'impudens concussionnaires, ou qui demanderont à compter de clerc-à-maître, ou qui feront banqueroute? Seroit-ce là vraiment l'administration du pere de famille? Ne le voit-on pas tous les jours préférer des fermiers, des entrepreneurs honnêtes & sûrs, qui offrent moins, à d'autres qui n'offrent plus, que dans l'espoir de tout briser & de mal faire?

Ce point très-délicat a été fort controversé. Les grands & sages administrateurs pensent comme le pere de famille; & ils feront toujours bien, tant qu'ils connoîtront la valeur réelle, tant qu'ils ne seront pas trompés par les sous-ordres.

Cette opinion, excellente pour l'administration souveraine, a des inconvéniens dans les administrations particulieres, & peut les compromettre. Les tribunaux pourroient ordonner une nouvelle enchere; en sorte que toutes les administrations particulieres sont assujetties à l'exécution des ordonnances que nous avons rapportées sous le mot *Adjudication*, *n°. 38*, *pag. 784*.

Néanmoins ces formes & ces précautions remplissent-elles parfaitement le vœu de la loi? Ne peut-on point leur échapper, & s'en jouer impunément? Ceci paroît mériter la plus sérieuse attention.

Sous le mot *Adjudication*, nous avons recueilli quelques traits qui prouvent combien de tout temps les administrateurs infideles ont su se jouer de l'esprit & des avantages de l'adjudication publique. L'orateur romain reprochant à Verrès d'avoir écarté les enchérisseurs, pour favoriser les siens, dit : *Hæ pecuniæ per vim atque injuriam tuam captæ & conciliatæ tibi fraudi & damnationi esse deberent. Cùm vero hoc nemini persuadere possis, te tàm amentem fuisse, ut Apronium ac Turpionem servos homines, tuo liberorumque tuorum periculo divites fieri velles : dubitaturum quemquam existimas, quin illis emissariis hæc tibi omnis pecunia quæsita sit?* (In Verr. 5, n°. 76 & 77, *edit.* Robert. Steph.) Et ailleurs, pour Cecinna, *n°.* 16, il reproche d'avoir écarté les enchérisseurs à MAIN ARMÉE : *Eodem tempore se in fugam conferunt, unâ amici advocatique ejus* METU PERTERRITI. Tant il est vrai que les loix ne sont rien, sans les mœurs!

La sagesse & le pouvoir de notre police ne souffrent pas cet abus révoltant. Si jamais il reparoissoit parmi nous, il suffiroit de donner plainte; & certes, l'administrateur infidele qui s'opposeroit, par la force, à l'exécution de la loi, seroit puni avec sévérité.

Toutefois, ne peut-on pas dire que la crainte qui, à Rome, repoussoit les enchérisseurs par les armes, les a quelquefois éloignés chez nous, par des moyens invisibles & plus puissans? Dans la province, sur-tout, comment heurter de front l'intérêt personnel, la protection, la volonté d'administrateurs importans, redoutables, qui se vengeront tôt ou tard sur l'enchérisseur qui auroit traversé leurs vues? On recule d'effroi, dès qu'on apperçoit l'intérêt personnel; & l'adjudication publique ne sert qu'à cimenter l'abus, avec les formes de la loi.

Combien d'autres moyens d'éluder les ordonnances; & malheureusement ils sont trop connus!

S'il s'agit d'une *fourniture*, qui se chargera de la faire contre le gré des administrateurs, des sous-ordres? Ils contesteront sur la qualité, le nombre, le poids & la mesure. Il y a par-tout plusieurs façons de peser, de toiser, de mesurer : si vous l'ignorez, les fournisseurs attitrés & les vivriers vous l'apprendront. La maniere de mesurer les grains, de peser les fourrages, de mouler du bois, de jauger les tonneaux, donne d'énormes différences; & elle est d'autant plus facile à dénaturer, qu'il n'y a rien de si obscur & de si embrouillé, sur-tout dans le commerce. La même denrée sortant du terrein qui l'a produite, avant d'arriver au consommateur, essuye ordinairement quatre mesures ou poids différens, à travers lesquels l'administrateur, s'il n'est pas intelligent, & le fournisseur, s'il n'est pas appuyé, sont toujours les victimes du sous-ordre avide, qui vouloit être intéressé ou dédommagé.

Il y a encore une maniere de faire les fournitures avec un bon marché apparent, qui séduira toujours les chefs, & réussira infailliblement, si les fournisseurs s'accordent avec les sous-ordres. C'est de paroître vendre à plus bas prix, & de fournir moins en quantité ou en qualité : procédé ancien dans plus d'une administration. Ainsi, la fraude la plus déliée s'enveloppe du manteau de la bonne foi & de l'économie. Ainsi, dans les hôpitaux militaires, le régisseur infidele qui paroît coûter peu, s'enrichit odieusement, & trompe l'administrateur zélé, par la méthode si connue, exprimée par cet adage : *Faire vivre les morts & mourir les vivans.*

Cet abus avoit gagné l'Angleterre. Ecoutez dans la chambre des pairs, le premier mai 1782, lord Shelburne, aujourd'hui premier ministre : « Quand, dit-il, les conditions du traité seroient remplies, elles n'en sont pas moins onéreuses pour le public. La cupidité insatiable enseigne à ces fournisseurs privilégiés *le moyen infidele de doubler leurs profits, en fournissant tout de la plus basse & de la plus mauvaise qualité.* »

Dans

Dans toute administration, la partie des fournitures exige donc une surveillance active & éclairée. Il faut craindre, quoi qu'on fasse, de ne pas échapper à ces longues *griffes qui*, comme le dit le chancelier de l'Hospital, *se recourbent, avec force, dans le sac du trésor public*, & ne l'abandonnent, que quand on coupe tous les bras dont elles sortent. Mais si l'on ne conserve pas tout, du moins on sauve quelque partie.

L'art de voler les administrations est encore plus perfectionné dans tout ce qui est construction & réparation. Là tout ce que la théorie des loix sur la nécessité, la forme & la publicité des adjudications a imaginé & rédigé avec tant de soins, devient à peu près nul ou vain dans la pratique.

C'est une vérité expérimentale, que les administrations s'abyment sur le champ par les grandes constructions, & se minent lentement par l'entretien & les réparations; & c'est la parfaite connoissance de cette vérité, qui a dicté ce que nous avons extrait de l'édit pour la vente des immeubles des hôpitaux.

Mal faites à dessein, les réparations renaissent sans cesse: ce n'est rien; mais elles servent de couverture à de fausses dépenses, à des gratifications injustes, & à toutes les manœuvres du *gaspillage*. L'ouvrier qui a présenté un mémoire enflé, ne reçoit le prix, qu'à condition de signer sa quittance au bas d'un état refait, où l'on a intercalé tout ce qu'on a voulu. Cela n'est point ordinaire, sans doute, mais a été, & peut revenir encore. C'est un des détails sur lesquels l'administrateur doit veiller le plus exactement, parce que c'est ainsi qu'on peut absorber tout ce qu'on appelle le fonds de la dépense ordinaire.

Quant aux bâtimens, ils sont devenus, sur-tout depuis quelque temps, un gouffre où se sont perdus les spéculateurs, les propriétaires, les entrepreneurs même, par la difficulté de calculer juste, par la cherté des matériaux, par l'illusion perpétuelle que font les artistes & les ouvriers, ne voyant que leur fortune, & s'inquiétant peu de la ruine de leur commettant.

Les administrations sont encore plus propres à être trompées, & sont plus malheureuses: 1°. en ce que *les soins de l'administrateur ne peuvent jamais égaler ceux de l'intérêt personnel*: 2°. en ce que les entrepreneurs, ouvriers & fournisseurs, toujours avides, sont plus audacieux & moins scrupuleux, quand ils ont affaire à une administration quelconque; persuadés qu'il n'y a point de mal, parce qu'ils ne font que reprendre: & avec qui, disent-ils, ferions-nous donc notre fortune? Ainsi, tandis qu'un entrepreneur, qui ne travaillera que pour des particuliers, subsistera à peine; son rival, à labeur & talens égaux, occupé par des administrations, fera bientôt une grande fortune; & les loix ne l'empêcheront, ni de rester toujours adjudicataire, ni d'avoir l'adjudication au plus haut prix.

Voulez-vous approfondir ce mystere? Interrogez les gens qui pourroient être ses concurrens, faire mieux & à plus bas prix. Ils ne sont pas protégés. L'heureux adjudicataire est associé, sinon avec quelque administrateur, du moins avec quelque sous-ordre, tel que la personne chargée d'inspecter. S'ils osoient prendre l'entreprise, ils seroient fatigués sur les matériaux, sur la main d'œuvre, sur tout enfin; car le devis le plus clair, en apparence, laisse toujours une interprétation arbitraire, adroitement ménagée & soutenue. Jamais ils n'obtiendroient un procès-verbal de réception, à moins de le couvrir d'or. Que si, avant d'enchérir, ils sondoient le terrein, il faudroit s'associer secrétement, ou donner beaucoup; on leur répondroit encore impudemment, que leur fortune ou leur ruine dépend des signes qu'on fera à l'administration. Dans le fait, il faudroit, ou souscrire à tout, ou renoncer à l'entreprise: il n'y a pas de milieu.

J'insiste sur ces détails, parce qu'ils pourront éclairer, & garantir même des hommes d'affaire. Élevés dans l'étude des loix ou de la pratique, lorsqu'ils sont appellés à l'administration de leur patrie, ils sont parfaitement étrangers à toutes ces parties; & par-là même ils sont plus aisés à tromper, que des négocians ou des financiers.

De ces faits & de l'esprit actuel de la législation, il résulte, 1°. que les administrations ne devroient point avoir d'immeubles : 2°. que, si elles en ont, elles doivent ne conserver que ceux qui sont d'un produit réel & d'une régie facile : 3°. qu'elles doivent veiller, avec soin, sur l'entretien, les réparations & toute espece de fournitures : 4°. qu'elles doivent se garantir de la manie de bâtir; ou que, si elles y sont forcées par la nécessité, elles doivent non-seulement remplir les formes prescrites par les ordonnances pour les adjudications, mais encore veiller pour que la concurrence, parfaitement libre, puisse assurer le plus bas prix possible; & si, dans cette circonstance, elles rencontrent quelque infidélité, la punir avec sévérité.

De ces faits, & des expressions de l'édit de janvier 1780, il résulte encore que la ferme convient mieux que la régie : 1°. en ce que la *régie* ne sauroit être bien faite par *une administration collective & changeante, dont les soins ne peuvent jamais égaler l'activité de l'intérêt personnel :* 2°. en ce qu'il est essentiel pour toute administration de savoir exactement ce qu'elle doit dépenser. Or, elle ne le peut, qu'en ayant des revenus certains, & elle ne peut s'assurer de cette certitude que par la ferme.

On a varié sur ce point même dans la grande administration, sous Louis XV; & l'on douta encore en 1776. Mais on paroît fixé aujourd'hui à deux points : 1°. ne mettre en régie que les nouveaux droits & les possessions inconnues, & établir la ferme, aussi-tôt que la consistance est assurée : 2°. combiner le bail de maniere qu'on ait toujours influence dans la direction, & part dans les profits excédans un taux convenu. Nous développerons ces vues, sous les mots *Ferme*, *Régie*.

Mais, tandis que la loi écarte un abus, il se présente une question importante. Les administrateurs & les sous-ordres peuvent-ils prendre intérêt direct ou indirect dans les fournitures & les entreprises ?

Administrateurs & sous-ordres, peuvent-ils être entrepreneurs, pourvoyeurs, emprunteurs & locataires ?

20. Dans son plan économique, M. Burke n'avoit proposé sur les entreprises & les fournitures de l'administration que trois regles : 1°. de tout donner en entreprise en gros : 2°. de ne donner les entreprises qu'à des personnes qui en connoissent parfaitement la nature : 3°. de n'employer que gens qui aient un intérêt immédiat à ce que la chose soit bien faite. Ce dernier point est abstrait.

Le parlement britannique a été plus loin : la pluralité des voix a été de passer en acte le bill dont l'objet est d'*exclure de la chambre des communes quiconque se charge par contrat de fournir au gouvernement toute espece d'articles destinés au service public*. Cet acte sera-t-il perpétuel ? Car sur certains objets le droit public anglois varie comme le nôtre.

Si vous voulez voir cette grande question traitée d'un côté avec la chaleur de l'intérêt personnel, & de l'autre avec l'ardeur du bien public, lisez la séance de la chambre des pairs, du premier mai 1782 : écoutez sur-tout le lord CAMDEN, président du conseil : comme après avoir discuté en jurisconsulte, il est persuadé que cet abus attaque l'indépendance parlementaire, assure l'influence ministérielle, & est incompatible avec toute bonne administration! « Si vous résistez, dit-il en finissant, au cri du peuple &

au vœu de la chambre des communes, il ne nous reste à, moi & à mes collegues, qu'à résigner sur le champ; puisque vous rendriez vains nos efforts pour le rétablissement *des affaires de la patrie embarrassée par cette branche de la législation.* »

C'est ainsi que parle l'homme, qui élevé dans l'étude des loix, a appris d'elles non-seulement cette étroite justice distributive, que nous appellons droit privé; mais cette grande justice, qui sous le nom du droit public renseme les sources de la sûreté & du bonheur général.

Serions-nous aussi dans cet embarras? Si la législation n'est pas lumineuse, la jurisprudence ne l'a-t-elle pas interprêtée & affermie?

Sous le mot *Adjudication*, *n°*. 2, 4, 5, 38 & 52, *pag.* 750, 756, 759, 784 & 797, nous avons exposé l'état de la jurisprudence, qu'il faut lire attentivement, si l'on veut connoître les principes. Nous croyons devoir ajouter les réflexions suivantes.

Si vous comparez les administrateurs à des juges; entre les loix diverses, l'ordonnance de Blois, *art.* 132, leur défend de se rendre adjudicataires des immeubles, des loyers & des fruits. Voyez *Juge*.

Si vous considérez l'administrateur comme un tuteur, un procureur, un chargé d'affaires, dès-lors tant qu'il est en place, il ne peut être locataire, fermier, entrepreneur, adjudicataire de l'administration dont il est membre.

Or, d'après la raison & le droit naturel, toutes les loix du monde assimilent l'administrateur au tuteur: & ce Ciceron, où il faut sans cesse aller puiser les vérités éternelles, avoit écrit comme principe fondamental: « L'administration publique est une tutelle qu'il faut régler non pour l'intérêt de celui à qui elle a été confiée, mais uniquement pour l'avantage du public, pupille en cette partie. » *Etenim* TUTELA *sic* PROCURATIO REIPUBLICÆ, *ad utilitatem eorum qui commissi sunt, non ad eorum, quibus commissa est, gerenda est.* (De officiis, *lib.* 1, *c.* 25, *n°.* 85.)

La loi romaine est aussi claire. *Tutor rem pupilli emere non potest, idemque porrigendum est ad* SIMILIA, *idest ad curatores, procuratores & QUI NEGOTIA ALIENA GERUNT.* (L. 34, § ult. de contrahendâ emptione.) Le bien du pupille ne peut pas être acheté par son tuteur, & cette prohibition doit être étendue aux CHOSES SEMBLABLES, aux curateurs, aux procureurs & A TOUS CEUX QUI FONT LES AFFAIRES D'AUTRUI.

La *loi* 5, *D. de auctoritate tutorum*, a jeté de l'incertitude dans la jurisprudence. En effet, le § 2, décide que le tuteur ne peut pas être vendeur & acheteur. *Emptoris & venditoris officio fungi non potest.* Le § 3, dit que s'il achete par une personne interposée, la vente est nulle, comme faite de mauvaise foi: *Nullius momenti, quia non bonâ fide videtur rem gessisse.* Le § 4, dit que la vente est bonne s'il a acheté publiquement, en donnant son nom sans mauvaise foi, comme font les plus honnêtes gens; mais que s'il y a mis de l'astuce, il en sera de même que s'il avoit acheté par personne interposée: *Si ipse quidem palàm, dedit autem nomen, non malâ fide, sed simpliciter, ut solent honestiores, non pati nomina sua instrumentis inscribi, valet emptio. Quod si callidè, idem erit ac si per interpositam personnam emisset.* Le § 5, décide que si comme créancier il peut distraire, il peut acheter: *Si creditor pupilli distrahat, æquè emere bonâ fide poterit.* Le § 6, décide que si le fils du tuteur ou quelqu'autre personne à lui soumise a acheté, il faut juger comme si le tuteur avoit acheté lui-même. *Si filius tutoris vel quæ alia personna ejus juri subjecta emerit, idem erit, atque si ipse emisset.*

Une troisieme loi semble réduire toute la jurisprudence au prix & aux circonstances: *Multum refert palàm apertèque debitorem se, ut extraneum, & quemlibet faceret pupillo : an sub administratione tutellæ, pupillique utilitate latenter sua commoda pupilli pecunia juvaret.* (L. 54, D. de adminift. tut.)

Henrys, *tom. 2, liv. 4, question 14, pag. 345 de l'édition de 1708*, compare très-bien ces loix, en rapproche d'autres, s'appuye des meilleurs jurisconsultes, opine pour la prohibition, & rapporte un ARRÊT du 18 mai 1658, qui déclare nulle l'adjudication faite à un tuteur, des fruits du bien de son pupille.

Bretonnier pense que ce sont des *circonstances de fraude*, qui ont fait déclarer l'adjudication nulle. « L'usage, ajoute-t-il, de faire les baux des biens des mineurs en jugement, au plus offrant & dernier enchérisseur, a été sagement introduit pour prévenir les fraudes que les tuteurs pouvoient pratiquer dans les baux des immeubles des mineurs ; *mais nonobstant cette judicieuse précaution, ils ne laissent pas de frauder, en faisant en sorte qu'il ne se présente pour enchérir, que des gens affidés.* »

ARRÊT du parlement de Paris, du 12 janvier 1610, qui a déclaré bonne & valable la vente publique & par décret faite au tuteur. (Bouchel & Bechefer, *tom. 2, pag. 756.*) L'arrêtiste ajoute : « *Toutes fois on croyoit au palais* que cela ne se devoit permettre pour les *tromperies* qui pourroient intervenir de la part du tuteur contre son mineur ; de même qu'il a été jugé par arrêt, qu'un simple commissaire ne se pouvoit rendre adjudicataire des fruits. »

ARRÊT du parlement de Grenoble, du 15 avril 1666, qui déclare nulle l'enchere faite par un tuteur sur les biens de sa pupille, & l'adjuge à celle-ci. (Basset, *tom. 2, liv. 7, tit. 8, chap. 2, pag. 424.*)

Par-tout vous retrouvez le grand principe de la prohibition contre le tuteur, le curateur, fondé sur cette base inébranlable, qu'ils ne peuvent pas être à la fois vendeurs & acheteurs, fournisseurs & consommateurs. Que s'il y a des arrêts pour & contre qui paroissent tenir aux circonstances, c'est encore une suite du malheureux état de la jurisprudence.

S'il est permis d'avoir une opinion, nous la fonderons sur des motifs qui nous paroissent puissans, & sur le raisonnement le plus simple.

Quand le législateur doit prononcer, de quelque côté qu'il se tourne, il lui est impossible de ne pas trouver des inconvéniens. La loi de la propriété a les siens, en ce qu'elle a détruit la communauté de la plupart des biens, & amené insensiblement la misere & le crime. La loi de la liberté naturelle a les siens ou ses abus, en ce que dans l'ordre des sociétés politiques, rien n'est si difficile que de marquer les bornes entre la liberté naturelle & la licence ; rien de plus délicat que de définir ce qu'est ou doit être la liberté civile.

Or, si je cherche quels sont les inconvéniens d'interdire à l'administrateur quelconque le droit de fournir, de louer ou d'acheter, que trouvé-je ? Une faculté naturelle ôtée au tuteur, tant que dure la tutelle ; à l'administrateur, tant qu'il est en place. Cette faculté cesse par l'incapacité accidentelle. Notre existence civile est remplie de prohibitions & d'incapacités encore plus étendues. La chose du monde la plus naturelle, le droit de s'unir à toute personne de l'autre sexe est interdit, non par le droit naturel, mais par les loix de discipline religieuse & civile : à la femme mariée, parce qu'elle a un époux ; à l'enfant, parce qu'il est sous la puissance paternelle ; au prêtre, parcequ'il a fait vœu de chasteté.

Or, pour le bien du public mineur, il faut nécessairement que l'incapacité naturelle soit maintenue sans exception & sans réserve. *Procuratio reipublicæ ad utilitatem eorum qui commissi sunt, non ad eorum quibus commissa est, gerenda est.* Cicero, de offic. lib. 1, c. 25, n°. 85.

Si les jurisconsultes avouent que l'on a *fraudé*, en écartant les enchérisseurs, & ne présentant que des *gens affidés* ; si au palais on pensoit en 1610, que cette prohibition devoit subsister irrévocablement, ne vaut-il pas mieux à tous égards s'en tenir à la maxime fondamentale, écarter à jamais toutes les prétendues exceptions de bonne foi, qui n'étant presque toujours que des *tromperies* masquées, ne font qu'embrouiller la jurisprudence, rendre incertain l'état des hommes & des propriétés?

Après ce coup-d'œil rapide, si nous embrassons les inconvéniens qu'entraîne dans l'administrateur la liberté d'acquérir & de fournir, ils sont terribles & sans nombre. Vous devez en être convaincu par l'esquisse présentée sous le *n°*. précédent, par l'acte courageux du parlement britannique, & l'opinion respectable du lord *Camden*, ce grand & vertueux jurisconsulte.

Direz-vous que nous valons mieux que les Romains & les Anglois. Ah! dans une de ses épîtres, le chancelier l'Hospital écrivoit: « *Nous ne pensons qu'à gagner, & la passion de l'or nous ôte tout autre sentiment*.... » (Tom. 2, pag. 182.

Un siecle après, son successeur d'Aguesseau a dit: « A la vue d'une *patrie* livrée à l'avidité de ses citoyens, & presque devenue la *proie de l'intérêt particulier*, des esprits plus modérés qui n'ont ni assez de foiblesse pour faire le mal, ni assez de force pour y résister, tombent dans une profonde indifférence, soit par leur pente naturelle, ou même par *désespoir* du bien public.... Où trouverons-nous donc LA PATRIE? *L'intérêt particulier la trahit*, la mollesse l'ignore, une vaine philosophie la condamne. Quel étrange spectacle pour le zele de l'homme public! Un grand royaume, & point de patrie! un peuple nombreux, & presque plus de citoyens. (*Œuvres de* d'Aguesseau, *tom. 2, pag.* 210 *&* 211.)

Valons-nous beaucoup mieux aujourd'hui? On aime à se le persuader, quand, à l'exemple du roi, on voit jusqu'au fond des provinces tant d'actions généreuses, tant de précieux établissemens de bienfaisance, & tant d'actes d'humanité dans le peuple même; mais ce sont-là, pour ainsi dire, des exceptions. Il est encore beaucoup d'hommes pour qui le bonheur public n'est qu'un rêve; la patrie, un pays inconnu; la bienfaisance, une duperie; l'humanité un mot vuide de sens: & ces hommes, très-aimables d'ailleurs, pétillans d'esprit & fort à la mode, peuvent être appellés aux administrations. Or, la loi ne doit pas s'établir sur les exceptions: elle embrasse tous les temps, tous les lieux & tous les hommes.

Supposerez-vous que la qualité d'administrateur éleve l'ame & la dépouille de la fange des passions humaines? Ah! sans doute, l'homme appellé à veiller au bonheur public, devroit-être la vertu même: c'est à ces généreux citoyens que la patrie doit son bien-être & toute sa reconnoissance. J'en ai vu & j'en vois encore de grands exemples; mais vous ne les trouverez point parmi ceux qui, au caractere sublime d'administrateur, joignent l'esprit & le métier d'intrigans, d'agioteurs, de trafiquans, & ne savent pas se dépouiller des anciennes habitudes. S'ils fournissent à l'administration ou acquierent d'elle, ils rentrent dans la foule des vendeurs & des acheteurs, dont l'objet est de gagner. Ils ne sont plus administrateurs, du moins ils ne sont pas dignes de l'être. Il y a incompatibilité, & elle est légale. *Emptoris & venditoris officio fungi non potest.* L. 5, § 3, D. de auctorit. tut.

Et voyez, je vous conjure, où meneroit ce système de licence. Il peut y avoir un instant où toute l'administration étant corrompue, les membres s'en partageront effrontément le patrimoine. Que s'il n'y avoit qu'un petit nombre, ou même un seul membre, il useroit de la liberté du trafic, & pourroit tromper à son gré sans que les autres eussent le courage de l'accuser, ni la prudence de le souçonner : car qui oseroit dénoncer, se faire un ennemi, se compromettre à tous égards? On se ménage : on se croit tous les plus honnêtes gens du monde : & l'administration languit au moins, parce que les *soins qu'elle entraîne, n'égalent pas l'activité de l'intérêt personnel.*

Si l'on doute de ces tristes vérités, il suffit, entre mille exemples, de lire ce que raconte Sully dans ses mémoires, *tom. 1, liv. 8, pag. 463.* C'étoit au conseil. Henri avoit besoin d'argent, & il y avoit quatre cents mille écus au trésor. D'Incarville présenta ses registres ; ils étoient falsifiés dans la recette, mais avec une *obscurité impénétrable* à qui n'auroit pas conservé les bordereaux ? Et voyez sur-tout, comme pour constater la fripponnerie du trésorier & ne pas se compromettre avec les autres conseillers, Sully avoue qu'il fut obligé d'*user d'artifice*, jusqu'au moment où il couvrit de *confusion* tout le monde.

Croirez-vous avec quelques auteurs & sur quelques arrêts, que la publicité de l'adjudication l'épure & écarte le nuage des soupçons? Mais voyez dans le passé les ressources faciles pour s'en jouer, pour *frauder*, pour exercer toutes sortes de *tromperies* ; & dans l'avenir croyez-vous que l'esprit se perfectionnant, n'en imaginera pas de nouvelles ?

Prendrez-vous enfin cette prohibition pour une flétrissure de l'administration ? Mais rappellez-vous toujours ces termes de l'édit de janvier 1780. *Les soins de l'administration n'égalent pas l'activité de l'intérêt personnel* ; & si vous voulez remonter plus haut, voyez une autre *loi.*

DÉCLARATION du *6* août 1713, qui « exclut de toute administration d'hôpitaux ceux qui en seront débiteurs ; défend à tous *administrateurs*, économes, syndics, receveurs & trésoriers desdits hôpitaux, d'en emprunter aucune somme, quand même elle leur seroit véritablement offerte par les autres administrateurs, *sous prétexte de l'avantage des pauvres*, & sous quelque prétexte que ce puisse être, encore bien qu'ils renonçassent à exercer les fonctions d'administrateur. *Défend aux administrateurs de prendre à l'avenir, à titre de loyer, aucunes maisons appartenantes auxdits hôpitaux. Déclare nuls les baux qui en seroient faits.* Veut que les administrateurs, au profit de qui ils seroient faits, demeurent garans des dommages & intérêts que les hôpitaux pourroient souffrir par la résiliation des baux. »

Or, si le législateur a confirmé l'incapacité dans ces cas, elle doit subsister à plus forte raison dans les autres ; parce que la fraude est plus facile & d'une plus dangereuse conséquence.

Il ne reste qu'une objection ; c'est que l'interdiction prononcée contre l'administrateur, ne l'empêchera pas de tromper, de gagner & d'éluder par des gens affidés. On opposera de même à la déclaration de 1713, que l'administrateur peut user d'un semblable détour pour emprunter & prendre à louage. En conclurons-nous qu'il ne faut pas maintenir comme salutaire cette incapacité prononcée par le législateur. Ainsi seroient superflues toutes les précautions prises par les loix, pour éloigner la fraude & le crime, la facilité de les commettre & le danger de succomber ? Systême affreux autant qu'absurde ! Ces loix prohibitives sont excellentes, en ce qu'elles avertissent & instruisent ; en ce qu'elles entravent le mal & retardent sa marche rapide ; sur-tout, en ce qu'elles obligent à mettre un tiers dans la confidence. Eh ! combien de délits ne se commettroient pas, si le mal-honnête homme avoit besoin d'appeller un second, & de le stipendier ! combien d'autres n'eussent pas souillé l'humanité, si le coupable, porté hors de lui-même par l'excès des passions, eût été arrêté un instant par un mot, par un rien ; semblable à ces somnambules qui prêts à se précipiter, saisis au doigt par un enfant, revoient la lumiere.

De tant de motifs & de loix, nous conclurons avec confiance que l'administrateur ne peut ni emprunter, ni prendre à louage de l'administration, ni à plus forte raison acheter d'elle, être son fournisseur ou son entrepreneur. Si quelque chose peut flétrir l'esprit & le caractere de l'administration, ce sont ces qualités vraiment incompatibles, par l'idée de gain qui les suit, avec l'ame de l'administrateur. Devenant l'homme public, le tuteur & le pere de la grande famille, il doit nécessairement ou renoncer à cette grande qualité, ou écarter, nous ne disons pas l'esprit de gain, mais l'apparence, le soupçon même, tout en un mot ce qui pourroit jeter le moindre nuage sur le caractere sublime dont il est revêtu.

Députation. Procès. Transaction. Accommodement.

21. Ne nous lassons point de parcourir les abus, qui, pouvant pénétrer les administrations, les retarderoient dans la carriere de la bienfaisance publique. Voici peut-être le plus grand : ce sont les procès.

Le législateur en a senti le danger, & il a tâché de le prévenir ou de le diminuer par deux loix remarquables.

DÉCLARATION du 2 octobre 1703, qui « ordonne que les maires & échevins, *syndics*, jurats & consuls des communautés & tous autres, ne pourront *intenter aucune action*, *commencer aucun procès*, tant en cause principale que d'appel, ni faire *aucune* DÉPUTATION au nom des communautés, sous quelque prétexte que ce soit, sans en avoir obtenu le consentement des habitans, dans une assemblée générale, convoquée & tenue dans la forme prescrite par les ordonnances, dont l'acte de délibération sera confirmé & autorisé d'une permission par écrit de l'*intendant* ou commissaire départi. Les maires & *autres* qui auront entrepris un procès sans être autorisés en la forme ci-dessus, condamnés en leur propre & privé nom, aux frais des procès, sans espérance de répétition, sous quelque prétexte que ce soit, & aux dommages & intérêts des communautés : défenses aux procureurs d'occuper pour les communautés, & aux premiers juges, de rendre aucun jugement sur les affaires qui concernent les communautés, qu'il ne leur soit apparu de la délibération des habitans, autorisée de la permission par écrit des intendans ou commissaires départis, à peine de nullité des procédures, & des jugemens rendus en conséquence, & de répondre en leur nom des dommages & intérêts des parties. »

ARRÊT du parlement d'Aix, du 25 juin 1670, qui a jugé que les communautés ne peuvent délibérer sur aucun procès sans consultation préalable. (Boniface, *tom. 4, liv. 10, tit. 3, ch. 2, pag. 774.*)

DÉCLARATION du premier mai 1782, concernant la communauté des arts & métiers. Réglement à la suite, pareillement enrégistré le 20 juin. « Les syndics & adjoints ne pourront former aucune demande en justice, à l'exception des demandes en validité de saisies, appeller d'une sentence, ni intervenir en aucune cause, soit principale, soit d'appel, qu'après y avoir été spécialement autorisés par une délibération de la communauté ou de ses représentans, homologuée en la forme ordinaire. Ils ne pourront faire aucun accommodement, même sur des saisies, que du consentement du substitut du procureur-général du roi. »

Ces loix montrent, dans le législateur, le plus grand desir d'éviter aux corps & communautés, des contestations ruineuses, d'en arrêter le premier mouvement par des formes, de faire en sorte qu'on ne soutienne que les BONS PROCÈS, (si dans aucun sens l'on peut unir ces deux mots.) Le législateur montre, contre les chefs ou administrateurs, la même défiance qu'on a vue dans la déclaration du 6 août 1713, citée sous le n°. précédent.

Cette défiance a plusieurs motifs qui, sans s'appliquer en particulier à aucun corps, ni à aucune administration, n'ont pas moins dû inspirer une loi générale, utile & salutaire.

D'abord, au malheureux préjugé, que l'on doit rendre le dépôt de l'administration tel qu'on l'a reçu, se joint l'idée, qu'on ne peut pas, comme administrateur, ce qu'on feroit comme pere de famille. On s'estime forcé de plaider, & l'on se croit plus fort, parce qu'on fait nombre: faut-il le dire néanmoins? L'activité de l'intérêt personnel surpassant toujours les soins de l'administration, sur-tout collective & changeante, le moindre particulier a un grand avantage contre toute administration : elle succombera aisément, à moins que son droit ne soit fondé sur une loi claire, précise, & le nombre en est rare. Administrateurs & jurisconsultes, nous pouvons tous dire, avec l'Hospital: *Nous ne sommes tous que des aveugles qui nous promenons à l'ombre d'une nuit ténébreuse.* (Tom. 1, pag. 25.)

Ensuite, tel entreprend & suit opiniâtrément un procès comme administrateur, parce qu'il ne risque rien, qui s'en garderoit bien, hésiteroit du moins, chercheroit à s'accommoder si c'étoit sa propre affaire, & s'il s'exposoit aux dépens qu'entraîne toute contestation, aux faux frais énormes que l'on supporte, même en gagnant, & qui sont toujours plus grands pour les administrations.

De plus, combien d'administrations appauvries par des procès sur des droits honorifiques, des privileges, des préséances, des prétentions de corps à corps, & autres vanités, futilités & folies! Si l'on en parcouroit les états de dépense, on seroit effrayé de la masse totale. Tel corps très-riche par ses revenus ou ses rétributions annuelles, n'a rien, parce que depuis un siecle, tout a été consumé par des procès dont le gain même n'a pas bonifié l'administration d'un zero.

De ce mal, il en naît un plus grand encore : c'est que le temps dû par les administrateurs à leurs fonctions, cette portion du zele que la foible humanité peut donner à tout intérêt extérieur, les fonds destinés à la bienfaisance publique, tout enfin est absorbé par des procès souvent douteux, quelquefois au-dessous de l'intérêt ou de l'honneur qu'on y attache.

En resserrant ainsi les administrations par des formes, & en ralentissant leur marche par des précautions sages, la législation a fait un grand pas. Ne peut-elle pas, en général, aller plus loin, nécessiter les arbitrages, faciliter les accommodemens? En particulier, ne peut-on pas assujettir aux loix citées, des administrations, qui, sous divers prétextes, en ont éludé l'application? Et seroit-ce une injustice de condamner en leur nom des administrateurs qui ont commencé ou soutenu des procès évidemment indifférens à l'intérêt public.

Ces idées ont été souvent le vœu de tous : est-il donc impossible de le remplir?

Esprit de corps. Discorde. Opposition. Corruption. Influence. Probité. Justice.

22. Nous parlerons encore d'un autre abus. C'est quelquefois l'esprit de corps. Qu'est-ce que cet esprit? Je tâchai jadis de le peindre.

« C'est, dans notre nation, ce qu'étoit chez les anciens l'amour de la patrie. Par lui, on se détache de tout en quelque sorte, pour n'avoir d'existence civile que dans sa compagnie : on rapporte tout à elle: on emprunte d'elle ses procédés, ses opinions, ses principes. Par lui, on permet ce qu'on blâmeroit comme citoyen, ce qu'on proscriroit dans une autre compagnie. Par lui, on prend le fanatisme pour la religion, le préjugé pour l'honneur, la fausseté pour un devoir, & l'ingratitude pour une nécessité. Par lui, ces noms si tendres de patrie, de famille, d'amour & d'amitié, qui

qui rappellent de si grands & de si doux devoirs, ne renferment que de vains sons. L'on n'est plus citoyen, enfant, chrétien avant tout & sur-tout; mais, uniquement & essentiellement, membre d'un corps trop souvent inutile, corrompu, dangereux. Par lui...... Je m'arrête: je ferois des portraits, & je dirois des horreurs. » *(De l'administration municipale, pag. 29.)*

Quelle application ferez-vous de ces idées à une administration qui, composée de membres tenant pour la plupart à d'autres corps, quelquefois même changeante toutes les années, ne semble pas pouvoir acquérir un caractere constant & inébranlable; comme ces compagnies, qui ne se renouvellant que par la mort successive des membres, impriment infailliblement leur caractere à chaque successeur; semblables à la goute d'eau, qui tombant dans un fleuve, en prend aussi-tôt le mouvement, la couleur & le goût?

Les corps d'administrateurs n'auront donc pas un caractere aussi décidé, aussi connu que les autres corps politiques; &, ce qui est un grand obstacle à leur consistance & à leurs progrès, ils n'auront pas des principes aussi constans. Disons plus: nobles esclaves de la patrie, enchaînés par elle au char du bien public, ils devront, à travers les abymes, le conduire hardiment à son but, dussent-ils être écrasés dans la route.

Mais toutes les fois que les hommes se réunissent en corps, ils prennent un esprit partiel, local & accidentel, qui n'est ni le leur, ni celui des autres corps auxquels ils peuvent tenir; & cet esprit a toujours quelques nuances de ce que j'ai appellé *esprit de corps.*

Ainsi, le coryphée des poëtes gascons, à qui Toulouse a érigé une statue, l'avocat Goudouli, peu riche par les dons de Montmorenci, de Themis & des Muses, ayant demandé grace au chapitre son seigneur, de quelques arrérages de droits seigneuriaux, ayant obtenu parole de tous en particulier, & n'ayant eu qu'un refus général lorsqu'ils furent assemblés en corps, les invita séparément dans son petit domaine, leur servit dans une jatte les mets que chacun avoit apportés, & les voyant étonnés, leur dit dans son patois: « Chaque voix que vous m'avez donnée, chacun en particulier, étoit excellente, comme les mets que vous m'avez apportés: confondu & réuni, *le tout ne vaut pas le diable.* »

Si trop souvent des corps se sont permis le procédé de ce chapitre, une administration doit & peut s'en garantir d'autant plus aisément, qu'on ne doit jamais rien promettre en particulier; mais soumettre toujours chaque proposition, chaque demande à l'examen fait en corps. Cette maniere de promettre en particulier, & ensuite de refuser en corps, tient plus, si l'on veut, de la foiblesse que de la fausseté; mais elle altere la bonne opinion que le public a du corps, elle écarte la confiance & détruit toutes les notions de l'exacte probité. Que penserai-je de l'esprit & de la pureté du corps, dont les membres réunis se permettent de manquer à une parole, qu'ils se feroient cru déshonorés de violer comme particuliers?

Cette erreur naît encore de l'arbitraire qu'on suppose essentiel à toutes *administrations;* comme si elles n'étoient pas assujetties à la *justice* naturelle & primitive! comme si ces deux êtres étoient incohérens dans l'opinion reçue! Ah! plutôt, n'interrogez, ne voyez que la justice, ne promettez & ne prononcez que d'après elle, vous ne vous compromettrez jamais ni vis-à-vis du particulier, ni vis-à-vis du public. Vos refus, vos décisions seront à l'abri du soupçon, du reproche & du blâme, toutes les fois qu'ayant une place à donner, un parti à prendre, une délibération à former, vous ne consulterez que la justice. Là, comme par-tout ailleurs, & là surtout, parce que l'intérêt est public; c'est la boussole qui peut seule guider. Le pilote embarrassé, inquiet, agité par les vents des opinions, des affections & des passions.

Cet esprit de corps peut se perdre ou s'affoiblir par la discorde : mais c'est un plus grand mal encore.

Qu'attendrez-vous d'un corps d'administrateurs, qui, différens dans les principes, les opinions, les préjugés & les affections, ne s'uniront que pour se diviser, se haïr, se mépriser, se soupçonner & se contredire sans cesse? L'imbécille rit de ces querelles ; le méchant les échauffe pour pénétrer les mysteres, & quelquefois l'autorité supérieure les entretient un instant pour connoître la vérité. Mais cet instant doit être court : l'union la plus étroite est le garant le plus sûr de la stabilité. Eh ! qui doit plus l'entretenir, que l'objet sublime qui unit les administrateurs ?

L'union, par-tout si désirable, & sans laquelle le bien est impossible, sera l'ouvrage du président de l'administration & son premier soin. Il aura peu de peine à la maintenir, si à l'affabilité du caractere, il joint le liant des procédés ; si, dans les délibérations appercevant l'orage, il sait à propos louvoyer, & quelquefois *mettre en panne;* s'il sait sur-tout ne se montrer jamais que le premier de ses égaux : car, dans l'administration, chacun se regarde au milieu de ses pairs.

Les Anglois vantent beaucoup ce qu'ils appellent l'*opposition*. C'est une partie du parlement & de la nation toujours subsistante, chargée de surveiller le pouvoir exécutif ; frondant au premier abord tout ce qu'il présente ; luttant sans cesse contre la prérogative royale & le ministere. Que si on lui confie le gouvernail, comme on l'a vu cette année, ce n'est qu'un changement de place, & les ministres renvoyés formeront à leur tour l'*opposition*. Ainsi, les hommes ne seront plus eux-mêmes, mais ce que sera le parti auquel ils tiendront ; & passant de l'un à l'autre, ils changeront tour-à-tour de principes, d'opinions, de préjugés, de langage ; ainsi, le bien public ne sera plus l'oriflamme auquel se réuniront tous les esprits & tous les cœurs.

Ce systéme d'opposition est considéré comme le bouclier de la constitution angloise. C'est, dans les mains de l'ange, l'épée flamboyante qui chasse le démon de la servitude & de la corruption.

> *By his side*
> *As in a glist'ring Zodiac, hung the swords*
> *SATAN's dire dread, and in his hand the spear.*
> Paradise Lost, Book XI.

Mais qu'est-ce que ce remede violent, qui n'agit qu'en ébranlant tout le corps, irritant les nerfs, portant à la tête, & brûlant les entrailles ? Ce régime violent peut-il être durable ? Sauve-t-il de la gangrene ?

Dans toute administration, la corruption devient, pour ainsi dire, indigene, quand avec l'or, les places, les pensions, les honneurs & les titres, l'on peut acheter les opinions, les voix & l'existence entiere des membres. On se rappelle l'épigramme de Guillaume III ; & cette vérité n'honore pas la foible & malheureuse humanité.

La corruption investit & presse l'administration, quand, l'esprit national, étant tourné à l'égoïsme & à l'amour de l'or, on voit, non son intérêt dans l'intérêt public, mais l'intérêt public dans son intérêt personnel. L'esprit public influe sur celui de l'administration ; & à son tour, l'esprit de l'administration influe sur l'esprit public. C'est l'air que l'on respire.

Dans un gouvernement monarchique, les mœurs, les opinions, les vues du prince, de ses ministres, de sa cour, influeront étrangement sur toutes les administrations secondaires : elles auront été sombres, défiantes, ignorantes, superstitieuses, laches & cruelles sous le ministere de Richelieu ; elles deviendront douces, éclairées, bienfaisantes & justes sous Louis XVI. *Regis ad exemplum totus componitur orbis.*

Depuis quelque temps, le parlement britannique court après ce qui lui semble pouvoir diminuer *l'influence de la couronne ;* & l'exclusion des fournisseurs est un grand pas : mais comment achever ? comment ne pas se livrer au pouvoir qui dispose des premiers rangs, des places, des pensions & des graces ? Et ne vaut-il pas mieux avoir dans son roi un bon pere de famille, que d'avoir, par sa constitution, un chef que l'on redoute comme s'il étoit étranger, & que l'on combat sans cesse comme s'il étoit ennemi ?

Heureux lorsque le peuple, instruit dans son devoir,
Respecte autant qu'il doit le souverain pouvoir !
Plus heureux, lorsqu'un roi, doux, juste & politique,
Respecte autant qu'il doit la liberté publique.
Henriade, chant 1.

La corruption atteint l'administration, quand on sert pour l'honneur de servir ; quand au lieu de s'occuper à faire mieux, on ne fait que critiquer ses prédécesseurs ; quand on les oublie & les dédaigne au point, à l'instant où ils quittent, de les rejeter dans la foule, après les avoir appellés avec éclat ; quand on n'a que des séances fixes, après lesquelles, malgré l'importance des affaires, tout paroît indifférent, étranger, insupportable ; quand on regrette le temps, les soins, les peines & les sacrifices ; quand on ne sait pas s'oublier toujours & ne voir que la grande famille.

La corruption pénetre & tue l'administration, quand elle n'a point de principes immuables ; quand les membres gangrenés ne s'unissent que pour accroître le mal par la fermentation ; quand *l'intérêt particulier trahit la patrie ;* quand *la mollesse l'ignore ;* quand *une vaine philosophie la condamne ;* quand on voit *un grand royaume, & point de patrie ; un peuple nombreux, & presque point de citoyens.* (D'Aguesseau, *tom. 1, pag. 210.*)

Ah ! ce n'étoit pas ainsi que pensoit ce Fenelon, si supérieur à Bossuet, quand il disoit : *J'aime mieux ma famille que moi, ma patrie que ma famille, & l'univers que ma patrie.* Paroles mémorables : elles renferment l'esprit & les devoirs de l'administrateur.

HUMANITÉ, VÉRITÉ, INSTRUCTION, JUSTICE ! Voilà quatre mots qu'il faudroit graver en lettres d'or dans tous les bureaux d'administrations, & en caracteres de feu dans les cœurs de tous ceux qui osent y prendre place. Les royaumes, les provinces, les villes ne présenteroient plus que des familles : les administrateurs seroient les peres. Et ce globe couvert de sang & de ténebres, bientôt n'offriroit par-tout que le plus sublime & le plus touchant de tous les phénomenes ; les hommes, heureux par leurs chefs & par l'administration, perfectionnant ensemble la félicité publique par le sentiment général de l'*humanité*, présent le plus précieux que le Créateur ait fait aux hommes ; par les loix de la *justice* éternelle, que la dégradation ne peut pas effacer ; par la recherche de la *vérité*, que Dieu a commandé, puisqu'il est la vérité même ; par les lumieres enfin de l'instruction générale. Car, a dit notre chancelier l'Hospital : *Les hommes ne sont malheureux que par l'ignorance.* (Tom. 2, pag. 265.)

ADMINISTRATEUR.

23. Nous avons envisagé l'administration en elle-même, dans son régime, son esprit & sa marche ; dans l'ordre qui peut seul maintenir sa fortune ; dans les abus & les vices qui l'environnent, & peuvent la rendre le fléau de la société politique, dont elle a en garde la sûreté, la paix & le bien-être.

Dans cette route obscure & tortueuse, nous avons rencontré çà & là de ces questions importantes que l'on appelle *grandes questions de droit :* après les avoir présentées avec tout leur intérêt, nous avons essayé de les résoudre avec bonne foi & courage. Nous l'avons pu dans le moment où nous avons le bonheur d'écrire.

Ut primùm lux alma data est, exire, locosque
Explorare novos, quas vento accesserit oras,
Qui teneant (nam inculta videt) homines ne, feraeve.
Æneid. lib. 1.

Il reste à voir la formation, la composition & le contrat, qui, se faisant entre l'administrateur & le public, renferme des obligations respectives, dont l'accomplissement doit avoir sa récompense, & l'infraction sa peine.

Ici, nous nous rapprochons davantage, non de cette justice primitive qui embrasse tout, mais de ce droit positif & usuel, par lequel les administrateurs peuvent être compromis, accusés, tourmentés & perdus : droit positif que ne peuvent ignorer ni le magistrat, ni le jurisconsulte ; le premier, s'il doit juger ; le second, s'il veut conseiller ou défendre.

Administration des femmes.

24. Les femmes sont-elles exclues de toute administration publique? Si elles le sont du plus grand nombre, est-ce par la jurisprudence? est-ce par la conviction de leur incapacité ? est-ce un bien ?

Que les Romains aient interdit à leurs femmes toute fonction publique, c'est le résultat de leur constitution guerriere & de leur esprit de domination absolue : c'est encore, comme l'ont dit les jurisconsultes, que les tenant toute leur vie en tutelle, c'eut été une contradiction insoutenable, de confier l'administration de la fortune publique à celles qu'on déclaroit incapables de veiller à leur fortune particuliere.

Il y a, dans le corps du droit romain, deux loix remarquables.

La premiere dit, que les femmes étoient éloignées de tous emplois civils ou publics, tels que ceux de magistrat, de juge, d'avocat & de procureur. *(L. 2, D. de reg. jur.)*

La seconde, énonce vaguement, que les citoyennes *peuvent* avoir les honneurs & les charges publiques dont leur sexe PEUT être capable. *(Honores & munera, quorum is sexus* CAPAX *esse* POTEST. *L. unic. C. de mulieribus.)*

Sur ce point, sans doute intéressant, comme sur tant d'autres, la jurisprudence françoise a marché dans le sillon des loix romaines. Cela devoit d'autant mieux arriver, que la loi salique ôte le sceptre aux femmes ; & que le clergé, ayant eu la plus grande influence sur nos loix & notre administration, a dû y porter son esprit & ses mœurs.

Cependant il n'y a aucune disposition précise dans les ordonnances de nos rois ; & le motif légal ne subsiste pas en France comme à Rome. Les femmes, devenues majeures, ne restent pas plus sous la tutelle que les hommes. Dès-lors, quand elles ne sont ni sous la puissance paternelle, ni mariées, elles peuvent contracter : elles sont ce qu'étoit à Rome le pere de famille. Dès-lors il semble qu'elles peuvent porter dans les affaires publiques l'esprit & le savoir qu'on leur admet pour les leurs.

Il n'y a, contre l'administration des femmes, que le droit canon ; le langage de quelques jurisconsultes de mauvaise humeur, tels que Brillon ; & le préjugé qui nous attache à l'usage, comme ces coupables que des juges cruels faisoient lier à des cadavres.

Quelques arrêts épars & rares, ne présentent pas un principe clair & inexpugnable ; puisqu'en arbitrage l'on a admis des princesses : comme si la splendeur du rang voiloit l'incapacité légale. Le chapitre *dilectis extra de arbitris* admet en France la jurisdiction même des femmes, suivant la coutume, quand elles sont du plus haut parage, *perexcellentes*.

La coutume paroît aussi avoir été long-temps en quelques lieux, de confier des emplois publics à des femmes vulgaires. (Filleau, *tom. 1, part. 1, tit. 1, pag. 19,*) cite un ARRÊT du parlement de Paris, du 24 juillet 1600, infirmatif d'une sentence de Riom, qui avoit maintenu l'élection d'une femme en la charge de *baillieresse* & marguilliere de la paroisse de Sabazac. Le mari faisoit valoir la pudeur & la *fragilité* de sa femme, dont il ne répondoit pas. Les habitans opposoient la possession. L'arrêt fit défense de plus nommer des femmes, *nonobstant la coutume invétérée.*

Tandis que l'on prononçoit ainsi, un ARRÊT du conseil, du 8 octobre 1641, confirmatif de bulles, maintenoit l'abbesse de Fontevrault dans la *jurisdiction, institution, destitution & visite des prieurs, religieux, visiteurs & confesseurs de l'ordre.*

Vers le même temps, & par ARRÊT du 14 mai 1610, le parlement de Paris déclaroit la reine, mere de Louis XIII, *régente en France, pour avoir l'ADMINISTRATION des affaires du royaume, pendant le bas âge dudit seigneur son fils, avec TOUTE PUISSANCE ET AUTORITÉ.*

QU'EST-CE DONC qui exclut les femmes de l'administration publique dans les états où elles ont ainsi la régence, dans ceux-mêmes où elles regnent?

Est-ce la foiblesse de leur sexe? l'embarras de la grossesse? la pureté des mœurs? la crainte de l'indiscrétion & des brouilleries? ce danger de la séduction, qui les éloigna du barreau de Rome, & qu'exprime si bien la loi, en appellant *inquiétante pour le magistrat*, l'éloquence de Carfania, la derniere des AVOCATS-FEMMES? (*Magistratum inquietans. L. 1, § 5, D. de postulando.*)

N'est-ce pas plutôt notre ambition & notre orgueil? n'est-ce pas la jalousie, qui, considérant les femmes comme une propriété, les a plus ou moins réduites à la servitude, & a dégradé les qualités que le Créateur leur avoit départies, pour être dans l'état ce qu'elles sont dans la famille?

N'est-ce pas ce partage inique & barbare, qui, dans nos jurandes, nous attribuant les métiers lucratifs, sédentaires & faciles, ne leur laissoit que la domesticité, la débauche, le désespoir & la misere? Et ne ressemblerions-nous pas un peu à ces sauvages, qui s'emparant du lit de leurs femmes, aussi-tôt qu'elles ont accouché, reçoivent les visites, tandis que les malheureuses s'occupent des soins domestiques?

Nous sommes bien injustes: il faut en convenir. Par l'éducation frivole de la plupart de nos femmes, par leur instruction réduite à l'art de dissimuler & de plaire, par le silence & la retraite auxquels on les condamne avant le mariage; ensuite, & aussi-tôt après, par la violence avec laquelle on les entraîne de toutes parts au plaisir, à l'inconstance, au mépris des devoirs, à l'oubli d'elles-mêmes, on les fait errer, incertaines & foibles, entre les loix de la nature & les conventions sociales, entre les mœurs de la famille & la corruption du monde. Après avoir affoibli leurs facultés par l'inertie & le vêtement même, obscurci leur ame par le mensonge, amolli leur cœur par l'égarement de l'esprit & des sens, on se fait un jeu de les séduire: on rit en particulier de leur défaite; on la condamne comme juge.... Et on leur reproche les fautes qu'on partage!

Les Germains, nos peres, avoient une bien autre idée de ce qu'elles peuvent & de ce qu'elles sont, quand ils empruntoient d'elles leur courage, les consultoient sur tout, & leur attribuoient quelque chose de divin. *Inesse quin etiam sanctum aliquid & providum putant: nec aut consilia earum aspernantur aut responsa negligunt.* (Tacit. *de morib. German. 8.*)

Nous sommes bien inconséquens: nous remercions le Ciel de nous avoir donné dans nos compagnes l'objet du sentiment le plus doux & la source de tant d'autres, tout ce qui fait le bonheur particulier..... Et nous les empêchons de s'occuper avec nous du bonheur général!

Après avoir langui entre nous, c'est près d'elles que nous allons chercher une nouvelle vie; & si c'est encore une illusion, c'est la moins mensongere.

Telle eſt leur magie, que la peine du paſſé diſparoît, & qu'on jouit même du plaiſir qu'on n'a plus. La ſeule jalouſie trouble tout, ſuppoſant que leur génie franchit les obſtacles, que leur puiſſance enchantereſſe ſurpaſſe la nôtre. . . . Et, lorſque pour le bonheur public, qui a beſoin de tant d'art, nous uniſſons nos forces, nous dédaignons les leurs!

Si une femme révéla le ſecret confié par Louis XIV à Turenne, ce fut l'amant qui eut le premier tort: on cite ce trait. Nous oublions Porcie, ſe faiſant d'abord une grande bleſſure pour éprouver ſa conſtance, ſi par la torture on vouloit lui arracher le ſecret de ſon mari; enſuite, avalant des charbons ardens pour ne pas lui ſurvivre . . . . Et nous parlons de leur indiſcrétion!

Nous n'avons point de confident plus sûr, d'ami plus tendre, de ſolliciteur plus actif, de conſolateur plus puiſſant, ſouvent même de conſeil plus ſage . . . . Et nous leur ſuppoſons de l'incohérence dans les idées, & une abſolue incapacité pour les affaires!

Dans nos temps héroïques, on ne les vit point combattre en champ clos; mais elles animoient les champions; elles panſoient publiquement les bleſſés; elles couronnoient le vainqueur: elles étoient l'ame des tournois, de la chevalerie, de toutes nos vertus.... Et nous ne les trouvons plus dignes que d'amuſer obſcurément nos loiſirs: nous les fuyons quand la vertu nous raſſemble!

Toutes les fois que l'honneur a parlé, elles ont répondu les premieres. C'eſt lui qui à Sparte fit regretter par des meres le ſort de celles dont les enfans étoient morts au combat: c'eſt lui qui par-tout leur fit préférer la mort à la honte. C'eſt la femme de Pétus qui lui apprend à mourir. . . . . Et nous nous défions de l'élévation de leur ame!

Toutes les fois que la patrie a demandé du ſecours, elles ont oublié nos torts. C'eſt Véturie qui d'un mot éloigne de Rome le pillage & la flamme. Parmi nous, cette jeune payſanne d'Arc, qui ſauva le trône, eſt l'emblême de ce qu'elles feroient encore, ſi on les rendoit à elles-mêmes. Combien elles ont défendu de villes aſſiégées, & que n'ont-elles pas fait en Amérique! Dans nos campagnes on les voit attachées à la charrue, ſurpaſſant le labeur de l'homme, & le ſoir travaillant lorſqu'il repoſe. Dans nos villes; s'il eſt un incendie, elles accourent, non moins actives, robuſtes & courageuſes que nous. . . . Et on les accuſe de lâcheté!

Je l'ai dit, *pag. 375 de ce volume:* nous les livrons à toutes les rigueurs de l'accuſation, dans une priſon obſcure & mal-ſaine, à travers des hommes impudens, avides & cruels. Sans reſpect pour la pudeur, ſans juſtice pour leur ignorance, nous les abandonnons ſeules dans la nuit de la procédure criminelle. . . . Et nous les jugeons incapables de traiter la moindre affaire!

Et le ſexe en ces lieux conduit aux échafauds,
Ne pourra ſe montrer qu'au milieu des bourreaux!
Tancrede, acte IV, ſcene 6.

Par-tout, s'il faut ſecourir la miſere, nous les appellons à notre aide, & elles ne nous attendent pas. La religion & la bienfaiſance, les arrachant à la moleſſe de l'éducation, les dérobant à l'éclat du rang, les guident dans ces réduits affreux où gémit le pauvre honteux, abandonné, par l'inſuffiſance de nos ſuperbes établiſſemens & la barbare apathie des riches. En quelques lieux on leur a permis de former des hoſpices de charité, où nous admirons l'ordre, l'économie, la propreté, la décence, les égards, les ſoins délicats, tout ce qui ajoute tant au bienfait. . . . Et nous ſuppoſons qu'elles manqueroient d'attention & de zele!

Dans les ſoins domeſtiques, nous n'atteignons pas cet ordre, cet eſprit de détails, cette patience, cette douceur ſi néceſſaires pour les affaires publiques comme pour les particulieres. . . . Et nous les diſons incapables de ces administrations dont le plus grand caractere est de ressembler à celle des familles !

Elles donnent seules cette éducation premiere, qui, à tous égard, influe sur le reste de la vie.... Et leurs enfans les fuient aussi-tôt qu'ils peuvent se passer d'elles !

Elles sont MERES.... Et nous les déclarons étrangeres au bonheur de la famille humaine !

Elles sont MERES.... Et ce titre sacré est le prétexte dont on se sert pour les chasser de la maison commune !

Nous les excluons de nos administrations ordinaires... Et celle qui les embrasse toutes, le gouvernement, nous écrivons qu'elles y ont donné de grands exemples !

Bossuet lui-même, dans son *Histoire universelle, part. 1, époq. 10, pag. 107, édit. de 1681*, in-4°., s'est plu à peindre *ZENOBIE marchant avec son mari, à la tête des armées, qu'elle commanda seule après sa mort, se rendant célebre par toute la terre, pour avoir joint la chasteté avec la beauté, & le SAVOIR avec la VALEUR.*

Trébellius Pollion la voit par-tout supérieure à Didon, à Sémiramis, à Cléopatre. Elle ne démentit point son caractere de grandeur & de courage, quand, prisonniere, elle dit à Aurélien : *J'avois méprisé Gallien & Auréole ; mais vous êtes digne de régner, puisque vous m'avez vaincue. J'avois cru la victoire aussi constante que moi, & j'avois formé le projet de partager avec Rome l'empire du monde.* Aurélien la peignit au sénat comme un héros ne craignant point la mort, haranguant ses troupes & les villes conquises, clémente & sévere à propos, prudente & ferme dans les conseils, magnifique en public, économe & éclairée dans l'administration, adorée enfin, & par les anciens sujets de son mari, qui lui avoient donné le sceptre, & par les nations qu'elle avoit conquises.

Parmi les modernes, l'Angleterre, l'Autriche, l'Europe placent *Elisabeth* & *Marie-Thérese* au rang des plus grands Rois. La Russie triomphante & heureuse par CATHERINE, lui donne le premier des titres, celui de MERE DE LA PATRIE ; & l'on voit bien qu'il lui est dû, lorsque, rédigeant l'instruction sublime pour le nouveau code, elle dit, *n°.* 500, qu'*après ce grand ouvrage, s'il y avoit un peuple plus juste, par conséquent plus heureux, ce seroit un malheur auquel elle ne voudroit pas survivre.*

Le regne des femmes est si doux ! Ce sont elles qui les premieres, abolissant la peine de mort, ont donné à l'univers cette grande leçon d'humanité & de sagesse. Elles connoissent si bien le cœur de l'homme, & quel parti l'on peut tirer de ses foiblesses comme de ses vices, sans recourir à ces supplices, sur lesquels s'est épuisé l'art féroce de tourmenter ses semblables. Elles ont dans l'esprit cette conception prompte qui épargne le temps & les détails ; cette imagination vive, qui répare tout, & ne désespere de rien ; elles ont ce courage brûlant du cœur, bien autre que celui de la froide raison ; cette inépuisable sensibilité, présent du Ciel, & sans doute la premiere qualité de l'administrateur. Au respect qu'impose le pouvoir se joint le penchant irrésistible qui soumet le sexe fort au sexe aimable. Un regard dissipe les conjurations, & rapproche les cœurs. Un mot suffit pour rendre *les hommes plus heureux & plus justes*.... Et lorsque, par une administration courageuse & sage, elles savent ainsi faire le bonheur des empires, nous les éloignons des administrations particulieres !

Qu'avons-nous fait ! La justice les plaçoit à côté de nous, & nous l'avons défigurée. La nature nous rapprochoit d'elles, & nous l'avons outragée. La politique elle-même nous disoit que personne ne doit être étranger au bien public ; qu'il faut varier, renouveller & multiplier à l'infini ses ressources ; que pour arrêter l'indiscrétion, le désordre, l'intrigue, l'*opposition*, le moyen le plus sûr est d'appeller à l'administration ceux qui la troublent. Nous n'avons entendu que la défiance, le préjugé, la jalousie & l'orgueil.

De cette combinaison extraordinaire qu'est-il arrivé ? Séparées publiquement de l'administration, les femmes n'ambitionnent que plus le plaisir, l'avantage & la gloire d'y avoir part. Leur clôture dans l'Orient, nos loix & nos mœurs ne les empêchent pas de dominer ; & c'est un autre empire. Leur volonté est d'autant plus souveraine, qu'elle ordonne sans être vue. C'est le sultan caché derriere une gaze, & qui, même absent, fait trembler le visir, son esclave. Leur crédit est d'autant plus sûr, qu'il se voile ; qu'elles refusent, si l'on n'acorde pas, & que, naissant avec les passions, il ne meurt point avec elles. Grandeur, raison, vieillesse, rien ne les éloigne, & tout les rapproche. C'est la nature ; ce fut la loi du Créateur, & les plus grands hommes sont ceux qui l'ont mieux observée.

Ce petit garçon que vous voyez, disoit Thémistocle à ses amis, est l'arbitre de la Grece : car il gouverne sa mere ; *sa mere me gouverne ;* je gouverne les Athéniens, & les Athéniens gouvernent les Grecs. C'est la pensée de Caton dans Plutarque : *Nous commandons à l'univers, & les femmes nous commandent.*

Ainsi, meres ou épouses, amantes ou amies, solliciteuses ou protectrices, elles sont par-tout sans paroître. Heureux ! lorsque, par l'ambition & l'audace, elles ne se vengent pas de l'avilissement auquel on les réduit : semblables à ceux qui, exclus d'une fête publique, l'épient, la critiquent, & se font un jeu de la troubler. Trop heureux ! quand ne suivant pas le torrent des passions, elles nous retiennent dans le sentier de la vertu.

De ce contraste du fait avec le droit, on ne conclura pas qu'il faille placer les femmes à la tête des armées ou sur le trône de la justice ; ni, les rappellant au barreau, les condamner au supplice d'errer avec nous dans le dédale de la jurisprudence ; ni leur attribuer aucune des fonctions qui, réservées à la force & à la dureté de notre sexe, répugneroient à la pudeur, à la sensibilité de leur ame, & à la douceur aimable de leur caractere. Elles deviendroient ce que nous sommes, & nous rétrograderions vers cet état de barbarie qui avoit abruti notre esprit, nos loix & nos mœurs.

Mais ne pourroit-on pas leur confier, à elles seules, ou en partage, quelques administrations particulieres, où, pour faire le plus grand bien, il leur suffiroit, comme à tant d'hommes, d'apporter l'équité naturelle, l'esprit d'ordre & la sensibilité ? De ces établissemens mal organisés & foiblement soutenus, n'en est-il point qui, bientôt restaurés, seroient infiniment précieux ? n'en est-il point où, avec les femmes, rentreroient la générosité, la pitié, la douceur, la patience, toutes les qualités qu'elles seules possedent, & sans lesquelles trop souvent les hôpitaux ne sont que des sépulcres ?

A l'ennui qui dévore les femmes, après l'âge des passions & l'instant de la beauté, opposer une grande & continuelle occupation ; remplir leur cœur de l'amour de la patrie & de la bienfaisance publique ; nourrir leur esprit actif de l'étude attachante & simple des devoirs de la société civile ; élever leur ame par le spectacle des maux qui affligent la famille humaine, & par la recherche des moyens qui peuvent la rendre plus heureuse ; en un mot, autant qu'on le pourra, les mettre en partage de l'administration ; n'est-ce pas faire beaucoup pour les mœurs, l'ordre & la félicité publique ? n'est-ce pas sagesse & justice ?

Telles sont les questions que j'ose proposer en ces jours de lumiere, où le réglement du premier mai 1782, rend aux femmes le droit de subsister honnêtement par le travail, en les admettant comme *maîtresses* dans les jurandes dont elles étoienr exclues depuis deux siecles.

C'est

C'eſt ce changement remarquable dans la condition des femmes, qui, me rappellant à leurs qualités, leurs devoirs & leurs droits, a raſſemblé ſous ma plume ces traits, ces contraſtes & les conſéquences.

A ce tableau frappant oppoſera-t-on le temps & l'exemple de l'univers ? C'eſt ainſi qu'on excuſe le mal, comme ſi, par ce qu'il exiſte par-tout, c'étoit une raiſon de le reſpecter. Ainſi le globe eſt couvert de mauvaiſes loix, de coutumes abſurdes, de principes deſtructeurs, d'inſtitutions barbares, de ténebres & de ſang! Et pour cela faut-il que l'humanité, la raiſon, la juſtice ſe laſſent un inſtant ? Ah! plutôt, qu'elles déſſillent tous les yeux; qu'elles délient toutes les langues; qu'elles embraſent tous les cœurs; qu'aſſiſes ſur pluſieurs trônes, elles dominent ſur tous, & que de l'univers elles faſſent une ſeule famille!

Après cela, parlera-t-on encore des Romains ? Non: cette partie de leur juriſprudence, qui contraſte avec nos loix ſur la régence, ne nous convient pas mieux que leur eſclavage & leur mépris du commerce. Attribuer aux femmes la grande adminiſtration attachée à la régence, & leur ôter les autres, ſous prétexte d'incapacité, c'eſt une contradiction évidente. Tandis qu'on leur laiſſe cette grande adminiſtration & les petites, leur ôter les intermédiaires, c'eſt leur céder les deux bouts de la chaîne, & vouloir en vain retenir le reſte. C'eſt une erreur en politique & en juſtice.

D'ailleurs, ſi les dames romaines ſe laiſſerent exclure de la plus grande partie des charges publiques, c'eſt, comme le dit Hortenſia aux triumvirs, c'eſt uniquement parce que la modeſtie & la douceur ne leur avoient pas permis de réclamer contre l'ambition des hommes: mais elles étoient dédommagées par le reſpect public, par d'autres inſtitutions, par des fonctions importantes. On n'avoit pas oſé leur ravir les plus auguſtes, la garde du *Palladium* & de ce feu du temple de Veſta, à la conſervation duquel la ſuperſtition attachoit le ſalut de l'empire.

En Europe, aujourd'hui, ce feu ſacré n'eſt plus que la bienfaiſance; par elle les trônes s'ornent & s'affermiſſent; le roi n'eſt qu'un pere puiſſant; l'état n'eſt qu'une grande famille; les hommes en s'éclairant deviennent meilleurs: or, ce dépôt ſacré du bonheur général, n'admettrons-nous jamais les femmes à le garder avec nous!

Ce vœu ſincere peut être critiqué. Aiſément on attaque l'opinion ſolitaire, qui ne ſe releve de ſa chûte que quand le pouvoir ſe l'approprie, la reſaiſiſſant dans les ténebres & l'oubli. Tel eſt le le ſort d'une infinité de ſyſtêmes, qui, baffoués à leur naiſſance, & reparoiſſant enſuite ſans obſtacle, ne laiſſent bientôt que l'étonnement du paſſé, &, ſur nos ancêtres, le ridicule dont nos neveux nous couvriront à leur tour.

Socrate le prévoyoit, ce ridicule, lorſque dans le cinquieme livre de la République de Platon, il vouloit appeller les femmes à toutes les fonctions, & les charger de veiller, comme les hommes, à la république; puiſque, dit-il, elles avoient reçu de la nature les mêmes diſpoſitions. Il faut voir comment il prouvoit que les inſtitutions des hommes bleſſent la nature & la raiſon, comment il veut que l'on réforme l'éducation des femmes.

Monteſquieu n'a pas été ſi loin dans le *chapitre 17 du liv. 8 de l'Eſprit des Loix*, qui a pour titre: DE L'ADMINISTRATION DES FEMMES. Mais combien de choſes dans cette phraſe! *Leur foibleſſe même leur donne plus de douceur & de modération*, *ce qui peut faire un bon gouvernement*, *PLUS que les vertus dures & FÉROCES*: ce dernier mot, je n'avois pas oſé l'écrire en qualifiant les vertus, que, nous autres hommes, nous nous vantons d'avoir excluſivement. Monteſquieu ajoute qu'en Aſie & en Afrique les hommes ſont plus heureux sous le gouvernement des femmes. En Europe, il cite l'Angleterre & la Russie.

Je n'ai donc fait, comme tant d'autres, que commenter l'opinion de ce législateur du siecle, qui, ne pouvant que semer profondément, laissoit à la postérité, par lui éclairée à jamais, le soin de développer ses principes.

Guidé par ce grand homme, je parcours, en tremblant, le temple de la bienfaisance publique, & j'entends au loin les femmes qui soupirent après le bonheur d'y entrer. Etranger, sans crédit, je n'entreprends pas de les initier; j'ouvre la porte du sanctuaire & j'y grave leur nom : si elles me voient; si elles approuvent; si elles encouragent à mieux dire, je croirai mon offrande digne de la Divinité.

ENFIN, si cette petite discussion a le malheur de déplaire à ceux qui ne cherchent que des arrêts & des loix, je les prie de lire ce que j'ai écrit, page 77 de ce volume, n°. 17; je les supplie de considérer leur position & la mienne. Nous sommes de tristes voyageurs, qui traversons un désert sombre & glacé : j'apperçois une fleur échappée à la fente d'un rocher sourcilleux, & cette fleur, à peine éclose, j'ai cédé à la tentation de la cueillir : je demande grace, & reprends ma route avec plus de courage.

Defessa labore membra postquam
Semimortua lecto jacebant,
Hoc jucundè tibi poema feci.
Catullus ad Licinium.

Election. Présentation. Nomination.

25. On est administrateur par la naissance, comme les souverains; par sa charge ou sa dignité, comme des évêques, des magistrats & des pasteurs : on l'est encore, quand on a été élu par ceux pour qui l'on doit gérer; nommé par celui qui en a le droit, présenté à l'autorité supérieure, choisi ou confirmé par elle.

Dans les premiers siecles de la monarchie, l'administration se partageoit entre deux especes d'hommes, les comtes, *vicaires* ou lieutenans du roi, nommés & envoyés par lui; les échevins, *scabini*, représentans du peuple & élus par lui, avec diverses formes. Le gouvernement féodal bouleversa tout. Louis le Gros, dès le douzieme siecle, favorisant les *communes*, leur donna droit d'avoir *un sénat ou une assemblée de principaux citoyens, qui veillât aux intérêts communs, &c.* (Abr. chron. *du P. Henaut*, pag. 797.)

Ce régime, conservé en quelques lieux, a été aboli en d'autres comme privilege : dans la monarchie, le droit commun place sur le trône la plénitude du pouvoir, la source de toute justice, le tronc de toutes les administrations particulieres qui, s'étendant, s'entrelaçant, se soutenant & se renforçant avec le temps, ne présentent toujours que des branches ou des rameaux du grand arbre.

En parcourant toutes ces administrations particulieres, auxquelles, dans les départemens divers, le souverain laisse le soin de l'ordre & du bien-être public, vous trouvez des variétés sans nombre, formées par le hasard ou la raison, maintenues par l'habitude, la protection, quelquefois même l'indifférence de l'administration générale.

La nomination, l'élection, la présentation, ont chacune leurs avantages & leurs désavantages, comme toutes les institutions humaines.

Supposerez-vous une province, une ville, dont les citoyens assemblés vont nommer leurs représentans ? Ils ont distingué tous ceux que le talent & la probité appellent aux charges publiques; & s'ils veulent le bien de la patrie, leur choix sera toujours bon. Qui connoît mieux la valeur d'un homme que ses concitoyens ? Mais qu'est-ce que ces assemblées où, n'étant citoyen qu'un instant, l'on ignore l'importance de l'élection qu'on va faire ? Qu'est-ce que les électeurs ? Qu'est-ce que l'esprit général, si on peut dire comme Jugurtha, de Rome : *Urbem venalem si emptorem inveneris ?* Qu'est-ce que des hommes qui s'intéressent moins aux affaires de leurs villes, & les connoissent moins que Madras, Boston & Gibraltar ? Si, comme le disoit d'Aguesseau, il y avoit *un grand royaume & point de patrie ; un peuple nombreux, & presque plus de citoyens*, que pourroit-on attendre des ÉLECTIONS ?

La connoissance de cette dégradation a fait imaginer la *présentation* moyen terme entre l'élection par les citoyens, & la nomination par le prince. On élit trois sujets, parmi lesquels il s'astreint à choisir : cet usage fut établi légalement en France, par le chancelier de l'Hospital. Le parlement devoit présenter au roi trois sujets ; mais, dit le président Henaut, « les choses n'en allerent pas mieux : tous les offices vacans furent remplis de gens dévoués, tantôt au connétable, tantôt aux Guises, tantôt au prince de Condé, & rarement au roi : en sorte que *l'esprit de parti devint le mobile de tous les corps, bien plus que l'amour du bien public.* » (Tom. 2, pag. 782.) Dans nos jours paisibles, si une cabale puissante veut placer un des siens, elle élude la loi, en le mettant entre deux hommes à qui l'âge ou d'autres circonstances ne sembleront pas permettre la concurrence ; & le souverain sera fort embarrassé, à moins qu'il ne trouve dans les acolytes un vraiment homme de bien.

De tous les procédés, le plus simple & le meilleur sera la NOMINATION par le souverain, lorsque vous aurez un gouvernement éclairé sur la constitution des provinces, & sur le personnel des habitans. Il placera toujours, & par-tout, des gens de bien & les hommes les plus capables. C'est le secret de tous les princes qui veulent être bien servis ; & comme César, FREDERIC connoît jusqu'à ses soldats. L'officier que ses talens avancent sans protection & sans bassesse, sans intrigue & sans femme, peut, (comme *Jean Barth* à Louis XIV, lorsque ce grand roi lui apprit qu'il le nommoit chef d'escadre,) répondre encore : SIRE, VOUS AVEZ BIEN FAIT ; & il tiendra parole. Nommé sans sollicitation & sans finance, comme le furent l'Hospital, Seguier & Lamoignon, le magistrat essaiera de marcher sur leurs traces. Arraché à la foule, & placé dans l'administration, le citoyen qui n'avoit pu que rêver du bien public, s'y consacrera par goût, par honneur & par enthousiasme.

Si peu que le naturel soit bon, ce qu'on tient de l'estime & de la prévenance, attache plus que les dons de la fortune & du hasard, de la force ou de l'astuce. La possession de ceux-ci est un reproche continuel : on leur doit moins ; ils ont trop coûté. C'est une femme que l'on paie & que l'on traite en conséquence. C'est tout ce que donne l'or : & que ne donne-t-il pas ? Mais, tel que les Harpies, il corrompt tout ce qu'il touche. Dignité, grandeur, plaisir, rien n'est pur avec lui. Rien ne remplace le sentiment.

Du reste, la connoissance du personnel des hommes, propres à être distingués dans toutes les conditions, & à être employés dans l'administration, n'est pas plus difficile dans nos petits états de l'Europe, qu'en Chine, où elle est la fonction principale du premier tribunal appellé *Li-pu*. On peut avoir des mémoires & des registres, tels que ceux du général de cette *société*, qui embrassoit le globe depuis le Paraguay, jusqu'à la Russie blanche ; tels qu'en ordonna Louis XIV, pour l'instruction du duc de Bourgogne ; tels qu'on en a tenus au bureau de la guerre pour les vingt-cinq mille officiers destinés à commander les troupes. Toutes les fois que, dégoûté de ce travail par les difficultés, ou par les erreurs inséparables de toutes les opérations humaines, on livrera le choix des administrateurs aux passions qui l'entourent, il sera ce qu'il peut être.

Ambition. Influence. Brigue. Scrutin.

26. De tous les objets de l'ambition, le plus général, après la soif de l'or, c'est d'entrer dans l'administration de son pays. Salluste dit que l'homme qui ne veut pas ressembler aux bêtes, doit TOUT entreprendre pour s'arracher à l'obscurité : *Omnes homines qui sese student præstare cæteris animalibus, SUMMA OPE niti decet, ne vitam silentio transeant, veluti pecores, quæ natura prona atque ventri obedientia finxit.* (Bellum Catil. n°. 1.)

On est homme & citoyen : on a une famille, & l'administration a procuré de grandes fortunes. On se lasse d'être passager ou matelot : on veut toucher le gouvernail ; & si on ne l'atteint pas, on veut aider le pilote.

De ces mouvemens naissent nécessairement la brigue, l'influence, les manœuvres, tout ce qui peut infecter & perdre l'administration.

Dès que Rome se corrompit, elle fit des loix contre la brigue ; comme celui qui, sentant circuler le poison dans ses veines, prend pour remede des palliatifs. Vous trouverez les ruines de cette jurisprudence dans la plupart des plaidoyers de Ciceron, dans tous les historiens, & dans le corps du droit : *de Lege Juliâ ambitus, D. 48, 14, C. 9, 26.* Je reprendrai ce sentier obscur sous les mots *Brigue, Cabale, Vénalité.* Je suis ma route.

Emule en tout de Rome, l'Angleterre auroit-elle plus de vertus, ou de meilleures loix ; & les feroit-elle mieux exécuter ?

Le 16 mars 1781, dans la chambre des communes, M. Temple-Lutrell, seul représentant du bourg de Millebourne-port, *accusa* hautement un lord ministre d'avoir pratiqué des *manœuvres illicites*, pour l'exclure de la prochaine élection, & lui substituer L. L'accusation fut reçue, & l'examen renvoyé au 16...... Ce jour, plusieurs témoins présenterent un *memorandum* ou projet de traité entre L. & M. portant, 1°. que L. déposoit 1500 liv. sterl. payables à M. huit jours après l'élection dans le cas où L. & toute autre personne du choix du lord, de L. & de M. prendroit séance au parlement, comme représentant du Bourg : 2°. Que dans ce cas, & en outre L. paieroit à M. autres 1500 liv. sterlings : 3°. Que L. acheteroit aussi pour 1500 l. sterlings l'influence de W...... Les témoins avouent & développent l'intrigue qui, vu le nombre des agens & le défaut de succès, ne peut plus être un mystere. Il est encore question d'un billet conçu en ces termes : « Mylord fait ses complimens à M. & n'a point d'objection à faire contre L. » Enfin, on fait dire au lord qu'il poursuivra M. Lutrell par-tout où il se présentera, comme candidat.... Le lord répond, 1°. qu'un projet non signé n'est pas un traité : 2°. Que ce peut d'autant moins être un corps de délit, qu'il n'a point eu d'exécution : 3°. Que d'ailleurs c'est affaire entre des tiers. *Res inter alios acta :* 4°. A l'égard de mon billet, dit-il, *est-il surprenant que lié avec M. & sachant qu'il traitoit avec L. pour lui CÉDER SON INFLUENCE, je lui en ai témoigné mon plaisir. Y A-T-IL DONC UN SI GRAND CRIME DANS UNE CONDUITE SI NATURELLE ?* Je m'en *rapporte à l'équité de la chambre & me retire......* Le procureur-général appuye le ministre accusé. Contestation très-vive entre les gens de loi & les autres membres, qui commencent à dire, *que les lawyers introduisent dans le sénat l'esprit de leur profession & les subtilités de la chicane.* L'affaire est renvoyée, & paroît n'avoir pas eu de suite ; parce que là, comme ailleurs, tout s'arrange.

J'ai choisi ce trait chez la nation qui montre tant d'énergie, & dont les jurisconsultes vantent tant la constitution. Que sera-ce, si vous portez ailleurs vos regards ?

Par-tout où les électeurs seront hommes, vous les verrez, vertueux dans l'enfance de l'état, ne choisir que les administrateurs les plus capables, tels qu'en Amérique, les *Franklin*, les *Wasington*, les *Laurens*, les *Hancoc*, les *Adams* & les *Gai*. Mais dès que la paix, le bien-être, & la vieillesse de l'état auront amené la langueur & la corruption, si l'on n'y prend pas garde, & si l'on ne régénere pas sans cesse le corps politique par des loix sages & séveres, l'administration publique sera livrée à des Sejan, des Pallas & des Narcisse.

Par-tout où la présentation des sujets élus est envoyée pour choisir, le prince peut être trompé; les ministres peuvent être prévenus & mal entourés; la protection, qui trafique de tout, affirme les talens du protégé qu'elle ne connoît pas, & se soucie peu du bien ou du mal qu'il peut faire.

Par-tout où le peuple élit ses chefs, si vous ne supposez pas un petit nombre d'hommes libres, pauvres & vertueux, comme en quelques coins de la Suisse, l'administration est l'objet du desir de tous, la proie du parti dominant, l'héritage de quelques familles, le foyer de troubles affreux, l'abyme des républiques; & dans la monarchie, le malheur de toutes les villes qui ont la même constitution.

Ainsi, faute de loix ou de vertu, rien n'est plus incertain que le bon choix des administrateurs.

Les loix ont-elles fait tout ce qu'elles peuvent? tandis que sur quelques objets elles se sont multipliées comme le sable de la mer, ne sont-elles pas rares sur ce point essentiel? Ne peuvent-elles pas davantage? ne doivent-elles pas prévénir, arrêter & punir? Si elles existent, mais obscures, mais faites pour d'autres mœurs & depuis trop long-temps, mais encombrées sous les ruines de la jurisprudence; seroit-il impossible de trouver un moyen d'assurer le choix des bons administrateurs?

On l'a cru, & ce moyen, c'est le SCRUTIN, dont le secret & le silence ont paru tout à la fois un rempart contre la brigue, & un asyle pour la probité. En effet, si j'ai eu la foiblesse de promettre injustement ma voix, je reviens sur moi-même, en approchant de l'urne fatale; je manque de parole, je fais justice & n'ai point de remords. Le secret & le silence enveloppent tout.

Mais ce mystere, qui couvre la probité timide, sert aussi la cabale: les ténebres, qui ont voilé ses manœuvres, assurent son succès. Pour un électeur foible & timide, que le scrutin ramene à la justice, cent malhonnêtes gens n'y voient que la nuit, compagne du crime & garante de l'impunité.

Plus on y réfléchit, plus il semble que le moyen le plus sûr d'avoir de bons administrateurs, seroit 1°. d'éclairer leur élection par la plus grande publicité, 2°. de donner leur suffrage à haute voix, 3°. de permettre de le motiver.

Quand l'administrateur, nommé au scrutin, trompe l'attente publique, & fait crier contre lui, vous voyez chacun des électeurs soutenir qu'il ne lui avoit pas donné son suffrage. Ainsi, dans le silence & le secret du scrutin, se perdent la preuve du complot & la honte du mauvais choix.

Quand tout est public, si quelques ames de boue redoutent peu d'afficher leur mauvais choix & les motifs coupables qui le décident, le grand nombre a plus de crainte de se perdre aux yeux de son pays, que de se brouiller avec une faction. On s'y seroit engagé, si l'on avoit pu le cacher; on reste vertueux, parce qu'on sera vu de tout le monde.

Enfin, quand tout est public, & quand il est permis à l'homme éloquent & juste de se faire entendre, comme M. Burke dans le sénat britannique, les brigues & les conjurations n'osent pas se former, ou bientôt découvertes elles deviennent l'objet du mépris, de l'exécration & de la vengeance publique. Catilina ne marchoit que dans la nuit & le silence; & Ciceron, qui le lui reprocha sans cesse, ne le perdit qu'en le montrant au peuple.

Venise a entremélé l'élection de son doge des jeux du hasard. La premiere opération du ballotage consiste à faire distribuer par un enfant (*il ballotino*) à tous les sénateurs au-dessus de trente ans, des balles d'or & d'argent, parmi lesquelles trente d'or, désignent ceux qui doivent faire le second ballotage. Le reste est un *imbroglio*, sans doute merveilleusement combiné. Mais, & qu'il soit permis de faire cette question : est-ce au hasard à décider rien de ce qui est du gouvernement & de la félicité publique? Ensuite, faut-il tant de détours pour arriver au but? &, si la vérité & la justice sont dans les cœurs, comme sur les levres, doit-on craindre de se montrer? Le bien public seroit-il un art inconnu & funeste qui dût s'exercer dans une caverne?

Spelonche, ove lontano
Dal vulgo esercitar, suol l'arti ignote.
Gerusalemme liberata, c. 2, stroph. 2.

Choix par état ou par personne.

27. Les prétentions naturelles que chacun apporte à l'administration de son pays, tous les différens ordres les ont eues : quelques-uns les ont réalisées; & à certains égards, elles sont devenues légales, comme si le choix fait à raison du rang dans lequel on est né, du corps où l'on est entré, du bénéfice que l'on a obtenu, de la charge qu'on a payée, répondoit des talens & du zele!

Ce parti pris, rien n'a été plus difficile que de partager la nation en différens ordres. Si vous parcourez l'Europe, vous reconnoîtrez que sur ce point, comme sur tant d'autres, les hommes n'ont jamais été d'accord, & vraisemblablement ne le seront pas si-tôt. La raison disoit qu'ayant jeté un homme dans la société, c'étoit pour en partager les honneurs & les soins, les profits & les charges. Le bien public, dont il s'agissoit, crioit que si on vouloit qu'il pût marcher, il falloit lui donner un bon guide. Mais la raison & le bien public ont été souvent des étrangers dont on ignoroit la langue, qu'on baffouoit & qu'on chassoit comme des hôtes dangereux, quand ils s'avisoient de parler.

J'aime mieux dire généralement cette grande vérité, que de faire vainement la nomenclature de divers régimes du globe, par lesquels, à partir de l'esclave & du journalier, jusqu'aux êtres privilégiés, qui soutiennent les autels & les trônes, tout varie & défigure plus ou moins les droits de la nature & de la société.

Chaque état a des privileges & des prétentions; qui sont-ils?

Le clergé s'éleve autant au-dessus des autres, que le Dieu qu'il sert l'est au dessus des foibles humains. On lui objecte, avec le texte divin, que son regne n'est pas de ce monde : il a la possession; & si, dans toutes les administrations, il tient tant de places, & toujours les premieres, il faut avouer que c'est le corps le mieux composé, & sans doute le plus éclairé. Peut-être encore l'appeller ainsi, est-ce le moyen le plus naturel de lui faire oublier ses privileges, toujours contestés, & toujours maintenus, en lui montrant les devoirs & les besoins publics; comme dans les incendies, le secret de faire ouvrir une maison voisine pour avoir de l'ean, est de crier que le feu gagne.

La noblesse marche ensuite, & elle a des titres, non dans le gouvernement féodal, mais dans les opinions comme dans les préjugés, soit qu'on l'affilie aux anciens compagnons du prince; soit qu'on voie en elle ces preux chevaliers, jadis appuis du foible, & boucliers de la France. Sully essaya de leur inspirer du goût pour l'administration, qu'un préjugé des plus aveugles leur faisoit regarder comme indigne de leur naissance. « Le vrai grand homme, leur disoit-il, ne sait que chercher à être utile à sa patrie, dans tous les temps; de quelle maniere qu'il le soit; & où est la bassesse, sinon à laisser flétrir, par une vie délicieuse & effeminée, telle que les personnes de qualité la menent en France pendant la paix, toute la gloire dont on a pu se couvrir pendant la guerre? » (*Mémoires de* Sully, *tom. 3, liv. 24, pag. 41.*)

Sully n'imagina pas de confier toute l'administration à la noblesse. Cette idée eût attaqué les principes fondamentaux, perdu l'esprit national, rétabli les serfs comme en Pologne, & ébranlé le trône. Car sans cette maxime, la France n'auroit pas eu, à la guerre, *Strozzi*, *Faber*, *CATINAT* & *VAUBAN*; dans la marine, *BARTH*, *DU GUAY-TROUIN*, *Cassart* & *Labourdonnaye*; dans l'administration, *Suger*, *Amboise*, *Bodin*, *d'Ossat*, *Jeannin* & *COLBERT*; dans la magistrature, *des Ursins*, *Desmarets*, *le Maistre*, *Pibrac*, *de Thou*, *Brisson*, *Bellievre*, *Servin*, *Loisel*, *Pithou* & *d'Espeisses*. Les uns & les autres, dit le président Henaut, pag. 94, QUELLE QUE FUT LEUR NAISSANCE, avoient droit aux CHARGES & aux *gouvernemens*, & étoient employés à la guerre sous l'autorité du prince qui les gouvernoit.... *La constitution du royaume de France est SI EXCELLENTE, qu'elle n'a jamais exclu & n'exclura JAMAIS les citoyens, nés dans LE PLUS BAS ÉTAGE, des dignités les plus rélevées.* (Matharel, réponse au livre d'Hotman, intitulé, *Franco-Gallia.*)

Paroles remarquables: la justice, la raison, la philosophie, & le plus grand exemple viennent de les consacrer dans un pays couvert des débris, & respirant encore l'air de la féodalité. Le 24 juin 1782, l'empereur a déclaré en public, par un billet écrit de sa main, « que dans la nomination aux emplois, son intention est, qu'à l'avenir on ait plus d'égards pour le mérite & les talens que pour la naissance; que tous ceux qui ont à un haut degré les qualités indispensables pour remplir UN POSTE QUELCONQUE, MÊME LE PLUS ÉMINENT, soient instruits qu'ils peuvent se présenter au nombre des aspirans, sans craindre qu'on exige d'eux l'énumération de leurs quartiers de noblesse. »

C'est la grande idée du chancelier Bacon. « Quand il s'agit de l'état & du bien public, les regards se fixent, non sur ce qu'on est, mais sur ce qu'on fait; il ne s'agit plus de dignité, mais d'utilité, mais de capacité; & ce ne sont ni les parchemins, ni les titres, ni les images des morts qui sauvent la patrie. » *Illic enim in res ipsas oculi hominum conjiciuntur non in personas; id fit tanquam in maximè idoneis rebus gerendis, minimè verò ut ratio habeatur INSIGNIUM aut IMAGINUM; utilitas enim apud illos valet, non dignitas.* (Baconi, *serm. fid. XIV. Amst.* Elzev. *pag. 61.*)

Avant tous, Tacite avoit dit, en parlant des Germains nos peres: *Reges ex nobilitate, duces ex VIRTUTE sumunt.* (De morib. Germ. 7.) Ainsi la tranquillité de l'état rend les couronnes héréditaires; mais la conduite des armées & des affaires n'appartient qu'au mérite sous les ordres & par le choix du prince. Que deviendroit l'état où la naissance décideroit tout?

Le TIERS ÉTAT, suivant le P. Henaut, semble n'avoir été appellé aux états généraux qu'en 1303; mais plus haut, année 1254, il énonce *une ordonnance de St. Louis, par laquelle il paroît que les trois états étoient consultés quand il étoit question des MATIERES OU LE PEUPLE AVOIT INTÉRÊT.* Mais, quelles sont celles où formant le gros de la nation, il n'a pas directement ou indirectement le plus grand intérêt?

Cette ordonnance ne parle que des *prélats*, des *barons*, des *chevaliers* & des *HABITANS DES BONNES VILLES*. Il n'est pas mention des *agricoles*, des *négocians*, des *propriétaires*, des *jurisconsultes*, des *magistrats*, comme s'ils n'étoient rien à l'état. Ils étoient serfs.

Le chancelier de l'Hospital, dans son discours au roi sur les quatre états du royaume, dont il ne nous reste que la traduction, par Joachim du Bellay, partage la nation en « *peuple, qui le dos au travail*, éternellement courbe; en noblesse, née aux guerres & aux combats; en justice, qui éteint les procès; en église, le plus digne état, qui ensemble les lie. »

Cette idée augmente la masse des forces & des lumieres, mais ne remplit pas celle qu'on se forme d'une assemblée bien composée & bien organisée.

L'Angleterre ne connoît que deux états; les pairs & les francs-tenanciers. Tous ces chevaliers, baronnets, écuyers, gentilshommes, (*knight, baronet, esquire, gentleman*,) & même ces fils aînés de pairs, qu'on appelle *mylords* par courtoisie, ne sont rien dans l'administration, qu'autant que le roi les place dans la chambre haute en les créant pairs; ou, que nommés représentans d'un comté; d'une ville ou d'un bourg, où ils sont *franc-tenanciers*, ils prennent un siege dans la chambre basse. Il en faut dire autant du clergé, à l'exception des évêques pairs; autant de ces douze grands juges, qui seuls remplacent en Angleterre toutes nos cours, à plus forte raison des jurisconsultes.

Depuis quelque temps nous nous sommes un peu rapprochés de cette constitution. 1°. En ce que dans les administrations nouvelles, on a donné au tiers-état seul autant de places qu'au clergé & à la noblesse réunies, & qu'on a compté les voix non par corps, par ordre, mais par individus. 2°. En ce que pour être admis dans l'un des trois ordres, l'on a exigé le titre de *propriétaire*, synonyme de *franc-tenancier*.

Mais n'a-t-on point attaché à ce titre de propriétaire une importance trop absolue? Le magistrat qui peut tant; le jurisconsulte interrogé par tous les citoyens; le négociant, à qui les immeubles ne conviennent pas, & qui a tant d'influence sur la prospérité publique; le citoyen instruit & philosophe, qui ne demanderoit pas mieux que d'être utile; les exclura-t-on par la loi; & doivent-ils être étrangers à l'administration?

Sans contredit, le meilleur choix seroit celui des hommes les plus capables; or ils ne le sont point, parce qu'ils tiennent à tel ou tel corps, mais parce qu'ils sont eux. De plus, quand on représente un corps, on en a l'esprit, même malgré soi. Vous en trouverez un exemple ci-dessus au mot *A-cher-prix*, pag. 479, lorsqu'aux états assemblés pour la rédaction de la coutume de Blois, le clergé & la noblesse insistoient pour ce droit exorbitant. Ce fut le jurisconsulte Dupont (*Pontanus*) qui, peut-être sans propriété, mais éclairé par devoir, & irrité par justice, anima le tiers-état, se députa au parlement, soutint seul cette grande affaire, & triompha.

Un autre point désirable seroit, de balancer si bien tous les intérêts, toutes les forces & tous les esprits, qu'aucuns ne pussent prévaloir par le nombre, & former une pluralité décisive: car, si c'est le commerce qui domine, il ne verra que ses profits du moment; si ce sont les propriétaires, ils ne s'occuperont que de leurs immeubles; chacun ne verra que de profil, & même par facettes, ce bien public qui embrasse tout, & sur lequel ont autant de droit le pauvre que le riche, & le roturier que le noble. Dans nos constitutions, nos réglemens & nos coutumes, dans l'histoire de nos administrations particulieres, combien d'abus destructeurs, consacrés aujourd'hui par le temps, qui ne doivent leur origine qu'à ce vice de constitution!

Disons-le enfin: Rome dut sa grandeur à la maxime constamment observée de ne consulter, pour le choix des généraux & des administrateurs, ni l'ancienneté, ni le rang, ni la naissance, mais le talent & la vertu. *Non gradus generis sed substantia. DIGNISSIMUS DENIQUE.* Cette maxime répétée en cent endroits est le sujet d'une loi précise. *Honores & munera non ordinationi sed POTIORIBUS QUIBUSCUMQUE*

QUIBUSCUMQUE injungenda sunt. (L. 12, D. de decunioribus.)

Refus d'administrer. Exemption. Excuse. Exclusion.

28. Tandis que la force, la possession & le préjugé éloignent les femmes de l'administration, la loi impérieuse appelle tous les hommes.

En parcourant à leur place les différentes especes d'administrations & les articles *Municipalité*, *Hôpitaux*, *Charges publiques*, *Exemption*, nous examinerons séparement quels citoyens sont obligés de servir, & quels sont exempts. Ici ces détails nous meneroient trop loin ; & nous nous bornons à un exposé rapide des principes généraux.

De la réunion des hommes en communauté, naît, outre les intérêts personnels & les affaires particulieres de chacun, un intérêt général qui est à la société, ce qu'est aux parens, l'intérêt de la famille. Etat, province, ville, bourg, paroisse, corps : ce sont des sociétés ; ce sont des familles.

Cet intérêt général comprend la sûreté, la tranquillité, l'ordre, la propriété ; objets principaux de la réunion des hommes.

Cet intérêt général ne se meut & ne se conserve pas seul.

Le premier vœu que font les hommes en se formant en société, ou en y prenant naissance, est de contribuer, chacun suivant ses forces, à la conservation du dépôt commun : ce serment dicté par la raison & le droit naturel, n'a besoin, pour engager, ni d'écrit, ni de forme. Prêté entre les mains de la raison, il est gravé dans les cœurs. Tout corps politique qui pourra l'enfreindre, rappellera l'apologue du romain Menenius, lorsqu'il compara le sénat administrateur à l'estomac, & le peuple aux membres qui refusoient de le servir.

Quiconque jouissant des avantages de la société, refuse d'en partager les charges, doit en être chassé.

C'est donc une loi fondamentale de toutes les sociétés, que le citoyen est obligé de participer à l'administration publique.

Mais de ce principe général & absolu, combien naissent de distinctions, de divisions, d'exceptions & de questions ?

1°. Quelles sont les administrations auxquelles le citoyen ne peut pas refuser d'avoir part ? car il y en a de tant d'especes.

Ce sont en général celles qu'on appelle *charges publiques & municipales*. Voyez ces mots.

2°. Combien de temps est-on obligé de servir ?

Celui qui est fixé par les réglemens ou par l'usage, & cela varie à l'infini.

3°. Comment doit-on être appellé à l'administration ?

A tour de rôle, par élection, par nomination, suivant les réglemens ou l'usage.

4°. Peut-on être appellé plusieurs fois ?

En général cela ne doit pas être : mais si l'on a épuisé le rôle des personnes capables, on peut revenir aux anciens, comme il arrive dans les paroisses pour la nomination des consuls.

5°. Peut-on s'exempter de l'administration publique ?

Il y a exemption par nécessité, comme l'absence ; & au mot *Abdication*, *n°. 13*, *tom. 1*, *pag. 118*, j'ai cité les peuples du haut Dauphiné, qui reviennent de par-tout être consuls de leur communauté. *Exemption par le service public*, comme celle des soldats & officiers publics. *Exemption par privilege*, elle doit être très-rare. Comment voulez-vous attacher un citoyen au bien public ? comment améliorerez-vous toutes ces administrations particulieres, rameaux de la générale, si vous accordez le droit de s'en affranchir, ainsi que d'une servitude ; si dans l'opinion publique cet affranchissement est une distinction de l'honneur ? Le nombre des exempts croissant par les concessions & la naissance, il arrivera que l'adminiſtration laiſſée à la portion pauvre qui n'a pu s'exempter, reſtera ſans conſidération, ſans vigueur & ſans appui; le bien public deviendra impoſſible.

6°. Ne doit-on que ſon temps, ſes ſoins, ſon zele, & peut-on être tenu à des avances, des dépenſes, des pertes d'argent?

En général, le citoyen ne doit que l'impôt. Toutefois les réglemens & l'uſage exigeant certains ſacrifices de la part de l'adminiſtrateur, s'ils ne ſont pas contraires au bon ordre, aux loix & aux fortunes particulieres, les tribunaux les maintiennent, l'adminiſtrateur qui les refuſe s'expoſe à être condamné ou à quitter le corps.

7°. Quand la fortune ou des circonſtances particulieres ne permettent pas d'adminiſtrer, ne peut-on pas s'excuſer?

C'eſt aux électeurs à juger du mérite de l'excuſe; & s'il y a procès, les tribunaux prononcent.

En général, il paroît qu'il faut diſtinguer entre les adminiſtrations qui conſiſtent dans une geſtion mécanique, comme la recette des tailles, & celles qui exigent des connoiſſances & du zele.

Dans les premieres, à moins que le ſujet ne ſoit incapable, il faut le forcer; c'eſt le matelot qui eſt de quart; c'eſt le ſoldat qui doit marcher à ſon rang.

Dans les ſecondes, on a quelquefois recouru à l'autorité pour déterminer le citoyen à ſervir; & indépendamment de ce que les tribunaux peuvent condamner, le gouvernement a des moyens de ménagement, de déplaiſance, de reſſentiment, de crainte & de finance. On a vu le citoyen qui refuſoit de ſervir par ton, par préjugé ou par indifférence, prendre quelquefois du zele & ne vouloir plus quitter; tant il eſt vrai que la contribution au bien public & le ſoulagement de la miſere, ont des attraits qu'augmente la jouiſſance.

Cependant il y a de grandes conſéquences à forcer le citoyen à entrer, malgré lui, dans une adminiſtration. D'abord l'éclat du refus la décrédite; on préſume qu'elle éloigne d'elle par le perſonnel des membres, par l'eſprit général, ou par l'état des finances. On le ſuppoſe d'autant plus volontiers, qu'en général c'eſt une diſtinction d'être appellé au ſervice public. Le ſoupçon marche, la calomnie ſuit: une adminiſtration perd ſa conſidération comme ſon crédit, par une démarche haſardée, & par une opiniâtreté mal entendue.

Enſuite, ſouvent ce refus n'a eu pour cauſe que le mauvais état de la fortune de celui qui s'excuſoit; on en a vu faire faillite dans l'année même, après avoir été forcés de ſervir. Cela eſt déſagréable pour le corps & injuſte pour le particulier, d'autant plus embarraſſé, qu'il n'oſe pas dévoiler le motif ſecret de ſon refus.

Enfin qu'attendre des lumieres & du zele de ceux qu'on attachera malgré eux à l'adminiſtration? C'eſt un beau pays habité par des eſclaves: & malheur aux états où l'on eſt obligé de lutter avec les citoyens, pour forcer à ſervir. Il y a, ou dans la légiſlation ou dans l'eſprit national, un vice qui, croiſſant avec le temps, détruira l'idée même du bien public; & rappellant tout à l'égoïſme, couvrira de ridicule le bon homme qui croit encore à la vertu, à l'humanité & à la patrie.

8°. Peut-on exclure du droit d'être appellé à l'adminiſtration?

Le caractere, les mœurs, la défiance ſont des motifs ſuffiſans pour les électeurs qui ont la liberté du choix. La ſageſſe & la juſtice exigent qu'ils approfondiſſent leurs doutes, & qu'ils balancent tous les inconvéniens; afin de ne pas priver l'adminiſtration d'un bon coopérateur, & de ne pas donner à un honnête homme le déſagrément qu'entraîne dans l'opinion publique, cet oubli ſouvent fondé ſur de fauſſes préventions.

A l'égard du citoyen qui a cabalé pour ſe faire nommer, contre l'intérêt public, ou de celui qui, arrivant à son tour par sa place, seroit dangereux & ne peut être éloigné que par l'autorité, on y a eu recours quelquefois; elle a même prévenu quand elle a été éclairée: ce sont là des moyens extraordinaires dont on peut abuser; mais quelquefois ils sont indispensables pour le maintien de la paix & de l'ordre. Le service se fait mal, quand l'équipage n'est pas ensemble; le capitaine ne répond pas de son vaisseau quand on lui donne des officiers qu'il redoute. Il y auroit injustice & impolitique à contrarier ces actes d'autorité. Il ne reste plus à celui qui a été ainsi exclus, qu'à ramener les esprits, & à se justifier.

9°. Enfin, y a-t-il des caracteres d'indignité qui excluent un candidat?

Si vous daignez parcourir les opinions diverses de la chambre des pairs d'Angleterre, sur l'admission d'un homme à qui on opposoit un jugement militaire, & le résultat, vous conviendrez qu'il n'y a rien d'aussi arbitraire. Là, comme dans la plupart des circonstances de la vie civile, on est fort embarrassé quand on marche sans loix; on s'égare dans une forêt de motifs, de préjugés, d'affections & de systêmes. La dispute ne sert qu'à irriter l'amour propre, & à égarer la raison. Après les opinions, quand la majorité a fait la décision, chacun se retire bien persuadé qu'il avoit raison, & la postérité qui juge, retombe dans les mêmes inconvéniens.

En France, l'*indignité* ne peut résulter que de la loi & des jugemens.

Police intérieure. Destitution. Démission. Motifs.

29. Mais quand un citoyen a été appellé à l'administration, peut-on l'en exclure légalement? Quels motifs peut-on alléguer? Quelle route doit-on suivre?

Un des motifs les plus clairement expliqués dans nos ordonnances, c'est la *faillite*: elle n'est pas un crime quand le malheur la produit, & quand la probité l'accompagne. Mais qui n'a rien & ne peut plus payer, perd la confiance nécessaire à l'administration.

ORDONNANCE de 1673, *tit.* 9, *art.* 5. « Voulons que ceux qui auront obtenu des lettres de répit, ou des défenses générales, ne puissent plus être élus maires ou Echevins des villes, juges ou consuls des marchands; ni avoir voix active & passive dans les corps & communautés; ni être *administrateurs* des hôpitaux, ni parvenir aux *autres fonctions publiques*; & même qu'ils en soient *exclus*, au cas qu'ils soient actuellement en charge. »

ARRÊT du parlement de Paris, du 7 décembre 1763, qui confirme l'exclusion du sieur Bon, échevin de la Charité-sur-Loire. (Denisart, au mot *Échevin.*) Ce qui rendoit l'espece singuliere, c'est qu'après avoir obtenu des lettres de cession & un arrêt de défenses avant la signification de la délibération du corps municipal qui l'excluoit, Bon avoit *satisfait à ses créanciers en principal, intérêts & frais*; d'où il sembloit, dit M. Seguier, avocat-général, qu'on pouvoit *user d'indulgence* & lui épargner, ainsi qu'à sa famille, la *honte de la destitution*. Mais l'ordonnance étant précise, M. Seguier en requit l'exécution, & l'arrêt l'ordonna. Il y a beaucoup à dire sur les *faillites* & les *réhabilitations*. Mais ici, outre que la loi est impérieuse, comment cet échevin fait-il faillite & paye-t-il, aussi-tôt qu'il est exclus par la municipalité? Et comment peut-il inspirer la confiance nécessaire à l'administrateur?

C'est encore une maxime incontestable que, toutes les *peines afflictives ou infamantes* privant le citoyen de son état, renferment l'exclusion de l'administration, sans que le corps ait besoin de la prononcer; & l'on peut sur le champ faire le remplacement.

Vous serez plus embarrassé si le jugement renferme une simple ADMONITION. Ce n'est qu'un avertissement de ne pas retomber, d'être plus circonspect;

& il ne suppose que de l'indiscrétion ou de l'imprudence. Delà, plusieurs arrêts recueillis par Jousse, *tom. 1, part. 1, tit. 3, art. 5, n°. III, pag. 76*, qui autorisent des ecclésiastiques & officiers à continuer leurs fonctions. Mais à la page suivante, *n°. 112*, Jousse rapporte une consultation, du 21 février 1743, & un arrêt du parlement de Paris, d'où il résulte qu'un avocat de Saumur ayant été admonêté *pour un fait qui avoit trait à la procédure*, ses confreres ayant délibéré de ne plus communiquer avec lui, le parlement avoit confirmé cette espece d'interdiction. Les avocats disoient que « pour exercer une profession à laquelle la confiance publique étoit continuellement attachée par la correspondance des autres avocats, dès qu'ils cessoient de vouloir persévérer dans cette correspondance, ils faisoient en effet tomber cette confiance. »

Ces motifs légitimeroient l'exclusion de l'administration faite pour la même cause, de la même maniere & dans les mêmes termes ; car comment voulez-vous faire marcher le corps administrant avec un de ses membres, s'il n'y a plus ni confiance, ni correspondance ?

Quand vous sortez des cas précis où la loi a prononcé l'incapacité & l'exclusion, vous êtes fort embarrassé : cependant combien de motifs ! L'*abdication de la patrie*, l'*absence*, la *maladie*, l'*impossibilité*, l'*incapacité*, l'*abandon des devoirs*, de *mauvaises mœurs*, l'*incompatibilité*, le *mauvais caractere*, l'*insulte* & l'*outrage*, le *trouble perpétuel*, la *diffamation* & la *conspiration*, le *délit*, *&c.*

A ne considérer que l'objet & l'importance de l'administration, il semble que sous tous les aspects, l'administrateur étant plus ou moins incapable ou indigne de la confiance publique & de celle de ses collegues, ceux-ci doivent être autorisés à l'exclure; car s'ils ont solidairement avec lui la garde du dépôt public, comment voulez-vous qu'ils en répondent, tandis que vous les forcez à garder dans leur sein un associé qu'ils soupçonnent, ou avec lequel ils ne sauroient rester ?

Mais procéderez-vous légalement, en lui faisant notifier ou signifier sa destitution ? Vous exposerez-vous à un procès, comme les avocats de Saumur, dont l'ordre a un esprit, un régime, &, par ce régime, des prérogatives particulieres ?

En général il semble qu'il faut, autant qu'on peut, éviter de porter dans les tribunaux ces difficultés, qui troublent, compromettent & décrient l'administration. Elle a dans ses mains trois armes avec lesquelles elle peut triompher ; la *police intérieure*, le *recours au prince*, le *ménagement*. Reprenons.

1°. *La police intérieure.* Dans notre droit public, elle appartient à tous les corps : en sorte que celui qui se plaint d'une délibération, peut bien plaider ; mais les tribunaux ne se déterminent à réformer, que lorsqu'on s'est évidemment & dangereusement égaré.

2°. *Le ménagement.* Ce sont les égards, la circonspection, les précautions, la prudence, la discrétion, les procédés de l'administration envers l'administrateur qui manque, déplait ou inquiete. C'est l'arme la plus simple, la plus sûre, quand elle est maniée avec adresse, sur-tout par celui qui préside. Tel administrateur plaideroit, s'il étoit destitué, qui donne sa démission quand on sait la lui demander, & la colorer de motifs qui conservent sa réputation. Personne ne se soucie de plaider avec son corps. La fortune & l'honneur n'y gagnent rien. Combien de procès de ce genre n'auroient pas eu lieu, si l'on avoit su ménager celui dont on vouloit se débarrasser, & lui ouvrir une porte honorable ?

3°. *Le recours au prince.* Quand il y a un cas embarrassant, on adresse un mémoire : tout s'éclaircit, & l'autorité a, pour finir, mille moyens connus qui ne compromettent personne. Devant elle, l'administrateur persécuté trouve protection s'il la mérite ; mais s'il ne peut se justifier, elle l'éloigne, & il baisse la tête. Et dans le vrai, suivant notre constitution essentielle & primitive, toutes les administrations n'étant qu'une émanation du trône, n'étant même que secondaires, comment la loi & les tribunaux pourroient-ils contrarier l'exercice de cette autorité, sur-tout lorsqu'elle a des motifs puissans; même lorsque pour conserver le corps inflexible, elle sacrifie secrétement le membre? Tout ceci s'entendra bien.

Ces trois moyens employés à propos, doivent prévenir ou détruire tout le mal ou le vuide que peut faire à l'administration un de ses membres.

1°. *Abdication de la patrie.* Quand elle est effectuée, quand le citoyen n'a plus de domicile, notre jurisprudence, d'accord avec les loix romaines, ne permet ni qu'on lui confie l'administration du pays qu'il quitte, ni qu'on le force à la continuer. Ce n'est pas non plus le cas de le destituer séchement. Il prévient, ou bien on l'interroge. Il se démet par une lettre adressée au corps ou au chef, & motivée convenablement. Il est remplacé; & tout est dans l'ordre.

2°. *Absence.* Si elle est courte, l'on n'y fait pas attention; si elle devient longue, & si le service souffre, on interroge l'administrateur, & il se démet volontiers. S'il pouvoit refuser, on devroit le remplacer, après l'en avoir prévenu: on le peut sans se compromettre. De quatre personnes jugées nécessaires, & ayant chacune leur département, si l'une va passer en Italie le tems de son service, elle doit être remplacée, comme l'officier qui refuse de joindre son corps.

3°. *Maladie.* Des unes, le danger allarme, mais laisse l'espoir du retour de la santé: alors c'est un devoir pour les administrateurs de substituer. D'autres maladies laissent après elles des infirmités, qui, loin de permettre de travailler pour les autres, réduisent à ne s'occuper que de soi-même, mettent à la merci des siens & dans une espece de tutelle. Cependant il faut encore ménager la démission, & amener à l'offrir.

4°. *Impossibilité.* Il peut y avoir une infinité de cas, où, avec la meilleure volonté, les forces du citoyen ne suffisent pas à son personnel, à sa famille, à ses affaires, & au public; où, tout à la fois il se perdroit, & avec lui l'administration. Cet état des choses mérite considération & une grande circonspection.

5°. *Incapacité.* Il faut être bien indifférent ou bien aveugle pour appeller à des fonctions publiques, celui qui, à tous égards, n'en est pas capable; sur-tout lorsqu'il a des concurrens. Mais l'homme une fois démasqué, dépouillé, réduit à sa juste valeur, que faire? Rien de plus aisé à un maître que de renvoyer ses gens. Entre collegues, il faut d'autres armes; & de toutes, la plus difficile à éguiser, c'est celle de l'incapacité. Tout le monde la voit, parle, & juge: mais faut-il caractériser? les couleurs manquent, le pinceau tombe; & je ne crois pas qu'il existe sur ce point une décision judiciaire. Que faire donc? Lui départir les fonctions qui n'exigent que de l'exactitude & du zele. Souvent on tire un grand parti de ces automates infatigables, qui au fond se rendent justice & dédommagent du talent par la patience, l'exactitude & le zele.

En général, le génie, l'art & la douceur, savent tirer parti de l'incapacité, des mauvaises mœurs, de la méchanceté même. Et ce fut l'idée de Henri IV, lorsqu'il dit: *Un sage roi est un habile apothicaire, qui des plus méchans poisons, compose d'excellens antidotes; & des viperes, fait de la thériaque.* (Perefixe, Paris 1662, pag. 510.)

6°. *Abandon des devoirs.* C'est un tort plus aisé à appercevoir qu'à définir. Je puis assister au bureau & ne rien faire, ou, ce qui est pis, faire mal. Cette conduite en général très-rare, exige de la part du corps des ménagemens avec le membre insouciant, égaré ou coupable. Si on l'attaque, il s'irrite. La douceur, les égards & l'encouragement sont les seuls remedes. Je dis encouragement, parce qu'il ne faut pas même faire appercevoir à un homme ses torts; le funeste amour-propre permet qu'on l'excite à faire mieux, & ne souffre pas qu'on lui reproche ses fautes.

7°. *Mauvaises mœurs.* Dans une nation profondément corrompue, il n'est pas aisé de définir ce qu'on entend par mauvaises mœurs. Celles d'une condition ne sont pas celles d'une autre, & l'on ne vit pas au camp comme au séminaire. Celles de la province ne sont celles ni de la cour, ni même de la capitale. Ici encore les surfaces sont mobiles, & l'on change de mœurs comme d'opinions, de goût, de jurisprudence. Rien n'est donc plus vague & plus délicat que cette inculpation. Quand il s'agit de choisir, le doute suffit : c'est l'homme que l'on consigne à sa porte ; mais quand on l'a reçu, quand il est assis, comment l'éconduire sans se manquer à soi-même ? De plus, il faut être très-circonspect, se défier des propos, ne pas juger par les apparences, se garder de pénétrer dans l'intérieur, ne pas suivre dans les ténebres, ne voir l'homme que dans l'administration, & par les rapports qu'il a avec elle. Cependant après avoir couvert du voile du secret les premieres erreurs, s'il y avoit éclat, infamie, persévérance, le recours au prince seroit assuré ; & il peut y avoir des cas où les tribunaux même prononceroient la destitution: mais ils sont trop difficiles à exposer précisément ; & ces excès sont si rares, que je n'en ai point trouvé d'exemple.

8°. *Incompatibilité. Mauvais caractere.* C'est aujourd'hui un troisieme moyen de divorce dans la république de Berne ; & peut-être le bien public exigeroit-il la même loi dans l'administration : car, comment échauffer le foyer, si les rayons sont toujours divergens ? Mais cette allégation, difficile encore à établir, parce qu'il est libre à chacun d'avoir son avis, entraîneroit les plus grandes conséquences. L'administration n'est point un nœud indissoluble. On n'a que quelques instans à être ensemble, & il faut savoir se supporter. Ces caracteres bourrus, contredisans, insociables deviennent excellens, quand on sait leur passer le premier bond, les saisir à propos, les émouvoir & les tourner au bien public.

9°. *Insulte & outrage.* Il y en a de la part d'un administrateur contre un ou plusieurs de ses collegues : & il seroit à desirer que notre nation si bouillante, si pointilleuse, si engouée du faux honneur, ne perdît jamais de vue cette scene touchante de la chambre des communes, où un lord, premier ministre, rappellé à l'*ordre*, fut invité par l'orateur, & fit avec plaisir, sans se manquer, des excuses personelles au simple député d'un Bourg qu'il avoit offensé. Quant à l'outrage fait au corps, il peut se réparer & s'oublier. Il en est d'une nature qui n'admettent point d'excuse, qui serviroient de motifs d'exclusion légale, en constatant l'injure par un procès-verbal ou par une enquête. C'est à la prudence à apprécier & à ne pas se compromettre.

10°. *Trouble.* Il y a des hommes assez malheureux, ou assez méchans pour porter par-tout ce désordre, qu'il est plus aisé de prévenir que d'arrêter. C'est à l'œil du chef à suivre les mouvemens, les agitations ; & à ramener l'harmonie & la force. S'il n'y réussit pas, il est difficile de porter dans les tribunaux une plainte ou une exclusion, à moins qu'on n'ait des preuves incontestables & évidentes. En effet, ce qui paroît clair dans le moment ou sur les lieux, disparoît ou s'affoiblit dans l'éloignement. Le corps plaidant ainsi avec l'un de ses membres, est déchiré, & au moins ne paroît pas sans tort. De ces querelles publiques, tout ce qui reste, c'est le ridicule, la perte de la confiance & de la considération, si nécessaires à toutes les administrations. Après avoir épuisé toutes les ressources de la conciliation, si l'on est foible, ou malheureux, & si le danger est grand, le recours au prince est la voie la plus sûre.

11°. *Conspiration.* Dans toutes les administrations, il peut y avoir des *Catilina*: mais l'égoïsme, l'esprit de corps dans les administrations a quelquefois donné ce nom au réformateur mal adroit, à ce citoyen opiniâtre & ferme qui ne voyoit que la patrie, l'humanité & la justice. Le gouvernement & les tribunaux éclairés par ces querelles, prononcent souvent : il en résulte des lumieres utiles, & une émulation que ne produit pas une administration languissante ; où le mal se fait & l'abus s'éternise, par cela même qu'ils sont établis.

12°. *Le délit.* Ce mot nous mene à l'examen des engagemens que contracte l'administrateur avec le public, à leur infraction, & à ce qui doit en résulter dans l'ordre judiciaire.

ENGAGEMENS RESPECTIFS.

Contrat de l'administration. Réglemens. Serment. Inspection.

30. Aussi-tôt qu'un citoyen entre dans l'administration, soit qu'il y ait été appellé par le choix de ses concitoyens ou du prince, soit qu'il s'y trouve placé par sa dignité, soit qu'il ait été nommé malgré lui, soit enfin qu'il s'y soit immiscé sans un caractere légal, il se forme entre lui & le public un contrat de droit naturel, dont les devoirs sont d'autant plus sacrés qu'il a pour objet le bien public, pour base l'honneur & la confiance.

Ce contrat est un de ceux appellés en droit, procuration, mandement, commission ; *procuratio*, *mandatum*, *negotiorum gestio*: & l'on peut voir sous le nombre 4 les titres du droit romain relatifs à ces contrats.

Ainsi, tous ces administrateurs qui, sous divers aspects, & avec différens titres, se partagent les soins de la chose publique, ne sont que les mandataires, les commis, les *procureurs du pays*, (comme on dit en Provence) de la ville, de la province, de l'état dans lesquels, & pour lesquels ils gerent. *Procuratores*, *mandatarii*, *negotiorum gestores*. En derniere analyse, ce sont les préposés du souverain, à la charge duquel ils régissent une portion que ne lui permettent pas d'administrer directement la grandeur du royaume, l'éloignement, la population & l'immensité des affaires ; en conséquence, de toutes parts, ils lui en doivent compte, & ils sont soumis aux regles générales, & quelquefois encore à des loix particulieres.

Ces principes ont été cités, entr'autres, dans l'affaire de M. Dupleix contre la compagnie des Indes, que nous énoncerons à la fin de cet article, n°. 37, à sa date, année 1746. *La compagnie des Indes est la mandataire du public, le sieur Dupleix est mandataire de la compagnie des Indes, & tous doivent compte à leur commettant, &c.*

L'engagement respectif qui se forme entre l'administrateur & ses commettans est *tacite* ou *écrit*.

Il est *tacite*, lorsqu'il n'y a que les loix générales du mandat ; point de réglement particulier, ni de serment de l'observer : mais il n'existe pas moins. Il n'y a point d'administrateur qui, recevant en dépôt une portion du bien public, ne sente, ne sache que pour le garder inviolablement, il doit faire tout ce que prescrit pour lui-même la voix de son intérêt personnel.

Cet engagement peut être *écrit*; c'est-à-dire, qu'il peut y avoir un réglement remis à l'administrateur, qu'il jure d'observer, & qu'il doit étudier ensuite. Mais le fait-on ? en a-t-on le temps ? Quand on l'auroit, qu'est-ce que la plupart de ces petits réglemens faits dans l'enfance des établissemens, & qui leur conviennent si rarement dans l'âge viril ou la décrépitude ? on a beau les refaire ; ils ne pourvoient qu'à la discipline intérieure. Mais ce génie & ce courage qui font tout, c'eſt l'ame ſeule qui les donne: & malheur au corps d'adminiſtrateurs, qui ira chercher dans ſon petit code, comment il doit réſiſter à l'orage & lutter contre les paſſions conjurées. Souvent même le vice deſtructeur eſt dans l'inſuffiſance & l'ineptie du réglement, & dans un moment de criſe, l'unique moyen de conſerver eſt de tout refondre.

Ces petits réglemens, ſi chers à chaque adminiſtration, & quelquefois ſi vantés, ne font pas plus, pour les grands objets, que l'inſpection ſupérieure.

M. Turgot l'a ſi bien dit dans l'article *fondation*, de l'Encyclopédie: « Fondera-t-on des ſurveillans, des inſpecteurs pour faire exécuter les conditions de la fondation? Il en ſera de ces inſpecteurs comme de tous ceux qu'on établit pour maintenir quelque regle que ce ſoit. Si l'obſtacle qui s'oppoſe à l'exécution de la regle vient de la pareſſe, la même pareſſe les empêchera d'y veiller. Si c'eſt un intérêt pécuniaire, ils pourront en partager le profit. Les ſurveillans auroient donc beſoin d'être ſurveillés eux-mêmes: & où s'arrêteroit cette progreſſion? »

Ce premier coup d'œil préſente l'adminiſtrateur jugé par ſa conſcience, le plus redoutable des tribunaux. Il en eſt un ſecond: c'eſt celui où l'adminiſtrateur, s'écartant de ſes devoirs, devient coupable au point, que la loi prononce contre lui une peine, & que les tribunaux aient à le juger.

De tous les objets de la juriſprudence, c'eſt un des plus importans; n'eſt-ce pas un des plus obſcurs? & dans les jugemens, n'eſt-on pas en quelque ſorte abandonné au funeſte arbitraire? Ne peut-on pas s'exprimer ainſi, d'après les accuſations fameuſes auxquelles ont été livrés tant d'adminiſtrateurs, ſur-tout d'après l'embarras des juges, quand ils ont voulu qualifier le crime, & punir légalement, accumulant crimes ſur crimes, mots ſur mots, & ne ſachant ou ne voulant en caractériſer, en dévélopper aucun?

Dans cette route eſcarpée, je tâcherai de n'être pas ſeul: car ici, comme dans toutes les ſciences, celui qui s'écarte de la méthode & des préjugés établis, a l'air d'un inſtructeur & d'un novateur. Or, cette phyſionomie déplait, repouſſe, anime la critique, inſpire la défiance; & ces premieres impreſſions ſubſiſtent juſqu'à ce que le temps & la réflexion faſſent ſurnager la vérité, ſi l'on eſt aſſez heureux pour l'avoir rencontrée.

Là, comme en tant d'autres endroits de cet ouvrage, le feu eſt ſous mes pas: *Incedo ſuper ignes ſuppoſitos cineri doloſo*. Je le vois, je le ſens; je ne fuis point; la vérité utile m'arrête; mais je ne veux pas périr, & je marche plus vîte.

Engagemens envers l'adminiſtrateur: Infraction & Peine.

31. Le citoyen arrivant à l'adminiſtration, prendroit-il un engagement envers elle? & n'en feroit-elle point avec lui? Un pareil contrat ſeroit oppoſé à la raiſon & à la juſtice.

Dans ſes *Loix civiles, liv. 2, tit. 3, ſect. 3, pag. 167*, Domat réduit à deux les engagemens des états, corps & communautés envers l'adminiſtrateur.

1°. *Engagement de ratifier* ce que les adminiſtrateurs *ont bien géré ſelon leur pouvoir*. « Ceux qui compoſent les communautés, ne pouvant agir tous, ni ſavoir même tout ce qui regarde leur communauté, ſont *cenſés* ſavoir de leurs affaires ce qu'en ſait celui qu'ils y ont commis. » *Sicut municipum nomine actionem prætor dedit, ita & adversùs eos juſtiſſimè edicendum putavit.* L. 7, D. quod cujuſque univerſ. *Municipes intelliguntur ſcire quod ſciant hi quibus ſumma reipublicæ commiſſa eſt.* L. 14, D. ad municip.

2°. *Engagement d'allouer les dépenſes*, pourvu qu'elles ſoient raiſonnables. *Legato, qui in negotium publicum ſumptum fecit,*

fecit, puto dandum actionem in municipes. L. 7, D. quod cujus un.

Mais quelles sont ces dépenses raisonnables ? Comment les justifier ? N'en est-il point qui, utiles, nécessaires, toutefois ne peuvent pas s'écrire dans l'état fourni par l'administrateur ? Et alors, comment faire s'il y a contestation ? Comment le présenter à la justice ? Comment le faire allouer ? On sent bien tout ce que je veux dire. On sait bien aussi que dans les procès il y a une maniere de faire passer en compte certains frais extraordinaires, & que pour d'autres dépenses il y a ce qu'on appelle vulgairement *des couvertures*. Il seroit à desirer que chaque administration pût imprimer, & que chacun pût vérifier tous les articles de dépenses. Ce moyen simple, indiqué pour l'Hôtel-Dieu de Paris, feroit disparoître une infinité d'abus, & restreindroit les dépenses forcées de plusieurs administrations.

Dans son *Traité du droit public*, Domat, *liv.* 1, *tit.* 2, parle *de la puissance, des droits & DEVOIRS de ceux qui ont le gouvernement souverain*; & dans la section 3, pag. 14, énumérant les devoirs, il les borne à la connoissance, l'amour & la protection de la religion, de la vérité & de la justice : idées simples. Ajoutons donc quelque chose aux engagemens envers l'administrateur.

3°. *Vérité.* Domat fait de sa recherche un des devoirs essentiels du souverain : sans elle en effet que peut-on ? que fera-t-on jamais ? Sans elle le bien public est un songe, & la justice aveugle n'a plus qu'un glaive homicide. *Un roi jeune est monté sur le trône avec un ardent amour pour la VÉRITÉ, & le courage nécessaire pour l'entendre : ayons celui de la lui faire parvenir.* (Discours de M. de Malesherbes à la cour des aides, 12 novembre 1774.)

4°. *Justice.* On ne doit pas exiger d'un administrateur plus que ne permettent les circonstances données & les moyens qui lui ont été fournis. On ne l'oblige pas à entretenir mille pauvres avec la fondation faite pour cent. On ne le force point à trahir sa patrie. On ne le tente point d'abandonner les siens par l'espoir d'une récompense qui ne laisse après elle que la honte & le remords. S'il est forcé de plaider, on le juge plus promptement, parce que, dans tous les pays du monde, les hommes publics ont ce privilege, qui n'est qu'une conséquence de la préférence donnée à l'intérêt général sur l'intérêt particulier. S'il a tort, parce qu'il n'y a rien de si aisé que de s'égarer dans le labyrinthe de la jurisprudence, & si toutefois il est pur & loyal, en le condamnant, on lui conserve ces égards sans lesquels on seroit bientôt découragé des affaires publiques. En général, les administrateurs sont accueillis quand ils n'ont pas été dévancés par la diffamation, la prévention ou des torts réels.

5°. *Appui.* Qu'entendons-nous par-là ? Ce n'est pas seulement cette protection vague que l'état entier doit à toutes les administrations particulieres ; c'est de soutenir, dans les occasions délicates, où l'administration embarrassée entre l'autorité, le besoin, les circonstances ténébreuses, & la réclamation du peuple aveugle, périra, si l'on ne vient pas puissamment à son aide. C'est sur-tout de ne pas la désavouer, lorsqu'elle a éxécuté des ordres, suivi les loix ou l'opinion reçue. Dans un état quelconque, administration, principes, usages, opinions, tout s'enchaîne & se soutient mutuellement ; & toutes les fois qu'on brise le moindre ressort, la machine souffre ; le contre-coup se fait sentir d'un pole à l'autre.

6° *Récompense.* Il y en a d'attribuées à quelques administrations, comme la noblesse à l'échevinage de paris & de Lyon, & au capitoulat de Toulouse. Il y a encore la considération publique qui, tardive quelquefois, finit par être juste. Il y a sur-tout le bonheur d'avoir fait son devoir ; d'avoir servi son pays

& son roi. Pour l'homme heureusement né, pour le François, ah ! sans doute c'est la récompense du cœur ; c'est celle avec laquelle on marche, la tête haute, & l'on a des nuits paisibles.

Mais il est des cas extraordinaires, & en général, si l'on veut qu'une administration fasse le bien public, ne peut-on pas dire, avec un jurisconsulte célebre, qu'il faut y attacher une récompense : *Fidelibus ac justis quæstoribus, præfectis, aliisque officiariis, quos dignissimos, ut optima laborum & virtutis suæ præmia consequantur,* ET HONORIBUS AC FORTUNÆ DONIS AUGEANTUR. (Carpzovius, *edit. Basileensis 1751, part. 2, quest. 85, n°. 24, pag. 254.*)

Ce mot *Récompense* n'est point celui du Cardinal de Richelieu. « Je fais marcher, dit-il, *la peine devant la récompense*, parce que, s'il falloit se priver de l'une des deux, il vaudroit mieux se dispenser de la derniere que de la premiere. Le bien devant être embrassé *pour l'amour de soi-même*, à la grande rigueur, *on ne doit point de récompense* à celui qui s'y porte. » (*Testam. polit., tom. 2, ch. 5, pag. 21, Paris, le Breton, 1764.*)

Henri IV pensoit bien différemment, quand Nérestan lui protestant qu'il ne desiroit pour récompense que la gloire de le servir, Henri répondit : *C'est ainsi que doivent parler de bons sujets ; ils doivent oublier leurs services : mais c'est au prince à s'en souvenir ; &, s'il veut qu'ils continuent à être fideles, il faut qu'il soit juste &* RECONNOISSANT. (Perefixe, *Paris, 1662, pag. 517*)

Un grand monarque, qui voyageoit pour s'instruire, interrogeant, le 9 août 1777, des administrateurs qui ne lui parloient que de l'honneur de faire le bien, devina qu'il devoit y avoir encore une autre récompense, & en obtint l'aveu.

Ce systême absolu des peines n'étoit pas non plus celui de ce peuple qui soumit l'univers par ses loix, encore plus que par ses armes. *Bonos non solùm metu, sed etiam* PRÆMIORUM *exhortatione.* L. 1, § 1, D. de just. & jure.

C'est sur-tout dans l'administration qu'il employoit ce levier puissant. « Rome, disoit Fabricius au roi Pyrrhus, ne ruine point les citoyens en les élevant à la magistrature ; elle donne tous les secours nécessaires à ceux qui sont dans les charges, & elle les leur fournit *libéralement* & magnifiquement. » (Denys d'Halicarnasse, *pag. 746.*)

Rome alloit plus loin : elle accordoit aux administrateurs des provinces ces droits qui ajouterent tant à l'immense fortune que Ciceron avoit faite au barreau de Rome. Si, à son exemple, ils méritoient l'amour des peuples, on les combloit d'honneur & de présens. La loi Cornelie les obligeoit à rester trente jours après leur administration, pour répondre aux accusations, aux reproches & aux enquêtes : mais, s'ils avoient été bienfaisans & purs ; le triomphe les attendoit à leur rentrée dans Rome, & l'on sait ce que c'étoit que le triomphe dans l'opinion de ce peuple qui mettoit tant de prix aux honneurs & connoissoit la gloire. C'est cette constitution ancienne qui, même dans le Bas-Empire a dicté cette belle loi. *Qui ex quæsturæ honore, aut officiali magisterio, aut comitivâ utriusque ærarii nostri attonito splendore viguerunt ; acclamatione excipiantur solitâ, nec prætereantur* UT INCOGNITI. (Leg. un. C. de quæstoribus & magist. off.)

Ces principes seroient-ils devenus impraticables ? & l'Europe appauvrie par ses besoins, ses armées & la multiplication de ses magistrats, ne peut-elle donc pas traiter convenablement ses administrateurs ? Après avoir tout imaginé pour le guerrier, sans doute utile, n'a-t-elle rien en réserve pour l'administrateur bienfaisant & juste ?

Toutes les fois que l'administrateur sera réduit à consumer sa fortune, on en trouvera quelques-uns que séduiront la gloire & l'espérance ; quelques autres assez faciles pour sacrifier le patrimoine de leurs familles, enthousiasmés du bonheur de contribuer au bien public : mais moins riches, ils perdront cette considération qui prise l'éclat & la fortune, & leur nombre diminuera chaque jour.

Toutes les fois qu'un administrateur & ses sous-ordres n'auront pas un traitement convenable, tel qu'ils puissent subsister décemment, & élever leur famille, faire quelque réserve, comme dans le commerce, la finance & les autres états, on sera exposé aux inconvéniens du dégoût, de la négligence, des intérêts secrets dans les entreprises, des présens, & du *gaspillage*.

Toutes les fois qu'une administration sera ingrate, avare & injuste, elle sera tôt ou tard la proie de la corruption, du désordre & de l'abandon : destinée au bonheur de tous, elle sera la source du malheur public. Voilà sa peine, & il ne peut point y en avoir d'autre : car que peut le particulier contre l'injustice générale ? Que purent Aristide, Scipion, Camille, Belizaire, l'Hospital, Sully & tant d'autres ? Il n'en est pas de même de l'administrateur ; les loix le punissent : mais comment peut-il être coupable ?

Délits & fautes de l'administrateur. Peines.

32. Notre jurisprudence renferme sous quatre mots, les délits que peuvent commettre les personnes publiques : *malversation*, *prévarication*, *concussion*, *péculat*. Ces deux derniers ont un sens très-clair.

La *concussion* est l'acte par lequel l'homme public exige ce qui n'est pas dû. Ce fut un des crimes de Verrès. Parmi nous, ce fut jadis le plus ordinaire des hommes puissans & avides, enhardis par la foiblesse ou l'insouciance du trône. Aujourd'hui encore il peut se cacher sous différentes formes : les présens, les gens affidés, les intérêts secrets dans les entreprises, les contributions exigées par les sous-ordres, l'exaction d'un impôt illégal, l'extension de celui qui existe, & combien d'autres abus ! Les ordonnances d'Orléans, *art.* 230 ; de Moulins, *art.* 23 ; & de Blois, *art.* 280, prononcent contre le coupable *la confiscation de corps & de biens*. Mais la jurisprudence absolument arbitraire ; proportionne les peines aux circonstances. Voyez *Concussion*.

Le *péculat* est le vol des deniers publics, confiés à l'administrateur. Carpzovius, (*part.* 2, *quest.* 85, *n°.* 3, *pag.* 652,) regarde comme péculat & vol toutes les manœuvres par lesquelles l'administrateur peut s'enrichir, au préjudice de la chose publique. *Sæpè accidit ut* ADMINISTRATORES *pecunias, aliasve res fidei & curæ suæ concreditas, in proprios usus convertant, aliquid in rationibus dolosè omittant, intercipiant & subvertant, ut facere quandoque solent dolosi tutores & curatores, factores, gestores, quæstores, præsides, publicani, & similes : qui omnes, sive publicum, sive privatum gerant officium, hoc nomine furti tenentur.* L. 4, § hunc 22 ; & l. actione 2, § quod 1, D. de tut. & ration. distrah. l. tutor. 33, D. de furt.

Il regarde la peine de ces manœuvres comme absolument arbitraire. *In hâc furti specie suspendii pœna locum sibi non vendicat ; nam etsi* ADMINISTRATORES *& officiales* DOLOSÈ *ac* FRAUDULENTER *agentes, criminaliter puniri queant ; nequaquam tamen pœnâ ordinariâ, sed extraordinariâ* PRO ARBITRIO JUDICIS *sunt afficiendi.* n°. 9, pag. 253.

« Si l'administrateur dilapide la chose publique, s'il la convertit à son usage ; s'il n'y entre que pour son avantage & celui des siens, peu jaloux de rendre compte de ce qu'il fait, il y a peine de mort. ADMINISTRATORES, *ut plurimum res suæ fidei concreditas* DILAPIDARE, *contrà jusjurandum præstitum in proprium usum convertere, sibi suisque consulere, & rem familiarem meliorem reddere, parùm sollicitos de reddendâ* aliquandò ratione ADMINISTRATIONIS. Ad coercendam hanc perfidiam, adversùs homines illos, nequissimos ac perfidos severiori pœnâ ac mortis supplicio animadvertere jussit. n°. 18, pag. 254...... Cette jurisprudence paroîtra rigoureuse, mais elle est nécessaire pour retenir l'avidité, la méchanceté & la perfidie: *Nimis forsitan hoc rigorosum alicui videbitur, sed talem rigorem malitia ac perfidia requirit.* n°. 19. »

Ce fut ce dernier motif qui dicta à M. le Dauphin, pere du roi, une opinion sévere sur la peine du péculat, lorsqu'étudiant la jurisprudence, il rédigea tant de mémoires, d'observations & de notes, dont la collection, monument honorable pour les jurisconsultes, seroit précieuse pour tout le monde. « Nos rois, écrivoit ce bon prince, ont fait avec justice les ordonnances les plus séveres contre ceux qui *malversent* dans le maniement des finances. François I ordonna que le crime de péculat seroit puni par la confiscation de *corps & de biens. (Ordonnance de 1545.)* Il y a eu de grandes contestations sur le sens de cette expression. Les uns entendent par-là simplement la mort civile, & les autres PEINE DE LA VIE. *Je suis de ce dernier sentiment;* car on voit que les Romains, d'après lesquels la plupart de nos loix ont été faites, qui n'avoient d'abord décerné qu'une restitution du quadruple, ont été ensuite forcés, par les cas multipliés, de punir le péculat de mort. Et notre histoire fournit des exemples d'une pareille *rigueur.* » *(Mémoires pour servir à l'histoire de Louis Dauphin de France, mort le 20 décembre 1765. Paris, Simon, 1778.)*

Malgré cette opinion respectable, & les déclarations du 5 mai 1690, & 3 juin 1701, qui prononcent la peine de mort contre le péculat, la jurisprudence est restée arbitraire. On punit suivant les circonstances, la quotité des sommes, les conséquences, l'esprit du tribunal, & le génie du siecle. Voyez *Péculat*.

Malversation. Prévarication. Qu'entend-on par ces mots vagues, dont nous tâcherons de fixer le sens à leur rang? Quelles en sont les peines; & dans quelles acceptions peut-on les appliquer à l'administration? Rien de plus difficile que de fixer des principes généraux.

Les Romains classoient autrement leurs idées. Après les loix *Julies*, sur la brigue, le péculat & la concussion, ils disoient encore: « Ce n'est pas assez que l'administrateur soit puni pour le dol, il doit l'être pour la faute & la négligence. » *Magistratus reipublicæ non dolum solummodò, sed & LATAM NEGLIGENTIAM, & hoc ampliùs etiam DILIGENTIAM debent.* (L. 6, D. de administratione rerum ad civitates pertinentium.)

Carpzovius, *n°. 57, 58 & 59*, examinant la conduite de l'administrateur, distingue ce qu'il a fait, dans le dessein de voler, d'avec ce qu'il a oublié dans ses comptes, retenu avec dessein de rendre, & occasioné par faute ou par négligence. Il réserve la peine de mort au premier cas. Au second, il croit d'abord que l'administrateur doit réparer le tort, & ensuite que, suivant les circonstances, il peut être puni arbitrairement de la rélégation, de la prison, de l'amende. *In iis administratoribus, qui non dolosè ac fraudulenter animo furandi in rebus fidei & administrationi suæ concreditis versati fuere; sed forsan ex NEGLIGENTIA & CULPA quicquam subtricuerunt, aut pecuniam in proprios usus converterunt animo tamen & proposito eam postea restituendi, & in rationes subsequentes referendi...... ex culpâ & negligentiâ verò administratores civiliter solùm alligati sunt, non criminaliter. Ideòque administratores & officiales hoc casu defectum resarcire tenentur.... Ità tamen, ut simul ob culpam & negligentiam arbitrariâ pœnâ, relegationis, carceris vel mulctâ pecuniariâ plectantur: arbitrariè enim culpâ puniri solet.*

D'après ces loix, leur interprétation & la simple raison, il sera plus aisé de définir ce que nous entendons en général par *malversation*, par *prévarication*; & ce que les Romains entendoient par *dol*.

Le *dol* sera d'abord, comme dit Carpzovius, la fraude & la manœuvre pratiquée par l'administrateur, pour s'enrichir de la chose publique : *Dolosè ac fraudulenter animo furandi in rebus fidei & administrationi suæ concreditis*. Quelques voiles qui couvrent ces malversations, quelques noms qu'on leur donne, ce sont des *prévarications* qui ont l'effet du *péculat*, & qui doivent être punies avec plus de sévérité; parce que plus enveloppées, plus difficiles à prouver, elles peuvent se multiplier par l'impunité, perdre insensiblement & invisiblement la communauté. Ce sera tous les artifices, tous les détours pratiqués par l'homme sordide & malhonnête, pour s'enrichir aux dépens de la chose publique; ce sera l'adjudication donnée à bas prix à gens avec qui l'on s'associe, parce qu'on reçoit pour soi ou les siens un *pot de vin*, des *épingles*, un *baise-main*, un don enfin, quelque nom qu'on lui donne. Ce sera un intérêt secret dans un approvisionnement, une fourniture qu'on auroit fait faire à plus bas prix, & dont on masque les profits exorbitans par des avaries supposées & d'autres artifices bien connus. Ce sera une infinité d'autres manœuvres honteuses, qui souillent la pureté nécessaire à toute administration, & que le législateur romain ordonnoit de punir. *Maximè autem omnium, qui hanc administrationem habet, & perpetuè hoc ponet studium* PURIS MANIBUS *omnia agere*, & ADMINISTRATORES *habere* NON SORDIDOS, *neque* TURPI ACCEPTIONI PARATOS, *sed purè & liberè administrare. Et si tale aliquid super ministris peccatum invenerit, hoc etiam* PUNIRE, *& ex ipsis prius ostendere suam firmitatem simul & castitatem.* (N. 80, cap. 8.)

Mais comment définir la faute & la négligence, qui souvent servent de manteau à l'infidélité; & que prononcer quand elles sont établies?

La *faute* est divisée par quelques jurisconsultes en cinq especes, par le plus grand nombre en trois : *lata*, *levis*, & *levissima*.

Sans entrer dans les innombrables interprétations des docteurs, sur le sens d'une multitude de loix romaines où l'on trouve les mots *faute* & *négligence*, ne peut-on pas dire en général, 1°. que, si l'administrateur commet une faute grossiere comparée par toutes les loix au dol, *lata culpa quæ dolo æquiparatur*, il doit être puni, sinon aussi sévérement que pour le dol prouvé, du moins par approximation : 2°. que, quand il n'y a qu'une faute ordinaire, alors, n'étant pas soupçonné de dol, il n'est tenu qu'à la réparer?

La différence entre la faute grossiere & la faute légere, est facile à reconnoître par les circonstances, & sur-tout parce que la faute grossiere laisse dans l'esprit des soupçons de dol & d'intérêt personnel. Rendons ceci plus sensible par une comparaison tirée des interpretes du droit.

Le trésor public, placé dans un raiz-de-chaussée, a été volé pendant la nuit. 1°. Il n'y aura contre l'administrateur dépositaire ni soupçon de vol ou de complicité, ni motifs de le rendre responsable, si le vol a été fait avec violence, effraction, & s'il n'y a eu aucune part. 2°. Il y aura crime, dol, péculat, vol, si l'administrateur est convaincu d'y avoir participé; ce qui est arrivé quelquefois. 3°. Il y aura faute grossiere comparée par la loi au dol, s'il a laissé les fenêtres ouvertes pendant la nuit, & si les circonstances le font soupçonner de quelque complicité. 4°. Il y aura faute simple, s'il n'y a aucune de ces circonstances; si, par exemple, la fenêtre est restée ouverte par l'oubli d'un domestique, alors il ne sera pas puni comme voleur ou complice; mais il pourra être actionné comme dépositaire public, &

condamné à payer les sommes mises à sa garde.

La faute simple tient à l'ignorance & à la négligence, qu'il faut aussi tâcher de définir.

L'IGNORANCE est prise en plusieurs sens.

C'est d'abord l'IGNORANCE DU FAIT, *ignorantia facti*, qui a occasioné le dommage & la faute de ne pas le prévenir. Tout se réduit à savoir si l'administrateur a dû & pu être instruit, & prévenir. C'est une question de fait qui dépend absolument des circonstances. Ainsi je suis chargé de l'approvisionnement de mille hommes que je conduis dans une colonie: si je ne le fais pas avec abondance, je suis coupable; mais si vous en ajoutez ensuite deux mille; s'ils arrivent sans que j'en sois prévenu, le défaut d'approvisionnement & les maux qui s'ensuivront, ne pourront pas m'être imputés.

C'est ensuite l'IGNORANCE INÉVITABLE OU EXCUSABLE, qui résulte de la constitution publique, du défaut de réglemens & de principes, de l'ignorance générale & des ténebres sur l'administration dont on est chargé. Je ne saurois mieux la peindre que par ces traits des requêtes de M. Fouquet, *tom. 2, pag. 53*. « La réponse aux prétendues malversations, dans l'administration des finances, sera plus difficile à se faire entendre, pour ce que *peu de personnes sont capables d'en concevoir toutes les formalités, & de connoitre la NÉCESSITÉ INDISPENSABLE DE FAIRE LES CHOSES COMME ELLES ONT ÉTÉ FAITES, hors ceux qui ont été LONGTEMPS employés...... Ceux-là même qui y ont passé PLUSIEURS ANNÉES, n'y sont pas trop savans*. Dieu ayant distribué divers talens aux hommes, les uns ayant celui d'imaginer, de trouver de l'argent, & n'ayant aucune des lumieres nécessaires à l'exécution de leurs projets qui sont toutes les chicanes & menues formalités...... Les autres, au contraire, grands personnages en cette chicane & très-habiles formalistes, mais incapables de trouver un sou, &c. .... »

Dans les administrations de cette nature, & autres semblables, ce seroit une atroce injustice d'inculper quelqu'un d'un tort inévitable, & que tout le monde auroit eu comme lui. On y rendra donc sans forme son porte-feuille & ses papiers, & l'on ne sera jamais recherché, à moins de faits graves, évidens & prouvés.

L'IGNORANCE PERSONNELLE est autre chose. C'est ce que les loix romaines appellent l'ignorance de ce que l'on doit savoir, *ignorantia juris*, & contre laquelle elles ne reçoivent point d'excuse; c'est l'incapacité relative des devoirs que l'administrateur doit remplir, soit qu'il ne les ait pas étudiés, soit plutôt que, par la nature ou l'éducation, il soit incapable de les apprendre. Si l'administrateur a été nommé malgré lui; si d'ailleurs il a pu consulter, & s'il l'a fait, ce n'est pas sa faute, c'est celle des nominateurs; & le mal résultant de cette ignorance corrige tôt ou tard de l'insouciance qu'on met quelquefois à ces élections. Mais si l'administrateur a pu refuser, à plus forte raison s'il a intrigué pour être élu; & si ensuite il fait une faute par ignorance personnelle, n'est-il pas punissable? Pourquoi par vanité, par ambition, desirer & prendre une place où l'on est incapable de faire le bien? Lorsqu'on est né pour être passager, comment s'aviser de prendre le gouvernail, & s'exposer à perdre le vaisseau? Dans ce cas, si quelquefois la jurisprudence étoit sévere, on dégoûteroit du service public ceux qui en sont incapables, & toutes les administrations y gagneroient.

La NÉGLIGENCE peut être considérée comme un délit, ou en approcher; c'est pourquoi la loi rend l'administrateur responsable, *& hoc ampliùs DILIGENTIAM debet*. Mais qu'est-ce que cette activité, ce zele? Qu'est-ce que cette diligence demandée en cent autres endroits à l'administrateur, & répétée sans cesse par le chancelier d'Aguesseau dans ses œuvres & sa correspondance? A quels caracteres pourra-t-on la reconnoître?

La *diligence* de l'administrateur, disent par-tout les mêmes loix, est celle que le pere de famille apporte à ses affaires, *quam pater-familias suis rebus adhibere solet.* D'autres jurisconsultes la définissent l'usage de toutes ses facultés & de tous les moyens possibles. *Diligentiam non malè definieris usum virium aliarumque rerum fini adsequendo sufficientium.* (Vocab. jur. Scotti, Brissonnii, HEINNECCII edit. Vicat, Neapoli, 1760.)

Ces deux idées & toutes autres pareilles, quand il s'agit de les appliquer à une espece, ne présentent qu'une lueur pâle & tremblante; & le juge n'en reste pas moins indécis. La vanité dit qu'on n'auroit pas commis une pareille faute; un retour sur soi-même fait frémir. La pitié survient, & la justice ordonne.

Pour tirer le magistrat de cette perplexité, il faudroit une loi claire qui prononçât précisément comme sur le péculat. Mais qui pourra tracer une ligne visible de démarcation? La jurisprudence elle-même ne présente des décisions que sur des especes dont aucune ne ressemble exactement à l'autre.

Dans le nombre je reprends l'ARRÊT du parlement de Paris, de 1499, que j'ai cité au mot *Accident, n°. 19, tom. 1, pag. 729.* Il cassa les officiers municipaux de Paris, les déclara incapables de remplir aucune charge publique, & les condamna à une grosse indemnité. Quelle étoit leur faute? La négligence de n'avoir pas prévenu l'*accident* arrivé par la chûte du pont Notre-Dame.

Le magistrat doit veiller à la sûreté même des édifices privés, & les faire inspecter, (*l. 7, D. de off. præsidis;*) à plus forte raison sur les édifices publics dont il a l'administration.

Cet arrêt recueilli par-tout peut sembler sévere, & n'en est pas moins juste. Il suffit de réfléchir, de sens froid, sur les devoirs de l'administrateur, & les inconvéniens qu'entraîneroit le pardon de la négligence.

En effet, que devenir, si, avec des allégations d'oubli, d'inattention, d'ignorance, de négligence, de faute quelconque, les administrateurs étoient reçus à excuser des événemens qu'ils auroient pu prévenir, & dont les conséquences sont affreuses, presque toujours irréparables? Ce n'étoit pas la peine de se mettre en société, de gêner sa liberté, de céder honneur, pouvoir, considération, émolument, tout ce qui est attribué aux administrateurs de toutes les classes.

Ensuite quand vous punissez arbitrairement, vous examinez moins encore le fait en lui-même, que la gravité des conséquences, sur-tout le danger de *multiplier* les événemens de la même nature; & c'est le motif qui paroît avoir déterminé l'opinion févere de M. le Dauphin sur le péculat.

Ce sont les conséquences seules qui vous forcent à envoyer au supplice le malheureux qui, pressé par le besoin & la mauvaise compagnie, a participé à un vol isolé, quelquefois peu considérable. Eh! n'y a-t-il pas plus de conséquence à laisser impunie la faute par laquelle l'administrateur a sacrifié la sûreté, le repos & le bonheur public qui lui étoient confiés?

Dans les délits particuliers, c'est la perte de l'homme, du moment; & tout se répare. Dans l'administration tout s'agrandit, s'éleve, se multiplie; la négligence peut arrêter l'agriculture, entraver le commerce, ruiner le trésor public, amener la disette, occasioner d'affreux accidens, coûter la vie à des citoyens, porter le malheur public jusqu'aux races futures. Eh! combien d'administrations dont l'état pitoyable ne vient que d'une premiere faute!

Trop de sévérité est barbarie: trop d'indulgence est injustice.

On voit avec joie la clémence, quand

elle fait grace au délit malheureux & sans suite. On tremble, quand celui qui a volé ou perdu la patrie, y reste tranquille, plus heureux que ceux qui l'ont bien servie, si l'on peut l'être avec le remords.

Ces maximes seront vraies dans toute nation, s'il peut en être encore, où, comme disoit le chancelier de l'Hospital, tom. 2, pag. 182, *on ne pense qu'à gagner, & la passion de l'or ôte tout sentiment:* dans toute nation où, comme l'a dit Duclos, *si l'on a des SCRUPULES, quelques plaisanteries les soulagent, & beaucoup d'argent les dissipe.* (Consf. sur les mœurs par *Duclos*, pag. 213.) On y admireroit celui qui auroit tiré parti de l'administration, sans pouvoir *donner prise.* Celui qui n'auroit eu que du zele & de la probité, n'exciteroit que l'étonnement & la pitié.

Honorer, récompenser, encourager les administrateurs bienfaisans & justes, & punir, avec proportion, le crime, la faute & la négligence; effrayer tous ceux qui ne feroient pas le service public avec la pureté, le zele, le courage, les qualités qu'il exige; tel est le langage des loix, des jurisconsultes, de l'expérience, de la raison, du bien public: telle est la conduite des nations qui font de grandes choses.

Et alors quelles sont les peines? Je ne dirai pas celles du crime, puisqu'elles sont arbitraires, je dirai encore moins celles de la faute? J'ai indiqué la loi, & c'étoit mon devoir. Je paroîtrai abstrait, parce que je ne pouvois pas tout dire. Les questions qui restent sont moins délicates, & présentent des principes plus sûrs.

Solidité. Sous-ordres.

33. Le langage des loix ne sauroit rassurer l'administrateur ignorant, négligent, infidele: le sera-t-il plus s'il considere qu'il est solidaire avec ses collegues, & quelquefois qu'il répond des sous-ordres?

La solidité est de droit entre les administrateurs, coobligés à la garde de la chose publique. Leur engagement est fait *in solidum*, & la jurisprudence ne contredit pas les principes.

La loi romaine dit: « LE DEVOIR DES ADMINISTRATEURS EST INDIVIDUEL, ET LEUR PÉRIL EST COMMUN; à moins cependant qu'il n'ait pas dépendu de l'éviter, soit de la part de celui qui a fait la faute, soit de la part de celui qu'il a mis à sa place: auquel cas chacun n'est tenu que de sa part, de son fait. » *Imperator Titus Antoninus Lentulo vero rescripsit, MAGISTRATUUM OFFICIUM INDIVIDUUM, AC PERICULUM ESSE COMMUNE: quod sic intelligi oportet, ut ita demum collegæ periculum adscribatur, si neque ab ipso qui gessit, neque ab his qui pro eo intervenerunt res servari possit; & solvendo non fuit, honore deposito: ALIOQUIN si persona vel cautio sit idonea, vel solvendo fuit, quo tempore conveniri potuit, UNUSQUISQUE IN ID, QUOD ADMINISTRAVIT, TENEBITUR.* L. 11, D. ad municipalem & de incolis.

ARRÊT des grands jours de Clermont, du 19 décembre 1665, qui ordonne « que tous ceux qui ont eu le maniement des biens & revenus des hôpitaux, & qui n'ont rendu aucun compte, seront tenus de le rendre dans la huitaine; & à défaut de ce faire, seront *solidairement* contraints, &c. »

Cette solidité maintenue ainsi pour le rendement de compte général, & pour les affaires délibérées par le corps, ne paroît pas devoir frapper sur toutes les opérations particulieres de chaque administrateur; sur-tout, 1°. quand, comme le dit la loi romaine, il est évident que le corps entier n'y a eu aucune part: 2°. Quand ce n'est pas le corps qui a choisi son membre coupable.

Qui voudroit être administrateur, s'il falloit répondre des collegues qui ne seroient pas de son choix, sur lesquels il n'auroit n'auroit aucune autorité, qu'il ne pourroit ni quitter, ni renvoyer?

Cette considération ne doit pas empêcher de veiller, même sur les sous-ordres, que l'on a quelquefois regardé comme des commis dont les administrateurs répondent, lorsqu'ils les ont placés.

Que de choses à dire sur ces êtres dont ne peuvent pas se passer la plupart des administrations! Ils ne paroissent que des scribes, des commis, des instrumens que tient dans ses mains l'administration, & qu'elle peut briser à son gré. Dans le droit, ce n'est rien de plus. Dans le fait, ils ont la plus grande influence; ils font presque tout, parce qu'eux seuls connoissent parfaitement la machine. Empressés d'instruire le nouvel administrateur, ils le façonnent à leur gré: parfaitement unis, & se trahissant rarement, vous les croiriez quelquefois conjurés contre l'administration; ils lui paroîtront dévoués, & ils le sont volontiers, parce qu'ils subsistent par elle. Mais ce sentiment s'arrête là où commence leur intérêt. Ils peuvent entrer secrétement dans les marchés, les adjudications, toutes les entreprises; ils ont l'art de détourner les enchérisseurs & d'établir des gens affidés avec qui ils s'associent secrétement, ou de qui ils reçoivent des présens. On feroit un traité des moyens qu'ils ont de s'enrichir aux dépens de l'administration, pendant que l'administrateur sacrifie son temps & sa fortune. Et c'est ainsi trop souvent que des établissemens ont été ruinés malgré le désintéressement & le zele des administrateurs; & que ceux-ci ont été quelquefois compromis.

Recherches. Prescription.

34. Mais combien de temps l'administrateur peut-il être recherché, 1°. pour la reddition de ses comptes; 2°. pour ses délits, & ses fautes? Il ne faut pas confondre ces objets.

La jurisprudence la plus générale, assimilant les administrateurs publics aux tuteurs & aux curateurs, donne trente ans pour leur demander compte. On a été jusqu'à imaginer un temps indéfini; opinion qui n'est confirmée par aucun arrêt, & qui est contredite par Dunod, *Traité des prescriptions, part. 1, chap. 2, pag. 102, édit. de 1744*; par Henrys & Bretonnier, *tom. 2, liv. 4, quest. 31, pag. 102, édit. de 1708.*

Deux loix romaines qui semblent se contredire, ont donné lieu à deux provinces, d'abréger le tems nécessaire pour cette prescription.

In omnibus fisci quæstionibus, exceptis causis, in quibus minora tempora servari specialiter constitutum est, VIGINTI *annorum præscriptio custoditur.... § I.* REIPUBLICÆ RATIONES *subscriptæ & expunctæ adversùs eum quidem, qui* ADMINISTRAVIT, *ultra viginti, adversùs hæredem verò, ultra decem annos retractari non possunt.* L. 13, D. de divers. tempor. præscrip.

Calculi erroris retractatio etiam post decennii aut vicennii tempora admittetur.... § I. sed si gratiosè expunctæ dicentur, non retractabuntur. L. 8, D. de administ. rerum ad civit. pert.

LETTRES-PATENTES de 1612 & de 1661, pour la Provence, obtenues par Mrs. les procureurs du pays qui donnent vingt ans contre les comptables, & dix ans contre leurs héritiers. (Duperrier, *tom. 2, lettre* P, *n. 23, pag. 544.*) Mais, ajoute l'arrêtiste, si le comptable veut revenir envers la clôture de son compte, il doit se pourvoir dans les dix ans; parce que c'est une restitution en entier envers cette clôture de compte: & il rapporte un ARRÊT de la cour des comptes de Provence, du 24 août 1642, qui juge que le recours du compte se prescrit par dix ans.

ARRÊTS de la cour des aides de Montpellier, des 15 juillet 1539, & 15 octobre 1554, qui réduisent A DIX ANS le tems durant lequel on peut demander compte & examen *des administrations consulaires, & autres administrations des deniers publics & des communautés, soit de deniers royaux ou* AUTRES. (Recueil de Philippi, *art. 20, pag. 19.*) L'auteur, après avoir prouvé que l'administrateur est obligé par toutes les loix à rendre compte, ajoute : « Et cette reddition de compte n'ont trouvé bon, nos majeurs, étendre par TEMPS EXCESSIF, *mais certain & raisonnable, comme depuis dix ans.* »

Qui ne seroit pas tenté de desirer que cette jurisprudence devint celle de tout le royaume ? D'un côté ce seroit assurer la tranquillité des familles ; car on doit trembler en songeant que pendant trente années on peut être recherché pour les comptes de son administration. On les laisse en dépôt & l'on ne retire point de double de l'arrêté ; or le dépôt peut être volé ou brûlé : on peut supposer une erreur de calcul. D'autre part, ceux qui doivent exiger les comptes, les successeurs, le ministere public seroient plus actifs. Durant un si long-temps la vérité s'efface, les preuves disparoissent, & alors comment avoir justice ?

Les Romains, détournés par la guerre, long-tems absens, & éloignés par les proconsulats, les préfectures & les questures, devoient prolonger le temps nécessaire pour acquérir la prescription. Pour nous, plus rapprochés, plus paisibles, plus sédentaires, dix ans ne sont-ils pas un terme suffisant & très-considérable ?

La loi qui ordonne la reddition annuelle & l'impression publique des comptes de l'administration de l'Hôtel-Dieu de Paris, mettroit dans toutes les administrations plus d'ordre, de clarté & de sûreté.

Tandis que la jurisprudence la plus générale accorde trente ans pour demander compte à l'administrateur, elle n'en donne que vingt pour l'accuser ; & c'est, au premier coup-d'œil, une contradiction d'avoir moins de temps pour accuser d'avoir volé ou d'avoir fait le malheur public, que pour demander compte. C'est la prescription de tous les crimes, & il n'y a point de raison pour la prolonger par rapport à ceux de l'administration : il n'y en a point d'exemple.

Mais qui accusera ? comment instruira-t-on la procédure ? & qui sera juge ?

Accusations. Procédures. Juges.

35. En considérant l'intérêt que chacun a dans la chose publique, il semble qu'à chacun appartient le droit d'accuser l'administrateur : car le citoyen a sa portion dans la chose volée ; il l'a dans tous ce que ses concitoyens ont souffert de la faute de l'administration. Ce qu'ils ont éprouvé hier pourra lui arriver demain, si l'on n'arrête pas le torrent, si l'on ne fait pas un exemple.

Mais si l'administrateur étoit sans cesse exposé à l'inquiétude, à la calomnie & à la brigue, qui voudroit l'être ? N'est-ce pas déja trop des propos que hasarde le vulgaire, des traits que lance la jalousie, des soupçons que se permet la probité inquiete, des plaisanteries que répetent les écrivains, même le bon la Fontaine, dans la fable *du chien qui porte à son cou le diné de son maître ?*

C'est au danger de ces inconvéniens qu'il faut attribuer cette loi romaine : *Sacrilegii instar est super quibuscumque* ADMINISTRATIONIBUS *vel dignitatibus promulgandis, diviris obviare beneficiis.* (L. 5, C. de diversis rescriptis.) Quelques auteurs lui donnant un sens trop étendu, ont supposé que dès-lors les administrateurs furent affranchis de toute accusation. L'esprit de la loi fut de rendre circonspect ; & l'on put toujours accuser en prévenant le prince.

Parmi nous le même esprit a mis l'accusation dans les mains du ministere public ; & c'est-là, sans doute, de ses devoirs le plus important, comme le plus redoutable.

Cette marche n'exclut pas le citoyen du droit de veiller à l'intérêt public, mais il le peut par dénonciation. Alors le ministere public examinant les motifs & les inconvéniens, les circonstances & les preuves, décidera avec sagesse s'il y a lieu à donner plainte.

Nous pensons encore qu'un corps d'administrateurs peut accuser l'un de ses membres & les sous-ordres. Ici ce sont des maîtres qui accusent leurs domestiques : au premier cas, ce sont des associés qui, croyant ne pouvoir pas répondre du dépôt qui leur a été confié, après les preuves d'infidélité qu'ils ont contre l'un deux, se servent d'un moyen de droit pour l'exclure. Il est superflu de dire comment ils doivent essayer d'obtenir justice de lui ; combien ils doivent être circonspects avant de hasarder une démarche qui compromettra son état, ainsi que l'honneur & la paix si nécessaires à toute administration.

Comment, sans ces précautions & un intérêt pressant, se détermineroit-on à perdre un administrateur ? Carpzovius, étayé par l'opinion unanime de vingt jurisconsultes qu'il cite, & par les loix romaines, absout l'administrateur infidele, quand il prévient, & se fait justice. *Limitatur secundò regula hæc, in administratoribus pœnitentibus, & damnum, antequam in carcerem conjiciantur, resarcientibus, resque substractas restituentibus : quos à pœnâ constitutionis rigorosâ liberandos esse puto.* (Part. 2, quest. 85, n°. 53, pag. 257.)

Mais s'il paroît indispensable d'accuser, quelle sera la procédure ? Les loix n'ont point tracé de formes particulieres, & les 28 titres de l'ordonnance de 1670, ne renferment de disposition relative que dans l'*art. 8 du tit. 14.* « Les accusés, de quelque condition qu'ils soient, seront tenus de répondre par leur bouche, sans le ministere de *conseil* qui *ne pourra leur être donné*, même après la confrontation, sinon pour crime de *péculat*, *concussion*, banqueroute frauduleuse, *vol de commis ou associés en affaires de finances* ou de banque, *fausseté de pieces*, supposition de part, & *autres crimes où il s'agit de l'état des* personnes, à l'égard desquelles les juges pourront ordonner, SI LA MATIERE LE REQUIERT, que les accusés, après l'interrogatoire, communiqueront avec leur *conseil* ou leurs *commis*.... »

En général, la procédure faite contre les administrateurs, doit être encore plus claire que les autres ; précisément, parce qu'il est plus aisé de l'embrouiller. Il semble qu'elle devroit être toute publique, puisqu'il s'agit de l'intérêt public ; du moins elle doit être plus exacte, sur-tout quand l'accusation renferme toute la gestion. Si de la chaîne des faits on pouvoit détacher un anneau, il seroit trop aisé de condamner l'innocence.

Dans la premiere requête de M. Fouquet, on voit avec peine ce surintendant se plaindre, 1°. de ce que ses papiers de Nantes avoient été enlevés sans scellés & sans inventaire : 2°. de ce qu'on les avoit confondus avec ceux d'un commis : 3°. de ce qu'on avoit enlevé ses effets sans forme & ordre de justice : 4°. de ce que, des commissaires chargés de l'inventaire de Fontainebleau, deux étoient sans charge & le troisieme absent : 5°. de ce que M. Colbert étoit présent en même-temps à Fontainebleau & à Saint-Mandé : 6°. de ce que le cachet avoit changé de main : 7°. de ce qu'on n'avoit pas inventorié des papiers remis au roi, & entr'autres la décharge de l'accusé : 8°. de ce qu'il manquoit beaucoup d'autres papiers, & entr'autres des ordres du cardinal Mazarin : 9°. de ce que des coffres fermés lors de l'apposition des scellés, s'étoient trouvés ouverts lors de l'inventaire : 10°. de qu'on avoit fait une description en gros sans inventaire, ni paraphe : 11°. de ce que la procédure étoit irréguliere & rigoureuse, en ce qu'on ôtoit à l'accusé la liberté de conférer avec toutes sortes de personnes,

& de ce que sa femme & ses enfans avoient été privés de l'usage de ses meubles & de la jouissance de ses maisons.

Rien n'est plus difficile que ces procédures. L'on est pressé par les sollicitations, l'autorité, le desir de bien servir & de le paroître. On est encore pressé par le temps & la crainte de perdre les preuves, & l'on croit toujours faire bien dès qu'on a du zele & de la bonne foi. Mais il y a des formes, & si elles sont sacrées, c'est alors sans doute. Les juges convaincus par l'ensemble de la procédure, croient pouvoir juger en conscience; & tout est bien pour le moment, parce que tout plie sous l'autorité du pouvoir & de la chose jugée. Mais les plaintes secretes sont livrées à l'histoire. La postérité froide, indifférente & juste arrive, lit, blâme, & a, comme dans ce fameux procès de Fouquet, des soupçons que la justice ne doit jamais laisser après elle.

La *justice* est le mot générique; & par qui sera-t-elle administrée? Quels sont les juges des administrations? Ils sont ou naturels ou d'attribution.

Les juges naturels sont les juges des lieux. L'*art. 1 du tit. 1 de l'ordonnance de 1670*, dit: « La connoissance des crimes appartiendra aux juges des lieux où ils auront été commis. »

Les juges d'attribution sont, ceux auxquels le souverain a attribué la connoissance de certaines matieres, comme les cours des aides.

Il est une infinité de cas où la position des choses, la nature des circonstances, la qualité ou la dignité de l'accusé, le genre même de l'accusation obligent le souverain à nommer des juges extraordinaires. S'agit-il d'un événement arrivé sur le vaste Océan? il n'y a plus de juge des lieux. S'agit-il d'une administration des colonies? l'éloignement, les rapports avec la *mere patrie* obligent à nommer un tribunal dans le royaume. S'agit-il d'un chancelier, d'un ministre, d'un général dont les fonctions s'étendent par-tout, & dont les délits affectent l'état entier? aucune cour ne semble avoir plus de droit de le juger, que les autres. S'agira-t-il enfin d'un procès qui aura divisé tous les esprits d'une ville ou d'une province, & auquel prendront intérêt tous ses tribunaux? il faut aller ailleurs pour trouver des juges impartiaux & non suspects. Et c'est bien dans tous ces cas qu'on reconnoît que le trône est la source de toute justice.

Observation.

36. J'ai rassemblé ainsi, comme dans un traité, quelques principes généraux, placés ailleurs confusément, sous une infinité de mots, & c'est d'abord quelque chose: car de cette maniere de disperser & envelopper la jurisprudence, doivent naître plusieurs inconvéniens; celui de l'inexactitude & de l'embarras des recherches; celui de ne pas exposer le droit avec étendue, profondeur & clarté; celui de juger par assimilation; celui, non moins funeste, de statuer arbitrairement.

J'ai regardé le mot ADMINISTRATION comme le tronc; il l'est en effet dans le droit romain, & pour les jurisconsultes étrangers. Il le fut aussi parmi nous, jusqu'à la mort de Henri IV, après quoi il disparut de nos livres; & à sa place on vit ce que Tacite a si bien peint: *Quò intendisset oculos, quò verba acciderunt, FUGA VASTITAS: deseri itinera, fora, & quidam regrediebantur, ostentabantque se rursùm, id ipsum paventes, quod metuissent.* (Annal. IV. 70.)

Ce vaste silence, qui rendit Montesquieu si laconique & quelquefois obscur, paroissant renouvellé par la déclaration du 28 mars 1764, le parlement de Dijon fit à Louis XV ces belles remontrances où on lit entr'autres:

« *Le mot ADMINISTRATION est un terme si vague, si GÉNÉRIQUE, qu'il y a peu de matieres que l'on puisse traiter, sans qu'il s'y mêle des choses que l'on pourroit prétendre avoir trait à l'administration.* Tous les temps passés, présens

& à venir sont interdits aux réflexions des auteurs : *& cette loi effrayante pour tout homme sage*, doit naturellement arrêter la plume de nos meilleurs écrivains.... Celui qui a une réputation à conserver, *qui respecte la loi*, *qui n'écrit que pour le bien de la société*, *n'écrira plus*. Aucun auteur ne voudra s'exposer à être poursuivi personnellement pour des *expressions mal interprétées*, *& dont il n'aura pas prévu toutes les applications*. Aucun ne voudra se soumettre à une *inquisition* peut-être aussi dangereuse, que celle qui est établie dans les lieux où le délire de la raison humaine a fait admettre ce tribunal formidable.... *LA VÉRITÉ, l'unique objet de la recherche de tout esprit raisonnable, ne parvient à l'évidence, qu'après avoir subi l'épreuve de la contradiction*.... Ce n'est qu'en balançant le pour & le contre, *ce n'est qu'en examinant LE BIEN ET LE MIEUX, qu'on peut arriver au résultat le plus utile*.... *Votre parlement*, que votre majesté a daigné consulter sur les moyens de parvenir à une réforme, *ose réclamer pour lui-même les secours dont il seroit privé par la déclaration du 28 mars*.... Pourquoi enlever à un patriote qui veille & réfléchit pour le bien de son pays, l'éloge & la reconnoissance de ses concitoyens? D'ailleurs l'*INSTRUCTION PUBLIQUE est-elle à négliger ? Le plus sûr garant de la parfaite exécution des loix, est l'intime conviction de la part des peuples qu'elles leur sont favorables*.... Votre parlement espere que son zele pour le bien de l'état lui fera découvrir la route la plus sûre. Mais, *DE QUELQUE PART que vinssent les vues utiles à la patrie, il n'auroit pas moins de satisfaction à les adopter, qu'il en auroit senti à pouvoir vous les présenter comme siennes.* »

Ainsi, interrogé par le roi un parlement réclame pour lui-même les opinions & les recherches de quiconque *respecte la loi, & n'écrit que pour le bien de la société*. Il rassure contre l'*inquisition*, *les mauvaises interprétations & les fausses applications*. Il recherche *les vues utiles, de quelque part qu'elles viennent*. Sublime trait ! Il appelloit le regne sous lequel nous avons le bonheur de vivre.

Encouragé par ce qu'on desiroit, il y a vingt ans, & tout ce qu'on écrit aujourd'hui, j'ai hasardé cet essai sur l'administration ; d'autres feront un ouvrage. J'ai levé la barriere ; & peut-être il falloit quelque courage : mais plus on y réfléchira, plus on sera convaincu que j'ai été forcé par mon sujet, au risque de me briser contre les écueils qu'il renferme.

Je termine ces observations par deux passages, dont le dernier paroîtroit étranger, si la vraie philosophie n'étoit pas la source de la bonne jurisprudence. *O VITÆ PHILOSOPHIA DUX! O virtutis indagatrix, expultrixque vitiorum. Quid non modò nos, sed omninò vita hominum, sinè te esse potuisset? Tu urbes peperisti; tu dissipatos homines in societatem vitæ convocasti. Tu eos inter se primò domiciliis, deindè conjugiis, tum litterarum & vocum communione junxisti. TU INVENTRIX LEGUM, tu magistra morum & disciplinæ fuisti.* (Cicero, Tuscul. v. 5.)

De plus, c'est un de nos plus grands magistrats qui va parler de l'administration : c'est le chancelier de l'Hospital.

« En faisant les derniers efforts pour écarter le malheur de nos têtes, je choque les intérêts de quelques gens, & ce malheur n'est guere compensé : car, hélas ! en servant l'état, il m'en revient peu de louanges. On s'embarrasse médiocrement des intérêts de la patrie ; on peut la piller ; mais effleurer une fortune particuliere, c'est un crime, c'est le dernier des forfaits, c'est blâmer la haine la plus implacable. Si je voulois m'enrichir aussi, pourvu que je fusse bien flatteur & bien complaisant, je pourrois, comme un autre, m'acquérir de la gloire aussi bien méritée ; tant le vice a de facilité pour trouver des défenseurs toujours prêts ! tant il peut, bien mieux que la vertu, gagner l'amour du peuple ! Et puis, nous avons une foule de gens bien engraissés, qui voient toujours l'état au bord de sa ruine, & qui regardent en pitié toutes nos peines, tout notre zele pour la patrie. C'est un temps perdu ; ils s'en moquent comme de la puérilité la plus risible. — Mais toi ! qui te montras aussi supérieur à la haine & à la faveur, toutes les fois qu'il fallut secourir le roi & la patrie, je n'ambitionne d'autre suffrage que le tien. » (*Epître à Olivier, chancelier, tom. 1, pag. 102, Paris, Moutard, 1778.*)

« Si votre ame contient de grands desseins, si elle est capable de quelque chose de sublime, si vous la sentez supérieure à votre état, jeune encore, suivez l'impulsion de la nature ; entrez dans l'ADMINISTRATION PUBLIQUE : *car, après les Dieux, la patrie mérite notre premier amour.* Consacré une fois à son service, persistez, souffrez jusqu'à votre derniere heure, jusqu'à l'entrée de la tombe, tant néanmoins que la patrie vous agréera. Si elle vous rejette, ou si, *ennuyée de vous*, elle se fait de nouvelles amours, partez joyeusement, & allez retrouver votre femme & vos enfans, en sauvant votre réputation & votre gloire, comblé d'honneur, & surtout muni de la conscience d'une vie sans reproche. Il est beau de se reposer dans ses foyers, des travaux heureux entrepris pour la république. Il est beau de voir un vieillard couvert de gloire, occupé dans son champ d'un ménage rustique, alignant son verger, *lisant, écrivant encore pour l'instruction de ceux qui viendront après lui.* Il est consolant, si près du but, de reposer son corps & son ame dans les embrassemens de sa femme & des enfans qu'on aime, avant d'aller dormir dans la tombe de ses peres ? »

« Mais, vous croyez peut-être, que, *dépouillé* des orgueilleux faisceaux, & *pauvre, on se voit dédaigné des grands & des petits*, & que la vie même est exposée à bien des hasards. »

« Oui, *souvent dans un magistrat c'est la dignité seule qu'on révere : quand cette dignité n'est plus, tous l'abandonnent. Mais la véritable gloire est plus durable, elle reste après les honneurs. Un sage n'est jamais seul.* » (Ibid. pag. 230.)

Cette douce & sublime philosophie, ne fut pas celle de ceux dont l'abbé de Saint-Pierre a dit : « Nous avons vu des ministres déplacés, mourir peu-à-peu d'obstructions dans le foie, que causoit le chagrin de se voir sans la considération que donne la place. » (*Ann. polit. année 1736.*)

Ce n'est pas ainsi non plus que pouvoient penser les administrateurs, lorsque la jurisdiction manquant de loi, la jurisprudence n'ayant d'autre fil que celui des passions, la justice étant administrée dans les ténebres ; quiconque avoit été chargé des affaires publiques, pouvoit être poursuivi par l'ambition, la haine & l'envie ; étouffé par le préjugé, l'avidité, la jalousie ; sacrifié par l'ignorance, la cruauté, la bassesse & la flatterie.

Ceci nous mene aux jugemens fameux dont la lecture attentive, & le rapprochement jetteront quelque jour sur la jurisprudence que j'ai essayé de développer dans cet article.

ARRÊTS CÉLEBRES.

37. J'avois donné beaucoup d'étendue à cette partie ; mais en tenant ce volume, on voit que je suis obligé d'élaguer. Ce recueil très-neuf sera inutile, si on ne compare pas. Puisse-t-on conclure que nous sommes plus éclairés, plus humains, & par conséquent plus heureux ! Puisse-t-on ajouter qu'il est encore possible de perfectionner la jurisprudence criminelle !

1315.

Marigni, surintendant, PENDU.

JUGEMENT des commissaires du conseil, qui le condamne à être *pendu, pour avoir altéré les monnoies, surchargé le peuple, volé de grandes sommes, & fait sceller en blanc, par le chancelier, plusieurs ordonnances qu'il avoit remplies à son gré....* Ses biens *confisqués*, partagés entre la reine, les freres du roi & *Charles de Valois*, premier ministre, oncle du roi.

Marigni avoit eu l'administration des finances sous Philippe-le-Bel. A l'avénement de Louis Hutin, il n'y eut pas de quoi payer le sacre. Qu'avez-vous fait, lui dit Valois, de tout l'argent du royaume. — Je vous en ai donné beaucoup. — Vous en avez menti. — C'est vous. On met l'épée à la main. Marigni est emprisonné. Valois fait publier que qui veut se plaindre du surintendant, se présente. Celui-ci est conduit devant le roi à Vincennes. Banniere plaide contre lui d'une maniere atroce & ridicule. Les courtisans crient : *Il faut qu'il meure.* Il demande à se justifier ; & on le remet *au secret.* Là, on l'accuse d'avoir voulu *envouter* le roi ; c'est-à-dire, suivant Mezeray, *de l'avoir dévoué aux puissances de là-bas.* Le roi a peur, se rend, & Marigni est pendu. Dix ans après, Valois malade, se reprochant cette atrocité, fit distribuer de l'argent aux pauvres, avec cette recommandation : « Priez Dieu pour M. de Marigni & pour M. de Valois. »

1322.

La Guette, surintendant, TORTURÉ.

Accusé de même de n'avoir plus d'argent, jugé par le conseil, mis à la question faute de preuve, & *mort dans des tourmens affreux.* Voyez *tom. 1, pag. 565.*

1328.

Remi, surintendant, PENDU.

Ministre des finances, sous Charle-le-Bel, & sous Philippe de Valois, accusé de même de n'avoir plus d'argent, jugé par des commissaires, & *pendu* le 25 avril.

1356.

Trente-deux ministres DESTITUÉS.

C'étoit pendant la prison du roi Jean. Les états s'assemblent. L'évêque de Laon dit, que le *malheur public* ne vient que de la *mauvaise administration* ; que les ministres étoient coupables des *fautes* que leurs conseils pernicieux avoient fait commettre ; qu'il falloit les arrêter, leur faire le procès par commissaires ; *& encore qu'ils fussent trouvés innocens, si falloit-il qu'ils perdissent leurs biens & offices, ayant gagné leurs richesses du sang du peuple.* L'assemblée des états prononce qu'ils ont *flatté le roi*, & lui ont *caché* LA VÉRITÉ. Ils fuient. En 1358, Charles V les rétablit par ordonnance régistrée au parlement, & conservée dans le mémorial de la chambre des comptes. *Reg. D. 19, rect.*

1381.

Aubriot, prévôt des marchands, MITRÉ ET ENFOSSÉ.

C'est lui qui fit construire la *Bastille*, les *Boulevards*, le *Pont-au-change*, le *Pont-saint-Michel*, le *Petit-Châtelet*, le *Quai du Louvre* & les *Egoûts*, AVEC LES BRAS DES MENDIANS, VAGABONDS ET FAINÉANS. Sans doute c'étoit le chef-d'œuvre de l'administration. Il falloit donc le perdre. Il avoit puni des étudians de l'Université. Il voyoit une juive, & par conséquent il étoit juif. L'*inquisiteur* le saisit, le fait conduire sur un échafaud, nud, la torche au poing, la corde au cou, & une mître sur la tête. Après un sermon de l'évêque, qui lui fait grace du feu, il est jeté dans une fosse pour y finir ses jours au pain & à l'eau.... Un an après, le peuple soulevé, brise ses fers, le mene en triomphe à son hôtel. La nuit, Aubriot trop prudent pour compter sur un peuple volage, ni sur une cour ingrate, fuit en Bourgogne sa patrie, cultive en paix le champ de ses peres.

& soupire quelquefois, en se rappellant combien il est dangereux d'administrer, d'avoir du génie, & de faire le bien.

1382.

Desmarets, avocat-général, DÉCAPITÉ.

Il avoit exercé avec gloire cette charge sous quatre rois, & avoit proposé l'édit de 1374 pour la majorité des rois. Survient l'émeute des *Maillotins*. Les grands fuient. Desmarets reste & appaise le peuple. Charles VI rentre & nomme des commissaires. Les ennemis de Desmarets l'enveloppent dans la foule des proscrits, & il est décapité au milieu des larmes du peuple. Long-temps encore ces larmes n'empêcherent ni les grands hommes d'être perdus, ni la vertu d'être égorgée par la justice.

1388.

Chauveron, prévôt des marchands.

On l'accusa d'absurdités. On prouva seulement que les commissaires de police avoient fait présent à sa femme de *couvre-chefs* estimés 6 liv. avec une paire de chenets; & qu'à leur réception les sergens lui donnoient *six chapons*. Il fut obligé de prendre des lettres d'abolition.

1389.

Betizac, ministre, BRULÉ.

C'étoit le plus habile, le plus laborieux, le plus riche, le plus impudent, le plus atroce des financiers. On lui conseilla, pour éviter la jurisdiction royale, de se dire *matérialiste*, & l'inquisiteur d'Avignon le fit brûler à Beaucaire sous les yeux de Charles VI.

1409.

Montagu, surintendant, PENDU.

Poursuivi par le duc de Bourgogne, qui le détestoit, accusé de malversation & de magie, arrêté & jugé par *Desessarts*, avec douze commissaires, appliqué à la question faute de preuves, convaincu par les tourmens, *décapité* à la halle, *pendu* à Montfaucon le 17 octobre, & enterré à Marcoucy. Trois ans après sa mémoire fut réhabilitée, & ses biens rendus à ses enfans. François premier, à la vue de son tombeau, le plaignant d'avoir été condamné par LA JUSTICE, un moine lui répondit par ce trait cité dans tous les tribunaux : *Sire, ce n'est point par* JUSTICE, *ains seulement par des* COMMISSAIRES.

1413.

Desessarts, surintendant, DÉCAPITÉ.

Le duc de Bourgogne, qui avoit perdu Montagu par Desessarts, perdit à son tour celui-ci. Le jugement des douze commissaires le condamne à être *trainé sur la claie & décapité* pour avoir *affoibli les monnoies &* MAL GOUVERNÉ LA FINANCE. Il falloit dire, pour avoir égorgé Montagu.

1426.

Giac, ministre, DÉCAPITÉ.

D'accord avec le chancellier, il avoit détourné des fonds destinés au connétable de Richemont, qui assiégeoit St. Jacques de Beuvron. Richemont, obligé de lever le siege, se plaint vainement, saisit le temps où la cour étoit à Issoudun, enleve Giac, le conduit à Dun-le-Roi, lui nomme des commissaires, le fait torturer, & lui fait couper la tête. Avant de mourir, Giac, qui avoit avoué des horreurs, telles que l'empoisonnement de sa femme, demande qu'on lui coupe la main droite, parce qu'il l'avoit donnée au diable, *pour parvenir à ses intentions*.... On ne sait ce qui étonne le plus; la scélératesse de Giac, l'audace de Richemont, l'indolence de la cour, la foiblesse du trône, le sommeil de la justice, l'ignorance & la barbarie du siecle.

1453.

Jacques Cœur, TORTURÉ & BANNI.

Prodigieusement enrichi par un grand commerce, il avoit été appellé par Charles

Charles VII au ministere. On donne des soupçons au roi sur son intimité avec le Dauphin. Puis la dame de Vendome l'accuse d'avoir empoisonné Agnès Sorel; & lui en fait *amende honorable*. Enfin, sa perte est travaillée de main de courtisan. On lui nomme des commissaires; on saisit ses papiers & arrête ses commis. *Il se met en prison*. On instruit sur toute sa vie, sur les propos, les soupçons & des absurdités. Point de recollement ni de confrontation, mais une torture affreuse, & enfin condamnation à la mort, avec confiscation de tous biens. Charles, à la priere du pape, commue la peine. Lettres du 29 mai 1453, régistrées au parlement de Toulouse, qui déclarent Jacques Cœur, convaincu de crimes de *concussion & exaction, transport d'argent aux Sarrasins, & de billon d'or & d'argent hors du royaume, transgression des ordonnances, crime de lese-majesté & AUTRES CRIMES*. Charles, le condamne à l'amende-honorable, à ramener un Éthiopien converti & fugitif, sinon à racheter un esclave chrétien, au bannissement, à la confiscation de tous ses biens, en l'amende de cent mille écus envers l'état, & de trois cents mille écus *profitables envers le roi*. Cœur se sauva en Chipre, où il fit encore fortune, & refusa de revenir.

L'histoire a absous ce ministre. Le P. Henaut dit: « Louis fit empoisonner Chabanes, en qui la *justice divine* poursuivoit l'*action inique* d'avoir eu part à la confiscation des biens de Jacques Cœur, dont il avoit été juge. »

1469.

Cardinal Balue, MIR EN CAGE DE FER.

Après avoir flétri le ministere & la pourpre par toutes sortes d'excès, Balue, premier ministre & cardinal, s'étoit uni avec d'Havaucourt, évêque de Verdun, pour trahir le roi. Le complot découvert, la justice fut arrêtée par la jurisprudence du temps & les prétentions de Rome, qui refusa des commissaires, Louis XI fit enfermer les coupables chacun dans une cage de fer de huit pieds, dans le château de Loches. En 1480, ils furent élargis à la demande, du pape, & jouirent tranquillement d'immenses revenus!

1476.

Le maréchal de Gamache, BANNI.

Une commission présidée par Lauret, premier président du parlement de Toulouse, le condamna en 20000 liv. envers le roi, au bannissement perpétuel, & à la privation de toutes ses charges *pour différentes concussions, faux rôles de gens de sa compagnie, & divertissemens des munitions de Dieppe*.

1484.

Le Dain, PENDU; Doyac, ESSOREILLÉ.

Après la mort de Louis XI, dont ils avoient été les favoris, le Dain promet à une jolie femme la grace de son mari, & le fait mourir tandis qu'il passe la nuit avec elle. L'ARRÊT du 24 mai 1484, le condamne à être PENDU; *Doyac à être fouetté dans les carrefours de Paris, à avoir une oreille coupée & la langue percée d'un fer chaud; delà, conduit à Monferrand en Auvergne, (où pendant sa faveur il avoit manqué au duc de Bourbon,) à y être fouetté de nouveau, y avoir l'autre oreille coupée, & delà banni du royaume.*

1499.

Officiers municipaux de Paris, CASSÉS.

Ils n'avoient pas *prévenu* la chûte du Pont-Notre-Dame. Voyez *Accident, n°. 19, tom. 1, pag. 729*; & ci-dessus *pag. 895*.

1505.

Le maréchal de Gié, DÉGRADÉ.

ARRÊT du parlement de Toulouse, (à lui joint des commissaires) du 9 février

1505, qui, « pour réparation de quelques excès & *DÉFAUTS*, *& pour CERTAINES CAUSES ET CONSIDÉRATIONS*, le condamne à perdre l'état de gouverneur du comte d'Angoulême, ses gouvernemens, sa compagnie; à être privé cinq ans de toutes fonctions de maréchal de France, à s'éloigner de la cour de dix lieues, & à restituer *quinze mortes-payes.* »

Son tort, dit le président Henaut, fut d'avoir fait arrêter les batteaux qui préparoient la fuite de la reine, pendant la maladie de Louis XII. La procédure finie, elle obtint, dit M. Garnier, tom. 11, pag. 248, le renvoi au parlement de Toulouse; parce qu'étant pays de droit écrit, il devoit conformer son jugement aux *loix romaines*, *plus précises* sur la nature du crime imputé au maréchal, *que nos coutumes & nos ordonnances.* Dans le titre d'accusation, on lit, « 1°. *d'avoir révélé que le roi avoit le FLUX DE SANG, qui le conduiroit au tombeau :* 2°. D'avoir pris des mesures pour que la reine & sa fille ne se retirassent pas en Bretagne: 3°. D'avoir dit que la reine ne l'aimoit pas, mais qu'il *s'en soucioit peu:* 4°. D'avoir secoué la tête quand on lui disoit du bien de cette princesse: 5°. D'avoir dit que *le roi lui parloit d'une façon* lorsqu'elle étoit présente, & d'une autre quand elle n'y étoit pas: 6°. D'avoir *connivé au brigandage* de ses hommes d'armes, en ne les punissant pas: 7°. De s'être emparé à main armée de la terre de Maillé, & fait maltraiter les officiers de justice: 8°. D'avoir tiré du Château-Trompette quinze mortes-payes entretenues des deniers publics, pour les employer à son château de Fronsac, qu'il devoit garder à ses frais. »

Le maréchal n'étoit pas innocent. Quelques chefs d'accusation rappellent le mot de Cremettius Cordus dans Tacit. ann. IV. 34. *Verba mea arguuntur; adeo factorum innocens sum.* Mais c'étoit sous Tibere, & ici c'est sous Louis XII!

1525.

Chancelier DÉCRÉTÉ.

ARRÊT du parlement de Paris, qui décrete d'ajournement personnel le chancelier Duprat, pour avoir *autorisé* le concordat, &c. Ce décret fut seulement mis dans le régistre secret, & n'en sortit pas.

1527.

Samblançay, surintendant, PENDU.

Ministre sous Charles VIII, & toujours vertueux: il devoit envoyer 400000 écus à Lautrec, commandant en Italie, & frere de la comtesse de Château-Briant, maîtresse de François premier. La duchesse d'Angoulême, mere du roi, jalouse du crédit de la maîtresse, veut la perdre par son frere, exige de Samblançay la somme, la retient, & fait manquer la campagne. Lautrec, revient, s'excuse par le défaut d'argent. Samblançay interpelle la duchesse, qui rougit & nie. On l'arrête, & il se justifie d'autant plus aisément, que tous ses comptes étoient signés par le roi. Il fait la faute de demander 100000 écus qu'il avoit avancés. Prévôt, son commis, soustrait plusieurs pieces, & le reçu de la duchesse. Le 28 août, une commission présidée par le chancelier Duprat, créature de la duchesse, condamne Samblançay à être *pendu*, & ses biens confisqués, *sans préjudice de la dette prétendue par ladite mere du roi, ... pour larcins, faussetés, abus, malversations, & MALE ADMINISTRATION des finances du roi.* Le peuple pleura, insulta les juges, & maudit la duchesse. Tout cela ne rend pas un bon ministre.

1542.

Le président Gentil, PENDU.

Il avoit été l'un des commissaires de Samblançay, & étoit entré dans le ministere. L'ARRÊT du parlement de Paris, du

4 mai 1542, le déclare atteint & convaincu de plusieurs *FAUTES*, *malversations, concussions, faussetés, exactions, prévarications, larcins & péculats, tant dans l'office de juge & procureur du roi en la réformation des finances, qu'au fait de son office de conseiller & président aux enquêtes de la cour, & AUTREMENT, hors de son office*. . . . Il falloit ajouter, pour avoir condamné l'innocence.

1541.

L'amiral Chabot, BANNI.

François premier venoit de disgracier le connétable de Monmorency, grand homme de guerre, jurisconsulte savant, administrateur éclairé, mais censeur austere d'une cour, *gentiment corrompue*. Chabot avoit d'autres torts : c'étoit d'être mal avec la mere du roi, & trop bien avec sa maîtresse la duchesse d'Étampes. Il avoit suspendu ses opérations en Italie; & le roi le lui reprochant un jour, avança qu'il y avoit de quoi lui faire son procès; étala les moyens qu'a un souverain de perdre, *sans couleur de justice*, ceux qui lui déplaisent; & ajouta que s'il vouloit le faire condamner à mort, il en viendroit à bout. Celui-ci, dit *Pasquier*, ne considérant pas *combien c'est chose dangereuse de se jouer à son roi, répondit d'une façon fort altiere, que c'étoit ce qu'il demandoit.* Le roi, piqué, consulte son chancelier Poyet, *le plus habile en chicane de son temps*, qui forgea *vingt-cinq crimes capitaux, dont la liste fit sourire le roi, qui ne vouloit qu'humilier son amiral.* Poyet interroge, instruit, & juge avec vingt-quatre commissaires, qu'il maîtrise. Chabot est banni & condamné à 1500000 liv. d'amende pour *INFIDÉLITÉS, désobéissance, trahisons envers le roi, oppression du pauvre peuple, violences publiques, EXACTIONS INOUIES, commissions tyranniques, IMPRESSIONS DANGEREUSES données à sa majesté contre ses sujets, INGRATITUDE, mépris des ordres du roi, & défenses de les exécuter, attentats contre la puissance souveraine, &c*.... Des lettres-patentes du 12 mars 1542, rétablirent Chabot & le déchargerent de l'amende. Il porta encore l'affaire au parlement, qui, par ARRÊT du 23, le déclara pleinement déchargé. Il languit deux ans, & fut enterré aux Célestins, où le roi lui fit faire un tombeau.

Encore deux anecdotes sur ce jugement; 1°. Dans ses motifs pour condamner à mort, Poyet disoit : que si Chabot n'étoit pas *injuste*, il étoit pour le moins *ingrat*, puisqu'il avoit irrité le roi au point d'être abandonné à la justice; *& que suivant les premieres loix de la monarchie, l'ingratitude n'étoit pas moins punissable que l'injustice*. 2°. Un des commissaires, qui vouloit consigner une trace de la violence, mit un petit *v* sous la premiere lettre de sa signature, & un petit *i* sous la derniere : il n'osa pas écrire entiérement *violence*.

1545.

Le chancelier Poyet, DÉGRADÉ.

Sans le procès de Chabot, qui laissoit des remords à François premier, Poyet d'abord avocat, puis prêtre pour avoir des abbayes, & enfin chancelier; Poyet, l'esclave de l'or, de la faveur & de la duchesse d'Angoulême; Poyet, l'auteur de l'ordonnance de 1539, qui abolit le conseil des accusés, & la publicité de la procédure, auroit joui de son rang & de ses crimes. François le fit arrêter le 2 août 1542.

13 avril 1544, lettres-patentes régistrées le 21 au parlement de Paris, pour juger définitivement, au nombre de vingt-deux *non suspects* audit Poyet, *assemblés avec eux des conseillers des autres cours & grand conseil, jusqu'au nombre de dix*, en tout trente-deux, dont il en demeure pour le moins vingt-quatre; *& le jugement que par eux sera ainsi donné, FERA ARRÊT DE LADITE COUR*. ....

Titre d'accusation. 1°. *Peculat.* 2°: *Altération de jugemens.* 3°. Faussetés commises & protégées. 4°. *Concussion*, création & disposition d'officiers. 5°. Évocations vexatoires, *violence* & *abus* de pouvoir. 6°. *Prévarications* dans le procès de Chabot. 7°: *MORGUE* & *AVARICE*. 8°. *Violence* à la justice & à ses ministres pour plaire à des FEMMES, avec lesquelles il avoit des privautés.

ARRÊT du parlement de Paris, du 24 avril 1545. « IL SERA DIT, en tant que touche ledit Poyet, que pour les *abus*, *FAUTES*, *malversations*, entreprises autres & par-dessus son pouvoir de chancelier, CRIMES & délits privilégiés par lui commis & mentionnés audit procès, & dont il s'est trouvé chargé, que ledit Poyet sera privé, & le prive, ladite cour, de ses état & office de chancelier, le déclare inhabile & incapable de jamais tenir office royal; . . . . . le comdame à 100000 liv. parisis d'amende envers le roi, & à tenir prison jusqu'au paiement d'icelle; & *pour aucunes causes à ce mouvantes*, ladite cour ordonne que ledit Poyet sera confiné durant cinq ans en telle ville, & sous telle garde qu'il plaira ordonner. »

Circonstances remarquables. 1°. Le parlement reçut des lettres-patentes du 5 mai 1544, pour faire assister les gens du roi au jugement, & refusa l'enrégistrement. 2°. Comme je l'ai dit au mot *Accusation*, n°. 101, pag. 435, 436 & 437, Poyet se plaignit de la dureté de la procédure criminelle, de sa foiblesse à se défendre, & voulut, après coup, reprocher les témoins. L'instructeur répondit: *Patere legem quam ipse tuleris.* 3°. Le roi fut entendu en déposition, mais ne fut point confronté à l'accusé... 4°. Pour entendre l'arrêt, Poyet fut amené avec sa simarre à la grand-chambre, *mis & colloqué au-dedans & vers le bas d'icelui parquet; & après ouverture des huis de ladite cour, étant debout, & nue tête*, il entendit la prononciation; après quoi, on arracha sa robe & le reconduisit en prison... 5°. Lorsque les députés au parlement allerent rendre compte au roi, il répondit avec émotion: *Qu'il ne fut jamais si jeune, qu'il n'eût oui dire, qu'un chancelier, perdant son office, devoit perdre la vie*... 6°. Poyet obtint sa liberté, voulut rentrer au barreau, qui le repoussa, & il mourut méprisé en 1548.

1817.

Le maréchal d'Ancre & sa femme.

ARRÊT du parlement de Paris, du 8 juillet 1617..... Pour raison d'*IMPIÉTÉS*, *entreprises* contre l'autorité du roi & de son *état*, traités & négociations secrettes avec les *étrangers*, *fonte d'artillerie*, *changement* des armes du roi, & applications de celles dudit Concini, *INTERVERSIONS des deniers publics*, appliqués au profit desdits Concini & Galligaï, & *transport* d'iceux hors du royaume, . . . la COUR déclare lesdits Concini & Galligaï, sa veuve, criminels de lese-majesté divine & humaine: pour réparation; condamne la *mémoire* dudit Concini à PERPÉTUITÉ, & ladite Galligaï à avoir la *tête tranchée* en place de Greve, *son corps & sa TÊTE brûlés & réduits en cendres*, ... leurs biens *confisqués*, ... leur enfant déclaré *ignoble*, . . . *&c.*

Sully avoit été remplacé, dans le ministere, par Concini, depuis maréchal d'Ancre, qui, compatriote de Marie de Médicis, avoit encore près d'elle une confidente dans sa femme. Luynes, favori de Louis XIII, & qui vouloit régner sous son maître, l'avoit déterminé à faire arrêter d'Ancre, qui, se défendant, fut tué, enterré sur le champ, exhumé & mis en pieces par le peuple. Il falloit plus. On dit la maréchale sorciere: on prit pour un talisman l'*Agnus-Dei* qu'elle portoit au cou. Un conseiller lui ayant demandé de quel charme elle s'étoit servi pour *ensorceler* la reine, la maréchale répondit: *Mon sortilege a été le pouvoir que les ames fortes doivent avoir sur les ames foibles.*

> *Le droit qu'un esprit vaste & ferme en ses desseins*
> *A sur l'esprit grossier des vulgaires humains.*
> Mahomet, acte 2, scene 5.

1632.

Le maréchal de Marillac, DÉCAPITÉ.

JUGEMENT SOUVERAIN du 9 mai 1632, rendu par commissaires, qui condamne le maréchal de Marillac à être *décapité* en place de Greve, & le déclare *ATTEINT ET CONVAINCU de malversation en la fortification de la citadelle de Verdun, sur les deniers, sur la conduite & sur les profits illicites. MAUVAIS GOUVERNEMENT des armées, & MALVERSATIONS en l'emploi des deniers du roi. ABUS & profits illicites sur le prix des munitions; fausseté des quittances avec les comptables; divertissement de 400000 liv. fournies par le roi, en paiement des maisons prises & démolies à Verdun pour la citadelle. Application à son profit des nouveaux offices, des fortifications aux trois évêchés, & des deniers de l'enchere de Bar-sur-Aube. Enfin, VEXATION du peuple verdunois & voisin.*

Marillac mourut en brave homme, & s'étoit bien défendu. « Quel homme, disoit-il, après une *administration longue & compliquée*, forcé, *long-temps après*, de répondre à deux cents soixante & dix chefs d'accusation, & à cent trente témoins, ne se trouveroit pas en défaut sur quelque point. » Pour ces oublis, ces négligences, ces erreurs, ces fautes que font commettre aux grands la faveur & l'autorité, il imploroit la miséricorde du roi, & il reprochoit les témoins presque tous reprochables. Il s'accusoit seulement d'attachement à la reine-mere, & c'étoit-là son vrai crime.

La cour étoit divisée en deux partis: la reine & Richelieu. Dans un conseil secret du parti de la reine, Marillac avoit opiné de faire porter la tête de Richelieu sur l'échafaut. *La journée des dupes*, 11 novembre 1630, avoit tout perdu. Michel son frere, garde des sceaux, appellé à Versailles pour travailler avec le roi, & caressé par lui, avoit été arrêté la nuit même; ce qui avoit fait dire à Nogent: *Nolite confidere in principibus.* Le maréchal, commandant l'armée de Piémont, y avoit été arrêté, envoyé à Verdun même, ébauché par une commission du parlement de Dijon, puis livré à une commission de Paris, composée de magistrats & d'avocats, esclave de Richelieu, & tenant ses séances dans sa maison de Ruel.

La journée des dupes perdit les Marillacs, & la disgrace de ceux-ci enveloppa cette ordonnance de 1629, enrégistrée d'abord par-tout avec tant d'éloges; bientôt ridiculisée par le titre de *Code Michaud*, & tombée en désuétude en plusieurs parlemens.

1633.

Le chevalier de Jars.

JUGEMENT SOUVERAIN d'une commission établie à Troyes, présidée par Lafeymas, émule de Laubardemont. Jars est condamné à être décapité, « *atteint & convaincu* du crime de *lese-majesté*, POUR avoir *cabalé* avec les étrangers, écrit en chiffres concernant les affaires de l'*état*, *TRAVERSÉ* les ordres de ses ambassadeurs & AGENS, & voulu pratiquer le passage de la reine mere & du duc d'Orléans en Angleterre. »

Le 14 novembre 1633, Jars placé sur l'échafaud, reçut sa grace avec la commutation en une prison perpétuelle, d'où il sortit après la mort de Richelieu.

Pourquoi donc ce procès? & qu'est-ce que signifient ces *atteint & convaincu*? Jars avoit intrigué sous le garde des sceaux Chateauneuf, d'abord créature de Richelieu, ensuite suspect & arrêté. Il avoit *traversé LA GRANDE AFFAIRE DES CAPUCINS* qui vouloient être confesseurs de la reine d'Angleterre, suivant l'ordre du roi, sollicitée par le P. JOSEPH, *capucin, l'agent de Richelieu.*

1638.

Administration militaire.

JUGEMENT SOUVERAIN du conseil de guerre, tenu à Cazal, le 22 avril 1638, qui condamne Montgaillard, gouverneur de Brême pour la France, à avoir la tête tranchée, exécuté le même jour. *Motif :* Brême au pouvoir des François, fut pris, le 27 mars 1638, par Leganez, gouverneur du Milanois ; & Montgaillard ne rendit la place que parce que la garnison le força de capituler. *Mais sa garnison n'étoit que de six cents hommes, & il se faisoit payer comme si elle eût été de dix-sept cents complets.*

1643.

Le maréchal de la Mothe-Houdancourt.

Il fut mis au château de Pierre-Scise, d'où il ne sortit qu'en 1648, accusé, comme tous les autres, mais absous par le parlement de Grénoble, dont on ne disposoit pas comme de Lafeymas. « Il est à remarquer, dit Voltaire, dans son *Siecle de Louis XIV*, qu'il n'y a aucun général qui n'ait été emprisonné ou exilé, sous les ministeres de Richelieu & de Mazarin. »

1649.

Mazarin, premier ministre.

ARRÊT du parlement de Paris, du 8 janvier : « Que remontrances seront faites au roi ; & attendu que le cardinal Mazarin est *notoirement* l'auteur de tous les désordres de l'état & du mal présent, le déclare *perturbateur du repos public*, ennemi du roi & de son état, lui enjoint de se retirer de la cour dans ce jour, & dans la huitaine, hors du royaume ; ledit temps passé, enjoint à tous les sujets du roi de lui *courre sus ;* fait *défenses à toutes personnes de le recevoir.* »

ARRÊT du parlement de Rennes, du 18 janvier, conforme.

C'est l'interdiction du feu & de l'eau des Romains. Que produisit-elle ? Mazarin, étranger, sans fortune & sans nom, mais cardinal & utile à la régente, fut plus puissant que jamais, & laissa deux cents millions d'aujourd'hui, amassés par la servitude du surintendant Fouquet, qui disoit à Louis XIV : « Vous vous plaignez de ce qu'il n'y a point d'argent au trésor, demandez-en au cardinal qui a tout. »

1664.

Fouquet, surintendant.

JUGEMEET SOUVERAIN, du 20 décembre 1664, par une commission *qui condamne Fouquet à un bannissement perpétuel ;* commué en un emprisonnement perpétuel à Pignerol, où il mourut en 1680, abandonné de tous, hors sa femme & Pelisson.

Esclave du faste, de la cour, de Mazarin, du plaisir & des femmes, Fouquet ne fut pas sévere, philosophe & pauvre comme l'Hospital. Mais quels furent ses crimes ? Il avoit été attiré, caressé & arrêté à Nantes, le 5 septembre 1661. Deux mois après, Louis XIV dit au premier président Lamoignon : « Il se vouloit faire duc de Bretagne, & roi des isles adjacentes ; il gagnoit tout le monde ; je n'avois plus personne en qui je pusse prendre confiance. » (Vie de Lamoignon, *pag. 72.*)

Les historiens même ont recueilli les traits de ce fameux procès. 1°. Plusieurs papiers disparurent, & les scellés furent inexacts. . . . 2°. Fouquet étant procureur général du parlement de Paris, Colbert qui redoutoit ce corps, l'engagea à se démettre. . . . 3°. La commission fut composée de magistrats de plusieurs cours. . . . 4°. Fouquet ayant recusé ses rapporteurs, M. de Lamoignon dit à Louis XIV que la simple demande des parties, sans alléguer aucune raison, doit servir pour exclure de la fonction de rapporteur. Louis XIV insista, ajouta : *dites que je vous l'ai commandé.* Lamoignon se plaignit de cette violence, (*ibidem*, *pag.* 77;) & Lamoignon céda. . . . . 5°. Lamoignon sondé par Colbert, ayant répondu : *Un juge ne dit son avis qu'une fois*, *& que sur les fleurs de lis :* on le remplaça par le chancelier le Tellier, ennemi de Fouquet. . . . 6°. Fouquet prouva bien la difficulté d'être instruit & exact dans cette redoutable place ; il ajouta : « M. le chancelier est vivant, ou qu'il se charge de défendre tout ce qui est signé de lui, ou qu'il avoue que *sa signature n'est qu'une pure cérémonie.* » (Mém. de Fouquet, *tom.* 2, *pag.* 315. . . .) 7°. De vingt-neuf juges, neuf seulement opinerent à la mort. . . . 8°. Roquesante, qui, dans les treize, se distingua par son éloquence, fut exilé. . . . 9°. M. d'Ormesson, rapporteur, & d'abord recusé, *résista avec fermeté* aux ministres qui vouloient faire périr le surintendant. Le pere de celui-ci s'étoit fait le même honneur dans de pareilles circonstances. (Henaut 1661.)

Après toutes les horreurs que nous avons parcourues, on aime à voir le nom de ces vertueux magistrats, & l'on regrette qu'il n'y ait plus de Roquesante : sans doute il ressembleroit à ses aïeux, comme les Lamoignon & les d'Ormesson.

1715.

Mrs. de Belle-Isle, de Sechelle & le Blanc.

Nous n'avons cité aucun des jugemens de ces tribunaux éphémeres, appellés *chambre de justice*, dont l'objet essentiel étoit de faire regorger ceux qui avoient *mal* ou *trop* gagné. Le secretaire d'état Guenegaud y avoit perdu son état & sa fortune. Le contrôleur-général Desmarets n'avoit échappé, en 1716, que par la publication du mémoire, où après un compte rendu très-exact, & le triste tableau des affaires depuis Colbert, il justifie, autant qu'on le peut, *quelques moyens que la* FORCE *& la* NÉCESSITÉ *l'avoient obligé de mettre en usage.* Voyez *Chambre de justice.*

Sans principes & sans plan, l'administration erroit au gré des événemens, des passions & des idées extravagantes, comme celle du *systême.* Le régent vivoit encore : le cardinal Dubois étoit premier ministre.

Le 24 juillet 1723, M. le Blanc, secretaire d'état, est mis à la Bastille, & la chambre de l'Arsenal a ordre d'instruire son procès, *pour raison de sommes considérables* dont on lui demandoit compte, & dont il soutenoit n'avoir disposé que *par ordre.* Les 4 & 6 mars 1724, les comte & chevalier de Belle-Isle, & M. Moreau de Sechelles, maître des requêtes, impliqués dans l'accusation, sont aussi renfermés à la Bastille ; & le 7 mai 1725, tous sortent pleinement justifiés.

Nous n'avons ni le jugement, ni les mémoires. Nous avons mieux. M. le Blanc rentra, le 15 juin 1726, dans le ministere de la guerre. M. Moreau de Sechelles a été contrôleur-général des finances : & à l'égard de Mrs. de Belle-Isle, on connoît leurs services & leur fortune. Le maréchal voulant, en 1759, encourager un jeune homme honnête, lui dit : *Je suis parti de plus loin que vous ; je vois encore les murs de Pignerol & de la bastille.*

1746 à 1767.

Mrs. de la Bourdonnaye, Dupleix & de Bussy.

De ces trois hommes célebres, le premier, gouverneur des isles de France & de Bourbon, & commandant les forces navales du roi dans l'Inde, avoit, entr'autres exploits, le 15 septembre 1746, battu la flotte angloise, pris & rançonné, le 20, Madrass pour 1,600,000 pagodes évaluées 15 millions tournois. L'autre, gouverneur-général des établissemens françois dans l'Inde, chéri & redouté par le grand Mogol, protégeant & créant les Nababs, portant la gloire du nom françois jusqu'au Tibet & au Japon, connoissant le caractere équivoque &

lâche de ces peuples, étoit parfaitement secondé par le comte de Bussy : il avoit imaginé & exécuté le grand plan de puissance territoriale, que l'Angleterre a depuis réalisé avec tant de succès ; en conséquence, il refusa de rendre Madrass.

Ce refus venoit-il de ses principes personnels, ou bien de ses ordres secrets? M. de la Bourdonnaye en avoit-il d'autres? Quoi qu'il en soit, ces deux chefs destinés par leurs talens, leur fortune & leur nom, à subjuguer tout, se brouillent; & cette désunion est la source de tous nos malheurs dans l'Inde.

M. de la Bourdonnaye est rappellé & renfermé à la Bastille où, après trois ans, M. de Gennes, avocat, peut le voir, & publie, le 18 août 1750, ces mémoires fameux par leur style simple, & par les lumieres qu'ils donnent sur l'*administration* de l'Inde. Ce n'étoit point le général qui étoit accusé; il avoit toujours vaincu : c'étoit l'administrateur; & les imputations étoient sans nombre, suivant la routine de toutes les affaires où l'on veut perdre l'homme public. M. de la Bourdonnaye, parfaitement justifié, absous & mis en liberté, ne survit pas long-temps, laisse un nom cher à quiconque desire le rétablissement de la marine ; & ce qu'il faut savoir, meurt si pauvre que le curé de la paroisse est obligé de donner 10 louis.

Le même sort attendoit M. Dupleix, rappellé en 1755 : à son arrivée en France, on se saisit de tous ses effets. Par requête du 22 juillet 1757, il dedemande à la compagnie des Indes 7,222,096 liv. 16 s. : il est renfermé à la Bastille. On inculpe toute son administration. C'est encore M. de Gennes qui le défend. Absous, mis en liberté, il meurt à la fin de 1763, endetté de trois millions. Un ARRÊT du conseil, du 10 août 1776, nomme des commissaires pour procéder à la liquidation de ses dettes.

ARRÊT du parlement de Paris, du 13 août 1767, qui, aux acclamations du public, condamne la compagnie des Indes à payer, un quart comptant, & le reste à trois époques fixes, les avances faites par le comte de Bussy. C'est lui dont le nom chéri & respecté dans l'Inde, appuyé de tant d'exploits, de courage & de talens militaires, assure de nouveaux succès & fait encore notre espoir. Il s'agissoit sur-tout de savoir s'il ne devoit pas tenir compte des présens qu'il avoit reçus du Grand-Mogol & des Nababs. Nous reviendrons sur cet arrêt au mot *Présent :* nous y examinerons s'il est permis au juge & à l'administrateur de recevoir des présens : nous comparerons notre jurisprudence avec celle de Rome, de l'Europe actuelle & des trois autres parties du monde. Cette question délicate va encore servir de prétexte pour accuser un administrateur.

1753.

Préteur royal de Strasbourg.

Cette superbe place étoit exercée avec éclat par François-Joseph de Klinglin, qui parut avoir l'activité, les talens & les qualités de Fouquet. Sous lui s'étoient fait des établissemens utiles & subsistans. Plusieurs lettres ministérielles attestoient combien la cour étoit contente de ses services dans les *impositions*, les négociations, la représentation & toute l'administration. En 1744, il avoit reçu magnifiquement Louis XV, qui lui donna la survivance pour François-Christophe-Honoré, son fils, alors avocat-général à Colmar.

Avec ce caractere & ce bonheur, M. de Klinglin devoit avoir des ennemis, des jaloux ; & toujours il est aisé d'exciter ce peuple volage, qui dans ses magistrats ne voit souvent que les esclaves de la cour. La querelle commence par trois bouchers insolens que le corps des magistrats fait emprisonner, & que le gouverneur fait relâcher. Le peuple prend parti. On brouille le préteur avec la chambre des XV. Succedent d'affreux mémoires.

mémoires. Le ministere, excédé de ces *tracasseries*, commet en janvier 1752, M. Desnan, conseiller au parlement de Besançon, qui informe. Les 25 février & 20 mars, le pere & le fils sont arrêtés.

Le 28 juin 1752, lettres-patentes qui nomment le parlement de Grenoble « pour faire le procès aux préteurs de Strasbourg, soupçonnés d'avoir abusé de la maniere la plus repréhensible de l'autorité qu'ils tenoient de S. M. en commettant des concussions de toutes especes, & en employant, pour les colorer, des suppositions qui ne pouvoient que les rendre plus criminels; tout ce qui avoit été fait par M. Desnan ne servant que de mémoire. » M. Desrivaux, conseiller de Grenoble, va faire à Strasbourg la procédure, après laquelle le pere Klinglin *meurt en prison*.

Le fils a à défendre son état & la mémoire de son pere. C'est encore M. de Gennes qui écrit. La seule charge prouvée concernoit des présens donnés volontairement & reçus, suivant l'usage de Rome & de l'Allemagne.

ARRÊT du parlement de Grenoble, du premier Septembre 1753. « Entre le procureur-général, *demandeur* en exécution des lettres-patentes du 22 juin 1752, *en cas de concussions de toute espece, avec suppositions & abus d'autorité*, d'une part; & François-Christophe-Honoré de *Klinglin*, *préteur royal* de Strasbourg, & Louis Daudet, *administrateur du grenier à sel*, détenus & accusés, d'autre. *LA COUR a déchargé ledit Klinglin des accusations contre lui intentées*, & en conséquence l'a mis hors de cour & de procès; sauf à lui à se pourvoir & d'*agir pour ses dépens, dommages & intérêts, ainsi & contre qui il verra faire.* Et en ce qui concerne ledit Daudet, l'a mis hors de cour & de procès sans dépens. »

Certes, le parlement a fait tout ce qu'il a pu, mais la place du préteur étoit donnée. Le pere étoit mort. J'ai vu le fils ici d'abord a Pierre-Scise, ensuite ayant la ville pour prison, & mort enfin après avoir long-temps traduit la gazette de Schaffouse. Grande leçon pour les hommes heureux & pour les administrateurs!

1761.

Subdélégué d'intendance.

JUGEMENT SOUVERAIN, du 3 mars 1761, rendu par M. de la Michodiere, intendant de Lyon, & Mrs. de la cour des monnoies, sénéchaussée & siege présidial, qui, sans s'arrêter aux requêtes en subornation de témoins, *pour les cas résultans du procès*, ordonne que « Barthelemi B...., subdélégué de l'intendance de Dauphiné, au département de Romans, sera mandé en la chambre de la commission pour y être *admonêté*, & que défenses lui seront faites d'exercer aucunes fonctions de subdélégué: le condamne à aumôner dix livres au pain des prisonniers, & en 2000 liv. d'amende, sans qu'elle puisse néanmoins porter note d'infamie; icelle amende applicable aux communautés de son département, dans lesquelles les tâches des chemins ont été par lui irréguliérement adjugées, pour être ladite amende répartie à chacun des corvéables au marc la livre.... En ce qui concerne les nommés...., piqueurs & préposés, met les uns hors de cour, & renvoie les autres. »

Il est inutile de motiver ce jugement. Voyez *Chemin, Corvée, Intendant, Subdélégué.*

1763.

Grande affaire du Canada.

JUGEMENT SOUVERAIN du Châtelet, commissaire du conseil, du premier décembre 1763, qui condamne le sieur B.... intendant, au bannissement perpétuel, & en 1,500,000 de restitution envers le roi; V.... commissaire ordonnateur, au bannissement perpétuel & à 800000 liv. de restitution; B.... contrôleur, au bannissement pour neuf ans

& à 300000 liv. de restitution ; C. . . . munitionnaire, au bannissement perpétuel & à *six millions de restitution ;* P. . . . un plus amplement informé, & retenu pendant six mois en prison ; E. . . . garde-magasin, admonêté ; deux commis de C. . . . bannis pour neuf ans, & un troisieme admonêté. *Le marquis de Vaudreuil, gouverneur, & autres officiers, déchargés de toute accusation.*

Ce n'étoit pas assez pour ce brave gouverneur dont le nom est cher à toute l'Amérique, ni pour ces autres officiers. En juin 1764, sur le compte rendu au conseil, Louis XV leur a donné des marques publiques de sa satisfaction, en accordant à M. de Vaudreuil 6000 liv. de pension, & d'autres graces aux autres officiers, même aux sieurs de Villiers, contrôleur ; Barbet, écrivain ; & Fayole, garde-magasin, reconnus innocens.

Les requêtes de M. Moreau, procureur-général, donnent une idée de l'administration de ces accusés dont les délits perdirent la colonie. 1°. Mémoires enflés & doubles emplois de rations. 2°. Séduction envers les officiers & les commis, pour acheter leur silence. 3°. Transport de vivres supposé. 4°. Billets de vivres faux & alloués, équippement de troupes réduit à la moitié, & payé pour complet : 5°. Société écrite entre l'intendant, le contrôleur & les marchands fournisseurs privilégiés. 6°. Interdiction aux marchands du pays d'acheter les marchandises d'Europe nécessaires pour l'approvisionnement du roi ; achat exclusif par gens affidés, & revente au roi à cent pour cent de profit. 7°. Maison achetée pour l'intendant, sans nécessité, surnommée par le peuple *la Fripponne*, & revendue au roi. 8°. Droits du roi fraudés. 9°. Présens aux sauvages, en bijoux, où l'on faisoit entrer un tiers d'alliage, tandis que les comptes de dépense les supposoient au titre. 10°. Le commerce de pelleterie réduit à quelques particuliers affidés avec qui l'on s'associoit. 11°. La disette des vivres, & leur prix livré à l'avidité & à l'abus du pouvoir. 12°. Toute sorte de monopoles, de concussions, de péculat, de malversations & de prévarications.

Les papiers étrangers ont trouvé ce jugement très-doux. Ils ont dit que ces administrateurs sont cent fois plus coupables que tant de malheureux jugés avec sévérité, puisqu'ils ont occasioné la ruine & la mort de nombre d'hommes, & fait perdre à l'état une colonie précieuse pour la pelleterie & les bois de construction.

1766.

Le comte de Lally, DÉCAPITÉ.

ARRÊT du parlement de Paris, du 6 mai 1766, qui, « sans s'arrêter aux requêtes & demandes dudit de Lally, ni aux *reproches* par lui fournis contre les témoins, lesquels sont déclarés non pertinens & inadmissibles, *déclare* ledit Thomas-Arthur de Lally, duement atteint & convaincu d'avoir *TRAHI les intérêts du roi, de son état & de la compagnie des Indes, d'ABUS D'AUTORITÉ, VEXATIONS & EXACTIONS envers les sujets du roi & étrangers habitans de Pondichery :* pour réparation de quoi, & autres cas résultans du procès, l'a privé de ses états, honneurs & dignités ; le condamne à avoir la tête tranchée par l'exécuteur de la haute-justice, sur un échaffaud qui sera à cet effet dressé en la place de Greve ; déclare tous ses biens acquis & confisqués au roi, sur iceux préalablement pris la somme de 10000 livres, applicable au pain des prisonniers de la conciergerie du palais, & 300000 aux pauvres habitans de Pondichery. . . . Et à l'égard des autres accusés, surseoit jusqu'après l'exécution, &c. »

ARRÊT du 10 mai 1766, qui condamne G. . . . & C. . . . au blâme, & en cent livres d'amende envers le roi, & P. . . . à être admonêté.

ARRÊT du conseil d'état, du 25 mai 1779, qui casse les arrêts du parlement,

& sur les demandes en réhabilitation de la mémoire du comte de Lally, renvoie l'affaire au parlement de Rouen.

C'est là qu'est intervenu M. d'Espremenil, conseiller au parlement de Paris, soutenant qu'il a intérêt en ce qu'on veut réhabiliter la mémoire du comte de Lally, aux dépens de celle de M. Duval de Leyrit, son oncle; c'est-là que, M. d'Espremenil & M. de Lally Tolendal, fils, colonel, plaidant avec tant d'éloquence, on a joui de cet intérêt de l'instruction, & de la publicité des affaires criminelles, que j'ai vanté sans cesse sous le mot *Accusation*, n°. 6 & 103, *pag.* 211 & 442.

ARRÊT du parlement de Rouen, du 12 mai 1780, qui, conformément aux conclusions de M. de Grecourt, avocat-général, reçoit M. d'Espremenil, partie intervenante; & pour être fait droit sur son intervention, l'a joint au procès principal, tous dépens, dommages & intérêts réservés en définitif.

ARRÊT du conseil d'état.... qui casse l'arrêt précédent, & renvoie le procès au parlement de Dijon.

Dans cet état, nous ne pouvons que promettre de placer les arrêts qui interviendront: savoir, au mot *Intervention*, celui qui regardera M. d'Espremenil; & au mot *Inde*, celui qui concernera la réhabilitation demandée de la mémoire du comte de Lally.

Mais, nous ne pouvons nous dispenser d'observer que cette intéressante & longue affaire, ou n'auroit pas eu lieu, ou seroit finie, si l'instruction avoit été faite comme à Rome. A présent même, les charges de la procédure faite au parlement de Paris sont secrettes: on ignore encore sur quoi portent les termes essentiels du dispositif de l'arrêt. Voilà peut-être une des affaires les plus capables, par sa nature, sa complication, son importance, d'amener la réformation si desirée par les magistrats eux-mêmes. Car, il est affreux de juger en honneur & en conscience, de voir ensuite un arrêt déféré au public & à l'histoire, & de ne pouvoir pas montrer les motifs & les preuves.

1767.

Municipalité.

ARRÊT du parlement de Paris, du 4 Septembre, qui déclare nul le marché fait par l'Hôtel-de-Ville de Paris, pour la gare; & permet à la ville de donner aux entrepreneurs cent mille livres d'indemnité.

Que cette entreprise fût utile ou possible; que la ville fût d'accord ou non; toujours énonçons-nous cet arrêt, comme une précaution légale & nécessaire, dans tous les cas, aux administrateurs qui ne veulent pas être recherchés.

1767.

Affaire de Cayenne.

ARRÊT du conseil, du 13 septembre 1767. « S. M. voulant bien, par un effet de sa clémence, ne pas pousser plus loin les recherches sur ce qui peut la concerner dans une *administration dont le souvenir ne peut être trop tôt effacé*, a en même temps regardé comme digne de sa justice, de pourvoir, par toutes les voies que sa prudence a pu lui suggérer *à l'indemnité* d'un grand nombre de ses sujets qui ont souffert dans la Guiane, à la restitution des sommes qu'ils ont déposées, ainsi qu'à une *juste réparation de ce qui s'est passé dans ladite colonie*, par un établissement qui lui fût utile, & par la fondation d'*un service perpétuel pour ceux de ses sujets qui ont eu le malheur d'y* PÉRIR; a ordonné que tous les biens, meubles & immeubles, sans aucune exception, appartenans aux nommés T.. de C... ci-devant son intendant dans ladite colonie de Cayenne & de la Guiane; N... écrivain de la marine, commis par ledit T... pour faire fonction de procureur aux biens vacans, & au nommé D... secretaire dudit T... seroient mis en séquestre pendant vingt-ans. » Pour être le produit employé à payer ceux qui auroient des demandes à former... Nomme des commissaires du conseil pour statuer, &c.

Comme cet arrêt imprimé peut laisser des impressions fâcheuses, il faut l'expliquer rapidement.

Après la perte du Canada, la France tourna ses regards sur la Guiane, continent de l'Amérique méridionale, qui offroit un abri à la navigation, un boulevard aux Isles, & l'espoir d'une grande agriculture. Mais il falloit un approvisionnement proportionné au climat, à la distance & au nombre; il falloit se garantir de la chaleur & de l'humidité, de l'entassement pestilentiel des hommes, & des défrichemens toujours mortels; il falloit un administrateur actif, éclairé, vertueux, qui ne répétât pas les monopoles du Canada. Or, cet arrêt, l'enfermement de l'intendant, de sa femme & des leurs, disent assez de leurs délits & de leurs torts. Par respect pour l'esprit de l'arrêt, nous supprimons les détails, *dont le souvenir ne peut être trop tôt effacé.*

Mais ceux qui les chercheront dans l'histoire, verront ce que peut l'*administration* pour le bonheur des hommes & le bien de l'état; & quel mal peut faire un seul homme, si aux qualités du génie il ne joint pas celles du cœur, &, si je puis m'exprimer ainsi, une parfaite *abnégation de soi-même.*

DROIT ÉTRANGER.

38. Une notice des jugemens célebres, rendus en matiere d'administration dans le reste de l'Europe, meneroit trop loin. Eh! que verroit-on?

En Espagne, Colomb dans les fers! sur l'échafaud, d'Alvare de Lune; à côté de sa tête sanglante, un chapeau pour recevoir les aumônes destinées à le faire enterrer!

En Angleterre, Henri VIII envoyant au supplice Dudley, Empson, Morus, ainsi que deux de ses femmes; & le parlement donnant des bills d'*atteinder* sans instruction & sans preuve!

En Hollande, Barneveldt & les freres de Wit! En Suede, Goertz, Horn & Brahé!

Par-tout l'administrateur succombant sous le poids de la foiblesse humaine; quelquefois de ses projets, de ses torts ou de ses crimes; plus souvent de l'intrigue, de l'envie, du dégoût & de l'iniquité; sacrifié tantôt pas des maîtres défians, qui aiment peu, & renvoient comme ils ont pris; tantôt par ce peuple ignorant & léger, qui ne rend justice qu'après coup, & s'en prend à ses chefs de tous les événemens, comme ces Indiens, qui accusent leur roi de l'intempérie de l'air.

Ce tableau des injustices qu'ont fait ou éprouvé les hommes publics, & de ce que si long-temps ils eurent à redouter, seroit une grande & salutaire instruction. On y verroit encore qu'il n'y a rien à regretter de ces jours affreux, où le chancelier l'Hospital écrivoit: *les humains ne sont malheureux que par l'ignorance.* Mais qui oseroit tout dire?

Bornons-nous à sentir l'influence que la liberté de penser & d'écrire à eue sur la justice, l'administration, l'humanité & la bienfaisance. Jugeons-en par les belles loix du nouveau regne. Elles dégradent l'édifice gothique & barbare que nous habitons: elles en annoncent d'autres. Louis XVI achevera d'éclairer ses peuples & de les rendre heureux.

Et, puisque nous sommes dans le droit étranger, ne finissons pas ce volume sans tourner vers l'Autriche nos regards attendris & reconnoissans! Gouther, attaché au cabinet, accusé, reconnu innocent, jouit de la liberté, d'une récompense & de l'accueil de son maître. Un autre, convaincu, est condamné aux travaux publics; & la peine de mort disparoît! Combien de grandes choses par-tout, sur-tout, en si peu de temps! Et que JOSEPH me disoit bien ici, le 8 août 1777: *Je ne veux de gloire que celle de l'administrateur, & ne connois de bonheur que celui de mes peuples.*

Poursuis, JOSEPH. Ils voudront t'effrayer, te décourager, te distraire. A tes sublimes vues, ils opposeront tout ce qu'ont rêvé l'ignorance, la barbarie, le préjugé, l'orgueil, l'abus du pouvoir & le mépris des hommes. Mais tu as pour toi le cri de la nature, la voix de la raison, & l'admiration de la vertu. Tu as, pour te soutenir, l'élévation de ton génie, la fermeté de ton ame, la sensibilité de ton cœur, la conviction de ta conscience, le succès de tes entreprises, le triomphe de la premiere de toutes, l'abolition de la peine de mort. Avec quelle joie, tu as vu les coupables désespérés par l'avilissement, & regrettant cette mort, qui n'est qu'un instant, donner un exemple bien au-dessus de ces supplices, qui ne laissent après eux que le doute & la pitié! Lorsque tu as donné cette belle loi, tu en connoissois le résultat. Tu n'as point confondu ces criminels avec ces antropophages qui viennent d'effrayer la Hongrie, avec ces êtres abrutis & féroces, que j'ai tâché de peindre dans ce volume sous le mot *Accusation, pag.* 202. Avant de régner tu avois voyagé pour *te dépouiller de ces préjugés d'éducation*, qui énervent, obscurcissent & entravent les plus grands génies. Tu as voulu discerner l'homme réel à travers les préjugés & les climats, les institutions civiles & religieuses, les despotismes divers & les fantômes de la liberté. Par-tout tu as vu l'homme ignorant & foible, esclave du besoin, des passions, du pouvoir & des circonstances, & ayant trop peu de temps & de secours pour exécuter de grandes choses. Dès 1777, tu avois conçu ce plan simple, vaste & sûr de la plus sage des administrations, que tu exécutes pour le bonheur de tes peuples. Tu en as jeté les racines aussi-tôt que le champ t'a été ouvert; *& tu veux jouir des arbres que tu plantes.* Quoique tu aies dans Léopold un second toi-même, tu ne renverras jamais à demain le bien que tu peux faire aujourd'hui. Telle est ton ame brûlante pour la gloire de la félicité publique. Poursuis, JOSEPH. Encore quelque temps, & tes loix seront adoptées par-tout, & tu seras le bienfaiteur du monde.

Fin du Tome second.

TABLE ANALYTIQUE

de ce second volume.

Fin de la Table.

FAUTES A CORRIGER.

PAge 13, col. 2, ligne 5, au lieu de *1807*, lisez: *1687*.

Page 20, col. 1, ligne 8, au lieu de *pour le payer*, lisez: *pour la payer*.

Page 30, col. 1, ligne 4, au lieu de *dicere cogi posset*, lisez: *dicere cogi non possit*.

Page 38, col. 2, lignes 42 & 43, au lieu de *de la glose in lege 3, D. de Fagnan*, lisez: *de la glose in lege 3, D. de minor. de Fagnan*.

Page 44, col. 2, lignes 43 & 44, au lieu de *Miracul. lib. 6, cap. 42*, lisez: *cap. 24*.

Page 47, col. 2, ligne 43, au lieu de *Hebraeorum de connubiis*, lisez: *de Hebraeorum connubiis*.

Page 57, col. 1, ligne 27, au lieu de *du 3 août 1979*, lisez: *du 3 août 1769*.

Page 59, col. 1, ligne 31, au lieu de *Cangiamila ambryologia*, lisez: *Cangiamila embryologia*.

Page 60, col. 1, ligne 10, au lieu de *sofforazione isterica*, lisez: *soffocazione isterica*.

Page 61, col. 1, ligne 7, au lieu de *sororem incidendamo*, lisez: *sororem incidendam*.

Au mot *Accouchement*, page 73, col. 1, ligne 2, le nombre 15 se trouve mal-à-propos répété; conséquemment cet article devroit avoir 18 divisions, au lieu de 17.

Page 88, col. 2, lignes 35 & 36, au lieu de *de moribus Audium*, lisez: *de moribus Andium*.

Page 94, col. 1, lignes 17, 18 & 19, au lieu de *la duchesse d'Etrées 730, fille de l'aîné. M. Asselin, sur l'art. de la coutume*, lisez: *la duchesse d'Etrées, fille de l'aîné. M. Asselin, sur l'art. 73 de la coutume*.

Ibid. Col. 2, ligne 38, au lieu de *cet héritier*, lisez: *cet aîné*.

Ibid. Ligne 47, au lieu de *nonobstant cette résignation*, lisez: *nonobstant cette renonciation*.

Page 120, col. 2, ligne 30, au lieu de *par taudit tiers*, lisez: *part audit tiers*.

Page 123, col. 2, ligne 31, au lieu de *mais ce droit n'auroit-il pas lieu*, lisez: *mais ce droit n'auroit pas lieu*.

Page 124, col. 1, ligne 22, au lieu de *non ex propriâ jure*, lisez: *non ex proprio jure*.

Page 126, col. 1, ligne 34, au lieu de *n°. 98, cap. 1*, lisez: *N. 98, cap. 1*.

Ibid. Ligne 47, au lieu de qu'*a été tiré l'authentique*, lisez: qu'*a été tirée l'authentique*.

Page 128, col. 1, ligne 43, au lieu de *que lorsqu'ils l'ont aliéné*, lisez: *que lorsqu'ils l'ont aliénée*.

Page 130, col. 1, ligne 6, au lieu de *moriantur, n°. 22*, lisez: *moriantur, N. 22*.

Page 137, col. 1, lignes 17 & 18, au lieu de *ou qu'il répudie le droit d'accroissement, il doit donc être*, lisez: *ou qu'il répudie, le droit d'accroissement doit donc être*.

Page 145, col. 1, ligne 1, il faut supprimer cette ligne, la suivante, & les mots *accroît aux deux* de la troisieme.

Page 152, col. 1, ligne 20, au lieu de l'*expression de légalité*, lisez: l'*expression de l'égalité*.

Page 172, col. 1, ligne 48, au lieu de d'*où il concluoit*, lisez: *d'où ils concluoient*.

Page 183, col. 1, ligne 8, au lieu de *fixion*, lisez: *fiction*.

Page 199, col. 1, ligne 35, au lieu de *les mépris*, lisez: *le mépris*.

Page 230, col. 1, ligne 35, rayez cette ligne & la suivante.

Page 260, col. 2, ligne 10, au lieu de *ce qui peut lui en coûter*, lisez: *ce qu'il peut lui en coûter*.

Page 280, col. 2, ligne 37, au lieu de *& les prononça*, lisez: *& le prononça*.

Page 291, col. 1, ligne 20, au lieu de *faits entre la partie civile*, lisez: *faits avec la partie civile*.

Page 295, col. 2, ligne pénultieme, au lieu de *Bourgueg mestres*, lisez: *Bourguemestres*.

Page 317, col. 1, ligne 29, au lieu de *postérieur à Furgole*, lisez: *postérieur à la publication du traité de Furgole*.

Page 390, col. 2, ligne 7, au lieu de *si advocatorem quispiam*, lisez: *si advocatorum quispiam*.

Page 432, col. 2, ligne 4, au lieu de *s'il enfreind*, lisez: *s'il enfreint*.

Page 435, col. 2, lignes 34 & 35, au lieu de *Catelneau*, lisez: *Castelnau*.

Page 444, col. 1, ligne 25, au lieu de *M. Erskinc*, lisez: *Erskine*.

Page 452, col. 2, ligne 44, effacez *certains délits*.

Page 476, col. 2, ligne 46, au lieu de *dans le cas de perdre qu'enfin après*, lisez: *dans le cas de perdre, ajoutoient enfin qu'après*.

Page 485, col. 2, ligne 4, au lieu de *qui permet*, lisez: *qui permettent*.

Page 487, col. 2, lignes 16 & 17, au lieu de l'*abbé de Cajetan*, lisez: l'*abbé Cajetan*.

Page 491, col. 2, ligne 2, au lieu de *prince de Crato*, lisez: *prieur de Crato*.

Page 558, col. 1, ligne 7, au lieu de *la coutume de Bourgogne*, lisez: *la coutume du comté de Bourgogne*.

Ibid. Ligne 11, au lieu de *arrêt*, lisez: *arrêts*.

Page 589, col. 2, ligne 39, au lieu de *Louet & Brodeau, lettre D, tom. 45*, lisez: *somm. 45*.

Page 593, col. 1, ligne 11, au lieu de *quelques auteurs on pensé*, lisez: *quelques auteurs ont pensé*.

Page 606, col. 2, ligne 12, au lieu de *pays de la boud*, lisez: *pays de Labour*.

Page 610, col. 2, ligne 47, au lieu de *arrêt du parlement de Dijon*, lisez: *arrêts du parlement de Dijon*.

Page 614, col. 1, ligne 9, au lieu de *conservations*, lisez: *conservation*.

Page 678, col. 1, lignes 8, 9 & 10, au lieu de *imbecilliorum publicorum, scolarum*, lisez: *imbecilliorum, publicarum scolarum*.

Page 680, col. 1, ligne 10, au lieu de *ceux qu'il remontroit*, lisez: *ceux qu'il rencontroit*.

Page 683, col. 2, ligne 20, au lieu de *ortum litterarium*, lisez: *orbem litterarium*.

Page 692, col. 2, lignes 34, 35 & 36, au lieu de *inspectu vitæ ejus precedentis acto*, lisez: *inspecto vitæ ejus præcedentis actu*.

Page 703, col. 2, ligne 20, au lieu de *scientia*, lisez: *notitia*.

Page 704, col. 2, ligne 21, au lieu de *qui ont échappés*, lisez: *qui ont échappé*.

Page 719, col. 1, ligne 32, au lieu de *judicium fratris conservari*, lisez: *judicium fratri conservari*.

Ibid. Col. 2, ligne 42, au lieu de *placé ces détails*, lisez: *placé ces explications*.

Page 746, il auroit fallu placer ici l'article *Adjectus solutionis gratiâ*, placé ci-après, page 748.

Page 768, col. 1, lignes 21 & 22, au lieu de *Bouchel & Blondeau*, lisez: *Bouchel & Bechefer*. Même correction à la page 771, col. 1, ligne 21; & à la page 780, col. 1, ligne 43; & à la page 783, col. 1, lignes 47 & 48; & à la page 790, col. 2, ligne 34.

Page 805, col. 1, ligne 30, au lieu de *nul seigneur sans terre*, lisez: *nul seigneur sans titre*.

Page 816, col. 1, ligne 27, au lieu de *après quatre ans*, lisez: *après quatre cents ans*.

Page 829, col. 2, ligne 47, au lieu de *par l'art. 12 du tit. 25, en a exigé deux*, lisez: *par l'art. 12 du tit. 25 de l'ordonnance de 1670, en a exigé deux*.

Page 830, col. 2, ligne 6, au lieu de *mêmeen jurisdiction*, lisez: *comme en jurisdiction*.

Page 835, col. 2, lignes 48 & 49, au lieu de *magistrats entrans*, lisez: *magistrats sortans*.

Page 842, col. 2, ligne 32, effacez *Lyon*.

Page 848, col. 1, ligne derniere, au lieu de *1774*, lisez, *1764*.

Page 859, col. 1, ligne 13, au lieu de *renseme*, lisez: *renferme*.

Page 881, col. 1, ligne 2, au lieu de *decunioribus*, lisez: *decurionibus*.

Page 905, col. 1, ligne 40, au lieu de *mir en cage de fer*, lisez: *mis en cage de fer*.

Page 910, col. 1, ligne 1, au lieu de *sollicitée*, lisez: *sollicité*.

Ibid. Col. 2, ligne 14, au lieu de *jugemeet*, lisez: *jugement*.

APPROBATION

De M. BARON DU SOLEIL, *ancien Procureur-Général de la cour des monnoies, sénéchaussée & siege présidial de Lyon, & Procureur du Roi de la même ville.*

J'AI lu par ordre de Monseigneur le Garde des Sceaux le second volume du *Dictionnaire de Jurisprudence & des Arrêts.* Cet ouvrage me paroît mériter de plus en plus le suffrage public, par le bon esprit, le savoir & les recherches qui le distinguent. Ce volume renferme deux articles, qu'on peut regarder comme deux Traités; celui de l'*Administration*, devenu si intéressant par les principes du regne actuel; & sous le mot *Accusation*, celui de la procédure criminelle; dans lequel l'auteur a eu l'art d'unir au droit positif, l'esprit des tribunaux, le vœu public, & le tableau de la procédure criminelle de toute l'Europe. Je n'y ai rien trouvé qui ne doive en faire desirer l'impression & la continuation. A Lyon, le 12 novembre 1782.

Signé, BAROU DU SOLEIL.

Le Privilege est à la fin du premier volume.

www.ingramcontent.com/pod-product-compliance
Lightning Source LLC
LaVergne TN
LVHW021039011026
849160LV00007BA/149

* 9 7 8 2 0 1 2 6 5 6 3 7 6 *